FORSCHUNGEN UND BERICHTE ZUR VOR- UND FRÜHGESCHICHTE IN BADEN-WÜRTTEMBERG

REGIERUNGSPRÄSIDIUM STUTTGART – LANDESAMT FÜR DENKMALPFLEGE

FORSCHUNGEN UND BERICHTE ZUR VOR- UND FRÜHGESCHICHTE IN BADEN-WÜRTTEMBERG

BAND 100

2009

KOMMISSIONSVERLAG · KONRAD THEISS VERLAG · STUTTGART

REGIERUNGSPRÄSIDIUM STUTTGART – LANDESAMT FÜR DENKMALPFLEGE

Landesarchäologie

Festschrift für Dieter Planck zum 65. Geburtstag

Herausgegeben von

JÖRG BIEL, JÖRG HEILIGMANN UND DIRK KRAUSSE

2009

KOMMISSIONSVERLAG · KONRAD THEISS VERLAG · STUTTGART

HERAUSGEBER:
REGIERUNGSPRÄSIDIUM STUTTGART – LANDESAMT FÜR DENKMALPFLEGE,
BERLINER STRASSE 12 · D-73728 ESSLINGEN AM NECKAR

Bibliografische Information Der Deutschen Bibliothek

Die Deutsche Bibliothek verzeichnet diese Publikation in der Deutschen Nationalbibliografie;
detaillierte bibliografische Daten sind im Internet über <http://dnb.ddb.de> abrufbar.

Redaktion
Karen Schmitt mit Verlagsbüro Wais & Partner, Stuttgart

Herstellung
Verlagsbüro Wais & Partner, Stuttgart

Produktion
Offizin Scheufele, Stuttgart

Printed in Germany · ISBN 978-3-8062-2331-6

Prof. Dr. phil. Dieter Planck
zum 65. Geburtstag gewidmet

Grußwort

Baden-Württemberg ist nicht nur überaus reich an bedeutenden Bau- und Kunstdenkmalen, sondern gehört auch zu den reichsten archäologischen Landschaften Mitteleuropas.
Dass wir heute eine denkmalpflegerische, wissenschaftliche und museale Situation in Baden-Württemberg vorfinden, die diesem Reichtum der archäologischen Landschaft gerecht wird, ist ganz wesentlich auf das Wirken von Prof. Dr. Dieter Planck während der letzten vier Jahrzehnte zurückzuführen. Kompetent und begeistert hat er den Schutz, die Erforschung und die Wertsetzung der (keineswegs immer spektakulären) archäologischen Zeugnisse von frühester Jugend an zu seiner Lebensaufgabe gemacht. Die vorliegende Festschrift führt eindrucksvoll vor Augen, welch hohes Niveau die Landesarchäologie in Baden-Württemberg unter der Leitung von Dieter Planck und seinen Mitarbeiterinnen und Mitarbeitern erreicht hat. Darüber hinaus zeigen die Beiträge, dass er nicht nur in Baden-Württemberg, sondern in ganz Deutschland seit vielen Jahren gleichsam eine „Institution" ist. Er hat Baden-Württemberg hervorragend in den wichtigen bundesweiten Gremien vertreten, etwa im Verband der Landesarchäologen, den er als Vorsitzender von 1988 bis 2003 prägte, oder in der Römisch-Germanischen Kommission des Deutschen Archäologischen Instituts, der er – als mit weitem Abstand dienstältestes Mitglied – seit 1980 angehört.
Aber Dieter Planck ist nicht nur Archäologe. Ab 1994 leitete er als Präsident des damaligen Landesdenkmalamtes die gesamte Denkmalpflege in Baden-Württemberg und engagierte sich mit großer Leidenschaft für den Schutz und die Erhaltung des kunstgeschichtlichen und architektonischen Erbes in Baden-Württemberg. Er war der erste Archäologe bundesweit, dem die Leitung eines Landesdenkmalamtes übertragen wurde. Diese große Herausforderung meisterte Planck mit Bravour. In seine Amtszeit als Präsident fällt beispielsweise die Aufnahme der Klosterinsel Reichenau in die Liste des UNESCO-Welterbes im Jahre 2000.
Neben der Bewahrung des architektonischen Erbes förderte Planck besonders moderne, richtungweisende Zweige der Bau- und Kunstdenkmalpflege, etwa den Schutz und die Erforschung technischer und beweglicher Kulturdenkmäler, die in besonders hohem Maße gefährdet sind. Sein landschafts- und siedlungsarchäologischer Hintergrund kam ihm auch bei der Umsetzung moderner Konzepte in der Bau- und Kunstdenkmalpflege zugute.
Ein Zeugnis seines unbeirrbaren Hinwirkens auf eine Gesamtdenkmalpflege und die Überbrückung der traditionellen disziplinären Grenzen stellt die Tagung „Das Fragment als Denkmal – das Denkmal als Fragment" dar, die er 2007 initiierte. Es handelte sich um die erste gemeinsam von der Vereinigung der Landesdenkmalpfleger und dem Verband der Landesarchäologen organisierte Tagung, die ein großer Erfolg war und die Einheit der denkmalpflegerischen Disziplinen eindrucksvoll unterstrich.
Daneben brachte Dieter Planck vielfältige bedeutende Forschungsprojekte auf den Weg, etwa das von der Deutschen Forschungsgemeinschaft zwischen 1983 und 1993 geförderte Schwerpunktprogramm zur „Siedlungsarchäologie im Alpenvorland" – um nur ein Beispiel zu nennen. Keinem anderen Bundesland gelang es, Denkmalpflege und Forschung so fruchtbar zu verbinden, wie Baden-Württemberg in der Ära Planck.
Es zeichnet Dieter Planck aus, dass er Forscher ist und gleichzeitig eine Führungspersönlichkeit mit einem sicheren Gespür dafür, wie sich die Belange der Denkmalpflege unter den gesellschaftlichen Rahmenbedingungen am besten vertreten lassen. Entsprechend hoch ist sein Ansehen im Land.

Ein wesentliches Anliegen ist es ihm, die Bedeutung denkmalpflegerischer Arbeit und deren Ergebnisse einem breiten Publikum zu vermitteln. Als Direktor des Archäologischen Landesmuseums Baden-Württemberg sorgte er seit 1982 für die Umsetzung zahlreicher spannender Themen der Landesgeschichte in großen Ausstellungsprojekten. Damit und mit seinem ehrenamtlichen Engagement in zahlreichen kulturhistorischen Institutionen, etwa in der Gesellschaft für Archäologie in Württemberg und Hohenzollern, der er seit 1998 vorsitzt, oder im Vorstand und Beirat der Deutschen Stiftung Denkmalschutz, weckte er bei vielen Bürgern Interesse für die Geschichte Südwestdeutschlands.

So reich Baden-Württembergs kulturelles Erbe ist, so vielfältig sind die Spuren, die Dieter Planck durch sein Wirken hinterlassen hat. Wir wünschen Ihnen und uns, lieber Herr Professor Planck, dass Sie auch in Ihrem neuen Lebensabschnitt interessanten Fährten nachgehen werden!

Ernst Pfister MdL
Wirtschaftsminister des Landes Baden-Württemberg

Grußwort

Diese Festschrift ist mit Dieter Planck einer Persönlichkeit gewidmet, die die Denkmalpflege in Baden-Württemberg über fast 40 Jahre mitgestaltet und in den letzten 15 Jahren maßgeblich geprägt hat. Im Verlauf seiner Tätigkeit gestaltete und lenkte er zunächst als Konservator, dann ab 1979 als Abteilungsleiter und schließlich seit 1994 als Präsident des Landesamtes für Denkmalpflege die Geschicke der fachlichen Denkmalpflege des Landes mit großem Fachwissen, Fingerspitzengefühl und Weitblick.
Seit seiner frühesten Jugend galt das Interesse des Jubilars der Geschichte Südwestdeutschlands, und ganz besonders faszinierte ihn die römische Epoche. Prägend für die weitere Entwicklung Dieter Plancks, aber auch für die der Archäologischen Denkmalpflege in Baden-Württemberg dürfte die Beschäftigung mit dem römischen Rottweil im Rahmen seiner Dissertation während der späten 1960er Jahre gewesen sein. Dieter Planck, der darin die Ergebnisse der vom Tübinger Amt durchgeführten Ausgrabungen vorlegte, erkannte schon damals, dass der Schutz und die Erforschung dieser bedeutendsten römischen Siedlung in Baden-Württemberg nur durch eine Bündelung personeller und finanzieller Ressourcen, durch Schwerpunktbildung nach konservatorischen und wissenschaftlichen Gesichtspunkten möglich sind. Prägend war sicherlich auch, dass der Jubilar mit dem Stichtag 1.1.1972, also zeitgleich mit der Gründung des Landesdenkmalamtes, eine feste Stelle als Konservator antrat. Im darauf folgenden Jahr wurde Rottweil, das bis dahin zum Regierungsbezirk Tübingen bzw. Südwürttemberg-Hohenzollern gehörte, in den Regierungsbezirk Freiburg integriert. Da dem Staatlichen Amt für Denkmalpflege in Tübingen dadurch die Zuständigkeit für Rottweil entzogen wurde und sich die Rottweiler Großgrabungen aufgrund der räumlichen Entfernung von Freiburg aus nur bedingt betreuen ließen, lag es nahe, diese Untersuchungen als Schwerpunkt von der Zentrale des Landesdenkmalamtes in Stuttgart aus fortzuführen. Maßgeblich auf Initiative von Dieter Planck entstanden nach diesem Schema in den 1970er und 1980er Jahren weitere Schwerpunkte der Archäologischen Denkmalpflege: in den römischen Fundstätten von Ladenburg und Bad Wimpfen, in den Kernen der mittelalterlichen Städte Konstanz und Ulm sowie in Gaienhofen-Hemmenhofen in unmittelbarer Nähe bedeutender Pfahlbausiedlungen am Bodensee.
Neben dieser Schwerpunktbildung, die mit der Schaffung leistungsstarker zentraler Dienste im Bereich der Werkstätten, Prospektionsmethoden und der Naturwissenschaften einherging, förderte der Jubilar als Abteilungsleiter und Präsident auch die flächendeckende Archäologische Denkmalpflege in den vier Regierungsbezirken. Mit dieser Kombination aus landesweit operierender Zentrale und vier leistungsstarken, ebenfalls auf hohem Niveau arbeitenden Außenstellen konnte sich die Archäologische Denkmalpflege in Baden-Württemberg während der Präsidentschaft Dieter Plancks eine Spitzenposition im nationalen Vergleich sichern.
Nachdem am 1.1.2005 die Verwaltungsreform in Kraft getreten war, wurde diese Struktur daher bewusst beibehalten und fortgeführt: Das Landesamt für Denkmalpflege hat die übergreifenden, zentralen und landesweiten Aufgaben des ehemaligen Landesdenkmalamtes sowie der regionalen Denkmalpflege im Regierungsbezirk Stuttgart übernommen, die Referate Denkmalpflege bei den anderen Regierungspräsidien führen die Aufgaben der ehemaligen Außenstellen des Landesdenkmalamtes fort.
Inzwischen zeichnet sich ab, dass die Qualität der baden-württembergischen Denkmalpflege unter den neuen Rahmenbedingungen gehalten werden kann. Dies gilt insbesondere auch für das anerkannt sehr hohe wissenschaftliche Niveau der Archäologischen Denkmalpflege: In keinem anderen Bundesland werden so viele Forschungs-

projekte von Seiten der Archäologischen Denkmalpflege durchgeführt wie in Baden-Württemberg. Hier sind stellvertretend das laufende, von der Deutschen Forschungsgemeinschaft (DFG) finanzierte und vom Landesamt für Denkmalpflege koordinierte Schwerpunktprogramm „Frühkeltische Fürstensitze“ oder zahlreiche weitere aktuelle DFG-Projekte, von der Erforschung der steinzeitlichen Siedlungen des Bodensees über die Auswertung des riesigen alamannisch-fränkischen Gräberfeldes von Lauchheim bis hin zu den Untersuchungen zur Genese der Stadt Ulm zu nennen. Hinsichtlich der Einbettung der Denkmalpflege in die anderen Belange der Verwaltung, etwa bei der Zusammenarbeit mit dem Natur- und Gewässerschutz, der Landwirtschaft oder dem Straßenbau, hat die neue Verwaltungsstruktur zweifellos klare Vorteile für den Denkmalschutz mit sich gebracht.

Die Beiträge dieser Festschrift unterstreichen einerseits eindrucksvoll, wie reich Baden-Württemberg und die benachbarten Regionen an bedeutenden archäologisch-historischen Denkmälern sind. Andererseits legen sie Zeugnis vom hohen Niveau und von der Leistungsfähigkeit der Landesarchäologie ab. Die Thematik der Beiträge reicht von der Lagerstätte mittelsteinzeitlicher Jäger am Neckar über bedeutende keltische Fundstätten, wie die Heuneburg an der oberen Donau, bis hin zur mittelalterlichen Baugeschichte Ulms. Ein thematischer Schwerpunkt – wie sollte es in einer Festschrift für Dieter Planck auch anders sein – liegt dabei auf der Römerzeit.

Von der Anerkennung, die dem Jubilar über die Grenzen Baden-Württembergs hinaus entgegengebracht wird, zeugen auch die Beiträge im zweiten Teil der Festschrift. Dieter Planck war von 1988 bis 2003 Vorsitzender des Verbandes der Landesarchäologen in der Bundesrepublik Deutschland, den er souverän und mit dem ihm eigenen Organisationsgeschick geleitet hat. Darüber hinaus hat er Baden-Württemberg in zahlreichen nationalen Gremien während der letzten Jahrzehnte vorbildlich vertreten. Die Reputation, die die baden-württembergische Denkmalpflege im In- und Ausland genießt, ist zu einem guten Teil seiner unermüdlichen und aufopferungsvollen Arbeit als Wissenschaftler und Denkmalpfleger zu verdanken.

Darüber hinaus gelang es ihm, aktuelle Forschungsentwicklungen und denkmalpflegerische Fragen breitenwirksam zu vermitteln. Er erkannte schon früh die wechselseitige Bedeutung von wissenschaftlicher Forschung und gesellschaftlicher Verantwortung. Die Landesarchäologie, und zwar nicht nur die baden-württembergische, wirkt heute nicht zuletzt dank Prof. Plancks Wirken als wichtiger Katalysator des Geschichtsverständnisses der Allgemeinheit. Das Engagement des Jubilars in der Zeitschrift „Archäologie in Deutschland“, die er mit aus der Taufe hob, sei hier stellvertretend genannt.

Ganz besonders bemerkenswert ist, dass Dieter Planck nicht nur die Archäologische Denkmalpflege über mehr als 30 Jahre und die gesamte Denkmalpflege über 15 Jahre leitete, sondern dass er parallel dem Archäologischen Landesmuseum Baden-Württemberg seit dessen Gründung 1992 als Direktor vorstand. Diese Personalunion von Archäologischer Denkmalpflege und Archäologischem Museum bildete in den zurückliegenden Jahren eine der Stützen für die vorbildliche Leistungsfähigkeit der Landesarchäologie in Baden-Württemberg. Es ist erforderlich, dass diese Synergien zwischen Denkmalpflege und Museum auch in Zukunft erhalten bleiben.

Ich bin davon überzeugt, dass Ihre erfolgreiche Arbeit, lieber Herr Planck, in Zukunft fortgesetzt werden wird. Von Seiten des Regierungspräsidiums Stuttgart als Vorort-Präsidium für das Landesamt für Denkmalpflege werden wir zum Wohle des Landes und der Region alles in unserer Macht Stehende unternehmen, um Ihr höchst beachtenswertes Lebenswerk fortzuführen und auszubauen.

Johannes Schmalzl
Regierungspräsident des Regierungsbezirks Stuttgart

Vorwort der Herausgeber

Dieter Planck eine Festschrift an seinem 65. Geburtstag zu überreichen, war eine schon lang gehegte Idee der Herausgeber. Es sollte eine Sammlung mit Beiträgen zur Denkmalpflege von hohem wissenschaftlichem Wert werden, die durch ihren Gehalt in die Zukunft weist und von Wissenschaftlern wie auch von allen am Thema Interessierten noch Jahrzehnte mit Nutzen zur Hand genommen werden kann.
Nachdem sich das ursprüngliche Vorhaben, auch Beiträge der Bau- und Kunstdenkmalpflege einzubeziehen, leider nicht verwirklichen ließ, wurde die „Landesarchäologie" zur thematischen Klammer zwischen Archäologischer Denkmalpflege, Museen und Universitäten.
Die Konzeption sah zunächst vor, dass in einem ersten Abschnitt Ergebnisse von wissenschaftlich interessanten, aber bisher unpublizierten Grabungen aus dem südwestdeutschen Raum in zusammenfassenden End- oder Vorberichten vorgestellt werden. Allerdings zeigte sich dann während der Zusammenstellung, dass sich diese Abgrenzung nicht konsequent durchführen ließ. Zu viele spannende Beiträge von namhaften Autoren, die Einzelbefunde, bestimmte Materialgruppen oder übergreifende wissenschaftliche Fragestellungen behandelten, wurden uns angeboten, um starr am geplanten Schema festhalten zu können. Dennoch darf das aus ursprünglichem Konzept und tatsächlicher Realisierung entstandene Ergebnis unserer Meinung nach als sehr gelungen bezeichnet werden. Mit „Beiträge zur Archäologie Südwestdeutschlands" ist der erste Teil überschrieben. Er bietet mit seiner Mischung aus Grabungsberichten, Abhandlungen zu übergreifenden Themen bis hin zu fast essayistischen Beiträgen nicht nur spannende Lektüre, sondern spiegelt auch das hohe wissenschaftliche Niveau der südwestdeutschen Landesarchäologie beispielhaft wider. Der „geographische Schwerpunkt" des Buches liegt – dem Lebenswerk des Jubilars entsprechend – auf Baden-Württemberg, aber auch die angrenzenden Regionen von Bayern, Hessen und Rheinland-Pfalz werden in mehreren Beiträgen behandelt. Das chronologische Spektrum der Aufsätze dieses Abschnitts reicht vom Lager mittelsteinzeitlicher Jäger und Sammler am Oberen Neckar bis zur frühneuzeitlichen Bebauung der Ulmer Kernstadt. Ein chronologischer Schwerpunkt liegt, wiederum dem Jubilar gemäß, auf der Römerzeit. Doch auch die keltischen Epochen, die Dieter Planck neben dem Römischen besonders am Herzen liegen, sind bestens vertreten.
Die Festschrift führt deutlich vor Augen, welche Fortschritte die archäologische Forschung an den Universitäten, bei der Denkmalpflege und in den Museen während der letzten Jahrzehnte erzielen konnte. Für Baden-Württemberg sind diese Fortschritte in hohem Maße mit einem Namen und einer Persönlichkeit verbunden: Dieter Planck! Im zweiten Teil der Festschrift, aber auch in der Laudatio von Jürgen Kunow sowie in den Grußworten von Herrn Wirtschaftsminister Ernst Pfister und Herrn Regierungspräsident Johannes Schmalzl, wird ein weiterer Tätigkeitsschwerpunkt unseres Jubilars hervorgehoben: Wie kaum ein anderer Archäologe in Deutschland hat sich Dieter Planck in Verbänden, Verwaltung und Politik für die Belange der Denkmalpflege eingesetzt. Baden-Württemberg war das erste Bundesland, das die Leitung der gesamten Denkmalpflege in die Hände eines Archäologen gelegt hat. Dieses „Modell Planck" hat inzwischen Schule gemacht. So sind heute in mehreren Bundesländern, die Bau- und Kunstdenkmalpflege sowie die Archäologische Denkmalpflege unter einem Dach beherbergen, Archäologen in der Funktion von Amtsleitern tätig.
Seit seiner Ernennung zum Präsidenten des Landesdenkmalamtes hat sich Dieter Planck der Denkmalpflege in ihrer Gesamtheit gewidmet und so auch der Bau- und

Kunstdenkmalpflege wesentliche neue Impulse vermittelt. Dieser Aspekt seines Schaffens kann in der vorliegenden, thematisch rein archäologischen Festschrift keinen Niederschlag finden. Er ist aber, wie auch das Schriftenverzeichnis zeigt, durch eine Vielzahl an Publikationen von und über Dieter Planck eindrucksvoll dokumentiert.

Darüber hinaus verdanken wir Dieter Planck aufgrund seines unermüdlichen Einsatzes für die Belange der Landesarchäologie auch die Gründung des Archäologischen Landesmuseums Baden-Württemberg, das im Frühjahr 1992 mit der Eröffnung seiner Außenstelle Konstanz die Arbeit aufnahm. Als Direktor dieses Hauses hat er die Ergebnisse der Arbeit archäologischer Denkmalpflege einem breiten Publikum in zahlreichen Ausstellungen vermittelt. Sein Wirken steht damit für eine Bündelung unterschiedlicher kulturell-wissenschaftlicher Institutionen auf Landesebene, das heißt für die gemeinsame Leitung von Bau- und Kunstdenkmalpflege, Archäologischer Denkmalpflege und Archäologischem Landesmuseum. Aufgrund dieses Modells war Baden-Württemberg auf dem Gebiet der Denkmalpflege in den letzten zwei bis drei Jahrzehnten äußerst erfolgreich. Es ist unsere gemeinsame Verantwortung, das Lebenswerk Dieter Plancks zu bewahren und dafür zu sorgen, dass der Landesarchäologie auch zukünftig die ihr gebührende gesellschaftliche Stellung eingeräumt wird. Möge diese Festschrift dazu beitragen!

Für die Herausgeber

Priv.-Doz. Dr. habil. Dirk Krausse
Landesarchäologe

Inhalt

Beiträge zur Archäologie Südwestdeutschlands

Archäologie und Naturwissenschaften – Denkmalpflege und Forschung

Dieter Planck zum 65. Geburtstag

In Rottenburg, dem römischen *Sumelocenna*, wurde Dieter Planck am 14. August 1944 geboren. Er ist der Spross einer weit verzweigten schwäbischen Gelehrtenfamilie, zu der zahlreiche berühmte Gelehrte und Persönlichkeiten gehören, nicht zuletzt der Physiker Max Planck. In Rottenburg wuchs er in der Jahnstraße in einer gemütlichen Fabrikantenvilla auf, die direkt außerhalb der römischen Stadtmauer im Töpfereibezirk liegt. Dies regte ihn wohl an, als Kind im fundträchtigen elterlichen Garten zu graben, und bald schon konnte er ein eigenes kleines Museum einrichten. Seine Kontakte zur amtlichen Denkmalpflege waren damals eher problematisch, da diese seine zahlreichen Fundmeldungen nur zögerlich zu bearbeiten beliebte. Mit Aufmerksamkeit verfolgte er jedoch die verschiedenen Ausgrabungen des Tübinger Amtes in seiner Heimatstadt und half als Schüler wohl ab und zu mit. Sein Berufsziel stand damals schon klar fest – Archäologie. Das Studium nahm er nach dem erfolgreichen Abitur in Rottenburg am Institut für Vor- und Frühgeschichte in Tübingen auf, das seinerzeit von Wolfgang Kimmig geleitet wurde. Wir waren damals insgesamt sieben Studentinnen und Studenten, die im Schloss Hohentübingen zusammen arbeiteten. Unser Studium wurde wesentlich geprägt durch die Teilnahme an Ausgrabungen in den Semesterferien, zunächst auf der Heuneburg, später im Auftrag der amtlichen Denkmalpflege in Tübingen. Dieter Planck zog es allerdings bald nach München, da das Studium der provinzialrömischen Zeit in Tübingen nur bedingt möglich war. Dort ging er durch die harte Schule von Joachim Werner, erhielt jedoch wesentliche Anregungen von Günther Ulbert. Mit ihm grub er dann auf dem berühmten Auerberg und verdiente sich hier seine ersten Sporen als Ausgräber. Auch er übernahm in den Semesterferien Grabungen des Tübinger Amtes, vor allem im römischen Rottweil, das damals noch zum Regierungsbezirk Tübingen gehörte und seine Ausbildung und seine damalige Tätigkeit entscheidend prägte. Aus den großflächigen Ausgrabungen in den Kastellen auf der Flur „Hochmauren“ erwuchs seine Dissertation zum römischen Rottweil, die er 1970 erfolgreich abschloss und die schon 1975 unter dem Titel „Arae Flaviae I. Neue Untersuchungen zur Geschichte des römischen Rottweil“ als Band 6 der Monographienreihe des Landesdenkmalamtes erschien. Schon vorher hatte er in verschiedenen Aufsätzen über seine Grabungen in Rottenburg und Rottweil berichtet. Nach seiner Promotion erhielt er zunächst eine zeitlich befristete Stelle am Tübinger Amt, um seine Grabungen in Rottweil, vor allem im dortigen Römerbad, fortzusetzen. Mit der Neugründung des baden-württembergischen Landesdenkmalamtes zum 1. Januar 1972 trat Dieter Planck eine feste Konservatorenstelle in Stuttgart an. Das neu gegründete Amt unter Leitung von Hartwig Zürn war nun landesweit zuständig, verfügte zunächst aber über keine neuen Stellen, vor allem im Verwaltungsbereich. Die Zentrale bestand ursprünglich nur aus dem Abteilungsleiter. Mit seiner vorzüglichen Kenntnis der römischen Fundlandschaft Südwestdeutschlands und seiner reichen Grabungserfahrung bot sich Dieter Planck hier ein weit gefächertes Betätigungsfeld. So führte er zahlreiche kleine und vor allem große, richtungweisende Ausgrabungen durch, die hier nicht im Einzelnen aufgeführt werden können. Über die meisten hat er im Jahrbuch „Archäologische Ausgrabungen“ berichtet, wir müssen uns an dieser Stelle auf die wichtigsten beschränken.

Einen Schwerpunkt seiner Arbeit bildete sicherlich der raetische Limes mit jahrelangen Grabungen im Umfeld der Kastelle in Rainau-Buch und in Dalkingen, ebenso wie umfangreiche Untersuchungen im Kastell Aalen oder in Unterböbingen. Am obergermanischen Limes seien Grabungen im West- und Ostkastell von Welzheim, in Rötelsee, in Mainhardt und Öhringen genannt. Von Anfang an standen jedoch nicht nur wissenschaftliche Ergebnisse, sondern auch der Erhalt der Fundstelle im Mittelpunkt der Arbeit von Dieter Planck als Denkmalpfleger. So entstanden das Freilichtgelände beim Limesmuseum in Aalen, das Limesfreilichtmuseum Schwabsberg-Buch oder die Anlage im Ostkastell von Welzheim. Aber nicht nur an militärischen Anlagen war Dieter Planck tätig. Für seine Untersuchungen im zivilen Bereich sei stellvertretend die *villa rustica* von Bondorf im Kreis Böblingen genannt, die er in einer nur mehrmonatigen Kampagne vollständig und flächenhaft aufdecken konnte. Genannt seien hier auch die Grabungen am römischen Großbau in Heidenheim, vor allem aber die langjährigen und großflächigen Grabungen im *vicus* von Walheim am Neckarlimes, die im Rahmen eines Forschungsprojektes der Deut-

schen Forschungsgemeinschaft (DFG) später auch umfassend publiziert werden konnten. Das Römerhaus Walheim zeugt von diesen Arbeiten.
Die Grabungs- und Forschungstätigkeit von Dieter Planck beschränkte sich jedoch nicht auf die provinzialrömische Zeit, sondern deckte alle Zeitabschnitte des Denkmalpflegers ab. Als besonders herausragend sei hier die Untersuchung der keltischen Viereckschanze von Fellbach-Schmiden genannt, eine Grabung, die nicht nur wesentlich zur Neuinterpretation dieser Anlagen beitrug, sondern auch die berühmten einzigartigen Holzkunstwerke zutage brachte. Erwähnt seien auch die Untersuchungen zur frühen Eisenverhüttung auf der Ostalb, die die Forschungen zur frühalamannischen Zeit neu anstießen und zu weit reichenden Forschungsprojekten führten, die damals von der Volkswagenstiftung getragen wurden.
Wesentlichen Anteil am internationalen Renommee und dem späteren personellen Ausbau des Landesdenkmalamtes hatte die Einrichtung eines Schwerpunktprogramms der DFG zur Siedlungsarchäologie im Alpenvorland. Mit klarem Blick hatte Dieter Planck die denkmalpflegerische Notwendigkeit, aber auch die Chancen erkannt, die den seit dem Zweiten Weltkrieg vernachlässigten Feuchtgebieten und Uferrandsiedlungen Oberschwabens und des Bodensees innewohnten. In dem Forschungsprogramm, das von 1983 bis 1993 erfolgreich durchgeführt wurde, wurde neben großartigen wissenschaftlichen Ergebnissen auch die Ausweitung des Arbeitsbereichs in die heute so notwendigen naturwissenschaftlichen Nachbardisziplinen erreicht. Botanik, Osteologie, Anthropologie wurden mit fest eingerichteten Planstellen etabliert, dazu kamen Luftbildarchäologie und Geophysik zur Erkundung der Fundstellen. Mitte der 1980er Jahre hatte sich das Landesdenkmalamt zu einer modernen Denkmalpflegeinstitution entwickelt, die, auf neuen Forschungsergebnissen aufbauend, zielgerecht agieren konnte. Dieter Planck übernahm am 1. August 1979 in Nachfolge von Hartwig Zürn die Leitung der Abteilung für das gesamte Baden-Württemberg, am 1. März 1994 wurde er Präsident des Landesdenkmalamtes. Er war damit der erste Archäologe in der Bundesrepublik Deutschland in dieser Funktion.
Die wissenschaftliche Wertschätzung, die Dieter Planck in der Fachwelt genießt, fand unter anderem ihren Ausdruck darin, dass der internationale Limeskongress im Jahr 1983 in Aalen abgehalten wurde. Nicht nur in zahlreichen wissenschaftlichen Arbeiten schlugen sich die Ergebnisse seiner Arbeit nieder. In unzähligen populärwissenschaftlichen Schriften und Büchern brachte er dem breiten Publikum die Ergebnisse der archäologischen Forschung näher. Stellvertretend sei hier der vor kurzem in vierter, neu bearbeiteter Auflage erschienene Sammelband „Die Römer in Baden-Württemberg“ genannt. Die Jahresschrift „Archäologische Ausgrabungen in Württemberg“, seit 1981 „in Baden-Württemberg“, ist ebenso aus dieser Einstellung heraus entstanden wie die Förderung und der Ausbau der Zeitschrift „Archäologie in Deutschland“, herausgegeben vom Verband der Landesarchäologen, an deren Entwicklung Dieter Planck wesentlich beteiligt war.
Aus der aufsehenerregenden Entdeckung des frühkeltischen Fürstengrabes von Hochdorf im Jahr 1978 ergaben sich neue Möglichkeiten, die Ergebnisse unserer Arbeit einer breiten Öffentlichkeit und auch der Politik zu nahezubringen. Die erste große Landesausstellung zu diesem Thema, die außerordentlich erfolgreich war, führte zur Gründung des Archäologischen Landesmuseums Baden-Württemberg, dessen Leitung Dieter Planck zusätzlich zu seinen bestehenden Aufgaben übernahm. Ohne neu geschaffene Stellen wurde in kurzer Zeit die Außenstelle dieses Museums in Konstanz konzipiert und eingerichtet, Jahre später kam das Zentrale Fundarchiv in Rastatt hinzu, das für eine geordnete Fundverwaltung der archäologischen Denkmalpflege heute unabdingbar geworden ist. Bis heute steht der geplante Bau eines Museums in der Landeshauptstadt aus. Es folgten große und erfolgreiche Landesausstellungen zum Thema Alamannen (*Die Alamannen*, 1997), zu den Grabungen in Troia (*Troia – Traum und Wirklichkeit*, 2001) und zu den Römern (*Imperium Romanum*, 2005). Daneben organisierte Planck zahlreiche kleinere Sonderausstellungen zu Ausgrabungen und regionalen Themen im Archäologischen Landesmuseum mit seinen verschiedenen Außenstellen, dem Römerhaus Walheim, dem Federseemuseum Bad Buchau, dem Limesmuseum in Aalen, dem Römermuseum in Osterburken, dem römischen Weinkeller von Oberriexingen sowie der römischen Abteilung des Dominikanermuseums in Rottweil, die seit dem 1. Januar 2003 dem Archäologischen Landesmuseum zugeordnet sind.
Mit großer Energie hat Dieter Planck die Ausweisung des Obergermanisch-Raetischen Limes als UNESCO-Weltkulturerbe betrieben. Die umfangreichen Vorarbeiten der vier beteiligten Bundesländer hat er verantwortlich koordiniert und zu einem erfolgreichen Ende geführt. Die Übergabe der Eintragungsurkunde im Beisein von vier Ministerpräsidenten bzw. deren Stellvertretern im Juli 2005 in Aalen war sicherlich ein Höhepunkt seiner denkmalpflegerischen Tätigkeit.
Eine wesentliche Rolle in der Öffentlichkeitsarbeit der Landesarchäologie spielt die Gesellschaft für

Vor- und Frühgeschichte in Württemberg und Hohenzollern, die, 1964 von Hartwig Zürn gegründet, bald zum mitgliederstärksten archäologischen Verein Deutschlands heranwuchs. 1979 übernahm Dieter Planck die Geschäftsführung, 1989 den Vorsitz dieses Vereins, der sich kürzlich in Gesellschaft für Archäologie umbenannt hat. In Vorträgen, Schriften, Exkursionen, Kursen und anderen Aktivitäten hat sich Dieter Planck allein mit dieser Vereinigung ein Denkmal geschaffen.
Seit 1979 war Dieter Planck aktives Mitglied des Verbandes der Landesarchäologen, dessen Vorsitz er in Nachfolge von Hugo Borger 1988 übernahm. Unter seiner Leitung entwickelte sich der Verband zu einem wichtigen Instrument, das in der föderalistischen Bundesrepublik die verschiedenen Landesinteressen koordinierte. Besonders die Eingliederung der neuen Bundesländer nach der Wende war für ihn ein wichtiges Anliegen. Aus einer Tagung des Verbandes in Saarbrücken unter Beteiligung zahlreicher ausländischer Kollegen entstand das *Europae Archaeologiae Consilium (EAC)* bei der Europäischen Union in Straßburg, das der Archäologischen Denkmalpflege eine internationale Plattform schuf. Die außerordentlich hohe Wertschätzung, die Dieter Planck nicht nur als Wissenschaftler, sondern auch als kompetenter und verlässlicher Partner weit über das Fach hinaus genießt, ist enorm. So wurde er 2006 zum Präsidenten des Deutschen Präsidiums der Altertumsverbände ernannt; diese Funktion gab er erst vor kurzem an Hermann Parzinger ab.
Neben seiner Tätigkeit in der baden-württembergischen Denkmalpflege war Dieter Planck in zahlreichen Institutionen, Verbänden und Vereinen tätig. 1999 wurde er von der Universität Heidelberg zum Honorarprofessor ernannt, 2006 von der Universität Stuttgart. Nur erwähnt werden können seine Tätigkeiten als langjähriges Kommissionsmitglied der Römisch-Germanischen Kommission des Deutschen Archäologischen Instituts, im Vorstand und Beirat der Denkmalstiftung Baden-Württemberg, dem Schwäbischen Albverein und dem Schwäbischen Heimatbund. Daneben war Dieter Planck in den folgenden Instituitonen verantwortlich tätig: Vorsitzender der Deutschen Limeskommission, Deutsche Stiftung Denkmalschutz, Sachverständigenausschuss für Archivgut des Ministeriums für Wissenschaft, Forschung und Kunst in Baden-Württemberg, Kommission „Deutsche Inschriften" der Philosophisch-Historischen Klasse der Heidelberger Akademie der Wissenschaften, Kommission für geschichtliche Landeskunde in Baden-Württemberg, Beirat des Südwestdeutschen Archivs für Architektur und Ingenieurbau, Denkmalstiftung Baden-Württemberg, Deutsches Nationalkomitee für Denkmalschutz, Archäologische Trierkommission, Beirat der Freunde und Förderer des Staatlichen Naturkundemusems Stuttgart, Wissenschaftlicher Beirat der Zeitschrift „Archäologie in Deutschland", Stiftungsmitglied der Stiftung Urgeschichtliches Museum Blaubeuren sowie Vorstand der Wissenschaftlichen Buchgesellschaft. Auch die Einrichtung des Württembergischen, später Baden-Württembergischen Archäologiepreises ist vorwiegend Dieter Planck zu verdanken. Als Präsident eines Gesamtamtes war ihm die Verbindung zwischen Archäologischer sowie Bau- und Kunstdenkmalpflege ein wichtiges Anliegen. Mit der Ausrichtung der ersten gemeinsamen Tagung der Vereinigung der Landesdenkmalpfleger und des Verbandes der Landesarchäologen im Jahr 2007 in Esslingen am Neckar, die bleibenden Ausdruck in einem gewichtigen Tagungsband fand, waren diese Bemühungen von großem Erfolg gekrönt.
Mit der ihm eigenen unermüdlichen Schaffenskraft, Zähigkeit und Ausdauer hat Dieter Planck nicht nur die Archäologische Denkmalpflege in Baden-Württemberg, sondern die Archäologie als solche weit über das Land hinaus mitgestaltet und vor allem einem breiten Publikum vermittelt. Im politischen Partnerfeld besitzt er großes Ansehen und Anerkennung. In den letzten Jahren war die Tätigkeit von Dieter Planck, wie die von uns allen in Baden-Württemberg, durch einschneidende Veränderungen geprägt. Dem Umzug des Landesdenkmalamtes aus vier Standorten in Stuttgart an einen gemeinsamen in Esslingen waren jahrelange Bemühungen um eine Standortzusammenführung vorausgegangen. Das Schelztor-Gymnasium in Esslingen bot nun für eine gemeinsame Unterbringung ideale Voraussetzungen. Fast zeitgleich zum Umzug des Landesdenkmalamtes wurde die Verwaltungsstrukturreform in Baden-Württemberg beschlossen. Sie hat erfolgreiche bestehende Strukturen der Denkmalpflege zerschlagen und besonders in der Archäologie neue Verhältnisse geschaffen. Mit großem Engagement hat Dieter Planck versucht, die Denkmalpflege und ihre Mitarbeiter in diese neue Zeit zu führen, es ist ihm nicht leicht gefallen.
Im Namen aller Kolleginnen und Kollegen wünsche ich Dieter Planck zu seinem 65. Geburtstag alles Gute, vor allem eine solide Gesundheit, für seinen Ruhestand neben der notwendigen Muße weiterhin alle Schaffenskraft für die Projekte, die er weiterführen und auch neu beginnen möchte.

Dr. Jörg Biel
Landesarchäologe a. D.

Der Verband der Landesarchäologen in der Bundesrepublik Deutschland unter dem Vorsitz von Dieter Planck (1988 bis 2003)
Beobachtungen und Anmerkungen

Der Verband der Landesarchäologen in der Bundesrepublik Deutschland wählte auf seiner Mitgliederversammlung des Jahres 1988, die in Goslar stattfand, Dieter Planck, der schon zuvor dem Vorstand angehört hatte, zu seinem Vorsitzenden. Nach Eduard Neuffer (1949–1954), Hans Eiden (1956–1960), Karl Kersten (1960–1964), Reinhard Schindler (1964–1970), Klaus Schwarz (1970–1976) und Hugo Borger (1976–1988) bekleidete er als insgesamt siebenter Vorsitzender des Verbandes dieses Amt. War schon Hugo Borger mit zwölf Jahren Amtszeit eine Ausnahmeerscheinung gewesen, sollte Dieter Planck ihn darin noch übertreffen: Eine Wahl und vier Wiederwahlen addierten sich auf fünfzehn Jahre Tätigkeit als Vorsitzender! Es waren ereignisreiche Jahre für den Verband und natürlich auch für ihn. Sie standen zum einen unter dem Eindruck der Wiedervereinigung Deutschlands und deren Auswirkungen auch auf die Verbandstätigkeit. Zum anderen wurde in den 1990er Jahren nicht nur ein nationaler, sondern mit dem Zusammenwachsen Europas auch ein internationaler Prozess ausgelöst, der zur Gründung eines europäischen Dachverbandes für die Landesarchäologie, des *Europae Archaeologiae Consilium (EAC)*, führte. Rückblickend kann man mit einiger Genugtuung konstatieren, dass der Verband der Landesarchäologen in der Bundesrepublik Deutschland mit dem Vorsitzenden Dieter Planck als seinem wichtigsten Repräsentanten sowohl auf der nationalen als auch auf der internationalen Ebene der historischen Herausforderung – dieser Ausdruck mag hier gestattet sein – in vollem Umfang gerecht geworden ist.

An Dieter Planck führte als Nachfolger Hugo Borgers, der die Landesarchäologen Deutschlands erstmals auch verbandspolitisch ausgerichtet hatte, sicherlich kein Weg vorbei. Er agierte fast wie ein König Midas, dem alles, was er anfasste, bekanntlich zu Gold wurde. Spätestens seit dem Ende der 1970er Jahre – die Freilegung und die nachfolgenden Untersuchungen am Keltengrab von Hochdorf mögen hier als Chiffre stehen – zählte die Landesarchäologie in Baden-Württemberg zu den führenden in der (alten) Bundesrepublik Deutschland. Dieter Planck hat mir in dem Zusammenhang einmal einen interessanten Einblick gewährt, den ich als charakteristisch einschätze. Als Student, so erzählte er mir, faszinierten ihn ganz besonders innerhalb Deutschlands erstmals im Rheinland in die Bodendenkmalpflege neu eingeführte Geländeverfahren wie die Luftbildarchäologie oder die Magnetometermessungen, und er verfolgte aufmerksam, was vom Rheinischen Landesmuseum Bonn an Impulsen ausging. Im späteren beruflichen Leben hat er dann seine vielleicht größte Fähigkeit hier schnell unter Beweis gestellt: Er verstand es, innovative Verfahren regelhaft in die Alltagsarbeit zu integrieren und dadurch neue Standards der archäologischen Arbeit dauerhaft zu etablieren. Als „Berufs-Rheinländer“ sei mir in diesem Zusammenhang die Bemerkung gestattet, dass ich die dortigen Stärken nach wie vor eher in der Entwicklung von Protoversionen sehe.

Auf Dieter Planck war in seiner Konsequenz immer Verlass. Was er anfasste, brachte er auch zum Abschluss, und er konnte es gegenüber den unterschiedlichsten gesellschaftlichen Gruppierungen vermitteln. Kein Zufall ist deshalb, mit welchem Erfolg er für fast jedes größere Geländeprojekt Gelder bei der *Deutschen Forschungsgemeinschaft* für die anschließende Auswertung akquirierte. Aber er konnte nicht nur Institutionen, die Wissenschaft fördern, überzeugen. Ich erinnere mich an ein seinerzeitiges Vorhaben, das er uns einmal am Rande einer Vorstandssitzung in den 1990er Jahren vorstellte. Er hatte sein zuständiges Ministerium in Baden-Württemberg veranlassen können, für eine größere Anzahl noch nicht publizierter Großgrabungen ein mehrjähriges Auswertungsprojekt aufzulegen. Seine Erklärung für den Erfolg war denkbar simpel: Er hatte der Ministerialbürokratie klar gemacht, dass eine unveröffentlichte Ausgrabung in der Bodendenkmalpflege nicht anders als ein nicht abgeschlossener Verwaltungsvorgang einzuschätzen sei. Man verstand ihn sofort.

Dieter Planck hing nicht unreflektiert Visionen nach. Er hat ihnen gegenüber eher eine skeptische Einstellung eingenommen, wie der Altbundeskanzler Helmut Schmidt, dessen in diesem Zusammenhang geflügeltes Wort hier nicht wiederholt zu werden

braucht. Ihn zeichnet vielmehr aus, eine einmal für richtig und wichtig erkannte Mission absolut zielstrebig zu verfolgen. Daher scheint mir ein anderes Zitat von Helmut Schmidt erheblich zutreffender, wenn man denn ein Lebensmotto festmachen will: „Keine Begeisterung sollte größer sein als die nüchterne Leidenschaft zur praktischen Vernunft".
Bei seiner Wahl in Goslar zum Vorsitzenden unseres Verbandes war noch nicht abzusehen, dass die folgenden Jahre für die Bundesrepublik Deutschland völlig anders verlaufen sollten als die bisherigen. Noch bei seiner Antrittsrede im Jahr 1988 hatte Dieter Planck gegenüber den Kollegen aus den zehn weiteren Bundesländern den Wert der Denkmälerinventarisation mit deren drei Arbeitsfeldern, also der Ermittlung, Beschreibung und Bewertung, als Grundlage jeder praktischen und strategischen Arbeit für den Schutz, die Pflege und die Erforschung von archäologischen Denkmälern und Fundplätzen hervorgehoben. Er knüpfte hier an ein Projekt an, das er erfolgreich in seinem Bundesland auf den Weg gebracht hatte und das zusammengefasst als „Atlas archäologischer Geländedenkmäler in Baden-Württemberg" mittlerweile eine Vielzahl von Bänden mit Beiheften aufweist.

Einen weiteren Schwerpunkt sah Dieter Planck in der Öffentlichkeitsarbeit, wo das Land Baden-Württemberg in dem vergangenen Jahrzehnt Beispielhaftes geleistet hatte und worin er auch persönlich ein besonderes Talent besaß resp. besitzt. Erstmalig im Jahr 1982 erschien mit der Publikationsreihe „Archäologische Ausgrabungen in Baden-Württemberg 1981" ein Jahresrückblick, der sich zwar an der berühmten „Blaupause", dem „Archäologischen Jahr in Bayern", orientierte, aber durch die umfangreicheren Artikel sogar zitierfähig wurde. Einzelne Bundesländer bzw. Landesteile wie das Rheinland, Hessen und Rheinland-Pfalz, sowie nun auch Berlin und Brandenburg sind mittlerweile dem Beispiel gefolgt. Furore hatte aber auch die erste Archäologische Landesausstellung unter dem Titel „Der Keltenfürst von Hochdorf – Methoden und Ergebnisse der Landesarchäologie" gemacht. An nur fünfzig Ausstellungstagen erreichte man in der Stuttgarter Ausstellung mehr als eine Viertelmillion Besucher; Grund für Hugo Borger, diese beispielhafte Leistungsschau einer Landesarchäologie anschließend nach Köln zu holen. Auch hier wiederholte sich der Erfolg mit mehr als einhunderttausend Besuchern.
Die Landesarchäologen hatten also recht klare Vorstellungen, in welchen Bereichen ihr neu gewählter Vorsitzender den Verband profilieren wollte. Aber es kam dann doch durch die Ereignisse in der DDR völlig anders. Zunächst war aber noch im Jahr 1989, wenige Tage vor dem Fall der Mauer, die Jahrestagung in Münster (Westfalen) programmgemäß verlaufen. Man wählte Hugo Borger zum Ehrenvorsitzenden des Verbandes, und erstmalig fand im Rahmen der Jahrestagung ein wissenschaftliches Kolloquium statt. Sein Gegenstand „Was ist ein Bodendenkmal? – Archäologie und Recht" löste sich völlig von den gewohnten fachwissenschaftlichen Themen, und man gab den jährlichen Kolloquien, die nun in Folge seit zwanzig Jahren regelmäßig stattfinden, damit ein einzigartiges Profil. Die Kolloquiumsthemen griffen und greifen Alltagssituationen der Landesarchäologie auf, allerdings solche von grundsätzlicher und zukunftsweisender Art. Es waren also immer aktuelle, nicht selten zugleich „schwierige" Themen, die man im Kreise der Landesarchäologen durchaus kontrovers sah und wo man eine gemeinsame Grundposition und ein einheitliches Vorgehen der Bodendenkmalpflege in Deutschland suchte, was auch häufig gelang.
Unterschiedliche Themenvorschläge wurden immer zunächst im Vorstand diskutiert, und viele dieser Vorschläge stammten von Dieter Planck. Das weitere Verfahren sah dann vor, dass man einen Vorschlag des Vorstandes auf der Mitgliederversammlung zur Abstimmung unterbreitete und anschließend ein Komitee einsetzte, das die weitere Vorbereitung, insbesondere die Referentenwahl sicherstellte. Über viele Jahre hinweg war hierfür Heinz Günter Horn, der dem Vorstand assoziiert wurde, später bisweilen auch ich verantwortlich. Aber Dieter Planck ist bekanntlich nicht unbedingt eine Person, die „Überraschungen" schätzt, und so wurde das vorläufige Programm, das das Vorbereitungskomitee aufgestellt hatte, im Rahmen einer Vorstandssitzung und in Anwesenheit des Komiteeverantwortlichen noch einem abschließenden „Feinschliff" unterzogen.
Die im Rahmen der Kolloquien aufbereiteten Themen brauchen hier nicht rekapituliert zu werden; sie decken wirklich eine beeindruckende Spannbreite ab, und man achtete durch Einbeziehung ausländischer Referenten ebenfalls darauf, nicht nur eine „Binnensicht" vorzunehmen. Die Kolloquien sind alle binnen Jahresfrist als Publikation erschienen, zunächst in einer kleinen Schriftenreihe, die der Verband der Landesarchäologen selbst herausgegeben hatte, ab dem Jahr 1996 dann im Jahrgangsheft 2 des Archäologischen Nachrichtenblattes, was eine erheblich bessere Verbreitung mit sich brachte. In Vorbereitung dieser Laudatio ist mir bei der Übersicht der Veranstaltungen wieder bewusst geworden, dass wir in den beiden vergangenen Jahrzehnten niemals ein typisches „wiedervereinigungsbedingtes" The-

ma aufgegriffen haben. Recht schnell konnte man ja hier dem Verdacht ausgesetzt sein, dass die alte Bundesrepublik Deutschland glaubte, den neuen Bundesländern die Grundlagen einer Landesarchäologie erklären zu wollen. Es ging bei den Themen immer um gesamtdeutsche Fragestellungen und Anliegen und nie um partikuläre.
Im Jahr 1990, die Deutsche Demokratische Republik existierte noch, wandten sich erstmals dort tätige Kollegen offiziell – bisweilen aber auch ohne Kenntnis der Dienstvorgesetzten – an den Verband der Landesarchäologen und baten um Beratung oder sogar Einflussnahme. Die Situation war natürlich nicht ohne Brisanz. Sie hielt im folgenden Jahr an, in dem die fünf neuen Bundesländer mit unterschiedlicher Geschwindigkeit auch neue Strukturen und einen neuen gesetzlichen Rahmen für die Landesarchäologie schufen sowie neues Personal in Leitungsfunktionen beriefen. Ich denke, es gibt keinen damals im Osten Deutschlands tätigen Kollegen, der an der Rolle, die Dieter Planck bei diesem fachlichen Wiedervereinigungsprozess spielte, Anstoß nahm. Im Gegenteil, ich habe – auch später – zu keinem Zeitpunkt Kritik, sondern ausnahmslos Lob gehört. Diese Einschätzung charakterisiert am besten, welche *auctoritas* Dieter Planck auszeichnete – bei „alten Genossen" gleichermaßen wie bei „jungen Wilden"! Eine ähnlich positive Rolle wie Dieter Planck beim Vereinigungsprozess auf Ebene der Bundesländer, wo der Verband der Landesarchäologen zur schnell und von allen Seiten akzeptierten Vertretung wurde, hat meiner Ansicht nach Siegmar von Schnurbein gespielt, wobei es dort auf nationaler Ebene darum ging, bei der „Abwicklung" des Zentralinstituts für Alte Geschichte und Archäologie der Akademie der Wissenschaften der DDR sowie der Überführung von Aufgaben und Mitarbeitern in das Deutsche Archäologische Institut Fachliches und Menschliches in Einklang zu bringen.
Die 1990er Jahre waren aber nicht allein durch die innerdeutsche Entwicklung für den Verband geprägt. Auch die europäische Integration bekam bekanntlich durch den Fall des eisernen Vorhangs erhebliche Impulse, zu denen sich der Verband in seinem Arbeitsfeld positionieren musste. Was waren die Rahmenbedingungen? Aus heutiger Sicht wird man zunächst einmal rückblickend konstatieren müssen, dass man sich in die Verhandlungen, die schließlich im Januar 1992 zum Abschluss des Europäischen Übereinkommens zum Schutz des archäologischen Erbes in Europa, also zur sogenannten Konvention von Malta, führten, energischer hätte einbringen können. Für dieses Unterlassen gibt es Gründe, die nicht vom damaligen Vorsitzenden des Verbandes Dieter Planck und auch nicht von seinem Vorgänger Hugo Borger zu vertreten sind; sie sollen hier nicht vertieft werden. Ich habe aber den Eindruck gewonnen, dass man hierzulande – und hier beziehe ich mich durchaus ein – den Abstimmungsprozess, der schließlich die Malta-Konvention hervorbrachte, vor dem Hintergrund der bestehenden Denkmalschutzgesetze in den Bundesländern wohl generell nicht unbedingt als vorrangig für die eigene Arbeit ansah und dass man damit die Konvention wie auch ihre Genesis leider unterbewertete. Schon seit einiger Zeit nehmen die deutschen Landesarchäologen und ihr Verband hierzu jedoch eine andere Position ein. Das Europäische Übereinkommen zum Schutz des archäologischen Erbes in Europa wurde bekanntlich vor einigen Jahren durch Abstimmung in Bundesrat und Bundestag in nationales Recht überführt. Es ist damit auch für die Bundesländer, denen ja die Kulturhoheit obliegt, bindend, und keine Änderung eines Denkmalschutzgesetzes hierzulande kann inhaltlich hinter die im Jahr 1992 auf Malta festgelegten Regelungen mehr zurück. Bei den Beratungen zu beabsichtigten Novellierungen von Denkmalschutzgesetzen in den Bundesländern, zu denen wir als Verband regelmäßig angehört werden, weisen wir stets darauf hin. Grundanforderungen zum Umgang mit dem archäologischen Erbe sind also gesichert, und bisweilen wundert man sich, dass uns mittlerweile europäisch verordnete Standards absichern und nicht eine Kulturnation wie Deutschland die Standards setzt: *The Times They are A-Changin'*... Die aktuelle Studie der Europäischen Union im Rahmen des Leonardo-Programms „*Discovering the Archaeologists of Europe*", an der sich Deutschland neben elf weiteren Staaten beteiligt, bestätigt im Übrigen diese Aussage auch auf dem Gebiet der Arbeitssituation für Archäologen.
Das Zustandekommen und das Ergebnis „von Malta" zeigten die Notwendigkeit, den europäischen Dialog auf Ebene der zuständigen staatlichen Denkmalfachbehörden nicht nur auszubauen, sondern eine ständige und strukturelle Zusammenarbeit zu etablieren, da etwa Gesetzgebungsverfahren auf europäischer Ebene – Europarat und Europäische Union – zunehmend auch die einzelnen Staaten unmittelbar regulierten. Über diesen neuen gesetzlichen Rahmen auf europäischer Ebene hinaus sah man aber auch eine gewisse Konkurrenz durch die *European Association of Archaeologists (EAA)* gegeben, die als Verein allen in der Archäologie beruflich Tätigen oder an der Archäologie Interessierten offenstand. Bald nach der Unterzeichnung der Konvention von Malta fand der *EAA*-Gründungskongress in Ljubljana, Slowenien, im Jahr 1994 statt, wo

die dort angenommenen Statuten auch eine Beratung politischer Gremien in Fragen des Umgangs mit dem archäologischen Erbe durch die *Association* festschrieben. Darin sahen nun die staatlichen archäologischen Institutionen in Europa, die für Denkmalpflege und Denkmalschutz zuständig waren und sich noch nicht in einem europäischen Dachverband zusammengefunden hatten, einen klaren Eingriff in ihr eigenes Kerngeschäft. Mittlerweilerweile haben aber das *Europae Archaeologiae Consilium (EAC)*, über dessen Gründung im Jahr 1999 noch zu berichten ist, und die *European Association of Archaeologists (EAA)* nicht nur eine gute Zusammenarbeit und Arbeitsteilung gefunden, sondern räumen sich auch gegenseitig einen offiziellen Beobachterstatus ein, was die Teilnahme an den jeweiligen Jahresversammlungen angeht. Hilfreich war hier sicherlich, dass staatliche Bodendenkmalpfleger eine Zeit lang auch in der Führungsspitze der *EAA* agierten.

Seinerzeit bestand aber ein erheblicher Abstimmungs- und Handlungsbedarf für die in der staatlichen Denkmalpflege verantwortlichen Archäologen in Europa. Der Verband der Landesarchäologen wurde initiativ und stellte sein Kolloquium des Jahres 1997 unter die Thematik „Archäologische Denkmalpflege im vereinten Europa: Situationen – Probleme – Ziele". Bewusst wurde Saarbrücken, schon immer eine Stadt mit Brückenfunktion, als Veranstaltungsort ausgewählt, und es kamen Referenten aus neun europäischen Ländern dorthin. Schon zuvor hatte man aber hierzulande die Wichtigkeit und Nachhaltigkeit erkannt und im Verband einem Mitglied den „Geschäftsbereich Europa" als festes Aufgabengebiet zugewiesen. Der Posten des „Außenministers" war geboren, und es sollte sich als äußerst hilfreich erweisen, dass Deutschland somit einen ständigen Ansprechpartner für europäische Belange vorhielt. Zunächst besetzte Andrei Miron, dann über viele Jahre Friedrich Lüth und heutzutage Dirk Krausse diese ungemein wichtige Vorstandsposition.

Nicht zuletzt durch Veranstaltungen wie die in Saarbrücken wurde ein Prozess eingeleitet, in dem die auf staatlicher Ebene für den Denkmalschutz zuständigen Institutionen in Europa zusammenfanden und bald darauf das *Europae Archaeologiae Consilium (EAC)* gründeten. Man wählte hierzu im Jahr 1999 bewusst das Europaparlament in Straßburg, um sich der Politik als Berater in allen Fragen des Umgangs mit dem archäologischen Erbe in Europa zu empfehlen. Noch heute finden deshalb die jährlichen Generalversammlungen des *EAC* in der Regel am Gründungsort statt. Mit einer gewissen Befriedigung können wir rückblickend konstatieren, dass mittlerweile 25 europäische Staaten dem *EAC* beigetreten sind und der Verband der Landesarchäologen – natürlich gemeinsam mit weiteren Institutionen aus anderen Staaten – eine Vorreiterrolle bei der Gründung unseres europäischen Dachverbandes eingenommen hat.

In den 1990er Jahren hatte der Verband der Landesarchäologen auf nationaler wie auch auf internationaler Ebene extrovertiert agiert, und so war es als Gegenbewegung nur folgerichtig, dass man sich am Ende dieser Dekade auch auf die eigenen Wurzeln rückbesinnen wollte. Mit der Jahrestagung 1999 ergab sich hierfür Gelegenheit. Man tagte in Wiesbaden, dort, wo der Verband der (westdeutschen) Landesarchäologen fünfzig Jahre zuvor gegründet worden war. Natürlich ging es auch ein wenig darum, sich selbst zu feiern, aber der Rückblick war doch viel tiefgreifender. Im chronologischen Abriss, der rund zweihundert Jahre umfasste, ließ man in einem Festkolloquium die wesentlichen Etappen der Bodendenkmalpflege in Deutschland Revue passieren. Ein gewisser Höhepunkt war dabei zweifellos die Darstellung der Bodendenkmalpflege im Nachkriegsdeutschland in Ost und West. Während Dieter Planck die Entwicklung in der Bundesrepublik Deutschland referierte und natürlich auch den Verband der Landesarchäologen einbezog, unternahm Bernhard Gramsch das Gleiche für die Deutsche Demokratische Republik und für den dortigen Beirat für Bodendenkmalpflege, der ja in den Jahren seines Bestehens von 1954 bis 1990 in manchen Punkten durchaus vergleichbare Aufgaben wie der Verband versah. Über das Kolloquium hinaus gab der Verband aus Anlass seines 50. Geburtstages die kleine Festschrift „50 Jahre Verband der Landesarchäologen in der Bundesrepublik Deutschland – Ein Rückblick zum 50-jährigen Jubiläum" heraus, die Gerhard Fingerlin nach intensivem Studium der (noch) vorhandenen Verbandsakten erstellt hatte.

Nach meiner Erinnerung wurde seit der Jahrestagung in Wiesbaden verstärkt innerhalb des Verbandes und natürlich auch innerhalb des Vorstandes diskutiert, die Anliegen und Leistungen der Landesarchäologie offensiver in die Öffentlichkeit zu tragen. Dieses erfolgte in verschiedenster Weise, u.a. mit den „Leitlinien zur Archäologischen Denkmalpflege in Deutschland", die der Verband im Jahr 2001 herausbrachte. Man erinnerte sich aber insbesondere auch an ein Ausstellungsprojekt, das knapp ein Vierteljahrhundert zuvor der Verband durchgeführt hatte. Die damalige Präsentation „Das neue Bild der alten Welt. Archäologische Bodendenkmalpflege und archäologische Ausgrabungen in der Bundesrepublik Deutschland von 1945 bis 1975" war ein voller Erfolg gewesen, und nun bestand ja erstmals die

Möglichkeit einer gesamtdeutschen Schau. Es ist hier nicht der Raum, alle Schwierigkeiten darzustellen, die im Vorfeld beseitigt werden mussten, bevor die Ausstellung „Menschen – Zeiten – Räume. Archäologie in Deutschland" im Berliner Martin-Gropius-Bau eröffnet werden konnte. Wilfried Menghin als Ausstellungskurator und Dieter Planck als Verbandsvorsitzender waren erheblich gefordert, denn Klippen, die es zu umschiffen galt, gab es reichlich. Mit Diplomatie und auch Durchsetzungsvermögen musste etwa ein Finanzkonzept aufgestellt werden, in das die Bundesländer ihren Beitrag einzustellen hatten. Für solche Fälle gibt es im politischen Alltag bekanntlich den „Königsteiner Schlüssel", dieser wurde auch hier angewendet. Allerdings war von Beginn an klar, dass man die Ausstellung nur an zwei Ausstellungsorten, also nur in zwei der sechzehn Bundesländer, würde zeigen können. Schon dieses würde eine Ausleihzeit von rund einem Jahr für die Exponate bedeuten. Berlin als Hauptstadt – und auch durch besondere organisatorische sowie zusätzliche finanzielle Leistungen hervorgetreten – war sozusagen „gesetzt". Für den zweiten Veranstaltungsort wurde aber quasi jede Landeshauptstadt ins Gespräch gebracht. Dieter Plancks großes Verdienst war es hier, mit bestem Vorbild voranzugehen. Das Land Baden-Württemberg, aufgrund des Königsteiner Schlüssels einer der „Großeinzahler" und zudem durch die große Entfernung zu Berlin räumlich benachteiligt, hätte sicherlich auf einem Standort auch im Süden Deutschlands beharren können. Dieter Planck aber, obwohl gemeinsam mit Wilfried Menghin zweifelsfrei am stärksten in der Verantwortung für das Ausstellungsprojekt, hat zu keinem Zeitpunkt versucht, seine *potestas* als Vorsitzender für eigene Landesinteressen einzusetzen. Im Vorstand entschied man sich einstimmig für die Kunst- und Ausstellungshalle der Bundesrepublik Deutschland in Bonn als zweiten Ausstellungsort. Diese Entscheidung wurde auch dadurch erleichtert, dass so weitere Finanzmittel zu akquirieren waren. Die Mitgliederversammlung stimmte dem Vorstandsbeschluss zu.
Eine ungemein intensive Zeit als Vorsitzender des Verbandes der Landesarchäologen näherte sich ihrem Ende und fand einen großartigen Abschluss: Am 5. Dezember 2002 in Berlin und später dann am 8. Mai 2003 in Bonn konnte Dieter Planck die Ausstellung „Menschen – Zeiten – Räume. Archäologie in Deutschland" eröffnen, die von 25 Jahren archäologischer Tätigkeit in Deutschland ein lebendiges Bild vermittelte.

Auch ein weiteres Verbandsprojekt, das Dieter Planck einige Jahre begleitet und das ihn für Insider sichtbar bisweilen auch belastet hatte, ließ sich Anfang des Jahres 2003 abschließen. Es ging um Bilanz, Position und Ausblick, die in der Publikation „Archäologische Denkmalpflege in Deutschland. Standort, Aufgabe und Ziel" in allgemein verständlicher Weise veröffentlicht wurde. Auch hier knüpfte der Verband an eine ältere Idee an, nämlich eine Veröffentlichung, die Gerhard Mildenberger im Jahr 1966 unter dem Titel „Denkschrift zur Lage der Vorgeschichte" im Auftrag der Deutschen Forschungsgemeinschaft erstellt hatte.

Seinen letzten offiziellen Auftritt als Vorsitzender des Verbandes der Landesarchäologen in der Bundesrepublik Deutschland hatte Dieter Planck im Zusammenhang mit der Jahrestagung 2003 in Ulm. Er hatte den Verband in die Donaustadt eingeladen, wo auch Neuwahlen stattfanden. Nach fünfzehn Jahren Amtszeit als Vorsitzender kandidierte er zwar nicht mehr für den Vorsitz, blieb dem Verband aber als Vertreter Baden-Württembergs, also als ordentliches Mitglied, erhalten. Seinen Abschied als Vorsitzender verband er im Rahmen der Jahrestagung mit der Eröffnung des Internationalen Kolloquiums am 19. Mai 2003 in Ulm. Das Kolloquiumsthema ging auf ihn zurück und manifestiert auf das Beste, was ihn und den Verband in seiner Amtszeit besonders beschäftigt hat: „Gesellschaft und Archäologie – Gedanken zum kulturpolitischen Auftrag".

Prof. Dr. Jürgen Kunow
Vorsitzender des Verbandes
der Landesarchäologen in der
Bundesrepublik Deutschland

Schriftenverzeichnis Dieter Planck

ZUSAMMENGESTELLT VON JÖRG BIEL UND MARTIN LUIK

Herausgeberschaften

Die Römer in Baden-Württemberg[1, 2] (Stuttgart, Aalen 1976) (zusammen mit Ph. Filtzinger u. B. Cämmerer).

Der Keltenfürst von Hochdorf. Methoden und Ergebnisse der Landesarchäologie (Stuttgart 1985).

Die Römer in Baden-Württemberg[3] (Stuttgart 1986) (zusammen mit Ph. Filtzinger u. B. Cämmerer).

Archäologie in Württemberg. Ergebnisse und Perspektiven archäologischer Forschung von der Altsteinzeit bis zur Neuzeit (Stuttgart 1988).

Archäologie in Baden-Württemberg. Das Archäologische Landesmuseum, Außenstelle Konstanz (Stuttgart 1994).

Die Schraube zwischen Macht und Pracht. Das Gewinde in der Antike (Sigmaringen 1995) (zusammen mit R. Würth).

Vom Vogelherd zum Weissenhof. Erbe und Verpflichtung (Stuttgart 1997).

Anfänge der Zisterzienser in Südwestdeutschland. Politik, Kunst und Liturgie im Umfeld des Klosters Maulbronn. Oberrhein. Stud. 16 (Stuttgart 1999) (zusammen mit P. Rückert).

Menschen – Zeiten – Räume. Archäologie in Deutschland. Begleitband zur Ausstellung Bonn – Berlin (Stuttgart 2002) (zusammen mit W. Menghin).

Die Römer in Baden-Württemberg. Römerstätten und Museen von Aalen bis Zwiefalten (Stuttgart 2005).

Das Limes-Lexikon. Roms Grenzen von A–Z (München 2009) (zusammen mit A. Thiel).

Mitherausgeberschaft der Zeitschrift „Archäologie in Deutschland“ H. 1, 1984–H. 19/3, 2003.

Monographien

Arae Flaviae. Neue Untersuchungen zur Geschichte des römischen Rottweil. Phil.-Diss. Tübingen 1970.

Das Rottweiler Römerbad. Kl. Schr. Stadtarchiv Rottweil 2 (Rottweil 1972).

Arae Flaviae I. Neue Untersuchungen zur Geschichte des römischen Rottweil. Forsch. u. Ber. Vor- u. Frühgesch. Baden-Württemberg 6 (Stuttgart 1975).

Neue Ausgrabungen am Limes. Kl. Schr. Kenntnis röm. Besetzungsgesch. Südwestdeutschland 12 (Stuttgart 1975).

Der Limes in Südwestdeutschland. Limeswanderung Main – Rems – Wörnitz (Stuttgart 1980) (zusammen mit W. Beck).

Flora und Fauna im Ostkastell von Welzheim. Forsch. u. Ber. Vor- u. Frühgesch. Baden-Württemberg 14 (Stuttgart 1983) (zusammen mit U. Körber-Grohne, M. Kokabi u. U. Piening), bes. 9–16.

Das Freilichtmuseum am rätischen Limes im Ostalbkreis. Führer arch. Denkmäler Baden-Württemberg 9 (Stuttgart 1983).

Der Limes in Südwestdeutschland. Hauptwanderweg Schwäb. Albverein 6[2] (Stuttgart 1987) (zusammen mit W. Beck).

Das römische Walheim. Ausgrabungen 1980–1988. Arch. Inf. Baden-Württemberg 18 (Stuttgart 1991).

Unterirdisches Baden-Württemberg. 250 000 Jahre Geschichte und Archäologie im Luftbild (Stuttgart 1994) (zusammen mit O. Braasch, J. Oexle u. H. Schlichtherle), bes. 7–12, 32–61, 138–187.

Aufsätze

1966

Römische Funde aus Rottenburg-Sumelocenna 1965. Der Sülchgau 10, 1966, 81–84.

1967

Neues zur römischen Vicusmauer in Rottenburg a. N. Der Sülchgau 11, 1967, 9–16.

1968

Der römische Gutshof im Kreuzerfeld bei Rottenburg a. N. Der Sülchgau 12, 1968, 8–20.
Das Römerbad von Rottweil. Baden-Württemberg 15, 1968, H. 1, 14–19.

1969

Die Beziehungen von Rottweil zur Schweiz in römischer Zeit. In: Festschrift 450 Jahre Ewiger Bund (Rottweil 1969) 9–25.
Das römische Rottweil. Schwäb. Heimat 3, 1969, 212–213.

1970

Neue Untersuchungen im römischen Rottweil. In: Beiträge zur Landeskunde 4. Staatsanzeiger für Baden-Württemberg, Beil., 1970, 6–11.

1971

Arae Flaviae. Rottweil in römischer Zeit. Antike Welt 2, 1971, H. 4, 11–18.

1972

Die Topographie des römischen Rottweil. Bonner Jahrb. 172, 1972, 195–212.
Eine interessante römische Fibel aus Rottweil. Arch. Korrbl. 2, 1972, 197–200.
Benningens Rathaus auf römischem Grund. In: Das neue Rathaus von Benningen a. N. Bürgerbrief Nr. 1 (o. O. 1972) 10–17.
Das römische Walheim. In: 900 Jahre Walheim (Walheim 1972) 9–32.
Konservierung eines römischen Bades bei Rottweil. Denkmalpfl. Baden-Württemberg 1, 1972, H. 1, 39–42.
Eine Lehrgrabung des Deutschen Archäologischen Instituts und des Landesdenkmalamtes Baden-Württemberg in Rottweil. Denkmalpfl. Baden-Württemberg 1, 1972, H. 4, 39–40.
Neue alamannische Gräber in Schmiden. Remstal 31, 1972, 44–47.

1973

Artikel: Arae Flaviae; Arbon. In: RGA^2 1 (1973) 380–382; 389–390.
Vor- und Frühgeschichte. In: Der Kreis Göppingen (Stuttgart, Aalen 1973) 15–31.
Die vor- und frühgeschichtliche Besiedlung auf Gerlinger Markung. In: Mosaik einer Stadt – Gerlingen (1973), ohne Pag. (zwei S.).
Die römischen Steindenkmäler von Dettingen. Der Sülchgau 17, 1973, 79–80.
Neue alamannische Gräber in Schmiden. Remstal 31, 1973, 44–47.
Die Römerzeit im Raum Aalen – Ellwangen. In: Aalen, Lauchheim, Ellwangen. Führer vor- u. frühgesch. Denkmäler 22 (Mainz 1973) 50–63.
Topographische Beiträge: Das Kastell Halheim; Exkursion: Der raetische Limes zwischen Gollenhof bei Mögglingen und Halheim; Das Limeskastell Buch. In: Aalen, Lauchheim, Ellwangen. Führer vor- u. frühgesch. Denkmäler 22 (Mainz 1973) 157–161; 183–202; 213–223.
Das Limesfreilichtmuseum Schwabsberg-Buch, Ostalbkreis. Denkmalpfl. Baden-Württemberg 2, 1973, H. 3, 40–46.

1974

Funde aus einem römischen Brunnen von Rottweil. Anhang zu J. Baas, Kultur- und Wildpflanzenreste aus einem römischen Brunnen von Rottweil-Altstadt. Fundber. Baden-Württemberg 1, 1974, 373 ff. bes. 413–416.
Die Villa rustica von Bierlingen-Neuhaus, Lkr. Horb a. N. Fundber. Baden-Württemberg 1, 1974, 501–526.
Ein neues römisches Lager bei Eislingen, Lkr. Göppingen. Fundber. Baden-Württemberg 1, 1974, 527–532.
Die Römersiedlung Sumelocenna. In: Der Landkreis Tübingen. Amtliche Kreisbeschr. Bd. 3 (Stuttgart 1974) 294–296.
Vor- und Frühgeschichte. In: Rottenburg am Neckar. Bilder einer Stadt (Rottenburg 1974) 19–24.
Ausgrabungen im römischen Limeskastell Unterböbingen, Ostalbkreis. Denkmalpfl. Baden-Württemberg 3, 1974, H. 3, 32–37.
Ein neuer keltischer Grabhügel. In: Hegnach 1974, 70–75.

1975

Dalkingen/Schwäbische Alb, Limestor; Fragmente einer überlebensgroßen, bronzenen Kaiserstatue aus Dalkingen; Die frühalamannische Siedlung bei Sontheim im Stubental. In: Das neue Bild der Alten Welt. Archäologische Bodendenkmalpflege und archäologische Ausgrabungen in der Bundesrepublik Deutschland von 1945–1975.

Kölner Römer-Illustrierte 2, 1975, 122–123; 127; 212.

Drei hallstattzeitliche Grabhügel im Wald „Kirchert“ bei Nürtingen, Kreis Esslingen. Arch. Ausgr. 1974 (1975) 16–17.

Bestattungen in einem späthallstattzeitlichen Grabhügel bei Hegnach. Arch. Ausgr. 1974 (1975) 18–21.

Die keltische Viereckschanze in Stuttgart-Vaihingen. Arch. Ausgr. 1974 (1975) 25–26.

Das Alblimeskastell Oberdorf/Ipf, Ostalbkreis. Arch. Ausgr. 1974 (1975) 33–34.

Der römische Gutshof von Mundelsheim, Kreis Ludwigsburg. Arch. Ausgr.1974 (1975) 38–39.

Das Kleinkastell Rötelsee nördlich von Welzheim, Rems-Murr-Kreis. Arch. Ausgr. 1974 (1975) 40–43.

Ein ungewöhnliches Bauwerk am rätischen Limes bei Dalkingen, Ostalbkreis. Arch. Ausgr. 1974 (1975) 43–49.

Eine frühalamannische Siedlung bei Sontheim i. St. (Gemeinde Steinheim a. A.), Kreis Heidenheim. Arch. Ausgr. 1974 (1975) 50–51.

Das Freilichtmuseum am rätischen Limes im Ostalbkreis. Ellwanger Jahrb. 25, 1973–74 (1975) 21–60.

Neue Ausgrabungen am obergermanischen Limes bei Welzheim. An Rems und Murr 1975, 55–62.

Die spätkeltische Viereckschanze von Echterdingen, Landkreis Esslingen. Bl. Schwäb. Albver. 81, 1975, 4–6.

1976

Neue Forschungen zum obergermanischen und raetischen Limes. In: ANRW II 5.1 (Berlin, New York 1976) 404–456.

Frühalamannische Funde aus dem Heidenheimer Raum. In: 75 Jahre Heimat- und Altertumsverein Heidenheim 1901–1976 (Heidenheim 1976) 97–120.

Die Zivilisation der Römer. In: Ph. Filtzinger/ D. Planck/B. Cämmerer (Hrsg.), Die Römer in Baden-Württemberg (Stuttgart, Aalen 1976) 121–161. Wieder abgedruckt: [2](Stuttgart, Aalen 1976).

Topographische Beiträge: Bad Niedernau; Benningen; Bierlingen; Böbingen; Brenz an der Brenz; Cleebronn; Donnstetten; Eislingen; Geislingen a. R.; Gomadingen; Gundelsheim; Halheim; Hausen; Lautlingen; Oberdorf; Oberkochen; Rommelshausen; Rottenburg; Rottweil; Schwabsberg – Buch – Dalkingen; Schwäbisch Gmünd-Freimühle; Schwäbisch Hall; Steinheim a.d. Murr; Stuttgart; Tomerdingen; Unterkochen; Wachendorf; Waiblingen; Waldmössingen; Weinsberg; Welzheim. In: Ph. Filtzinger/ D. Planck/B. Cämmerer (Hrsg.), Die Römer in Baden-Württemberg (Stuttgart, Aalen 1976) 227–228; 234–238; 240–245; 251–252; 257–259; 265–267; 269–274; 360–362; 431–433; 472–473; 475–494; 504–513; 515; 517; 538–539; 542; 546–547; 549–550; 557; 559–563. Wieder abgedruckt: [2](Stuttgart, Aalen 1976).

Artikel: Arae Flaviae; Sumelocenna. In: R. Stillwell (Hrsg.), The Princeton Encyclopedia of Classical Sites (Princeton N.Y. 1976) 82; 868.

Ausgrabungen im Bereich des Kastells Heilbronn-Böckingen. Arch. Ausgr. 1975 (1976) 32–34.

Die Entdeckung eines Kleinkastells am Limes in Mainhardt, Kreis Schwäbisch Hall. Arch. Ausgr. 1975 (1976) 35–38.

Die Villa rustica von Bondorf, Kreis Böblingen. Arch. Ausgr. 1975 (1976) 43–51.

Zivile Wohnbauten beim Kastell Unterböbingen, Ostalbkreis. Arch. Ausgr. 1975 (1976) 52–55.

Untersuchungen im römischen Kastellbad Buch, Gemeinde Rainau, Ostalbkreis. Arch. Ausgr. 1975 (1976) 56–57.

Topographische Beiträge: Aalen; Benningen; Oberriexingen; Rottweil; Schwabsberg, Buch und Dalkingen; Schwäbisch Gmünd; Unterböbingen; Welzheim. In: Lebendige Archäologie. Ein Kurzführer zu den restaurierten Bodendenkmälern in Baden-Württemberg. Führer arch. Denkmäler Baden-Württemberg 4 (Stuttgart, Aalen 1976) 15–16, 41–43; 94–96; 109–116; 118–134; 153–156.

Die Villa rustica von Bondorf, Kreis Böblingen. Denkmalpfl. Baden-Württemberg 5, 1976, 112–116.

Der Ipf bei Bopfingen, ein hervorragendes Bodendenkmal. Schwäb. Heimat 27, 1976, 1–7.

1977

Neue Untersuchungen am rätischen Limes bei Dalkingen, Ostalbkreis (Baden-Württemberg). In: Studien zu den Militärgrenzen Roms II. Vorträge 10. Internat. Limeskongress. Bonner Jahrb. Beih. 38 (Köln 1977) 231–234.

Neues zum römischen Kastell Waldmössingen, Kreis Rottweil. Fundber. Baden-Württemberg 3, 1977, 374–387.

Eine frühalamannische Siedlung in Sontheim im Stubental, Kreis Heidenheim. Fundber. Baden-Württemberg 3, 1977, 539–574.

Ausgrabungen eines Grabhügels in Neckarwestheim. Arch. Ausgr. 1976 (1977) 21–22.

Ein römisches Bauwerk im Rotwildpark bei Stuttgart. Arch. Ausgr. 1976 (1977) 32–36.

Die Limespalisade von Schwabsberg, Gemeinde Rainau, Ostalbkreis. Arch. Ausgr. 1976 (1977) 37–39.

Ausgrabungen in der Umgebung des Kastells Buch, Gemeinde Rainau, Ostalbkreis. Arch. Ausgr. 1976 (1977) 40–49.

Erste Teiluntersuchung im Ostkastell von Welzheim, Rems-Murr-Kreis. Arch. Ausgr. 1976 (1977) 50–54.

Untersuchungen im fränkischen Friedhof von Tauberbischofsheim-Dittigheim, Main-Tauber-Kreis. Arch. Ausgr. 1976 (1977) 55–57.

Das römische Kastell Grinario – Köngen a. N. Zum wiedereröffneten Museum im Kastellturm. Bl. Schwäb. Albver. 83, 1977, 127–129.

Der Ipf bei Bopfingen. Nordschwaben 5, 1977, 168–171.

1978

Ein neues Befestigungswerk in Köngen, Kreis Esslingen. Arch. Ausgr. 1977 (1978) 43–45.

Der Limeswachtturm 9/116 bei Kaisersbach, Rems-Murr-Kreis. Arch. Ausgr. 1977 (1978) 56–58.

Eine Flächengrabung im Limeskastell Murrhardt, Rems-Murr-Kreis. Arch. Ausgr. 1977 (1978) 59–61.

Untersuchungen im Ostkastell von Welzheim, Rems-Murr-Kreis. Arch. Ausgr. 1977 (1978) 61–67.

Der römische Brandgräberfriedhof von Schwäbisch Gmünd-Schirenhof, Ostalbkreis. Arch. Ausgr. 1977 (1978) 67–74.

Archäologische Ausgrabungen im römischen Vicus von Buch, Gemeinde Rainau, Ostalbkreis. Arch. Ausgr. 1977 (1978) 75–79.

1979

Untersuchungen am Wachtturm 9/116 auf Markung Kaisersbach, Rems-Murr-Kreis. Fundber. Baden-Württemberg 4, 1979, 214–229.

Ausgrabungen im Ostkastell von Welzheim, Rems-Murr-Kreis (Baden-Württemberg). Arch. Korrbl. 9, 1979, 411–417.

Römische Töpferöfen aus Benningen, Kreis Ludwigsburg. Acta praehist. et arch. 9/10, 1978/79, 135–143 (zusammen mit H. Roeske).

Berücksichtigung von archäologischen Denkmälern in Flurbereinigungen. In: Fachtagung 1979 der Flurbereinigungsverwaltung Baden-Württemberg in Eberbach a. N. (o. O., 1979) 17–25.

Die Vor- und Frühgeschichte von Ingersheim. In: 1200 Jahre Ingersheim (o. O., 1979) 5–12.

Topographische Beiträge: Die römische Straße auf dem „Härtsfeld“ bei Dehlingen; Die vorgeschichtlichen Befestigungen auf dem Ipf bei Bopfingen; Die Viereckschanze bei Jagstheim. In: H. Frei/G. Krahe, Archäologische Wanderungen im Ries. Führer arch. Denkmäler Bayern, Schwaben 2 (Stuttgart, Aalen 1979) 137–138; 142–151.

Der Limesturm bei Kaisersbach. Allgemeine Forst-Zeitschrift 11, 1979, 258.

Eine neue keltische Viereckschanze in Fellbach-Schmiden, Rems-Murr-Kreis. Arch. Ausgr. 1978 (1979) 41–45.

Die Südwestecke des Kohortenkastells in Mainhardt, Kreis Schwäbisch Hall. Arch. Ausgr. 1978 (1979) 46–48.

Ausgrabungen im Kastell Aalen, Ostalbkreis. Arch. Ausgr. 1978 (1979) 49–52.

Untersuchungen im Bereich des Kastelldorfes Buch, Gemeinde Rainau, Ostalbkreis. Arch. Ausgr. 1978 (1979) 52–60.

Das römische Landgut bei Lauffen am Neckar, Kreis Heilbronn. Arch. Ausgr. 1978 (1979) 77–85.

Untersuchungen in einer frühgeschichtlichen Siedlung bei Großkuchen, Stadt Heidenheim. Arch. Ausgr. 1978 (1979) 86–91.

Das römische Landgut bei Lauffen. Denkmalpfl. Baden-Württemberg 8, 1979, 27–35.

Brunnenfunde aus dem römischen Kastelldorf bei Buch, Gemeinde Rainau, Ostalbkreis. Denkmalpfl. Baden-Württemberg 8, 1979, 115–120.

1980

Zivile römische Besiedlung. In: Historischer Atlas von Baden-Württemberg III,4. Karte und Erläuterungen (Stuttgart 1980).

Die Bodendenkmalpflege heute. In: Kleinodien in Baden-Württemberg. Denkmalpflege heute (Karlsruhe 1980) 23–32.

Die römische Geschichte von Welzheim. In: 800 Jahre Welzheim. Jahresh. Hist. Verein Welzheimer Wald 1, 1980, 23–61.

Neue Ausgrabungen im Kastell Aalen. Aalener Jahrb. 1980, 26–43.

Das römische Gräberfeld von Köngen, Kreis Esslingen. Arch. Ausgr. 1979 (1980) 64–69.

Archäologische Untersuchungen im Kastelldorf von Köngen – Grinario. Arch. Ausgr. 1979 (1980) 70–77.

Kastell Aalen – Bericht über die Grabung 1979. Arch. Ausgr. 1979 (1980) 91–95.

Untersuchungen im Bereich der römischen Zivilsiedlung von Aalen, Ostalbkreis. Arch. Ausgr. 1979 (1980) 96–99.

Römische Brunnen im Kastelldorf bei Buch, Gemeinde Rainau, Ostalbkreis. Arch. Ausgr. 1979 (1980) 100–108.
Ein bisher unbekannter Gebäudekomplex südlich des Bades von Buch, Gemeinde Rainau, Ostalbkreis. Arch. Ausgr. 1979 (1980) 109–112.
Ein römischer Ziegelbrennofen in Rainau-Buch, Ostalbkreis. Arch. Ausgr. 1979 (1980) 113–114.

1981

Ein späthallstattzeitlicher Grabhügel in Hegnach, Stadt Waiblingen, Rems-Murr-Kreis. Fundber. Baden-Württemberg 6, 1981 (= Festschr. H. Zürn) 225–272.
Fellbach-Schmiden WN. Viereckschanze. In: K. Bittel/W. Kimmig/S. Schiek (Hrsg.), Die Kelten in Baden-Württemberg (Stuttgart 1981) 332–336.
Die abschließende Untersuchung in der spätkeltischen Viereckschanze von Fellbach-Schmiden, Rems-Murr-Kreis. Arch. Ausgr. 1980 (1981) 50–59.
Das große römische Bad von Heidenheim. Arch. Ausgr. 1980 (1981) 60–69.
Eine neue römische Töpferei aus Walheim a. N., Kreis Ludwigsburg. Arch. Ausgr. 1980 (1981) 73–78.
Grabungen im Bürgkastell von Öhringen, Hohenlohekreis. Arch. Ausgr. 1980 (1981) 91–94.
Die archäologische Ausgrabung im Kastell Aalen 1980. Arch. Ausgr. 1980 (1981) 97–100.
Abschluss der archäologischen Ausgrabungen im römischen Vicus von Buch, Gemeinde Rainau, Ostalbkreis. Arch. Ausgr. 1980 (1981) 101–103.
Der römische Limes als Aufgabe der Bodendenkmalpflege. Denkmalpfl. Baden-Württemberg 10, 1981, 1–8.

1982

Eine neuentdeckte keltische Viereckschanze in Fellbach-Schmiden, Rems-Murr-Kreis. Vorbericht der Grabungen 1977–1980. Germania 60, 1982, 105–172.
Die Principia im Kastell Aalen. Vorbericht über die Grabungen 1980 und 1981. Aalener Jahrb. 1982, 13–40.
Der obergermanisch-raetische Limes in Württemberg – Neue Forschungen zur Geschichte der römischen Reichsgrenze. In: Rieser Kulturtage, Dokumentation 4, 1982, 54–80.
Die Martinskirche in Kirchheim (Ries). In: Rieser Kulturtage, Dokumentation 4, 1982, 81–88.
Aufgaben und Ziele der archäologischen Denkmalpflege. In: Gefährdung und Rettung archäologischer Denkmäler. Schriftenr. Dt. Nationalkomitee Denkmalschutz 19 (Bonn 1982) 5–8.
Zur Bodendenkmalpflege in Baden-Württemberg. In: Gefährdung und Rettung archäologischer Denkmäler. Schriftenr. Dt. Nationalkomitee Denkmalschutz 19 (Bonn 1982) 33–48.
Die römische Badeanlage von Heidenheim. Grabung 1981. Arch. Ausgr. Baden-Württemberg 1981 (1982) 113–118.
Eine neue römische Inschrift aus Kirchheim am Ries, Ostalbkreis. Arch. Ausgr. Baden-Württemberg 1981 (1982) 127–131.
Ausgrabungen im Ostkastell von Welzheim, Rems-Murr-Kreis. Arch. Ausgr. Baden-Württemberg 1981 (1982) 169–170.
Ein römischer Kultbau in Böbingen, Ostalbkreis. Arch. Ausgr. Baden-Württemberg 1981 (1982) 171–174.
Ausgrabungen im Stabsgebäude des Kastells Aalen, Ostalbkreis. Arch. Ausgr. Baden-Württemberg 1981 (1982) 175–179.
Neue Untersuchungen in der frühalamannischen Siedlung von Sontheim i. St., Gde. Steinheim am Albuch, Kreis Heidenheim. Arch. Ausgr. Baden-Württemberg 1981 (1982) 182–185.
Das römische Bad in Heidenheim. Denkmalpfl. Baden-Württemberg 11, 1982, 52–59.
Die römischen Thermen von Heidenheim. Baden-Württemberg 29, 1982, H. 3, 8–10.
Archäologische Ausgrabungen in Rainau. Ostalb/Einhorn 34, 1982, 156–160.

1983

Der äußere obergermanische und raetische Limes. In: Führer zu römischen Militäranlagen in Süddeutschland (Stuttgart 1983) 16–19.
Topographische Beiträge: Militäranlagen am raetischen Limes zwischen dem Rotenbachtal und Aalen; Die römischen Kastelle in Welzheim, Rems-Murr-Kreis; Das Kleinkastell Rötelsee bei Welzheim; Wachtturm und Kleinkastell Ebnisee bei Kaisersbach; Die Kleinkastelle in Mainhardt und Schwäbisch Hall. In: Führer zu römischen Militäranlagen in Süddeutschland (Stuttgart 1983) 45–48; 61–68; 74–76.
Ein römisches Bauwerk unter der Kirche von Bondorf. In: Tübingen und das Obere Gäu. Führer arch. Denkmäler Deutschland 3 (Stuttgart 1983) 132–135.

Luftbildarchäologie in Baden-Württemberg. Arch. Ausgr. Baden-Württemberg 1982 (1983) 13–17 (zusammen mit R. Gensheimer).
Ein neuer römischer Limes in Württemberg. Arch. Ausgr. Baden-Württemberg 1982 (1983) 94–99.
Grabungen im Kastellvicus von Walheim, Kreis Ludwigsburg. Arch. Ausgr. Baden-Württemberg 1982 (1983) 117–124.
Das Fahnenheiligtum im Kastell Aalen. Arch. Ausgr. Baden-Württemberg 1982 (1983) 150–156.
Ein neues frühmittelalterliches Gräberfeld in Walheim, Kreis Ludwigsburg. Arch. Ausgr. Baden-Württemberg 1982 (1983) 167–170.
Luftbildarchäologie in Baden-Württemberg. Denkmalpfl. Baden-Württemberg 12, 1983, 1–7.

1984

Das Fahnenheiligtum des Kastells Aalen. Vorbericht über die Grabungen 1982 und 1983. Aalener Jahrb. 1984, 13–40.
Die Römer im Neckartal. In: 750 Jahre Stadt Lauffen a. N. (Lauffen 1984) 45–61.
Der Limesanfang im Rotenbachtal bei Schwäbisch Gmünd. Arch. Ausgr. Baden-Württemberg 1983 (1984) 127–129.
Grabungen im Gewann „Badstube“ in Walheim, Kreis Ludwigsburg. Arch. Ausgr. Baden-Württemberg 1983 (1984) 148–158.
Kastellgrabung Aalen 1983. Arch. Ausgr. Baden-Württemberg 1983 (1984) 158–161.
Grabungen im Westkastell von Welzheim, Rems-Murr-Kreis. Arch. Ausgr. Baden-Württemberg 1983 (1984) 178–181.
Die Römer in Botnang. Botnanger Heimat 6 (Stuttgart 1984).
Der Limesanfang im Rotenbachtal bei Schwäbisch Gmünd. Ostalb/Einhorn 43, 1984, 314–315.

1985

Archäologische Denkmalpflege in Baden-Württemberg. In: Der Keltenfürst von Hochdorf. Methoden und Ergebnisse der Landesarchäologie. Ausstellungskat. (Stuttgart 1985) 19–29.
Die Viereckschanze von Fellbach-Schmiden. In: Der Keltenfürst von Hochdorf. Methoden und Ergebnisse der Landesarchäologie. Ausstellungskat. (Stuttgart 1985) 340–353.
Restaurierung und Rekonstruktion römischer Bauten in Baden-Württemberg. In: G. Ulbert/G. Weber (Hrsg.), Konservierte Geschichte? Antike Bauten und ihre Erhaltung (Stuttgart 1985) 130–152.
Aufgaben und Arbeitsweise der Archäologischen Denkmalpflege. Denkmalpfl. Baden-Württemberg 14, 1985, 60–68.
Neue Beobachtungen an den Seitentoren des Kohortenkastells Walheim am Neckar, Kreis Ludwigsburg. Arch. Ausgr. Baden-Württemberg 1984 (1985) 102–104.
Archäologische Ausgrabungen in Walheim, Kreis Ludwigsburg. Arch. Ausgr. Baden-Württemberg 1984 (1985) 128–139.
Fortsetzung der Ausgrabungen im Stabsgebäude von Aalen, Ostalbkreis. Arch. Ausgr. Baden-Württemberg 1984 (1985) 153–156.
Die Martinskirche von Kirchheim/Ries (Ostalbkreis). Nordschwaben 13, 1985, 135–139.

1986

Untersuchungen im Alenkastell Aalen, Ostalbkreis. In: Studien zu den Militärgrenzen Roms III. 13. Internat. Limeskongress Aalen 1983. Vorträge. Forsch. u. Ber. Vor- u. Frühgesch. Baden-Württemberg 20 (Stuttgart 1986) 247–255.
Eisen in der Vor- und Frühgeschichte Baden-Württembergs. Jahrb. Heimat- u. Altertumsver. Heidenheim an der Brenz 1985/86, 48–67.
Die Zivilisation der Römer in Baden-Württemberg. In: Ph. Filtzinger/D. Planck/B. Cämmerer (Hrsg.), Die Römer in Baden-Württemberg[3] (Stuttgart, Aalen 1986) 117–163.
Topographische Beiträge: Aalen; Aalen-Unterkochen; Albstadt-Lautlingen; Benningen; Böbingen; Bopfingen-Oberdorf/Ipf; Burladingen-Hausen; Cleebronn; Dettingen; Eislingen; Ellwangen-Pfahlheim; Geislingen a. R.; Großerlach-Grab; Gundelsheim; Heidenheim; Hüttlingen; Kernen-Rommelshausen; Kirchheim am Ries; Lauffen a. N.; Limes; Mainhardt; Murrhardt; Oberkochen; Öhringen; Rainau; Rottenburg; Rottweil; Schramberg-Waldmössingen; Schwäbisch Gmünd; Sontheim an der Brenz-Brenz an der Brenz; Starzach-Bierlingen; Starzach-Wachendorf; Steinheim a. d. Murr; Stuttgart; Stuttgart-Münster; Waiblingen; Walheim; Weinsberg; Welzheim; Wolpertswende-Mochenwangen. In: Ph. Filtzinger/D. Planck/B. Cämmerer (Hrsg.), Die Römer in Baden-Württemberg[3] (Stuttgart 1986) 203–209; 212–214; 239–242; 247–250; 253–254; 265–270; 276–279; 294–295; 305–306; 326–330; 345; 362–363; 366–368; 401–427; 435–438 (zusammen mit H. Clauss); 448–453; 460–461; 463–465 (zusammen mit R. Koch); 486–499; 510–517 (zusam-

men mit A. Gaubatz-Sattler); 517–534; 544–545; 552–556; 563–568; 578–579; 593–594; 596–603; 610–620; 623–625.

Ausgrabungen im römischen Rottweil. Arch. Ausgr. Baden-Württemberg 1985 (1986) 115–118 (zusammen mit Th. Schlipf).

Ausgrabungen in Walheim, Kreis Ludwigsburg. Arch. Ausgr. Baden-Württemberg 1985 (1986) 128–136.

Grabungen im Kastell Aalen, Ostalbkreis 1985. Arch. Ausgr. Baden-Württemberg 1985 (1986) 147–148.

Mithras in Welzheim, Rems-Murr-Kreis. Arch. Ausgr. Baden-Württemberg 1985 (1986) 153–154.

1987

Ein bisher unbekannter römischer Limes im Lautertal bei Dettingen unter Teck, Kreis Esslingen. Fundber. Baden-Württemberg 12, 1987, 405–429.

Die römischen Städte Ladenburg, Wimpfen und Rottenburg. Zeitschr. Gesch. Oberrhein 135, 1987, 6–23.

Zur Topographie des römischen Walheim. Ludwigsburger Geschbl. 40, 1987, 7–72.

L'occupation palafittique dans le sud-ouest de l'Allemagne: le programme de recherche «Siedlungsarchäologische Untersuchungen im Alpenvorland». Les Nouvelles de l'Archéologie 27, 1987, 56–63 (zusammen mit A. Billamboz, H. Schlichtherle u. Ch. Strahm).

Zum Abschluss der archäologischen Untersuchungen im Kastell Aalen, Ostalbkreis. Arch. Ausgr. Baden-Württemberg 1986 (1987) 95–101.

Zum Stand der Erforschung des römischen Walheim, Kreis Ludwigsburg. Arch. Ausgr. Baden-Württemberg 1986 (1987) 113–121.

1988

Archäologie in Württemberg. Schwerpunkte und Perspektiven der Forschung. In: D. Planck (Hrsg.), Archäologie in Württemberg. Ergebnisse und Perspektiven archäologischer Forschung von der Altsteinzeit bis zur Neuzeit (Stuttgart 1988) 17–23.

Der obergermanisch-raetische Limes und seine Vorläufer. Ein Forschungsüberblick. In: D. Planck (Hrsg.), Archäologie in Württemberg. Ergebnisse und Perspektiven archäologischer Forschung von der Altsteinzeit bis zur Neuzeit (Stuttgart 1988) 251–280.

Römische Städte und Siedlungen in Baden-Württemberg – Ein Überblick. In: Regia Wimpina. Beitr. Wimpfener Gesch. 5 (Bad Wimpfen 1988) 5–17.

Die römischen Kastelle Heidenheim und Aalen – ein Vergleich. In: Zivile und militärische Strukturen im Nordwesten der römischen Provinz Raetien. 3. Heidenheimer Archäologiekolloquium 1987. Jahrb. Heimat- u. Altertumsver. Heidenheim an der Brenz 1987/88 (1988) 33–54.

Das Kastell der Ala II Flavia in Aalen. Aalener Jahrb. 1988, 66–83.

Die Archäobotanik in Baden-Württemberg. In: Der prähistorische Mensch und seine Umwelt. Festschr. U. Körber-Grohne. Forsch. u. Ber. Vor- u. Frühgesch. Baden-Württemberg 31 (Stuttgart 1988) 19–20.

Die Villa rustica bei Bondorf. In: Bondorf im Wandel der Zeit. Eine Dokumentation in Wort und Bild^{2} (Horb 1988) 17–26.

Topographische Beiträge: Die römische Straße auf dem „Härtsfeld" bei Dehlingen; Die vorgeschichtlichen Befestigungen auf dem Ipf bei Bopfingen; Die Viereckschanze bei Jagstheim. In: H. Frei/G. Krahe, Archäologische Wanderungen im Ries. Führer arch. Denkmäler Bayern, Schwaben 2^{2} (Stuttgart, Aalen 1988) 137–138; 142–151.

Die Zivilsiedlung von Walheim, Kreis Ludwigsburg. Arch. Ausgr. Baden-Württemberg 1987 (1988) 124–128.

Archäologische Ausgrabungen in Walheim a. N., Kreis Ludwigsburg. Denkmalpfl. Baden-Württemberg 17, 1988,1–8.

1989

Ein menschliches Kalottenbruchstück als Schöpf- oder Grabgerät. Fundber. Baden-Württemberg 14, 1989, 373–385 (zusammen mit J. Wahl).

Archäologische Denkmale – Erhaltung und Präsentation. In: G. Mörsch/R. Strobel (Hrsg.), Die Denkmalpflege als Plage und Frage. Festgabe für A. Gebeßler (München 1989) 143–162.

Archéologie et Audiovisuel en Allemagne du Sud. In: Rencontres Internationales du Film d'Archéologie et d'Ethnologie Paris 1989 (Paris 1989) 6–7 (zusammen mit J. Biel).

Archäologische Denkmalpflege heute. Ber. Denkmalpfl. Niedersachsen 9, 1989, 18–22.

Zum Abschluss der archäologischen Ausgrabungen in der römischen Siedlung von Walheim, Kreis Ludwigsburg. Arch. Ausgr. Baden-Württemberg 1988 (1989) 120–126.

Eine römische Villa rustica bei Mundelsheim, Kreis Ludwigsburg. Arch. Ausgr. Baden-Württemberg 1988 (1989) 183–187.

Eine römische Villa rustica bei Nürtingen-Oberensingen, Kreis Esslingen. Arch. Ausgr. Baden-Württemberg 1988 (1989) 187–191.

1990

Die Wiederbesiedlung der Schwäbischen Alb und des Neckarlandes durch die Alamannen. In: H. U. Nuber/K. Schmid/H. Steuer/Th. Zotz (Hrsg.), Archäologie und Geschichte des ersten Jahrtausends in Südwestdeutschland. Arch. u. Gesch. Freiburger Forsch. erstes Jahrtausend Südwestdeutschland 1 (Sigmaringen 1990) 69–96.

Denkmalpflege und Forschung am Beispiel der Provinzialrömischen Archäologie in Baden-Württemberg. Kölner Jahrb. Vor- u. Frühgesch. 23, 1990, 703–719.

Archäologie und Denkmalpflege im Lichte des internationalen Kultur- und Forschungslebens. Carnuntum-Jahrb. 1989 (1990) 9–20.

Siedlungsarchäologische Untersuchungen im Alpenvorland. 5. Kolloquium der Deutschen Forschungsgemeinschaft 1990 Gaienhofen-Hemmenhofen. Einleitung. Ber. RGK 71, 1990, 26–37.

Untersuchungen im Westkastell von Welzheim, Rems-Murr-Kreis. Arch. Ausgr. Baden-Württemberg 1989 (1990) 126–127.

Ein römisches Mithräum bei Mundelsheim, Kreis Ludwigsburg. Arch. Ausgr. Baden-Württemberg 1989 (1990) 177–183.

Die Überraschung: drei Gräben gefunden. Die Ausgrabungen am Welzheimer Westkastell. Jahresh. Hist. Ver. Welzheimer Wald 8, 1990, 11–14.

1991

Il Santuario di Fellbach-Schmiden. In: I Celti. Ausstellungskat. Venedig (Mailand 1991) 534–535.

Rettungsgrabung und Forschung – Archäologische Denkmalpflege heute. In: H. G. Horn/H. Kier/J. Kunow/B. Trier (Hrsg.), Archäologie und Recht. Was ist ein Bodendenkmal? Schr. Bodendenkmalpfl. Nordrhein-Westfalen 2 (Mainz 1991) 11–30.

Restaurierungen und Rekonstruktionen. Pro und Contra. Bilanz des Kolloquiums. In: Verband der Landesarchäologen in der Bundesrepublik Deutschland (Hrsg.), Sinn und Unsinn archäologischer Restaurierungen und Rekonstruktionen. Kolloquium Traunstein 1990 (Stuttgart 1991) 62–63.

Archäologische Denkmalpflege in Baden-Württemberg in den 90er Jahren. Denkmalpfl. Baden-Württemberg 20, 1991, 31–41.

20 Jahre archäologische Forschung am Neckar zwischen Marbach und Gundelsheim. Eine Einführung. Museo 2, 1991, 4–7.

Die Römer an Rems und Murr. Typisch im Rems-Murr-Kreis 6 (o. O., 1991).

Topographische Beiträge: Gemmrigheim, Römischer Gutshof; Mundelsheim, Römischer Gutshof mit Mithras-Heiligtum; Walheim, Römische Kastelle und Vicus. Das Römerhaus Walheim. In: Heilbronn und das mittlere Neckarland zwischen Marbach und Gundelsheim. Führer Arch. Denkmäler Deutschland 22 (Stuttgart 1991) 127–128; 184–190; 227–238.

Archäologische Untersuchungen im Limeskastell Mainhardt, Kreis Schwäbisch Hall. Arch. Ausgr. Baden-Württemberg 1990 (1991) 101–104.

Eine römische Siedlung bei Murr, Kreis Ludwigsburg. Arch. Ausgr. Baden-Württemberg 1990 (1991) 147–150.

Das Römerhaus Walheim. Museumsbl. Baden-Württemberg 1991, H. 5, 45–46.

1992

Aalen, Ostalbkreis. Archäologischer Plan des römischen Kastells (Stuttgart 1992).

Der obergermanisch-raetische Limes. Eine Aufgabe der Landesarchäologie. In: Der Römische Limes in Deutschland. Arch. Deutschland, Sonderh. (Stuttgart 1992) 89–98.

Einführung zum 5. Heidenheimer Archäologie-Kolloquium „Frühe Eisenverhüttung auf der Ostalb“. 5. Heidenheimer Archäologie-Kolloquium 1991 (Heidenheim/Brenz 1992) 13–16.

Eine ungewöhnliche Steinskulptur aus Walheim am Neckar, Kreis Ludwigsburg. Arch. Ausgr. Baden-Württemberg 1991 (1992) 308–310.

Ein Schaufenster der Landesarchäologie: das Archäologische Landesmuseum Baden-Württemberg. Denkmalpfl. Baden-Württemberg 21, 1992, 2–4.

Ein archäologisches Denkmal wird Museum. Beispiele aus jüngster Vergangenheit in Baden-Württemberg. Museumsblatt 9, 1992, 12–16.

1993

Archäologie aus erster Hand. In: G. Graichen/H. H. Hillrichs (Hrsg.), C 14 – Die Gebeine des

Papstes. Neue archäologische Entdeckungen in Deutschland (München 1993) 7–9.
Bergbauspuren, eine neue Kategorie von archäologischen Bodendenkmälern. In: H. Steuer/ U. Zimmermann (Hrsg.), Alter Bergbau. Arch. Deutschland, Sonderh. (Stuttgart 1993) 114–116.
Bodendenkmalpflege und Forschung – Synonyme oder Gegensätze. In: Verband der Landesarchäologen in der Bundesrepublik Deutschland (Hrsg.), Archäologische Denkmalpflege und Forschung. Kolloquium Jahrestagung Weimar 1992 (Weimar 1993) 10–14.
Archäologische Denkmalpflege und Öffentlichkeit. Denkmalpfl. Baden-Württemberg. 22, 1993, 16–23.
Im Wettlauf mit dem Bagger. Zur Frage des Denkmalschutzes paläontologischer Funde. Denkmalpfl. Baden-Württemberg 22, 1993, 136–138.
Kolloquium „Archäologie und Raubgräberei". Denkmalpfl. Baden-Württemberg 22, 1993, 174–175.
Ein neues römisches Lager bei Lauchheim, Ostalbkreis. Arch. Ausgr. Baden-Württemberg 1992 (1993) 120–124 (zusammen mit H. v.d. Osten-Woldenburg).

1994

Fellbach-Schmiden. In: RGA^2 8 (1994) 327–331.
Die Archäologische Denkmalpflege in Baden-Württemberg. Ausgr. u. Funde Sonderh. 1 (Berlin 1994) 3–8.
Die Wasserversorgung und Entsorgung im römischen Sumelocenna (Rottenburg am Neckar). Wasserwirtschaft 84, 1994, 374–377. Wiederabgedruckt in: Erlebbare Wasserwirtschaft im kommunalen Siedlungsraum (Heidelberg 1994) 15–18.
Aktuelle Fragen zum Zusammenwirken von archäologischer Denkmalpflege und Baudenkmalpflege. Deutsche Kunst u. Denkmalpfl. 30, 1994, 22–24.
Zum Einsatz privater Grabungsfirmen in der Archäologischen Denkmalpflege. In: Verband der Landesarchäologen in der Bundesrepublik Deutschland (Hrsg.), Archäologische Denkmalpflege und Grabungsfirmen. Kolloquium Jahrestagung Bruchsal 1993 (Stuttgart 1994) 67–69.
Das Archäologische Landesmuseum. In: D. Planck (Hrsg.), Archäologie in Baden-Württemberg. Das archäologische Landesmuseum, Außenstelle Konstanz (Stuttgart 1994) 9–15.
Das Archäologische Landesmuseum Baden-Württemberg im Jahre 1993. Arch. Ausgr. Baden-Württemberg 1993 (1994) 17–23 (zusammen mit J. Heiligmann).
Neues zum römischen Vicus Grinario-Köngen, Kreis Esslingen. Arch. Ausgr. Baden-Württemberg 1993 (1994) 158–162.

1995

Jahresbilanz. Denkmalpfl. Baden-Württemberg 24, 1995, 1–2.
Zur Ausstellung. In: R. Würth/D. Planck (Hrsg.), Die Schraube zwischen Macht und Pracht. Das Gewinde in der Antike (Sigmaringen 1995) 14–22.
Baudenkmalpflege und Archäologische Denkmalpflege. In: Vereinigung der Landesdenkmalpfleger in der Bundesrepublik Deutschland (Hrsg.), Konservatorenauftrag und heutige Denkmalherausforderung. Jahrestagung Heidelberg 1993. Landesdenkmalamt Baden-Württemberg, Arbeitsh. 4 (Stuttgart 1995) 85–88.
Denkmalschutz und Denkmalpflege in Baden-Württemberg. Die Gemeinde 118, 1995, 192–194.
Die Vor- und Frühgeschichte der Gemeinde Mundelsheim. In: Mundelsheim, Weinort am Neckar. Geschichte, Landschaft, Menschen (Mundelsheim 1995) 29–54.
Das Archäologische Landesmuseum Baden-Württemberg. Arch. Ausgr. Baden-Württemberg 1994 (1995) 17–24 (zusammen mit J. Heiligmann).

1996

Jahresbilanz. Denkmalpfl. Baden-Württemberg 25, 1996, 1–6.
Denkmalpflege in Kurorten. Denkmalpfl. Baden-Württemberg 25, 1996, 17–22.
Das Archäologische Landesmuseum Baden-Württemberg. Arch. Ausgr. Baden-Württemberg 1995 (1996) 17–25 (zusammen mit J. Heiligmann).
Zur Einrichtung des Zentralarchivs für archäologische Funde. Museumsblatt 20, 1996, 37–41.
Sanierungsarbeiten am Salemer Münster. Kunstchronik 49, 1996, 525–526 (zusammen mit F. Meckes).

1997

Archäozoologie und Prähistorische Anthropologie in ihrer Bedeutung für die Archäologie. In: M. Kokabi (Hrsg.), Beiträge zur Archäozoologie und Prähistorischen Anthropologie 1 (Konstanz 1997) 14–17.

Archäologie und Rekonstruktionen. In: Deutsches Nationalkomitee für den Denkmalschutz (Hrsg.), Rekonstruktionen in der Denkmalpflege. Überlegungen – Definitionen – Erfahrungsberichte. Schriftenr. Dt. Nationalkomitee Denkmalschutz 57 (Bonn 1997) 21–24.

Jahrestagung des Verbandes der Landesarchäologen „Archäologische Denkmalpflege im ländlichen Raum". Wiss. Kolloquium Bautzen 1996. Begrüßung. Arch. Nachrbl. 2, 1997, 117–118.

Zur Eröffnung des Internationalen Kongresses für Archäozoologie. Proceedings of the 7th ICAZ Conference Konstanz 1994. Anthropozoologica 25–26, 1997, 33–34.

Die „Alamannen". Ein Ausstellungsprojekt mit Vergangenheit. In: Archäologisches Landesmuseum Baden-Württemberg (Hrsg.), Die Alamannen. Ausstellungskat. (Stuttgart 1997) 14–15.

Erbe und Verpflichtung. Denkmalschutz heute. In: D. Planck (Hrsg.), Vom Vogelherd zum Weissenhof. Erbe und Verpflichtung (Stuttgart 1997) 9–24.

Die römischen Thermen von Hüfingen und Badenweiler. In: Staatliche Schlösser und Gärten in Baden-Württemberg (Stuttgart 1997) 58–61.

Editorial. Denkmalpfl. Baden-Württemberg 26, 1997, 1–4.

Einführung. Denkmalpfl. Baden-Württemberg 26, 1997, 115–120.

1998

Jahresrückblick 1997. Denkmalpfl. Baden-Württemberg 27, 1998, 1–4.

Denkmalpflegerischer Umgang mit den Ruinen römischer Villen in Baden-Württemberg. In: S. Böning-Weis (Hrsg.), Monumental. Festschr. für M. Petzet zum 65. Geburtstag. Bayer. Landesamt f. Denkmalpfl., Arbeitsh. 100 (München 1998) 441–448.

Ochrona zabytków archeologicznych a badania naukowe – synonimy czy przeciwieństwa? In: Z. Kobyliński (Hrsg.), Ochrona dziedzictwa archeologicznego (Warszawa 1998) 57–61.

Niemcy: ochrona zabytków archeologicznych. In: Z. Kobyliński (Hrsg.), Ochrona dziedzictwa archeologicznego (Warszawa 1998) 219–223.

Stadtarchäologie in Baden-Württemberg und anderen Bundesländern. In: H. Engel/J. Haspel/W. Ribbe (Hrsg.), Geschichtswerkstatt Spree-Insel. Historische Topographie – Stadtarchäologie – Stadtentwicklung. Beitr. Denkmalpfl. Berlin, Sonderbd. (Potsdam 1998) 19–33.

Rückblick auf die Alamannenausstellung in Stuttgart. Arch. Ausgr. Baden-Württemberg 1997 (1998) 15–19.

Die Archäologische Denkmalpflege in Deutschland. Jahrestagung Verband der Landesarchäologen „Archäologische Denkmalpflege im vereinten Europa: Situation – Probleme – Ziele". Internat. Kolloquium 1997 Saarbrücken. Arch. Nachrbl. 3, 1998, 145–150.

Denkmalförderung in Baden-Württemberg. Kulturelles Erbe bewahren. In: 50 Jahre Toto-Lotto Baden-Württemberg (Stuttgart 1998) 165–169.

1999

Jahresrückblick 1998. Denkmalpfl. Baden-Württemberg 28, 1999, 1–6.

Zum Tagungsthema. Denkmalpfl. Baden-Württemberg 28, 1999, 197–204.

Forschungsgeschichte und Befunde [der Viereckschanze von Fellbach-Schmiden]. In: G. Wieland, Die keltischen Viereckschanzen von Fellbach-Schmiden (Rems-Murr-Kreis) und Ehningen (Kreis Böblingen). Forsch. u. Ber. Vor- u. Frühgesch. Baden-Württemberg 80 (Stuttgart 1999) 13–22.

Zum Kolloquium. Jahrestagung Verband der Landesarchäologen „Bodendenkmalpflege als Beruf – Ein Ausbildungsziel für die Universitäten?". Internat. Kolloquium 1998 Königswinter. Arch. Nachrbl. 4, 1999, 123–124.

Das Archäologische Landesmuseum Baden-Württemberg mit Zentralem Fundarchiv Rastatt. Museumsblatt 27, 1999, 5–7.

Zur Sache: Steuererleichterungen sichern Investitionen und bewahren Baudenkmale. Schwäb. Heimat 50, 1999, 3.

2000

Denkmalpflege in Baden-Württemberg 1999. Denkmalpfl. Baden-Württemberg 29, 2000, 2–10.

Zum Tag des offenen Denkmals. Denkmalpfl. Baden-Württemberg 29, 2000, 230–232.

Begrüßung und Ansprache zum Empfang. Arch. Nachrbl. 5, 2000, 153–157.

Die Bodendenkmalpflege in der Bundesrepublik Deutschland in der Zeit von 1945 bis 1990. Arch. Nachrbl. 5, 2000, 233–241.

Das Zentrale Fundarchiv in Rastatt. Arch. Ausgr. Baden-Württemberg 1999 (2000) 271–273.

2001

Geschichte einer Wiederentdeckung. In: Staatsanzeiger Baden-Württemberg (Hrsg.), Badenweiler. Römische Badruine mit neuem Schutzdach. Schlösser Baden-Württemberg, Sonderh. (Stuttgart 2001) 14–17.

Herrn Prof. Dr. phil. Gerhard Fingerlin zum 65. Geburtstag gewidmet. Fundber. Baden-Württemberg 25, 2001, 3–6.

2002

Editorial. Denkmalpfl. Baden-Württemberg 31, 2002, 1–4.

Das Limesprojekt. Schutz, Erforschung und Präsentation am Beispiel von Deutschlands größtem Bodendenkmal. Ber. RGK 83, 2002, 191–206.

Paret, Oscar: Archäologe (1889–1972). In: B. Ottnad/F. L. Sepaintner (Hrsg.), Baden-Württembergische Biographien 3 (Stuttgart 2002) 292–295.

Einführung. 25 Jahre Archäologie in Deutschland. In: W. Menghin/D. Planck (Hrsg.), Menschen – Zeiten – Räume. Archäologie in Deutschland. Begleitband zur Ausstellung (Stuttgart 2002) 15–17.

Das archäologische Landesmuseum Baden-Württemberg in den Jahren 2000 und 2001. Arch. Ausgr. Baden-Württemberg 2001 (2002) 258–266 (zusammen mit J. Heiligmann u. H. Kaiser).

2003

50 Jahre Denkmalpflege in Baden-Württemberg. Zur Geschichte der Denkmalpflege. Denkmalpfl. Baden-Württemberg 32, 2003, 13–18.

Zukunftsfähigkeit von Denkmalschutz und Denkmalpflege. Positionspapier der Ständigen Konferenz der Kultusminister der Länder in der Bundesrepublik Deutschland. Arch. Nachrbl. 8, 2003, 41–45 (zusammen mit J. Haspel).

Einführung in die Ausstellung. Arch. Nachrbl. 8, 2003, 111–113.

Schlusswort. In: Verband der Landesarchäologen in der Bundesrepublik Deutschland (Hrsg.), Archäologische Denkmalpflege in Deutschland. Standort, Aufgabe, Ziel (Stuttgart 2003) 69–70.

Der Limes – Europas größtes Bodendenkmal. In: Rotary Magazin Okt. 2003, 22–29.

Aus der Arbeit des Archäologischen Landesmuseums Baden-Württemberg. Arch. Ausgr. Baden-Württemberg 2002 (2003) 256–258 (zusammen mit J. Heiligmann).

Landeskonservator Dipl.-Ing. Franz Meckes im Ruhestand. Denkmalpfl. Baden-Württemberg 32, 2003, 135–136.

2004

Aufgaben der Bodendenkmalpflege am Limes. In: E. Schallmayer (Hrsg.), Limes Imperii Romani. Beitr. Fachkolloquium „Weltkulturerbe Limes" 2001 Lich-Arnsburg. Saalburg-Schr. 6 (Bad Homburg v. d. H. 2004) 163–168.

Welterbe Klosterinsel Reichenau: Lust und Last?! In: UNESCO-Welterbe: Lust und Last?! Arge-Alp-Tagung Insel Reichenau 2003. Landesdenkmalamt Baden-Württemberg, Arbeitsh. 14 (Stuttgart 2004) 21–24.

Gesellschaft und Archäologie – Gedanken zum kulturpolitischen Auftrag. Internat. Kolloquium Ulm 2003. Begrüßung. Arch. Nachrbl. 9, 2004, 101–107.

Aus der Arbeit des Archäologischen Landesmuseums Baden-Württemberg. Arch. Ausgr. Baden-Württemberg 2003 (2004) 262–265 (zusammen mit J. Heiligmann).

Die Römer an Rems und Murr. In: Kultur und Geschichte im Rems-Murr-Kreis (Waiblingen 2004) 1–20.

2005

Zum Stand der Römerforschung in Baden-Württemberg. Fundber. Baden-Württemberg 28/1, 2005, 237–260.

40 Jahre Limesmuseum in Aalen. Festvortrag zur Jubiläumsfeier. Aalener Jahrb. 2002/04 (2005) 223–229.

500 Jahre Römerforschung in Baden-Württemberg. Eine positive Bilanz. In: Archäologisches Landesmuseum Baden-Württemberg (Hrsg.), Imperium Romanum. Roms Provinzen an Neckar, Rhein und Donau. Begleitband zur Ausstellung (Stuttgart 2005) 22–29.

Das Limestor von Dalkingen. Pforte zur zivilisierten Welt. In: Archäologisches Landesmuseum Baden-Württemberg (Hrsg.), Imperium Romanum. Roms Provinzen an Neckar, Rhein und Donau. Begleitband zur Ausstellung (Stuttgart 2005) 130–133.

Topographische Beiträge: Aalen; Aalen-Unterkochen; Albstadt-Lautlingen; Benningen; Bopfingen-Oberdorf/Ipf; Cleebronn; Deggingen; Dettingen unter Teck; Dornstadt-Tomerdingen; Eislingen; Ellwangen-Pfahlheim; Essingen; Groß-erlach-Grab; Gundelsheim; Hüttlingen;

Kernen-Rommelshausen; Kirchheim am Ries; Lauchheim; Lauffen am Neckar; Murrhardt; Oberkochen; Rainau-Buch; Rottenburg-Bad Niedernau; Schramberg-Waldmössingen; Sontheim an der Brenz-Brenz an der Brenz; Starzach-Bierlingen; Stuttgart; Stuttgart-Münster; Waiblingen; Weinsberg; Welzheim. In: D. Planck (Hrsg.), Die Römer in Baden-Württemberg. Römerstätten und Museen von Aalen bis Zwiefalten (Stuttgart 2005) 9–19; 35–37; 48–49; 61–64; 70–72; 80; 95; 105; 133; 144–145; 147–148; 172–173; 175–178; 218–220; 231; 258–260; 289–290; 311–312; 324–327; 331–332; 348; 362–364; 364–370.

Editorial. Denkmalpfl. Baden-Württemberg 34, 2005, 49–51.

Aufgaben der Denkmalpflege in Baden-Württemberg. In: 20 Jahre Geschichtsverein Leinfelden-Echterdingen (Leinfelden-Echterdingen 2005) 11–31.

Denkmalpflege in Baden-Württemberg: die Verwaltungsreform vom 1. 1. 2005. Rev. Alsace 131, 2005, 17–24.

2006

Kommission „Kommunalarchäologie" beim Verband der Landesarchäologen in der Bundesrepublik Deutschland. Arch. Nachrbl. 11, 2006, 230–235 (zusammen mit M. D. Schön).

Bau- und Kunstdenkmalpflege seit 1990 in Baden-Württemberg. Die Denkmalpflege 64, 2006, 83–88.

Paradeis, Franz Josef, praktischer Arzt und Heimatforscher (1860–1939). In: M. M. Rückert (Hrsg.), Württembergische Biographien 1, 2006, 199–201.

Das Römerjahr 2005 in Baden-Württemberg. Eine Bilanz. Arch. Ausgr. Baden-Württemberg 2005 (2006) 253–259.

2007

Herrn Prof. Dr. phil. Hartmann Reim zum 65. Geburtstag gewidmet. Fundber. Baden-Württemberg 29, 2007, 3–6.

2008

Editorial. 150 Jahre Denkmalpflege in Baden-Württemberg. Denkmalpfl. Baden-Württemberg 37, 2008, 1–2.

Widmung und Dank. In: S. Arnold/F. Damminger/U. Gross/C. Mohn (Hrsg.), Stratigraphie und Gefüge. Beiträge zur Archäologie des Mittelalters und der Neuzeit und zur historischen Bauforschung. Festschr. f. Hartmut Schäfer zum 65. Geburtstag. Forsch. u. Ber. Arch. Mittelalter Baden-Württemberg 28 (Stuttgart 2008) 7–8.

Jörg Biel zum 65. Geburtstag. In: D. Krausse (Hrsg.), Frühe Zentralisierungs- und Urbanisierungsprozesse. Zur Genese und Entwicklung frühkeltischer Fürstensitze und ihres territorialen Umlandes. Koll. DFG-Schwerpunkprogramm 1171 Blaubeuren 2006. Forsch. u. Ber. Vor- u. Frühgesch. Baden-Württemberg 101 (Stuttgart 2008) VII–X.

Kurzführer

Das spätrömische Kastell Vemania bei Burkwang, Gde. Großholzleute, Lkr. Wangen. Kulturdenkmale Baden-Württemberg. Kleine Führer, Bl. 2 (Tübingen 1972).

Der Limes bei Schwabsberg, Buch und Dalkingen. Faltblatt (Stuttgart 1975).

Das „Römische Haus" im Rotwildpark bei Stuttgart. Kulturdenkmale Baden-Württemberg. Kleine Führer, Bl. 31 (Stuttgart 1977).

Kastell Grinario/Köngen a. N. Faltblatt (Stuttgart 1978).

Das Freilichtmuseum am rätischen Limes im Ostalbkreis. Faltblatt (Stuttgart 1978).

Der römische Gutshof von Weinsberg. Faltblatt (Stuttgart 1979).

Lauffen am Neckar. Der römische Gutshof. Faltblatt (Lauffen 1980).

Kapelle St. Martin Kirchheim am Ries. Faltblatt (Stuttgart 1983) (zusammen mit H.-T. Tempel).

Museum im Römerbad Heidenheim. Faltblatt (Stuttgart 1985).

Der römische Gutshof von Weinsberg^{2} (Stuttgart 1986).

Nachrufe

Helmut Breining (1908–1982). Fundber. Baden-Württemberg 8, 1983, 450.

Wilhelm Müller (1915–1983). Fundber. Baden-Württemberg 9, 1984, 767.

Alfred Rüsch (1938–1983). Fundber. Baden-Württemberg 9, 1984, 768–769.

Axel Hans Nuber (1906–1984). Fundber. Baden-Württemberg 10, 1985 (1986) 726.

Adolf Rieth (1902–1984). Fundber. Baden-Württemberg 10, 1985 (1986) 729–730.

Bernhard Hildebrand (1922–1987). Fundber. Baden-Württemberg 13, 1988, 809–810.

Kurt Bittel (1907–1991). Fundber. Baden-Württemberg 16, 1991, 653–655.

Kurt A. Schupp (1925–1992). Fundber. Baden-Württemberg 17/2, 1992, 281–282.

Siegwalt Schiek (1924–1993). Fundber. Baden-Württemberg 18, 1993, 637–640.

Albrecht Dauber (1908–1995). Arch. Nachrbl. 1, 1996, 374–375.

Martin Claus (1912–1996). Arch. Nachrbl. 1, 1996, 375–376.

Siegfried Junghans (1915–1999). Arch. Nachrbl. 4, 1999, 300.

Eberhard Wagner (1930–1999). Fundber. Baden-Württemberg 23, 1999, 1081–1082.

Wolfgang Kimmig (1910–2001). Fundber. Baden-Württemberg 24, 2000, 737–749 (zusammen mit M. Strobel).

Wolfgang Kimmig 1910–2001. In: Gesellschaft für Vor- und Frühgeschichte in Württemberg und Hohenzollern (Hrsg.), Wolfgang Kimmig. Leben und Lebenswerk (Stuttgart 2002) 3–5.

Hartwig Zürn (1916–2001). Arch. Nachrbl. 7, 2002, 202.

Hartwig Zürn †. Denkmalpfl. Baden-Württemberg 31, 2002, 263–264.

Hans Schönberger (1916–2005). Fundber. Baden-Württemberg 28/1, 2005, 896–897.

Philipp Filtzinger (1925–2006). Arch. Nachrbl. 11, 2006, 302–303.

August Gebeßler (1929–2008). Denkmalpfl. Baden-Württemberg 37, 2008, 255–256.

Beiträge zur Archäologie Südwestdeutschlands

Haselnüsse am Fluss
Ein spezialisierter Lagerplatz aus dem frühmesolithischen Horizont IV von Siebenlinden (Rottenburg a. N., Kreis Tübingen)

CLAUS-JOACHIM KIND UND THOMAS BEUTELSPACHER

1. Differenzierung unterschiedlicher Lagerplätze bei Jägern und Sammlern

Völkerkundliche Untersuchungen geben Interpretationsansätze für archäologische Befunde. Dies trifft unter anderem auch auf die Archäologie der Alt- und Mittelsteinzeit zu. Kennzeichen paläolithischer wie mesolithischer Jäger und Sammler war ihre Mobilität. Doch es wird deutlich, dass sich aus dem Verhalten rezenter Wildbeuter noch weitaus differenziertere Verhaltensformen auch für die steinzeitlichen Jäger und Sammler ableiten lassen.

Rezente Jäger und Sammler in den gemäßigten Zonen der nördlichen Hemisphäre errichten unterschiedliche Arten von Lagerplätzen, abhängig vom jeweiligen Anlass der Aufenthalte und der davon determinierten Tätigkeit (z.B. Binford 1980; Houtsma u.a. 1996). Anders als in den Tropen und in der Arktis, wo Jäger und Sammler im Allgemeinen sehr oft ihren Lagerplatz verlegen, ist die Mobilität in den gemäßigten Zonen saisonal unterschiedlich. Besonders die Möglichkeit, während der warmen Jahreszeit Nahrungsmittel für den Winter zu bevorraten, verringert die Notwendigkeit einer hohen Beweglichkeit (Kelly 1995, 117).

Lewis Binford unterschied zwei Gruppen von Jägern und Sammlern mit unterschiedlichen Strategien. Er nannte sie „*foragers*“ und „*collectors*“ (Binford 1980). Die beiden Gruppen unterscheiden sich in verschiedenen Merkmalen, die zum Beispiel ihre Technologie, ihre Jagdstrategie, ihre Ausnutzung der Ressourcen sowie ihre Umwelt betreffen. Besonders wichtig ist die Definition einer „*residential mobility*“ (Mobilität des Wohnplatzes) der *foragers* und einer „*logistic mobility*“ (logistische Mobilität) der *collectors*. Die Mobilität des Wohnplatzes betrifft räumliche Bewegungen der gesamten Gruppe von einem Lagerplatz zum anderen. Dagegen umfasst die logistische Mobilität die Bewegungen kleiner Gruppen von einem weiterhin bestehenden Wohnplatz, in dem der Rest der Gruppe verbleibt, hin zu einem spezialisierten Lagerplatz und wieder zurück. *Foragers* verlegen ihren Lagerplatz in Gebiete mit besonders ergiebigen Nahrungs- bzw. Rohstoffressourcen. Dagegen werden die von *collectors* ausgesuchten Lagerplätze nur bedingt durch das Vorkommen von Nahrungsmitteln bestimmt. Hier sind andere Gründe wie zum Beispiel der Schutzfaktor und das Vorkommen von Wasser oder Brennholz von größerer Bedeutung. Die notwendigen Nahrungsmittel werden dann von den kleinen Gruppen in das Lager gebracht.

Die Foragers-Collectors-Dichotomie lässt keine strikte Zuordnung zu. Binford sieht die beiden Typen von Siedlungsplätzen lediglich als einfaches Hilfsmittel, um ein Kontinuum von Siedlungsformen und Siedlungsmöglichkeiten zu beschreiben. Eine besondere Rolle spielen hierbei offensichtlich klimatische Faktoren. Während die *foragers* mit ihrer Wohnplatz-Mobilität weltweit sehr häufig in tropischen Klimaten leben, konzentrieren sich *collectors* mit ihrer logistischen Mobilität auf die gemäßigten und kalten Zonen.

Generell müssen bei allen Gruppen von Jägern und Sammlern zwei Arten von Lagerplätzen unterschieden werden, die entweder als dauerhaftere Wohnplätze *(residential settlements)* oder als nicht dauerhafte Aufenthaltsplätze *(non-residential settlements)* bezeichnet werden können. An einem dauerhafteren Wohnplatz lebt eine zusammengehörige Gruppe von mindestens einem verheirateten Paar mit mindestens einem Kind für eine gewisse Zeit zusammen. Aufenthaltsplätze werden dagegen nur aus einem bestimmten Grund bzw. zu einem bestimmten Zweck aufgesucht, zumeist nur für eine begrenzte Zeit (Newell/Constandse-Westermann 2009).

Binford beschreibt drei verschiedene Typen von Lagerplätzen der *foragers*. Zum einen errichten sie ein Haupt- oder Basislager *(residential camp)*, bei dem es sich um einen dauerhafteren Wohnplatz handelt, von dem aus sämtliche Aktivitäten organisiert und durchgeführt werden und der abhängig vom Ressourcenvorkommen verlegt wird. Daneben gibt es als nicht dauerhafte Stellen Tötungsplätze *(kill sites)*,

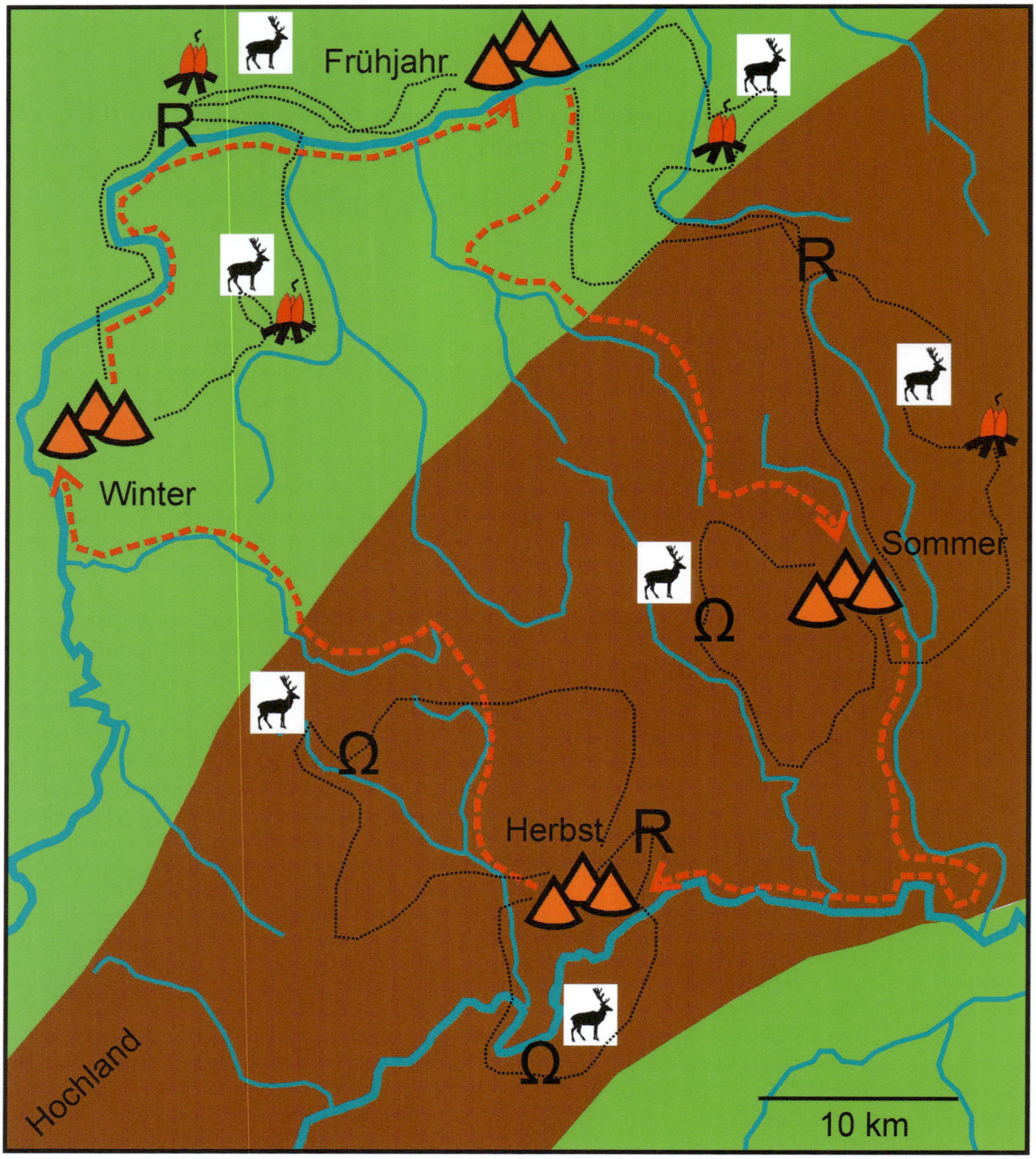

Abb. 1: Rekonstruktion eines Territoriums während des Mesolithikums in Baden-Württemberg. 1 Hauptlager, 2 Außenlager unter freiem Himmel, 3 Außenlager in einer Höhle oder unter einer Felswand, 4 Vorkommen einer Nahrungsressource, 5 Vorkommen von Hornstein-Rohmaterial, 6 Verlagerung eines Hauptlagers, 7 logistischer Streifzug.

an denen Jagdwild erlegt wird, und sogenannte Örtlichkeiten *(locations)*, an denen aus unterschiedlichen Gründen nur sehr kurzfristige Aufenthalte stattfinden. Zu diesen Örtlichkeiten zählen zum Beispiel Plätze, an denen übernachtet wird, sofern ein Streifzug länger andauert als ursprünglich geplant.
Die Lagerplätze der *collectors* sind vielfältiger. Wie die *foragers* errichten auch *collectors* Hauptlager als dauerhaftere Wohnplätze. Ebenso sind nicht dauerhafte Aufenthaltsplätze nachgewiesen. Hierzu zählen die bereits beschriebenen Tötungsstellen und Örtlichkeiten. Hinzu kommen Jagdansitze *(hunting stands)*, von denen aus Wild beobachtet wird, Vorratslager *(caches)*, die für die kalte Jahreszeit angelegt werden, und vor allem Außenlager *(field camps)*. Außenlager sind solche Orte, an denen die vom Hauptlager aus operierenden kleinen Gruppen, bestehend aus Spezialisten, während ihrer ausgedehnteren Streifzüge leben. In diesen Außenlagern (Abb. 1) wird die Jagdbeute zu transportablen Portionen verarbeitet und pflanzliche Nahrungsmittel werden haltbar gemacht, um diese anschließend zurück ins Hauptlager zu bringen.

2. Theoretische Identifizierung von Lagerplatztypen im steinzeitlichen Kontext

Mitteleuropa gehörte während des Glazials zu den arktischen Gebieten der nördlichen Hemisphäre. Deshalb können die jungpaläolithischen Jäger und Sammler Mitteleuropas ohne große Probleme als *collectors* im Sinne Binfords identifiziert werden. Aber auch während des Holozäns lag und liegt in Mitteleuropa die effektive Temperatur deutlich unter dem Grenzwert, ab dem im ethnographischen Vergleich *foragers* mit ihrer Wohnplatz-Mobilität leben können. Deshalb ist die Annahme sicherlich nicht falsch, dass auch die mesolithische Bevölkerung Mitteleuropas aus *collectors* bestand (Kind 2003, 269 f.).
Manche der völkerkundlich nachgewiesenen Lagerplatztypen der *collectors* lassen sich im alt- oder mittelsteinzeitlichen Zusammenhang nur bedingt identifizieren. Üblicherweise entziehen sich Tötungsplätze, Örtlichkeiten und Jagdansitze einer exakteren Ansprache. Ausnahmen bilden kleine Fundstellen wie zum Beispiel der Platz Henauhof-Nord I am Federsee (Schlichtherle 1989), an dem neben Birkenrindenmatten und Feuerspuren nur eine Handvoll Steinartefakte entdeckt wurde (Abb. 2). Solche Fundstellen können mit gewisser Sicherheit als kurzfristig aufgesuchte Örtlichkeiten interpretiert werden.
Außenlager lassen sich nicht über spezifische Geräteformen oder charakteristische Verteilungsmuster der Fundobjekte definieren. Der Schlüssel zur Beurteilung eines solchen Lagerplatzes liegt in den Tätigkeiten, die dort stattgefunden haben, und dem damit verbundenen Fundniederschlag. Außenlager sind daher nur im Vergleich mit Hauptlagern zu erschließen. Hierbei müssen einige Kriterien erfüllt sein, die eine Unterscheidung von den Hauptlagern wahrscheinlich machen.
Außenlager werden eingerichtet, um Ressourcen – hauptsächlich Nahrungsmittel – zu erlangen und für den Transport ins Hauptlager vorzubereiten. Ihr Kennzeichen ist somit der intensive Import und Export von Gegenständen. Importiert werden Verbrauchsgegenstände, exportiert die gewonnenen Nahrungsmittel. Außenlager sollten daher Hinweise liefern, dass vor Ort Nahrungsmittel zum Transport ins Hauptlager vorbereitet wurden. So wäre zu erwarten, dass im Außenlager Knochenfragmente aus den Körperpartien des Jagdwildes überwiegen, die nur wenig Fleisch liefern. Hierzu zählen zum Beispiel Fuß- und Schädelknochen von größeren Säugetieren. Fleischreiche Partien wie etwa Keulen oder Stücke aus dem Lendenbereich wurden dagegen mit den zugehörigen Knochen in transportablen Portionen ins Hauptlager gebracht.
Da Steinartefakte in der Regel die am häufigsten vertretene Fundkategorie bilden, sollen im Folgenden die Merkmale der Steinartefakt-Inventare definiert werden, die in Außenlagern zurückbleiben. Während eines Aufenthalts in einem Außenlager wird üblicherweise nur eine beschränkte Zeit zur Verfügung gestanden haben, um gutes Rohmaterial zur Herstellung von Steinwerkzeugen zu suchen. Es ist daher anzunehmen, dass ein ausreichender Satz von Werkstücken vom Hauptlager mitgenommen wurde. Weiterhin ist zu vermuten, dass es sich hierbei nicht um vollständige Rohknollen, sondern um bereits entrindete und präparierte Kerne gehandelt hat. Nur in besonderen Fällen wurden zusätzliche, während der Wanderung oder in der Umgebung des neu eingerichteten Außenlagers gefundene Rohknollen mit einbezogen. Daneben gehörten zur mitgeführten Ausrüstung der *task group*, die ein Außenlager einrichtete, auch noch fertige Steinartefakte, zumeist wohl Einsätze in den Jagdwaffen. Im Außenlager mussten dann nach erfolgter Jagd die beschädigten Gerätschaften und Waffenköpfe repariert werden. Zu diesem Zweck wurden von den mitgebrachten Kernen Grundformen abgeschlagen, die zu neuen Gerätschaften und Waffenköpfen modifiziert wurden. Die Produktionsabfälle und die beschädigten Objekte blieben vor Ort liegen, während die neuen Waffeneinsätze und Werkzeuge sowie die aufbereitete Nahrung vom Außenlager wieder ins Hauptlager verbracht wurden.

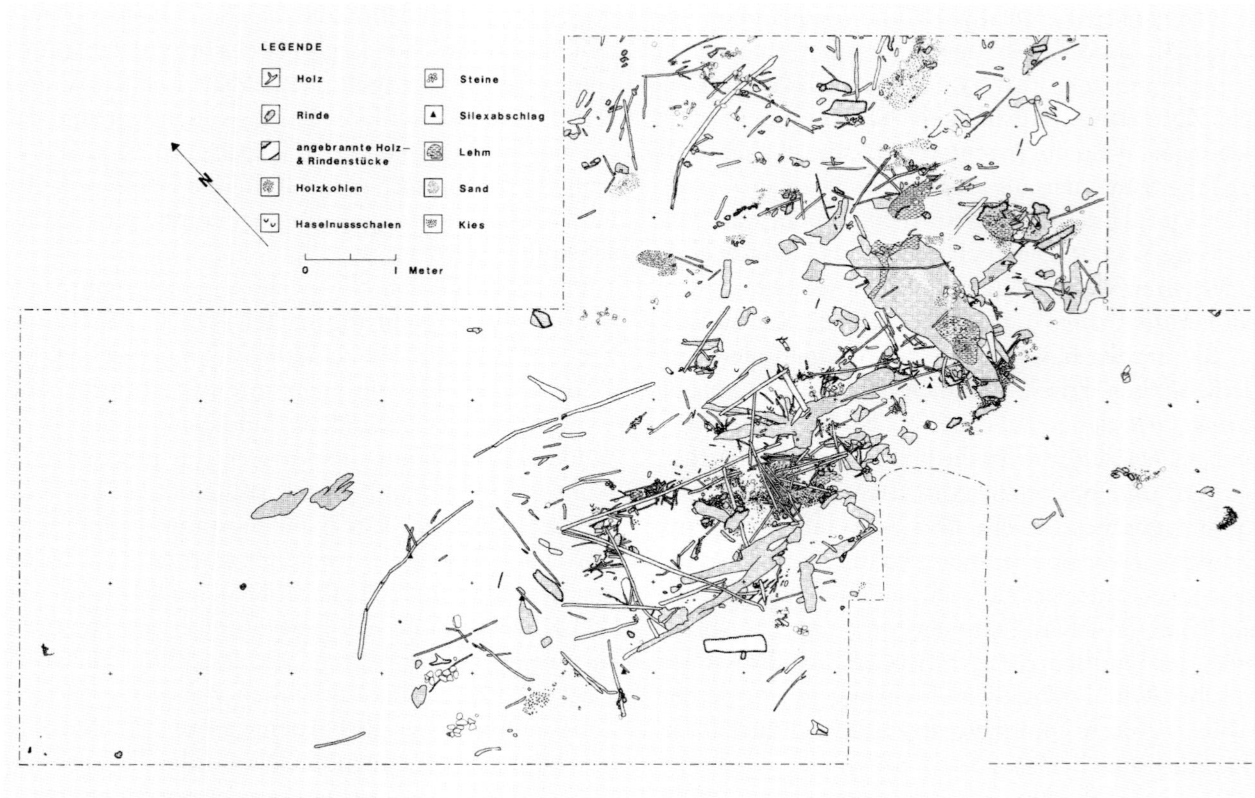

Abb. 2: Bad Buchau, Henauhof-Nord I. Gesamtplan der Ausgrabung. Die Fundstreuung repräsentiert mit hoher Wahrscheinlichkeit einen nur sehr kurzfristig aufgesuchten Platz *(location)* (nach Schlichtherle 1989).

In Außenlagern sollten daher nur solche modifizierten Artefakte zu erwarten sein, die für die jeweilige Tätigkeit auch notwendig sind (Kind 1996). In Hauptlagern werden üblicherweise zahlreiche verschiedene Tätigkeiten ausgeübt, so dass das Spektrum der Geräte hier die gesamte Bandbreite dieser Tätigkeiten abdecken sollte. Dies bedeutet, dass in Hauptlagern zum Beispiel neben der Jagdausrüstung auch Werkzeuge für handwerkliche Tätigkeiten, wie etwa Schaber, Bohrer und Stichel in ausreichender Menge vertreten sind. Dagegen werden Außenlager von Einsätzen in Jagdwaffen ebenso wie von Messerklingen dominiert. Die Einsätze in Jagdwaffen sollten häufig aus ortsfremdem Material hergestellt sein, da sie mit der fertigen Waffenausrüstung importiert wurden. Ebenso sollte ein beträchtlicher Teil der Werkstücke in Außenlagern aus ortsfremdem Rohmaterial bestehen. Da es sich hierbei zumeist um abbaufähige Kerne gehandelt hat, sollte demzufolge der Anteil von Zurichtungsabfällen in Form von Kortexabschlägen und primären Präparationsartefakten in Außenlagern geringer als in Hauptlagern sein. Schließlich sollten auch insgesamt deutlich weniger zerlegte Rohknollen bzw. Werkstücke als in den Hauptlagern vorkommen.
Bei Fundstellen, welche die genannten Forderungen erfüllen, liegt die Vermutung nahe, dass es sich tatsächlich um die Reste von nicht dauerhaft genutzten Außenlagern handelt. Es ist hierbei aber nicht zu erwarten, dass die Fundinventare von Außenlagern prinzipiell strikt den beschriebenen Merkmalen entsprechen. Dies ist mit der Vielfalt der potenziell möglichen Tätigkeiten, auch in einem Außenlager, zu begründen. Daher werden Unterschiede zumeist nur in prozentualen Verschiebungen zum Ausdruck kommen.
Daneben darf die Möglichkeit nicht außer Acht gelassen werden, dass beobachtete Unterschiede nicht zwingend durch eine unterschiedliche Funktion des Lagerplatzes bedingt sind. Sie können in Wirklichkeit auch durch abweichende Ressourcendichte oder die Häufigkeit sowie die allgemeine Zugänglichkeit der Rohstoffe verursacht worden sein. Daher ist es notwendig, Fundstellen miteinander zu vergleichen, die sich in vergleichbarer ökologischer bzw. geographischer Situation befinden. Erst dann können auftretende Unterschiede mit einer gewissen Berechtigung dahingehend interpretiert werden, dass sie Hauptlager und Nebenlager beschreiben.
Mit den mesolithischen Fundstreuungen von Siebenlinden (Kind 2003; Beutelspacher/Kind 2004; 2005) gibt es eine ideale Möglichkeit, die formulierten Bedingungen zu überprüfen und die Interpretation eines Fundplatzes als Außenlager zu testen.

3. Die mesolithischen Fundstellen von Siebenlinden

Die mittelsteinzeitlichen Fundstellen von Siebenlinden liegen am östlichen Stadtrand von Rottenburg am Neckar im Landkreis Tübingen (Kind 2003). Die archäologischen Ausgrabungen dauerten von 1990 bis 2004 (Abb. 3). Hierbei wurden drei getrennt voneinander liegende größere Bereiche untersucht. Im Sommer 1990 erfolgte die Untersuchung von Siebenlinden 1 (Hahn u. a. 1993), 1991 wurde Siebenlinden 2 (Kieselbach u. a. 2000) ausgegraben. Die größte Fundstelle ist schließlich mit einer Fläche von knapp 480 m² Siebenlinden 3–5 (Kind 2003; Kind/Beutelspacher 2003; Beutelspacher/Kind 2004; 2005). Trotz ihrer unterschiedlichen Benennung kann heute angenommen werden, dass alle ausgegrabenen Bereiche zu einer zusammengehörigen mesolithischen Fundlandschaft gehören (Abb. 4).
In der Grabungsfläche Siebenlinden 3–5 wurden vier mesolithische Horizonte unterschieden. Sie lassen sich unterschiedlichen typologischen Gruppen zuordnen (Taute 1973/74; 1975). Die oberste Fundstreuung, der Horizont II, gehört in das Spätmesolithikum, darunter folgen zwei Horizonte (IIIo und III) des Beuronien C. An der Basis der Abfolge wurde der Horizont IV erfasst, der in das Beuronien B zu stellen ist.

Abb. 3: Ausgrabungen in der mesolithischen Fundstelle von Siebenlinden in Rottenburg, Kreis Tübingen.

Abb. 4: Lage der verschiedenen Grabungsflächen von Siebenlinden in Rottenburg, Kreis Tübingen.

Es gibt eine ganze Reihe von Indizien, die besonders den Horizont III aus Siebenlinden als das Produkt von intensiven, längerfristigen Besiedlungen ausweisen (Kind 2006b). Dazu gehören zum Beispiel aufwendig konstruierte Herdstellen mit Steinpackungen, die im Laufe des Betriebs gepflegt und erneuert wurden. Zudem gibt es Hinweise auf sehr differenzierte Nutzungsareale, und tatsächlich ist die Breite der Tätigkeiten, die sich aus den verschiedenen Fundobjekten erschließen lassen, sehr groß. Schließlich konnten neben den gepflasterten oder grubenförmigen Feuerstellen auch mutmaßliche Behausungsgrundrisse dokumentiert werden. Alle diese Merkmale sind typisch für dauerhaftere Hauptlager. Der untere Horizont IV unterscheidet sich von dem jüngeren Horizont III durch eine ganze Reihe von Eigenschaften. Allein die unterschiedlichen Fundmengen lassen an einen unterschiedlichen Charakter der Besiedlungen denken. So fanden sich im Horizont III von Siebenlinden 3–5 insgesamt rund 4700 Hornsteinartefakte, im Horizont IV waren es nur etwas mehr als 250. Im Folgenden gilt es nun zu klären, ob sich diese Unterschiede definieren lassen und ob eine Möglichkeit besteht, mit diesen Ungleichheiten die Existenz unterschiedlicher Lagerplatztypen wahrscheinlich zu machen.

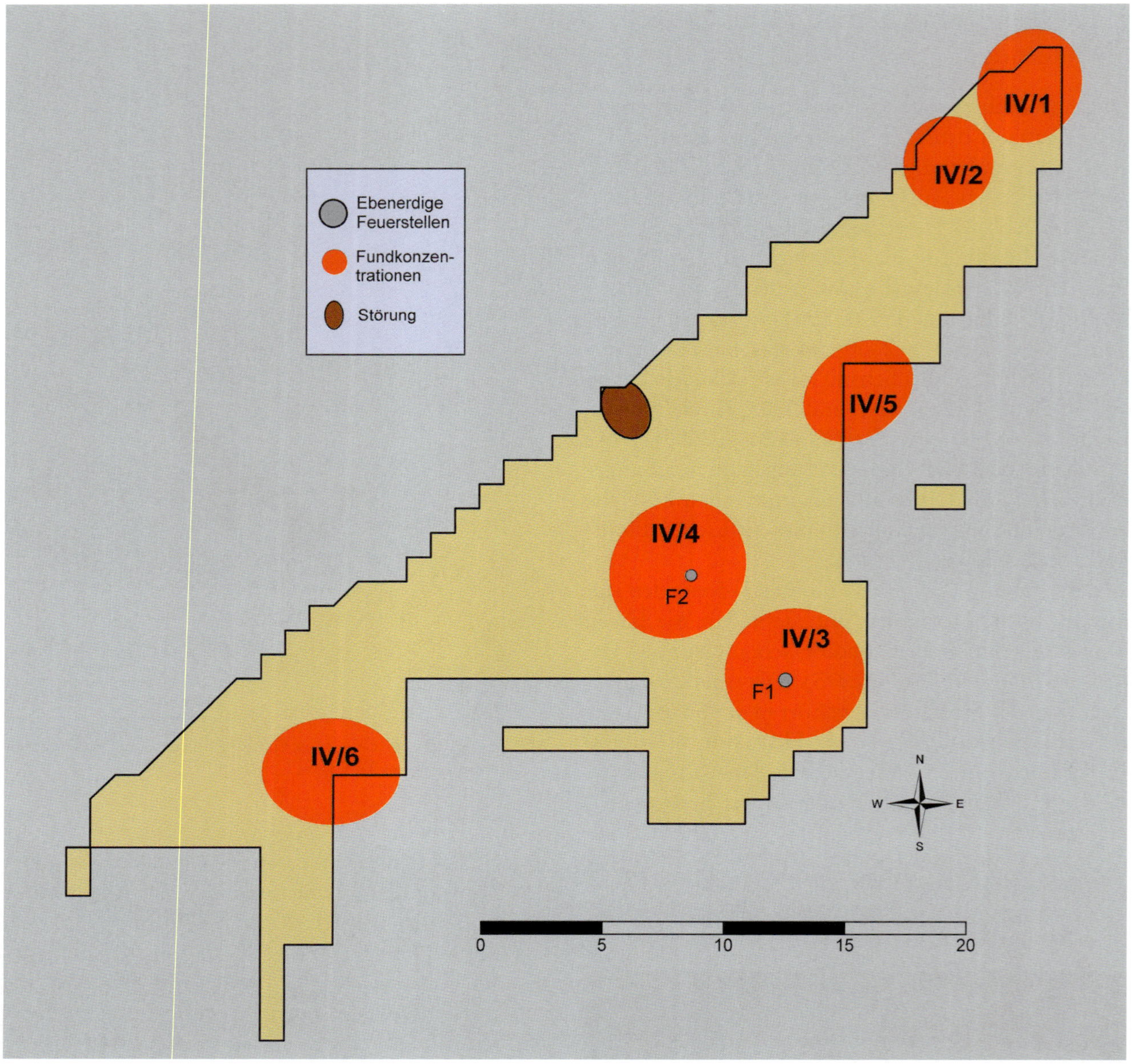

Abb. 5: Gesamtplan der Grabungsfläche von Siebenlinden 3–5 mit den sechs Fundkonzentrationen aus dem frühmesolithischen Horizont IV.

4. Räumliche Trennungen im Horizont IV von Siebenlinden 3–5

Innerhalb der Grabungsfläche streuen Fundobjekte aus dem Horizont IV nicht gleichmäßig. Es konnten sechs klar voneinander unterscheidbare Fundkonzentrationen erkannt werden (Abb. 5). Sie sind weniger fundreich als die Konzentrationen in den hangenden Horizonten II und III. Zudem wurden keine der massiven Befunde entdeckt, wie sie im Horizont III vorhanden waren. Es entstand daher schon frühzeitig der Eindruck, dass die Fundkonzentrationen aus dem Horizont IV zu einer anderen Art von Besiedlung gehören könnten, als sie zum Beispiel für den Horizont III angenommen werden kann.

Die Fundkonzentrationen IV/1 und IV/2, die bereits in den 1990er Jahren untersucht wurden (Kind 2003), liegen wie die Konzentrationen IV/5 und IV/6 am Rand der ausgegrabenen Fläche und sind mit hoher Wahrscheinlichkeit nicht ganz vollständig erfasst. Anders verhält es sich mit den Konzentrationen IV/3 und IV/4. Sie liegen inmitten der untersuchten Fläche und besitzen zumeist einen genügend großen Abstand zu den Grabungsgrenzen. Es kann also angenommen werden, dass die ursprünglich zu einem Besiedlungsvorgang zugehörigen Funde auch mehr oder weniger vollständig geborgen wurden. Im Folgenden sollen sich die Aussagen auf diese beiden Fundkonzentrationen beschränken.

Tabelle 1: Absolute Datierungen aus den Fundkonzentrationen IV/3 und IV/4 in Siebenlinden 3–5.

Fundnummer	Konzentration	Material	Tiefe NN	Labornummer	Datum BP	Datum cal BC
4146/104	IV/4	Knochen	340,34	ETH-26386	8875 ± 75	8023 ± 152
4243/71	IV/3	Knochen	340,33	ETH-26387	8940 ± 75	8104 ± 120
4440/180	IV/3	Haselnuss	340,38	ETH-33044	9350 ± 90	8607 ± 126
4044/162	IV/4	Holzkohle	340,41	ETH-33045	8710 ± 90	7795 ± 143

5. Die absolute Datierung der Konzentrationen IV/3 und IV/4 in Siebenlinden 3–5

Im Rahmen eines von der Deutschen Forschungsgemeinschaft finanzierten Auswertungsprojektes wurde an der ETH Zürich eine Serie von Proben ^{14}C-AMS-datiert. Unter diesen Proben gibt es auch vier, die aus dem Bereich der Konzentrationen IV/3 und IV/4 stammen (Tab. 1).
Die vier Proben wurden aus einem eng umgrenzten stratigraphischen Bereich entnommen und weichen in der Tiefe, in der sie aufgefunden wurden, nur um wenige Zentimeter voneinander ab. Drei der vier Daten umschreiben in etwa identisch den Zeitraum am Übergang vom neunten zum achten vorchristlichen Jahrtausend, in absoluten Zahlen ausgedrückt zwischen 8100 und 7800 Jahren v. Chr. Nur ein Datum, aus einer Haselnuss-Schale gewonnen, ist etwas höher. Selbst durch die Verdoppelung der Standardabweichung ist dieses Datum nur schwer mit den drei anderen in Einklang zu bringen. Eine Erklärung für diese Abweichung steht derzeit noch aus. Allerdings ist eine räumliche Überlagerung mehrerer Ereignisse, die einige Jahrhunderte auseinanderliegen, aus stratigraphischen Gründen wenig wahrscheinlich.
Der Zeitbereich, in dem die Fundstreuung entstanden ist, gehört – ungeachtet des abweichenden Datums – in das ältere Boreal. In diesem Zeitraum sollten Inventare vorkommen, die typologisch dem Beuronien B zugeordnet werden (Taute 1973/74; 1975).

6. Die Fundkonzentrationen IV/3 und IV/4 in der Fläche

Die Konzentrationen IV/3 und IV/4 im archäologischen Horizont IV von Siebenlinden sind klar begrenzte Fundstreuungen (Abb. 6).
Konzentration IV/3 im Südosten der Grabungsfläche ist rundlich mit zwei getrennten Zentren. Ihre gesamte Fläche beträgt knapp 25 m². Im nordwestlichen Zentrum von IV/3 streuen die Funde im Bereich einer ebenerdigen Feuerstelle. Diese war durch eine klar begrenzte rötliche Verziegelung des anstehenden Hochflutlehms – durchsetzt mit Asche, Holzkohleflitterchen und kleinen gebrannten Lehmbröckchen – gut zu erkennen. Die Funde lagen überwiegend an der nördlichen Peripherie der Feuerstelle, wo sie eine deutliche Häufung zeigten. Die Anordnung der Fundobjekte an der Herdstelle ähnelt Befunden, die aus der kanadischen Arktis beschrieben wurden (Binford 1983). Bei Herdstellen unter freiem Himmel stellt sich eine charakteristische Verteilung von Objekten ein. Nahe der Feuerstelle findet sich üblicherweise ein Bereich, der als „Zone des Fallenlassens" *(drop zone)* definiert wurde. In dieser Zone liegen alle Gegenstände, die bei Arbeiten am Feuer unmittelbar infolge dieser Tätigkeiten nach unten gefallen sind. Im vorliegenden Fall häufen sich hier vor allem Hornsteinartefakte, Knochenfragmente und Haselnuss-Schalen. Auffällig ist, dass diese *drop zone* innerhalb der Gesamtverteilung der Konzentration IV/3 noch sehr gut zu erkennen ist. Dies deutet darauf hin, dass siedlungsbedingte Verlagerungen nur in recht begrenztem Umfang auf die Verteilung der Funde eingewirkt haben.
Nur 2 m südöstlich des ersten Zentrums von Konzentration IV/3 zeigt sich eine erneute Zunahme von Fundobjekten. Hierbei handelt es sich vor allem um verkohlte Haselnuss-Schalen, daneben einige Steinartefakte und Knochenfragmente. Dieses zweite Zentrum wird charakterisiert durch eine flache Mulde mit leichten Verziegelungen als Hinweise auf Feuereinwirkung. Die Mulde war gefüllt mit Hunderten von verkohlten Haselnuss-Schalen. Der Befund kann als Röstgrube für Haselnüsse interpretiert werden.
Etwa 3–4 m nordwestlich von Konzentration IV/3 fand sich Konzentration IV/4. Erneut zeigt sich eine räumlich begrenzte Anordnung von Funden, unter denen nun neben Hornsteinartefakten und Knochenfragmenten auch zahlreiche gebrannte Geröllfragmente sind. Dagegen fehlten Haselnuss-Schalen völlig. Die Fläche dieser Fundkonzentration beträgt knapp 20 m². Feuerspuren wie Holzkohleflitterchen und gebrannte Lehmbröckchen sind häufig vorhan-

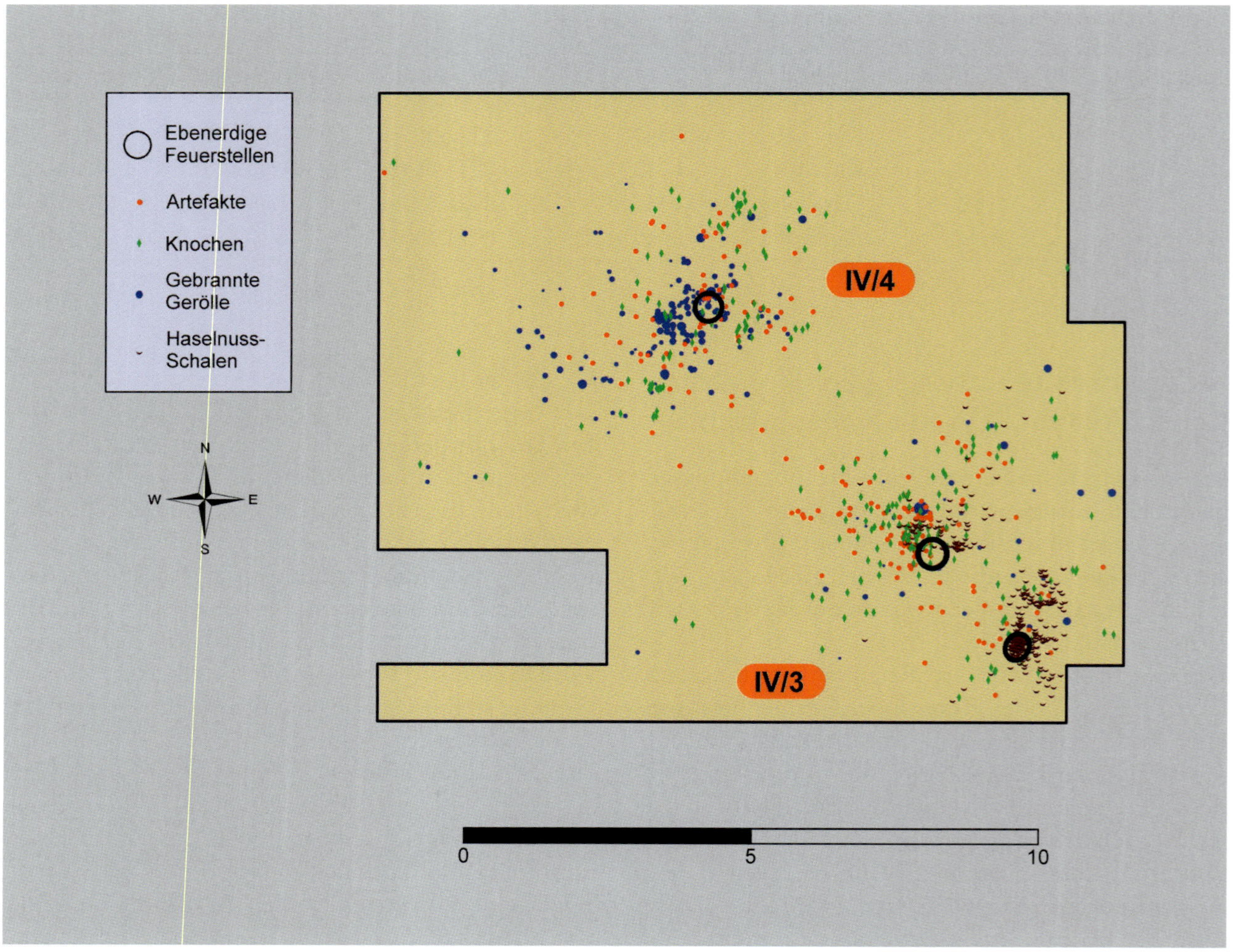

Abb. 6: Siebenlinden 3–5. Horizontale Verteilung der Fundobjekte in den Konzentrationen IV/3 (unten rechts) und IV/4 (oben links).

den, allerdings lässt sich keine klare Feuerstellenkonstruktion erkennen. An der Basis der Fundstreuung fanden sich einige größere gebrannte Gerölle in einer rundlichen Anordnung mit einem Durchmesser von etwa 50 cm. Wahrscheinlich handelt es sich bei dieser Anordnung um den letzten Rest einer ehemaligen Feuerstelle, die im Zuge der Besiedlung zerstört wurde und deren Konstruktionselemente dann über eine größere Fläche verteilt wurden. Eine markante *drop zone* wie in Konzentration IV/3 ist bei Konzentration IV/4 nicht vorhanden.

Während der Ausgrabung wurden keine Befunde identifiziert, die als Konstruktionselemente von Wohnbauten interpretiert werden können. Es gibt weder Objekte, welche sich als Beschwerelemente für Zeltbahnen deuten ließen, noch etwaige Pfostengruben. Auch die Verteilung der Funde lässt keinen Hinweis auf die ehemalige Existenz von Behausungen erkennen. Die Distanzen der Fundobjekte zu den beiden Feuerstellen zeigen jeweils eine unimodale Häufigkeitsverteilung, was darauf hindeutet, dass zumindest in unmittelbarer Nähe der Feuerstellen keine Wohnbauten errichtet worden waren und die Besiedlung mit großer Wahrscheinlichkeit unter freiem Himmel erfolgte (siehe Stapert 1989). Dies passt neben der Analogie bei der Verteilung von Fundobjekten in Konzentration IV/3 zu dem oben beschriebenen Außenherd-Modell im Sinne von Binford.

Festzuhalten bleibt bei dieser ersten Betrachtung, dass die beiden Fundanhäufungen unterschiedlich aufgebaut sind. Kennzeichen der Konzentration IV/3 ist die dichte Lage von Objekten unmittelbar an einer Feuerstelle, welche sich noch klar als *drop zone* ansprechen lässt. Dagegen wirkt die Verteilung von Funden ebenso wie der Befund einer Feuerstelle in Konzentration IV/4 deutlich verschliffen. Es ist also zu vermuten, dass siedlungsbedingte Mechanismen länger auf Konzentration IV/4 als auf Konzentration IV/3 eingewirkt haben. Dies bedeutet, dass die Zone um Konzentration IV/4 länger in Benutzung war bzw. früher eingerichtet wurde als die Zone um Konzentration IV/3.

Tabelle 2: Fundobjekte aus den Fundkonzentrationen IV/3 und IV/4 in Siebenlinden 3–5.

Objekte	Konzentration IV/3	Konzentration IV/4	außerhalb	Gesamt
Hornsteinartefakte	97	71	3	181
Knochenfragmente	146	86	10	242
Gebrannte Steine	36	165	6	207
Holzkohlestückchen	360	80	5	445
Haselnuss-Schalen	554	0	0	554

7. Funde aus den Konzentrationen IV/3 und IV/4

Insgesamt erbrachten die Konzentration IV/3 mit ihren beiden Zentren und die Konzentration IV/4 im Horizont IV von Siebenlinden 3–5 in etwa gleich viele Funde, sieht man von Holzkohlestückchen und verkohlten Haselnuss-Schalen ab. Die Fundhäufigkeit ist vergleichsweise niedrig (Tab. 2).
Bemerkenswert ist die unterschiedliche Gewichtung der Fundobjekte in den Fundkonzentrationen. In Konzentration IV/3 gibt es mehr Artefakte und Knochenfragmente als in Konzentration IV/4, was durch einen deutlich erhöhten Anteil an gebrannten Steinen in Konzentration IV/4 ausgeglichen wird. Diese gebrannten Steine gehörten – wie ausgeführt – ursprünglich wahrscheinlich zu einer etwas sorgfältigeren Konstruktion der Feuerstelle.
Unter den insgesamt 181 Hornsteinartefakten, die im Bereich der Konzentrationen IV/3 und IV/4 entdeckt wurden, befinden sich 15 modifizierte Objekte, darunter eine endretuschierte und drei lateralretuschierte Grundformen (Abb. 7,10), denen typologisch keinerlei Aussagekraft zukommt. Formenkundlich ebenso unspezifisch sind drei Kerbreste (Abb. 7,9.11.12).
Dagegen lassen einige der acht Mikrolithen eine typologische Zuweisung zu. Insgesamt wurden vier Dreiecksmikrolithen (Abb. 7,3–5.7), zwei unklare Mikrolithenfragmente (Abb. 7,6.8) sowie zwei Dreiecksspitzen (Abb. 7,1.2) gefunden. Kleine, stark ungleichschenklige Dreiecksmikrolithen fehlen völlig. Dies macht eine Zugehörigkeit zum Beuronien C unwahrscheinlich. Zwei gleichschenklig spitzwinklige Dreiecksmikrolithen (Abb. 7,4.7) sind ebenso wie eine Dreiecksspitze mit konkaver, dorsoventral retuschierter Basis (Abb. 7,1) als typische Mikrolithenformen des frühborealen Beuronien B anzusprechen (Taute 1973/74; 1975). Der allgemeine Habitus der restlichen Mikrolithen bestätigt diese Einordnung. Formenkundlich stehen die Funde somit in Einklang mit der absoluten Datierung.

8. Ökonomie der Knollen bzw. Werkstücke

Die innerhalb der Fundkonzentrationen IV/3 und IV/4 entdeckten Artefakte aus Hornstein lassen sich in Gruppen unterteilen. Es zeigt sich, dass nur sieben unterschiedliche Rohmaterialeinheiten vertreten sind, die sich sechs verarbeiteten Werkstücken zuweisen lassen. Drei von ihnen sind aus örtlich vor-

Abb. 7: Siebenlinden 3–5. Modifizierte Steinartefakte aus den Konzentrationen IV/3 und IV/4. 1, 2 Dreiecksspitzen; 3–5, 7 Dreiecksmikrolithen; 6, 8 sonstige Mikrolithenfragmente; 9, 11, 12 Kerbreste; 10 lateral retuschierter Abschlag. M. 1:1.

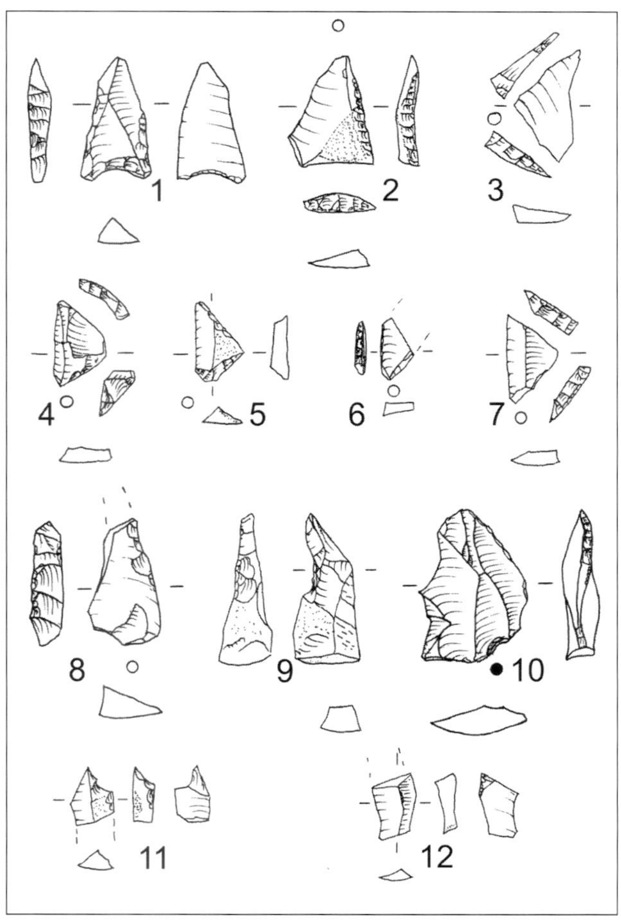

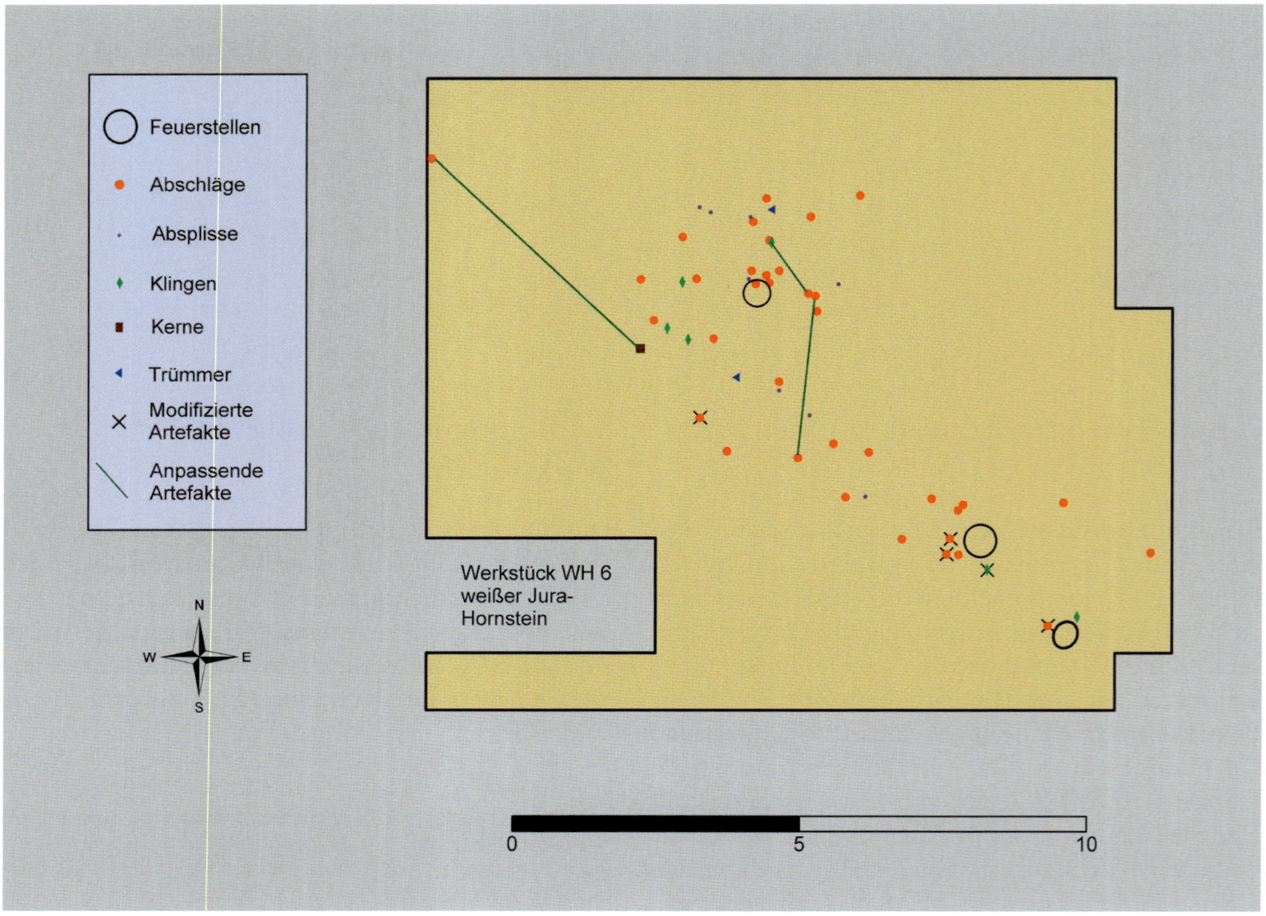

Abb. 8: Siebenlinden 3–5, Konzentrationen IV/3 und IV/4: Horizontale Verteilung der Steinartefakte des Werkstückes WH 6 aus weißem Jurahornstein.

kommendem Muschelkalkhornstein, drei aus ortsfremdem Jurahornstein. Hinzu kommt ein singuläres Artefakt – ein Mikrolith – aus Jurahornstein, das zu keinem der verarbeiteten Werkstücke gehört.

Mit diesen Zahlen wird eine erste Forderung des Modells eines Außenlagers erfüllt. In den Konzentrationen IV/3 und IV/4 fanden sich bei Weitem weniger verarbeitete Werkstücke als in den Fundkonzentrationen des Horizontes III von Siebenlinden. So wurden in der Konzentration III/7 insgesamt 27 unterschiedliche Werkstücke verarbeitet, in Konzentration III/4 sind es 19 und in Konzentration III/3 sogar 34 Werkstücke.

Die Verteilung der jeweils zugehörigen Fundobjekte in den Konzentrationen IV/3 und IV/4 erlaubt es, eine Geschichte der Werkstücke an dem Lagerplatz zu schreiben.

Ein erstaunliches Faktum ist, dass Artefakte von fünf der sechs Werkstücke jeweils in beiden Fundkonzentrationen IV/3 und IV/4 gefunden wurden. Dieser Umstand macht deutlich, dass die beiden Fundstreuungen zu ein und demselben Besiedlungsvorgang zu zählen sind.

Weitergehende Informationen liefert die Analyse der horizontalen Streuung der Artefakte. Die Muschelkalkhornsteinknolle GMH 2 und die Weißjurahornsteinknolle WJH 1 erbrachten zu wenige Objekte, um Aussagen treffen zu können. Im Fall der Weißjurahornsteinknolle WH 6 zeigen die Artefakte eine recht unkonzentrierte Verteilung (Abb. 8). Diese lässt zwar jeweils Anhäufungen im Bereich der beiden Feuerstellen in den Konzentrationen IV/4 und IV/3 erkennen, insgesamt wirkt die Verteilung allerdings relativ gleichmäßig. Ganz anders stellen sich die Streuungen der Artefakte der drei Knollen WH 5 (Abb. 9), GH 1 (Abb. 10) und MK 115 (Abb. 11) dar. Sie zeigen jeweils eine deutliche Fundhäufung im Bereich der Feuerstellen mit jeweils einer klaren Zone größter Dichte. Wie schon an anderer Stelle ausgeführt (Kind 2000), ist die Konzentration bzw. Dichte der Streuung von Artefakten abhängig vom Zeitpunkt ihrer Bearbeitung. Artefakte aus Werkstücken, die sehr früh innerhalb des Besiedlungsvorgangs zerlegt wurden, tendieren durch den Einfluss von siedlungsbedingten Mechanismen dazu, weiter und gleichmäßiger verteilt zu sein als Artefakte von

Werkstücken, die später in Benutzung waren. Im vorliegenden Fall würde dies bedeuten, dass das Weißjurahornsteinwerkstück WH 6 als erste Knolle in Bearbeitung war, während erst im weiteren Verlauf des Aufenthalts von der Weißjurahornsteinknolle WH 5 und den beiden Muschelkalkhornsteinknollen GH 1 und MK 115 Grundformen abgetrennt wurden.

Die Entrindung und Präparation der Werkstücke vor Ort lässt sich nicht sicher nachweisen (Tab. 3). Insgesamt gibt es aus der Phase 1 der Operationskette im Inventar nur sechs Artefakte. Hinweise auf die primäre Präparation fehlen völlig. Präparationsartefakte sind aber in allen mesolithischen Inventaren aus Siebenlinden selten, deshalb ist ihrem Fehlen im vorliegenden Fall keine besondere Bedeutung beizumessen. Alle sechs genannten Artefakte aus der Phase 1 der Operationskette sind Kortexabschläge (Abschläge, die auf mehr als zwei Dritteln ihrer Dorsalfläche mit Rinde bedeckt sind). Jeweils ein Exemplar stammt von den Knollen GH 1, MK 115 sowie WH 5. Diese singulären Artefakte können ohne Weiteres beim sukzessiven Abbau eines Kerns entstanden sein und stammen daher nicht zwangsläufig von der primären Entrindung der Rohknolle.
Von Werkstück WH 6 gibt es jedoch drei Kortexabschläge. Allerdings lässt sich die Frage, ob in diesem Fall tatsächlich eine ganze Rohknolle oder nicht doch ebenfalls ein bereits vorpräparierter Kern in das Lager kam, nicht sicher beantworten. Zusammensetzungsversuche zeigen, dass beträchtliche Teile der Knolle fehlen. Dies macht es wahrscheinlich, dass auch dieses Werkstück bereits getestet und vorpräpariert war. Bei den zwei restlichen Werkstücken (GMH 2 und GJH 1), die insgesamt nur durch wenige Stücke repräsentiert sind, fehlen neben den Präparationsartefakten auch Artefakte der Entrindung völlig.
Es deutet somit vieles darauf hin, dass tatsächlich ausschließlich fertige Kerne, von denen sich ohne weitere Vorbereitungen Grundformen abtrennen ließen, in das Lager gebracht wurden. Auffällig ist hierbei, dass dies für alle Werkstücke, ungeachtet des Rohmaterials, zutrifft. Nicht nur – wie zu erwarten –

Abb. 9: Siebenlinden 3–5, Konzentrationen IV/3 und IV/4: Horizontale Verteilung der Steinartefakte des Werkstückes WH 5 aus weißem Jurahornstein.

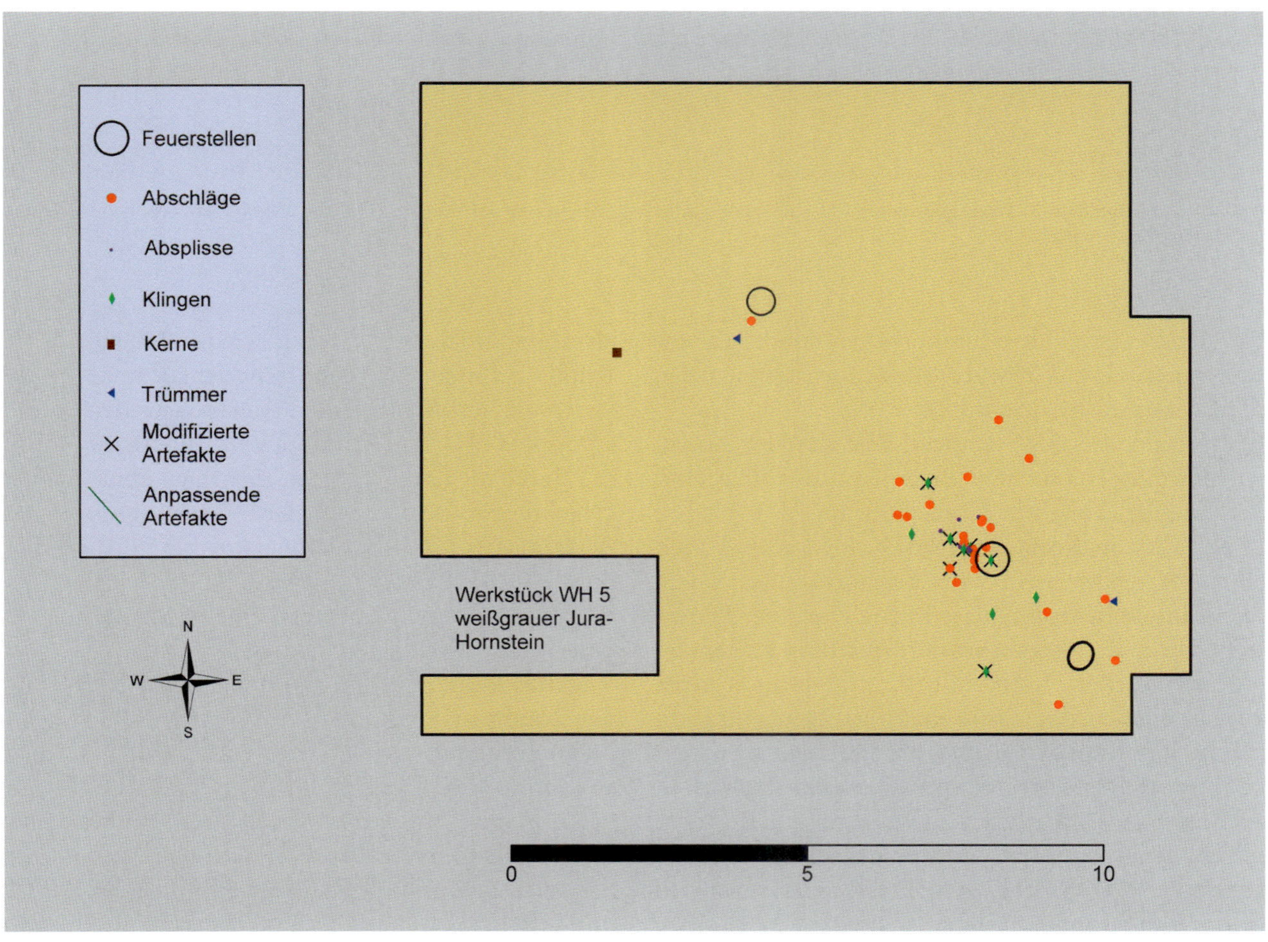

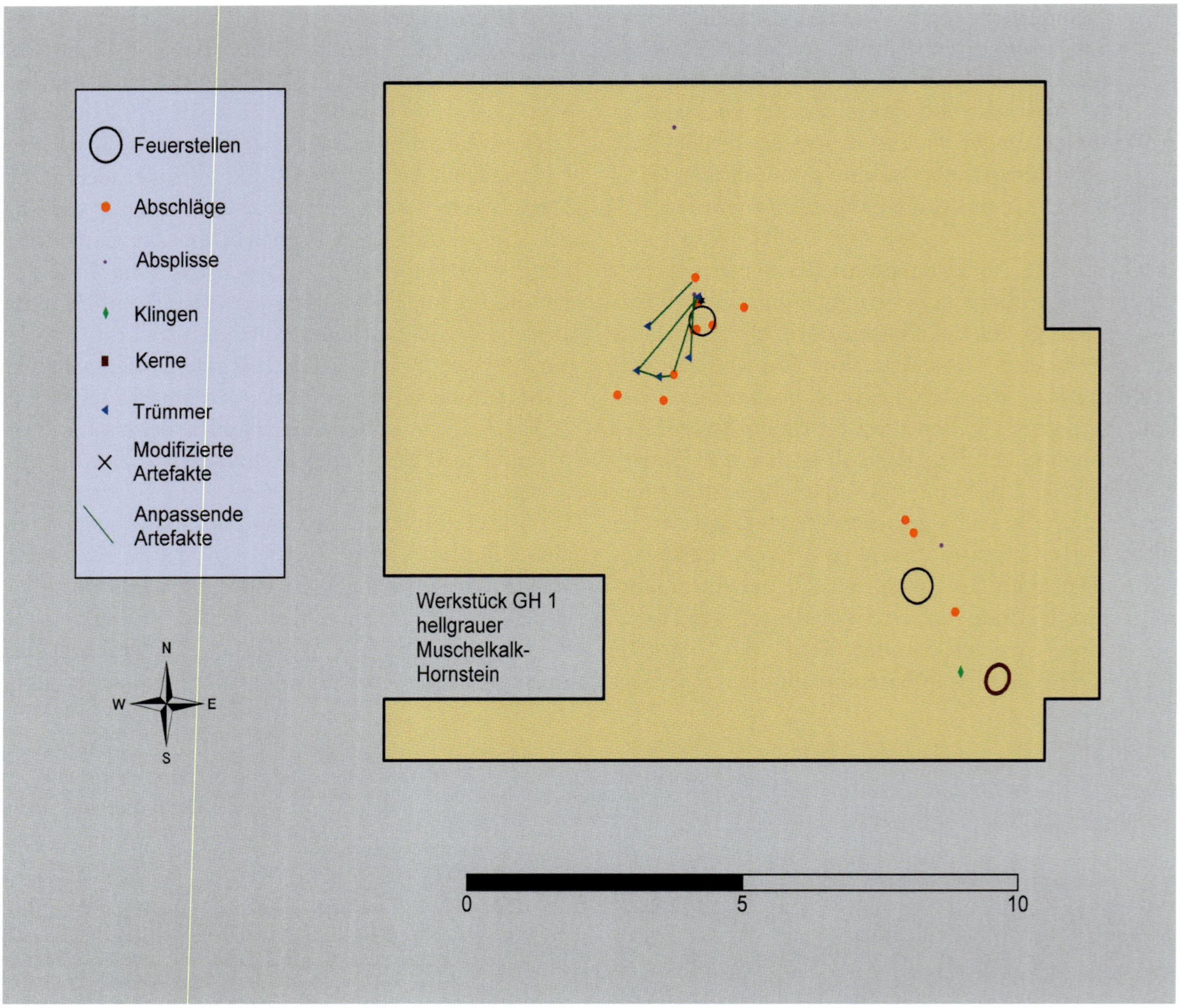

Abb. 10: Siebenlinden 3–5, Konzentrationen IV/3 und IV/4: Horizontale Verteilung der Steinartefakte des Werkstückes GH 1 aus hellgrauem Muschelkalkhornstein.

Kerne aus ortsfremdem Jurahornstein, sondern ebenso Kerne aus lokalem Muschelkalkhornstein wurden produktionsfertig importiert.

Bei fünf der sechs Werkstücke lässt sich der Abbau von Grundformen nachweisen. In drei Fällen fand der primäre Abbau in Konzentration IV/3 statt, in zwei Fällen in Konzentration IV/4. In allen Fällen gibt es Artefakte aus beiden Fundkonzentrationen. Dies könnte bedeuten, dass Kerne von einer Feuerstelle zur anderen transportiert und dort weiterverarbeitet wurden. Letztendlich ist aber auch nicht auszuschließen, dass die in einer Fundkonzentration produzierten Grundformen anschließend an einen anderen Platz gebracht und dort gebraucht oder auch verworfen wurden. Bei Werkstück MK 115 ist es sehr wahrscheinlich, dass es tatsächlich an zwei Stellen zerlegt wurde. Hierfür spricht, dass jeweils in beiden Fundkonzentrationen auch kleine Absplisse als unmittelbare Abfallprodukte des Abbaus dieser Knolle gefunden wurden (siehe Abb. 11). Dagegen lassen die Verteilungen der Artefakte aus den Werkstücken WH 6, WH 5 und GH 1 (siehe Abb. 8, 9 und 10) durchaus daran denken, dass hier nur einzelne Objekte transportiert wurden. Wegen der geringen Anzahl von Funden bleiben die Verhältnisse bei Knolle GMH 2 unklar. Werkstück GJH 1 schließlich ist nur durch einen Kern und einen Mikrolithen repräsentiert. Beide lagen in Zone IV/3.

Vier Restkerne wurden gefunden. Zwei Kerne aus den Jurahornsteinknollen WH 6 und WH 5 lagen nahe beieinander in der Fundzone IV/4. Ein Kern aus der Jurahornsteinknolle GJH 1 fand sich ebenso in Fundzone IV/3 wie ein Kern aus der Muschelkalkhornsteinknolle MK 115. Von den beiden verbleibenden Muschelkalkhornsteinknollen GMH 2 und GH 1 sind keine Kerne im Inventar überliefert.

Von besonderem Interesse sind die modifizierten Artefakte. Hier steht die Frage im Vordergrund, ob die Objekte vor Ort gefertigt oder bereits fertig mitgebracht wurden. Die vier end- und lateral retuschierten Messer wurden aus Grundformen der Weißjurahornsteinknollen WH 5 und WH 6 hergestellt. Es ist anzunehmen, dass sie entweder bereits als fertige Geräte in Form einer Grundausstattung mitgebracht oder aber ad hoc zur Zerlegung der Jagdbeute hergestellt wurden.

Die acht Mikrolithen und drei Kerbreste liefern zusätzliche Informationen. Zwei Mikrolithen sind Bestandteile der Grundausstattung, wurden also fertig in Pfeilen eingesetzt mitgebracht. Es handelt sich um eine Dreiecksspitze (siehe Abb. 7,2) – ein Einzelstück aus einem fremden Werkstück, dem sich keine weiteren Artefakte zuordnen lassen – sowie um ein spitzwinkliges Dreieck (siehe Abb. 7,4) aus Werkstück GJH 1. Dieses Werkstück ist neben dem genannten Mikrolithen nur noch durch einen Kern repräsentiert. Vier weitere Mikrolithen (siehe Abb. 7, 1.5.7.8) stammen aus Grundformen des Werkstücks WH 6, welches während des Besiedlungsablaufs als erstes bearbeitet wurde. Vielleicht wurde dieses sogar bereits vor der Einrichtung des Lagerplatzes genutzt. Daher liegt die Vermutung nahe, dass die genannten vier Mikrolithen entweder ebenfalls zur Grundausstattung gehörten oder ihre Herstellung ganz zu Beginn der Besiedlung erfolgte. Die zwei restlichen Stücke stammen von Werkstücken, die mutmaßlich erst später im Verlauf der Besiedlung zerlegt wurden. Bei einem handelt es sich um ein wenig gelungenes Objekt aus Werkstück MK 115 (siehe Abb. 7,3). Das andere ist ein kleines Fragment eines Mikrolithen aus Werkstück WH 5 (siehe Abb. 7,6), welcher vielleicht bei der Herstellung zerbrach. Möglicherweise kamen diese beiden Mikrolithen nie zum Einsatz. Drei Kerbreste – zwei davon in Kerbschlag, einer in Kerbbruch-Technik entstanden – sind Abfallprodukte der Mikrolithen-Herstellung aus Grundformen der Knolle WH 5. Die zu diesen Abfallprodukten gehörenden Mikrolithen sind im Inventar nicht repräsentiert.

Der Vorgang des *rehaftings* und *retoolings*, im vorliegenden Beispiel also des Austauschens unbrauchbar gewordener Schneideneinsätze in Projektilen, lässt sich beschreiben. Offensichtlich wurden fertige Jagdwaffen mit eingepassten Mikrolithen mitgebracht. Nach einem oder mehreren Jagdeinsätzen mussten einzelne Geschosselemente der Waffen ausgetauscht werden, wobei mutmaßlich sechs der Mikrolithen – die Einzelstücke sowie die Objekte aus Knolle WH 6 – entsorgt wurden. In der Folge wurden mindestens drei neue Mikrolithen mit Hilfe der Kerbtechnik aus Grundformen des Werkstücks WH 5 vor Ort produziert und in die Projektile eingesetzt. Bei zwei weiteren Mikrolithen misslang die Herstellung.

Es ist auffällig, dass alle modifizierten Objekte, inklusive Mikrolithen und Kerbreste, mit einer Ausnahme in Konzentration IV/3 (Abb. 12) lagen. Hier deutet sich eine räumliche Spezialisierung der beiden Nutzungsareale an. In Konzentration IV/4 lässt sich ausschließlich die Zerlegung von Werkstücken (WH 6, MK 115 und GH 1) nachweisen. In Konzentration IV/3

Tabelle 3: Operationskette und räumliche Verteilung der Werkstücke in den Konzentrationen IV/3 und IV/4.

Werkstück	Anzahl	Rohmaterial	Entrindung und Präparation	primärer Abbau	sekundärer Abbau oder Transport	Restkern	modifizierte Artefakte
WH 6	54	Jurahornstein	IV/4 (?)	IV/4	IV/3	IV/4	4 Mikrolithen, 1 Sonstiges
WH 5	44	Jurahornstein		IV/3	IV/4	IV/4	1 Mikrolith, 3 Kerbreste, 3 Sonstige
GJH 1	2	Jurahornstein		IV/3??		IV/3	1 Mikrolith
MK 115	52	Muschelkalk-hornstein		IV/3	IV/4	IV/3	1 Mikrolith
GMH 2	5	Muschelkalk-hornstein		IV/3	IV/4	-	
GH 1	22	Muschelkalk-hornstein		IV/4	IV/3	-	
single	1	Jurahornstein				IV/3	1 Mikrolith
Gesamt	181		1 × IV/4 (?)	3 × IV/3, 2 × IV/4	2 × IV/3, 3 × IV/4		

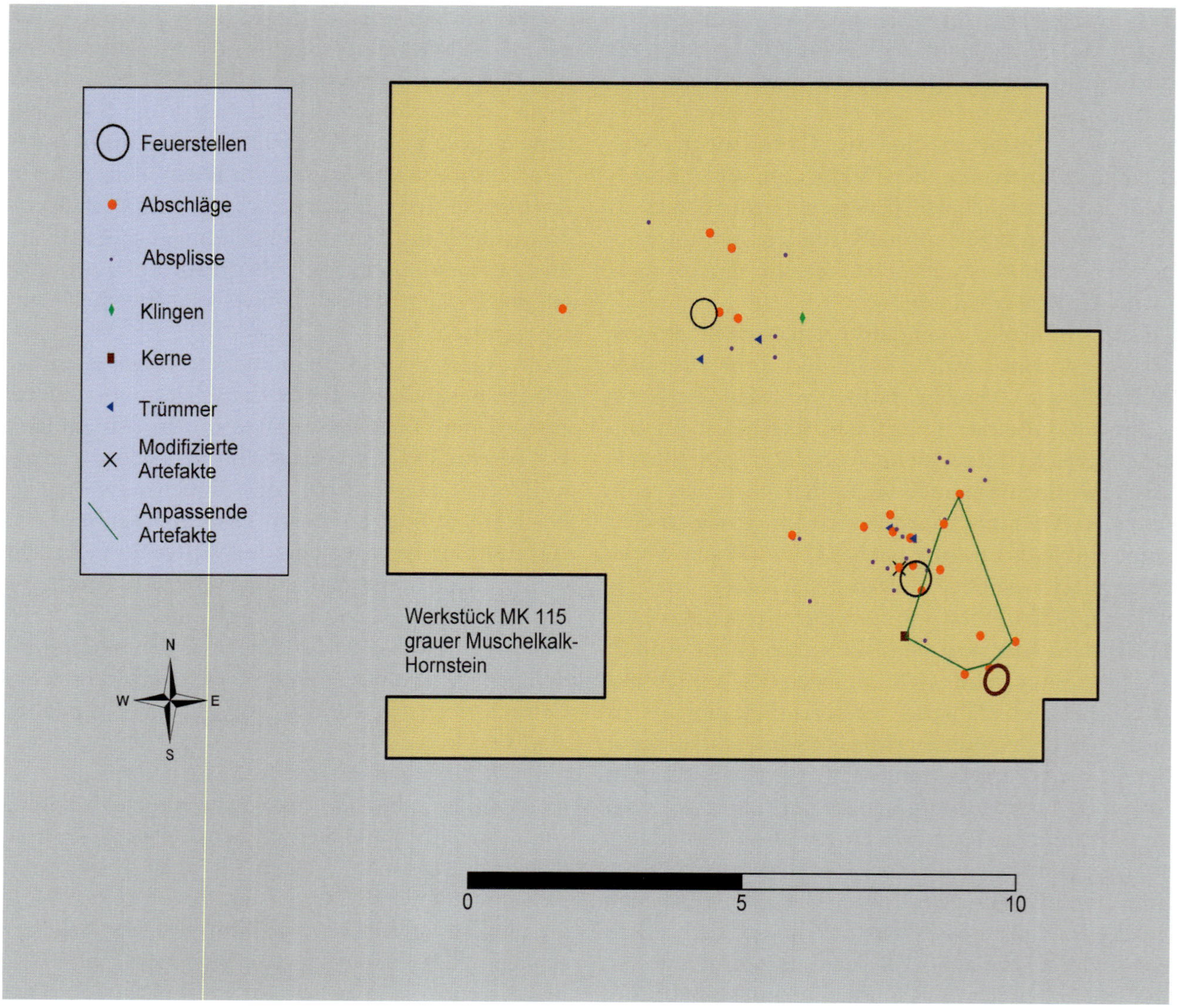

Abb. 11: Siebenlinden 3–5, Konzentrationen IV/3 und IV/4: Horizontale Verteilung der Steinartefakte des Werkstückes MK 115 aus grauem Muschelkalkhornstein.

wurden ebenfalls Werkstücke zerlegt (WH 5 und MK 115), der Vorgang des *rehaftings* und *retoolings* aber erfolgte – ebenso wie die Nutzung von Messerklingen – offensichtlich ausschließlich hier. Wie oben ausgeführt, wurde vermutet, dass die Zone im Bereich der Konzentration IV/4 früher besiedelt wurde als die Zone im Bereich der Konzentration IV/3. Vorausgesetzt, diese Vermutung trifft zu, so muss die Reparatur der Geschossköpfe folgerichtig erst relativ spät während des Aufenthalts erfolgt sein.

Alle bisherigen Aussagen beschränken sich auf den Import von Artefakten und die Herstellung von Objekten. Weitaus schwieriger sind Aussagen zum Export, da die betreffenden Objekte im Inventar zwangsläufig fehlen. Der Export von unmodifizierten Grundformen lässt sich im Normalfall ebenso wenig beweisen wie der Export von retuschierten Klingen und Abschlägen. Es gibt aber einige Indizien. So deuten die Bilanz der Werkstücke und die Analyse der wieder zusammengepassten Stücke darauf hin, dass tatsächlich Artefakte entfernt wurden. So fehlen unter anderem oft die letzten Abbau-Sequenzen der Kerne. Ein ähnlicher Schluss lässt sich aus den Artefakten des Werkstücks GJH 1 ziehen. Dieses Werkstück ist nur durch einen singulären Kern und einen Dreiecksmikrolithen vertreten. Es ist wenig wahrscheinlich, dass dieser kleine Restkern in das Lager transportiert und dort verworfen wurde, ohne vorher weiter genutzt worden zu sein. Vielmehr ist anzunehmen, dass die vor Ort produzierten und im Inventar nicht repräsentierten Artefakte wieder aus dem Lager mitgenommen wurden. Auch die Mikrolithen, deren Herstellung durch die drei Kerbreste der Knolle WH 5 angezeigt wird, wurden exportiert, ebenso wie die fehlenden Kerne der Muschelkalkhornsteinknollen GMH 2 und GH 1.

9. Verifizierung des Modells eines Außenlagers

In Kapitel 2 waren verschiedene Kriterien ausgeführt worden, durch die sich das Steinartefakt-Inventar eines Außenlagers von dem eines Hauptlagers unterscheiden sollte. Im vorhergehenden Kapitel wurden dann bereits einige Merkmale angesprochen, die für die Identifizierung des Lagerplatzes aus dem borealen Horizont IV von Siebenlinden 3–5 als Außenlager sprechen. Hierzu zählen die geringe Anzahl der verarbeiteten Werkstücke, der Import von abbaufertigen Kernen ebenso wie der Import und Export von Mikrolithen.

Im Folgenden ist nun zu untersuchen, ob zusätzliche Kriterien das Inventar aus den Konzentrationen IV/3 und IV/4 von Siebenlinden 3–5 als Niederschlag eines Außenlagers ausweisen. Als Vergleich wurden die Inventare aus den Fundkonzentrationen III/3, III/4 und III/7 des Horizontes III von Siebenlinden 3–5 gewählt, da diese Fundkonzentrationen mit relativer Sicherheit als das Produkt von dauerhafteren Hauptlagern angesehen werden können.

Da in Außenlagern nur begrenzte Zeit für das Sammeln von geeignetem Rohmaterial zur Steinartefakt-Herstellung zur Verfügung stand, sollte ein beträchtlicher Teil der gefundenen Artefakte aus ortsfremdem Rohmaterial gefertigt sein. Tatsächlich sind in den Konzentrationen 3 und 4 des Horizontes IV deutlich mehr Artefakte aus ortsfremdem Jurahornstein gefertigt (Tab. 4) als in den Fundkonzentrationen des Horizontes III. Dort überwiegen Artefakte aus lokalem Muschelkalkhornstein. Die Fundstellen im südwestdeutschen Raum zeigen, dass die Versorgung mit lithischen Rohmaterialien während des Frühmesolithikums komplex war (Kind 2006a). In allen bekannten Inventaren sind Artefakte aus Weißjurahornstein, welcher das regional wichtigste und beste

Abb. 12: Siebenlinden 3–5, Konzentrationen IV/3 und IV/4: Horizontale Verteilung der modifizierten Steinartefakte.

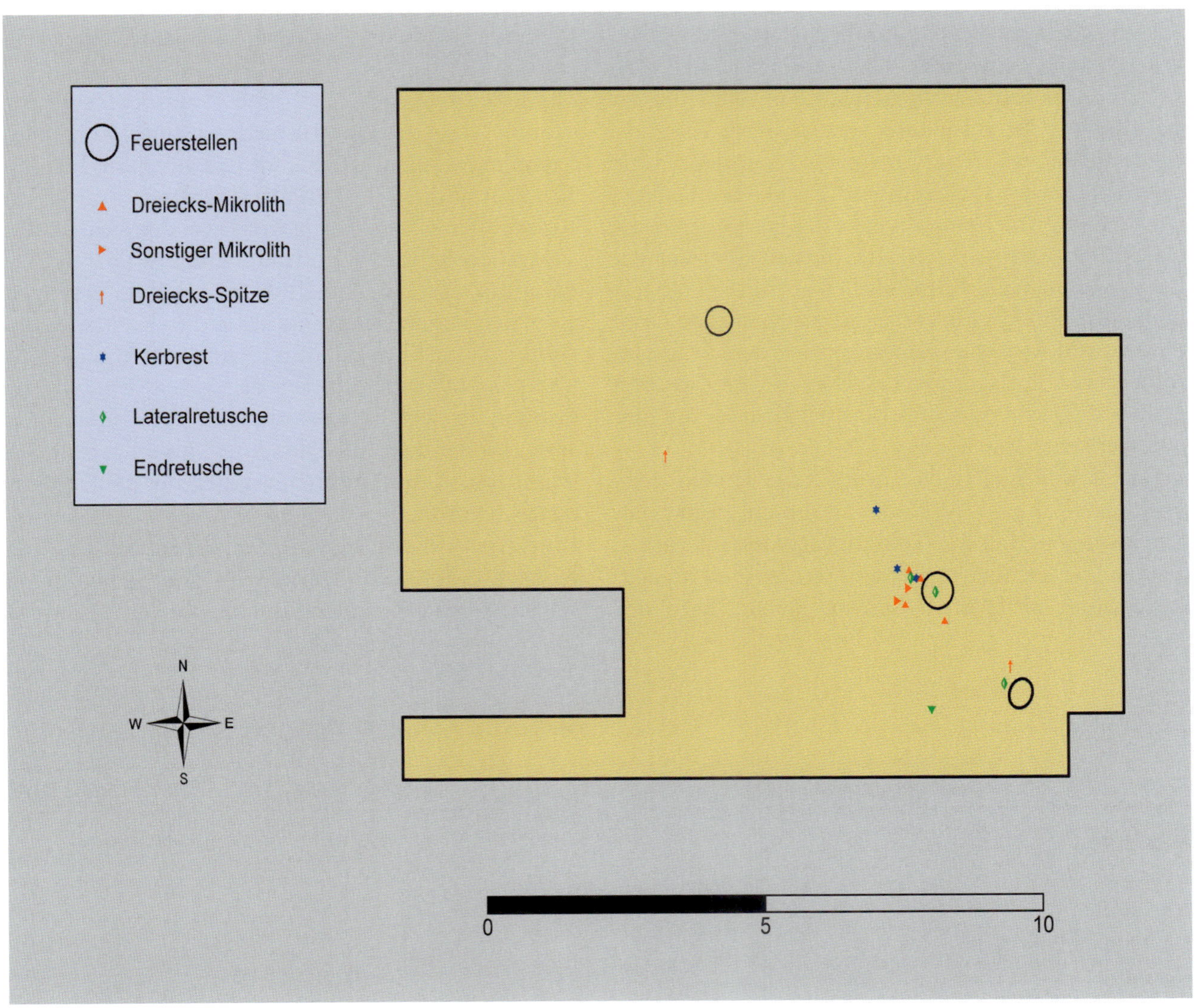

Tabelle 4: Anteile von Rohmaterialien in den Konzentrationen III/3, III/4, III/7, IV/3 und IV/4.

	Konzentration IV/3, IV/4	Konzentration III/3	Konzentration III/4	Konzentration III/7
Muschelkalkhornstein	77 = 43,3%	1005 = 85,8%	565 = 57,2%	1217 = 95,8%
Jurahornstein	101 = 56,7%	167 = 14,2%	422 = 42,8%	53 = 4,2%
	178	1172	987	1270

Rohmaterial ist, relativ häufig. Andere, jeweils lokale Rohmaterialien wurden offensichtlich nur bei Bedarf zusätzlich genutzt. Die im Inventar aus den Konzentrationen IV/3 und IV/4 vorhandene Menge von ortsfremdem Jurahornstein ist jedoch selbst im Vergleich zu anderen mesolithischen Fundstellen recht hoch.

Die Tatsache, dass die mitgebrachten Hornsteine aus jurassischen Ablagerungen stammen, lässt Rückschlüsse auf das Herkunftsgebiet der mesolithischen Jäger und Sammler von Siebenlinden zu. Es ist anzunehmen, dass sie entweder von der Hochfläche der Schwäbischen Alb kamen oder ihre Route zumindest an einer Stelle am Aufstieg zur Schwäbischen Alb ein Vorkommen von Jurahornsteinen tangierte.

Wie schon an anderer Stelle ausgeführt (Kind 1996), sollten die modifizierten Artefakte in Außenlagern nur die vor Ort ausgeübte, spezialisierte Tätigkeit wiedergeben, während Geräte aus Hauptlagern für ein viel breiteres Spektrum von Tätigkeiten benutzt wurden. In primär zum Zwecke der Jagd aufgesuchten Außenlagern sollten Mikrolithen überwiegen. Ebenso können Kerbreste als Belege für die Herstellung und damit als Hinweise auf die ehemalige Existenz von Mikrolithen angesehen werden. Dagegen sollten in Hauptlagern zu handwerklichen Zwecken genutzte Geräte wie zum Beispiel Kratzer anteilig häufiger sein.

Tatsächlich entspricht das Inventar aus den Konzentrationen IV/3 und IV/4 auch in diesem Punkt den Erwartungen (Tab. 5). Gebrauchsgeräte, im vorliegenden Fall terminal und lateral retuschierte Messer, stellen nur einen Anteil von rund einem Viertel der modifizierten Objekte, Mikrolithen und Kerbreste als Hinweise auf Jagdwaffen dagegen einen Anteil von rund drei Vierteln. In den Vergleichsinventaren aus dem Horizont III ergeben sich dagegen grundlegend andere Werte. Hier liegen die Anteile der Mikrolithen und Kerbreste nur zwischen 30%und 50%. Die Mehrzahl der modifizierten Artefakte sind Gebrauchsgeräte und keine Einsätze in Jagdwaffen.

Ein Großteil der in Außenlagern verwendeten Werkstücke wird in Form von vorpräparierten Kernen mitgebracht, was die sofortige Produktion weiterer Grundformen ermöglicht. Eine weitere Entrindung und Präparation dieser Werkstücke war seltener notwendig, weshalb Artefakte aus diesem Abschnitt der Operationskette in Außenlagern auch seltener sein sollten.

Dementsprechend zeigt eine Zusammenstellung (Tab. 6), dass die Unterschiede zu den Vergleichskomplexen beträchtlich sind. Im Inventar aus den Konzentrationen IV/3 und IV/4 fehlen unbearbeitete Rohknollen völlig. Auch Artefakte der Phase 1 der Operationskette, der Entrindung und primären Präparation, sind tendenziell weniger häufig vertreten als in den Vergleichsinventaren und werden, wie ausgeführt, ausschließlich durch einige Kortexabschläge repräsentiert. Dafür liegt der Anteil von Zielprodukten, als welche besonders Klingen anzusehen sind, etwas höher. Auch der Anteil modifizierter Artefakte ist in den Fundstreuungen des Horizontes deutlich erhöht.

Eine Analyse des Steinartefakt-Inventars aus den Konzentrationen IV/3 und IV/4 von Siebenlinden scheint demnach in allen Punkten die Vermutung zu

Tabelle 5: Anteile von modifizierten Artefakten in den Konzentrationen III/3, III/4, III/7, IV/3 und IV/4.

	Konzentration IV/3, IV/4	Konzentration III/3	Konzentration III/4	Konzentration III/7
Mikrolithen	8	10	12	11
Kerbreste	3	3	1	2
Kratzer etc.	0	4	2	2
Lateral- und Endret.	4	14	21	10
Gesamt	15	31	36	25

Tabelle 6: Anteile der Glieder der Operationskette in den Konzentrationen III/3, III/4, III/7, IV/3 und IV/4.

Phase	Glieder	Konzentr. IV/3, IV/4	Konzentr. III/3	Konzentr. III/4	Konzentr. III/7
0 Beschaffung	Rohknollen	0	6 = 0,5%	4 = 0,4%	4 = 0,3%
1 Vorbereitung	Kortexabschläge	6 = 3,4%	109 = 9,3%	51 = 5,2%	79 = 6,2%
	Kortexklingen	0	0	4 = 0,4%	1 = <10,1%
	Primäre Präparationsartefakte	0	0	4 = 0,4%	1 = <10,1%
2 Produktion	Sekundäre Präparationsartefakte	6 = 3,4%	12 = 1,0%	15 = 1,5%	9 = 0,7%
	Abschläge	78 = 43,8%	394 = 33,6%	381 = 38,6%	411 = 32,4%
	Schlagtrümmer	8 = 4,5%	147 = 12,5%	164 = 16,6%	165 = 13,0%
	Absplisse	45 = 25,3%	385 = 32,8%	242 = 24,5%	484 = 38,1%
	Klingen	19 = 10,7%	64 = 5,5%	87 = 8,8%	47 = 3,7%
	Kerne	4 = 2,2%	24 = 2,0%	18 = 1,8%	27 = 2,1%
Ohne	Hitzetrümmer	7 = 3,9%	25 = 2,1%	15 = 1,5%	41 = 3,2%
Zuweisung	Sonstige	5 = 2,8%	6 = 0,5%	2 = 0,2%	1 = <10,1%
	Gesamt	178	1172	987	1270
	davon modifiziert	15 = 8,4%	31 = 2,6%	36 = 3,6%	25 = 2,0%

bestätigen, dass es sich bei diesem Fundniederschlag um das Produkt eines kurzfristig aufgesuchten Außenlagers handelt.

Um welche Körperpartien der Jagdbeute es sich genau bei den in den Konzentrationen IV/3 und IV/4 gefundenen Tierknochen handelt, ist derzeit noch nicht bekannt.[1] Nach einer ersten Durchsicht befinden sich unter den Knochen die Reste von mindestens einem Hirsch, einem Wildschwein und einem Reh (mündl. Mitt. E. Stephan).

Die zahlreichen Haselnuss-Schalen, die im Bereich einer Röstgrube entdeckt wurden, geben weitere Hinweise. Sie zeigen, dass das häufige Vorkommen von Haselnüssen an den Waldrändern der Talaue einer der Gründe für die Standortwahl am Ufer des Neckars war. Zudem beweisen sie, dass der Aufenthalt – belegt durch die Fundstreuung um die Konzentrationen IV/3 und IV/4 von Siebenlinden 3–5 – im Spätsommer oder Frühherbst, etwa von Mitte August bis Ende September, stattfand.

Haselnüsse wurden gesammelt, für den Verzehr vorbereitet und haltbar gemacht. Hierbei wurden sie geröstet, anschließend die Schalen geknackt und die Nusskerne entnommen. Die aufgebrochenen Schalen blieben vor Ort zurück. Überliefert wurden allerdings nur die Unfälle beim Röstvorgang. Hierbei handelt es sich um Schalen, die vollständig verkohlt waren und sich daher erhalten haben.

Die Gesamtzahl der überlieferten und während der Ausgrabung dokumentierten Fragmente von verkohlten Nuss-Schalen beläuft sich auf rund 550. Die tatsächliche Menge der gerösteten Nüsse lässt sich aus dieser Anzahl nur schwer bestimmen. Trotzdem ist eine Schätzung möglich. Bei den dokumentierten Nuss-Schalen handelte es sich um die größten, leicht erkennbaren und daher dreidimensional eingemessenen Fragmente. Kleinere Stücke wurden nicht erfasst. Daher ist die Kalkulation, dass die 550 Fragmente auch mindestens 550 verkohlte Nüsse repräsentieren, durchaus realistisch. Es ist davon auszugehen, dass Unfälle beim Röstvorgang weitgehend vermieden wurden. Setzt man die Menge der Unfälle daher mit 5 % an, resultiert aus den verkohlten Schalenfragmenten eine Menge von rund 11 000 vor Ort verarbeiteten Nüssen. 11 000 Nüsse ergeben zusammen etwa 10 kg Sammelgut, was einem Nährwert von über 270 000 kJ (etwa 60 000 kcal) entspricht. Dieser hohe Nährwert demonstriert die Relevanz der Ressource „Haselnuss“ im Subsistenz-System der mesolithischen Jäger und Sammler. Zudem wird deutlich, dass während einer kurzen Zeit im Jahr gesammelte Haselnüsse als Nahrungsmittel durchaus ähnlich wertvoll wie Fleisch sein konnten.

Aus verschiedenen mesolithischen Fundstellen ist eine große Anzahl von Haselnüssen überliefert. Ihre Anwesenheit allein macht eine Deutung der betref-

1 Die im Bereich der Fundkonzentrationen IV/3 und IV/4 entdeckten Tierknochen waren bei Fertigstellung des Manuskripts noch nicht abschließend analysiert. Deshalb ist eine Beantwortung der Frage, ob tatsächlich Knochen aus wenig fleischreichen Partien zurückblieben, beim derzeitigen Stand der Untersuchungen nicht möglich.

fenden Fundstreuung als Außenlager noch nicht wahrscheinlich. Dies zeigen die Funde von zahlreichen Nuss-Schalen im frühmesolithischen Horizont II von Siebenlinden 1, der als Hinterlassenschaft eines intensiver genutzten Hauptlagers gedeutet wird (Kind 2003). Auch verschiedene Fundstreuungen von Duvensee, in denen Haselnuss-Röststellen entdeckt wurden (Bokelmann 1971; Bokelmann u.a. 1981; 1985), dürften aufgrund der zahlreichen Steinartefakte und Geräte für handwerkliche Tätigkeiten eher als Hauptlager anzusehen sein. Es gibt aber im Fundplatz Duvensee 13 einen Bereich, der als „ephemerer Lagerplatz" interpretiert wurde (Bokelmann 1986) und bei dem es sich nach sämtlichen Indizien tatsächlich um die Überreste eines kurzfristig aufgesuchten Außenlagers handelt. Ebenso spricht nichts dagegen, in den Hinterlassenschaften der Fundstelle Taubried II (Schlichtherle 2001) das Produkt eines primär zum Zweck der Nussernte aufgesuchten Außenlagers zu sehen. Wegen der speziellen Erhaltungsbedingungen in Moorfundplätzen überwiegen – anders als in Siebenlinden – sowohl in Duvensee als auch in Taubried II unverkohlte Exemplare unter den gefundenen Nuss-Schalen bei Weitem.

Die genannten Fundstellen bestätigen noch einmal, dass Haselnüsse in der Subsistenz der mesolithischen Jäger und Sammler im gesamten mitteleuropäischen Raum eine wichtige Rolle spielten. Offensichtlich wurden sie aber mit unterschiedlichen Strategien gesammelt. Entweder wurden Hauptlager zu den Vorkommen von Haselnüssen verlegt, wie der Horizont II von Siebenlinden 1 zeigt, oder – wenn die Deutung der Fundstreuungen IV/3 und IV/4 von Siebenlinden richtig ist – *task groups* beuteten die Ressource aus, wobei sie Außenlager errichteten.

10. Rekonstruktion der Besiedlungsgeschichte

Auf Grundlage der durchgeführten Analysen und vorgenommenen Schlussfolgerungen lässt sich das Geschehen während der Besiedlung rekonstruieren.

Im Spätsommer eines Jahres am Übergang des neunten zum achten vorchristlichen Jahrtausends suchte eine Gruppe von Jägern und Sammlern das Tal des Neckars auf. Die Anzahl von Personen war relativ niedrig und betrug sicherlich nicht mehr als vier oder fünf Individuen. Ihr Hauptlager befand sich in der Nähe des Vorkommens von Jurahornsteinen, möglicherweise am Aufstieg zur Schwäbischen Alb oder auf der Albhochfläche selbst. Ihr Weg führte sie an eine Stelle, an der die Überquerung des Neckars ohne größere Probleme möglich war. An einem trockenen Platz in der lichteren Vegetation nahe dem Flussufer errichteten sie, wahrscheinlich unter freiem Himmel, ihr Lager. Dieses lag außerhalb des am Talrand beginnenden dichten Waldes und hatte einen bequemen Zugang zu frischem Wasser. An einer ersten Feuerstelle, die mit wenigen Geröllen kreisförmig befestigt war, wurde ein Arbeitsplatz eingerichtet (Zone IV/4). Später kam ein zweiter Arbeitsplatz mit einer weiteren ebenerdigen Feuerstelle ohne Konstruktionselemente (Zone IV/3) hinzu.

In der Ausrüstung der mesolithischen Wildbeuter befanden sich Pfeil und Bogen, zudem brachten sie drei nutzbare Kerne aus Jurahornstein mit. Sie hatten von einem dieser Kerne möglicherweise bereits vor dem Erreichen des neuen Lagerplatzes Artefakte abgeschlagen, gleich zu Beginn ihres Aufenthalts zerlegten sie ihn weiter und stellten aus den entstandenen Klingen und Abschlägen unter anderem ein Messer her. Auf dem Weg zum neuen Lager oder in dessen unmittelbarer Umgebung sammelten sie zudem drei Rohknollen aus Muschelkalkhornstein auf, welche sie noch am Ort des Vorkommens testeten und präparierten.

Sie erbeuteten mehrere Tiere, darunter mindestens einen Hirsch, ein Wildschwein und ein Reh. Zudem sammelten sie rund 10 kg Haselnüsse, die sie neben der zweiten Feuerstelle in einer kleinen Grube rösteten. Nach der erfolgreichen Jagd waren einige Pfeile beschädigt und die eingesetzten Mikrolithen mussten ausgetauscht werden. Hierzu wurden zwei der mitgebrachten Kerne aus Jurahornstein ebenso wie die drei zusätzlich gesammelten Knollen aus Muschelkalkhornstein abgebaut. Aus den abgeschlagenen Grundformen wurden die benötigten Mikrolithen sowie einige weitere Messer gefertigt. Die beschädigten Pfeileinsätze wurden gegen die neuen Mikrolithen ausgetauscht.

Nachdem die Jagdbeute portioniert und die Haselnüsse geröstet worden waren, verließ die kleine Gruppe das Ufer des Neckars wieder. Sie hinterließen neben Knochenfragmenten und geknackten Nuss-Schalen die Abfallprodukte der Artefaktproduktion und der Mikrolithen-Herstellung, die ausgetauschten Mikrolithen sowie die nicht mehr benötigten Messer. Mitgenommen wurden die gerösteten Nüsse, portionierte Fleischstücke, neue Pfeile (bzw. ihre Schneiden), zwei Kerne sowie eine unbekannte Anzahl von Klingen und Abschlägen, die möglicherweise teilweise zu modifizierten Geräten ausgearbeitet worden waren.

11. Abschließende Wertung

In den einleitenden Kapiteln wurden einige Parameter definiert, die es ermöglichen, einen steinzeitlichen Fundplatz als ein nur zu speziellen Zwecken aufgesuchtes Außenlager zu identifizieren. Wie ausgeführt, liegt der Schlüssel zur Beurteilung eines Lagerplatzes in den Tätigkeiten, die dort stattgefunden haben, und dem damit verbundenen Niederschlag von archäologischen Objekten.

Daran anschließend wurde eine ganze Reihe von Merkmalen der Fundstreuungen in den Konzentrationen IV/3 und IV/4 des Horizontes IV von Siebenlinden 3–5 genauer betrachtet. Hierbei zeigten sich deutliche Unterschiede zu Fundstreuungen aus dem Horizont III aus Siebenlinden, die mit einer gewissen Sicherheit als das Produkt von längerfristigen, dauerhafteren Siedlungen in der Art von Haupt- bzw. Basislagern identifiziert werden können. Die beschriebenen Unterschiede betreffen sowohl die Häufigkeiten der verwendeten Rohmaterialien als auch die nachgewiesenen Stadien der Operationskette und die vorhandenen modifizierten Artefakte.

Die derzeit beste Erklärung für die beobachteten Unterschiede besteht darin, in den beiden Fundkonzentrationen aus dem Horizont IV tatsächlich das Produkt eines kurzfristigen Aufenthalts einer kleinen Gruppe von Individuen zu sehen. Dieser Aufenthalt erfolgte zum Zweck des Sammelns von Haselnüssen und des Jagens einiger Säugetiere. Derartige kurzzeitig, nur zu einem bestimmten Zweck aufgesuchte Lagerplätze werden in der Völkerkunde als Außenlager *(field camp)* bezeichnet.

Die vorhandenen Indizien ebenso wie die vorgenommenen Analysen erlauben eine Rekonstruktion der Besiedlungsgeschichte. Die hierbei nachvollziehbaren Details gehen weit über die übliche Darstellung der Geschehnisse an einem steinzeitlichen Lagerplatz hinaus.

12. Zusammenfassung

In den Fundkonzentrationen IV/3 und IV/4 des borealen Fundhorizontes IV aus Siebenlinden gibt es nur eine vergleichsweise begrenzte Anzahl von Fundobjekten. Trotzdem lässt sich plausibel nachweisen, dass beide Fundkonzentrationen einen einzigen, recht kurzfristigen Aufenthalt widerspiegeln.

Alle Analysen deuten darauf hin, dass die beiden Fundkonzentrationen zu dem Typ eines Lagerplatzes gehören, der völkerkundlich als Außenlager bezeichnet wird. Während dieses Aufenthalts in einem Spätsommer oder Frühherbst am Übergang vom neunten zum achten vorchristlichen Jahrtausend hielt sich eine kleine Gruppe von Jägern und Sammlern am Ufer des Neckars auf. Sie erlegten einige Wildtiere, ergänzten ihre Ausrüstung und sammelten Haselnüsse. Die Nahrungsmittel wurden haltbar gemacht und in transportable Portionen verpackt, um anschließend ins Hauptlager gebracht zu werden.

Bildnachweis

Alle Vorlagen, soweit nicht anders angegeben: Landesamt für Denkmalpflege im Regierungspräsidium Stuttgart/Verfasser.

Abgekürzt zitierte Literatur

Beutelspacher/Kind 2004	Th. Beutelspacher/C.-J. Kind, Siedlungsarchäologische Untersuchungen in den mesolithischen Lagerplätzen von Siebenlinden, Rottenburg am Neckar, Kreis Tübingen. Arch. Ausgr. Baden-Württemberg 2003 (2004) 23–28.
Beutelspacher/Kind 2005	Th. Beutelspacher/C.-J. Kind, Die abschließende Grabungskampagne in Siebenlinden (Stadt Rottenburg, Kreis Tübingen). Arch. Ausgr. Baden-Württemberg 2004 (2005) 22–26.
Binford 1980	L. R. Binford, Willow Smoke and Dogs' Tails: Hunter-Gatherer Settlement Systems and Archaeological Site Formation. American Antiquity 45, 1980, 4–20.
Binford 1983	L. R. Binford, Die Vorzeit war ganz anders (London 1983).
Bokelmann 1971	K. Bokelmann, Duvensee, ein Wohnplatz des Mesolithikums in Schleswig-Holstein und die Duvenseegruppe. Offa 28, 1971, 5–26.
Bokelmann 1986	K. Bokelmann, Rast unter Bäumen. Ein ephemerer mesolithischer Lagerplatz aus dem Duvenseer Moor. Offa 43, 1986, 149–163.
Bokelmann u. a. 1981	K. Bokelmann/F.-R. Averdieck/H. Willkomm, Duvensee, Wohnplatz 8. Neue Aspekte zur Sammelwirtschaft im frühen Mesolithikum. Offa 38, 1981, 21–40.
Bokelmann u. a. 1985	K. Bokelmann/F.-R. Averdieck/H. Willkomm, Duvensee, Wohnplatz 13. Offa 42, 1985, 13–33.
Hahn u. a. 1993	J. Hahn/C.-J. Kind/K. Steppan, Mesolithische Rentierjäger in Südwestdeutschland? Der mittelsteinzeitliche Freilandfundplatz Rottenburg „Siebenlinden I" (Vorbericht). Fundber. Baden-Württemberg 18, 1993, 29–52.

Houtsma u. a. 1996 — P. Houtsma/E. Kramer/R. R. Newell/J. L. Smit, The Late Palaeolithic Habitation of Haule V: From Excavation Report to the Reconstruction of Federmesser Settlement Systems and Land-Use (Assen 1996).

Kelly 1995 — R. L. Kelly, The Foraging Spectrum. Diversity in Hunter-Gatherer Lifeways (Washington, London 1995).

Kieselbach u. a. 2000 — P. Kieselbach/C.-J. Kind/A. M. Miller/D. Richter, „Siebenlinden 2“. Ein mesolithischer Lagerplatz bei Rottenburg am Neckar, Kreis Tübingen. Materialh. Arch. Baden-Württemberg 51 (Stuttgart 2000).

Kind 1996 — C.-J. Kind, Bemerkungen zur Diversität des südwestdeutschen Frühmesolithikums. In: I. Campen/J. Hahn/M. Uerpmann (Hrsg.), Spuren der Jagd – die Jagd nach Spuren. Festschr. H. Müller-Beck. Tübinger Monogr. Urgesch. 11 (Tübingen 1996) 325–329.

Kind 2000 — C.-J. Kind, Räumliche Verteilung der Steinartefakte. In: P. Kieselbach/C.-J. Kind/A. M. Miller/D. Richter, „Siebenlinden 2“. Ein mesolithischer Lagerplatz bei Rottenburg am Neckar, Kreis Tübingen. Materialh. Arch. Baden-Württemberg 51 (Stuttgart 2000) 175–197.

Kind 2003 — C.-J. Kind, Das Mesolithikum in der Talaue des Neckars – die Fundstellen von Rottenburg Siebenlinden 1 und 3. Forsch. u. Ber. Vor- u. Frühgesch. Baden-Württemberg 81 (Stuttgart 2003).

Kind 2006a — C.-J. Kind, Transport of Lithic Raw Material in the Mesolithic of Southwest Germany. Journal Anthr. Arch. 25, 2006, 213–225.

Kind 2006b — C.-J. Kind, Settlement and Subsistence in the Mesolithic Sites of Siebenlinden, Southwest Germany. In: C.-J. Kind (Hrsg.), After the Ice Age. Settlements, Subsistence, and Social Development in the Mesolithic of Central Europe. Materialh. Arch. Baden-Württemberg 78 (Stuttgart 2006) 251–260.

Kind/Beutelspacher 2003 — C.-J. Kind/Th. Beutelspacher, Neue Untersuchungen in der mesolithischen Fundstelle Siebenlinden 4, Rottenburg am Neckar, Kreis Tübingen. Arch. Ausgr. Baden-Württemberg 2002 (2003) 28–33.

Newell/Constandse-Westermann 2009 — R. R. Newell/T. Constandse-Westermann, The Swabian Alb in the Later Stone Age. Illustrating the Changes in Subsistence Strategies and Land-Use Practises. Tübinger Arbeiten Urgesch. (Rahden/Westf. 2009).

Schlichtherle 1989 — H. Schlichtherle, Henauhof-Nord, ein mesolithischer Lagerplatz im Federseemoor, Stadt Bad Buchau, Kreis Biberach. Arch. Ausgr. Baden-Württemberg 1988 (1989) 28–34.

Schlichtherle 2001 — H. Schlichtherle, Eine mesolithische Haselnusslage in der Station Traubried II im südlichen Federseemoor. In: Zeit-Räume. Gedenkschr. für Wolfgang Taute. Arch. Ber. 14 (Bonn 2001) 613–618.

Stapert 1989 — D. Stapert, The Ring and Sector Method. Intrasite Spatial Analysis of Stone Age Sites, with Special Reference to Pincevent. Palaeohistoria 31, 1989, 1–57.

Taute 1973/74 — W. Taute, Neue Forschungen zur Chronologie von Spätpaläolithikum und Mesolithikum in Süddeutschland. Arch. Inf. 2/3, 1973/74, 59–66.

Taute 1975 — W. Taute, Ausgrabungen zum Spätpaläolithikum und Mesolithikum in Süddeutschland. In: K. Böhner, Ausgrabungen in Deutschland. Monogr. RGZM 1,1 (Mainz 1975) 64–73.

Eine neue Siedlungskammer im westlichen Federseeried und ihre Bedeutung für das Verständnis neolithischer Siedelsysteme

HELMUT SCHLICHTHERLE

Von Dieter Planck gingen wichtige Impulse zu Bewahrung und Erforschung des außerordentlichen Unterwasser-Kulturerbes in den Seen und Mooren Baden-Württembergs aus: Die Begründung des „Projekts Bodensee-Oberschwaben" im Jahre 1979 hatte die Erkundung der prähistorischen Feuchtbodensiedlungen des Landes nach jahrzehntelanger Stagnation reaktiviert. Im 1982 begonnenen Schwerpunktprogramm der Deutschen Forschungsgemeinschaft „Siedlungsarchäologische Untersuchungen im Alpenvorland" übernahm die Archäologische Denkmalpflege des Landesdenkmalamtes Baden-Württemberg unter der Leitung von Dieter Planck eine führende Rolle. Vor allem aber seine 1981 getroffene Entscheidung für den Aufbau einer mit Laboratorien ausgestatteten Arbeitsbasis vor Ort in Hemmenhofen am Bodensee, die dann 1997 folgerichtig zur Dauereinrichtung des Landes wurde, hat den Bemühungen um das Kulturerbe in den Seen und Mooren Baden-Württembergs eine stabile Grundlage verschafft. In der oberschwäbischen Seenplatte und am Bodensee erschlossen sich im Laufe der Jahre nicht nur die altbekannten, seit dem 19. Jh. und in den 1920er Jahren registrierten Fundstellen neu, es gelangen auch Neuentdeckungen jungsteinzeitlicher und bronzezeitlicher Siedlungen, mehrfach sogar ganzer Siedlungskammern. Hier können allein aus den letzten Jahren im Flachwasser des Bodensees sechs Stationen benannt werden,[1] vor allem aber Siedlungskonzentrationen um die Insel Mainau im Überlinger See und im Ausfluss des Untersees bei Öhningen-Stiegen, die der Forschung lange Zeit entgingen und deren Erkundung noch im Gange ist. Am Degersee ermöglicht die neuerliche Entdeckung eines mehrschichtigen Siedlungsplatzes im Flachwasser erstmals eine konkrete Erforschung der neolithischen Besiedlung des Westallgäuer Hügellandes.[2] Am oberschwäbischen Federsee (Abb. 1), der einen zweiten Arbeitsschwerpunkt darstellt, gelang bereits in den 1980/90er Jahren die Entdeckung einer ganzen Fundlandschaft mit vorzüglich erhaltenen jung- und endneolithischen Moorsiedlungen im

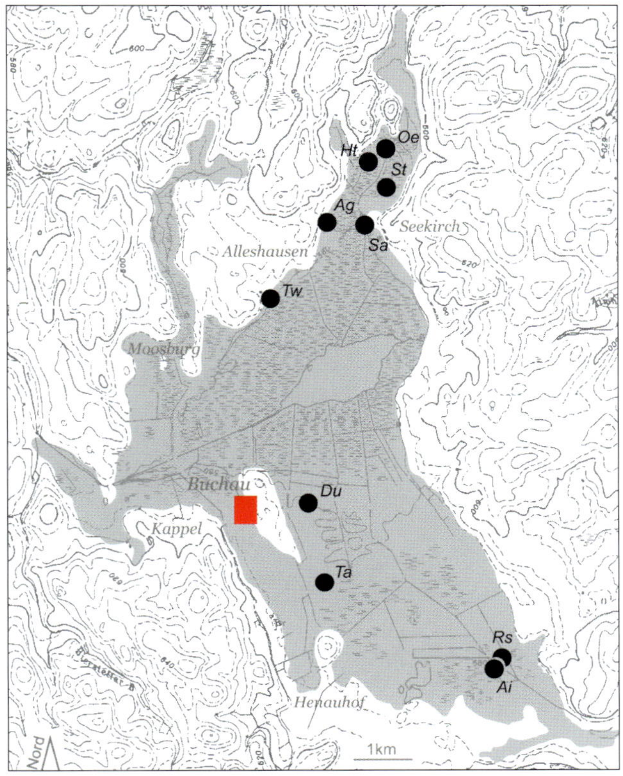

Abb. 1: Neolithische Siedlungen im Federseemoor: Ag Grundwiesen, Ai Aichbühl, Du Dullenried, Ht Hartöschle, Oe Ödenahlen, Rs Riedschachen, Sa Achwiesen, St Stockwiesen, Ta Taubried; rot: Bereich des in Abb. 2 gezeigten Kartierungsausschnittes.

„Nördlichen Ried". Bei ihrer Sondierung kamen nicht zuletzt mehrere Holzscheibenräder des Endneolithikums zutage (Schlichtherle 2002). Seit 1993 beginnt sich auch das „Westliche Ried" zu erschlie-

1 Es sind dies die Stationen Konstanz-Hafenstraße (Mainberger/Schlichtherle 2002), Konstanz-Hinterhausen II (Schlichtherle/Mainberger 2006, 61), Staad-Hörlepark (Mainberger/Müller 2004, 37), Bodman-Weiler II (Köninger 2007), Meersburg-Ramsbach (Köninger 2005, 68 f.) und Maurach-Maximilianhalde.

2 Hier setzt das DFG-Projekt „Degersee: Holozäne Schichtabfolgen und prähistorische Seeufersiedlungen am Rande der Pfahlbauökumene" an, Antragstellung Prof. Dr. Dieter Planck und Dr. Josef Merkt.

Abb. 2: Neolithische Siedlungen, Wege und Einzelfunde am Stadtrand von Bad Buchau: To Torwiesen, Ba Bachwiesen, Bub Bohlenweg am „Bahndamm", a Aichbühler Keramik, b Schussenrieder Flasche, c Lanzettäxte und andere endneolithische Funde. Kartierungsgrundlage Orthophoto Nr. 35455352 des Landesvermessungsamtes Baden-Württemberg.

ßen. Bohrsondagen, Baumaßnahmen und das genauere Studium von Archivmaterialien brachten uns hier neben zahlreichen jungsteinzeitlichen, metallzeitlichen und historischen Bohlenwegen (Heumüller 2000; Schlichtherle/Hohl 2006) die Kenntnis von fünf jungsteinzeitlichen Siedlungen, ferner Hinweise auf weitere Siedlungsplätze, deren genaue Lokalisierung noch zu leisten ist. Die neuen Entdeckungen haben das Wissen um die neolithische Besiedlung des Federsees einen wichtigen Schritt vorwärts gebracht. Erstmals können jung- und endneolithische Siedlungsmuster erkannt und voneinander abgesetzt werden. Ich ergreife hier die Gelegenheit, Dieter Planck für die stete Unterstützung und sein besonderes Interesse an der Pfahlbauforschung im Lande ganz herzlich zu danken, und zeige im Folgenden gerne auf, welche Aspekte sich aus neuen Rettungsgrabungen und einer kontinuierlich vorangetriebenen Erforschung der Federseestationen ergeben.

Siedlungen westlich von Bad Buchau

Die neuen Fundstellen (Abb. 2) liegen am östlichen Rand des „Westlichen Rieds" im unmittelbaren Vorfeld der großen, aus dem Geschiebe der Grundmoräne aufgebauten Insel Buchau. Die festgestellte Siedlungskonzentration erklärt sich einerseits durch eine in diesem Bereich liegende Engstelle zwischen Insel und Festland, die auch in historischer Zeit zur Anlage des Fahrdammes zwischen Kappel und der Stadt Buchau genutzt wurde. Hier konnte bereits in vorgeschichtlicher Zeit der Überweg auf die Insel kontrolliert werden. Andererseits hatte man an dieser Stelle zugleich Anteil an der großen Wasserfläche des zentralen und westlichen Federsees. Die Insel Buchau, ein etwa 1,8 km langes und 200–300 m breites Eiland, konnte mit etwa 45 ha Grundfläche nur einer kleineren Siedlungsgemeinschaft ausreichend Ackerland und Weideflächen bieten. Für einen mehrfachen Wechsel der Anbauflächen war sie keinesfalls geeignet. Als Ausgangspunkt für Fischerei und wildbeuterische Aktivitäten, die eine reiche Ernte von Wassernüssen in den großen Flachwasserbereichen des Sees einschlossen, bot sie jedoch hervorragende Voraussetzungen. Das südlich anschließende, von der Insel heute durch einen etwa 600–800 m breiten Moorstreifen getrennte Altmoränengebiet bei Kappel bot hingegen nahezu unbegrenzte Feldbaumöglichkeiten.

Den Auftakt der Entdeckungen machte die Siedlung *Torwiesen I*, als 1993 bei routinemäßigen Bohrstocksondagen dem Bodenkundler Richard Vogt einige Holzkohlen und Lehmlagen im Moorkörper des gleichnamigen Gewanns „Torwiesen" auffielen. Kleine Sondierschnitte, die wir 1996/97 in dem Gelände durchführten, zeigten ein mehrphasiges Kulturschichtpaket des Endneolithikums (Hohl/Schlichtherle 1996, 55 f.). Die hölzernen Substruktionen von zwei Gebäuden konnten angeschnitten, aber nicht vollständig freigelegt werden. Zahlreiche weitere Gebäude dürften sich noch unausgegraben im Gelände befinden. Über die Größe der Häuser, die Siedlungsform und die wirtschaftlichen Grundlagen wissen wir noch nichts. Wenige Funde und ein Radiokarbondatum von 3336–3102 cal BC sprechen für eine Datierung in die ältere bis mittlere Phase der Horgener Kultur.

Die Siedlung *Torwiesen II* fand sich durch Bohrsondagen, die wir im gleichen Gewann weiter westlich durchführten, als die 1996 in einer Baugrube entdeckten Bohlenwege der Mittelbronzezeit im Gelände verfolgt werden sollten. Hier erschienen, in deutlich tieferer Lage als die Bohlenwege, Hölzer, Lehme und Kulturschichtelemente etwa 1,2 m tief im Torf. Diese Siedlung lag im Bereich projektierter Erweiterungsbauten des Moorheilbades Buchau. Deshalb gruben wir sie im Zuge von Rettungsgrabungen 1996–2005 weitgehend vollständig aus (Schlichtherle/Hohl 2005). Eine Verzögerung der Bauplanungen kam uns bei den subtilen und zeitaufwendigen Freilegungsarbeiten zugute. Wir fanden ein aus zwölf Großhäusern und drei Kleinhäusern bestehendes Straßendorf, dessen Pfostenbauten mit einem vierlagigen Fußbodenaufbau etwas aus der Grundfeuchte herausgehoben waren. Zumindest für ein Gebäude kann ein abgestelzter, vielleicht pfahlbauartig abgehobener Fußboden diskutiert werden. Die Siedlung lag auf der Spitze einer Torfhalbinsel, war durch fortschreitende Erosion spätestens zum Siedlungsende bereits vollständig als Insel freigestellt und in Verlängerung der befestigten Dorfstraße mit einer Brücke über die offene Wasserfläche mit dem Festland bei Kappel verbunden. Dendrochronologische Datierungen zeigen die kurze Baugeschichte der Anlage zwischen 3283 und 3279 v. Chr. Das Fundinventar ist der älteren Horgener Kultur zuzuweisen (Schlichtherle 2004, 17 f.). Alle Gebäude waren nach Ausweis von Feuerstellen und Fundverteilungen bewohnt. Durch Auswertung des detailliert ausgegrabenen Fundmaterials und eines engen Probenrasters für botanische, insektenkundliche und phosphatanalytische Untersuchungen, die wir im Rahmen eines von der DFG geförderten Projektes 2005–2006 durchführten,[3] sind die Aktivitäten und wirtschaftlichen Grundlagen des Dorfes bereits erkundet. Die Siedler waren auf die Waldflächen des Festlandes orientiert, betrieben Kulturpflanzenbau (Hartweizen, Emmer, Einkorn, Gerste, Lein, Schlafmohn, Erbse), Haustierhaltung (Rind, Schwein, Schaf/Ziege), sammelten Wildpflanzen (u. a. Wassernüsse) und betrieben Jagd und Fischfang. Von besonderem Interesse ist die ungleiche Verteilung der Funde über die Haushalte, was innerhalb der Siedlung unterschiedliche Wirtschaftskonzepte und ein soziales Gefälle erkennen lässt. Die umfangreichen Ergebnisse der Untersuchungen können an dieser Stelle nicht weiter ausgebreitet werden, ein Vorbericht ist im Druck (Schlichtherle u. a., im Druck). Festzuhalten ist hier vor allem, dass die Siedlung innerhalb weniger Jahre nach einem festen Siedlungsschema errichtet worden war, keine Umbauten oder Erneuerungen erfuhr und nach offenbar kurzer Siedlungsdauer nachweislich systematisch wieder geräumt wurde. Der zurückgelassene Fundschleier besteht, sehen wir von Kleinobjekten wie Silex und Spinnwirteln einmal ab, nahezu ausschließlich aus unbrauchbaren Keramik- und Gerätefragmenten. Selbst Schleifsteine und Sattelmühlen wurden beim Auszug wieder mitgenommen, nur Bruchstücke und sekundär umgenutzte Fragmente blieben zurück.

Im Zuge einer Rettungsgrabung bei der Erweiterung des Moorheilbades Buchau stießen wir 2005 auf eine Siedlung der Schussenrieder Kultur in den „Bachwiesen" (Schlichtherle 2005a; ders. 2005b). Erste Funde waren hier bereits 1947 beim Bau eines Klärbeckens zutage getreten, Nachuntersuchungen und Pollenanalysen versuchten 1950 die stratigraphische Position der Siedlungsreste auf einer erodierten Torfinsel zu klären (Blank 1953, 42 ff.). Wir benannten die Siedlung *Bachwiesen I* (Abb. 2, Ba I). Die neuen

3 Das DFG-Projekt „Phosphatanalytische, botanische und insektenkundliche Flächenuntersuchungen in der endneolithischen Feuchtbodensiedlung Torwiesen II" erfolgte unter der Antragstellung von Prof. Dr. Dieter Planck, Landesamt für Denkmalpflege im Regierungspräsidium Stuttgart, und Prof. Dr. Wolf Dieter Blümel, Institut für Geographie der Universität Stuttgart.

Grabungen brachten fünf Hausstandorte der Schussenrieder Kultur zum Vorschein. Nur ein Teil der Siedlung, deren Gebäude in unregelmäßigen Zeilen zum Wasser standen, konnte damit aufgedeckt werden. Die Häuser waren nachweislich als Pfahlbauten errichtet und wie Kartenhäuser alle in eine Richtung verkippt, so dass die ursprünglich vertikalen Pfähle in nahezu horizontale Lage kamen. Im Bereich der Häuser fand sich umfangreiches keramisches und lithisches Fundmaterial. Erste dendrochronologische Datierungen ergaben ein Kernholzdatum von 3975 v. Chr., dem mindestens noch zwanzig Jahre zuzuschlagen sind. Auffällig waren bei der Grabung zahlreiche Fischreste, die partiell ganze Lagen von Fischschuppen und Gräten bildeten. Unter den Kulturpflanzenfunden sind die Spelzweizen Einkorn und Emmer dominant, Gerste ist mäßig, Hartweizen nur in geringen Mengen vertreten. Hinzu kommen die Ölpflanzen Lein und Schlafmohn (Herbig 2005). Die osteologischen, archäobotanischen und anthrakologischen Untersuchungen sind noch nicht abgeschlossen, doch kann bereits gesagt werden, dass die Bewohner vor allem wildbeuterisch aktiv und die Siedlung wirtschaftlich auf die Wasserfläche und die Insel Buchau ausgerichtet war.

Bereits unter den ersten Funden des Jahres 1947 und 1950 von Bachwiesen I waren wenige kleine, offenbar verlagerte Fragmente von schlickgerauter Keramik der jungneolithischen Pfyn-Altheimer Gruppe Oberschwabens, die zwischen 3740 und 3650 v. Chr. zu datieren ist (Schlichtherle 1995, 86). Bei Neubauten im Moorbadareal kamen 1952 weitere Keramikfragmente dieser Regionalgruppe zum Vorschein, hier nun in derart großer Zahl und in so großen Stücken, dass eine weite Verlagerung auszuschließen ist und eine zugehörige Siedlung in der Nähe angenommen werden muss. Diese Station belegten wir mit der Bezeichnung *Bachwiesen II.* Sie ist im Umfeld der Baugrube des Moorbades von 1952 zu suchen, deren Lage eruiert werden kann. Vermutlich lag sie zwischen dieser Baugrube und Bachwiesen I (Abb. 2, Ba II).[4]

Voruntersuchungen zum Bau eines neuen Außenschwimmbeckens des Moorheilbades brachten im Frühjahr 2007 erste Funde einer weiteren Siedlung der Horgener Kultur, die wir unter der Bezeichnung *Bachwiesen III* (Abb. 2, Ba III) dann im Sommer desselben Jahres im Zuge einer Rettungsgrabung genauer untersuchten. Dieser Station gilt ausführlicher das folgende Kapitel.

Die gegebene Zusammenstellung neuer Siedlungsentdeckungen westlich von Bad Buchau bedarf der Ergänzung um einige Befunde und Funde, die auf die Existenz weiterer, noch nicht lokalisierter Siedlungen hinweisen:

In einer Baugrube im Neubaugebiet östlich der Wuhrstraße war 1997 ein Bohlenweg beobachtet worden, der 2006 im Zuge von Kanalarbeiten an weiteren Punkten verfolgt werden konnte (Schlichtherle/Hohl 2006, 40 f.). Dieser unter der Bezeichnung „Am Bahndamm“ registrierte Bohlenweg (Abb. 2, Bub) ist nun über eine Länge von 110 m gesichert. Er ist etwa 3 m breit, partiell mit Unterzügen versehen, partiell zweilagig ausgeprägt und von Begleitpfählchen gesäumt. Das Fehlen von Eichenholz erschwert eine dendrochronologische Datierung. Vorläufig liegen drei Radiokarbondaten im Bereich 3100–2880 cal BC vor. Damit ist dieser Weg wiederum der Horgener Siedelphase zuzuweisen. Er kann eine Querung zur Insel Buchau dargestellt haben, es ist jedoch genauso gut möglich, dass er – ähnlich wie in Torwiesen II – zu einer Siedlung im Moor zwischen Festland und Insel führte. Das Datum lässt hier eine Siedlung der mittleren bis jüngeren Horgener Kultur erwarten.

Einzelfunde der 1950er Jahre aus dem Bereich des Stadtbaches unterhalb der Gaststätte Gawatz (Abb. 2 c), insbesondere zwei Lanzettäxte, sprechen gleichermaßen für die Anwesenheit von Siedlern der Horgener Kultur im nördlichen Bereich des Moorbades (Walter 1999). Die Fundstelle liegt in deutlicher Distanz zu den Siedlungen in den Bach- und Torwiesen. Geht man von einer Spätdatierung der Lanzettäxte mit ovalem Loch aus (Köninger 2007, 33 ff.), so spräche dies für eine noch unbekannte Siedlung der jüngeren Horgener Kultur in diesem Bereich.

Schließlich sind Keramikscherben der Aichbühler Gruppe zu nennen, die als verspülte Funde in den Mudden um Torwiesen II, aber auch in Bachwiesen III zu beobachten waren und auf die Existenz ei-

4 Die Funde waren im Archiv des Federseemuseums wieder aufgetaucht und trugen die handschriftliche Beschriftung Ernst Walls, doch bereitete die Bestimmung ihrer genauen Herkunft innerhalb des Moorbadareals einige Schwierigkeiten. Zunächst ordneten wir sie einer Nachgrabung Walls im Bereich der Kläranlage zu (Schlichtherle 1997). Diese Grabungen fanden 1950 statt, die Funde sind indessen mit „Moorbad 1952“ beschriftet. Charlotte Mayenberger und Wolfgang Hohl eruierten dankenswerterweise die Lage des 1952 erbauten, inzwischen wieder abgerissenen Moorbadgebäudes, so dass die Fundposition in der Nähe der Freihofgasse neu bestimmt werden kann. Hierzu gehört die Fundnotiz in den Fundber. Baden-Württemberg 8, 1983, 99 und die Beschreibung eines Profils der Baugrube, in dem das Kliff der Insel und ein vorgelagerter Fundhorizont angeschnitten waren (Wall 1961, 259 ff.). Im Profil der Baugrube wurden keine Pfähle beobachtet, die eigentliche Siedlung Bachwiesen II kann deshalb etwas weiter seewärts, also unter dem heutigen Moorbadkomplex vermutet werden.

ner Siedlung dieser um 4200 v. Chr. zu datierenden Kulturgruppe im weiteren Umfeld schließen lassen. Damit sind, mit Ausnahme der Goldberg-III-Gruppe, nun alle bekannten jung- und endneolithischen Siedelphasen des Federsees am Rand des westlichen Rieds nachweisbar. Siedlungen der Horgener Kultur haben hier jedoch einen besonderen Schwerpunkt.

Bachwiesen III, eine neue Pfahlbausiedlung der Horgener Kultur

Von Juni bis Oktober 2007 führte die Feuchtbodenarchäologie des Landesamtes für Denkmalpflege eine archäologische Untersuchung der Baugrube durch, die für die Anlage eines neuen Außenschwimmbeckens des Moorheilbades Buchau ausgehoben wurde. Bei der Überwachung des maschinellen Voraushubes bis in den anstehenden Torf waren in etwa 1–1,3 m Tiefe drei in den Torf eingeschnittene, mit Sand und organischem Detritus gefüllte Bachrinnen zu beobachten, die offenbar Vorläufer des heutigen Mühlbaches darstellen. Zumindest einer der Bachläufe datiert aufgrund von Keramikfunden in das Früh- bis Hochmittelalter. Zudem liegt für diese Rinne ein aus Holzkohlen gewonnenes Radiokarbondatum von 1197–1251 cal AD vor.[5] Das Torfpaket (Abb. 3) war etwa 50 cm mächtig, bestand aus einer Abfolge von Niedermoor- zu Übergangsmoortorf und konnte durch pollenanalytische Untersuchungen in das ältere Subatlantikum, also in die Eisenzeit gestellt werden.[6] Erst in den 20–40 cm mächtigen Seeablagerungen unter dem Torfpaket, dessen Bildung durch Pollenanalyse in das Subboreal, durch synsedimentäre archäologische Funde in das Endneolithikum datiert werden kann, stellten sich die Siedlungsbefunde ein, auf deren Existenz wir bereits in den Voruntersuchungen aufmerksam geworden waren. Die Seeablagerungen bestanden aus feinkörnigen, ehemals puddingartigen, nun im entwässerten Zustand kompaktierten, aber noch immer recht weichen Mudden von olivgrüner und im unteren Bereich gelblicher Färbung. Sie überlagerten einen geröllbedeckten Strand, der eiszeitliche Sand- und Beckentonlagen nach oben abschloss. Die Steine des Strandes zeigten partiell einen Kalksinterbelag und Spuren einer durch Algen ausgelösten Furchensteinbildung, so dass davon auszugehen ist, dass hier ein durch Erosion freigelegter Strand längere Zeit offen gelegen hatte. Die Funde und Hölzer lagen sowohl frei in der Mudde als auch auf dem Steinstrand. In mehreren Fällen konnte erkannt werden, dass schwerere Objekte tief in die gelbliche Mudde eingesunken waren, während

Abb. 3: Bachwiesen III. Profilausschnitt nordöstlich von Haus 3, mit Probenentnahme für Pollenanalyse und Moorstratigraphie. Die Befundeinheiten sind nummeriert: 10 Auffüllung, 20–40 Lehm-Mudde mit mittelalterlichen Fundhorizonten, 50 Übergangsmoor, 60 Niedermoor, 70 Grob- und Feindetritusmudde mit neolithischen Funden, 80 Steinstrand, 90 glaziale Ablagerungen. Der im Profil angeschnittene Pfahl ist mittelalterlich bis neuzeitlich.

sich leichte Objekte in horizontalen Lagen im Bereich der olivgrünen Mudde abgesetzt hatten. Zu den durchgesunkenen Objekten gehörte auch ein Schaftlappenbeil der späten Bronzezeit (Abb. 4), das den einzigen metallzeitlichen Fund des Grabungsareals darstellte. Neben drei Scherben des Rössener

5 Herrn Dr. Bernd Kromer von der Akademie der Wissenschaften Heidelberg danke ich für die umgehende Untersuchung der ^{14}C-Proben.

6 Frau Dr. Ursula Maier, auf deren Bericht ich mich beziehe, danke ich für die Durchführung botanisch-moorstratigraphischer Untersuchungen, Frau Dr. Angelika Kleinmann für die Durchführung der pollenanalytischen Untersuchung von drei ausgewählten Profilpositionen, Herrn Dr. Josef Merkt für die anregende Diskussion der Sedentate und Sedimente im Zuge der Grabung.

Abb. 4: Bachwiesen III. Einzelfund aus der Mudde. Mittelständiges Schaftlappenbeil aus Bronze.

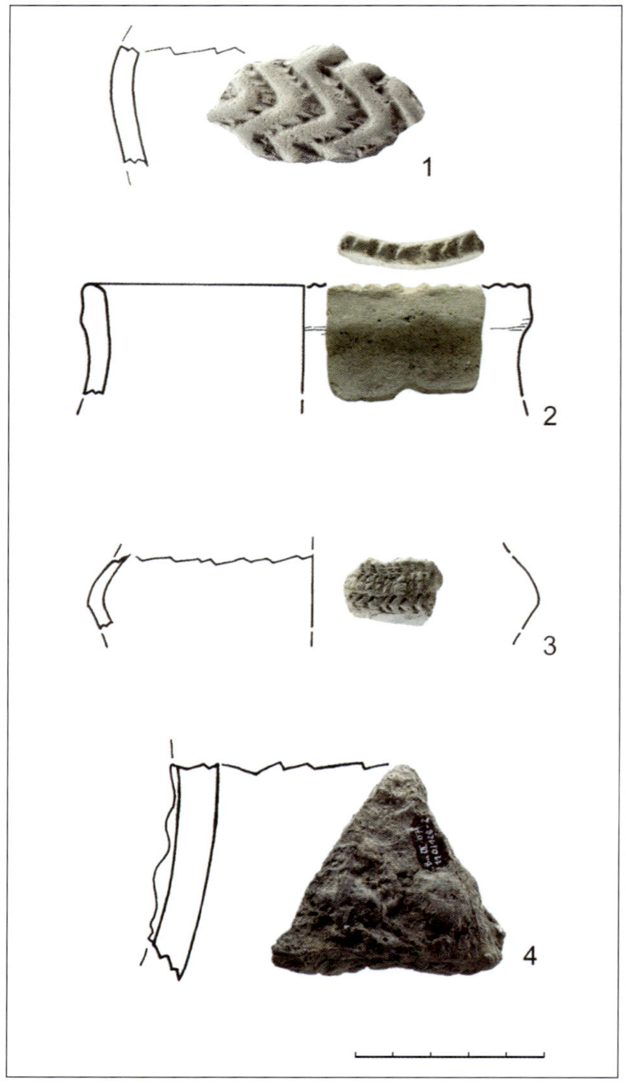

Abb. 5: Bachwiesen III. Verspülte Keramikfunde aus der Mudde. 1 Rössen, 2 Aichbühl, 3 Wauwil (?), 4 Pfyn-Altheim. Angegebener Maßstab 5 cm.

und Post-Rössener Horizontes[7] (Abb. 5,1–3), einer kleineren Scherbe grob schlickgerauter Ware vom Typ der Pfyn-Altheimer Gruppe Oberschwabens, die wohl als Treibgut aus der nahe gelegenen Station Bachwiesen II kam (Abb. 5,4), und einigen meist verrollten Scherben und Netzsenkern, die als Erosionsgut aus der benachbarten Schussenrieder Siedlung Bachwiesen I zu erklären sind, lagen vor allem kantenscharfe Funde der Horgener Kultur vor.

Die Siedlungsbefunde konzentrierten sich im südlichen Baugrubenbereich, so dass wir die von Hand durchgeführte Feingrabung im Folgenden auf diesen Abschnitt beschränken konnten: Insgesamt untersuchten wir in der entwässerten Baugrube 471 m^2 mit Schaufel und Kelle. Damit war es möglich, alle größeren Hölzer freizupräparieren, viele Funde in situ zu beobachten und das Fundmaterial stratifiziert in Quadratmetereinheiten zu bergen.

In den Mudden stießen wir auf zahlreiche horizontal eingelagerte Bauhölzer (Abb. 6). Diese lagen, vom Wasser eingeregelt, vielfach etwa rechtwinklig zum Ufer und nicht mehr im ursprünglichen Bauverband. Es handelte sich vor allem um Ast- und Stangenholz unterschiedlicher Laubbäume, in einzelnen Fällen aber auch um Spaltholz größerer Stämme.

7 Im Einzelnen handelt es sich um das Fragment eines größeren bauchigen Gefäßes der Rössener Kultur, um ein Bechergefäß mit glatter Randleiste und Kerbrand, wie aus der Aichbühler Gruppe bekannt (Strobel 2000, Taf. 28,1303), und um die Zierzone eines feinen Schulterbandbechers, dessen Verzierung durch ein Spatelband und feine schräge Einstiche, eine Winkelreihe am Bauchumbruch und ein daran anschließendes Gittermuster formend, den klassischen Verzierungskombinationen der Aichbühler Becher nicht entspricht. Das Spatelband lässt an einen Wauwiler Becher oder ein entsprechendes Derivat denken.

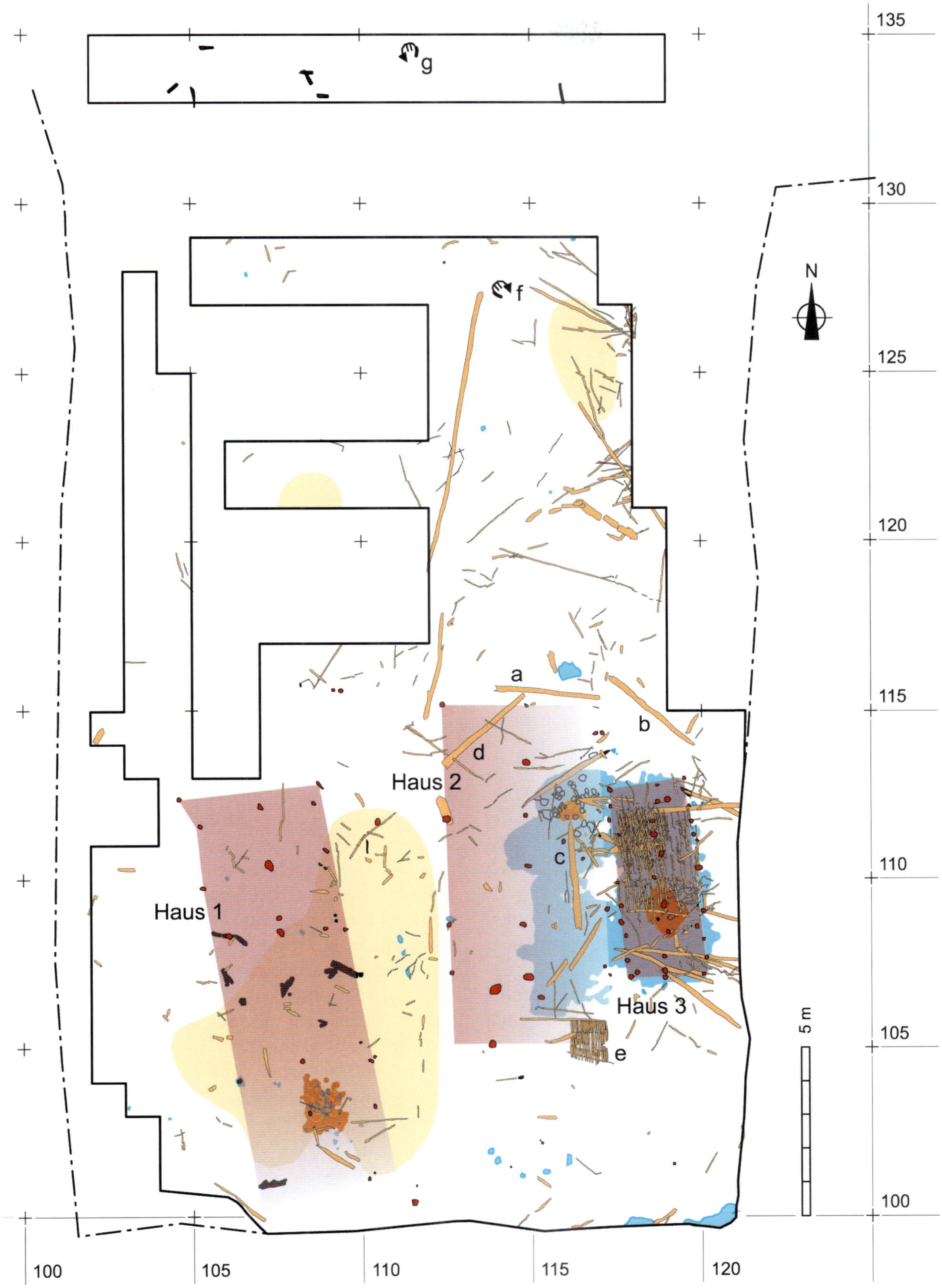

Abb. 6: Bachwiesen III. Grabungsplan mit Lage der endneolithischen Hausgrundrisse (rosa), Pfostenlöcher (rot), Pfähle (schwarz), Lehmlinsen (blau), Rotlehme (orange), liegenden Hölzer (braun), Zonen mit Fäkalien (gelb). Pfähle mit gabelartig ausgehauenen oberen Enden (a–d), herausgebrochenes Wandelement (e), Hundeskelette (f, g).

Abb. 7: Bachwiesen III. Liegender Firstpfosten von Haus 2 und Detailansicht des zangenförmigen Endes, vgl. Abb. 6 a.

Von besonderer Bedeutung waren vier um 3,30–4,00 m lange, liegende Pfähle, sorgfältig zugespitzt und mit gabelartig ausgehauenen oberen Enden versehen (Abb. 6 a–d). Weitere Gabelenden fanden sich in fragmentierter Form. Solche zimmermännisch aus dem Stamm gehauenen, zangenförmigen Enden (Abb. 7) sind uns bisher im meist mit natürlichen Astgabeln bauenden Jungneolithikum nicht begegnet und scheinen eine Neuerung des Endneolithikums zu sein. Hierfür sprechen nicht zuletzt auch weitere Gabelenden dieser Art in den endneolithischen Pfahlbausiedlungen der Schweizer Seen.[8]
Nur wenige Pfähle steckten noch senkrecht im Boden. Hingegen zeigten sich im Steinstrand zahlreiche Pfostenlöcher, die eine erstaunlich schwache, nur etwa 30–75 cm in die glazialen Ablagerungen reichende Gründung der Pfähle erkennen lassen. Offenbar bereitete es den Siedlern Mühe, die Pfähle tiefer in die stabilen Kiese, Sande und Tone einzurammen, so dass die Bauteile nach Siedlungsaufgabe leicht herauskippen konnten oder im winterlichen Eisgang herausgeschoben wurden. Insgesamt lassen sich durch die Stellung der Pfosten und Pfostenlöcher drei zweischiffige Hausbereiche erkennen, die mit ihren Breitseiten parallel zum Ufer lagen (Abb. 6). Haus 1 ist ziemlich genau 4 m breit und ca. 10–12 m lang und zeigt im Norden einen deutlichen Gebäudeabschluss mit seitlich vorgezogenen Eckpfosten, während das Südende nicht klar zu bestimmen ist. Liegende, in Mudde eingelagerte Hölzer waren im Hausbereich spärlich anzutreffen und stehen in keinem Bauzusammenhang. Eine abgestürzte Herd- oder Ofenstelle lag indessen im Süden des Hauses. Sie bestand aus kleinen und bis zu etwa zwei Handflächen großen, partiell rötlich angeziegelten Lehmbruchstücken, die teilweise eine grob verstrichene Oberfläche erkennen ließen. Diese Stücke lagen

8 Zum Beispiel aus der Übergangsphase von Pfyn zu Horgen in Arbon-Bleiche 3 (Leuzinger 2000, 94 Abb. 119), aus Schichten der Auvernier-Gruppe in Yverdon-Avenue des Sports (Maute-Wolf/Wolf 2002) und mit rundlich ausgenommenem Auflager aus Schicht III, Horgener Kultur, in Feldmeilen-Vorderfeld (Winiger 1976, 71). Gegabelt ausgestemmte Pfahlenden auch in der ostfranzösischen Station Clairvaux MM (Pétrequin 1988, 373).

wirr, teils vertikal, teils mit der verstrichenen Fläche nach unten in der Mudde. Die schwereren Teile waren bis auf den Steinstrand durchgesunken, mitgezogene olivfarbene Mudde zeigte an, dass die Bruchstücke tatsächlich aus dem Niveau der olivfarbenen Mudde in die darunterliegende gelbliche Mudde durchgesunken waren. Einige Stücke sind plan, andere scheinen aus der Rundung einer Ofenkuppel zu kommen. Auch einige schwerere Artefakte waren im Bereich des Hausgrundrisses bis auf den Steinstrand durchgesunken, leichtere Funde, vor allem Knochen und Fäkalreste, konzentrierten sich jedoch auf ein Niveau im Bereich der olivgrünen Mudde. Offenbar war dies die Oberfläche des Seebodens zur Zeit der Besiedlung. Bei den Fäkalresten handelt es sich um vorwiegend gut geformte Koprolithen, die aufgrund ihrer Ausprägung von Hund oder Mensch stammen dürften. Erste mikroskopische Untersuchungen brachten den Nachweis darin eingeschlossener Fischknochen, teilweise enthielten sie aber auch Getreide-Fruchtwandreste. Etwa 200 dieser Koprolithen wurden im Bereich des Hauses 1 und im Freiraum zum Haus 2 hin in der Mudde aufgedeckt, von etwa 160 haben wir Proben entnommen, die ein wertvolles Quellenmaterial für Untersuchungen zur Ernährungslage, zum Gesundheitszustand und gegebenenfalls auch zur Saisonalität der Siedler einschließlich ihrer vierbeinigen Begleiter darstellen.[9]
Haus 2 liegt nur wenige Meter weiter landwärts. Es ist nahezu 5 m breit und etwa 8–10 m lang, wobei auch hier das Südende nicht genau bestimmt werden kann. In der östlichen Hälfte des Gebäudes lag auf dem Steinstrand eine zerflossene, blaugrüne Lehmlinse, die vermutlich mit dem benachbarten Haus 3 in Zusammenhang steht und nicht ursächlich zu Haus 2 gehören dürfte. Eine Konzentration plattiger Steine, die von oben bis in den Lehm eingesunken waren, sowie schwache Rotlehmreste dürften hingegen eine abgestürzte Feuerstelle des Hauses anzeigen. Vor allem nördlich davon lagen in Mudde eingelagerte, teils bis auf die Steine durchgesunkene Bauhölzer in wirrer Lage. Unter diesen sind, wie bereits beschrieben, vier in horizontaler Lage aufgefundene Pfähle mit Gabelenden besonders bemerkenswert. Einer dieser gegabelten Pfähle passt mit seiner Bruchfläche an die noch in vertikaler Position angetroffene Pfahlspitze des nördlichsten Firstpfostens von Haus 2. Die Firsthöhe des Hauses betrug somit 3,40 m. Es ist anzunehmen, dass auch die anderen gegabelten Pfähle zu diesem Haus gehörten. Eine eingehende Auswertung dieser Bauteile wird weitere konstruktive Einsichten vermitteln.[10] An der Südostecke des Hauses 2 und ebenfalls horizontal in die Mudde eingebettet, fand sich auf etwa 1 m² Fläche ein aus dem Oberbau herausgebrochenes Wandelement (Abb. 6 e). Es war aus regelmäßigen Haselruten in Flechtwandtechnik gebaut und sehr gut erhalten (Abb. 8). Solche in die Horizontale verkippten Flechtwandteile waren am Federsee bereits in der bronzezeitlichen Wasserburg Buchau festgestellt worden,[11] ansonsten sind sie in den Feuchtbodensiedlungen des Alpenvorlandes eher selten.[12] Im Gegensatz zu den recht stabilen und dick aufragenden Flechtwandstummeln in der jungneolithischen Siedlung Ehrenstein, die in ebenerdigen Häusern in vertikaler Position angetroffen wurden, liegt hier nun für den süddeutschen Raum erstmals ein dicht gefügtes und dünn gehaltenes Wandgeflecht in flächiger Erhaltung vor.
Haus 3 lag unmittelbar landwärts des Hauses 2, und zwar derart dicht, dass eine Gleichzeitigkeit schon aus diesem Grund in Frage gestellt werden kann. Die Abmessungen des Gebäudes sind mit 2,5 m Breite und 5,8 m Länge zudem relativ gering. Die im Zusammenhang mit Haus 2 bereits erwähnte Lehmlinse zeichnet im Norden, Osten und Süden die Umrisse des Hauses 3 recht präzise nach und ist von daher mit diesem Gebäude in Zusammenhang zu bringen. Die Lehmlage war hier bis zu 18 cm mächtig und enthielt im südlichen Hausbereich einen Rotlehmfleck, der einen Feuerstellenbereich anzeigt. Nördlich befand sich auf der Oberfläche des Lehms eine Lage parallel geschichteter Äste, die vermutlich zur Fußbodenkonstruktion gehörte. Da es sich vor allem um krumme Äste mit weiteren Astabgängen handelte, kann hier lediglich eine Substruktion des eigentlichen Hausbodens angetroffen worden sein, der aus einer Prügellage mit Estrichbelag bestanden haben dürfte. An der Basis der

9 Frau Dr. Ursula Maier danke ich für die Durchführung erster botanischer Untersuchungen, die im Zuge weiterer Auswertungsarbeiten durch pollenanalytische, zoologische und parasitologische Analysen ergänzt werden sollen. Derart gut in Form erhaltene Fäkalreste sind in den Pfahlbausiedlungen eine Seltenheit, vergleichbare Stücke fanden sich vor allem in Arbon-Bleiche 3 (Le Bailly/Bouchet 2004).

10 Die Holzbauteile von Bachwiesen III und Torwiesen II werden von Björn Lademann im Rahmen einer Examensarbeit an der Universität Münster bearbeitet.

11 Es handelt sich um Haus 1 der Wasserburg (Reinerth 1936, 130 f. u. Taf. 30).

12 Weitere, in horizontaler Lage erhalten gebliebene Flechtwandelemente des Neolithikums in Egolzwil 4 (Wyss 1988, 166) und Chalain 3 (Pétrequin 1997, 260 ff.). Häufiger sind indessen Nachweise aus der Bronzezeit: Hauterive-Champréveyres, Cortaillod-Est und Auvernier-Nord (Arnold 1990, 74 ff. u. Fig. 61–63), Zürich-Großer Hafner (Ruoff 1981, 52 u. Abb. 64), Zug-Sumpf (Seifert 1996, 78), Greifensee-Böschen (Eberschweiler/Riethmann/Ruoff 2007, 183 ff.).

Abb. 8: Bachwiesen III. Freilegung des Flechtwandsegmentes im südlichen Bereich von Haus 2.

Lehmlinse war eine dünne Lage aus leichten organischen Materialien, darunter viele Fischschuppen und Leinstängelreste, unmittelbar auf dem Steinstrand zur Ablagerung gekommen. Dies war der einzige Bereich der Grabungsfläche, in dem so etwas wie eine Kulturschicht mit Pflanzendetritus anzutreffen war, was sicherlich der schützenden Lehmüberdeckung zu verdanken ist. Dieser Befund zeigt zugleich, dass in Haus 3 gesiedelt wurde, als der Strand noch offen lag, während die anderen Häuser in Nutzung standen, als sich bereits Feinsediment über dem Strand abgelagert hatte. Im Bereich der Häuser 1 und 2 waren ja die meisten Funde erst einsedimentiert worden, als sich bereits die Mudden über das Gelände ausgebreitet hatten. Auch diese Beobachtungen legen eine gewisse zeitliche Tiefe der Besiedlungsvorgänge nahe. Während man für das kleinere Haus 3 eine ebenerdige, auf den Strand aufgesetzte Konstruktion erwägen kann, fehlt von den großen Häusern jegliche Spur eines Fußbodens, wobei das zugehörige Fundmaterial in den Mudden lag, so dass die Häuser 1 und 2 als Pfahlbauten über dem offenen Wasser zu rekonstruieren sind.

Nördlich der Häuser wurden verdriftetes, in Mudde eingelagertes Holz und ein ausdünnender Fundschleier festgestellt. Besonders erwähnenswert sind hier eine weitere, kleine Konzentration von Koprolithen und zwei Hundeskelette. Die Jungtiere lagen im vollständigen Skelettverband in der Mudde und dürften hier im Flachwasser verendet oder angespült worden sein (Abb. 6 f, g; Abb. 9).

Der ergrabene Siedlungsausschnitt ist zweifellos unvollständig. Nach Norden waren keine Hausgrundrisse mehr festzustellen, nach Süden und Osten aber sind weitere Gebäude zu erwarten. Die Siedlungsform ist aus dem gewonnenen Ausschnitt nicht leicht zu erschließen, doch kann mit einiger Sicherheit gesagt werden, dass wir keines der endneolithischen Straßendörfer angetroffen haben, wie wir sie von Torwiesen II und Stockwiesen kennen. Vielmehr macht der Befund eher den Eindruck disparat auf der Uferplattform errichteter Einzelhäuser.

Das Fundmaterial war reichhaltig und in den Mudden exzellent erhalten. Die Keramikformen (Abb. 10) weisen mit S-förmigen Profilen oder einziehenden Rändern sowie mit ihrer Knubbenzier in die älteste bis ältere Horgener Kultur. Für diese Einschätzung spricht auch der rudimentäre Schlickbelag auf einem der Großgefäße. Einstichverzierungen und randparallele Kannelur, zwei typische Merkmale der Horgener Keramik, sind vorhanden. Die Ware ist mit mittlerem bis grobem Steingrus und offenbar reichlich Schamott gemagert, auf der Oberfläche nicht geglättet, sondern verstrichen und relativ schwach in beigefarbenen und grauen Tönen gebrannt. Gute Vergleiche bieten die Inventare der Schichten 11 und 12 von Sipplingen (Kolb 1999, 14 ff.) und von Torwiesen II (Schlichtherle 2004, 18). In Sipplingen Schicht 11 kommen breite Randkanneluren allerdings nicht vor, und in Torwiesen II sind sie an den Großgefäßen kaum ausgeprägt, dafür aber an einigen Kleinformen zu beobachten. Somit könnte man die Kanneluren von Bachwiesen III als eine klare Verbindung zur Schicht 12 von Sipplingen auffassen, also als Hinweis auf eine Datierung deutlich nach 3300 v. Chr. Hier ist jedoch zu bedenken, dass bereits in Arbon-Bleiche 3 und somit in der Initialphase der Horgener Kultur 3378–3370 v. Chr. eine Randkannelur, wenn auch nur eine unter einer Vielzahl glatter Randpartien, nachzuweisen ist (de Capitani 2002, Abb. 336,5).

Von besonderer Bedeutung ist der Fund einer kleinen rundbodigen Tasse mit eingezapftem Henkel (Abb. 11,1), die südlich von Haus 3 lag. Auch sie zeigt die grobe Machart der Horgener Ware. Hinzu kommt das Fragment eines weiteren tassenförmigen Gefäßes (Abb. 11,2). Solche Tassen sind im südwestdeutschen Alpenvorland als östliches Kulturelement anzusehen. Ähnliche, wenn auch gut geglättete und in deutlich besserer Tonqualität gefertigte Tassen begegnen uns bereits in der Altheimer Kultur Bayerns und aus dieser vermittelt in der Pfyn-Altheimer Gruppe Oberschwabens (Mainberger 1998, Taf. 12,220). Solche Tassen mit und ohne Kannelurverzierung sind aber auch mit der Badener Kultur in Verbindung zu bringen,[13] deren Einflüsse auf die

13 Rundbodige Tassen dieser Art mit überrandständigen Henkeln, meist kanneliert, aber auch unverziert, sind im Keramikspektrum der Boleráz-Gruppe geläufig (Ruttkay 2001, 518 f.). Am Bodensee sind kannelierte Tassen in Arbon-Bleiche (de Capitani 2002, Abb. 361,1) und Bodman sowie durch einen nicht mehr lokalisierbaren, wahrscheinlich von Sipplingen oder Bodman stammenden Fund nachgewiesen (Köninger/Kolb/Schlichtherle 2001, Abb. 2,13.15). Auch die kleine, kannelierte Scherbe von Bad Buchau-Torwiesen II könnte eine Tasse, vielleicht auch eine Kanne gewesen sein (Schlichtherle 2004, Abb. 8,1). Zudem gibt es in Torwiesen II zwei Fragmente unverzierter Tassen mit überrandständigem Henkel und mehrere tassenartige Kleingefäße, bei denen eine Öse den Henkel ersetzt. Letztere halte ich für Derivate, bei denen die Henkel zurückgenommen wurden, weil bei der schlechten Horgener Keramikqualität lichte Henkel leicht ausbrechen.

Abb. 9: Bachwiesen III. Skelett eines jungen Hundes in der Mudde, entsprechend Abb. 6 g.

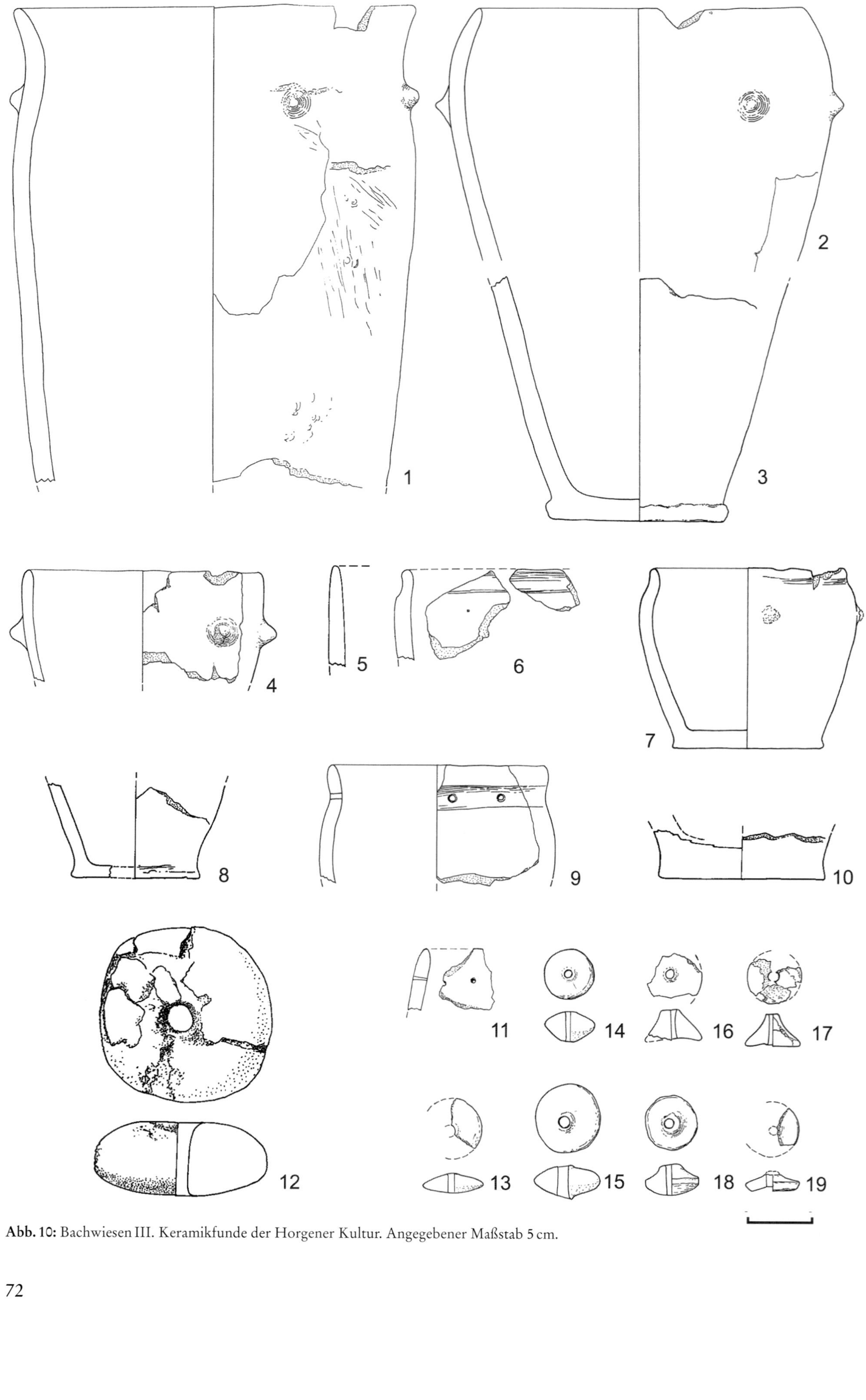

Abb. 10: Bachwiesen III. Keramikfunde der Horgener Kultur. Angegebener Maßstab 5 cm.

Anfänge der Horgener Kultur am Bodensee (de Capitani 2002, 209ff.) und in Oberschwaben (Schlichtherle 2004, 18) in den letzten Jahren deutlich geworden sind. Eine Reihe konischer und linsenförmiger Spinnwirtel, die ebenfalls aus Badener Kontakten ableitbar sind (Abb. 10,14–19), sowie abgeflacht kugelförmige Webgewichte (Abb. 10,12), wiederum mit besten Parallelen in Arbon-Bleiche 3 und Sipplingen Schicht 11, unterstreichen die Frühdatierung des Fundkomplexes von Bachwiesen III, dessen chronologische Spannweite aber auf typologischem Wege nicht genauer als um 3300 v. Chr. eingeschätzt werden kann und möglicherweise auf ein länger anhaltendes oder im Verlauf von ein bis zwei Generationen wiederholtes Siedelgeschehen zurückzuführen ist.

Das Fundmaterial von Bachwiesen III enthält mehrere Hirschgeweihstangen mit Werkspuren und zerlegte Geweihteile, aber kein Geweihzwischenfutter. Dies ist ein weiterer chronologischer Hinweis auf eine Frühdatierung. In Sipplingen beginnen Zwischenfutter-Klemmschäftungen mit Schicht 13, also in der älteren Horgener Kultur[14] zwischen etwa 3250 und 3150 v. Chr. Am Federsee ist ein Exemplar in der Station Dullenried belegt, deren Fundmaterial zwischen der älteren und mittleren Horgener Kultur vermittelt.[15]

Mehrere Knochengeräte, vorwiegend Spitzen, weisen eine exzellente Funderhaltung auf. Die besonderen Erhaltungsbedingungen in der Mudde manifestierten sich aber vor allem im perfekten, bei der Auffindung „wie neu" erscheinenden Zustand der aufgefundenen Holzgeräte:

Es fanden sich zwei kleinere Knieholme aus Buche (Abb. 12,4.5), davon einer mit zugehöriger Beilklinge, das Bruchstück eines sorgfältig gearbeiteten Langbogens aus Eibe vom alpinen Typ (Abb. 12,3), das Fragment eines geraden Weidenschösslings mit sorgfältig gearbeiteter Spitze, vielleicht ein Pfeilschaft (Abb. 12,12), eine vollständige Hirschgeweihhacke mit ovalem Stiel aus Buche (Abb. 12,7), ein kleiner Keil aus Buche (Abb. 12,13), der Rohling eines Schöpflöffels aus einem Buchenstamm mit Maserknollen (Abb. 12,10), eine vollständige Tasse aus Ahorn (Abb. 12,9), ein Speer aus Hasel (Abb. 12,11) und ein Dreschsparren aus Buche (Abb. 12,2). Ein gespaltener Stiel aus Holunder mit einem in den Schlitz eingeschobenen, durch Bastbindungen befestigten, flachen Rindenstück (Abb. 12,6) stellt ein Gerät unbekannter Verwendung dar.[16] Auch ein Eichenbrettchen mit sorgfältig gearbeiteten Kanten (Abb. 12,8) und ein kleineres Gerät aus Linde mit einer aus dem Vollholz herausgearbeiteten, dann abgebrochenen Öse auf der Innenseite (Abb. 12,1) sind in ihrer

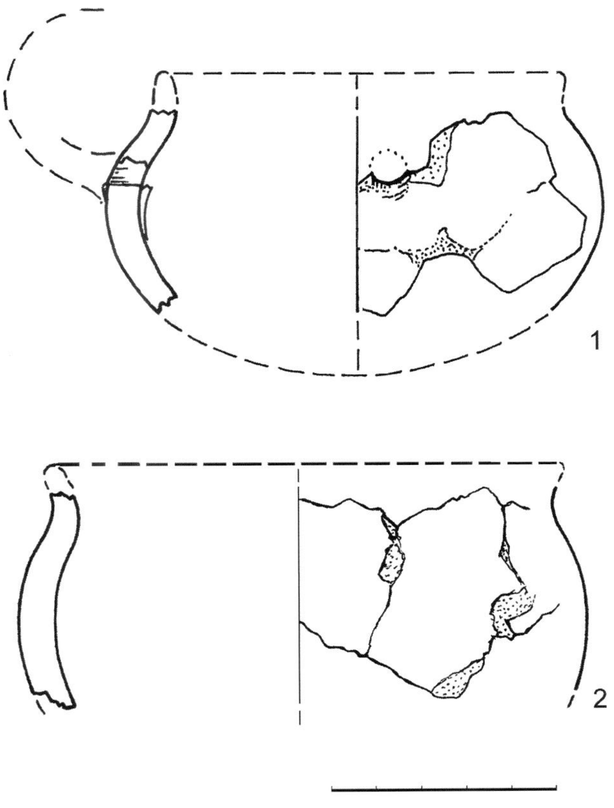

Abb. 11: Bachwiesen III. Fragmente endneolithischer Keramiktassen. Angegebener Maßstab 5 cm.

Funktion rätselhaft. Zusammenhängende Fragmente eines größeren, in Kombination von Faulbaumstäben und Bastgeflecht gefertigten Textilobjektes fanden sich in gebrochenem und zerzaustem Zustand in der Mudde. Unter den Felsgesteingeräten sind Steinbeil-Rohlinge, Schleifplatten, Klopfsteine, Mahlsteine und aus flachen Kieselsteinen gemachte Netzsenker, davon einer mit erhaltener Umschnürung mit einem Baststreifen. Das Silexinventar umfasst Abschläge und Geräte aus Jurahornstein, wohl überwiegend regionaler Herkunft. Nachweisbar sind Importmaterialien aus dem Raum zwischen Olten und Aarau[17] und ein Bergkristall.

Das Fundspektrum belegt somit häusliche Küchenaktivitäten, Geweih-, Holz-, Silex-, Steingerätepro-

14 Die Gliederung der Horgener Kultur wird hier entsprechend Kolb 1993, 352 Tab. 15 vorgenommen.

15 Zur Datierung der Hirschgeweih-Klemmschäftungen Bollacher 2001, 218.

16 Die Bastbindung ist auf der Rückseite noch gut erhalten, wird sich aber erst im Zuge der Restaurierung ganz freilegen und dokumentieren lassen. Ein ähnliches Gerät, allerdings mit einem deutlich dickeren, eingeschobenen Rindenstück fand sich in Arbon-Bleiche 3 (Leuzinger 2002, Abb. 146).

17 Frau Dr. Jehanne Affolter danke ich für die Bestimmung einer kleinen Probenserie.

Abb. 12: Bachwiesen III. Endneolithische Holzgeräte aus der Mudde. Angegebener Maßstab 5 cm.

duktion und Textilherstellung vor Ort sowie Fernkontakte in den Donauraum, in den Aargau und in die Alpen.
Erste botanische Großrestuntersuchungen,[18] die an Proben aus detritushaltigen Bereichen im und unter dem Lehm des Hauses 3 möglich waren, brachten den Nachweis zahlreicher Samen und Früchte. An Kulturpflanzen liegen Nacktweizen und Gerste, Lein, Schlafmohn und Erbse vor. Hinzu kommen Reste von Sammelfrüchten, vor allem Beerenkerne, aber auch Wassernüsse, Haselnuss und Wildapfel. Eine quantitative Gewichtung ist angesichts der erst geringen Probenzahl schwierig, doch sind auffallend wenig Getreidedreschreste, dagegen aber viele Beerenkerne und vor allem Samen, Kapselsegmente und Stängelreste des Leins vorhanden. Unter den Tierknochen ist ein hoher Anteil an wilden Säugetieren und ein sehr großer Anteil an Fischresten auszumachen.[19] Dies alles spricht für eine vorwiegend wildbeuterische Wirtschaft der Bewohner und einen nur untergeordneten Kulturpflanzenbau, wobei der Leinanbau eine besondere Rolle spielte.
Erste dendrochronologische Untersuchungen[20] ergaben für einen Firstpfosten von Haus 2 ein Waldkantendatum von 3308 ± 1 v. Chr. Ein weiterer Pfosten ohne klaren Bauzusammenhang zwischen Haus 1 und 2 datiert 3320 v. Chr., zwei liegende Hölzer brachten Schlagdaten von 3334 und 3306 v. Chr., Radiokarbondatierungen[21] ergaben für einen Weidenpfahl aus Haus 1 3362–3104 cal BC, für eine Holzkohle aus der Mudde bei Haus 1 3365–3098 cal BC.

Neolithische Siedelsysteme am Federsee

Die dendrochronologischen und typologischen Untersuchungen zeigen, dass die neu entdeckte Station Bachwiesen III in einen nahen zeitlichen Zusammenhang mit der benachbarten Station Torwiesen II gehört. Sie ist 20–50 Jahre älter. Die mehrphasige Anlage Torwiesen I scheint indessen etwas jünger als Torwiesen II zu sein. Noch später datiert der Bohlenweg am Bahndamm. Leider haben hier auch die neuen Holzproben der Baubeobachtung 2006 kein Dendrodatum ermöglicht. Aus der Analyse der Eschen- und Buchenhölzer kann jedoch im Ausschlussverfahren gesagt werden, dass sie nicht auf die Kurven von Torwiesen II passen.[22] Hier ist also mit einer Siedlungsaktivität um oder nach 3000 v. Chr. zu rechnen. Etwa in diesem Bereich oder jünger dürften auch die Lanzettäxte in der Nähe von Bachwiesen II anzusetzen sein. Schließen wir die 1920–1929 gegrabene Siedlung Dullenried in die Betrachtung ein, die jenseits der Insel Buchau gelegen, aber durchaus zu unserer Konzentration von Siedlungen der Horgener Kultur um die Insel zu rechnen ist, so ergibt sich dort für die mehrphasige Anlage aufgrund einiger Radiokarbondaten und typologischer Argumente eine Laufzeit im Übergangsfeld von der älteren zur mittleren Horgener Kultur, ca. 3250–3100 v. Chr. (Bollacher 2001; Schlichtherle 2004, 19 ff.). Da schlecht erhaltene Hausbereiche kaum Funde erbrachten, ist indessen nicht ausgeschlossen, dass erste Häuser von Dullenried bereits im Zeitraum von Torwiesen II bestanden. Die Siedlungsnachweise im Umfeld der Insel Buchau streuen also vom ältesten zum jüngeren Horgen über einen Zeitraum von etwa 400 Jahren.
Betrachtet man die Fundstellenkartierung von den Anfängen der neolithischen Besiedlung des Federseebeckens an, so zeigen sich, bei Kartierung von Oberflächenfunden in der mineralischen Umrahmung des Federsees, zunächst zwei alte Siedlungskerne des Mittelneolithikums auf den Halbinseln Moosburg und Henauhof (Abb. 13,1). Diese sind vielleicht um einen weiteren Siedlungsstandort auf den Aichbühler Äckern zu ergänzen, von dem zwar eindeutig mittelneolithische Funde bislang fehlen, der aber durch einzelne, vermutlich von hier ins Wilde Ried und nach Aichbühl und Riedschachen verschleppte Funde – stichbandkeramische Scherben und Dechselklingen – wahrscheinlich zu machen ist.
In der Station Henauhof I kann dann ein Vorrücken von Siedlern der späten Rössener Kultur bis in das Moor beobachtet werden, wobei mangels Baubefunden unklar bleibt, in welcher Form hier bereits im Feuchtgebiet gesiedelt wurde (Müller 2000, 21 ff.). Möglicherweise bestanden nur einfache Unterkünfte in der Nähe saisonaler Fischfangplätze.
Mit dem Beginn echter Moorbesiedlung im frühen Jungneolithikum verändert sich das Siedlungsmuster. Für die früh-jungneolithische Aichbühler Gruppe kann, neben den eng benachbarten, namengebenden Stationen Aichbühl und Riedschachen mit sub-

18 Für die umgehende Untersuchung von sechs Proben mit einem Gesamtvolumen von 1400 cm^3 danke ich Dr. Ursula Maier. Die Untersuchungen werden fortgesetzt.
19 Frau Dr. Elisabeth Stephan danke ich für die kursorische Sichtung des Faunenmaterials. Die eingehende Bearbeitung bleibt abzuwarten.
20 Für erste dendrochronologische Messungen danke ich Dr. André Billamboz, für eine eingehendere Bearbeitung von Eichen-, Erlen- und Eschenproben Dr. Niels Bleicher.
21 Datierungen Heidelberg Hd 26252 4535 ± 24 und Hd 26166 4532 ± 40 BP konventionell. Die im Text gegeben Kalibrierungen sind mit 2 Sigma berechnet.
22 Herrn Dr. André Billamboz danke ich für die Durchführung der Untersuchungen und die Mitteilung der Beobachtungen.

stanziellen Baubefunden, eine Besiedlung auch des Henauhof-/Taubriedareals, des Torwiesen-/Bachwiesenareals und des nördlichen Rieds bei Ödenahlen über Einzelfundstreuungen erkannt werden (Abb. 13,2). Dieses Verteilungsmuster der Siedelplätze wiederholt sich noch deutlicher in der Phase der Schussenrieder Kultur und erneut mit der Pfyn-Altheimer Gruppe Oberschwabens (Abb. 13,3.4). Die Stationen bilden jeweils eine Siedelkette entlang des Seeufers. Die genannten jungneolithischen Siedelphasen sind in den Pollendiagrammen (Liese-Kleiber 1993) durch eine Regeneration der Wälder nach der Schussenrieder Kultur geschieden, und es fehlen bislang im Federseebecken alle Spuren einer Siedlungskontinuität, so dass hier von drei getrennten Siedlungsschüben auszugehen ist. Die weitgehende Lagegleichheit der Dörfer über die Siedlungsunterbrechungen hinweg kann durch die Orientierung an besonderen topographischen Punkten (Federbach, Taubriedbach, Insel Buchau) erklärt werden.

Nach dem Ende der Pfyn-Altheimer Besiedlungsphase ist eine Federseetransgression zu verzeichnen, und es kommt im pollenanalytischen Befund erneut zu einer Regeneration der Wälder mit einem starken Buchenvorstoß, Siedlungszeiger dünnen aus (Liese-Kleiber 1993, 356f.). Der Federsee dürfte somit über die Phase der Klimadepression „Piora 2“ für 300 Jahre ohne Besiedlung gewesen sein.

Die neu gewonnenen Siedlungsmuster des Endneolithikums kontrastieren zum jungneolithischen Siedlungsbild: Die Dörfer der Horgener Kultur gruppieren sich, wie bereits dargestellt, eng um die Insel Buchau (Abb. 13,5), während das restliche Federseemoor bis auf einen Dolchfund im Gewann „Egelsee“ – also etwas südlich der Siedlung Dullenried – und bis auf einen in seiner Lokalisierung fraglichen Spinnwirtel-Altfund – möglicherweise aus dem „Steinhauser Ried“ – weitgehend fundfrei bleibt. In ähnlicher Weise ballen sich die Siedlungsnachweise der nachfolgenden Goldberg-III-Gruppe im nördlichen Federseeried (Abb. 13,6), während sowohl das Gebiet um Buchau wie auch die anderen Buchten des Federsees, mit Ausnahme eines Edelserpentinbeilchens im Taubriedareal und wiederum weniger, unsicher im „Steinhauser Ried“ lokalisierbarer Altfunde, fundfrei sind. Die Siedlungen der Goldberg-III-Gruppe, die sich lange Zeit aufgrund fehlenden Eichenholzes einer genauen Datierung entzogen, sind nun durch Heterokonnektion anderer Holzarten und *„wiggle matching“* dendrochronologisch festzumachen. Ihre Daten liegen zwischen etwa 2890 und 2865 v. Chr. (Bleicher 2006; 2007). Die vermutlich jüngste Dorfanlage „Seekirch – Achwiesen“ ist aber dendrochronologisch noch nicht fassbar. Das Ende der Goldberg-III-Siedelphase am Federsee bleibt also noch unbestimmt.

Insgesamt wird deutlich, dass eine Siedlungsgruppierung der Horgener Kultur um Bad Buchau durch eine Siedlungskonzentration der Goldberg-III-Gruppe um Alleshausen und Seekirch abgelöst wird. Für Goldberg III konnte neuerdings gezeigt werden, dass unterschiedliche Siedlungstypen, z. B. das vor allem aus Großhäusern bestehende Straßendorf Seekirch-Stockwiesen (Schlichtherle 2004, 22 ff.) und das hauptsächlich aus Kleinhäusern bestehende Haufendorf Alleshausen-Grundwiesen (Schlichtherle 2004, 34 ff.) etwa zeitgleich bestanden (Bleicher 2007). Für Grundwiesen kann aufgrund botanischer, osteologischer und entomologischer Untersuchungen eine Spezialisierung auf Leinanbau, Herdenhaltung und Jagdaktivität festgestellt werden (Maier 2004; Steppan 2004; Schmidt 2004). Auch für die Horgener Siedelphase sind unterschiedliche Siedlungstypen nachweisbar; das aus zwölf Großhäusern und drei Kleinhäusern bestehende Straßendorf Torwiesen II steht mehr lose gruppierten Kleinhäusern in Dullenried und ebenfalls lose gruppierten größeren und großen Häusern in Bachwiesen III gegenüber. Auf die hohen Jagdwildanteile des Tierknochenfundmaterials von Bachwiesen III wurde bereits hingewiesen. Eine Revision der Tierknochen von Dullenried erbrachte ebenfalls vor allem Wildtiere (Steppan 2004, 217). Auch für die Horgener Siedelphase erscheinen landwirtschaftliche Schwerpunkte eher im Straßendorf, wildbeuterische Aktivitäten eher in den lose gruppierten, teils wohl auch als Einzelhäuser dastehenden Kleinsiedlungen konzentriert. Die endneolithischen Siedlungscluster am Federsee sind also durch einen Siedlungsdimorphismus gekennzeichnet, der gegenüber den jungneolithischen Verhältnissen auf komplexere sozioökonomische Verhältnisse schließen lässt.

Grundsätzlich muss auf die geringe Standzeit der Häuser und die kurze Dauer der einzelnen Siedlungen hingewiesen werden. Im vollständig ergrabenen, einphasigen Straßendorf Torwiesen II sind im Bauholz Schlagaktivitäten für nur fünf Jahre belegt, die Siedlungsdauer betrug hier also schätzungsweise nur fünf bis zehn, maximal fünfzehn Jahre, für das ebenfalls nur einphasige Straßendorf Stockwiesen ist eine ähnlich kurze Siedlungsdauer zu vermuten. Die Kleinhaussiedlungen Dullenried und Grundwiesen sind mehrphasig. Hier sind bei geringer Standzeit der einzelnen Gebäude – Bleicher (2007, 189) diskutiert für Grundwiesen sogar eine jährlich-saisonale Neuerrichtung der Bauten – insgesamt längere, wenn partiell wohl auch unterbrochene Siedlungszeiträume anzunehmen, die eine oder mehrere Generationen

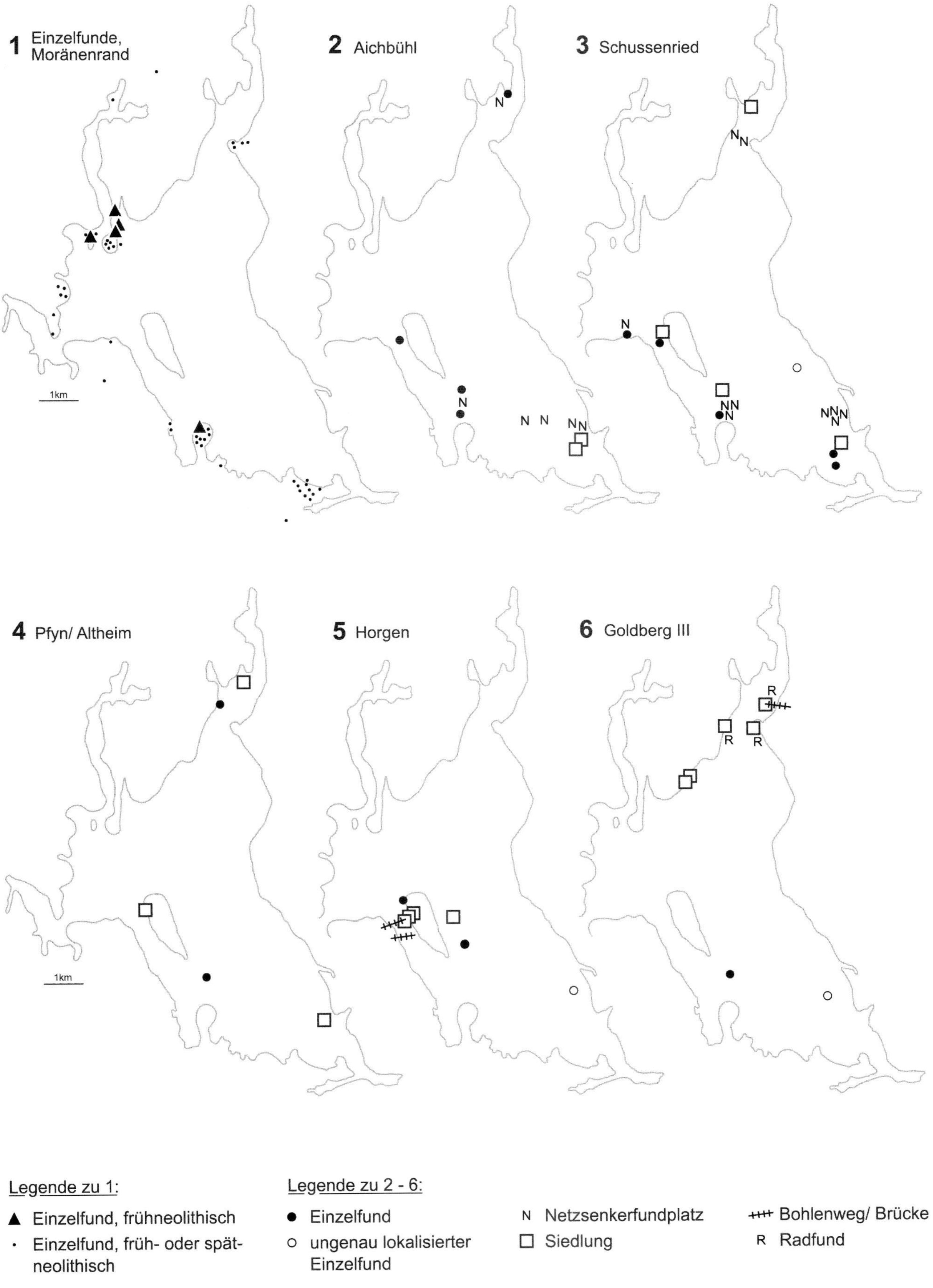

Abb. 13: Phasenkartierung neolithischer Siedlungen, Bohlenwege und Einzelfunde am Federsee.

umfasst haben können. Alles in allem wird aber klar, dass die Siedlungsstrukturen um die Insel Buchau die nachweisbare, etwa 400-jährige Besiedlungsphase der Horgener Kultur keineswegs zu füllen vermögen. Hier sind also größere Siedlungslücken, weitere noch nicht entdeckte Siedlungen im Moor oder weitere Siedlungen in der mineralischen Umrahmung des Seebeckens zu vermuten. Eine gewisse Kontinuität im Raum ist deswegen anzunehmen, weil sich im dendrochronologischen Jahrringbild Lichtungseffekte, also Siedlungshinweise auch für archäologisch nicht nachweisbare Siedelphasen ergeben (Bleicher 2007) und weil die fortlaufende Nutzung derselben Siedlungskammern – Horgen um Buchau, Goldberg III um Alleshausen und Seekirch – gegen eine beliebige, immer wieder neue Erschließung des Federsees als Siedlungsraum spricht.

Die Diskontinuität der neolithischen Besiedlung, die nachweislich hohe Mobilität der Siedler und das unterschiedliche Siedlungsmuster – Siedelketten im Jungneolithikum, Siedlungscluster im Endneolithikum – verlangen nach weiteren Erklärungen. Hier ist es unumgänglich, dynamische Siedlungsmodelle zu diskutieren und Migrationsvorgänge sowohl im lokalen wie im regionalen Rahmen in Erwägung zu ziehen.

Die Wanderungsthematik war in Reaktion auf den obsoleten, von Hans Reinerth für das Federseegebiet in Anspruch genommenen Migrationismus Kossina'scher Prägung lange Zeit außer Diskussion. Die in den 1920/30er Jahren postulierte Einwanderung angeblich auf besonderer Kulturhöhe befindlicher, nordischer Siedler war schon Zeitgenossen als Irrweg „völkischer" Urgeschichtsforschung erkennbar und ist seitdem durch die Aufdeckung der tatsächlichen kulturgenetischen Zusammenhänge der neolithischen Gruppen des Federsees klar widerlegt. Die jüngere Forschung hat die Kulturentwicklung vom frühen Jungneolithikum bis an das Ende der Horgener Kultur mit gutem Grund als ein autochthones, wenngleich in wechselnder Weise aus west-, mittel- und südosteuropäischer Richtung beeinflusstes Kontinuum betrachtet. Die Analyse der jungneolithischen Siedlungsphasen am Federsee hatte dabei gezeigt, dass sich die regionale oder transregionale Kontinuität der Siedlungs- und Kulturentwicklung und eine diskontinuierliche Besiedlung des lokalen Federseeraumes nicht ausschließen (Strobel 2000, 448).

Tabelle 1: Typologie der Migrationen nach Hoerder/Lucassen/Lucassen 2007, modifiziert und auf neolithische bis frühmetallzeitliche Verhältnisse zugeschnitten.

Motiv:	erzwungen (umweltbedingte Zwänge durch menschliche oder natürliche Umweltzerstörung)	Flucht/Vertreibung (überwiegend weltanschaulich orientiert und kriegsbedingt)	wirtschaftlich (auch als „Verbesserungsmigration" bezeichnet, z. B. Transhumanz)	kulturell (überwiegend gesellschaftlich orientiert, auch Pioniergeist, Abenteurertum; oder religiös, Missionierung, Wallfahrt)
Distanz:	kürzere (lokal)	mittlere (intraregional)	größere (interregional)	große (erhebliche Entfernungen, z. B. transalpine Migration)
Richtung:	Hinwanderung	zirkulär	multipel (in mehrere Richtungen oder wiederholt an den gleichen Ort)	Rückwanderung
Dauer des Aufenthaltes:	saisonal	mehrjährig	Lebensabschnitt	auf Lebenszeit
sozio-ökonomischer Raum:	ländlich – ländlich (z. B. Landesausbau)	ländlich – „Ballungsraum" (z. B. Urbanisierungstendenz, „Landflucht" zu Großsiedlungen)	„Ballungsraum" – „Ballungsraum"	„kolonial" (z. B. Siedler, Händler, Krieger, Seeleute)
wirtschaftlicher Sektor:	wildbeuterisch (Jäger, Fischer, Sammler, Zeidler)	agrarisch/pastoral (bäuerliche Siedler, Hirten)	„gewerblich/industriell" (Spezialisten, z. B. Bergleute, Schmiede, Rohmaterial-Prospektoren)	„Dienstleistungssektor" (Erntehelfer, Krieger, Seeleute, Händler)

Wenn wir heute wieder Migrationsfragen aufgreifen, so geschieht dies, im Gegensatz zu den ehemals große Distanzen überbrückenden Völkerwanderungshypothesen, zur Erklärung lokaler oder regionaler Siedlungslücken und des häufigen Siedlungswechsels auf lokaler Ebene.
Die Beweggründe zur Migration von Individuen, Familien- und Dorfverbänden können vielfältig gewesen sein, wobei sich eine ganze Reihe möglicher Motive der archäologischen Beurteilung weitgehend entzieht, wie ich mit einer Zusammenstellung in Erinnerung rufen will, die ich der aktuellen Migrationsforschung entlehnt und an neolithische Verhältnisse angenähert habe (Tab. 1). Die Motive können zudem in Kombination jeweils mehrerer „Pull-" und „Pushfaktoren" wirksam gewesen sein. Die Bedeutung soziologischer und kultureller Migrationsfaktoren sollte man nicht unterschätzen, auch wenn man in der archäologischen Diskussion um demographische Bewegungen vor allem klimatische und ökonomische Argumente anführen wird. Für die zentralschweizerischen Seen ist hier bereits eine Diskussionsbasis gelegt (Schibler u. a. 1997, 335 ff.). Am Bodensee und Federsee ist die Sammlung von Basisdaten noch im Gange (Steppan 2004; Bleicher 2007). Grundsätzlich steht einer klaren Beurteilung der jung- und endneolithischen Siedelvorgänge im Alpenvorland und ganz besonders in Oberschwaben beim augenblicklichen Forschungsstand aber noch immer ein krasses Missverhältnis von relativ gut bekannten Feuchtbodensiedlungen zu ziemlich wenig bekannten Trockenbodensiedlungen entgegen.

Regionale Migrationsmodelle

Im Gegensatz zum Bodensee, wo durch eingehende archäologische, dendrochronologische und pollenanalytische Untersuchungen für das Jungneolithikum und das ältere Endneolithikum von einer – lediglich im 35. Jh. v. Chr. unterbrochenen – Siedlungskontinuität auszugehen ist, war der Federsee im Jungneolithikum offenbar nur phasenweise besiedelt. Bereits M. Strobel (2000, 440 ff.) hat die diskontinuierliche Besiedlung des Federsees als Folge mehrerer Migrationsschübe interpretiert. Eine modellhafte Vertiefung der Frage nach Bevölkerungsbewegungen scheint mir angebracht. Zweifellos sind die im Folgenden vorgestellten Modelle sehr kursorisch und zu einfach, als dass sie einer historischen Realität wirklich entsprechen könnten. Wir brauchen jedoch Modelle, um die Diskussion auf differenzierterem Niveau als bisher fortsetzen zu können:

Regionales Migrationsmodell 1: Das Modell geht für den Raum Ulm/Oberschwaben davon aus, dass die mit Lössböden ausgestattete, seit der ältesten Linearbandkeramik besiedelte Altsiedellandschaft an der Südabdachung der Schwäbischen Alb bei Ulm kontinuierlich besiedelt war und lange Zeit als Siedlungskernlandschaft erhalten blieb. Von hier aus erfolgten Pioniergründungen, gefolgt von einem Gürtel des Landesausbaus in Richtung Oberschwaben. In Phasen rückläufiger Besiedlungsdichte zog man sich wieder in den Kernraum zurück. Der Federsee kam so zeitweise in die Pionierzone, zeitweise in die Ausbauzone. Dieses Modell impliziert Hin- und Rückwanderungsprozesse, während der soziale Raum als Gefälle zwischen dicht besiedeltem Kernraum und einer schwach besiedelten Peripherie aufgefasst wird. Die Wanderbewegungen sind als kleinere Schritte territorialer Ausweitung, aber auch als weiter in die Region ausgreifende Pioniergründungen denkbar.

Regionales Migrationsmodell 2: Das Modell bezieht unter Voraussetzung einer diskontinuierlichen Besiedlung Oberschwabens einen zweiten Siedlungskernraum im Bodenseegebiet mit ein, der aus der Altsiedellandschaft im Hegau entstanden ist und der im Jung- und Endneolithikum offenbar seinen Schwerpunkt in eine Ausbauzone entlang der Ufer des westlichen Bodensees verlagert hatte. Migrationsbewegungen nach Oberschwaben erfolgten in Form von Pionier- und Ausbauphasen aus beiden Richtungen (Ulm und Hegau/Bodensee) und speisten sich aus beiden Räumen oder schwerpunktmäßig auch aus dem Bodenseeraum. Zudem kann in dieses Modell das Alpenrheintal mit seinen transalpinen Bezügen als dritter, einflussreicher Siedlungsraum einbezogen werden. Die Migration ist hier wie im vorausgehenden Modell als Prozess aus Hin- und Rückwanderungen, gegebenenfalls auch als Durchwanderung von einem Kernraum in den anderen zu verstehen. Sozioökonomisch wird auch hier ein Gefälle zwischen dicht und kontinuierlich besiedelten Kernräumen und dem schwach bis partiell unbesiedelten Oberschwaben vorausgesetzt.

Regionales Migrationsmodell 3: Hier wird angenommen, dass es in Oberschwaben ein zwar fluktuierendes, aber nicht abreißendes Netz von Mineralbodensiedlungen gab. Die Besiedlung der oberschwäbischen Feuchtgebiete speiste sich vor allem aus diesem „*pool*" und stellte temporäre Sonderfälle des allgemeinen Siedelnetzes dar. Der sozioökonomische Raum ist hier durchweg im Sinne ländlicher Streubesiedlung gedacht. Die Wanderbewegungen

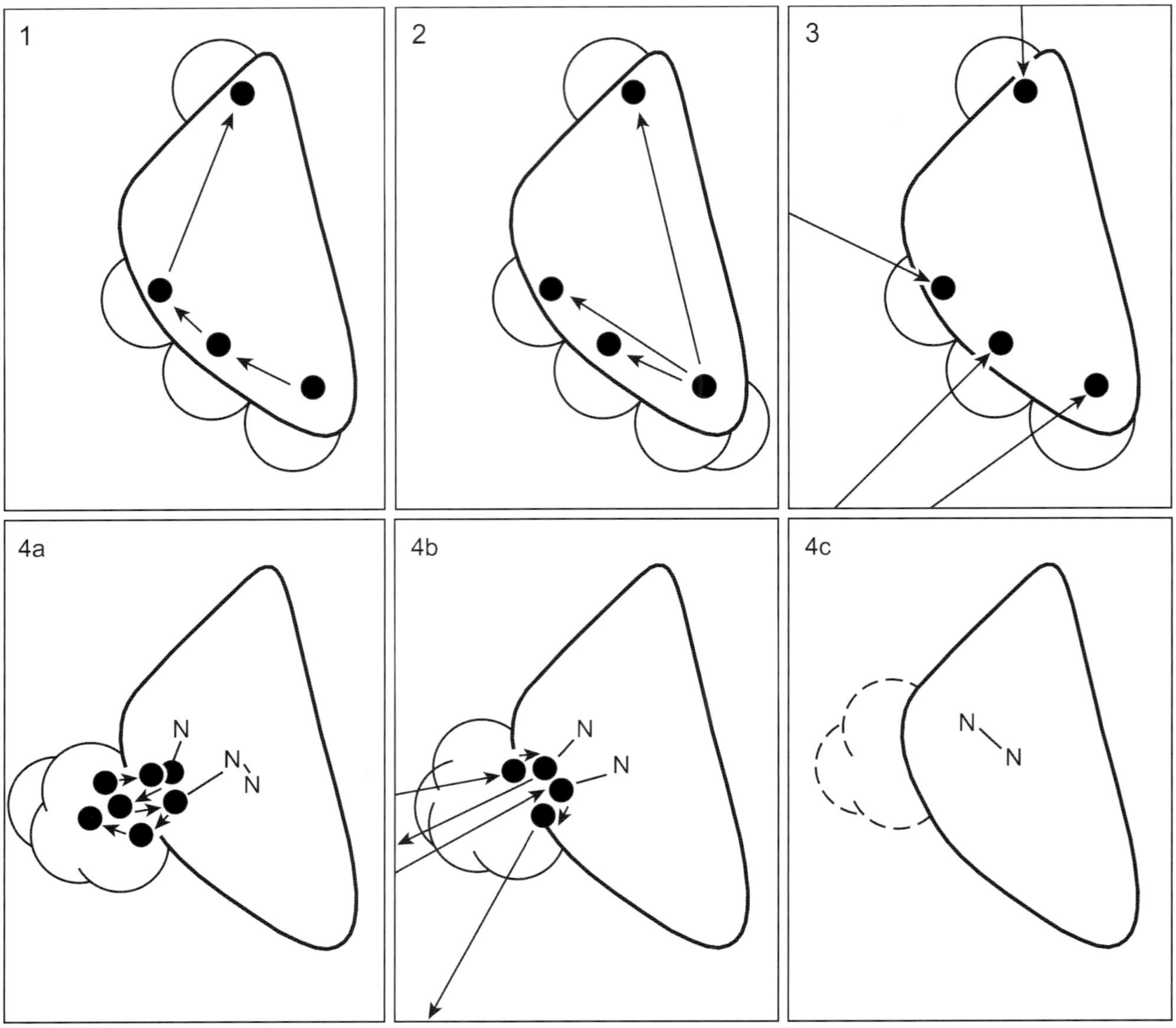

Abb. 14: Skizzen zu Modellen lokaler Besiedlungsdynamik am neolithischen Federsee. Punkt: Siedlung, N: Nebensiedlung, Kreis: Siedlungsterritorium, Pfeil: Richtung der Siedlungsverlagerung oder des Siedlungsausbaus.

sind in diesem Fall eher multipel oder zirkulär aufzufassen.

Wirtschaftliche Prosperität, hohe Geburtenrate und große Besiedlungsdichte in Kernräumen, aber auch kriegerische Ereignisse und andere soziale Zwänge konnten als „Pushfaktoren" der Ausgangsräume, wildbeuterische Attraktivität und Schutzbedürfnis als „Pullfaktoren" der Feuchtgebiete gewirkt haben. Betrachten wir die Verhältnisse im Jungneolithikum, so könnte für die Aichbühler Gruppe und den Beginn der Schussenrieder Besiedlung vor allem das Regionalmodell 1 zutreffen, da hier die kulturellen Anbindungen vorwiegend im Ulmer Raum zu suchen sind. In geringem Umfang sind jedoch bereits für Aichbühl Verbindungen auch in den Bodenseeraum festzustellen.[23] Das Ende der Schussenrieder Siedelphase am Federsee, die zeitlich mit dem Aufstieg der Hornstaader Gruppe und der älteren Pfyner Kultur am Bodensee zusammentrifft, dürfte bereits einem Rückzug nach dem Regionalmodell 2 entsprochen haben; möglicherweise profitierte nun bevorzugt der Bodensee von einer Entvölkerung der oberschwäbischen Seen. Für die Phase der Pfyn-Altheimer Gruppe Oberschwabens sind erneut bilaterale Verhältnisse im Sinne des Regionalmodells 2 zu vermuten, da sich die Kulturbeziehungen sowohl in den Donauraum wie auch nach Süden in den Bodenseeraum erstrecken. Einzig für die Schussenrieder

23 Die Kugelbecher der Borscht-Gruppe weisen in diese Richtung (Müller 2000, 64).

Kultur gibt es Hinweise auf ein weiter verzweigtes, auch Mineralbodenfundplätze umfassendes Siedelnetz in Oberschwaben.[24] Für eine ernsthafte Erwägung von Regionalmodell 3 reichen die Belege jedoch nicht aus.

Für die endneolithische Wiederbesiedlung ist zunächst das regionale Migrationsmodell 2 in Betracht zu ziehen, da sich über die Elemente der Horgener Kultur deutliche kulturelle Beziehungen zum Bodenseeraum, aber im Keramik- und Silexmaterial auch Traditionen des oberschwäbischen und bayerischen Raumes, durch einzelne Elemente der Badener Kultur sogar Fernbeziehungen in den mittleren Donauraum nachweisen lassen. Auch für die Horgener Kultur fehlt es in Oberschwaben am Nachweis von Mineralbodensiedlungen, doch sind solche im Bereich der Schwäbischen Alb und im Hegau als Höhen- und Talbodensiedlungen auszumachen, so dass mit einer zumindest partiellen Aufsiedlung des oberschwäbischen Raumes gerechnet werden kann. Es ist somit denkbar, dass sich im weiteren Verlauf des Endneolithikums eine Siedlungskonsistenz und Eigenständigkeit im Sinne des regionalen Migrationsmodells 3 einstellte.

Lokale Besiedlungsmodelle

Wenden wir uns den lokalen Siedlungsmustern am Federsee zu, so könnten die jungneolithischen Siedelketten zunächst als Stationen einer mehrfachen Siedlungsverlagerung entlang des Federseeufers aufgefasst werden. Die Ortschaften hätten sich in diesem lokalen Besiedlungsmodell 1 im Sinne eines Wanderbauerntums in relativ rascher Folge jeweils neue Territorien erschlossen (Abb. 14,1). Möglicherweise kam man im Zuge systembedingter Siedlungsverlagerungen auch turnusmäßig an frühere Siedlungspunkte zurück. Hierfür könnte die Mehrphasigkeit von Aichbühl, Riedschachen II und Ödenahlen sprechen. Hinweise auf eine zeitliche Staffelung der Siedelkette gibt es im Fundmaterial allerdings nicht. Auch die vorliegenden dendrochronologischen Datierungen reichen für eine zeitliche Staffelung der Siedlungsgründungen keineswegs aus. Es ist wirklich schade, dass unsere jahrelange Suche nach Holz in den Grabungsflächen der 1920er bis 1930er Jahre für Aichbühl, Riedschachen und Taubried fast nur noch ungenügendes, für dendrochronologische Untersuchungen nicht ausreichendes Material erbracht hat, so dass diese wichtigen Siedlungsplätze nicht scharf datiert werden können. Für Aichbühl konnte mit Hilfe des *wiggle-matching* ein Kernholzdatum auf 4260 cal BC, für Riedschachen ein Kernholzdatum auf 3871 v. Chr. gewonnen werden (Billamboz 1998, 164). Auch für Ödenahlen sind die gewonnenen Holzprobenserien zur Datierung der jüngeren Bauphasen bislang ungenügend (Billamboz 1995, 366); weitere Sondagen könnten hier jedoch Klarheit bringen.

Da durch Dendrodatierungen immerhin eine große zeitliche Nähe der beiden Schussenrieder Siedlungen Hartöschle und Bachwiesen nachweisbar ist und die Mehrphasigkeit der Siedlungen Aichbühl, Riedschachen II und Ödenahlen, in geringerem Umfang zudem von Taubried I auch als Beleg länger anhaltender, nicht unterbrochener Siedeltätigkeit am Ort gedeutet werden kann, lässt sich ein weiteres Modell entwerfen: Dieses lokale Besiedlungsmodell 2 geht für die drei Siedelphasen des Jungneolithikums jeweils von der Gründung zunächst einer Siedlung aus, die dann durch Filiation, gegebenenfalls auch durch weiteren Zuzug, zur Gründung von Nachbarsiedlungen führte (Abb. 14,2). Den Häusern der Gründungsfamilien kann dabei durch zeitlichen Vorsprung und soziale Schlüsselstellung eine besondere ökonomische und gesellschaftliche Bedeutung zugefallen sein. Die Siedlungen Aichbühl, Riedschachen II und Ödenahlen könnten jeweils für ihre Siedelphase solche Gründungsorte darstellen, die sich über drei bis vier Generationen als Hauptorte des Federsees entwickelten. Besonders große und aufwendig gebaute Häuser in Aichbühl und möglicherweise auch Riedschachen II[25] kontrastieren jedenfalls deutlich zu den kleineren Gebäuden von Taubried I, Hartöschle und Bachwiesen III. Auffällig ist auch der Fundreichtum von Riedschachen II im Gegensatz zu Taubried I. G. Schönfeld (2003) hat für die oberbayerischen Feuchtbodensiedlungen bei Pestenacker und Unfriedshausen, bei allerdings andersartigem Siedlungsschema, ein Filialsiedlungssystem beschrieben.

Nicht auszuschließen ist ferner die Erschließung des Federsees durch mehrere, etwa gleichzeitig erscheinende, vielleicht auch koordiniert agierende Siedler, die sich aber von Anfang an in verschiedenen Orten niederließen (Abb. 14,3). Differierende Siedlungsdauer, Haus- und Siedlungsgrößen spiegelten in diesem lokalen Besiedlungsmodell 3 den unterschiedli-

24 Hier ist vor allem die Mineralbodensiedlung in Ertingen, Kr. Biberach zu nennen (Strobel 2000, 461).

25 Hier sind im Gegensatz zu den anscheinend einzelligen, durch ungenügende Grabungstechnik aber weitgehend unverstandenen Hausbefunden der 1920er Jahre (Schmidt 1930/37, 230 ff.; Reinerth 1936, 100 ff.) die alten Grabungsdokumente von 1875 zu nennen, die bei aller unverstandenen Mehrphasigkeit der Holzböden doch größere, mehrgliedrige Hauseinheiten wahrscheinlich machen (Strobel 2000, 179 f. Abb. 192; 193).

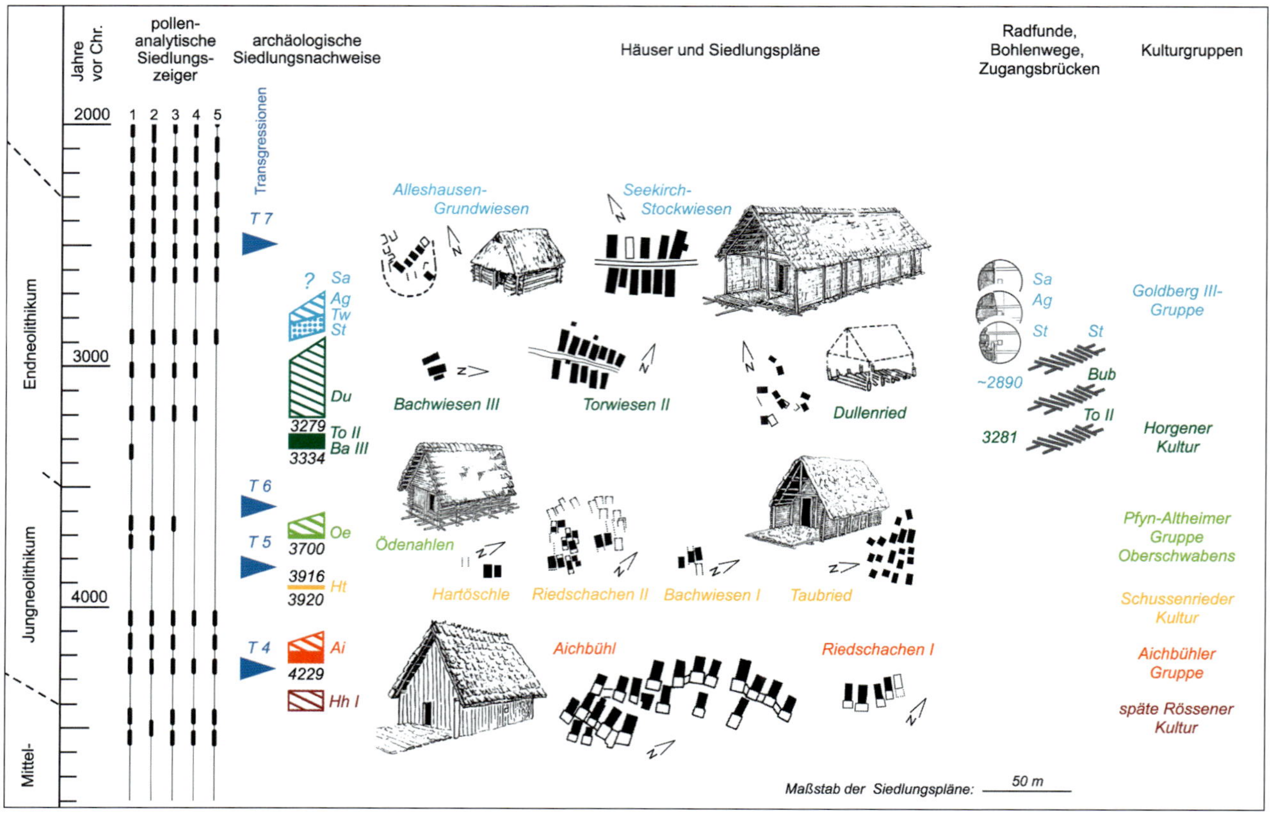

Abb. 15: Chronologietabelle der neolithischen Kulturgruppen, Häuser und Siedlungspläne, Bohlenwege und Radfunde am Federsee. Zeitliche Einordnung durch Dendrochronologie (absolute Daten nach Billamboz und Bleicher) und kalibrierte Radiokarbondaten (schraffiert), Präzisierung durch *wiggle-matching* (gerastert). Transgressionsphasen und pollenanalytische Siedlungszeiger nach Liese-Kleiber: 1 *Cerealia*, 2 *Plantago*, 3 *Urtica*, 4 *Rumex*, 5 *Chenopodiaceae*. Abkürzungen: Ai Bad Schussenried-Aichbühl, Ag Alleshausen-Grundwiesen, Ba Bad Buchau-Bachwiesen, Bub Bad Buchau „am Bahndamm", Du Bad Buchau-Dullenried, Hh Bad Buchau-Henauhof, Ht Alleshausen-Hartöschle, Oe Alleshausen-Ödenahlen, Sa Seekirch-Achwiesen, St Seekirch-Stockwiesen, To Bad Buchau-Torwiesen, Tw Alleshausen-Täschenwiesen.

chen ökonomischen und sozialen Erfolg der einzelnen Gemeinschaften.

Für das Endneolithikum sind andere Szenarien zu entwerfen. Kennzeichnend für die endneolithische Besiedlung des Federsees sind technische Innovationen, insbesondere Bohlenwege, Rad und Wagen (Heumüller 2000; Schlichtherle 2002; ders. 2006), neue Typen von Häusern, aber auch der bereits beschriebene Siedlungsdimorphismus und die häufige Siedlungsverlagerung bei anhaltender Nutzung derselben Siedlungskammer. Das lokale Siedlungsmodell hat von einem Wandel der sozialen Verhältnisse auszugehen, die sich im neuen Siedelverhalten, in der Entstehung von Haupt- und Nebensiedlungen, in den damit neuen Ortsformen der Straßen- und Haufendörfer und in einer neuen Organisation der Haushalte selbst zu erkennen geben (Schlichtherle 2004, 45 ff.).

Das Territorium können wir uns nun im Sinne des lokalen Besiedlungsmodells 4 (Abb. 14,4a) als von einer vor allem landwirtschaftlich orientierten Hauptsiedlung und von mehr oder weniger assoziierten Nebensiedlungen genutzt vorstellen. Die Nebensiedlungen sind auf wildbeuterische Aktivitäten und Textilfaserproduktion, in Sonderfällen auch auf Herdenhaltung spezialisiert. Die Siedlungen werden mehrfach verlagert, bleiben jedoch über viele Generationen innerhalb derselben Siedlungskammer. Alternativ sind Modellvarianten zu erwägen, die von einer diskontinuierlichen, aber immer wieder das gleiche Territorium aufsuchenden Besiedlung ausgehen (Abb. 14,4b) oder von einer Besiedlungsdichte mit starken Schwankungen. Hier könnten Nebensiedlungen das Territorium gehalten haben (Abb. 14,4c), während sich Hauptsiedlungen auflösten oder in andere Gebiete verlagert wurden.

Sieht man in den endneolithischen Feuchtbodensiedlungen am Federsee eher den Sonderfall hauptsächlich wildbeuterisch an der Wasserfläche orientierter Nebensiedlungen und gelegentlich Schutzlagen bevorzugender Hauptsiedlungen, so müsste sich ein großer Teil der Hauptsiedlungen auf den Mineralböden befunden haben. Hierfür fehlt es in der Umrandung des Federseerieds, die aufgrund intensiver Sammeltätigkeit über weite Strecken gut abgesucht ist, bislang an konkreten Hinweisen. Gehen wir indessen davon aus, dass im Moor mit weiteren Entdeckungen zu rechnen ist, so mögen sich noch manche Lücken schließen lassen. Ich denke vor allem an den der Insel Buchau gegenüberliegenden Ufer- und Moorrand von Kappel. Insbesondere der Bereich, in dem die bekannten Bohlenwege zum Land führten, liegt seit dem 19. Jh. teils unter der Ortsbebauung und dem ehemaligen Bahnhofsgelände versteckt und ist archäologisch völlig unbekannt. Hier wäre das Gelände für Hauptsiedlungen zu suchen, die man im Feuchtgebiet errichten, in unmittelbarer Nachbarschaft zu den potenziellen Anbauflächen positionieren und zugleich zur Kontrolle der Passage auf die Insel Buchau nutzen konnte.

Offen sind zudem noch unsere Vorstellungen von den landwirtschaftlichen Betriebssystemen der jung- und endneolithischen Siedler.[26] Erschloss man im Zuge von Brandrodungssystemen jährlich oder zumindest in der Folge weniger Jahre immer wieder neue Feldflächen, auf die man nach einer Waldbrache von mindestens einem Jahrzehnt zyklisch zurückkehren konnte, wie von M. Rösch (2005, 76 ff.) vorgeschlagen, oder verfolgte man nach initialen Rodungen einen Anbau auf längerfristig geöffneten Flächen, wie von U. Maier (1999, 90 f.; 2001, 91 f.) für die Verhältnisse von Hornstaad-Hörnle IA am Bodensee postuliert und von S. Jacomet und Ch. Brombacher (1997) für den Zürichsee vorgeschlagen? In Wahrheit mögen die Verhältnisse komplex gewesen sein, indem kulturell verschieden geprägte Betriebssysteme existierten und sich darüber hinaus Pioniere deutlich anders verhielten als etablierte Gemeinschaften, in Naturwäldern anders gewirtschaftet wurde als in Sekundärwäldern und gegebenenfalls unterschiedliche Feldbaukonzepte nebeneinander verfolgt wurden. Am Zürichsee gehen Schibler/Jacomet (1999) für das Endneolithikum von einer zunehmenden Bedeutung von Grünland und Kurzbrachen aus. Erfolgte die Herdenhaltung anfänglich vor allem durch Waldweide in gegebenenfalls sehr weitem Umkreis, und konnte sie sich im Endneolithikum auf umfangreichen Brachflächen nun größerer Territorien bereits überwiegend in Siedlungsnähe halten? Wie weit stellten sich damit nicht nur in den Ballungsräumen am Zürichsee und Bodensee, sondern auch am Federsee Effekte der Düngung und der Herausbildung von Grünbrachen und Weidegrünland ein? Wie wurden innovative, insbesondere in den Goldberg-III-Siedlungen nachgewiesene Techniken, die Erfindung von Rad und Wagen, der Einsatz von Zuggespannen und der damit wahrscheinlich gekoppelte Einsatz des Hakenpfluges in die Betriebssysteme integriert? In welcher Weise waren Siedlungsverlagerungen, Holzeinschlag und landwirtschaftliche Maßnahmen verknüpft? Zur Beantwortung dieser Fragen sind besonders von der bioarchäologischen Forschung weitere Auskünfte zu erwarten.[27]

Die Hintergründe der schnell pulsierenden, von größeren Zäsuren unterbrochenen Siedlungsdynamik, deren Motor in den Wirtschaftssystemen, aber auch in klimatischen und demographischen Zyklen zu suchen ist, bleiben im Einzelnen noch zu klären. Aufgabe der vorliegenden Arbeit war es, das Bild der neolithischen Besiedlungsabfolge des Federsees zu ergänzen (Abb. 15), ausgehend von den neuen Entdeckungen bei Bad Buchau, auf den grundsätzlichen Wandel der Siedlungsmuster am Federsee im Übergang zum Endneolithikum hinzuweisen und die Diskussion um unterschiedliche Migrationsvorgänge und Siedelsysteme weiterzuführen. Für das Jungneolithikum können Modelle geringer bis mäßiger, maximal vier Generationen umfassender Siedelkontinuität bei mehrfacher Neubesiedlung des Federseemoores, für das Endneolithikum Modelle größerer, wohl viele Generationen umfassender Siedelkontinuität innerhalb einer Siedlungskammer, bei gleichzeitig häufiger Verlagerung der Einzelsiedlungen verfolgt werden. Die Erklärung für die Herausbildung von Siedlungsgruppen im Endneolithikum ist in der sozioökonomischen Differenzierung der Gemeinschaften und in der engen Interdependenz von Haupt- und Nebensiedlungen zu suchen, während im Jungneolithikum – folgen wir dem regionalen Besiedlungsmodell 2 – autonome oder zumindest in höherem Maße selbstversorgende Einzelsiedlungen in gebührendem Abstand aneinandergereiht waren.

Bildnachweis

Alle Vorlagen: Regierungspräsidium Stuttgart, Landesamt für Denkmalpflege, Hemmenhofen/Verfasser.

26 Eine gute Übersicht zum Diskussionsstand bietet A. Bogaard (2004) 27 ff.

27 Hier sei besonders auf die noch laufenden Auswertungsarbeiten zu Torwiesen II, die noch unpublizierte Dissertation von N. Bleicher (2007) und ein im Druck befindliches Manuskript von A. Billamboz und J. Köninger, Dendroarchäologische Untersuchungen zur Besiedlungsdynamik und Landschaftsentwicklung im Neolithikum des westlichen Bodenseegebietes, verwiesen, denen hier nicht vorgegriffen werden soll.

Abgekürzt zitierte Literatur

Arnold 1990	B. Arnold, Cortaillod-Est et les villages du lac de Neuchâtel au Bronze final. Structure de l'habitat et proto-urbanisme. Cortaillod-Est 6, Arch. Neuchâteloise 6 (Saint Blaise 1990).
Billamboz 1995	A. Billamboz, Die Bauhölzer der jungneolithischen Moorsiedlung Ödenahlen am nördlichen Federsee. In: Siedlungsarchäologie im Alpenvorland III. Forsch. u. Ber. Vor- u. Frühgesch. Baden-Württemberg 46 (Stuttgart 1995) 347–370.
Billamboz 1998	A. Billamboz, Die jungneolithischen Dendrodaten der Pfahlbausiedlungen Südwestdeutschlands als Zeitrahmen für die Einflüsse der Michelsberger Kultur in ihrem südlichen Randgebiet. In: J. Biel/H. Schlichtherle/M. Strobel/A. Zeeb, Die Michelsberger Kultur und ihre Randgebiete. Kolloquium Hemmenhofen 1997. Materialh. Arch. Baden-Württemberg 43 (Stuttgart 1998) 159–168.
Blank 1953	W. Blank, Zur Verlandungs- und Klimageschichte des oberschwäbischen Federseemoors. Unpubl. Diss. (Tübingen 1953).
Bleicher 2006	N. Bleicher, Neue Grundlagen zur Datierung der Goldberg III-Gruppe in Oberschwaben. Nachrichtenbl. Arbeitskr. Unterwasserarch. NAU 13, 2006, 83–86.
Bleicher 2007	N. Bleicher, Altes Holz in neuem Licht. Archäologische und dendrochronologische Untersuchungen an spätneolithischen Feuchtbodensiedlungen in Oberschwaben. Unpubl. Diss. (Mainz 2007).
Bollacher 2001	Ch. Bollacher, Die endneolithische Siedlung im Dullenried bei Bad Buchau, Lkr. Biberach. Neue Untersuchungen zu den Funden und Befunden der Reinerthschen Grabungen von 1920, 1928 und 1929. Fundber. Baden-Württemberg 25, 2001, 132–294.
Bogaard 2004	A. Bogaard, Neolithic Farming in Central Europe: an archaeobotanical study of crop husbandry practices (London 2004).
Brombacher/Jacomet 1997	Ch. Brombacher/S. Jacomet, Ackerbau, Sammelwirtschaft und Umwelt: Ergebnisse archäobotanischer Untersuchungen. In: J. Schibler/H. Hüster-Plogmann/S. Jacomet/Ch. Brombacher/E. Gross-Klee/A. Rast-Eicher (Hrsg.), Ökonomie und Ökologie neolithischer und bronzezeitlicher Ufersiedlungen am Zürichsee. Monogr. Kantonsarch. Zürich 20 (Zürich 1997) 220–291.
de Capitani 2002	A. de Capitani, Gefässkeramik. In: A. de Capitani/S. Deschler-Erb/U. Leuzinger/E. Marti-Grädel/J. Schibler, Die jungsteinzeitliche Seeufersiedlung Arbon-Bleiche 3, Funde. Arch. Thurgau 11 (Frauenfeld 2002) 135–276.
Eberschweiler/Riethmann/Ruoff 2007	B. Eberschweiler/P. Riethmann/U. Ruoff, Das spätbronzezeitliche Dorf von Greifensee-Böschen. Dorfgeschichte, Hausstrukturen und Fundmaterial. Monogr. Kantonsarch. Zürich 38/1 (Zürich 2007).
Herbig 2005	Ch. Herbig, Erste archäobotanische Analysen in der Schussenrieder Siedlung „Bachwiesen I" bei Bad Buchau, Kreis Biberach. Arch. Ausgr. Baden-Württemberg 2005, 37–39.
Heumüller 2000	M. Heumüller, Die Bohlenwege des Federseemoores. Nachrichtenbl. Arbeitskr. Unterwasserarch. NAU 7, 2000, 75–80.
Hoerder/Lucassen/Lucassen 2007	D. Hoerder/J. Lucassen/L. Lucassen, Terminologie und Konzepte in der Migrationsforschung. In: K. Bade/P. Emmer/L. Lucassen/J. Oltmer (Hrsg.), Enzyklopädie Migration in Europa vom 17. Jh. bis zur Gegenwart (München 2007) 28–53.
Hohl/Schlichtherle 1996	W. Hohl/H. Schlichtherle, Ein bronzezeitlicher Bohlenweg und Spuren neolithischer Moorsiedlungen in den Torwiesen und Bachwiesen am Stadtrand von Bad Buchau, Kreis Biberach. Arch. Ausgr. Baden-Württemberg 1996, 53–58.
Köninger 2005	J. Köninger, Unterwasserarchäologie am Überlinger See. Sondagen und Prospektionsarbeiten unter Wasser. Nachrichtenbl. Arbeitskr. Unterwasserarch. NAU 11/12, 2005, 63–70.
Köninger 2007	J. Köninger, Funde und Befunde aus den Tauchsondagen 1987, 1988 und 2005 und weiteres Fundmaterial aus den Sammlungen Klaus Kiefer und Hans-Joachim Krass. In: Bodman-Weiler II – eine Ufersiedlung der Horgener Kultur vor Bodman, Kreis Konstanz. Hemmenhofener Skripte 7 (Freiburg i. Br. 2007) 9–54.
Köninger/Kolb/Schlichtherle 2001	J. Köninger/M. Kolb/H. Schlichtherle, Elemente von Boleráz und Baden in den Feuchtbodensiedlungen des südwestdeutschen Alpenvorlandes und ihre mögliche Rolle im Transformationsprozess des lokalen Endneolithikums. In: P. Roman/S. Diamandi (Hrsg.), Cernavoda III – Boleráz. Ein vorgeschichtliches Phänomen zwischen dem Oberrhein und der Unteren Donau. Studia Danubiana, Symposi II (Bukarest 2001) 641–672.
Kolb 1993	M. Kolb, Die Horgener Siedlungen in Sipplingen. Ergebnisse taucharchäologischer Untersuchungen in Sipplingen-Osthafen 1982–1987. Unpubl. Diss. (Freiburg i. Br. 1993).
Kolb 1999	M. Kolb, Die Horgener Kultur in Sipplingen und ihre Verbindungen zu nordöstlich gelegenen Kulturgruppen. In: H. Schlichtherle/M. Strobel (Hrsg.), Horgen – Cham – Goldberg III – Schnurkeramik in Süddeutschland. Hemmenhofener Skripte 1 (Freiburg i. Br. 1999) 14–18.
Le Bailly/Bouchet 2004	M. Le Bailly/F. Bouchet, Étude paléoparasitologique des coprolithes humains. In: S. Jacomet/U. Leuzinger/J. Schibler (Hrsg.), Die Jungsteinzeitliche Seeufersiedlung Arbon-Bleiche 3, Umwelt und Wirtschaft. Arch. Thurgau 12 (Frauenfeld 2004) 372–377.
Leuzinger 2000	U. Leuzinger, Die jungsteinzeitliche Seeufersiedlung Arbon-Bleiche 3. Befunde. Arch. Thurgau 9 (Frauenfeld 2000).

Leuzinger 2002 — U. Leuzinger, Holzartefakte. In: A. de Capitani/S. Deschler-Erb/U. Leuzinger/E. Marti-Grädel/J. Schibler, Die jungsteinzeitliche Seeufersiedlung Arbon-Bleiche 3, Funde. Arch. Thurgau 11 (Frauenfeld 2002) 76–114.

Liese-Kleiber 1993 — H. Liese-Kleiber, Pollenanalysen zur Geschichte der Siedlungslandschaft des Federsees vom Neolithikum bis ins ausgehende Mittelalter. In: Ch. Brombacher/S. Jacomet/J. N. Haas (Hrsg.), Festschrift Zoller. Beiträge zu Philosophie und Geschichte der Naturwissenschaften, Evolution und Systematik, Ökologie und Morphologie, Geobotanik, Pollenanalyse und Archäobotanik. Diss. Botanicae 196 (Berlin, Stuttgart 1993) 347–368.

Maier 1999 — U. Maier, Agricultural activities and land use in a Neolithic village around 3900 B.C.: Hornstaad Hörnle IA, Lake Constance, Germany. Vegetation Hist. Archaeobotany 8, 1999, 87–94.

Maier 2001 — U. Maier, Archäobotanische Untersuchungen in der neolithischen Ufersiedlung Hornstaad-Hörnle IA am Bodensee. In: U. Maier/R. Vogt, Botanische und pedologische Untersuchungen zur Ufersiedlung Hornstaad-Hörnle IA. Siedlungsarchäologie im Alpenvorland VI. Forsch. u. Ber. Vor- u. Frühgesch. Baden-Württemberg 74 (Stuttgart 2001) 9–384.

Maier 2004 — U. Maier, Archäobotanische Untersuchungen in jung- und endneolithischen Moorsiedlungen am Federsee. In: H. Schlichtherle/A. Feldtkeller/U. Maier/R. Vogt/E. Schmidt/K. Steppan, Ökonomischer und ökologischer Wandel am vorgeschichtlichen Federsee. Hemmenhofener Skripte 5 (Freiburg i. Br. 2004) 71–159.

Mainberger 1998 — M. Mainberger, Das Moordorf von Reute. Archäologische Untersuchungen in der jungneolithischen Siedlung Reute-Schorrenried (Staufen i. Br. 1998).

Mainberger/Müller 2004 — M. Mainberger/A. Müller, Neolithische und bronzezeitliche Seeufersiedlungen am Südufer des Überlinger Sees bei Staad, Stadt Konstanz. Arch. Ausgr. Baden-Württemberg 2004, 36–38.

Mainberger/Schlichtherle 2002 — M. Mainberger/H. Schlichtherle, Als Konstanz noch ein Pfahlbaudorf war – Untersuchung eines prähistorischen Pfahlfeldes in der Baugrube des „Seeuferhauses“ in Konstanz am Bodensee. Arch. Ausgr. Baden-Württemberg 2002, 44–48.

Maute-Wolf/Wolf 2002 — M. Maute-Wolf/C. Wolf, Ein verziertes Bauholz aus Yverdon-les-Bains, Avenue des Sports (VD, Schweiz). Nachrichtenbl. Arbeitskr. Unterwasserarch. NAU 9, 2002, 43–47.

Müller 2000 — K. Müller, Die Station Henauhof I im südlichen Federseemoor und die Kulturgruppen am Übergang vom Mittel- zum Jungneolithikum im südwestdeutschen Alpenvorland. Sondagen 1988 und 1989. In: Berichte zu Ufer- und Moorsiedlungen Südwestdeutschlands III. Materialh. Arch. Baden-Württemberg 52 (Stuttgart 2000) 9–108.

Pétrequin 1988 — P. Pétrequin, L'architecture du Néolithique moyen II au Nord-Ouest des Alpes: les contraintes du milieu, de l'organisation sociale et des modes de faire-valoir agricoles. Bull. Soc. Préhist. Française 85, 1988, 367–389.

Pétrequin 1997 — P. Pétrequin (Hrsg.), Les sites Néolithiques de Clairvaux-les-Lacs et de Chalain (Jura) III. Chalain station 3, 3200–2900 av. J.C. Bd. 1 (Paris 1997).

Reinerth 1936 — H. Reinerth, Das Federseemoor als Siedlungsland des Vorzeitmenschen. Führer Urgesch. 9 (Leipzig 1936).

Rösch 2005 — M. Rösch, Anbauversuche in Hohenlohe – Fragestellung, wissenschaftlicher Ansatz. In: Zu den Wurzeln europäischer Kulturlandschaft – experimentelle Forschungen. Tagungsband Schöntal. Materialh. Arch. Baden-Württemberg 73 (Stuttgart 2005) 67–82.

Ruoff 1981 — U. Ruoff, Die Ufersiedlungen an Zürich- und Greifensee. Helvetia Arch. 45/48, 1981, 19–61.

Ruttkay 2001 — E. Ruttkay, Jennyberg – eine Boleráz-Siedlung in Mödling bei Wien. In: P. Roman/S. Diamandi (Hrsg.), Cernavoda III – Boleráz. Ein vorgeschichtliches Phänomen zwischen dem Oberrhein und der Unteren Donau. Studia Danubiana, Symposi II (Bukarest 2001) 516–540.

Schibler u. a. 1997 — J. Schibler/H. Hüster-Plogmann/S. Jacomet/Ch. Brombacher/E. Gross-Klee/A. Rast-Eicher, Ökonomie und Ökologie neolithischer und bronzezeitlicher Ufersiedlungen am Zürichsee. Ergebnisse der Ausgrabungen Mozartstrasse, Kanalisationssanierung Seefeld, AKAD/Pressehaus und Mythenschloss. Monogr. Kantonsarch. Zürich 20 (Egg/Zürich 1997).

Schibler/Jacomet 1999 — J. Schibler/S. Jacomet, Archaeozoological and archaeobotanical evidence of human impact on Neolithic environments in Swizzerland. In: N. Benecke (Hrsg.), The Holocene History of the European Vertebrate Fauna (Rahden 1999) 339–354.

Schlichtherle 1995 — H. Schlichtherle, Ödenahlen, eine neolithische Siedlung der „Pfyn-Altheimer Gruppe Oberschwabens“ im nördlichen Federseeried. Archäologische Untersuchungen 1981–1986. In: Siedlungsarchäologie im Alpenvorland III. Forsch. u. Ber. Vor- u. Frühgesch. Baden-Württemberg 46 (Stuttgart 1995) 9–128.

Schlichtherle 1997 — H. Schlichtherle, Zwei neolithische Moorsiedlungen in den Torwiesen und Bachwiesen am Stadtrand von Bad Buchau (Kreis Biberach). Plattform 5/6, 1996/97, 112–113.

Schlichtherle 2002 — H. Schlichtherle, Die jungsteinzeitlichen Radfunde vom Federsee und ihre kulturgeschichtliche Bedeutung. In: J. Köninger/M. Mainberger/H. Schlichtherle/M. Vosteen (Hrsg.), Schleife, Schlitten, Rad und Wagen. Zur Frage früher Transportmittel nördlich der Alpen. Hemmenhofener Skripte 3 (Freiburg i. Br. 2002) 9–34.

Schlichtherle 2004 — H. Schlichtherle, Große Häuser – kleine Häuser. Archäologische Befunde zum neolithischen Siedlungswandel am Federsee. In: Ökonomischer und ökologischer Wandel am vorgeschichtlichen Federsee. Hemmenhofener Skripte 5 (Freiburg i. Br. 2004) 13–56.

Schlichtherle 2005a — H. Schlichtherle, „Bachwiesen I“ – eine Pfahlbausiedlung der Schussenrieder Kultur am Federsee bei Bad Buchau, Kreis Biberach. Arch. Ausgr. Baden-Württemberg 2005, 33–37.

Schlichtherle 2005b	H. Schlichtherle, Bad Buchau-Bachwiesen I. Neue Rettungsgrabungen in einer Pfahlbausiedlung der Schussenrieder Kultur am Federsee. Nachrichtenbl. Arbeitskr. Unterwasserarch. NAU 11/12, 2005, 45–51.
Schlichtherle 2006	H. Schlichtherle, Chemins, roues, chariots: innovations de la fin du Néolithique dans le Sud-Ouest de l'Allemagne. In: P. Pétrequin u.a. (Hrsg.), Premiers chariots, premiers araires. La diffusion de la traction animale en Europe pendant les IVe et IIIe millénaires avant notre ère (Paris 2006) 165–178.
Schlichtherle u. a., im Druck	H. Schlichtherle/N. Bleicher/A. Dufraisse/P. Kieselbach/U. Maier/E. Schmidt/E. Stephan/R. Vogt, Bad Buchau-Torwiesen II: Baustrukturen und Siedlungsabfälle als Indizien der Sozialstruktur und Wirtschaftsweise einer endneolithischen Siedlung am Federsee. In: E. Claßen/Th. Doppler/B. Ramminger (Hrsg.), Familie – Verwandschaft – Sozialstrukturen. Tagung AG Neolithikum, Mannheim, 13.-17. Mai 2008. Varia Neolithica (im Druck).
Schlichtherle/Hohl 2005	H. Schlichtherle/W. Hohl, Zum Abschluss der Ausgrabungen in der endneolithischen Moorsiedlung „Torwiesen II" bei Bad Buchau am Federsee, Kreis Biberach. Arch. Ausgr. Baden-Württemberg 2005, 39–43.
Schlichtherle/Hohl 2006	H. Schlichtherle/W. Hohl, Wege über das Moor zwischen Kappel und der Insel Buchau am Federsee, Kreis Biberach. Arch. Ausgr. Baden-Württemberg 2006, 39–43.
Schlichtherle/Mainberger 2006	H. Schlichtherle/M. Mainberger, Klimawandel. Probleme für das archäologische Kulturgut unter Wasser in den Seen und Mooren des Alpenvorlandes. Nachrichtenbl. Arbeitskr. Unterwasserarch. NAU 13, 2006, 59–63.
Schmidt 1930/37	R. R. Schmidt, Jungsteinzeit-Siedlungen im Federseemoor. Lieferung I–III (Augsburg 1930–1937).
Schmidt 2004	E. Schmidt, Untersuchung von Wirbellosenresten aus jung- und endneolithischen Moorsiedlungen des Federsees. In: H. Schlichtherle/A. Feldtkeller/U. Maier/R. Vogt/E. Schmidt/K. Steppan, Ökonomischer und ökologischer Wandel am vorgeschichtlichen Federsee. Hemmenhofener Skripte 5 (Freiburg i. Br. 2004) 160–186.
Schönfeld 2003	G. Schönfeld, Ein jungsteinzeitliches Filialsiedlungssystem in der Talaue bei Unfriedshausen, Gde. Geltendorf. Landsberger Geschbl. 102, 2003, 3–8.
Seifert 1996	M. Seifert, Der archäologische Befund von Zug-Sumpf. In: M. Seifert/S. Jacomet/S. Karg/J. Schibler/B. Kaufmann, Die spätbronzezeitlichen Ufersiedlungen von Zug-Sumpf 1. Die Dorfgeschichte (Zug 1996) 1–197.
Steppan 2004	K. Steppan, Archäozoologische Untersuchungen in jung- und endneolithischen Moorsiedlungen am Federsee. In: H. Schlichtherle/A. Feldtkeller/U. Maier/R. Vogt/E. Schmidt/K. Steppan, Ökonomischer und ökologischer Wandel am vorgeschichtlichen Federsee. Hemmenhofener Skripte 5 (Freiburg i. Br. 2004) 187–231.
Strobel 2000	M. Strobel, Die Schussenrieder Siedlung Taubried I (Bad Buchau, Kr. Biberach). Ein Beitrag zu den Siedlungsstrukturen und zur Chronologie des frühen und mittleren Jungneolithikums in Oberschwaben (Stuttgart 2000).
Wall 1961	E. Wall, Der Federsee von der Eiszeit bis zur Gegenwart. In: W. Zimmermann (Hrsg.), Der Federsee. Die Natur- und Landschaftsgebiete Baden-Württembergs 2 (Stuttgart 1961) 228–315.
Walter 1999	P. Walter, Medizinmänner/Schamanen in den Torwiesen? Endneolithische Funde aus Bad Buchau (Sammlung Menz). Plattform 7/8, 1998/99, 140–145.
Winiger 1976	J. Winiger, Feldmeilen-Vorderfeld. Die Ausgrabungen 1970/71. Antiqua 5 (Basel 1976).
Wyss 1988	R. Wyss, Die jungsteinzeitlichen Bauerndörfer von Egolzwil 4 im Wauwilermoos 3. Die Siedlungsreste. Archäologische Forschungen des Schweizerischen Landesmuseums (Zürich 1988).

Eine Gräbergruppe des Jung- bis Endneolithikums von Engen-Welschingen, Landkreis Konstanz

JÜRGEN HALD UND JOACHIM WAHL

Im Hinterland des westlichen Bodensees erheben sich zwischen Singen und Engen die Hegau-Vulkanschlote – auch bekannt als „des Herrgotts Kegelspiel". Zu den markanten, während des Tertiärs entstandenen Phonolith- und Basaltkegeln gehört der 846 m hohe Hohenhewen zwischen Engen-Anselfingen und Engen-Welschingen am westlichen Rand des fruchtbaren Hegaubeckens (Abb. 1). Den östlichen Hangfuß bildet eine weitläufige Schotterterrasse der Würmeiszeit, deren nordöstlicher Terrassenrand seit mehreren Generationen durch das Kieswerk Kohler sukzessive abgebaut wird. Die in den letzten Jahrzehnten dabei zahlreich zutage gekommenen Grab- und Siedlungsbefunde haben die Kiesgrube Kohler zu einer der wichtigsten archäologischen Fundstellen im Landkreis Konstanz gemacht.[1] Südlich der Kiesgrube erstreckt sich bis nach Engen-Welschingen eine ebene, im Norden und Westen von Kiesterrassen begrenzte Schotterfläche (480–490 m ü. NN), die intensiv für den Ackerbau genutzt wird. Eine ständig wasserführende Quelle sowie die vom Hohenhewen fächerartig in den Talgrund abgeschwemmten, fruchtbaren Böden bieten hervorragende Siedlungsbedingungen. Auf Luftbildern zeichnen sich grabenartige Strukturen ab, deren Alter aufgrund fehlender Oberflächenfunde nicht genauer eingeschätzt werden konnte. Mit der Ausweisung eines Neubaugebietes am nordwestlichen Ortsrand von Welschingen (Gewann „Guuhaslen") waren in den Jahren 2006–2008 archäologische Ausgrabungen notwendig geworden.[2] Dabei zeigte sich, dass einer der im Luftbild sichtbaren Gräben zu einer weitläufigen Siedlung der jüngeren Latènezeit (Lt C/D1) gehört, die sich zwischen Welschingen und Anselfingen ausdehnte.[3] Neben den jüngerlatènezeitlichen Siedlungsstrukturen haben sich auch zahlreiche Baubefunde einer Vorgängersiedlung der frühen Latènezeit sowie Reste einer endneolithischen Siedlung erhalten.[4]

Abb. 1: Engen-Welschingen, 1 Baugebiet „Guuhaslen", 2 Kieswerk Kohler auf Gemarkung Engen-Anselfingen (Ausschnitt aus der topographischen Karte 1:25 000, verkleinert auf M. 1:50 000).

1 F. Fischer, Zur Chronologie der jüngeren Latènezeit in Südwestdeutschland und in der Schweiz. Festschr. Peter Goessler. Tübinger Beitr. Vor- u. Frühgesch. (Stuttgart 1954) 35–40; J. Aufdermauer, Vor- und Frühgeschichte des Engener Raums vom Mesolithikum bis zur alamannischen Landnahme, in: H. Berner (Hrsg.), Engen im Hegau. Band 1 (Sigmaringen 1983) 45–90 mit weiterer Lit.; Ch. Keller, Die Latènesiedlung von Anselfingen im Hegau (Magisterarb. Univ. Freiburg 1983); J. Hald, Kelten und Alamannen. Die vor- und frühgeschichtlichen Funde von Welschingen. In: Welschingen. Festschrift zur ersten urkundlichen Erwähnung vor 1250 Jahren. Hegau Bibliothek 113 (Radolfzell 2002) 9–19 mit weiterer Literatur.

2 Das Baugebiet wurde in vorgezogenen Untersuchungen von der Kreisarchäologie des Landkreises Konstanz in Zusammenarbeit mit dem Referat 26 Denkmalpflege des Regierungspräsidiums Freiburg flächig ausgegraben. Für die vielfältige Unterstützung der Arbeiten sei der Stadt Engen gedankt.

3 J. Hald, Eine großflächige Siedlung der jüngeren Eisenzeit bei Engen-Welschingen, Kreis Konstanz. Arch. Ausgr. Baden-Württemberg 2006, 90–94.

4 Aus einem grabenartigen Befund im Süden des Baugebietes konnten neben Scherben von Glockenbechern endneolithische Grobkeramik sowie hervorragend erhaltene botanische Reste geborgen werden. Sie zählen zu den bislang in Baden-Württemberg seltenen Siedlungsnachweisen der Glockenbecherkultur und erlauben detaillierte Einblicke in Wirtschaftsweise und Landschaftsgeschichte des Endneolithikums in Südwestdeutschland: J. Ehrle/J. Hald/B. Zängle, Weitere Ausgrabungen in der keltischen Siedlung von Engen-Welschingen, Kreis Konstanz. Arch. Ausgr. Baden-Württemberg 2007, 93–97; M. Rösch, Pflanzenreste aus einer Grube der Glockenbecherkultur in Engen-Welschingen, Kreis Konstanz. Ebd. 98–101.

Der archäologische Befund

Zwischen eisenzeitlichen Siedlungsbefunden kamen am östlichen Rand der Grabungsfläche unmittelbar unter dem Ackerhumus mehrere Gräber zutage. Es handelt sich um eine kleine Gruppe von fünf Körperbestattungen, die sich über eine Fläche von mindestens 17 m × 8 m ausdehnte (Abb. 2). Die Gräber waren von nur noch wenigen Zentimetern bis zu 43 cm in die anstehenden Geröllschichten eingetieft. Südlich der Grablegen verläuft ein moderner Abwassersammler, östlich greifen mehrere Drainagen in den Untergrund ein. Es ist damit zu rechnen, dass weitere Gräber bei diesen Eingriffen oder als Folge des rezenten Ackerbaus unbeobachtet zerstört wurden.

Katalog der Befunde und Funde

Befund 294/295

Beim Abtrag des Oberbodens wurde das Grab, das unmittelbar unter dem Humus zutage kam, weitgehend vom Bagger entfernt. Von der Bestattung konnten lediglich wenige Knochenfragmente in drei kleineren Konzentrationen (Abb. 3,1–3) freigelegt werden. Die maximale Entfernung zwischen den freigelegten Skelettresten betrug 1,96 m. Teile der noch freigelegten Knochen dürften vom Bagger verzogen worden sein.[5] Vermutlich handelt es sich um die Reste einer WNW–OSO orientierten Grablege. Die langovale Grabsohle (ca. 2,6 m × 0,85 m) hob sich als hellgraue, feine Kiesschicht nur vage vom anstehenden Geröll ab. Die wenigen Schädelteile lagen vermehrt im östlichen Bereich des Grabes; eine gesicherte Rekonstruktion der Skelettlage ist jedoch nicht mehr möglich. Beigaben wurden nicht entdeckt. An die östliche Schmalseite der Bestattung grenzt ein eisenzeitliches Grubenhaus. Aufgrund der schlechten Befunderhaltung ließ sich nicht mehr klären, ob bei Anlage des Grubenhauses Teile der Bestattung zerstört wurden. Beigaben fanden sich keine.

5 Aus dem Abraum direkt neben dem Grab geborgene Skelettreste (Fundnr. 410, ohne Befundnummer) gehören vermutlich zu diesem Individuum, können aber nicht mit letzter Sicherheit zugewiesen werden. Der anthropologische Befund stützt allerdings diese Vermutung.

Abb. 2: Ausschnitt aus dem Gesamtplan des neolithischen und eisenzeitlichen Siedlungsareals „Guuhaslen" bei Engen-Welschingen. Grabfunde: 1 Bef. 294/295 (gestört), 2 Bef. 388, 3 Bef. 464, 4 Bef. 479/550/551 (antik gestört), 5 Bef. 547; grau: Grubenhäuser und Pfostengruben der Latènezeit.

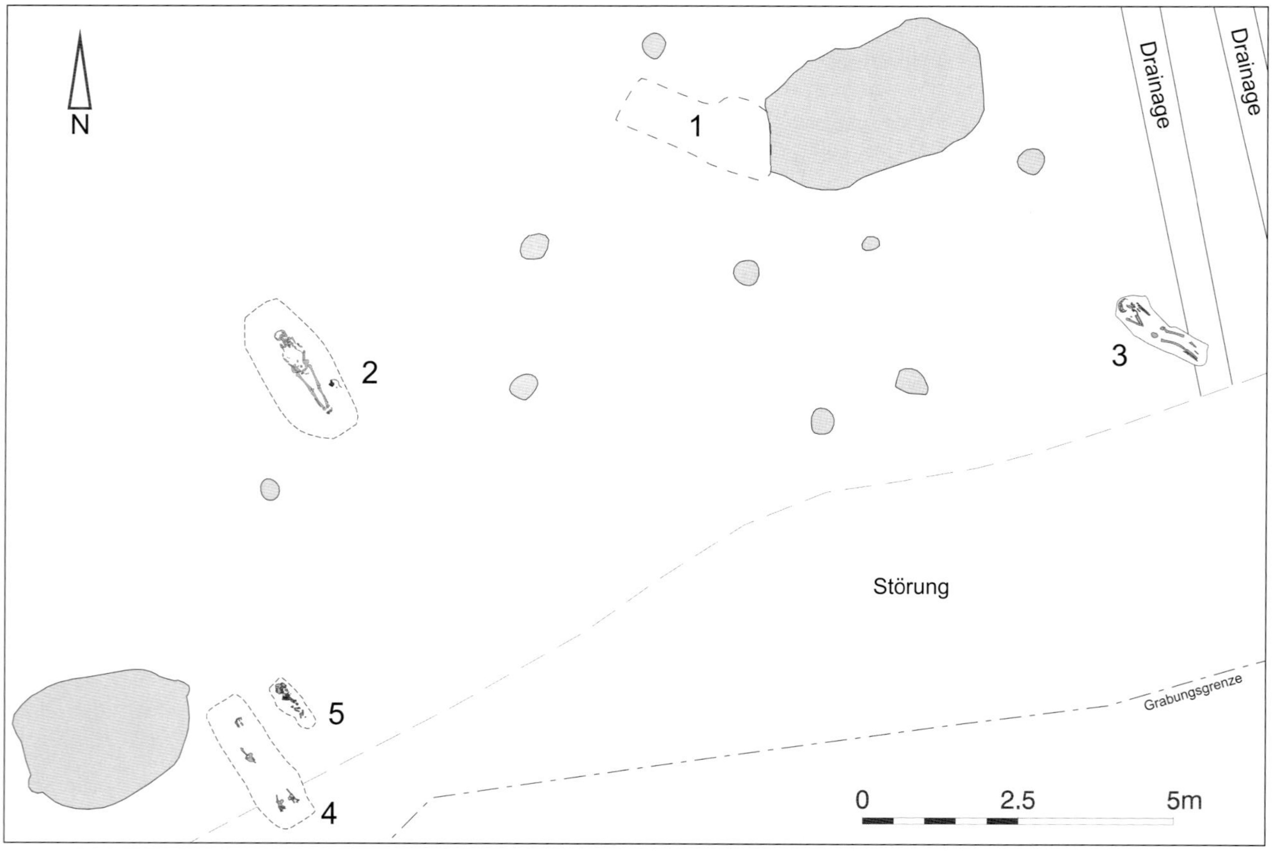

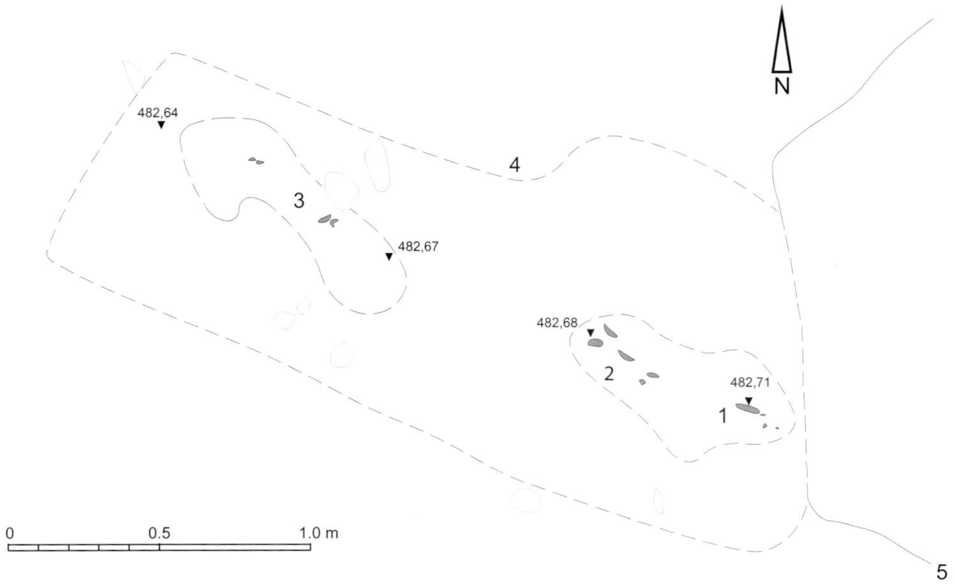

Abb. 3: Welschingen, „Guuhaslen", Bef. 294/295, Planum 1. 1 menschliche Skelettreste (Bef. 294, Bereich A), 2 menschliche Skelettreste (Bef. 294, Bereich B), 3 menschliche Skelettreste (Bef. 295, Bereich C), 4 unsichere Begrenzung der Grabgrube, 5 westliche Schmalseite eines Grubenhauses der Frühlatènezeit.

Befund 388

Die Grabgrube der direkt unter dem Humus liegenden Bestattung (ca. 2,45 m × 1,15 m) hob sich nur schwach vom geröllhaltigen Untergrund ab (Abb. 4). Es handelte sich um eine NNW–SSO orientierte Körperbestattung in gestreckter Rückenlage (L. ca. 1,57 m) mit Schädel im NNW. Das Gesicht war nach Osten geneigt, die Unterarme waren leicht angewinkelt, die Hände lagen auf dem Becken. Die rechte Schädelseite sowie ein östlich des linken Kniegelenks liegendes Keramikgefäß waren durch den Bagger bereits beschädigt. Das sehr schlecht erhaltene Gefäß lag auf der Seite mit der Mündung nach Südosten. Trotz Blockbergung konnten nur wenige Fragmente restauriert werden. Es fanden sich keine weiteren Beigaben. Seitlich und nördlich der Bestattung lagen einige größere Gerölle.

Funde

Zwei Randscherben sowie nicht erhaltene Wand- und Bodenscherben eines S-förmigen Topfes mit weiter Mündung; Randdm. ca. 15,5 cm; Höhe ca. 17,7 cm; Form und Höhe konnten nur anhand der noch in situ liegenden Scherben bestimmt werden; rotbraun, innen schwarzbraun und poliert; Magerung: Feinsand, Schamott, wenig grober Quarz; weich gebrannt (Abb. 10,4).

Befund 464

Die lediglich schwach sichtbare Grabgrube wurde in den oberen Plana nur teilweise im anstehenden Kies erkannt und anfangs als eisenzeitlicher Siedlungsbefund interpretiert. Beim Anlegen eines Profils wurde der Schädel angeschnitten sowie eine Silexklinge, die vermutlich nordöstlich des Schädels lag, geborgen. In einem dritten Planum konnte die NW–SO orientierte Körperbestattung mit Schädel im

Abb. 4: Welschingen, „Guuhaslen", Körperbestattung Bef. 388, Planum 1. 1 Gefäßbeigabe, 2 Grabgrube.

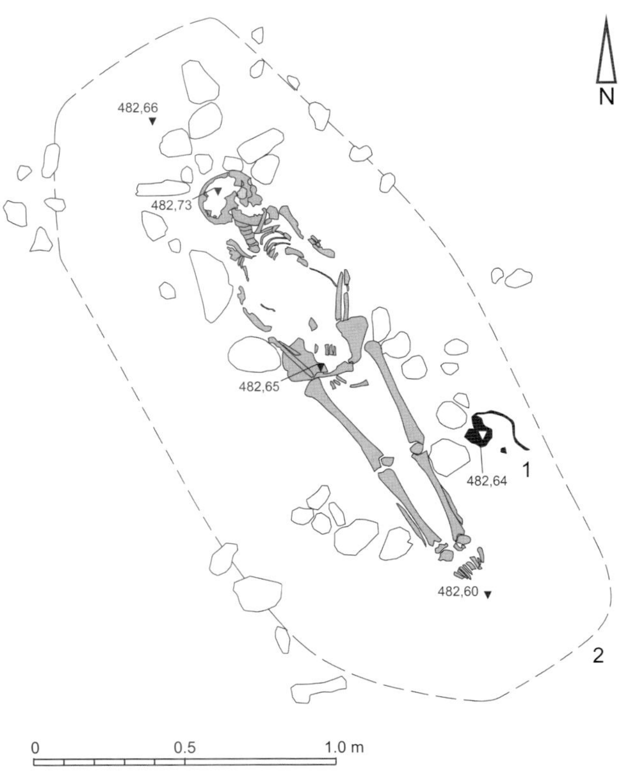

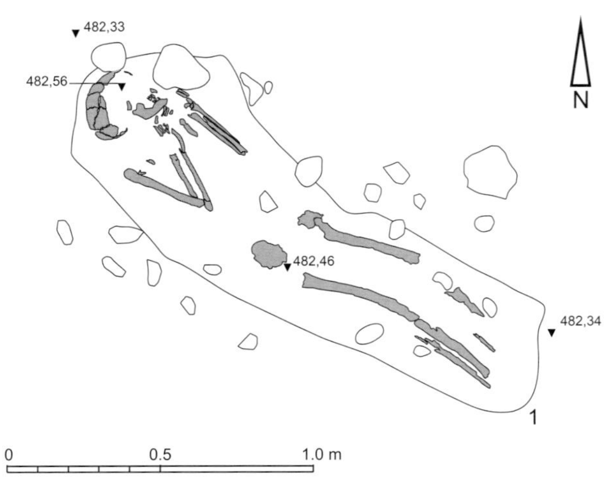

Abb. 5: Welschingen, „Guuhaslen", Körperbestattung Bef. 464. 1 Grabgrube, Planum 3.

NW und nach Osten geneigtem Gesicht vollständig freigelegt werden (Abb. 5). Der Körper war nahezu gestreckt. Lediglich die Beine fanden sich geringfügig angewinkelt in leichter linker Seitenlage. Die Hände der stark abgewinkelten Arme lagen im linken Schulterbereich und unterhalb des Unterkiefers.

Abb. 6: Welschingen, „Guuhaslen", Körperbestattungen Bef. 479/550 (gestört, siehe Bef. 551) und Bef. 547, Planum 2. 1 menschliche Skelettreste Bef. 479, 2 menschliche Skelettreste Bef. 550, 3 Steinsetzung, 4 Grabgrube Bef. 547, 5 Kalksteinröhrenperlen und Grandelanhänger.

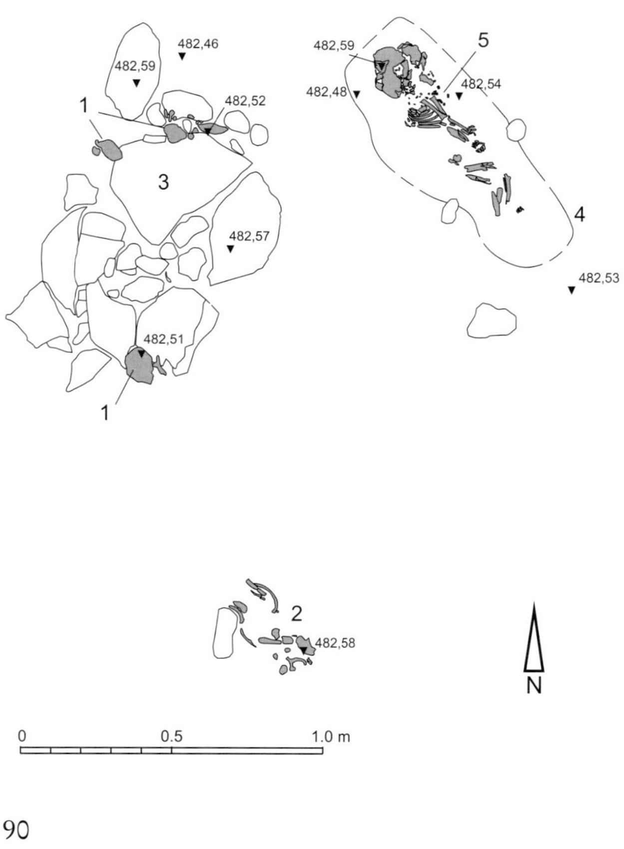

Das Fußskelett wurde vermutlich durch einen flachen, neuzeitlichen Drainagegraben, der unmittelbar über den Unterschenkeln der Bestattung verlief, geringfügig gestört. Die längliche, leicht ovale Grabsohle zeichnete sich als graubraune Kies-Sand-Schicht ab; L. mind. 1,78 m; B. 0,41–0,61 m. Östlich des Schädels lag am Rand der Grabgrube ein ca. 18 cm × 15 cm großer Wacken. Es ergaben sich keine Hinweise auf weitere Steinsetzungen. Beim Freilegen des Skelettes konnte eine in zwei Teile zerbrochene Keramikscherbe im Kopf-/Oberkörperbereich geborgen werden. Weitere Gefäßteile waren nicht vorhanden.

Funde

1 Klinge aus hellgrauem, marinem Silex; L. 9,7 cm; B. 2,1–2,4 cm; dreieckiger Querschnitt mit max. 1,1 cm Höhe; 32,5 g; bilateral dorsal unregelmäßige Randretusche und distal kratzerartige Endretusche; proximal verrundet, evtl. vom Feuerschlagen; distal dorsal kräftige, rostbraune Ablagerungen, die bei Bergung der Klinge noch mehrere Millimeter stark waren, vermutlich von Eisenoxid (Abb. 10,3; 15).

2 Wandscherbe eines kugelartigen Gefäßes mit feiner, flächiger Furchenstichzier; Orientierung nicht gesichert; zwei horizontale Blattbänder[6] mit Stichsäumung sowie vertikaler Stichreihe mit anschließender breiter Zierzone aus bogenförmigen, feinen Stichreihen; schwarzbraun, innen geglättet; feine Sand- und Schamottmagerung, hart gebrannt (Abb. 10,2).

Befund 479/550/551

Planum 1 + 2: kompakte, etwa N–S orientierte Setzung flacher Platten und Steinbrocken aus Weißjurakalk, 1,17 m × 0,97 m; nach Süden und Westen leicht geneigt (Abb. 6,3). Am Nordrand der Steinplattensetzung konnten Bruchstücke vom Schädel und Langknochenfragmente, am Südrand weitere Schädelteile geborgen werden (Abb. 6,1). Etwa 1,15 m südlich der Steinsetzung kamen neben einem einzelnen Steinbrocken weitere Kalottenbruchstücke zutage (Abb. 6,2).

Planum 4: NNW–SSO orientierte, gestreckte Körperbestattung mit Schädel im NNW. Nur noch Teile des Schädels, des rechten Unterarms und der rechten Beckenhälfte sowie das Fußskelett lagen in situ; max. L. anhand der erhaltenen Skelettreste 1,67 m (Abb. 7). Die langrechteckige Grabgrubensohle zeichnete sich in dem mit großen Geröllen durchsetzten Untergrund als dunkelbraune, humose Lehmverfüllung mit Feinkiesanteilen ab; L. ca. 2,30–2,35 m, B. 0,70–0,75 m. Entlang der südwestlichen Längsseite lagen einige größere Gerölle. Beigaben

6 Zur Keramikbeschreibung siehe: Seidel 2004, 158 ff.

Tabelle 1: Welschingen, „Guuhaslen". Zusammenfassende archäologische und anthropologische Daten zu den jung- bis endneolithischen Bestattungen (Lage Schädel hervorgehoben). Zur Datierung siehe Tab. 2.

Befund	Geschlecht	Alter	Lage	Orientierung	Grabbau	Beigaben/Funde
294/295, Fundnr. 410 (rezent gestört)	vermutlich männlich	vermutlich spätjuvenil, ca. 18 Jahre	unbestimmt	WNW–ONO?	etwa 2,6 m × 0,85 m	unbestimmt
388	weiblich	frühmatur um 40(–50) Jahre	Rückenlage	**NNW**–SSO	etwa 2,45 m × 1,15 m	Keramikgefäß im Fußbereich
464 (geringfügig rezent gestört)	unbestimmt	(früh)adult; um 25–30 Jahre	nahezu gestreckt mit leichter linker Seitenlage	**NW**–SO	1,78 m × 0,61 m	Klinge im Kopfbereich, Gefäßfragment im Oberkörper-/Kopfbereich
479/550/551 (antik gestört)	männlich	(früh)adult; 25–30 Jahre	Rückenlage	**NNW**–SSO	2,35 m × 0,75	keine nachgewiesen
547	unbestimmt	frühinfans I; 12–18 Monate;	linksseitige Hockerlage	**NW**–SO	0,94 m × 0,4 m	Halskette aus Kalkröhrenperlen
	unbestimmt	Reste eines zweiten Kleinkindes frühinfans I; 6–12 Monate				

konnten nicht mehr nachgewiesen werden. Nach den anthropologischen Ergebnissen dürfte es sich bei den in verschiedenen Plana geborgenen Skelettteilen um die Reste eines Individuums handeln (Abb. 8).[7]

Befund 547

Planum 1: etwa 50 cm östlich der gestörten Bestattung Befund 479/550/551 lag das Grab eines Kleinkindes. Es handelte sich entgegen einer anfänglichen Vermutung um eine separate Grablege (Abb. 6; 9). NW–SO orientiertes Skelett in linksseitiger Hockerlage mit Schädel im NW auf der linken Seite liegend; Gesicht nach NO. Die gestreckten Arme überkreuzten sich vor der Brust. L. des Skeletts in situ 0,72 m. Im Halsbereich lagen 18 Kalksteinperlen einer Halskette mit Kalksteinanhänger (Abb. 6,5).[8] Die langrechteckige bis ovale, unregelmäßig begrenzte Grabgrube mit etwa 0,94 m L. und etwa 0,3–0,4 m B. zeichnete sich nur schwach im anstehenden Geröll ab (Abb. 6,4).

Funde

1 18 Kalkröhrenperlen, davon eine fragmentiert; L. 6–16 mm; Dm. 4–6 mm; weiß bis fleckig hellbraun, zwei Perlen zeigen eine leicht rötliche Färbung; Oberfläche meist angewittert, in einem Fall poliert (Abb. 10,1; 11).

2 Grandelförmiger Anhänger aus Kalkstein; Basis-B. 5 mm; H. 9 mm; weiß; Oberfläche angewittert (Abb. 10,1; 11; 12).

Grabsitten

In Tabelle 1 wurden die wesentlichen Informationen zum archäologischen Befund nochmals zusammengefasst. Alle besser erhaltenen Gräber zeigen eine einheitliche Orientierung um Nordwest–Südost, die Schädel der Bestattungen lagen dabei stets im Norden der Grabgrube. Die erwachsenen Individuen wurden in Rückenlage mit den Händen auf dem Becken oder zum Brust-/Schulterbereich angewinkelt bestattet. Lediglich der Säugling aus Befund 547 ließ eine linksseitige Hockerstellung erkennen. Beigaben sind spärlich und beschränken sich auf eine Röhrenperlenkette mit Grandel-Anhänger aus dem Grab des Kleinkindes, ein Keramikgefäß aus Befund 388 sowie eine Feuersteinklinge aus Befund 464. Eine im selben Grab entdeckte Scherbe eines verzierten Gefäßes dürfte eher zufällig in die

7 Wenig östlich der gestörten Bestattung 479/550/551 kam das Grab eines Kleinkindes zutage (Bef. 547). Die Befunde wurden anfangs als Reste einer Doppelbestattung interpretiert. Beim weiteren Abtiefen zeigte sich, dass es sich um separate Bestattungen handelte.

8 Eine röhrenförmige Perle wurde erst nach Fertigstellung der Abbildungen bei der osteologischen Präparation der Skelettreste entdeckt. Es wurden daher nur 17 Exemplare zeichnerisch und fotografisch abgebildet.

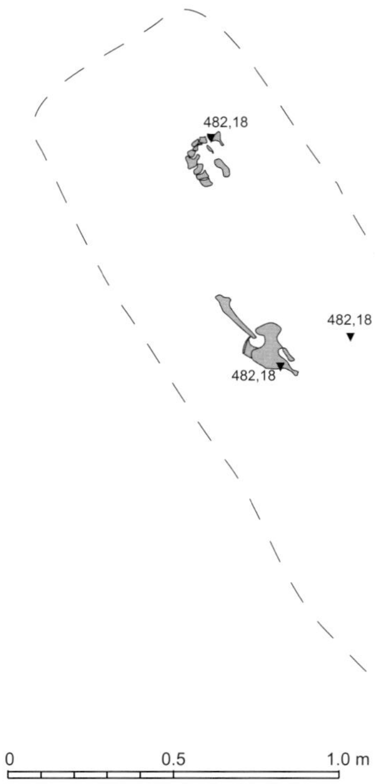

Abb. 7: Welschingen, „Guuhaslen", gestörte Körperbestattung Bef. 551, Planum 4. 1 Grabsohle.

Abb. 8: Welschingen, „Guuhaslen", Körperbestattung Bef. 479/550/551, Planum 2 und 4 übereinander gelegt. 1 menschliche Skelettreste Bef. 479, 2 menschliche Skelettreste Bef. 550, 3 Steinsetzung, 4 Skelettreste Bef. 551 in situ auf Planum 4 (schwarz).

Grubenverfüllung geraten sein. Als Vergleich bieten sich die jungneolithischen Gräber der sogenannten Schaffhausener Gruppe, insbesondere des nur 14 km südwestlich gelegenen Gräberfeldes von Schaffhausen, „Schweizersbild" an.[9] Ihnen ist gemeinsam, dass die Toten in länglichen Grabgruben mit und ohne Steineinfassung in gestreckter Rückenlage bestattet wurden. Beigaben, meist in Form von Halsketten aus Kalkröhrenperlen, wurden vorwiegend Kindern beigegeben. Abweichungen lassen sich in der Graborientierung beobachten, die an den einzelnen Fundstellen im Kanton Schaffhausen sowie am Hochrhein variieren.[10]

Funde und Datierung

Die Kalkröhrenperlen aus dem Kindergrab Befund 547 finden formal gute Entsprechungen in verschiedenen Grabfunden am Hochrhein sowie in den Uferrandsiedlungen des Bodensees (Abb. 10,1; 11). Von besonderer Bedeutung sind Vergleichsfunde aus der ^{14}C-datierten Gräbergruppe von Schaffhausen-Schweizersbild (kalibriert 3894–3536 v. Chr.) sowie Schichten der Siedlung von Hornstaad-Hörnle IA, deren Dendrodaten zwischen 3922 und 3902 v. Chr. liegen (Abb. 13; 14).[11] Nach der Einteilung von Rudolf A. Maier gehören die Perlen aus dem Welschinger Kindergrab zu den Röhrenperlen vom Typ Bodmann-Altenburg.[12]

Mit 6–16 mm Länge und Durchmessern von 4–6 mm liegen die Maße der Röhrenperlen in der Variationsbreite der großen Perlenserien von Hornstaad und

9 Guyan 1950, 163–191 bes. 171 ff. mit älterer Lit.; Honeisen/Peyer 1994, 127–146 bes. 131–145. – Eine West–Ost orientierte Doppelbestattung in gestreckter Rückenlage aus dem Abris „Kuchelfels" aus dem Wasserburger Tal zwischen Engen-Bittelbrunn und Eigeltingen mit Silexpfeilspitzen, Silexgerät und einem kleinen Steinbeil lässt sich innerhalb des jüngeren Neolithikums nicht genauer datieren. E. Peters, Urgeschichtliche Untersuchungen im Hegau. Badische Fundber. II, Heft 4, 1929–1932, 121–128 bes. 126 ff. – Eine Zusammenstellung jungneolithischer Bestattungen in Südwestdeutschland und angrenzenden Regionen findet man bei: Seidel 2004, 390–404.

10 Während die Grabausrichtung am Abris Schweizersbild stark variiert, konnte bei Altenburg, „Sinkelosebruck" (Kreis Waldshut) sowie bei Schaffhausen-Thayngen, „Vorder Eichen 1914" eine Graborientierung in Nord-Süd-Richtung beobachtet werden. Für Schaffhausen-Herblingen, „Dachsenbühl" liegen Hinweise auf ein West–Ost ausgerichtetes Grab vor. Guyan 1950, 174 ff; Höneisen/Peyer 1994, 144 mit Tab. 2.

11 Höneisen/Peyer 1994, 145; Schlichtherle 1990, 113–119; A. Billamboz, Dendroarchäologische Untersuchungen in den neolithischen Ufersiedlungen von Hornstaad-Hörnle, in: Siedlungsarchäologie im Alpenvorland IX. Forsch. u. Ber. Vor- u. Frühgesch. Baden-Württemberg 98 (Stuttgart 2006) 297–414 bes. 312.

12 Maier 1962, 33.

Bodman.[13] Auch Farbe und Oberflächenbeschaffenheit stimmen mit den von Helmut Schlichtherle hervorgehobenen Merkmalen der Perlen von Hornstaad überein.[14] Der zur Herstellung verwendete alpine Kalk wurde wohl aus den im Bodenseegebiet anstehenden Geschieben des Rheingletschers ausgelesen. Die in den Ufersiedlungen des Bodensees gefundenen Halbfabrikate und zur Herstellung notwendigen Dickenbännli-Bohrer deuten auf eine intensive Produktion der Kalkröhrenperlen im Bodenseegebiet hin.[15] Gerade die Thesaurierung von etwa 600 Perlen in einem Tulpenbecher in Bodman und die Deponierung kleinerer Mengen in Gefäßen der Hornstaader Uferrandsiedlung verdeutlichen die Wertschätzung der filigranen Perlen, denen möglicherweise auch eine Funktion als Tauschmittel, Wertmesser bzw. als schmuckhafte Geldform zukam.[16]

Abb. 9: Welschingen, „Guuhaslen", freigelegte Körperbestattung Bef. 547. 1 Fundbereich Kalkröhrenperlen, 2 Lage Grandelanhänger.

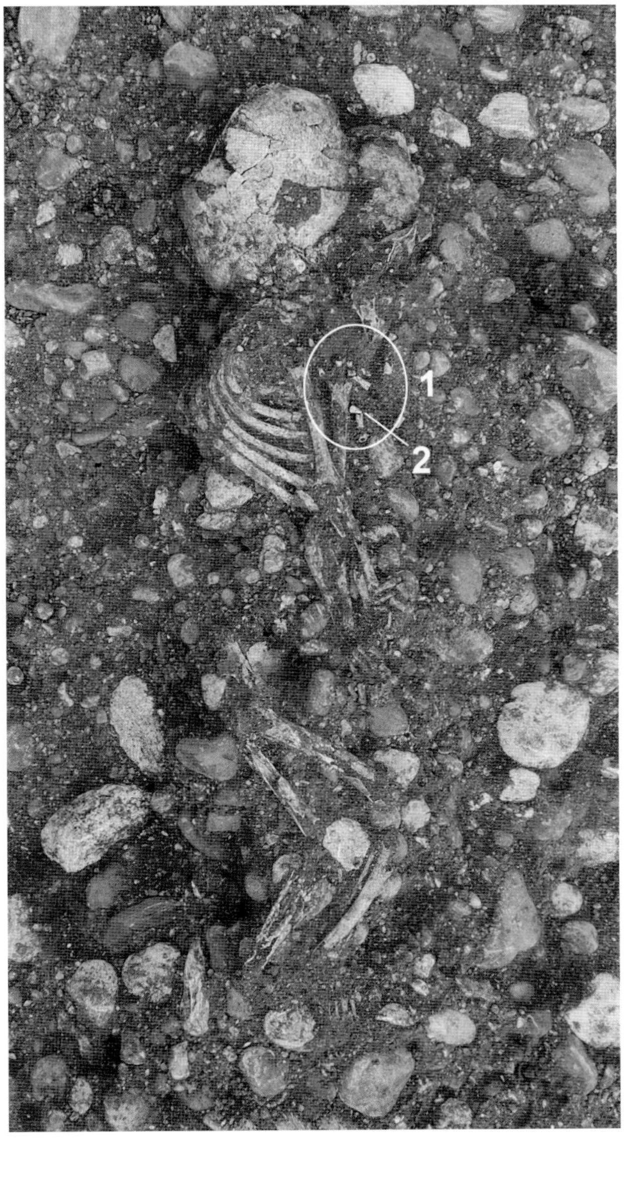

Die Welschinger Exemplare sind überwiegend rund, lediglich zwei Perlen zeigen eine abgeflachte Seite. Möglicherweise waren sie zu einem früheren Zeitpunkt auf ein Kleidungsstück aufgenäht und einseitig abgenutzt worden.[17] Die Lage der Perlen vor der Brust des Kindes sowie der Grandelanhänger sprechen in Welschingen für eine Trageweise als Halskette. Regelhaft in Siedlungen mit aufgefundene, mehrfach durchbohrte Kettenschieber sowie der Grabfund von Herblingen „Dachsenbühl" bei Schaffhausen zeigen, dass neben einfachen Halsketten auch mehrreihige Colliers getragen wurden.[18]

Grandelförmige Perlen sind im Bodenseegebiet, dem Neckarraum und am Zürichsee belegt und können nach U. Seidel chronologisch mit der ersten Hälfte des Jungneolithikums verbunden werden.[19] Nach Schlichtherle reichen vergleichbare Anhänger bis ins Mittelneolithikum zurück.[20]

Die kulturelle und zeitliche Einordnung der Kalkröhrenperlen war bereits Gegenstand mehrerer Abhandlungen, so dass an dieser Stelle auf eine detaillierte Erörterung verzichtet werden kann.[21] Zusammenfassend lässt sich feststellen, dass die für die Bodensee-Hochrheinregion typischen Kalkröhrenperlen gehäuft mit der Schussenrieder Kultur ab dem ausgehenden 5. Jahrtausend auftreten. Während des älteren Jungneolithikums erleben sie in der Bodenseeregion eine Blüte und sind eng mit dem Vorkommen der Hornstaader Gruppe sowie der älteren Pfyner Kultur verknüpft. Einzelne Belege deuten auf eine weitere Verwendung der Röhrenperlen noch in der mittleren Pfyner Kultur hin.[22] Hieraus ergibt sich ein absolutchronologischer Zeitrahmen vom

13 Schlichtherle 1990, 114f. Sie sind wie die Perlen aus Bodman, die zusammen in einem Gefäß deponiert waren, durchschnittlich etwas kleiner als die Hornstaader Exemplare, die in erster Linie bei Aufsammlungen geborgen wurden. Kleinere Exemplare dürften daher in Hornstaad unterrepräsentiert sein. Schlichtherle 1990, 115.

14 Schlichtherle 1990, 114. – Siehe hierzu auch: F. Seeberger, Zur Herstellung der neolithischen Kalkröhrenperlen und Kettenschieber. Arch. Korrbl. 22, 1992, 41–45.

15 Maier 1962, 37; 42; Schlichtherle 1990, 117.

16 Maier 1962, 40 mit Anm. 41; 43. Ausführlich hierzu: Seidel 2004, 306–310.

17 Hierzu: Schlichtherle 1990, 115.

18 Schlichtherle 1990, 116f. mit weiterer Lit.

19 Seidel 2004, 285.

20 Schlichtherle 1990, 118 mit Anm. 262.

21 Siehe hierzu: Guyan 1950, 171ff.; Maier 1962, 33–43; Schlichtherle 1990, 113ff.; Seidel 2004, 276ff.; Heumüller 2006, 138ff. – Zahlreiche Hinweise verdanke ich Helmut Schlichtherle. Ebenso sei Marion Heumüller für wertvolle Auskünfte und Einsicht in ihre noch nicht publizierte Dissertation sehr herzlich gedankt.

22 Schlichtherle 1990, 118f. mit Anm. 252.

Tabelle 2: Welschingen, „Guuhaslen". ^{14}C-Datierung der Skelettreste (Bef. 551 konventionelle Messung Universität Heidelberg, sonst Beschleunigerdaten ETH Zürich).*

Labor-Nummer	Probenname	konv. ^{14}C-Alter BP	$\delta^{13}C$	kalibr. Alter 1σ (Schnittpunkte, Methode A)	kalibr. Alter 2σ (Schnittpunkte, Methode A)
Hd-27172	Engen-Welschingen Bef. 388 ETH-35146	4993 ± 32	-17.4	cal BC 3795–3711	cal BC 3938–3671
Hd-27239	Engen-Welschingen Bef. 464 ETH-35147	4758 ± 32	-21.2	cal BC 3634–3521	cal BC 3638–3383
Hd-27204	Engen-Welschingen Bef. 551	4376 ± 21	-21.6	cal BC 3013–2928	cal BC 3083–2916
Hd-27252	Engen-Welschingen Bef. 547 ETH-35148	4668 ± 32	-22.0	cal BC 3515–3372	cal BC 3620–3366

* Die ^{14}C-Datierung wurde freundlicherweise von Dr. Bernd Kromer, Heidelberger Akademie der Wissenschaften, Radiometrische Altersbestimmung von Wasser und Sedimenten am Institut für Umweltphysik der Ruprecht-Karls-Universität Heidelberg in Zusammenarbeit mit der Eidgenössischen Technischen Hochschule Zürich (ETH Zürich) durchgeführt. Kalibriert wurden die Daten mit INTCAL04 und CALIB5. Siehe: P. J. Reimer/M. G. L. Baillie/E. Bard u.a., IntCal04 Terrestrial Radiocarbon Age Calibration, 0–26 cal kyr BP. Radiocarbon 46/3, 2004, 1029–1058.

späten 5. Jahrtausend bis etwa ins 38. Jh. v. Chr.[23] Die kalibrierten ^{14}C-Daten 3515–3372 v. Chr. (1 σ) aus dem Welschinger Kindergrab (Bef. 547) weichen damit deutlich von der bisherigen Einschätzung der Laufzeit dieser Schmuckform ab. Das Kleinkind starb demnach während der ausgehenden Pfyner bzw. beginnenden Horgener Kultur.[24] Dass Perlen dieser Form noch am Übergang zur Horgener Kultur im Umlauf waren, zeigen auch Funde aus der Seeufersiedlung Arbon-Bleiche 3 (dendrodatiert 3384–3370 v. Chr.). Dort konnten achtzehn röhrenförmige Molluskenperlen sowie wohl zugehörige Kettenschieber eines mehrreihigen Colliers geborgen werden.[25]

Die lange Klinge aus Befund 464 wurde nach der Bestimmung von Michael Kaiser aus marinem Silex gefertigt. Gute Übereinstimmungen bestehen mit Rohmaterialproben aus den Silexminen von Spiennes bzw. Petit Spiennes (Belgien), deren Feuerstein vereinzelt auch an Lesefundstellen im südöstlichen Oberrheingebiet nachgewiesen ist.[26] Eine formal vergleichbare Klinge, die zusammen mit jungneolithischer Keramik aufgelesen wurde, stammt aus Schlingen-Liel.[27] Eine weitere Klinge dieses Fundortes zeigt wie das Welschinger Stück ein proximal verrundetes Ende, was auf eine Verwendung als Feuerschläger hinweist.[28] Die rostbraunen Verkrustungen auf der Welschinger Klinge dürften von vergangenen Pyrit- oder Markasitknollen stammen und machen eine Nutzung der Klinge als Steinzeitfeuerzeug wahrscheinlich. Vergleichbare Funde stammen aus dem mittelneolithischen Gräberfeld von Jechtingen am nordwestlichen Rand des Kaiserstuhls.[29]

Darüber hinaus können ähnliche Klingen aus Pfyner bis Horgener Schichten jung- und endneolithischer Stationen am Zürichsee sowie aus Pfyn und Niederwil (Kanton Thurgau) zum Vergleich herangezogen werden.[30] Auch das aus den menschlichen Skelettres-

23 Bei den Röhrenperlen aus einer Chamer Siedlung bei Dietfurt im Altmühltal des dritten Jahrtausends v. Chr. handelt es sich um nahezu doppelt so große Stücke von etwa 3 cm Länge und 1 cm Durchmesser; sie weisen damit deutlich formale Abweichungen von den Röhrenperlen des Bodenseegebiets auf. M. Hoppe, Die Geweih- und Knochenartefakte sowie der Schmuck der endneolithischen Siedlung von Dietfurt a.d. Altmühl, Lkr. Neumarkt i.d. Opf. Arch. Main-Donau-Kanal 16 (Rahden/Westf. 2002) 35f. mit Taf. 12,21–23. Siehe hierzu: Heumüller 2006, 144 mit Anm. 502.

24 Noch jüngere radiocarbondatierte Kinderbestattungen des letzten Viertels des vierten Jahrtausends sind aus der „Dachsenhöhle" und der benachbarten „Kleinen Höhle" bei Arlesheim, Kanton Basel-Landschaft bekannt. Die Beigaben lassen sich mit der Horgener Kuktur verbinden; Röhrenperlen sind dort allerdings nicht verbürgt. J. Ewald/J. Tauber, Tatort Vergangenheit. Ergebnisse aus der Archäologie heute (Basel 1998) 369; Schweizerische Gesellschaft für Ur- und Frühgeschichte (Hrsg)., Die Schweiz vom Paläolithikum bis zum frühen Mittelalter (SPM) II. Neolithikum (Basel 1995) 242.

25 Es handelt sich um Dentalium-Perlen, die aus röhrenförmigen Gehäusen von marin lebenden Grabfüßlern gewonnen werden. U. Leuzinger, Steinartefakte, in: A. de Capitani/S. Deschler-Elb/U. Leuzinger/E. Marti-Grädel/J. Schibler, Die jungsteinzeitliche Seeufersiedlung Arbon-Bleiche 3. Arch. Thurgau 11 (Frauenfeld 2002) 74f. mit Abb. 97; 98 und weiterer Lit.

26 Beispielsweise Schliengen-Liel (Kreis Lörrach): Fundber. Baden-Württemberg 29, 2007, 825 mit Taf. 15,B3. – Michael Kaiser sei für die Bestimmung des Rohmaterials und die Hinweise auf Vergleichsfunde und Funktion der Klinge vielmals gedankt. M. Kaiser, Die Silices des südöstlichen Oberrheingebietes und ihre Nutzung von den Anfängen bis zur Gegenwart (Diss. Freiburg 2007).

27 Fundber. Baden-Württemberg 28/2, 2005, 87; 89 mit Taf. 35,10.

28 Ebd. 89f. mit Taf. 38,2.

29 Freundlicher Hinweis von Michael Kaiser sowie von Saskia Dornheim, die im Rahmen einer Dissertation an der Universität Freiburg das Jechtinger Gräberfeld bearbeitet.

30 Hügi 2000, Taf. 36,530; Ch. Tobler, Erlenbach-Winkel. Grabung 1977/78. Zürcher Arch. 7 (Zürich/Egg 2002) Taf. 19,2; Hasenfratz/Raemaekers 2006, 97 Abb. 113 o. Nr.; U. Leuzinger, Pfyn

Fortsetzung siehe nächste Seite

ten gewonnene ^{14}C-Datum legt eine Herstellung der Welschinger Klinge während des fortgeschrittenen Jungneolithikums im 37./36. Jh. v. Chr. nahe (Tab. 2). Aus demselben Grab wurde eine einzelne, flächig mit Furchenstich verzierte Scherbe eines gebauchten Gefäßes geborgen.[31] Der feine Furchenstich unterscheidet sich deutlich von den tiefen Eindrücken der mittelneolithischen Gefäßzier. Die flächige Zierweise könnte auf mittelneolithische Ziertraditionen in einem epirössener Horizont hinweisen. Die einzelnen auf diesem Keramikfragment feststellbaren Zierelemente wie horizontale Blattbänder und vertikale und bogenförmige Stichreihen sind zwar als Einzelmotive von jungneolithischer Keramik überliefert, doch sind mir bislang keine vergleichbaren Kombinationen dieser Motive an anderen Gefäßen bekannt geworden. Eine genaue kulturelle Zuweisung muss vorerst offenbleiben.

Der im Fußbereich der Bestattung von Befund 388 niedergelegte Topf mit S-förmigem Profil (Abb. 10,4)

Fortsetzung Fußnote 30: Breitenloo – die jungsteinzeitliche Pfahlbausiedlung. Arch. Thurgau 14 (Frauenfeld 2007) 47 Abb. 46,11. Zur Terminologie „Jung- und Endneolithikum" siehe: H. Schlichtherle/M. Strobel (Hrsg.), Aktuelles zu Horgen, Cham, Goldberg III, Schnurkeramik in Süddeutschland. Rundgespräch in Hemmenhofen am 26. Juni 1998. Hemmenhofener Skripte 1 (Freiburg i. Br. 1999) 96 f.

31 Es ist nicht auszuschließen, dass das Fragment als Altstück in die Grabgrubenverfüllung geriet.

Abb. 10: Welschingen, „Guuhaslen", Beigaben aus den Gräbern. 1 Bef. 547, 2.3 Bef. 464, 3.4 Bef. 388; 1 Kalkstein, 2.4 Keramik, 3 Silex – M. 1:2.

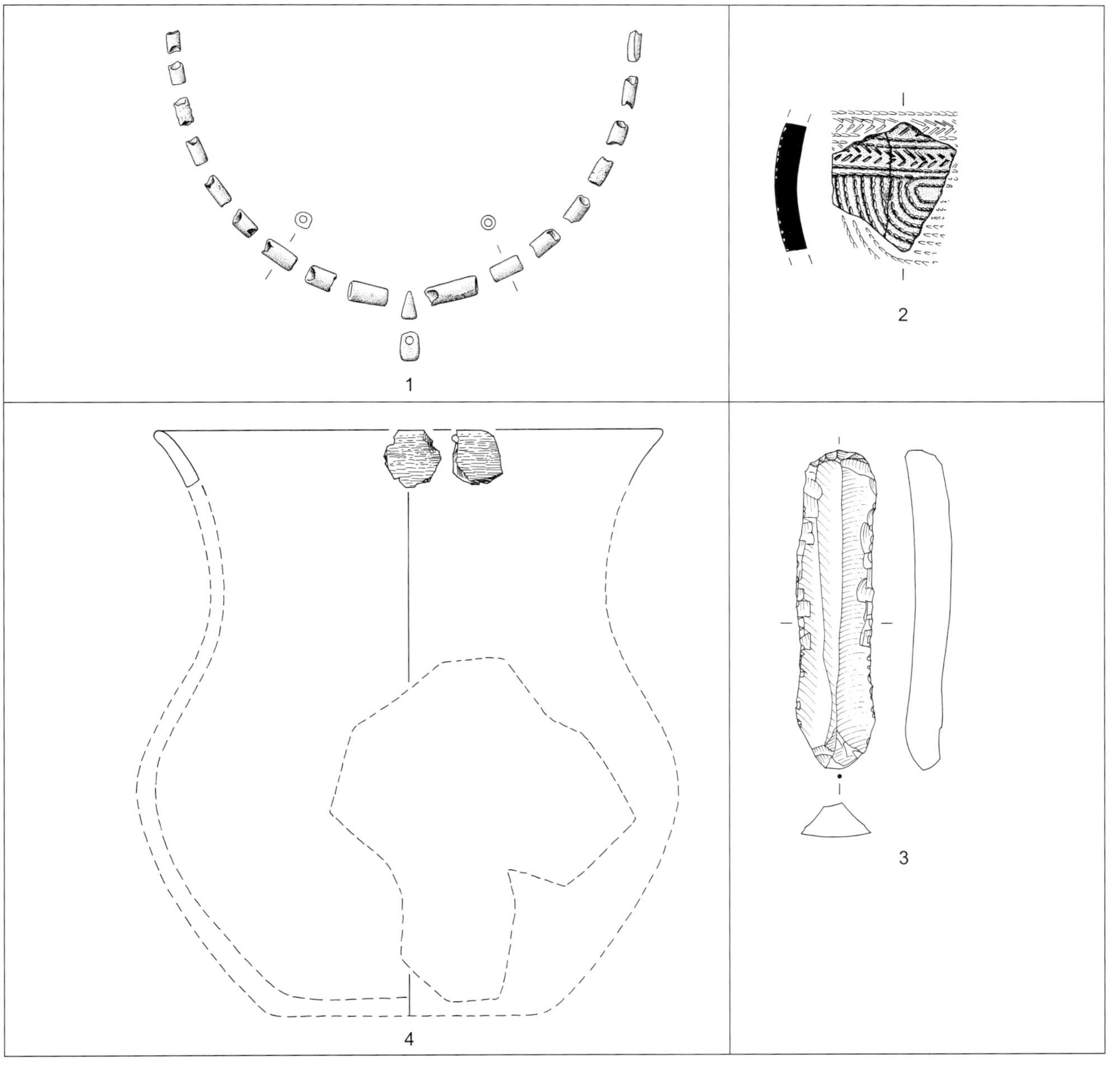

Tabelle 3: Engen-Welschingen „Guuhaslen" 2007: Jung- bis endneolithische Knochenreste und anthropologischer Befund (Bez. der Altersstufen nach Martin; unbest. = unbestimmt; KH = Körperhöhe).

Befund	Fundnr.	Alter	Geschlecht	Bemerkungen
294	?, 293	spätjuvenil – spätadult	unbest.	spärliche Skelettreste aus Bereich A und B wahrscheinlich zusammengehörig
295	294	spätjuvenil – matur	unbest.	Bereich C; Zusammengehörigkeit mit Befund 294 nicht auszuschließen
388	295	frühmatur, ~ 40(–50) J.	weiblich	Armknochen kräftiger als Beinknochen; KH knapp/um 1,60 m; Hockerfacetten; möglicherweise Linkshänderin
464	365	(früh)adult, ~ 25–30 J.	unbest.	vergleichsweise robust
479	366, 368, 412	(früh)adult, ~ 25–30 J.	männlich	Zugehörigkeit zu Befund 550 nicht auszuschließen; direkte Anpassungen an Schädelknochen aus Befund 551
547	369	infans I, 12–18 Monate	unbest.	Reste eines zweiten Individuums: neonatus/infans I
550	367	erwachsen	unbest.	Zugehörigkeit zu Befund 479 und 551 nicht auszuschließen
551	379, 380	frühadult, 25–30 J.	männlich	direkte Anpassungen an Schädelknochen aus Befund 479
–	410	spätjuvenil, ~ 17–19 J.	männlich?	Lesefunde

war sehr schlecht erhalten. Die Gefäßform ließ sich nur durch den noch in situ dokumentierten Wandungsverlauf rekonstruieren. Nach Ausweis der ^{14}C-Daten ist das Grab in das 38. Jh. v. Chr. und damit in die Zeit der mittleren Pfyner Kultur einzuordnen (Tab. 2). In Seeufer- bzw. Feuchtbodensiedlungen der mittleren und jüngeren Pfyner Kultur, wie beispielsweise Meilen-Rorenhaab (Kanton Zürich) und Niederwil (Kanton Thurgau), lassen sich vergleichbare Töpfe finden.[32] Ähnliche Gefäßprofile sind freilich auch schon in älteren Siedlungen wie Hornstaad-Hörnle I verbürgt.[33]

Der anthropologische Befund

Vorbemerkung

Im Rahmen der 2007 durchgeführten Grabungen in Engen-Welschingen trafen die Archäologen auf neun Befunde mit Skelettresten, die ihrerseits in siebzehn separaten Fundeinheiten geborgen wurden. Es handelt sich dabei um verbrannte und unverbrannte Knochen, die bereits vor Ort eine Zuordnung zu verschiedenen Gräbern vermuten ließen. Zur feinchronologischen Einordnung der Funde sei auf den archäologischen Teil dieses Beitrags verwiesen. Die als urnenfelder- bzw. eisenzeitlich und als fragliche Überreste eines Brandgrabes gedeuteten Knochen (Fundnr. 261, 595, 608, 619 und 940 aus Bef. 191) sollen in einem anderen Zusammenhang näher vorgestellt werden.[34] Alle übrigen Fundeinheiten mit unverbrannten Skelettresten werden als jung- bis endneolithisch angesprochen (vgl. Tab. 3).

Das vorliegende Skelettmaterial ist unterschiedlich gut erhalten. Aus einigen Befunden sind lediglich spärliche Knochenfragmente überliefert, häufig sind die Plattknochen sowie Meta- und Epiphysenregionen der Langknochen stark zerstört, und fast durchgängig lassen sich erhebliche Substanzverluste infolge von Wurzelfraß oder durch das Liegemilieu bedingte Verwitterungserscheinungen feststellen.

32 Hügi 2000, 38 mit Taf. 4,67.68; Hasenfratz/Raemaekers 2006, Abb. 99,494.496.

33 Beispielsweise Schlichtherle 1990, Taf. 1,29.61.63.

34 Nach erstem Augenschein handelt es sich dabei durchgehend um Tierknochen, die unterschiedlichen Temperaturen ausgesetzt waren (Verbrennungsstufen II–IV). Vgl. J. Wahl, Investigations on pre-Roman and Roman cremation remains from Southwestern Germany – Results, potentialities and limits, in: C. W. Schmidt/ S. Symes (Hrsg.), The analysis of Burned Human Remains (Amsterdam 2008) 145–161. Demnach wäre ein Grabbefund eher auszuschließen.

Abb. 11: Welschingen, „Guuhaslen“, Bef. 547. Halskette aus Kalkröhrenperlen mit Grandelanhänger.

Die einzelnen Fundkomplexe werden im Detail nach folgendem Schema beschrieben:

1. überlieferte Skelettelemente[35]
2. Angaben zum Erhaltungszustand
3. taphonomische Hinweise
4. Sterbealter
5. Geschlecht
6. Anpassungen; mögliche oder wahrscheinliche Zugehörigkeit(en)
7. pathologische Veränderungen; sonstige Aussagemöglichkeiten (z. B. zur Körperhöhe)
8. Bemerkungen zur Fundsituation

Die abnehmbaren Maße und erfassten anatomischen Varianten sind in den Tabellen 4 und 5 zusammengestellt. Die geringe Individuenzahl und der schlechte Erhaltungszustand der Knochen verbieten zwar verallgemeinernde Aussagen, doch rechtfertigt die Tatsache, dass aus der Pfyner bzw. Horgener Kultur bislang noch kaum Bestattungen gefunden wurden, die Vorstellung individueller Beobachtungen für spätere Vergleiche.

Abb. 12: Welschingen, „Guuhaslen“, Bef. 547. Grandelanhänger.

Katalog der Skelettreste

Lesefunde, Fundnr. 410

1 linkes Scheitelbein, Atlas, Rippen (rechts), Kreuzbein, rechtes Schulterblatt, rechte Beckenhälfte, rechtes Schien- und Wadenbein
2 kein Knochen vollständig erhalten
3 (starker) Wurzelfraß
4 vorhandene Epi- und Apophysenfugen noch offen oder im Verknöchern begriffen, Nahtbefund: *spätjuvenil (um 17–19 Jahre)*
5 Robustizität mittel, Muskelmarkenrelief mittel bis kräftig, Beckenmerkmale: *(eher) männlich*
6 obwohl Streufunde wahrscheinlich zu ein und demselben Individuum gehörig
7 –
8 Lesefunde aus Baggeraushub, vermutlich zu Bef. 294/295 gehörig

Befund 294, Fundnr. ?, Bereich A

1 Hals- und Lendenwirbel, Rippen (links), linkes Schulterblatt
2 lediglich kleinere Fragmente
3 Wurzelfraß
4 allg. Erscheinungsbild: *spätjuvenil o. ä.*[36]
5 *unbestimmt*
6 Zugehörigkeit zu Bereich B nicht ausgeschlossen
7 –
8 –

35 Benennung der Zahnpositionen nach internationaler Nomenklatur.
36 Abk. o. ä. = oder älter.

Befund 294, Fundnr. 293, Bereich B

1 Schädelkalotte, Os sphenoidale, linkes Jochbein, Zahn 11, Brustwirbel?, Rippen (links), linkes? Schulterblatt
2 ausnahmslos kleinere Bruchstücke
3 Wurzelfraß
4 Nahtbefund, Zahnkronenabrasion: *(spät)juvenil – spätadult*
5 mittlere Robustizität: *unbestimmt*
6 Zugehörigkeit zu Bereich A nicht ausgeschlossen
7 11 mit schwachen Schmelzhypoplasien
8 aus dem Baggeraushub abgesammelt

Befund 295, Fundnr. 294, Bereich C

1 linkes Jochbein, Os occipitale
2 lediglich zwei Bruchstücke
3 Wurzelfraß
4 Schädelkondyle ohne jegliche Degenerationserscheinungen: *spätjuvenil – matur*
5 mittlere Robustizität, Form des Processus frontalis: *unbestimmt*
6 Zugehörigkeit zu Bef. 294 nicht auszuschließen
7 –
8 Die Skelettreste aus Bef. 294 und 295 lagen nur wenig voneinander entfernt: zusammengenommen sind keine doppelten Teile vorhanden; sie schließen sich auch vom anthropologischen Befund her nicht aus und könnten somit durchaus vom selben Individuum stammen. Ebenso könnten die unter Fundnr. 410 als Lesefunde aus dem Baggeraushub geborgenen Skelettreste zu diesem Individuum gehören.

Befund 388, Fundnr. 295

1 bis auf BWS[37], Teile der Autopodien[38] und Brustbein mehr oder weniger alle Skelettregionen vertreten
2 Knochen stark fragmentiert (v. a. Plattknochen und Epiphysenbereiche); Hirnschädel postmortal deformiert
3 teilweise sehr starker Wurzelfraß, spongiöse Anteile vielfach verwittert
4 Zahnbefund, Nahtbefund, verschiedenartige degenerative Veränderungen, zahlreiche Foveolae granulares: *frühmatur (um 40[–50] Jahre)*
5 Schädel- und Beckenmerkmale, Robustizität grazil bis mittel, Muskelmarkenrelief mittel (bis kräftig): *weiblich*
6 –
7 mindestens 12 Zähne kariös bzw. kariös zerstört, mindestens 5 Zähne intravital ausgefallen, labiale Zyste bei (32–)33, fortgeschrittene Parodontose, schwache Schmelzhypoplasien (Abb. 16; 17); HWS mit Spondylose, Sacrum mit Spondylarthrose; (moderate) arthrotische Veränderungen im Bereich der Schädelkondylen, im linken Schultergelenk, an beiden Ellenbogen- und Hüftgelenken sowie an Handwurzel- und Mittelhandknochen; Osteoporose im Bereich von LWS und Kreuzbein; fragliche Hyperostosis frontalis interna; KH knapp 1,60 m
8 Skelett in gestreckter Rückenlage

Befund 464, Fundnr. 365

1 Schädel, Fragmente aller großen Langknochen, Teile des Schulter- und Beckengürtels, linke Hand, 1 Handwurzelknochen der rechten Hand
2 Hirnschädel und Unterkiefer postmortal deformiert, offenbar in linker Seitenlage komprimiert
3 sehr starker Wurzelfraß, Zahnhälse und Oberfläche aller Postkranialelemente bis auf kleine Partien komplett erodiert
4 Zahnbefund, Nahtbefund, Radius und Femur distal verwachsen: *(früh)adult (um 25–30 Jahre)*
5 Schädel- und Beckenmerkmale teilweise widersprüchlich, Robustizität mittel bis robust, Clavicula grazil, Muskelmarkenrelief (relativ) mächtig: *unbestimmt (– vielleicht eher männlich?)*
6 –
7 Zahnstein, fragliche Parodontose, Stellungsanomalien bei 42 und 43, deutliche Schmelzhypoplasien; leichte arthrotische Veränderung am linken Radius distal; stark pneumatisierter Processus mastoideus; Femora mit stärkerer dorsoventraler Krümmung; geschätzte KH um 1,64 m (?)
8 Skelett nahezu gestreckt in leichter linker Seitenlage

Befund 479, Fundnr. 366 Süd, 366 Nordwest, 368, 412

1 Teile des Hirnschädels, Unterkiefer mit teilweiser Bezahnung, 1 Brustwirbel, Rippe (links), linkes Schulterblatt, rechter Humerus
2 stark fragmentiert
3 starker Wurzelfraß, Oberfläche stellenweise komplett erodiert
4 Zahnbefund, Nahtbefund, Sphenobasilarfuge verwachsen: *(früh-)adult (um 25–30 Jahre)*
5 Schädelmerkmale, Robustizität mittel bis robust, Muskelmarkenrelief mittel bis kräftig: *männlich*
6 durch direkte Anpassungen alle Fundnummern eindeutig zusammengehörig; direkte Anpassungen an Schädelknochen aus Bef. 551; Zusammengehörigkeit mit Bef. 550 nicht auszuschließen
7 beginnende Parodontose?, Zahnstein; BWS mit Spondylarthrose, Wirbel-Rippen-Gelenke mit schwachen arthrotischen Veränderungen
8 gestörte Bestattung auf Kalksteinplattensetzung

Befund 547, Fundnr. 369

1 bis auf den linken Unterarm, die linke Hand und das komplette linke Bein mehr oder weniger alle Körperregionen vertreten; Reste von mindestens 26 Zähnen bzw. Zahnanlagen
2 extrem stark fragmentiert
3 Wurzelfraß
4 Zahnbefund, Langknochenentwicklung, Maße, Nahtzacken ausgebildet, Wirbelbögen noch nicht verwachsen: *frühinfans I (12–18 Monate)*
5 Kinnregion, Zahngröße, Felsenbein: *unbestimmt (– Tendenz eher männlich)*
6 von archäologischer Seite als Doppelbestattung mit Bef. 479 diskutiert
7 möglicherweise verheilte Schlüsselbeinfraktur, Langknochendiaphysen mit fein längsgerieften Knochenauflagerungen infolge chronischen Vitamin-C-Mangels[39]

---

37 HWS = Halswirbelsäule, BWS = Brustwirbelsäule, LWS = Lendenwirbelsäule, KH = Körperhöhe.

38 Unter den „Autopodien" sind die Knochen von Hand- und Fußwurzel, Mittelhand, Mittelfuß, Finger und Zehen subsumiert. „Zygopodien" sind Ulna, Radius, Tibia und Fibula. Zu den „Stylopodien" zählen Humerus und Femur.

39 Vgl. P. Carli-Thiele, Spuren von Mangelerkrankungen an steinzeitlichen Kinderskeleten. Fortschr. Paläopathol. u. Osteoarch. 1 (Göttingen 1996).

Abb. 13: Schaffhausen, „Schweizersbild“. Kalkröhrenperlen aus jungneolithischen Gräbern.

8 Reste eines zweiten, noch etwas jüngeren Individuums (linkes Felsenbein, rechtes Schlüsselbein, separat verpackte, aber nicht mit eigener Nummer versehene Kalottenbruchstücke)

Befund 550, Fundnr. 367

1 1 Halswirbel, 3 Brustwirbel, Rippen (links und rechts), rechtes Schulterblatt
2 mittlerer Fragmentierungsgrad
3 moderater Wurzelfraß
4 Wirbelscheiben verwachsen, (schwache) degenerative Veränderungen: *erwachsen*
5 Robustizität (mittel bis) robust: *unbestimmt (– vielleicht eher männlich?)*
6 trotz fehlender direkter Anpassung Zugehörigkeit zu Bef. 479 und 551 nicht auszuschließen: keine doppelten Teile, sehr ähnliche Robustizität und Größe
7 BWS mit Spondylarthrose, Wirbel-Rippen-Gelenke mit schwachen arthrotischen Veränderungen
8 –

Befund 551, Fundnr. 379, 380

1 Teile des linken Hirn- und Gesichtsschädels sowie der linken Unterkieferhälfte, isolierter 18 und 46, Rippen (links), rechte Beckenhälfte, linke und rechte Ulna, 1 Metacarpus, 2 Handphalangen, Teile beider Wadenbeine, relativ vollständig überlieferter linker und rechter Fuß
2 mittlerer Fragmentierungsgrad
3 mäßiger bis starker Wurzelfraß, v. a. Fußknochen gut erhalten
4 Zahnbefund, Crista iliaca verwachsen: *frühadult (25–30 Jahre)*
5 Schädel- und Beckenmerkmale teilweise widersprüchlich, Robustizität (mittel bis) robust, Muskelmarkenrelief kräftig: *männlich*
6 eindeutige Anpassungen untereinander; vier direkte Anpassungen an Schädelreste aus Bef. 479
7 Zahnstein, Parodontose, Verkippung des 38, minimale (grübchenförmige) Schmelzhypoplasien; HWS mit schwacher Spondylarthrose; Schädelkondylen, Wirbel-Rippen-Gelenke, Auricularrand, Ulna proximal und Fußknochen mit (schwachen) arthrotischen Veränderungen
8 zusammen mit Bef. 479 und 550 wohl ein und dieselbe Bestattung

Details und zusammenfassende anthropologische Beurteilung

Über direkte Anpassungen, Seitenzuweisungen und/oder den Lageabgleich separiert angetroffener Knochenreste lassen sich die jung- bis endneolithischen Befunde aus Engen-Welschingen mit Sicherheit oder zumindest großer Wahrscheinlichkeit einzelnen Indi-

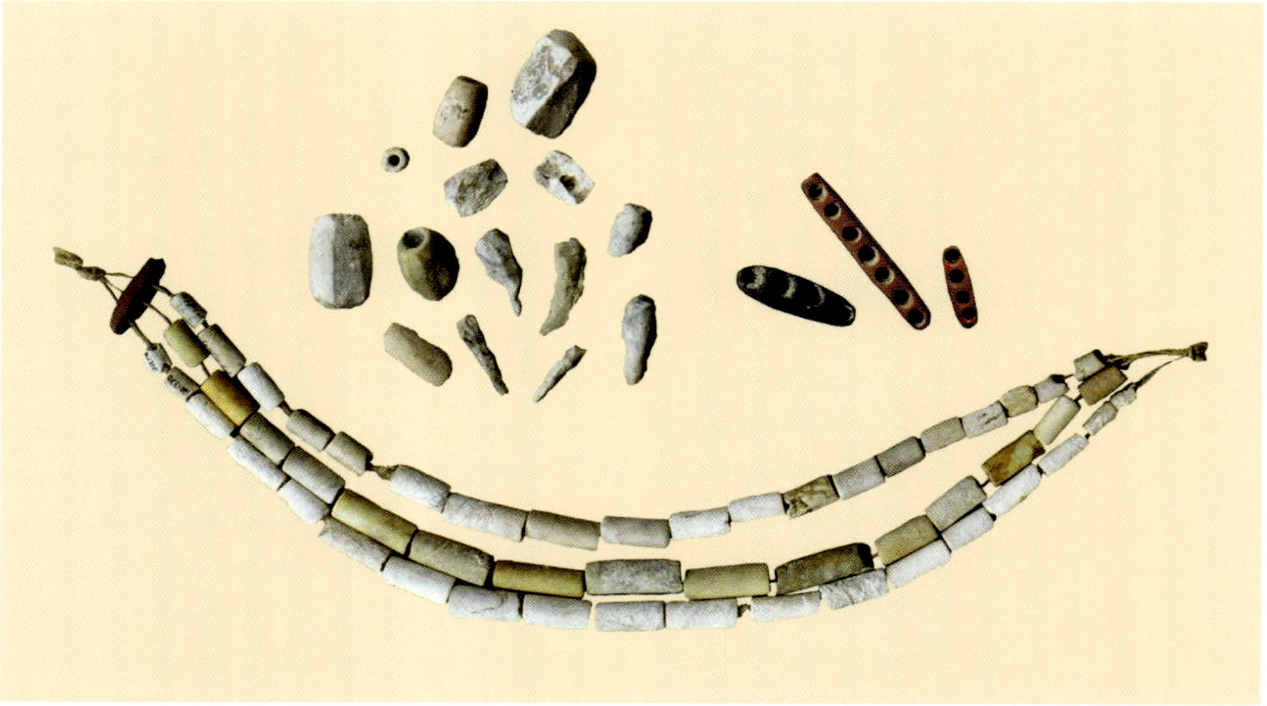

Abb. 14: Hornstaad, „Hörnle". Kalkröhrenperlen mit Halbfabrikaten, Produktionsresten, Dickenbännlispitzen und Kettenschiebern.

viduen zuordnen. Aus dem vorliegenden Fundgut ergibt sich demnach eine Mindestindividuenzahl von sechs Personen,[40] bestehend aus zwei Kleinkindern, einem etwa 18-jährigen Jugendlichen, einem frühadulten Mann, einer frühmaturen Frau sowie einem jüngeren Erwachsenen, dessen Geschlechtsbestimmung infolge der schlechten Überlieferung offenbleiben muss:

Abb. 15: Welschingen, „Guuhaslen", Bef. 388. Klinge aus marinem Silex mit proximaler Verrundung (unten), die wohl vom Feuerschlagen stammt. Distal sind deutlich rostigbraune Ablagerungen zu sehen. Es könnte sich dabei um die Reste von vergangenen Pyrit- oder Markasitknollen handeln.

Ind. 1: ca. 18 Jahre, männlich (Befunde 294 und 295 sowie Fundnr. 410)
Ind. 2: 40(–50) Jahre, weiblich (Befund 388)
Ind. 3: ~ 25–30 Jahre, Geschlecht unbest. (Befund 464)
Ind. 4: 25–30 Jahre, männlich (Befunde 479, 550 und 551)
Ind. 5: 12–18 Monate, Geschlecht unbest. (Befund 547)
Ind. 6: ~ 6–12 Monate, Geschlecht unbest. (Befund 547)

Dabei tendiert Ind. 3 alleine aufgrund seiner Robustizität mehr zum männlichen Geschlecht. Auch für den Säugling Ind. 5 ist nach morphognostischen Kriterien eher männliches Geschlecht anzunehmen. Bei dessen Grablege wurden offensichtlich die Knochenreste eines in unmittelbarer Nähe zuvor bestatteten, noch etwas jüngeren Säuglings (Ind. 6) aufge-

40 Dazu gehören die Fundnummern 293, 294, 295, 365, 366, 367, 368, 369, 379, 380, 410 und 412.

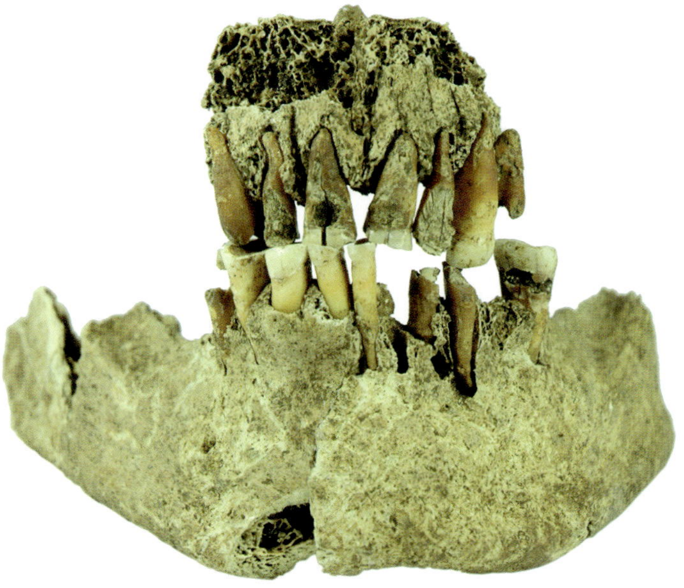

Abb. 16: Welschingen, „Guuhaslen“. Ober- und Unterkiefer der 40- (bis 50-)jährigen Frau aus Bef. 388 mit Anzeichen von Zahnstein und Parodontose sowie teilweise kariös zerstörten Zähnen. Die Molaren des Unterkiefers waren bereits zu Lebzeiten komplett ausgefallen.

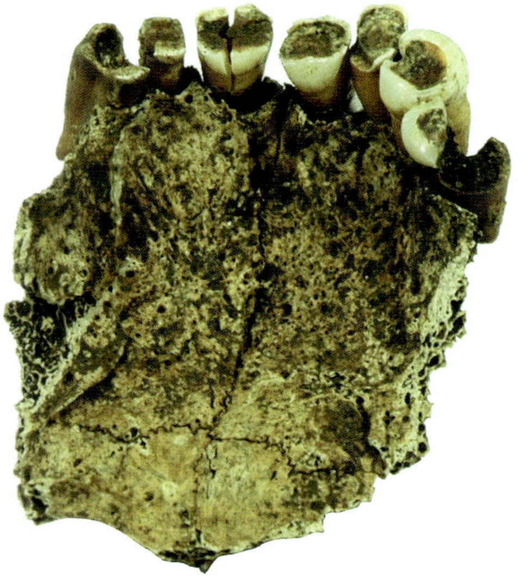

Abb. 17: Welschingen, „Guuhaslen“, Bef. 388. Gaumenansicht des Oberkiefers mit stark abgekauten Frontzähnen. Von den Backenzähnen waren lediglich noch drei als isolierte Wurzelstummel erhalten.

arbeitet und gelangten so teilweise mit in den Grabkontext. Diese sind stärker verwittert, scheinen also schon länger im Boden gelegen zu haben, und sind im Vergleich zu Ind. 5 sowohl von der Anzahl her als auch was die Repräsentanz einzelner Skelettregionen betrifft deutlich unterrepräsentiert. Dass es sich in diesem Fall um eine Doppelbestattung zweier Säuglinge handelt, ist demzufolge weniger wahrscheinlich. Rein rechnerisch liegt das durchschnittliche Sterbealter der vorgefundenen Populationsstichprobe mit ca. zwanzig Jahren zwar in einer für das Neolithikum realistischen Größenordnung,[41] die kleine Individuenzahl gestattet hier allerdings von vornherein keine weiter gehende demographische Auswertung hinsichtlich der Alters- und Geschlechtsverteilung. Zur Charakterisierung der überlieferten Kleinserie sei noch auf verschiedene Eigenarten hingewiesen. Sowohl bei Ind. 3 als auch bei Ind. 4 lassen sich z. T. widersprüchliche Ausprägungen geschlechtstypischer Merkmale feststellen. So zeigen bei Ersterem z. B. die Überaugen-, Stirn- und Mastoidregion wie auch der Unterkiefer klar männliche Formen, während das Nackenmuskelrelief sowie einzelne Aspekte des Beckens zum weiblichen Pol tendieren. Ein ähnliches Merkmalsmosaik liegt bei Ind. 4 vor, das zudem durch einen vergleichsweise kurzen Warzenfortsatz, gleichzeitig aber einen starken S-Schwung des Beckenkamms gekennzeichnet ist. Unter Umständen dokumentieren sich darin typologische Details, die bei zukünftigen Vergleichsstudien von Bedeutung sein könnten.[42]

Zum Aussehen von Ind. 2 sind weitere Einzelheiten bemerkenswert: Das Hinterhaupt ist leicht chignonartig abgesetzt, die Schienbeine weisen beidseitig Hockerfacetten auf, die Körperproportionen deuten auf eher kürzere Unterarme und Unterschenkel in Relation zu den Oberarmen bzw. Oberschenkeln hin, und beide Femora sind in Längsrichtung tordiert.[43] Im Übrigen könnte es sich bei der Frau um eine Linkshänderin gehandelt haben, da ihr rechter Oberschenkelknochen etwas kräftiger ist als der linke,[44] es sei denn, dieser Unterschied beruhte auf einer (verletzungsbedingten?) Inaktivitätsatrophie. Mögliche Hinweise darauf sind jedoch an den über-

41 U. Wittwer-Backofen, Zur Paläodemographie des Neolithikums. Homo 40, 1990, 64–81.

42 Vergleichbares fand sich bei Männern aus der Michelsberger Kultur. Die beiden Männer aus der Mehrfachbestattung von Heidelberg-Handschuhsheim weisen tendenziell weibliche Beckenmerkmale auf, und der am besten erhaltene Schädel vom Michelsberg selbst war aufgrund seiner grazilen Ausprägungen von der Erstbeschreiberin als weiblich diagnostiziert worden: J. Wahl/ B. Höhn, Eine Mehrfachbestattung der Michelsberger Kultur aus Heidelberg-Handschuhsheim, Rhein-Neckar-Kreis. Fundber. Baden-Württemberg 13, 1988, 123–198. – U. Genz, Neolithische Skelettreste vom Michelsberg bei Untergrombach, Kr. Bruchsal (Ausgrabungen von 1955–1961). Unpubl. Manuskript.

43 Letzteres wurde u. a. auch bei den Schnurkeramikern aus Lauda-Königshofen festgestellt: M. Menninger, Die schnurkeramischen Bestattungen von Lauda-Königshofen – Steinzeitliche Hirtennomaden im Taubertal? Diss. Tübingen 2005.

44 Bei Rechtshändern ist das linke Bein als „Standbein“ kräftiger ausgebildet.

Tabelle 4a: Engen-Welschingen „Guuhaslen“. Schädelmaße der jung- bis endneolithischen Individuen (Angaben in mm; Werte in einfacher Klammer = Maß ergänzt, in Doppelklammer = Maß geschätzt; – = nicht messbar; l = links, r = rechts).

	Maß	Bef. 388	Bef. 464	Bef. 479
Alter		frühmatur	(früh)adult	frühadult
Geschlecht		weiblich	unbestimmt	männlich
Größte Hirnschädellänge	1	((180/85))	–	–
Kleinste Stirnbreite	9	–	–	((103))
Größte Stirnbreite	10	–	–	((122))
Größte Hinterhauptsbreite	12	–	–	((116))
Mediansagittaler Frontalbogen	26	–	–	((140))
Mediansagittaler Parietalbogen	27	(133)	((130))	–
Mediansagittaler Occipitalbogen	28	–	–	120
Mediansagittale Frontalsehne	29	–	–	(128)
Medinasagittale Parietalsehne	30	(120)	((120))	–
Mediansagittale Occipitalsehne	31	–	–	105
Gaumenlänge	62	40	–	–
Winkelbreite UK	66	((112))	((112))	((120))
Länge UK	68	–	((78))	((78))
Kinnhöhe	69	36	(35)	((36))
Asthöhe	70	–	–	(62)
Astbreite	71	l – r 29	l – r (32)	l – r 36
Astwinkel UK	79	–	–	((126°))

Tabelle 4b: Engen-Welschingen „Guuhaslen“. Jung- und Endneolithiker, Maße des postkranialen Skeletts (Nummern und Bezeichnungen nach Martin; Angaben in Klammern = Schätzwerte, – = nicht messbar).

		Bef. 388		Bef. 464		Bef. 479, 551	
Alter		frühmatur		(früh)adult		frühadult	
Geschlecht		weiblich		unbestimmt		männlich	
		li	re	li	re	li	re
Hu 1	größte Länge	–	–	(310)		–	–
Hu 4	Epicondylenbreite	–	–	–		–	–
Hu 5	gr. Dm. Diaphyse	(23,5)	–	(25)		–	–
Hu 6	kl. Dm. Diaphyse	–	–	(19)		–	–
Hu 7	kl. Umfang Diaphyse	–	(68)	(67)		–	(66)
Hu 9	Breitendm. proximal	–	–	–		–	–
Hu10	Höhendm. proximal	–	–	–		–	–
Ra 1	größte Länge	–	–	(220)		–	–
Ra 2	funktionale Länge	–	–	–		–	–
Ra	mittlerer Dm. proximal	–	21	–		–	–
Ul 1	größte Länge	–	–	–	(435)	–	–
Ul 2	funktionale Länge	–	–	–	–	–	–
Fe 1	größte Länge	420	–	–	–	–	–
Fe 2	natürliche Länge	416	–	–	–	–	–
Fe 6	sag. Dm. Diaph.mitte	27,1	28,1	–	–	–	–
Fe 7	transv. Dm. Diaph.mitte	24,8	25,3	–	–	–	–
Fe 8	Umfang Diaph.mitte	83	85	–	–	–	–
Fe 9	ob. transv. Dm.	31,1	31,2	–	–	–	–

Tabelle 4b: Fortsetzung. Engen-Welschingen „Guuhaslen". Jung- und Endneolithiker, Maße des postkranialen Skeletts (Nummern und Bezeichnungen nach Martin; Angaben in Klammern = Schätzwerte, – = nicht messbar).

		Bef. 388		Bef. 464		Bef. 479, 551	
Alter		frühmatur		(früh)adult		frühadult	
Geschlecht		weiblich		unbestimmt		männlich	
		li	re	li	re	li	re
Fe10	ob. sag. Dm.	23,3	23,3	–	–	–	–
Fe19	Dm. proximal	41,5	41,5	–	–	–	–
Fe21	Epicondylenbreite	(70)	–	–	–	–	–
Ti 1a	größte Länge	(330)	–	–	(340)	–	–
Ti 1b	Länge	–	–	–	–	–	–
Ti 3	Epiph.breite proximal	(67)	–	–	–	–	–
Ti 8a	sag. Dm. For. nutr.	34,3	–	–	(39)	–	–
Ti 9a	transv. Dm. For. nutr.	21,5	–	–	(24)	–	–
Ti10b	kleinster Umfang	72	–	–	(80)	–	–
Fi 1	größte Länge	–	–	–	–	–	–
Ca 1	größte Länge	–	–	–	–	(81)	80
Ta 1	größte Länge	52	52	–	–	62	62
Pat1	Höhe	–	–	–	–	–	–
Pat2	Breite	(45)	–	–	–	–	–
Pat3	Dicke	19	–	–	–	–	–

lieferten Knochenresten nicht erkennbar. Mit knapp 1,60 m Körperhöhe fügt sie sich zwanglos in das bisher aus dem Neolithikum Südwestdeutschlands sowie anderer Regionen bekannte Fundspektrum ein.[45]
Ind. 3 zeigt gleichfalls eine leichte Längstorsion beider Femora, die als Anpassungserscheinung an bestimmte Bewegungsabläufe gedeutet werden kann. Des Weiteren soll die mehr als altersgemäße und auffällig *ad palatum* verrundete Abrasion der oberen Frontzähne dieses jungen Erwachsenen erwähnt werden. Diese sind (v.a. der rechte Caninus) bis in den Bereich der Pulpahöhlen abgekaut, in die Sekundärdentin eingelagert ist. Eine solche Abnutzung ergibt sich aus der Verwendung des Gebisses als Werkzeug bzw. „dritte Hand".[46] Die vorgefundenen Schmelzhypoplasien weisen auf mehrfache, teilweise periodische Entwicklungsstörungen im Alter von zwei bis fünf und zehn bis zwölf Jahren hin, die ihrerseits auf Infektionskrankheiten, Phasen der Mangelernährung o.Ä. zurückzuführen sein könnten.
Bei Ind. 4 zeigt der Unterkiefer eine bislang für das Neolithikum Südwestdeutschlands eher selten festgestellte Formvariante. Es handelt sich um einen sogenannten Schaukelkiefer.
Hinsichtlich der Maße, die aufgrund der schlechten Erhaltung der vorliegenden Skelettreste nur punktuelle oder stark eingeschränkte Aussagen ermöglichen (vgl. Tab. 4a, b), ist die Datenlage ungünstig. Auch die Verteilung der anatomischen Varianten lässt keine ausgesprochen seltenen Merkmale erken-

45 So wird z.B. für schnurkeramische Frauen aus dem Taubertal ein Mittelwert von 1,62 m (Männer 1,70 m) angegeben: V. Dresely, Schnurkeramik und Schnurkeramiker im Taubertal. Forsch. u. Ber. Vor- u. Frühgesch. Baden-Württemberg 81 (Stuttgart 2004). Für dieselbe Zeitstufe aus dem Mittelelbe-Saale-Gebiet wurde ein Durchschnittswert von 1,60 m (Männer 1,69 m) publiziert: A. Bach, Neolithische Populationen im Mittelelbe-Saale-Gebiet. Zur Anthropologie des Neolithikums unter besonderer Berücksichtigung der Bandkeramiker. Weimarer Monogr. Ur- u. Frühgesch. 1 (Weimar 1978). Aus dem mittelneolithischen Trebur in Hessen sind für Frauen mittlere Körperhöhen zwischen 1,54 m und 1,59 m (Männer um 1,66 m) mitgeteilt worden: B. Jacobshagen/M. Kunter, Die mittelneolithische Skelettpopulation aus Trebur, Kreis Groß-Gerau. Ergebnisse der anthropologischen Bearbeitung, in: H. Spatz, Das mittelneolithische Gräberfeld von Trebur, Kreis Groß-Gerau. Mat. Vor- u. Frühgesch. Hessen 19 (Wiesbaden 1999) 281–332. Siehe dazu auch Ch. Meyer/ K. W. Alt, Kultur- und Bevölkerungswandel am Oberrhein? Ein osteometrischer Vergleich früh- und mittelneolithischer Populationen. In: D. Gronenborn (Hrsg.), Klimaveränderung und Kulturwandel in neolithischen Gesellschaften Mitteleuropas, 6700–2200 v. Chr. RGZM-Tagungen 1 (Mainz 2005) 171–178.

46 Vgl. auch J. Wahl, Karies, Kampf und Schädelkult – 150 Jahre anthropologische Forschung in Südwestdeutschland. Materialh. Arch. Baden-Württemberg 79 (Stuttgart 2007) 90 ff.

Tabelle 5: Engen-Welschingen „Guuhaslen". Anatomische Varianten (Angaben in Klammern sind unsicher; + = Merkmal vorhanden, – = nicht vorhanden). Abkürzungen: l = links, r = rechts; o = Region fehlend oder nicht beurteilbar.

Befund	295 (Fd.nr. 294)		388 (Fd.nr. 295)		464 (Fd.nr. 365)		479, 550, 551	
Alter	spätjuvenil–matur		frühmatur		(früh)adult		frühadult	
Geschlecht	unbestimmt		weiblich		unbestimmt		männlich	
Seite	l	r	l	r	l	r	l	r
Sutura frontalis	o		–		–		–	
Foramen supraorbitale	o	o	o	o	o	o	+	o
Foramen frontale	o	o	o	o	o	o	–	o
Gefäßimpressionen Os frontale	o	o	o	o	o	o	–	–
Nahtknochen Coronalnaht	o	o	–	o	–	–	–	–
Bregma-Schaltknochen	o		–		–		–	
Nahtknochen Sagittalnaht	o		–		–		o	
Lambda-Schaltknochen	o		–		–		–	
Inkabein	o		–		–		–	
Sutura mendosa partialis	o	o	o	–	–	–	o	–
Nahtknochen Lambdanaht	o	o	o	+	–	(+)	o	o
Foramen parietale	o	o	–	–	+	+	o	o
Asterion-Schaltknochen	o	o	o	(–)	–	o	o	+
Schaltknochen Incisura pariet.	o	o	o	–	–	o	o	o
Canalis condylaris posterior	–	o	o	o	o	o	o	o
Canalis hypoglossi doppelt	+	o	–	–	–	o	o	o
Facies condylaris doppelt	–	o	–	–	o	o	o	o
Tuberculum pharyngeum	o		o		o		+	
Tuberculum praecondylare	o	o	o	o	o	o	o	–
Foramen ovale unvollständig	o	o	–	–	o	o	o	o
Foramen spinosum offen	o	o	–	–	o	o	o	o
Foramen Huschke	o	o	o	–	–	o	–	o
Foramen mastoideum extrasutural	o	o	–	–	+	o	–	o
Torus acusticus	o	o	–	–	o	o	o	o
Os epiptericum	o	o	o	o	–	o	o	o
Sutura frontotemporalis	o	o	o	o	–	–	o	o
Foramen infraorbitale doppelt	o	o	o	o	o	o	o	o
Torus palatinus	o		–		o		o	
Torus maxillaris	o	o	o	o	o	o	o	o
Foramen palatinum majus doppelt	o	o	o	o	o	o	o	o
Foramen palatinum minus	o	o	o	o	o	o	o	o
Foramen palatinum minus doppelt	o	o	o	o	o	o	o	o
Foramen zygomaticofaciale	o	o	–	(–)	+	+	+	o
Foramen zygomaticofac. doppelt	o	o	–	o	+	+	o	o
M 3 oben	o	o	o	o	+	+	o	o
M 3 unten	o	o	o	o	+	+	o	o
Torus mandibularis	o	o	–	o	–	o	o	o
Foramen mentale doppelt	o	o	–	–	–	–	–	–
Foramen supratrochleare	o	o	o	–	o	o	o	o
Trochanter tertius	o	o	–	o	o	o	o	o
Sutura mastoidea	o	o	+	+	o	o	o	o
M 3 oben größenreduziert	o	o	o	o	+	+	o	+
5er oben zweiwurzlig	o	o	o	o	+	–	o	o

nen (Tab. 5), die möglicherweise auf eine engere Verwandtschaft der Bestatteten hätten schließen lassen.[47] Vielleicht können zukünftige Skelettfunde aus dem engeren oder weiteren Umkreis nähere Erkenntnisse hierzu liefern.[48]

Die sowohl regional als auch chronologisch nächstgelegenen Knochenreste sind vom „Schweizersbild" bei Schaffhausen bekannt. Dort wurde, neben den berühmten Altsteinzeit-Funden, vor mehr als 100 Jahren u. a. ein Bestattungsplatz mit vorwiegend neolithischen Bestattungen aufgedeckt.[49] Abgesichert durch vier ^{14}C-Datierungen werden dort 29 Individuen als der älteren Pfyner Kultur zugehörig angesprochen, und unter diesen sind etwa die Hälfte 0- bis 6-jährige (!), davon zwei Neugeborene und ein ca. 9 Monate alter Säugling. Dass so junge Verstorbene überhaupt regulär bestattet wurden, könnte eine erste Parallele zu dem Welschinger Befund darstellen. Aus typologischer Sicht vergleichbar ist der Hinweis auf die ausgeprägte Platymerie der Schweizer Skelette.[50] Die Frau aus Befund 388 aus Engen-Welschingen weist ebenso einen stark abgeflachten Querschnitt der Oberschenkelknochen auf (Index platymericus li 74,9; re 74,7), der als habituelles Merkmal gewertet wird.

Bei der Freilegung der Ind. 4 und 5 aus Engen-Welschingen war anfangs vermutet worden, dass es sich ursprünglich um eine Doppelbestattung gehandelt haben könnte. Dem stünde aus anthropologischer Sicht nichts entgegen, da auch aus anderem jungsteinzeitlichem Kontext Doppel- oder Mehrfachgrablegen von Mann/Männern mit Kind/ern belegt sind.[51] Inzwischen wurde jedoch die Deutung als Doppelbestattung von archäologischer Seite verworfen.

Zusammenfassung

Bei der Untersuchung einer großen eisenzeitlichen Siedlung wurde im Jahr 2007 eine kleine jung- bis endneolithische Gräbergruppe im Hegaubecken bei Engen-Welschingen entdeckt. Die fünf dicht beieinander liegenden Grabgruben sind einheitlich um NW–SO orientiert. Lediglich im Grab eines Kleinkindes (Bef. 547) konnten die Reste eines weiteren Säuglings, vermutlich eines älteren zerstörten Grabes, geborgen werden. Bei den anderen vier Gräbern handelt es sich um Einzelbestattungen von jugendlichen bis frühmaturen Männern und Frauen. Eine der Bestattungen dürfte bereits antik gestört worden sein (Bef. 551). Bis auf die vergleichsweise seltene Formvariante des Unterkiefers bei dem frühadulten Mann (Ind. 4) sowie einigen atypisch ausgeprägten Geschlechtsmerkmalen lassen sich die anthropologischen Befunde zwanglos den bislang aus der Jungsteinzeit bekannten Daten aus der näheren und weiteren Umgebung des Fundortes anschließen.

Die wenigen Beigaben fügen sich in den Kontext der Hornstaader Gruppe sowie der Pfyner Kultur bis zum Übergang zur Horgener Kultur ein. Sowohl aus archäologischer wie auch aus anthropologischer Sicht lassen sich Übereinstimmungen mit dem Gräberfeld der älteren Pfyner Kultur von Schaffhausen-Schweizersbild feststellen. Die von drei Bestattungen gewonnenen Beschleunigerdaten liegen zwischen 3795 und 3372 v. Chr. (1 σ) und damit in jenen Jahrhunderten, die im Bodenseeraum mit der Pfyner und Horgener Kultur einhergehen. Die Bestattung aus Befund 551 gehört mit einem konventionell gemessenen ^{14}C-Datum von 3013–2928 v. Chr. (1 σ) sogar ganz ans Ende der Horgener Kultur. Damit steht das homogen wirkende Bild der kleinen Gräbergruppe in auffälliger Diskrepanz zu den ^{14}C-Daten, die über einen langen Zeitraum von etwa 800 Jahren streuen.

---

47 Solchermaßen angegriffene Skelettreste gehen in der Regel mit stark degradierter aDNA einher und lassen nur selten noch erfolgreiche molekulargenetische Analysen zu (mündl. Mitt. C. M. Pusch, Tübingen). Siehe auch J. Burger/W. Henke/B. Herrmann/S. Hummel, DNA Preservation: A microsatellite-DNA study on ancient skeletal remains. Electrophoresis 20, 1999, 1722–1728. – C. M. Nielsen-Marsh, Patterns of diagenesis in bone I: the effects of site environments. Journ. Arch. Scien. 27, 2000, 1139–1150.

48 Zum frühen und mittleren Neolithikum sind derzeit noch die Gräberfelder von Schwetzingen (M. Francken und J. Wahl) sowie Sasbach-Jechtingen (K. W. Alt und T. Becker) und die Siedlungsbestattungen von Vaihingen/Enz (B. Kaufmann) in Arbeit. Der bandkeramische Friedhof von Stuttgart-Mühlhausen wird demnächst publiziert werden (Archäologie G. Kurz, Anthropologie E. Burger-Heinrich). Zwischenzeitlich vorgelegte Teilergebnisse zur Binnenstruktur und zum Migrationsverhalten jungsteinzeitlicher Populationen verdeutlichen den Aussagewert von Isotopenanalysen, z. B. T. D. Price/J. Wahl/C. Knipper/E. Burger-Heinrich/G. Kurz/R. A. Bentley, Das bandkeramische Gräberfeld vom ‚Viesenhäuser Hof' bei Stuttgart-Mühlhausen: Neue Untersuchungsergebnisse zum Migrationsverhalten im frühen Neolithikum. Fundber. Baden-Württemberg 27, 2003, 23–58; T. D. Price/J. Wahl/R. A. Bentley, Isotopic Evidence for Mobility and Group Organization among Neolithic Farmers at Talheim, Germany, 5000 B.C. Europ. Journal Arch. 9, 2006, 259–284.

49 Höneisen/Peyer 1994, 131 ff.

50 Ebd. 136.

51 Zum Beispiel aus dem Michelsberger Erdwerk von Bruchsal „Aue": J. Wahl, Kult, Kannibalismus und Sonderbestattung. Die schwierige Deutung vorgeschichtlicher Skelettfunde, in: H. P. Kuhnen (Hrsg.), Morituri. Menschenopfer, Todgeweihte, Strafgerichte. Schriftenr. Rhein. Landesmus. Trier 17, 2000, 29–38. Siehe auch J. Wahl, Zur Ansprache und Definition von Sonderbestattungen, in: Beiträge zur Archäozoologie und Prähistorischen Anthropologie. Zusammengest. von M. Kokabi und J. Wahl. Forsch. u. Ber. Vor- u. Frühgesch. Baden-Württemberg 53 (Stuttgart 1994) 85–106.

Bildnachweis

Kreisarchäologie Konstanz: 1 (Grundlage: Top. Karte 1:25 000, Bl. 8118, © Landesamt für Geoinformation und Landentwicklung Baden-Württemberg/themat. Bearb. J. Hald), 2–8 (J. Hald), 9 (Foto J. Ehrle), 11, 12, 15–17 (Foto J. Hald)
Ch. v. Elm, Zeichnungen: 10
Kantonsarchäologie Schaffhausen (Foto R. Wessendorf): 13
Landesamt für Denkmalpflege Baden-Württemberg, Arbeitsstelle Hemmenhofen (Foto M. Erne): 14

Abgekürzt zitierte Literatur

Guyan 1950	W. U. Guyan, Beitrag zur Datierung einer jungsteinzeitlichen Gräbergruppe im Kanton Schaffhausen. Jahrb. SGUF 40, 1949–50, 163–191.
Hügi 2000	U. Hügi, Meilen-Rorenhaab. Zürcher Arch. 1 (Zürich/Egg 2000).
Hasenfratz/Raemaekers 2006	A. Hasenfratz/D. C. M. Raemaekers, Niederwil, eine Siedlung der Pfyner Kultur. Anorganische Funde, Palynologie und Synthese. Arch. Thurgau 13 (Frauenfeld 2006).
Heumüller 2006	M. Heumüller, Der Schmuck der jungneolithischen Siedlung Hornstaad-Hörnle IA im Rahmen des mitteleuropäischen Mittel- bis Jungneolithikums (Diss. Univ. Tübingen 2006).
Höneisen/Peyer 1994	M. Höneisen/S. Peyer, Schweizersbild – ein Jägerlager der Späteiszeit. Beiträge und Dokumente zur Ausgrabung vor 100 Jahren. Schaffhauser Arch. 2 (Schaffhausen 1994).
Maier 1962	R. A. Maier, Steinröhrenperlen und Kieselanhänger des nordwestalpinen Äneolithikums. Germania 40, 1962, 33–43.
Schlichtherle 1990	H. Schlichtherle, Die Sondagen 1973–1978 in den Ufersiedlungen Hornstaad-Hörnle I. Befunde und Funde zum frühen Jungneolithikum am westlichen Bodensee. Siedlungsarchäologie im Alpenvorland I. Forsch. u. Ber. Vor- u. Frühgesch. Baden-Württemberg 36 (Stuttgart 1990).
Seidel 2004	U. Seidel, Die jungneolithischen Siedlungen von Leonberg-Höfingen, Kr. Böblingen. Materialh. Arch. Baden-Württemberg 69 (Stuttgart 2004).

Seltene Grabfunde auf der Trasse der NATO-Pipeline in Baden-Württemberg

Vorbericht zu den Ausgrabungen im Ostalbkreis und im Kreis Heidenheim

JÖRG BOFINGER UND CHRISTIAN BOLLACHER

Während knapp neun Monaten archäologischer Tätigkeit auf der Trasse der NATO-Pipeline im Osten Baden-Württembergs konnten im Jahr 2006 im Ostalbkreis und im Kreis Heidenheim über 30 Fundstellen an 17 Fundpunkten untersucht und dokumentiert werden (Abb. 1; 2). Davon waren lediglich zwei vor Baubeginn durch Begehungen oder frühere Grabungen zweifelsfrei verifiziert, eine Dritte liegt im Bereich einer zwar altbekannten, aber undeutlichen Luftbildfundstelle. Alle Übrigen sind Neuentdeckungen.[1] Die Fundstellen und Befunde auf der Trasse der NATO-Pipeline, die hier nur resümierend vorgestellt werden, spannen einen zeitlichen Bogen von der Jungsteinzeit bis ins Frühmittelalter. Im Folgenden soll bei der Vorstellung des Projekts und der dabei aufgedeckten Befunde ein Schwerpunkt auf die Vorstellung der Grabfunde gelegt werden, da anhand dieser Befundgattung sehr eindrucksvoll das Potenzial der archäologischen Begleitung linearer Projekte wie Pipelinebau und ähnlicher Maßnahmen gezeigt werden kann.

Die NATO-Pipeline Aalen (BW) – Leipheim (BY)

Um die flächendeckende Kraftstoffversorgung ihrer militärischen Einrichtungen dauerhaft und krisensicher gewährleisten zu können, unterhält die NATO

1 Bollacher u.a. 2006.

Abb. 1: Die Trasse der NATO-Pipeline im Ostalbkreis mit Eintrag der Fundstellen, differenziert nach den unterschiedlichen Epochen.

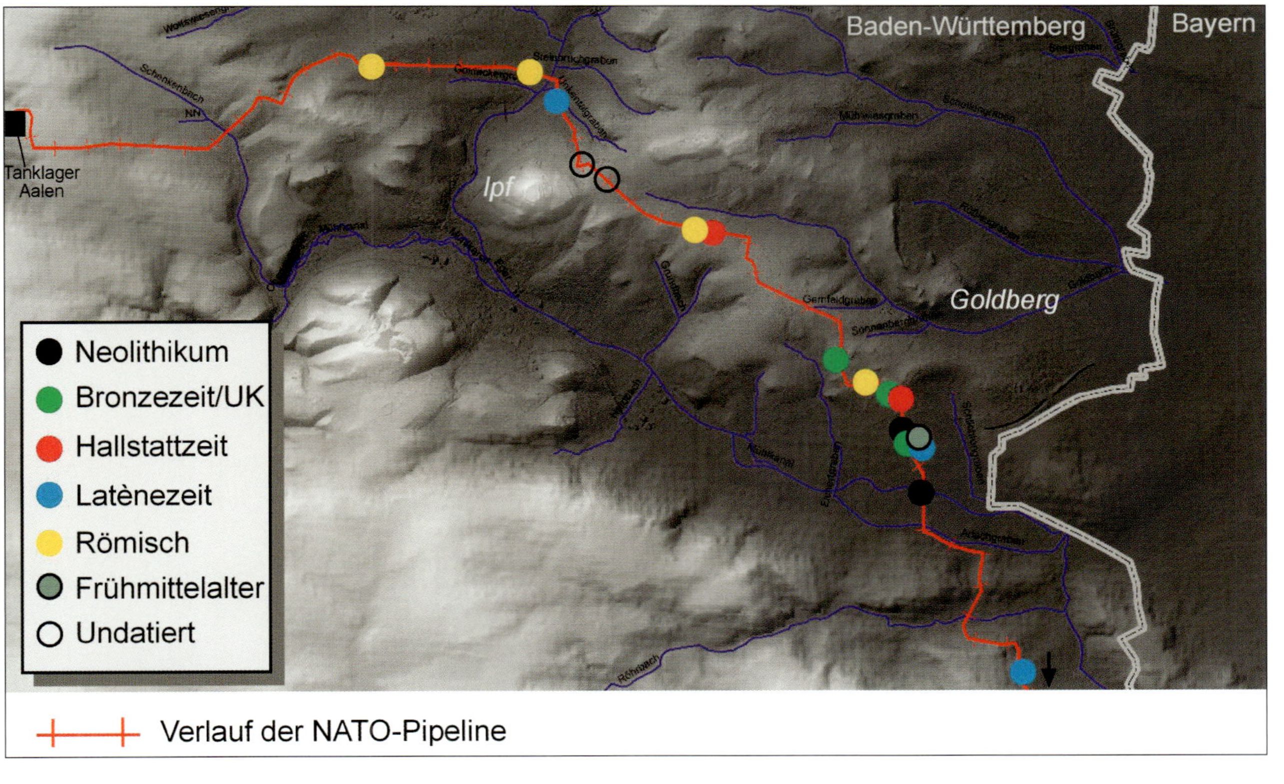

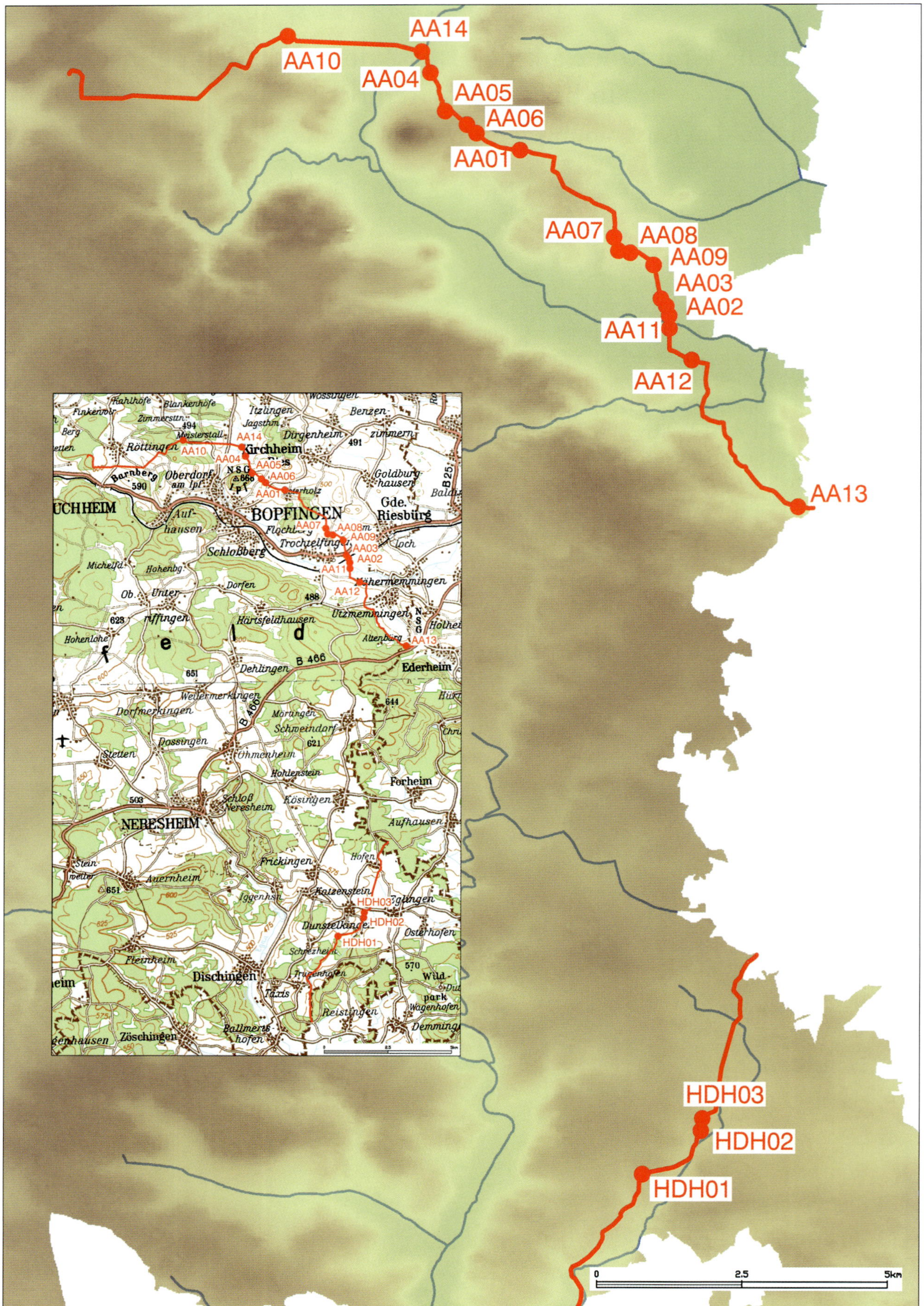
AA14
AA10
AA04
AA05
AA06
AA01
AA07
AA08
AA09
AA03
AA02
AA11
AA12
AA13
HDH03
HDH02
HDH01
0
2.5
5km
Kirchheim
Röttingen
Oberdorf am Ipf
BOPFINGEN
Gde. Riesbürg
Goldburghausen
Trochtelfingen
Schloßberg
Aufhausen
Hohenberg
Unterriffingen
Dorfen
Härtsfeldhausen
Utzmemmingen
Dehlingen
Ederheim
B 466
Dorfmerkingen
Dossingen
Stetten
Ohmenheim
Schweindorf
Mörtingen
Hohlenstein
Forheim
Kösingen
Schloß Neresheim
NERESHEIM
Frickingen
Auernheim
Katzenstein
Dunstelkingen
Fleinheim
Dischingen
Taxis
Reistingen
Ballmertshofen
Zöschingen
Itzlingen
Dirgenheim
Benzenzimmern
Jagstheim
Zimmern
Meisterstall
Blankenhöfe
Barnberg

ein Netzwerk unterirdisch verlegter Rohrfernleitungen, das insgesamt 11 500 Kilometer lange *NATO Pipeline System* (NPS). Es setzt sich aus neun Teilsystemen von nationalen bis transnationalen Dimensionen zusammen, deren größtes das *Central Europe Pipeline System* (CEPS) ist.

Zu den Stationen dieses CEPS gehört auch das Hochdrucktanklager Aalen im Ostalbkreis, das wenig östlich von Lauchheim auf der flach ausgebildeten Kuppe des 615 m hohen Königsbühl liegt. Seine unterirdischen Tanks enthalten Flugturbinentreibstoff, der von den Umschlaghäfen und Raffinerien in Rotterdam und Marseille über die Stationen Kehl am Oberrhein und Tübingen-Bodelshausen zur Zwischenlagerung herangepumpt wird. Ein Weitertransport über Rohrleitungen war von Aalen aus bisher nur zum Fliegerhorst in Neuburg an der Donau möglich, wohingegen eine Fernverbindung über die Landesgrenze hinweg zur Kopfstation der Pipeline Leipheim–Lechfeld–Unterpfaffenhofen nicht bestand. Um diese Versorgunglücke zu schließen, wurde das fehlende Teilstück von Aalen nach Leipheim in den Jahren 2006 und 2007 im Auftrag der Bundesrepublik Deutschland neu verlegt.

Von den ungefähr achtzig Kilometern dieser Pipelinetrasse führen 29 über baden-württembergisches Terrain. Hiervon wiederum entfallen etwa zwanzig Kilometer auf den Ostalbkreis und neun auf den Kreis Heidenheim (Abb. 2). Mit dem Albvorland, dem südwestlichen Ries, dem Härtsfeld und der Riesalb durchläuft die Rohrleitung dabei Landschaften, die nicht allein im Hinblick auf ihre naturräumliche Eigenart und ihre geologische Entstehungsgeschichte, sondern auch durch den Reichtum und die Vielfalt ihres kulturellen Erbes hervorragen. Die Spuren menschlichen Lebens lassen sich hier weit über den Horizont der historischen Überlieferung hinaus bis in die ältesten Epochen der Vorgeschichte zurückverfolgen. Die Anhöhen des südwestlichen Riesrandes und die sanft geneigten Hänge des Egertals zwischen Bopfingen und Riesbürg gehören ebenso wie die weitläufigen, mit Grabhügelfeldern und Viereckschanzen durchsetzten Waldgebiete des Härtsfeldes und der Riesalb seit Jahrtausenden zu den Schauplätzen einer wechselvollen Kulturgeschichte. Erst im Jahre 2004 wurde dem außerordentlichen Rang dieser Fundlandschaften durch die Ausweisung eines weitläufigen Grabungsschutzgebietes im Umfeld der prähistorischen Höhenbefestigung auf dem Ipf bei Bopfingen formell Rechnung getragen. Angesichts des Quellenreichtums dieser Landstriche musste ein Großbauvorhaben wie die Verlegung der NATO-Pipeline Aalen–Leipheim die archäologische Landesdenkmalpflege auf den Plan rufen.

◂ **Abb. 2:** Der Verlauf der NATO-Pipeline in den Kreisen Heidenheim und Ostalbkreis mit Eintrag der Fundpunkte, an denen oftmals Fundstellen unterschiedlicher Zeitstellung zutage traten.

Pipelinebau – eine einschneidende Maßnahme

Beim Bau einer unterirdischen Pipeline kommt es zu umfangreichen Erdbewegungen, die sich keineswegs auf den schmalen Bereich des eigentlichen Rohrgrabens beschränken. Vielmehr muss nach Maßgabe des Bundesbodenschutzgesetzes in waldfreier Feldflur ein Arbeitsstreifen eingerichtet werden, innerhalb dessen die deckende Ackerkrume vollständig zu beseitigen und für die Dauer der Bauarbeiten in Form einer trassenparallelen Oberbodenmiete zu deponieren ist. Der vom Humus befreite Streifen, der im Falle der NATO-Pipeline 10–11 m breit war, dient während der nachfolgenden Bauphasen als Fahrbahn für schweres Gerät wie Rohrtransporter, Mobilbagger und Raupenlader, als Zwischenlager der Rohrsegmente, als Arbeitsstätte von Rohrbiegern und Schweißerkolonnen sowie als Aushubhalde des später anzulegenden Rohrgrabens (Abb. 3). Die anfängliche Beseitigung des nährstoffreichen Mutterbodens soll verhindern, dass dieser im Zuge der Bautätigkeit mit den weniger fruchtbaren Bestandteilen tiefer Bodenschichten vermengt und in seinem ökologischen wie landwirtschaftlichen Wert nachhaltig beeinträchtig wird.

Wenn die Leitungsbauer nach getaner Arbeit das Feld räumen, liegt der fertig verschweißte Rohrstrang in seinem unterirdischen Bett und die Wiederverfüllung des Rohrgrabens ist nahezu abgeschlossen. Es sind nun noch die erforderlichen Maßnahmen zur Wiederherstellung der ursprünglichen Geländeoberfläche zu treffen. Hierzu zählt der Rückbau temporärer Baustelleneinrichtungen (Rohrlagerplätze, Spundungen, Baustraßen etc.) ebenso wie die Instandsetzung durchschnittener Feldwege und Drainagefelder. Weil es durch den längs der Trasse verkehrenden Schwerlasttransport im Bereich des Arbeitsstreifens zu einer starken Verdichtung des Untergrundes gekommen ist, wird unter Verwendung von sogenannten Heckaufreißern eine Tiefenlockerung durchgeführt, die den Unterboden hinsichtlich seiner Konsistenz und Wasserführung wieder in den vormaligen Zustand versetzen soll. Erst danach erfolgt als letzter Schritt der Baumaßnahme der Wiederauftrag des separat gelagerten Mutterbodens.

Abb. 3: Impression von den Baumaßnahmen auf der Trasse der NATO-Pipeline im Ostalbkreis. Zum Verlegen des Rohrstrangs befahren in der Regel mehrere Bagger hintereinander den vom Mutterboden geräumten Arbeitsstreifen.

Die Anlage eines beiderseits der eigentlichen Rohrtrasse verlaufenden und mehrere Meter breiten Arbeitsstreifens ist ein Erfordernis, das sich aus dem Zusammenspiel bodenschutzrechtlicher Bestimmungen, geltender Unfallverhütungsvorschriften und baustellentechnischen Raumbedarfs ergibt. Für die Archäologische Denkmalpflege bedeutet sie indessen, dass ein Verlust von Bodendenkmälern nicht nur auf der engen Linie des Rohrgrabens, sondern auf der gesamten Breite des vom Mutterboden befreiten Geländestreifens zu erwarten ist. Befunde führende Schichten treten im Bereich vorgeschichtlicher Fundstellen häufig schon unmittelbar unterhalb des humosen Pflughorizontes ans Licht. Bodenverdichtung und Spurrillenbildung, die jeder Baustellenverkehr abseits befestigter Wege mit sich bringt, würden an solch sensiblen Orten zur Auflösung oberflächennaher Bodenstrukturen und folglich zur unwiederbringlichen Tilgung aller vor- und frühgeschichtlichen Siedlungsspuren sowie zur Vernichtung des eingelagerten Fundguts führen. Spätestens die abschließende Tiefenlockerung des Unterbodens würde das Zerstörungswerk besiegeln.

Da vorgeschichtliche Bodendenkmäler in Baden-Württemberg verfassungsmäßigen und denkmalrechtlichen Schutz genießen, ist ihre Zerstörung unzulässig, sofern sie zuvor nicht fachkundig dokumentiert und enthaltene Funde sachgemäß geborgen wurden. Ein Bauvorhaben wie die NATO-Pipeline, deren archäologischer Flächenverbrauch sich auf baden-württembergischem Boden auf immerhin etwa 29 ha beläuft, erforderte daher das Handeln der staatlichen Denkmalpflege. Zunächst galt es anhand von Ortsakten, archäologischen Datenbanken und Luftbildarchiven all jene Bodendenkmäler, Fundstellen oder Verdachtsflächen zu ermitteln, die vom Trassenverlauf unmittelbar berührt wurden und einer bauvorgreifenden Ausgrabung bedurften. Da die Rohrleitung auf ihrem kilometerlangen Weg durch die Landschaft ganz unterschiedliche Naturräume, darunter auch siedlungsgünstige Lagen mit hohem landwirtschaftlichem Potenzial durchläuft, war außerdem mit der Auffindung bisher unentdeckter Fundstellen zu rechnen. Selbstverständlich fallen auch solche Neuentdeckungen unter den Schutz der denkmalpflegerischen Landesgesetzgebung. Wie die mittlerweile bundesweit erworbenen Erfahrungen mit ähnlichen linearen Bauprojekten lehren, ist im Trassenbereich mit einem Zuwachs an Fundstellen zu rechnen, der die Zahl der schon vor Baubeginn registrierten Bodendenkmäler regelhaft um das Fünf- bis Zehnfache übersteigt. Andererseits zeigte es sich nicht selten, dass in den Ortsakten verzeichnete Fundstellen durch die Grabungen nicht bestätigt werden konnten.[2] Eine sinnvolle denkmalpflegerische Begleitmaßnahme darf sich angesichts dieser Werte nicht in bauvorgreifenden Grabungen an bekannten Fundorten erschöpfen, sie muss vielmehr flächendeckend operieren und mit der ständigen Präsenz archäologischen Fachpersonals einhergehen. Besonders die volumenintensiven Erdbauarbeiten wie Mutterbodenabtrag und Rohrgrabenaushub bedürfen der lückenlosen Beobachtung, so dass eventuell zutage tretende Spuren vorgeschichtlichen Lebens umgehend gesichert und vor undokumentierter Zerstörung bewahrt werden können.

Um die notwendige archäologische Baubegleitung mit dem bauseitig bestehenden Interesse an einer reibungslosen und termingerechten Durchführung des Pipeline-Projektes in Einklang zu bringen, wurde zwischen der Trägerin des Bauvorhabens (Bundesrepublik Deutschland, vertreten durch das Staatliche Hochbauamt Reutlingen) und dem Landesamt für Denkmalpflege im Regierungspräsidium Stuttgart eine vertragliche Regelung getroffen. Es wurden Zeiträume vereinbart, die für die Durchführung von Rettungsgrabungen zur Verfügung stehen sollten und deren Dauer sich im Falle bauvorgreifender Untersuchungen auf acht, für baubegleitende Maßnahmen auf zwei Wochen belief. Die Festsetzung dieser Fristen eröffnete den Archäologen ein Mindestmaß an zeitlicher Bewegungsfreiheit und stellte zugleich auf Seiten der Bauleitung die erforderliche Planungssicherheit her. Im Gegenzug übernahm der Bauträger einen Teil der Kosten für die Bergung und Dokumentation der betroffenen Bodendenkmäler, die andernfalls im vorgegebenen Zeitrahmen nicht zu bewältigen gewesen wären.[3]

Bodendenkmalpflege im Umfeld linearer Großbauvorhaben – Chancen und Probleme der Trassenarchäologie

Als *lineare Projekte* werden im Baugewerbe all jene Baumaßnahmen bezeichnet, die mit der Trassierung eines Verkehrsweges einhergehen. Es kann sich dabei um Straßen oder Bahnlinien, aber auch um spezielle Verbindungen des Gütertransportes wie Pipelines handeln. Vom Betrieb auf einer regulären Baustelle unterscheidet sich die Arbeit auf einer Trasse in erster Linie durch die hohen Mobilitätsanforderungen, denen alle Projektbeteiligten ausgesetzt sind. Die einzelnen Schritte des Bauablaufs erfolgen, indem sich ein Bautrupp nach dem anderen, dem Trassenverlauf folgend, durch die Landschaft arbeitet. Die Bewegungen der Arbeiterkolonnen sollen möglichst stetig und bruchlos sein und bedürfen der präzisen Abstimmung, um das kostspielige Umsetzen der mitgeführten Baumaschinen und das erzwungene Pausieren einzelner Abteilungen zu vermeiden. Ein reibungsloses Ineinandergreifen aller Vorgänge nach der Vorgabe eines verbindlichen Bauzeitenplanes ist im Rahmen linearer Projekte noch wichtiger als auf anderen, stationären Baustellen.

Da es nicht im Interesse der staatlichen Bodendenkmalpflege liegt, den komplexen Ablauf solcher Baumaßnahmen durch die Verhängung mehrtägiger Baustopps, zu der sie im Falle des Auftretens von archäologischen Befunden im Trassenbereich ermächtigt wäre,[4] zu stören, wird sie auch in Zukunft darauf hinwirken, mit dem jeweiligen Vorhabenträger eine Fristenregelung des oben beschriebenen Zuschnitts zu treffen. Es handelt sich dabei um einen Kompromiss, der sowohl dem Bauträger als auch den Denkmalschützern Zugeständnisse abverlangt, die jedoch letzen Endes vom beiderseitigen Nutzen überwogen werden. Bauseitig steht der Entstehung von – im Verhältnis zum finanziellen Gesamtvolumen der Baumaßnahme in aller Regel geringfügigen – Mehrkosten und der Notwendigkeit zur Aufnahme der ausgehandelten Grabungszeiträume in den Bauzeitenplan der Rückgewinn der Planungssicherheit gegenüber. Für die Archäologen relativiert sich die zeitliche Befristung ihres Handlungsspielraums dadurch, dass die Versorgung mit finanziellen Drittmitteln eine hinreichende Personalausstattung ermöglicht. Freilich kann es bei entsprechendem Befundanfall dennoch zu Situationen kommen, in denen der grabungstechnische Standard der staatlichen Bodendenkmalpflege im vorgegebenen Zeit-

---

2 V. Dresely/H. Stäuble, Archäologie an der Erdgasleitung Peißen bei Bernburg–Leipzig-Wiederitzsch. In: MITGAS (Hrsg.), Von Peißen nach Wiederitzsch. Archäologie an einer Erdgastrasse (Gröbers 2004) 6ff.

3 An dieser Stelle möchten wir uns sehr herzlich beim Staatlichen Hochbauamt Reutlingen und der Wehrbereichsverwaltung Süd in Stuttgart für die Unterstützung der Grabungen und die gute Zusammenarbeit bedanken. Auch den Mitarbeitern der ausführenden Firma Strabag AG München sind wir für reibungslose Kooperation zu Dank verpflichtet, ebenso wie Herrn Feldmeyer aus Kirchheim-Osterholz für technische Unterstützung der Feldforschungen. Die grabungstechnische Leitung der archäologischen Arbeiten auf der Trasse der NATO-Pipeline lag in den Händen von Grabungsingenieur R. Langer. Die Umzeichnungen der Befundpläne verdanken wir M. Vöhringer, Esslingen, Frau A. Moll, Auhausen, übernahm die Fertigung der Fundzeichnungen. Ihnen allen gilt unser herzlicher Dank für die gute Zusammenarbeit und gewissenhafte und sorgfältige Durchführung der ihnen übertragenen Arbeiten.

4 § 7 Abs. 1 und § 20 DSchG Baden-Württemberg.

rahmen nicht lückenlos durchgehalten werden kann. Computerbasierte Dokumentationsmethoden erlauben es jedoch mehr und mehr, den im Feld erforderlichen Zeitaufwand für die Befunderfassung zu verringern und den mitunter notgedrungenen Verzicht auf langwierige Handzeichnungen durch die EDV-gestützte Entzerrung von Digitalbildern (Photogrammetrie) zu kompensieren.

Neben der zeitlichen ist auch die strikte räumliche Beschränkung zu beachten, der die Arbeit der Ausgräber im Baustellenbereich unterliegt. Die durch den Trassenverlauf bzw. den Arbeitsstreifen vorgegebenen Grabungsgrenzen sind in jedem Fall zu respektieren, da andernfalls nicht nur gegen die Rechte der Grundstückseigentümer und -pächter, sondern auch gegen die dezidierte Zweckgebundenheit der vom Bauträger bereitgestellten Finanzmittel verstoßen wäre. In der Konsequenz bedeutet dies, dass Befunde, die nur zum Teil im Trassenbereich zu liegen kommen, auch nur teilweise dokumentiert und ausgegraben werden dürfen.[5]

Probleme könnten sich auch hinsichtlich des Abraummanagements ergeben, besonders dann, wenn es die Situation erfordert, das Grabungsplanum nach erfolgtem Mutterbodenabtrag ein zweites Mal abzusenken, um tiefer liegende Befundstrukturen ans Licht zu fördern. Das dabei anfallende Erdmaterial des mineralischen Unterbodens darf aus bodenschutzrechtlichen Gründen nicht mit demjenigen der bereits abgeschälten Ackerkrume vermischt werden, weshalb parallel zur ersten eine zweite Abraummiete innerhalb des Arbeitsstreifens eingerichtet werden muss. Dadurch verringert sich aber der archäologisch zugängliche Bereich sehr rasch, so dass der Möglichkeit zur flächigen Abtiefung des Grabungsniveaus relativ enge Grenzen gesteckt sind.[6]

Die beschriebenen Schwierigkeiten ihrer praktischen Durchführung tun freilich weder der denkmalpflegerischen Notwendigkeit einer archäologischen Baubegleitung Abbruch, noch schmälern sie die Bedeutung, die einem solchen Unterfangen im Hinblick auf seinen wissenschaftlichen Ertrag beizumessen ist. Die besondere Chance für die Forschung ergibt sich daraus, dass ein kilometerlanges Trassenprojekt vom Zuschnitt der NATO-Pipeline ganz andere Einblicke in die unterirdischen Archive einer archäologischen Fundlandschaft ermöglicht, als dies mehr oder weniger punktuell operierende Rettungsgrabungen tun könnten, wie sie etwa im Vorgriff auf Gewerbe- oder Baugebietserschließungen erforderlich werden. Zwar können Trassengrabungen in aller Regel keine vollständigen Pläne von Siedlungen oder Gräberfeldern liefern, weil die eröffneten Arbeitsstreifen hierfür zu schmal sind. Für die Beurteilung regionaler Siedlungsmuster und Landnutzungsstrategien aber muss sich die archäologische Begleitung linearer Bauprojekte, zumal wenn sie sich langfristig als denkmalpflegerische Standardmaßnahme etabliert, als äußerst fruchtbar erweisen. Durch sie werden der archäologischen Forschung landschaftliche Räume aufgeschlossen, die außerhalb heutiger Ballungsregionen und mithin abseits bau- und raumplanerischer Brennpunkte liegen und ansonsten bestenfalls einer „weichen", also oberflächlich operierenden Prospektion (Begehung, Luftbild, Geophysik) zugänglich wären. Auf lange Sicht bietet sie die Gelegenheit einer flächendeckenden Datenerhebung, auf deren Grundlage neue Aussagen zur Beschaffenheit und Entwicklung vorgeschichtlicher Siedlungssysteme zu treffen sein werden. Eine solcherart vertiefte Kenntnis siedlungsgeographischer Zusammenhänge ermöglicht wiederum Rückschlüsse auf die wirtschaftliche und gesellschaftliche Organisation vorgeschichtlicher Kulturen.

Geologie und Landschaft im Bereich der NATO-Pipelinetrasse

Die NATO-Pipeline Aalen–Leipheim durchläuft auf baden-württembergischem Boden das Albvorland und das südwestliche Vorries im Ostalbkreis sowie Teile des östlichen Härtsfeldes und der westlichen Riesalb im Landkreis Heidenheim. Es handelt sich dabei um Landstriche, in denen der weithin gleichförmige und regelmäßige Aufbau des süddeutschen Schichtstufenlandes durch ein singuläres Ereignis der Erdgeschichte in Auflösung geraten ist. Vor etwa 15 Millionen Jahren traf hier ein Meteorit von 1–1,5 km Durchmesser und einer Geschwindigkeit von errechneten zwanzig Sekundenkilometern auf die Erdoberfläche. Er durchschlug das 600 m mächtige Deckgebirge aus mesozoischen Sedimentgesteinen und drang bis in das granitische Grundgebirge vor, wobei

5 So wurde beispielsweise der Grundriss eines latènezeitlichen Gebäudes an der Fundstelle AA-13 bei Trassen-Km 19100, Gemeinde Utzmemmingen, Gewann „Langes Feld", nur zur Hälfte erfasst.

6 Die Folgen dieses Dilemmas wurden auf der NATO-Pipeline besonders im Bereich der Fundstelle AA-04, Trassen-Km 7400–7700, Gemeinde Oberdorf am Ipf, Gewann „Federwiesen/Feldle" spürbar, wo latènezeitliche Befunde unter mächtigen Kolluvien zutage traten. Eine schachbrettartige Unterteilung des Befunde führenden Trassenabschnittes in kleinere Sektoren und deren alternierende Nutzung als Grabungsfläche und Abraumhalden hätte hier zwar Abhilfe schaffen können, sie wäre aber zu zeitaufwendig gewesen und hätte zudem die permanente Verfügbarkeit eines großen Baggers vorausgesetzt, die de facto nicht gegeben war.

seine Substanz unter extremer Hitzeeinwirkung explosionsartig verdampfte. Zurück blieb ein mächtiger Einschlagskrater, der heute noch in Gestalt des Nördlinger Rieses wahrnehmbar ist. Freilich handelt es sich bei dieser kreisrunden Beckenstruktur nur noch um die geomorphologische Nachfolgeerscheinung des ursprünglich wesentlich schärfer konturierten Primärkraters. Das geschulte Auge aber vermag nicht nur im Ries, sondern auch in dessen näherer und fernerer Peripherie Spuren jenes katastrophalen Naturereignisses auszumachen, zumal einige von ihnen bis in die Gegenwart hinein landschaftsprägend wirken.[7]

Der tertiäre Meteoritenimpakt, das sogenannte Riesereignis, hat mit *Suevit* und *Bunter Brekzie* zwei besondere Gesteinsarten hervorgebracht, die den geologischen Aufbau der Einschlagsregion mitbestimmen. Während das Gefüge und der teilweise verglaste Mineralbestand des Suevits auf eine Entstehung unter den extremen Druck- und Temperaturbedingungen der zentralen Einschlagzone schließen lassen, handelt es sich bei der Bunten Brekzie um teils viele Kilometer weit ausgeworfene Trümmermassen, die sich aus regellos durchmischten Bruchstücken des im Kraterbereich ursprünglich vorhandenen Gesteinsbestandes zusammensetzen. Der Löwenanteil des beim Meteoriteneinschlag entstandenen Suevits liegt im Riesbecken unter einer mächtigen Decke aus jüngeren Sedimenten verborgen. Kleinere, isolierte Vorkommen sogenannter Auswurfsuevite streuen dagegen noch bis in die Umgegend von Dunstelkingen hinein. Größere Flächen bedeckt die Bunte Brekzie, die auch „Gries" genannt wird, sofern sie sich ausschließlich aus Gesteinen des Weißen Jura zusammensetzt. Sie ist am Kargstein bei Bopfingen, zwischen Kirchheim und Trochtelfingen sowie in der Gegend von Holheim, vor allem aber auf der Riesalb um Dischingen und in den Demminger Griesbergen anzutreffen. Vereinzelt schleuderte der Riesmeteorit auch zusammenhängende Juraschollen beträchtlicher Größe aus, wobei deren ursprüngliches Sedimentationsgefüge durch die immense Stoßbeanspruchung des Einschlagimpulses völlig zerrüttet wurde. Relikte dieser mächtigen Auswürflinge erheben sich heute als kleine Karsthügel über die Bunte Brekzie. Zu diesen sogenannten „Griesbuckeln" zählen die Schlossberge von Bopfingen und Baldern ebenso wie zahlreiche namenlose Erhebungen auf der Heidenheimer Riesalb.

Der Einschlag des Riesmeteoriten hat die geologische und landschaftliche Vielfalt des schwäbisch-fränkischen Schichtstufenlandes in weitem Umkreis um die Impaktzone noch vergrößert. Dies zeigte sich auch am regen Wechsel der Böden, die im Bereich der NATO-Pipelinetrasse als Zersetzungsprodukte der jeweils anstehenden Ausgangsgesteine zutage traten. Im Albvorland begegneten neben den tonig-fetten, teils vernässten Verwitterungslehmen des Braunjura die typischen, rostrot gefärbten Bodenvarietäten des Eisensandsteinbereiches. Im Kraterrandgebiet, das die Trasse mit ihrem Austritt aus dem Wald Osterholz bei Kilometer 11,6 erreichte, liegen allochthone Schollen des präriesischen Grund- und Deckgebirges in einer so tumultuarischen Gemengelage vor, dass im Bereich des Arbeitsstreifens abrupte und kleinräumige Farb- und Konsistenzveränderungen des Unterbodens zu verzeichnen waren.

Allein die Eger und ihre Zuflüsse haben über dieses bunte Bodenmosaik eine gleichförmige Decke fruchtbarer, mitunter Löss führender Auesedimente gebreitet.

Ihre kleinräumige Variabilität kennzeichnet auch die Bodenbildung der Bunten Brekzie auf der Riesalb östlich des Egautals. Die Nutzung des flach reliefierten Geländes als Acker- bzw. Weide- und Wiesenland hängt heute vom Wasserhaushalt des Bodens ab. Zuweilen führt ein hoher Tongehalt des Unterbodens zu Vernässung und anmoorigen Erscheinungen.

Die Fundstelle bei Bopfingen-Trochtelfingen

Etwa bei Kilometer 13,6 verlässt die Trasse der NATO-Pipeline den teils waldbestockten Höhenzug zwischen Bopfingen und Riesbürg in Richtung Egertal. Der Befund eines Pfostengebäudes, das anhand keramischer Beifunde der Stufe Hallstatt C zugeordnet werden kann (Fundstelle AA-09: Gemeinde Trochtelfingen, Trassen-Km 13.400, Gewann „Kotzäcker"), sowie die Spuren eines zunächst in Holz errichteten, später in Stein ausgebauten Gutshofs der römischen Kaiserzeit (Fundstelle AA-08, Gemeinde Trochtelfingen, Trassen-Km 12850–13000, Gewann „Goldburghauser Weg") künden vom siedlungsgeographischen Vorzug, den die mittleren und oberen Lagen der mit Quellaustritten durchsetzten Südhänge oberhalb Trochtelfingens durch die Zeiten genossen haben. Weiter unten, im Gewann „Pflaumlocher Weg", traten zwischen der heutigen Bundesstraße 29 und der Bahnlinie Aalen–Nördlingen abermals Siedlungsspuren ans Licht (Fundstelle AA-03, Gemarkung Trochtelfingen).

7 R. Höfling/H. Gall, Landschaft und Geologie des Nördlinger Rieses. Führer vor- u. frühgesch. Denkmäler 40 (Stuttgart 1979) 1ff.

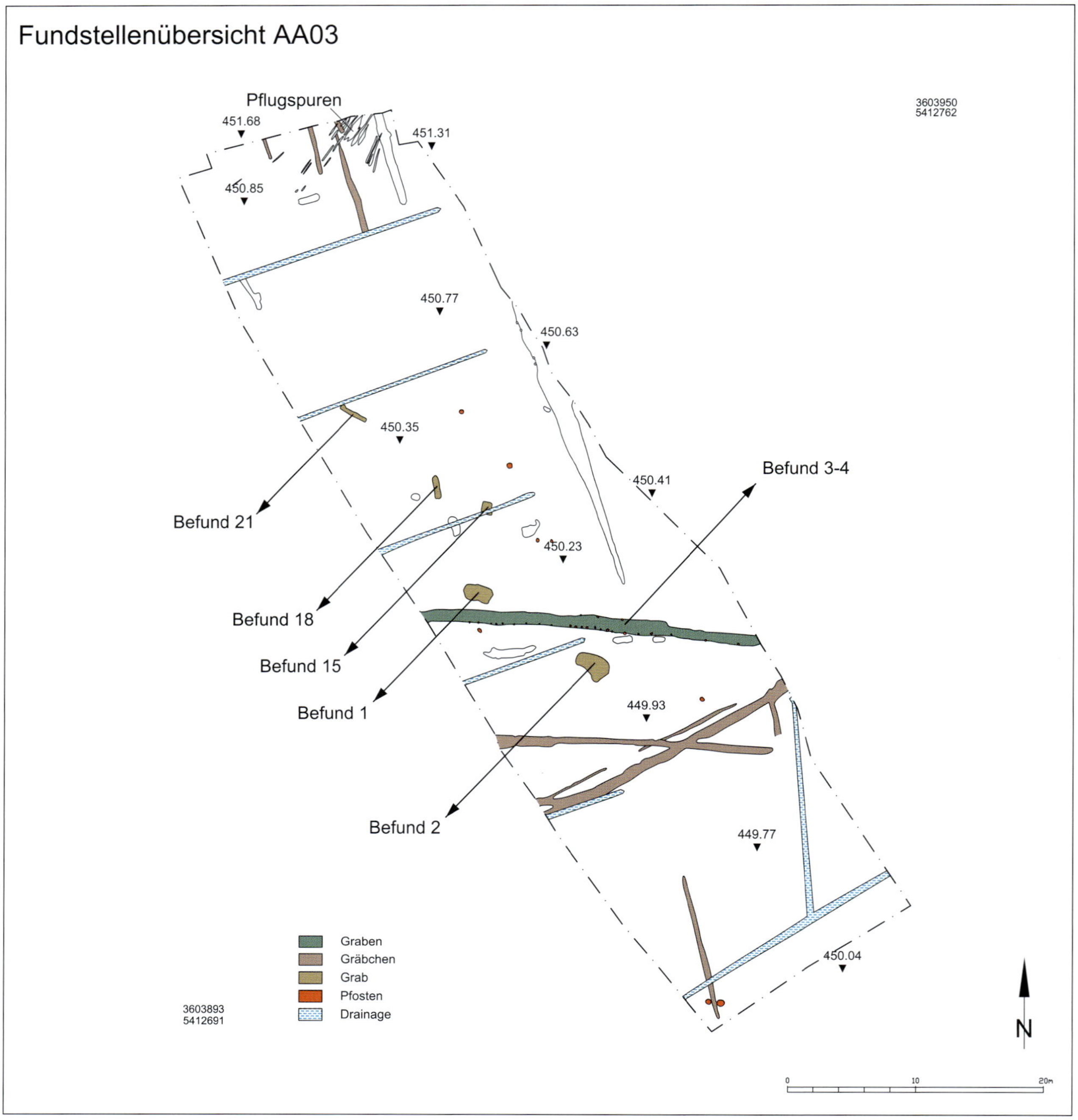

Abb. 4: Bopfingen-Trochtelfingen, Gesamtplan der Fundstelle AA-03 mit den mittelneolithischen und spätbronzezeitlichen Grabfunden.

Neben zerstreuten Pfostenguben handelte es sich um kreuz und quer über das Planum ziehende Gräbchen, in deren Flankenbereich mitunter Staketenreihen auf einen nicht näher zu beschreibenden Innenverbau hinwiesen. Das insgesamt nur spärliche Fundgut, das diesen Befunden entnommen werden konnte, legt zumindest für einen Teil der Strukturen eine Datierung in die jüngere Latènezeit nahe. Das Bild bleibt aber in jeder Hinsicht lückenhaft. Denn obwohl der Arbeitsstreifen im Bereich der Fundstelle wegen des zur Unterpressung von Bahn- und Straßendamm erforderlichen Raumbedarfs auf mehr als die doppelte Breite erweitert war, ergab das Planum keine schlüssigen Gebäudebefunde. Es scheint so, als wären mit Gräben und Pfosten siedlungsfern gelegene Einrichtungen der Landwirtschaft, etwa letzte Reste von leicht konstruierten Feldschuppen, Feldzäunen und Flurdemarkationen erfasst worden. Angesichts der Lage der Fundstelle im latent hochwassergefährdeten Niederterrassenbereich wäre ein solcher Befund nicht weiter verwunderlich. Wie schon erwähnt, dürften die höheren Lagen des unmittelbaren Umlandes zu allen Zeiten attraktivere Siedlungsstandorte geboten haben.

Interessanter als der undeutliche Siedlungsbefund sind in jedem Falle die Gräber, die im Bereich derselben Fundstelle beobachtet werden konnten. Sie zeigen, dass die Niederungen nicht nur als als Acker-, Weide- und Wiesenland, sondern auch als Stätten der Totenruhe genutzt wurden.[8]

Mittelneolithische Grabfunde bei Bopfingen-Trochtelfingen

Die Jungsteinzeit ist im Verhältnis zu den übrigen auf der Trasse der NATO-Pipeline vertretenen Epochen sehr schwach repräsentiert. Nur an einer Fundstelle (Fundstelle AA-03, Gemarkung Trochtelfingen, Gewann „Pflaumlocher Weg") konnten mittelneolithische Befunde beobachtet werden. Zwischen den wohl latènezeitlichen Gräbchensystemen, die einen großen Bereich der aufgebaggerten Trasse durchzogen, lagen zwei Gräber, die aufgrund von Bestattungssitte und Beigaben der mittelneolithischen Kulturgruppe der Großgartacher Gruppe zugewiesen werden können (Abb. 4). Bei beiden Gräbern, die in etwa 8,5 m Entfernung voneinander angetroffen wurden, handelt es sich um Körperbestattungen in schmalen, langovalen Grabgruben (Länge ca. 1,80 m bzw. 2,20 m; Breite je ca. 0,45 m). Diese zeichneten sich im umgebenden Erdreich deutlich ab. Das nördlich gelegene Grab Befund 21 war Nordwest–Südost orientiert. Bereits in der Verfüllung der Grabgrube waren neben Holzkohleflitter zahlreiche Knochenpartikel zu erkennen. Auf der Sohle der nur noch wenige Zentimeter tiefen Grabgrube lag das Skelett in Seitenlage mit leicht angewinkelten Beinen mit dem Schädel im Nordwesten und Blickrichtung nach Nordost. Die spärlichen Reste der Armknochen lagen vor dem Oberkörper entlang des Körpers ausgestreckt. Als Beigabe wurde oberhalb des Schädels ein Keramikgefäß deponiert, je zwei unscheinbare Klingenfragmente aus weiß-gelblichem Jurahornstein lagen neben dem Unterkiefer und im Beinbereich auf Höhe der Fußgelenke sowie ein kleiner Abschlag im Kniebereich. Die stark zerscherbte Keramik dürfte wohl zu einem Bauchknickgefäß zu ergänzen sein,[9] wie durchstochene Schnurösenfragmente mit flächiger zonaler Doppelstichzier andeuten. Auch aufgrund der übrigen erkennbaren verzierten Keramikbruchstücke ist eine Datierung in den mittleren Abschnitt der Großgartacher Stufenabfolge wahrscheinlich.
Das zweite Grab (Bef. 18) war annähernd exakt nordsüdlich ausgerichtet mit dem Kopf im Süden und Blickrichtung nach Westen. Der Leichnam wurde in gestreckter Seitenlage beigesetzt, beide Arme lagen angewickelt vor dem Gesichtschädel. Insgesamt ist auch hier die Knochenerhaltung sehr schlecht, was sicherlich auf die nur noch geringe erhaltene Tiefe des Befundes zurückzuführen ist. Beigaben wurden keine beobachtet.
Es scheint ausgeschlossen werden zu können, dass es sich bei diesen beiden Gräbern um Siedlungsbestattungen handelt,[10] da im ergrabenen Ausschnitt sonst keine Befunde oder weitere Streufunde erkennbar waren, die mit Großgartacher Siedlungsniederschlägen in Verbindung zu bringen sind.[11] Demnach ist mit den beiden Gräbern offenbar ein mittelneolithischer Bestattungsplatz erfasst worden.
Es ist davon auszugehen, dass ein Teil des Friedhofs bereits zerstört worden ist; die beiden überlieferten Grabfunde waren ebenfalls durch die landwirtschaftliche Nutzung des Geländes in der Talaue der Eger schon stark in Mitleidenschaft gezogen. Eine lockere Streuung über mehr oder weniger weitläufige Areale ist bei Großgartacher Gräberfeldern freilich keine Seltenheit: So zeigt sich etwa in den Gesamtplänen der Gräberfelder von Lingolsheim und Erstein im Elsass[12] sowie von Trebur, Kreis Groß-Gerau, dass vor allem in den randlichen Zonen Distanzen von oft weit über 10 m zwischen den einzelnen Grabbefunden zu messen sind.[13]
Die Fundlandschaft im Umfeld der mittelneolithischen Gräber von Bopfingen-Trochtelfingen wird für die Jungsteinzeit in erster Linie von dem in nur ca. 2,3 km Luftlinie nördlich entfernt liegenden Goldberg bestimmt. Dort beginnt die Abfolge der Siedlungsphasen mit Befunden und Schichten des späten Mittel- bzw. frühen Jungneolithikums.[14] Insgesamt stellen neolithische Fundstellen in der Umgebung der hier vorgestellten Grabfunde am sonst recht dicht besiedelten westlichen Riesrand nach wie vor eine Seltenheit dar und datieren mit wenigen Ausnahmen[15] – soweit sie chronologisch genauer

---

8 Vgl. Krause/Wieland 1993, 65.
9 Eine gesicherte Bestimmung der Gefäßform ist derzeit noch nicht möglich, da sich der Großteil des Gefäßes noch im Gips der Blockbergung befindet. Im Bereich des Schädels wurden dunkle Verfärbungen, die auf organische Materialien schließen lassen, beobachtet, weshalb das Gefäß zusammen mit den mutmaßlichen organischen Resten en bloc geborgen wurde.
10 Zu mittelneolithische Siedlungsbestattungen: Veit 1996, 228ff.
11 Auch die Gefäßbeigabe am Schädel spricht gegen die Interpretation als Siedlungsbestattungen, da diese in der Regel beigabenlos sind: Vgl. auch Bofinger 2005, 166.
12 Lichardus-Itten 1980, 20 mit Abb. 3; 70 mit Abb. 35.
13 Spatz 1999, 9 Taf. 184.
14 Schröter 1975, 104ff. – Zeeb 1998, 19f.
15 Auf Gemarkung Goldburghausen sind zwei linearbandkeramische Fundstellen von den Fluren „Hagen" und „Weil" bekannt: Dehn/Sangmeister 1954, 33f.

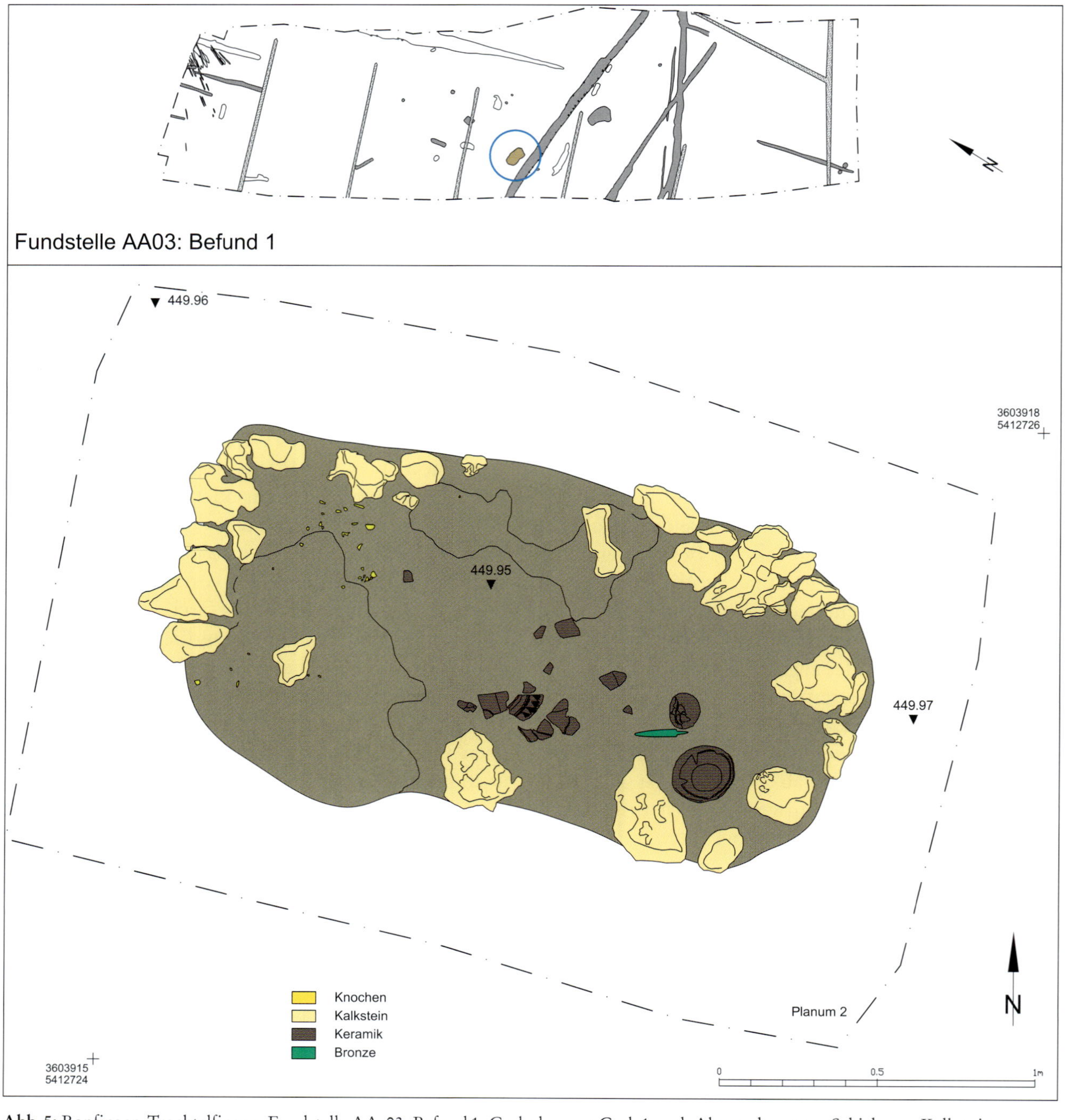

Abb. 5: Bopfingen-Trochtelfingen, Fundstelle AA-03, Befund 1. Grabplan von Grab 1 nach Abtrag der ersten Schicht aus Kalksteinen.

einzuordnen sind – in jüngere Abschnitte der Jungsteinzeit.[16]

Allerdings scheinen die Fundberichte gerade im Umfeld von Bopfingen-Trochtelfingen[17] eine Häufung jungsteinzeitlicher Aktivitäten anzudeuten, auch wenn unter dem archäologischen Material an der Mehrzahl der Fundstellen lediglich Einzelfunde verzeichnet sind: Im Gewann „Inselweg" wurde 1929 eine durchbohrte Beilklinge gefunden, ebenfalls ein Steinbeil als Einzelstück stammt aus dem Gewann „Brändelhecke" bzw. „Unterer Hirnbach"[18], Gefäßkeramik ohne näher beschriebenen Befundzusammenhang wurde 1992 in der Flur „Mühläcker", am Ostrand des Orts geborgen.[19]

16 Glockenbecherzeitliche Gräber kamen während der Ausgrabung der spätkeltischen Viereckschanzen von Bopfingen im „Industriegebiet Nordost" zum Vorschein: Krause/Wieland 1993, 71f. mit Abb. 7.

17 Allgemein zur prähistorischen Siedlungstopographie im Egertal: Krause/Wieland 1993, 65f. mit Abb. 1.

18 Fundber. Schwaben N. F. 5, 1928–30, 23.

19 Fundber. Schwaben N. F. 15, 1959, 150; Fundber. Baden-Württemberg 17/2, 1992, 101.

In dieses Bild fügt sich die Neuentdeckung der mittelneolithischen Gräber auf der NATO-Trasse gut ein und stellt hier eine bislang unbekannte Komponente dar. Auch in der überregionalen Betrachtung sind mittelneolithische Grabfunde äußerst selten[20] und haben in der Regel kaum Chancen, als Zufallsfunde entdeckt zu werden. So zeigt sich auch in diesem Fall wieder das Potenzial der archäologischen Begleitung auch kleinerer Leitungsbauvorhaben, als das die NATO-Pipeline in Baden-Württemberg, etwa im Vergleich mit dem EPS-Projekt (Ethylen-Pipeline-Süd)[21] oder der geplanten SEL (Süddeutsche Erdgasleitung) gilt.

Spätbronzezeitliche Grabfunde bei Bopfingen-Trochtelfingen

Grab 1

Neben den mittelneolithischen Befunden waren beim maschinellen Abtrag des Oberbodens im erwähnten Gelände unmittelbar südlich der B 29 noch zwei größere Steinpackungen aufgefallen, deren obere Lagen bereits der Pflug gestört hatte, so dass einzelne der schweren Süßwasserkalkbrocken um viele Meter verzogen lagen. Eine grobe Säuberung der mehrere Meter auseinander liegenden Befunde ergab das klare Bild länglicher Gruben mit gerundeten Ecken (Abb. 4). Die westliche der beiden (Bef. 1), welcher zunächst das Augenmerk gelten soll, hatte ein Ausmaß von 2,3 m auf 1,2 m, wobei ihre Längsachse in ungefährer West-Ost-Richtung verlief (Abb. 5). In ihrer dunklen Verfüllung, die sich scharf gegen die hellere Tönung des anstehenden Bodens abhob, war ein entlang der Wandung verlaufender Kranz aus akkurat gesetzten Steinen zu erkennen. Er umschloss einen Innenraum, der in eine von lockerem Steinmaterial ausgefüllte Westhälfte und eine steinfreie Zone verfestigten Bodens im Osten zerfiel. Das Lockersediment im Westen war stark mit Leichenbrandpartikeln und Bruchstücken eines ritzverzierten Keramikgefäßes durchsetzt. Es handelte sich um eine durch tierische Unterwühlung entstandene Störung, die dazu geführt hatte, dass die Abdecksteine der Grabgrube in tiefere Schichten eingebrochen waren. Die ausschließliche Konzentration des Leichenbrandes auf diesen derangierten Teilbereich zeigt, dass er ursprünglich hier, und zwar in der zu Bruch gegangenen Urne, niedergelegt worden sein muss. Der Rest des Grabes war zwar vom Pflug schon seiner Steinabdeckung beraubt worden, darunter jedoch gab die intakt gebliebene Befundzone Einblick in die ursprüngliche Bestattungssituation. Im südöstlichen Viertel der Grabgrube waren drei Keramikgefäße abgestellt worden. Es handelte sich um zwei ineinandergestellte Schalen (Abb. 6,3.4) und einen mit filigraner Ritz- und Stichzier versehenen Kumpf (Abb. 6,2), die jedoch horizontal verpresst und außerdem von so schlechter Substanzerhaltung waren, dass nach erfolgter Teilrestaurierung nur noch eine zeichnerische Annäherung an die ursprüngliche Gesamtform möglich war. Zwischen den Keramikbeigaben lag ein schlanker Bronzedolch mit zweinietiger Griffzunge (Abb. 6,1), dessen Form in der späten Bronzezeit nicht unbekannt ist und der in einem Altfund aus der Bopfinger Bachgasse seine bis ins Detail gehende Entsprechung findet.[22]

Generell ist das spätbronzezeitliche Bestattungswesen von Übergangserscheinungen geprägt. Der Wechsel von der überkommenen Körperbestattung im Grabhügel zur Brandbestattung im typischen Urnenflachgrab der heraufziehenden Stufen Ha A und B gibt sich darin als eine allmähliche Entwicklung zu erkennen. Auch im vorliegenden Fall wurde die Urne in einer Grabgrube beigesetzt, deren Größe sich noch ganz an den Erfordernissen der Körperbestattung ausgerichtet zu haben scheint, das Neue zeigt sich im traditionellen Rahmen. Ob über den Gräbern von Trochtelfingen einstmals Hügel aufgeschüttet worden waren, war dem archäologischen Befund nicht zu entnehmen, allein der weite Abstand, in dem sie zueinander liegen, könnte eine solche Vermutung nahelegen.

Grab 2

Etwa 10 m südöstlich des ersten lag ein zweites Grab (Bef. 2), dessen Grube mit 2,7 m auf 1,3 m etwas größer war (Abb. 7). Die ehemals geschlossene Steinüberdeckung war nur noch in Resten erhalten, zwischen denen schon im ersten Planum Konzentrationen von Leichenbrand hervortraten. Im Nordosten hatte abermals ein Tiergang in den Befund ein-

20 Fundstellen des südwestdeutschen Mittelneolithikums sind in diesem Raum allgemein sehr selten, das Gebiet wurde geradezu als „Niemandsland“ zwischen der südwestdeutschen Kultursequenz Hinkelstein – Großgartach – Rössen und den bayerischen Ausprägungen des Mittelneolithikums bezeichnet: Pankau 2007, 57. Im Arbeitsgebiet der von C. Pankau bearbeiteten Nachbarregion ist nur eine Fundstelle mit Großgartacher Keramik bekannt, erst in Rössener Zeit ist eine leichte Zunahme an bekannten Fundstellen zu verzeichnen: ebd. 59.

21 Hierzu ein erster Grabungsbericht: J. Bofinger/T. Scholz, Erste archäologische Ausgrabungen auf der Trasse der EPS-Pipeline in Baden-Württemberg, Gde. Karlsruhe-Neureut, Kreis Karlsruhe. Arch. Ausgr. Baden-Württemberg 2007, 60–64.

22 Ludwig-Lukanow 1983, Taf. 10C.

gegriffen, wobei sich die Substanzverluste jedoch in Grenzen hielten. Mit dem weiteren Fortgang der Freilegung begann sich im Zentrum der scharf umrissenen Grube eine akkurat gesetzte Steinpackung abzuzeichnen, die in Form und Ausrichtung zwar auf jene bezogen schien, mit 1,7 m auf 0,6 m jedoch deutlich kleiner ausfiel. Es handelte sich um eine Pflasterung, die lediglich den Standort eines völlig zerdrückten, ritzverzierten Gefäßes freiließ, das aufgrund beiliegenden Leichenbrandes als Urne zu identifizie-

Abb. 6: Bopfingen-Trochtelfingen, Fundstelle AA-03, Fundmaterial aus den spätbronzezeitlichen Gräbern. Oben: Grab 1, unten: Grab 2; 1, 5: Bronze, sonst Keramik. M. 1:2.

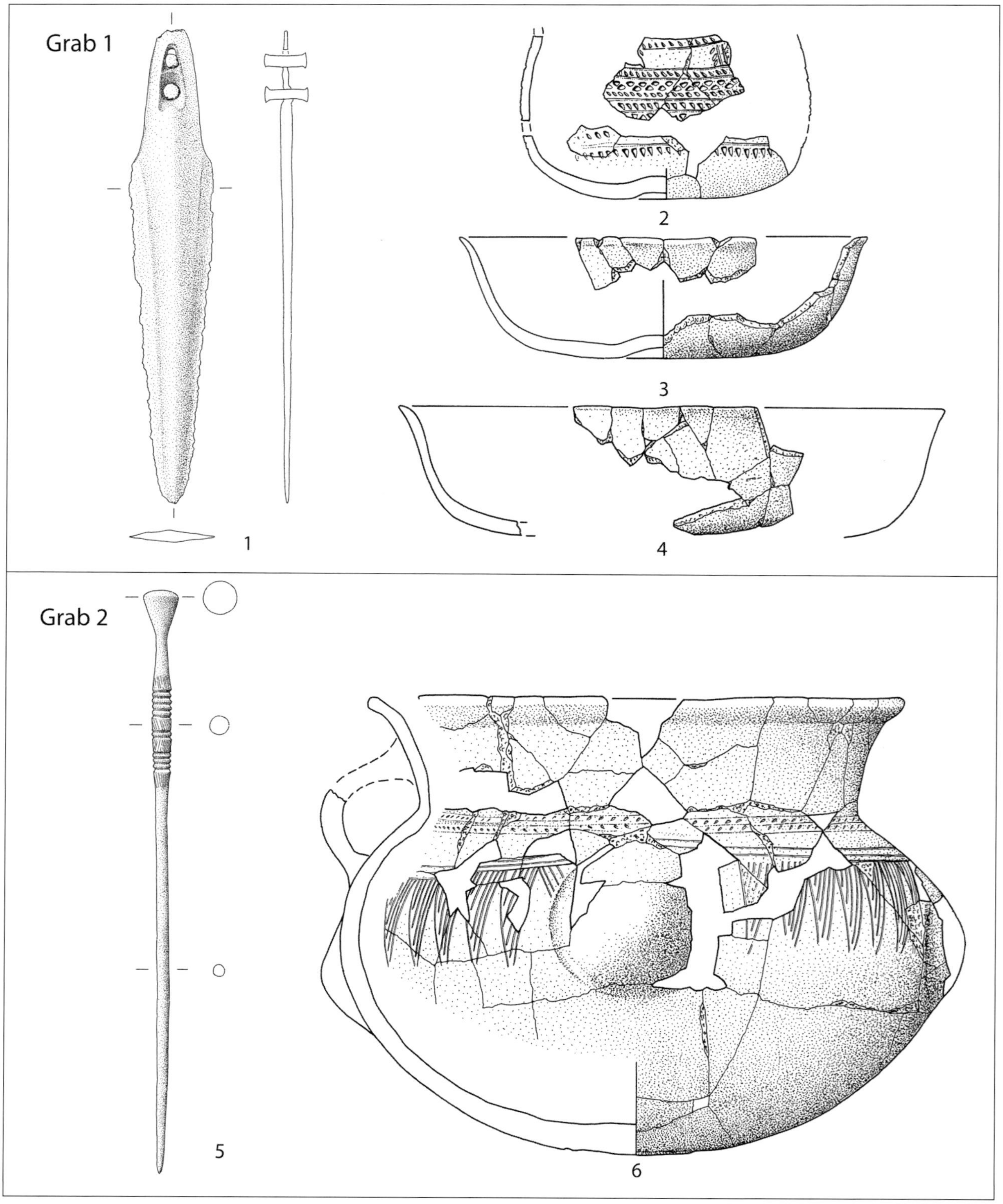

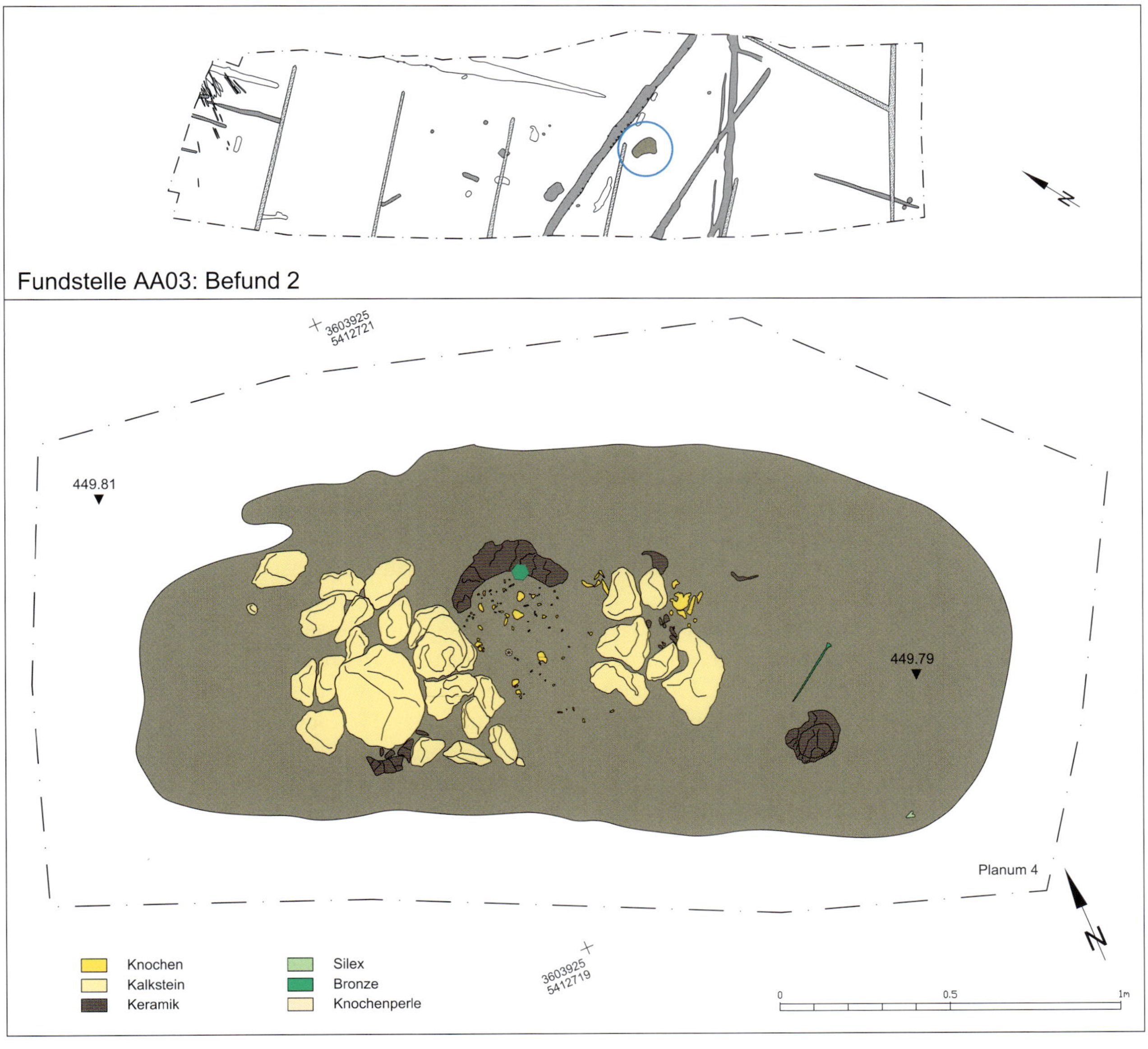

Abb. 7: Bopfingen-Trochtelfingen, Fundstelle AA-03, Befund 2. Grabplan von Grab 2, Steinkonzentration im Zentrum des Befundes, die sich ab Planum 4 abzeichnete.

ren war. Drei gleichfalls kleinteilig zerscherbte Beigabengefäße von teilweise nurmehr wachsweicher Substanzerhaltung konnten im Nordosten und Südwesten auf der Steinsetzung festgestellt werden. Der frappante Größenunterschied zwischen der äußeren Grabgrube und der darin angelegten Pflasterung erklärt sich durch deren Ungleichzeitigkeit, denn das mit Steineinbauten versehene Urnengrab wurde als Sekundärbestattung in die ältere Grube eingetieft. Hierfür spricht in erster Linie die Verschiedenheit der Füllmaterialien: Mit dem gut verfestigten dunklen Lehm, den die ungestört erhaltenen Randpartien des älteren Befundes aufwiesen, kontrastierte im Bereich der Kalksteine eine auffallend inhomogene Verfüllung. Dunkle Verfleckungen im insgesamt helleren Sediment und eine unregelmäßige Durchsetzung mit kalzinierten Knochenpartikeln gaben zu erkennen, dass bei der Anlage der kammerartig gefassten Sekundärbestattung Altsubstanz der schon bestehenden Grablege aufgearbeitet worden war. Somit wird deutlich, dass zum Inventar des älteren Grabes nur die Funde zu rechnen sind, die außerhalb der Steinsetzung aus der älteren Grubenfüllung geborgen werden konnten. Hierzu zählt zum einen die Urne (Abb. 6,6), deren völlig verpresste Überreste sich im Bereich der nördlichen Grubenwand um ein Häufchen Leichenbrand zerstreuten und die gewiss schon im Zuge der Nachbestattung zu empfindlichem Schaden gekommen war, zum anderen ein keramisches Kleingefäß sowie eine gut erhaltene Bronzenadel (Abb. 6,5), die in der Nähe der südöstlichen Grubenschmalseite niedergelegt worden waren.

Die Urne ist typisch spätbronzezeitlich (Abb. 6,6); sie war hart gebrannt und ließ sich trotz starker Fragmentierung in ihrer ganzen Silhouette rekonstruieren. Über einem stark ausgebauchten Gefäßkörper trägt sie einen ausladenden Trichterrand. Im Bereich des maximalen Durchmessers sind vier Buckel modelliert, über deren einem sich ein gebogener Bandhenkel über den markanten Schulter-Hals-Umbruch spannt. Umlaufende Linien und Einstichreihen gliedern den Korpus horizontal, während hängende, länglich-schmale Dreiecke mit wechselnder Schraffenfüllung zwischen den Buckeln vertikale Akzente setzen.
Die Nadel trägt einen unverzierten Trichterkopf über einer ornamental ausgestalteten Schaftschwellung. Durch mehrere kräftige Rillen sind hier Zonen einer rippenartigen Profilierung geschaffen, die mit umlaufenden Feldern einer filigranen Zickzack-Ritzung im Wechsel stehen. Eine eindeutige Zuordnung zu einem der bereits definierten Nadeltypen fällt nicht leicht, im Ganzen gibt das Stück noch hügelgräberbronzezeitliche Reminiszenzen zu erkennen.
Einzelne unverbrannte Knochensplitter, Holzkohle- und Rotlehmpartikel sowie eine Silexpfeilspitze mit konkaver Basis, die innerhalb der älteren Grabfüllung in regelloser Streuung vorlagen, lassen vermuten, dass bei Anlage der Primärbestattung ältere Siedlungsreste, vielleicht auch weitere Gräber des Mittelneolithikums berührt worden sind.

Grab 3

Ein drittes Grab lag einige Meter nördlich der beiden anderen. Ein etwas unglücklicher Profilschnitt, der zunächst im südwestlichen Eckbereich erfolgte, ist dem Umstand geschuldet, dass der Befund von einem rezenten Drainagegraben diagonal durchschnitten wurde und sich im ersten Planum einer angemessenen Einschätzung entzog. Der Fortgang der Grabung konnte dennoch Klarheit über die Grabsituation schaffen.
Die Brandbestattung war unter Verzicht auf jegliche Steineinbauten in einer der Länge nach Ost–West orientierten und sehr akkurat zugerichteten Grube von 1,6 m auf 0,9 m angelegt worden. Ihre dunkle Verfüllung enthielt zahlreiche Holzkohlepartikel, vermutlich Rückstände des Scheiterhaufens. Bei der Grabung konnten insgesamt sieben keramische Beigabengefäße festgestellt werden, von denen jedoch keines die Anlage des erwähnten Drainagegrabens unversehrt überdauert hatte. Besonders fünf dünnwandige Kleingefäße von schalen- bzw. kumpfartigen Formen waren zudem so schlecht gebrannt und so stark fragmentiert, dass an eine Bergung nicht zu denken war. Von stabilerer Konsistenz, wenngleich ebenfalls stark verdrückt und zerscherbt war ein grobkeramisches Großgefäß, das nahe der nördlichen Grubenlangseite deponiert worden war. In seinem Bereich deutete ein deutliches Detektorsignal auf metallischen Inhalt hin, der dann mitsamt den Gefäßresten im Gips geborgen wurde. Östlich daneben trat eine Konzentration von Holzkohle und vermutlich weiteren organischen Materialien zutage, die gleichfalls en bloc gehoben wurde.[23]
Ein weiteres Großgefäß von grober Machart und einer plumpen, ungegliederten Form fand sich an der südlichen Grubenwand abgestellt. Auch sein Korpus war infolge horizontaler Verpressung zu Bruch gegangen und flachgedrückt worden, wobei im Mündungsbereich Leichenbrand ausgetreten war. Es handelte sich demnach um die Urne des Grabes, auch sie wurde im Gips geborgen. Dass der Bestattung auch metallische Gegenstände beigegeben worden waren, ließ sich nicht nur durch das erwähnte Detektorsignal nachweisen, sondern auch durch das verbogene und offenbar durch Feuereinwirkung deformierte Fragment eines Nadelschaftes, das in der Verfüllung des Drainagegrabens lag. Über Form oder Verzierung des einstigen Bronzegegenstandes ist leider keine Aussage mehr zu treffen.
In der Mitverbrennung metallischer Beigaben auf dem Scheiterhaufen und der vergleichsweise kleinen, jedenfalls nicht am Körpergrab ausgerichteten Bemessung der Grabgrube geben sich Unterschiede zu den als ungefähr zeitgleich zu erachtenden Gräbern 1 und 2 zu erkennen. Auch diese Variabilität dürfte der rituellen Neuordnung des Bestattungswesens in der Phase Bz D geschuldet sein. Generell werden mit der Totenverbrennung, der Beisetzung des Leichenbrandes im Aschengefäß und der Beigabe serviceartiger Gefäßsätze in Trochtelfingen Elemente fassbar, die im spätbronzezeitlichen Milieu als Vorboten der heraufkommenden Urnenfelderzeit zu verstehen sind. Der zum Teil nach wie vor an den Erfordernissen des Körpergrabes orientierte Zuschnitt der Grabgruben scheint dagegen noch ebenso aus älteren Traditionen geschöpft, wie die Anlage einer Kollektivbestattung, in der sich das im mittelbronzezeitlichen „Sippenhügel" verkörperte Ideal der im Tode fortdauernden Sozialbindung noch einmal gegen das urnenfelderzeitliche Einzelgrab durchgesetzt zu haben scheint.

23 Die Weiterbearbeitung der Blockbergungen im Labor steht momentan noch aus.

Hallstattzeitliche Gräber in Kirchheim-Osterholz

Schon vor Beginn der Arbeiten zum Bau der NATO-Pipeline war klar, dass dem Trassenabschnitt östlich des Ipf und nördlich des Weilers Osterholz besonderes wissenschaftliches Interesse zu gelten habe. Zum einen waren hier in der Flur „Krummes Gewand" Befunde eines römischen Gutshofs zu erwarten, in dem bereits 1898 und 1931 erste Schürfungen stattgefunden hatten.[24] Tatsächlich konnte ein längeres Stück der schon bis auf die unteren Lagen der Rollierung erodierten nördlichen Hofmauer beobachtet werden, Befunde der Innenbebauung blieben hingegen aus.

Zum anderen hatten kurz zuvor die Ausgrabungen eines Ha C-zeitlichen Grabhügels sowie zweier sogenannter „Herrenhöfe" der Späthallstatt- und Frühlatènezeit für Aufsehen gesorgt.[25] Inspiriert durch die jüngeren Forschungsergebnisse zum Siedlungsumfeld der Heuneburg bei Hundersingen an der oberen Donau (Lkr. Sigmaringen),[26] vermutete man in den aufgedeckten Hofstellen von Osterholz die Bestandteile einer zum Ipf gehörigen Außensiedlung beträchtlichen Ausmaßes.[27] Bestärkung schien diese Haltung durch die Funde griechischer Importkeramik zu erfahren, die in der Zisterne eines eben jener früheisenzeitlichen Gehöfte zutage getreten waren[28] und die – unter Anwendung des mit dem „klassischen" Fürstensitzkonzept verbundenen Interpretationsschemas – die Archäologie bereits in Tuchfühlung zu jenem ökonomisch potenten „Hallstattfürsten" zu versetzen schienen, der auf dem 668 m hoch gelegenen Plateau des Ipf vor Zeiten seine windige Residenz bewohnt und transalpinen Handelskontakt gepflegt haben soll.

Im Bereich um Osterholz gab die Trasse der NATO-Pipeline nun allerdings keinerlei weiteren Siedlungsbefund der Hallstattzeit zu erkennen, womit sich die Hypothese einer geschlossenen Ipf-Außensiedlung zumindest hier nicht bewahrheitet haben dürfte. Die frühe Eisenzeit war lediglich durch zwei Gräber belegt (Fundstelle AA-01, Gemeinde Kirchheim am Ries, Trassen-Km 9700 – 10 000, Gewann „Kratzbuck"/„Krummes Gewand"), die zu Füßen des im Jahre 2003 untersuchten (anschließend im Gelände rekonstruierten und seither im Munde der rings ansässigen Landbevölkerung „Monte Keltelino" titulierten) Hügels 2 bei Kirchheim-Osterholz ans Licht kamen. Sie zeigten sich im Planum als zwei annähernd kreisrunde Verfärbungen von 1,2 m bzw. 1,75 m Durchmesser, in denen sich Holzkohleflitter, verziegelte Lehmpartikel, Keramikscherben und kalzinierte Knochenstückchen in weitgehend tumultuarischer Gemengelage vorfanden (Abb. 8). Auch die Profilschnitte durch die nurmehr als Restbefunde vorliegenden Grabgruben ergaben keinen Hinweis auf eine geordnete Deponierung von Beigaben und Leichenbrand. Es handelt sich somit um Brandgrubengräber, in welche die Rückstände der andernorts erfolgten Leichenverbrennung ohne Auslese und unsortiert eingebracht worden waren. Angesichts der Tatsache, dass von den einst gewiss wesentlich tiefer angelegten Gräbern nur noch etwa 20–30 cm ihres Sohlbereiches erhalten waren, lassen sich kaum weitere Einzelheiten zur Grabgestaltung ermitteln. Auch eine genaue Datierung fällt angesichts des spärlichen Keramikmaterials, welches sich zudem in Wandscherben unverzierter Grobkeramik erschöpft, schwer. Ein unmittelbarer Bezug zur Ha C-zeitlichen Grabhügelnekropole darf aber wohl postuliert werden, zumal jüngere Grabungen in Grabhügelfeldern wiederholt gezeigt haben, dass das Flachbrandgrab in all seinen Variationen zu den gängigen Erscheinungen des früheisenzeitlichen Bestattungswesens zählt und bei flächiger Beobachtung immer wieder zwischen den Tumuli in Erscheinung tritt.[29]

Frühalamannische Gräber bei Bopfingen-Trochtelfingen

Eine weitere Fundstelle, die hier vorgestellt werden soll, liegt wiederum auf Gemarkung Trochtelfingen, bei Trassenkilometer 14,5 (Fundstelle AA-02, Gewann „Memminger Weg"). Dort kamen, etwas abseits von zwei Vierpfostenbauten gelegen, zwei Körpergräber aus frühalamannischer Zeit zum Vorschein, die für den Raum zwischen Ellwangen und Nördlinger Ries ebenfalls eine ausgesprochene Seltenheit darstellen und dazu beitragen können, eine Lücke im Fundbild zu schließen.[30] Ziemlich genau mittig in der Trasse wurden zwei gleichartig ausge-

24 Laut O. Paret, der sich auf Akten der RLK beruft, lag hier ein römischer Gutshof. 1898 wurden von Drück ein 4,9 m × 5 m großer Raum eines Gebäudes freigelegt und eine Mauer auf 100 m Länge festgestellt. Weitere Untersuchung 1931 durch Paret, der Eintragungen der Mauerreste in die alte Flurkarte vornahm.

25 Krause 2002.

26 Kurz 2001.

27 Hypothetische Kartierung bei Krause 2004, Abb. 59.

28 Krause 2002, 75 f.

29 Kurz 1997, 18 f.

30 Von der Gemarkung Trochtelfingen waren bislang nur die alamannischen Grabfunde aus der Flur „Hinter dem Dorf" bekannt: Fundber. Schwaben N. F. 18/2, 1967, 153.

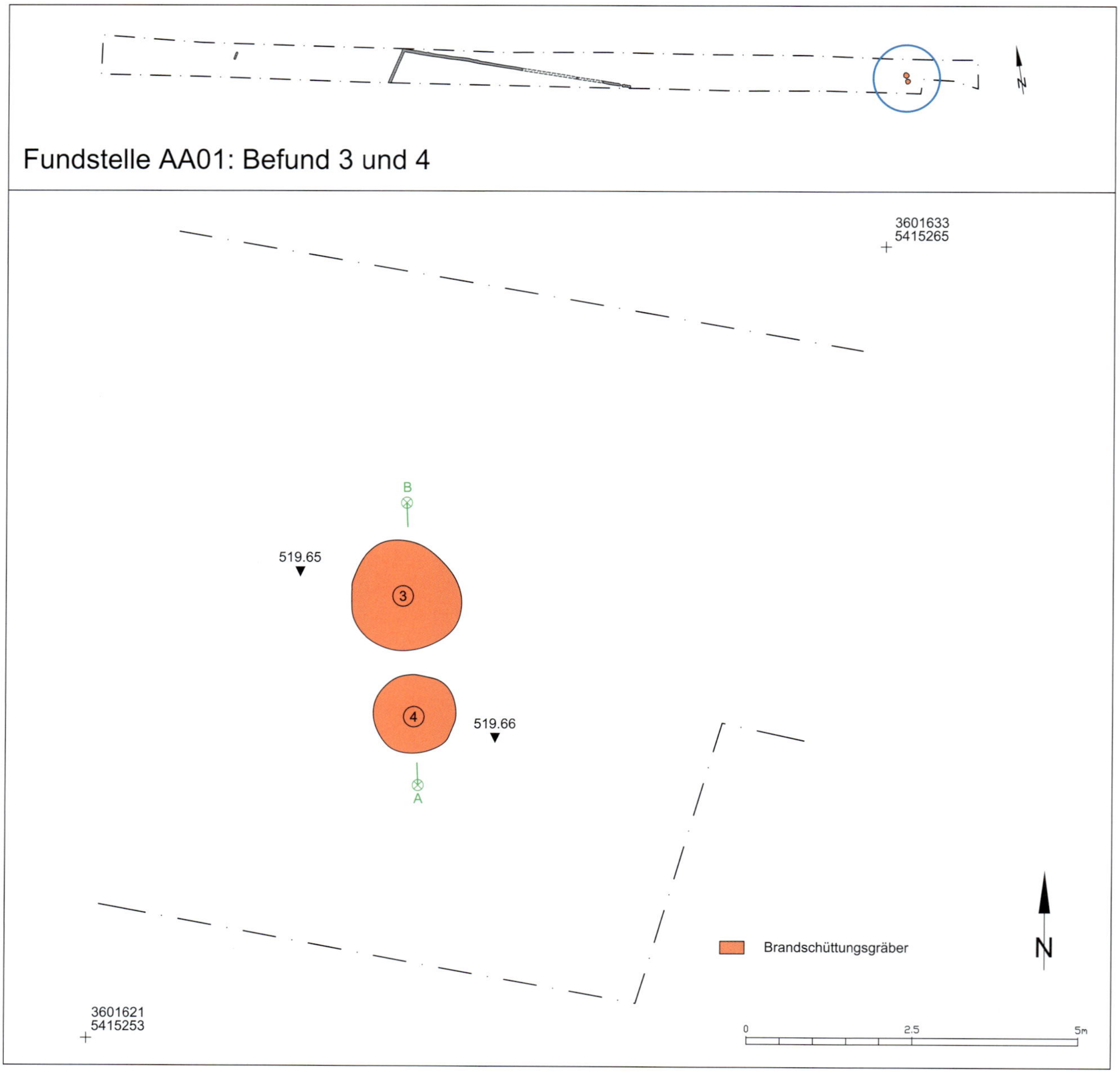

Abb. 8: Kirchheim-Osterholz, Fundstelle AA-01. Hallstattzeitliche Brandgrubengräber in der Trasse der NATO-Pipeline in unmittelbarer Nachbarschaft des wieder aufgeschütteten Grabhügels.

richtete Grabgruben angetroffen, die nur wenig voneinander entfernt lagen.

Grab 1 zeichnete sich als Nordost–Südwest orientierte, mit graubraunem Lehm verfüllte rechteckige Grabgrube von 1,32 m Länge und 0,67 m Breite ab. Abgesehen von einer kleinen Anhäufung von Zahnschmelzkappen im nordöstlichen Drittel der Grabgrube war das Skelett bereits völlig vergangen, nur stellenweise deuteten einige Spuren von nicht mehr zu bergenden Resten auf das postkraniale Skelett der Körperbestattung. Der Kopf lag nach Ausweis der Zahnreste im Nordosten.

Als Beigaben fanden sich in der Grabgrube außer einem Keramikgefäß neben dem Kopf – nach Ausweis der wenigen Scherben scheint es sich um ein Kleingefäß gehandelt zu haben – einige Bernstein- und Glasperlen, die sich ebenfalls in lockerer Streuung um den Schädel herum befanden. Ein Henkelfragment aus Keramik, das ganz im Nordosten der Grabgrube lag, könnte von einem zweiten Gefäß stammen.

Grab 2 lag ca. 2 m nördlich von Grab 1 und war mit einer Länge von 1,94 m und einer Breite von 0,83 m deutlich größer dimensioniert als Grab 1. Es handelte sich ebenfalls um eine rechteckige Grabgrube mit nordnordost-südsüdwestlicher Orientierung, die mit demselben lehmigen Erdmaterial wie Grab 1 verfüllt war. Spuren von Grabeinbauten waren nicht zu erkennen.

Auch bei diesem Befund war die Zerstörung infolge langjähriger landwirtschaftlicher Aktivitäten bereits stark fortgeschritten: So konnte direkt unter der Humusdecke in der Nordwestecke der Grabgrube nur noch die Bruchlinie eines nach oben bereits gekappten, offenbar noch in situ befindlichen Keramikgefäßes dokumentiert werden. Auch die Knochenerhaltung war ausgesprochen schlecht, nur wenige Skelettreste der Körperbestattung ließen sich noch bergen, die Lage des Kopfes im Nordosten war noch festzustellen.

Neben der stark in Mitleidenschaft gezogenen Keramikschale (?) westlich des Schädels fanden sich in der anderen Kopfecke des Grabes mehrere kleine Beschlagteile aus Eisen, darunter eventuell auch einige (Zier?-)nägel sowie ein Spinnwirtel. Etwas nördlich der Grubenmitte, nahe der östlichen Grabwandung lag eine konische Bernsteinperle, auf gleicher Höhe in der Mitte des Grabes deutet eine kleine Gürtelschließe aus Bronze den Hüftbereich an. Um den Kopfbereich herum fand sich eine Vielzahl von polyedrischen, transluziden kobaltblauen und ringchenförmigen, gelbopaken Glas- sowie runden bis scheibenförmigen Bernsteinperlen, die sich nach der aufwendigen Restaurierung zu einem feingliedrigen Collier zusammenfügen ließen (Abb. 9; 10).

Kombinationen der polyedrischen, transluziden kobaltblauen Perlen des äußeren Kettenstrangs und der transluzid blauen Ösenperlen sind typische Elemente frühalamannischer Ketten und finden sich etwa auch im Perlenensemble des frühen Frauengrabs von Lauffen a. N., wo ebenfalls kurze polyedrische Perlen zwischen die Ösenperlen geschoben waren.[31] Allgemein waren solche blauen Berlockperlen aus römischen Werkstätten als Importstücke bei den Alamanninnen in Süddeutschland um die Mitte des 4. Jh. n. Chr. sehr beliebt[32] und finden sich als Einzelstücke auch in Höhensiedlungen, wie die Stücke vom Runden Berg bei Urach belegen[33]. Die zahlreichen Bernsteinperlen des „Colliers“ sind ebenfalls ausnahmslos sorgfältig geschnitten oder gedrechselt, vor allem die scheibenförmigen Exemplare fallen durch ihre sehr qualitätvolle und sorgfältige Bearbeitung auf und finden sich in ent-

31 Koch 1987, 322.

32 Schach-Dörges 1997, 82. Vgl. auch die Funde aus den Gräbern 3 und 4 von Gerlachsheim und weiteren Fundorten, die von U. Koch zusammengestellt wurden: Koch 1987, 322, Anm. 33.

33 Ebd. 332 f.

Abb. 9: Bopfingen-Trochtelfingen, Fundstelle AA-02. Frühalamannisches Glasperlen- und Bernsteincollier. M. 1:2.

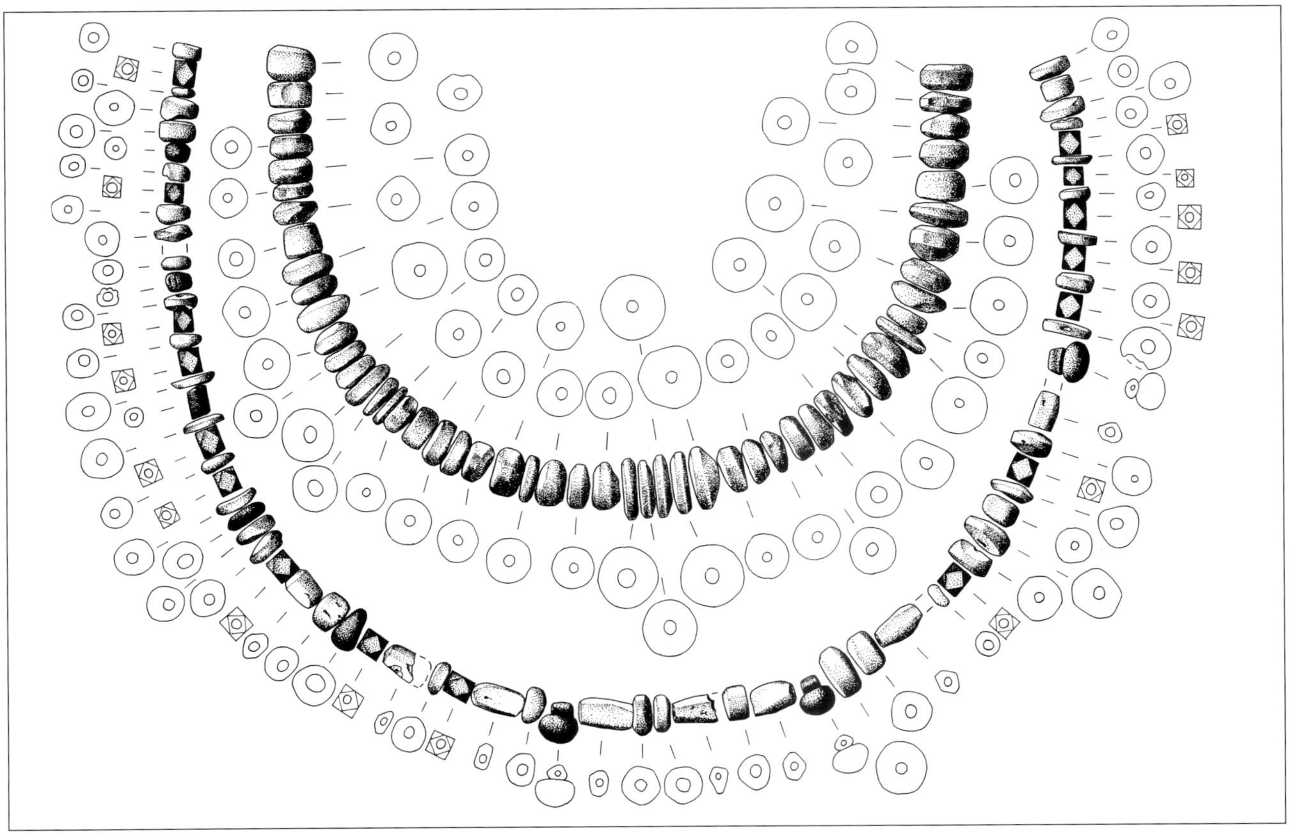

Abb. 10: Bopfingen-Trochtelfingen, Fundstelle AA-02. Frühalamannisches Glasperlen- und Bernsteincollier.

sprechenden frühalamannischen Zusammenhängen des 4. und 5. Jh.[34]
Mit der Fundstelle in der Flur „Memminger Weg" bei Bopfingen-Trochtelfingen kann also den bislang nicht allzu zahlreichen bekannten frühalamannischen Bestattungsplätzen im süddeutschen Raum ein weiterer Punkt hinzugefügt werden, der aufgrund der Befundsituation ohne die archäologische Begleitung der Trasse sicherlich unentdeckt geblieben wäre. Gerade eher unscheinbare Befundgattungen, wie die frühalamannischen Bestattungsplätze, die entweder nur als Einzelgräber oder als kleine Bestattungsplätze mit wenigen Toten und bis zu 10 m auseinander liegenden Gräbern in Erscheinung treten,[35] können bei solchen Maßnahmen entdeckt werden und als für die Regionalgeschichte wichtige Mosaiksteinchen in den Fundkarten bestehende Lücken schließen.

34 Ebd. 348; bes. Anm. 4.
35 Schach-Dörges 1987, 86.

Zwei alamannische Gräber bei Dischingen-Dunstelkingen

Die zweite Fundstelle, an der im Trassenverlauf der NATO-Pipeline merowingerzeitliche Gräber erfasst wurden, liegt im Kreis Heidenheim auf Gemarkung Dischingen-Dunstelkingen: Dicht beieinander gelegen konnten zwei langrechteckige Grabgruben identischer, südwest-nordöstlicher Orientierung ausgegraben werden (Abb. 11).

Auf drei Seiten der 2,20 m langen und 0,84 m breiten Grabgrube von Grab 1 (Bef. 38) markieren mehrere, bis zu 0,4 m große Kalksteinfindlinge die Grabeinfassung (Abb. 12). Von dem in Rückenlage beigesetzten Leichnam haben sich lediglich Teile der Langknochen, wenige Fußknochen und der im Südwesten der Grabgrube liegende Schädel erhalten. An Beigaben dieser Frauenbestattung fanden sich insbesondere im Beckenbereich mehrere Eisen- und Bronzefragmente, die vom Gürtel der Toten stammen dürften (z. B. eine eiserne Gürtelschnalle[36] und Bronzezwecken mit umgebogenem Dorn als Besatzteile). Weiterhin lag im Beckenbereich eine 1 cm große, transluzid kobaltblaue Glasperle. Unmittelbar unterhalb des rechten Fußes der Toten war ein kleineres, stempelverziertes Bechergefäß aus dunkelgrauem Ton deponiert (Abb. 13,1).

36 Die Schnalle war lediglich noch als Verfärbung im zentralen Beckenbereich erkennbar und konnte nicht mehr geborgen werden.

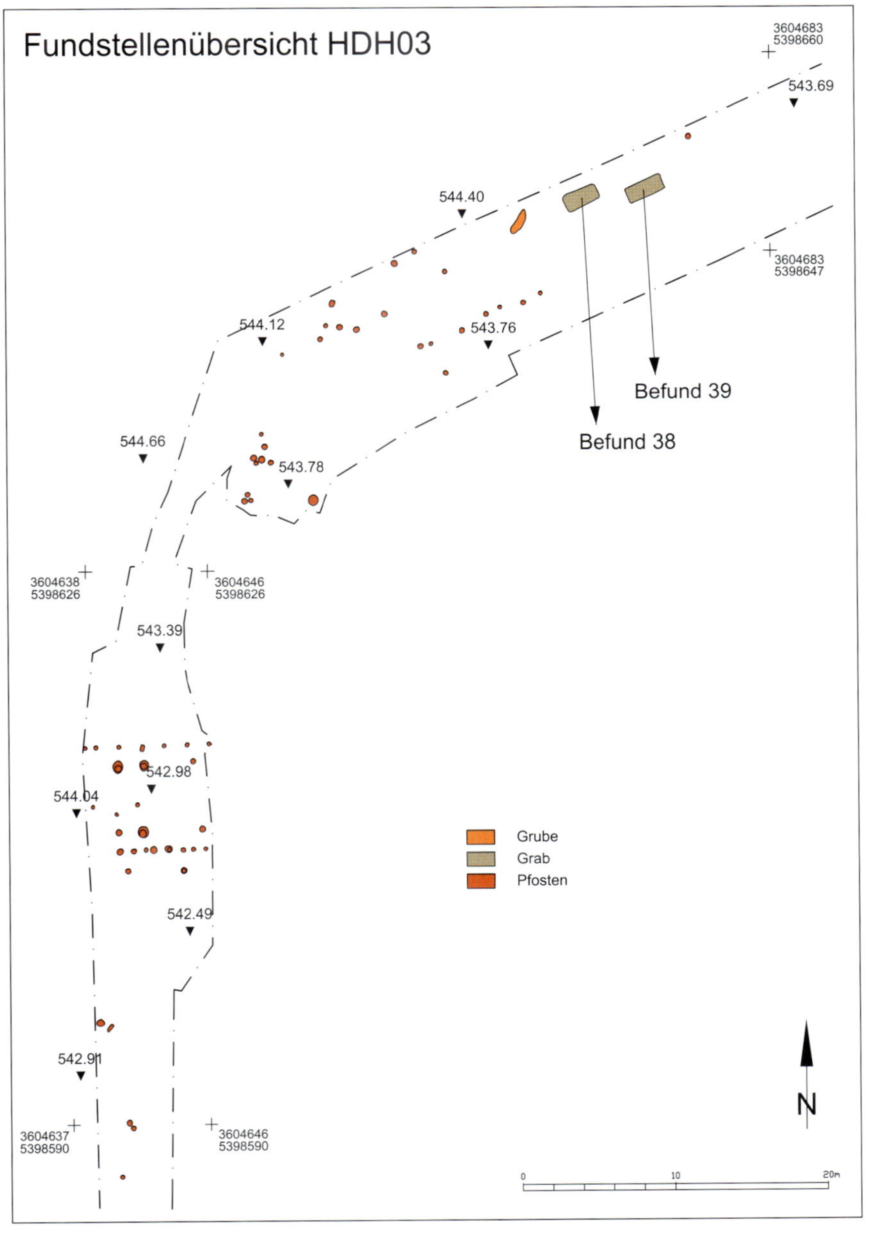

Abb. 11: Dischingen-Dunstelkingen, Gesamtplan der Fundstelle HDH-03 mit den merowingerzeitlichen Grabfunden Befund 38 und 39.

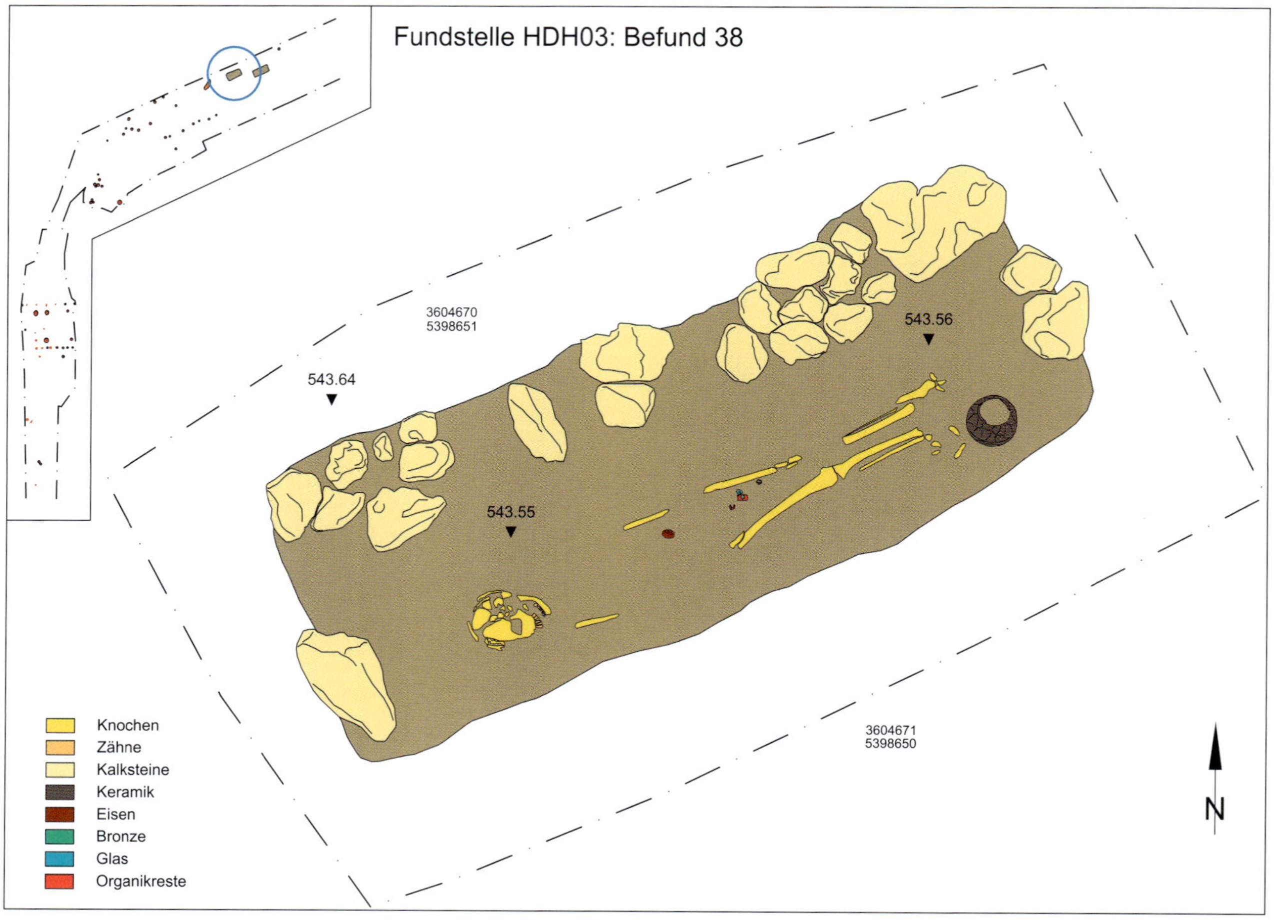

Abb. 12: Dischingen-Dunstelkingen, Fundstelle HDH-03, Befund 38. Grabplan von Grab 1.

Grab 2 (Bef. 39), nur wenig östlich von Grab 1 gelegen, barg die Überreste eines bewaffneten Mannes. Auch in diesem Fall waren entlang den Längsseiten der knapp 2,5 m langen und 1,2 m breiten Grabgrube Kalksteinfindlinge als Grabeinfassung arrangiert (Abb. 14). Dazwischen lassen die scharfen Befundgrenzen, die dunklere regelmäßige Verfärbung auf der Grabsohle und der steinfreie Bereich im Zentrum auf die Existenz eines Holzsarges schließen. Interessant sind zwei ca. 0,1 m tiefe Quergräbchen auf Schulter- und Wadenhöhe des Toten, die unter den eigentlichen Kammerboden hinabreichen und über die Sargverfärbungen jeweils einige Zentimeter hinausragen. Hierbei dürfte es sich um die Reste einer hölzernen Unterkonstruktion, sogenannte Querriegel zur Stabilisierung des Holzsargs auf dem Kammerboden handeln.

Das Skelett des etwa 1,75–1,80 m großen Mannes war relativ gut und vollständig erhalten. Der Tote wurde in gestreckter Rückenlage beigesetzt, die linke Hand lag auf der Spatha, der Schädel befand sich im Südwesten.

Die Beigabenausstattung des Mannes umfasst eine nahezu komplette Waffenausstattung. Bereits oberhalb der eigentlichen Bestattung lag in der Nordwestecke des Grabes eine eiserne Lanzenspitze mit Mittelrippe (Abb. 13,4); die Befundsituation legt eine Deponierung außerhalb des Sargs, vielmehr darauf, an der nördlichen Längsseite, nahe.

Unter der 0,81 m langen Spatha (Abb. 13,6), die offenbar in einer hölzernen Schwertscheide steckte, lag der Kurzsax (Abb. 13,5), ebenfalls in einer hölzernen Scheide. Ein Eisenmesser mit einem Griff aus Bronzeblech (Abb. 13,3) befand sich querliegend unter dem Becken, womöglich als Inhalt einer Tasche. Die Spatha war vermutlich an einem Wehrgurt befestigt, von dem sich noch mehrere eiserne Beschlagteile erhalten haben; der Kurzsax war am Leibgurt mit einer Schnalle mit rundem Beschlag befestigt (Abb. 13,2), die die Grablege in die Zeit um 600 n. Chr. datiert.[37]

Auch dieses Grab enthielt eine Gefäßbeigabe aus Keramik: ein zweihenkeliges, scheibengedrehtes, ritzverziertes Gefäß mit Tüllenausguss (Abb. 13,7)

37 Frau Dr. S. Walter, Esslingen, möchten wir für die Durchsicht des Manuskripts und wertvolle Ergänzungen sehr herzlich danken.

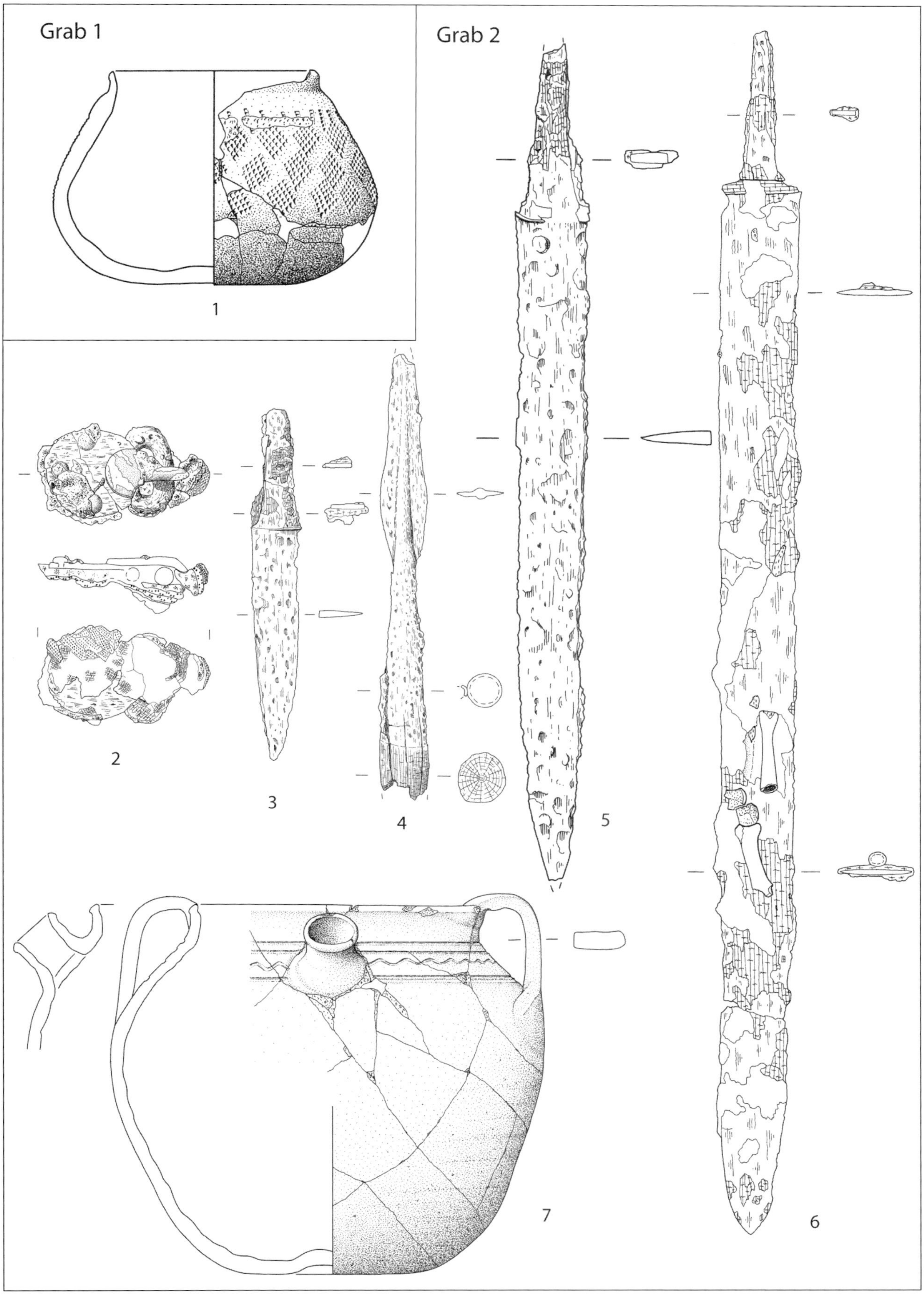

Abb. 13: Dischingen-Dunstelkingen, Fundstelle HDH-03. Grabbeigaben aus den Befunden 38 und 39. 1–5, 7 M. 1:2; 6 M. 1:4.

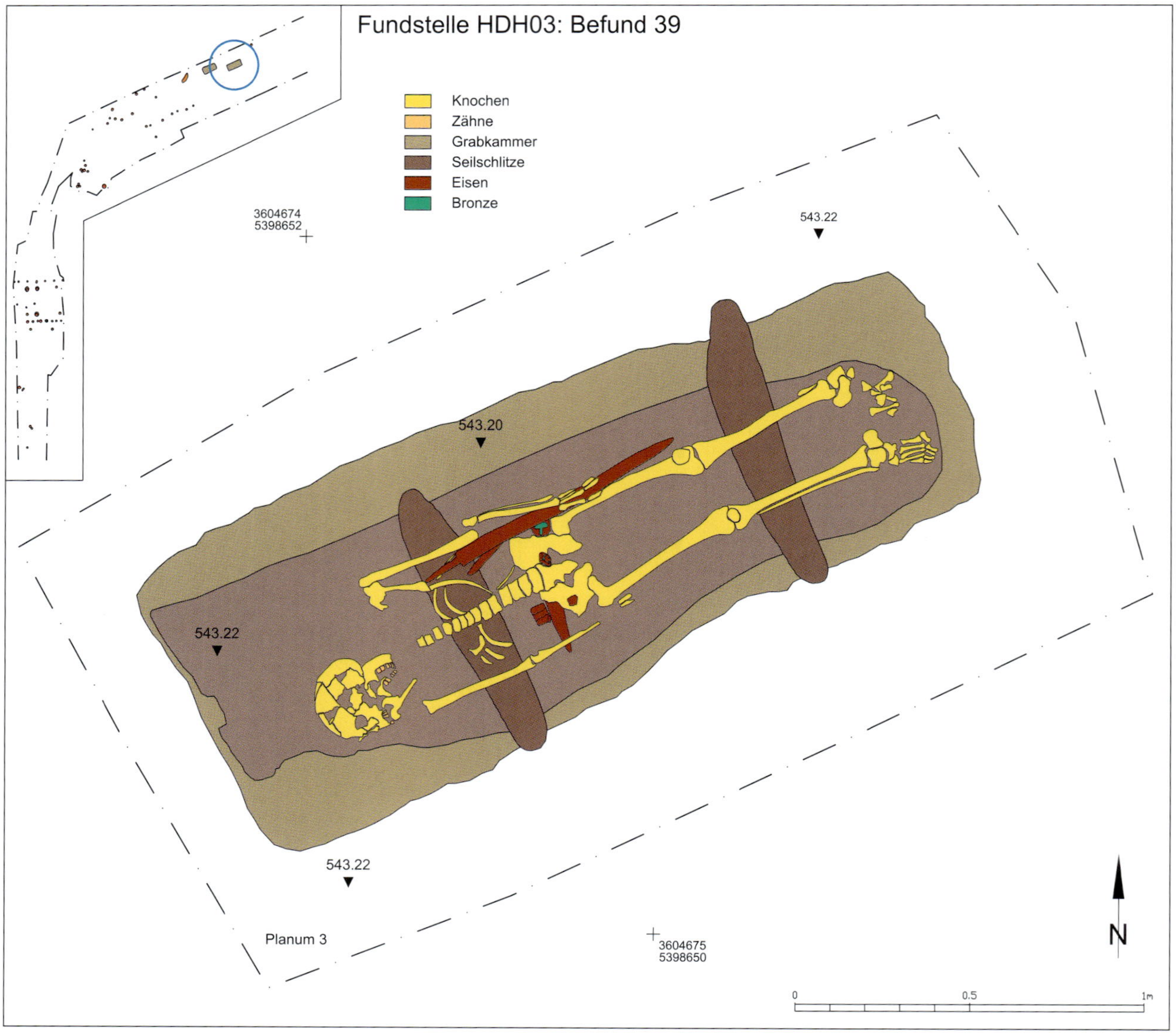

Abb. 14: Dischingen-Dunstelkingen, Fundstelle HDH-03, Befund 39. Grabplan von Grab 2.

wurde in der Nordwestecke des Grabes geborgen und war wahrscheinlich zusammen mit der Lanze auf dem Sarg niedergelegt worden.

In diesem Rahmen soll lediglich auf die beiden Keramikgefäße der hier vorgestellten Dunstelkinger Gräber etwas näher eingegangen werden, da bei beiden Gefäßen Fremdeinflüsse langobardischer wie fränkischer Art erkennbar sind.[38]

Der kleine beutelförmige Becher aus dunkelgrauem Ton mit einer Höhe von 8 cm aus Grab 1 ist handgemacht und trägt ein rautenförmiges Stempeldekor. Solche stempelverzierten Beutelgefäße sind häufig im baiuwarischen Raum anzutreffen, stellen aber auch mit den charakteristischen rautenförmigen Gitterstempeln auf der Ostalb keine Seltenheit dar. Sie können als Elemente einer lokalen ostalamannisch-baiuwarischen Gruppe angesehen werden, die auf langobardisch-pannonischen Einfluss zurückgehen.[39] So ist beispielsweise ein sowohl hinsichtlich Form als auch Verzierung nahezu identisches Stück aus dem Männergrab 132 von Westheim, Kreis Weißenburg-Gunzenhausen, bekannt.[40] Dort ist der etwas größere Becher im Umbruch etwas schärfer profiliert, und statt den nach oben auslaufenden einzelnen Stichreihen findet sich eine horizontal umlaufende plastische Leiste. Das Hauptmuster, die flächig an der Oberwand angebrachte Stempelverzierung der rautenförmigen Gitter, stimmt exakt mit dem Dunstelkinger Stück

38 Herrn Dr. U. Gross, Esslingen, sei an dieser Stelle sehr herzlich für zahlreiche Hinweise zu den keramischen Funden gedankt.
39 Knaut 1993, 158.
40 Reiß 1994, Taf. 62,24.

überein.[41] R. Reiß brachte die Westheimer stempelverzierten beutelförmigen Becher sowohl mit gepidischen wie auch vor allem mit langobardischen Vorbildern in Verbindung,[42] konnte zugleich anhand der Formentwicklung der Westheimer Stücke jedoch eine eigenständige Herausbildung in Süddeutschland nachweisen, der zufolge der Dunstelkinger Becher – ähnlich dem Westheimer Becher aus Grab 132[43] – ans Ende der Entwicklung zu stellen ist.
Die relativ seltene Kombination von senkrechten Stichreihen und der netzartig über das Gefäß ziehenden Gitterzier findet sich auch auf dem Gefäß aus Grab 197 von Kirchheim am Ries,[44] ebenfalls zusammen mit Resten einer dreiteiligen Gürtelgarnitur vergesellschaftet. Das Gräberfeld von Kirchheim am Ries liegt in geographisch nicht allzu großer Entfernung vom Fundort in Dunstelkingen, der sich damit gut in das Verbreitungsbild der stempelverzierten Keramik im Osten Württembergs und des benachbarten Bayern einfügt.
Bei der zweihenkligen, 20 cm hohen Tüllenausgusskanne aus Grab 2 handelt es sich um Drehscheibenware, die auf der Ostalb in merowingerzeitlichen Fundzusammenhängen sehr selten ist. Allgemein sind solche Tüllenausgusskannen wie das Exemplar aus dem an die Wende des 6. zum 7. Jh. zu datierenden Schwertgrab von Dunstelkingen in Gräbern der Merowingerzeit selten.[45] Die Herkunft solcher Kannen – hier fällt insbesondere die rundliche bis wenig profilierte Gefäßform mit runder Ausgusstülle auf – wird in den westlichen Gebieten des fränkischen Reiches gesehen.[46] Wo allerdings die Töpfereien genau zu lokalisieren sind, in denen solche Gefäße hergestellt wurden, ist derzeit nicht zu bestimmen.

Zusammenfassung

Schon die Beschränkung auf die Vorstellung der Grabfunde, die im Verhältnis zu den aufgedeckten Siedlungsbefunden zahlenmäßig deutlich geringer als jene im Fundbild zu Buche schlagen, zeigt, dass die archäologische Begleitung dieses linearen Projekts zur Neuentdeckung einer Vielzahl von archäologischen Denkmälern, die von beachtlichem regionalgeschichtlichem Interesse sind, geführt hat. Entsprechend kann auch der wissenschaftliche Ertrag einer solchen Maßnahme wie an der NATO-Pipeline gewertet werden, wie die Grabfunde aus Epochen, die sonst vor allem durch Siedlungsbefunde bzw. gar nicht in den Fundkarten auftauchen, eindrücklich belegen. Die hier vorgestellten Entdeckungen machen deutlich, dass die Trassenarchäologie selbst bei einem verhältnismäßig bescheiden dimensionierten Projekt wie der NATO-Pipeline in Baden-Württemberg ganz neue und andere Einblicke in die Besiedlungsmuster einer vorgeschichtlichen Siedlungskammer eröffnet, als dies vielfach auch bei mehr oder weniger große Flächengrabungen der Fall ist.

Bildnachweis

Landesamt für Denkmalpflege im Regierungspräsidium Stuttgart, Esslingen: 1–9, 11–14; Foto Y. Mühleis: 10

41 Ebd. 159.
42 Ebd.
43 Ebd.
44 Neuffer-Müller 1983, 100 mit Taf. 34E,12.
45 Gross 2000, 198.
46 Gross 1996.

Abgekürzt zitierte Literatur

Bofinger 2005	J. Bofinger, Untersuchungen zur neolithischen Besiedlungsgeschichte des Oberen Gäu. Materialh. Arch. Baden-Württemberg 68 (Stuttgart 2005).
Bollacher u. a. 2006	Ch. Bollacher/D. Krausse/J. Bofinger, Archäologische Untersuchungen an der NATO-Pipeline Aalen (BW) – Leipheim (BY). Arch. Ausgr. Baden-Württemberg 2006, 78–82.
Dehn/Sangmeister 1954	W. Dehn/E. Sangmeister, Die Steinzeit im Ries. Katalog der steinzeitlichen Altertümer im Museum Nördlingen. Materialh. Bayer. Vorgesch. 3 (Kallmünz) 1954.
Gross 1996	U. Gross, Überlegungen zur Genese der fränkischen Tüllenausgusskannen. Fundber. Baden-Württemberg 21, 1996, 565–572.
Gross 2000	U. Gross, Anmerkungen zur Keramik aus Grab 318 in Hüfingen, Schwarzwald-Baar-Kreis. Germania 78, 2000, 198–202.
Knaut 1993	M. Knaut, Die alamannischen Gräberfelder von Neresheim und Kösingen. Forsch. u. Ber. Vor.- u. Frühgesch. Baden-Württemberg 48 (Stuttgart 1993).
Koch 1987	U. Koch, Die Glas- und Edelsteinfunde aus den Plangrabungen 1967–1983. Der Runde Berg bei Urach VI = Schr. Heidelberger Akad. Wiss., Komm. Alamann. Altkde. 12 (Heidelberg 1987).
Krause 2002	R. Krause, Rechteckhöfe und Großgrabhügel bei Osterholz, Gde. Kirchheim am Ries, Ostalbkreis: die Außensiedlung zum frühkeltischen Fürstensitz auf dem Ipf. Arch. Ausgr. Baden-Württemberg 2001, 73 ff.

Krause 2004	R. Krause, Der Ipf – frühkeltischer Fürstensitz und Zentrum keltischer Besiedlung am Nördlinger Ries. Arch. Inf. Baden-Württemberg 47 (Stuttgart 2004).
Krause/Wieland 1993	R. Krause/G. Wieland, Eine keltische Viereckschanze bei Bopfingen am Westrand des Rieses. Ein Vorbericht zu den Ausgrabungen und zur Interpretation der Anlage. Germania 71, 1993, 59–112.
Kurz 1997	S. Kurz, Bestattungsbrauch in der westlichen Hallstattkultur. Tübinger Schr. Ur- u. Frühgesch. 2 (Münster 1997).
Kurz 2001	S. Kurz, Siedlungsforschungen im Umland der Heuneburg. Fragestellung und erste Ergebnisse. In: P. Schauer (Hrsg.), DFG-Graduiertenkolleg 462: „Paläoökosystemforschung und Geschichte". Beiträge zur Siedlungsarchäologie und zum Landschaftswandel. Regensburger Beitr. Prähist. Arch. 7 (Regensburg 2001) 187 ff.
Lichardus-Itten 1980	M. Lichardus-Itten, Die Gräberfelder der Großgartacher Gruppe im Elsaß. Saarbrücker Beitr. Altkde. 25 (Bonn 1980).
Ludwig-Lukanow 1983	S. Ludwig-Lukanow, Hügelgräberbronzezeit und Urnenfelderkultur im Nördlinger Ries. Materialh. Bayer. Vorgesch. 48 (Kallmünz 1983).
Neuffer-Müller 1983	Ch. Neuffer-Müller, Der alamannische Adelsbestattungsplatz und die Reihengräberfriedhöfe von Kirchheim am Ries (Ostalbkreis). Forsch. u. Ber. Vor.- u. Frühgesch. Baden-Württemberg 15 (Stuttgart 1983).
Pankau 2007	C. Pankau, Die Besiedlungsgeschichte des Brenz-Kocher-Tals (östliche Schwäbische Alb) vom Neolithikum bis zur Latènezeit. Universitätsforsch. Prähist. Arch. 142 (Bonn 2007).
Reiß 1994	R. Reiß, Der merowingerzeitliche Reihengräberfriedhof von Westheim (Kreis Weißenburg-Gunzenhausen). Wiss. Beibde. Anz. Germ. Natmus. 10 (Nürnberg 1994).
Schach-Dörges 1997	H. Schach-Dörges, „Zusammengespülte und vermengte Menschen". Suebische Kriegerbünde werden sesshaft. In: Arch. Landesmuseum Baden-Württemberg (Hrsg.), Die Alamannen. Ausstellungskat. Stuttgart (Stuttgart 1997) 79–102.
Schröter 1975	P. Schröter, Zur Besiedlung des Goldberges im Nördlinger Ries. In: Ausgrabungen in Deutschland I. Monogr. RGZM 1,1 (Mainz 1975) 98–114.
Spatz 1999	H. Spatz, Das mittelneolithische Gräberfeld von Trebur, Kreis Groß-Gerau. Mat. Vor- und Frühgesch. Hessen 19 (Wiesbaden 1999).
Veit 1996	U. Veit, Studien zum Problem der Siedlungsbestattung im europäischen Neolithikum. Tübinger Schr. Ur- u. Frühgesch. Arch. 1 (Münster, New York 1996).
Zeeb 1998	A. Zeeb, Die Goldberggruppe im frühen Jungneolithikum Südwestdeutschland. Ein Beitrag zu Keramik der Schulterbandgruppen. Universitätsforsch. Prähist. Arch. 48 (Bonn 1998).

Überlegungen zu reich ausgestatteten Frauengräbern im westlichen Späthallstattkreis

ANDREA BRÄUNING

I

Die Altgrabung eines hallstattzeitlichen Grabhügels in Schlatt (bei Bad Krozingen) bildet den Ausgangspunkt für die vorliegenden Überlegungen zu reich ausgestatteten Gräbern im westlichen Hallstattkreis und zur Stellung der Frau.[1] Nach seiner Erstpublikation in den Badischen Fundberichten fand dieses außergewöhnliche Grab in der Fachwelt keine weitere Beachtung. Lange wurde es aufgrund der Goldringbeigabe als Fürstengrab interpretiert.[2]

Definition Fürstengräber

Unter dem Eindruck der 1874–1876 freigelegten „Königsgräber" im Gräberrund von Mykene bezeichnete der württembergische Landeskonservator E. Paulus d. J. (1837–1907) die von ihm 1876/77 freigelegten Grabhügel bei der Heuneburg (Gemeinde Hundersingen; Gewann Gießübel/Talhau) aufgrund ihres Goldreichtums als „Fürstengräber".

In der archäologischen Literatur wird dieser Begriff, der feudale soziale Strukturen impliziert, bis heute kontrovers diskutiert. Mit ähnlich reichen Beigaben bestattete Personen werden wahlweise als Fürst, Häuptling, Herr, *big man* u. a. angesprochen. Da wir über die politische Organisation und über die gesellschaftliche Schichtung der frühkeltischen Gesellschaft so gut wie nichts wissen, werde ich diese Begriffe vermeiden.[3] Im Folgenden spreche ich von reich ausgestatteten Gräbern, die sich dadurch auszeichnen, dass den Toten Trachtzubehör aus Gold, Wagen oder Pferdegeschirr, kostbare Materialien wie Koralle und Bernstein, Metallgefäße sowie häufig mediterrane Importe beigegeben wurden.

34 Gräber der Späthallstattzeit (Stufe Ha D2/3) hat Markus Egg[4] zusammengestellt, die diesen Kriterien annähernd entsprechen. Aufgrund seiner frühen Datierung in die Stufe Ha D1 zählt das Grab aus Bad Krozingen-Schlatt, auf das nun näher eingegangen werden soll, nicht dazu, es gehört zu den ganz frühen Gräbern mit Goldringbeigabe (Ha D1).

Methodisches

Der Großteil der 34 reich ausgestatteten Gräber (11 Frauen-, 23 Männergräber) stammt aus Grabungen des 19. Jh. Zwei Fragen stellen sich unmittelbar: die Frage nach der Geschlossenheit des Fundkomplexes und die Frage nach der Bestimmung des Geschlechts der/des Bestatteten.

Da es sich um Altgrabungen handelt, erfolgte die Geschlechtszuweisung meist nach archäologischen Kriterien. Die Inventare werden, sofern eine Waffe wie Dolch, Lanze oder Messer vorhanden ist, Männern zugeordnet. Als Frauen werden Tote identifiziert, wenn sie als typisch weiblich angesehenes Trachtzubehör tragen – Arm-, Bein-, Schläfen- oder Ohrringe –, Waffen aber fehlen. Bei den jüngeren Grabungen des 20. Jh. erfolgten – sofern ausreichend Skelettmaterial vorhanden – anthropologische Bestimmungen, diese widersprechen oft der archäologischen Zuweisung.[5] Auch enthalten nicht alle Män-

1 G. Kraft/W. Rest, Der Hallstattgrabhügel von Schlatt A. Staufen. Badische Fundber. 3, 1933–36, 406 ff.

2 Zur Lage s. Kartierung bei R. Dehn/S. Plouin, in: P. Brun/B. Chaume (Hrsg.), Vix et les éphémères principautés celtiques. Les 6e et 5e siècles avant J.-C. en Europe centre-occidentale. Actes du Colloque de Châtillon-sur-Seine, 27–29 octobre 1993. Archéologie Aujourd'hui (Paris 1997) bes. 392 Tombe riche. – R. Dehn/M. Egg/R. Lehnert, Das hallstattzeitliche Fürstengrab im Hügel 3 von Kappel am Rhein. Monogr. RGZM 63 (Mainz 2005) 307 Abb. 154 Tombe aristocratique. – W. Struck in: K. Bittel/W. Kimmig/S. Schiek (Hrsg.), Die Kelten in Baden-Württemberg (Stuttgart 1981) 304 Fürstengrab. – L. Pauli in: H. Bender/L. Pauli/I. Stork, Der Münsterberg in Breisach 2. Hallstatt- und Latènezeit. Münchner Beitr. Vor- u. Frühgesch. 40 (München 1993) 105, Fürstengrab.

3 Zur aktuellen Diskussion: W. Schier, Fürsten, Herren, Händler? Bemerkungen zu Wirtschaft und Gesellschaft der westlichen Hallstattkultur. In: H. Küster/A. Lang/P. Schauer (Hrsg.), Archäologische Forschungen in urgeschichtlichen Siedlungslandschaften [Festschrift Georg Kossack]. Regensburger Beitr. Prähist. Arch. 5 (Bonn 1998) 493 ff. – H. Steuer, Frühgeschichtliche Sozialstrukturen in Mitteleuropa. Abhandl. Akad. Wiss. Göttingen (Göttingen 1982) 147 ff.

4 Dehn u. a. (Anm. 2) 268 Abb. 131; 269 Abb. 133; 303 Abb. 153.

5 H. Zürn, Hallstattforschungen in Nordwürttemberg. Die Grabhügel von Asperg (Kr. Ludwigsburg), Hirschlanden (Kr. Leonberg) und Mühlacker (Kr. Vaihingen). Veröff. Staatl. Amt. Denkmalpfl.

Fortsetzung siehe S. 133

Tabelle 1: Ausstattung der reichen Frauengräber im Westhallstattkreis. Fett: Kennzeichnende Inventarbestandteile reicher Gräber („Fürstengräber").

Grabinventare	Jahr der Ausgrabung	anthropologische Bestimmung	Goldschmuck und Trachtzubehör					sonstiger Schmuck und Trachtzubehör										Fahren		Metallgeschirr						
			Goldhalsring/Diadem	**Goldarmring**	**Goldohrring/Schläfenring**	Goldnadel	rund verziertes Goldobjekt	Bronzeleibring	Gürtelblech o. Ä.	Bronzehalsring	Lignitarmring	Bronzearmring	Bronzebeinring	Bronzefibel	Bronze- und Eisennadel (m. Korallen- bzw. Bernsteinköpfen)	Bronzeringe	**Kette (Koralle, Gagat, Diorit etc.)**	**Wagen**	Trensen/Pferdegeschirr	Edelmetallgefäß	Schnabelkanne	Krater (Import)	Bronzebecken (Import)	**Ziste/Situla/Becken**	**Importkeramik**	Datierung nach TOMBA-Datenbank RGZM
Ditzingen-Schöckingen	1951	♀		6	9	6				1		3	1		4		x									Ha D3
Esslingen-Sirnau	1936	♀		2	18									4		10	x									Ha D3
St. Colombe de la Butte	1863			2	2													x	x							Ha D2/3
Gießübel/Talhau I/4	1876			1					1	1				5	4	1	x							1		Ha D2
Ins VIII	1848				1	17	2				2	1		1				x						1		Ha D2/3
Urtenen	1857 u. 1902				2	30					4 + 2							x						1		Ha D2/3
Adiswil	1933		1		7						1		2		9	2	x	x						1		Ha D2/3
Vix	1953	♀	1					1			8	2	2	8		3	x	x	x	1	1	1	2	1	2	Ha D3

nergräber Waffen, so dass die Geschlechtzuweisung wiederum archäologischen Kriterien folgte. Diese vorweg geschickten einschränkenden Bemerkungen gelten für alle reich ausgestatteten Gräber und deren Interpretation. Bisher lag in der Regel das Augenmerk auf den reichen männlichen Bestattungen und ihrer Interpretation als mächtige Männer. Frauen spielten in dieser Welt keine tragende Rolle. Und es treten sofort Zweifel an den anthropologischen Untersuchungen weiblicher reicher Bestattungen auf, wenn sie besonders herausragen, wie das „Prinzessinnengrab“ von Vix oder die reiche Bestattung von La Butte.[6] Sie offenbaren immer wieder die androzentrische Sicht der Autoren.[7]
Bei der Auswahl der acht reich ausgestatteten Frauengräber des Westhallstattkreises (Burgund, Schweizer Mittelland, Württemberg) stütze ich mich auf solche Gräber, die als geschlossene Inventare gelten können. Sofern die Gräber anthropologisch bestimmt wurden, ist dies in der Tabelle 1 vermerkt. Teilweise muss auf die archäologische Bestimmung zurückgegriffen werden; die methodische Problematik ist mir dabei durchaus bewusst.

Schlatt – Befund- und Fundbeschreibung

Westlich des Ortes Schlatt befinden sich noch am Rande der Niederterrasse mehrere vom Pflug verzogene Grabhügel mit einem Durchmesser von 30–50 m und einer Höhe von nur noch 30 cm. 1933 wurde einer von G. Kraft untersucht, nachdem er erfahren hatte, dass ein Wünschelrutengänger „in einer der Erhebungen sein Glück im Goldgraben bei Mitternacht, aber ohne Erfolg“, suchte. „Auf der Oberfläche der Schürfstelle“ fand sich „ein *Armring* aus hellgelbem Goldblech“. Der Hügeldurchmesser betrug Nord–Süd 30 m, West–Ost 50 m, die erhaltene Höhe noch 1,50 m. Die *Hügelaufschüttung* aus Lösslehm enthielt jungsteinzeitliches Material (ein Steinbeil, Scherben, eine Lanzenspitze und ein Messer aus Feuerstein). Unter dieser befand sich eine *aufwendige Grabanlage*, die von einem Ring (Dm. 9 m) aus Asche und Eisenschlacken umgeben war, mit einer 4,8 m breiten Öffnung im Osten mit gerundeten Enden, die vom Ausgräber als Toranlage interpretiert wurde. Im Norden außerhalb des Schlackenrings lagen in Pflugtiefe Reste eines verzierten Gefäßes und kalzinierte Knochen, jedoch ohne Hinweise auf eine Grabgrube. Innerhalb des *Schlackenrings* befand sich in der Hügelmitte zwischen zwei Steinsetzungen das in den gewachsenen Boden eingetiefte Zentralgrab. Unter der *östlichen Steinpackung*, die den Eingang als gewaltiger Block absperrte (3 m × 1,40 m × 0,75 m), lag auf dem gewachsenen Boden folgende Tracht- und Beigabenausstattung: ein sechskantiger *Goldring* (Goldblechring) mit Steckverschluss mit der typischen Verzierung der Goldarmringe aus den „Fürstengräbern“ (äußerer Dm. 6,0 cm, innerer Dm. 5,2 cm, Gewicht 8,2 g: im Krieg verschollen),[8] ein *kleiner Bronzenagel mit flachem Kopf*, Fragmente eines *unverzierten Gürtelblechs aus Bronze*, ein kleines *verziertes Kegelhalsgefäß* sowie ein halbmondförmiges *Rasiermesser aus Eisen*. Die Anordnung der Funde spricht nicht für ein Körpergrab. Da sich keinerlei Skelettreste bzw. Reste einer Brandbestattung fanden, gehören diese Beigaben wohl zur Hauptbestattung.[9] Die zweite Steinpackung (2,30 m × 1,10 m × 0,20 m) barg hingegen keine Funde. Beim Hauptgrab handelt es sich um zwei ineinandergeschobene Gruben von ovalem Umriss (3,60 m bzw. 3 m lang), wobei sich der westliche Umriss als Scheinanlage (Kenotaph?) zu erkennen gab, der östliche Umriss war das eigentliche Grab, ein Körpergrab. Der Tote war auf eine Reisigunterlage gebettet, vom Skelett (verschollen) waren noch die schlecht erhaltenen Zähne des Ober- und Unterkiefers, ferner Fragmente beider Oberschenkel und des rechten Unterschenkels sowie die Unterarmknochen erhalten, an denen noch links ein *Bronzearmring* mit Kugelkopfenden und ein *Lignitarmring* (Dm. 7,5 cm bzw. 6,5 cm) und rechts ein weiterer für das Oberrheingebiet typischer *Bronzearmring* mit verdickten Kugelenden (Dm. 7,5 cm) steckten; der Letztere datiert das Grab nach Ha D1. Neben dem Kopf lag eine einzelne große *Wandungsscherbe* eines dickwandigen roten Gefäßes. In der Grabfüllung fanden sich *zwei zerbrochene Schälchen* mit alten Brüchen, Eisenschlacken (v. a. am Fußende) sowie

Fortsetzung Fußnote 5:
Stuttgart A 16 (Stuttgart 1970) 110 ff. – Ch. Kleibscheidel, Grundlagen und Methoden archäologischer Geschlechtsbestimmung in hallstattzeitlichen Gräbern (dargestellt am Beispiel Nordwürttembergs). Magisterarb. Göttingen 1993; http://programmierer.freepage.de/cgin/feets/freepage_ext/339483x434877d/rewrite/webpub/archgb/archgb.pdf (Zugriff 17. 3. 2009).

6 K. Spindler, Die frühen Kelten (Stuttgart 1983) 105 ff. 330. – B. Chaume, Vix et son territoire à l'âge du Fer – fouilles du Mont Lassois et environnement du site princier. Protohist. Européenne 6 (Montagnac 2001) 270 f.

7 J. Leskovar, Bilder auf Töpfen – Bilder in Köpfen. Zur stereotypen Identifikation auf hallstattzeitlichen szenischen Darstellungen. In: J. E. Fries/U. Rambuschek/G. Schulte-Dornberg (Hrsg.), Science oder Fiction? Geschlechterrollen in archäologischen Lebensbildern. Frauen – Forschung – Archäologie 7 (Münster 2007) 83 ff. mit weiteren erheiternden Beispielen.

8 Vgl. Kimmig/Rest, Ein Fürstengrab der Späthallstattzeit von Kappel am Rhein. Jahrb. RGZM 1, 1954, 179 ff. bes. 196. – Dehn u. a. (Anm. 2) 259 ff.

9 Struck (Anm. 2) 304.

kleine weißliche (kalzinierte?) Knochen von Ziege und Schaf.
Als zugehörige befestigte Höhensiedlung kommt der 1,5 km entfernte Schlatter Berg in Frage, eine lössbedeckte Kalkscholle, die 250 m ü. NN aus der Rheinebene herausragt. Auf dessen Nordostseite legte G. Fingerlin 1964 im Rahmen einer Rebflurbereinigung eine späthallstattzeitliche Befestigung mit Ha D1-zeitlicher Keramik, Fragmenten einer Schlangenfibel und Lignitarmringen frei.[10]
Das Grab von Schlatt mit seinem gemischten Inventar kann mit ziemlicher Sicherheit als ein geschlossenes Inventar betrachtet werden. Wie so oft bei reich ausgestatteten hallstattzeitlichen Gräbern, fehlen auch hier die anthropologischen Untersuchungen bzw. waren aufgrund der schlechten Erhaltung zum damaligen Zeitpunkt technisch noch nicht möglich.
Lange galt das Grab wegen des Ringschmucks als Grab einer Frau, bis M. Schönfelder vorschlug, den Goldring aufgrund des geringen Durchmessers und des Verschlusses als Ohrring eines Mannes anzusprechen.[11] Die Beigabe eines Rasiermessers würde zu Schönfelders Schluss passen. Diese Deutung wird durch Befunde gestützt; Bronzeohrringe haben sich in entsprechender Fundlage auch in Männergräbern gefunden, wie Schönfelder nachgewiesen hat.
Männer und Frauen trugen als gleichartiges Trachtzubehör also nicht nur Fibeln, Armringe usw., sondern auch Ohrringe. Nicht nur für die Tracht-, sondern auch für die Beigabensitte lässt sich eine partielle Gleichartigkeit in der Ausstattung von Männern und Frauen konstatieren, beispielsweise mit Wagen, Trinkgeschirr usw.[12]

Gräber mit Wagenbeigabe und Importen

Die Tabelle 2 zeigt, dass es sich bei der Wagenbeigabe und den Importen um eine traditionelle Angelegenheit handelt, die man schon aus Ha C/D kennt.[13] Mit Ha D2 kommen die Goldringe, die Insignien der „Fürsten", auf und werden von da an kanonisch. Auch die reichen, wie Männergräber ausgestatteten Frauengräber treten ab Ha D2 auf. Spezifisches Trachtzubehör bzw. Insignie, Standesabzeichen des Mannes war vor allem der Goldhalsring. Unter insgesamt 34 reich ausgestatteten Gräbern der Späthallstattzeit gibt es nur zwei sichere Frauengräber mit Goldhalsringen: Adiswil[14] und Vix[15]. Bereits Bronzehalsringe fanden sich sowohl in Frauen- als auch in Männergräbern.[16] Die typisch weibliche Schmuckbeigabe wurde zum Rangabzeichen. Nicht alle Inventare enthalten aber nur Gegenstände, die eindeutig dem anthropologisch/archäologisch bestimmten Geschlecht des/der Bestatteten zuzuordnen sind. Es gibt „weibliche" Gegenstände in Männergräbern und umgekehrt männlich konnotierte in Frauengräbern. Zu diskutieren wäre, wie solche Eigentümlichkeiten zu bewerten sind. Handelt es sich dabei z. B. um nicht erkannte Doppel- oder Mehrfachbestattungen, um separate Deponierungen im Grab oder um bewusst gemischte Inventare (siehe unten, II)?
Die „Fürstengräber" verteilen sich dabei ungleichmäßig auf die Geschlechter. Von den insgesamt 34 Ha D2/D3-zeitlichen „Fürstengräbern" sind 23 solche von Männern und 11 diejenigen von Frauen. Ein Neufund ist das reiche Grab eines Mädchens aus der Bettelbühlnekropole bei Herbertingen; das Kind war mit zwei goldblechverkleideten Paukenfibeln ausgestattet sowie mit zwei aus dem mediterranen Raum importierten Goldblechanhängern (Ohrringen?).[17]

Lagetypen

Welche Rückschlüsse auf die hallstattzeitliche Gesellschaft lassen sich aus den gleichartig prunkvoll ausgestatteten Männer- und Frauengräbern ziehen? Denkbar sind unterschiedliche Schlussfolgerungen. Die Gräber könnten eine Organisation der Gesell-

10 G. Fingerlin, Flurbereinigung und Bodendenkmalpflege I. Arch. Nachr. Baden 2, 1969, 5 ff. bes. 12 ff.; J. Klug-Treppe, Die hallstattzeitlichen Höhensiedlungen im Breisgau. Forsch. u. Ber. Vor- u. Frühgesch. Baden-Württemberg 73 (Stuttgart 2003) 37 f. 70 ff.

11 M. Schönfelder, Männer mit goldenen Ohrringen. Zu insignienhaften Gegenständen in der späten Hallstatt- und frühen Latènezeit. Arch. Korrbl. 28, 1998, 403 ff. bes. 415 Nr. 3.

12 Siehe Auflistungen der Ausstattungen nach Zeitstufen und Geschlecht getrennt, bei Dehn u. a. (Anm. 2) Abb. 121, 122, 131, 133, 152,153, Listen teilweise widersprüchlich. Zur schnellen Orientierung: Datenbank TOMBA des RGZM.

13 G. Kossack, Südbayern während der Hallstattzeit. Röm.-Germ. Forsch. 24 (Berlin 1959).

14 B. Schmid-Sikimić, Das Wagengrab von Gunzwil-Adiswil: ein Frauengrab. Helvetia Arch. 57/60, Teil 2, 1984, 103 ff. analysiert das Grab überzeugend als Frauengrab.

15 Anthropologisch bestimmt.

16 Bronzehalsringe finden sich sowohl in reichen Gräbern wie z. B. in Kappel Hügel 3, s. Dehn u. a. (Anm. 2), und Ditzingen-Schöckingen, aber auch in normalen Gräbern der Gräberfelder Asperg, Hirschlanden, Mühlacker. Siehe dazu Zürns Versuch einer Zuweisung, H. Zürn (Anm. 5) 111 f. mit Tabellen Abb. 72 f. – J. Hald, Das Gräberfeld von Böblingen Stadtwald „Brand". Materialh. Arch. Baden-Württemberg 35 (Stuttgart 1996) 55 mit Anm. 301 und 303. – Auch Gürtelbleche, Gürtelhaken, Leibringe und Fibeln taugen nach Zürn zur Geschlechterdifferenzierung, Zürn (Anm. 5) 115. – Anders Biel, der eine Idealausstattung der Tracht bestimmt. J. Biel in: K. Bittel u. a. (Anm. 2) 138 ff. bes. 148.

17 S. Kurz/J. Wahl, Zur Fortsetzung der Grabungen in der Heuneburg-Außensiedlung auf der Markung Ertingen-Binzwangen, Kreis Biberach. Arch. Ausgr. Baden-Württemberg 2005, 78 ff. bes. 81 f. – Zur Lage s. H. Reim, Archäologischer Rundwanderweg Heuneburg. Hrsg. vom Verein Heuneburgmuseum e.V. Herbertingen-Hundersingen, Naturpark Obere Donau e.V., Beuron, Regierungspräsidium Tübingen (Ertingen 2005) 68.

Tabelle 2: Gräber mit Wagenbeigabe und Importen. Frauengräber sind grau eingetragen, Import ist **fett** hervorgehoben, *kursiv* gekennzeichnet sind möglicherweise gestörte oder unvollständige Inventare aus Altgrabungen (Datierung nach Dehn/Egg/Lehnert [Anm. 2] 235 Schaubild 1: Ha D1 625–550, Ha D2 550–510, Ha D3 510–460 v. Chr.).

Grab	Geschlecht	Goldhalsring	Goldarmring	Goldohrring	Bronzegefäß	Wagen	Datierung
Ins 1848 u	♂	**Goldkette**				x	Ha C2
Kappel 3	♂				**x**	x	Ha D1
Hügelsheim	♂				**x**	x	Ha D1
Vilsingen	♂				**x**	x	Ha D1
Hohmichele I	♀ + ♂	**Goldbrokat**				x	Ha D1
Hohmichele VI	♀ + ♂				x	x	Ha D1
Schlatt	♂			x			Ha D1
Ihringen 1859*	♂		x		**x**		Ha D2
Kappel 1	♂	x	x	x	**x**	x	Ha D2
Hochdorf	♂	x	x		**x**	x	Ha D2
Römerhügel	♂	x	x?		x	x	Ha D2
Cannstatt 1	♂	x	x	2	x	x	Ha D2
St. Colombe de la Butte	♀		2	2		x	Ha D2/D3
Ihringen	♂	x	x		**x**		Ha D3
Vix	♀	Halsring/ Diadem			**x**	x	Ha D3
Ensisheim	♂	x	x	2			Ha D3
Adiswil	♀	x		7		x	Ha D2/D3

schaft widerspiegeln, in der einem Mann eine gleichwertige Frau zuzuordnen ist.[18] Die soziale Stellung der Frau und damit auch ihre materielle Ausstattung sowie das Ritual anlässlich ihrer Bestattung hängen von der des Mannes ab. Bei dieser Verbindung über einen sicher familiär zu sehenden Hintergrund würde man einen direkten Lagebezug zwischen den Gräbern erwarten; Männer und Frauen sollten entweder im selben Hügel bestattet worden sein oder in direkter Nachbarschaft unter jeweils eigenen Hügeln. Fehlt ein Lagebezug insbesondere der reich ausgestatteten Frauengräber zu adäquaten Bestattungen von Männern, so spricht dies meines Erachtens dafür, dass Frauen eine eigene, von einem Mann unabhängige soziale Stellung haben konnten. Um Rückschlüsse auf diesen Aspekt der gesellschaftlichen Verhältnisse während der Späthallstattzeit ziehen zu können, muss die Lage der prunkvoll ausgestatteten Frauengräber überprüft werden: Liegen sie jeweils isoliert, oder sind sie auf entsprechende Männergräber in ihrer unmittelbaren Nachbarschaft zu beziehen? Die Überprüfung ergibt, dass beide Lagetypen vertreten sind.

Lagetyp 1 (siehe Tab. 1)

Baden-Württemberg

Ditzingen/Schöckingen:[19] Dieses Grab steht im Zusammenhang mit einer befestigten Höhensiedlung auf dem Hohenasperg, der in 10 km Entfernung liegt. Es enthielt das Körpergrab einer Frau, die 20–30 Jahre alt war. Wegen der Lage im überbauten Ortskern ist unklar, ob das Grab in einem Hügel lag oder ein Flachgrab war. Es handelt sich um ein Einzelgrab.[20]
Die Zusammensetzung der Grabbeigaben ähnelt der des reichen Frauengrabs von Esslingen-Sirnau.

Esslingen/Sirnau:[21] Das Grab gehört möglicherweise auch zur Hochdorf-Gruppe um den Hohenasperg. Der verflachte Grabhügel enthielt das Körpergrab einer 20-jährigen Frau. Aus der Umgebung sind Lesefunde bekannt, die möglicherweise auf weitere Gräber (?) hinweisen, die durch die Anlage eines alamannischen Friedhofs gestört wurden. Die Einzelfunde reichen jedoch nicht aus, um auf ein reiches

18 Denkbar auch umgekehrt.

19 O. Paret, Das reiche hallstattzeitliche Grab von Schöckingen (Kr. Ludwigsburg). Fundber. Schwaben, N.F. 12, 1938–1951, 2. Teil, 37 ff. Abb. 15 Taf. 7–10,1. – H. Zürn, Hallstattzeitliche Grabfunde in Württemberg und Hohenzollern. Forsch. u. Ber. Vor- u. Frühgesch. Baden-Württemberg 25 (Stuttgart 1987) 95 Taf. 136.

20 Besonderheit: Armringe mit Schlangenkopfenden (amuletthafter Charakter), L. Pauli, Untersuchungen zur Späthallstattzeit in Nordwürttemberg. Hamburger Beitr. Arch. 2,1, 1972, 93 Anm. 112.

21 Zürn (Anm. 19) 66, Taf. 79; Biel (Anm. 16) 331.

Männergrab schließen zu können. Aufgrund der Datierung kommen sie nicht als Nachbestattungen in Frage.[22] Es handelt sich um einen Einzelgrabhügel.[23]
Gießübel/Talhau, Hundersingen I/4:[24] Hügel I ist der reichste der insgesamt vier Grabhügel der Gießübel/Talhau-Nekropole in der Nähe der Heuneburg, die alle bereits in der Antike beraubt wurden. Nach den Angaben von E. Paulus barg die Zentralkammer drei Skelette, einen etwa 1,80 m großen älteren Mann und zwei erwachsene Frauen. Ob sie gleichzeitig bestattet wurden, bleibt offen[25] (siehe unten, II). Belegt sind ferner fünf goldführende Nachbestattungen (bezeichnet I/1 bis I/5), darunter ein weibliches Körpergrab I/4. 1963 und 1980/81 wurden weitere zwölf Nachbestattungen freigelegt. Zwischen den fünf Nachbestattungen mit Goldringen besteht ein Lagebezug.[26]

Burgund
Sainte Colombe, Tumulus de la Butte:[27] Der Hügel mit ovalem Grundriss, 76 m L., 46 m B., gehört zu den Grabhügeln am Fuße des Mont Lassois (südlich). Das Zentralgrab des Einzelgrabhügels enthielt die Körperbestattung einer Frau. Das Grab liegt 800 m nordnordwestlich des Grabhügels „La Garenne“ (Ha D3), eines reichen Männergrabs. Dieses Grab ist jünger als La Butte und die Entfernung ist zu weit, um einen direkten Lagebezug postulieren zu können.[28]

Vix:[29] Der Hügel mit einem Durchmesser von ca. 42 m gehört zu den vier Grabhügeln am Fuße des Mont Lassois (östlich). Im Gegensatz zu La Butte wurde er 1953 modern ausgegraben. Das Zentralgrab enthielt die Körperbestattung einer 30-jährigen Frau (anthropologisch belegt). Es handelt sich um einen Einzelgrabhügel.[30]

Schweizer Mittelland
Ins, Tumulus VIII:[31] Tumulus VIII gehört zu einer der zwei bis drei Hügelgruppen im Bereich des Mont Vully. Angaben zur Größe des Grabhügels fehlen. Die Grabausstattung ist möglicherweise unvollständig. Über der Hauptbestattung, einem in Steinen eingefassten Körpergrab, befand sich als Nachbestattung ein reiches Körpergrab (Schädelreste) unter einer Steinpackung mit Goldbeigaben und Wagenteilen (2 Räder).

Urtenen:[32] Zu den weiter entfernten Gräbern um den Mont Vully gehört das Grab aus Urtenen. Der Einzelgrabhügel hatte noch einen Durchmesser von 20 m und eine Höhe von 2,30 m. Das Zentralgrab enthielt eine reiche Körperbestattung unter einer Steinpackung.

Adiswil-Gunzwil:[33] Der verflachte Grabhügel wurde 1933 ausgegraben. Bei dem Körpergrab handelt es sich wahrscheinlich um das einer Frau, der ein Wagen (2 Räder) und reicher Schmuck beigegeben wurden. Es sind keine weiteren Grabhügel bekannt. Es handelt sich um einen Einzelgrabhügel.

Diese Gruppe reich ausgestatteter Frauengräber zeigt keinen Lagebezug zu einem adäquat ausgestatteten Männergrab. Bei den württembergischen Gräbern von Ditzingen und Sirnau, den Gräbern aus dem Burgund, La Butte und Vix, und dem Schweizer Mittelland, Urtenen und Adiswil, handelt es sich um Bestattungen unter großen Einzelgrabhügeln. Ins VIII, die Nachbestattung, ist reicher als das eigentliche Zentralgrab.

---

22 Pauli (Anm. 20) 111 mit Anm. 170.

23 Besonderheit: Anhänger in Form eines Bronzerings mit den Rücken an Rücken gruppierten Figürchen eines Mannes und einer Frau (ähnlich Bourges, s. M. Willaume, Le Berry à l'âge du fer, Ha C–La Tène II. BAR Internat. Ser. 247 [Oxford 1985] 43 ff. Taf. 9; 10), Ha D3. Ausgrabung 1849: Es handelt sich um ein Brandgrab unter einem Einzelgrabhügel, Besonderheit: Anhänger, Bronzering mit Figürchen eines ithypallischen Mannes.

24 S. Kurz/S. Schiek, Bestattungsplätze im Umfeld der Heuneburg. Forsch. u. Ber. Vor- u. Frühgesch. Baden-Württemberg 87 (Stuttgart 2002) 94 ff. mit Plan, jedoch nur mit der Lage der modern gegrabenen Nachbestattungen. – Zürn (Anm. 5) 108 Taf. P, A: Gießübel/Talhau Hügel 1. Der Hügel hatte einen Durchmesser von etwa 48 m und war wohl 5–7 m hoch. Im Hügelzentrum wurde in den anstehenden Boden eine hölzerne Grabkammer eingebracht. Auf dem Kammerboden zerstreut fanden sich Bernsteinplättchen, die zu einer aus dem Mittelmeerraum importierten Kline gehörten, sowie feinste Goldfäden, die zu einem golddurchwirkten Brokatstoff gehörten. Einzigartig ist die 31,4 cm lange bronzene Lanzenspitze mit griechischen Zierelementen. Die 17 Nachbestattungen verteilen sich wie folgt: Frauen Nachbestattung 4, 6, 7, 16; Männer Nachbestattung 1, 2, 3, 5, 13, 19; Gräber mit unsicherer Zuweisung 8, 9, 11, 12, 17, 18 und ein Kindergrab 10.

25 Ob es sich bei den Mehrfach- und Doppelbestattungen tatsächlich um Totenfolge handelt, kann heute nicht mehr beantwortet werden bzw. bedarf einer erneuten Durchsicht der Inventare. – G. Riek/H.-J. Hundt, Der Hohmichele – ein Fürstengrabhügel der Hallstattzeit bei der Heuneburg. Heuneburgstudien 1 = Röm.-Germ. Forsch. 25 (Berlin 1962) 119 ff.

26 Besonderheit in Hundersingen I/4: Doppelkonischer Spinnwirtel aus Ton.

27 J. Joffroy, Les sépultures à char du premier Âge du Fer (Paris 1958) 71–83; Chaume (Anm. 6) 270 ff.

28 Besonderheit: 2 eiserne Tüllenbeile.

29 J. Joffroy, La tombe de Vix (Côte-d'Or). Mon. et Mém. Piot 48/1, 1954, 1 ff. – Brun/Chaume (Anm. 2) 186 mit Übersichtsplan (Nr. 1 Vix, Nr. 17 La Butte).

30 Besonderheit: Aufsatzstatuette des Siebdeckels für den Volutenkrater ist eine gewandete Frau.

31 W. Drack, Ältere Eisenzeit der Schweiz, Kanton Bern I. Materialh. Ur- u. Frühgesch. Schweiz 1 (Basel 1958) 12 ff.

32 Ders., Ältere Eisenzeit der Schweiz, Kanton Bern II. Materialh. Ur- u. Frühgesch. Schweiz 2 (Basel 1959) 26 ff.

33 Ders., Wagengräber und Wagenbestandteile aus Hallstattgrabhügeln der Schweiz. Zeitschr. Schweizer. Arch. u. Kunstgesch. 18, 1958, 57 f. – Schmid-Sikimi (Anm. 14).

Die Anlage der reichen Gräber folgt offensichtlich anderen Regeln als die der normalen, also nicht reich ausgestatteten „Sippen- oder Familiengräber" wie die 126 erhaltenen von vormals 140 Nachbestattungen in der Aufschüttung des Magdalenenbergs bei Villingen, wo sich eine Verteilung nach Familien oder Sippen beobachten lässt.[34]

Lagetyp 2

Ein etwas anderes Bild ergeben die Befunde der Hügelgruppe Gießübel/Talhau, deren Zentralbestattungen bereits in der Antike beraubt wurden, und der Grabhügelgruppe beim Hohmichele im Umfeld der Heuneburg.

Gießübel/Talhau (= Hundersingen): Im Zentralgrab des Hügels I lagen drei Skelette (siehe oben). Das Zentralgrab von Hügel II enthielt 1877 noch die Spuren von zwei Skeletten (Waffenbeigabe), das von Hügel III ein stark vermodertes Skelett mit Waffenbeigabe. Hügel IV wurde 1954 und 1963 modern ausgegraben. Auch dieses Zentralgrab eines 50- bis 60-jährigen Mannes war antik komplett ausgeraubt worden. In der Hügelschüttung fanden sich 23 Nachbestattungen, davon waren drei etwas reicher ausgestattet.
Hügel I zeigt sowohl bei der Haupt- als auch bei den Nachbestattungen einen direkten Lagebezug der Frauen- zu den Männergräbern. Die übrigen Zentralkammern enthielten männliche Bestattungen. Die Anlage etwa gleich großer Hügel in der Nachbarschaft belegt Bezüge zueinander.

Hohmichele:[35] Der Ha D1-zeitliche Grabhügel Hohmichele, 1937/38 ausgegraben, liegt 3,5 km westlich der Heuneburg inmitten eines weiträumigen Hügelgräberfeldes.
Nahezu völlig ausgeplündert war das Zentralgrab I, in dem wahrscheinlich eine Frau und ein Mann bestattet waren. Der Boden der Grabkammer war mit einem Rinderfell ausgelegt. Unklar bleibt, zu wem der vor der Kammer aufgefundene rote Zopf mit links und rechts davon drapiertem Schamhaar gehört. Er wird, analog zu Zopfträgerinnen auf Situlendarstellungen, der Frau zugewiesen. Dass diese Darstellungen selten sekundäre Geschlechtsmerkmale aufweisen, sei nur am Rande erwähnt.
Über dem Zentralgrab lag eine unversehrte Holzkammer, Grab VI. Beigesetzt worden waren wiederum ein Mann und eine Frau (Zahnkronensplitter). Nach dem Grabplan von G. Riek lagen beide unter dem Wagen. Unklar bleibt das zu Lebzeiten bestehende Verhältnis des toten Paares (siehe unten, II). Ferner fanden sich in der Hügelschüttung zwei Körpergräber in Holzkisten und vier Scheiterhaufengräber.

Anders als die Einzelgräber unter Tumuli könnte man die Grabhügel im Umfeld der Heuneburg als Grablegen unterschiedlicher Familienverbände ansprechen, die sich auf einen Zeitraum von 165 Jahren (Ha D1–Ha D3 = 165 Jahre = 5–6 Generationen), den Zeitraum der Besiedlung der Heuneburg erstrecken. Zwei bis drei Generationen entfallen auf Ha D1 (625–550 v. Chr.). Zur Verfügung stehen vom Hohmichele das Zentralgrab und die Nachbestattung VI, jeweils Doppelbestattungen. Zwischen Periode IV und III der Heuneburg sieht die Forschung (E. Gersbach) aufgrund eines umfassenden Brandhorizontes einen Besitzerwechsel, d.h. eine neue Herrscherpersönlichkeit (*Burgherren*, Gersbach) hat sich etabliert. Die vier monumentalen Grabhügel (Talhau/Gießübel), wohl der Bestattungsplatz für die neuen Herrscher und ihre Familien, wurden nur wenig später auf den planierten Resten der alten Außensiedlung errichtet. Diese Familien haben dort ihre Toten für zwei bis drei Generationen bestattet (Ha D2/D3 = 550–460 v. Chr., also 80 Jahre). Für diesen Zeitraum gibt es zwei Indizien für eine Bindung des Status an die Familie. Das ist zum einen der vorhin schon erwähnte Lagebezug der prunkvoll ausgestatteten Männer- und Frauengräber in Hundersingen zueinander. Zum zweiten spräche dafür auch der oben erwähnte Neufund des Grabes eines ca. 4-jährigen Mädchens – allerdings aus einem anderen Grabhügelfeld –, das mit den typischen Goldbeigaben der Oberschicht (importierter Goldschmuck) ausgestattet war. Es hatte seinen gesellschaftlichen Rang angesichts seines Alters eindeutig über seine Familie und nicht durch eigene Verdienste erworben. Außer diesem gibt es keine Kindergräber in der Späthallstattzeit mit einer sogenannten fürstlichen Ausstattung.
Ich fasse zusammen, welche Schlüsse sich aus den beiden unterschiedlichen Lagetypen der reichen Frauengräber ziehen lassen:

34 Sippengrabhügel; so auch Zürn (Anm. 5) 125, der feststellt, dass die Gräber „der ersten und zweiten Garnitur" in der Regel Einzelhügel sind und nie mit den Grabstätten des „Volkes" vergesellschaftet sind, bei denen es sich um Hügelgruppen handelt, bzw. S. 127 zum Hohmichele, der der einzige Grabhügel sei, wo der „Feudalherr" sich noch mitten im Gräberfeld als „Primus inter Pares" habe bestatten lassen. Ähnlich Hald (Anm. 16) 85, der die Grabhügel in Böblingen als Familien- oder Sippengräber interpretiert.

35 Hohmichele, Zentralgrab I: Wagen, kostbare Kette aus Glasperlen, Goldfäden, die zu einem golddurchwirkten Brokatstoff gehören; Grab VI: vierrädriger Wagen mit Pferdegeschirr für 2 Pferde, Speise- und Trinkgeschirr aus Bronze, ein Köcher mit 51 Pfeilspitzen, ein eisernes Hiebmesser sowie reicher Halsschmuck aus Glas- und Bernsteinperlen, 2300 meergrüne Perlen, Eisenhalsring auf der Brust. – Kurz/Schiek (Anm. 24) 65; 77 ff. – Riek u.a. (Anm. 25) 44 ff. 54; 61 ff.

Lagetyp 1, „reich ausgestattete Frauengräber ohne Lagebezug zu einem adäquaten Männergrab" lässt sich dahingehend interpretieren, dass Frauen eine eigenständige gesellschaftliche Position unabhängig von einem Mann erringen konnten.
Lagetyp 2, der reiche Frauengräber in einem Lagebezug zu reichen Männergräbern zusammenfasst, verkörpert die Einbindung der sozialen Stellung einer Frau in die Familie.

Zur Bedeutung reich ausgestatteter Frauengräber

Was bedeutet dies für die Sozialstruktur, wenn Frauen selbstständig hohe gesellschaftliche Positionen erringen können?
G. Kossack legte dar, dass das Phänomen der Prunkgräber, zu dem ich die reichen Frauengräber zählen möchte, vor allem in Kontaktsituationen ungleicher Kultursysteme an den Randzonen der Hochkulturen „zwischen Hochkultur und Barbarikum" sowie in „Zeiten des kulturellen Wandels" aufzutreten pflegt.[36] Nicht allein die Berührung mit Hochkulturen, sondern genauso auch innerethnische Begegnungen können zur Selbstdarstellung der Elite führen.[37] Was lässt sich daraus für die zahlreichen reichen Gräber der Späthallstattzeit schließen? Über einen längeren Zeitraum (Ha D1–Ha D2/3) müssen instabile Zustände geherrscht haben. „Tonangebend waren […] rivalisierende Sippen der Führungsschicht, von deren Bestand das Zusammengehörigkeitsgefühl der einzelnen Siedelverbände abhängig war. Anfänglich noch ganz der Tradition verbunden, begannen sich diese Sippen an der Wende zum 6. Jh. italischem und griechischem Einfluss zu öffnen und ihrem aristokratischen Lebensstil in prunkhaft aufwendig ausgestatteten Grabräumen dauerhaften Ausdruck zu verleihen, vereinzelt sogar durch das Abbild des Toten selbst, dessen heroisierende Gestalt in Stein gemeißelt wie ein Kouros auf dem Gipfel des Hügels stand. Totenumfahrt und Totengelage wurden in den Grabkammern dinglich dargestellt. […] Die herrschaftliche Selbstdarstellung, für mitteleuropäische Verhältnisse mitunter ins Monumentale gesteigert, war eben doch nicht mehr als eine besondere Antwort auf den Kontakt mit einer als überlegen empfundenen Hochkultur, nicht mehr als Repräsentationsgehabe, das mit dem biologischen Zerfall der Familien erlöschen musste."[38]
In der Vorgeschichtsforschung geht man in der Regel von einer patrilinearen Deszendenz (Verwandtschaft) aus, analog zu den Forschungsergebnissen der Ethnologie.[39] Hinweise für eine matrilineare Deszendenz in der Späthallstattzeit haben bereits L. Pauli und D. Krausse zusammengestellt.[40] Geht man von der Übertragung der Macht vom Vater auf den Sohn aus, so stellt sich die Frage, wie die reich ausgestatteten Frauengräber des Lagetyps 1 zu dieser Vorstellung passen.
Eine mögliche Erklärung liefern die von Kossack beschriebenen rivalisierenden Sippen der Späthallstattzeit, die zu einem Aussterben der männlichen „Anwärter" geführt haben könnten. Um den Machtanspruch aufrechterhalten zu können, griff man auf die weiblichen Sippenmitglieder zurück. Dabei ging es nicht um das biologische Geschlecht, sondern um die Zugehörigkeit zum Clan und um dessen Machterhalt (siehe dazu die modernen Beispiele in Pakistan und Indien, die weiblichen Herrscherinnen des Bhutto- und Gandhi-Clans).
Diese Stärkung des Clan-Gedankens könnten auch die Kontakte und Einflüsse Etruriens, die nach Norden ausstrahlten, ausgelöst haben. Dazu zählen die Übernahme italischer Fibelmode und möglicherweise etruskischer Stoffe (Wandbehänge) und Kleidung[41] sowie die zahlreichen Importe in den reichen Gräbern gerade im 6. bis 4. Jh. Die in vielen Bereichen gleichberechtigte Stellung und Eigenständigkeit der Etruskerin, die am öffentlichen Leben und an Gastmählern teilnahm, ist hinlänglich bekannt. Frauen werden auf Grabdenkmälern Seite an Seite mit ihren Männern dargestellt. Männer und Frauen konnten hohe Ämter bekleiden. Dem *rex sacrorum* stand die *regina sacrorum* gegenüber.[42]

II

Im zweiten Teil dieses Beitrags setze ich mich zuerst mit dem Phänomen der Mehrfach- und Doppelbestattung auseinander und komme dann auf die ge-

---

36 G. Kossack, Prunkgräber. In: Studien zur vor- und frühgeschichtlichen Archäologie [Festschrift Joachim Werner]. Münchener Beitr. Vor- u. Frühgesch. Ergbd. I/I (München 1974) 4 ff. bes. 29.
37 Ebd. 32.
38 G. Kossack, Gedanken zur Periodisierung der Hallstattzeit. In: Die Hallstattkultur. Symposium Steyr 1980 (Linz 1981) 35 ff. bes. 42 f.
39 Th. Bargatzky, Einführung in die Ethnologie^2 (Hamburg 1989) 79 ff., zur Frage des sog. „Mutterrechts".
40 Pauli (Anm. 20) 114 ff. – D. Krauße, Hochdorf III. Das Trink- und Speisegeschirr aus dem hallstattzeitlichen Fürstengrab von Eberdingen-Hochdorf (Kr. Ludwigsburg). Forsch. u. Ber. Vor- u. Frühgesch. Baden-Württemberg 64 (Stuttgart 1996) 350 f. – Dagegen: F. Fischer, Württemberg und der Dürrnberg bei Hallein. Fundber. Baden-Württemberg 9, 1984, 223 ff.
41 H. Parzinger, Chronologie der Späthallstatt- und Frühlatènezeit. Studien zu Fundgruppen zwischen Mosel und Save. Quellen u. Forsch. Prähist. u. Provröm. Arch. 4 (Weinheim 1988) 133.
42 A. Lorenzen, Frauen in keltischer Zeit. In: H. Dannheimer/ R. Gebhard (Hrsg.), Das keltische Jahrtausend. Ausstellungskat. Prähist. Staatsslg. 23 (Mainz 1993) 49 ff.

mischten Inventare und Deponierungen zu sprechen, um abzuklären, wie diese Erscheinungen zu interpretieren sind. Ich gehe dabei nur auf die südwestdeutschen Beispiele ein, die C. Oeftiger aufgelistet hat.[43]

Anschließend (siehe unten, III) möchte ich auf die kultisch-religiösen Zusammenhänge eingehen, die sich möglicherweise aus den Grabinventaren erschließen lassen, und die sich als eine weitere Lesart über die des sozialen Status legen.

Mehrfach-, Doppelbestattungen

Mehrfachbestattungen sind im Westhallstattkreis äußerst selten. In den Gräberfeldern üblichen Zuschnitts fehlen sie, wie in den modern gegrabenen Friedhöfen von Mauenheim, Böblingen oder Mühlacker. In Südwestdeutland kennen wir sie im Wesentlichen von den Grabhügeln um die Heuneburg und den Hohenasperg, vom Madgalenenberg und von zwei Friedhöfen aus dem Taubertal (Impfingen und Werbach). Eine Durchsicht der Inventare soll klären, welche Bandbreite an Deutungen möglich ist.[44]

Das Zentralgrab des beraubten Hügels I (Gießübel/Talhau, Hundersingen) barg eine reich ausgestattete „Mehrfachbestattung", nämlich drei Skelette nebeneinander. Skelett 1 war angeblich das einer Frau von 30 Jahren, das mittlere Skelett 2 war das eines Mannes wohl über 50 Jahre, Skelett 3 wiederum das einer Frau. An der linken Seite von Skelett 1 fand sich eine verzierte Lanzenspitze aus Bronze, darauf lagen drei eiserne Lanzenspitzen, zu den Füßen ein Pferdeschädel und um die Halsgegend drei Bernsteinplättchen. Bei Skelett 2 fanden sich an Beigaben ein Eisendolch (rechte Körperhälfte), zu den Füßen ein „Tongefäß mit Asche", kalzinierte Knochen und eine bronzene Gürtelschnalle mit eiserner Zunge. Im Halsbereich von Skelett 3 lagen zwei Bernsteinplättchen und drei Bronzeringe sowie mit Goldfäden durchwirkter Brokatstoff. Kurz/Schiek hegen Zweifel an Lage und Anzahl der Toten im Grab.[45]

Das ausgeraubte Zentralgrab in Hügel II (Gießübel/Talhau, Hundersingen) enthielt zwei Bestattungen sowie schlecht erhaltene Reste von Eisenwaffen und Bronzegegenständen.

Das Zentralgrab des Hohmichele barg eine vollständig ausgeraubte reiche „Doppelbestattung" eines Mannes und einer Frau. Darüber fand sich Nebengrab VI, eine weitere herausragende Doppelbestattung eines Mannes und einer Frau. Die Bestattung Süd besaß einen Eisenring auf der Brust, zwei Schlangenfibeln aus Bronze, einen Wetzstein und ein eisernes Haumesser sowie einen Köcher mit 51 Eisenpfeilspitzen. Bei Bestattung Nord fanden sich ebenfalls zwei Schlangenfibeln aus Bronze, Schmuck aus Glas und Bernstein, besticke Textilreste, Filzreste, eine Rinderfellunterlage, ein bronzenes Mischgefäß und ein bronzenes Schöpfgefäß, eine bronzene Perlrandschale, Pferdegeschirr und ein vierrädriger Wagen.

Betrachtet man nun die anthropologisch sicher bestimmten Gräber, die Oeftiger[46] zusammengestellt hat, zu denen auch die Gräber vom Magdalenenberg und vom Hohenasperg zählen, zeigt sich eine Reihe an Möglichkeiten, die ganz andere Deutungen zulassen.

Der Großgrabhügel Magdalenenberg bei Villingen enthielt eine Vielzahl von unterschiedlichen Doppel- und Mehrfachbestattungen, oft wurde ein biritueller Ritus geübt.

Man kennt die Kombination *Mann – Frau* (Grab 100, zwei getrennte [?] Särge unter einfacher Steinlage). Die Bestattungen liegen 0,5 m voneinander entfernt, in Seitenlage, Rücken an Rücken, die östliche Bestattung adult, eher männlich, die westliche adult, eher weiblich.

Ferner taucht die Verbindung *Mann – Nichterwachsen* auf (Grab 106?, Körperbestattung männlich und Leichenbrand in Urne, sowie Grab 114?, beides Körperbestattungen, infans II eher weiblich). Nicht in der Liste von Oeftiger enthalten ist Grab 93, ein Erwachsener (Waffe), in dessen linkem Arm ein jugendliches Kind lag.

Einmal kommt die Verbindung *Frau – Nichterwachsen* vor (Grab 56, Brandbestattung, Ende infans II bis juvenil, und Körperbestattung, adult weiblich).

Ein weiterer Einzelfall ist die Kombination *Erwachsen – Erwachsen*: Grab 113 ist nicht in der Liste von Oeftiger enthalten, da nicht eindeutig bestimmbar. Es handelt sich um zwei dicht nebeneinander liegende Bestattungen, die nördliche adult, eher männlich, die südliche mindestens adult, das Geschlecht war nicht bestimmbar.

Die Kombination *Erwachsen – Erwachsen – Nichterwachsen* findet sich in Grab 75. Zu Füßen der adulten Körperbestattung lagen Brandbestattungen von zwei Individuen (A mittleres adult, weiblich, B infans II).

43 Grabnachweise s. C. Oeftiger, Mehrfachbestattungen im Westhallstattkreis. Zum Problem der Totenfolge. Antiquitas 3,26 (Bonn 1984) bzw. RGA² 35 (Nachträge und Ergänzungen) 2007, 189 ff. s. v. Totenfolge (H. Steuer).

44 Nach K. Spindler, Die frühen Kelten (Stuttgart 1983) 192 f., H. Baitinger, Die Hallstattzeit in Nordosten Baden-Württembergs. Materialh. Arch. Baden-Württemberg 46 (Stuttgart 1999) 118 ff.

45 Kurz/Schiek (Anm. 24) 96 f.

46 Oeftiger (Anm. 43) 74 und Gräberkatalog.

Ähnlich verhält es sich mit dem Grafenbühl beim Hohenasperg. Unter den fünf aufgeführten Beispielen gibt es keine anthropologisch bestimmte Doppelbestattung eines Mannes und einer Frau. Hingegen kennt man die Kombination *Mann – Mann*. Zwei der insgesamt drei Bespiele stammen von hier, Nebengrab 5/6 (2 Skelette, dicht nebeneinander) und Nebengrab 24/25? (2 Skelette, Arm in Arm liegend). Von den fünf Beispielen *Frau – Nichterwachsen* stammen drei vom Hohenasperg: Grafenbühl 14/15? mit zwei eng nebeneinander liegenden, sich teilweise überdeckenden Skeletten (Bestattung 15 im Arm von 14, weiblich adult, 20 Jahre, eher männlich juvenil 18–20 Jahre); Grafenbühl Grab 17/18, eine Zweifachbestattung (Bestattung 18, infans II im linken Arm von 17, weiblich adult, 20 Jahre), sowie ein Beispiel aus der Nähe aus Hirschlanden Grab 4? (Grabkammer, zwei eng beieinander liegende Skelette, Skelett a auf dem Rücken, weiblich adult, 25–30 Jahre, Skelett b auf der linken Seite, männlich juvenil, 16–20 Jahre).

Unbekannt sind in Süddeutschland die Zusammensetzungen *Mann – Frau – Nichterwachsen* (Oeftiger nennt zwei Beispiele für den Westhallstattkreis) sowie *Nichterwachsen – Nichterwachsen* (ein Beispiel). Die Doppelbestattungen von Impfingen und Werbach vermitteln ein ähnlich buntes Bild, wobei die Bestattungen von erwachsenen Frauen und Kleinkindern dominieren, die H. Baitinger plausibel als „Mutter und Kind“ deutet.[47]

Die Durchsicht der Gräber zeigt, dass Totenfolge im Westhallstattkreis, meist als Witwenfolge formuliert, eher ins Reich der Mythen gehört. Selbst bei den anthropologisch bestimmten Gräbern eröffnet sich eine Vielzahl von Möglichkeiten, und solange keine verlässlichen Daten einer echten Totenfolge vorliegen, bleiben wir im Spekulativen. Es gibt bisher keine Belege dafür, dass Frauen den Männern in den Tod folgten und umgekehrt. Eine genaue Durchsicht der Originaldokumentationen – auch der Gräber des Osthallstattkreises – brächte möglicherweise neue Erkenntnisse.[48]

Oeftiger bemerkt, dass Totenfolge bei „Randkulturen“ vorkommt, die man als archaisch bezeichnet: „Es treten sowohl Frauen als auch Männer auf, die aufgrund ihrer Stellung und Funktion in einem unterschiedlichen Verhältnis zum Toten standen.“[49]

Gemischte Inventare – Deponierungen

Wie bereits oben dargelegt, gibt es eine Vielzahl von Gegenständen, deren Auswahl für das Grab nicht durch das Geschlecht bedingt sein kann, da sie der anthropologischen Bestimmung zufolge ebenso in Frauen- wie in Männergräbern vorkommen.

Die Waffenbeigabe scheint bisher das einzig sichere Merkmal für ein Männergrab. Pauli thematisiert dieses Phänomen, das ich als gemischte Inventare bezeichne, seiner Deutung – als Transvestiten – möchte ich jedoch nicht folgen.[50] Er sieht „in der Gesellschaft des späthallstättischen Nordwürttemberg [...] eine [...] eher religiös-kultisch [...] bedingte Übernahme weiblicher Trachtelemente durch eine nicht näher bestimmbare Gruppe von Männern“. Ferner werfe ich einen Blick auf die Gegenstände im Grab, die nicht unmittelbar bei der Bestattung lagen, also Deponierungen bzw. Deponierungen unter Steinsetzungen.

Die beiden Cannstatter Gräber – aufgrund der Waffenbeigabe als Männergräber interpretiert – enthielten zahlreichen Schmuck: Halsring, Ohrschmuck und Fibeln.[51] Grab 1 weist folgende Besonderheit auf: Im Abstand von 0,90 m lagen zwischen Lanze und Skelett drei Bronzefibeln, zwei davon mit Goldblech plattiert in der Höhe des Kopfes und eine Kniefibel in der Höhe der Brust. Wahrscheinlich handelt es sich nicht um eine weitere, möglicherweise weibliche Bestattung, sondern um ein neben dem Toten niedergelegtes Gewand mit Fibelbesatz. Diese Deutung sprach schon Paret an.

Wüssten wir aufgrund der anthropologischen Untersuchung nicht, dass es sich bei dem Bestatteten im „Grafenbühl“[52] bei Asperg um einen Mann im Alter von 30 Jahren handelt, könnte dieses Inventar auch für ein Frauengrab sprechen. Antik ausgeraubt, sind von der einstigen, sehr reichen Ausstattung nur Reste erhalten wie Bronzegeschirr, Bronzegestell, Sessel, Wagen, golddurchwirktes Gewebe, Nadel, Fibeln, Gürtelblech und zwei Eisenbeile. Eisenbeile finden sich sowohl bei Frauen als auch bei Männern.[53] Ob

---

47 Baitinger (Anm. 44) 121.

48 M. Egg, Anmerkungen zu den Fürstengräbern im Osthallstattkreis. In: C. von Carnap-Bornheim u. a. (Hrsg.), Herrschaft – Tod – Bestattung. Zu den vor- und frühgeschichtlichen Prunkgräbern als archäologisch-historische Quelle. Internat. Fachkonferenz Kiel 16.–19. Oktober 2003. Universtitätsforsch. Prähist. Arch. 139 (Bonn 2006) 41 ff. bes. 56 f. versucht Totenfolge und Opferung von Menschen am Grab für den Osthallstattkreis als regelhaften Brauch nachzuweisen.

49 Oeftiger (Anm. 43) 95 Abb. 10.

50 Pauli (Anm. 22) 106 ff. 114 ff. bes. 128 ff.

51 O. Paret, Fundber. Schwaben N. F. 8, 1935 Anhang 1, bes. 4; ders., ebd. N. F. 9, 1938, 55 ff.

52 Zürn (Anm. 5) 10 ff.

53 Mann, Beil: Hochdorf, Krauße (Anm. 40) 319 f. interpretiert die Beilbeigabe als Schlachtgerät. – Hundersingen Grab I.1, Kurz/Schiek (Anm. 24) Taf. 20,119. – Asperg, Grafenbühl, Zentralgrab, Zürn (Anm. 5) Taf. 19,5.6. – Frau, Beil: St. Colombe, Tumulus de la Butte. – Auch vom Dürrnberg sind Frauengräber mit Beilen bekannt. K. W. Zeller, Amazonengräber auf dem Dürrnberg? In: E. M. Feldinger (Hrsg.), Scherben bringen Glück [Festschrift Fritz Moosleitner]. (Salzburg 2005) 156 ff.

es sich bei der Elfenbeinscheibe (Import) um einen Spiegel oder Fächer handelt, bleibt offen.
Neben den Beilen findet sich in sicheren Männer- oder Frauengräbern der bronzene Leibring. Angeführt seien hier der Leibring des eindeutig als Mann anzusprechenden Kriegers der Stele von Hirschlanden (Hügel 1) oder im weiblichen Kontext z.B. die reichen Gräber von Bourges (Dm. 26,7 cm)[54] und Vix (Dm. 27 cm). Man kennt ihn auch aus einfacheren weiblichen Bestattungen wie in Hirschlanden (Nebengrab 11, Frau, Dm. 27 cm, Eisen- und Bronzering), Böblingen oder Mühlacker.[55]
Über der Hauptbestattung von Ins VIII mit weiblichem Trachtzubehör (Gagatarmringe, Ohrring, Armspangen, Zierscheibe) befand sich eine Steinpackung, darunter Schädelreste, ein konischer Bronzekessel, Wagenräder, ein goldener Ohrring sowie 17 Goldfolien, eine Bogenfibel, ein Armring aus Hohlbronze und zwei Lignitarmringe.
In Schlatt lagen unter einer Steinpackung ein Goldblechring, ein kleiner Bronzenagel, Fragmente eines Gürtelblechs aus Bronze, ein kleines verziertes Kegelhalsgefäß sowie ein Rasiermesser aus Eisen (keine Skelettreste bzw. Reste einer Brandbestattung). Zur Hauptbestattung (Körpergrab) gehören zwei Bronzearmringe mit Kugelkopfenden und ein Lignitarmring. Neben dem Kopf lag eine einzelne große Wandungsscherbe eines dickwandigen roten Gefäßes.
Ich möchte diese Befunde als Hinweise auf eine mitgedachte weitere Person (Mann/Frau) deuten. Die Deponierung von Stoffen/Kleidern mit Fibelbesatz in Cannstatt werte ich als Beigaben für die mitgedachte Partnerin. Auch das Inventar vom Grafenbühl enthält viele Gegenstände, die man einer weiteren weiblichen Bestattung zuordnen könnte; aufgrund der Beraubung bleibt jede Deutung aber spekulativ. In Ins befinden sich tatsächlich zwei Gräber, die aufeinander Bezug nehmen.
Das Grab von Schlatt lässt eine ähnliche Deutung zu. Die Deponierung unter der Steinpackung enthielt die Beigaben für einen mitgedachten Mann: Neben der Hauptbestattung mit Beigaben in der Hügelmitte gab es noch ein Scheingrab und unmittelbar in der Nähe zwei Steinpackungen. Unter der einen fanden sich Beigaben wie ein Rasiermesser, unter der anderen lag nichts.

III

Allgemein in der Forschung akzeptiert ist, dass sich in den Grabbeigaben religiös-kosmologische Vorstellungen spiegeln. Die Zusammensetzung der Grabbeigaben in den reich ausgestatteten Gräbern erzählt die Geschichte eines uns unbekannten religiösen Ritus, eines Kultes, dem sich die Archäologie in ihren Deutungen anzunähern versucht. Vieles ist vergangen und entzieht sich somit jeder Deutung. Vollständig ausgegrabene Inventare – wie das Grab von Hochdorf – liefern die besten Möglichkeiten, Aussagen zum Ritual zu treffen. Für einzelne Abläufe – Gelage (Trinkgeschirr) und Wagenfahrt – hat Kossack die Belege geliefert[56], Kull[57] zur „Vergoldung"/Heroisierung des Toten im Grab. Kossack[58] wies bereits darauf hin, dass die kultischen Handlungen, die einerseits auf den bildlichen Darstellungen zu sehen sind, andererseits dinglich im Grab liegen und den Toten charakterisieren, auch verkürzt erzählt werden können, das heißt sich nicht in ihrer Vollständigkeit im Grab wiederfinden müssen. Hier kommt ein Pars-pro-Toto-Gedanke zum Ausdruck, der auch aus anderen Zusammenhängen bekannt ist.[59] Die Sitte der Pars-pro-Toto-Beigabe erschwert erheblich die Deutung. Sie erklärt aber, warum die Gräber Gegenstände enthalten, die nicht stimmig sind.
Kossack hat in seinem Beitrag zum Trinkgeschirr der Hallstattzeit überzeugend dargelegt, dass sowohl in den Bildern der Situlenkunst als auch in den realen Beigaben im Vergleich zu vorderasiatischen Darstellungen „überzeitliches Gedankengut zu verschiedener Zeit und in verschiedenem Kulturmilieu gleichartig oder ähnlich Gestaltung fand. [...] Neu-

54 Willaume (Anm. 23) 43 ff. Taf. 9; 10.

55 Böblingen: Hald (Anm. 16) 59 mit Tab. 8 (eher Frau), Hügel 13, Grab 7 (Kind?), Hügel 14 Grab 2. – Mühlacker: Zürn (Anm. 5) 100 f. 114 (Hügel 11, Grab 1, Frau, Dm. 34,5 cm). – Heuneburg: Hundersingen IV/3, Geschlecht unbekannt, Kurz/Schiek (Anm. 24) Taf. 34 Nr. 383, Dm. 32,5 cm.

56 G. Kossack, Trinkgeschirr als Kultgeschirr der Hallstattzeit. In: Varia Archaeologica [Festschrift Wilhelm Unverzagt]. Dt. Akad. Wiss. Berlin. Schr. Sektion Vor- u. Frühgesch. 16 (Berlin 1964) 96 ff. – Ders., Gräberfelder der Hallstattzeit an Main und fränkischer Saale. Materialh. Bayer. Vorgeschich. 24 (Kallmünz/Opf. 1970) 159 ff. 164 ff.

57 B. Kull, Tod und Apotheose. Zur Ikonographie in Grab und Kunst der jüngeren Eisenzeit an der unteren Donau und ihrer Bedeutung für die Interpretation von „Prunkgräbern". Ber. RGK 76, 1997, 197 ff.

58 Kossack, Trinkgeschirr (Anm. 56) 96 ff.; ders., Gräberfelder (Anm. 56) 160 ff.; ders., Lebensbilder, mythische Bilderzählung und Kultfestbilder. Bemerkungen zu Bildszenen auf einer Thronlehne von Verucchio. In: Festschrift zum 50jährigen Bestehen des Instituts für Ur- und Frühgeschichte der Leopold-Franzens-Universität Innbruck. Universitätsforsch. Prähist. Arch. 8, 1992, 231 ff.; ders., Religiöses Denken in dinglicher und bildlicher Überlieferung Alteuropas aus der Spätbronze- und frühen Eisenzeit (9.–6. Jahrhundert v. Chr. Geb.). Bayer. Akad. Wiss. Phil.-Hist. Klasse Abhandl. N. F. 116 (München 1999) 49 ff.

59 Zum Beispiel Pferdegeschirr (Schirrungsgeschirr und Zaumzeug) als Pars pro Toto eines Pferdes.

jahrfest und […] Totenritual zeigen zwei verschiedene Aspekte ein und desselben Ideenkreises. […] Es ist die Vorstellung von der Unsterblichkeit derer, die dem Göttlichen nahe sind."[60] Ch. Huth[61] benennt Figuren und Handlung konkreter: Vater und Sohn, Initiation – Tod – Apotheose, Labung mit dem Numinosen durch die Frau/Priesterin, Hierogamie mit dieser Frau, die er in der dinglichen Ausstattung der Prunkgräber der Eisenzeit wie Hochdorf, Kappel und Vix bestätigt sieht.[62] Folgen wir dieser Deutung für die vor allem männlichen „Fürstengräber", sollte man sich fragen, wie sich die statusgleichen Frauengräber dazu verhalten. Sind, wie vorhin angedacht, die Frauen nicht in ihrem biologischen Geschlecht gemeint, sondern in ihrer Clanzugehörigkeit, müssen die Gräber gleichartig wie die der Männer ausgestattet sein. Dies ist tatsächlich generell der Fall, gelegentlich einschließlich der männlichen Insignie „Halsring" wie in Adiswil und Vix.

Zurück zu den vermischten Grabinventaren. Könnten nicht die „weiblich" bzw. „männlich" konnotierten Gegenstände, diese Unstimmigkeiten, ein Hinweis auf die religiös-kosmologischen Vorstellungen des sogenannten Situlenfestes sein? Kann eine bewusste Deponierung von Gegenständen des anderen Geschlechts nicht als ein Hinweis auf diese kultische Handlung gesehen werden? Die Deponierung von Stoffen mit Fibeln (Cannstatt 1), die Spinnwirtel in Hundersingen (Grab I/4) also als Hinweis auf Textilien, die im Zusammenhang mit der Hochzeit (Tüchertausch)[63] gesehen werden können? In diese Richtung gehen auch die Forschungen von Beate Wagner-Hasel. Sie hat herausgearbeitet, dass im homerischen Epos Textilien an das Bindungsverhältnis zwischen den Geschlechtern erinnern. Die geschlechtliche Vereinigung wird durch Gürtel oder den gemeinsamen Mantel symbolisiert. Ferner können durch Kleidergaben Nahverhältnissse zu den Göttern hergestellt werden (Weihung eines Gewandes an die Gottheit).[64] Auch die ithyphallischen Bronzeanhänger in Esslingen und Bourges könnten auf die Hierogamie, das Symplegma anspielen. Einzureihen wären hier möglicherweise auch die wenigen fraglichen Doppelbestattungen von Mann und Frau. Sie hätten neben der profanen Deutung im Sinn einer Totenfolge dann eine tiefere religiöse Bedeutung, indem sie auf die Heilige Hochzeit im Jenseits hinwiesen.[65] Die eisernen Tüllenbeile von St. Colombe lassen sich als Opferbesteck, also als priesterliches Zubehör deuten und weisen der/dem Bestatteten eine priesterliche Funktion zu.[66] Das obligate Ausgießgefäß und Trinkgeschirr stehen mit der Trankspende in Verbindung, so die Trankspenderin auf dem Deckel von Vix und weitere Beispiele.

Derartige Überlegungen zu den „vermischten Inventaren" hängen natürlich von der Korrektheit der uns überlieferten Fundzusammenhänge ab. Insofern bleibt abzuwarten, ob moderne Grabungen die alten Befunde bestätigen und damit eine gesicherte Ausgangsbasis für derartige Interpretationen besteht.[67]

Ich habe versucht, eine Auswertung von Qualität, Art der Beigaben, Grabarchitektur, topographischer Situation und Stratigraphie (horizontal wie vertikal) vorzunehmen. Als Erklärungsmodelle für die Elitestellung von Frauen kommen Familienzugehörigkeit (Clanzugehörigkeit), also von Vater/Mutter, d. h. eigener Familie ererbt bzw. durch Heirat vom Mann erhalten, oder persönlich erworbene Verdienste in Frage.[68] Ich habe aufgezeigt, dass sich in der Grabausstattung mehrere Ebenen spiegeln. In den reichen Gräbern wird vor allem die machtpolitische Position der Bestatteten – in ihrer Eigenschaft als Clanangehörige – dargestellt, also primär der Clangedanke. Die Frau erlangt also nicht hohen Status, weil sie Priesterin war, sondern weil der Clangedanke dominierte. Eine Priesterinneneigenschaft könnte man höchstens vereinzelt und als Sekundärmerkmal sehen, über das sich das religiöse Ritual legt.[69]

So bilden alte Funde, die in den Depots der Denkmalpflege schlummern, immer wieder Anregungen für neue Fragestellungen. Dem Jubilar ist dieser Beitrag gewidmet, weil er sich während seines Berufslebens immer offen gezeigt hat gegenüber neuen Fragestellungen und Projekten auch außerhalb seines Fachgebiets.

60 Kossack, Trinkgeschirr (Anm. 56) 105.

61 Ch. Huth, Menschenbilder und Menschenbild. Anthropomorphe Bildwerke der frühen Eisenzeit (Berlin 2003).

62 RGA² 28, 2005, 522 ff. s.v. Situlenfest (Ch. Huth).

63 Tüchertausch auf der Thronlehne von Verucchio, s. Huth (Anm. 61) 210 ff. mit weiterer Lit.

64 B. Wagner-Hasel, Der Stoff der Gaben. Kultur und Politik des Schenkens und Tauschens im archaischen Griechenland (Frankfurt, New York 2000) 128–130; 141–146.

65 Ähnlich Huth (Anm. 61) 258.

66 Kraußе (Anm. 40) 299 ff. Opfergerät, 353 Priesterhäuptling. – Siehe auch Asperg, „Grafenbühl", Zentralgrab, Zürn (Anm. 5) 23 Taf. 19,5.6 (Beil oder Aufsatz), Haarnadel? Sonst waffenlos.

67 In diesem Sinne sind auch die Ausführungen von U. Putz, Früheisenzeitliche Prunkgräber in Ober- und Mittelitalien. Archäologische Forschungen zur Entstehung temporärer Eliten. Regensburger Beitr. Prähist. Arch. 15 (Regensburg 2007) zu sehen.

68 Ein interessanter Ansatz findet sich bei: A. Eibner, Wie wertvoll ist eine Frau?! Gedanken zum Stellenwert des Spinnens und Webens in der Gesellschaft. In: Feldinger (Anm. 53) 31 ff.

69 Anders R. Echt, Das Fürstinnengrab von Reinheim. Studien zur Kulturgeschichte der Früh-La-Tène-Zeit. Saarbrücker Beitr. Altkde. 69 = Blesa 2 (Bonn 1999) 214.

Neue Herren auf der Burg?
Ein Beitrag zur historischen Interpretation der Heuneburg am Ende der Periode IV

SIEGFRIED KURZ

Ein Rückblick zur Einführung

Die ältesten Nachrichten über die Ausgrabung hallstattzeitlicher Denkmäler im Umland der Heuneburg reichen bis in die Mitte des 19. Jh. zurück.[1] Allerdings haben die unklaren Befunde und wenig spektakuläres Fundgut aus dieser Unternehmung keinen großen Nachhall hervorgerufen, so dass jenes Unternehmen nur eines unter mehreren anderen in der Frühzeit der auch im Bereich der oberen Donau verstärkt einsetzenden Grabhügelforschungen blieb (vgl. auch im Folgenden dazu die Übersicht über die zeitliche Verteilung der Grabungsunternehmungen, Abb. 1). Es sollte daher noch einmal 20 Jahre dauern, bis die Region 1876 erneut auf sich aufmerksam machte, als nach der Umwandlung von Wald in Ackerland zwei von vier riesenhaften Tumuli im Gewann Gießübel/Talhau bei Hundersingen eingeebnet wurden. Bei dieser Gelegenheit kamen ganz außergewöhnlich reiche Grabinventare ans Licht, so dass der damalige Landeskonservator E. Paulus 1877 sogar noch eigene Untersuchungen anschloss und seinen Blick auf die nahe gelegene Heuneburg als wahrscheinlich zugehörigen Wohnplatz richtete.[2] Mit den Entdeckungen der Jahre 1876/77 war aber keineswegs das Interesse an den Gießübel/Talhau-Hügeln erloschen, vielmehr hat gerade dieser Fundplatz immer wieder zu neuen Betrachtungen angeregt und bis heute neue Impulse auf die Heuneburgforschung ausgeübt.

Im weiteren 19. Jh. blieb das einschlägige Interesse vorerst zwar noch auf Grabhügeluntersuchungen fokussiert – so wurden in den Jahren zwischen 1890 und 1893 von drei verschiedenen Seiten und aus recht unterschiedlichen Motiven heraus abermals Grabhügel der Hohmichele- und der Roßhau-Gruppe[3] angegraben. Auch die Angrabung des Lehenbühl durch J. Dorn 1897 galt nochmals einem jener Riesenhügel, die nach dem Vorbild der Gießübel/Talhau-Hügel so reiche Beute versprachen.[4] Erst 1921 veranlasste P. Goessler – er bereitete gerade eine Zusammenschau über die Denkmäler im Oberamt Riedlingen vor[5] – eine kleine Untersuchung auf der Heuneburg. Sie sollte Auskunft geben, ob die nahe gelegene Höhenbefestigung überhaupt als der zu den Gießübel/Talhau-Hügeln gehörende Wohnplatz in Frage kam.[6] Nachdem W. Veeck diese bereits von E. Paulus geäußerte Vermutung durch Sondierungen auf der Heuneburg bestätigen konnte, standen in der Folge mit der Angrabung des Rauhen Lehen bei Ertingen (1934) und der Untersuchung des Hohmichele nördlich von Hundersingen (1937/38) nochmals Großgrabhügel im Mittelpunkt des Interesses,[7] bevor sich der Schwerpunkt der wissenschaftlichen Arbeit mehr zur Siedlungsforschung hin verlagerte und sich dort schließlich eingependelt hat.

Allerdings ging dieser Wechsel nicht ganz abrupt vonstatten. Zwar hatten K. Bittel und A. Rieth bereits 1950, also schon bald nach Beginn ihrer Ausgrabungstätigkeit auf der Heuneburg, das Potenzial dieser Fundstelle erkannt – nicht ohne Grund haben sie

1 Im Jahre 1856 grub der Riedlinger Altertumsverein in drei heute nicht mehr mit Sicherheit identifizierbaren Grabhügeln der Hohmichele-Gruppe: Berichtsbuch des Riedlinger Altertumsvereins, Riedlingen.

2 Über die ersten Entdeckungen und eigene Nachgrabungen im Jahr 1877 berichtet E. Paulus, Württ. Vierteljahrsh. Landesgesch. 1, 1878, 35 ff.

3 Grabung 1890 von Forstmeister Pfizenmaier sowie E. Paulus in Hügeln der Hohmichele-Gruppe; Grabung 1893 von A. Witscher (Staatssammlung Stuttgart) in Hügeln der Hohmichele- und Roßhau-Gruppe. – Ausführlicher dazu S. Kurz/S. Schiek, Bestattungsplätze im Umfeld der Heuneburg. Forsch. u. Ber. Vor- u. Frühgesch. Baden-Württemberg 87 (Stuttgart 2002) 74 ff. 132 ff.

4 Kurz/Schiek (Anm. 3) 92.

5 P. Goessler in: Beschreibung des Oberamts Riedlingen^2 (Stuttgart 1923) 167 ff.

6 W. Veeck, Fundber. Schwaben N. F. 1, 1917–22, 45 f.

7 Die Angrabung des Rauhen Lehen geschah 1934 aus „purer Neugier" (F. Fischer, Frühkeltische Fürstengräber in Mitteleuropa. Ant. Welt 13, Sondernr., 1982, 17); über die genauen Motive für die Untersuchung des Hohmichele sind aus der zeitgenössischen Literatur keine schlüssigen Belege beizubringen (zuletzt G. Schöbel in: L'archéologie nationale-socialiste dans les pays occupés à l'ouest du Reich. Actes de la table ronde internationale „Blut und Boden", Lyon 8./9. septembre 2004. [Lavis 2007] 70 f.), wobei die wissenschaftliche Zielsetzung des Unternehmens später nie zur Debatte stand.

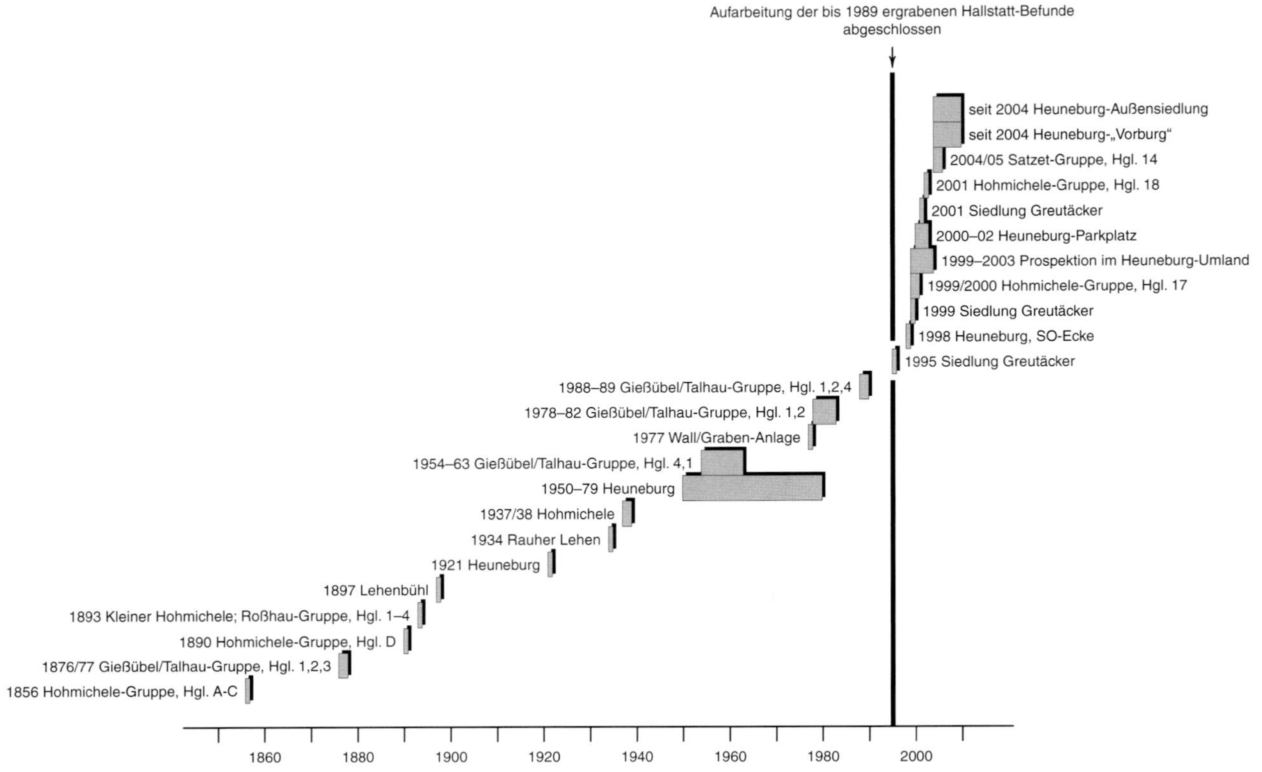

Abb. 1: Zeitliche Abfolge der Grabungsunternehmungen im Umkreis der Heuneburg.

in diesem Jahr gleich zwei Grabungskampagnen durchgeführt und kaum ein Jahr später die Ergebnisse vorab monographisch veröffentlicht.[8] Aber noch in den Anfangsjahren der Heuneburgforschung wurde im Rahmen des sich etablierenden Gesamtprojektes die Untersuchung des vierten, im Jahre 1876/77 unangestastet gebliebenen Hügels 4 der Gießübel/Talhau-Gruppe durch S. Schiek in Angriff genommen. Zweifellos war mit diesem Vorhaben eine Fortsetzung der bisherigen Grabhügelforschungen intendiert. Sobald sich jedoch herausgestellt hatte, dass die Gießübel/Talhau-Hügel die Reste einer mit dem älteren Siedlungsabschnitt der Heuneburg parallel laufenden Siedlung („Außensiedlung") überlagerten,[9] waren die Ausgrabungen bei der Heuneburg vorrangig wieder der Siedlungsforschung verpflichtet – im Gießübel/Talhau bis 1963 und auf der Heuneburg bis 1979.

Von einer kleinen Untersuchung 1977 abgesehen – sie galt einer bis dahin noch undatierten, aus der Nachbarschaft der Gießübel-Hügel weit nach Süden führenden Wall-Graben-Anlage[10] – stand auch die im Anschluss begonnene Nachgrabung in den Gießübel-Hügeln in derselben Tradition. Die Grabung war nötig geworden, weil die 1876 verebneten Hügel 1 und 2 seither so weit verschleift waren, dass bereits die Siedlungsreste unter den Hügelaufschüttungen durch die landwirtschaftliche Nutzung akut bedroht waren. Im Zusammenhang mit den Grabungen 1978 bis 1982 konnte durch Sondierungen in der Umgebung der Hügel erstmals eine begründete Vorstellung von der beträchtlichen Ausdehnung der Außensiedlung gewonnen werden. Mit dem Abschluss der Grabungen in Hügel 2 der Gießübel/Talhau-Gruppe endete 1989 schließlich ein mehr als 100 Jahre zurückreichender Forschungsabschnitt,[11] in welchem archäologische Quellen zu einem hallstattzeitlichen Siedlungszentrum in weithin einzigartigem Umfang erschlossen worden waren.

Als auch noch die wissenschaftliche Aufarbeitung der Grabungsergebnisse ohne größeren Verzug folgte, war im Jahre 1995 ein Stand erreicht, bei dem von der Heuneburg neben den bereits seit längerem publi-

8 K. Bittel/A. Rieth, Die Heuneburg an der oberen Donau, ein frühkeltischer Fürstensitz. Vorläufiger Bericht über die Ausgrabungen 1950 (Stuttgart, Köln 1951).

9 Rasch hatte sich herausgestellt, dass das Zentralgrab antik beraubt, Grabgruben von Nachbestattungen nahezu unkenntlich und in ihnen auch keine menschlichen Skelettreste mehr erhalten waren – die ursprünglich in das Unternehmen gesetzten Erwartungen hatten sich damit nur in sehr eingeschränktem Umfang erfüllt. – S. Schiek, Vorbericht über die Ausgrabung des vierten Fürstengrabhügels bei der Heuneburg. Germania 37, 1959, 117ff.

10 S. Schiek, Arch. Ausgr. 1977, 39ff.

11 S. Kurz, Arch. Ausgr. Baden-Württemberg 1988, 71ff. – S. Hopert/J. Wörner, ebd. 1989, 103ff. – Im Anschluss an die Ausgrabung wurden die beiden Gießübel-Hügel mit einem Stein- und Pfostenkranz bzw. mit einem Kreisgraben versehen und in ihren ehemaligen Ausmaßen wiederaufgeschüttet.

zierten Fundbearbeitungen auch die Stratigraphie sowie der erste Teil der Befundauswertung in gedruckter Form allgemein zugänglich waren.[12] Aber auch der zweite Teil der Befundauswertung sowie die Grabungen in der Außensiedlung und sogar die seit dem 19. Jh. nur unzulänglich oder gänzlich unveröffentlichten Untersuchungen in den Grabhügeln waren zu jener Zeit schon bearbeitet und lagen als abgeschlossene Manuskripte, wenngleich noch nicht veröffentlicht vor.[13]

In der zügigen Aufarbeitung ist wohl mit ein Grund dafür zu suchen, dass die Heuneburg nicht ganz aus dem Blickwinkel der Forschung geriet, denn noch 1995 wurde schon wieder eine kleine Grabung durchgeführt, die neben der bekannten Außensiedlung im Gießübel/Talhau nun auch im südlichen Vorfeld der Heuneburg hallstattzeitliche Siedlungsreste ans Licht brachte.[14] Ein zweiter Grund mag darin gelegen haben, dass im Zusammenhang mit der Errichtung des Freilichtmuseums in den Jahren 1998 (Heuneburg) und 2000 (Heuneburg-Parkplatz) Ausgrabungen erforderlich wurden, die ihrerseits wieder neue Forschungen nach sich zogen.[15] Außerdem hatte sich bei der Bearbeitung der Heuneburg-Gräber anhand der Gießübel/Talhau-Hügel ein Konzept konkretisiert, das am konkreten Beispiel der Heuneburg den Aspekt der Herausbildung eines Siedlungszentrums zum Gegenstand hatte[16] und 1999 in einem vierjährigen, von der Deutschen Forschungsgemeinschaft geförderten Prospektionsvorhaben realisiert werden konnte.[17] Im selben Jahr wurden dann auch die Grabungen in der 1995 im südlichen Hinterland der Heuneburg entdeckten Siedlungsstelle wieder aufgenommen,[18] und außerdem hatten die Hohmichele-Hügel das Interesse einer amerikanischen Forschergruppe geweckt und diese von da an mehrfach zu Ausgrabungen an die obere Donau geführt.[19]

Fraglos haben alle diese Projekte zur Erweiterung unserer Kenntnis von der Heuneburg in der Hallstattzeit beigetragen. Entscheidend verändert hat sich unser Bild vom Siedlungsablauf jedoch durch die Ergebnisse der Prospektion im Umland der Heuneburg. Greifbar geworden war dadurch eine starke Aufsiedlung der Landschaft. Sie bildete zweifellos den Hintergrund für den Aufstieg lokaler Eliten, die untereinander in Konkurrenz um Rang und Ansehen traten und ein differenzierteres Rangsystem schufen und so den Boden bereiteten für die Errichtung eines Herrschaftszentrums wie der Heuneburg. Als Folge davon traten wieder andere, neue Fragestellungen in den Vordergrund; das galt im konkreten Fall für die Heuneburg, betraf in einem allgemeineren Sinne aber auch eine ganze Reihe vergleichbarer Herrschaftszentren – erinnert sei nur an den in seiner Bedeutung erst kurz zuvor ins Licht der Öffentlichkeit gerückten Glauberg in Hessen[20] – aus der Mitte des 1. vorchristlichen Jahrtausends. So wurde 2004 auf Betreiben von vier Wissenschaftlern von der Deutschen Forschungsgemeinschaft ein Schwerpunktprogramm unter dem Titel „Frühe Zentralisierungs- und Urbanisierungsprozesse – Zur Genese und Entwicklung ‚frühkeltischer Fürstensitze' und ihres territorialen Umlandes" eingerichtet, an dem die Heuneburgforschung mit zwei Projekten partizipiert;[21] im Detail wird noch darauf zurückzukommen sein.

Rückblickend sind im Gang der Forschung die Gießübel/Talhau-Hügel und die Heuneburg in weit größerem Umfang miteinander verknüpft, als das nach den bisherigen Darlegungen vielleicht scheinen mag: Gaben Erstere überhaupt den Anlass zur Untersuchung der Heuneburg, so richtete sich noch in den Anfangsjahren der systematischen Ausgrabungen der Blick zurück auf die nahe Nekropole und führte dort

---

12 E. Gersbach, Ausgrabungsmethodik und Stratigraphie der Heuneburg. Heuneburgstudien VI = Röm.-Germ. Forsch. 45 (Mainz 1989). – Ders., Baubefunde der Perioden IVc–IVa der Heuneburg. Heuneburgstudien IX = Röm.-Germ. Forsch. 53 (Mainz 1995).

13 Gersbach, Baubefunde der Perioden IIIb–Ia der Heuneburg. Heuneburgstudien X = Röm.-Germ. Forsch. 56 (Mainz 1996). – S. Kurz, Die Heuneburg-Außensiedlung. Befunde und Funde. Forsch. u. Ber. Vor- u. Frühgesch. 72 (Stuttgart 2000). – Kurz/Schiek (Anm. 3).

14 S. Kurz, Arch. Ausgr. Baden-Württemberg 1995, 105 ff. – Ders., Neue Ausgrabungen im Vorfeld der Heuneburg bei Hundersingen an der oberen Donau. Germania 76, 1998, 527 ff.

15 F. Klein, Arch. Ausgr. Baden-Württemberg 1998, 92 ff. – H. Reim, ebd. 2000, 63 ff.; 2001, 57 ff.; 2002, 72 ff.

16 Kurz/Schiek (Anm. 3) 70 ff.

17 S. Kurz, Untersuchungen zur Entstehung der Heuneburg in der späten Hallstattzeit. Forsch. u. Ber. Vor- u. Frühgesch. 105 (Stuttgart 2007).

18 H. Reim, Arch. Ausgr. Baden-Württemberg 1999, 53 ff.; 2001, 57 ff.

19 B. Arnold/M. L. Murray/S. A. Schneider, Arch. Ausgr. Baden-Württemberg 1999, 64 ff.; 2000, 76 ff.; 2002, 80 ff.

20 F. R. Herrmann in: Die Keltenfürsten vom Glauberg. Ein frühkeltischer Fürstengrabhügel am Hang des Glauberges bei Glauburg-Glauberg, Wetteraukreis. Arch. Denkmäler Hessen 128/129 (Wiesbaden 1996) 8 ff. – Ders., Der Glauberg am Ostrand der Wetterau. Führungsblatt zu den Wallanlagen und dem frühkeltischen Fürstengrabhügel bei Glauburg-Glauberg, Wetteraukreis. Arch. Denkmäler Hessen 51[3] (Wiesbaden 2007). – O.-H. Frey/F. R. Herrmann, Ein frühkeltischer Fürstengrabhügel am Glauberg im Wetteraukreis, Hessen. Bericht über die Forschungen 1994–1996. Germania 75, 1997, 459 ff.

21 J. Bofinger, Arch. Ausgr. Baden-Württemberg 2004, 82 ff.; 2005, 73 ff. – G. Kurz, ebd. 2006, 58 ff.; 2007, 67 ff. – S. Kurz, ebd. 2004, 78 ff.; 2005, 87 ff.; 2006, 63 ff.; 2007, 72 ff. – Ausführlichere Vorberichte finden sich bei: D. Krausse (Hrsg.), Frühe Zentralisierungs- und Urbanisierungsprozesse. Zur Genese und Entwicklung frühkeltischer Fürstensitze und ihres territorialen Umlandes. Kolloquium des DFG-Schwerpunktprogramms 1171 in Blaubeuren, 9.–11. Oktober 2006. Forsch. u. Ber. Vor- u. Frühgesch. Baden-Württemberg 101 [Festschr. J. Biel] (Stuttgart 2008) 163 ff. 185 ff. 209 ff.

zur Entdeckung der Außensiedlung. Unter ihrem Eindruck erst gewann die wenig südlich von den Gießübel-Hügeln verlaufende Wall-Graben-Anlage an Bedeutung. Auch wenn diese nicht gleich angemessen erkannt wurde, so hatten die Sondierungen der Grabenanlage die Entdeckung neuer Siedlungsreste zur Folge; diese lagen im südlichen Vorfeld der Heuneburg weitab von der Außensiedlung im Norden. Ohne die Ausdehnung beider Wohnplätze genauer umreißen zu können, musste von einer nennenswerten Zahl an Bewohnern ausgegangen werden, für deren Herkunft nur eine entsprechend dichte Besiedlung des Umlandes in Frage kam. In der Folge führten wieder einmal die in engem lokalem Zusammenhang mit der Heuneburg befindlichen Gießübel/Talhau-Hügel weiter: Sie gaben Anlass zu der Überlegung, dass die älteren im Umland streuenden Großgrabhügel nicht mehr als bewusst abseits vom Siedlungszentrum errichtete Grabmonumente direkt der Heuneburg-Herren, sondern als Ausdruck lokaler Bestattungstraditionen bzw. als Begräbnisplätze der jeweils vor Ort ansässigen Repräsentanten verschiedener lokaler Verbände zu verstehen sein könnten. Dieser Ansatz sollte mit der Prospektion im Umland die weitere Heuneburgforschung entscheidend beeinflussen. Auf Abbildung 1 kommt dies deutlich in der ab 1998 steil ansteigenden Zahl der Unternehmungen zum Ausdruck.

Die Nekropole im Gießübel/Talhau: neue Herren im neuen Friedhof?

Franz Fischer hat mehrfach auf die Stellung der Gießübel/Talhau-Hügel hingewiesen. Er hat dabei die Platzierung der monumentalen Hügel in so unmittelbarer Nachbarschaft der Heuneburg in Gegensatz gestellt zu den älteren Riesenhügeln, die im weiteren Umland streuen und wenigstens gelegentlich noch im Nekropolenverband mit wesentlich kleineren Bauten belegt sind,[22] und verwies mit Nachdruck auf ihre so deutlich und kaum anders denn als beabsichtigt zu interpretierende Distanzierung von den übrigen Hügelgruppen.[23] Wenn man der Auffassung von Fischer zustimmt, dass am Hohenasperg und am Mont Lassois ein entsprechender Befund zu beobachten ist,[24] dann kann kein Zweifel daran bestehen, dass diese Regel im Falle der Gießübel/Talhau-Gruppe besonders deutlich hervortritt.

Überraschenderweise hat dieser Befund dort bisher fast keine Beachtung erfahren. Eine erste, wenn auch nur implizite Stellungnahme stammt von S. Schiek, dem Ausgräber von Hügel 4 im Talhau: Weil bei diesem das Hauptgrab mitten in einen Schwellriegelgrundriss der ehemaligen Außensiedlung eingetieft war, dachte Schiek an die bewusste Beisetzung eines Toten in der Mitte eines – gemeint war wohl seines eigenen – Anwesens.[25] In diesem Falle wäre also davon auszugehen, dass Hügel 4 als erster – und in der Folge dann die gesamte Gießübel/Talhau-Nekropole – offenbar nur aufgrund persönlicher Lebensumstände bzw. Besitzverhältnisse eines Einzelnen so nahe bei der Heuneburg entstanden ist.[26]

Eine eher beiläufig und ohne weitere Begründung geäußerte Vermutung wurde jüngst nach der Ausgrabung zweier Hügel der Hohmichele-Nekropole durch eine Gruppe amerikanischer Forscher geäußert. Sie betrachteten die vier Hügel im Gießübel/Talhau als Bestattungsplätze derjenigen Sippe, die zuvor ihre Toten bis zum Abbruch der Belegung im Hohmichele beigesetzt hätte.[27]

Wesentlich dezidierter hat sich dagegen schon E. Gersbach 1969 geäußert:[28] Seiner Auffassung nach sind Heuneburg und Außensiedlung vom Begründer einer späthallstattzeitlichen Heuneburg-Dynastie gleichzeitig errichtet worden und haben längere Zeit, höchstens jedoch bis in die Periode IIIb hinein, nebeneinander bestanden. Für einen früheren Abbruch der Außensiedlung und einen gemeinsamen Untergang mit der Heuneburg-Periode IVa/1 sprach die Tatsache, dass beide Siedlungsstellen einer gemeinsamen

22 F. Fischer, Hallstattzeitliche Fürstengräber in Südwestdeutschland. In: Bausteine zur geschichtlichen Landeskunde von Württemberg, hrsg. von der Kommission für geschichtliche Landeskunde in Baden-Württemberg anlässlich ihres 25jährigen Bestehens (Stuttgart 1979) 64; ganz entsprechend neuerdings: J. Biel, „Fürstensitze". Das Modell Wolfgang Kimmigs vor dem Hintergrund neuer Ausgrabungs- und Forschungsergebnisse. Fundber. Baden-Württemberg 29, 2007, 241.

23 Fischer (Anm. 7) 20.

24 Fischer (Anm. 22); neuerdings nochmals ausdrücklich formuliert bei dems., Zum „Fürstensitz" Heuneburg. In: W. Kimmig (Hrsg.), Importe und mediterrane Einflüsse auf der Heuneburg. Heuneburgstudien XI = Röm.-Germ. Forsch. 59 (Mainz 2000) 225.

25 Schiek (Anm. 9) 131. – Ders., Bl. Schwäb. Albver. 65, 1959, 26. – Ders., Bestattung im Haus? Zur Außensiedlung und Nekropole im „Gießübel/Talhau" bei der Heuneburg, Kreis Sigmaringen. Fundber. Baden-Württemberg 10, 1985, 29ff.

26 Dieser individualhistorischen Erklärung ist an anderer Stelle ausführlich widersprochen worden (Kurz [Anm. 13] 54ff.). In der Zwischenzeit ergaben sich sogar deutliche Anhaltspunkte dafür, dass gar nicht Hügel 4 im Talhau, sondern Hügel 1 im Gießübel als der ältere den Beginn der Nekropole markieren dürfte (Kurz/Schiek [Anm. 3] 69).

27 B. Arnold/M. L. Murray/S. A. Schneider, Untersuchungen an einem zweiten hallstattzeitlichen Grabhügel der Hohmichele-Gruppe im „Speckhau", Markung Heiligkreuztal, Gde. Altheim, Kreis Biberach. Arch. Ausgr. Baden-Württemberg 2002, 82f.

28 E. Gersbach, Heuneburg – Außensiedlung – jüngere Adelsnekropole. Eine historische Studie. In: O.-H. Frey (Hrsg.), Marburger Beiträge zur Archäologie der Kelten. Festschr. Wolfgang Dehn. Fundber. Hessen Beih. 1 (Bonn 1969) 29ff.

Brandkatastrophe zum Opfer gefallen sein könnten. Da zu jener Zeit aber auch die Belegung des Hohmichele mit Nachbestattungen abbrach und wenig später die Gießübel/Talhau-Hügel entstanden, lag es für Gersbach nahe, alle diese Ereignisse auf eine gemeinsame Ursache zurückzuführen. Er wertete die Brandkatastrophe als Folge eines feindlichen Angriffs mit der Belagerung von Außensiedlung und Heuneburg. Nach der Übernahme der Heuneburg durch neue Herren wären die Gießübel/Talhau-Hügel demnach als Friedhof der neuen Heuneburg-Besitzer zu verstehen.[29]

In diesem Sinne hat E. Gersbach im Laufe der Zeit noch mehrfach Stellung genommen und weitere Indizien zur Stützung seiner bereits 1969 formulierten Hypothese nachgetragen. Dabei handelte es sich um den völlig singulären Befund eines randlich innerhalb der Befestigung angetroffenen Frauengrabes, welches während der Periode IVa/1 auf der Südseite der Heuneburg nur wenig von der Lehmziegelmauer entfernt in den Boden eingetieft wurde.[30] Hinzu kommen mehrere Skelette unter dem Brandschutt der Periode IVa/1 sowie eine ganze Reihe von menschlichen Skelettresten, die von Periode IVa/1 an gehäuft in Erscheinung traten.[31] Und schien nicht zuletzt ein wohl männliches, auf der Berme zwischen zwei Türmen der Nordwestseite unter Brandschutt aufgefundenes Skelett überzeugend auf die Überreste eines Angreifers oder eines von der Mauer gestürzten Verteidigers schließen zu lassen?[32]

Eine solche Interpretation passte bestens zu dem in Periode IVa mit einem nachträglich eingesetzten Mauerstück sekundär verschlossenen Osttor auf der Donauseite[33] – erst recht in Verbindung mit der auffallenden Armut an metallenen Kleinfunden von der zugehörigen Bodenoberfläche im Innenraum der Heuneburg, weil dieser spezielle Befund durch Plünderungen im Zuge einer Brandschatzung in Periode IVa/1 durchaus einleuchtend zu erklären war.[34]

Schließlich – auch darauf wurde schon mehrfach hingewiesen – kommen aber noch weitere Faktoren hinzu: Im gesamten Siedlungsablauf der Heuneburg zeichnet sich nirgendwo ein entsprechend „radikaler Bruch mit der Tradition“[35] ab wie an der Wende von Periode IVa/1 zu IIIb. Das betrifft die Schleifung der Lehmziegelmauer und den Bau einer gänzlich neuen Holz-Erde-Befestigung – obwohl nach dem Brand von IVa/1 eine Reparatur der Lehmziegelmauer die einfachere Lösung gewesen wäre – und führt über die Ablösung der para-„urbanen“ Baustruktur in den Heuneburg-Perioden IVb–a durch einen in der Folge wesentlich weitläufiger angelegten Gehöftbestand bis auf die Ebene einer bestimmten Fundkategorie (weißgrundige Keramik vorzugsweise in Form von Hochhalsgefäßen), die in den Perioden IV zahlreich vertreten war, von Periode IIIb an jedoch keine Rolle mehr spielte.[36]

Damit schien das gesamte von Gersbach vertretene Konzept einer Übernahme der Heuneburg durch fremde Herren und der Errichtung einer neuen Nekropole im Gießübel/Talhau unter ganz verschiedenen Aspekten durch Befunde und Funde in einem solchen Umfang gestützt, dass sich – wie es M. K. H. Eggert 1989 formuliert hat – „der Hypothese Gersbachs kaum etwas entgegensetzen“[37] ließ.

Zur Relevanz der Kriterien

Über das Ende der Außensiedlung frühestens am Übergang der Heuneburgperioden IVa/1 nach IIIb, möglicherweise aber auch erst während IIIb, herrscht heute weitgehend Einigkeit.[38] Dabei ist freilich nicht zu übersehen, dass die Synchronisierung von Außensiedlung und Heuneburg nicht ganz unproblematisch ist und durchaus zeitliche Spielräume zulässt.[39]

29 Ebd. 32ff.

30 Der Befund wird so erklärt, dass zu jener Zeit gerade die gewohnten Bestattungsplätze nicht erreichbar waren und deshalb nur eine Beisetzung innerhalb der Siedlung möglich war: H.-W. Dämmer, Zu späthallstattzeitlichen Zweischalennadeln und zur Datierung des Frauengrabes auf der Heuneburg. Fundber. Baden-Württemberg 1, 1974, 284ff. – Gersbach (Anm. 12) 91 mit Beil. 14; 15,1.

31 Gersbach (Anm. 12) 91 mit Anm. 161; vgl. dazu die Übersicht über die stratigraphische Einordnung der Menschenknochen bei J. Wahl, Die Menschenknochen von der Heuneburg bei Hundersingen, Gde. Herbertingen, Kr. Sigmaringen. In: Gersbach (Anm. 12) 376 Abb. 5.

32 Gersbach (Anm. 12) 91 mit Anm. 163.

33 In: W. Kimmig/E. Gersbach, Die Grabungen auf der Heuneburg 1966–1969. 2: Vorläufige Ergebnisse der Ausgrabungen im Bereich der Südostecke der Burg 1959–1969. Die Siedlungsstadien der Periode IV. Germania 49, 1971, 71ff.

34 Gersbach, Das Osttor (Donautor) der Heuneburg bei Hundersingen (Donau). Germania 54, 1976, 42 mit Anm. 79. – Ders. (Anm. 12) 91. – Zuletzt stellte ders. (Anm. 13) 132 noch einmal zusammenfassend fest: „Die Lehmziegelmauer-Burg ging nicht durch eine ökonomische Krise zugrunde, sie wurde gewaltsam zerstört und mit ihr die vor ihren Toren gelegene Vorburgsiedlung“.

35 Gersbach, Neue Aspekte zur Geschichte des späthallstatt-frühlatènezeitlichen Fürstensitzes auf der Heuneburg. In: Die Hallstattkultur. Bericht über das Symposium in Steyr 1980 aus Anlass der Internationalen Ausstellung des Landes Oberösterreich (Linz 1981) 366ff.

36 Ebd.

37 M. K. H. Eggert, Die „Fürstensitze“ der Späthallstattzeit. Bemerkungen zu einem archäologischen Konstrukt. Hammaburg N.F. 9 [= Festschr. Wolfgang Hübener] 1989, 64.

38 Kurz (Anm. 13) 157ff.

39 Nicht ohne Grund ist bei einem entsprechenden Versuch ebd. 159 ausgerechnet die Hypothese einer Übernahme der Heuneburg durch fremde Herren als Hilfsannahme herangezogen worden.

Schließlich gibt es weder eine Schichtverbindung zwischen Heuneburg und Außensiedlung noch eine Vorstellung davon, in welchem Zustand die Außensiedlung nach ihrer Aufgabe überhaupt zurückgelassen worden ist. Es muss also völlig offenbleiben, ob die Außensiedlung planmäßig geräumt oder nach einem katastrophalen Ereignis nicht wieder aufgebaut und vollends verlassen worden ist.

Demgegenüber erscheinen die einschlägigen Befunde von der Heuneburg in einem anderen Licht: Seien es die Zusetzung des Donautores, der Untergang der Heuneburg-Periode IVa/1 in einer über den ganzen Burghügel hinweg nachweisbaren Brandkatastrophe oder im Anschluss daran die Schleifung der Lehmziegelmauer – diese Befunde sind prinzipiell unbestreitbar und bedürfen in der Tat einer besonderen Erklärung. Ebenso liegt ein enger zeitlicher Zusammenhang zwischen dem Brand der Lehmziegelmauer am Ende der Periode IVa/1, der anschließenden Abtragung des Mauerstumpfes und der an seiner Stelle erfolgten Errichtung einer Pfostenmauer am Beginn von IIIb auf der Hand, wobei streng genommen die zwischen dem Brand der Lehmziegelmauer und dem Beginn der Aufräumarbeiten verstrichene Zeit aus dem Befund allein nicht hervorgeht. Von daher besitzen wir auch keine sichere Kenntnis darüber, ob die Heuneburg nach der Periode IVa/1 wenigstens eine gewisse Zeit lang brachgelegen hat oder ob nach der Brandkatastrophe unverzüglich mit dem Wiederaufbau begonnen wurde; indessen führen solche Überlegungen für unsere Fragestellung nicht weiter.

Anders hingegen muss die Zusetzung des Donautores beurteilt werden: Allein schon die Tatsache, dass das Donautor bei der ersten Ausgrabung 1955 unbemerkt geblieben ist, bildet zwar den schlüssigen Beleg dafür, dass in Schnitt 32 der Steinsockel der Lehmziegelmauer durchgängig vorhanden war.[40] Doch ist ein ehedem dort vorhandenes Tor kaum zu bestreiten, wenn dem damaligen Ausgräber die Fugen im Steinsockel des einstigen Tordurchgangs keineswegs verborgen geblieben[41] und bei der erneuten Aufdeckung derselben Fläche sogar Fahrgeleise – sowohl vor als auch hinter dem Tor – beobachtet worden sind.[42] Können somit das Tor wie auch seine sekundäre Zusetzung als hinreichend abgesichert gelten, so betrifft doch der Kern des Problems den genauen Zeitpunkt, an welchem das Tor verschlossen wurde. Denn die Fahrbahndecke im Tordurchgang für die beiden Perioden IVa/2–1 war nur in Form einer einfachen Oberflächenschicht vorhanden,[43] das Tor könnte also frühestens nach Ausbildung eines Laufhorizontes in Periode IVa/2 oder aber zu einem beliebigen Zeitpunkt innerhalb von Periode IVa/1 verschlossen worden sein. Der Ausgräber selbst hat das sehr klar formuliert mit dem Hinweis, die zwischen der Reparatur der Lehmziegelmauer am Beginn von Periode IVa/1 und der Vermauerung des Osttores verstrichene Zeitspanne ließe sich „außerordentlich schwer abschätzen";[44] und um die Schließung des Donautores chronologisch präziser zu fassen, griff Gersbach notgedrungen wieder auf seine hier zur Diskussion stehende Hypothese von „einem Neubeginn unter veränderten Besitzverhältnissen"[45] zurück.

Der Zeitpunkt für die Zusetzung des Donautores ist aber noch in anderer Hinsicht von Bedeutung. Denn aufs engste mit ihm verknüpft ist das Frauengrab, welches 1951 im Burginneren nahe bei der südwestlichen Ecke der Lehmziegelmauer entdeckt wurde. Der Befund selbst ist schon mehrfach publiziert worden, wobei einzelne Datierungsansätze – und davon abhängig auch die Interpretation dieses ungewöhnlichen Grabfundes – zunächst erheblich voneinander abwichen,[46] bis sie sich schließlich auf die Heuneburg-Perioden IVa bzw. IVa/1 konzentrierten.[47] Wie bei der oben erörterten Zusetzung des Donautores ist auch im Falle des Frauengrabes auf der Heuneburg vom archäologischen Befund her prinzipiell offen, wann genau innerhalb der Periode IVa/1 die Beisetzung erfolgte. Es versteht sich jedoch von selbst, dass die Lage des innerhalb der Burgsiedlung angetroffenen Grabes nur dann im Sinne E. Gersbachs mit der Unzugänglichkeit der umliegenden Friedhöfe begründet werden kann, wenn man voraussetzt, dass die Belagerung der Heuneburg zu diesem Zeitpunkt bereits im Gange, die Zusetzung des Donautores also schon erfolgt war.

Demgegenüber sind die sonstigen menschlichen Skelette und Skelettteile aus dem Burgbereich weniger problematisch. So ist für ein außen vor der Lehmziegelmauer aufgefundenes, wohl männliches Skelett

40 W. Dehn, Die Heuneburg beim Talhof unweit Riedlingen (Kr. Saulgau). Periode IV nach den Ergebnissen der Grabungen 1950 bis 1955. Fundber. Schwaben N. F. 14, 1957, 81 mit Beil.

41 Siehe den Mauergrundriss-Plan ebd. Abb. 3; vgl. dazu auch das Grabungsfoto bei Gersbach, Baubefunde (Anm. 12) 81 Abb. 57,2.

42 Gersbach, Germania 54, 1976, 32. – Ders., Baubefunde (Anm. 12) 77 f. mit Abb. 55,1.

43 Ebd. Abb. 55,1.

44 Gersbach (Anm. 33) 88.

45 Ebd. 89.

46 Bauopfer bei Errichtung der Lehmziegelmauer am Beginn der Heuneburg-Periode IVb/3 bei Dehn (Anm. 40) 83 gegenüber einer Beisetzung im Laufe der Periode IIIa bei G. Mansfeld, Die Fibeln der Heuneburg 1950–1970. Ein Beitrag zur Geschichte der Späthallstattfibel. Heuneburgstudien II = Röm.-Germ. Forsch. 33 (Berlin 1973) 100.

47 Dämmer (Anm. 30) 290. – Gersbach (Anm. 12) 91: Grabgrube in Per. IVa/1. – Ders., Germania 54, 1976, 41 Anm. 78: Grabgrube jünger als Per. IVb, überlagert von Brandschutt IVa/1.

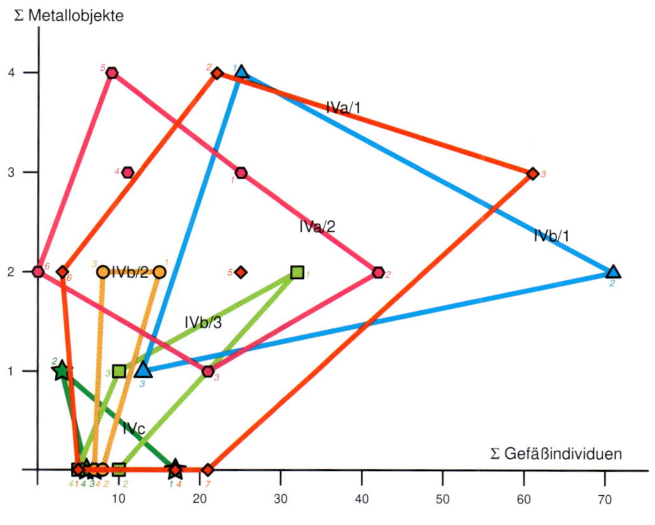

Abb. 2: Fundinventare aus Häusern der Heuneburg-Perioden IVc–IVa; Ordinate (Anzahl der Metallobjekte) und Abszisse (Anzahl der Gefäß[teil]e) mit verschiedenen Maßstäben; kursiv gesetzte Ziffern bezeichnen die Nummerierung der Häuser bei van den Boom (Anm. 53).

eine hinreichend gesicherte Stratifizierung in den Brandhorizont belegt.[48] Von drei anderen bei Gersbach im Zusammenhang mit dem Zerstörungshorizont IVa/1 genannten Skeletten ist zwar nur eines mit einer nennenswerten Zahl von Knochen vertreten,[49] es lässt sich aber nicht speziell dem Brandereignis, sondern nur allgemein dieser Bauperiode zuweisen. Daneben sind noch weitere Skeletteile in die Bauperiode IVa/1 stratifiziert;[50] von ihnen ist aber nur ein durchlochtes(!) Schädelfragment unter Lehmziegelversturz angetroffen worden, so dass hier vielleicht auf den Knochenrest eines Opfers der Brandkatastrophe IVa/2, wahrscheinlicher jedoch auf ein beim Brand von IVa/1 verlorenes Menschenknochen-Amulett geschlossen werden kann.[51]

Weitaus schwieriger lässt sich die von Gersbach zur Stützung seiner Hypothese herangezogene auffällige Fundarmut in den am Ende der Periode IVa/1 abgebrannten Türmen und Häusern beurteilen.[52] Das liegt hauptsächlich daran, dass diese Fundgruppen insgesamt zwar zahlreich vertreten, in der Literatur allerdings nicht systematisch aufgeschlossen sind. Glücklicherweise erlauben die Zusammenstellungen ausgewählter Hausinventare bei H. van den Boom eine zumindest qualitative Bewertung.[53] Danach sind Metallfunde von bzw. aus Hausböden der Periode IVa/1 insgesamt jedoch keineswegs unterrepräsentiert (Abb. 2). Selbst im Einzelvergleich mit der ebenfalls durch einen Brand zugrunde gegangenen Periode IVa/2 lässt sich anhand der Fundzahlen für IVa/1 kein gravierender Fehlbestand an Metallobjekten begründen – insofern wäre anhand von Abbildung 2 zwischen der unterstellten Brandschatzung (IVa/1) und einem gewöhnlichen Schadensfeuer (IVa/2) gar kein signifikanter Unterschied feststellbar. Möchte man aus dem Diagramm Abbildung 2 noch weitergehende Schlüsse ziehen, dann scheinen sich in der Zusammensetzung der Hausinventare in der Tat die abgebrannten gegenüber den planmäßig geräumten Baustadien geringfügig zu unterscheiden.[54] Danach scheint es jedoch im Gegenteil genau umgekehrt, nämlich dass Fundobjekte – unabhängig davon, ob aus Metall oder Keramik – in abgebrannten Häusern eher häufiger zu erwarten sind als in planmäßig geräumten Bauten.

Wesentlich besser zu beurteilen ist die zeitliche Verteilung der weißgrundigen Keramik; ihr überaus zahlreiches Auftreten in den Perioden IV ist seit langem bekannt, auch wenn einzelne Gefäße durchaus noch in jüngerer Zeit verwendet worden sein mögen.[55] Ganz Entsprechendes gilt für Gefäßformen des Typus Hochhalsgefäße, weil ebendiese vorzugsweise mit schwarzer Bemalung auf Weiß- und Rotgrund zusammengehen. So hat es in der Tat den Anschein, als ob weißgrundige Keramik von Periode IIIb an nicht weiter produziert worden ist. Dann erhebt sich jedoch sofort die Frage, inwiefern der Abbruch einer Keramikserie wirklich mit neuen Herren auf der Heuneburg zu erklären sein könnte:[56] Sollten die

48 Gersbach (Anm. 12) 91 mit Anm. 162; Fundnr. F 142 = Wahl (Anm. 31) Katnr. 11: „große Schädelfragmente, Oberkiefer, Zähne, postkraniale Fragmente".

49 Gersbach (Anm. 12) 91 Anm. 161 mit Verweis auf J. Wahl ([Anm. 31] 365 ff. Katnr. 02; 03; 14). Dort ist unter Katnr. 03 aber nur eine Femurhypophyse aufgeführt, während Katnr. 14 zwar zahlreiche Skelettreste umfasst, die aber nach Periode Ia stratifiziert sind und folglich mit der Lehmziegelmauer gar nichts zu tun haben.

50 Wahl (Anm. 31) 376 Abb. 5. Wenn diese Funde nicht ausdrücklich im direkten Kontext mit Brandschutt der Periode IVa/1 angetroffen, sondern etwa aus Schüttungen geborgen worden sind, dann muss man diese Knochen viel eher mit dem Brandhorizont IVa/2 in Verbindung bringen. Dabei sei durchaus eingeräumt, dass sich unter den nach Periode IIIb (oder noch jünger) stratifizierten Knochenfunden (ebd.) immer noch aufgearbeitete Knochenreste von den Opfern der Brandkatastrophe IVa/1 verbergen können.

51 Wahl (Anm. 31) 380 ff. Abb. 7.

52 Gersbach (Anm. 12) 91; gemeint sind hierbei vorzugsweise die metallenen Kleinfunde, die bei einer Plünderung am ehesten als willkommene Beute in Frage kommen.

53 H. van den Boom in: Gersbach (Anm. 12) 191 ff.

54 In Anbetracht der wenig tragfähigen Ausgangsbasis (kleine Stichprobe etc.) bleibt eine solche Aussage aber nur unter Vorbehalt vertretbar.

55 Zuletzt dargestellt bei Kurz (Anm. 13) 149 ff.; 157.

56 So meinte H.-W. Dämmer, Die bemalte Keramik der Heuneburg. Die Funde aus den Ausgrabungen von 1950–1973. Heuneburgstudien IV = Röm.-Germ. Forsch 37 (Mainz 1978) 69 Anm. 309, die Heuneburg könnte vom Magdalenenberg bzw. vom Kapf bei Villingen aus erobert worden sein, weil dort die weißgrundige Keramik angeblich keine bodenständige Tradition besessen hätte. Der Irrtum ist mittlerweile an anderer Stelle jedoch aufgeklärt worden: E. Gersbach (Anm. 35) 368 mit Anm. 22.

neuen Herren etwa in der Manier absolutistischer Potentaten die Herstellung und den Gebrauch weißgrundiger Keramik unterbunden haben? Zumindest wäre doch damit zu rechnen, dass im Rahmen hauswirtschaftlicher Keramikherstellung weiterhin so lange weißgrundige Gefäße gefertigt worden sind, bis eine Veränderung in der Vorliebe der Keramikzierweisen ein Auslaufen der ganzen Serie zur Folge gehabt hätte. Aus diesem Grunde ist viel eher zu vermuten, dass das enge Spektrum an Gefäßformen und Ziermustern in Verbindung mit der vergleichsweise komplizierten Maltechnik nur von spezialisierten Werkstätten ausgeführt wurde und diese Spezialisten beispielsweise mit der Auflassung der Außensiedlung der Heuneburg den Rücken gekehrt und so vor Ort die gesamte Keramikserie in kurzer Zeit zum Auslaufen gebracht haben.[57]

Als letztes und gewiss bedeutendstes der von Gersbach zur Begründung seiner Hypothese herangezogenen Kriterien bleibt schließlich noch die Kontinuitätsfrage in der Bebauungsstruktur der Heuneburg. Bereits im Überblick über die Verteilung der Bauten im Burginneren heben sich die mit der Lehmziegelmauer verbundenen Siedlungsstadien von den übrigen auffallend deutlich ab: Nur in den Perioden IVb und IVa finden wir jene unter Bildung von Wegen und Gassen so regelhaft angeordnete Reihung von Häusern annähernd gleicher Grundfläche, die an „urbane" oder wenigstens para-„urbane" Baustrukturen denken lässt.[58] Vor diesem Hintergrund spiegelt der Wiederaufbau der Heuneburg in Periode IIIb mit einer grundsätzlich veränderten Innenbebauung einen radikalen Bruch im Siedlungsablauf.

Entsprechendes gilt für die Lehmziegelmauer selbst, die sich bis zum Ende der Periode IVa/1 über fünf Baustadien hinweg als ungewöhnlich dauerhaftes Befestigungswerk erwiesen hat. Wie schon nach einer ersten Brandkatastrophe in Periode IVa/2 – die Lehmziegelmauer war danach offenbar wieder ausgebessert und mit einem neuen Dach versehen worden – hätte auch nach dem Brand IVa/1 eine erneute Reparatur die wohl einfachste Lösung dargestellt. Doch wurde mit Periode IIIb anstelle einer mit wesentlich geringerem Aufwand zu bewerkstelligenden Wiederinstandsetzung der weitgehend intakt verbliebene Mauerstumpf eingeebnet und an seiner Stelle eine vollständig neue Ringmauer in Holz-Erde-Technik errichtet.

Damit bilden die Änderungen in der Baustruktur am Übergang von Periode IVa/1 nach IIIb in der Tat ein schwerwiegendes Argument, um im Sinne Gersbachs eine neue Herrschaft auf der Heuneburg anzunehmen. Ganz entsprechend stellt auch die Auflassung der Außensiedlung einen entscheidenden Einschnitt in der Siedlungsentwicklung der Heuneburg dar. Ein zeitlicher Zusammenhang beider Ereignisse – und damit ließe sich eine Übernahme der Heuneburg durch fremde Angreifer erst begründen – ist aufgrund der gegenwärtigen Befundlage keineswegs zwingend. Genau dasselbe gilt für die Zusetzung des Donautores, die nach archäologischen Kriterien zu jedem beliebigen Zeitpunkt innerhalb der Periode IVa/1 erfolgt sein kann. Für die Datierung des Frauengrabes in die Perioden IVa/2–1 steht auf der Basis archäologischer Kriterien sogar ein noch größerer Zeitraum zur Verfügung. Ähnlich dürftig ist die Quellenlage bei den Menschenknochen, die als Zeugnisse für einen feindlichen Überfall als Ursache für den Zerstörunghorizont IVa/1 in Anspruch genommen worden sind: Von insgesamt vier der für IVa/1 genannten Skelette hält nur die Hälfte einer genaueren Überprüfung stand. Bei den übrigen unter dem Brandschutt vereinzelt angetroffenen Menschenknochen bleibt gar die Frage, wo denn die fehlenden Skeletteile der betreffenden Individuen geblieben sein mögen, wenn sie denn tatsächlich bei einem Überfall auf die Heuneburg am Ende von Periode IVa/1 ums Leben gekommen sein sollten.[59] Überprüft man schließlich noch ansatzweise die im Einzelnen nirgendwo ausführlich belegte These von einer auffallenden Armut an metallenen Kleinfunden in den Bauten des Katastrophenhorizontes IVa/1, dann zeigt sich völlig unerwartet die eher gegenteilige Tendenz.

Insgesamt betrachtet stimmt die kritische Würdigung der von E. Gersbach zur Stützung seiner Hypothese herangezogenen Argumente doch recht skeptisch: Ein Mangel an metallenen Kleinfunden im Brandhorizont ist nicht überzeugend zu begründen. Ebenso bleibt offen, weshalb von den Opfern eines Überfalles meist nur vereinzelte Menschenknochen unter Brandschutt zurückgeblieben sein sollen. Zudem lässt sich die Zusetzung des Donautores nur dann als Beleg für eine Belagerung anführen, wenn die Belagerung der Heuneburg in Periode IVa/1 als Prämisse vorausgesetzt wird; ohne Belagerung ließe sich schwerlich ein Motiv für die Anlage des Frauengrabes auf der Südseite der Heuneburg begründen. Dabei zeigen gerade die beiden letztgenannten Argumente, dass zur Erklärung bestimmter Befunde zunächst einmal eine Belagerung vorausgesetzt werden

57 Kurz (Anm. 13) 148 Anm. 694.
58 Kurz (Anm. 17) 19 mit Abb. 1.
59 Schließlich befindet sich mit dem Tod eines Individuums das Knochengerüst immer noch im organischen Verband, aus dem einzeln aufgefundene Knochen jeweils bewusst herausgelöst worden sein müssten.

muss, um anschließend mit Hilfe ebendieser Erklärungen sodann die These von der Belagerung und Einnahme der Heuneburg überhaupt erst begründen zu können. Ähnliches gilt für das rasche Auslaufen der weißgrundigen Keramik, die eher mit der Auflassung der Außensiedlung zu erklären ist als mit der Zuwanderung neuer Herren aus einem Gebiet ohne entsprechende Keramiktradition. Dagegen lassen sich die Änderung der Baustruktur auf der Heuneburg und die Auflassung der Außensiedlung als wesentliche Anhaltspunkte für eine Interpretation im Sinne Gersbachs nicht von der Hand weisen.

Neuere Forschungen

Seit der Aufarbeitung der gesamten Heuneburg-Grabungen hat sich die Quellenlage noch einmal entscheidend verändert. Das geschah zunächst nur in kleinen Schritten und weitgehend unbemerkt; vielleicht blieben gerade deshalb die Konsequenzen für die Hypothese einer Übernahme der Heuneburg durch neue Herren verborgen: Als bei der Grabung 1995 im südlichen Vorfeld der Heuneburg rund 700 m von der Außensiedlung entfernt wieder neue Siedlungsbefunde entdeckt wurden – sie setzten ähnlich früh ein und umfassten mehrere Bauperioden wie die Außensiedlung im Gießübel/Talhau – rückte die Frage in den Vordergrund, ob der neu entdeckte Fundplatz zur Außensiedlung gehörte, die dann mit einer Nord-Süd-Ausdehnung von mindestens 1 km eine Fläche von etwa 20–25 ha[60] eingenommen hätte, oder ob die Heuneburg zur Zeit der Lehmziegelmauer zwei eigenständige offene Niederlassungen in ihrem Hinterland besaß. 1999 schien die Situation fast schon gelöst, als H. Reim bei der Fortsetzung der Untersuchungen Zaunbefunde als nördliche Begrenzung der Besiedlung erfasst zu haben glaubte und die Niederlassung in den Greutäckern zur besseren Unterscheidung von der Außensiedlung fortan als „Südsiedlung" bezeichnete.[61] Prinzipiell war die Sache aber bereits im Jahre 2001 wieder von neuem offen, weil die zunächst als Siedlungsbegrenzung betrachteten Zäune ganz offenkundig nicht um die Siedlung herumführten.[62]
Unabhängig davon, ob im Hinterland der Heuneburg eine oder zwei Niederlassungen existierten, stand jedoch weiterhin die Frage im Raum, woher die Menschen gekommen sein mögen, welche sich am Beginn der späten Hallstattzeit auf der Heuneburg und in ihrem unmittelbaren Hinterland konzentrierten.[63]
Die Situation verschärfte sich zusehends, als sich im Rahmen des Prospektionsprojektes im Umland der Heuneburg im freien Feld nördlich des Gießübel/Talhau-Waldes neue Siedlungsfundstellen vom Beginn der späten Hallstattzeit zunächst in einem solchen Umfang verdichteten, dass sich dort erstmals ausgedehnte Wohnplätze abzeichneten.[64] Im Laufe der weiteren Prospektion hat sich ergeben, dass die zuvor noch isolierten Siedlungskonzentrationen sich als eine zusammenhängende, riesige Niederlassung herausstellten, welche sich nördlich des Waldes über den gesamten Höhenrücken erstreckt hat. Schließlich konnten die großflächigen, zunächst nur nördlich des Waldes erfassten Siedlungsnachweise so weit nach Süden in den Wald hinein verfolgt werden, bis eine Verbindung mit der dort bekannten Außensiedlung offenkundig wurde: Diese besaß demnach eine Mindestausdehnung in einer Größenordnung von 35–50 ha.[65]
Auf dieser Basis wurden 2004/05 im neu eingerichteten DFG-Schwerpunktprogramm 1171 mit dem Projekt „Heuneburg-Umland" die Forschungen im Vorfeld der Heuneburg fortgesetzt. Eine großflächige Untersuchung im Nordteil der Außensiedlung lieferte tatsächlich die gewünschten Angaben zur Ausdehnung der Gehöfteinheiten, brachte aber auch dort ähnlich weit ausgreifende Wälle und Gräben ans Licht, welche sich sogar an die südlich des Waldes verlaufenden Grabenstrecken anschließen ließen.[66]
Mit Hilfe von Grabungen konnte 2006 schließlich der Nachweis geführt werden, dass im bisher unerforschten Bereich zwischen Außen- und „Südsiedlung" ebenfalls großflächig Siedlungsreste vorhanden waren. Die „Südsiedlung" repräsentierte demnach also gar keine eigenständige Niederlassung; der Begriff bezeichnet vielmehr einen durch forschungsgeschichtlich bedingte Zufälligkeiten willkürlich erfassten Ausschnitt aus der Außensiedlung, die seither im Umfang von rund 100 ha Fläche bestätigt ist.[67]
Über die nunmehr begründeten Vorstellungen zur Ausdehnung der Außensiedlung hinaus konnten 2006 zusätzlich aber auch noch wesentliche Angaben zur Bebauungsstruktur gewonnen werden, welche die Ergebnisse der vorausgegangenen Jahre ent-

60 Kurz, Germania 76, 1998, 546f.
61 Reim, Arch. Ausgr. Baden-Württemberg 1999, 53ff.
62 Ders., ebd. 2001, 59.
63 Wie Anm. 60.
64 Kurz, Arch. Ausgr. Baden-Württemberg 2002, 77ff.
65 Ebd. 2003, 62ff.
66 Kurz, Arch. Ausgr. Baden-Württemberg 2004, 87ff.; 2005, 78ff.
67 Zu den Grabungen im DFG-Schwerpunktprogramm ausführlich: Kurz, Neue Forschungen im Umfeld der Heuneburg. Zwischenbericht zum Stand des Projektes „Zentralort und Umland: Untersuchungen zur Struktur der Heuneburg-Außensiedlung und zum Verhältnis der Heuneburg zu umgebenden Höhensiedlungen. In: D. Krausse (Hrsg.) (Anm. 21) 163ff.

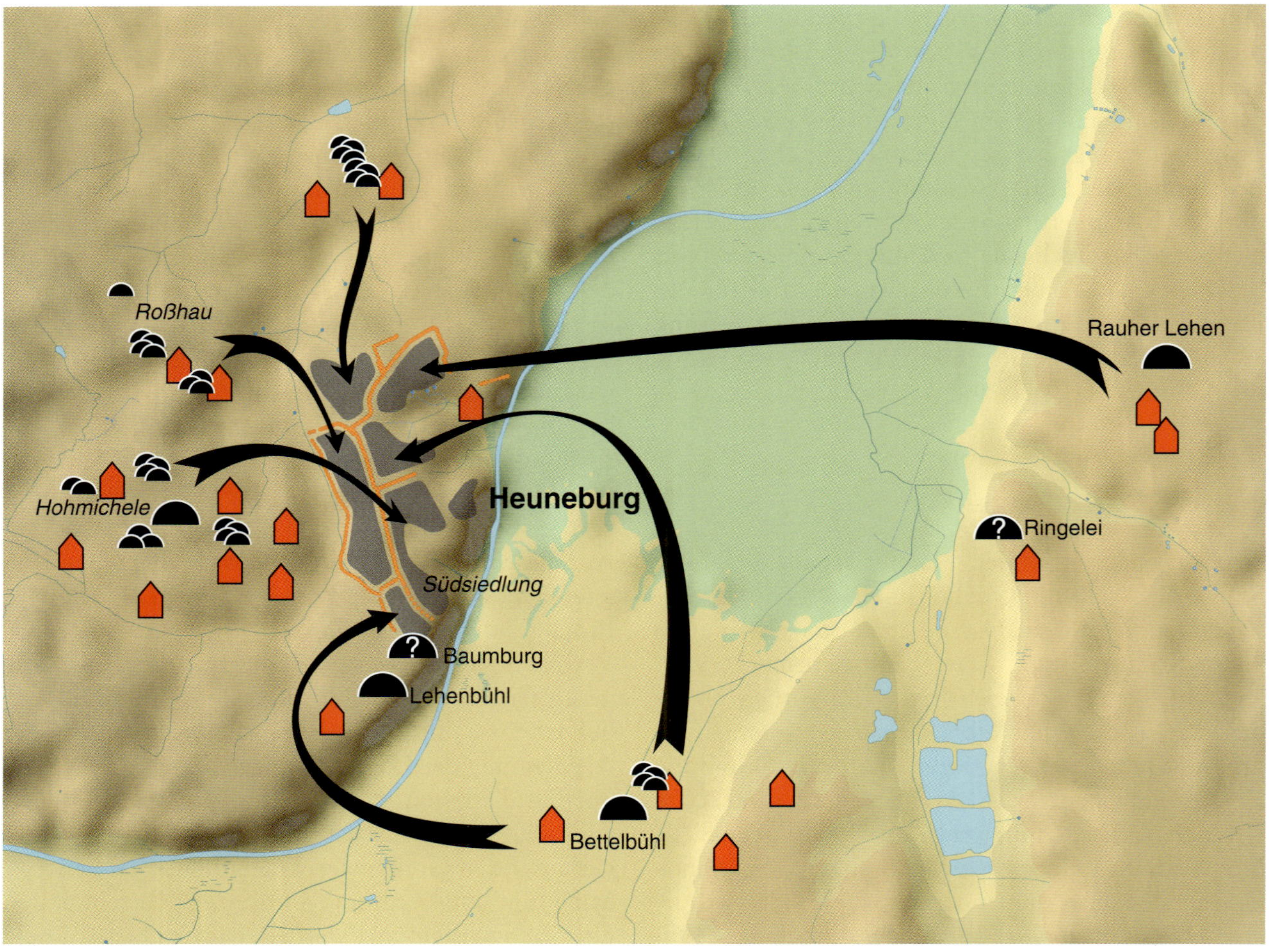

Abb. 3: Die Unterteilung der Außensiedlung mit Wällen/Gräben (orange) repräsentiert modellhaft die aus den umliegenden Niederlassungen (rote Haus-Signatur) zugezogenen Siedlungsverbände.

scheidend erweiterten und für die Außensiedlung inzwischen eine überschlägige Ermittlung von mehreren Tausend Bewohnern ermöglichen. Und schließlich konnte sogar die zunächst nur vermutete Gleichzeitigkeit der Wall-Graben-Anlage mit der Außensiedlung durch klare Befunde endgültig bestätigt werden.[68]

Bei der Beurteilung von Zentralisierungs- und Urbanisierungsprozessen in der späten Hallstattzeit – immerhin das Hauptanliegen des DFG-Schwerpunkt-programms 1171 – ist gerade dieser in der Außensiedlung sich bietende Gesamtbefund von ganz entscheidender Bedeutung für die Einordnung des Siedlungskomplexes „Heuneburg"[69] in soziopolitische Kategorien. Denn die durch ein System von Gräben und Wällen fassbare Unterteilung der Außensiedlung in separate Wohngebiete legt erstmals eine Organisation auf der Basis eines segmentären Lineagesystems nahe (Abb. 3)[70] – nach dem beträchtlichen Umfang der Außensiedlung handelt es sich also wahrscheinlich um das Wohngebiet einer Stammesgesellschaft.[71]

… also doch nur „alter Wein in neuen Schläuchen"?

Anhand der zuletzt skizzierten Ergebnisse wird deutlich, wie tiefgreifend die intensive Forschung im Vorfeld der Heuneburg innerhalb nur weniger Jahre unser Bild von diesem Siedlungsplatz verändert hat. Am Beginn dieser Entdeckungen stand die räum-

68 Ebd. 177.

69 Dabei bleiben die Konsequenzen nicht bloß auf die Heuneburg, im Sinne von W. Kimmig (Zum Problem späthallstättischer Adelssitze. In: K. H. Otto/J. Herrmann [Hrsg.], Siedlung, Burg und Stadt. Studien zu ihren Anfängen [= Festschr. P. Grimm]. Dt. Akad. Wiss. Berlin. Schr. Sekt. Vor- u. Frühgesch. 25 [Berlin 1969] 95 ff.) also den Archetypus eines „Fürstensitzes" beschränkt.

70 S. Kurz, Befestigungsanlagen im Vorfeld der Heuneburg. In: H.-P. Wotzka (Hrsg.), Grundlegungen. Beiträge zur europäischen und afrikanischen Archäologie für Manfred K. H. Eggert (Tübingen 2006) 563 ff.

71 M. K. H. Eggert, Wirtschaft und Gesellschaft im früheisenzeitlichen Mitteleuropa: Überlegungen zum „Fürstenphänomen". Fundber. Baden-Württemberg 29, 2007, 292.

liche und zeitliche Verteilung der Großgrabhügel. Mittlerweile wird die Außensiedlung als Siedlungsplatz erkennbar, bei dem sich eine recht große Zahl von Menschen nach ihrer Herkunft aus ländlichen Ansiedlungen auch am neuen Siedlungsplatz zusammengefunden und gemeinsam niedergelassen haben – das Prinzip eines solchen Konzentrationsprozesses ist in Abbildung 3 modellhaft dargestellt.

Dabei ist nicht zu übersehen, dass der Gedanke an eine inzwischen mit mehreren Tausend Menschen zu veranschlagende Gesamtbevölkerung von Heuneburg und Außensiedlung nur noch schwer mit den Vorstellungen zu vereinbaren ist, die E. Gersbach in seiner historischen Studie entwickelt hat:[72] Zweifellos hätte ein feindlicher Angriff auf Heuneburg und Außensiedlung ganz andere Anforderungen im Hinblick auf die Zahl und Kampfkraft der Angreifer gestellt als einer der in wechselnden Zweckallianzen durchgeführten kleineren Beutezüge, mit denen man zu jener Zeit in den „gutnachbarschaftlichen“ Beziehungen zu anderen Siedlungsverbänden wird rechnen müssen. Unter diesem Aspekt ist während der späten Hallstattzeit in weitem Umkreis um die Heuneburg jedenfalls nirgendwo ein Angreifer zu erkennen, dem sowohl die militärische Potenz für einen Überfall und die Belagerung der Heuneburg als auch die Fähigkeit zur dauerhaften Übernahme der Herrschaft zuzubilligen wäre.

Misst man daran die von Gersbach formulierte Hypothese, dann sei vorab festgehalten, dass sich an den entscheidenden, der Hypothese zugrunde liegenden Voraussetzungen nur wenig verändert hat: Weder sind seither irgendwelche Bestattungen aus den Großgrabhügeln im weiteren Heuneburg-Umland ans Licht gekommen, die eine über die Heuneburg-Perioden IV hinausreichende, längere Belegung anzeigen könnten, noch hat sich durch die neueren Grabungen an der von Gersbach angenommenen Errichtungszeit der Gießübel/Talhau-Hügel in der Heuneburg-Periode III ein anderer Zeitansatz ergeben.[73] Es hat sich inzwischen jedoch deutlicher herauskristallisiert, dass die ältesten Gräber in den Gießübel/Talhau-Hügeln mit demselben Fibeltypus (Schlangenfibel S5) einsetzen,[74] mit welchem in Grab VIII die Belegung des Hohmichele endgültig abbricht (Abb. 4 Nr. R 250/251)[75] – von daher hätte sich die Grundlage für eine Argumentation im Sinne Gersbachs sogar bewährt.

Nach den Kriterien der archäologischen Datierung folgt aus der Fibelstatistik der Nachbestattungen aber auch, dass zumindest drei der Gießübel/Talhau-Hügel – über den letzten lassen die vorhandenen Quellen keine Aussage zu – in engerem zeitlichem Rahmen entstanden sind, als dies im Einzelfall einmal vermutet wurde;[76] nach den äußerst lückenhaf-

Abb. 4: Stratifizierung der Fibeln auf der Heuneburg (oben) und Einordnung der Fibeln aus den Grabfunden der umgebenden Nekropolen (unten). Schwarze Balken (oben) und fette Linien (unten) = Vorkommen gesichert; graue Balken (oben) und feine Linien (unten) = Vorkommen wahrscheinlich bzw. möglich. Abbildung geringfügig verändert nach Kurz/Schiek (Anm. 3) 69 Tab. 4.

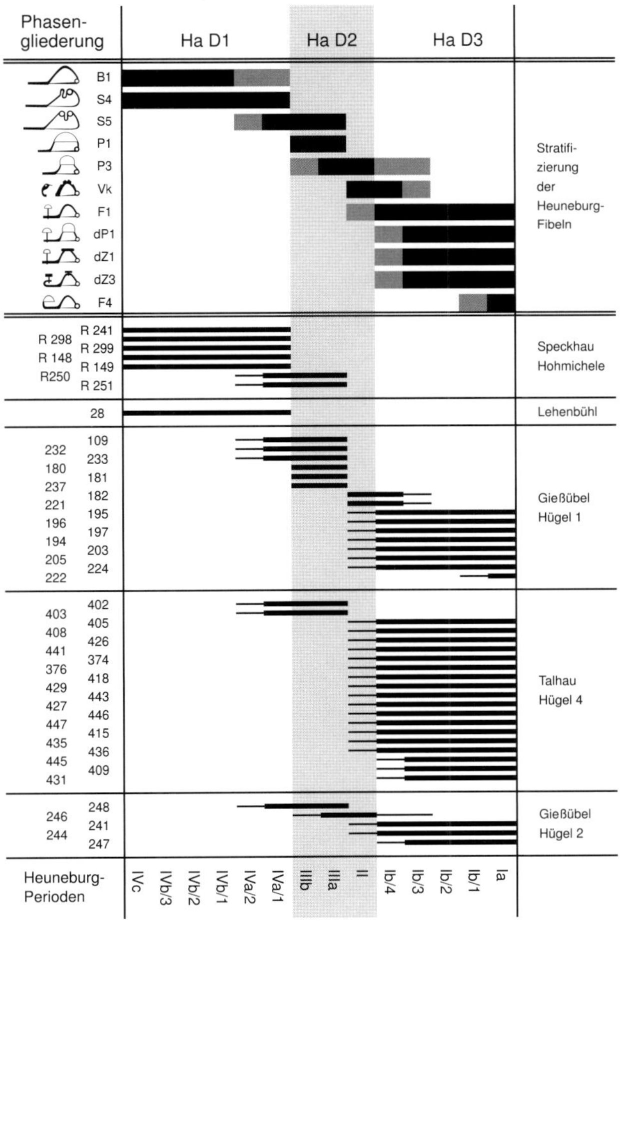

72 Gersbach (Anm. 28).

73 Ebd. 32.

74 Kurz/Schiek (Anm. 3) Katnr. 109; 232; 233 bzw. 248 aus den Gießübel-Hügeln 1 und 2 sowie Katnr. 402; 403 aus dem Talhau-Hügel 4.

75 G. Riek, Der Hohmichele. Ein Fürstengrabhügel der späten Hallstattzeit bei der Heuneburg. Heuneburgstudien I = Röm.-Germ. Forsch. 25 (Berlin 1962) Katnr. 250; 251.

76 Beispielsweise hat F. Fischer (Anm. 7) 4 Abb. 3 die Errichtung von Talhau-Hügel 4 in den Heuneburgperioden III angenommen, gefolgt von Gießübel-Hügel 1 in Periode II und den Hügeln 2 und 3 in den Perioden Ib/2–3. Die gesamte Nekropole wäre demnach erst über einen längeren Zeitraum hinweg entstanden, welcher vier oder fünf Bauperioden auf der Heuneburg entsprochen hätte; vgl. dagegen aber auch Fischer (Anm. 22) 51 Abb. 2, wo die Zentralkammern aller vier Hügel gemeinsam mit den Heuneburg-Perioden II oder Ib/4 angesetzt sind.

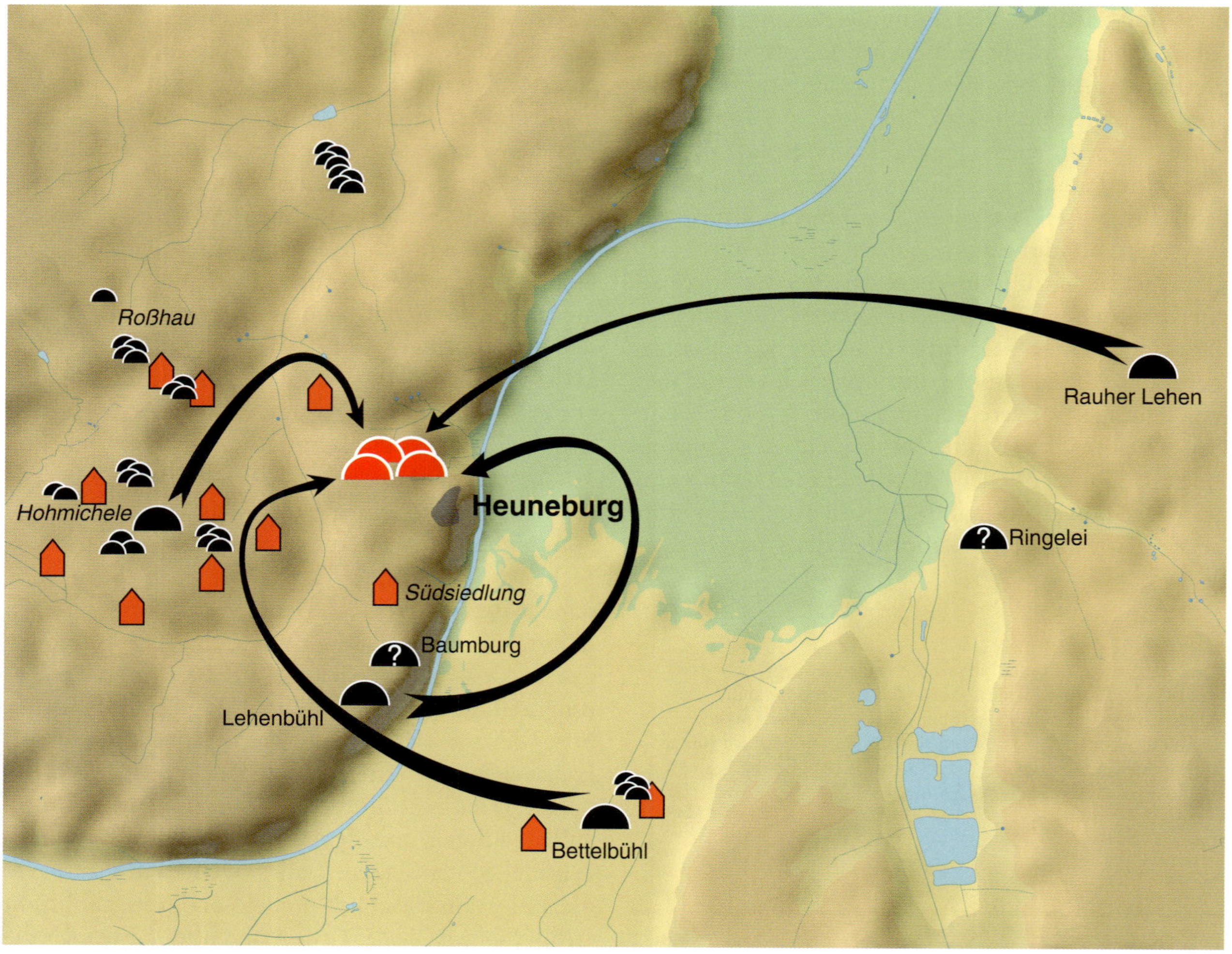

Abb. 5: Schematische Darstellung für die in den älteren Großgrabhügeln auf den lokalen Bestattungsplätzen im Umland der Heuneburg abbrechende und in der neu errichteten Gießübel/Talhau-Nekropole (rot) fortgesetzte Bestattungsfolge.

ten Kenntnissen von den Belegungsfolgen in den älteren Großgrabhügeln ließen sich die Gießübel/Talhau-Hügel sogar unmittelbar an jene anschließen (vgl. Abb. 4).[77]
Damit wäre die Voraussetzung für die Gegenposition zu der Hypothese Gersbachs formuliert: Die Gießübel/Talhau-Hügel wären dann eben nicht Ausdruck neuer Herrschaftsverhältnisse auf der Heuneburg, sondern nach Auflassung der Außensiedlung als neuer Separatfriedhof für eine sich zunehmend nach außen abgrenzende Elite entstanden, die ihre Grabstätten bisher in den Großgrabhügeln der weiteren Umgebung hatte (Abb. 5). Unter formalen Gesichtspunkten hat man sich den Vorgang ähnlich vorzustellen wie am Beginn der Außensiedlung die Konzentration größerer Bevölkerungsgruppen aus den Niederlassungen der Umgebung (Abb. 3). Aber wie verträgt sich eine solche Vorstellung mit den entscheidenden Aspekten, die erst jenen nach Auffassung von E. Gersbach so radikal erscheinenden Traditionsbruch begründen könnten?

Zur Begründung

Zweifellos stellte der Übergang von Periode IVa/1 nach IIIb eine entscheidende Zäsur in der seit ihrer Gründung – so scheint es zumindest – rasch fortschreitenden Entwicklung der Heuneburg dar. So entstand die Heuneburg in der ältesten Bauperiode (IVc) zwar mit einer 5 m breiten, in einheimischer Holz-Erde-Bauweise errichteten Kastenmauer, doch

77 Wenn ein solcher Befund schon als Beleg für eine neue Herrschaft auf der Heuneburg zu interpretieren sein sollte, wo wären dann die Bestattungsplätze der Gefolgsleute und der übrigen Klientel dieser neuen Herren zu suchen? In Übereinstimmung mit Gersbach dürfte auch diesem Personenkreis, den ja ebenfalls „keine familiären Bande mit seinen Vorgängern verflocht[en], […] an der Beibehaltung einer fremden Grablege wohl kaum etwas gelegen sein“ (Gersbach [Anm. 28] 32). Unter diesem Gesichtspunkt käme hierfür lediglich der erst neuerdings entdeckte Friedhof in den Greutäckern in Frage (Kurz/Schiek [Anm. 3] 139 Nr. 14); allerdings kann es sich nach dem Grabungsbefund des Jahres 2006 nur um eine vergleichsweise kleine Nekropole mit einer Nord-Süd-Ausdehnung von weniger als 100 m handeln.

zeigt die Besiedlung im Burginneren noch bäuerliche Gehöftstrukturen mit Wohn-, Wirtschafts- und Speicherbauten (Abb. 6 a). Bereits in ihrem nächsten Ausbau wurde die Holz-Erde-Mauer jedoch von jener mediterran inspirierten Lehmziegelmauer ersetzt, die eine völlig neue Qualität im Siedlungswesen nördlich der Alpen darstellt. Eine entsprechende Neuerung bildet die in der Heuneburg- Südost-Ecke fassbare Innenbebauung. Ihre regelmäßige Anlage erweckt durchaus den Eindruck para-„urbaner" Strukturen; das soll aber nicht darüber hinwegtäuschen, dass hier hauptsächlich handwerkliche Produktionsstätten ansässig gewesen sein können (Abb. 6 b, c).[78] Und schließlich vermittelt auch die Außensiedlung unmittelbar vor der Heuneburg allein schon wegen ihrer riesigen Ausdehnung eine neue Dimension im Siedlungswesen.

Demgegenüber sind die Perioden III dadurch gekennzeichnet, dass die abgebrannte Lehmziegelmauer eben nicht wieder instand gesetzt wurde, so wie es nach dem Brand der Periode IVa/2 schon einmal geschah. Vielmehr wurde der weitgehend intakt gebliebene Mauerkörper komplett abgetragen und trotz klarer Nachteile (geringere Dauerhaftigkeit, periodisch wiederkehrender Aufwand an Baustoffen und Arbeitskraft) durch eine konventionelle Holz-Erde-Mauer ersetzt. Angesichts der besonderen Bedeutung der Lehmziegelmauer[79] kommt die Auslöschung gerade dieses Bauwerks und der Ersatz durch eine technisch wie auch von ihrer Außenwirkung her unterlegene Lösung weniger einer realen Verbesserung als vielmehr dem Sturz eines Denkmals gleich, welches der Erbauer der Lehmziegelmauer für sich und seine Familie errichtet hatte. Auch in der Innenbebauung bildet die erneute Bevorzugung gehöftartiger Baustrukturen einen scharfen Gegensatz zur planvollen Bebauung der vorhergehenden Perioden (vgl. Abb. 6 b, c gegenüber d) – erst recht, wenn in der Südost-Ecke von den Perioden III an von konzentriert angesiedeltem Handwerk keine Rede mehr sein kann. Zudem unterstreicht schließlich die endgültige Auflösung der Außensiedlung den dramatischen Rückgang der Attraktivität des Siedlungszentrums.

Abgesehen von der rein formalen Ebene setzte die Errichtung eines Siedlungskomplexes von der Größe der Heuneburg ganz entscheidende Neuerungen voraus: Mit der Verlegung der Wohnsitze aus dem Umland auf die Heuneburg oder in die Außensiedlung waren ihre Einwohner ihren bisherigen Anbauflächen entrückt, die Nahrungsmittel mussten also von den Höfen im Umland zu den Verbrauchern transportiert werden. Auf welche Weise das im Detail geschah, entzieht sich gegenwärtig unserer Erkenntnis. Doch sind Speicherbauten in der Heuneburg-Periode IVc als kleine quadratische Schwellen-Grundrisse bei jedem Gehöft zu finden (Abb. 6 a, orangefarbene Grundrisse). Aber schon in den Perioden IVb lassen sich trotz dichter Bebauung der Heuneburg-Südost-Ecke nur noch in wenigen Fällen Speicher in Form kleiner Vier- bzw. Sechs-Pfosten-Bauten nachweisen (Abb. 6 b). Erst für die Perioden IVa ist unmittelbar am Osttor je ein massiver Speicherbau mit einer Grundfläche von rund 13 m auf 10 m belegt (Abb. 6 c).[80] Das lässt darauf schließen, dass die Vorratshaltung der einzelnen auf der Heuneburg ansässigen Hauswirtschaften während der Periode IVc noch weitgehend im eigenen Verantwortungsbereich jedes Haushaltes lag. Und während für die Perioden IVb vorerst noch offenbleiben muss, auf welche Weise beispielsweise die im Südosten der Heuneburg konzentrierten Betriebe versorgt wurden, zeigen die Großspeicher nahe dem Donautor, dass in den Perioden IVa die Vorratshaltung bzw. Versorgung nicht mehr den einzelnen Hauswirtschaften oblag.

Gerade dieser Aspekt führt in unserer Fragestellung entscheidend weiter. Denn das zurückliegende Prospektionsunternehmen im Umland der Heuneburg hat ergeben, dass dort für eine zu Ansehen, Einfluss und Macht gekommene Gruppe von Grundbesitzern die Voraussetzungen zur Errichtung eines Herrschaftszentrums durchaus gegeben waren.[81] In der sozialtypischen Einordnung kommt dafür hauptsächlich ein *big man*-System in Frage,[82] dessen führende Repräsentanten in der Konkurrenz um Rang und Vorrang auf den Erwerb und die laufende Bestätigung persönlichen Charismas angewiesen waren. Durch besonderes Charisma galt ein *big man* bei seiner Klientel schließlich als Garant für eine aussichtsreiche Zukunftsperspektive und für das Bewusstsein, sich einem „guten" Herrn angeschlossen zu haben.[83] Umgekehrt konnte dauerhaft ausbleibende Bestätigung oder gar der Rückgang im persönlichen Charis-

---

78 Die Frage, ob auf der Heuneburg überhaupt mit spezialisiertem Handwerk zu rechnen ist, wird derzeit noch kontrovers beurteilt; vgl. beispielsweise die gegensätzlichen Auffassungen von Kurz (Anm. 13) 152 ff. und Eggert (Anm. 71) 282 ff. Für unser Anliegen ist diese Frage jedoch von untergeordneter Bedeutung.

79 Zuletzt Kurz (Anm. 17) 180.

80 In der Literatur fanden die Großspeicher der Perioden IVa bisher kaum Beachtung. Auch Verf. hat die Bedeutung dieser Bauten auf der Heuneburg lange Zeit nicht angemessen berücksichtigt; vgl. Eggert (Anm. 71) 288 Anm. 240.

81 Kurz (Anm. 17) 175 f.

82 U. Veit, König und Hohepriester? Zur These einer sakralen Gründung der Herrschaft in der Hallstattzeit. Arch. Korrbl. 30, 2000, 558. – M. K. H. Eggert (Anm. 71) 255 ff.

83 Diesen Aspekt betont besonders M. I. Finley, Die Welt des Odysseus (München 1979) 56 f.

Abb. 6: Baubefunde im Südteil der Heuneburg aus den Perioden IVc, IVb/2, IVa/1 und IIIb. Planausschnitte jeweils nach Gersbach, Baubefunde (Anm. 12) Beil. 1; 5; 11 bzw. dems. (Anm. 13) Beil. 1; die ebd. als Speicher charakterisierten Bauten sind braun markiert.

ma dazu führen, dass die Klientel ihre Gefolgschaft aufkündigte und sich einem neuen Herrn anschloss. Insofern ist es also durchaus angemessen, *big men* als „charismatische[n] Einzelpersönlichkeiten höchst unterschiedlicher Prägung in tendenziell instabilen politischen Verhältnissen“[84] zu charakterisieren.
Allerdings lässt sich der archäologische Befund in der Regel nicht in der wünschenswerten Deutlichkeit einer soziopolitischen Kategorie zuordnen. So weist beispielsweise die in der Außensiedlung fassbare Unterteilung abgeschlossener Siedlungsgebiete auf die segmentäre Gliederung einer Stammesgesellschaft und entspricht damit einem *big man*-System. Mit einer zentralisierten Vorratswirtschaft, wenigstens für die in der Heuneburg-Südost-Ecke lebenden Bewohner, und der Verteilung von Subsistenzgütern wird dagegen ein Aspekt fassbar, der die Heuneburg als Häuptlingstum erscheinen lässt. Diese Erscheinung kann jedoch nur auf einen sehr eng umrissenen Zeitraum begrenzt werden, denn von den Perioden III an sind nur noch Kleinspeicher, diese allerdings recht zahlreich fassbar (Abb. 6 d).[85]
Aus diesen Bemerkungen ergeben sich nun Ansatzpunkte, um jenen am Übergang von Periode IVa/1 nach IIIb so radikal erscheinenden Bruch im Siedlungsablauf der Heuneburg zu erklären: So ließe sich die Auflassung der Außensiedlung pauschal als ein Vorgang auffassen, bei dem die dort konzentrierten Menschen die Gefolgschaft ihrer Herrschaft gegenüber aufgekündigt und sich anderenorts einer neuen angeschlossen haben. Aber wäre dann nicht etwa damit zu rechnen, dass einem *big man* bei schwindendem Charisma lediglich seine Vorrangstellung durch einen Konkurrenten streitig gemacht und von einem anderen, glücklicher agierenden eingenommen wurde – und zwar ohne im archäologischen Befund deutliche Spuren zu hinterlassen?
Dagegen wäre ein anderer Aspekt durchaus zur Erklärung des archäologischen Befundes in der Lage. Schließlich ist es von einiger Bedeutung, wenn von den Perioden IVb an eine zentralisierte Vorratswirtschaft zu vermuten und für die Perioden IVa kurzfristig eine institutionalisierte Versorgung – wie rudimentär auch immer sie gewesen sein mag – sogar positiv nachweisbar ist, die Vorratshaltung im Anschluss daran aber wieder in die Verantwortung der einzelnen Hauswirtschaften überging. Ein solcher Befund kann doch nur in dem Sinne interpretiert werden, dass sich das für die Perioden IVa erschließbare Versorgungsprinzip nicht bewährt hatte. Für eine Ansiedlung in der Größe von der Heuneburg stellt die gesicherte Versorgung derjenigen Menschen, die über keinen Zugang zu eigenen Nahrungsmittelressourcen verfügen, eine vitale Voraussetzung für das Funktionieren des gesamten Gemeinwesens dar; und die Möglichkeit einer Subsistenzkrise in Form einer gestörten Nahrungsmittelversorgung lässt sich als Anlass für den Ausbruch sozialer Unruhen oder gar für eine Erhebung kaum von der Hand weisen.
Neben der Subsistenzsicherung kommen aber auch noch andere Risikofaktoren als Ursache für soziale Unruhen in Frage. Beispielsweise bedurfte das in der Südost-Ecke der Heuneburg konzentrierte Handwerk einer laufenden Versorgung mit Rohstoffen.[86]
Neben der Sicherstellung der Versorgung mit Subsistenzgütern gehörte auch der Nachschub an Rohstoffen zweifellos zu den Obliegenheiten eines *big man* bzw. eines Häuptlings – jedenfalls dann, wenn man Metallhandwerker in der Südost-Ecke der Heuneburg nicht gänzlich ausschließen will. Durch das Vertrauen seiner Gefolgschaft in die Fähigkeiten ihres Herrn ließen sich kurze Unterbrechungen in der Versorgung zwar vorübergehend überbrücken. Im wiederholten Falle ging damit aber das Charisma zurück, mit dem sich ein *big man* laufend der Solidarität seiner Gefolgschaft versicherte.
Nun ist die Frage, wie groß der Vertrauenskredit in den Perioden IVa noch gewesen sein mag, als sich die Lebensbedingungen der Menschen erstmals seit der Errichtung der Heuneburg so grundsätzlich geändert hatten. Sie hatten zuvor ihre Wohnplätze auf den Höfen im Umland verlassen, sich auf der Heuneburg oder in der Außensiedlung in eine ganz neue Form der Abhängigkeit begeben und damit den Wechsel von der Subsistenz- zur Überschusswirtschaft vollzogen. Innerhalb von zwei oder drei Generationen war ihnen auf dem Weg vom Prinzip der organisierten Bedarfsdeckung des *oikos*[87] bis zur Produktion von Überschüssen von ihrer Herrschaft

84 Eggert (Anm. 71) 286. Ebd. 260 ff. sind die wesentlichen Grundlagen soziopolitischer Typisierung übersichtlich und in knapper Form dargestellt.

85 Im gegebenen Kontext seien die Großspeicher der Perioden IVa ausdrücklich als Versuch einer Monopolisierung der Grundversorgung für die Heuneburg-Bewohner verstanden. In diesem Sinne wäre das Bestreben, die für ein Gemeinwesen so wichtige Funktion der Subsistenzsicherung zu monopolisieren, für einen *big man* die ideale Gelegenheit, seinen im Wettbewerb mit Seinesgleichen erworbenen Vorrang in eine dauerhafte Vormachtstellung zu transformieren; dazu N. Elias, Über den Prozeß der Zivilisation. Soziogenetische und psychogenetische Untersuchungen 2: Wandlungen der Gesellschaft. Entwurf zu einer Theorie der Zivilisation (Baden-Baden 1997) 151 ff.

86 Allein für die Bronzegießereien beispielsweise waren neben Altmetall zum Aufschmelzen besonders Kupfer und Zinn für die Herstellung neuer Legierungen erforderlich (Kurz [Anm. 13] 152). Daneben musste aber auch Wachs für die Fertigung von Formen laufend in angemessenem Verhältnis verfügbar sein, wenn die Produktion nicht immer wieder stillstehen sollte.

87 M. Weber, Wirtschaft und Gesellschaft: Grundriß der verstehenden Soziologie[5] (Tübingen 1972) 230.

schon viel abverlangt worden – immer mit der Erwartung, dass sich die vorab gemachten Versprechungen für eine bessere Zukunft tatsächlich auch erfüllten. In dieser eher sozialpsychologischen Perspektive stellt die Bereitschaft, immer wieder aufs Neue den Herausforderungen durch einen *big man* weiter zu folgen, doch eine sehr relative Größe dar;[88] auch in dieser Hinsicht darf der Verweis Eggerts auf die tendenzielle Instabilität der politischen Verhältnisse von *big man*-Systemen verstanden werden.[89]
Eine Erhebung von Teilen der Heuneburgbewohner könnte durchaus zu Befunden geführt haben, wie sie E. Gersbach als Stütze für seine Hypothese von der Einnahme der Burg durch fremde Herren herangezogen hat:[90] Sollten sich Aufständische (oder etwa die alte Herrschaft?) in der Heuneburg zurückgezogen haben, erklärten sich die Zusetzung des Donautores oder das Frauengrab im Inneren der Heuneburg von selbst – sofern beide Ereignisse tatsächlich dem Endabschnitt der Periode IVa/1 angehören –; das gilt aber gleichermaßen für das Skelett auf der Berme im Nordwesten, dem nicht anzusehen ist, ob ein junger Mann bei der Verteidigung gegen fremde Angreifer oder beim Kampf gegen die gegnerische Partei aus der eigenen Siedlung ums Leben gekommen ist. Genauso wenig lässt sich entscheiden, ob die Heuneburg im Zuge eines Überfalls durch fremde Angreifer oder bei der Niederschlagung eines Aufstandes eigener, unzufriedener Leute in Brand gesetzt und später nach Wiederverwendbarem durchsucht worden ist. Als Folge eines gescheiterten Aufstandes könnte selbst die Außensiedlung von ihren Bewohnern auf eigenen Entschluss hin verlassen oder auf Veranlassung des *big man* planmäßig geräumt,[91] vielleicht auch nur – im Hinblick auf die Südsiedlung[92] – in ihrem Umfang drastisch reduziert worden sein, beispielsweise um für die Zukunft ähnliche Probleme von vornherein auszuschließen.
Es gibt sogar Anlass für die Vermutung, dass der Neubeginn der Heuneburg-Periode IIIb mit einem Führungswechsel verbunden war und der Häuptling am Ende der Periode IVa von einem *big man* abgelöst wurde: In diesem Sinne wäre die Einebnung der Lehmziegelmauer als „Denkmalsturz" genauso verständlich wie die Auflassung der Außensiedlung oder der etwa gleichzeitige Abbruch der kleineren Höhensiedlungen im Umkreis der Heuneburg[93] als Rückkehr zu einer leichter überschaubaren Organisation der übergeordneten Siedlungsstrukturen. Entsprechendes gilt für einen besonderen Aspekt der Innenbebauung der Heuneburg, wo in Periode IIIb erstmals ein Großbau („Herrenhaus") von 12 m auf 33 m Grundfläche fassbar wird, der – wenn es sich nicht um ein öffentliches Bauwerk handeln sollte – erstmals als Beleg für die Residenz eines *big man* innerhalb der Heuneburg herangezogen werden kann. Zumindest lässt sich in der gesamten Bausubstanz der vorangehenden Bauperioden kein auch nur annähernd vergleichbarer Grundriss ausscheiden.[94] Von daher wä-

88 Ein ausgezeichnetes Beispiel bietet Christoph Kolumbus' Fahrt nach Indien auf der Westroute: Damit die Schiffsmannschaft „wegen der großen Länge der Fahrt nicht unwillig werde" (A. Zahovsky, Christoph Kolumbus – Bordbuch: Aufzeichnungen seiner ersten Entdeckungsfahrt nach Amerika 1492–1493 [Zürich/Leipzig 1941] 58), verzeichnete Kolumbus vom 10. September 1492 an – also schon wenige Tage nach seiner Abfahrt von Gomera – wesentlich kürzere Tagesstrecken in den offiziellen Schiffsbüchern. Bis zum 1. Oktober unterschieden sich so die im offiziellen Bordbuch eingetragenen Wegstrecken (2336 Seemeilen) von den tatsächlich zurückgelegten (im persönlichen Tagebuch 2828 Seemeilen) um etwa ein Fünftel der Gesamtstrecke (ebd. 72 f. mit Anm. 10). Auf diese Weise sollten die Offiziere und damit die Mannschaft in dem Bewusstsein gelassen werden, jederzeit umkehren und mit den vorhandenen Vorräten notfalls die Heimat erreichen zu können. Trotz des damals auf See gültigen Prinzips von Befehl und Gehorsam war Kolumbus offenbar darauf bedacht, die Gefolgschaftstreue seiner Mannschaft nicht unnötigen Belastungen auszusetzen. Dementsprechend spielte die reale Entfernung zum spanischen Mutterland auf einmal keine Rolle mehr, sobald die Besatzung nach der Ankunft in der Karibik am 12. Oktober erstmals wieder festen Boden vor Augen hatte, so dass die Notwendigkeit für diese Art „doppelter Buchführung" entfiel.

89 Eggert (Anm. 71) 286.

90 Dabei spielt es keine Rolle, ob man die Aufständischen im Lager unzureichend versorgter Konsumenten oder auf Seiten unzufriedener Nahrungsmittel-Produzenten im Umland suchen möchte, denen bei der Grundversorgung der mehreren Tausend Bewohner von Heuneburg und Außensiedlung gewiss viel von ihrer Herrschaft zugemutet wurde. Letztere Möglichkeit entspräche etwa einer Situation wie sie U. Kahrstedt, Eine historische Betrachtung zu einem prähistorischen Problem. Prähist. Zeitschr. 28/29, 1937/38, 401 ff. als Ursache für den Untergang der hallstattzeitlichen Herrschaftszentren in Betracht gezogen hatte.

91 Vor wenigen Jahren rechnete Verf. noch mit der Möglichkeit, das Ende der Außensiedlung stünde mit dem Abzug größerer Bevölkerungsgruppen nach Süden in Verbindung (Kurz in: Frühkeltische Fürstensitze: Älteste Städte und Herrschaftszentren nördlich der Alpen? Internationaler Workshop zur keltischen Archäologie in Eberdingen-Hochdorf, 12. und 13. September 2003. Arch. Inf. Baden-Württemberg 51 = Schr. Keltenmus. Hochdorf/Enz 6 [Esslingen 2005] 15 f.).

92 Der Begriff wird hier nur noch für den punktuell nachweisbaren Niederschlag der Phase Ha D3 gebraucht, welcher im Gewann Greutäcker eine wohl schon seit Ha D2 bestehende Niederlassung repräsentiert; vgl. Kurz (Anm. 67) 171.

93 Ebd. 178 ff.

94 Insgesamt ist zwar völlig offen, ob während der Perioden IV auf der Heuneburg überhaupt je ein Häuptling bzw. *big man* residiert hat. Doch hat diese Frage in der Literatur bisher kaum Niederschlag gefunden, so dass hier ein stillschweigender Konsens über den Wohnsitz der Herrschaft auf der Heuneburg vorausgesetzt werden darf. Lediglich S. Schiek, Bestattung (Anm. 25) muss implizit vom Wohnsitz eines Heuneburg-Herrn in der Außensiedlung ausgegangen sein, wenn der Tote in Hügel 4 an der Stelle seines ehedem eigenen Hauses beigesetzt worden sein soll. Außer Schiek wollte sich F. Fischer (z. B. „Fürstensitz" [Anm. 22] 225), der die Außensiedlung als Wohnplatz für die Heuneburg-Herren und ihr Gefolge immerhin in Erwägung gezogen hat, angesichts der mit einer Lehmziegelmauer befestigten Heuneburg in dieser Frage schon nicht mehr festlegen.

re es nicht verwunderlich, wenn sich die Heuneburg-Elite erst im Laufe der Perioden III einen eigenen Friedhof im Gießübel/Talhau nahe bei ihren neu gewählten Wohnsitzen geschaffen hätte.[95]

Ein Ansatz zur Überprüfung

Mit den obigen Ausführungen wären nunmehr zwei konkurrierende Ansätze formuliert, die einen speziellen Befund – die Errichtung der Gießübel/Talhau-Hügel zu einer Zeit, als die Heuneburg bereits mehrere Generationen bestand – als das Ergebnis von im weitesten Sinne als historisch zu bezeichnenden Ereignissen erklärt. Dabei hat die hier erstmals vorgetragene Interpretation den entscheidenden Vorzug, mit Hilfe molekularbiologischer Analyseverfahren wenigstens dem Prinzip nach jederzeit überprüfbar zu sein.[96] In der konkreten Frage wäre eine erste Bestätigung schon dann zu erwarten, wenn sich in einem Fall engere biotische Verwandtschaftsbeziehungen zwischen einem Zentralgrab der vier Gießübel/Talhau-Hügel und einer Primärbestattung in einem der älteren Großgrabhügel im Umland der Heuneburg nachweisen ließen; dadurch könnte die Gießübel/Talhau-Nekropole als Friedhof für fremde Eroberer der Heuneburg im Sinne von E. Gersbach ausgeschlossen werden. Im Idealfall einer voll umfänglichen Bestätigung müssten sich – ganz dem in Abbildung 5 wiedergegebenen, vorerst aber völlig hypothetisch bleibenden Schema entsprechend – biotische Verwandschaftsverhältnisse zwischen den Zentralgräbern eines jeden einzelnen der Gießübel/Talhau-Hügel und jeweils einem älteren, im Umland der Heuneburg gelegenen Großgrabhügel nachweisen lassen.

Allerdings ist es von den Voraussetzungen her nicht gerade zum Besten bestellt. Denn in der Moränenlandschaft an der oberen Donau gilt fast schon regelhaft, dass in den vergleichsweise gut durchlüfteten und meist aus entkalkten Lehmböden errichteten Grabhügeln Skelettreste weitestgehend vergangen sind. Lediglich in den Grabschächten hallstattzeitlicher Zentralbestattungen bestehen wegen der eingeschränkten Durchlüftung bei gleichmäßiger Durchfeuchtung der Schachtfüllung deutlich bessere Erhaltungsbedingungen. Unter dieser Voraussetzung führt die Tatsache, dass die älteren Zentralgräber (Ha D1) regelhaft auf der alten Oberfläche angelegt, die jüngeren hingegen (Ha D2/3) als Schachtgräber in den Boden eingetieft sind, zu der unbefriedigenden Situation, dass den Skeletten aus den jüngeren Gießübel/Talhau-Hügeln keine Knochenreste aus den Zentralgräbern älterer Großgrabhügel zum Vergleich gegenübergestellt werden könnten.[97] Angesichts dieser Einschränkung für den unmittelbaren Nachweis direkter Verwandtschaft besteht nur noch die Möglichkeit, auch andere Bestattungen aus Hügeln der älteren Nekropolen in die Untersuchung miteinzubeziehen, daraus jeweils einen nekropolenspezifischen, sogenannten Gen-Pool zu charakterisieren und so zumindest eine Abstraktion genetischer Verwandtschaftsinformationen mit den individuellen Merkmalen der Toten aus den Gießübel/

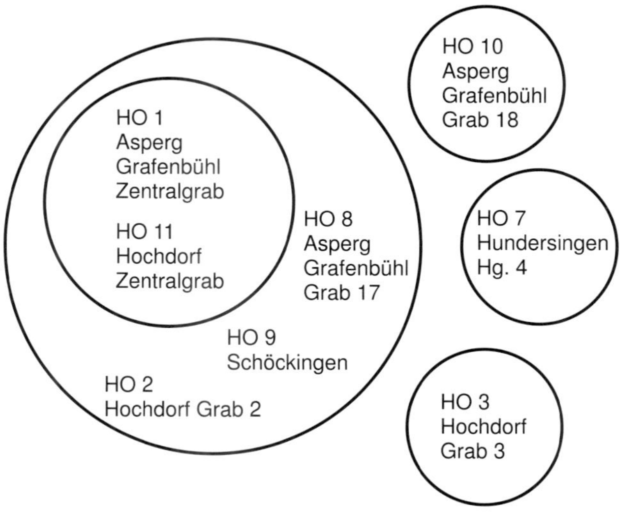

Abb. 7: Vorläufige Gruppierung der acht Individuen auf dem Stand von etwa 300 ausgewerteten Sequenzpositionen. Bereits auf diesem Niveau lassen sich die Proben HO 3, 7 und 10 nicht mehr aus einer mütterlichen Linie herleiten; bei den Proben HO 2, 8 und 9 kann das noch nicht ausgeschlossen werden, während bei den Proben HO 1 und 11 noch keine unterschiedlichen Merkmale erfasst sind. Nach Hummel/Schmidt/Herrmann (Anm. 97) Abb. 6.

---

95 Ein neuer, ausschließlich den führenden Familien vorbehaltener Friedhof wird hier in genau demselben Sinne als „Steigerung des sozialen Abstandes" verstanden wie ihn F. Fischer (W. Bernhard/A. Kandler-Pálsson [Hrsg.], Die Ethnogenese der Kelten aus der Sicht der Vor- und Frühgeschichte. In: Ethnogenese europäischer Völker. Aus der Sicht der Anthropologie und Vor- und Frühgeschichte [Stuttgart, New York 1986] 220) angesichts des verschwenderischen Reichtums und Aufwandes bei den „Fürstengräbern" intendiert sah.

96 Als Beispiele für entsprechende, in jüngerer Zeit durchgeführte Untersuchungen seien genannt: J. Hald/M. Scholz/P. Dicke/S. Hengst/C. Pusch, Das frühlatènezeitliche Gräberfeld von Gäufelden-Nebringen. Neue Erkenntnisse zur inneren Gliederung unter Anwendung archäobiologischer Analyseverfahren. Arch. Korrbl. 29, 1999, 223 ff. – K. W. Alt/M. Munz/W. Vach, Hallstattzeitliche Grabhügel im Spiegel ihrer biologischen und sozialen Strukturen am Beispiel des Hügelgräberfeldes von Dattingen, Kr. Breisgau-Hochschwarzwald. Germania 73, 1995, 281 ff.

97 Unter diesem Aspekt ist es sehr bezeichnend, dass die im Zusammenhang mit den jüngeren Grabungen in der Hohmichele-Gruppe vorgesehenen Gen-Analysen (B. Arnold/M. L. Murray/S. A. Schneider, Untersuchungen an einem hallstattzeitlichen Grabhügel der Hohmichele-Gruppe im „Speckhau", Markung Heiligkreuztal, Gde. Altheim, Kreis Biberach. Arch. Ausgr. Baden-Württemberg 1999, 67) bisher offenbar ohne Ergebnis geblieben sind.

Talhau-Hügeln zu vergleichen. Es versteht sich von selbst, dass ein solches Verfahren zwangsläufig mit Abstrichen in der Präzision der Aussage verbunden wäre.
Zu Pessimismus besteht indessen noch kein Grund – zumal ein unter gerade entgegengesetzten Fragestellungen vorgenommener molekulargenetischer Vergleich ein in unserem Sinne bemerkenswertes Ergebnis zur Folge hatte: Bei der Untersuchung von Skelettresten aus acht Gräbern, dem Zentralgrab des Talhau-Hügels 4 sowie sieben Bestattungen aus nordwürttembergischen Hügeln[98] im Hinblick auf ihre genetische Distanz hat sich zum einen herausgestellt, dass der Tote im Zentralgrab des Talhau-Hügels 4 mit keinem der anderen untersuchten Individuen aus einer mütterlichen Familienlinie hervorgegangen sein kann (Abb. 7, HO 7). Im Sinne von E. Gersbach könnte demnach also ein Bezug zu den in Asperg, Hochdorf oder Schöckingen bestattenden Siedlungsverbänden ausgeschlossen werden. In Anbetracht der auf eine völlig andere Fragestellung hin ausgerichteten Probenauswahl bleibt dieses Ergebnis hier jedoch ohne systematische Absicherung und damit ohne Belang.
Von Bedeutung ist hingegen etwas ganz anderes: Beim gegenwärtigen Stand der Untersuchung ist eine deutliche genetische Affinität zwischen den Toten aus den Großgrabhügeln von Hochdorf und Asperg, Grafenbühl (Abb. 7, HO 1 u. HO 11) feststellbar.[99] Erinnert sei an jene Regel, auf die F. Fischer schon 1979 hingewiesen hat; sie besagt, dass die jüngeren Großgrabhügel im Gegensatz zu den älteren nahe bei der Heuneburg errichtet worden waren und dass ein entsprechender Befund auch am Hohenasperg sowie am Mont Lassois vorzuliegen scheint.[100] Im konkreten Fall wird eine solche Regelhaftigkeit nun erstmals durch das Ergebnis von Hochdorf und Asperg gestützt. Implizit resultiert daraus ein erster Hinweis darauf, dass auch die Toten in den nahe bei der Heuneburg liegenden Gießübel/Talhau-Hügeln durch verwandtschaftliche Bande mit den Bestattungen in den älteren Riesenhügeln im Umland zu verknüpfen sein könnten.

Schlussbemerkungen

Dieser Beitrag verfolgt zwei voneinander weitgehend unabhängige Aspekte. Der erste hat die historische Deutung einer Reihe von konkreten Befunden zum Gegenstand. E. Gersbach wertete eine merkliche Zäsur im Siedlungsablauf der Heuneburg sowie die Auflassung der Außensiedlung als Zeichen für eine Übernahme der Heuneburg durch fremde Eroberer, deren Grabstätten in den Gießübel/Talhau-Hügeln zu suchen sein sollten. Nachdem sich in den letzten Jahren immer deutlicher herausstellte, dass sich die Außensiedlung über eine riesige Fläche erstreckt hat und so eine entsprechend große Zahl von Bewohnern besessen haben muss, wurde eine feindliche Eroberung der Heuneburg zunehmend schwieriger zu begründen. Daher wurde ein Gegenentwurf formuliert, der die betreffenden Phänomene nicht als Folge äußerer Einwirkungen, sondern als Ausdruck ökonomischer Veränderungen und sozialer Spannungen zu erklären versucht. Selbstverständlich sind die beiden hier referierten Ansätze zur historischen Deutung allein schon aus dem Grunde äquivalent und damit gleichermaßen „wahr" oder „falsch", als sie sich auf (fast) dieselben Befunde stützen und archäologische Befunde eben nicht in einer „gleichsam spiegelbildlichen Beziehung zur einstigen Realität stehen".[101]
Ein Unterschied besteht jedoch darin, dass der hier vertretene Gegenentwurf ausdrücklich bestimmte Formen der Sozialorganisation sowie aus dem archäologischen Befund ablesbare ökonomische Faktoren berücksichtigt und daher mittelbar auf einer über den Einzelfall hinausgehenden, breiten Perspektive beruht. Ein weiterer Vorzug der hier vorgetragenen historischen Interpretation besteht in ihrer prinzipiellen Überprüfbarkeit. Schließlich haben die in den letzten Jahren erreichten Fortschritte in der Methode und Aussagekraft molekulargenetischer Analysen dazu geführt, dass sich biotische Verwandtschaftsbeziehungen relativ einfach nachweisen lassen. Konkret besteht damit die Möglichkeit, wenigstens in qualitativer Hinsicht zu überprüfen, inwieweit die genetischen Kodierungen der in den Gießübel/Talhau-Hügeln bestatteten Toten in den Gräbern der Nekropolen mit den älteren, im Umkreis der Heuneburg streuenden Großgrabhügeln wiederzufinden sind und sich die Gießübel/Talhau-Hügel so endgültig als Nekropole entweder für die alteingesessenen oder doch eher für neu aufgetretene Geschlechter erweisen können.

98 S. Hummel/D. Schmidt/B. Herrmann, Molekulargenetische Analysen zur Verwandtschaftsfeststellung an Skelettproben aus Gräbern frühkeltischer Fürstensitze. In: Frühkeltische Fürstensitze: Älteste Städte und Herrschaftszentren nördlich der Alpen? Internationaler Workshop zur keltischen Archäologie in Eberdingen-Hochdorf, 12. und 13. Spetember 2003. Arch. Inf. Baden-Württemberg 51 = Schr. Keltenmus. Hochdorf/Enz 6 (Esslingen 2005) 67 ff.

99 Es sei jedoch nicht verschwiegen, dass dieser Affinität beim gegenwärtigen Stand der Untersuchung noch keine große Beweiskraft zukommt (siehe ebd. 70 Text zu Abb. 6).

100 Siehe oben S. 146 mit Anm. 24.

101 Eggert (Anm. 37) 66.

Ein zweiter Aspekt – das zeigt schon die eingangs dargelegte Forschungsgeschichte – widmet sich der rasanten Entwicklung, die die Heuneburgforschung in den letzten Jahren genommen hat. Den Beginn dieser Entwicklung markierte zunächst nur ein Interpretationsansatz, der sich 1995 bei der Aufarbeitung der Grabfunde im Umkreis der Heuneburg herauskristallisiert hatte. Als es 1998 darum ging, diesen Ansatz im Rahmen eines Prospektionsunternehmens zu überprüfen, hat sich der Jubilar sofort und ohne Zögern bereit erklärt, einen Drittmittelantrag bei der Deutschen Forschungsgemeinschaft zu stellen – und das, obwohl die dem Vorhaben zugrunde liegende Fragestellung der lange Zeit gängigen Auffassung von der Heuneburg gewissermaßen als Archetypus eines hallstattzeitlichen „Fürstensitzes" widersprach. So ist dies zehn Jahre später für den Verfasser die passende Gelegenheit, für die Unterstützung bei seinem Vorhaben zu danken – zu einer Zeit, als der Ausgang dieses Vorhabens noch völlig ungewiss war.

Bildnachweis

Alle Abbildungen, soweit nicht anders angegeben, vom Verf.

Das frühkeltische Fürstengrab von Eberdingen-Hochdorf

Eine Inszenierung

JÖRG BIEL

Das Grab und der Grabhügel von Eberdingen-Hochdorf im Kreis Ludwigsburg haben seit der Ausgrabung vor nunmehr etwa dreißig Jahren die Forschung und die Diskussion zur späten Hallstattzeit und zum Thema der Fürstensitze/Fürstengräber sehr stark belebt. Vor allem der reiche Grabfund mit seinen vielen Facetten hat vielfältigen Eingang in die Literatur gefunden. Dabei zeigte sich unter anderem, dass dieses außergewöhnlich reiche Grab wegen seiner einmaligen Ausstattung, seiner guten und nicht durch antike Beraubung gestörten Erhaltung und der sorgfältigen Untersuchung des Hügels und des Grabes selbst im Einzelnen sehr schwer mit anderen verglichen werden kann. Einem dieser Aspekte soll hier nachgegangen werden.

Einige Bemerkungen zum Publikationsstand etwa dreißig Jahre nach der Ausgrabung sind vorauszuschicken.[1] 1985 wurde nach Abschluss der Konservierungsarbeiten und zahlreichen begleitenden Untersuchungen der damalige Kenntnisstand in einem Stuttgarter Ausstellungskatalog und einer Monographie festgehalten.[2] Die Publikation einzelner Ausstattungskomplexe sollte danach in Form von Monographien, vor allem im Rahmen von Dissertationen, erfolgen.

Als erstes erschien die Untersuchung der botanischen und biologischen Reste durch Udelgard Körber-Grohne.[3] Diese aufwendigen Arbeiten wären heute so nicht mehr zu leisten, vor allem weil hierfür wohl kaum mehr ein so kompetenter Bearbeiter zur Verfügung stünde. Zusammen mit der Arbeit von Johanna Banck-Burgess zu den Textilfunden[4] haben sie viele Ergebnisse geliefert, die mangels Vergleichen gewissermaßen erratisch dastehen – man denke an Dachshaartextilien oder eine Matratze aus Hanfbast. Dies gilt besonders für die Arbeit von J. Banck-Burgess, die – sicherlich richtungweisend – in ihrer wissenschaftlichen Gesamtaussage bisher kaum zur Kenntnis genommen wurde.

Die Dissertation von Dirk Krausse zu den Trink- und Speisegeschirren hat dagegen sehr viel Beachtung gefunden, zumal er darin einen weiten Bogen schlug und auch eine gewisse Neuinterpretation des Grabes bzw. des hier Bestatteten vornahm.[5] Krausse brachte kultische Elemente – u. a. das Schlachtgerät – in die Deutung mit ein und bezeichnete den Toten als Sakralkönig. Auf diesen Aspekt werden wir später zurückkommen. Die Bearbeitung des Wagens und der Pferdegeschirre durch Julia Koch[6] stand sicherlich im Schatten der Arbeit von Christopher Pare,[7] besticht jedoch durch die sorgfältige Fund- und Befundvorlage. Die Bearbeitung des Bronzekessels durch Gebhard Bieg beschäftigt sich kaum mit dem Grabfund und dem Kessel von Hochdorf, der Band enthält jedoch einen in vieler Hinsicht aufschlussreichen Beitrag von Werner Gauer.[8]

1 Die Grabung erfolgte in den Jahren 1978 und 1979.

2 J. Biel, Der Keltenfürst von Hochdorf (Stuttgart 1985); ders., Grabhügel der Hallstattzeit. In: Landesdenkmalamt Baden-Württemberg, Der Keltenfürst von Hochdorf. Methoden und Ergebnisse der Landesarchäologie. Ausstellungskat. Stuttgart (Stuttgart 1985) 33–42; ders., Die Ausstattung des Toten. Ebd. 79–105; Katalog 135 ff. – Zuvor neben zahlreichen anderen Vorberichten: J. Biel, Ein Fürstengrabhügel der späten Hallstattzeit bei Eberdingen-Hochdorf, Kr. Ludwigsburg (Baden-Württemberg). Germania 60, 1982, 61–104.

3 U. Körber-Grohne, Hochdorf I. Die biologischen Reste aus dem hallstattzeitlichen Fürstengrab von Hochdorf, Gemeinde Eberdingen (Kreis Ludwigsburg). Forsch. u. Ber. Vor- u. Frühgesch. Baden-Württemberg 19 (Stuttgart 1985) 85–265.

4 J. Banck-Burgess, Hochdorf IV. Die Textilfunde aus dem späthallstattzeitlichen Fürstengrab von Eberdingen-Hochdorf (Kreis Ludwigsburg) und weitere Grabtextilien aus hallstatt- und latènezeitlichen Kulturgruppen. Forsch. u. Ber. Vor- u. Frühgesch. Baden-Württemberg 70 (Stuttgart 1999).

5 D. Krauße, Hochdorf III. Das Trink- und Speiseservice aus dem späthallstattzeitlichen Fürstengrab von Eberdingen-Hochdorf (Kr. Ludwigsburg). Forsch. u. Ber. Vor- u. Frühgesch. Baden-Württemberg 64 (Stuttgart 1996).

6 J. K. Koch, Hochdorf VI. Der Wagen und das Pferdegeschirr aus dem späthallstattzeitlichen Fürstengrab von Eberdingen-Hochdorf (Kr. Ludwigsburg). Forsch. u. Ber. Vor- u. Frühgesch. Baden-Württemberg 89 (Stuttgart 2006).

7 Ch. Pare, Wagons and wagon-graves of the Early Iron Age in Central Europe. Oxford Univ. Comm. Arch. Monogr. 35 (Oxford 1992).

8 G. Bieg, Der Bronzekessel aus dem späthallstattzeitlichen Fürstengrab von Eberdingen-Hochdorf (Kr. Ludwigsburg). Griechische Stabdreifüße und Bronzekessel der archaischen Zeit mit figürlichem Schmuck. Forsch. u. Ber. Vor- u. Frühgesch. Baden-Württemberg 83 (Stuttgart 2002).

Abb. 1: Der Großgrabhügel Hohmichele bei der Heuneburg – ein mächtiges Grabmonument.

Seit kurzem abgeschlossen ist die Bearbeitung der Gold- und Kleinfunde durch Leif Hansen im Rahmen einer Kieler Dissertation,[9] leider noch nicht die des Bronzesofas, die Dirce Marzoli übernommen hat. Schließlich bleibt die Vorlage des Grabungsbefundes immer noch eine Bringschuld des Ausgräbers.

Wie bereits gesagt, hat dieser Grabfund vielfältig Eingang in die Literatur gefunden, sei es referierend, aber auch mit neuen Ideen und Interpretationen. Hingewiesen sei auf die kontroverse Diskussion zwischen M. K. H. Eggert mit Epigonen und D. Krausse, die sich mehr im theoretischen Bereich bewegte und zu keinem – jedenfalls für den Verfasser – erkennbaren Ergebnis geführt hat.[10] Zur Gesamteinschätzung des Grabes gibt es Beiträge, wie den von Ludwig Pauli,[11] ebenso zu zahlreichen Einzelaspekten – stellvertretend seien hier diejenigen zu den vertauschten Schuhen oder den vertauschten Zaumzeugen von Ulrich Veit[12] bzw. Julia Koch[13] genannt. Schließlich hat sich Stéphane Verger im Hinblick auf eine ähnliche Thematik wie die hier behandelte ausführlich und spannend mit dem Grab von Hochdorf beschäftigt.[14]

Ich möchte mich in meinem Beitrag mit einem Aspekt befassen, der bisher – mit Ausnahme des genannten Artikels von St. Verger – wenig Beachtung gefunden hat, einmal, weil der Befund als solcher in dieser Hinsicht auf den ersten Blick kaum mit anderen Befunden zu vergleichen ist, und zweitens, weil dabei der Grabungsbefund und die Grabkammer als Einheit behandelt werden. Man kann diesen Aspekt als Inszenierung bezeichnen, als Inszenierung einer Bestattung. Der Begriff ist mit dem Theater verbunden und bedeutet dort: in Szene setzen.

9 L. Hansen, Die Goldfunde und die Trachtbeigaben des späthallstattzeitlichen Fürstengrabes von Eberdigen-Hochdorf (Kr. Ludwigsburg). Univ. Diss. Kiel 2008.

10 D. Krauße, Der „Keltenfürst" von Hochdorf: Dorfältester oder Sakralkönig? Anspruch und Wirklichkeit der sogenannten kulturanthropologischen Hallstatt-Archäologie. Arch. Korrbl. 29, 1999, 339–358; M. K. H. Eggert, Die „Fürstensitze" der Späthallstattzeit. Bemerkungen zu einem archäologischen Konstrukt. Hammaburg N. F. 9, 1989, 53–66; U. Veit, König und Hohepriester? Zur These einer sakralen Gründung der Herrschaft in der Hallstattzeit. Arch. Korrbl. 30, 2000, 549–568; M. K. H. Eggert, Der Tote von Hochdorf. Bemerkungen zum Modus archäologischer Interpretation. Arch. Korrbl. 29, 1999, 211–222.

11 L. Pauli, Zu Gast bei einem keltischen Fürsten. Mitt. Anthr. Ges. Wien 118/119, 1988/89, 291–303.

12 U. Veit, Des Fürsten neue Schuhe: Überlegungen zum Befund von Hochdorf. Germania 66, 1988, 162–169.

13 Koch (Anm. 6) 304–309.

14 St. Verger, La grande tombe de Hochdorf, mise en scène funéraire d'un cursus honorum tribal hors pair. Siris 7, 2006, 5–44.

Ein Bestattungsvorgang, eine Beerdigung, hat ja immer Komponenten einer Inszenierung, sei es um die Bedeutung des Toten zu zeigen oder um die Hinterbliebenen zu beeindrucken oder zu trösten, wobei eine solche Inszenierung im kultisch-religiösen oder aber im profanen Bereich, meist in beiden, angesiedelt ist. Ich möchte mich hier vor allem mit dem profanen Bereich, der sich in der Vorzeit immer mit dem kultischen mischt, beschäftigen.

Ein Grabhügel, groß oder klein, ist an sich schon eine Inszenierung. Das Grabmal zeigt dem Betrachter die Bedeutung oder die Wertschätzung der bestatteten Person.

Das wohl bedeutendste Grabmal ist das Taj Mahal im indischen Agra, das Shah Jahan für seine im Jahr 1631 früh verstorbene Hauptfrau Mumtaz errichten ließ – Ausdruck der Liebe und des Schmerzes über den Verlust dieser Person. Es handelt sich dabei um ein Grabmal, das sicherlich den Regeln der damaligen Architektur und Ästhetik folgte, aber keine organisierte Machtdemonstration bedeutet. Die eindrucksvollste Totenfeier der jüngeren Zeit war sicherlich die für Prinzessin Diana am 6. September 1997 in London, eine für die britische Königsdynastie zu diesem Zeitpunkt eigentlich bereits abgeschriebene Person. Die emotionale Inszenierung mit dem Lied „Good-

Abb. 2: Plan des Grabhügels von Hochdorf. Die eingezeichneten Einzelfunde markieren die Ausdehnung des Podiums im Norden des Grabhügels.

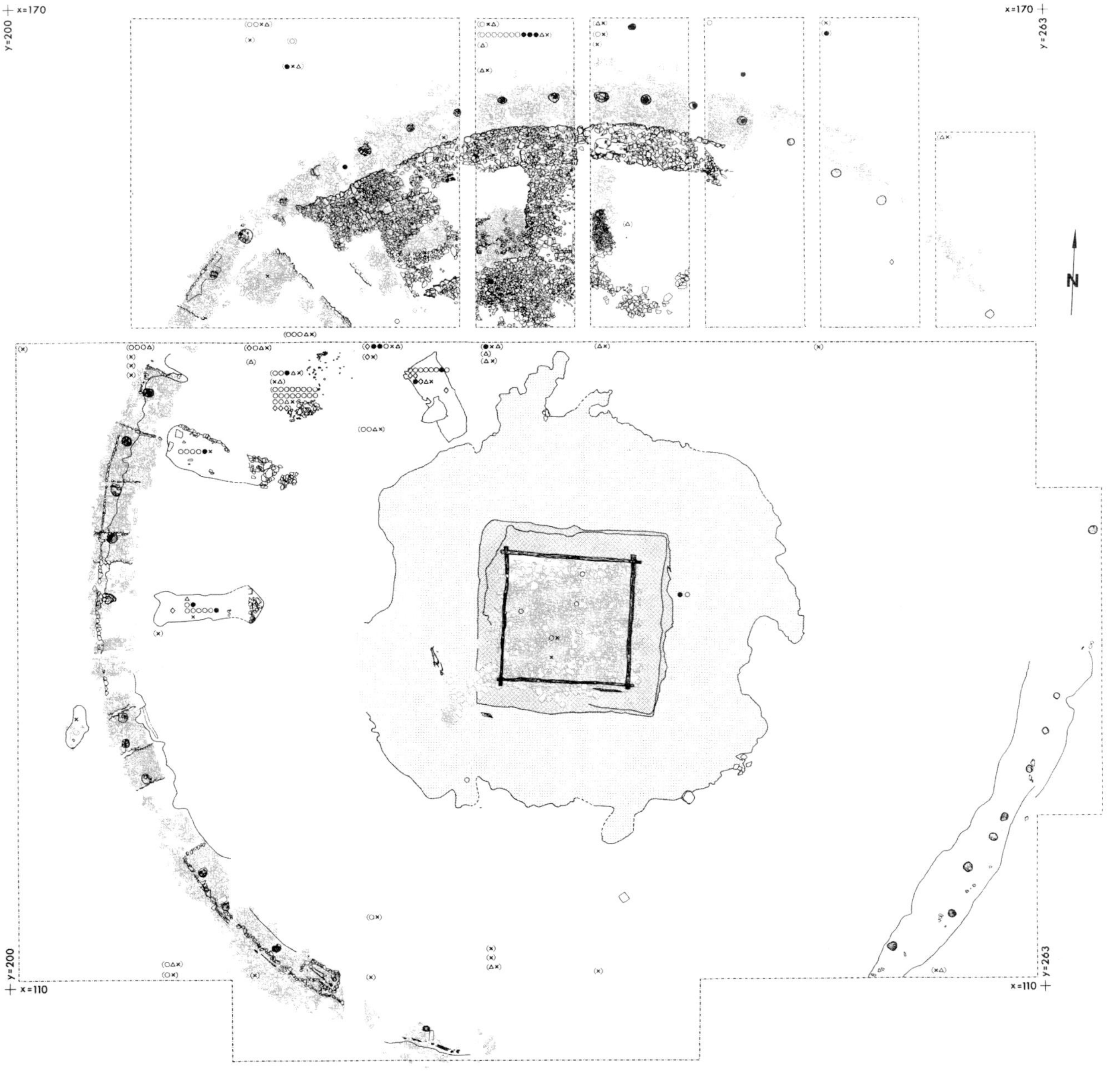

Abb. 3: Rekonstruktionszeichnung der Aufschüttung des Hochdorfer Grabhügels.

bye, England's Rose" von Elton John als „Sahnehäubchen" hat wesentlich dazu beigetragen, das Königshaus aus einer im Hinblick auf die öffentliche Meinung brisanten Situation zu retten.
Emotionale Komponenten spielen in Bezug auf den Hügel und den Bestattungsvorgang von Hochdorf und andere vergleichbare einheimische Großgrabhügel sicher keine große Rolle, denn hier steht der Machtausdruck im Vordergrund. Allerdings gibt es aus anderen Zeitepochen genügend extrem reiche Bestattungen ohne Überhügelung oder auch gezielt versteckte Gräber.
Gegenüber älteren Grabmalen oder Bauwerken, wie den Megalithgräbern von Newgrange und Knowth in Irland, die ja sehr kompliziert aufgebaut sind, oder eleganteren, jüngeren Anlagen wie römischen Mausoleen, wirken die Grabhügel auf uns heute eher primitiv oder urtümlich. Damals wurde ihre Außenwirkung in erster Linie durch die Dimensionen der Hügel bestimmt, die ja auch vor allem die für die Aufschüttung investierte Arbeitsleistung zeigen (Abb. 1). Mit 40 000 m^3 bewegter Erde beim Hohmichele und Magdalenenberg oder 7000 m^3 beim Hügel von Hochdorf sind dies nicht unbeträchtliche Erdmassen. Nach meiner persönlichen Einschätzung sind allerdings die gängigen Hochrechnungen für den benötigten Arbeitsaufwand weit überzogen. Ob auf diesen Hügeln Stelen standen, erscheint nach den neuen Befunden vom Glauberg und von Vix eher fraglich.[15]
Der Hügel von Hochdorf besitzt als eine Besonderheit einen von Norden zum Hügelzentrum weisenden Eingang mit einer aus Steinen gesetzten Außenfront und zwei nach innen weisenden Torwangen. Er führt auf ein Podium im Nordteil des Hügels, das über dem Aushub der Grabkammer aufgeschüttet war. Die Oberkante dieses Podiums ist zwar aberodiert, doch können seine Ausmaße an der Aufschüttung der Rasensoden und damit verbunden der Werkstattreste einigermaßen gut erkannt werden (Abb. 2). Die Rasensoden als erstes Aufschüttungsmaterial finden sich in Profilumkehr als unterste Schüttungsmasse im Hügel, wenn man ihre Ausdehnung kartiert, so lässt sich das Podium recht gut erkennen. Es dürfte mindestens 20 m × 30 m groß gewesen sein, nimmt also eine Fläche um 600 m^2 ein. Von diesem Podium blickt man von Norden hinunter in die Grabkammer (Abb. 3).
Aus dem Hallstattbereich sind vergleichbare Befunde nicht bekannt. Allerdings konnten bisher nur wenige Grabhügel komplett ausgegraben werden, oder sie waren so schlecht erhalten, dass entsprechende Beobachtungen ohnehin nicht mehr möglich gewesen wären. Anders aufgeschüttet ist der Hohmichele, bei dem das Zentralgrab auf die alte Oberfläche aufgesetzt war,[16] ebenfalls der Magdalenenberg bei Villingen[17] – mit der flächenmäßig größten bisher bekannten Grabkammer –, und auch die Nachuntersuchungen der Hügel im Gießübel/Talhau bei der Heuneburg[18] haben keine Hinweise auf entsprechende Podien ergeben. Die Untersuchung des Grafenbühl hat zwar den kompletten Grabhügel erfasst,

15 F.-R. Herrmann, Fürstensitz, Fürstengräber und Heiligtum. In: Das Rätsel der Kelten vom Glauberg. Ausstellungskat. Frankfurt (Stuttgart 2002) 90–107; B. Chaume/W. Reinhard, Das frühkeltische Heiligtum von Vix. Ebd. 221–222, zuletzt hierzu Bull. Soc. Préhist. Française 105, 2008, 419–423 mit Lit. – Eine lebensgroße Stele wie die von Hirschlanden oder vom Glauberg wäre auf einem Großgrabhügel vom Hügelfuß aus kaum wahrnehmbar, aus einiger Entfernung dagegen nicht die Details der Figuren.

16 G. Riek/H.-J. Hundt, Der Hohmichele. Ein Fürstengrabhügel der späten Hallstattzeit bei der Heuneburg. Heuneburgstudien I = Röm.-Germ. Forsch. 25 (Berlin 1962).

17 K. Spindler, Magdalenenberg I–VI. Der hallstattzeitliche Fürstengrabhügel bei Villingen im Schwarzwald (Villingen 1971–1980).

18 S. Kurz/S. Schiek, Bestattungsplätze im Umfeld der Heuneburg. Forsch. u. Ber. Vor- u. Frühgesch. Baden-Württemberg 87 (Stuttgart 2002).

doch ist ein Profil weder publiziert noch in den Originalunterlagen vorhanden. Die Beschreibung weist jedoch darauf hin, dass das Zentralgrab 60 cm unter die alte Oberfläche eingetieft war.[19]
Claus Dobiat hat 1981 den Befund von Hochdorf mit Befunden des Osthallstattkreises verglichen.[20] Bei diesen handelt es sich jedoch um dromosartige Steinstrukturen, die direkt an die Grabkammern angebaut waren, also völlig anders konstruiert sind. Ebenfalls nicht zu vergleichen ist der Befund am Glauberg mit der Prozessionsstraße, die zwar auf den Grabhügel, aber nur bedingt auf die darin enthaltenen Gräber Bezug nimmt,[21] oder das etwas rätselhafte geophysikalische Messbild des Großgrabhügels von Cerilly wenig westlich des Mont Lassois, der nicht näher untersucht ist. Es gibt hier eine Altgrabung, die sich jedoch nur im Hügelzentrum bewegte.[22]

Ohne Parallelen sind bisher auch die Grabkonstruktion, die Ausstattung und das Arrangement der Funde in der Kammer des Grabs von Hochdorf. Die eigentliche Holzgrabkammer mit 4,7 m × 4,7 m Innenmaß ist durch eine zweite Holzkonstruktion eingefasst (Abb. 4).
Zu einer solchen Bauweise gibt es bisher keine Vergleiche, obwohl zahlreiche Kammern in Hallstatthügeln aufgedeckt worden sind. Auch die Tiefe der Grabkammer mit 2,5 m unter der alten Oberfläche ist fast singulär, lediglich die Gräber von Vix mit 2,3 m und das Hauptgrab des Kleinaspergles mit 2,8 m Tiefe waren ähnlich tief angelegt. Ebenso singulär ist der Stein- und Holzschutz des Grabes, geschätzte fünfzig Tonnen Steine wurden in den Schacht eingebaut. Natürlich gibt es Steinüberhügelungen über Holzgrabkammern in Erdhügeln – das bekannteste Beispiel ist der Magdalenenberg bei Villingen,[23] und sie finden sich auch bei kleineren Hügeln, aber die Hochdorfer Konstruktion ist singulär und besitzt natürlich ihre Bedeutung.

Abb. 4: Rekonstruktion des Aufbaus der Grabkammer von Hochdorf.

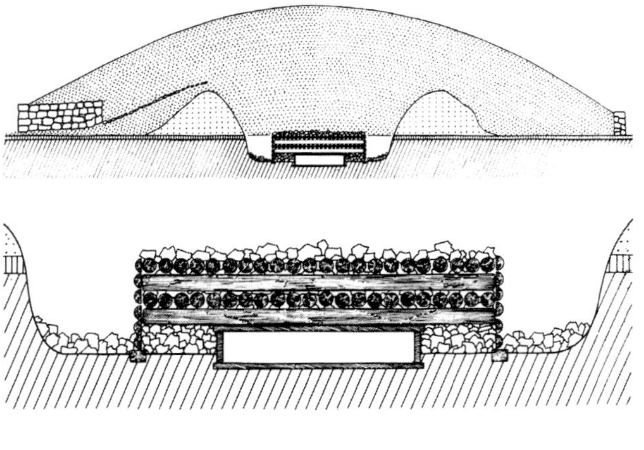

Tabelle 1: Größe der Grabkammer in verschiedenen Grabhügeln der Hallstattzeit.

Fundort	Maße in m	Fläche in m²
Sirnau	1,1 × 2,8	3,1
Gießübel 3	2,6 × 1,5	3,9
Gießübel 2	2,9 × 2	5,8
Hohmichele 6	2,4 × 3	7,2
Hügelsheim	2 × 4	8
Vix	3 × 3	9
Gießübel 4	2,8 × 3,4	9,5
Apremont	3,5 × 3,0	10,5
Cannstatt 1	3 × 3,5	10,5
Sonnenbühl	3,1 × 3,4	10,5
Römerhügel	3,5 × 3,5	12,2
Gießübel 1	4,2 × 3,3	13,8
Hügelsheim	4,5 × 3,2	14,4
Grafenbühl	4,5 × 4,5	20
Hohmichele I	3,5 × 5,8	20
Hochdorf	4,7 × 4,7	22
Dautmergen	6 × 4	24
Magdalenenberg	8,2 × 6	36,5

Des Weiteren sei auf die unterschiedlichen Dimensionen der Grabkammern hingewiesen, die natürlich auch Konsequenzen auf das Arrangement der verschiedenen Gräber bzw. Grabinhalte haben. Wie Tabelle 1 zeigt, schwanken sie sehr stark. Interessant ist immerhin, dass die Größe der Grabkammer und der Reichtum der Ausstattung nicht in direkter Beziehung stehen. So ist das Grab im Hügel von Dautmergen, das – obwohl fast vollständig ausgeraubt – nicht als Fürstengrab bezeichnet werden kann, größer als die meisten Fürstengräber.[24]
Auch was die Anordnung der Beigaben betrifft, unterscheidet sich Hochdorf gänzlich von anderen Gräbern. Recht deutlich wird dies bei einem Vergleich zwischen Hochdorf und Vix (Abb. 5). Die Kammer von Hochdorf mit 4,7 m Seitenlänge besitzt eine

19 H. Zürn, Hallstattforschungen in Nordwürttemberg. Veröff. Staatl. Amt Denkmalpfl. Stuttgart A 16 (Stuttgart 1970), sowie originale Grabungsdokumentation (Ortsakten LAD, Esslingen).
20 C. Dobiat, Parallelen im Grabbau des Ost- und Westhallstattkreises? Zeitschr. Hist. Ver. Steiermark 72, 1981, 195–202.
21 Vgl. Anm. 15.
22 B. Chaume, Vix et son territoire à l'Âge du Fer. Fouilles du Mont Lassois et environnement du site princier. Protohist. européenne 6 (Montagnac 2001) 210 mit Abb. 143. Geophysikalische Messung durch H. von der Osten-Woldenburg.
23 Vgl. Anm. 17.
24 H. Reim, Die Nachuntersuchung in einem Grabhügel der Hallstattkultur bei Dautmergen, Zollernalbkreis. Arch. Ausgr. Baden-Württemberg 1981, 62–67.

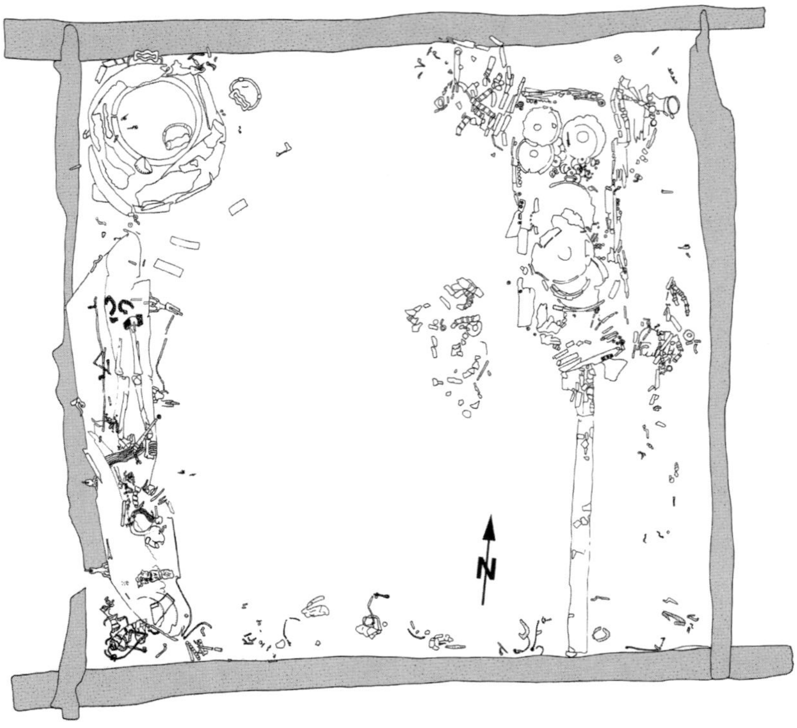

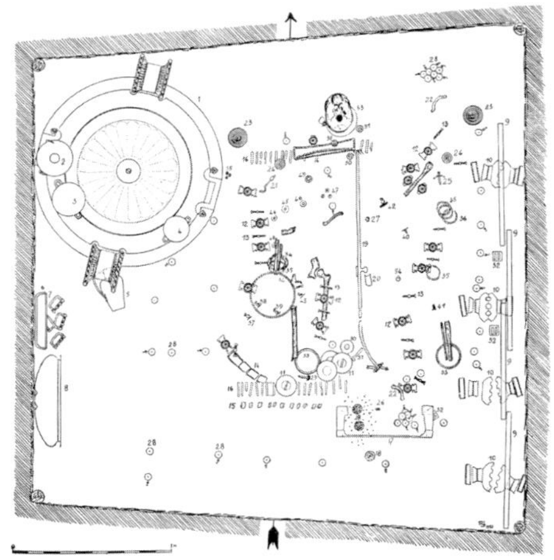

Abb. 5: Pläne der Gräber von Hochdorf und Vix.

Grundfläche von 22 m^2, die von Vix von nur 9 m^2. Entsprechend dicht gedrängt sind die Funde in der Kammer von Vix. Diese ist gerade so groß angelegt, dass alle Beigaben, eng gepackt, sowie die Tote darin Platz fanden – dazu mussten die Räder des Wagens demontiert werden. Auf Außenwirkung war dieses Grab jedenfalls nicht ausgerichtet.
Anders die beiden Grabkammern von Apremont und von Hohmichele Grab VI, in die die Wagen offenbar mit angesteckten Rädern hineingestellt wurden, während der oder die Toten neben bzw. unter dem Wagenkasten niedergelegt wurden (Abb. 6). Das Grab von Apremont mit einer Fläche von 10 m^2 wird fast vollständig vom Wagen ausgefüllt, ebenso wie das Grab 6 im Hohmichele mit 7 m^2 Fläche.
Dies ist anders im Grab von Hochdorf und mit einiger Sicherheit auch im Grafenbühl (Abb. 7). Bei der extrem starken Beraubung des letzteren Grabes ist eine sichere Rekonstruktion natürlich unmöglich, doch dürfte der hier gezeigte Versuch die Grundlinien des Grabes nachzeichnen. Die Grabkammer im Grafenbühl ist mit 20 m^2 Grundfläche gut mit Hochdorf zu vergleichen. Die außerordentlich starke Beraubung lässt leider kaum Rückschlüsse auf die ursprüngliche Ausstattung bzw. die Anordnung des Toten und der Grabausstattung zu. Die Skelettteile liegen eher im westlichen Bereich, in der Südostecke scheint mit dem Abdruck des Dreifußes wenigstens der ursprüngliche Standort des Kessels fixiert zu sein. Die Löwenfüße, mithin also der Sessel, werden eher in der Osthälfte platziert. Wagt man trotzdem eine Rekonstruktion – mit allem Vorbehalt –, so sind die beiden Gräber auch in ihrer Ausstattung recht gut miteinander zu vergleichen.
Im Grafenbühl nachgewiesen ist das Skelett eines Mannes, das wohl auf der mit Intarsien verzierten Kline[25] lag, vor oder unter der man sich das Tischchen und den Schemel denken kann. Der Dreifuß mit fehlendem Kessel ist durch die Standspur nicht wie in Abbildung 7 eingezeichnet, sondern in der hier rechten vorderen Ecke nachgewiesen. Ob der eisenbeschlagene Wagen, von dem nur noch geringe Reste vorhanden sind, mit aufgesteckten oder abmontierten Rädern in Grab stand, ist natürlich unbekannt. Das Schirrzeug und auch die im Grafenbühl vorhandene Miniatureisenaxt können wir auf den Wagenkasten legen. Bis auf kleine Reste von Goldlahn sind natürlich alle Gegenstände aus Gold bei der Beraubung entfernt worden. Die reichen und vielfältigen Importfunde – zu den Möbeln und dem Dreifuß kommen ja noch der Spiegel- oder Fächergriff oder ein Musikinstrument – lassen es als sicher erscheinen, dass dieses Grab ursprünglich sehr viel reicher ausgestattet war als dasjenige von Hochdorf.

25 Die Überlegungen vom M. Jung zu diesem Möbel vermag ich nicht nachzuvollziehen. Er hat allerdings insofern Recht, als es sich bei dem Möbel von Hochdorf nicht um eine Kline handelt, dies ist seit langem klar. M. Jung, Kline oder Thron? Zu den Fragmenten eines griechischen Möbelpfostens aus dem späthallstattzeitlichen „Fürstengrab" Grafenbühl in Asperg (Kr. Ludwigsburg). Germania 85, 2007, 95–107.

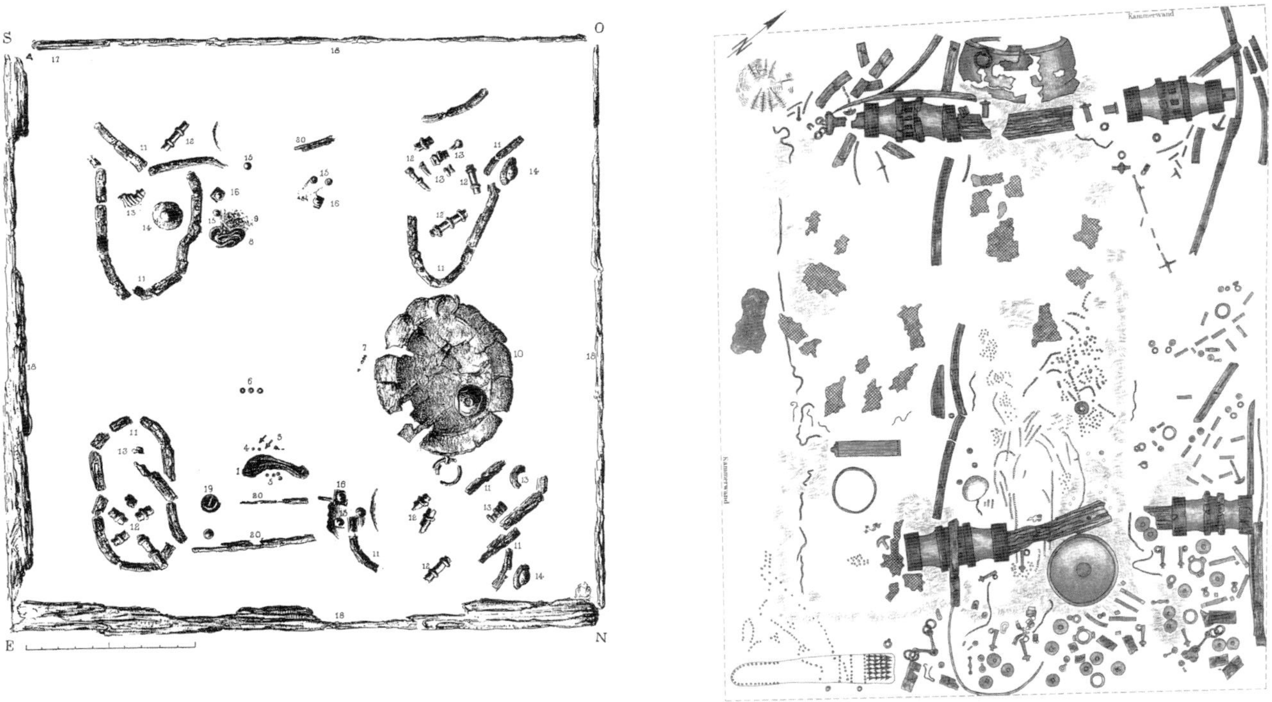

Abb. 6: Pläne der Gräber von Apremont und Hohmichele Grab VI.

Die geraubten Goldgegenstände sind natürlich nicht abzuschätzen, aber die Importe, die erhalten sind, deuten auf eine außerordentlich reiche Bestattung hin. Neben den Möbeln mit Elfenbeinfüßen und Bernsteinintarsien weisen die weniger spektakulären Gegenstände wie der Spiegel, vor allem aber die Klapper mit Elfenbeingriff auf einen starken mediterranen Einfluss in diesem Grab hin, der sich über sogenannte Prestigegüter hinaus bewegt.[26]
Für eine Inszenierung wie in Hochdorf böte die große Grabkammer zwar Platz, im Hügelaufbau zeigen sich jedoch keine vergleichbaren Hinweise.

Kommen wir nun zur Ausstattung des Grabes von Hochdorf (Abb. 8). Schon 1985 hatte ich ja verschiedene Ausstattungskategorien festgestellt, an denen ich auch heute noch festhalte und die sich im Wesentlichen durch die nachfolgenden Detailbearbeitungen bestätigt haben.[27]
Hier ist zunächst der Wagen mit zugehörigem Schirrzeug für zwei Pferde, also zwei Zaumzeugen und einem Doppeljoch sowie einem Treibstachel zu nennen. Die vier Räder des Wagens waren auf die Achsen gesteckt, was auch bei den meisten anderen Wagengräbern der Fall ist. Die eisenbeschlagene Deichsel war ebenfalls eingesetzt und ragte bis an die südliche Kammerwand vor. Möglicherweise wird die Nord-Süd-Ausdehnung der Grabkammer von der Dimension des Wagens bestimmt.
Die zweite Ausstattungskategorie ist das Trink- und Speisegeschirr, bestehend aus neun Bronzetellern vom Typ Hohmichele, drei Becken vom Typ Hatten sowie dem Schlachtgerät – einer schweren Eisenaxt, einem Fleischmesser sowie einem Hirschhorn- und einem Eisengerät, deren Zugehörigkeit zum Schlachtvorgang Ludwig Pauli plausibel erläutern konnte.[28]
Dieses Schlachtgerät wird von Dirk Krausse kultisch gedeutet und führte wesentlich mit zur Bezeichnung des Hochdorfer Toten als „Sakralkönig". Es liegt auf dem Wagenkasten jedoch an wenig prominenter Stelle in unserer Grabinszenierung und wird teilweise von den Bronzegeschirren ver- und überdeckt. Wegen des recht häufigen Vorkommens von Fleisch- und Hiebmessern und auch Beilen in Gräbern möchte ich an einer kultischen Deutung dieser Gegenstände zweifeln.[29] Vor allem kommt fast identisches Schlachtgerät auch in reichen Gräbern anderer Zeitepochen geradezu typisch vor. Nur beispielhaft seien die Gräber von Morken[30] oder das sogenannte Fürstengrab von Krefeld-Gellep[31] angeführt, die mit Schlachtgerät ausgestattet sind. Bei diesen klassischen Kriegergräbern ist eine sakrale Komponente mit Sicherheit auszuschließen.

26 J. Biel, Influences méditerranéennes sur le site princier du Hohenasperg, près de Stuttgart in: Les Princes Celtes et la Mediterranée. Coll. Paris 1987 (Paris 1988) 155–164.
27 Bes. Hansen (Anm. 9).
28 Pauli (Anm. 11).
29 So auch Verger (Anm. 14) 10.
30 K. Böhner, Das Grab eines fränkischen Herrn aus Morken im Rheinland. Kunst u. Altertum Rhein 4 (Köln 1959).
31 RGA^{2} 10, 168–220 bes. 196 ff. s.v. Fürstengräber.

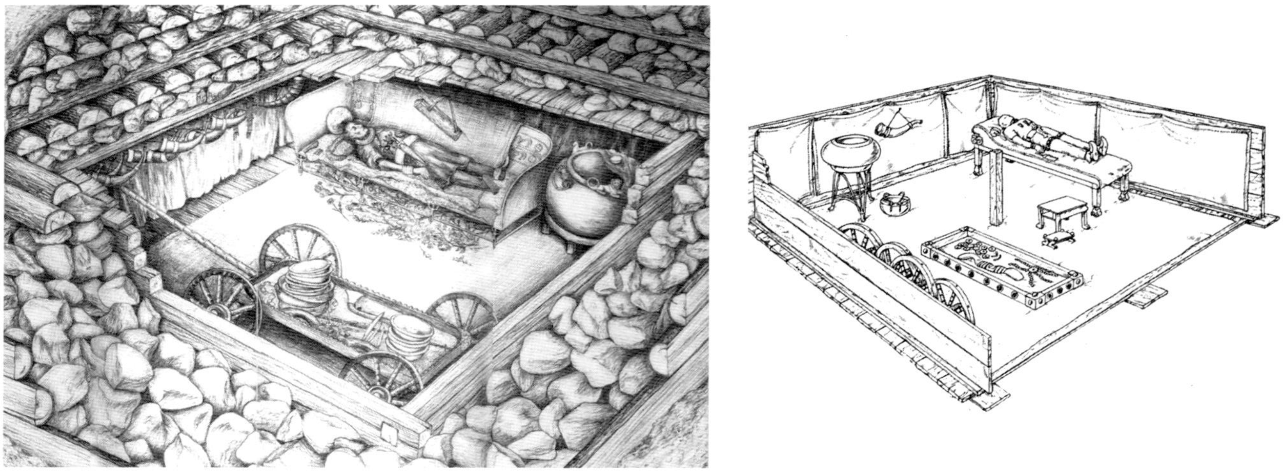

Abb. 7: Rekonstruktion der Gräber von Hochdorf und dem Grafenbühl bei Asperg.

Das schon genannte Bronzegeschirr ist auf dem Wagenkasten aufgestapelt. Zum Trinkgeschirr gehören neun Trinkhörner, davon das große aus Eisen, und eine kleine Goldschale, die wohl am Rande des außergewöhnlichen Löwenkessels deponiert war und beim Kammereinbruch in diesen hineingefallen ist. Zum Trinkservice gehören auch die ca. 400 Liter Honigmet im Bronzekessel. Über die exzeptionelle Ausstattung dieses Grabes für ein Gefolge ist schon viel geschrieben worden, dies ist hier zunächst nicht mein Thema – wohl aber die Anordnung der Gegenstände in der Grabkammer. Die Trinkhörner waren mit eigens gefertigten Eisenkrampen mit Bronzekopf an der südlichen Kammerwand aufgehängt. In der Rekonstruktion haben wir sie verhältnismäßig hoch gehängt, damit das prächtige Eisenhorn nicht von der Seitenlehne des Sofas verdeckt wird. Sie können natürlich auch noch schöner drapiert gewesen sein, was der Befund nicht hergibt.

Widmen wir uns schließlich dem Toten selbst, einem etwa 40-jährigen, über 1,80 m großen Mann mit außerordentlich kräftigem Körperbau – sicherlich eine eindrucksvolle Erscheinung. Wie ich schon früher ausgeführt habe, ist zwischen Tod und Bestattung eine recht lange Zeit vergangen, so dass der Leichnam konserviert werden musste. Es gibt viele Möglichkeiten, dies durchzuführen. Den Leichnam jedoch mit Honig zu übergießen, wie St. Verger dies vermutet,[32] dürfte im Sommer, als diese Arbeiten anfielen, ein wenig appetitliches Ergebnis erbracht haben. Aber auch alle anderen Möglichkeiten wie Trocknen, Pökeln oder Räuchern würden den Leichnam so verändert haben, dass er verhüllt werden musste. Wie die textilkundlichen Untersuchungen von J. Banck-Burgess ergeben haben, war der Tote nicht bekleidet, sondern der Leichnam wurde mit allen Goldfunden in verschiedene Tücher gehüllt, darunter ein mit Kermes rot gefärbtes, und diese damit unsichtbar gemacht. Dies geschah jedoch erst nach Abschluss der Totenfeiern, als alle Gegenstände mit Stoffbahnen eingehüllt wurden.[33]

Dem Toten waren einige Gegenstände aus dem täglichen Leben mitgegeben worden. Sie waren nicht oder kaum sichtbar, wie Angelhaken oder Toilettebesteck in einem Täschchen, das Rasiermesser vom Hut bedeckt, wie auch ein Kamm aus Holz. Lediglich der Köcher wurde präsentiert. Ich kann im Übrigen nicht nachvollziehen, warum die Pfeile, deren Spitzen im Köcher nach oben weisen, falsch herum eingebracht worden sein sollen. Beim Köcher des Hohmichele sind sie ebenso platziert. Auf diese angeblichen Seltsamkeiten des Hochdorfer Grabes komme ich gleich noch zu sprechen.

Zunächst noch einige Worte zur Kline von Hochdorf. Wir hatten dieses Möbelstück schon während der Ausgrabung Kline, also Bett oder besser Ruheliege genannt, einmal weil der Leichnam auf diesem Möbel lag, aber auch aus der Überlegung heraus, dass die Sitzfläche des Möbels mit einer Höhe von knapp 40 cm für das Sitzen wenig geeignet erschien. Allerdings ist sie leicht nach hinten abfallend, und erst als der Nachbau des Möbels für eine Sitzprobe zur Verfügung stand, stellten wir fest, dass man durchaus bequem darauf sitzt (Abb. 9). Das Rollen des Möbelstücks mit darauf sitzenden Menschen ist zwar möglich, jedoch wenig praktikabel. Vor allem benötigt man hierzu so etwas wie einen Parkettboden.[34] Die Rädchen dürften also eher eine symboli-

32 Vgl. Verger (Anm. 14) 21.

33 Vgl. Banck-Burgess (Anm. 4).

34 Was im Übrigen für die Qualität der damaligen Häuser spricht. Für einen Lehmboden ist dieses Möbelstück nicht geeignet.

sche als eine praktische Bedeutung gehabt haben. Stéphane Verger begründet seine Neuinterpretation der Hochdorfer Kline teilweise wieder damit, dass man auf der niedrigen Fläche nicht sitzen könne, dies ist jedoch hinfällig, wie gerade ausgeführt. Allerdings muss man zugeben, dass ein Sofa mit einer Breite von 2,75 m als Sitzmöbel für eine Person wenig sinnvoll erscheint. Man kann durchaus bis zu vier Personen darauf platzieren.

Nun steht die Kline von Hochdorf nicht isoliert da. Im Grafenbühl ist eine griechische Kline mit Intarsien nachgewiesen und in einigen anderen Gräbern wegen dort gefundener Intarsienteile zu vermuten. Auf einer griechischen Kline mit nur einer Seitenlehne und ohne Rücklehne wird man kaum sitzen, sondern entsprechend den südlichen Vorbildern seitlich liegen. Das Arrangement im Grafenbühl mit Tischchen und Schemel entspricht ja genau dem mediterranen Vorbild. Die Kline aus dem Grafenbühl datiert allerdings in die zweite Hälfte des 6. Jh. und dürfte damit aus chronologischen Gründen kaum als Vorbild für das Hochdorfer Möbel gedient haben, das sicherlich in der ersten Hälfte des 6. Jh. entstanden ist.

Eine weitere wichtige Komponente im Grab von Hochdorf ist die Ausstattung mit ca. 600 Gramm Gold. Es handelt sich um goldene Objekte wir Hals- und Armreif, zwei Schlangenfibeln sowie eine Goldschale und weiter um sekundäre Goldblechverzierungen verschiedener Gegenstände wie Dolch, Gürtel, Schuhe und Trinkhörner. Wie wir durch Punzvergleiche und Goldanalysen feststellen konnten, unterscheidet sich der Halsreif sowohl was die Punzen als auch was das Material betrifft von den übrigen Bestandteilen des Inventars. Diese sind vom Goldmaterial her identisch und – mit Ausnahme der Schale und der Trinkhornbleche – durch Punzgleichheiten eindeutig einer Werkstatt zuzuweisen, sie wurden also, abgesehen vom Halsreif, eigens für die Bestattung hergestellt. Hierbei sind lediglich der Armreif und die Schale einigermaßen solide gefertigt, alle übrigen Gegenstände und Verzierungen sind nicht gebrauchsfähig. Mit diesem Fragenkomplex hat sich Leif Hansen in seiner vor kurzem abgeschlossenen Dissertation ausführlich beschäftigt, so das wir hier nicht näher darauf eingehen müssen.[35]

35 Hansen (Anm. 9).

Abb. 8: Nachbau des Grabes von Hochdorf von Nordosten (Keltenmuseum Hochdorf/Enz).

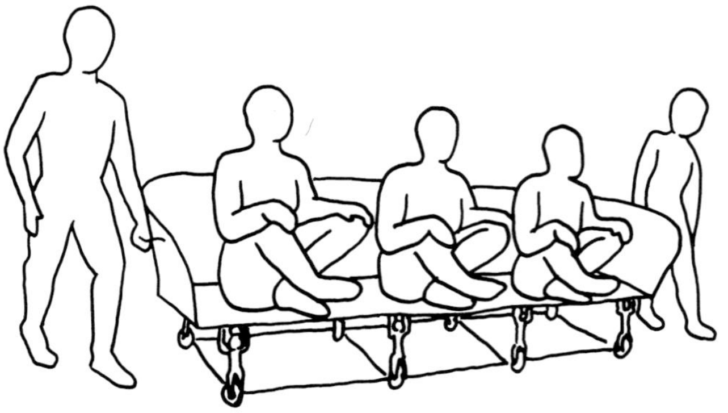

Abb. 9: Nutzungsmöglichkeit des Bronzesofas von Hochdorf (nach St. Verger).

Insgesamt ist die Goldverbrämung des Leichnams und des Grabes eindeutig auf oberflächliche Schauwirkung ausgerichtet und – ohne die Qualität der Stücke in Einzelnen in Frage stellen zu wollen – weder in der Herstellung noch in der Anbringung von großer Sorgfalt geprägt.
Für die Bestattung hergestellt wurden auch fünf gedrechselte Bernsteinperlen, die Knochengehänge an zwei Trinkhörnern, mindestens 25 Schlangenfibeln und zwei getriebene Paukenfibeln aus Bronze und etwa zwanzig Eisenhaken mit bronzeverzierten Köpfen, an denen die Trinkhörner aufgehängt waren und mit denen die Stoffbahnen an den Kammerwänden befestigt worden sind. Gedrechselte Bernsteinperlen gibt es vereinzelt auch in anderen Fürstengräbern, bei der Zahl der Schlangenfibeln, die wohl zum Drapieren der Tücher hergestellt wurden, und den Haken handelt es sich um Besonderheiten des Hochdorfer Grabes.
Zwei Ausstattungskategorien möchte ich noch erwähnen, die bisher wenig Beachtung gefunden haben.
Es ist zum einen die üppige Ausstattung des Hochdorfer Grabes mit Textilien: große Stoffbahnen, die den gesamten Kammerboden und die Wände bedeckten, Tücher beim Kessel und auf dem Bronzemöbel, teilweise eingefasst von aufwendig in Brettchenweberei gefertigten Borten. Ich verweise hierzu auf die Arbeit von J. Banck-Burgess. Besonders weist sie auf ein zu Häupten des Toten aufgefundenes Textilpaket hin, das aus ca. zehn übereinanderliegenden, in unterschiedlicher Leinenbindung gewebten Tüchern bestand. Sie bezeichnet es als eine Art „Musterpaket“ eines Textilhändlers. Mangels Vergleichen ist zurzeit schwer zu beurteilen, ob die reichhaltige Textilausstattung eine Ausnahme oder eher die Regel für reiche Gräber ist. Bei dem ungewöhnlichen Textilpaket dürfte eher das Erstere der Fall sein.
Zum Zweiten sind zumindest unter der Sitzfläche, dort von der Bronze konserviert, Blumen und Zweige nachgewiesen. Die von U. Körber-Grohne bestimmten Pflanzen sind nicht besonders spektakulär: Witwenblume, Thymian oder Dost, ein Korbblütler, Rotklee, Wegerich, ein Schmetterlingsblütler und Weide, aber immerhin eine Form von Blumenschmuck.

Für die Beurteilung des Grabes mag eine Beobachtung von Bedeutung sein: Für die Herrichtung der Grabkammer und die Herstellung der für die Ausstattung des Toten vorgesehenen Gegenstände scheint genügend Zeit zur Verfügung gestanden haben. Wir konnten sowohl auf der Sohle der Grabkammer als auch auf dem Aushub des Grabschachtes Reste von Bewuchs nachweisen. Die Anlage lag also eine gewisse Zeit offen, lange genug, dass sich erste Wildkräuter ansiedeln konnten. Dagegen scheinen die Bestückung der Grabkammer und die Ausschmückung des Leichnams mit größter Eile vorgenommen worden zu sein. Die Tücher wurden mit den Eisenkrampen an den Holzwänden befestigt, dabei schlug man sie ohne große Rücksicht durch die wertvollen Brettchenwebereien. Die goldenen Schuhbleche wurden außerordentlich flüchtig behandelt und grob durchstochen, die Schuhe vertauscht, vor allem hat man den goldenen Halsreif grob mit einem Messer durchschnitten und dabei ein Stück abgerissen, das sich nicht im Grab fand. Man gewinnt den Eindruck, dass es nur darauf ankam, dem Leichnam den Ring schnellstmöglich um den Hals zu drücken. Gerade dieses Detail erscheint mir besonders aufschlussreich. In diesem Zusammenhang sehe ich auch die Verwechslung von rechts und links beim Anlegen der Schuhe oder das nicht ganz korrekte Niederlegen der Zaumzeuge. Letztlich ist die Frage nicht zu klären, ob sich hinter solchen Details eine gewollte Aussage verbirgt, oder ob es sich um Zufall handelt.
Fassen wir kurz zusammen:
Das Fürstengrab von Hochdorf ist wie in dieser Zeit üblich in einem monumentalen Grabhügel in einer Holzgrabkammer angelegt worden, der Tote ist Nord–Süd orientiert mit dem Kopf im Süden bestattet worden, Goldhalsring und Antennendolch sind ebenfalls für ein solches Grab üblich, ebenso Trink- und Speisegeschirr aus Bronze sowie ein vierrädriger Wagen mit Schirrzeug.
Völlig ungewöhnlich sind die Anlage des Hügels mit Eingang und Podium, die komplizierte doppelte Grabkammer in einem Schacht, die Ausschmückung des Toten mit Gold und anderen Materialien, wohl auch die reichen Textilbeigaben, vor allem aber die Auslegung des Trink- und Speiseservices für insgesamt neun Personen. Diese Beobachtungen sind nicht auf den Forschungsstand oder die starke Be-

raubung anderer Gräber zurückzuführen, sondern zeichnen das Grab von Hochdorf als einmalige, eigenständige Merkmale aus.
Hierbei scheint mir die Präsentation des geschmückten Leichnams zusammen mit den acht zugehörigen weiteren, lebenden Personen besonders wichtig zu sein. Hier inszeniert sich eine Gruppe mit zielgerichteter Außenwirkung, in der sicherlich nicht nur ein lockerer Freundeskreis, sondern so etwas wie eine Führungselite zu sehen ist. Ob diese Gruppe unterhalb des „Keltenfürsten" selbst noch hierarchisch untergliedert ist, wie dies Stéphane Verger ausführt, halte ich für etwas spekulativ. Schon Hartwig Zürn hatte 1972 von Fürstengräbern erster und zweiter Garnitur gesprochen, wobei die zweite Garnitur durch Gräber wie Dußlingen oder Baisinger Bühl, also Gräber mit Goldhalsring ohne Importfunde und vor allem ohne zugehörige Höhensiedlung repräsentiert sein sollte.[36] Besonders S. Frankenstein und M. Rowlands haben 1978 diese Zweiteilung dann noch weiter untergliedert, wobei allerdings klare Abgrenzungskriterien zwischen den einzelnen sozialen Gruppen fehlen.[37]
Die bewusste Inszenierung einer sozialen Elite, wie ich es einmal neutral nennen will, im Grab von Hochdorf passt zu allen geschilderten Elementen des Hügels und der Grabkammer. Die Präsentation der reich geschmückten Kammer, die von einem aufwendig gebauten Podium aus eingesehen werden kann, sowie die Darstellung nicht nur des Leichnams, sondern der Gruppe selbst, wurden mit Überlegung in Szene gesetzt. Dabei scheint jedoch der goldgeschmückte Leichnam eine zentrale Rolle zu spielen; die Gruppe identifiziert sich mit ihm, diese Identifikation könnte für ihren Machterhalt oder für die Weitergabe der Macht innerhalb dieser Gruppe von besonderer Wichtigkeit sein. Schließlich könnte auch die ungewöhnlich massive Versiegelung der Grabkammer mit aufwendigen Holzkonstruktionen und 50 Tonnen Steinen dafür sprechen, dass hier nicht nur ein Einzelgrab, sondern der Machtausdruck einer Gruppe auf Dauer geschützt werden sollte. Dabei stellen sich natürlich auch die Fragen, wer oder welche Gruppe die von der Regel abweichende Grabanlage und Grabausstattung veranlasst oder bestimmt hat, wer die Inszenierung angeleitet und umgesetzt und wer schließlich den Toten und die Gegenstände in das Grab gebracht hat – Fragen, die nicht zu beantworten sind.
Neuerdings hat sich Peter S. Wells ausführlich mit dem Sehverhalten im frühen Europa auseinandergesetzt und sich dabei sehr intensiv mit verschiedenen Aspekten des Hochdorfer Grabes beschäftigt. Die Anordnung der Funde im Grab, die Präsentation der Goldfunde am Leichnam werden mit anderen Prunkgräbern, etwa Sutton Hoo, verglichen. Besonders die für die damaligen Betrachter außergewöhnliche Buntheit des Hochdorfer Grabes in all seinen Facetten dürfte dauerhaft in Erinnerung geblieben sein.[38]
Dass ein reiches Einzelgrab dazu dient, weitere Personen mit in eine Machtdemonstration einzubeziehen, kann auch an einigen anderen Gräbern beobachtet werden, die allerdings weniger gut dokumentiert sind. Dies bietet sich für Kleinklein[39] mit seinen bodenlosen Zisten an und könnte sich auch beim Grab von Kappel abzeichnen. Die acht Rippenzisten dieses Grabes könnten eine ähnliche Bedeutung wie die Trinkhörner des Hochdorfer Grabes besessen haben.[40] Ebenso weisen die vier Stelen vom Glauberg darauf hin, dass hier eine Gruppe und nicht eine Einzelperson repräsentiert werden sollte. Das Gleiche gilt auch für die männliche und die weibliche Stele aus der Grabenanlage von Les Herbues am Fuße des Mont Lassois. Letztlich zeigen sich auch in der Außensiedlung der Heuneburg mit ihrer Untergliederung Clans oder Gruppen, wenn man den Überlegungen von Siegfried Kurz folgen will.[41]
Als letzter Akt der Inszenierung werden die Gegenstände des Grabes und der Leichnam in verschiedene Tücher gehüllt, der Vorhang also geschlossen. Danach wird die Grabkammer abgedeckt und versiegelt, dann der Hügel aufgeschüttet. Die Höhe liegt zwischen fünf und sechs Metern, es werden ca. 7000 Kubikmeter Erde bewegt.

Schließlich kann Hochdorf noch etwas zu den Vorgängen während der Totenfeiern selbst beitragen. Bei solchen potenziellen Totenfeiern wird in der Regel auf die Beschreibungen Herodots verwiesen, der sich ja recht ausführlich mit den Skythen beschäftigt, oder es wird auf die Totenfeiern bei der Verbrennung des Patroklos vor Troja Bezug genommen. Nun lassen sich Wettkämpfe, Wagenfahrten und Ähnliches

---

36 Zürn (Anm. 19) 118–128.
37 S. Frankenstein/M. Rowlands, Internal structure and regional context of Early Iron Age society in south-western Germany. Bull. Inst. Arch. London 15, 1978, 73–112.
38 P. S. Wells, Image and Response in Early Europe (London 2008).
39 M. Egg/D. Kramer, Krieger – Feste – Totenopfer. Der letzte Hallstattfürst von Kleinklein in der Steiermark. Mosaiksteine Forsch. RGZM 1 (Mainz 2005).
40 R. Dehn/M. Egg/R. Lehnert, Das hallstattzeitliche Fürstengrab in Hügel 3 von Kappel am Rhein in Baden. Monogr. RGZM 63 (Mainz 2005). Zu dieser Frage auch M. Egg, Anmerkungen zu den Fürstengräbern im Osthallstattkreis. In: C. von Carnap-Bornheim u. a., Herrschaft – Tod – Bestattung. Zu den vor- und frühgeschichtlichen Prunkgräbern als archäologisch-historische Quelle. Universitätsforsch. Prähist. Arch. 139 (Bonn 2006) 41–60 bes. 54 mit Abb. 12.
41 Siehe dazu in diesem Band S. Kurz, S. 152 Abb. 3.

archäologisch kaum nachweisen. Wir haben jedoch nördlich und südlich des Hochdorfer Hügels größere Flächen archäologisch untersucht. Hierbei zeigte sich nördlich des Steintores kein einschlägiger Befund, südlich des Hügels jedoch wohl.

Hier liegt unter anderem ein wohl älterer undatierter Kreisgraben eines Hügels, außerdem eine sehr lockere Bebauung der Frühlatènezeit, die fast bis an den Hügelfuß heranreicht, dann aber eine Reihe von Feuergruben. Diese sind etwa 2,5 m lang, gut einen Meter breit und enthielten neben Holzkohle zahlreiche Hitzesteine und wenig Fundmaterial. Es handelt sich um Feuergruben, die einmal als *„fours polynésiens"* bezeichnet wurden,[42] also stark geheizte Gruben, in denen eingewickelte Tiere gegart wurden. Die Gruben von Hochdorf liegen stratigraphisch in der Abgrabungszone um den Hügel, sind also zeitgleich oder knapp jünger als der Hügel, das aberodierte Hügelmaterial ist in die Gruben eingeflossen.

Vor allem das Fundmaterial, darunter eine rot-weiß bemalte Scherbe vom Typ Heuneburg IV, passt gut zur Datierung des Hochdorfer Grabes. Die Interpretation dieser Gruben als Garstätten für Fleisch für ein Festmahl liegt eigentlich auf der Hand. Auch bei anderen Grabhügeln können solche *fours polynésiens* identifiziert werden, hierzu habe ich in der Festschrift für Fritz-Rudolf Herrmann einige Beispiele genannt.[43] Weitergehende Ausführungen zu Totenspielen oder Feiern gehören dagegen in das Reich der Phantasie.

Lassen wir einmal nachgerade metaphysische Überlegungen beiseite[44] und erlauben uns, konkrete Fragen zu stellen. Nehmen wir einmal an, der „Keltenfürst von Hochdorf", Teil oder besser Kopf einer entstehenden Dynastie, stirbt plötzlich im Alter von etwa vierzig Jahren. Neben der Notwendigkeit der Bestattung steht hier vermutlich die zentrale Frage der Nachfolge im Vordergrund, die, wenn sie nicht schon systemimmanent geklärt ist, die folgenden Überlegungen wesentlich mitbestimmt haben dürfte: Wo sollte der Tote bestattet werden? Stammte der „Keltenfürst" aus Hochdorf, nämlich aus der Bevölkerungsgruppe, die in dem außergewöhnlich reich ausgestatteten Grabhügelfeld im Pfaffenwäldle bestattet ist, dann wäre diese Frage vielleicht hinfällig.[45] Wer sollte über die vom Üblichen abweichende Art der Bestattung, also letztlich über die oben geschilderte Inszenierung, entscheiden?

Für uns heute ergeben sich daraus weitere, jedoch letztlich nicht zu klärende Fragen:

Wie gelangten der oder die Entscheidungsträger zu detaillierten Kenntnissen, wie in Alteuropa Keltenfürsten in Anstand zu bestatten sind?

Waren bei derlei schwierigen kultischen Fragen „Druiden" beteiligt?

Bei der oben geschilderten Ausnahmesituation des Grabes von Hochdorf erscheint es mir am wahrscheinlichsten, dass ein geordneter Stammesverband mit einigermaßen klaren Machtstrukturen hinter dieser Bestattung stand, dessen Machthaber sie für die Konsolidierung ebendieser Macht benutzten.

Bildnachweis

Rose Hajdu, Stuttgart: 1, 9

Alle anderen, soweit nicht anders angegeben: Verfasser/Landesamt für Denkmalpflege, Esslingen.

42 D. Ramseyer, Des fours de terre (polynésiens) de l'époque de hallstatt à Jeuss FR. Arch. Schweiz 8, 1985, 44–46.

43 J. Biel, Polynesische Schweinebratereien in Hochdorf. In: S. Hansen/V. Pingel (Hrsg.), Archäologie in Hessen. Neue Funde und Befunde. Festschr. Fritz-Rudolf Herrmann. Internat. Arch. Stud. Honoraria 13 (Rahden 2001) 113–117.

44 Ein besonders abschreckendes Beispiel bietet M. Jung, Zur Überdeterminiertheit von Grabausstattungen – Eine Exemplifikation anhand des späthallstattzeitlichen Grabbefundes von Eberdingen-Hochdorf. In: Ch. Kümmel u. a., Körperinszenierung – Objektsammlung – Monumentalisierung. Tübinger Arch. Taschenb. 6 (Tübingen 2008) 271–285.

45 K. F. Staehle, Urgeschichte des Enzgebietes (Augsburg 1923) 24 ff. mit Abb. 11–14; 82 ff. und H. Zürn, Hallstattzeitliche Grabfunde in Württemberg und Hohenzollern. Forsch u. Ber. Vor- u. Frühgesch. Baden-Württemberg 21 (Stuttgart 1987) Bd. 1, 75 f.; Bd. 2 Taf. 137–142. Im Übrigen lässt sich das von S. Kurz für die Heuneburg erstellte Modell (siehe Anm. 41) durchaus auch auf den Hohenasperg übertragen.

Eine Bronzesitula mit hölzernem Deckelknopf aus einem Grabhügel bei Aßmannshardt, Gde. Schemmerhofen, Kreis Biberach

Zur jüngeren Hallstattzeit zwischen Donau und Riß

HARTMANN REIM

Die Ortschaft Aßmannshardt, seit 1975 Teilgemeinde von Schemmerhofen, liegt im Hügelland der unteren Riß, etwa 7 km nordwestlich der Kreisstadt Biberach und gegen 13 km östlich vom Bussen, dem „heiligen Berg“ Oberschwabens. Im Nordwesten der kleinen Ortschaft erstreckt sich ein etwa 1,5 km breiter Höhenrücken, dessen nördliche Grenze eine steile Schichtstufe bildet, an deren Fuß zahlreiche Quellen entspringen.[1] Im Wald „Kirchholz“, unmittelbar am Rand dieser Schotterterrasse, auf den Markungen Attenweiler-Aigendorf, Attenweiler-Oggelsbeuren und Schemmerhofen-Aßmannshardt, liegen mehrere, wohl hallstattzeitliche Grabhügelgruppen sowie eine keltische Viereckschanze (Abb. 1).[2]

Wenig nordnordöstlich von Aßmannshardt, östlich der Ziegelei, wurde 1924 im Gewann „Wasserghau“ im Zuge von Flurbereinigungsmaßnahmen ein Hügel eingeebnet und zerstört. Seine genaue Lage ist

1 Kreisbeschreibungen des Landes Baden-Württemberg. Der Landkreis Biberach, Bd. 1 (Sigmaringen 1987) 8 ff., 450 ff. mit Karte 3. – Bd. 2 (Sigmaringen 1990) 652 ff. – F. Weiler/K. Riemer, 900 Jahre Aßmannshardt, 700 Jahre Pfarrkirche St. Michael (Aßmannshardt 1980). – Zum Bussen: St. Uhl, Die Burg auf dem Bussen und ihre Geschichte. Der Landkreis Biberach. Geschichte und Kultur 1 (Bad Buchau 1998).

2 K. Bittel/W. Kimmig/S. Schiek, Die Kelten in Baden-Württemberg (Stuttgart 1981) 299 mit Abb. 182. – K. Bittel/S. Schiek/D. Müller, Die keltischen Viereckschanzen. Atlas Arch. Geländedenkmäler Baden-Württemberg 1/1 (Stuttgart 1990) 116 Nr. 8 ff., 120 mit Beilage 9.

Abb. 1: Grabhügel- und Grabhügelgruppen im Umland von Schemmerhofen-Aßmannshardt und Attenweiler-Oggelsbeuren. 1 Schemmerhofen-Aßmanshardt, „Kirchholz“. – 2 Schemmerhofen-Aßmannshardt, „Wasserghau“. – 3 Attenweiler-Oggelsbeuren, „Oberer Tannenwald“. – 4 Attenweiler-Aigendorf, „Oberer Tannenwald“, keltische Viereckschanze. – 5 Attenweiler-Oggelsbeuren, „Untere Mädere“. – 6 Attenweiler-Oggelsbeuren, „Kirchholz“. Ausschnitt aus der Top. Karte 1:25 000, Bl. 7824.

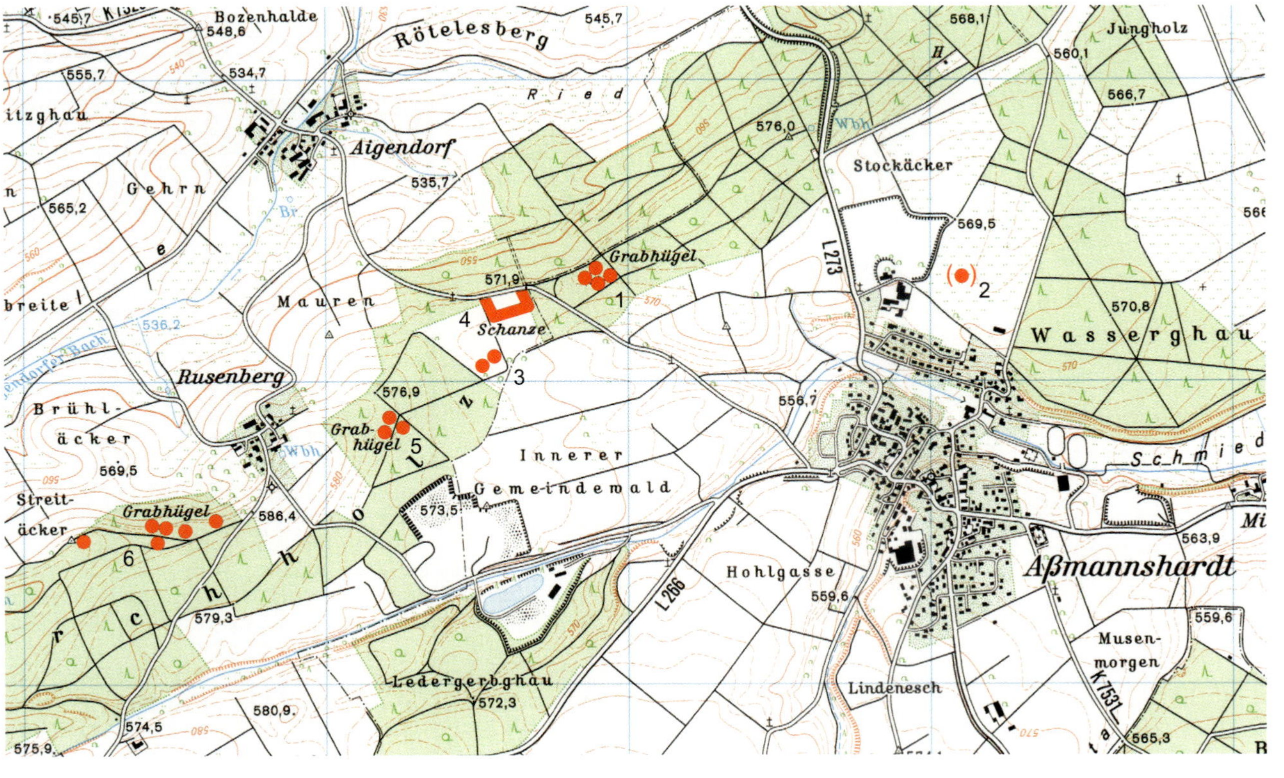

nicht bekannt (Abb. 1 Nr. 2). Funde aus diesem Hügel, ein offener Halsreif aus Bronze, zwei geschlossene bronzene Fußringe und das Fragment eines kleinen Bronzerings, gelangten an den Biberacher Zahnarzt Heinrich Forschner und werden heute im Braith-Mali-Museum in Biberach aufbewahrt.[3]

Eine aus fünf Hügeln bestehende Gruppe liegt im Wald „Kirchholz“, etwa 1,2 km nordwestlich der Kirche von Aßmannshardt (Abb. 1 Nr. 1; Abb. 2). Ein Hügel wurde 1933 von einem Waldweg durchschnitten. Bei einer kleinen Sondage konnte im Bereich der alten Oberfläche eine 0,5 – 1 cm starke „Brandplatte“ festgestellt werden, ferner fanden sich vereinzelte kalzinierte Knochenstückchen und Scherben. Die Funde, die zu einer älterhallstattzeitlichen Brandbestattung im Zentrum des Hügels gehören dürften, sind verschollen.[4] Die Ausgrabung des Resthügels war vorgesehen, kam aber nicht zustande.

Im Jahr 1974 wurde die Archäologische Denkmalpflege an der Außenstelle Tübingen des Landesdenkmalamtes Baden-Württemberg vom Staatlichen Forstamt Biberach davon in Kenntnis gesetzt, dass ein Hügel am Westrand der Nekropole im „Kirchholz“ von Unbefugten angegraben worden sei (Abb. 2 Nr. 3). Dabei war unmittelbar südlich der Hügelmitte ein schmaler, Ost–West verlaufender Graben in das Zentrum des Hügels vorgetrieben worden. Bei einer Ortsbesichtigung konnten an der östlichen Schmalseite des Grabens Fragmente eines Bronzegefäßes festgestellt werden, in dem ein Holzgegenstand lag. Nahezu völlig vergangene Holzreste wiesen darauf hin, dass die Raubgräber eine hölzerne Grabkammer angeschnitten hatten.[5]

Eine Vermessung der Grabhügelgruppe erfolgte 2004 im Rahmen eines Vermessungspraktikums des Fachbereichs für Bauingenieurwesen (Labor für Vermessung) der Hochschule Biberach (Abb. 2).[6] Die Hügel weisen Durchmesser zwischen 10 m und 18 m auf und sind zwischen 0,5 m und etwa 1,3 m hoch. Am besten erhalten ist Hügel 3, der deshalb wohl auch Ziel der Raubgrabung wurde. Er ist noch etwa 1,3 m hoch und hat einen größten Durchmesser von 16 m. Folgende, 1974 geborgene Funde, gehören zum Zentralgrab oder einer Nachbestattung in Hügel 3:[7]

Abb. 2: Schemmerhofen-Aßmannshardt. Grabhügelgruppe im Wald „Kirchholz“.

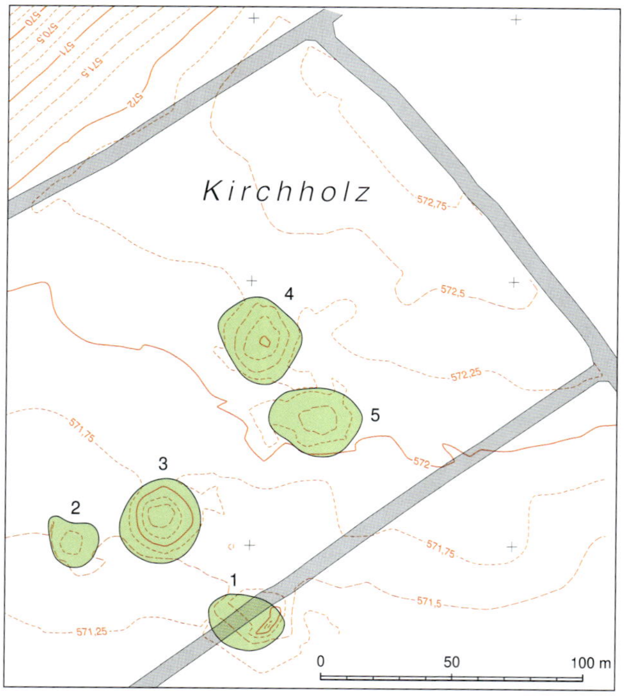

3 In einem Brief vom 16. 6. 1924 an Prof. Dr. P. Goessler, den Leiter des Württembergischen Landesamtes für Denkmalpflege, Stuttgart, spricht H. Forschner lediglich von zwei Bronzearmringen und einem Bronzehalsring. – H. Zürn, Hallstattzeitliche Grabfunde in Württemberg und Hohenzollern. Forsch. u. Ber. Vor- und Frühgesch. Baden-Württemberg 25 (Stuttgart 1987) 50 mit Taf. 46 B 1–4. – A. Gut, Die Sammlung Forschner und die weiteren archäologischen Sammlungsbestände im Braith-Mali-Museum Biberach (Stuttgart 2000) 45.

4 Die Sondage wurde von Forstmeister Weitbrecht vom zuständigen Staatlichen Forstamt in Biberach und Oberlehrer P. Eith aus Ravensburg durchgeführt. Eine Befundskizze und -beschreibung findet sich in einem Brief, den P. Eith am 30. 11. 1933 an das Landesamt für Denkmalpflege in Stuttgart gerichtet hat.

5 Die schriftliche Meldung der Raubgrabung durch das Staatliche Forstamt Biberach, heute Kreisforstamt Biberach, erfolgte am 20. 5. 1974. Für seine Umsicht sei dem damaligen Revierförster, Herrn B. Wenzler, sehr gedankt. Die Gefäßfragmente mit dem Holzknopf wurden bei einer Geländebegehung am 21. 6. 1974 von Dr. S. Schiek, dem damaligen Leiter der Archäologischen Denkmalpflege an der Außenstelle Tübingen des Landesdenkmalamtes Baden-Württemberg, entdeckt und entnommen. Eine Beschreibung der Befundsituation beziehungsweise eine fotografische Dokumentation unterblieb, da Schiek vorhatte, den Hügel 1975 auszugraben, was leider nicht realisiert werden konnte. Der Holzknopf wurde im Württembergischen Landesmuseum Stuttgart von Restaurator B. Urbon konserviert und restauriert, die Bronzesitula von der Restauratorin der Archäologischen Denkmalpflege Tübingen, Frau C. Treutlein. Beiden sei für die sorgfältige Arbeit sehr gedankt.

6 Hierfür sei Herrn Prof. Dr. H. Quasnitza und Herrn H. Schlichtig sowie den beteiligten Studierenden herzlich gedankt. Bei dem in Abbildung 2 dargestellten Hügelplan handelt es sich um die Umzeichnung der von der Fachhochschule erarbeiteten Aufmessung. Im Gegensatz zu einer Eintragung auf der Flurkarte SO 3544 aus dem Jahr 1892, die ein Geometer aus Ehingen vorgenommen hatte und auf der vier Grabhügel verzeichnet sind, wurde eine kleine Erhebung am Westrand der Hügelgruppe, die einen Durchmesser von etwa 10 m und eine Höhe von 0,5 m aufweist, 2004 als Grabhügel angesprochen und auf dem Gesamtplan dargestellt (Abb. 2 Nr. 2). Im Jahr 2006 wurden vom Labor für Vermessung der Hochschule Biberach auch die beiden Grabhügelgruppen westlich und östlich des Weilers Rusenberg auf Markung Attenweiler aufgemessen (Abb. 1 Nr. 5, 6), so dass jetzt für sämtliche Hügel im Wald „Kirchholz“ zwischen Aßmannshardt und Attenweiler neue Vermessungen vorliegen.

7 Sämtliche Fundgegenstände in diesem Bericht wurden vom wissenschaftlichen Zeichner der Tübinger Denkmalpflege, Herrn Karlheinz Ponradl, gezeichnet, dem ich für die vorzügliche Aus-

Fortsetzung siehe nächste Seite

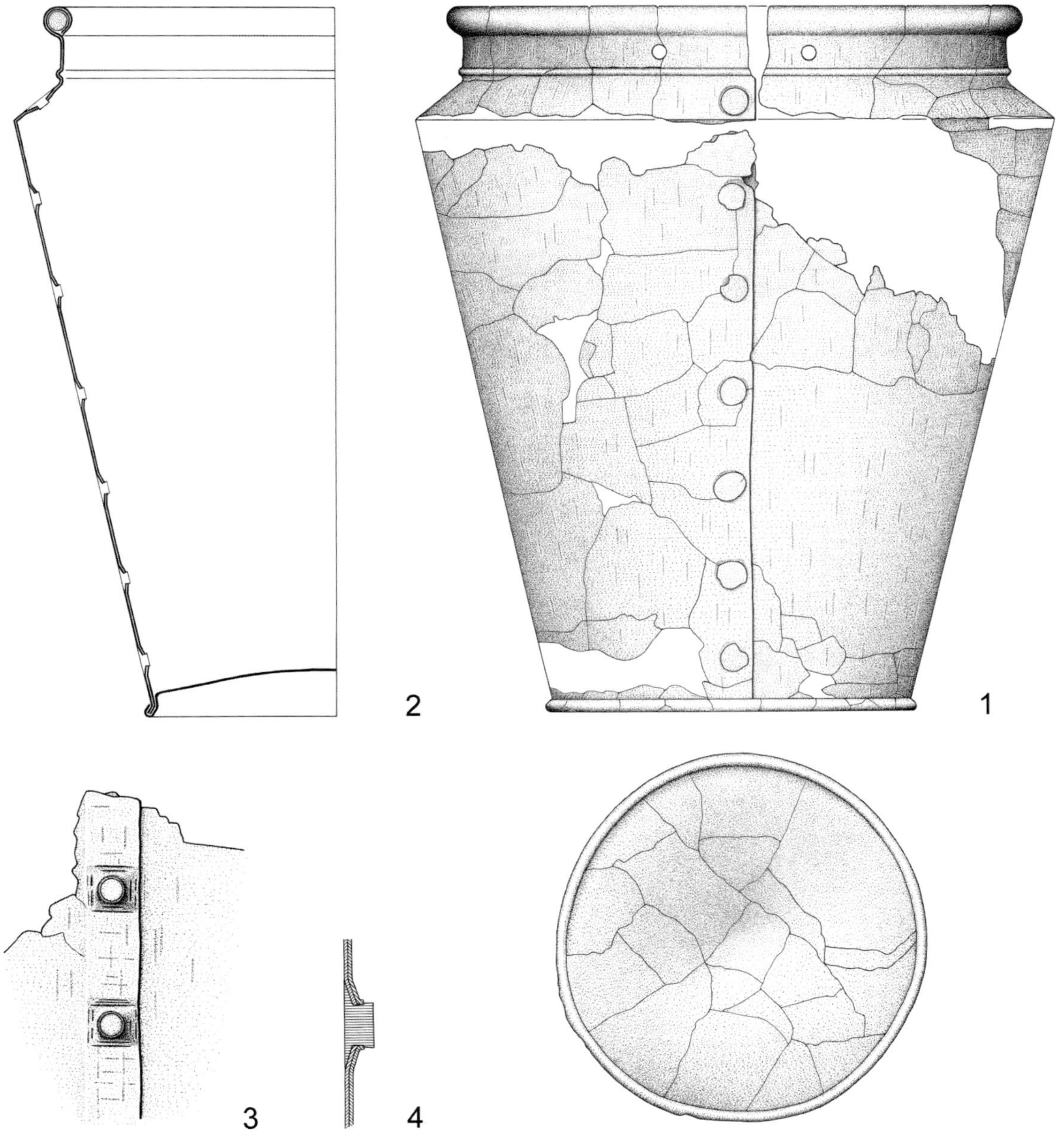

Abb. 3: Schemmerhofen-Aßmannshardt, Wald „Kirchholz". Bronzesitula aus Hügel 3. – 1, 2 M. 1:3; 3 M. 1:2; 4 M. 1:1.

1. Bronzesitula mit eingefalztem Boden, kurzem Zylinderhals und umlaufender Rippe am Übergang von der Schulter zum Hals (Abb. 3,1–4; Abb. 4); Höhe 29,9 cm, äußerer Randdurchmesser 24,5 cm, äußerer Bodendurchmesser 15,9 cm. Auf dem Hals befinden sich zwei Nietlöcher für zweinietige Attaschen mit kurzen Attaschenflügeln. Der Gefäßrand ist nach innen um eine runde Bleiseele gebördelt. Der aus einem Bronzeblech gefertigte Gefäßkörper wird durch sieben in die Wandung versenkte Niete zusammengehalten. Auf der Gefäßaußenseite sind stellenweise vertikal verlaufende Treibhammerspuren zu erkennen, auch zeigen sich feinste Kratzspuren, die schräg bis horizontal verlaufen und von einer Art Glätt-

Fortsetzung Fußnote 7:
führung ganz herzlich danken möchte. Die farbigen Fundaufnahmen verdanke ich Herrn Christoph Schwarzer. Herr Dr. S. Kurz und Herr G. Stegmaier M.A. fertigten die digitalisierten Druckvorlagen für die Abbildungen 1, 2, 6, 7 und 10. Den drei früheren Kollegen und Mitarbeitern im Tübinger Denkmalamt möchte ich für ihre Arbeit und die kollegiale Unterstützung sehr herzlich danken. Die Montage der Abbildungen 3, 4, 5, 8 und 9 besorgte in dankenswerter Weise das Büro für Gestaltung mück & beitler, Tübingen. Frau Dipl.-Restauratorin Tanja Kreß, Leiterin der Restaurierungswerkstatt der Archäologischen Denkmalpflege in Tübingen, gilt mein aufrichtiger Dank für zahlreiche Hinweise zur Herstellungstechnik der Bronzesitula und für die Neudurchsicht und Untersuchung der 1973 zusammen mit den Bronzefragmenten geborgenen organischen Reste. Frau Kreß stellte zudem den Kontakt her zur Fachhochschule Aalen, wo der gedrechselte Holzknopf einer dreidimensionalen Computertomographie (CT) unterzogen wurde.

Abb. 4: Schemmerhofen-Aßmannshardt, Wald „Kirchholz“. Bronzesitula aus Hügel 3. 1 Halsfeld mit nach innen umgeschlagenem Rand mit Bleiseele. – 2 Gefäßkörper mit Nietleiste. – 3 Nietleiste von innen.

bürste stammen könnten. Die Niete der Gefäßinnenseite sind in ein rechteckiges Gesenk geschlagen (Abb. 3,3.4).[8] Im Bereich der inneren Nietleiste zeigten sich Reste von korrodiertem Eisen, in welches Insektenpanzer eingeschlossen waren.[9] In der Bronzesitula oder deren unmittelbarer Umgebung fanden sich einige kleine Holzsplitter. Nach der holzanatomischen Bestimmung handelt es sich um Eichenholz. Möglicherweise fielen die Eichenholzspäne beim Zurichten der Grabkammer an.[10]

2. Gedrechselter Holzknopf; größter Durchmesser 5 cm, Höhe 2,45 cm (Abb. 5). Unter der ausladenden Randlippe liegt ein scharfkantiger Schlitz, in den etwa 0,45 cm lange und ungefähr 1,5 cm breite, verschiedenfarbige Holzstückchen eingelegt waren. Fünf dieser Hölzchen haben sich erhalten. Darunter folgt ein Fries aus sorgfältig eingeschnitzten Zungenornamenten (Abb. 5). Es sind dies im Mittelmeerraum, vorab in Griechenland und Etrurien gängige Ornamente, die sich unter anderem auf Bronzen, Tongefäßen sowie auf Gegenständen aus Knochen- und Elfenbein finden.[11]. Die konkaven Einarbeitungen werden von vertikal angeordneten, feinen Rillen begrenzt. Unterhalb der Ornamentzone befindet sich eine 0,2 cm hohe und 0,45 cm tiefe Einarbeitung, die ursprünglich möglicherweise ebenfalls mit verschiedenfarbigen Holzintarsien versehen war. In dem leicht konischen Unterteil des Holzknopfes steckten fünf Bronzenägel. Auf der dreidimensionalen Computertomographie ist zu erkennen, dass sie etwa 1,1 cm lang und um 0,15 cm dick waren und dass der Holzknopf kaum Risse aufwies (Abb. 5, 1–3).[12]

Bei der Restaurierung des Holzknopfes im Württembergischen Landesmuseum in Stuttgart, heute Landesmuseum Württemberg, konnten an dessen konischem Unterteil geringfügige Reste von Leder festgestellt werden, die offenbar mittels der fünf Bronzestifte dort angenagelt worden waren.[13]

Die holzanatomische Untersuchung und Bestimmung des gedrechselten Holzknopfes, die im dendrochronologischen Labor in der damaligen Arbeitsstelle des Landesdenkmalamtes Baden-Württemberg in Gaienhofen-Hemmenhofen vorgenommen wurde, ergab, dass zu dessen Fertigung ein etwa 30 Jahre alter Spindelstrauch *(Euonymus)* verwendet worden war.[14] Das harte und zähe Holz des Spindelstrauches, der auch Pfaffenhütchen genannt wird, ist

---

8 Zu herstellungstechnischen Details siehe: H. Nortmann, Zur frühen Toreutik im Rheinland. In: Studien zur Archäologie der Kelten, Römer und Germanen in Mittel- und Westeuropa. Festschr. Alfred Haffner. Internat. Arch. Stud. Honoraria (Rahden/Westf. 1998) 449–464, bes. 454 ff.

9 Die Insektenreste von Schemmerhofen-Aßmannshardt werden zusammen mit weiteren Nachweisen in einen größerem Zusammenhang gestellt werden: G. Stegmaier/J. Amendt, Archäoentomologische Untersuchungen an Gräbern der frühen Eisenzeit aus Südwestdeutschland (in Vorb.).

10 Die holzanatomische Bestimmung verdanke ich Herrn W. Tegel, DendroNet – Dendrochronologie – Holzanatomie – Anthrakologie, Bohlingen, früher Landesdenkmalamt Baden-Württemberg, Arbeitsstelle Gaienhofen-Hemmenhofen. Er hält es für wahrscheinlich, dass die Eichenholzspäne zum Anzünden eines Feuers gedient haben könnten.

11 G. M. A. Richter, Handbuch der griechischen Kunst (Köln, Berlin 1966) 441 ff. mit weiterer Literatur. – M. Torelli (Hrsg.), Gli Etruschi. Ausstellungskat. Venedig (Venedig 2000) 165 mit 601 Nr. 187; 199 mit 610 Nr. 224; 397 mit 613 Nr. 234; 400 mit 612 Nr. 229.5; 581. – Y. Huls, Ivoires d'Étrurie (Brüssel, Rom 1957). – Principi Etruschi tra Mediterraneo ed Europa. Ausstellungskat. Bologna (Bologna 2000) 242 Nr. 282; 243; 265 Nr. 337; 266 Nr. 337b. – M. Martelli, Gli avori tardo-arcaici: botteghe e aree di diffussione. In: Il comercio etrusco arcaico. Atti dell'incontro di studio, Roma 1983 (Rom 1985). – B. Shefton, Der etruskische Stamnos. In: W. Kimmig, Das Kleinaspergle. Studien zu einem Fürstengrabhügel der frühen Latènezeit bei Stuttgart. Forsch. u. Ber. Vor- u. Frühgesch. Baden-Württemberg 30 (Stuttgart 1988) 106 ff. 112 mit Anm. 32.

12 Die dreidimensionale Computertomographie des gedrechselten Holzknopfes wurde an der Fachhochschule Aalen, Abt. EKZ-Metallguss/ARGE Metallguss durchgeführt. Frau Dr. I. Pfeifer-Schäller, die die Untersuchungen vorgenommen hat, die unter anderem die zeichnerische Darstellung des Profilschnittes durch den Holzknopf (Abb. 5,2) ermöglichten, sei hierfür ganz herzlich gedankt.

13 Der Restaurator B. Urbon geht davon aus, dass die äußerst dünnen Reste zu einem Lederbeutel gehört haben könnten. Bei einigen Resten hatte er den Eindruck, sie seien leicht durchscheinend wie Pergament oder „Saublase“. Die geringen Haut- oder Lederreste werden derzeit im Lederinstitut der Gerberschule Reutlingen von Herrn Dr. Gerhard Sorg untersucht. Für die Bereitschaft, die Untersuchungen durchzuführen, möchte ich ihm herzlich danken. Wie Herr Dr. Sorg mitteilt, sind die Proben nicht mehr zweifelsfrei als Leder erkennbar und weisen keine typischen Ledermerkmale mehr auf. Er geht jedoch „vom Gefühl her“ davon aus, dass es sich um Lederreste handelt.

14 Herrn W. Tegel, heute DendroNet – Dendrochronologie – Holzanatomie – Anthrakologie, Bohlingen, möchte ich für die Untersuchungen und einen ausführlichen Bericht, auf dem meine zusammenfassenden Ausführungen basieren, ganz herzlich danken.

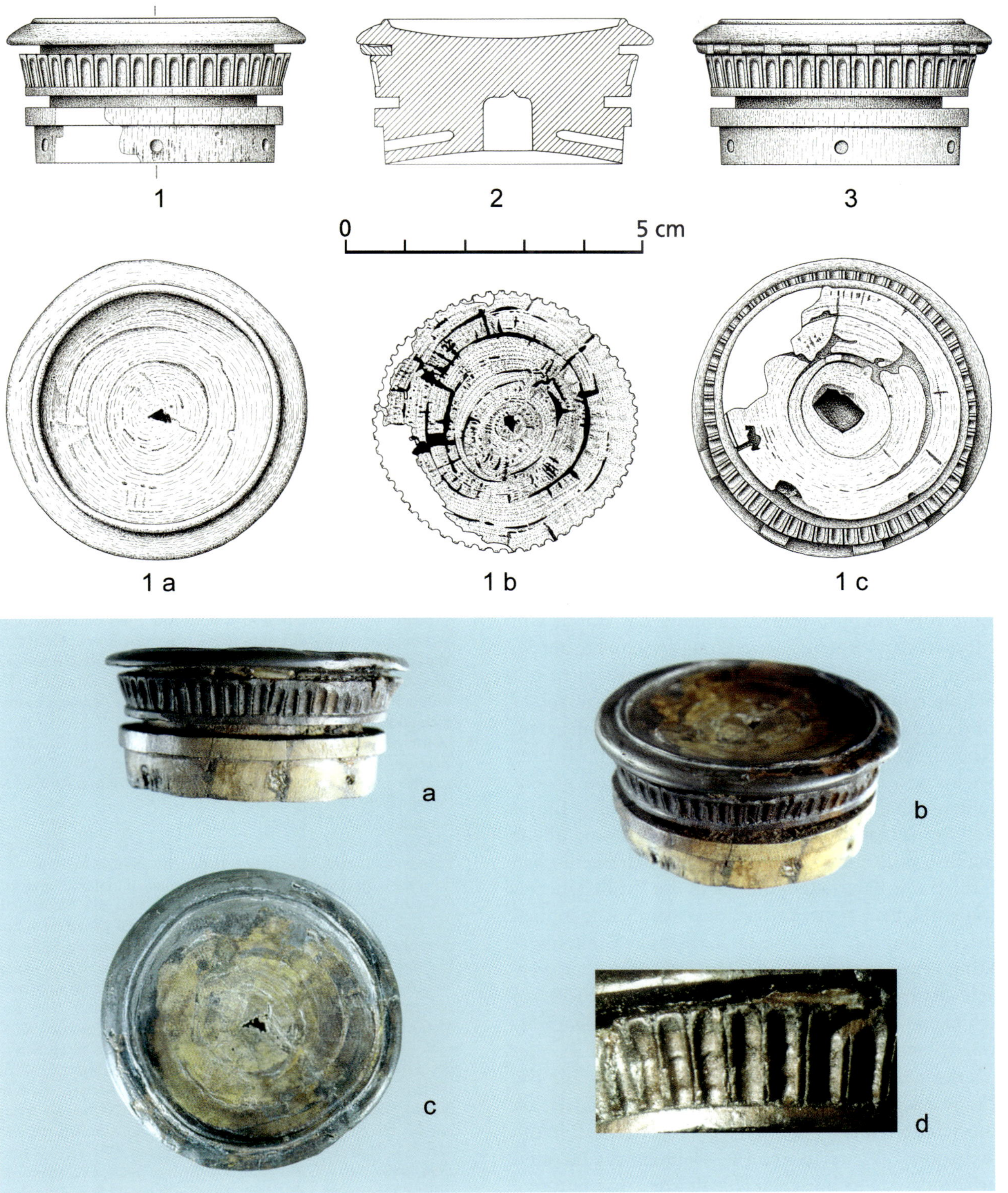

Abb. 5: Schemmerhofen-Aßmannshardt, Wald „Kirchholz". Gedrechselter Holzknopf aus Hügel 3. – 1–3 M. 1:1.

hervorragend zum Drechseln geeignet. Früher wurde es zur Herstellung von Garnspindeln verwendet. Es gibt drei Arten der Gattung *Euonymus*, die holzanatomisch nicht zu unterscheiden sind. *Euonymus europaea* kommt in ganz Europa vor, *Euonymus verrucosa* hautsächlich in Osteuropa und die Verbreitung von *Euonymus latifolia* reicht von Italien über den Balkan bis nach Griechenland. Dies bedeutet, dass aufgrund der Holzbestimmung keine Rückschlüsse auf die Herkunftsregion des Holzknopfes möglich sind.

Ein kleines Holzfragment vom Innenteil des Knopfes wurde im Institut für Teilchenphysik der ETH Zürich einer AMS-^{14}C-Datierung unterzogen. Das

C^{14}-Alter der Holzprobe beträgt 2305 ± 45 BP. Das absolute Alter liegt bei einer 68,2-prozentigen Wahrscheinlichkeit zwischen 410 v. Chr. und 350 v. Chr. (49,8 %) bzw. zwischen 290 v. Chr. und 230 v. Chr. (18,4 %). Bei einer Wahrscheinlichkeit von 95,4 % liegt es zwischen 510 v. Chr. und 430 v. Chr. (4,8 %), 420 v. Chr. und 340 v. Chr. (54,8 %), oder zwischen 330 v. Chr. und 200 v. Chr. (35,8 %).[15]

Bei dem Bronzegefäß handelt es sich um eine sogenannte Steilhalssitula mit Schulterrippen. Es war W. Lucke, der, soweit ich sehe, diesen Gefäßtypus erstmals beschrieben und gegen andere Situlenformen abgegrenzt hat. Als Entstehungsgebiet bezeichnete er die Region um Santa Lucia, heute Most na Soči in Slowenien.[16] In einer groß angelegten Studie behandelte G. von Merhart auch die Situlen und Kessel mit Schulterrippen. Die Verbreitung lässt eine „italische" und eine „hallstättische" Gruppe erkennen. Das Entstehungsgebiet der Situlen lokalisiert er im Südostalpengebiet, in den italischen Stücken sieht er Importe aus dem „außeritalischen Osten" oder Nachahmungen importierter Gefäße.[17] Eine Modifikation und Ergänzung der durch von Merhart dargelegten Entwicklungsgeschichte der Situlen, die auch die sogenannten Steilhalssitulen mit Schulterrippen betrifft, nahm W. Kimmig in seiner umfassenden Vorlage der Bronzesitulen aus dem Rheinischen Gebirge vor.[18] Im Hinblick auf die Entwicklungsreihe der Situlen, ausgehend von urnenfelderzeitlichen Eimern des Typus Kurd über Eimer des Typus Hajdu-Böszörmény und hallstattzeitliche Steilhalssitulen mit Schulterrippen bis zu rheinischen Situlen mit Falzboden, die bis in die Frühlatènezeit hineinreichen, stellte er fest, dass vom „Augenblick ihrer Erfindung" an „eine fächerförmige Breitenwirkung" eingesetzt habe und der Gefäßtypus an „verschiedenen Stellen aufgegriffen und variiert" worden sei. Da sich Schulterrippen bei ganz verschiedenen Situlentypen finden, ging er im Gegensatz zu G. von Merhart davon aus, dass eine Kartierung für die Frage nach Werkstätten nichts ergeben würde, da die Schulterrippen einen „weit verbreiteten Zeitstil" anzeigten.[19] Weiterführend sei vielmehr die Herausarbeitung von technischen Details zur „Ausstattung" der Situlen, beispielsweise die Gestaltung der Rand-Hals-Partie, die Art der Vernietung des Blechkörpers, die Befestigung des Bodens, die Verzierung und vor allem die Ausbildung der Attaschen.[20] Angenietete Bodenschalen sind kennzeichnend für Bronzegefäße der älteren Urnenfelder- und älteren Hallstattzeit (Typen Kurd und Hajdu-Böszörmény), sie finden sich jedoch auch bei hallstattzeitlichen Situlen mit Steilhals und Schulterrippen. Erst im Verlauf der Hallstattzeit werden die Bodenschalen durch Falzböden ersetzt.[21] Im Gräberfeld von Hallstatt tauchen Gefäße mit Falzböden erstmals in der Stufe Ha C auf.[22]

Die unterschiedlichen Attaschenformen der Situlen, beispielsweise zweinietige Attaschen in Omegaform oder viernietige, bandförmige Attaschen, sind nach Kimmig in besonderem Maße zur Lokalisierung von Werkstätten bzw. Werkstattkreisen geeignet.[23]

Ausgehend von einem 1886 bei Golasecca aufgedeckten, reich mit Beigaben ausgestatteten Brandgrab, in dem eine Steilhalssitula mit Schulterrippen als Leichenbrandbehältnis diente, hat R. C. de Marinis diesem Gefäßtypus eine umfassende typologische und chronologische Studie gewidmet.[24] Die siebzehn Situlen mit Schulterrippen des Golasecca-

---

15 Herrn Dr. Georges Bonani und Frau Dr. I. Hajdas sei für die Durchführung der AMS-^{14}C-Messung herzlich gedankt.

16 W. Lucke, Zu einem Bronzefund aus Wörgl, Tirol. Germania 22, 1938, 150–157.

17 G. von Merhart, Studien über einige Gattungen von Bronzegefäßen. In: Festschr. RGZM zur Feier seines 100jährigen Bestehens 2 (Mainz 1952) 1–71, bes. 35 ff. mit Karte 7 auf S. 37 und Verbreitungsliste auf S. 70 f. und in: G. Kossack (Hrsg.), Gero von Merhart. Hallstatt und Italien (Mainz 1969) 280–379 mit Karte 7 auf S. 333 und Verbreitungsliste auf S. 378.

18 W. Kimmig, Bronzesitulen aus dem Rheinischen Gebirge. Hunsrück – Eifel – Westerwald. Ber. RGK 43/44, 1962/63, 31–106.

19 Kimmig (Anm. 18) 67 mit Anm. 61; 77 ff. mit Tabelle 10. – Siehe hierzu auch: M. Egg, Das hallstattzeitliche Fürstengrab von Strettweg bei Judenburg in der Obersteiermark. Monogr. RGZM 37 (Mainz 1996) 98 f.

20 Kimmig (Anm. 18) 78 ff. mit Tabelle 11.

21 Kimmig (Anm. 18) 80 ff. – Einen erschöpfenden Überblick über Formen und technische Details bieten die seit den Arbeiten von G. von Merhart und W. Kimmig erschienenen Materialvorlagen: F. Starè, Die urgeschichtlichen Metallgefäße aus Slowenien. Zbornik Fil. Fak. (Lubljana) II, 1955, 103–190 (slowenisch mit deutscher Zusammenfassung). – W. Drack, Die Bronzegefäße der Hallstattzeit aus dem schweizerischen Mittelland und Jura. Jahrb. SGU 60, 1977, 103–120. – B. Bouloumié, Situles de bronze trouvées en Gaule (VII.–IV. Siècles av. J.-C.). Gallia 35, 1977, 3–38. – M. Gedl, Die Bronzegefäße in Polen. PBF II,15 (Stuttgart 2001) 45 ff. – Ch. Jacob, Metallgefäße der Bronze- und Hallstattzeit in Nordwest-, West- und Süddeutschland. PBF II,9 (Stuttgart 1995) 104 ff. – O. Kytlicová/A. Siegfried-Weiss, Die Bronzegefäße in Böhmen. PBF II,12 (Stuttgart 1991) 115 ff. – J. Nekvasil/V. Podborský, Die Bronzegefäße in Mähren. PBF II,13 (Stuttgart 1991) 21 ff. – P. Patay, Die Bronzegefäße in Ungarn. PBF II,10 (München 1990) 73 ff. – G. Prüssing, Die Bronzegefäße in Österreich. PBF II,5 (Stuttgart 1991) 54 ff. – St. Gabrovec/D. Svoljšak, Most na Soči (S. Lucia) I (Ljubljana 1983). – B. Teržan/N. Trampuž, Contributo alla cronologia del gruppo preistorico di Santa Lucia. Arh. Vestnik 24, 1973, 416–440 (slowenisch mit italienischer Zusammenfassung). – B. Teržan/F. Lo Schiavo/N. Trampuž-Orel, Most na Soči (S. Lucia) II. Text (Ljubljana 1985); Tafeln (Ljubljana 1984).

22 Prüssing (Anm. 21) 61 Nr. 164 (Grab 600); 62 Nr. 165 (Grab 668); Nr. 166 (Grab 626).

23 Kimmig (Anm. 18) 81 ff. mit Tabelle 11 auf S. 83.

24 R. C. de Marinis, Tomba con situla bronzea dal Lazzaretto di Golasecca. Sibrium 21, 1990/1991, 157–200. Zu den südschweizerischen Situlen des Golaseccagebietes: B. Schmid-Sikimić, Mesocco Coop (GR). Eisenzeitlicher Bestattungsplatz im Brennpunkt

Fortsetzung siehe nächste Seite

gebietes untergliederte er in zwei Typengruppen und grenzte sie gegen Gefäßformen des Ost- und Südostalpenraumes ab.[25] Situlen mit angenietetem Boden bzw. Falzboden, zwei Schulterrippen und zweinietigen, omegaförmigen Attaschen bezeichnete er als Typ Albate. Zur Variante A dieses Typs zählen die Gefäße mit angenieteter Bodenschale, zur Variante B solche mit Falzboden. Die Gefäße des Typs Albate sind zwischen 16,6 cm und etwa 20,6 cm hoch. Zum Typ Cerinasca d'Arbedo gehören Gefäße mit drei Schulterrippen, viernietigen Bandhenkeln und Falzboden. Zu einer Variante dieses Typs rechnet er zwei verzierte Gefäße mit drei Schulterrippen, zwei Henkeln, Falzboden und Attaschen mit abgewinkelten Stielösen.[26] Die Höhe der Gefäße des Typs Cerinasca d'Arbedo schwankt zwischen 19 cm und 35,5 cm, die Mehrzahl besitzt eine Höhe zwischen 23 cm und 26 cm. Sämtliche Situlen vom Typ Albate und Typ Cerinasca d'Arbedo haben nach außen gebördelte Ränder und Randverstärkungen, sogenannte Seelen, aus Bronze und Eisen. Bleiseelen gibt es bei den Steilhalssitulen mit Schulterrippen im Golaseccagebiet nicht, ebenso wenig wie Steilhalssitulen mit nur einer Schulterrippe.[27]

Chronologisch gehören die Situlen des Typs Albate, Variante A, in die Stufe Golasecca I C, das heißt in ein jüngeres Ha C bzw. an den Übergang zu Ha D. Die Gefäße der Variante B datieren in die Stufe Golasecca II A bzw. II A-B, also in die Stufe Ha D1 bzw. in eine Spätphase dieser Stufe. Die Situlen des Typs Cerinasca d'Arbedo verteilen sich auf die Stufen Golasecca II A-B und II B, was den Stufen Ha D1 bis D2/D3 entspricht. Der Stufe Golasecca II B werden die beiden Situlen der Variante Trezza zugewiesen, die Attaschen mit abgewinkelten Steilösen besitzen. Mit dem Beginn der Stufe Golasecca III A, in der Stufe Ha D3, kommen die Steilhalssitulen mit Schulterrippen im Golaseccagebiet aus der Mode und werden von halslosen Situlen mit gerundeter bzw. geknickter Schulter abgelöst, den sogenannten rheinisch-tessinischen Situlen, die im Golaseccagebiet in der Stufe Golasecca II A erstmals auftreten.[28]

Auf einer Verbreitungskarte der Steilhalssitulen mit Schulterrippen konnte de Marinis zwei Entstehungszentren bzw. Werkstattkreise herausstellen, einmal das Gebiet der Golaseccakultur in der oberitalienischen Lombardei und im südschweizerischen Tessin, zum anderen den Ost- und Südostalpenraum mit den Zentren Hallstatt im oberösterreichischen Salzkammergut und Most na Soči in Slowenien.[29]

Seit den Darlegungen von de Marinis sind neben dem Neufund von Schemmerhofen-Aßmannshardt weitere Steilhalssitulen mit Schulterrippen bekannt geworden (Abb. 6):

1. Kappel am Rhein, Gde. Kappel-Grafenhausen, Ortenaukreis (Baden-Württemberg). Grabfund. Höhe ca. 27 cm, drei Schulterrippen, zweinietige Attaschen mit abgewinkelten Stielösen. Einige bei den Situlenresten gelegene Bleifragmente dürften zur Randverstärkung (Seele) gehört haben.[30]
2. Seubelsdorf, Stadt Lichtenfels, Lkr. Lichtenfels (Oberfranken). Aus einer Kiesgrube, möglicherweise Grabfund. Höhe 26 cm, Gefäßrand nach außen um Eisenseele gebördelt, drei Schulterrippen, viernietige Bandhenkel, Falzboden.[31]
3. Fließ, Bez. Landeck (Tirol), Depotfund. Höhe ohne Rand noch 19,4 cm, zwei Schulterrippen, Falzboden. Eine zweinietige, omegaförmige Attasche kann zu dieser oder einer weiteren Situla gehören. [32]
4. Habruvka, Bez. Blansko (Tschechien). Opferfund. Býčí-skála-Höhle (Stierfelshöhle). Höhe noch 14,7 cm, drei Schulterrippen, zweinietige, omegaförmige Attasche.[33]

Fortsetzung Fußnote 24:
zwischen Süd und Nord. Universiätsforsch. Prähist. Arch. 88 (Bonn 2002) 181 ff. – Dies., An den Wegen über die Alpen. Minusio und Mesocco: Referenzorte der älteren Eisenzeit in der Südschweiz. In: R. C. de Marinis/S. Biaggi Simona (Hrsg.), I Leponti tra mito e realtà, Bd. 1 (Locarno 2000) 215–243, bes. 235 ff. – M. P. Schindler, Der Depotfund von Arbedo TI und die Bronzedepotfunde des Alpenraums vom 6. bis zum Beginn des 4. Jh. v. Chr. Antiqua 30 (Basel 1998) 123 ff.

25 De Marinis (Anm. 24) 178 ff. 179 Abb. 11.

26 Eine Verbreitungskarte und -liste der Attaschen mit abgewinkelten Stielösen findet sich bei: R. Dehn/M. Egg/R. Lehnert, Das hallstattzeitliche Fürstengrab im Hügel 3 von Kappel am Rhein in Baden. Monogr. RGZM 63 (Mainz 2005) 155 ff. mit 163 Abb. 67.

27 Auch im Gräberfeld von Hallstatt haben die Steilhalssitulen nach außen umgeschlagene Ränder. Demgegenüber finden sich in Most na Soči (S. Lucia) zahlreiche Situlen mit Steilhals und Schulterrippen mit nach innen umgeschlagenen Rändern und Bleiseelen: Teržan u. a. (Anm. 21) Taf. 124 A 7 (Grab 1309), Taf. 136 A 5 (Grab 1472), Taf. 137 A 27 (Grab 1484), Taf. 149 A 6 (Grab 1586), Taf. 156 A 8 (Grab 1656), Taf. 174 A 4 (Grab 1818), Taf. 201 A 5 (Grab 2003). – Steilhalssitulen mit einer Schulterrippe finden sich sowohl im Gräberfeld von Hallstatt als auch in S. Lucia-Most na Soči. Hallstatt: Prüssing (Anm. 21) 60 Nr. 161, 162; 61 Nr. 163; Most na Soči: Teržan (Anm. 21) Taf. 149 A 6 (Grab 1586), Taf. 156 A 8 (Grab 1656).

28 De Marinis (Anm. 24) 168 ff. 174 Abb. 7 (chronologische Übersichtstabelle); 182 ff. Zu den rheinisch-tessinischen Situlen im Golaseccagebiet: R. C. de Marinis, Il vasellame bronzeo nell' area alpina della cultura die Golasecca. In: De Marinis/Biaggi Simona (Anm. 24) 341–406, bes. 342 ff. mit Tabelle I auf S. 343 und einer Verbreitungskarte auf S. 355. – Nortmann (Anm. 8) 458 ff.

29 De Marinis (Anm. 24) 196 Abb. 18.

30 Dehn u. a. (Anm. 26) 155 ff. 156 Abb. 65 und 158 ff. mit einer Verbreitungsliste der Bronzegefäße mit abgewinkelten Stielösen.

31 B.-U. Abels, Die späthallstatt-/frühlatènezeitliche Situla aus Seubelsdorf. Arch. Jahr Bayern 1998, 56 f. mit Abb. 40; 41. – Ders./H. Voß, Selten und schön. Archäologische Kostbarkeiten aus der Vor- und Frühgeschichte Oberfrankens. CHW-Monogr. 9 (Lichtenfels 2007) 124 Nr. 56 mit Abb. S. 125.

32 W. Sydow, Der hallstattzeitliche Bronzehort von Fließ im Oberinntal, Tirol. Fundber. Österreich Materialh. A3 (Wien 1995) 49 ff. 68 Nr. 55; 71 Nr. 133; Taf. 43,55; 44,133.

33 H. Parzinger/J. Nekvasil/F. E. Barth, Die Býčí skála-Höhle. Ein hallstattzeitlicher Höhlenopferplatz in Mähren. Röm.-Germ. Forsch. 54 (Mainz 1995) 75 ff. 245 Nr. 346; Taf. 38 Nr. 346. – Nekvasil/Podborský (Anm. 21) 21 ff. 22 Nr. 44; Taf. 11 Nr. 44; 159 ff. mit Abb. 1. Zum Fundinventar gehören noch zwei Situlen mit

Fortsetzung siehe Seite 183

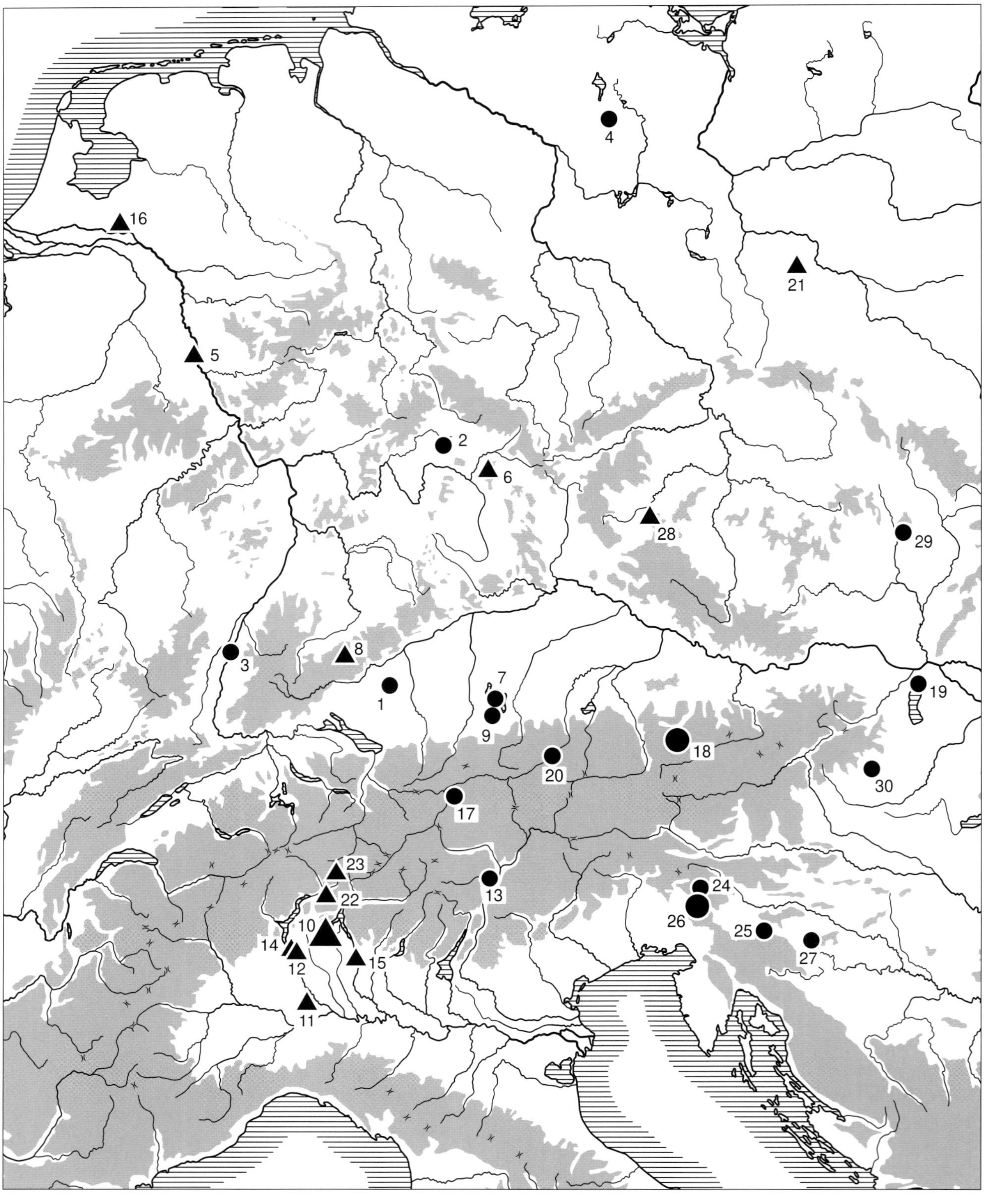

Abb. 6: Verbreitungskarte der Steilhalssitulen mit Schulterrippen (Dreiecke: im Golasecca-Gebiet gefertigte Situlen, Kreise: im Ost- bzw. Südostalpenraum gefertigte Situlen. Nach de Marinis mit Ergänzungen). Deutschland: 1 Aßmannshardt, Gde. Schemmerhofen, Kr. Biberach. – 2 Großeibstadt, Lkr. Rhön-Grabfeld. – 3 Kappel am Rhein, Gde. Kappel-Grafenhausen, Ortenaukreis. – 4 Rauschendorf, Gde. Sonnenberg, Kr. Oberhavel. – 5 Köln-Riehl. – 6 Seubelsdorf, Stadt Lichtenfels, Lkr. Lichtenfels. – 7 Traubing, Kr. Starnberg. – 8 Trochtelfingen, Kr. Reutlingen. – 9 Uffing am Staffelsee, Lkr. Garmisch-Partenkirchen. – Italien: 10 Albate und Grandate, Stadt Como, Prov. Como. – 11 Garlasco, Prov. Pavia. – 12 Golasecca, Prov. Varese. – 13 Kaltern a.d. Weinstraße, Prov. Bozen. – 14 Sesto Calende, Prov. Varese. – 15 Trezzo sull'Adda, Prov. Milano. – Niederlande: 16 Ede, Prov. Gelderland. – Österreich: 17 Fließ, Bez. Landeck. – 18 Hallstatt, BH Gmunden. – 19 Neusiedler See (?). – 20 Wörgl, Bez. Kufstein. – Polen: 21 Słocina, Gde. Kożuchów, Woiw. Zielona Gorá. – Schweiz: 22 Arbedo, Gde. Arbedo-Castione, Bez. Bellinzona. – 23 Mesocco, Bez. Moesa. – Slowenien: 24 Koritnica ob Bači, Bez. Tolmin. – 25 Magdalenska gora b. Smarje, Bez. Ljubljana. – 26 Most na Soči, Bez. Tolmin. – 27 Novo Mesto-Kandija, Bez. Novo Mesto. – Tschechien: 28 Dobřany, Bez. Pilsen-Süd. – 29 Habruvka, Bez. Blansko. Býčí skála (Stierfelshöhle). – Ungarn: 30 Vaskeresztes, Kom. Var.

Bei der Situla aus dem Ha D1-zeitlichen Grabfund von Kappel, die einer Variante des Typs Cerinasca nach de Marinis zuzurechnen ist, dürfte es sich um ein Importstück aus dem Ost- bzw. Südostalpenraum handeln.[34] Auch die Situla aus der Býčí-skála-Höhle und das Gefäß aus dem Hortfund von Fließ in Tirol stammen wohl aus dieser Region.[35] Demgegenüber kann die Situla aus Mainschottern bei Seubelsdorf als Import aus dem Gebiet der Golasecca-Kultur angesprochen werden. Zusammen mit den nördlich des Alpenbogens gefundenen Situlen von Trochtelfingen, Słocina, Dobřany und der punzverzierten Situla von Köln-Riehl gehört das Gefäß dem Typ Cerinasca nach de Marinis an und besitzt wie sämtliche Gefäße dieses Typs einen nach außen gebördelten Rand mit einer Eisenseele sowie eine bandförmige Attasche mit vier Nieten (Abb. 7).[36] Die Situla von Schemmerhofen-Aßmannshardt (Abb. 3) lässt sich unschwer einem der beiden Werkstattkreise zuweisen. Da sie nur eine Rippe am Übergang von der Schulter zum Hals aufweist, scheidet das Golasecca-Gebiet von vornherein als Herkunftsregion aus, da, wie de Marinis überzeugend zeigen konnte, dort nur Steilhalssitulen mit zwei bzw. drei Schulterrippen vorkommen und die Randverstärkungen ausschließlich aus Bronze oder Eisen sind.[37] Dagegen finden sich Situlen mit nur einer Schulterrippe im Ost- und Südostalpenraum (Abb. 7).[38] Bei der kleinen Situla mit einer Schulterrippe, die zusammen mit einer Steilhalssitula mit drei Schulterrippen in einem Depot bei Kaltern in Südtirol gefunden wurde, dürfte es sich ebenfalls um ein aus dem Südostalpenraum importiertes Gefäß handeln.[39] Der nach innen um eine Bleiseele gebördelte Rand der Situla von Schemmerhofen-Aßmannshardt erlaubt es, das Entstehungsgebiet des Gefäßes noch näher einzugrenzen. Steilhalssitulen mit nach innen gebördeltem Rand und mit einer oder drei Schulterrippen gibt es nur in den slowenischen Gräberfeldern von Most na Soči und Koritnica, nicht aber in Hallstatt (Abb. 7).[40] Dies bedeutet, dass die Situla von Schemmerhofen-Aßmannshardt in einer Werkstatt in oder bei Most na Soči in Slowenien gefertigt wurde und aus diesem Raum nach Oberschwaben gelangte. Die tabellarische Übersicht der Steilhalssitulen mit Schulterrippen aus Most na Soči zeigt zudem, dass sich dort Situlen mit ein oder zwei bzw. drei Schulterrippen und mit zwei- oder viernietigen

Fortsetzung Fußnote 33:
Steilhals, nach außen gebördeltem Rand und zweinietigen, omegaförmigen Attaschen, 21 Nr. 42; 43; Taf. 11,42.43. – M. Trefný, Bronzefunde aus der Býčí skála-Höhle und ihre Beziehungen zum Ostalpenraum. In: A. Lang/V. Salač, Fernkontakte in der Eisenzeit. Konferenz Liblice 2000 (Prag 2002) 360–378 bes. 370; 373f.

34 M. Egg, in: Dehn u.a. (Anm. 26) 163, hält eine Herstellung der Situla in Oberitalien für wahrscheinlich, möglicherweise in der Lombardei. Für eine Herkunft aus dem Ost- beziehungsweise Südostalpenraum spricht meines Erachtens, dass das Gefäß sehr wahrscheinlich mit einer Bleiseele ausgestattet war und Situlen mit Steilhals und Schulterrippen aus dem Gebiet der Golaseccakultur keine Bleiseelen, sondern Randverstärkungen aus Eisen und Bronze besitzen. Situlen mit gestielten Ringösen-Attaschen der Form A3 nach G. Prüssing sind auch in den Gräberfeldern von Hallstatt in Oberösterreich und Kleinklein in der Steiermark gefunden worden: Prüssing (Anm. 21) 58 Nr. 139–142. Soweit das Material der Randverstärkung dieser Gefäße bestimmt ist, handelt es sich ausschließlich um Blei. Die gedrückt schräge Schulterform der Situla von Kappel findet sich nicht nur bei der Situla von Trezzo sull'Adda in der Lombardei, sondern auch auf mehreren, allerdings jüngeren Situlen in Most na Soči und Hallstatt: Teržan u.a. (Anm. 21) z.B. Grab 647, 1472, 1484, 2003; Prüssing (Anm. 21) 62 Nr. 169. – C. Marchesetti, Scavi nella necropoli di S. Lucia presso Tolmino. Boll. Soc. Adriatica Scien. Naturali 15, 1893, 97–430; 219, Grab 2820 mit Taf. 2,6.

35 Sydow (Anm. 32) 49f. 63ff. – Bei der Situla aus der Býčí-skála-Höhle spricht hierfür, dass die Situlen des Golasecca-Raumes mit drei Schulterrippen, die dem Typ Cerinasca nach de Marinis angehören, ausschließlich viernietige, bandförmige Attaschen und keine zweitnietigen, omegaförmigen Attaschen besitzen. Siehe hierzu auch: de Marinis (Anm. 24) 179 Abb. 11.

36 De Marinis (Anm. 24) 179 Abb. 11; 181ff. – Trochtelfingen: Jacob (Anm. 21) 106 Nr. 319. – Słocina: Gedl (Anm. 21) 46 Nr. 57. – A. und B. Hänsel (Hrsg.), Gaben an die Götter. Schätze der Bronzezeit Europas. Staatl. Mus. Berlin Bestandskat. 4 (Berlin 1997) 179f. – Dobřany: Siegfried-Weiss (Anm. 21) 116 Nr. 82. – Köln-Riehl: Jacob (Anm. 21) 109 Nr. 353.

37 De Marinis (Anm. 24) 179 Abb. 11; 195.

38 Siehe Anm. 27. Es gibt im Gräberfeld von Hallstatt auch henkellose Großgefäße mit angenieteter Bodenschale und einer Schulterrippe: Prüssing (Anm. 21) 60 Nr. 157 und 158. – Eine Steilhalssitula mit einer Schulterrippe fand sich in einem Grabhügel im westungarischen Vaskeresztes: Patay (Anm. 21) 74 Nr. 125.

39 G. von Merhart, Der Depotfund von Kaltern. In: Kossack (Anm. 17) 227–267 mit Taf. 19 und Taf. 20,1. Die Situla mit drei Schulterrippen wird zusammen mit weiteren Funden aus dem Depot von Kaltern im Südtiroler Archäologiemuseum in Bozen aufbewahrt. Das 28,5 cm hohe Gefäß besitzt einen nach außen umgeschlagenen Rand und eine Bronzeseele. Die kleine, 18 cm hohe Situla mit einer Schulterrippe liegt im Castello di Buonconsiglio in Trient und hat ebenfalls einen nach außen gebördelten Rand mit einer Bronzeseele: F. Marzatico, I materiali preromani della valle dell'Adige nel Castello del Buonconsiglio. Patrimonio storico artistico del Trentino 21 (Trient 1997) 441–445 mit Taf. 100. Für die kollegiale Hilfsbereitschaft und die Auskünfte und Hinweise zu den beiden Situlen aus Kaltern möchte ich Herrn Dr. Günther Kaufmann vom Südtiroler Archäologiemuseum ganz herzlich danken.

40 Most na Soči: Teržan u.a. (Anm. 21) Grab 73, Taf. 10,8; Grab 647, Taf. 59 B 5; Grab 1309, Taf. 124 A 7; Grab 1472, Taf. 136 A 5; Grab 1484, Taf. 137 A 27; Grab 1586, Taf. 149 A 6; Grab 1656, Taf. 156 A 8; Grab 1818, Taf. 174 A 4; Grab 2003, Taf. 201 A 5; Grab 9 (1972), Taf. 284 A 11; Streufund, Taf. 277,21. – Koritnica, Grab 29: P. Kos, Koritnica an der Bača (slowenisch mit deutscher Zusammenfassung). Arh. Vestnik 24, 1973, 848–862 mit Taf. 7,5. – Bei Zisten der Serie II nach Stjernquist finden sich fast ausschließlich um Bleiseelen gebördelte Ränder: B. Stjernquist, Ciste a cordoni. Acta Arch. Lundensia 4/6 (Bonn/Lund 1967) 103ff.; Verbreitungskarte S. 101 Abb. 12. – Patay (Anm. 21) 75ff. mit Verbreitungskarte Taf. 80 B. – S. Kurz, Die Heuneburg-Außensiedlung. Forsch. u. Ber. Vor- u. Frühgesch. Baden-Württemberg 72 (Stuttgart 2000) 96ff. 99 Abb. 43.

Fundort	Höhe							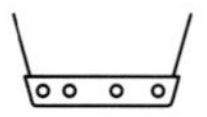	
A									
Most na Soči (26), Gr. 1656	18,6	1		Pb		x			x
Gr. 1818		1		Pb		x			x
Schemmerhofen (1)	29,9	1		Pb		(x)			x
Traubing (7)	32,5	1		x		x			x
Hallstatt (18), Gr. 555	23,5	1	x			x		x	
Gr. 578	30,5	1	x			x		x	
Vaskeresztes (30)	30,0	1	x			x		x	
Kaltern (13)	18,0	1	x			x			x
Neusiedler See (19)	18,5	2	x			x			x
Most na Soči (26), Gr. 73	18,0	2		x			x		x
Gr. 9 (1972)	ca. 16	2		Pb			x		x
Kappel am Rhein (3)	ca. 27	2-3	Pb		x			?	
Most na Soči (26), Gr. 1309	18,7	3		Pb			x		x
Gr. 1472	17,4	3		Pb		x			x
Gr. 1484	17,4	3		Pb		x			x
Gr. 1563	22,0	3	Pb			x			x
Gr. 2439	24,0	3	Fe				x		x
Gr. 908	19,1	3	x			x			x
Gr. 2446	25,8	3	Pb			x			x
Hallstatt (18), Gr. 13	26,5	3	x			x			x
Habruvka (29)		3	x			x			
Kaltern (13)	28,5	3	Br			x			x
Uffing (9)	33,8	3	Pb				x	x	
Novo Mesto (27)	26,3	4	Pb			x			x
Koritnica (24)	14,2	4		x		x			x
Magdalenska gora (25)	23,4	4	Pb				x		x
B									
Ede (16)	19,5	2	Fe			x			x
Dobřany (27)	32,8	3	Fe				x		x
Seubelsdorf (6)	26,0	3	Fe				x		x
Słocina (21)	28,1	3	x				x		x
Trochtelfingen (8)	25,3	3	Fe				x		x
Köln-Riehl (5)	ca. 28	3	Fe				x		x

Abb. 7: Tabelle der Steilhalssitulen mit Schulterrippen (ohne Golasecca-Gebiet). A Im Ost- und Südostalpenraum gefertigte Situlen. – B Im Golasecca-Gebiet gefertigte Situlen (die Nummern hinter den Fundorten entsprechen den Nummern auf der Verbreitungskarte Abb. 6).

Attaschen nicht zu Typengruppen zusammenschließen und sich zeitlich ablösen, wie im Golasecca-Raum (Abb. 7). Die Steilhalssitulen mit nach innen um eine Bleiseele gebördeltem Rand und mit einer, zwei oder drei Schulterrippen aus dem Gräberfeld von Most na Soči gehören zeitlich in die Stufen Santa Lucia IIb nach Teržan bzw. die Stufen Sveta Lucija III3 und IV1 nach Parzinger, das heißt in die Stufen Ha D2 bzw. Ha D3.[41] Bereits in der Stufe Ha D1 treten Gefäße mit nach außen um eine Bleiseele gebördeltem Rand und drei Schulterrippen auf.[42] Damit sind Datierungsanhaltspunkte für die Situla von Aßmannshardt gewonnen, die demnach aufgrund archäologisch-formenkundlicher Kriterien chronologisch in einen entwickelten Abschnitt der späthallstattzeitlichen Stufe D gehören dürfte. Die ^{14}C-Datierung einer Holzprobe des gedrechselten Holzknopfes widerspricht dieser Datierung nicht (siehe oben).

Eng verwandt mit der Situla von Aßmannshardt – und wie diese als Import aus dem Südostalpenraum anzusprechen – ist die Situla aus einer späthallstatt-

41 Teržan/Trampuž (Anm. 21) 416–440 mit Tabelle 1 und 436 Abb. 5. – H. Parzinger, Chronologie der Späthallstatt- und Frühlatènezeit. Studien zu Fundgruppen zwischen Mosel und Save. Quellen u. Forsch. prähist. u. provinzialröm. Arch. 4 (Weinheim 1989) 8 ff. mit Taf. 5–13 und einer Kombinationstabelle zu Sveta Lucija auf Taf. 151–157.

42 Teržan u. a. (Anm. 21): Grab 908, Taf. 91 A 9; Grab 1563, Taf. 146 C 7; Grab 2439, Taf. 262 C 1; Grab 2446, Taf. 264 A 6.

zeitlichen Körperbestattung in einem Grabhügel bei Traubing im oberbayrischen Landkreis Starnberg.[43] Das Gefäß mit Steilhals, nach innen umgeschlagenem Rand und einer Schulterrippe ist 32,5 cm hoch und besitzt einen eingefalzten Boden. Die beiden Nietlöcher im Halsbereich dürften zur Befestigung einer zweinietigen, omegaförmigen Attasche gedient haben.[44] Auf dem Boden der Situla lag angeblich eine Holzschale, ferner eine beidseits graphitierte Tonschale mit Omphalosboden, deren Innenseite mit einem graphitierten Zickzackband verziert ist.[45] Zeitlich gehört das Situlengrab von Traubing in die Stufe Ha D, wobei eine genauere Einordnung innerhalb dieser Stufe aufgrund der chronologisch nicht näher eingrenzbaren Tonschale nicht möglich ist.[46]
Eine weitere oberbayerische Steilhalssitula stammt aus einem Grabhügelfriedhof wenig östlich von Uffing am Staffelsee, Lkr. Garmisch-Partenkirchen. Das Grabhügelfeld liegt etwa 26 km südsüdwestlich von jenem bei Traubing. In Hügel 4 war ein Binsenkorb niedergelegt worden, in dem eine 33,8 cm hohe, aus zwei Wandungsteilen bestehende Situla mit kurzem Steilhals, drei Schulterrippen, viernietiger, bandförmiger Attasche und einer angenieteten Bodenschale stand. Ihr Rand war nach außen um eine Bleiseele gebördelt.[47] Auf dem Gefäßboden fand sich eine 5,5 cm hohe, gedrechselte Holzschale aus Pappel- oder Weidenholz mit einem größten Durchmesser von 12,4 cm. A. Rieth hält das kunstvoll gefertigte Trinkgefäß, eine sogenannte Kylix, für einen Import aus Italien.[48] Die Situla ist zeitlich der Stufe Ha D zuzuweisen. Eine feinere zeitliche Einordnung kann wegen des Fehlens chronologisch relevanter Beigaben nicht vorgenommen werden.[49]
Die beiden Holzgefäße in den Situlen von Traubing und Uffing lenken unseren Blick auf den gedrechselten Holzknopf in der Situla von Aßmannshardt und führen zur Frage nach dessen Funktion (Abb. 5). Aufgrund der Befund- und Auffindungssituation sind hierzu keine Aussagen möglich, sicher ist lediglich, dass der Holzknopf in der Situla lag. Anhaftende Lederreste deutete der Restaurator als Reste eines Lederbeutels, der an den unteren, leicht konischen Teil des Holzknopfes genagelt war.[50] Bei dem gedrechselten Holzknopf könnte es sich demnach um den Stöpselverschluss eines Behältnisses aus Leder zur Aufbewahrung von Flüssigkeit gehandelt haben. Dabei wäre an dem unteren Teil des Holzknopfes, gleichsam als Dichtung, eine Ledermanschette angebracht worden. Weitere bei der Restaurierung festgestellte Lederreste könnten dann zu einem feldflaschenartigen Lederbehältnis gehört haben.[51]
Dass der Holzknopf als Deckelverschluss einer Pyxis gedient haben könnte, ist wenig wahrscheinlich.[52] Plausibler erscheint jedoch, dass der Holzknopf zum Deckel der Situla gehört hat, der aus einem feinem Weidengeflecht bestand. Die Lederreste wären dann mit einer Art Futter in Verbindung zu bringen, das an dem unteren Teil des Knopfes angenagelt und an der

43 Jacob (Anm. 21) 106 Nr. 318. – G. Kossack, Südbayern während der Hallstattzeit. Röm.-Germ. Forsch. 24 (Berlin 1959) 223 mit Taf. 91,26.27.

44 Von der Situla sind außer dem Bodenblech, Teilen der Wandung mit der Vernietung und einem kurzen Stück des Randes nur wenige Fragmente erhalten. Überreste der Randverstärkung fehlen. Für diese Hinweise möchte ich Herrn Prof. Dr. R. Gebhard von der Archäologischen Staatssammlung München ganz herzlich danken.

45 Kossack (Anm. 43) Taf. 91,26.

46 Ein ebenfalls importierter Bronzegegenstand stammt aus einen Grabhügel eines nur wenig entfernt gelegenen Hügelfeldes. Es handelt sich um das Fragment einer Ha D1-zeitlichen Dragofibel vom S2-Schema: Kossack (Anm. 43) 223 Nr. 2 mit Abb. 42.3. – Dehn u. a. (Anm. 26) 35 ff. 37 Nr. 5; 43 Abb. 20.

47 Jacob (Anm. 21) 105 Nr. 315. – Kossack (Anm. 43) 241 mit Taf. 109,16.

48 Kossack (Anm. 43) Taf. 109,17. – A. Rieth, Zur Technik antiker und prähistorischer Kunst: Das Holzdrechseln. Ipek 13/14, 1939/40, 85–107, bes. 87 ff. 88 Abb. 3.4. – T. Capelle, Zur Produktion hölzerner Gefäße im vor- und frühgeschichtlichen Mitteleuropa. In: Das Handwerk in vor- und frühgeschichtlicher Zeit. Teil II. Archäologische und philosophische Beiträge. Abhandl. Akad. Wiss. Göttingen. Phil.-Hist. Klasse. Dritte Folge Nr. 123 (Göttingen 1983) 397–414 bes. 407 Abb. 9. – T. Capelle/H. Drescher, Drehbank und Drechslerei. RGA^2 6 (Berlin, New York 1986) 154–171. – Kossack (Anm. 43) 106 hält die Kylix für die lokale Nachbildung eines mittelmeerischen Gefäßes.

49 Für die Datierung in einen älteren Abschnitt der Stufe Ha D könnte die angenietete Bodenschale sprechen. In die Stufe Sveta Lucija III 1 nach Parzinger (Anm. 41) 11 ff., die mit der Stufe Ha D1 zu parallelisieren ist, kann das Situlengrab 2446 von Most na Soči datiert werden. Die Steilhalssitula hat drei Schulterrippen und viernietige, bandförmige Attaschen. Einen weiteren Hinweis für eine Datierung der Situla von Uffing in die Stufe Ha D1 könnten importierte Fibeln bieten, zwei Halbmondfibeln und zwei Fibeln des Typs Vače-Uffing, die zum Fundbestand eines ebenfalls wenig östlich von Uffing gelegenen Grabhügelfeldes gehören. Beide Fibelformen gehören nach Ha D1: Kossack (Anm. 43) 241 f. Taf. 109,1.2.10.12. – Schmid-Sikimič (Anm. 24) 4 Abb. 1.2.

50 Bericht des Restaurators B. Urbon vom damaligen Württembergischen Landesmuseum in Stuttgart. Er wies in seinem Bericht auch auf „Bronzeblechstückchen" in der äußeren Zone des den Holzknopf umgebenden Erdklumpens hin.

51 Eine Vorstellung von der Form einer solchen ledernen Feldflasche aus dem 5. Jh. v. Chr. mag ein Lederbeutel aus dem Kurgan 2 von Pazyryk vermitteln, der dort allerdings nicht als Trinkflasche, sonder als Behältnis für Samen von Pflanzen mit schmerzlindernder, antiseptischer Wirkung gedient hat. – L. L. Barkova, Die Fürstengräber der Pazyryk-Kultur. In: Im Zeichen des goldenen Greifen. Königsgräber der Skythen. Ausstellungskat. (München, Berlin, London, New York 2007) 118–131 mit Abb. 2 auf S. 120.

52 A. Rieth, Antike Holzgefäße. Arch. Anz. 1955, 1–26 mit zahlreichen Abbildungen. Die gedrechselten Deckel von Pyxiden aus Kertsch weichen im Profil deutlich von dem Holzknopf von Aßmannshardt ab, so dass es ausgeschlossen erscheint, dass der Knopf als Deckelverschluss zu einer gedrechselten Pyxis gehört haben kann.

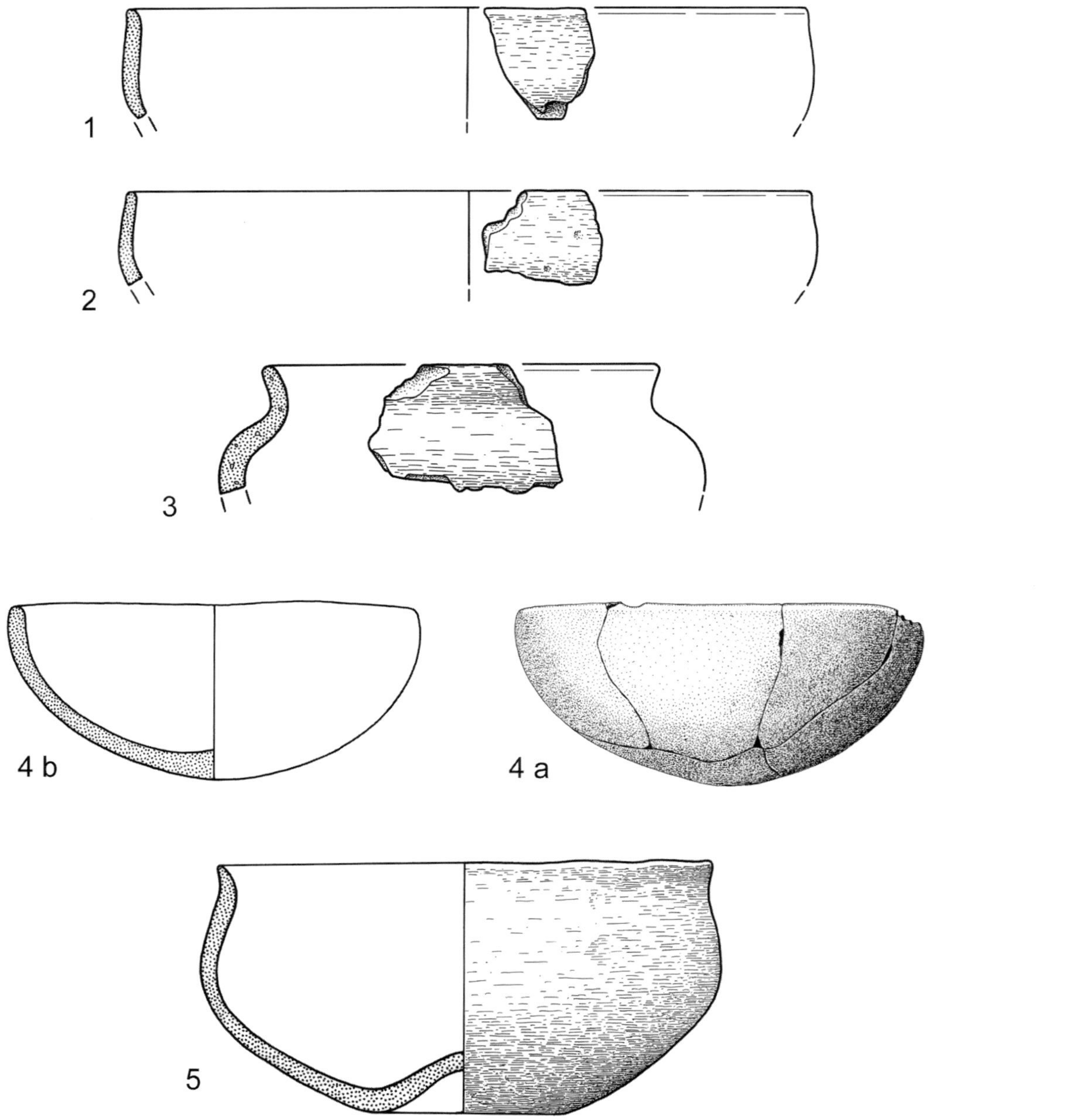

Abb. 8: Späthallstattzeitliche Siedlungskeramik vom Bussen und Bad Buchau. 1–4 Uttenweiler-Offingen, Höhensiedlung auf dem Bussen. – 5 Bad Buchau, Bachgasse. M. 1:2.

Unterseite des Deckels befestigt war. A. Rieth hat in einer Studie über antike Holzgefäße auf – allerdings einige hundert Jahre jüngere – Behältnisse mit geflochtenem Deckel und hölzernem Griffknopf aus dem südrussischen Kertsch aufmerksam gemacht.[53] In Hügel 2 des Gräberfeldes von Tannheim fand sich eine Bronzeciste mit einem Deckel aus Weidengeflecht.[54] Eine Vorstellung, wie der Situlendeckel von Aßmannshardt ausgesehen haben könnte, vermittelt ein nahezu vollständig erhaltener Deckel aus Weidengeflecht mit einem Durchmesser von wenig über 17 cm, der zu einer Bronzesitula gehört, die in Grab 2151 der Nekropole von Santa Lucia di Tolmino, heute Most na Soči in Slowenien gefunden wurde.[55]

Zusammenfassend lässt sich sagen, dass die Bronzesitula aus dem Grabhügel in Aßmannshardt im Raum um Most na Soči gefertigt wurde und von dort im

53 Rieth (Anm. 52) 3–26 bes. 19 f. mit Abb. 16 auf S. 23. Es handelt sich hierbei um ein Körbchen aus Binsengeflecht mit gedrechseltem Standfuß und Deckelknopf.

54 M. Geyr von Schweppenburg/P. Goessler, Hügelgräber im Illertal bei Tannheim (Esslingen 1910) 27 ff. Taf. 11,1b. Zu Geflechten in hallstattzeitlichen Grabhügeln: M. Egg, Die hallstattzeitlichen Hügelgräber bei Helpfau-Uttendorf in Oberösterreich. Jahrb. RGZM 32, 1985, 323–393; 377; 378 Abb. 41. – Dehn u. a. (Anm. 26) 214 mit Anm. 681 und Taf. 40,3.

55 Marchesetti (Anm. 34) 97–430; 189 f. (Grab 2151), Taf. 28,19 (auf der Tafel fälschlicherweise als Nr. 13 bezeichnet). – S. Vitri, Testi-

Fortsetzung siehe nächste Seite

Verlaufe der späten Hallstattzeit nach Oberschwaben gelangte. Zu dem Bronzegefäß gehörte mit großer Wahrscheinlichkeit ein Deckel aus feinem Weidengeflecht, der von einem gedrechselten und mit geschnitzten Zungenornamenten verzierten Holzknopf bekrönt wurde. Der Situlendeckel bzw. der gedrechselte Holzknopf könnte als Erzeugnis griechischen, wahrscheinlicher etruskischen Kunsthandwerks aus dem östlichen Oberitalien nach Westslowenien gelangt sein, wenn man nicht davon ausgehen will, dass es sich um eine von griechisch-etruskischen Vorbildern angeregte, im Gebiet um Most na Soči entstandene kunsthandwerkliche Arbeit handelt.[56]

Was die Funktion der Situlen anbetrifft, so ist den Ausführungen von W. Kimmig nichts hinzuzufügen.[57] Situlen waren Behältnisse für Flüssigkeiten und Teil des Trinkservices.[58] Im Gräberfeld von Hallstatt gehören Situlen, Schöpfer und Trinkschalen zur Ausstattung zumeist reicher Männergräber. Doch finden sich Situlen vereinzelt auch in Frauengräbern, wie Beispiele aus Hallstatt und Most na Soči zeigen.[59] Neben insgesamt neun Trink- bzw. Schöpfgefäßen aus farbigem Glas gibt es in Most na Soči auch hölzerne Gefäße mit Henkeln.[60] Die Glas- und Holzgefäße lagen immer in den Situlen.

Auch in den Gräberfeldern im südschweizerischen Tessin gehörten Situlen zum Trinkservice. Insgesamt sechzehn aus Ahorn- oder Eichenholz geschnitzte Tassen sind in Situlengräbern in Friedhöfen bei Arbedo gefunden worden. Da sich in einigen Gräbern neben den Holztassen auch Keramikbecher fanden, dürfte es sich bei den einhenkeligen Holzgefäßen nicht um Trink-, sondern wohl um Schöpfgefäße gehandelt haben.[61]

Auf Trink- und Schöpfgefäße aus Holz und Keramik in den späthallstattzeitlichen Situlengräbern von Traubing und Uffing in Oberbayern wurde bereits hingewiesen.[62]

Ob die „bayrischen Verhältnisse“ – so bezeichnete Kimmig die Vergesellschaftung von Bronzesitulen mit Schöpfgefäßen aus Holz, Ton oder Bronze – noch weiter nach Westen bis zu den beiden im oberschwäbischen Kreis Biberach gelegenen Orten Aßmannshardt, Gde. Schemmerhofen und Hailtingen, Gde. Dürmentingen, gereicht haben, ist zwar zu vermuten, aber nicht gesichert.[63] In Aßmannshardt wäre diese Frage wohl erst nach einer systematischen

Fortsetzung Fußnote 55:
monianze dell'età del ferro nel Caput Adriae In: F. Marzatico/P. Gleirscher (Hrsg.), Guerrieri, Principi ed Eroi fra il Danubio e il Po dalla Preistoria all'Alto Medioevo. Ausstellungskat. Trento (2004) 284–292 mit Abb. 1; 647 Nr. 6.9. (A. Crismani). Zu der reichen Ausstattung des Frauengrabes 2151 der Stufe S. Lucia IIb gehören neben einem großen Bronzedolium und einer Steilhalssitula mit drei Schulterrippen mehrere Fibeln, eine Kylix einheimischer Machart und zwei importierte Glasgefäße.

56 So befindet sich beispielsweise in Grab 2151 der Nekropole von Most na Soči die einheimische Imitation einer griechischen Kylix: Vitri (Anm. 52) 284 Abb. 1; 289. – P. Càssola Guida/S. Vitri, Importazioni etrusche e italiche nel Caput Adriae tra VI e V secolo a. C. In: L'alto e medio Adriatico tra VI e V secolo a. C. Atti del Convegno Internazionale (Adria 19–21 marzo 1999). Padusa n.s. 38, 2002, 183–189. – St. Gabrovec, Etruskischer Niederschlag in Slowenien. In: L. Aigner-Foresti (Hrsg.), Etrusker nördlich von Etrurien (Wien 1992) 203–218 mit Abb. 1–15 im Bildband. – F.-W. von Hase, Einige Überlegungen zum Fernhandel und Kulturtransfer in der jüngeren Hallstattzeit. Altitalien und Mitteleuropa. Regensburger Beitr. Prähist. Arch. 4 (Regensburg 1998) 285–319; 302 Abb. 9; 302ff. mit Abb. 9; 10; 306 mit Anm. 47. – Eine Verbreitungskarte typischer Golaseccafunde veranschaulicht die Beziehungen zwischen Oberitalien und dem Südostalpenraum: St. Casini, Il ruolo delle donne golasecchiane nei commerci del VI–V secolo a. C. In: De Marinis/Biaggio Simona (Anm. 24) Bd. 2, 75–100 mit 82ff. Abb. 1–5. – W. Kimmig, Zum Fragment eines Este-Gefäßes von der Heuneburg an der oberen Donau. Hamburger Beitr. Arch. 4, 1974, 33–96; 35 Abb. 2; 41 Abb. 3; mit einem Anhang von O.-H. Frey, Schwarz-rot gebänderte Keramik in der Zone südlich der Alpen, 97–102.

57 Kimmig (Anm. 18) 91ff.;

58 Ebd. 98ff. Bei den Getränken denkt Kimmig an Wein oder andere berauschende Getränke. – Zu Wein und Weinhandel: B. Bouloumié, La diffusione del vino in Europa centrale e nord-Occidentale. In: Gli Etruschi e l'Europa (Milano 1992) 196–199. – I. Wehgartner, Weinproduktion und Weinhandel. In: Luxusgeschirr keltischer Fürsten. Griechische Keramik nördlich der Alpen. Ausstellungskat. Würzburg. Mainfränk. Hefte 93 [94] (Würzburg 1995) 44–45. – Bei chemischen Untersuchungen von Amphorenscherben der Heuneburg konnte Traubenkernöl und damit Wein als Amphoreninhalt nachgewiesen werden: R. C. A. Rottländer, Chemische Untersuchungen an keramischen Funden von der Heuneburg, Gemeinde Herbertingen, Kreis Sigmaringen. Fundber. Baden-Württemberg 10, 1985, 19–27. – Bei der Untersuchung von Resten der Innenverkrustung der Bronzefeldflasche in Grab 44/2 vom Dürrnberg bei Hallein wurde nachgewiesen, dass sich in der Flasche ein „Gewürzwein befunden hat, der durchaus südeuropäischen Ursprungs gewesen sein mag“: W. Specht, Der Inhalt der Flasche. In: W. Penninger, Der Dürrnberg bei Hallein I. Münchner Beitr. Vor- u. Frühgesch. 16 (München 1972) 124–128.

59 Kimmig (Anm. 18) 92 Tabelle 12; 93f. – Als Beispiel aus Most na Soči sei auf das reiche Frauengrab 2151 hingewiesen: Marzatico/Gleirscher (Anm. 52) 284 Abb. 1; 647 Nr. 6.9. u. a. mit einer Situla als Weinbehältnis, einer Kylix aus Ton und zwei Glasgefäßen.

60 Marzatico/P. Gleirscher (Anm. 52) 647f. – Fünf dieser kostbaren Glasgefäße fanden sich in Männergräbern, vier in Frauengräbern. Nicht gesichert ist, ob es sich um importierte Gefäße aus dem östlichen Mittelmeerraum handelt oder um von Wanderhandwerkern nach lokalen Vorlagen gefertigte Gefäße. Nach Teržan u. a. (Anm. 21) stammen hölzerne Tassen aus folgenden Situlengräbern: 619, 698, 908, 955, 1563, 1586, 1656, 2194. Bestimmungen der Holzarten liegen nicht vor. – W. Kimmig, Edelmetallschalen der späten Hallstatt- und frühen Latènezeit. Arch. Korrbl. 21, 1991, 241–253; 247 mit Anm. 54.

61 Kimmig (Anm. 18) 94 mit Taf. 49. – T. Rey, Eisenzeitliche Holztassen aus dem Tessin im Schweizerischen Landesmuseum in Zürich. In: I Leponti tra mito e realtà, Bd. 1 (Locarno 2000) 407–414 mit Abb. 1–16.

62 Traubing: Kossack (Anm. 43) 223 mit Taf. 91,26.27; Uffing: Kossack (Anm. 43) 240f. mit Taf. 109,16.17.

63 W. Kimmig (Anm. 18) 93f. – Kimmig verglich die Trinkservice-Ausstattung von bayerischen Situlengräbern mit Gräbern aus

Fortsetzung siehe nächste Seite

Ausgrabung des Hügels 2 im Wald „Kirchholz" zu beantworten. Besser liegen die Verhältnisse in Hailtingen. Das dortige Grabhügelfeld, das ursprünglich um oder über zwanzig Hügel umfasst hat, liegt etwa 13,5 km westsüdwestlich der Hügelgruppe von Aßmannshardt und 3,5 km südlich vom landschaftsprägenden Bussen, von dem späthallstattzeitliche Keramikfunde stammen (Abb. 10 Nr. 2; 8,1–4).[64] Zu den Funden aus der zwischen 1851 und 1877 unsystematisch ausgegrabenen Nekropole, die sich nicht mehr den einzelnen Grabungsjahren und Gräbern zuweisen lassen, gehört eine noch um 26 cm hohe Bronzesitula rheinischen Typs mit ursprünglich eingefalztem Boden (Abb. 9). Der äußere Mündungsdurchmesser beträgt 22,3 cm, der Durchmesser beim Schulterknick 25,6 cm. Der untere Gefäßteil ist nicht erhalten, lediglich das Bodenstück mit einem Durchmesser zwischen 12,7 cm und 13 cm, auf dessen Unterseite sich überkreuzende Treibhammerspuren verlaufen. Der Gefäßrand ist nach außen über eine Eisenseele gebördelt. Nietlöcher weisen auf bandförmige, viernietige Attaschen hin. Auf dem Gefäßkörper, der aus einem Bronzeblech besteht, das mittels versenkter Niete zusammengehalten wird, von denen noch sechs erhalten sind, sind vertikale Treibhammerspuren zu erkennen. Der Gefäßkörper ist auf eine Kupferblechform aufgenietet, deshalb sind zur antiken Vernietung und zu Bearbeitungsspuren im Inneren der Situla keine Aussagen möglich.[65]

Das Bronzegefäß gehört zur Gruppe der rheinisch-tessinischen Situlen. H. Nortmann, der, auf der umfassenden Darstellung von W. Kimmig aufbauend, diesen Toreutikerzeugnissen eine grundlegende archäologisch-technologische Studie widmete, konnte überzeugend darlegen, dass sämtliche Exemplare im südalpinen Raum im Gebiet der Golasecca-Kultur hergestellt wurden und als Importstücke über die Alpen nach Norden gelangten.[66]

Unter den keramischen Funden aus der Nekropole von Hailtingen sind zwei becherartige Kleingefäße und eine Fußschale mit einem Mündungsdurchmesser von etwa 17 cm bei einer Höhe von 9 cm zu erwähnen, die möglicherweise als Trink- bzw. Schöpfgefäße zur Ausstattung des Situlengrabes gehört haben könnten.[67] Nicht auszuschließen ist ferner, dass eines dieser Tongefäße zusammen mit einem Bronzekessel zum Trinkservice eines weiteren Grabes gezählt hat. Bei dem Bronzekessel handelt es sich um ein fragmentarisch erhaltenes Exemplar mit einem Mündungsdurchmesser von etwa 37,5 cm, eisernem Ringhenkel und angenietetem Boden, das Kesseln der Variante Herbertingen nach Egg zuzurechnen ist.[68] Dass die Situla und der Kessel zusammen in einem Grab niedergelegt wurden, wäre zwar chronologisch möglich, hat aber wenig Wahrscheinlichkeit für sich, da bislang, von dem Ha D1-zeitlichen Fürstengrab in Hügel 3 bei Kappel am Rhein einmal abgesehen, im nordwestalpinen Späthallstattkreis Situlen und Kessel nicht gemeinsam in Gräbern vorkommen.[69]

Die Bronzegefäße aus Gräbern im Umfeld der Heuneburg bestätigen dieses Bild. Aus der Gießübel-Talhau-Nekropole im unmittelbaren Vorfeld der Heuneburg stammen neun Bronzekessel. Bei fünf von ihnen sind die Grabzusammenhänge bekannt, bei vier Exemplaren handelt es ich um Streufunde aus den Hügeln 1, 2 und 3.[70] Von den insgesamt 51 Bestattungen in den vier monumentalen Grabhügeln

---

Fortsetzung Fußnote 63:
Hallstatt. Auch in Bayern scheint es sich bei den im Vergleich zu Hallstatt weniger reich mit Bronzegefäßen ausgestatteten Gräbern ausschließlich um Männergräber zu handeln. In einem Grab in Hügel 14 des Grabhügelfeldes von Tannheim, Kr. Biberach fand sich eine in Leinengewebe eingehüllte, „rheinische" Bronzesitula mit einer gehenkelten Bronzeschale des Typus Vilsingen, die als Schöpfgefäß anzusprechen ist: Jacob (Anm. 21) 39 Nr. 42; 106 Nr. 317.

64 J. Biel, Vorgeschichtliche Höhensiedlungen in Südwürttemberg-Hohenzollern. Forsch. u. Ber. Vor- u. Frühgesch. Baden-Württemberg 24 (Stuttgart 1987) 308 ff. Nr. 51 mit Taf. 131 E. Die Scherbe vom Bussen in Abb. 8,3 stammt aus einer Aufsammlung von Dr. H. Eberhardt, Biberach, aus dem Jahr 1991, die der ehrenamtliche Beauftrage der Archäologischen Denkmalpflege der Arbeitsstelle Hemmenhofen des damaligen Landesdenkmalamtes Baden-Württemberg übergeben hat. Sie wurde dort inventarisiert (PBO 4058). Fundort ist die Böschung des Grabens, der der Hauptburg an der Nordostspitze des Bussen vorgelagert ist. Die Scherben Abb. 8,1.2 wurden zusammen mit zahlreichen anderen Scherben von Ch. Schwarzer von der Archäologischen Denkmalpflege Tübingen im Januar 2007 am Südhang der Hauptburg beziehungsweise an der östlichen Böschungsseite des der Hauptburg vorgelagerten Grabens aufgesammelt. Das Schälchen Abb. 8,4 wurde 1962 unmittelbar östlich des alten Mesnerhauses gefunden (Fundber. Schwaben N. F. 18/II, 1967, 68 mit Taf. 94 C.

65 Das Gefäß wird mit weiteren Funden aus dem Grabhügelfeld von Hailtingen im Museum Riedlingen „Städtische Galerie" unter der Inv.-Nr. 1167/2000 aufbewahrt. Dem Museumsleiter, Herrn Oberstudiendirektor a. D. W. Aßfalg, möchte ich herzlich dafür danken, dass er das Bronzegefäß nach Tübingen ausgeliehen hat, wo es begutachtet und gezeichnet werden konnte.

66 Kimmig (Anm. 18). – Nortmann (Anm. 8) 449–464, bes. 457. – De Marinis (Anm. 28) 341–406.

67 Zürn (Anm. 3) 48 mit Taf. 42–45.

68 Zürn (Anm. 3) 48 mit Taf. 44,1. – Dehn u. a. (Anm. 26) 135 Abb. 59 (Verbreitungskarte); 136 ff.

69 Dehn u. a. (Anm. 26) 299 ff. 300 Abb. 152; 303 Abb. 153. – D. Krauße, Hochdorf III. Das Trink- und Speiseservice aus dem späthallstattzeitlichen Fürstengrab von Eberdingen-Hochdorf (Kr. Luwigsburg). Forsch. u. Ber. Vor- u. Frühgesch. Baden-Württemberg 64 (Stuttgart 1996) 321 ff. mit Abb. 217 (Tabelle). – R. Echt, Das Fürstinnengrab von Reinheim – Studien zur Kulturgeschichte der Früh-La-Tène-Zeit. BLESA 2 (Bliesbruck-Reinheim 1999) 163 ff.

70 S. Kurz/S. Schiek, Bestattungsplätze im Umfeld der Heuneburg. Forsch. u. Ber. Vor- u. Frühgesch. Baden-Württemberg 87 (Stuttgart 2002) 93 ff. mit Taf. 11,118; 16,173; 23,242; 26,266; 28,279.281–283; 42,455.

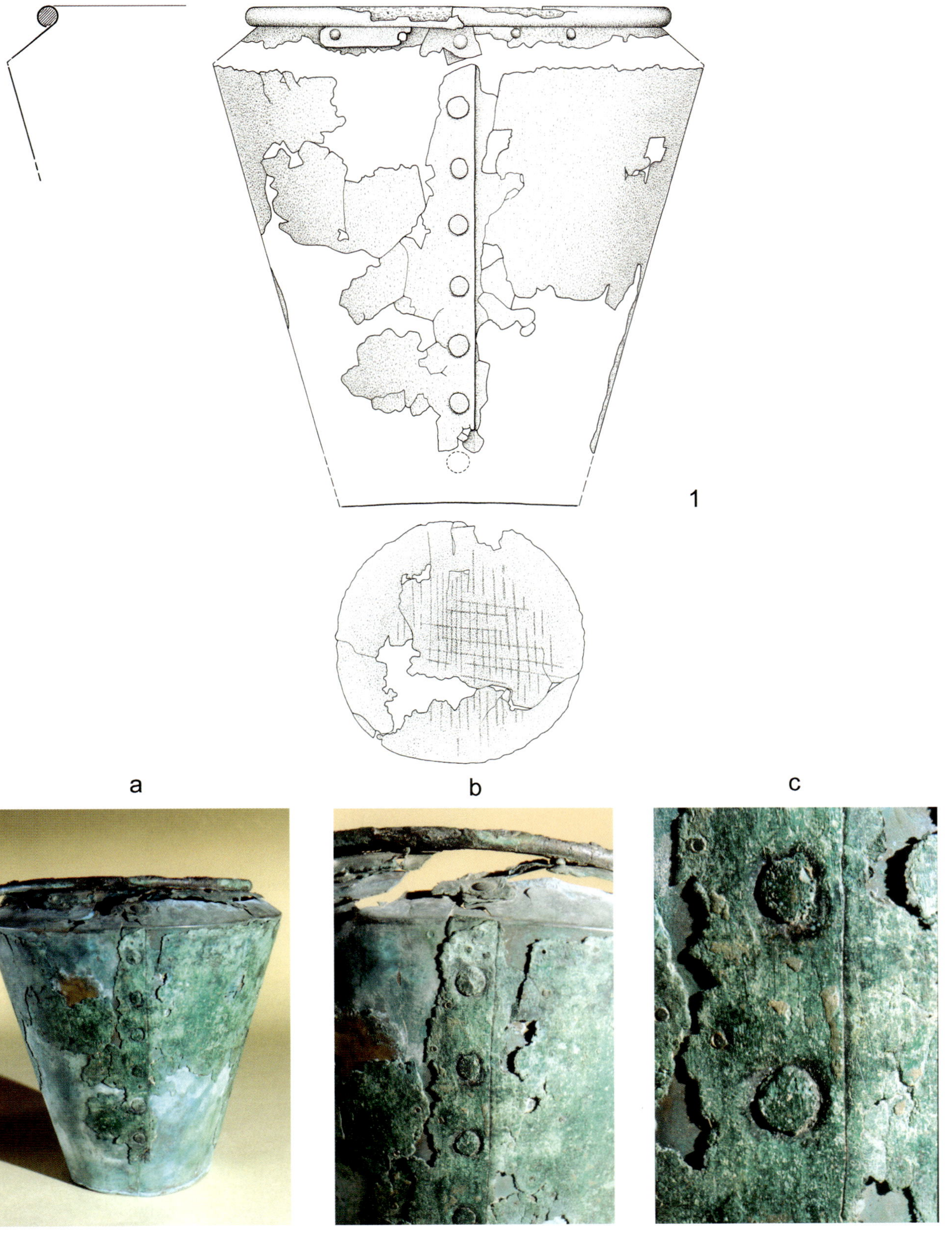

Abb. 9: Dürmentingen-Hailtingen. Aus dem Grabhügelfeld im Gewann „Lachenhau". 1 Bronzesitula. M. 1:3. – 1a Gefäßkörper mit Nietleiste. – 1 b, c Nietleiste von außen.

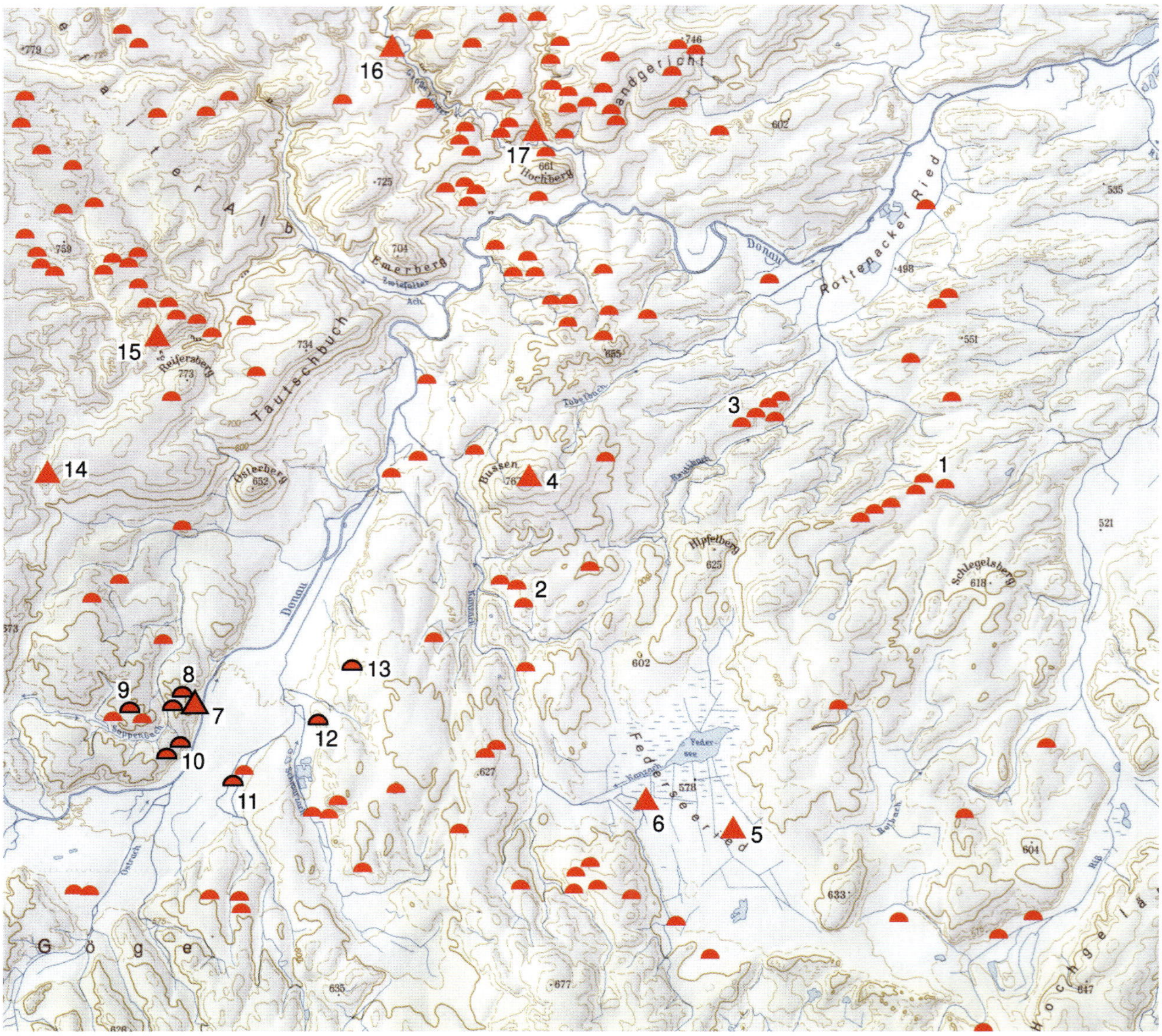

Abb. 10: Verbreitungskarte von Grabhügeln und Grabhügelgruppen zwischen Albrand, Donau und Riß (die Kreise bezeichnen Grabhügel, die Dreiecke Siedlungen. Die Fürstengrabhügel im Umkreis der Heuneburg und der Fürstensitz Heuneburg sind schwarz umrandet). 1 Schemmerhofen-Aßmannshardt, „Kirchholz". – 2 Dürmentingen-Hailtingen, „Lachenhau". – 3 Grundsheim, „Galgenhau", „Eichwald". – 4 Uttenweiler-Offingen, Bussen. – 5 Oggelshausen, „Bruckgraben". – 6 Bad Buchau. – 7 Herbertingen-Hundersingen, Fürstensitz Heuneburg. – 8 Herbertingen-Hundersingen, Nekropole Gießübel/Talhau. – 9 Altheim-Heiligkreuztal, Hohmichele. – 10 Herbertingen-Hundersingen, „Lehenbühl" und „Baumburg". – 11 Herbertingen „Bettelbühl". – 12 Ertingen, „Ringenlee". – 13 Ertingen, „Rauher Lehen". – 14 Langenenslingen, Alte Burg. – 15 Zwiefalten-Upflamör, Große Heuneburg. – 16 Hayingen-Indelhausen, Alt-Hayingen. – 17 Lauterach, „Rotenau". – Ausschnitt aus der TÜK 200, Bl. CC 7918, orohydrographische Ausgabe.

waren demnach neun Gräber mit Bronzekesseln ausgestattet. Dass die Bronzekessel wohl regelhaft mit Schöpf- bzw. Trinkgefäßen vergesellschaftet gewesen sein dürften, zeigt die Ha D3-zeitliche Nachbestattung 23 in Hügel 4. Zur Ausstattung des Männergrabes gehört ein etwa 15 cm hoher Bronzekessel mit einem Randdurchmesser von 28,5 cm, in dem mit der Mündung nach unten eine noch 4,5 cm hohe, gedrechselte Schale aus Wurzelholz mit einem Randdurchmesser von etwa 11,5 cm lag. Das hölzerne Trinkgefäß ist von der Form her mit dünnwandigen, pokalähnlichen Tonkelchen der Heuneburg zu vergleichen, die als lokale Imitationen etruskischer Gefäße mit Standfuß betrachtet werden.[71] Ein Kreuzhenkelattaschenbecken stammt aus der Nachbestattung 3 in Hügel 4, und in der Nachbestattung 3 in Hügel 3 fand sich eine Rippenziste.[72]

71 Kurz/Schiek (Anm. 70) 130 mit Taf. 42. – Zu den Heuneburg-Pokalen: H. van den Boom, Keramische Sondergruppen der Heuneburg. Heuneburgstudien VII = Röm.-Germ. Forsch. 47 (Mainz 1989) 47 ff. mit Taf. 55–58.

72 Kurz/Schiek (Anm. 70) Taf. 34,390; 26,265.

Situlen kommen in keinem der Heuneburg-Gräber vor, obwohl Keramikgefäße in Situlenform von der Heuneburg und der Heuneburg-Außensiedlung belegen, dass auf der Heuneburg und in deren Umland Bronzesitulen bekannt gewesen sein müssen.[73]

Das Fehlen von Situlen in Gräbern des westlichen Fürstengräberkreises könnte mit dem Auslaufen bzw. mit der Abkehr von einer Ausstattungssitte in Zusammenhang stehen, in welcher die Bronzesitula fester Bestandteil des Trinkgeschirrs von reich ausgestatteten Männergräbern war. Dieser Brauch war zu Beginn der Späthallstattzeit zusammen mit den im Ost- und Südostalpenraum gefertigten Situlen nach Süd- und Südwestdeutschland gelangt.[74] Zu den ältesten importierten Situlen dürften die Gefäße von Kappel am Rhein, Uffing und möglicherweise Traubing gehören (Abb. 6 Nr. 3, 7, 9). Die wohl erst im Laufe der Späthallstattzeit aus unterschiedlichen Entstehungszentren ins Land gekommenen Situlen von Aßmannshardt, Hailtingen und Trochtelfingen liegen meines Erachtens nicht von ungefähr in einer gewissen Entfernung vom Zentralort der Region, dem späthallstattzeitlichen Fürstensitz auf der Heuneburg. In dessen Umfeld dienten große Bronzekessel als Behältnisse für Flüssigkeiten und gelangten als Teil des Trinkservices in die Gräber. Der Bronzekessel von Hailtingen zeigt, dass die „neue" Sitte auch Eingang in das Bestattungsbrauchtum des oberschwäbischen Hügellandes östlich der Donau gefunden hat, eine Region, die zum Einflussbereich der späthallstattzeitlichen Höhensiedlung auf dem Bussen gehört haben dürfte.[75]

Die Verbreitung der späthallstattzeitlichen Grabhügel, Grabhügelgruppen und Siedlungsplätze zwischen Donau und Riß scheint diese Vermutung zu bestätigen, auch wenn das heutige Bild die damalige Situation nur unvollkommen widerspiegeln dürfte (Abb. 10). Im Gegensatz zu den Randgebieten der Schwäbischen Alb, westlich und nördlich der Donau, mit dem Zentralort und Fürstensitz Heuneburg und den befestigten Höhensiedlungen Alte Burg bei Langenenslingen (Abb. 10 Nr. 14), Große Heuneburg bei Upflamör (Abb. 10 Nr. 15), Alt-Hayingen bei Indelhausen (Abb. 10 Nr. 16) und der Abschnittsbefestigung bei Lauterach (Abb. 10 Nr. 17), wo eine große Zahl von Grabhügeln und Grabhügelgruppen zu verzeichnen ist, dünnt die Verbreitung der Grabhügelfundstellen zwischen Donau und Riß stark aus (Abb. 10).[76] Die Hügel im Kappeler Wald, südwestlich von Kappel, auf den westlichen Randhöhen des Federseebeckens können mit einer Siedlung im heutigen Stadtgebiet von Bad Buchau (Abb. 10 Nr. 6) in Verbindung gebracht werden, zu der wohl auch der nur saisonal aufgesuchte Siedlungsplatz im „Bruckgraben" bei Oggelshausen (Abb. 10 Nr. 5) gehört haben dürfte. Die dendrochronologische Untersuchung von Hölzern aus dieser Siedlung ergab Schlagdaten zwischen 730 und 621 v. Chr. Sie hat demnach bereits vor der ältesten späthallstattzeitlichen Siedlung auf der Heuneburg (Periode IVc) bestanden.[77] Unter dem Fundmaterial

73 Es handelt sich dabei stets um Imitationen rheinisch-tessinischer Situlen. – Kimmig (Anm. 18) 54 mit Abb. 6. – H. van den Boom (Anm. 67) 77f. mit Taf. 80,930–935. – Dies., Großgefäße und Töpfe der Heuneburg. Heuneburgstudien VIII = Röm.-Germ. Forsch. 51 (Mainz 1991) 31f. mit Abb. 17. – Kurz (Anm. 40) 128f. – S. Kurz, Untersuchungen zur Entstehung der Heuneburg in der späten Hallstattzeit. Forsch. u. Ber. Vor- u. Frühgesch. Baden-Württemberg 105 (Stuttgart 2007) 46ff. 53 mit Taf. 7,20. – J. Köninger, Oggelshausen-Bruckgraben – Funde und Befunde aus einer eisenzeitlichen Fischfanganlage im südlichen Federseeried, Gde. Oggelshausen, Kr. Biberach. Jahrb. Heimat- u. Altertumsver. Heidenheim 2001/2002, 34–56; 45ff. 47 Abb. 11,1.

74 Es ist denkbar, dass die Änderung der Bronzegefäßausstattung damit zusammenhängt, dass das Getränk Wein im Rahmen der Bestattungszeremonien im westlichen Fürstengräberkreis im Verlauf der Späthallstattzeit keine bestimmende Rolle mehr spielte und nur noch bei anderen Gelegenheiten getrunken und im Bestattungsbrauchtum durch honigmetartige Getränke ersetzt wurde, für die größere Bronzebehältnisse erforderlich waren. Zu Honigmet im Löwenkessel des Fürstengrabes von Hochdorf: U. Körber-Grohne/H. Küster, Hochdorf I. Forsch. u. Ber. Vor- u. Frühgesch. Baden-Württemberg 19 (Stuttgart 1985) 93–100; 126ff. – M. Rösch, Pollenanalysen an einem eisenzeitlichen Gefäßinhalt aus einem keltischen Fürstengrab am Glauberg in Hessen. In: Ein frühkeltischer Fürstengrabhügel am Glauberg im Wetteraukreis, Hessen (Wiesbaden 1998) 89–96. – H. P. Stika, Keltisches Bier aus Hochdorf. In: J. Biel (Hrsg.), Experiment Hochdorf. Schr. Keltenmus. Hochdorf/Enz 1 (Stuttgart 1996) 64–75.

75 So bereits auch J. Stadelmann, Ur- und Frühgeschichte. In: Der Landkreis Biberach, Bd. 1 (Sigmaringen 1987) 74–84, bes. 80ff. mit archäologischer Karte. Stadelmann bringt den Fürstengrabhügel „Rauher Lehen" bei Ertingen in Verbindung mit einer Höhensiedlung auf dem nahe gelegenen Bussen und sieht in den Grabhügelfeldern zwischen Dürmentingen und Hailtingen die Bestattungsplätze der Burgherren des Bussen und ihrer Familien.

76 Zur Verbreitung der Grabhügel im Umfeld der Heuneburg: Kurz/Schiek (Anm. 70) 74ff. (Katalog) mit zahlreichen Plänen; Beilagen 1, 3–5, 12. – Zu den aufgeführten Höhensiedlungen: Biel (Anm. 64) 291f. mit Taf. 108 A; 330ff. mit Taf. 148–155; 281ff. mit Taf. 98–106; 297ff. mit Taf. 118 und 119. – Zur Verbreitung hallstattzeitlicher Fundstellen im Umgebungsbereich der Heuneburg: Kurz (Anm. 70) 165 Abb. 58. – W. Löhlein, Früheisenzeitliche Gräber von Andelfingen, Gde. Langenenslingen, Kreis Biberach. Fundber. Baden-Württemberg 20, 1995, 449–545; 453 Abb. 3 mit einer Verbreitungskarte der Grabhügel, Grabhügelfelder und hallstattzeitlichen Siedlungen auf der südlichen Flächenalb und in Oberschwaben.

77 Zu den Grabhügeln im Kappeler Wald: Zürn (Anm. 3) 47ff. mit Taf. 38; 39 A; 40 A. – Späthallstattzeitliche Siedlungsfunde in Bad Buchau: Fundber. Schwaben N.F. 11, 1938/50, 54. In der Bachgasse 16 wurden 1949 späthallstattzeitliche Keramikfunde gemacht, darunter das in Abb. 8,5 abgebildete Schälchen mit Omphalosboden. – Zu hallstattzeitlichen Bohlenwegen, die von Kappel auf die Insel Buchau führen: M. Heumüller, Wege zur Insel Bad Buchau am Federsee, Kreis Biberach. In: Inseln in der Archäologie. Internat. Kongr. Starnberg 10.–12. Juli 1998. Arch. unter Wasser 3 (München 1998) 77–84; 79 Abb. 2. – Dies., Die

Fortsetzung siehe nächste Seite

ist eine drahtförmige Eisenfibel mit wellenförmigem Bügel besonders zu erwähnen, die im Gebiet um das Caput Adriae entstanden sein dürfte.[78]
Eine große Zahl von Grabhügeln und Grabhügelgruppen liegt in den Wäldern nördlich und südlich von Reutlingendorf, Gde. Obermarchtal, südlich der Donau. Die zugehörigen Siedlungsplätze, bei denen es sich um Hofstellen bzw. kleine Weiler gehandelt haben dürfte, kennen wir nicht, sie dürften wohl zum Einflussbereich des nur wenige Kilometer südlich gelegenen Bussen gehört haben (Abb. 10 Nr. 4).[79] Östlich dieser landschaftsprägenden Erhebung finden sich nur noch wenige Grabhügel und Hügelgruppen. Zu den größten und am besten erhaltenen zählt die aus etwa vierzig Hügeln bestehende Nekropole bei Grundsheim (Abb. 10 Nr. 3). Sie liegt auf einem Südwest–Nordost verlaufenden Höhenrücken, der von Bachläufen begrenzt wird.[80]
In vergleichbarer topographischer Situation liegen die Grabhügelgruppen im Wald „Kirchholz“ zwischen Attenweiler und Aßmannshardt (Abb. 1; Abb. 10 Nr. 1). Wo die zugehörigen Siedlungen zu suchen sind, ist nicht bekannt. Sie dürften entweder auf oder am Fuß der von Südwest nach Nordost verlaufenden Schotterterrasse gelegen haben, wo zahlreiche Quellen günstige Siedlungsbedingungen boten.
Die Bronzesitula aus Hügel 3 von Aßmannshardt, ein aus dem Südostalpenraum stammendes, wertvolles Prestigeobjekt, weist ihren Eigentümer als reichen Hofherrn aus, dessen Wohnsitz in der Nähe des kleinen Grabhügelfeldes vermutet werden darf. Von seinem Bestattungsplatz aus war an klaren Tagen der Bussen zu sehen.

Bildnachweis

Verfasser: 1, 2, 6, 7, 10 (Digitalisierung: Siegfried Kurz/Gerd Stegmaier, RP Stuttgart, Landesamt für Denkmalpflege)
RP Tübingen, Ref. 26 Denkmalpflege, Karl-Heinz Ponradl: 3, 5, 8, 9 (Zeichnungen); Christoph Schwarzer: 4, 5, 9 (Fotos)
Büro für Gestaltung mück & beitler, Tübingen: 3–5, 8, 9 (Montage)

Fortsetzung Fußnote 77:
Bohlenwege des Fedeseemoors. Nachrichtenbl. Arbeitskr. Unterwasserarch. NAU 7, 2000, 75–80. – H. Schlichtherle/W. Hohl, Wege über das Moor zwischen Kappel und der Insel Bad Buchau am Federsee, Kreis Biberach. Arch. Ausgr. Baden-Württemberg 2006, 39–43. – Zu der Siedlung Oggelshausen-Bruckgraben: Köninger (Anm. 73) 34–56; 51. – M. Uerpmann/H.-P. Uerpmann, Hallstattzeitliche Berufsfischer am Federsee? In: Grundlegungen. Beiträge zur europäischen und afrikanischen Archäologie. Festschr. M. K. H. Eggert (Tübingen 2006) 541–549.

78 Köninger (Anm. 73) 45 ff. mit 49 Abb. 14. – Zu Drahtfibeln mit gewelltem Bügel: R. Lunz, Studien zur End-Bronzezeit und älteren Eisenzeit im Südalpenraum. Origines (Firenze 1974) 134 e mit Taf. 39,3; Taf. 83 A. – P. Von Eles Masi, Le fibule dell'Italia settentrionale. PBF XIV, 5 (München 1986) 215 Nr. 2172–2177.

79 Zürn (Anm. 3) 44.

80 Ebd. 43.

Vorgeschichtliche Höhensiedlungen am Rand des Nordschwarzwaldes
Überlegungen zur eisenzeitlichen Besiedlung eines besonderen Naturraumes

GÜNTHER WIELAND

Beschäftigt man sich mit der Vorgeschichte Südwestdeutschlands, so ist es sicher nicht gerade der Nordschwarzwald, der einem dabei als vorrangig interessanter Naturraum in den Sinn kommt – zu Unrecht, wie die folgenden Überlegungen zeigen sollen. Betrachtet man die Karten zur vorgeschichtlichen Besiedlung im Historischen Atlas von Baden-Württemberg, liegt der Schwarzwald als nahezu fundleere Insel zwischen den mehr oder weniger intensiv genutzten Altsiedellandschaften des Rheintals im Westen, des Kraichgaus im Norden und der Oberen Gäue im Osten.[1] Sicherlich ist es ein mittlerweile überholter Forschungsstand, der die Basis dieser Kartierung bildet, doch haben sich gerade für den Nordschwarzwald erst in den letzten zehn Jahren Erkenntnisse ergeben, welche es notwendig erscheinen lassen, diese Region unter verschiedenen Aspekten wieder einmal zu beleuchten.

Abb. 1: Lage der Höhensiedlungen Hohennagold (1), Rudersberg (2), Neuenbürger Schlossberg (3) und Battert (4). Kartengrundlage: Hist. Atlas Baden-Württemberg, Karte III.2 (Ausschnitt).

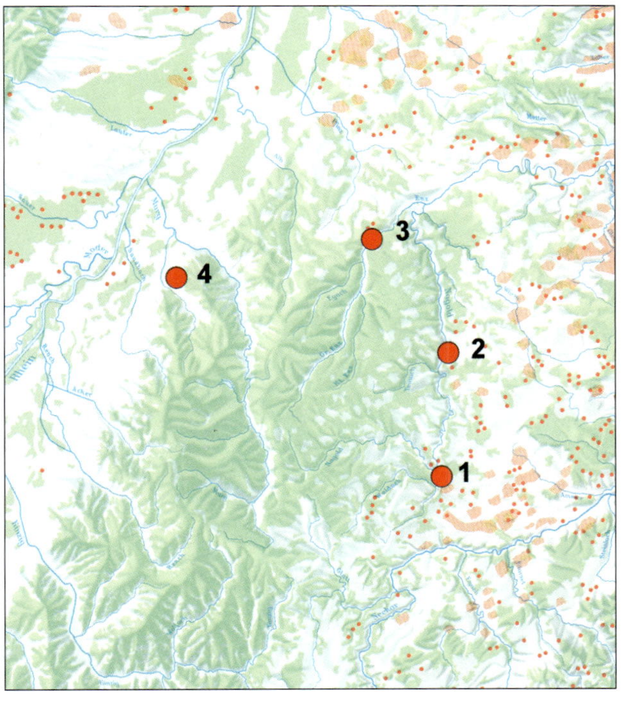

Im Brennpunkt unserer Betrachtung sollen vier Höhensiedlungen stehen, die sich am Rand des Nordschwarzwaldes befinden und eine Reihe von Gemeinsamkeiten aufweisen (Abb. 1). Ihre Erforschung steht noch weitgehend am Anfang und ist – verglichen mit der Kenntnis der Höhensiedlungen in anderen Regionen[2] – ein dringendes Desiderat. Drei dieser Höhensiedlungen liegen am Ostrand des Nordschwarzwaldes, eine am westlichen Rand gegen das Rheintal. Sie sind der vorgeschichtlichen Forschung zwar schon länger bekannt, wurden bislang aber noch nicht im Zusammenhang betrachtet. Auch haben Untersuchungen der Archäologischen Denkmalpflege in den letzten Jahren zahlreiche neue Erkenntnisse gebracht.

Beginnen wir unsere archäologische Schwarzwaldreise an dessen Ostrand, der durch das Nagoldtal von den fruchtbaren Ebenen des Oberen Gäus getrennt wird. Hier liegen in relativ kurzen Abständen voneinander drei vorgeschichtliche Höhensiedlungen, nämlich der Schlossberg von Nagold, der Rudersberg bei Calw und der Neuenbürger Schlossberg.

Der Schlossberg von Nagold

Der Schlossberg von Nagold mit seiner wohl auf das 11./12. Jh. zurückgehenden Burganlage beherrscht den Talkessel am Zusammenfluss von Nagold und Waldach (Abb. 2). Als älteste Nachweise einer Begehung liegen vom Berg wenige neolithische und mittelbronzezeitliche Funde vor. Erste Nachweise für eine

1 Vgl. zur naturräumlichen Gliederung: F. Fezer, Topographischer Atlas Baden-Württemberg (Neumünster 1979) 16 ff.; Historischer Atlas von Baden-Württemberg (Stuttgart 1972–1988) Karte III.2 (1972).

2 Vgl. etwa J. Biel, Vorgeschichtliche Höhensiedlungen in Südwürttemberg-Hohenzollern. Forsch. u. Ber. Vor- u. Frühgesch. Baden-Württemberg 24 (Stuttgart 1987); J. Klug-Treppe, Hallstattzeitliche Höhensiedlungen im Breisgau. Forsch. u. Ber. Vor- u. Frühgesch. Baden-Württemberg 73 (Stuttgart 2003).

Besiedlung des Schlossberges und auch der flachen Hanglagen im Tal sind durch entsprechende Siedlungsreste für die spätbronzezeitliche Urnenfelderkultur gegeben.[3] Nicht gesichert ist, dass die Befestigung des Schlossberges bereits in dieser Zeit erfolgte – allerdings spricht in Analogie zu ähnlichen Höhensiedlungen vieles dafür. Sichtbare Überreste der vorgeschichtlichen Befestigung sind wohl die Reste eines mächtigen Abschnittswalles nördlich der Burgruine Hohennagold im Bereich des Bergsattels sowie Wallreste am nordöstlichen Hang. Ein digitales Geländemodell auf der Basis eines LIDAR-Scans der Landesvermessung Baden-Württemberg zeigt neben diesen Wällen auch Terrassierungen an der Südseite des Berges, die nach neueren Untersuchungen ebenfalls in vorgeschichtliche Zeit gehören (Abb. 3).

In den 1930er Jahren fanden Ausgrabungen im Bereich der Burgruine Hohennagold statt. Dabei kamen neben großen Mengen an Keramikmaterial im Bereich der Vorburg, des sogenannten Turniergartens, auch die Reste einer Trockenmauer zum Vorschein.[4] Sie wurde an der Ostseite in 3 m Tiefe etwa parallel zum Verlauf der spätmittelalterlichen Burgmauer in drei Schnitten erfasst (Abb. 4). Auch diese Befestigung könnte durchaus zu einer vorgeschichtlichen Höhensiedlung gehören, die insgesamt eine Fläche von ca. einem Hektar eingeschlossen hat.

Aus Fundaufsammlungen und Grabungen liegt ein relativ umfangreiches Material vor. Die ältesten Funde gehören demnach noch in die ausgehende Jungsteinzeit und die Bronzezeit, allerdings sind sie sehr spärlich.

Wesentlich zahlreicher sind dann Keramikscherben aus der Urnenfelderkultur, die meisten Scherben stammen aber aus der späten Hallstatt- und der frühen Latènezeit, darunter auch einige Fragmente von

3 Zur vorgeschichtlichen Besiedlung des Schlossberges und des Nagolder Stadtgebietes: Biel (Anm. 2) 134 ff. – U. Balfanz, Vor- und Frühgeschichte. In: 1200 Jahre Nagold (Konstanz 1985) 37 f. 44. – F. Fischer in: Tübingen und das Obere Gäu. Führer arch. Denkmäler Deutschland 3 (Stuttgart 1983) 152 ff. (mit zahlreicher älterer Lit.). – H. Kronenwett, Die vorgeschichtliche Besiedlung des Nagolder Beckens auf Grund archäologischer Zeugnisse (Unpubl. Magisterarb. Tübingen 1990). – R.-H. Behrends, Die vor- und frühgeschichtliche Besiedlung des Nagolder Beckens. In: Der Landkreis Calw. Ein Jahrbuch (Calw 1996) 41–53. – G. Wieland, Von der Steinzeit zu den Römern. In: Nagold – Geschichte und Geschichten aus 7000 Jahren (Horb 2006) 10–19.

4 Zum Fundmaterial und den Altgrabungen vgl. Biel (Anm. 2) 134 ff. 302 ff.

Abb. 2: Der Schlossberg von Nagold mit der Burgruine Hohennagold von Nordwesten. In der oberen Bildhälfte die Hauptburg, von dieser durch einen Halsgraben getrennt der „Turniergarten“ in der Bildmitte. Unterhalb des „Turniergartens“ verlaufen die vermutlich vorgeschichtlichen Wallreste.

hochwertiger bemalter Späthallstattkeramik, wie sie von der Heuneburg an der oberen Donau in größerer Zahl bekannt ist. Ebenfalls schon länger bekannt ist das Vorkommen von geriefter Drehscheibenware der späten Hallstattzeit, auf die A. Lang und J. Biel bereits hingewiesen haben, ebenso wie auf die große Ähnlichkeit zur Drehscheibenware der Heuneburg. Archäologische Untersuchungen im Herbst 2005 haben den Nachweis erbracht, dass die Terrassen an der Südseite des Burgberges mit großem Aufwand in der Hallstatt- oder Frühlatènezeit künstlich angelegt wurden. Das Fundmaterial hat einen eindeutigen Mengenschwerpunkt in der Frühlatènezeit. Die bei den Grabungen geborgenen Funde belegen zudem handwerkliche Tätigkeiten, unter anderem Metallverarbeitung. Quellaustritte in diesem Bereich dürften den doch recht steilen Hang als Siedelplatz attraktiv gemacht haben, was den großen Aufwand erklären würde.[5]

Zum unmittelbaren Umfeld der keltischen Höhensiedlung auf dem Schlossberg gehörten natürlich dorfartige Siedlungen – auch von ihnen haben sich Spuren erhalten: Die bereits in der vorhergehenden Urnenfelderzeit besiedelte Flur „Bächlen“, etwa 1 km südwestlich der Altstadt von Nagold, stellt mit den nahe gelegenen Quellen eine ideale Siedellage dar. Bei den 1979 und 1981 durchgeführten Grabungen wurden auch Reste einer Siedlung der späten Hallstattzeit erfasst. Das frühkeltische Siedlungsareal im Bächlen wird durch einen nach Nordosten hin offenen Graben (mind. 45 m lang) abgegrenzt. Auf der Grabensohle befanden sich mehrere Kalk- und Sandsteinblöcke – ehemals Verkeilsteine von inzwischen vergangenen Holzpfosten. Wir können also davon ausgehen, dass das Gehöft oder die kleine Siedlung mit einem Palisadenzaun umgeben war. Aufsehen erregte eine ungewöhnliche Steinkonstruktion: Auf einer mächtigen Dolomit-Steinpackung waren Reste einer kleinen Feuerstelle zu finden, die wiederum von kleineren Geröllen überdeckt wurde. In den Zwischenräumen fanden sich Scherben von Gefäßen, die andeuten, dass dieser Befund zu derselben Zeit wie die hallstattzeitliche Ansiedlung bestanden haben muss. Wahrscheinlich dürfen wir ihn in Verbindung mit handwerklichen Tätigkeiten sehen.

1981 wurden im Zuge der Ausgrabungen in einem römischen Gutshof in der Flur „Rötenhöhe“ an der Ostseite des Nagoldtales neben einem urnenfelderzeitlichen Grab auch vorgeschichtliche Siedlungsreste entdeckt: Eine große flache Grube enthielt neben Hüttenlehm, Holzkohle und Knochenresten Keramikscherben der späten Hallstattzeit. In der Umgebung dieser Grube wurden eine verzierte Bogenfibel und eine Paukenfibel gefunden.

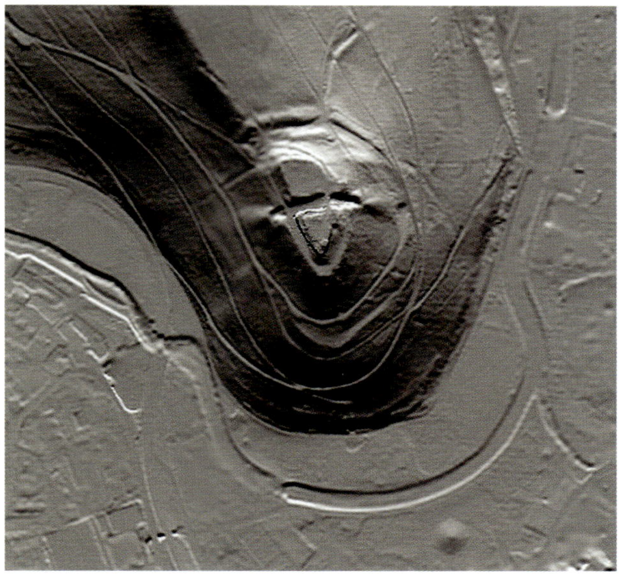

Abb. 3: LIDAR-Scan von Hohennagold. Deutlich sichtbar sind der Großgrabhügel „Krautbühl“ (am unteren Bildrand), die Terrassierungen am Südhang, der Halsgraben zwischen Hauptburg und „Turniergarten“ sowie die vermutlich vorgeschichtlichen Wallreste nördlich davon.

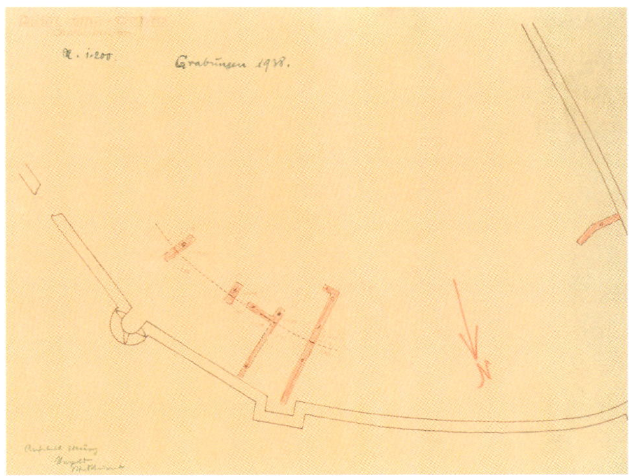

Abb. 4: Hohennagold, Grabung 1938. Lage der Grabungsschnitte im „Turniergarten“ mit erschlossenem Verlauf der Trockenmauer (gestrichelt).

Eine weitere Siedlung der Hallstattzeit lag im Nordosten der Stadt, westlich des ehemaligen Lehrerseminars. Sie wurde 1922 entdeckt und in kleineren Teilen untersucht. Dabei wurden zwei von Steinsetzungen eingefasste Feuerstellen untersucht, die am ehesten in den handwerklichen Bereich gehören.

Schließlich fanden sich bei archäologischen Untersuchungen in den Jahren 2002 bis 2005 in der Flur Ziegelrain im Südwesten des Stadtgebiets neben ka-

5 G. Wieland, Neue frühkeltische Funde aus Nagold, Kr. Calw. Arch. Ausgr. Baden-Württemberg 2005, 101 ff.

rolingischen Siedlungsspuren auch Reste einer frühlatènezeitlichen Besiedlung (u.a. ein Grubenhaus).[6] Hinsichtlich der Topographie liegt dieser Siedelplatz ganz ähnlich wie die Siedlungen im Bächlen oder beim Lehrerseminar auf einem niederterrassenartigen Sporn, nahe bei einem ehemaligen Quellaustritt und doch hochwassersicher über der eigentlichen Talaue. Vielleicht lässt sich hier ein typisches Besiedlungsmuster für die keltische Zeit erkennen.

Über die innere Struktur der vorgeschichtlichen Höhensiedlung auf Hohennagold ist derzeit noch nichts Genaueres bekannt, zudem dürfte die Anlage der mittelalterlichen Burg sehr viel davon zerstört haben, so dass wir wohl nie ein klares Bild bekommen werden.

Bereits seit längerer Zeit wird diskutiert, ob der Nagolder Schlossberg zum Kreis der frühkeltischen „Fürstensitze" gehört.[7] Hinweise darauf sind mit dem Großgrabhügel „Krautbühl" am Fuß des Schlossberges und mit seiner dominierenden topographischen Lage in der Nagoldschleife durchaus gegeben (siehe unten). Auch wenn das Vorkommen geriefter Drehscheibenkeramik mittlerweile zu Recht nicht mehr als zwingendes Kriterium für die Zuweisung einer Siedlung in den Kontext der „Fürstensitze" gesehen wird, belegen Scherben dieser Keramik auf dem Nagolder Schlossberg zumindest überregionale Kontakte und damit verbunden eine gewisse Bedeutung der Siedlung. Auch für den 7,5 km südöstlich gelegenen Fürstengrabhügel „Bühl" bei Rottenburg-Baisingen wurde schon ein Zusammenhang mit der Höhensiedlung auf dem Nagolder Schlossberg erwogen. Auch wenn sich das schwerlich wird beweisen lassen, reizvoll ist diese Hypothese allemal. Dass die landwirtschaftlichen Nutzflächen im „Herrschaftsbereich" des befestigten Schlossberges eher in den östlich anschließenden fruchtbaren Gäuebenen als im Schwarzwald gelegen haben, ist sehr wahrscheinlich.

Neben den Siedlungsresten sind auch frühkeltische Bestattungsplätze bzw. Grabfunde im Nagolder Stadtgebiet bekannt. An erster Stelle ist hier zweifellos der „Krautbühl" am Nagolder Uferparkplatz zu nennen. Mit einem Durchmesser von 50 m und einer Höhe von heute noch 4,5 m zählt er zu den größten und besterhaltenen Grabhügeln in der Region (Abb. 5).

Der heutige Name Krautbühl leitet sich von den vierzehn Krautgärten ab, die bis 1986 den Krautbühl bedeckten. Die gartenbauliche Nutzung war es auch, die den Grabhügel in Gefahr brachte: Durch Erosion wurde er allmählich immer weiter verflacht, der Hügel floss regelrecht auseinander. 1979 wurde beim Bau einer am Hügel vorbeiführenden Kanaltrasse eine ehemalige Hügelfußumgrenzung in Form eines Trockenmäuerchens freigelegt. Im 19. und 20. Jh. stieß man bei der gartenbaulichen Nutzung auf römische Scherben und alamannische Steinkistengräber.

Durch das Engagement von Hans-Dieter Maiwald und dank der Finanzierung durch die Sparkasse Pforzheim-Calw und Nagolder Firmen konnten im Winter 2000/2001 geophysikalische Untersuchungen am Krautbühl durch die Fa. Terrana Geophysik vorgenommen werden. Die Messungen haben eine ganze Reihe neuer Erkenntnisse erbracht: Es darf jetzt als sicher gelten, dass im Zentrum des Hügels eine Grabkammer von etwa 4 m × 3 m Grundfläche liegt.[8] Dass es sich dabei um die Grablege eines lokalen frühkeltischen Machthabers handelt, ist sicher eine naheliegende Vermutung.

Es liegen noch weitere Grabhügel auf Nagolder Stadtgebiet, etwa bei Nagold-Hochdorf. In den letzten Jahren wurden zudem durch die systematischen Begehungen von Hans Dieter Maiwald in großer Zahl in den Wäldern um Nagold Gruppen von Steinhügeln entdeckt. Ihre Entstehung, nähere Zeitstellung und Zweckbestimmung sind aber bislang nicht näher bestimmbar, vielleicht hängen sie mit einer mittelalterlichen Bewirtschaftung zusammen. Nicht auszuschließen ist aber, dass sich dahinter manchmal auch vorgeschichtliche Grabhügel verbergen.

An frühlatènezeitlichen Grabfunden wäre ein Grab am Osthang des Schlossberges zu nennen, das beim Wegebau in den 1960er Jahren entdeckt wurde. Es handelte sich nach der Beschreibung sicher nicht um eine reguläre Bestattung – gerade seit Kenntnis der frühlatènezeitlichen Siedlung auf den Schlossbergterrassen spricht einiges für die Vermutung, dass hier eine Siedlungsbestattung vorlag.

Frühlatènezeitliche Gräber fanden sich auch im Stadtgebiet in der Kanalstraße im Bereich eines merowingerzeitlichen Friedhofs, im Siedlungsweg am Südwestrand der Stadt und im Bereich der Nagold-Talaue bei Emmingen.

Fasst man das bislang an Siedlungs- und Grabfunden Bekannte zusammen, scheint sich für Nagold ein deutlicher Siedlungsschwerpunkt in der späten Hallstatt- und vor allem der Frühlatènezeit heraus-

---

6 F. Damminger, Keltisches und Karolingisches aus Nagold, Kr. Calw. Arch. Ausgr. Baden-Württemberg 2003, 74 ff.

7 S. Rieckhoff/J. Biel, Die Kelten in Deutschland (Stuttgart 2001) 91.

8 G. Wieland/A. Patzelt, Der Krautbühl von Nagold – Mit Geophysik auf den Spuren von Kelten und Alamannen in Nagold[2] (Sparkasse Pforzheim-Calw 2003).

Abb. 5: Der „Krautbühl", ein eisenzeitlicher Großgrabhügel am Fuß des Nagolder Schlossbergs.

zukristallisieren. Man erhält den Eindruck einer kleinen Siedelkammer mit Siedlungen und den jeweiligen Bestattungsplätzen vorrangig auf Terrassenlagen des Nagoldtales. Der Schlossberg mit seiner Höhensiedlung ist sicher die zugehörige Zentralörtlichkeit, wobei sich die Ausdehnung eines entsprechenden Territoriums nur schwerlich wird abgrenzen lassen.

Der Rudersberg bei Calw

Nur etwa 16 km nördlich von Nagold liegt in einer markanten Flussschleife der Nagold der 410 m hohe Rudersberg. Nach Westsüdwest ist er durch einen schmalen Sattel mit den ansteigenden Schwarzwaldhöhen verbunden, an den übrigen Seiten wird er von der Nagold umflossen. Der Gipfel des Berges liegt etwa 80 m über der Talsohle, er wird von einer länglichen Kuppe von ca. 1 ha Fläche gebildet (Abb. 6). Gegen den Sattel und auf der Nordseite finden sich die Reste einer doppelten Wallanlage:[9] Ein innerer Wall, der auf der Hangkante sitzt, hat an der Westseite gegen den Sattel noch eine maximale Höhe von 5,80 m. Er verläuft entlang der gesamten Nordseite, wobei er hier aber deutlich schwächer ausgeprägt ist. Etwa 10 m tiefer im Hang setzt – ebenfalls an der Westseite gegen den Bergsattel – der äußere Wall an, der bei einer Breite von 10 m noch bis 2,5 m hoch erhalten ist. Er verläuft auf einer Länge von ca. 70 m parallel zum inneren Wall der Nordseite und wird dann von einem Waldweg abgeschnitten. Etwa an dieser Stelle führt nach Norden ein leicht gekrümmter Wall hangabwärts, wobei der Zusammenhang unklar ist.

Die Südseite der Bergkuppe zeigt keine Spuren einer Befestigung mehr – da es sich hier um den steilen Prallhang der Nagold handelt, konnte hier wohl darauf verzichtet werden, oder aber eine ursprünglich vorhandene Befestigung in Form eines Walles oder einer Palisade ist am Steilhang abgerutscht.

Aus Richtung Kentheim kommend verläuft der einzig erkennbare Zugang an der Südseite des Sattels bergauf, am Kopf des äußeren Walles vorbei. Die Bergkuppe erreicht dieser Weg an der Südseite etwa 20 m östlich der Südwestecke. Der innere Wall verläuft hier auf ca. 20 m Länge entlang der südlichen Hangkante. Wo der Weg die Hangkante erreicht, bil-

9 Vgl. Biel (Anm. 2) 226 f. – Zusammenfassend zur Vor- und Frühgeschichte im Stadtgebiet von Calw: F. Damminger/G. Wieland, Calw – Geschichte einer Stadt: Vor- und Frühgeschichte (hrsg. vom Archiv der Stadt Calw) (Calw 2007) 5–32.

Abb. 6: Der Rudersberg in der Nagoldschleife bei Calw von Westen. Die archäologischen Untersuchungen erfolgten im Bereich der kleinen Lichtung (Windbruchfläche) im oberen Bilddrittel.

det der Ausläufer des inneren Walles mit einem parallel verlaufenden flachen Wallstück eine zangentorartige Zugangssituation, deren Konstruktion aber ohne archäologische Untersuchung nicht zu beurteilen ist.

Im Nordwesten wurde durch Prof. Steudel und F. Hertlein 1921 der innere Wall untersucht, wobei eine Trockenmauer mit verbrannter Holzkonstruktion festgestellt wurde.

Gegen die Mitte der Bergkuppe wurde bereits bei der systematischen Aufnahme der Wallanlagen 1984 im Rahmen des Schwerpunktprogramms „Atlas der archäologischen Geländedenkmäler in Baden-Württemberg“ eine rechteckige Struktur von ca. 18 m × 15 m dokumentiert, die als Rest eines gemauerten Gebäudes anzusehen war.[10]

Diese Vermutung bestätigte sich unerwartet im Dezember 2000. Der Orkan „Lothar“ entwaldete durch Windbruch das gesamte westliche Drittel der Gipfelkuppe. Im Bereich der rechteckigen Struktur wurden dabei Teile von Mauerwerk freigelegt. In den zahlreichen Baumwurflöchern konnte D. Beckmann Funde aus verschiedensten Epochen bergen, die das bislang eher spärliche Fundspektrum vom Rudersberg beträchtlich erweitert haben. Als Folge der Sturmschäden wurden in den Jahren 2002 und 2003 von der Archäologischen Denkmalpflege Untersuchungen im Bereich des Gebäudegrundrisses und am Nordwall durchgeführt.[11] Das Gebäude konnte dabei in das 8./9. Jh. datiert werden, diese früh- bis hochmittelalterliche Besiedlung des Berges soll hier aber nicht weiter behandelt werden.

Der Wallschnitt im westlichen Drittel des inneren Walles an der Nordseite ergab bereits nach dem Abräumen der sehr dünnen Humusschicht eine ca. 3,5 m breite Packung aus größeren und kleineren Sandsteinblöcken, durchsetzt mit Holzkohlestücken, zweifellos die Ruine einer verstürzten Holz-Stein-Erde-Mauer.

Nach Abtragen der obersten Schichten kam eine gesetzte Front aus auffällig großen Sandsteinblöcken zum Vorschein. Beim Abtiefen des Planums zeigte sich, dass diese auf einem mit Asche durchsetzten Schuttpaket aufsaß, offensichtlich den Resten einer älteren, durch Feuer zerstörten Mauerkonstruktion. Zu dieser älteren Konstruktion scheinen quer zum Wall verlaufende Setzungen hochkant und schräg gestellter Steine zu gehören, vermutlich ein Hinweis auf ehemals vorhandene hölzerne Queranker bzw. ein Holzkastenwerk als stabilisierenden Kern der Mauerkonstruktion (Abb. 7). Eine zu diesen Befunden gehörige Front aus flachen, sauber gesetzten Steinplatten fand sich erst ca. 0,4 m tiefer.

Größere Holzkohlebrocken im Wallkern stellen offensichtlich die Reste verbrannter Holzkonstruktionen in situ dar. Ihre Lage weist auf ein Holzkastenwerk mit einer Unterteilung im Abstand von ca. 1,5 m hin, soweit sich dies aus den Resten und dem relativ kleinen Grabungsausschnitt erschließen lässt.

10 Aufnahme durch Dieter Müller (Landesdenkmalamt Baden-Württemberg) und den Fachbereich Vermessungswesen der FH Stuttgart.

11 F. Damminger/G. Wieland, Ausgrabungen auf dem Rudersberg, Stadt Calw. Arch. Ausgr. Baden-Württemberg 2002, 92 ff.; dies., Zur Fortsetzung der Grabungen auf dem Rudersberg bei Calw. Ebd. 2003, 77 ff.

Abb. 7: Rudersberg bei Calw. Untersuchungen am nördlichen Innenwall. Sichtbar sind die Keilsteine der hölzernen Längs- und Queranker der frühlatènezeitlichen Holz-Erde-Mauer.

Dies würde auch gut zu den Abständen der oben beschriebenen Steinsetzungen passen. Um aber Genaueres hierzu aussagen zu können, müsste der Wall noch auf eine längere Strecke untersucht werden. Während die jüngste Ausbauphase der Befestigung durch den Fund eines Hakensporns mit dem mittelalterlichen Gebäude in Zusammenhang zu bringen ist, scheint die ältere Phase mit der Holz-Erde-Mauer in die Frühlatènezeit zu datieren.
Dies korrespondiert gut mit dem bislang bekannten Fundspektrum: Eine ganze Reihe von Silexartefakten, die bereits seit einiger Zeit auf und an dem Berg aufgelesen werden, belegen eine Begehung im Mesolithikum und Neolithikum.
Einige uncharakteristische Scherben aus der Grabung gehören vielleicht in die Frühbronzezeit, allerdings sind es zu wenige, um verlässliche Aussagen davon abzuleiten. Eine frühbronzezeitliche Besiedlung des Rudersberges wäre vor dem Hintergrund der nahen Kupfererzvorkommen bei Neubulach natürlich interessant, muss bis zum sicheren Nachweis aber eine reine Hypothese bleiben.[12]
Ähnlich wie vom Nagolder Schlossberg liegt ein erster deutlicher Fundniederschlag für die Urnenfelderzeit vor, vermutlich wurde damals auch die erste Befestigung angelegt. Im Gegensatz zum Nagolder Schlossberg ist die Hallstattzeit nur mit wenigen Stücken vertreten. Gerade eine hallstattzeitliche Nutzung des Berges hätte man z. B. wegen der Grabfunde von Calw-Stammheim, unmittelbar östlich des Nagoldtales, erwartet.
Den weitaus größten Teil des bislang bekannten Fundmaterials macht frühlatènezeitliche Keramik aus, darunter auch Drehscheibenware, wenige Metallfunde und Teile charakteristischer Mahlsteine, sogenannter Napoleonshüte.
Hinweise über die Bebauung im Innenraum ergaben sich bei der Grabung nicht. Die Bodenverhältnisse sind sehr ungünstig für eine Erhaltung von Bauresten, auch ist im Bereich der Bergkuppe mit starker Erosion zu rechnen.

Der Neuenbürger Schlossberg

Knapp 20 km nordwestlich vom Rudersberg liegt die nächste vorgeschichtliche Höhensiedlung auf einem Umlaufberg des Enztales (Abb. 8). In Gartengrundstücken am Hang des Neuenbürger Schlossberges entdeckte 1929 der Studiendirektor Dr. Emil Feiler frühlatènezeitliche Funde, woraufhin er bis 1938 auf weiteren Grundstücken an der West- und Südseite des Berges Grabungen durchführte, von denen leider keine genauere Dokumentation vorliegt.[13] Es ergaben sich aber durchaus Hinweise, dass auf den Berghängen in keltischer Zeit gesiedelt wurde, andererseits dürften aber auch große Fundmengen auf die Grundstücke am Hang gelangt sein, als die mittelalterliche Burg und später das Schloss auf dem Berg errichtet wurden, was sicherlich erhebliche Umgestaltungen der Gipfelfläche mit sich brachte.
Neben wenigen älteren und jüngeren Funden kamen bei den Grabungen Feilers Keramik und Metallfunde der Frühlatènezeit zum Vorschein. Besonders zu erwähnen sind aus dem niederbayerischen Raum importierte Gefäße aus Graphitton, weil sie auf weitgespannte Beziehungen hinweisen. Ein Depotfund aus zwei Meißeln und zwei Sensen wurde 1929 ebenfalls am Berghang entdeckt. Das umfangreiche Fundmaterial wurde im Rahmen der Dissertation von Inken Jensen bearbeitet und publiziert. Neufunde von Keramik weisen in jüngster Zeit darauf hin, dass sich in einigen Bereichen des Schlossberges doch noch Kulturschichten aus der Frühlatènezeit erhalten haben.
Auf einem digitalen Geländemodell auf Basis eines LIDAR-Scans des Landesvermessungsamtes glaubt man sogar noch Strukturen zu erkennen, die sich trotz aller mittelalterlichen und modernen Überformungen des Berges mit der vorgeschichtlichen Befestigung in Zusammenhang bringen lassen. Sie lassen sich jedenfalls nicht mit dem Verlauf der mittelalterlichen Befestigungen, Terrassierungen und Straßen erklären, Konkretes müssten hier aber erst archäologische Sondagen erbringen.
Bereits als die Funde von Feiler in den 1930er Jahren bekannt wurden, hat die Fachwelt nach den Hintergründen gefragt, die zur Errichtung einer frühlatènezeitlichen Höhensiedlung im landwirtschaftlich unergiebigen Buntsandsteingebiet des Nordschwarzwaldes geführt haben könnten.
Neuenbürg liegt in der Nordwestecke eines geologischen Ganggebietes, das etwa eine Fläche von 10 km × 8 km umfasst. Die Erzgänge aus Brauneisenstein wurden seit dem frühen 18. Jh. in Bergwerken abgebaut und waren Grundlage für eine kurz aufblühende Eisenindustrie, die gegen Ende des 19. Jh. wieder zugrunde ging.
Ein Zusammenhang der Siedlung auf dem Schlossberg mit einer frühen Eisenerzverhüttung wurde da-

12 Auf die Funde von drei Steinbeilen bei Neubulach-Liebelsberg sei in diesem Zusammenhang ausdrücklich hingewiesen: Fundber. Schwaben 22–24, 1914–16, 5. – Fundber. Schwaben N. F. 2, 1924, 8. – Fundber. Baden-Württemberg 2, 1975, 32.

13 Zu den Grabungen Feilers und dem Fundmaterial: I. Jensen, Der Schlossberg von Neuenbürg. Eine Siedlung der Frühlatènezeit im Nordschwarzwald. Materialh. Vor- u. Frühgesch. Baden-Württemberg 8 (Stuttgart 1986).

Abb. 8: Der Schlossberg von Neuenbürg von Norden. Die frühlatènezeitliche Höhensiedlung dürfte durch die Anlage des Schlosses und des Schlossgartens weitgehend zerstört sein. Die vorgeschichtliche Besiedlung hat sich aber auch auf die Terrassenlagen unterhalb des Schlosses erstreckt.

her schon vermutet, der Beweis stand aber lange aus und gelang erst 1995/96 durch die Forschungen von G. Gassmann.[14] Daran anknüpfend laufen seit 2004 gezielte Untersuchungen, in deren Rahmen einige frühkeltische Verhüttungsplätze ausgegraben und dokumentiert wurden (Abb. 9); außerdem läuft die systematische Prospektion und Geländeaufnahme der noch vorhandenen Reste dieser keltischen Eisengewinnung, seit 2006 wird sie von der Deutschen Forschungsgemeinschaft gefördert.[15]

Die Geländeprospektion durch G. Gassmann hat zu einem sprunghaften Anstieg der bekannten Verhüttungsplätze im Hinterland des Schlossberges geführt. Über sechzig Schlackenplätze – zu denen in der Regel je mindestens zwei bis vier Rennöfen gehören – sind bislang lokalisiert.

Die zeitliche Tiefe dieser Eisenverhüttung umfasst nach Aussage der Funde lediglich die Späthallstatt- und Frühlatènezeit. Der Beginn liegt wohl noch vor der Gründung der Siedlung auf dem Neuenbürger Schlossberg, diese scheint erst die Konsequenz der aufblühenden Eisengewinnung zu sein. In der fortgeschrittenen Frühlatènezeit enden die Siedlung und die Eisenerzverhüttung so schlagartig, wie sie begonnen haben.

Das hier produzierte Eisen war sicher nicht nur für den lokalen Bedarf bestimmt – wenn man sich Fragen zu den Distributionswegen stellt, sind diese eigentlich naturräumlich vorgezeichnet: Die Enz ab-

14 G. Gassmann/Ü. Yalcin/A. Hauptmann, Forschungen zur keltischen Eisenerzverhüttung in Südwestdeutschland. Forsch. u. Ber. Vor- u. Frühgesch. Baden-Württemberg 92 (Stuttgart 2005).

15 G. Gassmann/M. Rösch/G. Wieland, Das Neuenbürger Erzrevier im Nordschwarzwald als Wirtschaftsraum während der Späthallstatt- und Frühlatènezeit. Germania 84, 2006, 273–306. – G. Gassmann/G. Wieland, Frühkeltische Eisenproduktion im Nordschwarzwald – Rennöfen des 5. Jhs. v. Chr. bei Neuenbürg-Waldrennach, Enzkreis. Arch. Ausgr. Baden-Württemberg 2004, 102–107. – Dies., Weitere Erkenntnisse zur frühkeltischen Eisenproduktion im Nordschwarzwald bei Neuenbürg-Waldrennach, Enzkreis. Ebd. 2005, 97–101. – Dies., Archäologische Untersuchung eines Schlackenhügels der späten Hallstatt- und Frühlatènezeit im „Hirschgarten“ bei Neuenbürg-Waldrennach, Enzkreis. Ebd. 2006, 82–85.

Abb. 9: Neuenbürg-Waldrennach. Späthallstatt- oder frühlatènezeitlicher Rennofen im Wald Herrlensbusch, südöstlich vom Schlossberg. Über 60 Verhüttungsplätze sind im Hinterland des Neuenbürger Schlossbergs mittlerweile lokalisiert.

wärts erreicht man den mittleren Neckar (das Fürstengrab von Hochdorf ist gerade einmal 30 km entfernt), nach Westen erreicht man relativ bequem über die Höhe das Albtal und von dort den Oberrhein.

Der Battert bei Baden-Baden

Etwa 25 km Luftlinie liegen zwischen Neuenbürg und dem Battert über Baden-Baden, am Westrand des Schwarzwaldes gegen die Rheinebene. Von den hier besprochenen Höhensiedlungen ist er sicher am schlechtesten erforscht, obwohl es schon relativ früh sehr gute Ansätze gab. Warum er bis vor kurzem praktisch völlig aus dem Blick der archäologischen Forschung geraten war, lässt sich eigentlich kaum verstehen, vor allem, wenn man den vorgelagerten Bereich der Rheinebene betrachtet; dazu aber weiter unten.

Das Plateau des Battert umfasst ca. 670 m × 210 m, an seinem westlichen Abhang liegt die Ruine der Burg Hohenbaden. Im Norden, Osten und Südwesten des Plateaus verläuft eine meist nur noch schwach erkennbare Randbefestigung auf einer Länge von insgesamt 1,04 km. Sie endet im Südwesten an dem 0,5 km langen Felsabsturz. An der schmalsten Stelle verläuft quer über das Plateau ein kaum mehr erkennbarer Abschnittswall (Abb. 10).

Erste Untersuchungen erfolgten 1909 durch den Baden-Badener Stadtrat Klein und den großherzoglichen Forstmeister von Stetten. Sie legten ein kleines Stück des Abschnittswalls frei und fanden dabei die Front in Form einer Pfostenschlitzmauer angeblich noch in einer Höhe von 1,20 m vor. Die festgestellte Mauerbreite betrug 5,60 m. Die dabei gefundene Keramik wurde von Ch. Mehlis bestimmt und der „jüngeren Hallstatt-Periode der Mittelrheinlande“ zugewiesen.

1910 erfolgten weitere Grabungen durch das großherzogliche Forstamt am Randwall der Ost- und Nordseite, bei denen nach Mehlis „Keramik der jüngsten Hallstattzeit, in der Mehrzahl aber der Frühlatènezeit“ zum Vorschein kam. Leider sind diese Funde alle verschollen.

Wesentlich besser dokumentiert sind die Untersuchungen, welche 1923 E. Wahle auf Veranlassung von Geheimrat Schmitz, dem Direktor der Städtischen Sammlungen, mit Schülern des Gymnasiums und der Oberrealschule durchführte. Ihm ist eine erste Planaufnahme zu verdanken. Wahle konnte bei seinen Grabungen nur wenig uncharakteristisches, aber sicher vorgeschichtliches Keramikmaterial bergen, glaubte aber Hinweise darauf zu erkennen, dass der Randwall und die Abschnittsbefestigungen unterschiedlich alt wären. Am Randwall legte er an mehreren Stellen eine Pfostenschlitzfront frei, am Abschnittswall dokumentierte er eine Pfostenschlitzmauer mit Außen- und Innenfront (Abb. 11).

In den 1980er Jahren erfolgte eine Neuaufnahme der Wälle durch D. Müller, die in den letzten Jahren ergänzt wurde. Auf dem digitalen Geländemodell eines LIDAR-Scans des Landesvermessungsamtes Baden-Württemberg (Abb. 12) zeichnet sich ein sehr stark verflachter, bislang unbekannter Wall auf einer etwas tieferen Terrasse im Nordosten ab, so dass die gesamte Befestigungsanlage dreifach gestaffelt erscheint. Der alte Zugang dürfte am ehesten an der Südostseite zu suchen sein, wo sich alte Wegetrassen im Gelände erkennen lassen.

Die Informationen über das bislang bekannte Fundmaterial vom Battert sind zunächst nicht gerade spärlich, allerdings ist von den Altfunden praktisch nichts erhalten und entzieht sich somit einer Überprüfung.

Als Lesefunde liegen zahlreiche mesolithische und neolithische Silices vor.[16] Von der Hochfläche des Battert sollen – nach einer Meldung im Badener Tagblatt 167 von 1909 – ein Steinbeil, eine Steinkugel und „rohe Topfscherben“ stammen. In das Jungneolithikum gehört eine Silex-Dolchklinge, die vor 1937 am Südhang des Battert gefunden wurde – angeblich zusammen mit einem durchbohrten Steinhammer. Die Funde wurden früher in der Realschule in Baden-Baden aufbewahrt und waren bereits 1937 verschollen.[17] Schon 1889 wurden angeblich zwei Bronzeäxte „mit Schaftlappen“ gefunden. Neben der verschollenen Keramik aus den oben erwähnten Grabungen sind seit 1995 doch einige Lesefunde vorgeschichtlicher Keramik durch H. Wagner bekannt geworden,[18] erst 1999/2000 hat H. Kaiser weitere vorgeschichtliche Scherben aufgelesen.

Schließlich wird von römischen Münzfunden berichtet: Um 1850 sollen beim Graben nach Steinen auf dem Plateau Münzen des 1. bis 3. Jh. gefunden worden sein.[19] Ein Dupondius des Vespasian wurde 1899 auf der ersten Felsenterrasse gefunden,[20] und römische Keramik soll 1923 bei der Ruine Hohenbaden zum Vorschein gekommen sein. Die römischen Funde verwundern angesichts der Nähe zur römischen Stadt nicht weiter, für die Existenz römischer Gebäude auf dem Plateau gibt es bislang aber keine Hinweise.

Anhaltspunkte für eine gesicherte Datierung der Befestigungen auf dem Battert gibt es bislang nicht. Bautechnik (Pfostenschlitzmauer) und Funde (soweit noch zu beurteilen) legen aber eine vorgeschichtliche Zeitstellung nahe. Dies wird umso wahr-

16 Bad. Fundber. 19, 1951, 111; 20, 1956, 173; Fundber. Baden-Württemberg 17/2, 1992, 3; 191; 19/2, 1994, 2; 198.

17 Bad. Fundber. 13, 1937, 41.

18 Vgl. Fundber. Baden-Württemberg 22/2, 1998, 289.

19 Das „Graben nach Steinen“ könnte sich auf den Abtransport von Steinen aus der Pfostenschlitzmauer beziehen. Stellenweise ist der heutige Wall so stark zerwühlt, dass dies eigentlich nur als Folge eines Steinraubs angesehen werden kann.

20 FMRD II, 2, 174 Nr. 2195.

Abb. 10: Der Battert bei Baden-Baden. Erste Planaufnahme der Wallanlagen durch E. Wahle.

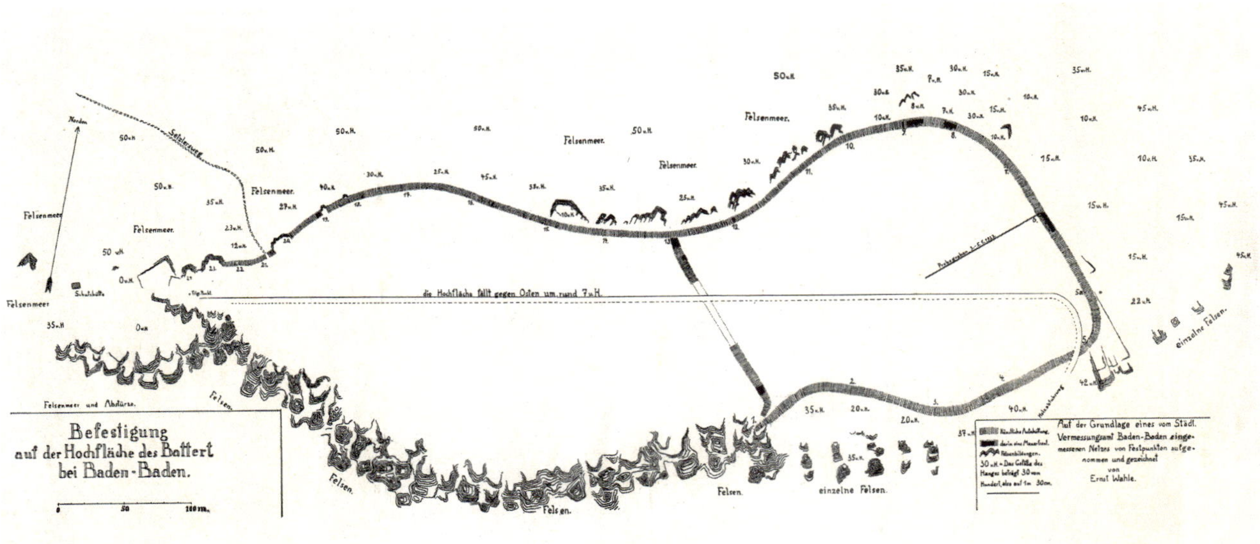

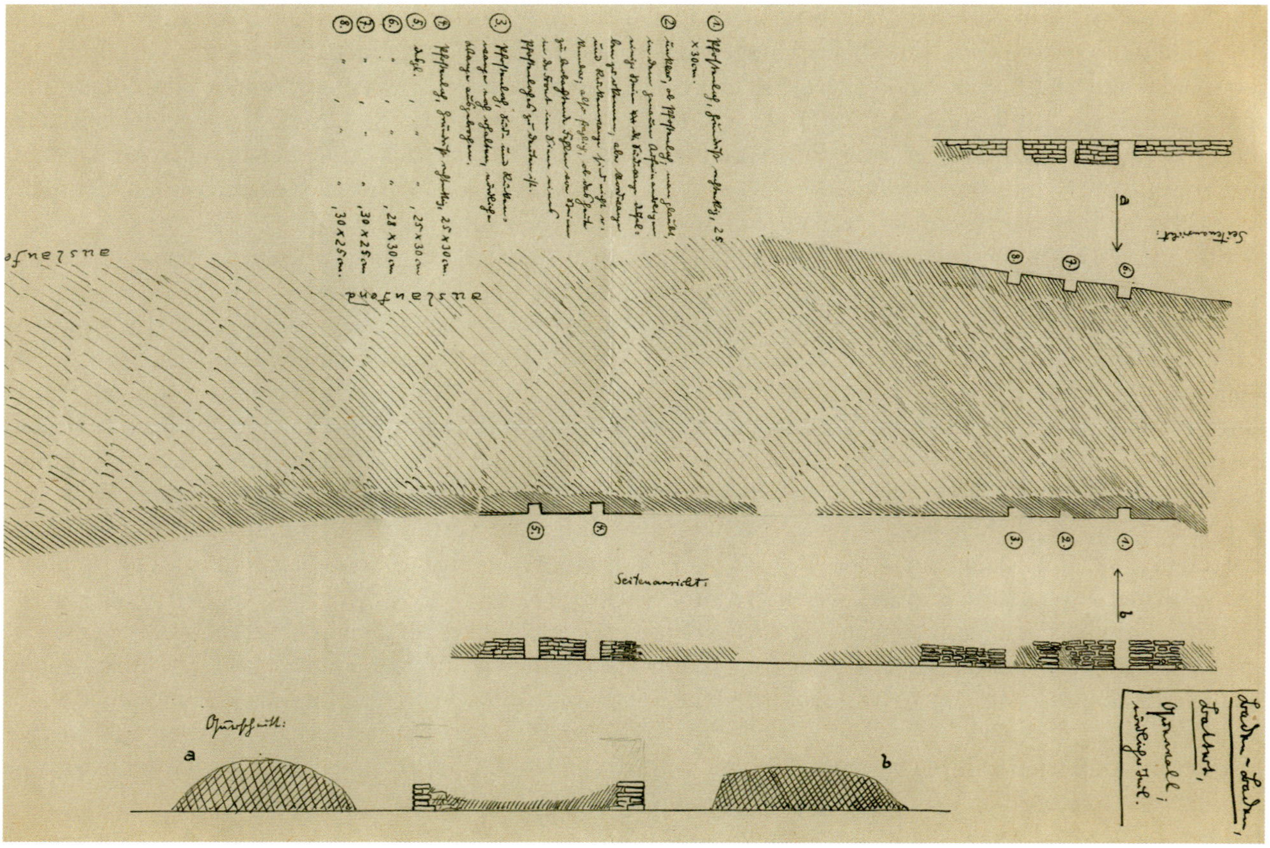

Abb. 11: Grabungsskizze und Beschreibung des Befundes am Querwall auf dem Battert. Deutlich erkennbar sind die beiden Pfostenschlitzfronten. Originalzeichnung von E. Wahle.

scheinlicher, wenn man den Blick in die unmittelbar vorgelagerte Rheinebene wirft: Hier ist beidseitig des Rheins eine Konzentration reicher Grabfunde der Späthallstatt- und Frühlatènezeit feststellbar, die bereits von K. Spindler als Hinweis auf ein hier zu erschließendes Machtzentrum (im Sinne eines „Fürstensitzes“) bewertet wurde.[21] Bekanntestes Beispiel auf der rechtsrheinischen Seite ist sicher der bereits 1880 durch Ernst Wagner ausgegrabene Großgrabhügel Heiligenbuck bei Hügelsheim, der ein antik geplündertes Wagengrab der Stufe Ha D1 enthielt.

Auf die Rolle des Rheins als Fernverkehrsweg in der Vorgeschichte ausdrücklich hinzuweisen erübrigt sich eigentlich, trotzdem sei die ausgesprochen zentrale Position des Nordschwarzwaldes im Gefüge der frühkeltischen Fernverbindungen erwähnt.[22] Dass der die Rheinebene beherrschende Battert in diesen Kontext gehört, drängt sich geradezu auf, vielleicht spielt er aber auch eine Rolle bei der Nutzung des östlich angrenzenden Nordschwarzwaldes, jedenfalls ist seine Randlage am Kontaktbereich zwischen landwirtschaftlich nutzbarem Gebiet und rohstoffreichem, aber unwirtlichem Waldgebirge gut mit den vorher beschriebenen Höhensiedlungen am Ostrand des Schwarzwaldes vergleichbar.

Höhensiedlungen und Ressourcennutzung

Versucht man die Höhensiedlungen im Nordschwarzwald in einer Art Zusammenschau zu beurteilen, lässt sich zunächst feststellen, dass diese Region im Siedelgefüge der Metallzeiten Südwestdeutschlands eine größere Bedeutung hat, als man bislang dachte. Die besprochenen Siedlungen weisen Gemeinsamkeiten auf, die eine Art Siedelmuster[23] erkennen lassen: Wo sich durch Grabungen und auswertbares Fundmaterial Aussagen machen lassen, scheinen diese Höhensiedlungen ihren zeitlichen Schwerpunkt in

21 K. Spindler, Die frühen Kelten (Stuttgart 1981) 131 ff. – G. Hoffmann, Funde und Fundstätten der Vor- und Frühgeschichte im Landkreis Rastatt VI. Heimatb. Landkreis Rastatt 30, 1991, 164 ff. – G. Wieland, Ein keltischer Fürstensitz in Mittelbaden? Überlegungen zum frühkeltischen Großgrabhügel „Heiligenbuck“ bei Hügelsheim. Ebd. 44, 2005, 131 ff.

22 Vgl. hierzu besonders L. Pauli in: H. Bender/L. Pauli/I. Stork, Der Münsterberg in Breisach II. Münchner Beitr. Vor- u. Frühgesch. 40 (München 1993) 110 ff. – Rieckhoff/Biel (Anm. 7) 50; 88 ff.

23 In dieses Muster passen auch andere Höhensiedlungen, beispielsweise der Heiligenberg bei Heidelberg

der Frühlatènezeit zu haben. Wo bereits einen ältere (urnenfelderzeitliche) Anlage bestanden hat, dürfte in der Frühlatènezeit ein regelrechter Ausbau stattgefunden haben, so z. B. die Besiedlung der Hanglagen und die Anlage von Terrassen auf Hohennagold. Dass die in Resten erkennbaren Befestigungsanlagen, die den Hang hinunterführen und große Hang- und Terrassenbereiche einbinden, ebenfalls in die Frühlatènezeit gehören, ist – analog zu vergleichbaren Höhensiedlungen in anderen Regionen – zumindest sehr wahrscheinlich.

Die Lage der Höhensiedlungen am Rand des Nordschwarzwaldes nahe der Grenze zum Altsiedelland dürfte darauf hinweisen, dass die zugehörigen landwirtschaftlichen Nutzflächen dort gelegen haben, auch der Verlauf der Fernverkehrswege dürfte für die Wahl der Plätze eine Rolle gespielt haben.

Von sehr großer Bedeutung scheint aber ein anderer Faktor gewesen zu sein: Der Schlossberg von Neuenbürg ist eindeutig auf die Eisenerzvorkommen bezogen, aber auch die anderen Höhensiedlungen können durchaus mit der Nutzung der natürlichen Ressourcen des Nordschwarzwaldes zu tun haben. Archäobotanische Untersuchungen im Nordschwarzwald zeigen deutlich einen Eingriff des vorgeschichtlichen Menschen in den Naturwald.[24] Es ist in diesem Naturraum sehr schwierig, oberirdisch nicht sichtbare archäologische Spuren zu entdecken, die meisten gängigen Prospektionsmethoden fallen hier aus. Ermutigend sind aber Beispiele wie Neuenbürg, wo durch systematische Forschung und Prospektion in einer vorher eher wenig beachteten Region eine große Zahl hochwertiger archäologischer Denkmäler entdeckt wurde. Sie werfen ein völlig neues Licht auf die wirtschaftlichen Grundlagen der frühkeltischen Kultur in Südwestdeutschland. Die weitere archäologische Erforschung der Höhensiedlungen am Rand des Schwarzwaldes – unter Einbeziehung ihres Umfeldes – ist unter diesem Gesichtspunkt sehr vielversprechend.

Bildnachweis

RP Stuttgart, Landesamt für Denkmalpflege, Luftbildarchiv, Foto Otto Braasch: 2, 6, 8

Landesamt für Geoinformation und Landentwicklung Baden-Württemberg (A. Prochazka): 3, 12

RP Karlsruhe, Ref. 25 Denkmalpflege: 5; 7 (Foto H. Eberspächer), 9 (Foto R. Staub); 4, 10, 11 (Archiv)

24 Vgl. hierzu B. Frenzel in: S. Lorenz (Hrsg.), Der Nordschwarzwald – Von der Wildnis zur Wachstumsregion (Filderstadt 2001) 21. – M. Rösch in: G. Gassmann/M. Rösch/G. Wieland (Anm. 15) 298 ff. – M. Rösch/H. Volk/G. Wieland, Frühe Waldnutzung und das Alter des Naturwaldes im Nordschwarzwald. AFZ – Der Wald 12, 2005, 636 ff.

Abb. 12: LIDAR-Scan des Battert. Es zeichnen sich die Ruine Hohenbaden am Westsporn (links) und die Felsen an der Südseite (unten) deutlich ab. Auf Höhe der Felsen ist der Verlauf des Walles entlang der nördlichen Plateaukante erkennbar (vgl. hierzu Abb. 10). Gegen die obere rechte Bildecke zeichnet sich eine Annexbefestigung auf einer etwas tieferen Terrasse ab, die auf dem Plan von Wahle fehlt.

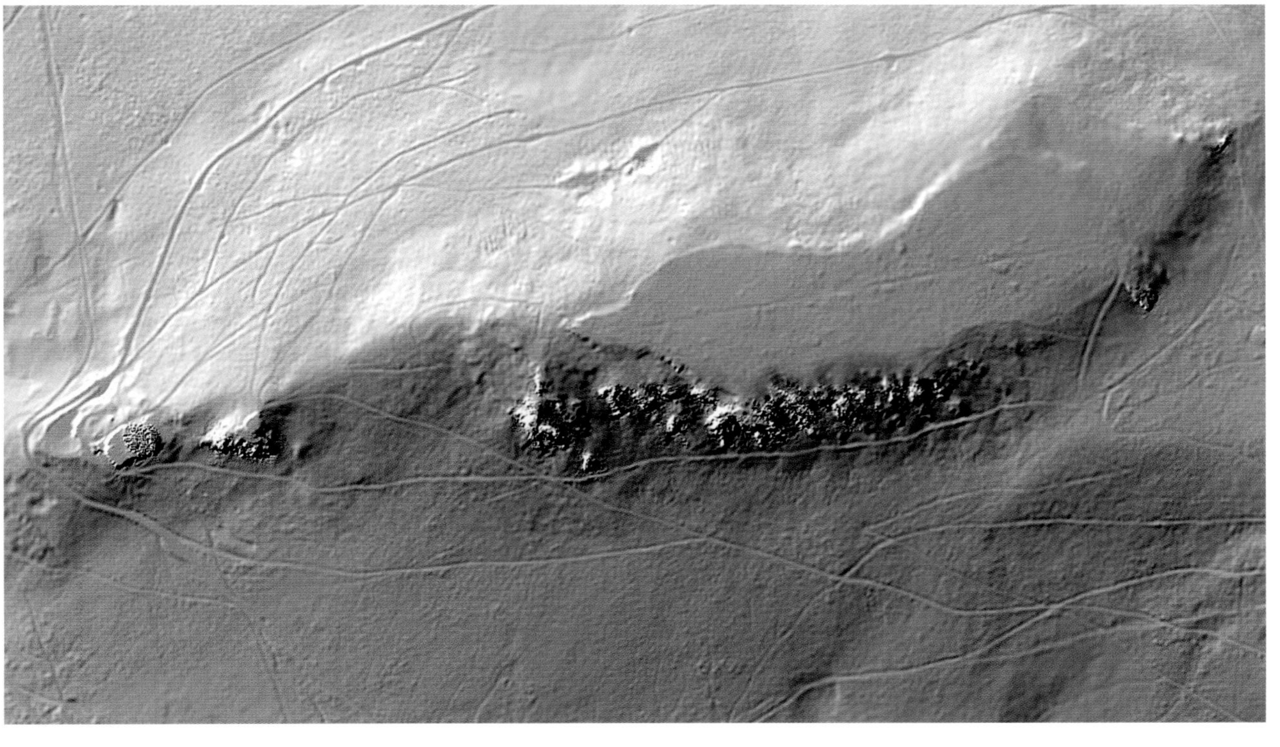

Jenseits des Limes
Germanen der Römischen Kaiserzeit im Taubertal

RALF KELLER

Die Kenntnis der römischen Besiedlung und Geschichte Baden-Württembergs hat einen hohen Stand erreicht. Ein Ergebnis der wissenschaftlichen und denkmalpflegerischen Anstrengungen der provinzialrömischen Archäologie war die Aufnahme des Limes in die Liste des Weltkulturerbes der UNESCO im Jahr 2005. Das Interesse am römischen Kulturerbe verwundert nicht, hat doch die römische Steinarchitektur im ganzen Land dauerhafte Reste hinterlassen, die schon Jahrhunderte vor der Entstehung wissenschaftlich archäologischer Forschung den Menschen aufgefallen sind und zur Frage nach ihrem Ursprung

Abb. 1: Frühgermanische und limeszeitliche Besiedlung im Nordosten Baden-Württembergs.

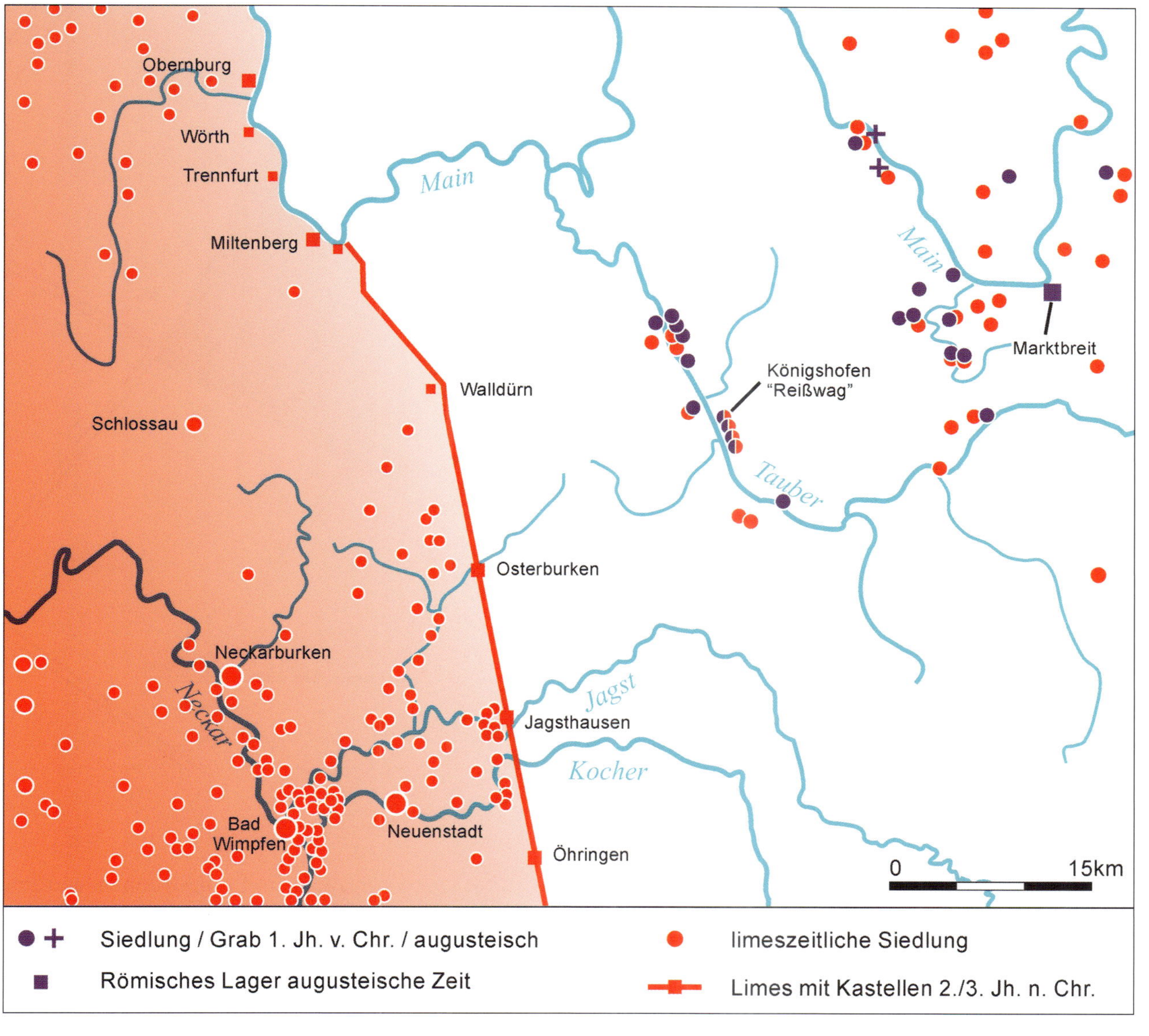

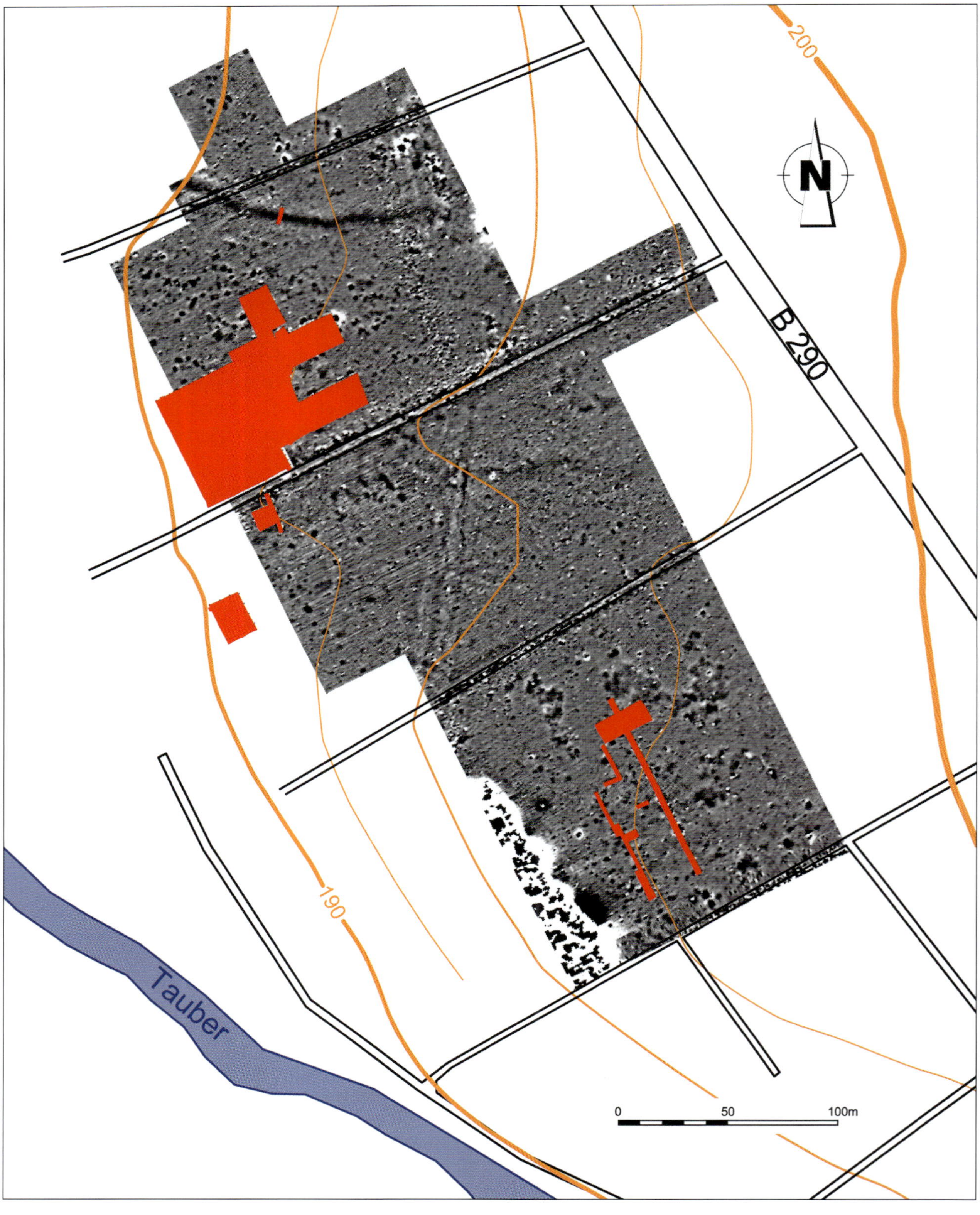

Abb. 2: Königshofen. Plan der geomagnetischen Prospektionen im „Reißwag".

angeregt haben. Dabei gerät oft in den Hintergrund, dass nicht ganz Baden-Württemberg Teil des Römischen Reiches war – der Nordosten des Landes lag nie innerhalb des Limes (Abb. 1). Hier setzte sich aber auch nicht die autochthone keltische Spätlatènekultur fort. Vor allem in Tauberfranken wurden nördlichere, germanische Einflüsse wirksam, die das heutige Baden-Württemberg zwar vorerst nur streiften, aber dennoch von großer historischer Bedeutung für die Geschichte Mitteleuropas sind. Nicht zuletzt ist die Besiedlung auf der anderen Seite des Limes und ihre Interaktion mit der römischen Welt auch wichtig für das Verständnis der Grenzregionen der römischen Provinzen – und vor allem natürlich für das Weltkulturerbe Limes selbst.

Der Forschungsstand hinsichtlich der Beziehungen zwischen Rom und dem Barbaricum war lange Zeit unbefriedigend. Vor allem fehlten moderne Grabungen unter Einbeziehung naturwissenschaftlicher Disziplinen.[1] Spektakuläre Neufunde wie das augusteische Lager von Marktbreit und das Schlachtfeld von Kalkriese zogen in den 1980er Jahren wieder die Aufmerksamkeit auf die römisch-germanische Kontaktzone.[2] Von 1993 bis 2000 setzte sich das Schwerpunktprogramm „Romanisierung" der Deutschen Forschungsgemeinschaft das Ziel, die Kenntnis des Kontaktraumes zwischen „Kelten, Germanen, Römern im Mittelgebirgsraum zwischen Luxemburg und Thüringen" zu verbessern.

In Baden-Württemberg ist das Taubertal die einzige Landschaft, in der bisher sicher limeszeitlich datierte Siedlungen außerhalb der römischen Grenzen bekannt sind (Abb. 1).[3] Zudem überschneidet sich hier das Verbreitungsgebiet der Spätlatènekultur mit einem südwestlichen Ausläufer der elbgermanischen Großromstedter Kultur, ohne dass bisher die Frage eindeutig beantwortet werden kann, ob sich beide Kulturen auch zeitlich überschnitten oder ob zwischen dem Verschwinden der Spätlatènekultur und dem Auftreten der Großromstedter Kultur ein Hiatus lag. Bislang lagen aus den genannten Siedlungsphasen vorwiegend Lesefunde und einzelne Befunde aus Rettungsgrabungen vor. Oft liegen die Fundstellen im landwirtschaftlich genutzten Gebiet und werden damit sukzessive in ihrer Qualität vermindert. Größerflächige Untersuchungen in einer solchen Siedlung schienen ein Desiderat für die Landesarchäologie. Das Landesamt für Denkmalpflege hat sich daher dieser Fundgruppe im Taubertal im Rahmen eines Schwerpunktprojektes angenommen.

Forschungsgeschichte

Im ersten Inventarwerk der badischen Fundstellen 1911 erscheint das Taubertal und seine weitere Umgebung noch als sehr fundarme Gegend[4] – ein durch den begrenzten Forschungsstand der Zeit hervorgerufenes Trugbild.[5] Inzwischen ist klar geworden, dass das Tal eine hohe Fundstellendichte aus verschiedenen Zeiten birgt. In seiner Siedlungsgeschichte des Taubertals von 1922 konnte Karl Schumacher hinsichtlich germanischer Funde der Spätlatènezeit und der Römischen Kaiserzeit lediglich auf das benachbarte Unterfranken und das Maintal verweisen. Er war sich jedoch sicher, dass die Fundleere zwischen Main und Neckar lediglich auf Zufall beruhe.[6] Bereits 1924 sollte er Recht bekommen, als bei Bauarbeiten in Tauberbischofsheim erstmals einige rhein-wesergermanische Scherben der Mittleren Kaiserzeit zutage kamen.[7] Abgesehen von dem Fund einer römischen Drehmühle aus Basaltlava[8] im Jahr 1955 blieben weitere zeitgleiche Funde jedoch zunächst aus. Ende der 1950er Jahre nahm die Bautätigkeit im Taubertal, nicht zuletzt wohl durch die staatliche Förderung strukturschwacher Regionen, enorm zu.[9] Mit erneuten Funden der Jahre 1959/60 im Stadtgebiet von Tauberbischofsheim traten erstmals Funde der spätlatènezeitlichen Großromstedter Kultur zutage. Besonders das in der Flur „Krautgartenäcker" in Tauberbischofsheim entdeckte Depot mit vierzehn weitgehend vollständig erhaltenen Großromstedter Gefäßen machte auf diese Epoche aufmerksam.[10] Auch die rhein-weser-germanische Besiedlung des

1 S. von Schnurbein, Zum vorrömisch-keltischen, gallorömischen und germanischen Siedlungswesen. Rechtsrheinisches Arbeitsgebiet – Zentrale Fragestellung. In: A. Haffner/S. von Schnurbein (Hrsg.), Kelten, Germanen, Römer im Mittelgebirgsraum zwischen Luxemburg und Thüringen. Koll. Trier 1998. Koll. Vor- u. Frühgesch. 5 (Bonn 2000) 51. – A. Abegg-Wigg/D. Walter/S. Biegert, Forschungen in germanischen Siedlungen des mittleren Lahntales. Ebd. 55.

2 S. von Schnurbein, Germanen und Römer im Vorfeld des Obergermanischen Limes. Ber. RGK 87, 2006, 20.

3 Bei der germanischen Siedlungsgruppe an der Jagst im Vorfeld der Kastelle Öhringen und Jagsthausen ist nicht ganz sicher, ob sie bereits vor der Aufgabe des Limes bestanden hat. A. Thiel, Das römische Jagsthausen – Kastell, Vicus und Siedelstellen im Umland. Materialh. Arch. Baden-Württemberg 72 (Stuttgart 2006). – K. Frank, Vorboten an Main und Tauber. In: Arch. Landesmus. Baden-Württemberg (Hrsg.), Die Alamannen. Ausstellungskat. Stuttgart 1997, Zürich 1997/98, Augsburg 1998 (Stuttgart 1997) 69 f. – C.-M. Hüssen, Die römische Besiedlung im Umland von Heilbronn. Forsch. u. Ber. Vor- u. Frühgesch. Baden-Württemberg 78 (Stuttgart 2000) 147. – Schnurbein (Anm. 2) 27.

4 E. Wagner, Fundstätten und Funde aus vorgeschichtlicher, römischer und alamannisch-fränkischer Zeit im Großherzogtum Baden 2. Das Badische Unterland: Kreise Baden, Karlsruhe, Mannheim, Heidelberg, Mosbach (Tübingen 1911).

5 So schon A. Dauber, Der Forschungsstand als innere Gültigkeitsgrenze der Fundkarte, dargestellt am Beispiel Nordbaden. In: H. Kirchner (Hrsg.), Ur- und Frühgeschichte als historische Wissenschaft. Festschr. Ernst Wahle 60. Geburtstag (Heidelberg 1950) 94–111.

6 K. Schumacher, Die Besiedelung des untern Taubertals. Fundber. Schwaben N. F. 1, 1917–1922, 120 f.

7 E. Wahle, Frühgermanisches aus dem Taubergrund. Bad. Fundber. 1/7, 1925–1928 (1927) 213.

8 Bad. Fundber. 21, 1958, 278 (Dauber).

9 A. Dauber, Zur Besiedlungsgeschichte im Stadtgebiet von Tauberbischofsheim. Die Funde beim Bau der Milchzentrale 1959/60. Bad. Fundber. 22, 1962, 183.

10 A. Dauber, Brandgrab und Siedlung der älteren Kaiserzeit in Tauberbischofsheim. Germania 10, 1962, 147–155.

Limesvorlandes rückte durch neu entdeckte Siedlungsstellen der Mittleren Kaiserzeit endlich ins Bewusstsein der Forschung.[11] Der sprunghaft angestiegenen Fundstellendichte im Stadtgebiet Tauberbischofsheim folgte die Umgebung erst am Ende der 1960er Jahre mit dem Autobahnbau und dem Ausbau von Kreisstraßen. Dabei konnte die Außenstelle Karlsruhe des Landesdenkmalamtes Baden-Württemberg, unterstützt durch eine Anzahl engagierter Heimatforscher, nicht nur Notbergungen, sondern nun auch mehrere Flächengrabungen durchführen.[12] Neufunde frühgermanischer Siedlungen blieben jedoch meist auf das Stadtgebiet und die nähere Umgebung von Tauberbischofsheim beschränkt.[13] Zwei 1972 entdeckte mittelkaiserzeitliche Siedlungsstellen von Bad Mergentheim im württembergischen Teil des Taubertals lagen ebenfalls im Stadtgebiet.[14] In der Zusammenschau der kaiserzeitlichen germanischen Funde Mainfrankens war Tauberbischofsheim 1978 noch die dominierende Fundregion im Taubertal.[15] Die Konzentration germanischer Funde auf die beiden Amtsstädte wurde erst in den 1980er Jahren gemildert. Zum einen konnten ehrenamtliche Mitarbeiter aus kleineren Städten des Taubertals bei systematischen jahrelangen Feldbegehungen eine beträchtliche Anzahl neuer Fundstellen lokalisieren.[16] Zum anderen intensivierten sich die Aktivitäten der Denkmalpflege im Taubertal ab 1980. Bei bauvorgreifend angesetzten Flächengrabungen wurden gelegentlich neben vorgeschichtlichen und frühmittelalterlichen auch germanische Befunde erfasst.[17] Auch konnten wiederholt von Sammlern festgestellte gefährdete Befunde in Notbergungen aufgenommen oder in kleineren Grabungsschnitten dokumentiert werden.[18]

Untersuchungen im „Reißwag" bei Königshofen

So wurden auch an verschiedenen Stellen der Flur „Reißwag" auf der rechten Niederterrasse der Tauber nördlich von Königshofen im Laufe jahrelanger Begehungen durch den ehrenamtlichen Mitarbeiter Gerhard Hellinger aus Königshofen Lesefunde von der Bandkeramik bis in die Völkerwanderungszeit kartiert. Geomagnetische Untersuchungen in dem Ackergelände (Abb. 2) haben gezeigt, dass die Dichte der Siedlungsbefunde zwar stellenweise ausdünnt, prinzipiell aber im gesamten Bereich der Niederterrasse mit Siedlungsspuren zu rechnen ist. Nach Süden schließt an die geophysikalisch prospektierte Fläche eine Lesefundstreuung verschiedener Epochen in der Flur „Bei der Ochsenmühle" an, die sich im Bereich eines heutigen Sägewerks am Stadtrand von Königshofen fortsetzte.[19] Am südlichen Ortsrand von Königshofen setzen archäologisch relevante Flächen sogleich wieder im „Hohkreuz" und „Höhlein" ein, die bereits Ziel von Rettungsgrabungen waren.[20]
In den Jahren 2004 bis 2006 wurden zwei Bereiche im „Reißwag" archäologisch untersucht (Abb. 3). Im südlichen Bereich waren nahe einer leichten Geländerippe im Acker immer wieder Lesefunde von verbrannter Terra sigillata und verbrannten Knochen aufgelesen worden. Zeitgleiches Siedlungsmaterial trat an dieser Stelle nicht auf. Bei den Knochen handelte es sich nach anthropologischer und archäo-

---

11 So betont Dauber, es sei „bis 1959 indes die in Bad. Fundber. 21, 1958, 278 mitgeteilte Beobachtung der einzige spärliche Hinweis gewesen" (nämlich die Drehmühle und der Fund von 1924). Dauber (Anm. 9) 200 Anm. 23.

12 Das bronze- und eisenzeitliche Fundmaterial aus den damaligen Aufsammlungen und archäologischen Untersuchungen wurde von M. Hoppe vorgelegt, zusammen mit Kartierungen der bekannten Fundstellen der Bronze- und Eisenzeit im badischen Taubergrund: M. Hoppe, Neue Siedlungsfunde der Bronze- und Eisenzeit aus dem Taubergrund. Fundber. Baden-Württemberg 7, 1982, 73–207. Die Fundumstände und die Art der durchgeführten Grabungen sind dort nur sehr kurz angedeutet: Ebd. 76.

13 Die Funddichte in Hoppes Verbreitungskarten war um Tauberbischofsheim so viel dichter als im Rest des badischen Taubertals, dass er das Stadtgebiet in Detailkarten darstellen musste. Hoppe (Anm. 12) Abb. 8–17.

14 F. Klein, Zu den vor- und frühgeschichtlichen Funden von Bad Mergentheim, Main-Tauber-Kreis. In: Opuscula. Festschr. Franz Fischer. Tübinger Beitr. Vor- u. Frühgesch. 2 (Tübingen 1987) 46.

15 Ch. Pescheck, Die germanischen Bodenfunde der römischen Kaiserzeit in Mainfranken. Münchner Beitr. Vor- u. Frühgesch. 27 (München 1978).

16 Die spätlatènezeitlichen frühgermanischen Fundstellen, deren Anzahl sich bis 1992 auf das Dreifache vermehrt hatte, wurden im Rahmen einer Magisterarbeit von Klaus Frank aufgearbeitet: K. Frank, Die früheste germanische Besiedlung des Taubergebiets. Unpubl. Magisterarb. (Tübingen 1994). Zusammenfassend dazu: K. Frank, Die früheste germanische Besiedlung im Taubergebiet (in Vorb.). – Die mittelkaiserzeitliche und völkerwanderungszeitliche Besiedlung wird durch denselben Autor in einer noch in Arbeit befindlichen Dissertation aufgearbeitet.

17 Tauberbischofsheim „Milchzentrale": Großromstedter Siedlungsgruben und ein Grubenhaus. R. Krause, Tauberbischofsheim „Milchzentrale": Neue Ausgrabungen an einem vor- und frühgeschichtlichen Siedlungsplatz, Main-Tauber-Kreis. Arch. Ausgr. Baden-Württemberg 1994, 223–226. – Tauberbischofsheim „Fronbrunnenäcker": Zwei Grubenhäuser der römischen Kaiserzeit. C. Oeftiger, Siedlungsarchäologische Untersuchungen im Taubertal bei Tauberbischofsheim, Main-Tauber-Kreis. Arch. Ausgr. Baden-Württemberg 1996, 70–76.

18 K. Frank, Zwei neue germanische Fundstellen bei Tauberbischofsheim-Distelhausen und Lauda-Königshofen, Main-Tauber-Kreis. Arch. Ausgr. Baden-Württemberg 1986, 178–180.

19 Frank 1994 (Anm. 16) 25–28. – Fundber. Baden-Württemberg 12, 1987, 500. – Ortsakten des Landesamtes für Denkmalpflege im Regierungspräsidium Stuttgart, Esslingen.

20 Fundber. Baden-Württemberg 19/2, 1994, 65f. – C. Oeftiger, Siedlungsarchäologische Untersuchungen im Taubertal. Arch. Ausgr. Baden-Württemberg 1995, 117–119.

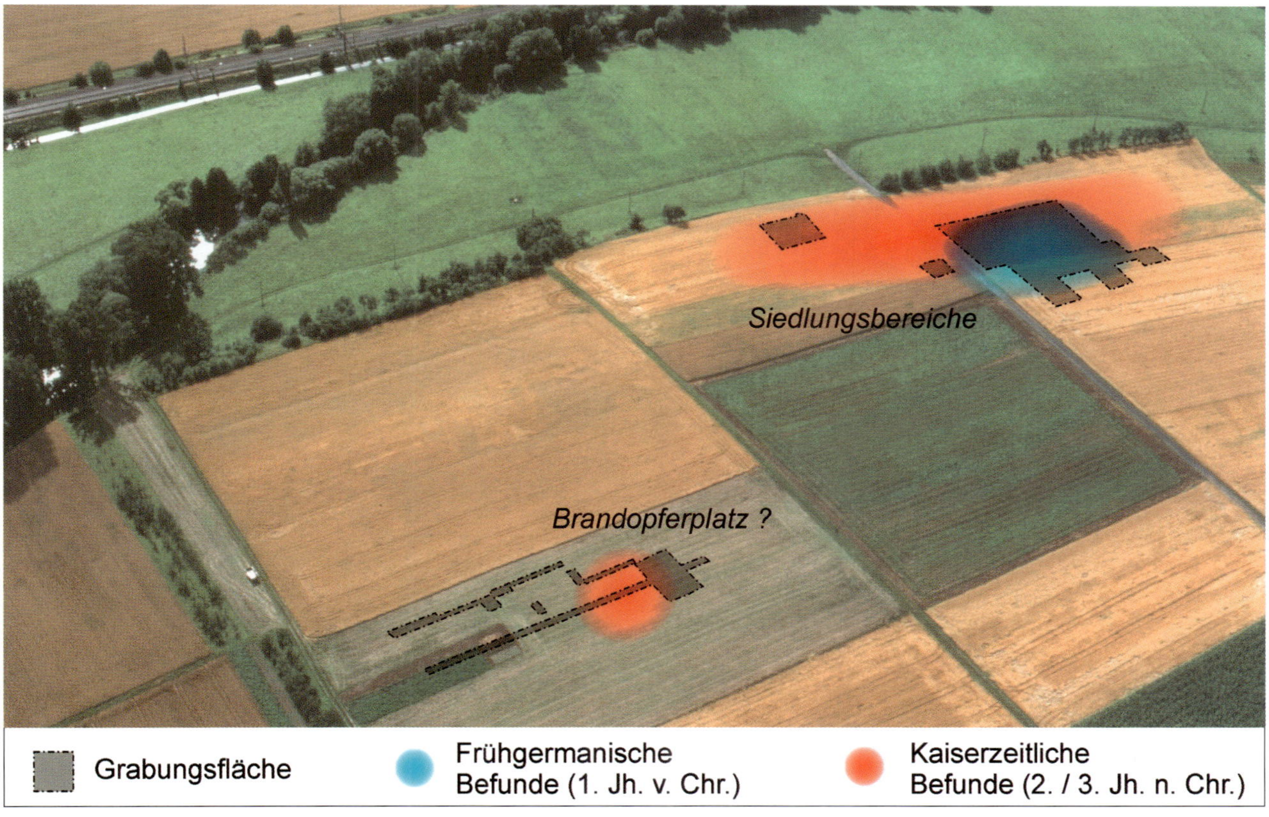

Abb. 3: Königshofen „Reißwag." Luftbild des Geländes mit den Grabungsschnitten 2004–2006.

zoologischer Begutachtung um Tierknochen.[21] Daher kam die Vermutung auf, es könnte sich um Überreste eines Brandopfers handeln.

Etwa 200 m nordöstlich dieser Stelle war ein Siedlungsareal zu lokalisieren, von dem u. a. Lesefunde von der Hallstattzeit bis zur mittleren Kaiserzeit vorgelegen hatten. An einer Stelle konnte Gerhard Hellinger über Jahre immer wieder neue Scherben desselben Gefäßes auflesen – ein Hinweis darauf, dass ein Befund immer wieder angepflügt wurde. An Grundstücksgrenzen griff die Bodenbearbeitung etwas tiefer. Dort waren mehrfach Gruben angeschnitten, die gelegentlich notdürftig geborgen wurden. Eine davon enthielt neben den Resten von etwa 85 rhein-weser-germanischen auch Scherben von mindestens zwölf römischen Gefäßen.[22] Der Platz bot somit das Potenzial, Antworten auf die verschiedenen Fragen geben zu können.

Römische Funde vom „Opferplatz"

Im Umfeld der seltsamen Streuung verbrannter Lesefunde wurden 2004 mehrere Sondageschnitte angelegt. Etwa in dem Bereich, in dem die bisherigen Lesefunde gemacht worden waren, konnte dabei eine nur noch maximal 24 cm tief erhaltene Grube erfasst werden. Sie enthielt noch fünf Bruchstücke stark verbrannter, durchgeglühter Terra sigillata (Abb. 4). Davon wurden drei Stücke bereits direkt an der Unterkante des Pflughorizontes angetroffen. Weitere drei Scherben konnten aus dem Humus des nahen Umfeldes geborgen werden. Es ist anzunehmen, dass sie durch den Pflug aus der genannten Grube in den Humus hochgezogen wurden.

Unter Einbeziehung der Lesefunde[23] ergibt sich eine Mindeststückzahl von vier Terra-sigillata-Gefäßen.[24]

21 K. Frank, Zwei germanische Siedlungen des 3. Jahrhunderts n. Chr. im Vorfeld des obergermanischen Limes im nordöstlichen Baden-Württemberg. In: S. Biegert/S. von Schnurbein/B. Steidl/D. Walter (Hrsg.), Beiträge zur germanischen Keramik zwischen Donau und Teutoburger Wald. Koll. Frankfurt 1998. Koll. Vor- u. Frühgesch. 4 (Bonn 2000) 178.

22 Frank (Anm. 21) 173–178.

23 K. Frank u. a., Bayern und Baden-Württemberg. Corpus der römischen Funde im europäischen Barbaricum (in Vorb.). – Gerhard Hellinger sei für die freundliche Überlassung des Fundmaterials zur Bearbeitung gedankt, Klaus Frank zudem für die Einsichtnahme in den noch in Vorbereitung befindlichen Katalog.

24 Die Bestimmung der Sigillaten übernahm Klaus Kortüm, LAD, Esslingen, dem hier zudem für weitergehende Hinweise zu danken ist. Die Punzen sind angegeben nach H. Ricken/Ch. Fischer, Die Bilderschüsseln der römischen Töpfer von Rheinzabern. Mat. Röm.-German. Keramik 7 (Bonn 1963).

Abb. 4: Königshofen „Reißwag." Verbrannte Terra sigillata aus dem südlichen Grabungsbereich.

Noch im Befundzusammenhang fand sich das Bodenbruchstück einer konischen Tasse der Form Dragendorff 33 (Abb. 5,2). Eine Bodenscherbe mit stark abgesetztem Standring einer Schale Dragendorff 37 (Abb. 5,4) war ebenfalls noch in der Grubenverfüllung nachzuweisen. Zwei weitere, möglicherweise zugehörige reliefverzierte Wandscherben dieser Form (Abb. 5,1.3) stammen aus dem Humus. Bereits in den Lesefunden kommt eine Wandscherbe dieser Form mit Eierstab vor, alle drei entstammen einer Bilderschüssel des Cobnertus III. Zwar passt keines der Stücke an ein anderes an, die Zugehörigkeit zum selben Gefäß ist gleichwohl sehr wahrscheinlich. An der Oberkante des Befundes, an der Grenze zum Pflughorizont, lagen zwei Stücke von Rand und Unterteil eines Tellers der Form Curle 15. Ein Bodenstück mit Standring stammt, obwohl beim Abtrag einige Zentimeter verzogen, ohne Zweifel auch aus dem Befund. Zusammen mit einem Wandstück aus dem Humus lässt sich das Profil des Tellers rekonstruieren (Abb. 5,5), allerdings unter der Prämisse, dass die vier Stücke zusammengehören. Eine Scherbe mit Rand und Oberteil aus den Lesefunden würde ebenfalls zu diesem Gefäß passen. Anpassungen sind auch hier nicht möglich. Eine weitere Scherbe vom Unterteil eines Tellers Curle 15 aus dem Lesefundmaterial ist dagegen ausweislich des Durchmessers einer darauf sichtbaren Rille zu klein, um in das rekonstruierte Profil eingepasst zu werden. Zumindest dieses Stück beweist damit das Vorhandensein eines zweiten Gefäßes dieser Form.

Das Material ist zu fragmentarisch, um das ursprüngliche Ensemble zu rekonstruieren, falls die Keramik überhaupt in Form eines Gefäßensembles verbrannt worden bzw. in den Boden gekommen ist. Es ist jedoch eine Mindestanzahl feststellbar: 1 Tasse Drag. 33, 1 Schüssel Drag. 37 und 2 Teller Curle 15. Der Terra sigillata ist aus den Lesefunden zumindest ein Bruchstück tongrundiger römischer Ware hinzuzufügen. Lediglich bei einer kleinen Scherbe könnte es sich um handgemachte rhein-weser-germanische Keramik handeln.[25]

Die Reliefsigillataschüssel Drag. 37 des Cobnertus III aus Rheinzabern ist der Gruppe Bernhard Ia zuzuweisen, gehört also in das dritte Viertel des 2. Jh.[26] Drag. 33 ist im Heilbronner Raum die häufigste,[27] in Pforzheim die zweithäufigste Napfform.[28] Gegen die Mitte des 2. Jh. nimmt sie im Neckarraum an Häufigkeit zu und bleibt bis zum Ende der römischen Herrschaft verbreitet.[29] Teller Curle 15 sind dagegen auf das 2. Jh. beschränkt und laufen im Neckarraum möglicherweise sogar schon deutlich vor 200 n. Chr. aus.[30] Insgesamt lässt sich aus dem zeitlichen Spektrum der Sigillaten eine Datierung des Befundes in die zweite Hälfte des 2. Jh. ableiten.

In den Sondagen im weiteren Umkreis des Platzes waren vereinzelt vorgeschichtliche, aber keine weiteren mittelkaiserzeitlichen Befunde festzustellen. Eine weitere kleine Scherbe, die von einem sogenannten Räucherkelch stammen dürfte (Abb. 5,7),[31]

25 Frank (Anm. 21) 178.

26 H. Bernhard, Zur Diskussion um die Chronologie Rheinzaberner Relieftöpfer. Germania 59, 1981, 79–93. – Zur absoluten Datierung der Bernhard-Gruppen: F. K. Bittner, Zur Fortsetzung der Diskussion um die Chronologie der Rheinzaberner Relieftöpfer. Bayer. Vorgeschbl. 51, 1986, 233–259. – M. Luik, Köngen – Grinario I. Topographie, Fundstellenverzeichnis, ausgewählte Fundgruppen. Forsch. u. Ber. Vor- u. Frühgesch. 62 (Stuttgart 1996) 152–155. – W. Zanier, Das römische Kastell Ellingen. Limesforschungen 23 (Mainz 1992) 123–128. – K. Kortüm/ A. Mees, Die Datierung der Rheinzaberner Reliefsigillata. In: J. Bird (Hrsg.), Form and Fabric. Studies in Rome's Material Past. Festschrift B. R. Hartley. Oxbow Monogr. 80 (1998) 157–168.

27 Hüssen (Anm. 3) 104.

28 K. Kortüm, PORTUS – Pforzheim. Untersuchungen zur Archäologie und Geschichte in römischer Zeit. Quellen u. Stud. Gesch. Stadt Pforzheim 3 (Sigmaringen 1995) 247f. Taf. 80 Nr. 753–813.

29 R. Aßkamp, Das südliche Oberrheintal in frührömischer Zeit. Forsch. u. Ber. Vor- u. Frühgesch. Baden-Württemberg 33 (Sigmaringen 1989) 33. – Hüssen (Anm. 3) 104.

30 Kortüm (Anm. 28) 241. – Hüssen (Anm. 3) 106. – Aßkamp gibt für das Oberrheingebiet dagegen ein Durchlaufen bis Anfang des 3. Jh. an. Aßkamp (Anm. 29) 32.

31 Vgl. etwa W. Czysz/H. Kaiser/M. Mackensen/G. Ulbert, Die römische Keramik aus dem Vicus Wimpfen im Tal (Kreis Heilbronn). Forsch. u. Ber. Vor- u. Frühgesch. Baden-Württemberg 11 (Stuttgart 1981) 30 Taf. 19. – M. Porzenheim/E. Schallmayer, Der römische Tempelbezirk mit Kultgeschirrdepot von Dieburg, Landkreis Darmstadt-Dieburg. In: F.-R. Herrmann (Hrsg.), Festschrift für Günter Smolla. Mat. Vor- u. Frühgesch. Hessen 8 (Wiesbaden 1999) 539–596. Laut frdl. Mitt. von Uwe Gross, LAD, ist eine frühmittelalterliche Zeitstellung auszuschließen.

war in der Verfüllung eines einzelnen karolingerzeitlichen Grabes[32] enthalten. Vergleichsbeispiele für Räucherkelche datieren nicht vor dem Ende des 1. Jh. n. Chr. und reichen nur bis in die zweite Hälfte des 2. Jh.[33] Sie weisen oft, aber nicht immer Brandspuren an der Innenseite auf.[34] Wenn auch deshalb die ausschließliche Nutzung als Räuchergefäß fraglich ist, besteht doch Konsens, dass die Form in der römischen Kultur im Zusammenhang mit Kulthandlungen verwendet worden ist.[35]

Nicht aus einem erkennbaren Befund stammt darüber hinaus ein unsymmetrischer römischer Bronzebeschlag mit zwei Gegenknöpfen (Abb. 5,6). Er war wohl ursprünglich an einem Riemen des Pferdegeschirrs angebracht, z. B. als Teil einer stilisierten Efeuranke.[36] Obwohl ähnliche Beschläge in römischem Fundzusammenhang häufiger auftreten, kann bisher kein genaues Vergleichsstück zu dem von Königshofen angeführt werden. Gegenknöpfe dieser Art kommen nach J. Oldenstein frühestens nach der Mitte des 2. Jh. n. Chr. auf und sind noch in der ersten Hälfte des 3. Jh. in Gebrauch.[37] An der Fundstelle des Stückes zeigte sich das Baggerplanum als dunkle Fläche, in der keine Befunde zu erkennen waren. Im Lauf der Untersuchungen stellte sich heraus, dass es sich dabei um eine noch erhaltene Schicht über dem anstehenden Lösslehm handelte. Sie ist im Zusammenhang mit der Geländerippe zu sehen, die sich im LIDAR-Geländemodell[38] von der Bundesstraße parallel zu den Feldwegen in Richtung Tauber hinabzieht (Abb. 6). Analog zu diesen dürfte sie auf einen ehemaligen Feldweg zurückgehen, unter dem Kolluvien längere Zeit vor der Erosion geschützt waren. Das Erscheinungsbild der verflachten Geländefor-

32 Die Bestattung ist ^{14}C-datiert auf 888 n. Chr. (1170 ± 21 BP)
33 Porzenheim/Schallmayer (Anm. 31) 568–573.
34 Czysz u. a. (Anm. 31). – Porzenheim/Schallmayer (Anm. 31) 573 f.
35 Porzenheim/Schallmayer (Anm. 31) 573 f.
36 Das Stück wurde dankenswerterweise von Jutta Ronke, LAD, Esslingen, bestimmt.
37 J. Oldenstein, Zur Ausrüstung römischer Auxiliareinheiten. Ber. RGK 57, 1976, 169.
38 Basierend auf unbereinigten Rohmessdaten der Laserscan-Befliegung, Landesvermessungsamt Baden-Württemberg.

Abb. 5: Königshofen „Reißwag.“ Römische Funde aus dem südlichen Grabungsbereich.

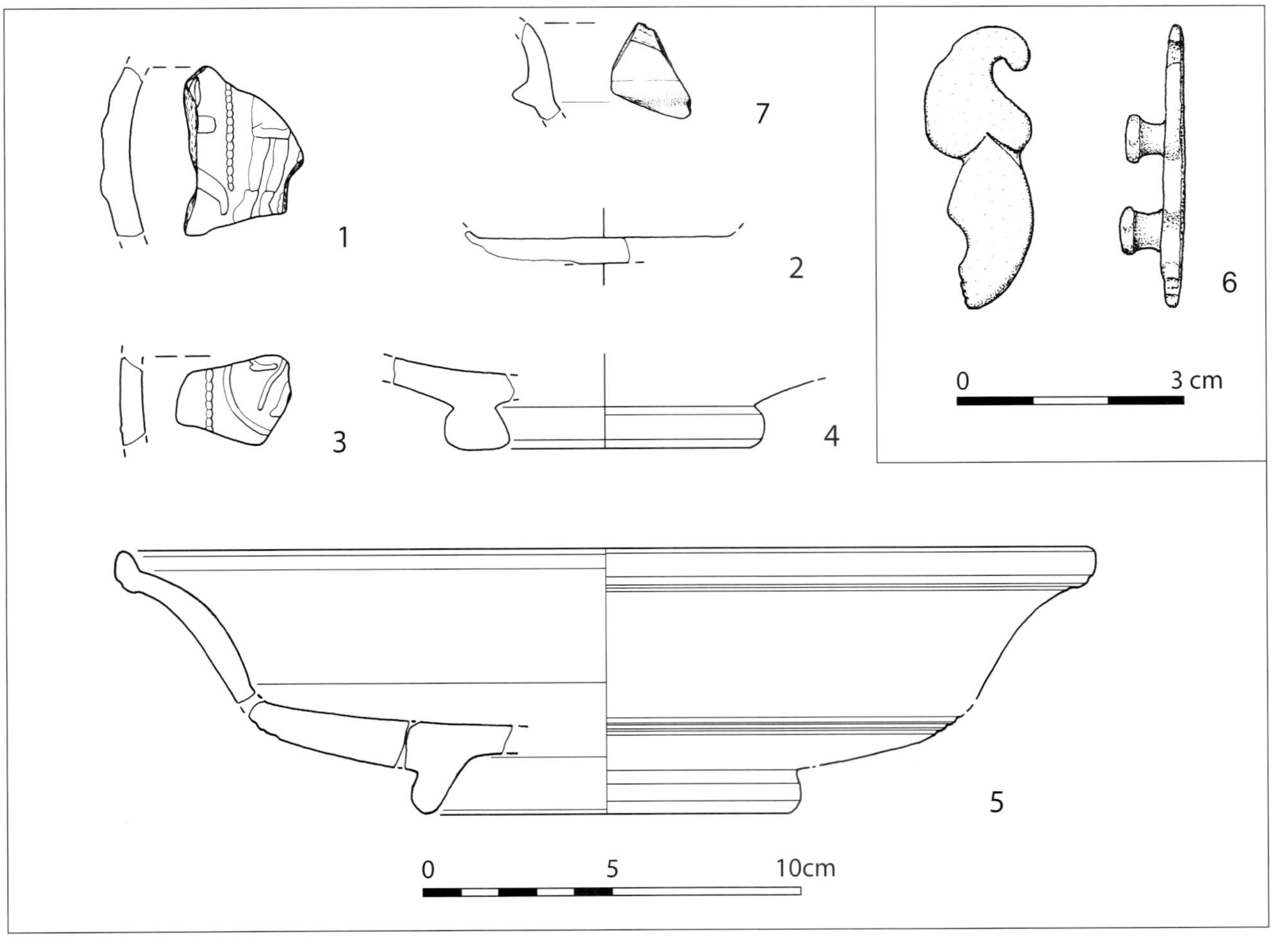

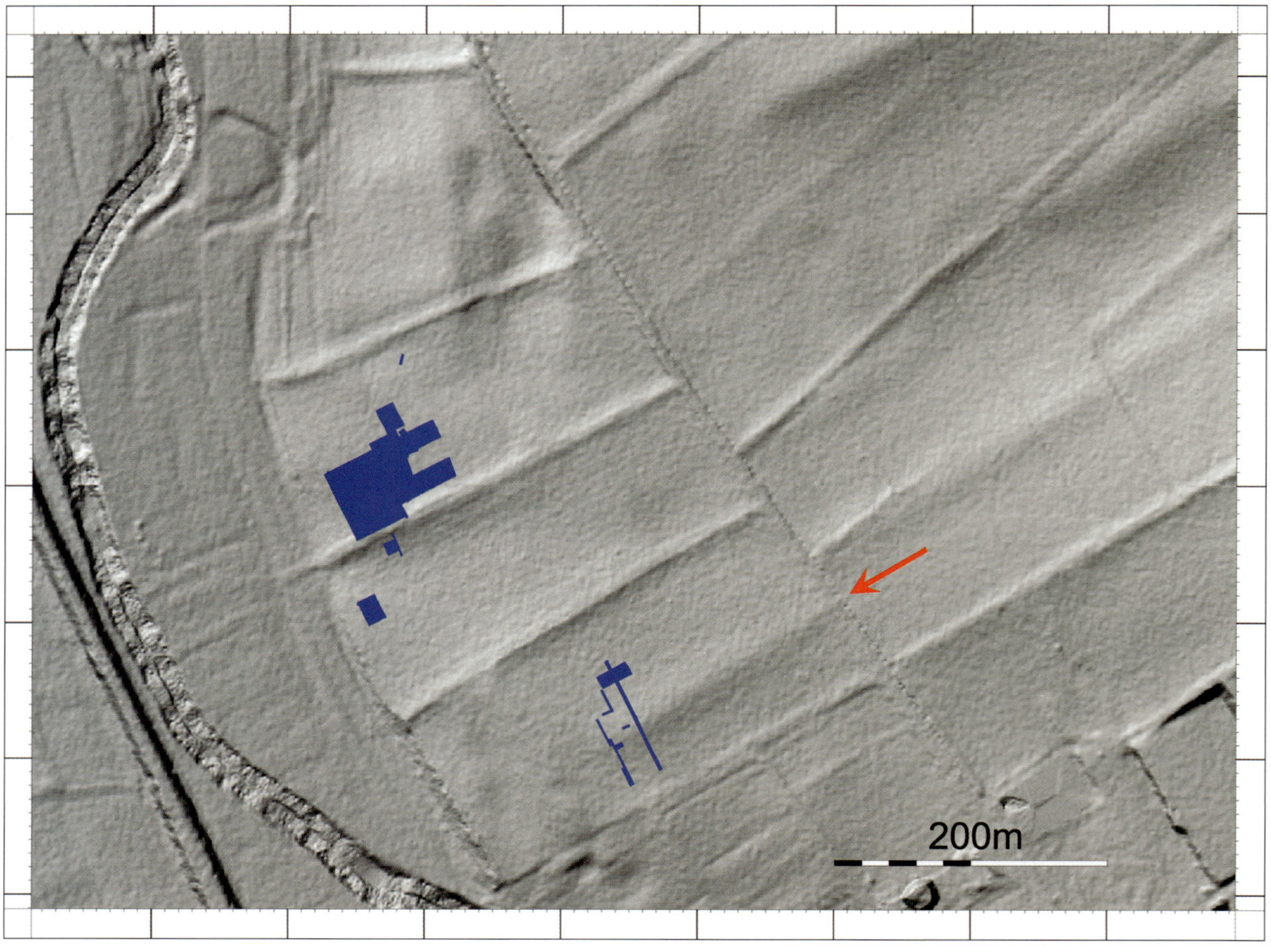

Abb. 6: Königshofen „Reißwag." Digitales Geländemodell. Der rote Pfeil zeigt auf den vermutlichen ehemaligen Weg.

mation deutet aber darauf hin, dass sie schon längere Zeit auseinandergepflügt wird. Die meisten modernen Grundstücksgrenzen laufen quer darüber hinweg, nur die fünf Grundstücke direkt an der B 210 haben mit einer Unterteilung südöstlich der Feldmitte die Erinnerung daran bewahrt. Oberhalb der Bundesstraße deuten die topographischen Karten von 1840/1852 und 1881 einen Wegeverlauf an,[39] der in der Gemarkungsübersicht von 1906 einer sehr rechtwinklig angelegten Flureinteilung gewichen ist.[40] Irgendwann im Zeitraum zwischen 1881 und 1906 muss also eine Art Flurbereinigung stattgefunden haben. Es liegt nahe, dass der ehemalige Weg im südöstlichen Teil des Reißwag bei dieser Gelegenheit aufgelassen wurde.[41]

Ein immer wieder genutzter Siedlungsplatz

In dem nordwestlich gelegenen Siedlungsgelände wurde in drei Kampagnen von 2004 bis 2006 eine Fläche von insgesamt 4470 m² freigelegt (Abb. 3). Wie schon die Lesefunde vermuten ließen, sind auf der Fläche Befunde von der Bandkeramik bis in die mittlere Kaiserzeit vorhanden. Die Bandkeramik ist praktisch im ganzen Grabungsausschnitt vertreten. Funde sind durch Umlagerungen im Lauf der jahrtausendelangen Siedlungsgeschichte oft auch in jüngere Befunde gelangt. Ein Schwerpunkt zeichnet

39 Topographischer Atlas ueber das Grossherzogthum Baden. Auf Befehl Sr. Königlichen Hoheit des Grossherzogs Leopold nach den Original-Aufnahmen des militairisch topographischen Bureaus in 55 Blättern bearbeitet und gestochen im Maasstabe von 1:50 000 Verjüngung 1838–1849 (Karlsruhe 1849) Blatt III.8 Krautheim. – Topographischer Atlas des Großherzogthums Baden. In 170 Blättern in Kupferstich im Maasstab 1:25 000 der natürlichen Länge (Leipzig/Hildburghausen 1875–1886) Blatt 20 Königshofen.

40 Uebersichts-Plan der Gemarkung Königshofen u. Marbach gezeichnet im Maßstabe von 1/10 000 der natürlichen Größe (Karlsruhe 1906).

41 Diese Maßnahme hat offensichtlich nur die rechtwinklige Anlage von Wegen und einen regelmäßigeren Zuschnitt der Parzellen zum Ziel gehabt. Eine größere Zusammenlegung von Grundstücken kann angesichts der bis heute äußerst kleinteiligen Parzellierung kaum durchgeführt worden sein.

sich in den nordöstlichen, höher gelegenen Flächen ab. Das mag jedoch auch durch eine zur Terrassenkante hin zunehmende Erosion bedingt sein, die vor allem ältere Befunde stärker in Mitleidenschaft gezogen haben kann.

Einzelne Bestattungen der Schnurkeramik waren insofern keine Überraschung, als das Taubertal geradezu bekannt ist für die Dichte und Größe schnurkeramischer Friedhöfe.[42] Unerwartet kamen jedoch einige Gruben hinzu, die keine Bestattungen enthielten. Bruchstücke von Mahlsteinen, Keramik und Hüttenlehm lassen eher an einen Siedlungskontext denken. Schnurkeramische Siedlungsbefunde sind aber vor allem im Mineralbodenbereich in ganz Süddeutschland äußerst selten.[43] Einer der Befunde ragt zudem durch die enorme Anzahl von 746 durchbohrten Hundezähnen[44] heraus, die in der Grubenfüllung verstreut lagen. Nur ein Teil der Schmuckzähne ließ noch eine Anordnung in mehreren Reihen erkennen (Abb. 7).[45] Eine Reihe von 85 Hunde- oder Fuchszähnen war bereits bei einer Grabung des Jahres 2000 im Gewerbegebiet „Wöllerspfad" bei Königshofen zum Vorschein gekommen, dort allerdings in einem Grab.[46]

Ein großer Teil der Siedlungsbefunde gehört der Späthallstatt- und Frühlatènezeit an (Abb. 8). Neben einer großen Anzahl von umgekehrt trichterförmigen Vorratsgruben konnten auch einige Grubenhäuser untersucht werden, die umfangreicheres Fundmaterial lieferten. Ein Hohlohrring mit Perlbuckelzier, eine vor allem in Nordbayern beheimatete Form der Stufe Ha D2/3, zeigt einen Beginn der Siedlung schon in der Hallstattzeit an.[47] Mit Kreisaugenstempeln und unterbrochenen Bögen verzierte Drehscheibenkeramik der sogenannten Braubacher Ware (Abb. 8, rechts) fand sich vereinzelt in mehreren Befunden, in größerer Menge jedoch in

42 V. Dresely, Schnurkeramik und Schnurkeramiker im Taubertal. Forsch. u. Ber. Vor- u. Frühgesch. Baden-Württemberg 81 (Stuttgart 2004). – M. Menninger, Die schnurkeramischen Bestattungen von Lauda-Königshofen. Steinzeitliche Hirtennomaden im Taubertal? Unpubl. Diss. Tübingen 2005.

43 Dresely (Anm. 42) 90.

44 Nach einer Bestimmung durch Elisabeth Stephan. Auch unter den Knochenresten aus der Grube konnten Hundeknochen festgestellt werden. – Freundl. mündl. Mitt. vom 27. 6. 2008.

45 R. Keller/D. L. Krausse, Schnurkeramische Überraschungen. Arch. Deutschland 2005/6, 47. – Dies., Siedlungsbefunde der Schnurkeramik und der frühen Germanen bei Königshofen, Stadt Lauda-Königshofen, Main-Tauber-Kreis. Arch. Ausgr. Baden-Württemberg 2005, 110–113.

46 C. Oeftiger, Abschließende Untersuchungen auf dem schnurkeramischen Bestattungsplatz bei Lauda-Königshofen, Main-Tauber-Kreis. Ebd. 2000, 45–47. – Menninger (Anm. 42) 20; 202.

47 H. Baitinger, Die Hallstattzeit im Nordosten Baden-Württembergs. Materialh. Arch. Baden-Württemberg 46 (Stuttgart 1999) 41 f. Abb. 7.

Abb. 7: Königshofen „Reißwag." Blockbergung von Reihen durchbohrter Hundezähne aus einer schnurkeramischen Grube.

der Verfüllung eines Grubenhauses. Sie datiert bereits in die Frühlatènezeit.[48] In einer umgekehrt trichterförmigen Grube fand sich eine Siedlungsbestattung (Abb. 9), die nach einer ^{14}C-Datierung in die frühe oder mittlere Latènezeit (kalibrierte Daten zwischen 351 und 208 v. Chr., unkal. 2206 ± 25 BP) zu setzen ist. Die ehemalige Vorratsgrube war zum Zeitpunkt der Bestattung bereits zu einem halben Meter verfüllt, dürfte also bereits als Abfallgrube genutzt worden sein.

Die jüngere Latènezeit ist mit relativ wenigen Befunden, darunter einem Grubenhaus vertreten (Abb. 10). Neben kammstrichverzierter Graphittonkeramik, glatter Drehscheibenware und typisch jüngerlatènezeitlicher Briquetage ist ein Glasarmring hervorzuheben, der zusammen mit ähnlichen Stücken aus früheren Lesefunden eine Besiedlung in der mittleren Latènezeit nahelegt. Die Siedlung hatte aber auch noch in Lt D Bestand, möglicherweise lassen sich sogar einzelne Lt D2-Funde ausscheiden.[49] So ist mit einem Dolium (Abb. 10, Mitte) eine Gefäßform der Spätlatènezeit belegt, die erst im Horizont des Basler Münsterhügels, also in Lt D2 auftritt. Auch in anderen Oppida im Oberrheingebiet kommen diese Gefäße vor,[50] ähnliche Formen sind zudem aus Bad Nauheim, dem Heidetränk-Oppidum und Manching bekannt.[51] Im östlichen Teil von Baden-Württemberg sind sie bisher nicht belegt.[52] Das könnte damit zusammenhängen, dass Funde der Stufe Lt D2 in diesem Raum überhaupt selten sind. Bis heute ist umstritten, inwieweit große Teile Süddeutschlands in dieser Zeit überhaupt noch bewohnt waren, oder ob lediglich die Sachkultur sich in diesem Raum so wenig verändert hat, dass sie für die archäologische Chronologie scheinbar in der Stufe Lt D1 verharrt.[53]

Mit der Frage nach dem Ende der Latènekultur ist die der Besiedlung durch die elbgermanische Großromstedter Kultur verknüpft, die am Ende der Latènezeit in den Jahrzehnten vor Christi Geburt (Stufe Eggers A) in Mainfranken und im Taubertal erscheint. Als Indizien, die für einen Kontakt beider Kulturen sprechen, wurden etwa die Ortskonstanz der Siedlungen und das Auftreten von Latène-Keramikformen mit Großromstedter Verzierung angeführt.[54] Dagegen hat Sabine Rieckhoff ein Modell gesetzt, das einen Hiatus zwischen einer spätlatènezeitlichen Entvölkerung Süddeutschlands und der Neubesiedlung durch elbgermanische Gruppen beinhaltet.[55] Auch im Reißwag finden sich Befunde beider Kulturen auf demselben Platz. Aus drei Großromstedter Grubenhäusern liegt ein umfangreiches Fundmaterial vor. In einem davon ist mit Gusstiegeln, Bronzeabfällen, Halbfabrikaten und

Abb. 8: Königshofen „Reißwag." Keramik der Hallstatt- und Frühlatènezeit. Rechts frühlatènezeitliche stempelverzierte Drehscheibenware.

48 F. Schwappach, Stempelverzierte Keramik von Armorica. In: O.-H. Frey (Hrsg.), Marburger Beiträge zur Archäologie der Kelten. Festschrift W. Dehn 60. Geburtstag. Fundber. Hessen Beih. 1 (Bonn 1969) 213–287 Taf. 17–22, bes. 270.

49 Frank (Anm. 19) 64 f.

50 H. Wendling, Der Fehlbrand eines spätlatènezeitlichen Doliums vom Breisacher Münsterberg. Ein Beitrag zur Wirtschaftsgeschichte des Oberrheingebietes. Arch. Korrbl. 35, 2005, 377–396. – A. Furger-Gunti, Die Ausgrabungen im Basler Münster I. Die spätkeltische und augusteische Zeit (1. Jahrhundert v. Chr.). Basler Beitr. Ur- u. Frühgesch. 6 = Unters. spätkelt.-frühröm. Übergangszeit Basel 1 (Derendingen/Solothurn 1979) 87–90.

51 Wendling (Anm. 50) 390 Anm. 32. – G. Weber-Jenisch, Der Limberg bei Sasbach und die spätlatènezeitliche Besiedlung des Oberrheingebietes. Materialh. Arch. Baden-Württemberg 29 (Stuttgart 1995) 47 f.

52 G. Wieland, Die Spätlatènezeit in Württemberg. Forschungen zur jüngeren Latènekultur zwischen Schwarzwald und Nördlinger Ries. Forsch. u. Ber. Vor- u. Frühgesch. Baden-Württemberg 63 (Stuttgart 1996).

53 G. Wieland, Zur Frage der Kontinuität von der Spätlatènezeit in die frühe römische Kaiserzeit an der oberen Donau. In: C.-M. Hüssen (Hrsg.), Spätlatènezeit und frühe römische Kaiserzeit zwischen Alpenrand und Donau. Koll. Ingolstadt 11./12. Oktober 2001. Koll. Vor- und Frühgesch. 8 (Bonn 2004) 113–122, bes. 120 f.

54 Frank (Anm. 19). – J. Haberstroh, Germanische Funde der römischen Kaiserzeit und Völkerwanderungszeit aus Oberfranken. Arch. Nachrichtenbl. 1, 1996, 339. – C. Tappert, Die Gefäßkeramik der latènezeitlichen Siedlung Straubing-Bajuwarenstraße. Materialh. Bayer. Vorgesch. A 89 (Kallmünz 2006) 283.

55 S. Rieckhoff, Süddeutschland im Spannungsfeld von Kelten, Germanen und Römern. Studien zur Chronologie der Spätlatènezeit im südlichen Mitteleuropa. Trierer Zeitschr. Beih. 19 (Trier 1995) 83 f. – Dies., Wo sind sie geblieben? Zur archäologischen Evidenz der Kelten in Süddeutschland im 1. Jahrhundert v. Chr. In: H. Birkhan (Hrsg.), Kelten-Einfälle an der Donau. Symposium Linz/Donau 2005. Österreich. Akad. Wiss. Denkschr. Phil.-Hist. Kl. 345 (Wien 2007) 409–440.

Abb. 9: Königshofen „Reißwag." Siedlungsbestattung in einer Abfallgrube.

Schlacken eindeutig die Verarbeitung von Metall in der Siedlung belegt. Aus derselben Verfüllung konnten winzige Plättchen von Schwarzem Eisenoxid, sogenanntem „Hammerschlag" (Fe_3O_4), ausgeschlämmt werden, die beim Schmieden vom Werkstück abgesprungen sind und hier den engen Zusammenhang von Buntmetall- und Eisenverarbeitung anzeigen.[56] Typisch sind die schlanken Situlen (auch „Trichterurnen" genannt) mit der weit ausladenden, kantigen Schulter und einer feinen Punktreihenverzierung (Abb. 11). Diese wurde mit Hilfe eines Rollrädchens angebracht und bildet geometrische Muster auf der Gefäßschulter. Der Unterlieger einer Drehmühle aus Basaltlava stammt wohl aus der Eifel und zeigt weiter reichende Handelsverbindungen an.

Die Siedlung im Reißwag bricht, wie die Besiedlung des Taubertals überhaupt, um Christi Geburt ab. Im 1. Jh. ist dann wie im übrigen Taubertal eine Siedlungslücke im Reißwag festzustellen. Auch im angrenzenden Mainfranken scheint die Besiedlung durch Abwanderungen stark auszudünnen. In welchem historischen Zusammenhang dies steht, ist noch unklar. Die Abwanderung der Markomannen nach Böhmen zwischen 8 und 1 v. Chr. wird gelegentlich angeführt.[57] Auch ein Zusammenbruch des Siedlungssystems beim Rückzug Roms an den Rhein und der Aufgabe des augusteischen Lagers bei Marktbreit nach der Niederlage im Teutoburger Wald 9 n. Chr. wurde vermutet.[58] Die archäologische Datierungsschärfe stößt hier jedoch an ihre Grenzen.

---

56 S. Hasse/E. Brunnhuber, Giesserei-Lexikon[18] 2001 (2000) 1436 s.v. Zunder. – H. Hundeshagen, Der Schmied am Amboss. Ein praktisches Lehrbuch für alle Schmiede und Schlosser[8] (Berlin 1989, Nachdruck Hannover 2001) 23 f.

57 D. Timpe, Die Siedlungsverhältnisse Mainfrankens in caesarisch-augusteischer Zeit nach den literarischen Quellen. In: Pescheck (Anm. 15) 127. – B. Steidl, Die Siedlungen von Gerolzhofen und Gaukönigshofen und die germanische Besiedlung des 1. Jahrhunderts v. Chr. bis 4. Jahrhunderts n. Chr. am mittleren Main. In: A. Haffner/S. von Schnurbein (Hrsg.), Kelten, Germanen, Römer im Mittelgebirgsraum zwischen Luxemburg und Thüringen. Koll. Trier 1998. Koll. Vor- u. Frühgesch. 5 (Bonn 2000) 103 f.

58 B. Steidl, Mainfranken in den beiden Jahrhunderten um Christi Geburt. In: C.-M. Hüssen (Hrsg.), Spätlatènezeit und frühe römische Kaiserzeit zwischen Alpenrand und Donau. Koll. Ingolstadt 11./12. Oktober 2001. Koll. Vor- u. Frühgesch. 8 (Bonn 2004) 223–235.

Abb. 10: Königshofen „Reißwag." Funde der jüngeren Latènezeit aus den Grabungen im „Reißwag".

Abb. 11: Königshofen „Reißwag." Situla aus einer Grube der Großromstedter Kultur.

Römischer Import in der mittleren Kaiserzeit

Erst in der mittleren Kaiserzeit werden wieder Siedlungsspuren in der Grabungsfläche greifbar, die nunmehr der rhein-weser-germanischen Kultur angehören (Abb. 12). Für die Siedlung des 2. und 3. Jh. n. Chr. deutet sich eine Konzentration der Befunde in den tiefer gelegenen Grabungsflächen nahe der Terrassenkante an. Die Beziehungen der hier ungefähr 25 km außerhalb des Limes siedelnden Germanen zum nahen römischen Reich spiegeln sich vor allem in den Funden römischer Keramik.

Die Terra sigillata bewegt sich im Wesentlichen innerhalb des bisher aus dem Taubertal bekannten Rheinzaberner Spektrums.[59] Lediglich eine kleine Scherbe fällt durch ihre sehr feine Matrix mit feinsten weißen Einsprengseln und den kirschroten Überzug aus dem übrigen Material heraus. Sie stammt wahrscheinlich aus spätsüdgallischer oder aus früher Rheinzaberner Produktion.[60]

Eine Reliefschüssel des Mammilianus mit einem Blattmotiv P59 und zwei weiteren Scherben mit Ranke und Eierstab E18 (Abb. 13,1) gehört zu den frühen Rheinzaberner Produkten (Bernhard IIa, 2. Viertel 2. Jh. bis 1. Viertel 3. Jh.).[61] Werke dieses Töpfers sind bereits aus der Notbergung einer Grube vom Reißwag bekannt.[62] Nur noch der Ansatz des Eierstabs ist an der Randscherbe einer weiteren Schüssel Drag. 37 zu erkennen (Abb. 13,4). Ein kleiner Splitter (Abb. 13,2) lässt noch eine Sternrosette O48 und einen Eierstabrest E45/46 erkennen, was ihn dem Mammilianus oder wahrscheinlicher noch der Art Julius I (Bernhard IIb, 1. Hälfte 3. Jh.) zuweist.[63] Der Eierstabrest einer weiteren kleinen Wandscherbe (Abb. 13,7) kann unter Umständen von einer Punze E43 und damit Victor II-Januco stammen (Bernhard IIIb, 2. Drittel 3. Jh.).

Bei der Randscherbe eines Tellers Drag. 18/31 (Abb. 13,6) kann wegen des fehlenden Wandknicks nicht sicher zwischen der älteren und der jüngeren Formausprägung differenziert werden. Sie sind ab flavischer Zeit häufig, in der ersten Hälfte des 3. Jh. aber nur noch selten in Obergermanien anzutreffen. Tendenziell könnte man das Stück wegen der relativ steil gestellten schrägen Wand ohne Kurvatur den im Pforzheimer Material jüngeren Formen zur Seite stellen, die dort in hadrianische und antoninische Zeit datiert werden.[64]

Römische tongrundige Keramik liegt in Form von zwei einhenkligen Krügen vor. Der eine gehört zur Form Niederbieber 61, genauer der Variante 2 mit verschliffenem Kragenrand (Abb. 13,8). Diese Variante kommt in Walheim Mitte des 2. Jh. auf und bildet bis zum Ende des Jahrhunderts die häufigste

59 Frank (Anm. 19). – Pescheck (Anm. 15) 75–81.
60 Die römische Keramik aus der Siedlungsgrabung wurde ebenfalls durch Klaus Kortüm, LAD, bestimmt (vgl. Anm. 24).
61 Zur absoluten Datierung vgl. Anm. 26.
62 Frank (Anm. 21) 180 Abb. 7, 4.
63 Bernhard (Anm. 26).
64 Kortüm (Anm. 28) 239 f. Taf. 74 f. (Form T 2 e–g).

Abb. 12: Königshofen „Reißwag." Römische und rhein-weser-germanische Funde aus dem Siedlungsbereich.

Krugform.[65] Der andere (Abb. 13,11) entspricht dem Krug mit verdickter Lippe und geripptem Hals (K 5), und zwar mit oval ausgezogener Lippe (K 5b) nach Kortüm.[66] Es scheint sich um eine Regionalform zu handeln, die „seit dem späteren 1. Jh. vor allem in Baden und den angrenzenden Gebieten", dann aber vor allem im 2. Jh. verbreitet ist.[67] Zu der spitz ausgezogenen unteren Rippe, die einen scharfen Absatz der Rippenzone nach unten bildet, waren in publiziertem Material aus Baden-Württemberg bisher keine Vergleiche zu finden. Im römischen Friedhof von Weilerbach (Lkr. Kaiserslautern) weisen drei Krüge eine ähnliche Bildung auf.[68] Ferner wird ein weiß engobierter Gefäßboden (Abb. 13,10) mit einem Durchmesser von 9 cm zu einem Krug, wahrscheinlich einem Zweihenkelkrug gehört haben. Eine größere Anzahl von Wandscherben dürfte nach Umfang und Form ebenfalls von Krügen stammen, zumal Randscherben anderer Gefäßformen in den betreffenden Befunden fehlen.

Breitformen tongrundiger Keramik sind lediglich durch das Randstück einer Horizontalrandschüssel vertreten (Abb. 13,3). Es ist sehr klein und stellenweise schon etwas verrundet, weshalb die Orientierung nicht mehr genau feststellbar ist. Auch die Rekonstruktion zu einem Deckelfalzrand wäre möglich. Da die Kehlung im Gegensatz zur gerillten Seite jedoch nicht geglättet ist, dürfte sie eher nach unten gerichtet gewesen sein.[69] Während der Horizontalrand bei diesen Schüsseln meist zwei Rillen mit einer breiten Rippe dazwischen trägt,[70] weist das vorliegende Stück drei breite Rillen in gleichmäßigem Abstand auf. Ähnliches findet sich nur vereinzelt in Pforzheim[71], Bad Wimpfen[72] und Jagsthausen[73]. Seit flavischer Zeit vorhanden, treten die Schüsseln mit Horizontalrand in der zweiten Hälfte des 2. Jh. „allmählich zurück".[74] Hinzuweisen ist noch auf eine Randscherbe aus einer feinen gelbbraunen Ware, die nicht sicher einer bestimmten Gefäßform zugewiesen werden kann (Abb. 13,9).

Die bisher einzige römische Münze des Fundplatzes kam bereits bei früheren Begehungen zum Vorschein. Der Denar für Diva Paulina wurde 235–238 in Rom geprägt.[75]

Die rhein-weser-germanische Keramik selbst ist weit weniger genau chronologisch einzuordnen. Immerhin scheint beim derzeitigen Stand der Bearbeitung die älterkaiserzeitliche Form Uslar I weitgehend zu fehlen, während Gefäße der jüngerkaiserzeitlichen Form Uslar II sehr deutlich vertreten sind. Der Wechsel von Form I zu Form II wird in die zweite Hälfte des 2. Jh. n. Chr. datiert.[76] Eine verzierte Nadel aus Knochen diente wohl als Haarnadel (Abb. 14). Die Knochennadeln lassen sich mit den gleichzeitigen metallenen Entsprechungen vergleichen. Danach ist die Nadel von Königshofen in die Gruppe IVa (profilierte Nadeln ohne Durchbruch, mit Karniesprofil) nach Beckmann[77] einzuordnen.

65 K. Kortüm/J. Lauber, Walheim I. Das Kastell II und die nachfolgende Besiedlung. Forsch. u. Ber. Vor- u. Frühgesch. Baden-Württemberg 95 (Stuttgart 2004) 338 f. Abb. 151. – T. Spitzing, Die römische Villa von Lauffen a. N. (Kr. Heilbronn). Materialh. Arch. Baden-Württemberg 12 (Stuttgart 1988) 88.

66 Kortüm (Anm. 28) 305 f. Taf. 91.

67 Kortüm (Anm. 28) 305.

68 Mitt. Hist. Ver. Pfalz 68, 1970, 134–138 Nr. 1 (Weilerbach) Abb. 141,2–3.5.

69 Freundl. Hinweis Klaus Kortüm, LAD. Eine mittelalterliche Zeitstellung ist laut einer Begutachtung durch Uwe Gross, LAD, nach Form und Ton sehr unwahrscheinlich.

70 Czysz u. a. (Anm. 31) 30 Taf. 24,283. – Kortüm (Anm. 28) 319 f.

71 Kortüm (Anm. 28) 319 Taf. 121,56.59.

72 Czysz u. a. (Anm. 31) 30 Taf. 24,272.

73 K. Kortüm, Ein archäologischer Aufschluß im Kastellvicus von Jagsthausen, Kreis Heilbronn. Fundber. Baden-Württemberg 13, 1988 Abb. 13,12.

74 Kortüm (Anm. 28) 320.

75 Frank (Anm. 21) 178.

76 M. Kempa, Haffen. Eine vor- und frühgeschichtliche Siedlung im Altkreis Rees. Rhein. Ausgr. 39 (Köln 1995) 71 f. – D. Rosenstock, Die Siedlungsstellen in Geismar und die Besiedlung im oberen Leinetal seit der jüngeren vorrömischen Eisenzeit. Neue Ausgr. u. Forsch. Niedersachsen 13, 1979, 172 f. – Die Chronologie der Römischen Kaiserzeit im Barbaricum ist nur in einen älteren und einen jüngeren Abschnitt gegliedert. Nach der provinzialrömischen Terminologie fällt die Besiedlung des „Reißwag" dagegen in die mittlere Kaiserzeit.

77 B. Beckmann, Studien über die Metallnadeln der römischen Kaiserzeit im freien Germanien. Eine Untersuchung ihrer Formen,

Fortsetzung siehe Seite 221

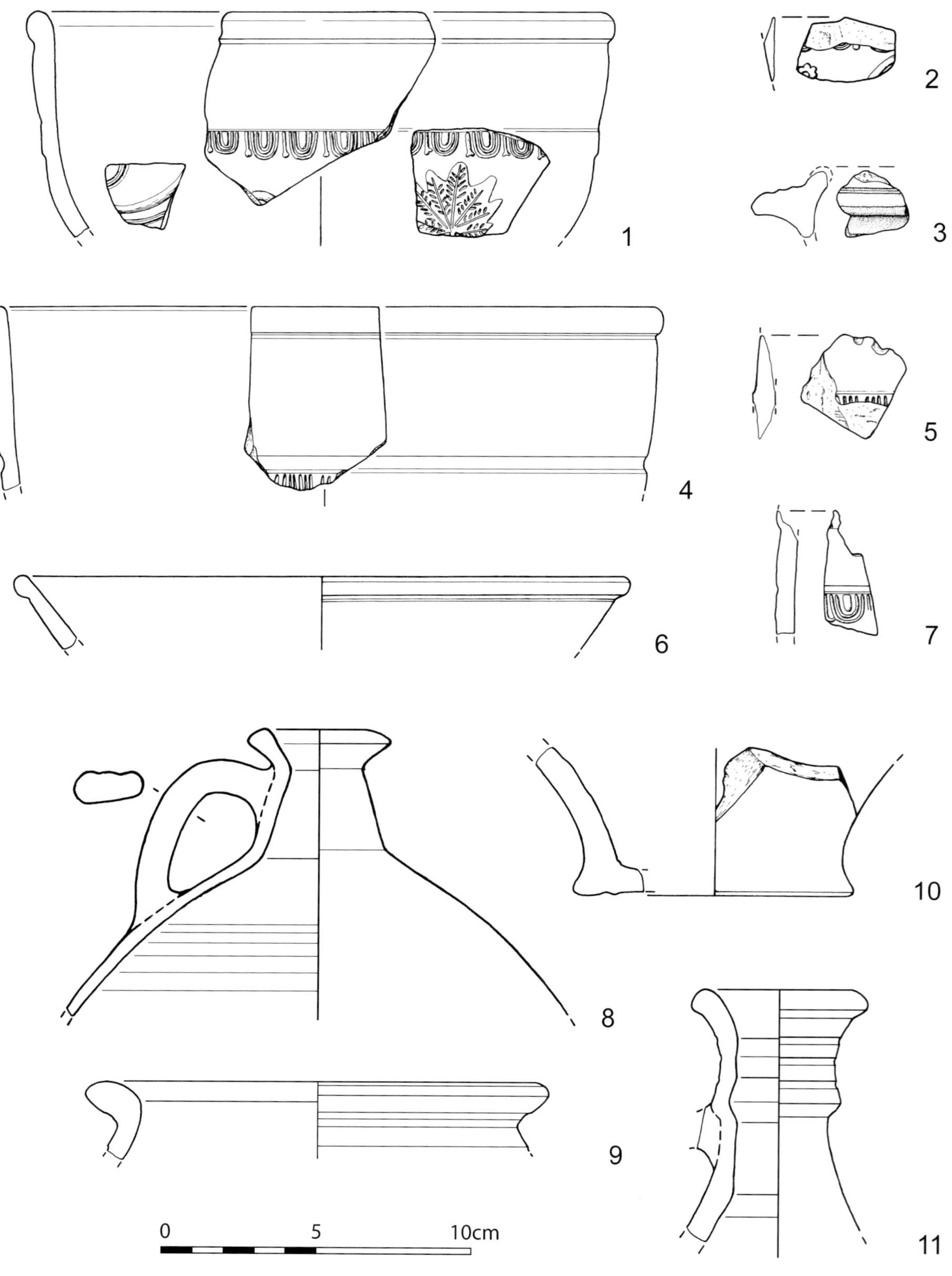

Abb. 13: Königshofen „Reißwag." Römische Funde aus der rhein-weser-germanischen Siedlung.

Unter den vielgestaltigen Ausprägungen der Gruppe entsprechen ihr am ehesten die Formen 72 und 65, deren Vertreter in die Stufen B 1 und B 2 nach Eggers datieren. Schwerpunktmäßig wird die Gruppe ebenso wie das auf der Königshofener Nadel doppelt auftretende Karniesprofil in B 2, also von der zweiten Hälfte des 1. Jh. bis um 160/180 n. Chr. gestellt. Das entspräche, ähnlich wie auf den meisten Fundplätzen in Mainfranken[78] und Oberfranken[79], dem frühesten bisher fassbaren Zeithorizont der Siedlung. Da die Nadel mit dem oben erwähnten Krug Niederbieber 61 im selben Befund lag, dürfte sie allerdings nicht vor der Mitte des 2. Jh. in den Boden gelangt sein. Ihr Verbreitungsbild an der Elbe und östlich davon steht im Gegensatz zu der westlich orientierten rhein-weser-germanischen Keramik. Betrachtet man die Herkunft der Vergleichsformen 72 (Obersachsen, Nordböhmen) und 65 (Südpolen), so wird der Unterschied noch auffälliger.[80]
Vor allem durch die römischen Funde ist für die Siedlung im Reißwag bisher eine Zeitspanne zwischen frühestens der Mitte des 2. Jh. und zumindest bis an die Mitte des 3. Jh. heran anzunehmen. Das entspricht etwa der Zeit, in der die äußere Limeslinie Bestand hatte. Methodisch ist die Datierung über den römischen Import daher etwas problematisch. Es besteht die Unsicherheit, dass vielleicht nur der Zustrom römischer Güter über den Limes datiert wird und weniger das eigentliche Bestehen der Siedlung. Zumindest der Ansatz für den Siedlungsbeginn findet aber auch im einheimischen Material eine Stütze. Der Eindruck drängt sich auf, dass die rhein-weser-germanische Ansiedlung im Zusammenhang mit dem Limes steht. Ob die Nutzung des Platzes an das Ende des Limes heranreicht, ist unsicher. Für die zweite Hälfte des 3. Jh. konnte im „Reißwag" wie im gesamten Taubertal[81] jedenfalls bislang keine Besiedlung nachgewiesen werden.

Fazit

Betrachtet man das Keramikspektrum mit dem Überwiegen der Schüsselformen bei der Terra sigillata und den Krugformen der römischen Gebrauchskeramik gegenüber der weit stärker vertretenen rhein-weser-germanischen Keramik, so wird deutlich, dass eine durchgreifende Romanisierung hier nicht stattgefunden hat. Steidl weist auch anhand der Fundspektren aus germanischen Siedlungen des Maindreiecks darauf hin, dass die Germanen eine sehr selektive Auswahl von Formen aus dem römischen Keramikangebot importiert haben.[82] Besonders die Reliefsigillataschüsseln werden als „feinere" Variante des traditionellen, selbst hergestellten Geschirrs eingeführt worden sein. Die römischen Krüge haben demgegenüber das Formenrepertoire ergänzt, wenn sie nicht sogar lediglich als „Transportverpackung" in die Siedlungen gelangt sind. Gut vorstellbar ist, dass das Taubertal an einem Handelsweg lag, der vom Grenzkastell Osterburken über Südwest–Nordost gerichtete Seitentäler der Tauber Richtung Maindreieck verlaufen sein könnte. Der Limes spielte dabei weniger die Rolle eines Verteidigungswalles, sondern kanalisierte Waren- und Menschenbewegungen und ermöglichte deren Kontrolle durch den Osterburkener Benefiziarierposten. Jedenfalls scheint das Nebeneinander von Provinzialrömern und Rhein-Weser-Germanen hier eher friedlich. Das sollte sich im 3. Jh. mit dem Auftauchen elbgermanischer Verbände ändern. Die Schriftquellen notieren seit 213 n. Chr. immer wieder Einfälle in das Reichsgebiet, verbunden mit Plünderungen und Verschleppungen von Menschen. In

Abb. 14: Königshofen „Reißwag." Germanische Haarnadel aus Knochen (L. 9,8 cm).

Fortsetzung Fußnote 77:
Zeitstellung und Verbreitung. Saalburg-Jahrb. 23, 1966, 26–28 Taf. 2. Als Karniesprofil bezeichnet Beckmann das hohe vasenförmige Teilelement der Verzierung.

78 Pescheck (Anm. 15) 97–99.

79 J. Haberstroh, Germanische Funde der Kaiser- und Völkerwanderungszeit aus Oberfranken. Materialh. Bayer. Vorgesch. A 82 (Kallmünz/Opf. 2000) 73.

80 Beckmann (Anm. 77) 43 Taf. 17. Man vergleiche etwa mit der Kartierung der rhein-weser-germanischen Gruppe bei R. v. Uslar, Zu einer Fundkarte der jüngeren Kaiserzeit in der westlichen Germania libera. Prähist. Zeitschr. 52, 1977, Beil. 5 nach 144.

81 K. Frank, Bedrohliche Gegner? Wankelmütige Nachbarn im Norden. In: Arch. Landesmus. Baden-Württemberg (Hrsg.), Imperium Romanum. Roms Provinzen an Neckar, Rhein und Donau. Ausstellungskat. Stuttgart 2005/2006 (Stuttgart 2005) 144–146.

82 B. Steidl, Der Blick über den „Zaun": Die Germanen im Vorfeld des Limes. Freunde – Feinde – Ignoranten? In: A. Thiel (Hrsg.), Forschungen zur Funktion des Limes. 3. Fachkoll. Deutsche Limeskommission Weißenburg 2005. Beitr. Welterbe Limes 2 (Stuttgart 2007) 35–47.

Mainfranken deutet sich sogar ein Nebeneinander der Neuzuwanderer und der eingesessenen Rhein-Weser-Germanen an, wobei mit der Zeit das rhein-weser-germanische Element in den Hintergrund tritt.[83] Elbgermanische Sachkultur wird am Beginn des 4. Jh. auch im Taubertal archäologisch fassbar.[84] Durch die allmähliche Aufsiedlung des ehemals römischen Gebietes zwischen Limes und Rhein wird diese in der Folge prägend für das Besiedlungsbild während der Spätantike und der Völkerwanderungszeit im heutigen Südwestdeutschland.

Die bisherigen Ergebnisse fügen sich recht gut in das heute wesentlich differenziertere Bild von der Rolle des Limes und der Germanen in seinem Vorfeld. Eher friedliche Kontakte scheinen die Grundlage der engen Beziehung der rhein-weser-germanischen Besiedlung zum römischen Limes zu bilden. Aber auch die unruhige Umbruchszeit des 3. Jh. bis zum Ende des Limes müsste intensiver auch aus dem Blickwinkel der „anderen", germanischen Seite untersucht werden. Damit erscheint es möglich, zu einer wesentlich genaueren und differenzierteren Kenntnis der historisch so bedeutsamen Entwicklungen dieser Epoche zu kommen.

Bildnachweis

Regierungspräsidium Stuttgart, Landesamt für Denkmalpflege: 1 (C. Nübold; Zusammenstellung K. Kortüm/R. Keller, Datengrundlagen: Baatz 1982, Frank 1994, Frank 2000, Sommer 1988 u. Steidl 2000); 3 (Foto O. Braasch, Ergänzungen durch C. Nübold); 4, 8, 10–12 (Foto Y. Mühleis); 6 (S. Schmidt, Grundlage: unbereinigte Rohmessdaten der Laserscan-Befliegung. © Landesvermessungsamt Baden-Württemberg [www.lv-bw.de] Az. 2851.9-1/19); 7 (Foto K. Fisch); 9 (Foto R. Keller); 14 (Foto F. Pilz)
Terrana Geophysik, Geomagnetik: 2
J. Englert, Zeichnungen: 5, 13

83 Ebd. 41–44.
84 Frank (Anm. 80) 146.

Römischer Grenzwall in Westerwald und Taunus
Zum Limes in Rheinland-Pfalz

HANS-HELMUT WEGNER UND CLIFF ALEXANDER JOST

Ein langer Weg zum Welterbe – Rückblick, Standort und Perspektive

Nach der Erforschung und der systematischen Aufarbeitung und Dokumentation des gesamten Limesverlaufes durch die Reichs-Limeskommission seit 1892 bis 1937 unter der Federführung und Initiative des Althistorikers Prof. Theodor Mommsen – der letzte Band der Veröffentlichung des vierzehnbändigen Limeswerkes erschien 1937 – ist nach anfänglicher guter regionaler Anteilnahme der Bevölkerung dieses bedeutende Denkmal der römischen Geschichte vor Ort stellenweise fast gänzlich wieder in Vergessenheit geraten. Unter dem aktuellen Eindruck der damaligen Forschungen eingerichtete regionale Museen zur Information, Darstellung und Präsentation der Funde und der Ergebnisse für die Öffentlichkeit wurden nach dem Zweiten Weltkrieg teils nicht mehr weiter betrieben, teils verlagerten sie ihren Schwerpunkt deutlich vom Limes auf andere Themen (z.B. Museen wie Neuwied, Bendorf, Lahnstein, Nastätten, St. Goarshausen u.a.). Dieser offensichtliche Schwund an Wissen und an Wertschätzung dieser Fundplätze des Limes, besonders in der Nachkriegszeit, hat eine erhebliche Zerstörung und Beeinträchtigung durch Überbauung der an sich längst bekannten Denkmäler bewirkt. Bei Kenntnis der Bedeutung und entsprechender Anerkennung hätten diese jüngsten Zerstörungen planungstechnisch leicht vermieden werden können, z.B. bei dem Kleinkastell am „Caput Limitis", wo eine Kläranlage errichtet wurde, oder bei den Kastellen Niederbieber, Heddesdorf, Bendorf, Niederberg, die teilweise durch Wohnbebauung überlagert wurden. Offensichtlich waren in der damaligen Situation die einzelnen Gemeinden mit ihrer Planungshoheit weit überfordert, da die Gemeinderäte aus eigener Kraft und Informationsvermögen die Abwägung zugunsten des überregionalen Kulturdenkmals offensichtlich nicht durchsetzen konnten. Auch waren die denkmalrechtlichen und fachbehördlichen Voraussetzungen in der Aufbauphase der Länder noch nicht in der erforderlichen Form geschaffen. Dies galt in besonderem Maße für das Land Rheinland-Pfalz, das aus der ehemaligen französischen Besatzungszone hervorging und ganz neu aufgebaut werden musste. In diesem aus verschiedenen historischen Kulturzugehörigkeiten „zusammengewürfelten Territorium" herrschten zudem noch unterschiedliche das Denkmalrecht betreffende Gesetzesgrundlagen. Das damals im nördlichen Teil des Landes und der Limesregion in der ehemaligen Rheinprovinz geltende preußische Ausgrabungsgesetz von 1914 bot für Unterschutzstellungen kaum eine Handhabe, lediglich die Auffindung von archäologischen Denkmälern bzw. die Grabungsgenehmigungen waren geregelt. Zuständig war der Direktor des Rheinischen Provinzialmuseums in Bonn als sogenannter „Staatlicher Vertrauensmann für kulturgeschichtliche Bodenaltertümer". Für Rheinhessen und Nassau bestanden eigene gesetzliche Regelungen, die fachlich durch die Museen in Wiesbaden bzw. Mainz wahrgenommen wurden. Hierher sind auch jeweils die bemerkenswerten Funde, die bei den Forschungen der Reichs-Limeskommission und im Zusammenhang mit der römischen Altertumskunde zutage kamen, zur Aufbewahrung und Präsentation gelangt. Für die Pfalz galten die entsprechenden bayerischen Regelungen. Diese verschiedenen gesetzlichen und organisatorischen Voraussetzungen wirkten im Land Rheinland-Pfalz noch bis zum Erlass des neuen Denkmalschutz- und Pflegegesetzes von 1978 weiter.[1]

1 Nach Neugründung des Landes Rheinland-Pfalz galten für die Archäologische Denkmalpflege bzw. die Bodendenkmalpflege drei verschiedene Gesetzesgrundlagen: Für den Teil der ehemaligen preußischen Rheinprovinz war es das „Preußische Ausgrabungsgesetz vom 26. 3. 1914" in Verbindung mit den „Ausführungsbestimmungen vom 30. 7. 1920". Für den ehemaligen bayerischen Landesteil der Pfalz galt die „Verordnung vom 6. 9. 1908; Ausgrabungen und Funde von prähistorischen und historischen Gegenstände betreffend". Für den ehemaligen nassauischen und rheinhessischen Landesteil galt das „Gesetz den Denkmalschutz betreffend vom 16. 7. 1902" und die „Bekanntmachung für die

Fortsetzung siehe nächste Seite

Nicht erst ausgelöst durch diese europäische Initiative, aber weitgehend gefördert durch das Denkmalschutzjahr 1975 unter dem Motto „Eine Zukunft für unsere Vergangenheit" wurde die Vorbereitung des „Gesetzes zum Schutz und zur Pflege der Kulturdenkmäler in Rheinland-Pfalz" gezielt auf den Weg gebracht, das schließlich 1978 erlassen wurde.[2] Mit dem neuen Gesetz wurden in Rheinland-Pfalz die bestehenden fachlichen Aufgaben neu definiert und erweitert sowie die vorhandenen Organisationsstrukturen zusammengeführt. Doch erfuhr weder die personelle noch die finanzielle Ausstattung eine angemessene Verbesserung, obgleich die Aufgaben der bestehenden „Ämter für Vor- und Frühgeschichte" durch den gesetzlichen neu definierten Auftrag wesentlich erweitert wurden. Das Gesetz bot aber erstmalig überhaupt Möglichkeiten, auch die archäologischen Denkmäler besser zu schützen und zu erhalten, insbesondere durch das Instrument der gesetzlichen Ausweisung von archäologisch wichtigen Arealen als „Grabungsschutzgebiet und als „Kulturdenkmal".[3] Die Erweiterung der Funktion der Denkmalpflege als „Träger öffentlicher Belange" ermöglichte den archäologischen Fachämtern nunmehr im Vorfeld, die drohende Zerstörung eines Befundes zu verhindern und gegebenenfalls durch die Durchsetzung von Ausgrabungen eine „Ersatzvornahme" zu erreichen oder die Erhaltung von bestimmten Bereichen als archäologische „Denkmalzone" durchzusetzen. Als Fachbehörde zur wissenschaftlichen Erschließung und gutachterlichen Beurteilung dienten die bestehenden „Ämter für Vor- und Frühgeschichte", für den Erlass der Rechtsverordnung und für die verwaltungstechnische Durchsetzung wurden die „Denkmalschutzbehörden" in Rheinland-Pfalz neu geschaffen, die „Untere" bei den Kreisen ebenso wie die „Obere" bei den Bezirksregierungen (heute ADD) und die „Oberste" beim zuständigen Kultusministerium.

Sofort nach Antritt des neuen Amtsleiters – die Ämter waren durch Neuorganisation als „Bodendenkmalpflege" in das Landesamt für Denkmalpflege eingegliedert – ergriff das Koblenzer Amt, das seit 1980 unter der Leitung des Verfassers stand, die neuen Möglichkeiten der Unterschutzstellungen mit zwei hervorragenden Monumenten: dem keltischen Oppidum auf dem Martberg bei Pommern an der Mosel und dem Obergermanischen Limes. Beide archäologischen Denkmäler zählen zu den bedeutendsten des Landes und waren zudem erheblich gefährdet, durch Land- und Forstwirtschaft, Kies- und Bimsabbau sowie Überplanungen der verschiedensten Art (Wohngebiete, Industrieansiedlung, Feriendörfer etc.). Doch schienen sich beide Objekte für eine zunächst exemplarische Anwendung des neuen Gesetzes gut zu eignen: Die Relikte waren in der Kulturlandschaft gut erkennbar; Kelten und Römer erfreuten sich in der Verwaltungsöffentlichkeit eines verhältnismäßig hohen Bekanntheitsgrades. Daher ließ die Plausibilität der Notwendigkeit einer Erhaltung dieser Denkmäler eine durchaus hohe Zustimmung erwarten. Doch die Unterschutzstellung und die förmliche Ausweisung als Kulturdenkmal nach dem neuen Gesetz erwiesen sich als äußerst schwierig. Betroffen waren überwiegend die Gemeinden als Anrainer zum Limes sowie Privatpersonen als Grundstückseigentümer. Wir mussten feststellen, dass der Obergermanische Limes in der Bevölkerung tatsächlich weitestgehend in „Vergessenheit" geraten war, weshalb etliche Ratsmitglieder und Ortsbürgermeister als erste Reaktion noch im Jahre 1981 die Existenz des römischen Grenzwalles in ihrem Gemeindegebiet zunächst laut abstritten, es dann weder wahrhaben wollten noch nach erfolgtem Nachweis durch die Fachbehörde darüber erfreut waren: „Da kann man ja gar nichts sehen," und „... nur dieser kleine Erdwall? Das kann ja alles mögliche sein", waren häufig geäußerte Verlautbarungen. Nach den ersten fachbehördlichen Anträgen auf Ausweisung des Obergermanischen Limes als Kulturdenkmal bei den Denkmalschutzbehörden und Ortsterminen reagierten auch die Kreisverwaltungen als Untere Denkmalschutzbehörden zunächst zögerlich und ließen eine gewisse Unwilligkeit erkennen, da sie für die neue, vom Land delegierte Aufgabe nicht angemessen ausgestattet waren. Der für den Denkmalschutz „abgestellte Viertel-Inspektor" zeigte sich über den wesentlich größeren Arbeitszuwachs meist nicht gerade begeistert, zumal man in den Landratsämtern zudem nicht immer gerade die kompetentesten Personen für den „Denkmalschutz" ausgewählt hatte: Widerspruchsverfahren waren daher zunächst die natürliche Folge. Eine un-

---

Fortsetzung Fußnote 1:
Anzeigepflicht und die behördlichen Genehmigungen bei Ausgrabungen und Funden vom 20. 10. 1920". Siehe hierzu die umfangreiche Zusammenstellung von H. Hingst, Denkmalschutz und Denkmalpflege in Deutschland. In: Bad. Fundber. Sonderh. 7, 1964, 145–150.

2 Landesgesetz zum Schutz und zur Pflege der Kulturdenkmäler in Rheinland-Pfalz (Denkmalschutz- und Pflegegesetz) vom 23. März 1978 (GVBl. S. 179, zuletzt geändert durch Gesetz vom 27. 10. 1986, GVBl. S. 291).

3 Denkmalschutz- und -pflegegesetz Rheinland-Pfalz vom 23. 3. 1978, insbesondere §§ 8–15, zur Organisation §§ 24–28 und zu den Funden §§ 16–22 mit der Novellierung des Schatzfundparagraphen 19a. Eine Novellierung mit Einbeziehung des Verursacherprinzips steht schon seit einiger Zeit „kurz vor der Verabschiedung".

Abb. 1: Koblenz, Landratsamt des Kreises Mayen-Koblenz. Eröffnung der Ausstellung „Der Limes – Römischer Grenzwall in Westerwald und Taunus“ am 8. September 1983. Versammelt um das Modell der Rekonstruktion eines Wachtturmes (v. l. n. r.): Dr. W. Theisen (Geschäftsführer des Mittelrheinverlages), U. Hoppenheit (Sparkassendirektor), Dr. H.-P. Gorschlüter (Kulturdezernent von Koblenz), Dr. H.-H. Wegner (Leiter des Amtes für Bodendenkmalpflege Koblenz), Landrat Dr. N. Heinen, Landrat Dr. G. Klinkhammer, H. Kampmann (Chefredakteur der Rhein-Zeitung) und K. Deinaß (Rhein-Zeitung, Bereichsredakteur Westerwald).

endliche Aufklärungsarbeit und gezielte Informationsvermittlung an die Landräte, Kreistage und ihre Verwaltungen sowie in der Öffentlichkeit über Archäologie im Allgemeinen, die Römer in Rheinland-Pfalz und speziell über den römischen Limes in Westerwald und Taunus waren zu leisten! Was war zu tun mit der personell geringen Ausstattung der Fachbehörde „Außenstelle Koblenz der Abteilung Bodendenkmalpflege am Landesamt für Denkmalpflege“? Neben vielfältigen kleinen Informationsaktionen und -veranstaltungen vor Ort und in den Gemeinden zur römischen Besiedlung und zum Limes soll hier nun über eine bemerkenswerte übergreifende Maßnahme berichtet werden. Zusammen mit dem Redakteur der regional wichtigsten Tageszeitung, Herrn Klaus Deinaß, der insbesondere für den Bereich Westerwald der „Rheinzeitung“ zuständig war und sich für historische Kulturzusammenhänge im Raum Koblenz und Umgebung engagierte, wurde zunächst in den überregional erscheinenden Teilen dieser „Rheinzeitung“ zu der römischen Besiedlung und ihren Grenzen in Westerwald und Taunus eine Serie von 24 ganzseitigen, reich bebilderten Artikeln platziert. Diese Sonderseiten erschienen jeweils mit regionalem Schwerpunkt in den Bereichen, wo gerade eine Unterschutzstellung des Limes durch das Fachamt beantragt war, was den bevorstehenden Erlass der Rechtsverordnung deutlich plausibilisierte – denn wenn etwas in der Zeitung steht, muss es ja wichtig sein! Darüber hinaus konnte mit großer Unterstützung des „Leserdienstes der Rheinzeitung“ unter der Autorenschaft von Klaus Deinaß (Textfassung), Heinz Ewald (Fotografie) und dem Verfasser (fachliche Beratung) eine umfangreiche Wanderausstellung mit dem Titel: „Der Limes – Römischer Grenzwall in Westerwald und Taunus“ erstellt werden. Diese „Werbeaktion“ war ein voller Erfolg und wurde ebenfalls jeweils in der Region vorgenommen, wo die Beantragung und Ausweisung des „Obergermanischen Limes als Kulturdenkmal“ gerade zur Bearbeitung in den Kreisverwaltungen anstand. Diese Veranstaltungen waren in Verbindung mit Vorträgen, Führungen und Limeswandertagen, verbunden mit entsprechenden Berichten in den Medien, nicht nur für die Verwaltungsgremien und Schulen sehr hilfreich, sondern haben für den Westerwaldverein und für sonstige regional interessierte Vereinigungen sowie für die gesamte Öffentlichkeit allmählich zu einer hohen Akzeptanz dieses archäologischen Denkmals geführt. So war diese Ausstellung nicht nur im Landtag Rheinland-Pfalz für fast zwei Monate zu sehen, wo sie vom Landtagspräsidenten eröffnet wurde und bei den Abgeordneten großes Interesse hervorrief, sondern sie wurde auch an den entlegensten Orten im Bereich des Limes gezeigt. Stets waren dort hohe Besucherzahlen zu verzeichnen, auch die jeweiligen Landräte, Beigeordneten sowie die Beauftragten der Unteren Denkmalschutzbehörde nahmen an den entsprechenden Eröffnungen mit meist hoher Medienresonanz teil (Abb. 1). Insgesamt wurde die

Ausstellung im ganzen Land an fast vierzig Orten gezeigt und von mehr als 100 000 Besuchern gesehen. Sie war ein voller Erfolg, zumal innerhalb von zwei Jahren die Ausweisung des Obergermanischen Limes mit Türmen, Kastellen und Nebenanlagen rechtskräftig als Kulturdenkmal nach dem Denkmalschutz- und -pflegegesetz Rheinland-Pfalz weitestgehend vollzogen worden war. Ein intensives Vortragsangebot, meist in Verbindung mit den regionalen Museen und dem historischen Erbe verpflichteten Vereinen am Limes und den örtlichen Volkshochschulen, ergänzte das vom Fachamt initiierte Programm und sollte helfen, diese zunächst verwaltungstechnische Schutzmaßnahme auch im Gelände vor Ort langfristig sicherzustellen. Eine Ausstattung mit Informationstafeln zu Kastellen, Türmen und besonderen Stellen des Limesverlaufs mit Unterstützung des „Naturparks Nassau" und des „Naturparks Rhein-Westerwald" schloss sich an.

Im Zuge dieser Öffentlichkeitsarbeit wurde auch – Anfang der 1980er Jahre – der sogenannte „Limeswanderweg" entwickelt. Er sollte über eine durchgängige Strecke von Rheinbrohl zunächst bis Holzhausen, an der Landesgrenze, und später dann weiter durch Hessen, wo er bereits ausgeschildert war, Baden-Württemberg und Bayern bis zur Donau führen. Weite Teile waren bereits markiert mit dem Wanderzeichen des Limesturmes, nur die Durchgängigkeit konnte bisher noch nicht gewährleistet werden. Stets wies die „Rhein-Zeitung" bei ihren Ankündigungen zu den Ausstellungseröffnungen auch auf die jeweiligen Treffpunkte der geführten Limeswanderungen hin (Abb. 2).[4]

Ein weiterer Höhepunkt der „Wiederbelebung des Limesbewusstseins" in der Öffentlichkeit war die Wahrnehmung des 100-jährigen Jubiläums der Gründung der Reichs-Limeskommission 1992 durch eine gemeinsame Pressefahrt des Verbandes der Landesarchäologen in der Bundesrepublik Deutschland e.V. und der Römisch-Germanischen Kommission des Deutschen Archäologen Instituts. Sie begann am „Caput Limitis" in Rheinbrohl und mit einer Ausstellungseröffnung am 30. Juni 1992 zum Limes im Kreismuseum Neuwied, wo zuvorderst die Befunde und Funde aus dem Kastell Niederbieber gezeigt wurden. Die Pressefahrt ging dann weiter nach Hessen, zur Saalburg, verlief insgesamt über mehrere Tage durch Baden-Württemberg und Bayern bis an die Donau. Einzelne Schwerpunkte und Informationen zur Darstellung dieses bedeutenden archäologischen Denkmals sollten die Öffentlichkeit gezielt erreichen.[5] Diese gemeinsamen Veranstaltungen der Länder Rheinland-Pfalz, Hessen, Baden-Württemberg und Bayern in Verbindung mit der Römisch-Germanischen Kommission bewirkten in der örtlichen und insbesondere der überregionalen Presse ein großes Echo und haben seinerzeit gewiss schon Ideen geweckt und Initiativen angestoßen zur längerfristigen Vorbereitung eines Antrags zur Anerken-

Abb. 2: Mit großen Werbeanzeigen (27 cm × 17 cm) machte die Rhein-Zeitung jeweils auf die Ausstellung überregional aufmerksam, so auch für die Eröffnung unmittelbar am Limes in Marienfels, Rhein-Lahn-Kreis, am 1. Oktober 1983.

4 Siehe Rhein-Zeitung z. B. vom 19. 9; 5. 9; 26. 8; 17. 8; 13/14. 8.1983 und 3. 8.1983. „Die Unterschutzstellung des ‚Grenzwall Roms in Westerwald und Taunus' ist abgeschlossen. Doch auf Dauer wird das nicht genügen. Vor allem muss in der Öffentlichkeit Bewußtsein für das bedeutende Bodendenkmal geweckt werden. Von Politikern und Fachbehörden wird erwartet, daß – wie in Südwestdeutschland beispielsweise geschehen ist bzw. zur Zeit geschieht – die mit dem Limes verbundene römische Landesgeschichte verstärkt aufgearbeitet wird, die Ruinen gesichert und für die Öffentlichkeit in geeigneter Form zugänglich gemacht werden" (K. Deinaß in: Rhein-Zeitung vom 23. 4. 1985).

5 Pressespiegel der Limespressefahrt der Römisch-Germanischen Kommission und des Verbandes der Landesarchäologen. A. Wigg, Zum Jubiläum am Limes entlang. Arch. Deutschland 4/1992, 59; D. Planck/S. von Schnurbein, Der römische Limes in Deutschland: 100 Jahre Reichs-Limeskommission. Arch. Deutschland Sonderh. 1992 (Stuttgart 1992).

nung des Obergermanisch-Raetischen Limes als UNESCO-Weltkulturerbe.
Nach zahlreichen Hintergrundgesprächen, Sondierungen zu Chancen eines ähnlichen Antrags, wie ihn z.B. die englischen Kollegen zur Anerkennung des Hadrianswalles als Welterbe bei der UNESCO eingebracht hatten, erging durch Prof. Dieter Planck für den 21. Februar 1999 die Einladung nach Stuttgart zur ersten Sitzung der für den Limes verantwortlichen Amtschefs der Limesanrainer, d.h. der Länder Rheinland-Pfalz, Baden-Württemberg, Hessen und Bayern. Auf dieser Sitzung wurde zunächst die Vorbereitung eines Antrags zur Anerkennung des Limes als Weltkulturerbe erörtert und ein entsprechendes gemeinsames Arbeitsprogramm aufgestellt. Im Vordergrund stand dabei eine Neuaufnahme des gesamten Limesverlaufs in den Ländern mit Neuvermessung, Klärung der seit der Arbeit der Limeskommission noch unsicheren Verlaufsstrecken und schließlich einer Überprüfung der aktuellen Befunde gegenüber der früheren Dokumentation. Weitere Treffen fanden in regelmäßigen Abständen statt und dienten dem Austausch, der Neubewertung und der Präsentation von Ergebnissen der neuen Dokumentation und des jeweils in der Kulturlandschaft zu prüfenden Erhaltungszustandes. Im Land Rheinland-Pfalz war es Cliff Alexander Jost, der diese Arbeiten der Limesdokumentation mit der Zielsetzung eines gemeinsamen Antrags durchführte, anderenorts Stefan Bender (Hessen), Thomas Becker (Baden-Württemberg), Wolfgang Schmidt (Bayern) und Andreas Thiel (Koordination). Es ist eine Datenbank entstanden, die gemeinsam von den Ländern unterhalten wird und in die sowohl die Daten der alten Unterlagen als auch die Neuvermessung des Limes eingegeben werden. Aus dieser durchkonzipierten, dem Denkmalschutz dienenden, zweckorientierten und koordinierenden Arbeit ging schließlich die Deutsche Limeskommission (DLK) hervor. Sie soll als Ansprechpartner für alle Aktivitäten zum Schutz, zur Erforschung und Präsentation des Obergermanisch-Raetischen Limes dienen. Ihre Arbeit soll aber auch dazu beitragen, nach erfolgreicher Aufnahme des Limes in die Liste der UNESCO-Welterbestätten internationale Standards zu Pflege und Management dieses archäologischen Denkmals sicherzustellen.[6]
Schließlich wurde der Antrag mit den am 7. Januar 2003 während einer kleinen Feierstunde in Berlin durch die zuständigen Ressortminister der Länder geleisteten Unterschriften über das Auswärtige Amt der Bundesrepublik Deutschland an die UNESCO in Paris weitergeleitet. Auf seiner Sitzung vom 10. bis 17. Juli 2005 im südafrikanischen Durban fasste das Welterbekomitee der UNESCO den Beschluss, den Obergermanisch-Raetischen Limes in die Liste der Kulturerbestätten der Welt aufzunehmen. Seit der Übergabe der Urkunden an die Ministerpräsidenten der Länder durch den Beauftragten der UNESCO genießt der Limes das höchste Schutzprädikat, das für dieses wichtige archäologische Denkmal vergeben werden kann.[7]
Diese weltweite Anerkennung der römisch-germanischen Grenze hat die Anrainergemeinden sichtlich wieder dahingehend „aufgeschreckt", welch bedeutendes Denkmal sie auf ihren Gemarkungen aufzuweisen haben – wovon sie ja bisher „nie gewusst hätten". Die Reaktionen der Öffentlichkeit waren sehr unterschiedlich. Während die offiziellen Stellungnahmen der Landesregierung natürlich positiv ausfielen, war das Echo vor Ort vielfältig: Es reichte vom völligen Unverständnis dafür, wie man den kaum erkennbaren und teilweise „gar nicht mehr vorhandenen" Erdwall als „Welterbe" anerkennen könne, bis hin zu dem Gefühl eines „schlechten Gewissens", „nicht gewusst zu haben", welches bedeutende Denkmal sich durch das Gemeindegebiet ziehe, und versäumt zu haben, dieses in angemessener Form schon längst „nutzbringend" umgesetzt zu haben. Aber auch offene Begeisterung schlug der Nachricht entgegen. Viele Gemeinden rechneten nun mit dem „großen Geldregen", um „etwas aus diesem Denkmal zu machen …", woher auch immer bei den knappen Kassen der „öffentlichen Hände".
Hierbei werden die Archäologische Denkmalpflege und die Fachbehörde wie auch die Limeskommission ein gutes, kritisches Augenmaß bewahren müssen, ebenso wie eine feste Hand und Rechtssicherheit bei den Gerichten, damit das Original des Obergermanisch-Raetischen Limes – so wie es überkommen ist – bewahrt bleibt. Worauf es zuvorderst ankommt, ist die Erhaltung der originalen Quelle und des Geländezeugnisses einer großen Zeit. Es darf nicht für

6 Die Deutsche Limeskommission (DLK) wurde am 18.6.2003 in Esslingen, Baden-Württemberg, gegründet. Ihr gehörten zunächst die Vertreter der Landesämter für Denkmalpflege sowie der für den Denkmalschutz zuständigen Ministerien aus Rheinland-Pfalz, Hessen, Baden-Württemberg und Bayern an. Hinzu kamen die Vertreter aus Forschungseinrichtungen und Universitäten, ein Vertreter der Museen am Limes sowie einer des „Vereins Deutsche Limesstraße". Insgesamt sind es 15 Mitglieder, zu ihrem Vorsitzenden wurde Prof. Dr. Dieter Planck gewählt. Als ihr Sitz wurde die Saalburg bestimmt und als ihr Geschäftsführer Dr. Andreas Thiel bestellt. A. Thiel, Arch. Nachrichtenbl. 8, 2003, 105f.; ders., Kompetente Denkmalbetreuung. Arch. Deutschland 5/2003, 67. – Seit Mai 2008 ist Dr. Peter Henrich als Geschäftsführer der DLK tätig.
7 Der Limes. Nachrichtenbl. Dt. Limeskomm. 1, 1/2007, 3–29.

vordergründige, kurzfristige touristische Zwecke unwiederbringlich zerstört und so verändert werden, wie es der heutige Zeitgeist wünscht! Vor allem aber werden die in Deutschland für Kultur zuständigen Länder hierzu eher beträchtliche Geldsummen für den Ankauf von Limes- und Kastellflächen, für Entschädigungen von Bauherren und bei landwirtschaftlichen Nutzflächen, schließlich auch für langfristige Umsiedlungspläne von Industrie- und Wohnanlagen, die sich im Bereich römischer Limesflächen und -liegenschaften befinden, aufwenden müssen. Nur so wird man langfristig der Erhaltung und Sicherung des Welterbes gerecht. Diesem Ziel ist auch die finanzielle Förderung von wohlgemeintem „touristischem Schnick-Schnack" zur „Inwertsetzung" und von „moderner Visualisierung" unterzuordnen. Das Geld muss für die Erhaltung und darf nicht für Veränderung, „Verbesserung" oder gar Zerstörung für den Tourismus ausgegeben werden! Dies gilt auch für den Verlauf von Wanderwegen und Klettersteigen, ebenso wie für die Rekonstruktionen und Wiederaufbauten in originalen Bereichen.
H.-H. W.

Das archäologische Welterbe-Denkmal Limes und seine Zukunft – Neue Forschungen und Sicherungsarbeiten am Limes in Rheinland-Pfalz

Am 15. Juli 2005 hat das Welterbekomitee der UNESCO den Obergermanisch-Raetischen Limes zum Weltkulturerbe der Menschheit erklärt. Das Projekt „Welterbe Limes", das von den vier zuständigen Landesarchäologen der Bundesländer Rheinland-Pfalz, Hessen, Baden-Württemberg und Bayern seit dem Jahr 1999 betrieben worden war, fand somit seinen erfolgreichen Abschluss. Ziel war der bessere Schutz des bedeutenden archäologischen Denkmals vor Zerstörung und achtloser Vernachlässigung.[8]
Zudem bietet die Anerkennung des Limes als Stätte des Weltkulturerbes den Gemeinden, Landkreisen und Landesregierungen einen erhöhten Anreiz, das archäologische Denkmal Limes der Öffentlichkeit zu präsentieren. In Rheinland-Pfalz steht seit dem Haushaltsjahr 2006 ein Förderprogramm der Landesregierung mit jährlich 100 000 Euro zur Verfügung, mit dem die Kommunen am Limes unterstützt werden, wenn sie – vorzugsweise mit Hilfe ehrenamtlichen Engagements – kleinere Maßnahmen zur besseren „Erschließung und Präsentation" des Limes durchführen. Hier jedoch ist die Aufmerksamkeit der Archäologischen Denkmalpflege wieder gefordert, da häufig auf den ersten Blick touristische Interessen der meist zurückhaltend wirkenden Originalität des Denkmals entgegenstehen. Leider leistet der Titel „Welterbe" für den Limes primär keine Gewähr dafür, dass diese wertvolle Quelle für die Archäologie und für die Geschichtsforschung nachhaltig unversehrt bleibt. So gilt für die touristische Präsentation des Limes, dass sie unter fachkundiger archäologisch-historischer Beratung erfolgen muss und am Denkmal vor Ort die langfristige Erhaltung, aber auch der Schutz von Natur und Landschaft zu berücksichtigen sind.[9]
Aktionen am Limes haben an verschiedenen Orten in Rheinland-Pfalz bereits erfolgreich stattgefunden, auch schon vor Anerkennung des Limes als Stätte des Weltkulturerbes. Besonders aktiv wurde man rund um den Limes im Rhein-Lahn-Kreis zwischen Bad Ems, (Ober-)Lahnstein und Becheln. Dort am Beginn der Limes-Strecke 2, die vom südlichen Lahnufer aus auf die angrenzenden Höhen des Taunus verläuft, lassen sich die Besucher und Touristen der Kurstadt Bad Ems schnell an die originalen Überreste des Limes und an anschauliche Rekonstruktionen führen.
Besondere touristische Anziehungspunkte können die Standorte der Wachttürme sein. Zugleich sind sie aber für die Archäologen wichtige Forschungsobjekte, derer sich aufgrund ihres oft gefährdeten Zustandes auch die Archäologische Denkmalpflege annehmen muss, was insbesondere für die unten aufgeführten Beispiele gilt, für die noch keine genauen Befundpläne der Reichs-Limeskommission oder späterer Untersuchungen existierten.

Bad Ems, Wachtposten WP 2/1

Der erste Wachtposten an der Limes-Strecke 2, der Limesturm 2/1, befand sich oben auf dem Wintersberg unmittelbar am Steilhang. Der römische Turm wurde schon im Jahre 1858 entdeckt und seine Grundmauern im Sommer 1860 freigelegt.[10] Der aus Tonschiefer-Bruchsteinen errichtete Turm hatte ei-

8 Zusammenfassend zum Limes als UNESCO-Welterbe: A. Thiel (Hrsg.), Der Limes als UNESCO-Welterbe. Beitr. Welterbe Limes 1 (Stuttgart 2008).
9 Zur Problematik Denkmalschutz und touristische Erschließung am Welterbe Limes in Rheinland-Pfalz: C. A. Jost, Der obergermanische Limes – Weltkulturerbe in Rheinland-Pfalz. Arch. Deutschland 5/2007, 66 f.
10 K. Rossel, Antiquarisches aus Bad Ems. Nass. Annalen 6, 1859, 343–347. – A. von Cohausen, Der Römische Grenzwall in Deutschland (Wiesbaden 1884) 223 f. mit Taf. 27, Fig. 5. – E. Fabricius/F. Hettner/O. von Sarwey, Der obergermanisch-raetische Limes des Römerreiches. Abt. A, Bd. I 2 [Strecke 2: Der Limes von der Lahn bis zur Aar] (Berlin, Leipzig 1936) 30.

Abb. 3: Nachgebauter Limesturm auf dem Wintersberg oberhalb von Bad Ems.

nen quadratischen Grundriss von 5,49 m Seitenlänge. Die Mauerreste standen bei der Aufdeckung noch 0,47–0,78 m hoch aufrecht und hatten eine Stärke von 0,76 m. Das Fundament sprang 0,05 m nach außen vor und reichte noch 0,47 m unter die Oberfläche. Heute steht auf den Überbleibseln des römischen Steinturmes der älteste moderne Nachbau eines Limesturmes (Abb. 3). Der Turm war schon 1874 zu Ehren von Kaiser Wilhelm I., der ein regelmäßiger Kurgast in Bad Ems war, von den Bürgern der Stadt errichtet worden. Er entspricht zwar nicht mehr dem heutigen Forschungsstand, vermittelt aber eine Vorstellung, wie gut von seinem exponierten Standort aus der Limesabschnitt im Tal der Lahn zu überwachen war. Der auf der Aussichtsterrasse eines Cafés errichtete Limesturm in Bad Ems ist heute schon selbst ein Denkmal und Symbol seiner Zeit. Anlässlich des Rheinland-Pfalz-Tages 2005 in Bad Ems konnte der zwischenzeitlich verloren gegangene hölzerne Umgang des Turmes nach alten Abbildungen wieder hergerichtet werden.[11]

Lahnstein, Wachtposten WP 2/2

Bereits auf der Gemarkung von Lahnstein, am oberen Rand eines bewaldeten Abhangs zwischen zwei flachen Geländerücken mit Hof Wintersberg und

11 C. A. Jost, Das Weltkulturerbe Limes und Aktivitäten rund um den Limesabschnitt bei Bad Ems, Rhein-Lahn-Kreis. Arch. Rheinland-Pfalz 2005 (Mainz 2007) 64–69, hier 67.

Abb. 4: Grundrissmauern von Wachtposten 2/2.

Hof Neuborn liegt der Wachtposten WP 2/2. Vom Turm aus bot sich eine freie Sicht in die Täler des Wiesbachs und des Braunebachs sowie ins Lahntal.[12] Die Überreste des Steinturmes waren schon 1875 durch A. von Cohausen untersucht[13] und die Grundmauern zu Beginn des 20. Jh. vollständig freigelegt und restauriert[14] worden. Durch Wurzel- und Frostschäden waren sie allerdings erneut zerfallen,[15] bis sie im Jahr 2005 auf Initiative des Vereins für Geschichte, Denkmal- und Landschaftspflege Bad Ems wieder hergerichtet wurden (Abb. 4). Vorher fand jedoch im Sommer 2004 eine Nachgrabung der Turmstelle durch die zuständige archäologische Fachbehörde statt. Erst danach wurden über den originalen Fundamenten und den noch vorhandenen unteren Steinlagen des Turmes die Grundmauern zum Schutz neu aufgemauert. Dies geschah zwar mit den Originalsteinen, aber mit modernem Mörtel. Die römischen Nutzungsschichten außerhalb der Mauern wurden zugleich mit neuem Erdreich zugedeckt, um die Fundstücke darin in ihrem wichtigen Befundzusammenhang zu bewahren.[16]

Trotz der vielen Störungen, die dem archäologischen Befund durch die vorausgegangenen Ausgrabungen und Restaurierungen zugefügt worden waren, lieferte die Nachgrabung am Wachtposten 2/2 neue und teilweise von den früheren Angaben abweichende Ergebnisse. Festgestellt wurden die Grundmauern eines im Grundriss nahezu quadratischen Steinturmes mit Seitenlängen zwischen 5,05 m und 5,10 m und einer Mauerdicke von 0,68 m bis 0,75 m (Abb. 5). Das 0,20 m tief in den anstehenden Terrassenschotter reichende, 0,80–0,85 m starke Fundament des Turmes besteht aus schräg gestellten Schiefersteinen und das aufgehende Mauerwerk aus waagerecht in Kalkmörtel gesetzten Tonschiefer-Bruchsteinen, die noch in zwei bis vier originalen Steinlagen zwischen 0,12 m und 0,32 m hoch erhalten sind. Den Turminnenraum hatte man während der früheren Grabungen und Freilegungen offenbar vollständig ausgeräumt und wiederverfüllt. Geringe Spuren eines römischen Nutzungshorizontes waren lediglich noch in der Südwestecke des Turmes und unmittelbar vor der Süd-

12 C. A. Jost, Der Römische Limes in Rheinland-Pfalz. Arch. Mittelrhein u. Mosel 14^2 (Koblenz 2006) 154 f.
13 Von Cohausen (Anm. 10) 222 f. mit Taf. 22, Fig. 3 u. 4.
14 Fabricius (Anm. 10) 31 f.
15 Siehe Jost (Anm. 12) 1. Aufl. 2003, 149.
16 Für einen ersten Vorbericht der Untersuchungen: Jost (Anm. 11) 67 f.

Abb. 5: Wachtposten 2/2: Detailaufnahme und Übersichtsplan.

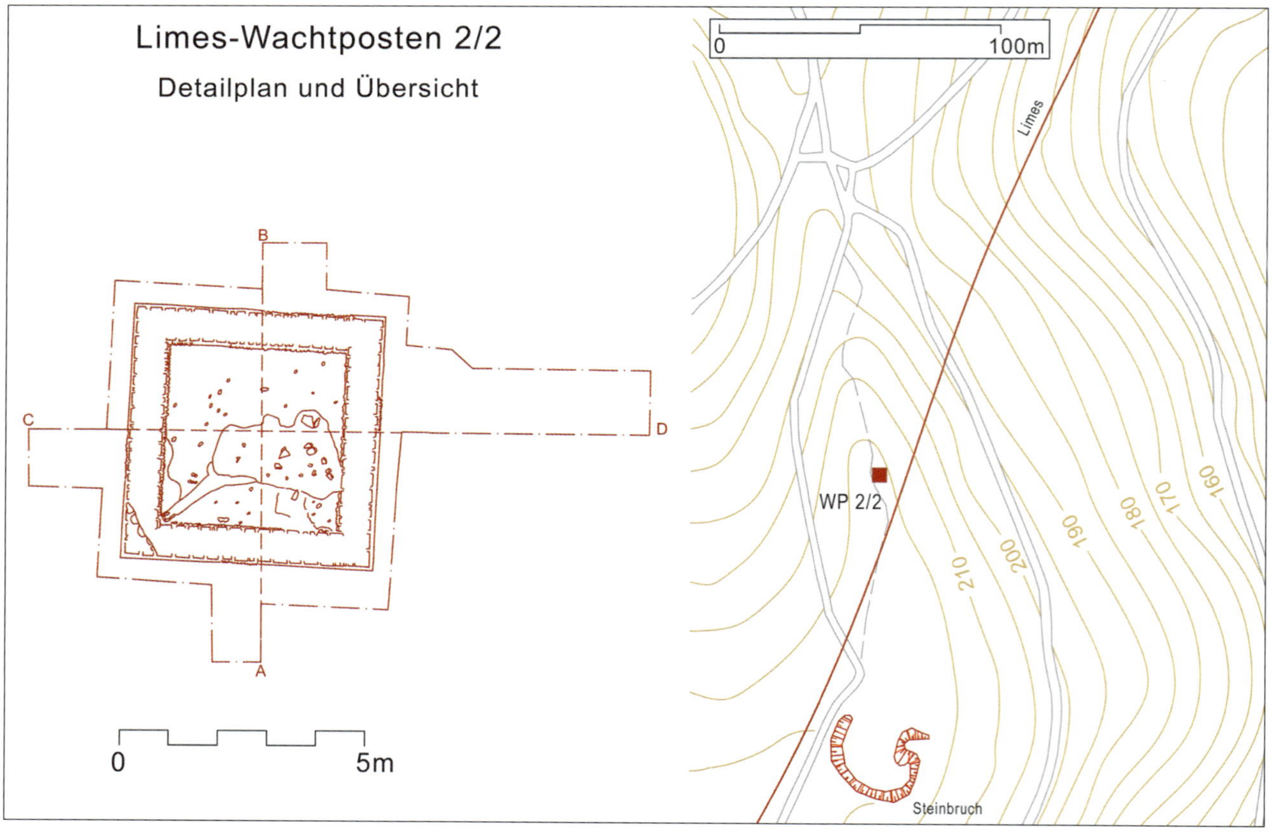

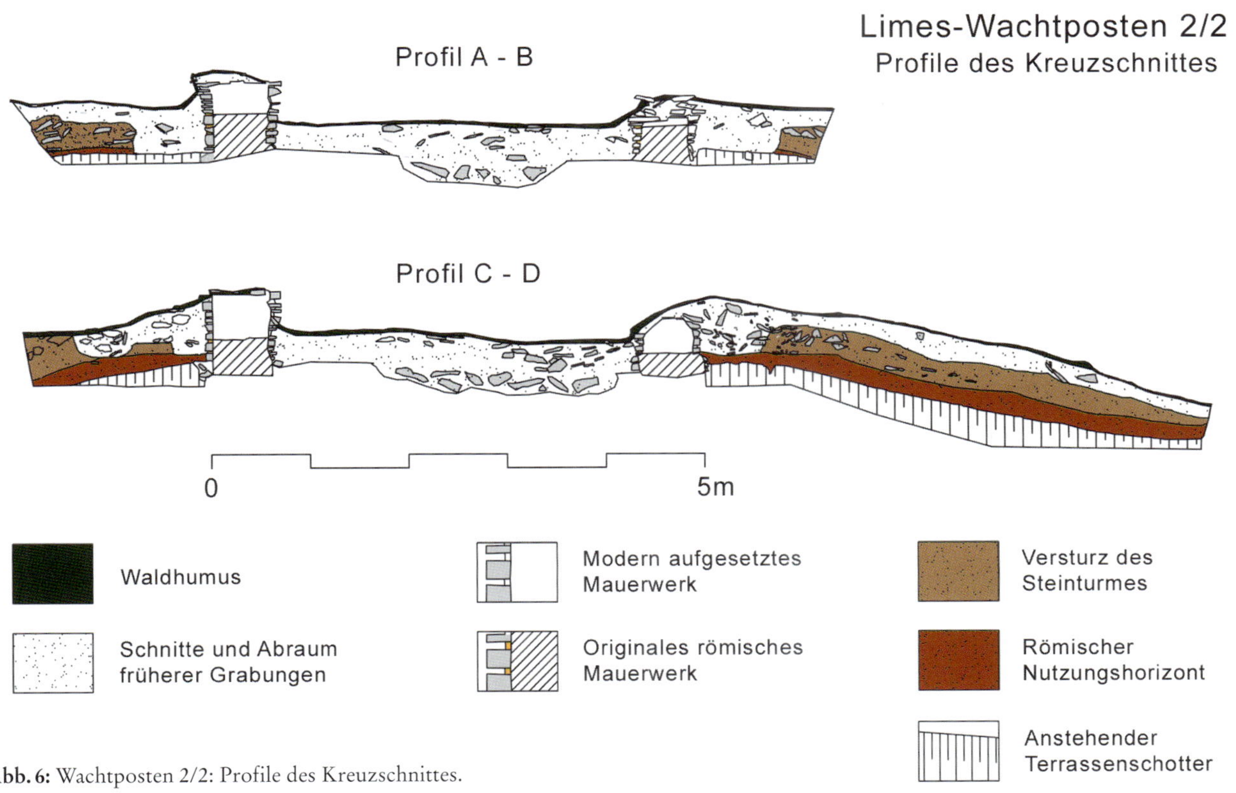

Abb. 6: Wachtposten 2/2: Profile des Kreuzschnittes.

wand erhalten. Eine auf der Sohle festgestellte grubenartige Vertiefung resultiert wohl aus einer modernen Eingrabung, aus der man den Kies als Zuschlag für den Mauermörtel bei der Restaurierung der Grundmauern zu Beginn des 20. Jh. entnommen hatte. Bei den früheren Grabungen waren die Turmmauern von außerhalb mit bis zu 1,40 m breiten Schnitten freigelegt worden. Die Schnitte reichten bis auf die Oberkante des römischen Fundamentes und waren mit Waldhumus und Steinen aus dem Versturz des Turmes verfüllt. Bei der jetzigen Nachgrabung wurden die Überreste der Turmstelle mit Hilfe eines versetzten Kreuzschnittes untersucht. Außerhalb der Mauern erweiterte man die Profile etwas über die Grabungsschnitte der Reichs-Limeskommission hinaus und verlängerte sie zum abfallenden Hang nach Osten hin auch über die Versturzlage der Mauerbruchsteine hinaus (Abb. 6).

Die Nachgrabungen am Wachtposten 2/2 lieferten eine ganze Reihe von Funden, die aus dem noch intakten römischen Nutzungsniveau außerhalb des Turmes, in erstaunlich großer Anzahl aber auch aus dem bereits früher schon einmal frei geräumten Turminneren stammen (vgl. unten, Fundkatalog). Die Gefäßbruchstücke zeigen das typische Spektrum der limeszeitlichen Keramik (Abb. 7). Hauptsächlich angetroffen wurden Bruchstücke einfacher Gebrauchskeramik von rauwandig-tongrundiger und glattwandig-tongrundiger Ware wie Schüsseln, Töpfen und Einhenkelkrügen. Terra sigillata liegt in Form einiger Rand-, Wand- und Bodenbruchstücke von teilweise reliefverzierten Schüsseln und Tassen vor. Bei den geborgenen Tierknochenresten lassen sich Hausrind, Hausschaf, Hausziege und Hausschwein nachweisen.[17] Am häufigsten vertreten sind die kleinen Wirtschaftshaustiere Schaf/Ziege und Schwein. 27 % aller Knochenfunde weisen Hack- und Schnittspuren auf, woraus man schließen könnte, dass das Fleisch der Tiere zerlegt zum Turm kam und dort verzehrt wurde. Für weitere Aussagen wie Tierhaltung oder eigene Schlachtung fehlen die Hinweise. Bei den Ausgrabungen des Limesturmes 2/2 kamen drei Münzen zutage (Abb. 8 a–c), darunter zwei abgegriffene Denare mit den Bildnissen der Kaiser Vespasianus (69–79) und Traianus (98–117) und ein gut erhaltener Sesterz mit dem Portrait des Antoninus Pius. Diese Münze ist vielleicht als Hin-

17 Für die Bestimmung und Auswertung der Tierknochenfunde danke ich sehr herzlich Frau Dr. Christina Wustrow, Kiel. Von den insgesamt 90 Knochenfragmenten konnten 52 nach Tierarten bestimmt und die Knochenzahl (KNZ), das Knochengewicht (KNG, in Gramm) und die Mindestindividuenzahl (MIZ) ermittelt werden, vgl. Fundkatalog, Tab. 1; Tab. 2: Verteilung der Skelettelemente; Tab. 3: Alter; Tab. 4: Brand-, Hack-, Schnitt- und Bissspuren; Tab. 5: Erhaltung. 7 % der Knochen lassen Bissspuren erkennen, die vermutlich von Hunden stammen, die dadurch im Fundmaterial indirekt nachzuweisen sind.

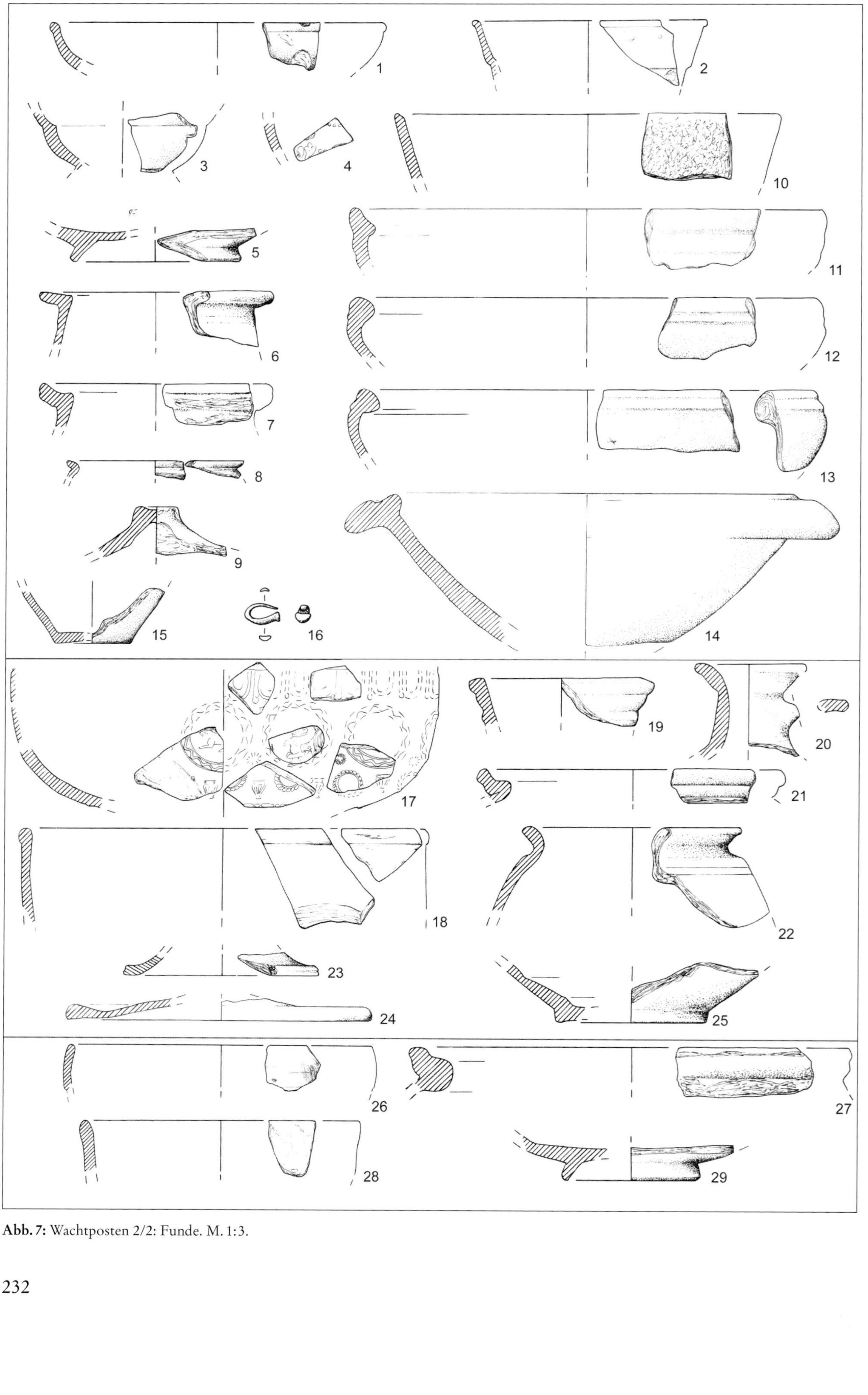

Abb. 7: Wachtposten 2/2: Funde. M. 1:3.

weis darauf zu werten, dass der Steinturm zur Zeit des Kaisers Antoninus Pius (138–161) oder bald danach errichtet wurde.

Becheln, Limesverlauf, Kleinkastell und Wachtposten WP 2/7

Der Steinturm von Wachtposten 2/2 stand rund 20 m hinter der Grabensohle des Limes. 30 m südlich des Turmes hatte man bereits zu Beginn des 20. Jh. auf Veranlassung des Emser Altertumsvereins den Limesgraben auf einer Länge von zehn Metern ausgehoben und davor eine Holzpalisade aufgestellt.[18] Diese mittlerweile zerfallene Rekonstruktion wurde ebenfalls, ohne eine heute noch vorhandene Originalsubstanz des Limes zu gefährden, wieder hergerichtet (Abb. 9).

Der Limes verläuft von hier aus in gerader Linie weiter nach Südwesten über den Höhenzug zwischen dem Braunebach und dem Wiesbach zunächst durch freies Gelände bis zum Hof Neuborn. Danach ersteigt er, jetzt im Lahnsteiner Wald, den Kirschen-Kopf. Dann macht er eine Biegung nach Südosten in Richtung Forsthaus Wolfsbusch und Becheln und zieht weiter parallel zur Kreisstraße 8 bis nach Schweighausen.[19] Die Überreste des Limes sind im Wald vielerorts noch sichtbar vorhanden. Über einen im Jahr 2005 neu angelegten Limeswanderweg rund um den Ort Becheln sind sie neuerdings auch gut zugänglich (Abb. 10). Hier wurden Wall und Graben der Grenzwehr, die Schutthügel der Limestürme und die Überreste des Kleinkastells Becheln größtenteils vom störenden Bewuchs befreit und an den einzelnen Anlaufstellen neue Hinweistafeln mit Hintergrundinformationen aufgestellt.

Ein markanter Punkt ist der Standort des Wachtpostens 2/7, der heute noch als großer Schutthügel rund 20 m hinter dem Limeswall zu erkennen ist. Die Reichs-Limeskommission konnte bei ihren Untersuchungen am Ende des 19. Jh. einen quadratischen Limesturm mit einem Innenraum von 3,40 m im Quadrat und einer Mauerdicke von 1,0 m feststellen.[20] Durch Grabungsschnitte und Abraumhaufen der Reichs-Limeskommission und durch Eingrabungen von Hobbyarchäologen bis in jüngste Zeit, bei denen auch der gesamte Innenraum freigelegt worden war, wurde der Turm allerdings stark beschädigt. Die Sicherung der Reste war dringend notwendig, um sie vor weiteren Witterungseinflüssen und Vandalismus zu schützen. Daher wurden auch hier eine detaillierte Bestandaufnahme und Vermessung durchgeführt und zwei alte Suchschnitte der Reichs-Limeskommission an der südöstlichen Turmwand wieder aufgemacht und dokumentiert (Abb. 11; 12). Mit der Freilegung der alten Grabungsschnitte konnte die südöstliche Turmecke mit einer noch intakten Innenschale sowie die nordöstliche Ecke durch eine nur spärlich erhaltene Innenschale lokalisiert werden. Sonst ist nur noch Kernmauerwerk bis

Abb. 8: Wachtposten 2/2: Münzfunde. a Denar des Vespasian; b Denar des Trajan; c Sesterz des Antoninus Pius.

18 Fabricius (Anm. 10) 32.

19 Ebd. 32 ff. – D. Baatz, Der römische Limes. Archäologische Ausflüge zwischen Rhein und Donau[4] (Berlin 2000) 107 f. – Jost (Anm. 12) 154 ff.

20 Fabricius (Anm. 10) 35.

Abb. 9: Wieder hergestellte Palisade des Limes vor einem Stück des Limesgrabens beim Wachtposten 2/2.

zu einer Höhe von 0,80 m vorhanden. Abweichend von den Angaben der Reichs-Limeskommission hatte der Turm ein Außenmaß von 5,28 m im Quadrat. Das zweischalige Mauerwerk war 0,8 m stark. Die Außenschalen bestanden aus grob zugerichteten Quarzitquadern, die mit Kalkmörtel verbunden waren. Dazwischen hatte man als Kern kleinere, unförmige Quarzite in viel Mörtel eingebettet. Nach Abschluss der Untersuchungen wurden die noch vorhandenen Überreste mit einer Schutzplane aus Geotextil bedeckt und darüber neues Erdreich geschüttet. Auf dieser Erdschicht wurde mit neuen Mauersteinen exakt über der Stelle des römischen Mauerwerks der Grundriss des Turmes in niedriger Aufmauerung neu gestaltet. Dem Besucher und Wanderer am Limes wird so die Turmstelle wieder anschaulich.

Das oberste Ziel aller Aktivitäten am Limes, insbesondere zur Förderung des Fremdenverkehrs, muss es sein, in Übereinstimmung mit den Richtlinien und den Forderungen der UNESCO, den originalen Bestand und den Wert des Limes als Weltkulturerbe zu bewahren. Die Sicherung des Limes als Bodendenkmal und als archäologische Quelle für die Geschichtsforschung muss jetzt und für künftige Generationen immer Vorrang haben und darf nicht zugunsten regionaler, kurzsichtiger wirtschaftlicher Interessen aufs Spiel gesetzt werden.

C. A. J.

Katalog: Fundinventar der Nachgrabungen am Wachtposten WP 2/2 im Lahnsteiner Wald

Aus dem Innenraum des Steinturmes

Nordwest-Viertel: Kleines, stark beschädigtes Bodenbruchstück eines Terra-sigillata-Gefäßes mit Standring, Inv.-Nr. 04.72.18.1; Wandbruchstück, glattwandig-tongrundige Ware, rötlichockerfarbener Ton, Inv.-Nr. 04.72.18.2; Wandbruchstück, rauwandig-tongrundige Ware, grauer Ton, Inv.-Nr. 04.72.18.3; 7 Knochenbruchstücke, Inv.-Nr. 04.72.18.4.

Nordost-Viertel: Randbruchstück eines Topfes mit einfach umgelegtem Rand, Randdurchmesser 13,5 cm, rauwandig-tongrundige Ware, rötlicher Ton, Inv.-Nr. 04.72.19.10 (Abb. 7.6); Randbruchstück eines Topfes mit nach außen gebogenem Rand und Deckelfalz, Randdurchmesser 13,5 cm, rauwandig-tongrundige Ware, gelblichgrauer Ton. Inv.-Nr. 04.72.19.11 (Abb. 7.7); kleines Bodenbruchstück einer Terra-sigillata-Schüssel mit Standring, Inv.-Nr. 04.72.19.15; kleines Wandbruchstück einer Terra-sigillata-Bilderschüssel, Inv.-Nr. 04.72.19.14 (Abb. 7.4); 5 kleine Wandbruchstücke unterschiedlicher Warenarten, Inv.-Nr. 04.72.19.16; 11 Knochenbruchstücke, Inv.-Nr. 04.72.19.12; unbestimmtes Eisenfragment, Inv.-Nr. 04.72.19.13; kleines bandförmiges Bronzeteil, zusammengebogen, Länge noch 1,6 cm, max. Breite 0,9 cm, Inv.-Nr. 04.72.19.1 (Abb. 7.16); Sesterz, AV: Antoninus AUG PIUS P P TR P, RV: COS IIII, RIC Nr. 765, Rom 145–161 n. Chr., Inv. Nr. 04.72.19.22 (Abb. 8c).

Abb. 10: Limesabschnitt mit Wall und Graben im Wald bei Becheln.

Südwest-Viertel: Randbruchstück einer Terra-sigillata-Tasse mit eingeschnürter Wand, Randdurchmesser 13,5 cm, Inv.-Nr. 04.72.21.3 (Abb. 7.2); kleines Randbruchstück eines halslosen Bechers mit Griesbewurf, Firnisware mit braunem Überzug, weißgrauer Ton, Inv.-Nr. 04.72.21.4; kleines Randbruchstück eines Bechers mit nach außen gezogener Lippe, glattwandig-tongrundige Ware, grauer Ton, Inv.-Nr. 04.72.21.10 (Abb. 7.8); Randbruchstück einer Reibschüssel mit Horizontalrand und nach außen umgebogener Randlippe, Randdurchmesser 29 cm, glattwandig-tongrundige Ware, ockerfarbener Ton, Inv.-Nr. 04.72.21.2 (Abb. 7.14); kleines Randbruchstück wohl einer Schüssel, glattwandig-tongrundige Ware, gelblichweißer Ton, Inv.-Nr. 04.72.21.9; Bodenbruchstück einer Terra-sigillata-Schüssel mit Standring, Bodendurchmesser 10 cm, Inv.-Nr. 04.72.21.1 (Abb. 7.5); Boden- und 2 Wandbruchstücke eines Kochtopfes, rauwandig-tongrundige Ware, grauer Ton, Inv.-Nr. 04.72.21.12 (Abb. 7.15); Bodenbruchstück einer Reibschüssel, glattwandig-tongrundige Ware, gelblichgrauer Ton, Inv.-Nr. 04.72.21.13; Bodenbruchstück eines bauchigen Kruges, glattwandig-tongrundige Ware, gelblichgrauer Ton, Inv.-Nr. 04.72.21.14; Henkelbruchstück einer Amphore, glattwandig-tongrundige Ware, weißgrauer Ton, 04.72.21.7; 5 kleine Wandbruchstücke verschiedener Terra-sigillata-Gefäße, Inv.-Nr. 04.72.21.11; Wandbruchstück eines Bechers mit Griesbewurf, Firnisware, rötlichgrauer Ton, Inv.-Nr. 04.72.21.15; Wandbruchstück eines Bechers mit Griesbewurf, Firnisware, weißgrauer Ton, Inv.-Nr. 04.72.21.17; Wandbruchstück, Firnisware mit braunem Überzug, weißgrauer Ton, Inv.-Nr. 04.72.21.16; 3 Wandbruchstücke, glattwandig-tongrundige Ware, Inv.-Nr. 04.72.21.18; Mörtelbrocken, Inv.-Nr. 04.72.21.6; 15 Knochenbruchstücke, Inv.-Nr. 04.72.21.5; vierkantiger Eisenstab, modern, Länge 28 cm; Inv.-Nr. 04.72.21.8.

Südost-Viertel: Randbruchstück einer Terra-sigillata-Schüssel mit rundstabförmiger Randlippe, Randdurchmesser ca. 20 cm, Inv.-Nr. 04.72.20.1 (Abb. 7.1); Randbruchstück einer Schüssel mit wulstig nach innen umgebogenem, verdicktem, außen gerilltem Rand, Randdurchmesser ca. 25 cm, rauwandig-tongrundige Ware, gelblich-weißer Ton, Inv.-Nr. 04.72.20.2 (Abb. 7.12); 2 Randbruchstücke einer Schüssel mit wulstig nach innen umgebogenem, verdicktem, außen gerilltem Rand, Randdurchmesser ca. 25 cm, rauwandig-tongrundige Ware, gelblich-weißer Ton, Inv.-Nr. 04.72.20.3-4 (Abb. 7.13); Wandbruchstück, rauwandig-tongrundige Ware, grauockerfarbener Ton, Inv.-Nr. 04.72.20.8; Brandlehmstück, Inv.-Nr. 04.72.20.5; Holzkohlenprobe, Inv.-Nr. 04.72.20.7; 2 Knochenbruchstücke, Inv.-Nr. 04.72.20.6.

Rinnenförmiges Gräbchen im Bereich der Südwestecke: Randbruchstück eines steilwandigen Tellers, Randdurchmesser ca. 20 cm, rauwandig-tongrundige Ware, grauweißer Ton, Inv.-Nr. 04.72.28.1 (Abb. 7.10); Wandbruchstück einer Terra-sigillata-Tasse mit horizontal eingeschnürter Wand, Inv.-Nr. 04.72.28.6 (Abb. 7.3); kleines Wandbruchstück eines Terra-sigillata-Gefäßes, Inv.-Nr. 04.72.28.5; unbestimmtes Eisenfragment; Inv.-Nr. 04.72.28. 7; Denar, AV: IMP CAES NERVA TRAIAN AUG GERM, RV: PONT MAX TR POT COS II, RIC Nr. 11, Rom 98–99 n. Chr., Inv. Nr. 04.72.28.8 (Abb. 8b).

Moderne Eingrabung in Sohle: Randbruchstück einer Schüssel mit außen doppelt gerilltem, innen wulstig zu einem Deckelfalz vorspringendem Rand, Randdurchmesser 33 cm, innen stark verrußt, rauwandig-tongrundige Ware, grauer Ton, Inv.-Nr. 04.72.27.5 (Abb. 7.11); Bruchstück eines Gefäßde-

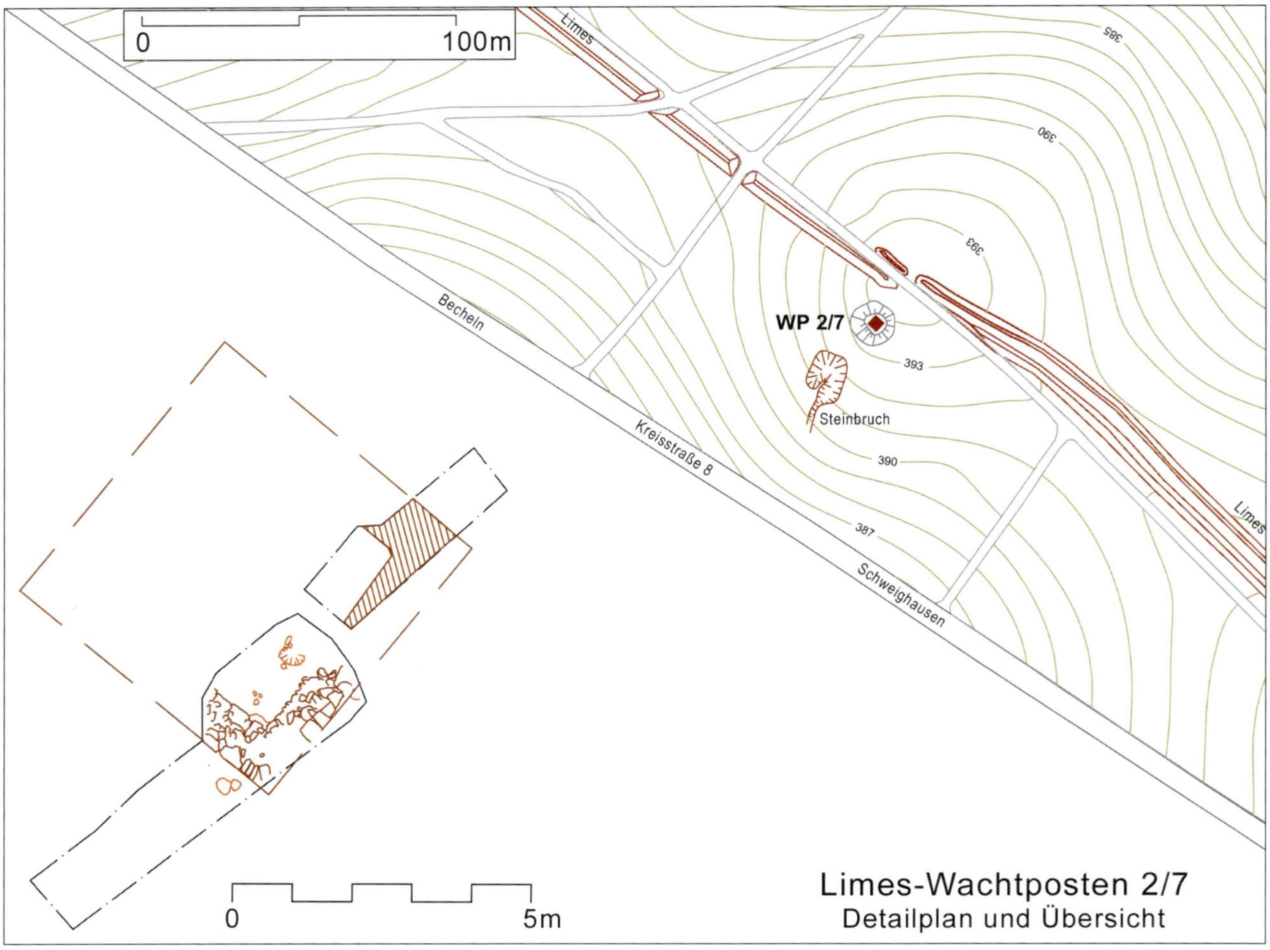

Abb. 11: Wachtposten 2/7: Detailaufnahme und Übersichtsplan.

ckels mit Knauf, Knaufdurchmesser 3,0 cm, glattwandig-tongrundige Ware, weißer Ton, Inv.-Nr. 04.72.27.6 (Abb. 7.9); Wandbruchstück eines Bechers mit Faltenverzierung, Firnisware mit matt glänzendem Überzug, roter Ton, Inv.-Nr. 04. 72.27.4; Denar, AV: IMP CAESAR VESPASIANUS AUG, RV: COS VII (Adler n. r.), RIC Nr. 98a, Rom 76 n. Chr., Inv. Nr. 04.72.27.1 (Abb. 8a).

Außerhalb des Steinturmes

Nordost-Viertel: 2 Randbruchstücke einer Terra-sigillata-Schüssel mit rundstabförmiger Randlippe, Randdurchmesser ca. 24 cm, Inv.-Nr. 04.72.23.10, 12 (Abb. 7.18); kleines Randbruchstück einer Terra-sigillata-Schüssel mit rundstabförmiger Lippe, Inv.-Nr. 04.72.23.19; Randbruchstück eines weithalsigen Kruges mit profiliertem Rand, Randdurchmesser 11 cm, Oberfläche stark angegriffen, glattwandig-tongrundige Ware, weißer Ton, Inv.-Nr. 04.72.23.16 (Abb. 7.19); Randbruchstück eines Topfes mit deutlich abgesetztem ausbiegendem Rand, Randdurchmesser ca. 15 cm, rauwandig-tongrundige Ware, grauer Ton, Inv.-Nr. 04.72.23.13 (Abb. 7. 22); Randbruchstück eines Topfes mit nach außen gebogenem Rand und Deckelfalz, Randdurchmesser ca. 18 cm, rauwandig-tongrundige Ware, grauer Ton, Inv.-Nr. 04.72.23.17 (Abb. 7.21); Randbruchstück eines Gefäßdeckels, Randdurchmesser ca. 18 cm, rauwandig-tongrundige Ware, rötlichockerfarbener Ton, Inv.-Nr. 04.72.23.15 (Abb. 7.24); Randbruchstück eines Gefäßdeckels, Randdurchmesser ca. 11 cm, rauwandig-tongrundige Ware, rötlichgrauer Ton, Inv.-Nr. 04.72. 23.11 (Abb. 7.23); Randbruchstück vermutlich eines Gefäßdeckels, Oberfläche komplett abgerieben, Inv.-Nr. 04.72.23. 20; kleines Bodenbruchstück eines Terra-sigillata-Gefäßes mit Standring, Inv.-Nr. 04.72.23.22; Bodenbruchstück eines bauchigen Kruges, Bodendurchmesser ca. 8 cm, glattwandig-tongrundige Ware, grauweißer Ton, Inv.-Nr. 04.72.23.8 (Abb. 7.25); Bodenbruchstück eines Topfes, rauwandig-tongrundige Ware, orangefarbener Ton, Inv.-Nr. 04.72.23.23; 11 Wandbruchstücke einer Terra-sigillata-Bilderschüssel, Oberfläche stark bestoßen, Inv.-Nr. 04.72.23.9 (Abb. 7.17); Wandbruchstück einer Terra-sigillata-Tasse mit horizontal eingeschnürter Wand, Inv.-Nr. 04.72.23.14; Wandbruchstück einer Terra-sigillata-Tasse mit horizontal eingeschnürter Wand, Inv.-Nr. 04.72. 23.18; 43 kleine Wandbruchstücke unterschiedlicher Terra-sigillata-Gefäße, Inv.-Nr. 04.72.23.1; kleines Wandbruchstück, Firnisware, Inv.-Nr. 04.72.23.21; 22 Wandbruchstücke unterschiedlicher Gefäße, glattwandig-tongrundige Ware, Inv.-Nr. 04.72.23.2; 15 Wandbruchstücke unterschiedlicher Gefäße, rauwandig-tongrundige Ware, Inv.-Nr. 04.72.23.3; 10 kleine Putzstücke, Inv.-Nr. 04.72.23.6; 19 Brand- und Hüttenlehmstücke, Inv.-Nr. 04.72.23.4; 17 Knochenbruchstücke; Inv.-Nr. 04.72.23.7; Holzkohlenprobe, Inv.-Nr. 04.72.23.5.

Südost-Viertel: Randbruchstück eines Einhenkelkruges mit stark ausladender Randlippe, Randdurchmesser 6,2 cm, glattwandig-tongrundige Ware, weißgrauer Ton, Inv.-Nr. 04.

72.24.11 (Abb. 7.20); kleines Bodenbruchstück eines Kruges, glattwandig-tongrundige Ware, grauer Ton, Inv.-Nr. 04. 72.24.5; kleines Bodenbruchstück eines Kruges, glattwandig-tongrundige Ware, weißer Ton, Inv.-Nr. 04.72.24.7; kleines Wandbruchstück eines Terra-sigillata-Gefäßes, Inv.-Nr. 04. 72.24.6; kleines Wandbruchstück eines Kruges, glattwandig-tongrundige Ware, weißer Ton, Inv.-Nr. 04.72.24.8; 3 Wandbruchstücke unterschiedlicher Gefäße, glattwandig-tongrundige Ware, Inv.-Nr. 04.72.24.9; Mörtelbrocken, Inv.-Nr. 04. 72.24.2; 10 Brandlehmstücke, Inv.-Nr. 04.72.24.1; 14 Knochenbruchstücke, Inv.-Nr. 04.72.24.3.
Südwest-Viertel: 3 kleine Wandbruchstücke mit abgesplitterter Oberfläche von Terra-sigillata-Gefäßen, Inv.-Nr. 04.72.25. 9; 7 Wandbruchstücke, glattwandig-tongrundige Ware, Inv.-Nr. 04.72.25.7-8; 5 Wandbruchstücke, rauwandig-tongrundige Ware, Inv.-Nr. 04.72.25.6; 17 Brandlehmstücke, Inv.-Nr. 04. 72.14; 3 Eisennägel, Länge noch 2,6-5,2 cm, Inv.-Nr. 04.72.25.1; 3 unbestimmte Eisenfragmente, Inv.-Nr. 04.72.25.4; 19 Knochenbruchstücke und 1 Zahn, Inv.-Nr. 04.72.25.2, 5.

Streufunde aus dem Umfeld der Turmstelle

Randbruchstück eines Tellers mit leicht abgesetztem einbiegendem Rand, Firnisware mit rotbraunem Überzug, Inv.-Nr. 04.72.6.9 (Abb. 7.26); Randbruchstück einer Schüssel mit profiliertem Rand, teilweise abgebrochen, Randdurchmesser ca. 20 cm, glattwandig-tongrundige Ware, gelblichweißer Ton, Inv.-Nr. 04.72.6.3; Randbruchstück eines Topfes mit nach außen gebogenem Rand und Deckelfalz, Randdurchmesser 26 cm, rauwandig-tongrundige Ware, grauer Ton, Inv.-Nr. 04.72.6.13 (Abb. 7.27); kleines Randbruchstück eines

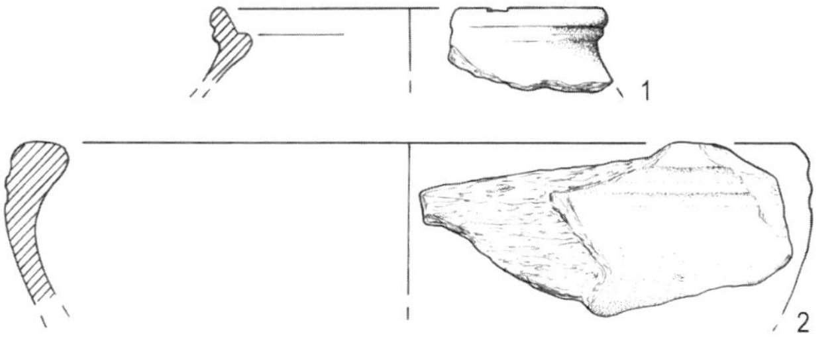

Abb. 12: Wachtposten 2/7: Funde. M. 1:3.

Topfes mit nach außen gebogenem Rand und Deckelfalz, rauwandig-tongrundige Ware, weißgrauer Ton, Inv.-Nr. 04.72. 6.6; Randbruchstück eines steilwandigen Gefäßes mit leicht nach außen gebogenem Rand, Randdurchmesser ca. 22,5 cm, rauwandig-tongrundige Ware, graublauer Ton, Inv.-Nr. 04. 72.6.5 (Abb. 7.28); Bodenbruchstück einer Terra-sigillata-Schüssel mit Standring, Bodendurchmesser 8 cm, Inv.-Nr. 04. 72.6.12 (Abb. 7.29); Wandbruchstück einer Terra-sigillata-Tasse mit eingeschnürter Wand, Inv.-Nr. 04.72.6.2; Wandbruchstück eines Doliums, glattwandig-tongrundige Ware, Inv.-Nr. 04.72.6.11; 5 Wandbruchstücke unterschiedlicher Gefäße, glattwandig-tongrundige Ware, Inv.-Nr. 04. 72.6.7; 3 Wandbruchstücke unterschiedlicher Gefäße, rauwandig-tongrundige Ware, Inv.-Nr. 04.72.6.8; Wandbruchstück, rauwandig-tongrundige Ware, gelblichgrauer Ton, Inv.-Nr. 04. 72.6.1; Ziegelfragment, Inv.-Nr. 04.72.6.10; Hüttenlehmfragment, Inv.-Nr. 04.72.6.4; 5 Knochenbruchstücke, Inv.-Nr. 04. 72.6.14.

Auswertung der Tierknochenreste *(Christina Wustrow, Kiel)*

Tabelle 1: WP 2/2, Lahnsteiner Wald. Bestimmung der Tierarten nach Knochenzahl (KNZ), Knochengewicht (KNG) und Mindestindividuenzahl (MIZ).

Tierart	KNZ	%	KNG	%	MIZ	%
Hausrind	5	9,6	78	18,5	1	14,3
Hausschaf	2	3,8	11	2,6	2	28,6
Hausschaf/Hausziege	23	44,3	159	37,7	1	14,3
Hausschwein	22	42,3	174	41,2	3	42,8
Summe	52		422		7	
bestimmbar	52	57,8	422	79,2	7	
unbestimmbar	38	42,2	111	20,8	0	
Summe	90		533		7	

Tabelle 2: WP 2/2, Lahnsteiner Wald. Verteilung der Skelettelemente auf die einzelnen Tierarten.

Skelettelement	Tierart Hausrind	Hausschaf	Hausschaf/Hausziege	Hausschwein	unbestimmbar
Cranium	–	–	–	1	–
Dentes sup.	–	–	1	–	–
Mandibula	1	–	–	3	–
Atlas	–	–	–	1	–
Vert. cerv.	–	–	2	–	–

Tabelle 2: Fortsetzung WP 2/2, Lahnsteiner Wald. Verteilung der Skelettelemente auf die einzelnen Tierarten.

Skelettelement	Tierart				
	Hausrind	Hausschaf	Hausschaf/Hausziege	Hausschwein	unbestimmbar
Vert. thor.	–	–	1	–	–
Costa	2	–	2	5	2
Scapula	–	–	–	5	–
Humerus	–	–	3	2	–
Radius	–	–	5	–	–
Ulna	–	–	1	–	–
Pelvis	2	–	2	–	–
Femur	–	–	3	1	–
Tibia	–	–	2	1	–
Fibula	–	–	–	1	–
Calcaneus	–	2	–	–	–
Metatarsus	–	–	1	2	–
unbestimmbar	–	–	–	–	36
Summe	5	2	23	22	38

Tabelle 3: WP 2/2, Lahnsteiner Wald. Alter der Haustiere.

Rind	KNZ
unbestimmbar	5

Schaf/Ziege	KNZ
> 3–4 Mon.	3
> 15–20 Mon.	1
> 3 Jahre	1
> 3,5 Jahre	1
unbestimmbar	19

Schwein	KNZ
> 2 Jahre	2
unbestimmbar	20

Tabelle 4: WP 2/2, Lahnsteiner Wald. Brand-, Hack-, Schnitt- und Bissspuren an Tierknochen.

Tierart	Brandspur	verbrannt	Hackspur	Schnittspur	Bissspur
Rind	0	0	3	1	0
Schaf/Ziege	0	1	4	5	2
Schwein	1	0	8	3	4
Summe	1	1	15	9	6

Tabelle 5: WP 2/2, Lahnsteiner Wald. Erhaltung der Tierknochen.

Tierart	Erhaltung			
	3/3, ~3/3	2/3	1/3, < 1/3	Summe
Rind	0	0	5	5
Schaf/Ziege	2	0	23	25
Schwein	1	0	21	22

5,8 % aller bestimmbaren Knochen sind vollständig bzw. nahezu vollständig erhalten, 94,2 % sind zu einem Drittel oder weniger erhalten.

Fundinventar der Nachuntersuchung am Wachtposten 2/7 im Bechelner Wald

Aus der Verfüllung eines alten Grabungsschnittes der Reichs-Limeskommission im Bereich der südöstlichen Ecke des Turmes

Randbruchstück eines dünnwandigen Topfes mit profiliertem Außenrand und Deckelfalz, Randdurchmesser 12 cm, rauwandig-tongrundige Ware, weißgrauer Ton, Inv.-Nr. 07.141.10.1.1 (Abb. 12.1); Randbruchstück einer Schüssel mit einbiegendem, wulstig verdicktem Rand, Randdurchmesser ca. 24 cm, rauwandig-tongrundige Ware, weißgrauer Ton, Inv.-Nr. 07.141.9.1.2 (Abb. 12.2); durch sekundären Brand stark verformtes Bodenbruchstück vermutlich eines mittelalterlichen Gefäßes mit Wellenfuß, Inv.-Nr. 07.141.9.1.3 (o. Abb.).

Bildnachweis

Archiv Westerwald-Verein, Juraschek: 1
Generaldirektion Kulturelles Erbe Rheinland-Pfalz, Dir. Landesarchäologie Koblenz, C. A. Jost: 3, 4, 10; A. Schmidt: 5, 6, 11; M. Meinen: 7, 12; M. Neumann: 8, 9
Rhein-Zeitung Koblenz vom 1. 10. 1983: 2

Frühe Eisengewinnung rechts und links des Rheins
Woher kam das Eisen im Dekumatland?

HANS-PETER KUHNEN

Lange Zeit konnte niemand genau sagen, woher die Römer das viele Eisen bezogen, das sie in ihren Siedlungen zwischen Rhein und Donau verarbeiteten.[1] Deshalb unternahm in der Amtszeit von Dieter Planck das Landesdenkmalamt Baden-Württemberg mehrere innovative Forschungsprojekte zu den Anfängen der Eisengewinnung auf der Schwäbischen Alb und im Schwarzwald. Im Nordschwarzwald entdeckten die beteiligten Archäologen, Geologen, Mineralogen und Botaniker neben mittelalterlichen Befunden vor allem Verhüttungsplätze aus frühkeltischer Zeit,[2] auf der Ostalb fanden sie Spuren intensiver Eisenverhüttung durch frühe Alamannen.[3] Römerzeitliche Eisenverhüttung dagegen wurde überraschenderweise in keinem der Untersuchungsräume erfasst: „Auffällig ist der krasse Gegensatz zwischen römischer und frühalamannischer Zeit: Während aus römischer Zeit kein einziger Verhüttungsplatz nachzuweisen ist, liefert fast jede frühalamannische Siedlung auf der Albhochfläche Hinweise, dass Eisen verhüttet wurde".[4]

Ähnlich verhält es sich mit der Mittelgebirgszone zwischen Lahntal und Siegerland:[5] Auch hier kon-

Abb. 1: Vor- und frühgeschichtliche Zentren der Eisenverhüttung in den Mittelgebirgen beiderseits des Rheins.

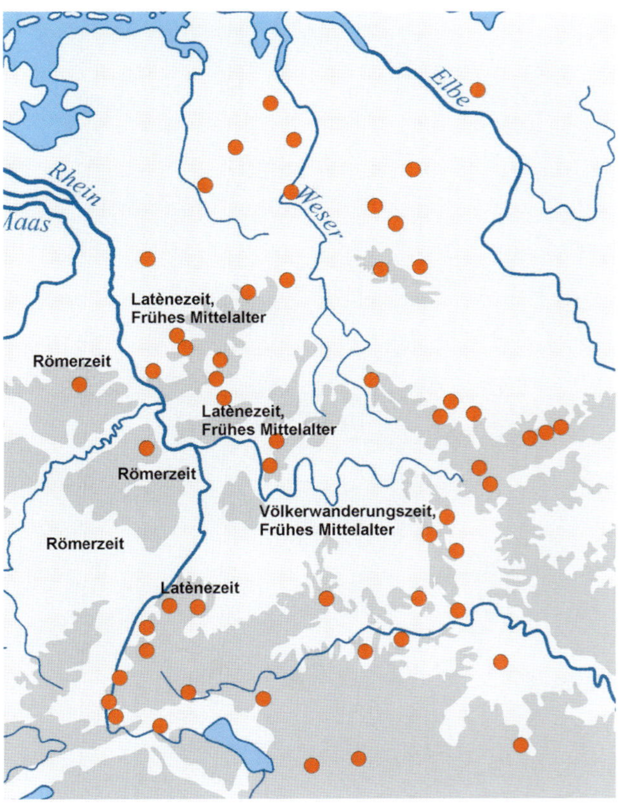

1 O. Paret, Die Siedlungen des römischen Württemberg. Die Römer in Württemberg III (Stuttgart 1932) 158 f. (Metallverarbeitung: „… nur wenn die Arbeitsstätten in den Boden eingetieft waren," „… dies nur ausnahmsweise der Fall …," deshalb „solche Werkstätten erst selten festgestellt"). – D. Planck, Eisen in der Vor- und Frühgeschichte Baden-Württembergs. Jahrb. Heimat- u. Altertumsver. Heidenheim 1985/86, 53–56. – Ders., Die Zivilisation der Römer in Baden-Württemberg. In: Ph. Filtzinger/D. Planck/B. Cämmerer (Hrsg.), Die Römer in Baden-Württemberg³ (Stuttgart 1986) 153; H. Maus/Ch. Raub, Bodenschätze in Württemberg. In: D. Planck (Hrsg.), Archäologie in Württemberg (Stuttgart 1988) 542 f.

2 Forschungen zur keltischen Eisenerzverhüttung in Südwestdeutschland. Mit Beiträgen von G. Gassmann, A. Hauptmann, Ch. Hübner u. a. Forsch. u. Ber. Vor- u. Frühgesch. Baden-Württemberg 92 (Stuttgart 2005) 11–13. – Siehe auch G. Gassmann/M. Rösch/G. Wieland, Das Neuenbürger Erzrevier im Nordschwarzwald als Wirtschaftsraum während der Späthallstatt- und Frühlatènezeit. Germania 84, 2006, 273–306.

3 M. Kempa, in: Beiträge zur Eisenverhüttung auf der Schwäbischen Alb. Mit Beiträgen von M. Böhm, A. Hauptmann, M. Kempa u. a. Forsch. u. Ber. Vor- u. Frühgesch. Baden-Württemberg 55 (Stuttgart 1995) 317–329. – H. Smettan, Vorgeschichtliche Salzgewinnung und Eisenverhüttung im Spiegel württembergischer Pollendiagramme. In: A. Jockenhövel (Hrsg.), Bergbau, Verhüttung und Waldnutzung im Mittelalter (Stuttgart 1996) 84–93; ders., in: Abbau und Verhüttung von Eisenerzen im Vorland der mittleren Schwäbischen Alb. Mit Beiträgen von Th. Engel, M. Franz, A. Hauptmann, M. Kempa u. a. Forsch. u. Ber. Vor- u. Frühgesch. Baden-Württemberg 86 (Stuttgart 2003) 9–117.

4 Kempa 1995 (Anm. 3) 329.

5 Vgl. A. Jockenhövel (Hrsg.), Bergbau, Verhüttung und Waldnutzung im Mittelalter (Stuttgart 1996) 84–93; ders., in: Steuer/Zimmermann 1993, 70–74. – A. Schäfer/Th. Stöllner, Frühe Metallgewinnung im mittleren Lahntal. Vorbericht über die Forschungen der Jahre 1999–2001. Ber. Komm. Arch. Landesforsch. Hessen 6, 2000/2001, 83–111. – Siehe auch H. Behaghel, Die Eisenzeit im Raum des rechtsrheinischen Schiefergebirges (Wiesbaden 1943) 120 f. (Eisenverhüttung in der jüngeren Eisenzeit nicht grundsätzlich verschieden von der der älteren Eisenzeit, verbunden mit raschen Rodungen, die zu starker Erosion und zu Gehängelehm von bis zu 2 m Mächtigkeit führen; als technologische Neuerung der jüngeren Eisenzeit Einsatz von Düsenziegeln).

zentrieren sich die archäologisch fassbaren Spuren der Eisengewinnung auf die Latènezeit und das frühe Mittelalter. So gut wie leer geht dagegen die Römische Kaiserzeit aus, in der das Gebiet zum östlichen Vorfeld der Limeszone gehörte (Abb. 1).

Komplementärprogramm: römische Eisengewinnung links des Rheins

Zeitlich komplementär dazu liegen die Befunde der ältesten Eisengewinnung im linksrheinischen Schiefergebirge, das durch Caesar 58–51 v. Chr. unterworfen und durch Augustus und Agrippa auch administrativ dem Imperium Romanum eingegliedert wurde: Im Gegensatz zum Dekumatland und dem östlichen Limesvorland kennt die Archäologie in den linksrheinischen Provinzen Gallia Belgica, Ober- und Niedergermanien zahllose Spuren römischer Eisengewinnung (Abb. 2).[6] Spätestens seit Josef Steinhausens Aufsatz von 1926 über die alten Eisenschmelzen der Südeifel[7] herrscht Gewissheit darüber, dass die anstehenden Erze des Mittleren und Unteren Devon seit der Römerzeit abgebaut und wirtschaftlich genutzt wurden. Demgegenüber kommen im Unterschied zu den rechtsrheinischen Gebieten Verhüttungsplätze aus frühkeltischer und fränkischer Zeit nur spärlich zum Vorschein.

Leicht verkürzt könnte man sagen, dass die Römer ihr Eisen in den linksrheinischen Mittelgebirgen zwischen Pfälzer Wald und Eifel gewannen, die Kelten und Alamannen dagegen rechts des Rheins zwischen Schwarzwald und Siegerland.

Zeitlich führt also die früheste Eisengeschichte Süddeutschlands von den keltischen Erzgruben rechts des Rhein zu den linksrheinischen Abbaurevieren der Römer und dann wieder zurück zu den Verhüttungsplätzen der Alamannen und Franken östlich des Rheins. Dass die unterschiedlichen Blütezeiten der Eisenverhüttung westlich und östlich des Rheins nicht zufällig entstanden sind, sondern aus der wirtschaftsgeschichtlichen Entwicklung beiderseits des Flusses resultieren, sollen die folgenden Ausführungen anhand ausgewählter archäologischer Befunde und Forschungsergebnisse zeigen.

6 R. Pleiner, Die Eisenverhüttung in der „Germania Magna" zur römischen Kaiserzeit. Ber. RGK 45, 1964, 54–63 Abb. 13.

7 J. Steinhausen, Alte Eisenschmelzen in der Südeifel. Trierer Zeitschr. 1, 1926, 49–63.

Abb. 2: Zentren römerzeitlicher Eisenverhüttung in Mitteleuropa (nach Pleiner 1964, ergänzt nach Pleiner 2000, Abb. 12).

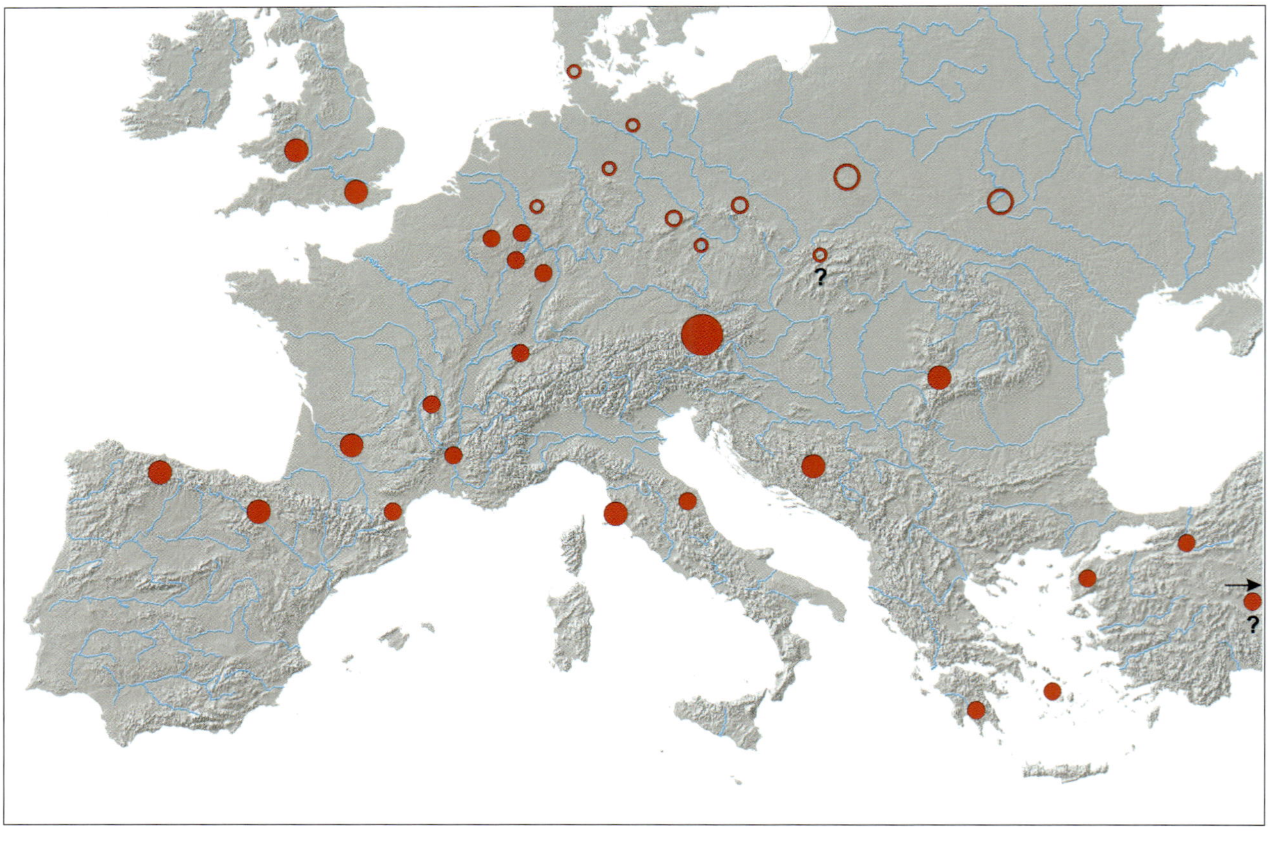

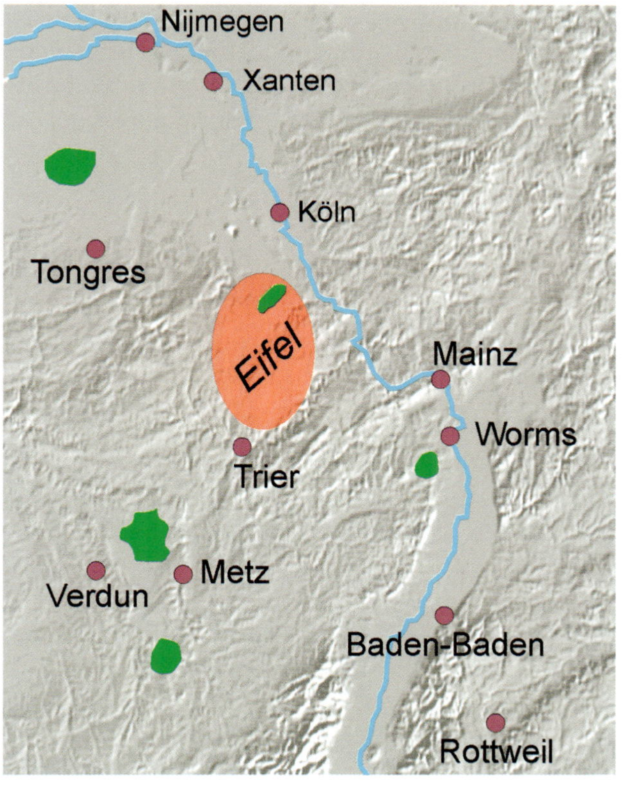

Abb. 3: Die Eisenerzvorkommen der linksrheinischen Mittelgebirge (grün) liegen im Hinterland großer städtischer Zentren Nordostgalliens und der germanischen Provinzen (nach Polfer 1999).

Die Eifel als antiker Wirtschaftsraum

Zum Vergleich mit den baden-württembergischen Erzgebieten eignet sich besonders die Eifel, der geologisch vielgestaltige nordwestliche Teil des Rheinischen Schiefergebirges,[8] den Rom fast ein halbes Jahrtausend beherrschte und nachhaltig romanisierte. Die Jahrhunderte der Romanisierung haben ihre Spuren unter anderem in einem reichen montanarchäologischen Erbe hinterlassen, das neben dem Abbau mineralischer auch den metallischer Rohstoffe und speziell von Eisenerz umfasste[9] (Abb. 3).

Während die süddeutschen Erzlagerstätten von Schwäbischer Alb und Schwarzwald im Dekumatland lagen, das nach einem Siedlungsvakuum am Ende der Latènezeit erst relativ spät und oberflächlich romanisiert wurde, war die Eifel in römischer Zeit gerahmt von den drei größten städtischen Zentren des römischen Deutschland,[10] im Norden Köln, der *Colonia Claudia Ara Agrippinensium*, im Südwesten Trier, der *Colonia Augusta Treverorum*, und im Südosten Mainz/*Mogontiacum* mit seinem Legionslager.[11]

Besonders Trier erlebte als Herrschaftszentrum des gallischen Sonderreichs, dann als Residenz des Westreichs im 3. und 4. Jh. n. Chr. eine außerordentliche Blüte,[12] aber auch Köln und Mainz übten als Provinzhauptstädte und Militärplätze bedeutende Wirtschaftskraft aus.[13] Die privilegierte Rechtsstellung als *coloniae* brachte Trier und Köln eigene Territorien, auf denen die vornehmen Familien des städtischen Bürgertums ihren Grundbesitz hatten. Wirtschaftsgeographisch bildete die Eifel damit schon in römischer Zeit das Hinterland eines hochentwickelten und stark urbanisierten Gebietes zwischen den Verkehrsachsen von Rhein, Mosel und Maas und erwirtschaftete einen erheblichen Teil des Wohlstandes der städtischen Zentren Köln, Trier und Mainz.

Zu den Einnahmen aus der Bewirtschaftung der städtischen Territorien gehörten neben Land- und Waldwirtschaft auch Abbau und Weiterverarbeitung von Bodenschätzen und speziell des Eisens. Wie sich dieser Sektor innerhalb der Romanisierung entwickelte, welchen Anteil er am Wirtschaftsleben der Provinz hatte, und wie er in die Nachbargebiete ausstrahlte, lässt sich nur über die Archäologie beantworten, da weder Inschriften noch Textquellen quantifizierbare und chronologisch differenzierte Angaben enthalten.[14]

---

8 Zur Geologie W. Meyer, Geologie der Eifel[3] (Stuttgart 1994) 486–549; Landesamt für Geologie und Bergbau Rheinland-Pfalz (Hrsg.), Geologie von Rheinland-Pfalz (Stuttgart 2005) 306–308; siehe auch H. Renn, Die Eifel (Bonn 1965) 128 f.

9 D. Krausse, Eisenzeitlicher Kulturwandel und Romanisierung im Mosel-Eifel-Raum. Die keltisch-römische Siedlung von Wallendorf und ihr archäologisches Umfeld. Röm.-Germ. Forsch. 63 (Mainz 2006) 271–295; H. von Petrikovits, Das römische Rheinland. Archäologische Forschungen seit 1945 (Köln, Opladen 1960) 112–117; O. Roller in: H. Cüppers (Hrsg.), Die Römer in Rheinland-Pfalz (Stuttgart 1990) 284 f.; H.-G. Horn (Hrsg.), Die Römer in Nordrhein-Westfalen (Stuttgart 1987) 154 ff. – Zur Romanisierung auch U. Heimberg, Was bedeutet Romanisierung? Ant. Welt 29, 1998, 19–40. F. Loridant, Vom einheimischen Hof zur römischen Villa. Ant. Welt 36, 2005, 15–22.

10 Vgl. H.-J. Maus, Europas Mitte – reich an Erzen. In Steuer/Zimmermann 1993, 48–54; vgl. auch die Beiträge von U. Zimmermann, Urgeschichtlicher Metallerzbergbau in Mitteleuropa. Ebd. 48–54, und G. Weisgerber, Römischer Erzbergbau in Deutschland. Ebd. 55–62.

11 Zur Siedlungsgeographie als Überblick H. Cüppers/C. B. Rüger, Römische Siedlungen und Kulturlandschaften. In: Geschichtlicher Atlas der Rheinlande III,1–2 (Bonn 1988) 4–10.

12 H.-P. Kuhnen (Hrsg.), Das römische Trier. Führer arch. Denkmäler Deutschland 40 (Stuttgart 2001) 12–57; M. Luik, Römische Wirtschaftsmetropole Trier. Trierer Zeitschr. 64, 2001, 245–282.

13 Köln: W. Eck, Köln in römischer Zeit (Köln 2004) 460 ff. – Mainz: M. Witteyer in: F. Dumont/F. Scherf/F. Schütz (Hrsg.), Mainz. Die Geschichte der Stadt (Mainz 1998) 1021–1058.

14 Übersicht über die Quellen zur römischen Handelsgeschichte bei H. von Petrikovits, Römischer Handel am Rhein und an der oberen und mittleren Donau. In: K. Düwel/H. Jankuhn u. a., Untersuchungen zu Handel und Verkehr der vor- und frühgeschichtlichen Zeit in Mittel- und Nordeuropa I. Methodische Grundlagen und Darstellungen zum Handel in vorgeschichtlicher Zeit und in der Antike (Göttingen 1985) 301 f.

Marginalie oder Hauptwirtschaftszweig: Eisengewinnung in der Eifel

Dementsprechend beurteilen neuere Arbeiten zur Wirtschaftsgeschichte der römischen Nordwestprovinzen die wirtschaftliche Bedeutung der vor- und frühgeschichtlichen Eisengewinnung der Eifel unterschiedlich. Gudrun Gomolka sieht 1975 den Grund für den Eisenerzabbau in der Eifel im akuten Rohstoffmangel des römischen Germanien.[15] 1999 vergleicht Michel Polfer[16] die Eifel mit anderen Montanregionen des gallisch-germanischen Westens. Aufbauend auf einer Klassifizierung von Henry Cleere[17] unterscheidet Polfer nach der Flächenausdehnung zwischen Eisenregionen von hoher, mittlerer, niedriger und geringer Bedeutung:

1. große Verhüttungsgebiete von mehr als 1000 km² Fläche und mehreren hundert bis tausend Betrieben;
2. mittelgroße Verhüttungsgebiete mit einigen Hundert Verhüttungsplätzen und Flächen zwischen 100 km² und 1000 km²;
3. kleine Verhüttungsgebiete von weniger als 100 km² Größe und
4. weit gestreute, isolierte Verhüttungsplätze von nur lokaler Bedeutung.

Die Eisenreviere der Nordeifel rechnet Polfer zu seiner dritten Kategorie „niedrige Bedeutung“, da es sich um Verhüttungsplätze von geringer Ausdehnung meist in den späten Nutzungsphasen römischer *villae rusticae* handele.[18] Allerdings weist Polfer darauf hin, dass der Forschungsstand in der Eifel gering sei, und dass es im Vergleich mit Frankreich und Spanien an weitflächigen archäometallurgischen Prospektionen mangele.[19]

Zu einer ähnlich zurückhaltenden Einschätzung kommen Andreas Kronz,[20] der Schlackenhalden römischer Eisenhütten untersuchte und daraus auf eine vergleichsweise geringe Ausbeute der einzelnen Betriebe schloss, sowie Martin Luik, der innerhalb des Geschichtlichen Atlasses der Rheinlande die Befunde zur Eisengewinnung in römischen Villen von Eifel und Hunsrück sichtete.[21]

Den von Polfer konstatierten Mangel an modernen Erkundungen räumen gleichermaßen Peter Rothenhöfer[22] und Hubertus Ritzdorf[23] ein, die sich in ihren Dissertationen von 2003 und 2005 ebenfalls mit der römischen Eisenverhüttung in der Eifel befassen. Hinsichtlich des Umfangs der Eisenproduktion weichen beide Autoren jedoch von den Einschätzungen Polfers ab. Unter Bezug auf die Forschungen von Harald von Petrikovits,[24] Otto Kleemann,[25] Wolfgang Wegener und Michael Gechter[26] betonen beide Autoren, dass die Nordeifel in römischer Zeit ein großes zusammenhängendes Eisenrevier gebildet habe, dessen Abbau polyzentrisch in zahlreichen, wenn auch kleinen Betrieben von *villae rusticae* organisiert gewesen sei.

15 Als Überblick G. Gomolka in J. Herrmann (Hrsg.), Die Römer an Rhein und Donau. Zur politischen, wirtschaftlichen und sozialen Entwicklung in den römischen Provinzen an Rhein, Mosel und oberer Donau (Berlin 1975) 189–229 (S. 204: Da die Eisenversorgung oft unzureichend war, zwang der akute Rohstoffmangel die Bewohner, auch auf die wenig ertragreiche Erzvorkommen zurückzugreifen). Siehe auch R. Shepherd, Ancient Mining (London, New York 1993) 179ff.

16 M. Polfer, La metallurgie du fer en Gaule du Nord et en Rhénanie à l'époque romaine: le rôle des villae. In: Polfer (Hrsg.) 1999, 45–76.

17 H. Cleere, The organisation of the Iron industry in the Western Roman Provinces in the Early Empire, with special reference to Roman Britain. Offa 40, 1983, 103–114; siehe auch ders./D. Crossley, The Iron Industry of the Weald (Leicester 1985) 60–65.

18 Polfer 1999 (Anm. 16), 47f.

19 Eisengewinnung in Südfrankreich: E. Krawczyk, Die gallo-römische Eisentechnologie in der Montagne Noire und im Massiv von Mouthoumet. Univ. Diss. (Mainz 1991) 167–169; siehe auch M. Feugère/V. Serneels, Recherches sur l'économie du fer en Méditerranée nord-occidentale. Monogr. instrumentum 4 (Montagnac 1998) 251–263; M. Mangin (Hrsg.), La sidérurgie ancienne de l'Est de la France dans son contexte européen. Archéologie et archéometrie. Coll. Besançon 10.–13. 11. 1993 (Paris 1994) 11–15. – Bergbauzentren auf der Iberischen Halbinsel: C. Domergue, Catalogue des mines et des fonderies antiques de la Péninsule ibérique II. Publ. Casa Velazquez Ser. Arch. VIII (Madrid 1987); ders., Les mines de la Péninsule ibérique dans l'Antiquité romaine. Collect. École Française Rome 127 (Rom 1990) 38–66.

20 A. Kronz, Keltische und römische Eisengewinnung in der Eifel. In: K. Reger (Hrsg.), 6. Internationaler Bergbauworkshop Rescheid/Eifel, 1.–5. 10. 2003 (Hellenthal/Eifel) 60–65.

21 Luik 1999, 211–215. – Ders., Jenseits von Ackerbau und Viehzucht. Ant. Welt 36, 2005, 23–27. – Ders. in: B. Beyer-Rotthoff/M. Luik, Wirtschaft in römischer Zeit, mit einem Beitrag zur Münzgeschichte von R. Loscheider. Geschichtlicher Atlas der Rheinlande III,3–4 (Bonn 2007) 17ff.

22 Rothenhöfer 2005, v. a. 86–88.

23 H. Ritzdorf, Die römerzeitliche Eisenmetallurgie in der Eifel. Univ. Diss. (Bonn 2003) 6–8. – Ritzdorf 2006, 101–162.

24 H. von Petrikovits, Anregungen zur Zusammenarbeit von Archäologen mit Berg- und Hüttenleuten. Der Anschnitt 2, 1959, 3–8; ders., Bergbau und Hüttenwesen in der römischen Rheinzone. Zeitschr. Erzbergbau u. Metallhüttenwesen 11, 1958, 594–600. Beides abgedruckt in ders., Beiträge zur römischen Geschichte und Archäologie (Bonn 1976) 293–302 und 216–228.

25 Kleemann 1971, 63ff. – Ders., Römerzeitliche Eisengewinnung im Ahrgebiet. Prähist. Zeitschr. 43/44, 1965/66, 334–336.

26 M. Gechter, Römischer Bergbau in der Germania Inferior. In: H. Steuer/U. Zimmermann (Hrsg.), Montanarchäologie in Europa. Koll. „Frühe Erzgewinnung und Verhüttung in Europa“, Freiburg/Br. 4.–7. Okt. 1990. Arch. u. Gesch. 4 (Ostfildern 1993) 161–166; W. Wegener, Montanarchäologische Prospektion im Rheinland. Ebd. 167–176 Abb. 10, 12, 17. – Siehe auch M. Gechter/J. Kunow, Zur ländlichen Besiedlung des Rheinlands in römischer Zeit. Bonner Jahrb. 186, 1986, 377ff.; W. Wegener/E. Knieps, Erzbergbau und Metallverhüttung vom Mittelalter bis zum 19. Jahrhundert. Geschichtlicher Atlas der Rheinlande VII,17–18 (Trier 2008) 5f.

Eisenerzeugung im Spiegel von Archäologie und Naturwissenschaften

Trotz des Mangels an quantifizierbaren und feinchronologisch differenzierten Wirtschaftsdaten gibt es Indizien, um die Eifel als römisches Eisenland wirtschaftsgeschichtlich einzuordnen und sie zu den erwähnten rechtsrheinischen Befunden in Beziehung zu setzen. Verschiedene Indikatoren spiegeln direkt oder indirekt die Intensität der Eisengewinnung wider:

1. die Stratigraphie und Baugeschichte der Abbau- und Verhüttungseinrichtungen sowie der zugehörigen Siedlungsplätze;
2. die Entwicklung von Vegetation und Besiedlung im Umfeld der Verhüttungsplätze;
3. archäometrische Untersuchungen der Ausgangsstoffe sowie der End- und Abfallprodukte;
4. Beobachtungen von den Kommunikations- bzw. Handelswegen und den Absatzgebieten.

1. Die Bau- und Siedlungsgeschichte der Abbau- und Verhüttungseinrichtungen

Eine montanarchäologisch relativ gut untersuchte Siedlungskammer des Rheinischen Schiefergebirges ist das untere Ahrtal um Bad Neuenahr-Ahrweiler, wo Abbau und Verhüttung der anstehenden Kupfer-, Blei und Eisenerzvorkommen seit der Latènezeit vermutet, seit der Römerzeit an zahlreichen Fundstellen fassbar sind[27] (Abb. 4).
Hier hat die Universität Bonn unter Otto Kleemann zwischen 1958 und 1961 den Verhüttungsplatz *„An den Maaren“* im Stadtwald ausgegraben und weitere zugehörige Fundstellen im Umfeld prospektiert.[28] Circa 3 km nördlich davon untersuchte Horst Fehr

27 Allgemeiner Überblick und Fundstellenverzeichnis bei Kleemann 1971, v. a. 71–89.

28 Siehe Ritzdorf 2006,136 ff.

Abb. 4: Bei Rettungsgrabungen im Stadtgebiet von Bad Neuenahr-Ahrweiler untersuchten die Archäologen mehrere Orte mit montanarchäologischen Befunden: den Verhüttungsplatz im Stadtwald „An den Maaren“ (3) sowie die *villae rusticae* Ahrweiler „Silberberg“ (2) und Ahrweiler „Kreisverwaltung“ (1).

von der Archäologischen Denkmalpflege Koblenz zwischen 1980 und 1993 anlässlich von Straßenbauarbeiten am Nordrand der Niederterrasse der Ahr das Hauptgebäude der römischen Villa *„Am Silberberg"*, wo in einer späten Siedlungsphase römische Metallschmelzer zwei Raumeinheiten des repräsentativen Hauptgebäudes zur Verhüttung von Eisen- und Bleierzen nutzten (Abb. 5; 6).[29] Ein benachbarter Verhüttungsplatz mit mindestens vier Schmelzöfen des 3. bis 5. Jh. n. Chr. wurde bei Rettungsgrabungen in der rund 1 km entfernten römischen Villa unter der *Kreisverwaltung Bad Neuenahr-Ahrweiler* entdeckt.[30] Ebenso wie ein weiterer metallurgischer Fundplatz des 2. bis 4. Jh. n. Chr. von Bad Neuenahr-Ahrweiler *„An den Ulmen"* lag er am Nordrand der Niederterrasse der Ahr im Bereich der Neutrassierung der Umgehungsstraße B 267 am Fuß des Silberberges[31] (Abb. 7). Weitere römische Siedlungsreste am Zusammenfluss von Ahr und Elling unter der heutigen Altstadt von Ahrweiler dürften zu einem *vicus* gehört haben, lassen aber keine näheren Aussagen über dessen Bebauung und Stratigraphie zu.[32]

Besonders die Grabungen im Stadtwald *„An den Maaren"* zeigen einen Ausschnitt der baulichen und betrieblichen Entwicklung einer römischen Eisenhütte. Obwohl nur rund 20 % der Betriebsfläche archäologisch untersucht wurden und Teile der Grabungsdokumentation verschollen sind, lassen sich mindestens drei Siedlungsphasen herausarbeiten:

- *Bauphase I* datiert hauptsächlich in das frühe 2. Jh. n. Chr. und besteht im Wesentlichen nur aus einem Laufhorizont mit einzelnen Gruben, Pfostenlöchern und mindestens einem Brandgrab, enthält aber bereits Hinweise auf den Abbau von Eisenerz.

29 Zur Metallschmelze der Villa allgemein H. Fehr, Führer durch die Ausgrabungen und Ausstellung am Silberberg Bad Neuenahr-Ahrweiler (Koblenz 2003) 41–46. Zu den metallurgischen Befunden Ritzdorf 2006, 152.

30 A. von Berg/H. H. Wegner, Fundchronik. Ber. Arch. Mittelrhein u. Mosel 4, 1995, 397 f. Abb. 55; Ritzdorf 2006, 149–152.

31 Ritzdorf 2006, 153.

32 Kleemann 1971, 60–69 Karte 3.

Abb. 5: Eine moderne Holzkonstruktion schützt das Hauptgebäude der römischen Villa Ahrweiler „Silberberg", deren aufgehendes Mauerwerk durch einen Hangrutsch in nachrömischer Zeit bis zu 2 m hoch erhalten geblieben ist.

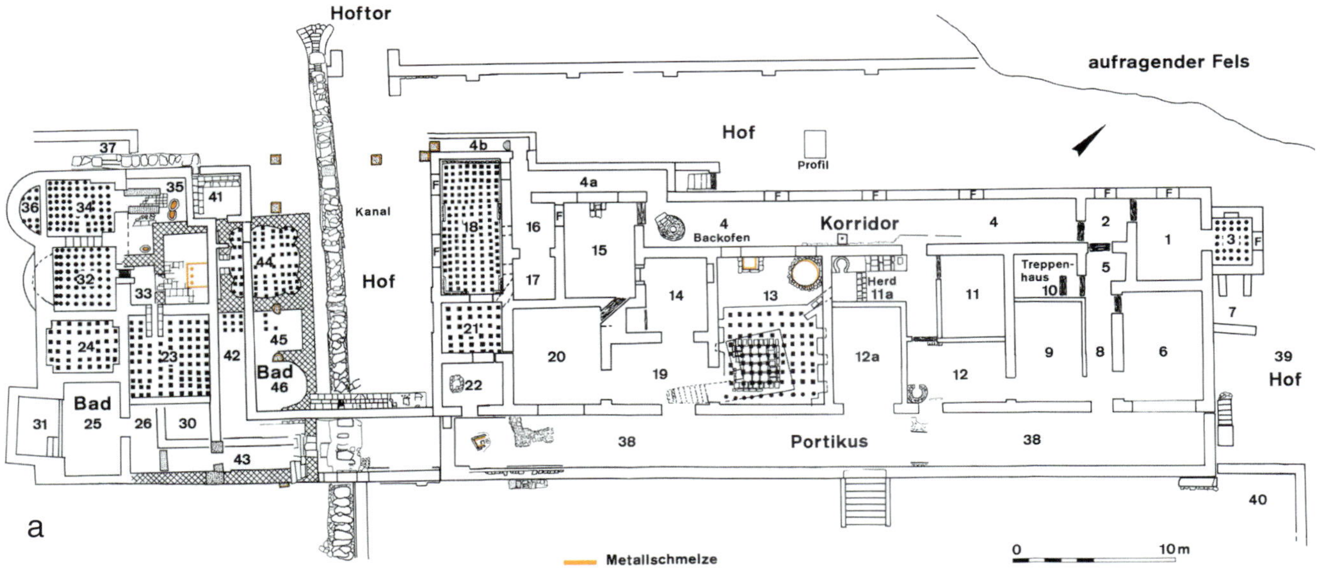

Abb. 6 a, b: Im 4. Jh. n. Chr. betrieben Metallhandwerker im Hauptgebäude der Villa Ahrweiler „Silberberg" (a) mehrere Schmelzöfen (b) zur Verhüttung von Eisen- und Bleierzen (a nach Fehr 2003).

- *Phase II* umfasst im fortgeschrittenen 2. und 3. Jh. n. Chr. ein von einer Hofmauer umfriedetes Hofareal von ca. 0,8 ha Fläche, in dem mindestens fünf Werkgebäude mit Schmelz- und Schmiedeöfen, Wasserbecken und zwei gemauerten Wasserleitungen liegen (Abb. 8; 9). Die Einzelhoflage inmitten von Wirtschaftsflächen, das ummauerte Hofareal, die randliche Position der Wirtschaftsgebäude und die Nähe eines Gräberfeldes entsprechen dem Siedlungstyp einer *villa rustica* zur Ausbeutung örtlicher Ressourcen.
- *Phase III* bringt im 4. Jh. Abbruch oder Verfall einzelner Gebäude und der Hofmauer, gleichzeitig aber umfangreiche Schlackenhalden aus fortdauernder Verhüttungstätigkeit.[33] Später, wohl noch im 4. Jh., stellten die Hüttenwerker „An den Maaren" ihren Betrieb ein, ebenso wohl die Betreiber der benachbarten Schmelzplätze auf dem Breiten Kopf. Möglicherweise verlagerten sie ihre Tätigkeit in die Gebäude der Villa am Fuß des Silberbergs und die benachbarten Villen am Nordrand der Niederterrasse der Ahr, wo die Verhüttung von Eisen- und Bleierzen bis in das frühe 5. Jh. zu fassen ist.

Der Verhüttungsplatz „An den Maaren" lag auf dem Höhenrücken des Breiten Kopfs südlich der Ahr, der innerhalb eines Radius von 1 km rund zwei Dutzend weitere montanarchäologische Fundstellen aufwies, darunter mindestens noch eine Siedlung (Ahrweiler 4) gleichen Typs mit zugehörigem Gräberfeld (Ahrweiler 3) sowie zahlreiche Pingen und andere Abbauspuren (Abb. 10a, b). Weitere Abbau- und Verhüttungsplätze römischer Zeit konnten Kleemann, Ritzdorf und andere bei Geländestudien in den Bachtälern des Unterdevon zwischen Ahr, Brohl- und Vinxtbach nachweisen. Abbau- und Verhüttungsplätze sind vor allem durch Schlackenfunde dokumentiert, lassen sich aber feinchronologisch

33 Ritzdorf 2006, 106–131.

Abb. 7: *Villae rusticae* in typischer Lage am Hangfuß des Silberbergs prägen die Siedlungslandschaft der Römerzeit im Ahrtal um Bad Neuenahr-Ahrweiler.

noch nicht weiter differenzieren.[34] Nördlich und westlich davon haben die Prospektionen des Rheinischen Landesmuseums Bonn und des Rheinischen Amts für Bodendenkmalpflege in den Kalkmulden der Nordeifel um Blankenheim und Dollendorf seit den 1950er Jahren weitere Hinweise auf Eisenverhüttung in römischer Zeit erbracht.[35]

Weiter nördlich wurden im südlichen Niedergermanien bis in den Hürtgenwald und den Bereich des Braunkohletagebaus der Jülicher Börde römische Verhüttungsplätze in *villae rusticae* des 2. bis 3. Jh. n. Chr. ausgegraben, so bei Aldenhoven, Hambach und Inden.[36] In den Villen von Bitburg-Stahl am Rand der Bitburger Kalkmulde, Bengel im Alftal und einem knappen Dutzend weiterer Plätze der Südeifel stellten die Ausgräber Schmelzöfen und Eisenschlacken fest, soweit stratifizierbar aus den späteren Siedlungsphasen der Villen.[37] Weitere Villen

Abb. 8: Mit einer umfriedeten Hoffläche von ca. 0,8 ha entspricht der römische Eisenverhüttungsplatz von Ahrweiler „An den Maaren" der Hofgröße einer kleineren *villa rustica.* Durch die Ausgrabungen der Jahre 1958–1961 wurde etwa ein Fünftel der Fläche untersucht (nach Ritzdorf 2006). 1-4 Häuser I–IV; 5 Umfassungsmauer; 6 Wasserleitung A; 7 Wasserleitung B; 8 Abwasserkanal; 9 Zisterne (außerhalb des Bildausschnitts), 10 Zisterne D; 11 Schlackenhalde A; 12 Schlackenhalde B; 13 Schlackenhalde C.

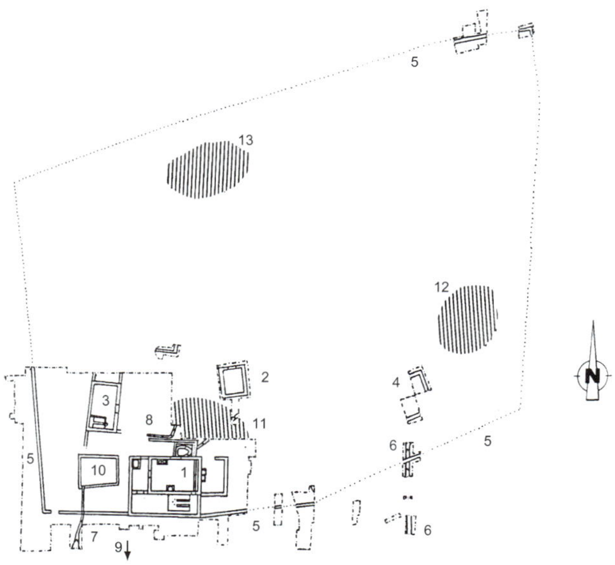

34 Ebd. 148–159; Kleemann 1971, 71–91 Karten 1 und 5.

35 Zusammenstellung der Befunde durch Rothenhöfer 2005, 79–81; Gechter (Anm. 26); Wegener (Anm. 26). Dazu noch Bergisches Land: Th. Conzen/M. Gechter, Einige Bemerkungen zur Montanarchäologie im Bergischen. In: H. Koschik (Hrsg.), Arch. Rheinland 1994 (Köln, Bonn 1995) 56–58.

36 Nordeifel/südliches Niedergermanien: Zusammenstellung der Fundorte bei Rothenhöfer 2005, 253–263; U. Heimberg, Römische Villen an Rhein und Maas. Bonner Jahrb. 202/203, 2002/2003, 126f. – Dazu noch B. Päffgen, Ein spätrömischer Metallverarbeitungsplatz bei Inden. In: H. Koschik (Hrsg.), Arch. Rheinland 1998 (Köln, Bonn 1999) 88. Zu Aldenhoven und Hambach Polfer (Anm. 16) 66–69; M. Rech, Eine Villa im Hambacher Forst, Kr. Düren. Bonner Jahrb. 180, 1980, 461–492 mit weiterer Lit.

37 Zusammenstellung der älteren Befunde bei Luik 1999, 211–214. Weitere Fundstellen bei D. Krausse (Anm. 9) 278 Liste 31.

mit Spuren von Eisenverhüttung wohl des 3. bis 4. Jh. wurden im Hunsrück und im östlichen Saarland untersucht.[38]

Die regionalen Datensammlungen zeigen, dass an Standorten entlang der Eisenerzvorkommen des Unteren Devon zwischen Nordeifel und Hunsrück römische Gutshöfe anstehende Eisenerze verhütteten. Entsprechend dem Charakter der *villae rusticae* sind die einzelnen Produktionsstätten von bescheidenem Umfang und gehören den späteren Bau- und Siedlungsphasen der Villen an, mehrheitlich dem 3. bis 4. Jh. n. Chr.; Spuren von Eisenverhüttung aus frührömischer Zeit bis gegen Ende des 1. Jh. n. Chr. fehlen dagegen an allen untersuchten Plätzen. Soweit Prospektionsergebnisse aus dem näheren Umfeld der Verhüttungsplätze vorliegen, zeigen sie eine dichte Streuung von Fundstellen vergleichbarer Funktion und Zeitstellung, so dass es angebracht scheint, von *Verhüttungszonen* anstelle von einzelnen *Verhüttungsstellen* zu sprechen und eine marktorientierte Überschussproduktion jenseits der Deckung des Eigenbedarfs anzunehmen.[39]

38 Altheim, Erfweiler, Furchweiler, Merchweiler und Uchtelfangen aufgeführt bei Polfer (Anm. 16) 66–69. Siehe auch A. Kolling in: Die Römer an Mosel und Saar. Ausstellungskat. Bahnhof Rolandseck 1983 (Mainz 1983) 108–110.

39 Eifel: Luik 1999, 211–214 („Bei der Metallverarbeitung und der Glasherstellung lassen sich dann eine deutliche Zunahme in der Spätantike beobachten. Im ersten Fall scheinen dafür der Rückgang der Erzförderung und die zunehmende Gefährlichkeit der Transportwege verantwortlich zu sein. Zumindest die Befunde in der Villa am Silberberg [...] deuten aber auf eine Produktion größeren Stils auch in der Spätzeit hin, die sicherlich über die Deckung des Eisenbedarfs hinausging."). – Ders. in B. Beyer-Rotthof/M. Luik, Wirtschaft in römischer Zeit. Geschichtlicher Atlas der Rheinlande Beih. III,3–4 (Bonn 2007) 25–27 („[...] lässt sich für mehrere Villen sehr wohl die Metallverarbeitung schon während der mittleren Kaiserzeit belegen.").

Abb. 9: Vor der Ausgrabung lagen die Ruinen des Eisenverhüttungsplatzes von Ahrweiler „An den Maaren" in einem Feuchtbiotop, das erst zu Grabungszwecken entwässert wurde. Die ausgegrabenen Gebäudeteile sind im Stadtwald von Ahrweiler nach der Konservierung durch die Stadt Bad Neuenahr-Ahrweiler noch zu sehen.

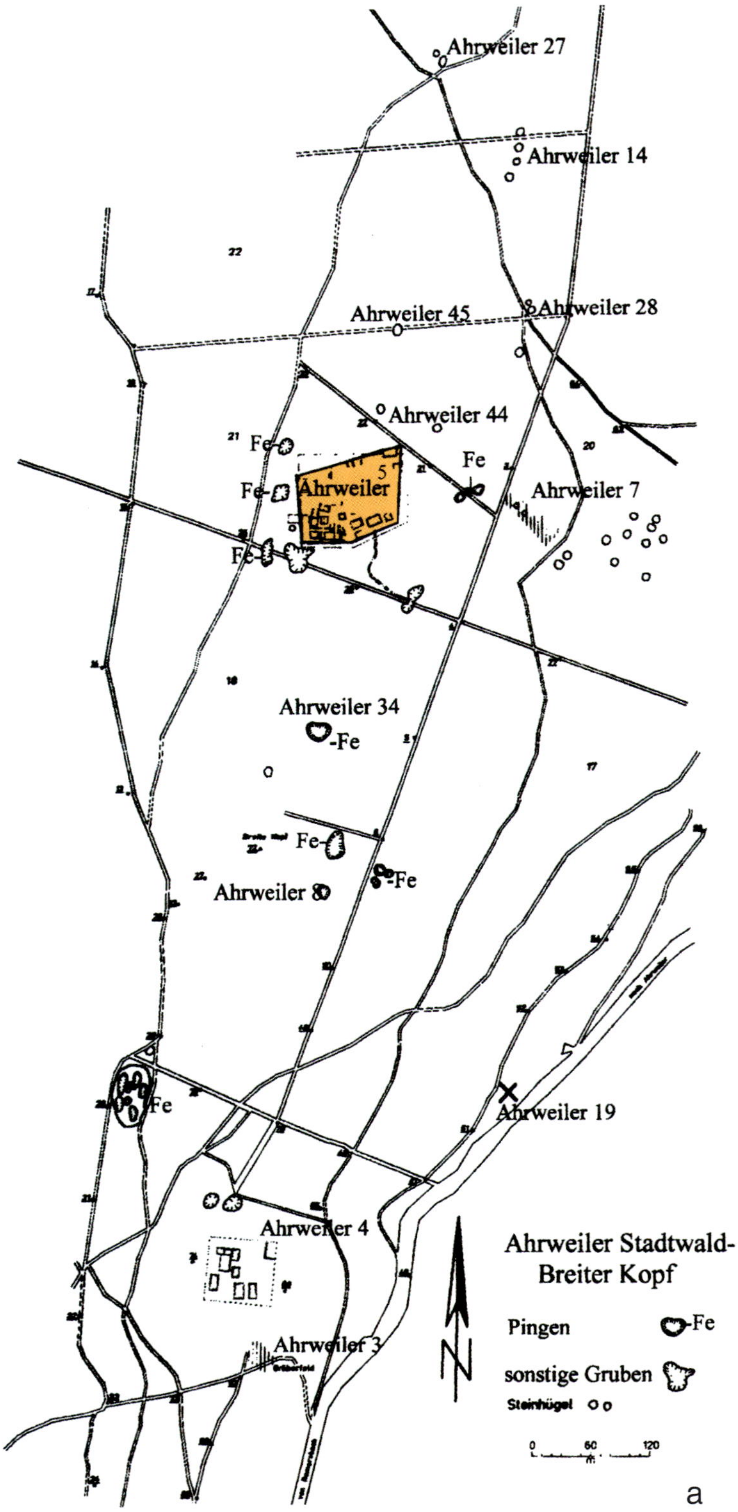

Abb. 10a, b: Im Umfeld des Eisenverhüttungsplatzes von Ahrweiler „An den Maaren" (= Ahrweiler 5, farbig markiert) sind oberflächig weitere montanarchäologische Fundstellen (a) sichtbar, darunter Pingen (b: Ahrweiler 8), Schlackenhalden sowie mindestens ein weiterer Verhüttungsplatz mit zugehörigen Gräbern (10a nach Ritzdorf 2006).

2. Die Entwicklung von Vegetation und Besiedlung im Umfeld der Verhüttungsplätze

In den montanarchäologischen Forschungsprojekten des Landesdenkmalamts Baden-Württemberg stellte der Archäobotaniker Hans Smettan durch Pollenanalysen in der Umgebung der Verhüttungsstellen auf der Schwäbischen Alb fest, dass sich Eisenverhüttung in Pollendiagrammen durch Veränderungen des Waldbildes äußert, da die frühen Hüttenleute ihren Bedarf an Holzkohle durch den gezielten Einschlag von Buche aus den benachbarten Wäldern deckten, was den Anteil dieser Baumart an der Waldvegetation zwischen 3. und 5. Jh. stark zurückgehen ließ und die Ausbreitung der Birke auf den Rodungsflächen förderte.[40]

Linksrheinisch zeigen die älteren, chronologisch noch unscharfen Pollenprofile aus Eifel und Hunsrück einen Rückgang der Buche zu unterschiedlichen

40 H. W. Smettan, Besiedlungsschwankungen von der Latènezeit bis zum frühen Mittelalter im Spiegel südwestdeutscher Pollendiagramme. Fundber. Baden-Württemberg 23, 1999, 779–807. – Ders., Archäoökologische Untersuchungen auf dem Albuch. In: Beiträge zur Eisenverhüttung auf der Schwäbischen Alb. Forsch. u. Ber. Vor- u. Frühgesch. Baden-Württemberg 55 (Stuttgart 1995) 37–146. Siehe auch Anm. 3. – Ders., Südwestdeutschland
Fortsetzung siehe nächste Seite

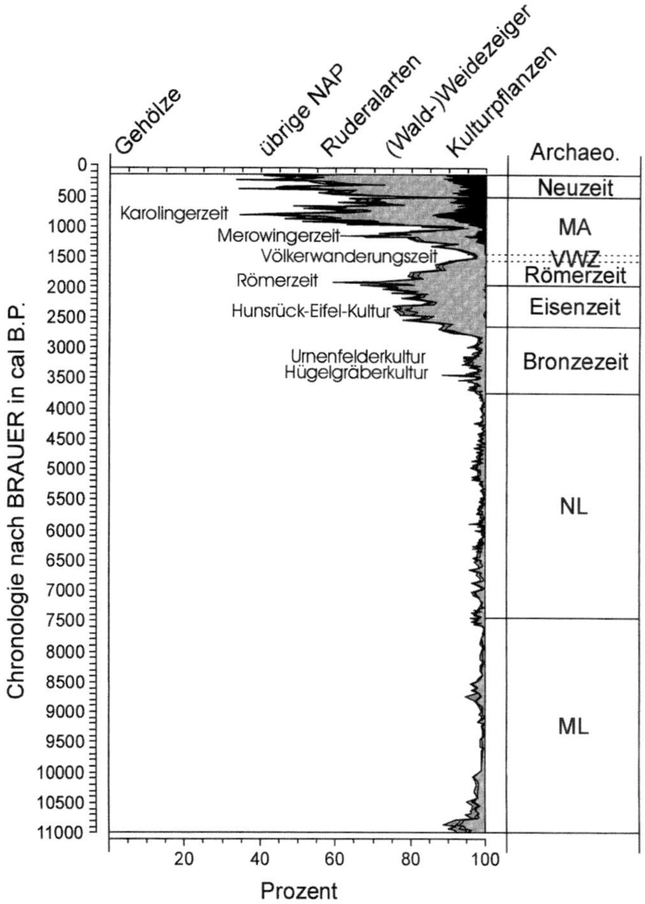

Abb. 11: Das Pollenprofil vom Meerfelder Maar bei Manderscheid, Lkr. Bernkastel-Wittlich in der Vulkaneifel zeigt den Rückgang der Bewaldung zwischen Latène- und Völkerwanderungszeit (nach Kubitz 2000).

Zeiten zwischen etwa 1000 v. Chr. und 1000 n. Chr., was vage mit „massiven Eingriffen in den Wald durch Waldweide und Rodung" erklärt wird.[41] Die rund 30–50 km von den nächsten römischen Verhüttungsplätzen entfernten neueren Profile aus den Eifelmaaren bei Manderscheid lassen nach der Untersuchung durch Beate Kubitz erkennen, dass zwischen Eisenzeit und römischer Kaiserzeit der Wald in der Vulkaneifel insgesamt zurückging, was auf Rodungen und die Ausweitung landwirtschaftlicher Nutzflächen schließen lässt[42] (Abb. 11). Besonders die Buchenwerte sinken mit Beginn der Eisenzeit innerhalb von 150 Jahren rapide von 40 % auf 10 % ab, um erst in der Völkerwanderungszeit wieder auf einen Anteil von ca. 30 % anzusteigen.[43] Dies könnte auf erhöhten Brennholzbedarf und die Gewinnung von Holzkohle für Verhüttungszwecke zurückgehen, doch lassen sich die Pollenanalysen dieser Beprobungsstelle feinchronologisch noch nicht hinreichend sicher mit der archäologischen Periodisierung der Besiedlungsgeschichte korrelieren[44] und müssten durch Vergleichsbefunde aus dem unmittelbaren Umfeld der Abbaustätten verifiziert werden. Gleiches gilt für die erneute Rückkehr des Waldes, die nach Kubitz im 4. Jh. n. Chr. einsetzt und damit zeitlich in etwa dem Niedergang der Verhüttung im Stadtwald Ahrweiler entspricht.

3. Archäometrische Untersuchungen der Ausgangsstoffe sowie der End- und Abfallprodukte

Archäometrische Untersuchungen an Eisenobjekten und -schlacken erhellen Herstellungsverfahren und Bearbeitungstechniken, kommen aber bei der Herkunftsbestimmung rasch an ihre Grenzen.[45] Mit Bleiisotopenanalysen provinzialrömischer Bronzeobjekte aus augusteischen Fundplätzen von Dangstetten, Waldgirmes und Mainz konnte Soodabeh Durali-Müller wahrscheinlich machen, dass die Bleivorkommen der nördlichen Eifel zwischen Bleialf, Silberberg und Glückstal schon in früheströmischer Zeit abgebaut wurden[46] (Abb. 12). Nach diesen Er-

Fortsetzung Fußnote 40:
in der Antike. Die Rekonstruktion der Umwelt. In: Archäologisches Landesmuseum Baden-Württemberg (Hrsg.), Imperium Romanum. Roms Provinzen an Neckar, Rhein und Donau. Ausstellungskat. (Stuttgart 2005) 41 f.; zum Forschungsprojekt kurz M. Kempa, Antike Eisenverhüttung auf der Ostalb. Zwei Jahre archäologische Forschungen. Arch. Inf. Baden-Württemberg 20 (Stuttgart 1991) 11–25; H.-P. Kuhnen (Hrsg.), Vom Rennfeuer zum Spitzbarren. Antike Eisenverhüttung auf der Ostalb. Ausstellungskat. Limesmus. Aalen (Stuttgart 1999) 19 ff.

41 Zu den älteren paläobotanischen Befunden B. Frenzel, Die vormittelalterliche Besiedlungsgeschichte des westlichen Hunsrück und der Westeifel nach paläobotanischen Befunden. In: A. Haffner/A. Miron (Hrsg.), Studien zur Eisenzeit im Hunsrück-Nahe-Raum. Symposium Birkenfeld 1987 (Trier 1991) 309–338 (starke Ausbreitung der Buche infolge massiver Eingriffe in den Wald, u. a. durch Waldweide und Rodung zu regional unterschiedlichen Zeitpunkten zwischen ca. 1000 v. Chr. und 1000 n. Chr.).

42 B. Kubitz, Die holozäne Vegetations- und Siedlungsgeschichte in der Westeifel am Beispiel eines hochauflösenden Pollendiagramms aus dem Meerfelder Maar. Diss. Botanicae 339 (Berlin 2000) 55 f. 64 ff. – Siehe auch W. Dörfler/A. Evans/O. Nakoinz/H. Usinger/A. Wolf, Wandel der Kulturlandschaft als Ausdruck kulturellen Wandels? Pollenanalytische und siedlungsarchäologische Untersuchungen zur Romanisierung in der Vulkaneifel. In: A. Haffner/S. von Schnurbein (Hrsg.), Kelten, Germanen, Römer im Mittelgebirgsraum zwischen Luxemburg und Thüringen. Internat. Koll. DFG-Schwerpunktprogramm „Romanisierung" 28.–30. 9. 1998 (Bonn 2000) 131–139.

43 Kubitz (Anm. 42) 71 ff.

44 O. Nakoinz, Die Siedlungsgeschichte der südlichen Vulkaneifel. Trierer Zeitschr. 64, 2001, 20–24.

45 M. Senn Bischofberger, Das Schmiedehandwerk im nordalpinen Raum von der Eisenzeit bis ins frühe Mittelalter. Internat. Arch. Naturwiss. u. Technologie 5 (Rahden 2005) 81 f.

46 S. Durali-Mueller, Roman lead and copper mining in Germany: their origin and development through time, deduced from lead

Fortsetzung siehe nächste Seite

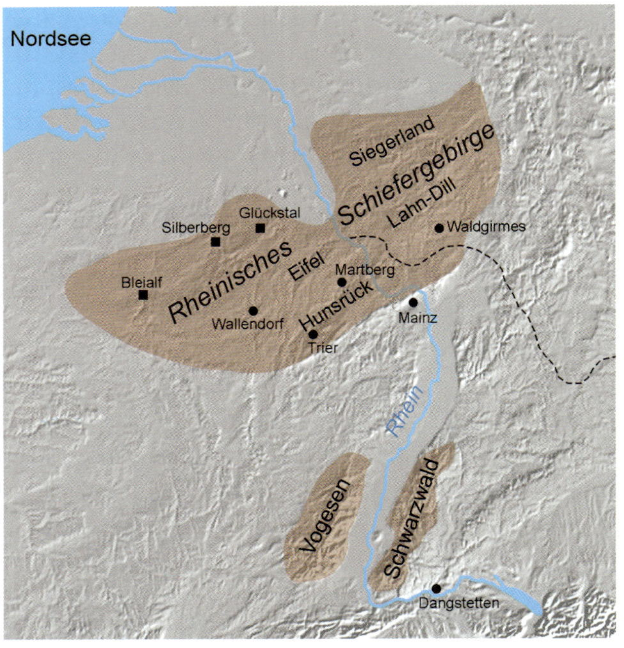

Abb. 12: Bleierzvorkommen im Rheinischen Schiefergebirge (Quadrate) und Fundorte früheströmischer Artefakte (Kreise) aus Eifelblei (nach S. Durali-Müller 2007).

gebnissen, die durch Bleiuntersuchungen aus dem Sauerland bestätigt werden, hatten die Römer bereits zu Beginn der Okkupation Germaniens unter Augustus Zugriff auf die dortigen Bodenschätze, obwohl es an den genannten Abbaustätten der Nordeifel noch keine Siedlungsbefunde aus dieser Zeit gibt und die ältesten archäologischen Nachweise für Erzabbau erst aus dem 2. Jh. n. Chr. stammen (siehe oben).[47]

Ebenfalls durch Bleiisotopenanalysen gelang es Michael Bode und Peter Rothenhöfer nachzuweisen, dass die beiden spätrömischen Bleibarren aus St. Aldegund an der Mosel (Abb. 13) höchstwahrscheinlich aus dem Raum zwischen Bad Münstereifel und Mechernich in der Nordeifel stammen, und dementsprechend römische Bleihütten dort bis in das beginnende 5. Jh. n. Chr. Bleierze verhütteten.[48]

Stellvertretend für andere, archäometrisch noch nicht lokalisierbare Metalle lässt das Blei den sehr frühen Zugriff Roms auf Westdeutschland ebenso in neuem Licht erscheinen wie das Ende der Römerherrschaft ebenda. Wenn über 100 Jahre vor dem archäologisch fassbaren Beginn der Rohstoffgewinnung durch *villae rusticae* in der Nordeifel bereits Blei gewonnen und wirtschaftlich genutzt wurde, muss eine entsprechende technologische Infrastruktur in der Region ansässig gewesen sein.

Gleiches gilt für die Spätzeit der römischen Bleigewinnung, die nach dem Befund von St. Aldegund noch im frühen 5. Jh. leistungsfähig gewesen sein muss, obwohl nach landläufiger Meinung die römische Besiedlung der Eifel damals infolge der Frankeneinfälle bereits stark dezimiert gewesen sein soll.[49] Unabhängig von der aktuellen Kontinuitätsdiskussion der Historiker machen die Ergebnisse der Archäometrie auf Lücken in der Kenntnis der rö-

Abb. 13: Zwei Bleibarren aus St. Aldegund an der Untermosel mit Gewichtsangabe und Herstellerstempel wohl aus der Zeit Valentinians III. belegen das Fortbestehen römischer Bleigewinnung in der Eifel zu Beginn des 5. Jh. n. Chr.

Fortsetzung Fußnote 46:
and copper isotope provenance studies. Univ. Diss. (Frankfurt 2005) V–VIII und 40–68 (URL: http://publikationen.ub.uni-frankfurt.de/volltexte/2006/2578/pdf/Soodabeh_Durali_Mueller.pdf); Kurzfassung auch in dies., Roman lead mining in Germany: its origin and development through time deduced from lead isotope provenance studies. Journ. Arch. Scien. 34, 2007, 1555–1567.

47 Überblick über die Lager- und Abbaustätten sowie die Vertriebsstrukturen: M. Bode/A. Hauptmann/K. Mezger, Rekonstruktion frühkaiserzeitlicher Bleiproduktion in Germanien: Synergie von Archäologie und Materialwissenschaften. In: W. Melzer/T. Capelle (Hrsg.), Bleibergbau und Bleiverarbeitung während der römischen Kaiserzeit im rechtsrheinischen Barbaricum. Soester Beitr. Arch. 8 (Soest 2007) 105–124. – Zu den Anfängen der römischen Siedlungen in der Nordeifel vgl. die Übersicht bei K.-J. Gilles, Les agglomérations secondaires de Rhénanie. In: J.-P. Petit/M. Mangin (Hrsg.), Les agglomérations secondaires: La Gaule Belgique, les Germanies et l'Occident romain. Coll. Bliesbruck-Reinheim 21.–24. 10. 1992 (Paris 1994) 136–146. Siehe auch J. Kunow, Die ländliche Besiedlung im südlichen Teil von Niedergermanien. In: H. Bender/H. Wolff (Hrsg.), Ländliche Besiedlung und Landwirtschaft in den Rhein-Donau-Provinzen des Römischen Reichs. Passauer Universitätsschr. 2 (Espelkamp 1994) 141–197.

48 P. Rothenhöfer, Verborgen an der Mosel – ein ungewöhnlicher Metalldepotfund aus dem 5. Jahrhundert n. Chr. Mit einem naturwiss. Beitrag von M. Bode. Arch. Korrbl. 37, 2007, 549–561.

49 P. van Ossel, Etablissements ruraux de l'Antiquité tardive dans le Nord de la Gaule. Gallia Suppl. 51 (Paris 1992) 80 ff. Zum neueren Forschungsstand L. Grunwald, Das Moselmündungsgebiet zwischen Spätantike und Frühmittelalter. Ber. Arch. Mittelrhein u. Mosel 5 = Trierer Zeitschr. Beih. 23 (Trier 1997) 309–331; ders., Postumus – Valentinian I. – Avitus und dann? Anmerkungen zur Geschichte des Moselmündungsgebietes vom 3. bis in das 5. Jh. n. Chr. Ber. Arch. Mittelrhein u. Mosel 11, 2006, 363–375.

Abb. 14: Schlackenhalde A der spätrömischen Siedlungs- und Betriebsphase der Eisenhütte wohl aus dem 4. Jh. n. Chr. (Vordergrund) überlagert die Grundmauern von Gebäude I/Bauphase II des römischen Eisenverhüttungsplatzes von Ahrweiler 5 „An den Maaren" (vgl. Abb. 10).

merzeitlichen Besiedlungsgeschichte aufmerksam und stellen der archäologischen Landesforschung die Frage, wo die Betreiber dieser Bleigruben und -hütten ansässig waren, bevor und nachdem *villae rusticae* zwischen 2. und 4. Jh. die Metallproduktion beherrschten.[50] In Analogie zum frühen Bleiabbau ist allerdings auch bei den Eisenverhüttungsplätzen um Ahrweiler ungeklärt, um welche Art von Siedlung es sich bei der ersten Siedlungsphase der römischen Eisenschmelze „An den Maaren" handelte. Die bei den Grabungen festgestellte Holzarchitektur und die Anwesenheit von Gräbern gelten als Kennzeichen einheimischer Siedlungen, wie sie im Bereich der Aldenhovener Platte unter den Steinbauphasen römischer Villen der mittleren Kaiserzeit entdeckt wurden.[51]

Besser als die Abbaustätten selbst lassen sich Vertriebszentren aus den Jahrhunderten vor und nach der römischen Villenwirtschaft fassen. Beispiele sind während der letzten Jahrzehnte in Nachbarlandschaften untersucht worden. Aus der Frühzeit sind zu nennen unter anderem Waldgirmes im Lahntal, der Titelberg in Luxemburg und Königswinter bzw. Hennef-Altglück im Bergischen Land;[52] für die Spätzeit kommen als metallurgische Zentren Höhensiedlungen in Betracht, daneben ist aber auch ein längeres Fortleben der Produktionsstätten in Villen in Erwägung zu ziehen.[53]

Solange naturwissenschaftliche Herkunftsanalysen bei Eisen noch nicht fruchten,[54] ist eine Unterscheidung verschiedener Provenienzen bei diesem Metall noch nicht möglich, und die Herkunft der großen Mengen an Eisenfunden aus römerzeitlichen Fundstellen in Deutschland kann archäometrisch noch nicht exakt bestimmt werden.

Während Roheisenbarren oder eiserne Werkzeuge und Geräte möglicherweise über weite Entfernungen gehandelt wurden, kann man bei Eisenschlacken davon ausgehen, dass sie normalerweise am Herstellungsort verblieben. Ihre Analyse wirft daher Licht auf Umfang und Modalitäten der örtlichen Produktion. Wie Andreas Kronz an Schlackenhalden aus Ahrweiler herausgefunden hat, war die Ausbeute an Metall bei dem in Ahrweiler „An den Maaren" gebräuchlichen Rennfeuerverfahren mit Schlackenabstich relativ gering und deutlich niedriger als bisher angenommen: Seinen Kalkulationen nach enthielt die große Schlackenhalde der Phase III über den Ruinen von Gebäude I (Abb. 14) statt wie von Gilles 1961 errechnet 350 t Schlacke nur rund 100 t Schlacke (0,7 t/m^3), bei einer Eisenerzeugung von ca. 30–37 t und einem Erzverbrauch von 130–170 t Brauneisenstein. Für einen einzelnen Rennfeuergang ergibt sich nach Kronz eine Eisenerzeugung von ca. 40 kg bei einem Schlackenabstich von ca. 120 kg.[55]

50 Zu methodischen Aspekten N. Dieudonné-Glad, Métallurgie du fer et habitat rural: comment reconnaître les vestiges archéologiques? In: M. Polfer (Hrsg.), Artisanat et productions artisanales en milieu rural dans les provinces romaines: le rôle des villae. In: Ders. (Hrsg.), Artisanat et productions artisanales en milieu rural dans les provinces du nord-ouest de l'Empire romain. Monogr. Instrumentum 9 (Montagnac 1999) 39–43. – Zur Repräsentativität des Fundbildes H.-P. Kuhnen, Die spätantike Agrarlandschaft an der Mosel. Fundstellenerfassung und Aspekte der Siedlungsarchäologie. Funde u. Ausgr. Bez. Trier 33, 2001, 77ff.

51 J. N. Andrikopoulou-Strack u. a., Eine frührömische Siedlung in Jüchen-Neuholz. Überlegungen zur Siedlungskontinuität in der Lößbörde. Bonner Jahrb. 199, 1999, 141–180; dies. u. a., Der frührömische und kaiserzeitliche Siedlungsplatz in Pulheim-Brauweiler. Ebd. 200, 2000, 409–482. – Zur „klassischen" römischen Villenbesiedlung in diesem Gebiet M. Gechter/J. Kunow, Zur ländlichen Besiedlung des Rheinlands in römischer Zeit. Ebd. 186, 1986, 377–396; W. Gaitzsch, Grundformen römischer Landsiedlungen im Westen der CCAA. Ebd. 397–427 Abb. 11–14.

52 Zu Waldgirmes: A. Becker/G. Rasbach, Waldgirmes. Eine augusteische Stadtgründung im Lahntal. Ber. RGK 82, 2001, 591–610, v. a. 606. – Zum Titelberg: J. Metzler, Das treverische Oppidum auf dem Titelberg (G.-H. Luxemburg), Bd. 2. Zur Kontinuität zwischen der spätkeltischen und der frührömischen Zeit (Luxemburg 1995) 565–572. – Zu Königswinter-Bennerscheid: M. Gechter, Neues zum römerzeitlichen Bergbau im Bergischen Land. In: H. Koschik (Hrsg.), Archäologie im Rheinland 1997 (Köln, Bonn 1998) 91 f.; ders./J. Gechter-Jones, Die Befestigung einer frührömischen Handelsstation im freien Germanien. In: H. Koschik (Hrsg.), Archäologie im Rheinland 1996 (Köln, Bonn 1997) 45–47. – Siehe auch G. Körlin/M. Gechter, Römischer Bergbau auf dem Lüderich – Vorbericht über die Grabungen 2000–2002. In: Th. Stöllner/G. Körlin/G. Steffens/J. Clerny (Hrsg.), Man and Mining – Mensch und Bergbau. Festschrift G. Weisgerber. Der Anschnitt Beih. 16 (Bochum 2003) 237–248.

53 T. Lewit, Vanishing villas: what happened to élite rural habitation in the West in the 5th–6th c.? Journ. Roman Arch. 16, 2003, 260–271.

54 R. Pleiner in RGA^2 IV (New York 1978) 60 f. s.v. „Eisen".

55 Siehe A. Kronz (Anm. 20).

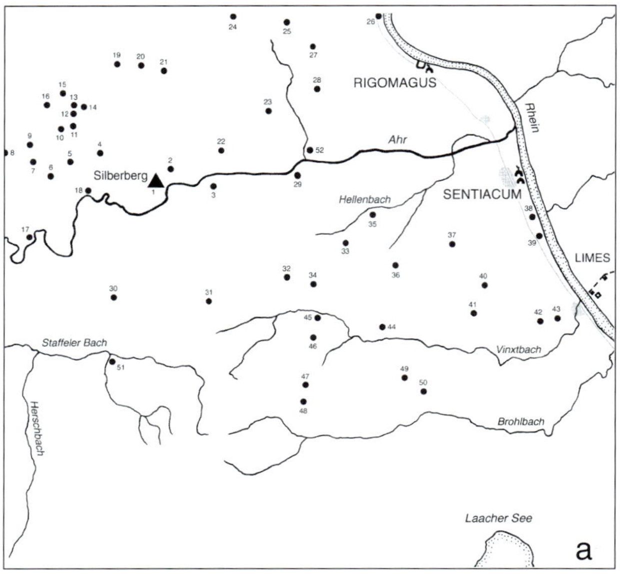

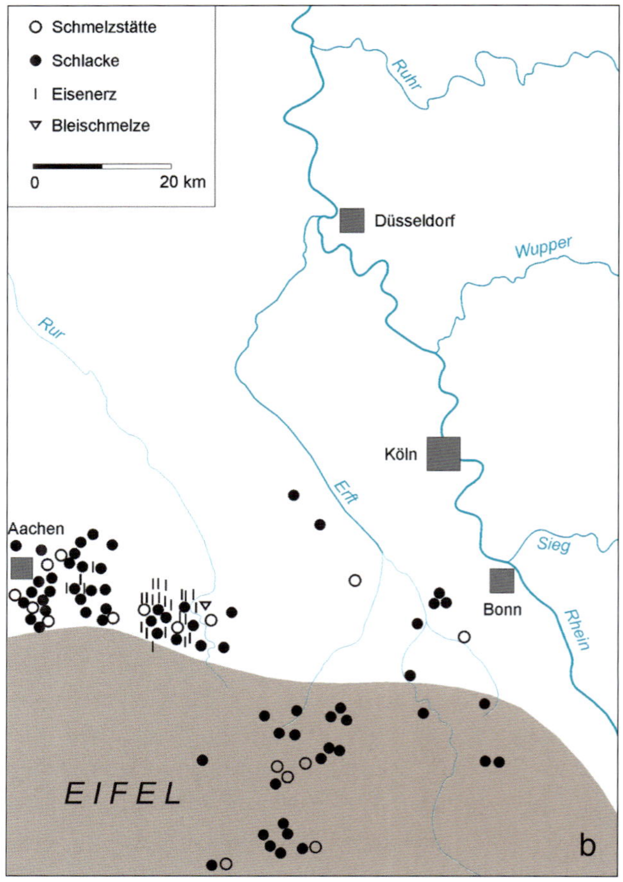

Abb. 15: Kleinräumige Prospektionsfenster zeigen die Dichte montanarchäologischer Fundstellen der Römerzeit in der nördlichen Eifel: a zwischen Unterem Ahrtal, Brohlbach und dem Rhein (nach Redknap, in Ritzdorf 2006); b an Erft und Rur zwischen Aachen und Bonn (nach Gechter 1993).

Da weder bekannt ist, innerhalb welchen Zeitraums von Phase III die Schlackenhalde über Gebäude I anfiel, noch wann die beiden anderen großen Schlackenhügel innerhalb der Umfassungsmauer der Hütte entstanden, ist ein geschätzter Jahresertrag von 0,5–1 t Eisen für die Spätphase der Produktion im 4. Jh. keine belastbare Größe. Ebenso schwer lässt sich die Eisenproduktion von Phase II schätzen, da die insgesamt neun Verhüttungsöfen dieser Phase im Innenhof von Haus I jeweils mehrfach, aber wohl nie gleichzeitig benutzt wurden, ohne dass Schlackenfunde aus dieser Periode erfasst wurden.[56] Wenn Henry Cleere für die Eisenschmelze Bardown der *classis Britannica* im Verhüttungsgebiet der Wealds zwischen ca. 120 und 240 n. Chr. bei einem Simultanbetrieb von sieben bis acht gleichzeitig feuernden Öfen einen Jahresertrag von 40–45 t Roheisen schätzt, würde dieser deutlich über dem gesamten Roheisenertrag liegen, den Kronz aus der Schlackenhalde über Gebäude I für Ahrweiler Phase III errechnet. Allerdings müssten die Berechnungsgrundlagen von Cleere nach den Ergebnissen von Kronz modifiziert und um ca. zwei Drittel reduziert werden, was für Bardown eine Jahresproduktion von nur noch ca. 13–15 t Eisen bedeuten würde.[57] Anders gerechnet wären bei der von Cleere für Bardown errechneten Jahresförderung von 0,15 t Eisen pro km^2 Abbaugebiet in Ahrweiler „An den Maaren“ aufgrund seiner hohen Dichte an Verhüttungsstellen (siehe oben) etwa vier Rennfeuergänge erforderlich, um dieselbe Produktionsmenge zu erreichen. Nach diesem Ansatz müsste die Produktivität von Ahrweiler höher angesetzt werden als in der älteren Literatur angenommen;[58] ohne die flächige Ausgrabung des gesamten Werkplatzes und ohne eine feinchronologische Differenzierung der Ofen- und Schlackenfunde bleiben jedoch alle Schätzungen der Jahresproduktion und etwaiger Veränderungen zwischen Phase II (2.–3. Jh.) und Phase III (4. Jh.) spekulativ.

Welchen Eisenbedarf demgegenüber die eingangs genannten städtischen und militärischen Zentren an den Rändern der Eifel hatten, erhellt exemplarisch aus den Schätzungen von Reinhard Schindler, der allein für den Bau der Porta Nigra in Trier einen Metallbedarf von ca. 30 t Eisen und 7 t Blei errechnet.[59] Paul van Ossel und Ann Defgnée schätzen aufgrund frühneuzeitlicher Vergleichsdaten den jährlichen Ei-

56 Zum Befund Ritzdorf 2006, 121 ff.
57 Zu den Schätzungen für Bardown und die Wealds vgl. H. Cleere, Some operating parameters for Roman ironworks. Inst. Arch. Bull. 13, 1976, 233–246.
58 Siehe Anm. 20; 21.
59 R. Schindler, Fragen zur römischen Eisenverhüttung im Moselland. Trierer Zeitschr. 39, 1976, 45–59.

senbedarf großer Güter auf ca. 2–5 kg je Hektar, was bei römischen Villen mit Betriebsgrößen von ca. 100 ha einen Jahresbedarf von 200–500 kg ergeben würde.[60] Anknüpfend an die Schätzungen von Andreas Kronz lässt sich daraus berechnen, dass für den Eisenbedarf der Porta Nigra eine Schlackenhalde von rund 100 t wie in Phase III der römischen Eisenhütte Ahrweiler „An den Maaren" erforderlich gewesen wäre; eine mittlere *villa rustica* hätte demnach zur Deckung ihres jährlichen Eisenbedarfs zwischen zehn und fünfzehn Rennfeuer beschicken müssen, was zu rund 1 t Schlacke geführt hätte.

Nach diesen Schätzungen sollte die Bedeutung der scheinbar kleinen Eisenhütten wie im Ahrweiler Stadtwald neu bewertet werden. Einen Einstieg liefert ein Blick in die Fläche. Wie die Prospektionen von Kleemann, Ritzdorf und anderen zeigen, ist die Eisenhütte „An den Maaren" nur einer von zahlreichen Fundpunkten inmitten eines ausgedehnten Abbaugebietes am Breiten Kopf südlich von Ahrweiler[61] (siehe Abb. 10). Die Struktur der Siedlungen Ahrweiler 4 und 5 mit annähernd rechteckigen gemauerten Einfriedungen von knapp 1 ha Fläche, Innenbauten und einem benachbarten Gräberfeld entspricht dem Bild kleinerer *villae rusticae*, doch wurden Hauptgebäude in den bisher freigelegten randlichen Grabungsflächen noch nicht erfasst. Sowohl die mikrotopographische Lage als auch die zahlreichen Erzabbauspuren der Umgebung sprechen jedoch gegen eine Interpretation als Ackerbaubetriebe und machen es wahrscheinlich, die Eisengewinnung als die *raison d'être* dieser Fundstellen anzusprechen. Eine ähnlich dichte Streuung archäometallurgischer Fundstellen haben in der Nord- und Westeifel Harald von Petrikovits und Michael Gechter, in der Südeifel Dirk Krausse nachgewiesen[62] (Abb. 15).

Abb. 16: Die metallurgische Untersuchung eines Sammelfundes von Rohkupferbarren aus Siedlungsschichten des 3. Jh. in Trier ergab Hinweise auf einen Guss in der humiden Klimazone. Eine Herkunft aus dem römischen Kupferbergwerk Kordel „Pützlöcher", Lkr. Trier-Saarburg, lässt sich jedoch nicht beweisen. M. ca. 1:3.

4. Funde und Befunde von den Kommunikations- bzw. Handelswegen

Allen Fortschritten der Archäometrie zum Trotz bereitet die Herkunftsbestimmung von Artefakten aus Eisen und anderen Metallen den Archäologen weiter erhebliche Schwierigkeiten, weshalb Verbreitungskarten der Endprodukte im Unterschied zu Handelsgut aus Keramik wenig zur Identifizierung der Herstellungszentren, Handels- und Vertriebswege beitragen. Lediglich die Vorkommen von Rohmetall in Barrenform ermöglichen gewisse Einblicke in Distributionsfragen. So ergab im Jahr 2002 die materialkundliche Untersuchung eines Bündels Rohkupferbarren des 3. Jh. n. Chr. aus einem spätrömischen Stadtpalast Triers (Abb. 16) durch Wilhelm G. J. Bunk, dass die Barren als Guss in offener Form bei stark humidem Klima gegossen wurden, was gegen eine Einfuhr aus dem mediterranen Raum spricht und eine Herstellung in den Nordwestprovinzen wahrscheinlich macht.[63] In Frage kommt

60 P. van Ossel/A. Defgnée, Champion, Hamois. Une villa romaine chez les Condruses. Etudes Doc. Arch. 7 (Namur 2001) 154 f.

61 Ritzdorf 2006, 137–148.

62 Petrikovits (Anm. 24); Gechter (Anm. 26); Krausse (Anm. 37).

63 K.-J. Gilles, Ein Depotfund römischer Rohkupferbarren aus Trier. Funde u. Ausgr. Bez. Trier 34, 2002, 73–76. Zu den metallurgischen Untersuchungen durch die RWTh Aachen vgl W. G. J. Bunk/H.-P. Kuhnen, Roman Time Copper Ingots found at Trier: Original and Experiment. In: Associazione Italiana di Metallurgia (Hrsg.): Archaeometallurgy in Europe. Abstracts Coll. Milano, 24.–26. 9. 2003 (Mailand 2003) 393–401; dies., Roman Time Copper Ingots found at Trier: Original and Experiment. In: F. Verse/B. Knoche u. a. (Hrsg.), Durch die Zeiten …

Fortsetzung siehe nächste Seite

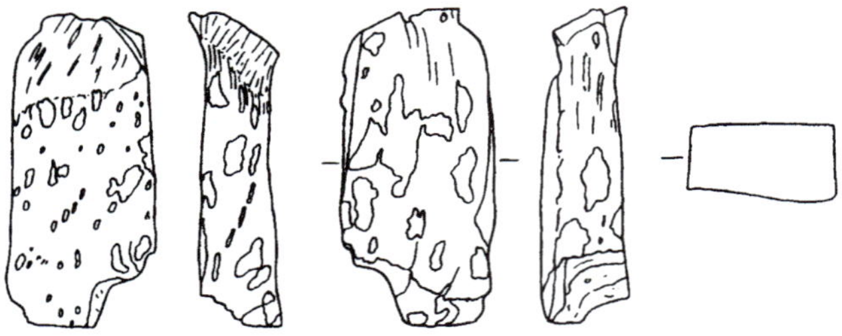

Abb. 17: Vierkantiges Roheisenstück aus dem römischen Verhüttungsplatz Ahrweiler „An den Maaren". Länge 9,8 cm (nach Ritzdorf 2006).

vielleicht das benachbarte römische Kupferbergwerk Pützlöcher bei Kordel[64] oder die Grube von Virneberg bei Unkel-Rheinbreitbach.[65] Auch ohne eindeutige Herkunftsbestimmung ist das Trierer Kupferbarrendepot eines der raren Belegstücke für den Transport von Rohmetall in kleinen Mengen, zu dem Vergleichsfunde bisher nur selten und stets in geringerer Anzahl zutage kamen.[66]

Ähnlich selten zu fassen sind die Vierkant-Roheisenstäbe, die in der Eisenhütte Ahrweiler „An den Maaren"[67] gefunden wurden (Abb. 17). Vergleichbare Barren aus Rom, Cáceres el-Viejo und Saintes-Maries de la Mer belegen die Form im Mittelmeerraum bereits ab dem 1. Jh. v. Chr.[68] Etwa zur selben Zeit begegnen verschiedene Varianten der Form nördlich der Alpen in spätkeltischen Zusammenhängen von Bern und Manching, dann in etwas größerer Zahl in den römischen Militärlagern, *villae rusticae* und *vici* des 1. bis 3. Jh. n. Chr. im Hinterland des britannischen, obergermanisch-raetischen und des pannonischen Limes.[69]

Die Vorkommen der Vierkant-Roheisenstäbe nördlich der Alpen liegen innerhalb des Verbreitungsgebietes der in der Hallstattzeit aufkommenden sog. Spitz- oder Doppelpyramidenbarren (Abb. 18), zu denen die Kelten im südlichen Mitteleuropa das Roheisen nach der Verhüttung schmiedeten, um es in standardisierter Form zu vertreiben.[70] Im Gegensatz zu den doppelpyramidenförmigen Spitzbarren spart die Verbreitungskarte der Vierkant-Roheisenstäbe Gallien fast vollständig aus (Abb. 19), was auf unterschiedliche Distributionswege der beiden Barrenformen schließen lässt. Obwohl Doppelspitzbarren als ältere und Vierkant-Roheisenstäbe als jüngere Barrenform zwischen Spätlatènezeit und mittlerer Kaiserzeit zeitgleich miteinander auftreten, gibt es keine Vergesellschaftungen beider Barrenarten, was diese Folgerung unterstützt.[71]

Die Kernzonen der keltischen Latène-Zivilisation kennen die charakteristischen Doppelspitzbarren überwiegend aus Hort- oder Versteckfunden außerhalb stratifizierter Siedlungskontexte, so dass die Feindatierung erschwert wird. Die Mehrzahl der Barren wird in die Latènezeit datiert,[72] doch ist an-

Abb. 18: Die Eifel liegt am nördlichen Rand des Verbreitungsgebietes doppelpyramidenförmiger eiserner Spitzbarren (nach Kleemann 1971, ergänzt nach Doswald 1994, 333 Anm. 4).

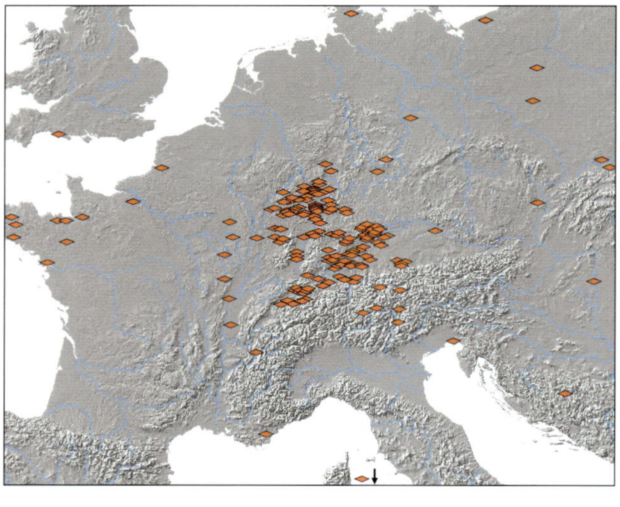

Fortsetzung Fußnote 63:
Festschrift für Albrecht Jockenhövel zum 65. Geburtstag (Rahden/Westf. 2008) 307–313.

64 R. Schindler, Römischer Kupferbergbau im unteren Kylltal. Kurtrier. Jahrb. 7, 1967, 5–11; K.-J. Gilles, Neuere Untersuchungen an den Pützlöchern bei Kordel/Butzweiler. Funde u. Ausgr. Bezirk Trier 27, 1995, 46–55.

65 Vgl. Conzen/Gechter (Anm. 35) 57f.

66 Vergleichsfunde: H.-G. Bachmann/A. Jockenhövel, Zu den Stabbarren aus dem Rhein bei Mainz. Arch. Korrbl. 4, 1974, 139; 143. – Hoops RGA II, 1976, 63–68 s.v. Barren (H. Drescher).

67 Ritzdorf 2006, Taf. 28,1.

68 V. Serneels, La chaîne opératoire de la sidérurgie ancienne. In: M. Feugère/V. Serneels (Hrsg.), Recherches sur l'économie du fer en Méditerranée nord-occidentale (Montagnac 1998) 34f. Abb. 33, 12–15; G. Ulbert, Cáceres el-Viejo. Ein spätrepublikanisches Legionslager in Spanisch-Extremadura. Madrider Beitr. 11 (Mainz 1984) 135 Nr. 264–265. – Allg. Hoops RGA II, 1976, 63–68 s.v. Barren (H. Drescher).

69 Vorkommen in Südwestdeutschland zusammengestellt bei C. Doswald, Les lingots de fer protohistoriques en Europe occidentale: problématique génerale. In: M. Mangin (Hrsg.), La sidérurgie ancienne de l'Est de la France dans son contexte européen. Archéologie et archéometrie. Coll. Besançon 10.–13. 11. 1993 (Besançon 1994) 333–343 Abb. 4–6. – H. Schönberger, Ein Eisendepot, römische Floßfesseln und andere Funde im Bereich des Kastells Heilbronn-Böckingen. Fundber. Schwaben N.F. 18/I, 1967, 143 Abb. 10,15. – Weitere Vergleichsfunde: Stuttgart-Bad Cannstatt Fundber. Schwaben 21, 1913, 40ff.; Reutlingen-Mittelstadt erwähnt bei H.-P. Kuhnen (Hrsg.), Vom Rennfeuer zum Spitzbarren. Antike Eisenverhüttung auf der Ostalb. Ausstellungsführer Limesmus. Aalen (Stuttgart 1991) 19f.

70 P. Weiershausen, Vorgeschichtliche Eisenhütten Deutschlands (Leipzig 1939) 194–202; siehe auch Serneels (Anm. 68) 34f. Abb. 33,9.10. – Hoops RGA II, 1976, 69–71 s.v. Barren (H. Drescher).

71 Serneels (Anm. 68) 34f.

72 G. Jacobi, Werkzeug und Gerät aus dem Oppidum von Manching. Ausgr. Manching 5 (Wiesbaden 1974) 284ff. Abb. 57; O. Klee-

Fortsetzung siehe nächste Seite

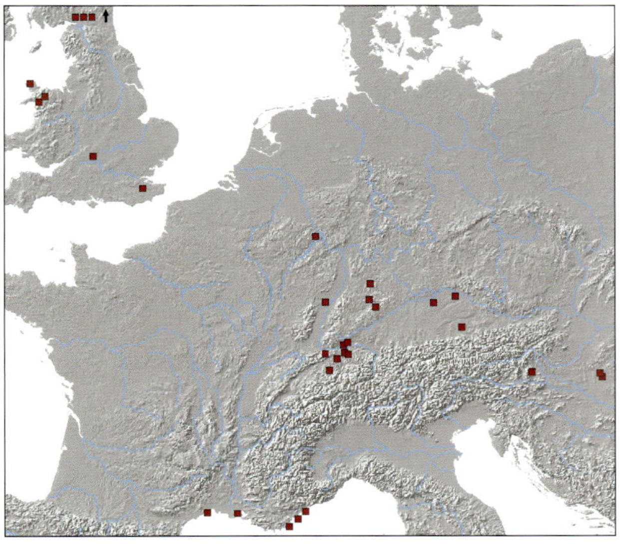

Abb. 19: Vierkantige Roheisenstäbe kommen am Limes und seinem Hinterland zwischen Schottland und der mittleren Donau vor. Im römischen Gallien sind sie nicht vertreten (nach Doswald 1994, ergänzt nach Anm. 69).

gesichts von Spitzbarrenfunden aus Kastellorten wie Vindonissa, Heidelberg-Neuenheim, Ladenburg, Oberflorstadt und Straubing ein Fortleben bis in die mittlere Kaiserzeit anzunehmen.[73]

In den zahlreichen Metallhorten des 3. bis 4. Jh. im Hinterland des Limes sind beide Barrenformen nur noch ausnahmsweise anzutreffen.[74] Da aber eiserne Werkzeuge und Geräte gerade in Hortfunden dieser Zeitstufe besonders häufig sind, kann das Fehlen dieser Fundart in den Horten nicht mit Zufälligkeiten der Überlieferung erklärt werden, sondern muss damit zusammenhängen, dass Roheisenbarren ab der mittleren Kaiserzeit allmählich nicht mehr in den Fernhandel gelangten. Bestätigt wird diese Annahme durch die Schlackenuntersuchungen Guntram Gassmanns im römischen *vicus* von Walheim, Lkr. Ludwigsburg. Sie ergaben, dass die zahlreichen Schmiede des mittelkaiserzeitlichen *vicus* ihren Roheisenbedarf nicht mehr wie früher aus standardisierten Eisenbarren deckten, sondern aus Luppen, die ungereinigt von den Verhüttungszentren in die Weiterverarbeitung gingen.[75] Dank einer vorzüglichen feinchronologischen Differenzierung des Siedlungsgeschehens konnten die Bearbeiter den Beginn der intensiven Schmiedetätigkeit im Osten des ehemaligen Kastellareals in das dritte Viertel des 2. Jh. n. Chr. datieren.[76] Mit dieser Anfangsdatierung reichen die Walheimer Befunde an den Vorabend der Unruhen des 3. Jh., die zu dem bekannten Hortfundhorizont am Limes und seinem Hinterland führten. Wenn Walheim in metallurgischer Hinsicht kein Einzelfall ist und Eisenschmiede auch in anderen eisenverarbeitenden Siedlungen wie etwa Eisenberg,[77] Homburg-Schwarzenacker,[78] Tawern[79] oder Bliesbruck[80] in dieser Zeit dazu übergingen, anstelle von Roheisenbarren die Eisenluppen selbst zur Weiterverarbeitung auszuschmieden, wird verständlich, dass in den Hortfunden des 3. Jh. kostbare Roheisenbarren fehlen, obwohl sonst alles verfügbare Metall sorgsam gehortet wurde.[81]

Fortsetzung Fußnote 72:
mann, Der erste Fund vorgeschichtlicher Eisenbarren in Franken. Mainfränk. Jahrb. Gesch. u. Kunst 18, 1966, 121–135. – Siehe auch R. Wyss in: Schweizerische Gesellschaft für Ur- und Frühgeschichte (Hrsg.), Ur- und Frühgeschichtliche Archäologie der Schweiz IV: Die Eisenzeit (Basel 1974) 105 f. Abb. 2 („[...] sowohl für die ältere wie die jüngere Eisenzeit bezeugt und fast nur in Form von Fluss- und Moorfunden auf uns gekommen.“). – H. Nothdurfter, Die Eisenfunde von Sanzeno im Nonsberg. Röm.-Germ. Forsch. 38 (Mainz 1979) 38 f. Nr. 272–273. – H. Dannheimer/R. Gebhardt (Hrsg.), Das keltische Jahrtausend. Ausstellungskat. Prähist. Staatsslg. München 23 (Mainz 1993) 289–290.

73 Zu sicher römerzeitlichen Exemplaren vom Martinsberg bei Andernach mit römischem Produzentenstempel vgl. W. Gaitzsch, Römische Werkzeuge. Kl. Schr. Limesmus. Aalen (Stuttgart 1978) 73 Abb. 14; H. Bernhard in H. Cüppers (Hrsg.), Die Römer in Rheinland-Pfalz (Stuttgart 1990) 358 ff. s.v. Eisenberg.

74 Zusammenstellung wichtiger Eisenhorte aus Süddeutschland S. Weinrich-Kemkes, Zwei Metalldepots aus dem römischen Vicus von Walldürn, Neckar-Odenwald-Kreis. Fundber. Baden-Württemberg 18, 1993, 298–306 Abb. 30 (Roheisen nur aus Heilbronn-Böckingen); W. Gaitzsch in W. Meier-Arendt u. a., Ein Verwahrfund des 4. Jahrhunderts aus dem Königsforst bei Köln. Bonner Jahrb. 184, 1984, 379–400. – Siehe auch: H.-J. Schalles/Ch. Schreiter, Geschichte aus dem Kies. Neue Funde aus dem Alten Rhein bei Xanten. Ausstellungskat. Xanten (Köln, Bonn 1993) 83–102; Th. Fischer, Zwei neue Metallsammelfunde aus Künzing/Quintana (Lkr. Deggendorf, Niederbayern). In: H. Dannheimer (Hrsg.), Spurensuche. Festschrift für H. Kellner (Kallmünz 1991) 129–173. – Ausnahme: E. Künzl, Die Alamannenbeute aus dem Rhein bei Neupotz. Plünderungsgut aus dem römischen Gallien. Teil I: Untersuchungen. Monogr. RGZM 34,1 (Mainz 1993) 357–361 Taf. 44; Teil II, 154 J 56; Historisches Museum der Pfalz Speyer (Hrsg.), Der Barbarenschatz. Geraubt und im Rhein versunken. Ausstellungskat. Hist. Mus. Pfalz Speyer (Stuttgart 2006) 130 f. Abb. 146 (einzelner Doppelpyramidenbarren aus dem Rhein bei Neupotz).

75 G. Gassmann in K. Kortüm/J. Lauber: Walheim I. Das Kastell und die nachfolgende Besiedlung. Forsch. u. Ber. Vor- u. Frühgesch. Baden-Württemberg 95 (Stuttgart 2004) 526–537.

76 Kortüm/Lauber (Anm. 75) 233 f. 253 f. 466.

77 H. Bernhard u. a., Der römische Vicus von Eisenberg (Speyer 2008); ders., Römische Vicusbauten der Pfalz. In: R. Gogräfe/K. Kell (Hrsg.), Haus und Siedlung in den römischen Nordwestprovinzen. Grabungsbefund, Architektur und Ausstattung. Forschungen im römischen Schwarzenacker IV (Homburg/Saar 2002) 162 f.

78 A. Kolling, Die Römerstadt in Homburg-Schwarzenacker (Homburg 1993) 86 f.

79 S. Faust, Der gallorömsiche Vicus Tawern. In Gogräfe/Kell (Anm. 77) 138 f.

80 C. Forrières/J.-P. Petit, Étude de la metallurgie du fer du vicus gallo-romain de Bliesbruck (Moselle) (Paris 1987) 10 ff.; J.-P. Petit/J. Schaub, Bliesbruck – Reinheim. Parc archéologique européen (Paris 1995) 57–62.

81 Zu den Metallhorten siehe Anm. 74.

Im Gegensatz zu Doppelspitzbarren und Vierkant-Roheisenstäben waren ungereinigte Eisenluppen aus Rennfeueröfen nach allem, was über den römischen Handel archäologisch und inschriftlich bekannt ist, kein Gegenstand des Fernhandels, wie überhaupt Eisenhändler als Berufsstand im gallisch-germanischen Gebiet nicht fassbar sind.[82] Die Einführung des in Walheim beobachteten neuen Schmiedeverfahrens bedeutete also einen Wandel des Distributionssystems, der dazu führte, dass die Provinzen am Limes ihren Bedarf an Eisen weniger aus dem Fernhandel als vielmehr aus dem Nahhandel und damit dezentral und verbrauchernah bezogen – was für die zentralisierten spanischen Großbetriebe in dieser Zeit das Aus bedeutete.[83] Eisenversorgung aus dem Nahbereich verdrängt ab dem 2. Jh. den Fernhandel, könnte somit als Überschrift über diesem Kapitel zur Wirtschaftsgeschichte des 2. Jh. in der Rheinzone stehen.

Vom Fernhandel zur Nahversorgung: Eisengewinnung rechts und links des Rheins zwischen Kelten, Römern und Germanen

Damit rücken die eingangs referierten Befunde aus den Eisenverhüttungszentren der Mittelgebirgszone beiderseits des Rheins in einen interessanten wirtschaftsgeschichtlichen Kontext. Zwar sind in den exemplarisch prospektierten römischen Verhüttungszentren der Eifel ebenso wie in den alamannischen Abbaugebieten der Schwäbischen Alb Produktivität und Ertrag der einzelnen Betriebe vergleichsweise gering, doch liegen die Verhüttungsplätze so dicht beieinander, dass die Betreiber durch die Aneinanderreihung vieler kleiner Anlagen dennoch eine hohe Intensität der Produktion erreichen. Die römischen Hüttenwerker der Eifel folgen damit Prinzipien der Betriebsorganisation, die in anderen Handwerkszweigen teils zeitgleich in der mittleren Kaiserzeit, teils aber auch schon in der frühen Kaiserzeit zu beobachten sind: Wie sich bei der Produktion römischer Feinkeramik, der sog. Terra sigillata, beispielhaft zeigen lässt, unterlagen im frühen 1. Jh. n. Chr. die bislang marktbeherrschenden, manufakturartig organisierten Großbetriebe in Arezzo einschließlich ihrer Filiale Lyon der Konkurrenz südgallischer Sigillatatöpfereien. Diese bestanden im Gegensatz zu den italischen Großbetrieben aus einem eher genossenschaftlichen Zusammenschluss zahlreicher kleinerer familiärer Betriebe.[84] Handwerkerkooperationen oder Produktionsgenossenschaften dieser Art sollten sich fortan als zukunftsfähige Betriebsform erweisen, die rasch in alle Reichsteile expandierte und bis in die Spätantike fortbestand.[85] In modifizierter Form lässt sich die Tendenz zur Regionalisierung der Produktion auch bei Baukeramik beobachten, die im 2. Jh. n. Chr. zu einem wichtigen wirtschaftlichen Standbein großer Güter im gallisch-germanischen Raum wurde.[86]

Mit einer ähnlichen Entwicklung rechnet Martin Pietsch für das Schmiedehandwerk zwischen mittlerer Kaiserzeit und Spätantike: Nach dem Augenschein unterscheidet er in morphologischer und technologischer Hinsicht bei römischen Eisenwerkzeugen zwei Qualitätsgruppen. So treten „einmal sehr qualitätvolle und ‚elegante' Stücke hervor", daneben gibt es auch „sehr einfache Produkte mit ungleichmäßiger Linienführung, die auf leichte und schnelle Schmiedearbeit hinweisen" und auf unterschiedliche Betriebsformen zurückgehen.[87]

Dieselbe Tendenz beobachteten Henry Cleere und sein Team bei der Erforschung der römischen Eisenindustrie in den englischen Wealds, wo bis zum 2. Jh. eine großräumige, vermutlich staatlich gelenkte Eisengewinnung vorherrscht, die jedoch danach in die Hände von Kleinbetrieben übergegangen ist.[88]

Ein ähnliches Betriebsmuster können wir für Abbau und Verhüttung von Eisenerz im Rheinischen Schiefergebirge annehmen: In Analogie zu den Beobachtungen aus dem Töpfer- und Schmiedehandwerk zeigt sich, dass nach der Ausbreitung der Villenwirtschaft eine Vielzahl kleinerer Betriebe in unmittelbarer Nachbarschaft regionaler Erzvorkommen diese effizient abbauten und verhütteten und damit die genannten städtischen Zentren sowie die Militärplätze der Limeszone kostengünstig mit Eisen versorgten (siehe Abb. 2). Dadurch verloren die großen Eisenzentren der frühen Kaiserzeit ihre Märkte, was den Niedergang von Plätzen wie dem Magdalensberg in Kärnten und den auffälligen Mangel an

82 J.-M. Demarolle in J.-P. Petit/S. Santoro (Hrsg.), Leben im römischen Europa. Von Pompeji nach Bliesbruck-Reinheim. Ausstellungskat. Bliesbruck (Paris 2007) 178–182.

83 C. Domergue (Anm. 19) 219–224.

84 H.-P. Kuhnen, Rezension zu S. von Schnurbein, Die unverzierte Terra Sigillata aus Haltern. Gnomon 56, 1984, 535–541.

85 Zur Rolle von Handwerkergenossenschaften in der Antike allgemein J. Ebert u. a., Die Arbeitswelt der Antike (Wien, Köln, Graz 1984) 132–139.

86 H.-P. Kuhnen, Die Privatziegelei des Gaius Longinius Speratus in Großbottwar, Kr. Ludwigsburg. Handel und Wandel im römischen Südwestdeutschland. Fundber. Baden-Württemberg 19, 1994, 255ff. – E. M. Wightman, Gallia Belgica (London 1985) 139f.

87 M. Pietsch, Die römischen Eisenwerkzeuge von Saalburg, Feldberg und Zugmantel. Saalburg Jahrb. 39, 1983, 82–85.

88 Cleere/Crossley (Anm. 17) 66–69.

Zeugnissen des Fernhandels mit Eisen ab dem 2. Jh. n. Chr. erklärt.[89]
Durch diese Entwicklung wurde die römische Metallgewinnung der Eifel ein wesentlicher Bestandteil der Wirtschaftskraft der tiefgreifend romanisierten und urbanisierten linksrheinischen Mittelgebirgszone. Die von den Römern durchgesetzte Rechtsordnung und die auf dieser Grundlage entstandenen „romanisierten" Betriebsformen der *villae rusticae* einschließlich des zugehörigen Transport- und Vertriebssystems[90] ermöglichten es den Hüttenleuten bzw. deren „Herren", die weitflächig vorhandenen Eisenerzvorkommen der linksrheinischen Schiefergebirge wirtschaftlich profitabel zu nutzen und die zu Beginn der Romanisierung vorherrschenden Einfuhren aus Eisenzentren wie beispielsweise Noricum zu verdrängen.
Wenn wir abschließend wieder über den Rhein zurückkehren in die rechtsrheinischen Mittelgebirge, begegnen wir dort montanarchäologisch einer anderen Welt. Römische Villen konnten hier nur im Dekumatland und in der Wetterau in einer kurzen Zeitspanne des 2. und frühen 3. Jh. Fuß fassen. Für die Eisenproduktion gewannen sie bis zur Aufgabe des Obergermanisch-Raetischen Limes ebenso wie der vorgelagerte germanische Siedlungsraum nur eine marginale Bedeutung.[91] Dennoch konnte sich auch die Bevölkerung des Dekumatlandes und des Limesvorlandes den wirtschaftlichen Entwicklungen der Zeit nicht entziehen, was dazu führte, dass in den Erzabbaugebieten zwischen Schwäbischer Alb und Siegerland ab dem 3. Jh. Fachleute germanischer Stämme begannen, die anstehenden Erzvorkommen zu verhütten. Technologisch beruht die Produktion des Erzabbaus auf Traditionen, die in den weiter östlich und nördlich gelegenen germanischen Stammesgebieten heimisch waren.[92] Zeitlich beginnt diese Phase noch während der Tätigkeit dezentraler Eisenhütten auf römischen Gutshöfen links des Rheins, was die engen Verflechtungen zwischen den provinzialrömischen und den frühgermanischen Siedlungsgebieten veranschaulicht.

Resümee

Die unterschiedlichen zeitlichen und räumlichen Verbreitungsmuster des Eisenerzabbaus von Kelten, Römern und frühen Alamannen in der Mittelgebirgszone links und rechts des Rheins zeigen exemplarisch, wie Rohstoffgewinnung und Siedlungsentwicklung miteinander zusammenhängen. Bei annähernd vergleichbarer Ressourcenausstattung entwickelt sich links des Rheins unter der Betriebsform der *villa rustica* und der Bodenordnung städtischer Territorien ein florierendes Eisengewerbe, das durch eine hohe Dichte kleiner Betriebseinheiten den Eisenbedarf großer urbaner Zentren samt ihres Umlandes deckt. Die Leistungskraft des Gewerbezweiges bewirkt, dass sich ab dem 2. Jh. die Distributionsmuster der Eisenversorgung weiträumig ändern und die Versorgung aus dem Nahbereich den Fernhandel der frühen Kaiserzeit verdrängt. Mit zeitlicher Verzögerung strahlt das geänderte Versorgungsmuster auch auf die rechtsrheinischen Siedlungsgebiete der provinzialrömischen und germanischen Bevölkerung aus, in denen nach der Latènezeit die autochthone Eisenerzeugung zunächst abbricht, um nach der Aufgabe des Limes in frühalamannischer Zeit wieder aufzuleben.

Mit seinen interdisziplinären Forschungsprojekten auf der Schwäbischen Alb, im Schwarzwald, in Walheim und vielen anderen Orten hat das Landesdenkmalamt Baden-Württemberg Grundlagen gelegt, um die Ressourcennutzung der Kelten, Römer und Alamannen zu verstehen. Als international anerkannter Repräsentant der archäologischen Landesforschung in Deutschland hat es durch seine wissenschaftliche Tätigkeit wesentlich zu einer modernen Landes-, Wirtschafts- und Umweltgeschichte Süddeutschlands beigetragen. Dem Jubilar, der für diese Arbeiten vielfältige Verantwortung übernommen hat, sind diese Zeilen in Dankbarkeit und Hochachtung gewidmet.

Bildnachweis

Landesamt für Vermessung und Geobasisinformation Rheinland-Pfalz, Koblenz: 4 (Grundlage Orthophoto)
Carla Nübold, LAD Esslingen: grafische Umsetzung/Überarbeitung 1–4, 8, 10a, 11, 12, 16, 18, 19
Andreas Schmickler, Bad Neuenahr-Ahrweiler: 7
Alle anderen Abb., soweit nicht anders angegeben, vom Verfasser.[93]

89 Zum Magdalensberg A. Obermayer, Kelten und Römer am Magdalensberg (Wien 1971) 40–44; zum Eisenhandel dort durch italische Kaufleute: G. Alföldy, Noricum (London, Boston 1974) 70–75; zum Fehlen von Nachweisen für Fernhandel mit Eisen siehe oben Anm. 74; 81.

90 M. Gregson, The Villa as Private Property. In: K. Branigan/ D. Miles, The Economies of Romano-British villas (Sheffield o. J. [1987?]) 21–33; A. L. F. Rivet (Hrsg.), The Roman villa in Britain (London 1970) 173–203. Zu den italischen Vorbildern G. Pucci in A. Carandini (Hrsg.), Settefinestre. Una villa schiavistica nell'Etruria Romana I: La villa nel suo insieme (Modena 1985) 15–22.

91 Eisenproduktion aus Gutshöfen in Baden-Württemberg: Polfer (Hrsg.) 1999, 67 ff. (Bietigheim, Heitersheim, Pforzheim).

92 Siehe Anm. 2.

93 Für die Unterstützung bei den grafischen Arbeiten danke ich C. Nübold, Landesamt für Denkmalpflege im RP Stuttgart, Esslingen.

Abgekürzt zitierte Literatur

Kleemann 1971	O. Kleemann, Vor- und Frühgeschichte des Kreises Ahrweiler (Köln, Bonn 1971).
Luik 1999	M. Luik, Gewerbliche Produktionsstätten in Villen des römischen Rheinlandes. In: Polfer (Hrsg.) 1999, 211–215.
Pleiner 2000	R. Pleiner, Iron in Archaeology. The European bloomery smelters (Prag 2000).
Polfer (Hrsg.) 1999	M. Polfer (Hrsg.), Artisanat et productions artisanales en milieu rural dans les provinces du nord-ouest de l'Empire romain. Monogr. Instrumentum 9 (Montagnac 1999).
Ritzdorf 2006	H. Ritzdorf, Die römische Eisenverhüttungsanlage von Bad Neuenahr-Ahrweiler, Kreis Ahrweiler. Ber. Arch. Mittelrhein u. Mosel 11, 2006, 101–162.
Rothenhöfer 2005	P. Rothenhöfer, Die Wirtschaftsstrukturen im südlichen Niedergermanien. Untersuchungen zur Entwicklung eines Wirtschaftsraumes an der Peripherie des Imperium Romanum. Kölner Stud. Arch. Röm. Prov. 7 (Rahden 2005).
Steuer/Zimmermann 1993	H. Steuer/U. Zimmermann (Hrsg.), Alter Bergbau in Deutschland. Arch. Deutschland Sonderh. (Stuttgart 1993).

Die Rottweiler Kastelle

KLAUS KORTÜM UND JOHANNES LAUBER

Die besondere Verbundenheit des Jubilars mit Rottweil muss an dieser Stelle nicht eigens betont werden. Seit den ersten Aktivitäten im Rahmen seiner Dissertation war er maßgeblich dafür verantwortlich, dass das römische Rottweil einen Schwerpunkt der Archäologischen Denkmalpflege Baden-Württembergs bildete und bis heute bildet. Sinnfälliger Ausdruck sind eine eigene Monographienreihe[1] sowie der archäologische Stadtplan *Municipium Arae Flaviae*, der Vorbild für ähnliche Kartenwerke auch außerhalb des Landes geworden ist. Dieser Plan konnte 2004 in einer aktualisierten Neuauflage erscheinen, worin der dank einer systematischen Denkmalpflege erzielte Fortschritt zum Ausdruck kommt.[2] Seither sind jedoch bereits wieder mehrere größere Grabungen notwendig geworden. Diese betrafen vor allem die Militäranlagen der flavisch-traianischen Zeit. Deshalb soll hier die Gelegenheit ergriffen werden, die aktuellen Pläne der fünf Rottweiler Kastelle vorzustellen und auf einige neuere Ergebnisse und Fragestellungen hinzuweisen.[3]

Durch die Untersuchungen der letzten Jahre ist immer deutlicher geworden, wie unterschiedlich die einzelnen Militäranlagen waren. Offenbar spiegeln sie in sehr spezifischer Weise die einzelnen Stadien der frühen Okkupationsphase wider. Das macht sie im historisch-archäologischen Kontext dieser bewegten Zeit besonders interessant (Abb. 1).[4]

Kastell I (380 m × 418 m, 15,88 ha)[5]

Seit der maßgebenden Veröffentlichung durch R. Franke[6] hat sich das archäologisch untersuchte Areal des Legionslagers nominell ungefähr verdoppelt (Abb. 2). Sowohl die Umwehrung wie die Innenbebauung konnten weiter nach Westen verfolgt werden als bisher. Dabei erwies sich die von Franke rekonstruierte Gesamtgröße der Anlage als richtig (Abb. 3).[7] Der genaue Verlauf der Westseite bleibt aber weiterhin problematisch. Eine geradlinige Ergänzung schließt im Nordosten einen Geländevorsprung ein, der von dem Plateau, auf dem das übrige Legionslager liegt, durch einen über 5 m hohen Steilhang getrennt ist. Zwar entstand dieser Absatz in der heutigen Form erst im Zuge mittelalterlicher Befestigungsarbeiten, doch dürfte es dabei kaum zu grundsätzlichen Geländeveränderungen gekommen sein.[8]

Die Frage ist insbesondere vor dem Hintergrund der Besatzungsstärke relevant, geht Franke doch davon aus, dass längs der Lager-Westseite vier gleichartige Kohortenblöcke errichtet worden waren. Sollte der in einer kleinen Notbergung erfasste, abgewinkelte Pfostengraben im Südwesten des Lagers von einem Kopfbau herrühren, so wäre der Beweis erbracht, das in diesem Teil tatsächlich West–Ost ausgerichtete Mannschaftsbaracken gelegen haben. Der anschließende Geländeabfall nördlich der *via decumana* dürfte dagegen, selbst wenn er Teil des Lagers gewesen sein sollte, keine regelmäßige Bebauung durch Mannschaftsbaracken zugelassen haben.

1 ARAE FLAVIAE I–V: Planck 1975 – Kokabi 1982 – Klee 1986 – Klee/Kokabi/Nuber 1988 – Franke 2003 – vgl. auch Lauber 2004. Zusammenfassungen: C. S. Sommer, Rottweil. In: RGA² 25 (Berlin 2003) 379–385. – C. S. Sommer/K. Kortüm in: Planck 2005, 292–301.

2 MVNICIPIUM ARAE FLAVIAE: Gesamtplan des römischen Rottweil, hrsg. vom Landesdenkmalamt Baden-Württemberg. Wissenschaftliche Bearbeitung A. Rüsch (Stuttgart 1980). – MVNICIPIVM ARAE FLAVIAE. Archäologischer Plan des römischen Rottweil. Zweite aktualisierte Ausgabe, hrsg. vom Landesdenkmalamt Baden-Württemberg. Wissenschaftliche Bearbeitung K. Kortüm (Esslingen 2004).

3 Eine erschöpfende Darstellung des Themas kann und soll hier nicht erfolgen. Dies bedürfte einer umfassenden Aufarbeitung der vielen kleineren und größeren Untersuchungen, die sich über die letzten Jahrzehnte angesammelt haben. Die Kastellpläne beruhen auf einer Durchsicht der publizierten und unpublizierten Unterlagen für den neuen Stadtplan, ergänzt um die seither dazu gekommenen Grabungen. Bei den älteren Grabungen musste weitgehend auf die vorhandenen Zusammenzeichnungen und Übersichten zurückgegriffen werden. Eine systematische Aufarbeitung würde zweifellos Korrekturen und Ergänzungen ergeben.

4 Franke 2003, 147–156. – Lauber 2004, 56–58. – Vgl. auch Pferdehirt 2004, 9: Pinarius Clemens noch 76 n. Chr. Legat des obergermanischen Heeres.

5 Gemessen wurden die gemittelten Abstände zwischen den Außenkanten der Umwehrung (Wall/Mauer).

6 Franke 2003. Darin sind die Grabungen bis ca. 1997 berücksichtigt.

7 Arch. Ausgr. Baden-Württemberg 2002, 101–103; ebd. 2003, 99.

8 Vermutlich setzte der Geländeabfall in römischer Zeit früher ein und verlief weniger abrupt als heute. Vgl. den gegenüberliegenden Talhang. Zur Problematik C. S. Sommer, Fundber. Baden-Württemberg 15, 1990, 274 f.; Franke 2003, 87.

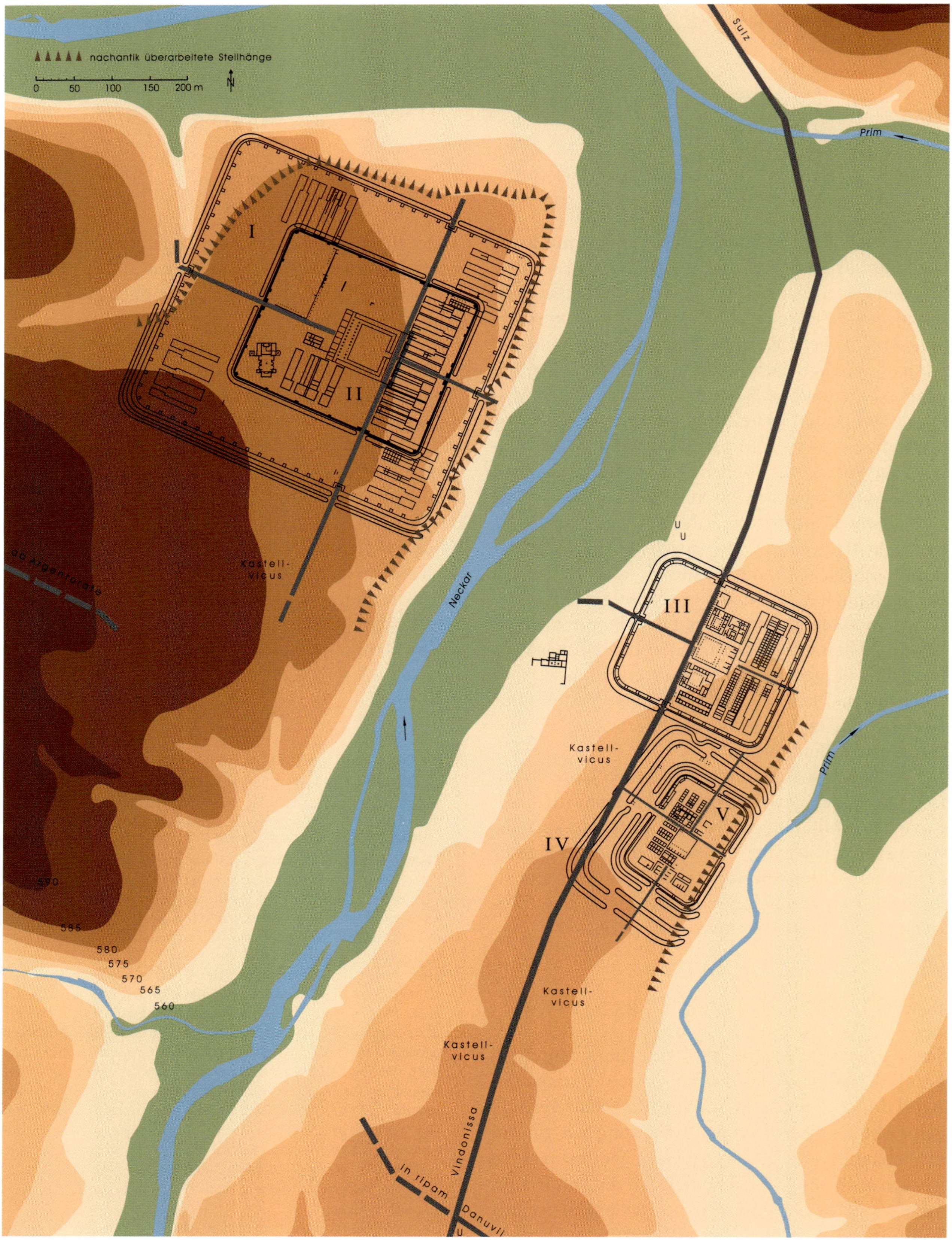

Abb. 1: Topographische Lage der flavisch-traianischen Militäranlagen in Rottweil. Das spätere Municipium entwickelte sich nur östlich des Neckars.

Im Nordosten des Lagers konnte die Existenz eines Kohortenblocks aus sechs Kasernen durch die neueren Untersuchungen bestätigt werden. Details fehlen weiterhin. Beim besser erforschten Gegenstück im Südosten erbrachte eine Nachgrabung einen schräg durch die Kaserne verlaufenden Abwassergraben. Möglicherweise besteht ein Zusammenhang mit der holzverschalten Grube im nahen Endcontubernium, die wiederum mit einer Zuleitung von außen verbunden war. Es wäre zu überlegen, ob sich in diesen für Mannschaftsunterkünfte unüblichen Befunden eine geänderte Nutzung während einer späteren Phase andeutet.[9]

Wie sich herausgestellt hat, lagen nördlich der Unterkünfte mehrere große Gebäude, die von einer Hofmauer eingefasst wurden. Dieser Komplex war bis an die *via principalis* vorgezogen.[10] Seine Südwestecke nahm ein knapp 25 m × 25 m großer Wohntrakt in der Art eines Atriumhauses (mit Garten?) ein. Der Gesamtkomplex könnte als Wohnquartier für einen oder mehrere der höheren Legionsoffiziere gedient haben, wobei der Teilbereich im Südwesten möglicherweise als Unterkunft eines Tribuns anzusehen ist. Zwischen den erwähnten Kasernen und der *via principalis* dürfte ein zweites Tribunenhaus gelegen haben.[11]

Eine der größten Überraschungen der neueren Grabungen war die ungewöhnliche Gestaltung des Frontbereiches der Rottweiler Legionsprincipia.[12] Über der Flucht der *via principalis* stand eine langschmale Halle, um die herum die eigentliche gepflasterte Wegetrasse geführt wurde. Der geknickte Straßenverlauf beeinflusste auch die Frontgestaltung der östlich anschließenden Bebauung. Der Principiavorbau entspricht soweit bekannt den Vorhallen limeszeitlicher Hilfstruppenlager. Die Torbauten dagegen, die in einigen Legionslagern über dem Kreuzungspunkt von *via principalis* und *via praetoria* errichtet worden sind, überdeckten lediglich den eigentlichen Lagermittelpunkt *(groma)*.[13] Gerade dieser Bereich ist in Rottweil nicht erforscht, so dass eine genaue Beurteilung dieses sehr interessanten Baubefundes schwierig ist.

Dank einer Notbergung im mittleren Abschnitt der *latera praetorii* kennen wir nun auch die Lage der südlichen Außenwand der *principia*.[14] Daraus lässt sich eine Gesamtbreite von gut 70 m rekonstruieren, was der Annahme von Franke entspricht. Neben einem Seitenflügel wurden mächtige Stützpfosten der *basilica* und eine davor liegende *porticus* (?) festgestellt. Die zwei Bauphasen überlagern sich fast deckungsgleich. Lediglich die Vorhalle an der Straße wurde in der zweiten Phase nicht wieder aufgebaut. Rechts neben den *principia* nahm Franke die Unterkünfte der 1. Legionskohorte an. Die neuerdings hier festgestellten heterogenen und kleinteiligen Bauspuren scheinen dem zu widersprechen. Es könnte sich allerdings um vorgelagerte Bauten in der Art von *tabernae* handeln.

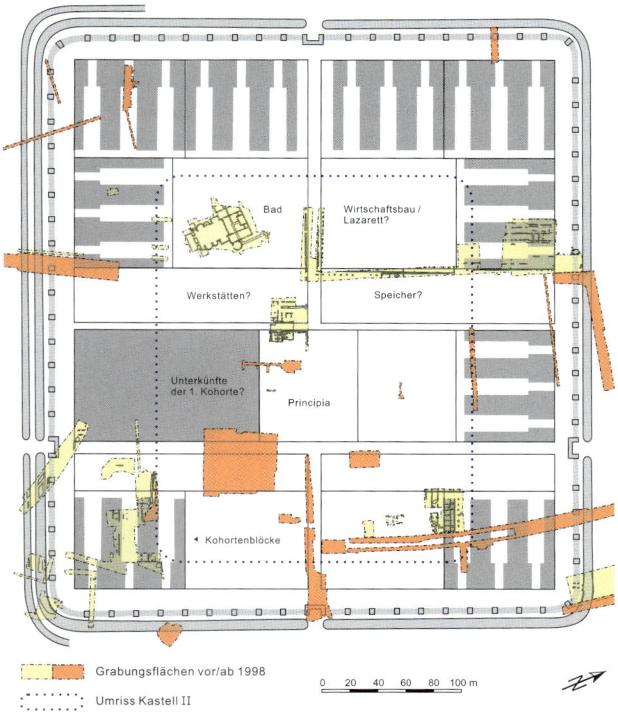

Abb. 2: Rottweil. Das Legionslager (Kastell I) nach Franke 2003 mit Eintragung der seither untersuchten Areale.

Auch bei den neueren Grabungen wurden Hinweise auf eine Mehrperiodigkeit des Innenausbaus festgestellt. Während im Lagerzentrum und in der linken *praetentura* zwei Phasen durch Brandschutt getrennt werden, gibt es in der rechten *praetentura* lediglich punktuelle Umbauten.[15]

Nach seiner Vermessung wäre das Lager groß genug, um die durch Stempel belegte *legio XI Claudia* aus *Vindonissa* zeitweise auf dem Nikolausfeld komplett

9 Arch. Ausgr. Baden-Württemberg 2007, 113f.

10 Zuletzt Arch. Ausgr. Baden-Württemberg 2007, 114–118.

11 Es ist nicht auszuschließen, dass beide Häuser tatsächlich Teil eines größeren quer gelegten Gebäudes sind, denn für ein Tribunenhaus wäre der südliche Abschnitt alleine sehr klein.

12 Zuletzt Arch. Ausgr. Baden-Württemberg 2007, 114ff.

13 Johnson 1983, 120f. – P. Franzen/A. V. Matei/F. Marcu, Acta Mus. Napocensis 41–42/1, 2004–2005, 164f.

14 Arch. Ausgr. Baden-Württemberg 2004, 140.

15 Der Aussonderung einer Frühphase mit nur während des Aufbaus benötigten Gebäuden bei Franke 2003, 35f. („Phase 1") möchte ich nicht folgen: Die dafür angeführten schrägen Gräbchen sind, wenn sie zum Kastell I gehören, sicher Wasserleitungen. Die Binnenwände der nach dem Brand wieder aufgebauten *principia* nehmen die Wände der Phasen 1 plus 2 nach Franke auf. Die Pfostengrubensegmente neben dem Pfostengraben der *fabrica* dürften lediglich Ausbuchtungen für tiefer reichende Pfosten sein.

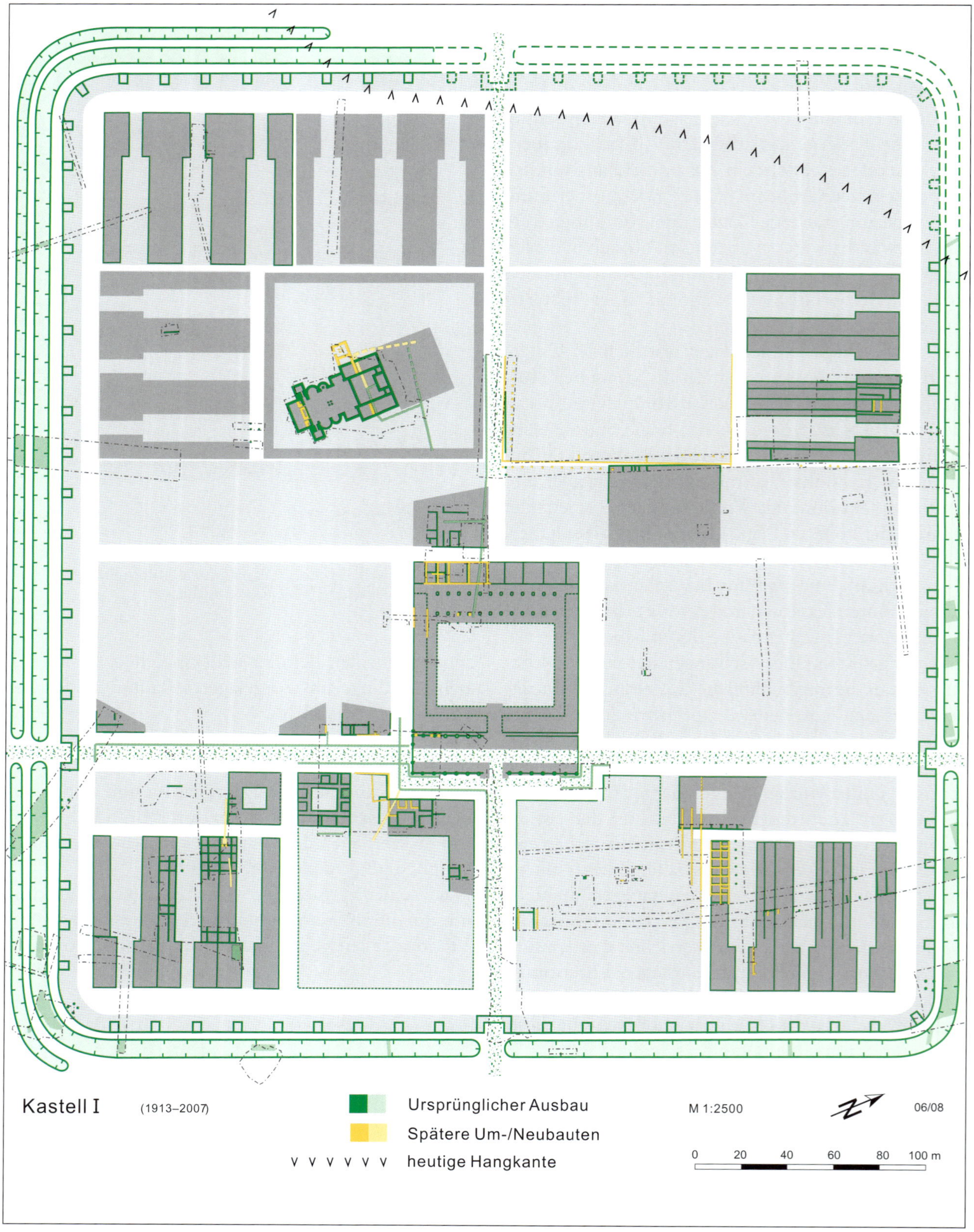

Abb. 3: Rottweil. Rekonstruierter Gesamtplan von Kastell I.

unterzubringen. Wenn man jedoch die ebenfalls durch Ziegelstempel vertretenen Hilfstruppen mit in Betracht zieht, die nicht alle im nachfolgenden Kastell II gelegen haben können, sowie die problematische Nutzbarkeit der nordwestlichen Lagerecke, so erscheint eine gemischte Besatzung mit einer Legionsvexillation als Kerntruppe zumindest als bedenkenswerte Alternative.

Kastell II (216 m × 265 m, 5,72 ha)

Auch bei der Erforschung des großen Hilfstruppenlagers, das über dem Zentrum des Legionslagers in Steinbauweise errichtet wurde, sind in den letzten Jahren Fortschritte erzielt worden.[16] Die Umwehrung konnte im Bereich der *porta praetoria* ergänzt werden,[17] die rechte *praetentura* um große Teile der Kasernen (Abb. 4).[18]

Bestätigt hat sich die symmetrische Bebauung des Vorderlagers: Auf einfache Rechteckbauten rechts und links der *via praetoria* folgten jeweils sechs Kasernen. Deren zur *via principalis* zeigende Seitenwangen sind nach vorne gezogen, so dass zwischen den Unterkünften enge Binnenhöfe entstanden. Während die Endcontubernien teilweise durch steinerne Zwischenwände vom Rest des Mannschaftstraktes separiert waren, ruhten die Wände der einzelnen Kammern meist auf Holzkonstruktionen, die keine Spuren hinterlassen haben. Dies gilt auch für die Binnengliederung der Kopfbauten.

Die Pläne des 19. Jh., die von der rechten *retentura* vorliegen, umfassen mittelalterliche wie römische

16 Zu den älteren Untersuchungen Franke 2003, 75 ff. 93 ff. 143 ff.

17 Arch. Ausgr. Baden-Württemberg 2002, 103.

18 Arch. Ausgr. Baden-Württemberg 2005, 154 f.; ebd. 2006, 114 f.; ebd. 2007, 118 f.

Abb. 4: Rottweil. Rekonstruierter Gesamtplan von Kastell II.

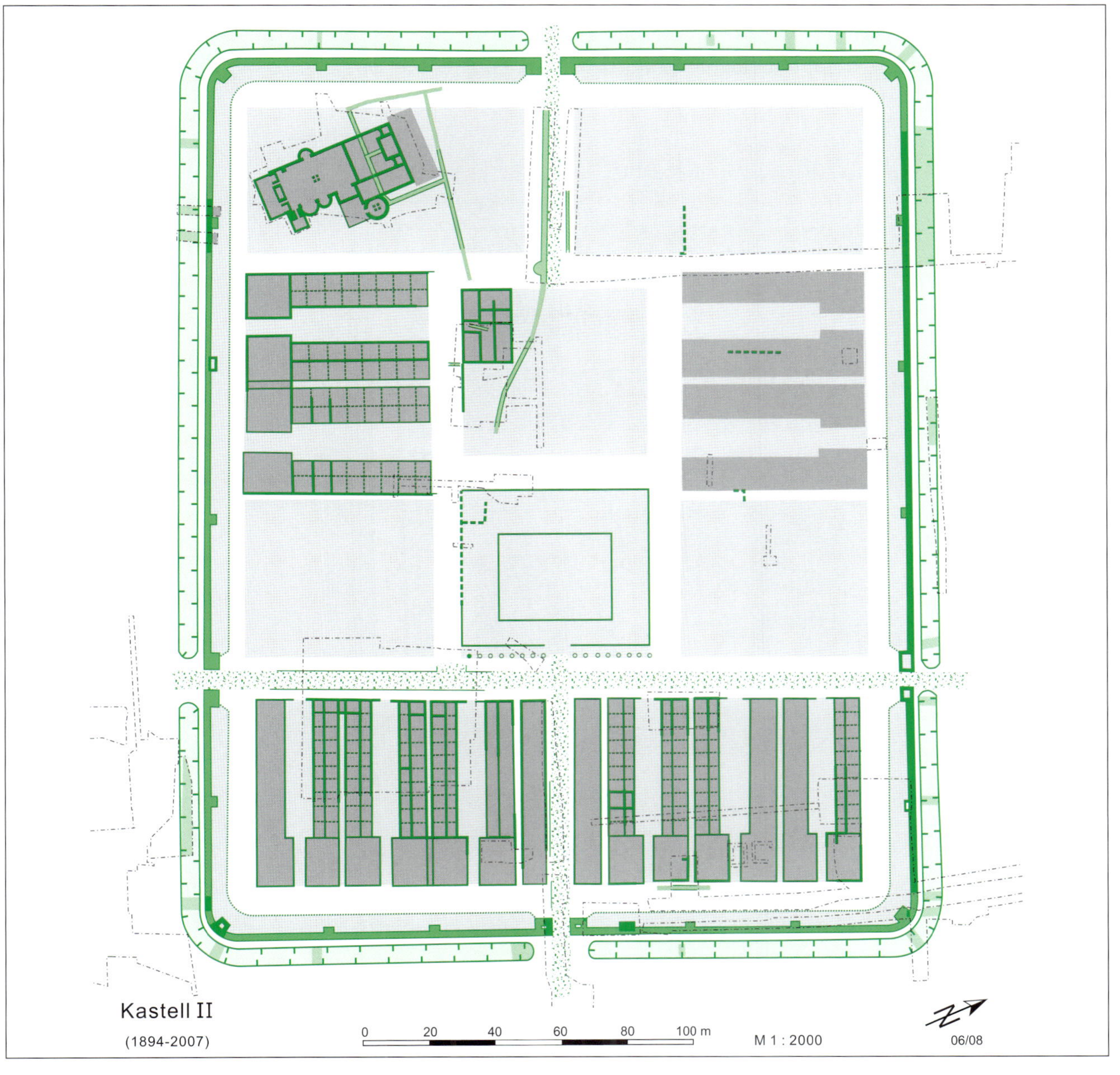

Mauerzüge, sind aber ansonsten zuverlässig.[19] Aus den Mauerfluchten kann man daher mit Vorbehalt vier Kasernen rekonstruieren. Diese scheinen sich in ihren Abmessungen von denen in der *praetentura* zu unterscheiden.

Hinter diesen Unterkünften lag das aus dem Legionslager übernommene Kastellbad. Der reduzierte Grundriss der 3. Phase nach White passt sich gut in den zur Verfügung stehenden Raum des Kastells II ein.[20]

Die Kenntnis der Mittelgebäude in den *latera praetorii* ist weiter mangelhaft. Die einzigen bekannten Mauerzüge, die der Südseite der *principia* zugerechnet werden, konnten zudem bei neueren Untersuchungen nicht verifiziert werden.[21] Auch bei den Untersuchungen an der *via principalis* blieben eindeutige Baureste aus. Möglicherweise standen die Gebäude im Mittelstreifen weiter von der Straße entfernt als die gegenüberliegenden Kasernenbauten.

Die Besatzung von Kastell II wird man am ehesten unter den durch Ziegelstempel belegten Hilfstruppen suchen, obwohl tragfähige Verknüpfungen zwischen Kastellbefunden und Stempeln weiterhin fehlen. Die Anzahl und Verteilung der bekannten Unterkünfte sprechen am ehesten für zwei *cohortes equitatae* mit jeweils sechs *centuriae* und vier *turmae*.[22] Jedenfalls wird man von einer Mannschaftsstärke von deutlich über 1000 Mann ausgehen müssen. Das unterstreicht die anhaltende militärische Bedeutung Rottweils auch nach dem Ende des Legionslagers.

Kastell III (185 m × 214 m, 3,96 ha)

Für eine Beschäftigung mit Kastell III sind die Ausführungen von Planck immer noch grundlegend.[23]

19 Randlich z. T. angeschnitten bei den Untersuchungen in den Legionsprincipia. Arch. Ausgr. Baden-Württemberg 2004, 140.
20 G. White, Fundber. Baden-Württemberg 23, 1999, 236 f. 241.
21 Arch. Ausgr. Baden-Württemberg 2004, 140. – Das auf älteren Plänen an der Stelle des vermuteten *sacellum* eingezeichnete Mauerrechteck ist ziemlich sicher mittelalterlich.
22 Hodgson 2003, 89 f.
23 Planck 1975, 41 ff.

Abb. 5: Rottweil. Rekonstruierter Gesamtplan von Kastell III.

Ergänzende Grabungen konnten seither kaum durchgeführt werden (Abb. 5). Im Westen wurde die *porta praetoria* an der vermuteten Stelle lokalisiert. Ihre Bauweise entsprach offenbar der *porta principalis sinistra*.[24] Auch die Nordostecke des Grabens konnte verifiziert werden. Im Zusammenhang mit der erneuten Freilegung des Nordtores kam ein dahinterliegendes kleineres Gebäude unbekannter Zweckbestimmung zutage.[25] Der Bereich erschien bei Planck noch als Freifläche, genau wie die entsprechende Fläche hinter dem Südtor. Nach Sommer reichte das dortige steinerne Magazingebäude in seinen Anfängen jedoch bis in die Kastellzeit zurück und gehört zum originären Bauplan von Kastell III.[26] Die Existenz eines solchen Steinbaus wirft zugleich ein anderes Licht auf die Funktion des Kastells, das Planck u.a. auch wegen des noch nicht abgeschlossenen Ausbaus im Mittelstreifen als kurzfristig genutzte Anlage (ca. 73–80 n. Chr.) angesehen hatte.[27]

Dies führt zu der Frage, ob ein Teil der die primären Kastellbefunde überschneidenden Holzbaubefunde für eine Mehrphasigkeit des Lagers in Anspruch genommen werden könnte, statt sie einer zivilen Holzbauperiode zuzuweisen.[28] Dabei könnte es zumindest im Nordostquadranten zu größeren Änderungen am ursprünglichen Bauplan gekommen sein. Ob man diese als Vorläufer des dortigen Steingebäudes („Villa C") ansehen darf, bleibt offen. Jedenfalls war der ganze östliche Kastellteil noch im frühen 2. Jh. kein integraler Bestandteil der Rottweiler Zivilsiedlung, wie Planck bereits richtig gesehen hat. Auch ist die Umwehrung, zumindest am Südtor, nicht vor dem Ende des 1. Jh. eingeebnet worden.

Aufgrund der Maßgleichheit von *praetentura* und *retentura* bietet es sich an, für eine Gesamtrekonstruktion die im hinteren Lagerteil festgestellten Mannschaftsbaracken 1:1 für die *praetentura* zu übernehmen. Dies gilt umso mehr, als der seinerzeit dort von Planck vermutete Speicher jetzt durch das Steingebäude im Mitteltrakt überflüssig geworden ist.

Die Größe der Baracken lässt als Besatzung weiterhin Legionäre möglich erscheinen.[29] Als Alternative wird man aber heute verstärkt Reitertruppen in Erwägung ziehen müssen.[30] Passend dazu erscheinen in fast allen *contubernia*, bei denen die Vorräume flächig freigelegt werden konnten, längliche Gruben, die man als die für Stallboxen charakteristischen Jaucherinnen interpretieren könnte. Die Zahl der beurteilbaren Fälle ist allerdings sehr gering. Trifft die Grundrissrekonstruktion mit sechzehn gleichen Baracken das Richtige, käme als Besatzung m ehesten eine *ala quingenaria* in Frage. Pferdegeschirr liegt aus Kastell III in größerer Zahl vor.[31]

Kastell IV (ca. 142 m × 212 m, ca. 3,0 ha)

Das Lager lehnte sich mit seiner Ostseite an den Steilabfall zur Prim an (Abb. 6).[32] Da das dortige Gelände im Zuge des frühen Eisenbahnbaus eine künstliche Terrassenstufe erhielt, bleibt der genaue Verlauf der Umwehrung an dieser Seite unbekannt. Eine Gesamtrekonstruktion der Anlage ist auch deswegen schwierig, weil das Lager nicht dem üblichen Schema folgt. Das wird am offensichtlichsten an der Nordseite, wo bisher jede Grabung eine andere Ergänzung nach sich gezogen hat. Erst die flächigen Untersuchungen von 2005 haben den Sachverhalt weitgehend geklärt. Demnach waren die inneren Grabenköpfe gegeneinander versetzt.[33] Das dahinterliegende Tor war nur teilweise erhalten. Wahrscheinlich ist der zweite Torturm westlich des ergrabenen zu lokalisieren. Als Alternative bietet sich eine Lösung mit gewinkelter Eingangssituation an (Abb. 7).

Auch die Führung des äußeren Grabens war ungewöhnlich, da der den Zugang überlappende westliche Grabenkopf nicht geradlinig mit dem übrigen Grabenverlauf verbunden gewesen sein kann. Starke Indizien sprechen für eine partielle Auslenkung nach innen, die den Zwischenraum zwischen innerem und äußerem Graben eingeengt hat. Vielleicht lag hier aber auch eine Art *titulum* (Abb. 7).[34]

Das Westtor wies ebenfalls einen Versatz auf, der jedoch geringer ausfiel als beim Nordtor. Möglich wäre eine gebogene, clavicula-artige Führung der Umwehrung. Ein normales Kastelltor lässt sich hier ebenfalls nicht rekonstruieren. Der weitere Verlauf der Umwehrung bleibt trotz geophysikalischer Prospektion weitgehend unbekannt. Zudem könnte sich hier ein Annex befunden haben.[35] Nach der Position der Tore ist das Kastell quer orientiert mit der *porta praetoria* im Westen.

24 Arch. Ausgr. Baden-Württemberg 1988, 93; ebd. 1993, 151 f.
25 Arch. Ausgr. Baden-Württemberg 1993, 151.
26 Sommer 1997, 514 f.
27 Planck 1975, 95.
28 Lauber 2004, 21 f. contra Planck 1975, 92; 97.
29 Planck 1975, 87–92. – Franke 2003, 91; 153.
30 Sommer 1995, 161 Anm. 101. – Hodgson 2003, 71–90 bes. 73.
31 Planck 1975, 187; Taf. 72–75 (Kastellbefunde und Umfeld Villa C).
32 Sommer 1992, 277–281. – Lauber 2004, 6–12.
33 Arch. Ausgr. Baden-Württemberg 2005, 150–152.
34 Zu den früheren Rekonstruktionen vgl. Sommer 1992, 280 mit Anm. 76. – Lauber 2004, 9 f. Im Jahr 2003 war es möglich, bei Kanalarbeiten in der Alemannenstraße im Profil ein Einbiegen des äußeren Kastellgrabens zu erkennen. Das Gegenprofil im Westen war für eindeutige Feststellungen zu stark gestört. Nur ein unsicherer Planumsbefund deutete auf eine Fortsetzung, die jedoch im weiteren Verlauf zumindest randlich durch ergrabene Flächen führen müsste.
35 Fundber. Baden-Württemberg 18, 1993, 104 Abb. 17.

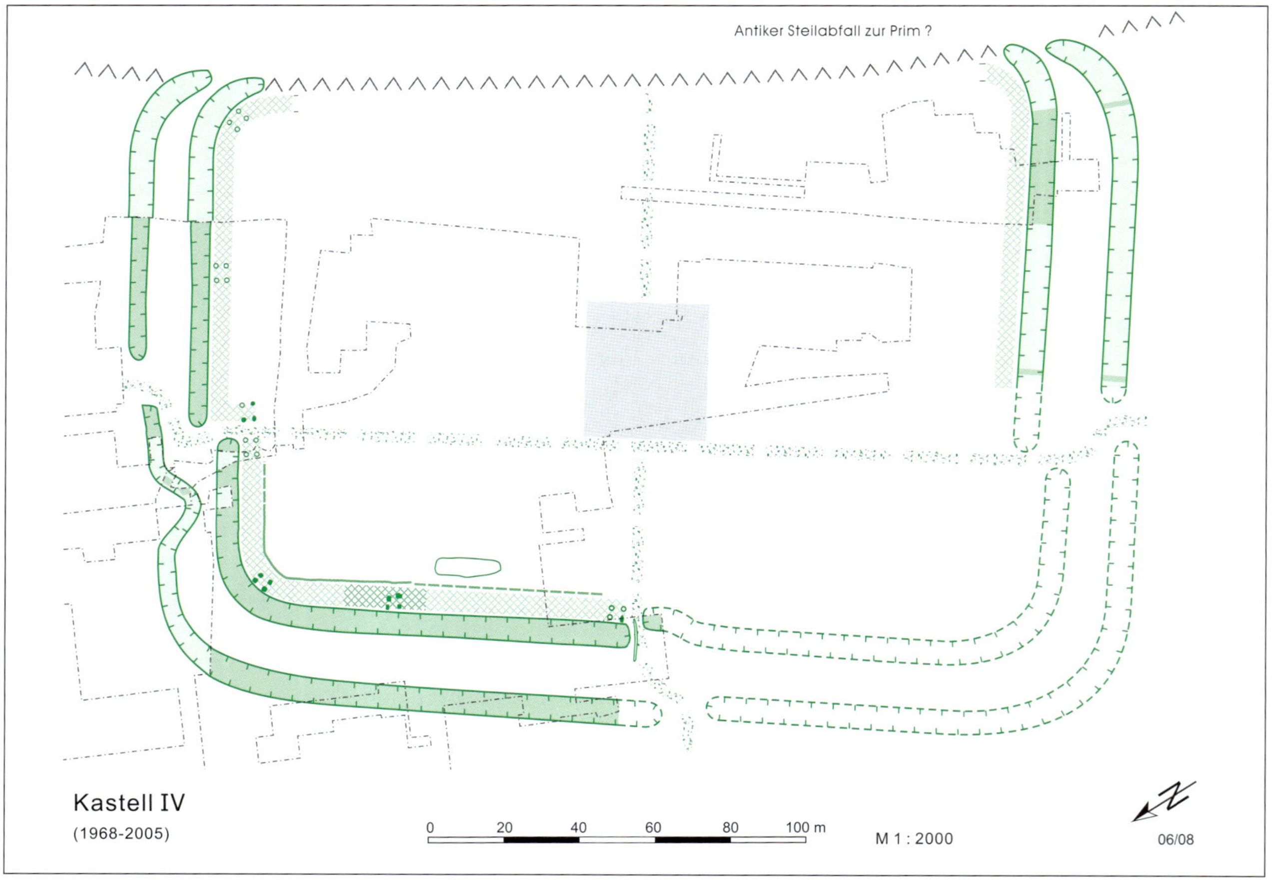

Abb. 6: Rottweil. Rekonstruierter Gesamtplan von Kastell IV.

Bei der Umwehrung waren lediglich die Türme aus Holz, der Wall bestand aus Rasensoden ohne frontseitige Versteifungen. Spuren von Innenbauten fehlen ganz. Wahrscheinlich handelt es sich um ein „Zeltlager". Legt man die Platzverhältnisse von Marschlagern zugrunde, könnte man in dem Camp eine Besatzung von über 3000 Mann unterbringen.[36] So gesehen war Kastell IV nach dem Legionslager das zweitgrößte Rottweiler Lager.

Kastell V (106 m × 146 m, 1,54 ha)

Kastell V lag innerhalb von Kastell IV. Seine Ostseite hat man wiederum bis unmittelbar an den Steilabhang der Prim vorgeschoben, so dass das Lager weder konzentrisch zur älteren Anlage positioniert war noch das alte Wegenetz übernommen werden konnte. Auch war das Lager nach Norden ausgerichtet (Abb. 1; 8).[37] Die Umwehrung glich der von Kastell III, nur dass bei Kastell V sowohl Vorder- wie Rückseite des Walls aus massiven Holzpfosten gebildet wurden. An diese Holz-Erde-Mauer lehnten sich Anbauten an, bei denen es sich teils um Rampen, teils um gebäudeartige Strukturen gehandelt hat.

Bei dem doppelten Grabensystem war der äußere Graben im Norden durchgezogen. Auf der Westseite wich der einzige bekannte Grabenkopf bei der Tordurchfahrt stark zurück. Entweder war die Lücke gegenüber den inneren Gräben versetzt, oder zwischen den äußeren Grabenköpfen lag ein separater Graben. Das Westtor hat wahrscheinlich eine doppelte Durchfahrt besessen. Demnach wäre diese Zufahrt wichtiger gewesen als die *porta praetoria* im Norden.[38]

Anders als bei der gegenüberliegenden Schmalseite muss der äußere Graben vor der *porta decumana* unterbrochen gewesen sein, da hier eine Deuchelleitung durch das Tor geführt worden ist. Eine zweite

36 A. Richardson, Oxford Journal Arch. 19, 2000, 429 ff. – Lauber 2004, 11.

37 Lauber 2004, 13–19. – Arch. Ausgr. Baden-Württemberg 2003, 96–99; ebd. 2004, 136–138; ebd. 2005, 152.

38 Arch. Ausgr. Baden-Württemberg 1982, 83–88. – Lauber 2004, 17; Beilage 1. Bei dieser Rekonstruktion ist der Abstand des nördlichen Torturms zum nächsten Zwischenturm geringer ist als sonst im Kastell V. Das wäre anders, wenn der Torturm noch ein Pfostenpaar weiter nach Süden gereicht hätte, womit die verbleibende Durchfahrt zu einer einfachen Torkonstruktion passen würde.

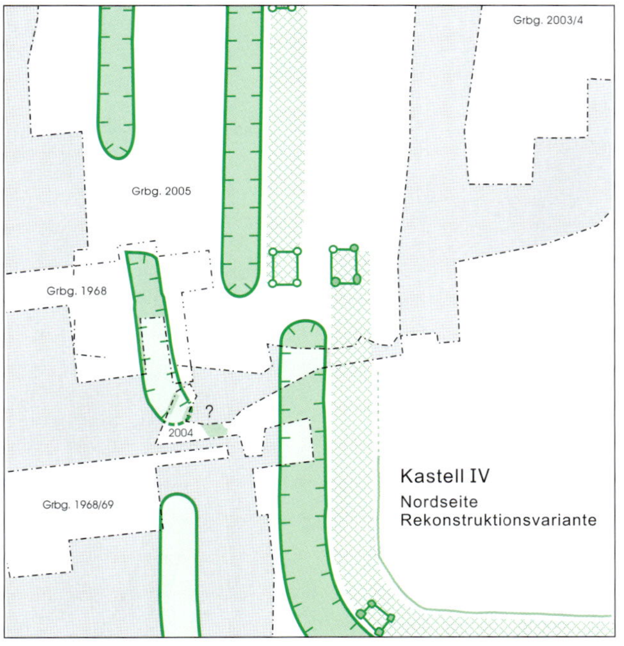

Abb. 7: Rottweil. Alternative Rekonstruktion der Umwehrung von Kastell IV an der Nordseite.

Zuleitung erfolgte bei der *porta principalis sinistra*. Diese Leitung wurde gekreuzt vom Abwassergraben der *via principalis*, der vor dem Tor Zulauf von Gräben entlang der *via sagularis* erhielt.[39] Der Abwassergraben der *via praetoria* bog Richtung Steilhang um, ein Indiz dafür, dass in der Kastellecke eine Latrine gelegen haben könnte.

Innerhalb der Bebauung des Kastells fallen die ungewöhnlich kurzen Rechteckbauten auf. Offenbar wechselten sich solche mit ein und zwei Kammerreihen ab. Zumindest bei den doppelreihigen Exemplaren dürfte es sich um gehälftete Mannschaftsbaracken ohne Kopfbau gehandelt haben. Sie böten Platz für drei bis vier Zenturien oder Turmen, d.h. ca. eine halbe Auxiliareinheit bzw. eine speziell zusammengestellte Truppe gleicher Größe *(numerus collatus)*.[40]

Das große Gebäude im westlichen Vorderlager wirkt wie eine kleinere Ausgabe des *praetorium* II von Kastell III. Es vertritt den Typus der Wohngebäude mit „Anbau".[41] Ob man das Haus als Sitz des Kommandeurs ansehen kann, hängt vor allem von der Be-

39 Lauber 2004, Beilage 1. Leider konnte nicht zweifelsfrei geklärt werden, ob die eigentliche hölzerne Deuchelleitung unter dem Abwassergraben hindurch verlief oder bei dessen Bau durchschnitten worden ist. In letzterem Fall muss der Abwassergraben der *via principalis* der zweiten Kastellphase zugewiesen werden.

40 Vgl. die etwa gleich große erste Kastellphase von Sulz: C. S. Sommer, in: Planck 2005, 332f.

41 Johnson 1983, 137–140.

Abb. 8: Rottweil. Rekonstruierter Gesamtplan von Kastell V.

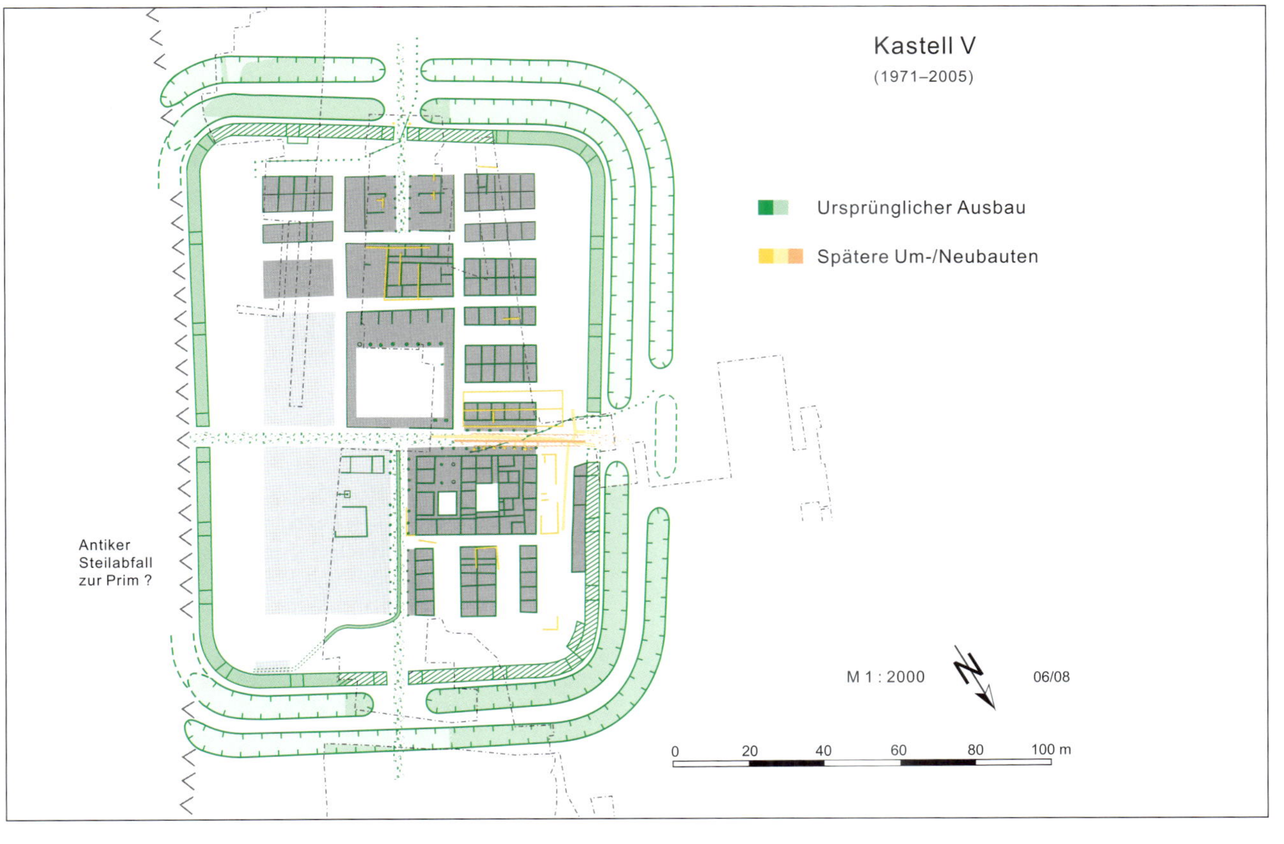

urteilung des zweiten Großbaus in der rechten Hälfte der *praetentura* ab, von dem leider nur wenig erhalten geblieben ist.
Die bereits 1906 von Goessler untersuchte sog. Kellerwohnung A, ein früher holzverschalter Keller, dürfte nach heutiger Kenntnis ebenfalls zum Kastell V gehört haben. Dieser Befund deutet auf ein weiteres Wohngebäude im Raum rechts neben den *principia*.[42]
An verschiedenen Stellen sind innerhalb des Kastells Umbauten feststellbar. Signifikant ist der Ersatz der Kammerreihe rechts hinter der *porta principalis sinistra* durch ein fast doppelt so großes Gebäude. Dieses nutzte nun auch den auffallend weiten Freiraum bis zur Umwehrung. Dies galt gleichermaßen für die Bauspuren westlich neben dem *praetorium* (zweiter Anbau?). Andere Maßnahmen sind weniger gut zu fassen, sprechen aber insgesamt für größere Umstrukturierungen. Dazu gehört auch die Schotterung des westlichen Teils der *via principalis.* Der massive Ausbau der Straße muss entgegen älteren Annahmen bereits am Ende der Kastellzeit erfolgt sein, da die Schotterung durch eine große Grube gestört wird, die der ersten Phase der nachfolgenden zivilen Bebauung zuzurechnen ist.[43]

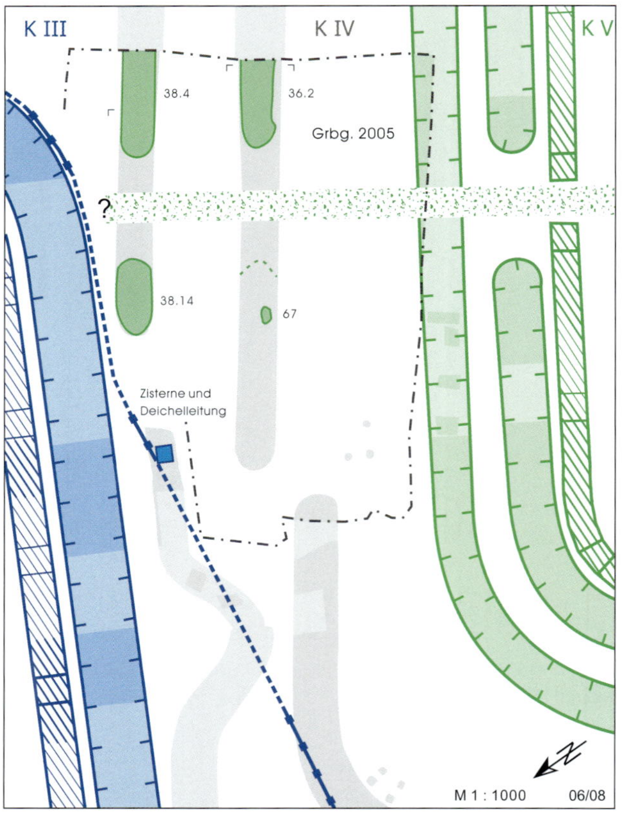

Abb. 9: Rottweil. Der Zwischenraum zwischen den Kastellen III und V mit den zugefüllten Gräben des älteren Kastells IV.

Die Datierung der Kastelle

Planck konnte seinerzeit zu Recht davon ausgehen, dass Kastell III die älteste Anlage in Rottweil ist. Durch die später ergrabenen Kastelle IV und V ist die Situation jedoch komplexer geworden. Mit ihrer Lage am höchsten Punkt des Höhenrückens zwischen Prim und Neckar sowie mit der Einbeziehung des Steilabfalls in die Umwehrung zeigen sie eine bewusste Ausnutzung des Geländes, wie wir sie vor allem von frühkaiserzeitlichen Militäranlagen kennen (Abb. 1). Auch die doppelten Wehrgräben belegen, dass beim Bau dieser Lager der Frage der militärischen Eigensicherung eine höhere Priorität eingeräumt wurde als im Falle von Kastell III.
Dass Kastell IV zeitlich vor Kastell III liegt, ist stratigraphisch eindeutig, da dessen Ausfallstraße nach Süden über die Gräben des Kastells IV führt (Abb. 1). Außerdem wurde im Graben von Kastell IV eine Zisterne gebaut, von der aus das Kastell III über Deuchelleitungen mit Frischwasser versorgt werden konnte (Abb. 5; 9).[44]
Für das Zeitverhältnis zwischen den Kastellen V und III fehlen stratigraphische Anhaltspunkte. Lediglich die Blockade des vorderen Ausgangs von Kastell V durch die Südostecke von Kastell III deutet auf eine Nachzeitigkeit der größeren Anlage (Abb. 1). Doch wurde das Tor überhaupt regulär genutzt? Zumindest war die *porta principalis* im Westen offenbar das wichtigere Tor (siehe oben).
Hier helfen neue Beobachtungen im nördlichen Vorfeld des Kastells V weiter (Abb. 9).[45] Die dortigen Gräben des Kastells IV waren zur Zeit von Kastell V nicht mehr in Benutzung: In den inneren Kastellgraben von IV hatte man den ehemaligen Wall geschoben, während beim äußeren Graben – wohl mangels verfügbarer Erdmasse – nur der untere Teil verfüllt war (vgl. Abb. 10). Jedoch hatte man durch zusätzlich eingebrachten Lehm Übergänge geschaf-

42 P. Goessler, Das römische Rottweil: Hauptsächlich aufgrund der Ausgrabungen vom Herbst 1906 (Stuttgart 1907) 46ff. mit offenbar überwiegend frühflavischen Funden. In der Museumskartei der Reliefsigillaten von Planck sind unter der entsprechenden ZV-Nummer Abriebe von 8–9 Drag. 29, 2 Drag. 30 und einer frühen Drag. 37 verzeichnet.
43 Arch. Ausgr. Baden-Württemberg 1982, 87 Abb. 63. – Lauber 2004, 16; 68; Beilage 1. – Vgl. auch C. S. Sommer, Fundber. Baden-Württemberg 25, 2001, 479ff.
44 Sommer 1992, 279. – Lauber 2004, 20f. 56.
45 Arch. Ausgr. Baden-Württemberg 2005, 150f. Dazu der originale Grabungsbericht von Ch. Dreier in den OA der Archäologischen Denkmalpflege, RP Freiburg.

fen, die ein Passieren der alten Gräben gestatteten. Diese Erdbrücken lagen genau vor der *porta praetoria* von Kastell V! Rechts und links davon blieben die alten Gräben als flache Mulden erhalten, in denen sich Kulturmaterial abgelagert hat. Im äußeren Graben von Kastell IV war diese Schicht nur dünn ausgeprägt[46], wohingegen im näher zum Kastell V liegenden „Grabenkopf" rechts vor der *porta praetoria* bei den Grabungen eine regelrechte Abfallschicht angetroffen wurde. Auf der gegenüberliegenden Seite war der innere Graben offenbar schon fast vollständig verfüllt, denn hier zeichnete sich lediglich punktuell eine ähnliche Kulturschicht ab. Das beweist, dass der nach Norden aus dem Kastell V heraus führende Weg tatsächlich benutzt wurde. Somit kann Kastell III eigentlich nur nach Kastell V entstanden sein. Das schließt ein späteres Nebeneinander der Anlagen nicht aus.[47]

Was sagen die Funde? (Vgl. Tab. 1; die Nachweise weiter unten.) Bis heute wurde kein Fundmaterial geborgen, das zwingend mit Kastell IV verbunden werden könnte, denn auch die frühesten Kastellgrabenverfüllungen sind in ihrer Zuordnung problematisch (siehe unten).[48] Es gibt aber weder unter diesen noch unter den Streufunden Stücke, die eine vorflavische Datierung nahelegen würden.

Für Kastell V stehen primär die Funde aus den Abwassergräben der Lagerstraßen zur Verfügung. Hinzu kommt die Abfallschicht im Graben von Kastell IV, die sicher mit Entsorgungsaktivitäten von Lager V zusammenhängt, zumal innerhalb dieses Kastells keinerlei Abfallgruben oder dergleichen vorhanden sind. All diese Fundkomplexe gehören in die frühflavische Zeit. Die mitgefundenen Münzen beweisen, dass Kastell V mindestens bis zum Ende der Regierungszeit Vespasians benutzt worden ist. Die nachfolgenden zivilen Holzbauten, die das Areal der Kastelle IV/V überlagern, sind domitianisch.[49]

Auch wenn die genannten Fundkomplexe in der frühflavischen Zeit gut verankert sind, reichen sie zeitlich doch nicht an die Funde aus dem Inneren von Kastell III heran, die aufgrund ihres hohen Anteils relativ früher Formen älter wirken (Tab. 1, Gruben A–C). Grube A ist weiterhin der früheste Ein-

46 Eine weitergehende Untersuchung musste aus Zeitgründen leider unterbleiben.

47 Die spätere Steinpflasterung der *via principalis* von Kastell V ergibt eigentlich nur Sinn, wenn damals bereits die von Kastell III ausgehende Hauptstraße des zivilen Rottweil westlich von Kastell V vorbei gelaufen ist und beide Teil eines ausgebauten Straßensystems waren.

48 Funde aus der westlichen Umwehrung für Kastell IV in Anspruch genommen von Rüsch 1977, 456 f. mit Abb. 13 f. Anders Lauber 2004, 7; 10 (Planierungen Holzbauphase). Vgl. auch Sommer 1992, 280.

49 Lauber 2004, 33; 58; 197.

Abb. 10: Rottweil. Profil durch die Wehrgräben von Kastell IV an der Nordseite (Grabung 2005). – 1 Anstehender Schotter. – 2 Anstehender Lehm. – 36.1 Dunkelbraungrauer, zäher Lehm. Zahlreiche Kalksteine, Kiesel, Holzkohle und Hüttenlehm. – 36.2 Stark brandschutthaltig, lehmig. Einige Kalksteine, Kiesel und Hüttenlehm. Keramik, Knochen usw., angebrannt. – 36.3 Hellgrauer, schluffiger Lehm. – 36.4 Hellbrauner, sandiger Lehm mit etwas hell- bis mittelgrauem, sandigem Lehm. Vereinzelt Kalksteine, Kiesel, Holzkohle (Wallmaterial). – 36.5 Mittel- bis dunkelgrauer, schwach sandiger Lehm mit hellbraunen Einsprengseln. Wenig Steine und Holzkohle (Wallmaterial?). – 36.6 Hell- bis mittelgrauer, schluffiger Lehm mit hellbraunen Einsprengseln. Einzelne Steine. – 36.7 Mittelbrauner, schluffiger Lehm. Wenig Steine. – 36.8 Mittel- bis dunkelgrauer, schluffiger Lehm. Wenig Steine und Holzkohle. – 36.9 Mittel- bis rötlichbrauner, leicht sandiger Lehm ähnlich Bef. 2 Mergel und Kies aus Bef. 1. (36.6–9: Einschwemmung). – 38.1 Hellgrauer sandiger Lehm und rötlicher Lehm wie Bef. 2. Unterschiedliche Einschlüsse Kalksteine, Kiesel, Mergel. Stark verdichtet wirkend (Planie). – 38.2 Schwärzlich braun, Lehm, Kiesel, Holzkohle. – 38.3 Wie 38.2. – 38.4 Dünnes Band aus Holzkohlepartikeln, Hüttenlehm und kleinen Kieseln (Kulturschicht). – 38.5 Mittel- bis dunkelbrauner Lehm, schwarzbraune Flecken und umgesetzter Boden Bef. 2. – 38.6 Mittel- bis dunkelbrauner Lehm, einzelne Kiesel, verdichtet. – 38.7 Dunkel-, teils rötlichbrauner, schwach sandiger Lehm, unten mit Anteilen von Bef. 1 und 2 vermischt. (38.5–7: Einschwemmung). – 60 Kanalisationsgraben.

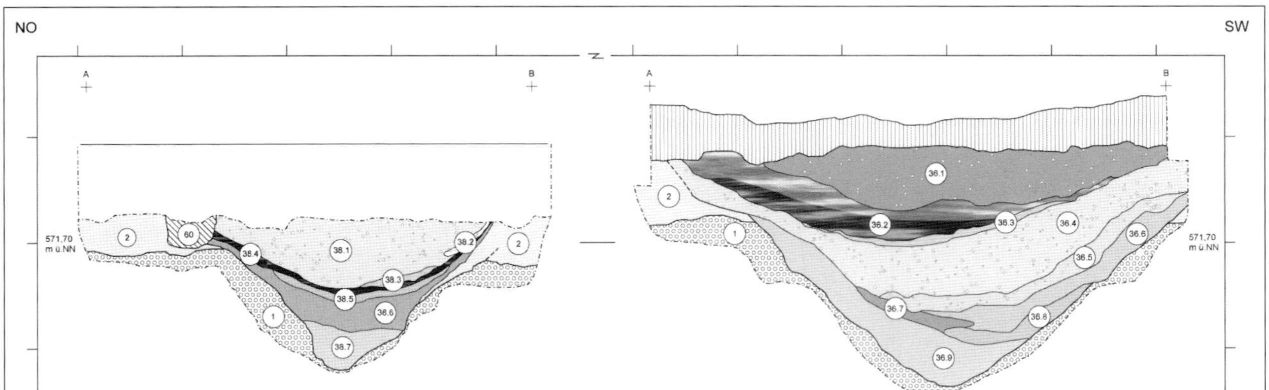

Tabelle 1: Übersicht zum Sigillatabestand der Rottweiler Kastelle.

Kastell IV											
Befund		Drag. 29									
Kastellgrabenfüllung IV 36.4, Grabung 2005		1									
Kastell V											
Befund		Drag. 29	Drag. 30	Drag. 37	Dé. 67	Kn. 78	Drag. 15/17	Drag. 18 u. Var.	Drag. 36	Drag. 24	
Grube 96, Grabung 1983 (Günthner)		1									
Abwassergraben 363, Grabung 1982		3		1		1		5		2	
Abwassergraben 391, Grabung 2003		2		1		1	1	2			
Abwassergraben 362/10, Grabung 1982/2003		14		7				8	1		
Summe Kastellbef.	58	20		9		2	1	15	1	2	
Drag. 29:37 u. 15/17:18 u. 24:27:35 in Prozent		69,0		31,0			6,3	93,8		25,0	
Kastellgrabenfüllung IV 36.2, Grabung 2005		9	2	4	1			12		1	
Kastellgrabenfüllung IV 67, Grabung 2005			1								
Kastellgrabenfüllung V 3.3,12, Grabung 2005		1	1	2				2			
Summe Kastellgraben	51	10	4	6	1			14		1	
Drag. 29:37 u. 15/17:18 u. 24:27:35 in Prozent		62,5		37,5				100,0		6,7	
Summe gesamt	109	30	4	15	1	2	1	29	1	3	
Drag. 29:37 u. 15/17:18 u. 24:27:35 in Prozent		66,7		33,3			3,3	96,7		13,0	
Kastell III											
Befund		Drag. 29	Drag. 30	Drag. 37	Dé. 67	Kn. 78	Drag. 15/17	Drag. 18 u. Var.	Drag. 36	Drag. 24	Drag. 22/23
Grube A, Fl. 15/16		10	1				6	18		3	
Grube B, Fl. 16/17		7	7	5	1	1	2	1			1
Grube C, Fl. 16/17			1								
Grube D, Fl. 41											
Pfostengräbchen Baracke, Fl. 66			1								
Pfostengrube, Eckturm Fl. 62								1			
Pfostenloch Tor, Fl. 22		1									
Pfostenloch Tor, Fl. 23		1									
Summe Kastellbef.	84	19	10	5	1	1	8	20		3	1
Drag. 29:37 u. 15/17:18 u. 24:27:35 in Prozent		79,2		20,8			28,6	71,4		16,7	
Kastellgrabenfüllung a (c?), Fl. 1–3				1				2			
Kastellgrabenfüllung c, Fl. 1–3		2									
Kastellgrabenfüllung a (c?), Fl. 58/59			1	1							
Kastellgrabenfüllung b, Fl. 53		15	2	13				5	4		1
Kastellgrabenfüllung c, Fl. 53		9		14				2	2		
Kastellgrabenfüllung e + f, Fl. 53				4							
Kastellgrabenfüllung g, Fl. 53		1		12				4			
Summe Kastellgraben a–c	93	26	3	29				9	6		1
Drag. 29:37 u. 15/17:18 u. 24:27:35 in Prozent		47,3		52,7				100,0		0,0	
Summe Kastellgraben	118	27	3	45				13	6		1
Drag. 29:37 u. 15/17:18 u. 24:27:35 in Prozent		37,5		62,5				100,0		0,0	
Summe gesamt	201	46	13	50	1	1	8	32	6	3	2
Drag. 29:37 u. 15/17:18 u. 24:27:35 in Prozent		47,9		52,1			20,0	80,0		9,7	
Kastell I											
Befund		Drag. 29	Drag. 30	Drag. 37		Kn. 78	Drag. 15/17	Drag. 18 u. Var.	Drag. 36		Drag. 22/23
Fundamentgraben Baracke 1								1			
Fundamentgraben Geb. 3			1	1							
Kastellgrabenfüllung Sohle								1			
Pfostengraben Principia		1						1			
Pfostengrube 15		1									
Schicht 25/47											
Grube 26											
Graben 32		12	3	5		2	2	8	5		
Pfostengrube 68											
Keller 76		1		2				2			
Schicht 169											
Gräbchen 226									1		
Grube 258								2			1
Latrine 336				1				2			
Graben 337								1			
Summe	81	15	4	9		2	2	18	6		1
Drag. 29:37 u. 15/17:18 u. 24:27:35 in Prozent		62,5		37,5			10,0	90,0			
Kastell II											
Befund		Drag. 29	Drag. 30	Drag. 37	Dé. 67	Kn. 78		Drag. 18 u. Var.	Drag. 36		
Graben 14/187				8	1			3	1		
Grube 20		1		4		1		5	1		
Graben 22				1				7	1		
Graben 23			1					3			
Graben 51				2				1			
Grube 181				2				2	4		
Graben 206				1				1			
Grube 207								1			
Grube 213			1	5	1			5	1		
Summe	89	1	2	23	2	1		28	8		
Drag. 29:37 u. 15/17:18 u. 24:27:35 in Prozent		4,2		95,8				100,0			

Drag. 27	Drag. 33	Drag. 35		Drag. 42			15/17; 22/23; 24; H9	Münzen
								D 87 v.; 2 x D 32/31 v.; As 41/52 wenig abgegr.; Dp 63/68 kaum abgegr.
1	1	1						
1								As halbiert; As 72/73
3				1				As 77/78, leicht abgegr.
5	1	1		1			3	
62,5		12,5					11,1	
9		5		1				2 x 1. H. 1. Jh. stark abgegr.
9		5		1			1	
60,0		33,3					3,3	
14	1	6		2			4	
60,9		26,1					7,0	
Drag. 27	Drag. 33	Drag. 35	Hof. 9		Hof. 12/Cu. 11/Drag. 38		15/17 ;22/23; 24; H9	
14					1			
								As 68 wenig abgegr.
1								
15					1		12	
83,3		0,0					25,0	
5		3			3			1. H. 1. Jh. sehr stark abgegr.
2		1	1		4			S 71 kaum abgegr.; As 80 kaum abgegr.; S 90/91 etwas abgegr.
1								As 87 abgegr.
	1	1			1			
7		4	1		7		2	
63,6		36,4					5,7	
8	1	5	1		8		2	
61,5		38,5					4,7	
23	1	5	1		9		14	
74,2		16,1					15,6	
Drag. 27		Drag. 35 + 35/36			Hof. 12/Cu. 11		15/17; 22/23; 24; H9	
		1						
								Dp 77/78 etwas abgegr.
1								
1								
		1						
4					2			
1								
2								
1								
		1						
5								Dp 72/73 etwas abgegr.
3					1			
18		3			3		3	
85,7		14,3					5,9	
Drag. 27	Drag. 33	Drag. 35		Drag. 42	Hof. 12/Cu. 11	Cu. 15		
3	1	4						
	1	3		1	1	1		
		3						Dp 99/100 kaum abgegr.
								S 80; S 87 vorzüglich
1								
		1						
		3				1		As 74 etwas abgegr.
4	2	14		1	1	2		
22,2		77,8						

zelkomplex Rottweils. Die vielen Funde aus dem Graben vor dem Südtor von Kastell III erinnern an die Situation vor der *porta praetoria* des Kastells V. Die ältesten Funde aus diesen Einfüllungen (Schichten b und c, Fläche 53) haben eher als die der Gruben Entsprechungen beim Material des Kastells V. Insgesamt umfasst der Fundkomplex aber auch deutlich jüngere Stücke, die ans Ende des 1. Jh. weisen. Planck hat diese Schichten mit der Abfallentsorgung *nach* Aufgabe von Kastell III in Verbindung gebracht, das er u.a. deshalb in die Zeit vor ca. 80 n. Chr. datiert. Wenn man berücksichtigt, dass die endgültige Einplanierung des Walls aber erst nach Ablagerung der Schichten b und c erfolgt ist, könnte man die Funde vielleicht doch für die Datierung des Kastells III heranziehen.[50] Die von der Befundsituation „geforderte" Nachzeitigkeit des Kastells III gegenüber IV und V lässt sich jedenfalls nur dann problemlos mit den Funden in Übereinstimmung bringen, wenn man die frühen Gruben innerhalb des Kastells III von ihrer Verknüpfung mit diesem Lager lösen und mit einer Vorgängeranlage/Aufbauphase in Verbindung bringen würde (im Sinne eines T. p. q.). Dafür gibt es aber bis heute keine stichhaltigen Belege.[51]

Auf der anderen Seite des Neckars fehlt im Bereich der Kastelle I und II der früheste Rottweiler Fundhorizont bisher fast vollständig. Franke datiert den Beginn des Legionslagers daher etwas später als den von Kastell III bzw. später als den Horizont der Gruben A–C.[52] Für das Ende nimmt sie die frühdomitianische Zeit an. Insgesamt gesehen gleicht das Formenspektrum dem von Kastell V.[53] Dabei ist zu beachten, dass die meisten Funde, die Franke dem Legionslager zuweisen konnte, aus dem Graben 32 in der sog. *fabrica* stammen und damit zur ersten Ausbauphase vor dem Brandhorizont gehören.[54]

Für die Datierung des Kastells II haben die neueren Grabungen einen Terminus post quem von 97 n. Chr. erbracht. Er beruht auf einem verstreuten Sammelfund von acht Denaren, der in einer Planierschicht über Kastell I zutage gekommen ist, in die die steinernen Kasernen des Kastells II eingetieft waren.[55] Da das Lager nach bisherigen Erkenntnissen einphasig ist, kann das Datum auf die Gesamtanlage übertragen werden. Die Aufgabe des Lagers muss bereits nach wenigen Jahren am Anfang des 2. Jh. erfolgt sein.[56]

Dieser späte Zeitpunkt passt zwar zum deutlich veränderten Fundspektrum des Kastells II (Tab. 1), andererseits liegt der Beginn aber signifikant später als die bisherigen Ansätze. Außerdem stellt sich nun die Frage, ob es zwischen dem Legionslager und dem Auxiliarlager einen längeren Hiatus gegeben hat. Einen Verbleib einer größeren Anzahl Legionäre bis zum Ende des 1. Jh. wird man jedenfalls nicht annehmen wollen. Andererseits sollte während der gesamten flavisch-traianischen Zeit mindestens eines der größeren Rottweiler Lager besetzt gewesen sein. Wo also waren die Soldaten in spätdomitianischer Zeit stationiert?

Bemerkungen zu einzelnen Fundkomplexen der Kastelle IV und V

Trotz langjähriger Untersuchungen waren bisher keine aussagekräftigen Fundkomplexe bekannt, die Auskunft über die zeitliche Stellung dieser Lager geben konnten. Die Untersuchungen der letzten Jahre haben die Situation zumindest für Kastell V verbessert. Wegen ihrer Bedeutung sollen die neuen Fundkomplexe hier ausführlicher vorgestellt werden. Dabei beschränkt sich die Vorlage auf datierungsrelevantes Material.[57] Für Einzelnachweise siehe den Katalog (Tab. 1; Abb. 11–18).

Bef. 36.4, Schicht innerhalb des inneren Kastellgrabens von Kastell IV (Nordseite)

Es handelt sich dabei um eine frühe, „sterile" Einfüllschicht, die am ehesten mit der Planierung des Walles zu verbinden ist.[58] Sie liegt unterhalb Bef. 36.2 (siehe unten). Der Befund enthielt ein Fragment einer Drag. 29 (Kat.-Nr. 1).

---

50 Planck 1975, 48–53. – Lauber 2004, 23 f.

51 Ein unter den *principia* von Kastell III verlaufendes Gräbchen, das nach Norden in Richtung der Gruben umbiegt, wäre ein möglicher Hinweis für eine frühere Nutzung (Planck 1975, 62 Abb. 15; 64 f.; man beachte auch die Funde aus Pfostengräben von Kastell III a.a.O. 70; 76). Die Ausrichtung entspricht allerdings nicht der der Lager IV und V. Grundsätzlich bleibt die Position der ausgedehnten Gruben A und B im schmalen, eigentlich kaum nutzbaren Zwischenraum zwischen den Rückwänden zweier Baracken ebenso auffällig wie die relativ hohe Anzahl der Funde. Vergleichbares gibt es bisher in keinem anderen Rottweiler Lager.

52 Franke 2003, 142 f. Insbesondere der erkennbare Unterschied in den Sigillaten und Münzen zwischen den Legionslagern von Rottweil und Mirebeau (wohl ab 70/71 n. Chr.) spricht für eine Datierung eher gegen Ende der vespasianischen Zeit.

53 Die Funde der neueren Grabungen sind noch nicht bearbeitet. Dem ersten Eindruck nach sind frühvespasianische Sigillaten weiterhin selten.

54 Franke 2003, 56; 139.

55 Arch. Ausgr. Baden-Württemberg 2005, 154; 247.

56 Franke 2003, 98 f. 146. – Arch. Ausgr. Baden-Württemberg 2005, 247.

57 Zu älteren Funden vgl. Lauber 2004, 10; 18; 56; 61 ff. In den Fällen, bei denen die jüngeren Grabungen Ergänzungen zu bereits bekannten Fundkomplexen erbracht haben, sind die Altfunde nochmals aufgeführt. Man beachte, dass noch nicht alle Grabungen innerhalb von IV/V ausgewertet sind.

58 Arch. Ausgr. Baden-Württemberg 2005, 151 f.

Bef. 96, Grube im Bereich der *via sagularis* des Kastells V

Die frühe Grube liegt zwischen der südlichen Umwehrung und den Innenbauten von Kastell V. Da Innenraumbefunde des Vorgängerlagers fehlen und auch sonst kleine Gruben im Bereich der *via sagularis* von Kastell V bekannt sind, wird man den Befund diesem Kastell zuschreiben müssen.[59] Falls es sich um eine Art Sickergrube handeln sollte, geriet das Material vielleicht schon in der Anfangszeit von Kastell V in den Boden (Umlagerungen aus IV?). Der Befund enthielt neben einigen wenigen anderen Funden einen kleinen Münzschatz, der aus republikanischen Denaren und Aes-Prägungen der claudisch-neronischen Zeit bestand. Der gute Erhaltungszustand der Nero-Münze lässt auf eine kurze Umlaufzeit schließen.

Bef. 363, Abwassergraben unter der *via principalis* von Kastell V

Der holzverschalte Graben ist Bestandteil des Entwässerungssystems von Kastell V, welches das Regenwasser aus beiden Teilen der *via sagularis* und dem Torbereich der *porta sinistra* nach Osten unter der *via principalis* ableitet. Das System dürfte kein Bestandteil des ursprünglichen Lagerausbaus gewesen sein, da zumindest die seitlichen Zuleitungen im Torbereich frühere Befunde von Kastell V schneiden.[60]
Der Fundkomplex enthält nur wenig Material. Darunter befindet sich u.a. eine nielloverzierte Scharnierfibel (Kat.-Nr. 1). Dieser Fibeltyp taucht erstmals in claudisch-neronischen Zusammenhängen auf und ist bis zu Beginn des 2. Jh. n. Chr. in Umlauf. Die drei südgallischen Reliefsigillaten der Form Drag. 29 und die eine der Form Drag. 37 können aufgrund der kleinteiligen Zerscherbung weder einer Stilgruppe noch einem bestimmten Töpfer- bzw. Töpferkreis zugeordnet werden. Unter der glatten Sigillata sind Randstücke der Formen Drag. 18, 24 und 35 vertreten. Während es sich bei dem Teller Drag. 18 und dem Napf Drag. 35 um „langlebige" Gefäßformen handelt, beschränkt sich die Umlaufzeit der Form Drag. 24 auf die claudisch-frühflavische Zeit. Wenn es kein Zufall ist, dass Reliefschüsseln der Form Drag. 29 noch häufiger vorkommen als Drag. 37, deutet das auf eine Verfüllung des Grabens in frühflavischer Zeit hin.[61] Die Gefäße des Typs Drag. 24 unterstützen diesen Ansatz.

Bef. 391, Abwassergraben unter der *via praetoria* von Kastell V

Der Graben bildet das Gegenstück zu Bef. 363. Er könnte allerdings bereits während der ersten Lagerphase entstanden sein. Der mutmaßliche Treffpunkt der beiden Gräben im Lagerzentrum konnte nicht untersucht werden.[62]
In der Einfüllung dieses Grabens fanden sich u.a. zwei Münzen. Ein halbierter As (Kat.-Nr. 2) ist aufgrund seiner Erhaltung nicht näher bestimmbar. Eine zweite Münze, ein As des Vespasian (Kat.-Nr. 1) datiert in die Jahre 72/73 n. Chr. Die Münze ist stark verkrustet, so dass sich keine Rückschlüsse auf die Umlaufzeit ergeben.
Zwei reliefierte Fragmente von Gefäßen der Form Drag. 29 und eines der Form 37 sind nur in kleinsten Bruchstücken erhalten. Ein viertes Fragment stammt von einem Becher der Form Knorr 78. Die Umlaufzeit dieses selten vorkommenden Typs beschränkt sich auf die vespasianisch-domitianische Zeit.[63] Das gleiche gilt für die Teller Drag. 15/17.[64]
Ein mit O.FIRMONIS gestempelter Teller datiert in spätneronisch-frühflavische Zeit (Kat.-Nr. 12). Ware des PRIMVLVS (Kat.-Nr. 10) ist in Rottweil mehrfach überliefert und läuft im oben genannten Zeitraum um. Ware des Töpfers PRIMVS (Kat.-Nr. 13) ist mit identischen Stempeln bereits mehrfach in Rottweil vertreten. Seine Produkte sind in spätneronisch-frühflavischer Zeit verbreitet. Die übrigen bestimmbaren Fragmente stammen von Tellern Drag. 18.

Bef. 362/10, Drainagegraben der Steinpflasterung der *via principalis* in Kastell V

Zu den jüngsten fassbaren Baubefunden in Kastell V gehört der Graben 362 bzw. 10.[65] Er wurde als Drainage des nachträglich eingebrachten, steinernen Straßenbelags der *via principalis* angelegt und ersetzt Graben 391. Möglicherweise wurde nur der westliche Abschnitt der Straße samt der potenziellen Fortsetzung zur Hauptstraße erneuert, denn Pflaster und Drainage dünnen im Kastell nach Osten aus. Die Einfüllung des Grabens bestand zum Teil aus Brandschutt. Das daraus geborgene Fundmaterial war nicht verbrannt, wies in ungereinigtem Zustand jedoch fast ausnahmslos Rußspuren auf. Mit großer

59 Ebd. 1983, 123f. Abb. 119.
60 Zur Befunddiskussion vgl. Lauber 2004, 16 u. Beilage 1, Bef. 132, 564 und 363. Fortsetzung des Befundes 363 in den Untersuchungen von 2003 als Befund 09. Vgl. Arch. Ausgr. Baden-Württemberg 2003, 98 Abb. 68.
61 Zum Aufkommen der Form Drag. 37 um 70 n. Chr. vgl. Pferdehirt 1986, 249f.
62 Vgl. Arch. Ausgr. Baden-Württemberg 2004, 137 Abb. 119.
63 Planck 1975, 145.
64 Ebd. 152.
65 Zur Befunddiskussion vgl. Lauber 2004, 16 u. Beilage 1, Bef. 362. Die Fortsetzung: Arch. Ausgr. Baden-Württ. 2003, 98 Abb. 68 (Befund 10).

Wahrscheinlichkeit handelt es sich um „Schutt“, der beim Abriss von Innenbauten des Kastells V anfiel und in dem noch offen stehenden Sickergraben vor seiner Überdeckung mit dem Steinpflaster entsorgt wurde.

Den T. p. q. für die Einfüllung dieses Befundes gibt uns ein sehr gut erhaltener As des Vespasian von 77/78 n. Chr. (Kat.-Nr. 1). Während die quer profilierten Fibeln (Kat.-Nr. 2, 3) ab claudischer Zeit in Umlauf waren, blieb das Vorkommen von Fibeln mit längs profiliertem Bügel im Wesentlichen auf die zweite Hälfte des 1. Jh. n. Chr. beschränkt (Kat.-Nr. 4).

Von den überwiegend kleinteilig zerbrochenen Reliefsigillaten gehören vierzehn der Form Drag. 29 und sieben der Form 37 an. Lediglich das Fragment Kat.-Nr. 5 einer Drag. 29 ist so groß erhalten, dass man es der Stilgruppe 2 nach Heiligmann zuweisen kann. Dekore dieser Art waren in spätneronisch-flavischer Zeit in Mode. Für die Teller der Form 18 und für den Napf Drag. 27 sei auf die obigen Ausführungen verwiesen. Erwähnenswert ist noch ein Bodenfragment, das den Stempel des Töpfers LIBERTVS trägt (Kat.-Nr. 40). Die Umlaufzeit seiner Ware wird in die Jahre 60–80 n. Chr. datiert.[66] Ein Napf der Form 27 stammt von PRIMVS (Kat.-Nr. 42). Es handelt sich dabei um dieselbe Stempelvariante wie im Befund 391. Zur Datierung gilt das dort Gesagte. Weitere Fragmente stammen von Gefäßen des Typs Drag. 36 und Drag. 42. Beide Tellerformen waren ab neronischer bzw. flavischer Zeit über einen längeren Zeitraum in Mode.[67]

Bef. 36.2 und 67, Schichten innerhalb des inneren Kastellgrabens von Kastell IV (Nordseite)

Über den sterilen Einfüllungen, die vom wieder eingefüllten Wall von Kastell IV stammen (vgl. Bef. 36.4), lag im östlichen inneren Graben eine brandschutthaltige, auffallend materialreiche Schicht. Dem entspricht im westlichen Graben mutmaßlich der Befundrest 67 (Grube?). Die mitgefundenen Militaria geben einen Hinweis darauf, dass es sich um Material aus dem Inneren eines Kastells handelt. Die zahlreichen Besitzerinschriften auf Sigillatagefäßen, die im militärischen Umfeld häufiger vorkommen als in zivilen Zusammenhängen, unterstützen diesen Ansatz.[68] Aufgrund der Lage können die Funde daher nur vom nahen Kastell V hierher verbracht worden sein, entweder als Teil der täglichen Abfallentsorgung oder bei Umbaumaßnahmen.[69]

Die beiden halbierten Münzen (Kat.-Nr. 1, 2) liefern keinen konkreten zeitlichen Anhaltspunkt für die Verfüllung des Grabens, da sie dem üblichen frühkaiserzeitlichen Münzumlauf entstammen. Unter der verzierten Sigillata finden sich überwiegend Gefäße der Form Drag. 29. Zwei davon sind der Stilgruppe 2 nach Heiligmann zuweisbar (Kat.-Nr. 32, 33), sie datieren in spätneronisch-flavische Zeit. Eine Reliefschüssel Drag. 29 war mit einem Stempel des PONTIVS (Kat.-Nr. 40) versehen. Seine Ware gehört der spätneronisch-frühflavischen Epoche an.

Glatte gestempelte Gefäße stammen von FIRMO (Kat.-Nr. 49) bzw. DONTIO (Kat.-Nr. 67). Beide Töpfer waren ebenfalls in diesem Zeitraum aktiv. Ware des PASSENVS (Kat.-Nr. 50), der in Rottweil bereits mehrfach vertreten ist, ist mit einem gestempelten Teller belegt. Die Umlaufzeit dieser Ware ist auf die frühflavische Zeit beschränkt. Ein Teller war mit einem Stempel des FRONTINVS (Kat.-Nr. 48) gekennzeichnet. Ein identischer Stempel fand sich in Rottweil u. a. in Befunden von Kastell III. Seine Ware ist in flavischer Zeit weit verbreitet. Mit Erzeugnissen, die Stempel des SECVNDVS (Kat.-Nr. 68) bzw. SEVERVS (Kat.-Nr. 51) tragen, liegen Produkte vor, die in der gesamten flavischen Epoche in Erscheinung traten. Das früheste Stück dürfte ein FELICIS MA gestempelter Tellerboden sein (Kat.-Nr. 53), der normalerweise nicht mehr in flavischen Zusammenhängen vorkommt. Die übrigen glatten Sigillaten verteilen sich auf die Formen Drag. 18, 24 (Kat.-Nr. 66), 27, 35 und 42.

Zusammenfassend lässt sich feststellen, dass die in den Befunden von bzw. für Kastell V zutage gekommenen Sigillaten fast ausschließlich der frühflavischen Epoche angehören. Ein Beginn des Lagers sollte daher spätestens in den mittleren Regierungsjahren Vespasians erfolgt sein.[70] Die Münzen weisen, wenn auch vage, in dieselbe Richtung.[71] Das Ende lassen sie offenbar genauer erkennen. Der sehr gut erhaltene As des Vespasian von 77/78 n. Chr. in einem Befund, der mit der Spätphase des Kastells zu verbinden ist, macht es zusammen mit den Sigillaten wahrscheinlich, dass das Lager wohl nur wenige Jahre nach der Emission der Prägung aufgelassen wurde.

Betrachtet man die Verhältniszahlen der Gefäßformen Drag. 29 zu 37, so ist Kastell III nach wie vor das älteste Lager in Rottweil. Kastell V wäre später, aber noch vor I gegründet worden. Die bei der Relief-

66 Polak 2000, 251.

67 Planck 1975, 154 (Drag. 36); Vernhet 1976, 18 Abb. 1 E; 19 Abb. 3 E; 21 f. (Drag. 42).

68 Scholz 1999, 93.

69 Die Wichtigkeit dieser Schicht wurde schon auf der Grabung erkannt und das Material daraus mit besonderer Sorgfalt geborgen. Vgl. Arch. Ausgr. Baden-Württemberg 2005, 152.

70 Vgl. jetzt auch allgemein Düerkop/Eschbaumer 2007, bes. die dortigen Phasen 4 und 5.

71 Vgl. auch die bei Lauber 2004, 196 f. aufgeführten Exemplare.

sigillata beobachteten Phänomene spiegeln sich auch in der prozentualen Verteilung der sich ablösenden Tellerformen Drag. 15/17 und 18 wider. In Kastell III sind noch die meisten Teller der Form Drag. 15/17 anzutreffen. In Kastell V und I spielt diese im Vergleich zur Tellerform 18 nur eine untergeordnete Rolle. Es ist bezeichnend, dass die in flavischer Zeit auslaufende Napfform Drag. 24 nur noch in Kastell III und V anzutreffen ist.[72] Die übrigen Formen sind für chronologische Fragestellungen weniger geeignet. Dass alle Tassenböden in den Fundkomplexen von Kastell V gerillte Standringe aufweisen, unterstreicht aber deren relativ frühe Zeitstellung.[73] Aufgrund des Formenvergleiches zeichnet sich ab, dass von den drei angeführten militärischen Anlagen Kastell I das jüngste ist. Auch das zeitliche Verhältnis von Kastell III und V erscheint auf den ersten Blick eindeutig. Ausschlaggebend für diese frühe Stellung ist ausschließlich das Material aus Grube A. Nimmt man die übrigen Befunde innerhalb des Kastells oder gar die Füllungen der Kastellgräben hinzu, so relativiert sich diese frühe Position.[74]

Katalog

Abkürzungen:

Abb.	Abbildung
B.	Breite
Bdm.	Bodendurchmesser
BS.	Bodenscherbe
Cu.	Curle
Dé.	Déchelette
Dm.	Durchmesser
Drag.	Dragendorff
g	Gramm
Erh.	Erhaltung (in Grad, bezogen auf den horizontalen Gefäßumriß)
Is.	Isings
Kn.	Knorr
L.	Länge
OZ.	Obere Zone
Rdm.	Randdurchmesser
RQ.	Rothacherquotient
RS.	Randscherbe
Stk.	Stück
Taf.	Tafel
UZ.	Untere Zone
Var.	Variante
WS.	Wandscherbe

Vorbemerkung: Die Herkunft aller Sigillatagefäße ist, falls nicht anders angegeben, Südgallien. Mit Ausnahme einiger Münzen werden die Stücke im Fundarchiv des ALM in Rastatt aufbewahrt. Die Funde werden im Maßstab 1:2, Münzen, sofern es sich um Fotos der Originale handelt, Töpferstempel und Graffiti im Maßstab 1:1 abgebildet.

Bef.-Nr. 36.4 Kastellgrabenfüllung Kastell IV (Grabung 2005) (Abb. 11 oben)

Terra sigillata

1 1 R/WS. – Drag. 29. OZ.: Perlstab, umlaufende Ranke mit Stängelknoten, Pfeilblatt, fünflappigem Blättchen. Rdm. 20,6 cm, Erh. 64°, Gew. 34,0 g. – 2005-41/82-1 – Abb. 11,1

Bef.-Nr. 96 Grube Kastell V (Grabung 1983 Fa. Günthner) (Abb. 11 Mitte)

Münzen

1 1 Stk. – Denar des L. Rubrius Dossenus. Crawford 348/1, Nuber 1992, 240 Nr. 803. Datierung: 87 v. Chr., abgegriffen, Gew. 3,6 g. – 1132/45-2 – Abb. 11,1

2 1 Stk. – Denar des Marc Anton. Crawford 543, Nuber 1992, 240 Nr. 805. Datierung: 32 v. Chr., etwas abgegriffen, Gew. 3,8 g. – 1132/45-3 – Abb. 11,2

3 1 Stk. – Denar des Marc Anton. Crawford 544, Nuber 1992, 240 Nr. 806. Datierung: 32/31 v. Chr., abgegriffen, Gew. 3,1 g. – 1132/45-4 – Abb. 11,3

4 1 Stk. – Denar des Claudius. RIC 37, Nuber 1992, 242 Nr. 818. Datierung: 41/52 n. Chr., wenig abgegriffen, Gew. 3,7 g. – 1132/45-5 – Abb. 11,4

5 1 Stk. – Dupondius des Nero. RIC 286, Nuber 1992, 242 Nr. 823. Datierung: 63/68 n. Chr., kaum abgegriffen, Gew. 12,4 g. – 1132/45-6 – Abb. 11,5

Bronze

6 1 Stk. – Scharnierfibel mit dachförmigem Bügel, Riha 5.13. L. 4,1 cm, Gew. 3,9 g. – 1132/31-1 – Abb. 11,6

7 1 Stk. – Scheidenbeschlag, Gew. 5,5 g. Ohne Abb. – 1132/19-4

8 1 Stk. – Scharnier, Gew. 1,4 g. Ohne Abb. – 1132/30-1

Eisen

9 1 Stk. – Ring, Gew. 5,1 g. Ohne Abb. – 1132/36-1

Terra sigillata

10 1 RS. – Drag. 29. Kein Dekor, sekundär verbrannt, Gew. 5,5 g. – 1132/19-1 – Abb. 11,7

11 1 W/BS. – Drag. 18. Mit Rußspuren, Gew. 5,5 g. Ohne Abb. – 1132/19-2

72 Innerhalb des Lagerareals der Kastelle IV/V sind noch weitere, zumeist unstratifizierte Exemplare dieser Form gefunden worden.

73 Vgl. aber die Fundkomplexanalyse bei Lauber 2004, 304 f. Abb. 126.

74 Schon an anderer Stelle wurde darauf hingewiesen, dass der Inhalt der Gruben A–D nicht unbedingt das gesamte Kastell-III-zeitliche Material repräsentieren muss, vgl. Franke 2003, 141.

Bef. 36.4 Kastellgrabenfüllung K IV

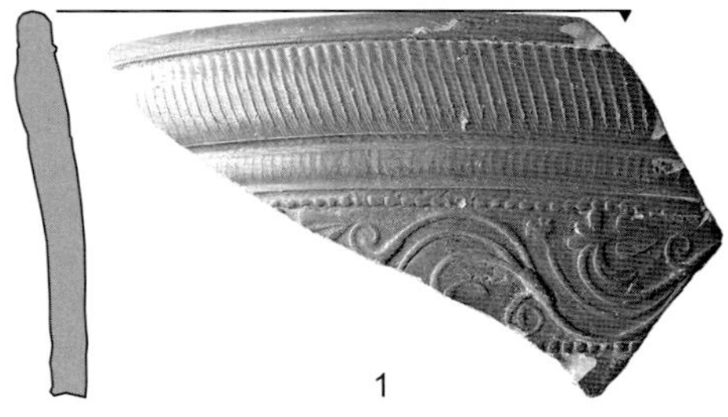

Bef. 96 Grube

Bef. 363 Abwassergraben der via principalis

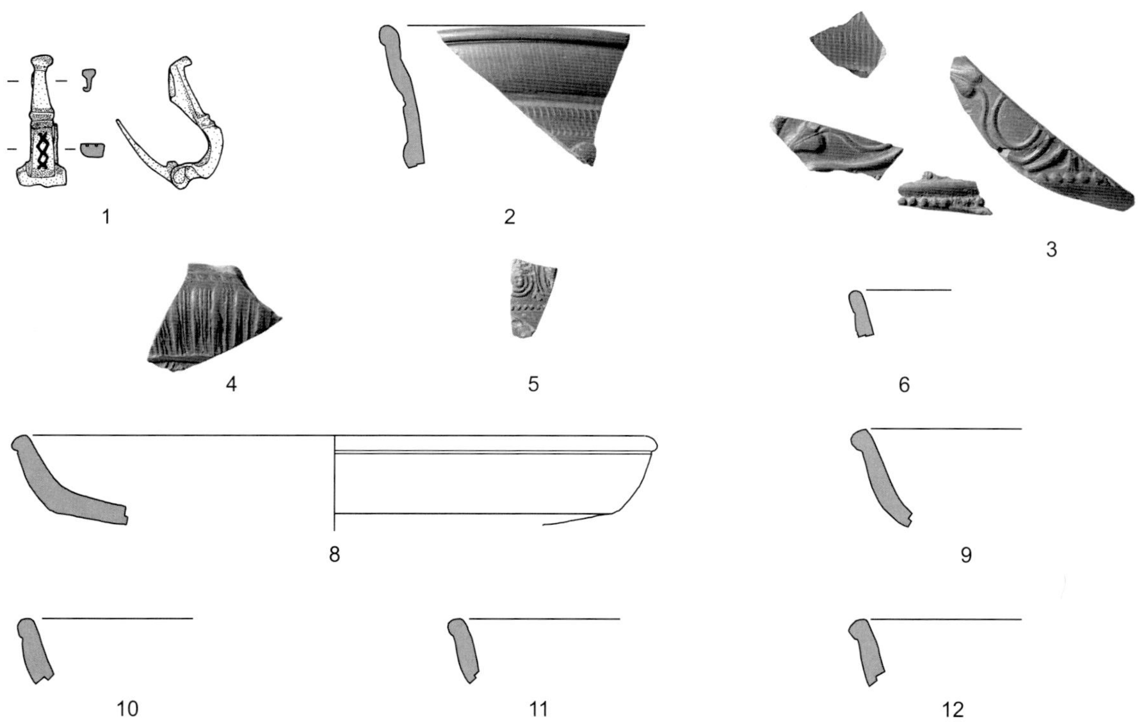

Abb. 11: Rottweil. Funde aus den Kastellen IV und V. Maßstab 1:2, Münzen, Stempel, Graffiti 1:1.

Bef.-Nr. 363 (132, 363, 564 u. 9) Abwassergraben Kastell V (Grabung 1982 u. 2003/2004) (Abb. 11 unten, 12 oben)

Bronze

1 1 Stk. – Riha 5.15, nielloverzierte Scharnierfibel und Varianten. Bügel vierkantig, verziert mit drei diagonalen Kreuzen in Niello eingelegt, zweifachem Bügelknoten, glattem Fuß, Fußknopf, vgl. Riha 1979, Taf. 42,1247. Datierung: claud. – Anf. 2. Jh. n. Chr., vgl. Riha 1979, 149. L. 3,4 cm, Gew. 4,2 g. – 1122/284-1 – Abb. 11,1

Terra sigillata

2 1 RS. – Drag. 29. Punze nicht erkennbar. Rdm. 16,6 cm, Erh. 36°, Gew. 7,8 g. – 1122/245-1 – Abb. 11,2
3 5 WS. – Drag. 29. Ranke mit Herzblatt, Perlstab. Gew. 7,2 g. – 1122/313-1 – Abb. 11,3
4 1 WS. – Drag. 29. UZ.: Gefäßrippen. Gew. 5,7 g. – 1122/313-2 – Abb. 11,4
5 1 WS. – Drag. 37. Eierstab, darunter Zickzacklinie. Gew. 1,4 g. – 1122/243-1 – Abb. 11,5
6 1 RS. – Knorr 78 (?). Kein Dekor. Gew. 0,9 g. – 1122/243-11 – Abb. 11,6
7 1 WS. – Drag. 15/17. Gew. 2,0 g. Ohne Abb. – 1122/243-10
8 1 R/WS. – Drag. 18. Rdm. 16,4 cm, Erh. 60°, RQ = 7,81, Gew. 17 g. – 1122/243-2 – Abb. 11,6
9 1 RS. – Drag. 18. Gew. 2,9 g. – 1122/243-4 – Abb. 11,9
10 1 RS. – Drag. 18. Gew. 3,0 g. – 1122/243-5 – Abb. 11,10
11 1 RS. – Drag. 18. Gew. 1,6 g. – 1122/243-6 – Abb. 11,11
12 1 RS. – Drag. 18. Gew. 2,3 g. – 1122/243-12 – Abb. 11,12
13 1 R/WS. – Drag. 24. Rdm. 10,6 cm, Erh. 58°, Gew. 17 g. – 1122/313-3 – Abb. 12,13
14 1 RS. – Drag. 24. Gew. 3,4 g. – 1122/243-3 – Abb. 12,14
15 1 RS. – Drag. 27. Gew. 1,1 g. – 1122/243-7 – Abb. 12,15
16 1 RS. – Drag. 35. Rdm. 10,8 cm, Erh. 90°, sekundär verbrannt, Gew. 10,9 g. – 1122/243-9 – Abb. 12,16
17 1 RS. – Drag. 33. Gew. 2,9 g. – 1122/243-8 – Abb. 12,17
18 23 R/W/BS. – unbestimmt. Gew. 112,0 g. Ohne Abb. – 1122/243-11

Sonstige Keramik

19 1 BS. – unbestimmt. Graffito auf dem Boden, in den feuchten Ton eingeritzt: SOD. Gew. 40 g. – 1122/245-2 – Abb. 12,19

Bef.-Nr. 391 (63, 193) Abwassergraben Kastell V (Grabung 2003/2004) (Abb. 12 unten)

Münzen

1 As des Vespasian. RIC 747. Datierung: 72/73 n. Chr. Oberfläche verkrustet. – 2003-52/171-1 – Abb. 12,1
2 As, halbiert, nicht mehr bestimmbar. – 2003-52/165-1 – Abb. 12,2

Terra sigillata

3 1 WS. – Drag. 29. Perlstab, darunter Gefäßrippen. Gew. 2,0 g. – 2003-52/176-1 – Abb. 12,3
4 1 RS. – Drag. 29, kein Dekor. Gew. 2,0 g. – 2003-52/161-1 – Abb. 12,4
5 1 WS. – Drag. 37. Zickzackstab, 16-zackige Sternchenrosette. Gew. 1,0 g. – 2003-52/161-2 – Abb. 12,5
6 2 R/WS. – Kn. 78. eingeschnürtes Herzblatt, Erot sitzend n. re., kleine Kreise. Rdm. 8,0 cm, Erh. 74°, Gew. 10,0 g. – 2003-52/159-1 – Abb. 12,6
7 1 RS. – Drag. 15/17. Gew. 1,0 g. – 2003-52/180-1 – Abb. 12,7
8 3 R/W/BS. – Drag. 18. Rdm. 17,4 cm, RQ = 6,44. Erh. 48°, Gew. 38,0 g. – 2003-52/159-5 – Abb. 12,8
9 2 R/WS. – Drag. 18. Gew. 6,0 g. – 2003-52/159-6 – Abb. 12,9
10 1 W/BS. – Drag. 18. Bodenstempel: [P]RITMVLI. Identische Stempel fanden sich in Günzburg (Schmied 2000, 128 f. 266; 267), Hüfingen (Revellio 1937, Taf. 16,21), Nijmegen (Bogaers/Haalebos 1977, Pl. 15 A 10), in Rottweil mehrfach (Lauber 2004, Abb. 119,270–273), Zwammerdam (Haalebos 1977, Taf. 22,213). Datierung: 65–85 n. Chr. lt. Polak 2000, 296. Graffito auf Boden innerhalb des Standringes: B?I. Bdm. 8,6 cm, Gew. 78,0 g. – 2003-52/159-2 – Abb. 12,10
11 2 W/BS. – Drag. 18. Ohne Abb. Bdm. 8,4 cm, Gew. 26,0 g. – 2003-52/180-2
12 1 BS. – Teller. Bodenstempel: O.FIRMO[NIS]. mit feinem Ratterdekor, Stempel in Kreisrille. Identische Stempel finden sich in Oberwinthertur (Ebnöther/Eschenlöhr 1985, Abb. 6), bereits mehrfach in Rottweil (Knorr 1907, Taf. 30,34; Lauber 2004, Abb. 116,114; Vechten (Polak 2000, Taf. 9 F 36). Datierung: 65–80 n. Chr. lt. Polak 2000, 228. Angebrannt, Gew. 12,0 g. – 2003-52/159-3 – Abb. 12,12
13 1 R/W/BS. – Drag. 27g. Bodenstempel: [PR]M.MA. Faksimila kennt man von Hüfingen (Mayer-Reppert 2006, Taf. 140,27.28), La Graufesenque (Hermet 1934, pl. 112,132c), Mainz (Jung/Schücker 2006, Taf. 15,594.595), Nijmegen (Stuart 1977, 91.242), Riegel a. K. (Aßkamp 1989, Abb. 55,36), mehrfach in Rottweil (Lauber 2004, Abb. 119,279–281), Vechten (Polak 2000, 301 u. Taf. P 128). Datierung: 60–80 n. Chr. lt. Polak 2000, 301. Rdm. 10,0 cm, Bdm. 5,8 cm, Erh. 180°, angebrannt, Gew. 60,0 g. – 2003-52/159-4 – Abb. 12,13
14 1 WS. – unbestimmbar, ohne Abb. Gew. 4,0 g. – 2003-52/161-3
15 1 WS. – unbestimmbar, ohne Abb. Gew. 1,0 g. – 2003-52/161-4
16 1 WS. – unbestimmbar, ohne Abb. – 2003-52/180-3
17 3 R/WS. – unbestimmbar, Fragmente verschiedener Gefäße. Ohne Abb. Gew. 4,0 g. – 2003-52/176-2

Bef.-Nr. 362/10 Abwassergraben Kastell V (Grabung 1982/2003) (Abb. 13; 14)

Münzen

1 As des Vespasian. RIC 761. Datierung: 77/78 n. Chr. – 2003-52/119-1 – Abb. 13,1

Bronze

2 1 Stk. – Riha 5.06, quer profilierte Scharnierfibel. Kopf abgebrochen, Bügel quer profiliert, mit einem Wulst zwischen zwei Rippen, glattem Fuß, Fußknopf, Nadelhalter umgebogen. Datierung: claud. – 1. Hälfte 2. Jh. n. Chr. L. 3,2 cm, Gew. 2,6 g. – 1122/252-1 – Abb. 13,2
3 1 Stk. – Riha 5.06, quer profilierte Scharnierfibel. Bügel mit vier gekerbten Leisten, kurzem Fuß, Fußknopf, Kopf abgebrochen. Datierung: claud. – 1. Hälfte 2. Jh. n. Chr. L. 4,0 cm, Gew. 2,5 g. – 1122/305-1 – Abb. 13,3
4 1 Stk. – Riha 5.12, Scharnierfibel mit längs profiliertem Bügel. Bügel mit breitem Mittelgrat, flachem Fuß, Fußknopf, Nadel abgebrochen. Datierung: 2. Viertel 1. Jh. n. Chr. – Anf. 2. Jh. n. Chr. L. 4,8 cm, Gew. 5,2 g. – 1122/242-2 – Abb. 13,4

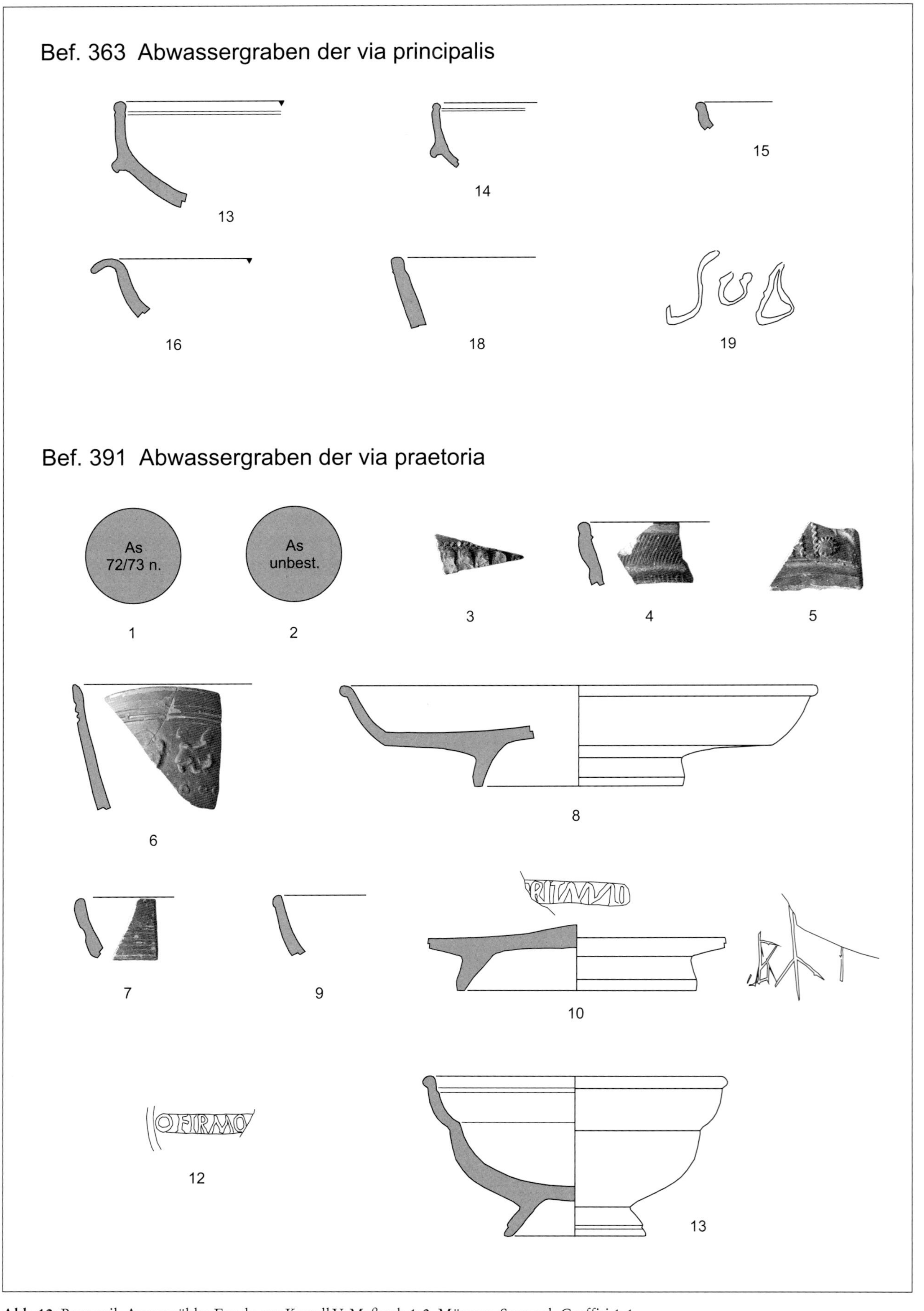

Abb. 12: Rottweil. Ausgewählte Funde aus Kastell V. Maßstab 1:2, Münzen, Stempel, Graffiti 1:1.

Terra sigillata

5 6 R/WS. – Drag. 29. OZ.: Herzblatt mit seitlich umgebogener Spitze, Blattschuppen, UZ.: Herzblatt gerippt, fransenrandig, Girlande, Vogel n. li., Medaillon darin Vogel n. li., Stilgruppe 2 nach Heiligmann. Datierung: spätneron. – flavisch. – 1122/223-1 Anpassende Fundnr. 1122/242.314 – Abb. 13,5
6 1 WS. – Drag. 29. OZ.: umlaufende Ranke mit Rosette am Ende. – 1122/223-2 – Abb. 13,6
7 1 WS. – Drag. 29. Blattschuppen. – 1122/223-3 – Abb. 13,7
8 1 WS. – Drag. 29. S-förmiger Fries, darunter Zickzackstab, Ranke mit gezacktem Blatt mit Mittelrippe bzw. einfachem, ungeripptem, glattrandigem Herzblatt. Gew. 10,0 g. – 2003-52/22,2-2 – Abb. 13,8
9 1 WS. – Drag. 29. UZ.: Perlstab, darunter Fries aus Lanzettblatt, Zickzackstab, eingeschnürtes Herzblatt, Spirale, daran Rosette. Gew. 8,0 g. – 2003-52/22,3 – Abb. 13,9
10 1 WS. – Drag. 29. OZ.: Spirale, daran 6-zackige Rosette ohne Mittelpunkt. Gew. 4,0 g. – 2003-52/22,2-1 – Abb. 13,10
11 1 WS. – Drag. 29. dreifacher Kreis, darin unbest. Motiv. Gew. 8,0 g. – 2003-52/22,2-3 – Abb. 13,11
12 1 WS. – Drag. 29. OZ.: Perlstab, Blattschuppen, diagonale Zickzackstäbe. Gew. 2,0 g. – 2003-52/22,3-4 – Abb. 13,12
13 2 WS. – Drag. 29. OZ.: Halbkranz aus V-förmigen Doppelblättchen, darin Spirale mit Rosette, darunter Perlstab. Gew. 2,0 g. – 2003-52/22,3-3 – Abb. 13,13
14 3 W/BS. – Drag. 29. UZ.: herzförmiges Blatt mit Rand, Zickzackstab, Rosette. Rdm. 8,0 cm, Gew. 66,0 g. – 2003-52/22,3-1 – Abb. 13,14
15 1 WS. – Drag. 29. Gezacktes Blatt, Ranke (?). Gew. 1,0 g. – 2003-52/22,3-5 – Abb. 13,15
16 1 RS. – Drag. 29. Kein Dekor. Rdm. 24,4 cm, Erh. 30°, Gew. 9,5 g. – 1122/314-1 – Abb. 13,16
17 1 RS. – Drag. 29. Kein Dekor. Rdm. 17,4 cm, Erh. 26°, Gew. 4,0 g. – 2003-52/22,3-6 – Abb. 13,17
18 1 RS. – Drag. 29. Kein Dekor. Angebrannt, Gew. 2,0 g. – 2003-52/22,3-7 – Abb. 13,18
19 1 WS. – Drag. 37. Eierstab mit re. angelegtem Stäbchen, darunter Perlstab, Gänsefußblatt. – 1122/242-1 – Abb. 13,19
20 1 WS. – Drag. 37. Umlaufende Ranke, Kreis, darin Vogel n. re., n. li. blickend, zum Spielstein umgearbeitet. Gew. 6,7 g. – 1122/314-3 – Abb. 13,20
21 1 WS. – Drag. 37. Eierstab mit li. angelegtem Stäbchen, darunter Perlstab, umlaufende Wellenranke. Gew. 5,8 g. – 1122/314-2 – Abb. 13,21
22 1 WS. – Drag. 37. Dreifacher (Halb-)Kreis, Herzblatt an Ranke, darunter Zickzackstab, V-förmiger Fries n. re., auffallend dünnwandig. Gew. 2,0 g. – 2003-52/22,3-8 – Abb. 13,22
23 1 WS. – Drag. 37. Metopen begrenzt durch Zickzackstäbe, in den Ecken Rosetten, darin Diana n. re. mit Hasen, darunter Blattschuppen, Hellebardenblatt, Dreiblatt mit schraffiertem Achselblatt und mehrblättriger Mittelblüte, darunter V-förmig Randfries n. li. Gew. 30,0 g. – 2003-52/22,2-4 – Abb. 14,23
24 1 RS. – Drag. 37. Eierstab, darunter Zickzackstab. Rdm. 16,6 cm, Erh. 50°, Gew. 14,0 g. – 2003-52/22,3-9 – Abb. 14,24
25 1 RS. – Drag. 37. Rest von Eierstab. Gew. 2,0 g. – 2003-52/22,3-10 – Abb. 14,25
26 1 R/W/BS. – Drag. 18. Rdm. 16,6 cm, Bdm. 8,4 cm, Erh. 130°, RQ = 6,92, Gew. 75,0 g. – 1122/314-4 – Abb. 14,26
27 2 R/W/BS. – Drag. 18. Rest von Bodenstempel, nicht lesbar. Rdm. 16,4 cm, Bdm. 7,8 cm, Erh. 180°, Gew. 82,0 g. – 2003-52/22,2-5 – Abb. 14,27
28 1 RS. – Drag. 18. Rdm. 16,0 cm, Erh. 24°, Gew. 8,0 g. – 2003-52/22,3-12 – Abb. 14,28
29 1 RS. – Drag. 18. Gew. 10,0 g. – 2003-52/22,3-13 – Abb. 14,29
30 1 RS. – Drag. 18. Gew. 2,0 g. – 2003-52/22,3-14 – Abb. 14,30
31 1 RS. – Drag. 18. Gew. 2,0 g. – 2003-52/22,2-8 – Abb. 14,31
32 1 BS. – Drag. 18. Rest von Bodenstempel, nicht lesbar. Bdm. 8,0 cm, Gew. 56,0 g. – 2003-52/22,2-6 – Abb. 14,32
33 1 RS. – Drag. 18. Gew. 3,2 g. – 1122/314-5 – Abb. 14,33
34 1 RS. – Drag. 18. Gew. 2,2 g. – 1122/314-6 – Abb. 14,34
35 1 R/WS. – Drag. 36. Rdm. Barbotineauflage. 16,0 cm, Erh. 80°, Gew. 22,0 g. – 2003-52/22,3-15 – Abb. 14,35
36 1 W/BS. – Drag. 36. Ohne Abb. Bdm. 6,0 cm, Gew. 46,0 g. – 2003-52/22,2-9
37 1 RS. – Drag. 27. Rdm. 12,2 cm. Gew. 3,1 g. – 1122/314-7 – Abb. 14,37
38 1 RS. – Drag. 27. Gew. 1,8 g. – 1122/314-8 – Abb. 14,38
39 1 RS. – Drag. 27. Gew. 1,0 g. – 1122/314-9 – Abb. 14,39
40 1 BS. – Drag. 27. Bodenstempel: [L]IBERTVS, identische Stempel fanden sich in Heidelberg Grab 80 (Heukemes 1964, Taf. 27,3), Hofheim (Ritterling 1912, Taf. 22,186.187) Hüfingen (ORL B Nr. 62a Taf. 16,13), Vechten (Polak 2000, Taf. 12 L 13). Datierung: 60–80 n. Chr. lt. Polak 2000, 251. Bdm. 5,0 cm. – 1122/242-3 – Abb. 14,40
41 1 BS. – Drag. 27g. Bodenstempel: OF.IV[CVN] (?), Möglicherweise handelt es sich bei dem Fragment um einen Stempel des Iucundus. Vgl. Hofmann 1985, Abb. 12,70.7. Graffito auf Boden innerhalb des Standringes: [...]D. Bdm. 4,0 cm, Gew. 16,0 g. – 2003-52/22,3-11 – Abb. 14,41
42 1 BS. – Drag. 27. Bodenstempel: PR[M.MA], Faksimiles kennt man von Hüfingen (Mayer-Reppert 2006, Taf. 140,27.28), La Graufesenque (Hermet 1934, pl. 112,132c), Mainz (Jung/Schücker 2006, Taf. 15,594.595), Nijmegen (Stuart 1977, 91.242), Riegel a. K. (Aßkamp 1989, Abb. 55,36), mehrfach in Rottweil (Lauber 2004, Abb. 119,279–281), Vechten (Polak 2000, 301 u. Taf. P 128). Datierung: 60–80 n. Chr. lt. Polak 2000, 301. Bdm. 4,6 cm, Gew. 18,0 g. – 2003-52/22,2-7 – Abb. 14,42
43 1 RS. – Drag. 42. Rdm. 21,0 cm, Erh. 48°, Gew. 12,0 g. – 2003-52/22,3-16 – Abb. 14,43
44 1 BS. – Becher. Ohne Abb. Angebrannt, Gew. 6,0 g. – 2003-52/22,3-17
45 2 WS. – unbestimmt. Ohne Abb. Gew. 8,0 g. – 2003-52/22,1-1
46 16 R/WS. – unbestimmt. Fragmente verschiedener Gefäße. Ohne Abb. Gew. 86,0 g. – 2003-52/22,3-18
47 2 W/BS. – unbestimmbar. Ohne Abb. Gew. 12,0 g. – 2003-52/22,2-10

Bef.-Nr. 36.2 Kastellgrabenfüllung Kastell IV (Grabung 2005) (Abb. 15–18)

Münzen

1 1 Stk. – As/Dp. Datierung: 20 v. Chr. – 14 n. Chr. Dm. 2,7 cm, sehr stark abgegriffen, Gew. 9,6 g. – 2005-41/54-1 – Abb. 15,1
2 1 Stk. – As. Nemausus-As, halbiert RIC Vol. I, 51. Datierung: 20 v. Chr. – 14 n. Chr. Dm. 2,9 cm, Gew. 9,0 g. – 2005-41/55-1 – Abb. 15,2

Bronze

3 1 Stk. – Riha 5.12, Scharnierfibel mit längs profiliertem Bügel, mittlerer Wulst D-förmig, seitliche Kerbleisten, Nadel abgebrochen, wie Riha 1979, 143 u. Taf. 39,1137. Datierung:

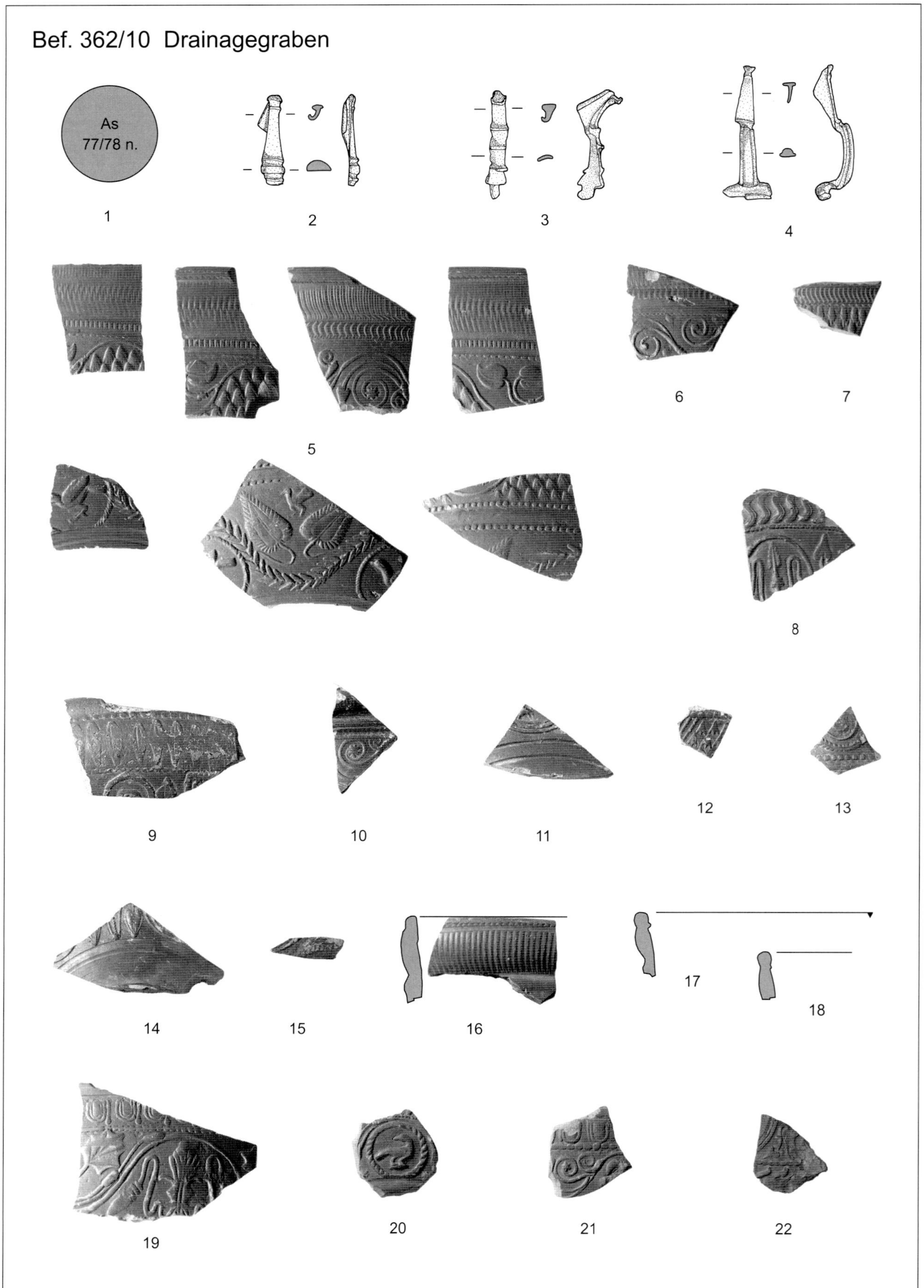

Abb. 13: Rottweil. Ausgewählte Funde aus Kastell V. Maßstab 1:2, Münzen, Stempel, Graffiti 1:1.

Bef. 362/10 Drainagegraben

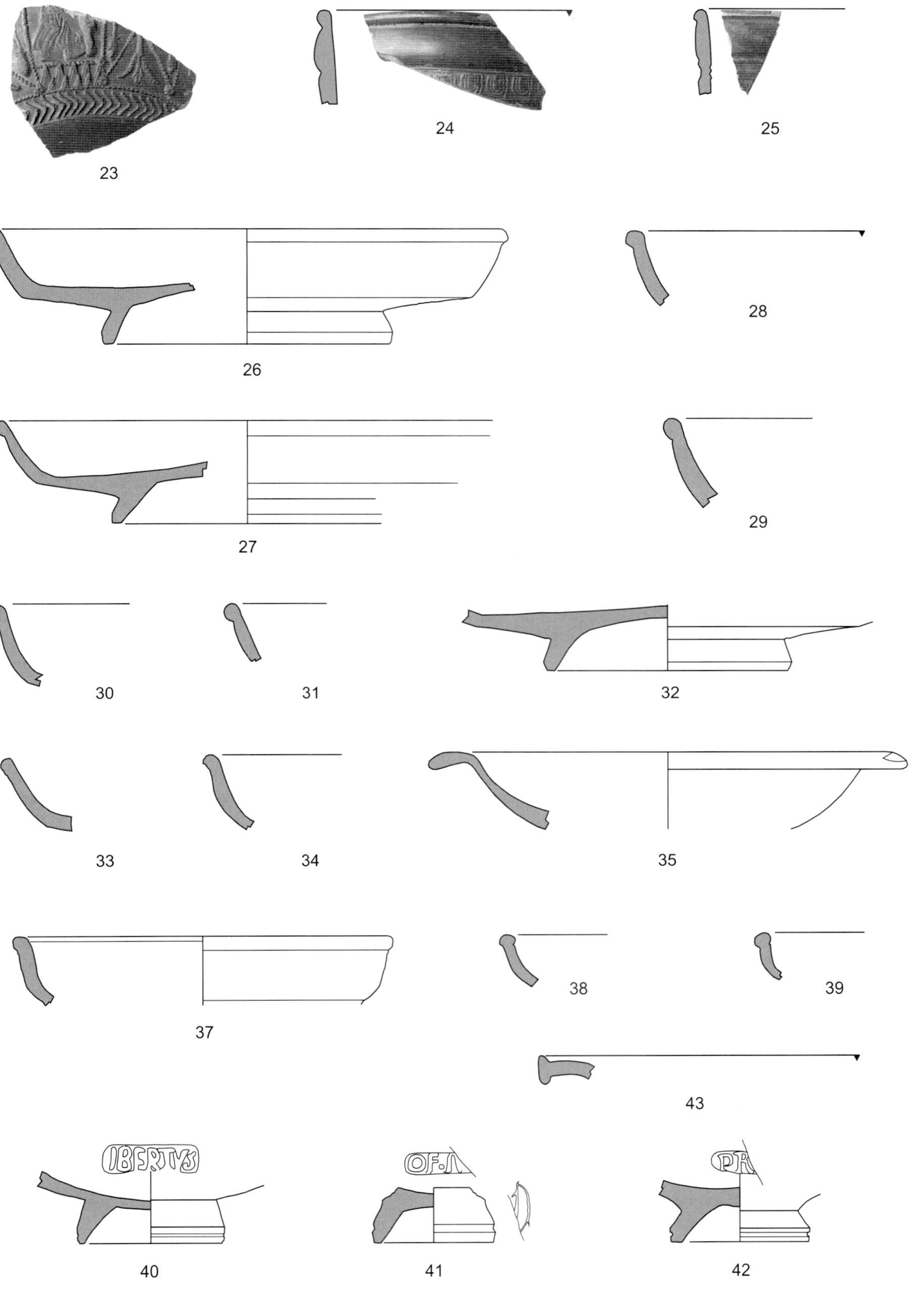

Abb. 14: Rottweil. Ausgewählte Funde aus Kastell V. Maßstab 1:2, Münzen, Stempel, Graffiti 1:1.

2. Viertel 1. Jh. n. Chr. – Anf. 2. Jh. n. Chr. L. 4,8 cm, Gew. 7,0 g. – 2005-41/58-1 – Abb. 15,3
4 1 Stk. – Pferdegeschirranhänger, fragmentiert, vgl. Unz/Deschler-Erb 1997, Taf. 51,1390. L. 5,1 cm, Gew. 12,0 g. – 2005-41/59-1 – Abb. 15,4
5 1 Stk. – Riemenschlaufe, fragmentiert, vgl. Unz/Deschler-Erb 1997, Taf. 62,1722. Gew. 1,0 g. – 2005-41/61-1 – Abb. 15,5
6 1 Stk. – Riemenbeschlag. Dm. 1,5 cm, Gew. 1,0 g. – 2005-41/52-1 – Abb. 15,6
7 1 Stk. – Riemenbeschlag. Dm. 1,5 cm, Gew. 1,0 g. – 2005-41/52-2 – Abb. 15,7
8 1 Stk. – Riemenbeschlag. Dm. 1,5 cm, Gew. 1,0 g. – 2005-41/52-3 – Abb. 15,8
9 1 Stk. – Nagel. Spitze abgebrochen. Dm. 1,3 cm, Gew. 1,0 g. – 2005-41/53-1 – Abb. 15,9
10 1 Stk. – Ring, mit rundem Querschnitt. Dm. 2,5 cm, Gew. 9,0 g. – 2005-41/57-1 – Abb. 15,10
11 1 Stk. – Nagel. Spitze abgebrochen, ohne Abb. Dm. 1,6 cm, Gew. 1,0 g. – 2005-41/56-1 –
12 1 Stk. – Nagel. Ohne Abb. Dm. 1,3 cm, Gew. 1,0 g. – 2005-41/60-1
13 1 Stk. – Fragment. L-förmig, ohne Abb. L. 1,3 cm, Gew. 1,0 g. – 2005-41/62-1
14 1 Stk. – Draht, mit rundem Querschnitt, ohne Abb. Gew. 1,0 g. – 2005-41/60-2

Bein

15 1 Stk. – Messergriff (?). fragmentiert, mit Ritzmuster verziert, Eisenrest in der Tülle. L. 4,5 cm, B. 2,7 cm, Gew. 16,0 g. – 2005-41/71-1 – Abb. 15,15
16 1 Stk. – Beinfragment bearbeitet, ohne Abb. L. 8,7 cm, Gew. 33,0 g. – 2005-41/72-1

Glas

17 1 Stk. – Melonenperle. Dm. 2,6 cm, L. 1,8 cm, Gew. 7,0 g. – 2005-41/69-1 – Abb. 15,17
18 1 Stk. – Melonenperle, zur Hälfte erhalten. L. 1,3 cm, Gew. 1,1 g. – 2005-41/69-2 – Abb. 15,18
19 1 Stk. – Melonenperle, zur Hälfte erhalten. L. 1,0 cm, Gew. 0,5 g. – 2005-41/68-1 – Abb. 15,19
20 1 Stk. – Melonenperle, zu einem Drittel erhalten. L. 1,7 cm, Gew. 1,4 g. – 2005-41/69-4 – Abb. 15,20
21 1 Stk. – Melonenperle, zu einem Drittel erhalten. L. 1,8 cm, Gew. 1,4 g. – 2005-41/69-3 – Abb. 15,21
22 1 Stk. – Melonenperle, fragmentiert. L. 1,2 cm, Gew. 0,5 g. – 2005-41/69-5 – Abb. 15,22
23 1 Stk. – Melonenperle, ca. zu einem Drittel erhalten. L. 1,2 cm, Gew. 0,4 g. – 2005-41/68-2 – Abb. 15,23
24 2 RS. – Becher, mit ausbiegendem Rand, vgl. Hoffmann 2002, 137 u. Taf. 20 R307, Rütti 1988, 60 u. Taf. 12,916. Datierung: 2. Hälfte 1. Jh. n. Chr. lt. Rütti 1988, 60. Rdm. 11,0 cm, Erh. 70°, blaugrün. Gew. 4,0 g. – 2005-41/73-1 – Abb. 15,24
25 1 RS. – Is. 3b, tiefe Rippenschale. Datierung: 2. Hälfte 1. Jh. n. Chr. – 1. Hälfte 2. Jh. n. Chr. lt. Hoffmann 2002, 73. Rdm. 15,0 cm, Erh. 20°, naturfarben. Gew. 6,0 g. – 2005-41/73-3 – Abb. 15,25
26 2 R/BS. – Is. 3b, tiefe Rippenschale. Datierung: s. o. Rdm. 18,6 cm, Erh. 30°, naturfarben, Gew. 120,0 g. – 2005-41/73-2 – Abb. 15,26
27 1 HS. – Flasche, ohne Abb., naturfarben, Gew. 27,0 g. – 2005-41/73-4 –
28 13 WS. – unbestimmt. Gew. 24,0 g. – 2005-41/73-5 – Abb. 15,28
29 1 Stk. – Spielstein, wie Rütti 1988, Taf. 36, 218. Gelb, Dm. 1,4 cm, Gew. 2,0 g. – 2005-41/70-1 – Abb. 15,29

Ton

30 1 Stk. – Loeschcke Typ 1B, Öllampenfragment. Spiegel mit Bär n. li., Boden und Schnauze abgebrochen, wie Leibundgut 1977, 181 u. Taf. 48,301 (bisher nur aus Vindonissa bekannt). Datierung: 2. Viertel 1. Jh. n. Chr. – flav. Zeit. Dm. 7,5 cm, Gew. 25,0 g. – 2005-41/67-1 – Abb. 15,30
31 1 Stk. – Typ (?) Öllampe, fragmentiert, nur Rest des Spiegels und der Schulter erhalten. Ohne Abb. Gew. 1,0 g. – 2005-41/67-2

Terra sigillata

32 1 R/WS. – Drag. 29. OZ.: umlaufende Ranke mit Stängelknoten 3-fach mit 2 Achselblättchen, Vierblatt, Spirale mit 6-zackiger Sternchenrosette, darunter Perlstab, UZ.: Gefäßrippen, Stilgruppe 2 nach Heiligmann. Datierung: spätneron. – flavisch. Rdm. 20,5 cm, Gew. 82,0 g. – 2005-41/75-1 – Abb. 16,32
33 1 WS. – Drag. 29. UZ.: Perlstab, dazwischen Randfries n. li., umlaufende Ranke, am Ende Gänzefußblatt bzw. Tropfenknospe mit zwei oberen Knospenblättchen, unter dem Rankenbogen Feld mit Blattschuppen, Stilgruppe 2 nach Heiligmann. Datierung: spätneron. – flavisch. Gew. 48,0 g. – 2005-41/75-2 – Abb. 16,33
34 1 WS. – Drag. 29. OZ.: Halbkreis mit zweifachem Halbbogen, darin Hase n. li. sitzend, zwischen dem Halbbogen tordierter Fruchtkolben, x-zackige Rosette. Gew. 4,0 g. – 2005-41/75-3 – Abb. 16,34
35 1 WS. – Drag. 29. OZ.: Perlstab, darunter Hase n. re. springend. Gew. 4,0 g. – 2005-41/75-4 – Abb. 16,35
36 1 WS. – Drag. 29. OZ.: umlaufende Ranke. Gew. 1,0 g. – 2005-41/75-5 – Abb. 16,36
37 1 WS. – Drag. 29. Perlstab. Gew. 1,0 g. – 2005-41/75-6 – Abb. 16,37
38 1 WS. – Drag. 29. Perlstab. Gew. 1,0 g. – 2005-41/75-7 – Abb. 16,38
39 1 WS. – Drag. 29. UZ.: Gefäßrippen. Gew. 12,0 g. – 2005-41/79-1 – Abb. 16,39
40 1 BS. – Drag. 29. Bodenstempel: OF PONTI. Stempel in Kreisrille, die mittleren Buchstaben wurden nach dem Stempeleindruck flachgedrückt und sind deshalb schlecht lesbar. Identische Stempel fanden sich in La Graufesenque (Hoffmann 1985, pl. 8,129.3), Vechten (Polak 2000, 294 Taf. 17 P 72). Datierung: 65–85 n. Chr. lt. Polak 2000, 294. Bdm. 6,8 cm, Rußspuren, Gew. 54,0 g. – 2005-41/74-1 – Abb. 16,40
41 1 R/WS. – Drag. 30. Eierstab, Kreise zweifach mit Mittelpunkt, 7-zackiger Rosette. Gew. 8,0 g. – 2005-41/75-8 – Abb. 16,41
42 1 WS. – Drag. 30. Metopenstil, begrenzt durch Zickzacklinien, in den Ecken Rosetten, Säule mit Halbbogen, darunter Bogenschütze n. re. kniend, Andreaskreuzmotiv mit Blatt und Tropfenknospe mit zwei oberen und unteren Knospenblättchen, V-förmiger Randfries n. li., Stilgruppe 2 nach Heiligmann. Datierung: spätneron. – traian. Gew. 20,0 g. – 2005-41/75-9 – Abb. 16,42
43 1 WS. – Drag. 37. Gans n. re. auffliegend, Perlstab, 8-zackige Rosette, Randfries mit Kranz, darin 9-zackige Rosette. Gew. 6,0 g. – 2005-41/75-10 – Abb. 16,43
44 1 WS. – Drag. 37. Randfries n. li. aus Dreiblatt mit schraffierten Achselblättern und mehrblättriger Mittelblüte. Gew. 8,0 g. – 2005-41/75-11 – Abb. 16,44

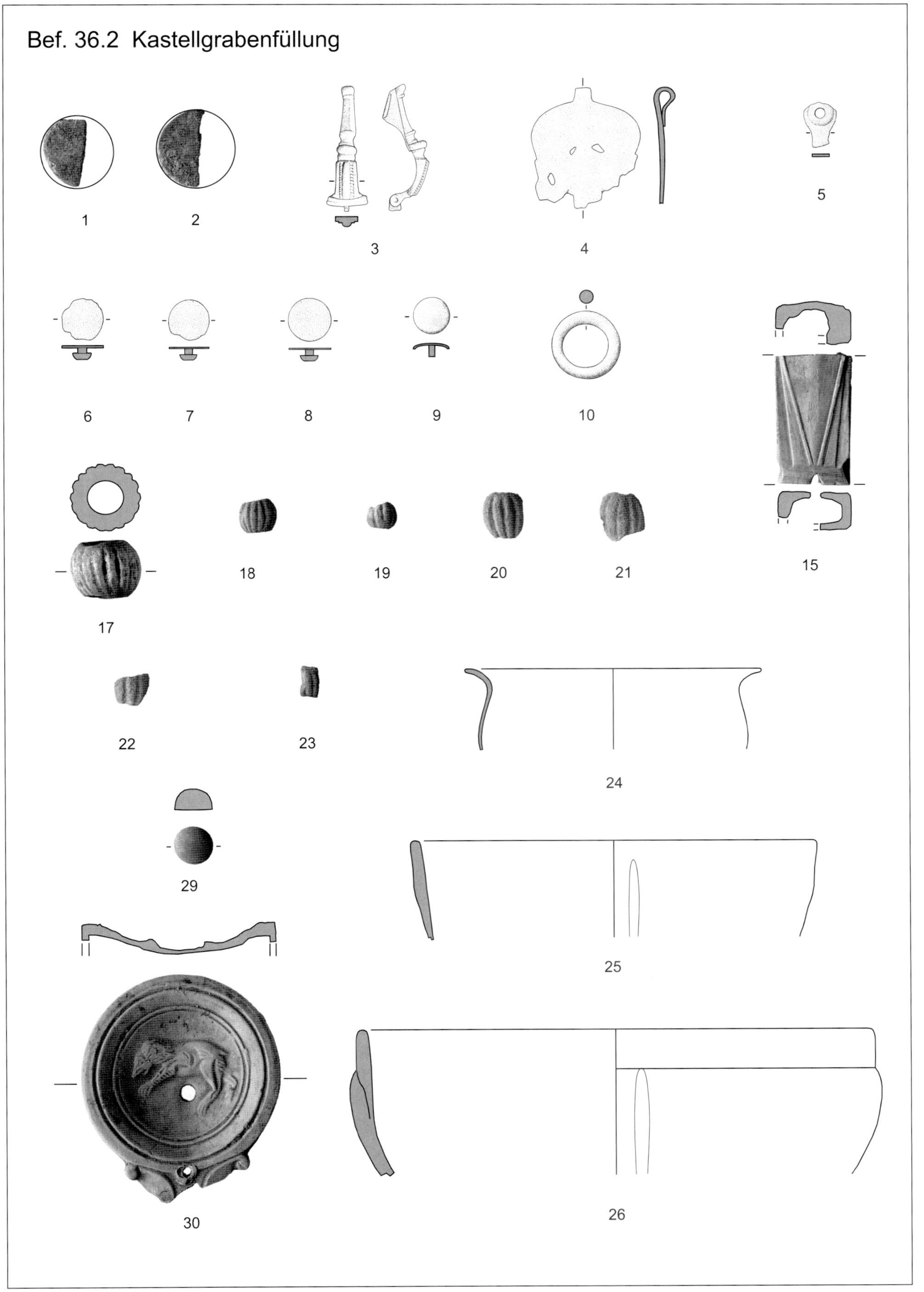

Abb. 15: Rottweil. Ausgewählte Funde aus Kastell V. Maßstab 1:2, Münzen, Stempel, Graffiti 1:1.

Bef. 36.2 Kastellgrabenfüllung

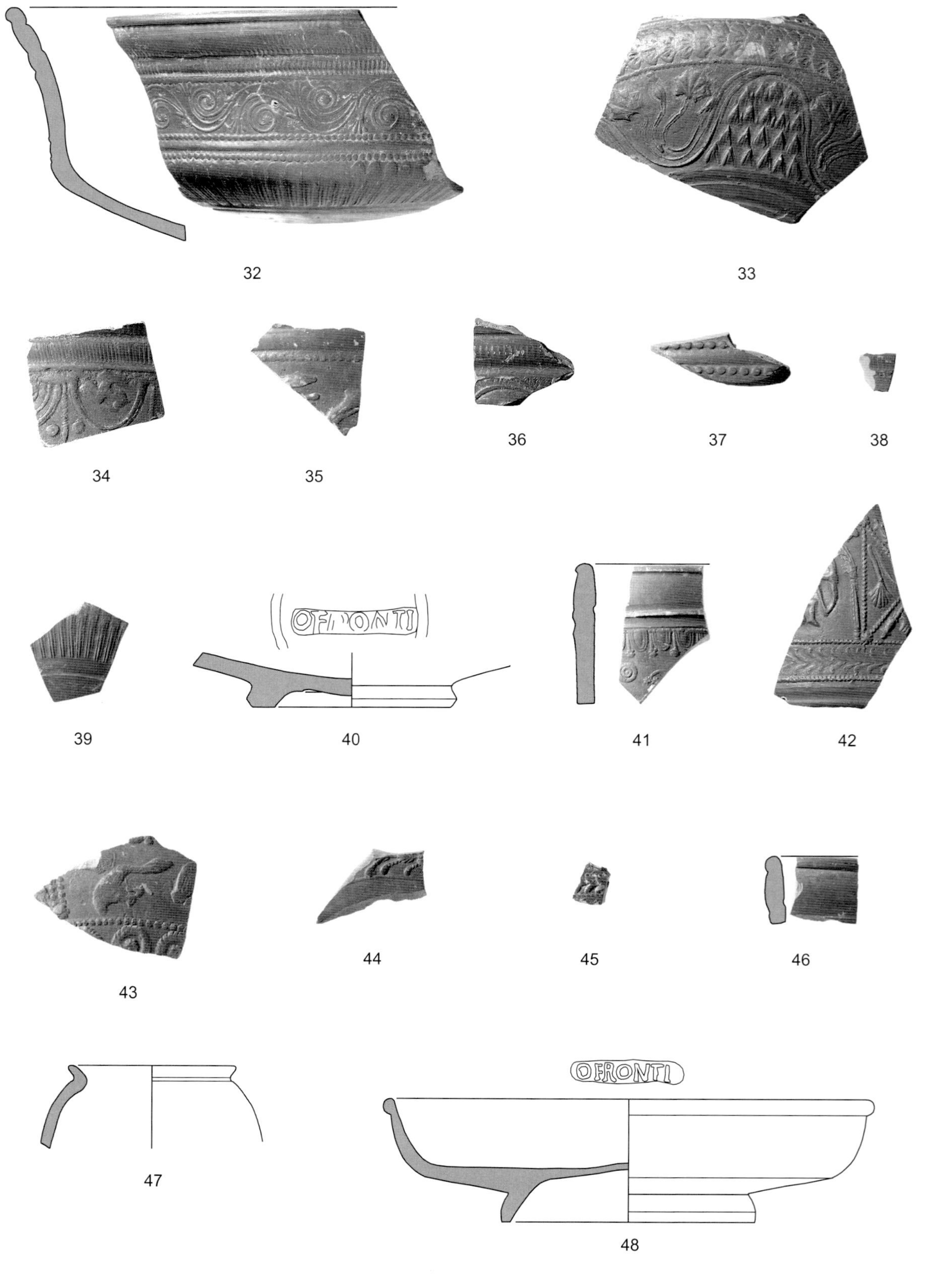

Abb. 16: Rottweil. Ausgewählte Funde aus Kastell V. Maßstab 1:2, Münzen, Stempel, Graffiti 1:1.

Bef. 36.2 Kastellgrabenfüllung

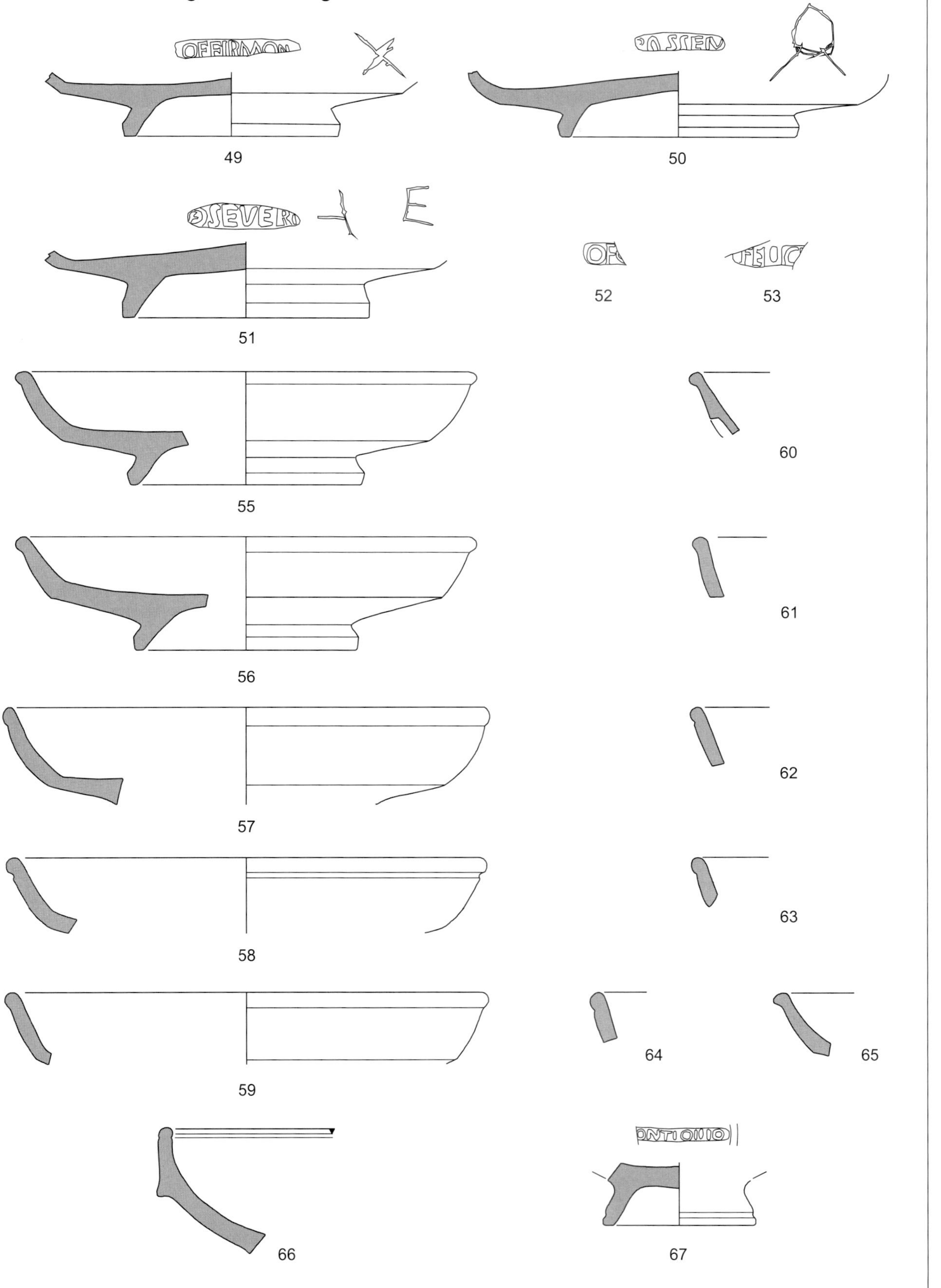

Abb. 17: Rottweil. Ausgewählte Funde aus Kastell V. Maßstab 1:2, Münzen, Stempel, Graffiti 1:1.

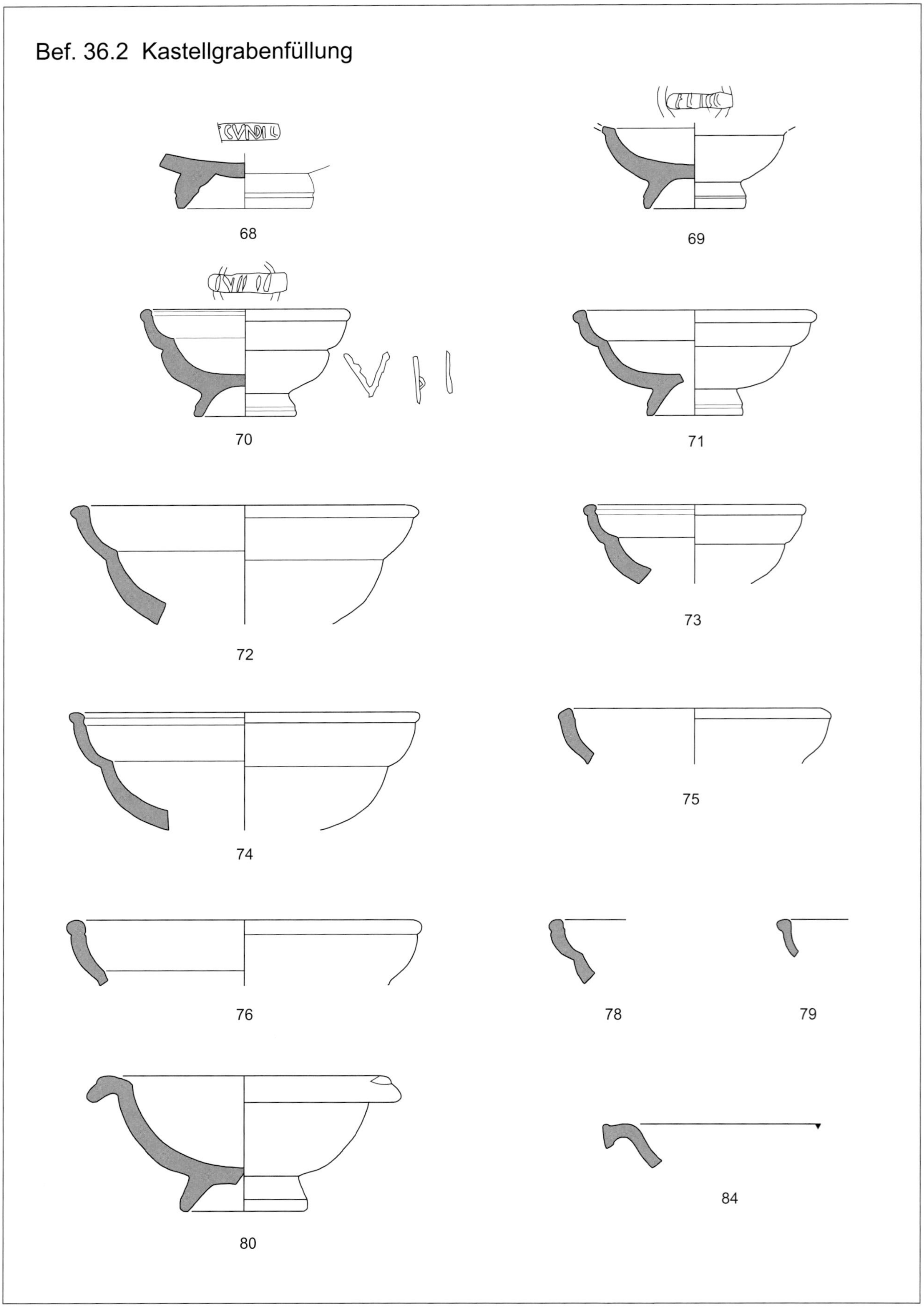

Abb. 18: Rottweil. Ausgewählte Funde aus Kastell V. Maßstab 1:2, Münzen, Stempel, Graffiti 1:1.

45 1 WS. – Drag. 37. Perlstab, Randfries n. li. aus Doppelblatt. Gew. 1,0 g. – 2005-41/75-12 – Abb. 16,45
46 1 RS. – Drag. 37. Ohne Dekor. Gew. 2,0 g. – 2005-41/75-13 – Abb. 16,46
47 1 RS – Dé. 67, Reliefbecher, ohne Dekor. Rdm. 6,8 cm, Erh. 74°, Gew. 12,0 g. – 2005-41/75-27 – Abb. 16,47
48 1 R/W/BS. – Drag. 18. Bodenstempel: O FRONTI. Identische Stempel fanden sich in Rottweil mehrfach (Knorr 1907, Taf. 30,200; Planck 1975, 250; 261 Abb. 43,2 [Kastell III]), Straubing (Walke 1965, Taf. 41,169.), Weißenburg (Grönke/Weinlich 1991, Taf. 35,212), Vechten (Polak 2000, Taf. 9 F50). Im Gegensatz zu dem Stempel aus Vechten, dessen Ecken stark verrundet sind, hat unser Exemplar noch ein „kantigeres" Stempelfeld. Es zeigt den Stempel in einem weniger abgenutzten, älteren Zustand. Datierung: 70–100 n. Chr. lt. Polak 2000, 230. Rdm. 15,4 cm, Bdm. 8,2 cm, RQ = 5,70. Erh. 180°, Rußspuren, Gew. 114,0 g. – 2005-41/74-2 – Abb. 16,48
49 2 W/BS. – Drag. 18. Bodenstempel: OF FIRMO[N]. Ein identischer Stempel fand sich in Rißtissen (Knorr 1912, 60f. u. Textbild 2,6.). Datierung: 65–85 n. Chr. (?). Nach Polak 2000, 228 gab es zwei südgallische Töpfer namens Firmo. Unsere Variante ist Firmo II zuzurechnen. Graffito auf dem Boden innerhalb des Standringes: X. Bdm. 7,8 cm, Rußspuren, Gew. 88,0 g. – 2005-41/74-5 – Abb. 17,49
50 1 BS. – Drag. 18. Bodenstempel: PASSEN. Identische Stempel fanden sich in Rottweil mehrfach (Lauber 2004, Abb. 118,243–246) und Vechten (Polak 2000, 284f. Taf. 16 P 19). Mit anepigraphischem Graffito auf dem Boden innerhalb des Standringes. Datierung: 70–80 n. Chr. lt. Polak 2000, 285. Bdm. 8,2 cm, Gew. 86,0 g. – 2005-41/74-4 – Abb. 17,50
51 1 BS. – Drag. 18. Bodenstempel: OF SEVERI. Vergleichbare Stempel fanden sich in Mainz (Jung/Schücker 2006, Taf. 19,751), St. Albans (Hartley 1972, Fig. 82,106), Vechten (Polak 2000, Taf. 22,134). Mit Graffito auf dem Boden innerhalb des Standringes: A(?)E, Standring mit 4 Kerben. Datierung: 70–95 n. Chr. lt. Polak 2000, 333. Unser Stempel scheint eine abgenutzte Variante des Vechtener Stempels zu sein. Bdm. 8,4 cm, Gew. 168,0 g. – 2005-41/74-3 – Abb. 17,51
52 1 BS. – Teller. Bodenstempel: OF C[ALVI?]. Vermutlich handelt es sich bei diesem Stempelfragment um ein Exemplar des Töpfers Calvus, dessen Stempel häufiger in Rottweil anzutreffen sind. Datierung: flavisch. Gew. 1,0 g. – 2005-41/75-15 – Abb. 17,52
53 1 BS. – Teller. Bodenstempel: FELIC[IS MA] oder FLICI[S MAN]. Ein ähnlicher Stempel fand sich in Vechten (Polak 2000, 225 u. Taf. 9 F 19). Datierung: 55–70 n. Chr. lt. Polak 2000, 225. Gew. 1,0 g. – 2005-41/75-14 – Abb. 17,53
54 1 BS. – Teller. Stempel in Kreisrille, unleserlich, ohne Abb. Gew. 1,0 g. – 2005-41/79-2
55 6 R/W/BS. – Drag. 18. Rdm. 15,6 cm, Bdm. 7,8 cm, RQ = 5,57. Erh. 180°, leicht sekundär verbrannt, Gew. 56,0 g. – 2005-41/75-20 – Abb. 17,55
56 2 R/W/BS. – Drag. 18. Rdm. 15,4 cm, Bdm. 5,4 cm, RQ = 6,42. Erh. 144°, Gew. 88,0 g. – 2005-41/75-16 – Abb. 17,56
57 6 R/WS. – Drag. 18. Rdm. 17,0 cm, RQ = 6,07. Erh. 160°, Gew. 74,0 g. – 2005-41/75-19 – Abb. 17,57
58 3 R/WS. – Drag. 18. Rdm. 15,0 cm, RQ = 4,84. Erh. 84°, Gew. 24,0 g. – 2005-41/75-17 – Abb. 17,58
59 1 R/WS. – Drag. 18. Rdm. 14,6 cm, RQ = 6,08, Erh. 50°, leicht verbrannt, Gew. 8,0 g. – 2005-41/75-18 – Abb. 17,59
60 2 RS. – Drag. 18. Gew. 2,0 g. – 2005-41/75-21 – Abb. 17,60
61 1 RS. – Drag. 18. Gew. 1,0 g. – 2005-41/75-25 – Abb. 17,61
62 1 RS. – Drag. 18. Gew. 1,0 g. – 2005-41/75-26 – Abb. 17,62
63 1 RS. – Drag. 18. Gew. 1,0 g. – 2005-41/75-23 – Abb. 17,63
64 1 RS. – Drag. 18. Gew. 2,0 g. – 2005-41/75-24 – Abb. 17,64
65 1 RS. – Drag. 18. Gew. 2,0 g. – 2005-41/75-22 – Abb. 17,65
66 3 R/WS. – Drag. 24, Rdm. 11,2 cm, Erh. 190°, Gew. 68,0 g. – 2005-41/75-28 – Abb. 17,66
67 1 BS. – Drag. 27g. Bodenstempel: DONTIO FIICI. Stempel in Kreisrille, identische Stempel fanden sich in Fishbourne Periode 3 (Cunliffe 1971, 306 Nr. 38), Groppendonk (Vanderhoeven 1977, Taf. 19,11), Günzburg (Schmid 2000, 110f. Nr. 106–108), Nijmegen Gräberfeld (Stuart 1977, 103 Nr. 123), Rottweil (Lauber 2004, Abb. 116,108), Vechten (Polak 2000, Taf. 8 D 22). Datierung: 65–85 n. Chr. lt. Polak 2000, 221. Bdm. 5,2 cm, Rußspuren, Gew. 16,0 g. – 2005-41/74-7 – Abb. 17,67
68 1 BS. – Drag. 27g. Bodenstempel: [SE]CVNDIO. Stempel in Kreisrille, vergleichbare Stempel fanden sich in Newstead (Curle 1911, 240 Nr. 90), Rottweil (Lauber 2004, Abb. 120,316.317), Vechten (Polak 2000, 326 Taf. 22 S 98). Datierung: 65–90 n. Chr. lt. Polak 2000, 326. Bdm. 5,0 cm, Rußspuren, Gew. 20,0 g. – 2005-41/74-6 – Abb. 18,68
69 1 W/BS. – Drag. 27g. Anepigraphischer Stempel in Kreisrille. Bdm. 3,2 cm, Gew. 32,0 g. – 2005-41/74-9 – Abb. 18,69
70 1 R/W/BS. – Drag. 27g. Anepigraphischer Stempel in Kreisrille. Graffito auf dem Boden innerhalb des Standringes: VII. Rdm. 7,4 cm, Bdm. 3,6 cm, Erh. 180°, Gew. 36,0 g. – 2005-41/74-8 – Abb. 18,70
71 2 R/W/BS. – Drag. 27. Rdm. 7,6 cm, Bdm. 3,6 cm, Erh. 140°, Gew. 20,0 g. – 2005-41/75-30 – Abb. 18,71
72 2 R/WS. – Drag. 27. Rdm. 11,8 cm, Erh. 140°, Gew. 44,0 g. – 2005-41/75-31 – Abb. 18,72
73 2 R/WS. – Drag. 27. Rdm. 7,4 cm, Erh. 140°, Gew. 10,0 g. – 2005-41/75-32 – Abb. 18,73
74 1 R/WS. – Drag. 27. Rdm. 10,4 cm, Erh. 86°, Gew. 24,0 g. – 2005-41/75-29 – Abb. 18,74
75 1 RS. – Drag. 27. Rdm. 10,0 cm, Erh. 60°, Gew. 4,0 g. – 2005-41/75-34 – Abb. 18,75
76 1 RS. – Drag. 27. Rdm. 9,8 cm, Erh. 60°, Gew. 6,0 g. – 2005-41/75-33 – Abb. 18,76
77 1 RS. – Drag. 27. Gew. 1,0 g. – 2005-41/75-36 – Abb. 18,77
78 1 RS. – Drag. 27, ohne Abb. Gew. 1,0 g. – 2005-41/75-35
79 1 RS. – Drag. 35, ohne Abb. Rdm. 13,0 cm, Erh. 36°, Gew. 1,0 g. – 2005-41/75-39
80 1 R/W/BS. – Drag. 35. Barbotineauflage. Rdm. 10,8 cm, Bdm. 4,6 cm, Erh. 140°, Gew. 80,0 g. – 2005-41/75-37 – Abb. 18,80
81 2 RS. – Drag. 35, ohne Abb. Rdm. 15,0 cm, Erh. 48°, Gew. 4,0 g. – 2005-41/75-38
82 1 RS. – Drag. 35, ohne Abb. Gew. 2,0 g. – 2005-41/75-40
83 1 RS. – Drag. 35, ohne Abb. Gew. 1,0 g. – 2005-41/75-41
84 2 RS. – Drag. 42, Rdm. 14,0 cm, Erh. 50°, Gew. 6,0 g. – 2005-41/75-42 – Abb. 18,84
85 2 WS – unbestimmt, ohne Abb. Gew. 6,0 g. – 2005-41/79-3-

Bef.-Nr. 67 Kastellgrabenfüllung Kastell IV (Grabung 2005)

Glas

1 1 WS. – Is. 3b, tiefe Rippenschale, ohne Abb. Naturfarben, Gew. 7,0 g. – 2005/94-1

Terra sigillata

2 1 WS – Drag. 30, ohne Abb. Gew. 1,0 g. – 2005/95-1

3 6 WS. – Drag. 35, ohne Abb. Gew. 14,0 g. – 2005/95-2

Bef.-Nr. 3.3,12 Kastellgrabenfüllung Kastell V (Grabung 2005)

Bronze

1 1 Stk. – Anhänger, verzinnt, Rückseite mit Backenscharnier und Ansatz eines Knebels, wie Planck 1975, Taf. 75,1. Ohne Abb. L. 5,4 cm, Gew. 32,0 g. – 2005/25-1

Glas

2 1 Stk. – Melonenperle, fragmentiert. Ohne Abb. Gew. 2,0 g. – 2005/20-1

Terra sigillata

3 1 WS. – Drag. 29. UZ.: Gefäßrippen. Ohne Abb. Gew. 14,0 g. – 2005/22-1

4 1 WS. – , Drag. 30. Ranke mit Fünfblatt bzw. gezähntem Blatt. Ohne Abb. Gew. 12,0 g. – 2005/27-1

5 1 WS. – Drag. 37. Reste von Eierstab, darunter Zickzackstab, Gefäßrippen aus seitenverkehrtem S-förmigem Fries. Ohne Abb. Gew. 2,0 g. – 2005/22-2

6 5 WS. – Drag. 37. Hund n. li. (?), darunter Kranz, darin x-zackige Rosette abwechselnd mit Vogel n. li. bzw. n. re, darunter Perlstab, Randfries n. li. aus. Ohne Abb. Gew. 14,0 g. – 2005/22-3

7 1 RS. – Drag. 18. Ohne Abb. Gew. 4,0 g. – 2005/22-5

8 1 RS. – Drag. 18. Ohne Abb. Rdm. 15,6 cm, Erh. 36°, Gew. 4,0 g. – 2005/22-4

Sonstiges

9 1 Stk. – Eisenschlacke. Ohne Abb. Gew. 314,0 g. – 2005/26-1

Bildnachweis

1–10: Regierungspräsidium Stuttgart, Landesamt für Denkmalpflege, Esslingen (K. Kortüm); 11–18: Zeichnungen V. Ramunno, Karslruhe, L. Siftar, C. Urbans, J. Lauber; Fotos Ch. Krug, J. Lauber, alle Freiburg.

Abgekürzt zitierte Literatur

Aßkamp 1989	R. Aßkamp, Das südliche Oberrheingebiet in frührömischer Zeit. Forsch. u. Ber. Vor- u. Frühgesch. Baden-Württemberg 33 (Stuttgart 1989).
Bogaers/Haalebos 1977	J. E. Bogaers/J. K. Haalebos, Opgravingen in de Romeinse Legioenvestingen te Nijmegen, II 1974–75. Oudheidkde. Mededel. 58, 1977, 74 ff.
Crawford 1974	M. H. Crawford, Roman Republican Coinage, 2. Bde. (Cambridge 1974).
Cunliffe 1971	B. Cunliffe, Excavations at Fishbourne 1961–1969. Vol. II. The Finds (Leeds 1971).
Curle 1911	J. Curle, A Roman Frontier Post and its People. The Fort at Newstead in the Parish of Melrose (Glasgow 1911).
Düerkop/Eschbaumer 2007	A. Düerkop/P. Eschbaumer, Die Terra Sigillata im römischen Flottenlager an der Alteburg in Köln. Das Fundmaterial der Grabungen 1998. Kölner Stud. Arch. röm. Provinzen 9 (Rahden/Westf. 2007).
Ebnöther/Eschenlohr 1985	Ch. Ebnöther/L. Eschenlohr, Das römische Keramiklager von Oberwinterthur. Arch. Schweiz 8, 1985, 251 ff.
Franke 2003	R. Franke, Arae Flaviae V. Die Kastelle I und II von Arae Flaviae/Rottweil und die römische Okkupation des oberen Neckargebietes. Forsch. u. Ber. Vor- u. Fühgesch. Baden-Württemberg 93 (Suttgart 2003).
Grönke/Weinlich 1991	E. Grönke/E. Weinlich, Die Nordfront des römischen Kastells Biriciana-Weißenburg. Die Ausgrabungen 1986–1987 (Kallmünz 1991).
Haalebos 1977	J. K. Haalebos, Zwammerdam – Nigrum Pullum. Ein Auxiliarkastell am niedergermanischen Limes (Amsterdam 1977).
Hartley 1972	B. R. Hartley, The Samian Ware. In: S. S. Frere, Verulamium Ecavations Vol. 1 (Oxford 1972) 248–262.
Heiligmann 1990	J. Heiligmann, Der „Alb-Limes". Ein Beitrag zur römischen Besetzungsgeschichte Südwestdeutschlands. Forsch. u. Ber. Vor- u. Frühgesch. Baden-Württemberg 35 (Stuttgart 1990).
Hermet 1934	F. Hermet, La Graufesenque (Condatomago). I. Vases Sigillées. II. Graffites (Paris 1934).
Heukemes 1964	B. Heukemes, Römische Keramik aus Heidelberg. Mat. Röm.-Germ. Keramik 8 (Bonn 1964).
Hodgson 2003	N. Hodgson, The Roman Fort at Wallsend (Segedunum) Excavations in 1997–98. Tyne and Wear Mus. Arch. Monogr. 2 (Newcastle Upon Tyne 2003).
Hoffmann 2002	B. Hoffmann, Römisches Glas aus Baden-Württemberg. Arch. u. Gesch. 11 (Stuttgart 2002).
Hoffmann 1985	B. Hoffmann, Catalogue des éstampillés sur vaiselle sigillé. 1. partie. Les ateliers de la Graufesenque et de Lezoux. La série des notices du Groupe d'Archéologie antique du Touring club de la France Nord (1985).
Isings 1957	C. Isings, Roman Glass from Dated Finds. Arch. Traiectina 2 (Groningen/Djakarta 1957).
Johnson 1983	A. Johnson, Roman Forts (London 1983).
Jung/Schücker 2006	P. Jung/N. Schücker (Hrsg.), 1000 gestempelte Sigillaten aus den Beständen des Landesmuseums Mainz. Universitätsforsch. Prähist. Arch. 132 (Bonn 2006).
Klee 1986	M. Klee, Arae Flaviae III. Der Nordvicus von Arae Flaviae. Forsch. u. Ber. Vor- u. Frühgesch. Baden-Württemberg 18 (Stuttgart 1986).

Klee/Kokabi/Nuber 1988	M. Klee/M. Kokabi/E. Nuber, Arae Flaviae IV. Die Thermen auf dem Nikolausfeld. Forsch. u. Ber. Vor- u. Frühgesch. Baden-Württemberg 28 (Stuttgart 1988).
Knorr 1907	R. Knorr, Die verzierten Terra-Sigillata-Gefäße von Rottweil (Stuttgart 1907).
Knorr 1912	R. Knorr, Die neugefundenen Sigillaten von Rißtissen und ihre Bedeutung als südgallischer Import. Festschr. zur Feier des fünfzigjährigen Bestehens der Königlichen Altertümersammlung in Stuttgart 1912 (Stuttgart 1912) 57ff.
Kokabi 1982	M. Kokabi, Arae Flaviae II. Viehhaltung und Jagd im römischen Rottweil. Mit Beitr. von A. Rüsch u. G. Falkner. Forsch. u. Ber. Vor- u. Frühgesch. Baden-Württemberg 2 (Stuttgart 1982).
Lauber 2004	J. Lauber, Das Gebäude M von Rottweil. http://freidok.ub.uni-freiburg.de/volltexte/1516/ (Freiburg 2004).
Leibundgut 1977	A. Leibundgut, Die Römischen Lampen in der Schweiz. Eine kultur- und handelsgeschichtliche Studie. Handbuch der Schweiz zur Römer- und Merowingerzeit (Bern 1977).
Loeschcke 1919	S. Loeschcke, Lampen aus Vindonissa. Ein Beitrag zur Geschichte von Vindonissa und des antiken Beleuchtungswesens (Zürich 1919).
Mayer-Reppert 2006	P. Mayer-Reppert, Die Terra Sigillata aus dem Vicus von Hüfingen, Mühlöschle (Baden-Württemberg). Mikrofiche-Ausg. (Remshalden 2006).
Pferdehirt 1986	B. Pferdehirt, Die römische Okkupation Germaniens und Rätiens von der Zeit des Tiberius bis zum Tode Traians. Untersuchungen zur Chronologie südgallischer Sigillata. Jahrb. RGZM 33, 1986, 221ff.
Pferdehirt 2004	B. Pferdehirt, Römische Militärdiplome und Entlassungsurkunden in der Sammlung des Römisch-Germanischen Zentralmuseums. Kat. Vor- u. Frühgesch. Altertümer 37,1 (Mainz 2004).
Planck 1975	D. Planck, Arae Flaviae I. Neue Untersuchungen zur Geschichte des römischen Rottweil 1.2. Forsch. u. Ber. Vor- u. Frühgesch. Baden-Württemberg 6 (Stuttgart 1975).
Planck 2005	D. Planck (Hrsg.), Die Römer in Baden-Württemberg. Römerstätten und Museen von Aalen bis Zwiefalten (Stuttgart 2005).
Polak 2000	M. Polak, South Gaulish Terra Sigillata with Potters' stamps from Vechten (Nijmegen 2000).
Revellio 1937	P. Revellio, Das Kastell Hüfingen. ORL B 62a (Heidelberg 1937).
Riha 1979	E. Riha, Die römischen Fibeln aus Augst und Kaiseraugst. Forsch. Augst 3 (Augst 1979).
Ritterling 1912	E. Ritterling, Das frührömische Lager bei Hofheim im Taunus. Nass. Ann. 40, 1912, 1ff.
Rüsch 1977	A. Rüsch, Ausgrabungen in Rottweil. Vorbericht über die Untersuchungen von 1968 bis 1975. Fundber. Baden-Württemberg 3, 1977, 443–462.
Rütti 1988	B. Rütti, Beiträge zum römischen Oberwinterthur – VITUDURUM 4: Die Gläser. Ber. Zürcher Denkmalpfl. Monogr. 5 (Zürich 1988).
Scholz 1999	M. Scholz, Graffiti auf römischen Tongefäßen. Schr. Frankfurter Mus. Vor- u. Frühgesch. Arch. Mus.16 (Frankfurt 1999).
Sommer 1992	C. S. Sommer, Municipium Arae Flaviae – Militärisches und ziviles Zentrum im rechtsrheinischen Obergermanien. Ber. RGK 73, 1992, 269ff.
Sommer 1995	C. S. Sommer, „Where did they put the horses?" in: W. Czysz u.a. (Hrsg.), Provinzialrömische Forschungen. Festschr. Günther Ulbert zum 65. Geburtstag (Espelkamp 1995) 149ff.
Sommer 1997	C. S. Sommer, Vom Kastell zur Stadt – Aspekte des Übergangs in Lopodunum/Ladenburg und Arae Flaviae/Rottweil. In: W. Groenman-van-Waateringe u.a. (Hrsg.), Roman Frontier Studies 1995 (Oxford 1997) 511ff.
Stuart 1977	P. Stuart, Een Romeins grafveld uit de eerste eeuw te Nijmegen. Onversierde Terra Sigillata en gewoon ardewerk (Nijmegen 1977).
Unz/Deschler-Erb 1997	Ch. Unz/E. Deschler-Erb, Katalog der Militaria aus Vindonissa. Militärische Funde, Pferdegeschirr und Jochteile bis 1976. Veröff. Ges. Pro Vindonissa 14 (Brugg 1997).
Vanderhoeven 1977	M. Vanderhoeven, De Terra Sigillata van Grobbendonk. Opgravingen 1971–1973. Arch. Belgica 199 (Bruxelles 1977).
Walke 1965	N. Walke, Das römische Donaukastell Straubing-Sorviodurum. Limesforsch. 3 (Berlin 1965).

Zur Deutung von *Grinarione*

MARTIN LUIK

Ein Beitrag über *Grinario* – das römische Köngen – in einer Festschrift für Dieter Planck bedarf wohl kaum einer näheren Begründung. Seit seinem Stellenantritt als Gebietskonservator beim damaligen Staatlichen Amt für Bodendenkmalpflege in Stuttgart im Jahre 1972 hat sich der Jubilar mit größtmöglichem Einsatz vor Ort engagiert. In den damals noch nicht durch moderne Wohnhäuser zerstörten Siedlungsbereichen wurden unter seiner Leitung in den folgenden Jahrzehnten mehrfach umfangreiche Rettungsgrabungen durchgeführt.[1] Nachdem auch das Kastellgelände als archäologisches Reservat endgültig vor der drohenden Überbauung gesetzlich geschützt werden konnte, richtete Planck 1977 im rekonstruierten Eckturm von 1911 in Zusammenarbeit mit der Ortsgruppe Köngen des Schwäbischen Albvereins eine Ausstellung ein, was schließlich die Schaffung des Römerparks Köngen 1987/88 entscheidend erleichtern sollte.[2]

Des Weiteren gelang Planck in jenen Jahren die systematische Erfassung von zahlreichen Privatsammlungen des mittleren Neckarraumes, in welche seit den 1950er Jahren Funde aus Köngen gelangt waren. Eine repräsentative Auswahl veröffentlichte er fallweise in der Fundchronik der „Fundberichte aus Baden-Württemberg“.[3] Erst die solchermaßen geschaffene solide Grundlage machte schließlich die wissenschaftliche Bearbeitung des umfangreichen Materialbestandes (Befunde und Funde) im Rahmen einer Münchner Dissertation durch den Verfasser dieses Beitrages möglich. Auch diese Arbeiten hat Planck stets über Jahre hinweg mit vollem Einsatz unterstützt, bis hin zu ihrer letztendlichen Publikation.[4] Die folgenden Zeilen verstehen sich als bescheidener Beitrag zur Würdigung dieser Verdienste, verbunden mit den besten Wünschen.

Der Fundort Köngen verfügt über eine lange Forschungstradition, die bereits gegen Ende des 18. Jh. einsetzt. Der Verlauf der Ausgrabungen auf dem Burgfeld südlich des Dorfkerns in den Jahren 1783/84 und die dabei erzielten Ergebnisse sind bereits mehrmals ausführlich geschildert worden und brauchen daher hier nicht erneut dargestellt zu werden.[5] Damals wurden beachtliche Teile der römischen Siedlung freigelegt, so eine Reihe von vierzehn Steinkellern entlang der Südweststraße nach Rottenburg.

Die dabei zu beobachtende planvolle Vorgehensweise zeigt den örtlichen Grabungsleiter, den Köngener Oberamtmann Johann Eberhard Roser (1740–1789), als seiner Zeit methodisch mitunter weit voraus und stellt ihn mit Fug und Recht in eine Reihe mit anderen Zeitgenossen, die durch ähnliche Aktivitäten sehr viel bekannter geworden sind, wie der einige Jahre zuvor tätige Fürstlich-Hohenlohische Archivar Christian Ernst Hanßelmann (1699–1775) oder auch Johann Baptist Hofer (1759–1838), Hofgerichtsassessor in Rottweil, wo dieser, offenkundig maßgeblich von den Köngener Unternehmungen beeinflusst, ebenfalls 1784 erste Ausgrabungen durchführen ließ.[6] Noch im gleichen Jahr wurde auch die römische Thermenruine von Badenweiler entdeckt und vor der Zerstörung durch Steinraub gerettet.[7]

Zwar ist ein gedruckter Abschlussbericht über die Köngener Untersuchungen nie erschienen, vermutlich weil Roser schon wenige Jahre später verstarb; auch zerschlugen sich Pläne des Herzogs Carl Eugen von Württemberg, vor Ort ein eigenes Museumsgebäude errichten zu lassen,[8] was für die damalige Zeit ein absolutes Novum dargestellt hätte. Jedoch stießen die Köngener Ausgrabungen in der Öffentlichkeit auf ein breites Echo, was besonders deutlich an den

1 Vorberichte: Planck 1978a; ders. 1980a; ders. 1980b; ders. 1994.
2 Planck 1977; ders. 1978b. Vgl. auch Unz 1982, 115ff.
3 Fundber. Baden-Württemberg 5, 1980, 172ff.; ebd. 8, 1983, 284ff.; ebd. 9, 1984, 684f.; ebd. 12, 1987, 575.
4 Vgl. Luik 2005a, bes. 151 (mit der ält. Lit.); ders. 2005b.
5 Zuletzt Luik 1996, 17ff. (mit Lit., auch zum Folgenden).
6 Hanßelmann: Ausführlich Neumaier 1993, bes. 14ff.; Nick 2004, 27. – Rottweil: Planck 1975, 13ff. – Zum allgemeinen Forschungsgang Paret 1929, bes. 16ff.; Filtzinger 1986; H. U. Nuber, DNP 15/2 (2002) s. v. Provinzialrömische Archäologie, Sp. 573–582 bes. 577ff.; Nick 2004; Planck 2005b, 22ff.
7 Nick 2004, 22ff.; M. N. Filgis, in: Planck 2005a, 34f. (mit Lit.).
8 Entsprechende Pläne des Herzogs werden von Ch. F. Sattler ausdrücklich erwähnt, vgl. Sattler 1784, 507a. – Zur Person des Historikers E. Schneider, Allg. Dt. Biogr. 30, 1890, 409f. – Die Klagen Osianders über mangelndes Interesse des Herzogs scheinen also nur bedingt zuzutreffen, vgl. Allgemeiner Anzeiger der Deutschen vom 18. April 1811, Nr. 102, 1131f. Dazu Braun 1985, 58f.; ders. 1991, 26.

Abb. 1: Ausschnitt aus der Peutingertafel. In der Bildmitte die Station *Grinarione*. Links davon mit der Doppelturmvignette wird *Samulocenis*, das antike *Sumelocenna*/Rottenburg, bezeichnet.

häufigen Erwähnungen in den topographischen Landesbeschreibungen und diversen historischen Übersichten des frühen 19. Jh. zu erkennen ist.[9] In ähnlicher Weise sorgten auch gelehrte Reiseschriftsteller der damaligen Zeit dafür, dass die Erinnerung an die Grabungen des ausgehenden Ancien Régime in Köngen stets lebhaft blieb. Beispielhaft genannt sei der emigrierte französische Abbé Daniel Joseph Mozin (1765–1840), von dem eine längere Beschreibung der Funde aus den Grabungen von 1783/84 stammt, die er wohl anlässlich der Recherchen für sein Werk persönlich im Köngener Schloss in Augenschein genommen hat.[10] Auf die Ausgrabungen selbst ging Mozin allerdings nur ganz am Rande ein, höchstwahrscheinlich, da diese bei seinem Besuch bereits schon wieder zugeschüttet waren.

Dass dagegen lange Zeit Überlegungen zum antiken Ortsnamen völlig zu fehlen scheinen, obwohl man sich rasch über den beachtlichen Umfang der römischen Siedlung im Klaren war und immer wieder die Qualität der geborgenen Funde hervorgehoben wurde, mutet aus heutiger Sicht fast befremdlich an. Zur Festlegung, dass dieser Ortsname *Grinar(io)* lauten müsse, wie es seit den beiden Inschriftenfunden vom Frühjahr 1900 als erwiesen gelten kann,[11] führte erst eine längere Forschungsdiskussion, deren ausführliche Würdigung das weitere Thema dieses Beitrages sein soll. Für den Ortsnamen selbst wird im Übrigen ein keltischer Ursprung vermutet, wenngleich er sich nach wie vor jeder klaren Deutung entzieht.[12] Oscar Paret hatte immer eine Deutung als Gewässernamen vermutet und dabei an die

9 So Sattler 1784, 507a–c. – Röder 1787, 101f. – Haug 1790, 348. Die Kenntnis der Quelle wird D. Hohrath, Esslingen/Berlin verdankt. – Röder 1800, Bd. 1, Sp. 1148. – Ders. 1812, 128. – Ders. 1820, 58f. – Memminger 1820, 263; 470. – Pauly 1833, 39ff. – Memminger 1841, 683. – Stälin 1841, 41; 92. – Paulus 1843, 126ff. – OAB Esslingen 87f. – Paulus 1847, 47f.

10 Mozin 1807, 219ff. Hier soll nur auf die zweite Auflage seines Werkes verwiesen werden. – Zur Person vgl. Depping in: Michaud 1968, Bd. 29, 509. Die Kenntnis der Quelle wird Th. Dinkel, Kirchheim unter Teck verdankt.

11 CIL XIII 11726–11727; Luik 1996, 175f. Nr. 2.5 (mit Lit.). – Vgl. Ihm, RE VII,2 (1912) Sp. 1880; Paret 1929, 17; ders. 1932, 329f.; P. Goessler (Bearb.), Tabula Imperii Romani Bl. 32: Mainz (Frankfurt 1940) 24; H. Cüppers, Der Kleine Pauly 2 (1979) Sp. 878; Ph. Filtzinger, in: ders./Planck/Cämmerer 1986, 369ff. bes. 372; K. Dietz, DNP Bd. 4 (1998) Sp. 1241f. u. a. m.

12 So Holder 1896, Sp. 2041. Fehlt bei Kleiber 1979, zu den Gründen ebd. 1 (auch zum Folgenden); vgl. auch Greule 2005; Rasch 2005, 56; 189. – Wiederum G. Neumann, RGA^2 25 (2003) 110 vermutete eine Ableitung vom lat. *granarium* – Kornspeicher. Zu der möglicherweise davon abgeleiteten Truppenbezeichnung des *numerus Brittonum Gr?-(inarionensium?)* wie Haug/Sixt 1914, 574f. Nr. 398 vgl. ausführlich Reuter 1999, 449f.

Lauter gedacht, die genau gegenüber von Köngen in den Neckar einmündet.[13]
Vor der Entdeckung der beiden erwähnten Inschriften war das einzige Argument für die Existenz dieses Ortsnamens ein entsprechender Eintrag auf der sogenannten *Tabula Peutingeriana*[14] (Abb. 1). Längst hat die einschlägige Forschung erkannt, dass dieses wohl bedeutendste Itinerar der Antike zahlreiche Schematisierungen, Verschreiber und auch offensichtliche Irrtümer enthält, ohne an dieser Stelle weiter auf Einzelheiten eingehen zu können.[15] Heute ist man sich weitgehend einig, dass es sich dabei um die mittelalterliche Kopie (12./Anfang 13. Jh.) eines Straßenverzeichnisses handelt, das offenbar um 300 n. Chr., nach Meinung anderer auch erst um 360 n. Chr. bzw. in der ersten Hälfte des 5. Jh. n. Chr. angefertigt wurde, nachweislich unter Verwendung von sehr viel älteren Vorlagen.
Eine derartige Vorlage muss auch den Straßenzug enthalten haben, um den es im Folgenden gehen soll. In den Segmenten III 5 und IV 1–4 der Tabula Peutingeriana führt dieser Straßenzug vom obergermanischen *Vindonissa* (Windisch, Schweiz) über den Rhein, er verbindet insgesamt neunzehn Stationen, um schließlich im raetischen *Regino* (Regensburg) zu enden (vgl. Abb. 2 oben). Vermutlich stellt es einen glücklichen Zufall dar, dass diese Eintragung erhalten blieb und auch nicht anlässlich der Endredaktion der Karte gelöscht wurde, obwohl die betreffende Straße zum damaligen Zeitpunkt eindeutig mitten durch Gebiet führte, das längst alamannisch geworden war. Eine eigene Bemerkung ist außerdem die Tatsache wert, dass es sich zwar nachweislich um

13 Paret 1939, 37; vgl. Unz 1982, 28; Filtzinger (Anm. 11) 372. – Dazu kritisch Reichardt 1982, 37 f., der als Ortsname Grinar[ium] vermutet hat. – Zur Person von Paret jetzt Planck 2002.

14 Zum Folgenden vgl. Weber 1976, 11 ff.; ders. 1989, 113 ff. (Dat.); U. Fellmeth, DNP Bd. 11 (2001) Sp. 1197 f.; Brodersen 2003, 179 f. 186 f. 285 f.; E. Weber, RGA[2] 30 (2005) 260–262; Talbert 2007, 221 ff. (jeweils mit Lit.).

15 Vgl. auch Goessler 1931, 34 ff.

Abb. 2: Übersichtskarte. Eingetragen sind die wichtigsten Rekonstruktionsvorschläge zum Straßenzug von *Vindonissa*/Windisch nach *Regino*/Regensburg (bis 1825).

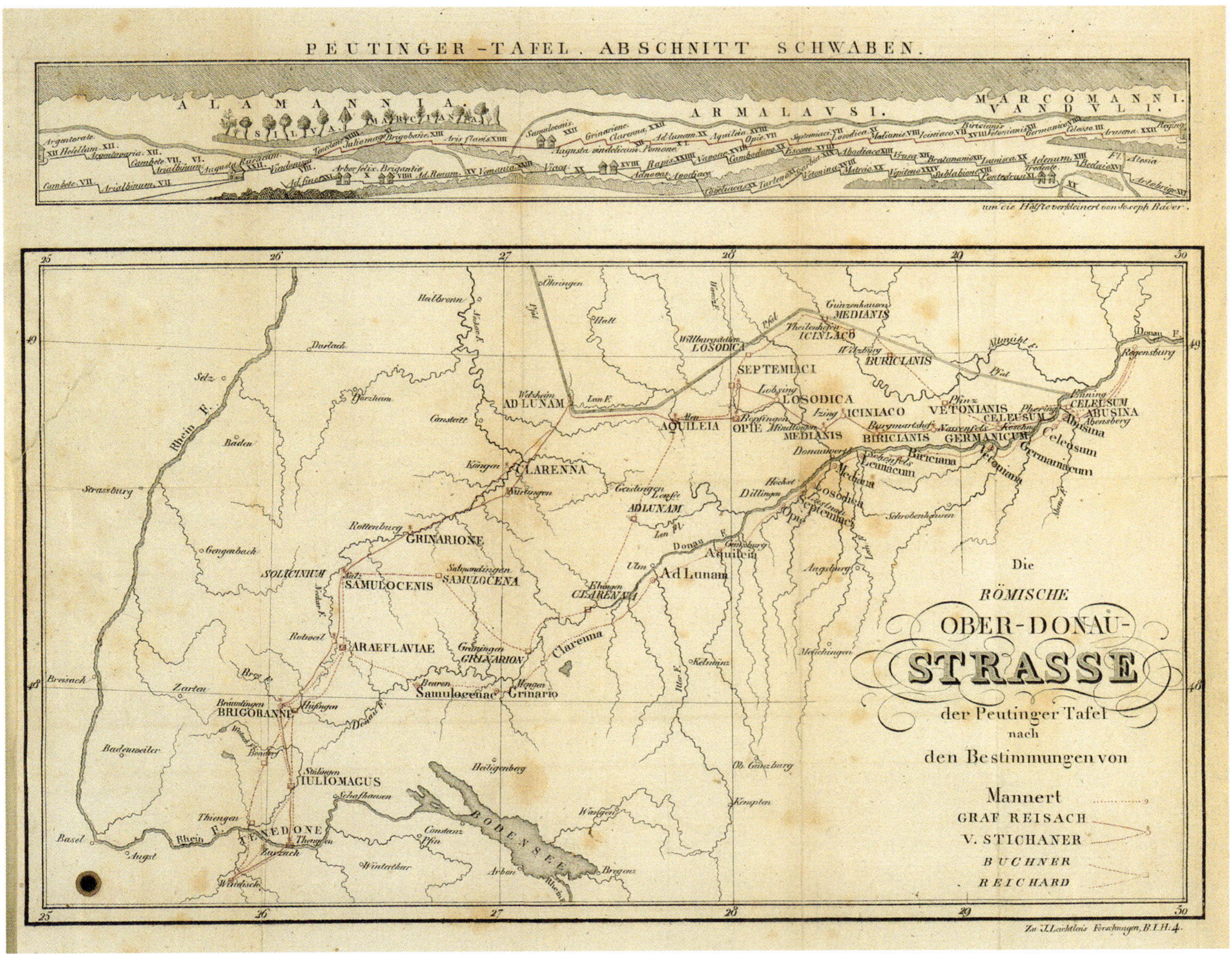

eine *via publica* (Staatsstraße) handelte,[16] wofür nicht zuletzt der in Köngen aufgefundene hadrianische Meilenstein von 128/29 n. Chr. spricht.[17] Verkehrstechnisch viel wichtiger war in römischer Zeit jedoch sicherlich die Straße, die vom Rhein über Stuttgart-Bad Cannstatt und Köngen zur Donau führte, die kürzestmögliche West-Ost-Verbindung, deren Eintragung man folglich viel eher erwartet hätte.[18]
Die Diskussion um den genauen Verlauf dieses Straßenzuges und die Deutung der einzelnen unterwegs darauf verzeichneten Stationen zählt zu den ältesten Forschungsproblemen der süddeutschen Altertumskunde, und für zahlreiche dieser Stationen ist die Lokalisierung nach wie vor keineswegs zweifelsfrei geklärt, vor allem im bayerischen Anteil.[19] Der üblichen Darstellungsweise entsprechend, wird der Verlauf dieser Straße durch eine einfache rote Linie angegeben, wobei die einzelnen Stationen durch Haken markiert werden. Die Zahlen sind als Entfernungsangaben zu deuten, die nach heutigem Kenntnistand in Gallien und den germanischen Provinzen in Leugen (2,2 km), ansonsten, so auch in Raetien, in römischen Meilen (1,48 km) erfolgen.[20] Allerdings werden auf der Karte selbst die Grenzen zwischen den Provinzen *Germania superior* und *Raetia* und damit die jeweiligen Gültigkeitsbereiche der beiden Maßeinheiten nicht klar angegeben.
Von den Stationen dieser Strecke zeichnet sich nur die Station *Samulocenis* (*Sumelocenna*/Rottenburg) durch besondere optische Hervorhebung aus, wo sich eine Doppelturmvignette wieder findet, die am wahrscheinlichsten eine Art Qualitätsangabe der dort vorhandenen Unterkunftsmöglichkeiten darstellt und dementsprechend wohl eine *mansio* bezeichnet.[21]
Insbesondere sorgte immer wieder für heftige Diskussionen, dass zwischen *Aris Flavis* und *Samulocenis* ein Fluss eingetragen ist, der aufgrund seines weiteren Verlaufs nach Osten eindeutig die Donau oder einen ihrer Nebenflüsse bezeichnen muss, und dass diese Eintragung lange Zeit für die Wiedergabe der topographischen Realität gehalten wurde.[22] Dabei hatte der berühmte bayerische Historiker Lorenz Westenrieder (1748–1829) bereits 1784 erkannt, dass die meisten der dadurch zwangsläufig rechts der Donau eingetragenen Orte sich in Wirklichkeit links davon befinden müssten, allein schon aus dem Grund, „indem der M(ilia) Passuum, welche auf der Tabula Peutingeriana vorkommen, zu viele sind, als dass sie am jenseitigen Ufer Platz finden könnten".[23]
Seither teilten sich die Forscher in zwei Lager auf, in solche, die den Überlegungen von Westenrieder gefolgt sind, ob nun wissentlich oder eher zufällig, und solche, die mehr der Eintragung auf der Peutingertafel Glauben schenken wollten. Reichlich Stoff für weitere Diskussionen bot außerdem, dass die dort gemachten Zahlenangaben in einigen konkret nachprüfbaren Fällen eindeutig falsch sein mussten und dass ausgerechnet hinter *Grinarione* ein derartiger Vermerk fehlte, außerdem, dass für die Station zwischen *Clarenna* und *Ad Lunam* der Namenseintrag ausgefallen war, was man heute als Fehler des Kopisten ansieht.[24] Erschwerend kamen schließlich unterschiedliche Vorgehensweisen hinzu: Während die bayerische Forschung den Verlauf der Strecke von Regensburg aus zu rekonstruieren versuchte, wählte die schwäbisch/badisch-schweizerische Forschung dafür zumeist den umgekehrten Weg, und zwar *Vindonissa* als Ausgangspunkt.[25]
Zu den frühesten einschlägigen Arbeiten sei hier nur so viel vermerkt, dass Ph. Clüver (1580–1622), der Begründer der historischen Geographie, in verschiedenen Schriften des 17. Jh. die Station *Grinario* im heutigen Bayerisch-Schwaben, zwischen Günz und Mindel beim Ort „Knäringen" lokalisierte, unter Verweis auf die große Namensähnlichkeit, die doch angeblich vorhanden wäre[26] (Abb. 3, im Nachfolgenden zu den verschiedenen Lokalisierungsversuchen).
Voll entbrannt ist die wissenschaftliche Diskussion dann gegen Ende des 18. Jh. Im Jahre 1792 sprach sich der spätere Professor für Geschichte Konrad Mannert (1756–1834) für einen Straßenverlauf über *Iuliomagum*/bei Bondorf und *Brigobannis*/Bräunlingen aus, von wo aus die Straße gleichsam in einem Bogen über *Arae Flaviae*, das völlig zu Recht bei Rottweil vermutet wurde, und von dort aus wieder zurück zur Donau geführt habe, was wenig glaub-

16 Rathmann 2003, 11 ff. (mit Lit.).
17 Luik 1996, 172 ff. Nr. 1 (mit Lit.).
18 Fischer 2003, 72 ff. – Nuber 2005, 410 ff.
19 Vgl. z. B. Paret 1929, 16 f. Dazu siehe auch weiter unten.
20 Zu den Entfernungsangaben von Leuge und Meile Th. Grünewald, RGA² 18 (2001) 298 f. bzw. A. Kolb, RGA² 19 (2001) 505 ff.; vgl. auch Rathmann 2003, 115 ff. (auch zu den möglichen Gründen für den Wechsel der Entfernungsangaben); Weber (Anm. 14, 2005) 261.
21 Vgl. Keune, RE I A,2 (1920) s. v. Samulocenis, Sp. 2228. – Grundlegend Levi 1967, 65 ff.; vgl. auch Bender 1975a, 130; Bender 1975b, 17 f.; Weber 1976, 14; Winkler 1985, 21 f.; Weber (Anm. 14, 2005) 261.
22 Weber 1976, 12; Brodersen 2003, 187 (zum heutigen Forschungsstand).
23 Westenrieder 1784, 181. – Zur Person vgl. Körner/Jahn 2005, Bd. 3, 2091.
24 Vgl. Heiligmann 1990, 26.
25 Unabhängig von der Vorgehensweise des jeweiligen Autors wurde der Straßenzug im Folgenden stets von West nach Ost beschrieben, um eine bessere Vergleichbarkeit zu ermöglichen.
26 Clüver 1616, Bd. 3, 13; 18; ders. 1631, 732; ders. 1663, Bd. 3, 522. Zur Person vgl. P. Fuchs, Neue Dt. Biogr. 3, 1957, 295 f. Höchstwahrscheinlich handelt es sich dabei um Burgau-Ober-/Unterknöringen, Kr. Günzburg. Vgl. auch Zedler 1735, Sp. 958.

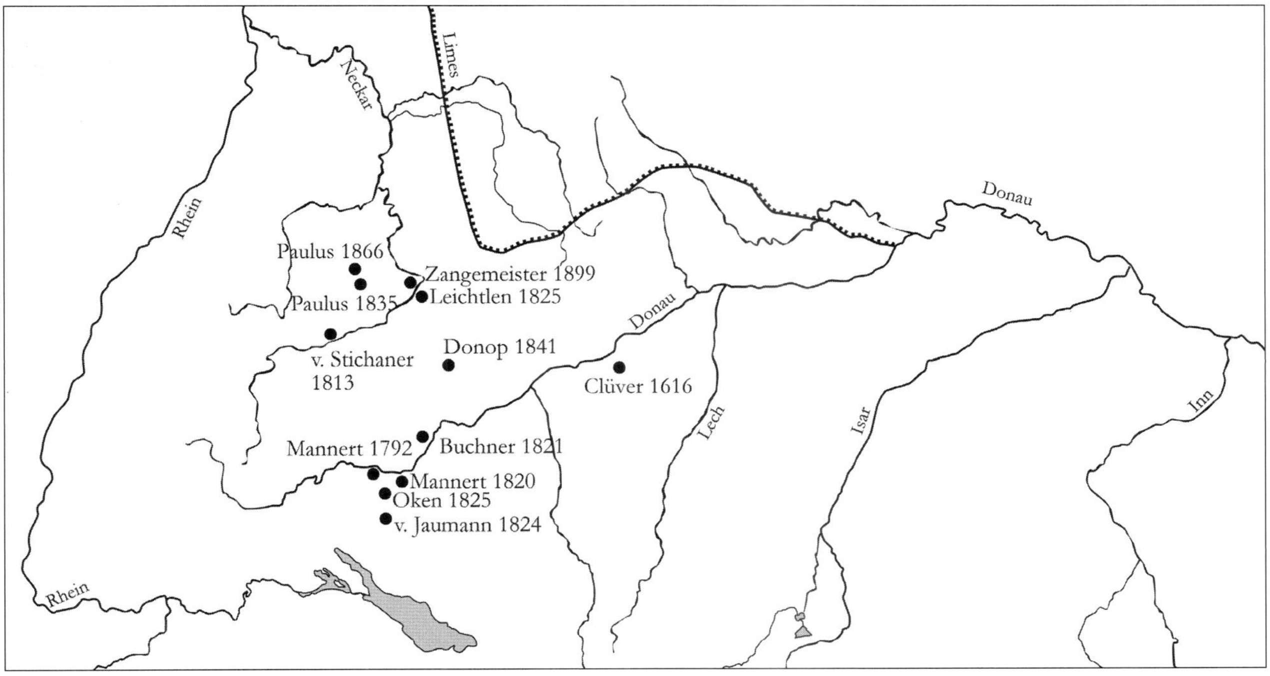

Abb. 3: Übersichtskarte mit Angabe der wichtigsten Lokalisierungsversuche von *Grinario*.

haft erscheint.[27] *Samulocenae* wurde von ihm in oder bei Tuttlingen, *Grinario* nahe Sigmaringen, schließlich *Clarenna* an der Mündung der Kanzach in die Donau oder südlich davon lokalisiert, von wo aus die Straße entlang des rechten Donauufers bis nach Regensburg geführt habe. Auch in der Neuauflage seines Werkes von 1820 vermutete Mannert ab *Arae Flaviae*, das erneut mit Rottweil gleichgesetzt wurde, einen Verlauf der Straße rechts der Donau, allerdings wurde von ihm diesmal *Samulocena* im Stift Beuron, *Grinario* in Mengen lokalisiert.[28]

Die gelehrten Diskussionen des frühen 19. Jh. wurden von dem badischen Archivrat Ernst Julius Leichtlen (1791–1830) übersichtlich zusammengefasst (Abb. 2 unten)[29]. Den Beitrag mit der größten Nachwirkung leistete dabei der bayerische Staatsrat und Regierungspräsident Franz Joseph Wigand von Stichaner (1769–1856) im Jahre 1813, freilich unter willkürlicher Abänderung einiger Entfernungsangaben, welche jeweils mit Schreibfehlern erklärt wurden.[30] Nach Meinung des Autors würde der betreffende Straßenzug grundsätzlich von Südwesten nach Nordosten verlaufen, nämlich den Neckar entlang. Vom Autor wurden *Samulocenis* mit Sulz sowie *Grinarione* mit Rottenburg identifiziert, von wo aus er einen Verlauf der Straße am linken Neckarufer vorschlug. Die nächstgenannte Station *Clarenna* sei dann mit Köngen gleichzusetzen, dessen Grabungsgeschichte von Stichaner durchaus geläufig war. Dort würde eine weitere Straße gekreuzt werden, die von der Schwäbischen Alb nach Cannstatt führen würde und deren Spuren im Gelände noch deutlich zu erkennen seien. Nach Ansicht des Autors habe die Straße die vorgegebene Richtung bis zur nächsten Station *Ad Lunam*, die er wegen der Namensähnlichkeit mit dem Flüsschen Leine in Welzheim oder Pfahlbronn vermutete, beibehalten, dann habe sie nach Osten gedreht, Richtung *Aquileia*, welches der Autor mit Aalen gleichsetzte.

Um eine Weg-Variante, die nochmals stark von den bereits gemachten Vorschlägen abwich, erweiterte dann (Joseph) Andreas Buchner (1776–1854) 1821 die Diskussion.[31] Während Buchner, ab 1826 Professor für Geschichte an der Universität München,

27 Zum Folgenden Mannert 1792, 700ff. Ähnlich ders. 1807, 62ff. bes. 69ff. – Zur Person Körner/Jahn 2005, Bd. 2, 1250f.

28 Mannert 1820, 614ff.

29 Leichtlen 1825, 37ff. – Zur Person F. v. Weech, Allg. Dt. Biogr. 18, 1883, 214f.

30 Von Stichaner 1813, 2f. Zur Person Körner/Jahn 2005, Bd. 3, 1900. – Ähnlich auch Raiser 1820, 13. Umstritten ist die forschungsgeschichtliche Rolle des Grafen Johann Adam von Reisach, Landrichter zu Monheim. Dazu v. a. Leichtlen 1825, 38ff. Jedenfalls hat v. Reisach wenig später seine Ansichten stark revidiert, vgl. ders. 1803, 398f. Offenbar nahm der Autor jetzt einen Verlauf der Straße vollständig rechts der Donau an. Vgl. auch v. Stichaner 1835, 20f.

31 Buchner 1818; ders. 1821. Zur Person Körner/Jahn 2005, Bd. 1, 251. – Zu den Leistungen von Buchner in der Limesforschung Braun 1991, 24f. – Der Vollständigkeit halber sei noch auf eine von Pauly 1836, 12 Anm. * genannte, weitere Arbeit von Buchner und Zierl verwiesen, in der Grinario oberhalb von (Reutlingen-)Gönningen lokalisiert wird. Aufgrund fehlender bibliographischer Angaben war dies jedoch nicht nachprüfbar.

für *Tenedone* Zurzach und für *Iuliomagus* Stühlingen in Anspruch nahm, ferner *Brigobanne* in Hüfingen vermutete, folgte auf *Arae Flaviae*/Rottweil seiner Ansicht nach Sulz, dessen angeblicher antiker Ortsname *Solicinium* irrtümlicherweise auf der Peutingertafel ausgelassen worden sei, jedoch an dieser Stelle ergänzt werden müsse.[32] „Salumocena" wurde von ihm in „Salmandingen"[33] vermutet, für *Grinario* könne nur Grüningen bei Riedlingen in Frage kommen, wobei bei seinen Überlegungen sicherlich die auffällige Ähnlichkeit der beiden Ortsnamen eine Rolle gespielt hat. „Ich habe lange auf der Alpe, an der Donau, am Neckar gesucht, um eine dieser Station angemessenen Platz ausfindig zu machen. Ich fand keine passendern, als den von mir schon früher angegebenen, Grünningen bei Riedlingen an der Donau. Das auf der Anhöhe stehende Schloss ist zwar neu, aber unten im Dorf ist noch ein altes Mauerwerk [...] Die Entfernung von Clarenna ist leider in der Tafel nicht angegeben, aber die von den Castris Samulocenis [...] trifft wunderbar! ganz genau zu [...]".[34] Als weiteres Argument zur Stützung seiner Ansichten diente Buchner der große Weihealtar für Sol Invictus, der in unmittelbarer Nähe in der Abteikirche von Zwiefalten aufgestellt sei, wo er sich übrigens noch heute befindet.[35]

Von Grüningen aus sei die Straße donauabwärts bis *Clarenna*/Ehingen gezogen, um dort wiederum die Richtung zu ändern und in nordöstlicher Richtung über *Ad Lunam*/Urspring zu führen. *Aquileia* und *Opie* wurden in Aalen bzw. Bopfingen lokalisiert, anschließend sei die Straße in einem weiten Bogen dem Verlauf des Raetischen Limes gefolgt – wo Buchner erstmals die Lokalisierung von *Iciniacum* in Theilenhofen, von *Biriciana* bei Weißenburg, *Vetoniana* in Pfünz und *Germanicum* in Kösching vorschlug –, um dann kurz vor Regensburg die Donau zu überqueren.[36] Mit den Entfernungsangaben auf der Tabula Peutingeriana sind die Vorschläge von Buchner nicht immer in Einklang zu bringen, am problematischsten innerhalb des hier speziell interessierenden Streckenabschnitts ist jedoch zweifellos seine willkürliche Einfügung der Station *Solicinium*. Übrigens waren auch ihm die Ausgrabungen in Köngen durchaus bekannt, doch lokalisierte er diese irrtümlicherweise einige Kilometer weiter nördlich beim heutigen Wernau, was eindeutig eine Verwechslung darstellt.[37]

Die Ansichten von Buchner wurden kurz darauf mit nur geringfügigen Veränderungen von dem geographischen Schriftsteller Christian Gottlieb Reichard (1758–1837) übernommen.[38] Wiederum einen anderen Deutungsversuch unternahm schon 1823 Carl Prugger, zum Zeitpunkt der Veröffentlichung seiner Schrift Stadtpfarrer zu Donauwörth.[39] Für ihn waren die wichtigsten Argumente zum einen die Überlegungen von Westenrieder, dass viele Stationen links der Donau zu suchen seien, ferner dass alle Stationen, die er als eine Art Festungskette interpretiert, in einer Linie zu liegen hätten, da es sich doch um einen zusammenhängenden Straßenzug handeln würde, und schließlich die Entfernungsangaben der Tabula Peutingeriana. Eine wichtige Rolle spielte schließlich für ihn auch die angeblich so reichlich vorhandene Kontinuität von zahlreichen Ortsnamen. Auf dieser Grundlage rekonstruierte Prugger jetzt den Straßenzug anfangs direkt entlang der Donau, die dazugehörigen Stationen einmal am linken, einmal am rechten Ufer, wofür zwangsläufig mehrmals Flussübergänge postuliert werden mussten, bzw. später weiter nördlich verlaufend. Folglich vermutete Prugger *Aris Flavis* in Möhringen, *Samulocenis* in Stetten am kalten Markt und *Grinario* dann genau wie Buchner in Grüningen, eine der wenigen Wegstationen, wo die Ansichten der beiden Forscher übereinstimmten. „Dass man dermal in Grüning keine Römer-Spuren finde, daraus kann man [...] wohl nicht schließen, dass dergleichen niemals da waren, oder nicht noch in Zukunft, wenn darauf geachtet wird, zum Vorscheine kommen werden, aber darauf, ob solche Funde auch berücksichtiget, und dadurch auch belebt werden, kömmt unglaublich viel an".[40] Des Weiteren lokalisierte Prugger *Clarenna* in Lauterach, „Luna" in Munderkingen und *Aquileia* in Ulm. Im Übrigen wusste auch Prugger von den Ausgrabungen in Köngen.[41]

1824 hielt der später durch seine Forschungen in Rottenburg geradezu berühmt gewordene Domdekan Joseph Ignaz von Jaumann (1778–1862) bei seinen Untersuchungen daran fest, dass der Straßenzug zwischen *Arae Flaviae* und *Samulocenis* über die Donau setzen würde, die Eintragung auf der Tabula Peutingeriana also völlig korrekt sei, so dass alle

32 Vgl. Amm. Marc. 27,10,8; 30,7,7 (Sieg Valentinians I. über die Alamannen 368 n. Chr.). In der Forschung wurde gelegentlich eine Gleichsetzung mit Sumelocenna bzw. Sülchen bei Rottenburg erwogen, vgl. Rasch 2005, 91 f.; R. Scharf, RGA^2 29 (2005) s. v. Solicinium, 228 f.

33 Vermutlich handelt es sich um Burladingen-Salmendingen, Zollernalbkreis.

34 Buchner 1821, 105 f. (auch zum Folgenden). – Heute: Riedlingen-Grüningen, Kr. Biberach.

35 Dazu Ph. Filtzinger in: Planck 2005a, 380.

36 Buchner 1818, 4 ff.

37 Buchner 1821, 91.

38 Reichard 1822, 368 ff. – Vgl. auch ders. 1824, fol. 41, p. 4 (zu Grinario). – Zur Person F. Ratzel, Allg. Dt. Biogr. 27, 1888, 618 ff.

39 Prugger 1823, 33 ff.

40 Ebd. 93.

41 Ebd. 16 f.

nachfolgenden Stationen am rechten Donauufer liegen würden.[42] Folglich rekonstruierte er den folgenden Verlauf der Straße: *Vindonissa*/Windisch, *Tenedo*/(Waldshut-)Tiengen, *Juliomagus*/Stühlingen, *Brigobanne*/Hüfingen, *Arae Flaviae*/Gegend von Geisingen, *Samulocenae*/Aach, *Grinario*/Pfullendorf, *Clarenna*/Mengen, *Ad Lunam*/Munderkingen, *Aquileia*/Wiblingen, *Opie*/Günzburg, *Septimiacum*/Gundremmingen, und weiter auf dem rechten Donauufer.

Im folgenden Jahr hielt wiederum der bereits erwähnte Archivrat Leichtlen am Verlauf des Straßenzuges fest, wie ihn vor allem von Stichaner vorgeschlagen hatte.[43] Gegen die Ansichten von Mannert und anderen würde eindeutig sprechen, dass die meisten der von ihm postulierten Stationen in völlig ungeeignetem Siedlungsterrain liegen würden (Flussniederungen, Sümpfe etc.). Zum einen war Leichtlen der Auffassung, dass die Distanzangaben für Obergermanien Leugen und nicht römische Meilen seien, zum anderen schlug er vor, trotz der dann unzutreffenden Entfernungsangabe, jedoch wegen der großen Namensähnlichkeit „Sumlocennae" mit Sülchen gleichzusetzen und *Grinario* mit Nürtingen, obwohl römische Funde vom dortigen, „sehr vorteilhaft gelegenen" Stadtberg fehlen würden.[44] Ferner wurde von ihm mit Vorbehalt *Clarenna* in Kirchheim unter Teck lokalisiert. Durch die Einfügung einer weiteren Station bei Geislingen, die in der Tabula Peutingeriana mitsamt den Entfernungsangaben vergessen worden sei, wurde schließlich die Albhochfläche erreicht. Den Zug der Straße über Köngen lehnte Leichtlen ab, da dieser der Grundrichtung der Straße widersprechen würde, die ja am rechten Neckarufer verlaufen sei. Ausführlich wurden von ihm die dortigen Ausgrabungen von 1783 gewürdigt, anlässlich derer man in landschaftlich höchst beeindruckender Lage auf eine „römische Stadt" gestoßen sei, die schließlich gewaltsam zerstört worden sei.[45] Als antiken Namen für diese Ansiedlung brachte er vermutungsweise *Condate* (keltisch: „Zusammenfluss") ins Spiel, unter Verweis auf die Einmündung der Lauter in den Neckar gegenüber von Köngen.

In einer ausführlichen Besprechung des Werkes von Leichtlen äußerte der Professor und spätere Rektor der Universität Zürich Lorenz Oken (1779–1851) im Jahre 1825 die Ansicht, dass mit der umstrittenen Flusseintragung nicht die Donau, sondern einer ihrer Nebenflüsse, nämlich die Ablach, gemeint sei, denn auf der Tabula Peutingeriana sei klar zu erkennen, dass dieser Fluss in einem Gebirge am Bodensee, jedoch nicht im Schwarzwald entspringen würde; außerdem sei dann der Übergang völlig zutreffend wiedergegeben.[46] Aus diesem Grunde müsse man feststellen, dass die Straße im Wesentlichen südlich der Donau verlaufen sei. „Grinarium", wie die korrekte Ortsbezeichnung lauten würde, identifizierte Oken mit dem Ort Krauchenwies, dessen heutige Bezeichnung sogar auf den antiken Namen zurückgehen würde. Im Jahre 1832 bekräftigte er prinzipiell seine Ansichten, *Grinarione* wurde diesmal von ihm in Mengen oder Ennetach vermutet.[47] Ganz am Rande erwähnt seien schließlich auch noch die Forschungen von Donop, der mit Hilfe höchst eigenwilliger etymologischer Untersuchungen im Jahre 1841 die Lokalisierung von „Grinarion" in Gruorn postulierte.[48]

Um 1835 wurden in der Forschung drei Streckenvarianten zum Verlauf des auf der Tabula Peutingeriana eingetragenen Straßenzuges von *Vindonissa*/Windisch nach *Regino*/Regensburg diskutiert, die von dem Stuttgarter Gymnasialprofessor August Friedrich Pauly (1796–1845) folgendermaßen zusammengefasst wurden:[49]

1. auf dem rechten Donauufer. Lokalisierung von *Grinario* in Mengen, Krauchenwies, Pfullendorf oder Ennetach;
2. auf dem linken Donauufer. Lokalisierung von *Grinario* in Grüningen;
3. über Rottweil–Rottenburg– den Neckar abwärts. Lokalisierung von *Grinario* in Rottenburg oder Nürtingen.

Eine neue Variante brachte 1835 E. Paulus d. Ä. (1803–1878) ins Spiel, der eine neu entdeckte römische Straße durch den Schönbuch als Teilstück der Straßenverbindung von *Vindonissa* nach *Regino*/Regensburg ansehen wollte.[50] *Sumelocenna* müsse in Rottenburg lokalisiert werden, in 22 römischen Meilen Entfernung dazu *Grinario* in Böblingen, dessen topographisch so hervorstechender Schlossberg hervorragend für die Anlage einer derartigen Ansiedlung geeignet sei. Das nächst gelegene *Clarenna* sei schließlich in Cannstatt zu vermuten.

42 Jaumann 1824, 306 ff. – Zur Person Gaubatz-Sattler 1999, 21 ff.
43 Leichtlen 1825, 81 ff. 196 ff.
44 Leichtlen 1825, 152 ff.; zusammenfassend 196 f.
45 Ebd. 157 ff. (auch zum Folgenden); 205.
46 Oken 1825, 849 ff. – Zur Person Körner/Jahn 2005, Bd. 2, 1430.
47 Oken 1832, Sp. 1245 ff. bes. 1273.
48 Donop 1841, bes. 9. – Methodisch ähnlich ausgefallene Ansätze wurden auch von Schmidt 1844, bes. 15 ff. bzw. Wetzler 1867, bes. 4 (Wildenstein) vertreten.
49 Pauly 1836. Zur Person M. Balzert, Neue Dt. Biogr. 20, 2001, 136 f. – Vgl. auch Leichtlen 1825, 19 ff.; Oken 1825, 49 ff.; Sickler 1832, 229 f.; Stälin 1841, 100 ff. bes. 104 Anm. 1.
50 Paulus 1835, bes. 382 ff. Zur Person vgl. Paret 1948; Wahle 1977; Braun 1985, 61 ff. – Vgl. auch Memminger 1841, 10.

Einige Jahre später änderte er seine Ansicht dahingehend, dass in diesen historischen Zusammenhang auch entsprechende Beobachtungen vom Altinger Feld und der unmittelbar nördlich davon gelegenen Burghalde bei Sindelfingen einzuordnen seien, „so dass man keine Bedenken tragen darf, diese zwei [...] Punkte [...] als ein Ganzes zu betrachten, welches ehemals die römische Niederlassung Grinario bildete".[51]

Vor allem setzte sich in jenen Jahren immer stärker die Auffassung durch, die im Übrigen auch von Paulus vertreten wurde, dass mit der Station „Samulocenis" *Sumelocenna*, das antike Rottenburg, gemeint sein müsste.[52] Am längsten an der gegenteiligen Meinung hielt ausgerechnet der hoch verdiente Rottenburger Lokalforscher von Jaumann fest, der noch lange die Meinung vertrat, die Colonia *Sumlocenne*/Rottenburg von einer Station „Samulocenis" trennen zu können, die sich am rechten Donauufer bei Meßkirch befunden habe.[53] Doch konnte spätestens seit der Auffindung der Bauinschrift des *Saltus Sumelocennensis* (kaiserliche Domäne) im Jahre 1850 die Identifizierung von *Sumelocenna* mit Rottenburg als erwiesen gelten.[54]

Konsequenterweise war damit die Auseinandersetzung um den Verlauf des Straßenzuges von *Vindonissa* nach *Regino* zugunsten der nördlichsten der drei diskutierten Hauptvarianten entschieden. In der Forschung umstritten waren jetzt vor allem noch der weitere Verlauf und die damit verbundene Lokalisierung der auf *Sumelocenna* nachfolgenden Stationen. Im Jahre 1866 veröffentlichte E. Paulus eine weitere monographische Abhandlung zum Thema, in der er unter anderem seine älteren Ansichten über die Lokalisierung von *Grinario* dahingehend modifizierte, dass er dafür nicht mehr Böblingen, sondern nur noch das Altinger Feld bei Sindelfingen in Anspruch nahm; *Clarenna* müsse mit Cannstatt, *Ad Lunam* mit Pfahlbronn, *Aquileia* mit Aalen und *Opie* mit Bopfingen gleichgesetzt werden.[55] Seine unbestritten großen Verdienste um die württembergische Altertumskunde haben dazu geführt, dass diese Ansichten über die Lokalisierung von *Grinario* in Sindelfingen rund eine Generation lang ungefragt übernommen wurden, zumal sie von Paulus und seinem gleichnamigen Sohn, aber auch weiteren einschlägigen Autoren wiederholt nachdrücklich verteidigt wurden.[56] 1899 äußerte dann K. Zangemeister die Vermutung, dass es sich dabei doch eher um Köngen handeln dürfte.[57] Ausgehend von der Annahme, dass *Ad Lunam* mit Urspring gleichzusetzen sei, wies er auf die dann übereinstimmende Entfernungsangabe zu Köngen (in Leugen) hin. Eine entsprechende Zahlenangabe zwischen *Grinarione* und *Clarenna* würde deshalb fehlen, da es sich beim letztgenannten Ort um eine Station in einer Distanz von weniger als einer Leuge handeln würde, die daher auf der gegenüberliegenden Seite des Neckartals vermutet werden müsse. Die zu Beginn dieses Beitrages bereits erwähnte Auffindung der beiden Inschriften im folgenden Jahr bestätigte glänzend den ersten Teil seiner Vermutungen und erlaubte die zweifelsfreie Gleichsetzung mit Köngen, entsprechend einer bereits von A. von Pauly 1836 erhobenen methodischen Forderung, „dass für unsere Gegenden erst dann Aufschluss zu erwarten sei, wenn der Name des einen oder des andern der noch ungewissen Orte auf einem diesen selbst angehörigen Steinmonumente (nicht aber bloß auf tragbaren Anticaglien) entdeckt werden sollte".[58]

Entgegen der Ansicht von Paulus, dass die auf der Tabula Peutingeriana verzeichnete Straße von *Grinario*/Köngen aus weiter über *Clarenna*/Cannstatt und *Aquileia*/Aalen verlaufen sei, wird heute stattdessen im Allgemeinen von der Forschung eine weiter südlich verlaufende Route bevorzugt.[59] Nach über zweihundertjähriger Forschung ist der Verlauf des Straßenzugs von *Vindonissa*/Windisch zumindest bis *Grinar(io)*/Köngen zweifelsfrei geklärt. Bereits für die nächstgenannten Stationen wie *Clarenna*/Donnstetten(?) oder auch *Ad Lunam*/Urspring(?) bleibt diese eindeutige Klärung eine Aufgabe der Zukunft.

51 E. Paulus, in: OAB Böblingen (Stuttgart, Tübingen 1850) 90ff. bes. 92. – Knopf 2000, 15ff.; Ade-Rademacher/Rademacher 2004, 9ff. (zur Forschungsgeschichte). Zu den aktuellen Grabungen D. Ade-Rademacher, Arch. Ausgr. Baden-Württemberg 2006, 128ff.

52 Gaubatz-Sattler 1999, 382 Nr. 84 (mit Lit.). – Vgl. Haug/Sixt 1914, 209; Keune RE IV A,1 (1931) s. v. Sumelocenna, Sp. 886–895 bes. 887; A. Gaubatz-Sattler, RGA^2 30 (2001) 129–134 bes. 131 (auch zum Folgenden).

53 Jaumann 1840, bes. 117ff. – Vgl. Keune, RE I A,2 (1920) Sp. 2228.

54 Vgl. Gaubatz-Sattler 2001 (Anm. 52) 131.

55 Paulus 1866, bes. 26ff.; ders. 1875, 178.

56 Eine Auswahl: Näher 1881, 28 mit Taf. 1; Paulus [d. J.] 1887, 104; Buck 1887, 183; Holder 1896, Sp. 2041; Bohnenberger 1899, 11; v. Sarwey 1899, 102.

57 CIL XIII 2,1 (1899) 216f. – Zum Datum des Drucks vgl. H. Prescher, ORL B 66b (1900) 4; Lachenmaier 1901, 5.

58 Pauly 1836, 33.

59 Grundlegend Miller 1916, Sp. 261ff. (mit z. T. abweichenden Deutungen). – Zur Person G. Husslein, Prof. Dr. Dr. h. c. Konrad Miller zum Gedächtnis. Fundber. Baden-Württemberg 19/1, 1994, 761–769 bes. 764ff.; Nick 2004, 40. – Zur Lokalisierung der Stationen vgl. Hertlein 1928, 19; 43; P. Goessler (Bearb.), Tabula Imperii Romani, Bl. M 32: Mainz (Frankfurt/Main 1940) 20ff.; Walser 1983, 30f. mit Beil.; ders. (Bearb.), CIL XVII, 2 (1986) 240f.; Heiligmann 1990, 26f.; Talbert 2000, Karte 12; dazu die Erläuterungen in: Bd. 1, 169ff. (H. Bender); 267 (G. D. Woolf); A. Kolb/G. Walser/G. Winkler (Bearb.), CIL XVII 4,1 (2005) 29ff. Zum Teil veraltet: Rasch 2005, 10ff. Kritisch auch E. Weber, Tyche 21, 2006, 194. Für freundliche Auskünfte sei C.-M. Hüssen, RGK Ingolstadt vielmals gedankt.

Bildnachweis

Nach Weber 1976, Segm. IV 1–2 (Foto Württ. Landesbibliothek Stuttgart): 1
Nach Leichtlen 1825, Beil. I (Foto Württ. Landesbibliothek Stuttgart): 2
S. Peisker, Ludwig-Maximilians-Universität München, Institut für Vor- u. Frühgeschichtliche Archäologie und Provinzialrömische Archäologie: 3

Abgekürzt zitierte Literatur

Ade-Rademacher/ Rademacher 2004	D. Ade-Rademacher/R. Rademacher, Reich an Vergangenheit. Römer und Alamannen in Sindelfingen. Schriftenr. Stadtarchiv Sindelfingen 6 (Sindelfingen 2004).
Bender 1975a	H. Bender, Archäologische Untersuchungen zur Ausgrabung Augst-Kurzenbettli. Ein Beitrag zur Erforschung der römischen Rasthäuser. Antiqua 4 (Frauenfeld 1975).
Bender 1975b	H. Bender, Römische Straßen und Straßenstationen. Kl. Schr. Kenntnis röm. Besetzungsgesch. Südwestdeutschland 13 (Stuttgart 1975).
Bohnenberger 1899	K. Bohnenberger, Römische Ortsbezeichnungen in Süddeutschland, insbesondere in Württemberg. Württ. Vierteljahresh. Landesgesch. N.F. 8, 1899, 1–11.
Braun 1985	R. Braun, Die Erforschung der „Teufelsmauer" in Württemberg bis 1890. Fundber. Baden-Württemberg 10, 1985, 37–75.
Braun 1991	R. Braun, Frühe Forschungen am obergermanischen Limes in Baden-Württemberg. Schr. Limesmus. Aalen 45 (Stuttgart 1991).
Brodersen 2003	K. Brodersen, Terra Cognita. Studien zur römischen Raumerfassung. Spudasmata 59[2] (Hildesheim u.a. 2003).
Buchner 1818	J. A. Buchner, Reisen auf der Teufelsmauer. Eine Untersuchung über die Schutz-Anstalten im jenseits der Donau gelegenen Rhaetien, nebst einer Abhandlung über den Carls Canal (Regensburg 1818).
Buchner 1821	A. Buchner, Reisen auf der Teufels-Mauer. Eine Untersuchung über Entstehung, Lage und Überbleibsel der römischen Grenzwälle gegen Deutschland, der nebenher laufenden grossen Heer- und Handelstrassen und der längs denselben erbauten festen Lager und Kastelle. Zweites Heft enthält die Reise in Schwaben (Regensburg 1821).
Buck 1887	Buck, Zu den Ortsnamen der Peutingerschen Tafel. Württ. Vierteljahresh. 10, 1887, 181–186.
Clüver 1616	Ph. Clüver, Germaniae antiquae libri tres. Adjectae sunt Vindelicia et Noricum (Leiden 1616).
Clüver 1631	Ph. Clüver, Germaniae antiquae libri tres. Adjectae sunt Vindelicia et Noricum (Leiden 1631).
Clüver 1663	Ph. Clüver, Germaniae antiquae libri tres. Adjectae sunt Vindelicia et Noricum (Leiden 1663).
Donop 1841	Donop, Sumlocenne ob Samulocenis? Auch ein Wort über die Vindonissa-Regino-Strasse (Hildburghausen 1841).
Filtzinger 1986	Ph. Filtzinger, Römische Archäologie in Südwestdeutschland gestern und heute. In: Filtzinger/Planck/Cämmerer 1986, 13–22.
Filtzinger/Planck/Cämmerer 1986	Ph. Filtzinger/D. Planck/B. Cämmerer (Hrsg.), Die Römer in Baden-Württemberg[3] (Stuttgart 1986).
Fischer 2003	Th. Fischer, Handelswege vom Rhein zur Donau in römischer Zeit. In: C. v. Carnap-Bornheim/H. Friesinger (Hrsg.), Wasserwege: Lebensadern – Trennungslinien. 15. Internat. Symposium „Grundprobleme der frühgeschichtlichen Entwicklung im mittleren Donauraum" Schleswig 2002. Schr. Arch. Landesmus. Ergänzungsreihe 5 (Schleswig 2003) 71–79.
Gaubatz-Sattler 1999	A. Gaubatz-Sattler, SVMELOCENNA. Geschichte und Topographie des römischen Rottenburg am Neckar nach den Befunden und Funden bis 1985. Forsch. u. Ber. Vor- u. Frühgesch. Baden-Württemberg 71 (Stuttgart 1999).
Goessler 1931	P. Goessler, Zur Geschichte der Arae Flaviae-Deutung. In: Rottweiler Geschichts- und Altertumsverein (Hrsg.), Festschrift zum 100jährigen Bestehen des Vereins 1831–1931 (Rottweil 1931) 31–45.
Greule 2005	A. Greule, Keltische Ortsnamen in Baden-Württemberg. In: Arch. Landesmus. Baden-Württemberg (Hrsg.), Imperium Romanum. Roms Provinzen an Neckar, Rhein und Donau. Begleitband zur Ausstellung (Stuttgart 2005) 80–84.
Haug 1790	B. Haug, Das Gelehrte Wirtemberg (Stuttgart 1790, Nachdruck Hildesheim 1979).
Haug/Sixt 1914	F. Haug/G. Sixt, Die römischen Inschriften und Bildwerke Württembergs[2] (Stuttgart 1914).
Heiligmann 1990	J. Heiligmann, Der „Alb-Limes". Ein Beitrag zur römischen Besetzungsgeschichte Südwestdeutschlands. Forsch. u. Ber. Vor- u. Frühgesch. Baden-Württemberg 35 (Stuttgart 1990).
Hertlein 1928	F. Hertlein, Die Geschichte der Besetzung des römischen Württemberg. Die Römer in Württemberg 1 (Stuttgart 1928).
Holder 1896	A. Holder, Alt-Celtischer Sprachschatz Bd. 1 (Leipzig 1896).
Jaumann 1824	J. I. v. Jaumann, Die Römerstrasse von Vindonissa nach Reginum. Württ. Jahrb. 1824, 301–327.

Jaumann 1840 — J. I. v. Jaumann, Colonia Sumlocenne. Rottenburg am Neckar unter den Römern. Mit Rücksicht auf das Zehentland und Germanien überhaupt. Ein antiquarisch-topographischer Versuch (Stuttgart, Tübingen 1840).

Kleiber 1979 — W. Kleiber, Vordeutsche, nichtgermanische Gewässer- und Siedlungsnamen. Historischer Atlas von Baden-Württemberg III,5. Beiwort zur Karte (Stuttgart 1979).

Knopf 2000 — Th. Knopf, Das römische Sindelfingen. Materialh. Arch. Baden-Württemberg 55 (Stuttgart 2000).

Körner/Jahn 2005 — H.-M. Körner (Hrsg.), unter Mitarbeit v. B. Jahn, Große Bayerische Biographische Enzyklopädie (München 2005).

Lachenmaier 1901 — Lachenmaier, Zu „Clarenna-Wendlingen" und „Ad Lunam-Urspring". Westdt. Zeitschr. 20, 1901, 5–13.

Leichtlen 1818 — J. Leichtlen, Über die römischen Alterthümer in dem Zehnlande zwischen dem Rhein, dem Main und der Donau, inbesondere im Grosherzogthum Baden. Forsch. im Gebiete der Geschichte, Alterthums- u. Schriftenkunde Deutschlands I 1 (Freiburg 1818).

Leichtlen 1825 — J. Leichtlen, Schwaben unter den Römern, in zwei Karten dargestellt. Nebst Untersuchungen über die Oberdonau-Straße der Peutinger-Tafel von Windisch bis Regensburg, insbesondere über die Hauptstadt Samulocenae. Forsch. im Gebiete der Geschichte, Alterthums-, Sprach- u. Schriftenkunde Deutschlands I 4 (Freiburg 1825).

Levi 1967 — A. u. M. Levi, Itineraria Picta. Contributo allo studio della Tabula Peutingeriana (Roma 1967).

Luik 1996 — M. Luik, Köngen – Grinario I. Forschungsgeschichte, Fundstellenverzeichnis, Studien zu ausgewählten Fundgruppen. Forsch. u. Ber. Vor- u. Frühgesch. Baden-Württemberg 62 (Stuttgart 1996).

Luik 2005a — M. Luik, Köngen (ES). Kohortenkastell und Vicus. In: D. Planck (Hrsg.), Die Römer in Baden-Württemberg. Römerstätten und Museen von Aalen bis Zwiefalten (Stuttgart 2005) 149–151.

Luik 2005b — M. Luik, Alte und neue Bronzefunde aus Köngen – Grinario. Fundber. Baden-Württemberg 28/1, 2005, 261–291.

Mannert 1792 — K. Mannert, Geographie der Griechen und Römer. Germania, Rhaetia, Noricum, Pannonia. Dritter Teil (Nürnberg 1792).

Mannert 1807 — K. Mannert, Die älteste Geschichte Bajoariens und seiner Bewohner. Aus den Quellen entwickelt (Nürnberg, Sulzbach 1807).

Mannert 1820 — K. Mannert, Geographie der Griechen und Römer. Germania, Rhaetia, Noricum, Pannonia. Dritter Teil[2] (Leipzig 1820).

Memminger 1820 — J. D. G. Memminger, Beschreibung oder Geographie und Statistik, nebst einer Übersicht der Geschichte von Würtemberg (Stuttgart, Tübingen 1820).

Memminger 1841 — J. D. G. Memmingers Beschreibung von Württemberg[3] (Stuttgart, Tübingen 1841).

Michaud 1968 — J. F. Michaud (Hrsg.), Biographie universelle ancienne et moderne Bd. 29 (Paris 1854 ff.; Nachdr. Graz 1968).

Miller 1916 — K. Miller, Itineraria Romana. Römische Reisewege an der Hand der Tabula Peutingeriana (Stuttgart 1916).

Mozin 1807 — [D. J.] Mozin, Les charmes du Wurttemberg ou petits voyages destinés à la jeunesse, contenant la description des lieux, points de vue etc. les plus remarquables de ce royaume, et de plusieurs belles contrées de la Souabe et de la Suisse[2] (Tübingen 1807).

Näher 1881 — J. Näher, Das römische Strassennetz in den Zehntlanden, besonders in dem badischen Landestheil desselben. Bonner Jahrb. 71, 1881, 1–106.

Neumaier 1993 — H. Neumaier, Christian Ernst Hansselmann. Zu den Anfängen der Limesforschung in Südwestdeutschland. Materialh. Vor- u. Frühgesch. Baden-Württemberg 18 (Stuttgart 1993).

Nick 2004 — M. Nick, „Beweiß, wie weit der Römer Macht ..." – 500 Jahre Römerforschung in Baden-Württemberg. Begleitheft zur Wanderausstellung des Archäologischen Landesmuseums Baden-Württemberg und des Landesdenkmalamtes Baden-Württemberg. Arch. Inf. Baden-Württemberg 50 (Stuttgart, Esslingen 2004).

Nuber 2005 — H. U. Nuber, Zu Wasser und zu Lande. Das römische Verkehrsnetz. In: Arch. Landesmus. Baden-Württemberg (Hrsg.), Imperium Romanum. Roms Provinzen an Neckar, Rhein und Donau. Begleitband zur Ausstellung (Stuttgart 2005) 410–419.

OAB Esslingen — Beschreibung des Oberamts Esslingen (Stuttgart 1845, Nachdr. Magstadt 1973).

Oken 1825 — L. Oken, Rez. von J. Leichtlen, Schwaben unter den Römern, in zwey Karten dargestellt. Nebst Untersuchungen über die Oberdonau-Strasse der Peutinger-Tafel von Windisch bis Regensburg, insbesondere über die Hauptstadt Samulocenae (Freiburg 1825). Isis Bd. 2, H. 8, 1825, 849–854.

Oken 1832 — L. Oken, Über die Römerstraße von Windisch bis Regensburg. Isis 1832, Sp. 1245–1274.

Paret 1929 — O. Paret, Die Anfänge der Urgeschichtsforschung in Württemberg. Württ. Vierteljahresh. Landesgesch. N. F. 35, 1929, 1–37.

Paret 1932 — O. Paret, Die Siedlungen des römischen Württemberg. Die Römer in Württemberg 3 (Stuttgart 1932).

Paret 1939 — O. Paret, Grinario. Das römische Kastell und Dorf bei Köngen (Tübingen 1939).

Paret 1948 — O. Paret, Eduard Paulus. Topograph, Geognost und Archäologe 1803–1878. In: Schwäb. Lebensbilder 4 (Stuttgart 1948) 168–186.

Paulus 1835 — E. Paulus, Weitere Entdeckung der römischen Straße durch den Schönbuch und ihres Zugs nach Rottenburg. Württ. Jahrb. 1835, 376–397.

Paulus 1838 — E. Paulus, Der Zug der auf der Peutingerschen Tafel gezeichneten römischen Straße von Vindonissa bis Samulocenis, Windisch bis Rottenburg. Württ. Jahrb. 1837/I (1838) 177–187.

Paulus 1843 E. Paulus, Römische Alterthümer auf dem Burgfeld bei Köngen, Oberamts Eßlingen. Württ. Jahrb. 1843, 126–138.

Paulus 1847 E. Paulus, Die römische Niederlassung bei Köngen in der mittleren Neckargegend. Bonner Jahrb. 10, 1847, 47–52.

Paulus 1866 E. Paulus, Erklärung der Peutinger Tafel mit besonderer Anwendung derselben auf die Strassenlinien von Windisch (Vindonissa) nach Regensburg (Reginum) und von Pfin (Ad Fines) nach Augsburg (Augusta Vindelicum). Schr. Württ. Altertumsver. 8 (Stuttgart 1866).

Paulus 1876 E. Paulus, Die Alterthümer in Württemberg aus der römischen, altgermanischen (keltischen) und alemannischen (fränkischen) Zeit. Württ. Jahrb. 1875 (1876), 2. Teil, 149–200.

Paulus 1887 E. Paulus, Die Heerstraße der Peutinger-Tafel von Vindonissa (Windisch) bis Abusina (Eining), mit besonderer Berücksichtigung ihres Zuges durch Württemberg. Württ. Vierteljahresh. 10, 1887, 102–109.

Pauly 1833 A. Pauly, Neu entdeckte Alterthümer. Der neueste antiquarische Fund zu Köngen. Württ Jahrb. 1832/I (1833) 39–46.

Pauly 1836 A. Pauly, Über den Strassenzug der Peutingerschen Tafel von Vindonissa nach Samulocenis, und von da nach Regino. Einladungsschrift zu der Feier des Geburts-Festes Seiner Majestät des Königs Wilhelm von Württemberg (Stuttgart 1836).

Planck 1975 D. Planck, Arae Flaviae I. Neue Untersuchungen zur Geschichte des römischen Rottweil. Forsch. u. Ber. Vor- u. Frühgesch. Baden-Württemberg 6 (Stuttgart 1975).

Planck 1977 D. Planck, Das römische Kastell Grinario – Köngen a. N. Zum wiedereröffneten Museum im Kastellturm. Bl. Schwäb. Albver. 83, 1977, 127–129.

Planck 1978a D. Planck, Ein neues Befestigungswerk in Köngen, Kreis Esslingen. Arch. Ausgr. 1977 (1978) 43–45.

Planck 1978b D. Planck, Kastell Grinario – Köngen a. N. Faltblatt (Stuttgart 1978).

Planck 1980a D. Planck, Das römische Gräberfeld von Köngen – Grinario. Arch. Ausgr. 1979 (1980) 64–69.

Planck 1980b D. Planck, Archäologische Untersuchungen im Kastelldorf von Köngen – Grinario. Arch. Ausgr. 1979 (1980) 70–77.

Planck 1994 D. Planck, Neues zum römischen Vicus Grinario – Köngen, Kreis Esslingen. Arch. Ausgr. Baden-Württemberg 1993 (1994) 158–162.

Planck 2002 D. Planck, Paret, Oscar (1889–1972). In: B. Ottnad/F. L. Sepaintner (Hrsg.), Baden-Württembergische Biographien 3 (Stuttgart 2002) 292–295.

Planck 2005a D. Planck (Hrsg.), Die Römer in Baden-Württemberg. Römerstätten und Museen von Aalen bis Zwiefalten. (Stuttgart 2005).

Planck 2005b D. Planck, 500 Jahre Römerforschung in Baden-Württemberg. Eine positive Bilanz. In: Arch. Landesmus. Baden-Württemberg (Hrsg.), Imperium Romanum. Roms Provinzen an Neckar, Rhein und Donau. Begleitband zur Ausstellung (Stuttgart 2005) 22–27.

Prugger 1823 C. Prugger, Versuch, die Heerstraße der Römer von Passau an bis Windisch in der Schweiz zu lokalisieren. Hist. Abhandl. Kgl.-Bayer. Akad. Wiss. 5 (München 1823).

Raiser 1820 J. N. v. Raiser, Die römischen Alterthümer zu Augsburg, und andere Denkwürdigkeiten des Ober-Donau-Kreises (Augsburg 1820).

Rasch 2005 G. Rasch, Antike geographische Namen nördlich der Alpen (Hrsg. S. Zimmer). RGA Ergbd. 47 (Berlin, New York 2005).

Rathmann 2003 M. Rathmann, Untersuchungen zu den Reichsstraßen in den westlichen Provinzen des Imperium Romanum. Bonner Jahrb. Beih. 55 (Mainz 2003).

Reichard 1822 C. G. Reichard, Über den Limes Transdanubianus und Transrhenanus der Römer und das von ihm begränzte Stück Land. Neue allgemeine geographische Ephemeriden 10/4, 1822, 347–394.

Reichard 1824 Ch. G. Reichard, Orbis terrarum antiquus cum thesauro topographico (Nürnberg 1824).

Reichardt 1982 L. Reichardt, Ortsnamenbuch des Kreises Esslingen. Veröff. Komm. Gesch. Landeskde. Baden-Württemberg B 98 (Stuttgart 1982).

Reisach 1803 J. A. v. Reisach, Beschreibung der römischen und deutschen Alterthümer im Herzogthum Neuburg. Pfalz-Neuburgische Provinzialbl. 2, 1803, 385–417.

Reuter 1999 M. Reuter, Studien zu den *numeri* des Römischen Heeres in der Mittleren Kaiserzeit. Ber. RGK 80, 1999, 357–569.

Röder 1787 Ph. L. Röder, Geographie und Statistik Wirtembergs (Ljubljana 1787).

Röder 1800 Ph. Röder, Geographisches Statistisch-Topographisches Lexikon von Schwaben … (Stettin 1800).

Röder 1812 Ph. Röder, Neueste Kunde von dem Königreiche Württemberg, aus guten Quellen bearbeitet (Weimar 1812).

Röder 1820 Ph. L. H. Röder, Geographie und Statistik Wirtembergs, der Geographie erste Abtheilung, den Nekar-Kreis enthaltend (Heilbronn 1820).

Sarwey 1899 O. v. Sarwey, Römische Strassen im Limesgebiet. Westdt. Zeitschr. 18, 1899, 1–45; 93–128.

Sattler 1784 Ch. F. Sattler, Topographische Geschichte des Herzogthums Würtemberg und aller demselben einverleibten Herrschaften, worin die Städte, Klöster und derselben Aemter nach ihre Lage, ehemaligen Besizern, Schiksalen, Natur- und andern Merkwürdigkeiten ausführlich beschriben sind (Stuttgart 1784).

Schmidt 1844 F. W. Schmidt, Die Ober-Donau-Straße der Peutingerschen Tafel von Brigobanne bis Abusena. Nebst dem Segment der Peutingerschen Tafel, welches die Straße von Vindonissa bis Regino enthält (Berlin 1844).

Sickler 1832	F. K. L. Sickler, Handbuch der alten Geografie für Gymnasien und zum Selbstunterricht ...[2] (Kassel 1832).
Stälin 1841	Ch. F. Stälin, Wirtembergische Geschichte, Erster Teil. Schwaben und Südfranken von der Urzeit bis 1080 (Stuttgart, Tübingen 1841).
Stichaner 1813	J. v. Stichaner, Ueber die Verbindung Helvetiens mit Vindelizien. Miscellen für die neueste Weltkunde Nr. 16 vom 24. 2. 1813.
Stichaner 1835	J. v. Stichaner, Über die Römerstraße von Vindonissa – Nassenfels, nach Opie – Bopfingen. 5. Jahresber. Hist. Verein Rezatkreis 1834 (1835) 11–21.
Talbert 2000	R. J. A. Talbert, Barrington Atlas of the Greek and Roman World. Map-by-Map Directory 1 (Princeton, Oxford 2000).
Talbert 2007	R. Talbert, Peutinger's Roman Map: the Physical Landscape Framework. In: M. Rathmann (Hrsg.), Wahrnehmung und Erfassung geographischer Räume in der Antike (Mainz 2007) 221–230.
Unz 1982	Ch. Unz, Grinario – Das römische Kastell und Dorf in Köngen. Führer arch. Denkmäler Baden-Württemberg 8 (Stuttgart 1982).
Wahle 1977	E. Wahle, Dr. h. c. Eduard Paulus d. Ä., dem Begründer der archäologischen Denkmalpflege in Württemberg anlässlich seines 100. Todestages am 16. Juni 1978 gewidmet. Zeitschr. Württ. Landesgesch. 36, 1977, 262–297.
Walser 1983	G. Walser, Die römischen Straßen und Meilensteine in Rätien. Kl. Schr. Kenntnis röm. Besetzungsgesch. Südwestdeutschland 29 = Itinera Romana IV (Stuttgart 1983).
Weber 1976	E. Weber, Tabula Peutingeriana. Codex Vindobonensis 324. Kommentar und Karte (Graz 1976).
Weber 1989	E. Weber, Zur Datierung der Tabula Peutingeriana. In: H. E. Herzig/R. Frei-Stolba (Hrsg.), Labor omnibus unus. Festschr. G. Walser. Historia-Einzelschr. 60 (Stuttgart 1989) 113–117.
Westenrieder 1784	L. v. Westenrieder, Erdbeschreibung der baierisch-pfälzischen Staaten. Zum Gebrauch einer baierisch-pfälzischen Geschichte für die Jugend und das Volk (München 1784).
Wetzler 1867	J. Wetzler, Versuch einer Erklärung des römischen Heer-Straßenzugs der Peutinger'schen Tafel von Vindonissa nach Regino (Günzburg 1867).
Winkler 1985	G. Winkler, Die römischen Straßen und Meilensteine in Noricum – Österreich. Schr. Limesmus. Aalen 35 = Itinera Romana VI (Stuttgart 1985).
Zedler 1735	J. H. Zedler, Großes vollständiges Universallexikon aller Wissenschaften und Künste, welche bishero durch menschlichen Verstand und Witz erfunden und verbessert worden (Halle, Leipzig o.J.; Vorwort dat. 1735).

Die Meilensteine des Caracalla aus dem Jahre 212 n. Chr. an der Straße nach *(Aquae) Phoebianae*/Faimingen

HANS ULRICH NUBER UND GABRIELE SEITZ

Baden-Württemberg, ein Land der Mitte, bildete im Laufe seiner 500-jährigen römischen Geschichte bekanntlich kein zusammenhängendes Verwaltungsgebiet. Im Ablauf der Zeit umfasste es Territorialbereiche verschiedener Provinzen, im Westen der *Gallia Belgica*, *Germania superior*, *Germania prima* bzw. *Sequania*, die sich das Bundesland unter anderen mit den Anrainern Schweiz, Frankreich, Rheinland-Pfalz und Hessen teilt, und im Osten der *Raetia et Vindelicia* bzw. *Raetia secunda*, deren Hauptanteile vor allem auf Bayern entfallen. Insofern bedeutet römische Landesgeschichte regelhaft auch die Geschichte der Nachbarn. Eine Illustration hierzu ist unser Beitrag für Dieter Planck,[1] den verdienten Landesarchäologen und Landesdenkmalpfleger. Das Thema fällt nicht nur in sein Arbeitsgebiet, betrifft eines seiner bekanntesten Forschungsobjekte und berührt seine engere Heimatregion. Es zeigt gleichermaßen, dass zwar das Tagesgeschäft in der Landesdenkmalpflege auftragsbedingt, die archäologische Landesforschung hingegen, insbesondere die römische, nicht immer auf das Territorium eines Landes wie Baden-Württemberg zu beschränken ist. Am 30. Oktober 2002 erreichte uns aus Sontheim a. d. Brenz die Nachricht vom Fund einer römischen Säule mit Inschrift.[2] Anfangs konnte noch niemand die Bedeutung erahnen, welche dieser Neufund eines römischen Meilensteines *(miliarium)* erlangen würde, auch über den örtlichen Bezug zu unserer langjährigen Ausgrabungsstätte, einer römischen Straßenstation, hinaus, die wir 1981 im Auftrag der Archäologischen Denkmalpflege übernommen und von 1982 bis 1994 als Forschungsprojekt der Universität Freiburg fortgesetzt haben.[3] Die topographischen Bezüge überschritten mit dem Zählpunkt der römischen Fernstraße ab Faimingen die nur 2 km entfernte Landesgrenze zu Bayern, wo damals auf Initiative von Kurt Bittel zeitgleich Ausgrabungen stattfanden; vom Fortgang beider ließ er sich im Rahmen seiner Nachmittagsbesuche regelmäßig an Ort und Stelle berichten. – Einige Aspekte des Sontheimer Neufundes sind in früheren Veröffentlichungen bereits angesprochen worden,[4] unmittelbar ortsbezogene werden noch im Zusammenhang mit der Edition der Ausgrabungen folgen.

Der Sontheimer Meilenstein und sein Umfeld

Die genau zu lokalisierende Fundstelle (Abb. 1) und die dokumentierten Fundumstände der Meilensäule von Sontheim brachten auch für die beiden 1981 in der Martinskirche in Gundelfingen, Ldkr. Dillingen a. d. Donau, entdeckten Miliarien[5] aufgrund ihrer gleich lautenden Inschriftentexte in Verbindung mit den aufeinander folgenden Meilenangaben den Hinweis, dass jene Steine, die bislang nicht mit Sicherheit einer bestimmten Wegeverbindung zugewiesen werden konnten,[6] wohl entlang desselben Ab-

1 Diese Studie ist Gratulationsbeitrag zum Jubiläum von Dieter Planck und zugleich Zeichen des Dankes für die jahrzehntelange Zusammenarbeit, die 1965 in einem gemeinsamen Wintersemester in München begann und seitdem fortdauerte – eine Zusammenarbeit zwischen der Provinzialrömischen Archäologie der Universität Freiburg und der Landesdenkmalpflege Baden-Württemberg, die viele bemerkenswerte Forschungsergebnisse zeitigte, und der auch diese Arbeit letztlich ihren Ursprung verdankt.

2 Zur Entdeckungsgeschichte vgl. Nuber/Seitz 2002. – Das Original des Steines befindet sich heute im Limesmuseum Aalen, je ein Abguss im Rathaus von Sontheim an der Brenz und im Römermuseum in Heidenheim. – Die Angaben von A. Kolb (Kolb 2003a, 22; CIL XVII/4, 60) sind in diesem Punkt zu korrigieren.

3 Seitz 1996, 58 und Seitz 2005c.

4 Nuber/Seitz 2002; Kolb 2003a; Ann. Épigr. 2002, 1082; 2003, 1287; CIL XVII/4, 60; Nuber 2005, 416.

5 Czysz 1981; Dietz 1985, 75 ff. mit Lit. – Ann. Épigr. 1985, 697 und 698; CIL XVII/4, 61–62.

6 Dietz 1985, 82 Anm. 15. – Theoretisch könnte Caracalla aber auch weitere bzw. alle Faiminger Ausfallstraßen in gleicher Weise begünstigt haben, dann hätten vergleichbare Steine auch an diesen gestanden. Da aber in unserem Fall die ursprünglichen Standorte der dritten und vierten Säule westlich ihres Fundortes, der Martinskirche in Gundelfingen, und damit nicht in Richtung Faimingen zu liegen kämen, ist die Wahrscheinlichkeit ihrer Zugehörigkeit zu der Straße nach Sontheim am größten – es sei denn man argumentiert mit der Herkunft der übrigen Spolien aus der Kirche. Sicher ist aufgrund des Sontheimer Fundes jedoch, dass derartige Miliarien ursprünglich an einer für das folgende Jahr geplanten Reiseroute gestanden hatten, auf der sich der Kaiser, von Westen her kommend, dem Zielort Faimingen nähern sollte.

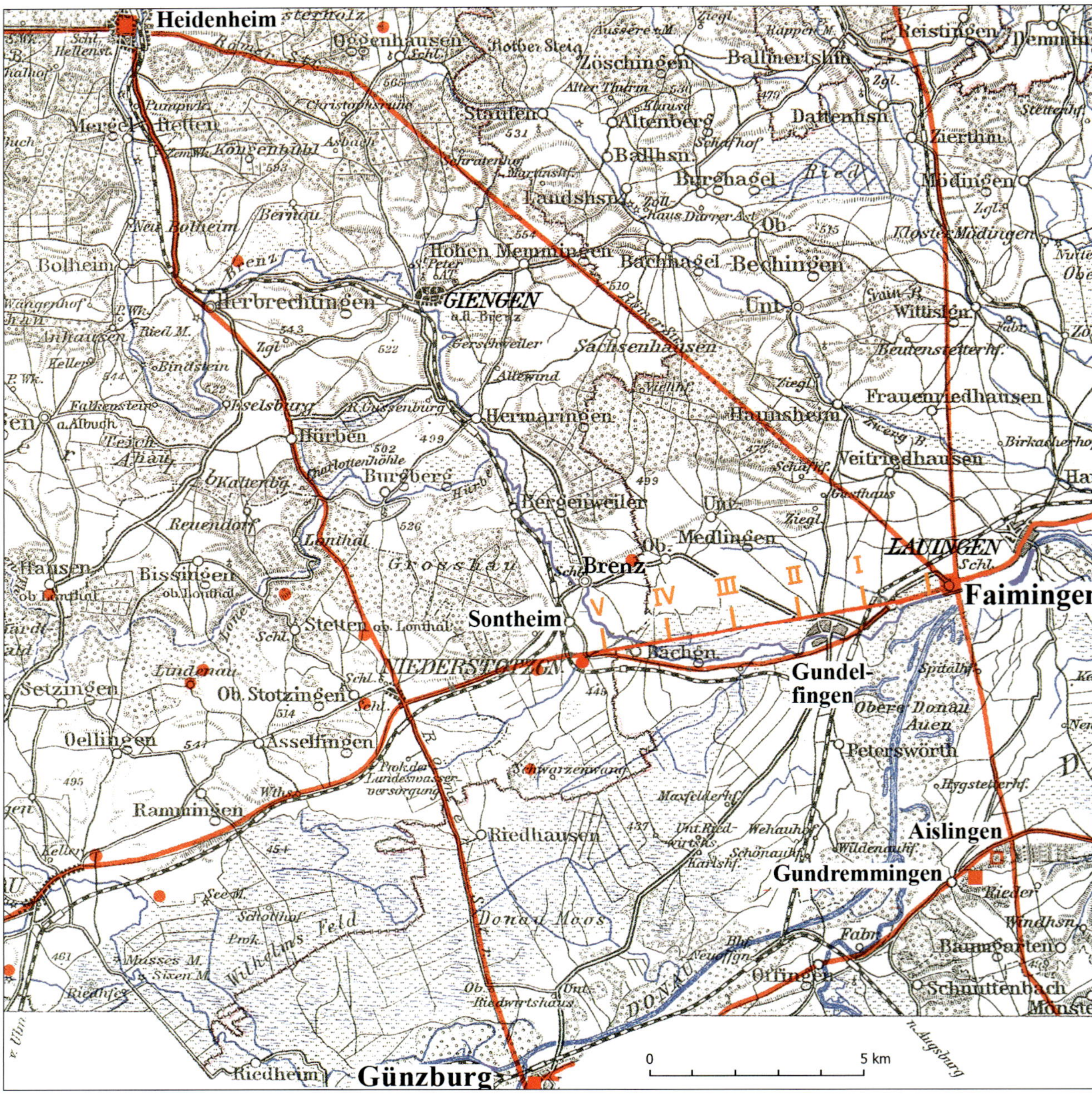

Abb. 1: Umgebung des Straßenabschnitts Sontheim–Faimingen mit Eintrag der Meilensteinstandorte, überarbeitet auf der Kartengrundlage von Paret 1932, Beilage.

schnitts der „Rhein-Neckar-Donau-Straße" gestanden hatten, der im lokalen Bereich von Faimingen – heute ein Ortsteil von Lauingen, Ldkr. Dillingen a.d. Donau – seinen Ausgang nahm und in Richtung Sontheim/Lonsee-Urspring (Alb-Donau-Kreis), den lokalen römischen Gebietsbereich verlassend, quer durch Baden-Württemberg ins Rheinland zog.[7]

Römische Meilensteine werden relativ selten am ursprünglichen Standort, an den römischen Fernstraßen *(viae publicae)* gefunden. Nur in besonders günstigen Fällen sind sogenannte „Meilensteingruppen" anzutreffen oder zu rekonstruieren, d.h. Ansammlungen von Steinen an oder von derselben Stelle, beschriftet mit derselben Abstandszählung, aber

7 Zu diesem Straßenzug Nuber 2005, 414, Abb. 555. A. Kolb (Kolb 2003a, 25) lässt diese Straße von Faimingen aus nur bis zur Kreuzung bei Niederstotzingen ziehen. Auf der Karte „Raetia" (CIL XVII/4 S. 29 und ebd. nach S. 122) bindet sie bei *Ad Lunam*/Urspring und weiter über *Grinario*/Köngen in die Fernverbindung Augsburg–Günzburg–Urspring–Mainz ein. – Der neue Zählpunkt von *Phoebianis* ist – wenn man *Brigantium*/Bregenz eliminiert (Grabherr 1996, 240; Dietz/Pietsch 1998, 52) – nach *Cambodunum*/Kempten und *Augusta*/Augsburg, aber nicht der dritte bekannte in Raetien, wie A. Kolb (Kolb 2003a, 26) meint, sondern der vierte, da sie offenbar *Legio*/Regensburg (vgl. Vollmer 1915, Nr. 485, 488 = CIL XVII/4, 65–67; 70) nicht berücksichtigt hat.

mit unterschiedlichen Kaisertitulaturen.[8] Die in Gundelfingen/Sontheim vorliegende, gleichermaßen rare Konstellation einer zusammenhängenden Serie[9] von drei gleichzeitigen, aufeinander folgenden Meilensäulen, nämlich die dritte, vierte und fünfte an ein und demselben Straßenzug, wobei allerdings nur der Standort der letztgenannten als primär gesichert ist, erlaubt einige weitergehende Betrachtungen.

Die gleich lautenden Inschriften (Abb. 2) auf den beiden Gundelfinger Steinen mit der Nominativ-Titulatur des nach dem Mord an seinem Bruder Geta allein regierenden M. Aurelius Severus Antoninus, genannt Caracalla, hat K. Dietz analysiert, datiert und kommentiert.[10] Als eine Besonderheit der in der Zeit zwischen dem 30. August und 9. Dezember des Jahres 212 n. Chr. erstellten Säulen erwies sich die singuläre Schlussformel des Textes: *vias et pontes dedit.* Während die Nennung von Straßen und Brücken auf Meilensteinen nicht selten als Objekte von Reparaturen *(restitutiones)* erscheint, wie z. B. auf einer Serie nur wenige Monate später datierter Steine aus den Alpes Maritimae über das südliche Obergermanien bis Trier,[11] ist zwar das Verbum *dedit* auf Stiftungen an die Öffentlichkeit oder Weihungen an die Götter überaus geläufig, für die Dokumentation einer kaiserlichen Handlung auf Meilensteinen bisher aber nicht. Der Wortlaut kann daher nur eine besondere persönliche Beziehung zum Ausdruck bringen, wohl durch eine Kostenübernahme von Seiten des Imperators für öffentliche Straßen- und Brückenbauarbeiten, zu denen sonst die Anlieger bzw. Gemeinden herangezogen worden wären.[12]

Die raetische Fernstraße, an der die Steine angetroffen worden sind, existierte als *via militaris* bereits seit der Zeit um 100 n. Chr. Demzufolge kann es sich im vorliegenden Fall auch nicht um einen Neubau, sondern allenfalls um Reparaturen oder einen verbesserten Ausbau – von Schlaglochverfüllungen bis Pflasterungen in Stein – gehandelt haben.[13] Aber auch solche Maßnahmen, die üblicherweise einer geplanten Kaiserreise oder einem Feldzug vorausgingen,[14] kosteten Geld, das in unserem Fall ausnahmsweise eine kaiserliche Kasse trug, am ehesten wohl

8 Schneider 1935, 425; Rathmann 2003, 125 Anm. 736; Nuber 2005, 416.

9 König 1973, 425; CIL XVII/2, 312–316; 317 (= XIII 8861–8864, 8866).

10 Dietz 1985.

11 Schneider 1935, 431; König 1970, 31. – Aus Raetien kennt man dieses Formular *vias et pontes restituerunt* schon seit Septimius Severus im Jahr 201 (Walser 1983, 45 f.).

12 Herzig 1974, 601 f.; Rathmann 2003, 137 ff.

13 Nuber/Seitz 2002, 111. – Unsere Bemerkung, auf den übereinstimmenden Erscheinungsbildern der Straßenprofile an der Straßenstation und beim Meilensteinfundort beruhend, wonach die gesamte Straßenführung vor 212 n. Chr. nur aus einem gekiesten Erddamm bestanden hat, ist insofern zu präzisieren, als diese Gegend dem schleichenden Substanzverlust durch agrarische Nutzung besonders unterliegt (vgl. Planck u. a. 1994, 248 f.). Wir wissen demnach nicht, wie die einst höher gelegene und jetzt verlorene, von Caracalla bezuschusste Straßendecke ausgesehen hat. Denn jedes Jahr während unserer Grabungen konnten wir nach dem Pflügen und einem ersten, kräftigen Abregnen vor Ort die weißen Kalk- und Kieselsteine entlang des römischen Straßenzuges im braunen Ackerboden metergenau beobachten, ehe „Steinklauber" die Erdoberfläche bereinigten; ein Verfahren, das auch innerhalb der Straßenstation zu einem erheblichen Substanzverlust geführt hat. – Zum Aufbau der Straße im Ortsbereich von Lauingen, d. h. der Fortsetzung als Donaunordstraße vgl. H. J. Seitz (Seitz 1973, Taf. 16–18).

14 Halfmann 1986, 86 f.

Abb. 2: Maßhaltige Umzeichnungen der Textformulare der Meilensteine aus Gundelfingen/Donau und Sontheim an der Brenz.

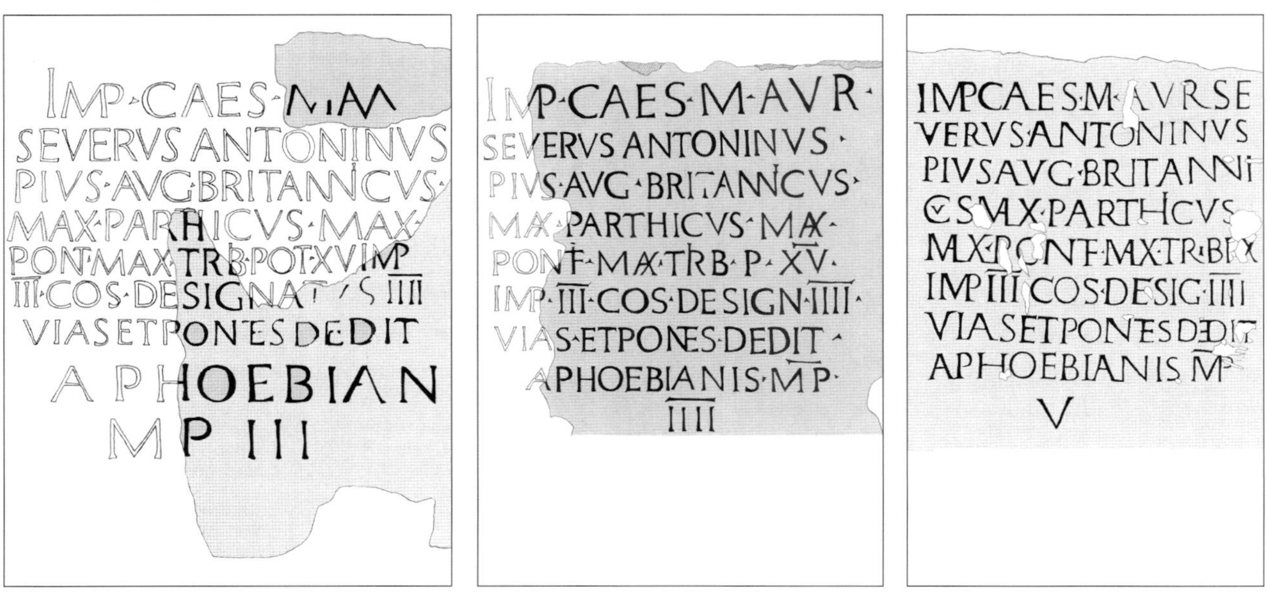

der *fiscus*, weniger das *aerarium*.[15] Womit aber hatten sich die Anwohner diese kaiserliche Großzügigkeit erworben, oder wofür könnte des Kaisers Wohlwollen ein Anlass gewesen sein? In unserem konkreten Fall spielte sicher ein bestimmter religiöser Aspekt eine wesentliche Rolle. K. Dietz nennt als eine Parallele den Ausbau der Heiligen Straße von Milet nach Didyma unter Traian;[16] aus nördlicheren Breiten ist auf eine Privatstiftung von *miliaria* auf dem Weg vom *vicus Saravus* nach dem Bergheiligtum des Merkur auf dem Donon hinzuweisen.[17] Offenbar hatten Pilger, die sich aus der Ferne ihrem Ziel näherten, ein gesteigertes Informationsbedürfnis hinsichtlich der noch vor ihnen liegenden Strecke, weshalb sie umso mehr nach jeder Meile, die sie der gesuchten Gottheit näher brachte, dem Spender dankten, dessen Namen sie am Anfang eines jeden Distanzanzeigers erkennen konnten.

Aufmerksamkeit verdient dabei der Umstand, dass die Sontheimer Meilensäule auf der östlichen, d. h. rechten Straßenseite in Richtung Faimingen beobachtet werden konnte. Ihre Inschrift sprach daher in erster Linie jene Reisenden an bzw. sprang diesen besonders ins Auge, die sich auf der rechten Straßenseite bewegten oder in einem Reisewagen auf der rechten Seite saßen. Dieselbe Aufstellung kennzeichnet auch das bekannte Steinensemble an der Rheintalstraße, die nach Mainz führte, auf der Höhe von Koblenz, bei der Meile LIX.[18] Bekanntlich wurde in der Antike die Rechte *(dextera [manus])* positiver bewertet und stärker geschätzt als die linke *(sinistra, laeva)* Seite[19], offenbar auch beim Verkehr auf Straßen. Vom „rechten" Weg, *dextra via*, ist bei antiken Schriftstellern mehrfach im konkreten oder übertragenen Sinn die Rede. Ob sich so etwas wie eine Vorschrift dahinter verbirgt oder schlicht die geübte Praxis, d. h. ohne damit für die römische Zeit generell den Rechtsverkehr postulieren zu wollen,[20] sei für Sontheim jedenfalls festgehalten, dass die Position der Steine bevorzugt für Reisende gedacht war, die sich dem Ort Faimingen näherten, die Distanzanzeige also im Sinne einer Angabe noch zu bewältigender Meilen bis zum Ziel erfassten. Reisende, die sich aus dem *caput viae* entfernten, konnten selbstverständlich mit einem Blick nach links die Anzahl ihrer zurückgelegten Meilen ebenfalls feststellen. Die Lage rechter Hand der Straße ist unseres Erachtens für die Situation der Straßenstation in Sontheim gleichermaßen von Bedeutung.[21]

Eine weitere, bautechnische Beobachtung gilt der Fertigung und Aufstellung der Meilensteine an dieser Straße; anderenorts mag dies unterschiedlich gehandhabt worden sein. Jedenfalls wurden hier die Meilensteine nicht zentral gefertigt und anschließend in gleichen Abständen an der Straße verteilt, wie das heute beim Aufstellen von Verkehrsschildern geschieht. Vielmehr erfolgte die Anlieferung als Rohlinge, die an Ort und Stelle nachgearbeitet und anschließend aufgestellt wurden.[22] Dort erhielten sie auch von der Hand unterschiedlicher Steinmetzen ihre Inschriften. Dies bringt zum einen der auf der Sohle des Straßengrabens beobachtete Splittabfall sowie in einer Zusammenschau die Ausführung der drei Inschriften (Abb. 2) zum Ausdruck. Während der Schriftcharakter durchaus als ähnlich bezeichnet werden kann, zeigen sich in der Einzelausführung auf allen drei Steinen zahlreiche unterschiedliche Buchstabenkombinationen und Zeilenaufteilungen des neunzeiligen Textes,[23] den offensichtlich die jeweiligen Bearbeiter aus einer Augsburger (?) bzw. Faiminger Werkstatt als Abschriften bei sich führ-

15 Pekáry 1968, 97 ff; 168 ff. – Herzig 1974, 638 ff. – Rathmann 2003, 137 f.

16 Dietz 1985, 84.

17 CIL XIII 4549; Fuchs 1914, 62 ff.; Forrer 1917, 35; Schneider 1935, 423.

18 Hagen 1931, 17 ff. – J. Hagen bezeichnet sie als von Mainz aus links stehend. Aber die drei überprüfbaren stehen rechts, wenn man sie in Richtung Mainz und in chronologischer, d. h. in der Reihenfolge ihrer Aufstellung: Claudius, Nerva, Traian sieht, was auch mit dem Fundorteintrag der Pölicher Meilensteingruppe rechts der Straße nach Trier übereinstimmt (Krüger 1932, 5 Abb. 3). – Leider sind die Meilensteingruppen aus Ladenburg (CIL XVII 2, 631–635), Heidelberg (ebd. 636–643), Hagenbach (ebd. 605–609) und Sinzheim/Steinbach (ebd. 646–648) nur aus dislozierten Säulen zu rekonstruieren. – Der Stein aus Friolzheim musste unberücksichtigt bleiben, da dieser hangabwärts verstürzt lag und dort der Straßenzug nicht erfasst, sondern nur vermutet wurde (Paret 1935, 101). Im Falle der Funde (1965) aus Nettersheim (CIL XVII 2, 556) und Hoven (ebd. 557) ist der genaue Bezug zur Straße der Literatur nicht zu entnehmen.

19 Georges 1951, I 2123 *(dexter)*; II 543 *(laevus)*; 2685 *(sinister)*; Gornatowski 1936, 54 ff.

20 Nach K. Schneider (Schneider 1935, 408 [Koblenz, links] 410 f. [Igel, rechts], G. Radke (Radke 1971, Sp. 38) und H. Bender (Bender 1975, 12) konnten Meilensteine links und rechts an den Straßen stehen. – In dieser Frage helfen Reliefdarstellungen mit Fahrzeugen vor Meilensäulen aus Arlon (Lefèbvre 1975, 75 f. Abb. 46) oder Trier (Schindler 1970, 51 Abb. 148), besonders aber in Igel (Dragendorff/Krüger 1924, 79 mit Abb. 49) nur bedingt weiter. In Igel z. B. musste der Künstler den Stein auf den Bildhintergrund, d. h. auf die linke Straßenkante versetzen, sonst hätte dieser die Aufbruchszene nach rechts verdeckt und die Distanzangabe L(eugae) IIII wäre nicht zu lesen gewesen, während auf dem Relief aus Trier ein müder Heimkehrer die Säule rechter Hand vor sich sieht.

21 Die Station Sontheim (Seitz 2006) liegt bekanntlich südlich der Straße. Mit ihrer Distanz von 5,5 Meilen vor Faimingen war diese vor allem für Reisende von Interesse, die ihr Ziel am selben Tag nicht mehr erreichen konnten oder wollten. Von Faimingen ausgehend, könnte hier vor allem der Schwerverkehr (mit Ochsen) eine erste Rast gemacht haben.

22 Anders Dietz/Pietsch 1998, 51.

23 Die vermeintliche Abweichung unserer Lesung (Kolb 2003a, 23, Anm. 13) geht auf einen redaktionellen Eingriff zurück, wie aus dem Text und der Übersetzung leicht erkennbar ist.

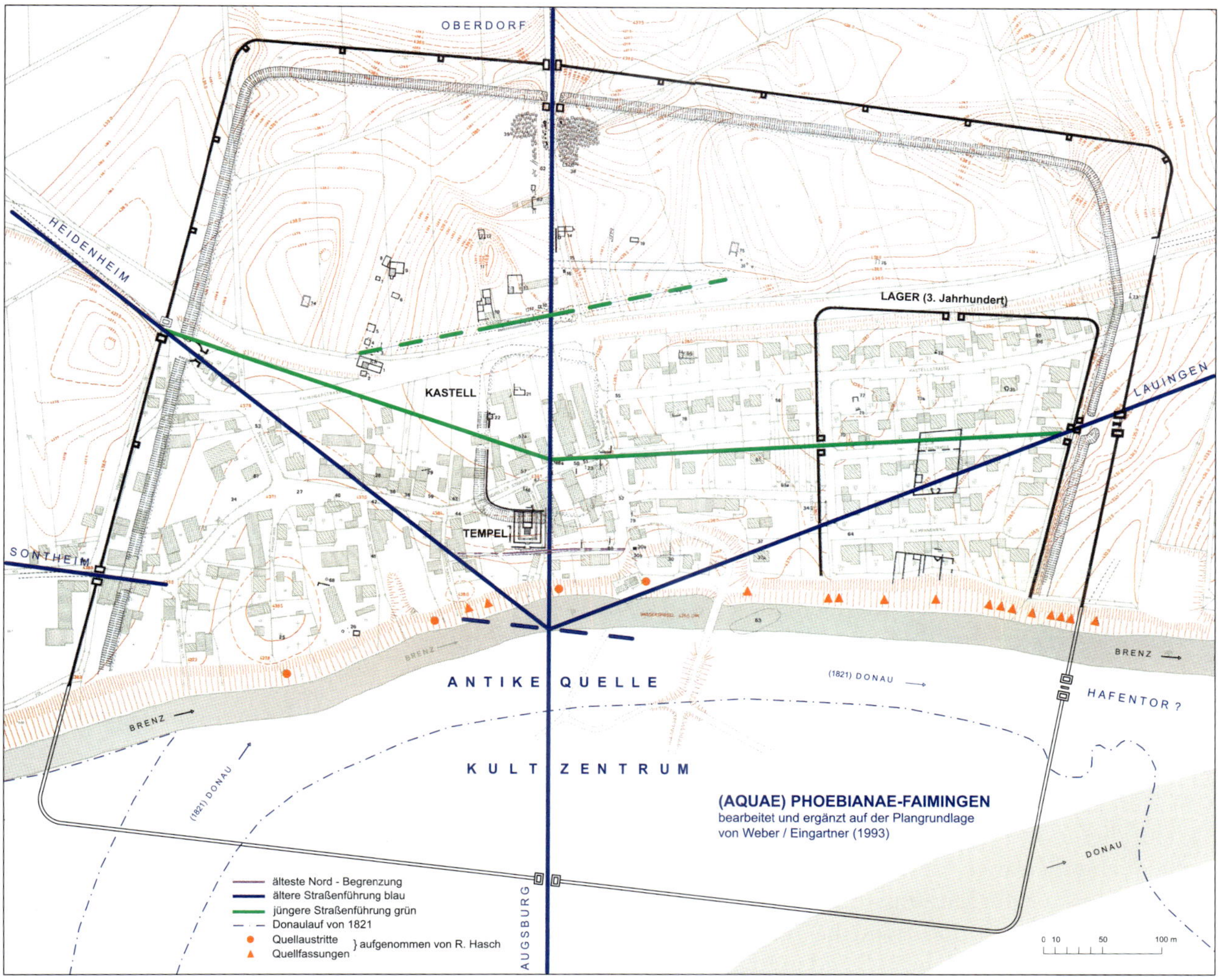

Abb. 3: Plan von *(Aquae) Phoebianae*/Faimingen mit Eintrag der erschlossenen Straßentrassen und mutmaßlicher Lage des Kultzentrums, bearbeitet auf der Kartengrundlage von Weber 1993.

ten. Denn zumindest zwei Inschriften (beim dritten ist gerade diese Textstelle nicht erhalten) zeigen auch dieselbe Abweichung in der Titulatur des Kaisers: Caracalla zählte im Herbst 212 n. Chr. nach offizieller Lesart[24] erst zwei imperatorische Akklamationen *Britannicus Maximus* und *Parthicus Maximus;* den „IMP III" nahm er erst ein Jahr später an, nämlich im September 213 n. Chr. für einen Sieg in Germanien.[25] Diese konsequent wiederholte Falschangabe, die auch im Text nicht durch einen „*Germanicus Maximus*" ergänzt wird, stand demzufolge schon auf der Original-Vorlage.[26] Eine noch weiter gehende

24 Mastino 1981, 15 f. 106, wenngleich gerade für diesen Zeitabschnitt auch verschiedentlich Verschreibungen festzustellen sind (Dietz 1985, 81).

25 Zur Diskussion und Interpretation der früheren Akklamation „*Germanicus maximus*" seitens der Arvalbrüder siehe ausführlich L. Okamura (Okamura 1984, 11 ff.). – Caracalla erhielt diesen Siegestitel jedenfalls nicht für seinen Sieg im viel zitierten „Alamannenkrieg". Die fortdauernde und unreflektierte Erstbenennung der Alamannen unter Caracalla zum Jahr 213 n. Chr. negiert den Erkenntnisfortschritt in dieser Frage seit 1984 (Okamura 1984; Springer 1984). Tatsache ist, dass alle zeitgenössischen römischen und offiziellen Zeugnisse unter diesem Kaiser und seinen Nachfolgern allein die Bezeichnung *Germani/Germanicus* kennen (Mastino 1982, 138 f.; Kienast 1990, 162; Birley 1997, 189) und die Bezeichnung *Alamanni/Alamannicus* erst seit 289 n. Chr. in zeitgleichen Quellen erscheint (Geuenich 1997, 73 ff.; Nuber 1997, 59 f.; Rübekeil 2004, 116: frdl. Hinweis G. Fingerlin). Dessen ungeachtet kann die Genese dieses (germanischen) Begriffs bzw. seine spezifische Anwendung zur Bezeichnung einer bestimmten germanischen Menschengruppe von deren Seite bereits früher und außerhalb römischen Provinzgebietes eingesetzt haben (Rübekeil 2004), ohne dass dieser zeitgleich Eingang in den offiziellen römischen Sprachgebrauch gefunden haben muss.

26 Der wiederholte Fehler auf den drei Meilensteinen bei Innsbruck bzw. Garmisch-Partenkirchen (Schleiermacher 1965, 321; Dietz/Pietsch 1998, 53 f.) ist ebenso zu erklären. – In Raetien bieten die korrekte Schreibweise der zeitgleichen Titulatur die Inschriften von den Seitentoren des Eininger Lagers (Vollmer 1915, 336 und 338, CIL III 11950, 14111 a–f).

Freiheit, was die Ausgestaltung vor Ort im Einzelnen beinhaltete – darunter drastische Abkürzungen im Textformular –, besaßen offenbar auch 237 n. Chr. unter Maximinus Thrax die Steinmetzen im Gebiet der *Segusiavi* anlässlich der Erneuerung der Straße Feurs–Rodez, woher die erste bis vierte und die neunte Säule überliefert sind.[27]

Der Standort des Sontheimer Steines – 7,8 km Luftlinie vor Faimingen – und die danach errechenbaren ehemaligen Aufstellungsorte der Gundelfinger Steine erlauben ferner, diese Straßenführung, die von F. Hertlein besprochen und kartiert wurde[28], auf eine geänderte Nordvariante festzulegen (Abb. 1), die demzufolge nicht südlich der Brenz verlief, um erst bei Gundelfingen den Fluss zu kreuzen. Die Straße zog vielmehr, von der Station Sontheim kommend, in deren Bereich sie auf 150 m Länge festgestellt worden ist, weiterhin geradlinig zum 500 m entfernten, fünften Meilenstein und weiter über eine – noch zu findende – Brücke über die Brenz, die somit – hier jedenfalls – keine natürliche Grenze einer Gebietskörperschaft mit Mittelpunkt Faimingen gebildet hat. Von dort aus erreichte die Straße nördlich des Flusses über Gundelfingen den Zielort Faimingen von Westen her auf direktem Weg.[29] Im Detail ist der Verlauf dieser Straße noch nicht im Gelände festgestellt. Wählt man aber vom Fundort des Sontheimer Meilensteins aus die kürzeste, d. h. die gerade Linie Richtung Faimingen und trägt die rekonstruierten Standplätze des IV. und der folgenden Meilenanzeiger ab (Abb. 1), so kommt man bis auf etwa 300 m vor das Südwesttor der römischen Ansiedlung. Mit einem derart künstlichen und nicht dem Gelände angepassten Verlauf fügt sich diese Straße jetzt jedenfalls sehr viel besser in das Bild der übrigen, völlig geradlinig vermessenen Trassen ein, das alle übrigen Faiminger Ausfallstraßen kennzeichnet. Es ist daher auch davon auszugehen, dass von dem Südwesttor des *vicus* aus die Wegstrecken gemessen wurden und nicht von einem Mittelpunkt im Siedlungskern[30] – obgleich die letztgenannte Möglichkeit in Anbetracht der Vielzahl der dort an einem Punkt geradlinig zusammenlaufenden Straßen auf den ersten Blick besticht (Abb. 3). Mindestens fünf, vielleicht sogar sechs Straßenzüge bildeten in Faimingen einen Kreuzungspunkt *(compitum);* eine ungewöhnlich hohe Zahl, welche die große verkehrspolitische Bedeutung des Ortes hervorhebt.[31]

Dabei darf die andere wichtige Verkehrskomponente des Ortes nicht vergessen werden, der antike Flussverkehr auf der Donau. Heute begrenzt der Lauf der Brenz in einem bis zu 12 m hohen Steilabfall die Südseite der Ansiedlung.[32] Wie frühe Pläne und die ersten Katasterkarten zeigen, mündete diese aber in älterer Zeit weiter westlich als heute in die Donau (Abb. 3), so dass ursprünglich deren Nordufer an den römischen Siedlungsrand stieß.[33] Wie dieser im Einzelnen ausgesehen hat bzw. ausgebaut war, wissen wir nicht, da die nachrömische Erosion des Flusses am Prallhang viel Terrain weggerissen hat (Abb. 3); G. Weber rechnet mit einem Geländeverlust von mindestens 50 m nach Süden.[34] Jedenfalls dürften einst hier am Flussufer – weniger im schnell fließenden Hochuferbereich als vielmehr in einer natürlichen Bucht, wozu sich der Geländeeinschnitt östlich der Ansiedlung („Faiminger Tälchen") anbietet – die Landestellen für Flussfahrzeuge gelegen haben.[35] Außerdem erreichte und überquerte an diesem Abschnitt die von Süden kommende Augsburger Straße die Donau.[36] Konkrete Hinweise auf die

27 König 1973, 425. – Offenbar gab es aber auch dort einen vollständigen Grundtext mit allen Angaben zu Maximinus Thrax einschließlich der Nennung des Sohnes, den jedoch die Arbeiter jeweils vor Ort derart einkürzten, dass u. a. in drei Fällen der Caesar Maximus (Leuga 1, 2 und 4) weggelassen werden konnte, ohne dass dies später reklamiert oder geändert worden ist; siehe auch Lieb 1960, 216.

28 Hertlein 1912, 52 (Karte); ders. 1930, 224 (Karte, Nordteil).

29 Insofern ist auch der Straßenzug auf der Karte auf Beilage 15 bei Eingartner u. a. 1993 zu berichtigen, wo die Route noch, wenn auch inzwischen verkürzt, südlich der Brenz verzeichnet ist; ebenso bei Czysz 2004, 169 Abb. 1.

30 Hagen 1931, Einleitung XV f.; Schneider 1935, 410; Pekáry 1968, 139.

31 Der Vermessungspunkt *(groma)* der Straßenanfänge aus der militärischen Gründungszeit Faimingens wäre dann jedenfalls ein anderer Ausgangspunkt gewesen als im Jahre 212 n. Chr., nach Errichtung der Vicus-Tore. – Der Faiminger Straßenfächer nach Norden entstand spätestens um 90/100 n. Chr. im Zuge der Einrichtung des östlichen „Alblimes" (Heiligmann 1990, 192 ff.; Eingartner u. a. 1993, 78 f.), denn Urspring, Heidenheim, Oberdorf und Nassenfels waren als Zielpunkte im Rahmen dieser neuen Limesorganisation bzw. -administration anzubinden. Diese Verbindungsstraßen wurden von einem Punkt aus, der heute in der Donauniederung zu liegen kommt, strahlenförmig nach allen Seiten geplant und trassiert (Abb. 1; 3). Eine Vermessung vom Südwesttor der späteren Umwehrung aus würde die Straßenzüge im Inneren des *vicus* (weil inzwischen unter die Verantwortung der *vicani* fallend) nicht mit einschließen. – Zur Funktion in Angelegenheiten von Grundstücken im Kernbereich eines *vicus* vgl. z. B. die Weihungen aus Frankfurt a. M.-Nordweststadt für den *Genius plateae novi vici* (CIL XIII 7335, 7336); *locus adsignatus a vicanis* (Ann. Épigr. 1962, 232; Fischer/Schleiermacher 1962, 84) oder aus Wettingen: *l(ocus) d(atus) d(ecreto) vicanorum* (CIL XIII 5233; Brüschweiler 1978, 42 ff.).

32 F. Drexel (Drexel 1911, 4) spricht von 11 m bis 14 m. Der Plan von G. Weber (in: Eingartner u. a. 1993, Beilage 14) gibt differenzierte Höhen über dem Wasserstand der Brenz (425 m ü. NN) an, die durchschnittlich bei 10 m bis 12 m liegen.

33 Karte „um 1600" bei G. Weber, in: Eingartner u. a. 1993, 88 Abb. 11.

34 Weber ebd. 87.

35 Bockius 2002, 121. – Einen indirekten Hinweis auf die Bedeutung des Flusses vermittelt die Danubius-Neptun-Skulptur (Seitz 1964, 253 Taf. 27 f.).

36 Diese in Teilen im Gelände nachgewiesene Verbindungsstraße (vgl. Seitz, 1967, 168 f. mit Taf. 16; Czysz 1996, 216 mit Abb.; ders. 2004, 169 Abb. 1; 2) fehlt auf der Karte „Raetia" in CIL XVII/4.

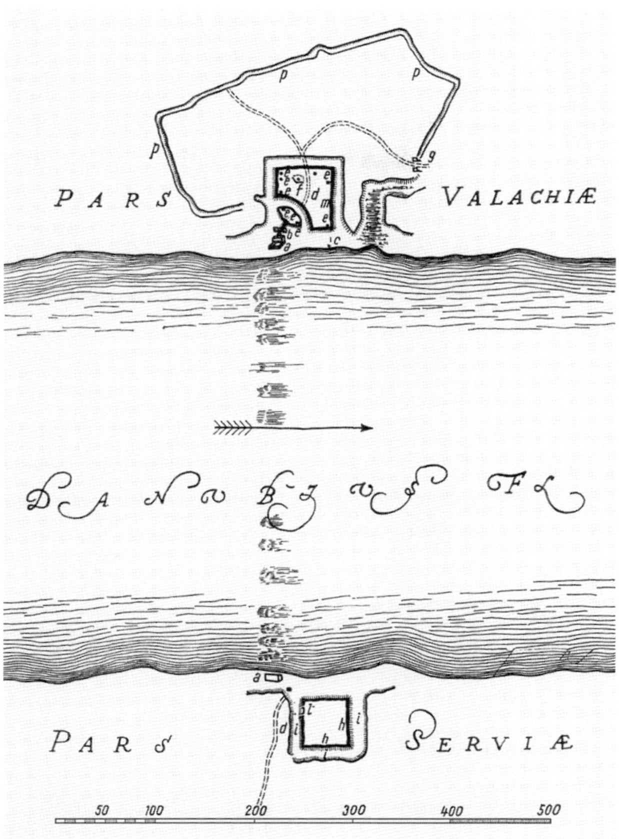

Abb. 4: Brückensituation zwischen *Pontes* und *Drobeta* an der Donau, nach einem Stich von L. F. de Marsigli (1689) bei Tudor 1974.

lange gesuchte, feste Brücke über den Fluss wurden noch nicht gefunden.[37] Ersatzweise kann auch mit einer Schiffsbrücke oder Fährverkehr gerechnet werden. Aber auch solche Einrichtungen setzten einen Stützpunkt am Südufer voraus. Einen Eindruck, wie man sich einen solchen Übergang bei Faimingen vorstellen könnte, soll die besser überlieferte Situation an der unteren Donau bei *Pontes* (Kladovo, Serbien) vermitteln (Abb. 4).

Phoebianae – Faimingen

Die drei Meilensteine überliefern ihre Entfernungen vom *caput viae, a Phoebianis*, für welches der antike Römerort Faimingen nunmehr feststeht. Dieser Ortsname war aus der Überlieferung der Spätantike in der Schreibweise *Phoebianis/Phebianis/Febianis* bereits bekannt[38], nicht aber seine genaue Lage.[39] Dies hat sich jetzt zumindest für das frühe 3. Jh. und wohl auch für die Zeit davor geändert, auch wenn das Φαινιάνα des Ptolemaios nicht mit Faimingen identisch sein sollte.[40] Die übrigen mit *Phoebianis* in Beziehung gebrachten Ortsbezeichnungen wie *Pinianis*[41] oder noch häufiger *Ponione* = *Pontone*[42] werden hier nicht weiter in Betracht gezogen, da sie für Faimingen kaum verwertbare Ortsbestimmungen bieten. Das im Zusammenhang mit Faimingen vielfach genannte *Ponto* kann entgegen früherer Ansichten gar nicht an der Donau gelegen haben, wenn man die überlieferte Entfernungsangabe auf der Tabula Peutingeriana zugrunde legt.[43]

Die inhaltliche Beziehung des ablativischen Pluralbegriffs *Phoebianis* zu Apollo mit seinem klassischen Beinamen Φοῖβος = lateinisch *Phoebus* (der Reine, Leuchtende, Glänzende) sowie den Bezug zu dem mehrfach aus Faimingen überlieferten galloromischen *Apollo Grannus* hat K. Dietz überzeugend dargestellt.[44] Was die Herleitung des zugehörigen Nominativs zu *„Phoebiana"* betraf, eine adjektivische Namensform im Plural, äußerte er sich zurückhaltend und ließ ausdrücklich auch andere Formen offen.[45] Dennoch haben W. Czysz und er dem Eingang des Namens *„Phoebiana"* in die neuere

37 Seitz 1967, 172 mit Anm. 1. – Vgl. hierzu G. Weber (in: Eingartner u. a. 1993, 89 f.), der den Fund bearbeiteter Steine im Flussbett der Brenz („Brenzfund") als abgestürztes Material eines spätantiken Brückenkopfes deutet. Die Brücke müsste aber eigentlich schon früher existiert und demzufolge der nördliche Brückenkopf topographisch weiter südlich gelegen haben. Der von M. A. Scheller im heutigen Flussbett, unterhalb des Schlossberges, einen halben Meter unter dem Schlamm entdeckte „Steinpfeiler" von 4 m Länge und 1 m Breite (Scheller 1888, 8) dürfte für einen römischen Brückenpfeiler zu klein sein (Cüppers 1969, passim) und seine Position läge nach unserer Rekonstruktion (Abb. 3) viel zu weit im Norden.

38 Not. Dig. (ed. Seeck 1876) occ. 35,4 und 35,15; v. Reitzenstein 1977, 16 Nr. 7; Weber in: Eingartner u. a. 1993, 89 mit Anm. 456; Drexel 1911, 32 Anm. 2 (gegen eine Gleichstellung mit Faimingen); Reinecke 1923, 30; v. Reitzenstein 1977, 16 Nr. 7; Czysz 1981, 143; Dietz 1985, 82.

39 Ptolem. Geogr., Eur. 2,12. – Zu *Phainiana* Hertlein 1928, 21 f.; die auf Taf. 2 abgebildete Mercator-Karte (Köln 1584) zeigt *Phoebiana*, allerdings an der Illermündung. – v. Reitzenstein 1977, 14 f. zieht Faimingen nicht in Betracht, vielleicht Finningen. – Eine Identität vorausgesetzt würde aber bedeuten, dass die Ortsbezeichnung *Phoebiana* nicht erst unter Caracalla aufgekommen sein kann (hierzu Weber 1993, 133 mit Anm. 609; 135 mit Anm. 617), sondern schon Mitte des 2. Jh. verwendet wurde (Hübner 2001, 559).

40 Not. Dig. (ed. O. Seeck 1876) occ. 35,29; v. Reitzenstein 1977, 16 Nr. 8. – Vgl. unten Anm. 146.

41 Tab. Peut. (ed. K. Miller 1962) Seg. IV, 1. – TIR Blatt M 32 (ed. P. Goessler 1940) 21.

42 Reinecke 1923, 38 f. – Der Ort *Pontone* (Ablativ von *ponto* = Fährschiff/Schiffsbrücke nicht von *pons* = Brücke) dürfte in Zusmarshausen, westlich Augsburg gelegen haben (Weber in: Eingartner u. a. 1993, 89 mit Anm. 456; Czysz 1996, 224; Kolb 2003a, 24 mit Anm. 24 und CIL XVII Karte „Raetia" nach S. 122).

43 Die Tabula Peutingeriana überliefert 12 Meilen (18 km), was gut bis Zusmarshausen passt (Czysz 1996, 224), nicht aber bis Faimingen (45 km) reicht.

44 Dietz 1985, 82. – Siehe auch die viel zitierte Inschrift mit dem Doppel-Epitheton: *Grannus – Phoebus* bei Binsfeld u. a. 1988, 12 Nr. 17, Taf. 6.

45 Dietz 1985, 82.

Literatur den Weg bereitet,[46] obgleich der Nominativ Plural *Phoebiani* oder *Phoebianae*, je nach Genus des davor zu ergänzenden Bezugsbegriffs, gleichermaßen möglich gewesen wäre.

Neuerdings hat A. Kolb in einem eigenen Beitrag die Namensfrage aufgegriffen und als substantivische Ergänzung *castra* vorgeschlagen, was sie zum vollständigen Ortsnamen *castra Phoebiana* führt.[47] Einen wie immer gearteten Bezug zu Apollo/Grannus/Phoebus, in Form von *aedes Phoebianae* oder *aquae Phoebianae* – zu denen theoretisch auch *thermae Phoebianae*[48] denkbar erscheinen – lehnte sie dezidiert ab und bevorzugte die militärische Komponente im Namen, „auch in Anbetracht der historischen Entwicklung des Ortes". Belege hierfür sind die ebenfalls zu ergänzenden Bezeichnungen von drei weiteren Lagerorten nördlich der Donau: *Biriciana*/Weißenburg, *Mediana*/Gnotzheim und *Vetoniana*/Pfünz. Diese sind aber schon früher von W.-A. v. Reitzenstein als Verbindung von *castra* mit einem römischen Personennamen erklärt worden, eine Deduktion, die auch L. Reichardt für die Ortsbezeichnung von Welzheim in Betracht gezogen hat.[49] Der Bezug zu den Namen von Kommandierenden war beim römischen Militär eine gängige Praxis, die von der persönlichen Attribution einzelner Soldaten an ihren Centurio, bei Neuaufstellung von Truppeneinheiten bis hin zur Namengebung von Legionen, aber u.a. auch bei Lagergründungen zum Tragen kam.[50] Im Falle von *Phoebiana* jedoch dürfte diese Erklärung aus verschiedenen Gründen nicht zutreffen.

Existierte bei Lagergründungen ein vorrömischer Ortsname, hat man regelhaft diesen verwendet. Gab es Gründe dagegen, wie z.B. bei gewollter Ablehnung, Fehlen bzw. Unkenntnis der lokalen Ortsbezeichnung, spielten häufig naturräumlich-topographische Gegebenheiten, wie der Landschaftscharakter *(„Sablonetum")* oder Flusslagen *(„ad Lunam")* eine Rolle.[51] Auffallenderweise wurde die bei Faimingen mündende Brenz *(Brantia)* im Gegensatz zu ihrem Gegenüber Günz *(Guntia)* nicht namengebend, sondern offensichtlich eine ortsbezogene Gottheit. Der erste bekannte Militärstützpunkt am Ort, mit seiner Tuffsteinumwehrung in traianische Zeit deutend,[52] war zwar bei seiner Gründung als Dauerlager *(hiberna)* angelegt worden, konnte aber mit der ca. 1 ha großen bebaubaren Innenfläche nur zur Stationierung einer kleinen oder einer Teileinheit dienen. Es stellt sich daher schon grundsätzlich die Frage, ob diese Lagergröße bzw. -typ überhaupt mit dem militärischen Begriff *„castra"* angesprochen worden ist und nicht vielmehr die Diminutivform *„castellum"* zutraf.[53]

Am meisten aber stört der postulierte Beiname des Kommandierenden: *Phoebus*. Dies war kein Soldaten-[54], sondern ein sehr häufiger und typischer Sklaven- bzw. Freigelassenenname, der es in Rom zwar nicht ganz unter die „Top Ten" schaffte,[55] aber auch die Überprüfung der etwa fünfzig im Onomasticon Provinciarum verzeichneten Nennungen bestätigt diese Einschätzung.[56] So weist denn auch der einzige von A. Kolb angeführte Beleg für einen Offizier ins Freigelassenenmilieu, ein ehemaliger *Phoebus*, später als *[---]ius Phoebianus* Tribun bei den Vigiles[57], die bekanntermaßen aus den städtischen Freigelassenen rekrutiert wurden. Vor diesem Hintergrund bietet sich zur Ergänzung des römischen Ortsnamens von Faimingen unseres Erachtens eine ganz andere Möglichkeit an, die zwar auch nicht völlig neu ist, aber ein bezeichnendes Licht auf den Ort wirft, *Aquae Phoebianae*.

Aquae Phoebianae/Faimingen, ein römischer Quellort?

Phoebianae/Faimingen hätte längst seinen festen Platz unter den bedeutenden Quellorten, speziell des *Apollo Grannus* gefunden, gäbe es unter den antiken Überresten des Ortes konkrete Hinweise für eine in römischer Zeit genutzte Quelle oder wüsste man wenigstens, welcher Gottheit der Podiumtempel tatsächlich geweiht war. Der einzige Hinweis aus dem Bereich des Tempels selbst, ein bronzenes Votivblech,

46 Czysz 1981, 142; Dietz 1985, 82. – Insbesondere die Titel der abschließenden Veröffentlichungen zu Faimingen: Faimingen-*Phoebiana* I und II verfestigten diese Namensform (Eingartner u.a. 1993; Müller 1999).

47 Kolb 2003b.

48 Fluss 1934, 2388ff.

49 v. Reitzenstein 1977, 8; 11; 25; Reichardt 1993, 392f.

50 Ritterling 1924, 1367ff.; Birley 1988, 368ff. – Nuber 1972, 485.

51 v. Reitzenstein 1970, 5ff.; Dietz 1983, 510ff.

52 Umwehrungen mit Steinmauern kommen in rechtsrheinischen Auxiliarlagern Obergermaniens erstmals unter Traian auf (Lander 1984, 24; Nuber 1986, 232). Frühere und neue Gründungen erhalten diese aber erst in Ausbauphasen, nicht schon bei Lagerbeginn, was für Faimingen eine (noch) unerkannte Form einer Holz-Erde-Umwehrung bedeuten würde (vgl. Eingartner in: Eingartner u.a. 1993, 33f.). Das als Parallele angesprochene Oberdorf soll jedoch nach Planck (Planck 2005, 48) nur eine Bauphase aufweisen und nicht in Stein ausgebaut gewesen sein.

53 Jagsthausen mit seiner knapp 3 ha großen Innenfläche wird als *(castra) hiberna* bezeichnet (A. Thiel, in: Planck 2005, 139), während Ellingen mit seinen 0,7 ha als *castellum* überliefert wird (Zanier 1992, 26 Taf. 103).

54 Dean 1919, 247 führt dieses Cognomen ebenso wenig auf wie Devijver 1980, 1074.

55 Baumgart 1936, 45; Solin 1996, 271.

56 Lőrincz 2000, 140.

57 Ann. Épigr. 1903, 155.

nennt als Empfänger *Soli deo*, einen Himmelsgott und nicht eine Quellgottheit.[58] Bislang liegt örtlich kein wie auch immer gearteter Hinweis vor auf einen jener als unabdingbar vorauszusetzenden Bestandteile eines Heiligtums für eine Wassergottheit. Im besten Falle wäre es die sprudelnde Quelle selbst, mit ihrer Fassung und dem Abwassersystem, in Verbindung mit charakteristischen Kureinrichtungen, wie den Badeanlagen, Unterkunftshäusern etc.[59] Die neuere Faimingen-Literatur durchzieht wie ein roter Faden der neutrale Begriff des „Heiligtums" für *Apollo Grannus*, sogar mit überregionalem Rang oder mit einem weit über die Grenzen Raetiens hinausreichenden Bekanntheitsgrad versehen.[60] Aber daraus resultierende Folgerungen für die tatsächliche Funktion und damit die Struktur des Ortes, eine Diskussion um die dort vorauszusetzenden Einrichtungen (mit Ausnahme des genannten Tempels), die Rolle von *Phoebianae* im Gesundheitswesen oder im Gesellschaftsleben der Provinz *Raetia* und seinen ihm gebührenden Niederschlag in der römischen Topographie Bayerns klingen in älterer Zeit sehr viel entschiedener, später aber nurmehr zögerlich an.

Die Forschungsgeschichte zu Faimingen und *Apollo Grannus* hat G. Weber erschöpfend dargestellt.[61] Der Ort galt seit dem 16. Jh. als römischer Fundplatz mit Verdacht auf einen militärischen Stützpunkt. Anfang des 19. Jh. begann man sich über die Folge der Häufung von Weihungen an den als solchen identifizierten Quellgott *Apollo Grannus* Gedanken zu machen, voran V. v. Pallhausen.[62] Als Ort der Bäder aber wird nicht Faimingen, sondern Lauingen durch N. v. Raiser ins Spiel gebracht, wegen der dort eingemauerten Inschriften und des Quellenreichtums, zumal auch der latinisierte Ortsname *Lavinia* etymologisch von *lavare* abzuleiten sei.[63] Leider erwiesen sich – bis auf die vielen Brunnen am Ort – Raisers Vorstellungen als irrig, obgleich er, wie wir meinen, auf einer richtigen Spur war. A. Buchner schloss 1821 aus der Faiminger Friesinschrift (CIL III 5873) auf ein dortiges „Badehaus", was er aber später nicht wiederholte.[64]

Die Entdeckung des Podiumtempels 1888–1890, besonders aber seine außergewöhnliche Gestaltung bestimmten F. Drexel, dieses stattliche Heiligtum nicht allein mit einem rein lokalen Kult des Quellgottes *Apollo Grannus* in Verbindung zu bringen.[65] Seiner Ansicht nach erfüllte der Gott aufgrund des Inschriftentextes in Brenz[66] und weiterer Parallelen, die er aus dem griechischen Umfeld des Asklepios bezog, seine Funktionen *ex visu*, d.h. durch „Visionen" oder Traumorakel. Liege- und Schlafkuren (Inkubationen) sollen in den den Tempelhof umgebenden verschließbaren Hallen stattgefunden haben; Zeichen dafür waren die Stiftungen dankbarer Geheilter in Form von Altären und Götterstatuen, Tempeln oder deren Ausgestaltung. In einer späteren Arbeit hat F. Drexel die Bedeutung dieser Götterbefehle hinsichtlich einer ausschließlich aus Inkubationen herrührenden Herkunft, jedenfalls für die Rheinzone, stark relativiert.[67]

Da die jüngeren Grabungen zu der Frage, ob der Faiminger Podiumtempel (Periode 3) überhaupt *Apollo Grannus* geweiht war, keine letztgültige Antwort erbracht haben und der Ausgräber J. Eingartner sich in diesem Punkt entsprechend zurückhaltend äußert[68], verliert die ursprüngliche Vorstellung F. Drexels von Inkubationsriten in diesem Tempel als hauptsächliches Therapeutikum einen wesentlichen Bezug, zumal die Erbauung dieses Tempels und seines Vorgängers relativchronologisch die Auflassung der Militärstrukturen voraussetzt. Dies bedeutet, dass dieses Heiligtum am Ort nicht das erste gewesen sein kann, höchstwahrscheinlich auch sein Vorgänger an derselben Stelle nicht, sondern dieses müsste an anderer Stelle gestanden haben, es sei denn, der örtliche *Grannus*-Kult wurde erst zu dieser späteren Zeit aufgenommen und existierte zu Militärzeiten noch gar nicht – eine schwer eingängige Vorstellung.

In unseren Augen am schwersten aber wiegt der Umstand, dass der Heilkult in Verbindung mit den Quellgöttern *Apollo-Grannus-Phoebus*, *Sirona* und/oder *Hygia* im Besonderen Anwendungen von Wasser (Bäder, Trinkkuren) vorsieht.[69] Dieser Fra-

58 Weber 1993, 135; 210.
59 Weisgerber 1975, 100ff. bes. 109.
60 Drexel 1911, 17; Dietz 1985, 82f.; Weber 1993, 126.
61 Weber 1993, 122ff.
62 v. Pallhausen 1816, 360f. (Text abgedruckt bei Weber 1993, 125), 364ff.
63 v. Raiser 1821, 11; ders. 1831, 33ff. – Die Namensdeutung *Lavinium*/Lauingen muss aber älter sein, da v. Pallhausen 1816, 359 diese zurückwies.
64 Buchner 1818, 90; ders., 1831, 54.
65 Drexel 1911, 17f.
66 CIL III 10972. Die Inschrift des T. Baienius Victor und seiner Söhne (Nuber 1988, 107ff.), die in der Kirche in Brenz vermauert ist, enthält an entscheidender Stelle eine Verschreibung: nach V und I stand an dritter Stelle zuerst eine weitere senkrechte Haste, die dann durch ein S überschrieben wurde. Das zweite S an vierter Stelle ist eine unnötige Duplizierung; möglicherweise hatte der Steinmetz nicht *ex visu*, sondern *ex iussu* im Sinn, was nicht zwingend infolge einer Vision erfolgt sein müsste (vgl. CIL XIII 8712, *ex imperio*). Die nicht in Faimingen gefundene, aber als von dort verschleppt betrachtete Brenzer Inschrift gilt als Beleg für die Anwendung von Inkubationen im Tempelbereich des *Apollo Grannus* (Drexel 1911, 17); skeptisch im Hinblick auf Tempelschlaf in gallischen Heiligtümern generell und die hiermit interpretierten Bauten Weisgerber 1975, 99f.
67 Drexel 1923, 2 mit Anm. 5.
68 Eingartner u.a. 1993, 75; 79.
69 Drexel 1923, 14; 29; Weisgerber 1975, 109.

genkomplex scheint in der jüngeren Forschung zu Faimingen eine untergeordnete Rolle gespielt zu haben[70] oder wenn, dann eher distanziert beurteilt worden zu sein. J. Eingartner bezog bei seinen Überlegungen zur Interpretation der hypokaustierten Räume nördlich des Tempels unter der Annahme, dass dieser dem Quellgott *Grannus* geweiht war, erstmals wieder die Möglichkeit von Badeeinrichtungen in Betracht,[71] wenngleich diese dann auch anfangs an anderer Stelle gelegen haben müssten, da sie hier erst sehr spät Ladenlokale abgelöst haben. W. Czysz kam 1995 im Zusammenhang mit aufgedeckten wasserführenden Gräben wieder auf ein Bad im Zentrum der Römerstadt zu sprechen.[72]

G. Weber sah bis zur Entdeckung des Ortsnamens 1981 in den bekannten sechs Weihinschriften einen überzeugenden, aber den einzigen Grund dafür, der Verehrung von *Apollo Grannus* in Faimingen eine besondere Bedeutung beizumessen.[73] Von der Festlegung des Ortsnamens bestätigt, betonte er neben der Bedeutung der lateinischen Bezeichnung *Phoebus* als Beiname Apollos insbesondere die Bezüge Caracallas zu Faimingen. Merkwürdigerweise aber wurden so gut wie keine Fragen zu den Grundvoraussetzungen von Heil- und Kuranwendungen mit Wasser aufgeworfen, auch nicht hinsichtlich der architektonischen Voraussetzungen wie Quellfassungen, Wasserleitungen, Bäder, Unterkunftshäuser etc. Zu der Frage, ob es unter den Spolien aus der Brenz Material gibt, das eventuell auf die genannten Funktionsbauten oder Ähnliches hinweisen könnte, gibt es keine diesbezüglichen Aussagen.[74] G. Weber erkannte aber im Steinmaterial „römerzeitliche Werksteine eines größeren oder verschiedener Bauwerke".[75] Jedenfalls scheint die Suche nach Zeugnissen für die Verehrung von Quellgottheiten, der Infrastruktur eines Kurbetriebs oder den Voraussetzungen für bestimmte Therapieformen zur Zeit der jüngeren Tempelgrabungen kein aktuelles Thema gewesen zu sein, denn diesbezügliche Fragen stehen auch nicht auf der Liste eines zukünftigen Aufgabenkataloges für Faimingen, den S. v. Schnurbein[76] im Vorwort der Tempelpublikation nochmals zusammengefasst hat.

Auf die wesentlichsten Grundbedingungen für eine Wasserkultstätte, die natürliche Voraussetzung in Form von Quellen, hatte indessen schon J. v. Raiser 1822 hingewiesen.[77] R. Hasch warf 1983 diese Frage unter Hinweis auf die zahlreichen örtlichen Quellen wieder auf,[78] was aber nicht weiter verfolgt wurde.[79] Er hatte die heutigen Wasseraustritte in der Nordböschung des Donautalrandes kartiert, die auch in dem Gesamtplan von G. Weber ihren Eintrag gefunden haben (Abb. 4). Dort zählt man nicht weniger als zwanzig Stellen, zum Teil „gefasste" Quellen. Die letzte, die bis dahin den Ort Faimingen mit in einer Stärke von neun Liter Wasser pro Sekunde versorgt hatte, ist erst 1976 außer Dienst gestellt worden. Ein Gutachten bescheinigte ihr, dass sie „chemisch und biologisch allen Anforderungen eines guten Trinkwassers entspricht".[80] Nach Ansicht der Fachleute bilden die Grundwasserhorizonte des Hochterrassenschotters, der auf den stauenden Jungtertiärtonen (Molasseschichten) aufliegt, die natürlichen Voraussetzungen für diese Quellaktivität.[81] Verursacht durch die späteren Donau-Erosionen des einstigen antiken Uferrandes kann dort nach Lage der Dinge auch kein originaler, römischer Quellaustritt mehr erhalten sein, allenfalls Anzeichen in Form von Kanälen für weiter nördlich gefasste Zuleitungen, nicht aber in Form offener Gräben.[82] Die Frage, auf welche Weise die Römer auf die Faiminger Wasseraustritte aufmerksam wurden, hilft die Betrachtung einer Darstellung des Jahres 1598 zu beantworten, die einen neuerlichen Geländeabbruch entlang des

70 A. Buchner (vgl. Anm. 64) hatte aufgrund der Fries-Inschrift aus der Brenz (CIL III 5873; zuletzt Buchner 1831, 127f. mit Abb. 22) ein Badehaus in Faimingen gefordert, später änderte er seine Meinung: „Lauingen bildete nämlich die Stadt, wo die Colonisten wohnten, und Faimingen das von der Miliz besetzte Castell". M. A. Scheller erwog bei Entdeckung der Tempelmauern anfangs auch erst ein Forum oder Bad, verwarf dies aber später (Ortner 1888, 12).

71 Eingartner u. a. 1993, 70; Weisgerber 1975, 100f. folgend.

72 Czysz/Schmidt 1995, 112. – Diese Wassergräben machen den Eindruck, als ob sie in erster Linie handwerklichen Tätigkeiten dienten; Frischwasser wäre in geschlossenen Leitungen transportiert worden.

73 Weber 1993, 126.

74 Zur Fundsituation Weber 1978, 512. – Außer den Kalksteinen wurden keine Ziegelfunde, Bruchstücke von Estrichen etc. überliefert. Wegen der Unterschiedlichkeit der Stücke sprach sich Weber 1978, 517 auch gegen die verstürzten Teile einer einzigen Baulichkeit aus.

75 Weber 1978, 511ff.; besonders in: Eingartner u. a. 1993, 87ff.

76 v. Schnurbein in: Eingartner u. a. 1993, 9.

77 v. Raiser 1821, 11ff.

78 Hasch 1988, 21; 71.

79 Eingartner u. a. 1993, 80. – Insbesondere wurde bislang versäumt, diese „Quellaustritte" und „Quellfassungen" im Hangbereich auf ihre Zeitstellung hin zu untersuchen.

80 Für die Erteilung von Auskünften und Übersendung von Unterlagen danken wir den Herren St. Raab und R. Zischack, Wasserwirtschaftsamt Donauwörth, Dienststelle Krumbach.

81 Bertleff/Watzel 2002, 77ff. – Herrn R. Watzel, Landesamt für Geologie, Rohstoffe und Bergbau, Freiburg, gilt unser Dank für Auskünfte und die Übersendung eines Sonderdrucks. Wertvolle Auskünfte verdanken wir ferner dem Geologiedirektor derselben Behörde, Herrn H.-U. Kobler. – Die natürlichen Gegebenheiten in Faimingen, durch karstige Kalkschotter infiltriertes, aufgestautes Oberflächenwasser, besitzen eine recht genaue Parallele in Grand (Frézouls 1982, 214f.; Bertault u. a. 2000, 3; 18f.; Bouchet/Caumont 2004, 69f.).

82 Vgl. Anm. 72.

Nordufers zeigt, wo u.a. zahlreiche Wasserrisse zwischen Deckschotter und Molasseoberfläche austreten und steil in die Brenz bzw. Donau abfließen.[83] Mit dem Zutritt an die Luft und dem Entweichen von Kohlensäure bewirkt eine solche Schwellensituation bei mineralisierten Wässern Kalksinterausfälle, d.h. man hätte in römischer Zeit nicht nur das Wasser selbst, sondern auch seine Wirkungen in Form weißgelber Kalksinterflächen an der Böschung des Hochufers beobachten können.[84] Nach antiker Religionsauffassung stand jede Quelle unter dem Schutz einer Gottheit. Warum aber *Apollo Phoebus* (der Helle, der Strahlende) und seine Begleiterin *Hygia* in römischer Zeit für Faimingen namengebend wurden und aus welchem konkreten Grund man den Faiminger Quellen eine derartige Heilwirkung zuschrieb, dass in allen (erhaltenen) Weihungen der keltische *Grannus* bzw. seine Begleiterin *Sirona* hierfür in Anspruch genommen wurden, liegt möglicherweise schon in einer lokalen vorrömischen Tradition begründet.[85]

In zahlreichen Fällen berühmter Heilbäder, die bereits in römischer Zeit genutzt wurden, lässt sich die Frage ihres Ursprungs verhältnismäßig leicht beantworten, insbesondere dann, wenn die Quelle heute noch fließt, riecht und/oder Sinter bildet. Beispielhaft seien nur die Thermalquellen in *Aquae*/Baden-Baden[86] oder *Aquae Mattiacorum*/Wiesbaden[87] genannt (Abb. 6), die so heiß aus dem Boden kommen, dass sie in die Luft verdampfen und – wie einst in römischer Zeit – zur Anwendung heruntergekühlt werden müssen. Hier hatte der aufsteigende Dunst des warmen Wassers die Aufmerksamkeit ihrer ersten Nutzer erregt. Im Falle der Mineralquelle von Neustadt/Donau-Bad Gögging[88] haben der unverkennbare Schwefelgeruch des Wassers in der Luft sowie die weißgelben, flächigen Sinterablagerungen die Prospektoren auf die Spur geführt.[89] Nach Vorgabe heutiger natürlicher Voraussetzungen könnte Ähnliches in Faimingen möglich gewesen sein. Leider existiert zu diesen Fragen noch kein einschlägiges Gutachten, aber mineralhaltige Säuerlinge, wie sie z.B. in Rottenburg-Bad Niedernau vorkommen – eine Quelle, die offenbar gleichfalls unter dem Schutz Apollos stand –, wären durchaus vorstellbar.[90] Die Existenz einer Thermalquelle dürfte in Faimingen weniger wahrscheinlich sein, obgleich das Beispiel Badenweiler lehrt,[91] dass antike Quellen zwischenzeitig verschwunden sein können und nicht mit den heutigen identisch sein müssen. Auch der Umstand, dass in Faimingen möglicherweise (nur) kälteres Wasser zutage trat, war für die badefreudigen Römer kein Hinderungsgrund, wie das Beispiel in Bad Gögging (Abb. 5) zeigt, wo das 14 Grad kalte Quellwasser in einem großen, zentralen Becken aufgeheizt werden konnte, sofern es nicht ganz bewusst in Form von kalten Schüttungsbädern im ursprünglichen Zustand verwendet wurde.[92] Der entscheidende Faktor war, dass man von der Heilkraft des Wassers überzeugt war, ob in *Aquae Phoebianae, Aquae Granni*/Aachen[93] oder im Heilbad des *Grannus* in Grand.[94] In Faimingen war die römische Heilbad-Tradition jedenfalls erloschen, als man in der frühen Neuzeit vielerorts begann, die antiken Bäder wieder zu reaktivieren.[95]

Das Areal der ehemaligen Badeanlagen und Kureinrichtungen müsste in *Aquae Phoebianae* zwischen dem frühen Kastell und dem antiken Donauufer gelegen haben, d.h. auf jenem Geländestreifen, welchen die Donau weggerissen hat (Abb. 3). Hierfür spricht zum einen die Lage der Wasseraustritte, die in

83 Abgebildet und besprochen bei Hasch 1988, 22 mit Abb. 4.

84 Einer der bekanntesten Badeorte der Antike, wo dieser Aussinterungseffekt in Verbindung mit Thermalquellen (30 °C), die gleichfalls unter dem Schutz Apollos standen, bis heute in beeindruckender Weise zutage tritt, ist Pamukkale bei Hierapolis in der Osttürkei (Akşit 1998). – Aber auch bei kaltem Wasser tritt ein vergleichbarer Aussinterungseffekt ein, wie er uns in den zahlreichen Höhlen der Schwäbischen Alb deutlich vor Augen ist. Auch in Faimingens bester Parallelerscheinung in Grand (Vosges) ist die Versinterung der unterirdischen römischen Wasserzuleitungen sehr eindrucksvoll zu beobachten (André/Bertaux 1991, 34f. mit Abb.; Bertaux u.a. 2000, 18 mit Abb.). – In Köln und Umgebung wurden im Mittelalter die Sinterablagerungen aus den römischen Leitungskanälen zu Architekturteilen verarbeitet (Haberey 1972, 108ff.).

85 Die Tempelgrabungen erbrachten als älteste Strukturen Schicht (A) und Graben (1) mit Zaungräbchen (2), welche der Ausgräber in spätkeltische Zeit datiert (Eingartner u.a. 1993, 23). Da sich in dieser Zeit die natürlichen Voraussetzungen kaum geändert haben dürften, kann bereits von einer – wie immer gearteten – vorrömischen Quellnutzung am Ort ausgegangen werden.

86 Schallmayer 1989.

87 Czysz 2000, bes. 28–36.

88 Nuber 1980, 7f.

89 In Bad Gögging überschwemmte nach dem Abbrechen des römischen Badebetriebes die weiter fließende Quelle das Areal der Thermen, versickerte u.a. in vertiefte Hypokaustanlagen und sinterte diese bis unter die Deckziegel zu (Nuber/Seitz 1998, 77). Vgl. auch Bertaux u.a. 2000, 18 mit Abb.

90 Jaumann 1840, 100; 192 Taf. 15,1; Ströhmfeld 1899, 41ff. 54; Planck 2005, 289f.

91 Filgis u.a. 2002, 60 bzw. Seitz 2005b.

92 Mauthner 1837; Nuber 1980, 11f.

93 Cüppers 1982; Horn 1987, 321ff.

94 Die antiken Textstellen und die gesamte ältere Literatur bei Frézouls 1982, 179ff.; Colardelle 1991; Bertaux u.a. 2000. – Frézouls (a.a.O. 203) verweist darauf, dass es in Grand keine Thermalquellen gibt; die als Thermen angesprochenen Gebäudereste besitzen folglich Hypokaustanlagen (ebd. 223).

95 Lorenz in: Niess/Lorenz 2004, 52ff. – In Faimingen dürfte das Fehlen einer antiken Tradition damit zusammenhängen, dass die zerstörenden Erosionen bereits vor dieser Zeit ihr Werk weitgehend vollendet und die Badeanlagen vernichtet hatten. Im 16. Jh. griff die Donau bereits den mittelalterlichen Dorfkern an, was eine Verlegung der Ortskirche zur Folge hatte; vgl. Hasch 1988, 22.

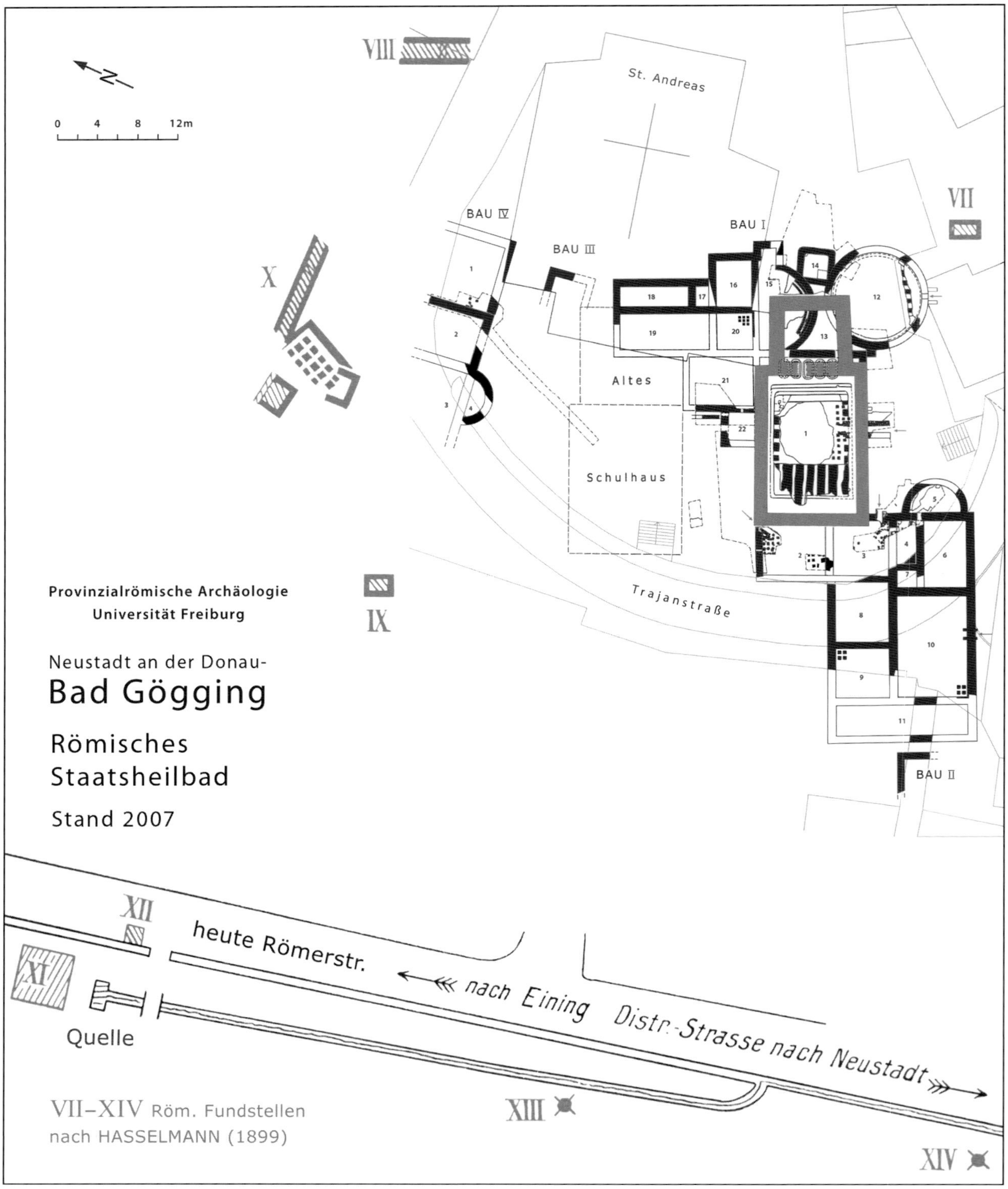

Abb. 5: Bad Gögging. Plan des römischen Bäderkomplexes (Stand 2007) mit Eintrag älterer Fundstellen nach Hasselmann 1899.

der Antike wie heute dem natürlichen Gefälle folgten und daher sicher weiter im Süden gelegen haben, wo zugleich auch das Abwasser auf kürzester Strecke abgeleitet werden konnte. Gleichfalls würde die Orientierung des Tempels nach Süden in die Richtung der Quellfassung(en) weisen, vergleichbare Fälle kennen wir u.a. aus Badenweiler[96], Grand[97] oder Bath[98]. Dies hätte dann aber zur Folge, dass der Tempel in Faimingen kein Forumtempel war, wozu auch seine Lage nicht gut passt, es sei denn, dieser Platz hätte

96 Seitz in: Filgis u.a. 2002, 35ff. 41 bzw. Seitz 2005b.
97 André/Bertaux 1991, 38ff. mit Plan S. 41.
98 Cunliffe 1971, 8ff.

sich nach Süden und nicht nach Osten erstreckt.[99] So diente der Tempel am ehesten doch einer örtlichen Heilgottheit, wofür auch der gallo-römische Vorläuferbau sprechen würde.[100] Auf diesem verlorenen Süddrittel der Siedlung entlang des Flussufers, in einer besonders hervorgehobenen Lage,[101] sind auch die übrigen Großbauten einer derartigen Ansiedlung zu suchen. Denn die gesamte, bislang bekannt gewordene architektonische Struktur aus dem Nordteil (Handwerkshäuser, Kleinbauten etc.) steht qualitativ in einem geradezu kontrastierenden Gegensatz zur Großzügigkeit des ummauerten Gesamtareals einerseits und der Dimensionen und Qualität der Architekturteile aus der Brenz. Aus dem erforschten Gebiet Faimingens nördlich des Tempels liegen bislang keine Hinweise (Grundrisse, Fundamente) auf „Monumentalbauten“ vor, welche die Zahl und Dimension derartiger Kalksteinblöcke notwendig erscheinen lassen, wie sie u.a. auch im Fundamentbereich der Lauinger Stadtpfarrkirche sekundär verbaut worden sind.[102]

Auch die merkwürdige Randlage des frühen Kastells in seiner militärisch genutzten Zone, als peripherer Abschluss einer südlich davon gelegenen Flußufersiedlung[103] und zu deren Schutz Richtung Norden errichtet, findet gute Parallelen in Baden-Baden[104] und

99 J. Eingartner rechnet mit einem Forum östlich des Tempels, Eingartner u.a. 1993, 81.

100 Eine vergleichbare Abfolge liegt in Badenweiler vor (Seitz in: Filgis u.a. 2002, 39).

101 Die Lage am Rande der Hochufer von Flüssen war für öffentliche und repräsentative Bauten imperiumsweit eine sehr bevorzugte, vgl. z.B. den Palast des *dux ripae* in Dura Europos (Detweiler 1952, 1f. mit Taf. 1–2), das Lager in *Singidunum*/Belgrad an der Savemündung (Popovic 2006), den Statthalterpalast in Köln (Precht 1973, 4f.), das *praetorium* auf dem Frankfurter Domhügel (Nuber/Seitz 2001) oder jetzt auch in Breisach (Zagermann 2009).

102 Abbildungen bei Seitz 1973, Taf. 16,2; Hasch 1988, 170, Abb. 59.

103 Auf eine frühe Abgrenzung vom eigentlichen Uferareal nach Norden könnte die Spur eines Flechtwerkzaunes mit davor liegendem Graben deuten, welche die ältesten am Ort gefundenen Hinweise darstellen (Eingartner u.a. 1993, 21f. mit Beilage 8).

104 Knierriem u.a. 1994, 118ff.

Abb. 6: Römische Heilbäder in Obergermanien und Raetien.

Wiesbaden[105]. Ebenfalls in diese Richtung deutet der ältere, zentrale Straßenknoten, der wieder sichtbar wird, wenn man die Straßenzüge – in ihren Richtungen vorgegeben durch die Achse des Kastells und die Ausrichtung der Toranlagen der früheren Vicusumwehrung – in eine Karte (Abb. 3) einträgt.[106] Ergänzt man schließlich auf Grundlage der vorgegebenen Fluchten, der erhaltenen Mauerabschnitte und der Positionen der Tore den Gesamtplan der Faiminger Steinumwehrung, die ehemals wohl die Richtung des antiken Donaulaufs berücksichtigt haben dürfte, so ergibt sich als Gesamtgebilde ein annähernd parallelseitiges, verschobenes Rechteck von etwa 60 ha Innenfläche. Etwa ein Drittel davon ist der Strömung zum Opfer gefallen, eine Größenordnung, die an das im Rhein versunkene Legionslager von Vetera II bei Xanten erinnert.[107] In diesem südlichen Drittel, unmittelbar hinter einem dort anzunehmenden Brückenkopf, blieb auf etwa 200 m Distanz genügend Raum für die erforderlichen Einrichtungen eines Badebezirkes mit Kult- und Kurzentrum, wie wir inzwischen eines, wenngleich bescheidener, aus Bad Gögging (Abb. 5) kennen.[108]

Aquae Phoebianae – das Prominentenbad der Provinz?

Der Faiminger Kurbetrieb lässt sich derzeit nur indirekt an seinem Erfolg, d. h. den Dankadressen zufriedener Gäste und Funktionäre an *Apollo Grannus* und *Hygia* ablesen. In einem Ranking der Kurgäste aufgrund erhaltener Inschriften nimmt *Phoebianae* im römischen Deutschland den ersten Platz ein. Höchstrangig war – wenn wir im Augenblick noch von einem Besuch des Kaisers Caracalla absehen – der sonst unbekannte senatorische Statthalter, ein leg(atus) Aug(usti) pr(o) pr(aetore) [---Di]onysius (mit Amtssitz in Augsburg), der wahrscheinlich unter Elagabal (218–222 n. Chr.) in Faimingen für einen Bau verantwortlich zeichnete.[109] Eine silberne Votivstatue[110] stiftete aus Dank für Genesung M. Ulpius Secundus, ein Centurio der *legio III Italica* (Standort in Regensburg), der darüber hinaus interessant ist, da er nicht das näher gelegene Bad Gögging aufsuchte, es sei denn, er war nach Augsburg abkommandiert. Mit Votivfiguren (aus Stein?) lösten T. Baienius Victor (möglicherweise auch ein Funktionär) und seine Söhne[111] sowie ein Unbekannter[112] ihre Versprechen ein. Zur Ausstattung eines Gebäudes hat [Pe]tr(onius) Victori[nus], ein ehemaliger Stadtmagistrat (wohl aus Augsburg) ein Doppelportal gestiftet.[113] Unbekannt bleibt die Art der Stiftungen, vielleicht auch Kultbilder, im Falle eines Sabinius Provincialis[114] oder eines Titus Silvanius Satu[rninus].[115] Hinzu kommt die Hälfte eines Friesteiles, der ursprünglich 3 m lang war und in dem wohl von einer Tempelausstattung *(aedes)* die Rede ist, die für das Heil eines Luc[ius?] ausgelobt worden war.[116] Unabhängig von dem kaum zu beseitigenden Restzweifel, ob wirklich alle Steine ursprünglich aus Faimingen stammen, ergibt sich doch für das Gesamtspektrum[117] der Eindruck, dass hier hochstehende und vermögende Personen verkehrten und für ihre erfolgte Heilung im Namen der Gottheit in beträchtlicher Größenordnung spendeten. Das übliche Votivspektrum der einfachen und ärmeren Bevölkerung, die in Form kleinerer persönlicher Gaben (Münzen, Schmuck und Statuetten) opferte, kennen wir überhaupt (noch) nicht.[118] Man muss schon wei-

105 Nuber 2006b, 419 ff.

106 Die Straßenzüge fluchten nicht einheitlich. Während der Süd-/Nordzug sich nicht verändert, weisen die Peilungen durch die Tore der früheren Erdumwehrung auf einen Punkt südlich des Tempels. Die jüngeren Straßenrichtungen durch die nördlichen Seitentore der späteren Steinumwehrung bzw. die Flucht durch die beiden Seitentore des späten Lagers treffen sich im Areal des ehemaligen frührömischen Kastells.

107 v. Petrikovits 1960, 38 ff. – Die Trümmer des Legionslagers wurden auf etwa 14 ha verstreut und bis zu 10 m tief in Kies und Sand des Rheinbettes lokalisiert.

108 Zum Größenvergleich: Für den Thermenkomplex in Bad Gögging (vgl. Abb. 5) kommt man derzeit auf eine zu schätzende Tiefe von 70 m (Nuber/Seitz 2006); in Faimingen stünde nach unseren Vorstellungen die vierfache Strecke für Bauten aller Art zur Verfügung.

109 CIL III 5874; Vollmer 1915 Nr. 217; 129 Abb. 23. – G. Weber bezeichnet diesen Mann mehrfach irrig als Provinzprokurator, er war jedoch zu Beginn des 3. Jh. in seiner Eigenschaft als Legatus Augusti ein Senator mit praetorischem Rang (Weber 1993, 127 mit Anm. 587; 129).

110 CIL III 5876; Vollmer 1915 Nr. 219; 126 Abb. 20,2.

111 CIL III 5870; Vollmer 1915 Nr. 201; 126, Abb. 20,3. – G. Weber denkt bei dem schlecht erhaltenen Buchstabenrest zu Beginn der Zeile 4 in Abänderung unserer Lesung an eine Interpunktion, die jedoch zu Beginn der Zeile wenig Sinn ergibt; denkbar wäre z. B. auch ein Abkürzungszeichen für Centurio.

112 CIL III 5871; Vollmer 1915 Nr. 213; Weber 1993, 126 Abb. 20,1.

113 CIL III 11903; Vollmer 1915, Nr. 222; Weber 1993, 130 Abb. 24,2.

114 CIL III 5881; Vollmer 1915 Nr. 224; Weber 1993, 127 Abb. 21.

115 CIL III 5879; Vollmer 1915 Nr. 225; Weber 1993, 130 Abb. 24,1. – Dieser ursprünglich freistehende Sockel mit seiner 15 cm hohen Eingangsformel dürfte einst ein besonders großes Kultbild getragen haben.

116 CIL III 5873; Vollmer 1915 Nr. 215; Weber 1993, 128 Abb. 22.

117 Natürlich gibt es anderenorts auch persönliche Einzelweihungen an Apollo Grannus und Sirona wie z. B. aus Augsburg (Bakker 1990, 107 f.) oder mit Angehörigen aus Ennetach (CIL III 11891), wozu letztlich auch die Stifterinschrift (CIL XIII 6458) der Speratii für eine *aedes cum signo* in Großbottwar gehört. Nur in Neuenstadt (CIL XIII 6462) scheint es darüber hinaus auch ein Kollegium für Apollo gegeben zu haben (CIL XIII 6463).

118 Vgl. die Quellfunde aus *Aquae Sulis*/Bath (Cunliffe 1988) oder Rottenburg-Niedernau (Anm. 90; mit FMRD II/3, 3313). Aus den Quellen von Bourbonne-les-Bains stammen mehrere Tausend Münzen, Bronzestatuetten, Schmuck etc. (Sauer 1999, 57).

ter blicken, ehe man wieder auf vergleichbare Ensembles stößt. Baden-Baden[119] oder Wiesbaden[120] wären als Heilbäder nahe gelegener Garnisonen zu nennen, die ihnen ein besonderes Gepräge gaben; besonders aber erinnert die Struktur der Faiminger Inschriften an *Aquae Iasae*/Varaždinske Toplice in Kroatien, das nachweisbar in kaiserlicher Gunst stand[121] und wo neben den Spitzen der provinzialen Gesellschaft, darunter senatorische Größen aus der Provinz *Pannonia superior*, zahlreiche Gäste ihre Kuraufenthalte genommen haben.[122]
Hier drängt sich geradezu zwangsläufig die Frage nach der Rolle Faimingens in der gesundheitlichen Versorgung der Provinz im Allgemeinen und in dem gesellschaftlichen Rahmen Raetiens im Besonderen auf. Denn *das* Kurbad, in das man/frau zu gehen pflegten, Einrichtungen, von denen jede Provinz zumindest über eine verfügte, ist für Raetien bislang noch nicht benannt worden. Bad Gögging kommt aus chronologischen Erwägungen für das Prominentenbad der Provinz nicht in Betracht, wohl aber das 45 km vor Augsburg gelegene *Phoebianae*. Vielleicht erklärt dieser Umstand auch die auffallend frühe Zeitstellung von Aislingen (vgl. Abb. 2), auf die G. Ulbert, R. Knorr folgend, schon vor langer Zeit hingewiesen hatte, für die aber bislang keine plausible Erklärung gefunden wurde.[123]

Der Besuch des Kaisers Caracalla bei *Apollo Grannus*

Caracalla bereitete offenbar bereits gegen Ende des Jahres 212 n. Chr. seinen Zug nach Germanien vor mit einem Besuch in Faimingen, wofür die Meilensteine nach *Phoebianae* augenblicklich die stärksten Argumente darstellen, da der Anmarsch der in Ägypten stationierten *legio II Traiana fortis Germanica* als Faktor nicht mehr zu berücksichtigen ist.[124] Im Frühjahr 213 n. Chr. reiste der Kaiser über die *Gallia Narbonensis*, wo er einen Statthalter umbringen ließ, nach Norden.[125] Kurz zuvor hatte er die Straßenzüge in den *Alpes Maritimae* durch die Südwestschweiz in Richtung Rheinebene erneuern lassen; d. h. sein (erstes) Ziel war offensichtlich Mainz.[126] Aus dem Protokoll der dreitägigen (18.–20. Mai 213 n. Chr.) Feiern der Arvalbrüder in Rom, von dem aber nur der Text des dritten Tages erhalten ist, erfahren wir, dass damals dem Kaiser entweder in Hinsicht seiner bevorstehenden Abreise und des erwarteten Sieges oder einer in Germanien bereits erfolgten Akklamation mit *Germanice max(ime)* zugejubelt wurde.[127] Am 11. August brachten die Arvalbrüder wieder Vota aus, weil der Kaiser im Begriff stand, den *Limes Raetiae* Richtung Norden zu überschreiten, *ad hostes extirbandos*. In der Sekundärliteratur wird bis heute über den Charakter der *expeditio* (nicht *bellum!*) diskutiert, war es ein Präventiv- oder ein Vergeltungsschlag? Wer aber waren die *hostes?* Jene foederierten Germanen des Rhein-Weser-Kulturkreises, die bis dahin friedlich in der Vorfeldzone am Main siedelten und in lebhaftem Warentausch mit den Grenzgarnisonen standen? Oder gab es örtliche Auseinandersetzungen mit den in eben dieser Zeit zu beobachtenden elbgermanischen Neuzuwanderern, und Caracalla war „zu Hilfe gerufen" worden?[128]
Am 6. Oktober, die Nachricht hatte Rom zuvor erreicht, feiern die Arvalbrüder zum Heil und für den germanischen Sieg *(victoria Germanica)* des Kaisers,

119 Kaiserliche Gunst bezeugen in Baden-Baden der neue Civitas-Name *Aurelia Aquensis* (CIL XVII/2, 645–647; 650), der Mitte 213, vor dem Germanensieg, noch nicht erscheint (CIL XVII/2, 645). – Ferner die Bauinschrift im Namen des Kaisers (CIL XIII 6301) der Zeit zwischen dem 10. Dez. 213 und dem 9. Dez. 214; ansonsten beschränkt sich die Überlieferung auf einen Centurio der *cohors XVI voluntariorum* (CIL XIII 6292) sowie mehrere Veteranen und aktive Soldaten.

120 Wiesbaden kann unter den Heilungssuchenden immerhin mit der Gattin und Tochter eines senatorischen Legionslegaten aufwarten (CIL XIII 7565), im Übrigen prägten auch hier das Bild zahlreiche Veteranen und aktive Soldaten.

121 Die kaiserliche Bauinschrift unter Constantinus I (CIL III 4121, ILS 704; Hoffiller/Saria 1938, 210 Nr. 469) benennt neben dem antiken Ortsnamen auch die Gründe für den Wiederaufbau *(Constantinus ... Aquas Iasas ... olim vi ignis consumptas ... restituit)* mit Portiken und Ausstattung sowie den ausführenden Statthalter von Pannonia Superior. 161/169 n. Chr. hatte bereits ein früherer Statthalter über die Stadtgemeinde von Poetovio dort Bauarbeiten ausführen lassen (CIL III 4117; Hoffiller/Saria 1938, 210 Nr. 469 und 206 Nr. 461).

122 v. Petrikovits 1968, 89 ff. – Hoffiller/Saria 1938, 205 ff. mit Abbildungen der Inschriften.

123 Knorr 1913, 74; Ulbert 1959, 83. – Die chronologische Sonderstellung von Aislingen könnte indessen auch eine andere Erklärung finden, wenn man davon ausgeht, dass hier eine im Vergleich zu den Nachbargarnisonen „altgediente" Truppe, also keine Neuaufstellung, Garnison bezog, die entsprechend mehr älteres Ausrüstungsgut in ihrem Bestand hatte; vgl. Gechter 2007, 89 und 207 ff.

124 Okamura 1984, 40.

125 Reusch 1931, 26; Schumacher 1982, 79; Halfmann 1986, 223; anders Hensen 1994, 228 f.

126 Schneider 1935, 431; König 1970, 31 f. 83 f. 125 ff. – L. Schumacher zieht einen Aufbruch aus Italien bereits für 212 n. Chr. in Betracht, nach Aufenthalt in der Narbonensis soll der nächste Ort Mainz gewesen sein (Schumacher 1982, 79 mit Anm. 180).

127 Henzen 1874, CXCVII f. – ILS I 451; CIL VI 2086. – Für die nicht zeitgerechte (?) Akklamation *„Germanicus Maximus"* in der Versammlung vom 20. Mai 213 n. Chr. gibt es unterschiedliche Erklärungen, vgl. Okamura 1984, 14. – Wir neigen der Interpretation von Th. Mommsen zu, der hier einen Vorgriff auf die kommenden Ereignisse sah. Indessen ist eine Reaktion auf einen Sieg in Germanien, der zur Ausrufung, nicht aber zur Titelannahme führte, unter bestimmten Voraussetzungen auch nicht auszuschließen.

128 Steidl 1997, 76.

der jetzt (Ende? September) tatsächlich auch *Germanicus Maximus* geworden war.[129]

Für die zeitliche Eingliederung der bislang nur literarisch überlieferten kaiserlichen Besuche bei *Apollo Grannus* in das Gesamtgeschehen des Jahres 213 interessiert hier der Ablauf der Ereignisse nur insoweit, als diese seine Kuraufenthalte an den in Frage stehenden Orten denkbar erscheinen lassen. Dabei schafft auch die Überlieferung ein Problem, wonach Caracalla eine Reihe von Anweisungen für Opfer, Stiftungen und Bauten gar nicht persönlich vor Ort erteilte, sondern übermittelte und von ihm befohlene Einrichtungen später gar nicht in Augenschein nahm oder nutzte. Aus Dio geht hervor,[130] dass er auf seinen Reisen Gebete, Opfer und Weihgeschenke an *Apollo Grannus* (sowie *Asklepios* und *Sarapis*) voraussandte, die von Boten überbracht wurden. Aber zumindest einen Teil der Heiligtümer besuchte er auch persönlich, wenngleich ohne Erfolg für seine paranoiden Leiden. Die Angaben des oder der Besuche von M. Aurelius Antoninus in einem (?) Heiligtum des *Apollo Grannus* sind in den Quellen nur sehr vage dargestellt.[131] Mindestens vier Orte sind theoretisch denkbar, wobei der Besuch oder die Besuche sowohl vor wie nach dem Sieg in der *Germania translimitana*[132] erfolgt sein könnten.

Die Kontroverse beginnt mit der Diskussion, ob der Kaiser im Frühjahr 213 direkt aus dem Süden (Rom/Italien) zur Expedition nach Norden zog[133] oder sich zuvor schon einige Zeit in Germanien[134] bzw. in Raetien[135] aufgehalten hatte, um von dort aus Donau und Limes zu kreuzen. Da er selbst bekanntlich über Raetien seinen Ausmarsch beginnt, läge ein Besuch in *Aquae Phoebianae* vor dem eigentlichen Feldzug nahe, zumal seine Straßenstiftung für *Phoebianae* und damit seine Interessenbekundung bereits aus dem Herbst des Vorjahres datiert. In jedem Fall aber wäre nach Quellenlage die Annahme eines zeitlich davor anzusetzenden Germanienaufenthaltes eine notwendige Folgerung, auch bei einem direkten Anmarsch aus dem Süden.[136] Nach seinem Verweilen bei *Apollo Grannus* bestand dann jedenfalls die Möglichkeit, auf seiner Prozessionsstraße, die aber in erster Linie für einen Anmarsch aus Richtung Westen spricht (siehe oben S. 306), oder auf der Faiminger Nordweststraße mit ihrer eigenartigen Torgestaltung in Richtung Heidenheim wieder zu den Marschkolonnen seines Expeditionsheeres zu stoßen, die Raetien am „Limestor" bei Dalkingen verließen.[137] In eine solche Rekonstruktion der Geschehnisse würde der Bogen von Dalkingen mit seiner ins Landesinnere orientierten Fassade passen.[138] Ob der Kaiser durch weitere Stiftungen in Faimingen Wohlwollen zu erzeugen versuchte, wissen wir nicht, aber die Ausführung der steinernen Umwehrung des *vicus* fällt in diese Zeit, nicht jedoch der jüngere Lagerbau.[139] Der Bau der Vicusmauer kann aber genauso gut, ja sogar wahrscheinlicher, bereits im Zusammenhang mit der Vorbereitung des Besuchs, z. B. aus Sicherheitsgründen, ähnlich wie der Straßenbau durch die literarisch überlieferten „Boten"[140] in Gang gesetzt worden sein.

Andere Forscher hingegen bevorzugen zuerst einen Aufenthalt in Gallien/Germanien (vgl. oben S. 317), wo er ebenfalls vorher schon länger verweilt haben könnte. Folglich hätte er von dort aus im Sommer

---

129 Mattingly/Sydenham 1936/1958, 86; Kneissl 1969, 159ff.

130 Cassius Dio, Hist. Rom. (ed. O. Veh [2007]) 78,13; 15.

131 Cassius Dio ebd. 78,15,2f.; Engelmann 1980, Nr. 802. – Eine Zusammenstellung aller diesbezüglichen Zitate: Weber 1993, 122ff.

132 Ohne dies hier im Einzeln zu begründen, bevorzugen wir anstelle des überlieferten, aber zu weitläufigen Begriffs *Germania magna*, der sich jetzt anstelle des falschen *Germania libera* (vgl. R.-Alföldi 1997, 45ff.) durchzusetzen beginnt, in Anlehnung an die Inschrift aus Dusa (Riese 1914, 54 Nr. 409), welche die Verhältnisse in flavischer Zeit am oberen Neckar um *Sumelocenna*/Rottenburg wiedergibt, für die Bezeichnung der unmittelbaren Vorfeldzone des Limes, die Rom intensiv überwachte, die Bezeichnung *regio translimitana*.

133 Hensen 1994, 224ff. und passim.

134 Vgl. Anm. 125. – Die Reiseroute über Gallien nach Obergermanien und Raetien schlug zuletzt H. Halfmann vor, lässt aber den Beginn offen: schon 212 oder erst 213 n. Chr. (Halfmann 1986, 223). – W. Eck (Eck 1985, 84 Anm. 13) weist darauf hin, dass im Frühjahr noch nicht die Jahreszeit war, um einen Feldzug nach dem Norden zu beginnen.

135 Nach G. Wirth (Wirth 1975, 62) verbrachte der Kaiser im Jahr 213 n. Chr. 5 bis 6 Monate in Raetien, nach P. W. Haider (Haider 1989, 82) soll der *vicus Phoebiana*/Faimingen dem Kaiser vor Aufbruch zur *Expeditio Germanica* ein ganzes Jahr als Residenz gedient und der Bau der steinernen Vicusumwehrung damit in Zusammenhang gestanden haben. Schon K. Dietz hatte in diese Richtung gedacht (Dietz 1985, 85), als er im Hinblick auf ein Kaiserlogis das späte (unfertige!) Lager innerhalb der Vicusmauer mit den Begleittruppen des Kaisers in Verbindung brachte. Da aber zu dessen Bau Spolien eines offenbar unvollendeten (?) Lagers oder anderer Monumentalbauten Verwendung gefunden hatten (Weber 1993, 85f.), hätte der Kaiser bereits in einer Ruinenlandschaft residiert. Dieses Lager gehört, wie G. Weber richtig feststellt (ebd. 86), in eine spätere und nicht in die Zeit der severischen Blüte der Provinz. Im Übrigen ist ein längerfristiger Aufenthalt des Kaisers und seiner Begleitung in Raetien allein aus logistischen Gründen besser in der Provinzhauptstadt oder im Legionslager vorstellbar, was zeitweilige Kuraufenthalte zwecks Heilungssuche in Faimingen keineswegs ausschließt.

136 A. Hensen berücksichtigt diesen obergermanischen Aufenthalt in seiner Zeitplanung nicht (Hensen 1994, 228), rechnet jedoch mit einem Besuch in *Phoebianae* vor dem Auszug nach Germanien (ebd. 247). Caracalla müsste demzufolge den *transitus Guntiensis* benutzt haben und nicht auf dem kürzeren Weg von Augsburg nach *Phoebianae* gelangt sein.

137 Planck 1974, 43ff.; ders. 1975, 40ff., ders. 1976, 432ff., ders. 1983, 68ff.

138 Planck 1983, 92 mit früherer Lit. 189. – Zur Rekonstruktion und Funktion des Bogens: Kleiss 1988, 178ff. und Filgis 2005, 133 mit Abb. 132.

139 Rüsch 1972, 321f.; Müller 1999, 92ff.

140 Cassius Dio (ed. O. Veh [2007] 78,15,6).

213 zunächst Raetien erreichen müssen, um dann – etwa nach Zuzug von raetisch/norischen Truppenteilen – mit seinem Teil des Expeditionsheeres gezielt nach Norden weiterzuziehen. Auch in einem solchen Zusammenhang wäre eine Anreise über seine „Prozessionsstraße" nach Faimingen sehr gut möglich gewesen, d.h. er könnte *Aquae Phoebianae* genauso gut im Zuge seines Anmarsches aus Germanien via Rhein-Donau-Straße direkt über seine „Prozessionsstraße" erreicht haben. Die letzte Möglichkeit schließlich wäre nach dem Sieg in Germanien von Mainz aus eine Inspektionsreise entlang des obergermanischen und raetischen Limes, die in einem Abstecher auch über Faimingen geführt haben könnte. Hierbei kämen die vergoldeten Bronzebuchstaben-Inschriften an den Toren der Limeslager ins Spiel, die nach A. v. Domaszewski in ihrem „sinnlosen Prunke der Ausführung bestimmt waren, vom Kaiser selbst gesehen zu werden".[141]

Im Reiseablauf des in diesem Zusammenhang viel zitierten, namentlich leider unbekannten Syndikus aus Ephesus,[142] der mehrfach in städtischen Angelegenheiten den Kontakt mit dem Kaiserhaus in Rom suchte und in diesem Bemühen Kaiser Septimius Severus sogar bis Britannien nachreiste, ist unter dessen Sohn ein Aufenthalt (im Jahr 213?) in der Provinz Obergermanien vermerkt, der sowohl vor oder nach Beendigung des Feldzuges und des siegreichen Rückmarsches des Heeres nach Mainz erfolgt sein kann.[143] Als weitere Steigerung seiner Mühewaltung über den Aufenthalt in Obergermanien hinaus nennt er als Ziel den Ort des *Apollo Grannus*, für dessen Lage er aber keine konkretere Ortsangabe macht.[144] Der Syndikus ging ganz offensichtlich davon aus, dass seine Leser wissen, wo dieser liegt, benennt daher seinem Epheser Publikum die Stelle nur als *den* Ort des *Apollo Grannus* (του Γρανίου Ἀπόλλωνος), wohin er dem Kaiser folgte; später dann in weitere bekannte Städte wie Sirmium, wo Caracalla 214 nachweisbar ist, und schließlich nach Antiochia, Nikomedia sowie in die Provinz Mesopotamien.[145]

Nach dem Germanensieg wäre eine Inspektionsreise von Mainz aus, den obergermanischen und raetischen Limes (Holzhausen, Schirenhof, Eining) entlang über *Phoebianae* die Donau (Steinkirchen) hinab durchaus vorstellbar. Zum einen hätte dies die kürzeste und auf dem Wasserweg auch die bequemste Rückroute bedeutet. Zum anderen könnte die merkwürdige Umschreibung des Ortes daher rühren, weil der Ortsname *Phoebianae* in Raetien in Ephesos weniger ein Begriff war als der Ruhm der Schutzgottheit der Heilbäder.[146] K. Dietz hat alle Argumente für Faimingen übersichtlich zusammengefasst und vermutet hier den genannten Hauptverehrungsort.[147] In der zeitlichen (Ende September 213) und routenmäßigen Abfolge von Mainz/Obergermanien aus treten jedoch weitere Kurorte zu *Phoebianae* in Konkurrenz, darunter zumindest ein berühmter Grannus-Ort – mit unterschiedlich zu gewichtenden Argumenten. Alle aber liegen sie in einer gehörigen Distanz zu Mainz und erforderten in jedem Fall einen Aufbruch in eine andere Richtung als an die Donau, was zusätzliche Reiseanstrengungen bedeutete: nach *Aquae Granni*/Aachen in Niedergermanien, in die *Gallia Belgica* nach *Grannum*(?)-Gran(d)/Vosges und nach *Aquae Aureliae*/Baden-Baden im südlichen Obergermanien.

Aquae Granni/Aachen *(Germania inferior)* ist zweifellos der größte und heute noch bekannteste Grannus-Ort, dessen römischer Name zwar erst aus dem Mittelalter überliefert ist[148] und aus dessen direkter Umgebung auch eine Apollo-Weihung stammt.[149] Er kann vor allem auf seine ausgedehnten Badeanlagen und eine äußerst bedeutsame nachrömische Geschichte verweisen, in der die Bäder noch immer eine Rolle spielten.[150] Dieser Kurort stünde zugleich

141 v. Domaszewski 1918, 148; Reusch 1931, 28; Radnóti 1972, 539.

142 Keil 1956, 5ff.; Dietz 1985, 84; Weber 1993, 122 mit Anm. 569.

143 Die „Aktualisierung" des Mainzer Statuensockels für Caracalla (CIL XIII 6754) durch den Statthalter Q. Iunius [---] Quintianus (Christol 1975, 139) deutet auf die Erwartung des Einzugs des Kaisers. Die Errichtung der Statue selbst brachte die Ergebenheit gegenüber dem Herrscher zum Ausdruck, der ihn kurz zuvor zum Legaten in Mainz ernannt hatte (Eck 1985, 86) und mit dessen Erscheinen im Zusammenhang mit der geplanten Expedition jedenfalls gerechnet wurde. Nach L. Schumacher hieße das auch, dass dieser schon vor Beginn der Expedition in Mainz gewesen war, weil dort das Hauptquartier eingerichtet und alle notwendigen Maßnahmen in Gang gesetzt werden konnten (Schumacher 1982, 79). Dort erhielt auch Suetrius Sabinus, bis dahin Legat der *legio XXII Primigenia*, vor seiner Teilnahme an der Expeditio als Comes das Kommando über Vexillationen, das er unmittelbar vor seiner danach folgenden raetischen Statthalterschaft innehatte (Alföldy 1967, 52f.; Saxer 1967, 49f.; anders Hensen 1994, 252f., der die deklassierende Ämterfolge seines Vorschlages nicht erkennt). – K. Dietz (Dietz 1985, 85) denkt an zwei Aufenthalte 212 und 213 n.Chr. in Germanien (d.h. wohl u.a. in Mainz) während H. v. Petrikovits (v. Petrikovits 1978, 89) eine flankierende Heeresgruppe aus Mainz ganz ablehnt und damit auch die klassische römische Taktik des Zweiseitenangriffs verlässt.

144 K. Dietz (Dietz 1985, 84) vermutet den Ort daher nicht in Obergermanien, aber jedenfalls westlich von Sirmium, das als nächstes genannt wird, und wo der Kaiser 214 n.Chr. nachweisbar ist.

145 Halfmann 1986, 223.

146 Sollte *Phoebianae* tatsächlich erst eine Namensschöpfung Caracallas sein (Weber 1993, 133 Anm. 609) und ein früherer Ortsname stärkeren Bezug auf *Grannus* besessen haben, würde dieser Umstand erklärlich. Siehe dazu aber oben S. 309 mit Anm. 40.

147 Dietz, 1985, 83f.

148 Hagen 1931, 246ff.; Nesselhauf/v. Petrikovits 1969, 276 Anm. 15.

149 Nesselhauf/v. Petrikovits 1969, 268ff.

150 Cüppers 1982, 1ff. – Für Karl den Großen waren die warmen Quellen das bestimmende Standortkriterium, in Aachen seine Pfalz zu errichten, vgl. Holder-Egger 1991, 27 (frdl. Hinweis Th. Zotz).

für *Germania inferior*, wird aber aufgrund der schwachen örtlichen Überlieferung für einen Kaiserbesuch derzeit am wenigsten in Betracht gezogen, obgleich er als einziger tatsächlich *Grannus* im Namen trägt und auch gut in das Epheser Itinerar passen würde. Vom Ort selbst liegen bislang jedoch keine konkreten Hinweise oder Bezüge zur Zeit des Kaisers Caracalla vor.

Von *Aquae Aureliae*/Baden-Baden *(Germania superior)* hingegen, wo man für den Herbst 213, d.h. nach dem Germanensieg, gleichermaßen einen Kaiserbesuch in Anspruch nimmt,[151] sind jedenfalls im Vorfeld der Expeditio Straßenbaumaßnahmen[152] und danach Ausstattungsverbesserungen durch den Kaiser in den Bädern überliefert[153]. Doch kommt dieses Heilbad für eine Identifizierung mit *dem* Ort des *Grannus* schon des Namens wegen weniger in Betracht,[154] obgleich es von dort eine Apollo-Inschrift und ein Bildvotiv gibt.[155] Dies schließt jedoch einen persönlichen Besuch im Rahmen einer der möglichen westlichen Reiserouten, die den Kaiser im Frühjahr 213 nach Mainz oder im Herbst 213 von Mainz aus auf seinem Rückweg an die Donau bzw. nach Rom führten, nicht grundsätzlich aus,[156] zumal der Ort *Aquae*, genauer die *Civitas Aquensis* seit dieser Zeit den Beinamen *Aurelia* trägt.[157]

In der *Gallia Belgica*, in Lothringen, in einer verkarsteten, als überaus trocken geltenden Gegend, lag seitab aller großen Verkehrswege *Grannum(?)*/Gran(d), ein hierzulande wenig bekannter *vicus* (etwa 25 ha), der sich jedoch durch äußerst bemerkenswerte Einrichtungen auszeichnet, die alle übrigen Anwärter in den Schatten stellen.[158] Es existiert ein Amphitheater mit einem Fassungsvermögen für etwa 17 000 Besucher. In einem eigens ummauerten Kultbezirk von 18 ha ist ein Bad mit Marmorfußböden und -vertäfelungen *(opus sectile)* nachgewiesen, eine Basilika mit einem Mosaik von 224 m² und ein Tempel mit reichem und sehr qualitätvollem, leider sehr fragmentiertem Reliefschmuck, der auch Bezüge zu Apollo aufweist (Marsyas). Wenn ihn die Beschreibung des constantinischen Festredners meint, so galt dieser Bau zu seiner Zeit als *templum toto orbe pulcherimum.* Lokalisiert ist jetzt auch das Areal einer Quellfassung, die von einem unterirdischen, inzwischen auf über 15 km Gesamtlänge untersuchten System von natürlichen und künstlichen Kanälen gespeist wird. Das Wasser kommt in bis zu 12 m Tiefe mit einem Gefälle von 2 % aus dem 2,4 km entfernten Bergland, d.h. die natürlichen Voraussetzungen ähneln verblüffend denjenigen in Faimingen. Das Namensrelikt *Grannus* dürfte in der heutigen Bezeichnung des Ortes stecken, der jedoch auch mit dem *[A]ndesina* auf der Tabula Peutingeriana identifiziert wird.[159] Die Verehrung des *Apollo*, mit oder ohne den Beinamen *Grannus*, ist mehrfach durch Inschriften, u.a. auf einem monumentalen Architravfragment aus dem Tempelbereich mit Nennung eines *Imp. M.[---]* bezeugt.[160] Auf der mehrzeilig beschriebenen, unteren Zone eines schon lange bekannten, wohl zugehörigen Bruchstücks, ist von einem *Antoninus* die Rede.[161] Der Ort steht fernerhin in berechtigtem Verdacht, dass auch Constantinus 309 n. Chr. auf dem Weg nach Trier, dort, in dem „schönsten Tempel der Welt", seine berühmte Vision gehabt hat.[162] In Grand geht man heute fest davon aus, dass Caracalla 213 den Ort besuchte[163], offen

151 Wagner 1911, II 13; Wirth 1975, 67 mit Anm. 200; Schallmayer 1989, 55 ff.

152 CIL XVII/2, 645.

153 CIL XIII 6301. – Die Abfassung der Inschrift kann aufgrund der Siegestitulatur *Ger[m. max.]* und der Angabe *[pro]cos* noch in das letzte Viertel des Jahres 213 n. Chr. fallen; d.h. sie muss nicht erst 214 n. Chr. (Hensen 1994, 251 mit Anm. 156) oder später (Schallmayer 1989, 47) entstanden sein.

154 Baden-Baden wird mehrfach schlicht als *Aquae*, woraus auch die Bezeichnung der *Civitas Aquensis* hergeleitet wurde, d.h. ohne jeden distinktiven Zusatz überliefert, was im Falle des berühmten Heiligtums des *Apollo Grannus* wenig verständlich wäre.

155 Nesselhauf 1978, 333; Wagner 1911, II 21 Abb. 18.

156 Wirth 1975, 67 mit Anm. 200; Hensen 1994, 251.

157 Der Meilenstein (CIL XVII/2, 645) des Jahres 213 trägt die Bezeichnung *A(urelia) Aquensis* noch nicht, wohl aber jene Säulen des Jahres 220 unter Elagabal (ebd. 644; 646) bzw. des Severus Alexander des Jahres 222 (ebd. 647; 650). Auf dem nächsten Stein unter Gordianus III (ebd. 648) taucht der Beiname nicht mehr auf.

158 Vgl. oben Anm. 94.

159 Zur Tradition des Namens siehe Frézouls 1982, 202 f.

160 Burnand 1982, 342 f. mit Abb. 22. Auf der glatten Oberzone des Architravs liest man in ca. 12 cm hohen Buchstaben *[Apollin]i Gra[nno]*; in der dritten Zeile *Imp. M [---]*. Es hat den Anschein, als hätten auf der Oberzone Weihung(en) gestanden, in der Unterzone hat in mindestens vierzeiliger, halb so großer Beschriftung ein Geschehnis seinen deskriptiven Niederschlag gefunden.

161 CIL XIII 5940; zugehörig zu vorigem Fragment. Aufgrund der erhaltenen Worte *[A]ntoninum* (Zeile 3) und *Numini* (Zeile 4) wird dieses Fragment mit Caracalla in Verbindung gebracht (C. Bertaux in: Colardelle 1991, 52 mit Abb.).

162 Paneg. Lat. VII 21,3–4 (ed. E. Galletier 1952). – Jullian 1993, Bd. 2, 355 und 747 mit Anm. 37.

163 C. Bertaux in: Colardelle 1991, 50 ff. – Dem von K. Dietz (Dietz 1985, 83) in Erwägung gezogenen Kompromissvorschlag, wonach Grand erst seit 300 n. Chr. *Phoebianae*/Faimingen im Rang des ersten Apollo-Grannus-Heiligtums abgelöst haben könnte, widerspricht ein Vergleich zur Struktur, Qualität und Chronologie der archäologischen Zeugnisse beider Orte. Wobei zu beachten bleibt, dass sich die Hinweise aus unterschiedlichen Bereichen (hier Dank-Inschriften, dort Infrastruktur) gegenüberstehen. Ferner hat die französische Lokalforschung in Grand in den mehr als zwei zurückliegenden Dezennien seit dem Erscheinen der Studien von K. Dietz (1985) und G. Weber (1978, 1985) vor Ort große Fortschritte in der Aufdeckung der archäologischen Relikte des Ortes gemacht, welche den Unterschied zwischen dem gallischen Grand und *Phoebianae* in Raetien noch deutlicher werden lassen.

bleibt, ob bei seinem Anmarsch nach oder auf dem Rückweg aus Germanien – beides wäre möglich. Aufgrund der derzeitigen, etwas verwirrenden Quellenlage ergäben sich folgende Möglichkeiten von Reiserouten:

1. Im Frühsommer 213 erfolgte der Anmarsch des Kaisers über die Narbonensis mit möglichen Besuchen in Grand und/oder über Straßburg nach *Aquae Aureliae*/Baden-Baden – Weiterzug nach Mainz.
2. Im Juli/August 213 von Mainz aus nach Raetien, ggf. (wieder?) über *Aquae Aureliae* und über die „Prozessionsstraße“ nach *Aquae Phoebianae*, Ausmarsch durch das „Limestor“ bei Dalkingen, Sieg in der Maingegend, Rückkehr nach Mainz, Aufenthalt bei *Apollo Grannus* und nachfolgende Inspektionsreise entlang des obergermanischen und raetischen Limes (nochmals mit Abstecher über Faimingen?) und weiter donauabwärts in Richtung Orient.
3. Der Anmarsch geschah 213 direkt aus Italien, Besuch in Faimingen, gefolgt von der Expeditio, danach Eintreffen in Mainz. Besuch von dort aus am Ort des *Grannus* (Aachen oder Grand) und Rückmarsch entlang des Limes Richtung Donau. Alle Aktivitäten in der Narbonensis sowie weiter gegen Norden müssten dann früher (212?) stattgefunden haben.

Bei diesen Abfolgen ließen sich alle Hinweise auf Besuche bei *Grannus* unterbringen, es sei denn, das Gesamtprogramm ist zu dicht und man folgt dem Hinweis von K. Dietz,[164] dieses auf zwei Aufenthalte zu verteilen, was dadurch geschehen könnte, dass man einen ersten Germanienaufenthalt bereits 212 in Erwägung zieht. Andererseits ist bei Lösung dieser Gleichung mit mehreren Unbekannten aufgrund jener nicht unglaubhaften Überlieferung, wonach Caracalla vieles anordnete, aber danach nicht nutzte, der Eliminierung unpassender Zeugnisse ein weites Tor geöffnet: Vielleicht haben ja die Besatzungen aller Limeslager nach dem Sieg und in Erwartung des Kaiserbesuches ihre vergoldeten Grußadressen vergeblich über ihre Tore gehängt?

Kehren wir nach dieser Tour d'horizon an die Fernstraße Schwarzes Meer–Nordsee auf die Schwäbische Ostalb zurück, an den Abschnitt der *via publica* mit den Meilensteinen des Caracalla, wo wir glauben, wenige Kilometer östlich der baden-württembergischen Landesgrenze den römischen Prominenten-Kurort der Provinz Raetien lokalisiert zu haben, der mit größter Wahrscheinlichkeit auch durch einen Besuch des Kaisers beehrt worden ist. Eher verneint werden muss aber, dass mit dem raetischen *Phoebianae der* Kultort des *Apollo Grannus* auf der Epheser Inschrift gemeint war. Unabhängig davon war *Phoebianae* einer der bedeutendsten Orte im Provinzgeschehen. Daher steht zu wünschen, dass diesem zukünftig weitere Aufmerksamkeit zuteil wird. Insbesondere das heutige Flussbett der Brenz, die Steilhangkante und der unmittelbar daran anschließende Geländestreifen südlich des Tempels wären im Hinblick auf dort noch verborgene Relikte von Einrichtungen zu überprüfen, die Hinweise zu geben vermögen auf die zu großen Teilen ins Flussbett der Donau versunkene, im Mittelalter weit verteilte und wieder verwendete Architektur der römischen Badekultur von *Aquae Phoebianae*.

Bildnachweis

Universität Freiburg, Abteilung für Provinzialrömische Archäologie: 1–3, 5–6

D. Tudor, Les ponts romains du Bas Danube (1974) 51 Abb. 9: 4

164 Dietz 1985, 85.

Abgekürzt zitierte Literatur

Akşit 1998	I. Akşit, Pamukkale – Hierapolis (Istanbul 1998).
Alföldy 1967	G. Alföldy, Die Legionslegaten der der römischen Rheinarmeen. Epigr. Stud. 3 (Köln, Graz 1967).
André/Bertaux 1991	O. André/V. Bertaux, Les aquéducs souterrains construits par les Romains. Dossiers Arch. 162, 1991, 37–41.
Bakker 1990	L. Bakker, Apollo Grannus und Weintransport: Zwei neue Steindenkmäler aus Augusta Vindelicum. Arch. Jahr Bayern 1990, 107–110.
Baumgart 1936	J. Baumgart, Die römischen Sklavennamen. Unpubl. Phil. Diss. (Breslau 1936).
Bender 1975	H. Bender, Römische Straßen und Straßenstationen. Kl. Schr. Kenntnis röm. Besetzungsgesch. Südwestdeutschland 13 (Stuttgart 1975).
Bertaux u. a. 2000	J.-P. Bertaux u. a., Grand Vosges. Images du patrimoine 78 (Metz 2000).

Bertleff/Watzel 2002 B. Bertleff/R. Watzel, Tiefe Aquifersysteme im südwestdeutschen Molassebecken. Eine umfassende hydrogeologische Analyse als Grundlage eines zukünftigen Quantitäts- und Qualitätsmanagements. Abh. Landesamt Geol., Rohstoffe u. Bergbau Baden-Württemberg 15, 2002, 75–90.

Binsfeld u. a. 1988 W. Binsfeld/K. Goethert-Polaschek/L. Schwinden, Katalog der römischen Steindenkmäler des Rheinischen Landesmuseums Trier 1. Götter- und Weihedenkmäler (Mainz 1988).

Birley 1988 E. Birley, Alae named after their commanders. MAVORS IV (Amsterdam 1988) 368–386.

Birley 1997 A. R. Birley, Caracalla. In: M. Clauss (Hrsg.), Die römischen Kaiser. 55 historische Porträts von Caesar bis Iustinian (München 1997) 185–191.

Bockius 2002 R. Bockius, Die römerzeitlichen Schiffsfunde von Oberstimm in Bayern. Monogr. RGZM 50 (Mainz 2002).

Bouchet/Caumont 2004 K. Bouchet/O. Caumont, De l'usage des eaux froides: le site de Grand. In: Carte Archéologique de la Gaule 88. Les Vosges (Paris 2004).

Brüschweiler 1978 R. W. Brüschweiler, Geschichte der Gemeinde Wettingen (Baden 1978).

Buchner 1818 A. Buchner, Reisen auf der Teufelsmauer, Heft 1 (Regensburg 1818).

Buchner 1831 A. Buchner, Reisen auf der Teufels-Mauer. Eine Untersuchung. Heft 3 (München 1831).

Burnand 1982 Y. Burnand, Circonscription de Lorraine. Gallia 40, 1982, 342 f.

Christol 1975 M. Christol, CIL XIII 6754 (Mayence). Caracalla en Germanie Supérieure: empereur-soleil ou empereur victorieux? Bonner Jahrb. 175, 1975, 129–139.

Colardelle 1991 M. Colardelle, Grand. Prestigieux sanctuaire de la Gaule. Dossiers Arch. 162, 1991, 1–82.

Cüppers 1969 H. Cüppers, Die Trierer Römerbrücken (Mainz 1969).

Cüppers 1982 H. Cüppers u. a., Aquae Granni. Beiträge zur Archäologie von Aachen. Rhein. Ausgr. 22 (Köln 1982).

Cunliffe 1971 B. Cunliffe, Roman Bath Rediscovered (London 1971).

Cunliffe 1988 B. Cunliffe (Hrsg.), The Temple of Sulis Minerva at Bath 2. The Finds from the Sacred Spring (Oxford 1988).

Czysz 1981 W. Czysz, Römische Spolien aus der Pfarrkirche St. Martin zu Gundelfingen, Landkreis Dillingen, Schwaben. Arch. Jahr Bayern 1981, 142–143.

Czysz 1996 W. Czysz, Das Umland von Augsburg in der römischen Kaiserzeit. In: W. Pötzl/O. Schneider (Hrsg.), Vor- und Frühgeschichte, Archäologie einer Landschaft (Augsburg 1996) 203–266.

Czysz 2000 W. Czysz, Vom Römerbad zur Weltkurstadt. Geschichte der Wiesbadener heißen Quellen und Bäder (Wiesbaden 2000).

Czysz 2004 W. Czysz, Römische Töpfer am Aschberg zwischen Aislingen und Gundremmingen. In: Leben aus der Geschichte. Festschrift für Josef Weizenegger (Günzburg 2004) 167–205.

Czysz/Schmidt 1995 W. Czysz/W. Schmidt, Ausgrabungen im römischen Vicus Phoebiana-Faimingen. Arch. Jahr Bayern 1995, 109–112.

Dean 1919 L. R. Dean, A Study of the Cognomina of Soldiers in the Roman Legions (Princeton 1919).

Detweiler 1952 A. H. Detweiler, The Palace of the *Dux Ripae* and the Dolichenum. The Excavations at Dura-Europos, Preliminary Report IX (New Haven 1952).

Devijver 1980 H. Devijver, Prosopographia Militarium Equestrium quae fuerunt ab Augsuto ad Gallienum III (Leuven 1980).

Dietz 1983 K. Dietz, Kastellum Sablonetum und der Ausbau des rätischen Limes unter Kaiser Commodus. Chiron 13, 1983, 497–536.

Dietz 1985 K. Dietz, Zwei neue Meilensteine Caracallas aus Gundelfingen, Ldkr. Dillingen a. d. Donau, Reg.-Bez. Bayerisch-Schwaben. Germania 63, 1985, 75–86.

Dietz 1986 K. Dietz, Zum Feldzug Caracallas gegen die Germanen. In: Studien zu den Militärgrenzen Roms III. Forsch. u. Ber. Vor- u. Frühgesch. Baden-Württemberg 20 (Stuttgart 1986) 135–138.

Dietz/Pietsch 1998 K. Dietz/M. Pietsch, Zwei neue römische Meilensteine aus Mittenwald. In: Mohr – Löwe – Raute. Beitr. Gesch. Lkr. Garmisch-Partenkirchen 6 (Garmisch-Partenkirchen 1998) 41–57.

v. Domaszewski 1918 A. v. Domaszewski, Die Personennamen bei den Scriptores historiae Augustae. Sitzungssber. Heidelberger Akad. Wiss. Phil.-Hist. Kl. 13 (Heidelberg 1918).

Dragendorff/Krüger 1924 H. Dragendorff/E. Krüger, Das Grabmal von Igel (Trier 1924).

Drexel 1911 F. Drexel, Das Kastell Faimingen. In: Der Obergermanisch-Raetische Limes, Abt. B, Nr. 66 c (Berlin, Leipzig 1911).

Drexel 1923 F. Drexel, Die Götterverehrung im römischen Germanien. Ber. RGK 14, 1922 (1923) 1–68.

Eck 1975 W. Eck, Die Statthalter der germanischen Provinzen vom 1.–3. Jahrhundert. Epigr. Stud. 14 (Köln, Bonn 1985).

Eingartner u. a. 1993 J. Eingartner/P. Eschbaumer/G. Weber, Faimingen-Phoebiana I. Der römische Tempelbezirk in Faimingen-Phoebiana. Limesforsch. 24 (Mainz 1993).

Engelmann 1980 H. Engelmann (Hrsg.), Die Inschriften aus Ephesos 3. Inschriften griechischer Städte aus Kleinasien 13 (Bonn 1980).

Filgis u. a. 2002 M. N. Filgis u. a., Das römische Badenweiler. Führer arch. Denkmäler Baden-Württemberg 22 (Stuttgart 2002).

Filgis 2005 M. N. Filgis, Zur Rekonstruktion der Limestorfassade als Ehrenbogen. In: Arch. Landesmus. Baden-Württemberg (Hrsg.), Imperium Romanum. Roms Provinzen an Neckar, Rhein und Donau. Ausstellungskat. Stuttgart (Stuttgart 2005) 132 f.

Fischer/Schleiermacher 1962 U. Fischer/W. Schleiermacher, Eine Dendrophoreninschrift aus Heddernheim. Germania 40, 1962, 73–84.

Fluss u. a. 1934 M. Fluss u. a., Thermae. RE II,10 (Stuttgart 1934) 2388–2389.

Forrer 1917 R. Forrer, Elsässische Meilen- und Leugensteine. Jahrb. Hist.-Lit. Zweigver. Vogesenclub 1917, 1–37.

Frézouls 1982 E. Frézouls, Les villes antiques de la France. Belgique 1 (Strasbourg 1982).

Fuchs 1914 A. Fuchs, Die Kultur der keltischen Vogesensiedlungen mit besonderer Berücksichtigung des Wasserwaldes bei Zabern (Zabern 1914).

Gechter 2007 M. Gechter, Der römische Militärplatz Neuss (Novaesium). In: G. Uelsberg (Hrsg.), Krieg und Frieden: Kelten – Römer – Germanen. Ausstellungskat. Bonn (Bonn, Darmstadt 2007) 207–213.

Georges 1951 H. E. Georges, Ausführliches Lateinisch-Deutsches Handwörterbuch I–II, 9. Aufl. (Tübingen 1951).

Geuenich 1997 D. Geuenich, Ein junges Volk macht Geschichte. Herkunft und „Landnahme" der Alamannen. In: Arch. Landesmus. Baden-Württemberg (Hrsg.), Die Alamannen. Ausstellungskat. Stuttgart (Stuttgart 1997) 73–78.

Gornatowski 1936 A. Gornatowski, Rechts und links im antiken Aberglauben. Unpubl. Phil. Diss. (Breslau 1936).

Grabherr 1996 G. Grabherr, Zur sogenannten Via Decia. Bayer. Vorgeschichtsbl. 61, 1996, 227–244.

Haberey 1972 W. Haberey, Die römischen Wasserleitungen nach Köln. Führer Rhein. Landesmus. Bonn 37 (Bonn 1972).

Hagen 1931 J. Hagen, Römerstrassen der Rheinprovinz. Erläuterungen zum Geschichtlichen Atlas der Rheinprovinz, Bd. 8, 2. Aufl. (Bonn 1931).

Haider 1989 W. Haider, Caracalla in Raetien. Akten 3. Österr. Archäologentag. Innsbruck 3.–5. April 1987 (Wien 1989) 81–83.

Halfmann 1986 H. Halfmann, Itinera principum. Geschichte und Typologie der Kaiserreisen im Römischen Reich (Wiesbaden, Stuttgart 1986).

Hasch 1988 R. Hasch, Das römische Faimingen und die Provinz Raetien. Geographie Geschichte – Grabungsergebnisse[2] (Gundelfingen 1988).

Hasselmann 1899 F. Hasselmann, Verhandl. Hist. Ver. Niederbayern 35, 1899, 359ff.

Heiligmann 1990 J. Heiligmann, Der „Alb-Limes". Forsch. u. Ber. Vor- u. Frühgesch. Baden-Württemberg 35 (Stuttgart 1990).

Hensen 1994 A. Hensen, Zu Caracallas Germanica Expeditio. Archäologisch-topographische Untersuchungen. Fundber. Baden-Württemberg 19, 1994, 219–254.

Henzen 1874/1967 W. Henzen (Hrsg.), Acta fratrum Arvalium quae supersunt (Berlin 1874; Nachdruck 1967).

Hertlein 1912 F. Hertlein, Die Altertümer des Oberamts Heidenheim. Die Altertümer im Königreich Württemberg, H. 2 (Esslingen 1912).

Hertlein 1928 F. Hertlein, Die Geschichte der Besetzung des Römischen Württemberg. Die Römer in Württemberg 1 (Stuttgart 1928).

Hertlein 1930 F. Hertlein, Die Strassen und Wehranlagen des Römischen Württemberg. Die Römer in Württemberg 2 (Stuttgart 1930).

Herzig 1974 H. E. Herzig, Probleme des römischen Straßenwesens: Untersuchungen zu Geschichte und Recht. ANRW II (1974) 593–648.

Hoffiller/Saria 1938 V. Hoffiller/B. Saria, Antike Inschriften aus Jugoslavien Heft 1: Noricum und Pannonia Superior (Zagreb 1938).

Holder-Egger 1991 Einhard, Vita Karoli magni, cap. 22: O. Holder-Egger, MGH Scriptores rerum Germanicarum in usum scholarum [25] (Hannover, Leipzig 1911).

Horn 1987 H.-G. Horn (Hrsg.), Die Römer in Nordrhein-Westfalen (Stuttgart 1987).

Hübner 2001 W. Hübner, Klaudios Ptolemaios. In: Der Neue Pauly 10 (Stuttgart 2001) 559–570.

Jaumann 1840 I. Jaumann, Colonia Sumlocenne (Stuttgart, Tübingen 1840).

Jullian 1993 C. Jullian, Histoire de la Gaule 1–2 (Nachdruck Paris 1993).

Keil 1956 J. Keil, Ein ephesischer Anwalt des 3. Jahrhunderts durchreist das Imperium Romanum. Sitzungsber. Bayer. Akad. Wiss., Phil.-Hist. Kl. H 6 (München 1956).

Kienast 1990 D. Kienast, Römische Kaisertabelle. Grundzüge einer römischen Kaiserchronologie (Darmstadt 1990).

Kleiss 1988 W. Kleiss, Bemerkungen zum Limestor bei Dalkingen. Germania 66, 1988, 176–182.

Kneissl 1969 P. Kneissl, Die Siegestitulatur der römischen Kaiser. Hypomnemata 23 (Göttingen 1969).

Knierriem u. a. 1994 P. Knierriem u. a., Zum Abschluß der Ausgrabungen auf dem Rettig in Baden-Baden. Arch. Ausgr. Baden-Württemberg 1994, 117–124.

Knorr 1913 R. Knorr, Vorflavische Sigillata aus Günzburg. Röm.-Germ. Korrbl. 6, 1913, 72–74.

König 1970 I. König, Die Meilensteine der Gallia Narbonensis. Itinera Romana 3 (Bern 1970).

König 1973 I. König, Zur Dedikation römischer Meilensteine. Chiron 3, 1973, 419–427.

Kolb 2003 a A. Kolb, Caracalla und Raetien. Tyche 18, 2003, 21–30.

Kolb 2003 b A. Kolb, Phoebiana – ein Vorschlag zur Namengebung von Kastellen. Tyche 18, 2003, 31–32.

Krüger 1932 E. Krüger, Einleitung. In: W. v. Massow, Die Grabmäler von Neumagen (Berlin, Leipzig 1932) 3–33.

Lander 1984	J. Lander, Roman Stone Fortifications. Variation and Change from the First Century A.D. to the Fourth. BAR Int. Ser. 206 (Oxford 1984).
Lefèbvre 1975	L. Lefèbvre, Sculptures gallo-romaines du Musée d'Arlon. Bull. Inst. Arch. Luxembourg 51, 1975, 1–92.
Lieb 1960	H. Nesselhauf/H. Lieb, Dritter Nachtrag zu CIL XIII. Ber. RGK 40, 1959 (1960) 120–229.
Lőrincz 2000	B. Lőrincz, Onomasticon provinciarum Europe Latinarum III (Wien 2000).
Mastino 1982	A. Mastino, Le titolature di Caracalla e Geta attraverso le iscrizioni (Bologna 1982).
Mattingly/ Sydenham 1936/1958	H. Mattingly/E. A. Sydenham, The Roman Imperial Coinage IV/1, Pertinax to Geta (London 1936; Nachdruck 1958).
Mauthner 1837	L. W. Mauthner, Die Heilkräfte des kalten Wasserstrahls; älteste Geschichte der Fallbäder (Wien 1837) 120–158.
Müller 1999	M. Müller, Die römischen Grabfunde. Faimingen-Phoebiana II. Limesforsch. 26 (Mainz 1999).
Nesselhauf 1978	H. Nesselhauf, Drei römische Altäre aus Baden-Baden. Fundber. Baden-Württemberg 3, 1978, 328–333.
Nesselhauf/ v. Petrikovits 1969	H. Nesselhauf/H. v. Petrikovits, Ein Weihaltar für Apollo aus Aachen-Burtscheid. Bonner Jahrb. 169, 1969, 268–279.
Niess/Lorenz 2004	W. Niess/S. Lorenz (Hrsg.), Kult-Bäder und Bäderkultur in Baden-Württemberg (Filderstadt 2004).
Nuber 1972	H. U. Nuber, Zwei bronzene Besitzermarken aus Frankfurt/M.-Heddernheim. Zur Kennzeichnung von Ausrüstungsstücken des römischen Heeres. Chiron 2, 1972, 483–507.
Nuber 1980	H. U. Nuber, Ausgrabungen in Bad Gögging. Römisches Staatsheilbad und frühmittelalterliche Kirchen (Landshut 1980).
Nuber 1986	H. U. Nuber, Das Steinkastell Hofheim (Main-Taunus-Kreis). Studien zu den Militärgrenzen Roms III. Forsch. u. Ber. Vor- u. Frühgesch. Baden-Württemberg 20 (Stuttgart 1986) 226–234.
Nuber 1988	H. U. Nuber, Archäologische Forschungen in Sontheim und Brenz, Kreis Heidenheim. In: Zivile und militärische Strukturen im Nordwesten der römischen Provinz Raetien. 3. Heidenheimer Archäologie-Colloquium am 9./10. Oktober 1987 (Heidenheim 1988) 97–11.
Nuber 1997	H. U. Nuber, Zeitenwende rechts des Rheins. Rom und die Alamannen. In: Arch. Landesmus. Baden-Württemberg (Hrsg.), Die Alamannen. Ausstellungskat. Stuttgart (Stuttgart 1997) 59–68.
Nuber 2005	H. U. Nuber, Zu Wasser und Lande. Das römische Verkehrsnetz. In: Arch. Landesmus. Baden-Württemberg (Hrsg.), Imperium Romanum. Roms Provinzen an Neckar, Rhein und Donau. Ausstellungskat. Stuttgart (Stuttgart 2005) 410–419.
Nuber 2006	H. U. Nuber, Wiesbaden – Aquae Mattiacae. In: M. Reddé u. a. (Hrsg.), Les fortifications militaires. In: L'architecture de la Gaule romaine (Bordeaux 2006) 419–422.
Nuber/Seitz 1998	H. U. Nuber/G. Seitz, Römische Staatsheilthermen – AQVAE(?)/Bad Gögging. Arch. Jahr Bayern 1998, 75–77.
Nuber/Seitz 2001	H. U. Nuber/G. Seitz, Frankfurts römischer Ursprung – Kastell oder Praetorium? In: S. Hansen/V. Pingel (Hrsg.), Archäologie in Hessen. Festschrift F.-R. Herrmann. Internat. Arch. Stud. honoraria 13 (Rahden/Westfalen 2001) 187–197.
Nuber/Seitz 2002	H. U. Nuber/G. Seitz, Caracalla auf der Ostalb – ein römischer Meilenstein aus Sontheim an der Brenz, Kreis Heidenheim. Arch. Ausgr. Baden-Württemberg 2002, 109–111.
Nuber/Seitz 2006	H. U. Nuber/G. Seitz, Bad Gögging 2006 – der Gesamtplan des römischen Heilbades. Arch. Jahr Bayern 2006, 81–83.
Okamura 1984	L. Okamura, Alamannia devicta. Roman-German Conflicts from Caracalla to the First Tetrarchy (a. d. 213–305) (Ann Arbor/Michigan 1984).
Ortner 1888	H. Ortner, Tätigkeit des Vereins, 1. Ausgrabungen. Jahresber. Hist. Ver. Dillingen 1, 1888, 5–12.
v. Pallhausen 1816	V. von Pallhausen, Bojoariae topographia Romano-Celtica, 1. Teil. Römerstrasse von Verona nach Augsburg (München 1816).
Paret 1935	O. Paret, Der römische Meilenstein von Friolzheim. Fundber. Schwaben N. F. 8, 1933–1935, 101 f.
Pekáry 1968	Th. Pekáry, Untersuchungen zu den römischen Reichsstraßen. Antiquitas I 17 (Bonn 1968).
v. Petrikovits 1960	H. v. Petrikovits, Das römische Rheinland. Archäologische Forschungen seit 1945. Bonner Jahrb. Beih. 8 (Köln, Opladen 1960).
v. Petrikovits 1968	H. v. Petrikovits, Aquae Iasae. Arh. Vestnik 19, 1968, 89–93; wieder abgedruckt in: Beiträge zur Römischen Geschichte und Archäologie. Bonner Jahrb. Beih. 36 (Bonn 1976) 479–483.
v. Petrikovits 1978	H. v. Petrikovits, Rheinische Geschichte 1. Altertum (Düsseldorf 1978).
Planck 1974	D. Planck, Ein ungewöhnliches Bauwerk am rätischen Limes bei Dalkingen, Ostalbkreis. Arch. Ausgr. 1974, 43–49.
Planck 1975	D. Planck, Das Limesfreilichtmuseum am raetischen Limes im Ostalbkreis. Ellwanger Jahrb. 25, 1973–74, 21–60.
Planck 1977	D. Planck, Neue Forschungen zum obergermanischen und raetischen Limes. ANRW II/5 (Berlin, New York 1976) 404–456.
Planck 1983	D. Planck, Das Freilichtmuseum am rätischen Limes im Ostalbkreis. Führer arch. Denkmäler Baden-Württemberg 9 (Stuttgart 1983).
Planck 2005	D. Planck, Die Römer in Baden-Württemberg. Römerstätten und Museen von Aalen bis Zwiefalten (Stuttgart 2005).

Planck u.a. 1994 — D. Planck/O. Braasch/J. Oexle/H. Schlichtherle, Unterirdisches Baden-Württemberg. 250 000 Jahre Geschichte und Archäologie im Luftbild (Stuttgart 1994).

Popovic 2006 — M. Popovic, The Fortress of Belgrad² (Belgrad 2006).

Precht 1973 — G. Precht, Baugeschichtliche Untersuchung zum römischen Praetorium in Köln. Rhein. Ausgr. 14 (Köln, Bonn 1973).

R.-Alföldi 1997 — M. R.-Alföldi, Germania magna – nicht libera. Germania 75, 1997, 45–52.

Radke 1971 — G. Radke, Viae publicae Romanae. RE Suppl. XIII (Stuttgart 1971) 1417–1686.

Radnóti 1972 — A. Radnóti, Römischer Meilenstein aus Wehringen (Ldkr. Schwabmünchen). Bayer. Vorgeschichtsbl. 37, 1972, 40–56.

v. Raiser 1821 — J. v. Raiser, Geschichte der Stadt Lauingen an der Donau. In: Denkwürdigkeiten des Ober-Donau-Kreises (Augsburg 1821) 3–21.

v. Raiser 1831 — J. v. Raiser, Der Ober-Donau-Kreis des Königreichs Bayern unter den Römern. II. Abtheilung (Augsburg 1831) 27–38.

Rathmann 2003 — M. Rathmann, Untersuchungen zu den Reichsstraßen in den westlichen Provinzen des Imperium Romanum. Bonner Jahrb. Beih. 55 (Mainz 2003).

Reinecke 1923 — P. Reinecke, Die örtliche Bestimmung der antiken geographischen Namen für das rechtsrheinische Bayern. Bayer. Vorgeschfreund IV, 1923, 17–48.

Reichardt 1993 — L. Reichardt, Ortsnamenbuch des Rems-Murr-Kreises. Veröff. Komm. Gesch. Landeskde. Baden-Württemberg B 128 (Stuttgart 1993).

v. Reitzenstein 1970 — W.-A. v. Reitzenstein, Untersuchungen zur römischen Ortsnamengebung. Unpubl. Phil. Diss. (München 1970).

v. Reitzenstein 1977 — W.-A. v. Reitzenstein, Römische Ortsnamen auf -num in Bayern. Bl. Oberdt. Namenforsch. 14, 1977, 3–26.

Reusch 1931 — W. Reusch, Der Historische Wert der Caracallavita. Klio Beih. 24 (Wiesbaden 1931; Nachdruck Aalen 1963).

Riese 1914 — A. Riese, Das Rheinische Germanien in den antiken Inschriften (Leipzig, Berlin 1914; Nachdruck Groningen 1968).

Ritterling 1924 — E. Ritterling, Legio. RE XII (1924) 1211–1829.

Rübekeil 2004 — L. Rübekeil, Was verrät der Name der Alamannen über ihr Ethnos? In: H.-P. Naumann (Hrsg.), Alemannien und der Norden. RGA Ergbd. 43 (Berlin, New York 2004) 115–141.

Rüsch 1972 — A. Rüsch, Neue Ausgrabungen im Kastell und Vicus von Faimingen. Arch. Korrbl. 1972, 319–322.

Sauer 1999 — E. Sauer, The Augustan Army Spa at Bourbonne-les-Bains. Journ. Rom. Arch. Suppl. Ser. 34 (Portsmouth 1999) 52–79.

Saxer 1967 — R. Saxer, Untersuchungen zu den Vexillationen des römischen Kaiserheeres von Augustus bis Diokletian. Epigr. Stud. 1 (Köln, Graz 1967).

Schallmayer 1989 — E. Schallmayer, Aquae – das römische Baden-Baden. Führer arch. Denkmäler Baden-Württemberg 11 (Stuttgart 1989).

Scheller 1889 — M. Scheller, Die Ausgrabungen in Faimingen im Jahre 1889. Jahresber. Hist. Ver. Dillingen 2, 1889, 10–33.

Schindler 1970 — R. Schindler, Landesmuseum Trier. Führer durch die vorgeschichtliche und römische Abteilung (Trier 1970).

Schleiermacher 1965 — W. Schleiermacher, A B(rigantio). Germania 43, 1965, 320–321.

Schneider 1935 — K. Schneider, Miliarium. RE Suppl. VI (Stuttgart 1935) 395–431.

Schumacher 1982 — L. Schumacher, Römische Kaiser in Mainz (Bochum 1982).

Seitz 1964 — H. J. Seitz, Neues aus dem Kastell Faimingen. Bayer. Vorgeschbl. 29, 1964, 249–253.

Seitz 1967 — H. J. Seitz, Neues von den Römerstraßen beim Kastell Faimingen. Bayer. Vorgeschbl. 32, 1967, 168–174.

Seitz 1973 — H. J. Seitz, Die römische Donaunordstraße im Landkreis Dillingen a. d. D. Bayer. Vorgeschbl. 38, 1973, 154–161.

Seitz 1996 — G. Seitz, Abschied von Sontheim. Rückblick auf die archäologischen Untersuchungen in Sontheim/Brenz – „Braike". Jahrb. Heimat- u. Altertumsver. Heidenheim a. d. Brenz 1995/96 (1996) 58–89.

Seitz 2005a — G. Seitz, Badewesen. In: Arch. Landesmus. Baden-Württemberg (Hrsg.), Imperium Romanum. Roms Provinzen an Neckar, Rhein und Donau. Ausstellungskat. Stuttgart (Stuttgart 2005) 356–362.

Seitz 2005b — G. Seitz, Badenweiler. In: Arch. Landesmus. Baden-Württemberg (Hrsg.), Imperium Romanum. Roms Provinzen an Neckar, Rhein und Donau. Ausstellungskat. Stuttgart (Stuttgart 2005) 363–368.

Seitz 2005c — G. Seitz, Straßenstationen. Infrastruktur für die Weltherrschaft. In: Arch. Landesmus. Baden-Württemberg (Hrsg.), Imperium Romanum. Roms Provinzen an Neckar, Rhein und Donau. Ausstellungskat. Stuttgart (Stuttgart 2005) 420–425.

Solin 1996 — H. Solin, Die stadtrömischen Sklavennamen II. Griechische Namen (Stuttgart 1996).

Springer 1984 — M. Springer, Der Eintritt der Alemannen in die Weltgeschichte. Abhandl. u. Ber. Staatl. Mus. Völkerkde. Dresden 41, 1984, 99–137.

Steidl 1997 — B. Steidl, Die germanische Siedlung von Gaukönigshofen (Lkr. Würzburg) vor dem Hintergrund der kaiserzeitlichen Besiedlung Mainfrankens – erste Ergebnisse der Ausgrabungen 1994–1996. In: C. Bridger/C. v. Carnap-Bornheim (Hrsg.), Römer und Germanen – Nachbarn über Jahrhunderte. BAR Int. Ser. 678 (Oxford 1997) 73–78.

Ströhmfeld 1899	G. Ströhmfeld, Bad Niedernau im württembergischen Schwarzwald. Führer durch das Bad und Umgebung (Niedernau 1899).
Tudor 1974	D. Tudor, Les ponts romains du Bas-Danube (Bukarest 1974).
Vollmer 1915	F. Vollmer, Inscriptiones Baivariae Romanae (München 1915).
Ulbert 1959	G. Ulbert, Die römischen Donaukastelle Aislingen und Burghöfe. Limesforsch. 1 (Berlin 1959).
Wagner 1911	E. Wagner, Fundstätten und Funde im Großherzogtum Baden II (Tübingen 1911).
Walser 1983	G. Walser, Die römischen Straßen und Meilensteine in Raetien. Kl. Schr. Kenntnis röm. Besetzungsgesch. Südwestdeutschland 29 (Aalen 1983).
Weber 1978	G. Weber, Reste römischer Steinarchitektur in Faimingen, Bestandteile des Apollo-Grannus-Heiligtums? Germania 56, 1978, 511–521.
Weber 1981	G. Weber, Neue Ausgrabungen am „Apollo-Grannus-Heiligtum" in Faimingen. Ber. RGK 62, 1981, 103–128.
Weber 1993	G. Weber, Zur Verehrung des Apollo Grannus in Faimingen, zu Phoebiana und Caracalla. In: Eingartner u. a. 1993, 122–136.
Weisgerber 1975	G. Weisgerber, Das Pilgerheiligtum des Apollo und der Sirona von Hochscheid im Hunsrück (Bonn 1975).
Wirth 1975	G. Wirth, Caracalla in Franken. Jahrb. Fränk. Landesforsch. 34/35, 1975, 37–74.
Zagermann 2009	M. Zagermann, Der Münsterberg in Breisach III. Die römerzeitlichen Befunde und Funde der Ausgrabungen Kapuzinergasse (1980–1983), Rathauserweiterung/Tiefgaragenneubau (1984–1986) und der baubegleitenden Untersuchungen am Münsterplatz (2005–2007). Münchner Beitr. Vor- u. Frühgesch. 60 (München 2009).
Zanier 1992	W. Zanier, Das römische Kastell Ellingen. Limesforsch. 23 (Mainz 1992).

Römische Keller mit bemalten Wandnischen in Baden-Württemberg

MEINRAD N. FILGIS

Die meisten in Baden-Württemberg ausgegrabenen römischen Steinkeller zeigen sorgfältig gesetztes Mauerwerk aus sogenannten Handquadern mit nachträglicher Verfugung, weil der Mauermörtel nicht selten einen Sand-Kies-Zuschlag bis etwa 15 mm Korngröße enthielt und damit ein sauberer Fugenschluss nur schwer herstellbar war. Diese nachträgliche Verfugung aus einem feinen Kalk-Sand-Mörtel erhielt als Verzierung sehr oft noch einen etwa 5 mm breiten Fugenstrich, der in den noch feuchten Mörtel eingedrückt und rot ausgemalt wurde. Im Kellerabgang findet man kurz vor der Kellertür häufig eine kleine Wandnische, um eine Öllampe abstellen zu können. Der Keller selbst besitzt meist mehrere Wandnischen, rechteckig oder halbrund im Grundriss und oben mit horizontalem oder bogenförmigem Abschluss. Besonders wichtig für die Belüftung und Belichtung des Kellers war das Kellerfenster, das zur besseren Verteilung des einfallenden Lichtes an der Innenwand vielerorts noch einen Lichtschacht besaß. Der Kellerboden bestand aus anstehendem Erdreich oder Fels, Stampflehm, Sand oder Kies, selten aus einem Mörtelestrich und besaß gelegentlich eine Rinne, um Sickerwasser abzuleiten. Ein entlang der Wände verlaufendes Sandbett diente zur sicheren Aufstellung von Vorratsgefäßen, die jedoch auch in entsprechende Vertiefungen im Boden eingesetzt oder in Holzregalen eingestellt gewesen sein konnten. Die meisten Keller werden zur Aufbewahrung von Vorräten[1] genutzt worden sein, besondere Ausstattungsmerkmale führten jedoch auch zur Deutung als Wohn- oder Kultkeller.[2]

Vollflächig verputzte Kellerwände – wie in dem im Jahre 2007 aufgedeckten römischen Keller von Herbrechtingen,[3] der außerdem einen Mörtelestrich als Fußboden besaß – fanden sich auch in Rheinfelden-Karsau[4] und in der römischen Villa von Heitersheim[5], jedoch nie mit einer aufgemalten Quaderung. Reste von Malerei auf vollflächig verputzten Kellerwänden haben sich in Baden-Württemberg bislang nur in einem Keller des römischen Gutshofs von Nürtingen-Oberensingen[6] und in einem Keller des römischen *vicus* von Sulz am Neckar erhalten.[7]

Vor vier Jahrzehnten entdeckte B. Heukemes in Baden-Württemberg den ersten römischen Steinkeller mit bemalten Wandnischen. War es zunächst ein singulärer Baubefund, der von Kollegen vielfach angezweifelt wurde, so folgten in den 1980/90er Jahren in wesentlich kürzeren Abständen drei weitere Entdeckungen, die im Folgenden nun alle in chronologischer Reihenfolge ihrer Entdeckung vorgestellt werden sollen.

Bemalter römischer Keller in Heidelberg

Entdeckt 1968, Datierung des Kellers: spätes 1.–frühes 2. Jh. n. Chr.

Im Jahre 1968 entdeckte B. Heukemes in Heidelberg-Neuenheim, Ladenburger Straße 80, bei Ausschachtungsarbeiten für ein großes Wohnhaus mit Tiefgarage römische Streifenhäuser, zwei Steinkeller und einen Töpferofen.[8] Den Töpferofen, den kleine-

1 J. Fuchs/M. Asal/R. Fellmann Brogli/P. Frei, Kluger Rat: Notvorrat. Arch. Schweiz 29, 2006/2, 26–35 Abb. 10 u. 11.

2 J.-P. Petit/S. Santoro (Hrsg.), Leben im römischen Europa. Von Pompeji nach Bliesbruck-Reinheim (Paris 2007) 126.

3 I. Stork, Außergewöhnliche römische Befunde in Herbrechtingen, Kreis Heidenheim, Arch. Ausgr. Baden-Württemberg 2007, 133–136 bes. 135.

4 M. Rauschkolb, Abschließende Untersuchungen am Hauptgebäude des römischen Gutshofs von Rheinfelden-Karsau, Kreis Lörrach. Arch. Ausgr. Baden-Württemberg 2005, 167 f. Abb. 157. Ursprünglich war das gesamte Kellermauerwerk mit einem dekorativen Fugenstrich versehen, später zweimal vollflächig verputzt. Freundl. Hinweis von G. Fingerlin.

5 K. Kortüm/H. U. Nuber, Die römische Villa urbana von Heitersheim, Kreis Breisgau-Hochschwarzwald. Arch. Ausgr. Baden-Württemberg 1991, 158. Freundl. Hinweis von K. Kortüm. – In einem anderen Keller der Villa, der heute unter dem Schutzbau konserviert ist, haben sich Reste flächigen Wandverputzes an der Ostwand des Kellers und des Treppenabgangs, dort sogar mit rot bemalter Sockelzone, erhalten.

6 S. Kolbus, Weitere Ausgrabungen im römischen Gutshof Nürtingen-Oberensingen, Kreis Esslingen. Arch. Ausgr. Baden-Württemberg 1989, 192. In ca. 80 cm Höhe war die mit Farbspritzern verzierte Sockelzone der Kellerwand mit einem etwa 2–3 cm breiten horizontalen roten Streifen abgeschlossen. Freundl. Hinweis von E. Beck.

7 C. S. Sommer, Sulz (RW), Kastell und Kastellvicus/Vicus. In: D. Planck (Hrsg.), Die Römer in Baden-Württemberg (Stuttgart 2005) 335 mit weiterer Lit.

8 B. Heukemes, Der bemalte Kultkeller von Heidelberg. Arch. Deutschland 4/1987, 9–11.

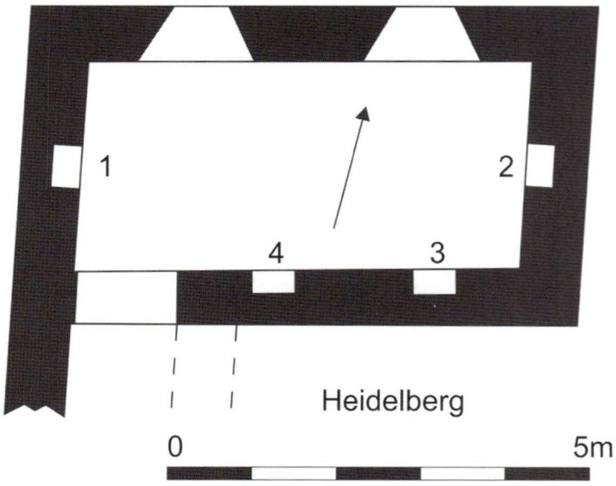

Abb. 1: Heidelberg, Ladenburger Str. 80. Grundriss des kleinen Steinkellers A mit bemalten Wandnischen aus Haus Nr. 3.

ren Steinkeller (A) und das dazugehörige 11 m × 25 m große Holzfachwerkhaus (3) datiert Heukemes nach Keramikfunden in die Zeit zwischen 90 und 130 n. Chr. Zur polychromen Wanddekoration dieses kleinen Kellers (Abb. 1) fand er damals kein Vergleichsbeispiel, so blieb dieser Befund unpubliziert. Lediglich eine 1:1-Rekonstruktion der Westwand dieses Kellers fand Platz an einer Wand im Treppenhaus des Kurpfälzischen Museums in Heidelberg. Beinahe zwanzig Jahre vergingen, bis 1986 durch die archäologischen Ausgrabungen im römischen *vicus* von Bad Wimpfen[9] ein vergleichbarer Baubefund ans Tageslicht kam und B. Heukemes, dadurch angeregt, seine damalige Entdeckung in einer sehr detaillierten Beschreibung vorlegte: „Der Befund dieses kleinen Steinkellers von 2,60 m × 5,35 m Größe unterschied sich von allen bisher im Rhein-Neckar-Raum entdeckten Kellern durch seine Wanddekoration (Abb. 2). Die aus kleinen, sehr regelmäßig bearbeiteten Buntsandsteinquadern errichteten Wände von 2,1 m Höhe wiesen neben zwei Lichtschächten noch vier halbrund gewölbte Wandnischen auf, die besonders aufwendig bemalt worden waren. Sowohl die 13 Keilsteine über den Nischen wie auch die diese rahmenden Bordüren aus 13 kleinen Rechtecksteinen waren mit einer Stuckschicht überzogen und abwechselnd in den Farben rot, gelb und grün bemalt. Besondere Sorgfalt hatte man sich bei der

9 M. N. Filgis/M. Pietsch, Die römische Stadt von Bad Wimpfen im Tal. Arch. Ausgr. Baden-Württemberg 1986, 127.

Abb. 2: Heidelberg. Westwand des Kellers A mit bemalter Kellernische und Steindreieck.

Ausmalung der dazwischen und am oberen und unteren Rand liegenden Fugen gemacht, die ebenfalls rot, gelb und grün von Stein zu Stein wechselten (Abb. 3). [Leider sind die genannten feinen Farbunterschiede nur in der Rekonstruktion, nicht aber auf den vorhandenen Fotos erkennbar. Anm. des Verf.] Die durch einen Abklatsch in der Baugrube dokumentierte Westwand des Steinkellers wurde im Kurpfälzischen Museum Heidelberg im Maßstab 1:1 rekonstruiert, wobei man gut sieht, wie reizvoll provinzialrömische Handwerker das Problem der verschieden breiten Keilsteine und der deshalb nicht ganz genau dazu passenden Bordürensteine gelöst haben. Diese Wirkung wird durch das Einsetzen kleiner, gelb und grün gefasster und rot, gelb und grün mit Fugen gesäumter Dreiecke dicht seitlich der Nischenbogenumrahmung gesteigert. Hierzu hat man jeweils einen rautenförmigen und zwei dreieckige Steine sorgfältig zugeschlagen, zwischen drei Reihen der Quaderwand gesetzt und schließlich stuckiert und bemalt. Man muss sich heute vorstellen, dass auch die roten Sandsteinquader einst völlig weiß bemalt waren. Der reichlich aufgetragene Kalkmörtelbestrich diente zum Ausgleichen der Wandoberfläche, die nur durch die eingezogenen Fugen mit roter Ausmalung, ähnlich wie bei frühdatierten pompejanischen Wandgliederungen, wirkte."[10]

Abb. 3: Heidelberg. Rekonstruierte Westwand des Steinkellers A mit bemaltem Nischenbogen und bemalten Steindreiecken.

Von „weiß bemalten roten Sandsteinquadern" oder dem „reichlich aufgetragenen Kalkmörtelbestrich", also wohl eine weiß getünchte oder vollflächig verputzte Wand mit rotem Fugenstrich, ist auf den vorliegenden Fotos dieses Kellers nichts mehr zu erkennen, lediglich von der nachträglichen Verfugung des originalen Mauerwerks und des dazu gehörenden roten Fugenstrichs. Wird Mauerwerk vollflächig verputzt, dann kann der Handwerker, der den Fugenstrich ausführen soll, das unter dem Putz liegende Fugenbild (Lager- und Stoßfugen) der Mauer nicht mehr erkennen und wird in den noch feuchten Putz ein fiktives Fugenbild zeichnen. Es ist jedoch denkbar, dass der Auftraggeber eine weiße Kellerwand mit rotem Fugenstrich wünschte, dann hätte nach Fertigstellung der Mauer einschließlich nachträglicher Verfugung und Fugenstrich möglicherweise ein Kalkanstrich der Wand mit anschließender roter Ausmalung des zunächst übertünchten Fugenstrichs dieses Erscheinungsbild erzeugen können, doch ein solcher Baubefund konnte meines Wissens bislang nicht nachgewiesen werden. Es ist nicht völlig auszuschließen, dass auch ein Keller in späterer Zeit, also in einer zweiten Phase, vollflächig verputzt und mit fiktiver Quaderung versehen wurde und darunter rot ausgemalter Fugenstrich der ersten Phase erhalten blieb. Aber auch hierfür fehlt bisher ein eindeutiger Befund.[11] Anhand der Dokumentation des Heidelberger Kellers lassen sich derart diffizile Detailfragen jedoch nicht mehr zweifelsfrei klären.

Bemalter römischer Keller in Bad Wimpfen

Entdeckt 1986, Datierung des Gebäudes: wohl 2. Hälfte 2. Jh. n. Chr.

Geplante Baumaßnahmen veranlassten das Landesdenkmalamt Baden-Württemberg, von 1983 bis 1987 im nordöstlichen Teil des römischen *vicus* von Bad Wimpfen im Tal archäologische Ausgrabungen durchzuführen.[12] Dabei wurden entlang der römischen Hauptstraße, die unter der Heilbronner Straße noch erhalten ist, zerstörte Holzbauten des 2. Jh. n. Chr. und darüber zahlreiche Überreste römischer Steinbauten des späten 2. und des 3. Jh. n. Chr. aufgedeckt. In den langrechteckigen Gebäuden, den so-

10 Heukemes (Anm. 8) 11.

11 Weißer Außenverputz mit Quaderung durch rot ausgemalten Fugenstrich wurde im 19. Jh. an Steintürmen des Odenwaldlimes entdeckt. D. Baatz, Der römische Limes: archäologische Ausflüge zwischen Rhein und Donau[3] (Berlin 1993) 45 Abb. 30. Zu dieser Abbildung erhebt sich die Frage, wie nach vollflächigem Verputz der Wand exakt die Quaderung des dahinterliegenden Mauerwerks im Putz nachgezeichnet werden kann oder ob das Bild vielmehr eine Teilrekonstruktion anhand des erhaltenen Fugenstrichs darstellen soll. Vgl. dazu die Abweichungen zwischen der 1. und 2. Ausstattungsphase des stuckierten Nischenbogens im Keller von Mundelsheim.

12 M. N. Filgis, Die römische Stadt von Bad Wimpfen im Tal, Kreis Heilbronn. Ergebnisse der archäologischen Ausgrabungen von 1983–87. In: S. Frey, Bad Wimpfen I. Osteologische Untersuchungen an Schlacht- und Siedlungsabfällen aus dem römischen Vicus von Bad Wimpfen. Forsch. u. Ber. Vor- u. Frühgesch. Baden-Württemberg 39 (Stuttgart 1991) 9–25.

Abb. 4: Bad Wimpfen. Römisches Steingebäude mit zwei Kellern. Der linke, durch die später errichtete Giebelwand des Steingebäudes gestörte Keller besitzt bemalte Nischen und farbige Stuckdreiecke.

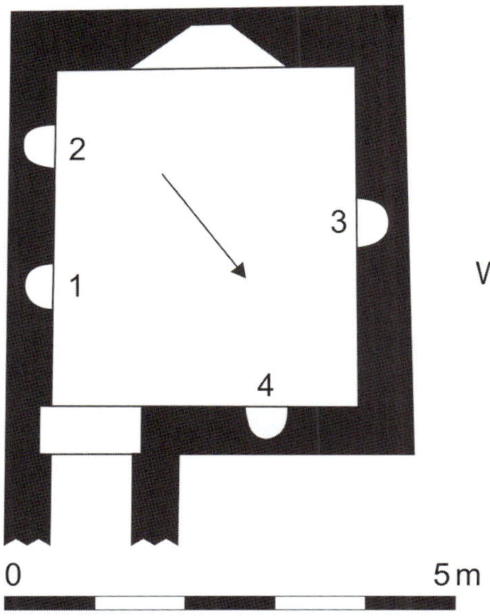

Abb. 5: Bad Wimpfen. Ergänzter Grundriss des bemalten Steinkellers.

genannten Streifenhäusern, kamen insgesamt 29 römische Keller zum Vorschein. Holzverschalte Keller waren meist durch Brand zerstört, während aus Stein errichtete Keller teilweise einen beachtlich guten Erhaltungszustand aufwiesen. Eine besondere Überraschung war im Jahre 1986 die Aufdeckung eines ca. 3,35 m × 3,9 m großen Steinkellers (Abb. 4) mit wohl vier polychrom bemalten Wandnischen und zwei farbigen Stuckdreiecken auf der Wandfläche zu beiden Seiten des Kellerfensters.[13] Der unter der Portikus zur Straße gelegene Keller gehört nicht zu einem Holzfachwerkbau, wie zunächst angenommen, sondern zu einem Steingebäude des späten 2. Jh. n. Chr., das im 3. Jh. mehrfach umgebaut wurde. Dabei gab man den bemalten Keller auf, trug Teile von dessen Mauerwerk ab, errichtete daneben einen neuen Keller und gleichzeitig eine tief fundamentierte Giebelwand für das Gebäude. Im aufgelassenen und verfüllten Keller (Abb. 5) fanden sich nach dessen Freilegung auf der Fensterwand Farbreste eines bemalten Stuckdreiecks, an den weiteren Wänden eine bemalte Wandnische nahezu vollständig, zwei weitere in Teilen erhalten und von einer wohl vierten Nische lediglich Reste ihrer Dekoration auf einem als Spolie verwendeten Stein in neu errichtetem Mauerwerk. Bedeutendster Fund, auf dem Fußboden dieses Kellers geborgen, war ein rundes Steintischfragment und ein darauf verstürzter Silberbecher,[14] der eine vage Vorstellung vom Wohlstand des ehemaligen Hausbesitzers zu geben vermag.

Abb. 6: Bad Wimpfen. Blick auf die Südostwand des bemalten Kellers mit teilzerstörter Nische 1 und vollständig erhaltener Nische 2, dahinter der jüngere Keller.

Bemalte Keilsteinbögen

Das Muschelkalk-Mauerwerk dieses Kellers war mit rot ausgemaltem Fugenstrich verziert. Im Zuge der nachträglichen Verfugung des Mauerwerks wurden auch die aus Sandstein gefertigten Keilsteinbögen der halbrunden Nischen stuckiert, mit dem Fugeisen in den noch feuchten Stuck neue Keilsteinbögen mit rahmenden Bordüren aus Rechteck- und Dreieckbändern gezeichnet und diese Nischendekorationen polychrom bemalt.

Nische 1 in der Südostwand des Kellers (Abb. 6) ist durch die Fundamentierung der neuen Giebelwand stark gestört, doch die Überreste am rechten Auflager des Keilsteinbogens (Abb. 7) lassen auf weiß, grün, rot und gelb bemalte Keilsteine schließen, wobei zwischen den farbigen Keilsteinen wohl jeweils ein weiß bemalter saß (Abb. 8). Eine dreiteilige Bordüre rahmt den Keilsteinbogen, auf ein Rechteckband folgen zwei Bänder mit gegenständigen Dreiecken, wobei sich die farbigen Dreiecke entlang des inneren, die weißen Dreiecke entlang des äußeren

13 Filgis/Pietsch (Anm. 9) 127 Abb. 89.

14 M. N. Filgis/M. Pietsch, Die römische Stadt von Bad Wimpfen im Tal, Kreis Heilbronn. Arch. Ausgr. Baden-Württemberg 1987, 123 Abb. 88.

Abb. 7: Bad Wimpfen. Nische 1, Detail der erhaltenen Keilsteine und der dreiteiligen Bordüre.

Abb. 8: Bad Wimpfen. Nische 1, Rekonstruktion, Bordüre mit einem Rechteckband und zwei Dreieckbändern.

Abb. 9: Bad Wimpfen. Nische 2, vollständig erhaltener Keilsteinbogen mit Resten der Stuckierung und Bemalung.

Abb. 10: Bad Wimpfen. Nische 2, Rekonstruktion, Bordüre mit zwei Rechteckbändern und einem Dreieckband dazwischen.

Bordürenrandes aneinanderreihen. Die Abfolge der einzelnen Farben ist wegen des nur in Resten erhaltenen Originalbefundes weitgehend hypothetisch. *Nische 2* in der Südostwand des Kellers (Abb. 9) ist von allen Nischen die am besten erhaltene. Die Ansicht der halbrunden Wandnische wird aus drei Steinlagen der Kellermauer und einem aus zehn Keilsteinen bestehenden Bogen gebildet. Mit der nachträglichen Verfugung des Mauerwerks wurden die Keilsteine und ein schmaler Streifen des angrenzenden Mauerwerks mit einem nur wenige Millimeter dicken Stuck flächig überzogen, wodurch die darunterliegende Steinstruktur nicht mehr zu erkennen war. Der Stuckateur zeichnete nun mit einem Fugeisen den Keilsteinbogen, diesmal mit elf Keilsteinen, und die rahmenden Bordüren in den noch feuchten Stuck (Abb. 10). Die eingetieften Fugen wurden allgemein rot, an einzelnen Stellen auch blauschwarz, die Keilsteine symmetrisch von beiden Auflagern her blauschwarz, weiß, rot, weiß, gelb und in der Mitte weiß bemalt. Das anschließende Rechteckband lässt von links nach rechts zweimal die Farbfolge Gelb, Weiß, Blauschwarz, Weiß und Rot, das äußere Rechteckband die Farbfolge Blauschwarz, Weiß, Rot, Weiß, Gelb etc. erkennen, das dazwischenliegende Band mit gegenständigen Dreiecken zeigt außen nur weiße Dreiecke, am inneren Rand mehrmals die Farbfolge Rot, Blauschwarz, Orange/Gelb und Grün.

Abb. 11: Bad Wimpfen. Nische 3, Reste der vierteiligen Bordüre.

Abb. 12: Bad Wimpfen. Nische 3, Rekonstruktion, Bordüre mit zwei Rechteck- und dazwischen zwei Dreieckbändern.

Offensichtlich gab es keinen Vorentwurf, so dass kleinere Korrekturen in Aufteilung und Bemalung während des Arbeitsablaufes vorgenommen werden mussten. Am dritten und vierten Keilstein von links ist im Bereich des beschädigten inneren Rechteckbandes deutlich zu erkennen, dass der originale Keilstein bis an das Dreieckband heranreicht, das heißt der Stuckateur legte das innere Rechteckband auf den nicht mehr sichtbaren Keilsteinen an, zeichnete also nicht nur einen Keilstein mehr, sondern insgesamt verkürzte Keilsteine. Interessant ist, dass die Rechtecke im inneren Rechteckband die Fugen der gezeichneten Keilsteine überdecken, wie am gemauerten Keilsteinbogen des dahinterliegenden jüngeren Kellers (Abb. 6) noch zu erkennen. Der Stuckateur des Mundelsheimer Kellers entschied sich für eine einfachere Detaillösung, wie noch zu zeigen sein wird.

Nische 3 in der Nordwestwand (Abb. 11) war mit ca. 50 cm Breite und etwa 55 cm Höhe die größte Wandnische dieses Kellers. Mauerausbruch zerstörte den Nischenbogen, erhalten blieben nur spärliche Reste der variantenreichsten Bordüre, die den Keilsteinbogen rahmte. Diese Bordüre, bestehend aus zwei Rechteck- und zwei dazwischen eingefügten Dreieckbändern, lässt noch die Farben Grün, Weiß, Gelb, Rot und Schwarz erkennen, ferner, dass sich in den beiden gegenständigen Dreieckbändern die farbigen Dreiecke – im Gegensatz zur Nische 2 – jeweils nur an der Außenseite, die weißen Dreiecke nur an der Innenseite der Bänder reihen. Die daraus gestaltete Rekonstruktion (Abb. 12) muss wegen des stark zerstörten Befundes als weitgehend hypothetisch betrachtet werden.

Nische 4 wird in der bis auf wenige Steinlagen abgetragenen Nordostmauer des Kellers angenommen, weil sich auf einer Spolie in der tief gegründeten Giebelwand Dekorationselemente fanden, die sich den bereits vorgestellten Dekorationsmustern der teilzerstörten Nischen 1 und 3 nicht eindeutig zuordnen ließen. Die rahmende Bordüre besteht hierbei nur aus zwei Bändern, einem äußeren Rechteck- und einem inneren Dreieckband, in dem die farbigen Dreiecke am äußeren, die weißen am inneren Rand angeordnet sind. Diese Rekonstruktion (Abb. 13) muss daher als sehr hypothetisch betrachtet werden, weil nicht zweifelsfrei geklärt werden konnte, ob hier nicht doch ein Fragment aus der Bordüre der Nische 3 vorliegt und die Nordostwand des Kellers möglicherweise gar keine Nische besaß oder Reste ihrer noch anders gestalteten Dekoration uns nur nicht erhalten blieben.

Abb. 13: Bad Wimpfen. Hypothetische Nische 4, Rekonstruktion, Bordüre mit Dreieck- und Rechteckband.

Abb. 14: Bad Wimpfen. Befundzeichnung der Kellerwand mit Resten der stuckierten Dreiecke zu beiden Seiten des Kellerfensters.

Abb. 15: Bad Wimpfen. Befund des stuckierten und bemalten Dreiecks links des Kellerfensters.

Farbige Stuckdreiecke

An der Südwestwand des Kellers war zu beiden Seiten des Kellerfensters, genauer gesagt des Lichtschachtes (Abb. 14), je eine kleine dreieckige Wandfläche von ca. 35 cm Seitenlänge stuckiert. Im linken, besser erhaltenen Stuckdreieck (Abb. 15) ließen sich, durch roten Fugenstrich gerahmt, sieben Dreiecke an der Basis sowie 21 Rauten darüber erkennen, die in unregelmäßiger Abfolge blauschwarz, gelb und weiß bemalt waren (Abb. 16). Am Römerturm in Köln, allgemein datiert um 50 n. Chr., findet sich innerhalb der variantenreich miteinander verzahnten Steinornamentik ein ähnliches, jedoch strenger geordnetes Dreieck (Abb. 17), das sieben weiße Steindreiecke an der Basis und darüber insgesamt 21, in horizontalen Reihen abwechselnd graue bzw. weiße Steinrauten zeigt.

Im römischen *vicus* von Bad Wimpfen fand sich ferner, als Spolie verbaut, ein dreieckig behauener Sandstein (B. ca. 20 cm, H. ca. 24 cm), dessen Sichtfläche durch zwei Kerben in eine Raute und zwei etwa halb so große Dreiecke unterteilt war. Vermutlich war er ursprünglich ebenfalls stuckiert und bemalt als Schmuckelement in ein Mauerwerk eingebunden.[15] Im römischen Gutshof von Oberndorf-Bochingen kamen im Bereich umgestürzter Wände neben zahlreichen Keilsteinen auch sorgfältig bearbeitete kleine Dreiecke und Rauten aus Sandstein zum Vorschein, die in ähnlich dekorativer Form – wie die rahmenden Bordüren der bemalten Keilsteinbögen im Wimpfener Keller – den oberen Rand eines Fenster- oder Torbogens schmückten.[16]

Abb. 16: Bad Wimpfen. Rekonstruktion des bemalten Stuckdreiecks mit 7 Dreiecken an der Basis und darüber 21 Rauten.

Abb. 17: Köln. Römerturm. In der Bildmitte Steindreieck mit 7 Dreiecken an der Basis und darüber 21 Rauten, am linken Bildrand zehnteiliges Dreieck (4 Dreiecke an der Basis, darüber 6 Rauten; vgl. dazu die Zehnteiligkeit einer Tetraktys).

15 M. N. Filgis, Bemalte Kellernischen. Neue Funde im römischen Bad Wimpfen. Arch. Deutschland 4/1987, 38–39 mit 2 Abb.

16 C. S. Sommer, Ein großes landwirtschaftliches Nebengebäude in Oberndorf-Bochingen, Kreis Rottweil. Aspekte der römischen Architektur. Arch. Ausgr. Baden-Württemberg 2000, 117–121 Abb. 103.

Abb. 18: Mundelsheim. Römischer Steinkeller mit Schutzbau.

Bemalter römischer Keller von Mundelsheim

Entdeckt 1988, Datierung des Gebäudes: wohl 2. Hälfte 2. Jh. n. Chr., Nischenbemalung 2-phasig; Keller unter einem Schutzbau konserviert

Abb. 19: Mundelsheim. Grundriss des römischen Steinkellers mit bemalten Wandnischen.

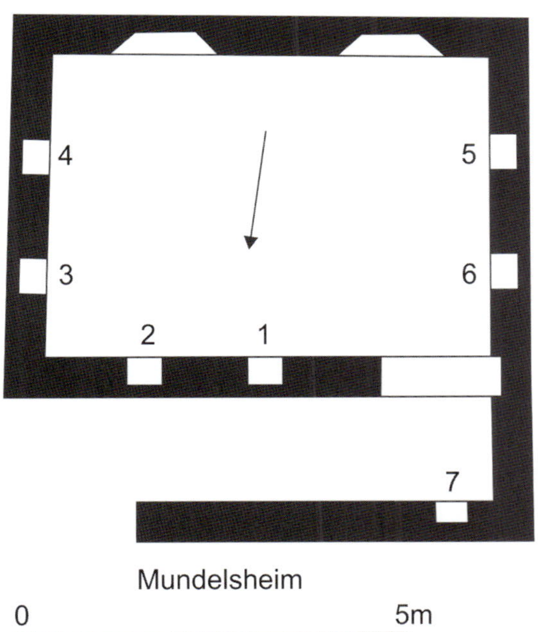

Im Jahre 1925 untersuchte O. Paret den römischen Gutshof von Mundelsheim und deckte dabei etwa die Hälfte dieses Kellers auf, der restliche, von einem Feldweg überlagerte Teil blieb damals unberührt.[17] Die geplante Erweiterung des Besigheimer Industriegebietes auf der Ottmarsheimer Höhe veranlasste das Landesdenkmalamt Baden-Württemberg 1988 zu weiteren archäologischen Untersuchungen und zur vollständigen Freilegung dieses Kellers,[18] der heute unter einem Schutzbau konserviert ist (Abb. 18). Der ca. 3,7 m × 5,5 m große, aus Kalkquadern errichtete Keller besaß in seiner Nordwand eine Tür mit steinerner Schwelle und in seiner Südwand zwei Fenster, deren Lichtschächte noch erhalten sind (Abb. 19). In der Nord-, Ost- und Westwand befinden sich jeweils zwei etwa 44 cm breite, 47–50 cm hohe und 30–34 cm tiefe Rechtecknischen, die von halbkreisförmigen Keilsteinbögen aus Sandstein überwölbt sind (Abb. 20). Besonders bemerkenswert ist die zweiphasige farbliche Ausgestaltung der Bögen über den sechs Wandnischen des Kellers. Im ersten Bauzustand besaßen Kellermauerwerk und Keilsteinbögen aller Nischen eine einheitliche Ausfugung mit rotem Fugenstrich (Abb. 21). Der zweite Bauzustand war

17 O. Paret, Fundber. Schwaben N. F. 3, 1926, 106.
18 D. Planck, Eine römische Villa rustica bei Mundelsheim, Kreis Ludwigsburg. Arch. Ausgr. Baden-Württemberg 1988, 183–187.

Abb. 20: Mundelsheim. Nische 5 und 6 mit erhaltenen Stuck- und Bemalungsresten.

Abb. 21: Mundelsheim. Nische 5, Rekonstruktion der 1. Fassung, Keilsteinbogen mit rotem Fugenstrich.

an Nische 5 (Abb. 22) noch am besten erkennbar. Dort wurden zu einem späteren Zeitpunkt die zwölf Keilsteine und die dreizehn kleinen rechteckigen Fugendecksteine der Nische mit einer nur wenige Millimeter dicken Stuckschicht überzogen, dann mit einem Fugeisen in den noch feuchten Stuck vierzehn Keil- und vierzehn Fugendecksteine gezeichnet und diese rot, grün und gelb bzw. grün, weiß und gelb bemalt (Abb. 23). Der Stuckateur kreierte über Nische 5 also einen völlig neuen Bogen mit zwei Keilsteinen und einem Fugendeckstein mehr als im originalen Bogen vorhanden, weil dieser unter der Stuckschicht nun nicht mehr sichtbar war, und ordnete die kleinen Decksteine nicht mehr mittig über den Fugen der Keilsteine, sondern – gleich einer grafischen Rahmung – direkt über den Keilsteinen an.

Dass dieser Keller – wie O. Paret 1925 feststellte – später flächig verputzt und ausgemalt gewesen sein soll, ließ sich am Befund des vollständig ausgegrabenen Kellers nicht belegen, vielleicht interpretierte Pa-

Abb. 22: Mundelsheim. Nische 5, Detail, Reste der stuckierten Keilsteine mit Spuren roter, gelber und grüner Bemalung (2. Fassung).

Abb. 23: Mundelsheim. Nische 5, Rekonstruktion der 2. Fassung, Stucküberzug mit polychrom bemaltem Keilsteinbogen.

ret in der Kellerverfüllung gefundene bemalte Wandverputzstücke dahingehend, während D. Planck den 1988 im Keller geborgenen bemalten Wandverputz darüberliegenden Räumen zuordnete.[19]

Bemalter römischer Keller in Karlsruhe-Durlach

Entdeckt 1991, Datierung des Gebäudes: wohl 1. Viertel 2. Jh. n. Chr.; Keller im Freien präsentiert

Beim Ausheben der Baugrube für die neue Gewerbeschule in Karlsruhe-Durlach wurden im November 1991 die Überreste einer römischen *villa rustica* mit Keller entdeckt.[20] Um die römischen Baureste erhalten und der Öffentlichkeit präsentieren zu können, beschloss man, den Schulbau ca. 40 m weiter nördlich zu errichten. Die Bauarbeiten wurden gestoppt und die noch erhaltenen römischen Mauern eingehend untersucht. Am besten erhalten war unter dem Westrisalit des Gebäudes ein etwa 4,9 m × 5,5 m großer, aus behauenen Buntsandsteinquadern errichteter Keller (Abb. 24), weil dieser bereits in römischer Zeit aufgegeben und verfüllt worden war. In seinen Längswänden und in seiner Stirnwand, beiderseits des Lichtschachtes, befanden sich jeweils zwei relativ gedrungene halbrunde Wandnischen von 61 cm Breite, ca. 45 cm Höhe und 33–50 cm Tiefe. An allen sechs Nischen waren vor der Verfüllung des Kellers die aus Sinterkalk gefertigten Keilsteine der halbkreisförmigen Nischenbögen – wohl zur Wiederverwendung an anderer Stelle – ausgebrochen worden (Abb. 25). Teilweise erhalten haben sich jedoch noch einige rechteckige Steinplättchen,

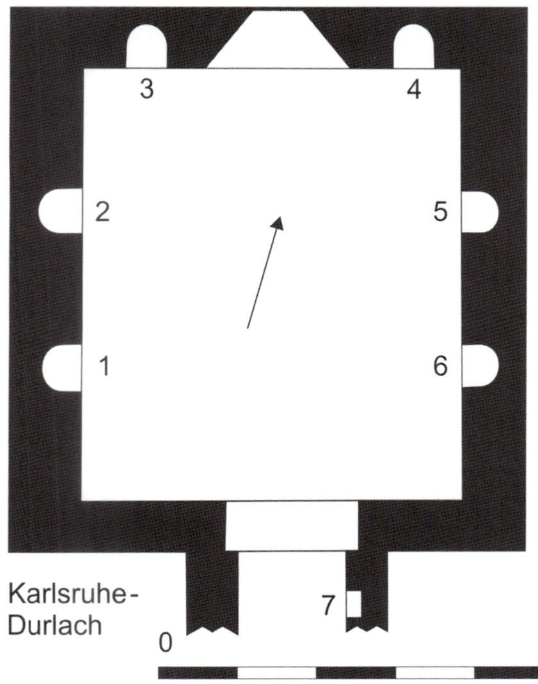

Abb. 24: Karlsruhe-Durlach. Grundriss des römischen Steinkellers mit bemalten Wandnischen und Steinrauten.

die ehemals die Fugen der Keilsteine überdeckten. An der östlichen Kellerwand fanden sich zwischen den Nischen 6 und 7 in die Wand eingemauert vier rautenförmige Steine aus Sinterkalk (Abb. 26), die

19 Ebd. 186.

20 R.-H. Behrends, Ein römischer Gutshof in Karlsruhe-Durlach. Arch. Ausgr. Baden-Württemberg 1991, 160f. – Ders./P. Knötzele, Der römische Gutshof von Karlsruhe-Durlach. Arch. Inf. Baden-Württemberg 32 (Stuttgart 1995).

Abb. 25: Karlsruhe-Durlach. Nische 6, deren Keilsteinbogen ausgebrochen ist, links daneben im Mauerwerk 4 Steinrauten, die zusammen eine größere Raute bilden.

Abb. 26: Karlsruhe-Durlach. Detail der obersten Steinraute im Mauerwerk.

Abb. 27: Karlsruhe-Durlach. Rekonstruktion der Kellerostwand mit stuckierten und bemalten Nischenbögen und Steinrauten.

zusammen eine größere, über mehrere Mauerschichten reichende Raute bildeten. Die Vorstellung, dass Dreieck und Raute in den farbigen Wanddekorationen der römischen Keller von Heidelberg und Bad Wimpfen eine gewisse symbolische Bedeutung besessen haben dürften und daher farblich hervorgehoben worden waren, legte den Schluss nahe, dass auch die vier rautenförmigen Steine dieses Kellers ehemals bemalt gewesen sein könnten. Und in der Tat, nach äußerst behutsamer Reinigung ließen sich schließlich auf dem relativ porösen Gestein der Rauten grüne und gelbe Farbreste von der Größe eines Stecknadelkopfes nachweisen. Daraufhin wurden auch die wenigen in der Kellerwand noch erhaltenen rechteckigen Steinplättchen, die früher die Fugen der Keilsteine des Nischenbogens überdeckten, eingehender untersucht – und auch dort konnten winzige Spuren gelber, roter und grüner Farbe festgestellt werden. Anhand dieser spärlichen Befunde entstand die hypothetische Rekonstruktion der Ostwand des Kellers (Abb. 27), wobei ungeklärt ist, ob die Farben auf den siebzehn Keilsteinen in der vorgeschlagenen Abfolge angeordnet waren und welche Farbe die Fugen zwischen den Keilsteinen und den Steinplättchen trugen. Der Kenntnis früher entdeckter ähnlicher Baubefunde ist es zu verdanken, dass diese äußerst spärlichen Farbreste noch rechtzeitig erkannt und wenigstens in einer zeichnerischen Rekonstruktion festgehalten werden konnten, bevor sie durch die Bewitterung des heute im Freien präsentierten Kellers endgültig verschwanden.

Es ist nicht auszuschließen, dass es in Baden-Württemberg und darüber hinaus weitere römische Keller mit partiellen Wanddekorationen gegeben hat, deren Stuck- und Farbreste uns wegen widriger Bodenverhältnisse, die das Bindemittel Kalk auflösten, nicht erhalten blieben.
Zum Schluss sei noch auf die etwa halbkreisförmigen Lunettensteine hingewiesen,[21] die kreis- und strahlenförmige Ritzlinien aufweisen (Abb. 28) und gelegentlich als Sonnenuhren gedeutet werden,[22] aber wohl eher im Mauerwerk oder über Türen und Fenstern als teilweise farbig bemalte Schmuckelemente angeordnet waren.[23] Zum Vergleich sei der am Oden-

21 Ein solcher Lunettenstein fand sich in der römischen Villa von Hechingen-Stein, freundl. Hinweis von St. Schmidt-Lawrenz. – ORL A, Bd. V, Strecke 10, Die Odenwaldlinie, Taf. 15,1d. – Petit/Santoro (Anm. 2) 125 Abb. E, dort ist ein kleiner Lunettenstein mit radialen Einkerbungen in das Mauerwerk zwischen zwei überwölbten Kellernischen eingefügt.

22 Im Museum Schwarzenacker war ein Lunettenstein mit seinem Kreisbogen nach unten aufgestellt und als Sonnenuhr bezeichnet.

23 E. Schallmayer, Der Odenwaldlimes (Stuttgart 1984) Abb. 84.

Abb. 28: Hechingen-Stein. Römischer Gutshof. Lunettenstein mit Ritzlinien und Spuren einer roten Bemalung.

waldlimes gefundene, mit einer Inschrift versehene Lunettenstein gezeigt, der nach B. Cämmerer auch farblich gefasst gewesen sein könnte (Abb. 29) und den Eingang des Wachtturmes 10/33 geschmückt haben dürfte.

Zusammenfassung

Die Fassade des Römerturmes in Köln, in ihrer Datierung umstritten (spätes 1. Jh. n. Chr. oder 2. Hälfte 3. Jh. n. Chr.), zeigt neben kreis- und halbkreisförmigen sowie anderen Steinornamenten auch eine Vielzahl von Dreiecken und Rauten, deren Bedeutung bisher nicht zweifelsfrei geklärt scheint. An der Wende vom 1. zum 2. Jh. n. Chr. tauchen in Baden-Württemberg erstmals Dreieck und Raute als stuckierte und bemalte Steinornamente im Mauerwerk zusammen mit stuckierten und bemalten Nischenbögen in den Kellern von Heidelberg und Karlsruhe-Durlach auf. In der zweiten Hälfte des 2. Jh. n. Chr. werden in Bad Wimpfen die Keilsteinbögen der Kellernischen im Zuge der nachträglichen Verfugung des Kellermauerwerks stuckiert und variantenreich bemalt, auch die bemalten Stuckdreiecke dieses Kellers entstehen in diesem Zusammenhang. In Mundelsheim wird wohl gegen Ende des 2. oder Anfang des 3. Jh. ein bestehender, mit rotem Fugenstrich verzierter Keller nachträglich, also in einer zweiten Phase, mit stuckierten und bemalten Nischenbögen ausgestattet. Vermutlich darf auch der Keller im römischen Gutshof von Bad Rappenau hier eingeordnet werden, dessen Nischenbögen „grün gerandete Keilsteine schmückten".[24] Die farbige Ausgestaltung der Wandnischen römischer

24 Fundber. Baden-Württemberg 3, 1977, 481.

Abb. 29: Odenwaldlimes, WP 10/33. Lunettenstein mit Bauinschrift aus dem Jahr 146 n. Chr. des *numerus Brittonum Triputiensium.* Farbgestaltung nach B. Cämmerer.

Steinkeller und die symbolhaft dekorative Verwendung von Dreieck und Raute im Mauerwerk oder stuckiert auf der Kellerwand scheint sich demnach in Baden-Württemberg bislang auf das Rhein-Neckar-Gebiet zu beschränken.

Man darf wohl kaum davon ausgehen, dass Handwerker eigenmächtig besonders geformte Steine ornamental in gut gefügtes Mauerwerk setzten[25] oder Nischenbögen mit Stuck überzogen und polychrom bemalten, sie werden vom Hausbesitzer eine klare Anweisung für diese Arbeiten erhalten haben. Doch welche Idee oder welcher Zweck mag zu einem solchen Auftrag geführt haben, die gestalteten Wände privater Keller waren ja für Außenstehende nicht sichtbar und keinesfalls – wie die Steinornamente der Fassade des Kölner Römerturmes – von Bewohnern und Besuchern der Stadt zu bewundern. Kommt in diesen Kellerausstattungen eine bestimmte Glaubens- oder Geisteshaltung zum Ausdruck? Dienten diese Keller zur Lagerung privater Vorräte oder hochwertiger Handelsware, dann könnte man sich vorstellen, dass die dort gelagerten Güter göttlichem Schutz anvertraut und in den farbenprächtig ausgestatteten Wandnischen kleine Götterfiguren aufgestellt waren. Vielleicht verbergen sich hinter den gemalten oder aus Stein gefertigten Dreiecken und Rauten auch Einflüsse neupythagoreischer Zahlenmystik[26] oder magisch-apotropäische Vorstellungen, um Unheil abzuwehren. Eine kultische Nutzung – wie in Kellern pompejanischer Privathäuser[27] vereinzelt nachgewiesen oder von B. Heukemes im bemalten römischen Keller von Heidelberg angenommen – kann in den übrigen hier vorgestellten bemalten Kellern zwar ebenfalls vermutet, aber nicht durch Funde zweifelsfrei belegt werden.

Bildnachweis

Kurpfälzisches Museum Heidelberg (B. Heukemes): 2
Regierungspräsidium Karlsruhe, Archäologische Denkmalpflege: 27
Regierungspräsidium Stuttgart, Landesamt für Denkmalpflege, M. Ege: 7–16, 29; M. N. Filgis: 4, 6; C. Nübold: 1, 5, 19, 21, 23, 24; E. Stauß: 20, 22
Verfasser: 3, 17, 18, 25, 26, 28

---

25 In Walheim am Neckar sind an der Westseite des Gebäudes 19 in das Kalksteinmauerwerk zwei Dreiecke aus je 7 Sandsteinquadern eingefügt, diese schließen ein kleines Dreieck aus 3 Kalksteinen ein und bilden somit treppenartige Dreiecke aus jeweils 10 Steinen. Ein Band aus mäanderartig angeordneten Sandsteinen deutet eine Verbindung zwischen den beiden Dreiecken an. D. Planck, Das römische Walheim. Ausgrabungen 1980–1988. Arch. Inf. Baden-Württemberg 18 (Stuttgart 1991) Abb. 92. – Ders., Ausgrabungen in Walheim, Kreis Ludwigsburg. Arch. Ausgr. Baden-Württemberg 1985, 132 Abb. 115.

26 Zahlenmystik, in: Der neue Pauly. Enzyklopädie der Antike 12/2 (Stuttgart 2003) 679 ff. – Pythagoras und die Tetraktys. Ebd. 10 (Stuttgart 2001) 651 f.

27 J. Overbeck, Pompeji in seinen Gebäuden, Alterthümern und Kunstwerken (Leipzig 1884, Reprint Rom 1968) 269; 282; 333.

Reichlich Speicherplatz
Ein *horreum* von Bad Rappenau, Kreis Heilbronn

JOHANN-CHRISTOPH WULFMEIER UND HANS HEINZ HARTMANN

Eintrag in das Grabungstagebuch am Mittwoch, dem 6. Juli 1994: „*Mühsame Befreiung der Grube 4 von Wasser und Schlamm. – Überprüfung der Befundnummern – Besuch von Dr. Planck und Biel.*" *

Das Ziel der beiden vorgenannten Herren war der Südwestrand der Stadt Bad Rappenau, an dem in jenem Sommer eine archäologische Arbeitsgruppe der Aktion „Senioren für Andere e.V.", Heilbronn, im Auftrag des Landesdenkmalamtes Baden-Württemberg und unter der Leitung von Pfarrer i. R. E. Herberg (†) die Überreste eines römerzeitlichen, mindestens zweiphasigen steinernen Speicherbaus ausgrub, der erst wenige Jahre zuvor durch Luftbilder lokalisiert worden war (Abb. 1).

Die Freilegung des Speichers war insofern ein kleines „Highlight" der Landesarchäologie, als die provinzialrömische Forschung den Bautypus des aus Steinen errichteten *horreums* bzw. *granariums* bis dato vornehmlich in den römischen Militärlagern wahrgenommen hatte. Der Bad Rappenauer Speicher zeigte nun, dass mit in Größe und Architektur den militärischen *horrea* durchaus vergleichbaren Gebäuden offenbar auch in anderen Baukontexten wie *villae rusticae* bzw. kaiserlichen Domänen zu rechnen ist.[1]

Bei den Planungen zu der jetzt vorliegenden Festschrift entstand bei den Herausgebern der Gedanke, die Ergebnisse der Bad Rappenauer Grabung, die bislang nur durch einen Vorbericht des damaligen Grabungsleiters einer breiteren Öffentlichkeit zugänglich waren, noch einmal in ausführlicherer Form darstellen zu lassen und vor allem erstmals das umfangreiche Fundmaterial des Platzes in seiner Gesamtheit vorzulegen.[2] So werden in einem ersten Teil die Baubefunde und das archäologische Umfeld des *horreums* beschrieben und der Versuch einer Interpretation unternommen, wobei aufgrund des schlechten Erhaltungszustandes leider manches spekulativ bleiben muss. Daran anschließend stellt H. H. Hartmann die Funde vor und diskutiert damit zusammenhängend die zeitliche Einordnung der Speicherbauten.

Ein gesonderter Beitrag von M. Rösch in diesem Band beschäftigt sich schließlich mit der Analyse der im Speicher bzw. seinem näheren Umfeld angetroffenen Reste von Lagergetreide.[3]

Festzuhalten bleibt, dass dem gesamten Vorhaben fünfzehn Jahre nach dem Ende der Ausgrabung zum Teil enge Grenzen gesetzt waren und manche offene Frage heute nicht mehr beantwortet werden kann.

Die Speicherbauten

Bei der Grabung wurden die fast völlig ausgebrochenen Fundamente eines ca. 38 m × 16 m großen Gebäudes freigelegt (Periode 2), das an der Stelle eines wahrscheinlich durch ein Schadfeuer zerstörten, et-

---

* Kursiv gesetzte Zitate stammen – wenn keine andere Quelle genannt wird – aus der Grabungsdokumentation. Die Kennzeichnung der Mauern durch römische Ziffern wurde von E. Herberg (siehe unten) übernommen. Für die vorliegende Bearbeitung des Fundplatzes wurden nachträglich die Befundnummern 27 bis 53 neu vergeben.
Herzlich danken möchte ich K. Kortüm, der die Pläne digitalisierte und darüber hinaus auch sonst dem Verf. – einem Klassischen Archäologen – ratgebend zur Seite stand. Daneben gaben W. Bühler (Zimmermeister, Schiltach) und G. Graupner (Architekt, Pforzheim) Hinweise.

1 Weitere Beispiele für steinerne *horrea* in *villae rusticae* bzw. kaiserlichen Domänen: Bad Rappenau-Babstadt: Hartmann/Meyer 2001, 127–130; Hartmann 2002, 39–55. – Heilbronn-Biberach: Hüssen 2000, 154 f. Nr. 26. – Walldorf, Rhein-Neckar Kreis: B. Rabold, Römisches Landgut oder kaiserliche Domäne bei Walldorf, Rhein-Neckar-Kreis. Arch. Ausgr. Baden-Württemberg 2001, 138–142; dies., Zum Abschluss der Ausgrabungen des römischen Landgutes bei Walldorf, Rhein-Neckar-Kreis. Ebd. 2002, 125–129.

2 Herberg 1994, 196–200 mit stark schematisiertem Übersichtsplan. Daneben an recht entlegener Stelle H. H. Hartmann, Ein römischer Getreidespeicher in Bad Rappenau. Bad Rappenauer Heimatbote 8, 1996, 30–36. – Eine Auswahl der im Speicherbereich zutage gekommenen Funde bei Hüssen 2000, 193–195. Dort auch eine Zusammenstellung der spärlichen älteren Literatur zu dem Siedlungsplatz.

3 Die Getreidereste, die aus dem Mauerverlauf geborgen wurden (insbes. bei Bef. 11, aber auch an anderen Stellen), gehören offenbar zum Einfüllmaterial des Mauerausbruchs und können daher am ehesten dem Schutt der 2. Periode des Speichers zugerechnet werden. Die Proben aus dem Keller 5 wurden im Bodenbereich entnommen. Es dürfte sich um ehemals in organischen Behältern gelagerte Küchenvorräte handeln. Beide Proben datieren damit in die Spätzeit der Anlage (ca. Mitte 3. Jh.). Vgl. Beitrag Rösch, S. 379 ff.

Abb. 1: Bad Rappenau. Luftbild, Blick auf den Speicher von Osten. Im Inneren des Gebäudes ist schwach das Fundament der nördlichen Außenwand der ersten Bauphase zu sehen. In der linken Bildhälfte ein moderner Drainagegraben.

was kleineren Vorgängerbaus (Periode 1) errichtet wurde (Abb. 2). Beide Speicher lagen in etwa ost-westlich orientiert an einem sanft nach Südosten abfallenden, lössbedeckten Hang.

Das Gelände, das den bezeichnenden Kleinflurnamen „Mauer" bzw. „Maueräcker" trägt, wird im Norden vom heute begradigten Mühlbach begrenzt. Südlich des Speichers fließt – jetzt z. T. unterirdisch kanalisiert – der Strassbach, dessen noch bis in jüngere Zeit sumpfige Auen an den südlichen und östlichen Hangfuß reichten. Jenseits des Strassbaches und etwa 200 m vom Speicher entfernt verlief die von Speyer kommende und nach Wimpfen führende römische Straße, die nur wenig weiter westlich den Bach überquert haben muss.[4]

Der spätere Bau (Periode 2)

Charakteristisch für den Grundriss der zweiten Bauphase sind neben den zahlreichen markanten Fundamentvorlagen an den Außenseiten vor allem die sich kreuzenden Fundamentgräben an der Nordwest- und Südwestecke sowie im Bereich der Quermauer IV. Da sich vergleichbare Konstruktionsmerkmale an zahlreichen steinernen *horrea* in militärischen Kontexten beobachten lassen, wurde das Gebäude schon in einer frühen Phase seiner Freilegung von den Ausgräbern als Speicher angesprochen.[5] Nachhaltig erhärtet wurde diese These durch die Auffindung der Getreidereste.

Die fast ausschließlich in Lettenkohlensandstein ausgeführten Fundamente des Speichers hatten eine Breite von 1,20 m und folgten dem natürlichen Gefälle des Hanges, das auf die Gebäudelänge bezogen etwa 1,50 m beträgt. Zum Teil war unter dem Ausbruchgraben noch die Rollierungsschicht erhalten, die zum Zeitpunkt der Ausgrabung noch maximal 0,60 m in den gewachsenen Boden eingriff. Ursprünglich dürften die Fundamente gut anderthalb Meter eingetieft gewesen sein, gibt es doch deutliche Hinweise da-

4 H. H. Hartmann, Spuren der Römerstraße Speyer–Wimpfen in der Umgebung von Bad Rappenau. Bad Rappenauer Heimatbote 13, 2002, 67 f.

5 Vgl. zu den Grundrissen steinerner *horrea* in Militärlagern die Zusammenstellung von A. Johnson, Römische Kastelle des 1. und 2. Jahrhunderts n. Chr. in Britannien und in den germanischen Provinzen (Mainz 1987) Abb. 106.

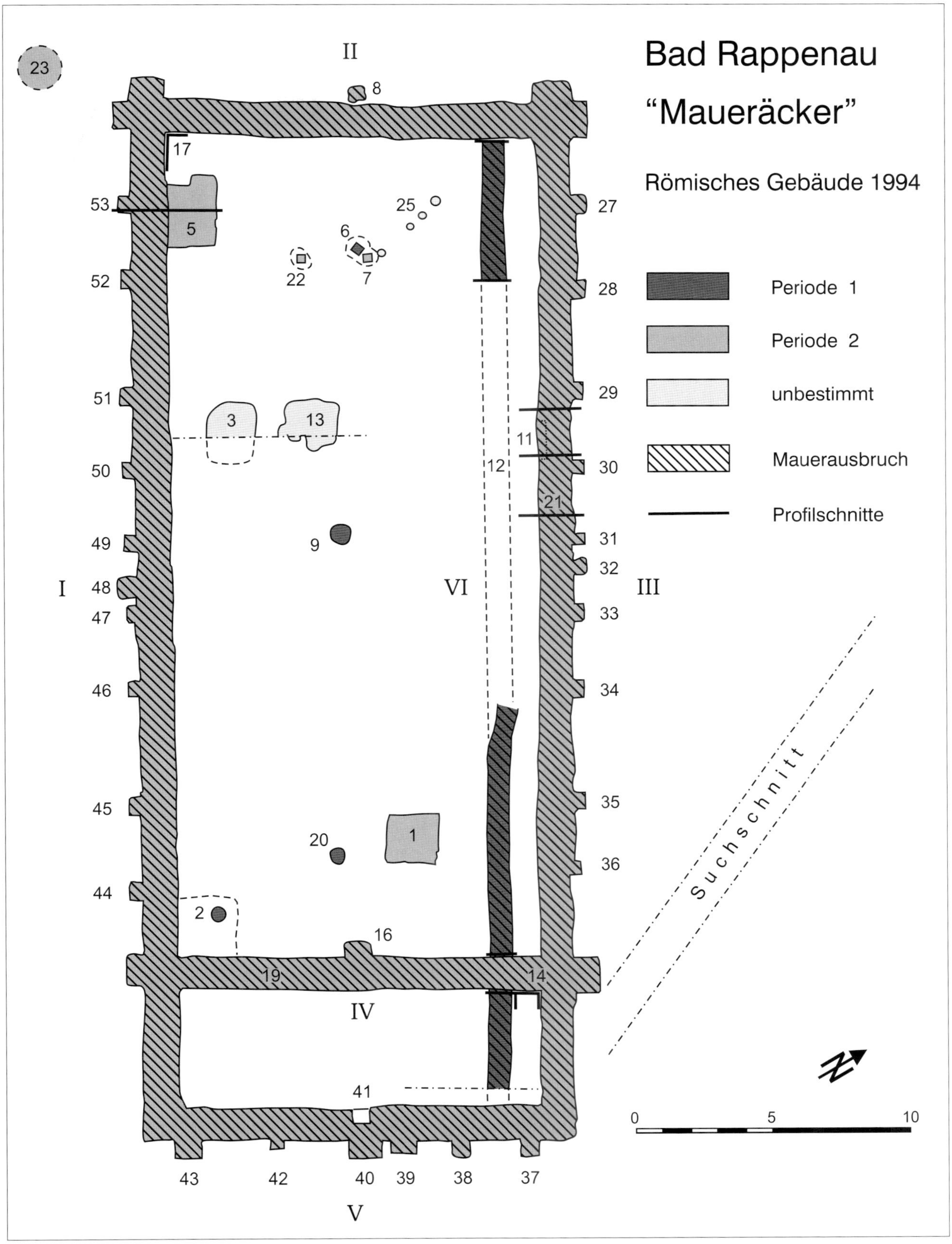

Abb. 2: Bad Rappenau. Befundplan der 1. und 2. Bauperiode des Speichergebäudes.

rauf, dass seit der Errichtung des Gebäudes mit einem Bodenabtrag von etwa einem Meter durch natürliche und landwirtschaftliche Erosion zu rechnen ist.[6]
Mauer IV schloss offenbar den eigentlichen Speicherteil im Südosten ab. Unterstützt wird diese Annahme durch die Lage der Fundamentvorlagen, die sich an den Langseiten nur zwischen den Mauern II und IV nachweisen ließen.
Die Breite der je zehn Vorlagen an Mauer I und III schwankt zwischen 0,40 m und 0,80 m, beträgt aber in den meisten Fällen um die 0,60 m. Deutlich breitere Vorlagen fanden sich dagegen an der Außenseite von Mauer V (dort bis zu 1,24 m; Bef. 40) sowie im Gebäudeinneren an Mauer IV (1,00 m; Bef. 16).
Ein ebenso uneinheitliches Bild entsteht, wenn man sich anschaut, wie weit die fraglichen Befunde an den Mauern vorkragen. Die hier genommenen Maße variieren zwischen 0,20 m und 0,74 m.
Die beobachteten starken Größenunterschiede der Fundamentvorlagen lassen sich möglicherweise zumindest zum Teil mit ihrer differierenden Erhaltungs- bzw. Erfassungshöhe erklären, da Herberg an Befund 16 eine interessante, allerdings nicht bildlich dokumentierte Beobachtung machte: *„Von Mauer IV zweigt zum Gebäudeinneren ein Mauervorsprung ab, der im oberen Bereich eine Ausdehnung von 100 auf 50 cm hat, der sich aber bis zur Sohle des Fundaments auf 50 cm verjüngt."* Leider wurde nicht überprüft, ob es sich bei den anderen Vorlagen ebenso verhält. Nur in Befund 53 wurde ein einfacher, auch zeichnerisch dokumentierter Profilschnitt angelegt.
Auch Befund 8 wurde lediglich im Planum untersucht, was seine Interpretation erschwert. In dem von Herberg publizierten Plan erscheint der Befund als Fundamentvorlage an der Außenseite der Nordwestmauer II. In der Originalzeichnung ist der Befund jedoch deutlich von der Mauer getrennt und wird auch so von Herberg in der Grabungsdokumentation beschrieben: *„An der nordwestlichen Schmalseite des Gebäudes findet sich außerhalb der Mauer II – exakt in Fortsetzung der gedachten Mittelachse des Speichers liegend – eine Grube von 60 × 60 cm mit Sandsteinen, Mörtel und wenig Ziegelschutt verfüllt. Es scheint zunächst selbstverständlich, daß es sich um ein Stützpfeilerfundament handeln müsse, das in Mauer II eingebunden ist. Diese Vermutung hat sich trotz gründlicher Untersuchung nicht bestätigt. Der Grubenteil bleibt isoliert und ca. 15–20 cm von der Mauer entfernt."* Unabhängig von den widersprüchlichen Darstellungen des Befundes bleibt festzuhalten, dass er keineswegs auf der Mittelachse des Gebäudes liegt, sondern nördlich von dieser. Sein Abstand zur Mauer I beträgt 6,76 m, der zu Mauer III dagegen nur knapp 6 m.
Betrachtet man nun die Verteilung der Fundamentvorlagen an den beiden Langseiten, fällt auf, dass keine der Vorlagen der Mauer I eine exakt gegenüberliegende Entsprechung an Mauer III hat. Zum Teil sind die Abweichungen sogar beträchtlich: Die lichte Weite zwischen Mauer IV und der östlichsten Vorlage von Mauer III (Bef. 36) beträgt 3,00 m, bei deren Pendant an Mauer I (Bef. 44) aber nur 1,94 m. Dennoch wird deutlich, dass die Vorlagen beider Langseiten einem bestimmten Rhythmus gehorchend positioniert sind (Abb. 3). Von Westen her gesehen folgt an beiden Mauern auf zwei kurze Intervalle ein langes, dem sich dann vier kurze anschließen. Darauf lässt sich wieder ein weiter Zwischenraum beobachten und abschließend noch zwei kurze Intervalle. Unterbrochen wird diese Abfolge durch zwei Vorlagen (Bef. 32 und 48), deren Beziehung zum Grundentwurf des Speichers heute nicht mehr eindeutig zu klären ist und zu denen Herberg bemerkte: *„Etwa in der Mitte des Gebäudes – im Bereich der vermeintlichen ‚Stufe' – liegen einander zwei Steinsetzungen gegenüber, die eindeutig keine Verbindung mit den Mauerfundamenten haben, an diese allerdings unmittelbar angrenzen. Ihre besondere Funktion ist um so wahrscheinlicher, als sie den Rhythmus der Stützpfeilerfolgen stören."* In Herbergs Gesamtplan wurden die beiden Befunde von den Mauern abgegrenzt dargestellt, was der Planumsaufnahme in der Originalzeichnung widerspricht. Da auch hier keine Profilschnitte dokumentiert wurden, muss letztlich offenbleiben, ob die beiden Vorlagen nachträglich angelegt wurden und somit möglicherweise von einer späteren Reparatur- bzw. Umbaumaßnahme herrühren oder eben doch zum ursprünglichen Bauentwurf gehören. Letzteres erscheint allerdings aufgrund der geringen Abstände der Befunde eher unwahrscheinlich. So beträgt die lichte Weite zwischen Befund 31 und 32 gerade einmal 0,58 m, die Befunde 47 und 48 liegen gar nur 0,36 m voneinander entfernt.
Mit demselben Problem sieht man sich bei der Betrachtung der Vorlagen an der östlichen Schmalseite der Mauer V konfrontiert. Der sich fast zwangsläufig ergebende Rhythmus der Mauervorlagen wird durch Befund 39 gestört, der ganz unorganisch nur 0,34 m nördlich der zentralen Vorlage liegt. Auch Befund 39 lässt sich eigentlich nur mit einer nachträglichen Ausführung erklären.
Es stellt sich nun die Frage, was den Vorlagen aufsaß und wie das aufgehende Mauerwerk des Speichers aussah. Durch entsprechende Funde gesichert ist nur, dass der Bau mit zweischaligen Mauern aus bearbei-

6 Siehe unten.

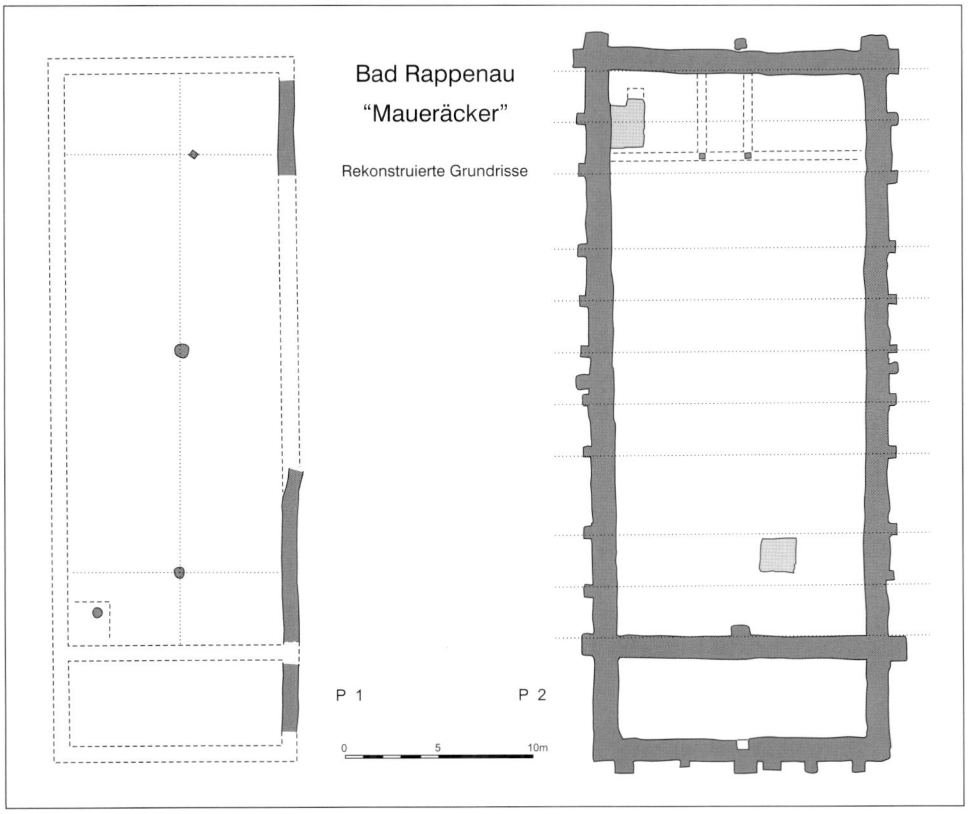

Abb. 3: Bad Rappenau. Rekonstruierter Grundriss des älteren und jüngeren Speichergebäudes. Das darübergelegte Raster bei Letzterem dient zur Verdeutlichung des Verteilungsmusters der Fundamentvorlagen.

teten Sandsteinquadern errichtet wurde. Das beobachtete Verteilungsmuster der Fundamentvorlagen legt darüber hinaus nahe, dass diese zur Aufnahme von Baugliedern dienten, die auch obertägig sichtbar waren und somit die Fassade strukturierten. Hier wird man wohl zuallererst an Pilaster bzw. Strebe- oder Stützpfeiler denken dürfen. Vorstellbar sind dabei durchaus auch abgeschrägte Pfeiler, die nicht der vollen Höhe der Mauern vorsaßen. Dagegen erscheint die von Herberg und Hartmann zumindest in Betracht gezogene Gliederung der Langseiten mittels Blendarkaden aufgrund der oben beschriebenen, teilweise recht deutlichen Abweichungen bei den lichten Weiten zwischen den Fundamentvorlagen doch eher unwahrscheinlich.[7]

Im Allgemeinen wird das Vorkommen von Strebepfeilern damit erklärt, dass sie das Mauerwerk von Gebäuden versteifen und Druck ableiten sollten.[8] Für steinerne *horrea* schließt M. Junkelmann diese Deutung aus und vermutet dagegen, dass die Strebepfeiler hier die Dachlast trugen[9]. Ein Blick auf den Grundriss des Bad Rappenauer Speichers zeigt nun aber, das zumindest in unserem Fall beide Erklärungen nicht völlig überzeugen können.

Die Mauern II und IV waren mit Sicherheit mindestens genauso hoch – wahrscheinlich sogar höher – wie die Mauern I und III, die an ihren Außenseiten auf den gut 29 m zwischen den Quermauern mindestens je neun Pfeilervorlagen haben. Sollten die Pfeiler wirklich einzig der Statik der Mauern gedient haben, warum konnte dann Mauer IV mit nur einem Strebepfeiler (Bef. 16), der dazu noch an der Innenseite der Mauer liegt, und Mauer II möglicherweise sogar ganz ohne Strebepfeiler errichtet werden?

Gegen die Vermutung Junkelmanns spricht die oben beschriebene Verteilung der Vorlagen an den beiden Langseiten. Wenn man die Dachlast einer stimmigen – und das heißt einer symmetrischen – Dachstuhlkonstruktion hätte ableiten wollen, müssten sich die Pfeiler jeder Langseite exakt gegenüberliegen.

Daneben belegt der in Größe und Fundamentstärke mit unserem Bau nahezu identische Speicher von Bad Rappenau-Babstadt, dass ein Gebäude dieser Di-

7 Siehe den Rekonstruktionsversuch bei Hartmann (Anm. 2) 31 Abb. 4.

8 Ch. Dreier, Stadtkultur mit kleinem Budget. Die Basilika von Riegel am Kaiserstuhl, in: Arch. Landesmus. Baden-Württemberg (Hrsg.), Imperium Romanum. Roms Provinzen an Neckar, Rhein und Donau. Ausstellungskat. Stuttgart (Stuttgart 2005) 186 führt daneben noch an, dass die Strebepfeiler der Materialersparnis dienten.

9 Junkelmann 2006, 68: „Steinerne horrea besaßen trotz ihres massiven Mauerwerks Strebepfeiler. Sie waren nicht erforderlich, um den seitlichen Schub lose gelagerten Getreides auszuhalten, sondern eher um das schwere Dach zu tragen, da die Zwischenräume zwischen den Strebepfeilern im oberen Wandbereich wahrscheinlich von großen Fenstern eingenommen wurden."

Abb. 4: Bad Rappenau. Blick auf die teilweise verziegelte Westwand des Kellers Bef. 5 mit dunkel verfülltem Kellerhals. Links im Bild Rollierung der Mauer I.

mension auch ganz ohne Strebepfeiler errichtet werden konnte.[10] Letztendlich bleibt an diesem Punkt festzuhalten, dass die Suche nach einer wirklich schlüssigen Erklärung der Funktion von Strebepfeilern an Speicherbauten das Ziel zukünftiger Überlegungen sein sollte.

Bezüglich der Konstruktion des sicher mit Ziegeln gedeckten Daches des jüngeren Speichers bemerkte Herberg: *„Viel weniger noch ist eine mit Ziegeln gedeckte Dachkonstruktion möglich, ohne mindestens zwei Säulen- oder Pfeilerreihen im Gebäude selbst.“*[11] Nachgewiesen werden konnte im Inneren des Gebäudes nichts dergleichen, was möglicherweise der schlechten Erhaltung des Befundes geschuldet ist. Dagegen spricht aber, dass in Periode 1, deren Befunde durchgängig weniger tief erhalten waren als die der Periode 2, drei Pfostengruben dokumentiert werden konnten, die wohl das Gebälk des Vorgängerbaus abstützten. Wahrscheinlicher ist somit, dass das Dach der späteren Bauphase freitragend den Mauern aufsaß. Dass es für die römischen Baumeister und Zimmerleute kein Problem war, lichte Weiten in der Größenordnung des Speichers stützenlos mittels eines Hänge- oder Sprengwerks zu überbrücken und damit die Dachlast seitlich abzuleiten, lässt sich vielfach nachweisen.[12]

Im Inneren des Speichers lassen sich die dank eines reichen Fundmaterials gut zu datierenden Befunde 1 und 5 sicher der zweiten Periode zuweisen. Daneben dürfen die nicht aus sich heraus datierbaren Befunde 7 und 22 aufgrund ihrer Lage der späteren Bauphase zugerechnet werden.

Befund 5 ist ein kleiner, quadratischer, ca. 2,00 m × 2,00 m messender Erdkeller, der etwa 1,50 m von der Südwestecke des Speichers entfernt an der Innenseite von Mauer I liegt. Der Befund, der noch mit einer Tiefe von max. 0,85 m dokumentiert werden konnte, ist der wichtigste Indikator für den seit der römischen Nutzung anzunehmenden Bodenverlust, darf man doch annehmen, dass er ursprünglich mindestens 1,80 m eingetieft war. An der Nordwestecke des Kellers liegt ein kurzer Kellerhals, über den er mittels einer Leiter oder steilen Stiege zugänglich war

10 Hartmann/Meyer 2001, 127–130 mit Abb. 109; Hartmann 2002, 39 Abb. 2; 42 mit Abb. 11.

11 Herberg 1994, 199.

12 Vgl. z. B. jüngst das 42 m × 12,6 m große Mittelschiff der Basilika von Riegel: Dreier (Anm. 8) 186ff. Abb. 211; 213. Siehe auch den Speicherbau von Bietigheim-Bissingen, Kreis Ludwigsburg: I. Stork, Eine große römische Gutshofanlage in Bietigheim-Bissingen, Kreis Ludwigsburg. Arch. Ausgr. Baden-Württemberg 1986, 165–170.

(Abb. 4). Die partiell zu beobachtenden starken Verziegelungen an den Kellerwänden – besonders an der Westwand – lassen vermuten, dass der Keller holzverschalt war und auch die zweite Bauphase einem Schadfeuer zum Opfer fiel. Die Annahme einer Brandkatastrophe wird unterstützt durch die Verfüllung des Kellers, die in ihren oberen Straten neben Holzkohle ausschließlich Ziegelbruchstücke, Sandsteinbrocken und Mörtel, aber keinerlei Keramik enthielt, was für Versturz spricht. Daneben fanden sich, wie auch in den Gruben Befund 1, 3 und 13, Bruchstücke von glattgestrichenem Wandputz, die zeigen, dass die Innenwände des Speichers verputzt waren.

Die Lage des Kellers und die Orientierung seines Kellerhalses, der ursprünglich wohl etwa bis auf einen Meter an Mauer II reichte, lassen einen ebenerdigen Zugang zu dem Speichergebäude an der Schmalseite erwarten.

Aufgrund seiner geringen Größe kann der Keller nur einer kleinen Personengruppe zur Bevorratung gedient haben, die möglicherweise hier im Westteil des Gebäudes Aufenthalts- oder sogar Wohnräume hatte. Dafür sprechen unter anderem die zwei nahezu gleich großen, annähernd quadratischen Pfostengruben Befund 22 und Befund 7, die in einem Abstand von 4,10 m parallel zur Mauer II und in einer Flucht mit der östlichen Außenseite des Kellers liegen. Die beiden Pfostengruben lassen an eine in Fachwerk ausgeführte Abtrennung im Westteil des Speichers denken. Bemerkenswerterweise entstünde so ein Raum, der mit gut 54 m^2 exakt die gleiche Innenfläche hätte wie sein massiv ausgeführtes Pendant im Osten des Gebäudes, wobei man hier wohl kaum an einen Zufall glauben mag.[13]

Auf eine zumindest temporäre Nutzung des Westteils des Speichers als Wohnraum deutet auch die Abfallgrube Befund 23, die erst nach Abschluss der eigentlichen Grabung beim weiteren Abbaggern der Fläche erfasst wurde. Zeitmangel und widrige Wetterverhältnisse bedingten, dass die Grube nicht einmal bis zur Sohle untersucht, geschweige denn dokumentiert werden konnte. Interessant ist aber die Zusammensetzung des noch geborgenen Fundmaterials, zu dem die Ausgräber notierten: *„Viele Scherben, z. T. größere Stücke. TS, Alltagskeramik (auffallend viele verschiedene Tellerbruchstücke) auch Eifelware!“*

Dazu zeigen mehrere beinerne Haarnadeln aus den Gruben Befund 1 und 3, dass der Speicher auch von Frauen begangen wurde. Es erscheint also trotz aller Unsicherheiten durchaus überlegenswert, ob nicht mit dem jetzt rekonstruierten, abgetrennten Gebäudeteil im Westen des Speichers der Wohnraum des Lagerverwalters *(horrearius)* und seiner Familie lokalisiert werden konnte.[14]

Darf man im mutmaßlichen Wohnbereich des Gebäudes einen ebenerdigen Fußboden voraussetzen, so legt das natürliche Gefälle des Geländes nahe, dass der östlich anschließende eigentliche Ökonomieteil mit einem für Speicherbauten so charakteristischen hohl liegenden Holzboden versehen war. Unterbauten, die die bodenfreien Dielen abstützten, ließen sich allerdings nicht nachweisen. Dass die Holzbohlen einzig den Innenseiten der Fundamente der Außenmauern auflagen, erscheint dagegen eher unwahrscheinlich, denn im Gegensatz zur angenommenen abgehängten Dachkonstruktion, bei der die Last vollständig seitlich abgeleitet werden konnte, wäre ein freitragender Holzboden wohl auf Dauer der hohen Druckbelastung nicht gewachsen gewesen.[15] So ist davon auszugehen, dass sich die Substruktionen nicht erhalten haben.

Im Gegensatz zu den *horrea* in den Militärlagern, die offenbar ausnahmslos von den Schmalseiten aus betreten wurden, scheint die Bewirtschaftung des Bad Rappenauer Speichers wohl auch von den Längsseiten erfolgt zu sein, wofür die Verteilung der Fundamentvorlagen an Mauer I und III spricht. Vermutlich hatte das Gebäude im Bereich der breiteren „Interkolumnien“ (Bef. 28–29 und 51–52 sowie 34–35 und 46–47) gegenüberliegende Zugänge, wodurch im Inneren zwei weite Korridore entstanden, über die das Speichergut eingebracht bzw. entnommen werden konnte.[16] Da die lichte Weite zwischen den Korridoren runde 10 m misst und die Speicherfläche zwischen dem östlichen Zugang und Mauer IV eine Tiefe von 5 m aufweist, unterteilten die beiden Durchgän-

13 Die vier kleinen Pfostenlöcher nördlich von Bef. 7 fasste Herberg unter der Befundnummer 25 zusammen und sprach sie als möglicherweise alamannisch an, wofür es allerdings keine Belege gibt. Die Befunde waren nur noch wenige Zentimeter tief erhalten und enthielten keinerlei Fundmaterial.

14 Siehe dazu den vergleichbaren Befund im Speicher von Bad Rappenau-Babstadt: Hartmann 2002, 42. Hier lokalisierten die Ausgräber über einem gemauerten Keller einen 81 m^2 großen Wohn- bzw. Aufenthaltsraum.

15 Eine derartige Konstruktion zieht G. Wieland, Abschließende Untersuchungen in der römischen *villa rustica* am „Niemandsberg“ bei Remchingen-Wilferdingen, Enzkreis. Arch. Ausgr. Baden-Württemberg 2003, 137 ff. für ein allerdings deutlich kleineres Wirtschaftsgebäude in Betracht. Hier wurde auf 1,20 m breiten Fundamenten ein nur 0,70 m breites zweischaliges Mauerwerk errichtet, so dass an der Innenseite der Fundamente eine Auflage entstand. – Vgl. auch C. S. Sommer, Hölzerne und andere Getreidespeicher in Oberndorf-Bochingen, Kreis Rottweil? Arch. Ausgr. Baden-Württemberg 2001, 133–134.

16 Die hier beschriebene Eingangssituation kann vielleicht auch Bef. 1 erklären, der leider ebenfalls nicht im Profil dokumentiert wurde. Möglicherweise handelt es sich bei der annähernd quadratischen, 2,00 m × 2,00 m großen Grube ebenfalls um einen kleinen Erdkeller. Dieser Keller hätte unter dem hohl liegenden Boden gelegen und wäre dann vom südlichen Korridor aus zugänglich gewesen.

ge den Lagerraum in drei gleich große Speicherteile von je rund 65 m² Grundfläche. In den Korridoren wird man sich weitere Einbauten wie Leitern, Treppen und Arbeitsbühnen vorstellen dürfen, über die man höher gelegene Vorräte und auch ein anzunehmendes Obergeschoss erreichte.
Auch den Bereich zwischen den Mauern IV und V hat man möglicherweise von Norden und von Süden betreten können, wofür die hier fehlenden Fundamentvorlagen an den Mauern I und III ein Indiz sein könnten. Grundsätzlich ist zu diesem Raum zu bemerken, dass man ihn wohl kaum im Sinne eines niederen Vorraums oder als Rampenbereich mit an den Speicher angelehntem Pultdach rekonstruieren darf. Die auch hier anzutreffenden starken Mauerunterzüge sowie die angenommene vertikale Gliederung des Aufgehenden von Mauer V lassen vermuten, dass das Satteldach des Speichers den gesamten Bau deckte.[17]

Der Vorgängerbau (Periode 1)

Vom noch deutlich schlechter überlieferten Vorgängerbau konnten lediglich vier Pfostengruben (Bef. 2; 6; 9; 20) sowie zumindest teilweise der Ausbruchgraben des Fundaments einer Langseite (Mauer VI) dokumentiert werden.[18] Da Mauer VI von Mauer IV geschnitten wird, ist die chronologische Abfolge beider Bauphasen eindeutig geklärt. Der Umstand, dass keine weiteren Fundamentgräben von Speicher 1 nachgewiesen werden konnten, macht wahrscheinlich, dass seine südliche Langseite sowie die beiden Schmalseiten durch den späteren Speicher überbaut wurden. Unterstützt wird diese Annahme durch die Lage der Pfostengruben Befunde 6, 9 und 20, welche in etwa auf der gedachten Mittelachse des so rekonstruierten Gebäudes liegen und wohl die Dachkonstruktion unterstützten. Dass die drei Gruben mit Sicherheit zur Aufnahme tragender Bauelemente dienten, zeigt die Sohle von Befund 20, welche sorgfältig mit flachen Steinen ausgelegt war.[19]
Im Gegensatz zum jüngeren Speicher waren die Fundamente des Vorgängerbaus sowohl in Muschelkalk als auch in Sandstein ausgeführt.[20] Die Breite des einzig noch erhaltenen Fundamentgrabens gibt Herberg mit 0,50–0,60 m an und folgert dann: *„Die schwachen Fundamente lassen die Vermutung zu, dass der ältere Speicher in Holzbauweise ausgeführt und höchstens eingeschossig war.“*[21] Unabhängig davon, dass in Stein ausgeführte Fundamente eine reine Holzkonstruktion von vorneherein ausschließen und zumindest an eine gemischte Bauweise mit steinernem Sockel denken lassen, erscheint es durchaus möglich, dass auch die Außenmauern des ersten Speicherbaus komplett in Stein ausgeführt waren, denn so schwach wie von Herberg beschrieben und dargestellt, war Mauer VI gar nicht. Im einzigen Profil durch den nur noch 0,12 m tief erhaltenen Ausbruchgraben misst sie an der Oberkante 0,80 m, im Sohlenbereich 0,70 m. Möglicherweise war die Mauer aber noch deutlich stärker. Im Gesamtplan von Herberg verläuft Mauer VI in einem gleich bleibenden Abstand von ca. 1,20 m zu Mauer III. In den Originalzeichnungen zeigt sich aber, dass Mauer VI etwa 3,00 m westlich von Befund 1 leicht nach Norden zieht, sich der Mauer III bis auf 0,80 m nähert und sich dann verliert. Setzt man nun den südlichsten und den nördlichsten Punkt des Mauerverlaufs pa-

17 Nicht erklärt werden kann an dieser Stelle die von den Ausgräbern dokumentierte quadratische Aussparung an der Innenseite von Mauer V (Bef. 41), die unter konstruktionstechnischen Aspekten kaum sinnvoll erscheint. Allerdings bleibt dieser Befund für den Verf. fraglich. Auf Luftbildern, die während der Ausgrabung im tiefen Überflug gemacht wurden, zeichnet sich der Befund keineswegs so klar begrenzt ab, wie er dann zeichnerisch aufgenommen wurde. Eher hat man den Eindruck, dass die Westseite des Ausbruchs von Mauer V ununterbrochen durchläuft. Zudem scheint der Boden im Bereich der Aussparung nicht völlig steril zu sein, sondern mit kleinerem Steinmaterial durchsetzt. Möglicherweise ist also mit Bef. 41 nichts anderes erfasst als eine markante Veränderung im Auffüllmaterial des Ausbruchgrabens. Bemerkenswert ist aber, dass die vermeintliche Aussparung fast exakt auf der gedachten Mittelachse des Speichers liegt. Vor diesem Hintergrund ist in dem hier vorgelegten Plan des Gebäudes der Befund zwar eingezeichnet, die Flucht der Innenseite von Mauer V aber durchgezogen.

18 Die beiden nebeneinander liegenden Gruben Bef. 3 und 13 lassen sich weder der ersten noch der zweiten Bauphase sicher zuordnen. Da ihre Anlage kaum während der Nutzung des Gebäudes als Speicher vorstellbar ist, gehören sie wahrscheinlich in die Zeit nach der Zerstörung von Periode 2. Zumindest die Grube Bef. 3 enthält spätes Fundmaterial.

19 Nicht abschließend zu interpretieren ist Bef. 2. Laut der Grabungsdokumentation handelt es sich dabei ursprünglich um eine ca. 2,00 m × 2,00 m große „Häufung von Funden. Der Versuch diese für ein Planum vorzubereiten zeigte, dass der Befund nicht einmal mehr 0,03 m tief zu erfassen war. Das aufgebrachte, hier nur noch oberflächlich liegende Material bestand aus kleineren Ziegelbruchstücken, Sandsteinabschlägen, Holzkohle und Eisen – vor allem Nägel.“ Nach Ausweis des Fundbuches wurden hier aber auch mehrere Keramikfragmente geborgen, darunter Fragmente von vier Bechern aus Firnisware, die dem 2. Jh. angehören, Amphorenfragmente, aber auch ein Vertreter der Eifelware des 3. Jh. Nach dem Abziehen der Fläche konnte nur noch eine annähernd runde, 0,32 m große Pfostengrube (dann von den Ausgräbern als Bef. 2 definiert) dokumentiert werden, in der sich deutlich eine 0,16 m × 0,14 m große Pfostenstandspur abzeichnet. Die Pfostengrube war noch 0,12 m tief erhalten. Leider gibt die Grabungsdokumentation keinen Hinweis darauf, ob die sog. „Häufung von Funden“ mit einer klar definierbaren Bodenverfärbung einherging und ob die Pfostengrube erst nach dem Putzen der Fläche sichtbar wurde. Möglicherweise wurde hier eine Pfostengrube aus Periode 1 von einer späteren Grube überlagert.

20 Da sich in der Rollierung der späteren Mauer I stark durchglühte Steine mit Mörtelanhaftungen fanden, die hier also sekundär verwendet wurden, liegt der Schluss nahe, dass auch die erste Bauphase einer Brandkatastrophe zum Opfer fiel.

21 Herberg 1994, 198.

rallel, so ergibt sich mit 1,20 m genau jene Stärke, die auch die Mauern der zweiten Bauphase haben.[22]

Der archäologische Kontext des Speichers

Auf den Luftbildern des Areals ist ca. 30 m südlich des Speichers eine markante lineare Verfärbung zu erkennen, die – ohne dass sie im Rahmen der Notgrabung untersucht werden konnte – von den Ausgräbern zunächst als mögliche südliche Umfassungsmauer einer Hofstelle gedeutet wurde. Beobachtungen bei späteren Erdbewegungen zeigten aber, dass es sich um einen neuzeitlichen Drainagegraben handelt, den wohl die örtliche Brauerei Häffner anlegen ließ, um den sogenannten „Eisweiher" zu speisen, an dem man Eisblöcke zur Kühlung der Bierkeller brach. Wenngleich also dieser Befund nicht dem römerzeitlichen Kontext des Gebäudes zugerechnet werden darf, lag der Speicher keineswegs isoliert in der archäologischen Landschaft. Seit der Mitte des 19. Jh. wurden im näheren Umfeld des Gebäudes bei Baumaßnahmen immer wieder römerzeitliche Strukturen angeschnitten und darüber hinaus Lesefunde gemacht, die belegen, dass der Speicher in eine größere architektonische Anlage eingebunden war (Abb. 5).[23] So stieß man im Jahr 1868 beim Bau der etwa 40 m nördlich vom Speicher verlaufenden Bahnstrecke Bad Rappenau–Babstadt auf Mauerreste. Noch einmal 20 m weiter nördlich konnten 1896 gegenüber der ehemaligen Brunnenstube Reste von zwei römischen Gebäuden – „wahrscheinlich landwirtschaftlichen Charakters" – festgestellt werden.[24] Im Bereich der Brunnenstube selbst hatte man neun Jahre zuvor römisches Fundmaterial angetroffen. 1980 beobachtete H. H. Hartmann unmittelbar nördlich der Bahn eine tonig verfüllte Grube (Brunnen?), die neben römischen allerdings auch einige mittelalterliche Scherben enthielt. Kurz nach Abschluss der Grabung von 1994 konnte dann noch wenig weiter östlich, aber südlich der Bahn eine ca. 2,00 m × 2,00 m große, besonders fundreiche Grube (Bef. 4) teildokumentiert werden, bei der es sich um einen kleinen römischen Erdkeller gehandelt haben dürfte.[25] Etwa 15 m südwestlich davon lag eine weitere Siedlungsgrube (Bef. 26) und ca. 30 m nordwestlich des Speicherbaus – in gedachter Verlängerung von Mauer I – ist auf einem Luftbild des Platzes an der Südostspitze einer Streuobstwiese die Ecke eines möglicherweise römerzeitlichen Gebäudes zu erkennen.[26]

Abb. 5: Bad Rappenau. Skizze zur ungefähren Lage römerzeitlicher Befunde im Umfeld des Speicherbaus.

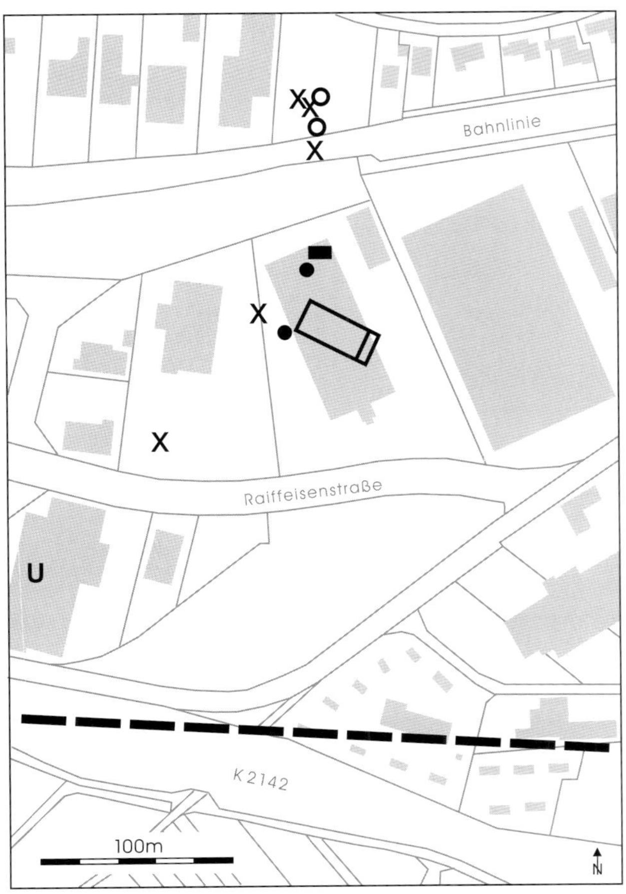

22 An dieser Stelle sei auf zwei Verlochungen hingewiesen, die die Ausgräber in unmittelbarer Nähe des Speichers freilegten: „Parallel zum Speicher und – soweit überprüfbar – in dessen ganzer Länge, liegen auf der Nordseite zwei Verlochungen. Der Abstand der 4,40 m breiten ersten Verfüllung beträgt zur Mauer III 6,60 m. Nach einem eher sterilen Zwischenraum von 1,60 m folgt ein weiterer Verlochungsgraben, 3,30 m breit. Beide Gräben sind ca. 0,35–0,45 m tief unter der abgeschobenen Oberfläche verfüllt." Die Verlochungen waren dicht mit Steinen und Ziegeln verfüllt, wobei Ziegel sich im unteren Bereich der Verfüllung häuften. Leider wird nicht mitgeteilt, wie sich das angetroffene Steinmaterial zusammensetzte, was möglicherweise Hinweise auf Aussehen und Konstruktionsweise von Speicher 1 hätte geben können.

23 Siehe dazu auch unten Anm. 32 und 35 sowie Hüssen 2000, 193 f. und Herberg 1994, 196 f.

24 Fundber. Schwaben 4, 1896, 9 Nr. 7.

25 Der in zwei Plana dokumentierte, aber nicht geschnittene Befund wird in der Grabungsdokumentation durchweg als Keller angesprochen. In der Originalzeichnung ist 0,40 m westlich der Nordecke des Befundes eine kleinere, ca. 0,20 m × 0,30 m große Verfärbung ohne Befundgrenze und -nummer eingezeichnet, die möglicherweise auf Reste eines Kellerhalses hinweist. Auch Herberg spricht in der Befundbeschreibung von einer Ausbuchtung am Befund, ohne sie jedoch zu lokalisieren. Erhaltene Tiefe des Befundes noch mindestens 0,45 m.

26 Der Befund wurde für die Grabungsdokumentation weder gezeichnet noch fotografiert. Es existiert lediglich eine private Aufnahme des Planum 3 von Fr. Bausch, die damals den Befund bearbeitete. In Planum 3, das nach ihren Angaben etwa 1,10 m unter der Oberfläche lag, hatte der Befund eine Größe von etwa 2,00 m × 2,00 m. An der im Foto rechten Außenseite des Befundes eine rechteckige Ausbuchtung. – Luftbild mit Gebäudeecke: Luftbildarchiv des LAD Nr. 6720-008-2076/9.

Die bislang aufgeführten Siedlungsspuren liegen allesamt nördlich des Speichers und damit im Bereich der höchsten Erhebung des Geländes. Einen Hinweis auf eine ehemals vorhandene Bebauung südlich des *horreums* geben Mauerwerk, Bauschutt und Ziegel, die 1981 etwa 100 m südwestlich auspflügt wurden. Schließlich konnte man im Jahr 1996 nordwestlich der Stelle, wo die Römerstraße den Strassbach überquert haben muss, die vom Baggerlöffel verzogenen Reste eines Brandgrabes beobachten und noch einen Teil der Beigaben bergen, welche die Bestattung in die Mitte des 2. Jh. n. Chr. datieren.[27]
Obwohl die den Speicher umgebenden archäologischen Befunde nur wenig spezifisch sind, lassen sie bislang keinen anderen Schluss zu, als dass der Bau Teil einer *villa rustica* war. Reste des Hauptgebäudes konnten bislang freilich nicht identifiziert werden. Wahrscheinlich ist es beim Bau der Gewerbebetriebe östlich des Speichers zerstört worden.
Die verkehrsgünstig und in wasserreicher, fruchtbarer Umgebung gelegene Hofstelle wird vorrangig der Versorgung der Bevölkerung des römischen Wimpfen gedient haben. Wohl nicht mehr haltbar ist dagegen die von Herberg geäußerte Vermutung, dem Gebäude seien zentrale Speicherfunktionen im Sinne einer „Zehntscheuer" im Zentrum mehrerer *villae rusticae* zugekommen.[28] Durch die Freilegung des gut vergleichbaren Speichers in Bad Rappenau-Babstadt (ca. 1,5 km westlich) und den Nachweis eines weiteren in Heilbronn-Biberach (ca. 3,5 km südöstlich) darf diese Annahme als widerlegt gelten.[29]
Bleibt die Frage, ob unser Speicher in Analogie zur militärischen Nutzung von *horrea* als reiner Getreidespeicher diente? Angesichts der vermutlichen Betriebsgröße von etwa 100 ha – die sich im fraglichen Raum auch aus der zu beobachtenden Dichte von *villae rusticae* erschließt – und der anzunehmenden Produktivität wäre ein Gutshof wie der Bad Rappenauer selbst bei völliger Beschränkung auf den Getreideanbau nie in der Lage gewesen, seinen Speicher ausschließlich mit Korn zu füllen.[30] So darf man annehmen, dass die zivilen Speicher auch zur Aufbewahrung anderer, wohl auch großvolumiger Lagergüter wie Stroh und Heu genutzt wurden. Die in Bad Rappenau anhand der Korridore im Speicherinneren festgemachte Unterteilung der Lagerfläche kann diese Annahme unterstützen. J.-Ch. W.

Bad Rappenau „Schafbaum/Maueräcker", Grabung 1994 – Funde und Datierung[31]

Unter den Kleinfunden dominiert verständlicherweise die Keramik. Diese soll hier beschrieben und, soweit möglich, mit ihrer Hilfe eine zeitliche Eingrenzung der römischen Niederlassung versucht werden. Zu den übrigen Funden (u. a. Gürtelbeschlag, Messerknäufe, Ziegel mit Stempel der 8. Legion und des Privatzieglers Lusius Miccio) vgl. unten den Katalog-Teil B.

Beschreibung und chronologische Einordnung der Keramik

Terra-sigillata-Bilderschüsseln, in der Fachsprache auch als verzierte oder Reliefsigillaten bezeichnet, liegen in 11 zuweisbaren Exemplaren (Kat.-Nr. 1–11) vor, die uns bei der Datierung des römischen Gebäudes behilflich sein können (Abb. 6; 7). Bei allen 11 Exemplaren handelt es sich um die Form Drag. 37. Vier Stücke aus Blickweiler, Chemery und Heiligenberg stammen aus Lieferungen, die sicherlich vor den Rheinzaberner Bezügen liegen, denn nach Einsetzen der Massenproduktion in Rheinzabern um 150 und den damit verbundenen Massenlieferungen in das Limesgebiet dürfte mit Importen aus weiter entfernt liegenden Manufakturen kaum mehr gerechnet werden. Die vier frühen Stücke lassen vermuten, dass der untersuchte Bereich bereits in der ersten Hälfte des 2. Jh. genutzt war, also zu der Zeit, als vor der Verlegung der Grenze an die vordere Limeslinie Miltenberg–Welzheim die römische Reichsgrenze noch am Neckar-Odenwald-Limes verlief.
Zusammen mit den Altfunden[32] an Bilderschüsseln aus dem hier behandelten Areal „Schafbaum/Maueräcker" ergeben sich für Lieferungen aus Rheinzabern 13 zuweisbare Stücke. Diese lassen sich aufgliedern in 3 × Gruppe Ia, 1 × Gruppe Ib, 3 × Gruppe IIa, 2 × Gruppe IIb, 3 × Gruppe IIIa und 1 × Gruppe IIIb nach Bernhard.[33]

---

27 Unter den Beigaben eine Bilderschüssel Drag. 37 in der Art der Avitus-Cambo-Gruppe sowie ein Sesterz der Faustina I. Ortsakten RP Stuttgart, Archäologische Denkmalpflege, Esslingen.
28 Herberg 1994, 200.
29 Zu Babstadt s. Anm. 9. – Zum Speicher von Heilbronn-Biberach, Flur Mauer, s. Hüssen 2000 154 f. Nr. 24 sowie Luftbildarchiv des LAD Nr. 6720–095–2453/31.
30 Zusammenfassend zu diesem Themenkomplex Junkelmann 2006, 76 ff.
31 Stand der Manuskriptbearbeitung: 1995.
32 Es handelt sich um Altfunde von 1973 (Fundber. Baden-Württemberg 5, 1980, 119), 1977 (ebd. 8, 1983, 253), 1981 (Regierungspräsidium Stuttgart, Archäologische Denkmalpflege, Ortsakte Bad Rappenau, Januar 1981) und 1990 (ebd., Ortsakte Bad Rappenau, Juli 1990). Rheinzaberner Ware des Januarius I (2 ×), Belsus II, Comitialis VI oder E 25/26 und Julius II/Julianus I (2 ×).
33 H. Bernhard, Zur Diskussion um die Chronologie Rheinzaberner Relieftöpfer. Germania 59, 1981, 79 ff.

Tabelle 1: Anzahl der bei der Grabung „Schafbaum/Maueräcker" gefundenen Gefäße, getrennt nach Gefäßarten.

Terra sigillata	
Bilderschüsseln	11
Teller	20
Becher	16
Schälchen	2
Reibschüsseln	11
Krüge	2
Sonstige Waren	
Schüsseln	10
Teller	38
Becher	46
Töpfe	38
Reibschüsseln	6
Krüge	38
Amphoren	24
Siebgefäße	1

Eine Verteilung des gesamten Bilderschüsselmaterials auf die von B. Oldenstein-Pferdehirt[34] definierten Zeitstufen (Tab. 2) ergibt für die Zeitstufe 1, die Zeit von etwa 120 bis 135 n. Chr., einen Anteil von 11,8 %. Dazu können die Stücke des Blickweiler Haupttöpfers und des Satto gerechnet werden. Auf die Zeitstufe 2, etwa 135–150 n. Chr., mit den beiden Stücken aus der Werkstatt des Januarius aus Heiligenberg, entfallen ebenfalls 11,8 %. Für die Zeitstufe 3, etwa 150–170 n. Chr., mit den Bilderschüsseln der Bernhard'schen Gruppe Ia ergeben sich 17,6 %, und für die Zeitstufe 4, das wäre die Zeit etwa von 170 bis 220 n. Chr., mit den Bernhard'schen Gruppen Ib und II 35,5 %. In Zeitstufe 5, etwa 220–260 n. Chr., mit der Bernhard'schen Gruppe III gehören noch 23,5 %. Das entspricht den aus den letzten nach Rappenau gelangten Rheinzaberner Lieferungen stammenden Bilderschüsseln des Julius II/Julianus I und des Pervincus.
Eine Interpretation dieser Zahlen könnte eventuell auf eine zunächst gleichmäßige Belegung des Platzes bis zur Mitte des 2. Jh. hindeuten und eine danach folgende stärkere Belegung mit Höhepunkt im vierten Viertel des 2. und im ersten Viertel des 3. Jh.
Zum Vorschein kamen auch etliche Stücke glatter Sigillata oder unverzierter Sigillata, ein Begriff, der allerdings nicht ganz exakt ist, da hier wie üblich auch barbotine- und kerbschnittverzierte Ware miteinbezogen wird. Unter den Tellern (Abb. 8) liegt die frühe Form Drag. 31 mit drei Exemplaren vor, gegenüber elf Exemplaren der jüngeren Tellerform Drag. 32, die ab der Mitte des 2. Jh. in Rheinzabern entwickelt wurde. Sie wurde im Gebiet hinter dem Limes rasch beliebt und verdrängte allmählich die ältere Form Drag. 31. Trotz der durch die kleine Zahl der Stücke bedingten Unschärfe hinsichtlich der prozentualen Verteilung dürfen wir bei einem Anteil von 21 % an Tellern Drag. 31 wohl eine Besiedlung des Platzes im zweiten Viertel des 2. Jh. annehmen. Einzelstücke an Tellern fanden sich von der Form Ludowici Tf und Tr'. Der Fund eines Einzelexemplares der zur Jahrhundertmitte hin auslaufenden Tellerform Drag. 36 (Kat.-Nr. 30) kann ebenfalls auf einen Besiedlungsbeginn vor 150 deuten.
Neben der in elf Exemplaren gefundenen langlebigen Becherform Drag. 33 (Abb. 8; 9) fanden sich immerhin auch Reste von zwei Bechern der ebenfalls zur Mitte des 2. Jh. hin auslaufenden Form Drag. 27 (Kat.-Nr. 32; 33, o. Abb.). Dazu kommen noch Altfunde[35] von zwei weiteren Bechern Drag. 27 mit Stempel des Silvius (SILVI.OF) aus La Graufesenque, dessen Produktionszeit um 100 angenommen werden kann, und einem Stempel des Prudianus (PRVDIANV) aus Ostgallien, dessen Lieferung ebenfalls vor der Mitte des 2. Jh. liegen dürfte. Diese vier

Tabelle 2: Prozentuale Verteilung aller zuweisbaren Bilderschüsseln aus dem Gebiet „Schafbaum/Maueräcker" auf die Zeitstufen nach Oldenstein-Pferdehirt.

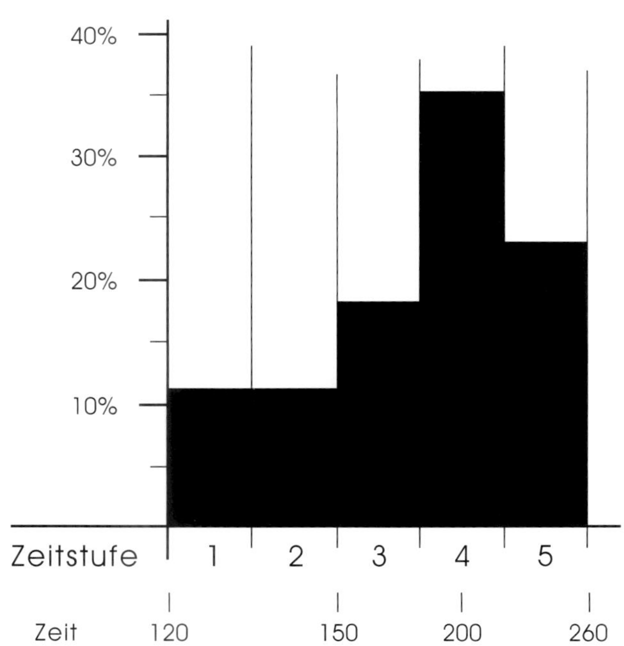

34 B. Oldenstein-Pferdehirt, Zur Sigillatabelieferung von Obergermanien. Jahrb. RGZM 30, 1983, 359 ff.
35 Es handelt sich um Altfunde von 1888 (Wagner II, 352) und 1990 (Regierungspräsidium Stuttgart, Archäologische Denkmalpflege, Ortsakte Bad Rappenau Juli 1990).

Becher Drag. 27 lassen ebenfalls einen Besiedlungsbeginn vor 150 annehmen, das Vorkommen eines Stempels des südgallischen Silvius lässt ein Anfangsdatum sogar gegen 100 hin vermuten.

In je einem Einzelexemplar fanden sich Becher Drag. 46 und Drag. 40 (Abb.9,45.46). Die beiden Schälchen Ludowici SSd sind, wie auch von anderen Fundorten bekannt, auf der Innenfläche sehr stark abgerieben. Der Sigillataüberzug ist im unteren Bereich vollständig verschwunden, was darauf hindeutet, dass diese Gefäßform zum Zerreiben oder Zerstoßen wahrscheinlich von Gewürzen gedient hatte (Abb. 9,48.49).

Neben den bei den Tellern und Bechern dominierenden Formen Drag. 32 und Drag. 33 sind im Fundgut die in die zweite Hälfte des 2. und ins beginnende 3. Jh. zu datierenden Reibschüsseln Drag. 43 in größerer Zahl vertreten (Abb. 9,50–60), während die einfache Kragenschüssel Drag. 38 gänzlich fehlt.

Die Firnisware, ein wichtiger Bestandteil des feineren Tafelgeschirrs, erscheint im Rappenauer Fundgut mit 46 Bechern, die wahrscheinlich als Weintrinkgefäße genutzt wurden (Abb. 9; 10). Dabei befinden sich sowohl glatte Becher mit Karniesrand wie auch Faltenbecher mit glattem und mit geripptem Steilrand. Becher mit begriester Oberfläche fehlen. Da es sich um eine sehr dünnwandige Ware handelt, gingen solche Gefäße verständlicherweise leicht zu Bruch. Manchmal sind nur kleine Bruchstücke erhalten, so dass nicht sicher entschieden werden konnte, ob sie von glatten Bechern oder von Faltenbechern stammen. Bei den Bechern mit Karniesrand handelt es sich um eine langlebige Form, die während des gesamten 2. Jh. auftritt, während die Becher mit geripptem Steilrand hauptsächlich in die zweite Hälfte des 2. Jh. zu datieren sind.

Terra nigra, eine im Scherben graue, mit schwarzem Glanzton überzogene Ware, lässt sich ebenfalls zur Grobdatierung heranziehen, da sie wohl kaum über die Mitte des 2. Jh. hinausreicht. Unter den elf Terra-nigra-Gefäßen befinden sich fünf Schüsseln mit eingezogenem Oberteil, wie sie auch von Wimpfen bekannt geworden sind (Abb. 10).[36]

Von der einfachen Gebrauchskeramik liegt ein umfangreicher Typenbestand vor: von frühen, sicherlich vor 150 zu datierenden Stücken, die in Terra-nigra-Art hergestellt wurden (Kat.-Nr. 125, Abb. 11), bis hin zur „Eifelware", die nicht vor der Mitte des 3. Jh. zu datieren ist. Auffällig ist die große Zahl an Tellern (Abb. 11; 12) mit den unterschiedlichsten Randgestaltungen: nach innen biegender Rand, hochgezogener Rand, gerade hochgezogene Wand, nach außen biegender Rand, nach innen wulstförmig verdickter Rand, nach innen und außen wulstförmig verdickter Rand und nach innen biegender, auf der Innenseite kräftig profilierter Rand. Insgesamt sind es 37 Exemplare, von denen elf der „Eifelware" angehören, also frühestens in die Mitte des 3. Jh. zu datieren sind. Auch unter den sechs Schüsseln und unter den fünf Töpfen mit eingezogenem Rand und abgesetzter Schulter (Abb. 12; 13) findet sich je ein Exemplar dieser „Eifelware". In großer Zahl fanden sich zum Kochen geeignete Töpfe mit Deckelauflage (Abb. 13–15). Von den 27 Gefäßen mit Deckelauflage gehören dreizehn Exemplare, also annähernd 50 %, ebenfalls der „Eifelware" an. Diese ab der Mitte des 3. Jh. einzustufende, auch von Wimpfen[37] bekannte Ware erscheint in Rappenau unter den Tellern, Schüsseln und Töpfen mit insgesamt 32 Gefäßen, also in beachtlicher Menge, was darauf hindeutet, dass der Platz in der Mitte des 3. Jh. noch gut belegt war.

Gefäßdeckel, mit zwölf Exemplaren vertreten (Abb. 15), bleiben in ihrer Zahl weit unter der Menge der dazugehörigen gefundenen Töpfe und Schüsseln. Eine Sonderform unter den Deckeln bildet Kat.-Nr. 202, bei dem eine Einstufung als Gefäßunterteil wegen seines kleinen, unsicher stehenden Standbodens kaum in Frage kommt.

Die sechs Reibschüsseln (Abb. 15) zeigen z. T. beträchtliche Gebrauchsspuren in Form von stark abgeriebener oder sogar ausgebrochener Quarzkörnung, was auf eine lange Benutzung hindeutet.

Achtzehn Einhenkelkrüge mit zweistabigem Henkel und zwanzig z. T. mit dreistabigem Henkel versehene Zweihenkelkrüge, die in einigen Fällen mit Rollrädchenmuster geschmückt und mit einem weißen Überzug versehen waren, sind als eine Ware bekannt, die sicherlich zum großen Teil in einheimischen Töpfereien, in unserem Fall wohl vor allem in Wimpfen, hergestellt wurde (Abb. 16).

Unter den 24 Amphoren (Abb. 17–19) fallen die dickwandigen Exemplare der Form Dressel 20 am meisten auf mit ihren eingezapften, massiven rundstabigen Henkeln und dem kugelförmigen, mit einem Tonpfropf verschlossenen Unterteil ohne Standboden (Kat.-Nr. 257; 259; 262; 272; 274; 276; 277). Es handelt sich dabei um Transportamphoren aus Spanien, die dann allerdings, nachdem der ursprüngliche Inhalt verbraucht war, als Vorratsbehälter weiter genutzt wurden. Eine zweite Gruppe von Amphoren im Fundgut (Kat.-Nr. 267–271) weist zwei- und dreistabige Henkel sowie bis zu 11 cm große, nach innen gewölbte Standböden auf. Die

36 W. Czysz/H. Kaiser/M. Mackensen/G. Ulbert, Die römische Keramik aus dem Vicus Wimpfen im Tal. Forsch. u. Ber. Vor u. Frühgesch. Baden-Württemberg 11 (Stuttgart 1981) Taf. 18,165.170.

37 Czysz u. a. (Anm. 36) 30; 31 Nr. 2 und 3.

Herkunft dieser relativ weichen Ware mit geringerer Wandstärke als Dressel 20 wird z. T. in Gallien vermutet.[38] In Wimpfen gefundene Fehlbrände deuten allerdings zumindest bei einem Teil der Ware auf eine Herstellung auch in einheimischen Töpfereien hin. Es handelt sich bei allen Amphoren um langlebige Formen, die für eine Datierung wenig geeignet sind.

Als Sonderform (Kat.-Nr. 281, Abb. 19) ist ein Siebgefäß Typ Hofheim 70 zu erwähnen. Solche vermutlich zur Weinwürzung benutzten Siebgefäße sind auch aus Wimpfen[39] und aus Heidelberg[40] bekannt. Sie finden sich in der Zeit von der Mitte des 1. bis Mitte des 2. Jh. Das Rappenauer Exemplar dürfte aus der frühen Siedlungsphase im Bereich der Flur „Schafbaum/Maueräcker“, also vor 150 n. Chr. stammen. Zusammenfassend kann gesagt werden, dass anhand der Keramik ein Belegungsbeginn des Platzes im zweiten Viertel des 2. Jh.[41] angenommen werden kann und dass eine Räumung sicherlich nicht vor der Mitte des 3. Jh. erfolgte.

38 Ebd. 33 f.
39 Ebd. Taf. 38,476.
40 B. Heukemes, Römische Keramik aus Heidelberg. Mat. Röm.-Germ. Keramik 8 (Bonn 1964) Fundkomplex 1,110; 3,110; 11,14.
41 Ein zwischen 125 und 128 geprägter Denar des Hadrian kann diese Annahme zusätzlich sichern, vgl. Kat.-Nr. 291.

Katalog

Die laufenden Nummern des Katalogs entsprechen den Nummern auf den Abbildungen 6 bis 22. Der erste Bestandteil der Fundnummer entspricht der Fundkomplexnummer; S = Streufund. Eine nach Fundkomplexen geordnete Zusammenstellung der Funde bietet die Konkordanztabelle S. 360 f.

Aufbewahrungsort der Funde: Bad Rappenau-Babstadt, Archäologisches Funddepot im Städtischen Kindergarten.

Verzeichnis der Abkürzungen und der abgekürzt zitierten Literatur

BS	Bodenscherbe	Dm.	Durchmesser
Fundnr.	Fundnummer	H.	Höhe
L.	Länge	Rdm.	Randdurchmesser
RS	Randscherbe	SB	Standboden
SR	Standring	WS	Wandscherbe

Bernhard H. Bernhard, Zur Diskussion um die Chronologie Rheinzaberner Relieftöpfer. Germania 59, 1981, 79 ff.

Delort E. Delort, Vases ornés de la Moselle (Metz 1953).

Forrer R. Forrer, Die römischen Terra Sigillata Töpfereien von Heiligenberg, Dinsheim und Ittenweiler im Elsaß (Strassburg 1911).

Keramik Wimpfen W. Czysz/H. Kaiser/M. Mackensen/G. Ulbert, Die römische Keramik aus dem Vicus Wimpfen im Tal. Forsch. u. Ber. Vor u. Frühgesch. Baden-Württemberg 11 (Stuttgart 1981).

Knorr, Rottenburg R. Knorr, Die verzierten Terra Sigillata-Gefäße von Rottenburg Sumelocenna (Stuttgart 1910).

Knorr, Rottweil R. Knorr, Die verzierten Terra Sigillata-Gefäße von Rottweil (Stuttgart 1907).

Knorr/Sprater R. Knorr/F. Sprater, Die westpfälzischen Sigillata-Töpfereien von Blickweiler und Eschweiler Hof (Speyer 1927).

Lutz 1970 M. Lutz, L'atelier de Saturninus et de Satto a Mittelbronn. Gallia Suppl. 22 (Paris 1970).

Lud. V W. Ludowici, Katalog V. Teil I aus meinen Ausgrabungen in Rheinzabern 1901–1914. Stempel, Namen und Bilder römischer Töpfer (Speyer 1927).

Lud. VI W. Ludowici, Katalog VI meiner Ausgrabungen in Rheinzabern 1901–1914. Tafelband (Speyer 1942).

Ricken/Fischer H. Ricken/Ch. Fischer, Die Bilderschüsseln der römischen Töpfer von Rheinzabern. Textband mit Typenbildern zu Katalog VI der Ausgrabungen von Ludowici in Rheinzabern 1911–1914. Mat. Röm. Germ. Keramik 7 (Bonn 1963).

ORL B Cannstatt Der obergermanisch-raetische Limes des Römerreiches Abt. B. Nr. 59 Kastell Cannstatt (Heidelberg 1907).

A Keramik (Kat.-Nr. 1–290)

Übersicht

Terra sigillata, Bilderschüsseln (Abb. 6; 7)

1 WS. Eierstab wie Lutz 1970, 02 mit begleitendem Perlstab G 2. Im Bildfeld Rest des Kreises G 12 und Blättchen V 22. Dekoration wie Delort Taf. 47,7896. – Chémery oder Mittelbronn. Art des Satto. – Fundnr. S,1.
2 WS. Unterer Bildfeldabschluss durch Perlstab wie Knorr/Sprater Taf. 82,38. Darüber Rest des Doppelkreises Taf. 82,1. Auf dem Perlstab aufsitzende Marke Taf. 81,53. Im unteren Bereich des Bildfeldes Hilfslinie. Dekoration vgl. Taf. 5,1 u. 6,1; Keramik Wimpfen Taf. 59,110. – Blickweiler. Art des Haupttöpfers. – Fundnr. 26,1.
3 RS, WS. Anstatt Eierstab Fries aus Zierscheiben wie Forrer Taf. 29,6 mit begleitendem Doppelrechteckstab. Metopenteilung durch ebensolchen Stab mit aufgesetzten Rosetten Ricken/Fischer O 42. Von der mittleren Rosette ausgehend Blättchen P 99 wie Knorr, Rottenburg Taf. 14,1.5. Linke Metope Amor Ricken/Fischer M 119, rechte Metope Merkur M 79; Knorr, Rottenburg Taf. 14,3. Stil wie Forrer Taf. 30,1. Heiligenberg. Art des Januarius. Innenfläche im unteren Bereich stark abgerieben. – Fundnr. 3,I.
4 WS. Anstatt Eierstab Fries aus dreiteiliger Blüte wie Forrer Taf. 29,10 mit begleitendem Doppelrechteckstab. Metopenteilung durch ebensolchen Stab mit aufgesetztem Doppelblättchen wie Taf. 29,10. Links Putto wie Knorr, Rottweil Taf. 26,8. Heiligenberg. Art des Januarius. – Fundnr. 3,II.
5 WS. Eierstab wie Ricken/Fischer E 19 mit begleitendem Schnurstab O 242 (= E 19a). Rheinzabern. Art des Januarius I. Bernhard Gruppe Ia. – Fundnr. S,II.
6 WS, BS, SR-Dm. 9,1 cm. Eierstab wie Ricken/Fischer E 39 mit begleitendem Perlstab O 260 (= E 39e). Metopenteilung durch Stäbe O 260 mit aufgesetzten Doppelblättchen P 144 und übereinandergesetzten ebensolchen Doppelblättchen. In den Metopen Kreise K 7 mit Blattrosetten O 34. Dekoration wie Lud. VI Taf. 77,3.4. Rheinzabern. Art des Kreises um Cerialis: Ware B. Bernhard Gruppe Ib. – Fundnr. 1,XIII.
7 WS. Mehrere Teile verbrannt und angebrannt. Eierstab wie Ricken/Fischer E 25/26. Doppelkreis K 20 mit Bär T 54 über Fiederblättchen P 46. Zweiter Doppelkreis K 20 mit Wildschwein T 68. Zwischen den Kreisen Füllhornmotiv O 160 über Kniendem M 265 und Fiederblättchen P 46. Dekoration und Stil wie Lud. VI Taf. 89,6.10 u. Taf. 92,1. Rheinzabern. Art des Comitialis IV. Bernhard Gruppe IIa. Im Bildfeld gebohrtes Loch einer antiken Reparatur. – Fundnr. 4,I.
8 WS, BS, SR-Dm. 8,7 cm. Eierstab wie Ricken/Fischer E 50. Metopenteilung durch Schnurstäbe O 245 mit aufgesetzten Doppelblättchen P 145. In den Metopen Kreise K 9 mit Hasen T 154 d. Dekoration wie Lud. VI Taf. 156,4. Rheinzabern. Art des Julius I. Bernhard Gruppe IIb. – Fundnr. 1,I
9 WS. Über unterem Abschluss gelapptes Blatt wie Ricken/Fischer P 75 b und hängendes Mohnkopfmotiv P 116. Dekoration wie Lud. VI Taf. 165,12 u. Taf. 167,1. Rheinzabern. Art des Victorinus I. Bernhard Gruppe IIb. – Fundnr. 1,XIV.
10 RS. Eierstab wie Ricken/Fischer E 17 schief stehend wie häufig bei Julius II – Julianus I. Der Eierstab wird von mehreren Rheinzaberner Töpfern verwendet von Firmus bis Perpetuus. Rheinzabern. Eventuell Art des Julius II – Julianus I. Bernhard Gruppe IIIa. – Fundnr. 5,I.
11 WS. Unterer Bereich. Gerippter Doppelkreis wie Ricken/Fischer K 59 und diagonaler Grätenstab O 273 über eierstabähnlichem Motiv O 110. Dekoration und Stil wie Lud. VI Taf. 239,10.12.13. Rheinzabern. Art des Pervincus. Bernhard Gruppe IIIb. – Fundnr. 1,XV.

Terra sigillata, glatte Ware (Abb. 8; 9)

Eingeschlossen ist Terra sigillata mit Barbotine- und Kerbschnittdekor.

Teller Drag. 31
12 RS, Rdm. ca. 29 cm. – Fundnr. 26,3.
13 RS, Rdm. 18 cm. – Fundnr. 26,2.
14 RS, Rdm. 18 cm. – Fundnr. S,3.

Teller Drag. 32
15 Rdm. 20 cm, H. 6,5 cm, SR-Dm. 8,5 cm. – Stempel (15 a) ATTIANVSF identisch mit ORL B Bd. V Taf. 4,10 (Kastell Cannstatt), Osw. St. S. 27/28. Attianus, Rheinzabern. – Fundnr. 3,III.
16 RS, Rdm. 20,1 cm. – Fundnr. 1,III.
17 Rdm. 14 cm, H. 5 cm, SR-Dm. 8,2 cm. – Fundnr. S,2.
18 RS, Rdm. 19 cm, gelber Scherben. – Fundnr. 1,V.
19 RS, Rdm. 26 cm. – Fundnr. 3,V.
20 RS, Rdm. ca. 23 cm. – Fundnr. S,6.
21 RS, Rdm. 20 cm. – Fundnr. 5,VI.
22 RS, Rdm. 22 cm, gelblicher Scherben, gelborangefarbener Überzug. – Fundnr. 5,V.
23 BS, SR-Dm. 11,5 cm. – Fundnr. 3,VIII.
24 RS. – Fundnr. 3 (o. Abb.).
25 WS. – Fundnr. 23,1 (o. Abb.).

Teller Ludowici Tf
26 Rdm. 17,8 cm, H. 5,2 cm, SR-Dm. 8,9 cm. – Fundnr. 4,II
27 RS, Rdm. ca. 20 cm, angebrannt. – Fundnr. 4,IV.
28 RS. – Fundnr. 4,III (o. Abb.).

Teller Ludowici Tr'
29 RS. – Fundnr. 10,1.

Teller Drag. 36
30 RS, Rdm. 18 cm, Rand mit Barbotinedekor. – Fundnr. S,19.

Teller unbestimmter Form
31 BS, SR-Dm. 8,6 cm. – Innerhalb des Standrings vor dem Überzug eingekratztes Graffito (31 b), angebrannt. – Fundnr. 4,V.

Becher Drag. 27 (o. Abb.)
32 WS. – Fundnr. 26,5.
33 WS. – Fundnr. S,5.

Becher Drag. 33
34 Rdm. 13,1 cm, H. 8,6 cm, SR-Dm. 4,8 cm, gelblichorangefarbener Überzug. Außen über dem Wandknick Graffito (34 a). – Fundnr. 1,VIII.
35 Rdm. 12,6 cm, H. 8,3 cm, SR-Dm. 5,3 cm. – Fundnr. 1,IX.
36 RS, Rdm. 12,2 cm, gelblichorangefarbener Überzug. – Fundnr. 1,X.
37 RS, Rdm. 12 cm. – Fundnr. 5,II.
38 RS, Rdm. 11,2 cm, starke Gebrauchsspuren, angebrannt. – Fundnr. 5,IV.
39 RS, matte Oberfläche. – Fundnr. S,4.
40 RS, Rdm. 11,5 cm, starke Gebrauchsspuren. – Fundnr. 5,III.
41 RS, Rdm. 10 cm. – Fundnr. 3,VI.
42 RS, Rdm. 12 cm, gelber Scherben, gelblichbrauner Überzug. – Fundnr. 1 (o. Abb.).

43 BS, SR-Dm. 5 cm. – Fundnr. 19,11.
44 BS, SR-Dm. 5 cm. – Fundnr. 1,IV.

Becher Drag. 46/Niederbieber 8
45 Mehrere RS u. WS, Rdm. 16,2 cm, schlechter gelborangefarbener Überzug. – Fundnr. 1,II.

Becher Drag. 40
46 RS, Rdm. ca. 10 cm. – Fundnr. 23,2.

Unbestimmte Form
47 BS, SR-Dm. 5 cm. – Fundnr. S,1.

Schälchen Ludowici SSd
48 Rdm. 10 cm, Innenfläche stark abgerieben. – Fundnr. 1,VII
49 RS, Rdm. 10 cm, Innenfläche unterer Bereich abgerieben. – Fundnr. 23,3.

Reibschüsseln Drag. 43
50 Rdm. 22 cm, H. 9 cm, SR-Dm. 7,2 cm, Innenfläche stark abgerieben. – Fundnr. 1,VI.
51 RS mit Kragen- und Ausgussansatz, Rdm. 25 cm. – Fundnr. 3,IV.
52 RS mit Kragenansatz, Kragen mit Barbotinedekor. – Fundnr. 1,XI.
53 RS mit Kragenansatz, Innenfläche stark abgerieben. – Fundnr. 26,4.
54 RS mit Kragenansatz, Rdm. 21 cm, Kragen mit Barbotinedekor. – Fundnr. 3,VII.
55 RS und Kragen-S, Kragen mit Barbotinedekor. – Fundnr. 5,VII.
56 RS mit Kragenansatz, Rdm. ca. 25 cm, Kragen mit Barbotinedekor – Fundnr. 4 (o. Abb.).
57 RS Kragen mit Barbotinedekor. – Fundnr. 23,4 (o. Abb.).
58 Kragen-S mit Barbotinedekor. – Fundnr. S,7 (o. Abb.).
59 BS, SR-Dm. 10 cm, Innenfläche stark abgerieben. – Fundnr. 1,XII.
60 BS, SR-Dm. 9 cm, angebrannt. – Fundnr. 4,VI.

Sonstige Terra sigillata (o. Abb.)

61 Einhenkelkrügchen WS und Henkel, Bauch-Dm. ca. 10 cm, angebrannt u. verbrannt. – Fundnr. 4.
62 Krug, WS, Bauch-Dm. ca. 18 cm. – Fundnr. S,10.
63 Vase WS mit Glasschliffdekor, Bauch-Dm. ca. 11 cm. – Fundnr. 23,5.

Firnisware (Abb. 9; 10)

64 Becher mit geripptem Steilrand. RS, Rdm. ca. 10 cm. Scherben grau, außen schwarz. – Fundnr. 2,1.
65 Becher mit geripptem Steilrand. RS, Rdm. ca. 8,5 cm. Scherben gelb, außen und innen bläulichgrau bis weiß. – Fundnr. 2,2.
66 Faltenbecher mit geripptem Steilrand. RS, Rdm. 8 cm. Scherben sandfarben, außen Glanzton grau bis schwarz, innen matt. – Fundnr. 3,23.
67 Faltenbecher mit geripptem Steilrand. RS, Rdm. ca. 11,5 cm. Grau, außen geglättet. – Fundnr. 3 (o. Abb.).
68 Becher mit geripptem Steilrand. RS, Rdm. 10,5 cm. Grau. – Fundnr. 4 (o. Abb.).
69 Faltenbecher mit geripptem Steilrand. RS, WS. Scherben gelb, außen grauschwarz, stark abgenutzt. – Fundnr. 26,6 (o. Abb.).
70 Becher mit geripptem Steilrand. RS, Rdm. 9,2 cm. Scherben braun, außen und innen schwarzgrau, außen metallisch glänzend. – Fundnr. 26,6.
71 Becher mit geripptem Steilrand. RS, Rdm. 8 cm. Scherben grau, außen blaugrau metallisch glänzend. – Fundnr. S,8.
72 Becher mit glattem Steilrand. RS, Rdm. 10 cm. Scherben grau, außen Glanzton grau. – Fundnr. 1,12.
73 Becher mit glattem Steilrand und senkrechten Kerbdellen am Hals. RS, WS, zwei Rollrädchenbänder auf der Schulter. Scherben grau, außen Glanzton. – Fundnr. 1,30.
74 Becher mit glattem Steilrand und senkrechten Kerbdellen. RS, WS, Rdm. ca. 7 cm zwei Rollrädchenbänder auf der Schulter. Scherben braun, außen Glanzton gelbbraun, innen matt. – Fundnr. 3,21.
75 Becher mit glattem Steilrand. RS, Rdm. ca. 9 cm. Scherben grau, außen Glanzton weiß, innen matt. – Fundnr. 3,22.
76 Faltenbecher mit glattem Steilrand. RS, WS, BS, Rdm. 7 cm, SB-Dm. 3,9 cm. Scherben grau, außen und oberer Teil innen Glanzton blaugrau. – Fundnr. 3,24.
77 Faltenbecher mit glattem Steilrand. RS, WS, BS, Rdm. 10 cm, SB-Dm. 4,3 cm, H. ca. 18 cm vier Rollrädchenbänder. Scherben gelblichgrau, Oberfläche Glanzton schwarz, angebrannt. – Fundnr. 4,27.
78 Becher mit Karniesrand. RS, Rdm. ca. 12 cm. Scherben grau, Oberfläche bläulichgrau, außen metallisch glänzend. – Fundnr. 26,9.
79 Becher. WS mit Rollrädchendekor. Scherben bräunlichgrau, außen geglättet. – Fundnr. 1,31 (o. Abb.).
80 Becher. WS BS. Scherben grau, außen dunkelgrau geglättet. – Fundnr. 1 (o. Abb.).
81 Becher. WS. Scherben grau, außen grau, geglättet. – Fundnr. 2 (o. Abb.).
82 Becher. WS. Scherben grau, außen grau, geglättet. – Fundnr. 2 (o. Abb.).
83 Faltenbecher. WS. Scherben gelblichgrau, außen geglättet. – Fundnr. 1,13 (o. Abb.).
84 Faltenbecher. WS. Scherben gelb, außen dunkelgrau. – Fundnr. 1 (o. Abb.).
85 Faltenbecher. WS. Scherben rotbraun, Oberfläche grau. – Fundnr. 1 (o. Abb.).
86 Faltenbecher. WS. Scherben gelb, Oberfläche grau, außen geglättet. – Fundnr. 1 (o. Abb.).
87 Becher mit senkrechten Kerbdellen. WS. Bauch-Dm. 13,5 cm, je zwei Rollrädchenbänder über und unter dem Dellenbereich. Scherben grau bis bräunlich, außen Glanzton dunkelgrau, innen matt. – Fundnr. 3,20.
88 Faltenbecher. WS. Bauch-Dm. ca. 15 cm. Scherben grau, Oberfläche graublau. – Fundnr. 3 (o. Abb.).
89 Faltenbecher. WS. Scherben orange, außen schwarz, innen braun. – Fundnr. 3 (o. Abb.).
90 Faltenbecher. WS. Bauch-Dm. ca. 13 cm. Scherben grau, Oberfläche schwarz, außen geglättet. – Fundnr. 3 (o. Abb.).
91 Faltenbecher. WS. Scherben gelblichbraun, Oberfläche grau bis weiß. – Fundnr. 3 (o. Abb.).
92 Faltenbecher mit Rollrädchenband. WS. Scherben graubraun, außen Glanzton graubraun, innen rot. – Fundnr. 3 (o. Abb.).
93 Faltenbecher mit Rollrädchenbändern. WS. Scherben dünnwandig, bräunlichgrau, außen Glanzton bräunlichschwarz, innen bräunlichgrau matt. – Fundnr. 3 (o. Abb.).
94 Becher. WS. Scherben dünnwandig grau, außen Glanzton schwarz. – Fundnr. 3 (o. Abb.).
95 Faltenbecher. WS. Grau. – Fundnr. 4 (o. Abb.).

96 Faltenbecher. WS. Scherben sandfarben, außen dunkelgrau, innen weißlichgrau. – Fundnr. 4 (o. Abb.).
97 Faltenbecher. WS. Scherben sandfarben, außen sandfarben, innen graubraun. – Fundnr. 4.
98 Faltenbecher. WS. Oberfläche grau, außen geglättet. – Fundnr. 4 (o. Abb.).
99 Faltenbecher. WS. Oberfläche grau, außen geglättet. – Fundnr. 5,9 (o. Abb.).
100 Faltenbecher. WS. Scherben grau, Oberfläche graublau, außen geglättet. – Fundnr. 5,10 (o. Abb.).
101 Faltenbecher. WS. Scherben grau, außen schwarz. – Fundnr. 23,7 (o. Abb.).
102 Faltenbecher. WS. Scherben gelb, Oberfläche grau, außen metallisch glänzend. – Fundnr. 26,8 (o. Abb.).
103 Faltenbecher. WS. Scherben orange, Oberfläche grau, außen metallisch glänzend. – Fundnr. 26,8 (o. Abb.).
104 Faltenbecher. WS. Scherben orange, außen grau, innen braun. – Fundnr. 26,8 (o. Abb.).
105 Faltenbecher. WS. Scherben grau, Oberfläche blaugrau. – Fundnr. 26,8 (o. Abb.).
106 Becher. BS. Grau, außen geglättet. – Fundnr. 3,19 (o. Abb.).
107 Becher. BS, SB-Dm. 2,8 cm. Scherben grau, Oberfläche blaugrau. – Fundnr. 23,8.
108 Becher. BS, SB-Dm. 2,5 cm. Scherben rötlichgelb, Oberfläche grau. – Fundnr. 26,7.
109 Becher. BS, SB-Dm. 4,2 cm. Scherben bläulichorange, Oberfläche grau mit orangefarbenen Flecken. – Fundnr. S,9.

Terra nigra (Abb. 10)

110 Ausbiegende RS mit Wandteil einer Schüssel mit eingezogenem Oberteil, Rdm. 24 cm. Scherben bräunlichgrau, außen Überzug glänzend schwarz in horizontalen Streifen. – Fundnr. 26,10.
111 Ausbiegende RS einer Schüssel, Rdm. 18,5 cm. Scherben grau, außen Überzug matt schwarz. – Fundnr. 3,6.
112 Ausbiegende RS einer Schüssel, Rdm. 16 cm. Scherben grau, außen glänzend schwarz. – Fundnr. 3,17.
113 Ausbiegende RS einer Schüssel, Rdm. 15 cm. Scherben grau, außen glänzend dunkelgraublau. – Fundnr. 3,18.
114 Ausbiegende RS, Rdm. 19 cm. Scherben grau, außen glänzend grau. – Fundnr. 5,11.
115 WS. Scherben grau, außen glänzend schwarz. – Fundnr. 5.
116 Teller mit nach innen biegendem Rand, Rdm. 25 cm, H. 4,9 cm. Scherben bräunlichgrau, Überzug glänzend schwarz in horizontalen Streifen (wie Nr. 110). – Fundnr. 26,11.
117 Topf mit Horizontalrand. RS, Rdm. 12 cm. Scherben grau, außen Überzug glänzend schwarz. – Fundnr. 26,12.
118 Unbestimmte Form mit Rollrädchenzone. WS. Scherben bräunlichgrau, außen Überzug graublau. – Fundnr. 3,25.
119 Bauchiges Gefäß unbestimmter Form mit Rollrädchenband. WS, Bauch-Dm. ca. 15 cm. Scherben hellgrau, außen Reste eines dunkelgrauen Überzugs. – Fundnr. 4,28.
120 Unbestimmte Form mit Rollrädchenzone. WS. Scherben grau, außen Reste eines dunkelgrauen bis schwarzen Überzugs. – Fundnr. 26,15.

Einfache Gebrauchskeramik (Abb. 11–19)

Teller mit nach innen biegendem Rand (Abb. 11)
121 Rdm. 25 cm, H. 5 cm. Scherben grau, innen schwarzer Überzug. – Fundnr. 1,8.
122 Rdm. 19 cm, H. 3,5 cm. Scherben grau, innen graublauer Überzug. – Fundnr. 2,3.
123 Rdm. 25 cm, H. 3,8 cm. Scherben gelblichbraun, innen und außen Reste eines roten Überzugs. Angebrannt. – Fundnr. 4,10.
124 Rdm. 23 cm, H. 3,7 cm. Bräunlich. Mehrere Scherben nach dem Bruch z. T. schwarzbraun bis dunkelgrau verbrannt. – Fundnr. 4,11.
125 Rdm. 22 cm, H. 4,5 cm. Scherben braun, innen schwarzer Überzug in Streifen, außen dunkelgrau. – Fundnr. 5,12.
126 Rdm. 26 cm, H. 4,2 cm. Scherben grau, innen und außen Reste einen schwarzen Überzugs. – Fundnr. 23,12.
127 Rdm. 29 cm, H. 5,5 cm. Scherben bräunlich, innen und außen dunkelgrau. – Fundnr. 23,15.
128 Rdm. 23 cm, H. 4,6 cm. Scherben bräunlichgrau, innen und außen dunkelgrau. – Fundnr. 26,13.

Teller mit hochgezogenem Rand (Abb. 11)
129 Rdm. 25 cm, H. 4,5 cm. Scherben gelblich, innen weißer Überzug. – Fundnr. 1,16.
130 Rdm. ca. 30 cm, H. 5,2 cm. Scherben ziegelrot bis braun, innen dunkelgrauer Überzug, geglättet. – Fundnr. 1,36.

Teller mit gerade hochgezogener Wand (Abb. 11)
131 Rdm. 27 cm, H. 4,5 cm. Scherben hellgrau, innen und außen dunkelgraublau. – Fundnr. 3,9.
132 RS, Rdm. 22 cm. Scherben dunkelgrau, innen und außen graublau. – Fundnr. 3 (o. Abb.).
133 RS, Rdm. ca. 23 cm. Scherben hellbräunlichgrau, innen und außen graublau. – Fundnr. 3 (o. Abb.).
134 RS, Rdm. ca. 27 cm. Scherben bläulichgrau, innen und außen graublau. – Fundnr. 3 (o. Abb.).

Teller mit nach außen biegendem Rand (Abb. 11)
135 RS, Rdm. 29 cm. „Eifelware“, grau bis weiß bis blau. – Fundnr. 1,7 (o. Abb.).
136 RS, Rdm. 34 cm. „Eifelware“, Scherben weißlichbraun, innen und außen graublau. – Fundnr. 3,10.
137 RS, Rdm. 27,5 cm. „Eifelware“. Scherben grau, innen und außen grau bis schwarz bis graublau. – Fundnr. 3,11.
138 Rdm. 26 cm, H. 5,7 cm. „Eifelware“. Weiß bis graublau bis schwarzgrau. – Fundnr. 4,9.
139 Rdm. 27 cm, H. 5,8 cm. „Eifelware“. Scherben hellgrau, innen und außen dunkelgrau bis schwarz. – Fundnr. 23,10.

Teller mit nach innen wulstförmig verdicktem Rand (Abb. 11; 12)
140 Rdm. 28 cm, H. 3,8 cm. Scherben ziegelrot. Innen und außen schwarzer Überzug. – Fundnr. 1,9.
141 Rdm. 28 cm, H. 4 cm. Scherben grau, innen schwarzer Überzug. – Fundnr. 1,28.
142 Rdm. 25 cm, H. 4 cm. Scherben braun, innen blaugrauer Überzug. – Fundnr. 1,29.
143 RS, Rdm. 25 cm. Scherben grau, innen und außen schwarzer Überzug. – Fundnr. 1,37.
144 RS, Rdm. 21,5 cm. Scherben graubraun, außen bläulichgrau. – Fundnr. 3,12.
145 RS, Rdm. 33 cm, H. ca. 4,3 cm. Sandfarben. – Fundnr. 23,13.
146 Rdm. 21 cm, H. 3,7 cm. Grau, innen und außen stark geglättete horizontale Streifen. – Fundnr. 23,14.
147 Rdm. 20 cm, H. 4 cm. Scherben hellgrau, innen und außen dunkelgrau. – Fundnr. 23,16.

Teller mit nach innen und außen wulstförmig verdicktem Rand (Abb. 12)
148 Rdm. 28 cm, H. 4 cm. Scherben grau, innen dunkelgrauer Überzug. – Fundnr. 1,27.
149 Rdm. 26 cm, H. 4 cm. Scherben braun, innen blaugrauer Überzug, außen grau. – Fundnr. 5,2.

Teller mit nach innen biegendem, auf der Innenseite kräftig profiliertem Rand (Abb. 12)
150 Rdm. 26 cm, H. 6 cm. „Eifelware". Weiß/gelb/grau/blau/blauschwarz. – Fundnr. 5,1.
151 RS, Rdm. 28 cm. „Eifelware". Scherben weißlichgelb, innen und außen graublau bis blauschwarz. – Fundnr. 5,3.
152 Rdm. 26 cm, H. 5,7 cm. „Eifelware". Scherben weißlichgelb, innen fleckig weiß, außen bläulichgrau. – Fundnr. 23,11.
153 RS, Rdm. 26 cm. „Eifelware". Gelblichweiß bis bläulichgrau bis grauschwarz. – Fundnr. 23,18.
154 RS, Rdm. 25 cm. „Eifelware". Gelblichweiß bis bläulichgrau. – Fundnr. 23,27.

Teller unbestimmter Form (Abb. 12)
155 BS. Scherben grau. Auf der Standfläche Graffito. – Fundnr. 1,10.
156/157 Zwei verschiedene Bodenstücke „Eifelware". – Fundnr. 1 (o. Abb.).

Schüsseln mit Kolbenrand (Abb. 12; 13)
158 RS, Rdm. 19 cm. Grau. – Fundnr. 1,6.
159 RS, Rdm. 22 cm. Grau. – Fundnr. 1,26.
160 RS, Rdm. ca. 18 cm. Scherben graubraun, Reste eines weißen Überzugs. Vgl. Keramik Wimpfen Taf. 28,334. – Fundnr. 4,13.
161 Rdm. 30 cm, H. 19,7 cm. Scherben bräunlichgrau, innen und außen dunkelgrau. – Fundnr. 23,17.
162 RS, Rdm. 28 cm. Grau. – Fundnr. 26,14.

Schüssel mit nach außen wulstförmig verdicktem Rand (Abb. 13)
163 RS, Rdm. 33 cm. „Eifelware". Weiß bis blaugrau. – Fundnr. 3,8.

Töpfe mit eingezogenem Rand und abgesetzter Schulter (Abb. 13)
164 RS, Rdm. 26 cm. Scherben grau, innen und außen schwarz und grau. – Fundnr. 1,1.
165 RS, Rdm. 16 cm. Grau. – Fundnr. 1,2.
166 RS, Rdm. 25 cm. Scherben schwarz bis grau, außen rot und grau. – Fundnr. 1,3.
167 RS und WS, Rdm. 15 cm. Scherben gelb, innen und außen z. T. schwarz bis grau. – Fundnr. 4,7.
168 RS, Rdm. ca. 12 cm. „Eifelware". Scherben hellgrau, innen und außen dunkelblaugrau. – Fundnr. 4,8.

Töpfe mit Horizontalrand (Abb. 13)
169 RS, Rdm. 26 cm. „Eifelware". Weiß bis blaugrau. – Fundnr. 1,21.
170 RS, Rdm. 27 cm. Breiter Rand. Hellgrau. – Fundnr. S,12.

Töpfe mit Deckelauflage (Abb. 13–15)
171 RS, Rdm. 16 cm. Grau. – Fundnr. 1,4.
172 RS, Rdm. 17 cm. „Eifelware". Außen stark profilierter Rand. Grau bis weiß bis blau. – Fundnr. 1,5.
173 RS und WS, Rdm. 19 cm. „Eifelware". Außen stark profilierter Rand. Grau bis weiß. – Fundnr. 1,22.
174 RS, Rdm. 17 cm. Grau. – Fundnr. 1,23.
175 RS, Rdm. 14 cm. Grau bis schwarz. – Fundnr. 1,25.
176 RS, Rdm. 14 cm. „Eifelware". Außen stark profilierter Rand. Grau bis blau. – Fundnr. 1,38.
177 RS, Rdm. ca. 13 cm. Gelbbraun. – Fundnr. 1,39.
178 RS, Rdm. 17 cm. Dunkelgrau. – Fundnr. 3,2.
179 RS, Rdm. 16 cm. Grau. Rand rußgeschwärzt. – Fundnr. 3,3.
180 RS, Rdm. ca. 16 cm. „Eifelware". Außen stark profilierter Rand. Scherben weiß, außen weiß bis graublau. – Fundnr. 3,4.
181 RS, Rdm. 18 cm. Grau. – Fundnr. 3,7
182 RS und BS, Rdm. 24 cm, SB-Dm. 9 cm. Grau, z. T. rot verbrannt. – Fundnr. 4,1.
183 RS, Rdm. 16,5 cm. Hellgrau bis dunkelgrau. – Fundnr. 4,2.
184 RS und BS, Rdm. 15 cm, SB-Dm. 6 cm. Scherben gelblichbraun, innen und außen schwarzbraun bis bläulichgrau. – Fundnr. 4,3.
185 RS und BS, Rdm. 15 cm, SB-Dm. 9 cm. „Eifelware". Weißlichgrau/bläulichweiß/schwarzgrau/schwarz. Nach dem Bruch verbrannt. – Fundnr. 4,4.
186 RS, WS und BS, Rdm. 16 cm, H. 22 cm, SB-Dm. 9,5 cm. „Eifelware". Weiß/gelb/grau/blau. – Fundnr. 4,5.
187 RS und BS, Rdm. 14 cm, SB-Dm. 6 cm. Grau. – Fundnr. 4,6.
188 RS, Rdm. 22 cm. Auf der Schulter horizontale Rillen. Grau. – Fundnr. 5,4.
189 RS, Rdm. 16 cm. „Eifelware" Scherben grau bis blaugrau, innen und außen weiß/blaugrau/blauschwarz. – Fundnr. 5,5.
190 RS, Rdm. 15 cm. Grau bis grauschwarz. – Fundnr. 5,6.
191 RS und WS, Rdm. ca. 15 cm. „Eifelware". Scherben weißlichgelb, außen und Rand bläulichgrau. – Fundnr. 5,7.
192 RS, Rdm. 20 cm. Scherben hellgrau, außen und Rand grauschwarzer Überzug. – Fundnr. 10,3.
193 RS, Rdm. ca. 15 cm. „Eifelware". Außen stark profilierter Rand. Scherben weiß bis grau, innen und außen weiß bis bläulichgrau. – Fundnr. 23,19.
194 RS, Rdm. 17 cm. „Eifelware". Außen stark profilierter Rand. Bläulichweiß bis weiß. – Fundnr. 23,28.
195 RS, Rdm. ca. 25 cm. „Eifelware". Außen stark profilierter Rand. Weiß bis graublau. – Fundnr. S,13.
196 RS, Rdm. 17 cm. „Eifelware". Außen stark profilierter Rand. Weiß bis graublau. – Fundnr. S,15.
197 RS, Rdm. 15 cm. „Eifelware". Außen stark profilierter Rand. Scherben gelblichorange, innen und außen weiß. – Fundnr. S,16.

Unbestimmte Form (Abb. 15)
198 RS, glatter, ausbiegender Rand, Rdm. ca. 18 cm. „Eifelware". Weiß bis grau. – Fundnr. 1,40 (o. Abb.).
199 BS, Schüssel oder Topf, SB-Dm. 5,8 cm. Scherben grau, innen und außen schwarz. – Fundnr. 3,5.
200 WS, „Eifelware". Scherben weiß, innen und außen weißgrau. – Fundnr. 23,26 (o. Abb.).

Gefäßdeckel (Abb. 15)
201 RS, Rdm. 12 cm. Grau. – Fundnr. 1,11 (o. Abb.).
202 Kegelförmiger Deckel mit Knauf. Scherben gelb. – Fundnr. 1,15.
203 Rdm. 14,2 cm, H. 4,4 cm. Grau. – Fundnr. 1,17.
204 Rdm. 11,8 cm, H. 3,9 cm. Braun, z. T. geschwärzt. – Fundnr. 1,18.

205 Rdm. 14 cm, H. 5,4 cm. Grau. – Fundnr. 1,19.
206 RS, Rdm. 12 cm. Grau. – Fundnr. 1 (o. Abb.).
207 RS und Knauf, Rdm. 14 cm. Grau. – Fundnr. 1 (o. Abb.).
208 RS, Rdm. 12,5 cm. Orange. – Fundnr. 1 (o. Abb.).
209 RS, Rdm. 13,5 cm. Grau. – Fundnr. 1 (o. Abb.).
210 Knauf. Grau. – Fundnr. 1 (o. Abb.).
211 RS, Rdm. ca. 12 cm. Scherben grau, Oberfläche dunkelgrau. – Fundnr. 5,8 (o. Abb.)
212 RS. Hellorange. – Fundnr. 5 (o. Abb.).

Reibschüsseln (Abb. 15)
213 RS mit Wandteil und Ausguss-Ansatz. Kragen-Rdm. 30 cm. Nach unten hängender Kragen. Scherben gelblichrot, Rand und Kragen roter Überzug. – Fundnr. 1,41.
214 WS und BS. Ziegelrot. – Fundnr. 1 (o. Abb.).
215 RS mit Wandteil. Kragen-Rdm. 36 cm. Nach unten hängender Kragen. Rotbraun, z. T. schwarz verbrannt. – Fundnr. 4,12.
216 Kragen-Rdm. 35 cm, H. 12,5 cm, SB-Dm. 11,3 cm. Horizontaler Kragen mit eingeschnittenem V-förmigem Ausguss. Scherben gelblichbraun, Rand und Kragen rotbrauner Überzug. – Fundnr. 23,20.
217 RS, Kragen-Rdm. ca. 34 cm. Nach unten hängender Kragen. Scherben gelblichbraun, Rand und Kragen orangeroter Überzug. – Fundnr. S,11.
218 RS mit breitem angeformtem Ausguss. Gelborange. – Fundnr. S,14.

Einhenkelkrüge (Abb. 16)
219 Mundstück, Rdm. 4,5 cm mit Henkelansatz, zweistabig. Scherben orange, weißer Überzug. – Fundnr. 1,14.
220 Mundstück, Rdm. 6,3 cm. Henkel zweistabig. Orange. – Fundnr. 1,20.
221 Mundstück, Rdm. 3,7 cm. Mit Henkelansatz, zweistabig. Orange. – Fundnr. 1,33.
222 Mundstück, RS, Rdm. 5 cm. Gelb. – Fundnr. 1 (o. Abb.).
223 Mundstück, Rdm. 5,2 cm. Henkel zweistabig. Gelborange. – Fundnr. 3,13.
224 Henkel zweistabig. Orange. – Fundnr. 3,14 (o. Abb.).
225 Henkel zweistabig. Orange. – Fundnr. 3,18.
226 Mundstück. Henkel zweistabig. Braunorange. – Fundnr. 3 (o. Abb.).
227 Mundstück, Rdm. 4,6 cm. Henkel zweistabig. Scherben rötlichbraun, sandig. Reste eines weißen Überzugs. – Fundnr. 4,14.
228 BS, SB-Dm. 4,6 cm. Scherben rötlichbraun, angebrannt. Reste eines weißen Überzugs. – Fundnr. 4,15.
229 BS, SB-Dm. 3,3 cm. Scherben rötlichbraun, außen z. T. angebrannt. – Fundnr. 4,16.
230 Mundstück, Rdm. 3,8 cm. Henkel zweistabig. WS und BS, SB-Dm. 3,8 cm, H. ca. 17,5 cm. Scherben orange, außen z. T. angebrannt. – Fundnr. 4,17.
231 Mundstück RS, Rdm. 5 cm. Rötlichbraun, angebrannt. – Fundnr. 4 (o. Abb.).
232 Mundstück RS, Rdm. 4,5 cm. Orangerot. – Fundnr. 4 (o. Abb.).
233/234. Zwei verschiedene Henkel, zweistabig. Bräunlichgelb. – Fundnr. 4 (o. Abb.).
235 Mehrere WS. Orange. – Fundnr. 5 (o. Abb.).
236 Mundstück, Rdm. 6 cm. Henkel zweistabig. Rötlichgelb. – Fundnr. 23,21.

Zweihenkelkrüge (Abb. 16)
237 Mundstück, Rdm. 9 cm, Henkel zweistabig. Sandfarben. – Fundnr. 1,42.
238 Mundstück, Rdm. 7,2 cm. Henkel zweistabig. Sandfarben. – Fundnr. 1,43.
239 Henkel dreistabig. Scherben gelb, weißer Überzug. – Fundnr. 1,35.
240 Mehrere WS. Rollrädchendekor in Schachbrettart. Scherben grau, außen Reste eines weißlichgrauen Überzugs. Angebrannt. – Fundnr. 1,32.
241 Halsteil mit Henkelansatz, dreistabig. Scherben orange, weißer Überzug. – Fundnr. 1 (o. Abb.).
242 Henkel zweistabig. Gelb. – Fundnr. 1 (o. Abb.).
243 Mehrere WS und Standbodenteil. Scherben orange, außen weißer Überzug. – Fundnr. 3 (o. Abb.).
244 WS mit Henkel zweistabig. Rot. – Fundnr. 1 (o. Abb.).
245 Mundstück, Rdm. 9,8 cm. Henkel zweistabig. Orangerot. – Fundnr. 4,18.
246 BS, SB-Dm. 5,7 cm. Scherben braun, Reste eines weißen Überzugs. – Fundnr. 4,26.
247 WS mit Henkelansatz, dreistabig. Scherben gelborange, Reste eines weißen Überzugs. – Fundnr. 4 (o. Abb.).
248 Mehrere WS. Scherben orange, weißer Überzug. – Fundnr. 5 (o. Abb.).
249 Mehrere WS. Scherben orange bis braun, innen bräunlichgrau, außen weißer Überzug, z. T. angebrannt. – Fundnr. 5 (o. Abb.).
250 WS, orange bis orangebraun. Auf der Schulter zwei horizontale Rillen. – Fundnr. 5.
251 Mehrere WS. Orange. – Fundnr. 6,6 (o. Abb.).
252 Mehrere WS. Scherben orange, weißer Überzug. – Fundnr. 8,7 (o. Abb.).
253 WS, Rollrädchendekor. Scherben bräunlichgrau, weißer Überzug. – Fundnr. 23,22.
254 WS, grau. Graffito. – Fundnr. 23,23.
255 WS, Rollrädchendekor in Schachbrettart. Scherben grau, Reste eines dunkelgrauen bis schwarzen Überzugs. – Fundnr. 26,15 (o. Abb.).
256 WS, Bauch-Dm. ca. 32 cm. Orangegelb, außen stark geglättet. – Fundnr. 26,16 (o. Abb.).

Amphoren (Abb. 17–19)
257 Typ Dressel 20. Mundstück, Rdm. 17,5 cm. Henkel rundstabig, eingezapft. Viele Bruchstücke. Gelb. – Fundnr. 1.
258 Mundstück, Rdm. 14 cm mit Henkelansatz, zweistabig. Viele Bruchstücke. Orange. – Fundnr. 1.
259 Typ Dressel 20. Mundstück, Rdm. 15,5 cm. Gelb. – Fundnr. 1 (o. Abb.).
260 WS, gelb. Graffito. – Fundnr. 1,34.
261 Mundstück, RS. – Fundnr. 1 (o. Abb.).
262 Typ Dressel 20. Mundstück, Rdm. 18 cm. Gelbbraun. – Fundnr. 2,4.
263 Mundstück, RS. Gelb. – Fundnr. 2 (o. Abb.).
264 Typ Dressel 20. WS, gelborange. – Fundnr. 3 (o. Abb.).
265 Typ Dressel 20. WS, gelb. – Fundnr. 3.
266 Mehrere WS und BS, SB-Dm. 8,5 cm. Sandfarben. – Fundnr. 3,15.
267 Mundstück, Rdm. 13 cm. Trichterförmige Mündung. Henkel dreistabig. Bräunlichrot, z. T. angebrannt. – Fundnr. 4,19.
268 Mundstück, Rdm. 14,5 cm. Trichterförmige Mündung. Henkel zweistabig. Standboden, SB-Dm. 11 cm. – Fundnr. 4,20.

269 Mundstück, Rdm. 14,5 cm. Trichterförmige Mündung. Henkel zweistabig. Orange bis bräunlich. – Fundnr. 4,21.
270 Mundstück, Rdm. 14 cm. Trichterförmige Mündung. Henkel zweistabig. Standboden, SB-Dm. 7 cm. Bräunlichorange. – Fundnr. 4,22.
271 Mundstück, Rdm. 14 cm. Zylindrischer Hals. Henkel zweistabig. Gelborange bis bräunlichorange. – Fundnr. 4,23.
272 Typ Dressel 20. Mehrere WS mit Henkelansatz. Henkel rundstabig. Boden mit Tonpfropf. Gelborange, innen bräunlichgelb. – Fundnr. 4,24.
273 Typ Dressel 20. Mehrere WS. Zapfloch für Henkel. Henkel rundstabig. Scherben weißlichgelb, im Kern blaugrau. – Fundnr. 4,25 (o. Abb.).
274 Typ Dressel 20. Mundstück, RS, Rdm. 16 cm. Scherben gelborange, im Kern orange. – Fundnr. 4.
275 Henkel zweistabig. Gelborange. – Fundnr. 4 (o. Abb.).
276 Typ Dressel 20. BS mit Tonpfropf. – Fundnr. 5.
277 Typ Dressel 20. Mundstück, Rdm. 15,5 cm. Orange, im Kern graubraun, innen und außen braun bis orange. – Fundnr. 10,2 (o. Abb.).
278 Mehrere WS. Rötlichgelb. – Fundnr. 23,24 (o. Abb.).
279 Typ Dressel 20. WS, gelb. – Fundnr. 23,25 (o. Abb.).
280 Mundstück, Rdm. 13 cm. Trichterförmige Mündung. Orange. – Fundnr. S,17.

Sonderform (Abb. 19)
281 Siebgefäß. Mehrere Teile RS und WS mit Henkel, Rdm. 20 cm. Sandfarben. – Fundnr. 3,16.

Gefäßform unbestimmt (o. Abb.)
282/283. Zwei Standböden. Grau. – Fundnr. 1.
284 Standboden „Eifelware". – Fundnr. 1.
285 Mehrere WS „Eifelware". – Fundnr. 1.
286 Standboden. Scherben gelb bis orange, außen grau, geglättet. – Fundnr. 1.
287 WS „Eifelware". – Fundnr. 2.
288 WS „Eifelware". – Fundnr. 4.
289 Standboden, SB-Dm. 5,5 cm. Scherben gelb bis grau, außen weißlichgrau bis dunkelgrau. – Fundnr. 4.
290 Standboden, SB-Dm. 5 cm. Scherben orangebraun, angebrannt. – Fundnr. 4.

B Übrige Funde (Kat.-Nr. 291–313)

Münze (Abb. 20)

291 Denar. Hadrian, Münzstätte Rom 125–128. VS.: HADRIANVS AVGVSTVS Kopf mit Lorbeerkranz n.r. RS.: COS III, sitzende Annona n.l. hält Sichel und Füllhorn, zu Füßen Modius mit Ähren. BMC S. 289 Nr. 385/386, Taf. 54,5. Cohen 379. RIC S. 360, Nr. 170. U. Klein, Fundmünzen aus Württemberg. Arch. Ausgr. Baden-Württemberg 1995, 339 Abb. 204 h. – Fundnr. S.

Bronze (Abb. 20)

292 Rhombische Gürtelplatte mit Doppelohren an den Ecken, davon zwei abgebrochen. Auf der Rückseite Schlaufe und Einhängehaken. Noch 12 cm × 7,3 cm. – Fundnr. 1.
293 Trapezförmiger Messerknauf 3,5 cm × 2,7 cm mit Spuren einer eisernen Griffangel. Identisches Stück mit komplettem Messer bekannt von Kastell Eulbach ORL B 14 Taf. 2,7. – Fundnr. 1.
294 Massiver Knopf in Form eines Bärenkopfes mit Spuren einer eisernen Griffangel. Wahrscheinlich Messerknauf. L. 2,8 cm; Dm. 2,9 cm. – Fundnr. 3.

Eisen (Abb. 20; 21)

295 Schaufelhacke. Rechteckiges, gewölbtes, zum Stiel gebogenes, durch eine Zunge auf der Innenseite verstärktes Blatt mit rundem Schaftloch und kurzer, starker, zum Stiel geneigter Hacke. Blatt 19,5 cm × 18,2 cm; Hacke 8,3 cm × 3,5 cm. Vgl. M. Pietsch, Die römischen Eisenwerkzeuge von Saalburg, Feldberg und Zugmantel. Saalburg-Jahrb. 39, 1983, 20. – Fundnr. 1.
296 Hohlbeitel. Lange, breite, gewölbte Röhre mit viereckiger Griffangel. L. 23 cm. Vgl. Pietsch, ebd. 30. – Fundnr. 5.
297 Messer. Dreieckiges Blatt, gerader Rücken mit Tülle. L. 19,7 cm, Tüllen-Dm. 2,3 cm. – Fundnr. 5.
298 Ring mit Zwinge. Dm. 4,4 cm. – Fundnr. 3.
299 Balkennagel mit vierkantigem Schaft. L. 20,8 cm. – Fundnr. 5.
300 Mehrere Nägel verschiedener Größe mit vierkantigem Schaft, z.T. feuerpatiniert. – Fundnr. 1, 3–5.

Bein (Abb. 21)

301 Haarnadel mit Kugelkopf. L. noch 6,1 cm. – Fundnr. 1.
302 Haarnadel mit Kugelkopf. L. noch 5,2 cm. – Fundnr. 3.
303 Haarnadel mit halbkugeligem Kopf. L. 10 cm. – Fundnr. 1
304 Haarnadel mit halbkugeligem Kopf. L. noch 5,1 cm. – Fundnr. 3.

Bearbeitete Geweihteile (Abb. 21)

305 Seilknebel aus einer Geweihsprosse mit Kerbe und Bohrung. L. 15,5 cm. – Fundnr. 3.
306 Geweihsprosse. Vielflächig durch Abschleifen zugerichtetes Halbfabrikat. L. 17,7 cm. – Fundnr. 5.
307 Teil einer Geweihsprosse. Vielflächig zugerichtet. – Fundnr. 1.

Glas (Abb. 21)

308 Mundstück einer blaugrünen Flasche. Rdm. 5,1 cm. – Fundnr. 5.
309 Wand/Boden-Bruchstück eines blaugrünen dickwandigen Vierkantgefäßes. – Fundnr. 5.

Ziegel (Abb. 22)

310 Ziegelplatte eines Hypokaustpfeilers. Bruchstück mit Stempel der 8. Legion. – Fundnr. S (aus dem Sondagegraben außerhalb des Speichers).
311 Tegula mit rückläufigem rechteckigem Stempel LVSI. MIG/CIONIS oder LVSI.MIC/C.IONIS. – Fundnr. 13. Zwei weitere Bruchstücke mit Resten desselben Stempelfeldes, aber ohne Buchstaben, stammen aus dem Schutt des Speichers (o. Abb.). Der Privatziegler Lusius Miccio ist sonst offenbar unbekannt.

Stein (Abb. 22)

312 Bruchstück eines Mühlsteins (Läuferstein) aus Basaltlava mit seitlicher, an der Außenkante des Steins bogenförmig

nach oben führender Höhlung, die in der Rundung starke Gebrauchsspuren aufweist. Dieses ösenartige Loch diente zur Befestigung eines Holztriebels mittels Seil. – Fundnr. 4.
313 Reibstein. Teil eines an beiden Enden stark abgeriebenen neolithischen Schuhleistenkeils aus Felsgestein. Es handelt sich hier um sekundäre Verwendung als Reibstein (innerhalb eines rein römischen Befundes). L. 7,4 cm. – Fundnr. 5.

Konkordanzliste zu den Fundkomplexen *(Klaus Kortüm)*

Befund	Kat.-Nr.	Befund	Kat.-Nr.
1	1	1	6
1	8	1	9
1	11	1	16
1	18	1	34
1	35	1	36
1	42	1	44
1	45	1	48
1	50	1	52
1	59	1	72
1	73	1	79
1	80	1	83
1	84	1	85
1	86	1	121
1	129	1	130
1	135	1	140
1	141	1	142
1	143	1	148
1	155	1	156
1	157	1	158
1	159	1	164
1	165	1	166
1	169	1	171
1	172	1	173
1	174	1	175
1	176	1	177
1	198	1	201
1	202	1	203
1	204	1	205
1	206	1	207
1	208	1	209
1	210	1	213
1	214	1	219
1	220	1	221
1	222	1	237
1	238	1	239
1	240	1	241
1	242	1	244
1	257	1	258
1	259	1	260
1	261	1	282
1	283	1	284
1	285	1	286

Befund	Kat.-Nr.	Befund	Kat.-Nr.
1	292	1	293
1	295	1	301
1	303	1	307
2	64	2	65
2	81	2	82
2	122	2	262
2	263	2	287
3	3	3	4
3	15	3	19
3	23	3	24
3	41	3	51
3	54	3	66
3	67	3	74
3	75	3	76
3	87	3	88
3	89	3	90
3	91	3	92
3	93	3	94
3	106	3	111
3	112	3	113
3	118	3	131
3	132	3	133
3	134	3	136
3	137	3	144
3	163	3	178
3	179	3	180
3	181	3	199
3	223	3	224
3	225	3	226
3	243	3	264
3	265	3	266
3	281	3	294
3	298	3	302
3	304	3	305
4	7	4	26
4	27	4	28
4	31	4	56
4	60	4	61
4	68	4	77
4	95	4	96
4	97	4	98
4	119	4	123
4	124	4	138
4	160	4	167
4	168	4	182
4	183	4	184
4	185	4	186
4	187	4	215
4	227	4	228
4	229	4	230

Befund	Kat.-Nr.	Befund	Kat.-Nr.	Befund	Kat.-Nr.	Befund	Kat.-Nr.
4	231	4	232	23	63	23	101
4	233	4	234	23	107	23	126
4	245	4	246	23	127	23	139
4	247	4	267	23	145	23	146
4	268	4	269	23	147	23	152
4	270	4	271	23	153	23	154
4	272	4	273	23	161	23	193
4	274	4	275	23	194	23	200
4	288	4	289	23	216	23	236
4	290	4	312	23	253	23	254
				23	278	23	279
5	10	5	21	26	2	26	12
5	22	5	37	26	13	26	32
5	38	5	40	26	53	26	69
5	55	5	99	26	70	26	78
5	100	5	114	26	102	26	103
5	115	5	125	26	104	26	105
5	149	5	150	26	108	26	110
5	151	5	188	26	116	26	117
5	189	5	190	26	120	26	128
5	191	5	211	26	162	26	255
5	212	5	235	26	256		
5	248	5	249				
5	250	5	276	S	5	S	14
5	296	5	297	S	17	S	20
5	299	5	306	S	30	S	33
5	308	5	309	S	39	S	47
5	313			S	58	S	62
				S	71	S	109
6	251			S	170	S	195
				S	196	S	197
8	252			S	217	S	218
				S	280	S	291
10	29	10	192	S	310		
10	277						
13	311						
19	43						
23	25	23	46				
23	49	23	57				

Bildnachweis

Regierungspräsidium Stuttgart, Landesamt für Denkmalpflege: Foto O. Braasch, Luftbildarchiv Nr. 6720-008-1281/27: 1;
K. Kortüm: 4; 2, 3, 5
H. H. Hartmann: 6–22

Abgekürzt zitierte Literatur

Hartmann/Meyer 2001 — H. H. Hartmann/F. J. Meyer, Ein *horreum* in der *villa rustica* in Bad Rappenau-Babstadt, Kreis Heilbronn. Arch. Ausgr. Baden-Württemberg 2001,127–130.

Hartmann 2002 — H. H. Hartmann, Ein römisches Landgut in Babstadt. Bad Rappenauer Heimatbote 13, 2002, 39–55.

Herberg 1994 — E. Herberg, Römischer Speicher in Bad Rappenau, Landkreis Heilbronn. Arch. Ausgr. Baden-Württemberg 1994, 196–200.

Hüssen 2000 — C.-M. Hüssen, Die römische Besiedlung im Umland von Heilbronn. Forsch. u. Ber. Vor- u. Frühgesch. Baden-Württemberg 78 (Stuttgart 2000).

Junkelmann 2006 — M. Junkelmann, Die Ernährung des römischen Soldaten oder der Grundstoff der Macht (Mainz 2006).

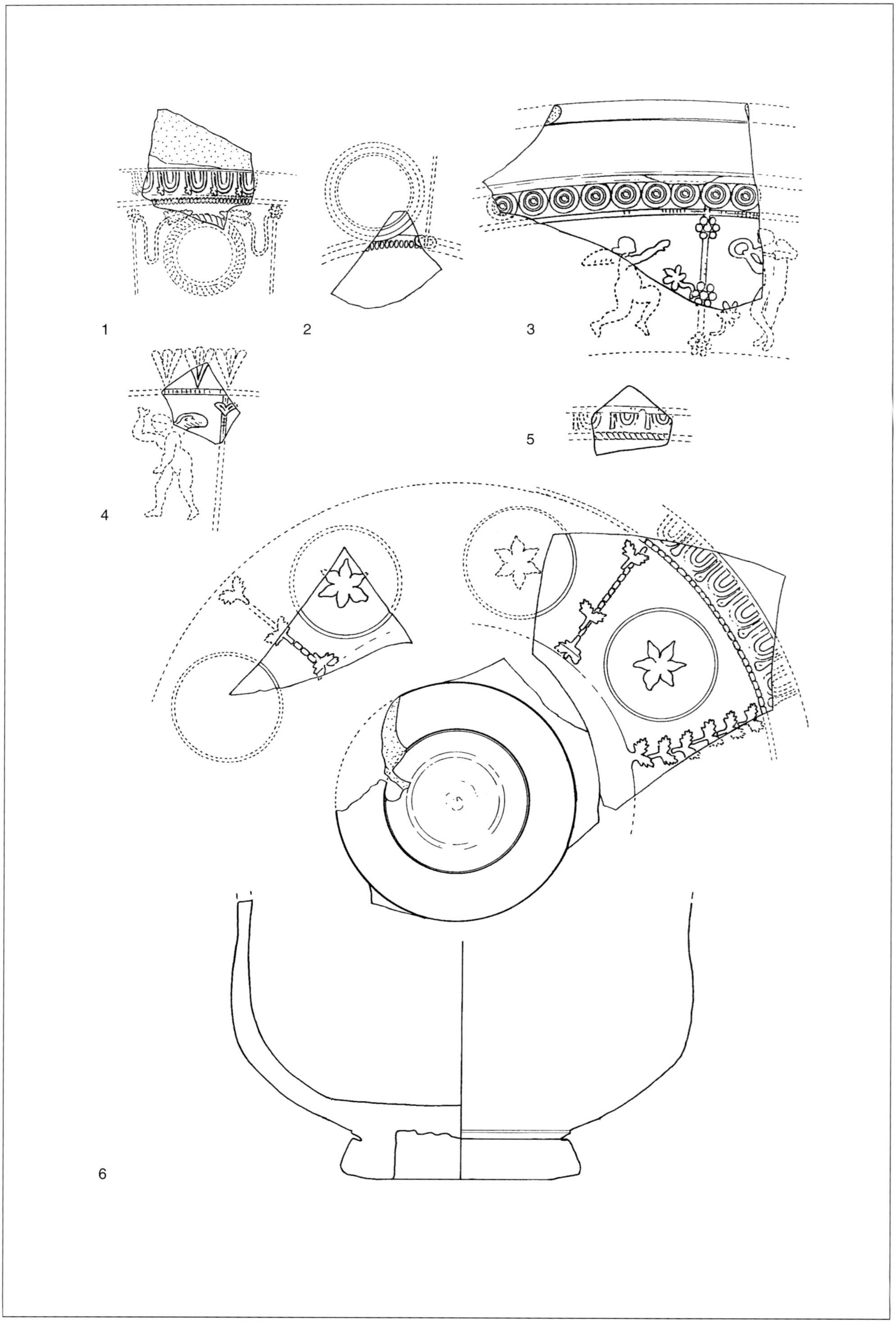

Abb. 6: Bad Rappenau. 1–6 Terra sigillata, Bilderschüsseln (M. 1:2).

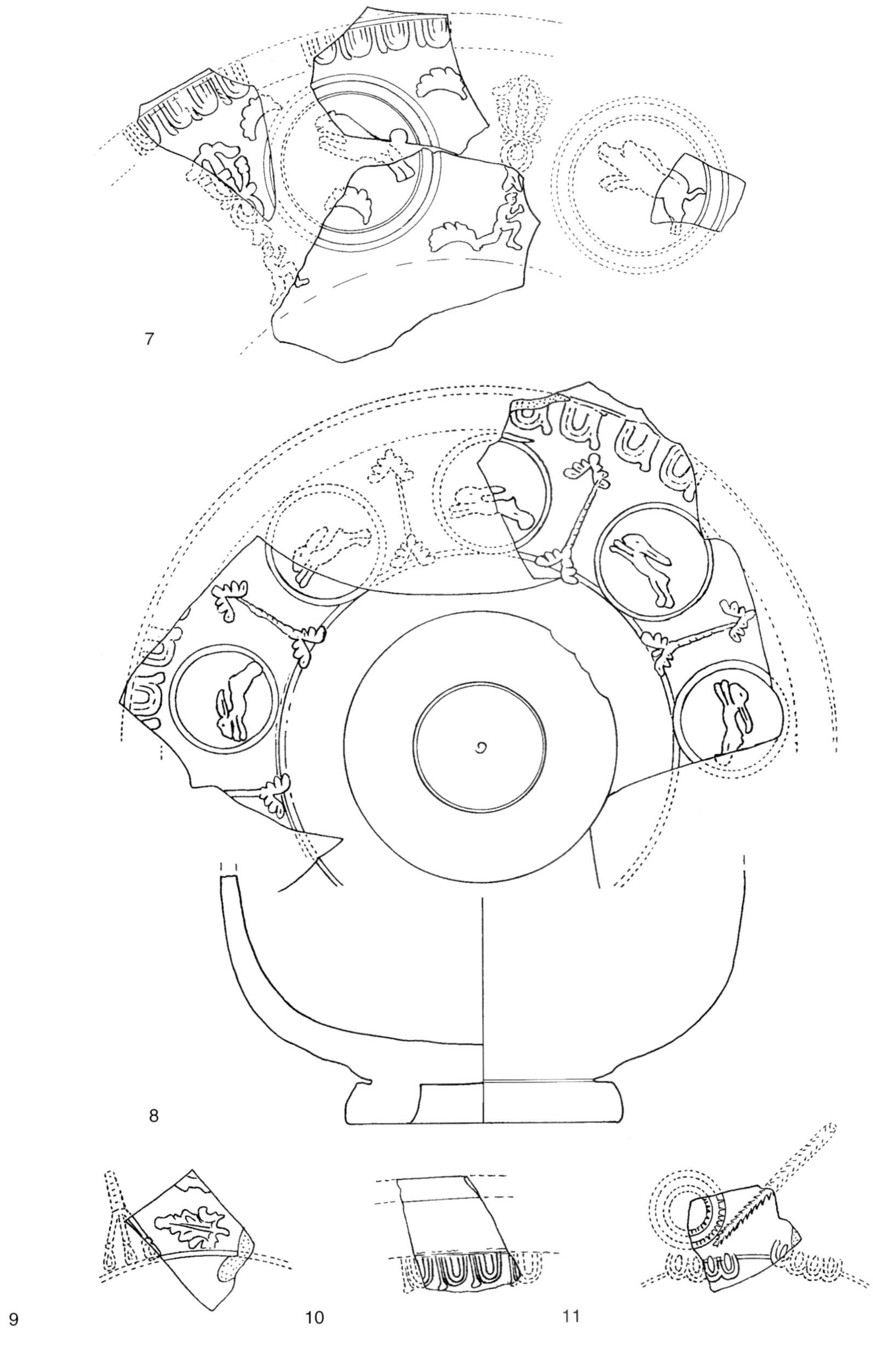

Abb. 7: Bad Rappenau. 7–11 Terra sigillata, Bilderschüsseln (M. 1:2).

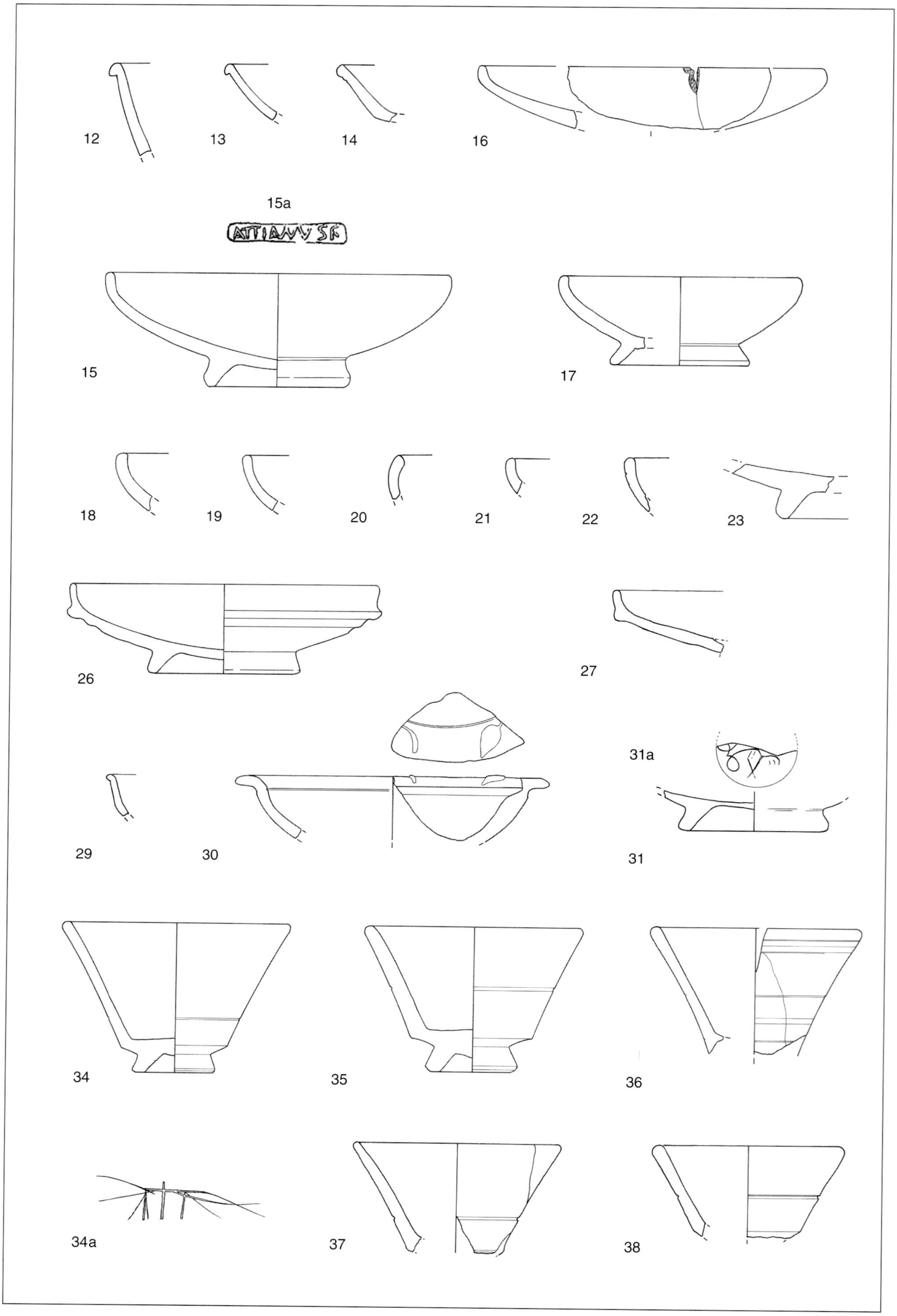

Abb. 8: Bad Rappenau. 12–38 Terra sigillata, glatte Ware (12–38 M. 1:3; 15a M. 1:1).

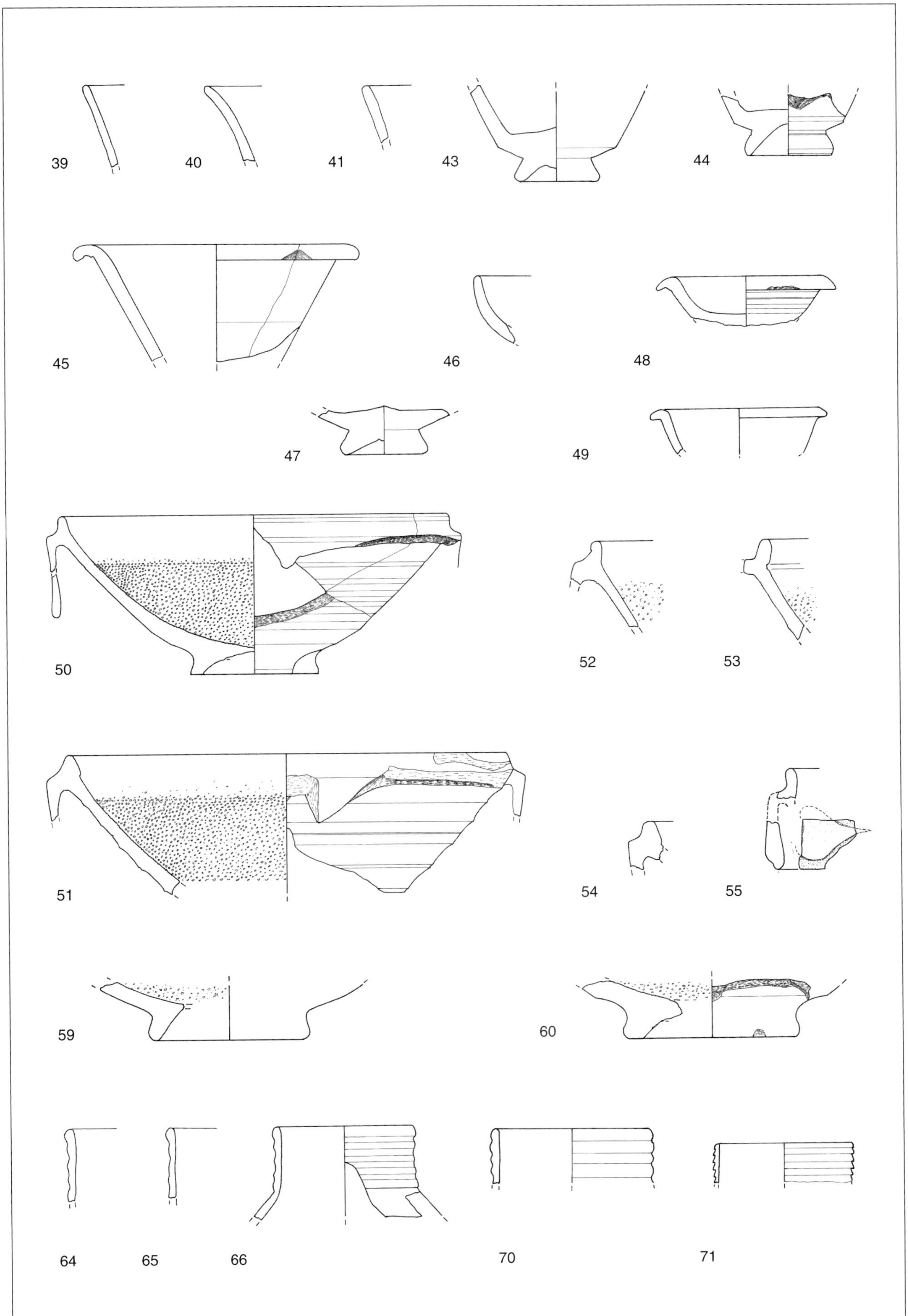

Abb. 9: Bad Rappenau. 39–60 Terra sigillata, glatte Ware; 64–71 Firnisware (M. 1:3).

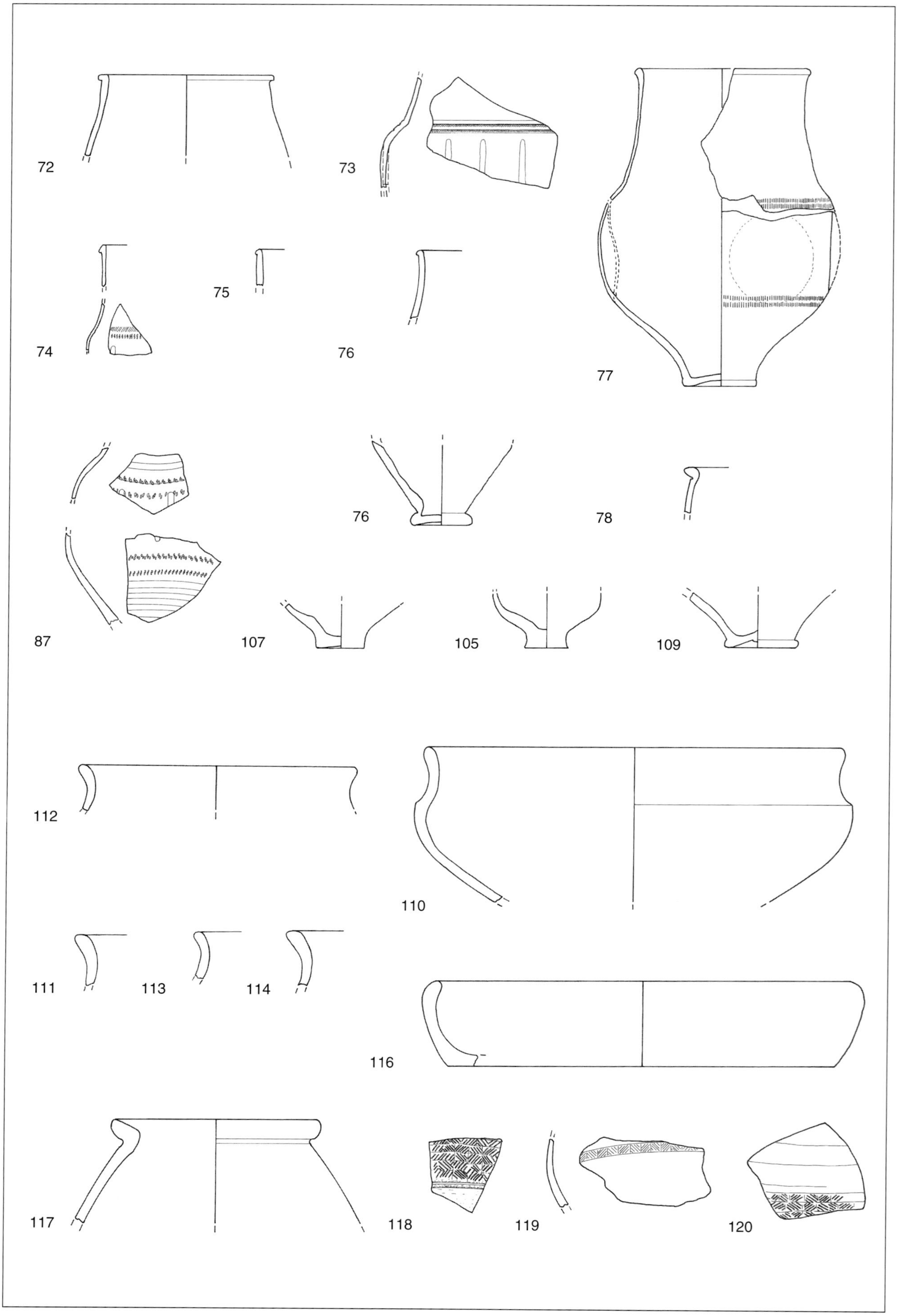

Abb. 10: Bad Rappenau. 72–109 Firnisware; 110–120 Terra nigra (M. 1:3).

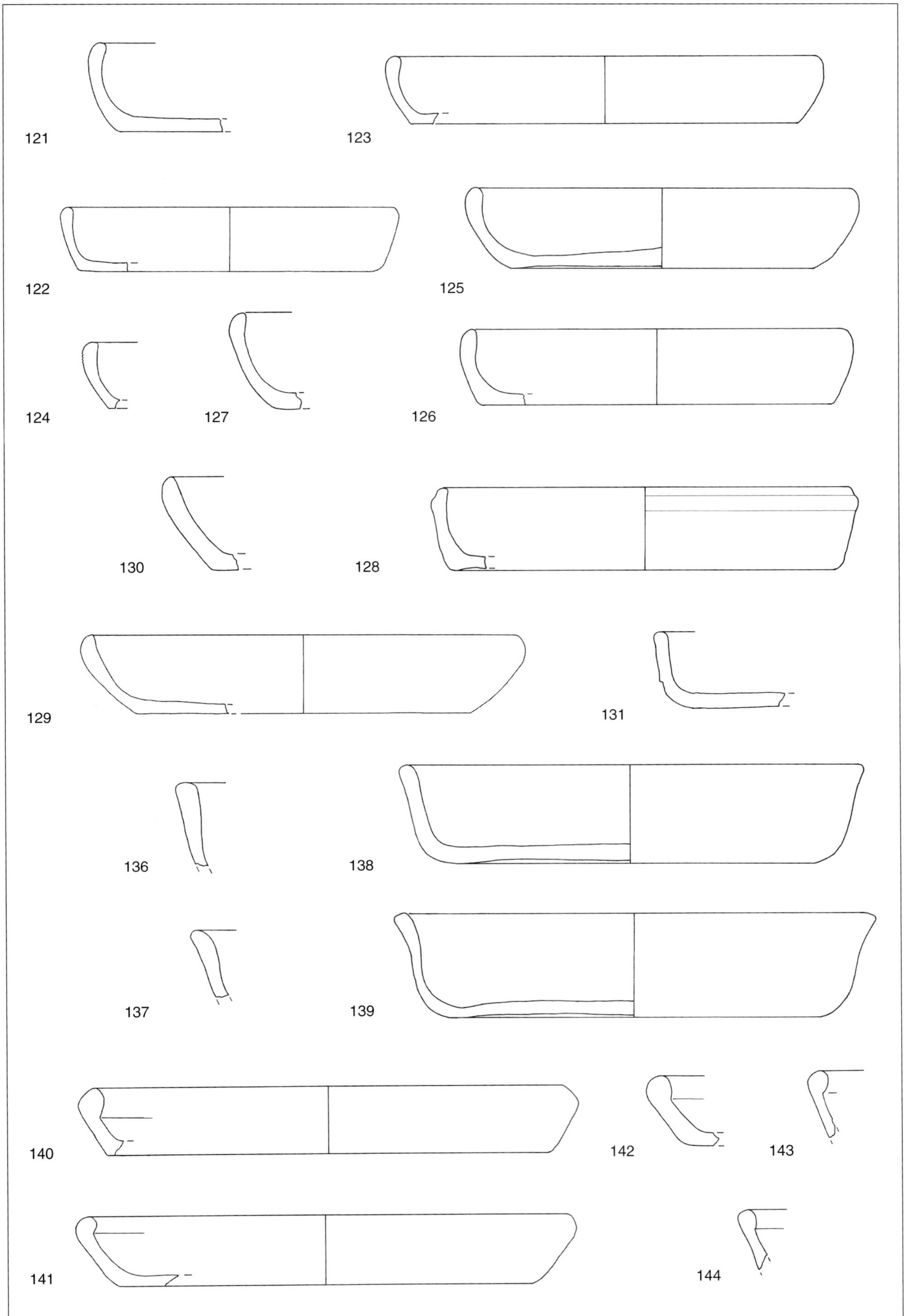

Abb. 11: Bad Rappenau. 121–144 Gebrauchskeramik (M. 1:3).

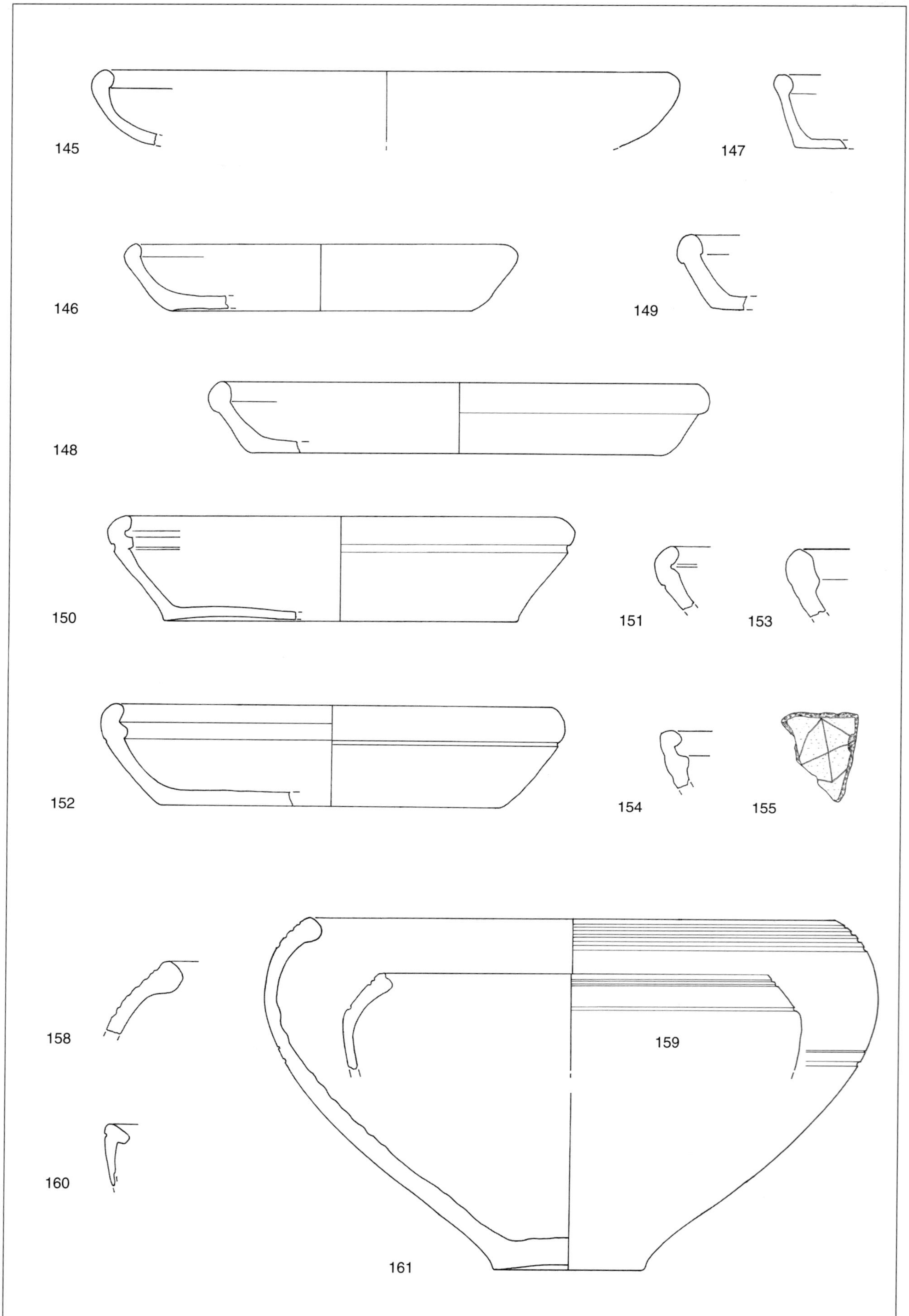

Abb. 12: Bad Rappenau. 145–161 Gebrauchskeramik (M. 1:3).

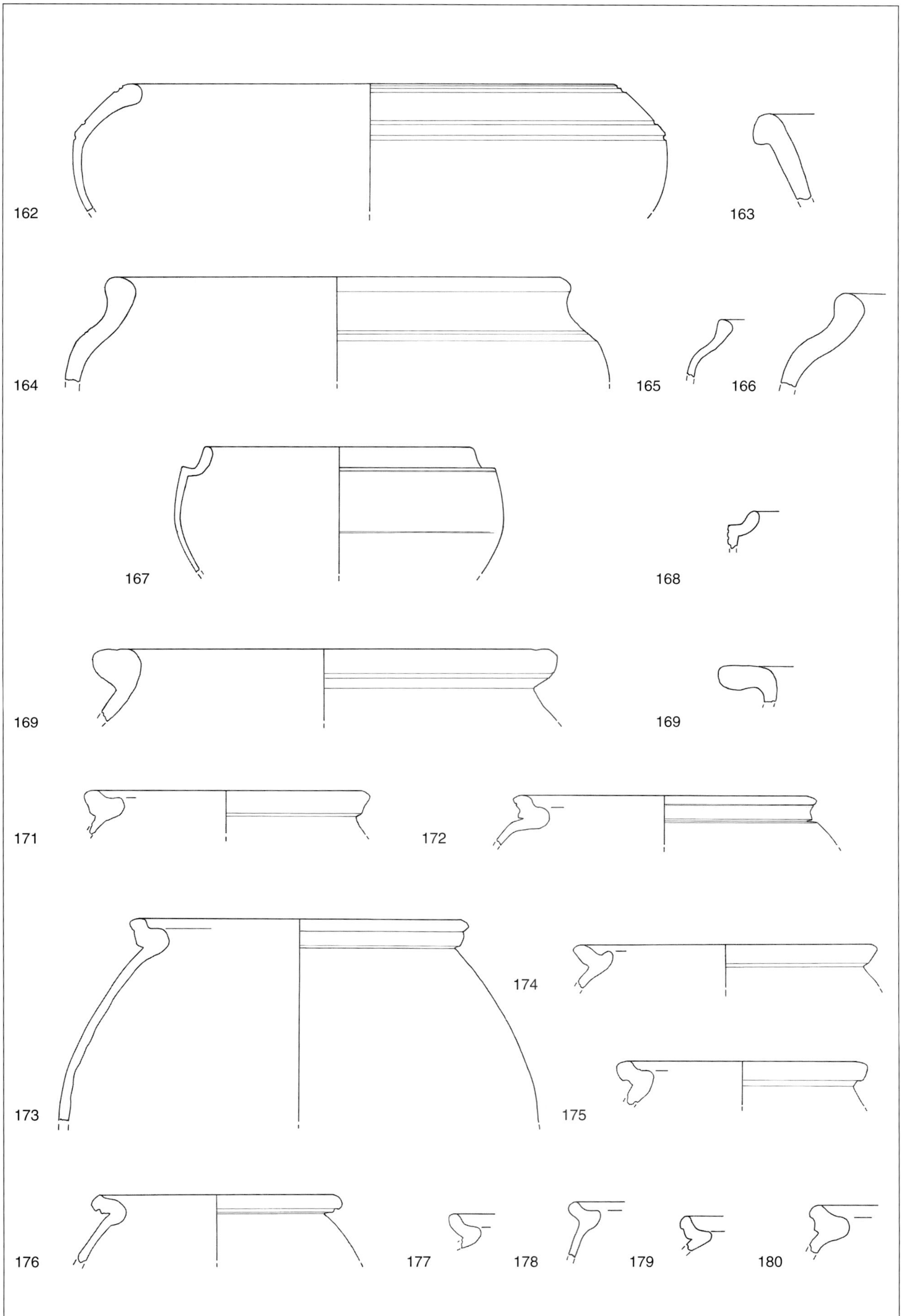

Abb. 13: Bad Rappenau. 162–180 Gebrauchskeramik (M. 1:3).

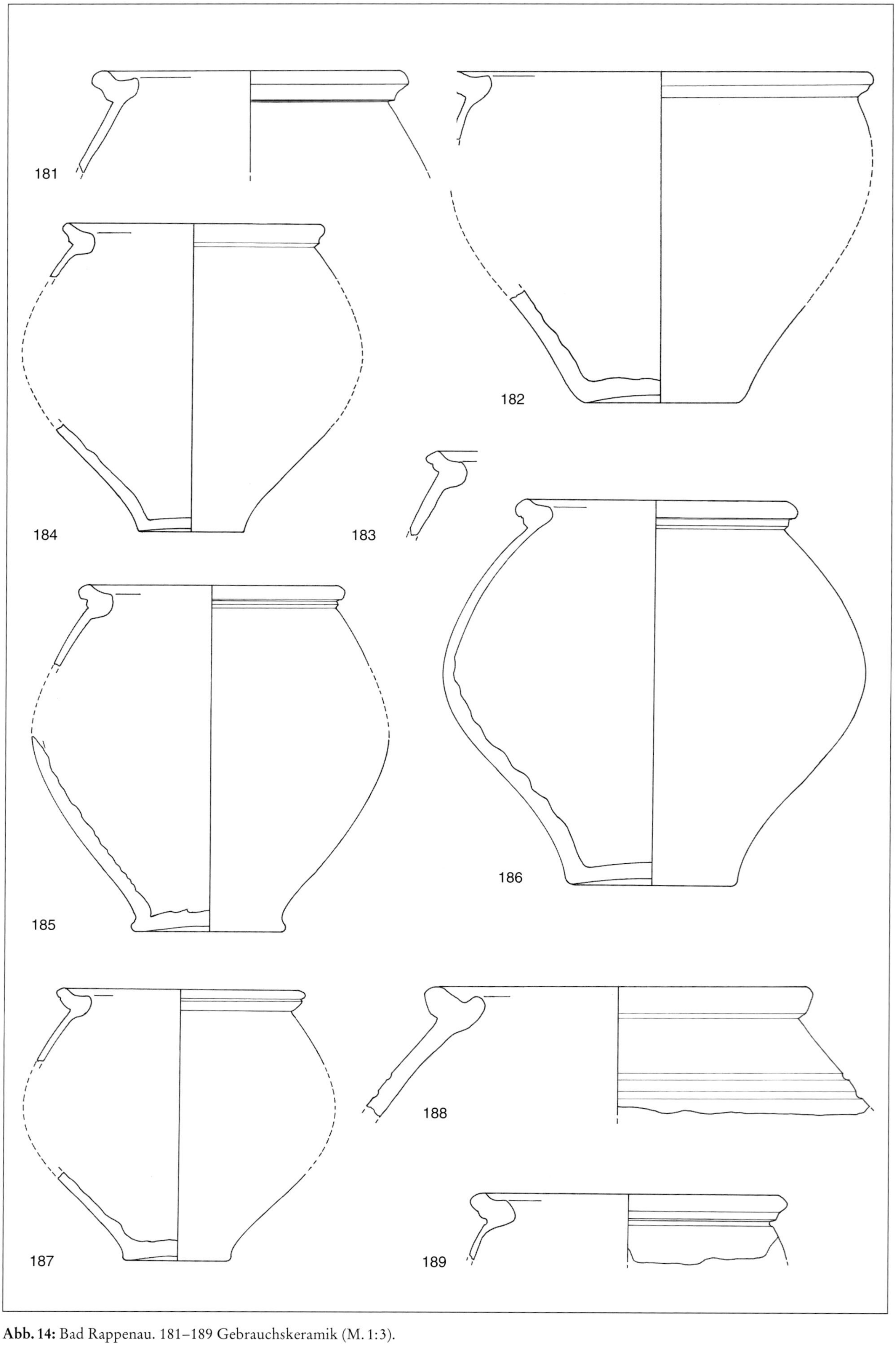

Abb. 14: Bad Rappenau. 181–189 Gebrauchskeramik (M. 1:3).

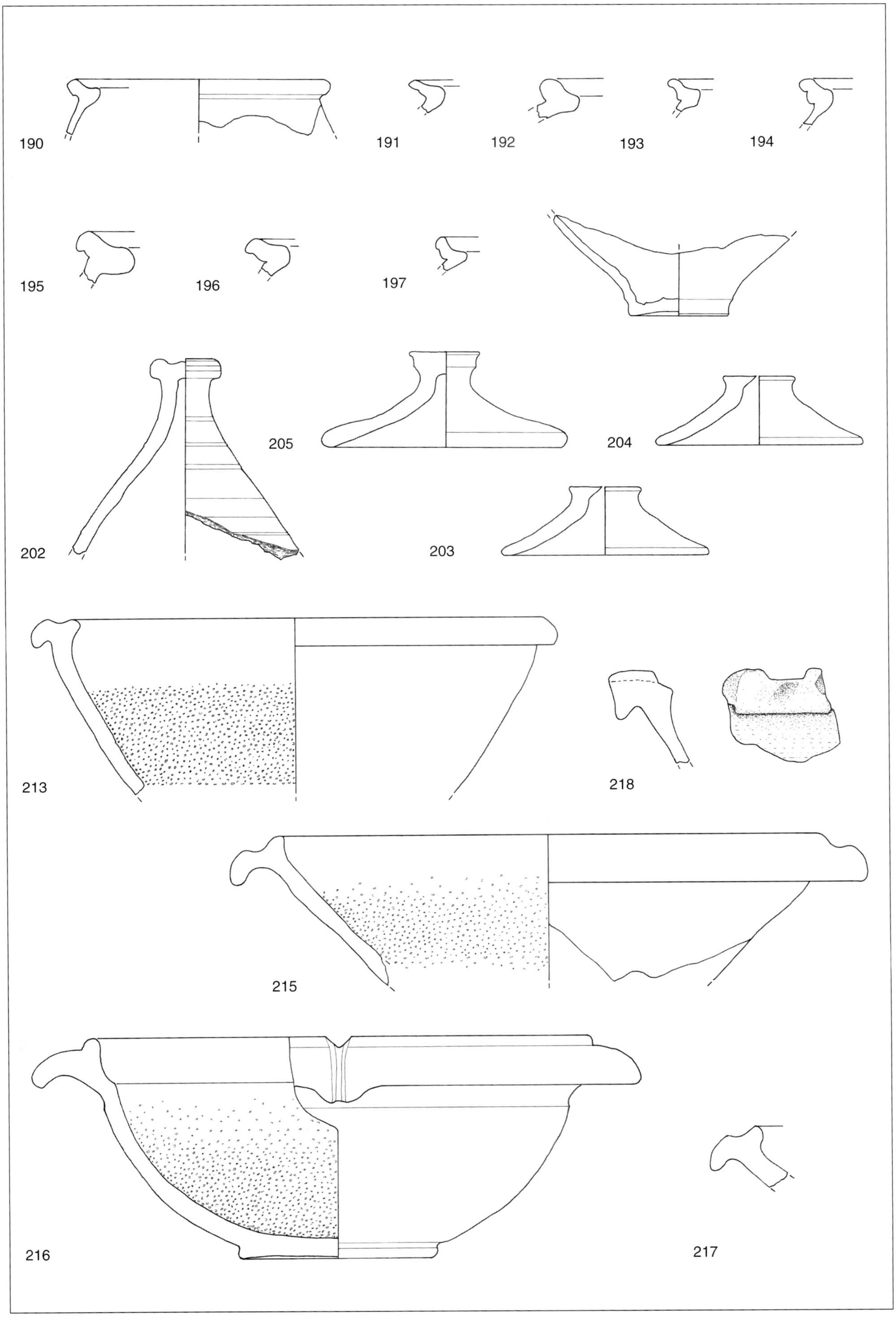

Abb. 15: Bad Rappenau. 190–218 Gebrauchskeramik (M. 1:3).

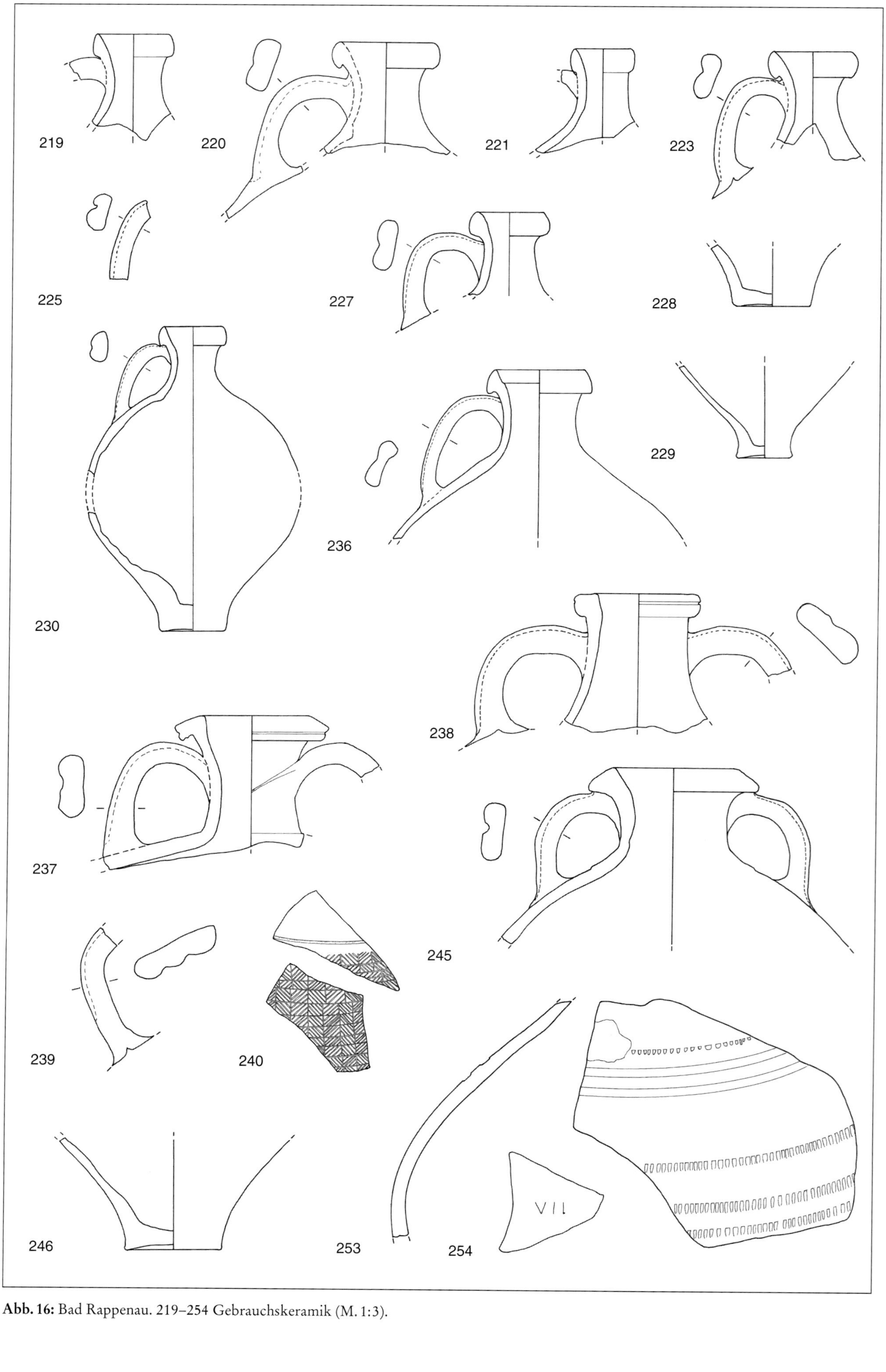

Abb. 16: Bad Rappenau. 219–254 Gebrauchskeramik (M. 1:3).

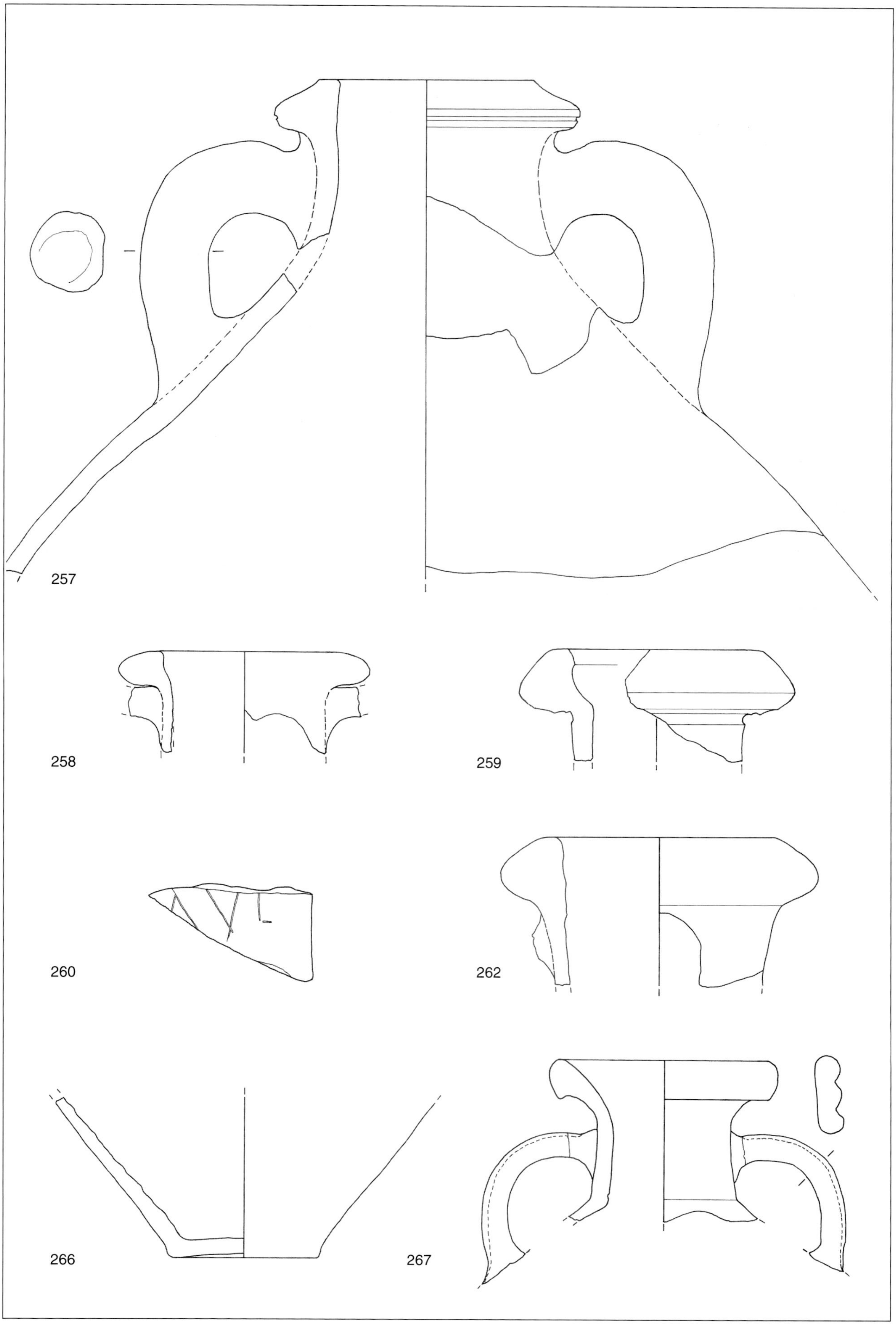

Abb. 17: Bad Rappenau. 257–267 Gebrauchskeramik (M. 1:3).

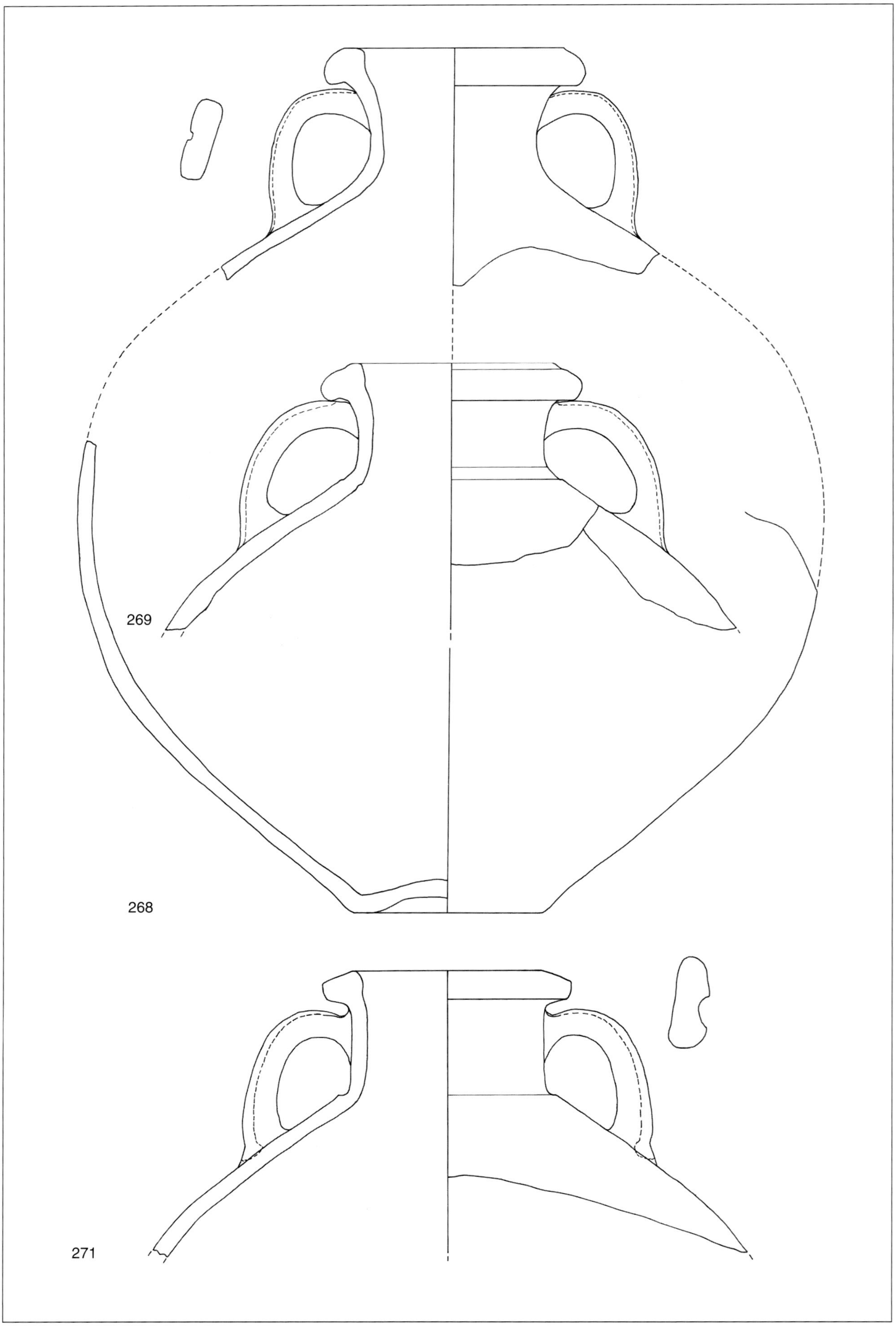

Abb. 18: Bad Rappenau. 268–271 Gebrauchskeramik (M. 1:3).

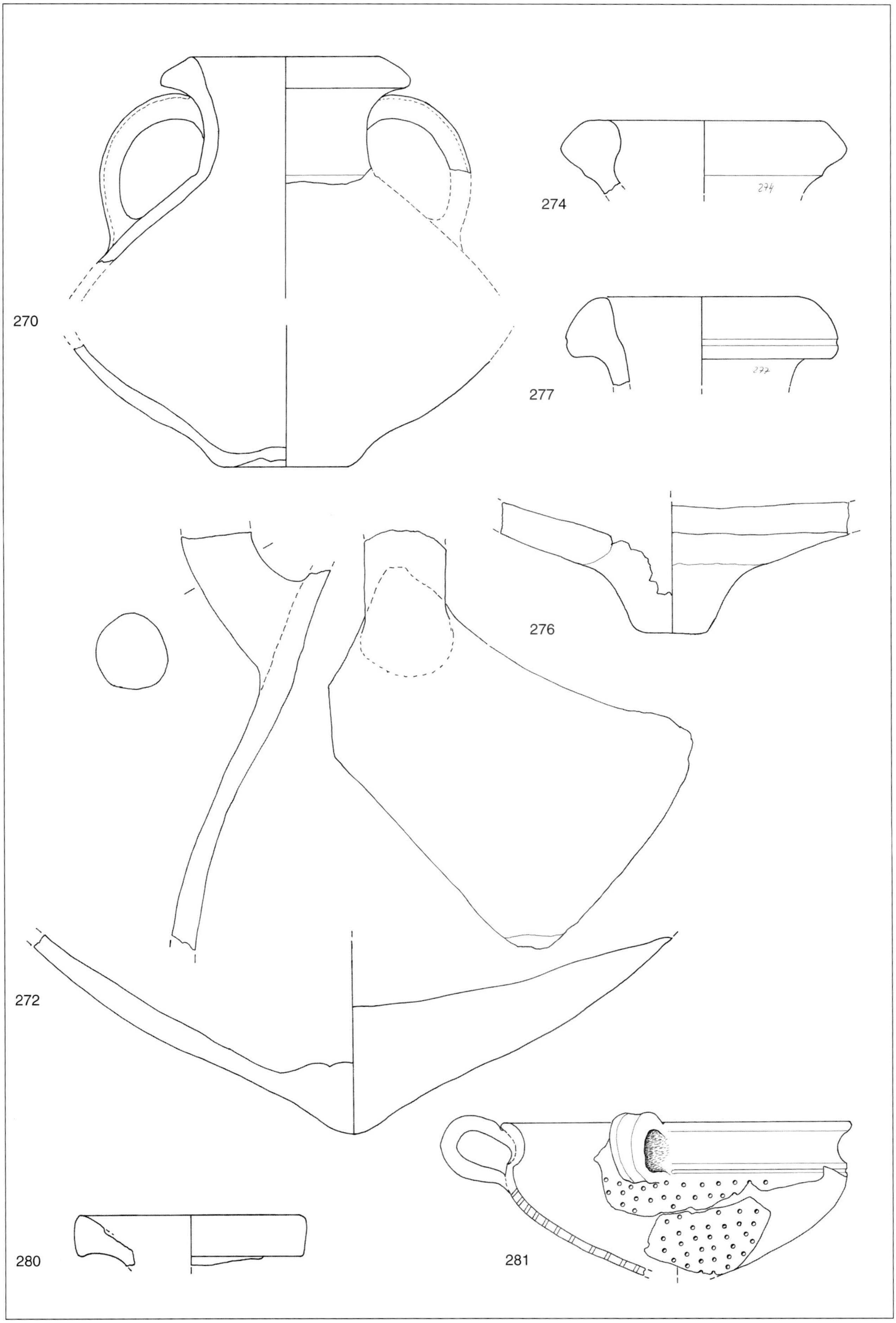

Abb. 19: Bad Rappenau. 270–281 Gebrauchskeramik (M. 1:3).

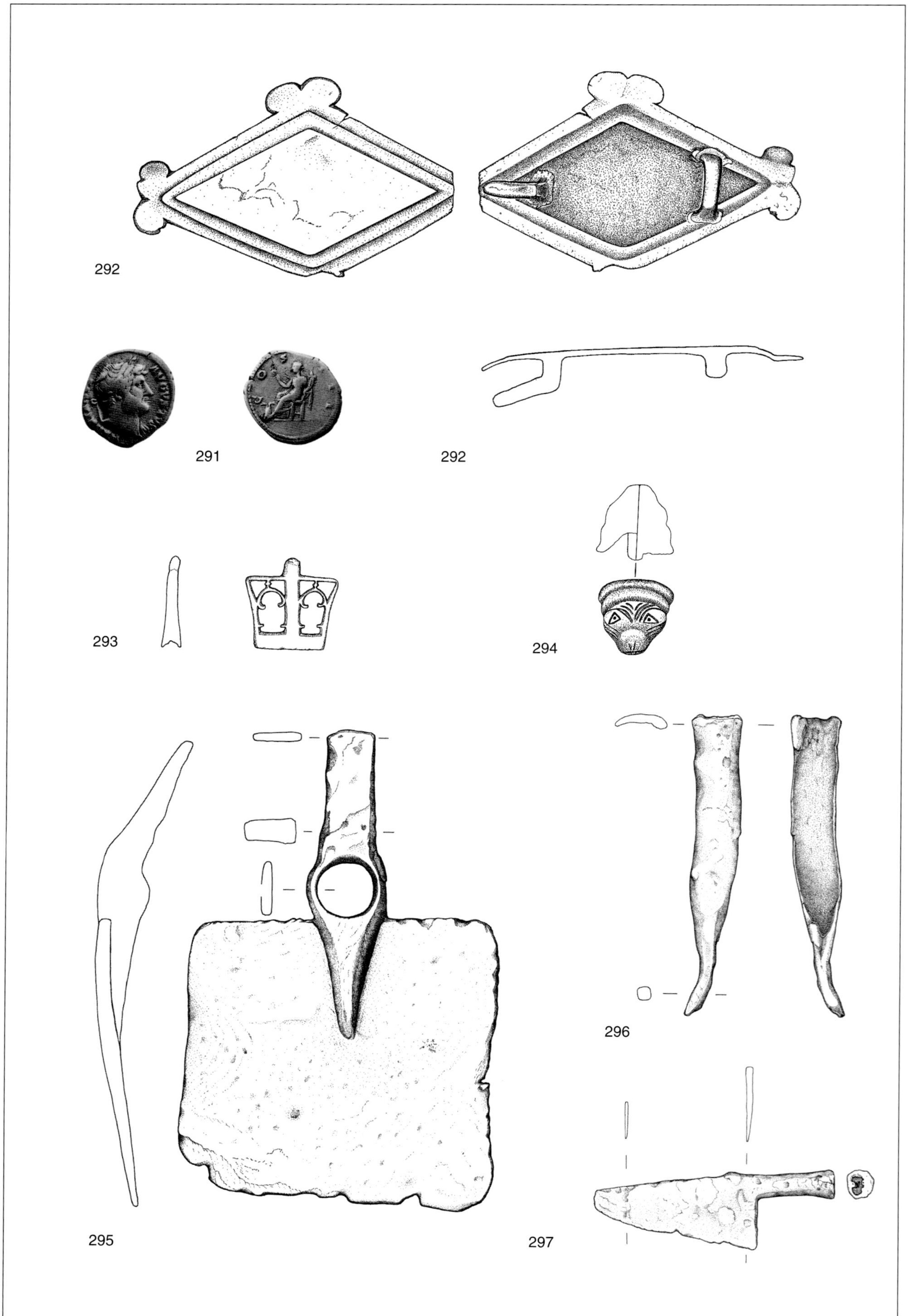

Abb. 20: Bad Rappenau. 291 Münze (M. 1:1); 292–294 Bronze (M. 1:2); 295–297 Eisen (M. 1:4).

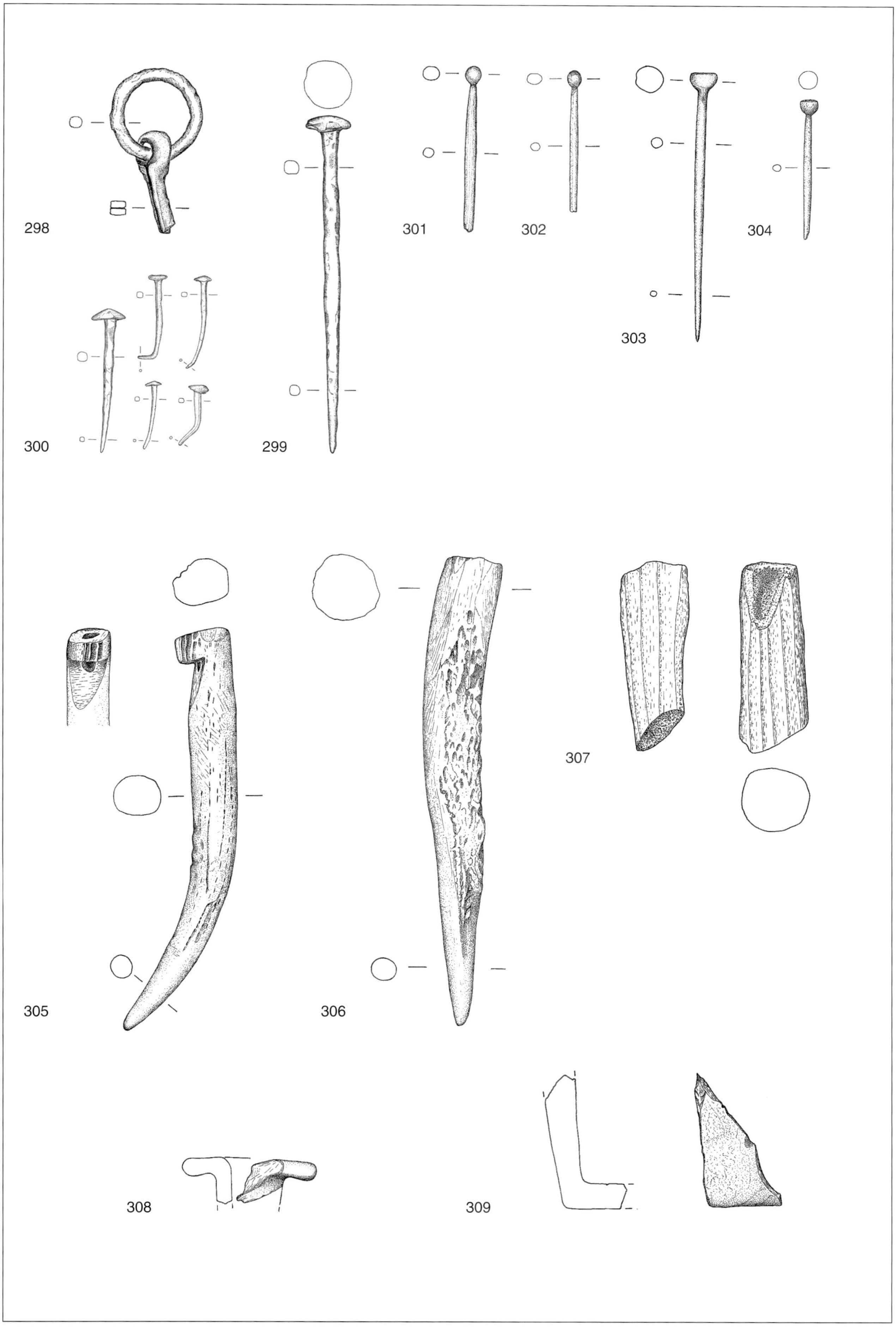

Abb. 21: Bad Rappenau. 298–300 Eisen (M. 1:4); 301–307 Bein, Geweihteile; 308, 309 Glas (M. 1:2).

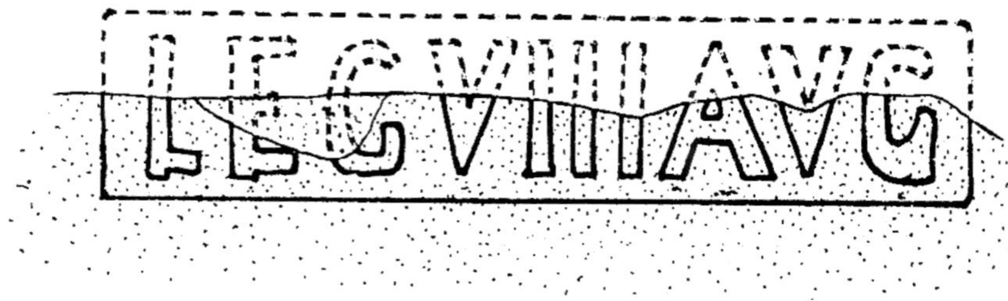

310

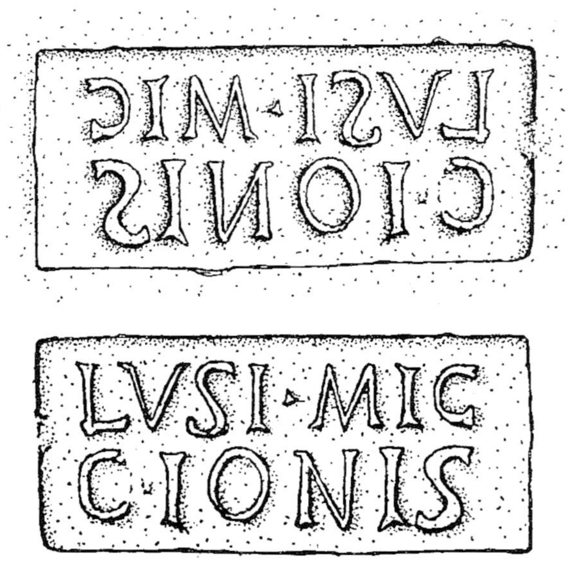

311

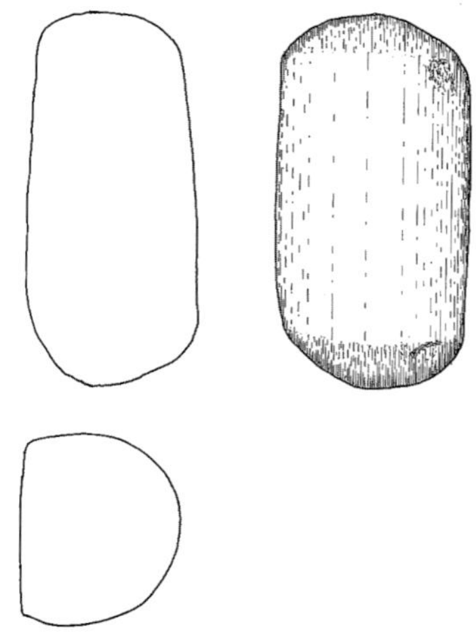

313

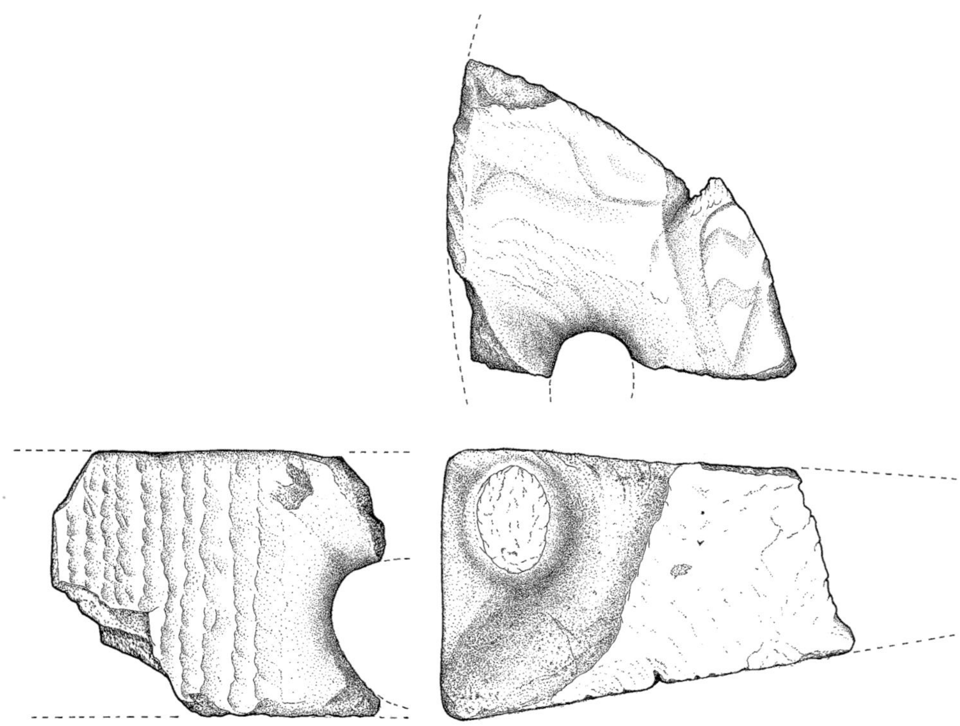

312

Abb. 22: Bad Rappenau. 310, 311 Ziegelstempel; 311: Abdruck (oben) und rekonstruierter Stempel (unten) (M. 1:1); 312, 313 Stein (M. 1:2).

Der Inhalt eines *horreums* von Bad Rappenau, Kreis Heilbronn

MANFRED RÖSCH

Einleitung

Mit dem Beginn produzierender Wirtschaft in den gemäßigten Zonen wurde Vorratshaltung zum Muss, denn die Getreideernte findet nur einmal im Jahr statt, der Verbrauch dagegen täglich. Im Neolithikum erfolgte diese Lagerhaltung meist dezentral, individuell und für kurze Zeit, nämlich bis zur nächsten Ernte, da Gefahren und Risiken von Ernteausfällen aufgrund der Anbauverfahren gering und in einer nur auf Subsistenzwirtschaft basierenden Ökonomie übergreifende logistische Maßnahmen nicht erforderlich waren.

Das änderte sich in den Metallzeiten. In einer arbeitsteiligen Gesellschaft entstanden zentrale Orte, und es erfolgte eine Differenzierung in Gebiete, in denen Agrarüberschüsse erzeugt wurden und in solche, in denen sie verbraucht wurden. Zugleich wuchsen aufgrund der agrarischen Produktionsstrukturen und der politischen Entwicklung die Risiken für Missernten.

Dies erforderte eine Vorratshaltung für längere Zeit als nur bis zur nächsten Ernte. Archäologische und historische Quellen aus den alten orientalischen Hochkulturen belegen dies. Die wachsende Bedeutung der Getreidespeicherung lässt sich auch an der Häufigkeit von Getreidevorratsfunden ablesen, die im Neolithikum deutlich geringer ist als in späteren Perioden.

Das Römische Kaiserreich war, zumindest in seinen Nordprovinzen, eine Militärmacht. Militärische Aspekte prägten das politische und gesellschaftliche Leben in hohem Maße. Die Stärke des römischen Militärs gegenüber den Barbaren beruhte auf technischer, logistischer und organisatorischer Überlegenheit. Die Sicherung der Nahrungsversorgung durch eine ausgeklügelte und genau geregelte Organisation von Produktion, Transport, Lagerung und Distribution spielte dabei eine zentrale Rolle (Junkelmann 1997). Damit setzten sie um, was Clausewitz (Hahlweg 1990) zu Beginn des 19. Jh. folgendermaßen formulierte: „Überhaupt ist die Verpflegung in Feldzügen, wo so wenig unternommen und eben deswegen, bei dem Wenigen, so Vieles berücksichtigt wird, eine ganz andere Potenz und der Einfluss, welchen sie haben kann, lässt sich allgemein gar nicht mehr absehen."

Entsprechend der wachsenden Bedeutung der Getreidespeicherung änderten sich auch die Speichermethoden und die Architektur der Speicher. In der römischen Kaiserzeit sind abgehobene Speicher *(horrea)* auf hölzernen Pfosten-Unterkonstruktionen üblich, die gute Durchlüftung, (bedingten) Schutz vor Parasiten und guten Zugriff bieten (Willerding 1999). Die Lagerung des Getreides erfolgte nicht lose, sondern in Säcken. Das Getreide wurde gedroschen und entspelzt eingelagert, teilweise offenbar auch im Fall von Spelzgetreiden. Solche Speicher sind in sehr unterschiedlicher Größe und mit unterschiedlichen architektonischen Details bekannt. Ihre Lage in oder bei Kastellen macht ihre Funktion als Teil der militärischen Logistik deutlich.

Die Funktion der *horrea* wurde aus der archäologisch erschlossenen Architektur abgeleitet. Das Speichergut selbst wurde bislang nur selten archäologisch erfasst (z.B. Van der Veen 1994; Wiethold 2000). Römische Getreidevorräte stammen meist aus anderem archäologischen Kontext, oder die Art der Speicherung ist unbekannt (z.B. Straker 1983).

Im Jahre 1994 wurde von einer archäologischen Arbeitsgruppe der Aktion „Senioren für Andere e.V.", Heilbronn, im Auftrag des damaligen Landesdenkmalamtes Baden-Württemberg und unter der Leitung von Erich Herberg (†) in Bad Rappenau, Kreis Heilbronn, im Gewann Maueräcker, ein als *horreum* interpretiertes römisches Gebäude ausgegraben (Herberg 1995; siehe den Beitrag von J.-Ch. Wulfmeier und H. H. Hartmann in diesem Band). Die Ausgrabung wurde durch die Ausweitung des Gewerbegebiets der Stadt Bad Rappenau nach Westen veranlasst. Das stattliche, 38 m × 16 m messende Gebäude lag, umgeben von mindestens acht bekannten *villae rusticae*, auf einem Lössrücken zwischen dem Strassbach und dem Mühlbach im fruchtbaren Hügelland des nordöstlichen Kraichgaus, gut 4 km westlich des Neckartals. Die Ausgräber zogen für das *horreum* eine zentrale Speicherfunktion für die Erträge mehrerer Landgüter in Erwägung. Vermutlich war es aber Teil eines dieser Gutshöfe, die in erster Linie der Versorgung des Kastells und des *vicus* von Bad Wimpfen dienten. Das Gebäude fiel, wie auch ein hölzerner Vorgängerbau, im 3. Jh. einem

Tabelle 1: Verkohlte Pflanzenreste aus dem *horreum* von Bad Rappenau.

Probe		1	3	2a	2b	4	5		
Befund		5	5	11	11	11	11		Summe
Fläche		21/22	21/22	54	54	54	54		
Volumen (l)		2	1,7	1,6	2	0,22	1,4		8,92
Getreide									
Secale cereale	Karyopse	4	4	562	1047	81	5322	Roggen	7020
Secale cereale	Spindelglied	1	–	–	–	–	–	Roggen	1
Hordeum vulgare Spelzgerste	Karyopse	2	1	376	942	54	5334	Spelzgerste, mehrzeilig	6709
Triticum spelta	Karyopse	243	91	–	4	37	2	Dinkel	377
Triticum spelta	Hüllspelzen-basis	136	4	–	–	–	–	Dinkel	140
Triticum aestivum/ durum/turgidum	Karyopse	–	5	–	–	–	–	Nacktweizen	5
Triticum monococcum	Karyopse	2	3	–	–	–	–	Einkorn	5
Triticum monococcum	Hüllspelzen-basis	2	–	–	–	–	–	Einkorn	2
Avena	Karyopse	–	–	–	–	–	3	Hafer	3
Avena	Ährchen	–	1	–	–	–	–	Hafer	1
Triticum dicoccon	Karyopse	–	1	–	–	–	–	Emmer	1
Triticum Spelzweizen	Hüllspelzen-basis	5	–	–	–	–	–	Spelzweizen	5
Cerealia	Karyopse	23	9	7	–	2	–	Getreide	41
Cerealia	Halmknoten	1	–	–	–	–	–	Getreide	1
Andere Nahrungspflanzen									
Camelina pilosa/sativa	Same	1	–	–	–	–	–	Leindotter	1
Rubus idaeus	Steinkern	2	–	–	–	–	–	Himbeere	2
Rubus fruticosus	Steinkern	1	–	–	–	–	–	Brombeere	1
Ackerunkräuter, bodenvag									
Vicia hirsuta	Same	2	–	40	75	–	45	Rauhhaarige Wicke	162
Chenopodium album	Same	3	3	–	–	–	–	Weißer Gänsefuß	6
Stellaria media	Same	–	1	–	–	–	–	Vogelmiere	1
Solanum nigrum	Same	–	1	–	–	–	–	Schwarzer Nachtschatten	1
Ackerunkräuter, säurehold									
Vicia tetrasperma	Same	3	2	200	320	1	180	Viersamige Wicke	706
Galium spurium	Teilfrucht	1	–	71	47	–	21	Saat-Labkraut	140
Bromus secalinus	Karyopse	–	–	–	–	–	1	Roggen-Trespe	1
Centaurea cyanus	Achäne	1	–	–	–	–	–	Kornblume	1
Scleranthus annuus	Kelch	–	1	–	–	–	–	Einjähriges Knäuelkraut	1
Chenopodium polyspermum	Same	–	2	–	–	–	–	Vielsamiger Gänsefuß	2
Ackerunkräuter, basenhold									
Chenopodium hybridum	Same	1	–	–	–	–	–	Unechter Gänsefuß	1
Begleiter, Sonstige									
Cirsium arvense	Achäne	1	–	–	–	–	–	Acker-Kratzdistel	1
Lolium perenne	Karyopse	4	–	2	1	–	–	Deutsches Weidelgras	7
Chenopodium	Same	–	2	–	–	–	–	Gänsefuß	2
Summe		439	131	1258	2436	175	10908		15347
Typenzahl		21	16	7	7	5	8		
Konzentration (Stück/l)		220	77	786	1218	795	7791		1721

Brandereignis zum Opfer. Ein Zusammenhang mit der alamannischen Okkupation im Jahre 260 ist naheliegend, aber schlussendlich nicht beweisbar.

Material und Methoden

Getreidekonzentrationen fielen in einem Keller nahe der Westecke, innerhalb des Baus (Bef. 5, Fläche 21/22) und in einem etwa 1 m × 0,2 m messenden rechteckigen Bereich an der Innenseite der nördlichen Gebäude-Längsmauer (Bef. 11, Fläche 54) auf. Dort wurden fünf Bodenproben entnommen. Sie wurden 2003 dem Labor für Archäobotanik übergeben und 2004 bearbeitet.[1] Die Probengröße lag in der Regel zwischen 1,4 l und 2 l. Lediglich Probe 4 war mit 220 ml deutlich kleiner (Tab. 1).

Über die genaue Zeitstellung der beiden Befunde 5 und 11 ist wenig bekannt. Das Ende des zweiten Speichers wird um 260 angesetzt, seine Errichtung nach dem Abgang des Vorgängerbaus möglicherweise um 200. Befund 11 datiert vielleicht um 260, doch kann ein höheres Alter nicht ausgeschlossen werden. Befund 5 kann gleich alt, durchaus aber auch älter sein.

Die Proben wurden nach Ermittlung des Gewichts in Wasser eingeweicht und nach Ermittlung ihres Verdrängungsvolumens nass gesiebt. Dazu wurde ein vierteiliger Siebsatz mit 4, 2, 1 und 0,5 mm Maschenweite verwendet. Nach dem Trocknen und Wiegen der Siebfraktionen wurden daraus unter der Binokularlupe die Pflanzenreste ausgelesen. Die Bestimmung erfolgte mit Hilfe der Vergleichsammlungen des Labors. Die numerischen Werte in Tabelle 1 wurden mit Ausnahme der Werte von Roggen- und Gerstenkörnern in Probe 5 durch Auszählen ermittelt. In Probe 5 wurde zwar auch alles gesichtet und sortiert, bei den genannten beiden Typen jedoch nur eine Stichprobe von 10 % ausgezählt und über das mit der Analysenwaage ermittelte Gewicht auf die Gesamtprobe hochgerechnet. Mit der technischen Aufarbeitung war eine Materialklassenschätzung verbunden.

Ergebnisse und Diskussion

Das untersuchte Bodenmaterial bestand im Schnitt zu mehr als 50 % aus Partikeln feiner als 0,5 mm, die beim Schlämmen verloren gingen (Abb. 1). Lediglich in Probe 2a war der Anteil grober Partikel etwas höher. In allen Proben überwog mineralisches Material, also Kies, Sand, Schluff und Ton (Abb. 2). Organische Materialkomponenten hatten in den Proben 1 und 3 weniger als 5 % Anteil, in Probe 5 gut 10 %, in Probe 2 knapp unter und in Probe 4 etwas über 20 %.

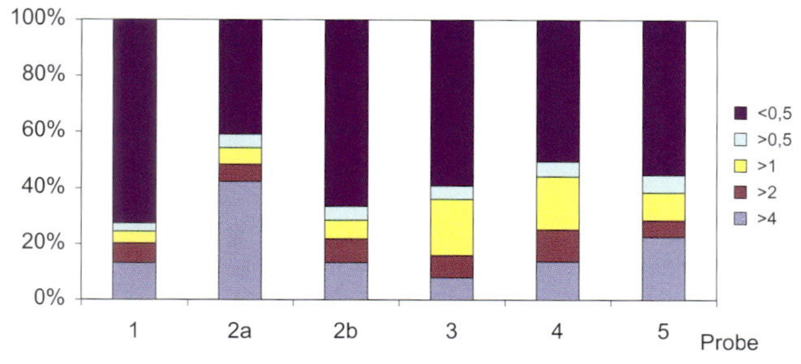

Abb. 1: Bad Rappenau. Prozentuale Korngrößenverteilung der botanischen Proben aufgrund der Nass-Siebung. Die Maßeinheit der Größenklassen ist Millimeter.

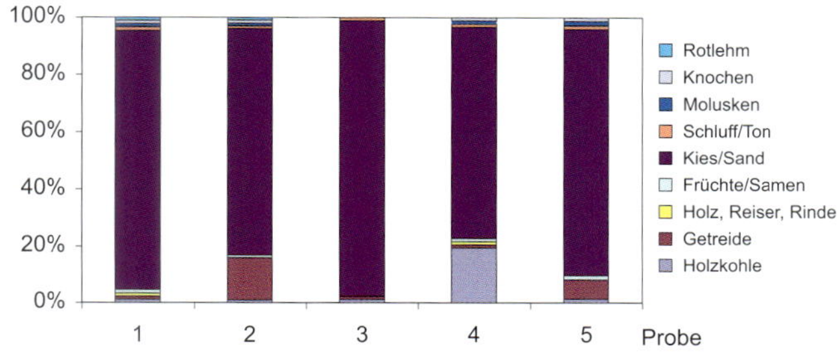

Abb. 2: Bad Rappenau. Prozentuale Anteile von Materialklassen am Gesamtvolumen der botanischen Proben; Schätzwerte.

In Probe 4 bestand die organische Komponente hauptsächlich aus Holzkohle, in den Proben 2 und 5 aus verkohlten Getreidekörnern.

Das pflanzliche Material ist durchweg verkohlt. Die Konzentration an Früchten und Samen bewegt sich zwischen 77 Stück pro Liter in Probe 3 und 7791 Stück pro Liter in Probe 5 (Tab. 1; Abb. 3). Im Mittel beträgt sie 1720 Stück je Liter. Damit handelt es sich in archäobotanischer Sicht eindeutig um Vorratsfunde. Offene Fundkomplexe, also „normale" Siedlungsbefunde ohne Füllungen mit einer Spezialfunktion, beispielsweise Gruben, die über längere Zeit kolluvial mit Kulturschichtmaterial verfüllt wurden, enthalten in der Regel zwischen weniger als einem und zwanzig verkohlte Pflanzenreste je Liter, was auch als „settlement noise" bezeichnet wird. Bei Konzentrationen über 100 Reste je Liter geht man

1 Für die technische Aufarbeitung des Materials danke ich Eva Klimek, für die Vermessung von Getreidekörnern Juliane Bialek und für die fotografische Funddokumentation Tanja Märkle. Informationen zum archäologischen Hintergrund verdanke ich Herrn Dr. Jörg Biel, Herrn Dr. H. H. Hartmann und Frau Dr. Andrea Neth. Darüber hinaus und unabhängig von unserer Untersuchung wurde eine Probe von H.-P. Stika untersucht und dabei 87 Getreidekörner bestimmt. Es handelte sich vorwiegend um Dinkel sowie etwas Spelzgerste, Roggen, Emmer und möglicherweise Einkorn (Stika, unpubl. Bericht, vgl. auch Reichle 2002).

Tabelle 2: Messwerte (mm) und Indices der häufigen Getreide.

	Länge	Breite	Höhe	L/B	L/H	B/H
Roggen Probe 5						
Mittelwert	5,4	2,0	1,9	2,7	2,8	1,0
Standardabweichung	0,6	0,3	0,2	0,3	0,3	0,1
Roggen Probe 2						
Mittelwert	5,4	2,1	2,0	2,6	2,8	1,1
Standardabweichung	0,5	0,3	0,3	0,3	0,3	0,1
Gerste Probe 5						
Mittelwert	5,7	3,0	2,5	1,9	2,3	1,2
Standardabweichung	0,6	0,3	0,3	0,2	0,3	0,1
Gerste Probe 2						
Mittelwert	5,6	2,8	2,2	2,0	2,6	1,3
Standardabweichung	1,0	0,5	0,4	0,3	0,5	0,2
Dinkel Probe 1						
Mittelwert	5,6	3,1	2,6	1,8	2,2	1,2
Standardabweichung	1,0	0,5	0,5	0,3	0,4	0,2

von mehr oder weniger stark verdünnten Nahrungspflanzenvorräten aus, wobei natürlich die Art und Zusammensetzung der Reste ebenfalls zu bedenken ist. Ein völlig reiner Getreidevorrat hätte eine Konzentration von etwa 30000 Körnern je Liter, wenn man das Volumen eines Getreidekorns mit 30 mm^3 veranschlagt. Die hier ermittelten Konzentrationen betragen nur maximal 25 %, zum Teil weniger als 2 % der Konzentration eines reinen Vorrats. Demnach handelt es sich bei allen Proben um Vorräte, die stark mit anderem Material, vor allem Brand- und Bauschutt vermengt sind.

Nicht nur in der Konzentration an Pflanzenresten, auch in ihrer Zusammensetzung unterscheiden sich die Proben (Tab. 1; Abb. 4–7). Die Proben 1 und 3 stammen aus Befund 5. Probe 1 besteht hauptsächlich aus Dinkel *(Triticum spelta)*. Körner sind dabei knapp doppelt so häufig wie Hüllspelzenbasen. Das spricht für eine Lagerung als Vesen, also bespelzte Ährchen, wie es bei den Spelzweizen üblich war (Jänichen 1970). Mit zwanzig Resttypen ist diese Probe die artenreichste. Neben Dinkel und nicht näher bestimmbaren Getreideresten finden sich Spuren von Roggen *(Secale cereale)*, Mehrzeiliger Spelzgerste *(Hordeum vulgare)* und Einkorn *(Triticum monococcum)*. Von der Gerste sind es nur Körner, bei den beiden anderen auch ein Ährenspindel-Glied bzw. Hüllspelzen-Basen. Dies sind normale Beimengungen eines frühgeschichtlichen Wintergetreidevorrats, zurückzuführen auf nicht völlig artenreines Saatgut, im Falle von Einkorn möglicherweise auch auf Nachsaat (Jänichen 1970). Ebenfalls in Spuren vorhanden sind mit Leindotter *(Camelina pilosa/sativa)* und Himbeere *(Rubus idaeus)* zwei weitere Nahrungspflanzen. Hier ist eine Deutung als Verunreinigung während oder nach dem Brand am nächstliegenden. Ackerunkräuter haben weniger als 5 % Anteil. Der Vorrat dürfte demnach vor der Einlagerung gereinigt, also gesiebt und geworfelt worden sein. Bei den Unkräutern handelt es sich um charakteristische Arten und Begleiter von Halmfrucht-Unkrautgesellschaften auf mäßig versauerten (Löss-) Lehmböden, was für lokale Getreideproduktion spricht. Für Versauerung sprechen Viersamige Wicke *(Vicia tetrasperma)*, Saat-Labkraut *(Galium spurium)* und Kornblume *(Centaurea cyanus)*. Es sind aber durchweg keine Zeiger

Abb. 3: Bad Rappenau. Anzahl und Konzentration (Stück/Liter) an Pflanzenresten sowie Typenzahl in den botanischen Proben, logarithmische Mengenskala.

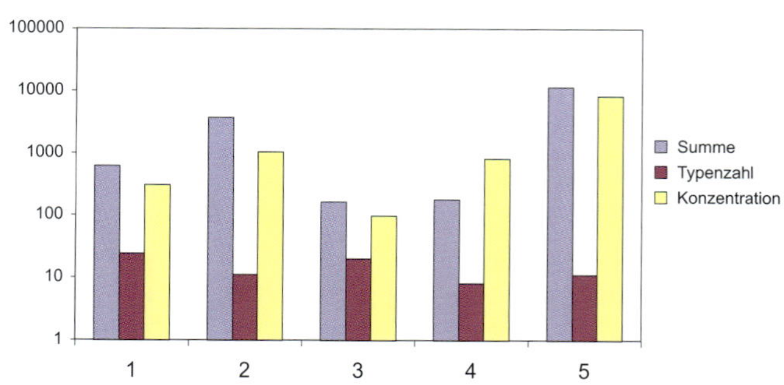

für extreme Versauerung, weshalb der Standort nicht so ungünstig gewesen sein dürfte. Für kurze Brachephasen mit Beweidung spricht das Deutsche Weidelgras *(Lolium perenne)*.
Probe 3 stellt eine „verdünnte" und etwas ärmere Ausführung von Probe 1 dar, besteht also hauptsächlich aus Dinkel. Dessen Druschreste sind hier jedoch selten, weshalb es eher ein „Kleinvorrat" entspelzter Körner ist. Beigemengt ist die ganze Palette anderer Getreide, nämlich Roggen, Spelzgerste, Freidreschender Weizen *(Triticum aestivum/durum/turgidum)*, Einkorn *(Triticum monococcum)*, Hafer *(Avena)* und Emmer *(Triticum dicoccon)*. Der Unkrautanteil liegt unter 10 %. Es ist eine Mischung von Hackfrucht- und Sommergetreideunkräutern gut nährstoffversorgter Böden mit Halmfruchtunkräutern, die wiederum auf entkalkte Lehmböden hinweisen. Hier wäre das Einjährige Knäuelkraut *(Scleranthus annuus)* hervorzuheben. Zwar passt dieses Übergewicht von Hackfrucht- und Sommergetreideunkräutern nicht so recht zur – fast obligaten – Winterfrucht Dinkel, doch sind aufgrund der geringen Stückzahlen hieraus keine weiteren Schlüsse zu ziehen.
Die Proben 2, 4 und 5 stammen aus Befund 11. Probe 2 wurde in zwei Teilproben unterteilt, die sich aber kaum unterscheiden. Es handelt sich um eine Mischung von Roggen- und Spelzgersten-Körnern, wobei Roggen etwas wenig häufiger ist. Daneben fanden sich nur noch wenige Dinkel- und unbestimmbare Getreidekörner. Unkräuter machen 25 % bzw. knapp 20 % des Fundgutes aus. Das spricht für keine oder sehr mangelhafte Getreidereinigung. Es handelt sich nur um wenige Arten. Neben einigen Karyopsen des Weidelgrases *(Lolium perenne)* sind es zahlreiche Samen der Viersamigen *(Vicia tetrasperma)* und der Rauhaarigen Wicke *(Vicia hirsuta)* sowie Teilfrüchte des Saat-Labkrauts *(Galium spurium)*. Pflanzensoziologisch wie standortkundlich drücken sie dasselbe aus wie die Unkräuter in Probe 1, nämlich eine von den Artenzahlen sehr verarmte, nur aus „Rumpfarten" bestehende Ausführung der Kamillengesellschaft des Wintergetreides auf kalkfreien Lehm- und Tonböden (*Alchemillo arvensis-Matricarietum chamomillae* Tx. 37 em. Oberd. 58, Oberdorfer 1983, Wilmanns 1984).
Roggen ist gewöhnlich eine Winterfrucht. Gerste wird sowohl als Winter- wie auch als Sommerfrucht angebaut. Ein Mischanbau wäre zwar möglich, hat aber kaum historische Parallelen und ist weniger wahrscheinlich als eine nachträgliche Vermengung des Inhalts zweier Säcke. Der Unkrautanteil wurde möglicherweise toleriert, da es sich hier durchweg um essbare und nahrhafte Sämereien mit hohem Eiweißgehalt handelt (Hegi 1975).

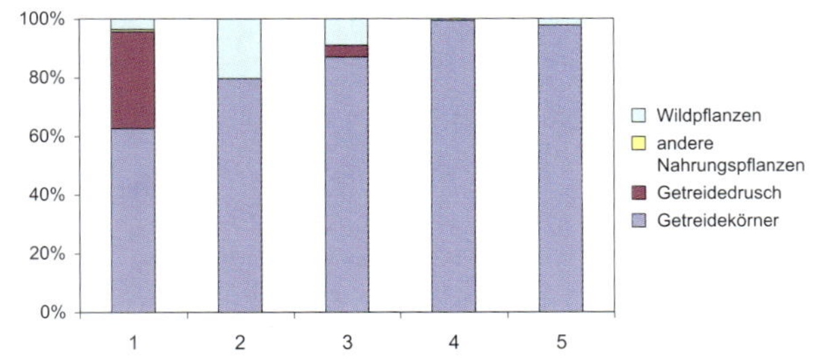

Abb. 4: Bad Rappenau. Prozentuale Anteile von Getreidekörnern, Getreidedrusch, anderen Nahrungspflanzen und Unkräutern am pflanzlichen Fundgut der botanischen Proben.

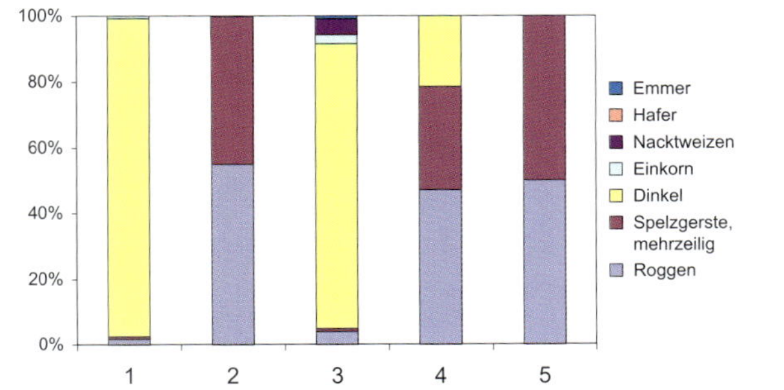

Abb. 5: Bad Rappenau. Prozentuale Anteile der Arten an der Gesamtmenge der Getreidekörner.

Probe 4 war sehr klein und ergab daher trotz einer recht hohen Konzentration nur 175 Pflanzenreste, was die Aussagekraft einschränkt. Es handelt sich um eine fast reine Körnermischung aus Roggen (dominierend), Spelzgerste und Dinkel. Die Verunkrautung beschränkt sich auf einen Samen der Viersamigen Wicke. Hier liegt demnach ein gut gereinigter Mischvorrat vor. Ob die Mischung auf gemischten Anbau, gemischte Lagerung oder Durchmischung während oder nach dem Brand zurückgeht, muss offenbleiben.
Probe 5 ist der reinste Vorrat, sowohl, was die Vermengung mit Fremdmaterial, als auch, was den Anteil von pflanzlichen Beimengungen angeht. Es handelt sich um eine Körnermischung von Roggen und Spelzgerste zu gleichen Teilen. Nur in Spuren treten Dinkel und Hafer auf. Die Verunkrautung macht weniger als 3 % aus und besteht vor allem aus Wickensamen (*Vicia tetrasperma* und *hirsuta*) und Früchten des Saat-Labkrauts *(Galium spurium)*, dazu eine Karyopse der Roggentrespe *(Bromus secalinus)*. Probe 5 ist demnach ein Duplikat von Probe 2, aber in reinerer und stärker konzentrierter Ausführung.
Zusammenfassend fanden sich also im Bereich des *horreums* ein großer Roggen-Spelzgersten-Körner-Mischvorrat, ein kleiner Dinkel-Vesen-Vorrat, ein noch kleinerer Dinkel-Körnervorrat und ein ebenfalls kleiner Mischvorrat aus Körnern von Roggen, Spelzgerste und Dinkel vor, die vermutlich alle lokal

erzeugt und unterschiedlich gründlich gereinigt worden waren (Abb. 3). Gemessen an den gewaltigen Dimensionen des Speichers und seiner ungeheuren Speicherkapazität sind die gefunden Getreidemengen minimal. Auch dieser Speicher war demnach zum Zeitpunkt seiner Zerstörung fast leer.
Die Messwerte und Indices der Roggen- und Gerstenkörner der Proben 2 und 5 sind in Tabelle 2 zusammengestellt. Es wurden jeweils fünfzig Körner gemessen. Wie zu sehen ist, unterscheiden sich die beiden Roggen- und die beiden Gerstenproben jeweils nur geringfügig. Demzufolge könnte es sich um jeweils eine Landrasse, sehr ähnliche Standortbedingungen und dasselbe Erntejahr handeln.
Wie sind diese Ergebnisse in die Vorstellungen über die römische Landwirtschaft in Südwestdeutschland einzuordnen? Die römische Landwirtschaft in den germanischen Provinzen wurde in jüngerer Zeit wiederholt umfassend abgehandelt, sowohl allgemeinverständlich aus militärhistorisch-archäologischer Sicht (Junkelmann 1997) als auch archäobotanisch-materialbezogen (Stika 1996) – wobei der Schwerpunkt hier auf feucht erhaltenem Material aus Brunnen und Latrinen lag – und über Volksgruppen und Perioden vergleichend (Kreuz 2004). Der römische Ackerbau wurde neuerdings auch anhand umfangreicher Vorräte aus einem römischen Gutshof in der Schweiz ausführlich diskutiert (Jacomet/Bavaud-Petrucci 2006).
Dem sollen hier nur wenige ergänzende Bemerkungen angefügt werden. Dazu wurde eine Übersicht der römischen Getreide-Vorratsfunde in Baden-Württemberg, Bayern, Hessen und der Schweiz zusammengestellt (Tab. 3). Bereits 1992 war in einer Übersicht für Südwestdeutschland und die Schweiz die besondere Bedeutung des Dinkels während der Römischen Kaiserzeit hervorgehoben worden (Rösch u. a. 1992). Diese Periode hebt sich damit deutlich von der vorrömischen Eisenzeit mit einem Übergewicht der Spelzgerste (Kreuz 2004, Rösch u. a. 2008), der Völkerwanderungszeit und dem Frühmittelalter mit hoher Getreidediversität ohne klare Dominanzen und dem Hochmittelalter mit Roggendominanz ab. Die herausgehobene Bedeutung des Dinkels in den Germanischen und Raetischen Provinzen kommt auch bei den Vorräten zum Ausdruck: 25 der 47 Getreidevorratsfunde in Tabelle 3 sind Dinkelvorräte. Dem stehen sieben Gerstenvorräte, sechs Nacktweizen-, je zwei Roggen- und Rispenhirsenvorräte sowie je ein Emmer-, ein Einkorn-, ein Kolbenhirse- und je ein Mischvorrat aus Roggen bzw. Gerste gegenüber. Die Bedeutung der Arten im Anbau wird damit einigermaßen deutlich. Das ergibt sich zwar auch aus der Gesamtschau über alle ar-

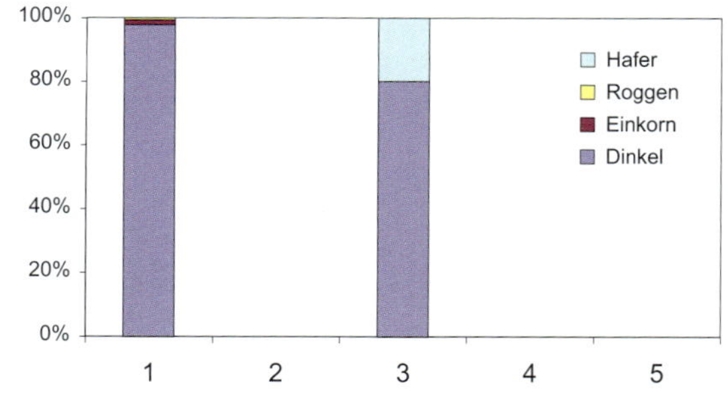

Abb. 6: Bad Rappenau. Prozentuale Anteile der Arten am Getreidedrusch.

chäologischen Getreidefunde, ist aber keineswegs selbstverständlich. Transport, Handel, Speicherung und Distribution von Getreide könnten nämlich durchaus an bestimmte Getreidearten gebunden sein, wogegen andere möglicherweise auf dem Land, wo sie angebaut werden, auch gleich verbraucht wurden, und dadurch in Zentren wie Städten oder Militärlagern kaum fassbar wären (Rösch u. a. 2008).
Die Verhältnisse im Rheinland weichen gemäß den Untersuchungen von Knörzer (1970, 1987), Hopf (1963) sowie Frahm u. a. (1987) hiervon etwas ab: Spelzgerste ist mit zwanzig Vorratsfunden am häufigsten, vor Nacktweizen mit neun. Von Emmer wurden drei Vorräte bekannt, von Nacktgerste zwei. Hinzu kommen jeweils ein Vorrat von Rispen- und Kolbenhirse sowie Reis und je ein Mischvorrat von Nacktweizen mit Emmer bzw. Dinkel.
In Süddeutschland jedoch war während der Römischen Kaiserzeit der Dinkel das meistgelagerte, meistverhandelte und wohl auch meistgebaute Getreide. Das ist nicht mit römischen Traditionen im Mutterland zu erklären, denn dort spielte Dinkel, hauptsächlich aus klimatischen Gründen, keine Rolle (Hopf 1991). In der späten Hallstatt- und frühen Latènezeit war Dinkel nach Spelzgerste bei den Kelten das zweithäufigste Getreide (Rösch u. a. 2008). Ob er bereits in der späten Latènezeit zur Gerste aufschloss oder sie gar an Bedeutung überflügelte, lässt sich beim augenblicklichen Forschungsstand nicht beurteilen, ist aber nicht auszuschließen. Jedenfalls scheint der Dinkel ein Element der keltischen Landwirtschaft zu sein, das von den Römern übernommen und bevorzugt angebaut wurde.
Dinkel ist ein Spelzweizen. Die Ähre zerfällt beim Dreschen in sehr große, bespelzte Ährchen (Vesen). In dieser Form wird er eingelagert und muss vor dem Verzehr von den Spelzen befreit (gegerbt) werden. Bei dieser mechanischen Behandlung werden die Körner etwas in Mitleidenschaft gezogen, was ihre Keimfähigkeit und Haltbarkeit mindert. Deshalb

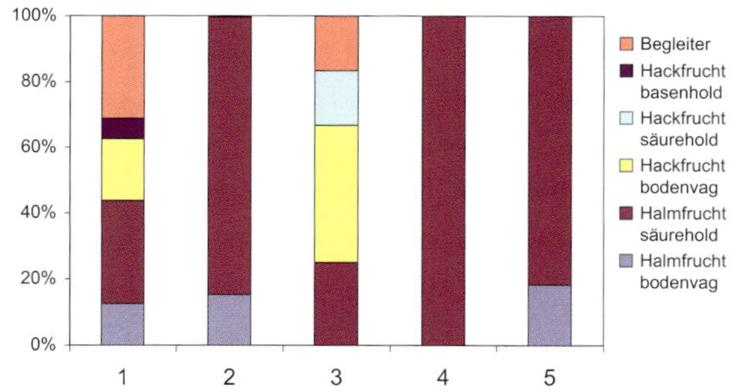

Abb. 7: Bad Rappenau. Prozentuale Anteile der ökologischen Gruppen an den Ackerunkräutern.

erfolgte die Lagerung meist in Spelzen. In den römischen *horrea* soll der Dinkel jedoch wegen der schnelleren Zugriffsmöglichkeit entspelzt gelagert worden sein (Junkelmann 1997).

Der hohe Spelzenanteil in Bad Rappenau und bei vielen anderen Dinkelvorräten aus Tabelle 3 spricht allerdings für eine Lagerung in den Spelzen. In den meisten dieser Vorräte fanden sich nur sehr wenige Unkräuter, vor allem Arten mit großen Diasporen wie Kornrade *(Agrostemma githago)*, Wicken *(Vicia)*, Labkraut *(Galium aparine/spurium)*. Das Getreide war demnach vor dem Einlagern gereinigt worden. Das geschieht durch Grobsieben, Feinsieben und Worfeln (Viklund 1998). Beim Grobsieben bleiben große Partikel wie Strohstücke als Abfall im Sieb. Beim Feinsieben bleiben die Körner bzw. Vesen auf dem Siebboden zurück, während feine Partikel wie kleine Unkräuter als Abfall durchrieseln. Beim Worfeln werden große schwere Partikel, nämlich Körner/Ährchen aufgrund ihrer Sinkgeschwindigkeit bzw. des Verhältnisses von Impuls zu Luftwiderstand von kleinen, leichten Unkräutern und Spelzen getrennt.

Im Getreidebau sind Dinkelährchen die größten und schwersten Partikel, die gereinigt, also von Unkräutern und anderen störenden Beimengungen abgetrennt werden müssen. Sie sind größer und schwerer als spelzenlose Getreidekörner oder auch als die Ährchen von Emmer oder Einkorn. Daher sind mit ihnen die dargestellten Reinigungsverfahren besonders effektiv durchführbar. Möglicherweise war das der ausschlaggebende Grund, weshalb die Römer den Dinkel bevorzugten. Sieben und Worfeln ist nämlich weniger arbeitsaufwendig als Unkrautjäten.

Gerste *(Hordeum vulgare)*, vorwiegend Mehrzeilige Spelzgerste, ist die Hauptkomponente in sieben Vorräten und weiterhin beteiligt an einem Mischvorrat. Aufgrund der Unkrautbeimischungen dürfte sie vor allem als Sommerfrucht angebaut worden sein (Jacomet/Bavaud 2006). Der Mischvorrat mit Roggen von Bad Rappenau dürfte daher kaum auf gemischten Anbau zurückzuführen sein. Spelzgerste ist trocken kaum, eingeweicht dagegen leicht zu entspelzen. Die dünnen Spelzen können aber auch mit verzehrt werden. Auch beim Brauen stören sie nicht. Während in der Jungsteinzeit noch freidreschende Formen der Gerste überwogen, wurde in den Metallzeiten hauptsächlich Spelzgerste angebaut. In der vorrömischen Eisenzeit war Spelzgerste das häufigste Getreide. Mehrzeilige Gerste hat bezüglich Bodennährstoff- und Wasserversorgung sowie Temperatur unter allen Getreiden die geringsten Ansprüche (Körnicke/Werner 1885).

Freidreschender Weizen ist immerhin mit sechs Vorratsfunden vertreten. Aufgrund morphologischer Untersuchungen der Spelzen oder anatomisch-rasterelektronenmikroskopischer der Körner handelt es sich um Saatweizen *(Triticum aestivum)*, nicht um den vor allem im Mittelmeergebiet angebauten Hartweizen *(Triticum durum)* (Jacomet/Petrucci-Bavaud 2006, Körber-Grohne/Piening 1980). Die alten Landrassen der Freidreschenden Weizen waren klimatisch empfindlich, was zu großen, oft nicht tolerierbaren witterungsbedingten Ertragsschwankungen führte (Körnicke/Werner 1885). Deshalb verwundert es nicht, dass fast alle Vorräte Freidreschenden Weizens aus dem klimatisch begünstigten Rheintal stammen.

Vom Roggen *(Secale cereale)* wurden bisher drei Vorräte bekannt, ein reiner aus Lampoldshausen, einer mit hohem Spelzgersten- und Dinkelanteil und ein Mischvorrat mit Spelzgerste, die beiden letzten aus Bad Rappenau. Roggen gehört nicht zu den klassischen Kulturpflanzen der alten Welt. Sein Anbau beginnt in der vorrömischen Eisenzeit (Behre 1992). Zuvor war er, eventuell schon seit dem frühen Neolithikum, als Unkraut auf den Feldern und wurde möglicherweise, gefördert durch bodennahe Ernteweise, durch Bodenversauerung und Klimaverschlechterung mehr oder weniger ungewollt zur Kulturpflanze. Seine weiträumige Bevorzugung im Hochmittelalter ist wohl eine Folge der Bodenversauerung, da er auf Böden mit niedrigem pH-Wert bessere Ergebnisse bringt als die Weizenarten. Seine erneute Ablösung durch den Dinkel in weiten Teilen Südwestdeutschlands im Spätmittelalter wurde vielleicht erst durch die Mergelung der Äcker möglich (Fischer/Rösch 2008). In römischer Zeit war Roggen noch von untergeordneter Bedeutung.

Von anderen Getreiden gibt es aus der römischen Kaiserzeit kaum Vorräte. Die in Tabelle 3 aufgenommenen Vorräte von Emmer (Waldgirmes, Kreuz 2004) und Einkorn (Bad Mergentheim, Piening 1982) stammen von außerhalb des Limes, sind also eher als germanisch zu werten. Von Rispen- und Kolbenhirse

Tabelle 3: Römische Getreidevorräte in Südwestdeutschland und angrenzenden Gebieten (* = kaiserzeitlich-germanisch).

Ort	Hauptgetreide	Nebenkomponente (> 10%)	Beimengungen	Bemerkungen	Autor
Augsburg, Äußeres Pfaffengässchen 11-2	Dinkel	Emmer	Nacktweizen, Spelzgerste, Roggen, Rispenhirse	weitgehend entspelzt	Wartenberg 2001
Babstadt	Dinkel	Roggen	Nacktweizen, Gerste, Hafer		Reichle 2002
Bad Dürkheim-Wachenheim, Osthof 1	Dinkel	Emmer	Roggen, Gerste		Piening 1988
Bad Rappenau, Maueräcker 1 + 3	Dinkel		Roggen, Spelzgerste, Einkorn, Nacktweizen, Hafer. Emmer		
Bad Wimpfen 2	Dinkel		Roggen, Spelzgerste, Nacktweizen	bespelzt	Fröschle unpubl., zit. n. Reichle 2002
Bad Wimpfen 3	Dinkel			entspelzt	Fröschle unpubl., zit. n. Reichle 2002
Bad Wimpfen 4	Dinkel		Nacktweizen, Gerste	entspelzt	Fröschle unpubl., zit. n. Reichle 2002
Bad Wimpfen 5	Dinkel		Nacktweizen, Spelzgerste, Einkorn	entspelzt	Fröschle unpubl., zit. n. Reichle 2002
Bad Wimpfen 6	Dinkel		Nacktweizen, Spelzgerste, Rispenhirse, Roggen, Einkorn, Emmer	entspelzt	Fröschle unpubl., zit. n. Reichle 2002
Bad Wimpfen 7	Dinkel		Nacktweizen, Emmer	entspelzt	Fröschle unpubl., zit. n. Reichle 2002
Biberist-Spitalhof Gebäude O	Dinkel	Emmer, Gerste	Nacktweizen, Roggen Hafer, Rispenhirse		Jacomet/Petrucci-Bavaud 2006
Bondorf	Dinkel		Emmer, Roggen, Einkorn, Hafer, Spelzgerste, Nacktweizen		Körber-Grohne/Piening 1979
Echzell	Dinkel	Roggen	Gerste, Einkorn, Nacktweizen	mehr Drusch als Körner	Kreuz 2005
Gambach, Münzenberg	Dinkel		Roggen, Nacktweizen, Spezgerste	vor allem Druschreste	Kreuz 2005
Heddernheim, Frankfurt	Dinkel	Gerste			Kreuz 2005
Hofheim	Dinkel		Einkorn, Roggen, Nacktweizen, Gerste		Kreuz 2005
Lampoldshausen	Dinkel		Nacktweizen, Roggen, Gerste		Hopf 1966
Langenhain, Obermörlen	Dinkel				Kreuz 2005
Mühlacker-Enzberg	Dinkel		Nacktweizen, Emmer, Roggen, Mehrzeilige Gerste, Einkorn, Hafer		Rösch 2005
Niederursel, Frankfurt	Dinkel		Roggen, Gerste		Kreuz 2005
Oberkochen	Dinkel		Roggen, Spelzgerste, Einkorn, Hafer		Piening 1982
Oberkochen	Dinkel		Roggen, Spelzgerste, Einkorn, Hafer, Nacktweizen		Piening 1980
Remseck-Aldingen	Dinkel		Gerste, Hafer, Nacktweizen, Roggen, Einkorn		Rösch u. a. 1992
Welzheim	Dinkel		Nacktweizen, Roggen, Gerste, Emmer, Einkorn		Körber-Grohne/Piening 1983
Steinsfurth, „Hägele“	Dinkel?		Nacktweizen, Gerste?		Fietz 1954

Tabelle 3: Fortsetzung.

Ort	Hauptgetreide	Nebenkomponente (> 10%	Beimengungen	Bemerkungen	Autor
Augsburg, Äußeres Pfaffengässchen 11-1	Spelzgerste		Hafer, Emmer, Rispenhirse		Wartenberg 2001
Augsburg, Hans-Nagel-Gasse 3	Spelzgerste		Emmer, Dinkel, Hafer, Nacktweizen		Wartenberg 2001
Bad Dürkheim-Wachenheim, Osthof 2	Spelzgerste		Emmer		Piening 1988
Bad Wimpfen 1	Spelzgerste		Hafer, Weizen, Roggen		Fröschle unpubl., zit. n. Reichle 2002
Biberist-Spitalhof Holzbau J	Spelzgerste		Rispenhirse, Hafer, Dinkel, Emmer, Nacktweizen, Roggen		Jacomet/Petrucci-Bavaud 2006
Basel, Rittergasse	Gerste				Rösch u.a. 1992
Nieder-Eschbach, Frankfurt	Gerste				Kreuz 2005
Bad Dürkheim-Ungstein, Weilberg 1	Nacktweizen		Einkorn, Roggen, Dinkel, Gerste		Piening 1988
Bad Dürkheim-Ungstein, Weilberg 2	Nacktweizen		Roggen, Einkorn, Dinkel, Gerste		Piening 1988
Büchel	Nacktweizen	Emmer	Einkorn, Roggen, Spelzgerste, Hafer	Grabbeigabe	Piening 1986
Kaiseraugst, „Adler“	Nacktweizen	Roggen	Gerste, Dinkel, Einkorn, Rispenhirse, Saathafer		Jacomet 2000
Langenhain	Nacktweizen	Dinkel, Emmer	Einkorn, Roggen, Rispenhirse, Hafer, Gerste		Küster 1992
Kaiseraugst-Schmidmatt	Saatweizen	Roggen	Emmer		Jacomet 1988
Bad Rappenau, Maueräcker 4	Roggen	Spelzgerste, Dinkel			
Lampoldshausen	Roggen				Piening 1982
Bad Rappenau, Maueräcker 2 + 5	Roggen + Spelzgerste		Dinkel, Hafer		
Waldgirmes, Lahnau*	Emmer			Vorrat?	Kreuz 2005
Augsburg, Kornhausgasse 4	Emmer + Dinkel	Nacktweizen, Spelzgerste, Roggen, Rispenhirse, Hafer			Wartenberg 2001
Bad Mergentheim*	Einkorn	Spelzgerste, Emmer, Roggen, Rispenhirse		Vorrat?	Piening 1982
Gerlingen, Lontel	Rispenhirse		Dinkel, Nacktweizen, Einkorn, Emmer, Roggen, Gerste		Stika 1996
Oberwinterthur	Rispenhirse	Dinkeldrusch	Gerstendrusch	Vorat?	Jacquat 1986
Neftenbach	Kolbenhirse			bespelzt	Klee 1993
Lauffen	Ackerbohne		Nacktgerste		Piening 1982

wurde bisher je ein Vorrat bekannt. Die unverkohlte Konzentration von Rispenhirse (hauptsächlich Spelzen) in Oberwinterthur (Jacquat 1986) ist kein Vorrat in strengem Sinne, sondern eine nutzungsbedingte Abfallkonzentration, wie man sie in Befunden mit Feuchterhaltung, beispielsweise in Brunnen, nicht selten findet.
Die dargestellten Verhältnisse für den römischen Getreidebau sind regionaltypisch. In anderen Provinzen kann die Situation anders sein. So fand Matterne (2001) in Nordost-Frankreich auch einige römische Dinkelvorräte, doch waren Vorräte von Emmer oder Freidreschendem Weizen häufiger. Im Getreidespeicher des römischen Kastells von South Shields in England waren dagegen Dinkel und Freidreschender Weizen etwa gleich häufig (Van der Veen 1994). Bei den von Hopf (1982) zusammengestellten römischen Getreidefunden aus Deutschland spielt Dinkel nur eine geringe Rolle.
Das führt zu folgendem Fazit: Über lokale und regionale Studien hinaus fehlt noch der allgemeine Überblick über den Getreidebau im Römischen Reich. Eine abschließende und allgemeingültige Darstellung der römischen Landwirtschaft aus botanischer Sicht steht noch aus.

Bildnachweis

Alle Abbildungen vom Verfasser. Fotos Tafel 1 und 2: Tanja Märkle, LAD Hemmenhofen.

Abgekürzt zitierte Literatur

Fietz 1954 — A. Fietz, Römische Getreidereste aus dem nördlichen Baden. Beitr. Naturkundl. Forsch. Südwestdeutschland 13, 1954, 99–104.

Fischer/Rösch 2008 — E. Fischer/M. Rösch, Archäobotanik – Wände voller Pflanzen. In: A. Bedal (Hrsg.), Bauernhaus aus Zaisenhausen – Leben in einem Hohenloher Dorf vor 400 Jahren. Häuser, Menschen u. Museum 4 (Schwäbisch Hall 2008) 124–145.

Frahm u. a. 1987 — J. P. Frahm/H. Friedrich/K. H. Knörzer/K. H. Rehagen/H. W. Rehnelt/C. Reichmann, Die Umwelt eines römischen Brunnens erschlossen durch archäologische und naturwissenschaftliche Analysen des Brunnensediments. Bonner Jahrb. 187, 1987, 505–538.

Hahlweg 1990 — C. v. Clausewitz, Niederschriften des Werkes „Vom Kriege". In: W. Hahlweg (Hrsg.), Carl von Clausewitz, Schriften – Aufsätze – Studien – Briefe (Göttingen 1990).

Hegi 1975 — G. Hegi, Illustrierte Flora von Mitteleuropa. Bd. IV, Teil 3 (Berlin, Hamburg 1975).

Herberg 1995 — E. Herberg, Römischer Speicher in Bad Rappenau, Landkreis Heilbronn. Arch. Ausgr. Baden-Württemberg 1994, 196–200.

Hopf 1966 — M. Hopf, Ein neuer Fund von Dinkel in Württemberg. Jahrb. RGZM 13, 1966, 287–291.

Hopf 1982 — M. Hopf, Vor- und frühgeschichtliche Kulturpflanzen aus dem nördlichen Deutschland. Kat. vor- u. frühgeschichtl. Altertümer 22 (Mainz 1982).

Hopf 1991 — M. Hopf, South and Southwest Europe. In: W. van Zeist/K. Wasylikowa/K.-E. Behre (eds.), Progress in Old World Palaeoethnobotany (Rotterdam, Brookfield 1991) 241–277.

Jacomet 1988 — S. Jacomet, Verkohlte pflanzliche Makroreste aus der Grabung in Augst und Kaiseraugst. Kultur- und Wildpflanzen als Informationsquelle über die Römerzeit. Jahresber. Augst u. Kaiseraugst 9, 1988, 271–310.

Jacomet 2000 — S. Jacomet, Ein römischer verkohlter Getreidevorrat aus dem 3. Jahrhundert n. Chr. von Augusta Raurica (Kaiseraugst AG, Grabung „Adler", 1990.05). Jahresber. Augst u. Kaiseraugst 21, 2000, 225–230.

Jacomet/Dick 1986 — S. Jacomet/M. Dick, Verkohlte Pflanzenreste aus einem römischen Grabmonument beim Augster Osttor (1966). Jahresber. Augst u. Kaiseraugst 6, 1986, 7–53.

Jacomet/Petrucci-Bavaud 1992 — S. Jacomet/M. Petrucci-Bavaud, Verkohlte Pflanzenreste aus dem Bereich des Grabmonumentes („Rundbau") beim Osttor von Augusta Raurica: Ergebnisse der Nachgrabungen von 1991. Jahresber. Augst u. Kaiseraugst 13, 1992, 103–111.

Jacomet/Bavaud 2006 — S. Jacomet/M. Bavaud, 28. Samen und Früchte. In: C. Schucany, Die römische Villa von Biberist-Spitalhof/SO (Grabungen 1982, 1983, 1986–1989). Untersuchungen im Wirtschaftsteil und Überlegungen zum Umland (Remshalden 2006) 579–624.

Jacquat 1986 — C. Jacquat, Römerzeitliche Pflanzenfunde aus Oberwinterthur (Kanton Zürich, Schweiz). Ber. Zürcher Denkmalpfl. Monogr. 2 (Zürich 1986) 241–264.

Jänichen 1970 — H. Jänichen, Beiträge zur Wirtschaftsgeschichte des schwäbischen Dorfes. Veröff. Komm. Geschichtl. Landeskde. Baden-Württemberg B 60 (Stuttgart 1970).

Junkelmann 1997 — M. Junkelmann, Panis militaris – Die Ernährung des römischen Soldaten oder der Grundstoff der Macht. Kulturgeschichte der Antiken Welt 75 (Mainz 1997).

Klee 1993 — M. Klee, Analyse der botanischen Makroreste. In: Der Münzhortfund aus dem Gutshof in Neftenbach. Zürcher Denkmalpfl. Arch. Monogr. 16 (Zürich 1993) 72–81.

Körber-Grohne/Piening 1979 — U. Körber-Grohne/U. Piening, Verkohlte Nutz- und Wildpflanzenreste aus Bondorf, Kreis Böblingen. Fundber. Baden-Württemberg 4, 1979, 152–169.

Körber-Grohne/Piening 1980 — Microstructure of the surfaces of carbonized and non-carbonized grains of cereals as observed in scanning electron and light microscopes as an additional aid in determining prehistoric findings. Flora 150, 1980, 189–228.

Körber-Grohne/Piening 1983 — U. Körber-Grohne/U. Piening, Die Pflanzenreste aus dem Ostkastell von Welzheim mit besonderer Berücksichtigung der Graslandpflanzen. In: U. Körber-Gröhne u. a., Flora und Fauna im Ostkastell von Welzheim. Forsch. u. Ber. Vor- u. Frühgesch. Baden-Württemberg 14 (Stuttgart 1983) 17–88.

Körnicke/Werner 1885 — F. Körnicke/H. Werner, Handbuch des Getreidebaus. Zweiter Band: Die Sorten und der Anbau (Berlin 1885).

Kreuz 2004 — A. Kreuz, Landwirtschaft im Umbruch? Archäobotanische Untersuchungen zu den Jahrhunderten um Christi Geburt in Hessen und Mainfranken. Ber. RGK 85, 2004, 97–292.

Küster 1992 — H. Küster, Römerzeitliche Pflanzenreste. In: H. G. Simon/H. J. Köhler (Hrsg.), Ein Geschirrdepot des 3. Jahrhunderts. Grabungen im Lagerdorf des Kastells Langenhain. Materialh. Röm.-Germ. Keramik 11, 184–188.

Matterne 2001 — V. Matterne, Agriculture et alimentation végétale durant l'âge du Fer et l'époque gallo-romaine en France septentrionale. Archéologie des Plantes et des Animaux 1 (Montagnac 2001).

Oberdorfer 1983 — E. Oberdorfer, Süddeutsche Pflanzengesellschaften Teil III[2] (bearb. T. Müller/E. Oberdorfer) (Jena 1983).

Piening 1980 — U. Piening, Das botanische Material (Oberkochen). Fundber. Baden-Württemberg 5, 1980, 205–206.

Piening 1982 — U. Piening, Botanische Untersuchungen an verkohlten Pflanzenresten aus Nordwürttemberg. Fundber. Baden-Württemberg 7, 1982, 239–271.

Piening 1986 — U. Piening, Verkohlte pflanzliche Beigaben aus einem frührömischen Grabhügel bei Büchel, Kreis Cochem-Zell. Trierer Zeitschr. 49, 1986, 257–271.

Piening 1988 — U. Piening, Verkohlte Pflanzenreste aus zwei römischen Gutshöfen bei Bad Dürkheim (Pfalz). In: H. Küster (Hrsg.), Der prähistorische Mensch und seine Umwelt. Festschrift U. Körber-Grohne. Forsch. u. Ber. Vor- u. Frühgesch. Baden-Württemberg 31, 1988, 325–340.

Reichle 2002 — D. S. Reichle, Archäobotanische Untersuchungen an römerzeitlichen Pflanzenresten aus Bad Rappenau und Babstadt, Kreis Heilbronn. Unpubl. Diplomarb. Univ. Hohenheim 2002.

Rösch 1988 — M. Rösch, Archäobotanische Forschung in Südwestdeutschland. In: D. Planck (Hrsg.), Archäologie in Württemberg (Stuttgart 1988) 483–514.

Rösch 2005 — M. Rösch, Landwirtschaft und Kulturlandschaft im Enztal während acht Jahrtausenden. In: Stadtarchiv Mühlacker (Hrsg.), Historische Streiflichter Teil 2. Von der urzeitlichen Landwirtschaft über die Gastwirtschaften zum Stadtjubiläum (Heidelberg, Ubstadt-Weiher, Basel 2005) 69–93.

Rösch u. a. 1992 — M. Rösch/S. Jacomet/S. Karg, The history of cereals in the region of the former Duchy of Swabia (Herzogtum Schwaben) from the Roman to the Post-medieval period: results of archaeobotanical research. Veget. Hist. Archaeobot. 1, 1992, 193–231.

Rösch u. a. 2008 — M. Rösch/E. Fischer/H. Müller/M. Sillmann/H.-P. Stika, Botanische Untersuchungen zur eisenzeitlichen Landnutzung im südlichen Mitteleuropa. In: Frühe Zentralisierungs- und Urbanisierungsprozesse. Koll. DFG-Schwerpunktprogramm 1171, Blaubeuren 9./11. Oktober 2006 [Festschrift Jörg Biel]. Forsch. u. Ber. Vor- u. Frühgesch. Baden-Württemberg 101 (Stuttgart 2008).

Stika 1996 — H.-P. Stika, Römerzeitliche Pflanzenreste aus Baden-Württemberg. Materialh. Arch. Baden-Württemberg 36 (Stuttgart 1996).

Straker 1983 — V. Straker, First and second century carbonized cereal grain from Roman London. In: W. van Zeist/W. A. Casparie (eds.), Plants and Ancient Man (Rotterdam, Boston) 323–329.

Van der Veen 1994 — M. van der Veen, A. Reports on the biological remains, with contributions by J. Greig, P. J. Osborne and D. A. Younger. In: P. Bidwell/S. Speak, Excavations at South Shields Roman Fort, Vol. 1 (Newcastle upon Tyne 1994) 243–277.

Viklund 1998 — K. Viklund, Cereals, weeds and crop processing in Iron Age Sweden. Archaeology and Environment 14 (Umeå 1998).

Wartenberg 2001 — N. Wartenberg, Pflanzliche Ernährung im römischen Augsburg, eine archäobotanische Analyse. In: L. Bakker (Hrsg.), Augsburger Beitr. Arch. 3 (Augsburg 2001) 71–104.

Willerding 1999 — U. Willerding, Getreidespeicherung. In: RGA[2] 12 (Berlin 1999) 11–30.

Tafel 1

Verkohlte Pflanzenreste von Bad Rappenau, Maueräcker. Getreide. – 1 *Hordeum vulgare* (Mehrzeilige Gerste), Karyopse, dorsal; 2 item, lateral; 3 item, Streufoto; 4 *Hordeum vulgare* (Mehrzeilige Spelzgerste), Karyopse, dorsal; 5 item, lateral; 6 item, ventral; 7 *Secale cereale* (Roggen), Spindelglied; 8 item, Karyopsen, Streufoto; 9 *Triticum aestivum/durum/turgidum* (Freidreschender Weizen), Karyopse, dorsal; 10 item, ventral; 11 item, lateral. – Der Maßstab entspricht 1mm, bei Streufotos 1cm.

Verkohlte Pflanzenreste von Bad Rappenau, Maueräcker. Getreide, andere Nutzpflanzen, Unkräuter. – 1 *Triticum dicoccon* (Emmer), Karyopse, dorsal; 2 item, lateral; 3 item, ventral; 4 *Triticum monococcum* (Einkorn), Ährchengabel; 5 *Triticum monococcum* (Einkorn), Karyopse, dorsal; 6 item, lateral; 7 *Lolium perenne* (Deutsches Weidelgras), Karyopse, ventral; 8 item, dorsal; 9 *Chenopodium hybridum* (Hybrid-Gänsefuß), Same; 10 *Triticum spelta* (Dinkel), Ährchengabel; 11 *Triticum spelta*, Karyopse, dorsal; 12 item, ventral; 13 item, lateral; 14 *Vicia hirsuta* (Rauhaarige Wicke), Same; 15 *Scleranthus annuus* (Acker-Knäuel), Kelch; 16 *Camelina pilosa/sativa* (Leindotter), Same; 17 *Rubus idaeus* (Himbeere), Steinkern; 18 *Rubus fruticosus* (Brombeere), Steinkern; 19 *Cirsium arvense* (Acker-Kratzdistel), Achäne; 20, 21 *Vicia tetrasperma* (Viersamige Wicke), Same, zwei Ansichten; 22, 23 *Galium spurium* (Saat-Labkraut), Same, zwei Ansichten. – Der Maßstab entspricht 1mm, bei Streufotos 1cm.

Eine neue Jupitergigantensäule aus Heidelberg

RENATE LUDWIG UND PETER NOELKE
(MIT BEITRÄGEN VON PETRA MAYER-REPPERT, FRANCISCA FERAUDI-GRUÉNAIS UND BRIGITTE GRÄF)

Um Heidelbergs Archäologie, Geschichte und Kunst hat sich Dieter Planck auf vielfache Weise verdient gemacht. Denkmalpflegerische Prinzipien waren und sind in der an archäologischen Zeugnissen und Baudenkmälern reichen Stadt nur mit besonderem Engagement durchzusetzen, gilt es doch, die Wünsche und Vorstellungen ganz unterschiedlicher und meist auch recht lautstarker, aber gerne gehörter Interessenvertreter einzubeziehen. Heute, nach mehr als 30-jähriger Tätigkeit, kann Dieter Planck auf eine ganze Reihe erfolgreich abgeschlossener Heidelberger Projekte zurückblicken.[1]
Eine Grabung im Nordvicus des römischen Heidelberg bescherte der Stadt im Jahre 2007 einen in dieser Vollständigkeit nicht erwarteten Skulpturenfund und damit neben dem bekannten, schon 1838 entdeckten Mithrasrelief aus dem Heiligtum am Fuße des Heiligenberges das bislang beeindruckendste Götterdenkmal des Ortes. Mit der Vorlage dieser aus einem römischen Brunnen geborgenen fast vollständig erhaltenen Jupitersäule hoffen wir den Jubilar umso mehr zu erfreuen, als er bei seinen großen Ausgrabungen im *vicus* von Walheim, Kr. Ludwigsburg, 1980–1988 mehrere Brunnen mit Resten von Jupitersäulen und anderen Votiven entdeckt hat. Gleichzeitig gilt ihm Dank für sein stetes Interesse und die verlässliche Unterstützung und Förderung der Heidelberger Archäologie.

Fundumstände

Neuenheim gehört auch heute noch, trotz raumgreifender Überbauung, besonders in den ersten drei Nachkriegsjahrzehnten, zu den wichtigen Arbeitsgebieten provinzialrömischer Archäologie in Baden-Württemberg.[2] In einem der wenigen noch unbebauten Grundstücke an der Uferstraße untersuchte das Kurpfälzische Museum der Stadt Heidelberg von März bis Juni des Jahres 2007 bauvorgreifend eine Fläche von 270 m^2. Das ungewöhnlich kleine Grundstück, im Rahmen des städtebaulichen Nachverdichtungsprogramms zur Bebauung mit einem Mehrfamilienwohnhaus vorgesehen, verlangte trotzdem größte Aufmerksamkeit der Denkmalschutzbehörden, lag es doch in einem Bereich, in dem mit bedeutenden archäologischen Zeugnissen zu rechnen war. Innerhalb der römerzeitlichen Topographie befindet sich das Areal unmittelbar vor der Südflanke des Ostkastells, über dem noch im 1. Jh. der nachkastellzeitliche Nordvicus entstand, und exakt auf Höhe des nördlichen römischen Brückenkopfes.[3] Trotz der geringen Ausmaße des Grabungsausschnittes ließ diese exponierte Lage Antworten auf einige konkrete Fragestellungen erhoffen: Kann für das Ostkastell eine vorflavische

1 So war es etwa in den 1980er Jahren der Heiligenberg mit der Sanierung des Michaelsklosters, des Stephansklosters und einer topographischen Bestandsaufnahme des gesamten Berges. Diese Arbeiten gelten heute noch als beispielhaft für die Zusammenarbeit von staatlicher Denkmalpflege und Stadtverwaltung. R. Ludwig/ P. Marzolff, Der Heiligenberg bei Heidelberg. Führer arch. Denkmäler Baden-Württemberg 20^2 (Stuttgart 2008) 24f. – R.-H. Behrends/D. Müller, Die Befestigungen auf dem Heiligenberg bei Heidelberg. Atlas arch. Geländedenkmäler 2/5 (Stuttgart 2002). – 1999 brachte Dieter Planck, 30 Jahre nach der Ausgrabung, die Bearbeitung des großen römischen Gräberfeldes im Heidelberger Stadtteil Neuenheim im Rahmen einer langjährigen Förderung durch die DFG auf den Weg. Das Manuskript von Katalog und Tafeln ist mittlerweile abgeschlossen: A. Hensen, Das römische Brand- und Körpergräberfeld von Heidelberg. Forsch. u. Ber. Vor- u. Frühgesch. Baden-Württemberg (im Druck). – Erst vor kurzem wurde in Heidelberg ein neues, eigentlich aber altes denkmalpflegerisches Thema sehr kontrovers diskutiert. Auf Initiative und mit Mitteln finanzkräftiger Sponsoren sollte der Heidelberger Schlossgarten nach dem Stichwerk des vielseitig begabten Ingenieurs, Architekten und Gartengestalters Johann Salomon de Caus und unter Berücksichtigung des großformatigen Gemäldes von Jacques Fouquières (beides vor 1620) in den nie vollendeten manieristischen Terassengarten „Hortus Palatinus" umgestaltet werden. Zu diesem Vorhaben hat die Landesdenkmalpflege unter Leitung von D. Planck eindeutig Stellung bezogen und gewichtige denkmalpflegerische Bedenken formuliert: „Hortus Palatinus" in Heidelberg. Denkmalpflegerische Auffassung. Denkmalpfl. Baden-Württemberg 31/1, 2008, 62; siehe hierzu auch die Beiträge in: noch „… eine Heidelberger Debatte anfangen"? Rekonstruktion und Gartendenkmalpflege. Dokumentation des Symposiums in Heidelberg am 17. April 2008. Ber. Forsch. u. Praxis Denkmalpfl. Deutschland 15 (Petersberg 2008). Mittlerweile wurde das Vorhaben auf ein denkmalpflegerisch vertretbares Maß reduziert, was allerdings einen Rückzug der privaten Geldgeber zur Folge hatte.

2 Ludwig 2005, 109–116.

3 Ebd. 110.

Abb. 1: Heidelberg. Bauteile der Jupitergigantensäule während der Ausgrabung: Auf dem Planum Fundament und Sockel mit Säulenschaft, darunter im Profil das Figuralkapitell, unter diesem links die profilierte Gesimsplatte des Hauptsockels und rechts die Unterseite des Zwischensockels mit der Weihinschrift.

Gründung verifiziert werden? Wie wurde das Areal kastellzeitlich und wie nachkastellzeitlich genutzt? Gab es eine Verbindung zwischen Ostkastell und Brückenkopf, die die Gleichzeitigkeit von frühester Militäranlage und frühestem Flussübergang durch einen zweifelsfreien archäologischen Befund belegt? In der Grabungsfläche konnten mehrere Grubenbefunde dokumentiert werden, die sich durch auffallend regelmäßige rechteckige oder runde Grundrisse und eine geregelte Anlage auszeichneten. Allerdings waren sie mit nur 0,40 m bis zu 2,80 m unter heutiger Oberfläche sehr unterschiedlich eingetieft. Die Nutzungshorizonte setzten sich deutlich mit einer grünlich-gelben Verfärbung an den Rändern und sehr festen Ablagerungen an Boden und Wänden vom anstehenden Löss ab. Anscheinend dienten die Gruben einer anderen Nutzung, bevor sie mit Abfall, unter dem besonders viele Hornzapfen vom Rind auffallen, verfüllt wurden.

Die Charakteristik des archäologischen und archäozoologischen Befundes, die Lage vor dem Südtor des Ostkastells und nicht zuletzt die Nähe zum Wasser ließen zunächst an einen Gerberei- oder Leimsiedereibetrieb denken.[4] Die Analyse der Faunenreste ergab wohl ein starkes Übergewicht von Hornzapfen; Metapodien dagegen waren deutlich weniger vertreten.[5] Die starke Konzentration von das Horn ausfüllenden Knochenzapfen und das Fehlen der Fußgelenkknochen belegen zweifelsfrei die Gewinnung von Hornscheiden als Rohmaterial zur Herstellung von Kämmen, Döschen und weiteren Produkten.[6] Gerbereitätigkeit ist damit in diesem Areal ausgeschlossen.[7]

4 Allerdings fehlen Koprolithen, die sich auch im Trockenboden der Grabung hätten erhalten müssen. Hinweis S. Deschler-Erb v. 4. Juni 2007.

5 Doll/König/Mayer-Reppert 2009 (Manuskript 37–87).

6 M. Kokabi, Skelettreste als Rohmaterial – Material, Methode, Technik. In: „Knochenarbeit". Artefakte aus tierischen Rohstoffen im Wandel der Zeit. Arch. Inf. Baden-Württemberg 27 (Stuttgart 1994) 15–16. – E. Schallmayer, Die Verarbeitung von Knochen in römischer Zeit. Ebd. 71–82.

7 Anders noch bei R. Ludwig/E. Kemmet, Jupiter im Brunnen – Untersuchungen im Nordvicus von Heidelberg. Arch. Ausgr. Baden-Württemberg 2007 (2008) 129–133.

Die Gruben im Grabungsausschnitt dienten im Produktionsablauf der Hornverarbeitung möglicherweise dazu, die Hörner einzuweichen, um die Hornscheiden besser entfernen zu können.[8] Nach Aussage des Verfüllmaterials hat der Betrieb spätestens in den ersten Jahrzehnten des 2. Jh. seine Tätigkeit aufgegeben.[9]

Abb. 2: Heidelberg. Profilzeichnung mit ergrabenem und durch Erdbohrung rekonstruiertem Befund des Brunnens.

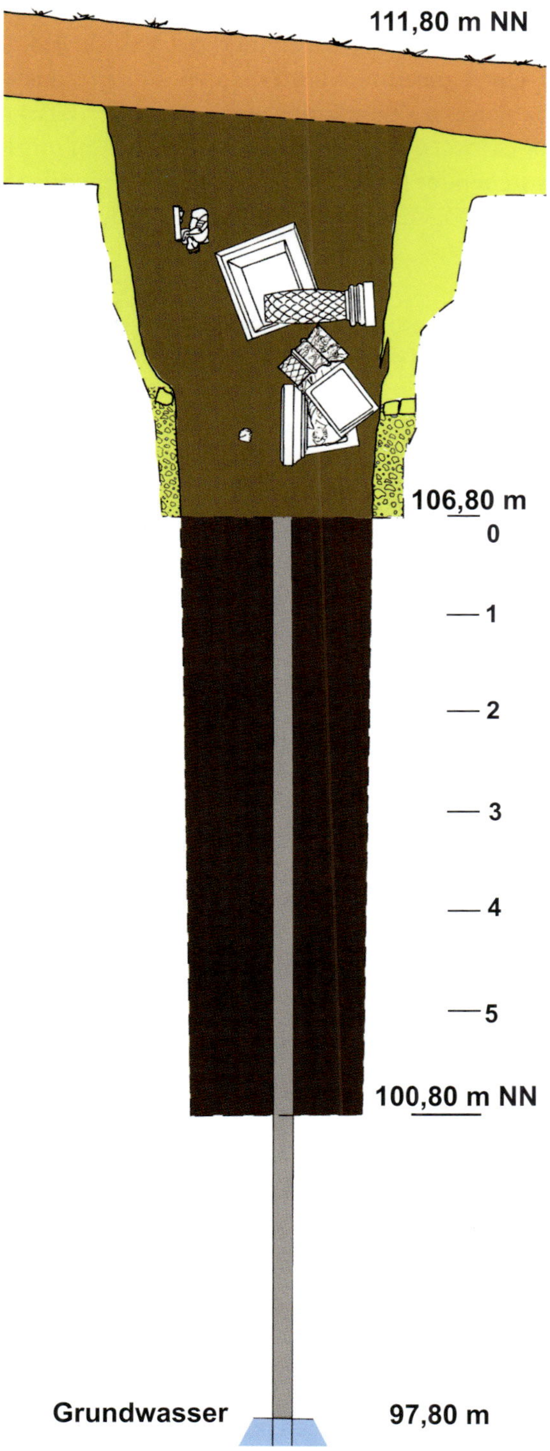

Der für diesen Beitrag zentrale Befund wurde in der nordwestlichsten Ecke der Grabungsfläche angetroffen. Es handelte sich um eine steilwandige Eingrabung, die sich erst im dritten Planum als ursprünglich mit Holz verschalter Brunnen zu erkennen gab. Eine Woche vor dem geplanten Grabungsschluss gelang es, Teile des Pferdes mit dem Unterkörper des Reiters der Bekrönungsgruppe einer Jupitergigantensäule freizulegen. Über der Skulptur war eine Lage größtenteils unbehauener Sandsteinbruchstücke eingefüllt worden. Auf den nächsten zwei Metern folgten dann sämtliche Bauteile des Säulenmonumentes, die alle – im Gegensatz zum Gigantenreiter – fast vollständig und unzerstört erhalten sind (Abb. 1), was auch für die Gesichter aller Gottheiten gilt. An keiner Stelle der Sockelung und der Säule selbst sind Beschädigungen durch gezielte Hiebe zu beobachten. Die Gruppe von Pferd und Reiter lag kopfunter im Brunnen, darunter, dicht gedrängt, weitere sieben Buntsandsteinblöcke. An unterster Stelle stand der auf den Kopf gestellte reliefierte Sockel, der durch seine senkrecht aufgerichtete Gesimsplatte und den Zwischensockel geschützt bzw. gestützt wurde. Zwischen Gesims und Zwischensockel und von diesen gehalten lag das Kapitell schräg unter dem Säulenschaft mit Plinthe und Basis. Neben dem Gesims, etwa in der Mitte des Brunnenschachtes, fand sich das abgeschlagene Vorderteil des Pferdes der Gigantenreitergruppe. Zuoberst schließlich auf dem Niveau der Säule fand sich eine um 90 Grad gekippte rechteckige Platte, darauf ein Block mit unterschiedlich abgeschrägten Kanten. Beide Werkstücke bildeten die Basis des Monumentes und befanden sich noch im originalen Verband. Aus der Verfüllung unterhalb des Gigantenreiters konnten vier Bruchstücke des zum Gigantenreiter gehörenden Blitzbündels geborgen werden. Anscheinend füllte man den Brunnen zuerst auf mehr als 6 m auf, um dann auf eine eigens angelegte Planie die Säulenteile niederzulegen.

Die Brunnenverfüllung war durchgehend homogen und bestand mehrheitlich aus Keramik und wenigen Tierknochen. Baukeramik oder -schutt waren selten. Ferner waren zwei bearbeitete Sandsteinbruchstücke in den Brunnen gelangt, die nicht zum Säulenmonument gehören. Es fehlt im Verfüllungsmaterial jeglicher Hinweis auf ein Brandereignis. In einer Tiefe

8 M. Doll, Speisereste, Sondermüll und Sägespuren – Archäozoologische Untersuchungen an Funden aus der Hansestadt Soest. In: M. Doll/J. Hallenkamp-Lumpe, Handel, Handwerk, Haustiere – Zur Geschichte von Markt und Tiernutzung in Soest. Soester Beitr. Arch. 7 (Soest 2007) 172–175. – Doll/König/Mayer-Reppert 2009 (Manuskript 60 f.).

9 Doll/König/Mayer-Reppert 2009 (Manuskript 88).

von fast fünf Metern zeichnete sich der Brunnenschacht als nahezu quadratische, 2,0 m × 2,0 m große Struktur ab, an deren Rändern nun auch als schmale dunkle Verfärbung die Holzverschalung sichtbar war. Die Brunnensohle war bei 4,20 m unter heutiger Oberfläche noch nicht erreicht. Die Grabung wurde eingestellt, als sich auf dem nächsten Meter keine weiteren bearbeiteten Steinfragmente mehr fanden und die Einfüllung zunehmend steriler wurde. Eine Probebohrung ermittelte die Brunnensohle in 100,80 m ü. NN, womit eine Brunnentiefe von genau elf Metern unter heutiger Oberfläche rekonstruiert werden kann. Die darunterliegende Kiesschicht führt heute erst nach weiteren drei Metern in 97,80 m ü. NN Grundwasser (Abb. 2).
Der im Grabungsausschnitt erwartete südliche Lagergraben wurde nicht angetroffen, womit die Lage des Ostkastells im römischen Stadtplan korrigiert werden muss.[10] Auch haben die Untersuchungen keine Antwort auf die eingangs gestellte Frage nach Kastellgründung und Römerbrücke gegeben. Dem neuen Grabungsbefund kommt insofern aber eine herausragende Bedeutung zu, als damit nicht nur die besterhaltene, mit einem ikonographisch z. T. ungewöhnlichen Bildprogramm versehene Jupitergigantensäule entdeckt und geborgen wurde, sondern darüber hinaus neue Fragen zur Siedlungsentwicklung im römischen Heidelberg des späten 2. Jh. aufgeworfen werden.

Beschreibung

Aufbau und Gestalt der Heidelberger Säule lassen sich zweifelsfrei rekonstruieren (Abb. 3; Taf. 1a). Auf einen gestuften Unterbau, bestehend aus der Deckplatte der Fundamentierung und der Basis des Hauptsockels, folgt der auf allen vier Seiten mit Reliefs stehender Gottheiten versehene Körper des Sockels, der sogenannte Viergötterstein, abgeschlossen

10 Ludwig 2005, 110. Dort ist das Ostkastell zu weit südlich eingetragen.

Abb. 3: Heidelberg. Die vier Ansichten der wieder aufgerichteten Jupitergigantensäule.

Abb. 4: Heidelberg. Deckplatte der Fundamentierung mit Versatzmarken und zwei Hebellöchern.

Abb. 5: Heidelberg. Basis des Sockels mit Hebellöchern.

von der – wie die Basis – separat gearbeiteten Gesimsplatte, darüber der Zwischensockel mit der Weihinschrift an Jupiter auf der Front und den Büsten dreier Gottheiten auf den Nebenseiten. Es schließt sich die Säule selbst an mit Plinthe, attischer Basis, „geschupptem" Säulenschaft und Figuralkapitell. Sie trägt die bekrönende Statuengruppe mit Jupiter zu Pferde und hockendem Giganten. Die Höhe des Erhaltenen beträgt 4,28 m, die Gesamthöhe unter Ergänzung des Reiters ist auf ca. 4,40 m zu veranschlagen.

Alle Säulenteile sind einheitlich aus rötlichem Unterem/Mittlerem Buntsandstein gearbeitet, wie er in zahlreichen Steinbrüchen in unmittelbarer Nähe Heidelbergs heute noch aufgeschlossen ist. Die bekrönende Statuengruppe besteht hingegen aus dem für die bildhauerische Bearbeitung besser geeigneten und wohl auch kostspieligeren weißlich-gelblichen Keupersandstein, der als nächstes Vorkommen um Sinsheim im Lettenkeuper und Schilfsandstein abgelagert wurde.[11] Durch weiße Grundierung und farbige Fassung, von denen sich an mehreren Teilen geringe Reste erhalten haben (siehe unten), war der Materialunterschied einst jedoch nicht zu erkennen.[12]

Nach der Reinigung und restauratorischen Bearbeitung, bei der die grauschwarzen Verfärbungen des Sandsteins und die Versinterungen belassen wurden, sowie der zeichnerischen und fotografischen Dokumentation[13] ist das Monument für die Aufstellung wieder zusammengesetzt worden (Taf. 1a). Am 27. Mai 2008 wurde es im Rahmen der Feierlichkeiten zum 100-jährigen Bestehen des Kurpfälzischen Museums der Stadt Heidelberg der Öffentlichkeit präsentiert und in die Dauerausstellung integriert. Im Folgenden werden seine Einzelteile beschrieben:

1. *Deckplatte der Fundamentierung.* H. 0,35 m; Br. 0,92 m; T. 0,92 m (Abb. 4).
   Die Deckplatte besteht aus einem quadratischen Block, dessen untere Zone (H. ca. 0,23 m) weniger geglättet ist und wohl im Boden verborgen war, während die obere (H. ca. 0,12 m) mehr geglättet ist und wohl als untere Stufe der Aufsockelung sichtbar war. Die nur gespitzte Oberseite weist an drei Ecken kreuzförmige Versatzmarken (Seitenlänge ca. 8 cm) sowie randlich an zwei Seiten, einander in etwa gegenüberliegend, jeweils ein He-

11 Die Bestimmung verdanken wir V. Schweizer (Geologisch-Paläontologisches Institut der Universität Heidelberg). Eine weitere petrographische Untersuchung unterblieb auf sein Anraten: „Im Gegensatz zu magmatischen Gesteinen, die sich von Vorkommen zu Vorkommen in Chemismus und/oder Mineralogie in gewissen Grenzen unterscheiden können, ist die Schichtenfolge des Buntsandsteins im Odenwald und in großen Teilen des Spessarts petrographisch sehr homogen entwickelt. [...], innerhalb der einzelnen Horizonte treten jedoch keine lokalen Unterschiede auf, aus denen sich Hinweise auf die Provenienz des Materials ableiten ließen." (V. Schweizer am 30. 12. 2007). Allgemein zum Thema: B. Heukemes, Das Steinmaterial der römischen Denkmäler aus dem unteren Neckarland und seine Bedeutung. In: Kunst und Stein. Begleitbuch zur Ausstellung der Portland-Zementwerke Heidelberg (Heidelberg 1968) 17–21.

12 Zur Polychromie der antiken Skulptur V. Brinkmann/R. Wünsche, Bunte Götter. Die Farbigkeit antiker Skulptur. Ausstellungskat. Glyptothek München 2003/2004 (München 2003). Heukemes (Anm. 11) 19–21 mit Hinweisen auf Farbreste an Skulpturen in Ladenburg und Heidelberg! – J. Ronke, Polychrome Provinz – Eine Spurensuche. Bemerkungen zu einem Weihrelief aus Güglingen-Frauenzimmern, Baden-Württemberg. Fundber. Baden-Württemberg 30, 2009, 135–144 (im Druck).

13 Daran beteiligt waren: Barbara Cüppers/Karl Fricke-Pälzer (Restaurierung), Iris Grunert (Zeichnung), Knut Gattner/Einhard Kemmet, Carina Noelke (Fotografien).

Abb. 6: Heidelberg. Vorderseite des Viergöttersteins mit Darstellung der Juno.

Abb. 7: Heidelberg. Linke Nebenseite des Viergöttersteins mit Darstellung des Merkur.

belloch auf. Zur Aufnahme der folgenden Sockelbasis ist eine ungleichmäßige viereckige Innenfläche etwas mehr geglättet worden (0,73–0,75 m × 0,67–0,70 m). Geschützt durch die bei Auffindung noch mit ihr verbundene Sockelbasis haben sich auf der Oberseite Reste der Vermörtelung erhalten.

2. *Basis des Sockels.* H. 0,28 m; Br. 0,76–0,56 m; T. 0,66–0,45 m (Abb. 5). An der Vorderseite ist links eine größere Partie abgeplatzt.
Die Basis besteht aus einer querrechteckigen Plinthe und einem angearbeiteten oberen Teil (ca. 2/3), der sich statt durch Profilierung durch Abschrägung in leicht unterschiedlichen Winkeln zum Sockelkörper verjüngt. Auch hier ist an der Oberseite randlich an den Schmalseiten, in etwa gegenüberliegender Position, jeweils ein Hebelloch angebracht. Die Flächen sind weiter ausgearbeitet als die der Deckplatte (fein gespitzt), die Unterseite auf Anathyrose.

3. *Viergötterstein.* H. 0,98 m; Br. 0,50 m; T. 0,40 m (unten); Br. 0,48 m; T. 0,38 m (oben) (Abb. 6–9). Der oblonge, sich nach oben leicht verjüngende Körper des Sockels besitzt auf allen vier Seiten rechteckige Bildfelder, auf drei Seiten mit schmalem, schmucklosem, am oberen Rand abgeschrägtem Rahmen, während der untere Teil des Sockelkörpers nur geglättet ist. Das Bildfeld der Front- und insbesondere das der Rückseite mit der Herkulesszene sind breiter zugeschnitten als die der Nebenseiten. Sie zeigen in mehr oder weniger frontaler Stellung vier Gottheiten: Juno, Merkur, Herkules und Minerva mit ihren üblichen Attributen.
a) *Juno.* H. 0,75 m; Br. 0,36 m. Linke obere Ecke des Rahmens abgebrochen; ein abgesplitterter Teil des linken Rahmens wieder angesetzt; kleinere Par-

Abb. 8: Heidelberg. Rückseite des Viergöttersteins mit Darstellung des Herkules.

Abb. 9: Heidelberg. Rechte Nebenseite des Viergöttersteins mit Darstellung der Minerva.

tien am Rand der Schale, am Fuß und am Gewand des Spielbeins beschädigt. Dunkle Einwitterungen des Verfüllmaterials, u.a. im Gesicht.

Auf der Frontseite des Sockels erscheint Juno auf rechtem Stand- und linkem Spielbein, den Kopf stark zu ihrer Linken, zu Minerva auf der anschließenden Seite, gewendet, in der gesenkten Rechten, zum Opfer bereit, die Omphalosschale *(patera)*, in der angehobenen, angewinkelten Linken das geöffnete, mit einem Schlüsselloch versehene Weihrauchkästchen *(acerra)*. Die beschuhte Göttin ist in einen bis zum Boden reichenden Chiton und einen stoffreichen Mantel gekleidet, der mit einem breiten Umschlag schräg zu ihrer linken Schulter geführt ist und von hier und vom linken Arm in langen Zipfeln herabfällt sowie an ihrer rechten Flanke nach vorn geschlagen ist. Die Füße greifen über den Rahmen hinaus. Im breitsträhnigen Haar trägt sie ein Diadem. Ihr heiliges Tier, der Pfau, zu ihrer Rechten stolziert in Gegenrichtung.

b) *Merkur.* H. 0,70 m; Br. 0,31 m. Abplatzungen an der oberen rechten Ecke – Reste der weißen Grundierung am rechten Arm.

Auf der im Uhrzeigersinn folgenden Seite ist Merkur dargestellt, nackt, von athletischer Gestalt, mit rechtem Stand- und linkem Spielbein, den leicht gesenkten Kopf zu seiner Linken in Richtung Juno gewendet. Die gesenkte Linke ist auf den Heroldstab *(caduceus)* gestützt, wobei der Rahmen überschnitten wird. In der nur wenig angehobenen Rechten hält er den wohlgefüllten Geldsack *(marsupium)*. Das dem Kopf entwachsene Flügelpaar wird z.T. von den kurzen Löckchen verdeckt. Das göttliche Tier des Merkur, der Hahn, stolziert in Gegenrichtung.

Abb. 10: Heidelberg. Gesimsplatte des Sockels (Viergötterstein).

Abb. 11: Heidelberg. Vorderseite des Zwischensockels mit Weihinschrift.

Abb. 12: Heidelberg. Linke Nebenseite des Zwischensockels mit Darstellung des Sol.

c) *Herkules.* H. 0,71 m; Br. 0,40 m. Im unteren Teil des Reliefs starke Einwitterungen.
Die Rückseite des Sockels nimmt Herkules ein, mit vor Kraft strotzendem Körper, kurz geschorenem gelocktem Haar und vollem, zu „Korkenzieherlocken" stilisiertem Bart. Der Heros ist jedoch nicht ruhig stehend, sondern in Ausfallstellung nach rechts, mit den Füßen den Bildrand überschneidend, im Kampf mit der Hydra wiedergegeben, aus deren Rumpf sich drei „geschuppte" Schlangenleiber entwickeln. Gegen sie schwingt er mit der Rechten die mächtige, mit geschnitzter Handhabe versehene Keule, während er mit der Linken einen Kopf des seinen Unterkörper bedrohenden Ungeheuers ergriffen hat. Zwei andere Köpfe der Hydra, die sich um den linken Unterschenkel des Heros gewunden hat, hängen bereits getötet herab. Von seinem um die linke Hand geschlungenen, streifig wiedergegebenen Löwenfell ist nur eine Partie, darunter eine Tatze, zwischen den Beinen des Helden zu sehen.
d) *Minerva.* H. 0,70 m; Br. 0,31 m. Leichte Beschädigung am Rahmen links; Einwitterungen der Verfüllungsmasse, auch im Gesicht.
Minerva hält in der erhobenen Rechten die Lanze, die einem Zepter gleich oben mit einem Knauf abschließt, während die profilierte Spitze zu Boden gesenkt ist; mit der Linken stützt sie sich auf einen mehrfach profilierten sechseckigen Schild, wobei der Bildrahmen überschnitten wird. Zu ihrer Rüstung gehört ferner ein Helm korinthischen Typs mit Federbusch *(crista)*, für dessen Darstellung sich die obere Rahmung zu einem Bogen öffnet. Über der linken Schulter der Göttin erscheint ihr heiliges Tier, die Eule, die wohl auf einem einst in Malerei angegebenen Pfeiler saß. Minerva, wie Juno beschuht und den Bildrahmen überschneidend, ist mit bodenlangem Peplos samt seitlich ausgestelltem Apoptygma (?) und Mantel angetan, der mit breitem Umschlag über der Brust schräg zu ihrer rechten Schulter geführt ist. Rechtes Stand- und linkes Spielbein sind deutlich differenziert; der Kopf ist nur leicht zu ihrer Rechten gewendet.

4. *Gesimsplatte des Sockels.* H. 0,28 m; Br. unten 0,48 m, T. unten 0,38 m; Br. oben 0,82 m; T. oben 0,69 m (Abb. 10). An der Oberseite kleinere moderne Abplatzungen.
Der Viergötterstein wird von einer separat gearbeiteten Gesimsplatte abgeschlossen, die in Abstufungen aus einer Hohlkehle, zwei Plättchen, einer größeren Kehle und der nach oben abgeschrägten Deckplatte mit Aufschnürung gebildet wird. Auf ihrer Oberseite sind an drei Ecken kreuzförmige Versatzmarken (ca. 9 cm Seitenlänge) sowie an den Schmalseiten randlich, mittig je ein Hebelloch angebracht.
5. *Zwischensockel.* H. 0,29 m; Br. 0,56–0,59 m; T. 0,50 m. An den Rändern befinden sich größere und kleinere ausgebrochene Partien, insbesondere am Marsrelief. Versinterung am Mars-, Verfärbung am Lunarelief (Abb. 11–14).
Der querrechteckige Zwischensockel, mit Aufschnürung und Versatzmarken versehen, trägt auf der Vorderseite die knappe, dem üblichen Formular folgende Weihinschrift: I(ovi) · O(ptimo) ·

Abb. 13: Heidelberg. Rückseite des Zwischensockels mit Darstellung der Luna.

Abb. 14: Heidelberg. Rechte Nebenseite des Zwischensockels mit Darstellung des Mars.

M(aximo) / Mes(---) · Iblionis / v(otum) · s(olvit) · l(ibens) · l(aetus) · m(erito) (siehe den Beitrag von F. Feraudi-Gruénais u.B. Gräf). Auf den drei übrigen Seiten sind in flachem Relief die Büsten dreier Gottheiten in nur andeutungsweise gefälteter Tunika dargestellt, wobei die flachen Reliefs unten sowie seitlich von einfachen Leisten, oben, zur Aufnahme des Kopfes, von einer Abtreppung gerahmt sind.

Der jugendliche, gelockte Sol, den Kopf nur leicht zu seiner Linken, also zur Frontseite, gewendet, ist durch die siebenzackige Strahlenkrone ausgewiesen, deren obere Strahlen den Rahmen überschneiden. Ihm folgt Luna, von zwei nach oben gerichteten Mondsicheln nimbenartig hinterfangen; sie hat ihr von wulstigen Haarsträhnen eingefasstes Haupt zu ihrer Linken gewendet. Mars, durch Helm mit Busch kenntlich gemacht, ist, wie häufig, bartlos jugendlich dargestellt. Er hat den Kopf energisch zu seiner Rechten ins Profil gedreht, ist also zur Frontseite orientiert. Kalotte und Federbusch des Helms überschneiden deutlich die Rahmung.

6.,7. *Säule.* H. 1,62 m (Abb. 15; 16).
Die sehr gedrungen proportionierte Säule ist aus nur zwei Teilen zusammengesetzt.

6. H. 1,09 m, Dm. des Schaftes 0,31 m – 0,34 m – 0,28 m. Am Schaft stellenweise starke Versinterung. Rechteckige Plinthe, Basis attischer Ordnung mit Kehle zwischen zwei Wülsten (*torus – trochilus –*

Abb. 15: Heidelberg. Mit Lorbeerblättern verzierter Säulenschaft (sog. Schuppensäule) mit attischer Basis und Figuralkapitell.

Abb. 16: Heidelberg. Figuralkapitell mit vier weiblichen Büsten und hockenden Giganten.

torus), die durch eingedrehte Rillen untergliedert sind, H. 0,29 m, zum Schaft überleitende Kehle sowie der an- und abschwellende Säulenschaft (Entasis), der von nach oben gerichteten, von der Basis ausgehenden Lorbeerblättern umhüllt ist (sog. Schuppensäule). – Am Schaftende ist oben ein Spannloch eingearbeitet.

7. H. 0,54 m, Dm. des Schaftes 0,28 m – 0,27 m – 0,28 m; H. des Kapitells 0,36 m, Abakus ca. 0,41 m × 0,38 m. Kleinere Bestoßungen am Schaftende und am Halsring. Im Gesicht einer Protome, stellenweise an Giganten und Blättern starke Versinterung stehengelassen. Endstück des „geschuppten" Säulenschaftes mit ansitzendem Figuralkapitell.
Über dem den Säulenschaft abschließenden mehrfach profilierten und mit eingedrehter Rille versehenen Halsring (Kehle – Wulst – Kehle) folgt der Kranz der Akanthusblätter, auf denen an den vier Ecken statt Voluten jeweils ein Gigant hockt. Die Unholde sind durch die Schlangen, in denen ihre Beine enden und die sich seitlich züngelnd emporringeln, und ihre zwar kraftvolle, jedoch bucklige Gestalt als Giganten, durch die auf den Rücken gefesselten Arme als Besiegte charakterisiert. Zwischen ihnen erscheinen, die vier Seiten des Kapitells dominierend, jeweils die Protome einer Frau, die aus Kopf, Hals und Schulteransatz mit Tunikasaum bestehen (Taf. 1b–e). Sie sind z.T. frontal, z.T. den Kopf leicht zur Seite gewendet wiedergegeben. Die auf kräftigem Hals sitzenden breiten, in den Gesichtszügen differenzierten Köpfe tragen um einen Reif gewundenes oder spiralig gelocktes Haar, in das ein Diadem gesteckt ist, das bis zum oberen Rand des Abakus reicht. – Im Abakus ist mittig ein Spannloch eingearbeitet (5,5 cm × 7,5 cm).

8. *Jupitergigantenreitergruppe.* H. (mit Plinthe, ohne Kopf) noch 0,34 m; Br. ca. 0,45 m; Plinthe H. 0,08 m; Br. 0,24 m; T. 0,33 m; H. des Pferdevorderteiles ca. 0,16 m; Gesamthöhe ca. 0,50 m (Abb. 17–20). Eisernes Blitzbündel (Abb. 21; siehe den Beitrag von P. Mayer-Reppert).
Die bekrönende Gruppe ist stärker beschädigt. Abgeschlagen und verloren sind der Oberkörper Jupiters einschließlich Kopf und zum Schleudern der Waffe erhobenem rechtem Arm, sein linker Oberarm und sein rechter Unterschenkel, während die Waffe des Gottes, ein aus Eisen geschmiedetes Blitzbündel in Bleiverkittung, in Teilen erhalten geblieben ist. Kopf-/Halspartie des Pferdes wurden vom Rumpf getrennt und passen Bruch an Bruch an. Die Schnauze des Pferdes wurde abgeschlagen und ist verloren. Die Hinterbeine des Pferdes sind größerenteils verloren; vom Schweif haben sich nur der Ansatz und das Ende an der Plinthe erhalten. Die Vorderbeine sind z.T. abgeschlagen. Teile der Arme des Giganten sind beschädigt. Kleinere moderne Abschürfungen.
Besonders am Pferdekopf haben sich Spuren der weißen Grundierung in den Vertiefungen der lockigen Mähne und der Wange sowie rote Farbreste in der Mähne erhalten (Abb. 17). Die bessere Erhaltung der Fassung am Pferdekopf findet ihre Erklärung in der unterschiedlichen Lage beider Teile der Gruppe im Brunnenschacht, lag doch die Hals-/Kopfpartie mehr als 2,20 m unter dem Hauptteil der Gruppe.
Der missgestaltete Gigant hockt tief vorgebeugt am Boden, die in Schlangenköpfen endenden Beine sind unterhalb des Kopfes ineinander verschlungen. Die nach oben gestreckten, angewinkelten Arme sowie die Schultern tragen die Vorderbeine des Pferdes, das nicht über den Giganten hinweggesetzt, sondern den Überwundenen zu Boden drückt, wobei die Gruppe weit über die Plinthe vorkragt (während sie hinten mit ihr abschließt). Der übergroße Kopf des Mischwesens mit dem breiten Gesicht ist jugendlich ohne Zeichen des Schmerzes gegeben. Jupiter ist im sog. Linksgalopp wiedergegeben: Seine linke Seite ist nach vorn, die rechte zurückgenommen, in der linken Hand den Zügel locker haltend, als wolle er dem Pferd mehr Zügel lassen. Er ist – wie der Kaiser – mit Muskelpanzer, von dem sich Pteryges und Lederlaschen, unter ihm die Tunika, erhalten haben,

Abb. 17: Heidelberg. Pferdekopf der Jupitergigantenreitergruppe mit Spuren der weißen Grundierung.

Abb. 18: Heidelberg. Kopf und Körper des Giganten der Jupitergigantenreitergruppe ohne den Pferdekopf.

Abb. 19: Heidelberg. Ansicht der rechten Seite der Jupitergigantenreitergruppe.

sowie mit Fellstiefeln angetan. Zu ergänzen ist die übliche Chlamys, die über seiner rechten Schulter mit einer Fibel zusammengesteckt war und sich einst wohl im stürmischen Ritt blähte. In der Beuge des linken Armes hat sich ein Rest eines Gewandsaumes erhalten, der wohl zum Mantel (und nicht zur Tunika) gehörte. Den verlorenen Kopf des Gottes hat man sich – ähnlich einem freilich später entstandenen Neuenheimer Jupiterkopf (siehe unten) – mit lockigem Vollbart und reich gelocktem, das Gesicht rahmendem Haupthaar mit einer Anastolé über der Stirnmitte vorzustellen. Entsprechend der gesenkten Haltung des Pferdes setzt der linke Fuß des Gottes auf der Plinthe auf. Dagegen war der z. T. weggebrochene rechte Unterschenkel etwas stärker angewinkelt. Zur militärischen Ausrüstung seines Pferdes gehören der sich dreieckig verbreitende Brustgurt und die Satteldecke. Die Mähne des Pferdes ist gescheitelt und zu breiten Büscheln zusammengefasst. Das Stirnhaar ist zu einem Knoten geflochten.

Die einzelnen Teile des Anathems waren nicht mittels Eisendübel in Bleiverguss, wie dies u. a. bei einer Jupitersäule aus Köln-Longerich[14] zu beobachten war, miteinander verbunden. Sie werden durch Vermörtelung fixiert worden sein, wie diese bei der Ausgrabung noch zwischen Abdeckplatte und Sockelbasis vorhanden war. Die „Löcher" an der Oberseite von Säulenschaft und Kapitell dienten zum Einspannen der Rohlinge in eine Drehbank, von deren Einsatz auch die Rillen an Säulenbasis und -kapitell sowie am Schaft herrühren.

Ikonographische Einordnung

Das neu gefundene dem Jupiter errichtete Säulenmonument ist nach dem Vorbild der Inschrift eines Augsburger Säulensockels als *columna cum signo* zu

14 Noelke 1981, 419 f. Nr. 10 Taf. 64.

Abb. 20: Heidelberg. Jupitergigantenreitergruppe ohne den Pferdekopf.

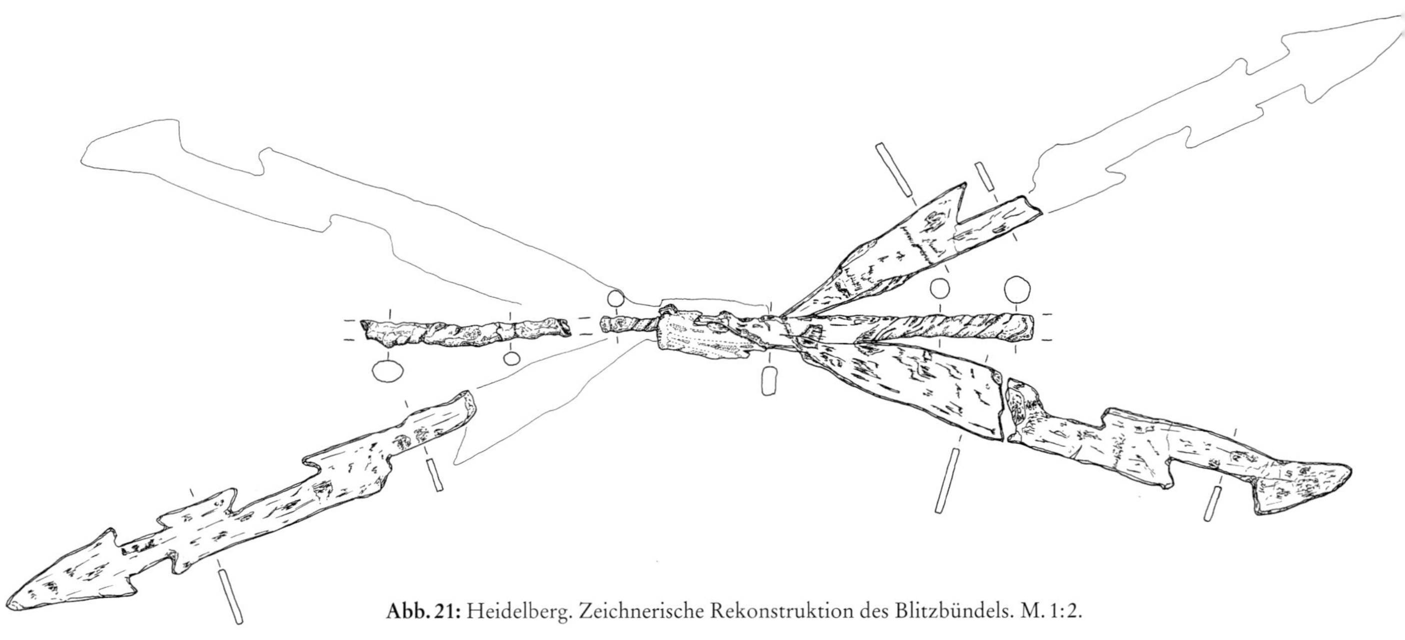

Abb. 21: Heidelberg. Zeichnerische Rekonstruktion des Blitzbündels. M. 1:2.

bezeichnen.[15] Ein dem I. O. M. geweihter Altar des Stifters einer anderen Heidelberger Säule kündet von der Aufstellung von *ara et columna*.[16] Die neu gefundene „Säule mit Standbild“ des Jupiter entspricht in ihrem Aufbau und ihrer Ausgestaltung zwar im Wesentlichen dem bekannten Repertoire der Jupitergigantensäulen der Germania superior und der Gallia Belgica.[17] Doch weist die Stiftung des Mes(---) Iblionis einige Besonderheiten auf, so dass eine eingehende Analyse angebracht ist.

Sofort fällt der sehr gedrungene Säulenschaft mit starker Entasis ins Auge, der noch über das von den Säulen aus Butterstadt, Stadt Bruchköbel, Main-Kinzig-Kreis,[18] und Butzbach, Wetteraukreis,[19] Bekannte hinausgeht (Abb. 3; Taf. 1a). Die meisten Jupitersäulen, z. B. das bekannte Votiv aus Wiesbaden-Schierstein[20] und besonders ein Monument aus Frankfurt-Heddernheim-Nida, das von einer Gruppe des thronenden Paares Jupiter/Juno bekrönt wird,[21] verfügen über schlankere Schäfte und weisen ein ausgeglicheneres Verhältnis von Säule mit Bekrönung zu Unterbau und Sockelung auf.

Die in Heidelberg verlochte Deckplatte der Fundamentierung ist nur äußerst selten erhalten und damit für die Kenntnis der Aufstellung der Jupitersäulen von besonderem Interesse.[22] Die separate Ausarbeitung von Basis und Gesims des Hauptsockels kommt häufiger vor, wozu nur auf die von B. Heukemes in *Lopodunum*/Ladenburg, Rhein-Neckar-Kreis, geborgene[23] und eine von Ph. Filtzinger veröffentlichte Walheimer Säule (Kr. Ludwigsburg)[24] verwiesen sei.

Die für den Hauptsockel des Heidelberger Monumentes ausgewählten Gottheiten Juno – Merkur – Herkules – Minerva bilden, wie schon der Pionier in der Erforschung der sog. Viergöttersteine, F. Haug, erkannt hat,[25] die mit großem Abstand häufigste Götter-Gruppierung auf Jupitersäulen der Germania superior, wo sie auf einen Anteil von mehr als

15 L. Bakker, Tempel und Weihedenkmäler in Augusta Vindelicum. In: Die Römer in Schwaben. Jubiläumsausstellung 2000 Jahre Augsburg. Arbeitsh. Bayer. Landesamt Denkmalpfl. 27 (München 1985) 107–110 Abb. 73.

16 CIL XIII 6397; Bauchhenß 1981, 144 Nr. 214 mit weiterer Lit.

17 Bauchhenß 1981, 47–82; Noelke 2006, 279–282 mit der neueren Lit.

18 Bauchhenß 1981, 110 f. Nr. 94–97 Taf. 10 f.; M. Mattern, Römische Steindenkmäler vom Taunus- und Wetterau-Limes mit Hinterland zwischen Heftrich und Großkrotzenburg. CSIR Deutschland II, 12 (Mainz 2001) 145 f. Nr. 317–320 Taf. 122 f.

19 Bauchhenß 1981, 111 f. Nr. 100–103 Taf. 10 f.; Mattern (Anm. 18) 93 f. Nr. 177–180 Taf. 66–71; Noelke 2006, 344 Nr. 4.

20 Espérandieu, Germanie 25–27 Nr. 31; Bauchhenß 1981, 244 Nr. 557–560 Taf. 52 f.; M. Mattern, Die römischen Steindenkmäler des Stadtgebiets von Wiesbaden und der Limesstrecke zwischen Marienfels und Zugmantel. CSIR Deutschland II, 11 (Mainz 1999) 75–77 Nr. 19–21 Taf. 12–15; Noelke 2006, 351 f. Nr. 24 Abb. 26 f.

21 Espérandieu, Germanie 63 f. Nr. 93 f.; Bauchhenß 1981, 126 Nr. 150–153 Taf. 15; Noelke 2006, 345 f. Nr. 10.

22 Zum Beispiel bei der Säule aus Walheim (Anm. 24) und der Säule aus Butterstadt (Anm. 18).

23 B. Heukemes, Die Jupitergigantensäule von Ladenburg in antiker Zeit und heute, dreimal zerstört und zweimal wiederhergestellt. Denkmalpfl. Baden-Württemberg 4, 1975, 38–43; Bauchhenß 1981, 155 f. Nr. 249–252; Wiegels 2000, 42–51 Nr. 8 Abb. 10; Noelke 2006, 349 Nr. 19 Abb. 8.

24 Ph. Filtzinger, Die Jupitergigantensäulen von Walheim. Fundber. Baden-Württemberg 1, 1974, 437–482, hier 465 Nr. I, IV Abb. 7 f.; Bauchhenß 1981, 237 f. Nr. 537–39; Noelke 2006, 320.

25 F. Haug, Die Viergöttersteine. Westd. Zeitschr. Gesch. u. Kunst 10, 1891, 9–161, 295–340, hier S. 320–24.

40 % des Bestandes kommt.[26] Gleichwohl ist die üblich gewordene Bezeichnung als „Normalreihe" angesichts der Vielfalt an sonstigen Bildprogrammen unglücklich. Wie G. Bauchhenß erkannt hat, dürfte die Gruppierung auf Kulte im Kapitolsheiligtum Roms zurückgehen, wo neben Juno und Minerva als Göttinnen der *Trias Capitolina* Merkur und Herkules mitverehrt wurden.[27] Folgt die Götterauswahl des Heidelberger Sockels also gängigen Vorstellungen, so weichen die Darstellungen der einzelnen Gottheiten zum Teil vom Repertoire deutlich ab. Dies gilt insbesondere für Herkules, der nicht repräsentativ ruhig stehend, die Rechte auf die am Boden stehende Keule gelegt, in der angewinkelten Linken die den Hesperiden abgewonnenen Äpfel haltend wiedergegeben ist, wie dies z.B. die Säulen aus Ladenburg, Walheim oder Mosbach-Diedesheim, Neckar-Odenwald-Kreis,[28] zeigen. Seltener ist der Heros auf den Sockeln in Aktion dargestellt, z.B. im Kampf mit dem Löwen von Nemea, wie auf einer Säule aus Dieburg, Kr. Darmstadt-Dieburg.[29] Der Kampf des Helden mit dem Ungeheuer von Lerna, der zweiten Tat des *Dodekathlos*,[30] begegnet auf Viergöttersteinen bislang nur vereinzelt, darunter auf einem qualitätvollen, jedoch stark beschädigten Sockel, der im Keller eines Hauses in *Lopodunum*/Ladenburg verfüllt worden war.[31] Auch in der übrigen Votivplastik, darunter ein reliefierter Pfeiler mit Darstellung der Herkulestaten aus Lorsch, Kr. Bergstraße[32], auf Grabreliefs[33] sowie in Mosaik und Malerei[34] Germaniens und Galliens wird dieser Mythos nur selten thematisiert. In der Bildform – Ausfallstellung, geschwungene Keule, sich um das Bein windende Hydra – folgt das Heidelberger Relief dem kaiserzeitlichem Typus, was auch für die Beschränkung auf drei Schlangenköpfe und den Verzicht auf einen verdickten Leib des Ungeheuers gilt, das auch keinen Frauenkopf, wie zuweilen vorkommend, erhalten hat.[35]

Merkur erscheint auf dem Heidelberger Sockel nicht, wie vorherrschend, mit Chlamys, Flügelhut und geschultertem Heroldstab (siehe z.B. die Säulen von Schierstein, Dieburg, Ladenburg, Diedesheim), sondern nackt, mit „Kopfflügeln", die Linke auf den *caduceus* gestützt. Dieser Typus, der bei Kleinbronzen Germaniens und Galliens häufiger begegnet,[36] findet sich in der Skulptur dieses Gebietes relativ selten.[37] Für die Gattung der Jupitersäulen ist auf den bereits angesprochenen Ladenburger Sockel, einen Viergötterstein aus Glan-Münchweiler, Kr. Kusel,[38] und einen Zwischensockel mit den Wochengöttern aus Heddernheim[39] zu verweisen.

Juno ist wie üblich mit *patera* und *acerra* als Opfernde dargestellt. Nicht selten kommt, z.B. auf den Säulen aus Ladenburg und Dieburg, ein Opferaltar hinzu, oder die Göttin hält in der Linken statt des Weihrauchkästchens das ihr als Juno Regina zukommende Zepter, wie dies auf der Walheimer Säule der Fall ist. Ungewöhnlich ist jedoch, dass sie auf dem Heidelberger Relief als Opfernde nicht der *pietas* gemäß das Haupt verhüllt hat – wohl eine dem Bildhauer geschuldete Vereinfachung der Figur.

An der Heidelberger Minerva wird die Wiedergabe der Lanze mit nach unten gerichteter Spitze und zepterartigem oberem Abschluss verwundern, doch lässt sich diese Variante mehrmals nachweisen. Anders hingegen der sechseckige Schild, der einer Schildform der Auxiliarreiterei entspricht, während die Göt-

26 Bauchhenß 1981, 48f.

27 Ebd. 50.

28 E. Schallmayer, Die Jupitergigantensäule von Mosbach-Diedesheim, Neckar-Odenwald-Kreis. Arch. Ausgr. Baden-Württemberg 1986, 174–178; Noelke 2006, 350 Nr. 21 Abb. 22f.

29 H. Göldner/A. Kreuz, Begraben an einem „stillen Ort": Botanische und archäologische Funde als neue Hinweise zum Leben im römischen Dieburg. Denkmalpflege u. Kulturgesch. 2, 1999, 10–17; M. Mattern, Römische Steindenkmäler aus Hessen südlich des Mains sowie vom Bayerischen Teil des Mainlimes. CSIR Deutschland II, 13 (Mainz 2005) 152 Nr. 265–267 Taf. 96f.; K. Matijević/R. Wiegels, Inschriften und Weihedenkmäler des Römischen Dieburg. Saalburg Jahrb. 54, 2004, 197–258, hier 228f. Nr. 9 Abb. 16–20; Noelke 2006, 345 Nr. 7 Abb. 24f.

30 LIMC V (Zürich/München 1990) 35–43 s. v. Herakles with the Hydra (G. Kokkorou-Alewras); P. Boschert, Der Dodekathlos des Hercules auf Denkmälern des römischen Deutschland (Münster 1996) 45–70.

31 Haug (Anm. 25) 306; LIMC V (Zürich, München 1990) 253–262 s. v. Hercules in peripheria occidentali (L. J. Balmaseda). – Viergötterstein von Schloss Karlsberg bei Homburg/Saar im Historischen Museum der Pfalz in Speyer: Espérandieu V, 488 Nr. 4489; Espérandieu VIII, 49 Nr. 5950; Boschert (Anm. 30) 58; 60; 64; 306f. Nr. HYD 11 Taf. 15. – Zum Viergötterstein aus Ladenburg siehe S. 411 Anm. 85.

32 Boschert (Anm. 30) 59; 62–64; 304f. Nr. HYD 5–7 Taf. 11–13. Zum Pfeiler aus Lorsch: Espérandieu, Germanie 152f. Nr. 231; Mattern (Anm. 29) 187–189 Nr. 369 Taf. 123.

33 Verlorenes Grabrelief der Sammlung des Grafen Peter-Ernst von Mansfeld in Clausen bei Luxemburg, aus dem Treverergebiet: Espérandieu V, 307f. Nr. 4150; M. Kempchen, Mythologische Themen in der Grabskulptur. Germania inferior, Germania superior, Gallia Belgica, Raetia (Münster 1995) 40f. 165 Nr. 10.

34 Boschert (Anm. 30) 46, 52f. 60f. 64f. 303 Nr. HYD 3f. Taf. 10. Zum Trierer Mosaik jetzt P. Hoffmann/J. Hupe/K. Goethert, Katalog der römischen Mosaike aus Trier und dem Umland (Trier 1999) 113f. Nr. 58 Taf. 23f.

35 Boschert (Anm. 30) 45–47.

36 H. G. Horn, Zwei neue Bronzen im Rheinischen Landesmuseum Bonn. Bonner Jahrb. 172, 1972, 141–174, hier 141–164.

37 J. Hupe, Studien zum Gott Merkur im römischen Gallien und Germanien. Trierer Zeitschr. 60, 1997, 53–227, hier S. 71.

38 Espérandieu VIII, 123f. Nr. 6067; Sprater 1930, 2, 59 Abb. 74; Horn (Anm. 36) 155 Nr. 15; H. Hirte, Römische Steindenkmäler der Pfalz. Denkmäler des Götterkultes. Diss. Phil. Fak. Universität Mannheim (1995) 321 Kat. Nr. VG 32.

39 Espérandieu, Germanie 65f. Nr. 96; Horn (Anm. 36) 157 Nr. 29; Bauchhenß 1981, 130 Nr. 171 Taf. 16–19. – Siehe ferner den Viergötterstein aus Steinsfurt, hier S. 411, Anm. 84.

tin üblicherweise mit rundem oder ovalem Schild ausgestattet ist (z. B. Säulen von Schierstein, Ladenburg, Diedesheim).[40]
In der Tradition der Mainzer Jupitersäule zum Heile des Nero[41] sind Zwischensockel ein fester Bestandteil der Säulenmonumente der Germania superior. Wie G. Bauchhenß herausgearbeitet hat, ist ihre Gestaltung und Thematik sehr vielfältig.[42] Neben quadratischen und rechteckigen kommen sechs- und achteckige sowie zylindrische Steine vor, die, wie bei der Säule in Mainz, häufig auf der Frontseite die Weihinschrift tragen. Auf den Nebenseiten werden, wenn sie nicht unverziert geblieben (z. B. die Säule aus Dieburg) oder nur ornamentiert sind wie bei der Ladenburger Säule, wechselnde Gottheiten dargestellt. Nach dem Vorbild der Mainzer Säule gehören dazu die beiden Dioskuren[43] nebst einer dritten Gottheit wie Apoll oder Viktoria[44]. Auf der bekannten, bereits 1884 in einem Brunnen entdeckten Heddernheimer Jupitergigantensäule sind Viktoria, Mars, Genius, Fortuna, Ceres (?) und Venus dargestellt[45], Gottheiten also, die auch auf den Hauptsockeln wiedergegeben werden.
Das bei Weitem beliebteste Bildprogramm der Zwischensockel ist die Darstellung der sieben Planeten-/Wochengötter, sei es in Ganzfigur wie auf der Butzbacher Säule oder dem bereits erwähnten Heddernheimer Stein (Anm. 39), sei es als Protomen, wofür eine weitere Heddernheimer Säule mit der Gruppe des thronenden Paares Jupiter/Juno als Bekrönung sowie das Votiv aus Diedesheim (Anm. 28) genannt seien.[46] Saturn – Sol – Luna – Mars – Merkur – Jupiter – Venus werden auf zylindrischen oder achteckigen (Heddernheim, Anm. 39), zuweilen auf sechseckigem Sockel angebracht.[47] Ein querrechteckiger Zwischensockel mit der Weihinschrift auf der Frontseite ist im spätantiken Burgus von Altrip, Kr. Ludwigshafen, wiederverwendet worden.[48] Die Büsten der Wochengötter sind paarweise, auf einem Feld zu dritt (Luna – Mars – Merkur) wiedergegeben. Eine Beschränkung des Reliefprogramms der Wochengötter-Steine auf drei Gottheiten oder eine andere Auswahl an Wochengöttern ist bislang nicht bekannt geworden. Der Heidelberger Zwischensockel ist damit nicht als Exzerpt eines Wochengöttersteines anzusprechen, zumal der Gott des ersten Wochentages, Saturn, fehlt. Die auf ihm dargestellten Gottheiten, Sol – Luna – Mars, begegnen auch sonst auf Zwischensockeln[49], auf der neronischen Mainzer Säule sowie in der Germania inferior auf Jupiter-Pfeilern und Sockeln.[50] Denkbar ist, dass der Heidelberger Sockel ein Zwischenglied in der Entwicklung zu den Wochengötter-Steinen bildet.
Der Säulenschaft des Heidelberger Anathems hebt sich nicht nur, wie erwähnt, in seinen äußerst gedrungenen Proportionen vom Gros der Säulenmonumente ab. Üblicherweise sind die den Schaft umhüllenden Lorbeerblätter gegenläufig angeordnet: Von der Basis bzw. vom Kapitell ausgehend weisen ihre Spitzen nach oben bzw. nach unten, ihre Kontaktstelle ist durch eine Taenie verhüllt. Nur selten, z. B. bei der Säule aus Butterstadt, ist auf den Wechsel verzichtet, indem die Spitzen der Blätter vom Kapitell ausgehend einheitlich nach unten orientiert sind. In Heidelberg ist die entgegengesetzte Anordnung gewählt.

---

40 Haug (Anm. 25) 303; z. B. Viergötterstein aus Godramstein, Stadt Landau: Espérandieu VIII, 12f. Nr. 5907; E. Gropengiesser, Römische Steindenkmäler. Bildh. Reiss-Museum Mannheim (Mannheim 1975) 21f. Taf. 24f; Bauchhenß 1981, 135f. Nr. 186f. Taf. 20. – Dreigötterstein der Heddernheimer Jupitergigantensäule Anm. 45. – Zum hexagonalen Schild der Auxiliare, speziell der Reiterei: A. Nabbefeld, Römische Schilde. Studien zu Funden und bildlichen Überlieferungen vom Ende der Republik bis in die späte Kaiserzeit. Kölner Stud. Arch. röm. Provinzen 10 (Rahden/Westf. 2008) 23.

41 Espérandieu VII, 377–390 Nr. 5887; Bauchhenß 1981, 162f. Nr. 272–75 Taf. 31; Bauchhenß, Die große Iuppitersäule aus Mainz. CSIR Deutschland II, 2. Germania superior (Mainz 1984) 4f. Taf. 5–8.

42 Bauchhenß 1981, 56–61.

43 Ebd. 57f.; K. Kortüm, Portus-Pforzheim. Quellen u. Studien zur Geschichte der Stadt Pforzheim 3 (Sigmaringen 1995) 120; 125f. Nr. 9f. Taf. 6f., 8.

44 Bauchhenß 1981, 58.

45 Espérandieu, Germanie 69–73. Nr. 101f.; Bauchhenß 1981, 124–26 Nr. 143–49; Meier-Arendt 1983, 47 Nr. 21; 53 Nr. 27; 54–59 Nr. 28 (mit Abb.); Noelke 2006, 346 Nr. 11 Abb. 1.

46 F. Haug, Die Wochengöttersteine. Westd. Zeitschr. Gesch. u. Kunst 1890, 17–53; E. Maas, Die Tagesgötter in Rom und den Provinzen (Berlin 1902) 171–236; P.-M. Duval, Notes sur la civilisation Galloromaine 2. Les dieux de la semaine. Gallia 11, 1953, 282–292; Bauchhenß 1981, 56f. – Heddernheimer Säule: Espérandieu, Germanie 88f. Nr. 134; Bauchhenß 1981, 126f. Nr. 155–158; Meier-Arendt 1983, 60–63 Nr. 30; 48f. Nr. 22 mit Abb.; Noelke 2006, 347 Nr. 12 Abb. 4.

47 Aus Pforzheim: Espérandieu, Germanie 228f. Nr. 361; Bauchhenß 1981, 204 Nr. 422; Kortüm (Anm. 43) 118–120; 127 Nr. 12 Taf. 10.

48 Espérandieu VIII, 79f. Nr. 5996; Sprater 1930, 61 Abb. 88–90; Bauchhenß 1981, 87 Nr. 7.

49 Sol und Luna: Zwischensockel aus Kirchheim an der Weinstraße, Kr. Bad Dürkheim, Espérandieu VIII, 67f. Nr. 5982; Bauchhenß 1981, 59; 152 Nr. 237 Taf. 28. – Mars ist z. B. auf dem Zwischensockel der Heddernheimer Säule Anm. 45 wiedergegeben. Sehr häufig begegnet er auf den Hauptsockeln: Bauchhenß 1981, 51f.

50 Rommerskirchen, Rhein-Kreis Neuss mit Darstellung von Sol, Luna, Juno, Herkules, Merkur sowie weiterer Gottheiten: Noelke 1981, 475f. Nr. 175 Taf. 92f. – Auf einem Kölner Pfeiler, u. Anm. 82, sind u. a. Sol und Mars dargestellt. – Fragmente eines auf vier Seiten reliefierten Pfeilers aus Jülich mit Darstellung von Mars, Merkur, Venus, Apoll in einem Register und Sol in einem oberen Register – zu ergänzen ist sicher Luna: P. Noelke, Iuppitersäulen und -pfeiler in Niedergermanien – Neufunde aus 25 Jahren. In: H. G. Horn u. a. (Hrsg.), Von Anfang an. Archäologie in Nordrhein-Westfalen. Ausstellungsbegleitbuch Köln u. Herne 2005/2006 (Mainz 2005) 128–137, hier 134–136 Abb. – Fragment eines Sockels (?) mit Darstellung des Herkules und des Sol, zu ergänzen der Luna, aus Pulheim-Sinthern, Rhein-Erft-Kreis: G. Bauchhenß, Fragment eines Viergöttersteines aus Pulheim-Sinthern. Bonner Jahrb. 184, 1984, 327–334.

Weist der Schaft mithin eine vereinfachte Bearbeitung auf, so zeichnet sich das Kapitell der Heidelberger Säule durch eine besonders aufwendige Gestaltung aus. Die dem Kranz der Akanthusblätter entwachsenden Büsten sind ungewöhnlich großformatig und präzise ausgearbeitet, gleichwohl stößt ihre Deutung auf Schwierigkeiten (Taf. 1b–e). Ein Teil der Jupitersäulen Obergermaniens und der Belgica schließt mit Figuralkapitellen ab, deren Protomen zu Recht als Göttinnen der Vier Jahreszeiten, der Horae, interpretiert werden,[51] darunter das Votiv aus Diedesheim (Anm. 28), die bekannte Säule aus Hausen a. d. Zaber, Stadt Brackenheim, Kr. Heilbronn,[52] oder eine Weihung aus Steinsfurt, Stadt Sinsheim, Rhein-Neckar-Kreis[53] mit der Wiedergabe von Haarkränzen aus Blüten (Frühling), Ähren (Sommer), Früchten (Herbst) bzw. der wärmenden Verhüllung des Hauptes (Winter). Den Protomen mehrerer Figuralkapitelle fehlen jedoch die charakteristischen Attribute, wofür etwa eine Schuppensäule aus Rheinzabern, Kr. Germersheim[54], und eine Rankensäule aus dem Mithraeum von Heidelberg-Neuenheim[55] genannt seien. Auf einigen Figuralkapitellen, z. B. dem der Walheimer Säule, erscheint die Büste eines bärtigen Mannes. Die unter anderen von E. von Mercklin[56] vertretene Deutung der vier Protomen als Personifikationen der Vier Tageszeiten (Nox – Matuta oder Matutinus – Meridies – Vespera) vermag mangels ikonographischer Parallelen nicht zu überzeugen.

Muss die Deutung der Gottheiten/Personifikationen des Heidelberger Figuralkapitells zunächst offenbleiben, so ist die Bestimmung der an den vier Ecken des Kapitells dem Atlas gleich den Abakus „tragenden“ Figuren zweifelsfrei: Die schlangenbeinigen, missgebildeten gefesselten Wesen sind überwundene Giganten. Die Kombination der Giganten mit den Götterprotomen zwischen ihnen findet sich nur selten an Kapitellen von Jupitersäulen.[57] Ein neu gefundenes Figuralkapitell nebst Ansatz der „Schuppensäule“ aus Ober-Wölfstadt, Wetteraukreis, kombiniert die Gigantenfiguren mit den Büsten der Horae.[58] Die Verbindung der Giganten an den Ecken mit den Protomen nicht näher spezifizierter Gottheiten an den vier Kapitellseiten kehrt wieder an den Kapitellen von Grabbauten des Treverergebietes wie der „Igeler Säule“.[59] Das Kapitell des Heidelberger Neufundes nimmt mithin, ähnlich wie sein Zwischensockel, eine gewisse Sonderstellung in der Typologie der Jupitersäulen-Kapitelle ein.

Die bekrönenden Jupitergigantenreiter weisen ein besonders breites Spektrum an Lösungen dieses schwierig zu gestaltenden Gruppenmotivs auf, wobei sich auch das unterschiedliche Können der Bildhauer deutlich auswirkt. Die Panzerung Jupiters sowie seine Stiefeltracht – der griechisch-römischen Vorstellung vom höchsten der Götter ebenso fremd wie sein Gigantenkampf zu Pferde – sind häufig für die Gruppen bezeugt. Das Blitzbündel in der erhobenen Rechten des Reiters wies diesen (wie die Inschrift) unübersehbar als Jupiter aus.[60] Von den wohl zumeist in Metall gearbeiteten Attributen haben sich freilich nur ein bronzenes, beim Votiv aus Steinsfurt (Anm. 53), und neben dem Heidelberger ein zweites eisernes Blitzbündel aus dem elsässischen Wasserwald bei Saverne (Bas-Rhin) erhalten.[61] Am markantesten ist die Panzerung Jupiters an einer Gruppe aus Heddernheim ausgeprägt.[62] Eine detaillierte Wiedergabe des Pferdegeschirrs, die darin weit über die Heidelberger Gruppe hinausgeht, zeichnet einen Torso aus Ettlingen, Kr. Karlsruhe, aus.[63] Die Darstellung des

51 Bauchhenß 1981, 63.

52 H. Klumbach, Der römische Skulpturenfund von Hausen an der Zaber. Forsch. u. Ber. Vor- u. Frühgesch. Baden-Württemberg 5 (Stuttgart 1973) 15f. Taf. 11–14; Bauchhenß 1981, 142f. Nr. 208–211; Noelke 2006, 320 Abb. 28.

53 Bauchhenß 1981, 227 Nr. 495f. Taf. 44,1; 45. – Ferner die Kapitelle von Säulen aus Enzberg, u. Anm. 124 und Heddernheim, u. Anm. 62.

54 Espérandieu VIII, 8 Nr. 5897; Sprater 1930, 61 Abb. 92; H. Kähler, Die römischen Kapitelle des Rheingebietes. Röm.-Germ. Forsch. 13 (Berlin 1939) 62 Taf. 10 K8; v. Mercklin 1962, 102 Nr. 266 Abb. 486; Bauchhenß 1981, 211 Nr. 445; Hirte (Anm. 38) 346f. Kat.-Nr. SÄUL 5.

55 Wagner 1911, 278 Nr. 1 Abb. 234a; Espérandieu, Germanie 291 Nr. 444; Kähler (Anm. 54) 64 Taf. 11,O2 mit Datierung „etwa in das erste Drittel des 3. Jahrhunderts“; v. Mercklin 1962, 98 Nr. 245 Abb. 464; Bauchhenß 1981, 145 Nr. 217 Taf. 25,3.

56 v. Mercklin 1962, 85, 95–104. Diese Deutung schon bei F. Hertlein, Die Juppitergigantensäulen (Stuttgart 1910) 87–93.

57 Zum Beispiel ein Kapitell vom Donon (Bas-Rhin): Espérandieu IX, 377 Nr. 7244; v. Mercklin 1962, 181 Nr. 440 Abb. 847; Bauchhenß 1981, 117f. Nr. 121 Taf. 15,1. – Figuralkapitell mit nicht mehr bestimmbaren Protomen und hockenden Giganten an den Ecken aus Unterkochen, Gde. Aalen, Kr. Aalen: F. Haug/G. Sixt, Die römischen Inschriften und Bildwerke Württembergs^2 (Stuttgart 1914) 123f. Nr. 59; G. Weber, Jupitersäulen in Rätien. In: Forschungen zur provinzialrömischen Archäologie in Bayerisch-Schwaben. Schwäb. Geschichtsquellen u. Forsch. 14 (Augsburg 1985) 269–280, hier S. 273f. Nr. F 13–4 Abb. 5.

58 V. Rupp/B. Zehe, Prächtig verziertes Kapitell einer Jupitersäule entdeckt. Hessen Arch. 2003, 101–103.

59 H. Dragendorff/E. Krüger, Das Grabmal von Igel (Trier 1924) 88f. Abb. 64f. Taf. 18f.; v. Mercklin 1962, 175 Nr. 421b Abb. 819–821.

60 Hertlein (Anm. 56) 31–33.

61 Bauchhenß 1981, 227 Nr. 496 Taf. 45; Espérandieu VII, 241 Nr. 5690; Bauchhenß 1981, 238 Nr. 540. – Ferner hat sich bei einem thronendem Jupiter aus Trier ein bronzenes Blitzbündel erhalten: Binsfeld/Goethert-Polaschek/Schwinden (Anm. 86) 61f. Nr. 101 Taf. 31.

62 Meier-Arendt 1983, 67f. Nr. 32 Abb.; Bauchhenß 1981, 128 Nr. 161; Noelke 2006, 347 Nr. 13 Abb. 7. – Das im selben Brunnen gefundene Figuralkapitell samt Ansatz der Schuppensäule mit den Protomen der Vier Jahreszeiten gehört zu einer anderen Jupitersäule: Meier-Arendt 1983, 67 Nr. 32; Bauchhenß 1981, 128 Nr. 162; Noelke 2006, 347 Nr. 13.

63 E. Schallmayer, Der Torso eines Jupitergigantenreiters aus Ettlingen, Kr. Karlsruhe. Fundber. Baden-Württemberg 7, 1982, 301–316.

Reiters im Linksgalopp, wobei sein rechtes Bein zurückgenommen, sein linkes vorgeschoben ist, die Linke den Zügel fasst, findet sich z.B. bei zwei Pforzheimer, einer Walheimer und einer Ladenburger Gruppe.[64] Allerdings hat der Bildhauer der Heidelberger Skulptur das Vorderteil des Pferdes so tief angesetzt, dass der linke Fuß des Gottes am Boden aufsetzt.

Das Motiv der Heidelberger Gruppe mit am Boden hockendem Giganten, der sich dem Gott nicht kämpferisch entgegenwendet, wie dies z.B. die Gruppe aus Butterstadt zeigt (Anm. 18), sondern von diesem rücklings überritten wird, wobei der Gigant das Pferd mit Armen und Schultern stützt, ist bei den Säulen-Monumenten weit verbreitet. Das gilt ebenso für den Verzicht auf Bewaffnung des Giganten mit Keulen oder Steinen.[65] Als Beispiel sei nochmals die Walheimer Gruppe genannt (Anm. 64), deren Gigant wie der Heidelberger ebenfalls weit über die Plinthe vorkragt. Beide Skulpturen stellen den Giganten nicht als bärtigen Unhold vor, wie dies besonders eindrucksvoll die Heddernheimer Gruppe tut (Anm. 62), sondern als Jüngling, wozu es mehrere Parallelen, unter anderem in Schierstein, gibt.

Zur Datierung

Die Datierung der neu gefundenen Jupitersäule muss sich im Wesentlichen auf die stilistische Einordnung stützen, wofür sich insbesondere die Reliefs des Viergöttersteines anbieten. Die Weihinschrift weist wohl Elemente für eine zeitliche Einordnung in die erste Hälfte des 2. Jh. auf (siehe den Beitrag von F. Feraudi-Gruénais/B. Gräf, S. 422).

Ein Gutteil der Jupitersäulen Obergermaniens entstammt der ersten Hälfte des 3. Jh. n. Chr., was von einer Reihe durch Nennung der Jahreskonsuln zwischen 206 und 246 n. Chr. datierter oder sich ihnen stilistisch anschließender Monumente gesichert ist.[66] Hierzu gehört auch ein Sockel aus dem Kultbezirk auf dem Heiligenberg oberhalb Neuenheims mit der Darstellung von Fortuna, Viktoria und Vulkan.[67] Der Dreigötterstein geht, wie ein Sockel aus Iggelheim, Kr. Ludwigshafen[68], in seinen geschwungenen Figuren deutlich über den in das Jahr 206 n. Chr. datierten Mainzer Viergötterstein hinaus.[69] Letzterem entsprechen hingegen in den geschlossenen Umrissen ein Sockel aus Godramstein, Stadt Landau,[70] und vor allem die bereits angesprochene Jupitersäule aus Diedesheim (Anm. 28). Ein weiterer, allerdings bis auf das Herkulesrelief stark beschädigter Heidelberger Sockel, gefunden im Mithraeum am Fuße des Heiligenberges[71], geht in seiner gedrungenen, die Muskulatur betonenden Modellierung über den Dreigötterstein der 221 n. Chr. datierten Schiersteiner Säule hinaus (Anm. 20) und erinnert an die Geniusstatue des Jahres 230 n. Chr. aus Heddernheim.[72] Die ebenfalls aus dem Mithraeum stammende Rankensäule (Anm. 55) wird aufgrund der Gestaltung ihres Figuralkapitells „in das erste Drittel des 3. Jh." gesetzt.[73] Die Jupitersäulen des zweiten Viertels des 3. Jh. n. Chr., wie sie unter anderem von einem Dreigötterstein des Jahres 240 n. Chr. aus Heddernheim[74] sowie den 242 bzw. 246 n. Chr. datierten Sockeln aus Mainz-Kastel[75] vertreten werden, weisen hingegen bereits eine starke Vereinfachung in der Modellierung der Körper und eine schematisierte oder summarische Behandlung der Gewänder auf. Sie findet sich z.B. an den Säulenweihungen aus Walheim (Anm. 24) und Dieburg (Anm. 29) wieder. Es ist evident, dass sich das neue Heidelberger Votiv in die Stilentwicklung der ersten Hälfte des 3. Jh. nicht einfügen lässt.

64 Pforzheim: Espérandieu, Germanie 246f. Nr. 383; Bauchhenß 1981, 202 Nr. 417 Taf. 40,4; Kortüm (Anm. 43) 120–122f. Nr. 1 Taf. 1. – Espérandieu, Germanie 243f. Nr. 380; Bauchhenß 1981, 203 Nr. 418 Taf. 40,3; Kortüm (Anm. 43) 120–122f. Nr. 2 Taf. 2. – Walheim: D. Planck, Zur Topographie des römischen Walheim. Ludwigsburger Geschbl. 40, 1987, 53–56 Abb. 43; ders., Das römische Walheim. Ausgrabungen 1980–1988. Arch. Inf. Baden-Württemberg 18 (Stuttgart 1991) 51 Abb. 67; Noelke 2006, 353 Nr. 29. – Ladenburg: Espérandieu, Germanie 204 Nr. 329; Bauchhenß 1981, 156f. Nr. 255; Wiegels 2000, 115f. Nr. 65 Abb. 64; Noelke 2006, 349 Nr. 18. – Zum Motiv allgemein Hertlein (Anm. 56) 28–50.

65 Hertlein (Anm. 56) 46f.; Bauchhenß 1981, 66f. – Neufund einer Jupitergigantengruppe mit Keule in der Hand des Giganten aus dem niedergermanischen Titz-Ameln, Kr. Düren: Noelke 2006, 357 Nr. 47 Abb. 2.

66 Hahl 1937, 65f. Hinzugekommen sind ein Sockel sowie eine Jupitergigantensäule aus Heddernheim der Jahre 240 bzw. 228 n. Chr., siehe u. Anm. 74, 131.

67 Espérandieu, Germanie 265–267 Nr. 411; Gropengiesser (Anm. 40) 19f. Taf. 20f.; Bauchhenß 1981, 144f. Nr. 215 Taf. 23–24.

68 Espérandieu VIII, 72f. Nr. 5988; Gropengiesser (Anm. 40) 22f. Taf. 26f.; Bauchhenß 1981, 148 Nr. 225–227 Taf. 27; Hirte (Anm. 38) 293–295 Kat.-Nr. VGZS 2.

69 Espérandieu VII, 274f. Nr. 5730; Hahl 1937, 26 Taf. 14,1–2; Bauchhenß 1981, 169 Nr. 296 Taf. 33,3; Bauchhenß 1984, 38f. Nr. 29 Taf. 47f.

70 Espérandieu VIII, 12f. Nr. 5907; Gropengiesser (Anm. 40) 21f. Taf. 24f.; Bauchhenß 1981, 135 Taf. 20; Hirte (Anm. 38) 292f. Kat.-Nr. VGZS 1.

71 Wagner 1911, 278 Abb. 234 f; Espérandieu, Germanie 286 Nr. 440; Bauchhenß 1981, 145 Nr. 216 Taf. 25,2.

72 Espérandieu, Germanie 77f. Nr. 111; Hahl 1937, 30 Taf. 22,2; Meier-Arendt 1983, 46 Nr. 19; Noelke, Ara et aedicula. Bonner Jahrb. 190, 1990, 116–120 Abb. 25.

73 Kähler (Anm. 54) 65.

74 A. Hampel, Ausgrabungen auf ehemaligem Armeegelände. Archäologie in Frankfurt am Main 1997–2001, 89–93 Abb. 81–83.

75 Espérandieu VII, 359f. Nr. 5862; Hahl 1937, 29 Taf. 21,2; Bauchhenß 1981, 184f. Nr. 362f. Taf. 34,2; Bauchhenß 1984, 49–51 Nr. 44 Taf. 76–79. – Espérandieu VII, 356 Nr. 5856; Hahl 1937, 29 Taf. 21,3; Bauchhenß 1981, 183 Nr. 357f. Taf. 34,3; Bauchhenß 1984, 53 Nr. 47 Taf. 84f.

Es muss daher die Möglichkeit einer Datierung in die zweite Hälfte des 1. oder in das 2. Jh. n. Chr. untersucht werden. Der Forschung ist es gelungen, im Anschluss an die Mainzer Säule zum Heile des Nero mehrere Sockel und Zwischensockel aus Mainz[76] und seiner Region: Alzey, Kr. Alzey-Worms[77], Bad Kreuznach, Kr. Bad Kreuznach[78], und Weisenheim/Sand[79] auf stilistischem Wege in die flavische bis trajanische Zeit zu datieren. Die Reliefs unterscheiden sich freilich stilistisch wie ikonographisch vom Neuenheimer Anathem, so dass dessen Entstehung im letzten Drittel des 1. oder frühen 2. Jh. n. Chr., also in der Heidelberger Kastellzeit, auszuschließen ist.

Die einzige inschriftlich in das 2. Jh. datierte Jupitersäule, ein Reliefsockel des Jahres 170 n. Chr. aus Mainz-Kastel[80], ist von so geringer Qualität, dass er für Stilvergleiche hier nur sehr eingeschränkt heranzuziehen ist. Für die Germania inferior konnte anhand von Sockel-, Säulen- und Pfeilerreliefs eine Chronologie vom frühen 2. bis zur Mitte des 3. Jh. n. Chr. erarbeitet werden,[81] während diese für die Germania superior noch aussteht. In der Abfolge dieser Reliefs lässt sich die Gewandbehandlung des neu gefundenen Heidelberger Sockels zwischen einem Jupiterpfeiler aus Köln[82] und einem Dreigötterstein aus Kessel, Prov. Limburg, NL, einordnen.[83] Verwandt sind der Kontrast von glatten, steifen Gewandpartien und scharfgratigen Faltenzügen, die zwischen den Beinen sich nach unten verbreiternde Stege bilden; ferner die weitgehende Bindung an den Reliefgrund. An einem Viergötterstein aus Steinsfurt, Stadt Sinsheim, Rhein-Neckar-Kreis ist trotz starker Korrosion eine eng verwandte Faltenbildung, am Merkur derselbe Bildtypus wie der des Heidelberger Sockels zu erkennen.[84] Dessen Reliefs mit Darstellung von Herkules und Merkur finden in Motiv wie Modellierung von Kopf (Herkules) und Körper eine enge Parallele auf dem in einem Keller von *Lopodunum* deponierten Viergötterstein.[85] Beim Viergötterstein der im Brunnen verlochten Ladenburger Jupitersäule (Anm. 23) sind die Figuren bereits räumlicher, die Gewandung plastischer angelegt, eine Entwicklung, die sich schon am Dreigötterstein von Kessel andeutete und an Viergöttersteinen aus Trier-Ehrang und Trier weiter fortgeschritten ist.[86] In der Grabplastik lassen sich analoge Tendenzen feststellen, wie an Reliefs mit stehenden Frauen trajanisch-hadrianischer, früh- bis spätantoninischer Zeit aufzuzeigen wäre.[87] Zwei Augsburger Grabmale für Ehepaare[88] – das eine überliefert die Haartracht der Frau, die an der Frisur der Faustina minor orientiert ist – gehen im Gewandstil und der Überwindung der Frontalität bereits in Richtung der Ladenburger Säule über die Heidelberger hinaus. Das Heidelberger Anathem dürfte um die Mitte des 2. Jh. n. Chr. entstanden sein.

Trifft diese Datierung zu, so gehört der Viergötterstein des Neufundes zu den frühesten Sockeln mit dem ab dann vorherrschendem Reliefprogramm Juno – Merkur – Herkules – Minerva.[89] Eine fortschrittliche Position nimmt auch das Kapitell des Neuenheimer Votivs ein. Figuralkapitelle gehören im Untersuchungsgebiet zumeist erst der ersten Hälfte

76 Hahl 1937, 37f.; Bauchhenß 1984, 28–33 Nr. 17–21 Taf. 21–33.

77 Hahl 1937, 36f.; E. Künzl, Alzey und Umgebung. CSIR Deutschland II, 1 (Bonn 1975) 16–18 Nr. 1 Taf. 1–4; Bauchhenß 1981, 90 Nr. 16 Taf. 2.

78 Hahl 1937, 37; Bauchhenß 1981, 96f. Nr. 39 Taf. 3; W. Boppert, Römische Steindenkmäler aus dem Landkreis Bad Kreuznach. CSIR Deutschland II, 9 (Mainz 2001) 50–52 Nr. 1 Taf. 1.

79 Bauchhenß, Der Zwischensockel einer Jupitergigantensäule aus Weisenheim a. Sand. Mitt. Hist. Ver. Pfalz 73, 1976, 167–174 Abb. 1–9; Bauchhenß 1981, 240 Nr. 546; Hirte (Anm. 38) 339–341 Kat.-Nr. ZS 11.

80 Espérandieu VII, 363f. Nr. 5866; Hahl 1937, 25 Taf. 12; Bauchhenß 1981, 183f. Nr. 359 Taf. 33,2; Bauchhenß 1984, 35f. Nr. 24 Taf. 38–41.

81 Noelke 1981, 314–327.

82 Espérandieu VIII, 326–328 Nr. 6407; Noelke 1981, 316; 427f. Nr. 172 Taf. 90, 2–5.

83 Espérandieu IX, 81f. Nr. 6679; Noelke 1981, 316; 481f. Nr. 187 Taf. 96,1–3.

84 Espérandieu, Germanie 274f. Nr. 421; Bauchhenß 1981, 227 Nr. 497.

85 B. Rabold, Ausgrabungen in Ladenburg, Rhein-Neckar-Kreis. Arch. Ausgr. Baden-Württemberg 2002, 112–115 Abb. 90. Für Hinweise sowie für Fotografien der noch nicht publizierten Seiten des Sockels mit Darstellung des Merkur bzw. der gewappneten, stehenden Minerva sei B. Rabold, Karlsruhe sehr herzlich gedankt. Die Veröffentlichung erfolgt durch die Ausgräberin und G. Bauchhenß, Bonn.

86 Espérandieu VI, 412–416 Nr. 5233; Hahl 1937, 38f.; Noelke 1981, 317; W. Binsfeld/K. Goethert-Polaschek/L. Schwinden, Katalog der römischen Steindenkmäler des Rheinischen Landesmuseums Trier 1 (Mainz 1988) 173f. Nr. 343 Taf. 84. – Espérandieu VI, 216–218 Nr. 4918. Binsfeld/Goethert-Polaschek/Schwinden a. a. O. 174f. Nr. 344 Taf. 85.

87 Die Heidelberger Grabstele der Accepta: R. Ludwig, Kelten, Kastelle, Kurfürsten. Archäologie am unteren Neckar (Stuttgart 1997) 99 Abb.; Hensen/Ludwig 2005, 50 Abb. 35 (Fundlage) ist nach Inschriftformular und Gewandstil in das erste Viertel des 2. Jahrhunderts n. Chr. zu datieren. In dieselbe Zeit gehört ein Grabmal von Oberstaufenbach, Heidenburg, Kr. Kusel: Sprater 1930, 16 Abb. 23; S. Willer, Römische Grabbauten des 2. und 3. Jahrhunderts nach Christus im Rheingebiet. Beih. Bonner Jahrb. 56 (Mainz 2005) 106; 200 Nr. 202 Taf. 37 (mit irrtümlicher Datierung „um 220/230"). – Frühantoninisches Grabmal des C. Albinius Asper und seiner Frau aus Neumagen: Espérandieu VI, 348–350 Nr. 5150; W. v. Massow, Die Grabmäler von Neumagen (Berlin, Leipzig 1932) 42–46 Nr. 4 Taf. 1; 4; Hahl 1937, 23f. Taf. 8; K. Goethert, Kaiser, Prinzen, prominente Bürger. Römische Bildniskunst des 1. und 2. Jahrhunderts n. Chr. im Rheinischen Landesmuseum Trier (Trier 2002) 44f. Abb. 60; 63.

88 L. Ohlenroth, Grabmäler römischer Ehepaare aus Augsburg. Germania 31, 1953, 32–38 Taf. 2f.; G. Gamer/A. Rüsch, Raetia und Noricum. CSIR Deutschland I, 1 (Bonn 1973) 23 Nr. 17 Taf. 5; 24 Nr. 21 Taf. 7; W. Gauer, Die raetischen Pfeilergrabmäler und ihre moselländischen Vorbilder. Bayer. Vorgeschbl. 43, 1978, 57–100, hier S. 80f. Taf. 7.

89 Bauchhenß 1984, 34.

des 3. Jh. n. Chr. an.[90] Für ein Kapitell mit weiblichen Protomen von einer Jupitersäule aus Alzey ist eine Datierung in den Zeitraum 170–190 n. Chr. vorgeschlagen worden.[91] Ein Kapitell mit der Wiedergabe der Vier Jahreszeiten findet sich dann Anfang des 3. Jh. auf der Säule von Diedesheim (Anm. 28). Dieses Monument ist zudem mit der Darstellung der sieben Wochengötter auf achteckigem Zwischensockel ausgestattet und damit ein frühes Beispiel für dieses Bildprogramm.

Jupitersäulen im römischen Heidelberg

Die Fundamentierung der neuen Jupitersäule ist innerhalb des nur kleinen Grabungsareals nicht angetroffen worden. Wie in Walheim (Anm. 24) und Butterstadt (Anm. 18) beobachtet, muss sie zumindest aus einer Steinstickung bestanden haben. Angesichts des sehr schweren in den Brunnen verfüllten Unterbaus des Anathems (Nr. 1; 2) ist jedoch davon auszugehen, dass sich sein Standort in der Nähe befand. Wenige Meter nördlich des Brunnens durchquerte die von Mainz über Ladenburg nach Süden führende Fernstraße in West-Ost-Richtung den *vicus*, um genau auf der Höhe der Fundstelle nach Süden abzuschwenken und via römische Brücke den Neckar zu queren. Die Säule war also an markanter Stelle errichtet worden. Gleichwohl war sie weder eine öffentliche Weihung, etwa der *vicani*[92], noch von einem Privatmann für die Gemeinschaft gestiftet worden[93], wie aus der Weihinschrift hervorgeht. Ob sie in einem kleinen Heiligtum stand, wie dieses in Köngen-*Grinario*, Kr. Esslingen, nachgewiesen worden ist[94], oder von Mes(---) Iblionis auf eigenem Grund *(in suo)* wie z. B. die Ladenburger Säule (Anm. 23) errichtet worden ist, sagt die Inschrift nicht aus. Anzunehmen ist, dass die Jupitersäule durch eine Einfriedung *(maceria)*, etwa eine Steinmauer, wie sie im *vicus* von Alzey beobachtet wurde[95], vom profanen Grund abgegrenzt worden ist.

Von anderen Jupitersäulen im Neuenheimer *vicus* haben sich nur kärgliche Reste erhalten: der Jupiterkopf einer Reitergruppe, der gemäß der Modellierung des Gesichtes und der ornamentalisierten Wiedergabe von Stirnhaar und Bart dem Ende des 2. oder Anfang des 3. Jh. angehört[96], das Unterteil einer Jupitergigantengruppe[97] sowie das Bruchstück eines Sockels mit der Weihung an I. O. M. und Juno Regina aus der Verfüllung eines Brunnens.[98] Am südlichen Neckarufer unweit der römischen Brücke stand eine weitere Jupitersäule, wie durch die Inschrift des Stifteraltares eines Benefiziariers dokumentiert ist (Anm. 16).

Deutlich später entstanden als das Votiv des Mes(---) Iblionis sind, wie dargelegt, die Jupitersäulen aus dem Kultbezirk auf dem Heiligenberg und dem Mithraeum am Fuße des Berges. Der Reliefsockel und die Weinrankensäule aus dem Mithraeum – der Typus ist durch mehrere Parallelen, darunter das Anathem aus Walheim (Anm. 24), als Stütze von Jupitersäulen belegt[99] – können gemäß ihrer Datierung zum selben Monument gehört haben. Eine vom selben Fundplatz stammende Weihung an I. O. M. dürfte ein Stifteraltar gewesen sein.[100]

Von den bekrönenden Statuen hat sich hier wie auf dem Heiligenberg nichts erhalten, wobei am ehesten Jupitergigantenreiter-Gruppen zu vermuten sind. Allerdings sind aus dem Vorort der Civitas, Ladenburg, daneben auch Statuen des thronenden Paares Jupiter/Juno als Säulenbekrönungen[101] und aus Neuenheim selbst der bereits erwähnte Säulensockel mit der Dedikation an I. O. M. und Juno Regina (Anm. 98)[102] überliefert. Jedenfalls sind in Mainz

90 Kähler (Anm. 54) 55 f. 65–67; v. Mercklin 1962, 87; 151.

91 v. Mercklin 1962, 96 Nr. 236 Abb. 452 f.; Künzl (Anm. 77) 24 f. Nr. 7 Taf. 22 f.

92 Weihungen der *vicani Mogontiacenses vici novi* in Mainz, der *vicani Salutares* ebenfalls in Mainz und der *vicani Saliobrigenses* in Sinsheim, Rhein-Neckar-Kreis: CIL XIII Nr. 6722; 6723; Bauchhenß 1981, 45 f. 167 f. Nr. 292; 167 Nr. 291; 221 Nr. 474. – Weihung der niedergermanischen *vicani Iuliacenses:* Noelke 1981, 481 Nr. 186.

93 Stiftung der Melonii Carantus und Iucundus für den *vicus novus Meloniorum* aus Mainz-Kastel: Anm. 80.

94 A. Mettler/W. Barthel, Das Kastell Köngen. ORL B Nr. 60 (Heidelberg 1907) 23; Haug/Sixt (Anm. 57) 304–306 Nr. 497; Bauchhenß 1981, 22; 154 Nr. 243–45; Ch. Unz, Grinario – Das römische Kastell und Dorf in Köngen. Führer arch. Denkmäler Baden-Württemberg 8 (Stuttgart 1982) 91 f. Abb. 40 f.

95 G. Behrens, Zur Frage der Juppitergigantensäulen. Germania 16, 1932, 28–36, hier S. 28–31 Abb. 1–4; Künzl (Anm. 77) 13; 25 f. 43 f. Abb. 2, Taf. 23–25, Taf. 50; Bauchhenß 1976, 7 Abb., IV, 42; Bauchhenß 1981, 88 Nr. 9 f.

96 Espérandieu, Germanie 282 Nr. 433; H. Schoppa, Die Kunst der Römerzeit in Gallien, Germanien und Britannien (München, Berlin 1957) 57 Taf. 91; Ludwig (Anm. 87) 89 Abb.

97 Espérandieu, Germanie 282 Nr. 433; Bauchhenß 1981, 145 f. Nr. 218.

98 H. Finke, Nachträge zu den neuen Inschriften. Ber. RGK 17, 1927, 198–214, hier S. 203 Nr. 340; Noelke 2006, 348 Nr. 16.

99 Zu Rankensäulen als Stützen von Jupiterweihungen Filtzinger (Anm. 24) 448–450; Bauchhenß 1981, 63; Noelke 1981, 285 f.; Weber (Anm. 57) 276 Nr. F 14–3 Abb. 8. – Neufund eines Fragmentes aus Heilbronn-Horkheim: Ch. Jacob, Fundber. Baden-Württemberg 15, 1990, 628 Abb. 73.

100 CIL XIII Nr. 6396; Wagner 1911, 279 Abb. 234d; E. Schwertheim, Die Denkmäler orientalischer Gottheiten im römischen Deutschland. EPRO 40 (Leiden 1974) 186 Nr. 40c.

101 Wiegels 2000, 113 f. Nr. G2 Abb. 61; Noelke 2006, 349 Nr. 20. – Wiegels 2000, 114 Nr. G3 Abb. 62.

102 Aus der Weihung an I. O. M. und Juno Regina kann nicht mit Sicherheit auf eine Bekrönung der Säule mit dem thronendem Paar geschlossen werden, da auch Jupitergigantensäulen diese Dedikation besitzen, z. B. die Heddernheimer Säulen Anm. 45, 131 und das Ladenburger Votiv Anm. 23.

und seiner Region bekrönende Gruppen mit thronendem Götterpaar nicht selten.[103]
Unter religionshistorischen Gesichtspunkten verdienen die Heidelberger Jupitersäulen besondere Beachtung, die – was selten vorkommt –, in Heiligtümer anderer Gottheiten geweiht worden sind. In Kultbezirken einheimischer Gottheiten wie dem des Mercurius Cimbrianus auf dem Heiligenberg[104] sind mehrmals Jupitersäulen errichtet worden[105], so in den Merkurheiligtümern auf dem Donon in den Vogesen[106] und bei Tawern, Kr. Trier-Saarburg,[107] oder im Matronenheiligtum von Pesch, Stadt Bad Münstereifel, Kr. Euskirchen.[108] Die Aufstellung einer Jupitersäule in einem Mithraeum wird für Walheim (Anm. 24) sowie Bandorf, Stadt Remagen, Kr. Ahrweiler, vermutet.[109]
Mit bislang mindestens sieben überlieferten Jupitersäulen erweist sich das römische Heidelberg unter den *vici* der Germania superior als ein wichtiger Aufstellungsplatz dieser von gallischen religiösen Vorstellungen des Himmelsgottes mitgeprägten Votivdenkmäler. Sie sind damit ein weiteres Zeugnis für die bedeutende Rolle des gallischen Elementes in der Zivilbevölkerung des Ortes, dem ja auch der Stifter der neuen Säule zuzurechnen ist (siehe F. Feraudi-Gruénais/B. Gräf, unten S. 420 f.).

Werkstattfragen

Die aufgezeigten Besonderheiten der neuen Heidelberger Jupitersäule führen zu der Frage, welche Bildhauer-Werkstatt der Stifter Mes(---) Iblionis mit ihrer Erschaffung beauftragt hat. Ihre Beantwortung wird freilich durch mehrere Faktoren erschwert. So ist das Anathem, wie nahezu alle Votiv- und Grabplastiken Germaniens und Galliens, nicht signiert worden. Stellt man die wenigen Signaturen, darunter die der Mainzer Jupitersäule zum Heile des Nero (Anm. 41), sowie die Weihungen und Grabsteine von Bildhauern zusammen, erfasst die Überreste von Werkstätten, darunter verworfene Werkstücke, und bezieht die Analyse der verwendeten Steinmaterialien in die Untersuchung ein, so lässt sich doch eine Vorstellung von der Struktur der bildhauerischen Produktion im römischen Germanien gewinnen.[110] Demnach sind neben Mainz auch in mehreren Civitas-Hauptorten der Germania superior wie Heddernheim, Wiesbaden und Dieburg örtliche Bildhauer-Werkstätten nachzuweisen (Dieburg) oder zu erschließen.[111] Für Ladenburg hat schon Heukemes anhand eines verworfenen Werkstückes ein Atelier angenommen.[112] Selbst in kleineren Siedlungen wie dem *vicus* bei Groß-Gerau, Kr. Groß-Gerau, wo ein bedeutendes, vielleicht für Jupiter bestimmtes Weihgeschenk von einem Xysticus signiert worden ist,[113] oder dem *vicus* von Walheim, Fundort eines verworfenen Weihreliefs,[114] ist mit Bildhauer-Ateliers zu rechnen. Sie machten sich in der Region anstehende Kalk- und Sandsteinvorkommen zunutze, insbesondere aus Brüchen, die auf dem Wasserwege zu erreichen waren. So wurde im Keuper-Steinbruch von Steinheim a. d. Murr, Kr. Ludwigsburg, der Rohling eines Altars oder einer Basis entdeckt, der wohl für einen Betrieb im nicht weit entfernt an der Murr-Mündung gelegenen *vicus* von Benningen am Neckar bestimmt war.[115]
In einem wirtschaftlich prosperierendem *vicus* wie Heidelberg mit zahlreichen Töpfereien und anderen Handwerksbetrieben sowie nahe gelegenen Sandsteinvorkommen ist ebenfalls mit Bildhauer-Werkstätten zu rechnen.[116] Eine in Heidelberg-Hand-

103 Mainz: Bauchhenß 1981, 165 f. Nr. 285–288 Taf. 32,2 f.; Bauchhenß 1984, 22–24 Nr. 5–8 Taf. 9–11. – Neben den Votiven aus Heddernheim (Anm. 21; 46) sei auf die Säule aus einer *villa rustica* bei Echzell, Wetteraukreis, verwiesen: J. Lindenthal/V. Rupp/A. Birley, Eine neue Veteraneninschrift aus der Wetterau. In: S. Hansen/V. Pingel (Hrsg.), Archäologie in Hessen. Neue Funde und Befunde. Festschr. F.-R. Herrmann (Rahden/Westf. 2001) 199–209; J. Lindenthal, Rekonstruierte Jupitersäule von Echzell feierlich enthüllt. Hessen Arch. 2002, 121–24.

104 R. Ludwig, in: R. Ludwig/P. Marzolff, Der Heiligenberg bei Heidelberg. Führer arch. Denkmäler Baden-Württemberg 20² (Stuttgart 2008) 43–54.

105 Bauchhenß 1981, 21 f.; Noelke 1981, 304 f.

106 Bauchhenß 1981, 21; 116–118 Nr. 117–121.

107 Reste einer Jupitersäule wurden im Merkurtempel auf dem Metzenberg wiederverwendet: S. Faust, Steindenkmäler aus dem Brunnen des gallo-römischen Tempelbezirks von Tawern, Kr. Trier-Saarburg. Funde u. Ausgr. Bezirk Trier 34, 2002, 39–46.

108 Noelke 1981, 304, 456 Nr. 115 Taf. 86,2; 466 f. Nr. 155 f.

109 Schwertheim (Anm. 100) 40–42 Nr. 42 (Kopf der Jupitersäule ist Nr. 42 c); Noelke 1981, 305; 443 Nr. 73 Taf. 81,1; 82,1; zum Heiligtum: A.-B. Follmann-Schulz, Die römischen Tempelanlagen in der Provinz Germania inferior. ANRW II, 18 (Berlin, New York 1986) 676 Anm 7; G. Bauchhenß, Mithras in Bandorf. In: Rom und die Provinzen. Gedenkschrift H. Gabelmann. Bonner Jahrb. Beih. 53 (Mainz 2001) 125–130.

110 P. Noelke, Bildhauer-Werkstätten im römischen Germanien – Möglichkeiten und Grenzen ihres Nachweises. Bonner Jahrb. 206, 2006, 87–144.

111 Ebd. 91 f.; 104; 107; 136 f.

112 B. Heukemes, Weitere neue Funde und Entdeckungen. Der Lobdengau 24, 1971, H. 2. Zu der verworfenen reliefierten Platte: Wiegels 2000, 131 Nr. G31 Abb. 89.

113 Espérandieu, Germanie 121 f. Nr. 181; Mattern (Anm. 29) 171 f. Nr. 316 Taf. 112 f.; Noelke (Anm. 110) 90 Abb. 2.

114 Planck 1991 (Anm. 64) 57 Abb. 81; K. Kortüm/J. Lauber, Walheim I. Das Kastell II und die nachfolgende Besiedlung. Forsch. u. Ber. Vor- u. Frühgesch. Baden-Württemberg 95 (Stuttgart 2004) I, 253; II, 213 Taf. 174.

115 D. Planck, in: ders. (Hrsg.), Die Römer in Baden-Württemberg. Römerstätten und Museen von Aalen bis Zwiefalten (Stuttgart 2005) 326; Noelke (Anm. 110) 103 Abb. 10.

116 Heukemes (Anm. 11) 17–19; ders., Heidelberg – Die Zivilsiedlung. In: Ph. Filtzinger/D. Planck/B. Cämmerer (Hrsg.), Die Römer in Baden-Württemberg³ (Stuttgart 1986) 310–316, hier 313 f.

schuhsheim für eine Brandbestattung des zweiten Viertels des 2. Jh. n. Chr. benutzte Steinkiste samt Deckel ist, wie B. Heukemes erkannte, aus zwei wohl verworfenen Architekturteilen, einem Kompositkapitell und einer Säulenbasis aus Buntsandstein, gefertigt worden. Der Befund darf mit Heukemes als Indiz für einen Heidelberger Steinmetzbetrieb gewertet werden.[117]

Bereits in flavischer Zeit zeigen Grabstelen mit Darstellung des Mahles im oberen und der Vorführung des Reitpferdes im unteren Register, errichtet für Reitersoldaten der im Neuenheimer Kastell stationierten *cohors II Augusta Cyrenaica equitata*, in der Wiedergabe des hinter dem Pferd schreitenden *calo* Eigenarten, die auf eine im Kastellvicus tätige Bildhauerwerkstatt hindeuten, die Vorbilder aus Mainz umzusetzen trachtete.[118] Auch im 2. Jh. waren im römischen Heidelberg Bildhauer tätig, die nun Grabsteine für die Zivilbevölkerung des *vicus*, insbesondere aus der Schicht der Gewerbetreibenden, schufen, wie die Stelen für eine Accepta und ihren Mann Ammonius Mogetius aus dem ersten Viertel des 2. Jh. belegen.[119]

Sakrale Denkmäler der ersten Hälfte des 2. Jh. (?) stammen aus einem Mithraeum nördlich des Westkastells, während im Mithraeum am Fuße des Heiligenberges neben dem eingangs erwähnten Kultbild ein Votiv mit reitendem Mithras des letzten Drittels des 2. Jh. n. Chr. geborgen worden ist[120]. Dieses Weihrelief hebt sich im Vergleich mit der Jupitergigantengruppe in der Wiedergabe des Pferdes durch eine wesentlich differenziertere Modellierung ab. Der aus dem Mithraeum stammende Reliefsockel (Anm. 71) wie sein Pendant vom Heiligenberg (Anm. 67) weisen keine stilistischen Beziehungen zu dem neu gefundenen Viergötterstein auf, was durch dessen wesentlich frühere Entstehung (siehe oben) zu erklären sein wird. Die Protomen des Rankensäulen-Kapitells aus dem Mithraeum (Anm. 55) sind weitaus plastischer angelegt als die des Anathems des Mes(---) Iblionis und zeigen – wohl aus denselben Gründen – keine stilistische Verwandschaft.

Anders stellt sich hingegen das Verhältnis zu dem bereits herangezogenen Viergötterstein aus Ladenburg dar (Anm. 85). Herkules in Ausfallstellung gleicht in der Modellierung des breiten, muskulösen Thorax, des kurzen muskulösen linken Armes, der Wiedergabe der Haar- und Bartlocken sowie dem kleinen Mund weitgehend seinem Heidelberger Gegenstück. Die Darstellungen des Merkur ähneln einander nicht nur im seltenen Motiv, sondern auch in der Wiedergabe des Oberkörpers und der rechten Hand sowie in der Formung des Geldbeutels. Die stark beschädigte Ladenburger Minervafigur entspricht immerhin in der Bildung der erhobenen rechten, die Lanze haltenden Hand und der breiten Mantelfalte an der rechten Schulter ihrem Heidelberger Pendant. Hingegen unterscheidet sich das Relief der Juno des Ladenburger Sockels sowohl in der Ikonographie – die verschleierte Göttin hält in der angewinkelten Rechten eine diagonal geführte lodernde Fackel, ein Motiv, das in der Germania inferior und in der Belgica mehrmals bei Juno begegnet[121] –, als auch durch die wulstigen Faltenzüge von Chiton und Mantel von der Heidelbergerin. In der spannungsreicheren und plastischeren Modellierung setzt sich auch der Ladenburger Herkules von seiner Parallele in Heidelberg ab. So erweist sich das Ladenburger Monument als die qualitätvollere Arbeit, die zwar von derselben Werkstatt *(officina)*, vielleicht jedoch von einem künstlerisch bedeutenderen Bildhauer *(sculptor, lapidarius)* geschaffen worden ist.

Die in einem Brunnen verlochte Ladenburger Säule (Anm. 23) weist im Vergleich mit der Heidelberger im Aufbau sowohl Gemeinsamkeiten – Unterbau mit abgeschrägter Basis, Zusammensetzung des Hauptsockels – als auch Unterschiede – z. B. schlankere Proportionierung der Säule, Kubusform des Zwischensockels mit Ornamentierung der Nebenseiten – auf. Für den Hauptsockel des Ladenburger Votivs ist zwar dieselbe vorherrschende Göttergruppierung gewählt, doch folgen hier Herkules und Merkur den konventionellen Typen. Die stilistischen Unterschiede, insbesondere die Faltenbildung bei Juno und Minerva, oder die konträre Ausbildung

117 B. Heukemes, Reiche römische Steinkistengräber vom Hilzweg in Heidelberg-Handschuhsheim. Jahrb. Stadtteilverein Handschuhsheim 1997, 5–9 Abb. 1,4; Hensen/Ludwig 2005, 63 Abb. 43. Hinweise zur Bestattung werden A. Hensen verdankt.

118 Hensen/Ludwig 2005, 51 Abb. 36. – Von zwei weiteren Grabstelen mit Mahldarstellung und Pferdevorführung haben sich Fragmente erhalten, deren Publikation von A. Hensen vorbereitet wird, siehe oben Anm. 1; Noelke (Anm. 110) 136 f. Abb. 52.

119 Siehe oben Anm. 87. – Bereits in das dritte Viertel des 2. Jh. datiert die Mahlstele für Vigellius, Iulius Tertius und Calia: Espérandieu, Germanie 272 f. Nr. 419; Hensen/Ludwig 2005, 59–61 Abb. 42; P. Noelke, Zu den Grabreliefs mit Darstellung des *convivium coniugale* im römischen Germanien und im benachbarten Gallien. Bonner Jahrb. 205, 2005, 117; 229 f. Nr. 17 Abb. 28.

120 Schwertheim (Anm. 100) 187 f. Nr. 142 Taf. 41; A. Hensen, Das „zweite" Mithraeum von Heidelberg. In: M. Martens/G. Deboe (Hrsg.), Roman Mithraism: The evidence of the small finds (Brüssel 2004) 95–107. – Kultbild mit Stiertötung: Wagner 1911, 276–278 Abb. 234; Espérandieu, Germanie 288–290 Nr. 443; Schwertheim (Anm. 100) 184 f. Nr. 141a Taf. 40. – Weihrelief mit reitendem Mithras: Wagner a. a. O. 279 Abb. 234 b; Schoppa (Anm. 96) 56 Taf. 88; Schwertheim a. a. O. 187 Nr. 141g Taf. 41; Ludwig (Anm. 87) 90–92 Abb.

121 Hertlein (Anm. 56) 94–99; Noelke 1981, 475 f. Nr. 175 Taf. 92. – Ebd. 483 f. Nr. 191 Taf. 98. – Noelke 2006, 356 f. Nr. 45 Abb. 14a. – Binsfeld u. a. (Anm. 86) 173 f. Nr. 343 Taf. 84; 178 Nr. 349 Taf. 88; 179 f. Nr. 351 Taf. 90; 185 Nr. 358 Taf. 95.

der Kapitellprotomen, sind nicht zu übersehen, so dass hier zwei verschiedene Werkstätten zu fassen sind. In der eigenartig steif-teigigen Gewandstruktur sowie in der Modellierung der Körper von Herkules und Merkur ist jedoch eine gewisse, wohl lokal bedingte Verwandtschaft zu erkennen.

Die Weihung des Mes(---) Iblionis in Heidelberg weist ein großes Maß an formaler Geschlossenheit auf, die insbesondere in der Gestaltung der Köpfe einschließlich dem des Giganten ihren Niederschlag gefunden hat. Die großflächigen ovalen Gesichter mit großen mandelförmigen Augen, kleinen Mündern mit schmalen, z.T. bogenförmig geschwungenen Lippen, die Haarbehandlung mit teils eingerollten Strähnenbündeln, teils hochgestellten Lockenbüscheln ähneln sich weitgehend. Juno- und Minervarelief weisen denselben summarischen und zugleich scharfgratigen Gewandstil auf. Herkules- und Merkurrelief ähneln sich in der Modellierung der Körper. Die Übereinstimmungen am Viergötterstein gehen bis in Details wie die Ausarbeitung der Hände!

Die Werkstatt der neuen Heidelberger Jupitersäule und des in Teilen in einem Ladenburger Keller verfüllten Säulenmonumentes kann im Hauptort der *civitas Ulpia Sueborum Nicrensium* ansässig gewesen und für den Auftrag des Mes(---) Iblionis dort die fertigen oder nur im Bosse angelegten Teile ausgeführt haben, bevor das Votiv im nahen Neuenheim aufgestellt worden ist. Denkbar ist jedoch auch umgekehrt, dass die Werkstatt ihren Standort im Heidelberger *vicus* hatte.

Deponierung im Brunnen

Die von Mes(---) Iblionis errichtete Jupitersäule war, wie beschrieben, in einem Brunnen des römischen *vicus* von Heidelberg-Neuenheim „entsorgt" worden, eine Maßnahme, die zurzeit für mehr als fünfzig Brunnen in Ober- und Niedergermanien nachgewiesen ist.[122] Sie enthielten die Reste von Jupitersäulen, zum Teil zusätzlich von Votiven für andere römische und einheimische Gottheiten. Hinzu kommen in den beiden Germanien ca. dreißig weitere Brunnen, die nur Votive für andere, darunter sogar orientalische, Gottheiten bargen.[123] Neben einigen Brunnen, in denen sich wie in Neuenheim eine nahezu vollständige Jupitersäule befand (z.B. Butzbach, Diedesheim, Heddernheim, Ladenburg, Schierstein, Anm. 19, 28, 21, 46, 23, 20), finden sich zahlreiche mit einem oder mehreren Einzelteilen, z.B. in der *villa rustica* von Enzberg, Stadt Mühlacker, Enzkreis[124], darunter auch ein Heidelberger Beispiel (Anm. 98). Brunnen mit zwei mehr oder weniger vollständigen Anathemata (z.B. Heddernheim, Anm. 45, 131) stehen mehrere mit Teilen von zwei oder sogar drei verschiedenen Monumenten gegenüber, wozu auf einen Befund in der niedergermanischen *villa rustica* von Rommerskirchen-Evinghoven, Rhein-Kreis Neuss, mit drei Statuen thronender Ioves, dem vorherrschenden Bekrönungstypus niedergermanischer Jupitersäulen, verwiesen sei.[125] Ferner wurden Brunnen mit Teilen von Jupitersäulen und Votiven für andere Gottheiten in kleiner oder größerer Zahl, u.a. in Ladenburg (Anm. 101), Obernburg[126] und in Walheim nachgewiesen.[127] Als Beispiel für einen Brunnen, in dem nur Votive einer anderen Gottheit verlocht worden sind, sei der im Kastell Öhringen, Hohenlohekreis, ausgegrabene Brunnen mit Altären für die Nymphen genannt.[128] Außer in Brunnen wurden Jupitersäulen sowie Votive für andere Gottheiten in Gruben geworfen, wozu nur an die Befunde von Hausen a.d. Zaber und Walheim (Anm. 52, 24) erinnert sei. Zuweilen sind Votive teils in einem Brunnen, teils in einer benachbarten Grube niedergelegt worden (Heddernheim, Anm. 46). Teile einer Jupitersäule in Rommerskirchen-Evinghoven (Anm. 125) sowie der zerschlagene Torso einer thronenden Dea Candida in Heddernheim sind jeweils in zwei benachbarte Brunnen gekippt worden.[129] Die Deponierung der Votive in Brunnen etc. hatte demnach keine religiöse Bedeutung.

Bei einer Musterung der verlochten Skulpturen zeigt sich, dass sie hauptsächlich intentionell durch Men-

122 Noelke 2006, 344–357 Nr. 1–48. – Als Neufund sind drei Brunnen einer *villa rustica* bei Kerpen-Manstein, Rhein-Erft-Kreis, mit Resten von mindestens drei Jupitersäulen zu nennen: St. Ciesielski, Arch. Deutschland 4/2009, 54.

123 Ebd. 359–364 Nr. 55–83.

124 B. Rabold, Abschließende Ausgrabungen des römischen Landgutes bei Enzberg, Stadt Mühlacker, Enzkreis. Arch. Ausgr. Baden-Württemberg 2000, 111–114 Abb. 96; Noelke 2006, 345 Nr. 9.

125 A. Schaub, Bemerkungen zu einer ländlichen Siedlung des 1.–4. Jahrhunderts n.Chr. im südlichen Niedergermanien. In: G. Seitz (Hrsg.), Im Dienste Roms. Festschr. H. U. Nuber (Remshalden 2006) 351–358; Noelke 2006, 356f. Nr. 46 Abb. 14. – Ferner u.a. der Kölner Brunnen u. Anm. 139.

126 Bauchhenß 1981, 199f. Nr. 406–408 Taf. 39,3; 40,1–2; Mattern (Anm. 29), 107f. Nr. 162–164 Taf. 56f.; 118f. Nr. 185 Taf. 67; 124 Nr. 196 Taf. 71; Noelke 2006, 350 Nr. 22; A. Reis, Eine Brunnenverfüllung des 3. Jahrhunderts n.Chr. aus Obernburg am Main. Bayer. Vorgeschbl. 73, 2008, 87–101.

127 Neben dem Walheimer Brunnen o. Anm. 64 sind noch zwei weitere Brunnen dieses *vicus* anzuführen: Noelke 2006, 353 Nr. 28 Abb. 9; Nr. 30.

128 A. Wolf, Das Westkastell bei Öhringen. Fundber. Schwaben 19, 1911, 57–68 Abb. 25–33 Taf. 7f.; Haug/Sixt (Anm. 57) 624–631 Nr. 598–603; Noelke 2006, 362 Nr. 70.

129 U. Fischer, Das Weihedenkmal der Dea Candida aus Heddernheim. Städel Jahrb. N.F. 1, 1967, 64–72; Meier-Arendt 1983, 38f. Nr. 12; 51 Nr. 25; Noelke 2006, 360 Nr. 58f. Abb. 10.

schenhand verursachte Beschädigungen oder gar Zerstörungen aufweisen. Insbesondere sind die Köpfe und Oberkörper der Jupiterfiguren abgeschlagen, zumeist auch vernichtet worden, so dass nur in wenigen Fällen die Köpfe ansitzend (z.B. Obernburg) oder zumindest anpassend (z.B. Schierstein) erhalten geblieben sind. Die Attribute Jupiters, Blitzbündel und Zepter (bei thronenden Figuren), sind fast nie vorhanden.[130] Häufig sind auch die Gesichter der Götter auf den Sockelreliefs beschädigt (z.B. Dieburg, Anm. 29, Diedesheim, Anm. 28). Selbst größere und kleinere Teile der Pferde sind häufig abgeschlagen (z.B. Diedesheim, Ladenburg, Heddernheim, Anm. 45). Bei einigen Jupitersäulen, z.B. einem neueren Brunnenfund aus Heddernheim mit zwei Jupitergigantensäulen, ist zusätzlich Korrosion, nämlich Abplatzen von Sandsteinschichten nach der Niederlegung der Säulen, beobachtet worden.[131]

Ohne Zweifel sind die betreffenden Jupitersäulen und andere Götterdenkmäler gewaltsam umgestürzt und am Boden weiter beschädigt, in Teilen auch vernichtet, ihrer Metallteile einschließlich Eisendübel samt Bleiverguss beraubt worden – sind sie Bilderstürmen zum Opfer gefallen. Mit Hilfe der in den Verfüllungen geborgenen Münzen und Keramikfragmente lassen sich in der Germania superior „Verlochungshorizonte" für die 230er Jahre (z.B. Butzbach) und die 250/260er Jahre (z.B. Obernburg; Heddernheim, Anm. 129) unterscheiden.[132] In der Germania inferior/secunda sind Verlochungen der 260/270er Jahre, darunter in einem Brunnen der *villa rustica* von Wüstweiler, Gde. Niederzier, Kr. Düren, mit thronendem Jupiter und Schuppensäulenkapitell,[133] von solchen der zweiten Hälfte des 4. Jh. n. Chr. wie den Brunnen von Rommerskirchen-Evinghoven (Anm. 125) abzugrenzen.[134]

Es liegt nahe, die Bilderstürme mit den Alamannen- und Frankeneinfällen dieser Zeit in Verbindung zu bringen. Hierfür spricht, dass die betreffenden Brunnen teilweise mit Brand- und Bauschutt verfüllt worden sind.[135] Als Motiv der germanischen Bilderstürmer wird nicht religiöser Fanatismus, sondern ihr auch sonst bezeugter Zerstörungsdrang bzw. die Erzeugung von *terror* bei der Bevölkerung der Provinzen anzunehmen sein.[136] Christlicher Ikonoklasmus, der in Gallien und Germanien frühestens in der zweiten Hälfte des 4. Jh. einsetzte, kann hingegen aus chronologischen Gründen und wegen der Brandschatzungen der *villae rusticae* der Germania secunda ausgeschlossen werden.[137]

Aus der Analyse der Brunnenverfüllungen ergibt sich weiter, dass die geschändeten Votive – von Ausnahmen abgesehen – nicht rituell deponiert, sondern zusammen mit Müll aus Haushalt und Gewerbe sowie Schutt in die Brunnen gekippt worden sind. Diese Entsorgungs- und zugleich aus Sicherheitsgründen notwendigen Verfüllungsmaßnahmen wurden von den Überlebenden oder von neu siedelnden Provinzialen durchgeführt.[138]

Wie ist nun der Befund des Brunnens im *vicus* von Heidelberg-Neuenheim in diesen Kontext einzuordnen? Das religiöse Hauptelement des Anathems, der Jupitergigantenreiter, weist den gleichen Zustand wie zahlreiche andere Bekrönungsgruppen auf: Kopf und Oberkörper Jupiters wurden abgeschlagen und sind verloren; selbst das Pferd wurde beschädigt, seine Schnauze ist verloren. Der Zustand spricht gegen eine Beschädigung in Folge von Korrosion oder einen Sturz bei Sturm oder Blitzschlag etc. und eher für einen intentionellen Sturz mit anschließender Teilzerstörung, also einen Bildersturm.

Zu den obergermanischen Jupitersäulen gehörte – wie zuerst durch den Heddernheimer Brunnenfund von 1884 (Anm. 45) und die Mainzer Säule zum Heile des Nero (Anm. 41) bezeugt – zumindest bei einem Gutteil der Weihungen ein Stifteraltar, der gerade auch in Heidelberg (Anm. 16, Anm. 100) und Ladenburg (Anm. 23) überliefert ist. Seine Zerstörung muss also ebenfalls in Betracht gezogen werden, wie dies auch F. Feraudi-Gruénais und B. Gräf tun (siehe unten S. 420).

Ungewöhnlich ist die weitgehende Unversehrtheit des übrigen Heidelberger Monumentes. Nur die Heddernheimer Säule mit thronendem Jupiter, die zusammen mit der relativ stark beschädigten Jupitergigantensäule in denselben Brunnen verfüllt worden ist, war intakt (Anm. 45). Insgesamt lassen sich ganz verschiedene Grade der intentionellen Beschädigungen feststellen, die vom partiellen Abschlagen bis zur weitgehenden Zerstörung und den als sicher

---

130 Zu den fehlenden Attributen der Jupitergigantenreiter siehe o. mit Anm. 61, zu den fehlenden Attributen der Statuen des thronenden Jupiter aus Niedergermanien Noelke 1981, 276f.

131 Th. Flügen, Erbaut, gestürzt und wiedererrichtet – die Restaurierung der neuen Jupitersäulen aus Frankfurt a. M.-Heddernheim. Hessen Arch. 2006, 166–169; Noelke 2006, 347f. Nr. 15 Abb. 6.

132 Noelke 2006, 291–296.

133 Noelke 1981, 421f. Nr. 12 Taf. 66; A. Heege, Hambach 500. Villa rustica und früh-hochmittelalterliche Siedlung Wüstweiler (Gemeinde Niederzier), Kr. Düren. Rhein. Ausgr. 41 (Köln 1997) 16; 33; 184 Taf. 2; 140f.; Noelke 2006, 357 Nr. 48 Abb. 15.

134 Noelke 2006, 296–99.

135 Brunnen in Ladenburg = Anm. 23. – Ladenburg: Noelke 2006, 361 Nr. 64. – Diedesheim = Anm. 28. – Rommerskirchen = Anm. 125, Elsdorf-Heppendorf, Rhein-Erft-Kreis: Noelke 2006, 354 Nr. 36. – Brunnen in Köln-Widdersdorf siehe u. Anm. 139.

136 Noelke 2006, 307.

137 Ebd. 299–305.

138 Ebd. 318.

anzunehmenden, aber nicht mehr nachweisbaren Fällen vollständiger Vernichtung reichten. Hiervon zu unterscheiden sind die Schäden, die durch das Herumliegen *(disiecta)* der Einzelteile der Votive nach dem Sturz sowie durch die Umstände der Verfüllung entstanden sind. Die Heddernheimer und die Heidelberger Jupitersäule sind gegenwärtig die besterhaltenen Votive ihrer Zeit.

Ein wesentlicher Unterschied des Heidelberger Befundes zu anderen gut dokumentierten Brunnen besteht in der Art der Verfüllung. Viergötterstein, Gesims, Zwischensockel, Kapitell und darüber Sockelbasis samt Fundamentabdeckung bildeten einen Komplex, der in den teilverfüllten Brunnen auf einer hergerichteten Planie eingebracht worden ist. Die meisten Brunnenbefunde wie z.B. Dieburg, Diedesheim, Heddernheim (Anm. 29; 28; 45; 131), Ladenburg oder ein neulich akribisch untersuchter, im dritten Viertel des 4. Jh. n. Chr. verfüllter Brunnen der Villa von Köln-Widdersdorf mit Teilen zweier mit Vehemenz zerschlagener Säulen mit thronenden Ioves[139] zeigen ein krudes Verkippen der Votive. Hingegen ist das Heidelberger Anathem bis auf den Jupitergigantenreiter mit Bedacht deponiert worden. Dies erinnert an den Befund der Jupitersäule der *villa rustica* von Wiesbaden-Schierstein, wo einige Indizien für eine kultische Deponierung des Votivs nach erfolgtem Bildersturm sprechen (Anm. 20).

Die mit dem Skulpturenkomplex verfüllte Keramik des Neuenheimer Brunnens – südgallische, mittelgallische, ostgallische Terra sigillata, wenig Rheinzaberner Ware wie auch Glanztonbecher und Terra nigra – endet im letzten Viertel des 2. Jh.[140] Damit gehen Heidelberger „Bildersturm“ und anschließende Deponierung der Jupitergigantensäule den bislang in beiden Germanien nachgewiesenen „Verlochungshorizonten“ deutlich voraus.

Welche Ursache hinter diesen Maßnahmen stand, bleibt zunächst ungewiss. Jedenfalls gibt es keinerlei Hinweise auf ein Brandereignis – dieses hätte am Verfüllmaterial ablesbar sein müssen. Hingegen deutet sich um 180/190 n. Chr. im Heidelberger Nordvicus eine Veränderung der Siedlungstätigkeit an. So brechen die Bestattungen im großen Neuenheimer Friedhof in Belegungsphase 3, die A. Hensen 185/190 n. Chr. datiert, abrupt ab.[141] Dies spricht für eine plötzliche Siedlungsunterbrechung und nicht für einen sukzessiven Bevölkerungsrückgang. Bisher schloss man daraus auf einen weiteren Begräbnisplatz, auf dem die Bewohner des Neuenheimer *vicus* bis um 260 n. Chr. bestattet hätten. Ob unter Berücksichtigung beider Befunde eine Siedlungsverlagerung fassbar wird, kann bis zu einer Aufarbeitung des gesamten aus Heidelberg stammenden Fundmaterials nur vermutet werden.[142] Weiterhin bleibt zu prüfen, ob in diesem Fall ein kleinregionales, auf das römische Heidelberg beschränktes Phänomen vorliegt, oder ob es sich um eine überregionale Erscheinung handelt.[143]

Das Blitzbündel der neu gefundenen Jupitergigantensäule aus Heidelberg *(Petra Mayer-Reppert)*

Blitzbündel; Eisen; Länge: 52,5 cm; Breite: 15,7 cm; größter Durchmesser an der Bleiummantelung: 1,3 cm; 4 Bruchstücke; Fundlage: Bef.-Nr. 23; NO-Viertel der Brunnenverfüllung; Pl. 3-4-5; Inv.-Nr. HD-Neu 2008/64p, /59j, /63p

Anhand der vier Bruchstücke konnte das Blitzbündel zeichnerisch rekonstruiert werden (Abb. 21). Mittels

139 E. M. Spiegel u. a., Ausgrabungen in einem römischen Siedlungsplatz mit zwei spätantiken Burgi in Köln-Widdersdorf. Kölner Jahrb. 35, 2002, 699–782; Noelke, Jupitersäulen aus der römischen Villa in Köln-Widdersdorf. Ebd. 731–744; Noelke 2006, 355 Nr. 41 Abb. 16.

140 Doll/König/Mayer-Reppert 2009 (Manuskript 90–94).

141 Hensen/Ludwig 2005, 27. – Mündl. Mitteilung A. Hensen.

142 Eine komplette Sichtung und Bewertung des größtenteils unbearbeiteten und unpublizierten Materials durch I. Grunert erfolgt derzeit im Rahmen einer vom Landesamt für Denkmalpflege Baden-Württemberg und der Stadt Heidelberg initiierten und auf fünf Jahre projektierten Erarbeitung einer „Denkmaltopographie Heidelberg“.

143 Auch ein Zusammenhang mit einer möglichen weitreichenden Klimaveränderung ist nicht auszuschließen. So wird etwa das vermehrte Auftreten von Darren in der 2. Hälfte des 2. Jh. mit einer Klimaverschlechterung in Verbindung gebracht, die das Lagern von Getreide nicht mehr ohne Weiteres möglich machte. Gut untersuchte Fundplätze der Region wie die *vici* von Stettfeld und Wiesloch oder die Villa von Großsachsen verzeichnen in diesen Jahrzehnten allerdings eher einen Siedlungsausbau: P. Knötzele, Zur Topographie des römischen Stettfeld (Landkreis Karlsruhe) Grabungen 1974–1978, 81 (gegen Ende des 2. Jh. liegt dort sogar der Höhepunkt der Siedlungstätigkeit). – A. Hensen, Der römische Vicus von Wiesloch (Rhein-Neckar-Kreis). Untersuchungen zu den Ausgrabungen bis zum Jahr 1991. Diss. München (Microfiche Heidelberg 2007) (Periode 2: 150/160–190/200). – A. Hagendorn, Die Villa rustica von Großsachsen, Gem. Hirschberg, Rhein-Neckar-Kreis. Ein römischer Gutshof im Spiegel seiner zentralen Gebäude. Materialh. Arch. Baden-Württemberg 45 (Stuttgart 1999) 123 (Anlage des Wasserbeckens frühestens 170/180 n. Chr.). – Anders dagegen die Aussage von P. Pfaff, die anlässlich der Bearbeitung der römischen Fundstellen im Mannheimer Stadtgebiet eine Aufgabe der meisten der dortigen Villen am Ende des 2. Jh. konstatiert: P. Pfaff, Das römische Mannheim. In: H. Probst (Hrsg.), Mannheim vor der Stadtgründung. Teil I/2 Der Naturraum Rhein-Neckar, Ur- und Frühgeschichte bis zur Spätantike (Regensburg 2007) 260–281, bes. 279.

Unser Dank gilt S. Deschler-Erb (Basel), M. Doll (Tübingen), A. Hampel (Frankfurt/M.), A. Hensen (Heidelberg), P. Mayer-Reppert (Karlsruhe/Heidelberg), B. Rabold (Karlsruhe), G. Seitz (Freiburg/Br.) für anregende Diskussionen und Hinweise sowie St. Müller (Bonn) für die Texterfassung.

einer Verschraubung konnten die beiden spiegelbildlich gestalteten Hälften in der Hand der Statue ineinandergefügt werden. Die Verschraubung wurde mit einer Bleiummantelung stabilisiert, was dem Blitzbündel in der Hand des Jupiter zusätzlichen Halt verschaffte.

Eine Verzinnung, Bronzierung oder Vergoldung der Oberfläche kann derzeit nicht nachgewiesen werden.[144]

Bislang sind zwei weitere, vollständige bzw. annähernd vollständige Blitzbündel bekannt, eines aus Bronze aus Sinsheim-Steinsfurt[145] und eines aus Stambach-Zabern/Wasserwald, Com. Haegen, Arr. Saverne, Bas-Rhin[146] aus Eisen.

Mit dem Blitzbündel von Heidelberg-Neuenheim liegen nun insgesamt drei dieser eher selten vorkommenden Attribute des Jupiter vor, die jeweils individuell gestaltet sind. Zum gegenwärtigen Zeitpunkt ist daher eine über die reine Vorstellung des Objekts hinausgehende Bearbeitung nicht möglich. Eine vergleichende Vorlage aller bekannten Blitzbündel wäre jedoch eine reizvolle und interessante Aufgabe.

Die Inschrift der neu gefundenen Jupitergigantensäule aus Heidelberg *(Francisca Feraudi-Gruénais und Brigitte Gräf)*[147]

Die Inschrift der im Frühjahr 2007 in Heidelberg-Neuenheim nahezu vollständig aufgefundenen Jupitergigantensäule aus Buntsandstein befindet sich auf einer der vier Seitenflächen des Zwischensockels[148] (siehe Abb. 3). Die Position der Inschrift sowie der gesamte Aufbau des etwa 4,40 m hohen Denkmals entsprechen dem geläufigen Schema solcher obergermanischer Votivsäulenmonumente.[149] Auf einer rekonstruierbaren Höhe von ca. 1,80 m befand sich die Inschrift somit an einer gut sichtbaren Stelle.

Es handelt sich um eine dreizeilige, zentriert ordinierte Weihinschrift.

Bh. (Z. 1) 5 cm, (Z. 2) 4,5 cm [NI-longa-Ligatur: 6,5 cm], (Z. 3) 4 cm; Zeilenabstände jeweils 1,5 cm (Abb. 11).

Inschrifttext[150]

I · O · M	I(ovi) O(ptimo) M(aximo)
MES·IBLIONIS	Mes(---) Iblionis
V · S · L · L · M	v(otum) s(olvit) l(ibens) l(aetus) m(erito)

Übersetzung

Für Jupiter, den besten und höchsten Gott, hat Mes(---) Iblionis *bzw.* Mes(---), Sohn des Iblio, (s)ein Gelübde gern, freudig und nach Billigkeit eingelöst.

144 Frdl. Mitt. B. Paz, CEZ Archäometrie Mannheim. Stand: 15. 9. 2008. Weitere Beprobungen sind noch nicht abgeschlossen. Die Ergebnisse werden veröffentlicht: Doll/König/Mayer-Reppert 2009.

145 Das bronzene Blitzbündel aus Sinsheim-Steinsfurt ist fast vollständig erhalten. AO: Badisches Landesmuseum Karlsruhe. A. Rommel, Restaurierung und Rekonstruktion der Jupitergigantensäule von Steinsfurt. In: Jahrb. Staatl. Kunstslg. Baden-Württemberg 12, 1975, 65 ff., bes. 76 („bis auf 2 seiner 6 Zacken hervorragend erhalten [...] sogar [...] die Bleifassung [...] war intakt vorhanden [...]"). G. Bauchhenß 1981, 67; 238 Nr. 540; 541.

146 Das eiserne Blitzbündel vom Wasserwald ist vollständig erhalten. AO: Saverne, Musée de la Ville. A. Fuchs, Anz. Elsäss. Altertumskde. 1, 1909, 32 Abb. 50; Grabungsbericht: A. Fuchs, Elsässische Monatsschrift für Geschichte und Volkskunde III [zwischen 1910 = Grabung und 1912/1915 = Jahrgang RGK bzw. Erscheinungsjahr], 549 ff.; A. Rift, Ber. RGK 7, 1912, 211 Abb. 110; F. Hertlein, Die Juppitergigantensäulen (Stuttgart 1910) 9; E. Wendling, Die keltisch-römischen Steindenkmäler des Zaberner Museums (Zabern 1912) 22 Nr. 63d; Espérandieu VII, 241 Nr. 5690; R. Forrer, Strasbourg-Argentorate 2 (Strasbourg 1927) Abb. 501; R. Forrer, L'Alsace romaine (Paris 1935) 152; 154; F. Sprater, Pfälzer Heimat 2, 1951, 68; P.-F. Fournier, Rev. Arch. Centre 1, 1962, 122; A. B. Cook, Zeus. A Study in Ancient Religion II,1 (Cambridge 1964) 75 f. Taf. 3; P. Flotté/M. Fuchs, Le Bas-Rhin., Carte Archéologique de la Gaule 67/1, hrsg. M. Provost (Paris 2000) 312 ff. bes. 317.

147 Die Verf. danken Frau Dr. Renate Ludwig (KMH) für die Übertragung der Erstpublikation.

148 Zu den Fundumständen im Einzelnen s. o. S. 393 ff. (Ludwig/Noelke). – Abmessungen des Zwischensockels (in cm): 29 × 59 × 50. Die übrigen Seiten werden von den drei Göttern *Sol* (li. Ns.), *Luna* (Rückseite), *Mars* (re. Ns.) eingenommen.

149 Daneben existieren Varianten mit der Positionierung der Inschrift auf dem Viergötterstein (z. B. CIL XIII 6395 = Bauchhenß 1981, 144–145, Nr. 215 Taf. 23,1), auf dem Gesims des Viergöttersteins (z. B. ebd. 133, Nr. 180; CIL XIII 6704 = Bauchhenß 1981, 169, Nr. 296 Taf. 33,3) bzw. fortlaufend, beginnend auf dem Gesims (z. B. CIL XIII 7270 = Bauchhenß 1981, 183–184, Nr. 359 Taf. 33,2) – oder aber ihrem völligen Fehlen (z. B. Finke 1927, 62, Nr. 189 = Bauchhenß 1981, 232, Nr. 517–519, s. u. S. 420 Anm. 163).

150 Im Gegensatz zum Viergötterstein, an dem Reste einer weißen Grundierung sichtbar sind, lassen sich an Inschriftfeld und Inschrift keinerlei Farbspuren (mehr) nachweisen. Für die technische Abklärung dieses Befundes mit Hilfe von Ultraviolettlicht sei Herrn Karl Fricke-Pälzer, Restaurator am KMH, herzlich gedankt. Dieser Befund hat insofern Konsequenzen für das ohnehin nicht ganz unproblematische Verständnis von Zeile 2 (s. u.) als hiermit geklärt wäre, dass zwischen den ersten beiden Buchstaben (ME) keine Interpunktion anzunehmen ist. Eine dort vorhandene Einkerbung weicht formal von den übrigen Interpunktionen ab und ergibt mangels Farbspuren keinen positiven Hinweis auf eine intendierte Interpunktion. Tria nomina in der Form *M(arcus) Es(---) Iblionis* sind somit auszuschließen, wofür auch spricht, daß die Abkürzung ES in Inschriften gewöhnlich etwa für *es(sedarius)*, was aber kein Namensbestandteil ist, oder für *Es(tricata)*, einen weiblichen Individualnamen, belegt ist. Nachweise für die Abbreviatur eines Gentilnomen liegen für ES nicht vor.

Der Inschrifttext entspricht dem gewöhnlichen Schema von Weihinschriften im Allgemeinen sowie solchen auf Jupitersäulen im Besonderen. Unter den diversen Spielarten solcher Weiheformulare steht die neu gefundene Neuenheimer Inschrift für deren einfachste Variante. Zeile 1: Adressat der Weihung im Dativ ohne Mitadressaten, Zeile 2: Name des Dedikanten im Nominativ,[151] Zeile 3: Weiheformel.[152] Die Weiheformel mit doppeltem LL für *libens laetus* statt einfachem *libens* ist charakteristisch für die Dedikationsformeln obergermanischer Votivinschriften.[153]

Iblio oder *Iblionis*?

Trotz der Kürze des ohnehin schon standardisierten Inschrifttextes verbergen sich hinter den nur zwei Wörtern von Zeile 2 doch Fragen, die einer ausführlicheren Erläuterung bedürfen: Wie hieß der Dedikant mit der unzweifelhaft zu lesenden Nomenklatur *Mes. Iblionis*? Für die Deutung des Namens des Stifters sind grundsätzlich zwei Möglichkeiten denkbar:

Möglichkeit I: „*Mes(---) Iblionis*". Der Dedikant hätte somit ein Gentilnomen und ein Cognomen. Als Gentilizia möchte man zunächst an die allgemein recht verbreiteten Namen *Messius, Mestrius* oder auch an den in Dieburg/*Civitas Auderiensium* und Heidelberg belegten Namen *Messorius* denken.[154] *Iblionis* wäre ein bislang nicht bekanntes Cognomen. Ein Praenomen würde fehlen, eine Praxis, die häufiger nach der Mitte des 2. Jh. n. Chr., aber teilweise auch schon früher vorkommt.[155]

Möglichkeit II: „*Mes(---) Iblionis (filius)*". Die Person trug nur einen Individualnamen und führte dahinter den Namen ihres Vaters im Genitiv ohne explizite Filiationsangabe an. Nach diesem Schema aufgebaute Nomenklaturen sind auch sonst auf obergermanischen Jupitersäulen und in Heidelberg beispielsweise bei den Grabinschriften des *Nonnus Bland(i filius)*, des *Respectus Beri (filius)* oder des *Pacu(s) Bervi (filius)* zu finden.[156] Denkbar wären *Messor*, ein relativ häufig belegter Name, *Messius* und *Mestrius*, die auch als Cognomina gebräuchlich waren, aber auch seltenere Namen wie *Mestuus*, wie er in Osterburken für den Vater eines peregrinen Soldaten vorkommt.[157] Der Vatersname wäre im Nominativ *Iblio* zu rekonstruieren. Diese Art der Filiationsangabe nimmt seit der Mitte des 2. Jh. n. Chr. eher ab.[158]

Welche der beiden Möglichkeiten als die wahrscheinlichere gelten darf, liegt keinesfalls eindeutig auf der Hand.

151 Dass *Mes(---)* etwa einen weiteren Beinamen Jupiters oder eine weitere Gottheit bezeichnete, ist auszuschließen. Zum einen wird auf den Jupitersäulen *Iuppiter Optimus Maximus* so gut wie nie ein weiterer Beiname zugeordnet (einzige Ausnahme in Mainz-Kastel, in der der sehr geläufige Beiname *Conservato(r)* quasi ausgeschrieben ist: CIL XIII 7265 = Bauchhenß 1981, 42–43; 184–185, Nr. 362/363). Die Buchstaben *He(---)* auf einem Viergötterstein aus Pforzheim (s. u. S. 420 mit Anm. 161) gehören wohl zum Namen des Dedikanten und sind nicht als Beiname *He(liopolitano)* für Jupiter aufzufassen. Zum anderen erscheint außer dem obersten Staatsgott sonst nur noch *Iuno / Iuno Regina* auf den Säuleninschriften. Dazu wäre zu fragen, welcher Beiname oder Göttername mit den Buchstaben *MES*, in wenigen und nicht immer gesicherten Fällen nur als Beiname *Mes(sor)* zu *Silvanus Silvester* bekannt (ILJug 175; CIL III 9867 = ILJug 176; CIL III 14970), überhaupt abgekürzt gewesen sein könnte, und warum man *MES* nicht mit in die erste Zeile setzte, welche durch die Buchstaben *I. O. M.* nicht vollständig ausgefüllt wird.

152 Für weitere, ähnlich dreigliedrige Inschriften auf Jupitersäulen vgl. z. B. CIL XIII 4548 = Bauchhenß 1981, 116 (Donon [Frankreich]); CIL XIII 6092 = Bauchhenß 1981, 135, Nr. 187 (Godramstein); CIL XIII 6419 = Bauchhenß 1981, 157, Nr. 257 (Ladenburg/*Lopodunum*); CIL XIII 6702 = Bauchhenß 1981, 163, Nr. 277 (Mainz/*Mogontiacum*). – Im Vergleich hierzu weisen die Inschriften von als solche bezeichneten Veteranen oder Dekurionen mitunter deutlich aufwendigere Formulare auf; vgl. z. B. CIL XIII 6704 = Bauchhenß 1981, 169, Nr. 296.

153 G. Alföldy, Die Inschriftenkultur. Leben und Schreiben in der Provinz. In: Arch. Landesmus. Baden-Württemberg (Hrsg.), Imperium Romanum. Roms Provinzen an Neckar, Rhein und Donau. Ausstellungskat. Stuttgart 2005 (Stuttgart 2005) 116.

154 *Messius:* in Obergermanien z. B. CIL XIII 6366 = ILS 7587 (Rottenburg/*Sumelocenna*), CIL XIII 6103 (Speyer/*Noviomagus Nemetum*). – *Mestrius:* z. B. CIL III 4943 (Maria Saal/aus *Virunum*). – *Messorius/-a:* z. B. CIL XIII 6400 = Wagner 1911, 274 (Heidelberg), Finke 1927, 59, Nr. 183 = Bauchhenß 1981, 114, Nr. 110 (Dieburg/*Civitas Auderiensium*). – Es sind dies die drei häufigsten mit MES beginnenden Gentilnamen bei Mócsy 1983, 187–188 und Lőrincz 2000, 78–79 abgesehen von *Mescenius*, dessen Belege dort fast ausschließlich aus Dalmatien stammen.

155 O. Salomies, Die römischen Vornamen. Studien zur römischen Namengebung (Helsinki 1987) 344; Kakoschke 2002, 21. – Beispiele aus Obergermanien: CIL XIII 11711 = Spickermann 2003, 225, Nr. 64: *Val(erius) Aprilis;* CIL XIII 7709 = ILS 3456 = Spickermann 2003, 228, Nr. 93: *Iulius Victor;* CIL XIII 6667 = ILS 3930a = Spickermann 2003, 235, Nr. 133: *Iul(ius) Bellicus.*

156 Heidelberg: *Nonnus Bland(i)* (Wagner 1911, 296–297, Nr. 1), *Respectus Beri* (ebd. 297, Nr. 2), *Pacu(s) Bervi* (ebd. 298, Nr. 3). – Auf Jupitersäulen (Zwischensockel): z. B. *Candidus Vintrionis* bzw. *Mansuetus Natalis* aus Berwangen bzw. aus Godramstein (Nesselhauf/Lieb 1959, 169–170, Nr. 127 = Bauchhenß 1981, 104, Nr. 73 bzw. CIL XIII 6092 = Bauchhenß 1981, 135, Nr. 187).

157 Belege aus Obergermanien: *Messor:* CIL XIII 6487: *Gna[e]us Vin[d]onius Messor;* Diedesheim, CIL XIII 6585: *(centuria) Messoris;* Osterburken, AE 1926, 0068: *Messor;* Mainz/*Mogontiacum*, AE 1907, 105: *L(ucius) Prisc(inius) Messor;* Mainz/*Mogontiacum*, CIL XIII 5258 = AE 1894, 38: *M(arcus) e[t Q(uintus) Sa]nuci Atti Messor et Maelo;* Kaiseraugst/*Augusta Rauricorum*, CIL XIII 5259: *Q(uintus) Attius Messor;* Kaiseraugst/*Augusta Rauricorum*, CIL XIII 5370: *Oxia Messori(s) filia;* Besançon/*Vesontio*, AE 1904, 26: *Messor Cani libertus;* Niedaltdorf. – *Messius:* keine Belege aus Obergermanien, jedoch z. B. aus Niedergermanien: Nesselhauf 1937, 108, Nr. 207: *[---] Messius;* Bonn/*Bonna*). – *Mestrius:* AE 1965, 254 = 1978, 557: *C. Titius Mestrius;* Mainz/*Mogontiacum*. – *Mestuus:* CIL XIII 6574: *Piru[---] Mestui f.;* Osterburken. – Zu den häufigeren Cognomina, welche mit MES beginnen, gehören bei Mócsy 1983, 187–188 und Lőrincz 2000, 78–79, noch *Messianus* und *Messinus.*

158 Kakoschke 2002, 21.

Abkürzungen, die mitunter für uns heute mehrdeutig oder gar unverständlich sein können, kommen in Weihinschriften auf Jupitersäulen und anderen Weihedenkmälern in der Germania superior auch sonst vor. Bei den Gentilnamen sind dies neben den üblichen und leicht verständlichen Abkürzungen wie *Iul(ius), Cl(audius), Fl(avius), Dom(itius)* oder *Val(erius)* z. B. *Vic(cius), Carm(inius?)* oder *Cr(assicius?)*.[159] Stark abgekürzte Cognomina sind weniger häufig zu finden, aber keinesfalls ausgeschlossen.[160] Immerhin gibt es in den Inschriften Obergermaniens mehrgliedrige Namen, bei denen sogar alle Bestandteile so stark abgekürzt sind, dass sie ohne einen sonstigen Hinweis nicht verständlich sind: so z. B. die Stifter *He(---) S(---) G(---)* einer Jupitersäule aus Pforzheim und *M(arcus) P(---) P(---)* der Kleinen Mainzer Säule sowie weitere Dedikanten von Weihinschriften wie *M(arcus) Mas(---) Ter(---)* und *A(ulus) Q(---) S(---)* in Windisch-Brugg.[161]

Da anzunehmen ist, dass der Dedikant sehr wohl Wert darauf legte, erkannt zu werden, wird sein Name auch in abgekürzter Form verständlich gewesen sein. Dies wäre gewährleistet, wenn er eine bekannte Persönlichkeit oder der Name in der Gegend sehr verbreitet war oder wenn die Weihung auf seinem privaten Grund erfolgte. Eine weitere Erklärungsmöglichkeit ist, dass der Stiftername auch noch in der Inschrift eines anderen, mit der Weihung zusammenhängenden Monuments ausführlicher genannt war und auf der Säuleninschrift deshalb abgekürzt werden konnte. Dies bietet sich gerade bei Jupitersäulen in Obergermanien an, denn sie waren im Ensemble von Säule und Altar wirkende Denkmäler, deren inschriftlicher Informationsgehalt komplementär war.[162] Etliche Säulen dort besaßen gerade darum überhaupt keine Inschrift, weil man sich auf die Altarinschrift beschränkte. In manchen Fällen, so einmal auch in Heidelberg, wurde sogar ausdrücklich auf die gemeinsame Stiftung von Altar und Säule hingewiesen.[163] Aus der Germania superior sind mehrere Jupitersäulen belegt, zu denen der zugehörige Altar überliefert ist und die wie dieser eine Inschrift trugen. In diesen Fällen gibt – nun allerdings umgekehrt – die Säuleninschrift den Stifternamen ausführlich wieder. Dabei wiederholt die Altarinschrift den Namen in gleicher Form, kürzt das Gentiliz ab oder lässt es sogar ganz weg.[164] Für die Abkürzung des einheimischen Eigennamens gibt es bei den Jupitersäulen in Obergermanien zwar keinen Beleg, Kombinationen aus Individualnamen und Patronymikon sind aber sehr wohl bezeugt.[165]

Sowohl *Iblionis* als auch *Iblio* sind bislang als Hapax legomena anzusehen. Mit *Iblio-* zusammenhängende Namen treten dagegen sehr wohl auf.[166] Nach L. Weisgerber ist das Namenselement *Iblio-* keltisch und eng mit dem Bereich der Treverer verbunden, wie auch der einzige mit *Iblio-* gebildete Ortsname, *Ibliodurum*, nahe dem Treverergebiet auf der Strecke Metz–Verdun liegt.[167] *Ibliomarus/Ibliomara* und *Ibliomarius/Ibliomaria* sind unter den Treverern die häufigsten Vollnamen, d. h. zweigliedrigen Namen, wobei die Endung *-marus* wie auch bei anderen Namen „Größe" bedeutet.[168] Im römischen bzw. dem römischen angepassten keltischen Namenssystem wird *Ibliomarus* als Cognomen bzw. als Einzelname, *Ibliomarius/-maria* als Gentilnomen verwendet, und zwar

159 *Vic(cius) Seneca:* Bauchhenß 1981, 244, Nr. 557 (Jupitergigantensäule aus Wiesbaden-Schierstein); *T. Cr(assicius?) Paettusius et Cr(assicius?) Magius:* CIL XIII 11499 = ILS 9322 = Spickermann 2003, 217, Nr. 8 (Altar aus Solothurn/*Solodurum*).

160 Vgl. etwa den Dedikanten *Long(---)* eines Mithrasreliefs aus Sarmizegetusa/*Colonia Ulpia Traiana Sarmizegetusa* (CIL III 7926 = IDR III 2, 285).

161 *He(---) S(---) G(---):* CIL XIII 6331 = AE 1995, 1159 = Bauchhenß 1981, 206, Nr. 428 (vgl. o. Anm. 151); *M(arcus) P(---) P(---):* CIL XIII 6702 = Bauchhenß 1981, 163, Nr. 277; *M(arcus) Mas(---) Ter(---):* CIL XIII 5197 = Spickermann 2003, 220, Nr. 39; *A(ulus) Q(---) S(---):* Nesselhauf/Lieb 1959, 143, Nr. 55 – oder *aq(uilae) s(anctae)?* – = Spickermann 2003, 217, Nr. 14. – Umstritten ist die Auflösung *L(ucius) P(---) D(---)* oder *l(oco) p(ublice) d(ato)* auf einer Weihinschrift in Alzey/*Altiaia* (Nesselhauf/Lieb 1959, 167, Nr. 119 = AE 1951, 136). – Vgl. außerdem die Inschrift auf einer Säule oder einem Altar in Mainz, welche von einem *M(arcus) G(---) F(---)* gesetzt wurde, aber auch im übrigen Text ungewöhnlich starke Abkürzungen enthält: CIL XIII 6719 = Bauchhenß 1981, 180, Nr. 333. Außerhalb Obergermaniens s. etwa die Dedikantennamen in den Weihinschriften Nesselhauf/Lieb 1959 126–127, Nr. 9: *R(---) C(---);* Belgica oder AE 1952, 67: *L(ucius) T(uccius?) C(ampanus?);* Noricum.

162 Bauchhenß 1981, 8–9; Spickermann 2003, 17.

163 Zum Beispiel CIL XIII 6397 = Wagner 1911, 291–292 = Bauchhenß 1981, 144, Nr. 214 aus Heidelberg: *aram et columnam;* CIL XIII 6367 = Bauchhenß 1981, 213–214, Nr. 452 (wahrscheinlich von einem Altar) aus Rottenburg/*Sumelocenna: col[umna]m cu[m ara];* CIL III 11900 aus Niederstotzingen: *aram ... et columm[am].* – Eine inschriftlose Säule, die zusammen mit einem Altar mit Inschrift gefunden wurde, ist etwa aus Bad Cannstatt bekannt (Finke 1927, 62, Nr. 189 = Bauchhenß 1981, 232, Nr. 517–519; 520).

164 *Q(uinti) Iuli Prisci et Q(uinti) Iuli Aucti* bzw. *Q(uintus) Iulius Priscus et Q(uintus) Iulius Auctus* auf der Großen Mainzer Jupitersäule bzw. dem Altar (CIL XIII 11806 bzw. 11807 = Bauchhenß 1981, 162–163, Nr. 273 bzw. 276); *[---]tati[us](?) [--- Vi]ctorin[us]* bzw. *[---t?]atiu[s Vic]torin[us]* auf einem Viergötterstein bzw. Altar aus Frankfurt-Heddernheim/*Nida* (CIL XIII 7353 bzw. 7354 = Bauchhenß 1981, 126, Nr. 150 bzw. 154); *T. Aelius Victor* bzw. *[T.] Ael(ius) Victor* auf einem Viergötterstein bzw. Altar aus Köngen/*Grinario* (CIL XIII 11728 bzw. 11729 = Bauchhenß 1981, 154, Nr. 244 bzw. 245); *Novenius Augustus* bzw. *Augustus* auf einem Zwischensockel bzw. Altar aus Ladenburg/*Lopodunum* (Bauchhenß 1981, 156, Nr. 250 bzw. 253).

165 Zum Beispiel *Candidius Vintrionis (filius)* in Berwangen oder *Mansuetus Natalis (filius)* in Godramstein; s. o. S. 419 Anm. 156.

166 Zum Folgenden s. Weisgerber 1969, 119–128; Spickermann 2003, 312 Anm. 212. Vgl. auch Mócsy 1983, 149 = Lőrincz 1999, 191.

167 *Ibliodurum:* It. Ant. 364, 5. Vgl. auch Kakoschke 2002, 153 Karte II zur geographischen Verteilung der Namen *Ibliomarus* und *Ibliomarius.*

168 Vgl. CIL XIII 4242: *[V]ectimarus;* CIL XIII 3979: *Dannumara.*

vermutlich wie auch sonst im keltischen Raum als aus dem Vatersnamen *Ibliomarus* gebildetes Pseudogentiliz, das keinen Status eines römischen Bürgers anzeigt.[169] Belegt sind außerdem die daraus gewonnene männliche Kurzform *Iblia* und das als Cognomen gebrauchte *Iblius/-a* sowie die mit dem bei den Treverern häufiger anzutreffenden Suffix *-issius* bzw. *-issa* versehene Form *Iblissa.*[170] Die meisten inschriftlichen Zeugnisse stammen aus der Belgica (6), davon zwei aus Trier selbst, sowie aus Obergermanien (9), darunter drei Soldaten, ein Händler und zwei Belege, in denen der Name nur als Patronymikon erscheint, d.h. diese Personen oder ihre Familien könnten dennoch aus dem TrevererGebiet stammen. Die übrigen Belege (7) verteilen sich auf die Gallia Lugdunensis (2), Germania inferior (1), Raetia (1), Noricum (1), Dacia (1) und das Territorium von Rom (1), wobei immerhin drei Personen ausdrücklich ihre Herkunft aus der *civitas Treverorum* angeben, eine ein Freigelassener ist und eine nur im Patronymikon auftaucht.[171]

Die Endung *-nis* wie in *Iblionis* kommt in den keltischen Namen des rheinischen Gebiets offensichtlich nicht vor und wäre jedenfalls sehr untypisch. Durchaus öfter findet man hingegen die Endung *-o* wie in *Icco, Matto, Secco, Senno, Tauso* oder *Vico.*[172] Die Form *Iblio* könnte damit ein ursprünglich einstämmiger Name sein, aus dem mit verschiedenen Suffixen neue Namen wie *Ibliomarus* entstanden, oder ein aus dem Vollnamen gebildeter Kurzname. *Iblio* wäre demzufolge als neuer Individualname in die Indizes der im romanisierten Germanien vertretenen keltischen Namen aufzunehmen.

Welcher Individualname sich dann hinter *Mes(---)* verborgen haben mochte, bleibt weiterhin offen. Die Abkürzung *Mes(---)* kommt an sich vor allem für das Gentilnomen *Messius* in der Nomenklatur des Kaisers Decius und seiner Söhne, teils auch für andere Personen vor, wobei es wohl gerade wegen der relativen Häufigkeit dieses Namens oft in dieser Form aufgelöst wird.[173] Sie ist aber, wenn auch deutlich seltener, ebenso für Cognomina belegt, für die eine eindeutige Auflösung nicht ohne Weiteres möglich ist.[174] Auch im Falle der Heidelberger Inschrift ist keine klare Entscheidung möglich. Einheimische Eigennamen gehen mit einheimischen Patronymika ebenso einher wie italische.[175] Doch sei so viel angemerkt: Die unter den Treverern vorkommenden, mit *Mes-* beginnenden Namen hängen entweder mit dem häufig bezeugten keltischen Stamm *međđu-* zusammen (so das Gentiliz *Messionius*) oder sind zwar römisch, aber wurden möglicherweise gerade deshalb gewählt, weil sie ähnlich klangen (so das Gentilnomen *Messorius* und das Cognomen *Messor*).[176] Bei dem einmal belegten *Messia* ist es sogar unsicher, zu welcher der

169 Kakoschke 2002, 23; L. Weisgerber, Zur Inschrift von Nickenich. In: J. Knobloch/R. Schützeichel (Hrsg.), Leo Weisgerber. Rhenania Germano-Celtica. Gesammelte Abhandlungen (Bonn 1969) 91–92; Weisgerber 1969, 116. – *Ibliomarus* als Cognomen: AE 1928, 184 = 1941, 169: *Aprilius Ibliomarus*, CIL XIII 2091: *D(ecimus) Cassius Ibliomarus*, AE 1998, 997: *L(ucius) Cavarius Ibliomarus*, CIL XIII 2839: *L(ucius) Censorinius Ibliomar(us)*, CIL III 1214 = ILS 7154 = IDR III 5, 527: *T(itus) Fabius Ibliomarus*, AE 1975, 653 = 1985, 682: *Immunius Ibliomarus*, AE 1996, 1149: *Iul(ius) Iblio[m]arus*, AE 1985, 695: *L(ucius) Traianius Ibliomarus.* – *Ibliomarus* als Individualname: CIL XIII 6018: *[I]bliomarus [---]cissae (filius).* – *Ibliomarius/-a* als Gentilnomen: CIL XIII 7749: *Ibliomarius Op[---]us*, Wagner 1956/57, 242, Nr. 105: *Ibliomarius Perpetu(u)s*, AE 1997, 1187: *A(ulus) Ibliomarius Placidus*, Finke 1927, 73–74, Nr. 224: *Ibliomaria Bodica*, Nesselhauf/Lieb 1959, 129, Nr. 15 = AE 1955, 230: *Ibliomaria Gabrella; M(arcus) Ibliomar<i>us(?) Restitutus*, CIL XIII 3996 = ILB^2 83: *Ibliomaria Sacra.* – Nicht eindeutig einem der beiden Namen zuweisbar: Nesselhauf 1937, 65, Nr. 54: *[---]e Ibliom[---].*

170 *Iblia:* CIL XIII 6740a = ILS 7085 = AE 1901, 75: *Germanus Ibliae.* – *Iblius/-a:* CIL XIII 4229: *Lusia Iblia.* – *Iblissa:* CIL XIII 11978: *Tatico Iblissae f(iliae)*, CIL VI 3273 = XI *78, 2: *Iustus Iblissa.* – Ob auch die Form *Ibliendus* – oder *Ibilendus*? (vermutlich LI-/IL-Ligatur) – dazugehört, ist unsicher: *Diastumar(us) Ibliendi f(ilius);* CIL III 5144a. Unvollständig erhalten ist der Name in CIL XIII 11313 = ILS 9418 = AE 1908, 132: *Secund(ius) Ibli[---].*

171 Belgica: AE 1928, 184 = 1941, 169 (bei Trier/*Augusta Treverorum*), CIL XIII 11313 = ILS 9418 = AE 1908, 132 (Trier/*Augusta Treverorum*), AE 1955, 230 (Losheim), CIL XIII 3996 = ILB^2 83 (Arlon/*Orolaunum*), Nesselhauf 1937, 65, Nr. 54 (Irsch), CIL XIII 4229 (Pachten/*Crutisium*). – Germania superior: AE 1985, 695 (Osterburken), AE 1996, 1149 (Bad Wimpfen/*Civitas Alisinensium*), AE 1997, 1187 (Groß-Gerau), AE 1998, 997 (Oberwesel/*Vosolvia*), CIL XIII 6018 (Pfaffenhofen/bei *Pons Aeni*), CIL XIII 7749 (Niederbieber), CIL XIII 11978 (Urmitz), Finke 1927, 73–74, Nr. 224 (Nieder-Ingelheim/bei *Mogontiacum*), CIL XIII 6740a = ILS 7085 = AE 1901, 75 (Mainz/*Mogontiacum*). – Gallia Lugdunensis: CIL XIII 2091 (Lyon/*Lugdunum*), CIL XIII 2839 (Bardle-Regulier). – Germania inferior: AE 1975, 653 = 1985, 682 (bei Zierikzee/*Ganuenta*). – Raetia: Wagner 1956/57, 242, Nr. 105 (Regensburg-Ziegetsdorf/bei *Castra Regina*). – Noricum: CIL III 5144a (Trojane/*Atrans*). – Dacia: CIL III 1214 = ILS 7154 = IDR III 5, 527 (Petreşti de Jos/*Apulum*). – Roma: CIL VI 3273 = XI *78, 2 (Rom).

172 Weisgerber 1969, 122. Vgl. auch *Fittio Condolli f(ilius) Trever* (CIL XIII 11605 = Spickermann 2003, 122, Nr. 2).

173 Die Abkürzung *Mes.* für *Mes(sius)* ist in Inschriften Obergermaniens nicht belegt. Beispiele (außer den Namen des Decius und seiner Söhne sowie den Kleininschriften, die generell oft stark abgekürzte Formen verwenden): AE 2003, 883: *T(itus) Mes(sius?) Maurio;* Lusitania, CIL VIII 5512 = CIL VIII 18840 = ILAlg II 2, 4536: *Q(uintus) Mes(sius?) Felix;* Africa Proconsularis, CIL VIII 18833 = ILAlg II 4526: *Mes(sius?) Picatin[u]<s=I>;* Numidia, CIL VII 880 = RIB 1982: *Mes(sio?) Opse[quente](!);* Britannia.

174 AE 2003, 1508 = ILD 407: *Ael(ius) Mes(---); Dacia.* Die vergleichsweise häufige Auflösung von *Mes.* als *Messius* ist, zumal innerhalb eines keltisch geprägten Sprachraums, nicht zwingend.

175 Kakoschke 2002, 25; Weisgerber 1969, 116.

176 *Messionius:* CIL XIII 4145: *Messionius Vitalis;* Sefferweich, Finke 1927, 15, Nr. 45: *Messionio [---]to, Mession[ia] Lucill[a];* Trier/*Augusta Treverorum*. – *Messorius:* CIL XIII 11313 = ILS 9418 = AE 1908, 132: *Messor(ius) P[rim]u[s](?);* Trier/*Augusta Treverorum.* – *Messor:* CIL XIII 4237 = AE 1904, 26: *Messor;* Niedaltdorf. – *Messia:* CIL XIII 4001 = ILB 91: *Messi(a) Donat(a);* Arlon/*Orolaunum*.

beiden Kategorien es zu rechnen ist.[177]

Aufgrund der ausgeführten Beobachtungen, insbesondere aber der Überlegung, dass „*Iblio*" als Nominativform gegenüber „*Iblionis*" der Vorzug zu geben ist, spricht somit einiges für die Variante Individualname mit Patronymikon (Möglichkeit II). Die Lösung des Rätsels könnte der im Neuenheimer Befund fehlende Stifteraltar liefern. Gerne wüssten wir Genaueres über den sozialen Status des Dedikanten der Heidelberger Säule. Explizite Informationen ergeben sich aus der Inschrift allerdings nicht, so dass es bei allgemeinen Erwägungen bleiben muss. Die meisten Jupitersäulen waren private Weihungen. In den im Umkreis der Kastelle entstandenen *vici* wurden sie von Soldaten wie von Angehörigen der Zivilbevölkerung gestiftet.[178] Dass die Zugehörigkeit zu einer Truppe oder der militärische Rang nicht angegeben ist, ließe sich auch hier durch eine ausführlichere Altarinschrift erklären.[179] Vielleicht war es aber einfach ein ziviler Stifter wie vermutlich im Falle der Jupitersäule auf dem Heiligenberg in Heidelberg, welche von den beiden Brüdern *Iulius Secundus* und *Iulius Ianuarius* gesetzt worden war,[180] oder im Falle zweier weiterer Weihungen am selben Ort durch lokale Beamte, die Dekurionen der *civitas Ulpia Sueborum Nicrensium L(ucius) Candidiu[s Mer]cator* und *C(aius) Candidius Calpurn[i]anu[s]*.[181]
Mes. Iblionis dürfte sehr wahrscheinlich ein Landsmann des in Heidelberg bezeugten *Marovirus Brictonis f(ilius) c(ivis) Treve[r]* gewesen sein.[182] Nach A. Kakoschke stellten Personen aus der Belgica in den germanischen Provinzen die größte Gruppe unter den Zuwanderern und mobilen Personen aus dem gallischen Bereich. Dabei sind speziell im rechtsrheinischen Oberrheingebiet die Treverer am häufigsten vertreten. Meist lässt sich im konkreten Fall zwar nicht mehr ausmachen, wie und warum diese Personen nach Germanien kamen, doch waren es wahrscheinlich meistens Zuwanderer oder deren Nachkommen, teils auch Händler auf der Durchreise.[183]
Die Inschrift ist nicht absolut datiert.[184] Nach der Paläographie kann sie grob der ersten Hälfte des 2. Jh. n. Chr. zugewiesen werden.[185] Die tendenziell zu bervorzugende Interpretation der Nomenklatur entspräche dem voll und ganz.[186] Schließlich steht dieser Ansatz in Einklang mit der zeitlichen Einordnung des Skulpturenschmucks.[187]

Bildnachweis

Kurpfälzisches Museum Heidelberg: 1, 2, 17, Taf. 1a (E. Kemmet); 3 (I. Grunert); 4–14, 18, 20, Taf. 1b–e (K. Gattner/E. Kemmet); 21 (K. Brenner)
C. Noelke: 15, 19

177 Weisgerber 1969, 111–112; 117; 120–121; 127.
178 Zum Dedikantenkreis der Jupitersäulen s. Bauchhenß 1981, 44–46; Spickermann 2003, 385–386. Unter den Angehörigen des Militärs treten beispielsweise folgende Stifter auf: ein *mil. leg. VIII Aug. b.f. cos.* (CIL XIII 6397 = Wagner 1911, 291–292 = Bauchhenß 1981, 144, Nr. 214), ein *[sp]eculator l[eg. VIII Aug.]* (CIL XIII 6721 = Bauchhenß 1981, 173–174, Nr. 310/311), ein *mil. n. Caθθarensium* (CIL XIII 7268 = Bauchhenß 1981, 184, Nr. 360/361), ein *eq. leg. XXII P. Ant. p. f.* (CIL XIII 7609 = Bauchhenß 1981, 244, Nr. 557), ein *vet. cho. XXIIII vol. c. R.* (CIL XIII 11678a = Bauchhenß 1981, 218, Nr. 465) oder ein *vet. ex sign[i]fero leg. VII[I] Aug. Anton[ini]ane p. f.* (CIL XIII 6067 = Bauchhenß 1981, 158–159, Nr. 262). – Zu den Aufstellungsorten s. Bauchhenß 1976, 7–10; ders. 1981, 21–26.
179 Sie sind auch sonst und auch bei Veteranen nachweislich nicht immer angegeben (Kakoschke 2002, 8 mit Anm. 23).
180 CIL XIII 6395 = Wagner 1911, 272 = Bauchhenß 1981, 144–145, Nr. 215.
181 CIL XIII 6399 = Wagner 1911, 271–272 (Weihung einer Merkurstatue); CIL XIII 6404 = Wagner 1911, 272–273 (Weihung einer *aedes cum signo* für Merkur-Visucius). – Als Angehörige lokaler Eliten treten anderenorts z. B. folgende Stifter auf: ein *dec. c. T(aunensium)* (CIL XIII 7352 = Bauchhenß 1981, 124–125, Nr. 143) sowie ein *[II]vir* derselben *civitas*, ein *dec. c. Aude[r(iensium)]* (CIL XIII 7353 = Bauchhenß 1981, 131–132, Nr. 176).
182 CIL XIII 11736 = Wagner 1911, 299, Nr. 2.
183 Kakoschke 2002, 525; 533–535; 576.
184 Zur Problematik der Datierung von Jupitergigantensäulen s. Bauchhenß 1976, 11–12.
185 Die Ausführung der Buchstaben weist eine auffallende Ähnlichkeit mit der bereits erwähnten Visucius-Inschrift vom Heiligenberg auf (s. o. Anm. 181). Es ist nicht auszuschließen, dass beide Inschriften in der gleichen Werkstatt gefertigt wurden.
186 Filiation durch Patronymikon nimmt ab der Mitte des 2. Jh. n. Chr. ab. Vgl. o. S. 419 mit Anm. 158.
187 Siehe oben Ludwig/Noelke, S. 410 ff.

a: Im Kurpfälzischen Museum Heidelberg 2008 wiederaufgebaute Jupitergigantensäule.
b–e: Heidelberg. Figuralkapitell mit vier weiblichen Büsten und hockenden Giganten.

Abgekürzt zitierte Literatur

Bauchhenß 1976	G. Bauchhenß, Jupitergigantensäulen. Kl. Schr. Kenntnis röm. Besetzungsgesch. Südwestdeutschland 14 (Aalen 1976).
Bauchhenß 1981	G. Bauchhenß, Die Iupitergigantensäulen in der römischen Provinz Germania superior. In: Die Iupitersäulen in den Germanischen Provinzen. Bonner Jahrb. Beih. 41 (Köln, Bonn 1981) 1–262 Taf. 1–54; 101–103 Karten 1–5.
Bauchhenß 1984	G. Bauchhenß, Denkmäler des Iuppiterkultes aus Mainz und Umgebung. CSIR Deutschland II,3 (Mainz 1984).
Doll/König/ Mayer-Reppert 2009	M. Doll/P. König/P. Mayer-Reppert, Iupiter im Brunnen. Archäologische Untersuchungen im Nordvicus von Heidelberg. Fundber. Baden-Württemberg 30, 2009 (im Druck).
Espérandieu, Germanie	É. Espérandieu, Recueil général des bas-reliefs, statues et bustes de la Germanie romaine (Paris, Brüssel 1931).
Espérandieu V–IX	É. Espérandieu, Recueil général des bas-reliefs, statues et bustes de la Gaule romaine. V, VI: Belgique; VII–IX: Gaule germanique (Paris 1913–1925).
Finke 1927	H. Finke, Nachträge zu den neuen Inschriften. Ber. RGK 17, 1927, 1*–2*; 1–107; 198–214.
Hahl 1937	L. Hahl, Zur Stilentwicklung der provinzialrömischen Plastik in Germanien und Gallien (Darmstadt 1937).
Hensen/Ludwig 2005	A. Hensen/R. Ludwig, Straße ins Jenseits. Die römischen Gräberfelder von Heidelberg (Remshalden 2005).
Kakoschke 2002	A. Kakoschke, Ortsfremde in den römischen Provinzen Germania inferior und Germania superior. Eine Untersuchung zur Mobilität in den germanischen Provinzen anhand der Inschriften des 1. bis 3. Jh. n. Chr. (Möhnesee 2002).
Lőrincz 1999	B. Lőrincz, Onomasticon Provinciarum Europae Latinarum 2 (Wien 1999).
Lőrincz 2000	B. Lőrincz, Onomasticon Provinciarum Europae Latinarum 3 (Wien 2000).
Ludwig 2005	R. Ludwig, Heidelberg. In: D. Planck, Die Römer in Baden-Württemberg. Römerstätten und Museen von Aalen bis Zwiefalten (Stuttgart 2005) 109–116.
Meier-Arendt 1983	W. Meier-Arendt, Römische Steindenkmäler aus Frankfurt am Main. Auswahlkatalog. Arch. Reihe 1 (Frankfurt a. M. 1983).
v. Mercklin 1962	E. v. Mercklin, Antike Figuralkapitelle (Berlin 1962).
Mócsy 1983	A. Mócsy, Nomenclator proviniciarum Europae Latinarum et Galliae Cisalpinae cum indice inverso. Diss. Pannonicae III 1 (Budapest 1983).
Nesselhauf 1937	H. Nesselhauf, Neue Inschriften aus dem römischen Germanien und den angrenzenden Gebieten. Ber. RGK 27, 1937, 51–134.
Nesselhauf/Lieb 1959	H. Nesselhauf/H. Lieb, Dritter Nachtrag zu CIL XIII. Inschriften aus den germanischen Provinzen und dem Treverergebiet. Ber. RGK 40, 1959, 120–229.
Noelke 1981	P. Noelke, Die Iupitersäulen und -pfeiler in der römischen Provinz Germania inferior. In: Die Iupitersäulen in den Germanischen Provinzen. Bonner Jahrb. Beih. 41 (Köln, Bonn 1981) 261–515 Taf. 55–100 Karten 6–10.
Noelke 2006	P. Noelke, Bildersturm und Wiederverwendung am Beispiel der Iuppitersäulen in den germanischen Provinzen des Imperium Romanum. Ber. RGK 87, 2006, 273–386.
Spickermann 2003	W. Spickermann, Germania Superior. Religionsgeschichte des römischen Germanien I (Tübingen 2003).
Sprater 1930	F. Sprater, Die Pfalz unter den Römern II. Veröff. Pfälz. Ges. Förderung Wiss. 8 (Speyer 1930).
Wagner 1911	E. Wagner, Fundstätten und Funde aus vorgeschichtlicher, römischer und alamannisch-fränkischer Zeit im Großherzogtum Baden 2 (Tübingen 1911).
Wagner 1956/57	F. Wagner, Neue Inschriften aus Raetien. Ber. RGK 37/38, 1956/57, 215–264.
Weisgerber 1969	L. Weisgerber, Sprachwissenschaftliche Beiträge zur frührheinischen Siedlungs- und Kulturgeschichte I. In: J. Knobloch/R. Schützeichel (Hrsg.), Leo Weisgerber. Rhenania Germano-Celtica. Gesammelte Abhandlungen (Bonn 1969) 103–149.
Wiegels 2000	R. Wiegels, Lopodunum II. Inschriften und Kultdenkmäler aus dem römischen Ladenburg am Neckar. Forsch. u. Ber. Vor- u. Frühgesch. Baden-Württemberg 59 (Stuttgart 2000).

Öllampen der römischen Nekropole von Heidelberg
Indikatoren einer Energiekrise in der Provinz

ANDREAS HENSEN

Vorwort

Zu den Schwerpunkten bei der Erforschung der Römerzeit Südwestdeutschlands gehörte im vergangenen Dezennium der Bestattungsplatz „Berliner Straße" in Heidelberg-Neuenheim. Dies ist nicht zuletzt das Verdienst des Jubilars: Gemeinsam mit Renate Ludwig vom Kurpfälzischen Museum hat sich Dieter Planck für die Aufarbeitung der Ausgrabungen eingesetzt. Die Bemühungen führten im Jahre 1999 zum Erfolg, als mit der Begründung eines Forschungsprojektes dieses Desiderat der Landesarchäologie in Angriff genommen werden konnte. Das Vorhaben wurde mit der Bewilligung von Mitteln durch die Deutsche Forschungsgemeinschaft ermöglicht und erfuhr maßgebliche Unterstützung seitens der Archäologen und Naturwissenschaftler des Landesamtes für Denkmalpflege und des Regierungspräsidiums Karlsruhe sowie durch die Heidelberger Stadtverwaltung.

Die Untersuchung des Gräberfeldes von Heidelberg-Neuenheim

Als das Projekt begann, lag der Abschluss der Ausgrabungen bereits dreißig Jahre zurück: Zwischen 1951 und 1969 hatte Berndmark Heukemes die archäologischen Untersuchungen im „Neuenheimer Feld" geleitet. Damals wurde das bislang unbebaute Gelände für die Erweiterung der Universität sowie für die Errichtung weiterer Forschungseinrichtungen erschlossen. Dabei konnten am nordwestlichen Rand des Kastellvicus von Neuenheim und entlang der Straße nach Ladenburg *(Lopodunum)* 1406 Brand- und Körpergräber, Fundamente von Grabbauten sowie Bestattungen von Pferden und auch Opfergruben freigelegt werden (Abb. 1).[1] Im Unterschied zu den Neuenheimer Kohortenkastellen sowie zu den *vici* von Neuenheim und Bergheim liegt der Friedhof in einem Areal, das bis in die Mitte des 20. Jh. größtenteils unbebaut geblieben und vorwiegend als Garten- und Ackerland genutzt worden war. Eine mächtige Humusschicht schützte die Gräber, so dass nur wenige Befunde durch landwirtschaftliche Tätigkeit oder Baumaßnahmen gestört worden sind.[2] Deshalb sind die Grabinventare in den meisten Fällen vollständig erhalten geblieben, und insofern ist ihr wissenschaftlicher Wert hoch zu veranschlagen.

Der Friedhof mit einer Längsausdehnung von 500 m wurde sowohl von den Soldaten des Neuenheimer Kohortenkastells als auch von Bewohnern der Zivilsiedlung zwischen 80/85 und 185/190 n. Chr. genutzt. Damit wird der Beginn der Belegung etwa ein Jahrzehnt nach der Gründung des ersten Kastells und das Ende etwa ein halbes Jahrhundert vor der Aufgabe der Siedlung fassbar.

Die Sitte der Brandbestattung überwiegt mit einem Anteil von 96 % deutlich gegenüber dem Körpergrab, was mit einschlägigen Beobachtungen in anderen zeitgleichen Nekropolen der Nordprovinzen korrespondiert.

Heidelberger Lampen als Elemente des Bestattungsritus

Innerhalb des Beigabenspektrums bilden die tönernen Öllampen eine Objektgruppe, die bereits während der Ausgrabungen Aufmerksamkeit erregte und in einem frühen Stadium der Bearbeitung zur intensiven Auseinandersetzung herausforderte.[3] Dies ist nicht zuletzt durch die Häufigkeit der Beleuchtungsgeräte begründet: Im Areal des Friedhofes kamen 715 Lampen zutage, von denen 704 Exemplare aus Beigabenensembles stammen. Eine der übrigen elf Lampen wurde auf einem das Grab versiegelnden Steinpflaster angetroffen, d. h. auf der zeitgenössischen Oberfläche. Ein weiteres Exemplar gehört zu einem Opferdepot. Die übrigen neun Lampen sind

1 Hensen/Ludwig 2005, 21–56; Hensen (im Druck).
2 Heukemes 1964, 97 f.
3 Hensen 2005; Hensen/Schneider (im Druck).

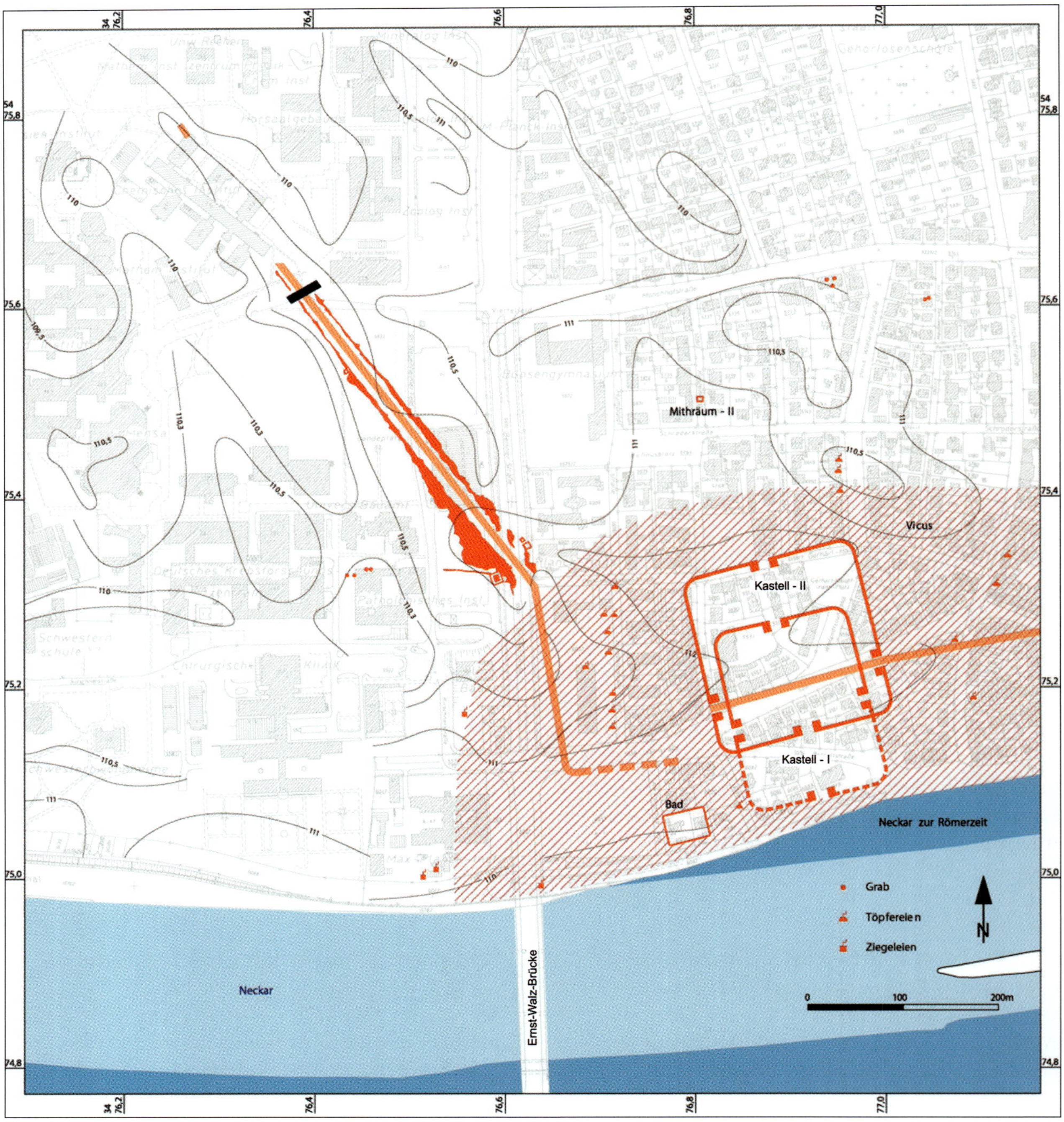

Abb. 1: Das westliche Kastell (zweiphasig) und der *vicus* (schraffiert) von Heidelberg-Neuenheim. Beiderseits der Straße nach *Lopodunum*/ Ladenburg erstreckt sich das Gräberfeld (rot).

als „Streufunde" außerhalb der dokumentierten Befunde aufgelesen worden.

In 548 Bestattungen, d.h. in 40 % der Gräber, sind eine oder mehrere Lampen unter den Beigaben vertreten. Dabei handelt es sich ausschließlich um Brandbestattungen; in den meist beigabenarmen oder beigabenlosen Körpergräbern kommen sie nicht vor. Beschränkt man die Analyse auf die ungestörten Grabkomplexe, so erhöht sich der Anteil auf 44 %. Dieser Wert dürfte den ursprünglichen Verhältnissen nahekommen. Lampen konnten auf dem Scheiterhaufen verbrannt und anschließend mit dem aufgelesenen Brandschutt in die Verfüllung der Grabgrube gelangen (Primärbeigabe). Andererseits wurden sie während der Beisetzungszeremonie von den Angehörigen im Grab deponiert (Sekundärbeigabe). Letztere Beigabenvariante ist häufiger nachweisbar und wegen des damit verbundenen oftmals guten Erhaltungszustands ein weiterer Grund für die Attraktivität der Lampen als Untersuchungsobjekte.

Ungestörte Gräber mit vollständigen Beigabenensembles gewähren Einblicke in die Praktiken des lokalen

Bestattungsritus. Deren Analyse zeigt z. B., dass in seltenen Fällen, nämlich in nur etwa 2 % der Gräber, sowohl verbrannte als auch unverbrannte Lampen zur Ausstattung gehören. Offensichtlich hatten sich die Angehörigen in der Regel zwischen der Verwendung als Primär- oder Sekundärbeigabe entschieden. Eine dritte Form des rituellen Gebrauchs ist durch die bereits erwähnte Deponierung an der Oberfläche bezeugt: Es dürfte sich um den seltenen Nachweis eines der häufig praktizierten Totenopfer handeln, die anlässlich der offiziellen und persönlichen Gedenktage am Grab abgehalten worden sind. Grabinschriften aus Italien und den Provinzen loben die Lampenspender oder zitieren testamentarische Verfügungen, in denen die Verrichtung eines Lampenopfers z. B. dreimal monatlich oder sogar täglich festgesetzt ist.[4]
Wahrscheinlich gehört manche intakte Lampe, die hoch oberhalb der Sohle in der Grubenfüllung angetroffen worden ist, ebenfalls zu diesen „postfunerären" Gaben. Singulär ist das bereits erwähnte Opferensemble (Bef. 66/291) vom Ende des 1. oder beginnenden 2. Jh.: In einer kleinen, im Grundriss quadratischen Grube (Seitenlänge 0,50 m) stand das Unterteil eines halbierten Topfes. Darin hatte man eine Hundefigur aus Terrakotta mit einer beschädigten Firmalampe niedergelegt. Das Ensemble umfasst weder Leichenbrand oder Skelettreste noch beschädigte Objekte, die auf einen „Entsorgungsvorgang" schließen lassen könnten, deshalb wird man diese ungewöhnliche Deponierung als Opfer ansprechen müssen.
Ein Blick auf die gut erhaltenen Lampen verrät, dass 66 % dieser Exemplare an der Schnauze keine Schmauchspuren als Nachweis der Nutzung aufweisen.[5] Demnach scheint die Mehrzahl der Beleuchtungsgeräte nur kurze Zeit oder gar nicht entzündet worden zu sein.[6] Ferner stellt man fest, dass dort, wo der Leichenbrand in einer Urne oder als Häufchen (Brandschüttungsgrab) deponiert worden ist, Lampen oft unmittelbar auf den sterblichen Überresten oder dicht daneben platziert wurden. Betrachtet man allein die 109 Gräber, in denen Knochenreste in einem Gefäß deponiert worden sind (Urnengräber und Brandschüttungsgräber mit Urne), so lassen sich 43 Bestattungen (39 %) ermitteln, die mit einer oder mehreren unversehrten Lampen ausgestattet sind. Dabei ist in fünfzehn Fällen eine Lampe in der Urne unmittelbar auf dem Leichenbrand abgestellt worden. Einmal steht sie auf dem Rand des Behälters, und in zwanzig weiteren Fällen hat man sie dicht neben der Urne deponiert. Als Beispiel seien zwei Bestattungen angeführt, in denen die sterblichen Überreste in steinernen, mit einem massiven Deckel bzw. einer Ziegelplatte verschlossenen Ossuarien deponiert worden sind. In einem Fall handelt es sich um das Grab eines Kindes (Grab 60/242), im anderen um das eines 25- bis 30-jährigen Mannes (Grab 66/16), die jeweils um 120/150 n. Chr. verstorben sind. Auf dem Leichenbrandhäufchen war jeweils eine Lampe platziert, in ersterem Beispiel kombiniert mit einem As. Alle anderen Beigaben standen neben dem Behälter bzw. lagen verstreut in der Grube. Dieser auffällige Lagebezug zu den sterblichen Überresten unterstreicht die rituelle Bedeutung und den symbolischen Gehalt der Lampe.

Typen und Herkunft der Heidelberger Lampen

Das weit gefächerte Typenspektrum reicht von flavischen Bildlampen des Typs Loeschcke I über Vulkankopf- und Pinienzapfenlampen bis zu offenen Talglampen. Ganz deutlich überwiegen allerdings die Firmalampen (Loeschcke IX und X) mit 660 Exemplaren, wobei wiederum Typ IX mit geschlossenem Schulterring dominiert. Ab Mitte des 2. Jh. n. Chr. wird er allmählich vom Typ X mit breitem Kanal verdrängt.
Wenige Exemplare lassen sich aufgrund von Besonderheiten der Formgebung bestimmten Werkstätten zuweisen. So sind etwa zwei ungehenkelte Firmalampen aus rotem, hart gebranntem und nicht engobiertem Ton mit Bestimmtheit als Produkte aus norditalischen Werkstätten in der Umgebung von Modena anzusprechen. Sechs weitere Exemplare zeigen unverwechselbare stilistische Merkmale aus dem Repertoire der Werkstätten im Rhein-Main-Gebiet, welche die „Wetterauer Ware" produzierten.
Die überwiegende Mehrzahl der Firmalampen ist mit einem scheibenförmigen, modelgeformten Henkel versehen. Dieses Detail charakterisiert die meisten Funde in den Rheinprovinzen und alle Produkte aus den Trierer Werkstätten, während in Raetien, Noricum und Pannonien vorwiegend ungehenkelte Lampen üblich waren.[7] 281 Firmalampen tragen auf der Bodenunterseite Herstellerstempel, die in 190 Fällen lesbar sind. Wie anderenorts in den Nord-

4 CIL 10, 633; CIL 6, 10248; CIL 2, 2102.
5 Von 510 Lampen, deren Erhaltungszustand entsprechende Aussagen ermöglicht, weisen 335 Exemplare keine Rußspuren am Dochtloch auf. Die Lampen mit und ohne Rußspuren verteilen sich relativ gleichmäßig über den gesamten Belegungszeitraum.
6 Dr. Christian-Heinrich Wunderlich wies im Verlauf des Lychnologischen Kongresses in Nyon (29. 9–4. 10. 2003) im Gespräch darauf hin, dass auch der kurze Gebrauch keine erkennbaren Spuren am Lampenkörper hinterlässt. Vgl. Wunderlich 2003, 50.
7 von Schnurbein 1977, 70–72; Werner 1997, 109.

Abb. 2: Fehlerhafte Firmalampe aus einer Brandbestattung (Grab 65/136), hergestellt in einer lokalen Werkstatt.

provinzen überwiegen dabei die Namen Fortis (47), Eucarpus (44), Communis (25) und Strobilus (24). Als Herstellermarken von Töpfereibetrieben, die in verschiedenen Provinzen Filialbetriebe unterhielten, sind diese Namen für eine Herkunftsbestimmung bislang ebenso wenig geeignet, wie Atimetus (10), Litogenes (1), Attius (1), Fidelis (1), Ursio (1) und Ner(i) (1). Dagegen lassen sich andere einer bestimmten Werkstatt zuweisen: Das Vorkommen der Marken Attillus (18), Saton/Satto (15), Attusa (1) und PBV F (1) beschränkt sich auf die Rheinprovinzen und das nördliche Gallien. Wahrscheinlich stammen sie aus Trierer Töpfereien.[8]

Lampenstempel bieten demnach wesentlich seltener zuverlässige Anhaltspunkte für ihre Herkunft als gestempelte Amphoren oder Sigillaten. Deshalb wurden schon sehr früh Versuche unternommen, aus den Toneigenschaften der Produkte Kriterien für eine Herkunftsbestimmung zu gewinnen. Mit diesem Ziel klassifizierte Siegfried Loeschcke die Firmalampen aus *Vindonissa* nach makroskopischen Eigenschaften der Tone und Engoben. Er ermittelte vier Gruppen („Techniken"), deren Merkmale er auf die Verarbeitung lagerstättenidentischer Tone und die Anwendung gleicher Brenntechniken zurückführte.[9]

In jüngerer Zeit hat Gerwulf Schneider diese auf Autopsie gestützte Hypothese ortsspezifischer Toneigenschaften mit Hilfe von naturwissenschaftlichen Verfahren überprüft. Das Ausgangsmaterial der Untersuchung bildeten wiederum Lampen aus *Vindonissa*. Mit der Methode der wellenlängendispersiven Röntgenfluoreszenzanalyse wurden die Anteile der Haupt- und Spurenelemente in den Tonen ermittelt. Die Untersuchung führte zu einem klaren Ergebnis, das in den vergangenen dreißig Jahren durch einschlägige Analysen von Lampen verschiedener Fundorte verfeinert worden ist.[10] Demnach lassen sich die von Loeschcke ermittelten vier Techniken zu drei Gruppen unterschiedlicher Provenienz zusammenfassen und folgenden Fabrikationszentren zuweisen:

- Loeschcke Techniken A und B, ungehenkelt: Gegend von Modena;
- Loeschcke Technik C, ungehenkelt: Gegend von Lyon;
- Loeschcke Technik D, gehenkelt: Gegend von Trier.

Ein Aspekt des Heidelberger Forschungsprojektes zielt auf die Frage nach der Herkunft der Grabbeigaben, um auf diese Weise Einblicke in regionale Distributionsverhältnisse zu gewinnen.

Das beschriebene archäometrische Verfahren bot sich als Methode an, Aussagen zur Provenienz keramischer Produkte zu erhalten. Für eine Untersuchung wählten wir aus gut datierten Fundkomplexen Fehl- und Schwachbrände grob- und feinkeramischer Töpferwaren aus, die aufgrund einschlägiger Vorarbeiten besonders geeignet schienen.[11] Eine Analyse der Lampen erschien vielversprechend, da die erarbeiteten Referenzgruppen hierfür eine breite Datengrundlage bilden. Gemeinsam mit Gerwulf Schneider wurde aus den Beigaben eine Serie von 25 zumeist beschädigten Exemplaren zur Beprobung ausgewählt. Mit einer Ausnahme handelte es sich dabei um Firmalampen. Die Auswahl berücksichtigte zum einen Stücke mit unterschiedlichen makroskopischen Toneigenschaften bzw. charakteristischen Merkmalen der Formgebung, zum anderen fiel die Wahl auf Exemplare von minderer Tonqualität und mit unscharfen, verwaschenen Konturen. In diesen Fällen hofften wir, Produkte lokaler Werkstätten identifizieren zu kön-

8 Werner 1997, 111; 119; Goethert 1997, 126.
9 Loeschcke 1919, 261–265.
10 Schneider 1978; Schneider/Wirz 1992a; b.
11 Ein Teil der Ergebnisse ist veröffentlicht: Biegert u.a. 2005.

nen.[12] Die Ergebnisse der Analysen lassen sich in neun chemisch klar definierten Gruppen zusammenfassen. Von diesen können sechs zu bereits bekannten Referenzgruppen mit gesicherter Provenienz zugeordnet werden:

Trier:	12 Exemplare
Wahrscheinlich aus Trier:	3 Exemplare
Frankfurt/Nied:	1 Exemplar
Köln:	2 Exemplare
Modena:	1 Exemplar
Heidelberg und Umgebung:	1 Exemplar

Vor der Beprobung formulierten wir, gestützt auf eine Autopsie, Hypothesen zur Herkunft der Lampen. Von diesen Mutmaßungen weicht das Ergebnis der Analyse erheblich ab: Nur acht Mal, d.h. in einem knappen Drittel der Fälle, deckte sich unsere Einschätzung mit dem Resultat der chemischen Untersuchung! So zeigt sich wieder einmal, dass verlässliche Aussagen zur Herkunft gebrannter Tone in den meisten Fällen nur auf Grundlage naturwissenschaftlicher Analysen getroffen werden können. Sie können den Ausgangspunkt für die Zuordnung weiterer Exemplare durch Autopsie bilden. Nur eines der beprobten Exemplare, das aus einer um die Mitte des 2. Jh. n. Chr. angelegten Bestattung (Grab 65/136) stammt, ließ sich als Produkt einer lokalen Töpferei identifizieren: Eine ungehenkelte Lampe vom Typ Loeschcke X weist die chemischen Merkmale der regionalen Töpfertone auf (Abb. 2). Zudem besitzt sie einen Herstellungsfehler in Form eines an der Unterseite anhaftenden Tonbatzens, ist also als ein Produkt „zweiter Wahl“, d.h. Ausschussware, die allenfalls vor Ort gegen erheblichen Preisnachlass verhandelt werden konnte.[13] Die Erkenntnis, dass die in den Heidelberger *vici* von Neuenheim und Bergheim durch zahlreiche Ofenfunde belegten Töpfereien[14] auch Lampen herstellten, bietet keine Überraschung. Der Umfang dieser Produktion lässt sich nicht näher bestimmen, er dürfte in jedem Fall gering gewesen sein. Der lokale Markt wurde zweifellos von Importen aus den großen Zentren der Lampenproduktion und dabei vor allem von Erzeugnissen aus der Trierer Gegend dominiert, wobei südgallische Importe offensichtlich keine nennenswerte Rolle spielten.[15]

12 Beispiele solcher „lokalen Nachformungen“ stellt von Schnurbein 1977, 62f. vor. Zum Teil konnte diese Hypothese durch chemische Analysen bestätigt werden: Schneider/Wirz 1992a, 26–32.

13 Sehr ähnlich ist ein weiteres Exemplar aus einem Grab (66/180), das ebenfalls um die Mitte des 2. Jh. datiert.

14 Heukemes 1964, Beilage 1.

15 Südgallische Lampen waren dagegen im südlichen Obergermanien und Raetien häufiger in Gebrauch: Schneider/Wirz 1992a.

Abb. 3: Ziegelplattengrab (*„tomba alla cappuccina“*) nach Entfernen der schützenden *tegulae* (Grab 67/94). Sichtbar sind unverbrannte Beigaben des italischen Totenritus: eine Münze (Sesterz), Krüge aus Glas und Ton, Räucherkelche und eine Lampe (1. Hälfte 2. Jh. n. Chr.).

Lampen im Grabbrauch der römischen Provinzen

Die Analyse von Grabinhalten unterscheidet Gegenstände der persönlichen Ausstattung von den rituellen Elementen des Beisetzungsvorgangs. Zu ersteren Beigaben werden beispielsweise Tafelgeschirrsätze aus Terra sigillata, Kästchen und Schatullen, Utensilien für Handwaschungen, Strigiles, ärztliche Instrumente, Schreib- und Handwerksgerät, Spielzeug sowie Bestandteile der Tracht gezählt. Dagegen gelten etwa Glasfläschchen für Salböl, Münzen, Krüge, Becher sowie Lampen und Räucherkelche als typische Requisiten des italischen bzw. stadtrömischen Totenkultes, der sich wiederum an Vorbildern hellenistischer Beigabensitten orientierte (Abb. 3).[16] Das Vorkommen dieser Dinge in Gräbern der Provinz wird wiederum als Merkmal einer fortgeschrittenen Anpassung an den römischen Lebensstil bewertet.[17] Im Folgenden soll diese Annahme am Beispiel der Lampen geprüft werden. Hierfür wird deren Vorkommen in den Gräbern von 23 gut untersuchten kaiserzeitlichen Nekropolen Italiens und der Provinzen betrachtet, die innerhalb des Zeitraumes vom 1. bis 3. Jh. genutzt wurden. Die ausgewählten Friedhöfe gehören zu Siedlungen und Städten, die sich entsprechend dem jeweiligen politischen, militärischen und ökonomischen Status in drei Kategorien zusammenfassen lassen (siehe Liste im Anhang):

I Ober- und Mittelzentren (Provinzhauptstadt/*colonia*/*municipium*/Legionslager)
II Unterzentren mit Militär (Auxiliarlager mit *vicus*)
III Zivile Unterzentren (*vici* und *villae rusticae*)

Der Anteil der Gräber mit Lampen als primärer oder sekundärer Beigabe liegt bei diesen Beispielen zwischen 0 und 69 %. Die Ergebnisse lassen sich der Liste (Anhang) und dem Diagramm (Abb. 4) entnehmen. Freilich ist dieser Vergleich nicht unproblematisch, da die Werte von unterschiedlichen Faktoren beeinflusst werden: Ein unbestimmter Anteil der Grabinventare ist gestört oder wurde unvollständig geborgen. Die Größe der ausgewählten Nekropolen liegt zwischen 52 (Nave) und ca. 2000 Gräbern (Wederath/*Belginum*). Auch die Belegungsdauer der Friedhöfe ist ganz unterschiedlich: Sie beträgt etwa 110 Jahre in Heidelberg und Bad Cannstatt, während der Friedhof in Dillingen-Pachten über vier Jahrhunderte kontinuierlich genutzt wurde.
Schließlich würde der Vergleich an Aussagekraft gewinnen, wenn er sich auf einen bestimmten Zeitraum beschränken ließe.[18] Dies setzt allerdings eine chronologische Differenzierung der Gräber voraus, die nur in wenigen Fällen geleistet wird. So kann unsere Statistik allenfalls eine Tendenz abbilden, deren Hauptmerkmale im Folgenden herausgestellt werden sollen.
Wäre die Lampenbeigabe ein zuverlässiges Merkmal der Romanisierung, so dürfte man erwarten, dass die urbanen Bestattungsplätze der Kategorie I (Ober- und Mittelzentren) sowie die Nekropolen Italiens durch einen häufigen, die Beispiele der Kategorie III (Zivile Unterzentren) hingegen durch einen seltenen Nachweis dieser Sitte gekennzeichnet wären. Diese Hypothese wird durch die ausgewählten Beispiele allerdings nur teilweise bestätigt. Siedlungen der Kategorie III fallen in der Tat durch niedrige Werte auf und konzentrieren sich in der oberen Hälfte des Diagramms. Bei den „Ausreißern“ am anderen Ende der Übersicht handelt es sich dagegen um die oberitalischen Siedlungen von Nave und Voghenza, in denen Lampen erwartungsgemäß häufig vertreten sind. Weitere Beispiele der Kategorien I und II (Ober- und Mittelzentren / Unterzentren mit Militär) verteilen sich – mit einer Ausnahme – auf das mittlere und untere Drittel der Übersicht, setzen sich allerdings nicht erkennbar voneinander ab.

Die Lampenbeigabe als Indikator der Romanisierung?

Eine erschöpfende Analyse aller Einzelergebnisse kann an dieser Stelle nicht geleistet werden. So sollen in einer zusammenfassenden Betrachtung nur die besonders augenfälligen Aspekte des Vergleichs hervorgehoben werden: Die Häufigkeit der Lampen in den Trierer Gräbern ist durch die Beschränkung auf die in das erste nachchristliche Jahrhundert datierenden Beispiele bedingt und würde bei einer Berücksichtigung aller Zeitstufen deutlich geringer ausfallen. So beobachtet man z. B. in der Nachbarprovinz Germania Inferior vom 1. bis 3. Jh. einen deutlichen Rückgang der Beigabe von Lampen und gläsernen Balsamarien.[19] Überraschend ist das völlige Fehlen von Lampen im Gräberfeld Nijmegen „Hatert“, wohingegen sie in einer anderen Nekropole des Legionsstandortes durchaus häufig sind.[20] Das Phänomen

16 Lenz 1998, 367.
17 Menzel 1953; Fasold/Witteyer 1998; 2001, 298–304 Abb. 11–13; Pearce 2000, 3f.; Faber 2001, 317f.; Kaiser 2001, 283f.; Struck 2001, 347f.
18 Wie z. B. Feugère 1993, 126–130.
19 Schürger 2001, 333.
20 Haalebos 1990, 202. Auch im etwa 1400 Gräber umfassenden Bestattungsplatz des kaiserzeitlichen *vicus* von Tienen (Flandern, Provinz Brabant) sind nur zwei Lampen geborgen worden! Freundl. Hinweis von Frau Marleen Martens.

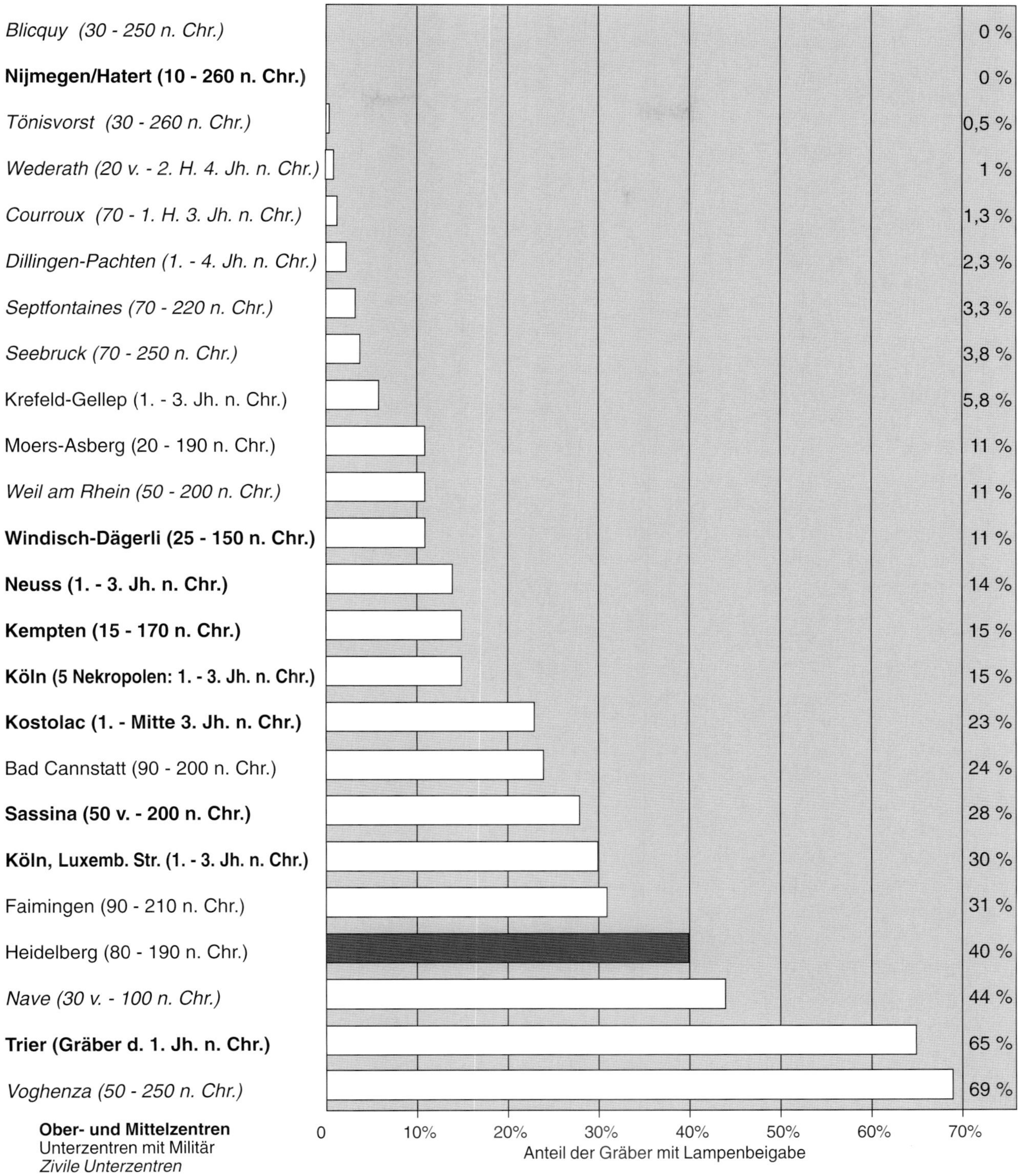

I Ober- und Mittelzentren
Kempten/Cambodunum (Raetia)
Kostolac/Viminacium (Moesia Superior).
Köln/Colonia Agrippinensis (Germania Superior)
Neuss/Novaesium (Germania Inferior)
Nijmegen/Noviomagus Batavorum (Germania Inferior)
Sassina/Sarsina (Gallia Cispadana)
Trier/Augusta Treverorum (Gallia Belgica)
Windisch-Dägerli/Vindonissa (Germania Superior)

II Unterzentren mit Militär
Bad Cannstatt (Germania Superior).
Faimingen/Vicus Phoebiana (Raetia)
Heidelberg (Germania Superior)
Krefeld-Gellep/Gelduba (Germania Inferior)
Moers-Asberg (Germania Inferior)

III Zivile Unterzentren
Blicquy (Gallia Belgica)
Courroux (Germania Superior)
Dillingen-Pachten/Vicus Contiomagus (Gallia Belgica)
Nave (Italia Transpadana)
Seebruck/Vicus Bedaium (Noricum)
Septfontaines (Gallia Belgica)
Tönisvorst (Germania Inferior)
Voghenza/Vicus Haventia (Gallia Cispadana).
Wederath/Belginum (Gallia Belgica)
Weil am Rhein (Germania Superior)

Abb. 4: Die Häufigkeit der Lampenbeigabe in einer Auswahl von Gräberfeldern Italiens und der Nordprovinzen im Vergleich (s. Liste im Anhang).

unterschiedlicher Beigabenschwerpunkte in benachbarten und zeitgleichen Friedhöfen ist auch von den Kölner Nekropolen bekannt. Im Friedhof an der „Luxemburger Straße" sind Lampen doppelt so häufig (30%) unter den Beigaben vertreten wie in der Nekropole „Severinstraße" (15%).[21] Entsprechende Beobachtungen sind vom Legionsstandort *Vindonissa* bekannt: In Windisch-Dägerli weisen nur 11% der Gräber Lampen auf, dagegen sind sie im benachbarten Friedhof „Zürcherstraße" dreimal so oft vertreten! Verschiedene Indizien lassen die Bearbeiterin darauf schließen, dass an diesem Platz bevorzugt Soldaten und ihre Angehörigen beigesetzt worden waren.[22] Dies würde die Auffassung bestätigen, dass in den Provinzen das Militär, und dabei vor allem die Legionen, als „Kulturträger" wirksam war, von dem man auch die Vermittlung der Lampenbeigabe erwartete.[23] Im Widerspruch dazu stehen jedoch die Untersuchungsergebnisse der okkupationszeitlichen Nekropole beim Legionslager Haltern (Germania Inferior). In diesem „echten" Soldatenfriedhof, in dem wohl überwiegend Männer italischer Herkunft beigesetzt wurden, fehlen Lampen und Münzen gänzlich, während Balsamarien und Trinkgeschirr wiederum häufig sind.[24] Regionale Untersuchungen in den Nordprovinzen bestätigen die Beobachtung, dass sich Gräberfelder gleicher Zeitstellung hinsichtlich der Beigabenauswahl erheblich voneinander unterscheiden können. Dies betrifft nicht nur Friedhöfe derselben Region, sondern auch unmittelbar benachbarte Bestattungsplätze einer Siedlung.[25] Umgekehrt können sich Nekropolen von Siedlungen, die sich in Größe, Status und Funktion unterscheiden, in ihren Beigabenpräferenzen ähnlich sein.[26] In den Gräbern der *vici* von Voghenza und Nave sind Lampen häufig. Demgegenüber fällt deren vergleichsweise moderates Vorkommen im Friedhof des *municipium* Sassina auf. Jüngere Untersuchungen zu den Grabfunden Oberitaliens haben ergeben, dass die „italischen" Elemente der Grabausstattung erst seit der Hinwendung zur Brandbestattung in augusteischer Zeit allmählich nachweisbar sind.[27] Regionale Studien lassen teils frappante Unterschiede in der Ausprägung der Bestattungsbräuche erkennen.[28] Eine differenzierte Auswertung dieser Phänomene ist allerdings mangels gut erforschter Nekropolen in Italien nur sehr eingeschränkt möglich. So entzieht sich der eigentliche „römische" Bestattungsbrauch weitgehend unserer Kenntnis![29] Die Definition „italischer" und „stadtrömischer" im Unterschied zu „einheimischen" oder „provinzialrömischen" Beigaben- und Bestattungssitten ist demnach noch immer schwierig.[30]

Die knappe Kommentierung der obigen Statistik deutet bereits an, dass Status und Größe eines Siedlungsplatzes sowie die Präsenz des Militärs für die Praxis der Lampenbeigabe nicht maßgeblich sein müssen. Insbesondere lässt das geringe Vorkommen oder gar Fehlen des Lichtträgers in einem Friedhof nicht zwangsläufig auf ein Beharren auf indigenen Traditionen, eine kulturelle Ablehnung dieser Sitte bzw. auf die Abwesenheit von Soldaten oder Einwanderern mit mediterraner Prägung schließen. Demnach müssen weitere Faktoren wirksam gewesen sein; von diesen kamen zwei bereits zur Sprache:

1. Die Beigabensitten eines Ortes oder einer Region unterliegen einem steten Wandel.
2. In einer Siedlung können ethnisch oder sozial unterschiedlich geprägte Gruppen Präferenzen für verschiedene Bestattungsplätze haben, in denen jeweils eigene Beigabensitten praktiziert worden sind.

Im Folgenden wendet sich die Studie wieder dem Fallbeispiel Heidelberg zu und versucht eine Analyse der dortigen Lampenbeigabe.

Zur Häufigkeit von Lampen in Heidelberger Gräbern

Die Synopse macht deutlich, dass in Heidelberg Lampen vergleichsweise häufig beigegeben worden sind. Das wird insbesondere im Vergleich mit der Nekropole von Bad Cannstatt (vgl. Diagramm Abb. 4) evident, die siedlungstypologisch und chronologisch sehr ähnlich ist. Der dortige Friedhof neben einem Kohortenkastell mit *vicus* sowie einer Fernstraße wurde etwa in demselben Zeitraum genutzt; allerdings weist hier nur ein knappes Viertel der Gräber Lampen auf! Durch Hinzuziehen weiterer Nekropolen würde die besondere Stellung des Heidelberger Wertes noch deutlicher hervortreten, wie eine versuchsweise Erweiterung der Statistik ergeben hat. Lampen sind in vielen Heidelberger Gräbern mehrfach beigegeben worden. In Einzelfällen können es bis zu zehn sein (Grab 65/173). Weit übertroffen wird dies durch eine Brandbestattung in Voghenza (Grab 47; Terminus post quem 163/164 n. Chr.), in

21 Schürger 2001, 339.
22 Hintermann 2000, 328.
23 Fasold/Witteyer 1998, 181.
24 Berke 1991, 156 mit Anm. 25.
25 Schürger 2001; Bridger 1996, 115f.; Fasold/Witteyer 2001, 300f.
26 Schürger 2001, 339.
27 Ortalli 1998, 85f.
28 Fasold/Witteyer 1998, 186.
29 Schürger 2001, 338.
30 Ausführlich zu diesem Problem Fasold/Witteyer 1998.

der dreißig Exemplare deponiert worden sind![31] Andere Elemente des Grabkultes, die gemeinhin als Merkmal eines fortgeschrittenen Akkulturationsprozesses gelten, sind in Heidelberg ebenfalls häufig vertreten, wie etwa gläserne Salbölflaschen und Münzen. Insgesamt kommen hier Lampe, Münze und Glasflasche in 61 % der Bestattungen vor.[32] Allerdings ist eine Kombination aller drei Objekte in nur 1 % der Bestattungen nachzuweisen. Hier zeigt sich ein Variantenreichtum im Beigabenritus, wie er auch anderenorts beobachtet worden ist.[33] „Italische" Beigabensitten besitzen demnach in Heidelberg ein besonderes Gewicht. Die gängigen Erklärungsmodelle würden daraus auf einen hohen Anteil „romanisierter" Bewohner schließen. Über die ethnische Zusammensetzung der Population geben Inschriften- und Siedlungsfunde Auskunft: Demnach lebten im Kastell und in den *vici* Nachfahren angesiedelter Germanen *(Suebi Nicrenses)*, Hilfstruppensoldaten der Kohorten, die an verschiedenen Stationierungsorten rekrutiert worden waren, und Einwanderer aus den gallischen Provinzen. Der Abzug des Militärs in der ersten Hälfte des 2. Jh. ging in jedem Fall mit einer Veränderung der sozialen und ethnischen Struktur einher.[34] All diese Hinweise bieten keinen Anhaltspunkt für ein besonders ausgeprägtes italisches Element im Bevölkerungsspektrum.

Als Ergebnis der Ausführungen in den beiden vorangehenden Abschnitten lässt sich festhalten, dass Faktoren wie Siedlungsgröße, Anwesenheit von Militär und Grad der Romanisierung die Unterschiede in der Beigabenpraxis nicht hinreichend erklären können. Im Folgenden soll ein weiterer, eigentlich recht naheliegender Aspekt der Lebensverhältnisse in die Überlegungen miteinbezogen werden, nämlich die ökonomische und distributive Situation. Die Frage lautet: Wie leicht waren die jeweiligen Produkte vor Ort erhältlich, und konnten sie zu erschwinglichen Preisen erstanden werden?

Energieversorgung in der Provinz

Tönerne Lampen gehörten zu den Massenartikeln, die in den meisten Gegenden des Reiches leicht zugänglich und allgemein erschwinglich waren.[35] Ein größeres Problem stellte die Beschaffung geeigneter Brennstoffe dar. Im Mittelmeergebiet verwendete man überwiegend Olivenöl, das als Luxusartikel auch in die Nordprovinzen gelangte, wie Funde einschlägiger Amphorentypen allenthalben belegen. Allerdings wird man dort mit dem kostbaren Öl eher sparsam gewirtschaftet und dieses bevorzugt zur Lebensmittelzubereitung genutzt haben. Es ist schwer vorstellbar, dass Lampen im Alltagsgebrauch ausschließlich mit diesem importierten Brennstoff gespeist wurden. Die Vermutung, dass es noch andere Quellen für geeignetes Brennmaterial gab, wird durch eine Untersuchung Rolf C. A. Rottländers eindrucksvoll bestätigt: An neunzehn Lampen aus Köln und einer aus Kaiseraugst konnten durch Fettanalysen Oliven- bzw. Haselnussöl, Mohn-, Walnuss-, Bucheckern- und Leinöl sowie Talg und eine Talg-/Walnussmischung nachgewiesen werden; ferner ließ sich an einem tönernen Kerzenleuchter eine Mischung aus Rindertalg und Bienenwachs ermitteln. Die meisten der untersuchten Lampen enthielten demnach Substanzen, die aus pflanzlichen oder tierischen Rohstoffen mutmaßlich einheimischer Provenienz gewonnen worden waren; höchstens ein Viertel der Exemplare wurde mit Olivenöl gespeist.[36] Eine Datierung wird leider nur für die mit Walnussöl befüllte Lampe aus dem Grab aus Kaiseraugst geboten, dessen Ausstattung in das 1. Jh. weist.

Die Beleuchtungsgeräte der Heidelberger Nekropole wurden bislang keiner vergleichbaren Analyse unterzogen. Sie weisen jedoch Eigenschaften und Merkmale auf, die ebenfalls auf eine Variabilität in der Nutzung von Energieträgern schließen lassen. So bezeugen etwa die verschmolzenen Fragmente zweier bronzener Kerzenständer die Verwendung von Wachskerzen. Eines der Exemplare stammt aus einem reich ausgestatteten Bustum (Grab 65/75), das in das frühe 2. Jh. datiert. Tiegel oder „offene" Lampen ohne Deckplatte wurden von Talg oder Wachs gespeist. Sie sind in Heidelberg mehrfach vertreten, wobei sich drei Typen unterscheiden lassen: Lampen in Form einer Acht (Loeschcke Typ XI) mit eingekniffener, kleiner runder Schnauze zur Aufnahme eines Dochtes kommen zweimal in Gräbern der zweiten Hälfte des 2. Jh. vor (Abb. 5).[37] Zur Aufnahme talgartiger Substanzen dienten auch „offene Firmalampen". Sie entsprechen der Form Loeschcke IX, wobei man den Spiegel vor dem Ofenbrand sorgfältig ausgeschnitten und den Rand glatt abgestrichen hat (Abb. 6 rechts). Neunmal ist diese Variante in Heidelberg belegt, wobei ein Exemplar der Phase 1 (80/85–115/120 n. Chr.), vier Exemplare der Phase 2 (115/120–150/155 n. Chr.), drei Exemplare der Phase 3 (150/155–185/190) und

31 Bandini Mazzanti 1985, 141–147.
32 Hensen 2005, 158.
33 Schürger 2001, 339.
34 Hensen/Ludwig 2005, 15.
35 Goethert 1997, 20.
36 Rottländer 1992. Die Zersetzungsprodukte von Haselnuss- und Olivenöl sind chemisch nicht unterscheidbar, deshalb ist eine genaue Aussage zur jeweiligen Häufigkeit dieser Öle nicht möglich.
37 Gräber 61/309 und 65/172. Zu diesem Typ Goethert 1997, 124 f.

eines den Phasen 2 oder 3 zuzuweisen sind. Bemerkenswert ist die dritte Form der „offenen Lampe“: Es handelt sich um neunzehn Exemplare der Firmalampen Loeschcke IX und X, deren Spiegel nachträglich ausgebrochen worden sind (Abb. 6 links): Zwei gehören der Phase 1, vier der Phase 2 und zehn der Phase 3 an. Eine Lampe ist den Phasen 1 oder 2, zwei sind den Phasen 2 oder 3 zuzuweisen. Es fällt auf, dass die vorgestellten Formen offener Lampen in den Bestattungen der flavisch-/trajanischen Frühphase selten vorkommen und die meisten Exemplare in Gräbern der Mitte bzw. der zweiten Hälfte des 2. Jh. vertreten sind. Dieses Ergebnis deutet eine zunehmende Verwendung nichtflüssiger Substanzen an, die eine Alternative zu den Ölen bildeten. Insbesondere die durch Perforierung umfunktionierten Lampen bezeugen eine forcierte technologische Umstellung, die auch anderenorts nachgewiesen werden konnte.[38] In diesem Zusammenhang könnte eine weitere Beobachtung von Bedeutung sein: Einige Heidelberger Lampen fallen aufgrund ihres kleinen Formats auf, zwanzig Exemplare sind kleiner als 7 cm; zum Teil weisen sie Rußspuren auf, womit die oft bestrittene Funktionstüchtigkeit dieser „Miniaturlampen“ erwiesen ist.[39] Die vier kleinsten Lampen besitzen Längen zwischen 6,0 cm und 6,4 cm. Eine entstammt einem Grab der Phase 1, zwei fanden sich in Gräbern der Phase 3 und eines ist einem Grab der Phasen 2 oder 3 beigegeben. Diese Exemplare besaßen eine kurze Brenndauer und erfüllten so den Zweck, kostbares Öl zu sparen.

Als Ergebnis der Materialanalyse lässt sich festhalten, dass in der „lampenreichen“ Heidelberger Nekropole nicht wenige Beleuchtungskörper auf einen sparsamen Gebrauch des Öls oder die Verwendung „alternativer Energieträger“ schließen lassen. Diese Indizien nehmen im Verlauf des 2. Jh. zu und könnten auf eine Verknappung bei der Belieferung mit

38 Aus Bavay/Bagacum (Belgica) sind zwei besonders sorgfältig perforierte Firmalampen bekannt. In einem Fall war der Spiegel, im anderen auch noch die Schnauzenoberseite entfernt worden. An den Bruchkanten zeichnen sich die Spuren einer feinen Beißzange ab. A. Hanotte, De la lampe à huile au bougeoir. In: L. Chrzanovski (Hrsg.), Lychnological Acts 2 (im Druck).

39 Vgl. Menzel 1953, 132.

Abb. 5: Offene Talglampe im Brandgrubengrab einer Frau, das in der 2. Hälfte des 2. Jh. n. Chr. angelegt wurde (Grab 61/309).

Abb. 6: Auswahl von Firmalampen mit perforierter Deckplatte (links) bzw. ohne Spiegel (rechts). V. l. n. r.: Inv. Nr. 1966/90.14; 1961/137.4: 1961.187.3; 1961/112.4; 1961/274.8; 1966/255.4.

Ölen hinweisen. Dies würde auch erklären, weshalb viele sekundär beigegebene Lampen keine Rußspuren an der Schnauze aufweisen: Trotz der erschwerten Versorgung mit Ölen hielt man an der vertrauten Beigabensitte fest und entzündete deshalb die Lampe nur für kurze Zeit oder stellte sie unbenutzt ins Grab.

Wandel des Konsumverhaltens als Reaktion auf die Ölverknappung

Das sich in den Heidelberger Befunden abzeichnende Versorgungsproblem korrespondiert mit ähnlichen Beobachtungen, die anderenorts in Obergermanien und den Nachbarprovinzen gemacht wurden. Stefanie Martin-Kilcher wies in den Augster Siedlungshorizonten eine allmähliche Ablösung von Öl- durch offene Talglampen seit dem letzten Viertel des 1. Jh. nach.[40] Walter Czysz und Michael Mackensen kamen im Rahmen von Einzelstudien jeweils zu dem Ergebnis, dass der Gebrauch von Lampen in den Siedlungen der Provinz Raetien bis zur Mitte des 2. Jh. rapide zurückging, die Sitte der Lampenbeigabe im Grabritus dagegen noch jahrzehntelang weitergepflegt wurde.[41] Allerdings verzichtete man auch dort zunehmend darauf, die Lampen zu entzünden; gleichzeitig ging die Qualität der Erzeugnisse zurück und der Gebrauch von Miniaturlampen nahm zu.

Zum Rückgang der Öllampen in den Nordwestprovinzen hat Barbara Pferdehirt eine Hypothese formuliert:[42] Demnach sei die Provinzbevölkerung durch den Kontakt mit Legionaren italischer Herkunft mit der Verwendung der Lampe vertraut gemacht worden. Eine von der Heereslogistik organisierte Belieferung der Truppen mit Olivenöl habe nicht nur deren Bedarf gedeckt; vielmehr gab es einen Überschuss, der an zivile Abnehmer weiterverhandelt wurde.[43] Nach

40 Martin-Kilcher 1994, 473.

41 Czysz 1984, 72f.; Mackensen 1980, 219. – Vgl. Pferdehirt 1978, 635.

42 Pferdehirt 1978.

43 Die Argumentation impliziert diesen Gedanken, auch wenn er nicht ausgesprochen wird.

Abschluss der „Okkupationsphase" im jeweiligen Provinzgebiet musste der private Handel an die Stelle einer gesteuerten Versorgung treten, und Öl wurde in der Folge teurer. Dessen Distribution erfolgte zunächst über die Hauptverkehrswege und die übergeordneten Handelsplätze. Vom schwächer werdenden Warenzufluss waren abgelegene Märkte als erste betroffen; deren Belieferung lohnte sich nicht mehr. Das rare Olivenöl wurde nun bevorzugt als Lebensmittel verwendet; und zu Beleuchtungszwecken griffen die Verbraucher zunehmend auf die billigeren Stoffe Wachs und Talg zurück.
Aus heutiger Sicht sind gegenüber diesem Szenario zwei Einwände zu erheben:

1. Dem Modell einer zentral gesteuerten Truppenversorgung mit Lebensmitteln, wie es insbesondere J. Remesal Rodríguez vertritt, wurde in jüngerer Zeit mit gewichtigen Gegenargumenten widersprochen.[44] Die schriftliche Überlieferung und grundsätzliche Erwägungen lassen, so der Einwand, vielmehr auf ein eigenständiges logistisches Agieren der Proviantoffiziere schließen. Immerhin bezeugen verschiedene Quellen einen Anspruch von Militärangehörigen auf Zuteilungen von Olivenöl.[45]
2. Die im vorangehenden Kapitel referierten Analysen der Fettrückstände deuten an, dass die Abhängigkeit des Marktes vom Mittelmeeröl geringer war als bislang angenommen. Bedeutung und Umfang der einheimischen Ölgewinnung lassen sich allerdings noch nicht abschätzen. Dazu geben jüngste Untersuchungen von Ulrike Ehmig zu Amphoren aus Mainz und dessen Umgebung möglicherweise einen interessanten Hinweis:[46] Seit Mitte des 2. Jh. werden in obergermanischen Töpfereien Imitationen der Amphorenform Dressel 20 hergestellt, dem Normbehälter für Olivenöl aus der Baetica. Sie könnten nach Überlegungen der Autorin als Container für Bier oder in der Region gepresste Öle gedient haben.

Ein wichtiger Aspekt der von Pferdehirt entworfenen Hypothese wird durch jüngste Forschungen gestützt: So findet etwa der dem Militär unterstellte hohe Olivenölkonsum im Vergleich zu zivilen Siedlungen durch Ehmigs exemplarische Untersuchungen zu den Amphorenvorkommen in der Mainzer Gegend Bestätigung.[47] Der vermutete Zusammenhang zwischen Lampengebrauch und der jeweiligen mikroökonomischen Situation könnte wiederum auffällige Phänomene in zweien der oben betrachteten Nekropolen erklären: In der kleinen Siedlung von Weil am Rhein wurde die Lampenbeigabe selten praktiziert (s. Liste); dort fanden nur Talglampen der Typen XI und XII nach Loeschcke Verwendung. Auch im Bestattungsplatz von Septfontaines (s. Liste) finden sich nur sechs Lampen unter den Beigaben, von denen vier mit Talg gespeist wurden! Die Seltenheit der Lampenbeigabe war in beiden Fällen offensichtlich weniger durch eine ablehnende Haltung der Bevölkerung gegenüber dem „typisch Römischen" motiviert, sondern vielmehr eine Konsequenz des Mangels: Wer den Brauch des Totenlichtes dennoch pflegen wollte, wich auf „alternative Energieträger" aus. Die Seltenheit der Öllampe in der Provinz Britannia findet damit gleichfalls eine plausible Erklärung: Der lange Transportweg machte Öl besonders kostbar, deshalb konnte sich diese Form der Beleuchtungstechnik dort nicht durchsetzen.[48]
Die Ursache eines nicht nur in Heidelberg, sondern auch in anderen nördlichen Regionen des römischen Reiches feststellbaren Wandels im Gebrauch der Lampen ist wahrscheinlich in einer Entwicklung zu suchen, die im Rahmen jüngerer Forschungen zur kaiserzeitlichen Wirtschaft erkannt wurde:[49] Zwischen 100 und 170 n. Chr. erlebte Italiens Landwirtschaft eine Krise, die einen tief greifenden Strukturwandel auslöste: Billige und qualitativ hochwertige Wein- und Ölimporte aus Spanien dominierten zunehmend den italischen Markt und zwangen die einheimischen Güter zuletzt zur Aufgabe ihrer Agrokulturen. Die folgende Hypothese sei als ein Versuch verstanden, diese Erkenntnisse mit den zuvor beschriebenen Beobachtungen in Einklang zu bringen und weiterzuentwickeln: Als der Ölanbau im italischen Mutterland zum Erliegen kam, konzentrierten sich die spanischen Produzenten und Händler auf die Sättigung dieses lukrativen Marktes. Die Abhängigkeit von den bislang wichtigen, allerdings mit höheren Transportkosten verbundenen nördlichen Absatzgebieten nahm ab, und die zunehmend monopolartige Marktposition erlaubte es Produzenten und Händlern, dort den Ölpreis anzuheben. Konsumrückgang war die Folge dieser Teuerung. Ein Indiz dafür liefern wiederum die Siedlungsschichten von August,[50] die seit dem ausgehenden 1. Jh. und vor allem in der zweiten Hälfte des 2. Jh. einen deutlichen Rückgang baetischer Ölamphoren erkennen

44 Remesal Rodríguez 1997, 62–83. Dagegen Ehmig 2003, 97, Eck 2006 und Eich 2006.
45 Zusammengestellt von Martin-Kilcher 1987, 194.
46 Ehmig 2003, 133–161; Ehmig 2007, 57–74.
47 Ehmig 2007, 54. Vgl. Martin-Kilcher 1994, 561–565 zu frühkaiserzeitlichen Beispielen.
48 M. Struck vermutet, dass man sich auch auf den Friedhöfen Britanniens mit Kerzen behalf. Struck 2001, 345.
49 Von Freyberg 1988, 55 f.; Fellmeth 2002, 134 f.
50 Martin-Kilcher 1987, 189; Martin-Kilcher 1994, 478 f.

lassen. Als Reaktion darauf werden die *villae rusticae* des Nordens die Produktion von Pflanzenölen intensiviert haben, ohne allerdings die Preise für Erzeugnisse der intensiven Plantagenwirtschaft des Südens ernsthaft unterbieten zu können. Der Zugang des Konsumenten zu den begehrten Ölen wurde nun mehr als zuvor von der individuellen Kaufkraft und der Erreichbarkeit größerer Märkte bestimmt.

Heidelbergs wirtschaftsgeographische Situation

Auf der Grundlage der vorangegangenen Überlegungen wollen wir dem „Modellfall Heidelberg" eine abschließende Betrachtung widmen. Die topographische Situation des Kastellorts erfüllte die Kriterien einer bevorzugten Verkehrslage:[51] Bis zur Rheinmündung war der Neckar in diesem Abschnitt bereits in der Antike schiffbar. Hier trafen aus verschiedenen Richtungen mehrere übergeordnete Fernstraßen auf eine gut ausgebaute Brücke, über welche die kürzeste Verbindung von der Provinzhauptstadt Mainz bzw. dem Mittel- und Unterrheingebiet nach Raetien und in den Donauraum hergestellt wurde. Die Bedeutung des Übergangs bezeugt ein Benefiziarierposten, der den Verkehr am südlichen Brückenkopf kontrollierte. Heidelberg war ein Knotenpunkt des Fernhandels und profitierte somit von einem leichten Zugang zu Import- und Luxusartikeln. Dies spiegelt nicht zuletzt die Beigabenausstattung der Gräber wider, die z.B. zahlreiche kostbare Glasgefäße und kunstvolle Fibeln aufweisen. In 25 Bestattungen kommen Olivenölamphoren der Form Dressel 20 vor; wobei die tatsächliche Anzahl sicherlich höher war.[52] Sie sind in Ensembles vertreten, deren Datierungen den gesamten Belegungszeitraum der Nekropole abdecken. Das bedeutet, dass der Heidelberger *vicus* zumindest bis Ende des 2. Jh. n. Chr. mit Olivenöl beliefert wurde.

Ergebnisse

In der Nekropole von Heidelberg-Neuenheim gehört die tönerne Lampe zu den beliebten Beigaben der Brandbestattungen. In verschiedenen Stadien des Totenritus bediente man sich dieses Requisits, dessen symbolischer Gehalt oft auch durch die Art der Platzierung im Grab unterstrichen wird. Typologische und chemische Analysen haben ergeben, dass es sich bei der überwiegenden Mehrheit der Exemplare um Importe aus spezialisierten Töpferzentren handelt. Die meisten Lampen gehörten zu den massenproduzierten und leicht erschwinglichen Artikeln, deren lokale Produktion selbst am Töpferstandort Heidelberg nicht lohnte.

Nach einem gängigen Deutungsmuster wird der alltägliche Gebrauch der Lampen als Merkmal einer hohen Anpassung an die römische Lebensweise interpretiert und deren Vorkommen im Grab als starkes Indiz für eine Hinwendung zu „italischen" Bestattungssitten gewertet. Eine Untersuchung der Beigabenpraxis in Nekropolen verschiedener Provinzen lässt jedoch erkennen, dass diese eindimensionale Deutung zu widersprüchlichen Resultaten führen kann. Dagegen weist vieles darauf hin, dass die Nutzung von Lampen nicht allein von der kulturellen Prägung, sondern ganz besonders auch von ökonomischen Faktoren bestimmt wurde. Die Verkehrslage einer Siedlung und die Bedeutung der örtlichen Märkte waren für die Versorgung mit den notwendigen Ölen maßgeblich. Neben dem importierten Olivenöl als dem „klassischen" Brennstoff sind weitere Produkte aus verschiedenen mitteleuropäischen Nutzpflanzen als Lampenöle bekannt.

Zahlreiche Beleuchtungskörper in den Heidelberger Gräbern weisen Merkmale auf, die Schlüsse auf Art und Umfang des Gebrauchs der Brennstoffe zulassen. Auf einen sparsamen Umgang mit Öl weisen sehr kleine Lämpchen oder auch das Fehlen von Rußspuren am Lampenkörper hin. Die Verwendung von Wachskerzen bezeugen die zugehörigen bronzenen Ständer, und offene Lampen wurden mit Talg gespeist. Eine Schlüsselaussage zur Frage der Versorgung mit Energieträgern liefern zahlreiche Öllampen, die durch eine nachträgliche Manipulation zu Talglampen umfunktioniert worden sind. All diese Indizien für einen sparsamen Verbrauch von Ölen und das „Umsteigen" auf alternative Brennstoffe werden im Verlauf des 2. Jh. häufiger. Bestätigung erfahren diese Beobachtungen durch Studien zu Fundplätzen in Süddeutschland und in der Schweiz, wo während des 2. Jh. ein Rückgang der Lampen und Ölamphoren konstatiert wird. Dabei scheint der Konsum von Olivenöl in Militärlagern zu allen Zeiten größer gewesen zu sein als in zivilen Siedlungen. Andererseits hielt man an der Verwendung von Öllampen im Grabritus oft dann noch fest, als man für den alltäglichen Gebrauch bereits andere Beleuchtungsmittel vorzog.

Dieser Wandel, der an einer Vielzahl archäologischer Belege in den Nordprovinzen ablesbar wird, ist

51 Hensen/Ludwig 2005, 12–16.

52 Eine sichere Typenansprache ist allein anhand charakteristischer Rand- oder Bodenfragmente möglich. Oft kommen in den Inventaren lediglich die typologisch unspezifischen Wandscherben vor.

wahrscheinlich die Folge eines ökonomischen Umwälzungsprozesses im Mittelmeerraum. Dort setzten die spanischen Olivenölproduzenten zwischen 100 und 170 n. Chr. die einst dominierende italische Konkurrenz unter Druck und zwangen sie schließlich zur Aufgabe ihrer Plantagen. Daraus lässt sich die Hypothese entwickeln, dass die Monopolstellung der Hispania Baetica auf dem Ölmarkt eine allmähliche Verteuerung und Verknappung der Importe in den nördlichen Absatzgebieten zur Folge hatte, die auch durch den Handel mit Ölen aus einheimischen Kulturpflanzen nicht kompensiert werden konnte. Die Versorgung mit Öl hing nun neben der Kaufkraft der Abnehmer zunehmend von der Verkehrsanbindung der Siedlung und dem Zugang zu überregionalen Märkten ab. In dieser Hinsicht darf Heidelbergs Standort an einem Verkehrsknoten von Fernstraßen und einem Wasserweg als bevorzugt gelten. Dies war eine wichtige Voraussetzung für den verhältnismäßig häufigen Gebrauch von Lampen, der in der Neuenheimer Nekropole trotz der sichtbaren Einschränkungen weiterhin gepflegt wurde.

Schlussbemerkung

Vielleicht ist es ein Zufall, dass die Erforschung antiker Lampen ausgerechnet in Heidelberg bereits vor langer Zeit als ein würdiger Forschungsgegenstand erkannt worden ist. Dort nahm der Altphilologe Friedrich Creuzer als erster an die neu gegründete Ruprecht-Karls-Universität berufener Dozent im Jahre 1810 Vorlesungen zur Archäologie in seinen Lehrkanon auf.[53] Vor allem in seinem letzten Lebensdrittel beteiligte er sich mit eigenen Beiträgen an der archäologischen Forschung und verfasste u. a. die erste Gesamtdarstellung zur provinzialrömischen Archäologie Südwestdeutschlands.[54] Seine Empfehlungen zur praktischen Gestaltung der Denkmalpflege sowie für Fragestellungen zukünftiger Forschungsvorhaben muten visionär an und sind zum Teil erst mehr als ein Jahrhundert später umgesetzt worden. So regte Creuzer etwa an, „die den Alten bekannten Beleuchtungsarten mit Vergleichung der neueren" zum Gegenstand einer Untersuchung zu machen: „Eine *antike Lychnologie* möchte ich sie nennen."[55] Der Vorschlag wurde im Jahre 2003 umgesetzt, als Archäologen und Historiker aus aller Welt nach einer Tagung am Genfer See die „International Lychnological Association" gründeten. Wenn sich die Vereinigung im September des Jahres 2009 auf Einladung der Ruperto-Carola zur dritten Internationalen Konferenz in Heidelberg einfindet, schließt sich gewissermaßen der Kreis.

Danksagung

Zu Dank verpflichtet bin ich Herrn Einhard Kemmet für die Anfertigung der Fotos und Herrn Julius Schmidt (†) für die grafischen Arbeiten. Wichtige Hinweise gaben Herr Dr. Jens-Arne Dickmann, Heidelberg, Frau Dr. Alice Hanotte, Lille, und Frau Dr. Marleen Martens, Brüssel.

Liste: Lampenbeigabe in Gräberfeldern

I Ober- und Mittelzentren

Cambodunum/Kempten (Raetia). Zentraler Ort (Wahrsch. zeitweise Provinzhauptstadt).
373 Gräber, 54 mit Lampe (15 %). 15–170 n. Chr.
Mackensen 1978, 163. Faber 1998, 68.

Kostolac/*Viminacium* (Moesia Superior).
557 Gräber, 120 mit Lampe (23 %). 1.–Mitte 3. Jh. n. Chr.
Zotovic/Jordovic 1990, passim.

Köln/*Colonia Agrippinensis* (Germania Superior). *Colonia* und Provinzhauptstadt.
5 Gräberfelder mit 1835 Gräbern, 15 % mit Lampe.
Friedhof Luxemburger Straße: 503 Gräber, 29,6 % mit Lampe. 1.–3. Jh. n. Chr.
Schürger 2001, 338 f.

Neuss/*Novaesium* (Germania Inferior). Legions- und Auxiliarlager mit *vicus*.
438 Gräber, 61 mit Lampe (14 %). 1.–3. Jh. n. Chr.
Müller 1977, 20.

Nijmegen/*Ulpia Noviomagus Batavorum* (Germania Inferior)/Hatert. Legionslager und *Municipium*.
226 Gräber, keines mit Lampe (0 %). 10–260 n. Chr.
Haalebos 1990, 202.

Sassina/*Sarsina* (Gallia Cispadana). *Municipium*.
92 Gräber, 28 % mit Lampe. Mitte 1. Jh. v. Chr. – 200 n. Chr.
Ortalli 1998, 74. Ortalli 2001, 234–237.

Trier/*Augusta Treverorum* (Gallia Belgica). *Colonia*.
65 % der Gräber des 1. Jh. n. Chr. mit Lampenbeigabe.
Angaben nach Kaiser 2001, 284; Abb. 2.

Windisch-Dägerli/*Vindonissa* (Germania Superior). Legionslager mit *vicus*.
382 Gräber, 43 mit Lampe (11 %). 25/30–150 n. Chr.
Hintermann 2000, 117–119.

II Unterzentren mit Militär

Bad Cannstatt (Germania Superior). Kastell mit *vicus*.
83 Gräber, 20 mit Lampe (24 %). 90–200 n. Chr.
Nierhaus 1959, 36 f.

53 Hensen 2008.
54 Creuzer 1833.
55 Creuzer 1826.

Faimingen/*Vicus Phoebiana* (Raetia) Kastell mit *vicus*.
518 Gräber, 160 mit Lampe (31 %). 90–210 n. Chr.
Müller 1999, 30.

Heidelberg (Germania Superior). Kastell mit *vicus*.
1367 Brandgräber, 548 mit Lampe (40 %). 80/85–190 n. Chr.
Hensen/Ludwig 2005, 48f. Hensen 2005.

Krefeld-Gellep/*Gelduba* (Germania Inferior). Kastell mit *vicus*.
Ca. 1800 Brandgräber, 104 mit Lampe (6 %).
Grundlage der Studie bilden nur die Gräber des 1.–3. Jh. n. Chr.
Pirling/Siepen 2006, 403–411; 471–494.

Moers-Asberg/*Asciburgium* (Germania Inferior). Kastell mit *vicus*.
101 Gräber, 11 mit Lampe (11 %). 20/30 – ca. 200 n. Chr.
Rasbach 1997, 73–75.

III Zivile Unterzentren/kleine Siedlungen

Blicquy (Gallia Belgica). *Vicus*.
407 Gräber, eines mit Lampe (0 %). 30/40 n. Chr. – Mitte 3. Jh.
De Laet u.a. 1972, 26.

Courroux (Germania Superior). *Villa rustica*.
158 Gräber, zwei mit Lampe (1 %). 70 n. Chr. – 1. H. 3. Jh. n. Chr.
Martin-Kilcher 1976, 74.

Dillingen-Pachten/*Vicus Contiomagus* (Gallia Belgica). *Vicus*.
487 Gräber, 11 mit Lampe (2 %). 1.–4. Jh. n. Chr.
Glansdorp 2005, 112.

Nave (Italia Transpadana). *Vicus*.
52 Gräber, 23 mit Lampe (44 %). 30 v. – 100 n. Chr.
Pitcher 1987. Fasold/Witteyer 1998, 186 f.

Seebruck/*Vicus Bedaium* (Noricum). *Vicus*.
256 Gräber, 10 mit Lampe (4 %). 70–250 n. Chr.
Fasold 1993, 36.

Septfontaines (Gallia Belgica). *Vicus* oder *villa rustica*.
183 Gräber, sechs mit Lampe (3 %). 70–220 n. Chr.
Polfer 1996, 54–57.

Tönisvorst (Germania Inferior). *Vicus*.
210 Gräber, eines mit Lampe (0,5 %). 30–260 n. Chr.
Bridger 1996, 114–116.

Voghenza/*Vicus Haventia* (Gallia Cispadana). *Vicus*.
67 Gräber, 46 mit Lampe (69 %). 50–250 n. Chr.
Bandini Mazzanti 1985, 188–190. Ortalli 1998, 74. Ortalli 2001.

Wederath/*Belginum* (Gallia Belgica). *Vicus*.
Ca. 2000 Gräber, 15 mit Lampen (1 %). 20 v. Chr. – 2. H. 4. Jh. n. Chr.
Haffner 1971–1995, passim.

Weil am Rhein (Germania Superior). *Villa rustica/vicus*
94 Gräber, 10 mit Lampen (11 %). Mitte 1. Jh. – Ende 2. Jh. n. Chr.
Aßkamp 1989, 59.

Bildnachweis

Kurpfälzisches Museum Heidelberg: 1 (Grafik: Ph. Dolmazon); 2, 6 (E. Kemmet); 3, 5 (B. Heukemes)
Grafik J. Schmidt, Heidelberg: 4

Abgekürzt zitierte Literatur

Aßkamp 1989	R. Aßkamp, Das südliche Oberrheingebiet in frührömischer Zeit. Fundber. Baden-Württemberg 33, 1989, 13–83.
Bandini Mazzanti 1985	M. Bandini Mazzanti (Hrsg.), Voghenza. Una necropoli di età romana nel territorio ferrarese (Ferrara 1985).
Berke 1991	S. Berke, Das Gräberfeld von Haltern. In: B. Trier (Hrsg.), Die römische Okkupation nördlich der Alpen zur Zeit des Augustus. Kolloquium Bergkamen. Bodenaltertümer Westfalens 26 (Münster 1991) 149–157.
Biegert u.a. 2005	S. Biegert/M. Helfert/A. Hensen/G. Schneider, Gräberfelder und Wirtschaftsarchäologie – Neue Untersuchungen zu Keramik aus Heidelberg. RCRF Acta 39, 2005, 39–52.
Bridger 1996	C. Bridger, Das römerzeitliche Gräberfeld ‚An Hinkes Weißhof'. Tönisvorst-Vorst, Kreis Viersen. Rhein. Ausgr. 40 (Köln 1996).
Creuzer 1826	F. Creuzer, Über Silenuslampen. Heidelberger Jahrb. Literatur 1826, 74–79.
Creuzer 1833	F. Creuzer, Zur Geschichte alt-römischer Cultur am Ober-Rhein und Neckar. Mit einem Vorschlage zu weiteren Forschungen (Leipzig, Darmstadt 1833).
Czysz 1984	W. Czysz, Zur Herstellung römischer Bildlampen. Germania 62, 1984, 67–73.
Eck 2006	W. Eck, Der *praefectus annonae*: Ein Superminister im Imperium Romanum? In: Grabung – Forschung – Präsentation. Xantener Ber. 14 (Mainz 2006) 49–57.
Ehmig 2003	U. Ehmig, Die römischen Amphoren aus Mainz. Frankfurter Arch. Schr. 4 (Möhnesee 2003).
Ehmig 2007	U. Ehmig, Die römischen Amphoren im Umland von Mainz. Frankfurter Arch. Schr. 5 (Wiesbaden 2007).
Eich 2006	P. Eich, Zum Problem der Vermittlung zwischen Mikroökonomie und der Makroebene der Verwaltung. In: Grabung – Forschung – Präsentation. Xantener Ber. 14 (Mainz 2006) 59–72.
Faber 1998	A. Faber, Das römische Gräberfeld auf der Keckwiese in Kempten II. Gräber der mittleren Kaiserzeit und Infrastruktur des Gräberfelds sowie Siedlungsbefunde im Ostteil der Keckwiese. Cambodunumforschungen VI. Materialh. Bayer. Vorgesch. A 75 (Kallmünz 1998).

Faber 2001 A. Faber, Grabmäler und Bestattungen des 1. Jahrhunderts im Gebiet der Provinz Raetia et Vindelicia. In: Heinzelmann u.a. 2001, 305–321.

Fasold 1993 P. Fasold, Das römisch-norische Gräberfeld von Seebruck-Bedaium. Materialh. Bayer. Vorgesch. 64 (Kallmünz 1993).

Fasold u.a. 1998 P. Fasold/Th. Fischer/H. v. Hesberg/M. Witteyer (Hrsg.), Bestattungssitte und kulturelle Identität. Xantener Ber. 7 (Köln, Bonn 1998).

Fasold/Witteyer 1998 P. Fasold/M. Witteyer, „Römisches" in den Gräbern Mittel- und Norditaliens. In: Fasold u.a. 1998, 181–190.

Fasold/Witteyer 2001 P. Fasold/M. Witteyer, Tradition und Wandel im Grabbrauch Rätiens und Obergermaniens während der frühen Kaiserzeit. In: Heinzelmann u.a. 2001, 293–304.

Fellmeth 2002 U. Fellmeth, Eine wohlhabende Stadt sei nahe. Die Standortfaktoren in der römischen Agrarökonomie im Zusammenhang mit den Verkehrs- und Raumordnungsstrukturen im römischen Italien (St. Katharinen 2002).

Feugère 1993 M. Feugère, L'évolution du mobilier non céramique dans les sépultures antiques de Gaule méridionale. In: Struck 1993, 119–165.

von Freyberg 1988 H.-U. von Freyberg, Kapitalverkehr und Handel im römischen Kaiserreich. 27 v. Chr. – 235 n. Chr. (Freiburg i. Br. 1988).

Glansdorp 2005 E. Glansdorp, Das Gräberfeld Margarethenstraße in Dillingen-Pachten. Saarbrücker Beitr. 80 (Bonn 2005).

Goethert 1997 K. Goethert, Römische Lampen und Leuchter (Trier 1997).

Goethert-Polaschek 1985 K. Goethert-Polaschek, Katalog der römischen Lampen des Rheinischen Landesmuseums Trier. Trierer Grabungen u. Forsch. 15 (Mainz 1985).

Haalebos 1990 J. K. Haalebos, Het grafveld van Nijmegen-Hatert (Nijmegen 1990).

Haffner 1971–1995 A. Haffner, Das keltisch-römische Gräberfeld von Wederath-Belginum. Trierer Grabungen u. Forsch. VI, 1–5 (Mainz 1971–1997).

Heinzelmann u.a. 2001 M. Heinzelmann/J. Ortalli/P. Fasold/M. Witteyer (Hrsg.), Römischer Bestattungsbrauch und Beigabensitten in Rom, Norditalien und den Nordwestprovinzen von der späten Republik bis in die Kaiserzeit. Internat. Kolloquium Rom 1.–3. April 1998. Palilia 8 (Wiesbaden 2001).

Hensen 2005 A. Hensen, The lamps of the Roman cemetery in Heidelberg. In: L. Chrzanovski (Hrsg.), Lychnological Acts 1. Actes du 1er Congrès International d'études sur le luminaire antique. Monogr. instrumentum 31 (Montagnac 2005) 157–160.

Hensen 2008 A. Hensen, Creuzer als Wegbereiter der archäologischen Forschung. In: F. Engehausen/A. Schlechter/J. P. Schwindt, Friedrich Creuzer (1771–1858). Philologie und Mythologie im Zeitalter der Romantik (Heidelberg 2008) 99–111.

Hensen (im Druck) A. Hensen, Das römische Brand- und Körpergräberfeld von Heidelberg. Forsch. u. Ber. Vor- u. Frühgesch. Baden-Württemberg (im Druck).

Hensen/Ludwig 2005 A. Hensen/R. Ludwig, Straße ins Jenseits. Die römischen Gräberfelder von Heidelberg (Remshalden 2005).

Hensen/Schneider (im Druck) A. Hensen/G. Schneider, Imported Lamps of the Roman cemetery in Heidelberg. Results of the geochemical analysis. In: L. Chrzanovski (Hrsg.), Lychnological Acts 2 (im Druck).

Heukemes 1964 B. Heukemes, Römische Keramik aus Heidelberg. Mat. Röm.-Germ. Keramik 8 (Bonn 1964).

Hintermann 2000 D. Hintermann, Der Südfriedhof von Vindonissa. Archäologische und naturwissenschaftliche Untersuchungen im römerzeitlichen Gräberfeld Windisch. Veröff. Ges. Pro Vindonissa 17 (Brugg 2000).

Kaiser 2001 M. Kaiser, Römische Bestattungsbräuche in Trier, im Trierer Umland, in Bonn und Neuss. In: Heinzelmann u.a. 2001, 279–285.

De Laet u.a. 1972 S. J. de Laet/A. van Doorselaer/P. Spitaels/H. Thoen, La nécropole gallo-romaine de Blicquy (Hainaut-Belgique). Diss. Arch. Gandenses 14 (Brügge 1972).

Leibundgut 1977 A. Leibundgut, Die römischen Lampen in der Schweiz (Bern 1977).

Lenz 1998 K. H. Lenz, Frühe und mittelkaiserzeitliche Bestattungsplätze ländlicher Siedlungen in der Niederrheinischen Bucht. In: Fasold u.a. 1998, 347–371.

Loeschcke 1919 S. Loeschcke, Lampen aus Vindonissa (Zürich 1919).

Mackensen 1978 M. Mackensen, Das römische Gräberfeld auf der Keckwiese in Kempten I. Cambodunumforschungen IV. Materialh. Bayer. Vorgesch. A 34 (Kallmünz 1978).

Mackensen 1980 M. Mackensen, Spätantike nordafrikanische Lampenmodel und Lampen. Bayer. Vorgeschbl. 45, 1980, 205 ff.

Martin-Kilcher 1976 S. Martin-Kilcher, Das römische Gräberfeld von Courroux im Berner Jura. Basler Beitr. Ur- u. Frühgesch. 2 (Derendingen/Solothurn 1976).

Martin-Kilcher 1987 S. Martin-Kilcher, Die römischen Amphoren aus Augst und Kaiseraugst. Forsch. Augst 7/1 (Augst 1987).

Martin-Kilcher 1994 S. Martin-Kilcher, Die römischen Amphoren aus Augst und Kaiseraugst. Forsch. Augst 7/2 (Augst 1994).

Menzel 1953 H. Menzel, Lampen im römischen Totenkult. In: Festschrift des Römisch-Germanischen Zentralmuseums in Mainz zur Feier seines hundertjährigen Bestehens 1952. Bd. 3 (Mainz 1953) 131–138.

Müller 1977 G. Müller, Das römische Gräberfeld von Novaesium. Limesforschungen 17 (Berlin 1977).

Müller 1999 M. Müller, Faimingen-Phoebiana II. Die römischen Grabfunde. Limesforschungen 26 (Mainz 1999).

Nierhaus 1959 R. Nierhaus, Das römische Brand- und Körpergräberfeld ‚Auf der Steig' in Stuttgart-Bad Cannstatt. Veröff. Staatl. Amt Denkmalpfl. Stuttgart A 5 (Stuttgart 1959).

Ortalli 1998 — J. Ortalli, Riti, usi e corredi funerari nelle sepolture romane della prima età imperiale in Emilia Romagna (valle del Po). In: Fasold u.a. 1998, 49–86.

Ortalli 2001 — J. Ortalli, Il culto funerario della Cispadana romana. Rappresentazione e interiorità. In: Heinzelmann u.a. 2001, 215–242.

Pearce 2000 — J. Pearce, Burial, society and context in the provincial Roman World. In: J. Pearce/M. Millet/M. Struck (Hrsg.), Burial, society and context in the provincial Roman World (Oxford 2000) 1–12.

Pferdehirt 1978 — B. Pferdehirt, Rez. zu A. Leibundgut, Die römischen Lampen in der Schweiz. Germania 56/2, 1978, 628–635.

Pirling/Siepen 2006 — R. Pirling/M. Siepen, Die Funde aus den römischen Gräbern von Krefeld-Gellep. Germ. Denkm. Völkerwanderungszeit B 20 (Stuttgart 2006).

Pitcher 1987 — L. P. Pitcher, Sub ascia. Una necropoli romana a Nave (Modena 1987).

Polfer 1996 — M. Polfer, Das gallorömische Brandgräberfeld und der dazugehörige Verbrennungsplatz von Septfontaines-Dëckt (Luxemburg). Dossiers d'archéologie du Musée National d'Histoire et d'Art 5 (Luxembourg 1996).

Rasbach 1997 — G. Rasbach, Römerzeitliche Gräber aus Moers-Asberg, Kr. Wesel. Ausgrabung 1984 im nördlichen Gräberfeld. Funde Asciburgium 12 (Duisburg 1997).

Remesal Rodríguez 1997 — J. Remesal Rodríguez, Heeresversorgung und die wirtschaftlichen Beziehungen zwischen der Baetica und Germanien Materialh. Arch. Baden-Württemberg 42 (Stuttgart 1997).

Rottländer 1992 — R. C. A. Rottländer, Der Brennstoff römischer Beleuchtungskörper. Zu einem Neufund einer Bildlampe aus dem Gräberfeld Kaiseraugst-Im Sager. Jahresber. Augst 13, 1992, 225–229.

Schneider 1978 — G. Schneider, Anwendung quantitativer Materialanalysen auf Herkunftsbestimmung antiker Keramik. Berliner Beitr. Archäometrie 3, 1978, 63–122.

Schneider/Wirz 1992a — G. Schneider/E. Wirz, Chemical answers to archaeological questions – Roman terracotta lamps as documents of economic history. in: S. Méry (Hrsg.), Sciences de la terre et céramiques archéologiques – Expérimentations, applications. Documents et travaux. Institut géologique Albert de Lapparent 16 (Cergy 1992) 13–48.

Schneider/Wirz 1992b — G. Schneider/E. Wirz, Chemische Analysen von Firmalampen aus Vindonissa. Jahresber. Ges. Pro Vindonissa 1992, 35–49.

von Schnurbein 1977 — S. von Schnurbein, Das römische Gräberfeld von Regensburg. Materialh. Bayer. Vorgesch. A 31 (Kallmünz 1977).

Schürger 2001 — A. Schürger, Grabbrauch in der Germania Inferior. Stadt, Land und Militär im Vergleich. In: Heinzelmann u.a. 2001, 331–339.

Struck 1993 — M. Struck (Hrsg.), Römerzeitliche Gräber als Quellen zu Religion, Bevölkerungsstruktur und Sozialgeschichte. Arch. Schr. Inst. Vor- u. Frühgesch. Johannes Gutenberg-Universität Mainz 3 (Mainz 1993).

Struck 2001 — M. Struck, Grabsitten und Integration in Britannien während der ersten hundert Jahre der römischen Besatzung. In: Heinzelmann u.a. 2001, 341–353.

Werner 1997 — K. Werner, Firmalampen. In: Goethert 1997, 108–123.

Wunderlich 2003 — C.-H. Wunderlich, Éclairage antique high-tech: La Firmalampe. In: L. Chrzanovski (Ed.), Lumière! L'éclairage dans l'Antiquité (Nyon 2003) 45–50.

Zotovic/Jordovic 1990 — L. Zotovic/C. Jordovic, Viminacium. Nekropole u Više Grobalja (Belgrad 1990).

„Römische Eisensache“
Zu einem Holzbearbeitungs-Werkzeug aus Schorndorf-Schornbach, Rems-Murr-Kreis

JUTTA RONKE

Restauratorischer Scharfblick und Sorgfalt ließen auf einem verformten und korrodierten römischen Metallobjekt einen Herstellerstempel zutage treten. Im Anschluss an die Aufgabe, das Fundstück zu beschreiben und zu bestimmen, liegen Beobachtungen und Gedanken zu römischen Werkzeugen und zur archäologischen Werkzeugforschung nahe. Dabei ist es als günstige Fügung zu betrachten, dem Jubilar diese Untersuchungen aus dem Umfeld einer baden-württembergischen *villa rustica* präsentieren zu können – als anschaulichen Beleg dafür, auf welche Weise auch bisher eher „vernachlässigte“ Altfunde die materielle Hinterlassenschaft der Antike zu komplettieren, den auf ihr basierenden Kenntnisstand zu erweitern bzw. zu korrigieren vermögen.
Deutlich wird, dass derlei Erkenntnisse ohne den technischen und methodischen Fortschritt – Stichwort Plasmareduktionsverfahren – bei der Restaurierung und Konservierung archäologischer Bodenfunde aus Metall nicht zu erlangen gewesen wären.[1]
Mit dem lapidaren Kommentar „Ebenfalls aus dem Gebäude stammt ein ca. 1 m langer verbogener, eiserner Buntmeißel [sic]“ fand die im Mittelpunkt der nachfolgenden Ausführungen stehende „römische Eisensache“ Eingang in den Grabungsbericht des Jahres 1988,[2] um dann zunächst einmal im Gefriermagazin deponiert zu werden. Vergegenwärtigt man sich den damaligen Erhaltungszustand (Abb. 1), erscheint es nachvollziehbar, dass die Ausgräber dem Fund keine weitere Aufmerksamkeit schenkten. Kristallisierte sich doch das besondere Informationspotenzial unseres auf reine Funktionalität ausgerichteten Stückes, die Tatsache, dass es sich als gestempelt erweisen sollte[3], erst im Zuge der Restaurierung heraus. Diese wurde vor dem Hintergrund einer beabsichtigten Präsentation im Rahmen der großen Landesausstellung „Imperium Romanum“ im Stuttgarter Kunstgebäude im Jahr 2005 aus primär konservatorischen Gründen erforderlich.[4]
Wozu diente nun unser bereits von den Ausgräbern richtig als Werkzeug, in ursächlichem Sinn also Mittel zur Unterstützung und zum Ersatz der menschlichen Hand bei der Bearbeitung von Materialien oder Gegenständen, charakterisiertes Objekt? Wie lautete der Stempel, welche Funktion besaß er, und welcher Stellenwert kam ihm bzw. dem gestempel-

1 Für bereitwillig erteilte hilfreiche Hinweise danke ich A. Lerch, H. Hüther sowie R.-D. Blumer und S. Mahncke.

2 „Eisensache“ als durchaus übliche Bezeichnung für Eisenfunde in älteren Publikationen. – A. Hagendorn/D. Rothacher, Die Villa rustica von Schornbach, Stadt Schorndorf, Rems-Murr-Kreis. Arch. Ausgr. Baden-Württemberg 1988 (Stuttgart 1989) 171 ff. – In der Fundmeldung (Fundber. Baden-Württemberg 12, 1987, 602) blieb das Fundstück unberücksichtigt.

3 Zusammenfassend zur Inschriftenkultur der Römer in ihren Provinzen: G. Alföldy, Lesen und Schreiben in der Provinz. In: Arch. Landesmus. Baden-Württemberg (Hrsg.), Imperium Romanum. Roms Provinzen an Neckar, Rhein und Donau. Ausstellungskat. Stuttgart 2005 (Stuttgart 2005) 110–116, bes. 116 m. Anm. 1–3.

4 Entfernung der Agglomeratschichten und Entfernung bzw. Passivierung der während der langen Bodenlagerung in das Objekt hineindiffundierten Schadstoffe.

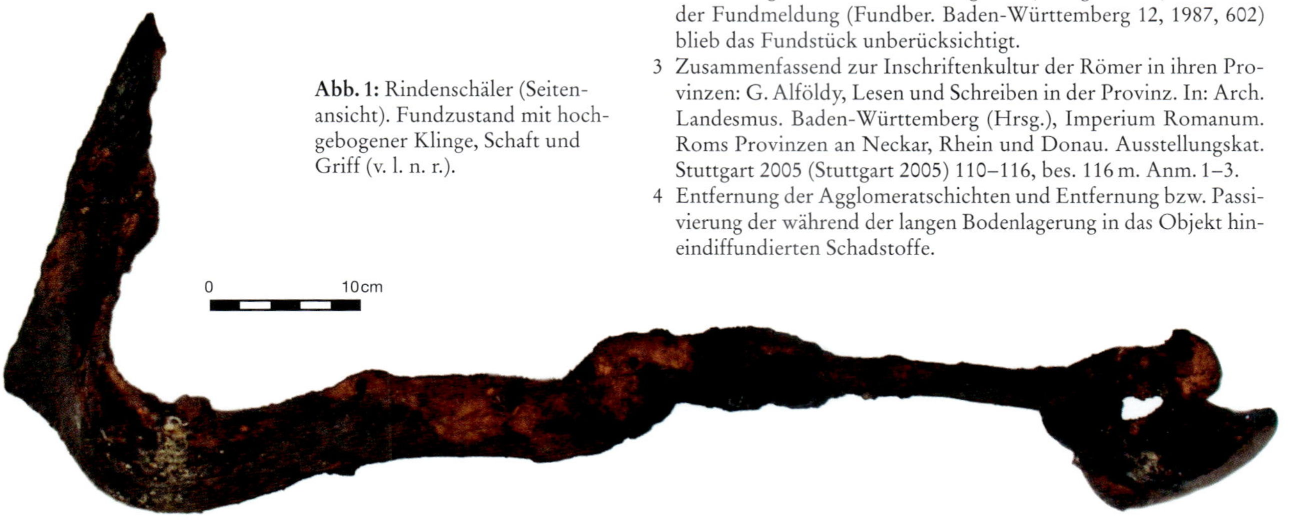

Abb. 1: Rindenschäler (Seitenansicht). Fundzustand mit hochgebogener Klinge, Schaft und Griff (v. l. n. r.).

ten Gegenstand innerhalb des römischen Alltags in der Provinz überhaupt zu?
Die Durchsicht einschlägiger Publikationen ergab angesichts vergleichbarer Geräte, dass die vorgeschlagene Benennung als sogenannter Bundmeißel zutrifft. Da eine eingehendere Funktionsklärung vornehmlich auf einer Zusammenschau des antiken Materials mit rezenten Parallelen basiert, sei nicht unerwähnt, dass dieser Name in gegenwärtigen Werkzeugkatalogen allerdings keine Erwähnung findet.
Es handelt es sich um spezifische Vertreter der großen und differenzierten Gruppe der römischen Meißel. Als Kennzeichen der Bundmeißel gelten lange, breite und relativ dünne Blätter, die zwar einen massiven Einsatz in Holz verbieten, andererseits aber ein rationelles und großflächiges Arbeiten an dessen Oberfläche erlauben sollen. Bundmeißel jedenfalls dienten im Bereich des holzverarbeitenden Handwerks *(ars fabrilis)* u.a. zum Putzen und Schlichten von Balken und werden – wie an den mehr oder weniger langen Schäften ablesbar – stoßartig geführt; daher auch die Benennung „Schlichteisen".[5]
Die bisher bekannten Exemplare dieses unverkennbaren Instruments stammen allesamt aus gesichert römischem Fundzusammenhang.[6] Handelt es sich bei dem gut 1 m langen Werkzeug aus der Schornbacher Villa nun tatsächlich um einen solchen Bundmeißel – oder wozu könnte das Gerät sonst gedient haben?

Abb. 2: Klinge des Rindenschälers (Arbeitsseite mit Stempel und Schaftansatz).

Abb. 3: Detailaufnahme des Stempels C. Alepo [...].

Das Werkzeug aus der *villa rustica* von Schorndorf-Schornbach, Gewann „Schornbacher Straße", ist 1050 mm lang, aus Eisen gefertigt und setzt sich aus Griff, Schaft (d. h. Gerätstiel) und Klinge zusammen (Abb. 1; 5; 6). Der eigentliche Griff besteht aus zwei Teilen: dem (Griff-)Schaft und der quer zu ihm angebrachten Griffstange, einem beiderseits in Scheiben mündenden Eisenstab, auf den ursprünglich ein Holzgriff montiert gewesen ist (Abb. 4). Am Ende des Schaftes teilt sich der Griff in drei fast in rechtem Winkel abstehende Teile. Das zur Außenseite des Werkzeugs gerichtete Ende geht dabei in die runde, nach außen gewölbte Griffplatte über. Insgesamt hat der Griff samt Ansatz eine Länge von 90 mm. Der Schaft misst bis zum Griff 280 mm, Querschnittsänderungen (vom Vier- zum Achteck) gliedern ihn in drei Abschnitte. Nach 60 mm ist er, wohl resultierend aus den Erfordernissen des Funktionsaspekts „Verlängerung des Werkzeugs", rechtwinklig abgesetzt. Der Schaft schließt mittig an die Schmalkante der Klinge an und ist durch einen sich verjüngenden, im Querschnitt rechteckigen Aufsatz auf der Oberseite der Klinge verstärkt. In Fortsetzung dieses Verstärkungs-Aufsatzes findet sich auf der Innen- oder Arbeitsseite der als ungleichseitiges Viereck gestalteten Klinge die bereits erwähnte Stempelung (Abb. 2; 3). Besser erhaltene Exemplare belegen,[7] dass die Klinge eigentlich eine Achse mit Schaft und Griff bildete, d. h. in gerader Linie verlief. Bei dem Schorndorfer Stück ist sie sekundär mittig zu einem nahezu rechten Winkel gebogen.
Das Schorndorfer Exemplar ist ein weiterer Beleg dafür, dass auch römische Werkzeuge analog zu Terra sigillata oder Bronzegefäßen Herstellerstempel tragen können.[8] Dabei handelt es sich gewöhnlich um Namensstempel, die im noch weichen Werkstück angebracht werden. Sie sind von den – meist

5 Zur Benennung Schlichteisen und zur Beschreibung der Arbeitsweise z. B. AuhV V (Mainz 1911) Nr. 809 Taf. 46: „[...] dient dem Zimmermann zum Ausputzen oder Schlichten der mit der Axt behauenen Balken [...]."
6 Zusammenstellung von Bundmeißeln z. B. bei M. Pietsch, Die römischen Eisenwerkzeuge von Saalburg, Feldberg und Zugmantel. Saalburg-Jahrb. 39, 1983, 32 bes. Anm. 273.
7 Ein besser erhaltenes Exemplar z. B. das Stück aus Holzgerlingen: Führer durch die Staats-Sammlung Vaterländischer Altertümer in Stuttgart (Stuttgart 1908) 45 Taf. XII.
8 Zu antiken Herstellerstempeln u. Ä.: G. Siebert, Signatures d'artistes, d'artisans et de fabricants dans l'antiquité classique. Ktema 3, 1978, 111–131. – Siehe auch R. Petrovszky, Studien zu römischen Bronzegefäßen mit Meisterstempeln. Kölner Stud. Arch. Röm. Provinzen 1 (Buch am Erlbach 1993).

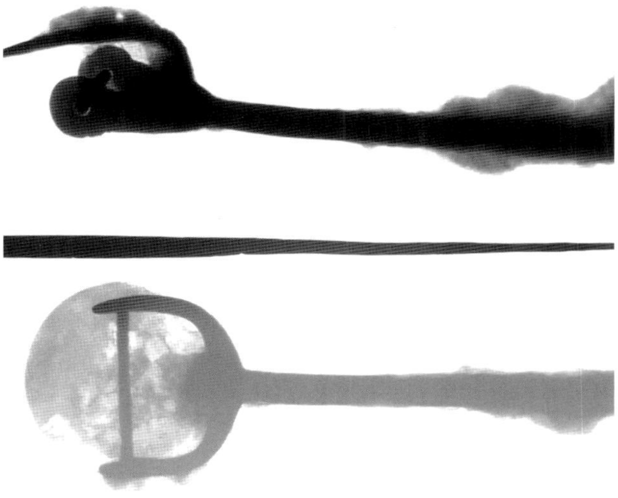

Abb. 4: Schaft und Griff des Rindenschälers im Röntgenbild. Gut sichtbar sind die Korrosionsablagerungen.

eingeritzten – Namenszügen, die oftmals den Besitzer des Stückes bezeichnen, zu differenzieren.[9]
Der Schorndorfer Stempel verläuft parallel zur Gerätachse (Abb. 2; 6) und wurde, wie üblich, in das noch weiche Eisen eingepunzt. Er besteht aus einem rechteckigen Feld, dessen Schmalkanten sich nicht mehr sicher beurteilen lassen, ist ca. 25 mm lang, 6 mm hoch, (noch) 3 mm tief und weist einen von links nach rechts auf den Schaft zulaufenden, in Großbuchstaben gehaltenen Schriftzug auf (Abb. 2; 3). Aufgrund der Korrosion lässt sich nur noch mit einiger Mühe CALEPO erkennen. Dabei ist das C anscheinend durch einen mittig platzierten Punkt vom nachfolgenden A getrennt, es handelt sich wohl um die Angabe zweier Namens-Bestandteile:[10] Das wahrscheinlich mit einem Punkt abgesetzte C ist wohl als bekanntes Kürzel des Vornamens Caius, ALEPO als von einem Namen abgeleitetes Gentiliz zu lesen.[11] Festzuhalten bleibt jedenfalls, dass es sich wahrscheinlich um die eher seltene Kombination eines Praenomen und eines als Pseudo-Gentiliz gebildeten zweiten Namens eines Verfertigers gehandelt

9 Zu eingeritzten Besitzermarken u. a.: H. U. Nuber, Zwei bronzene Besitzermarken aus Frankfurt/M.-Heddernheim. Chiron 2, 1972, 483–507.

10 Solchermaßen provinzialer Sitte entsprechend: U. Schillinger-Häfele, Lateinische Inschriften – Quellen für die Geschichte des römischen Reiches. Kl. Schr. Kenntnis Röm. Besetzungsgesch. Südwestdeutschland 28 (Stuttgart 1982) 14–17.

11 Bestandteil des Namens, der die Zugehörigkeit zu einer bestimmten *gens* bezeichnet; hier als wohl von einem einheimischen Namen abgeleitetes Pseudo-Gentiliz. – Das P mag so korrodiert sein, dass hier eventuell auch ein B –ALEBO– gestanden haben könnte.

Abb. 5: Umzeichnung des Rindenschälers.

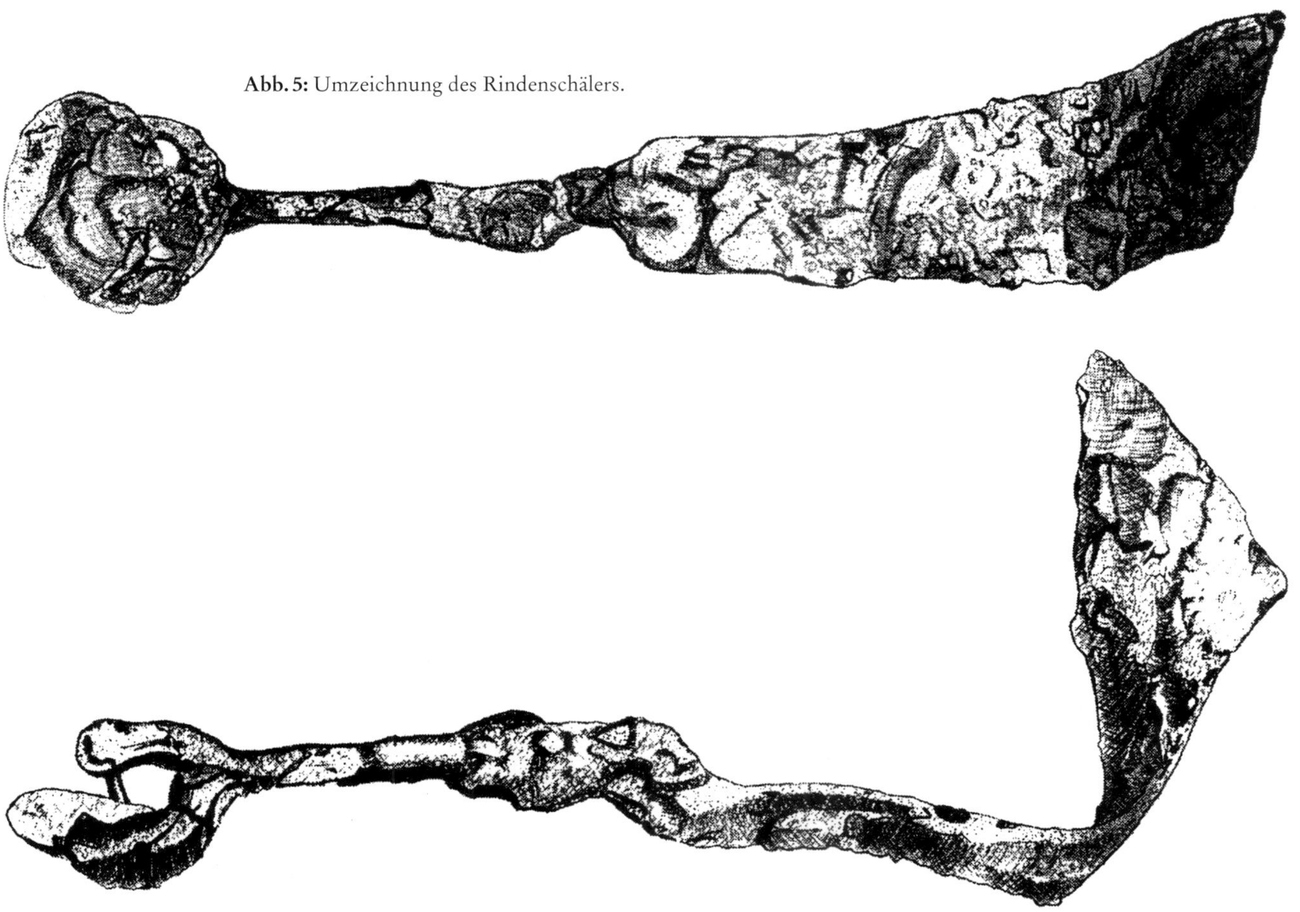

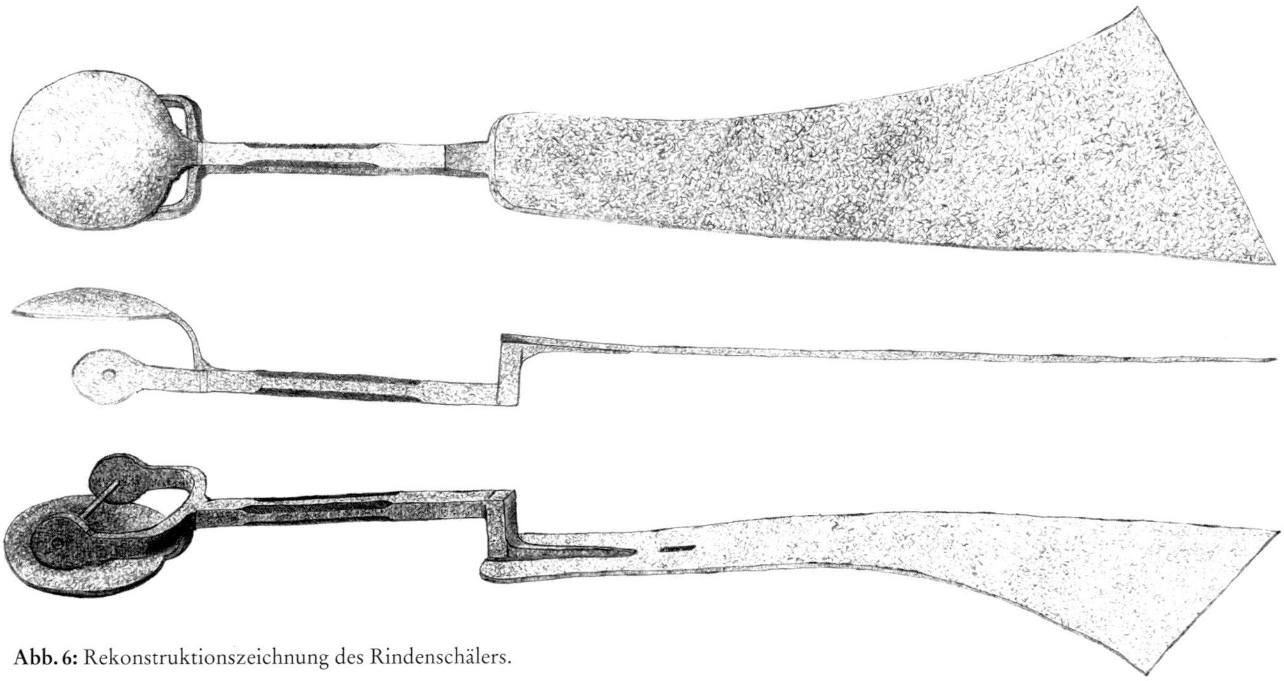

Abb. 6: Rekonstruktionszeichnung des Rindenschälers.

hat, der – so aus der Angabe des Praenomen zu schließen – römische Vorbilder nachgeahmt, möglicherweise sogar das römische Bürgerrecht besessen haben dürfte.

Die Namensangabe auf dem Gerät lässt darauf schließen, dass ein Meisterstempel vorliegt. In Verbindung mit einem Werkzeug wird allerdings wohl eher von einem Herstellerstempel im Sinne einer „Fabrikmarke" zu sprechen sein. Unsicher bleibt zunächst, ob der Name des verfertigenden Handwerkers selbst oder der des Eigentümers des Betriebes angegeben ist. Jedenfalls sind die Stempelnden wohl zivilem Kontext zuzuweisen.

In unserem Zusammenhang ist eine Eigentums- bzw. Kontroll- (Güte-) oder Verwaltungsmarke wie auch die Kennzeichnung als Dedikation aus technischen bzw. funktional-inhaltlichen Gründen auszuschließen. Spricht schon die Tatsache der Stempelung an sich für ein gewisses Selbstbewusstsein unseres Werkzeugmachers, so verstärkt die Namensangabe mit Pseudo-Gentiliz diesen Eindruck noch.

Im Bereich der Archäologie steckt die Erforschung römischen Werkzeugs zwar nicht mehr unbedingt in den Kinderschuhen, darf aber als relativ junger und in gewisser Weise vernachlässigter Forschungszweig angesehen werden. Obwohl die Museen bzw. deren Depots Mengen dieser seinerzeit unabdingbar notwendigen und wichtigen römischen Arbeits- und Produktionsinstrumente bergen dürften, sind diese entweder unpubliziert oder wurden unter keiner bzw. unbefriedigend-einseitiger Fragestellung veröffentlicht.

Wie am Beispiel des Schorndorfer Stückes nachzuvollziehen, ist anzunehmen, dass Neufunde oder Restaurierungen nach neuesten technologischen Erkenntnissen die Konturen unseres Bildes vom römischen Werkzeug noch wesentlich verfeinern werden. Setzt man das gedankliche Szenario fort, lauschen wir den Erzählungen des Werkzeugs weiter, zeichnet sich im Schorndorfer Rindenschäler und vergleichbaren Stücken die Möglichkeit ab, zusätzlich zum Hersteller bzw. dessen Namen zu Erkenntnissen über Ort und Zeit der Herstellung zu gelangen. Unter mentalitätsgeschichtlichem Aspekt ist die Frage aufzuwerfen, ob und inwieweit Herstellermarken bei Werkzeugen die Funktion einer „Signatur" zugekommen sein mag. Wie die heutigen werden auch die meisten antiken Handwerker ihre jeweiligen Produkte nur in wenigen Fällen signiert haben. Umso aufschlussreicher ist demgegenüber die Tatsache, dass dies in der Antike – und in der römischen Provinz – überhaupt geschah. Mag im Bereich der Werkzeugproduktion die These, dass eine Stempelung erfolgte, um vielleicht anhand und im Verlauf des Herstellungsprozesses eine Art Produktionskontrolle zu ermöglichen, nicht generell von der Hand zu weisen sein, legen derlei Stempel andererseits Zeugnis ab für einen gewissen Stolz des Handwerkers auf die Verbindung von technischem Können und handwerklicher Geschicklichkeit, die sich in seinen Erzeugnissen fassen lässt. Sie bezeugen also in gewissem Sinne seine ureigene handwerkliche *techné*. Der Stempel ist also als eine Spielart der Selbstdarstellung eines Handwerkers zu betrachten,

die sich vermittels seiner Produktion manifestiert. Die Ansicht bestätigt sich angesichts der Tatsache, dass sich der mutmaßlich einheimische Handwerker einer römischen Namensform bedient.
Abschließend bleibt die Frage der Nutzanwendung. Das schon vom Aufbau her vergleichbare, besser erhaltene Gerät im Landesmuseum Württemberg ist als „langes Instrument zum Rasenabstechen/‚Rasenstecher'" publiziert worden.[12] Einer solchen Funktion steht jedoch die auch hier spitzwinklige, als ungleichseitiges Viereck gestaltete Klinge entgegen (Abb. 6). Als arbeitsökonomisch sinnvoller erweisen sich für den Fall des Rasen(soden)-Stechens gewiss die bekannten halbmondförmigen Geräte, mit deren Hilfe die Soden sowohl abgestochen als auch anoder aufgehoben werden können.[13]
Die Breite der Klinge/Schneide, ihre abgeschrägte Trapezform und der lange Stiel (Abb. 1; 5; 6) lassen es demgegenüber vertretbarer erscheinen, dass es sich bei dem gut erhaltenen Stuttgarter wie dem korrodierten Schorndorfer Stück eher um Holzbearbeitungsgeräte, Rindenschäler, handelt. Da Holz damals wie heute hauptsächlich ohne Rinde weiterverarbeitet wird, was vielleicht nicht zuletzt die Verminderung des Transportgewichts bezwecken soll, wird und wurde mit einem solchen Werkzeug der Stamm – wahrscheinlich noch am Fällungsort – entrindet. Dazu fährt man mit dem Gerät zwischen Rinde und Stamm und schiebt die Klingenschneide unter Druck den Baumstamm entlang. Diese auf Stoß arbeitenden Schäleisen fungieren dabei quasi als Schaber bzw. Hobel. Moderne Werkzeugkataloge verzeichnen vergleichbare Geräte als sog. Schöpser, die unter den verschiedensten regionalen Form- und Namensvarianten verbreitet sind. Funktional bedingt hat sich das Aussehen des Geräts über die Jahrhunderte hinweg wenig geändert. Regional variieren Aussehen wie Bezeichnungen in Nuancen.[14]
Der Herstellerstempel auf dem Schorndorfer Werkzeug illustriert anschaulich neben dem technischen Stand der römischen Holzbearbeitung sowohl deren Spezifizierung wie die Funktion der im Remstal gelegenen römischen Niederlassung von Schorndorf-Schornbach als landwirtschaftlich genutztes Anwesen. Hier dürften u.a. Holzbearbeitungsgeräte wie das besprochene Schäleisen unabdingbar notwendige und konstitutive Bestandteile anfallender Arbeitsprozesse gebildet haben.
Als Glückfall für Forschung und Archäologische Denkmalpflege erweist sich mithin die im Zuge der Restaurierung möglich gewordene Beobachtung eines Herstellerstempels mitsamt allen – trotz des misslichen Erhaltungszustands möglichen – wirtschafts-, sozial- und mentalitätsgeschichtlichen Schlussfolgerungen, die eine Situationsskizze antiken Lebensalltags anzureißen vermögen.

Bildnachweis

Regierungspräsidium Stuttgart, Landesamt für Denkmalpflege: 1–4 (2, 3 H. Hüther)
Shimon Mahnke: 5, 6

12 Siehe oben Anm. 7.
13 Vgl. z.B. Pietsch (Anm. 6) 64.
14 Einen amüsant-faszinierenden Überblick über die Bandbreite der Schäleisen/Schöpser/Schäpser/Scheppser als „unvermeidliches Rüstzeug eines jeden Holzknechts" bietet das Internet: Schwarzwälder, Dauner, Bayerischer, Soltauer, Ennstaler, Kärntner, Waldviertler, Tiroler etc. Rindenschäler. Vgl. weiter in kulturhistorischen Museen unter der Benennung Räppeleisen ausgestellte Rindenschäler – als Beleg für in Vergessenheit geratene land- und forstwirtschaftliche Geräte.

Literatur

A. E. Cooley (Hrsg.), Becoming Roman, Writing Latin? Literacy and Epigraphy in the Roman West (Portsmouth 2002).

W. Gaitzsch, Eiserne römische Werkzeuge. Studien zur römischen Werkzeugkunde in Italien und den nördlichen Provinzen des Imperium Romanum. BAR Internat. Ser. 78 (Oxford 1980).

Ders., Römische Werkzeuge. Kl. Schr. Kenntnis röm. Besetzungsgesch. Südwestdeutschland 19 (Stuttgart 1978).

J. F. Gardner, Being a Roman Citizen (London 1993).

J. M. Greber, Die Geschichte des Hobels: von der Steinzeit bis zur Entstehung der Holzfabrikation im 19. Jh. (Hannover 1987; Nachdruck 1956).

W. L. Goodman, The History of Woodworking Tools (London 1964).

P. Herz, Holz und Holzwirtschaft. In: P. Herz/G. Walter (Hrsg.), Landwirtschaft im Imperium Romanum (St. Katharinen 2001).

Instrumenta Inscripta Latina. Das römische Leben im Spiegel der Kleininschriften. Kat. Ausst. Pécs (Pécs 1991).

H. C. Mercer, Ancient Carpenter's Tools (London 1929; Nachdruck 1960).

M. Nenninger, Die Römer und der Wald (Stuttgart 2001).

M. Pietsch, Die römischen Eisenwerkzeuge von Saalburg, Feldberg und Zugmantel. Saalburg-Jahrb. 39, 1983, 5–132.

A. Velter/M.-J. Lamothe, Das Buch vom Werkzeug (Genf 1979).

G. Zimmer, Römische Berufsdarstellungen. Arch. Forsch. 12 (Berlin 1982).

Lange gesammelt – und plötzlich verloren
Der römische Schmiedefund aus Heidenheim a. d. Brenz[1]

BRITTA RABOLD

Das römische Heidenheim, Standort der *ala II Flavia*,[2] blickt auf eine lange Forschungstradition zurück. Zahlreiche kleinere Ausgrabungen, Beobachtungen und Bergungen verwiesen immer wieder auf die überörtliche Bedeutung Heidenheims (des antiken Aquileia?), auch nach der Vorverlegung des Militärs an den äußeren Limes nach Aalen.[3]

Archäologisches Umfeld

Plangrabungen des Landesdenkmalamtes Baden-Württemberg ab 1980 bis in die 1990er Jahre im Vorfeld großflächiger Neubauvorhaben im Heidenheimer Stadtgebiet verdeutlichten schlagartig, welche Infrastruktur für das antike Oberzentrum an der Brenz zu postulieren ist. Besonders die repräsentativen Steingebäude beidseitig der heutigen Friedrichstraße, östlich des Kastells bis hin zum Fluss, legen hiervon beredtes Zeugnis ab (Abb. 1).[4] Sicherlich wurden sie von der öffentlichen Hand getragen und bildeten den Kern eines Verwaltungszentrums im westlichen Raetien.[5] Besondere Bedeutung hatte der 75 m lange und mindestens 50 m breite, streng symmetrisch gestaltete, palastartige Monumentalbau westlich der Friedrichstraße, dessen genaue Nutzung bis heute noch nicht exakt einzugrenzen ist.[6] Es spricht vieles dafür, dass diese Großbauten als funktionale Einheit erst nach dem Abzug der Truppe entstanden.

Das Vicusareal erstreckte sich vor allem südlich und südöstlich des Anfang des 2. Jh. eingerichteten Alenkastells, entlang der heutigen Brenzstraße, deren Verlauf weitgehend der römischen Ausfallstraße zu den benachbarten Kastellplätzen entspricht. Die dort nachgewiesenen Gebäude wurden im fortgeschrittenen 2. und im 3. Jh. weiterhin bewohnt und genutzt. Nach heutigem Kenntnisstand lassen sich verschiedene Handwerksbetriebe dort lokalisieren.[7] Nachgewiesen sind eine Töpferei, eine „Metallgießerei" und die Arbeitsplätze wohl mehrerer Metallhandwerker. Als besonders ergiebig für diese Fragestellung erwies sich ein ca. 2000 m² großes Areal an der Kreuzung Ploucquet-/Brenzstraße. Das Grundstück wurde zuvor größtenteils als Gartenfläche genutzt und sollte Anfang der 1990er Jahre einem großen, tief unterkellerten Wohnblock Platz bieten. Mitten im Kastellvicus gelegen, bot dieses Gelände erstmals die Chance, größere zusammenhängende Befunde in der Heidenheimer Zivilsiedlung zu erforschen.

Auf der gesamten Fläche zeigte sich eine mehrphasige Streifenhausbebauung (Abb. 2; 3).[8] Anfang des 2. Jh. entstanden die ersten Fachwerkgebäude. Die

1 Dem Jubilar als Dank: nicht nur für die Chance, vor nunmehr über zwanzig Jahren als Einstieg in die Landesarchäologie seine Ausgrabungen des hochinteressanten Heidenheimer Großbaus weiterführen zu dürfen, sondern vor allem für die überaus lehrreiche und schöne Zeit in der Stuttgarter Silberburgstraße!

2 J. Heiligmann, Der „Alb-Limes". Ein Beitrag zur römischen Besetzungsgeschichte Südwestdeutschlands. Forsch. u. Ber. Vor- u. Frühgesch. Baden-Württemberg 35 (Stuttgart 1990) 102 ff. – Umfangreiche neue Erkenntnisse zur Innenbebauung, Umwehrung bis hin zu einem Exerzierplatz erbrachten die Ausgrabungen unter der Leitung von M. Scholz. Vgl. Arch. Ausgr. Baden-Württemberg 2004, 129 ff.

3 R. Sölch, Die Topographie des römischen Heidenheim. Forsch. u. Ber. Vor- u. Frühgesch. Baden-Württemberg 76 (Stuttgart 2001) 120–124; ders. in: D. Planck (Hrsg.), Die Römer in Baden-Württemberg (Stuttgart 2005) 116 ff.

4 R. Sölch/B. Rabold, Archäologischer Plan des römischen Heidenheim (Stuttgart 1994).

5 Zusammenfassender Bericht: B. Rabold, Archäologische Ausgrabungen in Heidenheim während der 80er und frühen 90er Jahre – Ein Überblick. Jahrb. Heimat- u. Altertumsver. Heidenheim 1993/94, 44 ff.

6 R. Sölch (Anm. 3) 89 ff. schlägt – wie gleich zu Anfang der Ausgrabungen 1980/81 ohne weitere Kenntnis des erst seit 1987 weitgehend vollständigen Gebäudegrundrisses angedacht – wiederum eine Interpretation als Badeanlage vor, die allerdings vor allem durch die exakte Kenntnis des Grabungsbefundes damals vor Ort weiterhin nicht unterstützt werden kann. – Bei der kleineren, älteren Badeanlage, direkt südlich des Großbaus (sie war mit der Errichtung des „Palastes" nicht mehr nutzbar) handelt es sich wahrscheinlich um das Kastellbad. Das zum Palast gehörende Bad befindet sich östlich der Friedrichstraße, direkt an der Brenz (Ausgrabung 1991/92). Es ist allerdings nicht ausgeschlossen, dass die recht intensiv beheizbaren Räume im Zentrum des Palastes zumindest zeitweise als Badetrakt gedient haben. Genauere Aussagen sind ohne eine detaillierte Befundaufarbeitung nicht möglich.

7 Sölch (Anm. 3) bes. 122 mit Verweisen auf die einzelnen Fundstellen.

8 Rabold (Anm. 5) 62 f.; dies., Arch. Ausgr. Baden-Württemberg 1992, 144 ff.; dies., ebd. 1993, 162 ff.

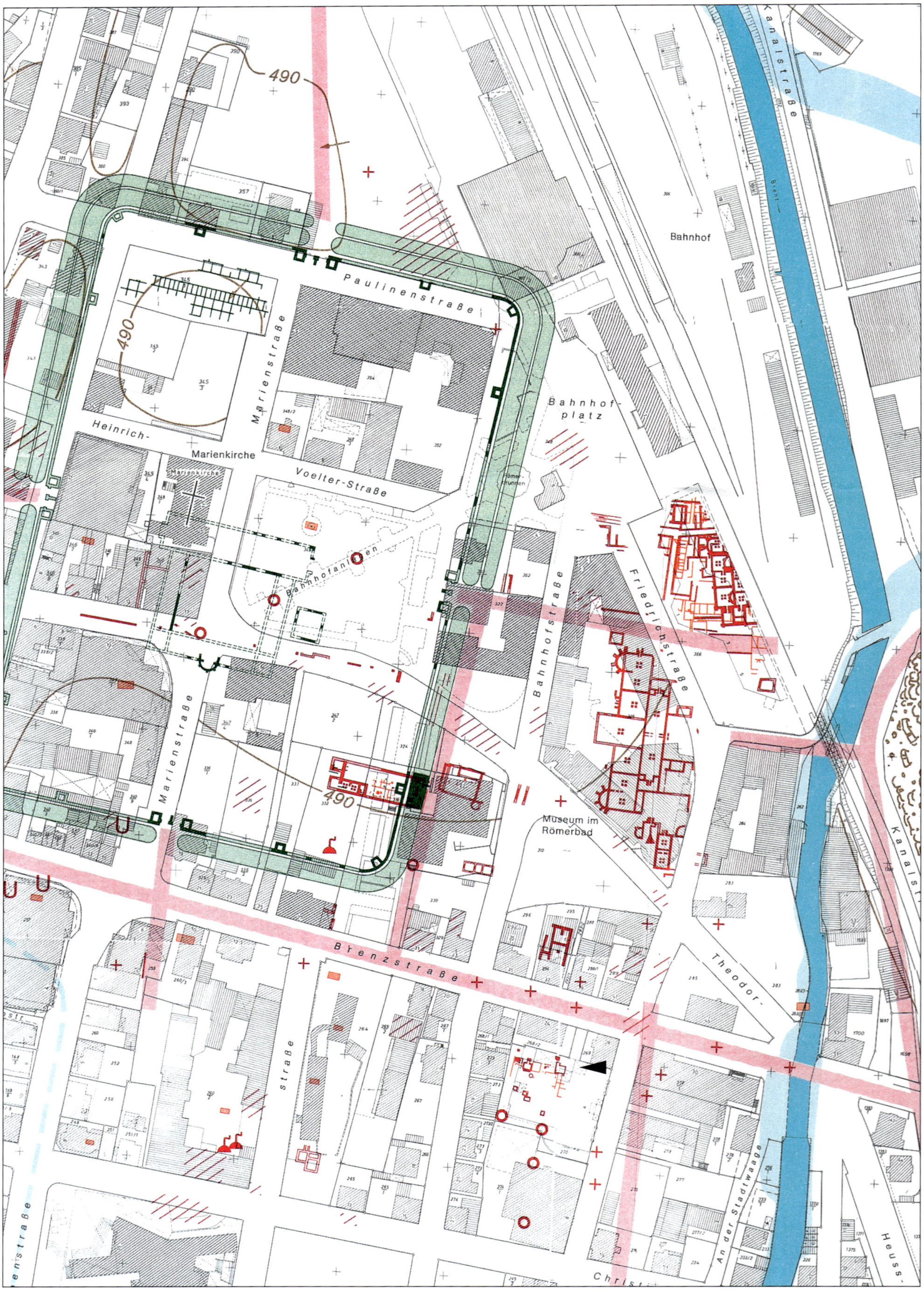

Abb. 1: Ausschnitt aus dem römischen Stadtplan von Heidenheim mit dem Kastell, den östlich gelegenen Großbauten und den wichtigsten südlich anschließenden Befunden des *vicus*. Der Pfeil markiert das Areal Ploucquetstraße 4 (Stand: Dezember 1992).

Abb. 2: Heidenheim, Ploucquetstraße 4. Übersichtsaufnahme der Grabungen 2002/2003.

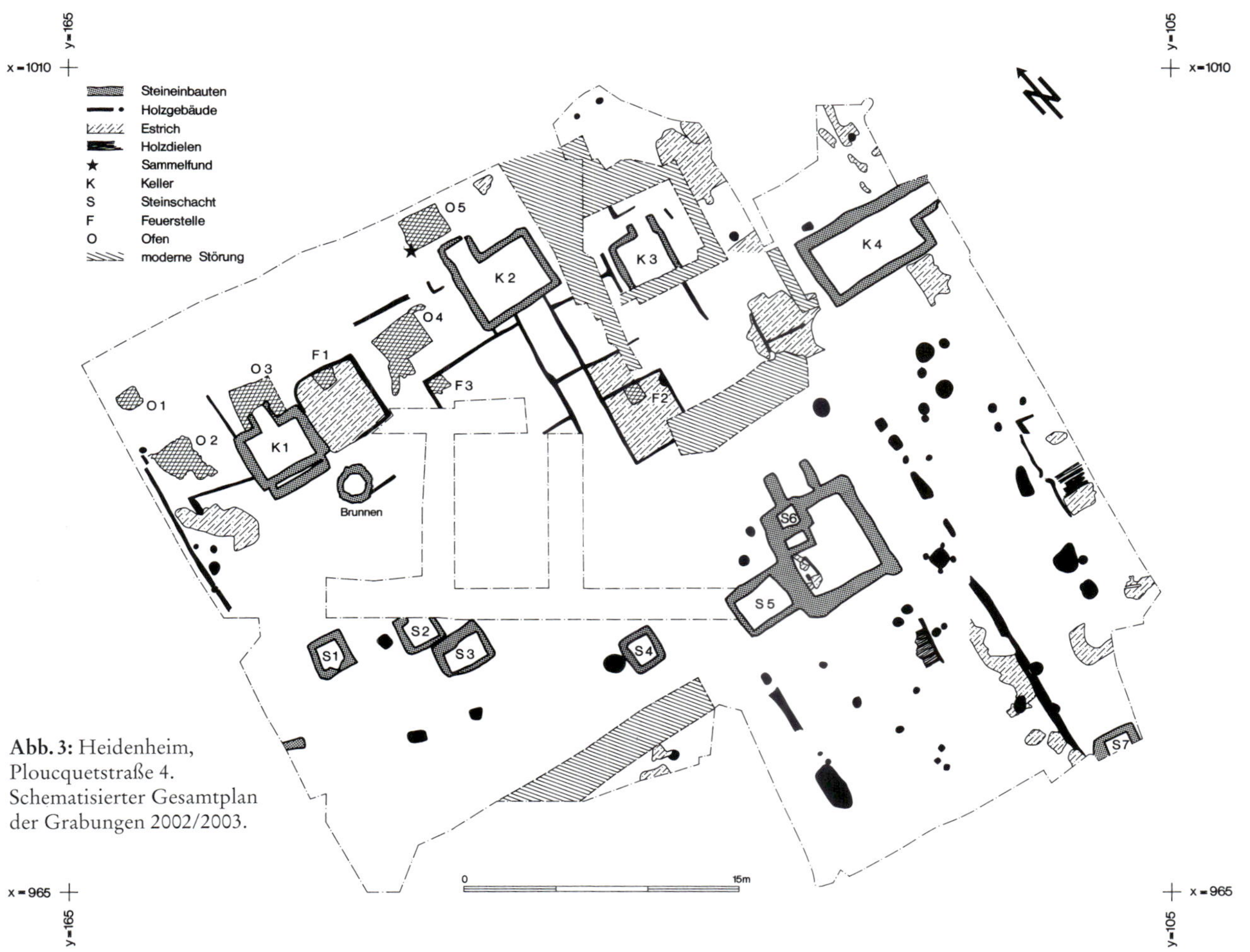

Abb. 3: Heidenheim, Ploucquetstraße 4. Schematisierter Gesamtplan der Grabungen 2002/2003.

Räume waren größtenteils mit festen Kalkmörtelestrichen ausgestattet. An den nördlichen Wänden fanden sich kleine rechteckige Herdstellen. In zwei Fällen bezeugen Reste verkohlter Holzbretter den einstigen Bodenbelag.
Wie stellenweise noch deutlich nachvollziehbar, wurden diese Häuser zugunsten von vier unterschiedlich großen Steinkellern abgerissen. Die dazu gehörenden jüngeren Holzbauten ließen sich im Befund allerdings, zumindest nach einer ersten Durchsicht, nicht mehr nachvollziehen. Genannte Keller wurden teils repariert, einer von Grund auf neu errichtet und zwei von ihnen irgendwann zugesetzt.
In den Hofarealen hinter den Gebäuden fanden sich insgesamt sieben quadratische bis rechteckige, sorgfältig gemauerte Schächte, deren Funktion noch nicht zweifelsfrei feststeht. Höchstwahrscheinlich handelt es sich um Latrinengruben, die in südöstlicher Richtung gegeneinander versetzt eingetieft wurden.
Die Keller 1 bis 3 sind nach Norden ausgerichtet und waren einst auch von dort zugänglich. Es hat den Anschein, dass sie im hinteren Teil der Häuser saßen. Keller 4 ist um 90 Grad Richtung Osten gedreht, das heißt die Front des zugehörigen Hauses liegt an, unter oder auch östlich der heutigen Ploucquetstraße. Dies wiederum verweist auf eine römische Straßenkreuzung, der die moderne Stadtplanung wohl weitgehend folgt.
Am nördlichen Ausläufer der Baugrube lagen fünf unterschiedlich gut erhaltene Öfen (Abb. 3), die mit einer handwerklich-gewerblichen Nutzung in Verbindung gebracht werden. Die meisten waren mit zwei Feuerplatten ausgestattet; Ausbesserungen ließen sich erkennen. Vermutlich wurden die Öfen nicht gleichzeitig genutzt. So war Nr. 3 bereits außer Betrieb, als man Keller 1 erneuerte, oder sogar schon zu dessen Bauzeit. Der vergleichsweise gut erhaltene Ofen 5 (Abb. 4) hingegen entstand erst nach Zusetzung des benachbarten Kellers 2.
Gleich neben der südwestlichen Ecke dieses Ofens lag der umfangreiche, sehr heterogen zusammengesetzte Sammelfund (Abb. 5; 6); offensichtlich ein Relikt der letzten römischen Besiedlungsphase des Quartiers, des gesamten Ortes und wahrscheinlich auch der umliegenden Region.[9]

9 B. Rabold, Ein „Schmiedefund aus der römischen Zivilsiedlung in Heidenheim/Brenz. Denkmalpfl. Baden-Württemberg 23, 1994, 13ff.

Abb. 4: Heidenheim, Ploucquetstraße 4. Doppelkammerofen Nr. 5. Befundaufnahme.

Abb. 5: Zusammenstellung ausgewählter Funde aus dem Sammelfund nach der Restaurierung.

Abb. 6: Repräsentative Auswahl der Heidenheimer Bronzegefäße nach der Restaurierung.

Zusammensetzung des Sammelfundes

Insgesamt hatte der Boden hier vierzehn Gefäße, eine Zierscheibe, einen Lampengriff, Kettenteile und einen Haken, alles aus Bronze, konserviert. Hinzu kommen eiserne Gerätschaften und Werkzeuge, der Boden einer Amphore Dressel 20 und weitere Keramikscherben, ein Rinderkiefer sowie zahlreiche Buntmetallstreifen und dünne Blechreste. Die Gefäße lagen größtenteils eher bunt durcheinander, nur einige waren ineinandergestellt (Abb. 7). Die Werkzeuge hatte man in die Gefäße gesteckt.[10]

Diese Fundumstände erschienen zunächst befremdlich, denn es fehlten jegliche Hinweise auf eine Deponierung oder zumindest das Ansinnen, die doch recht kostbaren Stücke vor einem fremden Zugriff schützen zu wollen. Weder waren sie vergraben, in einem Kessel, hölzernen Kasten oder einer Truhe deponiert, noch schien man die Unterbringung in einem Leinensack oder Lederbeutel für erforderlich zu halten.

Der Befund spricht eindeutig gegen eine Deponierung oder einen Verwahrfund im klassischen Sinn mit der Intention die versteckten, zumeist intakten Wertgegenstände durch wen auch immer zu einem späteren Zeitpunkt wieder zu bergen und weiterzubenutzen oder zu verkaufen. Es hat vielmehr den Anschein, als ob ein Handwerker aufgrund plötzlicher und unvorhergesehener Ereignisse seinen Betrieb aufgeben und den Arbeitsplatz verlassen musste, ohne die Chance, seine kostbaren, wenn auch beschädigten Materialien noch an sich zu nehmen oder an einem sicheren Ort aufzubewahren.[11]

Auffällig waren starke Brand- und Rußspuren an allen Fundgegenständen; einige Behältnisse enthielten verbrannte Hüttenlehmbrocken und Holzkohle. Die Eisenfunde waren fest miteinander verbacken, die reliefierte Schauseite der Zierscheibe teilweise angeschmolzen (Abb. 8).

Bei den meisten Gefäßen lassen sich nur punktuelle antike Beschädigungen beobachten. Ihre Reparatur war seinerzeit daher sicherlich sinnvoll und auch vorgesehen. Andere zeigen jedoch große Fehlstellen, so dass nur noch eine Weiterverwendung des Bronzeblechs in Frage kam oder sogar ein komplettes Einschmelzen.

Alle Gefäße waren über lange Zeit benutzt worden. Darauf verweisen nicht nur Gebrauchs- und Abriebspuren, besonders an den Henkeln oder Ösen,

10 Die langwierige Restaurierung der Bronzefunde, die durch starke Schadstoffeinträge im Boden oftmals nachbehandelt werden mussten, übernahm A. Lerch, um die teils stark korrodierten Eisenfunde kümmerte sich D. Blumer (beide heute LAD Esslingen). Fotos fertigten M. Hoffmann, Rastatt, Y. Mühleis, LAD Esslingen, und K. Natter, seinerzeit LDA Stuttgart, an. Die kunstvollen Zeichnungen stammen aus der Feder von J. Schoenemann, Tübingen. Allen Genannten möchten wir an dieser Stelle für die qualitätvolle Arbeit vielmals danken.

11 Zur Deponierung von vergleichsweise wertlosen Altmetallfunden vgl. B. Rabold, Vicusfunde aus dem Weiherbereich bei Waldmössingen, Kr. Rottweil. Fundber. Baden-Württemberg 9, 1984, 385-434.

Abb. 7: Heidenheim, Ploucquetstraße 4. Sammelfund bei der Freilegung.

sondern auch antike Flickungen unterschiedlicher Technik an den dünnwandigen Körpern aus getriebenem Bronzeblech.

Solche Flickungen lassen sich an Bronzegefäßen generell regelhaft, des öfteren in größerer Anzahl, beobachten.[12] Auch bereits während der Herstellung konnte die hauchdünne Wandung an neuralgischen Stellen brechen, und es wurde eine „Nachbereitung“ erforderlich (Abb. 9).[13]

Abb. 8: Heidenheim. Bronzezierscheibe mit Amordarstellung (Kat.-Nr. 16).

Die massiv gegossenen und oftmals reich verzierten Griffe und Handhaben saßen bei der Auffindung zumeist nicht mehr am Gefäßkörper, ließen sich aber problemlos zuordnen. Bei genauerem Hinsehen zeigte es sich jedoch, dass diese Griffe offensichtlich sekundär verwendet worden waren. Wohl passen sie in den meisten Fällen zum Gefäßtyp, jedoch zeigen Lötspuren oder sogar auch größere Spalte und Lücken, dass hier ursprünglich eine andere Handhabe befestigt gewesen sein muss.[14]

Bei einigen Gefäßen sind die Böden seinerzeit verloren gegangen und nicht mehr im Fundbestand vorhanden. Zwei Gefäße stattete man sekundär mit einem Boden mit Standfüßchen aus, der den Behältnissen wohl eine größere Standfestigkeit verlieh, ursprünglich jedoch entweder in einem völlig anderen Zusam-

12 Für einen Bronzekessel aus Walldürn konnten alleine 21 Flickungen nachgewiesen werden. Vgl. S. Weinrich-Kemkes, Zwei Metalldepots aus dem Vicus von Walldürn. Fundber. Baden-Württemberg 18, 1993, 281 ff.

13 Freundlicher Hinweis von H. Drescher, Hamburg. Ein Beispiel im Heidenheimer Fundmaterial ist der Östlandkessel (Kat.-Nr. 12) mit dem verzahnt eingesetzten Blechstreifen in der Gefäßmitte; eine Technik, die ansonsten eher für den pannonischen Raum charakteristisch ist.

14 Aus diesem Grund wurde auf eine formal-typologische Zuweisung verzichtet.

menhang Verwendung gefunden hatte oder speziell für diese Gefäße in Auftrag gegeben worden war (Kat.-Nr. 6, Abb. 10; Kat.-Nr. 9, Abb. 22).
Kannen, Krüge und die Griffschale gehören zum Tafel-, das Becken zum Auftrags- oder Waschgeschirr.[15] Kessel und Wasserkanne waren eher in der Küche in Gebrauch, während die Eimer wohl multifunktional eingesetzt werden konnten. Das Balsamarium wie auch der reich verzierte, zinnplattierte Krug mit engem Hals und Mündung enthielten höchstwahrscheinlich kostbare Essenzen für die Körperpflege.
Die bronzene Zierscheibe mit Amordarstellung, durchbrochener Randzone und massiven Rechteckösen an der Rückseite (Kat.-Nr. 16) ist wohl am ehesten, zumindest in zweiter Verwendung, mit einem Pferdegeschirr in Verbindung zu bringen. Ursprünglich könnte es sich um einen Möbelbeschlag gehandelt haben. Schließlich gehörte noch der Griff einer Bronzelampe zum Ensemble.
Bei den Eisenfunden handelt es sich um Werkzeuge, die mit der Schmiede selbst in Verbindung stehen könnten, wie die fast vollständige Blechschere, ein Stechzirkel und eine Schöpfkelle, möglicherweise auch der Dorn. Bei der Holzbearbeitung hingegen war der kleine Stechbeitel unverzichtbar.
Einen weniger gewöhnlichen Hintergrund besitzen zwei offensichtlich identische Fußschellen und eine weitere Fußfessel, die allerdings zu einem anderen Typus gehört. Es hat den Anschein, als seien die Fesseln aufgebrochen worden; jedenfalls waren die vergleichsweise empfindlichen Schlösser bereits in römischer Zeit unbrauchbar geworden.

Abb. 9: Heidenheim. Östlandkessel (Kat.-Nr. 12); Detail der Flickung mit Zargenrand.

Abb. 10: Heidenheim. Krug (Kat.-Nr. 6) mit Standfüßen. Seitenansicht.

Katalog

Abkürzungen

Br.	Breite	D.	Dicke
Dm.	Durchmesser	H.	Höhe
L.	Länge		

1. Trifoliarkanne (Abb. 11)

Kupferlegierung.
H. max. 18,5 cm; H. Gefäßkörper 14,5 cm; Dm. max. 12,6 cm; Dm. Boden 7,4 cm.
730 g. Gebrauchsfähig.
Gefäßkörper aus einem Stück gearbeitet; gegossen, stellenweise nachgetrieben.[16] Drehrillen/Zierkerben an der Schulter und am Boden. Hals und Gefäßkörper gegeneinander abgesetzt. Weichlotreste an der Schulter verweisen auf eine kleinere Reparatur. Originalgriff fehlt. Ersatz mit kleinerer Attasche; passt nicht exakt am Hals an.

---

15 H. U. Nuber, Kanne und Griffschale, Ber. RGK 53, 1972, 1–232, bes. 83 ff.

16 Auch zu den Herstellungsverfahren antiker Bronzegefäße u. a. technischen Aspekten erhielten wir wertvolle Hinweise durch H. Drescher, der seinerzeit eigens von Hamburg nach Stuttgart gekommen war, um die Originale zu sichten und zu beurteilen. Ihm möchten wir bei dieser Gelegenheit nochmals herzlich Dank sagen.

Abb. 11: Heidenheim. Trifoliarkanne (Kat.-Nr. 1).

Der massive, aufgeschwungene, kräftig profilierte Griff ist an der Mündung mit einer Löwenkopfprotome verziert und läuft in zwei Füßen mit Rotellenenden am Kannenrand aus. Den unteren Abschluss bildet eine Löwenpranke mit ausgeprägten Krallen auf einer ornamental verzierten Attasche. Drei Löcher zwischen den Zehen verweisen auf farbige Einlagen die allerdings verloren gegangen sind.
Inv.-Nr. 1992-130-162-17

2. Trifoliarkanne (Abb. 12)

Kupferlegierung.
H. max. 16,0 cm; H. Gefäßkörper 13,5 cm; Dm. max. 12,5 cm; Dm. Boden 7,2 cm.
640 g. Gebrauchsfähig.
Gefäßkörper aus einem Stück gearbeitet; gegossen, stellenweise nachgetrieben. Drehrillen/Zierkerben an der Schulter

Abb. 12: Heidenheim. Trifoliarkanne (Kat.-Nr. 2).

und am Boden. Boden durch Risse leicht beschädigt. Hals und Gefäßkörper gehen fließend ineinander über.
Aufgeschwungener Griff ohne jegliche Zier passt nicht exakt an; sekundär angebracht.
Attasche leicht lanzettförmig.
Inv.-Nr. 1992-130-162-10

3. Griffschale (Abb. 13)

Kupferlegierung.
H. ca. 4,5 cm; Dm. ca. 20 cm.
Schale gegossen, am Wandungsknick Hammerspuren.
Stark fragmentiert, besonders der Gefäßboden, so dass die Ausführung der Innenseite nicht mehr rekonstruiert werden kann. Griff und Umbo verloren. Zwei Lötstellen am stabförmig verdickten Rand mit einem Abstand von 6,5 cm als Hinweis auf die Lokalisierung des Griffes?
Flickung aus sehr dünnem Blech (10,5 cm auf 3,5 cm) auf der Wandung mit Pflocknieten von innen befestigt.
Inv.-Nr. 1992-130-162-11

Abb. 13: Heidenheim. Griffschale (Kat.-Nr. 3). Oben: Seitenansicht. Unten: Detail des Bodens und der Wandung mit aufgenieteter Flickung.

4. Steilwandiges Becken (Abb. 14)

Kupferlegierung.
H. 7,0 cm; Dm. Rand 24,5 cm; Dm. am Übergang zum Boden 22,5 cm.
730 g. Gebrauchsfähig.
Verdichteter Guss. Verdickter Rand nicht abgedreht. Gesamtes Gefäß abgerieben. Abdruck einer Reitnagelspitze und schwach ausgeprägte konzentrische Drehspuren am leicht aufgewölbten Boden. Am Wandungsknick drei Risse mit Weichlotspuren als Indiz für eine Reparatur. Originalattaschen mit Ringhenkel verloren. Lötspuren verweisen auf eine dreieckige Attasche. Einfacher Ersatzgriff mit symmetrisch gestalteter Platte und volutenförmigen Enden, eines abgebrochen. Oberfläche der Griffplatte mit Verzinnungsresten. Gegenüberliegende Seite stark korrodiert mit Eisenspuren. Zusammenhang mit der sekundären Nutzung oder der Lagerung.
Inv.-Nr. 1992-130-162-21

5. Krug mit hohem Griff (Abb. 15; 16)

Kupferlegierung.
H. max. 24,5 cm; H. Gefäßkörper 20,5 cm; Dm. Mündung 6,3 cm; Dm. Boden 5,7 cm.
460 g. Gebrauchsfähig.
Gefäßkörper gegossen, nachgeschmiedet und geglättet; kleine Fehlstellen. Dreieckiger profilierter Gefäßrand innen abgedreht. Leicht aufgewölbter Boden aufgeklemmt und angelötet; Beschädigung durch eine Kerbe; mehrere Risse im Boden mit Weichlot abgedichtet.
Zweistabiger Griff mit Attasche in Gestalt einer Dionysosmaske und Daumenstütze original. Das Ende eines Griffarmes auf dem Gefäßrand und die Spitze der Attasche am Gefäßkörper abgebrochen.
Inv.-Nr. 1991-130-162-16

Abb. 14: Heidenheim. Becken (Kat.-Nr. 4).

Abb. 15: Heidenheim. Krug (Kat.-Nr. 5).

6. Krug mit kantigem, reich verziertem Griff (Abb. 10; 17)

Kupferlegierung.
H. 26,0 cm; H. mit Standfüßen 28,5 cm; Dm. Mündung 7,8 cm; Dm. Boden 6,8 cm; Dm. Gefäßkörper max. 11,5 cm.
1450 g. Gebrauchsfähig.
Hoher, langovaler Gefäßkörper mit trichterförmiger Mündung und senkrechtem Rand.
Gegossen; Rand abgedreht und mit Weichlot befestigt. Das Gefäß war offensichtlich lange in Benutzung. Originalgriff (?), Spalt zwischen den Griffarmen und dem Mündungsrand mit Lot abgedichtet. Auch der massiv gegossene Griff war lange in Gebrauch (starke Abriebspuren). Er wurde geglättet und anschließend nachgepunzt. Er ist flächig floral und ornamental verziert und endet in einer ovalen Attasche mit tanzendem Amor im Ausfallschritt nach rechts.
Boden offensichtlich sekundär angesetzt; weist vergleichsweise geringe Benutzungsspuren auf. Das Gefäß stand auf drei angewinkelten Beinen mit vergleichsweise grob gearbeiteten Füßen in Form von stark stilisierten Löwenpranken, ein Bein abgebrochen.
Inv.-Nr. 1992-130-162-8

7. Krug mit enger Mündung (Abb. 18; 19)

Kuperlegierung mit Zinnplattierung.
H. 18,5 cm; Dm. Mündung 2,8 cm; Dm. max. 11 cm.
Boden fehlt; Originalgriff vorhanden, konnte wieder angesetzt werden. Wandung stellenweise stark beschädigt. Erst nach größeren Reparaturen wieder gebrauchsfähig. Kettenteile im Gefäß ursprünglich nicht zugehörig.
Gefäßkörper gegossen und stellenweise nachgetrieben. Mündungsrand scharfkantig und innen nachgeglättet, an der Außenseite Drehspuren erkennbar.
Boden mit Absatz, daran Weichlotreste. Wandung extrem dünn.

Abb. 16: Heidenheim. Krug (Kat.-Nr. 5). Attasche mit Bacchusmaske.

Abb. 17: Heidenheim. Krug (Kat.-Nr. 6). Attasche mit tanzendem Amor.

Geschwungener fünfeckiger Griff mit exakter Facettierung und stark stilisierter blattförmiger Attasche an der Mündung; Attasche am Gefäßkörper verloren.
Nach der Glättung wurde das Gefäß flächig verzinnt, die floralen und ornamentalen Muster in die hauchdünne Folie eingraviert, der Hintergrund schließlich wieder entfernt, so dass sich Ranken, Blattwerk und die übrigen Dekorationselemente silberfarben auf goldenem Hintergrund abhoben.
Nach Untersuchungen durch Prof. Ch. Raub, Schwäbisch Gmünd, ist die Auflage 2 Mikrometer dick und häufig durchbrochen, was mit dem Abrieb infolge einer langen Nutzung in Zusammenhang steht. Sie besteht aus Reinzinn, höchstenfalls gering legiert. Die Applikation der Folie in der vorliegenden, äußerst geringen Schichtdicke erfolgte kaum durch thermische Behandlung, sondern weitaus eher mit natürlichem Kleber (analog dem „Anlegen“ von Blattgold).[17]
Inv. Nr. 1992-130-162-20

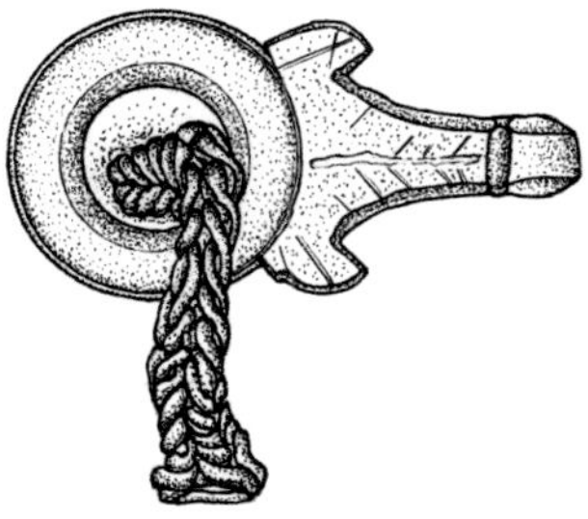

Abb. 18: Heidenheim. Krug (Kat.-Nr. 7) mit Zinnplattierung.

Abb. 19: Heidenheim. Krug (Kat.-Nr. 7). Detail der Wandung mit Blattrankenfries. Deutlich sind die Einritzungen als Hilfslinien zum Anbringen des Dekors erkennbar.

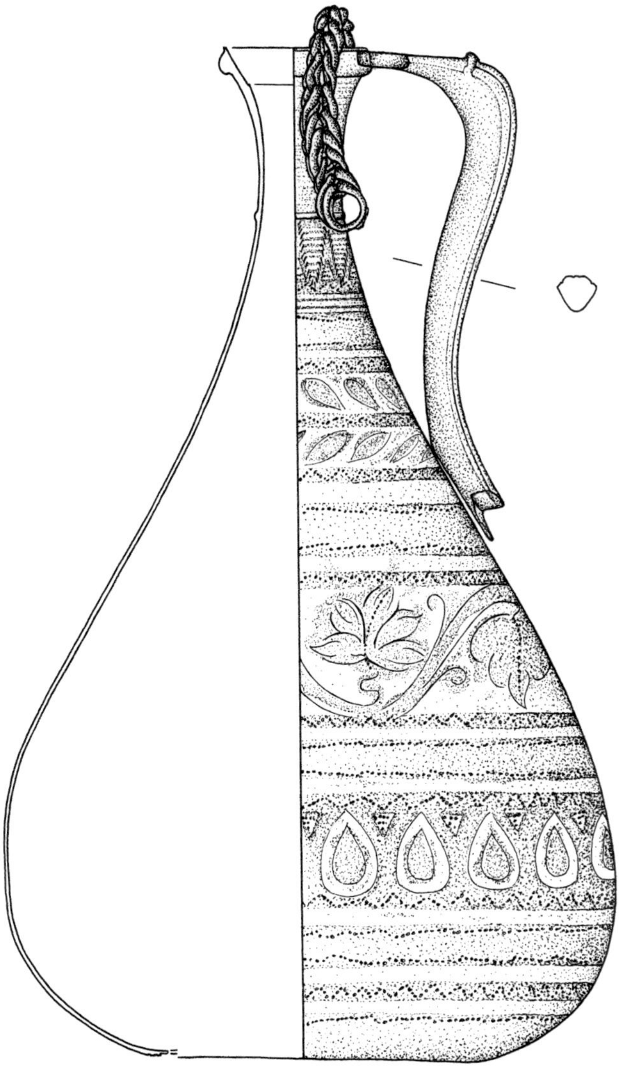

8. Wasserkanne (Abb. 20; 21)

Kupferlegierung.
H. max. 26,5 cm; Dm. Mündung 5,1 cm; Dm. Boden 14,5 cm; Dm. max. 18 cm.
880 g. Nach größeren Reparaturen gebrauchsfähig.
Gefäßkörper einteilig mit ausgearbeitetem Standring. Getrieben mit groben Hammerspuren. Zahlreiche Drehspuren; einige Zierrillen an Hals und Schulter. Griff, Ausguss und Halterung des Scharnierdeckels massiv gegossen. Deckel verloren. Dreifach durchlochte Attasche mit eingekerbtem Blattdekor angenietet ohne Verwendung von Lot. Graffito auf der Wandung am Übergang vom Hals zum Bauch: API (?).
Inv.-Nr. 1992-130-162-6

9. Großer Eimer (Abb. 22; 23)

Kupferlegierung.
H. mit Standfüßen: 29 cm; Dm. Rand 24,5 cm; Dm. Boden 14,5 cm.
1340 g. Sehr stark beschädigt und wohl kaum noch reparabel.
Gefäßkörper vollständig getrieben, nur vereinzelte Hammer-

17 Prof. Raub sei an dieser Stelle nochmals für die spontane Hilfe und die ergebnisreichen Untersuchungen herzlich gedankt.

Abb. 20: Heidenheim. Wasserkanne (Kat.-Nr. 8).

Abb. 21: Heidenheim. Wasserkanne (Kat.-Nr. 8). Detail der Gefäßschulter mit Graffito und Blattattasche.

Abb. 22: Heidenheim. Eimer (Kat.-Nr. 9).

Abb. 23: Heidenheim. Eimer (Kat.-Nr. 9). Attasche.

spuren. Unter dem Rand im Inneren zwei Zierkerben. Es lassen sich schwache Spuren von drei unterschiedlichen Attaschen nachvollziehen. Eine passt zur großen Eimerattasche aus dem Fundbestand. Bei dieser handelt es sich bereits um eine sekundäre Verwendung; das Gegenstück fehlt, ebenso der Eimerhenkel.
Gegossener Boden mit den drei massiven abgewinkelten Standfüßen separat gearbeitet. Hier starke Hammer- und Feilspuren erkennbar. Am Rand Lotreste. Besteht aus zwei Teilen, die miteinander verschweißt wurden. Die Naht wird größtenteils von einer bandförmigen Leiste überdeckt. Wie bei dem Krug Nr. 6 handelt es sich nicht um den ursprünglichen Boden, sondern eher möglicherweise um eine Spezialanfertigung, die beiden Behältern eine bessere Standfestigkeit verleihen sollte.
Attasche: L. 10,5 cm; Br. max. 5,0 cm. Langgestreckte dreieckige Form; im Schnitt fünfeckig. Henkelrast stark abgenutzt. Die dünnwandige Außenhaut ist gegossen, der Kern war mit Blei verfüllt.
Inv.-Nr. 1992-130-162-5

Abb. 24: Heidenheim. Eimer (Kat.-Nr. 10).

10. Kleiner Eimer (Abb. 24)

Kupferlegierung.
H. 16,0 cm; Dm. Rand 14 cm; Dm. Boden 8,7 cm.
340 g. Gebrauchsfähig.
Nicht eindeutig, ob gegossen oder getrieben. Wahrscheinlich gegossen und nachgeschmiedet. Intensiv geglättet (mit Hilfe von Sand). Wandung mit geschwungenem Profil. Im Inneren Hammerspuren erkennbar. Außen im Randbereich und in Bodennähe Zierkerben.
Gefäß vollständig, nur ein kleines Loch im Randbereich. Typ wie Nr. 9. Attaschen und Henkel mit starken Abriebspuren. Boden aufgesetzt, wahrscheinlich hier in erster Verwendung, mit Weichlot befestigt. Standfläche leicht nach außen gewölbt, wahrscheinlich durch den langen Gebrauch mit schwerem Inhalt, so dass der Behälter leicht umzustoßen war. Vielleicht war hier eine ähnliche Konstruktion wir bei Nr. 9 angedacht.
Inv.-Nr. 1992-130-162-2

11. Kleiner Kessel (Abb. 25)

Kupferlegierung.
H. 11,5–12,0 cm; Dm. Rand 14,2 cm; Dm. Boden 9,0 cm; Dm. max. am Wandungsknick 13,6 cm.
350 g. Gebrauchsfähig.
Gegossen und nachgeschmiedet. Vollständig. Außenseite des Randes mit Hammerspuren. Abrieb am Boden verweist auf lange Nutzung. Attaschen vergleichbar mit denen des kleinen Eimers Nr. 10. Auffällig ist die unterschiedliche Größe. Die größere weist stärkere Verschleißspuren auf, während die kleinere weniger benutzt zu sein scheint und folglich als Ersatzteil für den Kessel verwendet worden war. Mehrere Risse mit Lot gekittet. Henkel mit aufwendig gearbeiteten Ösen, die in kleine Voluten auslaufen.
Inv.-Nr. 1992-130-162-9

Abb. 25: Heidenheim. Kessel (Kat.-Nr. 11).

12. Östlandkessel (Abb. 26)

Kupferlegierung.
H. ca. 19 cm; Dm. Rand ca. 30 cm; Dm. Boden ca. 20 cm; Dm. max. ca. 30 cm.
1244 g. Stark beschädigt, verbeult und unvollständig. Sollte wohl eingeschmolzen werden. Eisenring mit Henkelrast und Henkel verloren.
Aus einem Stück gearbeitet, getrieben.
Mehrere Flickungen erkennbar, eine Flickung mit Zargenrand (Abb. 9), Hinweise auf verschiedene Reparaturen mit aufgenietetem Blech; in einem Fall war die Flickung bereits wieder zerstört bzw. der aufgenietete Blechstreifen nicht mehr vorhanden.
Inv.-Nr. 1992-130-162-13

Abb. 26: Heidenheim. Östlandkessel (Kat.-Nr. 12).

Abb. 27: Heidenheim. Zylindrischer Kessel (Kat.-Nr. 13).

13. Zylindrischer Kessel (Abb. 27)

Kupferlegierung.
H. noch 17,5 cm; Dm. Rand 21,5 cm.
860 g. Boden verloren, ebenso der eiserne Henkel mit ringförmiger Befestigungsvorrichtung und Henkelösen. Zylindrische Wandung noch intakt. Reparatur vielleicht in diesem Fall noch vorgesehen.
Keine Hinweise auf Lot in Bodennähe, d.h. das Gefäß war vermutlich aus einem Stück gearbeitet. Innen und außen zahlreiche Hammerspuren. Ankorrodierte Eisenreste am Rand und Druckspuren stehen in engem Zusammenhang mit der verloren gegangenen Aufhängevorrichtung.
Inv.-Nr. 1992-130-162-14

14. Balsamarium (Abb. 28; 29)

Kupferlegierung.
H. 7,9 cm; Dm. Mündung 3,7 cm; Dm. max. 7,7 cm; Dm. Boden 4,4 cm.
190 g. Großer Riss an der Gefäßunterseite. Kleinere Fehlstellen mit Weichlot abgedichtet. Gebrauchsfähig. Besteht aus zwei Teilen.
Kugeliger Gefäßkörper gegossen. Oberteil eingefalzt. Boden abgedreht und kräftig profiliert.
Ursprünglicher beweglicher Henkel durch kleine angelötete Griffe in Ösenform mit schlichten lanzettförmigen Attaschen ersetzt(?).
Sorgsam gearbeitete Kettenteile mit ringförmigen Drahtösen lagen neben dem Gefäß. Sie gehören wahrscheinlich dazu und könnten als Aufhängevorrichtung (Abb. 29) gedient haben. In diese Richtung verweist auch ein zierlicher Haken aus Bronzedraht, der bei der Kette lag. Die doppelt ineinander verschlungenen, stabilen achtförmigen Kettenglieder sind aus in der Mitte gespaltenen Blechstreifen hergestellt worden.
Den Deckel kennzeichnet eine Drehkonstruktion aus zwei runden Platten mit lunulaförmiger Öffnung, verbunden durch einen mittigen Stift mit Kugelkopfende. Die beiden flankierenden Knöpfe dienten als Handhabe zum Verschließen der Öffnung. Der Mechanismus funktioniert heute nicht mehr.
Inv.-Nr. 1992-130-162-3

15. Griff einer Bronzelampe (Abb. 30)

Kupferlegierung.
H. 4,5 cm; Br. des Bügels 1,0–1,8 cm; L. der Griffarme noch 5,0 cm.
10 g. Gegossen. An den Kanten bestoßen, ansonsten vollständig. Stark abgegriffen.
Verzierungen auf dem stark gebogenen Griff eingekerbt und stark stilisiert. Offensichtlich ist der Unterleib eines schuppigen Meerwesens mit Schwanzflosse gemeint. Am oberen Abschluss, über dem maskenhaften Kopf, sitzt die gleichfalls stark abgenutzte Daumenrast. Die leicht gerundeten Arme sind ebenfalls verziert und enden in Gestalt eines Tierkopfes mit Schnauze (Delphin?).
Ohne Inv.-Nr.

16. Zierscheibe (Abb. 8; 31)

Kupferlegierung.
Dm. 10,1 cm; D. 4–8 mm.
160 g. Oberfläche mit flächigen Spuren starker Hitzeeinwirkung, die z.T. sogar Blasen aufgeworfen hat. Die Reliefzier

Abb. 28: Heidenheim. Balsamarium (Kat.-Nr. 14).

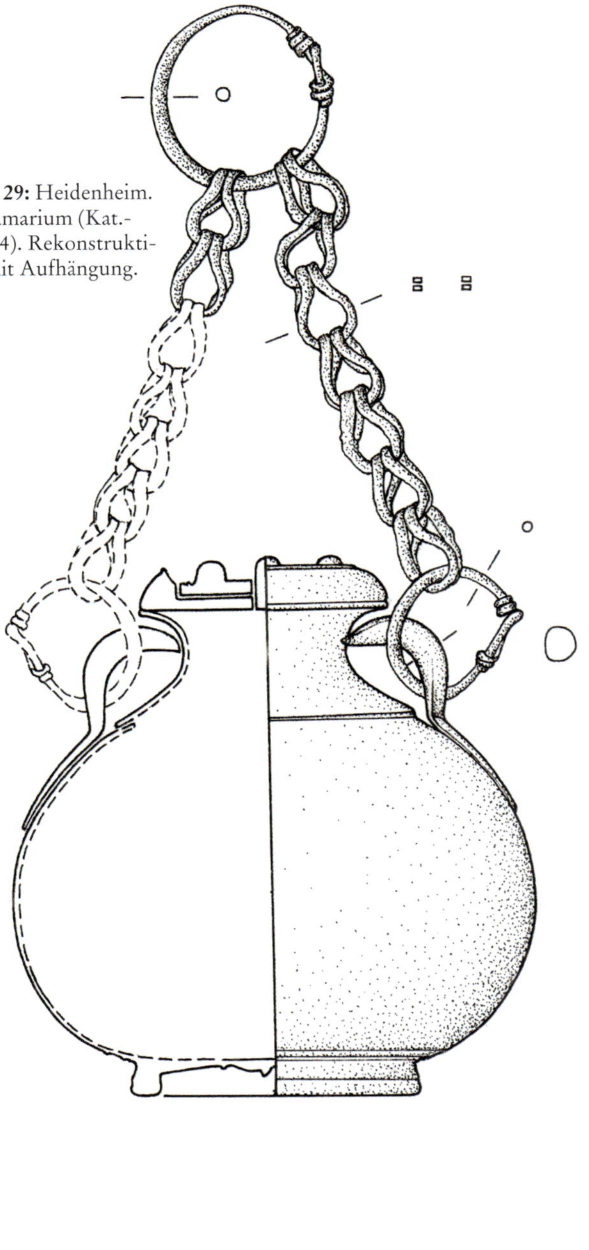

Abb. 29: Heidenheim. Balsamarium (Kat.-Nr. 14). Rekonstruktion mit Aufhängung.

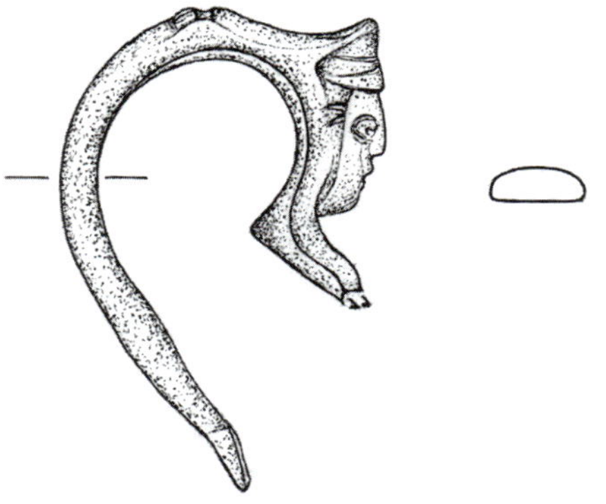

Abb. 30: Heidenheim. Griff einer Bronzelampe (Kat.-Nr. 15).

Abb. 31: Heidenheim. Zierscheibe (Kat.-Nr. 16). Rückseite mit Befestigungsösen. Vorderseite s. Abb. 8.

ließ sich nur unter großen Schwierigkeiten in der Restaurierungswerkstatt wieder herausarbeiten.
Guss nach Wachsmodel; Riefen verweisen auf eine Überarbeitung auf der Drehbank.
Zwei massive, leicht gegeneinander versetzte und unterschiedlich große Rechtecksösen auf der Rückseite mit lichtem Abstand von 7,5 cm (Abb. 31).
Mittelmedaillon mit figürlicher Darstellung (Dm. 5,8 cm), eingebettet in zwei konzentrische Bänder, die innere Zone durchbrochen. Dargestellt ist ein Amor mit Handgirlande in der Rechten; darüber schemenhaft ein Flügel erkennbar. Über den erhobenen linken Arm ist ein kleiner Mantel geschlungen. Genannte Befestigungsösen auf der Rückseite befinden sich in Höhe der linken Kopfhälfte und des rechten Fußes des Amor, und es stellt sich die Frage, ob sie zur ursprünglichen Funktion der Scheibe gehören, da die Darstellung schräg ausgerichtet gewesen wäre. Aufgrund der Ösen und dem in der Antike sicherlich nicht unerheblichen Gewicht scheint, zumindest in der zweiten Nutzung, eine Anbringung am Pferdegeschirr sinnvoll. Ursprünglich könnte der Beschlag an einem Möbelstück gesessen haben.
Ohne Inv.-Nr.

17. Blechschere (Abb. 32,1)

Eisen.
L. ca. 34 cm.
Steckte in Kessel Nr. 13. Nahezu vollständig. Die Schenkel waren nicht mehr miteinander verbunden. Niet noch fragmentarisch vorhanden.
Vollständig erhaltener Schenkel mit geschwungenem, hakenförmigem Fortsatz und pilzkopfförmigem Endknopf. Trotz verlorenem Abschluss des zweiten Schenkels lässt sich eine Verbreiterung zum Ende hin mit muldenartiger Eintiefung innen erkennen. Beide Enden waren funktional einsetzbar; der Haken zumindest diente vermutlich zum Aufhängen des Werkzeuges.
Ohne Inv.-Nr.

Abb. 32: Heidenheim. Werkzeug und Gerät aus Eisen. 1 Blechschere (Kat.-Nr. 17); 2 Meißel (Kat.-Nr. 18); 3 Zirkel (Kat.-Nr. 19); 4 Dorn (Kat.-Nr. 20); 5 Schöpfer (Kat.-Nr. 21).

18. Meißel (Abb. 32,2)

Eisen.
L. 16,7 cm. Teile der Schneide abgebrochen, ansonsten vollständig. Diente der Holzbearbeitung.
Ohne Inv.-Nr.

19. Zirkel (Abb. 32,3)

Eisen.
L. 18,5 cm; Breite des Gelenks 4,4 cm. Vollständig. Multifunktional. Gehörte auch in die Werkstatt eines Schmiedes.
Ohne Inv.-Nr.

20. Rechteckdorn (Abb. 32,4)

Eisen.
L. noch 15,2 cm; Spitze des Griffdornes abgebrochen. Wurde wohl auch vorwiegend zur Metallverarbeitung eingesetzt.
Ohne Inv.-Nr.

21. Schöpfer (Abb. 32,5)

Eisen.
L. noch ca. 14 cm; Dm. Kelle 9,5 cm; Tiefe max. 3,3 cm.
Stiel abgebrochen. Wurde zur Metallverarbeitung eingesetzt.
Ohne Inv.-Nr.

22. Barren (?) (ohne Abb.)

Eisen.
L. noch max. 13 cm; Br. max. 8 cm; D. 2,6 cm.
Beide Enden abgebrochen. Massiv. Oberfläche rissig, z. T. abgeplatzt infolge starker Hitzeeinwirkung.
Ohne Inv.-Nr.

23. Fußfessel (Abb. 33)

Eisen.
L. im geschlossenen Zustand max. 30,5 cm.
Schloss aufgebrochen, ansonsten vollständig. Alle Scharniere nach einer zweiten umfassenden Restaurierung mit Ergänzungen wieder beweglich.
Besonders die Eisenfunde und ganz speziell die Fesseln waren bei ihrer Auffindung in einem äußerst schlechten Zustand, was wohl nicht unmaßgeblich mit intensiven Schadstoffeinträgen im Heidenheimer Stadtgebiet zusammenhängt. Das Schlossgehäuse aus dickwandigem Blech wurde ursprünglich durch vier stabile Niete mit halbrundem Kopf zusammengehalten. An einer Schmalseite befindet sich das schmalrechteckige Schlüsselloch, wo die Schlempen an den beiden Schellenbügeln verriegelt wurden. Die stabförmigen, massiven Bügel verbreitern sich im Inneren zu halbrund gebogenen Manschetten aus stabilem Eisenblech. Innendurchmesser im geschlossenen Zustand etwa 11 cm rechts und ca. 10 cm links. Abstand zwischen den Ösen 6 cm bzw. 6,5 cm.
Inv.-Nr. 1992-130-168-2

24. Fessel (ohne Abb.)

Eisen.
Wie 23, allerdings stark fragmentiert. Beide Bügel sowie die Schlossschlempen fehlen. Maße des Schlossgehäuses ca. 10 cm × 7,5 cm. Diverse Flickungen durch Blechstreifen erkennbar. Offensichtlich war diese Schelle intensiv genutzt worden, da die Ösen für die Bügel abgerieben waren, die nur noch dünnen Stege jederzeit brechen konnten und die Fessel nicht mehr ihren Zweck erfüllt hätte. Hier war keine Reparatur mehr sinnvoll.
Ohne Inv.-Nr.

Abb. 33: Heidenheim. Fessel (Kat.-Nr. 23).

25. Fußfessel (Abb. 34)

Eisen.
L. 44 cm. Bis auf kleinere Beschädigungen vollständig.
Bügel wie 23, allerdings etwas kleiner. Dm. innen knapp 10 cm. Abstand zwischen den Ösen 6 cm bzw. sogar nur 4 cm (möglicherweise sind dies jedoch aus den unter Nr. 23 be-

Abb. 34: Heidenheim. Fessel (Kat.-Nr. 25).

schriebenen Gründen nicht mehr die originalen Größenverhältnisse).
Konstruktion nicht symmetrisch wie bei Schelle 23. Die Konstruktion einer Seite mit rundstabigen Kettengliedern in großen Ösen garantiert eine gewisse Bewegungsfreiheit in alle Richtungen, während die Gegenseite mit den beiden halbrund gebogenen Kettengliedern an einem massiven Bolzen mit verdicktem scheibenförmigem Kopf nur eine seitwärtige Drehung erlauben. Hier wie auch gegenüberliegend zeigten sich nach der ersten Freilegung sehr starke Gebrauchsspuren. Das quaderförmige Schlossgehäuse ist mit einem quadratischen Schlüsselloch ausgestattet, von wo aus der benachbarte Bolzen gelockert werden konnte. Wie und ob überhaupt der gegenüberliegende Schellenbügel zu verschließen oder zu entriegeln war, lässt sich im heutigen Zustand des Fundstücks kaum noch ermitteln. Neuzeitliche Parallelen sprechen gegen eine Verschließvorrichtung an diesem Teil der Fessel.[18]
Inv.-Nr. 1992-130-168-1

Typologische und chronologische Einordnung

Zahlreiche Gefäße des Heidenheimer Schmiedefundes (z.B. Abb. 11, 12, 28, 29) lassen sich mit Behältnissen aus den Verwahrfunden von Rainau-Buch vergleichen (Abb. 35).[19] Besonders der Komplex aus Brunnen 7 mit Kleeblattkanne und Balsamarium bietet sich hier an.[20] Das Salbgefäß aus Buch mit den markanten fünfstrahligen Blattattaschen und dem qualitätvoll gearbeiteten, mehrfach facettierten Henkel vermittelt möglicherweise, wie das Heidenheimer Salbgefäß ursprünglich ausgesehen haben könnte. Allerdings scheint auch die weitaus schlichtere Ausführung mit den ösenförmigen Griffen anderenorts bekannt gewesen zu sein.[21] Auffällig ist der identische, aufwendige Drehverschluss beider Gefäße sowie ihre gedrungene kugelbauchige Form.
Wie die Brunnenfunde aus Rainau-Buch überliefert auch das Heidenheimer Ensemble die Nutzung oder zumindest noch das Vorhandensein von Griffschalen (Abb. 13) um die Mitte des 3. Jh.[22]
Der Gefäßkörper des Beckens Kat.-Nr. 4 (Abb. 14) ist gut vergleichbar mit demjenigen aus einem kleinen Depot in Rainau-Buch, das neben einem Keller vergraben war.[23] Die Gestaltung des Griffes am Heidenheimer Becken ist absolut unüblich, erinnert eher an die Handhabe eines Tabletts und spricht somit für eine Verwendung als Serviergeschirr.
Der Östlandkessel (Kat.-Nr. 12, Abb. 26) und der Kessel mit zylindrischer Wandung (Kat.-Nr. 13, Abb. 27) finden wiederum ihre Entsprechungen im Ensemble aus dem Brunnen Nr. 7, Rainau-Buch.[24]
Ohne Ausnahme sind alle angeführten Vergleichsbeispiele besser erhalten, zum Teil vermutlich auch noch in ihrer ursprünglichen Form und Ausstattung. Der Krug mit hohem Griff (Kat.-Nr. 5, Abb. 15; 16) ist gut vergleichbar mit einem Gefäß aus Rottweil.[25] Ein Krug in Heddernheim ist wohl mit einem weniger aufwendig gestalteten Griff ausgestattet; dieser endet allerdings in einer Maskenattasche wie die Handhabe des Heidenheimer Gefäßes.[26]
Abgesehen von dem massiven Griff findet sich für den Krug Kat.-Nr. 6 (Abb. 10) eine treffende Parallele im Weißenburger Tempelschatz.[27] Der tanzende Amor auf der Attasche einer Trifoliarkanne aus Herstal erinnert an die Darstellung aus Heidenheim (Abb. 17).[28]

---

18 Gerhard Längerer, Renningen stellte napoleonische Fesseln als Vergleichsobjekte zur Verfügung. Für seine Hilfe und sachdienliche Hinweise möchten wir uns bedanken.

19 Ausführliche Bearbeitung durch B. A. Greiner im Rahmen seiner zum Zeitpunkt der Manuskripterstellung noch unveröffentlichten Dissertation (Stuttgart, im Druck). Katalog und Abbildungen der Gefäße wurden vom Verf. zur Einsicht überlassen, wofür wir uns vielmals bedanken (im Folgenden zitiert als Greiner, Kastellvicus). Literaturverweise und Abbildungen der Bucher Sammelfunde: M. Kemkes/J. Scheuerbrandt/N. Willburger, Am Rande des Imperiums. Der Limes. Grenze Roms zu den Barbaren. Württ. Landesmus. Stuttgart Führer u. Bestandskat. 7 (Stuttgart 2002) 251 ff.; B. A. Greiner, Kohortenkastell, Bad und Kastellvicus bei Buch. In: D. Planck (Hrsg.), Die Römer in Baden-Württemberg (Stuttgart 2005) 260 ff.

20 Greiner, Kastellvicus (Anm. 19) [851] 68 (Kleeblattkanne als Vergleich für Kat.-Nr. 1). Form und Dekor der Griffe sind nahezu identisch. Vgl. auch Nuber (Anm. 15) 50 Abb. 7. Allerdings sei daran erinnert, dass fast alle Heidenheimer Gefäße mit sekundär verwendeten Griffen ausgestattet sind. Vergleiche für die überaus schlichte Ausführung des Ersatzgriffes von Kat.-Nr. 2 sind bisher nicht bekannt geworden. Greiner, Kastellvicus [851] 67 (Aryballos als Vergleich für Kat.-Nr. 14).

21 Die vergleichsweise einfache Gestaltung der Griffe von Kat.-Nr. 14 ist häufiger bei Salbgefäßen aus Glas zu beobachten. Anschauliche Beispiele aus dem Gräberfeld von Stettfeld sind im römischen Museum am Ort ausgestellt; bisher noch unpubl.; Abb. einiger Exemplare in: Arch. Landesmus. Baden-Württemberg (Hrsg.), Imperium Romanum. Roms Provinzen an Neckar, Rhein und Donau. Ausstellungskat. Stuttgart 2005 (Stuttgart 2005) 361 Abb. 482; zu einem Balsamarium aus Bronze mit ösenförmigen Griffen im Museum Lyon vgl. S. Boucher/S. Tassinari, Bronzes antiques. Musée de la civilisation gallo-romaine à Lyon 1 (Lyon 1976) Nr. 196. – Ähnl. auch ein Balsamarium aus Rottenburg. Imperium Romanum a. a. O. 362 Abb. 483.

22 Greiner, Kastellvicus (Anm. 19) [851] Nr. 71 und [741] 1. Auch bei Nr. 71 aus Brunnen 7 ist der Umbo verloren. Die Heidenheimer Schale lässt sich aufgrund des fragmentarischen Erhaltungszustandes kaum noch näher zuordnen. Gefäßform und Randbildung von Kat.-Nr. 3 ähnl. Nuber (Anm. 15) 55 Abb. 8.

23 Greiner, Kastellvicus (Anm. 19) [741] 2. Attaschen sind hier verloren.

24 Greiner, Kastellvicus (Anm. 19) [851] 81.82. vgl. auch Brunnen 13 [645] 114.115.

25 Ch. Flügel, Römische Bronzegefäße aus Arae Flaviae – Rottweil. Fundber. Baden-Württemberg 19/1, 1994, 209 ff. mit weiteren Vergleichsbeispielen.

26 M. Kohlert-Németh, Römische Bronzen aus Nida-Heddernheim. Auswahlkatalog. Mus. Vor- u. Frühgesch. – Arch. Mus., Arch. Reihe (Frankfurt 1990) 62 Nr. 34. Speziell bei den Dreifüßen erfreuten sich Aufsätze in Gestalt von Dionysosbüsten größter Beliebtheit.

27 H.-J. Kellner/G. Zahlhaas, der römische Tempelschatz von Weißenburg i. Bay. (Mainz 1993) 102 f. Nr. 50 Taf. 91; 92.

28 G. Faider-Feytmans, Les bronzes romains de Belgique (Mainz 1979) 178 Taf. 143.

Abb. 35: Rainau-Buch, Messing- und Bronzegeschirr aus einem Brunnen im Kastellvicus. Trifoliarkanne, Griffschale, Becken, Balsamarium und Kessel als Vergleich zu den Heidenheimer Gefäßen.

Ein Kat.-Nr. 7 (Abb. 18) ähnlicher birnenförmiger Krug mit sehr enger Mündung befindet sich in Lyon.[29] Ein weiteres Gefäß mit schlankem Hals und ausladendem Körper im unteren Viertel und vor allem sehr gut vergleichbarem und vollständig erhaltenem Griff gehört zum Weißenburger Tempelschatz.[30] Gefäße dieser Form und Ausführung sind generell selten, noch seltener oder möglicherweise auch singulär ist die flächige Zinnplattierung mit ein-

29 S. Boucher/S. Tassinari (Anm. 21) Nr. 186. Griff fehlt. Datierung in das 2./3. Jh.

30 Kellner/Zahlhaas (Anm. 27) 100 ff. Nr. 49 mit weiteren Parallelen. Eine Besonderheit dieses Vergleichsbeispiels ist der innen verzierte Boden. Der Boden von Nr. 7 ist nicht mehr vorhanden.

gekerbtem Dekor (Abb. 19).[31] R. Stupperich hat sich mit figürlich verzierten Metallarbeiten des 3. Jh. mit Weißmetallauflage auseinandergesetzt. Folgt man den Datierungsansätzen, gehört Nr. 7 zu den jüngsten Gefäßen aus dem Heidenheimer Sammelfund.[32]
Die Wasserkannen entsprechend Kat.-Nr. 8 (Abb. 20; 21) sind überaus weit verbreitet und in der Literatur ausführlich behandelt worden.[33] Gefäßform und Griffgestaltung kommen identisch oder zumindest sehr ähnlich bei pannonischen Behältnissen vor.[34]
Die beiden Eimer und der kleine Kessel (Kat.-Nr. 9–11, Abb. 22–25) sind einander rein formal und in ihrer Ausführung – hier sind vor allem die Attaschen gemeint – sehr ähnlich. Vermutlich waren sie gemeinsam in einem Haushalt in Gebrauch.
Parallelen finden sich in Altlußheim, Welzheim und gleich mehrfach in Weißenburg,[35] kommen jedoch auch in weiterer Entfernung in den nordwestlichen Provinzen des Öfteren vor. Aus Weißenburg ist vor allem der kleinere Eimer mit den dreieckigen Attaschen heranzuziehen.
Kat.-Nr. 10 aus Heidenheim ist außergewöhnlich klein, ebenso verhält es sich mit dem Kessel (Kat.-Nr. 11). Diese beiden sehr qualitätvoll und mit einer gewissen Liebe zum Detail gearbeiteten Behälter zählten wohl kaum zum Küchengeschirr, sondern kamen wohl eher bei Tisch zum Einsatz.
Ein Lampengriff ähnlich Kat.-Nr. 15 (Abb. 30) wurde im Welzheimer Kastellvicus, südlich des Westkastells gefunden.[36]
Mit Kat.-Nr. 16 (Abb. 8; 31) direkt vergleichbare Zierscheiben fehlen derzeit. Leider sind bei ähnlichen Stücken grundlegende Details wie die Rückseitengestaltung oder das Gewicht nicht zu ermitteln. Größe und bacchantische Darstellung stimmen mit einem Stück aus Székesfehérvár überein, das allerdings mit einem Klappspiegel in Zusammenhang gebracht wird.[37] Eine größere Scheibe mit filigranen Raubtierdarstellungen und bandförmigem Rand, umsäumt von dünnen Perlstäben, aus Liberchies wird als Wagenteil angesprochen.[38] Einen reich verzierten Beschlag mit bacchantischer Darstellung im Mittelfeld in der Archäologischen Staatssammlung München bringt man mit einem Holzkästchen in Verbindung.[39]
Die Eisenteile sind im Heidenheimer Sammelfund vergleichsweise unterrepräsentiert. Einige Werkzeuge waren noch einsatzfähig, im Gegensatz zu den Fesseln, die sicherlich recycelt werden sollten.[40]
Wie aus den bereits geschilderten Fundumständen und der Fundzusammensetzung ersichtlich, handelt es sich bei dem Heidenheimer Ensemble keineswegs um das Inventar eines bestimmten Haushaltes,[41] sondern um eine bunte Mischung aus Gefäßen und Gerätschaften, die teilweise über fast zwei Jahrhunderte, in welchen Zusammenhängen auch immer, genutzt worden sind.
Sicherlich ist noch nicht das letzte Wort zu den Gefäßen gesprochen; besonders der zinnplattierte Krug verdient größte Beachtung im Kollegenkreis.
Andererseits erhellt das Ensemble den Alltag, die Arbeitsbedingungen und in gewisser Hinsicht auch das Schicksal eines Buntmetallschmiedes oder Kesselflickers in den Krisenzeiten des 3. Jh.

Bildnachweis

Archäologisches Landesmuseum Baden-Württemberg, Fotos M. Hoffmann, Rastatt: 11, 12, 13 o., 14, 15, 22, 25, 27, 28, 33, 34
Regierungspräsidium Stuttgart, Ref. 26 Archäologische Denkmalpflege bzw. Landesamt für Denkmalpflege, Esslingen: 1–4, 7–9, 35; Y. Mühleis: 5, 6, 10, 13 u., 16, 17, 19, 20, 21, 23, 24, 26, 30 o., 31, 32
J. Schoenemann, Tübingen: 18, 29, 30 u.

---

31 Eine in etwa vergleichbare mehrzonige Verzierung in Zinnauflage trägt eine Situla in der Fleischman Collection, die im J. P. Getty-Museum in Malibu/Kalifornien ausgestellt ist. MINERVA. The international review of ancient art and archaeology 5/5 Sept./Okt. 1994, 55 Abb. 22 (freundl. Mitteilung N. Franken).

32 R. Stupperich, Die Göldenitz-Gruppe. Figürlich verzierte Metallarbeiten des 3. Jhs. n. Chr. mit Weißmetallauflage. In: Modus in rebus. Gedenkschr. W. Schindler (Berlin 1995) 144 ff.

33 Vgl. M. G. M. Meyer, Ein römerzeitliches Gräberfeld bei Mochenwangen. Fundber. Baden-Württemberg 27, 2003, 392 ff.

34 Zum Beispiel A. Radnóti, Die römischen Bronzegefäße von Pannonien. Diss. Pannonicae II 6 (Budapest 1938) Taf. 51,4.5.

35 Altlußheim: Beim Kiesbaggern für den Autobahnbau 1972 zusammen mit römischer Keramik geborgen. Drei Füße aus gefaltetem Bronzeblech waren nachträglich angelötet worden. A. Dauber (A. Gaubatz), Fundber. Baden-Württemberg 15, 1990, 609 f. Farbabb. in: Imperium Romanum (Anm. 21) 266 Abb. 331 – Dat. 1./2. Jh. n. Chr. – Welzheim: 2005 zusammen mit wenigen eisernen Gerätschaften „im Schutt der Principiahalle eingegraben […] nicht vor Mitte des 3. Jh. angelegt" (freundl. Hinweis K. Kortüm). Vgl. auch R. Krause/A. Gram, Arch. Ausgr. Baden-Württemberg 2005, 129 ff. mit Abb. 121 (Befundfoto bei der Auffindung). – Weißenburg: Kellner/Zahlhaas (Anm. 27) 107 ff. Nr. 54; 55 Taf. 96; 97.

36 Freundl. Mitteilung R. Krause. Leider ist derzeit keine exaktere Einordnung möglich.

37 Z. Bánki, La collection du musée Roi Saint Etienne (Székesfehérvár 1972) 38 Nr. 25.

38 Faider-Feytmans (Anm. 28) Taf. 116 Nr. 304.

39 H.-J. Kellner, Die Römer in Bayern[3] (München 1976) Abb. 71.

40 Fesseln dieses Typs sind häufig überliefert. Zusammenfassend: E. Künzl, Schlösser und Fesseln, in: Die Alamannenbeute aus dem Rhein bei Neupotz 1. Monogr. RGZM 34 (Bonn 1993) 365 ff.

41 Greiner, Kastellvicus (Anm. 19) 75.

Die spätantike Besiedlung der östlichen Schwäbischen Alb

MARKUS SCHOLZ

Während der letzten Jahre haben teilweise umfangreiche Ausgrabungen vor allem in Heidenheim und Aalen, aber auch an anderen Orten der Ostalb neue Erkenntnisse sowohl über das Ende der limeszeitlichen römischen Besiedlung als auch über die nachrömische Besiedlung durch die frühen Alamannen erbracht. Dieser Beitrag soll einen Überblick über den derzeitigen Forschungsstand geben. Die wichtigsten Ergebnisse der verschiedenen Siedlungsgrabungen werden referiert und in einer abschließenden Synthese zusammengeführt.[1] Dies geschah unter Betrachtung eines deutlich größeren Arbeitsgebietes zuletzt durch Dieter Planck (1990).

Das Ende des westraetischen Limes

Während des zweiten Drittels des 3. Jh. wurde die raetische Außengrenze durch wiederholte Truppenabzüge an auswärtige Kriegsschauplätze nachhaltig geschwächt und mit ihr die auf der Militärversorgung basierende Wirtschaft des Limesgebietes.[2] Germanische Überfälle, die einerseits durch die Blößen in der Grenzverteidigung, andererseits vielleicht durch eine Abkühlung der römisch-germanischen Beziehungen unter den Severern (Ausbau des Limes, Feldzug des Caracalla 213 n. Chr.) stimuliert sein mochten, führten zu Schäden und Bevölkerungsverlust. Mit feindlichen Übergriffen von Germanen auf raetisches Provinzgebiet ist spätestens ab den 240er Jahren zu rechnen.[3] Verarmung und beginnende Abwanderung der Provinzbevölkerung waren die Folge.[4] Darauf deuten u. a. Rückbauten in Kastellen, *vici* und Villen hin, insbesondere von Badegebäuden.[5] Entsprechende Reduktionen wurden z. B. in Schwäbisch Gmünd-Schirenhof, Rainau-Buch, Sontheim/Brenz und zuletzt im Kastell Aalen[6] nachgewiesen.

Der Putsch des Statthalters von Moesia Superior, Aemilius Aemilianus, löste 253 n. Chr. einen Bürgerkrieg aus. Publius Licinius Valerianus, der damals wahrscheinlich Statthalter in Raetien oder Noricum war, zog im Auftrag des Kaisers Trebonianus Gallus im Sommer 253 n. Chr. in Raetien Truppen zusammen, von denen er selbst zum Kaiser ausgerufen wurde. Mit diesem Heer zog er zur Durchsetzung seines Machtanspruchs zuerst nach Italien, bevor er von dort 254 n. Chr. zu einem Feldzug gegen die persischen Sasaniden aufbrach. Im Herbst 253 n. Chr. wurden außerdem raetische Truppen dauerhaft nach Nordafrika verlegt: es handelt sich um Angehörige der damals restituierten *legio III Augusta*, die 238 n. Chr. nach Raetien strafversetzt worden waren.[7] Es liegt nahe zu vermuten, dass dies Valerians Dank für deren Unterstützung seiner Usurpation war. Im Sommer (?) 254 n. Chr. scheint das ungeschützte raetische Limesgebiet von einem schweren Germaneneinfall heimgesucht worden zu sein.[8] Dieses Ereignis und offenbar weitere schwerwiegende innen- und/oder außenpolitische Störungen unbekannter Ursache (ebenfalls Folgen der Ereignisse von 253 n. Chr.?) veranlassten Valerianus, 255/56 den östlichen Kriegsschauplatz zu verlassen und mit ei-

---

1 Für anregende Diskussionen danke ich Herrn Dr. Dieter Quast, Herrn Dr. Rainer Schreg (beide RGZM) und Herrn Dr. Peter Knötzele (Heidenheim).

2 Steidl 2000a, 77; Scholz 2002/03, 87; Steidl 2006, 81; Konrad 2005, 92–94.

3 Traditionell geht die Forschung davon aus, dass Westraetien und das raetische Limesgebiet erstmals 233 n. Chr. durch einen Germaneneinfall betroffen worden seien, so z. B. noch H.-J. Kellner in: Czysz u. a. 1995, 321–327; Reuter 1999, 534; Steidl 2000a, 75. Als von dem Ereignis betroffene Gebiete nennt Herodian 6,7,2–4 nur allgemein Rhein und Donau bzw. „Illyricum". Der Bezug auf Raetien geht auf eine Reihe von Münzhorten zurück, die mit Münzen des Severus Alexander schließen. Kritisch dazu: Okamura 1996, 31–37; Steidl 2006, 81; Reuter 2007. Unumstrittene Zerstörungsbefunde der 230er Jahre fehlen in Raetien bis heute. Wenn die nachfolgend vorgetragenen „finalen" Destruktionen zu Recht auf das Jahr 254 bezogen werden, müsste man wenigstens mancherorts am Limes zwei mit zeitlichem Abstand aufeinander folgende Brandzerstörungen postulieren („233" und „254"). Dies lässt sich derzeit höchstens im Falle des Kastells Aalen diskutieren, vgl. Scholz 2007, 118.

4 Immer noch grundlegend zum Thema: Nuber 1990; Kuhnen 1992.

5 Scholz 2002/03, 87–115.

6 Scholz 2007, 113–114.

7 Inschrift aus Gemellae/El-Kasbat (ILS 2446): Vic(toriaee) Aug(ustae). / Pro sal(ute) dd(ominorum) nn(ostrorum duorum) Valeriani et Gall(ieni) [Augus]t(orum) mil(ites) l(egionis) [III Aug(ustae) re]stitu/tae, e Raet(ia) Geme/ll(as) regressi, die / XI kal(endas) nove(mbres), Volusi/ano II et Macimo / co(n)s(ulibus), votum solver(unt), / per M. Fl(avium) Valente(m), / (centurionem) leg(ionis) s(upra) s(criptae). L. Volumnius / Cresce(n)s, op(tio) pri(ncipis), / M. Aurel(ius) Licinius, op(tio), / C. Geminius Victor, op(tio). / esculp(sit) et s(cripsit) Donatus.

8 Steidl 2000a, 77; Steidl 2006.

nem Truppenaufgebot, das aus dem gegen die Sasaniden eingesetzten Heer gebildet wurde, über die Donauprovinzen an den Rhein zu ziehen. Am 23. 8. 256 ist seine Anwesenheit, zusammen mit Gallienus, in Köln bezeugt.[9] In der Zwischenzeit entwickelte sich der Kampf gegen die Sasaniden, die 256 Dura Europos erobern konnten, zu Ungunsten Roms. Der darauf folgende erneute Perserfeldzug endete in der Katastrophe von 260, die zur Gefangennahme Valerians und wahrscheinlich zum Verlust eines Großteils seiner Armee führte.[10]

Mit den Ereignissen des Fünfkaiserjahres 253 und seinen unmittelbaren Folgen lassen sich im nordwestlichen Raetien vermutlich folgende archäologische Spuren in Verbindung bringen:

1. „Finale"[11] Brandschichten und Hortfunde sowohl in Kastellen als auch in zivilen Siedlungen könnten das Ergebnis ein- und desselben Angriffs sein. Im Arbeitsgebiet liegen dementsprechend interpretierbare Befunde aus Böbingen,[12] Aalen,[13] Rainau-Buch,[14] Oberkochen,[15] Heidenheim-Schnaitheim[16] und Heidenheim[17] vor. Nach Osten setzt sich die „Reihe" von in der Mitte des 3. Jh. zerstörten und aufgegebenen Plätzen mindestens bis Künzing an der Donau (Niederbayern) fort.[18] Nach Aussage etlicher Waffenfunde aus den jüngsten Fundkontexten, vor allem von Geschossspitzen römischer wie germanischer Provenienz, könnte es an verschiedenen Orten noch zu Kampfhandlungen gekommen sein, so z. B. im Kastell Aalen.[19]
2. Die Zerstörung des *vicus* Rainau-Buch führte offenbar im Sommer (?) 254 zur abrupten Unterbrechung von Bauarbeiten: Ein gerade in Bearbeitung befindlicher Baumstamm, der im Winter 253/54 gefällt worden war, wurde samt abgearbeiteten Spänen und einem vermutlich bei diesen Arbeiten eingesetzten Werkzeug in der Verfüllung eines Brunnens angetroffen.[20] Ein Wiederaufbau zerstörter Siedlungen lässt sich außer den unten zu besprechenden, (einstweilen) isolierten Spuren aus Rainau-Buch bisher nicht nachweisen. Ein hastig in einem Brunnen versteckter Metallhort wurde nicht mehr gehoben. Im *vicus* von Rainau-Buch fanden umfangreiche Ausgrabungen statt. Lückenhaftere Beobachtungen an anderen Orten im raetischen Limesgebiet lassen sich mit diesen Befunden vergleichen.
3. Unter den Münzen, die als Bodenfunde aus römischen Siedlungen am Limes und dessen Hinterland verbürgt sind, ist keine später als 253 geprägt worden, weshalb man in den Ereignissen der Jahre 253/54 mittlerweile nicht nur einen entscheidenden Wendepunkt in der Geschichte der nordwestlichen römischen Grenzprovinzen sieht,[21] sondern das faktische Ende des raetischen Limesgebietes.[22] Im Gegensatz dazu brechen die Münzreihen mehrerer Siedlungen im obergermanischen Limesgebiet erst in den 260er Jahren ab.[23] Dort fehlt außerdem eine mit Raetien vergleichbare Dichte an Metallhorten und Zerstörungsspuren.

Zum Schicksal der römischen Provinzbevölkerung

Über das Schicksal der Menschen wissen wir wenig. Die meisten dürften geflohen, umgekommen oder verschleppt worden sein. Als Gewaltopfer von 254 lassen sich vielleicht die Bewohner des Gutshofs bei Holheim im Ries deuten.[24] Archäologische Spuren, die sich eventuell auf Überlebende der Provinzbevölkerung zurückführen lassen, sind nach wie vor äußerst spärlich. In der Regel mangelt es an der notwendigen Befunderhaltung oberster Schichten, ausreichend genauer archäologischer Beobachtung dieser jüngsten römischen Relikte oder an deren Datierbarkeit. Primitive Behausungsspuren in Form eines schlichten Pfostenbaus oder in Lehm (statt Mörtel) gesetzter Mäuerchen stellte man im *vicus* von Rainau-Buch und bei den Thermen von Weißenburg fest.[25] Darin erschöpfen sich derzeit die relativchronologisch jüngsten Befunde im raetischen Limesgebiet, die mit römischer Siedlungstätigkeit im Anschluss an eine „finale" Zerstörung verknüpft werden können. Nichts deutet derzeit auf eine längerfristige Existenz dieser behelfsmäßigen Hütten hin.

Bedrohte oder überlebende Landbevölkerung könnte zeitweise Schutz in Höhlen gesucht haben.[26] Die-

9 Strobel 1998, 84.
10 Zur Chronologie Kienast 1996, 214; Jehne 1996.
11 Sofern die oberste archäologische Schicht erhalten war.
12 D. Rothacher in: Planck 2005, 43–45.
13 Planck 1986, 254; Scholz 2007, 117–119.
14 Greiner 2002, 84–85.
15 Planck 1980, 199.
16 Scholz 2005/06, 77.
17 Rabold 1993/94, 66.
18 Steidl 2006, 78–79.
19 Steidl 2006, 80 mit Anm. 21; Scholz 2007, 119. Eine Auswahl germanischer Waffenfunde aus dem Kastell Aalen ist abgebildet bei Kemkes u. a. 2005, 256 Abb. 312. Allerdings ist auch eine spätere Datierung dieser Speerspitzen nicht auszuschließen.
20 Greiner 2002, 84.
21 Strobel 1998, 84.
22 Steidl 2006, 78; Reuter 2007. – Der jüngste gesicherte Bodenfund ist ein Antoninian des Valerian (253–259 n. Chr.) aus dem Kastell Aalen (FMRD II.4, 1964, 27 Nr. 48).
23 Steidl 2000, 117; Scholz 2002/03, 84 f.; Steidl 2006, 81.
24 Mit vorsichtiger Deutung Czysz/Faber 2004/05, 109–110 u. 136.
25 Greiner 2002, 85; Steidl 2006, 80.
26 Wehrberger 1996; Pfahl 1999, 118–119.

sen Gedanken nähren entsprechende römische Funde, auch wenn diese nicht präzise in die Mitte des 3. Jh. datierbar sind.[27] In der Höhle von Asselfingen beispielsweise wurden neben römischen auch etliche frühalamannische Relikte des 4. Jh. gefunden.[28] Es lässt sich daher nicht ausschließen, dass einige römische Fundstücke erst in dieser Zeit hierher verbracht wurden. Ähnliche Verschleppungen römischer Altstücke lassen sich in frühalamannischen Kontexten öfter beobachten (siehe unten).

Neben den überdurchschnittlich zahlreichen Metallhorten ist den Schlussphasen fast aller römischer Siedlungen im raetischen Limesgebiet noch ein anderes Phänomen gemeinsam, nämlich die mehr oder weniger umfangreichen Rückstände von Buntmetallrecycling. Gerade die vielen zum Einschmelzen vorbereiteten Bruchstücke bronzener (Kaiser-)Statuen sowie von Militärdiplomen, also von besonders ehr- bzw. aufbewahrungswürdigen Objekten, sind ein Anzeiger des kulturellen Bruchs und Bevölkerungsverlustes.[29] Ob überlebende Römer oder Germanen für diese eher ephemeren Spuren verantwortlich waren, muss im Einzelfall geprüft werden. Bisher fehlt allerdings jeder Hinweis auf germanische Täterschaft. Zusammenfassend bleibt festzuhalten, dass ein längerfristiger Verbleib von nennenswerten Teilen der Provinzbevölkerung nach 254 derzeit nicht zu belegen ist. Alles deutet vielmehr auf ein mehr oder weniger abruptes Ende der provinzialrömischen Besiedlung hin.

Befestigung der Donau unter Gallienus?

Wie reagierte Rom auf diese Ereignisse? Die Inschrift des Augsburger Siegesaltars lehrt uns, dass der Höhepunkt der Bedrohung durch germanische Invasoren 254 noch nicht erreicht war.[30] In der Kirche von Hausen ob Lohntal, ca. 10 km nördlich von Günzburg gelegen, ist das Fragment einer Bauinschrift des Gallienus als Spolie vermauert.[31] Der erhaltene Wortlaut *[---? I]mp(erator) Caes(ar) Galli[enus] / Germanicu[s p(ius) f(elix)] / invictus Au[g(ustus) ---]* ist durch den Titel *Germanicus*, den Gallienus ab Ende 254 führte, post quem datiert, doch lässt sich die Inschrift nur allgemein in die Regierungszeit des Kaisers 254–268 datieren.[32] Leider bleiben uns Charakter und Standort des Bauwerks (Brücke bzw. Befestigung eines Brückenkopfes?) verborgen. Dass der Stein aus dem Umfeld von Günzburg verschleppt wurde, darf immerhin vermutet werden.

Ein möglicherweise nicht mehr vollendetes, burgusähnliches Befestigungswerk wurde im Bereich der römischen Straßenstation Sontheim/Brenz festgestellt. Diese Baumaßnahme ist nicht näher als in das 2. Drittel des 3. Jh. datierbar, stellt jedoch die letzte im Bereich der Siedlung dar, wodurch diese nicht nur reduziert, sondern auch in ihrem Charakter erheblich verändert wurde.[33]

Eine neue Befestigung des 3. Jh. tritt uns ferner im Steinkastell von *Phoebiana*/Faimingen (Abb. 1) entgegen, das innerhalb der Stadtmauer anstelle ziviler Gebäude errichtet wurde. Mit 5,2 ha reicht es an die größten Auxiliarkastelle, Heidenheim bzw. Aalen, heran. Im Fundament der Kastellmauer sind Architekturspolien verbaut, die teilweise in angeblich noch unfertigem Werkstattzustand hierher gelangt sind. Eine genaue Datierung der Anlage – bisher sind Daten zwischen 212 (als Vorbereitungsmaßnahme des Feldzugs Caracallas) und den 240er Jahren im Gespräch[34] – steht noch aus. Die Grundrisskonzeption mit nach innen zurückspringenden Türmen und einem stattlichen Stabsgebäude im Zentrum folgt noch Prinzipien der mittelkaiserzeitlichen Militärarchitektur. Dem Faiminger Kastell fehlen aber Eck- und Zwischentürme, was für mittelkaiserzeitliche Limeskastelle dieser Größenordnung wiederum ungewöhnlich ist. Darin besteht eine Gemeinsamkeit mit dem bisher einzigen Auxiliarkastell, von dem aufgrund einer Bauinschrift (Inscr. Lat. Tun. 3) sicher gesagt werden kann, dass es unter Gallienus (263 n. Chr.) neu geschaffen wurde, dem Lager der *cohors VIII Fida* von *Talalati*/Ras el-Ain in Tunesien.[35] Ein Hinweis auf die im Faiminger Kastell stationierte(n) Truppeneinheit(en) fehlt. Plante man etwa, die *ala II Flavia milliaria* aus dem Kastell Aalen in diese rückwärtige Stellung zu verlegen?[36] Wieder-

27 Wehrberger 1996, 104; Pfahl 1999, 24; 130–132; 154; 201. Einige der verbürgten Funde können aber auf mindestens in die 1. Hälfte des 3. Jh. datiert werden.

28 Wehrberger 1996, 107.

29 Steidl 2006, 79–81; Kemkes u. a. 2005, 198 Abb. 227; Scholz 2007, 113. – Wolff 2000 zählt über 50 Exemplare, die überwiegend aus dem Limesgebiet stammen; vgl. ferner Scholz 2004.

30 Bakker 1993.

31 Kuhoff 1984, 36; Nuber 1990, 58; Ph. Filtzinger in: Planck 2005, 125–126.

32 Kienast 1996, 219.

33 Nuber/Seitz 1993.

34 G. Weber in: Eingartner u. a. 1993, 84–86.

35 Le Bohec 1989, 486–487. Mit rund 1 ha Größe ist das Kastell Talalati bereits kleiner als mittelkaiserzeitliche Kohortenkastelle, folgt im Grundriss (quadratisch mit abgerundeten Ecken und vier Toren) aber prinzipiell noch dem mittelkaiserzeitlichen Schema. Die Tatsache, dass es halbrund vorspringende Tortürme besitzt, ist hier anders als in den Nordwestprovinzen nicht als spezifisches Merkmal spätantiker Festungsarchitektur zu bewerten, da vorspringende Türme in der nordafrikanischen Wehrarchitektur spätestens seit severischer Zeit etabliert waren.

36 Zu Schaffung rückwärtiger Kavalleriestützpunkte im 3. Jh. vgl. Nuber 1997.

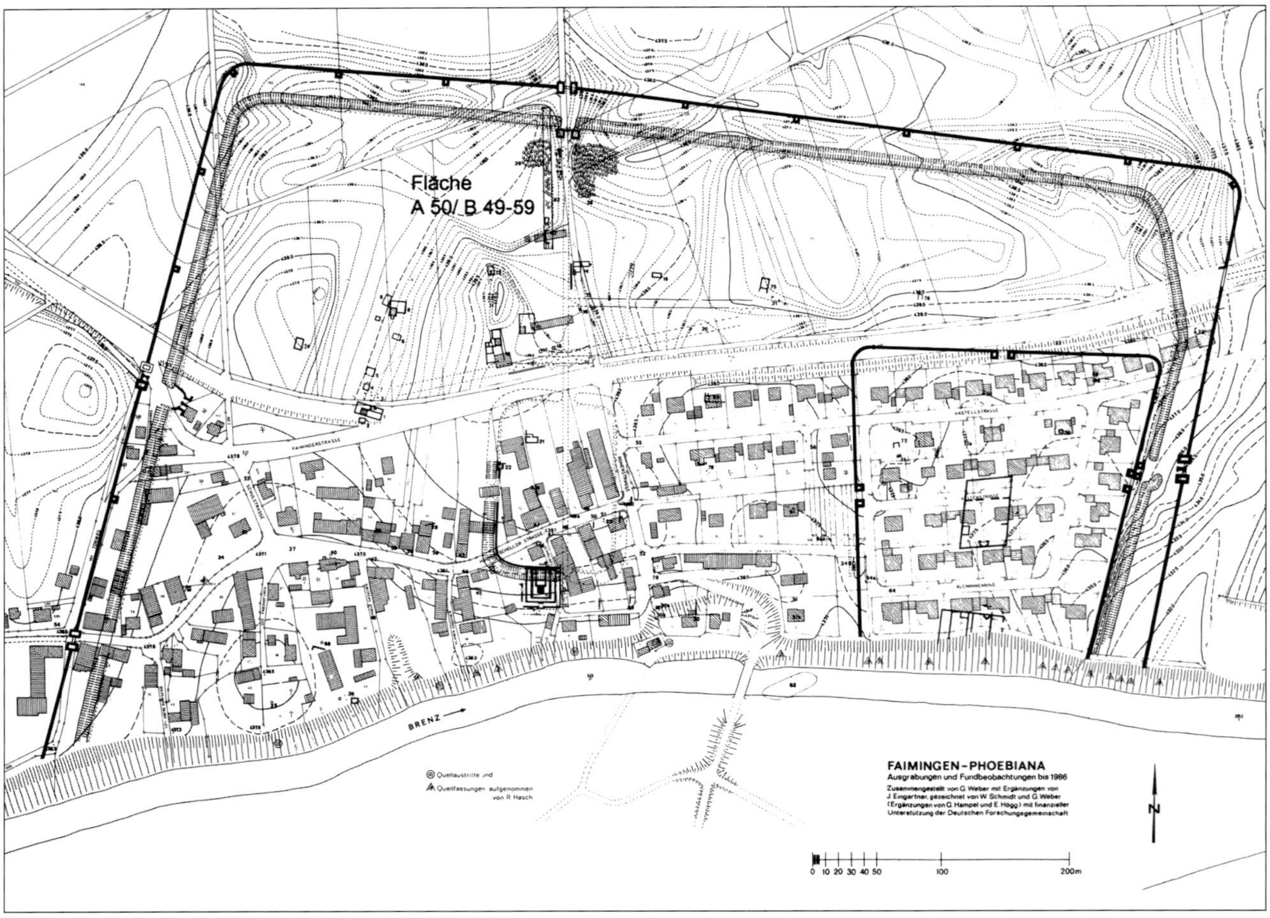

Abb. 1: Faimingen. Gesamtplan der römischen Siedlung mit dem Steinkastell des 3. Jh.

um bleibt fraglich, ob die Anlage je fertiggestellt wurde. Unverkennbar ist jedoch der eilig ausgeführte Versuch, den wichtigen Donauübergang von Faimingen zu befestigen. Ob diese und die anderen genannten Baumaßnahmen miteinander in Zusammenhang stehen oder nicht, bleibt zu klären. Es erscheint immerhin denkbar, dass sie zu militärischen Sicherungsmaßnahmen nach den Rückschlägen von 254 gehörten, um wenigstens die Donauübergänge mit Brückenköpfen zu sichern. Gallienus könnte sie während seines Aufenthaltes am Rhein 257–259/60[37] oder aber erst im Zuge bzw. nach der Rückeroberung Raetiens im Bürgerkrieg gegen Postumus im Jahre 262 (spätestens 265) angeordnet haben.[38] Jedenfalls lassen sich im Bereich der Donau bis zu den Festungsbauten unter Diocletian einstweilen keine weiteren Maßnahmen zur Grenzbefestigung erkennen.

Neue Siedler und Siedlungen

Seit den verdienstvollen Bestandsaufnahmen von G. Fingerlin (1990) und D. Planck (1990) zur frühen Geschichte der Alamannen haben auch im Untersuchungsgebiet dieses Beitrags mehrere Siedlungsgrabungen stattgefunden, die die Fundkarte nicht nur verdichten, sondern auch Aussagen über Charakter, wirtschaftliche Grundlagen und den Beginn der Siedlungen ermöglichen. Musste bis vor wenigen Jahren das Gehöft von Sontheim i. Stubental (Abb. 2) als der einzige flächig ergrabene Siedlungsplatz der frühen Völkerwanderungszeit in der Region gelten, so liegen mit den Ausgrabungen in Heidenheim (Abb. 3) und Heidenheim-Schnaitheim (Abb. 4–6) mittlerweile mehrere Hektar zusammenhängend untersuchter frühalamannischer Siedlungsstrukturen mit zusammen fast 10 000 Einzelbefunden vor. Die kleineren Aufschlüsse am Sauerbach bei Aalen, in Nattheim (Abb. 7–9) und in Herbrechtingen haben dank guter Erhaltung wertvolle Erkenntnisse zu Chronologie und Siedlungsstruktur geliefert. Der Kenntnisstand

37 Unklar ist, ob Gallienus 257 vom Balkan oder von Rom aus an den Rhein gelangte, vgl. Kienast 1996, 218. In beiden Fällen hätte er auf dem Weg dorthin Westraetien inspizieren können.

38 Zum Datum der Rückeroberung Raetiens im Bürgerkrieg gegen Postumus vgl. Strobel 1998, 88.

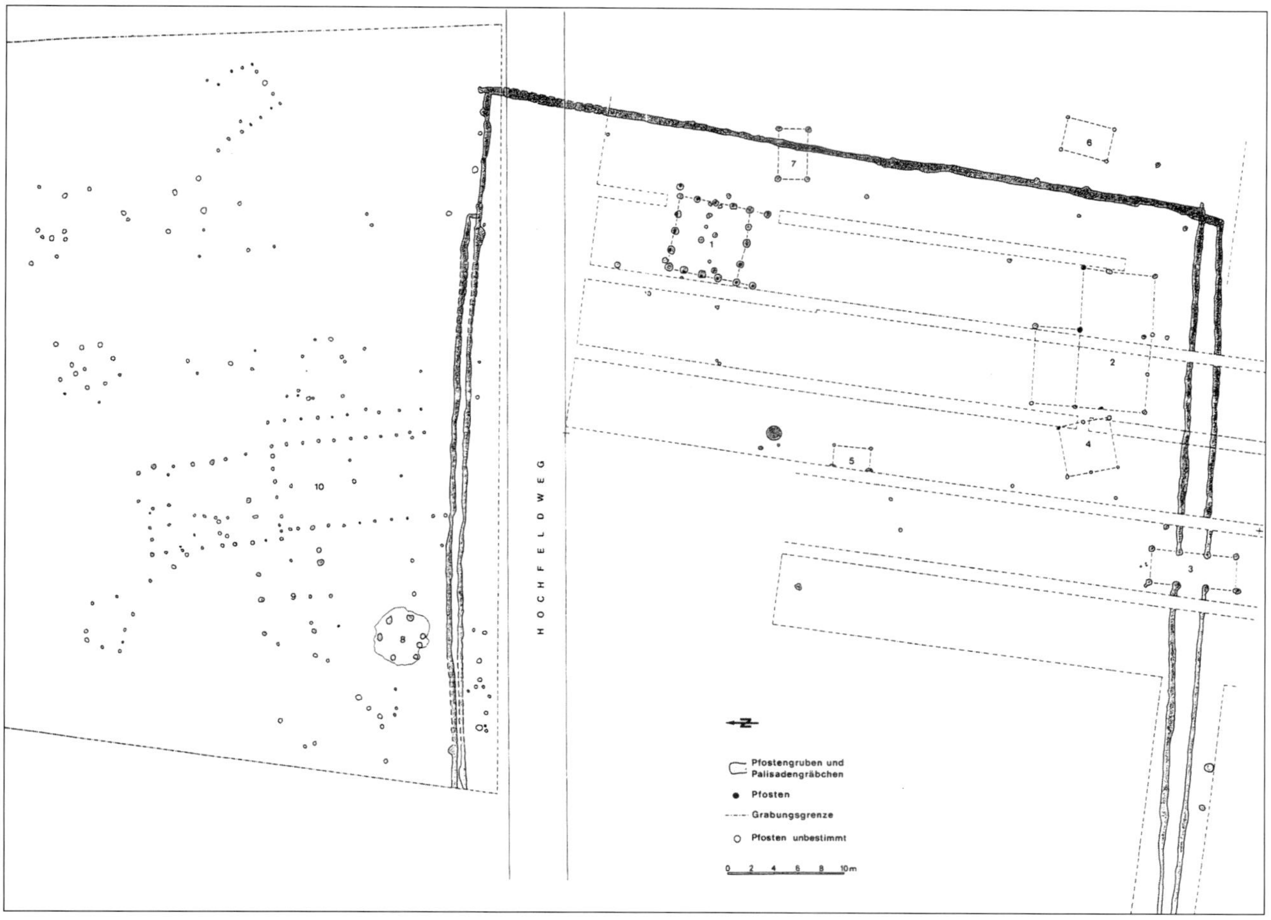

Abb. 2: Sontheim im Stubental. Gesamtplan der vorgeschichtlichen und frühalamannischen Befunde.

beruht allerdings auf knappen Vorberichten, da alle genannten Ausgrabungen noch nicht ausgewertet sind.

Während das Langenauer Becken[39] im Westen und das Nördlinger Ries[40] im Osten wegen ihrer Lössböden als bevorzugte Siedlungskammern gelten können, spielten bei der Besiedlung des Brenztals bei Heidenheim und des Stubentals bei Steinheim-Sontheim wohl eher verkehrsstrategische Gesichtspunkte eine Rolle. Aber auch auf der Albhochfläche deutet sich eine vielleicht nicht minder dichte Besiedlung an. Die Ausgrabungen bei Heidenheim-Großkuchen und Essingen (oberhalb von Aalen) haben gezeigt, dass diese mit der Verhüttung von Bohnerz in engem Zusammenhang stehen (Abb. 10).

Ob mit dem frühalamannischen Siedlungsbeginn bereits im 3. Jh. oder erst später zu rechnen ist, bleibt eine diskutable Frage, auf die zu antworten hier versucht werden soll. Gab es eine wie auch immer geartete Kontinuität zwischen der römischen Provinzbevölkerung und den germanischen (Neu-)Siedlern? Eng damit verknüpft ist das Verhältnis zwischen diesen und der benachbarten spätantiken Militärgrenze der Provinz Raetia Secunda. Beeinflusste die alamannische Besiedlung die römische Grenzpolitik, oder ist sie vielmehr ein Bestandteil derselben?

Da die genannten fundreichen Siedlungsgrabungen bislang nicht bzw. nur in Ansätzen ausgewertet sind, kann dieser Beitrag kaum mehr als einen zusammenfassenden Zwischenstand der Forschung bieten.

1. Aalen

Bei Rettungsgrabungen in der Talniederung des Sauerbachs, ca. 800 m westlich des römischen Reiterlagers gelegen, wurde 1997 eine frühalamannische Siedlung entdeckt. Im Arbeitsgebiet ist es bis heute die einzige mit umfangreicher Feuchtbodenerhaltung. Zum Vorschein kamen zwei Sechs-Pfosten-Grubenhäuser, bis zu 25 cm starke Eichenpfosten von Bauten unbekannten Typs sowie ein Zaun. Zwei

39 Frühalamannische Fundstellen im Langenauer Becken (außer Münzen von Tab. 1): Pfahl 1999, Nr. 14 (Asselfingen); Nr. 98 (Langenau); Nr. 106 (Langenau-Göttingen); Nr. 133 (Rammingen).

40 Vgl. die Fundstellenliste bei Neuffer-Müller 1983, 116–120.

Abb. 3: Heidenheim a. d. Brenz. Gesamtplan der frühalamannischen Befunde im Bereich des römischen Kastells.

bearbeitete und stratifizierte Eichenhölzer wurden dendrochronologisch unter Vorbehalt in die Schlagjahre 297 und 303 n. Chr. datiert. Ein Antoninian des Valerianus II. von 256–259 n. Chr. könnte einen früheren Siedlungsbeginn andeuten.[41]

2. Essingen bei Aalen (Abb. 10)

Die Fundstelle im Naturschutzgebiet „Weiherwiesen“ befindet sich auf einer Hochfläche oberhalb des Remstals. Bei Ausgrabungen des dort gelegenen römischen Holzkastells, das zum sogenannten „Alblimes“ des 2. Jh. gehört, wurde auch umfangreiches frühalamannisches Siedlungsmaterial sichergestellt. Dabei handelt es sich fast ausschließlich um Keramik, Metallfunde blieben aus. Der weitaus größte Teil des Fundmaterials stammt als Abfalldeponierungen aus der oberen Verfüllung des im 4. Jh. offenkundig noch als Senke wahrnehmbaren Kastellgrabens – eine Parallele zu den Befunden in Heidenheim (siehe unten).

41 Krause 1997.

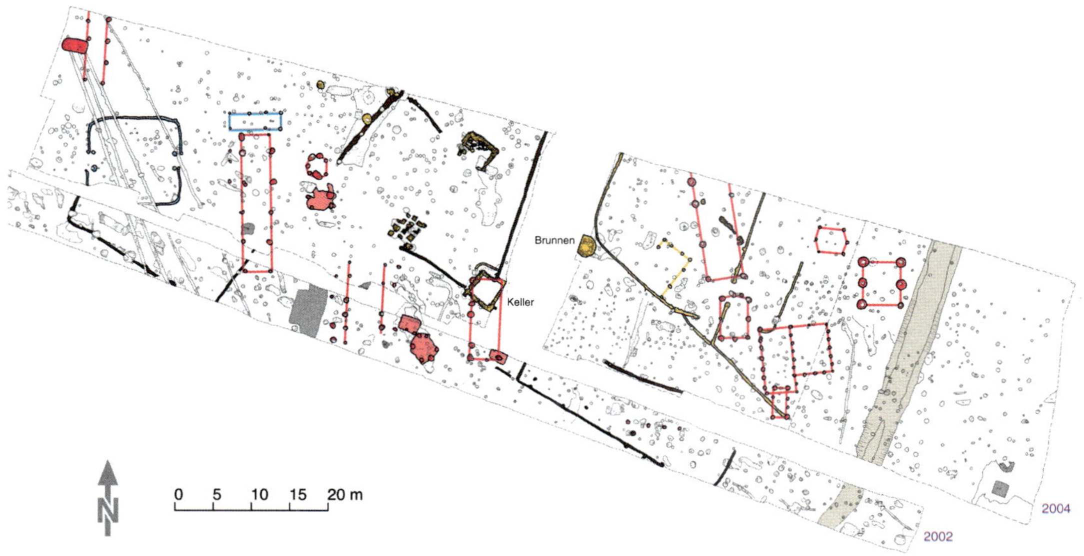

Abb. 4: Heidenheim-Schnaitheim, „Fürsamen". Ausschnitt aus dem Gesamtplan der frühalamannischen Siedlung mit Pfostenbauten (in Nord-Süd-Richtung orientiert) und Grubenhäusern.

Die schlecht erhaltenen Spuren von Holzgebäuden fügen sich nicht mehr zu klar interpretierbaren Gebäudegrundrissen zusammen. Deutlicher zeichnen sich mehrere Gruben zum Bohnerz-Tagebau ab. Der Siedlungsbeginn wird im Vergleich mit den Funden aus Sontheim i. Stubental am Ende des 3. bis Anfang des 4. Jh. angesetzt. Thermolumineszenzmessungen an Verhüttungsabfällen sprechen für einen Beginn noch im späten 3. Jh.[42] Eine Scherbe von Terra nigra oder Nigra-Imitation könnte importiert sein, was zweifellos für das Fragment eines Glasbechers gilt, der als einziger Beleg für ein mögliches Fortdauern der Siedlung ins 5. Jh. herangezogen werden kann. Für die Wahl des Siedlungsplatzes scheinen die Eisenerzvorkommen ausschlaggebend gewesen zu sein.[43]

Abb. 5: Heidenheim-Schnaitheim, „Fürsamen". Ausgewählte Gebäudestrukturen der Ausgrabungen 2006, darunter zwei sich überlagernde Pfostenbauten vom Typ Renningen/Heidenheim (E9).

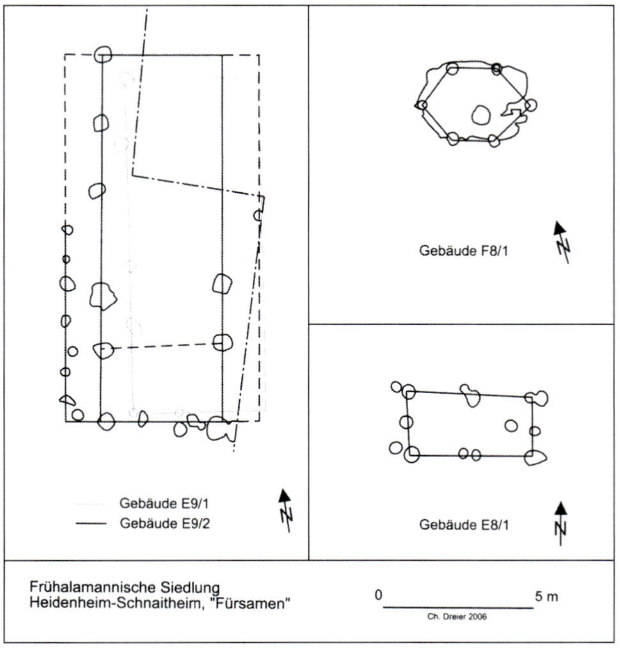

3. Heidenheim-Großkuchen

Auf der Albhochfläche bei Großkuchen wurde 1976–1978 eine frühalamannische Handwerkersiedlung aufgedeckt. Neben zahlreichen Pfosten einfacher Holzbauten – bisher fehlt ein beurteilungsfähiger Gesamtplan – sind mehrere tiefe Gruben gefunden worden, die wahrscheinlich als Zisternen anzusprechen sind. Eine davon war in Trockenmauertechnik errichtet. Ein anderer Schacht barg bemerkenswerte Funde, darunter Bauhölzer, die dendrochronologisch in die Jahre zwischen 368 und 385 n. Chr. datiert werden können, sowie einen steinernen Pinienzapfen, der ursprünglich Aufsatz eines römischen Grabmals war. Sekundäre Bearbeitungsspuren verraten, dass er zuletzt als Amboss benutzt worden sein muss. Daneben kamen fünfzehn in Reihe angeordnete Herdstellen zum Vorschein, die wie die anderen Befunde mit der Eisenverhüttung in Verbindung zu bringen sind. „Massenhafte" Funde von

42 G. u. I. Wagner, Thermolumineszenz-Datierung. In: Kempa 1995, 263–265.

43 Kempa 1995, 222–227.

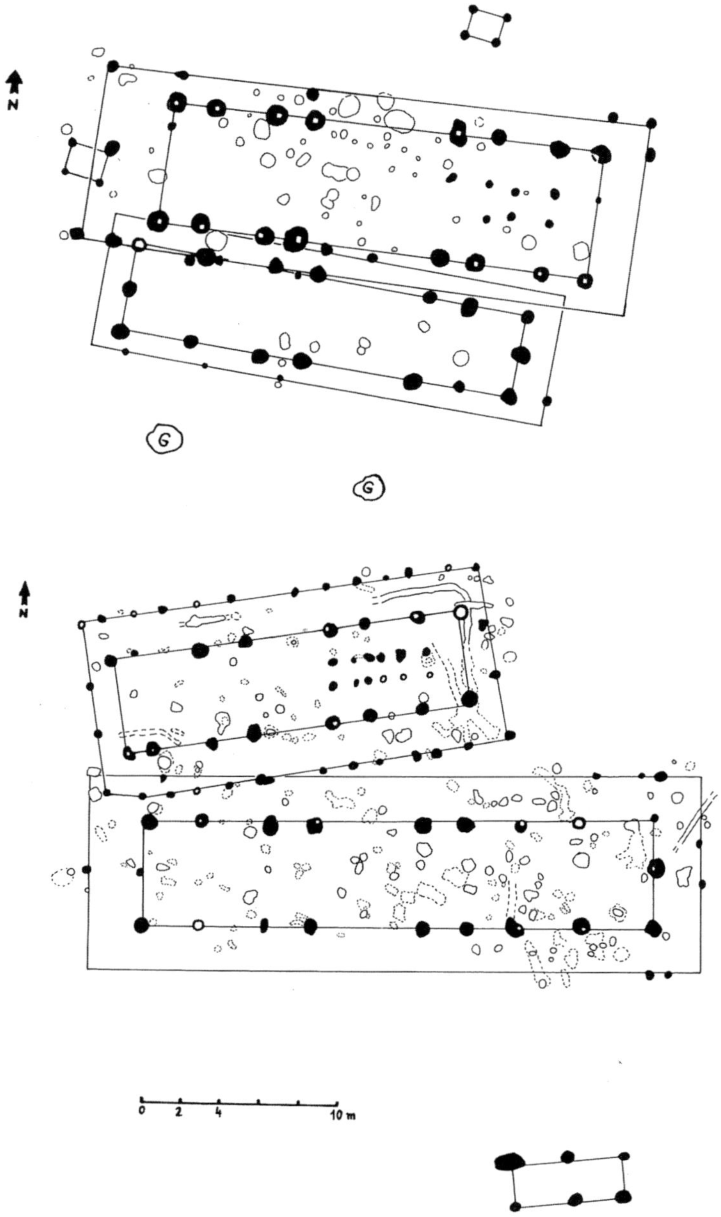

Abb. 6: Grundrisse einander überlagernder Wohnstallhäuser vom Typ Renningen/Heidenheim aus Heidenheim mit vorgelagerten Gruben (oben) und Heidenheim-Schnaitheim mit Nebengebäude (unten).

Eisenschlacken zeugen von der Wirtschaftsgrundlage der Siedlung.[44] Das Bestehen der Siedlung ist vom 4. bis zum 7. Jh. gesichert.[45]

4. Heidenheim (Abb. 3; 6; 11–13)

Die ineinander übergehenden Täler von Brenz und Kocher bilden die flachste und direkteste Gebirgspassage durch die Schwäbische Alb. Wer sie besetzte, konnte zugleich die wichtigen Donau-Übergänge bei *Gontia*/Günzburg und *Phoebiana*/Faimingen im Vorfeld sichern. Bei Heidenheim verengen die Jurafelsen das Brenztal auf weniger als 150 m und bilden dadurch einen idealen Kontrollpunkt für den Nord-Süd-Verkehr. Von Westen mündet hier das Stubental ein, durch das die römische „Alb-Limes“-Straße verlief. Diesen Platz von herausragender strategischer Bedeutung sicherte zwischen ca. 110 und 160 n. Chr. die 1000 Mann starke *ala II Flavia pia fidelis milliaria*, deren 5,6 ha großes Reiterlager hier bestand. Sie war damals die schlagkräftigste und ranghöchste Truppeneinheit der Provinz Raetia.[46] Nach der Vorverlegung des Limes kontrollierte diese Einheit den Gebirgsübergang vom Kastell Aalen aus, das in ähnlicher strategischer Position lag. Dieser Rückblick auf die mittlere Kaiserzeit ist, wie unten darzulegen sein wird, für das Verständnis der frühalamannischen Besiedlung in Heidenheim nicht unwesentlich.

Bei den Ausgrabungen im römischen Reiterkastell wurden 2000–2003 auch umfangreiche Siedlungsbefunde der frühen Völkerwanderungszeit entdeckt (vgl. Abb. 3). Diese erstrecken sich – soweit ausgegraben – auf Freiflächen neben dem Kastell sowie auf den Bereich der ehemaligen hölzernen Innenbauten im Vorderlager. Nach der Aufgabe des Lagers und dem Abriss der Baracken um 160 n. Chr. war dieses Areal von römischer Bebauung frei geblieben. Auch die übrigen, derzeit noch deutlich spärlicheren frühalamannischen Siedlungsspuren innerhalb des Heidenheimer Stadtgebiets beschränken sich nach aktueller Kenntnis auf geeignete Flächen nahe bei, aber außerhalb der jüngeren römischen Steinbebauung des 2. und 3. Jh., deren Ruinen im 4. Jh. gewiss noch teilweise aufrecht standen und Rohstoffsucher anlockten. Dieses Siedlungsverhalten ist für die frühen Alamannen charakteristisch, was Untersuchungen anderenorts längst gezeigt haben.[47] Neben der verkehrsstrategischen Lage und der Nähe zu den Ruinen begünstigte auch die leichte Erreichbarkeit des Grundwassers bei gleichzeitig hochwassergeschützter Lage die Wahl des ehemaligen Nordwestviertels des Kastells als Siedlungsplatz. Darüber hinaus bot vielleicht der inzwischen mit Unkraut und Sträuchern überwucherte Schutt der römischen Kastellmauer eine Art „natürliche“ Einfriedung, die den Bedürfnissen der Neusiedler entsprochen haben mag. Der offenbar noch als seichte Rinne im Gelände sich abzeichnende Spitzgraben des Kastells diente offenbar als Müllhalde, denn über der obersten römischen Verfüllung, die im Wesentlichen aus dem Schutt der

44 Planck 1990, 87–91.
45 Biel 1986.
46 Scholz 2005; Scholz 2009.
47 Reuter 2003, 67–69.

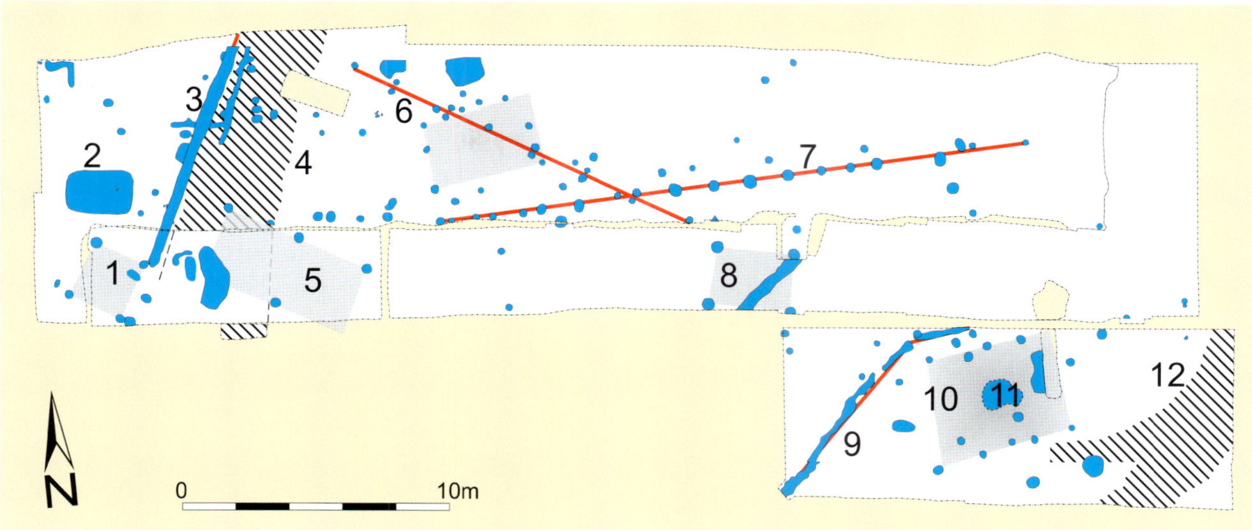

Abb. 7: Nattheim, „Badwiesen". Gesamtplan der frühalamannischen Siedlung, Ausgrabung 2002–2005. Schraffur: Aufschüttungen; Beschreibung siehe Text.

Kastellmauer bestand, erstreckte sich eine bis zu 1 m mächtige Schicht aus schwarzer, humoser Erde, die unzählige Scherben frühalamannischer Keramik und Tierknochen barg (Abb. 3 Nr. 17, 21).

In derselben Schicht (!) kam das bisher einzige aus Heidenheim bekannte Grab dieser Zeit mit dem Skelett eines etwa 20 bis 25 Jahre alten Mannes zutage (Abb. 3 Nr. 22; 11).[48] Die Körperhaltung des Toten unterstreicht, dass er hier regulär bestattet und nicht einfach verscharrt worden war: Er lag auf dem Rücken mit angewinkelten Beinen, die rechte Hand im Schoß, die linke auf dem rechten Oberarm, in Nord-Süd-Richtung orientiert. Die Beigaben beschränkten sich auf eine einfache bronzene Nadel, die unter seiner rechten Hand lag, sowie auf eine aus Knochen geschnitzte Nadel mit durchbohrter Kopfplatte neben seiner rechten Hüfte. War mit ihr lediglich das Leichentuch zusammengesteckt, oder handelt es sich um das Endstück eines einfachen Gürtels? Möglicherweise gewährt diese einzige Beigabe aufgrund eines stratifizierten Vergleichsfundes eine vorsichtige Datierung noch in das späte 3. oder frühe 4. Jh.[49] Außerdem fanden sich im Bereich seiner rechten Hand die gut erhaltenen Knochen von sechs (!) Fingern. Handelt es sich um eine Fehlbildung oder um eine makabre „Beigabe"? Dies werden künftige anthropologische oder genetische Analysen erweisen müssen.

Betrachten wir nun die Siedlungsbefunde. Zumindest die größeren rechteckigen Hausgrundrisse stammen von „dreischiffigen" Langhäusern (Abb. 3 Nr. 9, 10; 6), wobei sich die Pfosten der „Seitenschiffe" aufgrund ihrer geringen Tiefe dem Nachweis meist entzogen. Entsprechend zurückhaltend ist die statische Funktion dieser Außenwandstützen einzuschätzen. Die Hauptlast der Dachkonstruktion ruhte auf zwei Reihen mehr oder weniger starker Pfosten. Bei den größten Häusern weisen diese Kantenlängen von bis zu 30–40 cm auf und sind zu Doppeljochen angeordnet. Etwa in der Gebäudemitte stehen die Joche weiter auseinander, so dass man an eine Art Scheunentor oder Ähnliches zu denken geneigt ist. Dieser Holzbautyp kommt unter den provinzialrömischen Holzhäusern Raetiens nicht vor und nach Kenntnis des Verf. bisher auch nicht unter den Wohnstallhäusern im Ursprungsgebiet der Elbgermanen.[50] Vielmehr hat er Vorläufer in Norddeutschland, die sich während der Kaiserzeit bis in den germanisch geprägten Norden der Provinz Germania inferior hinein finden lassen.[51] Möglicherweise handelt es sich um einen entwickelten Systembau, denn offenbar war man in der Lage, Raumbreiten von bis zu 6 m ohne (regelmäßige) Zwischenstützen zu überdachen (Gebäude Abb. 3 Nr. 9; 6). Im Verhältnis zu den Pfostenstandspuren fallen die Pfostengruben stets

48 Scholz 2003/04, 119. Vorläufige, anhand des Verwachsungsgrades der Schädelnähte und des Oberkörperskeletts vorgenommene Bestimmung durch Dr. Martin Menninger (Tübingen).

49 Konrad 2005, Taf. 17,13: dort post quem datiert 259/68 n. Chr. aus Planierung unter dem spätrömischen Holzboden.

50 Unter den von P. Donat (2001) zusammengestellten Grundrissen dreischiffiger Wohnstallhäuser fehlen jedenfalls solche mit dieser charakteristischen Anordnung von Pfostenpaaren.

51 Bloemers 1978, 161–173; 179–183: dreischiffige Häuser mit massiver Doppeljochkonstruktion des 2.–3. Jh., S. 167 Abb. 19.II gleicher Grundriss in Steinbautechnik. – Ein im Grundriss gleicher Doppeljoch-Haustyp ist auch aus Britannien bekannt: Hadman 1978, 187–195.

Abb. 8: Nattheim, „Badwiesen". Mit Steinen verkeilte Pfostengruben eines Gebäudes (Abb. 7 Nr. 10) im Profil.

deutlich größer aus. Möchte man diesen Befund nicht auf Unvermögen zurückführen, sondern im Gegenteil als Konstruktionsmethode akzeptieren, lässt sich erwägen, ob die größeren Gruben als Justierraum für anzupassende, vorgefertigte Bauelemente konzipiert waren. Hierin könnte sich ein Einfluss römischer Technik widerspiegeln, der dann allerdings, wie die nördlichen Beispiele bekunden, kaum erst auf ehemals raetischem Provinzboden adaptiert worden sein kann. Aufgrund der gegenwärtigen Forschungslage möchte ich diese großen Wohnstallhäuser als Typ „Renningen/Heidenheim" bezeichnen (Abb. 3 Nr. 9, 10).[52] Sie kristallisieren sich im südwestdeutschen Raum zusehends als charakteristische Hausformen der Völkerwanderungszeit (4.–5. Jh.) heraus.[53] Die bisher ältesten süddeutschen Vertreter sind in Gaukönigshofen (Mainfranken) ausgegraben worden, wo sie um 200 datiert werden (Abb. 14).[54] In der frühmittelalterlichen Siedlung „Seewiesen" bei Heidenheim-Schnaitheim (6.–7. Jh.), ca. 1 km nördlich des Kastells Heidenheim gelegen, fehlt dieser Haustyp bereits, wie überhaupt in anderen süddeutschen Siedlungen dieser Periode.[55]

An nur wenigen Stellen gibt es Überschneidungen der Hausgrundrisse, deren Nacheinander noch nicht endgültig geklärt ist. Sowohl in Heidenheim als auch in Schnaitheim scheinen die auf vier Doppeljochen gegründeten größeren Bauten (Abb. 6) die jeweils jüngeren zu sein,[56] deren Osthälften offenbar Pfostenunterteilungen von Stallboxen aufweisen, während westlich der Mittelachse zumindest beim Heidenheimer Beispiel Reste einer Feuerstelle gefunden wurden. Dort möchte man den Wohnteil suchen. Vor dem mutmaßlichen Hauseingang, wohl unter einem Vordach, fanden sich zwei (Keller-?) Gruben (Abb. 3 Nr. 15). In gleicher Position wurden flachere Gruben auch bei einem kleineren Hausgrundriss weiter nördlich beobachtet (Abb. 3 Nr. 2). Weder in den mutmaßlich älteren großen Häusern (Abb. 3 Nr. 10; 6) noch in den zahlreicheren kleinen Hausgrundrissen (Abb. 3 Nr. 1–3, 5, 6, 8, 18, 20) lassen sich Stallboxen in gleicher Eindeutigkeit erkennen. Möglicherweise zeigen aber die stets ein Gebäudeende unterteilenden Binnenpfosten den Stallbereich an. Neben ihrer schmalrechteckigen Form stellen Abschlusswände der Schmalseiten mit drei oder vier Pfosten ein weiteres Typmerkmal dar.

Durch die Überschneidung zweier Hausgrundrisse mit fundreich verfüllten älteren Grubenhäusern wird sich die Siedlungsentwicklung künftig gewiss weiter differenzieren lassen (Abb. 3 Nr. 5, 16, 18). Das Grubenhaus Abbildung 3 Nr. 18 könnte von Grubenhaus Nr. 19 abgelöst worden sein.

Schwierigkeiten bereitet die Rekonstruktion eines wie die vorgenannten Beispiele ebenfalls West–Ost orientierten Wohnstallhauses mit anscheinend bewusst konkav angeordneten Wandpfosten (Abb. 3 Nr. 8). Welchen Vorteil brachte diese eigenartige Wandkonstruktion? Auf welche Vorbilder geht sie

52 Scholz 2001/02, 98–99; 107 Abb. 10; Schreg 2006, 154–159. – Achsmaße der Pfosten des kleineren (älteren) Hauses (in Metern): 3,6 + 3,6 + 2,1 + 5,7 + 2,1 + 2,8; Breite: 4,5 m; Achsmaße der Pfosten des größeren (jüngeren) Hauses (in m): 2,1 + 3,2 + 2,1 + 7,1 + 2,1 + 3,2 + 2,1; Breite: 6,3 m.

53 Schreg 2006, 154–159. Vgl. ferner Jandejsek 2004, 111 Abb. 117 Bau 14.

54 Steidl 2000b, 101.

55 Leinthaler 2003, 55–68 u. Beilage; vgl. ferner Fries-Knoblach 2006, 351. Die frühalamannischen Siedlungsbefunde bei Vörstetten im Breisgau sind leider zu schlecht erhalten, um sie zuverlässig rekonstruieren zu können, vgl. zuletzt Fingerlin 2005, 455 u. 258.

56 Eine direkte Befundüberschneidung gibt es nur bei den Schnaitheimer Grundrissen („Fürsamen") im Falle zweier Pfosten der Außenschiffe: Scholz 2003/04, 120.

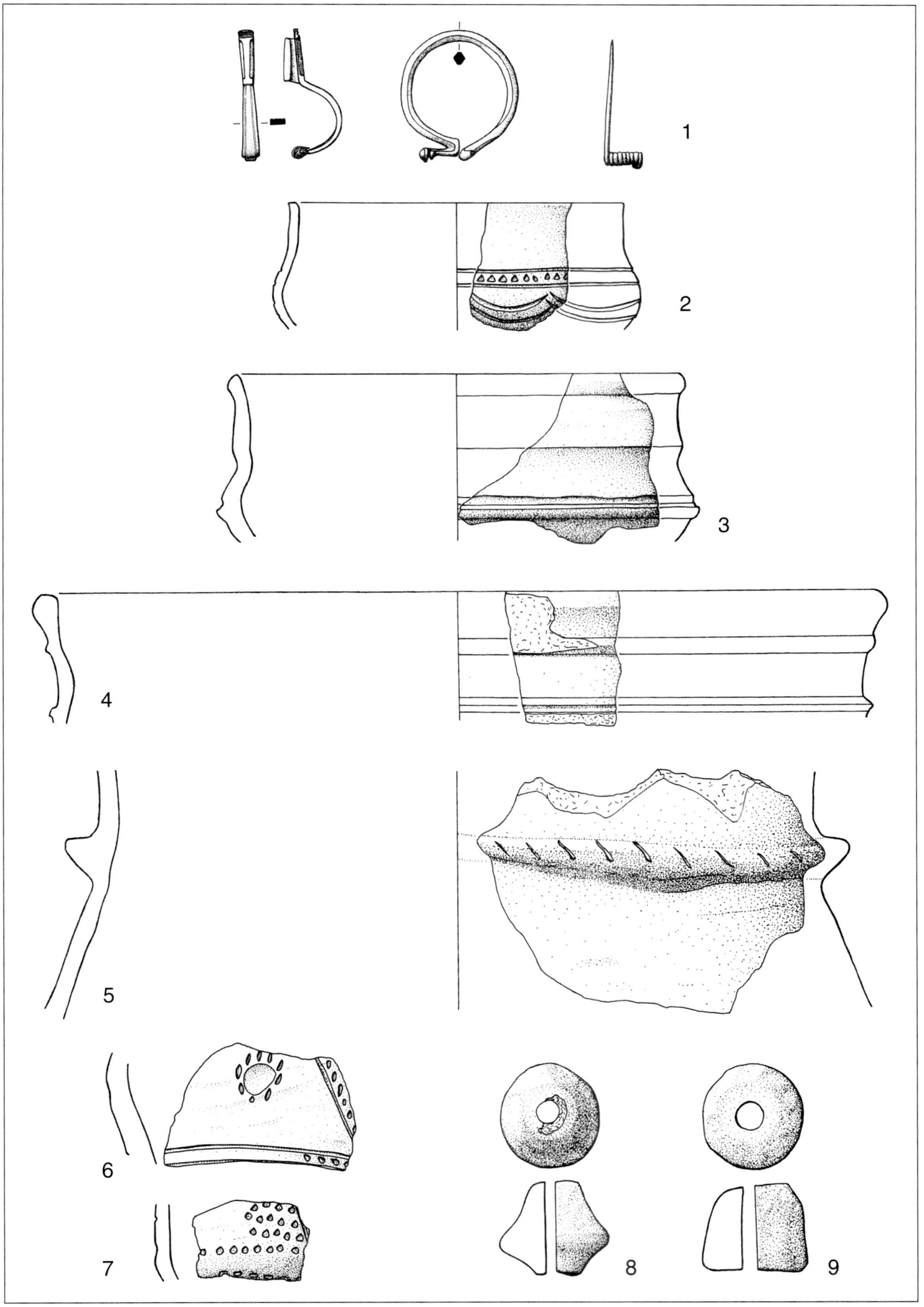

Abb. 9: Nattheim, „Badwiesen“. Auswahl von Funden aus der frühalamannischen Siedlung. M. 1:2.

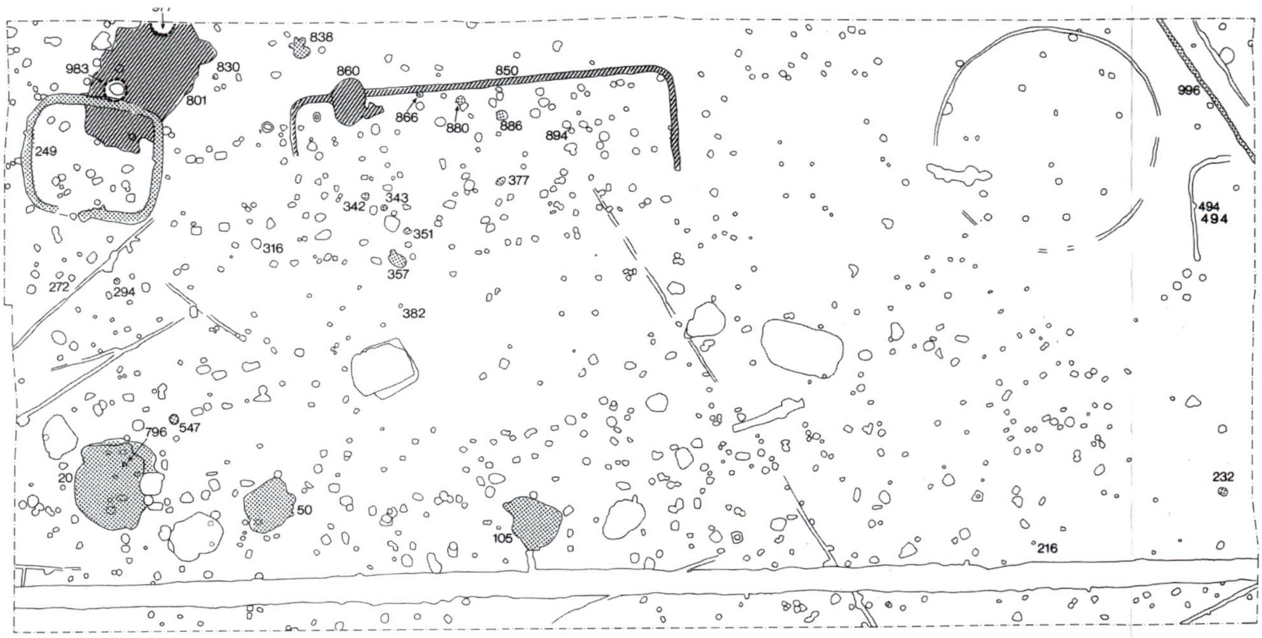

Abb. 10: Essingen. Befunde frühalamannischer Siedlung und Eisenproduktion.

zurück? An drei Stellen sind Grundrisse quadratischer Vierpfostenbauten ermittelt worden (Abb. 3 Nr. 11, 12 sowie zwischen Nr. 1 und 2). Eine Deutung als Wirtschaftsbauten bietet sich an, am ehesten als Speicher für Viehfutter.

Insgesamt betrachtet ist davon auszugehen, dass die festgestellten Hausgrundrisse zu drei bis vier Gehöften mit mindestens zwei Bauphasen gehörten. Die mutmaßliche südliche Hofstelle mit den großen Wohnstallhäusern (Abb. 3 Nr. 9, 10) wird von zwei parallel zu diesen verlaufenden Pfostenreihen begleitet, die im rechten Winkel aufeinandertreffen (Abb. 3 Nr. 13). Eventuell rühren sie von einem Hofzaun her.

Abb. 11: Heidenheim a. d. Brenz. Bestattung eines ca. 20- bis 25-jährigen Mannes aus frühalamannischer Zeit. Der Schädel musste bereits vor der Freilegung geborgen werden.

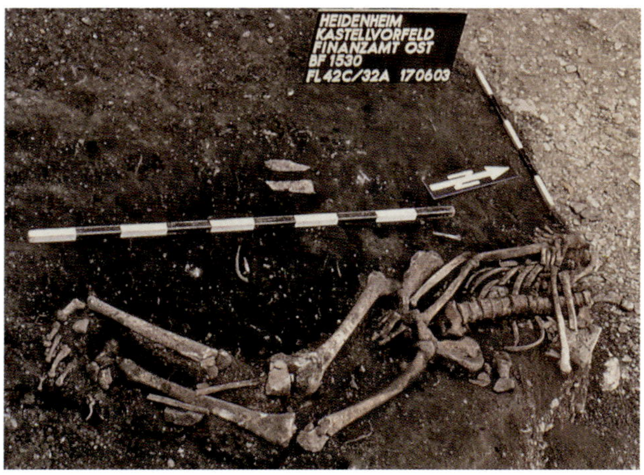

Immerhin liegt für ein Langhaus (Abb. 3 Nr. 6) ein gesicherter Terminus post quem vor, denn aus der Grubenverfüllung eines seiner Pfosten wurde ein Sammelfund von zwanzig winzigen spätantiken Kupfermünzen gehoben (Abb. 3 Nr. 7).[57] Bezüglich seiner Zusammensetzung entspricht dieser Fund dem bereits 1965 in einem Grubenhaus (Abb. 3 Nr. 4) entdeckten „Schatzfund“ von 77 Kleinstmünzen.[58] Während die Vorderseiten der Münzchen Constantinus I., seine Söhne und einmal Helena zeigen (sollen), lassen sich die Rückseitendarstellungen im Wesentlichen drei Typen zuordnen: dem *gloria exercitus*-Typ, bei dem zwei Soldaten ein Feldzeichen zwischen sich halten, dem *Constantinopolis*-Typ mit der Göttin Victoria, die ein Kriegsschiff besteigt, und dem *Urbs Roma*-Typ mit der die Zwillinge säugenden Wölfin (Abb. 12). Bei diesen sogenannten „Minimi“ handelt es sich um eine Art inflationäres „Notgeld“, das während der Jahre 341–348 n. Chr. in den ostgallischen, germanischen und britannischen Reichsteilen umlief.[59] Etliche dieser Kleinstmünzen sind „barbarisiert“, das heißt ihre Motive entstellen einer Strichzeichnung gleich das Vorbild nicht selten

57 Klein 2003, 256–257.

58 Cichy 1971, 31; FMRD II.4, 4191/1. Von diesen hat K. Stribrny (1992) nur 68 Stücke erfasst. Es entgingen ihm bei der Bearbeitung offenbar die im Museum im Römerbad ausgestellten Exemplare. Bei der 2002 erfolgten Nachuntersuchung des 1965 nicht vollständig ausgegrabenen Befundes konnte eine weitere Münze hinzugewonnen werden: Klein 2002, 253 Abb. 220d.

59 Stribrny 1992, 377–378.

bis zur Unkenntlichkeit. Nach K. Stribrny haben wir es „zweifelsfrei mit reichsinterner Produktion zu tun".[60] Handelt es sich hierbei tatsächlich um Zeugnisse einer spätrömischen Geldwirtschaft bei den Alamannen?

Zur vorläufigen Beantwortung dieser Frage lohnt ein Blick auf die Umstände des Neufundes aus dem Jahre 2002. Anders als für Versteck- oder eigentliche Schatzfunde zu erwarten, wurden die Münzen nicht an einer Stelle konzentriert aufgefunden, so dass man an ein vergangenes organisches Behältnis, z. B. einen Lederbeutel, denken könnte, sondern über die gesamte Nordhälfte der Pfostengrube verstreut.[61] Die Fundstellen beider „Horte" liegen rund 25 m auseinander, die der drei einzeln gefundenen Minimi zwischen diesen beiden,[62] während alle anderen Grabungsflächen trotz gleicher Auffindungschancen (u. a. durch den konsequenten Einsatz einer geeigneten Metallsonde) keine einzige Münze mehr preisgaben. Noch signifikanter ist das Fundbild in Schnaitheim „Fürsamen" (siehe unten), wo bisher nur eine einzige spätantike Münze entdeckt wurde (siehe unten, Tab. 1). Es erhebt sich daher der Verdacht, dass die beiden auf einen relativ engen Raum konzentrierten Münzsammelfunde ursprünglich aus ein und derselben Gesamtmasse stammen, die noch von den Zeitgenossen aus kaum mehr nachvollziehbaren Gründen zerstreut worden zu sein scheint. Ein nennenswerter Materialwertverlust war dabei wohl kaum zu beklagen, da zwanzig Münzlein zusammen nicht einmal das Metall eines mittelkaiserzeitlichen Sesterzes aufwiegen.[63] Vielleicht darf man sogar so weit gehen zu vermuten, dass das im Heidenheimer Umfeld eigentlich nutzlose Inflationsgeld gerade noch als Kinderspielzeug taugte und auf diese Weise zerstreut wurde. Als gar regelmäßig gezahltes, bei den Alamannen umgelaufenes Soldgeld kann man es jedenfalls nicht ansprechen, denn in diesem Falle hätte man eine andere Fundverteilung erwarten dürfen. Es kommt hinzu, dass das Geld eine für die benachbarte Provinz Raetia II untypische Zusammensetzung aufweist und daher am ehesten als einmaliges, individuelles Mitbringsel eines Alamannen zu interpretieren ist, der wahrscheinlich im römischen Rheinheer gedient hatte. Unter den anderen in Tabelle 1 zusammengestellten Münzfunden aus dem Arbeitsgebiet kommen diese Typen nicht vor. Aus diesem Grunde wurde der Heidenheimer Sammelfund in der Aufstellung nicht berücksichtigt.

Sonstiger römischer Import fehlt in Heidenheim ebenso wie signifikant „frühes" Material, das einen Siedlungsbeginn noch vor dem Ende des 3. Jh. anzeigen könnte. Auffällig ist lediglich das im Gegensatz zu anderen römischen Altstücken gehäufte Vorkommen mittelkaiserzeitlicher Sigillaten, vor allem Scherben reliefverzierter Drag. 37, die geradezu die Frage provozieren, ob die Alamannen diese sammelten. Derartige „Antiquitäten" in frühalamannischem Kontext fanden sich auch in Aalen, Sontheim i. Stubental und Nattheim.[64]

Auch in der Südhälfte *(retentura)* des ehemaligen römischen Kastells ließen sich 2002 frühalamannische Siedlungsspuren sicherstellen. Erwähnenswert sind Rückstände von Eisenverarbeitung und eine ca. 400 g schwere Eisenluppe.

Die Anwesen auf dem früheren Kastellareal wurden wahrscheinlich gegen Ende des 5. oder im 6. Jh. in das Umfeld des heutigen Museums im Römerbad verlegt. Weiterführende Erkenntnisse hierzu darf man sich von einer künftigen Auswertung der Grabungen im sogenannten „Monumentalbau" versprechen, in dessen Umfeld früh- bis hochmittelalterliche Siedlungsspuren erfasst wurden. In diesem Bereich ist der eigentliche vorstaufische Ortskern von Heidenheim zu suchen, dessen Pfarrkirche St. Peter auf dem „Totenberg" war.

5. Sontheim im Stubental (Abb. 2; 15)

Bis vor kurzem wurde dieser Siedlung ein Sonderstatus beigemessen, da sich für die Umwehrung mit doppelter Palisade und Toranlage in Süddeutschland kein Vergleich finden ließ.[65] Inzwischen hat sich die Anlage als hallstattzeitlicher Herrenhof herausgestellt, wodurch die später an dieser Stelle gelegene frühalamannische Siedlung ihr „Alleinstellungsmerkmal" eingebüßt hat.[66] Sicher in diese Epoche lassen sich ein ca. 15 m langes Wohnstallhaus mit Veranda und zeitgleichem (?) Anbau sowie mehrere Wirtschaftsgebäude, darunter mindestens zwei Sechs-Pfosten-Grubenhäuser, einordnen (Abb. 2). Pfostenhäuser vom Typ Heidenheim/Renningen fehlen im hier untersuchten Areal interessanterweise. Absolut datierendes Fundmaterial fehlt ebenso wie

60 Ebd. 374.

61 Die 1965 entdeckten Münzen soll „später der Pflug zwar über einige Quadratmeter verschleppt haben": Cichy 1971, 31. Des Ausgräbers Hypothese, sie seien in einem Beutel versteckt worden, bleibt unbewiesen.

62 Klein 2000, 246 Abb. 220 n u. 220 o; Klein 2001, 254 Abb. 228 h.

63 Zur Bedeutung mittelkaiserzeitlichen *aes*-Geldes in frühalamannischem Kontext vgl. Reuter 2003, 73.

64 Krause 1997, 138; Planck 1977, 552 Abb. 7,1.2; 560 Abb. 12,4. Terra-sigillata-Scherben mussten bisweilen auch als Ersatz für Granate herhalten, so z. B. bei einer Scheibenfibel aus dem ersten Drittel des 7. Jh. aus Ingersheim (Kr. Ludwigsburg): Quast/Schüssler 2000, 89–90 mit Abb. 4.

65 Planck 1990, 83; Pfahl 1999, Nr. 148.

66 Planck 1990, 83; Bücker 1999, 142–143.

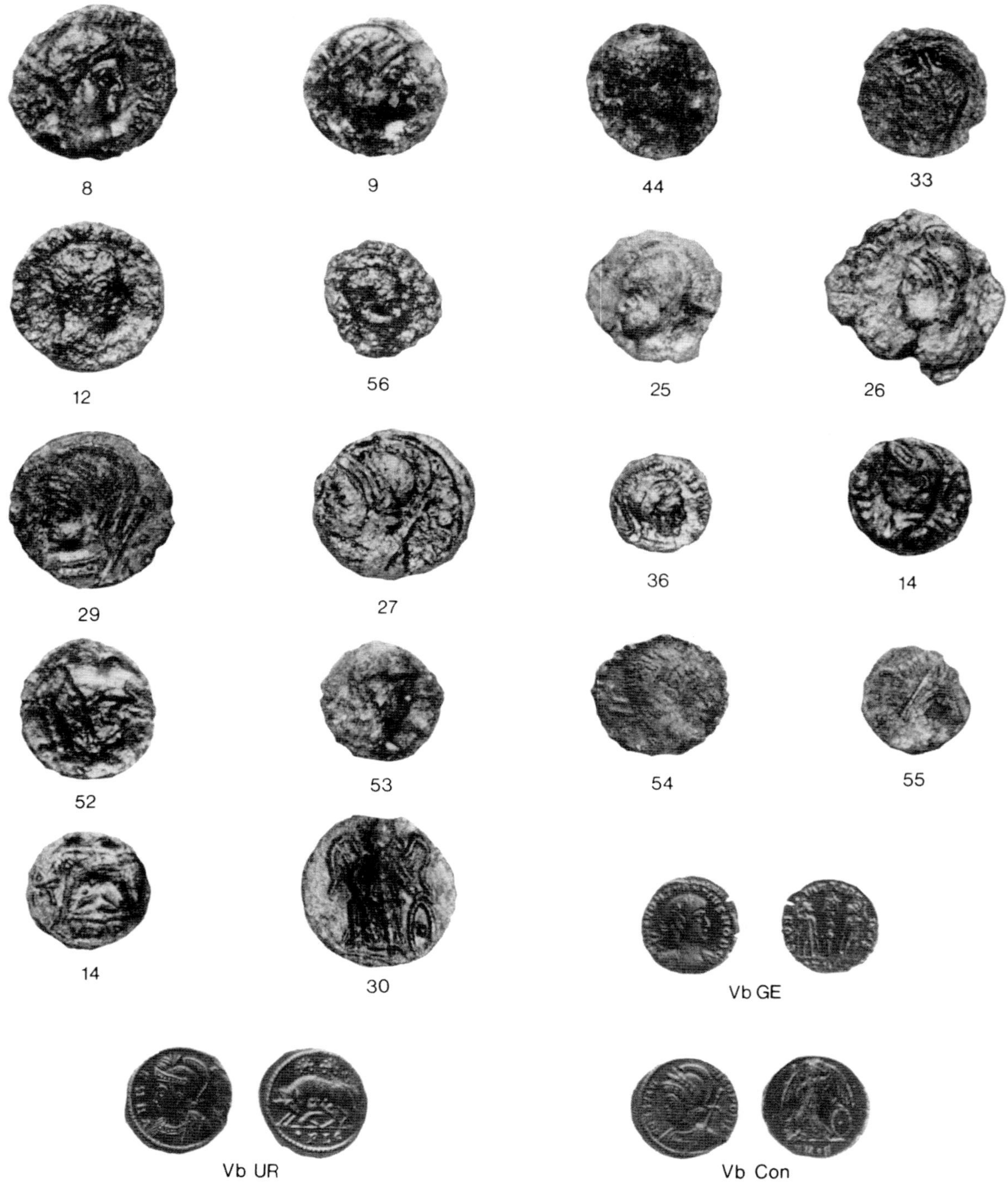

Abb. 12: Heidenheim a. d. Brenz. Typenauswahl an barbarisierten Kupfermünzen („Minimi“) aus dem Sammelfund von 1965, M. 2:1. Unten die regulären Vorbilder constantinischer Zeit (Vb), M. 1:1.

zeitgenössischer römischer Import. Erwähnt werden lediglich wenige Stücke Terra-nigra-Imitation, wie sie als Feinkeramik auch in den übrigen Siedlungen des Arbeitsgebiets nachzuweisen sind.[67] Fibeln (Abb. 15), ein dreieckiger Kamm und Keramik können eine Anfangsdatierung vor der ersten Hälfte des 4. Jh. nicht erzwingen; Funde, die verlässlich in die zweite Hälfte des 4. Jh. oder später zu setzen sind, vermisst man ebenfalls. In großen Mengen gefundene Eisenschlacken weisen auf eine der wirtschaftlichen Grundlagen des Dorfes hin.[68]

67 Planck 1990, 83–86; Planck 1977, 571; Planck 1984, 744. Die Bruchstücke Planck 1977, Abb. 7,1.2 u. Abb. 12,4 sind limeszeitlich. Für endgültige Aussagen bleiben Untersuchungsergebnisse von Frau S. Spors-Gröger abzuwarten, die die Keramik bearbeitet.

68 Planck 1990, 84.

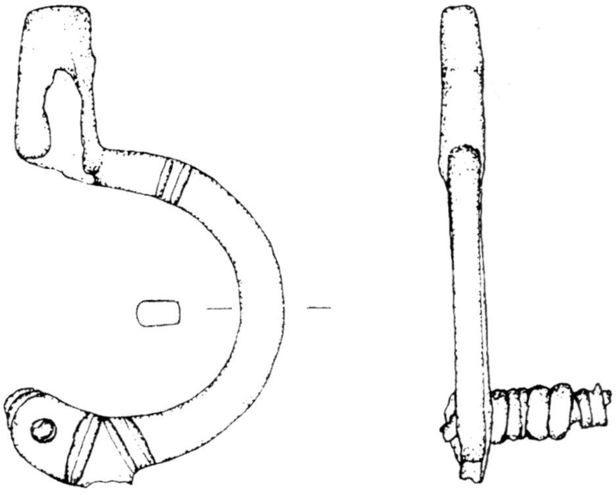

Abb. 13: Heidenheim a.d. Brenz. Frühalamannische Bügelknopffibel. M. 1:1.

6. Heidenheim-Schnaitheim (Abb. 4–6; 16; 17)

Rund 1 km nördlich des Kastells Heidenheim (siehe unten) liegt das Gewann „Fürsamen“, eine zur Brenzaue abfallende, hochwassergeschützte Niederterrasse, die in vor- und frühgeschichtlicher Zeit teilweise dicht besiedelt war.[69] In den seit 1999 andauernden Ausgrabungen wurden mittlerweile etwa 3,5 ha einer frühalamannischen Siedlung mit über 10 000 Einzelbefunden aufgedeckt. Es handelt sich derzeit um die größte zusammenhängend ausgegrabene frühalamannische Siedlung überhaupt, deren Auswertung einmal wegweisend zu werden verspricht. Da der Bearbeitungsstand weit hinter dem Grabungsstand zurücksteht, können hier nur Ausschnitte des Gesamtplans vorgestellt werden (Abb. 4–6). Die Siedlung erstreckt sich im Bereich eines kleinen römischen Gutshofs des 2.–3. Jh. und in dessen Umgebung. Klar in frühalamannische Zeit lassen sich die Pfostenstellungen von mindestens zehn Holzhäusern einordnen, die wenigstens zwei Perioden angehören. Eine detaillierte Befundauswertung dürfte das Bild noch verdichten, denn die vielen Einzelbefunde lassen sich nicht immer auf Anhieb datieren. Den Hausgrundrissen ist ihre weitgehend parallele Ausrichtung in Nord-Süd-Richtung gemeinsam, die in der vorherrschenden nordwestlichen Hauptwindrichtung in diesem Talabschnitt ihre Erklärung findet. Auf den ersten Blick zeichnen sich zwei bis drei Häusergruppen ab, die möglicherweise als drei benachbarte Gehöfte zu interpretieren sind. Zur mittleren Hausgruppe gehörten fünf Grubenhäuser, die sich teilweise zeitlich ablösten. Aus dem älteren Sechs-Pfosten-Bau stammt eine Bügelknopffibel mit verzierter Basisplatte vom Typ Peukendorf (Abb. 16), die in das 4. Jh. zu datieren ist. Sie stellt eine germanische Nachahmung von Sonderformen spätrömischer Zwiebelknopffibeln dar, deren zentrales Verbreitungsgebiet sich auf die Grenzzonen der spätantiken Provinzen Germania I und Raetia II beschränkt.[70] Von Bedeutung ist, dass im „Fürsamen“ der Langhaustyp Renningen/Heidenheim (siehe unten) neben dem aus zwei Gebäudeteilen mit engen Pfostenstellungen bestehenden Sontheimer Haustyp (Gebäude am östlichen Rand neben dem massiven Sechs-Pfosten-Speicher) vorkommt (Abb. 4).[71] Allerdings muss sich erst noch erweisen, ob die beiden mutmaßlichen Hofstellen wirklich gleichzeitig bestanden. Das Befundbild könnte genauso gut durch eine Verlagerung eines Gehöftes nach Süden zur Brenz hin entstanden sein. Das Fehlen des Haustyps Renningen/Heidenheim in Sontheim i. Stubental könnte in dieselbe Richtung weisen. In der kaiserzeitlichen bis spätantiken Siedlung von Gaukönigshofen (Mittelfranken; Abb. 14) jedenfalls stellte sich der Haustyp Renningen/Heidenheim (2./3. Jh.) gegenüber dem Sontheimer Typ mit eng gestellten Außenwandpfosten (4. Jh.) als älter heraus.[72] Bei den Grubenhäusern lässt sich ansatzweise beobachten, dass die etwas größere Variante mit sechs Pfosten die kleinere rechteckige ablöste (Abb. 4).[73]

Eine der Wirtschaftsgrundlagen der Siedlung war die Eisenverhüttung. Vor allem am Siedlungsrand in der Brenzaue fanden sich Reste von Rennfeueröfen, eines Kuppelofens, Schlacken und Luppen (Abb. 17).[74]

Die weitere Erforschung des „Fürsamen“ bietet die in Süddeutschland bisher einmalige Chance, die Struktur und Entwicklung einer vollständig ausgegrabenen völkerwanderungszeitlichen Siedlung nachzuvollziehen.[75] Der wissenschaftliche Wert des „Fürsamen“ wird noch dadurch gesteigert, dass auch die Nachfolgesiedlung in den „Seewiesen“ am ge-

69 Balle 1999; Balle 1999/2000, 120–127; Balle u.a. 2000; Scholz 2003/04, 120–122; Scholz 2005/06, 90–93; Dreier 2006; Knötzele 2007/08.

70 Schulze-Dörrlamm 2000, 599–602; Scholz 2003/04, 118 Abb. 21.

71 Dreier 2006, 178–179.

72 Steidl 2000b, 103.

73 Dreier 2006, 179 F8/1.

74 Gassmann 1999; Dreier 2006, 180.

75 Auch jüngere Arbeiten zur völkerwanderungszeitlichen Besiedlungsgeschichte widmen sich mangels flächig ergrabener Siedlungsbefunde vorwiegend der Siedlungstopographie sowie der Analyse von Fundmaterial, z. B. Schreg 1999; Steidl 2000 und Bücker 1999. Eine neue Grundlage für die Siedlungsforschung bietet nun R. Schreg 2006. Neben Renningen, Ldkr. Böblingen, sind in den letzten Jahren auch bei Vörstetten im Breisgau, zuletzt: Fingerlin 2005, 455 u. 458 und bei Güglingen, Kreis Heilbronn: Kortüm/Neth 2005, 164, frühalamannische Siedlungsreste ausgegraben worden.

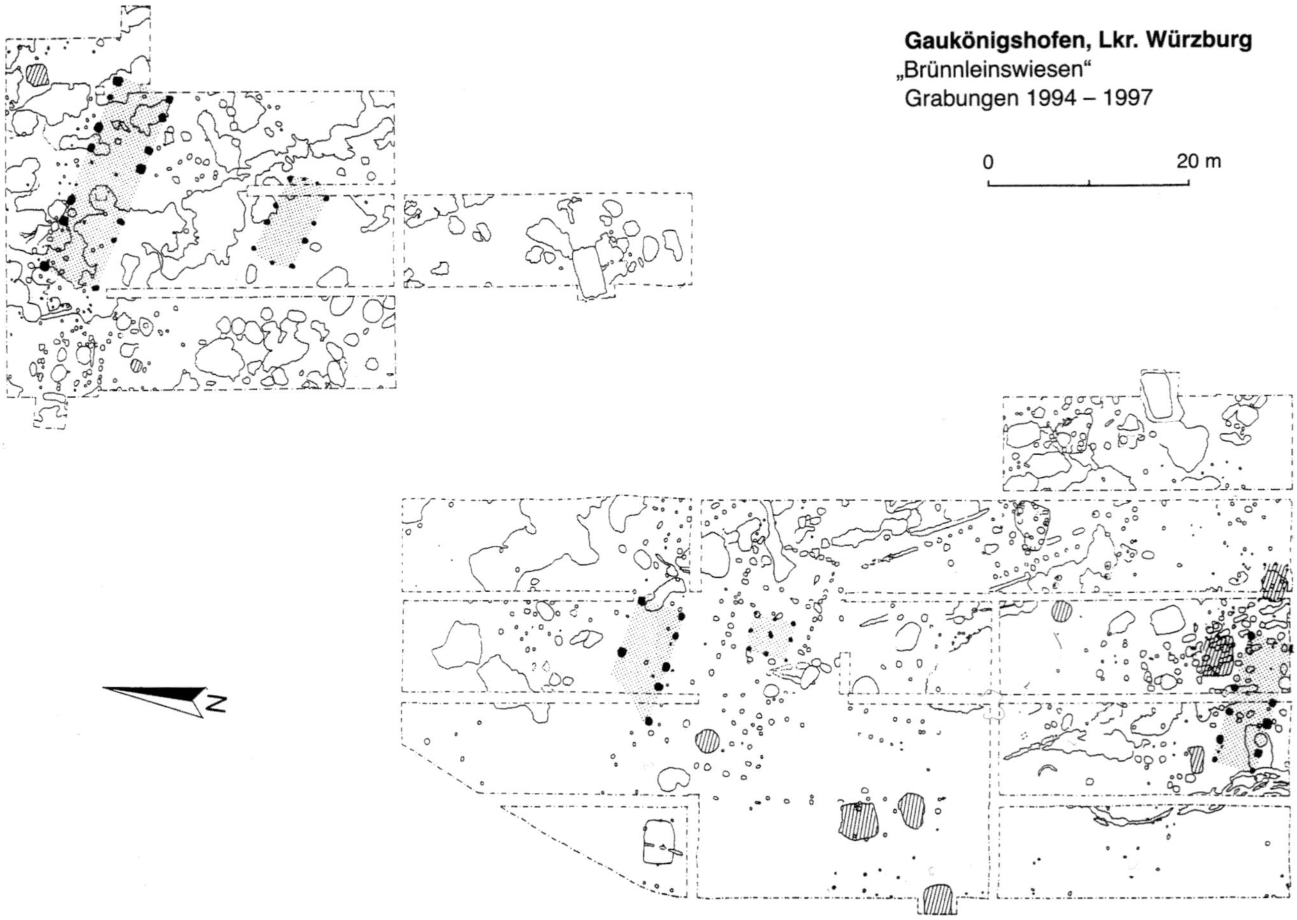

Abb. 14: Gaukönigshofen bei Würzburg. Siedlung des 2.–3. Jh. mit Hausgrundrissen vom Typ Renningen/Heidenheim.

genüberliegenden Brenzufer flächig ergraben und bereits ausgewertet ist.[76]

7. Nattheim (Abb. 7–9)[77]

Noch unveröffentlicht sind die Ausgrabungen im Gewann „Badwiesen/Ochsenwiesen", die zwischen 2002 und 2005 von Hermann Huber (Giengen) durchgeführt wurden.[78] Die frühalamannische Siedlung liegt am Hangfuß unterhalb eines Quellhorizontes. Trotz des nassen Wiesengrundes wurde keine Feuchtbodenerhaltung beobachtet. Der Gesamtplan zeigt, dass bisher – weitere Ausgrabungen stehen bevor – nur ein kleiner Ausschnitt der Niederlassung aufgedeckt wurde. Die Feststellung und Dokumentation der Erdbefunde gestaltete sich schwierig, da die dunkle antike Kulturschicht praktisch nicht vom Oberboden zu trennen war. Im Planum waren die meisten Pfosten nur anhand ihrer Steinverkeilungen zu erkennen; als Erdverfärbungen zeichneten sich manche erst im zweiten Planum oder im Profil ab. Dass die antike Oberfläche hier noch weitgehend intakt ist, offenbaren eine durch Scherben in frühalamannische Zeit datierbare Feuerstelle (Abb. 7 Nr. 11) sowie zwei Aufschüttungen (Abb. 7 Nr. 4 u. 12), die wahrscheinlich als Oberflächenbefestigungen zu deuten sind. Sie bestehen aus Kalksteinen, vielen Tierknochen (auch von Wild), zahlreichen Rückständen der Eisenverhüttung und kleinteiligem römischem Bauschutt (Ziegel, Mörtel). Weitere Funde des 2.–3. Jh., darunter Fragmente von Glas- und Terra-sigillata-Gefäßen sowie eine Omegafibel (Abb. 9), weisen auf eine in der Nähe gelegene römische Siedlung (Gutshof?) hin. Die westliche Kiesschüttung (Weg?), deren Südteil vor Grabungsbeginn teilweise unerkannt abgebaggert worden war, setzte sich nach Süden fort, wie durch eine Sondage geklärt werden konnte. Ein partiell zweiphasiges Gräbchen begleitete sie. Dieses endet an einem 2 m × 2 m messenden Bau, der auf (mindestens) vier steinverkeilte Pfosten gestützt war (Abb. 7 Nr. 1). Er scheint auf den an ihm vorbeiziehenden Weg (?) Rücksicht zu nehmen. Die Vollständigkeit des Grund-

76 Leinthaler 2003.

77 Unter Mitarbeit von R. Schreg (RGZM).

78 Herrn H. Huber sei für die bereitwillig erteilte Publikationserlaubnis und fruchtbare Zusammenarbeit herzlich gedankt.

risses vorausgesetzt, könnte man ihn einem Speicherbau zuweisen.
Unterhalb der westlichen Aufschüttung wurden ältere (?) Pfostenstandspuren angetroffen. Drei davon gehören zu einem Nordwest–Südost orientierten Haus mit acht Pfosten von 5,7 m Länge und 2,8 m Breite (Abb. 7 Nr. 5). Diese Dimensionen entsprechen dem kleinsten Haustyp in Heidenheim (Abb. 3 Nr. 1). Da die Fluchten der angesprochenen Strukturen gleich ausgerichtet sind, dürften sie einer Siedlungseinheit zuzuweisen sein, die im betreffenden Areal mindestens einmal umgestaltet wurde. In welche Periode das Grubenhaus (Abb. 7 Nr. 2) westlich der „Pflasterung" fällt, bleibt zu klären.
Dafür, dass wir nicht nur mit zwei, sondern mindestens mit drei Siedlungsperioden zu rechnen haben, sprechen zwei sich im Mittelbereich der Fläche kreuzende Pfostenreihen, deren relativchronologische Abfolge noch nicht feststeht. Eine Reihe ist Nordwest–Südost orientiert und nimmt damit die Fluchten der beschriebenen Strukturen auf; sie besteht aus kleinen Doppelpföstchen (Abb. 7 Nr. 6). Nach Parallelen in der frühalamannischen Siedlung von Renningen[79] darf man sie wohl als Zaun ansprechen, dessen Pfosten nur selten bis in den gewachsenen Boden eingriffen. Die Verbindung mit einem Hausgrundriss[80] wird außerdem wegen des Fehlens statisch tragfähiger Pfosten in der Nähe verhindert. Zusammen mit den Gräbchen (Abb. 7 Nr. 3 u. 9) könnte sich daraus eine – dann allerdings in unterschiedlicher Technik realisierte – Hofeinteilung ergeben.
Die zweite, mindestens 23 m lange Pfostenreihe besteht aus einzelnen, teilweise mit Steinen verkeilten Pfosten (Abb. 7 Nr. 7). Sie quert die Doppelpfostenreihe in West-Ost-Richtung. Auch hier empfiehlt sich aus denselben Gründen wie bei dieser eine Interpretation als Zaun. Zu seiner Ausrichtung passen Pfostenstellungen im Südosten der Grabungsfläche (Abb. 7 Nr. 10), innerhalb derer eine Feuerstelle erhalten blieb (Abb. 7 Nr. 11). Die Pfosten sind tief (ca. 50 cm; Abb. 8), doch provozieren ihre unregelmäßigen Abstände Fragen nach der Konstruktion des Aufgehenden.
Einer von beiden Hauptfluchten abweichenden Orientierung folgt ein vermutlich unvollständig ausgegrabener Pfostenbau (Abb. 7 Nr. 8). Seine bis zu 70 cm tiefen Pfosten drangen nur knapp in den hellen gewachsenen Boden ein und könnten schon vor Grabungsbeginn mit dem dunklen Oberboden teilweise abgebaggert worden sein.
Die Sichtung des Fundmaterials (Abb. 9) ergab keine nennenswerte Abweichung vom Spektrum benachbarter Siedlungen und spricht daher für eine Datierung ins 4.–5. Jh. Im Vergleich mit Heidenheim und Schnaitheim fällt allerdings – bei insgesamt kleinerem Fundbestand – der höhere Anteil an verzierter Keramik auf.[81] Spätrömische Objekte fehlen.

8. Herbrechtingen[82]

Auf dem Areal eines ehemaligen römischen Gutshofs im Gewann „Stockbrunnen" wurden 2006–2007 Spuren einer völkerwanderungszeitlichen Siedlung des 5. Jh. entdeckt. Ähnlich wie in Nattheim erstreckt sich die Siedlung am Übergang zur Talaue am Fuße eines Hangs. Rund 50 m weiter südlich befindet sich eine Quelle. Ein Gesamtplan der nicht auf Anhieb strukturierbaren Siedlungsbefunde befindet sich in Arbeit. Zur Datierung können Scherben geriefter Keramik sowie eine in Süddeutschland sehr seltene Dreiknopfbügelfibel vom Typ Breitenfurt, deren Hauptverbreitungsgebiet in Mecklenburg und dem Elbemündungsgebiet liegt, hinzugezogen werden.

9. Hermaringen[83]

Am Südrand von Hermaringen sind bei Ausgrabungen 1996 dichte Siedlungsbefunde der Spätlatène- sowie der Völkerwanderungszeit (4. Jh.) zum Vorschein gekommen. Zwei Grubenhäuser konnten zweifelsfrei der frühalamannischen Epoche zugewiesen werden; in einem davon fand sich eine fast prägefrische Kupfermünze des Magnus Maximus (383–387). Die Datierung der sieben vollständig erfassten Grundrisse von Pfostenbauten, die sowohl von Wohn- als auch Wirtschaftsgebäuden stammen, ist ohne Auswertung nicht möglich. Vergleiche mit entsprechenden Grundrissen aus Heidenheim und Schnaitheim sprechen aber dafür, dass zumindest ein Acht- und ein Sechs-Pfosten-Bau frühalamannischer Zeit angehören. Zur Wirtschaftsgrundlage in frühalamannischer Zeit gehörte die Eisenverhüttung. Ein Fortbestand der Siedlung im 5. Jh. zeichnet sich auf Anhieb nicht ab.

Ausblick

Die Auswertung der umfangreichen neuen Ausgrabungen verspricht wesentliche Erkenntnisgewinne

79 Schreg 2006, 177 u. Beilage 23.
80 Hausgrundrisse mit Doppelpfosten-Konstruktion der Außenwände gibt es beispielsweise in der völkerwanderungszeitlichen (5.–6. Jh.) Siedlung in den Heidenheimer „Seewiesen": Leinthaler 2003, 117–136.
81 Zum Anteil verzierter Keramik vgl. auch Balle 2000, 188.
82 Stork/Ludwig 2006, 140.
83 Wieland 1996.

über frühalamannische Siedlungsstrukturen. Vordringlich wäre zu klären, inwieweit anscheinend benachbarte Gehöfte gleichzeitig bestanden oder auf Siedlungsverlagerung zurückgehen. Daraus ergeben sich Konsequenzen für die Bemessung der Bevölkerungsdichte. Eine Funktionsanalyse der verschiedenen Haustypen könnte Rückschlüsse auf die Wirtschaftsgrundlagen (Vieh- und/oder Landwirtschaft) zulassen. Eine Studie zu den Tierknochen ist ein Desiderat; geeignetes Material ist vorhanden.

Der Beginn der frühalamannischen Besiedlung auf der Ostalb und die römische Grenzpolitik

In welchen Bereichen siedelten die Germanen zuerst? Haben sie sich dort aus eigenem Antrieb niedergelassen, oder wurden sie angesiedelt? Die Antwort muss in erster Linie aus den Fundmünzen abgeleitet werden, da andere absolute Post-quem-Jahreszahlen bis auf einzelne Dendrodaten aus den Siedlungen am Sauerbach bei Aalen und bei Heidenheim-Großkuchen nicht zur Verfügung stehen. Außerdem geben diese nicht zwangsläufig den Gründungszeitpunkt der Siedlungen wieder.

Um ein aussagekräftiges Bild der chronologischen wie geographischen Verteilung der Fundmünzen zu erhalten (Tab. 1; 2 und Abb. 18), empfahl es sich, den Betrachtungsraum nicht auf die Heidenheimer Alb zu beschränken, sondern um die nördlichen wie südlichen Randlandschaften zu erweitern, zumal diese anderen siedlungsgeographischen Voraussetzungen unterliegen. Im Norden wurde der Raum Aalen bis Ellwangen mit erfasst, da von dort natürliche Zugänge sowohl zum Kocher-/Brenztal als auch zum Nördlinger Ries bestehen. Das fruchtbare Langenauer Becken sowie das südliche Albvorland zwischen Ulm und Günzburg stellen einen im Vergleich zur Schwäbischen Alb begünstigten Siedlungsraum dar. Das gilt ferner für das Nördlinger Ries, wo mit germanischer Siedlungstätigkeit im letzten Drittel des 3. Jh. zu rechnen ist (Tab. 3). Deshalb und wegen der Nähe zur spätrömischen Donaugrenze erschien es sinnvoll, auch diese Münzreihen zu berücksichtigen. Im Westen wurde die Schwäbische Alb bis Geislingen einbezogen, da die Täler von Fils und Lone weitere natürliche Albpassagen bieten, die bereits in der römischen Grenzsicherung des 2. Jh. eine Rolle gespielt hatten.[84]

Eine methodische Schwierigkeit besteht darin, dass für kaum eine der in Tabelle 1 erfassten Fundmünzen tatsächlich ein ursprünglicher germanischer Siedlungskontext feststeht, da es sich im Wesentlichen um Alt- und Lesefunde handelt. In zweifelsfrei frühalamannischen Kontext gehören immerhin die neuen Funde spätantiker Münzen aus Aalen („Sauerbach"), Heidenheim, Heidenheim-Schnaitheim und Hermaringen. Noch weniger lässt sich allein von Funden spätantiker Münzen auf das Weiterleben limeszeitlicher Siedlungen schließen,[85] wobei allerdings die vier Münzen des Gallienus gleich eingehender zu betrachten sind. Nicht berücksichtigt wurden (gelochte) Münzen aus frühmittelalterlichen Reihengräbern. Die ältesten nachlimeszeitlichen Münzen der Kaiser Gallienus (Alleinherrschaft) bis Probus stammen entweder aus dem Raum Aalen oder Ulm, während die Schwäbische Alb selbst bisher keine zuverlässigen Bodenfunde aus diesem Prägezeitraum aufzuweisen hat. Betrachtet man die Gepräge des Gallienus näher, so gehört das Exemplar aus dem Areal des Kastells Aalen („Maueräcker") nach der Chronologie von R. Göbl bereits der Alleinherrschaft des Gallienus an, während mindestens zwei der drei Stücke aus dem Ulmer Bereich noch in die Zeit der Samtherrschaft mit Valerianus (253–260 n. Chr.) fallen.[86] Diese dürften wegen der Nähe zur Donau noch eher von römischen Aktivitäten – eventuell den bereits oben postulierten Grenzsicherungsmaßnahmen unter Gallienus – herrühren als von germanischen Neusiedlern. Auf Spuren römischen Militärs könnte insbesondere die Tetradrachme östlicher Herkunft hinweisen.[87] Die übrigen Münzen bis Probus aus der Umgebung von Ulm lassen ebenfalls keinen germanischen Kontext erkennen. Sie könnten z. B. auch von römischen Soldaten verloren worden sein, die sich zeitweise in den Ruinen limeszeitlicher Siedlungen zur Demontage von Steinen und anderem verwertbaren Baumaterial aufgehalten haben mochten. Entsprechende Spuren römischer Abbruchtätigkeit, die in die zweite Hälfte des 3. Jh. oder später zu datieren sind, beobachtete man beispielsweise in Sontheim an der Brenz.[88]

Durch den relativ geringen Anteil an Münzen des Prägezeitraums 268–284 sowie vor allem durch das Fehlen von Münzen des „Gallischen Sonderreiches" unterscheidet sich die hier betrachtete Region mar-

84 Heiligmann 1990, 193–199.

85 Zur Korrektur der Thesen K. Stribrnys vgl. Steidl 2006, 82–83.

86 Der Antoninian aus Langenau wäre noch einmal anhand moderner Literatur nachzubestimmen.

87 Auch in diesem Fall empfiehlt sich eine exakte Nachbestimmung der Angaben im FMRD. In welcher Stadt wurde sie geprägt? Könnte sie als frisches Soldgeld von den Vexillationen des Valerianus 256 aus dem Osten mitgebracht worden sein?

88 Nuber 1988, 8–11.

Tabelle 1: Nachlimeszeitliche römische Fundmünzen (nach 253/54 n.Chr. geprägt) von der östlichen Schwäbischen Alb zwischen Geislingen und Neresheim sowie aus den nördlich und südlich angrenzenden Gebieten um Aalen/Ellwangen bzw. Ulm/Langenau. Abkürzungen in Tabelle 1 und 3 nach FMRD: Nominale: AE = Münze aus Kupferlegierung (aes), Nominal unbestimmt, An = Antoninian (Silbermünze), Ar = Argenteus, AR = Silbermünze (Nominal unbestimmt), Au = Aureus, AV = Goldmünze, Nominal unbestimmt, Cen = Centenionalis (Kupfermünze AE3), Fol = Follis (Kupfermünze), Hce = Halbcentenionalis (Kupfermünze AE4), KE = Kleinerz, Mai = Maiorina (große Kupfermünze), Mz = Münze (Nominal und Metall unbestimmt), Sil = siliqua (Silbermünze), Tdr = Tetradrachme. Prägestädte: Ale = Alexandria, Aqu = Aquileia, Are = Arelate, Co = Constantinopolis, Her = Heracleia, Kar = Karthago, Lug = Lugdunum, Med = Mediolanum, Sis = Siscia, The = Thessalonica, Tre = Treveris.

Nominal	Prägeherr	Prägedatum	Prägeort	Fundort	Literatur	Fundstelle/Fundumstände
An	Gallienus	267/268[1]	Rom	Kastell Aalen AA	FMRD II.4, 4001, 49	„Maueräcker“, Lesefund
An	Gallienus	253/268	?	Langenau UL	Pfahl 1999, 56	Fundumstände unbekannt
Tdr	Gallienus	256	Ale	Ulm Umgebung UL	FMRD II.4, 4511, 9	Streufund
An	Gallienus	258	Med	Ulm UL	FMRD II.4, 4508, 7	Kuhberg
An	Valerianus II.	256–259	?	Aalen, Sauerbach AA	AABW 1999, 265h	Ausgrabung am Sauerbach
An	Victorinus	268/270	Col	Geislingen GP	FMRD II.4, 4142, 2	Baustellenfund
Tdr	Claudius II.	270	Ale	Abtsgmünd AA	FMRD II.4, 4003, 2	Baustellenfund
Tdr	Aurelian	270/275	Ale	Abtsgmünd AA	FMRD II.4, 4003, 3	Baustellenfund
KE	Aurelian	270/275	?	Ulm UL	FMRD II.4, 4506, 23	Streufund
An	Probus	276/282	?	Langenau UL	Pfahl 1999, 56	Fundumstände unbekannt
Mz	Probus	276/282	?	Rainau-Buch AA	FMRD II.4, 4009, 10	Fundstelle „Burstel“
An	Probus	276/277	Lug	Kirchheim/Ries AA	FMRD II.4, 4028, 4	Slg. Wallerstein
AE?	Diocletian	284/305	?	Langenau UL	Pfahl 1999, 56	Streufund
Mz	Diocletian	284/305	?	Heidenheim HDH	FMRD II.4, 4189, 7	aus frühalamann. Grab
Fol	Constantius I.	293/305	?	Langenau UL	Pfahl 1999, 56	Fundumstände unbekannt
Fol	Maximianus Herculius	286/305	?	Aalen AA	FMRD II.4, 4001, 50	Lesefund
Fol	Maximianus Herculius	286/305	?	Aalen AA	FMRD II.4, 4001, 51	Lesefund
KE	Maximianus Herculius	286/305	?	Ulm UL	FMRD II.4, 4506, 24	Lesefund
Tdr	Maximianus Herculius	287	Ale	Ulm UL	FMRD II.4, 4506, 25	Baustellenfund
Fol	Maximianus Herculius	306/311	?	Mergelstetten HDH	Pfahl 1999, 56	Fundumstände unbekannt
Fol	Maximianus Herculius	308/310	Ale	Herbrechtingen HDH	Pfahl 1999, 56	Lesefund
Fol	Constantius I. Chlorus	ca. 298	Lug	Schnaitheim HDH	FMRD II.4, 4194/1	Lesefund
Fol	Galerius Maximianus	303	Kar	Gerstetten HDH	Pfahl 1999, 56	Lesefund
Fol	Galerius Maximianus	311	Ale	Heidenheim HDH	FMRD II.4, 4182, 116	Streufund
AR?	Maximinus Daia	311/313	?	Kirchheim/Ries AA	FMRD II.4, 4028, 5	Slg. Wallerstein
Fol	Licinius	308/324	?	Ulm UL	FMRD II.4, 4507, 26	Streufund

Tabelle 1: Fortsetzung. Nachlimeszeitliche römische Fundmünzen (nach 253/54 n.Chr. geprägt) von der östlichen Schwäbischen Alb zwischen Geislingen und Neresheim sowie aus den nördlich und südlich angrenzenden Gebieten um Aalen/Ellwangen bzw. Ulm/Langenau. Abkürzungen in Tabelle 1 und 3 nach FMRD: Nominale: AE = Münze aus Kupferlegierung (aes), Nominal unbestimmt, An = Antoninian (Silbermünze), Ar = Argenteus, AR = Silbermünze (Nominal unbestimmt), Au = Aureus, AV = Goldmünze, Nominal unbestimmt, Cen = Centenionalis (Kupfermünze AE3), Fol = Follis (Kupfermünze), Hce = Halbcentenionalis (Kupfermünze AE4), KE = Kleinerz, Mai = Maiorina (große Kupfermünze), Mz = Münze (Nominal und Metall unbestimmt), Sil = siliqua (Silbermünze), Tdr = Tetradrachme. Prägestädte: Ale = Alexandria, Aqu = Aquileia, Are = Arelate, Co = Constantinopolis, Her = Heracleia, Kar = Karthago, Lug = Lugdunum, Med = Mediolanum, Sis = Siscia, The = Thessalonica, Tre = Treveris.

Nominal	Prägeherr	Prägedatum	Prägeort	Fundort	Literatur	Fundstelle/Fundumstände
AE	Rhescuporis VI. (VII.?)	304/342	?	Rainau-Buch AA	FMRD II.4, 4008 E1, 24	NW-Seite des Kastells
Mz	Constantinus I	293/305	?	Rainau-Buch AA	FMRD II.4, 4009, 11	Fundstelle „Burstel"
Mz	Constantinus I.	306/337	?	Rainau-Buch AA	FMRD II.4, 4009, 12	Fundstelle „Burstel"
Fol	Constantinus I.	306/337	?	Lorch AA	FMRD II.4, 4427, 9	Streufund
AV	Constantinus I.	306/337	?	Niederstotzingen HDH	Pfahl 1999, 56	Fundumstände unbekannt
Ar?	Constantinus I.?	306/337	?	Langenau-Albeck UL	Pfahl 1999, 56	Fundumstände unbekannt
AV	Constantinus I.	306/337	?	Geislingen-Altenstadt GP	FMRD II.4, 4144, 4	Baustellenfund
Au	Constantinus I.	306/337	?	Geislingen-Stötten GP	FMRD II.4, 4156, 1	Lesefund
Mz	Constantinus I.	306/337	?	Ulm UL	FMRD II.4, 4156, 27	Streufund
Mz	Constantinus I.	307/337	?	Heidenheim HDH	FMRD II.4, 4182, 117	Streufund
Fol	Constantinus I	308/313	?	Neresheim HDH	FMRD II.4, 4034, 1-2	Streufunde
Fol	Constantinus I.	313/317	Rom	Herbrechtingen HDH	Pfahl 1999, 56	Lesefund
Fol	Constantinus I.	317/320	?	Aalen AA	FMRD II.4, 4001, 52	Lesefund
Fol	Constantinus I.	317/320	?	Lauchheim AA	FMRD II.4, 4032, 4	Baustellenfund
Fol	Constantinus I.	320/324	?	Aalen AA	FMRD II.4, 4001, 53	Lesefund
Fol	Constantinus I.	320/324	?	Haunsheim DLG	Pfahl 1999, 56	Fundumstände unbekannt
Fol	Constantinus I.	322/325	Tic	Himmlingen AA	FMRD II.4, 4001 E2, 16	Lesefund
Sil	Constantinus I.	323/326	?	Frickingen-Katzenstein HDH	FMRD II.4, 4176, 2	Streufund
Fol	Constantinus I.	330/333	Her	Aalen AA	FMRD II.4, 4001 E2, 17	Lesefund
Fol	Constantinus I.	330/337	?	Aalen AA	FMRD II.4, 4001, 54	Lesefund
Fol	Const. I. für Crispus	317/326	?	Rainau-Buch AA	FMRD II.4, 4009, 13	Fundstelle „Burstel"
Fol	Const. I. für Crispus	320/324	?	Kirchheim/Ries AA	FMRD II.4, 4028, 6	Slg. Wallerstein
Fol	Constantinus I. für Constantinus II.	330/337	The	Umgebung Heidenheim HDH	FMRD II.4, 4192, 21	Streufund
Fol	Constantinus I. für Constantinus II.	324–361	?	Ulm UL	FMRD II.4, 4507, 28	Baustellenfund
Fol	Constantinus I. für Constantinus II.	327/328	Tre	Lauchheim AA	FMRD II.4, 4033 E1, 6	Lesefund

Tabelle 1: Fortsetzung. Nachlimeszeitliche römische Fundmünzen (nach 253/54 n.Chr. geprägt) von der östlichen Schwäbischen Alb zwischen Geislingen und Neresheim sowie aus den nördlich und südlich angrenzenden Gebieten um Aalen/Ellwangen bzw. Ulm/Langenau. Abkürzungen in Tabelle 1 und 3 nach FMRD: Nominale: AE = Münze aus Kupferlegierung (aes), Nominal unbestimmt, An = Antoninian (Silbermünze), Ar = Argenteus, AR = Silbermünze (Nominal unbestimmt), Au = Aureus, AV = Goldmünze, Nominal unbestimmt, Cen = Centenionalis (Kupfermünze AE3), Fol = Follis (Kupfermünze), Hce = Halbcentenionalis (Kupfermünze AE4), KE = Kleinerz, Mai = Maiorina (große Kupfermünze), Mz = Münze (Nominal und Metall unbestimmt), Sil = siliqua (Silbermünze), Tdr = Tetradrachme. Prägestädte: Ale = Alexandria, Aqu = Aquileia, Are = Arelate, Co = Constantinopolis, Her = Heracleia, Kar = Karthago, Lug = Lugdunum, Med = Mediolanum, Sis = Siscia, The = Thessalonica, Tre = Treveris.

Nominal	Prägeherr	Prägedatum	Prägeort	Fundort	Literatur	Fundstelle/Fundumstände
Fol	Constantinus I. für Constantinus II.	317/337	?	Ellwangen AA	FMRD II.4, 4016, 2	Lesefund
Fol	Const. I. Urbs Roma	330/337	?	Lauchheim AA	FMRD II.4, 4032, 5	Baustellenfund
Fol	Constantius II.	333/340	?	Aalen AA	FMRD II.4, 4001, 56	Lesefund
Cen	Constantius II.	346/361	?	Heidenheim HDH	FMRD II.4, 4187, 3-4	Webschule 1900/01
Mai	Constantius II.	346/361	?	Giengen HDH	Pfahl 1999, 56	Fundumstände unbekannt
Cen	Constantius II.	346/361	?	Brenztal HDH	Pfahl 1999, 56	Fundumstände unbekannt
Cen	Constantius II.	346/361	?	Brenztal HDH	Pfahl 1999, 56	Fundumstände unbekannt
Fol	Constantinus II.	317–340	?	Aalen AA	FMRD II.4, 4001, 55	Lesefund
Cen	Constantinus II.	346/361	?	Geislingen GP	FMRD II.4, 4142, 3	Baustellenfund
Mai	Constantinus II.	346/361	?	Ulm Umgebung UL	FMRD II.4, 4511, 11	Streufund
Cen	Constantinus II.	355/360	Aqu	Ellwangen AA	FMRD II.4, 4016 E2	Lesefund
Fol	Constantinus II.	360	?	Schnaitheim HDH	Knötzele 2007/08, 127	frühalamannische Siedlung „Fürsamen“
KE	Constantinus II.	324-361	?	Ulm UL	FMRD II.4, 4507, 30	Streufund
Fol	Constans	337/341	Sis	Heidenheim HDH	FMRD II.4, 4187, 1	Webschule 1900/01
Fol	Constans	337/341	?	Heidenheim HDH	FMRD II.4, 4187, 2	Webschule 1900/01
Mz	Constans	337/350	?	Rainau-Buch AA	FMRD II.4, 4009, 14	Fundstelle „Burstel“
Cen	Constans	341/346	?	Ulm UL	FMRD II.4, 4507, 29	Baustellenfund
Mz	Constantinische Zeit	306–361	?	Schwabsberg AA	FMRD II.4, 4045, 6	Lesefund
Fol	Constantinische Zeit	306–361	?	Essingen AA	FMRD II.4, 4020, 3	bei röm. Villa
Fol	Constantinische Zeit	306–361	?	Heidenheim HDH	FMRD II.4, 4182, 118	beim Bahnbau
KE	Constantinische Zeit	306–361	?	Ulm Umgebung UL	FMRD II.4, 4511, 10	Streufund
Mz	Magnentius	350/353	?	Rainau-Buch AA	FMRD II.4, 4009, 15	Fundstelle „Burstel“
Mai	Magnentius	350/353	Lug	Neresheim AA	FMRD II.4, 4034/1. 1	Gärtnerei Brenner
Mai?	Magnentius	350/353	?	Neresheim AA	FMRD II.4, 4034, 3	Streufund
Mai	Magnentius	350/353	?	Heidenheim HDH	FMRD II.4, 4182, 119	1905 ausgegraben
Cen?	Magnentius	350/353	Lug.	Sontheim/Brenz HDH	Pfahl 1999, 56	Lesefund

Tabelle 1: Fortsetzung. Nachlimeszeitliche römische Fundmünzen (nach 253/54 n.Chr. geprägt) von der östlichen Schwäbischen Alb zwischen Geislingen und Neresheim sowie aus den nördlich und südlich angrenzenden Gebieten um Aalen/Ellwangen bzw. Ulm/Langenau. Abkürzungen in Tabelle 1 und 3 nach FMRD: Nominale: AE = Münze aus Kupferlegierung (aes), Nominal unbestimmt, An = Antoninian (Silbermünze), Ar = Argenteus, AR = Silbermünze (Nominal unbestimmt), Au = Aureus, AV = Goldmünze, Nominal unbestimmt, Cen = Centenionalis (Kupfermünze AE3), Fol = Follis (Kupfermünze), Hce = Halbcentenionalis (Kupfermünze AE4), KE = Kleinerz, Mai = Maiorina (große Kupfermünze), Mz = Münze (Nominal und Metall unbestimmt), Sil = siliqua (Silbermünze), Tdr = Tetradrachme. Prägestädte: Ale = Alexandria, Aqu = Aquileia, Are = Arelate, Co = Constantinopolis, Her = Heracleia, Kar = Karthago, Lug = Lugdunum, Med = Mediolanum, Sis = Siscia, The = Thessalonica, Tre = Treveris.

Nominal	Prägeherr	Prägedatum	Prägeort	Fundort	Literatur	Fundstelle/Fundumstände
Cen?	Magnentius	350/353	?	Niederstotzingen HDH	Pfahl 1999, 56	Fundumstände unbekannt
Mai	Magnentius	350/353	?	Ulm Umgebung UL	FMRD II.4, 4511, 12	Streufund
Mai	Magnentius	350/353	?	Ulm Umgebung UL	FMRD II.4, 4511, 13	Streufund
AE3	Magnentius od. Decentius	351/353	?	Giengen-Burgberg HDH	Pfahl 1999, 56	Lesefund
AE2	Magnentius für Decentius	351/353	Tre	Bernstadt UL	FMRD II.4, 4518 E1, 3	an Römerstraße Urspring–Langenau
Mai	Iulianus	362	?	Weiler-Battenau GP	FMRD II.4, 4161, 2	Lesefund
Cen	Iulianus	360/363	?	Heidenheim HDH	FMRD II.4, 4187, 5	Webschule 1900/01
Cen	Valens	364/367	?	Lauchheim AA	FMRD II.4, 4032, 6	Baustellenfund
Mz	Valentinianus I.?	364/375?	?	Rainau-Buch AA	FMRD II.4, 4009, 16	Fundstelle „Burstel“
Cen	Valentinianus I.	367/375	Sis	Heidenheim HDH	FMRD II.4, 4187, 6-7	Webschule 1900/01
Cen	Valentinianus I.	367/375	?	Heidenheim HDH	FMRD II.4, 4187, 8	Webschule 1900/01
Cen	Valentinianus I.	364/375	?	Ulm Umgebung UL	FMRD II.4, 4511, 14	Streufund
Cen	Valentinianus I.	364/375	?	Haunsheim DLG	Pfahl 1999, 56	Fundumstände unbekannt
Cen	Gratianus	367/375	Are	Neresheim AA	FMRD II.4, 4034/1, 2	Gärtnerei Brenner
Cen	Gratianus	367/375	Are	Neresheim AA	FMRD II.4, 4034/1, 3	Gärtnerei Brenner
Hce (AE4)	Gratianus	367/383	?	Ellwangen AA	FMRD II.4, 4016, 4	Streufund
Mai	Gratianus	367/383	?	Kirchheim/Ries AA	FMRD II.4, 4028, 7	Slg. Wallerstein
Cen	Gratianus	367/383	?	Neresheim AA	FMRD II.4, 4034, 4-5	Streufunde
Mz	Gratianus	367/383	?	Ulm Umgebung UL	FMRD II.4, 4511, 15	Streufund
Cen	Gratianus	378/383	Sis	Kerkingen AA	FMRD II.4, 4027/1	Lesefund
Cen	Magnus Maximus	383–387	Lug	Hermaringen HDH	AABW 1996, 313h	Ausgrabung „Berger Steig“
Cen	Theodosius I.	379/395	?	Heidenheim HDH	FMRD II.4, 4188, 10	Totenberg
AE	Theodosius I.	379/395	?	Giengen HDH	Pfahl 1999, 56	Fundumstände unbekannt
Hce (AE4)	Valentinian II./ Theodosius I./Arcadius	388/392	?	Neresheim AA	FMRD II.4, 4034/1, 4	Gärtnerei Brenner
AR	4. Jh.	?	?	Heidenheim HDH	FMRD II.4, 4182, 120	1906 ausgegraben
AU	Iovinus	411/413	?	Ulm UL	FMRD II.4, 4507, 31	Herkunft unklar

1 Datierung der zehn Emissionen aus Rom nach Göbl 2000, 94.

Tabelle 2: Zeitliche Verteilung der Münzen aus Tabelle 1.

Gallienus	5
268–284	7
Tetrarchie	15
Constantinus I.	25
Söhne von Constantinus I.	15
Constantinische Zeit unbestimmt	4
Magnentius	10
Iulianus	2
Valens / Valentinianus I.	6
Gratianus und Magnus Maximus	8
Theodosius I.	2

kant von dem westlich gelegenen ehemaligen obergermanischen Limesgebiet, wo im Kontext germanischer Siedlungsplätze Münzen des Gallienus aus der Samt- und Alleinherrschaft sowie des sogenannten „Gallischen Sonderreichs" gefunden wurden. Das gilt insbesondere für das Neckarland[89] – exemplarisch seien die Fundplätze Bietigheim-Weilerlen[90] und Wurmlingen[91] genannt – sowie für das Untermaingebiet und die Wetterau bei Frankfurt.[92] Möglicherweise wurden diese Germanen als Verbündete bereits von Gallienus während seines Aufenthalts am Rhein 257–259 zur Kontrolle wichtiger Verkehrswege oder spätestens von Postumus als südöstlicher Flankenschutz seines Machtbereichs im Bürgerkrieg dort angesiedelt.[93] Die Streitkräfte des Gallischen Sonderreiches wurden spätestens unter Victorinus (269–271) in großem Stil mit Germanen verstärkt.[94]

89 Siehe beispielsweise die Münzreihen von Esslingen FMRD II.4, 4127; Köngen ebd. 4133; Heilbronn ebd. 4222; 4235; Jagsthausen ebd. 4247; Umgebung von Öhringen ebd. 4413; Cannstatt ebd. S. 261; Welzheim ebd. 4598.

90 Balle 2000, 184; Klein 1988, 334–335 Abb. 245 (Antoninian und Aes des Postumus, Antoniniane des Claudius Gothicus und Tetricus I.); Klein 1997, 209 Abb. 134 k (Minimus Radiatus); Klein 2001, 254 Abb. 228 g (Antoninian des Gallienus).

91 Reuter 2003, 105–106.

92 Steidl 2000, 117.

93 Jenseits von Mainz seien unter Gallienus 80 Leugen römischen Gebiets von den Barbaren besetzt worden: sub Gallieno imperatore a barbaris occupatae sunt: Geographi Latini Minores 14 = Dirlmeier/Gottlieb 1978, 115.

94 SHA Tyranni Triginta 6,2 (vita Victorini): ingentia auxilia Germanorum. Von einer Ansiedlung dieser Krieger kann aber nicht die Rede sein.

Tabelle 3: Nachlimeszeitliche römische Fundmünzen (nach 253 / 254 n. Chr.) aus dem Nördlinger Ries (nach FMRD). Abkürzungen siehe Tab. 1.

Nominal	Prägeherr	Prägedatum	Prägeort	Fundort	Literatur	Fundstelle / Fundumstände
An	Claudius II.	268 / 270	Rom	„Ries"	FMRD I.7, 7340, 8	Fundumstände unbekannt
An	Quintillus	270	Med	„Ries"	FMRD I.7, 7340, 9	Fundumstände unbekannt
An	Carinus	282 / 284	?	Munningen	FMRD I.7, 7333, 40	Streufund
An	Maximianus Herculius	284 / 293	?	Munningen	FMRD I.7, 7333, 41	Streufund
Fol	Maximianus Herculius	293 / 305	?	Oettingen i. Bay.	FMRD I.7, 7339, 11	Fundumstände unbekannt
Au	Diocletian	284 / 305	?	Sulzdorf (DON)	FMRD I.7, 7086, 1	Streufund
Fol	Licinius I.	308 / 324	?	Uebersfeld (DON)	FMRD I.7, 7087, 2	Streufund
Fol	Constantinus I.	320 / 324	?	Katzenstein (DON)	FMRD I.7, 7078, 1	Fundumstände unbekannt
Fol	Constantinus I.	326 / 330	Lug	Munningen	FMRD I.7, 7333, 42	Streufund
Fol	Constantinus I. für Constantinus II.	335 / 337 / 340	?	Oettingen i. Bay.	FMRD I.7, 7339, 12	Fundumstände unbekannt
Fol	Constantinus II.	340 / 346	Sis	Munningen	FMRD I.7, 7333, 43	Streufund
AE	Magnentius	350 / 353	?	Oettingen i. Bay.	FMRD I.7, 7339, 13	Fundumstände unbekannt
Cen	Magnentius	350 / 353	Gall?	Amerdingen (DON)	FMRD I.7, 7325, 3	Streufund
Cen	Valentinianus I.	364 / 375	Sis?	Munningen	FMRD I.7, 7333, 44	Streufund
Cen	Valens	364 / 378	?	Harburg (DON)	FMRD I.7, 7077, 6	Fundumstände unbekannt

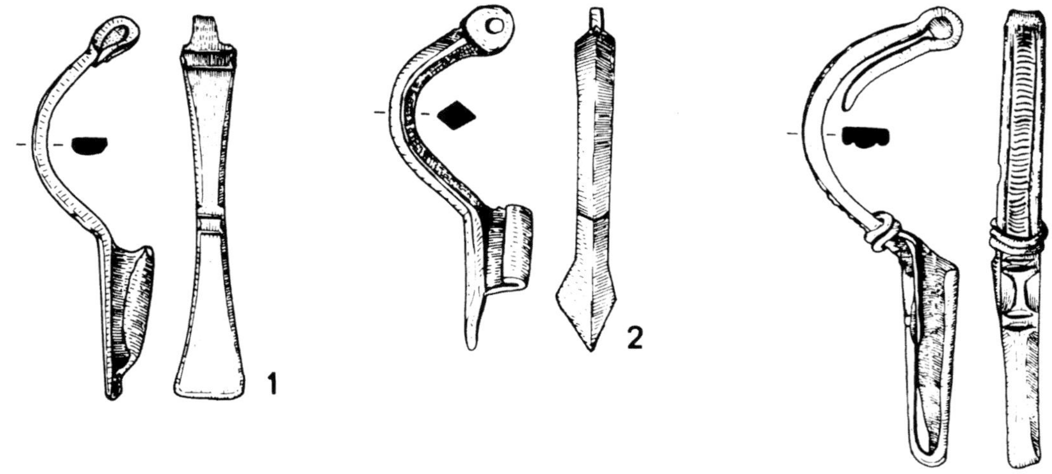

Abb. 15: Sontheim im Stubental. Frühalamannische Fibeln. M. 1:1.

Die einzige Münze des Sonderreichs, ein Antoninian des Victorinus, stammt aus Geislingen, also vom Westrand des Erfassungsgebiets. Welches historische Gewicht ihr zukommt, das heißt, ob das bereits in der Provinz Obergermanien liegende Filstal auch nach 265 noch zum Einflussbereich des Sonderreiches gehörte, müssen künftige Forschungen und Neufunde erweisen. Wie schwierig die Situation im „Niemandsland" zwischen Sonder- und Zentralreich zu beurteilen ist, zeigt ein „Hort" von sechs Antoninianen von Valerianus I., Gallienus und Probus (Prägezeitraum 254–282), der beim Pflügen im Bodenteil eines Tongefäßes in Gomadingen (Kreis Reutlingen) gefunden worden sein soll.[95] Die Situation dieses weiter südwestlich gelegenen Fundplatzes ist mit der von Geislingen vergleichbar, denn die Fundstelle liegt an einem Albübergang, der bereits im 2. Jh. durch ein römisches Kastell gesichert war (dort Eislingen, hier Gomadingen-Hausen). Der – möglicherweise unvollständig überlieferte – Kollektivfund setzt sich aber aus Münzen der „Zentralkaiser" zusammen. Wurde er bis zu seiner Deponierung vor Ort zusammengetragen oder von post quem 282 neu zugezogenen Leuten (Germanen?) vergraben, die ihre Besitztümer mitbrachten?

Abb. 16: Heidenheim-Schnaitheim, „Fürsamen". Frühalamannische Fibel vom Typ Peukendorf. M. 1:1.

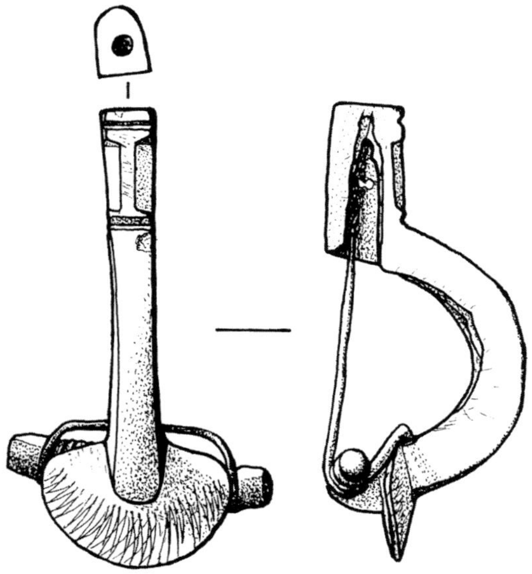

Auffällig sind die insgesamt fünf Geldstücke von Gallienus (Samtherrschaft und Alleinherrschaft) bis Probus aus der Umgebung von Aalen, von denen zumindest ein Antoninian des Gallienus für Valerianus II. gesichert aus frühalamannischem Siedlungskontext stammt (Aalen, „Sauerbach"). Es bleibt natürlich zu klären, ob diese Münzen als Plünderungsgut an ihre Fundstelle gelangten oder – wie ich annehme – als römische Subsidienleistung. Für die zuletzt genannte Variante mag sprechen, dass andere römische Wertgegenstände, die als Beutegut interpretierbar wären, in den frühalamannischen Siedlungsbefunden der Region einstweilen fehlen. Dabei könnte es sich z. B. wie in mainfränkischen Siedlungen des 3. Jh. um Buntmetallschrott[96] oder auch um limeszeitliche Münzen handeln, wie sie in zeitgenössischen römischen Münzhorten noch vorkommen.[97] Hier sei die Hypothese zur Diskussion gestellt, dass Gallienus nach der Rückeroberung Raetiens die strategisch wichtigen Zugänge zum Kocher- und Brenztal sowie ins Nördlinger Ries bei

95 Klein 1995, 341–342.
96 Steidl 2000b, 109.
97 So besteht der Münzhort von Neftenbach (CH), der 265 oder kurz danach verborgen wurde, hauptsächlich aus Antoninianen der Zeitspanne 238–253, wobei Prägungen Gordians III. den größten Anteil stellen: v. Kaenel u.a. 1993, 118–120.

Kirchheim durch Vorposten neu angesiedelter germanischer Verbündeter gegen Barbareneinfälle und potenzielle Flankenangriffe seitens des Postumus sichern ließ.
Im nördlichen Vorfeld des Gebirges scheint eine andere Politik verfolgt worden zu sein als auf der östlichen Schwäbischen Alb selbst. Dieser Schluss liegt nahe, wenn man den numismatischen Negativbefund für die zweite Hälfte des 3. Jh. nicht als zufällig beurteilt, sondern als einen Niederschlag römischer Grenzpolitik akzeptiert. Trotz der umfangreichen Siedlungsgrabungen im Raum Heidenheim setzt die Münzreihe erst mit Diocletianus bzw. der ersten Tetrarchie wieder ein. Keine hier gefundene Münze kann mit Sicherheit vor 300 datiert werden.[98] Es sieht vielmehr so aus, als habe Rom ein siedlungsfreies „Niemandsland" im Gebirge angestrebt oder zumindest keine Initiative zu einer (germanischen) Neuaufsiedlung ergriffen. Im Gegensatz zum Neckarland lag das raetische Limesgebiet bereits abseits der unmittelbaren Reibungszone von Zentral- und Sonderreich, so dass sich die Investitionen für eine Neuaufsiedlung des zerstörten raetischen Limesgebiets mit verbündeten Germanen für Gallienus kaum gelohnt hätten, andererseits aber eine eigenmächtige „Landnahme" durch Germanen von Rom wohl schwerlich hingenommen worden wäre.
Auch unter den bis heute bekannt gewordenen frühalamannischen Fibeln von der Ostalb lässt sich keine eindeutig vor das Ende des 3. Jh. datieren (Abb. 9; 13; 15; 16; 19). Lediglich zwei der „Elbefibeln" aus Sontheim im Stubental weisen mit ihrer trapezoiden Fußplatte (Abb. 15,1) bzw. mit ihrer Nadeltasche anstelle eines Nadelhalters (Abb. 15,3) zwar durchaus Merkmale elbgermanischer Fibeln der zweiten Hälfte des 3. Jh. (Stufe C2) auf, doch finden der rechteckige Nadelhalter von Fibel Abbildung 15,2 und die facettierte Kopfzier von Fibel Abbildung 15,3 wiederum eher im 4. Jh. Parallelen.[99]
Mit Ausnahme der Münzen ist bisher kein anderes zeitgenössisches römisches Importgut aus frühalamannischem Siedlungskontext bekannt geworden. Auch hierin unterscheiden sich die Ostalb-Alamannen von den germanischen Gruppen im Neckarland und in der Wetterau bei Frankfurt. Wie lässt sich dieser Negativbefund erklären? Ein bloßes Quellenproblem scheidet angesichts der umfangreichen Siedlungsgrabungen im Raum Heidenheim wahrscheinlich aus, obwohl deren wissenschaftliche Bearbeitung noch aussteht. Eine chronologische Diskrepanz kommt nicht in Betracht, da die Münzen der Epoche ja vorliegen. Mangelnde Verfügbarkeit spätrömischer Importwaren aus dem Rheinland und den raetischen Provinzen trifft auch nicht zu, denn

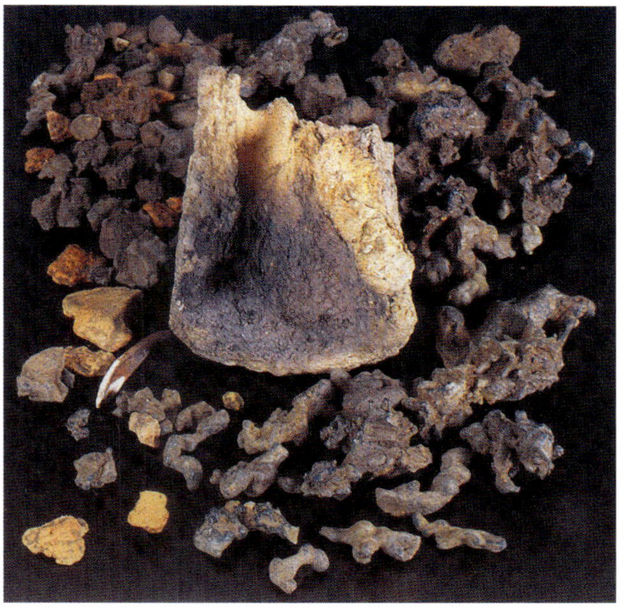

Abb. 17: Heidenheim-Schnaitheim, „Fürsamen". Spuren frühalamannischer Eisenverhüttung: Ofendüse und Schlacken.

Rädchensigillata aus den Argonnen, grün glasierte Reibschüsseln, Mayener Ware, Firnis- bzw. Spruchbecher, Nigra-Waren, Gläser sowie Lavezgefäße aus Speckstein sind südlich der Donau in nicht geringem Umfang vorhanden, so z. B. in den Gräbern von Günzburg und im „Bürgle" von Gundremmingen.[100] Waren die Ostalb-Germanen zu genügsam, um sich mit römischem Tafelgeschirr zu versorgen?[101] Dieses Argument ist schwer widerlegbar, zumal sich die Existenz einer finanzkräftigen lokalen Elite nirgendwo abzeichnet. Auch aus der Siedlung von Sontheim i. Stubental sind bisher keine römischen Importgüter bekannt geworden. Da sich die rechteckige Umwehrung inzwischen als hallstattzeitlicher Herrenhof herausgestellt hat, kann die Befestigung nicht mehr für einen vermeintlichen Son-

98 Unsichere Angaben zu FMRD II.4, 4179, 5 (Antoninian des Tetricus I aus der „Umgebung von Giengen"), FMRD II.4, 4190, 2 (Antoninian des Gallienus von 253/268 „angeblich in Heidenheim gefunden") sowie FMRD II.4, 4207, 1 (Münze des Probus 276/282 angeblich aus Oberstotzingen) begründen Zweifel an deren Bodenechtheit und bleiben hier daher unberücksichtigt.

99 Planck 1990, 83 mit Anm. 14; vgl. auch die Chronologiediskussion bei Schuster 2001, 63–92, 84 Abb. 11 u. 86.

100 Czysz 2002, 187; 188; 195–205; Bersu 1964, Taf. 11–19.

101 Um die „pekuniären" Verhältnisse dort besser beurteilen zu können, wäre auch eine Aufarbeitung der Tierknochenfunde aus den Siedlungen von Heidenheim, Heidenheim-Schnaitheim und Nattheim wünschenswert, da Viehzucht neben der Eisenverhüttung offenbar eine wesentliche Wirtschaftsgrundlage war. Vgl. auch Balle 2000, 184: in der frühalamannischen Siedlung „Weilerlen" gibt es Rinderknochen, deren Maße eher auf römische Zuchttiere hinweisen als auf germanische Rinder.

derstatus der später an dieser Stelle gelegenen frühalamannischen Siedlung in Anspruch genommen werden.[102] Erwähnt werden lediglich wenige Stücke Terra-nigra-Imitation,[103] wie sie als Feinkeramik auch in den übrigen Siedlungen des Arbeitsgebiets nachzuweisen sind.

Frühalamannische Gräber des 3. bis frühen 5. Jh. fallen als Gradmesser des sozialen Status weitgehend aus. Aus der hier betrachteten Region sind nur drei Einzelgräber anzuführen, und zwar aus Heidenheim (siehe oben, Abb. 11), Hermaringen und Sontheim an der Brenz.[104] Aufgrund der Bestattungssitten sind sie aber in ganz Südwestdeutschland selten. Während die vermutliche Großeltern- oder Urgroßelterngeneration eingewanderter (Elb-)Germanen noch die traditionelle Verbrennung und Bestattung in Ascheurnen pflegte, entschieden sich die bereits auf ehemaligem römischem Provinzterritorium geborenen

102 Planck 1990, 83; Bücker 1999, 142–143.

103 Planck 1990, 83–86; Planck 1977, 571. Die Bruchstücke Planck 1977 Abb. 7,1.2 u. Abb. 12,4 sind limeszeitlich. Für endgültige Aussagen bleibt das Ergebnis der laufenden Untersuchung des Fundmaterials durch S. Spors-Gröger abzuwarten.

104 Pfahl 1999, Nr. 79 (mit Keramik- und Glasbecher) bzw. Nr. 140 (scheibenförmige Riemenzunge aus Bronze und Messer).

Abb. 18: Verbreitung römischer Fundmünzen im Bereich der östlichen Schwäbischen Alb. Kleine Symbole: 1–4 Münzen, große Symbole: mehr als 5 Münzen. Oval hinterlegt: Münzen verschiedener oder unbekannter Fundstellen im Umfeld eines Ortes. Kleine schwarze Punkte: im Text erwähnte Orte ohne Münzfunde.

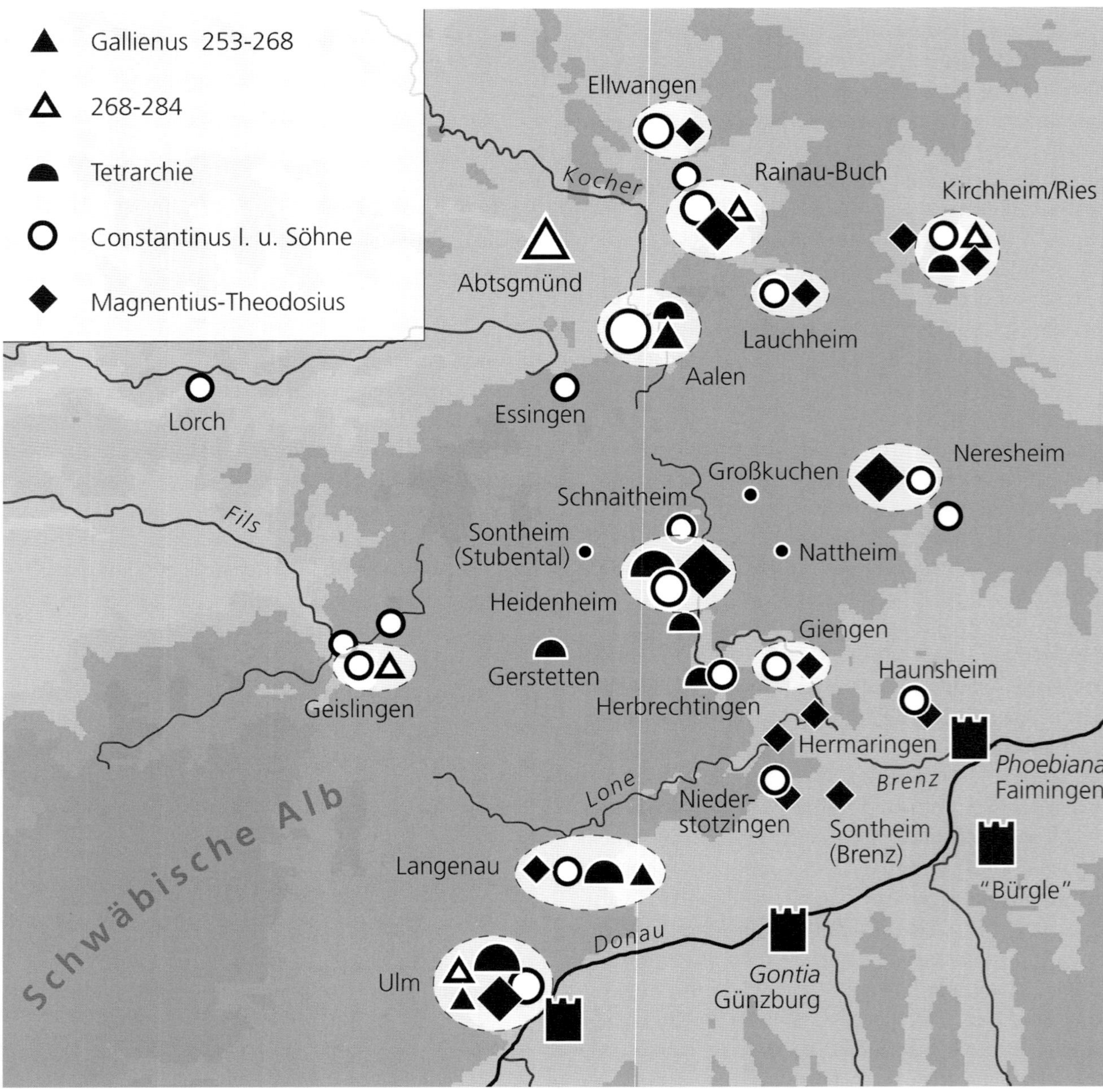

Enkel im 4. Jh. zunehmend für die Körperbestattung.[105] Hier wird vielleicht einer der spärlichen Einflüsse spätrömischer Kultur fassbar (siehe unten). Meist ärmlich ausgestattete Einzelgräber und kleine Grabgruppen in den Randzonen der Siedlungen sind für diese Zeit typisch,[106] wohingegen über mehrere Generationen belegte Reihengräberfelder als Ortsfriedhöfe sich erst im 5. Jh. entwickelten. Das Fehlen eines einzelnen, reich ausgestatteten Grabes wie jene aus Lauffen am Neckar,[107] vom Spielberg bei Erlbach im Ries[108] oder aus Hilzingen im Hegau[109] könnte daher auf bloßem Zufall beruhen.

Der im Vergleich mit den (westlich) benachbarten Regionen spät fassbare Siedlungsbeginn bei gleichzeitigem Fehlen römischer Importwaren könnte aber auch der kulturellen Ferne der Ostalb-Germanen zur spätrömischen Lebensweise geschuldet sein. Nach derzeitiger Quellenlage haben sich Germanen am Neckar rund eine Generation früher niedergelassen, in der Wetterau und am Untermain nach neueren Indizien vielleicht sogar schon zwei Generationen zuvor, also noch während der späten Limeszeit.[110] Deren längere Vertrautheit mit der römischen Kultur drückt sich besonders darin aus, dass sie während der 280er Jahre offenbar Kupfermünzen nach zeitgenössisch-römischem Vorbild imitierten.[111] Die Verteilung germanischen Fundstoffs des 3. Jh. am obergermanischen und raetischen Limes offenbart dasselbe Ungleichgewicht: am raetischen Limes findet man Metallobjekte germanischer Provenienz seltener als am obergermanischen, und ihre chronologische Einordnung noch in die späte Limeszeit oder danach bleibt unsicher.[112] Wenn der Fundniederschlag den historischen Tatsachen entspricht, wäre zu fragen, ob die Ostalb-Alamannen dieselbe „elbgermanische" Herkunft haben wie jene westlich benachbarten Gruppen oder ob sie aus einer anderen Ursprungsregion eingewandert sind. Der Haustyp Heidenheim/Renningen scheint zumindest beim derzeitigen Forschungsstand noch eine andere, nördliche kulturelle Bezugsrichtung anzuzeigen (Mainfranken?). Inwieweit wir hier tatsächlich Elbgermanen oder „elbgermanisierte" Germanen unterschiedlicher *origo* fassen, bleibt künftigen Studien zu klären vorbehalten.[113] Hierbei ist zunächst an die Keramik zu denken: Eignet sich etwa der – auch geochemisch geführte – Vergleich mit anderen germanischen Nigra-Imitationen z. B. aus Thüringen oder dem rechtsrheinischen Gebiet, um auf Handels- oder Einwanderungsrichtungen zu schließen?[114] Wie groß ist die Verwechslungsgefahr mit Nigra-Produkten aus der römischen Provinz wirklich? Möglicherweise wird auch einmal der systematische Vergleich von Verzierungsmustern weitere Unterschiede offenbaren.

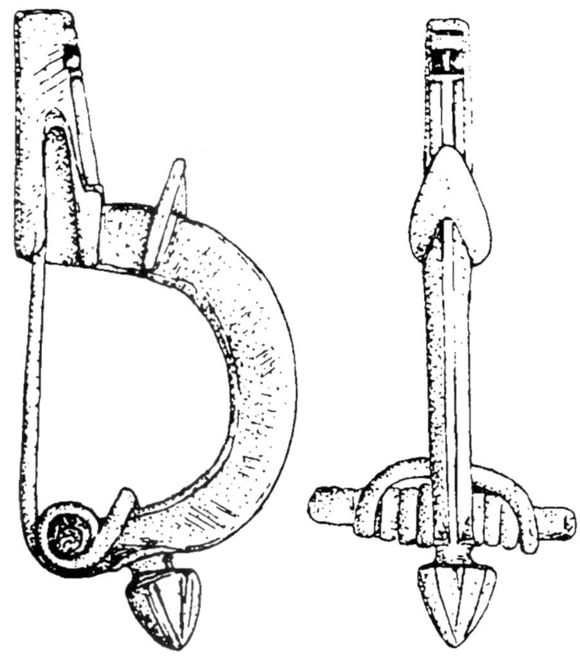

Abb. 19: Rammingen (bei Langenau). Frühalamannische Bügelknopffibel. M. 1:1.

Nimmt man den Status quo der numismatischen Evidenz historisch ernst, sollte man sich von der Vorstellung einer synchronen, flächendeckenden „alamannischen Landnahme" des ehemaligen Limesgebiets in der zweiten Hälfte des 3. Jh. lösen und eine eher kleinräumige Betrachtung verfolgen. Dabei ist zu berücksichtigen, welches Schicksal welcher Region des Limesgebiets im 3. Jh. widerfuhr und welche (strategische) Bedeutung ihr in der Politik römischer Machthaber fortan zukommen konnte. Dass die Ostalb-Alamannen trotz ihrer mutmaßlichen kulturellen Fremdheit wahrscheinlich auf Initiative Roms im Vorfeld der Donau angesiedelt wurden, scheint zunächst das Münzgeld zum Ausdruck zu

105 Schach-Dörges 1998, 639–647; Czysz 2002, 201 mit Anm. 535.
106 Vgl. die frühalamannische Siedlung Mengen-„Löchleacker" mit den zugehörigen Gräbern (2 Brand-, 2 Körperbestattungen) bei Bücker 2006, 17; ferner Trumm 2002, 124.
107 Planck 1990, 71–78.
108 Schach-Dörges 1997, 89.
109 Bücker 2002, 155–168.
110 Steidl 2000, 123; Walter 2000, 70–71 (zu den Funden rhein-weser-germanischer Keramik im Taunus).
111 Auf Münzprägung vor Ort deuten Funde von Schrötlingen in den germanischen Siedlungen Bad Nauheim „Deutergraben", Echzell „Heinrichswiese" und Bietigheim-„Weilerlen" hin: Steidl 2000, 25; Balle 2000, 184.
112 Steidl 1999, 128–139; Steidl 2000, 123; Reuter 2007, 93 (Theilenhofen), 108 (Pförring) u. 131 f.
113 So führt etwa Walter 2000, 63–65 Beispiele dafür an, dass an vertrauter Kochkeramik für spezifische Speisen auch in veränderter kultureller Umgebung „konservativ" festgehalten wird.
114 Siehe Balle 2000, 192–193.

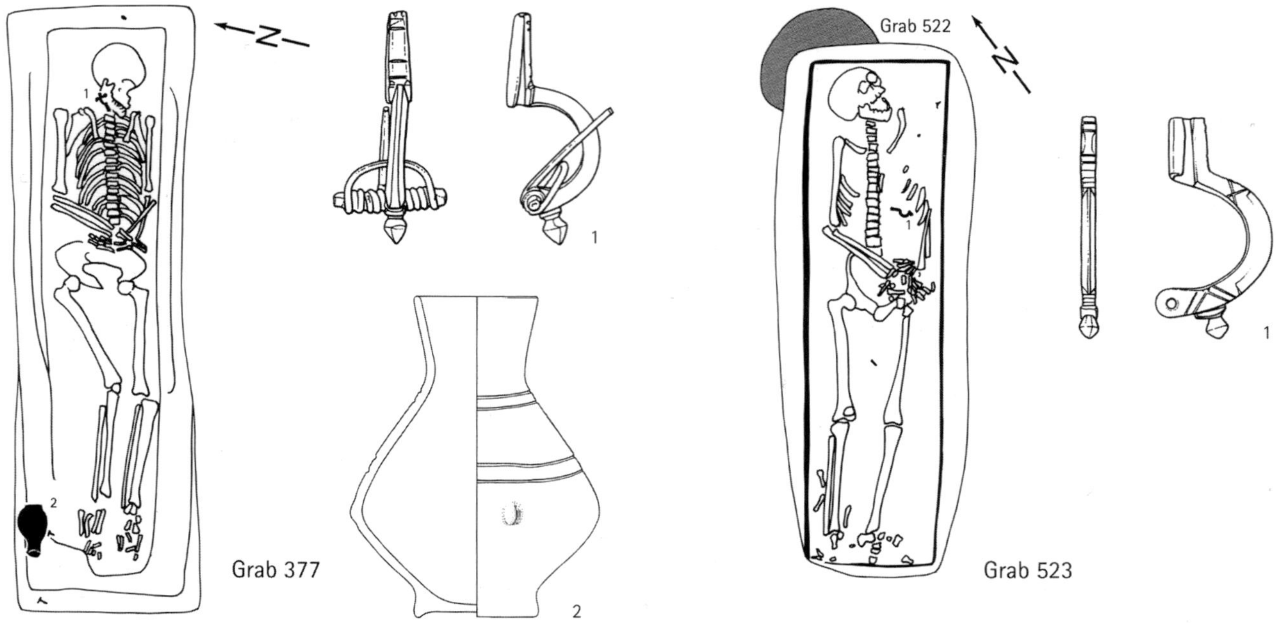

Abb. 20: Günzburg. Zwei Gräber mit germanischen Beigaben.

bringen, bei dessen überwiegender Mehrheit es sich um Kupfermünzen handelt, die kaum Beutegut von Raubzügen gewesen sein dürften. Außerdem ist auf die Tatsache hinzuweisen, dass etwa gleichzeitig um 300 scheinbar schlagartig eine deutliche germanische Komponente in den Gräbern und im Fundbestand des spätrömischen Günzburg fassbar wird, die es dort zuvor nicht gab (Abb. 20). Neben Einzelfunden handelt es sich dabei um mehr als zwanzig Körpergräber des fortgeschrittenen 4. Jh., die aufgrund ihrer Beigaben (Bügelknopffibeln und handgeformte Keramikbecher) als elbgermanisch eingestuft werden können.[115] Dieser archäologische Befund harmoniert mit dem Hinweis auf den (wieder geöffneten?) Donauübergang bei Günzburg *(transitus Guntiensis)* in einem Panegyricus auf Constantius I. Chlorus aus dem Jahre 297 n. Chr. (Pan. Lat. V,2). Ob es sich bei den Germanen beiderseits des Stroms tatsächlich um Angehörige derselben Gruppe handelt, bleibt zu verifizieren, doch gilt es künftig stets auch die Entwicklung südlich der Donau mit im Blick zu behalten. Vorläufig möchte ich mit der These resümieren, dass die tetrarchische Reorganisation der Donaulinie auch die Neuordnung in deren nördlichem Vorfeld einschloss, indem dort unter Constantius I. Chlorus besiegte Barbaren angesiedelt wurden (Pan. Lat. V,2). Der Höhepunkt römisch-germanischer Beziehungen wurde in der Region zweifellos unter Constantinus I. erreicht.[116] Von ihm stammen nicht nur 28 % aller Münzen, sondern auch drei von vier Goldmünzen des Gesamtbestands (siehe Tab. 1). Gerade Constantinus I., der durch das Zutun des germanischen Offiziers Crocus wider die vorgesehene Nachfolgeregelung an die Macht gekommen war, reihte in großer Zahl germanische Söldner unter ihren eigenen Anführern in das römische Heer ein.[117] Allein auf die Aussage der Münzreihe gestützt, wurde die Bündnispolitik jenseits der Donau auch von seinen Nachfolgern fortgesetzt. Teile spätrömischer Militärausrüstung, die im Sinne einer gezielten Aufrüstung germanischer Partner durch Rom gewertet werden könnten, liegen allerdings nicht vor.[118] Durch die Usurpation des Magnentius und den anschließenden Bürgerkrieg gegen Constantinus II. zeichnen sich hier – augenscheinlich im Gegensatz zu anderen Regionen[119] – keine Veränderungen ab. Die Münzreihe läuft ungebrochen weiter, verrät aber durch die nahezu gleichen Anteile von Geprägen des Magnentius wie des Constantinus II. (10 bzw. mindestens 11) auch keine einseitige Neigung zugunsten der einen oder anderen Partei. Ein Bruch erfolgte erst während oder nach der Herrschaft von Theodosius I.

Bisher habe ich versucht, die nachlimeszeitlichen Fundmünzen im Heidenheimer Raum als Niederschlag römischer Grenzpolitik zu erklären. Wie aber benutzten die Alamannen das römische (Klein-)

115 Czysz 2002, 203–206; Czysz 2004.
116 Vgl. auch Unterfranken: Steidl 2000b, 110.
117 Martin 1997, 120–122.
118 Die Riemenzunge aus Grab 189 von Sontheim/Brenz ist germanischer Provenienz: Pfahl 1999, 204 Nr. 140.
119 Vgl. z. B. Steidl 2000, 110b; Schallmayer 1998, 150.

Geld? Hier sind prinzipiell Edelmetall- und Kupfermünzen zu unterscheiden. So sind die Silbernominale des 3. Jh. und die wenigen konstantinischen Goldmünzen vielleicht doch anders zu beurteilen als das Kupferkleingeld des 4. Jh. Im Gegensatz zu Siedlungsgrabungen in den spätantiken Grenzprovinzen werden Kupfermünzen dieser Zeit in den frühalamannischen Siedlungen nicht zu Dutzenden, sondern lediglich einzeln gefunden. Von einem der spätantiken römischen Provinz angeglichenen Kleingeldumlauf kann also nicht die Rede sein. Der Mangel an (erhaltenen) römischen Importgütern zeigt, dass man wohl kaum regelmäßig bei römischen Händlern einkaufte. Die Fundumstände des Minimi-Schatzfundes von Heidenheim weisen letztlich einen anderen Interpretationsweg: Blieben die sporadischen spätantiken Fundmünzen nicht einfach als Zufallsverluste von einzuschmelzendem Altmetall übrig? Stimmt das, kann man den Kulturbruch zwischen römischer Limeszeit und frühalamannischer Besiedlung kaum überschätzen. Alle archäologischen Indizien deuten genau darauf hin.

Einstweilen gibt es aus der Region nur sehr wenig Fundmaterial, das man dem 5. Jh. zuweisen kann.[120] Dazu gehören gewiss der Siedlungsfund einer Fibel vom Typ Breitenfurt aus Herbrechtingen (siehe oben) und vielleicht auch ein aus Horn geschnitzter Musterstempel für Keramikgefäße aus Heidenheim (siehe oben). Möglicherweise würde die Analyse des reichen Fundmaterials der neuen Ausgrabungen zu erheblichen Fortschritten führen.

Um die Gesetzmäßigkeiten der frühalamannischen Besiedlung besser zu verstehen, werden sich künftige Forschungsanstrengungen besonders auf deren Wirtschaftsgrundlagen erstrecken müssen. Spielte Ackerbau eine Rolle? Wie intensiv wurde Tierzucht betrieben; ist hierbei ein Austausch mit der römischen Provinz nachweisbar (Tierknochen)? Wurde manche Siedlung nur saisonal bewohnt (z. B. Essingen)? Jede Siedlungsgrabung hat bisher mehr oder weniger umfangreiche Rückstände von Eisenverhüttung geliefert. Dass die Gewinnung dieses Rohstoffs eine wesentliche Rolle spielte, ist unstrittig. Auch wenn inzwischen Nachweise für die Eisenverhüttung in römischer Zeit vorliegen (Schnaitheim),[121] so ist sie in großem Stil erst in frühalamannischer Zeit fassbar.[122] Allerdings scheint der Produktionsumfang zu variieren: während sich für Großkuchen eine mindestens regionale Produktion andeutet, rechnet M. Kempa für Essingen mit eher lokalen Dimensionen.[123] Betrieben die Germanen lediglich Selbstversorgung oder belieferten sie auch das Provinzgebiet? Spielten die Eisenvorkommen sogar in der mutmaßlichen Ansiedlungspolitik Roms eine Rolle?

Zusammenfassung

Die Usurpation Valerians und der anschließende Truppenabzug wirkten sich auf das raetische Limesgebiet verheerend aus. 254 kam es hier zu flächendeckenden Zerstörungen, wahrscheinlich infolge eines Germaneneinfalls. Die meisten Siedlungen gingen damals zugrunde. Spuren überlebender Provinzbewohner sind äußerst spärlich. Die Donauübergänge bei Günzburg und Faimingen könnten unter Gallienus neu befestigt worden sein.

Der Nachweis von „Restromanen" gelingt im Arbeitsgebiet praktisch nicht – wie im übrigen ehemaligen Limesgebiet. Sollte man diesen Negativbefund nicht doch ernst nehmen? Welcher überlebende römische Bürger hätte dauerhaft in einem Gebiet von Rechtsunsicherheit und zusammengebrochener Infrastruktur wohnen wollen? Angesichts der auch diesseits von Rhein und Donau erlittenen Bevölkerungsverluste musste der römische Staat ein vitales Interesse an (qualifizierten) Arbeitskräften haben. Römische Autoritäten bemühten sich ja wiederholt darum, von Germanen verschleppte Bürger freizukaufen. Die Vorstellung, dass gleichzeitig „Restromanen" in größerer Zahl im Limesgebiet zurückgeblieben sein sollen, harmoniert damit nicht. Dass ältere Menschen im Einzelfall an ihrer Heimat festhielten, mag man sich vorstellen. Ansonsten halte ich es für plausibler, von einer Evakuierung der aufgegebenen Grenzgebiete auszugehen. Können römische Bürger in kurzer Zeit so vollständig germanisiert worden sein, dass sie archäologisch „untertauchen"? Das ist völlig unglaubwürdig.

Die erste Neuansiedlung von Germanen erfolgte offenbar vor dem Hintergrund des Bürgerkrieges zwischen Zentral- und Sonderreich. Zwischen 254 und 284 geprägte Münzen fand man bis jetzt nur im Vorfeld des Albtraufs, im Zugangsbereich zu strategisch wichtigen Albpassagen, nämlich im Raum Geislingen, Aalen und Kirchheim am Ries. Sie lassen sich sicher oder wahrscheinlich mit germanischen Siedlungen verbinden, die zwar in der Nähe der vormaligen römischen Siedlungen liegen, diese aber nicht fortführen. Das Gebirge selbst blieb offenbar einige

120 So bereits Planck 1977, 573.

121 Freundl. Mitteilung Dr. Peter Knötzele (Heidenheim). Anders noch Kempa 1995, 328–328.

122 Die Kenntnis römischer Verhüttungstechniken muss nicht von örtlichen Restromanen vermittelt worden sein, da bei den Raubzügen des 3. Jh. mit der Verschleppung zahlreicher römischer Provinzbewohner, insbesondere von Handwerkern, zu rechnen ist.

123 Kempa 1995, 328–329.

Jahrzehnte lang siedlungsleer. Hier setzte die germanische Besiedlung unter der ersten Tetrarchie geradezu schlagartig ein. Gleichzeitig fasst man Germanen als römische Söldner in Günzburger Gräberfeldern. Ein Kontext mit der Neuordnung der Provinzen unter Diocletian liegt nahe. Der Höhepunkt römisch-germanischer Beziehungen wurde unter Constantinus I. erreicht. Bis zum Ende des 4. Jh. lässt sich keine Zäsur erkennen.
Die Herkunft der Ostalb-Alamannen kann derzeit nur allgemein als „elbgermanisch" bezeichnet werden. Haustypen könnten auf Einwanderer aus dem Norden (Mainfranken?) hindeuten. Bis auf die vereinzelten Fundmünzen gibt es kein römisches Importgut. Die spätantiken Kupfermünzen zeugen nicht von Zahlungsverkehr, sondern eher von Altmetallrecycling. Der völlige Bruch mit der römischen Kultur ist in allen archäologisch fassbaren Lebensbereichen unübersehbar. Hierin unterscheiden sich die Ostalb-Alamannen teilweise von weiter westlich siedelnden Gruppen.

Bildnachweis

Nach M. Müller, Faimingen-Phoebiana II. Die römischen Grabfunde (Mainz 1999) 14 Abb. 2: 1. – Nach Planck 1990: 2, 15. – M. Scholz: 3, 9. – Nach Scholz 2005/06: 4, 16. – Nach Dreier 2006: 5. – Nach Scholz 2003/04: 6, 11. – M. Scholz/R. Schreg: 7. – H. Huber: 8. – Nach Kempa 1995: 10. – Nach Stribrny 1992: 12. – Nach R. Sölch, Die Topographie des römischen Heidenheim (Stuttgart 2001) Taf. 26,12: 13. – Nach Steidl 2000b: 14. – Nach Balle u. a. 2000: 17. – M. Ober, RGZM: 18. – Nach Pfahl 1999: 19. – Nach Czysz 2002: 20.

Abgekürzt zitierte Literatur

Althoff 1988	G. Althoff/D. Geuenich/O. G. Oexle/J. Wollasch (Hrsg.), Person und Gemeinschaft im Mittelalter. Festschr. K. Schmid (Sigmaringen 1988).
Bakker 1993	L. Bakker, Raetien unter Postumus – Das Siegesdenkmal einer Juthungenschlacht im Jahre 260 n. Chr. aus Augsburg. Germania 71, 1993, 369–386.
Balle 1999	G. Balle, Siedlungen aus vier Epochen – Erste Ergebnisse der archäologischen Ausgrabungen in der Flur „Fürsamen" bei Heidenheim-Schnaitheim. Arch. Ausgr. Baden-Württemberg 1999, 81–82.
Balle 1999/2000	G. Balle, Kelten, Römer, Alamannen – Erste Ergebnisse der archäologischen Ausgrabungen 1999 in der Flur ‚Fürsamen' bei Heidenheim-Schnaitheim. Heidenheimer Jahrb. 1999/2000, 120–127.
Balle u. a. 2000	G. Balle/G. Gassmann/K. Schenck, Zum vorläufigen Abschluss der archäologischen Ausgrabungen in den vor- und frühgeschichtlichen Siedlungen von Heidenheim-Schnaitheim, Flur Fürsamen. Arch. Ausgr. Baden-Württemberg 2000, 78–80.
Balle 2000	G. Balle, Germanische Gefäßkeramik aus der frühalamannischen Siedlung von Bietigheim „Weilerlen". In: Biegert u. a. 2000, 183–193.
Bersu 1964	G. Bersu, Die spätrömische Befestigung „Bürgle" bei Gundremmingen (München 1964).
Biegert u. a. 2000	S. Biegert/S. v. Schnurbein/B. Steidl/D. Walter (Hrsg.), Beiträge zur germanischen Keramik zwischen Donau und Teutoburger Wald. Koll. Vor- u. Frühgesch. 4 (Bonn 2000).
Biegert u. a. 2006	S. Biegert/A. Hagedorn/A. Schaub (Hrsg.), Kontinuitätsfragen. Mittlere Kaiserzeit – Spätantike, Spätantike – Frühmittelalter. BAR Internat. Ser. 1468 (Oxford 2006).
Biel 1986	J. Biel, Neue Untersuchungen zu einer frühgeschichtlichen Siedlung bei Heidenheim-Großkuchen. Arch. Ausgr. Baden-Württemberg 1986, 184–186.
Bloemers 1978	J. H. F. Bloemers, Rijswijk (Z.H.), ‚De Bult'. Eine Siedlung der Cananefaten II (Amersfoort 1978).
Bridger/Gilles 1998	C. Bridger/K.-J. Gilles (Hrsg.), Spätrömische Befestigungsanlagen in den Rhein- und Donauprovinzen (Oxford 1998).
Bücker 1999	Ch. Bücker, Frühe Alamannen im Breisgau. Untersuchungen zu den Anfängen der germanischen Besiedlung während des 4. und 5. Jh. n. Chr. (Sigmaringen 1999).
Bücker 2002	Ch. Bücker, Ein Kammergrab frühalamannischer Zeit aus Hilzingen im Hegau. In: Dies./M. Hoeper/N. Krohn/J. Trumm (Hrsg.), Regio Archaeologica – Archäologie und Geschichte an Ober- und Hochrhein. Festschr. G. Fingerlin. Internat. Arch. Studia honoraria 18 (Rahden/Westf. 2002) 155–168.
Bücker 2006	Ch. Bücker, Frühe Alamannen am Oberrhein. In: Biegert u. a. 2006, 15–29.
Cichy 1971	B. Cichy, Das römische Heidenheim (Heidenheim 1971).
Czysz u. a. 1995	W. Czysz/K. Dietz/Th. Fischer/H.-J. Kellner, Die Römer in Bayern (Stuttgart 1995).
Czysz 2002	W. Czysz, Gontia. Günzburg in der Römerzeit. Archäologische Entdeckungen an der bayerisch-schwäbischen Donau (Friedberg 2002).
Czysz 2004	W. Czysz, Germanische Söldner sichern die Donaugrenze – Neue spätrömische Gräber in Günzburg. Arch. Jahr Bayern 2004, 107–110.
Czysz/Faber 2004/05	W. Czysz/A. Faber, Der römische Gutshof von Nördlingen-Holheim, Landkreis Donau-Ries. Ber. bayer. Bodendenkmalpfl. 45/46, 2004/05, 45–172.

Dirlmeier/Gottlieb 1978 — C. Dirlmeier/G. Gottlieb, Quellen zur Geschichte der Alamannen II (Heidelberg 1978).

Donat 2001 — P. Donat, Langhäuser im östlichen Germanien. Überlegungen zu einem Forschungsproblem. Slovenská Arch. 49, 2001, 103–118.

Dreier 2006 — Ch. Dreier, Zum Fortgang der Grabungen in der frühalamannischen Siedlung von Heidenheim-Schnaitheim, Fürsamen. Arch. Ausgr. Baden-Württemberg 2006, 177–181.

Eingartner u.a. 1993 — J. Eingartner/P. Eschbaumer/G. Weber, Faimingen-Phoebiana I. Der römische Tempelbezirk in Faimingen-Phoebiana. Limesforsch. 24 (Mainz 1993).

Fingerlin 1990 — G. Fingerlin, Frühe Alamannen im Breisgau. Zur Geschichte und Archäologie des 3.–5. Jh. zwischen Basler Rheinknie und Kaiserstuhl. In: Nuber u.a. 1990, 97–137.

Fingerlin 2005 — G. Fingerlin, Von den Römern zu den Alamannen. Neue Herren im Land. In: Arch. Landesmus. Baden-Württemberg (Hrsg.), Imperium Romanum. Roms Provinzen an Neckar, Rhein und Donau. Ausstellungskat. Stuttgart (Stuttgart 2005) 452–462.

FMRD — Fundmünzen der römischen Zeit in Deutschland. Abt. II Baden-Württemberg, Bd. 4 und Nachtrag 1 (Berlin 1964 und 1993).

Fries-Knoblach 2006 — J. Fries-Knoblach, Hausbau und Siedlungen der Bajuwaren bis zur Urbanisierung. Bayer. Vorgeschbl. 71, 2006, 339–430.

Gassman 1999 — G. Gassmann, Zur Eisenerzverhüttung in Heidenheim-Schnaitheim – Naturwissenschaftliche Untersuchungen des Fundmaterials und Rekonstruktion der Ofenanlagen. Arch. Ausgr. Baden-Württemberg 1999, 83–86.

Göbl 2000 — R. Göbl, Die Münzprägung der Kaiser Valerianus I./Gallienus/Saloninus (253/268), Regalianus (260) und Macrianus/Quietus (Wien 2000).

Greiner 2002 — B. A. Greiner, Der Kastellvicus von Rainau-Buch: Siedlungsgeschichte und Korrektur dendrochronologischer Daten. In: Wamser/Steidl 2002, 83–89.

Gudea 1999 — N. Gudea (ed.), Roman Frontier Studies XVII (Zalău 1999).

Hadman 1978 — J. Hadman, Aisled buildings in Roman Britain. In: M. Todd, Studies in the Romano-British Villa (Leicester 1978).

Haffner/v. Schnurbein 2000 — A. Haffner/S. von Schnurbein (Hrsg.), Kelten, Germanen, Römer im Mittelgebirgsraum zwischen Luxemburg und Thüringen. Koll. Vor- u. Frühgesch. 5 (Bonn 2000).

Heiligmann 1990 — J. Heiligmann, Der „Alb-Limes". Ein Beitrag zur römischen Besetzungsgeschichte Südwestdeutschlands. Forsch. u. Ber. Vor- u. Frühgesch. Baden-Württemberg 35 (Stuttgart 1990).

ILS — H. Dessau, Inscriptiones Latinae Selectae (Berlin 1892–1916).

Jandejsek 2004 — M. Jandejsek, Die germanische Siedlung von Eichstätt ‚Stadtfeld'. Arch. Jahr Bayern 2004, 111–113.

Jehne 1996 — M. Jehne, Überlegungen zur Chronologie der Jahre 259–261 n. Chr. im Lichte der neuen Postumus-Inschrift aus Augsburg. Bayer. Vorgeschbl. 61, 1996, 185–206.

v. Kaenel u.a. 1993 — H.-M. von Kaenel u.a. (Hrsg.), Der Münzhort aus dem Gutshof in Neftenbach. Antoniniane und Denare von Septimius Severus bis Postumus. Zürcher Denkmalpfl. Arch. Monogr. 16 (Zürich, Egg 1993).

Kemkes u.a. 2005 — M. Kemkes/J. Scheuerbrandt/N. Willburger, Am Rande des Imperiums. Der Limes – Grenze Roms zu den Barbaren. Württ. Landesmus. Stuttgart Führer u. Bestandskat. 7 (Ostfildern 2005).

Kempa 1995 — M. Kempa, Die Ausgrabungen auf den „Weiherwiesen" bei Essingen (Ostalbkreis). In: Beiträge zur Eisenverhüttung auf der Schwäbischen Alb. Forsch. u. Ber. Vor- u. Frühgesch. Baden-Württemberg 55 (Stuttgart 1995) 193–262.

Kienast 1996 — D. Kienast, Römische Kaisertabelle. Grundzüge einer römischen Kaiserchronologie (Darmstadt 1996).

Klein 1988 — U. Klein, Fundmünzen aus Württemberg. Arch. Ausgr. Baden-Württemberg 1988, 331–341.

Klein 1995 — U. Klein, Fundmünzen aus Württemberg. Arch. Ausgr. Baden-Württemberg 1995, 338–348.

Klein 1997 — U. Klein, Fundmünzen aus Württemberg. Arch. Ausgr. Baden-Württemberg 1997, 209–212.

Klein 2000 — U. Klein, Fundmünzen aus Württemberg. Arch. Ausgr. Baden-Württemberg 2000, 244–250.

Klein 2001 — U. Klein, Fundmünzen aus Württemberg. Arch. Ausgr. Baden-Württemberg 2001, 252–258.

Klein 2002 — U. Klein, Fundmünzen aus Württemberg. Arch. Ausgr. Baden-Württemberg 2002, 246–255.

Klein 2003 — U. Klein, Fundmünzen aus Württemberg. Arch. Ausgr. Baden-Württemberg 2003, 253–262.

Knötzele 2007/08 — P. Knötzele, Von vorgeschichtlichen Bratgruben und alamannischen Häusern. Über den Fortgang der Ausgrabungen in der frühalamannischen Siedlung zwischen Heidenheim und Schnaitheim. Heidenheimer Jahrb. 2007/08, 119–129.

Konrad 2005 — M. Konrad, Die Ausgrabungen unter dem Niedermünster zu Regensburg 2: Bauten und Funde der römischen Zeit. Münchener Beitr. Vor- u. Frühgesch. 57 (München 2005).

Kortüm/Neth 2005 — K. Kortüm/A. Neth, Badefreuden in der Provinz: Zum Abschluss der Untersuchungen im *vicus* bei Güglingen, Kreis Heilbronn. Arch. Ausgr. Baden-Württemberg 2005, 160–164.

Krause 1997 — R. Krause, Frühe Alamannen am Sauerbach – neue Siedler nach Abzug des römischen Militärs in Aalen, Ostalbkreis. Arch. Ausgr. Baden-Württemberg 1997, 135–139.

Kuhnen 1992 — H.-P. Kuhnen (Hrsg.), Gestürmt – Geräumt – Vergessen? Der Limesfall und das Ende der Römerherrschaft in Südwestdeutschland. Ausstellungskat. Limesmus. Aalen 1992. Württ. Landesmus. Stuttgart Führer u. Bestandskat. 2 (Stuttgart 1992).

Kuhoff 1984 — W. Kuhoff, Quellen zur Geschichte der Alamannen VI. Inschriften und Münzen (Sigmaringen 1984).

Le Bohec 1989 — Y. Le Bohec, La Troisième Légion Auguste (Paris 1989).

Leinthaler 2003 — B. Leinthaler, Eine ländliche Siedlung des frühen Mittelalters bei Schnaitheim, Lkr. Heidenheim. Materialh. Arch. Baden-Württemberg 70 (Stuttgart 2003).

Martin 1997 — M. Martin, Zwischen den Fronten. In: Arch. Landesmus. Baden-Württemberg (Hrsg.), Die Alamannen. Ausstellungskat. Stuttgart 1997 (Stuttgart 1997) 120–122.

Neuffer-Müller 1966 — Ch. Neuffer-Müller, Ein Reihengräberfriedhof in Sontheim an der Brenz. Veröff. Staatl. Amt Denkmalpfl. Stuttgart A 11 (Stuttgart 1966).

Neuffer-Müller 1983 — Ch. Neuffer-Müller, Der alamannische Adelsbestattungsplatz und die Reihengräberfriedhöfe von Kirchheim am Ries (Ostalbkreis). Forsch. u. Ber. Vor- u. Frühgesch. Baden-Württemberg 15 (Stuttgart 1983).

Nuber 1988 — H. U. Nuber, Sontheim und Brenz in frühgeschichtlicher Zeit. Römische und frühmittelalterliche Besiedlung. In: Althoff u.a. 1988, 3–24.

Nuber 1990 — H. U. Nuber, Das Ende des Obergermanisch-Raetischen Limes – eine Forschungsaufgabe. In: Nuber u.a. 1990, 51–68.

Nuber u.a. 1990 — H. U. Nuber/H. Steuer/Th. Zotz, Der Südwesten im 8. Jahrhundert aus historischer und archäologischer Sicht. Arch. u. Gesch. 13 (Sigmaringen 1990).

Nuber 1997 — H. U. Nuber, Späte Reitertruppen in Obergermanien. In: W. Groenman-van Waateringe u.a. (ed.), Roman Frontier Studies 1995. Oxbow Monogr. 91 (Oxford 1997) 151–158.

Nuber/Seitz 1993 — H. U. Nuber/G. Seitz, Wohnbau – Bad – Refugium(?): Gebäude S in Sontheim/Brenz, Kreis Heidenheim. Arch. Ausgr. Baden-Württemberg 1993, 192–198.

Okamura 1996 — L. Okamura, Hoards Lost During Third-Century ‚Wirren'. In: Schallmayer 1996, 31–37.

Pfahl 1999 — St. F. Pfahl, Die römische und frühalamannische Besiedlung zwischen Donau, Brenz und Nau. Materialh. Arch. Baden-Württemberg 48 (Stuttgart 1999).

Planck 1977 — D. Planck, Eine frühalamannische Siedlung in Sontheim im Stubental, Kreis Heidenheim. Fundber. Baden-Württemberg 3, 1977, 539–574.

Planck 1980 — D. Planck, Oberkochen. Fundber. Baden-Württemberg 5, 1980, 199–206.

Planck 1984 — D. Planck, Steinheim am Albuch. Fundber. Baden-Württemberg 9, 1984, 741–745.

Planck 1986 — D. Planck, Untersuchungen im Alenkastell Aalen, Ostalbkreis. In: Studien zu den Militärgrenzen Roms III. Forsch. u. Ber. Vor- u. Frühgesch. Baden-Württemberg 20 (Stuttgart 1986) 247–255.

Planck 1990 — D. Planck, Die Wiederbesiedlung der Schwäbischen Alb und des Neckarlandes durch die Alamannen. In: Nuber u.a. 1990, 69–96.

Planck 2005 — D. Planck (Hrsg.), Die Römer in Baden-Württemberg (Stuttgart 2005).

Quast/Schüssler 2000 — D. Quast/U. Schüssler, Mineralogische Untersuchungen zur Herkunft der Granate merowingerzeitlicher Cloisonnéarbeiten. Germania 78/1, 2000, 75–96.

Rabold 1993/94 — B. Rabold, Archäologische Ausgrabungen in Heidenheim während der 80er und frühen 90er Jahre – Ein Überblick. Heidenheimer Jahrb. 5, 1993/94, 44–70.

Reuter 1999 — M. Reuter, Der Wiederaufbau des obergermanisch-raetischen Limes unter Maximinus Thrax. In: Gudea 1999, 533–537.

Reuter 2003 — M. Reuter, Die römisch-frühvölkerwanderungszeitliche Siedlung von Wurmlingen, Kreis Tuttlingen. Materialh. Arch. Baden-Württemberg 71 (Stuttgart 2003).

Reuter 2007 — M. Reuter, Das Ende des rätischen Limes im Jahre 254 n. Chr. Bayer. Vorgeschbl. 72, 2007, 77–149.

Schach-Dörges 1997 — H. Schach-Dörges, Zusammengespülte und vermengte Menschen. In: Arch. Landesmus. Baden-Württemberg (Hrsg.), Die Alamannen. Ausstellungskat. Stuttgart 1997 (Stuttgart 1997) 79–102.

Schach-Dörges 1998 — H. Schach-Dörges, Zu süddeutschen Grabfunden frühalamannischer Zeit. Versuch einer Bestandsaufnahme. Fundber. Baden-Württemberg 22/1, 1998, 627–654.

Schallmayer 1996 — E. Schallmayer (Hrsg.), Niederbieber, Postumus und der Limesfall. Stationen eines politischen Prozesses. 1. Saalburg-Koll. 1995. Saalburg-Schr. 3 (Bad Homburg 1996).

Schallmayer 1998 — E. Schallmayer, Germanen in der Spätantike im hessischen Ried mit Blick auf die Überlieferung bei Ammianus Marcellinus. Saalburg-Jahrb. 49, 1998, 139–154.

Scholz 2002/03 — M. Scholz, Keramik und Geschichte des Limeskastells Kapersburg – eine Bestandsaufnahme. Saalburg-Jahrb. 52/53, 2002/03 [2006], 9–281.

Scholz 2003/04 — M. Scholz, Das Reiterkastell Heidenheim und die vor- und frühgeschichtlichen Siedlungen auf seinem Areal – Vorbericht der Ausgrabungen 2002–2003. Heidenheimer Jahrb. 2003/04, 96–130.

Scholz 2004 — M. Scholz, Ein Militärdiplom-Fragment aus Heidenheim-Schnaitheim, „Fürsamen". Arch. Ausgr. Baden-Württemberg 2004, 189–190.

Scholz 2005 — M. Scholz, Militärische Architektur und ihre gezielte Demontage im Alenkastell Heidenheim/Brenz. In: Z. Visy (ed.), Limes XIX. Proc. XIXth International Congress of Roman Frontier Studies (Pécs 2005) 847–855.

Scholz 2005/06 — M. Scholz, Eine römische Villa rustica und völkerwanderungszeitliche Bauernhäuser bei Heidenheim-Schnaitheim. Vorbericht der Ausgrabungen 2002 und 2004 im Gewann Fürsamen. Heidenheimer Jahrb. 2005/06, 64–94.

Scholz 2007 M. Scholz, Zwei Wirtschaftsbauten im Limeskastell Aalen. In: Thiel 2007, 107–119.

Scholz 2009 M. Scholz, Das Reiterkastell Aquileia/Heidenheim. Die Ergebnisse der Ausgrabungen 2000–2004. Forsch. u. Ber. Vor- u. Frühgesch. Baden-Württemberg 110 (Stuttgart 2009).

Schreg 1999 R. Schreg, Die alamannische Besiedlung des Geislinger Talkessels (Markungen Altenstadt und Geislingen, Stadt Geislingen a. d. Steige, Lkr. Göppingen). Fundber. Baden-Württemberg 23, 1999, 385–617.

Schreg 2006 R. Schreg, Dorfgenese in Südwestdeutschland. Das Renninger Becken im Mittelalter. Materialh. Arch. Baden-Württemberg 76 (Stuttgart 2006).

Schulze-Dörrlamm 2000 M. Schulze-Dörrlamm, Germanische Spiralplattenfibeln oder romanische Bügelfibeln? Zu den Vorbildern elbgermanisch-fränkischer Bügelfibeln der protomerowingischen Zeit. Arch. Korrbl. 30, 2000, 599–613.

Schuster 2001 J. Schuster, Zwischen Wilhelmsaue und Lampertheim. Bemerkungen zur Burgundenproblematik. Germania 79/1, 2001, 63–92.

Steidl 1999 B. Steidl, Eine germanische Fibel aus dem Vicus des Kastells Dambach. In: G. Zahlhaas (Red.), Dedicatio. Festschr. H. Dannheimer. Kat. Prähist. Staatsslg. Beih. 5 (Kallmünz 1999) 128–139.

Steidl 2000 B. Steidl, Die Wetterau im 3. bis 5. Jh. n. Chr. (Wiesbaden 2000).

Steidl 2000a B. Steidl, Der Verlust der obergermanisch-raetischen Limesgebiete. In: Wamser u. a. 2000, 75–79.

Steidl 2000b B. Steidl, Die Siedlungen von Gerolzhofen und Gaukönigshofen und die germanische Besiedlung am mittleren Main vom 1. Jh. v. Chr. bis zum 4. Jh. n. Chr. In: Haffner u. a. 2000, 95–113.

Steidl 2006 B. Steidl, ‚Römer' rechts des Rheins nach ‚260'? Archäologische Beobachtungen zur Frage des Verbleibs von Provinzbevölkerung im einstigen Limesgebiet. In: Biegert u. a. 2006, 77–87.

Stork/Ludwig 2006 I. Stork/H. H. Ludwig, Eine Rettungsgrabung vorgeschichtlicher, römischer und völkerwanderungszeitlicher Siedlungen in Herbrechtingen, Kreis Heidenheim. Arch. Ausgr. Baden-Württemberg 2006, 139–140.

Stribrny 1992 K. Stribrny, Der Folles-Minimi-Schatzfund aus dem spätrömischen Heidenheim an der Brenz. Fundber. Baden-Württemberg 17/1, 1992, 361–378.

Strobel 1998 K. Strobel, Raetia amissa? Raetien unter Gallienus: Provinz und Heer im Licht der neuen Augsburger Siegesinschrift. In: Bridger/Gilles 1998, 83–93.

Thiel 2007 A. Thiel (Hrsg.), Forschungen zur Funktion des Limes. Beitr. Welterbe Limes 2 (Stuttgart 2007).

Trumm 2002 J. Trumm, Bad, Brunnen und germanisches Grab – die römische Siedlung bei Rohrdorf, Gde. Eutingen im Gäu, Kreis Freudenstadt. Arch. Ausgr. Baden-Württemberg 2002, 121–125.

Wamser u. a. 2000 L. Wamser/Ch. Flügel/B. Ziegaus (Hrsg.), Die Römer zwischen Alpen und Nordmeer. Zivilisatorisches Erbe einer europäischen Militärmacht. Ausstellungskat. Rosenheim 2000 (Mainz 2000).

Wamser/Steidl 2002 L. Wamser/B. Steidl (Hrsg.), Neue Forschungen zur römischen Besiedlung zwischen Oberrhein und Enns. Koll. Rosenheim 2000 (Remshalden 2002).

Wehrberger 1996 K. Wehrberger, Römische Funde vom Hohlenstein im Lonetal. In: Ulmer Museum (Hrsg.), Römer an Donau und Iller. Neue Forschungen und Funde. Ausstellungskat. Ulm 1996 (Sigmaringen 1996) 101–110.

Wieland 1996 G. Wieland, Vorgeschichtliche und frühalamannische Siedlungsreste bei Hermaringen, Kreis Heidenheim. Arch. Ausgr. Baden-Württemberg, 1996, 200–203.

Wolff 2000 H. Wolff, Das Heer Raetiens und seine „Militärdiplome" im 2. Jh. n. Chr. Bayer. Vorgeschbl. 65, 2000, 155–172.

Das völkerwanderungszeitliche Gräberfeld von Wyhl am Kaiserstuhl (Oberrhein)

Ein Beitrag zu den *„foederati"* im Vorfeld der spätrömischen Reichsgrenze

GERHARD FINGERLIN

Wenn ich meinem langjährigen Weggefährten in der Baden-Württembergischen Denkmalpflege, dem Fachmann fürs „Provinzialrömische", einen Beitrag mit völkerwanderungszeitlicher Thematik widme, hat das mehrere gute Gründe. Zum einen ist durch Ort und Zeit ja ein enger Zusammenhang mit der Grenze des spätrömischen Reiches an Hoch- und Oberrhein gegeben, über die starke Einflüsse die rechtsrheinische Alamannia erreicht und in vielem nachhaltig geprägt haben. Zum anderen hat sich Dieter Planck selbst mit dieser „frühalamannischen Randerscheinung" der römischen Welt mehrfach auseinandergesetzt,[1] auch wenn er in diesem Zusammenhang einmal das „Los des Denkmalpflegers" beklagt hat, der „oft mit Problemen konfrontiert wird, die nicht direkt zu seinem unmittelbaren Spezialgebiet gehören".[2] Das aber führt nun direkt zum dritten und letzten der guten Gründe für die Veröffentlichung des kleinen Bestattungsplatzes nahe dem Rheinufer bei Wyhl gerade in dieser Festschrift: Es gehört unstrittig zu den Pflichten des Denkmalpflegers, soweit möglich die wichtigsten seiner Grabungen selbst vorzulegen – auch wenn sich die Gelegenheit dazu nicht selten, so auch in diesem Fall, erst während des Ruhestands ergibt.

Lage des Fundorts, Entdeckung und Ausgrabung des völkerwanderungszeitlichen Gräberfelds

Die Ortschaft Wyhl (Kreis Emmendingen) liegt nördlich des Kaiserstuhls in der Rheinebene, am Rand der Niederterrasse (177 m ü. NN) nahe dem Hochgestade (Luftlinie 1,5–2,5 km), zwischen den Ufergemeinden Weisweil im Norden und Sasbach im Süden. Wenn auch nicht unmittelbar an der römischen Kaiserstuhlnordrand-Straße gelegen (Teilstück einer wichtigen Ost-West-Verbindung), ist die verkehrsgeographische Situation doch nicht ungünstig (Abb. 1).[3] Nur 3,5 km beträgt die Entfernung zu dem in römischer Zeit viel benutzten Rheinübergang am Nordende des Sasbacher „Limbergs" und 8 km zum Hauptübergang dieser Straße bei der Jechtinger „Sponeck", der in spätantiker Zeit durch ein stark befestigtes Kastell am rechten Rheinufer gesichert war.[4] An Wyhl vorbei (oder hindurch) zieht eine zumindest mittelalterlich belegte Straße geringerer Bedeutung, die von Sasbach kommend am Rheinufer entlang nach Norden führt.

Klimatisch gelten hier die günstigen Bedingungen des Kaiserstuhlgebiets, doch erreichen die Böden bei zwar stellenweise hoher, meist aber nur geringer Lössüberdeckung der den Untergrund bildenden Sande und Kiese nicht die entsprechenden Werte, eignen sich aber durchaus für Gartenkulturen, Obst- und Ackerbau, grundsätzlich auch für Weidewirtschaft.

Die erste urkundliche Erwähnung Wyhls liegt für 926 vor, als herzoglicher Besitz an das neu gegründete Kloster Waldkirch übertragen wird. Indirekt

1 D. Planck, Eine frühalamannische Siedlung in Sontheim im Stubental, Kreis Heidenheim. Fundber. Baden-Württemberg 3, 1977, 539ff. – Ders., Frühalamannische Funde aus dem Heidenheimer Raum. In: 75 Jahre Heimat- und Altertumsverein Heidenheim 1901–1976 (Heidenheim 1976) 97ff. – Ders., Untersuchungen in einer frühgeschichtlichen Siedlung bei Großkuchen, Stadt Heidenheim. Arch. Ausgr. 1978, 86ff. – Ders., Neue Untersuchungen in der frühalamannischen Siedlung von Sontheim im Stubental, Gde. Steinheim am Albuch, Kreis Heidenheim. Arch. Ausgr. Baden-Württemberg 1981 (1982) 182ff. – Ders., Die Wiederbesiedlung der Schwäbischen Alb und des Neckarlandes durch die Alamannen. In: H. U. Nuber/K. Schmid/H. Steuer/Th. Zotz (Hrsg.), Archäologie und Geschichte des ersten Jahrtausends in Südwestdeutschland. Arch. u. Gesch. 1 (Sigmaringen 1990) 69–96.

2 Planck 1990 (Anm. 1) 69.

3 G. Fingerlin, Vom Oberrhein zur jungen Donau: Die Straße durch den südlichen Schwarzwald in keltischer, römischer und frühmittelalterlicher Zeit. Arch. Nachr. Baden 72/73, 2006, 62–73. – Zum Abschnitt dieser Fernstraße am Nordrand des Kaiserstuhls: G. Fingerlin, Kastellorte und Römerstraßen im frühmittelalterlichen Siedlungsbild des Kaiserstuhls. In: Von der Spätantike zum frühen Mittelalter. Aktuelle Probleme in historischer und archäologischer Sicht. Vortr. u. Forsch. Konstanzer Arbeitskr. mittelalt. Gesch. 25 (Sigmaringen 1979) 379–409 bes. 380 mit Anm. 3, Karte Abb. 3.

4 R. M. Swoboda, Die spätrömische Befestigung Sponeck am Kaiserstuhl. Münchner Beitr. Vor- u. Frühgesch. 36 (München 1986).

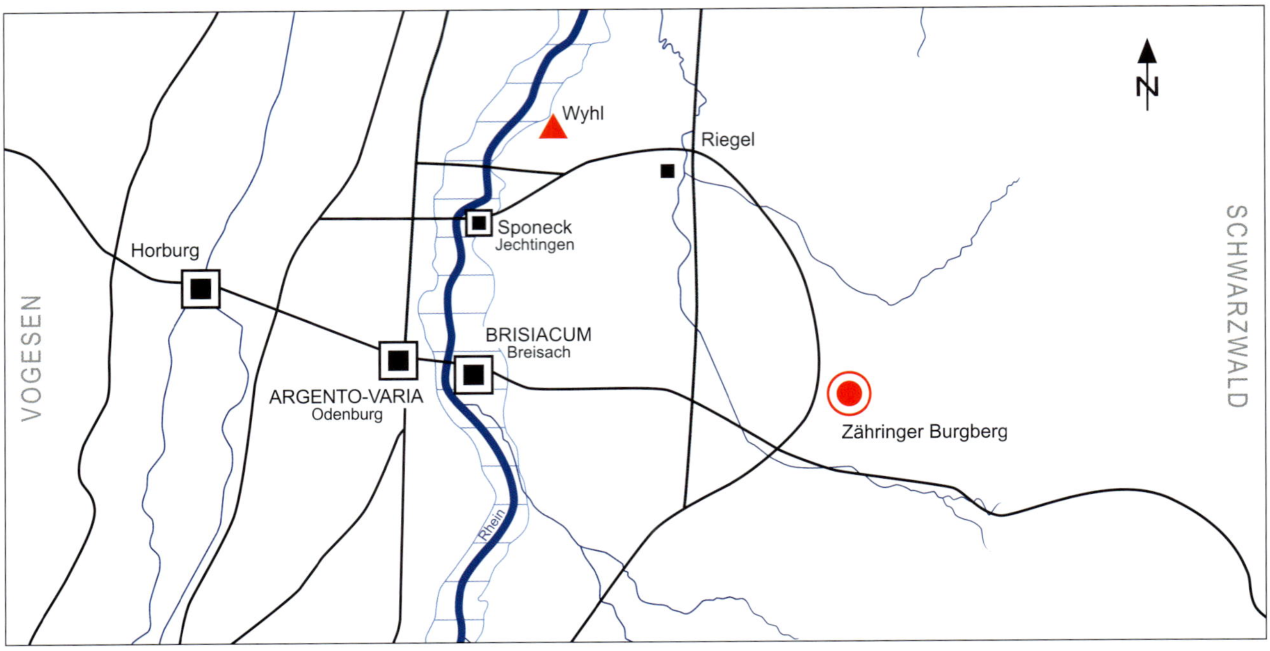

Abb. 1: Das Kaiserstuhlgebiet in der Spätantike. Römische Grenzkastelle am Fluss und im Hinterland, ein nach Osten vorgeschobener Militärstützpunkt (4. Jh.), weiterbenützte Römerstraßen und Rheinübergänge sowie eine befestigte alamannische Höhensiedlung am Rand des Schwarzwaldes unterstreichen die strategische Bedeutung dieses Raumes. Nach H. Steuer, M. Hoeper (Anm. 41) mit thematischen Änderungen und Ergänzungen.

lässt sich aber nachweisen, dass der Ort erheblich älter sein muss. Etwa 700 m südlich des Kernbereichs um die Kirche, in den Gewannen „Sasbacher Weg“ und „Leiselheimer Kreuz“, kennen wir Siedlungsspuren der späten Merowingerzeit mit zugehörigen Gräbern.[5] Ein Name ist für diesen in der Folge wieder aufgelassenen Platz („Wüstung“) nicht überliefert. Er kann aber als Ausbausiedlung des demnach älteren Wyhl gelten, auch wenn dort die archäologischen Zeugnisse bis heute noch fehlen.

Wegen dieser westlich des Neubaugebiets „Leiselheimer Kreuz“ lokalisierten Gräber und Siedlungsspuren wurden die im Mai 1982 anlaufenden Erschließungsarbeiten durch den ehrenamtlichen Beauftragten Leopold Eberenz aus Sasbach kontrolliert (Abb. 2). Dabei entdeckte er in einer nach dem Abschieben der ca. 0,30 m starken Deckschicht offen liegenden Fläche (Straßentrasse und teilweise anschließende Bauparzellen) die Reste eines West–Ost orientierten Grabes, das bereits zu einem großen Teil durch den Maschineneinsatz zerstört worden war (Grab 1). Soweit technisch möglich, wurde nach Unterbrechung der Planierarbeiten ein größeres Areal untersucht (Abb. 3), wobei vor allem im Straßenbereich und südlich davon mehrere durch den Maschineneinsatz gestörte Gräber zum Vorschein kamen. Dagegen waren tiefer angelegte Bestattungen im gleichen Bereich nicht beeinträchtigt. Die an die ausgegrabene Fläche anschließenden Bauparzellen wurden im Lauf des Sommers 1982 untersucht und erbrachten noch sieben weitere Bestattungen, bei denen teilweise antike, aber keine durch die Baulanderschließung verursachten Störungen vorlagen.

Erhaltung, Größe, Struktur, statistische Angaben

Insgesamt umfasst der Bestattungsplatz nur zweiundzwanzig Gräber, da fünf mitgezählte Befunde (17–19 und 22–24) sich als nicht zugehörig erwiesen. Zweifellos ging aber einiges verloren (Abb. 4). Dabei muss vor allem in der großen Belegungslücke zwischen Grab 1 und den östlich davon liegenden Gräbern mit weiteren, nur gering eingetieften Bestattungen gerechnet werden, die möglicherweise auch schon früher dem Pflug oder den Schanzarbeiten von 1939/1940 an dieser Stelle zum Opfer gefallen sind. Auch östlich der Gräber 7 und 16 sowie südlich von Grab 16 könnten Verluste eingetreten sein. Dagegen sind die Grenzen des Bestattungsplatzes überall gesichert, auch nach Westen gegen den dort viele Generationen später angelegten Friedhof der jüngeren oder jüngsten Merowingerzeit.

5 M. Hoeper, Alamannische Siedlungsgeschichte im Breisgau. Zur Entwicklung von Besiedlungsstrukturen im frühen Mittelalter. Freiburger Beitr. Arch. u. Gesch. ersten Jahrtsd. Südwestdeutschland 6 (Rahden/Westf. 2001) 326–328.

Innerhalb dieser Grenzen lässt sich auch die ursprüngliche Größe einigermaßen sicher beurteilen und auf 30 bis 35 Bestattungen schätzen. Schwieriger ist es schon, die innere Struktur zu beschreiben. Man könnte Reihen erkennen, aber auch kleine, unregelmäßige Gruppierungen, doch verbieten die wahrscheinlichen Lücken im Plan wie auch der hohe Prozentsatz fundleerer Gräber eine letztlich doch nur spekulative Interpretation.

Statt dessen hier noch einige statistische Angaben (Abb. 3; 4): Die Orientierung der Gräber, generell West–Ost ausgerichtet, ergibt doch ein wenig genormtes Bild mit zum Teil erheblichen Abweichungen.[6] Süd-Nord-Orientierung allerdings kommt nicht vor. Ausschließlich handelt es sich um Erdgräber, darin die Bestattungen, soweit noch erkennbar, in gestreckter Rückenlage, Kopf im Westen, Blick nach Osten. Einbauten konnten nirgends festgestellt werden. Besonders auffällig erscheint die meist nur geringe Tiefe zwischen 0,35 m und 0,65 m unter der heutigen Oberfläche. Deutlich tiefer lagen nur die Gräber 25–27 mit 1,00–1,35 m.

Ungestört angetroffen (Abb. 4) wurden neun Gräber (2, 4, 6, 11, 14, 20, 22, 25, 27). Durch Baumaschinen gestört oder zerstört waren ebenfalls neun Gräber (1, 3, 5, 8, 9, 10, 13, 15, 16), sicher antik gestört (beraubt?) drei (7, 12, 26), eventuell ein weiteres (21). Funde enthielten die ungestörten Gräber 4, 6, 22, 25, 27 und die Gräber mit alten oder neuen Störungen 1, 13 und 26. Zählen wir zu den acht Gräbern mit Funden die vier wahrscheinlich oder sicher antik beraubten (?) hinzu, gab es ursprünglich mindestens zwölf Bestattungen mit Beigaben. Fünf ungestört bzw. nur mit unerheblichen modernen Störungen

6 Die Orientierung von Grab 22 musste gegenüber einem schon 1990 publizierten Plan (G. Fingerlin, Frühe Alamannen im Breisgau. Zur Geschichte und Archäologie des 3.–5. Jahrhunderts zwischen Basler Rheinknie und Kaiserstuhl. In: H. U. Nuber/K. Schmid/H. Steuer/Th. Zotz [Hrsg.], Archäologie und Geschichte des ersten Jahrtausends in Südwestdeutschland. Arch. u. Gesch. 1 [Sigmaringen 1990] 97–137, hier 127 Abb. 28) korrigiert werden. Bei anderen Gräbern ergaben sich geringe Änderungen in Form und Größe.

Abb. 2: Wyhl am Kaiserstuhl. Ausschnitt aus der topographischen Karte mit Lage des Bestattungsplatzes beim „Leiselheimer Kreuz“.

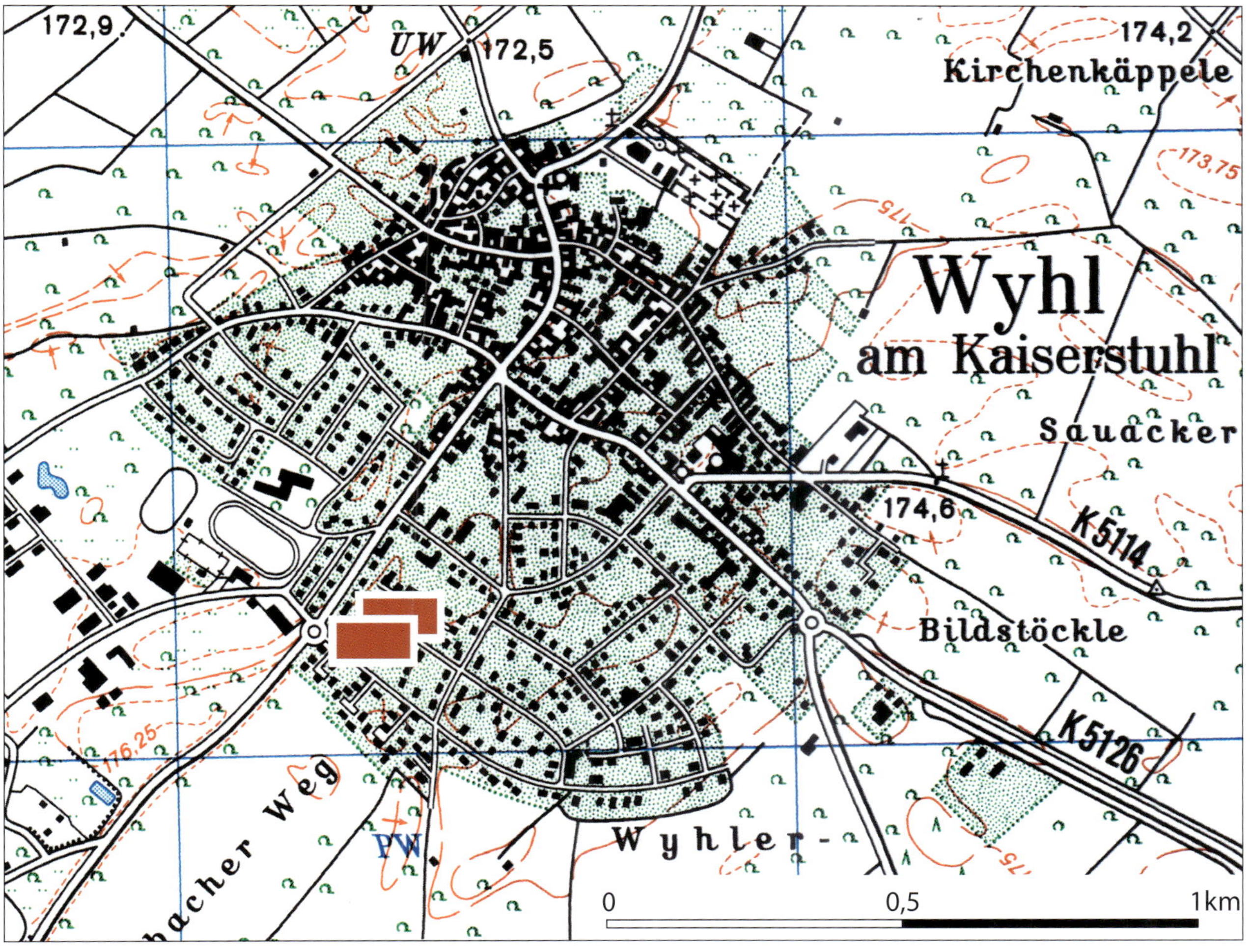

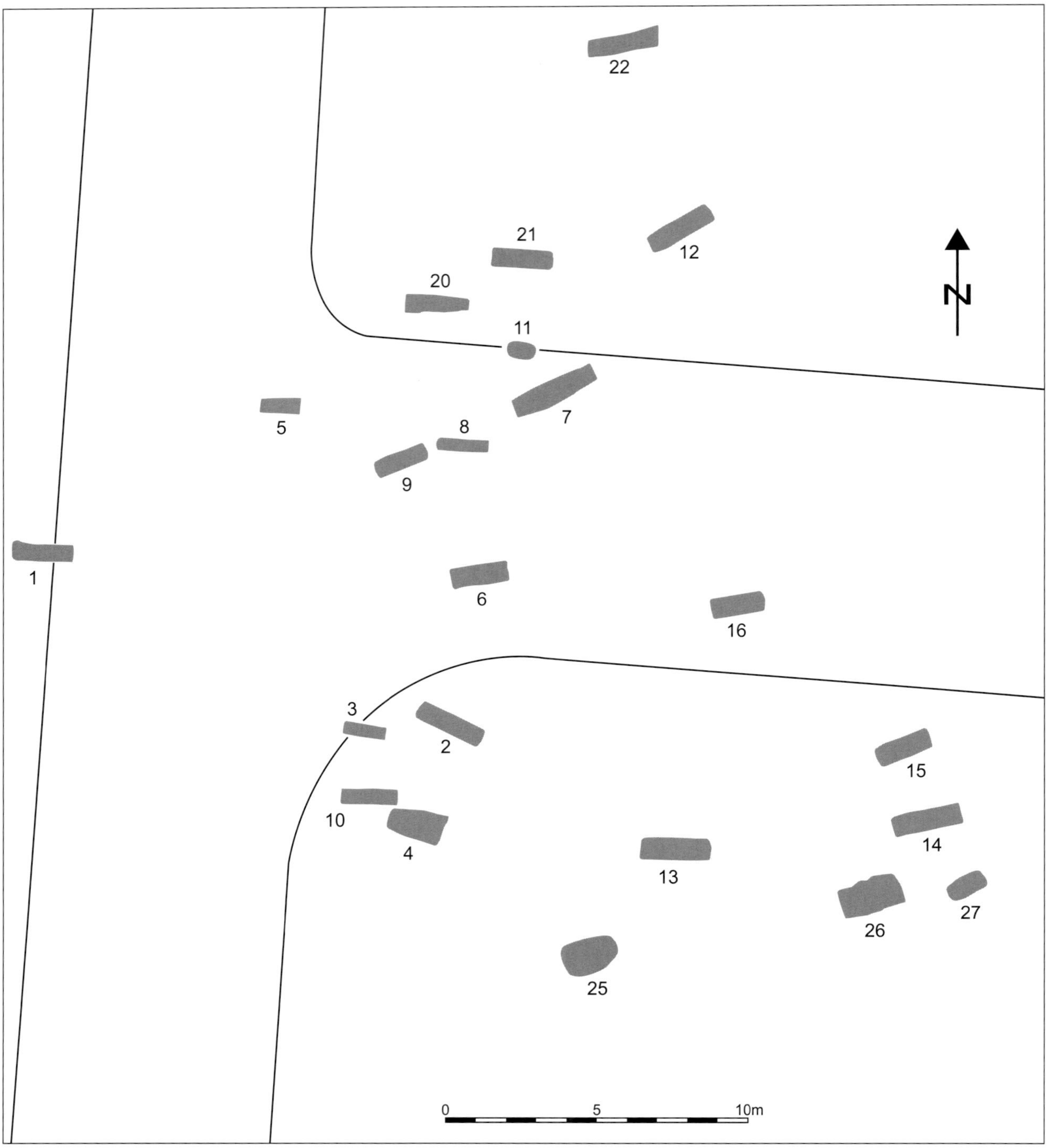

Abb. 3: Wyhl „Leiselheimer Kreuz“. Bestattungsplatz der Völkerwanderungszeit.

angetroffene Gräber waren sicher beigabenlos (2, 11, 14, 15, 20), fünf weitere fundleere Gräber sind wegen starker moderner Störung nicht mehr zu beurteilen.
Prozentual ausgedrückt ergeben sich für ursprünglich beigabenführende Gräber ca. 55 %, für ursprünglich beigabenlose ca. 23 %. Teilen wir die nicht beurteilbaren Gräber nach diesem Schlüssel auf, ergibt sich ein Verhältnis von ca. 67:33 %, was selbstverständlich nur als Schätzwert gelten kann. Etwa ein Drittel der Verstorbenen wurde also ohne für uns erkennbare Ausstattung beigesetzt.
Ohne dem auswertenden Teil vorgreifen zu wollen, sei doch hier schon angemerkt, dass dieser Bestattungsplatz über zwei Generationen hinweg benützt worden ist. Den Anfang der Belegung zu fixieren, ist angesichts der umfangreichen Störungen und erkennbarer Lücken im Plan nicht ganz einfach. Es

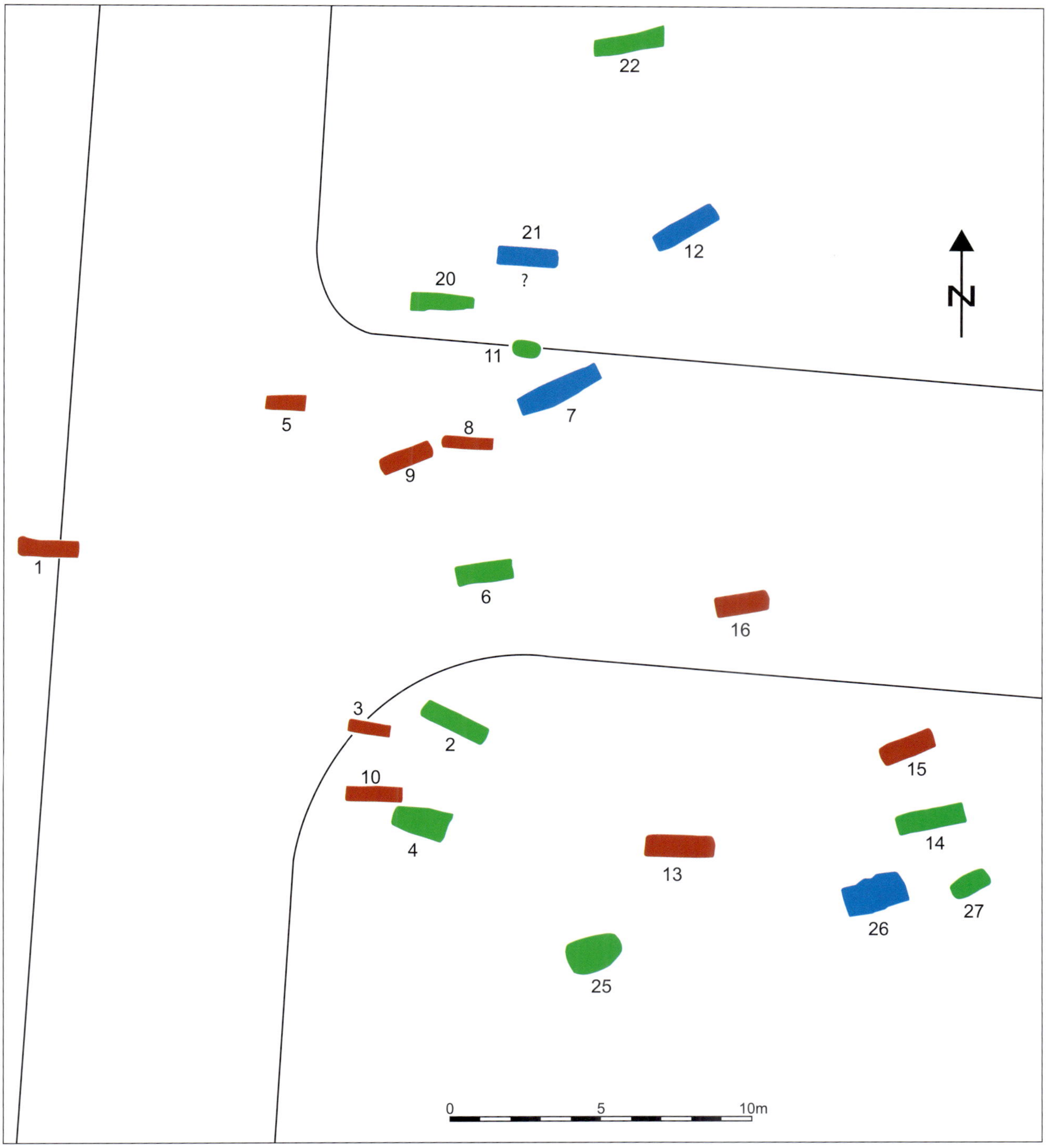

Abb. 4: Wyhl „Leiselheimer Kreuz“. Die Farbe kennzeichnet den Zustand, in dem das Grab angetroffen wurde. Rot: bei der Baulanderschließung maschinell gestört oder zerstört. – Blau: antik gestört (beraubt?). – Grün: ungestört.

gibt aber Hinweise auf das dritte bis vierte Jahrzehnt des 5. Jh., was impliziert, dass die zugehörige Siedlung, höchstwahrscheinlich ein (befestigter?) Einzelhof, durchaus schon zwei Jahrzehnte früher entstanden sein kann. Das Ende liegt deutlich nach 450, markiert durch das reich ausgestattete Männergrab 22, dessen Zeitstellung allerdings unterschiedlich beurteilt wird. Einmal mehr zeigt sich darin, dass für die Chronologie der Völkerwanderungszeit aus verschiedenen Gründen die breite Quellenbasis fehlt, die wenig später mit den zahlreichen „Reihengräberfeldern“ der Merowingerzeit zur Verfügung steht. Trotz der starken Einschränkungen, die sich aus dem hohen Anteil antiker und moderner Störungen für die Interpretation ergeben, bedeutet die Gräbergruppe von Wyhl aber doch eine erhebliche Verbesserung unserer Ausgangslage gerade im Breisgau, der als „Grenzland“ in dieser Zeit eine besondere Rolle gespielt hat (Abb. 1).[7] Hinweise auf das spätrömische Kastell auf dem Breisacher Münsterberg sowie den Zähringer Burgberg als königliche Residenz der alamannischen „*Brisigavi*" mögen an dieser Stelle zur Charakterisierung der historischen Landschaft genügen, die mit Wyhl einen neuen Akzent erhalten hat.

Katalog

Vorbemerkungen

Da eine 2005 durchgeführte anthropologische Bestimmung teilweise zu Ergebnissen führte, die dem archäologischen Befund widersprechen, wird dem Katalog eine Tabelle vorangestellt, aus der Geschlecht und Alter der in Wyhl bestatteten Personen entnommen werden können. Diese Bestimmungen wurden kürzlich im Rahmen einer Dissertation veröffentlicht: Zuzana Obertová, The Early Medieval Alamannic population at Horb-Altheim (450–510 AD): A bioarchaeological approach to trace its history. Dissertation (Rahden/Westf. 2008). Dazu Z. Obertová brieflich: „Bei Kleinkindern ist es immer sehr schwierig, das Geschlecht anhand von anthropologischen Methoden zu bestimmen. […] Die Angaben stehen deshalb auch mit Kleinbuchstaben geschrieben, damit es verdeutlicht wird, dass die Angabe nur eine Tendenz wiedergibt. Bei dem Kind aus Grab 25 ist es durchaus möglich, dass die Größe der Zähne täuschen konnte. Bei Grab 27 sind es aber mehrere Merkmale, die dem männlichen Geschlecht zugewiesen werden können. Ich würde deshalb eine Tendenz zu männlichem Geschlecht beibehalten".

Wie schon oben erwähnt, wurden auf der Grabung auch „Befunde" mitgezählt, die nichts mit dem Bestattungsplatz zu tun haben, teilweise sogar außerhalb des hier gewählten Kartenausschnitts liegen (Fundstelle 18 = spätlatènezeitliche Siedlungsgrube, Fundstelle 24 = hallstattzeitliches Grubenhaus), bei der Untersuchung als neuzeitlich erkannt wurden (Fundstellen 17, 19) oder nicht eindeutig zu beurteilen waren (Fundstelle 23 = große, flache Grube von unregelmäßigem Grundriss).

Angaben zu Alter und Geschlecht nach vorläufiger Bestimmung vor Ort sowie nach archäologischen Kriterien. Bei modern gestörten oder zerstörten Gräbern war es meist noch möglich, zugehörige Skelettreste sicherzustellen. Anthropologische Angaben: siehe oben.

Bei den Funden zunächst Angaben zu Lage und funktionaler Zusammengehörigkeit, dann die Einzelbeschreibungen. Nummerierung in der Reihenfolge, wie auf der Grabung festgelegt. Demnach entsprechen sich die Zahlen in Katalog, Abbildungen und Grabplänen.

Tabelle 1: Wyhl. Skelettreste aus der Grabung 1982, Geschlechts- und Altersbestimmung. M: männlich; F: weiblich; N: unbestimmt; m: männlich, nicht erwachsen.

Grab	Fundnr.	Geschlecht	Alter
1	C 1908 + C 1907	F	30–40
2	C 1928	M	50–60
3	C 1920	M	20–30
4	C 1914	F	50–60
5	C 1922	N	erwachsen
6	C 1916	F	25–35
7	C 1924/1925/1926	M	erwachsen
8	C 1921	M	60 +
9	C 1923	M	30–40
10	C 1931	M	20–30
11	C 1943	m	um 2
12	C 1944	F	30–40
13	C 1934	F	40–50
14	C 1941	M	40–50
15	C 1940	M	50–60
20	C 1952	M	30–40
21	C 1953	M	50–60
22	C 1977	M	25–35
25	C 1981	m	um 3
26	C 1988	M	20–30
27	C 1990	m	um 2

7 G. Fingerlin, Grenzland in der Völkerwanderungszeit. Frühe Alamannen im Breisgau. In: Arch. Landesmus. Baden-Württemberg (Hrsg.), Die Alamannen. Ausstellungskat. Stuttgart 1997 (Stuttgart 1997) 103–110. – Hier noch die weitere, bisher zu Wyhl erschienene Literatur: G. Fingerlin, Frühalamannische Grabfunde aus Wyhl am Kaiserstuhl, Kreis Emmendingen. Arch. Ausgr. Baden-Württemberg 1982, 159–162. – Ders., Frühe Alamannen im Breisgau. Archäologische Spuren der Völkerwanderungszeit zwischen Rhein und Schwarzwald. Arch. Nachr. Baden 34, 1985, 30–45. – Fingerlin 1990 (Anm. 6) bes. 123–129 mit Abb. 27–33. – Ders., Die alamannische Landnahme im Breisgau. In: Ausgewählte Probleme europäischer Landnahmen des Früh- und Hochmittelalters. Teil I. Vortr. u. Forsch. Konstanzer Arbeitskr. mittelalt. Gesch. 41 (Sigmaringen 1993) 59–82 bes. 75–79 mit Abb. 9–11. – Ders., „Wyhl". RGA 34, 361–363. – Stellungnahmen anderer Autoren: H. W. Böhme, Der Frankenkönig Childerich zwischen Attila und Aetius. Zu den Goldgriffspathen der Merowingerzeit. In: Festschr. Otto-Herman Frey. Marburger Stud. Vor- u. Frühgesch. 16 (Hitzroth 1994) 69–110. – Hoeper (Anm. 5). – H. Schach-Dörges, Zu süddeutschen Grabfunden frühalamannischer Zeit. Versuch einer Bestandsaufnahme. Fundber. Baden-Württemberg 22/1, 1998, 627–654 bes. 643 Abb. 12; 646 Liste 3. – H. Steuer, Die Alamannen auf dem Zähringer Burgberg. Arch. Inf. Baden-Württemberg 13 (Stuttgart 1990).

Abkürzungen

B.	Breite
Dm.	Durchmesser
H.	Höhe
L.	Länge
Q.	Querschnitt
Rdm.	Randdurchmesser
RS	Randscherbe
SK	Skelett
T.	Tiefe
TS	Terra sigillata
WS	Wandscherbe

Grab 1 (Abb. 5; 6)

Geschlecht unbestimmt. Erwachsen. Durch Baumaschine sehr stark gestört, intakt nur Kopfende, Umriss der Grabgrube jedoch noch erkennbar. Rechteckig, zum Fußende hin leicht verjüngt, NW-Ecke leicht ausgebuchtet (Nische). 1,78 m × 0,60/0,54 m; T. 0,35 m.
SK: Schädel, Schulterbereich, Unterschenkel mit Fußknochen in situ, dazwischen nur wenige verlagerte Bruchstücke.
Funde: Etwas höher als der Grabboden war zwischen Schädel und linker Schulter eine kleine Schüssel (1) abgestellt (durch Maschinendruck zerbrochen), in der erwähnten Nische stand ein Glasbecher (2), zwischen diesen beiden Gefäßen Reste eines weiteren Glasbechers (3), durch die Baumaschine zerscherbt und zerdrückt.
1 *TS-Schüssel* Chenet 320 (rotgestrichene Ware), Form unregelmäßig. Ton ziegelrot, fein gemagert, mäßig hart gebrannt, Überzug pompeianisch-rot, matt, stark abgerieben. Rdm. 12,9 cm, H. 5,0 cm.
2 *Glockenbecher* aus transluzidem olivgrünem Glas mit eingesetztem konischem Fuß aus der gleichen, hier dunkler wirkenden Glasmasse, unverziert. H. 9,8 cm, Rdm. 7,4 cm.
3 RS, WSn und Boden mit Wandansatz von *Glockenbecher* aus transluzidem dunkel- bis bläulichgrünem Glas, am Rand umlaufende bläulich-weiße Fadenverzierung. Boden massive, außen abgerundete Scheibe, Unterseite leicht eingezogen, dadurch flacher Standring. H. ca. 10 cm, Rdm. 7,3 cm.

Abb. 5: Wyhl „Leiselheimer Kreuz“. Grab 1.

Grab 2

Männlich. Erwachsen. Ungestört. Rechteckige Grabgrube, 2,40 m × 0,90 m, T. 0,60 m.
SK: Gestreckte Rückenlage, linker Unterarm leicht angewinkelt auf dem Becken.
Funde: keine.

Grab 3

Geschlecht unbestimmt. Erwachsen (?). Durch Baumaschine fast völlig zerstört. Grabumriss nur teilweise erkennbar. Noch 1,40 m × 0,50 m, T. 0,40 m.
SK: Nur stark zerdrückte Schädelreste in situ, sonst nichts erhalten.
Funde: keine.

Grab 4 (Abb. 7; 8)

Weiblich. Erwachsen. Ungestört. Grabgrube unregelmäßig trapezförmig, Füllung stark durchwurzelt und von Tiergängen durchzogen. 1,90 m × 0,70/1,10 m, T. 0,60 m.
SK: Gestreckte Rückenlage. Schlecht erhalten, nur Schädel, Schlüsselbeine und Langknochen, geringe Reste von Rippen und Fingergliedern.
Funde: Etwas unterhalb der linken Schulter lag in situ eine Fibelnadel mit Spirale (1), Spitze körperabwärts. Die zugehörige Fibel (2) fand sich in sekundärer Lage knapp über dem Schädel. Erkennbar war die Verlagerung durch ein Tier erfolgt. Zwischen den Schlüsselbeinen lagen, mit den Schmalseiten sich fast berührend, aber nicht ineinandergreifend, zwei S-förmige Haken (3), Verschlussteile einer Halskette (Perlen wurden keine gefunden). Unter der Schädelkalotte, ziemlich weit oben am Hinterkopf, kamen die Reste eines stark zerdrückten Beinkamms (4) zum Vorschein, nach seiner Lage als Steck-Kamm in der Frisur benutzt.
1–2 Silberne *Bügelfibel* (gegossen) mit trapezförmigem Fuß (2). Bügel zur Spirale hin verbreitert, dreieckiger Mittelzwickel, obere Bügelhälfte an den Rändern schräg, untere Bügel-

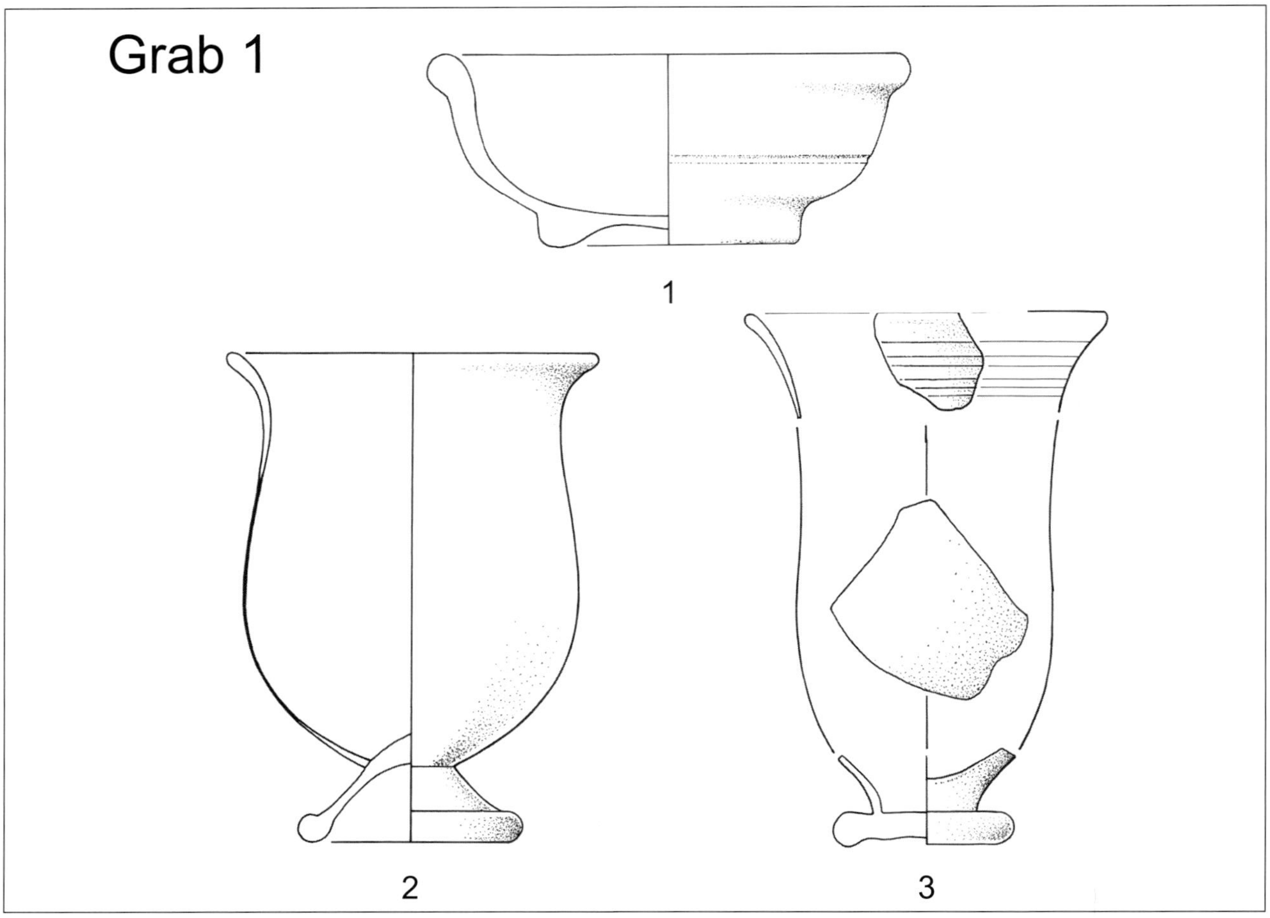

Abb. 6: Wyhl „Leiselheimer Kreuz". Funde aus Grab 1. 1 M. 1:2; 2, 3 M. 2:3.

hälfte quer gekerbt. Fuß mit nielliertem Netzwerk in randbegleitendem Rahmen, an den Knotenpunkten kleine Kreisaugen, auf der Schauseite Spuren von Vergoldung. Die *Spiralnadel* (1) mit unterer Sehne besteht aus Bronze, die Achse aus Eisen, beidseitig aufgesteckte Knöpfe (wie bei der Fibel aus Grab 13) sind nicht erhalten. L. 3,9 cm.

3 Zwei silberne *S-Haken* mit eingerollten Enden, Mittelteil gerippt. Verschluss einer Halskette, deren Perlen möglicherweise aus organischem Material bestanden. L. 2,5 cm bzw. 2,7 cm.

4 Bruchstücke von einreihigem *Dreilagenkamm* mit dreieckiger, kreisaugenverzierter Griffplatte. Zähne sorgfältig rundgeschliffen, Spuren von eisernen Nieten. L. ca. 11–12 cm.

Grab 5

Geschlecht unbestimmt. Erwachsen. Beim Ausbaggern des Kanalisationsgrabens fast völlig zerstört. Erhalten nur das untere (östliche) Ende der rechteckigen Grabgrube mit stark abgerundeten Ecken. B. 0,50 m, T. 0,35 m.

SK: Gestreckte Rückenlage, in situ erhalten nur Unterschenkel- und Fußknochen, stark durch Maschinendruck beschädigt.

Funde: Keine.

Grab 6 (Abb. 9; 10)

Weiblich. Erwachsen (?). Ungestört. Überdurchschnittlich lange, abgerundet-rechteckige Grabgrube, Andeutung einer Nische in der NW-Ecke. 2,35 m × 0,75 m, T. 0,45 m. Auffallend der freie Raum (0,75 m) zwischen Bestattung und westlichem Grabende. Es fanden sich jedoch keine Hinweise auf eine ältere, bei Wiederbelegung des Grabes abgeräumte Bestattung.

SK: Gestreckte Rückenlage, schlecht erhalten, feinere Teile größtenteils nicht mehr vorhanden, Schädelkalotte durch Maschinendruck zertrümmert.

Funde: In der leicht ausbuchtenden NW-Ecke (Nische) war auf nach innen schräg abfallender Fläche ein tiefer Teller (1) aufgestellt, durch Maschinendruck beschädigt. Auf dem rechten Beckenknochen, nahe seinem oberen Rand, lag in spitzem Winkel zur Körperachse eine Bügelfibel (2), Kopfplatte abwärts zur Körpermitte hin ausgerichtet, Schauseite nach oben, was als Traglage angesprochen werden kann.

1 *TS-Teller* Chenet 308 (rotgestrichene Ware). Ton ziegelrot, hellgrauer Kern, fein gemagert, hart gebrannt. Überzug braunrot, matt, leicht abreibbar. Rdm. 29,8 cm, H. 7,3 cm.

2 Silberne *Bügelfibel*, gegossen, mit halbrunder, unregelmäßig ausgelappter Kopfplatte und schmalem profilierten Fuß. Bügel und Fuß teilweise mit scharfem Mittelgrat. Ganze Heftkonstruktion samt Spiralachse aus Silber. L. 4,0 cm.

Grab 7

Männlich (?). Erwachsen. Unregelmäßig rechteckige Grube, vor allem die Längswände stark von der Grundform abweichend. 2,25 m × 0,70/0,90 m, T. 0,70 m.

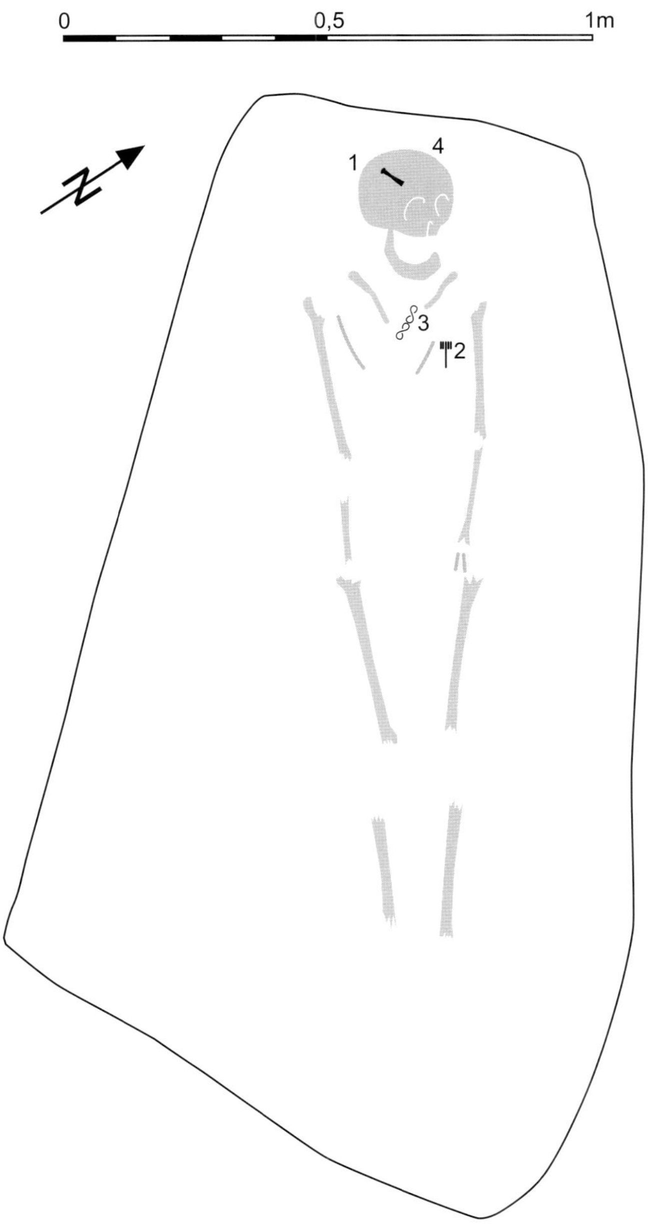

Abb. 7: Wyhl „Leiselheimer Kreuz“.
Grab 4.

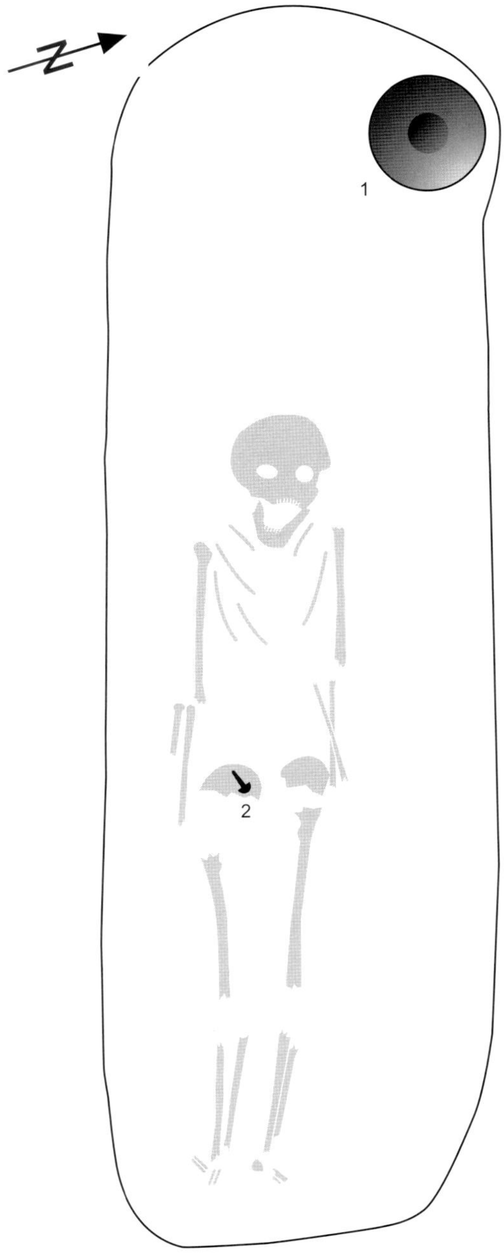

Abb. 9: Wyhl „Leiselheimer Kreuz“. Grab 6.

Abb. 8: Wyhl „Leiselheimer Kreuz“. Funde aus Grab 4. 1–3 M. 1:1; 4 M. 1:2.

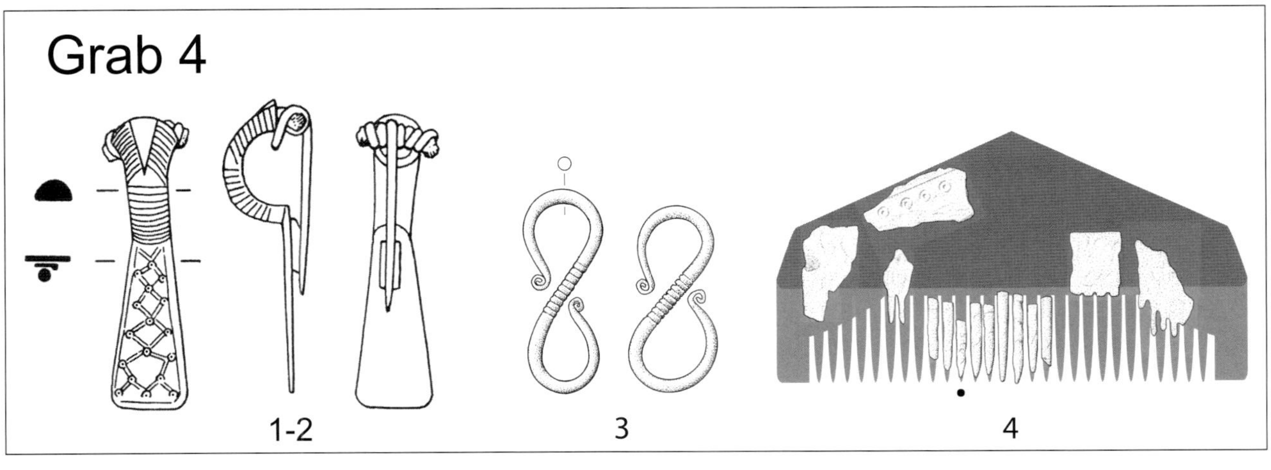

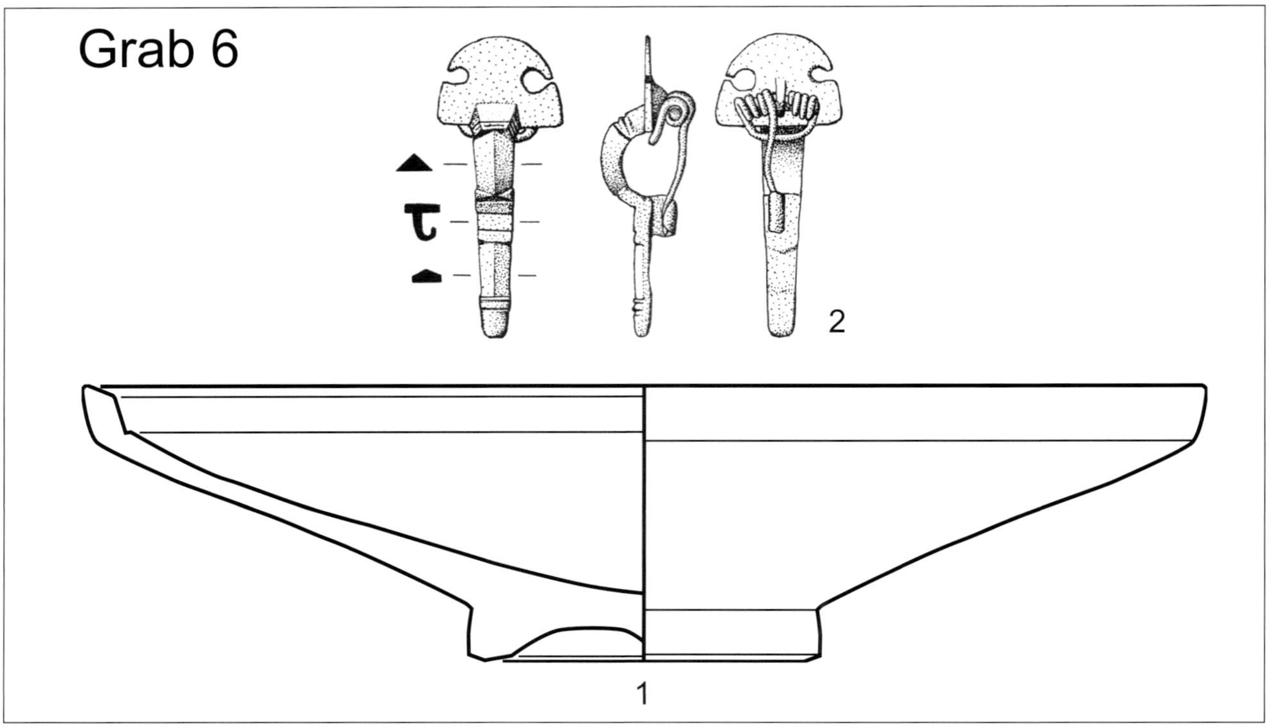

Abb. 10: Wyhl „Leiselheimer Kreuz“. Funde aus Grab 6. 1 M. 1:2; 2 M. 1:1.

SK: Im westlichen Teil der Grabgrube fanden sich ca. 0,20 m über der Sohle kreuz und quer übereinandergelegt einige Langknochen und kleinere Skelett-Teile, in der östlichen Hälfte 0,10 m über der Grabsohle ein ähnlicher Befund. In beiden „Knochendeponien“ fehlten Schädelteile. Keine modernen Störungen!
Funde: Keine.

Grab 8

Geschlecht und Alter unbestimmt. Maschinell zerstört, nur Spuren der Grabgrube feststellbar. Noch 1,70 m × 0,60 cm, T. 0,40 m.
SK: Nur Reste im Aushub geborgen.
Funde: Keine.

Grab 9

Geschlecht unbestimmt. Erwachsen. Durch Baumaschine völlig zerstört. Grabgrube abgerundet-rechteckig. 2,08 m × 0,80 m, T. 0,40 m.
SK: In situ nur noch ein Bruchstück des linken Oberschenkels und linker Fuß, demnach gestreckte Rückenlage. Im Aushub konnten keine weiteren, sicher zugehörigen Skelettreste gefunden werden.
Funde: Keine.

Grab 10

Weiblich. Erwachsen. SW-Ecke des Grabes mit rechter oberer Körperhälfte und Kopfbereich durch Baumaschine zerstört, im Beckenbereich weitere neuzeitliche Störung durch Baumloch, ungestört die östliche Grabhälfte ab Beckengegend. Grube rechteckig. 1,95 m × 0,65 m, T. 0,45 m.
SK: Gestreckte Rückenlage, in situ linke obere Körperhälfte, linker Arm und beide Beine.
Funde: Keine.

Grab 11

Geschlecht unbestimmt. Kleinkind. Ungestört. Grabumriss fast oval, Füllung stark durchwurzelt, Sohle muldenförmig, vor der Bestattung wieder leicht aufgefüllt. 0,75 m × 0,40 m T. 0,35 m.
SK: In der westlichen Grubenhälfte, gestreckte Rückenlage, sehr schlecht erhalten, nur kleine Fragmente konnten entnommen werden.
Funde: Keine.

Grab 12

Geschlecht unbestimmt. Erwachsen. Geringe neuzeitliche Störung durch Wassergraben am W-Ende der Grabgrube. Größter Teil des Grabes antik gestört („beraubt“). Grube rechteckig, SO-Ende stark verrundet. 2,05 m × 0,70 m, T. 0,70 m.
SK: Nach den in situ angetroffenen Unterschenkeln und Fußknochen gestreckte Rückenlage, oberhalb der Knie nur noch ein verlagerter Oberschenkel, ein Fragment des zweiten und ein Stück von der Schädelkalotte.
Funde: Keine.

Grab 13 (Abb. 11; 12)

Weiblich. Erwachsen. Grabgrube etwa ab Mitte der N-Seite bis zur Mitte der westlichen Schmalseite durch Baumaschine zerstört, sonst keine menschlichen Eingriffe feststellbar (alt ungestört). Grube rechteckig, nach W schmaler werdend, SW-Ecke stark verrundet. 2,40 m × 0,60/0,80 m, T. 0,55 m.

SK: Gestreckte Rückenlage, durch die moderne Störung fehlen Schädel, linkes Schlüsselbein und linker Arm mit Hand. Kleine Störung im rechten Brustbereich durch eine Baumwurzel, die noch in morschem Zustand angetroffen wurde. *Funde:* Auf der rechten Brustseite, nahe beim Oberarm, fast senkrecht im Boden steckend eine Fibel (1), erkennbar durch die Baumwurzel in ihrer Lage verändert. Gesichert also nur, dass diese Fibel unterhalb des Schlüsselbeins auf der rechten Brustseite getragen wurde. Zwischen der vierten Rippe der linken Körperseite bis in Höhe des Ellenbogens fanden sich

Abb. 11: Wyhl „Leiselheimer Kreuz“. Grab 13.

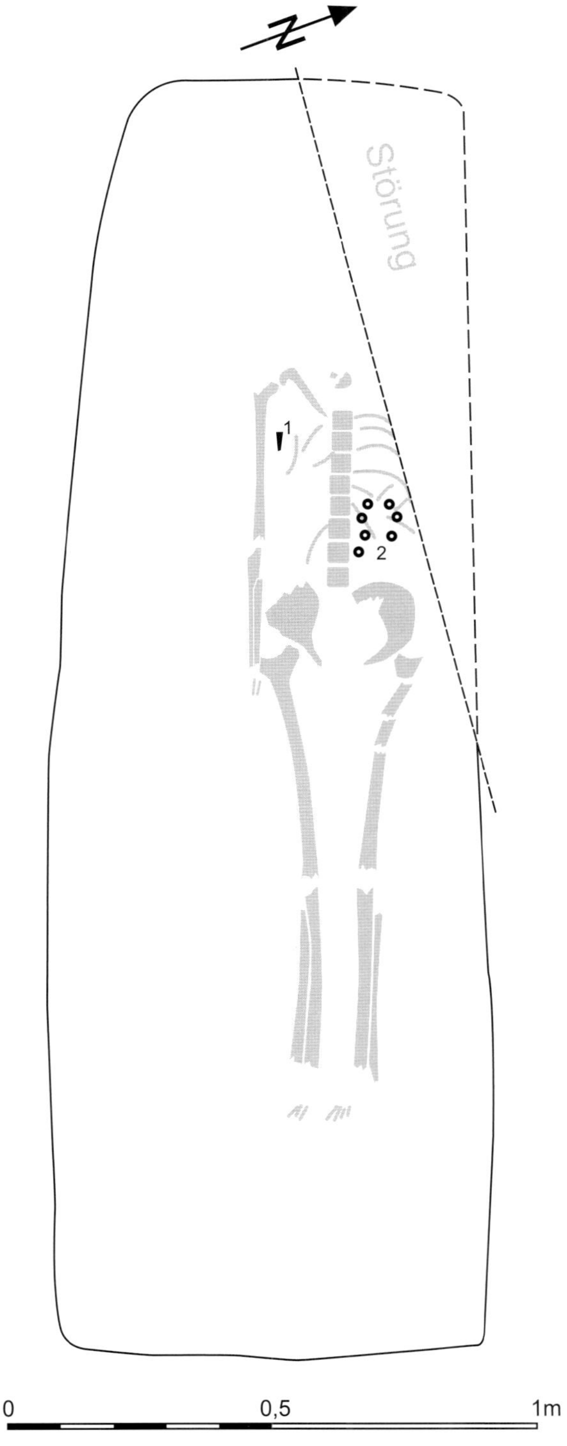

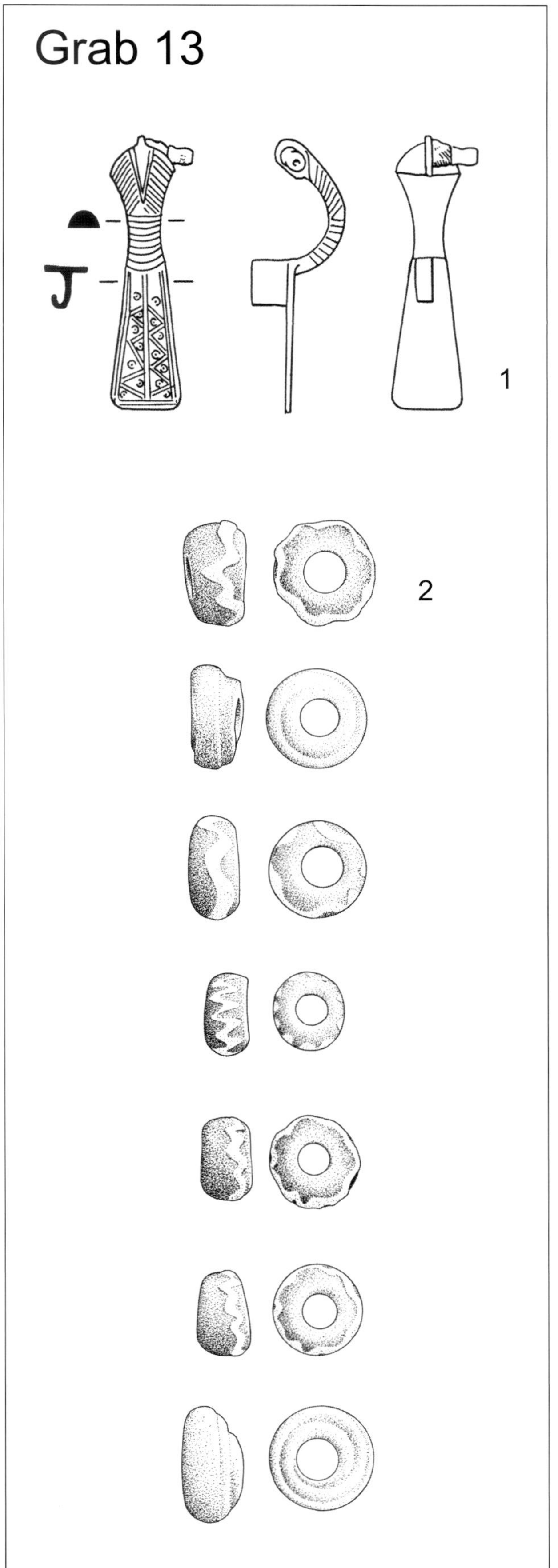

Abb. 12: Wyhl „Leiselheimer Kreuz“. Funde aus Grab 13. M. 1:1.

sieben Perlen (2), vier davon entlang der Wirbelsäule aufgereiht: Bestandteile einer wegen der randlichen Maschinenstörung vielleicht nur unvollständig überlieferten, von der Schulter herabhängenden Perlenschnur.

1 Silberne *Bügelfibel* (gegossen) mit trapezförmigem Fuß. Pendant zur Fibel aus Grab 4, höchstwahrscheinlich werkstatt-, aber nicht gussformgleich. Der Unterschied liegt vor allem in der Ornamentik der Fußplatte, die hier zwischen Rand- und Mittellinie ein Zick-Zack-Muster zeigt, dessen Zwickel mit kleinen Kreisaugen besetzt sind. Von der ursprünglichen Nielloeinlage haben sich nur in den Kreisaugen geringe Spuren erhalten. Die Fußplatte ist stark abgenutzt, keine Spuren von Vergoldung. Von der Heftkonstruktion sind nur der hohe Nadelhalter und die Hälfte der eisernen Spiralachse mit aufgestecktem profiliertem Endknopf aus Silber erhalten. L. 4,1 cm.

2 Sieben ringförmige *Perlen* aus fast schwarzem, nur wenig durchscheinendem Glas, davon vier mit weißem, eine mit gelbem umlaufendem Wellenband, zwei unverziert. Dm. zwischen 1,3 cm und 1,6 cm.

Grab 14

Männlich (?). Erwachsen. Ungestört. Grabgrube fast exakt rechteckig, Sohle leicht muldenförmig eingetieft. 2,25 m × 0,70 m, T. 0,75 m.

SK: Ziemlich gut erhalten, nur Schädel durch das Gewicht der Baumaschine eingedrückt. Gestreckte Rückenlage, Unterarme leicht eingewinkelt, Hände auf den Beckenknochen. Im Bereich von Becken und Oberschenkeln dunkle Verfärbung, die wohl von organischen Materialien herrührt (Unterlage?).

Funde: Keine.

Grab 15

Männlich. Erwachsen. Das Grab wurde im Unterschenkelbereich von der Baumaschine zerstört, das östliche Ende der rechteckigen Grube konnte daher nicht mehr erfasst werden. Wahrscheinlich über 2,00 m × 0,80/0,90 m (Ausbuchtung am Kopfende, keine Nische), T. 1,40 m.

SK: Gut erhalten, nur Schädel durch Maschinendruck zerbrochen, die herausgerissenen Unterschenkel sichergestellt.

Funde: Keine.

Grab 16

Geschlecht und Alter unbestimmt. Grab durch Baumaschine bis auf geringe Reste zerstört, kleine Teile der Grabgrube konnten noch eingemessen werden.

SK: In situ nur noch Zehenknochen, dadurch Orientierung der Bestattung gesichert.

Funde: Keine.

Fundstelle 17

Wahrscheinlich neuzeitliche Feuerstelle.

Fundstelle 18

Spätlatènezeitliche Siedlungsgrube (knapp außerhalb des kartierten Bereichs).

Fundstelle 19

Flache, mit Brandschutt verfüllte Grube unbestimmter Zeitstellung (außerhalb des kartierten Bereichs).

Grab 20

Männlich (?). Erwachsen. Ungestört. Schmale, trapezförmige Grabgrube, schräge Wände bis zum muldenförmig ausgehobenen Grabboden, der gerade noch ausreichend groß für die Bestattung war. Umriss in 0,50 m T. 2,10 m × 0,50/0,70 m am Kopfende; Grabsohle 1,70 m × 0,43 m im Schulterbereich, 0,18 m am Fußende, T. 0,95 m. Insgesamt vermittelte dieser ungewöhnliche Befund den Eindruck einer in Eile und mit wenig Sorgfalt ausgeführten Arbeit.

SK: Gut erhalten. Gestreckte Rückenlage, Arme eng an den Körper gepresst, Hände nach innen auf den Oberschenkeln (vermutlich wegen der Enge der Grabgrube, die jedenfalls keinen wie auch immer ausgeführten Sarg zugelassen hätte).

Funde: Keine.

Grab 21

Männlich (?). Erwachsen. Keine maschinelle Störung. Das Grab war von Kopf bis Fuß durchwühlt, was sich schon in der Füllung zeigte, die sich von allen anderen Gräbern deutlich unterschied: „Kies, Sand und verlehmte Brocken in lockerem Zustand zeugten von einer intensiven Störung des ganzen Grabes". Außerdem waren vor allem im W-Teil Spuren einer nachträglichen Ausschachtung zu erkennen, die den Umriss etwas erweitert hat. Grube ungefähr rechteckig. 2,35 m × 0,75 m, T. 0,85 m.

SK: In situ noch wenige Rippen der linken Körperseite, Finger der rechten Hand und linker Unterschenkel mit Fuß. Alle anderen Teile, soweit überhaupt noch vorhanden, lagen wirr durcheinander, der Schädel (ohne Unterkiefer) etwa an Stelle des rechten Unterschenkels, der Unterkiefer (umgedreht) noch im ursprünglichen Bereich. Kleinere Reste fanden sich auch in der Füllung, teilweise schon dicht unter dem ersten Planum. Wegen der auffällig durchmischten, z. T. noch sehr lockeren Füllung kommt eine Beraubung in antiker Zeit weniger in Betracht. Wahrscheinlicher ist es, dass bei landwirtschaftlichen Arbeiten oder auch bei den in diesem Bereich durchgeführten Schanzarbeiten gegen Ende des Zweiten Weltkriegs Gräber gefunden und nach Wertsachen durchsucht worden sind. Nicht zu entscheiden ist bei diesem Szenario, ob die Bestattung noch ungestört angetroffen wurde, oder ob ein schon antik beraubtes Grab im 20. Jh. erneut geöffnet wurde.

Funde: Keine.

Grab 22 (Abb. 13; 14)

Männlich. Erwachsen. Ungestört. Grabumriss rechteckig, mit starker Ausbuchtung der NO-Ecke. 2,35 m × 0,75/0,90 m, T. 0,75 m. Grabsohle muldenförmig eingetieft, vor der Bestattung eben aufgefüllt, T. der Bestattung 0,60 m. Unter dem Körper auf ganzer Länge verteilt von organischem Material herrührende Verfärbungen, vielleicht Hinweis auf eine entsprechende Unterlage (Laubschüttung, Matte).

SK: Gut erhalten, gestreckte Rückenlage, Arme längs des Körpers, Finger der rechten Hand gegen den Schwertgriff (2) gerichtet.

Funde: Außen am rechten Bein, Griff in Höhe der rechten Hand, Spitze körperabwärts, Schauseite nach oben lag ein zweischneidiges Schwert (2) mit verschiedenen Bronzebeschlägen von der Aufhängung. Dicht unterhalb des Scheidenmundblechs (2a) ein dreifacher Riemenverteiler (2b), daneben ein rechteckiges Bronzeplättchen (2c) und drei Niete auf einem Blechstreifen (2d) – zur genauen Lage vgl. Abb. 29 – sowie zwei entsprechende Bronzeniete (2e) außen am Griff. Über dem Langschwert, etwas oberhalb des Kniegelenks, lag mit dem Knauf nach oben ein Schildbuckel (4), darunter die Schildfessel (3), wobei der Buckel den Grabumriss tangiert. Der runde Holzschild war demnach mit seiner Innenseite gegen die Grubenwand gestellt worden. Zwei große Niete und ein Nietblech (5) zwischen Schwert und südlicher Grubenwand konnten als Niete der am Schild ursprünglich noch vorhandenen dünnen Endstücke der Schildfessel bestimmt werden. Zum Leibgurt, an dem auch das Schwert befestigt war, gehört eine Bronzeschnalle mit Beschlag (6), quer zur Körperachse am Innenrand des rechten Beckenknochens, Rahmen gegen die rechte Körperseite gerichtet, Schauseite nach oben. Unter dem linken Beckenknochen und knapp oberhalb davon fanden sich drei Beinstäbchen (1), vermutlich Inhalt einer kleinen Tasche, die nach einer Rostspur schräg unter dem Unterarm auch noch ein eisernes Gerät, vermutlich ein Messer (8) enthielt. Wenige Bruchstücke vom Bügel eines zweireihigen Beinkamms (7) konnten unter der rechten Schädelseite aus nur noch krümelig erhaltenen Resten geborgen werden.

1 Drei *„Beinstäbchen"*, eines davon wie ein Gerätegriff geformt. Der allmählich sich verjüngende, facettierte „Griffteil" setzt sich nach einem horizontalen Absatz rundstabig fort, endet aber gleich danach in einer schrägen Bruchkante. L. noch 5,3 cm. Die beiden anderen in Form kurzer Rundstäbe, eines oben und unten glatt abgeschliffen, das zweite mit eingeschnittenem Kreuz an einem Ende, das gegenüberliegende Ende wegen Beschädigung nicht mehr zu beurteilen. Nach guten Parallelen handelt es sich bei diesen Stücken um Keramikstempel. L. jeweils 3,4 cm.

2 *Zweischneidiges Schwert (Spatha)* mit schmalem, flach dreieckigen Eisenknauf, achteckigem Griff aus Knochen, gegliedert durch fünf umlaufende Strichbündel, Klinge mit Spuren von Damaszierung (Zick-Zack und Wellen). L. 90 cm, B. des Knaufs 5,0 cm, L. des Beingriffs 9,4 cm, B. der Klinge am Heft 5,1 cm, 33 cm unterhalb des Griffs wird die Klinge allmählich schmaler, wenig oberhalb der Spitze noch 4,4 cm. Von den für diesen Schwert-Typ kennzeichnenden Bronzebeschlägen der Scheide hat sich nur das relativ dicke, gegossene *Scheidenmundblech* (**2a**) erhalten. Es gliedert sich auf der Vorderseite der Waffe in zwei übereinanderliegende reliefierte Zierzonen: oben ein „Zungenmuster", auf drei Seiten von einem punktlinienverzierten Randstreifen mit kleinen konzentrischen Halbkreisen eingefasst, darunter wellenbandartig aneinandergereihte Blätter. Die kleinen Seitenfelder an den umgebogenen Schmalseiten zeigen stark stilisierte menschliche Halbmasken mit überbetonten Augen. Nach unten schließt eine plastische Perlreihe das Ganze ab. Die auf der Rückseite umgeschlagenen Enden sind unverziert. L. 14,8 cm, B. 2,6 cm. Das gegossene, plastisch gestaltete Ortband fehlt, ebenso die asymmetrische Randfassung aus U-förmig gebogenem Bronzeblech. Diese könnte noch vorhanden gewesen sein, als der obere Teil der Scheide zusätzlich mit eisernen, im Q. spitzwinkligen Randschienen eingefasst wurde. Auffälligerweise ist nämlich auch diese nachträgliche

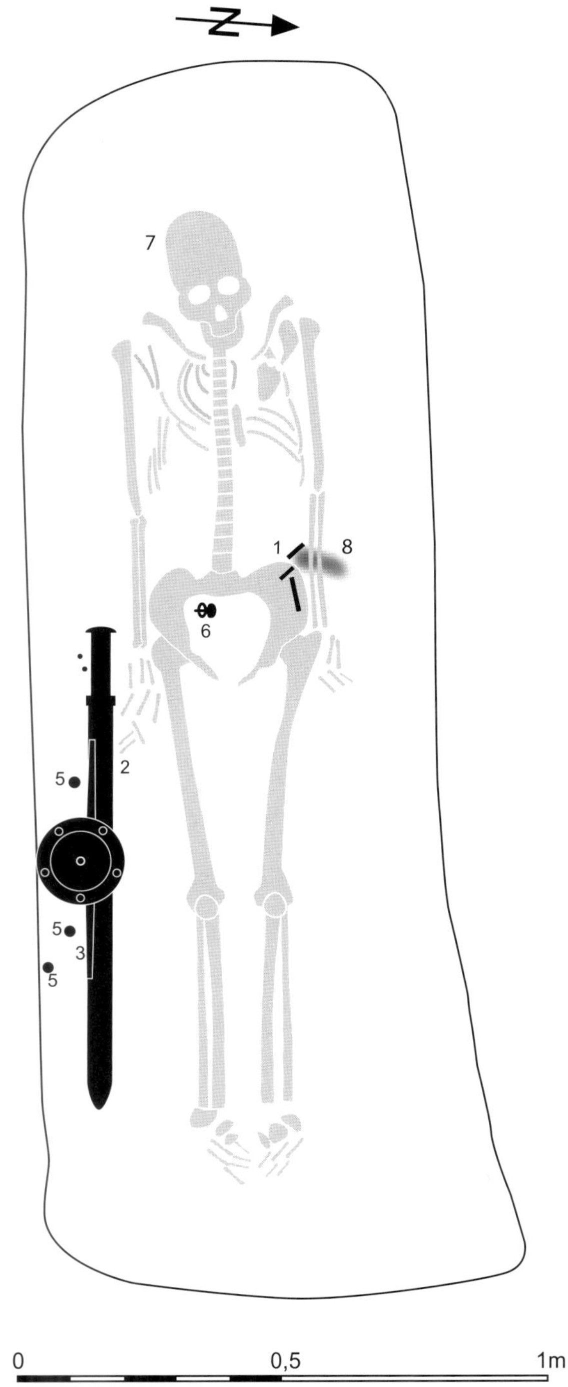

Abb. 13: Wyhl „Leiselheimer Kreuz". Grab 22.

Randfassung asymmetrisch. Es kann allerdings nicht ausgeschlossen werden, dass nach dem Verlust der ursprünglichen Fassung die neue aus Eisen bis zur Schwertspitze reichte.

2b *Riemenverteiler* aus Bronze. In einen Ring von vierkantigem Q. greifen mit schmalen Schlaufen drei ovale, kreisaugenverzierte Beschläge ein, an denen mit je einem Nietstift die Lederriemen (davon Reste) befestigt waren. Dm. Ring 1,4 cm.

2c Schmal-rechteckiges *Bronzeplättchen,* mit eingeschnittenen, diagonal sich kreuzenden Doppellinien verziert. Auf der Rückseite Lotreste. L. 2,4 cm.

2d–e Drei kleine, durch ein gemeinsames Gegenblech zusammengefasste *Bronzeniete* mit flachem Kopf, dazu zwei

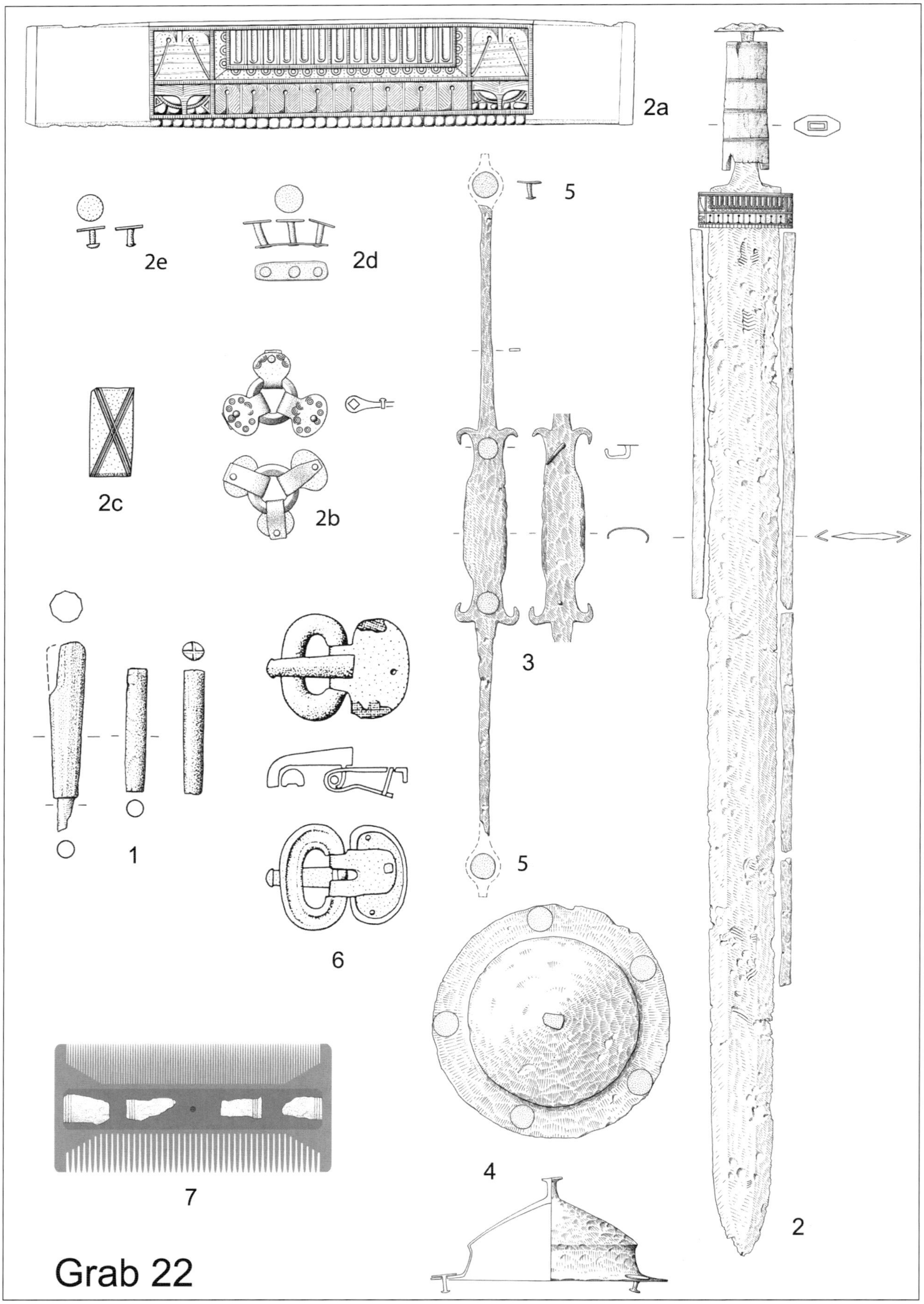

Abb. 14: Wyhl „Leiselheimer Kreuz". Funde aus Grab 22. 1, 2 b–e, 6 M. 2:3; 2 M. 1:4; 2 a M. 3:4; 3–5 M. 1:4; 7 M. 1:3.

entsprechende *Einzelniete.* Ein Niet noch mit aufgelötetem Silberplättchen, die anderen vier Plättchen abgelöst, aber ebenfalls noch vorhanden. Dm. ca. 0,75 cm.
3 Eiserne *Schildfessel*, Griffteil mit sichelförmigen Ansätzen, an beiden Enden die Nietscheiben verloren (wahrscheinlich durch Erddruck). Am Griff Eisenniete mit flachem Kopf, darauf dünne Plättchen aus Bronzeblech. Niete an den Enden siehe Nr. 5. L. noch 46,0 cm, Dm. Niete 1,6 cm bzw. 1,8 cm, L. der umgeschlagenen Stifte 3,0 cm.
4 Eiserner *Schildbuckel* mit eingezogenem Kragen und konischer, leicht gewölbter Kuppe. Kurzer Knauf, darauf gelötet (?) flache Bronzescheibe mit dünnem aufgelötetem Silberplättchen. Ebenso die fünf Randniete. H. 7,6 cm, Dm. 17,0 cm, Dm. Niete 1,8 cm, Holzstärke Schild knapp 1,0 cm.
5 Zwei *Bronzeniete* von den Enden der Schildfessel (3), beide mit flachem Kopf und aufgelötetem Bronzeplättchen (eines abgelöst, aber noch vorhanden). Dm. knapp 2,0 cm. Stärke des Holzschilds an diesen Stellen knapp 1,0 cm.
6 *Gürtelschnalle* aus Bronze (gegossen), mit keulenförmigem Dorn und unregelmäßig ovalem Beschlag mit drei Nieten. Rückseite des Dorns flach, Rahmen mit rinnenförmiger, Beschlag mit kastenförmiger Eintiefung. Schauseite unverziert, oberer und unterer Niet überdeckt von feinen Geweberesten in einfacher Leinenbindung. L. 3,9 cm, B. des Riemens 1,6 cm.
7 Reste von zweireihigem *Beinkamm* mit eisernen Nieten. Zur Größe keine Angaben möglich.
8 Rostspur, am ehesten von einem kleinen eisernen *Messer.* L. ca. 10 cm.

Fundstelle 23

Flache, wahrscheinlich neuzeitliche Grube von unregelmäßiger Form.

Fundstelle 24

Hallstattzeitliches Grubenhaus.

Grab 25 (Abb. 15; 16)

Weiblich. Kind. Ungestört. In 0,70 m T. abgerundet-rechteckiger Grubenumriss, der nicht auf eine Kinderbestattung hindeutete. Beim Tiefergehen verengte sich die Grube dann auf drei Seiten (N, O, S) zu einem trapezförmigen Umriss von 1,50 m × 0,70/0,45 m (Fußende) mit geradlinig verlaufenden Wänden und scharfen Ecken, Grabsohle in 1,20 m T., völlig eben auf dem anstehenden Kies. In diesem Fall erscheint ein Holzeinbau oder Sarg nicht ausgeschlossen, doch ergaben sich keine entsprechenden Beobachtungen. Dunkle, von organischem Material herrührende Verfärbungen unter den Beinen, Teilen des Rumpfes und nördlich davon bis zur Grubenwand können eher mit einer Unterlage (Laub o. Ä.) in Zusammenhang gebracht werden. Grabfüllung bis zur Sohle stark durchwurzelt, darauf wohl auch geringfügige Verlagerungen von Skelettresten zurückzuführen.
SK: Sehr schlecht erhalten. Gestreckte Rückenlage, große Teile vergangen. Substanziell vorhanden nur noch Zähne und Schenkelknochen (ohne Gelenkenden).
Funde: Über und zwischen den beim Zerfall des Schädels verstreuten Zähnen fand sich in Traglage ein Halsring mit offenem, körperaufwärts gerichtetem Verschluss (also im Nacken geschlossen). Etwas unterhalb der linken Schulter eine Reihe

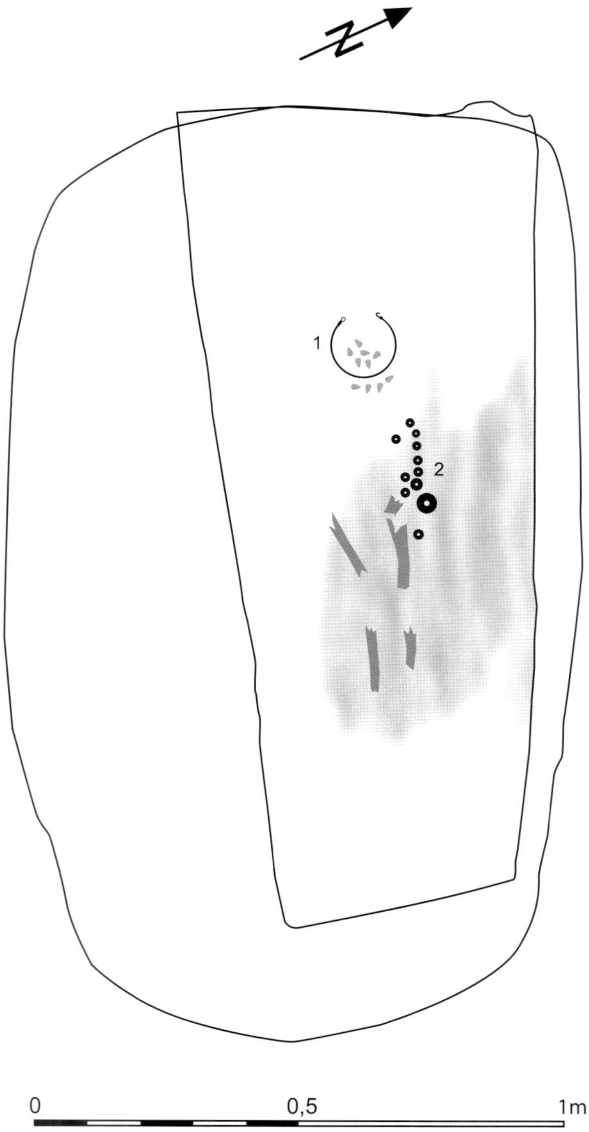

Abb. 15: Wyhl „Leiselheimer Kreuz". Grab 25.

von Perlen (2), Bestandteile einer herabhängenden Perlenschnur, die in der mutmaßlichen Reihenfolge (unsicher nur bei den obersten drei Perlen) aufgefädelt werden konnte.
1 Massiv gegossener, rundstabiger *Halsring* aus Silber, beide Enden drahtartig ausgezogen und jeweils zu einer Öse gewickelt, eine davon durchgescheuert. Der Verschluss war also nicht mehr funktionsfähig. Vermutlich war dies auch der Grund dafür, dass der erforderliche S-Haken nicht mitgegeben wurde. Die Oberfläche des Rings ist glatt und weist keine Spuren einer spiraligen Umwicklung auf. Größter Dm. des offenen Rings 11,3 cm, bis knapp 0,4 cm dick.
2 Elf *Perlen*, davon zehn ringförmig aus fast schwarzem, nur wenig durchscheinendem Glas und eine große Melonenperle aus opak schwarzem Glas. Drei Perlen unverziert, sieben mit weißen und gelben, umlaufenden Wellenbändern. Dm. der Melonenperle 2,8 cm, die anderen zwischen 1,3 cm und 1,8 cm.

Grab 26 (Abb. 17; 18)

Männlich (?). Erwachsen. Rechteckiger Grabumriss. 2,30 m × 1,00 m. Frühneuzeitliche Störung über der Bestattung, die-

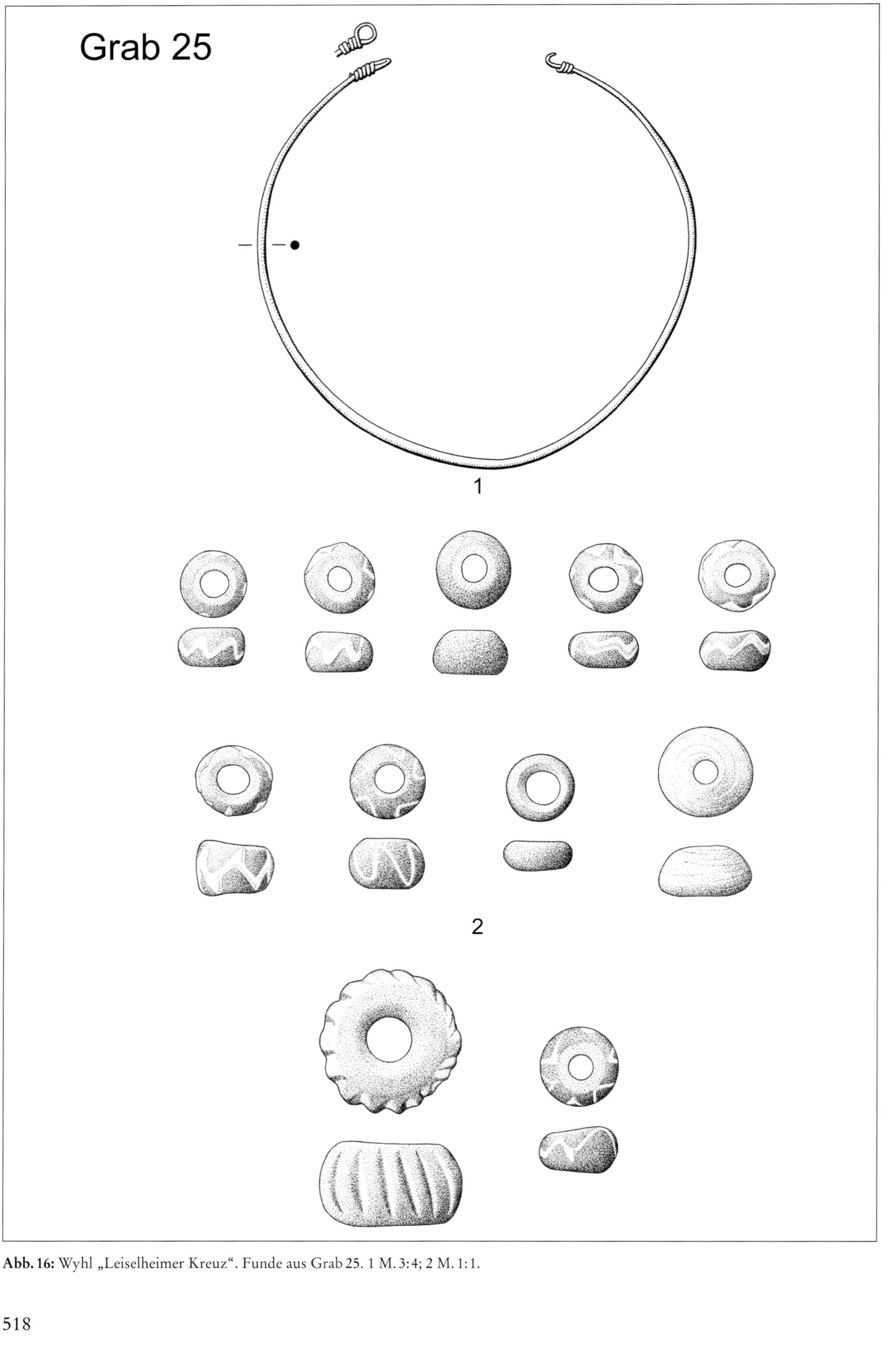

Abb. 16: Wyhl „Leiselheimer Kreuz“. Funde aus Grab 25. 1 M. 3:4; 2 M. 1:1.

Abb. 17: Wyhl „Leiselheimer Kreuz". Grab 26.

se antik zerstört. Eine durch eine Schuhschnalle ins 18. oder frühe 19. Jh. datierte, etwa quadratische Grube reichte, durch dunkelbraune Lehmfüllung scharf begrenzt, bis in eine Tiefe von 0,72 m und blieb damit 0,65 m über der Grabsohle. Darunter zeigte die fleckige, mit Kies, Löss und Sand durchsetzte Grabfüllung, dass man schon früher alles gründlich durchwühlt hatte. Dabei war ein vollständig erhaltener Glasbecher unbemerkt in einem Erdblock ca. 0,50 m über den Grabboden verlagert worden. Nahebei fand sich, ebenfalls in sekundärer Lage, das Fragment eines Bronzeblechs mit zwei Nieten. An den Längswänden des Grabes zeigten sich ab dieser Tiefe (unter der frühneuzeitlichen Grube) deutliche Spuren dieses zerstörenden Eingriffs. Grabsohle im gewachsenen Kies. T. 1,37 m.

SK: Von der Bestattung lagen keine Reste mehr in situ, alles war durcheinandergeworfen und z. T. zerbrochen, auch starke Langknochen. Schädelkalotte bis in den Unterschenkelbereich verlagert, Unterkiefer etwa in Grabmitte.
Funde: Wie oben beschrieben in sekundärer Lage, ursprünglich wohl in der NW-Ecke abgestellt, ein Glasbecher (1). Nahebei Fragment eines Bronzebeschlags (2). Aus der neuzeitlichen Störung, die dadurch datiert wird, eine Schuhschnalle (3).

1 Vollständig erhaltener *Glockenbecher* aus blassblauem Glas, eingesetzter Fuß aus der gleichen Glasmasse dunkler, unter dem Rand weiße, umlaufende Fadenauflage. Rdm. 7,5 cm, H. 10,5 cm.

2 Fragment eines rechteckigen *Beschlags* aus Bronzeblech mit zwei Nieten an einer Schmalseite. L. noch 3,5 cm, B. 1,3 cm.

3 (Nicht zugehörig) gewölbter Rahmen einer ungefähr quadratischen *Schuhschnalle* aus Bronze, Mittelachse mit Dorn fehlt. 2,4 cm × 2,6 cm.

Abb. 18: Wyhl „Leiselheimer Kreuz". Funde aus Grab 26 und jüngerer Fund aus darüber liegender Grube (3). 1 M. 2:3; 2, 3 M. 1:1.

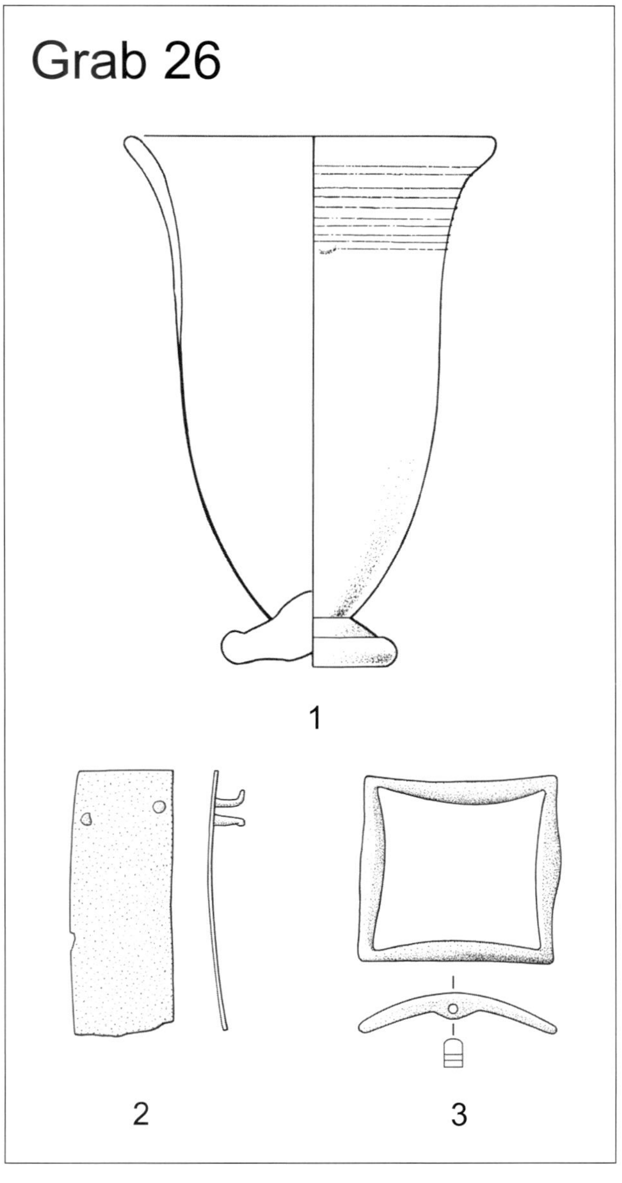

Abb. 19: Wyhl „Leiselheimer Kreuz“. Grab 27.

Grab 27 (Abb. 19; 20)

Weiblich. Kind. Ungestört. Grabgrube ungefähr rechteckig, SO-Ecke stark abgerundet, NW-Ecke ausgebuchtet (Nische?), Grabsohle muldenförmig ausgehoben. 1,28 m × 0,66 m, T. 1,00 m.
SK: Schlecht erhalten. Gestreckte Rückenlage. Schädel intakt, Langknochen nur in Rudimenten, ebenso Schlüsselbeine und wenige Rippen.
Funde:
1 Wirtelähnliche *Perle* aus blass olivgrünem, transluzidem Glas. Dm. 1,4 cm.
2 Ähnliche *Perle* aus bläulich-grünem, transluzidem Glas. Lochung vierkantig. Dm. 1,2 cm.

Abb. 20: Wyhl „Leiselheimer Kreuz“. Funde aus Grab 27. M. 1:1.

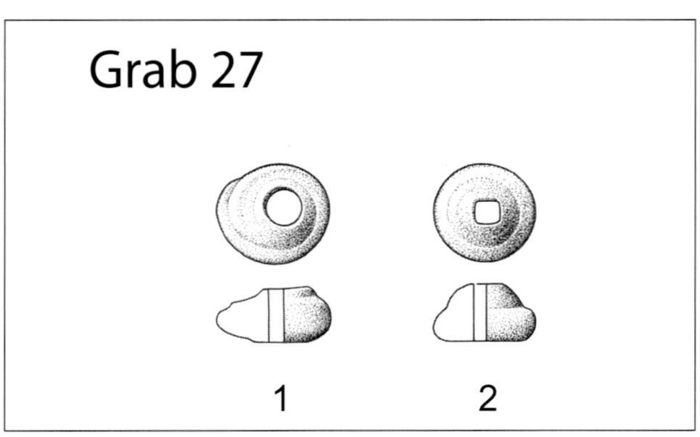

Lesefund

Aus einem zerstörten Grab in der Nähe von Grab 1.
WS eines *Glasgefäßes* (Schale?) aus honiggelbem Glas.

Archäologischer Kommentar

Bei dem Versuch, trotz aller vom Befund her gegebenen Einschränkungen diese neue Quelle für die Völkerwanderungszeit im Breisgau zum Sprechen zu bringen, geht es zunächst um die zeitliche Einordnung. Sehr rasch ergibt sich mit Blick auf den Gesamtplan (Abb. 4), dass hier eine Rekonstruktion des Belegungsablaufs allzu hypothetisch ausfallen würde, somit aus dem Befund heraus keine Anhaltspunkte für eine „individuelle“ Chronologie dieses Bestattungsplatzes zu gewinnen sind, dem außerdem die Münzen fehlen! So bleibt fast nur der Weg, anhand vergleichbarer Funde oder Fundensembles anderenorts gewonnene Vorstellungen hierher zu übertragen. Dafür kommen sowohl spätrömische wie auch spätkaiserzeitliche und frühmerowingische, also germanische Grabinventare in Betracht, da im Fundbestand der insgesamt acht beigabenführenden Gräber Wyhls[8] die zu erwartende Vermengung von Objekten aus beiden Bereichen vorliegt. Auch auf spätrömische Kastelle, wie „Sponeck“ bei Jechtingen oder Münsterberg von Breisach,[9] muss der Blick sich richten, ebenso auf Höhensiedlungen des rechtsrheinischen Gebiets wie den Zähringer Burgberg am Rand der Freiburger Bucht oder den Runden Berg bei Urach im alamannischen Kernland östlich des Schwarzwalds.[10]
Als chronologisch aussagefähige oder in anderer Hinsicht interessante Objekte stehen in Wyhl drei Fibeln, ein Halsring, S-förmige Verschlusshaken, Per-

8 Dazu kommen die antik „beraubten“ Gräber und ein im Westteil nahe Grab 1 maschinell zerstörtes Grab, in dem ein honiggelbes Glasgefäß beigegeben war (aufgeführt am Ende des Katalogs).

9 Sponeck bei Jechtingen: Swoboda (Anm. 4). – Breisach: H. Bender/G. Pohl, Der Münsterberg in Breisach 1. Münchner Beitr. Vor- u. Frühgesch. 39 (München 2005). – Ch. Bücker, Der Breisacher Münsterberg. Ein Zentralort im frühen Mittelalter. Freiburger Beitr. Arch. u. Gesch. ersten Jtsd. 11 (Rahden/Westf. 2007).

10 H. Steuer, Der Zähringer Burgberg bei Freiburg im Breisgau, eine Höhensiedlung des 4./5. Jahrhunderts. Arch. Korrbl. 19, 1989, 169 ff. – Steuer 1990 (Anm. 7). – Ch. Bücker, Die Gefäßkeramik der frühalamannischen Zeit vom Zähringer Burgberg, Gemeinde Gundelfingen, Kr. Breisgau-Hochschwarzwald. In: Römer und Alamannen im Breisgau. Studien zur Besiedlungsgeschichte in Spätantike und frühem Mittelalter. Mit einem Beitrag von L. Bakker. In: Arch. u. Gesch. 6 (Sigmaringen 1994) 125–232. – Der Runde Berg bei Urach. Führer Arch. Denkm. Baden-Württemberg 14 (Stuttgart 1991). – Gesamtpublikation (noch nicht abgeschlossen) in der Reihe Heidelberger Akad. Wiss. Komm. Alamannische Altkde. Schr. (seit 1974).

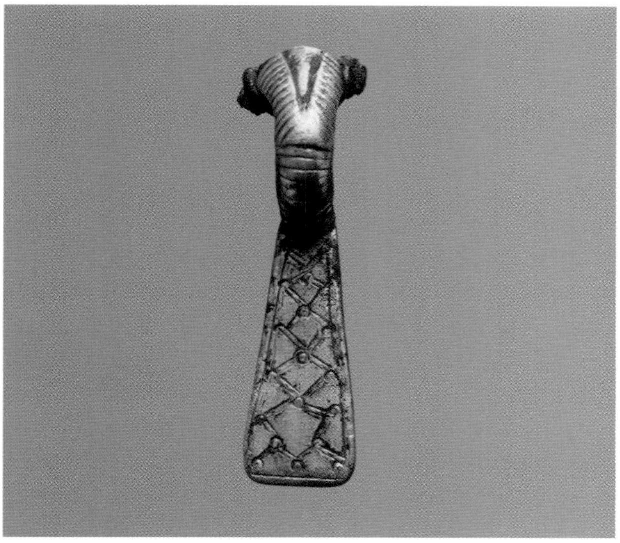

Abb. 21: Wyhl „Leiselheimer Kreuz“. Fibel aus Grab 4. M. 1,5:1.

Abb. 22: Wyhl „Leiselheimer Kreuz“. Fibel aus Grab 13. M. 1,5:1.

len, Waffen und eine Schnalle aus einem reich ausgestatteten Männergrab sowie Gläser und Terra-sigillata-Imitationen zur Verfügung. Weniger eignen sich Kämme, die sehr fragmentarisch überliefert sind, deren Form und Größe deshalb auch nur annähernd rekonstruiert werden konnte. Eine Besonderheit bilden die Keramikstempel aus Grab 22 (Abb. 14,1) mit guten Parallelen aus Bopfingen und Westerwanna, die M. Knaut zusammengestellt hat, auf die hier aber nicht näher eingegangen werden soll.[11]

Fibeln aus Grab 4, 6 und 13

Eine besonders wertvolle Erweiterung des bisher bekannten völkerwanderungszeitlichen Fundspektrums stellen die Fibeln dar, besonders die werk-

Abb. 23: Wyhl „Leiselheimer Kreuz“. Fibel aus Grab 6. M. 1,5:1.

stattgleichen Stücke aus den Gräbern 4 und 13 (Abb. 8,1.2; 21 und Abb. 12,1; 22), zu denen es keine unmittelbaren Analogien gibt. Sie lassen sich trotzdem nach formalen und ornamentalen Details mit einer Fibelgruppe verbinden, die in den elbgermanischen Herkunftsräumen der Einwanderer und auch darüber hinaus nach Norden und Osten verbreitet ist, im Westen dann im Mainmündungsgebiet in deutlicher Konzentration vorkommt. Für den von J. Werner definierten „Typ Wiesbaden“ ist zwar die Ausführung in Silber- oder Bronzeblech charakteristisch, doch kennt er auch zwei von ihm als Derivate bezeichnete gegossene Exemplare, die er entsprechend später datiert.[12] Mit diesem „Typ“, der sich ohnehin durch große Individualität der zugehörigen Fibeln auszeichnet, bestehen zahlreiche Gemeinsamkeiten, die in der Summe eine Zuweisung erlauben: Armbrustkonstruktion mit unterer Sehne, Spiralachse mit aufgesteckten Knöpfen, quer gerippter Bügel, trapezförmige oder rhombische Fußplatte. Als Ornamente vor allem der Fußplatte kommen teilweise niellierte gitter- oder netzartige Muster vor, kombiniert immer wieder mit eingepunzten Kreisaugen. Bei den silbernen Exemplaren ist gelegentlich Feuervergoldung nachgewiesen. Folgt man der Auffassung J. Werners, der den „Typ Wiesbaden“ als Derivat des jungkaiserzeitlichen Typs Almgren 175

11 M. Knaut, Ein merowingerzeitliches Frauengrab mit Töpferstempel aus Bopfingen, Ostalbkreis. Fundber. Baden-Württemberg 12, 1997, 463–478 bes. 468 ff. mit Anm. 14 und Abb. 6,4.7.

12 J. Werner, Zu einer elbgermanischen Fibel des 5. Jahrhunderts aus Gaukönigshofen, Ldkr. Würzburg. Ein Beitrag zu den Fibeln vom „Typ Wiesbaden“ und zur germanischen Punzornamentik. Bayer. Vorgeschbl. 46, 1981, 225–254.

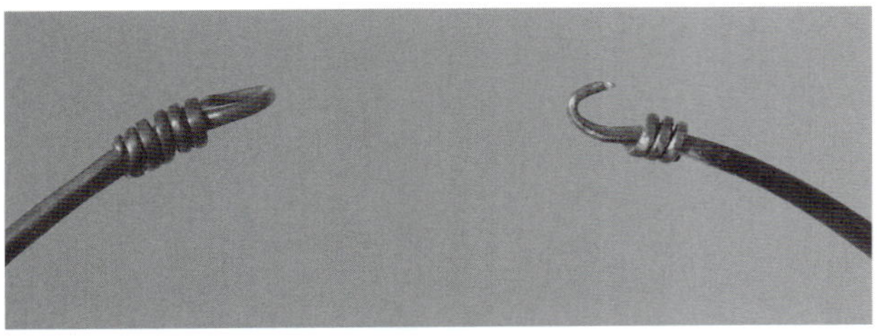

Abb. 24: Wyhl „Leiselheimer Kreuz". Halsring aus Grab 25. Detail. Vergrößert.

(sog. Elbfibel) ansieht und dabei auch auf die ins 4. Jh. zurückweisende Tradition der Blechfibeln hinweist, erscheint es gesichert, dass die aus Blech gefertigten Exemplare mehrheitlich früher anzusetzen sind als die gegossenen Fibeln von der Sulzbürg (Oberpfalz) und Mettingen (Kreis Worms).[13] Die in dieser Technik hergestellte Gruppe erfährt nun durch die beiden Fibeln aus Wyhl eine deutliche Erweiterung, und man kann jetzt davon ausgehen, dass es nicht nur einzelne Exemplare waren, die das Auslaufen des Typs markieren. Ganz offensichtlich gibt es eine jüngere Phase, die deutlich vor der Jahrhundertmitte einsetzt. Denn ins zweite Drittel dieses Jahrhunderts werden von H. W. Böhme mit guten Gründen die gegossenen Fibeln seiner ähnlich variantenreichen Formengruppe „Niederflorstadt" gesetzt[14], die ausschließlich Gussarbeiten umfasst. Wir haben damit einen deutlichen Hinweis dafür, dass sich schon lange vor der Jahrhundertmitte diese Herstellungstechnik durchzusetzen beginnt. So hat es viel Wahrscheinlichkeit, dass die „typologisch älteren" gegossenen Exemplare des „Typs Wiesbaden" in die Anfangsphase „Niederflorstadt" datiert werden können. Selbstredend verbietet sich bei der dürftigen Quellenlage ein Streit um wenige Jahre, aber J. Werners Datierungsvorschlag für Sulzbürg und Mettingen „kaum jünger als Mitte des 5. Jahrhunderts" muss doch deutlich nach unten korrigiert werden.

Abb. 25: Wyhl „Leiselheimer Kreuz". Perlen aus Grab 13. Vergrößert.

Die dritte Fibel aus Wyhl (Grab 6, Abb. 10,1; 23), massiv aus Silber gegossen, gehört mit ihrer halbrunden Kopfplatte zu der ebenfalls von H. W. Böhme zusammengestellten Formgruppe „Großumstadt", die mit „Niederflorstadt" das zweite Drittel des 5. Jh. einnimmt, wie diese charakterisiert durch außerordentliche Formenvielfalt, bevor dann in den letzten Jahrzehnten andere, stärker genormte Typen von Bügelfibeln an ihre Stelle treten. Die Profilierung des Fibelfußes, weitgehend römischen Vorbildern angenähert, verbindet Wyhl mit mehreren Vertretern dieser Formgruppe.[15] Auch das abgetreppte Verbindungsstück zwischen Bügel und Kopfplatte ist dort belegt. Da auch ein im gleichen Grab gefundener „rotgestrichener" TS-Teller (Abb. 10,1) dem nicht im Wege steht, dürfte eine Datierung in die Mitte des 5. Jh. zutreffen.[16]

Halsring aus Grab 25, S-förmige *Schließhaken* aus Grab 13

Dem in Grab 25 bestatteten Mädchen war ein silberner Halsring (Abb. 16,1) offen umgelegt worden. Vielleicht waren ein oder zwei ursprünglich zugehörige S-förmige Verschlussteile, ähnlich denen aus Grab 4 (Abb. 8,3), schon zu Lebzeiten verloren gegangen, denn eine der beiden Ösen, in denen der Ring endet, war durchgerieben und damit nicht mehr funktionsfähig (Abb. 24). Nach dem Befund von Basel-Gotterbarmweg Grab 6[17] können es tatsächlich zwei solcher S-Haken gewesen sein, die dann die Lücke von 4,5 cm gut schließen würden. Auf jeden Fall aber war der Ring für ein Kind be-

13 Werner (Anm. 12) 227 mit Abb. 2 und 225 mit Anm. 2. Sulzbürg: 240, Abb. 6b; Mettingen: Anm. 29. – In diesen Zusammenhang gehört auch das Fibelpaar von Weilbach Grab A: H. Schoppa, Die fränkischen Friedhöfe von Weilbach, Main-Taunus-Kreis (Wiesbaden 1959) 20 Taf. 5,1–2.

14 H. W. Böhme, Eine elbgermanische Bügelfibel des 5. Jahrhunderts aus Limetz-Villez (Yvelines, Frankreich). Arch. Korrbl. 19, 1989, 397–406 bes. 399.

15 Böhme (Anm. 14) 400.

16 „Römische" Profilierung des Fußes in Verbindung mit gelochter Kopfplatte zeigt auch eine Fibel aus Shakenoak (Oxfordshire): H. W. Böhme, Das Ende der Römerherrschaft in Britannien und die angelsächsische Besiedlung Englands im 5. Jahrhundert. Jahrb. RGZM 33, 1986, 469–574 bes. 554 Abb. 71,2 mit Anm. 194.

17 E. Vogt, Das alamannische Gräberfeld am alten Gotterbarmweg in Basel. Anz. Schweizer Altkde. 32, 1930, H. 3, 145–164, Taf. VII 1–2.

stimmt, da sein Durchmesser in geöffnetem Zustand nur wenig über 11 cm liegt. Falls nach Verlust von einem oder zwei Schließhaken die durchgeriebene Öse als Haken verwendet wurde (was einen sehr unsicheren Verschluss ergeben hätte), läge der Durchmesser sogar nur noch bei ca. 9 cm. So oder so fügt sich dieser kleine Halsring gut in eine Gruppe ein, die E. Wamers zusammengestellt und „mit dem aus sich verjüngenden Enden gebogenen Verschluss" charakterisiert hat. Diese Ringe haben einen deutlichen Verbreitungsschwerpunkt an Hoch- und Oberrhein und werden, soweit sie in Frauengräbern der „alamannischen Oberschicht" vorkommen, von ihm ins 5. und frühe 6. Jh. datiert.[18] Der gute Vergleich mit Basel-Gotterbarmweg Grab 6 führt in die Mitte des 5. Jh., was auch für Wyhl große Wahrscheinlichkeit hat. Das in Basel zugehörige kerbschnittverzierte Bügelfibelpaar zeigt übrigens halbrunde Einschnitte an der Kopfplatte wie die Wyhler Fibel aus Grab 6, woraus sich eine gewisse Bestätigung für diesen Zeitansatz ableiten lässt.[19] Für Wyhl Grab 25 ist aber eine um bis zu zwei Jahrzehnte spätere Grablegung nicht auszuschließen.

Perlen aus Grab 13, 25, 27

Zahl und Variationsbreite der in Wyhl gefundenen Perlen sind sehr klein, außerdem sind die hier vertretenen Formen langlebig und deshalb für einen Beitrag zur Chronologie wenig geeignet. Die meisten sind aus schwarzem, opakem oder nur wenig durchscheinendem Glas gefertigt, ring- oder wulstförmig, unverziert oder mit umlaufendem farbigem Wellenband. Gute Vergleiche aus der näheren Umgebung gibt es aus Jechtingen (Gräberfeld des Sponeck-Kastells, dort auch zugehörige S-förmige Schließhaken) und vom Zähringer Burgberg, aber auch vom Runden Berg, um wenigstens noch einen Fundplatz außerhalb der Region ins Spiel zu bringen.[20] Allgemeine Datierung: ausgehendes 4. und ganzes 5. Jh. Gleiches gilt auch für mehrere kleine bis mittelgroße, unverzierte Perlen aus transluzidem, gelb- oder bläulichgrünem Glas (Grab 25 und 27). Selten ist die große schwarze Melonenperle aus Grab 25 (Abb. 16,2 unten), demnach zu ihrer Zeit wohl auch ein besonders wertvolles Stück. Gerade auch deshalb fällt es auf, dass in Wyhl keine Perlen aus Bernstein oder einem anderen natürlichen Material vertreten sind.

Weit interessanter als die chronologischen sind trachtgeschichtliche Informationen, die aus der Lage der Perlen in den Gräbern 13 (Abb. 12,2; 25) und vor allem 25 (Abb. 16,2) zu gewinnen sind. In beiden Fällen ähneln die Befunde denen, die H. Ament in Eschborn die Rekonstruktion von Perlenschnüren

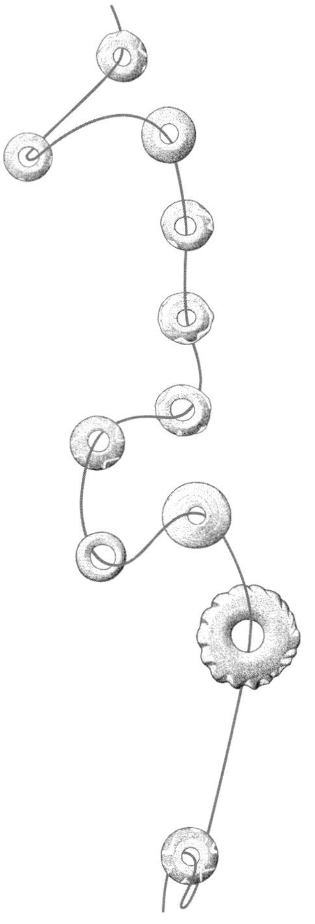

Abb. 26: Wyhl „Leiselheimer Kreuz". Perlenschnur aus Grab 15 in angetroffener Reihenfolge. Halbe nat. Größe.

ermöglichten, die von der linken Schulter herabhingen.[21] Allerdings gibt es in Wyhl, anders als in Eschborn, keine Anhaltspunkte dafür, wie diese Perlenschnüre befestigt waren. Dafür erlaubt der Befund in Grab 25, die Reihenfolge der Perlen von oben nach unten festzulegen (Abb. 26). Wie auch bei der schon

18 E. Wamers, Der Runenring aus Aalen. Mus. Vor- u. Frühgesch. – Arch. Mus. Frankfurt a. M. Arch. Reihe 17 (Frankfurt a. M. 2000) 45, Verbreitungskarte Abb. 16.

19 Vogt (Anm. 17) Taf. VII 4. – R. Moosbrugger-Leu, Die Schweiz zur Merowingerzeit. Die archäologische Hinterlassenschaft der Romanen, Burgunder und Alamannen B (Bern 1971) Taf. 47,3.

20 Jechtingen: Swoboda (Anm. 4) Taf. 36, Grab 13 und Taf. 37, Grab 20. – Zähringer Burgberg: Ch. Bücker, Die Glas- und Edelsteinfunde vom Zähringer Burgberg, Gemeinde Gundelfingen, Kr. Breisgau-Hochschwarzwald. In: Archäologie als Sozialgeschichte. Festschr. Heiko Steuer. Internat. Arch. Stud. Honoraria 9 (Rahden/Westf. 1999) 215 ff. bes. 223–225. – Runder Berg: U. Koch, Der Runde Berg bei Urach VI. Die Glas- und Edelsteinfunde aus den Plangrabungen 1967–1983. Heidelberger Akad. Wiss. Komm. Alamannische Altkde. Schr. 12 (Sigmaringen 1987) bes. 319 ff. Abb. 134.

21 H. Ament, Das alamannische Gräberfeld von Eschborn (Main-Taunus-Kreis). Mat. Vor- u. Frühgesch. Hessen 14 (Wiesbaden 1992) 10–12, Rekonstruktionszeichnung Abb. 8.

Abb. 27: Wyhl „Leiselheimer Kreuz". Gläser aus Grab 1 (links) und 26. H. des Glasbechers rechts 10,5 cm.

von H. Ament richtig interpretierten Perlenschnur aus dem nahe gelegenen Mahlberg in der Ortenau[22] hängt (fast) am unteren Ende die größte Perle, hier eine Melonenperle aus opak-schwarzem Glas. Aus diesem Material bestehen mit einer Ausnahme (transluzid hellgrün) auch alle anderen Perlen dieser Schnur, teils unverziert, teils mit Wellenbändern in Weiß, Gelb oder Blassblau. Von oben nach unten ergibt sich, was die Farben betrifft, folgende Reihung: Schwarz-Gelb, Schwarz-Gelb, Schwarz, Schwarz-Gelb, Schwarz-Blassblau, Schwarz-Weiß, Schwarz-Gelb, Schwarz, transluzid Hellgrün, Schwarz, Schwarz-Gelb. Ob diese Reihenfolge zufällig entstanden ist oder bewusst gewählt wurde? Im Hinblick auf den apotropäischen Charakter vieler Gehänge erscheint die Frage berechtigt, wenn sie auch derzeit nicht zu beantworten ist.

Gläser aus Grab 1, 26 und aus einem zerstörten Grab

Wie die zahlreichen, auf Höhensiedlungen dieser Zeit gefundenen Gläser zeigen, war der Besitz solcher von weither eingehandelter oder mitgebrachter Trinkgefäße das Privileg einer herausgehobenen Schicht, was in Wyhl ja auch an anderen Fundgattungen ablesbar ist. Leider sind gerade die Gräber mit Glasbeigabe sehr stark durch Störungen beeinträchtigt, so dass sich über die ursprüngliche Ausstattung nur spekulieren lässt. Von einem weiteren Grab, das der Planierraupe vollständig zum Opfer fiel, fand sich im Aushub nur noch ein Wandscherbchen aus honiggelbem Glas, wahrscheinlich von einer Schale wie Jechtingen Grab 19.[23]

Die drei vollständigen bzw. sicher rekonstruierbaren Gläser zählen alle zur Kategorie der Glockenbecher, unter denen das unverzierte, gedrungen bauchige Exemplar aus Grab 1 (Abb. 6,2; 27 links) eine relativ seltene Variante vertritt. Die beiden anderen, aus Grab 1 (Abb. 6,3) und Grab 26 (Abb. 18,1; 27 rechts), von schlankerem Umriss und mit Fadendekor unter dem Rand, gehören dagegen zu einer geläufigen Form, die von U. Koch, ausgehend vom Fundmaterial des Runden Berges, zusammengestellt worden ist.[24] Chronologisch aussagefähige Grabinventare lassen erkennen, dass die Produktion der unter dem Rand fadenverzierten Glockenbecher deutlich vor der Mitte des 5. Jh. einsetzt und mindestens bis zu dessen Ende anhält.[25] Wyhl Grab 1 mit dem

22 Ament (Anm. 21) Abb. 7,2. – G. Fingerlin, Ein reiches alamannisches Frauengrab aus Mahlberg in der südlichen Ortenau. Arch. Nachr. Baden 23, 1979, 20–31. – Ders., Mahlberg. Fundber. Baden-Württemberg 8, 1983, 402 ff. Abb. 184.

23 Gute Farbabbildung in: Fingerlin 1997 (Anm. 7) 105 Abb. 91.

24 Koch (Anm. 20) 151 ff. Liste S. 157. Wyhl Grab 26 (Nr. 32) ist dort den „gedrungenen" Formen zugeordnet.

25 Ebd. 154.

Abb. 28: Wyhl „Leiselheimer Kreuz". Gläser und „rotgestrichene" Schüssel aus Grab 1. Dm. der Schüssel 12,9 cm.

unverzierten zweiten Glockenbecher und einer „rotgestrichenen" Terra-sigillata-Schüssel (Abb. 28) reiht sich unter die älteren Befunde ein und kann etwa in die Mitte des 5. Jh. gesetzt werden.

„Rotgestrichene" Mayener Ware (TS-Imitationen) aus Grab 1 und 6

In zwei Gräbern Wyhls waren Tongefäße beigegeben, die nach Farbe und Form aufs engste mit der spätrömischen Sigillata-Produktion in den nordfranzösischen Argonnen verbunden sind, jedoch nicht den für diese Ware typischen Glanztonüberzug aufweisen. Die nicht zutreffende Bezeichnung „rotgestrichen" rührt von der früheren Auffassung her, dass der stumpf wirkende, leicht abreibbare Überzug mit dem Pinsel aufgetragen worden sei. Mit diesen grundsätzlich unverzierten Gefäßen, die aus Töpfereien von Mayen in der Eifel stammen, hat sich zuletzt U. Gross beschäftigt und dabei festgestellt, dass diese in spätrömischer Tradition stehende Warenart noch vor der Mitte des 5. Jh. in Südwestdeutschland die echte Argonnen-Sigillata abgelöst hat.[26] Das zeigt sich ebenso auf dem Runden Berg bei Urach „mit dem größten Bestand an rotgestrichener Ware rechts des Rheins" (U. Gross) wie in Flachlandsiedlungen und Gräberfeldern. In beiden Wyhler Inventaren geben Beifunde (Fibel Abb. 10,2, unverzierter Glockenbecher Abb. 6,3) einen Hinweis darauf, dass der Teller aus Grab 6 (Abb. 10,1) und die Schüssel aus Grab 1 (Abb. 6,1; 28) zu den ältesten Beispielen dieser Importkeramik im südlichen Oberrheintal gehören. Auf dem Zähringer Burgberg ist diese Ware nicht vertreten, was kaum anders als chronologisch erklärt werden kann.

Waffen und *Gürtelschnalle* aus Grab 22

Mit Grab 22 ist nur ein einziges Männergrab sowohl antiker Beraubung als auch moderner Störung oder Zerstörung entgangen. Mit seiner qualitativ herausragenden Ausstattung kommt ihm für die Beurteilung des ganzen Bestattungsplatzes eine besonders wichtige Rolle zu. Unter chronologischen Gesichtspunkten geht es um Schwert, Schild und Gürtelschnalle. Vor allem die Spatha (Abb. 14,2; 29), die nach J. Werner[27] aus einer in spätantiker Tradition arbeitenden Manufaktur des Namurois stammt, hatte mich 1990 im Rahmen einer kurzen Darstellung des völkerwanderungszeitlichen Breisgaus veranlasst,

26 U. Gross, Rotgestrichene Ware – ein keramisches Bindeglied zwischen Antike und Frühmittelalter. Arch. Nachr. Baden 71, 2005, 59–65 bes. 60.

27 J. Werner, Zu fränkischen Schwertern des 5. Jahrhunderts (Oberlörick – Samson – Abingdon). Germania 31, 1953, 38 ff. – Ders., Fränkische Schwerter des 5. Jahrhunderts aus Samson und Petersfinger. Germania 34, 1956, 156–158.

Abb. 29: Wyhl „Leiselheimer Kreuz". Spatha aus Grab 22, Detail. Lage der Bronzebeschläge 2 b–d auf der fast vergangenen hölzernen Scheide. M. 1:2.

den Zeitpunkt der Grablegung nach der Mitte des 5. Jh. anzusetzen.[28] Dies war ein Vorschlag, der zwischen den 1989 von M. Martin („zweites Viertel, spätestens mittleres Drittel")[29] und 1986 von H. W. Böhme („seit dem mittleren 5. Jh.")[30] geäußerten Meinungen etwa die Mitte hielt. Meine damals nicht näher ausgeführten Überlegungen waren nicht zuletzt von der Beigabe eines Schildes beeinflusst, dessen metallische Teile, Buckel und Fessel (Abb. 14,3–5) mit flachen, silberplattierten Nieten versehen sind. Schilde dieser Art erscheinen in Gräbern der zweiten Hälfte des 5. Jh., sind aber hauptsächlich in der Childerich-/Chlodwigzeit und noch weit ins 6. Jh. hinein in gehobenem Milieu üblich, worauf schon J. Werner und andere hingewiesen haben.[31] Wichtig für die Beurteilung war für mich damals auch der Zustand der Spatha, an deren Lederscheide wichtiges Zubehör fehlt (Maskenortband) bzw. durch ursprünglich nicht zugehörige Teile (eiserne Randfassung) ersetzt worden ist. Heute allerdings möchte ich diesem Umstand keine größere Bedeutung mehr zumessen, da ja auch eine noch neue Waffe im Kampf schnell beschädigt und reparaturbedürftig werden kann (vgl. dazu auch die Beschreibung im Katalog).

Inzwischen hat H. W. Böhme die Schwerter vom Typ „Krefeld" in einer 1994 vorgelegten Arbeit noch einmal analysiert, wobei er auch auf Neufunde zurückgreifen konnte.[32] Im Ergebnis stellt er vor allem „die weitgehende Gleichzeitigkeit mit den Prunkspathen der zweiten Hälfte des 5. Jh. – besonders mit den Goldgriffspathen" heraus. Im Hinblick auf die ungebrochene Tradition der produzierenden Manufaktur(en), aber auch mit Blick auf vergleichbare Scheidenmundbeschläge wie etwa aus Grab 6 im belgischen Samson[33], halte ich aber doch eine längere Produktionsphase für wahrscheinlich, die schon um die Mitte des 5. Jh. eingesetzt haben kann. Unter den im Ornament der Scheidenmundbeschläge besten Analogien aus Samson Grab 11, Petersfinger (Großbritannien) Grab 21 und Abingdon (Großbritannien) Grab 42 (Abb. 30) sind die beiden erstgenannten Inventare durch junge Elemente wie Ango und mediterrane Cloisonnéschnalle der späteren Childerichzeit zuzuweisen. Dagegen könnte Abingdon Grab 42, das übrigens auch eine sehr gute Parallele zum Riemenverteiler in Wyhl (Abb. 14,2b; 31) aufweist, durchaus etwas früher angesetzt werden.[34]

Bleibt noch, einen Blick auf die Schnalle (Abb. 14,6; 32) zu werfen, die nach ihrer Lage meines Erachtens als Gürtelschnalle anzusprechen ist, nicht als Ersatz für eine Schnalle mit festem Beschlag, wie sie für den Traggurt der „Krefelder" Spathen kennzeichnend sind. Diese kleine Schnalle ging wohl auch schon zu Lebzeiten verloren, kam jedenfalls nicht mit ins Grab. Für Schnallen mit ovalem Beschlag gibt es zahlreiche Beispiele aus der zweiten Hälfte des 5. Jh. – ähnlich wie bei den Schildbuckeln mit silberplattierten Nieten liegt der Schwerpunkt in der Childerich-/Chlodwigzeit.[35] Eine besonders gute Parallele bietet eine vergoldete Silberschnalle aus Gültlingen, gefunden im „Grab von 1889", mit vergleichbarer

---

28 Fingerlin 1990 (Anm. 6) 128.

29 M. Martin, Bemerkungen zur chronologischen Gliederung der frühen Merowingerzeit. Germania 67, 1989, 121 ff. bes. 124 (Gruppe A).

30 Böhme (Anm. 16) 509.

31 J. Werner, Die Langobarden in Pannonien. Beiträge zur Kenntnis der langobardischen Bodenfunde vor 568. Bayer. Akad. Wiss. Phil. Hist. Kl. Abhandl. N. F. Heft 55 A (München 1962) 32; 161: Fundliste 1, Verbreitungskarte Taf. 68,1.

32 Böhme 1994 (Anm. 7) bes. 82 ff., Nachträge Anm. 53.

33 Böhme 1994 (Anm. 7) Abb. 4.

34 Böhme (Anm. 16) Abb. 32 c (Abingdon Grab 42), Abb. 33 d (Petersfinger Grab 21). – Ders. (Anm. 7) Abb. 17 (Samson Grab 11).

35 Böhme (Anm. 7) 94 mit Anm. 66.

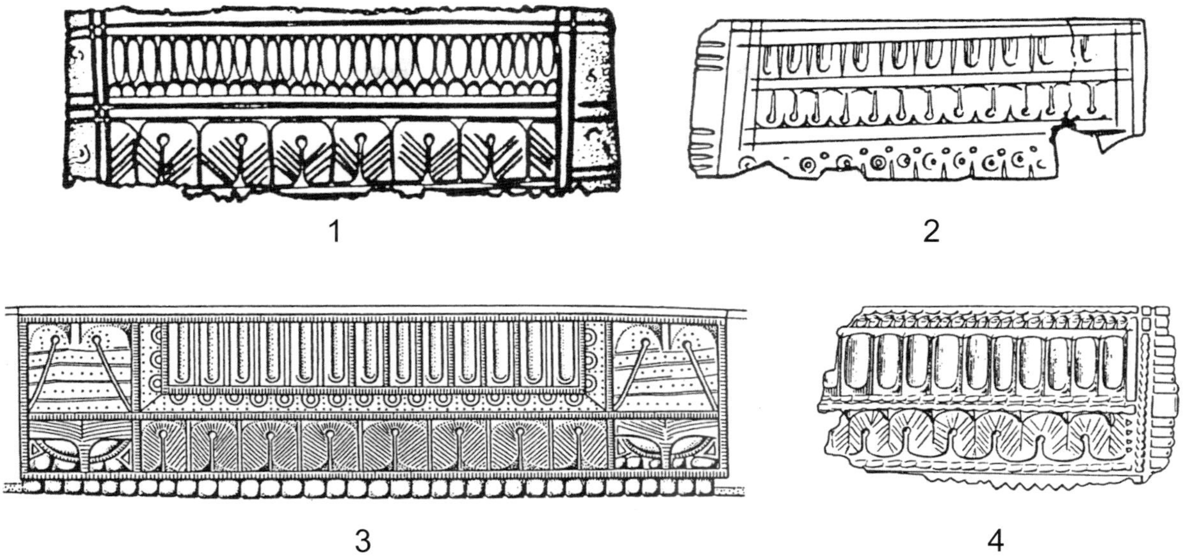

Abb. 30: Drei mit Wyhl (3) eng verwandte Scheidenmundstücke aus Samson (1), Petersfinger (2) und Abingdon (4). Vgl. hier Anm. 34. M. 1:1.

Dornform und entsprechender Hohlkehle an der Unterseite des Bügels. D. Quast[36] weist auf formale Zusammenhänge mit älteren, spätrömischen Schnallen und solchen der Attilazeit hin, hält deshalb eine Datierung dieses Typs in die ganze zweite Hälfte des 5. Jh. für möglich. Für das Gültlinger Exemplar, das zum Schwertgurt gehört, plädiert er allerdings für die spätere Childerichzeit. Ein fast identischer Schnallenbeschlag vom Zähringer Burgberg könnte dagegen für ein früheres Datum in Anspruch genommen werden, da diese Höhensiedlung nach dem bisherigen Kenntnisstand um die Jahrhundertmitte schon wieder verlassen war.[37]

Letztlich, um damit die chronologische Diskussion abzuschließen, sehe ich keinen Grund, meinen damaligen Vorschlag „nach der Mitte des 5. Jh." erheblich nach oben zu korrigieren. Ende des zweiten Drittels, also die 60er Jahre des 5. Jh., dürfte in diesem Fall das Richtige treffen.

Einordnung, Interpretation

Alle Gräber dieses kleinen Bestattungsplatzes wurden im 5. Jh. angelegt, zwei davon (4 und 13) etwa im vierten Jahrzehnt („Beginn des 2. Drittels"), eines (1) noch vor der Jahrhundertmitte, eines (6) um 450, ein weiteres (25) wohl bald danach und schließlich, als spätestes unter den datierbaren, Grab 22 gegen Ende des zweiten Drittels, also im siebten Jahrzehnt. Dabei liegen die ältesten Gräber (4, 13) im Süden, das jüngste Grab (22) am Nordrand des Bestattungsplatzes, die vor, in und nach der Mitte des Jahrhunderts datierten (1, 6, 25) verteilen sich auf Westrand, Mittelstreifen und Südrand des Gräberfeldes. Dabei könnte das Mädchen aus Grab 25 mit seinem glatten Silberhalsring noch am ehesten in die zeitliche Nähe zu Grab 22 rücken, was vor einer allzu einfachen Trennung in eine ältere südliche und eine jüngere nördliche Gruppe warnt. Auffällig ist, dass es zu den älteren Frauengräbern kein zeitlich passendes Männergrab gibt, es sei denn, man würde das am Südrand liegende Grab 26 mit seinem allein der Beraubung entgangenen Glasbecher dieser Frühphase zuteilen. Antike Störungen („Beraubung"), die das Bild beeinträchtigen, finden sich in der nördlichen (7, 12, evtl. 21) wie in der südlichen Gruppe (26). Gleiches gilt für neuzeitliche Störungen, die viele Gräber einer Beurteilung entziehen (3, 5, 8, 9, 10, 16). Daher verbieten sich, wie schon einmal betont, auch alle Überlegungen zu Gruppenbildung oder Belegungsablauf anhand des Planes. Gesichert erscheint aber, dass wir es mit zwei Generationen zu tun haben, die an diesem Platz über vier Jahrzehnte hinweg Bestattungen vornahmen und in ihrer nicht weit entfernten Siedlung auf jeden Fall länger als ein halbes Jahrhundert gelebt haben.

Nach schriftlichen wie archäologischen Zeugnissen können wir davon ausgehen, dass bis zum Tod des Aëtius (454 n. Chr.) die römische Grenzverteidigung am Oberrhein südlich von Straßburg trotz mancher

36 D. Quast, Die merowingerzeitlichen Grabfunde aus Gültlingen (Stadt Wildberg, Kreis Calw). Forsch. u. Ber. Vor- u. Frühgesch. Baden-Württemberg 52 (Stuttgart 1993) Taf. 1,4 und 21,4, besprochen S. 26–27.

37 Steuer 1990 (Anm. 7) 41 Abb. 21,3.

Abb. 31: Wyhl „Leiselheimer Kreuz“. Punzverzierter Riemenverteiler (2b) aus Grab 22. M. 2:1.

Abb. 32: Wyhl „Leiselheimer Kreuz“. Gürtelschnalle aus Grab 22. M. 1:1.

empfindlichen Störung einigermaßen intakt geblieben war, unabhängig davon, wie sich in dieser späten Zeit die Besatzungen der Kastelle zusammensetzten. Die Siedlung von Wyhl lag also nicht nur unmittelbar an der römischen Reichsgrenze, sondern in einem mit vier nahe gelegenen Kastellen immer noch besonders gut gesicherten Bereich (Abb. 1).[38] Wenn sich an einer derart exponierten Stelle zu Beginn des 5. Jh. eine vornehme „alamannische“[39] Familie niederlässt, erscheint dies nur im Rahmen einer vertraglichen Regelung mit der römischen Seite denkbar. Wir wissen, dass solche Verträge in vielen Fällen zum Ersatz oder zur Verstärkung römischer Grenztruppen abgeschlossen wurden und damit „Alamannen im römischen Reichsdienst“ tätig werden konnten.[40] Hier sei etwa an die Verträge mit den im Breisgau residierenden Königen Gundomad und Vadomar im 4. Jh. erinnert, aber auch an die Bildung von Auxiliareinheiten der regulären Armee aus Angehörigen des Stammes der Brisigavi, also der Breisgaubewohner, gegen Ende dieses Jahrhunderts.

Die „Verpflichtung“ der Wyhler Familie zum Schutz der Rheinübergänge (Sasbach, Wyhl) und des nördlichen Kaiserstuhlvorlands scheint in die Zeit zu fallen, in der nach dem Abzug größerer Truppenteile zum Schutz Italiens gegen die Westgoten (402 n. Chr.) die Grenzverteidigung zumindest geschwächt worden war. Desto wichtiger wurde es für Rom, die ständige Bedrohung durch vertragliche Bindung potenzieller Gegner zu mindern, wofür es allein an der Rheingrenze bis in die Spätzeit des Imperiums zahlreiche Belege gibt.[41] So schloss etwa der gallo-römische Senator Avitus, Heermeister des Kaisers Petronius Maximus, 455 n. Chr. neue Verträge mit Franken und auch Alamannen, obwohl diese nach dem Zeugnis des Sidonius Apollinaris in dieser Zeit schon auf dem linksrheinischen Ufer Fuß gefasst hatten. Wyhl stellt sich damit in eine Reihe von germanischen Fundplätzen des 5. Jh. entlang der Hochrheingrenze,

38 H. U. Nuber, Le dispositif militaire du Rhin supérieur pendant l'antiquité tardive et la fortification d'Oedenburg. In: La frontière romaine sur le Rhin supérieur. A propos des fouilles récentes de Biesheim-Kunheim (Biesheim 2001) 37–40. Deutscher Text: Arch. Nachr. Baden 70, 2005, 43–48.

39 In dieser Zeit können wir im Breisgau von alamannischen Siedlern sprechen („Brisigavi“), unabhängig davon, ob schon länger im Lande oder neu zugewandert. Fragen nach der Herkunft im Einzelfall bleiben davon unberührt. Vgl. Ament (Anm. 21) 50: „Ihrer ethnischen Zugehörigkeit nach sind die bei Eschborn Bestatteten zutreffend als Alamannen charakterisiert. Sie können darüber hinaus und naheliegenderweise dem im Vorfeld von Mainz ansässigen Teilstamm der Bucinobanten [...] zugeordnet werden. Das impliziert, daß ihre Herkunft im einzelnen unterschiedlich und vielfältig gewesen sein mag [...]“.

40 K. F. Stroheker, Alamannen im römischen Reichsdienst. In: Ders. (Hrsg.), Germanentum und Spätantike (Zürich, Stuttgart 1965) 30 ff. – E. Schallmayer, Die Lande rechts des Rheins zwischen 260 und 500 n. Chr. In: F. Staab (Hrsg.), Zur Kontinuität zwischen Antike und Mittelalter am Oberrhein. Oberrhein. Stud. 11 (Sigmaringen 1994) 53 ff. bes. 58; 65. – M. Martin, Zwischen den Fronten. Alamannen im römischen Heer. In: Arch. Landesmus. Baden-Württemberg (Hrsg.), Die Alamannen. Ausstellungskat. Stuttgart 1997 (Stuttgart 1997) 119–124.

41 „Nachrichten zum spätrömischen Limes am Oberrhein“ zusammengestellt bei H. Steuer/M. Hoeper, Germanische Höhensiedlungen und das Ende der römischen Grenzverteidigung am Rhein. Zeitschr. Gesch. Oberrhein 150 (N. F. 111), 2002, 41–72 bes. 49 ff.

manchmal direkt gegenüber den Grenzkastellen auf dem linken Ufer, die als erster M. Martin zusammengestellt und als Zeugnisse dafür gewertet hat, dass nach 406 „die Grenzabschnitte der Maxima Sequanorum durch germanische Foederaten geschützt oder beherrscht wurden".[42] Seither ist auf linksrheinischem Schweizer Gebiet mit Flaach, Kt. Zürich, ein weiterer Fundplatz dieser Art erforscht und entsprechend gedeutet worden.[43] Nördlich von Wyhl, in Ichenheim (Ortenaukreis, Vorfeld von Straßburg), scheint sich mit einer frühen cloisonnierten Scheibenfibel (Abb. 33), mit streifentauschiertem Rand dem Paar aus Flaach sehr ähnlich, eine vergleichbare Situation abzuzeichnen.[44]

Wir kennen damit entlang der Rheingrenze zwischen Konstanz und Straßburg eine Reihe von Stützpunkten solcher foederierter Gruppen, die unter eigenen militärischen Anführern für die Sicherheit der Übergangsstellen und eine effiziente Kontrolle im Vorfeld der Grenze sorgten, zweifellos in engem Zusammenwirken mit den Kastellbesatzungen. Bezahlt wurden diese Verbündeten mit römischen Gold- und Silbermünzen, was ihnen einen hohen Lebensstandard ermöglichte, wozu auch der Besitz römischen Tafelgeschirrs und gläserner Trinkgefäße gehörte. In dieser Weise gleichsam in die spätrömische Armee integriert, ob nun als Söldner oder im Rahmen eines bezahlten Vertrags, waren die Anführer, wie auch Grab 22 in Wyhl belegt, in der Regel mit qualitativ hochwertigen römischen Schwertern ausgerüstet.

In Wyhl hat dieser vertraglich an Rom gebundene Personenverband bis in die zweite Hälfte des 5. Jh. gelebt und seine verstorbenen Mitglieder bestattet. Es ist die Zeit, in der nach dem Tod des Aëtius die bis dahin noch einigermaßen funktionsfähigen administrativen und militärischen Strukturen des Imperiums rasch zerfallen, bis schließlich 476 n. Chr. das weströmische Reich auch staatsrechtlich zu existieren aufhört. Foederierte Gruppen wie in Wyhl verloren Auftrag und Auftraggeber, die Zahlungen blieben aus. Offen bleibt, was danach geschehen ist. Das Gräberfeld bricht mit Grab 22 ab, gleichzeitig wurde allem Anschein nach der Wohnplatz aufgegeben. Auch wenn in der Frage der frühmerowingerzeitlichen Besiedlung des Elsass noch manches offen ist, spricht doch einiges dafür, dass Adelssippen wie in Wyhl, unmittelbar am Rhein ansässig und schon immer nach Westen orientiert, sich dorthin gewandt und auf linksrheinischem Gebiet ihre neue geschichtliche Rolle gefunden haben.

Abb. 33: Scheibenfibel aus Ichenheim (Ortenaukreis). Dm. 2,7 cm.

Bildnachweis

Regierungspräsidium Freiburg, Referat 26 Denkmalpflege: 21–25, 27–29, 31–33
Clark Urbans, Freiburg: 1–20, 26, 30

42 M. Martin, Die spätrömisch-frühmittelalterliche Besiedlung am Hochrhein und im schweizerischen Jura und Mittelland. In: Von der Spätantike zum frühen Mittelalter. Aktuelle Probleme in historischer und archäologischer Sicht. Konstanzer Arbeitskreis mittelalt. Gesch. Vortr. u. Forsch. 25 (Sigmaringen 1979) 411 ff. bes. 432–434 mit Abb. 14. – Vgl. auch Ch. Bader/R. Windler, Eine reiche Germanin in Flaach. Zu einem neu entdeckten Gräberfeld des 5. Jahrhunderts im Kanton Zürich. Arch. Schweiz 21, 1998, 111–124, hier 121 (Germanische Gruppen an der alten spätrömischen Reichsgrenze am Hochrhein). – H. W. Böhme, Südwestdeutschland: von der römischen Provinz zum militärischen Vorfeld. Schwäbische Heimat 2005, H. 4, 418–425, bes. 425.

43 Bader/Windler (Anm. 42). – Ähnlich zu beurteilen ist eine ebenfalls linksrheinische Gräbergruppe in Basel, St. Alban-Graben: G. Helmig u. a., Frühmittelalterliche Grabfunde im Umkreis des Antikenmuseums in Basel. Arch. Bodenforsch. Kanton Basel-Stadt. Jahresber. 2001, 129–149.

44 Ichenheim (Ortenaukreis). Einlagen aus Almandin und blauem Glas. Bisher unveröffentlicht.

Außergewöhnliche Gräber beim Herrenhof
Merowingerzeitliche Siedlungsbestattungen aus Lauchheim „Mittelhofen“

JOACHIM WAHL UND INGO STORK

Archäologischer Hintergrund

Über die hier behandelte Hofgrablege von Lauchheim „Mittelhofen“ ist in der Vergangenheit bereits mehrfach berichtet worden.[1] Auslöser für die Grabungen in der Dorfwüstung waren die Entdeckung des großen Gräberfeldes im Gewann „Wasserfurche“ und die akute Gefährdung sämtlicher Befunde durch verschiedenste Baumaßnahmen. Die Untersuchung von Mittelhofen dauerte von 1989 bis zum Jahr 2005 und führte zur vollständigen Aufdeckung der mit 12 ha Fläche und 22169 Befunden größten ergrabenen frühmittelalterlichen Siedlungsfläche Süddeutschlands. Gerade diese Ausdehnung bildete die Voraussetzung für die Erfassung und Interpretation der Hofgrablegen.[2]

Auf die Baubefunde der Siedlung als Ganzes kann und soll hier nicht im Einzelnen eingegangen werden. Im Folgenden beschränken wir uns daher auf die Befunde des Herrenhofes. 78 spätmerowingische Gräber fanden sich verstreut über das gesamte Grabungsgelände. Sie verteilen sich jedoch im Wesentlichen auf sechs Gräbergruppen[3] mit zwischen vier und 25 Bestattungen – Hofgrablegen und wenige Einzelbestattungen. Neben wenigen Ausnahmen in Nord-Süd-Ausrichtung sind die Grabstellen überwiegend in West-Ost-Richtung paarig nebeneinander angelegt. Dies hängt sicherlich mit der Hauptausrichtung der Siedlung entlang einer West-Ost-Achse (der Jagst) und dementsprechend auch der Gehöftzäune und Gebäude zusammen. Im Fall des Herrenhofes orientieren sich die Gräber eindeutig am Zaun.

Datierung und Belegungsstruktur der Hofgrablegen

Die weitaus meisten Gräber datieren in die Stufe Stein A,[4] d.h. in die Zeit zwischen 680 und 720 n. Chr. und damit in die Zeit nach der Aufgabe des großen Gräberfelds Wasserfurche. Nur in wenigen Fällen, und zwar in zwei Hofgrablegen, gibt es Hinweise auf Älteres der Stufe Schretzheim 6.[5] Dies bedeutet, dass

1 An grundlegendem Schrifttum zu Lauchheim und der hier behandelten Adelsgrablege im Herrenhof der Dorfwüstung Mittelhofen sind zu nennen: I. Stork, Zum Fortgang der Untersuchungen im frühmittelalterlichen Gräberfeld, Adelshof und Hofgrablege bei Lauchheim, Ostalbkreis. Arch. Ausgr. Baden-Württemberg 1992, 231–239. – Ders., Friedhof und Dorf, Herrenhof und Adelsgrab. Der einmalige Befund Lauchheim. In: Archäologisches Landesmuseum Baden-Württemberg (Hrsg.), Die Alamannen. Ausstellungskat. Stuttgart 1997 (Stuttgart 1997) 290–310. – A. Billamboz/B. Becker, Die frühmittelalterlichen Grabkammern von Lauchheim im dendrochronologischen Datennetz Südwestdeutschlands. Fundber. Baden-Württemberg 25, 2001, 831–870. – I. Stork, Lauchheim. RGA[2] 18 (Berlin, New York 2001) 131–136. – Ders., „Fürst und Bauer, Heide und Christ“. Arch. Inf. Baden-Württemberg 29 (Stuttgart 1995), Neuauflage als Schr. Alamannenmus. Ellwangen 1 (Ellwangen 2001) mit Vorspann: Lauchheim 2001 – Ergänzungen nach sechs weiteren Grabungsjahren, I f. – Ders., Lauchheim im frühen Mittelalter. Ein einzigartiges Ensemble. In: W. Menghin/D. Planck (Hrsg.), Menschen – Zeiten – Räume. Archäologie in Deutschland. Ausstellungskat. Berlin, Bonn 2002/2003 (Stuttgart 2002) 321–330. – Ders., Wer bestattet beim Hof? – Soziale Aspekte von Siedlungsbestattungen in Lauchheim „Mittelhofen“. In: H. U. Nuber/ H. Steuer/Th. Zotz (Hrsg.), Der Südwesten im 8. Jahrhundert aus historischer und archäologischer Sicht. Arch. u. Gesch. 13 (Ostfildern 2004) 219–232. – Letzter Vorbericht zu Mittelhofen: Ders., Goldener Abschied – zum Ende der Grabungen in der Dorfwüstung Mittelhofen, Stadt Lauchheim, Ostalbkreis. Arch. Ausgr. Baden-Württemberg 2005, 174–177.

2 Als „Hofgrablegen“ wurden hier nur solche Befunde verstanden, die in eindeutigem Zusammenhang mit Siedlungsbefunden stehen. Vgl. hierzu auch die jüngste Zusammenstellung und Betonung dieser Definition von D. Quast in: D. Quast, Die frühalamannische und merowingerzeitliche Besiedlung im Umland des Runden Berges bei Urach. Forsch. u. Ber. Vor- u. Frühgesch. Baden-Württemberg 84 (Stuttgart 2006) 78f.

3 Hofgrablege 1 (1990) west-östliche Erstreckung 14 m, 8 Gräber; Grablege 2 (1991) west-östliche Erstreckung 9 m, 4 Gräber; Grablege 3 (1991/92), hier behandelte Herrenhofgrablege, west-östliche Erstreckung 28 m, 6 (7?) Gräber; Grablege 4 (1996) nord-südliche (!) Erstreckung 9,5 m, 8 Gräber; Grablege 5 (1999/2001) Sonderfall wegen Nachbestattungen an hallstattzeitlichem Grabhügel, west-östliche Erstreckung 12 m, nord-südliche 11,5 m, 19 Gräber; Grablege 6 (2005) west-östliche Erstreckung 17,5 m, 25 Gräber. – Die Grablege 6 hat ebenfalls herausragende Befunde aufzuweisen und beginnt wohl früher als die anderen.

4 F. Stein, Adelsgräber des achten Jahrhunderts in Deutschland. Germ. Denkmäler Völkerwanderungszeit A 9 (Berlin 1967) 32ff. 54ff.

5 U. Koch, Das Reihengräberfeld bei Schretzheim. Germ. Denkmäler Völkerwanderungszeit A 13 (Berlin 1977) 131.

Abb. 1: Lauchheim „Mittelhofen". Ausschnitt aus dem Gesamtplan der Grabungsbefunde mit dem Herrenhof und der Hofgrablege im Süden. M 1:500.

man in Lauchheim, wie anderwärts, erst gegen das Belegungsende der Wasserfurche dazu überging, Verstorbene beim Hof zu bestatten. Wegen der guten Datierbarkeit ist daraus abzuleiten, dass in der Zeit um 700 n. Chr. mindestens – Einzelgräber und Gehöfte ohne Bestattungen sind nicht mitgezählt – sechs Höfe gleichzeitig nebeneinander bestanden haben müssen.

Die Siedlung besaß damit Dorfcharakter. Das Belegungsende der Hofgrablegen lässt sich archäologisch schwer festmachen, da beigabenlose Nachbestattungen auf älteren Grabanlagen undatierbar sind. In Einzelfällen mag hierfür noch das entwickelte 8. Jh. in Frage kommen.

Aus dem Gesagten ergibt sich, dass die 78 Gräber in der Siedlung, über zwei bis maximal zweieinhalb Generationen verteilt, keinesfalls die Gesamtbevölkerung widerspiegeln können. Anhand des Gräberfeldes Wasserfurche muss im 7. Jh. von einer Bevölkerungszahl von pro Generation ca. 250 Personen ausgegangen werden.[6] Die Masse der Dorfbewohner bestattete um 700 n. Chr. also nicht bei ihrem Hof, sondern auf einem Kirchhof, wo auch immer sich dieser befunden haben mag. Dazu passt, dass die Geschlechter- und Altersverteilung der Hofgrablegen auch archäologisch in keiner Weise dem Normalbefund von Gräberfeldern entspricht.

Männer sind deutlich überrepräsentiert, Kinder fehlen fast gänzlich.[7] Auch in der Adelsgrablege von Herrsching am Ammersee wurden überwiegend

6 Stork 1997 (Anm. 1) 290 mit Anm. 10.
7 Zuletzt Stork 2004 (Anm. 1) 226.

Männer bestattet.[8] Hinzu kommt der soziale Hintergrund: Fast alle Siedlungsbestattungen in Mittelhofen sind gemessen an ihrer Zeitstellung überdurchschnittlich ausgestattet. Die Bestattung beim Hof war damit hier ein Privileg einer patriarchal konservativen Oberschicht. Dies ging keineswegs zu Lasten des Christentums, denn christliche Beigaben finden sich hier konzentriert; vielmehr dürften, wie Böhme ausgeführt hat, politische Gründe eine Rolle gespielt haben.[9]

Der Herrenhof mit seiner Grablege

Am Ostrand der Siedlung lag, weitgehend isoliert von der übrigen Bebauung, die größte und durch ihre solide Bauweise hervorstechendste Hofanlage (Abb. 1). Die jüngste Bauphase umfasste ein von einem Zaun umhegtes Areal von 3000 m² Grund. Zahlreiche Gebäude standen im Inneren. Die Vorläufer dieser Gehöftumzäunung waren kleiner. Offensichtlich wurde die Hoffläche nach Westen und Süden um mehr als das Doppelte erweitert. Eine solche Vergrößerung konnte nur erfolgen, wenn das freie Gelände schon zuvor dem Hof zugehörig war – ein deutlicher Unterschied zum dicht bebauten Siedlungszentrum.

Im Innenraum lassen sich aus über 600 Pfostengruben mindestens elf Gebäude rekonstruieren. Zahlreiche weitere müssen bestanden haben, doch fehlen durch Erosionsrinnen und Mulden entscheidende Teile. Grundrissüberschneidungen belegen Mehrphasigkeit. Zwei Wohnhäuser, ein 13,5 m × 7,5 m großer, einschiffiger Ständerbau und ein ebensolcher von 10 m × 6,5 m Größe, ließen sich nachweisen. Letzterem war im Norden ein Seitenschiff angebaut. Die übrigen ergänzbaren Gebäude dienten wohl Wirtschaftszwecken: Stallungen und vor allem Speicherbauten mit sechs tief eingegrabenen Posten. Ungewöhnlich ist hier das Fehlen von Grubenhäusern. Die Bewohner betrieben demnach keine Schafhaltung und Weberei, dafür hielten sie Getreidelager, die über den Eigenbedarf hinausgingen. Schon aufgrund dieser Siedlungsbefunde spricht hier vieles für die Deutung des Gehöfts als „Herrenhof".

Im Hofareal befand sich kein Steinbau und kein Gebäude, dem von Bauweise oder Bautradition eine Sonderfunktion als Kirche zukommen könnte. Umso erstaunlicher sind die reichen, christlich geprägten Bestattungen des Hofes, wie wir sie zu dieser Zeit in dieser Qualität sonst nur aus Kirchen kennen.

Am Südrand des Herrenhofes befand sich eine Hofgrablege besonderer Art. Sie erstreckt sich über eine Länge von 28 m in West-Ost-Richtung. Die weite Ausdehnung erklärt sich in erster Linie durch die absentierte Lage von Grab 25, was mit dem gewaltsamen Tod des dort Bestatteten in Verbindung gebracht werden könnte (siehe unten). Von sechs sicheren Gräbern liegen vier je paarig nebeneinander, während zwei isoliert an der Belegungsachse aufgereiht sind. Fünf Männer und eine Frau waren hier beigesetzt worden. Eine mögliche siebte Person, von deren Bestattung sich nur eine rechteckige Grube fand, könnte später restlos exhumiert und anderenorts, etwa in einer Kirche, begraben worden sein.[10] Denkbar wäre auch ein Kenotaph, doch bleiben diese Überlegungen letztlich spekulativ.

Mit Ausnahme von Grab 21 waren alle Grablegen durch antiken Grabraub gestört. Die Gräber 24, 25 und 27 wurden in einer Erosionsmulde angelegt und waren tief genug, um wasserführende Tonschichten des Braunjura zu erreichen. Daher wiesen sie Feuchtbodenerhaltung auf. Neben Pflanzenresten kommt den Grabkammerhölzern aus Eichenholz besondere Bedeutung zu. Sie konnten durch A. Billamboz, Landesamt für Denkmalpflege, Hemmenhofen, dendrochronologisch datiert werden.[11]

Es ist hier nicht der Ort, um auf die Inventare dieser Gräber im Einzelnen einzugehen. Einige Schlaglichter mögen genügen, um ihre Bedeutung zu illustrieren, zumal einige Funde noch nicht restauriert werden konnten.

Die Grabausstattungen

Grab 21

Männerbestattung mit vollständiger Waffenbeigabe, Spatha, Langsax, Lanze und Schild, Sporenpaar, umfangreiche Goldlahnreste wohl einer Mantelborte.[12] Datierend sind der Langsax, die Lanzenspitze vom Typ Egling und das paarweise Auftreten der Sporen (Abb. 2).

8 E. Keller, Der frühmittelalterliche „Adelsfriedhof" mit Kirche von Herrsching am Ammersee, Lkr. Starnberg. Ber. Bayer. Bodendenkmalpfl. 32/33, 1991/92, bes. 28.

9 H. W. Böhme, Adelsgräber im Frankenreich. Archäologische Zeugnisse zur Herausbildung einer Herrenschicht unter den merowingischen Königen. Jahrb. RGZM 40, 1993 (1995) 397 ff.; bes. 521 ff. Der Gegensatz zwischen separaten Grablegen und Kirchenbestattungen wird hervorgehoben.

10 Eine Translatio hat z. B. P. Paulsen für das mutmaßliche Frauengrab von Niederstotzingen Grab 7 angenommen, worin ihm auch J. Werner in seiner Rezension gefolgt ist. P. Paulsen, Alamannische Adelsgräber von Niederstotzingen (Kreis Heidenheim). Veröff. Staatl. Amt Denkmalpfl. Stuttgart A 12 (Stuttgart 1967) 188; J. Werner, Germania 51, 1973, 281. – Die Verhältnisse in Lauchheim liegen aber anders, es gibt keine Funde.

11 Billamboz/Becker 2001 (Anm. 1).

12 Eine detaillierte restauratorische und textilkundliche Bearbeitung durch Dipl.-Rest. Britt Nowak-Böck liegt vor, ist aber leider bisher nicht publiziert.

Abb. 2: Lauchheim „Mittelhofen". Grab 21 in Fundlage.

Grab 22
Männerbestattung mit Sax und Sporn.

Grab 23
Männerbestattung mit Langsax und Sporn, datierend ist der Langsax.

Grab 24
Frauengrab mit goldener Kreuzfibel, die 67 Stein-, Glas- und Emaileinlagen aufweist; zwei goldene Bommelohrringe, geöster langobardischer Triens des Agilulf (590–615 n. Chr.), fünf mandelförmige Amethystperlen, 68 überwiegend orange einfarbige Glasperlen. Datierend sind in erster Linie der Perlenschmuck und die Bommelohrringe.

Grab 25
Männerbestattung; in Auswahl sind zu nennen: Spathagriff, silberne Saxscheidenbeschläge, Lanzenspitze vom Typ Egling, Sattelbeschläge, spitze Riemenzungen und einfache Schnallen aus einer Silberlegierung (Schuh- und Sporengarnitur), bronzene mediterrane Schnalle, überlange Riemenzunge, Kästchenbeschläge, Kammreste, mediterrane Bronzekanne, mediterrane Griffschale (Griff alt abgebrochen), blauer Glockentummler, Daubenbecher aus Tannenholz, fünf unverzierte Goldblattkreuze. Datierend sind in erster Linie die Riemenzungen und die Lanzenspitze. Der Befund der Goldblattkreuze ist nördlich der Alpen singulär.

Grab 26
Rechteckige Grube ohne Funde und Menschenknochen, keine Holzeinbauten, fraglich ob Grab.

Grab 27
Männerbestattung; Saxscheidenbeschlag mit Perlrandnieten, Nietleistenbruchstücke der Saxscheide, Spitze der Lanzenspitze, silberne spitze Riemenzunge, Eisenmesser, fünf unverzierte Goldblattkreuze, reich verziertes Stollenbett aus Buchenholz, umfangreiche weitere organische Reste (Holz, Leder, Botanik). Datierend sind die Riemenzunge und die Saxscheidenbeschläge. Das Stollenbett ist das einzige vollständig erhaltene der jüngeren Merowingerzeit.

Aus dem Genannten geht hervor, dass der Adelsgrablege von Lauchheim nicht nur für die frühe Landesgeschichte, sondern weit darüber hinaus in Verbindung mit den dendrochronologischen Ergebnissen von A. Billamboz überregionale Bedeutung zukommt. Bereits 1992 und 1995 war vermutet worden, dass wir hier zwei Generationen einer Familie vor uns haben, von denen die Gräber 25 und 24 die Elterngeneration verkörpern.[13] Diese und zahlreiche weitere Aspekte beleuchtet die folgende Studie.

Anthropologischer Befund – Vorbemerkung

Zur Anthropologie des Frühmittelalters in Südwestdeutschland sind bereits zahlreiche Materialvorlagen erschienen.[14] Diese erlauben nicht nur Untersu-

13 Stork 1992 (Anm. 1) 234; Stork 1995/2001 (Anm. 1) 55.

14 Zum Beispiel H.-J. Schlunk, Die Knochenfunde aus dem alamannischen Friedhof Hailfingen O.A. Rottenburg. Unpubl. Diss. Tübingen 1934. – N. M. Huber, Anthropologische Untersuchungen an den Skeletten aus dem alamannischen Gräberfeld von Weingarten, Kr. Ravensburg. Naturwiss. Unters. Vor- u.

Fortsetzung siehe nächste Seite

chungen zur Sozialstruktur und zu regionalen Ähnlichkeitsbeziehungen, sondern zielen durch die Einbeziehung spezieller naturwissenschaftlicher Methoden in jüngerer Zeit auch verstärkt auf die Ernährungssituation, Krankheitsbelastung sowie andere Aspekte des täglichen Lebens unserer Vorfahren ab. Darüber hinaus erfahren alte Fragestellungen, wie z.B. nach der Bestimmung des Sterbealters oder der Aufdeckung „familiärer" Beziehungen derzeit ständig neue Impulse durch die Verfeinerung histologischer (TCA) und analytischer Diagnosemöglichkeiten (DNA) sowie die Auswertung von Mikrosymptomen (v.a. anatomische Varianten).[15] Subtilere Grabungsmethoden und nicht zuletzt die zunehmende Sensibilisierung der Archäologen vor Ort tragen zum weiteren Erfolg bei. Wenn dazu aufgrund glücklicher Umstände ein Fundkomplex in hervorragendem Erhaltungszustand angetroffen wird, können sich unsere Kenntnisse mit einem Schlag immens vermehren. In diesem Sinne stellen die Grabungen in Lauchheim im Ostalbkreis einen Meilenstein für die archäologische und anthropologische Forschung dar. Nicht nur, dass dort erstmals ein alamannischer Friedhof und die zugehörige Siedlung in größerem Umfang untersucht, sondern auch die Tatsache, dass in mehrfacher Hinsicht spektakuläre Einzelfunde aufgedeckt werden konnten, hebt diesen Fundort besonders hervor.[16] Mit einem Umfang von mehr als 1300 Bestattungen ist die Nekropole im Industriegebiet „Wasserfurche" mit Abstand die größte modern gegrabene im Südwesten. Die Untersuchung der Skelettreste und Beigaben lässt detaillierteste sozialschichtenspezifische und demographische Ergebnisse erwarten.[17] Dazu kommt die Möglichkeit einer Gegenüberstellung mit den Personen, die im Bereich der Siedlung „Mittelhofen" in verschiedenen Hofgrablegen bestattet wurden, was wesentliche Anhaltspunkte dazu liefern kann, warum ein bestimmter Personenkreis nicht auf dem allgemein genutzten Friedhof, sondern im Dorfareal beerdigt wurde.

Fundsituation

Auf dem Siedlungsareal der Wüstung „Mittelhofen" wurden zwischen den archäologisch fassbaren Gebäudegrundrissen, Grubenhäusern und Zaungräbchen insgesamt sechs Gräbergruppen und einige Einzelgräber mit zusammen 78 spätmerowingerzeitlichen Bestattungen aufgedeckt. Sie datieren von der Mitte des 7. bis in das frühe 8.Jh. Die Belegungszeit geht damit etwas über diejenige des regulären Gräberfeldes hinaus. Dass es sich bei diesen Hofgrablegen nicht um einen repräsentativen Ausschnitt der Bevölkerung handelt, wird bereits anhand der herausragenden Beigaben ersichtlich. Zudem sind Erwachsene und unter diesen die Männer deutlich überrepräsentiert.[18] Lediglich innerhalb einer Gräbergruppe wurde bislang ein nahezu ausgeglichenes Geschlechterverhältnis angetroffen.[19] Ein weiteres Phänomen ist die Relation von Erwachsenen zu Kindern und Jugendlichen, die darauf hindeutet, dass womöglich nur ausgewählte Subadulte auf dem Siedlungsareal ihre letzte Ruhe fanden.[20] Bei der Mehrzahl der Siedlungsbestattungen ließ sich

Fortsetzung Fußnote 14:
Frühgesch. Baden-Württemberg u. Hohenzollern 3 (Stuttgart 1967). – B.-U. Abels/H. Gaebele/P. Schröter, Die menschlichen Skelettreste aus dem Reihengräberfriedhof von Donzdorf, Kr. Göppingen. In: E. Neuffer, Der Reihengräberfriedhof von Donzdorf (Kreis Göppingen). Forsch. u. Ber. Vor- u. Frühgesch. Baden-Württemberg 2 (Stuttgart 1972) 109–118. – R. Hahn, Die menschlichen Skelettreste aus den Gräberfeldern von Neresheim und Kösingen, Ostalbkreis. In: M. Knaut, Die alamannischen Gräberfelder von Neresheim und Kösingen. Forsch. u. Ber. Vor- u. Frühgesch. Baden-Württemberg 48 (Stuttgart 1993) 357–428. – E. Burger-Heinrich, Die menschlichen Skelettreste aus dem Gräberfeld von Munzingen, Stadt Freiburg. In: A. M. Groove, Das alamannische Gräberfeld von Munzingen/Stadt Freiburg. Materialh. Arch. Baden-Württemberg 54 (Stuttgart 2001) 347–424. – Z. Obertová/J. Wahl, Anthropologische Untersuchung zur Bevölkerungsstruktur und Lebensweise der frühmerowingerzeitlichen Population von Horb-Altheim (450–510 n.Chr.). Fundber. Baden-Württemberg 29, 2007, 559–601.

15 Unter anderen K.W. Alt/W. Vach/J. Wahl, Verwandtschaftsanalyse der Skelettreste aus dem bandkeramischen Massengrab von Talheim, Kreis Heilbronn. Fundber. Baden-Württemberg 20, 1995, 195–217. – K. W. Alt/F. W. Rösing/M. Teschler-Nicola (Hrsg.), Dental Anthropology – Fundamentals, Limits, and Prospects (Wien, New York 1998). – K. W. Alt/P. Jud/F. Müller/N. Nicklisch/A. Uerpmann/W. Vach, Biologische Verwandtschaft und soziale Struktur im latènezeitlichen Gräberfeld von Münsingen-Rain. Jahrb. RGZM 52, 2005, 157–210.

16 I. Stork, Friedhof und Dorf, Herrenhof und Adelsgrab. Der einmalige Befund Lauchheim. In: Arch. Landesmus. Baden-Württemberg (Hrsg.), Die Alamannen. Ausstellungskat. Stuttgart 1997 (Stuttgart 1997) 290–310.

17 Die anthropologische Bearbeitung der Skelettreste aus dem Gräberfeld „Wasserfurche" wurde über Jahre hinweg unter Federführung von U. Wittwer-Backofen am Anthropologischen Institut der Universität Gießen durchgeführt, die Ergebnisse sind noch nicht publiziert. Derzeit läuft dazu eine Detailstudie zu den traumatischen Befunden als Dissertationsvorhaben von F. Engel. Das Knochenmaterial aus der Siedlung „Mittelhofen" wird in der Arbeitsstelle Konstanz des Landesamts für Denkmalpflege untersucht.

18 Von den 78 Gräbern aus dem Siedlungsbereich konnte inzwischen knapp die Hälfte anthropologisch untersucht werden. Das Geschlechterverhältnis liegt bei 16 Männern zu 9 Frauen.

19 Gräber 28–36: 4 Männer, 3 Frauen, 1 Erwachsener unbestimmten Geschlechts, 1 infans I.

20 Derzeit stehen nur vier Subadulte im Alter von ca. 5 Monaten, um 12 Monaten, etwa 3 Jahren und ca. 15 Jahren 27 erwachsenen Individuen gegenüber. Das entspricht knapp 13 %. In einem „regulären" Gräberfeld wäre ein deutlich höherer Anteil von Nichterwachsenen zu erwarten.

kein unmittelbarer Bezug auf ein bestimmtes Gebäude oder Hofareal feststellen.
Die in diesem Beitrag vorgestellte Gräbergruppe lag am Südrand einer ca. 50 m × 60 m großen Hofstelle im Osten der Siedlungsfläche. Sie besteht aus sieben Grabgruben, von denen eine (Grab 26) zwar weder Skelettreste noch Hinweise auf Beigaben oder Grabeinbauten enthielt, aufgrund ihrer Position zwischen den anderen sowie ihrer langrechteckigen Form vom Ausgräber aber trotzdem als solche gezählt wurde. Die Gräber erstreckten sich über eine Entfernung von 28 m in Ost-West-Richtung, mehr oder weniger paarweise in zwei Reihen.
Das Besondere an diesen Grablegen ist neben deren exzeptioneller Beigabenausstattung der bemerkenswerte Erhaltungszustand der Gräber 24, 25 und 27, der auf die günstigen geologischen Gegebenheiten zurückzuführen ist. In verschiedenen Bereichen war der vorliegende Weißjuraschotter erodiert, die drei Grabgruben reichten daher bis in die Tonschichten des darunterliegenden Braunjura, die einen Nässestau bewirkten und für eine regelrechte Feuchtbodenerhaltung der organischen Reste, vor allem der Holzeinbauten und -beigaben sorgten.
Im Gegensatz dazu ist das Knochenmaterial nur mäßig gut erhalten und unvollständig überliefert. Die Skelettreste waren – meist infolge antiker Beraubung – stark gestört und in hohem Maße fragmentiert. Die Schädel sind in großen Teilen kaum mehr rekonstruierbar und infolge der dauerfeuchten Lagerung sowie des Erddrucks in Teilbereichen so stark deformiert, dass nur ein Bruchteil der üblichen anthropologischen Maße zuverlässig gewonnen werden kann. Auch von den Langknochen sind nur wenige komplett erhalten. Die an den verbliebenen Teilen des Schädels sowie des Postkraniums abnehmbaren Maße sind in den Tabellen 1 und 2 zusammengestellt.

Beschreibung der Skelettreste

Grab 21

Die Skelettreste aus Grab 21 konnten zunächst nicht im Ganzen untersucht werden, da der linke Unterarm, die komplette Beckenregion sowie die proximalen Anteile beider Oberschenkelknochen in einem Gipsblock zusammen mit Resten von Goldbrokat geborgen wurden. Der Schädel ist extrem stark fragmentiert und lagerungsbedingt verzogen. Vor allem im Frontalbereich und in den Schläfenregionen ist die Knochenoberfläche stark verwittert. Der Gesichtsschädel ist nurmehr bruchstückhaft, die Zähne sind teilweise isoliert erhalten. Bis auf den linken Humerus und die rechte Ulna sind alle vorhandenen Langkochen unvollständig. Beide Schlüsselbeine und Schulterblätter sowie die rechte Kniescheibe sind nur durch Fragmente repräsentiert, Brustbein und linke Kniescheibe fehlen. Wirbelsäule, Rippen, rechte Hand und beide Füße sind lediglich in Teilen vertreten.
Die Schädelnähte sind sowohl endo- als auch ektokranial noch unverwachsen.[21] Im Bereich der Epi- und Apophysen zeigt sich folgender Befund: Cavitas glenoidalis und Tuber calcanei verwachsen; Humerus proximal, Radius und Ulna distal, Tibia distal teilweise verstrichen; Wirbelscheiben der Halswirbel im Verknöchern begriffen; Clavicula median noch offen. Daraus ergibt sich ein Sterbealter von ca. 19–21 Jahren, also der Übergangsbereich zwischen den Altersstufen juvenil und adult.
Der Schädel ist durch schwach ausgebildete Frontal- und Parietalhöcker, eine fliehende Stirn, breite und mächtige Mastoidfortsätze sowie ein deutlich profiliertes Planum nuchale gekennzeichnet.[22] Glabella und Arcus superciliaris können nicht beurteilt werden. Der Processus zygomaticus ist relativ robust, das Os zygomaticum uneindeutig und die Crista supramastoidea nur schwach bis mittelmäßig ausgeprägt. Das Kinn ist breit und prominent, die Unterkieferwinkel aber kaum ausgestellt und nur schwach profiliert. Die Beckenmerkmale bestätigten schließlich den Gesamteindruck, wonach es sich zweifelsfrei um männliches Geschlecht handelt.
Der Mann war etwa 1,73 m groß und ausgesprochen schlank,[23] das Muskelmarkenrelief ist (schwach bis)

21 Zur Sterbealtersbestimmung wurden die fachüblichen Kriterien herangezogen; z.B. nach: G. Wolf-Heidegger, Atlas of systematic human anatomy. Vol. I (Basel, München, Paris 1972). – B. Herrmann/G. Grupe/S. Hummel/H. J. Piepenbrink/H. Schutkowski, Prähistorische Anthropologie – Leitfaden der Feld- und Labormethoden (Berlin, Heidelberg, New York 1990). – R. Martin, Lehrbuch der Anthropologie in systematischer Darstellung 2: Kraniologie, Osteologie (Jena 1928). Histologische Methoden kamen bislang nicht zum Einsatz.

22 Hinsichtlich der Geschlechtsdiagnose kamen die Kriterien u.a. folgender Autoren zum Tragen: J. E. Buikstra/D. H. Ubelaker (Hrsg.), Standards for data collection from human skeletal remains. Arkansas Arch. Survey Research Ser. 44 (Fayetteville 1994). – D. Ferembach/I. Schwidetzky/M. Stloukal, Empfehlungen für die Alters- und Geschlechtsdiagnose am Skelett. Homo 30, 1979, (1)–(32). – R. Knußmann (Hrsg.), Anthropologie – Handbuch der vergleichenden Biologie des Menschen I: Wesen und Methoden der Anthropologie (Stuttgart, New York 1988). – P. Murail/J. Bruzek/F. Houët/E. Cunha, A probabilistic sex diagnosis tool using worldwide variability in hip bone measurement. Bull. Mém. Soc. Anthr. Paris n.s. 17, 2005, 167–176.

23 H. Bach, Zur Berechnung der Körperhöhe aus den langen Gliedmaßenknochen weiblicher Skelette. Anthr. Anz. 29, 1965, 12–21.

Fortsetzung siehe Seite 541

Tabelle 1: Lauchheim „Mittelhofen". Schädelmaße und -indizes (Bez. der Maße nach Martin; Angaben in mm; Werte in einfacher Klammer = Maß ergänzt, in Doppelklammer = Maß geschätzt; – = nicht messbar; l = links, r = rechts).

	Maß	Grab 21	Grab 22	Grab 23	Grab 24	Grab 25	Grab 27
Alter		juvenil/adult	juvenil	frühadult	senil	(spät)matur	adult
Geschlecht		männlich	männlich	männlich	weiblich	männlich	männlich
Größte Hirnschädellänge	1	–	–	–	((186))	((~205))	–
Schädelbasislänge	5	–	–	–	–	–	–
Länge d. Foramen magnum	7	–	–	–	(31)	–	37
Größte Hirnschädelbreite	8	–	–	–	((143))	((~153))	–
Kleinste Stirnbreite	9	((~103))	–	–	(98)	108	(102)
Größte Stirnbreite	10	–	–	–	–	((136))	–
Biauricularbreite	11	–	–	–	–	((136))	–
Größte Hinterhauptsbreite	12	–	–	–	–	–	–
Mastoidealbreite	13	–	–	–	–	–	–
Basion-Bregma-Höhe	17	–	–	–	–	–	–
Ohr-Bregma-Höhe	20	–	–	–	–	–	–
Ganze Ohrhöhe	21	–	–	–	–	–	–
Horizontalumfang	23	–	–	–	–	–	–
Transversalbogen	24	–	–	–	–	–	–
Mediansagittalbogen	25	–	–	–	–	–	–
Mediansagittaler Frontalbogen	26	–	–	–	–	134	–
Mediansagittaler Parietalbogen	27	((134))	–	–	–	–	–
Mediansagittaler Occipitalbogen	28	((~126))	–	–	–	–	–
Mediansagittale Frontalsehne	29	–	–	–	–	116	–
Medinasagittale Parietalsehne	30	–	–	–	–	–	–
Mediansagittale Occipitalsehne	31	((~100))	–	–	–	–	–
Schädelkapazität	38	–	–	–	–	–	–
Gesichtslänge	40	–	–	–	–	–	–
Untere Gesichtslänge	42	–	–	–	–	–	–
Obergesichtsbreite	43	–	–	–	(107)	119	(113)
Biorbitalbreite	44	–	–	–	((100))	–	(101)
Jochbogenbreite	45	–	–	–	–	–	((134))
Gesichtshöhe	47	–	–	–	–	–	–
Obergesichtshöhe	48	–	–	–	–	–	–

Tabelle 1: Fortsetzung. Lauchheim „Mittelhofen". Schädelmaße und -indizes (Bez. der Maße nach Martin; Angaben in mm; Werte in einfacher Klammer = Maß ergänzt, in Doppelklammer = Maß geschätzt; – = nicht messbar; l = links, r = rechts).

	Maß	Grab 21	Grab 22	Grab 23	Grab 24	Grab 25	Grab 27
Alter		juvenil/adult	juvenil	frühadult	senil	(spät)matur	adult
Geschlecht		männlich	männlich	männlich	weiblich	männlich	männlich
Vordere Interorbitalbreite	50	–	–	–	–	–	27
Orbitalbreite	51	–	–	–	–	–	–
Orbitalhöhe	52	–	–	–	–	–	33
Nasenbreite	54	–	–	–	–	((28))	24
Nasenhöhe	55	–	–	–	–	–	(53)
Kleinste Breite Nasenbeine	57	–	–	–	11,4	–	–
Maxilloalveolarlänge	60	–	–	–	–	–	55
Maxilloalveolarbreite	61	–	–	–	–	–	64
Gaumenlänge	62	–	–	–	–	–	(41)
Gaumenbreite	63	–	–	–	–	–	41
Kondylenbreite UK	65	((~120))	–	(122)	–	–	127
Winkelbreite UK	66	((~95))	–	(91)	–	((104))	100
Länge UK	68	(79)	–	76	–	–	76
Kinnhöhe	69	–	((27))	–	(17)	((~30))	37
Asthöhe	70	(61)	–		66,5	–	69
Astbreite	71	l 30, r 29,5	l (29,5), r 30	l 32, r –	–	l (37), r –	l 32,5, r 32
Ganzprofilwinkel	72	–	–	–	–	–	–
Astwinkel UK	79	(118°)	–	118°	–	–	120°
Längen-Breiten-Index (8 × 100 : 1)	–	–	–		((76,9))	((74,6))	–
Nasalindex (54 × 100 : 55)	–	–	–		–	–	(45,3)

Tabelle 2: Lauchheim „Mittelhofen“. Individualmaße und -indizes des Postkraniums (Bez. der Maße nach Martin; Angaben in mm; Werte in einfacher Klammer = Maß ergänzt, in Doppelklammer = Maß geschätzt; – = nicht messbar/Region fehlend; l = links, r = rechts; Diaph. = Diaphyse; Dm. = Durchmesser; sag. = sagittal; tv. = transversal; nutr. = nutricium; * = bei Jugendlichen: größte Länge der Diaphyse).

	Maß	Grab 21		Grab 22		Grab 23		Grab 24		Grab 25		Grab 27	
Alter		juvenil/adult		juvenil		frühadult		senil		(spät)matur		adult	
Geschlecht		männlich		männlich		männlich		weiblich		männlich		männlich	
Seite		l	r	l	r	l	r	l	r	l	r	l	r
Humerus													
größte Länge*	Hu 1	337	–	–	(274)	((~325))	–	–	((~310))	–	((~355))	((~350))	–
ganze Länge	Hu 2	333	–	–	–	–	–	–	–	–	–	–	–
Epicondylenbreite	Hu 4	61	((61))	–	–	(69)	–	–	–	–	–	66	–
größter Dm. Diaphyse	Hu 5	22,2	–	(18,5)	(19,5)	24,2	–	–	24,3	23,9	24,9	23,1	–
kleinster Dm. Diaphyse	Hu 6	17,8	–	(15)	(15)	18,9	–	–	17,2	19,6	20,3	17,6	–
kleinster Umfang Diaph.	Hu 7	62	–	(53)	(54)	66	–	–	59	65	67	60	–
Breitendm. proximal	Hu 9	((45))	45	–	–	(45,5)	–	–	–	(45)	(46)	(42)	–
Höhendm. proximal	Hu 10	(47)	–	–	–	(46,5)	–	–	–	(48)	(48)	(49)	–
Radius													
größte Länge*	Ra 1	(260)	–	–	–	–	–	–	((~245))	252	–	–	–
funktionelle Länge	Ra 2	–	–	–	–	–	–	–	–	236	–	–	–
mittl. Dm. proximal	n.n.	–	(24)	–	–	–	–	–	–	24	–	–	–
Ulna													
größte Länge*	Ul 1	(280)	(285)	–	–	–	–	–	–	275	–	285	–
funktionelle Länge	Ul 2	–	(244)	–	–	–	–	–	–	235	–	(245)	–
Femur													
größte Länge*	Fe 1	–	–	402	–	–	–	–	((~450))	–	–	–	–
natürliche Länge	Fe 2	–	–	–	–	–	–	–	–	–	–	–	–
Sag. Dm. Diaph.mitte	Fe 6	–	–	(25)	(25)	(30)	(30)	(29,3)	28,4	29,1	29,5	–	–
Tv. Dm. Diaph.mitte	Fe 7	–	–	(23)	(23)	(27,5)	(29)	(24,2)	(24)	28,7	26,3	–	–
Umfang Diaphysenmitte	Fe 8	–	–	(75)	(74)	(90)	(91)	(83)	(82)	88	88	–	–
Oberer tv. Dm. Diaph.	Fe 9	33	–	(29)	(29)	(32,2)	(34,7)	26,5	27,5	30,2	31	–	–
Oberer sag. Dm. Diaph.	Fe 10	(30,5)	–	(23)	(23)	(28)	(28,3)	27,5	27,5	28,1	26,6	–	–
Dm. proximal	Fe 19	48	–	–	–	51,5	–	–	43,5	–	47	–	–
Epicondylenbreite	Fe 21	(80)	((81))	–	–	–	–	–	–	–	–	87	–

Tabelle 2: Fortsetzung. Lauchheim „Mittelhofen“. Individualmaße und -indizes des Postkraniums (Bez. der Maße nach Martin; Angaben in mm; Werte in einfacher Klammer = Maß ergänzt, in Doppelklammer = Maß geschätzt; – = nicht messbar/Region fehlend; l = links, r = rechts; Diaph. = Diaphyse; Dm. = Durchmesser; sag. = sagittal; tv. = transversal; nutr. = nutricium; * = bei Jugendlichen: größte Länge der Diaphyse).

	Maß	Grab 21		Grab 22		Grab 23		Grab 24		Grab 25		Grab 27	
Alter		juvenil/adult		juvenil		frühadult		senil		(spät)matur		adult	
Geschlecht		männlich		männlich		männlich		weiblich		männlich		männlich	
Seite		l	r	l	r	l	r	l	r	l	r	l	r
Tibia													
größte Länge*	Ti 1a	((377))	–	((~310))	–	–	–	–	((~370))	–	((~375))	–	–
Länge	Ti 1b	–	–	–	–	–	–	–	–	–	–	–	–
Epiphysenbreite proximal	Ti 3	(76)	((78))	–	–	–	–	–	–	–	–	–	–
Sag. Dm. Foramen nutr.	Ti 8a	32,4	–	(30)	–	–	–	27,2	(29,5)	33,2	34,2	–	–
Tv. Dm. Foramen nutr.	Ti 9a	25	–	(20)	–	–	–	((22,5))	24,9	–	26,8	–	–
kleinster Umfang	Ti 10b	67	(69)	(62)	–	–	–	66	67	–	76	–	–
Fibula													
größte Länge*	Fi 1	–	–	–	–	–	–	–	–	–	–	–	–
Clavicula													
größte Länge	Cl 1	–	–	–	–	–	((~150))	–	–	–	–	165	–
Scapula													
morpholog. Breite	Sc 1	–	–	–	–	–	–	–	–	–	–	–	(173)
morpholog. Länge	Sc 2	–	–	–	–	–	–	–	–	–	–	(102)	(104)
Sacrum													
vordere gerade Länge	Sa 2	–		–		–		–		–		(114)	
vord. obere gerade Breite	Sa 5	–		–		–		–		–		117	
mittlere gerade Breite	Sa 9	–		–		–		–		–		94	
Pelvis													
größter Dm. Gelenkpfanne	Pe 22	–	–	–	–	–	–	52	51	–	(53)	–	–
Patella													
größte Höhe	Pa 1	–	–	–	–	–	–	–	–	(41)	–	(40)	–
größte Breite	Pa 2	–	–	–	–	–	–	42	41	(45)	–	(43)	–
größte Dicke	Pa 3	–	–	–	–	–	–	18	18	19,5	–	21,5	–
Calcaneus													
größte Länge	Ca 1	((80))	–	–	–	–	–	–	–	–	–	–	87

Tabelle 2: Fortsetzung. Lauchheim „Mittelhofen". Individualmaße und -indizes des Postkraniums (Bez. der Maße nach Martin; Angaben in mm; Werte in einfacher Klammer = Maß ergänzt, in Doppelklammer = Maß geschätzt; – = nicht messbar/Region fehlend; l = links, r = rechts; Diaph. = Diaphyse; Dm. = Durchmesser; sag. = sagittal; tv. = transversal; nutr. = nutricium; * = bei Jugendlichen: Größte Länge der Diaphyse).

	Maß	Grab 21		Grab 22		Grab 23		Grab 24		Grab 25		Grab 27	
Alter		juvenil/adult		juvenil		frühadult		senil		(spät)matur		adult	
Geschlecht		männlich		männlich		männlich		weiblich		männlich		männlich	
Seite		l	r	l	r	l	r	l	r	l	r	l	r
Talus													
größte Länge	Ta 1	56,5	–	–	–	–	–	–	–	–	55	60	61,5
Indizes													
Index platymericus	Fe 10 x 100 : Fe 9	(92,4)	–	(79,3)	(79,3)	(87,0)	(81,6)	103,8	98,9	93,0	85,8	–	–
Index cnemicus	Ti 9a x 100 : Ti 8a	77,2	–	(66,7)	–	–	–	((82,7))	(84,4)	–	78,4	–	–
Robustizitätsindex Femur	Fe 8 x 100 : Fe 1	–	–	–	–	–	–	–	((~18,2))	–	–	–	–
Robustizitätsindex Humerus	Hu 7 x 100 : Hu 1	18,4	–	–	–	((~20,3))	–	–	((~19,0))	–	((~18,9))	((~17,1))	–

mittel, lediglich die Schlüsselbeine sind mit relativ kräftigen Muskelansatzstellen versehen. Die Zahnkronenabrasion ist minimal, die 6er[24] weisen lediglich kleine Dentininseln auf, die 7er sind nur oberflächlich beschliffen. Die Nasenwurzel war deutlich eingesattelt. Einige der Zähne sind mit Resten von Zahnstein behaftet, der 35 weist einen Drehstand auf. Insgesamt sind nur sehr schwache Schmelzhypoplasien festzustellen, cribröse Erscheinungen fehlen fast völlig, die Halswirbel zeigen leichte Spondylarthrosis deformans. An beiden Femora sind im Bereich der Facies poplitea ungleichmäßige und mit Kavernen versehene Knochenauflagerungen anzusprechen, die Schienbeine lassen im dorsalen Anteil der Diaphyse Anzeichen entzündlicher Prozesse erkennen. Die Bruchkanten im rechten Ellebogenbereich könnten möglicherweise auf eine unverheilte stumpfe Gewalteinwirkung zurückzuführen sein,[25] die aber, da es sich um ein ungestörtes Grab handelt, in diesem Fall sicher nicht mit einer antiken Beraubung im Zusammenhang steht.

Grab 22

Die Knochenreste aus Grab 22 sind u. a. durch einen stark fragmentierten Hirn- und Gesichtsschädel vertreten, der Oberkiefer ist ausschließlich durch isolierte Zähne repräsentiert. Unterkiefer, beide Schlüsselbeine, Schulterblätter und Beckenhälften, die linke Kniescheibe sowie alle großen Extremitätenknochen sind nurmehr unvollständig erhalten, vereinzelte lose Epiphysen lediglich bruchstückhaft überliefert. Brustbein und rechte Kniescheibe fehlen. Wirbel, Rippen, Hand- und Fußknochen sind nur in Teilen vorhanden.

Die Schädelnähte sind endo- und ektokranial noch unverwachsen, ebenso die Sphenobasilarfuge sowie alle Epiphysen und Wirbelscheiben. Darmbein, Scham-

Fortsetzung Fußnote 23:
– E. Breitinger, Zur Berechnung der Körperhöhe aus den langen Gliedmaßenknochen. Anthr. Anz. 14, 1939, 249–274. – F. W. Rösing, Körperhöhenrekonstruktion aus Skelettmaßen. In: R. Knußmann (Hrsg.), Anthropologie – Handbuch der vergleichenden Biologie des Menschen I: Wesen und Methoden der Anthropologie (Stuttgart, New York 1988) 586–600. – G. Olivier/C. Aaron/G. Fully/G. Tissier, New Estimations of Stature and Cranial Capacity in Modern Man. Journal Human Evolution 7, 1978, 513–518.

24 Benennung der Zahnpositionen nach internationaler Nomenklatur der FDI.

25 M. Kunter, Frakturen und Verletzungen des vor- und frühgeschichtlichen Menschen. Arch. u. Naturwiss. 2, 1981, 221–246. – H. Vogel, Gewalt im Röntgenbild. Befunde zu Krieg, Folter und Verbrechen (Landsberg/Lech 1997). – P. Patrick, Approaches to Violent Death: A Case Study from Early Medieval Cambridge. Internat. Journal Osteoarch. 16, 2006, 347–354.

bein und Sitzbein sind noch nicht miteinander verschmolzen. Nach dem Entwicklungszustand der Skelettreste allgemein und der Längenentwicklung der Langknochen ergibt sich ein Sterbealter von um 15 Jahren. Auch der Zahnbefund weist übereinstimmend in diese Altersstufe.
Trotz des jugendlichen Alters sind die Glabella und die Protuberantia occipitalis externa bereits kräftig entwickelt. Die Stirnneigung erscheint eher flach, das Kinn betont. Die Tubera frontalia sind noch kindgemäß relativ deutlich ausgeprägt. Die Incisura ischiadica major ist eng, die Zahngröße uneindeutig, die Kinnregion relativ markant. Alles in allem handelt es sich um ein ausgesprochen graziles Individuum mit (sehr) schwachem Muskelmarkenrelief. In der Zusammenschau deuten die morphognostisch verwertbaren Merkmale jedoch mehr oder weniger eindeutig auf männliches Geschlecht.
Wenige Zähne weisen Reste von Zahnstein auf. Zudem lassen sich nur leichte Schmelzhypoplasien feststellen. Auffallend ist der unterschiedliche Entwicklungsgrad der beiden unteren Weisheitszähne. Im Hinblick auf evtl. Mangelsituationen ist lediglich eine leichte (bis mittlere) Cribra orbitalia anzusprechen.
Besonders erwähnenswert sind bei den Knochenresten aus Grab 22 eindeutige Hinweise auf Gewalteinwirkungen: Im linken Kinnbereich am Unterrand des Corpus mandibulae, am linken Schläfenbein unterhalb des Porus acusticus externus und an einem oberen Sakralelement jeweils paramedian auf der rechten und linken Seite. Die beiden Traumatisierungen am Schädel gehen zweifelsfrei auf zwei separate Hiebe mittels eines scharfkantigen Gegenstands von unten auf die linke Seite zurück. Zwei weitere Defekte oberhalb der Glabella und an einem Rippenbruchstück sind als Spuren fraglicher Gewalteinwirkungen einzustufen.
Nach Mitteilung des Ausgräbers war dieses Grab punktuell im Brustkorbbereich beraubt, da verschiedene charakteristische Beigaben fehlen. Nach der Grabungsdokumentation sieht es allerdings so aus, als ob der räuberische Eingriff auch die Beckenregion und den Schädel noch in Mitleidenschaft gezogen hätten. Die vorgefundenen Läsionen sind hinsichtlich ihrer Lokalisation und des Entstehungsmodus, das heißt der anzunehmenden Täter-Opfer-Konstellation, für tätliche Auseinandersetzungen untypisch und demzufolge wohl eher auf die Störung durch die Grabräuber zurückzuführen.[26]

Grab 23

Die Skelettreste aus Grab 23 sind extrem stark fragmentiert und zerdrückt, da die Grabgrube flacher angelegt war und die Deckschicht bis fast auf die Knochen per Bagger abgeschoben wurde. Daraufhin ließen sich die einzelne Skelettpartien nur ansatzweise rekonstruieren. Unter anderem der Schädel sowie beide Schien- und Wadenbeine sind stark beeinträchtigt; alle anderen Regionen ebenfalls nur unvollständig erhalten. Die Knochen des linken Fußes fehlen völlig, Epiphysen, Wirbelsäule, Rippen und Kreuzbein sind nur durch kleine Bruchstücke vertreten.
Alle großen Schädelnähte sind noch unverwachsen. Die Verwachsungszonen im Bereich der Cavitas glenoidalis, im Acetabulum, an den Metapodien und Phalangen sind geschlossen, die Verwachsungslinien an den Wirbeln noch gut sichtbar. Die proximalen Epiphysen von Humerus und Femur sind, ebenso wie diejenigen am distalen Ende von Ulna und Radius, noch nicht mit der Diaphyse verschmolzen. Clavicula und Crista iliaca sind ebenfalls noch unverwachsen. Die Sphenobasilarfuge ist geschlossen und der Zahnbefund weist auf ein erwachsenes Individuum hin. In der Summe ergibt sich demnach ein relativ eng umschriebenes Sterbealter von etwa 21–23 Jahren.
Anhaltspunkte zur Geschlechtsbestimmung liefern die markante Glabella (Stufe 4 nach Broca), der kräftige (rechte) Processus mastoideus (links eher länglich und schmal), eine mittelmäßig ausgeprägte Crista supramastoidea, der fehlende Sulcus praeauricularis, die enge Incisura ischiadica major sowie der insgesamt vergleichsweise robuste Knochenbau mit mittelstark ausgebildetem Muskelmarkenrelief. Es handelt sich daher mit einiger Sicherheit um ein männliches Individuum. Die Kinnregion ist nur wenig vorspringend, die Unterkieferwinkel kaum ausgestellt, der rechte Höcker der Kinnpyramide ist kräftiger als der linke.
Mit einer Körperhöhe von ca. 1,69 m ist der frühadulte Mann aus Grab 23 kleiner als der Mann aus Grab 21. Jener ist zudem noch (deutlich) graziler.
Ähnlich den bisher beschriebenen Individuen ist die Zahnkronenabrasion auch hier in Relation zum Alter minimal. Nur die Molaren des Unterkiefers weisen geringe Reste von Konkrementablagerungen auf. Zahnstellungsanomalien sowie nennenswerte dege-

26 Th. Beilner/G. Grupe, Beraubungsspuren auf menschlichen Skelettfunden des merowingerzeitlichen Reihengräberfeldes von Wenigumstadt (Ldkr. Aschaffenburg). Arch. Korrbl. 26, 1996, 213–217. – A. Thiedmann/J. H. Schleifring, Bemerkungen zur Praxis frühmittelalterlichen Grabraubs. Arch. Korrbl. 22, 1992, 435–439. – J. Wahl, Spuren von Gewalteinwirkungen an vorgeschichtlichen Skelettresten. In: M. Oehmichen/G. Gerwick (Hrsg.), Osteologische Identifikation und Altersschätzung. Research in Legal Medicine 26 (Lübeck 2001) 221–240.

nerative Veränderungen sind nicht festzustellen. Des Weiteren fehlen cribröse Erscheinungen und erneut deutliche Schmelzhypoplasien. Am Corpus mandibulae sind beidseitig feinporöse Knochenauflagerungen erkennbar. Beide Schlüsselbeine weisen am sternalen Ende Exostosen auf.[27]
Ein Schaftbruchstück aus dem distalen Drittel der linken Tibia zeigt Spuren einer scharfkantigen Gewalteinwirkung rechtwinklig zur Längsachse des Knochens, die rechte Tibia ist möglicherweise infolge einer stumpfen Gewalteinwirkung im Frischzustand gebrochen. Hinzu kommen zwei Rippenfragmente mit fraglich scharfrandigen Läsionen. Da für Grab 23 eine antike Störung nicht ausgeschlossen werden kann, sind diese Verletzungen, ebenso wie in Grab 22, am ehesten im Zusammenhang mit Aktivitäten von Grabräubern zu sehen.

Grab 24

Bei dieser Grablege handelt es sich um das erste der drei durch Feuchtbodenerhaltung charakterisierten „Adelsgräber". Die Skelettreste waren im Auffindungszustand gänzlich zerwühlt, lediglich der rechte Unterschenkel (Tibia und Fibula) lagen noch im anatomischen Verband. Die Beraubung muss demnach zu einem Zeitpunkt stattgefunden haben, als noch ein gewisser Sehnenverband bestanden hat. Die Lage der Oberschenkelknochen sowie der beiden Beckenhälften scheint anzudeuten, dass der Körper, oder zumindest Teile davon, infolge der Störung, die nach Aussage der Ausgräber von den Füßen her erfolgte, auf die Bauchseite gedreht wurden. Zusätzlich zu dieser Lageveränderung dokumentieren alte Bruchkanten in der Glabellaregion postmortale Eingriffe auch im Schädelbereich.
Der Hirnschädel ist lagerungsbedingt deformiert, die Schädelbasis zur rechten Seite hin komprimiert. Er dürfte in der Aufsicht ursprünglich ovoid gewesen sein. Trotz der massiven antiken Störung wurden auf dem Boden und in der Verfüllung der Grabkammer Knochenteile nahezu aller Körperregionen angetroffen. Zur Gänze fehlen lediglich der linke Humerus, das Brustbein, das Kreuzbein und erwartungsgemäß größere Partien der Hand- und Fußskelette. Alle anderen Knochen sind wenigstens abschnittweise repräsentiert.
Die Schädelnähte sind endokranial vollständig und ektokranial bis auf kleinere Areale im Bereich der Sutura lambdoidea verstrichen. Die Epi- und Apophysen sind durchgehend verwachsen, die Symphysenfuge des Beckens weist fortgeschrittene Strukturveränderungen auf (Stufe V nach Acsádi u. Nemeskéri). Das Individuum dürfte somit in die Altersstufe „senil" (60 Jahre oder älter) einzustufen sein. Zahlreiche Foveolae granulares, der Zahnbefund sowie verschiedene degenerative bzw. pathologische Erscheinungen stützen diese Beurteilung (siehe unten).
Die Formmerkmale des Schädels sind teilweise uneindeutig, teilweise eindeutig als weiblich anzusprechen: Kaum ausgeprägte Frontal- und Parietalhöcker, eine schwache Stirnneigung, das mittelmäßig reliefierte Planum nuchale, die relativ breiten Jochbeine und die mittelmäßig prominente Crista supramastoidea stehen relativ kleinen Zähnen, eher kleinen Mastoidfortsätzen sowie einer schwach ausgebildeten Protuberantia occipitale externa (Stufe 0–1 nach Broca) gegenüber. Der Orbitarand ist auf der rechten Seite eher rundlich, links eher scharfkantig, das Kinn spitz zulaufend. Am Becken imponieren die weite Incisura ischiadica major, ein deutlicher Sulcus praeauricularis, der große Symphysenwinkel, die typisch weibliche Form des Arc composé sowie die erhabene Facies auricularis. Die Skelettreste sind allgemein – auch in Anbetracht des hohen Sterbealters – als grazil (bis mittel), die Muskelansatzstellen als mittelmäßig profiliert anzusprechen. Auffallend ist in diesem Zusammenhang die markante Linea aspera, deren mediale Lippe kammartig ausgezogen erscheint. Alles in allem dürfte an der Diagnose „weiblich" kein Zweifel bestehen.
Besonders erwähnenswert sind der Zahnstatus und die verschiedenartigen krankhaften Veränderungen der älteren Dame aus Grab 24. Mindestens dreizehn Zähne waren bereits zu Lebzeiten ausgefallen, die entsprechenden Zahntaschen resorbiert. Davon entfallen alleine zehn auf den Unterkiefer, dessen Alveolarknochen bis auf Höhe der Foramina mentalia zurückgebildet ist. Von Zahn 41 ist zudem nur noch ein beschliffener und eingewachsener Wurzelstummel vorhanden. Die oberen Schneidezähne sind sämtlich postmortal verloren gegangen, der isolierte Zahn 17 weist Zahnhalskaries auf. An den Zähnen 13, 17 und 23 sind Reste von Zahnstein festzustellen. Die Abrasion der verbliebenen Zähne des Oberkiefers entspricht einen Altersstadium von etwa 30–40

27 Die pathologischen Veränderungen wurden insbesondere nach den Kriterien folgender Autoren beurteilt: D. J. Ortner/W. G. J. Putschar, Identification of Pathological Conditions in Human Skeletal Remains. Smithsonian Contrib. Anthr. 28 (Washington 1981). – A. Czarnetzki (Hrsg.), Stumme Zeugen ihrer Leiden – Paläopathologische Befunde (Tübingen 1996). – C. P. Adler, Knochenkrankheiten – Diagnostik makroskopischer, histologischer und radiologischer Strukturveränderungen des Skeletts (Berlin, Heidelberg, New York 1998). – M. Stloukal/L. Vyhnánek/F. W. Rösing, Spondylosehäufigkeit bei mittelalterlichen Populationen. Homo 21, 1970, 46–53.

Jahren, danach wurden die Kauflächen lediglich noch überschliffen und poliert. Demzufolge dürfte etwa in diesem Alter der Zeitpunkt des massiven Zahnverlustes im Unterkiefer zu sehen sein. Die Eckzähne des Oberkiefers sind stark und schräg ad palatum abgekaut, die eröffneten Pulpahöhlen mit Sekundärdentin verschlossen. Der gesamte Oberkiefer weist Anzeichen fortgeschrittener Parodontose auf, die vorhandenen Schmelzhypoplasien sind nur schwach ausgebildet. Degenerative Veränderungen sind vor allem im Bereich der Wirbelsäule (Spondylosis deformans Stufe 2 nach Stloukal u.a., Spondylarthrosis derformans, Osteochondrosis vertebrae, Schmorl'sche Kötchen) sowie an allen großen und kleinen Gelenken festzustellen. Das Gesamtbild entspricht einer chronischen Arthritis.
Des Weiteren können eine Subluxation des rechten Hüftgelenks sowie eine entzündliche, osteoplastische Reaktion im Bereich des linken Trochanter minor – wahrscheinlich als Folge der Fehlbelastung – angesprochen werden. Andere Befunde sind geriefte Knochenauflagerungen auf der Tabula interna des Os frontale, unregelmäßige, feinspongiöse Auflagerungen in der Stirnhöhlenregion und in beiden Kieferhöhlen, die wahrscheinlich auf eine Sinusitis (frontalis und maxillaris) zurückzuführen sind, osteoplastische Prozesse im Bereich des Nasenbodens, eine verheilte Knochenhautentzündung (Periostitis) auf der Innenseite beider Schienbeine, hyperostotische Fibulae sowie beidseitig proximal nach medial verkrümmte Tibiadiaphysen (Rachitis?). Dazu kommen noch eine fragliche verheilte Rippenfraktur, beginnende Cribra orbitalia, schwache Cribra cranii, ausgesprochen starke kartilaginäre Exostosen am Beckenkamm und allgemein vielfache Granulationen, Porosierungen und Rauigkeiten.
Trotz aller körperlichen Einschränkungen scheint es der senilen Frau aus Grab 24 aber zumindest bezüglich ihres Ernährungsstatus recht gut gegangen zu sein. Mit einer Körperhöhe von etwa 1,64 m liegt sie im oberen Variationsbild gleichzeitiger Serien.

Grab 25

Die Skelettreste aus Grab 25 waren stark gestört, teilweise unvollständig und trotz oder gerade wegen der dauerfeuchten Lagerung in relativ schlechtem Zustand (Abb. 3). Vom Schädel fehlen hauptsächlich Teile der Basis, des Gesichtes und des Unterkiefers. Der Hirnschädel ist stark fragmentiert und deformiert. Bis auf die beiden Ulnae sowie den Radius der linken Seite sind alle großen Extremitätenknochen nur bruchstückhaft erhalten, in den meisten Fällen sind u.a. die Epiphysenbereiche in Mitleidenschaft gezogen. Das Brustbein und die rechte Kniescheibe fehlen, die linke Beckenhälfte, das Kreuzbein und beide Schulterblätter sind lediglich durch kleine Fragmente repräsentiert. Von den Autopodien fehlen vorwiegend die Finger- und Zehenknochen, am wenigsten vollständig ist der linke Fuß.
Hinweise auf unterschiedliche Lagerungsbedingungen liefern der Schaft des linken Oberschenkelknochens mit Verrundungen, die wohl durch Sickerwasser verursacht sind, die Knochen des linken Beines, die gegenüber dem rechten deutlich heller gefärbt sind, und das linke Wadenbein mit Nagespuren im Bereich der Diaphysenmitte. Die rechte Fibula weist im mittleren Schaftdrittel eine Fraktur mit partiell glatter Bruchkante auf, eine Läsion, die wahrscheinlich auf die Grabräuber zurückzuführen ist. Ob ein Schrägbruch am distalen Ende des rechten Humerus ebenfalls mit dieser Störung im Zusammenhang steht, erscheint fraglich.
Die Beurteilung der Knochenreste in situ zeigt, dass lediglich der Schädel, die Hals- und Brustwirbelsäule, der Brustkorb, die Schulterpartien und die beiden Oberarme in ursprünglicher Lage verblieben sind. Das rechte Bein inklusive Becken und Lendenwirbelsäule sind mehr oder weniger im Ganzen nach außen verlagert, der Unterschenkel im Kniebereich exartikuliert. Auch das linke Bein war offensichtlich bei der Beraubung zur Seite an die Längswand der Grabkammer geschoben worden, ebenso wie die Knochen des linken Unterarms. Dass trotz einer derart massiven Störung der Grablege der Oberkörper des Toten unangetastet blieb, ist mit großer Wahrscheinlichkeit auf die Scheu der Grabräuber vor den christlichen Symbolen, den fünf – ursprünglich wohl auf ein Tuch aufgenähten – Goldblattkreuzen, die in diesem Bereich angetroffen wurden, zurückzuführen.[28]
Bis auf die Lambdaregion und Teile der Lambdanaht sind alle großen Schädelnähte auf der Innenseite verstrichen. Auf der Außenseite sind sowohl die Pfeil- als auch die Kranznaht partiell, die Lambdaregion dagegen vollständig verstrichen. Zahnbefund sowie die verwachsenen Epi- und Apophysen weisen auf ein erwachsenes Individuum hin. Trotz vergleichsweise geringgradiger degenerativer Veränderungen muss mit maturem, eventuell sogar spätmaturem Sterbealter gerechnet werden. Die Zahnkronenabra-

28 Auf einen solchen Kontext ist bereits mehrfach hingewiesen worden. Vgl. z.B. U. Koch, Grabräuber als Zeugen frühen Christentums. Arch. Nachr. Baden 11, 1973, 22–26. Oder zuletzt Ch. Kümmel, Ur- und frühgeschichtlicher Grabraub: archäologische Interpretation und kulturanthropologische Erklärung. Tübinger Schr. Ur- u. Frühgeschich. Arch. 9 [= Diss. Univ. Tübingen 2007] (in Vorb.).

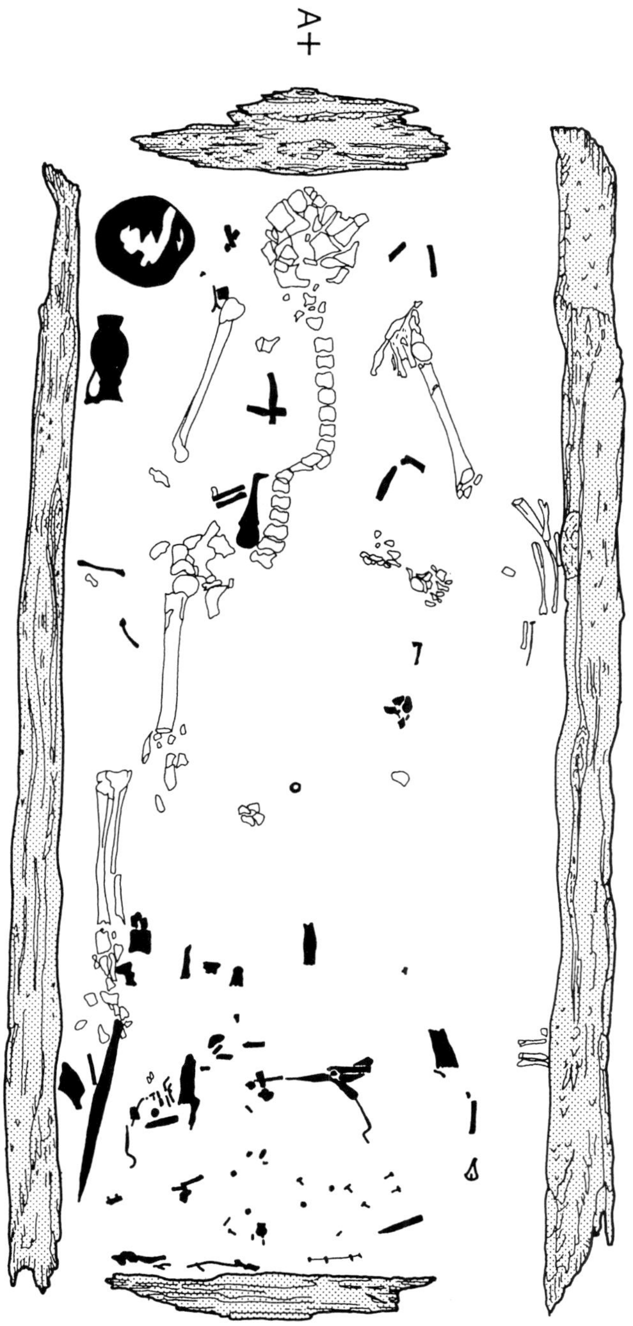

Abb. 3: Lauchheim „Mittelhofen“. Umzeichnung zur Fundlage der Skelettreste und Beigaben in Grab 25.

sion entspricht dagegen der Altersstufe frühadult. Für ein höheres Alter spricht auch die Zahl der Foveolae granulares. Aus dieser Diskrepanz lässt sich, sofern genetische oder stoffwechselbedingte Faktoren ausscheiden, auf eine sozial gehobene Stellung des Verstorbenen schließen.

Die Formmerkmale am Schädel und Becken deuten fast durchgehend auf männliches Geschlecht. Auffällig grazil sind lediglich die flachen und relativ kleinen Mastoidfortsätze. Die Glabella tritt markant hervor (Stufe 4–5 nach Broca), der Arcus superciliaris ist kräftig, die Tubera frontalia et parietalia sind nur schwach ausgeprägt. Das Planum nuchale ist ausgesprochen stark profiliert, die Protuberantia occipitalis externa deutlich (Stufe 3–4 nach Broca), der Processus zygomaticus kräftig und ausgehenkelt, das Os zygomaticum sehr breit, die Crista supramastoidea relativ kräftig, die Margo supraorbitale gerundet. Der Unterkiefer ist durch einen deutlichen Kinnstern sowie ausgestellte Winkelregionen gekennzeichnet. Am Becken sind u.a. der fehlende Sulcus praeauricularis, die enge Incisura ischiadica major und die eingesenkte Facies auricularis zu erwähnen. Zwischen den oberen und unteren Extremitäten ist ein klarer Robustizitätsunterschied festzustellen, die Humeri sind deutlich robuster als die Femora und weisen im Gegensatz zur schwach ausgebildeten Linea aspera weit kräftiger profilierte Muskelansatzstellen auf. Parallel zu den robusten Oberarmknochen sind auch beide Schlüsselbeine auffallend massiv ausgebildet. Demzufolge waren die Arme im Vergleich zu den Beinen offenbar besonders starken Belastungen ausgesetzt.

An nahezu allen Zähnen sind Reste von Zahnstein zu finden. Drei der oberen Backenzähne sind kariös (16, 17 und 26). Dabei handelt es sich um leichte bis mittlere Stadien von Zahnhals- und Approximalkaries. Eine Teilabsprengung im distalen Bereich der Zahnkrone des 36 zeigt die Einlagerung von Sekundärdentin, die Krone des 21 im labialen Anteil eine zu Lebzeiten entstandene, kleine Aussprengung des Zahnschmelzes. Die oberen Molaren sind in Kulissenstellung angeordnet. Das gesamte Gebiss weist Parodontose auf. Anders als bei allen anderen Individuen dieser Grabgruppe sind an den Frontzähnen mehrfache und klar voneinander abgesetzte Schmelzhypoplasien zu erkennen.

Mit einer Körperhöhe von etwa 1,74 m war der Mann aus Grab 25 nur wenig größer als derjenige aus Grab 21.

Trotz fortgeschrittenen Alters lassen sich im Bereich der Wirbelsäule nur geringfügige Spondylarthrosis deformans, vereinzelte Schmorl'sche Knötchen und leichte osteochondrotische Veränderungen feststellen. Lediglich der sechste Halswirbel ist deformiert und weist Spondylosis deformans (Stufe 2–3 nach Stloukal u.a.) auf. Da beide benachbarten Wirbel symptomfrei sind, muss hier als Ursache ein traumatisches Ereignis, wie etwa ein Sturz oder Ähnliches, angenommen werden. Alle großen und kleinen Gelenke zeigen Anzeichen beginnender Arthrose, das Acetabulum deutliche Randleistenbildung. Hinweise auf cribröse Erscheinungen fehlen dagegen gänzlich.

Als herausragender Befund sind an den Knochenresten des maturen Mannes aus Grab 25 verschiedene

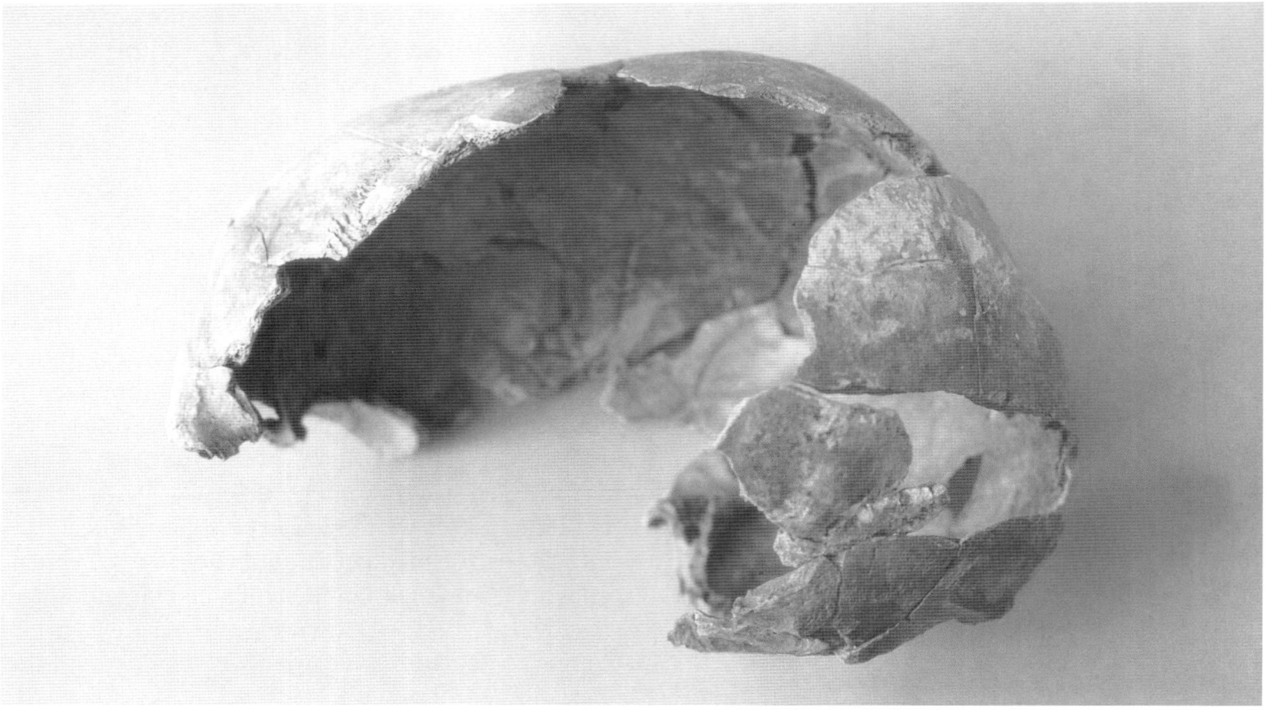

Abb. 4: Lauchheim „Mittelhofen". Schädel des spätmaturen Mannes aus Grab 25 mit fünf von einem scharfkantigen Gegenstand verursachten Hiebspuren auf der linken Seite. Die Hiebe erfolgten aus mindestens zwei verschiedenen Positionen heraus. Die bis in den Gesichtsschädel reichenden Hiebe erlitt das Opfer wahrscheinlich, als es bereits regungslos am Boden lag.

Anzeichen von Gewalteinwirkungen anzusehen.[29] Neben Spuren einer stumpfen Gewalteinwirkung auf das rechte Scheitelbein nahe der Sagittalnaht sowie einer unvollständig erhaltenen, fraglichen Biegungsfraktur im Bereich des linken Unterkieferkorpus sind am Schädel nicht weniger als fünf scharfrandige Hiebverletzungen festzustellen. Sie liegen ausnahmslos auf der linken Schädelseite (Abb. 4; 5). Zwei Defekte, die auf die Einwirkung eines länglichen schmalen Gegenstands mit scharfer, teilweise etwas schartiger Kante, wahrscheinlich eines großen Hackmessers oder eines Schwertes zurückzuführen sind, haben Kerben im linken Processus zygomaticus bzw. am linken Jochbein hinterlassen. Mindestens zwei der Traumatisierungen hatten offene Schädel-Hirn-Verletzungen zur Folge. Aus der Lage der Schnittkanten geht hervor, dass die Hiebe aus verschiedenen Positionen bzw. von mindestens zwei unterschiedlichen Richtungen her erfolgten – aufgrund teilweise gleicher Ausrichtung möglicherweise auf das bereits regungslos am Boden liegende Opfer. Der stumpfe Schlag traf dagegen eher bei aufrechter Haltung auf und könnte die primäre Gewalteinwirkung gewesen sein. Es wäre demnach denkbar, dass der erste Schlag zum Bewusstseinsverlust führte und die tödlichen Hiebe danach abgegeben wurden. Es ist ebenso möglich, dass mehrere Gegner beteiligt waren.

Zusätzlich zu den Schädelverletzungen liegt noch ein weiterer Defekt im Bereich der Halswirbelsäule vor (Abb. 6): Der fünfte Halswirbel ist rechtwinklig zur Körperlängsachse durch einen scharfkantigen Hieb gespalten, der kaudale Anteil des Wirbelkörpers sowie der Arcus vertebrae sind auf Höhe der Processus articulares inferior abgetrennt worden. Die Halswirbelsäule war offensichtlich gänzlich durchschlagen. Der Hieb erfolgte von vorne gegen den Hals des Opfers. Er könnte aufgrund seiner räumli-

29 Hinsichtlich der Kriterien zur Beurteilung traumatologischer Befunde siehe u. a.: H. G. König/J. Wahl, Zur Biomechanik der Zusammenhangstrennung am Knochen. In: J. Piek/Th. Terberger (Hrsg.), Frühe Spuren der Gewalt – Schädelverletzungen und Wundversorgung an prähistorischen Menschenresten aus interdisziplinärer Sicht. Beitr. Ur- u. Frühgesch. Mecklenburg-Vorpommern 41 (Schwerin 2006) 11–22. – J. Wahl/H. G. König, Anthropologisch-traumatologische Untersuchung der menschlichen Skelettreste aus dem bandkeramischen Massengrab bei Talheim, Kreis Heilbronn. Fundber. Baden-Württemberg 12, 1987, 65–193. – B. K. Tucker/D. L. Hutchinson/M. F. G. Gilliand/T. M. Charles/H. J. Daniel/L. D. Wolfe, Microscopic characteristics of hacking trauma. Journal Forensic Scien. 46, 2001, 234–240. – Th. Molleson, Cuts on human bones produced by metal implements. Anthropologie (Brno) 29, 1991, 199–204. – K. Kreutz, Das Großhöbinger Adelsgrab 143: Tödliche Verletzungen im Kampf oder Artefakte? In: A. Bartel/M. Nadler, Der Prachtmantel des Fürsten von Höbing – Textilarchäologische Untersuchungen zum Fürstengrab 143 von Großhöbing. Ber. Bayer. Bodendenkmalpfl. 43/44, 2002/03, 246–249.

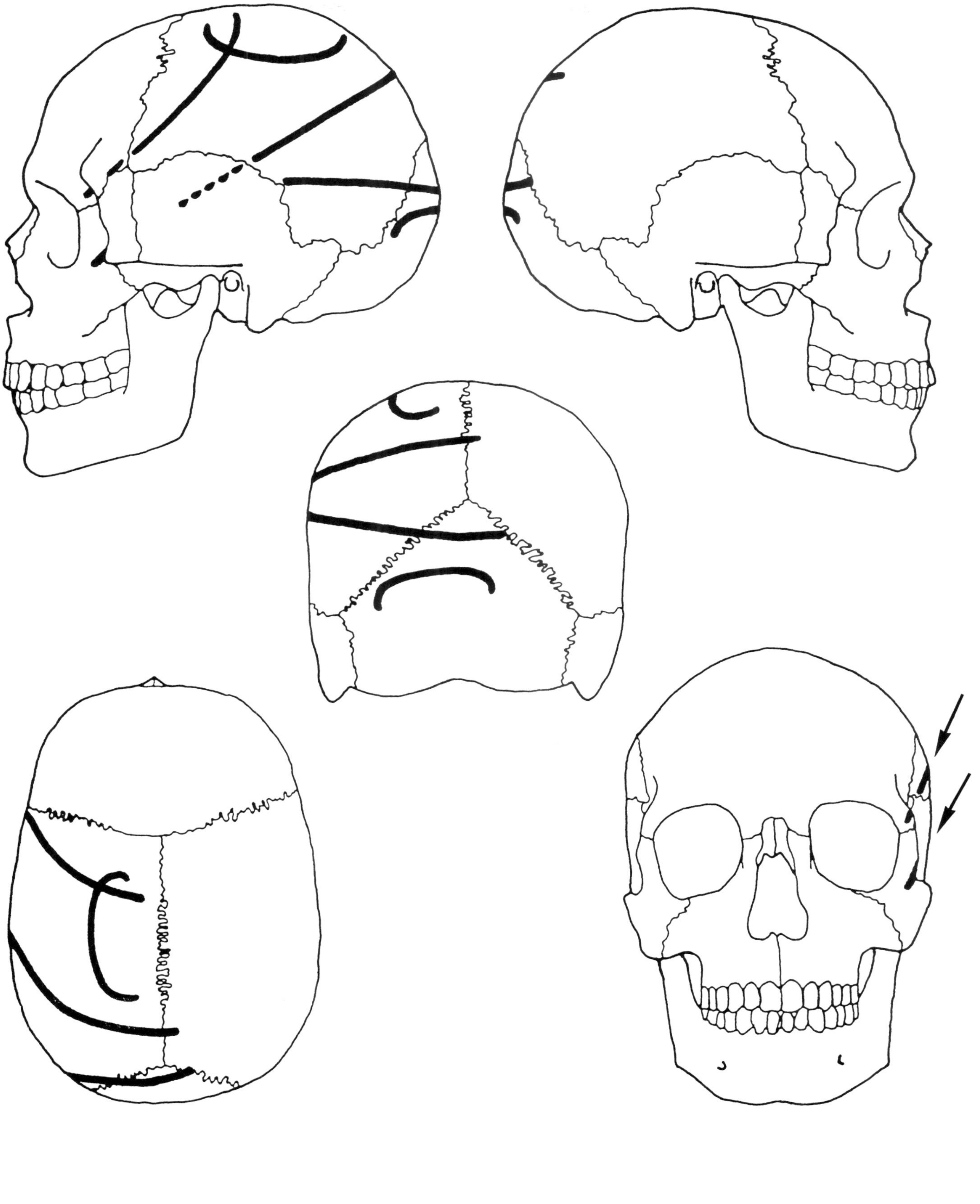

Abb. 5: Lauchheim „Mittelhofen“. Umzeichnung zur Lage der Hiebverletzungen am Schädel des Mannes aus Grab 25.

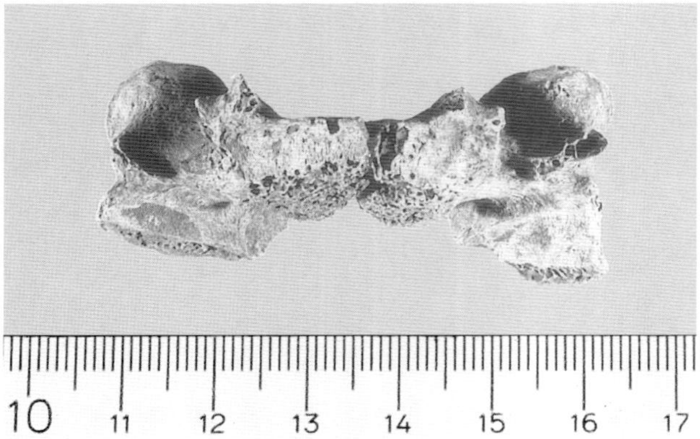

Abb. 6: Lauchheim „Mittelhofen". Halswirbel des Mannes aus Grab 25 mit glattrandiger Schnittkante am kaudalen Rand der Wirbelkörpers und beiden Processus articulares inferiores.

chen Nähe dem zuvor beschriebenen Kampfgeschehen zugeordnet werden. Es ist jedoch nicht auszuschließen, dass er bewusst zur Enthauptung des Opfers ausgeführt wurde.[30]

Der In-situ-Befund des Oberkörpers und der Erhaltungszustand der Knochenreste geben leider keinen Aufschluss darüber, ob der Kopf tatsächlich vollständig vom Körper getrennt war. Wenn ja, war er bei der Grablege wieder anatomisch korrekt niedergelegt worden. Vielleicht hatte das Tuch mit den aufgenähten Goldblattkreuzen u.a. auch die Funktion, die schweren Verletzungen im Kopf- und Halsbereich abzudecken bzw. die Wunden symbolisch zu verschließen. Es dokumentiert jedenfalls, dass der Erschlagene oder seine Hinterbliebenen dem Christentum gegenüber aufgeschlossen waren.

Grab 27

Das dritte Grab mit Feuchtbodenerhaltung war ebenfalls antik gestört, das Skelett in Fundlage regelrecht zerfleddert, die Knochenreste waren regellos mit Holzteilen aus dem Grabinventar vermischt. Teile von ebenfalls fünf Goldblattkreuzen wurden in diesem Fall nicht mehr in originaler Lage angetroffen. Infolge der massiven Beraubung ist das postkraniale Skelett nur unvollständig erhalten. Bis auf den linken Humerus und die linke Ulna fehlen alle großen Extremitätenknochen, lediglich der linke Femur ist durch sein distales Ende vertreten. Des Weiteren fehlen beide Beckenhälften, das rechte Schlüsselbein, das Brustbein, die rechte Kniescheibe sowie die komplette Handwurzel der rechten Hand, kleinere Teile der linken Hand und des rechten Fußes sowie größere Partien des linken Fußes. Im Vergleich zu den anderen Bestattungen sind dagegen die Schulterblätter, Wirbel, Rippen und das Kreuzbein gut erhalten. Das Vorhandensein der Autopodien bei gleichzeitig weitgehendem Fehlen der Zygo- und Stylopodien lässt darauf schließen, dass die Beraubung in dem Verwesungsstadium erfolgte, als sich die Hände und Füße bereits weitestgehend von den Extremitäten abgelöst hatten.[31] Der Hirnschädel ist infolge der feuchten Lagerung stark deformiert und war ursprünglich wohl ovoid geformt. Die Knochenoberfläche von Sacrum und Scapulae ist riefenartig verwittert und von Haarrissen durchzogen. Sie waren demnach einem häufigen Wechsel von Trocken- und Feuchtphasen ausgesetzt. Am linken Humerus sowie am rechten Schulterblatt sind minimale Reste anhaftenden Weichgewebes erhalten.

Alle vorhandenen Epi- und Apophysen sind verwachsen, die Sakralwirbel komplett miteinander verschmolzen, die Sutura coronalis ist innen weitgehend, die Sutura sagittalis nur teilweise, die Lambdanaht noch nicht verstrichen. Im Außenbereich sind bis auf kleinere Regionen der Sagittalnaht alle Suturen noch offen. Die Sphenobasilarfuge ist geschlossen. Dazu kommen relativ schwache Degenerationserscheinungen. In der Zusammenschau dürfte das Sterbealter bei ca. 30–35 Jahren liegen. Ebenso wie bei dem maturen Mann aus Grab 25 ist auch hier die Zahnkronenabrasion auffallend gering: Die zweiten Molaren weisen lediglich im Unterkiefer je eine kleine Dentininsel auf, bei den Weisheitszähnen ist der Schmelz nur oberflächlich beschliffen. Demnach wäre lediglich juveniles (bis frühadultes) Alter anzunehmen.

Trotz fehlender Beckenknochen ist die Geschlechtsbestimmung eindeutig: Die Glabella ist stark vorgewölbt (Stufe 5–6 nach Broca), der Arcus superciliaris kräftig gewulstet, beide bilden fast einen Torus; die Stirn- und Parietalhöcker sind schwach, die Unterstirn relativ steil, die Warzenfortsätze und das Planum nuchale mittelmäßig. Die Protuberantia occipitalis externa ist deutlich abgesetzt (Stufe 3–4 nach Broca), der Processus zygomaticus sehr massig, das Os zygomaticum relativ breit; die Margo supraorbitale ist gerundet, das Kinn asymmetrisch und zweihöckerig mit kleiner Pyramide, der Unterkieferwin-

30 Vgl. auch C. Berszin/J. Wahl, Hinweise auf Enthauptungen und andere Gewalteinwirkungen an menschlichen Skelettresten im archäologischen und osteologischen Befund. In: Ch. Bücker/M. Hoeper/N. Krohn/J. Trumm (Hrsg.), Regio Archaeologica – Archäologie und Geschichte an Ober- und Hochrhein. Festschr. G. Fingerlin. Internat. Arch. Stud. honoraria 18 (Rahden/Westf. 2002) 417–421.

31 Der Zerfall des Körpers folgt in der Regel bestimmten taphonomischen Gesetzmäßigkeiten und beginnt im Bereich der Extremitäten in aufsteigender Reihenfolge von den Autopodien zum Schulter- bzw. Beckengürtel hin.

kel nur wenig ausgestellt und profiliert. Alle übrigen Merkmale des Schädels sind von mittlerer Ausprägung. In der Summe ergibt sich eindeutig männliches Geschlecht. In dieselbe Richtung weist die vergleichsweise starke Krümmung des Kreuzbeins.

Die Robustizität der Knochen ist allgemeinen als „mittel“ einzustufen. Sie sind sehr schlank und groß und weisen insgesamt (schwache bis) mittelmäßig reliefierte Muskelmarken auf. Etwas kräftiger erscheinen wiederum Humerus und Schlüsselbein. Die Körperhöhe des (spät-)adulten Mannes lag nach den vorgegebenen Knochenmaßen bei etwa 1,76 m. Er ist damit der Größte innerhalb der untersuchten Grabgruppe.[32] Hinsichtlich des Erscheinungsbildes des Verstorbenen sei noch die alveolare Prognathie angeführt.

Die Zahnkronenabrasion der Frontzähne belegt einen Kopfbiss. Das gesamte Gebiss weist Anzeichen von Parodontose auf, die Prämolaren 14, 24, 34 und 35 erscheinen leicht gedreht, die vorhandenen Schmelzhypoplasien sind nur schwach ausgebildet. Mehr oder weniger an allen Zähnen lassen sich Konkrementablagerungen im Bereich der Zahnhälse ansprechen, insbesondere an den Frontzähnen des Unterkiefers. Der auffälligste Befund am Gebiss ist allerdings ein überzähliger Schneidezahn zwischen 42 und 43. Die Zahnkrone des zusätzlichen Incisivus ist nicht verkümmert, sie ist regulär mit abgekaut. Der Zahn ist eingereiht und hat keine Fehlstellung der Nachbarzähne bewirkt. Derartige Hyperdontien im Frontzahnbereich des Unterkiefers sind vergleichsweise selten.[33]

An der Wirbelsäule lassen sich beginnende Spondylarthrosis deformans, kleine Schmorl'sche Knötchen und schwache Osteochondrosis vertebrae feststellen. Auch die Schädelkondylen, die Fuß- und Handwurzelknochen sowie die Wirbel/Rippen-Gelenke weisen leichte arthrotische Randleisten auf. Die großen Gelenke sind ohne nennenswerte Symptome. Am Fersenbein sind beginnende kartilaginäre Exostosen anzusprechen. Vereinzelte Brust- und Lendenwirbelkörper zeigen eine leicht aufgelockerte Spongiosa, Anzeichen einer beginnenden präsenilen Osteoporose. Cribra orbitalia und Cribra cranii sind in Anfangsstadien manifestiert.

Vorläufige Gesamtbeurteilung

Metrik und Körperbau

Die Aussagemöglichkeiten des vorliegenden Skelettmaterials sind aufgrund seiner fragmentarischen Erhaltung stark eingeschränkt. Die meisten Schädelmaße sind nur als Schätzwerte zu beurteilen. Lediglich für zwei Individuen lässt sich der Längen-Breiten-Index kalkulieren. Er dürfte für die senile Frau aus Grab 24 bei etwa 77 und für den älteren Mann aus Grab 25 zwischen 74 und 75 liegen. Beide Schädel sind somit als mesokran bzw. dolichokran (im Grenzbereich zu mesokran) einzustufen. Als einziges Individuum mit einigermaßen intakten Partien des Gesichtsschädels liefert der adulte Mann aus Grab 27 einen Nasalindex von 45,3. Er ist daraufhin als leptorrhin (schmalnasig) zu bezeichnen.

Die postkranialen Skelettelemente lassen immerhin die Abnahme einiger Abschnittsmaße zu (siehe Tab. 2), die eine gewisse Basis für spätere Vergleiche mit den übrigen Individuen aus dem Siedlungsareal, denjenigen aus dem Gräberfeld oder solchen aus überregionalem Kontext darstellen. Der Robustizitätsindex des rechten Oberschenkelknochens der Frau aus Grab 24 liegt bei etwa 12 und deutet damit erwartungsgemäß auf grazilen Körperbau hin. Die Indizes platymericus und cnemicus verdichten sich eindeutig in den Gruppen eurymer bzw. eurykrem, die Kochen sind also kaum abgeplattet.

Nach vorläufiger typologischer Begutachtung ihrer Knochenreste fügen sich die Individuen der untersuchten Gräbergruppe zwanglos in das bekannte Spektrum frühmittelalterlicher Populationen Südwestdeutschlands ein. Eine differenzierte Beurteilung eventuell vorhandener Ähnlichkeitsbeziehungen zu anderen Bevölkerungsgruppen kann jedoch erst dann erfolgen, wenn die anthropologische Bearbeitung der restlichen Siedlungsbestattungen sowie des Gräberfeldes „Wasserfurche“ abgeschlossen ist. Insbesondere der Vergleich mit den auf dem nahe gelegenen Friedhof gleichzeitig Bestatteten lässt interessante Ergebnisse erwarten. Bereits die separierte Lage der vorliegenden Gräbergruppe im Siedlungsbereich sowie die Anordnung der Gräber legen jedoch nahe, dass ein innerer Bezug zwischen den Bestatteten besteht. Abgesehen von den z. T. exzeptionellen Beigaben und Grabeinbauten ist es dem-

32 Körperhöhenschätzungen allein auf der Basis der Armknochen ergeben häufig andere Werte als die Beinknochen, wobei Letztere stärker mit der tatsächlichen Größe korrelieren. Entsprechende Angaben, die sich ausschließlich auf die Maße von Humerus, Ulna und/oder Radius beziehen, müssen daraufhin mit einer gewissen Einschränkung betrachtet werden.

33 Vgl. z. B. Alt u. a. 1998 (Anm. 15). Die anatomischen Varianten (epigenetischen Merkmale) wurden v. a. nach folgenden Autoren angesprochen und beurteilt: A. Czarnetzki, Epigenetische Skelettmerkmale im Populationsvergleich II: Frequenzunterschiede zwischen den Geschlechtern. Zeitschr. Morph. Anthr. 63, 1972, 341–350. – G. Hauser/G. F. De Stefano, Epigenetic Variants of the Human Skull (Stuttgart 1989).

Tabelle 3: Lauchheim „Mittelhofen“, Zusammenstellung der Bestimmungsergebnisse (GE = Gewalteinwirkung).

Grab	Alter	Geschlecht	Körperhöhe	Besonderheiten	antike Störung
21	juvenil/adult (19–21 Jahre)	männlich	um 1,73 m	fragl. stumpfe GE im rechten Ellenbogenbereich	ungestört
22	juvenil (um 15 Jahre)	männlich	–	mehrere scharfe GE	punktuell im unteren Brustkorbbereich
23	frühadult (21–23 Jahre)	männlich	um 1,69 m	stumpfe und scharfe GE	nicht auszuschließen
24	senil (60 Jahre oder älter)	weiblich	um 1,64 m	keine Hinweise auf GE; fortgeschr. patholog. Veränderungen	gänzlich zerwühlt
25	(spät)matur (40 Jahre oder älter)	männlich	um 1,74 m	multiple scharfe und stumpfe GE; (5 Goldblattkreuze)	ab Becken abwärts
26	–	–	–	Kenotaph?	–
27	adult (um 30–35 Jahre)	männlich	um 1,76 m	keine Hinweise auf GE; (5 Goldblattkreuze)	gänzlich zerwühlt

nach folgerichtig, zu untersuchen, ob auch von anthropologischer Seite Gemeinsamkeiten zwischen den sechs Individuen dieser Gruppe festgestellt oder vielleicht übergreifende Ähnlichkeiten gefunden werden können. Dazu seien zunächst noch einmal die wichtigsten osteologischen Daten der vorliegenden Bestattungen summarisch aufgelistet (Tab. 3).
Als erstes lässt sich für alle fünf erwachsenen Personen festhalten, dass sie durchgehend eine – in Relation zum jeweiligen Sterbealter – auffällig geringe Zahnkronenabrasion aufweisen. Auch die degenerativen Veränderungen sind eher schwächer als altersgemäß ausgeprägt. Dazu kommen nur in einem Fall deutliche Schmelzhypoplasien und kaum Hinweise auf Cribra orbitalia und/oder Cribra cranii, die auf Entwicklungsstörungen in der Kindheit bzw. Mangelsituationen verschiedenster Art hindeuten. Zusammengenommen lassen diese Befunde den Schluss zu, dass die vier Männer ebenso wie die Frau aus Grab 24 eher eine höhere soziale Stellung innehatten.[34] Sie konnten sich im Vergleich zur frühmittelalterlichen Durchschnittsbevölkerung offensichtlich mit höherwertiger, das heißt weniger grobkörniger oder geringer durch abrasive Fremdpartikel verunreinigter Nahrung versorgen. Da die Härte des Zahnschmelzes erblich ist und die Abrasion vor allem von exogenen Faktoren wie Nahrungszusammensetzung und -aufbereitung beeinflusst wird, ist der geringfügige Abschliff der Zahnkronen für sich genommen noch kein ausreichendes Kriterium für die Eingruppierung in eine gehobene Sozialschicht. Die relativ schwach ausgeprägten Verschleißerscheinungen bestätigen allerdings den Eindruck einer Bevölkerungsgruppe, die keinen übermäßigen körperlichen Beanspruchungen ausgesetzt war. Zudem sind bis auf den Mann aus Grab 25 keine nennenswerten Mangelerscheinungen festzustellen, so dass für die Übrigen von einer kontinuierlichen und ausreichenden Versorgungssituation ausgegangen werden kann.
In dieselbe Richtung weist die – bei Gegenüberstellung mit zeitgleichen Serien anderer Regionen – etwas über dem Durchschnitt liegende Körperhöhe bei gleichzeitig relativer Grazilität der Knochenreste. Demzufolge kann von einem eher schlanken Körperbau ausgegangen werden. Als ausgesprochen grazil erscheinen der junge Mann aus Grab 21 und der männliche Jugendliche (Grab 22), deren körperliche Entwicklung allerdings noch nicht abgeschlossen war. Die ältere Frau aus Grab 24 wird erwartungsgemäß als grazil (bis mittel) eingestuft, die Knochen der beiden Männer aus den Gräbern 25 und 27 sind eher von mittlerer Robustizität. Vergleichsweise robust ist dagegen der junge Mann aus Grab 23, der mit 1,69 m unter den Männern gleichzeitig durch die geringste Körperhöhe auffällt. Die

34 Dieselbe Tendenz lässt sich aus dem durchschnittlichen Sterbealter der bis jetzt aus dem Siedlungsbereich untersuchten Personen erkennen. Die Männer aus Hausgrablegen (n = 16) sind im Mittel knapp 41 Jahre alt geworden, ihre Zeitgenossen allgemein nur rund 37 Jahre. Die Frauen aus „Mittelhofen“ (n = 9) waren im Durchschnitt 32,4 Jahre alt, diejenigen aus anderen Nekropolen rund zwei Jahre jünger. Für den unmittelbaren Vergleich mit dem Gräberfeld „Wasserfurche“ liegen die entsprechenden Daten leider noch nicht endgültig vor.

mittlere Körperhöhe zeitgenössischer Männer liegt bei etwas über 1,72 m.[35]
Das Muskelmarkenrelief kann allgemein als mittelmäßig klassifiziert werden, bei den Individuen 21, 22 und 27 mit eindeutiger Tendenz zu schwacher Ausprägung. In diesem Zusammenhang ist besonders erwähnenswert, dass sich bei den Männern 21, 25 und 27 mehr oder weniger deutliche Unterschiede zwischen den oberen Extremitäten bzw. dem Schultergürtel und den unteren Extremitäten beobachten lassen, die auf eine stärkere Beanspruchung der Arme hindeuten. Bei der Frau aus Grab 24 sind demgegenüber offenbar die Beine etwas mehr beansprucht worden als die Arme. Inwieweit durch diese Befunde bestimmte, bevorzugt ausgeübte Tätigkeiten oder lediglich durch die tägliche Arbeitsteilung der Geschlechter zu erwartende Unterschiede zum Ausdruck kommen, lässt sich erst in größerem Kontext abschätzen.
Weitere Hinweise dazu hätten vielleicht sogenannte Hocker- oder Reiterfacetten geliefert. Die entsprechenden anatomischen Regionen können allerdings aufgrund der ungünstigen Erhaltungsbedingungen bzw. des jugendlichen Entwicklungszustandes der Knochenreste der Individuen aus den Gräbern 21 und 22 nicht beurteilt werden.

Anatomische Varianten und dendrochronologische Daten

Im Rahmen einer Ähnlichkeits- bzw. Verwandtschaftsanalyse gilt neben der Beurteilung von Form- und Größenunterschieden z.B. der Nasennebenhöhlen und molekulargenetischen Untersuchungen (DNA-Analyse),[36] die an dem vorliegenden Fundgut bislang noch nicht zum Einsatz kamen, ein besonderes Augenmerk den sogenannten epigenetischen und odontologischen Merkmalen.[37] Die teilweise sehr lückenhafte Überlieferung der aus den Gräbern 21–27 untersuchten Skelettreste führt dabei leider zu unvollständigen Datensätzen, vor allem bei den Individuen aus den Gräbern 22 und 23. Von Fall zu Fall fehlen ganze Gebissregionen, oder sie sind lediglich durch einzelne, isolierte Zahnreste vertreten. Bei der senilen Frau aus Grab 24 verhindert der ausgedehnte intravitale Zahnverlust weitgehend eine detaillierte Erhebung ihres Zahnstatus.
Insgesamt wurden bei der vorliegenden Untersuchung 45 Einzelmerkmale aufgenommen (Tab. 4). Dabei lassen sich zwar keine ausgesprochen seltenen „Diskreta“ ausmachen – geschweige, dass solche gehäuft in Erscheinung träten –, die Verteilung der ansprechbaren Varianten deutet aber zweifellos auf eine ausgesprochen homogene Gruppe hin. Besonders augenfällig werden die Gemeinsamkeiten, wenn man sich deren Ausprägungen im Einzelnen unter dem Gesichtspunkt betrachtet, dass die beiden Individuen aus den Gräbern 24 und 25 nicht nur aufgrund der relativchronologischen Beurteilung der Beigabenausstattung, sondern auch nach der dendrochronologischen Untersuchung älter einzustufen sind als alle übrigen. Die Gräber 21–23 und 27 werden dagegen von archäologischer Seite innerhalb einer Spanne von etwa dreißig Jahren als mehr oder weniger gleichzeitig angesehen.
Demnach wäre es durchaus denkbar und würde mit der Verteilung der epigenetischen Merkmale durchweg korrespondieren, den älteren Mann aus Grab 25 sowie die ältere Frau aus Grab 24 als „Elterngeneration“ und die restlichen vier Individuen als deren Nachkommen anzusprechen. Unter diesen weisen die Individuen aus den Gräbern 22, 23 und 27 neben den aufgelisteten Merkmalen noch eine weitere gemeinsame morphologische Besonderheit auf, einen rechtsseitig gegenüber links deutlich stärker ausgebildeten Kinnhöcker. Der als etwas kleiner und robuster aufgefallene junge Mann aus Grab 23 fällt nun in dieser Hinsicht nicht mehr aus dem Rahmen. Er fügt sich, wenn auch mit reduziertem Datensatz, unauffällig in die vorliegende Gruppe ein. Konstitutionelle Unterschiede allein begründen demzufolge noch keine Fremdartigkeit.
Zwei der entscheidenden Probleme bei der Beurteilung familiärer Zusammenhänge sind die Abfolge der Bestattungen bzw. der exakte zeitliche Abstand zwischen den Grablegen. Unter bestimmten Voraussetzungen erlauben daher die vorliegenden Dendrodaten bezüglich der Individuen aus den Gräbern 24, 25 und 27 weitere Schlussfolgerungen: Angenommen, Sterbedatum, Fälldatum der Hölzer

35 Der Durchschnittswert aller zwölf bislang aus den Siedlungsbestattungen erfassten Männer liegt bei 172,1 cm. Für die Frauen scheint sich eine deutlichere Diskrepanz anzudeuten. Sie erreichten nach Auswertung verschiedener Serien im Mittel ca. 162,1 cm, während die sechs bisher untersuchten Frauenskelette aus „Mittelhofen“ im Schnitt eine Körperhöhe von 166,0 cm dokumentieren.

36 Zum Beispiel Z. Zupanič Slavec, New Method of Identifying Family Related Skulls. Forensic Medicine, Anthropology, Epigenetics (Wien, New York 2004). – S. Hummel/B. Herrmann, Verwandtschaftsfeststellung durch aDNA-Analyse. Anthr. Anz. 55, 1997, 217–223. – J. Burger/S. Hummel/B. Herrmann, Nachweis von DNA-Einzelkopiesequenzen aus prähistorischen Zähnen. Liegemilieu als Faktor für den Erhalt von DNA. Ebd. 55, 1997, 192–198. – C. M. Pusch/M. Broghammer/A. Czarnetzki, Molekulare Paläobiologie. Ancient DNA und Authentizität. Germania 79, 2001, 121–141.

37 Vgl. insbesondere Alt u.a. 2005 (Anm. 15). Die Heritabilität der Zahn- und Kiefermerkmale ist besser bekannt, da sie auch an Lebenden (u.a. durch Röntgenaufnahmen) beurteilt werden kann.

Tabelle 4: Lauchheim „Mittelhofen“, anatomische Varianten (Angaben in Klammern sind unsicher; + = Merkmal vorhanden, – = nicht vorhanden; l = links, r = rechts; o = Region fehlend oder nicht beurteilbar; For. = Foramen).

Befund	Grab 21		Grab 22		Grab 23		Grab 24		Grab 25		Grab 27	
Alter	juvenil/adult		juvenil		frühadult		senil		(früh)matur		adult	
Geschlecht	männlich		männlich		männlich		weiblich		männlich		männlich	
Seite	l	r	l	r	l	r	l	r	l	r	l	r
Sutura frontalis	–		–		–		–		–		–	
For. supraorbitale	(+)	o	–	o	o	o	+	–	+	+	+	–
For. frontale	–	o	–	o	o	–	–	–	–	–	–	–
Gefäßimpressionen Os frontale	o	–	o	o	o	o	–	–	–	–	(+)	–
Nahtknochen Coronalnaht	(–)	–	o	o	o	o	o	o	–	–	–	–
Bregma-Schaltknochen	–		o		o		–		–		–	
Nahtknochen Sagittalnaht	(–)		o		o		o		o		(–)	
Lambda-Schaltknochen	+		o		o		o		o		–	
Inkabein	–		o		o		o		–		–	
Sutura mendosa partialis	–	–	o	o	o	o	–	–	–	–	–	–
Nahtknochen Lambdanaht	(+)	+	o	o	o	o	o	o	o	o	+	(+)
For. parietale	o	–	o	o	–	o	+	+	o	o	o	+
Asterion-Schaltknochen	–	–	o	o	o	o	–	–	–	o	–	–
Schaltknochen Incisura pariet.	o	–	o	o	o	o	o	o	–	o	–	–
Canalis condylaris posterior	o	o	o	o	o	o	o	o	o	o	–	–
Canalis hypoglossi doppelt	+	–	o	o	–	o	–	+	–	–	–	–
Facies condylaris doppelt	o	o	o	o	–	o	–	–	–	–	–	–
Tuberculum pharyngeum	(+)		(+)		(+)		–		+		(+)	
Tuberculum praecondylare	–	–	–	–	–	–	–	–	–	–	(–)	(–)
For. ovale unvollständig	o	o	o	o	o	o	o	o	o	o	–	–
For. spinosum offen	–	o	o	o	o	o	o	–	o	o	–	–
For. Huschke	–	–	o	–	o	–	–	–	o	o	–	–
For. mastoideum extrasutural	+	+	o	o	–	–	–	–	+	+	+	(+)
Torus acusticus	–	–	o	o	o	o	o	o	–	–	–	–
Os epiptericum	o	o	o	o	o	o	o	o	o	o	–	–
Sutura frontotemporalis	o	o	o	o	o	o	o	o	o	o	–	–
For. infraorbitale doppelt	o	o	o	o	o	o	o	o	o	o	–	o
Torus palatinus	o		o		o		o		o		–	
Torus maxillaris	o	o	o	o	o		o	o	o	o	+	+
For. palatinum majus doppelt	o	o	o	o	o	o	o	o	o	o	–	–

Tabelle 4: Fortsetzung. Lauchheim „Mittelhofen“, anatomische Varianten (Angaben in Klammern sind unsicher; + = Merkmal vorhanden, – = nicht vorhanden; l = links, r = rechts; o = Region fehlend oder nicht beurteilbar; For. = Foramen).

Befund	Grab 21		Grab 22		Grab 23		Grab 24		Grab 25		Grab 27	
Alter	juvenil/adult		juvenil		frühadult		senil		(früh)matur		adult	
Geschlecht	männlich		männlich		männlich		weiblich		männlich		männlich	
Seite	l	r	l	r	l	r	l	r	l	r	l	r
For. palatinum minus	o	o	o	o	o	o	o	o	o	o	+	+
For. palatinum minus doppelt	o	o	o	o	o	o	o	o	o	o	–	–
For. zygomaticofaciale	+	+	–	+	o	o	+	(+)	+	–	–	+
For. zygomaticofac. doppelt	(–)	(–)	–	–	o	o	o	o	o	o	o	o
M 3 oben	o	o	o	+	o	o	o	o	+	+	+	+
M 3 unten	–	–	+	+	o	–	o	o	+	+	+	+
Torus mandibularis	–	–	o	o	–	–	o	o	(+)	o	+	+
For. mentale doppelt	o	–	–	–	–	–	–	o	–	o	–	–
For. supratrochleare	–	–	o	o	o	–	o	o	–	o	o	+
Trochanter tertius	o	o	o	o	–	–	o	o	–	–	o	o
Sutura mastoidea	–	(+)	o	o	+	+	–	–	+	+	+	+

der Grabeinbauten und Bestattungsdatum stimmten überein, zwischen den Dreien bestünde tatsächlich eine familiäre Verbindung und die Bestimmungen der Sterbealter seien korrekt. Dann läge das Geburtsdatum des adulten Mannes aus Grab 27 zwischen den Jahren 668 und 673, dasjenige der senilen Frau aus Grab 24 (bei einen Ansatz von 60 Lebensjahren) im Jahre 629 bzw. unter Berücksichtigung des aufgrund der Splintgrenzendatierung angegebenen Unsicherheitsfaktors von ± zehn Jahren im ältesten anzunehmenden Fall im Jahre 619, im jüngsten im Jahre 639. Demnach wäre der Mann aus Grab 27 zwischen 16 und 21 Jahren vor dem Tode der Frau aus Grab 24 geboren worden, das heißt, als diese zwischen 44 und 39 Jahre alt war (bezogen auf 689), was – falls sie tatsächlich die Mutter ist – biologisch durchaus möglich wäre. Die Angaben verschieben sich auf eine Geburt zwischen 6 und 11 Jahren vor ihrem Tode, mit einem Alter von 54 bzw. 39 Jahren (bezogen auf 679), was weniger wahrscheinlich ist,[38] oder auf eine Geburt zwischen 26 und 31 Jahren vor ihrem Tode, mit einem Alter von 34 bzw. 29 Jahren (bezogen auf 699), was wohl die wahrscheinlichste Variante wäre.[39]

Wenn die Individuen aus den Gräbern 24 und 27 Mutter und Sohn sind, kann das Sterbealter der Frau aus naturgegebenen Gründen kaum über 60 Jahren liegen. Ihre Einstufung in die Altersgruppe spätmatur/frühsenil würde dadurch bestätigt. Bei der Aufstellung solcher Modelle besteht jedoch immer die Gefahr von Zirkelschlüssen. Sie dürfen also keinesfalls überwertet werden.

Für Grab 25 des maturen Mannes liegt nur eine Kernholzdatierung der Grabeinbauten vor. Danach und unter denselben Prämissen wäre er frühestens im Jahre 675 gestorben und spätestens im Jahre 635 geboren, denn die Spanne von 40 Jahren markiert die Untergrenze der Altersstufe matur. Hier sind Verschiebungen in beide Richtungen bis zu 20 Jahren möglich, und es ist durchaus nicht auszuschließen, dass er mehr oder weniger gleich alt wie die Frau aus Grab 24 war, aber womöglich vor ihr gestorben ist. Die Untersuchung seiner Skelettreste hat ja gezeigt, dass er durch massive Gewalteinwirkung ums Leben kam.

38 Unabhängig davon, dass es zu allen Zeiten auch außergewöhnlich früh- oder spätgebärende Frauen gegeben haben dürfte, wird üblicherweise von einer Reproduktionsspanne zwischen 15 und 45 Jahren ausgegangen.

39 Vielleicht darf daraufhin vermutet werden, dass das tatsächliche Sterbedatum der Frau aus Grab 24 ausgehend vom Jahre 689 eher auf die Jahrhundertwende hin als in eine ältere Phase tendiert?

Um den begonnenen Faden weiterzuspinnen, seien der Vollständigkeit halber in diesem Zusammenhang auch noch die drei jungen Männer aus den Gräbern 21 bis 23 kurz angesprochen. Sie wären demzufolge vor dem adulten Mann aus Grab 27 geboren.[40] Es ist zwar einigermaßen naheliegend, dass sie ältere Söhne darstellen, der endgültige Beweis dafür lässt sich jedoch erst dann erbringen, wenn entsprechende Sequenzen der Kern-DNA isoliert werden können.[41] Ein weiteres Indiz für die Zusammengehörigkeit dieser drei Individuen und vielleicht auch für die skizzierte Abstammungsfolge ist ihre Lage und Einbindung in die untersuchte Gräbergruppe: Sie nehmen von ihrer Ausrichtung her eindeutig Bezug aufeinander. Es scheint, als ob eine sukzessive fortschreitende Belegung von West nach Ost stattfand, wobei zuerst die „Eltern" und dann nach und nach deren Nachkommen bestattet wurden. Dieser Hypothese folgend, wäre im vorliegenden Fall offenbar nur den waffenfähigen Söhnen eine Beerdigung innerhalb des Hofareals zuteil geworden. Somit könnte es sich bei der als Grab 26 bezeichneten, rechteckigen Grube durchaus um ein echtes Kenotaph handeln, der Leichnam des vielleicht in der Fremde Verstorbenen nicht überführt, aber symbolisch bestattet worden sein.

Grabkontext, Gewalteinwirkungen und sonstige Besonderheiten

Der gewaltsam ums Leben gekommene „Stammvater" aus Grab 25 weicht bezüglich Abstand und Ausrichtung gegenüber allen anderen Gräbern dieser Gruppe deutlich ab. Dies mag im Hinblick auf die Umstände seines Todes und/oder seine herausgehobene Stellung begründet sein. Die paarweise Gruppierung der Gräber 21 und 22 bzw. 23 und 27 könnte dagegen auf gleichzeitige Todesfälle hinweisen. In diesen Fällen legen die Ergebnisse der anthropologischen Bearbeitung eher eine altersabhängige als eine ausstattungsbezogene Anordnung nahe. Letztere war von archäologischer Seite favorisiert worden. Die Nuancen von reich zu reicher und adelig sind aber fließend, zumal sicher vier, möglicherweise sogar fünf der sechs Gräber antik gestört sind und deren ursprüngliches/komplettes Inventar nur mehr indirekt erschlossen werden kann. Wenn man überhaupt innerhalb dieser kleinen Gruppe eine Regelhaftigkeit ableiten darf, sieht es vielmehr danach aus, als ob – aus welchen Gründen auch immer – bei paarweiser Anordnung jeweils der Jüngere auf der linken Seite des Älteren bestattet wurde.

Bezüglich der an den Skelettresten von drei (evtl. vier) der untersuchten Individuen festgestellten Verletzungsspuren ist festzuhalten, dass diese nur bei dem maturen Mann aus Grab 25 eindeutig auf eine tätliche Auseinandersetzung zurückzuführen sind und in der Mehrzahl am ehesten von einem Schwert oder einem ähnlichem Gegenstand verursacht wurden. Neben zwei Frakturen am rechten Scheitelbein und am linken Unterkieferkorpus, die auf stumpfe Gewalt schließen lassen, sind in diesem Fall insgesamt noch sechs Hiebe nachzuweisen. Sie wurden gegen den Kopf von links oben (2), nahezu horizontal von der linken Seite (2) und links hinten (1) sowie von vorne gegen den Hals (1) aus mindestens drei verschiedenen Richtungen her abgegeben. Mindestens zwei davon hatten tiefe Schädel-Hirn-Traumata zur Folge, die nicht überlebbar waren. Zuletzt dürfte allerdings der wuchtige Hieb gegen den Hals, durch den der Kopf (nahezu) komplett vom Rumpf getrennt wurde, tödlich gewesen sein. Es ist nicht auszuschließen, dass sich das Opfer zweier oder mehrerer Gegner gleichzeitig zu erwehren hatte.[42] Über die

40 Sie könnten zwar auch einer anderen Abstammungslinie oder Generation angehören, was aufgrund der festgestellten osteologischen Gemeinsamkeiten in Kombination mit der archäologischen Beurteilung allerdings eher weniger wahrscheinlich ist.

41 Der überwiegende Teil aller derzeit aus prähistorischem Material gewonnenen DNA-Spuren stammt aus der über die mütterliche Linie vererbten mtDNA (mitochondriale DNA). Im vorliegenden Fall ist bezüglich der DNA-Analyse jedoch mit wenig Aussicht auf Erfolg zu rechnen, da Feuchtbodenlagerung, wie u.a. auch Huminsäuren, ätherische Öle oder starke Temperaturschwankungen, während der Liegezeit zur stärkeren Degradation des DNA-Moleküls führt und somit inhibitorische Wirkung hat.

42 Spuren von Gewalteinwirkungen waren und sind auch in jüngster Zeit immer wieder Anlass für detaillierte Studien. Nicht selten lassen sich dabei die Täter-Opfer-Geometrie, die Abfolge von Mehrfachtraumatisierungen im Rahmen eines komplexen Kampfgeschehens oder die Todesursachen der Opfer rekonstruieren. Zum Beispiel: V. Dresely/B. Leinthaler, Eine außergewöhnliche Bestattung aus dem alamannischen Friedhof von Seebronn, Stadt Rottenburg a. N., Kreis Tübingen. Arch. Ausgr. Baden-Württemberg 1988 (Stuttgart 1989) 213–215. – G. Lange/M. Schultz, Die menschlichen Skelette aus dem Lagergraben der römischen Erdbefestigung bei Heldenbergen, Main-Kinzig-Kreis. Hanauer Geschbl. 28, 1982, 7–34. – D. L. Martin/D. W. Frayer, Troubled Times – Violence and Warfare in the Past. War and Society 3 (Amsterdam 1997). – P. D. Mitchell, Trauma in the Crusader Period City of Caesarea: A Major Port in the Medieval Eastern Mediterranean. Internat. Journal Osteoarch. 16, 2006, 493–505. – P. D. Mitchell/Y. Nagar/R. Ellenblum, Weapon Injuries in the 12th Century Crusader Garrison of Vadum Iacob Castle, Galilee. Internat. Journal Osteoarch. 16, 2006, 145–155. – L. S. Owens, Craniofacial Trauma in the Prehispanic Canary Islands. Internat. Journal Osteoarch. 17, 2007, 465–478. – P. Schröter, Skelettreste aus zwei römischen Brunnen von Regensburg-Harting als archäologische Belege für Menschenopfer bei den Germanen der Kaiserzeit. Arch. Jahr Bayern 1984, 118f. – J. Wahl/H. G. König, Anthropologisch-traumatologische Untersuchung der menschlichen Skelettreste aus dem bandkerami-

Fortsetzung siehe nächste Seite

Todesursache aller übrigen Individuen aus dieser Gruppe kann lediglich spekuliert werden.[43]
Die teilweise scharfrandigen oder von stumpfen Gegenständen hervorgerufenen Läsionen an den Knochen der beiden jungen Männer aus den Gräbern 22 und 23 sind im Gegensatz dazu eher im Zuge der nachgewiesenen Störungen bzw. des Grabraubs zu interpretieren.[44] Als Ursachen sind Sonden oder andere Gerätschaften der Grabräuber anzunehmen. Diese Defekte liegen zumeist in den Grenzbereichen der Körperregionen, die jeweils noch im anatomischen Verband verblieben sind, und zudem häufig auf der Ventralseite der betreffenden Knochen, was – bei gestreckter Rückenlage der Bestatteten – auf Einwirkungen von der ehemaligen Erdoberfläche her schließen lässt.[45] Vergleichbare Perforationen wurden z.B. in frühmittelalterlichen Gräbern aus Überauchen-Brigachtal und Herrenberg gefunden.[46]
Die Knochenreste des ca. 20-jährigen Mannes aus Grab 21 weisen lediglich eine fragliche, stumpfe Gewalteinwirkung im Bereich des rechten Ellenbogens auf. Bemerkenswert ist in diesem Zusammenhang, dass die Skelettreste aus den Gräbern 24 und 27 – trotz massivster Störungen – keinerlei Anzeichen von Verletzungen am frischen Knochen erkennen lassen. Die Vorgehensweise der Grabräuber war hier also offensichtlich eine andere, subtilere, oder der Zeitpunkt der Beraubung lag deutlich später nach der Grablege und ging daraufhin nicht mit einer gewaltsamen Exartikulation des Skelettverbands oder Beschädigungen der Knochen einher.[47]
Als zusätzliche Besonderheit der vorliegenden Gräbergruppe sei erwähnt, dass die ältere Frau aus Grab 24 nicht nur die einzige Frau dieses kleinen Ensembles, sondern gleichzeitig auch das mit Abstand älteste weibliche Individuum aller bislang bearbeiteten Siedlungsbestattungen darstellt. Das Sterbealter der anderen acht Frauen schwankt zwischen um 20 (Grab 16) und maximal um 40 Jahre (Grab 13). So scheint mit der Dame aus Grab 24 in doppelter Hinsicht eine selektive Vorgehensweise – vielleicht eine herausragende Stellung innerhalb der Siedlungsgemeinschaft – dokumentiert. Im Kontext mit der weiter oben postulierten genealogischen Abfolge könnte sie zusammen mit dem maturen Mann aus Grab 25 eine Art „Gründergeneration“ repräsentieren. Die bei ihm festgestellten Wachstumsstörungen an den Zähnen weisen auf mehrfache Phasen von Unterversorgung (Infektionskrankheiten, Nahrungsmangel o.Ä.) in der Kindheit hin, die in den Folgegenerationen offenbar keine wesentliche Rolle mehr spielten.
Ähnliches gilt möglicherweise für die wenigen Nichterwachsenen, die im Siedlungsareal beerdigt wurden und für die betreffenden Altersgruppen ebenso wenig einen typischen Ausschnitt der Bevölkerung darstellen. Außer dem 15-jährigen Knaben aus Grab 22, der offenbar bereits waffenfähig war,[48] sind bis jetzt nur zwei Säuglinge (Grab 9 und 20) sowie ein Kleinkind (Grab 36) anzusprechen, die nach morphognostischen Kriterien durchweg als eher weiblich zu diagnostizieren sind. Demnach könnte sich auch bei den Subadulten eine Auswahl hinsichtlich Alter und/oder Geschlecht andeuten.

Fortsetzung Fußnote 42:
schen Massengrab bei Talheim, Kreis Heilbronn. Mit einem Anhang von J. Biel. Fundber. Baden-Württemberg 12, 1987, 65–193. – J. Wahl, Ein menschlicher Brustwirbel mit Tranchierspuren. In: J.-C. Hugonot/M. Kokabi/J. Wahl, Die Villa rustica von Lomersheim, Stadt Mühlacker, Enzkreis. Fundber. Baden-Württemberg 16, 1991, 211–213. – J. Wahl, Tatort Inzigkofen: Eine frühmittelalterliche Mehrfachbestattung mit multiplen Gewalteinwirkungen von der Eremitage. Arch. Ausgr. Baden-Württemberg 2005, 66–68. – J. Wahl/H. G. König/S. Wahl, Die menschlichen Skelettreste aus einem Brunnen des Legionslagers in Bonn, „An der Esche 4“. Bonner Jahrb. 202/203, 2002/2003, 199–226.

43 Anders bei der zuerst im Siedlungsbereich aufgedeckten Gräbergruppe (Gräber 1–9 und 11). Von den insgesamt sieben Männern aus diesem Ensemble weisen sechs z.T. multiple, unverheilte Schädelverletzungen auf. Zugehörig sind zwei Frauen und ein eher weiblicher (?) Säugling. Nach einer vorläufigen Bestandsaufnahme sind auf dem Gräberfeld „Wasserfurche“ bei fast jedem zwölften Mann Anzeichen tätlicher Auseinandersetzungen nachweisbar: J. Wahl/U. Wittwer-Backofen/M. Kunter, Zwischen Masse und Klasse – Alamannen im Blickfeld der Anthropologie. In: Arch. Landesmus. Baden-Württemberg (Hrsg.), Die Alamannen. Ausstellungskatalog Stuttgart (Stuttgart 1997) 337–348.

44 Zur differenzierten Betrachtung von Spuren durch Grabraub und Läsionen anderen Ursprungs siehe u.a. Th. Beilner/G. Grupe, Beraubungsspuren auf menschlichen Skelettfunden des merowingerzeitlichen Reihengräberfeldes von Wenigumstadt (Ldkr. Aschaffenburg). Arch. Korrbl. 26, 1996, 213–217. Im dortigen Sample wurde die Mehrzahl der Beraubungsspuren über das Skelett verteilt an den Beinknochen gefunden. Signifikante Häufigkeitsunterschiede zwischen rechter und linker Körperseite dürften mit der entsprechenden Beigabensitte einhergehen, nach der bestimmte Trachtbestandteile und Accessoires üblicherweise in bestimmten Positionen zu liegen kommen.

45 Vgl. A. Thiedmann/J. Schleifring, Bemerkungen zur Praxis frühmittelalterlichen Grabraubs. Arch. Korrbl. 22, 1992, 435–439.

46 J. Wahl, Karies, Kampf und Schädelkult – 150 Jahre anthropologische Forschung in Südwestdeutschland. Materialh. Arch. Baden-Württemberg 79 (Stuttgart 2007) 115 f.

47 Aus Grab 27 sind allerdings überhaupt nur noch sehr spärliche Knochenreste überliefert. Die Wahrscheinlichkeit, dass gerade daran Anzeichen peri- oder postmortaler Gewalt gefunden werden, ist entsprechend gering.

48 Laut Grabungsbericht waren dem Jüngling aus Grab 22 ein Langsax sowie ein Sporn beigegeben. In ganz seltenen Fällen sind offensichtlich bereits Sechsjährigen Waffen mitgegeben worden, z.B. Lauchheim „Wasserfurche“ Grab 450 (Stork 1995/2001 [Anm. 1] 21 f.) sowie in einem Grab aus der Stuttgarter Stiftskirche, das bei Renovierungsarbeiten im Jahr 2000 entdeckt wurde: J. Wahl, Die Gebeine von Johannes Brenz u.a. aus der Stiftskirche in Stuttgart. Osteologisch-forensische Untersuchungen an historisch bedeutsamen Skelettresten. Denkmalpfl. Baden-Württemberg 30, 2001, 202–210.

Zusammenfassung und Ausblick

Die in diesem Beitrag vorgestellten Skelettreste repräsentieren vier Männer, eine ältere Frau sowie einen männlichen Jugendlichen. Sie werden im Rahmen einer Gesamtbearbeitung aller Grabfunde aus der Wüstung „Mittelhofen" nochmals in größerem Kontext zu beurteilen sein. Bereits zum jetzigen Zeitpunkt scheinen sich aber die Aussagemöglichkeiten in zweierlei Hinsicht zu verdichten:

1. Neben der durchgehend als hochkarätig zu bezeichnenden Beigabenausstattung weisen auch verschiedene anthropologische Anhaltspunkte auf eine höhere soziale Stellung der Bestatteten aus den Gräbern 21–25 und 27 hin. Die Liste der Gemeinsamkeiten reicht von eher überdurchschnittlicher Körperhöhe und schlankem Körperbau über das weitgehende Fehlen von Mangelerscheinungen und vergleichsweise geringfügigen degenerativen Veränderungen bis hin zu einer in Relation zum Sterbealter auffallend schwachen Zahnkronenabrasion.
2. Abgesehen von bestimmten Lagebeziehungen und morphologischen Übereinstimmungen deutet insbesondere die beachtenswerte Homogenität der epigenetischen und odontologischen Merkmale mit einiger Wahrscheinlichkeit auf engere verwandtschaftliche Bindungen zwischen den sechs untersuchten Individuen hin. Wenn auch der letzte Beweis für eine familiäre Zusammengehörigkeit noch aussteht und sich manche der getroffenen Aussagen im Bereich der Spekulation bewegen mögen, lässt die Vielzahl der vorgefundenen Ähnlichkeiten doch zumindest den Schluss zu, dass die Bestatteten unter gleichartigen, relativ günstigen Bedingungen lebten.

Eine differenzierte Analyse der übrigen, im unmittelbaren Siedlungsbereich angetroffenen Gräbergruppen wird sicherlich weitere Aufschlüsse darüber bringen, ob in diesen Fällen regelmäßig „Familienangehörige" beieinander bestattet wurden und ob dabei stets eine bestimmte Selektion vorgenommen wurde. Von besonderem Interesse dürften auch diejenigen Untersuchungsergebnisse sein, die entweder eine Unterscheidung zwischen den in der Siedlung und auf dem regulären Gräberfeld Bestatteten zulassen oder Beziehungen zwischen beiden Teilgruppen aufzeigen können.

Bildnachweis

Regierungspräsidium Stuttgart: 1–3 (Ref. 25 Denkmalpflege); 4–6 (Landesamt für Denkmalpflege, J. Wahl)

Zur Ausgrabung und Erforschung einer Wüstung in Mannheim-Vogelstang

Ein Beitrag zur früh- bis hochmittelalterlichen Siedlungsgeschichte am unteren Neckar

FOLKE DAMMINGER UND UWE GROSS

Einleitung

Die Jahrzehnte, in denen der Jubilar – der selbst zu Beginn seiner beruflichen Tätigkeit erstmals großflächige Ausgrabungen in einer frühalamannischen Siedlung in Sontheim im Stubental, Gde. Steinheim (Kr. Heidenheim) durchführte[1] – als Landesarchäologe bzw. Präsident des Landesdenkmalamtes wirkte, sind auch in Baden-Württemberg von einer verstärkten Hinwendung zu umfangreicheren Untersuchungen früh- bis hochmittelalterlicher Siedlungsbereiche geprägt, wie sie etwa in den Niederlanden oder Skandinavien schon länger in den Fokus der archäologischen Forschung geraten waren.

Der Anstoß zu derlei Untersuchungen – wenn es sich nicht, wie z.B. in Ulm-Eggingen,[2] gewissermaßen um Nebenprodukte eigentlich auf vorgeschichtliche Befunde zielender Grabungen handelte – kam aus zwei unterschiedlichen Richtungen. Während sich die (vor- und) frühgeschichtliche Forschung um die überfällige Ergänzung des bislang im Wesentlichen durch die zahlreich zutage gekommenen Gräberfelder bestimmten Bildes der Archäologie der Merowingerzeit bemühte, waren es vor allem Fragen der ländlichen Siedlungsentwicklung wie Wüstungsprozesse, Dorfgenese etc., die die Mittelalterarchäologie beschäftigten. So erwuchsen die mittlerweile international bekannten Grabungen in Lauchheim „Mittelhofen" (Ostalbkreis) aus der Suche nach der zum Friedhof im Gewann „Wasserfurche" gehörigen Siedlungsstelle.[3] Auf Seiten der Archäologie des Mittelalters seien beispielhaft die langjährigen, 1990 begonnenen Untersuchungen in der Wüstung Vöhingen im Kreis Ludwigsburg genannt.[4] Auch im Regierungsbezirk Karlsruhe wurde in jenen Jahren erstmals die Erforschung einer solchen Fundstelle in Angriff genommen, die Gegenstand dieses Beitrags sein soll.

Die Fundstelle

Entdeckung und archäologische Erforschung

Die auf dem Gebiet des Mannheimer Stadtteils Vogelstang gelegene Wüstung verdankt ihre Entdeckung dem Bau einer Umgehungsstraße. Dabei kamen im Sommer 1989 in der Flur „Hinter der Nachtweide" überraschenderweise – nachdem Ehrenamtliche des, wie es damals noch hieß, Reiss-Museums Mannheim dort bereits zahlreiche vorgeschichtliche Befunde festgestellt hatten – seinerzeit als karolingerzeitlich angesprochene Siedlungsspuren zutage. Nach einem Baustopp konnte das Landesdenkmalamt in zwei Kampagnen bis Spätsommer 1990 im Trassenbereich eine Fläche von etwa 0,23 ha ausgraben (Abb. 1; 2), wobei die Regie angesichts des zunehmenden Übergewichts mittelalterlicher Befunde auf das Referat Mittelalterarchäologie überging.[5] Auf daraufhin angefertigten Luftbildern ließen sich in den ein gutes Stück nordöstlich der Grabungsfläche gelegenen Feldern zahlreiche Grubenhäuser erkennen (Abb. 1).[6] Im Rahmen einer Universitätsveranstaltung 1993/94 von D. Lutz initiierte Feldbegehungen rundeten die Erkenntnisse über die Ausdehnung der Siedlung, die demnach eine Fläche von gut 2,5 ha eingenommen hat, ab.

Trotz dieser günstigen Ausgangslage bescherte die weitere Entwicklung des Fundgebiets der Archäologischen Denkmalpflege manch herben Rückschlag. Der Widerspruch des Landesdenkmalamtes gegen die südliche Erweiterung eines dort ansässigen Ge-

1 Planck 1977.
2 Kind 1989, bes. 13f.
3 Stork 2003; ders., 1995, 7ff.
4 Arnold 1998.
5 Lutz 1990.
6 Hell/Teschauer 1997, 99ff.

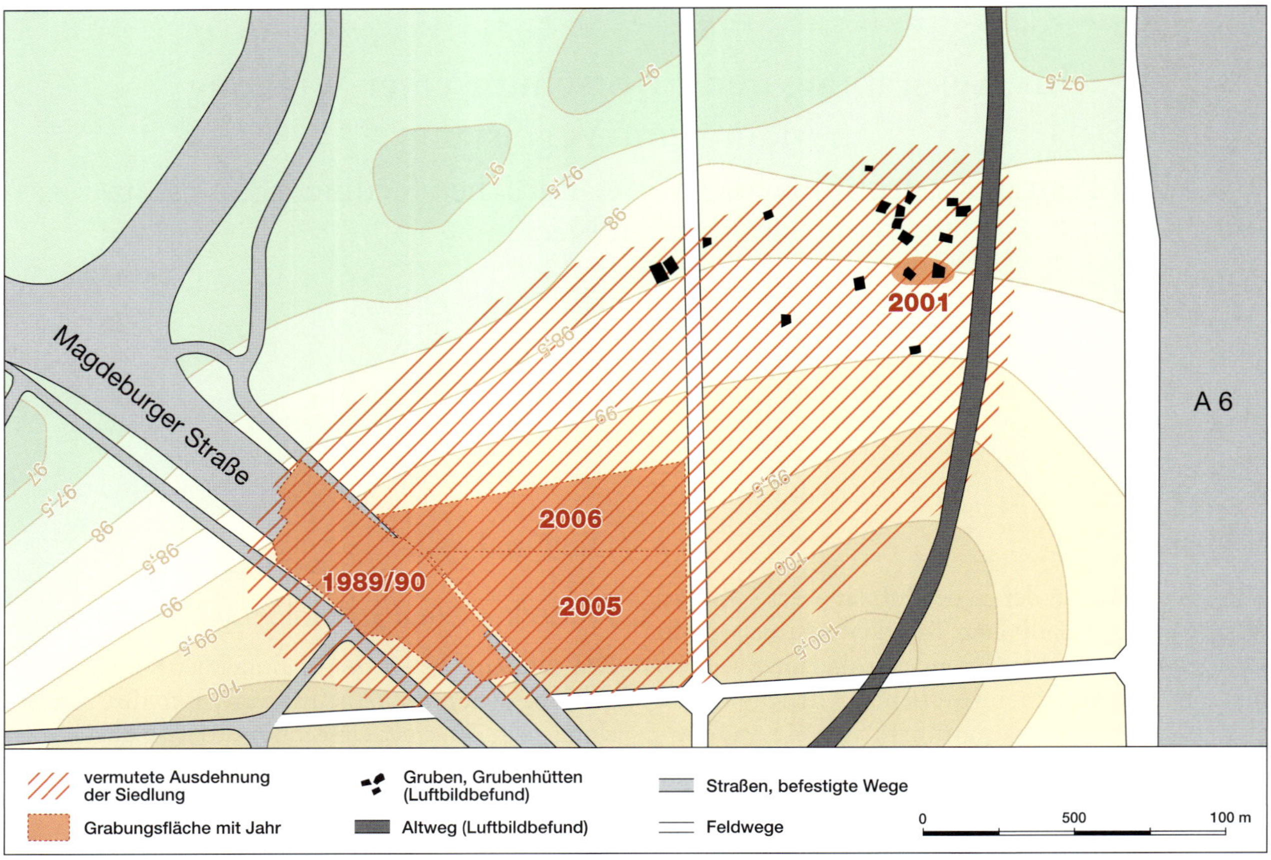

Abb. 1: Mannheim-Vogelstang, „Hinter der Nachtweide"/Magdeburger Straße. Vermutete Ausdehnung der mittelalterlichen Wüstung mit Eintrag der Grabungsflächen und entzerrter Luftbildbefunde.

werbebetriebs wurde 1993 auf persönliches Betreiben des Direktors des Reiss-Museums zurückgezogen. Man öffnete sich dessen Argument, dass ein Großteil der Erweiterungsfläche in einem Altarm des Neckars lag, versah die Zustimmung zu dem Bebauungsplan jedoch mit der Auflage, dass das Plangebiet am Südufer des verlandeten Altwassers nicht überbaut werden dürfe. Dies konnte nicht verhindern, dass 2001 bei einer von der Stadt Mannheim – trotz Kenntnis der Sachlage – ohne Absprache mit dem Landesdenkmalamt genehmigten Erweiterung der Logistikflächen des betreffenden Gewerbebetriebs weite Teile der Siedlung der Zerstörung anheim fielen. Von den Ehrenamtlichen der Reiss-Engelhorn-Museen zu Hilfe gerufen, gelang es Mitarbeitern des Landesdenkmalamtes, wenigstens noch mehrere Grubenhütten (Abb. 1), eine davon mit merowingerzeitlichem Fundmaterial, zu dokumentieren.

Im Rahmen des Ausbaus der A 6 stand mit der Errichtung eines Rastplatzes und angrenzendem Wasserrückhaltebecken die fast vollständige Überbauung des verbliebenen, rund 3 ha großen Zwickels zwischen Magdeburger Straße, A 6 und Gewerbegebiet an. Nach der mehrfachen, finanziell bedingten Verschiebung des Straßenbauprojektes untersuchte die Archäologische Denkmalpflege im Regierungspräsidium Karlsruhe schließlich 2005/06 in zwei Grabungskampagnen weitere 0,42 ha der Siedlungsfläche (Abb. 1; 2).[7] Da dies auf Basis eines alten Planfeststellungsbeschlusses geschah, der keine finanzielle Beteiligung des Bauträgers festschrieb, war man dabei auf die zur Verfügung gestellten Haushaltsmittel angewiesen. Daher erwies es sich am Ende als unmöglich, die Ausgrabungen über den (ehemals) hier verlaufenden Feldweg hinaus nach Osten Richtung A 6 auszudehnen (Abb. 1). So ließen negative Auswüchse der kommunalen Planungshoheit und die unzureichenden finanziellen Mittel letztlich nur einen Teilerfolg bei der archäologischen Erforschung dieser – wie noch zu zeigen sein wird – wichtigen Fundstelle zu. Als Paradoxon der Verwaltungsreform sei am Rande erwähnt, dass die Grabung nur durch diese Unterfinanzierung überhaupt in der Zuständigkeit des Regierungspräsidiums Karlsruhe verblieb und nicht, gemäß der einschlägigen Verwaltungsvorschrift, als „Großgrabung" vom Landesamt für Denkmalpflege übernommen wurde.

7 Damminger 2005; Damminger/Gross 2006.

Naturräumliche Lage und topographische Situation

Die untersuchte Wüstung liegt rund 7 km ostnordöstlich der Mannheimer Stadtmitte und 1,5 km nordnordöstlich des Ortseils Wallstadt am Nordrand des Neckarschwemmkegels (Abb. 3). In unmittelbarer Nähe weisen die ausgedehnten Kiefernbestände der Viernheimer Heide auf die in diesem Bereich von spätglazialen Dünensanden bedeckten, weitgehend siedlungsfeindlichen Niederterrassenflächen des Rheins (Hardtebenen) hin. Der sich annähernd halbkreisförmig um Heidelberg in die Rheinebene ausdehnende Schwemmkegel des Neckars besteht im Kern aus eiszeitlichen Schottern, die der Fluss aus seinem engen Durchbruch durch den Odenwald mit sich trug und dann aufgrund der verringerten Transportenergie im flachen Oberrheintal ablagerte. Der Wechsel alter Flussrinnen und nacheiszeitlich abgelagerter Schwemmlössflächen begründet die besondere Siedlungsgunst dieses Altsiedelraumes. Dieser Mosaikcharakter prägt auch heute noch die Feinmorphologie der durch Trockenlegung und Flurbereinigung auf den ersten Blick gleichförmig und eben erscheinenden Landschaft.[8]

So weit man im Flachland davon sprechen kann, nimmt die Wüstung eine topographisch markante Lage auf dem nordnordwestlichen, zu einem alten Neckararm hin abfallenden Hang eines Geländerückens ein (Abb. 1; 3). Die Betrachtung einer Kartierung alter Neckarläufe zeigt, das diese nach Westen ausgreifende, das heutige Wallstadt umschließende Flussschlinge zu einem Mäandersystem aus jener Zeit gehört, als der Neckar noch entlang des Odenwaldrandes nach Norden floss und sich auf der Höhe von Trebur mit dem Rhein vereinigte. Erst vor rund 10 000 Jahren durchbrach der Fluss die Dünenketten der Hardtebenen und suchte sich einen kürzeren Weg zum Rhein.[9]

Angesichts des aus archäologischer Perspektive hohen Alters des „Wallstadter" Neckaraltlaufs stellt sich die Frage, wie weit er im Mittelalter das Umfeld der hier besprochenen Siedlungsstelle noch naturräumlich prägte. Bei Betrachtung der Morphologie (Abb. 1) im Umfeld der Fundstelle fällt zunächst auf, dass ein sich im Luftbildbefund deutlich abzeichnender Altweg eine Art Furtsituation zur Querung des Altarmes nutzte. Diese offensichtlich bewusst ausgewählte Trassenführung über die am höchsten gelegenen Geländeabschnitte legt zum einen das hohe Alter die-

8 Zur Landschaftsentwicklung im Quartär: Fleck/Kösel 1999, 20ff.; Rothe 2007, 19ff.; Löscher 2007.

9 Musall/Neumann 1988, 11 Abb. 3; Fleck/Kösel 1999, 23ff.; Löscher 2007, 40ff.; Rothe 2007, 20f. mit Abb. 6.

Abb. 2: Mannheim-Vogelstang, „Hinter der Nachtweide"/Magdeburger Straße. Gesamtplan der archäologisch untersuchten Flächen (vgl. Abb. 1). Zur Phasengliederung siehe Abb. 4.

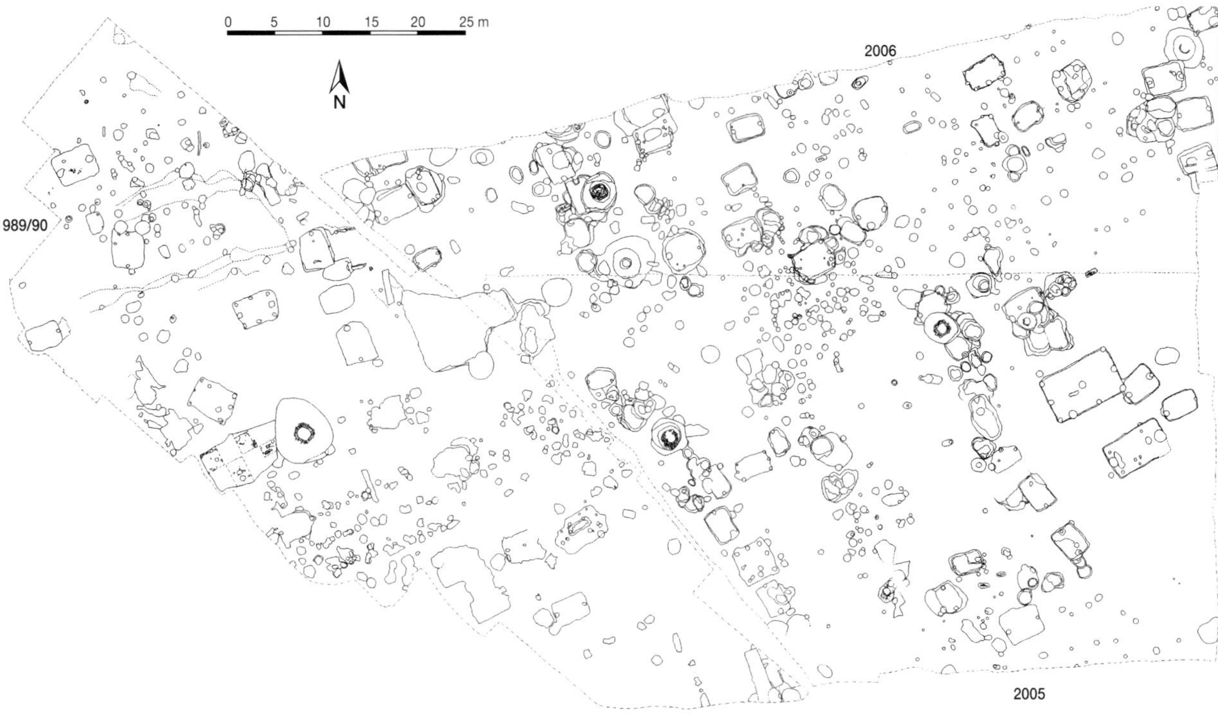

ses Weges nahe und deutet zugleich darauf hin, dass das Gelände keinesfalls ganzjährig völlig trocken und problemlos begehbar war. Einen Eindruck davon vermag die – auch fotografisch festgehaltene – Situation in den weiter nördlich gelegenen Abschnitten des holozänen Neckars zu geben, wo sich die alten Flussschlingen noch in den 1960er Jahren bei Frühjahrshochwassern regelmäßig mit Wasser füllten.[10] Darüber hinaus erscheint es bezeichnend, dass sich der Altarm etwa auf dem Gemarkungsatlas von 1882–1893 noch deutlich in der Flurstruktur abzeichnete. Der Abschnitt im Bereich der untersuchten Siedlung trug damals den Namen „Die Nachtweide", westlich schloss sich dieser „Die Mittagsweide" an. Dies wirkt noch in der Flurbezeichnung der Fundstelle „Hinter der Nachtweide" nach, wobei angemerkt sei, dass diese ursprünglich mit Blick von Wallstadt aus zu verstehende Benennung erst mit den Flurneuordnungen des 20. Jh. über das Altgewässer bzw. die „Nachtweide" hinweg von Norden nach Süden gewandert ist.[11] Offenbar dienten die tiefer gelegenen Bereiche der alten Neckarrinne lange genug als Grünland, um die Erinnerung an diese Nutzung in Gestalt von Flurnamen bis in Zeiten moderner Kartographie zu tradieren. Einiges weist somit darauf hin, dass das verlandete Altwasser bis in jüngste Zeit als gliederndes landschaftliches Element wirkte – eine Tatsache, auf die es im Zusammenhang mit den siedlungsgeschichtlichen Betrachtungen noch einzugehen gilt.

Das siedlungsgeschichtliche Umfeld: wissenschaftliche Rezeption und Fragestellungen

Begründet durch zwei Faktoren – die bereits beschriebene Siedlungsgunst des Naturraumes zum einen, die intensive Tätigkeit der Mannheimer Museen zum anderen – erweist sich die Wüstung „Hinter der Nachtweide" als in eine reiche archäologische Fundlandschaft des Früh- bis Hochmittelalters eingebettet (Abb. 3).[12] Das Fundbild ist dabei nicht allein von den umfangreichen Reihengräberfriedhöfen geprägt, sondern umfasst auch, beginnend mit der Völkerwanderungszeit, zahlreiche Siedlungsstellen.

In einer Epoche, für die neben der Archäologie auch auf schriftliche Überlieferungen zurückgegriffen werden kann, liegt es nahe, dass die Forschung bemüht ist, beide Quellengattungen in Übereinstimmung zu bringen, sprich die bekannten Fundstellen im historisch überlieferten Siedelsystem zu verankern.

Der Mannheimer Ortsteil Vogelstang, über dessen Gebiet sich die Wüstung heute größtenteils erstreckt, entstand erst in den 1960ern Jahren. Ursprünglich gehörte die Siedlung zur Gemarkung Wallstadt. Dessen Name – 766 erstmals als *Ualahastat* überliefert – fügt sich von seiner Endung her bestens in die für das frühe Mittelalter üblichen Bildungen ein, bemerkenswert scheint jedoch das gemeinhin ethnisch gedeutete, auf Welsche bzw. Romanen hinweisende Bestimmungswort.[13] Bis in das 12. Jh. hinein wird in den Schriftquellen zwischen *Walahastat superior et inferior* differenziert. U. Koch verortet Letzteres im heutigen Ort im Umfeld der 788 in einer Lorscher Urkunde aufgeführten Pfarrkirche St. Sulpicius. Einen weiteren Siedlungskern – von ihr mit Unterwallstadt identifiziert – vermutet sie hinter den am westlichen Ortsrand zutage gekommenen frühmittelalterlichen Siedlungsfunden (Abb. 3,1).[14] Im näheren Umfeld beider Siedlungsbereiche ist bislang kein Reihengräberfeld bekannt geworden, was in dieser gleichermaßen gut erforschten wie dicht bebauten Region kaum am Forschungsstand liegen dürfte.

Die Wüstung „Hinter der Nachtweide" (Abb. 3,12) lässt Koch in ihren Betrachtungen namenlos. Zugleich lehnt sie die vom ersten Ausgräber D. Lutz vorgeschlagene Identifikation mit dem im Lorscher Codex erwähnten Sigerichsheim unter Hinweis auf die Namensgleichheit mit Seckenheim ab.[15] Dieser hatte seine Annahme seinerzeit damit begründet, dass es sich bei der Wüstung nicht um das bislang unlokalisierte Unterwallstadt handeln könne, weil dieses im Umfeld des Gräberfeldes „Elkersberg" (Abb. 3,2) zu suchen sei[16] – wobei hier wohlgemerkt die Existenz einer Siedlung im unmittelbaren Umfeld des Friedhofes stillschweigend vorausgesetzt wird. Der Gleichsetzung mit Sigerichsheim widersprach auch der Historiker P. Rückert, der dieses jedoch im Gegensatz zu U. Koch weiter nordwestlich verortet (Abb. 3,3 u. 3,4). Einen Gleichklang von archäologischem Befund und schriftlicher Überlieferung postulierend, sieht er in dem in der Vorlage der ersten Grabungskampagnen publizierten Ende der Siedlung um 1200 und der ab dem 12. Jh. nicht mehr vorgenommenen Unterscheidung zwischen beiden Ortsteilen den Niederschlag eines hochmittelalterlichen Konzentrationsprozesses in der Gemarkung. Zugleich ordnet er der so als Unterwallstadt gedeuteten Siedlung das jenseits der heutigen Autobahn liegende Gräberfeld „Aue" (Abb. 3,14) zu.[17]

10 Rothe 2007, 20 mit Abb. 7.
11 Vgl. Koch 2007, 25.
12 Ebd. 22ff. – Vgl. die Nachweise zu Abb. 3.
13 Probst 2007, 329f.; Koch 2007, 26.
14 Koch 2007, 26.
15 Ebd.
16 Lutz 1990, 232.
17 Rückert 1997, 54f.; ders. 1999, 109ff.

Diese seitens der Mittelalterarchäologie bzw. -geschichte vorgetragenen siedlungskundlichen Ansätze gehen von einer Eins-zu-eins-Zuordnung archäologischer Fundstellen und historisch überlieferter Orte aus, die über die feste Zuweisung zu Reihengräberfeldern bis in die Merowingerzeit rückgeschrieben wird. Kritik erfuhr dieser methodische Ansatz jüngst von R. Schreg. Er fasst die nördlich Wallstadt nachgewiesenen früh- bis hochmittelalterlichen Siedlungsplätze zu einem „großen fluktuierenden Siedlungskomplex" zusammen und stellt in Frage, dass sich innerhalb dessen einzelne Fundstellen sinnvoll mit historisch überlieferten Ortsnamen in Übereinstimmung bringen lassen.[18]

Allein diese kurze Darstellung des Niederschlags, den die Fundstelle in der wissenschaftlichen Literatur der letzten Jahre gefunden hat, mag belegen, welche Bedeutung ihr bei Erforschung der früh- bis hochmittelalterlichen Siedlungsentwicklung im Neckarmündungsgebiet zukommt. Die (vergleichsweise) großflächigen Untersuchungen bieten dabei vor dem Hintergrund einer reichen Fundlandschaft die Möglichkeit, die innere räumliche Entwicklung einer Siedlungsstelle quasi exemplarisch nachzuvollziehen und dabei teils konkurrierende siedlungsgeschichtliche Modelle einer Prüfung zu unterziehen.[19]

Die Grabungsbefunde

Siedlungsbefunde

Mit den Grabungskampagnen 1989/90 und 2005/06 wurde die südwestliche Partie des vermuteten Siedlungsbereichs erfasst (Abb. 1). In der 2005 untersuchten Fläche (Abb. 3) dünnten die Funde nach Südosten in Richtung einer Kuppe merklich aus. Falls dies nicht auf verstärkte Erosion in den höher gelegenen Geländepartien zurückzuführen ist, dürfte sich damit der Siedlungsrand abzeichnen.

Auch wenn eine intensive Auswertung noch aussteht, erlaubt die Durchsicht des Inventars eines Großteils der Befunde erste Aussagen zur räumlichen Entwicklung des Siedelareals. Den Funden ist ein eigener Abschnitt gewidmet, der gleichermaßen einen repräsentativen Querschnitt des Materials bieten wie auch dessen Besonderheiten herausstellen soll. In diesem Zusammenhang sei – ohne dem allzu sehr vorgreifen zu wollen – erwähnt, dass die Warengruppen der naturgemäß zahlreich geborgenen Keramik als „Leitfossilien" für die Differenzierung und zugleich Datierung der hier dargestellten Siedlungsphasen (Abb. 4) dienten. Dabei sei angemerkt, dass die jeweils in einer Phase zusammengefassten Befunde nur im Sinne einer absichtlich nicht zu scharf umrissenen Keramiktypologie als zeitgleich aufzufassen sind, womit jedoch keinesfalls ein gleichzeitiges Bestehen aller aus diesen Befunden zu erschließenden Strukturen postuliert werden soll (und kann). Die frühesten Befunde enthielten „klassische" merowingerzeitliche Keramik, d. h. Scherben von Wölbwand- und, in weit geringerem Umfang, Knickwandtöpfen des späten 6. und 7. Jh. Am Ende dieser Siedlungsphase (Abb. 4, Phase 1), das heißt im fortgeschrittenen 7. Jh., finden sich diese mit der frühesten Fazies der älteren, gelben Drehscheibenware vergesellschaftet. Letztere blieb bis in die erste Hälfte des 10. Jh. die absolut vorherrschende Warenart und prägt so die der zweiten Siedlungsphase (Abb. 4, Phase 2) zuweisbaren Inventare.

Keramik der Älteren Merowingerzeit fehlt im Fundbestand. Sollte die Siedlung bereits im 6. Jh. bestanden haben, müssten die entsprechenden Hofstellen demnach außerhalb des über die Jahre untersuchten Bereiches zu suchen sein. Hier könnte sich in der Tat die Siedlung über eine größere Strecke hinweg verlagert haben. Für die Zeit etwa ab 600 legt der Befund (Abb. 3; 4) indes eine vergleichsweise ortsfeste, bestenfalls durch kleinräumige Verschiebungen gekennzeichnete Siedlungsentwicklung nahe.

In Ergänzung des Befundes der hier vorgestellten Flächengrabungen belegen die merowingerzeitlichen Funde aus einem der 2001 untersuchten Grubenhäuser (Abb. 1), dass die Bebauung bereits während der frühesten Siedlungsphase weite Bereiche der erschlossenen Siedlungsfläche erfasste. Ob flächendeckend oder in Gestalt mehrerer verstreut liegender, später zusammengewachsener Siedlungskerne, lässt sich beim derzeitigen Untersuchungsstand nicht entscheiden.

In den großräumig untersuchten Flächen erweckt der zeitlich differenzierte Grabungsplan den Anschein einer merklichen Befundverdichtung von der Merowinger- zur Karolingerzeit (Abb. 4, Phasen 1 u. 2). Diese Beobachtung mag zwar durch die unterschiedlichen Laufzeiten der jeweiligen Siedlungsphase etwas zu relativieren sein, mit aller Deutlichkeit zeichnet sich jedoch – zumindest im untersuchten Siedlungsausschnitt – ab dem späten 7. Jh. eine Ausdehnung des genutzten Areals nach Südosten und möglicherweise auch nach Westen[20] ab.

---

18 Schreg 2006, 255 ff.

19 Vgl. Schreg 2006, 41 ff. 68 ff. 318 ff.; Bücker u.a. 1997, 311 ff.

20 Dies ist insofern etwas zu relativieren, als die entsprechenden Grabungsflächen der Jahre 1989/90 bislang nur unvollständig ausgewertet sind.

Das Befundbild wird geprägt durch die zahlreich nachgewiesenen Grubenhütten, aber auch einige Brunnen lassen sich schon in die Zeit vor der Jahrtausendwende datieren (siehe unten). Die Rekonstruktion von ebenerdigen Gebäuden gestaltet sich dagegen schwierig. Zwar sind vor allem im zentralen Grabungsbereich zahlreiche Pfostenspuren vorhanden, die auf ihre ehemalige Existenz hindeuten, aber aus ihnen lassen sich keine vollständigen Grundrisse gewinnen. So bleibt einzig ein schon 1990 von D. Lutz vorgelegter, wohl in den älteren Siedlungsabschnitt gehöriger Bau von ca. 15 m × 7 m Größe.[21] Das Mannheimer Pfostengebäude passt mit seinen Abmessungen in den weiteren südwestdeutschen Rahmen. Hier sind ganz überwiegend kleine oder mittelgroße, ein- oder zweischiffige Bauten bekannt. Zu verweisen ist auf Befunde aus der Wüstung Winternheim bei Speyer,[22] aus der Wüstung Wülfingen bei Forchtenberg,[23] aus Renningen (Kr. Böblingen)[24] sowie auf solche im Elsass[25]. Anders als in den Niederlanden und Nordwestdeutschland[26] einerseits bzw. im östlichen Baden-Württemberg[27] und in Bayern[28] andererseits sind in den Regionen entlang des

21 Lutz 1990, 230 Abb. 147.
22 Bernhard 1982, 232 Abb. 9.
23 Schulze 1981, 165 ff.
24 Schreg 2006, 165 ff.
25 Rezente Zusammenstellung bei Peytremann 2005, I 103 ff.; II 9 ff.
26 Donat 1980, 11 ff.
27 Siehe etwa Lauchheim: Stork 1995, 39 ff. mit Abb. 41. – Ulm-Eggingen: Gross 1989, 320 ff.– Heidenheim-Schnaitheim: Leinthaler 2003, 57.
28 Jüngst zusammengefasst bei Fries-Knoblach 2006, 349 ff.

Abb. 3: Fundstellen der Völkerwanderungszeit und des frühen bis hohen Mittelalters im Bereich des Neckar-Altarms zwischen Heddesheim und Mannheim-Wallstadt.

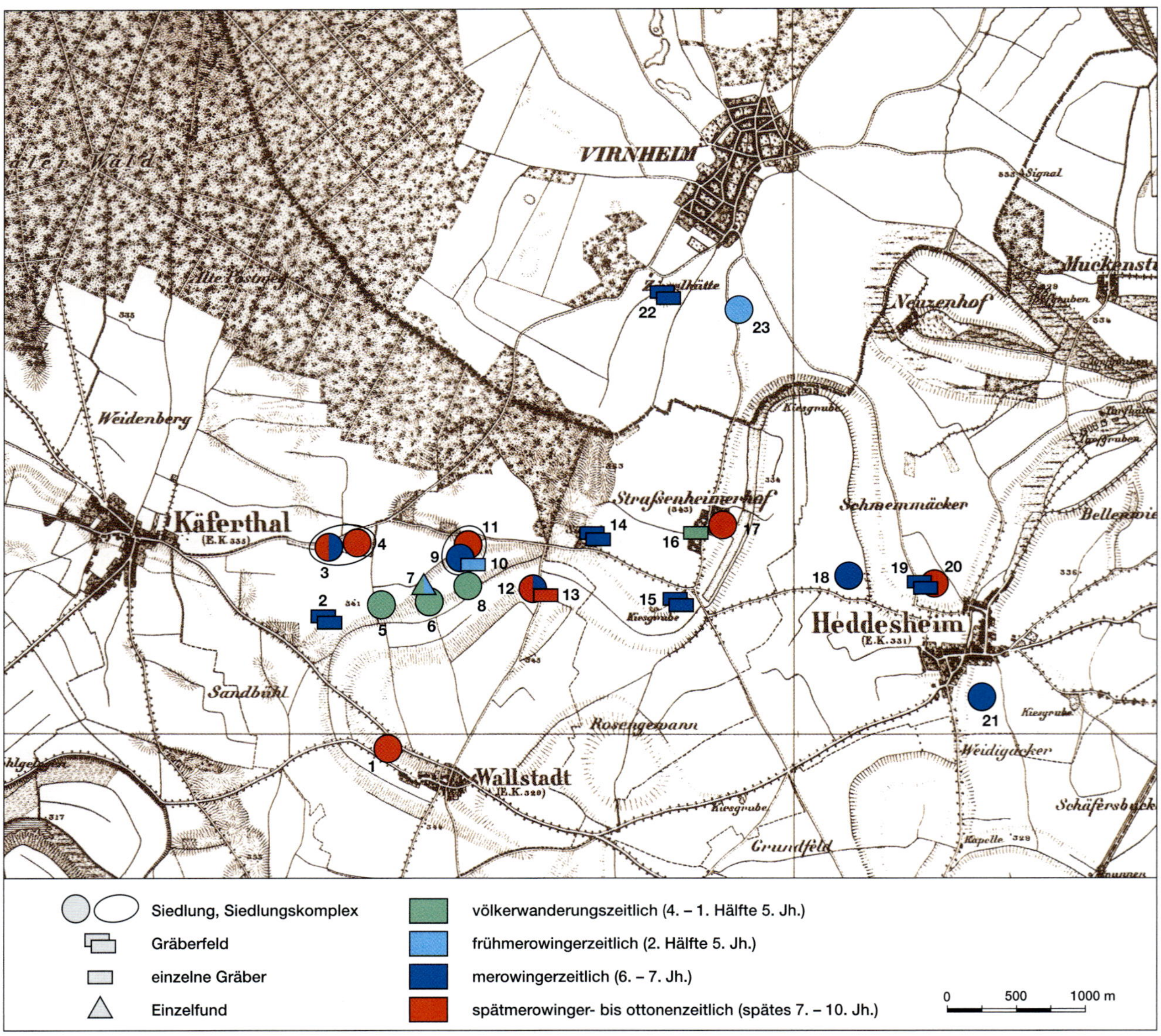

Abb. 4: Mannheim-Vogelstang, „Hinter der Nachtweide"/Magdeburger Straße. Phasengliederung der archäologisch untersuchten Befunde (nach U. Gross). Die Grabungsfläche der Jahre 1989/90 (vgl. Abb. 2) ist nicht vollständig ausgewertet.

Rheins zwischen Basel und Köln größere, 20 m und mehr messende, oft auch mehrschiffige Bauten unbekannt. Dies gilt jedoch – wie etwa Befunde in Renningen, Heidenheim (Ostalbkreis) oder Vörstetten (Kr. Emmendingen) bezeugen[29] – nicht für die vormerowingische Zeit.

Dies heißt freilich nicht, dass es sich bei Bauten wie jenem aus Mannheim nicht auch um kombinierte Wohn- und Stallgebäude handelt. Der schlüssige Nachweis für Viehhaltung kann jedoch beim Fehlen von Boxen oder eindeutigen Jaucherinnen nur über erhöhte Phosphatwerte in Teilen des Hausinneren erbracht werden.[30] Für die Wohnnutzung des Ostteils solcher Gebäude sprechen nach P. Donat die dort mehrfach beobachteten Spuren von Herdstellen.[31]

Die mehr als fünf Dutzend Nebengebäude in Gestalt von Grubenhäusern lassen sich, sofern noch Konstruktionsspuren zu erkennen waren, den bekannten Zwei- und Sechspfostentypen zuweisen. Sicher vierpfostige Exemplare wurden nicht entdeckt,[32] dagegen ein achtpfostiges[33]. Eine noch stärkere Dominanz der Zweipfostenkonstruktionen als in Mannheim-Vogelstang ist im benachbarten Ladenburg zu erkennen. Dort stellen sie im Früh- und Hochmittelalter anscheinend die einzige Grubenhausform überhaupt dar.[34]

Während in der frühesten, merowingerzeitlichen Siedlungsphase (Abb. 4, Phase 1) sowohl NNW-SSO- als auch WSW-ONO-orientierte Grubenhäuser in etwa gleichem Anteil vorkommen, dominieren in der darauffolgenden Epoche Letztere das Siedlungsbild (Abb. 4, Phase 2). Überlagerungen von Grubenhäusern sind ab dieser Phase, d. h. seit der Karolingerzeit festzustellen. Dies dürfte ein Hinweis auf bereits feststehende, unveränderliche Hofraitengrenzen sein, die keinen ausreichenden Platz zur Vermeidung solcher Überschneidungen mehr boten.

Der ergrabene Siedlungsausschnitt verfügte mit sieben Brunnen[35] über eine recht hohe Dichte von Wasserversorgungseinrichtungen. Im Vergleich dazu erbrachten die ebenfalls großflächig untersuchten und lange besiedelten Plätze Winternheim bei Speyer und Ulm-Eggingen keinen einzigen, jene von Renningen „Neuwiesenäcker“[36] und Wülfingen[37] nur jeweils drei. Andererseits fand man im weitaus kürzer existenten Nordhouse/Elsass elf Brunnen[38], und auch in Bayern sind Plätze wie Aschheim mit zwanzig oder Kirchheim bei München mit zehn Exemplaren bekannt[39].

Bei allen Brunnen handelt es sich um runde, trocken gemauerte Strukturen. Bei einem von ihnen waren im unteren Bereich noch Holzreste vorhanden, die aber leider kein Dendrodatum erbrachten. Dank der jeweils geborgenen Funde ist eine Zuweisung von zwei zur merowingischen, zwei zur karolingischen und vier Brunnen (darunter ein schon in der vorhergehenden Periode genutzter) zur jüngsten, hochmittelalterlichen Siedlungsphase (Phase 3) möglich (Abb. 4).

Letztere wird im Fundgut durch die ältere, grautonige Drehscheibenware, Glimmerware, Kugeltöpfe sowie echte Pingsdorfer Keramik repräsentiert. Das Fehlen jüngerer Keramik belegt die Aufgabe der Siedlung noch im Laufe des 12. Jh. In den der Phase 3 zugehörigen Befunden zeichnet sich eine veränderte räumliche Organisation ab. Ein Großteil der Grubenhütten ist in seiner Orientierung gegenüber jenen der Karolingerzeit (siehe oben) um 90 Grad gedreht und – fast regelhaft mit jeweils einem Brunnen – deutlich in Reihen angeordnet (Abb. 4). Soweit der ergrabene Ausschnitt eine diesbezügliche Beurteilung zulässt, wirken diese Strukturen fast wie an einer WSW–ONO verlaufenden Achse (Weg?) gespiegelt, was die Regelmäßigkeit des Siedlungsaufbaus weiter betont.

In dieser Befundverteilung scheinen Hofareale fassbar, auf deren über längere Zeit andauernde intensive Nutzung einzelne „verschachtelte“ Grubenkomplexe hinweisen. Eine mögliche Differenzierung der hochmittelalterlichen Hofstellen nach wirtschaftlicher Tätigkeit könnte sich etwa im Verteilungsmuster der Schmiedesschlacken andeuten, die sich in der jüngsten Siedlungsphase allein im Bereich der südwestlichen Reihung von Grubenhütten und Brunnen fanden.

In dieser Phase wird der anderenorts schon mehrfach beobachtete Wandel des eigenständigen Grubenhauses zum Keller unter einem ebenerdigen Gebäude[40] möglicherweise in dem durch einen Brunnen gestörten großen „Grubenhaus“ aus der Kampagne von 1990 greifbar (Abb. 3; 4 Phase 3). Im Gegensatz zur Masse der „echten“ zeitgleichen Grubenhäuser – aber wohl analog zu den im Befund nicht fassbaren ebenerdigen hochmittelalterlichen Gebäuden – weist es eine WSW-ONO-Ausrichtung auf.

29 Schreg 2006, 170 ff. mit Anm. 916. – Ergänzende Lit. zu Vörstetten: Bücker 2001, 7 Abb. 3; Bücker/Klug-Treppe 2007, 177 f. mit Abb. 156.
30 Lienemann/Tolksdorf-Lienemann 1991, 192 ff. – Stork 1995, 45.
31 Donat 1995, 424. – Vgl. Lauchheim: Stork 1995, 45.
32 Ähnlich beispielsweise Renningen: Schreg 2006, 159 ff.
33 Lutz 1990, 230 f. mit Abb. 147.
34 Schneid 1988, Beilage 2.
35 Allgemein zu Brunnen: Biermann 2005, 152 ff.
36 Schreg 2006, 175 f.
37 Schulze 1981, 171 f.
38 Châtelet 2006, 16 ff.
39 Fries-Knoblach 2006, 365.
40 Baumhauer 2001, 333 ff. – Beispiel aus Ulm: Schmid 2007, 33 Abb. 43.

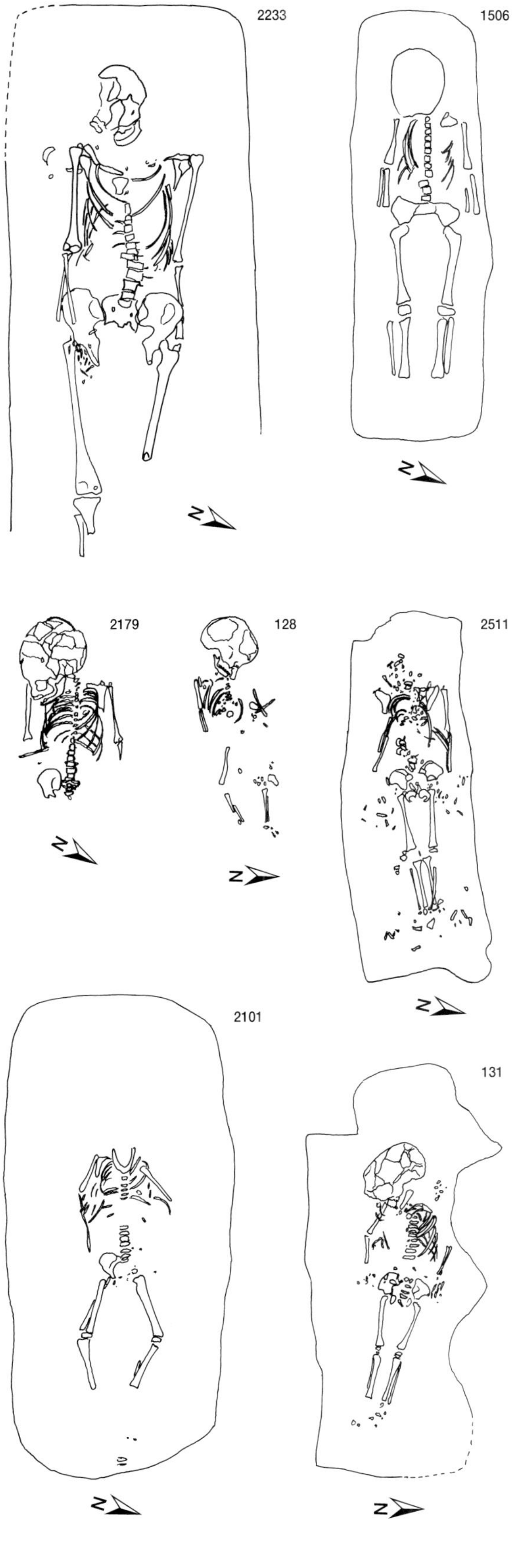

Abb. 5: Mannheim-Vogelstang, „Hinter der Nachtweide"/Magdeburger Straße. Grabbefunde aus dem Siedlungsbereich. Die restlichen Bestattungen (vgl. Tab. 1 und Abb. 6) waren für eine exakte Dokumentation der Skelettreste zu schlecht erhalten.

In den Flächen zwischen den eingetieften Befunden ist mit den zugehörigen, ebenerdigen Großbauten zu rechnen. Da aber gerade in dem überwiegend von hochmittelalterlichen Grubenhäusern belegten südöstlichen Areal Pfostenlöcher fast völlig fehlen, was wohl nicht erosionsbedingt ist, wird man hier in den jeweiligen Freiräumen mit Konstruktionen rechnen müssen, die kaum oder überhaupt nicht mehr in den Boden eingriffen. Dies fügt sich gut in das in den letzten Jahren von der Siedlungsforschung erarbeitete Bild. Nach der Jahrtausendwende wird die Pfostenbauweise mehr und mehr von Ständerkonstruktionen verdrängt.[41]

Bestattungen

Ein eigener Abschnitt sei den während der Kampagnen 2005 und 2006 im Siedlungsbereich zutage getretenen Körperbestattungen (Abb. 5) gewidmet. Aufsehen erregten diese nicht zuletzt aufgrund der Tatsache, dass es sich bei den zehn geborgenen und durch J. Wahl untersuchten Skeletten – abgesehen von einem 30- bis 35-jährigen, wohl weiblichen Individuum – um im Alter zwischen 1–2 und 5–6 Jahren verstorbene Kinder, meist wahrscheinlich Mädchen, handelte (Tab. 1).[42]
Die Gräber waren West–Ost bzw. Südwest–Nordost orientiert (Abb. 5; 6)[43] und allesamt beigabenlos. Datierungshinweise ergaben allein die aus einigen Grabverfüllungen geborgenen Scherben von Wölbwandtöpfen (Befund 128), älterer, gelber (Befunde 131; 1506) bzw. älterer, grauer Drehscheibenware (Befund 2233). Offen bleibt, ob diese Scherben im Zuge eines besonderen, in der ausgehenden Merowingerzeit vielfach zu beobachtenden Grabritus[44] oder als Streufunde aus den umliegenden Siedlungsbereichen in die Bestattungen gelangten. Letzteres scheint zumindest im Fall des Erwachsenengrabs 2233 möglich, das als einziges hochmittelalterliche Keramik enthielt, lag es doch – so weit erkennbar, von diesem überlagert – im Bereich eines vergleichs-

41 Donat 1995,421; 425 f.

42 Dies zeigt sich etwa in der Tatsache, dass die Gräber im Rahmen der 2007/08 in Konstanz Ulm und Esslingen gezeigten Ausstellung „Entdeckungen: Höhepunkte der Landesarchäologie" gewürdigt wurden und sie als „Aufhänger" für einen Beitrag über Kinder in der Merowingerzeit in einer populärwissenschaftlichen Zeitschrift dienten (K. Krapp, Knirpse mit Schwertern. Abenteuer Archäologie 3/2007, 75).

43 Auf Abb. 6 nicht dargestellt sind die Befunde 107, 266 und 268 (vgl. Abb. 5). Bei Ersterem wurde das Skelett erst bei Ausnehmen der Grube entdeckt, die beiden anderen enthielten nur geringe Skelettreste. Zumindest bei den zugehörigen Grabgruben ließ sich jedoch die SW-NO- (Bef. 107; 266) bzw. W-O-Orientierung (Bef. 268) nachweisen.

44 Damminger 2002, 120 Anm. 837 (dort weitere Lit.).

weise jungen Grubenkomplexes. Die übrigen, keramikdatierten Grablegen dagegen lagen randlich zu den zeitgleichen Siedlungsbefunden bzw. wahrten etwas Distanz zu diesen (vgl. Abb. 4; 6). Überträgt man – mit aller gebotenen Vorsicht – die gesicherten Datierungen auf den gesamten Gräberbestand, deutet dies auf eine merowinger- bis karolingerzeitliche Zeitstellung dieser Befunde hin.

Die daraus resultierende chronologische Überschneidung mit den Belegungszeiten der frühmittelalterlichen Reihengräberfelder lässt den Befund vor dem Hintergrund der eingangs erwähnten Tatsache, dass es sich bei den Toten überwiegend um Kinder handelt, besonders interessant erscheinen. Aus demographischen Vergleichen mit historischen Daten wird für frühmittelalterliche Populationen auf einen hohen Prozentsatz verstorbener Kinder geschlossen. Verantwortlich gemacht für diese hohe Sterberate wird neben anderen Faktoren die „Stressphase" beim Abstillen, womit auch J. Wahl den vergleichsweise großen Anteil von Zweijährigen an der Mannheimer Skelettserie begründet. Gemessen an der angenommenen Sterblichkeit scheinen die Bestattungen von Kindern auf den Reihengräberfeldern indes deutlich unterrepräsentiert.[45]

Diesem sogenannten Kleinkinderdefizit wurde in der Forschung teils mit quellenkritischen Überlegungen begegnet, teils wurde es mit einer gesonderten Behandlung verstorbener Kinder begründet.[46]

45 Zusammenfassend zu Fragen des „Kinderdefizits" auf den Gräberfeldern und zur Kindersterblichkeit: Lohrke 2004, 20 ff.

46 Ebd. 38–40.

Abb. 6: Mannheim-Vogelstang, „Hinter der Nachtweide"/Magdeburger Straße. Ausschnitt des Gesamtplans der archäologisch untersuchten Flächen (vgl. Abb. 1) mit Verteilung der Bestattungen (vgl. Abb. 5).

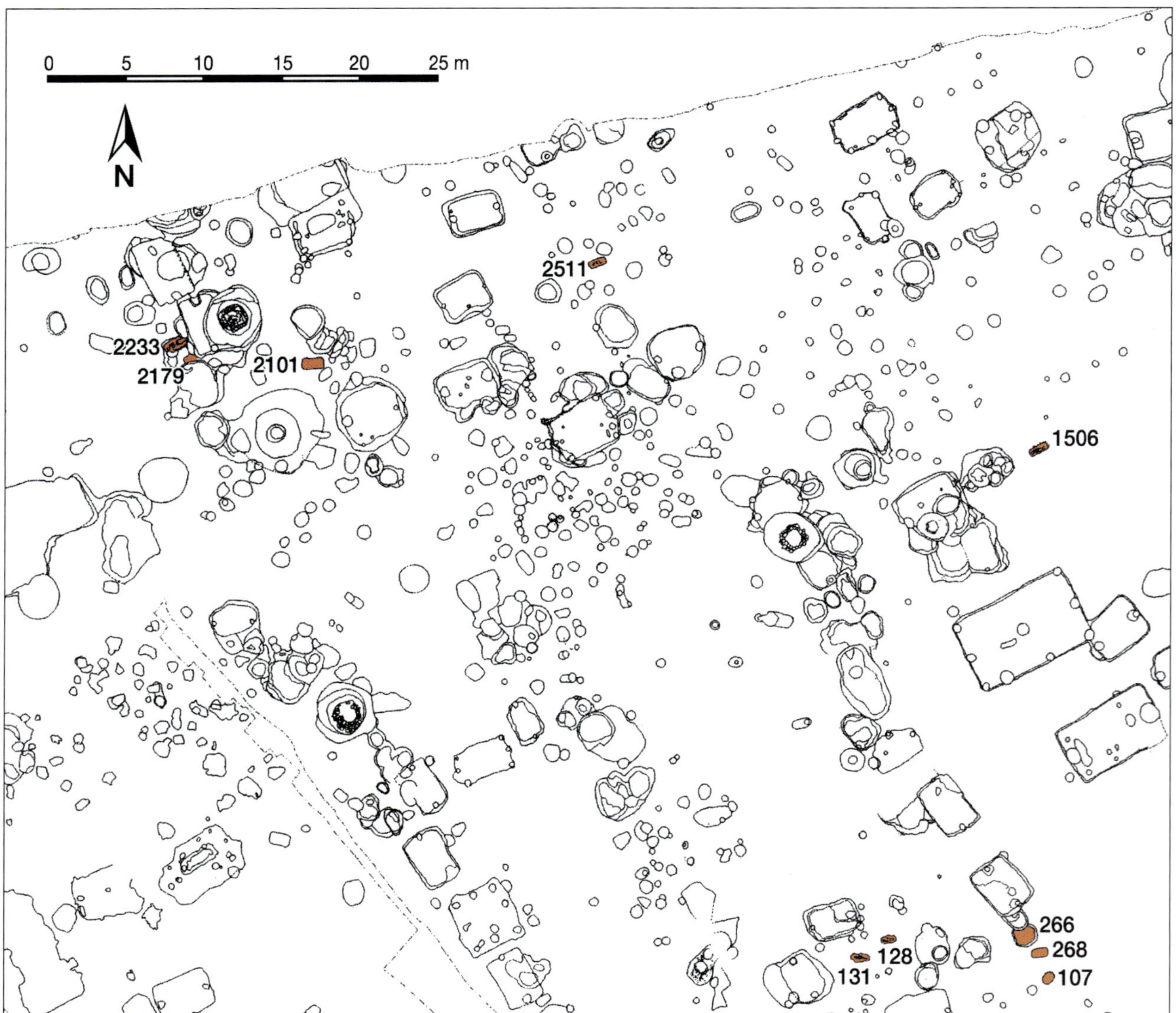

Tabelle 1: Mannheim-Vogelstang, „Hinter der Nachtweide"/ Magdeburger Straße. Alters- und Geschlechtsbestimmung der Skelette aus den 2005/06 entdeckten Siedlungsbestattungen (J. Wahl, LAD Arbeitsstelle Konstanz).

Befundnr.	Alter	Geschlecht
107	(2–)3 Jahre	eher weiblich?
128	1–2 Jahre	eher weiblich
131	3–4 Jahre	eher weiblich?
266	um 1(–2) Jahre	unbest.
268	um (1–)2 Jahre	unbest.
1506	5–6 Jahre	eher männlich
2101	um 5 Jahre	eher weiblich?
2179	um 5 Jahre	unbest.
2233	um 30(–35) Jahre	(eher) weiblich
2511	um 4 Jahre	unbest.

Trotz mangelnder Belege zog man dabei auch die Bestattung außerhalb der eigentlichen Gräberfelder, etwa in Siedlungen, in Betracht.[47] Ein Befund vergleichbar dem in Mannheim zeigt sich möglicherweise in der spätmerowingischen Phase der Siedlung Mengen „Löchleacker" (Gde. Schallstadt, Kr. Breisgau-Hochschwarzwald). Mit sieben von elf Gräbern fällt der Anteil von Kindern (infans I und II) dort indes etwas geringer aus.[48] Ohne den Anspruch auf die endgültige Lösung des Problems der fehlenden Kindergräber erheben zu wollen, darf vermutet werden, dass mit den Mannheimer Siedlungsbestattungen zumindest ein Aspekt der Sonderbehandlung jung Verstorbener greifbar wird.

Es bleibt zu präzisieren, worin sich diese Sonderbehandlung manifestiert. Hinsichtlich der Orientierung und Deponierung des Leichnams (Abb. 5) unterscheiden sich die Sepulturen nämlich nicht von einfachen Erdbestattungen eines Reihengräberfeldes.[49] Die durchgängige Beigabenlosigkeit – im Kontext süddeutscher Gräberfelder nur bei rund einem Drittel der Kinderbestattungen zu beobachten[50] – fällt auf, dürfte im vorliegenden Fall aber chronologisch zu begründen und nicht notwendigerweise als Indikator einer speziellen Behandlung anzusehen sein. Möchte man die in der Grubenverfüllung gefunden Keramikscherben entsprechend deuten (siehe oben), ergäben sich gar Hinweise auf „reguläre" spätmerowingische Bestattungsriten.

Die Besonderheit äußert sich letztendlich vor allem in der Wahl des Bestattungsortes. In diesem Zusammenhang gilt es einen Blick auf die räumliche Verteilung der Gräber zu werfen (Abb. 4; 6). Während ein Teil der Bestattungen über den seit den frühmittelalterlichen Phasen genutzten Siedlungsbereich streut, scheinen andere eher am Rand des in dieser Zeit besiedelten Areals angelegt worden zu sein. Auffällig ist dabei eine Konzentration von fünf Gräbern am südlichen Ende der Grabungsfläche (bzw. der frühmittelalterlichen Siedlung). Hier könnte es sich um einen kleinen Sonderfriedhof für Kinder handeln, doch muss diese Vermutung angesichts der geringen Anzahl von Bestattungen und der chronologischen Bandbreite mit einem großen Fragezeichen versehen werden.

Die Funde

Keramik

Rotgestrichene Ware

Diese in frühmittelalterlichen Siedlungen im rechtsrheinischen Süddeutschland äußerst selten anzutreffende Warenart[51] liegt mit immerhin zwei Bodenstücken vor.

Das erste gehört zu einem breiten Teller, wie der noch recht gut ausgebildete Standring erkennen lässt.[52] Er zählt somit – gemeinsam mit einigen sichelförmigen Rändern der Rauwandigen Drehscheibenware – zu den wenigen Funden aus ältermerowingischer Zeit. In der jüngermerowingischen Epoche werden aus den Standringen massive Standplatten, aus den niedrigen Tellern tiefere, steilwandige Schüsseln. Von einer solchen stammt der zweite Boden.[53] An ihm haften nur schwache Reste des namengebenden rot(braun)en Überzuges. Dieser ist dagegen bei dem älteren Fragment auf der zentralen äußeren Bodenfläche noch weitgehend erhalten.

Neben einem Fund aus einer Siedlung im Gewann „Löchleäcker" im südbadischen Mengen[54] stellt die Schüssel aus Wallstadt/Vogelstang den bisher einzigen Nachweis für die Existenz von Rotgestrichener Ware im 7. Jh. östlich des Rheins dar.

Knickwandtöpfe

Über einen großen Teil des Grabungsgeländes verteilt kamen, zumeist vermischt mit karolingerzeitlichem oder hochmittelalterlichem Begeleitmaterial, etliche unverzierte Scherben zum Vorschein, die jedoch aufgrund ihrer charakteristischen Machart und teils auch aufgrund vorhandener Glättspuren sicher

47 Ebd. 39 mit Anm. 266.
48 Lohrke u.a. 1999, 388f. mit Abb. 1.
49 Vgl. Lohrke 2004, 74–75.
50 Ebd. 88–90 mit Tab. 17.
51 Zuletzt: Gross 2005, 59ff.
52 Gross 2008a, 128f. mit Abb. 2,1.
53 Ebd. 128f. mit Abb. 2,2.
54 Bücker 1994, 44 Abb. 21,2. – Gross 2005, 65.

als merowingerzeitliche Knickwandgefäße einzuordnen sind.
Mit Roll- oder Eindruckstempeln dekorierte Rand- und Oberteilfragmente liegen ebenfalls vor (Taf. 1,1–14; 3,1.2). Am zahlreichsten sind solche mit den für den Neckarmündungsraum im 7. Jh. charakteristischen zweizeiligen Nierenstempeln (mindestens vier Exemplare). Aufgrund des hohen Zerscherbungsgrades ist nicht zu entscheiden, ob es sich um Stücke handelt, die ausschließlich diese Verzierung tragen, oder ob – wie bei jüngeren Ausprägungen seit dem zweiten Jahrhundertdrittel üblich – eine Kombination mit Rollrädchendekor vorliegt.[55]
Als Solitär muss ein Fragment mit „stehendem" Bogenstempel gelten (Taf. 1,14). Parallelen kennt man aus Regionen nördlich und südlich des Neckarmündungsraumes.[56]
Bruchstücke von Gefäßen mit Rechteckrollstempelung sind im Fundgut mehrfach vertreten (darunter auch der unten separat behandelte Becher Taf. 3,2). Solche Rollrädchenzier ist bereits seit dem zweiten Drittel des 6. Jh. in Mannheimer Reihengräberfeldern nachweisbar.[57] Bei kleinstückig zerscherbtem Siedlungsgut entfällt leider die Hilfestellung der Gesamtform des Gefäßes bei der Ermittlung der chronologischen Position.
Sicher jüngermerowingerzeitlich sind auf jeden Fall zwei Kannenfragmente mit einwärts gebogenem Rand. Tüllenausgusskannen mit vergleichbaren Randabschlüssen treten erst im 7. Jh. auf.[58]

Knickwandschüsseln

Gleiches gilt für Knickwandschüsseln mit (teilweise) geglätteter Oberfläche und ein- oder mehrzeiliger Rechteckrollstempelung auf der Oberwand.[59] Eher selten sind solche Stücke mit zusätzlich rädchenornamentierter Randoberseite (Taf. 2,2). Von einer Schüssel ohne Oberflächenglättung wird auch ein mit einer Standplatte versehenes Unterteil stammen.[60]

Gefäßunterteil mit Glättung und Rollrädchendekor

Ein feintoniges, gut geglättetes Unterteil mit Rechteckrollstempeldekor (Taf. 3,2) muss innerhalb des merowingerzeitlichen Geschirrs als Sonderform gelten. Der geringe Durchmesser sowie die steile Wandung deuten auf einen Becher hin. Abgesehen von den Kleinformen der Knickwandtöpfe treten Becher in der Reihengräberzeit nur als Imitationen von Glasformen in Erscheinung.[61]
Recht ähnlich ist ein – allerdings geradwandiges, nicht wie im vorliegenden Fall konisches – Gefäß aus dem fränkischen Friedhof von Schwarzrheindorf bei Bonn.[62] Weitere formverwandte Becher kennt man aus der merowingerzeitlichen Burgundia[63] und aus dem baiuwarischen Gräberfeld von Greißing in Niederbayern[64].

„Mayener" Knickwandtöpfe mit Stempeldekor

Zwei geglättete Wandscherben unterscheiden sich von der übrigen doppelkonischen Keramik aufgrund ihrer Brennhärte deutlich (Taf. 4,1). Sie zeigen Eindruckstempeldekor in Gestalt von Rosetten und zickzackförmig angeordneten Kleinrechtecken. Die Scherbenhärte legt einen Zusammenhang mit der in Wallstadt/Vogelstang ebenfalls auftretenden „steinzeugartigen" Mayener Ware nahe (siehe unten); zur Gewissheit wird eine Herkunft aus der Eifel aber durch die unter den dortigen Töpfereimaterialien vorliegenden Zierparallelen.[65] Entsprechend der späten Zeitstellung dieser sehr hart gebrannten Erzeugnisse (2. Hälfte/Ende 7. Jh.) darf man wohl auch für das Mannheimer Gefäß bereits einen Linsenboden annehmen.[66]
Dieser Doppelkonus ist im Neckarmündungsgebiet nun der erste sicher identifizierbare Vertreter stempelornamentierter merowingischer Mayener Keramik. Zusammen mit dem jüngeren der beiden Bodenstücke der Rotgestrichenen Ware bezeugt er die Verwendung von Feingeschirr aus den Eifeltöpfereien am nördlichen Oberrhein auch noch (oder bereits wieder?) in jüngermerowingischer Zeit. Von der Machart her und chronologisch steht er der „steinzeugartigen" Ware nahe, die seit dem ausgehenden 7. oder frühen 8. Jh. im Rhein-Neckar-Dreieck gut fassbar wird.[67]

Tatinger Kanne (?)

Bei flüchtiger Betrachtung scheint das graue feintonige Wandstück mit geglätteter Oberfläche aus Grabungsfläche 653 gleichfalls zur merowingerzeitlichen Feinkeramik zu gehören.[68] Sein geschwungener Wandungsverlauf deutet auf eine Krugform hin.

55 Koch 2007, 357f.
56 Hübener 1969, Karte 42.
57 Koch 2007, 181 Abb. 103,248.249 (SD-Phase 6).
58 Koch 1982, Taf. 25,13; 31,3; 43,8; 44,12. – Beispiel aus Mannheim-Vogelstang „Elkersberg": Koch 2007, 359 Abb. 54 links unten.
59 Koch 2007, 189 Abb. 111,1.
60 Ähnliches Stück des frühen 7. Jh.: Koch 1982, Taf. 19,6.
61 Krefeld-Gellep: Gross 1996, 591 Abb. 437. – Sindelfingen: Christlein 1978, Taf. 62. – Siehe auch Maul 2002, 290 Abb. 83; 473 (Liste).
62 Behrens 1947, 26 Abb. 65,2.2a.
63 Charnay: Baudot 1980, Taf. XXIV (obere Reihe, Mitte). – La Bruyère: Aronovici-Martin 1977, Taf. 73,9.
64 Fischer 1993, 150 Abb. 18.
65 Redknap 1999, 253 Abb. 61,D 47.19; D 47.20; D 47.51.
66 Vgl. Redknap 1999, 251 Abb. 60,D 47.6.
67 Gross 1991a, 65 Abb. 18. – Ders. 2004, 270 Abb. 11.
68 Gross 2008a, 128ff. mit Abb. 2,5.

Da Krüge jedoch in aller Regel rauwandig sind, erhebt sich die Frage, ob es sich nicht um das Fragment vom Oberteil einer Kanne des Tatinger Typs handelt. Diese ähneln in der Machart stark dem merowingischen Feingeschirr, aus dem sie wohl hervorgegangen sind.[69] Das Fehlen der charakteristischen Zinnfolienzier ist kein wirkliches Gegenargument, denn sie ist lediglich bei einem (kleineren?) Teil der einschlägigen Gefäße überhaupt vorhanden.
Ein Vergleich des Mannheimer Fragmentes mit der „Tatinger" Kanne aus Süderende[70] zeigt große Übereinstimmungen bei den Maßen und dem Profilverlauf. Trifft diese Einordnung zu, dann hat das Mannheimer Stadtgebiet neben dem bisher südlichsten bekannten Fundort (Wüstung Kloppenheim auf Gemarkung Mannheim-Seckenheim[71]) nun schon den zweiten Nachweis für „Tatinger" Kannen erbracht. Diese „Geläufigkeit" erklärt auch, dass auf dem wenig südlich gelegenen Heiligenberg bei Heidelberg die Imitation eines solchen Flüssigkeitsbehälters zum Vorschein kam.[72]

Rauwandige Drehscheibenware

Rauwandige Drehscheibenware macht den Hauptteil der ältesten frühmittelalterlichen Keramik aus (Taf. 1,15–17; 2,2–7; 3,3–11; 4,2–3; 8,2–4; 12,1–6; 14,1). Bis auf geringste Ausnahmen wurden die geborgenen Scherben bereits reduzierend gebrannt, die eigentlich namengebende Rauheit ist durchaus unterschiedlich stark ausgeprägt. Oft handelt es sich eher um sandige als um durch hervortretende Quarzpartikel wirklich raue Oberflächen.
Die innerhalb der Ware dominierenden Wölbwandtöpfe zeigen häufig noch eine erkennbare Innenkehlung, in der sich die Abstammung von den spätantiken Sichelrandtöpfen des Typs Alzei 27 widerspiegelt.[73] Kaum zahlreicher vertreten sind die Töpfe mit Wulsträndern, als deren Vorfahren die Alzei-Typen 32/33 des 5. Jh. gelten.
Krüge und Kannen konnten nicht identifiziert werden, trotzdem ist von ihrer Existenz auszugehen. Auch offene Formen sind kaum vorhanden. Schalen mit einziehendem Rand, wie sie für das 6. Jh. typisch sind, fehlen in rauwandiger Machart völlig.
Diese Beobachtungen, zusammen mit der Feststellung, dass keinerlei Spuren von handgemachtem Geschirr entdeckt wurden, welches anderenorts am nördlichen Oberrhein in den frühmerowingischen Zeitabschnitten erscheint,[74] legen einen Siedlungsbeginn nicht vor dem späten 6. Jh. oder um 600 nahe.

Ösenhenkelgefäße

Rauwandige Töpfe mit zwei gegenständigen, den Rand überragenden Ösen sind in Wallstadt/Vogelstang mit mindestens vier Exemplaren (Taf. 2,7)[75] weitaus zahlreicher fassbar als anderenorts. Während sie südlich des Mains in Gräbern[76] wie in Siedlungen[77] bislang nur vereinzelt vorkommen, zählen sie in Norddeutschland und Skandinavien anscheinend zu den geläufigeren Bestandteilen des frühmittelalterlichen Formenschatzes.[78]
Da ein einschlägiges Randstück mit Rollstempeldekor vom Heiligenberg bei Heidelberg vielleicht der frühen Älteren gelben Drehscheibenware angehört[79] und in Mayen zumindest ein Teil der Exemplare in Warenart Mayen E nach Redknap karolingisch sein dürfte,[80] ist das Fortleben der Form in nachmerowingischer Zeit möglich.
Sowohl die Ältere gelbe Drehscheibenware als auch die „steinzeugartige" Mayener Ware (ME) kennt außerdem Töpfe, die anstelle der Ösen lediglich zwei Bohrungen unter dem Rand aufweisen.[81] Die frühmittelalterlichen Ösenhenkelgefäße als Imitationen von Metallkesseln einzuordnen,[82] dürfte angesichts bereits älterer tönerner Beispiele[83] nicht statthaft sein.

---

69 Redknap 1984, 403 ff.
70 Lüdtke/Schietzel 2001 1626, Taf. 312,3.
71 Unpublizierter Fund in den Reiss-Engelhorn-Museen Mannheim.
72 Marzolff/Gross 2008, Abb. 10,12.
73 Gross 1992, 425 ff.
74 Schenk 1988, 35 f.
75 Gross 2008a, 130 f. mit Abb. 3,1–4.
76 Stauch 2004, Taf. 13. – Jemiller 1996, 286 (Grab 85). – Gross 1991b, 123 Abb. 5.
77 Mannheim-Vogelstang: Gross 1991a, Taf. 5,9; Gross 1991b, 123 Abb. 5,1. – Heiligenberg bei Heidelberg: Marzolff/Gross 2008, Abb. 10,11. – Wüstung Muffenheim bei Rastatt: Gross 2007, 690; 713 Abb. 153. – Renningen: Schreg 2006, Taf. 36,8. – Wüstung Botzheim: Fundber. Baden-Württemberg 22/2, 1998, Taf. 144 A,15. – Elztal-Dallau: Crowell u.a. 1995, 148 Abb. 2. – Aus dem westlich angrenzenden Elsass sind zwei einschlägige Stücke aus Tagolsheim und Schaeffersheim bekannt (Lobbedey 1968, Taf. 27,7. – Châtelet 2002, 96 Abb. 69), aus Bayern liegen ebenfalls zwei Belege vor (Geisler 1993, Beil. 62,350.351).
78 Selling 1955, 174 ff. – Weitere Beispiele: Lüdtke/Schietzel 2001 1320 Taf. 6,1; 1326 Taf. 12,7.8; 1327 Taf. 13,1.2. – Auch auf das recht häufige Vorkommen im östlichen Frankreich sei hingewiesen: Georges-Leroy/Lenoble 1993, 251 Abb. III,1.2; Bayard/Thouvenot 1993, 301 Abb. 6 (links unten). – Luxemburg: Bakker 1981, 353 Abb. 253,9.
79 Marzolff/Gross 2008, Abb. 10,11. – Weitere Belege für solche Gefäße in der (frühesten) Älteren gelben Drehscheibenware: Gross 2007, 713 Abb. 153.
80 Redknap 1999, 220 Abb. 48,A 72.16; A 73.1–3; 221 Abb. 49, A 85.1 (alle Ware MD); 290 Abb. 79,F 31.1; 301 Abb. 84,71.1 (alle Ware ME).
81 Gross 1991b, 123 Abb. 5,5.6. – Redknap 1999, 284 Abb. 76, F 18.77; F 18.80.
82 Stauch 2004, 23.
83 van Es 1967, 266 f. Abb. 136; 137.

Trierer Hospitalkeramik (?)

Sowohl die sehr glatte Oberfläche als auch die Rollstempelzier aus gegenständigen Schrägbalken und Dreiecken sprechen bei einem oxidierend gelb gebrannten, feintonigen Gefäßoberteil[84] gegen eine Zugehörigkeit zur am Oberrhein heimischen Älteren gelben Drehscheibenware. Parallelen in St. Peter und Paul im luxemburgischen Echternach werden von L. Bakker der karolingerzeitlichen sogenannten Trierer Hospitalkeramik zugewiesen.[85] Da Uwe Lobbedey 1964 eine rädchenornamentierte Kanne aus der Wüstung Hermsheim, Gemarkung Mannheim-Seckenheim, als Produkt der Hospitalkeramik identifizieren konnte,[86] hat man damit im Falle einer tatsächlichen Trierer Provenienz des Fragmentes schon den zweiten Import aus der Moselmetropole auf heutigem Mannheimer Stadtgebiet vor sich.

Mayener (steinzeugartige) Ware

Eine ganze Anzahl kugeliger Töpfe (und wohl auch Kannen) mit Linsenböden gibt sich durch die auffällige Brandhärte als Mayener „steinzeugartige“ Ware zu erkennen (Redknaps Ware „Mayen E“) (Taf. 1,19; 7,5–8).[87] Die Farbskala reicht von Orangebraun bis Bläulichgrau. Außer vereinzelten Rillen bleiben die Gefäße völlig unverziert, ganz im Gegensatz zu anderen zeitgleichen spätmerowingischen und karolingischen Warenarten. Ihre stark nach außen gewölbten Linsenböden können im Vergleich zu jenen der am Oberrhein heimischen Produkte erstaunlich „unsauber“ (stark facettiert) gearbeitet sein.

Die mehreren Dutzend Scherben dieser Ware, zu denen in Vogelstang wohl noch etliche weniger hart gebrannte in normaler Irdenwarequalität hinzu gerechnet werden müssen, unterstreichen ein weiteres Mal ihre große Bedeutung in der Neckarmündungsregion.[88] Die schon früher als Grund hierfür vermutete Präsenz des Eifelklosters Prüm[89] kann nach den Beobachtungen in Vogelstang allerdings nur mehr für einen Teil der Keramikfunde aus Mayener Produktion zutreffen. Vergesellschaftungen in mehreren Befunden, so etwa im Grubenhaus in Fläche 357 (Bef. 507; Taf. 1) machen es zur Gewissheit, dass ein Zustrom von Eifelkeramik schon vor dem Übergang Altrips aus königlicher Hand an die Reichsabtei Prüm im Jahre 762 und dem Erwerb der rechtsrheinischen Besitzungen[90] begonnen hat. Steinzeugartige Mayener Töpfe und Kannen mit Linsenböden trifft man in den Landschaften beidseits der Mosel fast regelhaft in Gräbern seit dem späten 7. Jh. an.[91]

Vielleicht kamen die ersten Vertreter der „steinzeugartigen“ Ware bereits zusammen mit dem Mayener Knickwandtopf aus Fläche 211 (Taf. 4,1) in den Neckarmündungsraum.

Pingsdorf-Ware

Wie bereits an mehreren anderen Plätzen des Neckarmündungsraumes, so erscheint echte Pingsdorf-Ware auch in den Gewannen „Linsenbühl“/„Hinter der Nachtweide“ im Fundgut des 10. bis 12. Jh. (Taf. 17,1–5).[92]

Den Hauptteil der Funde stellen wie üblich die Amphoren, aber auch mehrere hochhalsige Becher sind nachgewiesen (Taf. 17,1). Besonders erstaunlich ist das Vorkommen von Rändern, die zu kleinen Bechern (Kugeltöpfchen und/oder Exemplare mit schmalen Standringen) gehören müssen. Sie fehlen bisher unter den rheinischen Importen hierzulande nahezu völlig,[93] kommen aber unter den Pingsdorf-Imitaten häufiger vor. Ihr Nachweis in Wallstadt/Vogelstang gelingt durch einen kurzen Rand mit Bemalungsspuren[94] und das Fragment eines kleinen Standringes.[95]

Ein Hinweis auf das Ende der Siedlung deutlich (?) vor 1200 ist möglicherweise in der Absenz von späten dreieckigen Amphorenrändern und von späten Bechern mit innenseitig gekehltem Rand (Typ Trier St. Irminen)[96] zu sehen.

Imitierte Pingsdorf-Ware

Gegenüber der Originalware treten die Nachahmungen anteilsmäßig deutlich in den Hintergrund (Taf. 15,1–3). Mit Amphoren und Bechern (Kugeltöpfchen) sind dieselben Grundformen vorhanden. Die (fein)sandigen, glimmerhaltigen Erzeugnisse vermutlich südhessischer Provenienz sind unter den Imitationen am zahlreichsten.[97]

Ein deutliches Überwiegen bis hin zum ausschließlichen Vorkommen der echten Pingsdorfer Erzeugnisse ist auch an anderen Plätzen der Region bereits

---

84 Gross 2008a, 128 Abb. 2,6; 131 f.
85 Bakker 1981, 347 Abb. 250,9.13.
86 Lobbedey 1968, 180 Nr. 9; Taf. 15,15.
87 Redknap 1999, 101 ff.
88 Mannheimer Raum als „Ballungsgebiet“ bereits erkannt bei: Gross 1991a, 65 f. mit Abb. 18. – Siehe neuerdings: Gross 2004, 269 ff. mit Karte Abb. 11. – Viel Mayener Ware erbrachte anscheinend die Grabung im mittelalterlich wieder genutzten spätantiken Burgus Zullestein: Siemers 2002, 336. – Anders sieht es dagegen im benachbarten Kloster Lorsch aus: Sanke 2004, 142 Tab. 2.
89 Gross 2004, 269. – Zahlreiche Besitzungen im Raum Mannheim-Heidelberg im Vorland des linksrheinischen Unterzentrums Altrip: Trautz 1953, 119.
90 Ebd. 92; 117 ff.
91 Ament 1979 49. – 2003 74 ff.
92 Gross 1991a, 77 Abb. 27. – Schneid 1988, 107 ff.
93 Eines der seltenen Beispiele: Schallmayer/Gross 1983, 128 Abb. 50,14.
94 Gross 2008a, 132 f. mit Abb. 4,4.
95 Ebd. 132 f. mit Abb. 4,5.
96 Friedrich 1988, 271 ff.
97 Imitationen (Warenarten D3 und D4 1,3 % bzw. 1,5 % gegenüber Originalware: 5,7 %: Schneid 1988, 107 ff.; Beil. 7.

beobachtet worden. Sowohl in der Wüstung Botzheim bei Ladenburg[98] als auch im abgegangenen Lochheim bei Sandhausen[99] und in „Winternheim“ bei Speyer[100] fallen die Nachahmungen, die außer in Seligenstadt am Main auch noch in weiteren Töpfereien hergestellt worden sein müssen, kaum oder gar nicht ins Gewicht.

Dies ändert sich jedoch mit zunehmender Entfernung zum Rhein, wie etwa die Gegebenheiten in Wülfingen bei Forchtenberg am Kocher[101] oder in Unterregenbach bei Langenburg an der Jagst[102] unter Beweis stellen.

Ob für diese Dominanz der Originalware im Neckarmündungsraum chronologische Gründe verantwortlich gemacht werden dürfen, scheint zweifelhaft. Gegen einen deutlich späteren Produktionsbeginn der Imitationen sprechen Funde wie rot bemalte Nachahmungen von rollstempelverzierten Reliefbandamphoren aus Seligenstadt am Main.[103] Reliefbandamphoren dieser Art verschwinden bereits im 10. Jh. aus dem Formenrepertoire der rheinischen Töpfereien.[104]

Gefäße mit Aufhängetülle

Eine andere, etwas aufwendiger herzustellende Ausprägung der Hängegefäße als die oben abgehandelten Exemplare der Rauwandigen Drehscheibenware stellen jene mit „Aufhängetüllen“ (auch als „Schutzklappen“ oder „Schwalbennesthenkel“ bezeichnet) dar.[105] Die auf den ersten Blick wie Ausgüsse anmutenden Tüllen stehen bei diesen immer so steil und direkt am Rand, dass ein Ausgießen ohne Verschütten eines Großteils des Gefäßinhaltes nicht möglich war. Sie kommen im Frühmittelalter schon zeitgleich mit den Ösenhenkelgefäßen vor, wie u. a. ein (missratenes) Beispiel aus der Wüstung Wülfingen bei Forchtenberg am Kocher zeigt,[106] sie scheinen diese allerdings zu überleben und wenigstens bis ins ausgehende Hoch- oder sogar beginnende Spätmittelalter hinein weiter hergestellt worden zu sein. Auf eine späte Zeitstellung nach der Jahrtausendwende deutet im vorliegenden Material nicht nur die den graublauen Kugeltöpfen vergleichbare Machart hin, sie sind zudem mit hochmittelalterlichen Begleitfunden vergesellschaftet. In München entdeckte man ein Exemplar in einem Kontext der zweiten Hälfte des 12. Jh.[107] In Mayen treten sie gemeinsam mit den Ösenhenkelgefäßen in Ware ME auf.[108]

Kugeltöpfe

Echte Kugeltöpfe (Taf. 13,6; 16,5.6; 17,11–13) sind am nördlichen Oberrhein seit geraumer Zeit als fester, wenngleich numerisch nicht sehr bedeutender Bestandteil des hochmittelalterlichen keramischen Formenschatzes im 11.(?)/12. Jh. bekannt.[109] Ihre lokale Produktion konnte bisher in Bad Schönborn-Langenbrücken, Kr. Karlsruhe in einer Töpferei dokumentiert werden, welche daneben die regionstypische Ältere graue Drehscheibenware fertigte.[110]

In Wallstadt/Vogelstang gehören die hart gebrannten „graublauen“ Kugeltöpfe in die jüngste Siedlungsphase. Bei den Exemplaren mit profilierter Randaußenseite dürfte es sich um die spätesten Stücke handeln, deren Parallelen im Rheinland weit überwiegend erst in das 12. Jh. datiert werden.[111] Damit ist freilich nicht gesagt, dass die „schlichteren“ rundlichen Randbildungen älter sein müssen. Im Rheinland begegnen sie durchaus noch gemeinsam mit profilierten Rändern in Fundzusammenhängen vor 1200.[112]

Glimmerware

Sandig-raue Linsenbodengefäße (Töpfe und zweihenklige Kannen) in ganz überwiegend reduzierender Brennweise haben den größten Anteil am hochmittelalterlichen keramischen Fundgut (Taf. 13,8–13; 15,5–8; 16,2.3; 17,7–10). Die Wüstung im Bereich „Linsenbühl“/„Hinter der Nachtweide“ stellt damit nochmals die hohe Bedeutung unter Beweis, die diesem Geschirr im Mannheimer Raum zukommt. Im 10. bis 12. Jh. ist es in der Nachfolge der Älteren gelben Drehscheibenware dominant und numerisch der Älteren grauen Drehscheibenware deutlich überlegen. Diese Verhältnisse verkehren sich erst südlich von Ladenburg ins Gegenteil.

Die durchaus unterschiedlich hohen Anteile von Glimmer dürften Hinweise darauf sein, dass mit mehreren Töpfereien und der Ausbeutung verschiedener Tonvorkommen zu rechnen ist. Allein das Spessartvorland als Entstehungsraum anzunehmen, scheint nicht mehr zulässig.

In dem wie anderenorts im späteren Früh- und im Hochmittelalter auch äußerst reduzierten, nur aus Töpfen und Kannen zusammengesetzten Formenbestand fallen mehrere Böden auf, die eingetiefte

---

98 Gross 2009, 250.
99 Fundber. Baden-Württemberg 28/2, 2005, 319; Taf. 129,17–34.
100 Schenk 1988, 29: 20 Scherben der Nachahmungen gegenüber 113 der Originalware.
101 Schulze 1981, 40.
102 Lobbedey 1972, 192f. – Gross 1990, 388f.
103 Schallmayer 1987, 54 Abb. 47,307.
104 Giertz 2000, 259.
105 Gross 2008a, 130f. mit Abb. 3,5.6.
106 Gross 1991b, 120f. Abb. 1–3.
107 Mittelstrass 1995, 178 Abb. 130, 5a.
108 Redknap 1999, 290 Abb. 79,F 31.1; 299 Abb. 83,F 57.1–3; 301 Abb. 84,71.1.
109 Gross 1991a, 90ff.
110 Gross 1991a, Taf. 31; 32.
111 Bauche 1997, Taf. 8,13.21; 9,14; 27,9; 29,3.7; 62,6.
112 Bauche 1997, Taf. 31,15.20–22.24; 98,1–3.11.13.15.

Kreuze tragen. Sie erinnern jedoch weniger an die schmalen Ritzungen, wie sie häufiger bei der Mayener steinzeugartigen Ware auftreten,[113] als vielmehr an die plastischen Bodenmarken der zeitgleichen hochmittelalterlichen „nachgedrehten" Warenarten in Schwaben, Franken oder Bayern.[114]

Ältere gelbe Drehscheibenware

Aufgrund der langen Produktionszeit dieser Ware von jüngermerowingischer bis ottonischer Zeit ist es nicht verwunderlich, dass sie bei Weitem die stärkste Gruppierung im keramischen Fundgut darstellt (Taf. 1,16 [?].18; 4,5–17; 5,1–13; 6,1–9; 7,1–4; 8,6–9; 9,1–12; 10,1–11; 11,1.2.4–11; 12,7–13; 13,1–3; 14,2–14). Das frühe, wenngleich gegenüber dem Unterelsass[115] und Mittelbaden[116] anscheinend um etliche Jahrzehnte zeitversetzte Auftreten im Neckarmündungsraum spätestens in der zweiten Hälfte des 7. Jh. deutet sich in Grubenhäusern wie Befund 507 (Taf. 1,18) an. Zu den schon längere Zeit bekannten Indizien für einen Beginn dieser früher für rein karolingisch gehaltenen Warenart in der jüngeren Merowingerzeit[117] gesellten sich am nördlichen Oberrhein jüngst mehrere Vorkommen im Reihengräberfeld von Frankenthal-Eppstein[118] sowie in den vorderpfälzischen Friedhöfen von Bockenheim, Edesheim und Weingarten.[119]
Unter den rollrädchenornamentierten Scherben der jüngermerowingisch-karolingischen Zeit herrschen regionsüblich die magerungsrauen mit schlichten Quadrat- oder Hochrechteckeindrücken vor. Die feinen bis kreidigen Fragmente mit komplizierteren Mustern, die aus nordelsässischen Werkstätten stammen dürften, sind in der Minderzahl. Der Fundort liegt bereits an der nördlichsten Peripherie ihres Umlaufraumes.[120]
Gegen Ende der Produktionszeit erscheinen in spätkarolingisch-ottonischen Zusammenhängen einige unverzierte, glattwandige Stücke der Wieslocher Ausprägung der Älteren gelben Drehscheibenware (Taf. 11,7.11).[121] Dieses Vorkommen ist das bisher nördlichste der hauptsächlich im direkten Umfeld des Töpfereistandortes umlaufenden Ware.[122]
Den Übergang zur Älteren grauen Drehscheibenware im Laufe des 10. Jh. markieren unverzierte Gefäße mit oft deutlich gelängten Rändern, die vereinzelt bereits eine Riefung der Halszone aufweisen, wie sie für die reduzierend gebrannte Nachfolgeware typisch ist.[123] Ein kleiner Topf aus Befund 2242 ließ sich zeichnerisch wiederherstellen (Taf. 11,10).

Rotbemalte Elsässer Ware

Ein Randstück mit sehr kräftigem Halswulst[124] dürfte von einem frühen Vertreter des ausgehenden 7. (?)/8. Jh. herrühren, bei dem es sich mit hoher Wahrscheinlichkeit um eine steilwandige, vielleicht doppelkonische Kanne handelt.[125] Dieser Wulst stellt wohl ein von den reihengräberzeitlichen Knickwandgefäßen ererbtes Merkmal dar, das dann im Laufe der Zeit völlig verschwindet, wie jüngere Stücke aus spätkarolingisch-ottonischer Zeit in der Art der Kanne mit bemalten Henkeln[126] zeigen.[127]
Auffällig ist eine Tülle mit Bemalung,[128] denn die Ausgüsse bleiben normalerweise vom Maldekor ausgenommen.[129] Bemerkenswert erscheint an diesem Fragment darüber hinaus die nachlässige Fertigung, denn die vom Gefäßinneren durchgesteckte Tülle und die Wandung wurden unter Verbleib eines deutlichen, unregelmäßigen Absatzes miteinander verbunden.
Die Warenart ist am Unterneckar in Ladenburg[130] gut belegt und tritt bislang (ohne das nun neu hinzugekommene Dutzend Scherben aus Wallstadt/Vogelstang) im anschließenden Mannheimer Stadtgebiet nur sporadisch auf.[131] Da sie nördlich davon in Südhessen – mit einer einzigen Ausnahme in Bad Nauheim[132] – anscheinend bereits gänzlich unbekannt ist,[133] befindet man sich im Neckarmündungsraum schon am äußersten Rand des Verbreitungsraumes.

113 Redknap 1999, 288 Abb. 78,F 22.1–F 22.13.
114 Gross 1991a, 138 f.
115 Châtelet 2002, 166 Abb. 146.
116 Gross 2007, 687 f.
117 Gross 1991a, 36 f.
118 Engels 2005, 314 Abb. 3,1 und freundl. Hinweise des Bearbeiters.
119 Unpubliziert; Generaldirektion Kulturelles Erbe Rheinland-Pfalz, Direktion Archäologie Speyer.
120 Karte der Vorkommen der Elsässer Ausprägung der Älteren gelben Drehscheibenware: Châtelet u.a. 2005, 23 Abb. 14.
121 Heukemes/Gross 1983, 301 ff. – Hildebrandt/Gross 1995, 312 ff.
122 Gross 2004, 267 Abb. 8.
123 Gross 2008b, 145.
124 Gross 2008a, 132 f. mit Abb. 4,1.
125 Ähnlich: Baur 1997, 45 Taf. 2,1.
126 Gross 2008a, 132 f. mit Abb. 4,3.
127 Die Chronologie der Rotbemalten Elsässer Ware muss erst noch abschließend geklärt werden. Die vermutete Verbindung zur Keramik des 7. Jh. lässt sich vereinbaren mit M. Châtelets Datierung der frühesten bemalten Stücke in ihre Phase Nord 4 (Beginn um 720/30: Châtelet 2002, 118). – Eine entsprechend eingeordnete steilwandige Kanne mit starkem Halswulst liegt aus Soufflenheim vor: Châtelet 2002, 508 Taf. 102,3.
128 Gross 2008a, 132 f. mit Abb. 4,2.
129 Ähnlich jedoch die Kanne aus Soufflenheim: Châtelet 2002, 508 Taf. 102,3.
130 Schneid 1988, 102 ff. (Ware D 1).
131 Wüstung Hermsheim: Gross 1991a, Taf. 12,5. – Straßenheim „Ortsetter": unpubliziert, Reiss-Engelhorn-Museen Mannheim.
132 Süß 1978, Taf. 64,1.
133 In der Liste der in Kloster Lorsch identifizierten Waren nicht vertreten: Sanke 2004, 142 Tabelle 2. – Verbreitungskarte: Gross 1991a, 76 Abb. 26.

Ausgewählte nichtkeramische Kleinfunde

Metall

Emailscheibenfibel

Bereits 1990 trat in einem hochmittelalterlichen Kontext in Wallstadt eine der am Mittel- und Oberrhein südlich von Mainz äußerst seltenen bronzenen Fibeln mit Emaildekor in Grubenschmelztechnik zutage.[134] Das Stück gehört mit seinen etwa 2,5 cm Durchmesser zu den eher kleineren Exemplaren dieser bis in die frühe Salierzeit gebräuchlichen Fibelform. Für den Mannheimer Fund ließ sich keine exakte Entsprechung ausfindig machen. Ihm steht ein als vereinfachtes Derivat der karolingerzeitlichen Kreuzemailfibeln angesprochenes Stück[135] von nur 2 cm Größe aus dem mittelfränkischen Bernsdorf, Kr. Ansbach nahe.[136] Dieser Fibel mit gleichfalls durch die Degeneration der ehemaligen Kreuzbalken zu schmalen Rillen entstandenen Vierteilung der Schauseite fehlen allerdings der abgesetzte Perlrand und die zentrale rautenförmige Vertiefung mit Emaileinlage.

Hufeisen

Die frühe Verwendung von Pferdehufbeschlägen ist in Vogelstang gleich zweimal archäologisch belegt. Es handelt sich in Grabungsfläche 662 nur um ein kleines Bruchstück, in Fläche 554 allerdings um ein halbes Eisen.[137]
Beide gehören zu dem leichten Typ noch ohne Wellenrand und Stollenbildung, wie er beispielsweise in der jüngsten Siedlungsphase auf dem Runden Berg bei Urach spätestens im 10. Jh. in Verwendung war.[138]

Schlüssel

Zwei der drei vorhandenen eisernen Schlüssel[139] lassen sich dank ihrer typischen Form mit der ovalen Griffpartie in das späte erste Jahrtausend datieren.[140] Zumindest das kleine Exemplar kann nur von einem Kästchen stammen, in dem man wertvollen Besitz verwahrte. Von dem dritten Stück ist lediglich der Bart mit einem kurzen Abschnitt des Schaftes überkommen. Auch für ihn gilt wegen der keramischen Beifunde eine Datierung in karolingisch-ottonische Zeit als sicher.

Riemendurchzug

Gestielte Riemendurchzüge wie jener aus Schnitt 412 (Bef. 784) sind als Siedlungsfunde sehr selten. In Südwestdeutschland lassen sich Parallelen aus der abgegangenen Siedlung Zimmern bei Gemmingen-Stebbach im südlichen Kraichgau[141] und vom Runden Berg bei Urach auf der nördlichen Schwäbischen Alb[142] anführen. Häufiger erscheinen sie im östlichen Europa in Gräbern der karolingischen Epoche.[143] Ihre einstige Funktion sucht man im Bereich reiterlichen Riemenwerkes.[144]

Messer

Zu den auch in Vogelstang geläufigen Siedlungsfunden aus Metall zählen mehrere Messer und Fragmente von solchen.[145] Sie besitzen alle die für früh- und hochmittelalterliche Ausführungen typische Angel, auf die der hölzerne oder beinerne Griff aufgeschoben wurde.
Ein sehr gut erhaltenes Objekt aus einem hochmittelalterlichen Befund[146] setzt sich gegen die übrigen Messer durch seinen langen, tordierten Griff und die recht kurze, am Rücken stark geknickte Schneide ab.

Beinfunde

Kämme

Die jüngeren Grabungen erbrachten Reste von drei Beinkämmen. Die Stücke aus den Flächen 460 (Bef. 1138) und 707 (Bef. 2539, Grubenhaus) gehören sicher zu einzeiligen Exemplaren, wie sie hierzulande bevorzugt seit der jüngeren Merowingerzeit verwendet wurden.
Die knapp 10 cm lange Griffleiste aus Befund 784 in Schnitt 413 weist auf einer Länge von etwa 4 cm auch auf der Oberseite Kerben auf, wie sie immer in Zusammenhang mit einer Zähnung vorkommen. Möglicherweise wurde hier für einen einzeiligen Kamm eine Griffleiste benutzt, die zu Beginn ihrer Bearbeitung für einen zweizeiligen vorgesehen war.
Unzweifelhaft von einem solchen rührt das beidseits gezähnte und mit zwei Nietlöchern versehene Plattenfragment her, das schon 1989 zum Vorschein kam.

Webbrettchen

Bereits in der ersten Grabungskampagne im Jahre 1989 trat auch ein vollständiges quadratisches Beinplättchen zutage. Es zählt zu den sogenannten Web-

---

134 Ausnahmen: Trebur (Möller 1987, Taf. 105,8) und Worms (Mitscha-Märheim 1960, 31 Abb. 3).
135 Entwicklungsschema bei Spiong 2000, 277 Taf. 17.
136 Koch, R. 1990, 671 f. mit Abb. 3,2.
137 Damminger/Gross 2006, 184 Abb. 147 (rechts oben).
138 Koch 1984, 96 ff. – Zahlreiche frühe Eisen der Zeit um die Jahrtausendwende liegen neuerdings aus Ulm (Grabung Neue Straße) vor: Schmid 2007, 30 Abb. 35 links.
139 Damminger/Gross 2006, 184 Abb. 147 (links außen).
140 Koch 1984, 156 f.
141 Dickmans 1992, Taf. 24,12.
142 Koch 1984, 94.
143 Klanica 1984, 148 Abb. 8.
144 Koch, R. 1990, 675. – Koch 1984, 94.
145 Damminger/Gross 2006, 184 Abb. 147.
146 Ebd. Abb. 147 (unten).

brettchen aus den verschiedensten Materialien (Holz, Bein, Metall, Karton),[147] die von vorrömischer Zeit bis in die Moderne der Herstellung von Borten und Bändern dienten.
Die schlichte Verzierung mittels doppelter, sich kreuzender Diagonalrillen begegnet auf zahlreichen Bodenfunden beinerner Brettchen in Süddeutschland. Die nächstgelegenen Parallelen stammen aus der Wüstung Hermsheim.[148]
Geweihstangen und -fragmente mit Schnitt- und Hiebspuren deuten zweifelsfrei auf die Herstellung von beinernen Objekten in der Siedlung hin.

Glasfunde

Entsprechend den Verhältnissen in anderen ländlichen Siedlungen des frühen und vor allem des hohen Mittelalters in Südwestdeutschland blieben Glasfunde äußerst rar.
In dem 1990 in Schnitt 15/16 untersuchten Brunnen (Bef. 225) stieß man auf den Boden eines Sturzbechers. Die flache Bodenbildung und die in Ansätzen noch vorhandene, steile Wandung weisen diesen als Vertreter der jüngeren Form des späten 6. / frühen 7. Jh. aus.[149]
Der rundgeschmolzene Rand eines Gefäßes aus Befund 1509 in Grabungsfläche 511 lässt sich wegen seiner geringen Größe keiner bekannten Glasform sicher zuweisen. Die Begleitfunde sprechen für eine hochmittelalterliche Datierung.
Gläserne Glättsteine („Gniedelsteine")[150] traten in Vogelstang allerdings immerhin dreimal zutage. Wenn es sich nicht um Altstücke handelt, sind zumindest die beiden Funde aus dem 1989 aufgedeckten Brunnen (Flächen 73/74/83–85; Bef. 34) hochmittelalterlich.

Webgewichte

Die durch andere Kleinfunde (Spindeln, Nadeln, tönerne Spinnwirtel) hinlänglich belegte Herstellung von Geweben in Vogelstang wird durch die Funde von Gewichten des stehenden Webstuhls bestätigt.
Unter den überwiegend unverzierten Stücken fallen einige auf, die Einstiche bzw. einen runden „Kreuzstempel" tragen.
Auf der Oberseite flächig aufgebrachte kleine Einstiche weist ein merowingerzeitliches Gewicht aus Befund 249 von 1989/90 auf. In demselben Kontext kam auch ein Fragment mit etwas größeren runden Vertiefungen zum Vorschein, ein entsprechendes stammt aus Befund 773. Abdrücke von Kämmen zieren ein drittes Gewicht aus Befund 249 sowie weitere, jüngere Bruchstücke (Bef. 134 und 773).
Besonders ins Auge fällt ein Fragment mit rundem „Kreuzstempel" aus Befund 246 in Schnitt 68 (Grubenhaus). Diese Dekorform ist bisher südlich des Mains nur recht selten belegt.[151] Sofern es sich nicht um ein Altstück handelt, datiert das Mannheimer Beispiel nach den keramischen Begleitfunden in den hochmittelalterlichen Siedlungsabschnitt.
Die anderenorts beobachtete Abfolge von kleinen, flachen völkerwanderungs- und merowingerzeitlichen Gewichten über kugelige hin zu schweren, zylindrischen Ausführungen im hohen Mittelalter[152] kann auch am vorliegenden Fundmaterial nachvollzogen werden. Der im Spätmittelalter verbreitete „liegende" Webstuhl[153] kam ohne Gewichte aus.

Perlen

Eine fragmentarisch erhaltene türkisfarbene doppelkonische Perle aus dem Grubenhaus in Schnitt 760 kann dank Parallelen in Reihengräberfeldern der ersten Hälfte des 7. Jh. zugewiesen werden.
Etwas jünger ist eine Perlmutt-Scheibenperle aus Befund 438 von 1990, die im späten/ausgehenden 7. Jh. Teil einer Halskette war.[154]

Einbindung in die regionale Siedlungsgeschichte

Die in Mannheim-Vogelstang untersuchte Siedlung nimmt ihren Anfang zwar erst an der Wende vom 6. zum 7. Jh., doch erscheint es angesichts der vergleichsweise reichen archäologischen Überlieferung der Region lohnend, die Betrachtung des siedlungsgeschichtlichen Umfeldes der Wüstung mit dem Ende der römischen Herrschaft rechts des Rheins zu beginnen.[155] Wie auch an anderen, immer zahlreicher werdenden Fundstellen in Südwestdeutschland nachgewiesen,[156] sind auf dem Neckarschwemmkegel und in dessen unmittelbarem Umfeld im späteren 3. und 4. Jh. kurzfristig wieder benutzte *villae rusticae* bekannt, so die Anlagen in Ladenburg „Ziegelscheuer", Mannheim-Sandhofen „Auf der Hirtenwiese/Nachtweide"

147 Schlabow 1978, 445 ff.
148 Röber 1995, 891 Abb. 5 (links).
149 Maul 2002, 138 ff.
150 Steppuhn 1999, 113 ff.
151 Koch 1994, Taf. 22,1–3. – Maier 1994, Taf. 29,1.2. – Bänteli u.a. 2000, Taf. 42,1. – Zu norddeutschen Stücken: Steuer 1974, 119 ff. mit Karte 3.
152 Gross 2006, 5 ff.
153 Zum archäologischen Nachweis: Windler/Rast-Eicher 2000, 3 ff.
154 Siegmund/Weiss 1989, 297.
155 Zur Spätantike bzw. frühen Alamannenzeit im Neckarmündungsgebiet: Wieczorek 2007; Kraft 2008.
156 Fingerlin 1997, 128 ff. – Ergänzend und mit weiterführender Literatur: Schreg 2006, 28 mit Anm. 54. – Weitere einschlägige Fundstellen: Trumm/Wahl 2002, 214 mit Abb. 102 (Rohrdorf; Gde. Eutingen, Kr. Freudenstadt); Krause 1999, 146 (Stetten auf den Fildern, Stadt Leinfelden-Echterdingen, Kr. Esslingen).

und Hirschberg-Großsachsen „Maueräcker“.[157] Aus diesem zeitlichen Rahmen fallen die Siedlungsfunde von Viernheim „Am Straßenheimer Weg“ (Abb. 3,23), die eine sekundäre Nutzung römischer Ruinen noch im weit fortgeschrittenen 5. Jh. belegen.[158]
Ansonsten zeigen die bislang im Bereich Wallstadt/Vogelstang bekannten Fundstellen des 4./5. Jh. eine ausgeprägt naturräumlich determinierte Verteilung. So reihen sich auf dem Gebiet der heutigen Neubausiedlung Vogelstang drei archäologisch anhand einzelner Gruben nachgewiesene Siedlungsstellen (Abb. 3,5.6.8) wie an einer Perlenschnur aufgezogen entlang des Nordufers jenes Neckaraltarmes, an dem auch die hier vorgestellte Wüstung liegt. In vergleichbarer topographischer Lage dürften auch die im Umfeld des Straßenheimer Grabfundes (Abb. 3,16) anzunehmenden Hofstellen gelegen haben.
So umfangreich der archäologische Quellenbestand der Region auch sein mag, reicht er doch nicht aus, um etwaige Strukturänderungen im Zuge der machtpolitischen Umbrüche um das Jahr 500 herum in der Fläche nachvollziehen zu können, wie dies beispielsweise anhand der merowingerzeitlichen Gäberfelder (Stichwort „Typ Hemmingen“)[159] möglich zu sein scheint. In diesem Zusammenhang sei jedoch erwähnt, dass die Lesefunde der auf Ladenburger Gemarkung gelegenen Wüstung Botzheim ein Bestehen der Siedlung vom 4./5. Jh. bis in die Merowingerzeit oder gar darüber hinaus andeuten.[160]
Auch für die Jahrzehnte unmittelbar nach der Angliederung der nördlichem *Alamannia* an das Merowingerreich bleiben Siedlungsfunde ausgesprochen rar. Für diese Epoche, das heißt grosso modo die erste Hälfte des 6. Jh., lässt sich nach momentanem Kenntnisstand für das kartierte Gebiet einzig die erst 2008 entdeckte Fundstelle Heddesheim, Uhlandstraße (Abb. 3,18) benennen.[161] Im Umfeld der Reihengräberfelder „Aue“ (Abb. 3,14) und „Elkersberg“ (Abb. 3,2) mit Belegungsbeginn in den 620er Jahren (SD-Phase 4[/5]) bzw. ein bis zwei Jahrzehnte später (SD-Phase 5)[162] bleibt die Lage der Hofstellen der ersten Siedlergenerationen dagegen unbekannt.
Der Fundbestand der Region verdichtet sich, analog zum Besiedlungsbeginn der Wüstung „Hinter der Nachtweide“, erst in den Jahrzehnten um 600. Bis dahin lassen die Quellen Raum für die spekulative Anwendungen verschiedener siedlungsgeschichtlicher Modelle.[163] In diesen frühen Phasen sind – auch wenn etwa Botzheim (siehe oben) im Einzelfall das Gegenteil belegen mag – großräumige Siedlungsverlagerungen nicht auszuschließen. Möglicherweise repräsentiert die oben genannte Heddesheimer Fundstelle – quasi als Norm – einen bislang nur wenig erfassten Typ ältermerowingischer Siedlungsstellen mit nur kurzer Nutzungsdauer. Um durch die Zeiten siedlungsgenetische Zusammenhänge zwischen einzelnen Fundkomplexen herstellen zu können, bedarf es – wenn dies überhaupt je möglich sein sollte – gleichermaßen einer intensiven Auswertung des vorhandenen Materials wie neuer, großflächiger Grabungen.
In dem in Mannheim-Vogelstang erfassten Wüstungsausschnitt zeichnet sich eine ab der Zeit um 600 räumlich konstante, über die Jahrhunderte jedoch durch Änderungen der inneren Struktur geprägte Siedlungsentwicklung ab. Dies steht in einem gewissen Widerspruch zu den Schlüssen, die R. Schreg aus dem regionalen Fundbild gezogen hat. Er sieht in den Fundstellen „nördlich von Wallstadt ein Konglomerat früh- bis hochmittelalterlicher Siedlungsplätze, die eine fluktuierende Siedlungsweise vermuten lassen“.[164] Die räumlich deutlich voneinander abgesetzten Fundkonzentrationen (Abb. 3) machen es indes wahrscheinlicher, dass wir es hier mit mehreren „geschlossenen Systemen“ mit eigener, mehr oder weniger durch kleinräumige Verlagerungen geprägter Siedlungsentwicklung zu tun haben. Dies wird umso deutlicher, wenn man aus der von Schreg gewählten Vogelperspektive einer großmaßstäblichen aktuellen topographischen Karte in eine nähere Betrachtung des Naturraums umschaltet. So liegen etwa die Siedelareale „Hinter der Nachtweide“ (Abb. 3,12) und Chemnitzer Straße / „Hinter der Muld“ (Abb. 3,9.11) etc. beiderseits eines Neckaraltarmes, der – wie eingangs dargelegt – bis zu den Zeiten der Flurbereinigung noch als landschaftlich gliederndes Element wahrnehmbar war. Die durch die Fundbeobachtungen erschlossene Größe der Siedelareale legt nahe, dass deren räumliche Entwicklung etwa ab der Jüngeren Merowingerzeit zwar innerhalb eines bestimmten Bereiches verlief, aber nicht unbe-

157 Ladenburg: Lenz-Bernhard 1988. – Mannheim-Sandhofen: Wieczorek 2007, 301. – Hirschberg-Großsachsen: Schallmayer 1986, 130 mit Abb. 8; Hagendorn 1999, 174f. Taf. 68 IV.3.
158 Wieczorek 2007, 294; 300 Abb. 25 Nr. 11; 301 Abb. 28.
159 Ament 1992, 42ff.; RGA^2 XIII 153f. s. v. Gültlingen (Dieter Quast); Blaich 1999, 340f.; Schach-Dörges 2004, 88ff. – Kritisch zu diesem Thema jüngst: Ament 2005, 1ff. – Mögliche Gräberfelder vom Typ Hemmingen im regionalen Umfeld: Mannheim-Vogelstang, Chemnitzer Str.: siehe Liste im Anhang, Nr. 10. – Mannheim-Sandhofen „Durch den Grund“: Wieczorek 2007, 294 Abb. 16, 1.2; 296f. Abb. 19f.; 301f.; Ladenburg, Totalwerk: Dauber u.a. 1967, 33; Christlein 1978, 155. – Heidelberg-Kirchheim: Stemmermann 1938; Christlein 1978, 149.
160 Gross 2009.
161 König 2008a; ders. 2008b. – Die Laufzeit der Siedlung beschränkt sich offensichtlich auf diese Phase.
162 Koch 2007, 23; 25; 90.
163 Vgl. Anm. 19.
164 Schreg 2006, 256ff.

dingt die gleiche Ortskonstanz aufweist wie die Fundstelle „Hinter der Nachtweide".
Von einer möglichen übergeordneten Beziehung der Siedlungskomplexe zueinander könnten die im regionalen frühmittelalterlichen Fundbild keineswegs klaren Lagebezüge Gräberfeld–Siedlung zeugen (vgl. Abb. 3). Dies deutet darauf hin, dass im Einzelfall Bestattungsplätze von den Bevölkerungen mehrerer Siedlungen genutzt wurden. Auch im Besitzrecht mögen sich solche Beziehungen niederschlagen. In der Einleitung wurde dargelegt, dass sich die Flurnamen im Umfeld der Vogelstanger Fundstelle eindeutig auf Wallstadt beziehen. Für den verlandeten Neckarlauf ist im 19. Jh. neben den in diesem Zusammenhang beschriebenen Bezeichnungen auch der Name „Allmendgut" überliefert.[165] Wie weit dieser rückschreibbar ist, muss letztlich von historischer Seite geklärt werden. Grundsätzlich ist eine frühmittelalterliche Entstehung jener Allmende nicht auszuschließen, so dass theoretisch die Bewohner aller umliegenden, archäologisch nachgewiesenen Siedlungen Anteil daran gehabt haben können. Vor diesem Hintergrund stellt sich die – von R. Schreg zu Recht aufgeworfene[166] – Frage, wie historisch überlieferte Siedlungsnamen mit dem archäologischen Fundbild abzugleichen sind.
Mit den in der Jüngeren Merowingerzeit beginnenden Siedlungen bzw. Siedlungskomplexen, für die die Vogelstanger Wüstung exemplarisch steht, wird erstmals die regionale Siedlungsstruktur in einer Dichte greifbar, die an annähernde Vollständigkeit denken lässt. Diese Plätze haben in der Regel nicht bis in die Gegenwart überlebt, doch wurden offenbar bestimmte Elemente des Siedelsystems bis in jüngere Zeiten tradiert. Das jedenfalls legt die – im Fall der Vogelstanger Wüstung auch kleinräumig im Luftbildbefund zu beobachtende (Abb. 1) – Orientierung der jüngermerowinger- und karolingerzeitlichen Siedlungskomplexe am vorindustriellen Wegenetz, wie es auf den ersten topographischen Kartenwerken aus dem 19. Jh. festgehalten ist (Abb. 3), nahe. Man darf annehmen, dass es sich parallel zur Verfestigung der regionalen Siedlungsstrukturen herausgebildet und zugleich zahlreiche später wüst gefallene Siedlungen überdauert hat, bevor es selbst in weiten Teilen durch Umgehungsstraßen, die Erschließungen von Neubaugebieten etc. überlagert wurde.
Mit dem hohen Mittelalter ist nun zugleich das Ende der Siedlung in Mannheim-Vogelstang und dieser siedlungsgeschichtlichen Ausführungen erreicht. Deren archäologisch nachweisbare Aufgabe noch im 12. Jh. fügt sich bestens in das regionale Wüstungsgeschehen ein, zeichnet sich doch im Neckarmündungsgebiet zwischen Mannheim und Heidelberg im Gegensatz zu Altsiedellandschaften wie etwa dem Kraichgau das Hoch- und nicht das Spätmittelalter als die einschneidende Wüstungsperiode ab.[167]
Dieses vergleichsweise frühe Ende der Siedlung schränkt die Aussagemöglichkeiten hinsichtlich des Aspekts der Dorfgenese merklich ein.[168] Es ist allerdings nicht von der Hand zu weisen, dass sich in der jüngsten Siedlungsphase (Abb. 4, Phase 3) bereits straßendorfartige Strukturen abzeichnen. In den heute noch bestehenden Siedlungen – Heddesheim, Wallstadt und Straßenheim – gruppieren sich dagegen die früh- bis hochmittelalterlichen Siedlungsstellen auffallend mit einigem Abstand um die kompakten historischen Ortskerne (Abb. 3). Hier wäre die archäologische Gegenprobe aus Letzteren gefragt.[169]
Diese zusammenfassende Darstellung der Siedlungsgeschichte in der Kleinregion um den Neckar-Altarm zwischen Wallstadt und Heddesheim dürfte eindrücklich gezeigt haben, dass trotz einer vergleichsweise guten Quellenlage noch zahlreiche Fragen offenbleiben. Zu deren Beantwortung erscheinen weitere großflächige Ausgrabungen in völkerwanderungszeitlichen bis hochmittelalterlichen Siedlungsbereichen unabdingbar. Hier zeichnet sich ein lohnendes Ziel für wissenschaftliche Schwerpunktbildungen ab. Darüber hinaus bleibt zur weiteren Erforschung der mittelalterlichen Siedlungsentwicklung in dieser reichen Fundlandschaft – neben einer vertieften Auswertung der hier vorgestellten Grabung – die Aufarbeitung der bislang in der Literatur kaum zugänglichen Mannheimer Bestände ein wesentliches Desiderat. So sollte es möglich sein, die bereits bekannten Fundareale sowohl in ihrer exakten Ausdehnung als auch in ihrer gesamten chronologischen Entwicklung bis hinein in das hohe und eventuell späte Mittelalter besser zu fassen.

---

165 So etwa auf dem einschlägigen Blatt der geologischen Karte des Großherzogtums Baden von 1899 (vgl. Koch 2007, 23 Abb. 4).
166 Schreg 2006, 257f.
167 Rückert 1997, 55f.
168 Methodisch hierzu: Schreg 2006, 349ff.
169 Die ältesten Siedlungsspuren, die 2005 bei einer Grabung der Reiss-Engelhorn-Museen im Ortskern von Wallstadt (Mosbacher Str. 12) zutage kamen, stammten aus dem 13. Jh. (Wirth 2005).

Fundkatalog

Warenarten

Ware 1a: Knickwandtöpfe
Ware 1b: Mayener Knickwandtopf
Ware 2: Rauwandige Drehscheibenware
Ware 3: Mayener (steinzeugartige) Ware
Ware 4: Pingsdorf-Ware
Ware 5: Imitierte Pingsdorf-Ware
Ware 6: Kugeltöpfe
Ware 7: Glimmerware
Ware 8: Ältere gelbe Drehscheibenware
Ware 9: Rotbemalte Elsässer Ware
Ware 10: Ältere graue Drehscheibenware

Abkürzungen

RS	Randscherbe
WS	Wandscherbe
BS	Bodenscherbe

Befund 507 (Schnitt 357)

Tafel 1
1–2 RS Ware 1a
3–14 WS Ware 1a
15 RS Ware 2
16 RS Ware 2 (?)/Ware 8 (?)
17 RS Ware 2
18 WS Ware 8
19 BS (Linsenboden) Ware 3

Befund 1991 (Schnitt 552)

Tafel 2
1 RS Ware 1a (Schale)
2–6 RS Ware 2
7 RS Ware 2 (Hängegefäß)

Befund 1737 (Schnitt 608)

Tafel 3
1 WS Ware 1a
2 BS Ware 1a (Becher)
3–7 RS Ware 2

Befund 535 (Schnitt 357)

Tafel 3
8–9 RS Ware 2

Befund 2566 (Schnitt 758)

Tafel 3
10–11 RS Ware 2

Befund 316 (Schnitt 211)

Tafel 4
1–2 WS Ware 1b
2–3 RS Ware 2
4 WS Ware 9
5–17 WS Ware 8

Tafel 5
1–3 RS Ware 8
4 RS Ware 8 (Kanne)
5–8 RS Ware 8
9 Ware 8 (Henkel)
10–13 RS Ware 8

Tafel 6
1–9 RS Ware 8

Tafel 7
1–4 RS Ware 8
5–6 RS Ware 3
7 RS Ware 3 (?)
8 WS Ware 3
9 Webgewichtsfragment; Dm. ca. 10 cm.

Befund 1882 (Schnitt 556)

Tafel 8
1 RS Ware (?)
2–5 RS Ware 2
6 RS Ware 8
7–8 WS Ware 8
9 RS Ware 8

Befund 1882 (Schnitt 556)

Tafel 9
1–2 RS Ware 8
3–5 WS Ware 8
6 RS Ware 8
7 WS Ware 8
8 RS Ware 8
9 WS Ware 8
10 RS Ware 8
11 WS Ware 8
12 RS Ware 8

Befund 2143 (Schnitt 556)

Tafel 10
1–11 RS Ware 8

Befund 3026 (Schnitt 711/712/761/762)

Tafel 11
1–2 RS Ware 8
3 Ware 9 (Bandhenkel)
4 RS Ware 8
5 WS Ware 8 (?)
6–7 RS Ware 8
8 RS Ware 8 (?)/Ware 10 (?)
9 RS Ware 10

Befund 2242 (Schnitt 651)

Tafel 11
10 Ware 8 (rekonstruierter Topf)
11 RS Ware 8 (Kanne)

Befund 407 (Schnitt 83)

Tafel 12
1–5 RS Ware 2
6 RS Ware 2 (?)
7–12 RS Ware 8

Tafel 13
1 RS Ware 8 (?)/Ware 10 (?)
2–3 RS Ware 10
4 RS Ware 4 (?)
5 RS Ware 5 (?)
6 RS Ware 6
7 RS Ware (?)
8–13 RS Ware 7

Befund 2826 (Schnitt 763)

Tafel 14
1 RS Ware 2 (Schüssel)
2–4 WS Ware 8
5–14 RS Ware 8

Tafel 15
1 Ware 5 (Tülle)
2–3 WS Ware 5
4 RS Ware (?)
5–8 RS Ware 7

Tafel 16
1 WS Ware 9 (?)
2–3 RS Ware 7
4 RS Ware (?)
5–6 RS Ware 6

Befund 490 (Schnitt 84)

Tafel 17
1 RS Ware 4
2–5 WS Ware 4
6 BS Ware 4
7–10 RS Ware 7
11 RS Ware 6 (?)
12–13 RS Ware 6

Liste: Fundstellen der Völkerwanderungszeit und des frühen bis hohen Mittelalters im Umfeld von Mannheim-Wallstadt

Kartierung siehe Abbildung 3.

Stadtkreis Mannheim

Die alte Gemarkungszugehörigkeit ist, wenn vom heutigen Stadtbezirk abweichend, in Klammern angegeben; abgegangene Flurnamen sind kursiv gedruckt.

1. Wallstadt, Amorbacher Straße/Ernsttaler Straße
Lit.: Dauber / u.a. 1967 45; Koch 2007, 17 Abb. 1 Nr. 11; 22f. Abb. 3; 4 Nr. 7; 26; Schreg 2006, 256 Abb. 127.

2. Vogelstang (Wallstadt), „*Elkersberg*“
Lit.: Koch 2007, 17 Abb. 1 Nr. 9; 22f. Abb. 3; 4 Nr. 3; 96–116 mit Abb. 105–140; Wagner 1911, 247 Dauber u.a. 1967 43; Schreg 2006,256 Abb. 127.

3. Vogelstang (Wallstadt/Käfertal), „*Achselsack*“ *(Sandgrube Kreiner)*/„*Klingeleck*“ *(Sandgrube Mutz)*
Lit.: Dauber u.a. 1967 43; Koch 2007, 17 Abb. 1 Nr. 8; 22f. Abb. 3–4 Nr. 6; 24; Gross 1991a, 177 (Kat.-Nr. 2) Taf. 5; 6.
4. Vogelstang (Wallstadt/Käfertal), Jenaer Weg
Lit.: Fundber. Baden-Württemberg 5, 1980, 280; Koch 2007, 17 Abb. 1 Nr. 8; 22f. Abb. 3; 4 Nr. 6; 24; Schreg 2006, 256 Abb. 127.

5. Vogelstang (Wallstadt), Stendaler Weg
Lit.: Wieczorek 2007, 295ff.; 302 Abb. 29 Nr. 5; 303 Abb. 34.

6. Vogelstang (Wallstadt), Sachsenstraße 53
Lit.: Wieczorek 2007, 295ff.; 302 Abb. 29 Nr. 3; 303 Abb. 31; 32; 304 Abb. 33; Spors-Gröger 1997, 71; unpubl. Fundzeichnungen Gross.

7. Vogelstang (Wallstadt), Sachsenstraße 55–59
Lit.: Wieczorek 2007, 295; 302 Abb. 29 Nr. 1.

8. Vogelstang (Wallstadt), Köthener Weg 33–39
Lit.: Wieczorek 2007, 295 ff.; 302 Abb. 29 Nr. 2; 303 Abb. 30.

9. Vogelstang (Wallstadt), Chemnitzer Straße
Lit.: Fundber. Baden-Württemberg 5, 1980, 272; Gross 1991a, 177 (Kat.-Nr. 1) Taf. 1–5; Koch 2007, 17 Abb. 1 Nr. 7; 22 f. Abb. 3; 4 Nr. 5; 24; Schreg 2006, 256 Abb. 127.

10. Vogelstang (Wallstadt), Chemnitzer Straße
Lit.: Fundber. Baden-Württemberg 5, 1980, 272; Wieczorek 2007, 297 ff.; 302 Abb. 29 Nr. 4; 305 f. Abb. 35; 36; Schreg 2006, 256 Abb. 127.

11. Vogelstang (Wallstadt), *„Die hintere Muld"/„Auf Hockers Anwender"/„Hinter der Nachtweid auf die Muld"*/Taylor Barracks
Lit.: Dauber u.a. 1967, 45; Koch 2007, 17 Abb. 1 Nr. 7; 22 f. Abb. 3; 4 Nr. 5; 24; Schreg 2006, 256 Abb. 127.

12. Vogelstang (Wallstadt), „Hinter der Nachtweid"/ Magdeburger Straße
Lit.: Lutz 1990; Damminger 2005; Damminger/ Gross, 2006 (darüber hinaus siehe Text).

13. Vogelstang (Wallstadt), „Hinter der Nachtweid"
Lit.: Damminger 2005, 180 mit Abb. 168; Damminger/Gross 2006, 184 (darüber hinaus siehe Text).

14. Wallstadt (Straßenheim), „Aue"
Lit.: Dauber u.a. 1967 42; Koch Mannheim 17 Abb. 1 Nr. 6; 22 f. Abb. 3; 4 Nr. 2; 81–95 mit Abb. 80–104.

15. Wallstadt (Straßenheim), „Links der Mannheimer Straße"
Lit.: Koch 2000; dies. 2001; dies. 2007 17 Abb. 1 Nr. 5; 22 f. Abb. 3–4 Nr. 1; 74–80 mit Abb. 65–79.

16. Wallstadt (Straßenheim), Ortsstraße
Lit.: Wieczorek 2007, 293; 300 Abb. 25 Nr. 1; 301 Abb. 27.

17. Wallstadt (Straßenheim), „Rindlach"/„Salzgarten"
Lit.: Wieczorek 2007, 300 Abb. 25 Nr. 15.

Heddesheim, Rhein-Neckar-Kreis

18. Uhlandstraße
Lit.: König 2008a; ders. 2008b.

19. Beethovenstraße/Joh.-Seb.-Bach-Straße
Lit.: Kemmet o.J., 110 ff.

20. Beethovenstraße
Lit.: Kemmet o.J., 139.

21. „In den Gänsgräben"
Lit.: Kemmet o.J., 115 f.

Viernheim, Kreis Bergstraße

22. „Kapellenberg"
Lit.: Möller 1987, 137 ff.

23. „Straßenheimer Weg"
Lit.: Wieczorek 2007, 294; 300 Abb. 25 Nr. 11; 301 Abb. 28.

Bildnachweis

G. Hell/O. Teschauer (Grundlage)/F. Damminger (Überarb. u. Ergänzung): 1
Regierungspräsidium Karlsruhe, Archäologische Denkmalpflege: 2, 4, 6 (Plangrundlagen); 5
F. Damminger: 3 (Kartierungsgrundlage: Topographischer Atlas über das Großherzogtum Baden [Blatt 6, 1838]), 6
U. Gross: 4
Kartografie Peh & Schefcik, Eppelheim: Graphische Umsetzung/Überarbeitung 1–6

Abgekürzt zitierte Literatur

Ament 1979 — H. Ament, Die fränkischen Grabfunde aus Mayen und der Pellenz. Germ. Denkmäler Völkerwanderungszeit B 9 (Berlin 1979)

Ament 1992 — H. Ament, Das alamannische Gräberfeld von Eschborn (Main-Taunus-Kreis). Mat. Vor- u. Frühgesch. Hessen 14 (Wiesbaden 1992).

Ament 2005 — H. Ament: Der Beitrag der frühmittelalterlichen Grabfunde von Nieder-Erlenbach (Stadt Frankfurt a. M.). Zur Kenntnis der Gräberfelder vom Typ Hemmingen. In: C. Dobiat (Hrsg.), RELIQUIAE GENTIUM 1. Festschr. Horst Wolfgang Böhme. Internat. Arch. Stud. honoraria 23 (Rahden/Westf. 2005) 1–7.

Arnold 1998 — S. Arnold, Die Ausgrabungen auf der Flur Vöhingen bei Schwieberdingen. In: Dorfsterben … Vöhingen und was davon blieb. Archäologie eines mittelalterlichen Dorfes bei Schwieberdingen. Begleitheft zur Ausstellung des Landesdenkmalamtes im Rathaus Schwieberdingen 4. 4.–3. 5. 1998 (Stuttgart 1998) 13–30.

Aronovici-Martin 1977 — C. Aronovici-Martin, Dijon, Musée Archéologique. Les collections mérovingiennes (Dijon 1977).

Bakker 1981 — L. Bakker, Spätrömische Befestigungen und frühmittelalterliche Kirche von St. Peter und Paul. In: J. Metzler/J. Zimmer/L. Bakker, Ausgrabungen in Echternach (Luxemburg 1981) 269–354.

Bänteli u. a. 2000 — K. Bänteli/M. Höneisen/K. Zubler, Berslingen – ein verschwundenes Dorf bei Schaffhausen. Schaffhauser Arch. 3 (Schaffhausen 2000).

Bauche 1997 — R.-D. Bauche, Die Keramik des 12. Jahrhunderts zwischen Köln und Aachen. Arch. Ber. 9 (Bonn 1997).

Baudot 1980 — H. Baudot, Mémoires sur les sépultures barbares de l'époque mérovingienne découvertes en Bourgogne et particulièrement à Charnay. Mém. Comm. Ant. Côte d'Or 5, 1980, 127–305.

Baumhauer 2001 — M. Baumhauer, „Grubenhaus“ oder „Keller“. Bemerkungen zu ihrer Unterscheidbarkeit anhand ausgewählter archäologischer Befunde. In: J. Pfrommer/R. Schreg (Hrsg.), Zwischen den Zeiten. Archäologische Beiträge zur Geschichte des Mittelalters in Mitteleuropa. Festschr. Barbara Scholkmann. Internat. Arch. Stud. honoraria 15 (Rahden/Westf. 2001) 333–348.

Baur 1997 — M. Baur, Grabung Krautmarkt 1986/87 in Kirchheim unter Teck: Vorbericht zu den früh- und hochmittelalterlichen Siedlungsperioden. Stadt Kirchheim unter Teck. Schriftenr. Stadtarchiv 21 (Kirchheim unter Teck 1997) 9–60.

Bayard/Thouvenot 1993 — D. Bayard/B. Thouvenot, Étude de la céramique du haut moyen âge (V^{e} au Xe siècles) dans le département de l'Aisne (France): Premier bilan. In: Travaux du groupe de recherches et d'études sur la céramique dans le Nord – Pas-de-Calais. Coll. Outreau 10–12 avril 1992. Nord-Ouest Archéologie (Numéro hors-série) (Berck-sur-Mer 1993) 291–340.

Behrens 1947 — G. Behrens, Merowingerzeit (Original-Altertümer des Zentralmuseums in Mainz). RGZM Kat. 13 (Mainz 1947).

Bernhard 1982 — H. Bernhard, Die frühmittelalterliche Siedlung Speyer „Vogelgesang“. Offa 39, 1982, 217–233.

Biermann 2005 — F. Biermann, Brunnen im mittelalterlichen ländlichen Siedlungswesen Deutschlands: ein Überblick. In: Water management in medieval rural economy. Ruralia V = Pam. Arch. Suppl. 17 (Prag 2005) 152–173.

Blaich 1999 — M. C. Blaich, Die alamannischen Funde von Nagold, Kr. Calw. Fundber. Baden-Württemberg 23, 1999, 307–365.

Bücker 1994 — Ch. Bücker, Die frühgeschichtliche Siedlung von Mengen im Gewann „Löchleacker“ und „Hofstatt“. In: FundMengen. Mengen im frühen Mittelalter. Arch. Inf. Baden-Württemberg 25 (Stuttgart 1994) 28–54.

Bücker 2001 — Ch. Bücker, Vörstetten: Ein Siedlungsplatz der frühen Alamannen im Vorfeld der spätrömischen Rheingrenze. Arch. Nachr. Baden 65, 2001, 3–18.

Bücker u. a. 1997 — Ch. Bücker/M. Hoeper/M. Höneisen/M. Schmaedecke, Hof, Weiler, Dorf. Ländliche Siedlungen im Südwesten. In: Arch. Landesmus. Baden-Württemberg (Hrsg.), Die Alamannen. Ausstellungskat. Stuttgart 1997 (Stuttgart 1997) 311–322.

Bücker/Klug-Treppe 2007 — Ch. Bücker/J. Klug-Treppe, Jungsteinzeit und frühe Alamannen – eine Ausgrabung mit Laien in Vörstetten, Kreis Emmendingen. Arch. Ausgr. Baden-Württemberg 2007, 176–179.

Châtelet 2002 — M. Châtelet, La céramique du haut Moyen Âge du sud de la vallée du Rhin supérieur (Alsace et Pays de Bade). Typologie, chronologie, technologie, économie et culture (Montagnac 2002).

Châtelet 2006 — M. Châtelet, avec collaboration de B. Pradat, J.-H. Yvinec et E. Boës, Un habitat médiéval encore instable: l'exemple de Nordhouse «Oberfuert» en Alsace (IXe–XIe siècle). Arch. Médiévale 36, 2006, 1–56.

Châtelet u. a. 2005 — M. Châtelet/M. Picon/G. Thierrin-Michael/Y. Waksman, Une centralisation des ateliers de céramiques au VIIe siècle ? Bilan d´un programme d´analyses sur la production de la céramique en Alsace et en Pays de Bade pendant la période du haut Moyen Âge. Arch. Médiévale 35, 2005, 11–38.

Christlein 1978 — R. Christlein, Die Alemannen. Archäologie eines lebendigen Vokes (Stuttgart 1978).

Crowell u. a. 1995 — R. Crowell/U. Fahrbach/B. Kollia-Crowell/Ch. Wieczorek, Schloß Dallau – Der Schlußbericht. Denkmalpfl. Baden-Württemberg 24, 1995, 147–158.

Damminger 2002 — F. Damminger, Die Merowingerzeit im südlichen Kraichgau und in den angrenzenden Landschaften. Materialh. Arch. Baden-Württemberg 61 (Stuttgart 2002).

Damminger 2005 — F. Damminger, Ausgrabungen in einer früh- bis hochmittelalterlichen Wüstung an der A 6 bei Mannheim. Arch. Ausgr. Baden-Württemberg 2005, 177–181.

Damminger/Gross 2006 — F. Damminger/U. Gross, Zur Fortsetzung der Ausgrabungen in einer früh- bis hochmittelalterlichen Wüstung in Mannheim-Vogelstang. Arch. Ausgrabungen Baden-Württemberg 2006, 181–186.

Dauber u. a. 1967 — A. Dauber/E. Gropengießer/B. Heukemes/M. Schaab, Archäologische Karte der Landkreise Mannheim und Heidelberg. Bad. Fundber. Sonderh. 10 (Karlsruhe 1967).

Dickmans 1992 — F. Dickmans, Die Wüstung Zimmern auf der Gemarkung Stebbach, Gemeinde Gemmingen. Keramik und Siedlungsstruktur im südwestdeutschen Vergleich (Freiburg 1992).

Donat, 1980 — P. Donat, Haus, Hof und Dorf in Mitteleuropa im 7.–12. Jh. (Berlin 1980).

Donat 1995 — P. Donat, Neuere archäologische und bauhistorische Forschungsergebnisse zum ländlichen Hausbau des 11.–13. Jahrhunderts in Mittel- und Süddeutschland. Germania 73, 1995, 421–439.

Engels 2005 — Ch. Engels, Das merowingerzeitliche Gräberfeld von Eppstein, Stadt Frankenthal (Pfalz). Eine lokale Studie zu den archäologischen Kulturmodellen von F. Siegmund. Germania 83, 2005, 309–355.

van Es 1967 — W. A. van Es, Wijster. A native village beyond the imperial frontier 150–425 A. D. (Groningen 1967) (= Palaeohistoria 11, 1967).

Fingerlin 1997 — G. Fingerlin. Siedlungen und Siedlungstypen. Südwestdeutschland in frühalamannischer Zeit. In: Arch. Landesmus. Baden-Württemberg (Hrsg.), Die Alamannen. Ausstellungskat. Stuttgart 1997 (Stuttgart 1997) 125–134.

Fischer 1993 — Th. Fischer, Das bajuwarische Reihengräberfeld von Staubing. Studien zur Frühgeschichte im bayerischen Donauraum. Kat. Prähist. Staatsslg. 26 (Kallmünz/Opf. 1993).

Fleck/Kösel 1999 — W. Fleck/M. Kösel in: Heidelberg, Mannheim und der Rhein-Neckar-Raum. Führer arch. Denkm. Deutschland 36 (Stuttgart 1999) 18–26.

Friedrich 1988 — R. Friedrich, Eine chronologisch bedeutsame Bechergruppe der Pingsdorfer Ware. In: D. R. Gaimster/M. Redknap/H. H. Wegner (Hrsg.), Zur Keramik des Mittelalters und der Neuzeit im Rheinland. BAR Int. Ser. 440 (Oxford 1988) 271–298.

Fries-Knoblach 2006 — J. Fries-Knoblach, Hausbau und Siedlungen der Bajuwaren bis zur Urbanisierung. Bayer. Vorgeschbl. 71, 2006, 339–430.

Geisler 1993 — H. Geisler, Studien zur Archäologie frühmittelalterlicher Siedlungen in Altbayern (Straubing 1993).

Georges-Leroy/Lenoble 1993 — M. Georges-Leroy/M. Lenoble, La céramique du haut moyen âge (VIIe–XIe siècles) en Champagne méridionale. In: Travaux du groupe de recherches et d'études sur la céramique dans le Nord – Pas-de-Calais. Coll. Outreau 10–12 avril 1992. Nord-Ouest Archéologie (Numéro hors-série) (Berck-sur-Mer 1993) 247–265.

Giertz 2000 — W. Giertz, Reliefbandamphoren aus St. Quirin im Kontext karolingischer Keramik. In: M. Tauch (Hrsg.), Quirinus von Neuss. Beiträge zur Heiligen-, Stifts- und Münstergeschichte (Köln 2000) 222–271.

Gross 1989 — U. Gross, Befundinterpretation und mittelalterliches Fundmaterial. In: C.-J. Kind, Ulm-Eggingen. Bandkeramische Siedlung und mittelalterliche Wüstung. Forsch. u. Ber. Vor- u. Frühgesch. Baden-Württemberg 34 (Stuttgart 1989) 318–358.

Gross 1990 — U. Gross, Früh- und hochmittelalterliche Keramikfunde aus Unterregenbach, Lkr. Schw. Hall. Fundber. Baden-Württemberg 15, 1990, 383–419.

Gross 1991a — U. Gross, Mittelalterliche Keramik im Raum zwischen Neckarmündung und Schwäbischer Alb. Bemerkungen zur räumlichen Entwicklung und zeitlichen Gliederung. Forsch. u. Ber. Arch. Mittelalter Baden-Württemberg 12 (Stuttgart 1991).

Gross 1991b — U. Gross, Vom Versuch, einen tönernen Kochkessel zu imitieren. Denkmalpfl. Baden-Württemberg. 20, 1991, 120–123.

Gross 1992 — U. Gross, Rauhwandige Drehscheibenware der Völkerwanderungszeit und des frühen Mittelalters. Fundber. Baden-Württemberg 17, 1992, 423–440.

Gross 1996 — U. Gross, Die Töpferware der Franken. Herleitung – Formen – Produktion. In: A. Wieczorek/P. Périn/K. von Welck/W. Menghin (Hrsg.), Die Franken – Wegbereiter Europas (6.–8. Jh.). Begleitpublikation zur Ausstellung Mannheim/Paris/Berlin (Mainz 1996) Bd. 2, 581–593.

Gross, 2004 — U. Gross, Keramikverbreitung im 8. Jahrhundert als Hinweis auf Handel und Gliederung des politischen Raumes. In: H. Steuer/Th. Zotz (Hrsg.), Der Südwesten im 8. Jahrhundert aus historischer und archäologischer Sicht. Arch. u. Gesch. 13 (Stuttgart 2004) 257–274.

Gross 2005 — U. Gross, Rotgestrichene Ware – ein keramisches Bindeglied zwischen Antike und Frühmittelalter. Arch. Nachr. Baden 71, 2005, 59–65.

Gross 2006 — U. Gross, Runde Webgewichte des frühen und hohen Mittelalters aus Südwestdeutschland. Arch. Textiles Newsletter 43, 2006, 5–9.

Gross 2007 — U. Gross, Frühmittelalterliche Keramik aus der Wüstung Muffenheim, Gemarkungen Rastatt-Ottersdorf und Rastatt-Plittersdorf. Fundber. Baden-Württemberg 29, 2007, 683–719.

Gross 2008a — U. Gross, Seltene Keramikformen und regionsfremde Warenarten: Funde des frühen und hohen Mittelalters aus einer Wüstung am östlichen Stadtrand von Mannheim. Arch. Korrbl. 38, 2008, 127–136.

Gross 2008b — U. Gross, Transitionen – Übergangsphänomene bei südwestdeutschen Keramikgruppen des frühen und hohen Mittelalters. In: S. Arnold/F. Damminger/U. Gross/C. Mohn (Hrsg.), Stratigraphie und Gefüge. Beiträge zur Archäologie des Mittelalters und der Neuzeit und zur Bauforschung. Festschr. Hartmut Schäfer. Forsch. u. Ber. Arch. Mittelalter Baden-Württemberg 28 (Esslingen 2008) 137–147.

Gross 2009 — U. Gross, Anzeichen für vor- und ältermerowingische Siedlungstätigkeit im Bereich der Wüstung Botzheim, Gemarkung Ladenburg, Rhein-Neckar-Kreis. Fundber. Baden-Württemberg 30, 2009, 248–272.

Gross/Hildebrandt 2000 — U. Gross/L. Hildebrandt, Frühmittelalterliche Funde aus der Wüstung Lochhheim bei Sandhausen, Rhein-Neckar-Kreis. Arch. Nachr. Baden 63, 2000, 49–54.

Hagendorn 1999 A. Hagendorn, Die *villa rustica* von Großsachsen, Gem. Hirschberg, Rhein-Neckar-Kreis. Materialh. Arch. Baden-Württemberg 45 (Stuttgart 1999).

Hell/Teschauer 1997 G. Hell/O. Teschauer, Erfahrungen mit digitaler Luftbildauswertung für die Praxis der Denkmalpflege. Denkmalpfl. Baden-Württemberg 26, 1997, 95–101.

Heukemes/Gross 1983 B. Heukemes/U. Gross, Ein Töpferofen der „älteren, gelbtonigen Drehscheibenware" aus Wiesloch, Rhein-Neckar-Kreis. Forsch. u. Ber. Arch. Mittelalter Baden-Württemberg 8 (Stuttgart 1983) 301–318.

Hildebrandt/Gross 1995 L. Hildebrandt/U. Gross, Ein frühmittelalterlicher Töpferofen aus Wiesloch, Rhein-Neckar-Kreis. Arch. Ausgr. Baden-Württemberg 1995, 312–315.

Hübener 1969 W. Hübener, Absatzgebiete frühgeschichtlicher Töpfereien nördlich der Alpen. Antiquitas 3/6 (Bonn 1969).

Jemiller 1996 E. Jemiller, Gräber der jüngeren Merowingerzeit aus Weissenburg i. Bay. Jahrb. Bayer. Bodendenkmalpfl. 36/37, 1995/96, 169–306.

Klanica, 1984 Z. Klanica, Die südmährischen Slawen und andere Ethnika im archäologischen Material des 6.–8. Jahrhunderts. In: Interaktionen der mitteleuropäischen Slawen und anderen Ethnika im 6.–10. Jahrhundert (Nitra 1984) 139–150.

Kemmet o. J. E. Kemmet, Unterm Heddesheimer Boden. Archäologie und Kunstgeschichte (Heddesheim o. J.).

Kind 1989 C.-J. Kind, Ulm-Eggingen. Die Ausgrabungen 1982 bis 1985 in der bandkeramischen Siedlung und mittelalterlichen Wüstung. Forsch. u. Ber. Vor- u. Frügesch. Baden-Württemberg 34 (Stuttgart 1989).

Koch, R. 1990 R. Koch, Das archäologische Umfeld der Fossa Carolina. Kölner Jahrb. Vor- u. Frühgesch. 23, 1990, 669–678.

Koch 1982 U. Koch, Die fränkischen Gräberfelder von Bargen und Berghausen in Nordbaden. Forsch. u. Ber. Vor- und Frühgesch. Baden-Württemberg 12 (Stuttgart 1982).

Koch,1984 U. Koch, Der Runde Berg bei Urach V: Die Metallfunde der frühgeschichtlichen Perioden aus den Plangrabungen 1967–1981 (Sigmaringen 1984).

Koch 1994 U. Koch, Der Runde Berg bei Urach VIII: Frühgeschichtliche Funde aus Bein, Geräte aus Ton und Stein aus den Plangrabungen 1967–1984 (Sigmaringen 1994).

Koch 2000 U. Koch, Gräber der Merowingerzeit in Mannheim-Straßenheim. Arch. Ausgr. Baden-Württemberg 2000, 148–150.

Koch 2001 U. Koch, Total gestört – ein fränkisches Adelsgrab in Straßenheim, Mannheim-Wallstadt. Arch. Ausgr. Baden-Württemberg 2001, 154–157.

Koch 2007 U. Koch, Die Frankenzeit: Der Archäologische Befund. In: H. Probst (Hrsg.), Mannheim vor der Stadtgründung. Teil I,2: Die Frankenzeit: Der Archäologische Befund / Aus der Mannheimer Namenkunde (Regensburg 2007) 10–420.

König 2008a P. König, Urnenfelderzeitliche und frühmerowingerzeitliche Siedlungszeugnisse in Heddesheim, Rhein-Neckar-Kreis. Mannheimer Geschbl. 16, 2008, 154–155.

König 2008b P. König, Siedlungsreste der Urnenfelder- und frühen Merowingerzeit in Heddesheim, Rhein-Neckar-Kreis. Arch. Ausgr. Baden-Württemberg 2008, 191–193.

Kraft 2008 H. P. Kraft, An der grünen Grenze des römischen Reiches. Neue Funde aus der Spätantike im Neckarmündungsgebiet. Mannheimer Geschbl. 16, 2008, 137–141.

Krause 1999 R. Krause, Keltische Viereckschanze, römischer Gutshof und frühe Alamannen: Überraschende Ausgrabungen bei Stetten auf den Fildern, Stadt Leinfelden-Echterdingen, Kreis Esslingen. Arch. Ausgr. Baden-Württemberg 1999, 144–147.

Leinthaler 2003 B. Leinthaler, Eine ländliche Siedlung des frühen Mittelalters bei Schnaitheim, Lkr. Heidenheim. Materialh. Arch. Baden-Württemberg 70 (Stuttgart 2003).

Lenz-Bernhard 1988 G. Lenz-Bernhard, Alamannische Funde aus Ladenburg, Gewann Ziegelscheuer. Arch. Nachr. Baden 40/41, 1988, 45–57.

Lienemann/Tolksdorf-Lienemann 1991 J. Lienemann/E. Tolksdorf-Lienemann, Phosphatkartierungen in den alamannischen Häusern von Lauchheim. Arch. Ausgr. Baden-Württemberg 1991, 192–195.

Lobbedey 1968 U. Lobbedey, Untersuchungen mittelalterlicher Keramik, vornehmlich aus Südwestdeutschland (Berlin 1968).

Lobbedey 1972 U. Lobbedey, Die Keramik. In: G. P. Fehring, Unterregenbach. Kirchen, Herrensitz, Siedlungsbereiche. Die Untersuchungen 1960–1963, mit einem Vorbericht über die Grabungen der Jahre 1964–1968. Forsch. u. Ber. Arch. Mittelalter Baden-Württemberg 1 (Stuttgart 1972) 184–206.

Lohrke 2004 B. Lohrke, Kinder in der Merowingerzeit. Gräber von Mädchen und Jungen in der Alamannia. Freiburger Beitr. Arch. Gesch. ersten Jahrtsd. (Rahden/Westf. 2004).

Lohrke u.a.1999 B. Lohrke/C. Berszin/K. W. Alt, Anthropologische Bestimmungen der alamannischen Bestattungen von Mengen „Löchleacker". In: Ch. Bücker, Frühe Alamannen im Breisgau. Arch. u. Gesch. 9 (Sigmaringen 1999).

Löscher 2007 M. Löscher, Die quartären Ablagerungen auf der Mannheimer Gemarkung. In: H. Probst (Hrsg.), Mannheim vor der Stadtgründung. Teil 1,1: Der Naturraum Rhein-Neckar / Ur und Frühgeschichte bis zur Spätantike (Regensburg 2007) 28–47.

Lüdtke/Schietzel 2001 H. Lüdtke/K. Schietzel (Hrsg.), Handbuch zur mittelalterlichen Keramik in Nordeuropa. Schr. Arch. Landesmus. 6 (Neumünster 2001).

Lutz 1990 D. Lutz, Eine abgegangene Siedlung bei Mannheim-Wallstadt. Arch. Ausgr. Baden-Württemberg 1990, 228–232.

Machhaus 2003 R. Machhaus, Das frühmittelalterliche Gräberfeld von Müden, Kreis Cochem-Zell. Arch. Mittelrhein u. Mosel 8 = Trierer Zeitschr. Beih. 27. (Trier 2003) 25–283.

Maier 1994 K. Maier, Eine mittelalterliche Siedlung auf Markung Urspring. Materialh. Arch. Baden-Württemberg 23 (Stuttgart 1994).

Marzolff/Gross, 2008 P. Marzolff/U. Gross, Zwischen Merkur und Michael: Der Heiligenberg bei Heidelberg in Völkerwanderungszeit und Frühmittelalter. In: H. Steuer/V. Bierbrauer (Hrsg.), Höhensiedlungen zwischen Antike und Mittelalter. RGA Ergbd. 58 (Berlin, New York 2008) 122–162.

Maul 2002 B. Maul, Frühmittelalterliche Gläser des 5.–7./8. Jahrhunderts. Sturzbecher, glockenförmige Becher, Tummler und Glockentummler. Universitätsforsch. Prähist. Arch. 84 (Bonn 2002).

Mitscha-Märheim 1960 H. Mitscha-Märheim, Einige frühmittelalterliche Schmuckstücke mit Tierdarstellungen. Mitt. Anthr. Ges. Wien XC, 1960, 29–32.

Mittelstraß 1995 T. Mittelstraß, Stadtkernarchäologie in München – Ausgrabungen am Dreifaltigkeitsplatz und im Alten Hof. Arch. Jahr Bayern 1995, 176–179.

Möller 1987 J. Möller, Katalog der Grabfunde aus Völkerwanderungs- und Merowingerzeit im Südmainischen Hessen (Starkenburg). Germ. Denkmäler Völkerwanderungszeit B 11 (Wiesbaden, Stuttgart 1987).

Musall/Neumann 1988 G. Musall/J. Neumann in: G. Römer (Hrsg.), Der Neckar in alten Landkarten. Austellungskat. Badische Landesbibliothek (Karlsruhe 1988).

Peytremann 2005 E. Peytremann, Archéologie de l'habitat rural dans le Nord de la France du IVe au XIIe siècle. Mém. Ass. Franç. Arch. Mérov. 13, I und II (Saint-Germain-en-Laye 2005).

Planck 1977 D. Planck, Eine frühalamannische Siedlung in Sontheim im Stubental, Kreis Heidenheim. Fundber. Baden-Württemberg 3, 1977, 539–574.

Probst 2007 H. Probst, Aus der Mannheimer Namenkunde. In: Ders. (Hrsg.), Mannheim vor der Stadtgründung. Teil I,2: Die Frankenzeit: Der Archäologische Befund / Aus der Mannheimer Namenkunde (Regensburg 2007) 422–485.

Redknap 1984 M. Redknap, Late merovingian black and red burnished wares from Mayen (Rheinland-Pfalz). Arch. Korrbl. 14, 1984, 403–416.

Redknap 1999 M. Redknap, Die römischen und mittelalterlichen Töpfereien in Mayen. In: Ber. Arch. Mittelrhein u. Mosel 6 = Trierer Zeitschr. Beih. 24. (Trier 1999) 11–401.

Reuter 1995 M. Reuter, Germanische Siedler des 3. und 4. Jahrhunderts in römischen Ruinen: Ausgrabungen des Badesowie des Wirtschaftsgebäudes der *villa rustica* von Wurmlingen, Kreis Tuttlingen. Arch. Ausgr. Baden-Württemberg 1995, 204–208.

Röber 1995 R. Röber, Zur Verarbeitung von Knochen und Geweih im mittelalterlichen Südwestdeutschland. Fundber. Baden-Württemberg 20, 1995, 885–944.

Rothe 2007 P. Rothe, Geologie – Erdgeschichte unseres Raums bis zum Ende der Eiszeit. In: H. Probst (Hrsg.), Mannheim vor der Stadtgründung. Teil I,1: Der Naturraum Rhein-Neckar / Ur und Frühgeschichte bis zur Spätantike (Regensburg 2007) 14–27.

Rückert 1997 P. Rückert, Landesausbau und Wüstungen am Oberrhein westlich des Kraichgaus. In: L. Hildebrandt (Hrsg.), Archäologie und Wüstungsforschung im Kraichgau (Ubstadt 1997) 47–58.

Rückert 1999 P. Rückert, Die Wüstungen des späteren Mittelalters. In: Heidelberg, Mannheim und der Rhein-Neckar-Raum. Führer arch. Denkm. Deutschland 36 (Stuttgart 1999) 107–112.

Sanke 2004 M. Sanke, Archäologische Ausgrabungen im ehemaligen Reichs- und Königskloster Lorsch II: Das Fundmaterial der Ausgrabungskampagne 1999. In: I. Ericsson/M. Sank (Hrsg.), Aktuelle Forschungen zum ehemaligen Reichs- und Königskloster Lorsch. Bamberger Beitr. Arch. Mittelalter u. Neuzeit 1 (Darmstadt 2004) 135–260.

Schach-Dörges 2004 H. Schach-Dörges, Das frühmittelalterliche Gräberfeld bei Aldingen am mittleren Neckar. Materialh. Arch. Baden-Württemberg 74 (Stuttgart 2004).

Schallmayer 1986 E. Schallmayer, Die Villa rustica „Alter Weg" bei Großsachsen, Gemeinde Hirschberg, Rhein-Neckar-Kreis. Archäologische Denkmalpflege zwischen landwirtschaftlichen Bedürfnissen und öffentlichem Interesse. Denkmalpfl. Baden-Württemberg 16, 1986, 125–132.

Schallmayer 1987 E. Schallmayer, Ausgrabungen in Seligenstadt. Zur römischen und mittelalterlichen Topographie. Saalburg-Jahrb. 43, 1987, 5–60.

Schallmayer/Gross 1983 E. Schallmayer/U. Gross, Die mittelalterlichen und neuzeitlichen Befunde und Funde der Grabungen auf dem Gelände des ehem. Domhofes in Ladenburg, Rhein-Neckar-Kreis, 1980 und 1981. Forsch. u. Ber. Arch. Mittelalter Baden-Württemberg 8 (Stuttgart 1983) 79–138.

Schenk 1998 H. Schenk, Die Keramik der früh- bis hochmittelaterlichen Siedlung Speyer „Im Vogelgesang". Arch. Forsch. Pfalz 1 (Neustadt/Weinstr. 1998).

Schlabow 1978 RGA^{2} III (Berlin, New York 1978) 445–450 s. v. Brettchenweberei (K. Schlabow).

Schmid 2007 D. Schmid unter Mitarbeit von U. Gross und J. Scheschkewitz, Entdeckungen. Stadtarchäologie in Ulm. Arch. Inf. Baden-Württemberg 56 (Stuttgart 2007).

Schneid 1988 I. Schneid, Früh- und hochmittelalterliche Keramik aus Ladenburg a. N. Das Material der Grabungen an der Realschulstraße und am Kellereiplatz (Würzburg 1988).

Schreg 2006 R. Schreg, Dorfgenese in Südwestdeutschland – Das Renninger Becken im Mittelalter. Materialh. Arch. Baden-Württemberg 76 (Stuttgart 2006).

Schulze 1981 M. Schulze, Die Keramik der Wüstung Wülfingen am Kocher, Stadt Forchtenberg, Hohenlohekreis. Forsch. u. Ber. Arch. Mittelalter Baden-Württemberg 7 (Stuttgart 1981) 5–148.

Selling 1955	D. Selling, Wikingerzeitliche und frühmittelalterliche Keramik in Schweden (Stockholm 1955).
Siegmund/Weiss 1989	F. Siegmund/M. Weiss, Perlen aus Muschelscheibchen im merowingerzeitlichen Mitteleuropa. Arch. Korrbl. 19, 1989, 297–307.
Siemers 2002	S.-H. Siemers, Von der karolingischen Handelssiedlung „Zullestein" zur Festung „Zum Stein" bei Biblis-Nordheim, Kr. Bergstraße. Arch. Nachrichtenbl. 7, 2002, 336–339.
Spiong 2000	S. Spiong, Fibeln und Gewandnadeln des 8. bis 12. Jahrhunderts in Zentraleuropa. Eine archäologische Betrachtung ausgewählter Kleidungsbestandteile als Indikatoren menschlicher Identität. Zeitschr. Arch. Mittelalter, Beih. 12 (Bonn 2000).
Spors-Gröger 1997	S. Spors-Gröger, Die handgemachte frühalamannische Keramik aus den Plangrabungen 1967–1984. Der Runde Berg bei Urach XI. Heidelberger Akad. Wiss. Komm. Alamannische Altertumskde. Schr. 17 (Sigmaringen 1997).
Stauch 2004	E. Stauch, Wenigumstadt. Ein Bestattungsplatz der Völkerwanderungszeit und des frühen Mittelalters im nördlichen Odenwaldvorland. Universitätsforsch. Prähist. Arch. 111 (Bonn 2004).
Stemmermann 1938	P. Stemmermann, Ein Alamannenfriedhof von der Reichsautobahn bei Heidelberg-Kirchheim. Bad. Fundber. 14, 1938, 74–82.
Steppuhn 1999	P. Steppuhn, Der mittelalterliche Gniedelstein. Glättglas oder Glasbarren? Zur Primärfunktion und Kontinuität eines Glasobjektes vom Frühmittelalter bis zur Neuzeit. In: Nachr. Niedersachsen Urgesch. 68, 1999, 113–139.
Steuer 1974	H. Steuer, Die Südsiedlung von Haithabu. Studien zur frühmittelalterlichen Keramik im Nordseeküstenbereich und in Schleswig-Holstein. Die Ausgrabungen in Haithabu 6 (Neumünster 1974).
Stork, 1995	Stork, Fürst und Bauer, Heide und Christ. 10 Jahre archäologische Forschungen in Lauchheim/Ostalbkreis. Arch. Inf. Baden-Württemberg 29 (Stuttgart 1995).
Stork 2003	I. Stork, Lauchheim im frühen Mittelalter. Ein einzigartiges Ensemble. In: W. Menghin/D. Planck (Hrsg.), Menschen – Zeiten – Räume. Archäologie in Deutschland. Ausstellungskat. Berlin (Stuttgart 2003) 321–330.
Süß 1978	L. Süß, Die frühmittelalterliche Saline von Bad Nauheim. Mat. Vor- u. Frühgesch. Hessen 3 (Wiesbaden 1978).
Trautz 1953	F. Trautz, Das untere Neckarland im früheren Mittelalter (Heidelberg 1953).
Trumm/Wahl 2002	J. Trumm/J. Wahl, Bad, Brunnen und germanisches Grab – die römische Siedlung bei Rohrdorf, Gde. Eutingen im Gäu, Kreis Freudenstadt. Arch. Ausgr. Baden-Württember 2002, 121–125.
Wagner 1911	E. Wagner, Fundstätten und Funde aus vorgeschichtlicher, römischer und alamannisch-fränkischer Zeit im Großherzogtum Baden II. Das badische Unterland (Tübingen 1911).
Wieczorek 2007	A. Wieczorek, Zur Besiedlungsgeschichte des Mannheimer Raumes in der Spätantike und Völkerwanderungszeit. In: H. Probst (Hrsg.), Mannheim vor der Stadtgründung. Teil I,1: Der Naturraum Rhein-Neckar / Ur- und Frühgeschichte bis zur Spätantike (Regensburg 2007) 282–309.
Windler/Rast-Eicher 2000	R. Windler/A. Rast-Eicher, Spätmittelalterliche Weberwerkstätten in der Winterthurer Altstadt. Zeitschr. Arch. Mittelalter 27/28, 1999/2000, 3–84.
Wirth 2005	K. Wirth, Hochmittelalterliche Spuren in Mannheim-Wallstadt. Arch. Ausgr. Baden-Württemberg 2005, 211–213.

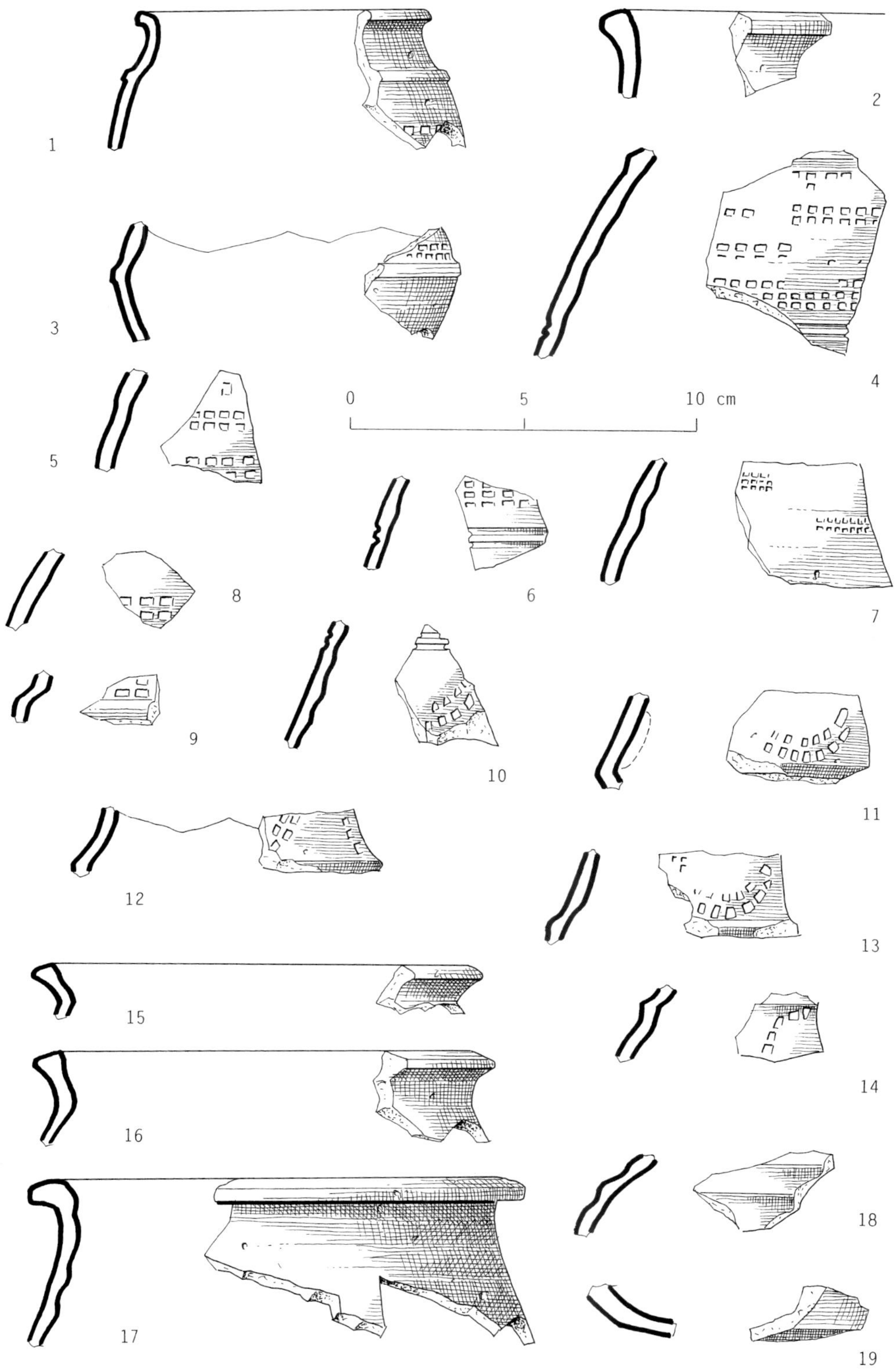

Mannheim-Vogelstang. Befund 507 (Schnitt 357). M.1:2.

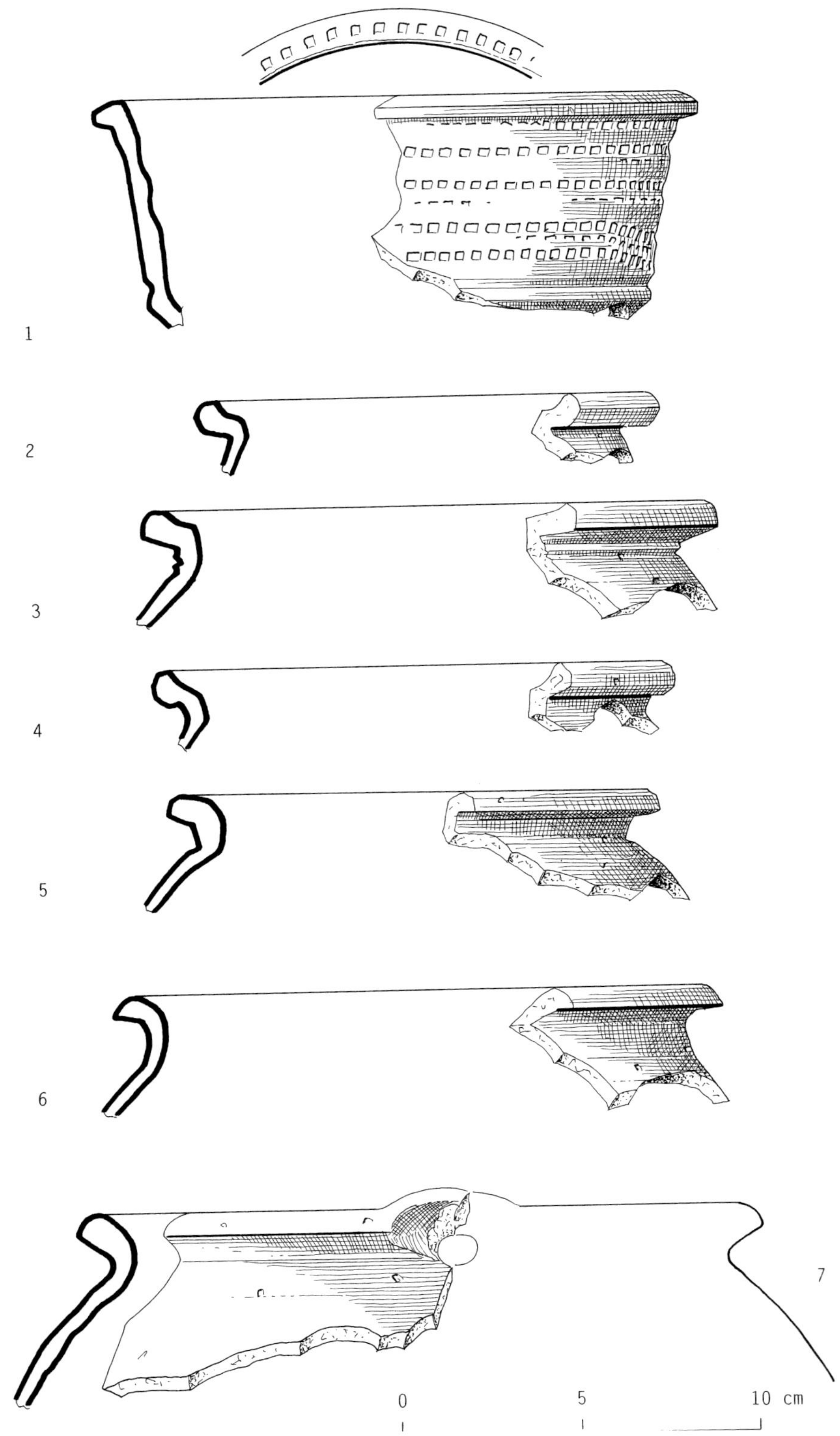

Mannheim-Vogelstang. Befund 1991 (Schnitt 552). M.1:2.

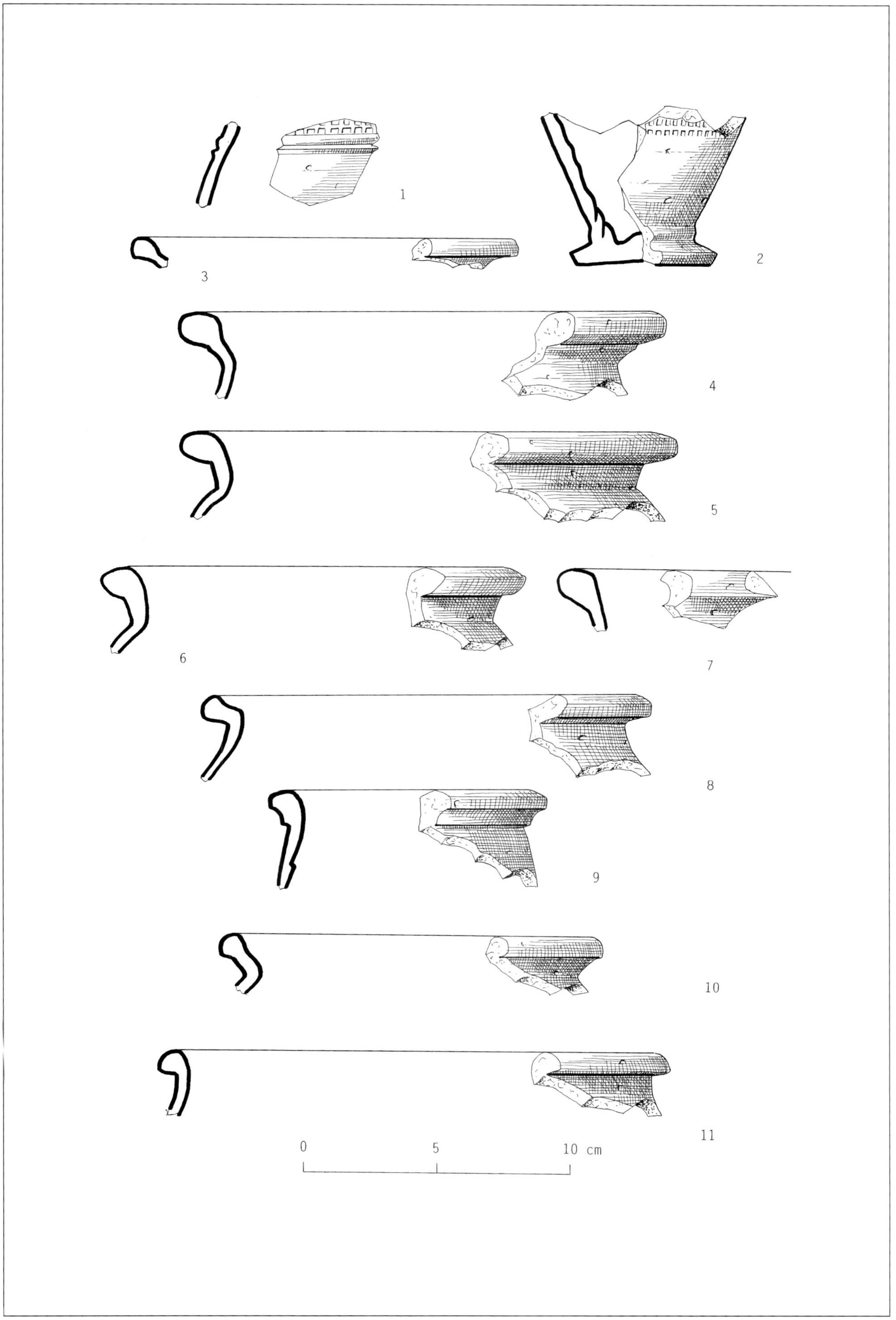

Mannheim-Vogelstang. 1–7 Befund 1737 (Schnitt 608). – 8. 9 Befund 535 (Schnitt 357). – 10. 11. Befund 2566 (Schnitt 758). M.1:2.

Mannheim-Vogelstang. Befund 31 (Schnitt 211). M.1:2.

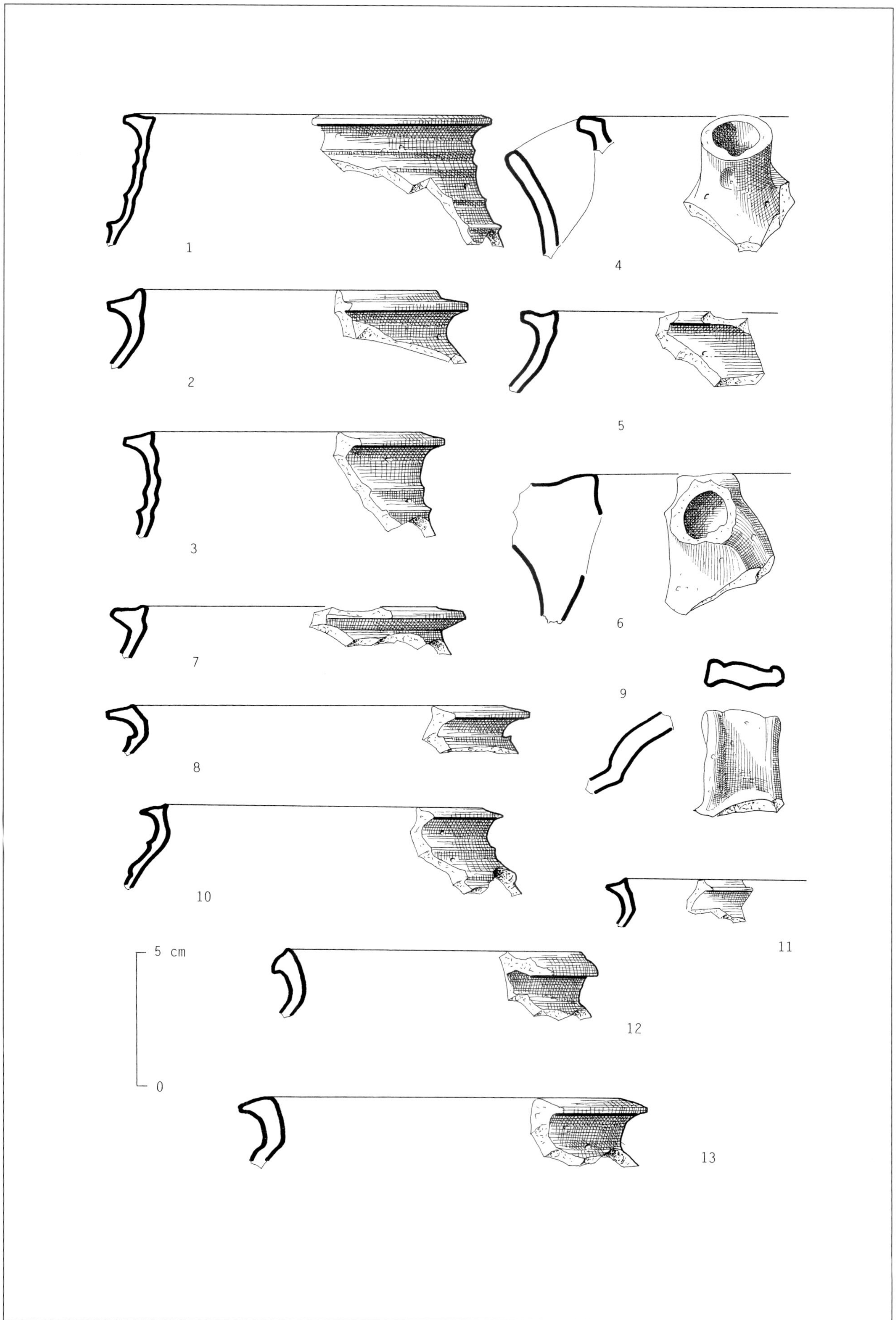

Mannheim-Vogelstang. Befund 316 (Schnitt 211). M.1:2.

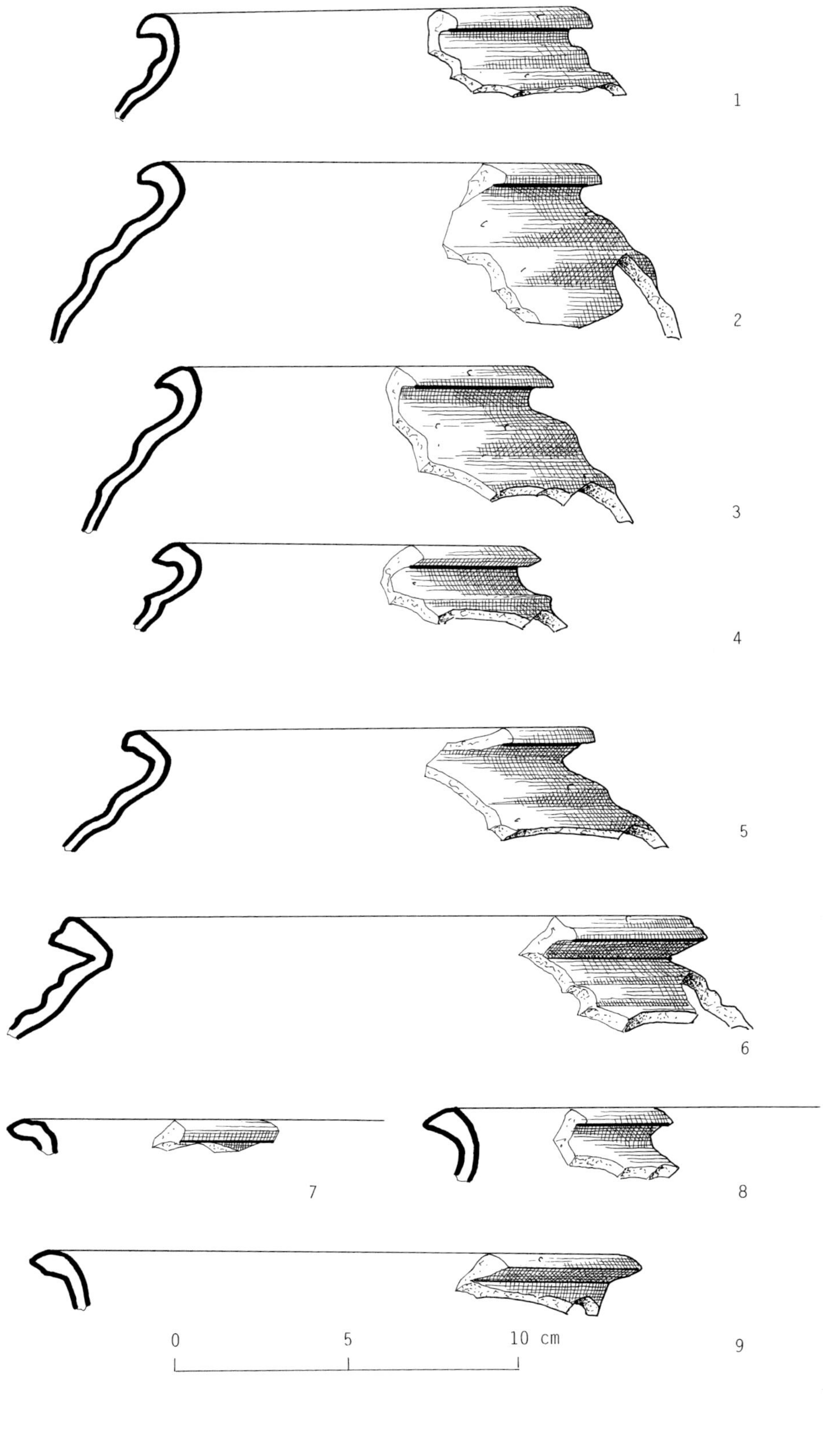

Mannheim-Vogelstang. Befund 316 (Schnitt 211). M.1:2.

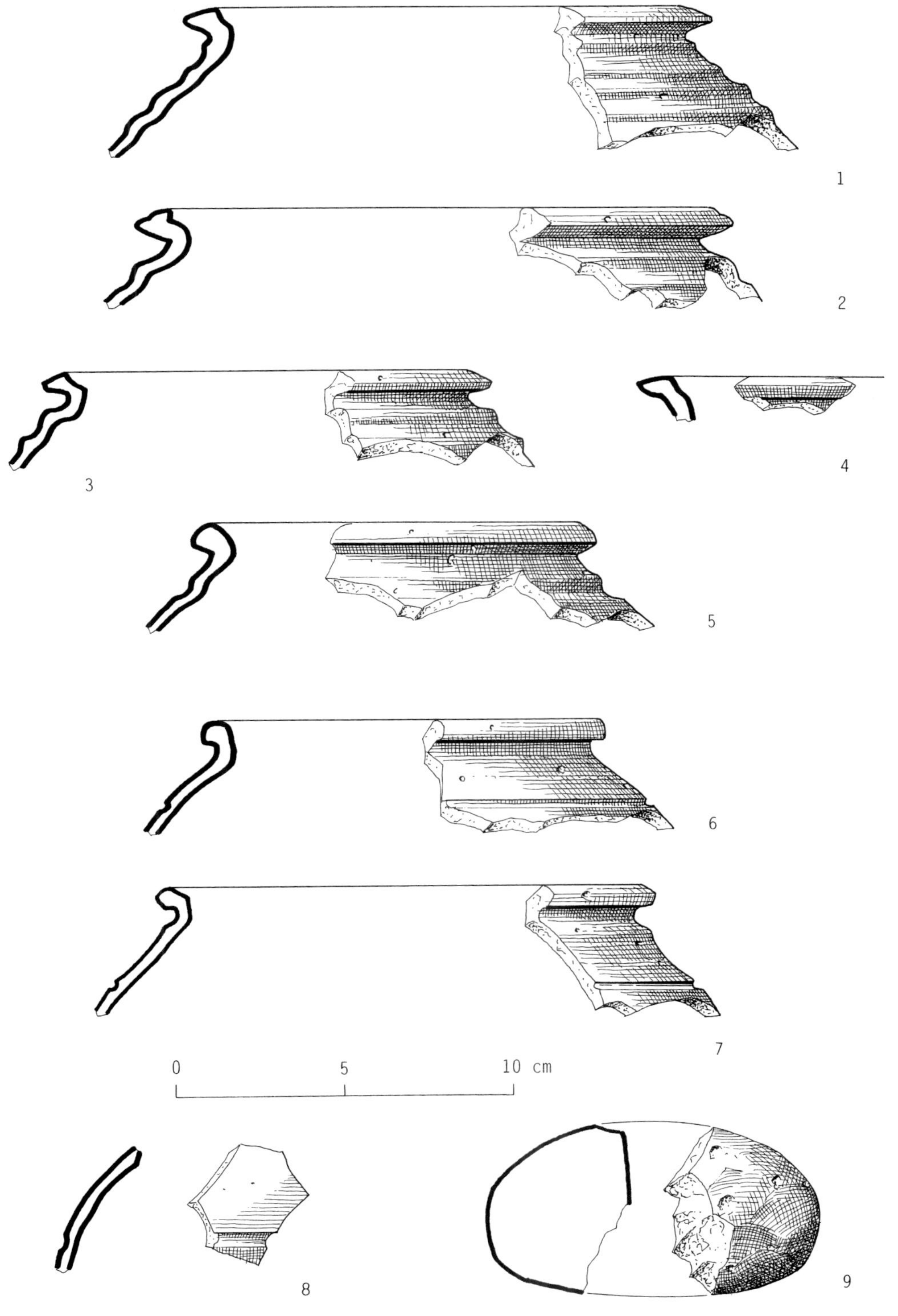

Mannheim-Vogelstang. Befund 316 (Schnitt 211). M.1:2.

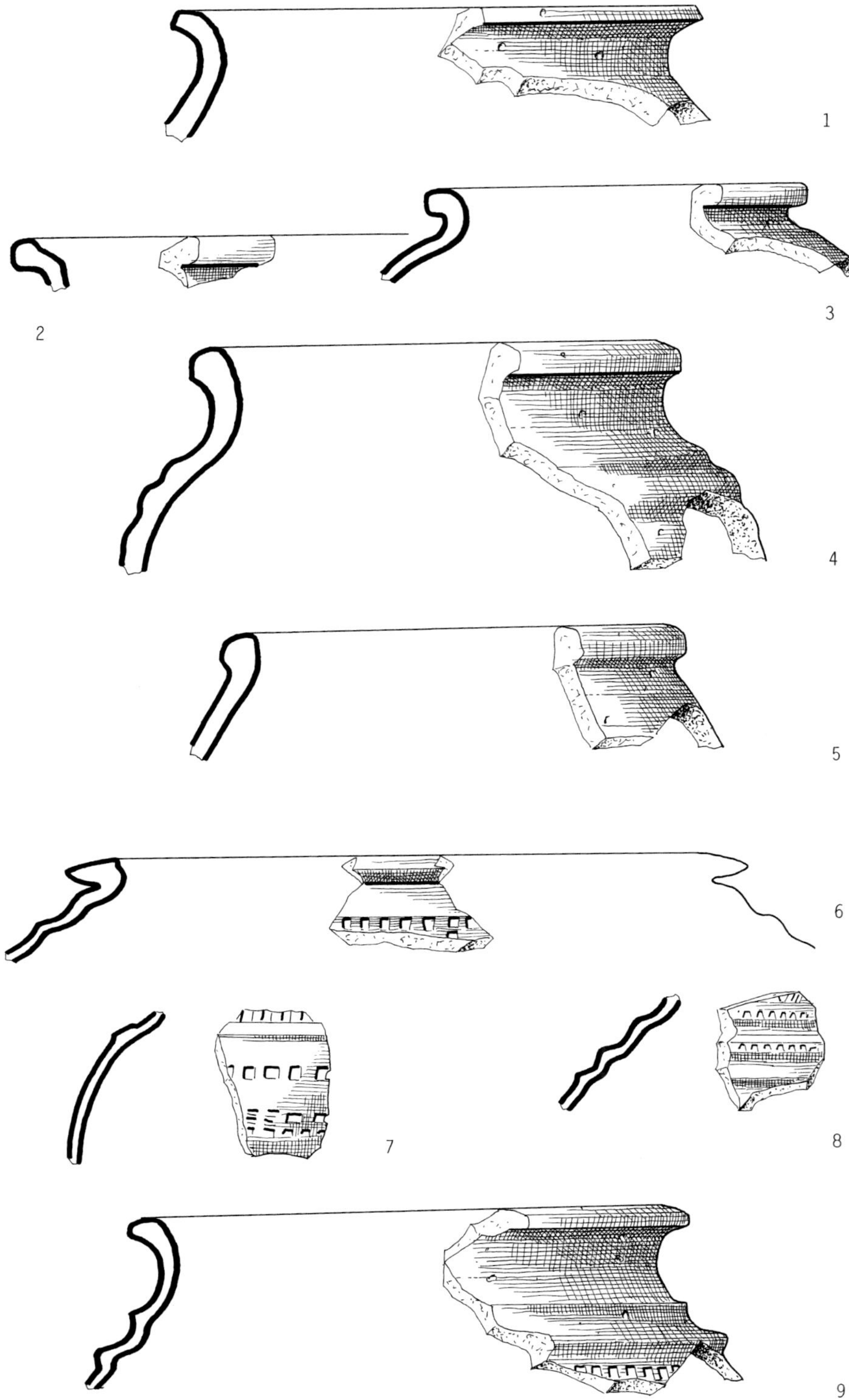

Mannheim-Vogelstang. Befund 1882 (Schnitt 556). M.1:2.

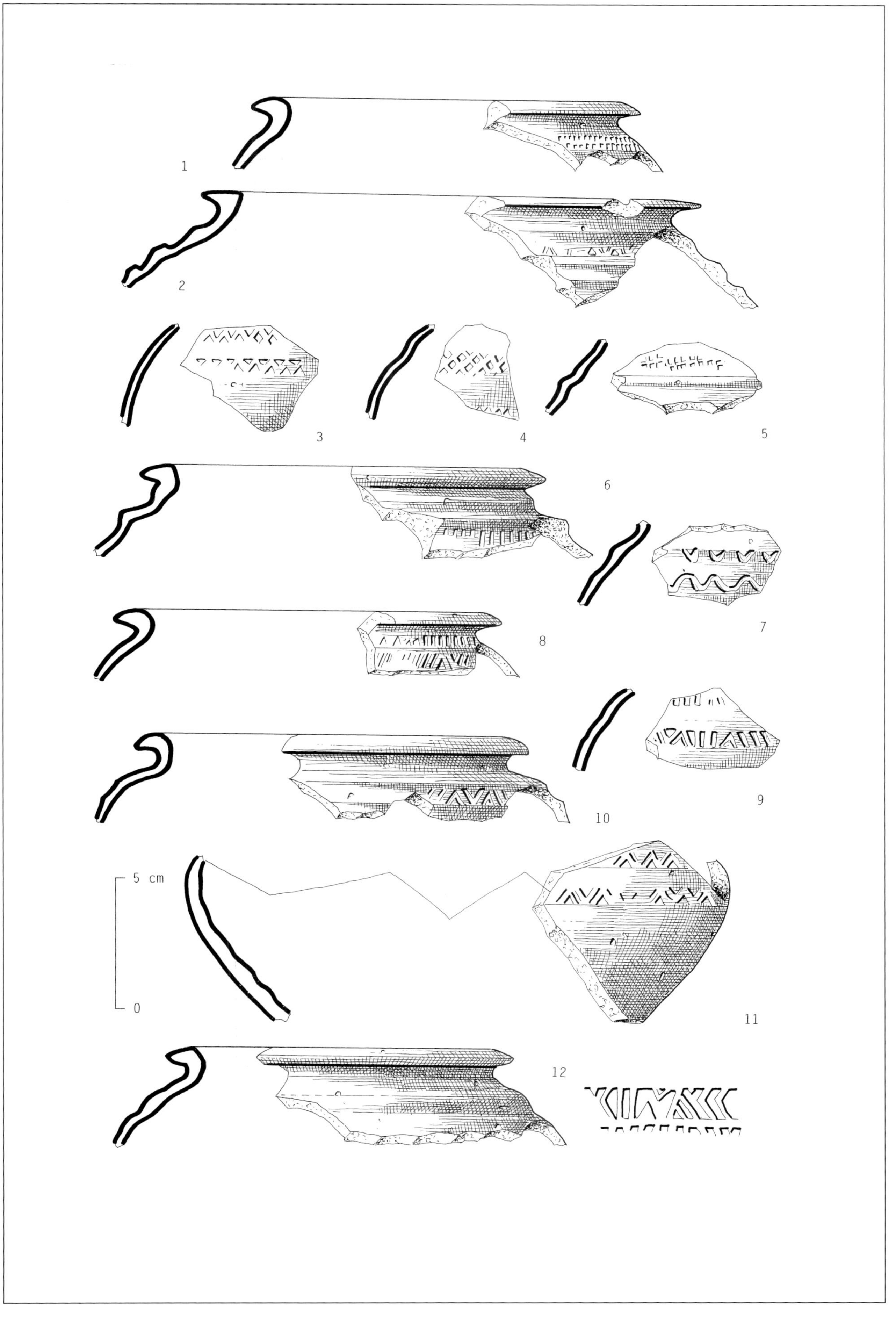

Mannheim-Vogelstang. Befund 1882 (Schnitt 556). M.1:2.

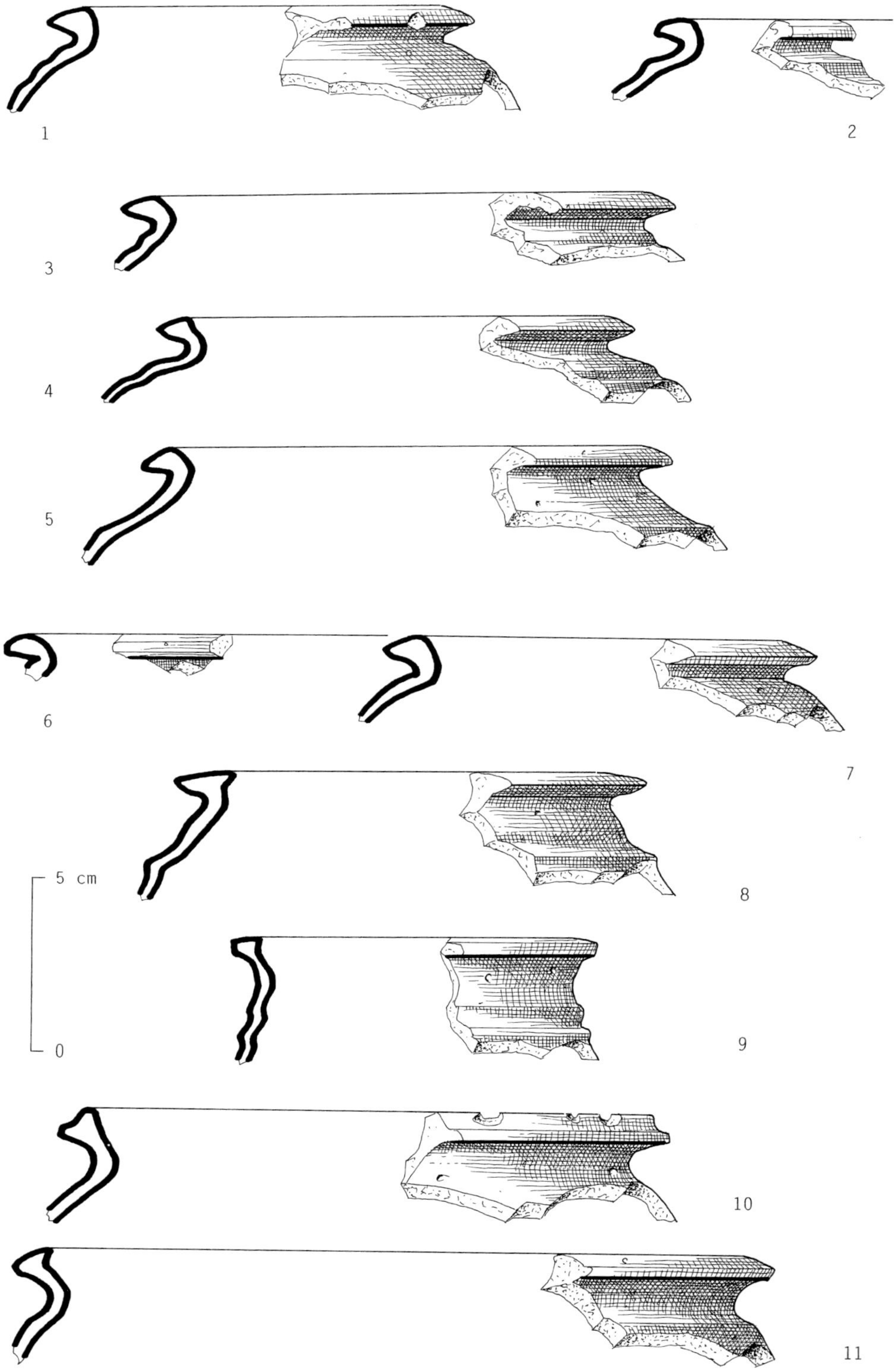

Mannheim-Vogelstang. Befund 2143 (Schnitt 556). M.1:2.

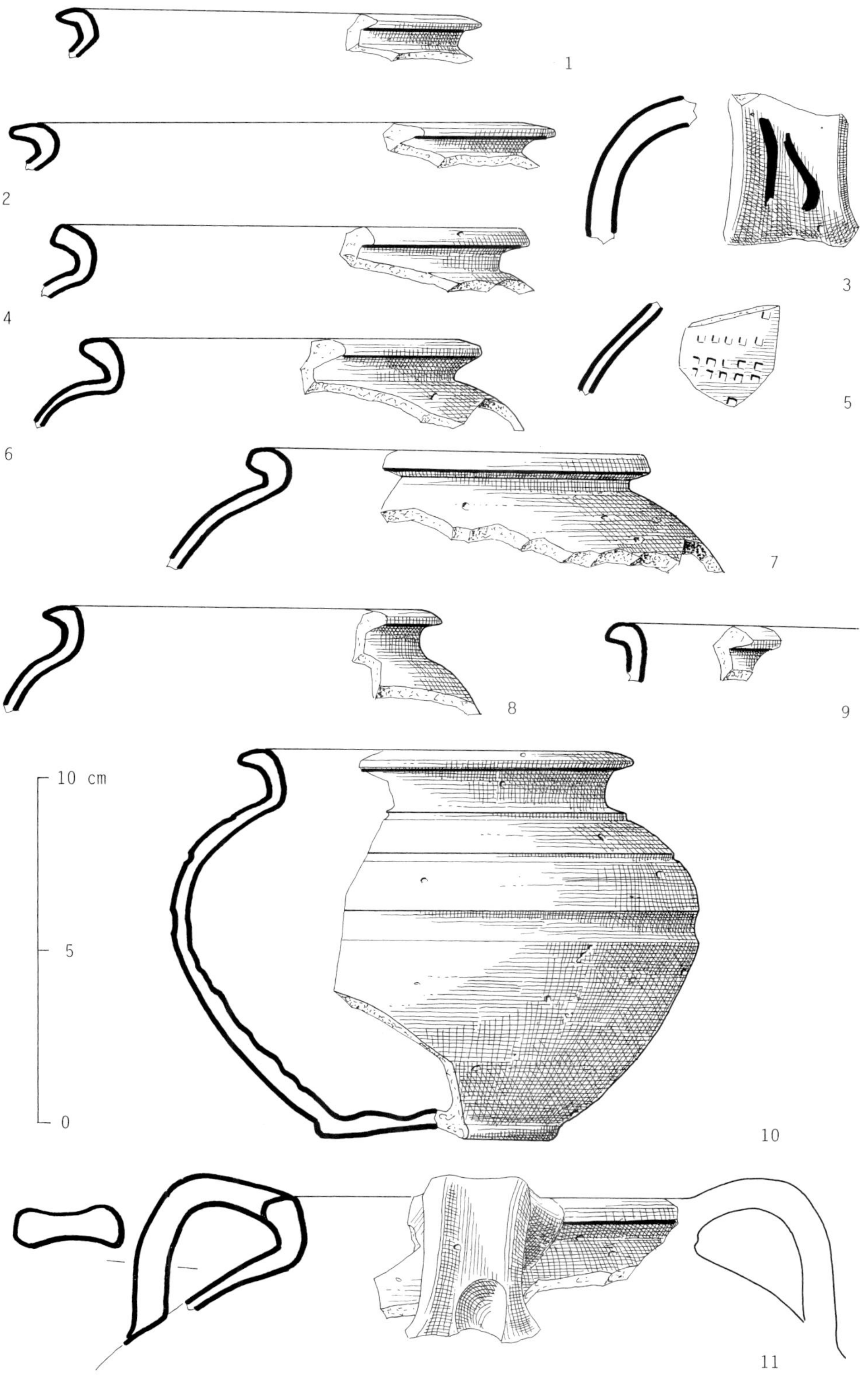

Mannheim-Vogelstang. 1–9 Befund 3026 (Schnitt 711/712/761/762). –
10. 11. Befund 2242 (Schnitt 651). M.1:2.

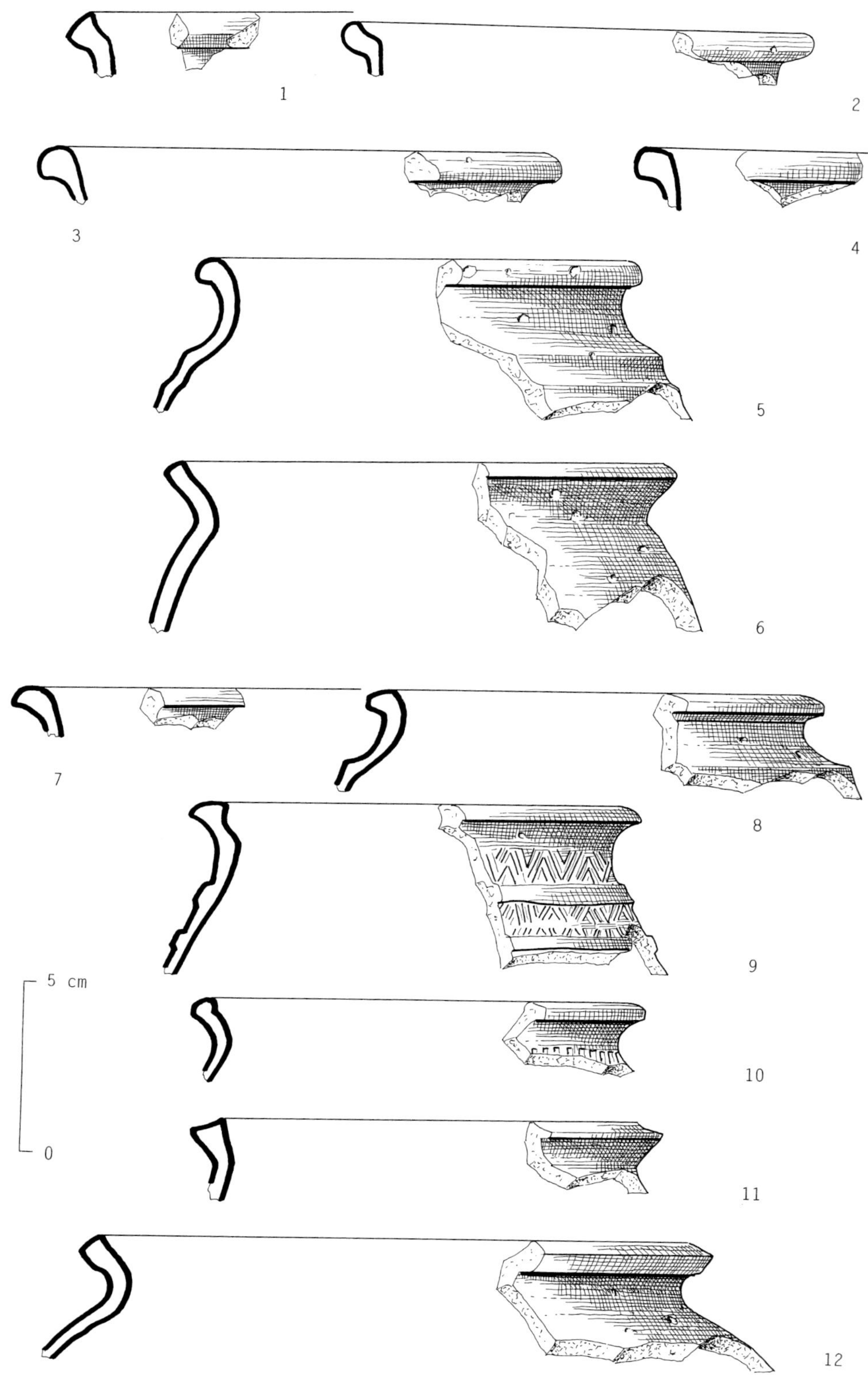

Mannheim-Vogelstang. Befund 407 (Schnitt 83). M.1:2.

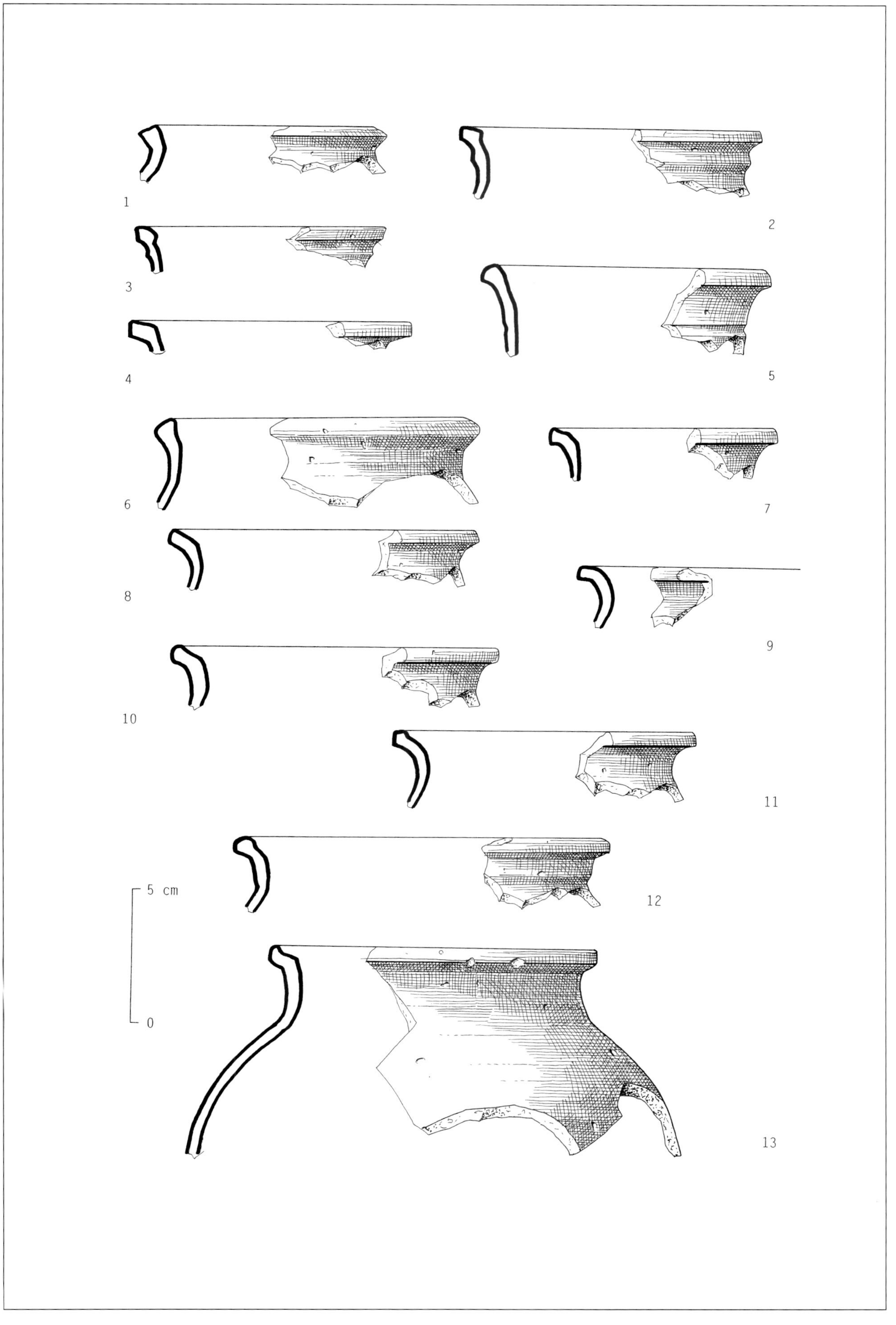

Mannheim-Vogelstang. Befund 407 (Schnitt 83). M.1:2.

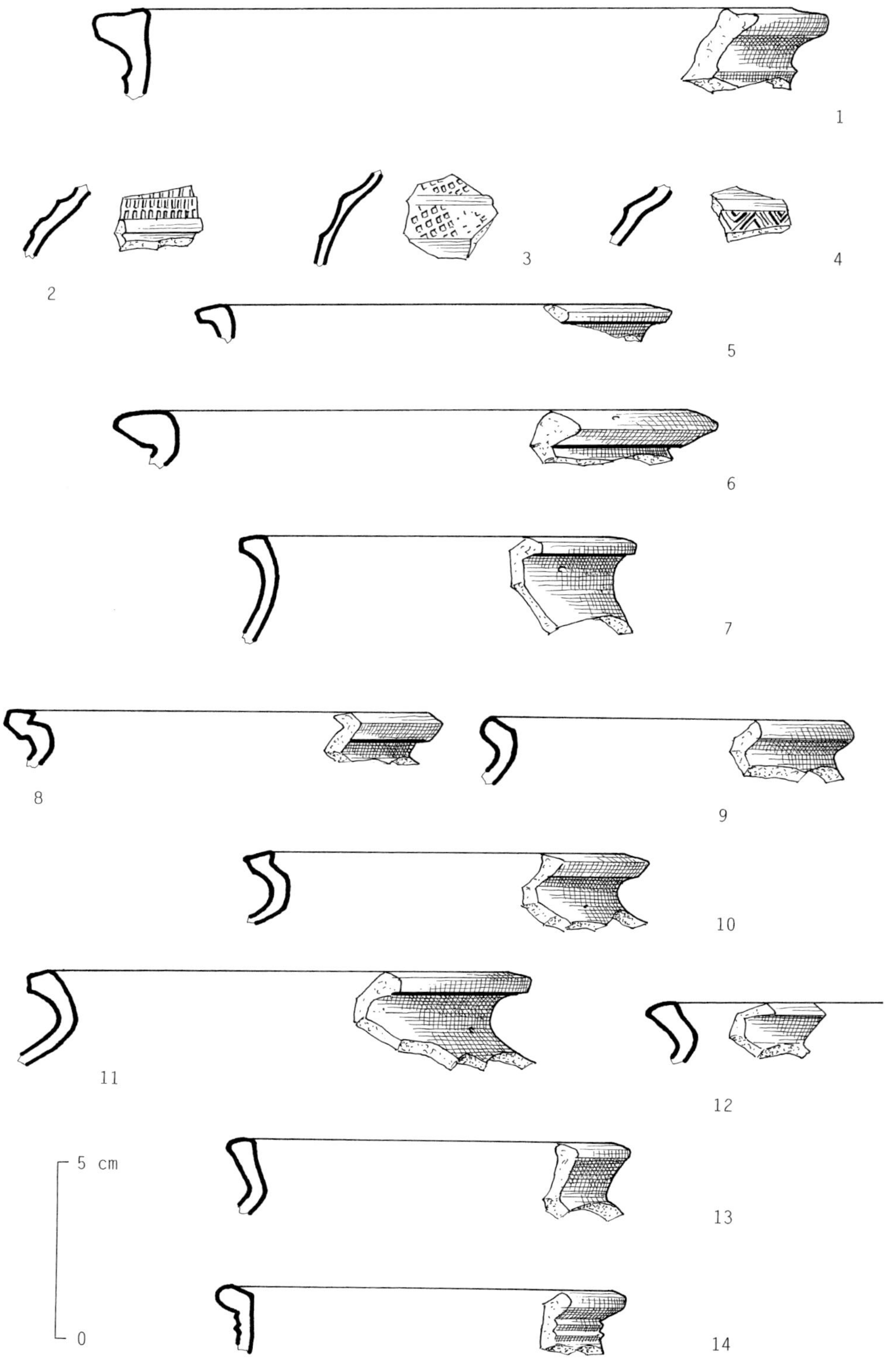

Mannheim-Vogelstang. Befund 2826 (Schnitt 763). M.1:2.

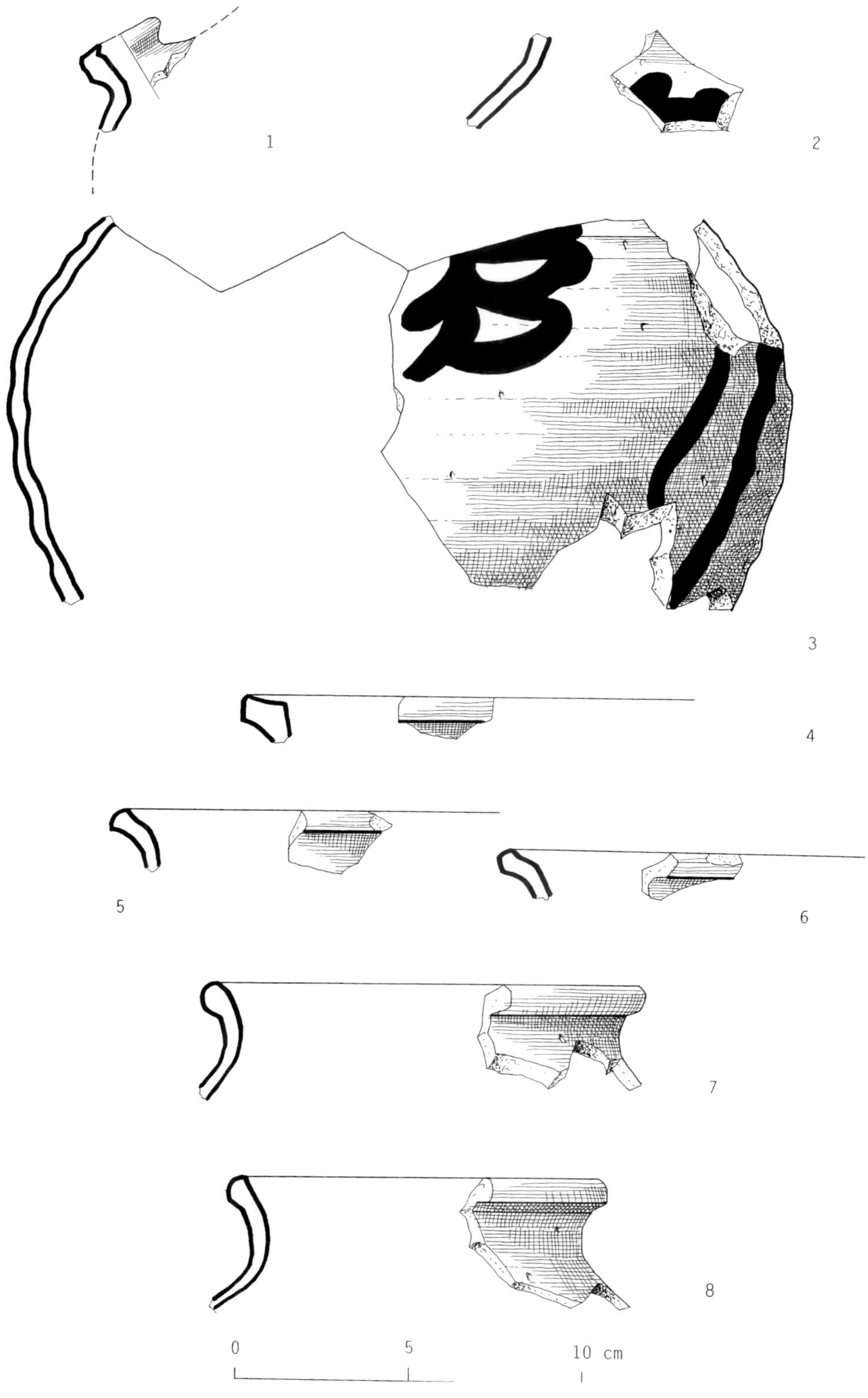

Mannheim-Vogelstang. Befund 282 (Schnitt 763). M.1:2.

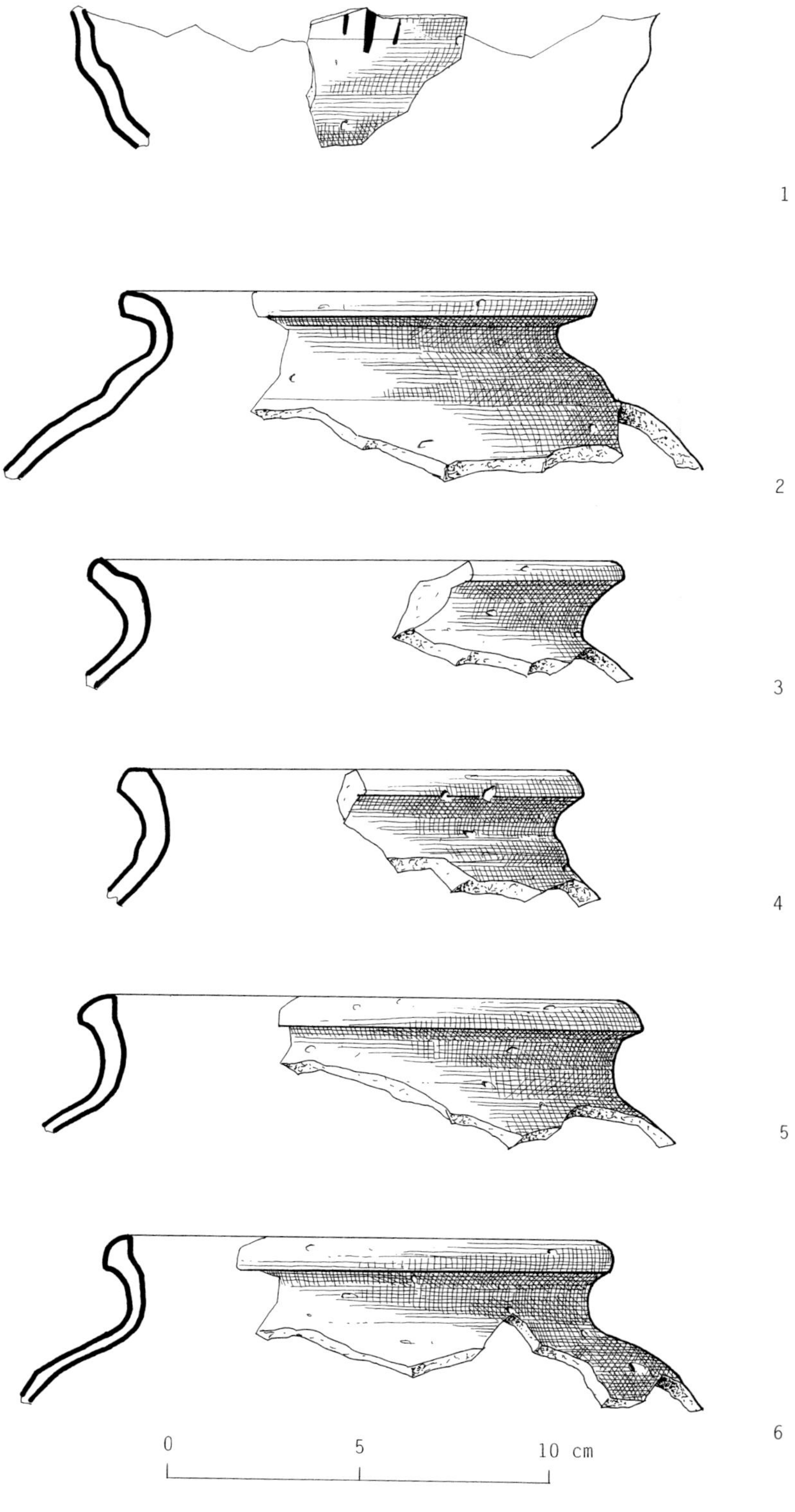

Mannheim-Vogelstang. Befund 2826 (Schnitt 763). M.1:2.

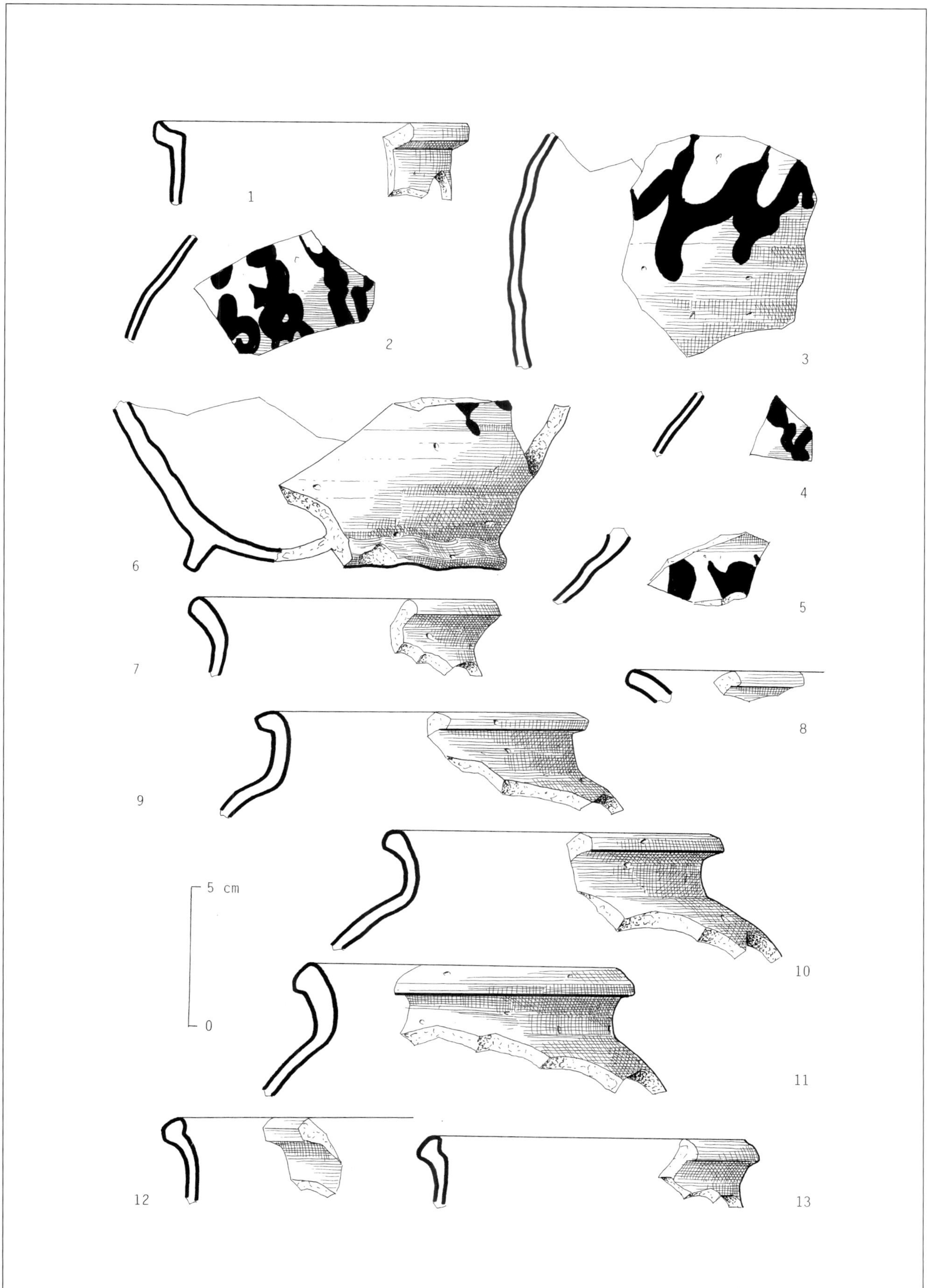

Mannheim-Vogelstang. Befund 490 (Schnitt 84). M.1:2.

Römischer Strand und frühmittelalterliche Bischofsburg
Die Grabung 1995 in der Hofhalde 8 in Konstanz

JÖRG HEILIGMANN UND RALPH RÖBER

Einleitung

Die archäologische Forschung im Bereich der Altstadt von Konstanz, deren Anfänge bis in die siebziger Jahre des 19. Jh. zurückreichen, ruhte lange Zeit im Wesentlichen auf den Schultern engagierter Konstanzer Bürger. Sie ist eng verbunden mit den Namen Ludwig Leiner, Alfons Beck und Hans Stather, die mit bescheidenen Mitteln baustellenbegleitende Untersuchungen durchführten.[1] In den Blickpunkt der archäologischen Fachwelt rückte Konstanz erst ab 1982. Maßgeblich verantwortlich ist hierfür der Jubilar, der als damaliger Landesarchäologe ein groß angelegtes Sanierungsvorhaben in der Altstadt zum Anlass nahm, hier eine archäologische Arbeitsstelle einzurichten und die Stadtarchäologie Konstanz zu einem Schwerpunktprojekt der Landesarchäologie auszubauen. In zahlreichen seit dieser Zeit durchgeführten Grabungen wurden wertvolle Erkenntnisse zur Konstanzer Stadtgeschichte gewonnen, insbesondere auch zur ältesten Besiedlung des sich heute um rund fünf bis sechs Meter über dem Seespiegel erhebenden Münsterhügels und des nördlich sich erstreckenden Stadtteils Niederburg. Ihren vorläufig krönenden Abschluss fanden diese Aktivitäten in den zwischen 2003 und 2005 auf dem nördlichen Münsterplatz durchgeführten, mit rund 2200 m^2 Fläche umfangreichsten Untersuchungen im antiken und frühmittelalterlichen Siedlungsbereich, die 2007 durch eine kleine Fläche südlich des Münsters ergänzt wurden. Sie erbrachte unter anderem den Nachweis des seit langem für Konstanz postulierten spätrömischen Kastells. Zusammen mit älteren archäologischen Aufschlüssen ergibt sich ein Bild, das nach dem derzeitigen Stand der Auswertung wie folgt umrissen werden kann:[2]

Erste konkrete Siedlungsstrukturen liegen aus der Spätlatènezeit vor. Die Siedlung, die zwei Perioden aufweist, wurde im letzten Drittel des 2. Jh. v. Chr. angelegt und im Laufe des 1. Jh. durch Wall und Graben befestigt (Abb. 1). In augusteischer Zeit richtete das römische Militär in diesem Bereich für kurze Zeit einen Stützpunkt ein, wobei der keltische Graben als Umwehrung weiter genutzt wurde. Dieser Stützpunkt wurde in der ersten Hälfte des 1. Jh. n. Chr. durch ein Kastell in Holz-Erde-Bauweise abgelöst, das mit einer Nord-Süd-Ausdehnung von rund 110 m den gesamten Münsterhügel einnahm. Die Zivilsiedlung lag nördlich des Kastells im Stadtteil Niederburg. Ihre Bebauung griff nach dem Abzug des Militärs auch auf das Kastellgelände über. Die Steinbauten ihrer jüngsten Periode haben bis in das zweite Drittel des 3. Jh. n. Chr bestanden. Danach wurde der Münsterhügel durch Wall und Graben befestigt. Die Wehrgräben der Anlage lagen noch offen, als man um 300 n. Chr. das spätrömische Kastell *Constantia* in Stein errichtete. Sein südlicher Abschluss lag unter der Münsterkirche, von wo sich das Kastell bei einer Grundfläche von 0,8–1,0 ha nach Norden in die Niederburg erstreckte. Die Kastellmauern blieben auch nach dem Abzug des römischen Militärs zu Beginn des 5. Jh. bestehen und boten so auch noch dem um 600 n. Chr. in Konstanz eingerichteten Bischofssitz Schutz.

1 Bis 1982 fanden lediglich zwei von archäologischen Fachleuten durchgeführte Grabungen statt; die erste wurde unter der Leitung von G. Bersu 1957 auf dem nördlichen Münsterplatz, die zweite 1974 unter der Leitung von W. Erdmann und A. Zettler am südlichen Münsterhügel durchgeführt (G. Bersu, Das spätrömische Kastell Konstanz. Schr. Inst. Ur- u. Frühgesch. Schweiz 14, 1959; W. Erdmann/A. Zettler, Zur Archäologie des Konstanzer Münsterhügels. Schr. Ver. Gesch. Bodensee 95, 1977, 20ff.).

2 Die Ausführungen und der Plan Abb. 1 beruhen auf den neuesten Ergebnissen eines derzeit laufenden Forschungsprojekts zum spätlatènezeitlichen und römischen Konstanz. Siehe dazu die z. T. abweichenden Darstellungen: J. Heiligmann, Zwei Wehrgräben und ein Brunnen. Die Ergebnisse der Grabung 2005 auf dem Münsterplatz in Konstanz. Arch. Ausgr. Baden-Württemberg 2005, 139ff.; ders., Die spätrömische Festung Constantia (Konstanz). In: N. Hasler/J. Heiligmann/M. Höneisen/U. Leuzinger/H. Swozilek (Hrsg.), Im Schutze mächtiger Mauern. Spätrömische Kastelle im Bodenseeraum (Frauenfeld 2005) 76ff.; J. Heiligmann/R. Röber, Konstanz, Münsterplatz: von Legionären und Domherren. Arch. Ausgr. Baden-Württemberg 2004, 132ff.; dies., Lange vermutet – endlich belegt: Das spätrömische Kastell Constantia. Erste Ergebnisse der Grabung auf dem Münsterplatz von Konstanz 2003–2004. Denkmalpfl. Baden-Württemberg. 34, 2005, 134ff.; R. Röber, Römische und mittelalterliche Gräben aus Konstanz. Arch. Ausgr. Baden-Württemberg 2001, 188ff.; ders., Konstanz – das spätantike Kastell und die Anfänge des Bischofssitzes. Ebd. 2003, 100ff.; Röber 2006; Röber/Wolf 2007, 209–211; G. Schnekenburger, Konstanz in der Spätantike. Arch. Nachr. Baden 56, 1997, 15ff.

Wichtige Einblicke in die Archäologie des Konstanzer Münsterhügels liefert auch eine im Zuge einer Neubaumaßnahme durchgeführte Untersuchung an seinem südöstlichen Ausläufer auf der Parzelle Hofhalde 8. Sie stand unter der wissenschaftlichen Leitung von Marianne Dumitrache und der technischen Leitung von David Bibby. Die von März bis August 1995 aufgedeckte 135 m^2 große Fläche (Abb. 2), die sich nach den Vorgaben einer für den Neubau geplanten Unterkellerung richtete, wurde in zwei von einem 1,00 m breiten Profilsteg getrennte Schnitte von rund 10 m Länge und 7 m (Schnitt 1) bzw. 5 m Breite (Schnitt 2) gegliedert und in Abstufungen bis auf den gewachsenen Boden ausgegraben.[3] Beim Abtiefen der Flächen war man, wie bei allen neueren Grabungen in Konstanz, bemüht, dem jeweiligen Verlauf der Schichten zu folgen bzw. die in diese eingetieften Befunde geschlossen auszunehmen, was eine Zuweisung der Funde zu den Befunden erleichterte.

Abb. 1: Konstanz, Hofhalde. Plan der keltischen und römischen Wehranlagen. Grün: keltischer Graben; hellblau: Wehrgraben des Kastells des 1. Jh. n. Chr.; rot: Wehrgräben der 2. Hälfte des 3. Jh. n. Chr.; dunkelblau: Wehrmauer des spätrömischen Kastells; gestrichelte Linie: antiker Uferverlauf.

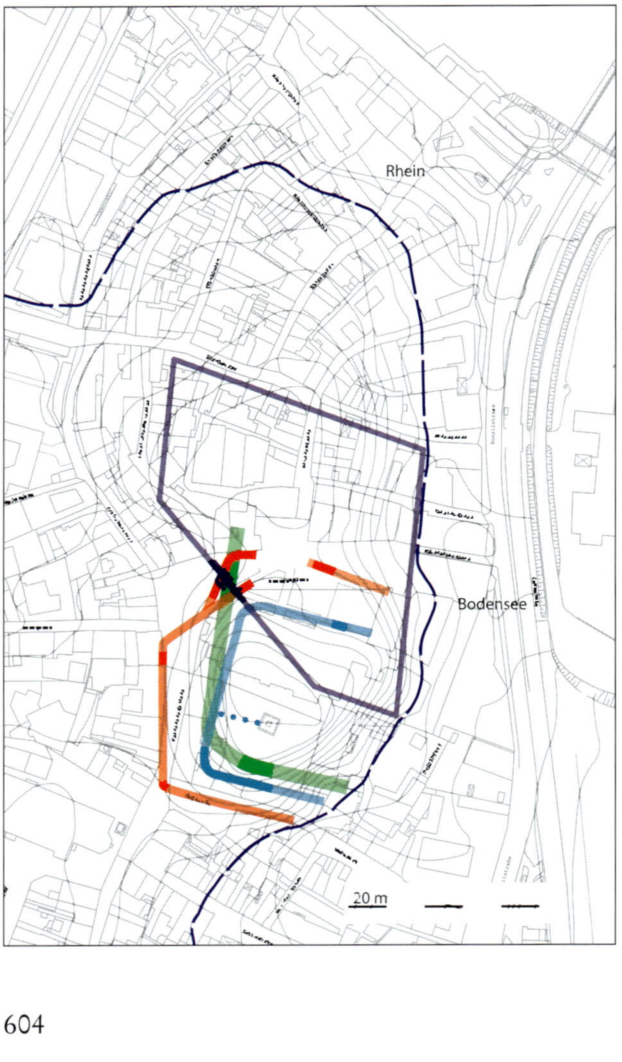

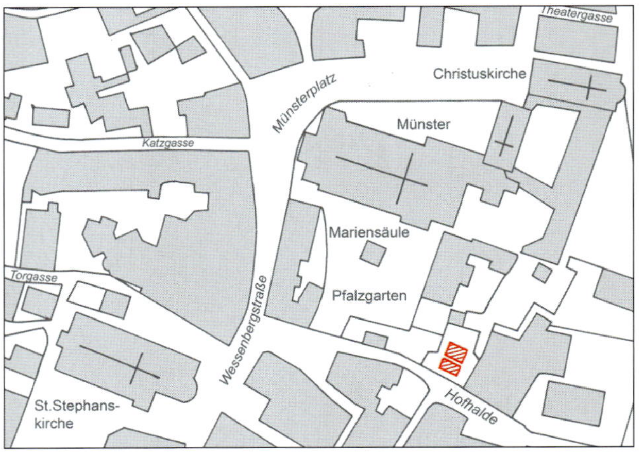

Abb. 2: Konstanz. Die Grabung Hofhalde 8 im topographischen Umfeld.

Die ersten vorläufigen Ergebnisse dieser Grabung sind in zwei kurzen Berichten von M. Dumitrache vorgelegt worden.[4] Ihnen zufolge verlief am Westrand der Grabungsfläche ein römischer Wehrgraben des 1. Jh. in Nord-Süd-Richtung, der von einem Ost–West verlaufenden Wehrgraben aus der zweiten Hälfte des 3. Jh. n. Chr. geschnitten wurde. Das östlich sich erstreckende und zu dieser Zeit noch hochwasserfreie Gelände wurde nach einer Hochwasserkatastrophe in der zweiten Hälfte des 3. Jh. n. Chr. auf eine Breite von mindestens 50 m abgeschwemmt. Im letzten Drittel des 3. Jh. n. Chr. wurde der neue Uferbereich für die Anlage eines Hafens genutzt. Nach einer erneuten Hochwasserkatastrophe wurde das junge Strandgelände im Mittelalter in zwei Aufschüttungsphasen dem See wieder abgerungen und einer Steinbebauung zugeführt.
In welchem Umfang die in der Hofhalde 8 gewonnene Quellenbasis diese für die römische Epoche spektakulären Aussagen rechtfertigt, ist Gegenstand der folgenden Studie. Umdeutung und Umdatierung von römischen Befunden in das frühe Mittelalter gaben den willkommenen Anlass, sich intensiv mit der bis dato wenig zufriedenstellenden Forschungssituation zur Topographie der frühmittelalterlichen Bischofsburg auseinanderzusetzen. Der Zielsetzung entsprechend bleiben frühneuzeitliche und jüngere Befunde dieser Grabung, deren Eingriffe im Südwestbereich von Schnitt 1 die ältere Befundsituation völlig zerstört haben, weitgehend unberücksichtigt.

3 Zwei weitere Schnitte 3 und 4 waren nur 5 m^2 beziehungsweise 7,5 m^2 groß und wurden, da diese nur in den oberen, durchweg neuzeitlichen Bereichen ausgegraben wurden, aufgrund der Zielsetzung dieser Studie nicht berücksichtigt.
4 Dumitrache 1995; Dumitrache 2000.

Stratigraphie und Befunde (Anhang 1)

Periode 1 – Strand

Der gewachsene Boden besteht aus hellgelbem bis orangefarbenem Molassesand des Konstanzer Münsterhügels. Er stand im Nordwestbereich von Schnitt 1 in einer im Wesentlichen hochwasserfreien Höhe von 397,54 m ü. NN an. Seewärts nach Osten fiel er in einer rund 1 m hohen schrägen Böschung ab, um dann flach auf eine Höhe zwischen 396,10 m und 395,90 m ü. NN. auszulaufen.

Den Horizont der Periode 1 bildeten im Wesentlichen Schichten aus grauem, beigefarbenem und hellbraunem Feinsand, die mit dünnen Torflinsen und -flecken durchsetzt waren. Da sich Torf nur bei Strandbewuchs bildet, der fast ständig unter Wasser steht, können diese Schichten zweifelsfrei als Strandschichten sowie die Böschung als Uferböschung angesprochen werden. Dieser Horizont wurde nach oben durch die Sandschicht Bef. 322 und die sandige, stark mit Kies vermischte Schicht Bef. 284 abgeschlossen, die beide unter der Mauer 1 der Periode 2 hindurchzogen bzw. von dieser geschnitten wurden. Im Nordprofil von Schnitt 1 zog Bef. 284 sowohl unter die hellgraue bis hellbraune Sandschicht Bef. 318 als auch – beim Bau der Mauer 1 umgelagert (siehe unten) – über sie hinweg. Demnach gehört auch die Sandschicht Bef. 318 der Periode 1 an. Dies dürfte mit großer Wahrscheinlichkeit auch für die Schicht Bef. 287 aus hellem, sehr feinem Sand zutreffen, über deren exakte Stratifizierung die Dokumentation keine klare Auskunft gibt. Das Paket der Strandschichten erreichte somit in seinem Westbereich eine Stärke von bis zu 40 cm (Schnitt 1, Südprofil) und lief nach Osten auf eine Höhe von maximal 20 cm aus.

Abb. 3: Konstanz, Hofhalde. Schnitt 2 von Süden, frühmittelalterliche Mauer 1 links, hochmittelalterliche Mauer 2 rechts und frühneuzeitliche Mauer Bef. 90 quer verlaufend.

An der Unterkante der Uferböschung fanden sich direkt auf dem gewachsenen Boden neben den Sandschichten auch Lehmlinsen wie Bef. 406 und 397 (Schnitt 1, Südprofil). Sie waren bis zu 15 cm stark und erstreckten sich seewärts auf eine Breite von rund 2,50 m. Bei diesen dürfte es sich um erodierte Reste einer alten, oberhalb der Böschungskante gelegenen Oberfläche handeln. Diesem Befund entsprach im Nordprofil von Schnitt 1 ein bis zu 40 cm hohes Schichtpaket (Bef. 360), das ab etwa halber Böschungshöhe in eine flache Mulde zog. Es bestand aus linsenförmigen Schichten aus feinem Sand und Lehm von hell- bis mittelgrauer Farbe, die mit Holzkohleflitter durchsetzt waren. In seinem Westbereich wurde es von einer bis zu 18 cm dicken mittelbraunen Schicht aus feinem Sand überlagert (Bef. 354), die über die Böschungskante herabzog. Sie wurde auch in der Südwestecke von Schnitt 1 (Südprofil Bef. 400) angetroffen, wo sie direkt auf dem gewachsenen Boden auflag und bis zu einer Höhe von 397,40 m ü. NN anstand.

Aus den Befunden dieser Periode liegen Keramik- und Ziegelfragmente der mittleren römischen Kaiserzeit sowie wenige Keramikfragmente und das Bruchstück eines Glasarmrings der Spätlatènezeit vor. Diese älteren Funde treten stets mit römischen Material gemischt in den Schichten auf. Aus der Schicht Bef. 318 (Schnitt 1 Nordprofil) stammt ein Antoninian des Claudius II. Gothicus (ca. 270 n. Chr.)[5], aus der Schicht Bef. 322 eine nicht näher bestimmbare Münze des 4. Jh. n. Chr.[6]

Periode 2 – Erste Baubefunde

Mauer 1

Am Fuß der Uferböschung wurde in dieser Periode eine Mauer errichtet (Abb. 3). Sie war in Schnitt 2 (Bef. 92) in einer Höhe von knapp 0,90 m erhalten. Sie bestand aus großen Seegeröllen und einzelnen großen Bruchsteinen von Rorschacher Sandstein. Ihre unterste Lage war ohne Mörtelverband in die

5 Derschka 1999, Nr. 40. Der Schicht 318 ist außerdem ein kleiner Splitter eines mittelalterlichen Flachglases zugewiesen, der wohl aus einer in die Schicht eingreifenden neuzeitlichen Störung stammt. Deutlich zu jung ist weiterhin ein kleines Bruchstück einer Blattkachel mit sattgrüner Glasur über heller Engobe aus Schicht Bef. 354, das frühestens in das 15. Jh. zu datieren ist. (Roth-Kaufmann 1994, 26; die Ergebnisse aus Bern dürften im Wesentlichen auch für Konstanz gelten, auch wenn der Forschungsstand eine Verifizierung noch nicht zulässt.) Das Bruchstück stammt mit größter Wahrscheinlich aus einem jüngeren grubenartigen Befund in der Nordwestecke von Schnitt 1, der auf der Grabung nicht eindeutig von Schicht Bef. 354 getrennt wurde.

6 Derschka 1999, Nr. 69.

Abb. 4: Konstanz, Hofhalde. Schnitt 1 von Süden, Blick auf die Reste der ausgebrochenen Mauern 1 (links) und 2 (rechts).

oberste Strandschicht der ersten Periode gesetzt (Bef. 322, Schnitt 2, Nordprofil; Schnitt 1, Südprofil), die Lagen darüber waren mit weißem Kalkmörtel mit Kieselbeimengung fest verbunden. Ihre Breite betrug rund 1,00 m. Die seeseitig ausgerichtete Ostfront war sorgfältig hochgezogen; ihre Westfront wurde in Schnitt 2 nicht ausgegraben.

In Schnitt 1 war die Mauer bis auf wenige Reste ausgebrochen (Abb. 4). Im Nordbereich dieses Schnitts war noch ein rudimentärer Rest von zwei mit Kalkmörtel verbundenen Lagen erhalten (Bef. 58), von denen die unterste in die ältere Strandschicht Bef. 284 eingetieft und direkt auf den gewachsenen Boden gesetzt worden war.[7] Da ihre jüngere Mauerausbruchgrube (siehe unten) bis auf 20 cm an diese Steinsetzung heranreichte,[8] kann es sich bei dieser nur um die Rückfront der Mauer 1 handeln. Den Verlauf ihrer Ostfront könnten zwei Wacken Bef. 380 a im Nordprofil markieren. Demnach würde die Mauer 1 auch hier eine Breite von rund 1 m aufgewiesen haben.[9]

Die Bauweise und vor allem der beim Bau der Mauer 1 verwendete Mörtel, der für die römische Epoche völlig uncharakteristisch ist[10], spricht für ihre Datierung ins das frühe bis hohe Mittelalter.

Die Rückfront der Mauer verlief im Nordbereich von Schnitt 1 rund 2,50 m vor der Oberkante der Uferböschung. Dieser Zwischenraum war mit einer bis zu 70 cm mächtigen dunkelbraunen sandigen Schicht Bef. 36 verfüllt worden, die mit „Strängen von Holzkohle" durchzogen war. Aus ihr stammen neben römischen Keramikfragmenten und Ziegelbruchstücken auch Ziegelfragmente mittelalterlicher Zeitstellung. Dokumentiert ist im Nordprofil für den unteren Bereich der Planierung das Bruchstück

7 Diese Reihe reicht nicht bis zum Nordprofil. Die hier eingezeichneten Steine, die vom Ausgräber ebenfalls teilweise mit Bef. 58 versehen wurden, sind sekundär in den Schichten der modernen Störung verlagert und werden vom Bearbeiter als Bef. 58 a bezeichnet.

8 Schnitt 1, Fläche 25

9 In Schnitt 1, Fläche 21 zieht eine Schicht von Osten an die Mauerschale Bef. 85, die mit Bef. 267 bezeichnet ist. Sie liegt unter der Schicht Bef. 31. Hier muss ein Versehen der Ausgräber vorliegen, da die Strandschicht Bef. 267, nach der Dokumentation des Nordprofils zu schließen, keinesfalls unter der Schicht Bef. 31 und der Mauer 2 noch erhalten gewesen sein kann. Es müsste sich vielmehr um eine Schicht aus dem Horizont Bef. 284/284 a handeln.

10 Dumitrache 1995, 247 f.; Dumitrache 2000, 88.

Abb. 5: Konstanz, Hofhalde. Ziegel mit anhaftendem Mörtel.

einer Ziegelplatte, an der mittelalterlicher Mörtel haftet (Abb. 5).[11] Mit dem Auftrag zweier weiterer Planierschichten aus ockerfarbenem und mittelbraunem sandigem Lehm (Bef. 375 und 376) wurde eine Höhe von 397,75 ü. NN erreicht, die somit auch die Mindesthöhe der Mauer 1 von rund 1,30 m markiert. In Schnitt 2 wurde eine gegen die unterste Lage von Mauer 1 gesetzte Steinpackung ohne Mörtelverband aufgedeckt (Bef. 247), die sich mit einer Breite von 2,40 m rund 3,40 m in den Seebereich erstreckt (Abb. 3; 6; 7). Sie griff in die Strandschicht Bef. 372 der Periode 1 ein und zog unter die jüngere Mauer 2 von Periode 3 (Bef. 95, Abb. 12). Die aus zwei Lagen von Geröllen und einzelnen Bruchstücken von Rorschacher Sandstein bestehende Steinsetzung wurde an ihrer Nord- und Südflanke von großen, flachen Wacken begrenzt.

11 In diesem Fundkomplex findet sich außerdem ein kleiner, grün glasierter Splitter, der von einer Ofenkachel des 15./16. Jh. stammen könnte. Er wurde nach Aussage der Flächenangabe „21" im untersten Bereich der Schicht geborgen. Dieses für den Gesamtkontext zu junge Stück dürfte sekundär in diesen Fundkomplex gelangt sein oder aus einem jüngeren, in die Schicht Bef. 36 eingetieften Befund stammen und bei der Grabung falsch zugewiesen worden sein.

Abb. 6: Konstanz, Hofhalde. Schnitt 2, Blick über die frühmittelalterliche Ufermauer 1 nach Osten auf die Steinsetzung Bef. 247 und die dahinterliegende hochmittelalterliche Mauer 2 mit Fundamentvorsprung.

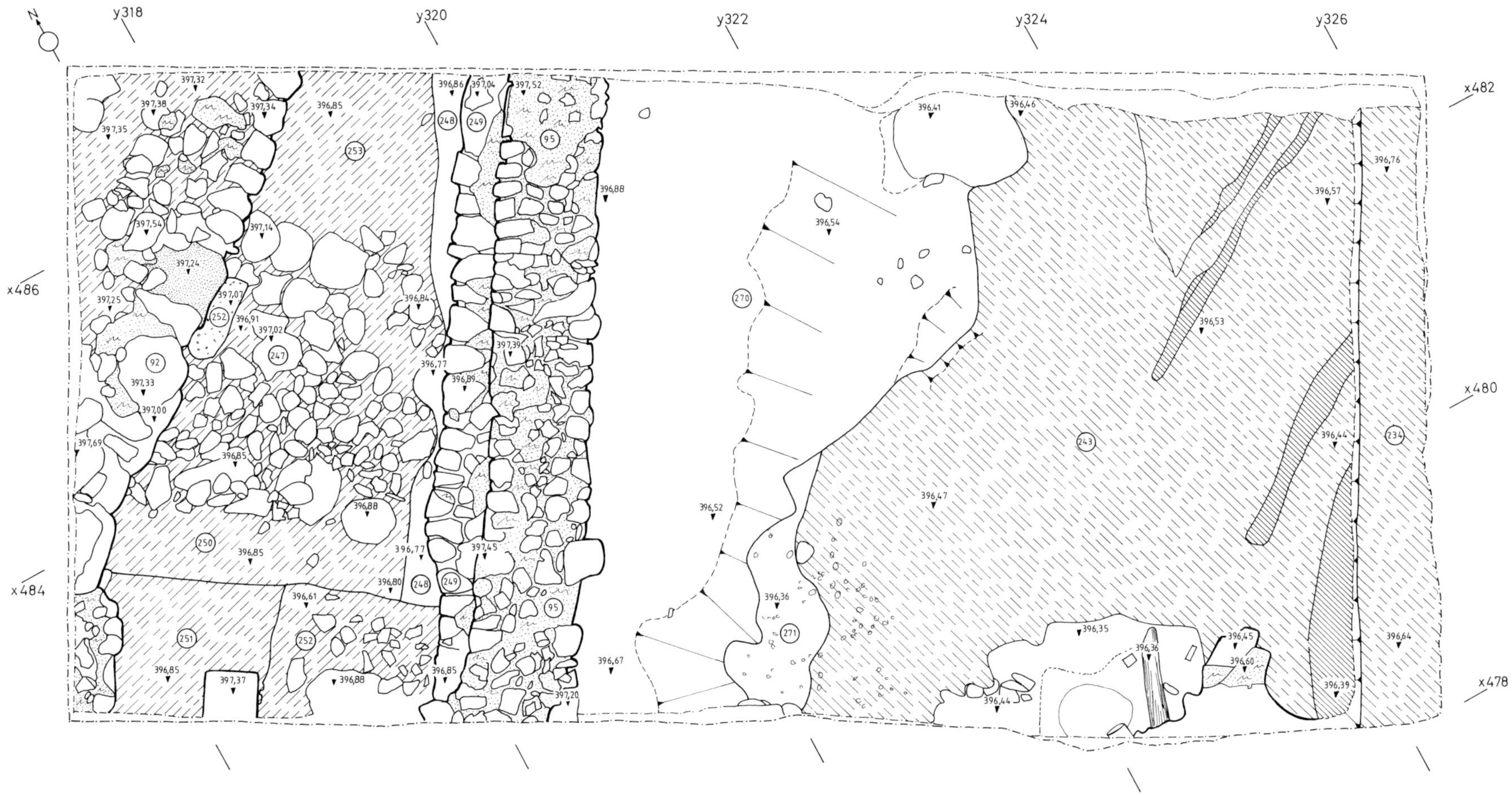

Abb. 7: Konstanz, Hofhalde. Schnitt 2, Fläche 4/6 mit frühmittelalterlicher Mauer 1 (Bef. 92), Steinsetzung 247, hochmittelalterlicher Mauer 2 (Bef. 95) und Wagenspuren im Osten der Grabungsfläche. M. 1:50.

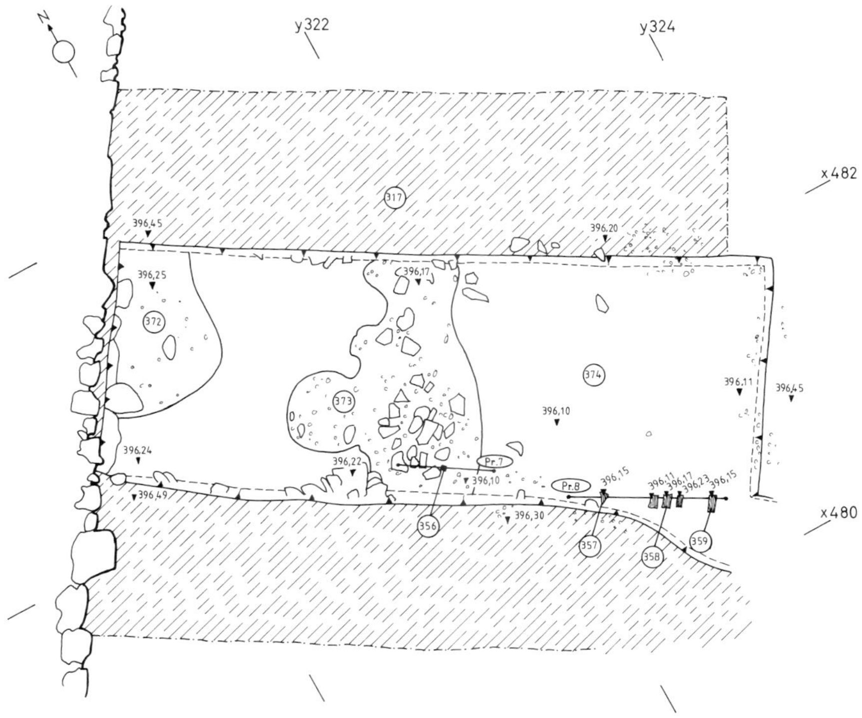

Abb. 8: Konstanz, Hofhalde. Schnitt 2, Fläche 11 mit Pfosten und Lage der Profile 7 und 8. M. 1:50.

Strand

Den unteren Bereich des Strandes der Periode 2 markierte im Nordprofil von Schnitt 1 eine Linse aus sterilem orangefarbenem Sand Bef. 419, wie er als obere Schicht des gewachsenen Bodens verschiedentlich am Münsterhügel angetroffen wurde. Trocken eingebracht wurde ebenfalls die darüberliegende Schicht Bef. 315 aus hellbraunem bis weißlichem, sehr grobem Sand, die sehr viele Kiesel, Mörtel- und Holzkohlestückchen sowie eine große Anzahl von Tierknochen enthielt. Auf diesem Horizont fanden sich am Ostrand des Schnittes 1 drei unregelmäßige flache Linsen aus sehr feinem Lehm, von denen die beiden nördlichen Bef. 305 und 306 eine Anhäufung von Steinen aufwiesen. Die südliche (Bef. 307) bestand aus demselben Lehm, der mit Kies durchmischt war. Die Lehmlinsen wurden überlagert von einer Schicht aus rötlich-braunem Sand und Kies (Bef. 288), die mit Kies, Mörtel- und Tuffsteinbruchstücken durchsetzt war.[12] Der Horizont der Strandschichten schloss in Schnitt 1 ab mit einer grauen bis hellbraunen Sandschicht (Bef. 267), die mit Flecken von Torf durchsetzt war und in die zahlreiche kleinere Wacken (Bef. 266) eingebettet waren. In Schnitt 2 werden die Schichten Bef. 393 sowie die dünnen Schichten Bef. 391 und 390, obwohl sie außer einem Holzstück Bef. 392 keine weiteren Funde enthielten, aufgrund der stratigraphischen Situation ebenfalls diesem jüngeren, bis zu 35 cm mächtigen Strandhorizont zugewiesen.

Neben einer größeren Zahl römischer Keramikfragmente und wenigen kleinen Bruchstücken, die jüngeren Datums sein könnten, sind aus der Schicht Bef. 315 ein Antoninian des Aurelian (270–275 n. Chr.) und ein Halbcentenionalis des Theodosius I (379–395)[13] hervorzuheben. Aus der Linse Bef. 306 stammte ein kleines, handgefertigtes früh- bis hochmittelalterliches Bodenfragment, dessen Zeitstellung sich nicht näher präzisieren lässt. In die oberste Strandschicht Bef. 267, aus der unter anderem auch mittelalterliche Ziegelbruchstücke vorlagen, war in voller Höhe ein Holzstück (Bef. 402) eingebettet, das über die ^{14}C-

12 Die Linsen werden in der Dokumentation als Pfostengruben mit Keilsteinen angesprochen und sind als solche auch publiziert. Die Ausgräberin weist sie einem hölzernen Uferverbau der ersten mittelalterlichen Aufplanierung des Strandgeländes zu (Dumitrache 1995, 249; Dumitrache 2000, 88). Gegen diese Interpretation spricht, dass diese mit 3–4 cm Stärke nicht tief genug sind, um in dem instabilen feuchten Untergrund einer aufragenden Holzkonstruktion Halt zu geben. Für eine Annahme, dass Erdmaterial, in das die Pfosten eingetieft worden wären, abgeschwemmt worden ist, gibt es keinerlei Anhaltspunkte. Die Befunde sind daher wohl eher durch die Bewegung des Seewassers gebildet worden.

13 Derschka 1999, Nr. 42 und Nr. 67.

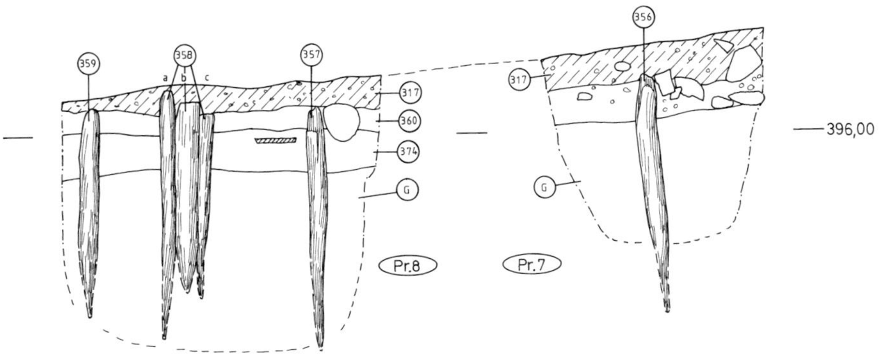

Abb. 9: Konstanz, Hofhalde. Schnitt 2, Profile 7 und 8 mit Pfostenreihe von Norden. M. 1:25.

Methode in die Zeit zwischen 780 und 885 n. Chr. datiert wird.[14]

In die Strandschichten Bef. 355 und 374 der Periode 1 eingetieft waren sechs Eichenpfähle (Schnitt 2, Bef. 356, 357, 358 a–c und 359). Sie bildeten östlich der Steinsetzung Bef. 247 eine West–Ost verlaufende Reihe von 1,80 m Länge (Abb. 8; 9). Der Pfahl Bef. 359 wird nach einer ^{14}C-Analyse in die Zeit zwischen 890 und 975 n. Chr. datiert.[15]

Periode 3 – Abbruch von Mauer 1, Aufplanierung des Strandgeländes und Errichtung von Mauer 2

Phase A – Abbruch der Mauer 1 und erste Aufschüttung des Strandgeländes

Im Nordbereich von Fläche 1 wurde Mauer 1 von Westen her angetrichtert und bis auf wenige Reste ausgebrochen. Der verbleibende Schutt aus ausgebrochenem Steinmaterial (Bef. 58 a und 380) und dunkler sandiger Erde, die gegen die Abbruchkante geschüttet wurden, deckten eine kompakte, dunkelgraue, mit Mörtel- und Tuffsteinstückchen durchsetzte Sandschicht ab. Sie zog in den Bereich der obersten Strandschichten, wo sie in einer kompakten, braunen Sandschicht (Bef. 286) auslief. Diesem Horizont gehörten weiterhin dünne Schichten und Linsen aus hellem, zum Teil stark mit Holzkohle durchsetztem Sand (Bef. 304, 309, 323) an sowie eine dunkelbraune bis schwarze, sandige, stark mit Humus durchsetzte Schuttschicht Bef. 265 (Schnitt 1, Nordprofil), die neben zahlreichen Kieseln, Mörtel- und Lehmstückchen über 600 Tierknochen enthielt. Im südlichen Bereich von Schnitt 1 und in Schnitt 2 wurde in diesem Horizont eine Kiesplanierung aufgebracht (Bef. 253 = 317 Südprofil Schnitt 1, Nord- und Südprofil Schnitt 2), die zum Teil in die obersten Strandschichten eingriff. Sie war an der Mauer 1 bis zu 40 cm mächtig und dünnte nach Osten aus. Stratigraphisch jünger ist ein nur 6–10 cm dickes Paket aus dünnen Schichten und Linsen, das aus hellbraunem, feinem Sand (Bef. 386), dunkelgrauem Lehm mit vereinzelten Mörteleinschlüssen (Bef. 387) und einem sehr festen, orangeroten Sand-Kies-Gemisch (Bef. 388) bestand. Es lag im Nordteil von Fläche 2 (Nordprofil) über den Strandschichten und überschnitt die Kiesschicht Bef. 253 = 317 an ihrem äußersten Ostrand.

Einen jüngeren Horizont dieser ersten Phase bildete eine mächtige, weitestgehend sterile Sandschicht (Bef. 17). Mit ihr wurde das Strandgelände um bis zu 1,20 m aufplaniert. Ihre Oberfläche, die im Nordprofil von Schnitt 1 zunächst horizontal auf einer Höhe von 397,50 m ü. NN verläuft, fiel nach Süden und Osten ab. Während sie im Südprofil des Schnittes 1 noch bis zu 60 cm mächtig war, fehlt sie im Nordprofil des Schnittes 2 bereits völlig. Die Sandplanierung wurde unmittelbar im Anschluss an den Ausbruch der Mauer 1 in Schnitt 1 gegen die Schuttschicht Bef. 31 angeschüttet, da deren relativ steil abfallende Ostfront ohne eine zusätzliche Befestigung – für die es keine Anhaltspunkte gibt – nicht in die-

14 1-Sigma-Spielraum, Datierung Dr. B. Kromer, Heidelberg, nach neuer Kalibrationskurve IntCal 2004, neu berechnet von Dr. A. Billamboz, dendrochronologisches Labor des Landesamts für Denkmalpflege Baden-Württemberg im Regierungspräsidium Stuttgart, dem dafür und für die Nachberechnung des Holzes Bef. 359 herzlich gedankt wird. Eine eindeutige Synchronisierung dieses Holzes mit den Referenzkurven im Zuge einer dendrochronologischen Datierung war nicht gelungen, die mit Vorbehalt angegebene Datierung des Kernholzes mit „nach 187 n. Chr." (Bericht des dendrochronologischen Labors des Landesamts für Denkmalpflege vom 30. 11. 1995) hat sich folglich nicht bestätigt.

15 1-Sigma-Spielraum, Datierung Dr. B. Kromer, Heidelberg, nach neuer Kalibrationskurve IntCal 2004 neu berechnet von A. Billamboz, dendrochronologisches Labor des Landesamts für Denkmalpflege.

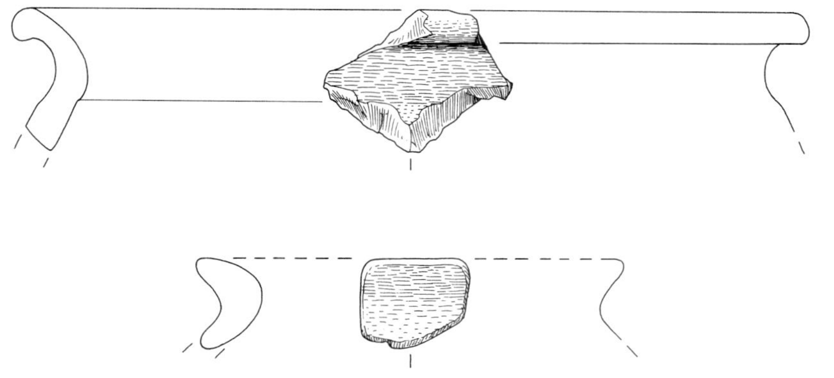

Abb. 10: Konstanz, Hofhalde. Keramische Funde aus Bef. 265. M. 1:2.

ser Form über einen längeren Zeitraum hinweg erhalten geblieben wäre.
Am Ostrand der Planierung wurde in Schnitt 1 eine grabenartige Vertiefung auf eine Breite von 1,20 m und eine Tiefe von 0,45 m angeschnitten (Bef. 312). Sie war zum Teil in die Sandplanierung eingetieft und mit grauem, mit Kieseln und kleinen Wacken durchsetztem Sand verfüllt (Bef. 313, 314, 244 und 264).[16]
Aus Schnitt 2 liegen aufgrund der Verkleinerung der

Abb. 11: Konstanz, Hofhalde. Keramik aus Bef. 253 = 317. M. 1:2.

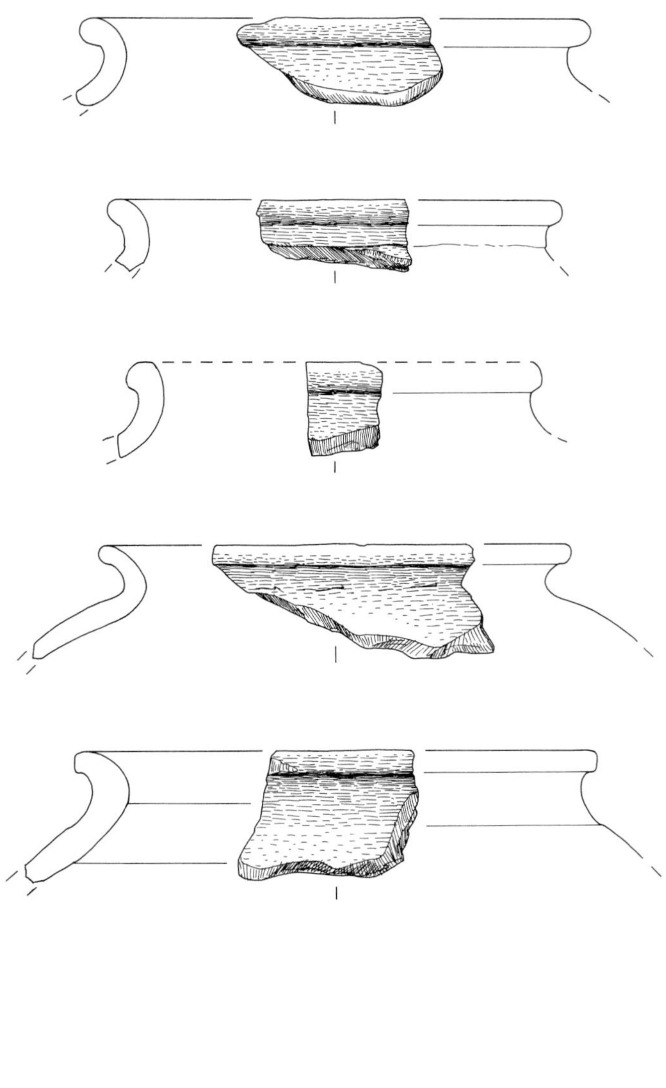

Flächen keine weiteren Erkenntnisse über den Befund vor, der trotz der nur geringen Anhaltspunkte am ehesten als Drainagegraben zu interpretieren ist.
Auf die erste große Sandplanierungsschicht wurde nach Südosten zu eine weitere Planierung aus „schwarzem Ton" – einer wohl mit Schutt vermischten Seekreideschicht – aufgebracht (Bef. 270) und auch der Grabenbereich durch die tonigen Sandschichten (Bef. 244 und 264) weiter aufplaniert. Zu dieser Planierungsphase zählen weiterhin in Schnitt 2 eine an die Mauer 1 anstoßende Schicht Bef. 351 und eine östlich von Schicht 270 angeschnittene dünne Schicht oder Linse aus rötlichem Kies (Bef. 396).
An römischen Funden liegen aus dieser Planierungsphase neben einigen Keramikfragmenten aus den Schichten Bef. 244 und 265 folgende Münzen vor: aus dem Abbruchschutt der Mauer 1 (Bef. 57) ein um 270 n. Chr. geprägter Antoninian[17], aus der Planierung Bef. 253 = 317 ein Antoninian des Claudius II. Gothicus (268–270 n. Chr.) und ein Halbcentenionalis des Constantius II. oder Constans (347–348 n. Chr.)[18]. Mit diesen vergesellschaftet traten früh- bis hochmittelalterliche Ziegel- und Keramikfragmente sowohl im Abbruchhorizont der Mauer 1 und aus der Sandlinse Bef. 323 als auch in den Schichten des jüngeren Planierungshorizontes dieser Phase auf. Aus dem Abbruchhorizont liegt eine Wandscherbe des frühen bis hohen Mittelalters vor.
Aus der Schuttschicht Bef. 265 stammen hochmittelalterliche Stücke, darunter eine Randscherbe mit

16 Im Nordprofil von Schnitt 1 ist der Befund eindeutig dokumentiert. Im Südprofil von Schnitt 1 fehlt die Trennung von Füllschichten des Grabens zu Schicht 17. Im Nordprofil fehlen hingegen die Befundnummern von Graben und dessen Füllschichten. Sie wurden entsprechend dem Südprofil vom Bearbeiter vergeben und mit „a" gekennzeichnet.
17 Derschka 1999, Nr. 39.
18 Ebd. Nr. 35 und Nr. 62.

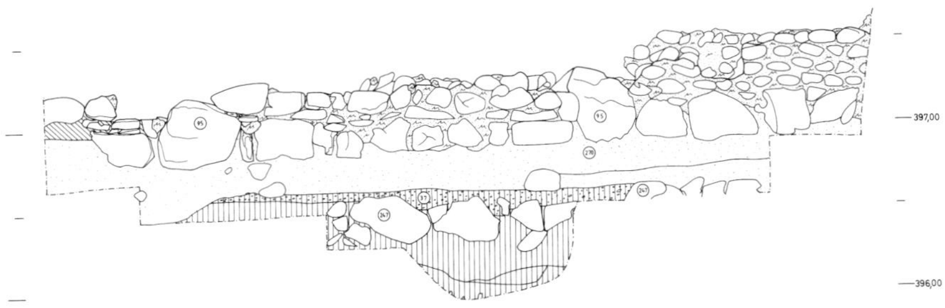

Abb. 12: Konstanz, Hofhalde. Schnitt 2, Mauer 2 Bef. 95 von Ost. M. 1:50.

im Querschnitt sichelförmiger Randausprägung und ein Rollrand mit leichtem Absatz zur Gefäßschulter (Abb. 10). Gute Parallelen zu diesem Keramikmaterial finden sich im Kanton Schaffhausen, wobei die räumliche Nähe eine versetzte zeitliche Entwicklung der Keramik wenig wahrscheinlich macht. Dem ersten Stück ist die bei der Bearbeitung der nahe gelegenen Siedlung Berslingen definierte Randform 5 vergleichbar, die dort für die Phase 3b, Mitte 10. bis Mitte 11. Jh., typisch ist.[19] Der zweite Rand ist deutlich jünger und bereits in die zweite Hälfte des 12. Jh. zu setzen.[20] Unter den aus der Kiesplanierung (Bef. 253 = 317) vorliegenden mittelalterlichen Keramikfragmenten sind fünf Ränder näher zu datieren (Abb. 11). Sie gehören durchweg in das 12. Jh.[21] Weiterhin zu nennen ist ein früh- bis hochmittelalterliches Wandungsstück aus der darüberliegenden Planierungsschicht Bef. 270.

Phase B – Bau von Mauer 2 und zweite Aufschüttung des Strandgeländes

In einer zweiten Phase wurde die Nord–Süd verlaufende Mauer 2 errichtet. Ihr Fundament war in Schnitt 2 (Bef. 95) in voller Höhe von 0,90 m erhalten (Abb. 6; 7; 12). Das zweischalige Gussmauerwerk aus Geröllen, die mit hartem, weißem Mörtel mit Kiesbeimengung verbunden waren, wies eine Breite von 0,80 m auf. Die unterste Lage ihres Fundaments (Bef. 249) sprang an ihrer Westfront um 0,30–0,40 m vor. An dieser Front wurde die Fundamentgrube Bef. 248 angetroffen.[22] Ihre Verfüllung unterschied sich offensichtlich nicht von der Konsistenz der in die Periode 4 zu datierenden kompakten sandigen

Abb. 13: Konstanz, Hofhalde. Keramik aus Bef. 249. M. 1:2.

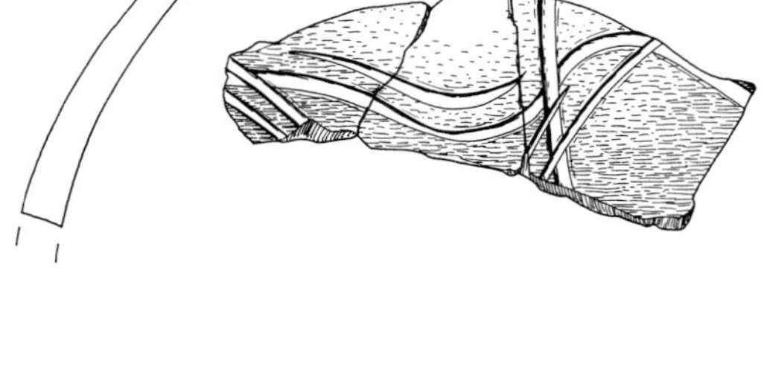

Schuttschicht Bef. 169.[23] In Schnitt 1 war das Fundament durch eine moderne Störung fast vollständig ausgebrochen (Abb. 3) und ist nur im Süd- und Nordprofil (Bef. 30) deutlich fassbar. In Schnitt 1 wies die Mauer 2 einen deutlich abweichenden Mauerquerschnitt und eine leicht abweichende Orientierung auf. Offenbar ist das Fundament in unterschiedlichen Baulosen errichtet worden, die im Profilsteg zwischen Schnitt 1 und 2 zusammengetroffen sind. An der Westfront von Mauer 2 zeichnet sich im Nordprofil von Schnitt 1 die in Schicht Bef. 31 eingetiefte Fundamentgrube durch ihre Füllung aus humosem, mit Steinen durchsetztem Sand Bef. 381 ab.[24] Die nach außen schräg aufgeführte Ostfront des Fundaments zeigt hier deutlich, dass das Fundament von Westen gegen die bereits in voller Höhe bestehende Sandaufschüttung (Bef. 17) der Phase 1 gesetzt wurde.
An Funden fanden sich in der Fundamentgrube Bef. 248 einige römische Keramikfragmente und Ziegelbruchstücke römischer oder mittelalterlicher

19 Zubler 2000, 116f.

20 Ebd. 120. – Deutlich jünger ist in diesem Fundkontext hingegen ein kleines Fragment einer farblosen Butzenscheibe, wie sie in Südwestdeutschland um 1400 auftreten und ab der Mitte des 16. Jh. häufiger werden (Frommer/Kottmann 2004, 84). Das Fragment dürfte aus einer südlich des Nordprofils in diese Schicht eingreifenden massiven neuzeitlichen Störung stammen und falsch zugewiesen worden sein.

21 R 10 bei Zubler 2000, 119f.

22 Im Südprofil von Schnitt 1 ist auch eine als „Baugrube" bezeichnete, östlich vorgelagerte Verfärbung dokumentiert, die von einem deutlich höheren Niveau der Phase B aus eingegraben wurde. Dieser Befund findet sich ebenfalls im Nordprofil von Schnitt 2, aber nicht in den Flächenzeichnungen von Schnitt 2. Eine Befundnummer wurde nicht vergeben. Falls es überhaupt einen Befund darstellt, dann könnte es sich am ehesten um eine lokal eng begrenzte Störung oder Reparaturmaßnahme handeln, die im Zuge von Mauerbau und Verfüllung notwendig wurde.

23 Im Nordprofil von Schnitt 2 ist keine klare Abgrenzung eingezeichnet, und auf eine Beschreibung von Bef. 248 wurde verzichtet.

24 Die dunklen Sandschichten Bef. 382, 28 und 383 sind Verfüllungen der Ausbruchgrube von Fundament 30. Aus Schicht Bef. 28, der einzigen fundführenden Schicht dieses Pakets, stammt ein Glasfragment, das in das 18.–20. Jh. datiert.

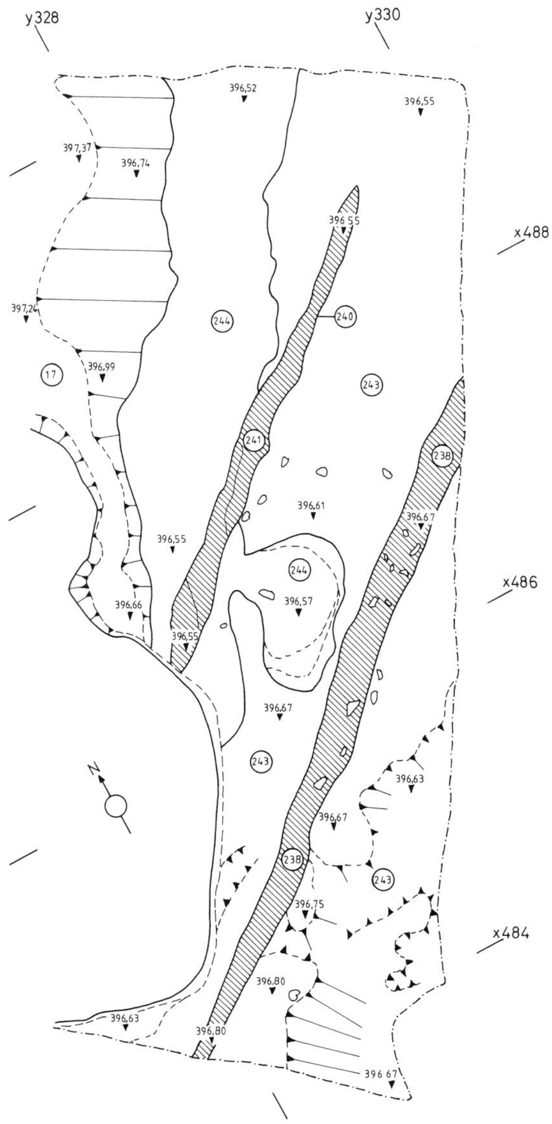

Abb. 14: Konstanz, Hofhalde. Schnitt 1, Fläche 18 mit den Wagenspuren 240/241 und 238. M. 1:50.

Zeitstellung. Weiterhin zu nennen ist eine Wandscherbe mit mehrzeiligen, sich überschneidenden Wellenbändern aus Bef. 249 (Abb. 13), die zwischen dem 9. und dem 12. Jh. eingeordnet werden kann.[25]

Die Bauweise des Fundamentes mit der Verwendung von lagig gesetzten Seegeröllen ist in Konstanz bei Profanbauten wie auch bei der sogenannten älteren Stadtmauer typisch für das 11. bis 13. Jh.[26] Danach hatte man die Wacken zunehmend durch Rorschacher Sandstein ersetzt,[27] ab der zweiten Hälfte des 14. Jh. wurden dem Mörtel regelhaft zerschlagene Dachziegel beigemischt.

Weiterhin wurde in dieser Phase das Gelände – mit Ausnahme des Bereiches zwischen Mauer 1 und Mauer 2 in Schnitt 2 – bis auf die Höhe von 397,60 m ü. NN. aufplaniert. Von Westen her wurden weitere Schichten aus Sand aufgebracht, die halbkegelförmig etwa vom Bereich des Profilsteges zwischen Schnitt 1 und Schnitt 2 auch nach Norden und Süden abfielen (Bef. 243, 278, 279).

Bef. 243 bildete eine annähernd waagrechte, nach Süden leicht abfallende Oberfläche bei einer Höhe von 396,60–396,70 m. In dieser fanden sich in den Schnitten 1 und 2 kleine, parallel verlaufende Gräbchen (Schnitt 1 Bef. 237/238/239 und 240/241, für Schnitt 2 sind keine Befundnummern vergeben worden[28]) mit einem inneren Abstand von knapp unter 1,00 m (Abb. 7; 14). Der Abstand, der in der Bandbreite der Radabstände von mittelalterlichen Wagen liegt,[29] legt nahe, dass es sich bei diesen Gräbchen um Karrengeleise handelt. Diese wurden im Nordprofil von Schnitt 2 von einer West–Ost verlaufenden, dünnen, hellbeigefarbenen Sandschicht (Bef. 344) überlagert, die durch eine ebenso dünne Schicht aus Seekreide (Bef. 345) ihre östliche Fortsetzung fand. Beide Schichten waren vermutlich durch den Transport von Material zur weiteren Erhöhung des Geländes entstanden. Dafür spricht auch, dass sie kein Fundmaterial enthielten.

Mit dem Einbringen von weiteren Sand- und Kiesschichten wurde im südlichen Bereich von Schnitt 1 sowie in Schnitt 2 die in der zweiten Aufschüttungsphase von Schicht 17 vorgegebene Höhe von 397,45 m ü. NN annähernd erreicht. Die im Nordostbereich von Schnitt 1 entstandene Mulde wurde mit einer grauen Sandschicht Bef. 189 in einem Zug verfüllt und die Oberfläche wie im übrigen Geländes auch auf die Höhe von 397,35–397,40 m ü. NN gebracht. Die Planierung wurde durch die Mörtelschicht Bef. 163 (Schnitt 1, Nordprofil) abgeschlossen, deren

25 Zubler 2000, 101; 116–120.

26 Zum Beispiel Arealmauer Salmannsweilerhof: Löbbecke/Pfrommer/Röber 2005, 58 ff. Abb. 45; Kirchen: Röber/Wolf 2007; Stadtmauern: F. Löbbecke/R. Röber, Drei Stadtmauern im Süden der Konstanzer Altstadt. Arch. Ausgr. Baden-Württemberg 2002, 202–204.

27 Zum Beispiel Herberge des Salmannsweilerhofes: Löbbecke/Pfrommer/Röber 2005, 68, Abb. 54–57.

28 Auf Fläche 6 Schnitt 1 ist die Befundnummer 243 fälschlicherweise mit 234 wiedergegeben.

29 Siehe unter anderem: S. Eisenschmidt, Wagen und Wagenbau, Wagengrab §11. Wikingerzeit. RGA Bd. 33 (Berlin, New York 2006) 73–78, hier 73; M. Fansa/R. Schneider, Die Rekonstruktion eines oldenburgisch-friesischen Frachtwagens aus dem 12. Jahrhundert n. Chr. In: Der sassen speyghel. Sachsenspiegel – Recht – Alltag, Bd. 2. Arch. Mitt. Nordwestdeutschland 10 (Oldenburg 1995) 163–172, hier 165; M. Rech, Pferd und Wagen im Frühen und Hohen Mittelalter. In: M. Rech (Hrsg.), Pferdeopfer – Reiterkrieger. Fahren und Reiten durch die Jahrtausende. Ausstellungskat. Bremen, Hamm, Krefeld 2006/2007. Bremer Arch. Bl. Beih. 4 (Bremen 2006) 171–216, hier 213 ff.; G. Eggenstein, Der Hellweg in Balhorn bei Paderborn. Archäologie des mittelalterlichen Fernverkehrs. Ebd. 165–170, hier 167.

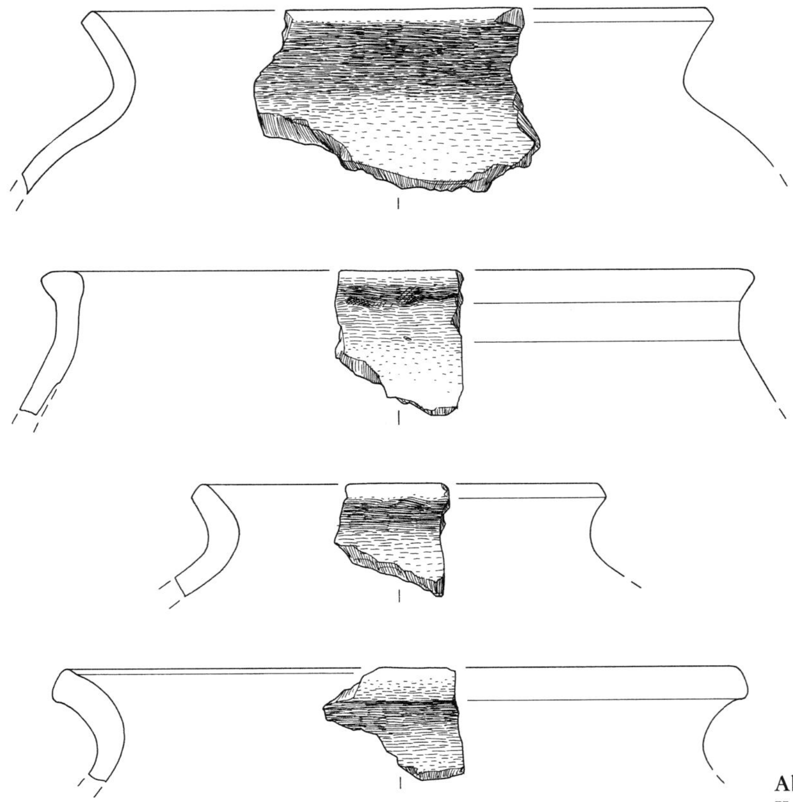

Abb. 15: Konstanz, Hofhalde. Keramik aus Befund 159. M. 1:2.

Oberkante auf Höhe 397,60 m ü. NN verlief. Sie kann als Bauhorizont für das Aufgehende der Mauer 2 angesprochen werden. In Schnitt 2 wird der Bauhorizont durch die Mörtelschicht Bef. 329 vorgegeben. Jedoch wurde hier erst mit den darüberliegenden Straten – einer mit grobem, hellbraunem Sand vermengten Kiesschicht (Bef. 330) sowie einer schwarzbraunen, kompakten, leicht tonigen Sandschicht (Bef. 80) – die aus Schnitt 1 vorliegende Höhe von 397,60 m ü. NN erreicht. Ob diese beiden Schichten noch dieser Periode zugerechnet werden können oder ob sie erst zu einem späteren Zeitpunkt eingebracht wurden, ist nicht zu entscheiden.

Abb. 16: Konstanz, Hofhalde. Wandputz zum Teil mit flächigem Farbauftrag aus Aufschüttung Bef. 189.

Aus den Planierschichten dieser Phase stammen neben einer größeren Anzahl römischer Keramikscherben auch einige mittelalterliche Stücke, die zeitlich näher angesprochen werden können. Sicher bis in das 10. Jh. zurück geht ein Trichterrand aus Bef. 159 (Abb. 15).[30] Damit vergesellschaftet war ein weiteres Randfragment ähnlicher Zeitstellung mit vergleichbarer, aber nicht so gestreckter Form,[31] während ein gedrücktes, an der Randlippe abgestrichenes Stück in die zweite Hälfte des 11. bis zur Mitte des 12. Jh. einzuordnen ist.[32] Keine Parallelen im Berslinger Material findet ein vertikaler Rand mit blockförmigem Profil. Er hat Entsprechungen in der Albware, wenn er auch in derselben Machart wie die übrige Keramik hergestellt ist und damit sicher kein Importstück darstellt. Nach den jüngst publizierten Untersuchungen von C. Bizer sind derartige Randprofile bei Keramik der sogenannten älteren Albware vorhanden und können daher in das 12. Jh. datiert werden.[33] Eben-

30 R 3: Zubler 2000, 116.
31 R 3–4: Zubler 2000, 116.
32 R 8: Zubler 2000, 118.
33 C. Bizer, Oberflächenfunde von Burgen der Schwäbischen Alb. Ein Beitrag zur Keramik- und Burgenforschung. Forsch. u. Ber. Arch. Mittelalter Baden-Württemberg 26 (Stuttgart 2006) 37, Vergleichsstücke zum Beispiel auf der Burg Blankenstein, Abb. 84,11.

falls aus Bef. 189 stammen 62 Fragmente von Mörtel und Wandputz zumeist kleiner Fraktion (Abb. 16). Etliche tragen eine weiße Kalkschlämme, die zum Teil später mit einem dickeren Kalkauftrag überdeckt wurde. An einem geringeren Bestand ist ein überwiegend flächig aufgebrachter gelber oder roter Farbauftrag festzustellen.[34]

Periode 4 – Anbauten an Mauer 2

Ein 0,80–0,90 m breites Fundament (Bef. 90) stieß von Westen her im rechten Winkel an die Mauer 2 (Bef. 95). Es bestand aus Geröllen und Bruchsteinen von Rorschacher Sandstein, die fest mit Kalkmörtel verbunden waren. Obwohl aus dem gleichen Baumaterial bestehend wie die unter diesem Fundament liegende Steinsetzung der Periode 2, ist das Fundament stratigraphisch eindeutig jünger. Da es über den Fundamentvorsprung von Mauer 2 hinwegzog, wurde es später an diese Mauer angebaut. Es ist in die kompakte, sandige, mit zahlreichen Mörtel- und Ziegelbrocken durchsetzte Schuttschicht Bef. 169 eingetieft. Sie enthielt neben römischen Funden – so ein ca. 268–270 n. Chr. geprägter Antoninian[35] und

Abb. 17: Konstanz, Hofhalde. Periodisierung der wichtigsten Befunde. Braun: natürliche Uferböschung; rot: Periode 2 mit Mauer 1, Steinsetzung und Pfosten einer Landestelle; gelb: Periode 3 a, Graben; blau: Periode 3 b, Mauer 2 und Wagenspuren; grün: Periode 4, Mauer Bef. 90 und rundes Fundament Bef. 135/ 136.

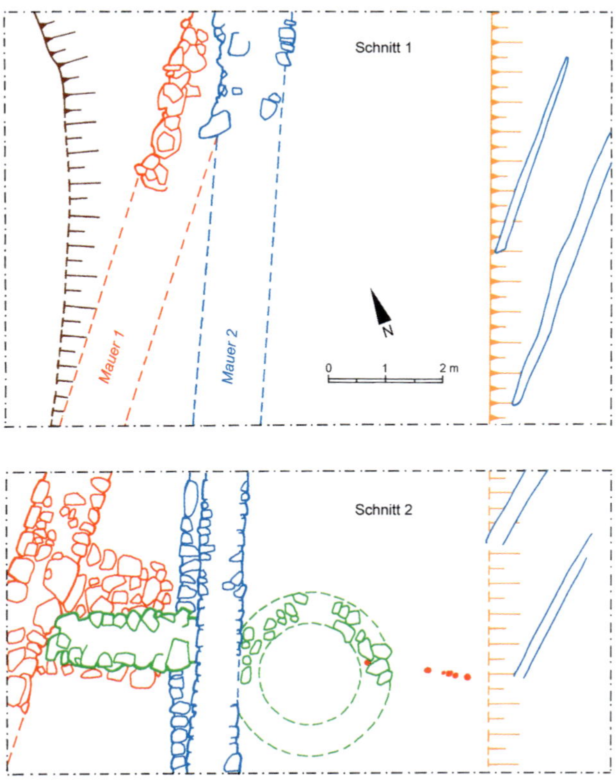

Keramikfragmente – unter anderem auch Bruchstücke von spätmittelalterlicher oder frühneuzeitlicher glasierter Irdenware sowie einen kleinen Beinwürfel. Die in die Planierschicht Bef. 80 gründenden Fundamente einer weiteren Raumeinheit (Abb. 17) wurden an der Ostfront der Mauer 2 in Schnitt 2 aufgedeckt (Bef. 135 und 136). Sie können mit einem runden Turm, vielleicht von einer Wendeltreppe,[36] in Verbindung gebracht werden.

Jüngere Befunde

Die Aufarbeitung der bei der Grabung aufgedeckten jüngeren Befunde, wie zum Beispiel die in Schnitt 2 über die Mauer 2 hinwegziehenden Steinfundamente Bef. 93 und 94 eines neuzeitlichen Gebäudes, sind für die eingangs aufgeworfene Fragestellung von keiner Bedeutung. Eine Ausnahme bilden hier lediglich die Befunde in der Nordwestecke von Schnitt 1, die die Ausgräberin mit einem Ost–West verlaufenden römischen Wehrgraben in Verbindung bringt. Es handelt sich hierbei um eine grabenartige Eintiefung, die 0,90 m in eine kompakte, graubraune Sandschicht (Bef. 37) und die Hinterfüllung Bef. 36 der mittelalterlichen Mauer 1 einschnitt. Ihre von Norden her schräg abgestochene Wandung endete in einem 30 cm breiten und 12 cm tiefen Gräbchen mit gerundeter Sohle. Die Verfüllung bestand weitgehend aus sehr kompaktem, dunkelbraunem, mit Kieseln und Steinen durchsetztem Sand (Bef. 35), von der sich die fundfreie Füllung im Gräbchen (Bef. 349) nur durch sandige Einschlüsse des gewachsenen Bodens und kleine Ziegel- bzw. Hüttenlehmstückchen absetzt. Nach Norden zu lief die Füllung Bef. 35 in den Flächen 1 und 2 als Schicht in einem bis zu 50 cm breiten Streifen bis ins Nordprofil. Sie ist hier nicht dokumentiert und dürfte unter dem Horizont „modern" subsumiert sein. Es ist davon auszugehen, dass sie ursprünglich die gesamte Nordwestecke des Schnittes 1 bedeckte und bei der Anlage der ersten Grabungsfläche gekappt wurde. Bereits auf der Grabung war,

34 Der Auffüllung Bef. 189 wurde weiterhin eine fingernagelgroße glasierte Wandscherbe zugewiesen, die oxidierend gebrannt und mit einer nur partiell aufgetragenen, durchscheinenden dünnen grünen Glasur versehen wurde. Glasierte Keramik ist in Konstanz erst für das ausgehende 13. Jh. nachzuweisen: M. Junkes, Keramikgeschirr aus Konstanz. In: Stadtluft, Hirsebrei und Bettelmönch. Die Stadt um 1300 (Zürich, Stuttgart 1992) 340f. Das deutlich zu junge Stück dürfte nachträglich in den Fundkomplex gelangt sein.

35 Derschka 1999, Nr. 36, Münzherr vermutlich Claudius Gothicus.

36 Dumitrache 1995, 249.

wie die zeichnerische Dokumentation des Westprofils zeigt, offenbar nicht zweifelsfrei zu klären, ob die Füllung Bef. 35 über eine Grube Bef. 415 hinwegzog, aus deren Füllung moderne Dachziegel stammen.
Aus der Füllschicht Bef. 35 stammen neben latènezeitlichen und römischen Keramikfragmenten sowie Bruchstücken römischer Ziegel und Glasgefäße auch zwei zwischen 268 und 270 n. Chr. geprägte Antoniniane des Claudius Gothicus und des Quintillus.[37] An jüngeren Funden ist lediglich ein kleinster Splitter neuzeitlicher Keramik zu verzeichnen. Auch wenn dieser Fundkomplex auf den ersten Blick eine Datierung des Befundes in die römische Epoche nahelegt, so widerspricht diesem Anschein die Stratigraphie doch klar und eindeutig. Auch soll nicht unerwähnt bleiben, dass aus anderen neuzeitlichen und modernen Schichten dieser Grabung teilweise recht große Fragmente römischer Gefäßkeramik geborgen wurden.
Es kann somit festgehalten werden, dass es sich bei diesem „Graben" um einen mit umgelagertem römischem Material verfüllten, neuzeitlichen bis modernen Befund handelt. Möglicherweise steht dieser in Zusammenhang mit einer modernen Anlage unbekannter Bestimmung (Bef. 418) die, teilweise ausgebrochen, als Entsorgungsgrube für ölverseuchtes Erdmaterial diente.

Historische Einbindung

Antiker Strand

Mit den Befunden der ersten Periode wurden bei der Grabung Hofhalde 8 ein von der Natur geformter Uferbereich mit einer rund 1 m hohen Uferböschung und einem ostwärts sich erstreckenden Strandbereich des Bodensees erfasst. Hinweise, die auf die Existenz von römischen Wehrgräben schließen lassen, liegen nicht vor.[38]
Über den Zeitpunkt der Entstehung des Strandes geben die Funde keinen Anhaltspunkt. Zum einen können die Strandschichten schon lange vor der Einlagerung der ältesten Funde aus der Spätlatènezeit gebildet worden sein, zum anderen könnte theoretisch selbst noch das römische Fundmaterial aus höher gelegenen Uferschichten stammen (siehe oben), die erst in nachrömischer Zeit in den Seegrund erodiert sind. Aufgrund des Fehlens von Seeton- und Seekreideschichten schließt die Ausgräberin, „dass die Uferzone des Bodensees weiter östlich zu suchen ist"[39] und infolge von Hochwasser ein ursprünglich hochwasserfreier Landstreifen in der zweiten Hälfte des 3. Jh. n. Chr. aberodiert ist[40]. Seekreideschichten stehen südlich der Grabung in 150 m Entfernung in einer Höhe von 397,50 m ü. NN, in 350 m Entfernung bis auf eine Höhe von 398,40 m ü. NN und in der Konradigasse im Nordwestbereich der Niederburg gar auf einer Höhe von 398,80 m ü. NN an[41]. Seekreideschichten werden in Zonen gebildet, die ständig oder doch die meiste Zeit von Wasser bedeckt sind. Dies bedeutet, dass die ursprüngliche Strandzone des Bodensees nicht östlich der Grabung, sondern in einer Höhe von rund 1,30 m über der Uferböschung und rund 2,30 m über den angetroffenen Strandschichten hinweggezogen ist und die alte Uferkante somit westlich der Grabungsgrenze am Münsterhügel verlaufen sein muss. Das Fehlen einer Seetonschicht in der Hofhalde 8 belegt zwar eine Erosion an der Ostflanke des Münsterhügels, die jedoch keinen Landverlust, sondern Landgewinn brachte. Dieser angesichts der Mächtigkeit des Erosionspakets wohl eher langsam vonstatten gehende Prozess, der mit einer gravierenden Absenkung des Seespiegels einherging, war lange vor der ersten Besiedlung des Münsterhügels abgeschlossen. Dies belegt unter anderem der spätlatènezeitliche Graben am Münsterplatz, dessen Sohle unter eine absolute Höhe von 397,20 ü. NN abgetieft worden war, ohne dass man dadurch in den von den Seespiegelschwankungen abhängigen Grundwasserspiegel vorgestoßen wäre.
Es ist somit davon ausgehen, dass die in der Hofhalde 8 angetroffene Uferböschung im Wesentlichen das Ufer von der Spätlatènezeit bis in das frühe Mittelalter markiert. Die mittleren Wasserstände des Niedrigwassers im Winter und Höchststandes im Sommer – die heute bei 394,61 m ü. NN bzw. 396,20 m ü. NN liegen[42] – dürften in diesen Epochen dabei um rund 30 cm höher gelegen haben.

Umwehrung des frühmittelalterlichen Bischofsitzes

Die älteste Bauaktivität in dem ausgegrabenen Bereich stellt die Errichtung der Mauer 1 (Bef. 92) dar, die unmittelbar in die Strandzone gesetzt wurde. Im Gegensatz zu der älteren Auffassung, nach der diese in die Spätantike datiert werden müsste,[43] haben

37 Derschka 1999, Nr. 37 und Nr. 41.
38 Bei den von M. Dumitrache mit einem Wehrgraben des 1. Jh. in Verbindung gebrachten Schichten handelt es sich um die Strandschichten Bef. 360 und 354 sowie die der Periode 2 angehörende uferseitige Hinterfüllung Bef. 36 der Mauer 1.
39 Dumitrache 1995, 245.
40 Dumitrache 1995, 249; Dumitrache 2000, 20.
41 Ebd. 19 ff.
42 Ebd. 19.
43 Ebd. 88.

Abb. 18: Konstanz. Das Münster Unserer Lieben Frau von Süden mit Bischofsresidenz und Domimmunität. Kupferstich aus der Spedt'schen Chronik von 1733.

zwei ^{14}C-Daten keinen Zweifel an einer frühmittelalterlichen Zeitstellung gelassen. Diese liefern zwar kein Datum für die Mauer selbst, umreißen aber den Zeitraum der Errichtung: Älter ist ein Holz mit Datum zwischen 780 und 885 n. Chr. Zu diesem aus Kernholz gewonnenen Datum ist noch der Splint mit etwa fünfzehn Jahren zu addieren, so dass eine Spanne bis etwa 900 n. Chr. zu veranschlagen ist. Das zweite Datum „zwischen 890 und 975 n. Chr." bezieht sich bereits auf die Existenz von Mauer 1. Die Mauer hat nicht zu einem Gebäude gehört, da es dazu keine Fußböden oder Laufniveaus gibt, sondern ist als Teil einer Umfassungsmauer anzusprechen, der ein Verteidigungscharakter nur dann zukam, wenn der Münsterhügel nicht nur nach Osten zur ohnehin durch den See geschützten Seite, sondern auch nach Süden und Westen abgeriegelt worden wäre. In der Tat sind aus älteren Beobachtungen und kleineren Grabungen am südlichen Ende des Münsterhügels Mauerstücke bekannt geworden, die zu dem in der Hofhalde 8 aufgedeckten Teil gehören könnten. Sowohl unter dem Haus Hofhalde 12 als auch an zwei Stellen im Pfalzgarten wurde eine im Fundamentbereich zwischen 1,4 m und 1,6 m breite Mauer angetroffen, die vorwiegend aus Seegeröllen gesetzt war.[44] Leider ist die Dokumentation dieser älteren Aufschlüsse[45] nicht so ausführlich, dass eine zwingende Beweisführung möglich wäre. Jedoch sprechen die Lage und in eingeschränktem Maße auch das Steinmaterial dafür, dass die Mauern zu einer gemeinsamen Befestigung gehörten. Die unterschiedliche Fundamentbreite kann durch die größere Gefährdung an der Südseite erklärt werden. Für die Westseite liegen keine Erkenntnisse vor. Hier könnte die straßenseitige Fassade der Häuser Wessenbergstraße 30–32 den Verlauf angeben. An deren Nordende dürfte die Ummauerung nach Westen und dann wieder nach Norden umgeschwenkt sein, da sich weder unmittelbar südlich des Münsters noch bei der Erneuerung der Kanalisation Spuren davon fanden. Möglicherweise ist der Verlauf identisch mit der Lage der Domimmunitätsmauer auf einer frühneuzeitlichen Stadtansicht (Abb. 18).

Die Frage nach dem Grund für die Erbauung dieser steinernen Befestigung mündet zwangsläufig in Überlegungen zur Topographie des frühmittelalterlichen Konstanz. Zu diesem Problemfeld liegen schon seit über 100 Jahren Vorschläge von Historikern vor. Diese wurden immer wieder ergänzt oder variiert, obwohl sie auf denselben spärlichen Schriftquellen fußen.

Der älteste detaillierte Vorschlag stammt aus der Feder von Konrad Beyerle und Anton Maurer, die im Rahmen eines 1908 erschienenen Häuserbuchs für die Stadt Konstanz auch die räumliche Entwicklung derselben thematisierten.[46] Für das Frühmittelalter wird eine Zweiteilung der Siedlung in Bischofsburg und Niederburg angenommen, denen dann im Laufe des 10. Jh. Markt und Kaufmannssiedlung angegliedert werden. Diese wurden unter anderem aufgrund der Angaben in der spätmittelalterlichen Chronik von Gebhard Dacher vor der Kirche St. Stephan lokalisiert. Deren Ummauerung wird aber erst später angenommen, ohne dass sich dafür ein genauerer Zeitraum angeben ließe.[47] Die Basis der Rekonstruktion bilden im Wesentlichen drei Stellen in den Schriftquellen. Die älteste stammt aus der Vita des Hl. Gallus, die im späten 7. Jh. verfasst wurde, in großen Teilen aber erst in jüngeren Gallus-Viten des 9. Jh. überliefert ist.[48] Dort heißt es bei der Wahl des Diakons Johannes zum Bischof, also im frühen 7. Jh., dass dieser sich in die Kirche St. Stephan außerhalb der Stadt geflüchtet habe: „extra civitatem in ecclesiam s. Stephani fugit".[49] Als zweites ist eine Nachricht aus den Casus St. Galli Ekkehards IV. heranzuziehen. Dieser schreibt im 11. Jh., das bei einem An-

44 Ebd. 189.

45 Ebd. Nr. 88, Hofhalde 12 von 1897; Nr. 91 Pfalzgarten Ost von 1898 und 1978; Nr. 93 Pfalzgarten Südostbereich 1931 und 1974. Die Beobachtungen im Südostbereich des Pfalzgartens von 1931 sind abgedruckt bei: H. Maurer, Konstanz als ottonischer Bischofssitz. Zum Selbstverständnis geistlichen Fürstentums im 10. Jahrhundert. Veröff. Max-Planck-Institut Gesch. 39 = Stud. Germania Sacra 12 (Göttingen 1973) 82–85.

46 Erschienen ist nur der erste Band über die Bischofs- und Niederburg: Beyerle/Maurer 1908, 158 ff.

47 Beyerle/Maurer 1908, 168 ff.

48 Maurer 2003, 31.

49 Beyerle/Maurer 1908, 164, Anm. 3.

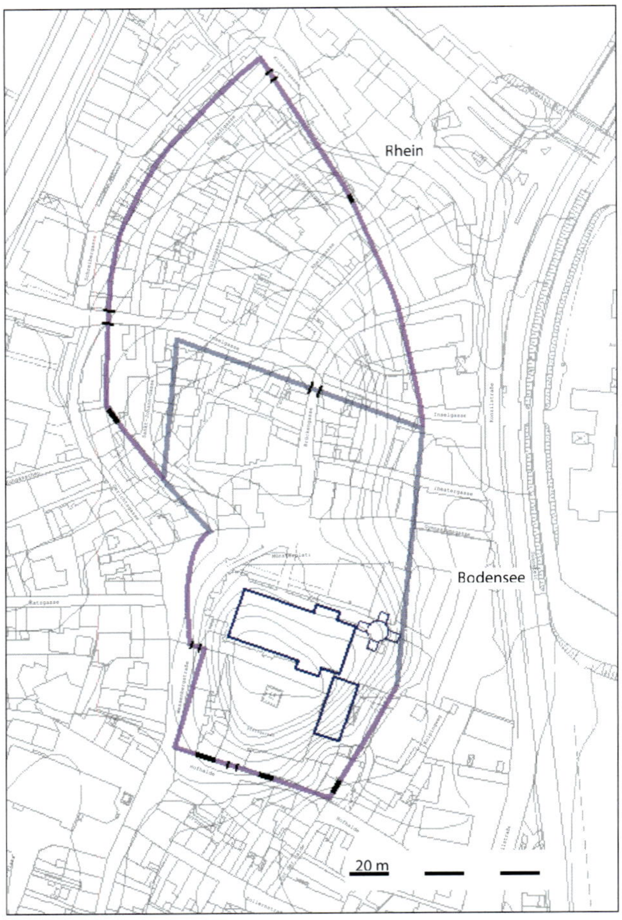

Abb. 19: Konstanz. Rekonstruktion des Verlaufs der Befestigungsmauern im 10. Jh. Ungeklärt ist, ob innerhalb der frühmittelalterlichen Ummauerung die spätantiken Wehrmauern weiter bestanden.

griff der Ungarn im Jahre 926 die umwehrten Teile verteidigt werden konnten, die unbewehrten aber niedergebrannt worden seien: „Constantia foris cremata, intus armis defensa“.[50] Genauer spezifiziert werden die umwehrten beziehungsweise unbewehrten Teile aber nicht. Die letzten Quellen sind hagiographischer Provenienz: Aus den Viten des Hl. Konrad (939–971), die im frühen 12. Jh. abgefasst wurden, ist zu erfahren, dass von dessen Kirchengründungen St. Paul außerhalb, St. Mauritius und St. Johann aber innerhalb der Mauern liegen.[51] Aus dieser Auflistung der Quellen folgt, dass sich die Rekonstruktion der Siedlungsfläche und ihrer Ummauerung nur in geringem Umfang auf die zum Teil auch wesentlich später abgefassten Schriftquellen stützen kann. Stattdessen wird der Verlauf von ausgewählten Parzellen und Straßen herangezogen, ohne dass deren Entstehung über die früh- bis hochmittelalterliche historische Überlieferung zeitlich zu fixieren wären. Darüber hinaus dienen Beyerle und Maurer die alt anmutenden Mauern des Wohnturmes Stephansplatz 41 als Argument, in diesem den Eckturm der frühmittelalterlichen Bischofsburg zu sehen.[52] Auch spätere Rekonstruktionen[53] wie die von Gerhard Nagel aus dem Jahre 1971 sind dieser methodischen Vorgehensweise verhaftet. Nagel rekonstruiert ähnliche Siedlungsflächen wie schon Beyerle und Maurer sechzig Jahre vorher, nur für die Bischofsburg wird eine leicht abweichende Lage und geringere Größe angenommen. Für die Umwehrung der Niederburg werden ein vermuteter Mauerverlauf und eine flächenmäßig kleinere Variante angeboten. Eine postulierte Erweiterung nach Süden, die um 900 n. Chr. angesetzt wird, beruht auf der Interpretation einer spätmittelalterlichen chronikalischen Nachricht und wird an dem Verlauf eines Eh-Grabens zwischen Zollernstraße und Salmannsweilergasse festgemacht.[54]

Einen knappen kritischen Überblick zum Forschungsstand unter Einbeziehung archäologischer Ergebnisse gab zuletzt M. Dumitrache.[55] Eine deutliche Verbesserung der Quellensituation brachten erst die Untersuchungen am Münsterplatz mit dem Nachweis des spätantiken Kastells. Diese Befestigung hatte bis weit in das Frühmittelalter hinein Bestand, da ein auf dem Münsterplatz aufgedeckter zugehöriger Abbruchhorizont beigabenlose Gräber überlagerte, die nur mit einem Friedhof an der Bischofskirche in Verbindung gebracht werden können. Abgesehen von den antiken Kastellmauern hat sich bis zum 9. Jh. keine andere Befestigung nachweisen lassen.[56]

Von der ersten Bischofskirche sind Aussehen und Lage unbekannt. Generell gilt, dass bei im Frühmittelalter gegründeten Bischofssitzen die Kathedrale immer innerhalb der römischen Mauern ihren Platz fand und der einmal gewählte Standort in der Regel beibehalten wurde.[57] Auch die Lage in Nähe der an-

50 Ebd. 1908, 165, Anm. 2
51 H. Maurer, Konstanz: Die Mauern einer Bischofsstadt im Hochmittelalter. In: Stadt- und Landmauern 1: Beiträge zum Stand der Forschung. Veröff. Inst. Denkmalpfl. ETH Zürich 15 (Zürich 1995) 23–28, hier 27f.
52 Beyerle/Maurer 1908, 165. Mittlerweile ist die hoch- bis spätmittelalterliche Entstehung dieser Wohntürme unstrittig: L. Schmidt, Konstanzer Wohnarchitektur des Mittelalters. In: Städt. Museen Konstanz (Hrsg.), Ritter, Heilige, Fabelwesen. Wandmalerei in Konstanz von der Gotik bis zur Renaissance (Konstanz 1988) 9–19, hier 14ff.
53 Eine Zusammenstellung bei Dumitrache 2000, 190ff.
54 G. Nagel, Das mittelalterliche Kaufhaus und seine Stellung in der Stadt. Eine baugeschichtliche Untersuchung an südwestdeutschen Beispielen (Berlin 1971), Beilagen Plan F, 125f.
55 Dumitrache 2000, 187ff.
56 Röber 2006, 14f.
57 Vgl. die von C. Brühl, Palatium und Civitas. Studien zur Profantopographie spätantiker Civitates vom 3. bis zum 13. Jahrhundert 2: Belgica I, beide Germanien und Raetia II (Köln, Wien 1990) behandelten Städte.

tiken Befestigungsmauer, die für frühe Kirchen relativ häufig belegt ist,[58] spricht dafür, dass sich die erste Bischofskirche unter dem heutigen Münster befand. Der älteste noch erhaltene Teil des jetzigen Kirchenbaus ist eine Umgangskrypta, deren Errichtung in Verbindung mit der Übertragung der Pelagius-Reliquien stehen dürfte. Dafür werden sowohl Bischof Salomon I. (838/39–871) als auch Bischof Salomon III. (890–919/20) in Anspruch genommen.[59] Obwohl sich die bauhistorische Forschung über Datierung und Gestalt der jeweiligen Vorgängerbauten des heutigen Münsters nicht einig ist, ist doch zumindest unstrittig, dass ein karolingischer Großbau existierte.[60] Dessen Außenmauern müssen zwangsläufig die spätantiken Kastellmauern im Südwesten und im Süden gekappt haben. Es ist zu vermuten, dass die spätantiken Mauern ganz gezielt als Steinbruch für den Neubau gedient haben und der Abbruchhorizont nördlich des Münsters im Zuge dieser Maßnahme entstanden ist. Zu diesem Zeitpunkt waren Kirche und Siedlung nach Süden, an der aus topographischer Sicht besonders gefährdeten Seite, erstmals ohne Schutz, und es ist zu erwarten, dass kurz danach oder als Teil dieser Baumaßnahme der Münsterhügel von einer Mauer umgeben und zum repräsentativen Sitz des Bischofs und seiner Verwaltung ausgebaut wurde.[61] Die Umfassungsmauer der Bischofsburg dürfte dabei an die Teile der Kastellmauer, für deren Abbruch keine Notwendigkeit be-

58 A. Wolff, Zur Lage der frühchristlichen Kirche in der antiken Stadt. In: Akten XII. Internat Kongr. Christl. Arch. Jahrb. Antike u. Christentum Ergbd. 20,2 (Münster 1995) 1295–1308.

59 Maurer 2003, 106 u. Anm. 135.

60 Aktueller Forschungsbericht bei U. Laule, Das Konstanzer Münster. Überlegungen zur Entstehungsgeschichte. Schr. Ver. Gesch. Bodensee 124, 2006, 3–32, hier 14 ff.

61 Maurer 1997, 285 f.

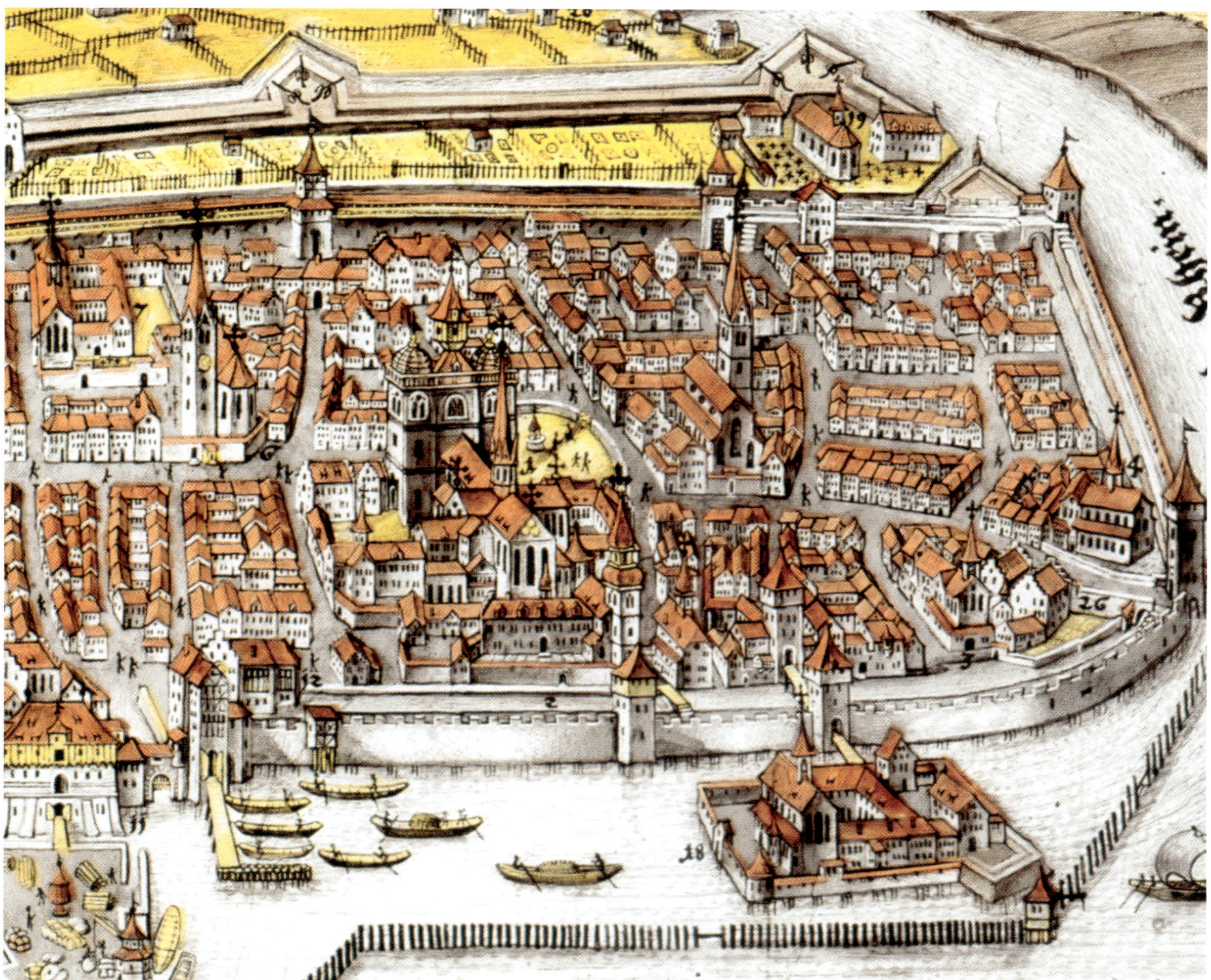

Abb. 20: Stadtansicht von Osten aus einem Glasfenster von Wolfgang Spengler, gefertigt im Jahr 1653. Südlich, links des Münsters ist die Bischofspfalz mit nach Osten vorspringender, durch einen Dachreiter gekennzeichneter Petruskapelle zu sehen. Die Gebäude werden nach Osten von einer Mauer umschlossen, die das bischöfliche Gebiet vom bürgerlichen trennte.

stand, angeschlossen worden sein (Abb. 19). Auf archäologischem Wege kann diese Umgestaltung bislang lediglich über die beiden genannten ^{14}C-Daten aus der Grabung an der Hofhalde zeitlich eingeordnet werden. Etwa zeitgleich oder kurz danach dürfte die Umwehrung des spätantiken Kastells auch nach Norden erweitert worden sein. Der Verlauf dieser spitzovalen Erweiterung ist im westlichen Schenkel in der Gerichtsgasse 12, im östlichen Schenkel auf der Parzelle Rheingasse 17 festgestellt worden,[62] eine nähere zeitliche Einordnung als 10./11. Jh. ist bislang aber noch nicht möglich.[63] M. Dumitrache hat zuletzt die Erweiterung mit Bischof Salomon III. (890–919/920) in Verbindung gebracht.[64] Ob die Kastellmauern als Binnenbefestigung verblieben oder abgerissen wurden, ist noch ungeklärt.

Die an die Befestigung angeschüttete, in den See hineinführende Steinsetzung auf der späteren Parzelle Hofhalde 11 kann ebenso wie die weiter östlich eingeschlagenen Pfosten als Landemöglichkeit für Boote und Schiffe angesprochen werden. Sie liegt unweit des nach Süden aus dem Bischofsitz herausführenden Tores.[65] Die Landestelle ergänzt die mit Längen von über 40 m weit in den See reichenden Hafenstege, die sich weiter südlich vor Marktplatz und Kaufmannssiedlung befanden und so bei unterschiedlichen Wasserständen, auch bei winterlichem Niedrigwasser, angefahren werden konnten.[66] Vielleicht ist hier mit einem Gegensatzpaar professionell genutzter Kaufmannshafen versus nur gelegentlich angesteuerte bischöfliche Anlegestelle zu rechnen.

Domimmunität oder Pfalzkapelle

Bis in das 12. Jh. hinein sind im Bereich der Hofhalde keine nennenswerten Bauaktivitäten mehr zu verzeichnen. Wohl in der zweiten Jahrhunderthälfte, auch wenn das spärliche Fundgut keine letztendlich gesicherte Aussage zulässt, sind erstmals wieder umfangreiche Arbeiten zu benennen. Zuerst wird die frühmittelalterliche Mauer ab- und ausgebrochen, dann das Gelände davor im Zuge einer massiven Landgewinnungsmaßnahme um etwa 1,3–1,4 m erhöht und in den See vorgeschoben und eine neue Mauer erbaut, die etwas weiter östlich liegt und eine leicht veränderte Orientierung aufweist.

Wagenspuren belegen, dass das benötigte Erdmaterial zumindest teilweise mit Karren oder Ähnlichem herangefahren wurde. Angesichts der Einschlüsse von älterem Fundgut wird die Erde teilweise aus den bereits in römischer Zeit besiedelten Gebieten um Münsterhügel und Niederburg stammen, fundleeres Auffüllmaterial könnte auch mit Schiffen herbeigebracht worden sein. Bauplanung und Ausführung dürften vom Bischof initiiert worden sein, da es ohne Zustimmung desselben als des zuständigen Grundherrn der Ufer- und Flachwasserzone weder Auffüllung noch Bebauung geben konnte.[67]

Ein Indiz für den Grund der Umgestaltungen gibt möglicherweise der in den Auffüllungen enthaltene Bauschutt aus Mörtel und bemaltem Wandputz. Dieser kann in der fraglichen Zeitspanne eigentlich nur mit einem Abbruch einer Kirche oder eines anderen Gebäudes des Bischofshofs in Verbindung gebracht werden. In Frage kämen Brand und Wiederaufbau der Pfalz in der Amtszeit von Bischof Hermann I., also 1138–1165, die in einer spätmittelalterlichen Bischofschronik überliefert sind. Diese Nachricht wird durch Bauaufnahmen aus dem Jahr 1828 gestützt, die in der Gestaltung der Außenwände noch Bauteile des 12. Jh. erkennen lassen.[68] Möglicherweise gab der Brand der Pfalz den Ausschlag zur Umgestaltung auch der östlich davor gelegenen Bereiche. Hier hat sich neben der Umfassungsmauer auch die Pfalzkapelle St. Peter befunden (Abb. 20), die auf dem Münsterhof zwischen Pfalz und Pfalzvogtei lag und von dort nach Osten vorsprang. Sie findet im Jahre 1158 eine erste Erwähnung.[69] Nach der Rekonstruktion der Münsterhofbebauung durch Erdmann kann die Breite der Kapelle in ihrem westlichen Teil allerdings nur etwa 10 m betragen haben.[70]

Da die Mauer auf einer Länge von über 13 m nachgewiesen werden konnte, weder östlich noch westlich zeitgleiche Fußbodenschichten aufgedeckt worden sind und das Gelände nicht einmal durchgängig planiert war, dürfte es sich eher um eine Umfassungsmauer handeln, die mit dem Wachsen der Stadt und weiter nach Süden und Westen vorgeschobenen Um-

62 Alle anderen bei Dumitrache 2000, 189 aufgeführten, in Frage kommenden Fundstellen sind nur als zum Teil von Laien durchgeführte Baustellenbeobachtungen zu klassifizieren und daher nur bedingt aussagefähig.

63 Datierung auf der Basis eines unpublizierten Manuskripts von Dr. J. Fesser, Mannheim über die Ausgrabungen auf der Parzelle Gerichtsgasse 12. Ein Vorbericht ist abgedruckt in: J. Fesser, Stadtmauer, Gräber und Baubefunde in der Gerichtsgasse 12 in Konstanz. Arch. Ausgr. Baden-Württemberg 2004, 246–249.

64 Dumitrache 2000, 44 f.

65 Maurer 1997, 286.

66 R. Röber, Urbs praeclara Constantia – das ottonisch-frühsalische Konstanz. In: S. Lorenz/B. Scholkmann (Hrsg.), Schwaben vor 1000 Jahren (Filderstadt 2002) 162–193, hier 173 f.

67 F. Meier, Konstanzer Stadterweiterungen im Mittelalter. Grundstücksbezogene Untersuchungen zur Erschließungsgeschichte und Sozialtopographie einzelner Quartiere. Konstanzer Diss. 277 (Konstanz 1989) 80.

68 Maurer 1997, 287.

69 Maurer 1997, 286.

70 W. Erdmann, Die Pfalz zu Konstanz. In: Konstanz zur Zeit der Staufer (Konstanz 1983) 55–64, hier 57 Abb. 11.

mauerungen nun nicht mehr in erster Linie fortifikatorische Bedeutung hatte, sondern die rechtliche Grenze der Domimmunität bezeichnete. Erst später mit den neuzeitlichen Anbauten von Mauer Bef. 90 und dem Treppenturm dürfte diese Umfassungsmauer in ein Gebäude integriert worden sein. Diese Umbauten wie auch die weitere Nutzung des Geländes sind allerdings nicht mehr Thema dieser Abhandlung.

Bildnachweis

Archäologisches Landesmuseum Baden-Württemberg: 1 (Jörg Heiligmann, Umsetzung Patrick Rau); 19 (Ralph Röber, Umsetzung Patrick Rau); 5, 16 (Manuela Schreiner)
Landesamt für Denkmalpflege Baden-Württemberg im Regierungspräsidium Stuttgart, Arbeitsstelle Konstanz: 2, 7–15, 17 sowie Profile im Anhang (Die Zeichnerei, Christina von Elm, Tübingen); 3, 4, 6 (David Bibby)
Rosgartenmuseum Konstanz: 18, 20

Abgekürzt zitierte Literatur

Beyerle/Maurer 1908	K. Beyerle/A. Maurer, Konstanzer Häuserbuch 2 (Heidelberg 1908).
Derschka 1999	H. Derschka, Die Fundmünzen von den Innenstadtgrabungen des Landesdenkmalamtes Baden-Württemberg in Konstanz: Katalog und Auswertung. Fundber. Baden-Württemberg 23, 1999, 845 ff.
Dumitrache 1995	M. Dumitrache, Neues aus dem römischen und mittelalterlichen Konstanz. Arch. Ausgr. Baden-Württemberg 1995, 243 ff.
Dumitrache 2000	M. Dumitrache, Konstanz. Arch. Stadtkataster Baden-Württemberg 1 (Stuttgart 2000).
Frommer/Kottmann 2004	S. Frommer/A. Kottmann, Die Glashütte Glaswasen im Schönbuch: Produktionsprozesse, Infrastruktur und Arbeitsalltag eines spätmittelalterlichen Betriebs. Tübinger Forsch. Hist. Arch. 1 (Büchenbach 2004).
Löbbecke/Pfrommer/Röber 2005	F. Löbbecke/J. Pfrommer/R. Röber, Bauen auf unsicherem Grund – Fundamentierungstechniken am Fallbeispiel Konstanz. In: W. Melzer (Hrsg.), Mittelalterarchäologie und Bauhandwerk. Beiträge des 8. Kolloquiums des Arbeitskreises zur archäologischen Erforschung des mittelalterlichen Handwerks. Soester Beitr. Arch. 6 (Soest 2005) 33–78.
Maurer 1997	H. Maurer, Konstanz. In: Die Deutschen Königspfalzen 3,3 (Göttingen 1997) 263–331.
Maurer 2003	H. Maurer, Das Bistum Konstanz 2. Die Konstanzer Bischöfe vom Ende des 6. Jh. bis 1206. Germania Sacra N. F. 42,1 (Berlin, New York 2003).
Röber 2006	R. Röber, Von der spätrömischen Festung zum frühmittelalterlichen Bischofssitz: Konstanz am Bodensee. Kontinuität und Diskontinuität im archäologischen Befund. Mitt. Dt. Ges. Arch. Mittelalter u. Neuzeit 17, 2006, 13–18.
Röber/Wolf 2007	R. Röber/M. Wolf, Eine Kirche für den Bischof – Ausgrabungen auf dem südlichen Münsterplatz in Konstanz. Arch. Ausgr. Baden-Württemberg 2007, 209–211.
Roth-Kaufmann 1994	E. Roth-Kaufmann, Spätmittelalterliche reliefierte Ofenkeramik in Bern: Herstellung und Motive (Bern 1994).
Zubler 2000	K. Zubler, Wiederentstandenes Leben im Mittelalterdorf Berslingen – Das Fundmaterial. In: K. Bänteli/M. Höneisen/K. Zubler, Berslingen – ein verschwundenes Dorf bei Schaffhausen. Mittelalterliche Besiedlung und Eisenverhüttung im Durachtal. Schaffhauser Arch. 3 (Schaffhausen 2000) 83–161.

Anhang 1

Tabelle 1: Konstanz, Hofhalde 8. Stratigraphische Abfolge der Befunde (ab Periode 4 in Auswahl). Befundnummern blau unterlegt: Mauer 1; Mauer 2 mit Fundamentgrube und Bauhorizont; Pfostensetzung im Strandbereich.

Periode	Befundklassifikation	Befunde westlich Mauer 1	Mauer 1
	Gewachsener Boden	G	G
1	Strandschichten	360	
		354 = 400	
			284 + 322
		036	058 = 092 + 380 a
	Ufermauer	375 + 376	
2	und Strandschichten		
		055 + 285 + 419 a + 380 + 413 + he 01	055 + 285 + 419 a + 380 + 413 + he 01
		057	057
		058 a + 280 + 377 + 401	058 a + 280 + 377 + 401
	Abbruch Mauer 1	031 + 034 + 379 + 378	031 + 034 + 379 + 378
3 a	und		
	erste		
	Planierungsschichten		
	Große Planierung		
	mit Graben		
	Bau der Mauer 2		
	mit Planierungen		
3 b			
4	Anbauten an Mauer 2		
xx	Jüngere Befunde	037	
		349 + 035 = 044	
		417 + 414 + 415	091

zwischen Mauer 1 und Mauer 2	Mauer 2	östlich Mauer 2	Pfosten	Graben
G	G	G	G	G
397				
398 + 406				
	372	346 + 372		
	398 + 406	361		
	405	374 + 405	374 + 373	
		355	355	
399 + 409	399 + 407 + 409	311 + 399 + 407 + 409		399 + 409
322	322	284 + 322		
		318 + 392 + 393		
287	287	287 + 310		287 + 310
247	247	284 a + 315 + 390 + 419		
		305 + 306 + 307 + 310		
		288 + 391 + 392 + 393	356 + 357 + 358 + 359	
		266 + 267 + 309 + 402		
	031	031 + 286		
		304 + 309		309
323		265		
253 = 317	253 = 317	253 = 317	253 = 317	
		386		
		388		
		387		
351	017	017		017
		396		
				312 + 312 a
				313 + 313 a + 314 + 314 a
	270	270 + 244		244 + 264
248 + 381	030 = 095 = 249	278 + 279 + 243 + 352 a		243 + 278
		Wagenspuren ohne Bef.-Nr.		Wagenspuren ohne Bef.-Nr.
		242 + 344 + 345		242
		201 + 202 = 234		201 + 202 = 234
		189 + 235 + 325		189
		164 + 324		324
		236		
		159 = 261 + 195		195
		326		
		327		
		163 + 329		
		330		
		080		
169		135 + 136		
090				
	093 + 094	093 + 094		
091				

Anhang 2

Schnitt 1, Nordprofil

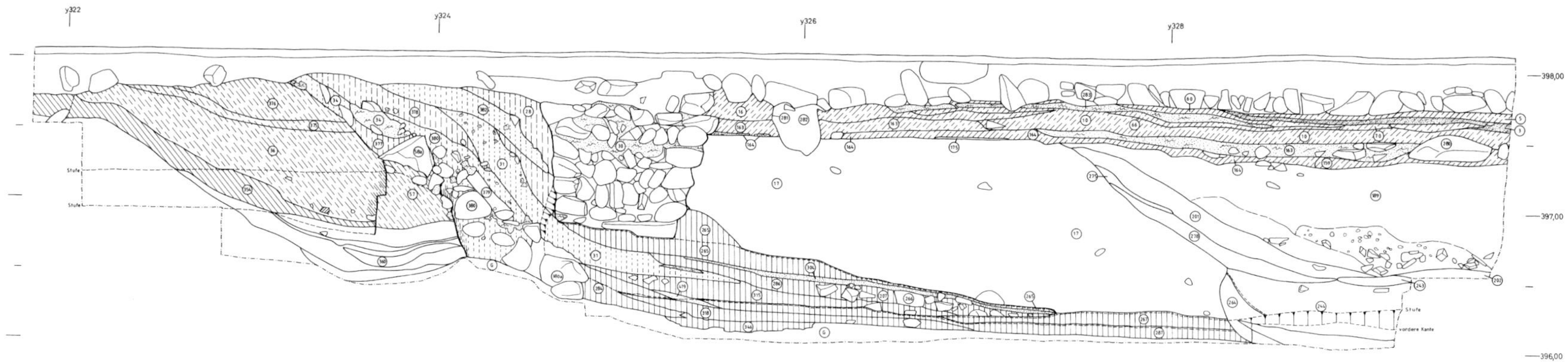

Anhang 3

Schnitt 1, Südprofil

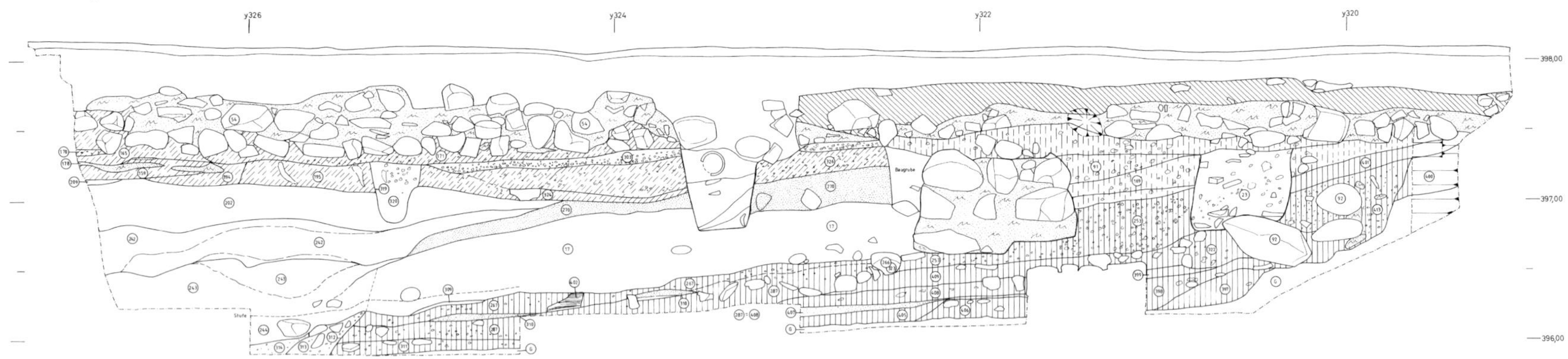

Anhang 4

Schnitt 1, Westprofil

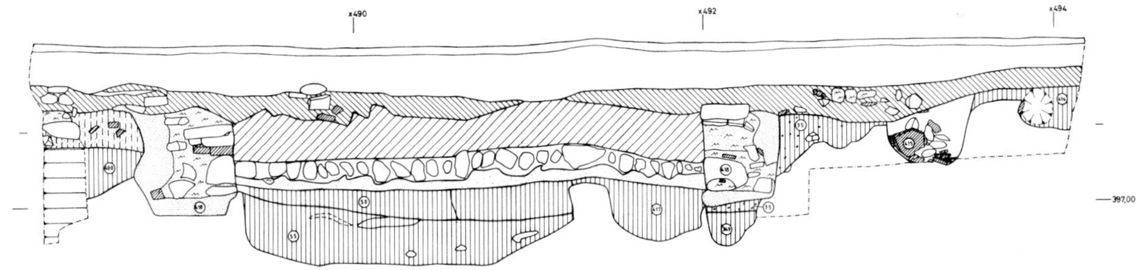

Anhang 5

Schnitt 2, Nordprofil

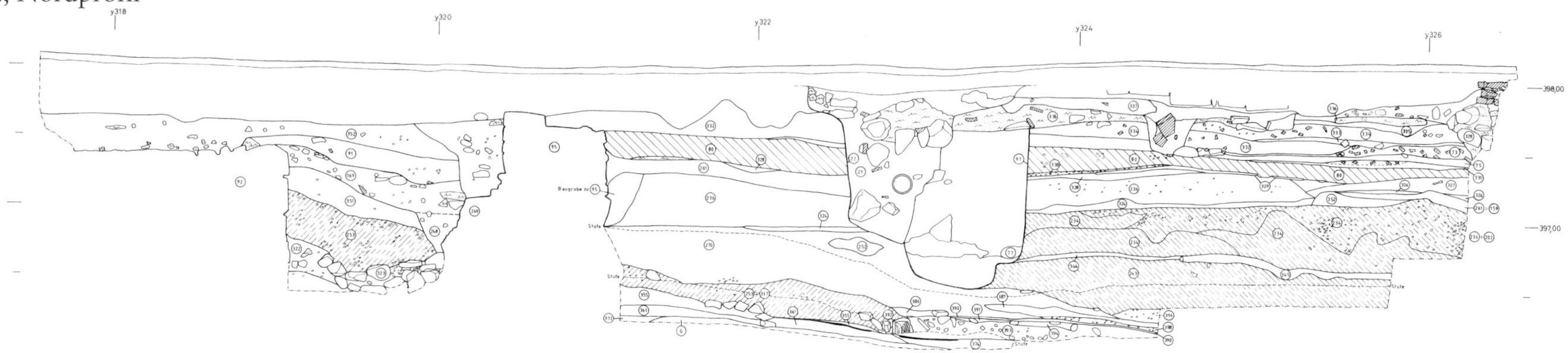

Anhang 6

Schnitt 2, Südprofil

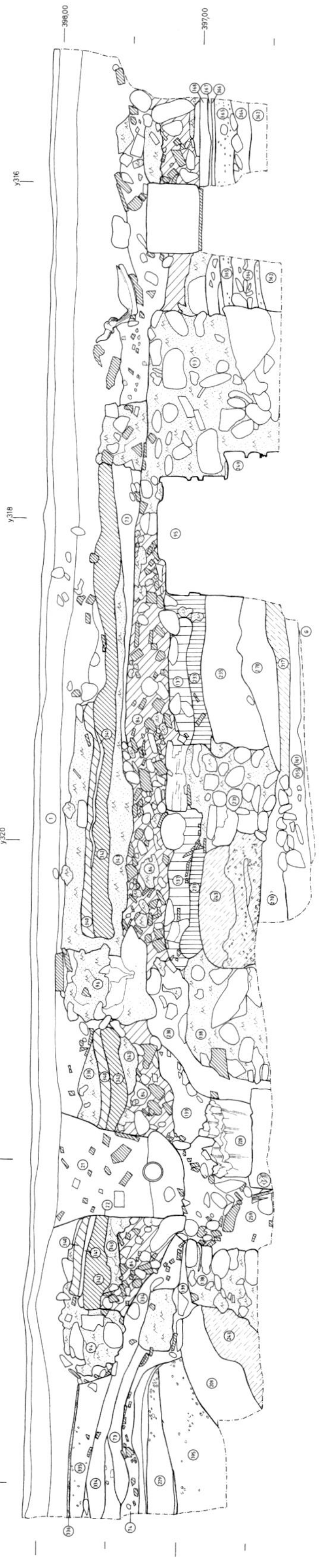

Grundstücks- und Bauentwicklung am Ulmer Markt
Ergebnisse der Großgrabung Neue Straße (2001–2004)

GABRIELE LEGANT

Einleitung

Am Ende des Zweiten Weltkriegs war Ulm ein Ruinenfeld. Nur kleinere Teilflächen wie das Fischerviertel und einige Baublöcke „Auf dem Kreuz" und im Winkel zwischen der Herrenkellergasse und der Platzgasse hatten die Luftangriffe der Alliierten heil überstanden. In diesen Stadtvierteln ist bis heute am sanierten Baubestand abzulesen, was einst für das Ulmer Bürgerhaus charakteristisch war: der steinerne Sockel – ehemals auch als Tenne, Keller oder Stall[1] genutzt – und darüber Fachwerkbau mit unterschiedlich weit vorstehenden Stockwerken.[2] Für das Fachwerk gilt die Regel: je extremer die Vorkragung, umso älter das Haus.[3] Weite, bis zu 0,90 m messende Vorkragungen datieren die Entstehungszeit des Hauses in die Jahre vor 1376, denn danach waren sie baurechtlich nicht mehr erlaubt.[4]

Das häusliche Leben vollzog sich in den Obergeschossen der Häuser. Ihre giebelständige Ausrichtung dominierte das Straßenbild. Häuser in Traufenstellung fügten sich mit kleinen Giebelchen – sogenannten Zughäusern – in diesen Rhythmus ein. Wie die erhaltenen Zughäuser und Zugarme der Giebelhäuser zeigen, dienten die Dachböden der Bürgerhäuser auch der Lagerhaltung. Die großbürgerlichen Häuser waren zumeist traufenständig orientiert, besaßen rückwärts längs des Hofes schmale Seitenflügel und ein paralleles Rückgebäude (Abb. 1).[5]

Häuser aus Stein stellten in der Fachwerkstadt Ulm eher eine Ausnahme dar. In den Urkunden wurde der steinerne Werkstoff hervorgehoben *(domus lapidea)* und nicht selten als Beiname auf die Bewohner solcher Anwesen übertragen *(Otto de domo lapidea)*. Die steinreichen Familien gehörten zur städtischen Elite, deren hohe Stellung und politische Macht sich

1 Auf den dicht bebauten Parzellen des ausgehenden 19. Jh. führte die innerstädtische Tierhaltung zu Nachbarschaftskonflikten. Ein Fallbeispiel ist für die Parzelle Sattlergasse 17 überliefert, wo sechs Hühner und ein Hahn gehalten wurden. Der Nachbar der nördlich angrenzenden Parzelle Lange Straße 4 fühlte sich durch die Tierhaltung im Hof (des gemeinsamen Winkels) gestört, die daraufhin aus gesundheitlichen Gründen untersagt wurde. Doch der Hühnerhalter wusste sich zu wehren, und man erlaubte ihm schließlich die Stallhaltung im Erdgeschoss seines Hauses. Vgl. Ch. Kleiber, Alte Stadt – Neue Straße. Ulm und Oberschwaben 53/54, 2007, 87–133.

2 C. Gurlitt, Historische Städtebilder. Bd. 6: Ulm (Berlin 1904) 13.

3 H. Petershagen/H. Pflüger, GiebelFibel (Ulm 1996) 4.

4 C. Mollwo (Hrsg.), Das Rote Buch der Stadt Ulm (Stuttgart 1905) 68.

5 H. Pflüger, Das Bild der Stadt. In: Der Stadtkreis Ulm. Amtliche Kreisbeschreibung. Landesarchivdirektion Baden-Württemberg in Verbindung mit der Stadt Ulm (Stuttgart 1977) 690–858.

Abb. 1: Ulm aus der Vogelschau um 1597. Tusche, koloriert. Marktplatz und Lange Straße zwischen Holzmarkt und Herdbrücker/Frauenstraße mit den beiden Baublöcken, rechts vom Markt großbürgerliche Häuser, links die Gräth, davor das Rathaus und die Obere Stube am Kopf des Marktes.

im Eigentum eines solchen Steinhauses manifestierten. Wie derartige Häuser ausgesehen haben mögen, zeigt die romanische Nikolauskapelle auf dem Grünen Hof, das älteste erhaltene Gebäude Ulms. Das zugehörige Anwesen lag einst gegenüber der hochmittelalterlichen Stadtmauer.[6] Sein Eigentümer war der Notar Marquard, ein Mitarbeiter der kaiserlichen Reichsverwaltung und als solcher Angehöriger der königlichen *familia*. Er erweiterte sein Steinhaus in den Jahren zwischen 1200 und 1222 durch die St. Nikolaus geweihte Kapelle.[7] Ein anderes Steinhaus stand auf dem Taubenplätzle beim Markt. Es gehörte dem Bürger Dietericus cognomine Racgilinus, der sein Haus 1181 in eine St. Jakob geweihte Kapelle umwandeln ließ.[8] Weitere Steinhäuser und Gesäßlehen aus württembergischem Besitz befanden sich an der späteren Langen (Neuen) Straße.[9] Überreste ihrer Bebauung traten durch die archäologischen Ausgrabungen in der Neuen Straße großflächig zutage. Dieser Beitrag gibt einen ersten Überblick zur Entwicklung des Grundstücks- und Baugefüges mittelalterlicher Steinhausgesäße am Ulmer Markt.

Historische Quellen

Für den Baublock westlich des Marktes belegen die Urkunden ein Gesäßlehen aus württembergischem Besitz und für den östlichen ein „ledig und reht Aigen Gesess". Auf beiden Gesäßen lebten Mitglieder der Patrizierfamilie Rot, eines der ältesten Geschlechter Ulms. Rechts vom Markt saßen Ott der Rot (genannt Hitisheim) und seine Ehefrau Udelheit (Adelheit Strölin), die 1377 „unseri Hüser, Turn, Städel, Hofreiten und Gesäße überall, alles ze Ulm aneinander, daz ainhalb stoßend an den Marckt und anderthalb an Utze von Giengen Gesäß" verpfändeten.[10] Ihnen gegenüber auf der anderen Seite des Marktes saß die Familie des Ulrich Rot. Sein Steinhaus- und Gesäßlehen wurde 1360 unter den Söhnen Ulrich und Peter aufgeteilt.[11] Ulrich Rot hatte es vom Vater Ulrich erhalten und Steinhaus und Hof an seinen Bruder Peter verkauft. Er selbst behielt den daneben gelegenen Teil. Für diesen sicherte er sich das Recht, dort ungehindert bauen und zimmern zu dürfen, und verlieh ihn drei Monate später an die Kürschner in Ulm.[12] Diese errichteten dort ihr Zunfthaus, das die Stadt Ulm keine Generation später (1379) einschließlich der Häuser im Umfeld erwarb, um „daruff" ihren 1389 erwähnten Salzstadel zu setzen.[13] Die Stadt Ulm baute den Salzstadel ohne Zustimmung des Lehnsherrn Graf Eberhard der Greiner von Württemberg. Der Streit darum wurde 1391 geschlichtet. In der Schlichtungsurkunde werden Haus, Hof und Baumgarten sowie andere Häuser und Gesäß erwähnt und als Eigentümer wird Peter Roten (Sohn des Ulrich) genannt.[14] Um 1460 gab die Stadt Ulm als Ersatz für den Salzstadel, der ein städtisches

---

6 Im Baubestand der Parzelle Frauenstraße 2 (ehemaliger Salemer Pfleghof) erhaltene Teile der Stadtmauer wurden von Christoph Kleiber 2007 großflächig aufgedeckt. Das Abtiefungsniveau der Mauer ist jedoch durch spätere Geländeabtragungen – wie durch die Ausgrabungen in der Neuen Straße belegt – zerstört worden. Deshalb konnte bislang auch keine Ummauerung der alten Stadt zweifelsfrei nachgewiesen werden. Felix Fabris Hinweis von der lange Zeit nur durch Gräben gesicherten neuen und größeren staufischen Stadt wurde deshalb auf die alte Stadtumrundung übertragen, obwohl Fabri diese mit der neuen (erweiterten) Stadt in Verbindung brachte. Vgl. K. D. Haßler, Bruder Felix Fabris Abhandlung von der Stadt Ulm nach Ausgabe des literarischen Vereins in Stuttgart verdeutscht von Professor K. D. Haßler. Ulm und Oberschwaben 13/15, 1908/1909, 22. – A. Bräuning, Um Ulm herum. Untersuchungen zu mittelalterlichen Befestigungsanlagen in Ulm. Forsch. u. Ber. Arch. Mittelalter Baden-Württemberg 23 (Stuttgart 1998) 57.

7 E. Schmidt/B. Scholkmann, Die Nikolauskapelle auf dem Grünen Hof in Ulm. Ergebnisse einer archäologischen Untersuchung. Forsch. u. Ber. Arch. Mittelalter Baden-Württemberg 7 (Stuttgart 1981).

8 Weitere Hinweise zum frühen Steinbau: F. Quarthal, Das Steinhaus und die Nikolauskapelle des kaiserlichen Notars Marquard in der historischen Überlieferung. In: Schmidt/Scholkmann (Anm. 7) 357–370.

9 Freundl. Hinweis des Historikers Horst Gottfried Rathke. – E. Schneider (Hrsg.), Lehenbuch des Grafen Eberhard des Greiners von Wirtemberg. Württemberg. Vierteljahresh. Landesgesch. VIII, 1885. – S. Lorenz/D. Mertens/V. Press (Hrsg.), Das Haus Württemberg. Ein biographisches Lexikon (Stuttgart 1997).

10 Sie verpfändeten ihr Gesäß für einen Kredit von 600 Gulden, den sie vom Juden Jecklin erhielten (Pfandbrief vom 4. Juni 1377, Stadtarchiv Ulm, früher Nürnberger Urkunden Nr. 14). Frdl. Hinweis des Historikers Horst Gottfried Rathke, dem ich zahlreiche Hinweise zu den Schriftquellen verdanke. Ihm gebührt mein ausdrücklicher Dank für die fruchtbaren Diskussionen bei der Gegenüberstellung der schriftlichen Quellen mit der archäologischen Befundlage in der Neuen Straße. – H. G. Rathke, Hausbiografien (Arbeitstitel), Manuskript 2006 (in Druckvorb.), vgl. Lange Straße 12.

11 Vgl. Rathke (Anm. 10) Text zur Parzelle A 344/345, Urkunde vom 5. 2. 1360. – „Peter der Rot, des Ulrich des Roten sel. Sohn, Bürger zu Ulm, bekennt, dass er mit seinem lieben Bruder Ulrich übereingekommen sei, wegen des Steinhauses und des Hofes, was er von diesem gekauft hatte, dergestalt, dass sein Bruder Ulrich auf der Hofstatt, die er bei dem gen. Steinhaus noch hat, jederzeit ungehindert bauen und zimmern darf – allerdings unter genannten Bedingungen." UUB II/2 Nr. 567, S. 520.

12 Vgl. Rathke (Anm. 10) Text zur Parzelle A 344/345, Urkunde vom 30. 4. 1360. – „... daz inen Ulrich Rot zu Zinslehen gelihen sein Hofstatt an sins Vatters Gesäß vor Utz Vainaggen über die Straß, mit Keller und allen Rechten ewiglich ze haben." StA Ulm, Altes Repertorium 2 (1692) K. Bd. 8 fol. 1174.

13 Vgl. Rathke (Anm. 10) Text zur Parzelle A 344/345, Urkunde vom 28. 6. 1389. – „Kaufbrief Claus Schriber und Ehefrau Anna Rötin und Stadt Ulm über 8 lbh Zins, so vor Ziten gegangen aus Haus und Hof, so des Handwerks der Kirschner gewesen, gelegen über ze Vaineggen Haus bei dem Kaufhaus und derselb daruff der Kirsner Hus gestanden, die die Stat zu einem gemainen Salzstadel gehaimet und geordnet." StA Ulm, Altes Repertorium 2 (1692) K. Bd. 8 fol. 1174 (vgl. fol. 1469).

14 Vgl. Rathke (Anm. 10) Text zur Parzelle A 344/345, Urkunde o. T. 1391. – „Ein Vertrag zwischen Wirtemberg und der Stadt Ulm,

Fortsetzung siehe nächste Seite

Großlager- und Handelshaus mit eigenem Gredmeister war, den Bau einer neuen Gräth in Auftrag.[15] Für die Familie östlich des Marktes führte – so vermutet Rathke – der Verlust des Marktzolls 1430 (siehe unten) auch zu einem Bedeutungsverlust des Hofes. Bürgermeister Hartmann Ehinger hatte den Hof 1386 von seinem Vater geerbt, der das Anwesen erheiratet hatte. Er verkaufte das Turmhaus 1427 an einen Goldschmied Stocker. Nach seinem Tode 1428 ging der Resthof (Lange Straße 12 und 14) an die beiden Söhne Hartmann und Jakob, die ihn 1435 noch einmal teilten.[16]
Der Stammbaum der Patrizierfamilie Rot beginnt mit Berthold Rot, welcher erstmals am 25. Juli 1237 als Stadtammann in Ulm genannt wird. Sein Vater war mit Berthold Goldschmied verschwägert, der 1214 bzw. 1215 neben zwei weiteren Ulmer Bürgern vor der Ulrichskapelle als Zeuge auftrat.[17] Nach Felix Fabri (1437/38–1502) wird die Familie Rot „von allen edel, bedeutend und sehr alt genannt und als in der Stadt Ulm einst sehr mächtig gepriesen, indem sie die Brücken-, Weg- und Torzölle einnahm und nach dem Erbrecht für sich zurückbehielt. Aber sie nahmen auch die Abgaben von den Leinwand- und Barchentstücken ein und vieles mehr ...“.[18] Ihnen gehörte von alters her der Pfund- und Marktzoll, der nach und nach von der Stadt Ulm aufgekauft wurde. Den letzten Teil des Marktszolls verkaufte Ulrich Rot im Jahre 1430.[19]

Die Großgrabung Neue Straße

Mit der Zerstörung Ulms 1944/45 war auch das mittelalterliche Stadtgefüge obsolet geworden. Die Ruinen hatten Raum für ein neues Stadtkonzept geschaffen, das zur Errichtung einer mehrspurigen Verkehrsachse in den 1950er Jahren führte. Die „Neue Straße“ getaufte Ost-West-Verbindung durchbrach sechs Baublöcke mit zuletzt 30 dicht bebauten Parzellen, drei Straßen und drei Plätze, darunter auch der alte Marktplatz.
Fünfzig Jahre später erfolgte ihr Rückbau, unterirdisch zu einem Parkhaus und oberirdisch mit modernen Großbauten. Im Jahre 2006 wurde der Stadtumbau zur sogenannten „Neuen Mitte“ eingeweiht mit einem neu ausgewiesenen, Hans und Sophie Scholl gewidmeten Platz. Er befindet sich in etwas verschobener Lage zum alten Marktplatz. Von der 13 000 m^2 großen Baufläche standen 10 000 m^2 für systematische archäologische Untersuchungen zur Verfügung. Mit den Händen greifbar wurde so, was Krieg und Wiederaufbau, frühere Bau- und Unterkellerungsmaßnahmen bzw. ältere Geländeüberformungen an archäologischen Überresten zufällig verschont hatten. Diese Überreste können nach ihrer zeitlichen und räumlichen Einordnung dazu dienen, die Entwicklung des Grundstücksgefüges und seiner Bebauung zu rekonstruieren. Nach Cord Meckseper sind die zu Baublöcken zusammengeschlossenen Hofstätten, das diese erschließende Straßensystem mit dem Markt und die Stadtumgrenzung konstitutive Elemente des Stadtgrundrisses.[20] Ihre Analyse kann dazu beitragen, den ungeklärten Stadtwerdungsprozess in Ulm besser zu verstehen.
Obwohl von der ca. 70 ha großen Ulmer Altstadt inzwischen 4 % bzw. 3 ha ausgegraben wurden, ein Drittel davon allein in der Neuen Straße, lagen bislang seitens der archäologischen Forschung keine definitiven Aussagen zur Rekonstruktion der Grundstücks- und Bauentwicklung vor.[21] Eine Bearbeitung der dort aufgedeckten Bau- und Siedlungsbefunde fand unmittelbar im Anschluss an die Ausgrabung statt.[22]

Fortsetzung Fußnote 14:
dass die Stadt Peter Roten Haus, Hof und Bomgart und andere Häuser und Gesäß wider dez von Wirtemberg Willen abgebrochen und ihren Salzstadel daruf gesetzt.“ StA Ulm, Altes Repertorium 2 (1692) K. Bd. 8 fol. 1174.

15 Vgl. Rathke (Anm. 10) Text zur Parzelle A 344/345. – Kleiber (Anm. 1) 99, StA Ulm, Repertorium 5, Bd. 2.

16 Vgl. Rathke (Anm. 10) Text zu den Parzellen Lange Straße 12–16. – Im Zusammenhang mit der Erbschaftsteilung werden u. a. erwähnt: das „staynhuse an der strässe (A 260), der grosse Hofe und die löbe gen der strässe mit dem hindern Stüblin ob dem grossen Tore, Marstall und Hinterhaus des Jakob, ein hinder Schrantz (Spalte, Kanal), ein Gang, der vermauert werden soll, eine gemeinsam zu setzende Mauer (sieben schuch tief bei der Erde) uff ainen gelihen gemainen pfennig.“

17 A. Schäfer, Zur Geschichte des mittelalterlichen Ulmer Patriziats. Ulm u. Oberschwaben 32, 1951, 71–89. – Als Vollstrecker des politischen Willens des Territorial- und Stadtherrn war ein Stadtammann mit richterlichen, administrativen und fiskalischen Befugnissen ausgestattet. Vgl. M. Martens, Stichwort: Amman. In: Lex MA 1 (München 2002) Sp. 537.

18 Vgl. Haßler (Anm. 6) 1–141.

19 Freundl. Hinweis von Horst Gottfried Rathke, der mir Teile seiner unpublizierten Materialsammlung zur Familie Rot zur Verfügung stellte. Vgl. Rathke (Anm. 10).

20 C. Meckseper, Städtebau. In: R. Haussherr (Hrsg.), Die Zeit der Staufer. Geschichte – Kunst – Kultur. Ausstellungskat. Württemberg. Landesmus. Bd. III (Stuttgart 1977) 75–86.

21 Eine Auflistung der archäologischen Fundstellen in Ulm geben: D. Schmid/U. Gross/J. Scheschkewitz, Entdeckungen. Stadtarchäologie in Ulm. Begleitheft zur Ausstellung des Archäologischen Landesmuseums Baden-Württemberg, des Landesamtes für Denkmalpflege und des Ulmer Museums. Arch. Inf. Baden-Württemberg 54 (Esslingen 2007) 17–20.

22 M. Dumitrache/G. Kurz/G. Legant/D. Schmid, Die Grabung Neue Straße 2001–2004 in Ulm. Katalog der Grabungsbefunde zur Besiedlung, Bebauung und Infrastruktur. Mit einem Beitrag von A. Billamboz (im Druck). – M. Dumitrache/G. Legant/D. Schmid, Nach der Großgrabung: Neue Thesen zur Stadtwerdung Ulms. In: Stratigraphie und Gefüge. Beiträge zur Archäologie des Mittelalters und der Neuzeit und zur historischen Bauforschung. Festschr. Hartmut Schäfer. Forsch. u. Ber. Arch. Mittelalter Baden-Württemberg 28 (Stuttgart 2008) 101–113. Marion Vöhringer erstellte die Zeichnungen, dafür sei ihr herzlich gedankt.

Die hier erstmals vorgestellten Ergebnisse sind ein Resultat dieser Untersuchungen.

Straßennetz

Nach den in der Neuen Straße ausgegrabenen Straßenbefunden begann die innere Erschließung des Ulmer Stadtgrundrisses im 10. Jh. Sie nahm ihren Anfang mit einem Ost–West ausgerichteten Einstraßensystem (ehemalige Lange Straße–Hinter der Gräth), welches in einer zweiten, dendrochronologisch vor 997/1000 datierten Bauphase zu einem Parallelstraßensystem (bei dem zweiten Straßenzug handelt es sich um die Achse spätere Sattlergasse–Taubengasse) mit einem zentralen Marktplatz (beim heutigen Rathaus) ausgebaut wurde. Dieser spindelartige Straßenzug mündete im Westen in einen weiteren Marktplatz (ehemaliger Holzmarkt, heute Münstertor), der nach 1004, also in rascher Folge nach dem Straßenbau, eingerichtet wurde. Zusammengenommen lassen sich die ausgegrabenen und mit Kieselsteinen gepflasterten Verkehrsflächen als ein durchgängiges, begehbares Straßensystem deuten. Wohl spätestens für das 11. Jh. ist durch einen parallel zur Donau fluchtenden Straßenbefund (mit mehreren Pflasterungen) eine weitere Ost-West-Achse nachgewiesen. Diese führte durch ein Stadttor (den späteren Diebsturm) nach Osten.[23] Für dasselbe Jahrhundert ist auch ein nord-südlich fluchtender Straßenzug (im Bereich der Frauenstraße) durch eine westlich angrenzende Parzellierung (in der Rosengasse) belegt.[24] Diese indirekt erschlossene Nord-Süd-Straße führte wohl ebenfalls durch ein Stadttor (Leonhardsturm)[25] und mündete im Süden in die ältere Ost-West-Straße (ehemalige Lange Straße). In der nordwestlichen Verlängerung dieser Straße befindet sich das dritte der drei ältesten Stadttore Ulms (Löwentor). Südlich davon erhaltene Überreste einer „lockeren Pflasterung" des 12. Jh. könnten vielleicht zu einer Straße Richtung Weinhof gehört haben.[26]
Der jüngste bislang in Ulm ausgegrabene Straßenbefund datiert in das 14. Jh. Es handelt sich um einen Nord–Süd verlaufenden gepflasterten Weg neben der Immunitätsmauer des nach 1336 über dem alten Stadtgraben errichteten Dominikanerklosters der Predigermönche. Der Weg neben der Klostermauer führte vermutlich bis zur alten Straßenführung bei der Donau.[27]
Von allen bislang in Ulm entdeckten Straßenbefunden ist der älteste von ihnen (ehemalige Lange Straße) am umfangreichsten belegt. Sein Verlauf konnte über mehrere Baublöcke (vom Holzmarkt bis zur Dreifaltigkeitskirche) untersucht und mit einer Breite von 8 m rekonstruiert werden. Für den südlich parallel dazu verlaufenden Straßenzug (Sattlergasse) ist eine Mindestbreite von 6,6 m nachgewiesen.[28] Die Konzentration von Hauptgebäuden entlang der ehemaligen Langen Straße unterstreicht ihre Funktion als Hauptstraße, die nie aufgegeben wurde. Die Häufung von Latrinen/Brunnen und die Bebauung mit Hinterhäusern belegen für die schmale Taubengasse eine ursprüngliche Nutzung als Hinterhausstraße. Das hohe Alter der Langen Straße (10. Jh.), ihre Breite (8 m) und vor allen Dingen ihre Schlüsselposition für die innere Ausrichtung des Stadtgefüges lassen auf eine Funktion als Königstraße schließen. „Nach dem Schwabenspiegel sollte eine Königstraße 16 Schuh (= ca. 4,6 m) weit sein, so daß ein Wagen dem anderen ausweichen könne. Für die Unterhaltung der Königstraße hatten in alter Zeit die Grafen als die Stellvertreter des Königs zu sorgen, nach dem Mainzer Landfrieden von 1235 diejenigen, welche Zoll erhoben und das Geleit gaben; diese mussten Straßen und Brücken in fahrbarem Stande erhalten. Der Zoll war durchaus Königsrecht: nur wer vom König beliehen war, durfte einen Zoll erheben."[29] Nutznießer dieser in Ulm erhobenen Zölle waren die Rots (siehe oben), wodurch sich auch die Konzentration Rot'scher Gesäße entlang der ehemaligen Lange Straße und am Markt erklären lässt.

Marktplätze

Im archäologischen Befund lassen sich die Plätze nicht eindeutig vom Straßensystem trennen. Auffällig ist ihre einheitliche Pflasterung, die den fließenden

23 F. R. Zankl, Die Stadtkerngrabung am Grünen Hof, im Südostbereich des staufischen Ulm. Vorbericht über die erste Grabungskampagne. Ulm und Oberschwaben 40/41, 1973, 9–26. – R. Gutbier, Die Stadtkerngrabung am Grünen Hof in Ulm. 2. Vorbericht. Ulm u. Oberschwaben 42/43, 1978, 9–27.

24 Th. Westphalen, Die Ausgrabung Ulm – Rosengasse. Frühmittelalterliche bis neuzeitliche Befunde und Funde (Diss. Univ. Tübingen 1995: http://deposit.ddb.de/cgi-bin/dokserv?idn=983666164).

25 Vgl. Bräuning (Anm. 6) 90.

26 E. Schmidt, Ergebnisse einer Sondiergrabung auf dem südlichen Münsterplatz in Ulm. Arch. Ausgr. Baden-Württemberg 1986 (1987) 169–172. – D. Meier, Zu den archäologischen Untersuchungen vor dem Neuen Bau und auf dem Münsterplatz in Ulm 1988. Ulm und Oberschwaben 45/46, 1990, 311–323. Ein Zusammenhang mit den älteren Straßenbefunden des 10. Jh. (ehemalige Lange Straße) wäre noch zu verifizieren.

27 A. Bräuning, Archäologische Ausgrabungen auf dem Grünen Hof in Ulm. Arch. Ausgr. Baden-Württemberg 1999 (2000) 217–223.

28 Vgl. Dumitrache/Kurz/Legant/Schmid (Anm. 22) Katalogteil Kurz/Schmid, Straßen.

29 K. Weller, Die Reichsstraßen des Mittelalters im heutigen Württemberg. Württemberg. Vierteljahresh. Landesgesch. N. F. 33, 1928, 1–3.

Abb. 2: Ulm, Neue Straße. Rekonstruktion des Aufteilungsprozesses hochmittelalterlicher Hofstätten, ihrer baulichen Nutzung und Verteilung der Brunnen und Latrinen.

Übergang zwischen Wegen und Plätzen betont. Der ältere und ca. 800 m^2 große Marktplatz hat eine rechteckige Gestalt (Abb. 2). Er ist Nord–Süd orientiert und 23 m breit bzw. 35 m lang. Charakteristisch für diesen Platz ist seine seitliche Begrenzung durch Baublöcke.[30] Auf seinen Pflasterungen zahlreich erhaltene Hufeisenfunde zeugen von einer Nutzung durch Berittene.[31] Spuren von Marktständen, wie beispielsweise für den Fleischmarkt in Lübeck bezeugt, sind in Ulm nicht nachgewiesen.[32] Die ursprüngliche Gestalt des wenig jüngeren Holzmarktes, der zu Füßen der Burg auf dem späteren Weinhof lag, ist ungeklärt. Wie weit dieser Platz an den Befestigungsring der Burg heranreichte, lässt sich nicht mehr ergründen. Seine im Schlumbergerplan von 1808 dokumentierte Dreiecksform ist wohl das Ergebnis einer spätmittelalterlichen Stadtplanung und erst nach dem Abbruch der Burgbefestigung entstanden, als dieser Bereich neu aufgeteilt und in den Stadtgrundriss integriert wurde.

Weil es im Vogtvertrag mit den Grafen von Dillingen 1255 heißt, die vierte Landgerichtsstätte befinde sich *„in civitate"*, vermutet Gerhard Nagel diese auf dem ältesten Marktplatz Ulms, den er an die Pfalz anschließend an der Königstraße vermutet, die von der späteren Hirschgasse herführte.[33] Nach den neuen Grabungsergebnissen ist die erwähnte Königstraße und spätere Reichsstraße identisch mit der ehemaligen Langen (Neuen) Straße und die erwähnte Gerichtsstätte wohl auf dem älteren Marktplatz (beim späteren Rathaus) zu lokalisieren. „In den spätmittelalterlichen Urkunden wird ausdrücklich betont, daß die Gerichtsverhandlungen öffentlich waren."[34] In diesem Zusammenhang ist eine im Zentrum des Marktplatzes erhaltene Pfostengrube mit einem durch Keilsteine gesicherten 0,30 m starken Pfosten von Bedeutung.[35] Ob dieser Pfosten ehemals ein Marktkreuz trug oder – das ist wahrscheinlicher – als Pranger[36] diente, sei dahingestellt. Über die nur wenige Meter entfernt gelegene St. Jakob geweihte Kapelle auf dem ehemaligen Taubenplätzle heißt es bei Felix Fabris, dass zu richtende Malefikanten zum Gebet und zur Anhörung einer Messe in diese Kapelle geführt wurden, die Bischof Berthold von Konstanz (1174–1182) weihte.[37]

Grundstücksentwicklung und Baugefüge

Die Baublöcke östlich und westlich des Marktes sind von längsrechteckiger Gestalt. Ihre Breite reicht von ca. 26 bis 36 m. Der westliche Baublock ist ca. 115 m und der östliche 121 m lang. Im 10. Jh. trennte je ein Straßengraben die Hauptstraße (ehemalige Lange Straße) von den angrenzenden Baublöcken. Ob diese Gräben nur zu Drainagezwecken angelegt wurden oder auch eine Funktion als Ausgangslinien für die innere, sukzessive erfolgende Erschließung des Stadtgrundrisses hatten, muss vorerst offenbleiben. Um die Jahrtausendwende wurde der südliche Straßengraben verfüllt und die Grenzlinie zum südlichen Baublock durch Faschinenzäune (dendrodatiert vor 997/1000 bzw. 1000/1001) markiert. Von der älteren Holzbebauung des 10. und 11. Jh. zeugen Überreste von Laufhorizonten einer mehrphasigen ebenerdigen Bebauung, zahlreiche Pfostengruben, zum Teil mit dendrochronologisch datierbaren Überresten des Gerüstes, Erdkeller und Grubenhäuser sowie Teile von Hofpflasterungen.[38] Die baulichen Überreste der hölzernen Vorbebauung erlauben keine Rückschlüsse auf eine mittige Längsteilung der Baublöcke.[39] Zaunbefunde, die eine Rekonstruktion ehemaliger Parzellengrenzen – wie beispielsweise für

30 Vgl. Dumitrache/Kurz/Legant/Schmid (Anm. 22) Katalogteil Kurz, Marktplätze. Der Marktplatz wurde später nach Süden erweitert. – H. Pflüger, Plätze der Ulmer Altstadt. Ulmer Geogr. H. 9 (Ulm 1994) 52f.

31 Vgl. Schmid/Groß/Scheschkewitz (Anm. 21) 30.

32 D. Mührenberg, Archäologische Erkenntnisse zum Handel in Lübeck vom 12. bis zum 17. Jahrhundert. In: M. Gläser (Hrsg.), Lübecker Kolloquium zur Stadtarchäologie im Hanseraum II: Der Handel (Lübeck 1999) 263–292.

33 G. Nagel, Das mittelalterliche Kaufhaus und seine Stellung in der Stadt. Eine baugeschichtliche Untersuchung an südwestdeutschen Beispielen (Berlin 1971) 144. – Vgl. Weller (Anm. 29) 8: „Die Gerichtssitzungen sollen an des Königs Straße gehalten werden."

34 K. Hanneschläger, Ulms Verfassung bis zum Schwörbrief von 1397. Ulm u. Oberschwaben 35, 1958, 7–93.

35 Vgl. Dumitrache/Kurz/Legant/Schmid (Anm. 22) Katalogteil Kurz/Schmid, Pfostengrube Befund 2003, Periode III–IV.

36 Auch als Staupe, Stock oder Schandpfahl bezeichnet. „Im Gegensatz zur niedergerichtl. Strafe des Halseisens bedeutete die eigtl. Prangerstrafe den Verlust der Ehre und damit der bürgerlichen Existenz, war deshalb meist verbunden mit Stadtverweisung. Wegen dieses Zusammenhangs mit der Hochgerichtsbarkeit diente der Pranger auch als Gerichtszeichen (oft mit angestecktem Schwert oder Fahne) und erhielt dadurch eine dem Galgen vergleichbare Stellung." W. Schild, Stichwort: Pranger. In: Lex MA 7 (München 2002) Sp. 168f.

37 Vgl. Hanneschläger (Anm. 34) 36.

38 Vgl. Dumitrache/Kurz/Legant/Schmid (Anm. 22) Katalogteil Kurz/Schmid, Holzbebauung.

39 Für den Bereich der Rosengasse rekonstruiert Westphalen 12–16 m breite und 50–55 m lange Parzellen, die im 11. Jh. mit einer vorderen Bebauung und Orientierung zur späteren Frauenstraße, Materialentnahmegruben im hinteren Teil und feuergefährlichen gewerblichen Einrichtungen (Backhütte, Glockengießerei) gleichzeitig erschlossen wurden und bis Mitte des 12. Jh. bestanden. Danach wird diese Bebauung schrittweise bis zum späten 13. Jh. aufgegeben und riesige Materialentnahmegruben werden angelegt. Die dann zahlreich auftretenden Backöfen bringt der Autor zwar mit der neuen (1336 abgeschlossenen) Stadtummauerung in Verbindung, übersieht jedoch, dass er mit der Umstrukturierung dieses Bereichs Mitte des 12. Jh. auch den Beginn der Befestigungsarbeiten datieren und das Arbeitsumfeld dieser hochmittelalterlichen Stadtbaustelle teilweise rekonstruieren kann. Vgl.

Fortsetzung siehe nächste Seite

das Lübecker Gründerviertel belegt[40] – ermöglichen würden, haben sich in Ulm nicht erhalten. Durch die Rückprojektion jüngerer Zustände sind geräumige, locker bebaute Hofstätten – auch mit gärtnerischen Nutzflächen – zu vermuten, die ab 1100 erste Häuser aus Stein erhielten (Abb. 2, lila). Sie lagen in lockerer Folge aufgereiht an den Straßen.[41]

Der Baublock westlich des Marktes zwischen Langer Straße und Sattlergasse

Nur für einen dieser frühen Hausgrundrisse ist eine rückwärtige Grundstückslage nachgewiesen.[42] Nachdem dieses Haus (dendrodatiert nach 1254) durch ein Feuer zerstört worden war, erfolgte eine Neuparzellierung und Aufteilung in schmale, durch einen Winkel getrennte, zwischen 5 m und 7,5 m breite und bis zu 15 m lange Handtuchparzellen.[43] Die nachfolgende Neubebauung mit steinernem Stock und weit auskragendem Fachwerk (vor 1376) ist giebelständig zur Sattlergasse ausgerichtet.[44] Östlich dieses kleinteiligen Parzellengefüges erstreckte sich wohl bis zum Markt eine etwa 34 m × 88 m bzw. 2992 m² große Hofstatt. Sie kann mit einer gewissen Wahrscheinlichkeit mit dem oben genannten württembergischen „Steinhaus- und Gesäßlehen" des Ulrich Rot, das 1360 aufgeteilt wurde, in Verbindung gebracht werden (Abb. 2, dunkelblau).
Östlich des späteren Gräthareals (= Resthofstatt des Sohns Ulrich) spiegelt sich im Grabungsbefund eine blockartige Großparzelle, ca. 35m × 34 m bzw. 1190 m² groß und mit U-förmiger Bebauung, die sich zum Markt hin öffnet. Das Steinhaus (Lange Straße 8/Sattlergasse 19) und vermutliche Hauptgebäude dieses Anwesens ist mit einer Fläche von über 300 m² auffallend groß. Der angebaute nördliche Flügel, das Eckhaus (Lange Straße 10), besitzt einen in das 12. Jh. zurückreichenden Kaufkeller mit Kellerhälsen. Der südliche Flügelbau, das Eckhaus (Sattlergasse 21), hat zwei gewölbte Keller und zieht über die Baulinie hinaus in den Markt. Beide Häuser sind hofseitig ergänzt durch kleinere Anbauten (spätere Parzelle Marktplatz 2). Auf dem Hof befinden sich ein Brunnen und zwei Latrinen. Um 1499 wird die Hofstätte aufgeteilt und das große Steinhaus zu einem Anwesen mit Innenhof ausgebaut (Abb. 2, grün). Auf dem Resthof am Markt saß die Familie Streicher, eine Ulmer Ärztefamilie (Agatha und ihr Bruder Hans Augustin) mit überregionalem Bekanntheitsgrad, die sich in den Wirren der Reformation unerschrocken für den Reformator Kaspar von Schwenckfeld einsetzte.[45]
Westlich des großen Steinhauses (Haus des Vaters Ulrich Rot) erstreckte sich wohl die restliche Hofstatt (Sohn Ulrich Rot) bis zu den Handtuchparzellen (Entstehung nach 1254). Rekonstruierbar ist eine Fläche von 29 m × 54 m bzw. 1566 m² (Abb. 2, dunkelblau). Von der einstigen Bebauung (vor Errichtung des Zunfthauses 1360) zeugen zwei Hausbefunde: ein Steinkeller an der Langen Straße und ein östlich verlängertes Haus mit älterem Quadermauerwerk an der Sattlergasse. Der auch urkundlich erwähnte Keller wurde in das Zunfthaus der Kürschner integriert (Abb. 3). Seine erhaltenen Streifenfundamente ergeben einen stattlichen Hausgrundriss von ca. 48 m × 16 m bzw. 768 m².
Keine Generation später, 1389, baute die Stadt Ulm ihren Salzstadel und setzte ihn quer auf das Zunfthaus. Nach dem Grabungsbefund blieb der östliche Teil des Zunfthauses mit dem älteren Keller in Nutzung. Der ca. 23m × 26 m bzw. 600 m² messende Neubau nahm die gesamte Breite des Baublocks ein. Das ältere Haus an der Sattlergasse wurde bis an den

Fortsetzung Fußnote 39:
Westphalen (Anm. 24) 173 und Bräuning (Anm. 6). Bis dahin lag dieser als Vorstadt anzusprechende Bereich außerhalb des älteren Stadtbefestigungsrings. Für die Freiburger Schneckenvorstadt rekonstruiert Untermann für das 12./13. Jh. Parzellenbreiten von 16,5 m und 17,5 m und für einen anderen Block Breiten von 9,00 m bzw. 10,50 m und 16,3 m bei einer Länge von 32,5 m und deutet diese als frühe planmäßige Aufteilung in Hofstätten von ungefähr gleicher Größe von 50 Fuß × 100 Fuß. Vgl. M. Untermann, Das Harmoniegelände in Freiburg im Breisgau. Forsch. u. Ber. Arch. Mittelalter Baden-Württemberg 19 (Stuttgart 1995) 152 f.

40 G. Legant-Karau, Vom Großgrundstück zur Kleinparzelle. Ein Beitrag der Archäologie zur Grundstücks- und Bauentwicklung Lübecks um 1200. In: M. Gläser (Hrsg.), Archäologie des Mittelalters und Bauforschung im Hanseraum (Festschr. Günter P. Fehring). Schr. Kulturhist. Mus. Rostock 1 (Rostock 1993) 207–216. – G. Legant-Karau, Zur Siedlungsgeschichte des ehemaligen Lübecker Kaufleuteviertels im 12. und frühen 13. Jahrhundert. Nach den ältesten Befunden der Grabung Alfstraße–Fischstraße–Schüsselbuden 1985–1990 (Diss. Univ. Hamburg 1998: www.sub.uni-hamburg.de/opus/volltexte/2005/2415/pdf/Legant-Text.pdf).

41 Vgl. Dumitrache/Kurz/Legant/Schmid (Anm. 22) Katalogteil Legant, Steinbauten. – Parallelbeispiel: Villingen, Rietgasse/Franziskanergarten, Mitte 12. Jh.–13. Jh.: Die lockere Abfolge von Häusern aus Stein (5,6 m × 9,5 m bzw. 53 m²) bzw. Fachwerk (5 m × 8,5 m bzw. 43 m²) wird als Reihenbebauung 10–12 m breiter Parzellen gedeutet. Vgl. B. Jenisch, Die Entstehung der Stadt Villingen. Forsch. u. Ber. Arch. Mittelalter Baden-Württemberg 22 (Stuttgart 1999) 101 f. 109; 192.

42 Vgl. Dumitrache/Kurz/Legant/Schmid (Anm. 22) Katalogteil Legant, Steinbauten Lange Straße 6 (Süd, A 158/A 159).

43 Parallelbeispiel: Konstanz, Neugasse 12–38: Aufteilung eines Großgrundstücks zwischen Hussenstraße und Rosgartenstraße in handtuchartig schmale, zwischen 3,5–5,5 m breite und fast 40 m lange Parzellen. Vgl. M. Dumitrache, Konstanz. Archäologischer Stadtkataster Baden-Württemberg (Stuttgart 2000) 58.

44 Belegt für Sattlergasse 17 (= A 159). Vgl. Kleiber (Anm. 1) und Rathke (Anm. 10).

45 I. Schulz, Verwehte Spuren. Frauen in der Stadtgeschichte (Ulm 1998) 62 f. – Vgl. Rathke (Anm. 10) Text zur Parzelle A 186 (Lange Straße 10).

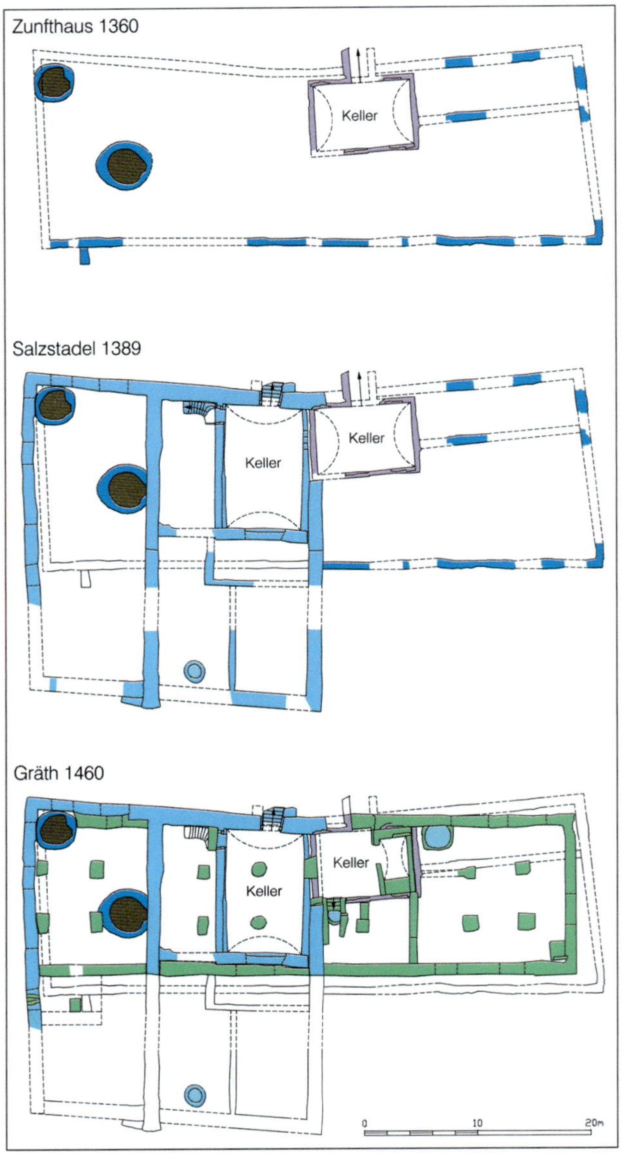

Abb. 3: Ulm, Neue Straße. Abfolgeplan öffentlicher Großbauten vom Zunfthaus der Kürschner über den städtischen Salzstadel bis zur Gräth, der reichsstädtischen Zollstation. Salzstadel und Gräth dienten als städtisches Kaufhaus, wo auch der Gräthmeister die Zoll- und Waaggelder der hier durchgeschleusten Handelswaren berechnete.

Salzstadel verlängert und unterkellert. Ende des 14. Jh. war die zum städtischen Handelshof ausgebaute ehemalige Resthofstätte des Ulrich Rot bis auf einen winkelförmigen Innenhof mit Brunnen und Latrine komplett überbaut (Abb. 2, hellblau). Dieser Befund spiegelt die wirtschaftliche Blütezeit Ulms im späten Mittelalter. Um 1460 wurde der Handelshof umgebaut und ein neues Haus in Auftrag gegeben. Die neue Gräth, ein dreischiffiger Hallenbau mit massiven Innenstützen, hatte – wie sich anhand der Rekonstruktion zeigt – eine Grundfläche von ca. 14 m × 49 m bzw. 686 m² (Abb. 3, grün). Binnenmauern gliederten das Erdgeschoss in vier unterschiedlich große Hallen. Die Keller der Vorgänger und einzelne Mauerzüge (beispielsweise die Westmauer) wurden weiter genutzt. Dass auch der südliche Flügelbau zunächst erhalten blieb (Abb. 2, grün), lässt der Vogelschauplan von 1597 erahnen (Abb. 1). Eine dort gezeigte östliche Hofmauer der Gräth ist archäologisch nicht belegt. Sie ist als Kunstgriff des Zeichners zu verstehen, der die östlich angrenzende Bebauung verkleinert darstellt, um so Rathaus, Gräth und Markt mit der Oberen Stube deutlicher hervorheben zu können.

Der Baublock östlich des Marktes zwischen Langer Straße und Taubengasse

Die Hofstätte der Eheleute Ott der Rot (genannt Hitisheim) und Udelheit (Adelheit Strölin) nahm mit einer Fläche von ca. 35m × 63 m bzw. 2205 m² mehr als die Hälfte des gesamten Baublocks zwischen der Langen Straße und der Taubengasse ein. Mehrere dort erfasste Hausbefunde führen die Anfangszeit dieser Hofstätte in das 12. Jh. und damit in die frühstaufische Zeit zurück. Bei dem ältesten von ihnen, einem Turmhaus in Ecklage am Markt (Lange Straße 12), handelt es sich wohl um den im Pfandbrief von 1377 erwähnten Turm (Abb. 4). Stratigraphisch ist seine Errichtung – älter als ein Brandhorizont oberhalb der zweiten Marktpflasterung – sicher belegt. Spuren dieses Brandes, der zeitlich mit den Zerstörungen der 1130er Jahre in Verbindung zu bringen ist, fanden sich auch an den Innenwänden des Turmhauses und in den Kellerhälsen eines südlich angebauten Kaufkellers (Marktplatz 3). Meh-

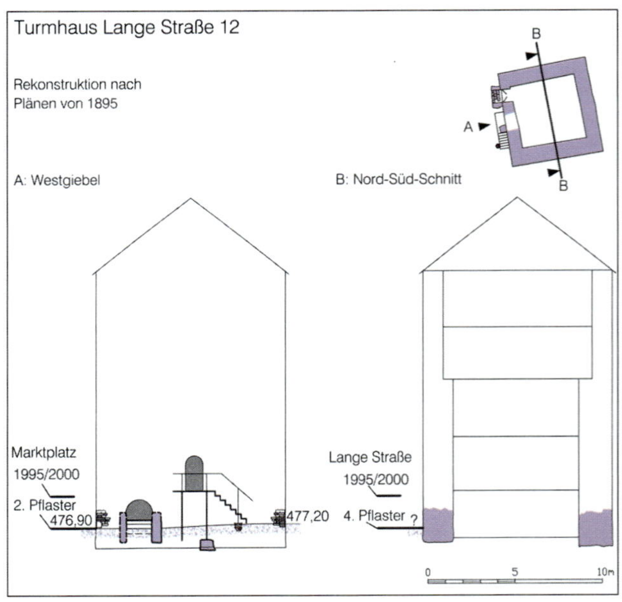

Abb. 4: Ulm, Neue Straße. Ansicht und Schnitt des rekonstruierten Turmhauses. Ein Kellerhals führte in das eingetiefte Erdgeschoss. Das erste Obergeschoss wurde vermutlich über eine marktseitige Außentreppe erschlossen.

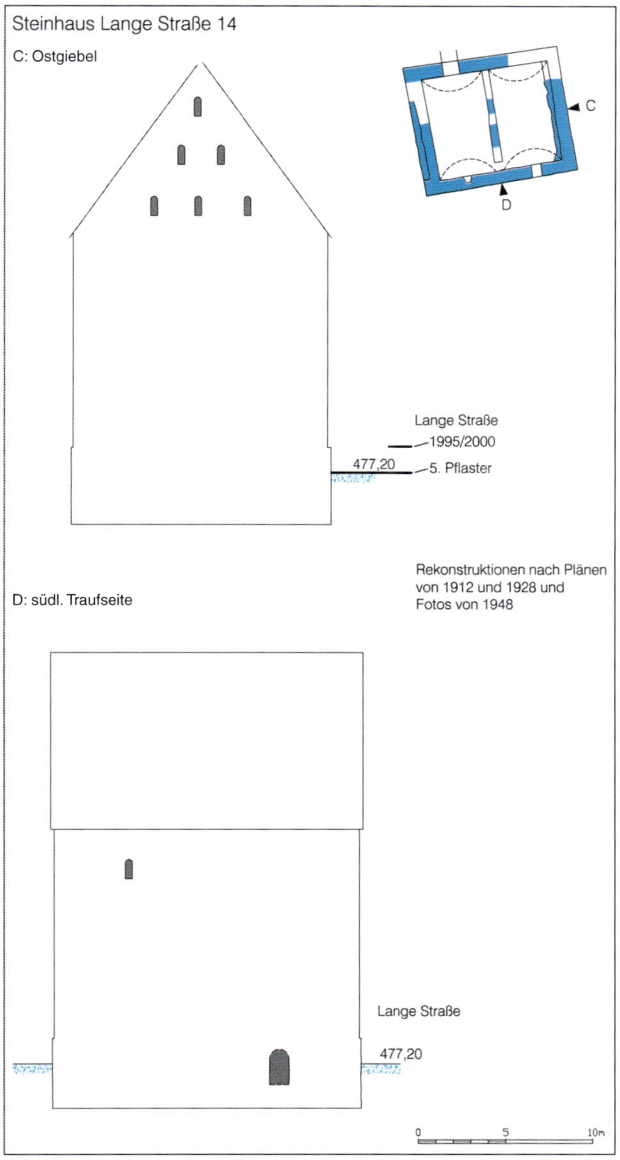

Abb. 5: Ulm, Neue Straße. Ansichten der südlichen Traufseite des Steinhauses mit Türöffnung in das Kellergeschoss und des Ostgiebels mit Schlitzfenstern der Speicherböden.

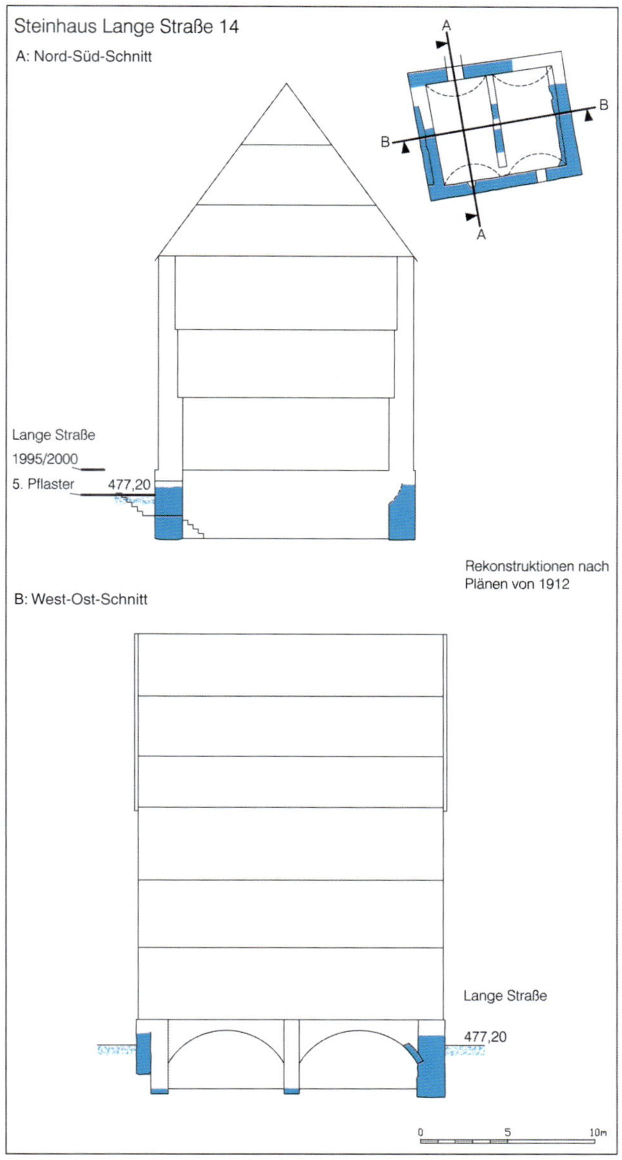

Abb. 6: Ulm, Neue Straße. Längs- und Querschnitt des unterkellerten Steinhauses der Hofstätte von Ott der Rot und seiner Ehefrau Adelheit Strölin, die ihren Besitz 1377 mit insgesamt sieben Gebäuden für 600 Gulden verpfändeten.

rere Gebäude an der Langen Straße wurden ein Opfer der Flammen (Abb. 2, lila).[46] Man ersetzte sie anschließend durch Neubauten, während die Häuser am Markt renoviert wurden. Um 1377 hatte das Turmhaus seine einstige Hauptgebäudefunktion wohl bereits eingebüßt. Als neues Hauptgebäude tritt das große, voll unterkellerte traufständige Steinhaus (Lange Straße 14) hervor (Abb. 5; 6). Für diese Zeit lässt sich eine randliche Bebauung der Hofstätte mit insgesamt sieben Häusern rekonstruieren, vier davon aus Stein (Turm, Steinhaus: Lange Straße 14, Hinterhaus: Lange Straße 16 und Eckhaus: Marktplatz 4), die anderen drei mit steinernem Stock und Fachwerkaufbau (vor 1376). Als Entsorgungsschächte dienten eine große Latrine im Hof und weitere in den Nebenhäusern an der Taubengasse. Brunnen sind für den Kaufkeller am Markt und das große steinerne Hinterhaus belegt (Abb. 2, dunkelblau). Anfang des 15. Jh. wurde die Hofstätte durch die Abtrennung der marktseitigen Häuser aufgeteilt. Ein steinerner Anbau mit Latrinenschacht lässt auf eine veränderte Nutzung des 1427 verkauften Turmhau-

46 In diesem Zusammenhang sind weitere in Ulm erfasste „Brandhorizonte“ auf ihre jeweilige stratigraphische Lage und absolute Datierung zu überprüfen: 1. Am Grünen Hof: Brandschicht über Grubenhausverfüllung sowie am aufgehenden Mauerwerk des Steinhauses (Nikolauskapelle?); 2. Vestgasse (ein durch Brand zerstörtes Grubenhaus); 3. Münsterplatz: Brandschuttverfüllung der Holzhäuser 3 und 11.

ses und Ausbau zum Wohnhaus schließen. Auf dem Resthof wohnte Bürgermeister Hartmann Ehinger mit seiner Familie. Die neue Parzellenmauer in der Mitte des Hofes erklärt sich durch die Erbteilung zwischen den Söhnen Hartmann und Jakob Ehinger 1435.[47] Ihre jeweils mit zwei Häusern bebauten Grundstücke umfassten ca. 813 bzw. 902 m^2. Das kleinere mit dem Steinhaus an der Langen Straße und einem rückwärtigen Gebäude erbte Hartmann, sein Bruder Jakob das größere mit der Laube, der großen Latrine im Hof und dem Hinterhaus (Marstall) aus Stein an der Taubengasse. Der im Teilungsrezess 1435 erwähnte Bau auf einem „gelihen gemainen pfennig" ist als Bauopferbrauch zu verstehen. Im Grabungsbefund konnte im Bauhorizont eines angebauten Kellers zwischen der Laube und dem Steinhaus eine Münze geborgen werden, die Ulrich Klein als „zeitgenössische Kupferfälschung eines unbestimmten Hellers des 14./15. Jh." bestimmte.

Durch nachfolgende Bautätigkeiten wurden die Lücken zwischen den Häusern an der Langen Straße geschlossen und die Höfe weiter verdichtet. Straßenkeller tauchen ab dieser Zeit auf (Abb. 2, hellblau). Die marktseitige Erschließung (der erwähnte Schranz/Spalte) des Resthofes endete 1509 – wohl nach dem Verkauf des rückwärtigen Hauses (Taubengasse 1) und Neubau eines unterkellerten Hinterhauses aus Backstein. Am Markt wurde das Turmhaus nach einer Grundstückszusammenlegung 1522 durch einen höheren Neubau auf größerer Grundfläche, doch mit weiter genutztem Gewölbekeller (Marktplatz 3) baulich integriert, und war, wie im Vogelschauplan 1597 (Abb. 1) realistisch dargestellt, seitdem nicht mehr als Turm erkennbar.

Bauentwicklung und Haustypen

Am Ulmer Markt entstanden im ersten Drittel des 12. Jh. die ersten Häuser aus Stein. Die Häuser hatten eingetiefte Erdgeschosse, die über Kellerhälse erschlossen wurden. Balkendecken trennten das Erdgeschoss vom im Hochparterre gelegenen ersten Obergeschoss. Zu dieser Bauweise enthält der Sachsenspiegel (1220/1235) einen interessanten Passus, den Kurt Asche wie folgt übersetzt: „Man darf (auch) bauen ohne seine Erlaubnis mit Holz oder mit Steinen drei Stockwerke übereinander, eines in der Erde, die anderen zwei darüber, sofern man eine Tür hat im unteren Gemach in Kniehöhe über der Erde."[48] Diese offensichtlich rechtlich sanktionierte Bauart ist durch die Hausforschung großräumig nachgewiesen. Sie hat eine lange Tradition und ist für die unterkellerten mehrgeschossigen Ständerbauten des Lübecker Gründerviertels (letztes Viertel des 12. Jh.) genauso bezeugt wie für Fachwerkbauten in Oldenburg (mit tonnengewölbtem Keller, um 1300) oder hochmittelalterliche Steinhäuser im gesamten Ostseeraum.[49] Von den Steinhäusern am Ulmer Markt ist das älteste ein Turm mit nahezu quadratischem Grundriss (10,20–10,60 m × 10,90–11,00 m bzw. > 110 m^2) und bis zu 1,8 m starken Mauern (Abb. 4). Nach Baugesuchsplänen des 19. Jh. ist eine Mindesthöhe von 12 m belegt.[50] In wie viele Geschosse der Turm ursprünglich unterteilt war und ob er ein Hochgeschoss (hier nicht dargestellt) hatte, muss offenbleiben. Da eine Funktion als festes (durchaus wehrhaftes) Haus archäologisch und eine Nutzung als Turm urkundlich überliefert sind, überragte dieses Gebäude wohl zunächst die umliegende Bebauung.[51] Ob der Turm ein Pultdach[52] oder Satteldach hatte, ist ungeklärt. Denkbar wäre auch ein oberer Turmabschluss mit einem Zinnenkranz.

Charakteristisch für die aufgedeckten romanischen Hausbefunde am Ulmer Markt sind die Schalenbauweise und das Quadermauerwerk: Handquader verwendete man für den Turm, Großsteinquader für die Kaufkeller und kleinere Bruchsteinquader für die anderen Nebengebäude.[53] Längere Steine stabilisierten den Eckverband, kleinere Bruchsteine lagen zum Teil in Ähren- oder Fischgrättechnik im Füllmauerwerk. Für den Kaufkeller am Nordwestrand des

47 Vgl. Dumitrache/Kurz/Legant/Schmid (Anm. 22) Katalogteil Legant, Parzellenmauern. Sie ist 0,90 m breit. – Parallelbeispiel: Ulm, Innenhof des Museums. Vgl. A. Bräuning/A. Burzler, Stadtarchäologische Ausgrabungen im Innenhof des Museums zu Ulm (Schelergasse). Arch. Ausgr. Baden-Württemberg 1996 (1997) 270–272.

48 K. Asche, Städtische Steinhäuser in Nordwestdeutschland und ihre Analogien zu 66 § 3 im Dritten Buch des Landrechts. In: M. Fansa (Hrsg.), Aus dem Leben gegriffen – Ein Rechtsbuch spiegelt seine Zeit. Arch. Mitt. Nordwestdeutschland Beih. 10 (Oldenburg 1995) 229–239.

49 Vgl. Legant-Karau 1998 (Anm. 40) 100–107. – Asche (Anm. 48) 230–235.

50 Zur schriftlichen Überlieferung vgl. Kleiber (Anm. 1) 101–103. – Rathke (Anm. 10) Text zur Parzelle A 259

51 Vgl. H.-W. Heine, Burgen im Oldenburger Sachsenspiegel. Abbild und Wirklichkeit – Burgenkundliche Bemerkungen. In: M. Fansa (Hrsg.), Aus dem Leben gegriffen – Ein Rechtsbuch spiegelt seine Zeit. Arch. Mitt. Nordwestdeutschland Beih. 10 (Oldenburg 1995) 241–260.

52 Parallelbeispiel: Freiburg, Salzstraße, 1170er Jahre, mit straßenseitiger Dachneigung von 19°. Vgl. L. Galioto/F. Löbbecke/M. Untermann, Das Haus „Zum roten Basler Stab" (Salzstraße 20) in Freiburg im Breisgau. Forsch. u. Ber. Arch. Mittelalter Baden-Württemberg 25 (Stuttgart 2002) 64; 186.

53 Auch für das Steinhaus und die Nikolauskapelle ist die Schalenbauweise mit Großsteinquadern belegt. Vgl. Schmidt/Scholkmann (Anm. 7) 317 f. und H. Krins, Rettung und Sanierung der Gebäudegruppe Nikolauskapelle, Steinhaus, „Gindele" in Ulm. Denkmalpfl. Baden-Württemberg 13, 1984, 16–27.

Marktes sind vier Kellerhälse, für den anderen zwei belegt. Beide Keller hatten rechteckige Lichtnischen. Die hohe Anzahl von vier Kellerzugängen bei einer Grundfläche (Außenmaße) von nur 9 m × 11,50 m bzw. 104 m^2 war sicherlich funktional bedingt. Seine exponierte Lage (Hauptdurchgangsstraße/Markt) könnte hypothetisch mit den diversen Zöllen (wie dem Markt-, Pfund- oder Wegezoll) in Verbindung stehen, die die Patrizierfamilie Rot bis 1430 besaß. Dabei fällt auf, dass die marktseitigen Türöffnungen der beiden durch ihre Ecklage besonders exponierten Gebäude mit 1,50 m relativ groß sind (Abb. 2, lila). Die Türöffnungen des südlichen Kaufkellers (Marktplatz 3) sind dagegen nur 1,10 m breit.[54]

Für die gotischen Steinhäuser sind folgende Merkmale charakteristisch: Unterkellerung (Teil- und Vollkeller) mit einem oberen Raumabschluss als Tonnengewölbe und Mörtelmauerwerk aus Kalkbruchsteinen mit einzelnen Backsteinen der Außenmauern. Ihre Breite zwischen 1,40 m und 1,60 m belegt die Mehrgeschossigkeit dieser Häuser. Das Steinhaus (Lange Straße 14) muss nach jüngeren Baugesuchsplänen und Fotografien der Kriegsruinen oberirdisch mit drei Geschossen und gotischen Schlitzfenstern (auch in den Dachgeschossen) rekonstruiert werden (Abb. 5; 6). Ein Vergleich der Rekonstruktionszeichnungen zeigt, dass dieses Steinhaus den Turm vermutlich überragte und folglich auch in seiner Bedeutung als Hauptgebäude der Hofstätte abgelöst hatte. Die weiterhin in Benutzung gebliebenen romanischen Vorgänger wurden nachträglich unterkellert. Für das weiter oben erwähnte, nach 1254 durch einen Brand zerstörte Haus in rückwärtiger Grundstückslage ist eine Nebenfangung belegt, die anderen wurden unterfangen und nachträglich eingewölbt. Das nordwestliche Eckgebäude am Markt wurde zusätzlich verlängert und an das große Steinhaus angebaut (Abb. 7). Erhaltene Baugesuchspläne und Fotografien belegen weite Vorkragungen (vor 1376) für seinen Ostgiebel zum Markt wie auch für die nördliche Traufenseite zur Langen Straße. Für das Hinterhaus (Lange Straße 16) und die öffentlichen Großbauten (Zunfthaus, Salzstadel und Gräth) sind ferner Streifenfundamente mit Entlastungsbögen nachgewiesen (Abb. 3). Das spätestens im 15. Jh. auf kleinerem Grundriss neu gebaute südwestliche Eckhaus am Markt besaß vermutlich ein Kreuzgratgewölbe (Abb. 2, hellblau). Für die Renaissance-Zeit ist erstmals ein komplett aus Backsteinen errichteter Neubau (Rückgebäude Lange Straße 14) (Abb. 2, grün, 1509) belegt. Nach dem derzeitigen Kenntnisstand haben die in Ulm verbauten, unterschiedlichen Backsteinformate keinen relativchronologischen Aussagewert im Sinne

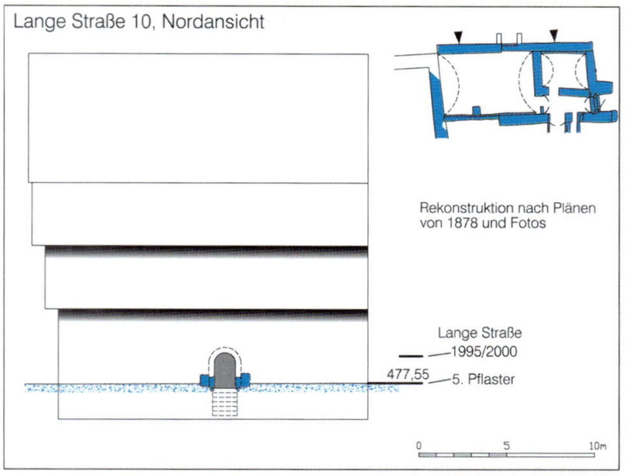

Abb. 7: Ulm, Neue Straße. Ansichten des Eckgebäudes Lange Straße 10. Der Hauskern des Fachwerkbaus mit weiten Vorkragungen (vor 1376) und steinernem Stock geht in das 12. Jh. zurück. Im 16. Jh. lebte hier die überregional bekannte Ärztin Agatha Streicher mit ihren Geschwistern, die dem Reformator Kaspar von Schwenckfeld eine Unterkunft gaben.

einer gesicherten Backsteinchronologie, wie sie beispielsweise für Lübeck seit über zwei Jahrzehnten erfolgreich angewandt werden kann.[55]

Zusammenfassung

Die Rekonstruktion der Grundstücks- und Bauentwicklung am Ulmer Markt führt in die ottonische Zeit (10. Jh.) zurück. Es konnte aufgezeigt werden, dass das Straßennetz zur Erschließung der Baublöcke innerhalb weniger Jahre in rascher Folge ausgebaut wurde. Am Markt konzentrierten sich weiträumige Hofstätten, die mehr als die Hälfte eines Baublocks einnahmen. Die Hofstätten waren mit unterschiedlichen Haustypen locker bebaut. In frühstaufischer Zeit entstanden erste Häuser aus Stein. In exponierter Ecklage und am Rande des Marktes konzentrierten sich mit einem Turmhaus und zwei Steinkellern

54 Vgl. Schmid/Groß/Scheschkewitz (Anm. 21) 42. Die Rekonstruktion des Ulmer Marktes um 1100 projiziert jüngere Zustände (Neuzeit) mit falschen Details: geschlossene giebelständige Bebauung, Fachwerk ohne Vorkragungen und mit neuzeitlichen Streben. Es fehlen: steinerne Sockel und die im Hochparterre gelegenen Eingangstüren der Stadel- und Verwaltungsbauten der hier ansässigen Patrizierfamilie. Viergeschossige Häuser galten noch im 13. Jh. als Wehrbauten und waren genehmigungspflichtig! Die Bedeutung dieses frühen Belegs eines Marktplatzes am Anfang des Urbanisierungsprozesses im Mittelalter, seine Funktion als Gerichtsstätte mit mittigem Pranger und die feine Hierarchie der angrenzenden Bebauung bleiben in dem hier gezeigten Geschichtsbild komplett unberücksichtigt.

55 K. B. Kruse, Backsteine und Holz. Baustoffe und Bauweise Lübecks im Mittelalter. Jahrb. Hausforschung 33, 1983, 37–61.

mit mehreren Eingängen Gebäude, die funktional und repräsentativ die politische Macht und wirtschaftliche Stellung ihrer Eigentümer in staufischer Zeit widerspiegeln. Östlich des Holzmarktes bildete sich in nachstaufischer Zeit (Interregnum) mit ersten Handtuchparzellen ein kleinteiliges Parzellengefüge heraus. Daneben, in der Mitte des Baublocks, entstand 1360 mit dem Bau des Zunfthauses ein erster öffentlicher Großbau, der schon 1389 durch den Salzstadel ersetzt wurde. Der Salzstadel und sein Nachfolger, die 1460 errichtete Gräth, bildeten den wirtschaftlichen Mittelpunkt der spätmittelalterlichen Stadt Ulm. Zu dieser Zeit scheinen auch die Gebäude am Marktrand ihre alte Bedeutung/Funktion endgültig verloren zu haben. Die Stadel und einstigen Nebengebäude wurden nach und nach verkauft und zu Bürgerhäusern (mit größerer Wohnfunktion) aus- und umgebaut. Die unregelmäßige Baulinie beider Baublöcke durch Versprünge und unterschiedliche Ausrichtung der Häuser östlich und westlich des Marktes ist ein Indiz für ihr hohes Alter und die lange Nutzung durch locker bebaute, weiträumige Hofstätten.

Die Stadt Ulm bemühte sich schon im 14. Jh. durch Bauvorschriften und Verbote (Vorkragungen/Kellerhälse) um ein einheitlicheres Stadtbild. Im 15. Jh. wurden auch einzelne Privathäuser, die das Rathaus räumlich beeinträchtigten, zurückgebaut und die Baufluchten so dem gewandelten Bild der Stadt angepasst, das nun einem einheitlichen Gesamtkunstwerk entsprach.
Das heutige Stadtbild Ulms ist spannungsreich im Kontrast zwischen Alt und Modern. Es spiegelt eine Mentalität, die ihre Kraft aus der Tradition zu ziehen scheint und ihre Lebendigkeit aus dem Mut zum Wandel. In Ulm hat man aus erkannten städtebaulichen Fehlern, wie dem Abbruch der Barfüßerkirche im 19. Jh. oder der Errichtung der Neuen Straße im 20. Jh., gelernt und die Stadt durch reparierende Bauprojekte in eine neue Zeit geführt.

Bildnachweis

Ulmer Museum: 1
Landesamt für Denkmalpflege im Regierungspräsidium Stuttgart, M. Vöhringer: 2–7

Archäologie und Naturwissenschaften – Denkmalpflege und Forschung

Textilarchäologische Kleiderforschung in der Ur- und Frühgeschichte
Zum Potenzial von Feuchtbodenfunden

JOHANNA BANCK-BURGESS

I. Kleiderforschung: zu den Quellen und zum Umgang mit diesen

Die Quellen

Nimmt man sich die archäologische Fachliteratur zur Hand, erscheint die Frage nach der ur- und frühgeschichtlichen Kleidung bisweilen geklärt (Clauß 1987; Martin 1987; Martin 1995; Alamannen-Katalog 1997). Auch in Museen oder Ausstellungen sind Rekonstruktionen von Männer- und Frauenkleidung geläufig. Die Grundlage für diese Rekonstruktionen liefert die sogenannte Trachtforschung, die heute auch unter dem allgemeinen Begriff der Kleiderforschung stattfindet (Banck-Burgess 2000). Als Quellen werden Trachtzubehör, bildliche und schriftliche Quellen hinzugezogen. Experimentelle Versuche runden das Bild ab (Losert/Pleterski 2003; Gaedtke-Eckardt 2005). Die Bedeutung der Kleidung wurde in der Regel auf ihre praktische Funktion oder als Kennzeichen gesellschaftlicher Unterschiede in Status und Funktion begrenzt, wobei diese Betrachtungsweise am ehesten auf volkskundliche Vergleiche zurückgeht.

Die textilarchäologischen Quellen können bisher nur Detailinformationen zur Kleidung liefern, die jedoch die wichtigste Grundlage für die Rekonstruktion von Kleidung darstellen (Walter/Peek/Gillich 2008; Banck-Burgess 1999, Bartel/Knöchlein 1993, Farke 2002). Grundsätzlich können die Quellen, die für die Kleiderforschung herangezogen werden, in vier Gruppen unterteilt werden (Abb. 1):[1]

1. Überrest-Quellen: Teile der textilen Kleidung, wie Gewebe und andere organische Materialien.
2. Sachquellen: archäologische Funde, die einen direkten Bezug zur Kleidung haben, wie das sog. Trachtzubehör.
3. Traditionsquellen: schriftliche Quellen, in denen etwas zur Kleidung oder zu Stoffen ausgesagt wird.
4. Traditionsquellen: bildliche Quellen, auf denen Bekleidung dargestellt ist.

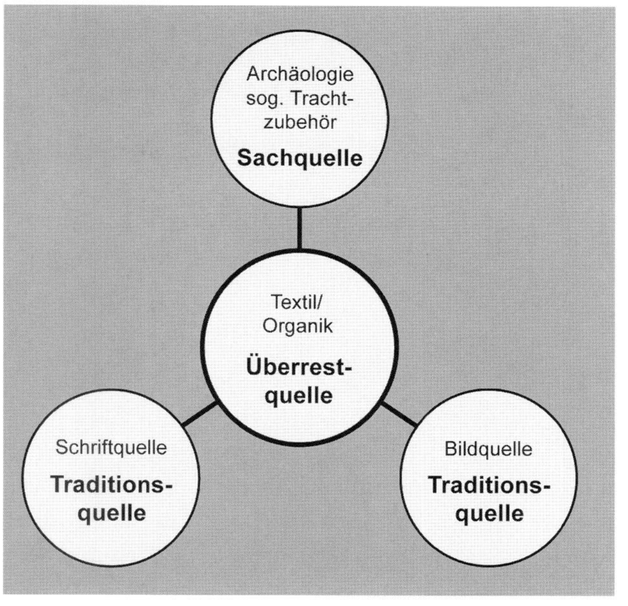

Abb. 1: Verwendete Quellen in der archäologischen Kleiderforschung.

Zum Umgang mit den Quellen

Bildliche und schriftliche Quellen

In der Archäologie, hier im Besonderen der Kleiderforschung, werden fachfremde Quellen, d. h. Schrift- und Bildquellen zusätzlich herangezogen, da die archäologischen Quellen in der Regel zu dürftig sind, um sich ein Bild von der jeweiligen Bekleidung zu machen. Die Auswertung dieser fachfremden Quellen, die eigentlich in die Hände der jeweiligen Teildisziplin der historischen Grundwissenschaften oder in die der Kunstgeschichte gehören, wird, bis auf seltene Ausnahmen, von den Archäologen kurzer-

1 Die Begriffe „Überrestquelle" und „Traditionsquelle" sind Begriffe aus den historischen Grundwissenschaften, können aber auch auf die Archäologie übertragen werden bzw. auf die fachfremden Quellen, die hinzugezogen werden. Die Einteilung nach Traditionsquelle oder Überrestquelle basiert darauf, ob eine Quelle absichtlich erstellt wurde oder nicht, d. h. „Alles, was von den Begebenheiten übriggeblieben ist, hindurchgegangen und wiedergegeben durch menschliche Auffassung", oder „Alles, was unmittelbar von den Begebenheiten übriggeblieben ist" (Brandt 1986, 52).

Abb. 2: Kleiderdarstellung. Stuttgarter Psalter, Cod. bibl. fol. 23. Dargestellt ist die Verkündigung mit Maria und Gabriel als Herold: fol. 83v unten.

hand selbst übernommen. Zeitliche und geographische Versätze der herangezogenen Quellen werden dabei in Kauf genommen. Eine Quellenkritik findet in der Regel nicht statt. Der Aussagewert dieser Quellen, der u.a. auf der Nähe zum historischen Geschehen, dem Zweck der Quelle, der Intention des Auftragsgebers und/oder der Sichtweise desjenigen, der die Quelle geschaffen hat, basiert, wird dabei nicht erschlossen. Bei den bildlichen Quellen muss das Dargestellte nicht zwangsläufig mit einem „verkleideten Symbolismus" gleichgesetzt werden, wie ihn E. Panofsky (1953) in seiner bedeutenden Untersuchung über die altniederländische Malerei herausgestellt hat. Es steht jedoch außer Frage, dass bei den bildlichen Darstellungen aus der Ur- und Frühgeschichte davon ausgegangen werden kann, dass es sich bei den dargestellten Menschen und ihrer Ausstattung, einschließlich der Bekleidung, um „inhaltliche Sinnträger" handelt. Alle Bildträger bzw. Darstellungen, seien es Stelen, Eingravierungen auf keltischen Situlen oder frühmittelalterliche Miniaturen in Psaltern waren mit einer Funktion bzw. mit einem bestimmten Sinngehalt verbunden. Es ist daher unwahrscheinlich, dass das Dargestellte ein wirklichkeitsgetreues Abbild war und zudem noch einen Alltagsbezug besaß, der als Vorbild für Rekonstruktionen verwendet werden kann. A.-M. Reichel hat in ihrer Dissertation über die „Kleidung der Passion" Bilddarstellungen aus dem 15. Jh. behandelt (Reichel 1998). Der Untertitel der Dissertation bzw. ihre Forderung „Für eine Ikonographie des Kostüms" gilt ebenso für die Kleiderdarstellung ur- und frühgeschichtlicher Kulturen. W. Brückner (1985) geht in einem Aufsatz zur „Kleiderforschung aus Sicht der Volkskunde" sogar so weit, dass er für „die Bekleidung der wirklichen Menschen" das Hinzuziehen bestimmter Bildquellen ablehnt, da sie einen zu schmalen Ausschnitt der kulturellen Ideenwelten aufzeigen.

Dies lässt sich leicht auf die Miniaturen im Stuttgarter Psalter übertragen, einer Handschrift, die zwischen 820 und 830 in der Abtei Saint-Germain-des Prés nahe Paris entstanden ist. Einmal abgesehen von dem Umstand, dass bei ihrer Anfertigung auf Vorlagen zurückgegriffen wurde, die mindestens 200 Jahre älter waren, spiegelt die farbenprächtige und aufwendig dargestellte Bekleidung sicher keinen malerischen Realismus wider, sondern kann nur als Sinnbild für etwas verstanden werden, das sich im Zusammenhang mit dem schriftlichen Kontext, d.h. den Gebetstexten erschließt (Abb. 2). In welchem Grad eine historische Realität, und vor allem „welche" Wirklichkeit damit wiedergegeben wurde, kann ohne Quellenkritik nicht gesagt werden. In der Archäologie werden diese Darstellungen jedoch vielfach relativ unkritisch für die Kleidung des Frühmittelalters übernommen, wobei nur selten kritische Vorbemerkungen vorausgeschickt werden (Rast-Eicher/Burzler 2002, bes. 389ff.).

Für Erkenntnisse über die tatsächlich getragene Kleidung ist mit daraus abgeleiteten Rekonstruktionen wenig gewonnen.

Textilarchäologische Quellen
Verfeinerte Techniken beim Bergen und beim Abbau archäologischer Befunde haben wesentlich dazu beigetragen, dass Textilfunde nicht mehr als bestaunte Einzelfunde angesehen werden. Mittlerweile ist bekannt, dass zumindest in der Frühgeschichte organische Reste zu den gängigen Funden gehören, die sich im Oxidationsumkreis von Metallobjekten erhalten haben. Problematisch ist die Größe und der Erhaltungszustand der Textilobjekte, deren puzzleartiger Charakter nur wenig von dem ursprünglichen Objekt und seinem Umfeld preisgibt. Dies ist nicht allein durch das Fragmentarische bedingt, sondern auch dadurch, dass wir aus heutiger Sicht keinen Zugang zu der ursprünglichen Bedeutung das Objektes haben. Über Merkmalsanalysen, die in der Textilarchäologie bisher das wichtigste Instrument bei der Auswertung größerer Datenmengen darstellen, erreicht man eine Abstraktionsebene (Bender Jørgensen 1986 und 1992; Hundt 2001; Rast-Eicher 2002), die heutigen Sichtweisen gerecht wird, aber in der Regel wenig über die Objekte selbst aussagt.

II. Textilarchäologische Quellen

1. Möglichkeiten und Grenzen für die Kleiderforschung

Mit Textilien und anderen organischen Funden liegt ein Quellenmaterial vor, das der Archäologie völlig neue Bereiche in der Erforschung archäologischer Kulturen eröffnen kann. Die Erschließung dieser Funde und Befunde steckt jedoch noch in den Anfängen. Dies beruht u.a. auf einem Mangel an facheigenen Untersuchungsmethoden und auf einer fehlenden interdisziplinären Zusammenarbeit, wie sie etwa in der Realienkunde, einer Teildisziplin der historischen Hilfswissenschaften, hier vor allem am Kremser Institut für Realienkunde des Mittelalters und der Neuzeit, betrieben wird. Gleichzeitig muss klargestellt werden, wo die Grenzen der Aussagemöglichkeiten bei archäologischen Textilien liegen, und auf die unzureichende Quellenlage im Hinblick auf bestimmte Fragestellungen, z.B. bezüglich der Kleidung, hingewiesen werden.

Abb. 3: Zur Analyse archäologischer Textilien.

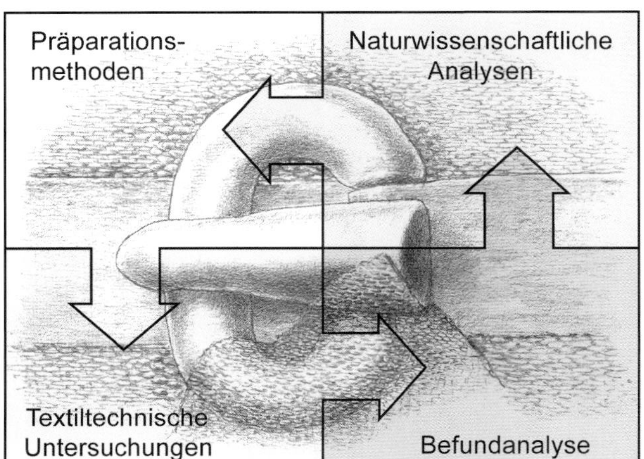

Die Analyse textilarchäologischer Reste ruht auf vier Grundpfeilern (Abb. 3). Die *Befundanalyse* ist das wichtigste Mittel, um etwas über die einstige Verwendung der organischen Reste zu erfahren. Die *Mikrostratigraphie* ist inzwischen die gängigste Methode, um hinter die ursprüngliche Schichtfolge zu kommen. Blockbergungen bieten die optimalen Bedingungen für derartige Untersuchungen. Funde und Befunde können jedoch häufig nur erschlossen werden, wenn sie durch entsprechenden Präparationsmethoden „sichtbar" gemacht werden. Die *Fundanalyse*, hier im Besonderen textiltechnische Untersuchungen, beschränken sich bisher auf die wesentlichen Merkmale, wie Fadendrehung, Stärke der Fäden, Webdichte und Bindung. *Naturwissenschaftliche Untersuchungsmethoden* werden vor allem bei der Analyse von Farbstoffen und der Bestimmung von Faserstoffen herangezogen.
Alle vier genannten Bereiche zur Erschließung archäologischer Textilien werden aufgrund des Forschungsstandes erst ansatzweise genutzt. Sie zeigen aber bereits deutlich, welcher Reichtum an textilhistorischen Informationen selbst aus kleinsten Fragmenten gewonnen werden kann. Bezüglich der Kleidung können Aussagen zu den verwendeten Stoffen oder über den Verbund von sogenanntem Trachtzubehör und Gewebe, somit Detailkenntnisse zur Kleidung gewonnen werden (Walter/Peek/Gillich 2008). Einzelaspekte, wie die Relevanz herstellungstechnischer Traditionen, die bei den Stoffen optisch nicht ins Augen fallen, dem Träger aber bekannt und wichtig waren, können herausgestellt werden (Banck-Burgess 1998). Bei anderen Informationen, die den Schnitt oder die Form der Kleidungsstücke betreffen, muss bei der derzeitigen Quellenlage ausdrücklich darauf hingewiesen werden, dass für die Rekonstruktion ganzer Kleidungsensembles keine wissenschaftliche Grundlage vorhanden ist (Abb. 4). Die Untersuchungsmöglichkeiten, die alleine anhand der winzigen Stoffstücke, die im Rost der Metallbeigaben haften, möglich sind, werden bisher erst ansatzweise genutzt. Die experimentelle Archäologie ist hier Vorreiter und zeigt mit Nachdruck, das die Abstraktionsebene herstellungstechnischer Daten, wie Webdichte, Fadendrehung oder Bindung nur wenig über

Abb. 4: Charakteristisch sind Gewebereste an den metallenen Bestandteilen von Gürteln, wie an diesem Rückenbeschlag aus einem alamannischen Grab von Hüfingen „Auf der Hohen“, Schwarzwald-Baar-Kreis.

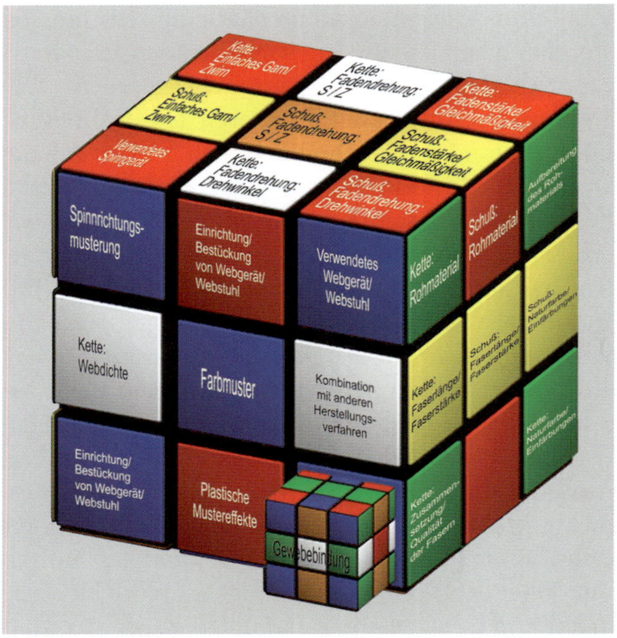

Abb. 5: Das Aussehen eines Gewebes wird durch herstellungstechnische Merkmale bzw. Strukturmerkmale bestimmt. Die Möglichkeiten der Gestaltung sind unendlich.

das tatsächliche Aussehen verrät. Vielfalt und Kombinationsmöglichkeit herstellungsrelevanter Faktoren können ein Mannigfaltiges an Stoffen erzeugen, was bei archäologischen Funden für gewöhnlich unterschätzt wird (Abb. 5).

2. Beispiele für einen anderen Zugang zu archäologischer Kleidung

Die Betrachtungsweise archäologischer Kleidung wird maßgeblich von den Erkenntnissen der Volkskunde abgeleitet. Im Rahmen eines Projektes der Deutschen Forschungsgemeinschaft am Landesamt für Denkmalpflege, das sich mit dem Textilhandwerk der Alamannen beschäftigt hat, konnten Erkenntnisse gewonnen werden, die einen anderen Blickwinkel auf das Thema Kleidung ermöglichen. Anhand der Gewebefunde ergaben sich weitreichende Schlüsse zu den Herstellungstechniken und -traditionen. Im Laufe des Forschungsprojektes zeigte sich, dass das Aussehen eines Gewebes und das Herstellungverfahren jeweils ihre eigene Wertigkeit besaßen. Beispielhaft kann dies an den Mustergeweben (Gewebe mit einer komplexeren Abbindung) aufgezeigt werden. Die Alamannen besaßen vor allem mit den broschierten Geweben eine Herstellungstechnik, die eine Kombination aus Kettenstoff- und Webverfahren zeigt, bei der die verwendeten Herstellungstechniken nicht gemeinsam an der Stoffbildung beteiligt sind, sondern jeweils gesondert abbinden (kombinierte Bindungen supplementärer Verbindung; Abb. 6). Eine Anlehnung an prähistorische Herstellungsverfahren, die über die Eisen- und Bronzezeit bis ins Neolithikum zurückreichen, ist dabei unverkennbar (Abb. 7). Für die Herstellung derartiger Gewebe sind lediglich einfache Webeinrichtungen erforderlich. In den oströmischen Provinzen und den angrenzenden Hochkulturen besteht bei den Mustergeweben die Tendenz zu komplementären Bindungen, d. h. alle Kett- und Schussfäden werden gemeinsam zur Stoffbildung verwendet (kombinierte Bindungen komplementärer Verbindung). Die Herstellung derartiger Stoffe, wie Blöckendamast und Taqueté, setzte wesentliche Entwicklungen in der Webstuhltechnologie voraus (De Jonghe 2001). Die kommunikative Funktion von Textilien, d. h. ihre Bedeutung als Ausdrucksmittel im sozialen Gefüge einer Volksgruppe oder im

Abb. 6: Detail eines broschierten Brettchengewebes aus Hüfingen „Auf der Hohen“, Schwarzwald-Baar-Kreis.

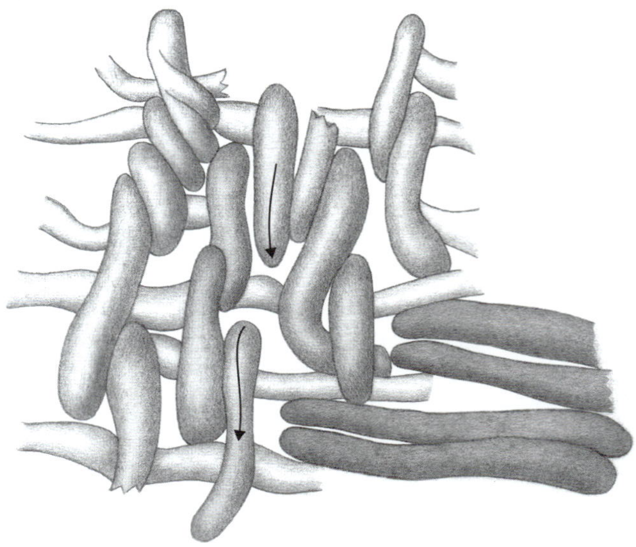

Abb. 7a: Hohmichele (Kr. Biberach), Grab VI. Gemustertes Ripsgewebe aus Wolle; Kombination von Web- und Kettenstoffverfahren (s. Banck-Burgess 1999, 55ff.).

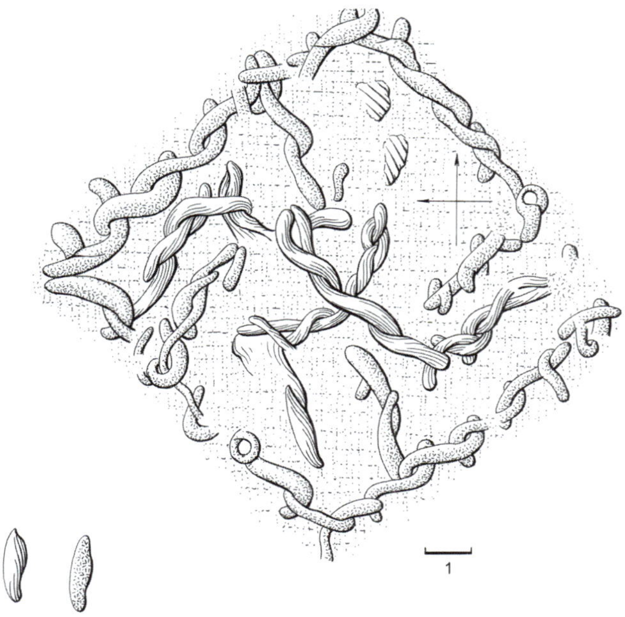

Abb. 7b: Eberdingen-Hochdorf. Stoff mit zusätzlichem Musterelement. Kombination von Kettenstoff- und Webverfahren. Umzeichnung, Maßstabsleiste entspr. 1 mm.

Austausch mit anderen Kulturen, wurde vorrangig durch das Aussehen bestimmt. Bei den Alamannen, vermutlich auch bei anderen frühmittelalterlichen Kulturgemeinschaften in Mitteleuropa, wurden neue, kulturübergreifende Muster bei Textilien mit großer Bereitschaft aufgegriffen. Die Umsetzung erfolgte jedoch nicht in Form einer Nachbildung, sondern als gezielter Akkulturationsprozess, bei dem die traditionellen, kulturspezifischen Herstellungsverfahren bzw. Traditionen eine maßgebliche Rolle spielten (Abb. 8). Die Bereitschaft zur Übernahme webstuhltechnologischer Neuerungen war bei den Alamannen noch nicht vorhanden.

Gleichermaßen lässt sich daran also ablesen, welchen Stellenwert eigene Herstellungstraditionen besaßen und wie wichtig diese auch in der Umsetzung bei der Kleidung waren. Ein Import von Kleidung bzw. Stoffen, der über den Austausch von Einzelstücken hinausging, ist daher für den alamannischen Siedlungsbereich eher unwahrscheinlich.

3. Feuchtbodenfunde: Potenzial und neue Dokumenationsmethoden

Über Sinn und Unsinn beim Erfassen von stark zersetzter Substanz

Es ist nichts Neues, dass bei der Ausgrabung archäologischer Funde ein wesentlicher Teil derselben unwiederbringlich zerstört wird. Fassbar wird von dem Vorhandenen in der Regel vor allem das, was wir kennen. Bei dem hohen Fundanfall, der selbst im personell noch relativ gut ausgestatteten Baden-Württemberg nur mit Hilfe des Gefriermagazins zu bewältigen ist, hat es primär wenig Sinn, über das zu klagen, was verloren ist. Die Grundsicherung der vorhandenen Funde, vor allem des anfälligen Metalls, steht im Vordergrund. Ein wesentlicher Zugewinn an Funden und Informationen ist möglich, seit auf den Grabungen verstärkt Befundeinheiten im Block geborgen werden, d.h. nicht die Einzelfunde entnommen werden, sondern der Fund in seinem Kontext zusammen mit umgebendem Bodenmaterial geborgen wird. Der Einsatz von Röntgen und von 3D-Computertomographie, wie derzeit bei der Auswertung des Gräberfeldes von Lauchheim/Ostalbkreis praktiziert, ist ein Zugewinn, von dem Restauratoren und Archäologen gleichermaßen profitieren.

Abb. 8: Einheitliche Mustergebung auf der Grundlage unterschiedlicher Herstellungstraditionen.

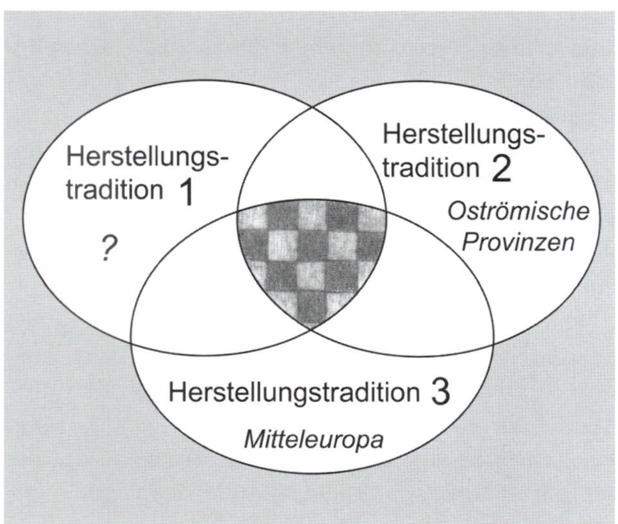

Wie bei der Archäologie und den naturwissenschaftlichen Nebenfächern im Allgemeinen befasst sich auch die Textilarchäologie mit Funden, deren Strukturen erkennbar sind. Genauso wenig, wie es vor allem in wirtschaftlicher Hinsicht sinnvoll ist, ein in Auflösung begriffenes Schwert mit viel Aufwand zu retten (vorausgesetzt, es liegen zahlreiche Vergleichsbeispiele desselben Typs vor), hat es auch keinen Sinn, jeden noch so schütteren Textilrest auf Metallbeigaben retten zu wollen. Es steht jedoch außer Frage, dass im Bereich der Textilarchäologie nur ein Teil der Funde aufgenommen wird. Damit ist nicht gemeint, dass wir nur das winzige Fragment eines Stoffes erfassen. Vielmehr geht es um die Gesamtheit der organischen Funde, die aus einem Befund vorliegen. Im Rost einer Metallbeigabe, wie einem Gürtelbeschlag, bleibt in der Regel nur der Stoff haften, der zu einem Kleidungsstück, einer Unter- oder einer Auflage gehörte. Aus Gräbern mit Feuchtbodenerhalt wissen wir jedoch, dass wir mit wesentlich mehr Textilien in den Gräbern zu rechnen haben, mit verschiedenen Kleidungsstücken, Polsterungen und ganzen Polsterelementen, wie Matratzen und Kissen, Behältnissen, textilen Verpackungsmaterialien, unterschiedlichen Beigaben textiler Art, Matten, Decken sowie Boden- oder Wandverkleidungen (Banck-Burgess 1999). In den Feuchtbodenfunden liegt daher ein wesentlicher Schlüssel, um mehr über das Fundmaterial zu erfahren, das in allen Bereichen des Lebens eine zentrale Rolle gespielt hat und über das wir bisher kaum etwas wissen. Beim derzeitigen Stand der Textilforschung geht es primär darum, Methoden zu entwickeln bzw. aus Nachbarwissenschaften zu entlehnen, um diese Quellen angemessen zu erschließen. Eine wirtschaftliche Gleichung, die Arbeitsaufwand und greifbare Ergebnisse, z.B. hinsichtlich des realen Aussehens der Kleidung, in Rechnung stellt, ist hier nicht möglich; die erforderliche Vorgehensweise stößt zudem bei grabungserfahrenen Archäologen nicht selten auf angespannte Ungeduld. Die Erfahrungen, die aus der Untersuchung geeigneter Feuchtbodenbefunde gewonnen werden, erlauben jedoch langfristig gesehen eine effektivere Bearbeitung von Blockbergungen und bilden die Grundlage für wichtige archäologische Fragestellungen.

Anhand von zwei Grabbefunden sollen im Folgenden die „textilarchäologischen Arbeitsschritte“ skizziert werden. Die enge Zusammenarbeit zwischen Textilarchäologie und archäologischer Restaurierung ist dabei selbstverständlich. Auf die Konservierungs- und Dokumentationsmethoden der Restaurierung, einschließlich der Röntgenverfahren, ohne die die textilarchäologischen Untersuchungen gar nicht möglich sind, wird an anderer Stelle eingegangen.

Abb. 9: Freigelegte Baumsargbestattung 974 in Lauchheim, Ostalbkreis.

Feuchtbodenfunde aus Lauchheim und Oberflacht

Als Beispiele für die Bearbeitung von Feuchtbodenbefunden seien hier zwei alamannische Gräber aus Lauchheim im Ostalbkreis und aus Oberflacht im Kreis Tuttlingen vorgestellt. Vor allem das Gräberfeld aus Oberflacht war bereits für seine außergewöhnlichen Erhaltungsbedingungen für organische Funde bekannt. Die Vorgehensweise bei den Untersuchungen hängt weitgehend vom Erhaltungszustand der organischen Reste und dem Feuchtigkeitsgehalt der Blockbergungen ab. Ein Abtrag von Schichten ist häufig schwierig, da die verschiedenen Substanzen miteinander verbacken sind und es nicht vermieden werden kann, dass zusammenhängende Bereiche bzw. Brocken herausgerissen werden (Abb. 9; 10). Ein kontrolliertes Trocknen des Befundes, bei einer verbleibenden Restfeuchtigkeit, kann den Abtrag von Schichten gegebenenfalls erleichtern. Eine Alternative bei der Untersuchung sind Mikrostratigraphien, die mit einem Skalpell herausgeschnitten werden und anschließend mit Hilfe eines Zeichentubus am Binokular gezeichnet werden können. Bei stark

Abb. 10: Entnommener Teilblock, Bereich rechter Unterarm, Lauchheim, Ostalbkreis, Grab 974.

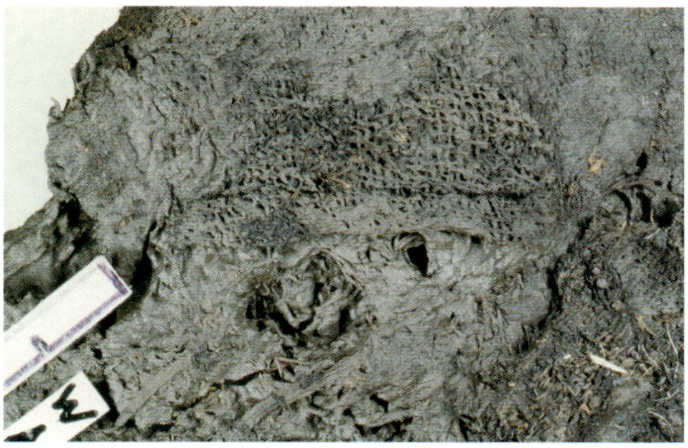

Abb. 11: Verklebte Gewebeschichten, Baumsargbestattung 974 in Lauchheim, Ostalbkreis.

zersetzten und verklebten organischen Schichten (Abb. 11), wie bei dem Frauengrab 974 aus Lauchheim, lassen sich nur über derartige Mikrostratigraphien genauere Angaben zur Schichtfolge machen. Um eine Schädigung möglicher Beigaben, die sich innerhalb der organischen Schichten befinden, beim Schneiden zu vermeiden, setzt diese Vorgehensweise eine genaue Abklärung des Befundes, hier im Besonderen durch Röntgen voraus. Die Lage der Fibeln, der Bestandteile eines Gehänges oder der Riemenzungen konnte so exakt lokalisiert werden. Danach können die Mikrostratigraphien gezielt an den Stellen entnommen werden, wo relevante Aussagen zur Kleidung zu erwarten sind. In Lauchheim zeigte so der Verlauf der Stofflagen an der Außenseite des linken Unterschenkels eindeutig, welche Lagen zur Beinbekleidung und welche zu einem anderen Textilobjekt gehörten (Abb. 12; 13). Sind an einigen Stellen die Gewebe in der Fläche dennoch fassbar, können sich die Informationen ergänzen. Verzogene Fadensysteme an dem Gewebe der Beinbekleidung sprechen für Wadenbinden, deren Vorhandensein durch Riemenzungen bestätigt wird (Abb. 14). Da der Erhaltungszustand der einzelnen organischen Substanzen selbst innerhalb des Befundes stark variieren kann, bieten die Mikrostratigraphien die Möglichkeit, ihren Verlauf zu dokumentieren. Der Rest eines feinen Taftgewebes hat sich in Lauchheim nur an einer Kleinfibel im Brustbereich erhalten

Abb. 12: Mikrostratigraphie/Schichtfolge an der Außenseite des linken Unterschenkels. Erkennbar ist der Verlauf der unterschiedlichen Gewebelagen. Lauchheim, Ostalbkreis, Grab 974.

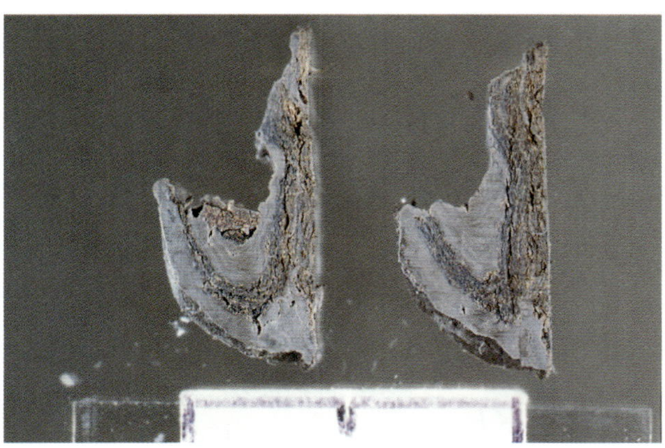

Abb. 13: Schichtfolge an der Außenseite des linken Unterschenkels. Umzeichnung von Abb. 12. Lauchheim/Ostalbkreis, Grab 974.

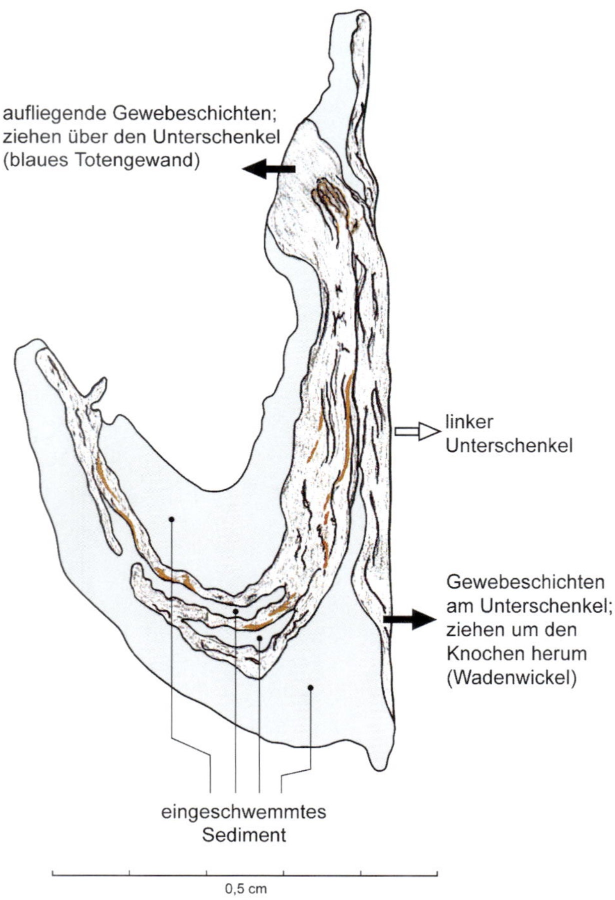

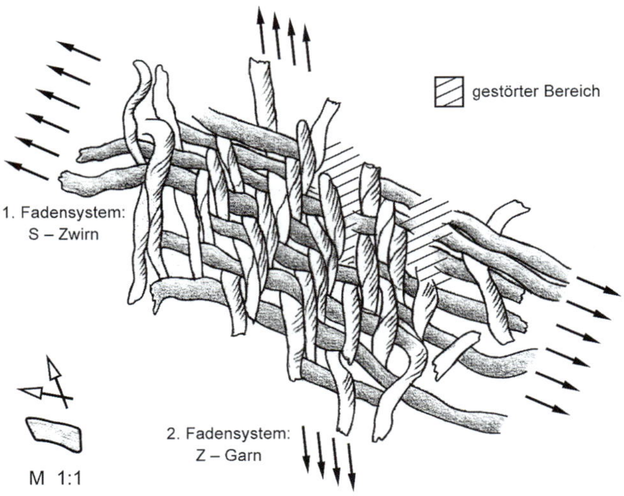

Abb. 14: Köpergewebe mit verzogenen Fadensystemen. Vermutlich Fragment einer Wadenbinde. Umzeichnung. Lauchheim, Ostalbkreis, Grab 974.

Abb. 15: Seidengewebe auf der Rückseite einer Vogelfibel aus dem Brustbereich der Bestattung. Lauchheim, Ostalbkreis, Grab 974.

(Abb. 15). Der Verlauf dieses Gewebes, das bei einer stärkeren Zersetzung eine zunehmend gallertartige Konsistenz annahm, konnte über die Mikrostratigraphien gefasst werden. Es erstreckte sich vom Brustbereich bis zu den Füßen und stammte somit von einem Kleidungsstück, das Ober- und Unterkörper bedeckte. Richtig spannend wurde es bei dem Lauchheimer Befund bei der Auswertung der Polsterschichten. Anhand der Mikrostratigraphien konnte abgeklärt werden, inwieweit dabei mögliche Verlagerungen bzw. Aufschwemmungen durch die beiden naturbedingten Störungsphasen eine Rolle gespielt

Abb. 16: Schichtfolge auf bzw. seitlich des rechten Schlüsselbeins. Lauchheim, Ostalbkreis, Grab 974.

Abb. 17: Mikrostratigraphie auf bzw. seitlich des rechten Schlüsselbeins. Umzeichnung. Lauchheim, Ostalbkreis, Grab 974.

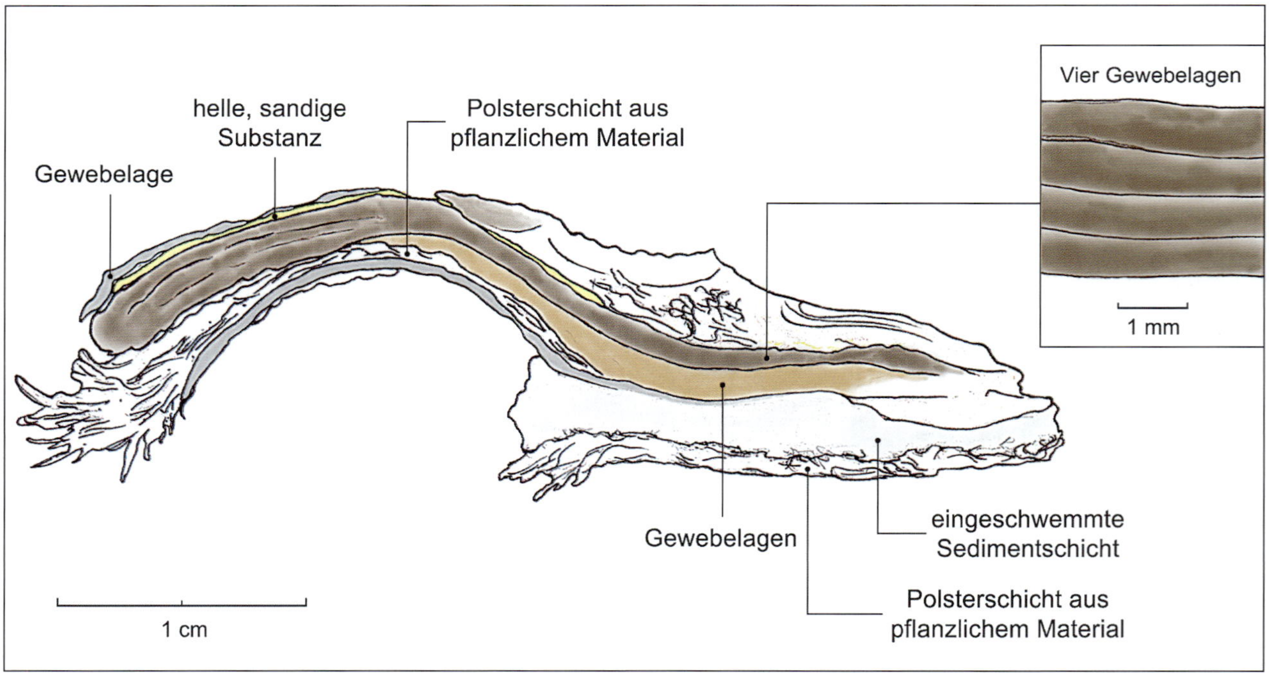

haben. Eingeschwemmte Sedimente, die sich in den Mikrostratigraphien als Folge der Störungen zeigten, belegen, dass die Stoffe zu dem Zeitpunkt der Störungen noch weitgehend gut erhalten, d.h. fest waren. Ein Hochschwemmen der feinen, leichten Pflanzenteile, die sich in einer Polsterschicht bzw. Matratze am Sargboden befand, war zu diesem Zeitpunkt nicht möglich, da die Polstermasse von einem köperbindigen Stoff umfasst wurde, der zu diesem Zeitpunkt noch intakt gewesen sein muss. Polsterschichten, die sich in den Mikrostratigraphien auf den Knochen befanden und in der Schichtfolge deutlich von der Polsterschicht auf dem Sargboden zu trennen waren, sprachen dafür, dass die bestattete Frau unter ihre Kleidung aufgepolstert worden war (Abb. 16; 17). Für eine Präsentation der Bestatteten spricht auch eine erhöhte Aufpolsterung im Rückenbereich (Abb.18), die unter anderem durch eine Anhäufung von Fruchtkernen belegt ist. Der Aspekt der Polsterung lässt sich noch zwei weitere Male bei dieser Bestattung beobachten. Die Sohle des rechten Bundschuhs, der sich anhand fächerartig angeordneter Lederreste nachweisen lässt, besaß einen Aufbau, der eine profunde Kenntnis an Schuhmachertechniken erforderte (Abb. 19): Zwischen zwei Lederschichten der Sohle sorgten zwei Polsterschichten aus Moos und Schilfhalmen, die von einer zusätzlichen Textillage getrennt wurden, für eine gefederte Gangart. Wesentlich feiner als die pflanzlichen Reste der Matratze ist die Polsterung eines stoffreichen Gewebes, das die Tote komplett abdeckte. Der feine Diamantköper war ursprünglich blau; eingefärbt mit der Färberpflanze Waid. Wie die Polsterung und der Stoff ursprünglich verbunden waren, ist unbekannt. Ein einziger Faden, der eindeutig als Baumwollfaden identifiziert werden konnte, legt davon kein Zeugnis mehr ab (Abb. 20; 21). Dieser Faden gehört zu den frühesten Baumwollfunden nördlich der Alpen. Anhand naturwissenschaftlicher Untersuchungen konnte ausgeschlossen werden, dass es sich um einen rezenten Fadenrest handelt, der durch Kleidung oder Verpackungsmaterialien jüngeren Datums in den Sarg gelangte (Walton Rogers 1998).

Während der Befund von Lauchheim bereits optisch und später mit Hilfe der mikrostratigraphischen Auswertung klare Ergebnisse zu der textilen Ausstattung der Baumsarges erbrachte, lag der Fall bei Oberflacht-Seitingen, Grab 22 anders. Textilarchäologische Prospektionen dämpften die Erwartung, dass sich organisches Material in vergleichbarem Zustand erhalten haben könne wie die beigelegten Holzartefakte oder das Holz des Totenbettes. Naturbedingte Störungen des Befundes, wie das Eindringen wässriger, d.h. sauerstoffführender Sedimente durch die

Abb. 18: Polstermasse mit Fruchtkernen und Haselnussschalen unter dem Oberkörper, Detail. Lauchheim, Ostalbkreis, Grab 974.

Abb. 19: Lederreste der Bundschuhe. Lauchheim, Ostalbkreis, Grab 974.

Ritzen der Holzbretter haben das Übrige getan, um die Struktur und die Substanz der organischen Reste abzubauen. Die Beschaffenheit der organischen Auflagen führten zu dem Schluss, dass weder die Funde noch die Befunde in einem Zustand vorlagen, der eine umfassende textilarchäologische Untersuchung

Abb. 20: Faden aus Baumwolle. Lauchheim, Ostalbkreis, Grab 974.

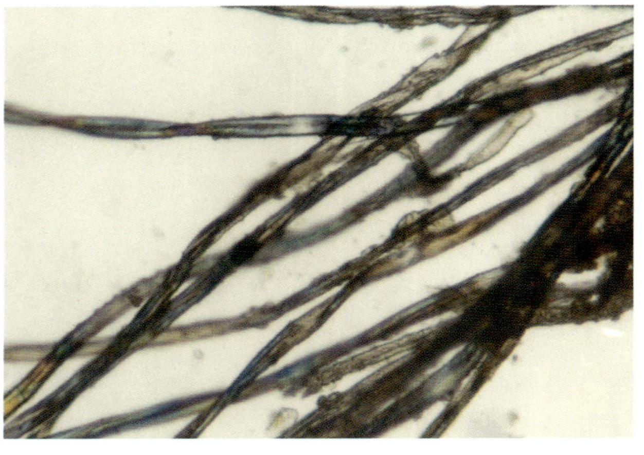

Abb. 21: Mikroskopische Aufnahme der Fasern des Baumwollfadens. Lauchheim, Ostalbkreis, Grab 974.

sinnvoll erscheinen ließ. Eine Änderung dieser Einstellung ergab sich, als das Skelett, das sich nur in wenigen Fragmenten im Röntgenbild abzeichnete, im Befund doch wesentlich besser fassbar wurde als vermutet. Zwar waren die Einzelteile nur noch begrenzt zu bergen, aber sie zeichneten sich bei entsprechenden Lichtverhältnissen deutlich ab, was eindeutig dafür sprach, das die mechanischen Störungen der eingeströmten Sedimente nicht zu einer so starken Verlagerung der Bestattung geführt hatten, wie angenommen. Selbst wenn die organische Substanz stark abgebaut ist, besteht bei ungestörten Befunden die Möglichkeit, Angaben zum Fund und Befund zu ermitteln. Es zeigte sich, dass bei entsprechenden Präparationsmethoden einzelne Lagen der Schichtabfolgen angesprochen werden können, obwohl die ursprüngliche Stärke der Auflagen im Laufe der Zersetzung um mindestens 90 % reduziert worden ist (Abb. 22; 23). Eine Unterscheidung in Leder, Fell, Rinde oder Gewebe ergibt sich aus der Summe der Beobachtungen und ist nur selten auf den ersten Blick auszumachen. Zu vielfältig sind die Erscheinungsbilder der unterschiedlichen Zersetzungsprodukte, die im fortgeschrittenen Stadium alle ein lederartiges Aussehen aufweisen können (Abb. 24). Die Zuhilfenahme von Analysemethoden aus der analytischen Chemie und der Physik, wie Chromatographie, spektroskopische Verfahren oder Isotopenuntersuchungen muss hier verstärkt auf deren jeweilige Brauchbarkeit bezüglich genannter Funde geprüft werden. Dabei ist zu bedenken, dass die meisten organischen Verbindungen eine hohe Reaktivität besitzen und damit bereits im Boden zahlreichen physikalischen und chemischen Veränderungen unterworfen waren (Wastian 2006). Es gilt jedoch herauszufinden, welche Bestandteile einer organischen Substanz so weit stabil sind, dass chemische oder physikalische Analysemethoden greifen. Farbstoffe, wie sie mit Hilfe der Absorbtions-Spektrophotometrie und der Dünnschicht-Chromatographie (TLC) erfasst werden können, sind dafür ein Beispiel (Walton Rogers 1999). Während bei einigen, relativ gut erhaltenen Gewebefragmenten aus den frühkeltischen Gräbern von Eberdingen-Hochdorf und dem Hohmichele, trotz sichtbarer Farbspuren, kein Farbstoff nachgewiesen werden konnte, verlief der Farbstoffnachweis bei extrem schlecht erhaltenen Geweberesten wiederholt positiv (Banck-Burgess 1999). Der Befund aus Oberflacht ist noch nicht abschließend untersucht. Seine Bearbeitung wird die textilarchäologischen Untersuchungsmethoden jedoch ohne Zweifel einen großen Schritt weiter bringen.

Resümee

Die Textilarchäologie muss in einer intensiveren Weise Methodenkritik betreiben. Dies beinhaltet eine kritische Betrachtung der methodischen Elemente, die aus Nachbardisziplinen entliehen sind, wie

Abb. 22: Schichtpaket aus dem Hüftbereich, das bei einer Stärke von knapp 1 cm mindestens sieben verschiedene Objekte aus organischem Material beinhaltet. Oberflacht-Seitingen, Grab 22.

Abb. 23: Verschiedene organische Schichten mit eingeschwemmten Sedimenten. Oberflacht-Seitingen, Grab 22.

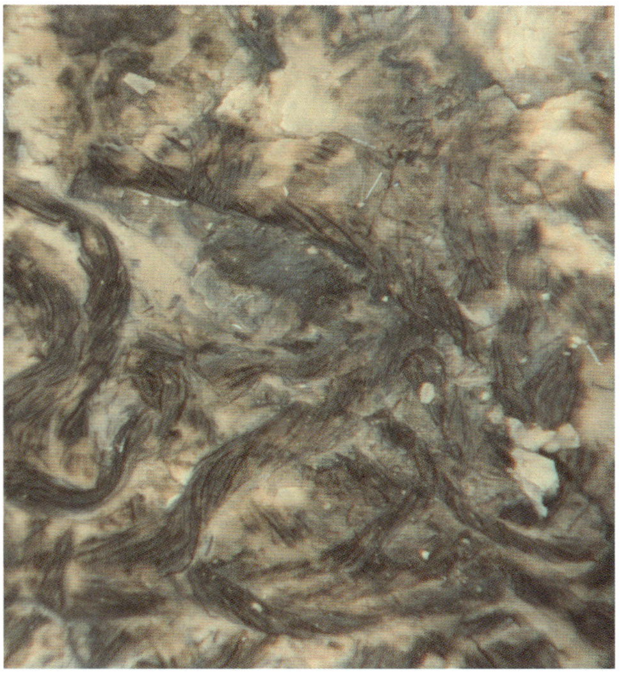

Abb. 24a, b: Organische Reste mit lederartiger Oberflächenzeichnung lassen unter Wasser häufig Textilstrukturen erkennen. Oberflacht-Seitingen, Grab 22.

der Begriff der Tracht bzw. der Kleidung aus der Volkskunde. Auch wenn man von dem Begriff „Tracht" in jüngster Zeit in der Archäologie abgerückt ist und den neutraleren Begriff Kleidung verwendet, sind die indirekten Parallelen zur Volkskunde unverkennbar. Die Bedeutung der archäologischen Kleidung ist nur durch eine interdisziplinäre Zusammenarbeit zu erschließen. Neue Methoden im Erschließen der textilarchäologischen Überrestquellen und interdisziplinäre Erkenntnisse zur Kleidung, wie die Ergebnisse von M. Müller (2003) oder Ph. von Rummel (2007), bilden wichtige Grundlagen, auf deren Basis die textilarchäologischen Quellen ausgewertet werden können.

Bildnachweis

Regierungspräsidium Stuttgart, Landesamt für Denkmalpflege: 1, 4, 7, 10–12, 15, 16, 18–20, 22–24 (J. Banck-Burgess); 3, 5, 6, 8, 13, 14, 17 (J. Banck-Burgess/S. Sutt); 9

P. W. Rogers, Textile Research in Archaeology, York, GB: 21

Württembergische Landesbibliothek Stuttgart, Cod. bibl. fol. 23, fol. 83v unten: 2

Glossar

Bindung Zur Bildung eines Gewebes verkreuzen sich die Fadensysteme miteinander. Als Bindungspunkt wird die Stelle bezeichnet, an der sich die Fadensysteme verkreuzen.

Brettchengewebe Zur Herstellung eines Brettchengewebes werden Brettchen oder gelochte Karten benötigt. Die Kettfäden werden durch die Löcher gezogen und an beiden Enden befestigt. Beim Weben stehen die Brettchen hochkant nebeneinander, so dass die horizontal gespannten Kettfäden, entsprechend Anzahl und Positionierung, in mindestens zwei Höhenlagen zu liegen kommen. Der Schuss wird durch das dazwischenliegende Fach eingeführt. Die Webstruktur eines Brettchengewebes ist u.a. von der Drehfolge bzw. dem Drehrhythmus der einzelnen Brettchen abhängig.

Broschieren In das Grundgewebe aus Kette und Schuss wird ein zusätzlicher Musterfaden eingetragen, der parallel zum Grundschuss nicht über die ganze Breite des Gewebes verläuft, sondern nur so lang ist, wie das eingewebte Muster an dieser Stelle breit ist. Der Musterfaden wird in Leinwand- oder Köperbindung abgebunden. Im Aussehen gleichen diese Gewebe Stickereien.

Diamantköper Siehe Köpergewebe.

Fadensystem Syn. Fadenrichtung. Ein Gewebe besteht aus zwei rechtwinklig zueinander stehenden Fadensystemen, der Kette und dem Schuss; siehe Gewebe.

Gewebe Ein im Webverfahren hergestellter Stoff, bei dem zwei rechtwinklig zueinander stehende Fadensysteme, die Kette und der Schuss, entsprechend ihrer Abbindung (→ Bindung) miteinander verkreuzt werden. „Weben ist in erster Linie gekennzeichnet durch die Möglichkeit, in einer gespannten Kette zur Einführung des Eintrags oder Schusses auf mechanische oder automatische Weise mindestens zwei Fächer zu bilden und damit im Gewebe mindestens zwei verschiedene, jeweils durch Einträge voneinander getrennte Verkreuzungen der Kettfäden zu erhalten" (Seiler-Baldinger 1991, 80). Zu den Webverfahren gehört auch die Brettchenweberei (→ Brettchengewebe).

Kette Eine Fadenrichtung innerhalb eines Gewebes, siehe auch Gewebe.

Kettschnur Siehe Brettchengewebe.

Kettenstoffverfahren (-technik) Zum Eintrag des Schusses werden die Kettfäden nicht mechanisch (wie beim → Weben), sondern einzeln angehoben. Der Eintrag kann in Leinwand- oder Köperbindung abbinden oder um Kettfäden gewickelt werden. Kettstoffverfahren werden häufig mit Webverfahren kombiniert.

Köperbindung Kett- bzw. Schussfäden verlaufen über bzw. unter mehreren Fäden des anderen Fadensystems. Bei einem 1/2 Köper verläuft jeder Kettfaden regelmäßig über 2 und unter 1 Schussfaden. Bei dem Gleichgratköper 2/2 läuft jeder Kettfaden regelmäßig über und unter zwei Schussfäden. Die Bindungsstellen benachbarter Kettfäden liegen in der Regel versetzt, so dass die Gewebestruktur eine für Köpergewebe charakteristische Diagonalgratbildung zeigt. Bei einem Spitz- und Fischgratköper ändert sich die Richtung der Bindungsgrate nach einer Gruppe von Kett- oder Schussfäden. Die Umkehrkehrstelle bildet entsprechend der Verschiebung in der Abbindung eine regelmäßige Spitze oder eine leicht versetzte Spitze. Der Rautenköper (abgeleitet vom Spitzgratköper) und der Diamantköper (abgeleitet vom Fischgratköper) zeigen durch eine gezielte Umkehr der Bindungsgrate eine Rautenmusterung.

Kombinierte Bindungen Die verwendeten Herstellungsverfahren sind nicht gemeinsam an der Stoffbildung beteiligt; sondern binden jeweils gesondert ab.

Komplementäre Bindung Alle Kett- und Schussfäden, auch wenn mehrere Kett- oder/und Schusssysteme vorliegen, die unterschiedlich abbinden, sind gemeinsam an der Stoffbildung beteiligt.

Leinwandbindung Einfachste Bindung, bei der jeder Kett- bzw. Schussfaden in Folge über und unter einem Schuss- bzw. Kettfaden verläuft.

Schuss Eine Fadenrichtung innerhalb eines Gewebes, siehe auch Gewebe.

Schuss-Kompositbindung Gewebe mit zwei Kettsystemen; eine Haupt- und eine Bindekette, die mit einer Schussfolge aus mind. zwei Schüssen arbeitet. Die Hauptkette liegt zwischen den Schüssen, die beide von der Bindekette abgebunden werden. Werden die Schüsse in Leinwandbindung abgebunden, spricht man von Leinwand-Schuss-Kompositbindung (Taqueté); werden sie in Köperbindung (K 3/1 oder K 2/1) abgebunden, spricht man von einer Köper-Schuss-Kompositbindung (Samitum).

Supplementäre Bindungen Gewebe mit zusätzlichen Musterfäden in Kette und/oder Schuss, die nicht an der Bildung des Grundgewebes beteiligt sind. Es handelt „sich hier um Bindungen mit zusätzlichen Zierfäden in Kette und/oder Eintrag, die an der Bildung des Grundgewebes nicht beteiligt sind. Die Zierfadenbindung dient nur der Befestigung dekorativer Teile auf dem meist einfarbigen Stoffgrund. Im Aussehen gleichen diese gemusterten Stoffe Stickereien. In vielen einfachen Verfahren mit Verwendung zusätzlicher Zierfäden erfolgt die Fachbildung für die Musterung von Hand (mit Hilfe von Nadeln, Leseruten usw.), für das Grundgewebe dagegen mechanisch. Vorder- und Rückseite sind in der Regel verschieden" (Seiler-Baldinger 1991, 105).

Webdichte Syn. Fadenzahl oder Einstellung. Die Anzahl der Kett- bzw. Schussfäden in 1 cm der Stoffbreite bzw. -länge.

Webstuhl Unter einem Webstuhl versteht man eine Vorrichtung zum Weben. Ein Webstuhl besitzt eine Einrichtung, die eine mechanisierte Anhebung der Kettfäden erlaubt. Nach der Lage der Kette unterscheidet man Flachwebstuhl mit waagerechtem Verlauf der Kette und Hochwebstuhl mit senkrechtem Verlauf der Kette. Durch die Litzen, die nebeneinander auf einem Schaft aufgezogen sind, werden die Kettfäden gezogen. Nach der Bindungsart richtet sich die Anzahl der Schäfte (gekürzter Auszug aus CIETA 1971, 69f.).

Weben Siehe Gewebe.

Webeinrichtungen Arbeitsbegriff; bei archäologischen Textilien ist eine genaue Ansprache von Kettenstoffen, Halbgeweben und Geweben häufig nur unter Vorbehalt möglich, da weder die Herstellungsgeräte bzw. Webstühle erhalten sind, noch eine klare Abgrenzung zwischen diesen Techniken möglich ist. Da sowohl das Webgerät als auch der Webstuhl technologisch bzw. terminologisch genau definiert sind, können diese Begriffe nur verwendet werden, wenn die Technik eindeutig geklärt ist. Sofern eine Kombination von verschiedenen Herstellungstechniken vorliegt bzw. keine klare Abgrenzung möglich ist, wird der Begriff Webeinrichtung verwendet.

Wirkerei In der Systematik der textilen Techniken zählt Wirken zu den Kettstoffverfahren. Bei der CIETA (S. 72) werden unter Wirkerei Webverfahren verstanden, „die im allgemeinen mit Schüssen von verschiedenen Farben arbeiten. Die einzelnen Schüsse binden nur so weit mit der Kette, als es das Muster erfordert und kehren dann wieder um. Im allgemeinen wirkt man in Leinwand-, selten in Köperbindung."

Zwirn Siehe Drehung.

Abgekürzt zitierte Literatur

Alamannen-Katalog 1997	Arch. Landesmus. Baden-Württemberg (Hrsg.), Die Alamannen. Ausstellungskat. Stuttgart 1997 (Stuttgart 1997).
Banck-Burgess 1998	J. Banck-Burgess, Prähistorische Textiltraditionen. In: B. Fritsch u. a. (Hrsg.), Traditionen und Innovationen. Prähistorische Archäologie als Historische Wissenschaft. Festschr. Christian Strahm. Internat. Arch. Stud. honoraria 3 (Rahden/Westf. 1998) 469–478.
Banck-Burgess 1999	J. Banck-Burgess, Hochdorf IV. Die Textilfunde aus dem späthallstattzeitlichen Fürstengrab von Eberdingen-Hochdorf (Kr. Ludwigsburg) und weitere Grabtextilien aus hallstatt- und latènezeitlichen Kulturgruppen. Forsch. u. Ber. Vor- u. Frühgesch. Baden-Württemberg 70 (Stuttgart 1999).
Banck-Burgess 2000	J. Banck-Burgess, Kleidung. In: RGA 16 (Berlin 2000) 603–614, bes. 603.
Bartel/Knöchlein 1993	A. Bartel/R. Knöchlein, zu einem Frauengrab des sechsten Jahrhunderts aus Waging am See, Ldkr. Traunstein, Oberbayern. Germania 71, 1993, 419–439.
Bender Jørgensen 1986	L. Bender Jørgensen, Forhistoriske Textiler I Skandnavien. Prehistoric Scandinavian Textiles. Nordiske Fortidsminder B 9 (Kopenhagen 1986).
Bender Jørgensen 1992	L. Bender Jørgensen, North European Textiles until AD 1000 (Kopenhagen 1992).
Brandt 1986	A. von Brandt, Werkzeug des Historikers. Eine Einführung in die Historischen Hilfswissenschaften[11] (Stuttgart 1986) S. 52.
Brückner 1985	W. Brückner: Kleidungsforschung aus der Sicht der Volkskunde. In: Mode, Tracht, regionale Identität. Historische Kleidungsforschung heute. Internat. Symposion Museumsdorf Cloppenburg (Cloppenburg 1985) 13–22.
Clauß 1987	G. Clauß, Die Tragweise von Bügelfibeln. Eine Untersuchung zur Frauentracht im frühen Mittelalter. Jahrb. RGZM 34, 1987, 491 ff.
CIETA 1971	Centre internationale d'études des textiles anciens Lyon C.I.E.T.A., Vokabular der Textiltechniken. Deutsch (Lyon 1971).
Farke 2002	H. Farke, Textile Spuren in einem kaiserzeitlichen Grab aus Norddeutschland. Ber. 8. Nordeurop. Symposium Arch. Textilien (NESAT VIII), Lodz, 8.–10. Mai 2002 (Lodz 2004).
Gaedtke-Eckardt 2005	Gaedtke-Eckardt, Eine Frau darf keine Männerkleidung tragen und ein Mann keine Frauenkleidung. Die Kunde N. F. 56, 2005, 161–176.
Hundt 2001	H.-J. Hundt, Die Textilfunde. In: B. Sasse, Ein frühmittelalterliches Reihengräberfeld bei Eichstetten am Kaiserstuhl. Forsch. u. Ber. Vor- u. Frühgesch. Baden-Württemberg 75 (Stuttgart 2001) 649 f.
De Jonghe 2001	D. De Jonghe, From the Roman horizontal loom to the 3/1 twill damask loom of the early medieval period. In: P. Walton Rogers/L. Bender Jørgensen/A. Rast-Eicher, The Roman Textile Industry and its Influence. A Birthday Tribute to John Peter Wild (Oxford 2001) 137–147.
Losert/Pleterski 2003	H. Losert/A. Pleterski, Altenerding in Oberbayern, Struktur des frühmittelalterlichen Gräberfelds und Ethnogenese der Bajuwaren (Berlin, Bamberg, Ljubljana 2003).
Martin 1987	M. Martin, Beobachtungen an den frühmittelalterlichen Bügelfibeln von Altenerding (Oberbayern). Bayer. Vorgeschbl. 52, 1987, 269 ff.
Martin 1995	M. Martin, Tradition und Wandel der fibelgeschmückten frühmittelalterlichen Frauenkleidung. Jahrb. RGZM 38/2, 1991 (1995) 629–680.
Müller 2003	M. Müller, Die Kleidung nach Quellen des frühen Mittelalters. RGA Ergbd. (Berlin, New York 2003).
Panofsky 1953	E. Panofsky: Early Netherlandish Painting. Its Origin and Character, 2 Vol. (Cambridge, Mass. 1953).
Rast-Eicher 2002	A. Rast-Eicher, römische und frühmittelalterliche Gewebebindungen. In: R. Windler/M. Fuchs (Hrsg.), De l'Antiquité Tardive au Haut Moyen-Âge (300–800). Kontinuität und Neubeginn. Antiqua 35 (Basel 2002) 115 ff.
Rast-Eicher/Burzler 2002	A. Rast-Eicher/A. Burzler, Beobachtungen zur Tracht und Kleidung. In: A. Burzler u. a., Das frühmittelalterliche Schleitheim – Siedlung, Gräberfeld und Kirche. Schaffhauser Arch. 5 (Schaffhausen 2002) 372–399.
Reichel 1998	A.-M. Reichel, Die Kleider der Passion. Für die Ikonographie des Kostüms. Unpubl. Diss. Humboldt-Univ. Berlin 1998.
Rummel 2007	Ph. von Rummel, Habitus barbarus. Kleidung und Repräsentation spätantiker Eliten im 4. und 5. Jahrhundert. RGA Ergbd. (Berlin, New York 2007).
Seiler-Baldinger 1991	A. Seiler-Baldinger, Systematik der textilen Techniken. Basler Beitr. Ethnologie 32 (Basel 1991).
Walter/Peek/Gillich 2008	S. Walter/Ch. Peek, A. Gillich, Kleidung im frühen Mittelalter: am liebsten schön bunt! Porträt Arch. 3 (Esslingen 2008).
Walton Rogers 1998	P. Walton Rogers, Cotton in a Merowingian Burial. Arch. Textiles Newsletters, Autum 1998, 12 f.
Walton Rogers 1999	P. Walton Rogers, Dyes in the Hochdorf Textiles. In: J. Banck-Burgess, Hochdorf IV. Die Textilfunde aus dem späthallstattzeitlichen Fürstengrab von Eberdingen-Hochdorf (Kr. Ludwigsburg) und weitere Grabtextilien aus hallstatt- und latènezeitlichen Kulturgruppen. Forsch. u. Ber. Vor- u. Frühgesch. Baden-Württemberg 70 (Stuttgart 1999) 240–245.
Wastian 2006	M. Wastian, Physikalische Analysemethoden der Geschichtswissenschaften. Diplomarbeit Univ. Graz 2006 (physicbox.uni-graz.at/bibliothek/wastian_physik_geschichte.pdf).

Der Stand der Dendrochronologie für die Römerzeit in Baden-Württemberg

ANDRÉ BILLAMBOZ

„Ego iam dicabo mille arbores“[1]

Einführung

Ziel dieses Aufsatzes[2] ist es zum einen, über den Stand der Dendrochronologie der Römerzeit in Baden-Württemberg zu berichten und die verfügbaren Dendrodaten im Sinne einer Synopsis zusammenzustellen. Derartige Arbeiten wurden bereits in Kooperation mit anderen Jahrringlaboratorien für andere Epochen geleistet, z. B. für die prähistorischen Pfahlbausiedlungen im Raum Bodensee-Oberschwaben (Billamboz/Herzig 1985; Billamboz 1998), für das Frühmittelalter (Billamboz/Becker 2001) und vor kurzem für die Eisenzeit (Billamboz 2008). Zum anderen ist es das Anliegen der nachfolgenden Ausführungen, über die primäre Datierungsaufgabe hinaus einen Beitrag der Dendroarchäologie zu landschafts- und umweltbezogenen Fragen der Römerforschung im Lande zu leisten.[3] Durch Übertragung von für andere Perioden bereits geprüften Methoden und unter Berücksichtigung weiterer Aspekte der Holzarchäologie können die Verhältnisse und die Entwicklung der Bauholzversorgung und Waldnutzung in der Römerzeit und deren Auswirkung auf die damalige Waldlandschaft näher beleuchtet werden. Mit der vorhandenen Datenbasis bieten sich die geomorphologische und landschaftliche Vielfalt des Landes sowie die bewegte Geschichte der römischen Besatzung in beiden Provinzen Obergermanien und Raetien zudem besonders gut dazu an, ein differenziertes Bild dieser Entwicklung in Zeit und Raum zu gewinnen.[4]

Zum Forschungsstand der Dendrochronologie der Römerzeit in Baden-Württemberg

Nach einer ersten Arbeitsphase in den 1970er Jahren legte B. Becker 1981 mit der Gegenüberstellung zahlreicher Eichenserien aus natürlichen und archäologischen Kontexten den Grundstein für eine absolute, jahrgenaue Datierung römerzeitlicher Hölzer im süddeutschen Raum (Becker 1981). Zusammen mit einer Korrektur um 27 Jahre zum Jüngeren hin erfolgte zu gleicher Zeit der Abgleich mit den aus der westdeutschen Chronologie abgeleiteten Daten (Hollstein 1980). Durch die Auswertung der zahlreichen Jahrringserien von Rainau-Buch gelang es, die letzten Unsicherheiten der süddeutschen Referenz im bisher noch schwach belegten Zeitraum des 3. Jh. zu beseitigen (Friedrich/Greiner 2001). Dank der Zusammenarbeit und des Datenaustauschs der Jahrringlaboratorien besteht für die Eiche mittlerweile ein breites Netz von Regionalchronologien, die verschiedene Wuchslagen Westmitteleuropas verbinden und über das Replikationsverfahren eine tragfähige Absicherung der dendrochronologischen Datierung darstellen.

Für andere Holzarten, z. B. Tanne, liegen bereits Fundortchronologien aus den Nordwest-Provinzen vor, deren Zusammensetzung die Jahrhunderte der Kaiserzeit umfasst (Neyses 1998). Als Beispiel der Kreuzdatierung verschiedener Holzarten (soge-

1 Auszug aus dem Gedicht des Titus Pomponius Victor, Statthalter der Provinciae Alpes Graiae et Poeninae, auf Sylvanus (Weihinschrift aus Aime-en-Tarentaise, CIL XII 103 – ILS 3528). Mit diesen Versen verspricht T. Pomponius dem römischen Gott der Wälder und der Gärten, 1000 Bäume zu dessen Ehre zu pflanzen, wenn dieser nach langem Auslandsdienst eine glückliche Rückkehr des Prokurators und seiner Familie nach Rom gewährte. Es ist jedoch davon abzusehen, aus diesem Zitat „Schweizer Krankheit“ und Sehnsucht nach der heimischen Hirtenmusik auf den Verfasser dieses Aufsatzes zu übertragen.

2 Mit diesem Aufsatz erfülle ich eine besonders angenehme Aufgabe, die vom gefeierten Jubilar wiederholt angeregt wurde. Für die Einrichtung des Dendrochronologischen Labors in der Arbeitsstelle Hemmenhofen und für die stetige Unterstützung im Laufe der letzten 25 Jahre möchte ich ihm hiermit meinen Dank aussprechen.

3 Zum Stand der Römerforschung in Baden-Württemberg sei auf eine neue Ausführung von D. Planck verwiesen (2005).

4 Wie von H.-P. Kuhnen vor kurzem (2007) betont, ist die Suche nach einem Zusammenhang zwischen Zeit und Raum, insbesondere in der Zusammenarbeit mit den Naturwissenschaften und im Dialog mit der Ökologiebewegung, ein wesentlicher Trend der Geschichtswissenschaft.

nannte Heterokonnexion; hier mit Buche und Tanne) seien die Untersuchungen der *Via Claudia* in Vorarlberg zu nennen (Nicolussi 1998). Ebenso konnten im Hemmenhofener Labor die ersten Fundortchronologien erarbeitet werden, die den Aufbau weiterer artspezifischer Regionalchronologien in Aussicht stellen (Buche: Lahr-Dinglingen, Mengen-Ennetach, Römerstein-Donnstetten; Tanne: Lahr-Dinglingen, Mundelsheim).

Dendrodaten der Römerzeit in Baden-Württemberg

Im Vorfeld dieser Abhandlung wurden die Dendrodaten nach Fundort und in Bezug auf ihre datierten, zugehörigen Baustrukturen in einem vereinfachten Katalog zusammengestellt.[5] Eine ausführliche Darstellung der Einzelergebnisse würde den Rahmen sprengen und soll einer künftigen Publikation vorbehalten bleiben. Zur Übersicht bietet sich an dieser Stelle eine Projizierung der gewonnenen Daten auf den bekannten historischen Hintergrund an. In dieser Hinsicht bilden das Dendrodatennetz und dessen präzise Zeitmarken eine wichtige Ergänzung des Instrumentariums der Geschichtsschreibung, der für die Römerzeit zahlreiche Informationen aus der Münzprägung, der Sigillataproduktion und der schriftlichen Überlieferung samt Inschriften zur Verfügung stehen.[6] Im Arbeitsgebiet gehen die verschiedenen Etappen der Romanisierung mit der Verlegung der Limesgrenze (Planck 1988; Kortüm 1998) einher und werden wie folgt durch Dendrodaten abgesteckt:

Bereits unter Kaiser Augustus wird der Versuch unternommen, die *Provincia Germania Magna* zu etablieren und durch gezielte Feldzüge das Alpengebiet zu unterwerfen. Aus dieser Phase der frührömischen Besiedlung am Hochrhein liegen keine Daten rechtsrheinischer Gebiete vor. Sie stehen dagegen aber aus den angrenzenden Regionen, auf dem schweizerischen Plateau, aus Nordostfrankreich, aus West- und Mitteldeutschland und sogar Südbayern zur Verfügung (Abb. 1, Phase 1).[7] Der erste dendrochronologische Beleg am südlichen Rand des Arbeitsgebiets fällt in das Jahr 1; es handelt sich dabei um ein Bauholz aus dem Südwestkanal im *vicus* von Eschenz (Jauch 1997).[8]

Die Datenlücke auf rechtsrheinischer Seite besteht auch noch für die Amtsperiode des Tiberius, in der ein zweiter Schritt der Romanisierung durch den Ausbau von Kastellen am Oberrhein und am oberen Donaulauf erfolgt. Auf östlicher Seite, auf dem Auerberg, ist eine ausgedehnte Besiedlung belegt, die bereits in augusteischer Zeit einsetzte und im Zusammenhang mit Bergbauaktivitäten steht.

In der Regierungszeit von Claudius stellt der Straßenbau der *Via Claudia* eine große Leistung zur Überquerung der Ostalpen dar. Zusätzlich zu den bekannten Meilensteinen konnten präzise Zeitmarken sowohl zu ihrer ersten Bauphase als auch zur wiederholten Ausbesserung durch die Kreuzdatierung verschiedener Holzarten (u.a. Tanne, Fichte, Buche) am nördlichen Alpenrand gewonnen werden. Durch systematische Untersuchungen von übereinanderliegenden Holzfundamentierungen im Lermooser Becken unweit von Salzburg konnte der Baubeginn der Straßenführung in diesem Abschnitt auf das Jahr 46 datiert werden (Nicolussi 1998).

Erste sichere Dendrodaten im Arbeitsgebiet liegen frühestens aus dem Ende der julisch-claudischen Dynastie, der Regierungszeit Neros, vor (Phase 2). Die Splintgrenzendatierung eines Brunnens um 62 in der Siedlung von Kippenheim am Oberrhein passt zur angenommenen Fokussierung der römischen Landnahme auf die Hauptverkehrsachse des Rheingrabens. Gleiches gilt für den Bau einer Bohlenwegführung im Jahr 70 in Schallstadt-Mengen, die aber bereits am Beginn der flavischen Dynastie steht (Phase 3). In

5 Nach Beendigung des DFG-Schwerpunktprogramms „Siedlungsarchäologische Untersuchungen im Alpenvorland" wurde das Aufgabenfeld des Dendrolabors in Hemmenhofen, dessen Untersuchungsschwerpunkt zuvor auf den prähistorischen Pfahlbauhölzern lag, auf den gesamten Holzfundus der Landesarchäologie erweitert. An der Erarbeitung der laboreigenen Dendrodaten war mein früherer Mitarbeiter W. Tegel maßgeblich beteiligt. Die Aufnahme weiterer Daten aus dem Labor Hohenheim in den Katalog erfolgte in Zusammenarbeit mit M. Friedrich. Eine frühere Zusammenstellung von Dendrodaten aus dem obergermanisch-raetischen Limesgebiet ist einer Publikation von K. Kortüm (1998) zu entnehmen. In dieser neuen Aufstellung wurde besonderer Wert auf die Klärung ungenauer bzw. falscher Datierungsangaben gelegt, die auf Missverständnissen im Bereich der Kernholz- bzw. Splintgrenzendatierung beruhen und mehrfach in der Literatur vorkommen.

6 H. Knorr, Die Chronologie der römischen Kaiserzeit in Mitteleuropa. Grundlagen, Quellenkritik und Folgen für die Geschichtschreibung. BoD – Books on Demand (2002).

7 Für diese Regionen sind hier einige relevante Orte und Befunde mit Belegdaten dieser Zeit exemplarisch angegeben: Schweiz: Hafen von Avenches (Lambert/Orcel 1978), Augst (Furger 1985), erste Brücke von Le Rondet bei Haut-Vully (Ramseyer 1989). – Nordostfrankreich: Talsiedlung von Vendresse (Laurelut u.a. 2002). – West- und Mitteldeutschland: Militäranlage von Trier-Petrisberg (sogar voraugusteisch), erste Brücke in Trier, Lager von Oberaden (Hollstein 1980; Schmidt 1992) und Waldgirmes (von Schnurbein 2008). – Südbayern: Siedlung auf den Plateaus des Auerbergs im Kontext des Bergbaus, Wasserbecken (Neyses 1994).

8 Zusammen mit zwei späteren Daten auf 13 und 52 weist diese Konstruktion entweder auf eine Materialwiederverwendung oder auf Ausbesserungen hin (Jauch 1997). Im Zuge der diesjährigen Grabung im *vicus* von Eschenz hat sich die Dendrodatenserie für den älteren Abschnitt der Besiedlung erheblich erweitert (mündl. Mitt. U. Leuzinger, Frauenfeld).

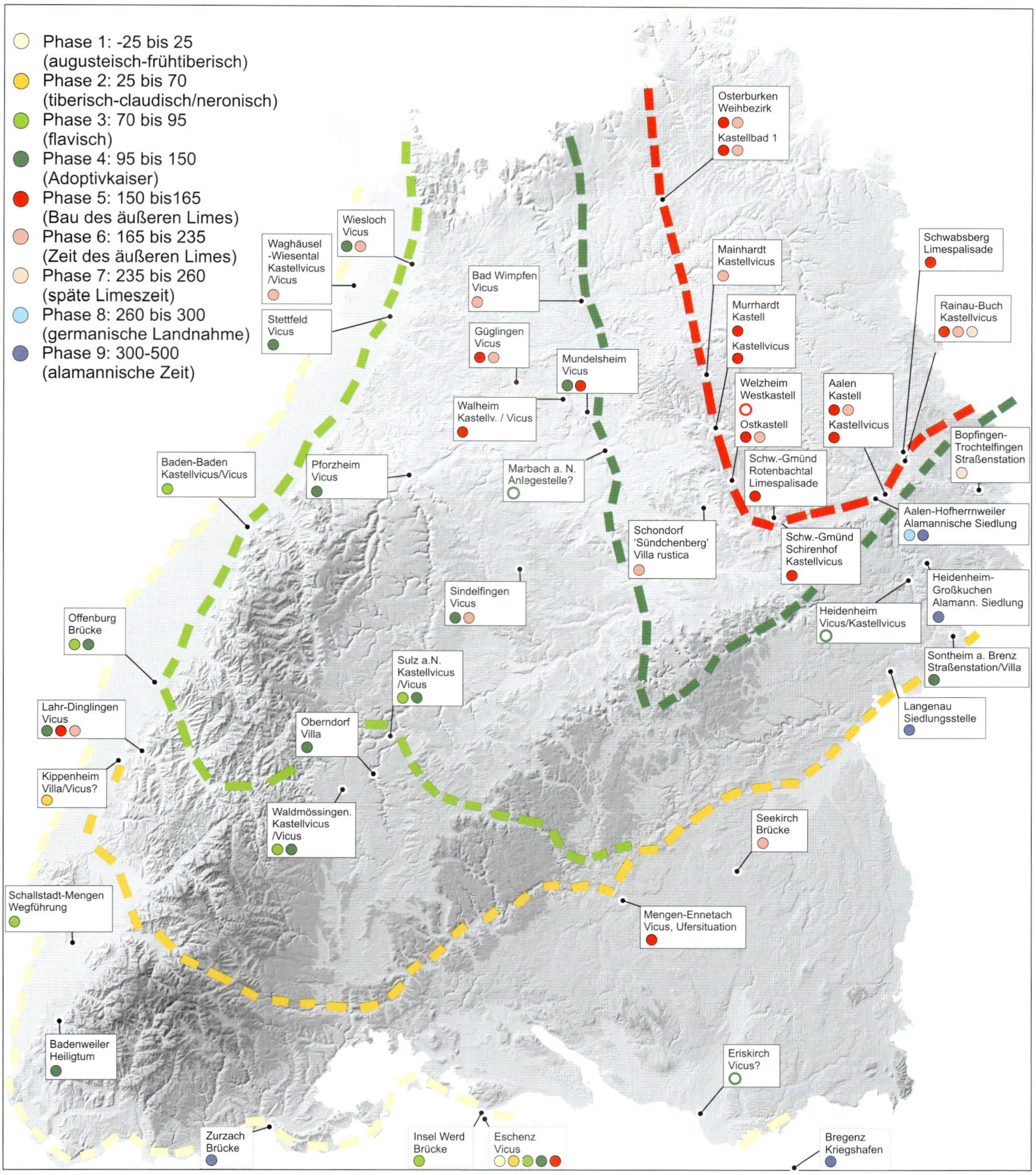

Abb. 1: Fundorte mit Dendrodaten in Baden-Württemberg in Bezug auf die Etappen der Romanisierung. Die unpräzisen Daten der Kernholzdatierung wurden hier ausgelassen, in seltenen Fällen mit ungefüllten Kreisen dargestellt (nähere Angaben zu Fundort, Befund und Datierung vgl. Katalog).

deren Regierungszeit findet eine Umorganisation des obergermanischen Heeres statt, die zum Ausbau der Kastelle am oberen Donaulauf und zur Absicherung der Querstraße über den Schwarzwald nach Straßburg führt. Die in Offenburg am Ufer der Kinzig gefundenen Brückenpfeiler, die eine Splintgrenzendatierung um 74 ergeben haben, gehören wohl zu der genannten Baumaßnahme (Tegel/Yupanqui-Werner 1999). Eine ebensolche Datierung um 65 von Sammelhölzern aus einem Weiheraushub unweit des Kastells in Waldmössingen stellt eine wichtige Zeitmarke zur Frage der Überquerung des Schwarzwaldes dar. Was diesbezüglich den Bodensee betrifft, so wird 80/81 am Ausfluss des Untersees eine Brücke über die Insel Werd errichtet (Höneisen 1993). Am Oberrhein, im Kastellvicus von Baden-Baden, lässt sich durch die Waldkantendatierung von Schwellhölzern (W 74 und W 85) der Wechsel zwischen zwei Holzbauphasen nach der Zerstörung durch einen Brand präzise fassen (Schallmayer 1990).

Einen weiteren Schritt im Romanisierungsprozess stellt die Absicherung der Straße von der obergermanischen Hauptstadt Mainz nach Augsburg u.a. durch den Alblimes dar (Heiligmann 1990). Es gibt keine Dendrodaten zu dieser neuen Grenzziehung; sie können höchstens durch Splintgrenzendatierung aus dem sich entwickelnden zivilen Bereich im südlichen Obergermanien substituiert werden (Beginn der Phase 4: Adoptivkaiser): eine Zisterne um 96 in der Villa bzw. Straßenstation von Sontheim a.d. Brenz südlich von Heidenheim und, in westlicher Nachbarschaft, ein Brunnen um 97 in der Villa von Bondorf-Bochingen nördlich von Rottweil.[9] Durch einen Vorstoß am mittleren Neckar zeichnet sich eine weitere Expansion in der ersten Hälfte des 1. Jh. mit dem Ausbau des Neckar- und Odenwaldlimes und dem einsetzenden Steinbau ab (Ende der Phase 4). Präzise dendrochronologische Belege liegen auch hier bisher nur aus dem anschließenden Hinterland vor: Pfahlreihen im *vicus* von Sindelfingen (W 124), Brunnen im *vicus* von Pforzheim (S 107, S 148) oder die innere Eichenverschalung des Fassbrunnens mit Brandmarke im *vicus* von Mundelsheim (W 136), schon jenseits des Neckars gelegen.

Unter Kaiser Antoninus Pius erreicht die Reichsgrenze schließlich ihre maximale Ausdehnung (Phase 5). Im Gegensatz zu den früheren Phasen ist diese letzte Vorverlegung dendrochronologisch wesentlich besser dokumentiert. Die Datenstreuung zwischen 159 und 165 bezieht sich sowohl auf die lineare Grenzbefestigung selbst (Palisaden in Rainau-Schwabsberg und Schwäbisch-Gmünd „Rotenbachtal“) als auch auf den Bau der Kastelle (Fundamenthölzer der Vorhalle im Reiterkastell von Aalen) und der begleitenden Lagerdörfer und Badeanlagen (Hallenpfosten in Osterburken mit Fälldaten auf 164). Datierungsträger sind zumeist Elemente der Infrastruktur wie Brunnen, verschalte Gruben oder Wasserkanäle. Die synchrone Entstehung der Kastelle und der Kastellvici (Sommer 1988) ist inzwischen durch eine präzise Datierung des Lagerdorfes von Rainau-Buch nachgewiesen (Gründungsphase ab 161 mit dem Bau von Brunnen 2, Latrine 8 und Brunnen 11; Friedrich/Greiner 2001). Die Dendrodaten von Murrhardt (Abb. 1) und die Untersuchung eines 1938 im *vicus* Aalen ausgegrabenen Brunnenbefundes mit einer Splintgrenzendatierung um 167 führen zum gleichen Schluss.[10] Mit jüngeren Daten aus dem Limesbereich und dessen unmittelbarem Hinterland lässt sich die Blütezeit dieser Expansion fassen (Phase 6). Im Benefiziarier-Weihbezirk von Osterburken werden die Bauphasen des großen Holztempels von den Steleninschriften mit einem letzten Nachweis aus dem Jahr 205 begleitet (Schallmayer/Preuß 1994).[11] In der Mitte des 3. Jh. verlieren die Besatzungsverhältnisse unter zunehmenden Unruhen und Einfällen der germanischen Nachbarn an Stabilität (Phase 7). Die letzten dendrochronologischen Zeitmarken von Bauaktivitäten vor der Aufgabe des Limes fallen im Jahr 254 mit dem Ausbau der Verschalung der Brunnen 10 und 13 in Rainau-Buch (Greiner/Friedrich 2001) zusammen. Kurz danach findet der Rückzug auf die Linie des Rheins statt. Das Land wird von germanischen Verbänden besetzt (Phase 8); ein Charakteristikum ihrer Siedelweise ist die Errichtung von kleinen Pfostenbauten, sogar in den aufgelassenen Ruinen der römischen Zivilsiedlungen. Zur Dokumentation der Wiederkehr des Holzbaus stehen nur sehr wenige Dendrodaten zur Verfügung: Im Lande sind sie bisher nur aus der alamannischen Siedlung von Aalen-Hofherrnweiler bekannt (W 297, W 303; Krause 1998). Was die Daten von Heidenheim-Großkuchen „Gassenäcker“ (S 356, S 378; Billamboz/Becker 2001) betrifft, so deutet sich in ihnen ein Vordringen in den Mittelgebirgsbereich an (Phase 9). Betracht man die römische Präsenz zu jener Zeit, so sind Fällungsdaten erwähnenswert, die weitere Aktivitäten an der Verteidigungsgrenze des Rheins belegen: Rosthölzer einer Kaimauer im Kriegshafen von Bregenz (S 371; Billamboz/Tegel 1995) und am Hochrhein die Brücke von Zurzach (W 368; Hartmann 1987).[12]

Diese Aufstellung darf jedoch nicht ohne Kommentar bleiben. Besonders auffallend ist zunächst die unterschiedliche Verteilung der bisher erhobenen Dendrodaten mit Schwerpunkt in der zweiten Hälfte des

9 Aufgrund der hier vorgelegten Daten bleibt die Frage des Baus des obergermannisch-raetischen Limes unter Domitian bzw. Trajan noch offen (vgl. Argumentation aus archäologischer Sicht in Kortüm 1998, 57).

10 Brunnen abgebildet in Luik (1994). An den im Zentralarchiv Rastatt gelagerten Brunnenhölzern, die in trockenem Zustand und ohne Behandlung die Zeit überstanden haben, war die Waldkante am Ende des engringigen, zumeist geschwundenen Splintholzes nicht eindeutig auszumachen.

11 Mit der Datierung von Steinen aus der Kilianskirche ist die Besetzung der Station im Weihebezirk sogar bis 238 belegt (Schallmayer/Preuß 1994).

12 Als Pendant auf nördlicher Seite des Arbeitsgebiets sei die Dendrodatierung des Brunnens von Altrip bei Ludwigshafen am Rhein erwähnt, die mit der historisch bezeugten Bautätigkeit Valentinians im Jahre 369 im Einklang steht (Hollstein 1980).

2. Jh. Es ist weiterhin zu vermerken, dass sich über die Variabilität der Erhaltungsbedingungen eine taphonomische Filterung in der geographischen Verteilung der Daten niederschlägt. In manchen großen Zivilsiedlungen mit städtischem Charakter wie Ladenburg und Rottweil ist so gut wie keine Überlieferung vorhanden. Es ist auch kein Zufall, dass die meisten Daten aus tiefgründigen Baubefunden wie Brunnen, Kanalsystemen und Pfahlgründungen herrühren. Seltener sind Gebäudereste dendrodatiert (z. B. Substrukturen von Holztempeln in Osterburken), und bei der Untersuchung verkohlter Boden- und Treppenhölzer oder behauener Pfosten ist aufgrund des Splintholzverlusts keine Datierungsschärfe zu erwarten.[13] In diesem Fall lässt die Dendrodatierung die gleichen Unsicherheiten offen wie die Auswertung von Münzfunden ohne Berücksichtigung ihrer Umlaufzeit.

Zurückkommend auf die Etappen der römischen Landnahme muss festgestellt werden, dass die Dendrodaten mit Ausnahme der Verlegung des äußeren Limes nicht unbedingt die Initialphase der jeweiligen Prozesse, sondern eher deren Folgen widerspiegeln. Daher wären weitere Befundsituationen wünschenswert, die an Ort und Stelle einen näheren Aufschluss über den genauen Beginn der Landnahme ermöglichen würden. Ähnliche Schwierigkeiten sind zur präzisen Erfassung des Wechsels zwischen Holz- und Steinbauphasen zu überwinden. Bei den Ersteren wurden, abgesehen von Situationen im äußeren Limesbereich, die Befunde oft im Zuge wiederholter und tief ins Erdbereich greifender Baumaßnahmen (Gruben- und Kellerbau, Planierungsarbeiten zum Steinbau) in Mitleidenschaft gezogen, bei den Letztgenannten sind gut datierbare Hölzer zumeist Mangelware[14]. Die rege Grabungsaktivität im Lande lässt den Dendrochronologen jedoch auf den Glücksfall hoffen. Zudem müssen, wie im Folgenden dargestellt, bei der Auswertung der Holz- und Jahrringbefunde weitere Aussagen zu den wirtschaftlichen und ökologischen Aspekten der römischen Landnahme berücksichtigt werden.

Bauholzversorgung und Landschaftsveränderung

Mit der Nutzung natürlicher Ressourcen und dem Einfluss der Romanisierung auf die Waldlandschaft wird ein Fragenkomplex aufgegriffen, der seit geraumer Zeit in den Vordergrund der archäologischen Römerforschung gerückt ist. Der Beitrag der Naturwissenschaften hierzu hat sich bereits in zahlreichen Studien niedergeschlagen.[15] Dass die Römerzeit als Phase der Landschaftsöffnung nördlich der Alpen bezeichnet wird, ist u. a. aufgrund botanischer Untersuchungen allgemein bekannt. Die Gegenüberstellung von Nichtbaum- und Getreidepollendaten in verschiedenen Regionen des Landes hat es sogar ermöglicht, ein differenziertes Bild der römischen Landnahme und ihrer regionalen Besiedlungsschwankungen in Bezug auf die Verhältnisse in spätkeltischer und frühmittelalterlicher Zeit zu gewinnen (Smettan 1999). Mittels systematischer und hochpräziser Untersuchungen, wie im Fall der Dendrochronologie praktiziert, lässt sich dieses Bild durch wiederholte Beobachtungen in Zeit und Raum noch stärker auflösen. Die ersten Ergebnisse kommen erwartungsgemäß den archäologischen Kartierungen näher, die die Schwerpunkte der Besiedlungsentwicklung vor und während der römischen Okkupation beleuchten. In unserem Fall bietet sich die Anwendung von Methoden an, die auch bei der Auswertung größerer Holzbestände der prähistorischen Pfahlbausiedlungen im Raum Bodensee-Oberschwaben aufschlussreiche Hinweise zur Frage der Holz- und Waldnutzung ergeben haben.

An erster Stelle ist die Dendrotypologie zu nennen, die das Bauholz nach dendrologischen und technomorphologischen Parametern klassifiziert und somit einen präzisen Einblick in die Struktur der genutzten Waldbestände ermöglicht (Billamboz 1985). Hierfür werden die datierten Serien pro Fundort bzw. Fundstelle in sogenannten Dendrogruppen, bezogen auf das Probenalter und die Ähnlichkeit der Jahrringmuster, zusammengefasst. Zur vorhabengerechten Anpassung an Fragen, die auf die verfügbaren Holzquellen und die zweckmäßige Materialauswahl abzielen, wurden bei der Gruppenbildung die Befundlage und die konstruktiven Aspekte stärker berücksichtigt. Die Untersuchung bezieht sich zunächst auf die Eiche: Aus dem Kurvenbild der Gruppen (Abb. 2) lässt sich auf den ersten Blick eine relative Homogenität der Jahrringserien für die Zeitspanne des 1. und 2. Jh. erkennen. Dies bezeugt, dass im Tiefbau- bzw. Fundamentbereich der Infrastrukturbefunde bewusst Stamm-Material aus alten und langsam gewachsenen Bäumen verwendet wurde. Diese Feststellung trifft für die abgelegenen, vom äußeren Limes eingenommenen Regionen besonders zu. Bereits 1981 beschrieb B. Becker das

13 Eine Ausnahme stellt die oben erwähnte Datierung der beiden Holzbauphasen im *vicus* von Baden-Baden dar.

14 Bei den untersuchten Hölzern handelt es sich vorwiegend um Material aus der Verfüllung von Brunnen.

15 Eine ausführliche Darstellung des Forschungsstandes zu diesem Thema findet sich in Nenninger (2001).

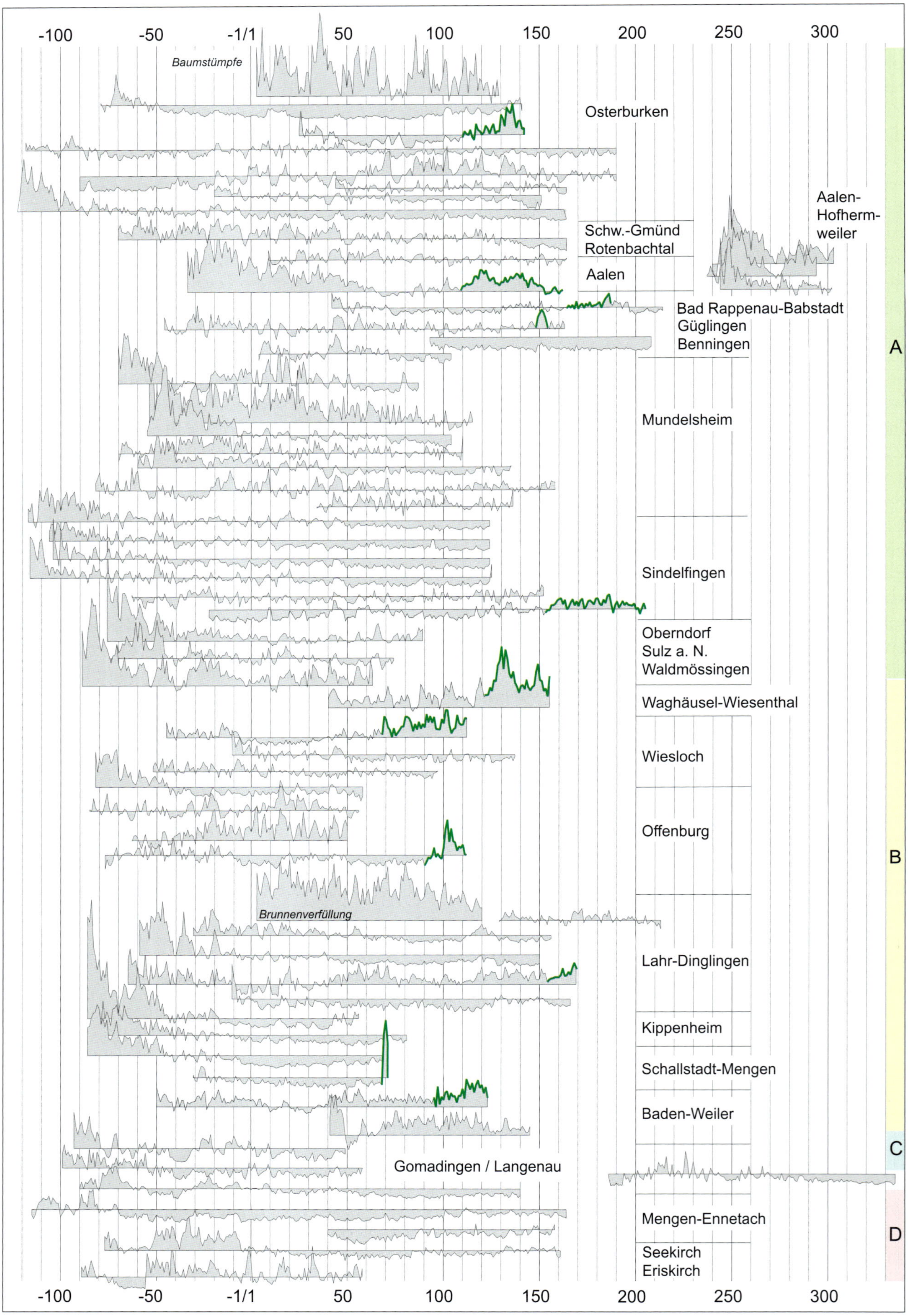
-100
-50
-1/1
50
100
150
200
250
300
Baumstümpfe
Osterburken
Aalen-
Hofherm-
weiler
Schw.-Gmünd
Rotenbachtal
Aalen
Bad Rappenau-Babstadt
Güglingen
Benningen
A
Mundelsheim
Sindelfingen
Oberndorf
Sulz a. N.
Waldmössingen
Waghäusel-Wiesenthal
Wiesloch
Offenburg
B
Brunnenverfüllung
Lahr-Dinglingen
Kippenheim
Schallstadt-Mengen
Baden-Weiler
C
Gomadingen / Langenau
Mengen-Ennetach
D
Seekirch
Eriskirch

◂ **Abb. 2:** Dendrotypologie der Römerzeit in Baden-Württemberg aufgrund der Gruppierung von datierten Eichenserien nach Fundort und Befund. Aus der Darstellung dieser Dendrogruppen ergibt sich ein relativ einheitliches Bild der Bestandsentwicklung für die während der Kaiserzeit genutzten Wälder. Im Endbereich der Mittelkurven sind positive Lichtwuchsreaktionen farbig hervorgehoben, die auf Auslichtungsvorgänge bzw. Fällaktivitäten hinweisen. Zur regionalen Gliederung der Fundorte: A Neckarbecken und angrenzende Gebiete; B Oberrhein; C Schwäbische Alb; D Alpenvorland.

Vorhandensein derartiger Holzquellen für die dort durchgeführten Baumaßnahmen: „... vermutlich haben die Zimmerleute die Eichen aus dicht geschlossenen Beständen ausgesucht, wo feinringig und astfrei gewachsene Baumschäfte unabhängig von der Standortqualität zu finden sind" (Becker 1981, 378). Im Fall von Osterburken setzen sich die wenigen Serien der am Grabungsort geborgenen Baumstümpfe durch ihre wesentlich höheren Zuwächse von denjenigen der Bauhölzer deutlich ab. Daraus kann geschlossen werden, dass die zum Bau der Badeanlage genutzten Eichen nicht auf der Talsohle, sondern auf den etwas höher gelegenen Terrassen gewachsen sind. Auslichtungsvorgänge, wohl in Verbindung mit Bauaktivitäten, sind zudem im Kurvenbild der archäologischen Holzfunde durch eine positive Lichtwuchsreaktion und eine entsprechende Zunahme des jährlichen Zuwachses erkennbar, z. B. im ersten Viertel des 2. Jh. in Serien von Badenweiler, Lahr-Dinglingen und Waghäusel-Wiesental am Oberrhein, und in nord- bzw. östlicher Richtung in Serien von Güglingen und sogar von Aalen und Osterburken (Abb. 2).[16] Deutlich ist ein derartiger Lichtungseffekt sogar am Ende der Jahrringfolge eines in Rainau-Buch geborgenen Eichenstammes zu erkennen, aus dem ein Daubeneimer hergestellt wurde (Holzeimer im Brunnen 13; Greiner 2002).[17]

Die rege Bauaktivität mit systematischer Nutzung von Altbeständen bricht offenbar im Laufe der ersten Hälfte des 3. Jh. ab. Für die Zeit nach der Aufgabe des Limes sind auch die ersten derartigen Daten greifbar. Im Pfostenbau der alamannischen Siedlung von Aalen-Hofherrnweiler (Krause 1998) verraten kurze Serien die Verwendung von raschwüchsigen Stockausschlägen. Hier scheinen bäuerliche Traditionen im Bauwesen und in der begleitenden Waldwirtschaft zurückzukehren, die sich dann durch den Nachweis ähnlicher Pfostenformen in der unweit gelegenen Siedlung von Laucheim-Mittelhofen bis ins 8. Jh. verfolgen lassen (Billamboz/Becker 2001). Daraus ergibt sich ein differenziertes Bild der regionalen Entwicklung der Waldlandschaft. Man kann sich jedoch zu Recht fragen, ob die untersuchten Holzserien für die Wiedergabe aller Formen der Bauholzversorgung repräsentativ genug sind. Unter Berücksichtigung weiterer Aspekte (Holzarchäologie, Botanik) wird nun auf diese Problematik näher eingegangen.

Der Hauptanteil an langen Serien in den datierten Komplexen der Kaiserzeit erklärt sich, wie bereits angedeutet, durch die Holzauswahl und den Bauzweck (z. B. Nutzung von geradwüchsigen, leicht spaltbaren Alteichenstämmen für die Herstellung von Brettern im Brunnenbau). Ihre besondere Datierungseignung trägt aber zum Übergewicht in der Datenverteilung bei, und die wenigen ringarmen Junghölzer geraten des Öfteren in Vergessenheit. Waren sie immer so wenig vertreten?[18] Während sich der Holzbau vor allem im militärischen Bereich auf die systematische Nutzung von Stämmen höheren Alters konzentrierte, waren vermutlich andere Sektoren, vorwiegend im gewerblichen Bereich, auf ein hohes Aufkommen von Klein- bzw. Junghölzern angewiesen. Im Rahmen der *lignatio* wurde zugleich einiges an Brennholz für den Haushalt verteilt. Eine einfache Methode, Jungholz in regulären Abständen zu gewinnen, ist die Stockwaldwirtschaft.

Typische zyklische Lichtungseffekte, die für die Annahme einer systematischen umtriebbedingten Holzernte im Sinne eines Mittelwaldbetriebs – wie er im Mittelalter und in der Frühneuzeit vorkommt – sprechen würden, sind nicht zu erkennen. An dieser Stelle sind eher Niederwälder zu erwarten, während nach schriftlicher Überlieferung die *silvae caedui* (Schlagwälder) eine große Beliebtheit südlich der Alpen genossen. Im Arbeitsgebiet verbirgt sich ihre Präsenz hinter dem sehr hohen Anteil an Zweigen der Hasel – einem typischen Vertreter dieser Waldbetriebsform –, die in der Füllung eines Steinbrunnens von Lahr-Dinglingen gefunden wurden.[19] In den abgelegenen Regionen des äußeren Limes zeigen dagegen die Bestimmungen von Kleinhölzern aus Brunnenverfüllungen durch den wiederholten Nach-

16 Die Lichtungsvorgänge vor der endgültigen Vorverlegung des Limes deuten auf frühere Fällaktivitäten hin, die von heimischen Siedlungsgemeinschaften für den eigenen Gebrauch oder im Rahmen von Holzhandel mit den römischen Besatzungskräften durchgeführt wurden. Sie widerlegen die Annahme einer völligen Siedlungsleere in der Vorzeit der römischen Landnahme.

17 Bei dieser Eiche, die um 195 gefällt wurde, setzt die Lichtwuchsreaktion im Jahr 162 ein, knapp nach dem ersten Holzeinschlag zur Gründung des Kastellvicus von Rainau-Buch (Greiner 2002).

18 Jungholz ist tatsächlich im Bauholz vorhanden (vgl. undatierte Serien von Schallstadt-Mengen und Stettfeld „Im Sand"). Zur Repräsentativität der Holzserien insgesamt wird auf Rekonstruktionen hingewiesen, etwa zum Beispiel des Limesmuseums in Aalen, die eine bessere Schätzung des Holzverbrauchs im Oberbau der Konstruktionen erlauben.

19 Brunnen 3a, Untersuchungen A. Goppelsröder, Walzbachtal.

weis von Klimaxarten den naturnäheren, primären Charakter der Waldlandschaft und deren Ausprägung.[20]

Eine weitere Betrachtung bezieht sich auf die Nutzung von Nadelholz. Abgesehen von spezifischen Verwendungen im gewerblichen Bereich (Küferei, Böttcherei, Wasserbau mit Deichelleitungen aus Kiefernholz) und im Schreibwesen (Wachstafeln) muss festgestellt werden, dass die drei heimischen Hauptholzarten (Fichte, Tanne und Kiefer) kaum in den römerzeitlichen Bauholzbeständen repräsentiert sind.[21] Selbst unter den bisher hierzulande untersuchten dünnen Brettern, die möglicherweise als Schindeln zu deuten sind, ist ihre Zahl bescheiden.[22]

Abschließend und in Vorbereitung auf das nachfolgende Kapitel sei an dieser Stelle nochmals auf die Problematik der Filterung der überlieferten Funde bzw. Quellen hingewiesen. Vor allem beim Steinbau ist vermutlich mit einer häufigeren Verwendung von Nadelhölzern zu rechnen, die aufgrund einer höheren Zugfestigkeit größere Tragweiten im Oberbau erlauben, von den weiteren Möglichkeiten als Vertäfelung ganz zu schweigen. Die fehlenden Nachweise legen die Vermutung nahe, dass diese Bausubstanz weitgehend zerstört bzw. als Brennmaterial wiederverwertet wurde.

Traditionen im Wandel von Holz- zu Steinbauweise

Betrachtet man den Spezialfall des Brunnenbaus, verhärtet sich der Eindruck einer zeitlichen Verschiebung in der technologischen Entwicklung zwischen den früher eingenommenen Regionen, insbesondere der Oberrheinebene, und den zuletzt eroberten Landstrichen am äußeren Limes. In diesem nördlichen Teil beider Provinzen wird die Tradition des Holzbrunnens in Blockbauweise bis in die erste Hälfte des 3. Jh.[23] fortgesetzt, während der Steinbrunnen mit Trockenmauerkranz offenbar diese Bauweise am Oberrhein schon abgelöst hatte. Eine scharfe Grenze ist hier jedoch nicht zu ziehen, besonders wenn man weitere mögliche Faktoren wie den militärischen Rang oder den Sozialstatus der Besitzer und Nutzer der Anlagen bedenkt. Diese erste Aussage sollte durch die Erschließung und Feindatierung weiterer Brunnenbefunde überprüft werden. Ebenso würde eine nähere Berücksichtigung der Fertigungstechniken und Verbindungsmethoden einen tieferen Einblick in die technologische Entwicklung des Holzbrunnenbaus und seiner lokalen Varianten ermöglichen.

Erwähnenswert sind zudem Bearbeitungsspuren im Erdstammbereich von groß dimensionierten Pfosten in Konstruktionen am äußeren Limes (Abb. 3). Es handelt sich zum einen um Retuschen der Hirnseite des Stammes zur Abflachung der Fällfläche, ausgeführt mit Hiebwerkzeugen, zum anderen um seitliche Kerben im unteren Stammbereich. Letztere sind möglicherweise als Seilkerben für das Rücken der Stämme aus dem Wald bzw. für Abbundarbeiten am Bauplatz zu deuten. Spätlatènezeitliche Parallelen aus Nordostfrankreich, z. B. Vendresse (Laurelut u. a. 2002) und Vittel (Brénon u. a. 2005) legen die Vermutung nahe, dass die eigenartige Präparierung der Stammoberfläche offenbar auf einer keltischen Tradition beruht, was den heimischen Einfluss auf die militärischen und zivilen Baumaßnahmen am äußeren Limes bezeugen würde. Die erstgenannte Technik setzt sich sogar in der alamannischen Holzbearbeitung fort (abgeflachte Pfostenbasis in Aalen-Hofherrnweiler und Hilzingen-Duchtlingen „Im Winkel"). Möglicherweise stehen diese Beobachtungen in einem Zusammenhang mit den festgestellten Abweichungen im Bau und der Organisation des obergermanischen und raetischen Limes.[24]

Materialherkunft im Blickfeld der Kreuzkorrelationen

Zurückkommend auf die Thematik der Holzauswahl und der Bauholzversorgung soll die Frage der Holzquellen und deren Entfernung zum Bauplatz er-

20 Dies ist der Fall in Welzheim (Körber-Grohne/Piening 1983). Die Holzstatistik der Verfüllung von Brunnen 2 und 3 im Ostkastell weist einen hohen Anteil an Resten von Schattholzarten, Tanne und Buche, nach und belegt somit das Bild einer kaum geöffneten Landschaft.

21 Aus dem Westkastell von Welzheim wurden von B. Becker drei Tannenpfosten dendrochronologisch untersucht (ungedr. Bericht 1983).

22 Aus mehreren Fundstellen der Schweiz und in Bayern sind Tannenschindeln bekannt. Im frührömischen *vicus* von Tawern (Saarland) bestand die Dachdeckung aus dünnen Eichenspaltbrettern mit hoher Witterungsbeständigkeit (Neyses-Eiden 2002).

23 Der jüngste Nachweis mit einer Kernholzdatierung (K 230) stammt aus Bopfingen-Trochtelfingen (Krause 1991).

24 Im Gegensatz zum raetischen, über das Remstal verlaufenden Limesabschnitt zeigt die obergermanische Strecke zwischen Walldürn und Lorch eine geradere Linienführung. Von der Vermessungslogistik ausgehend sehen die Archäologen die Gründe hierfür in den besseren Möglichkeiten, die sich dadurch für den organisatorischen, wirtschaftlichen und technischen Bereich ergaben (Becker u. a. 2001). Aus der Häufung der Benefiziarer-Stationen auf dieser Strecke lassen sich zudem besondere politische Verhältnisse mit stärker geregelten, grenzüberschreitenden Kontakten ableiten (von Schnurbein 2007). Die dendroarchäologischen Untersuchungen zu Befunden im raetischen Abschnitt deuten darüber hinaus auf fachliche Unterschiede im Holzbauwesen, von der Waldarbeit bis zur Zimmermannstechnik, hin.

Abb. 3: Traditionen der Holzbearbeitung am äußeren Limes. Im Erdstammbereich von Pfosten sind Bearbeitungsspuren in Form seitlicher Kerben (1–2) und bebeilter Hirnflächen (3–5) zu sehen. Mit Verweis auf späteisenzeitliche Vergleichsfunde aus Nordostfrankreich sind hier Traditionen der Holzbearbeitung fassbar, die sich bis ins Frühmittelalter verfolgen lassen (Näheres im Text). 1 Pfosten der Limespalisade in Schwabsberg mit seitlicher Kerbe; 2 Pfosten mit seitlichen Kerben (Osterburken, Kastellbad 1); 3 Pfosten mit abgeflachter Basis (alamannische Siedlung von Aalen-Hofherrnweiler); 4–5 bebeilte Flächen an der Basis von zwei Pfosten (Osterburken, Kastellbad 1).

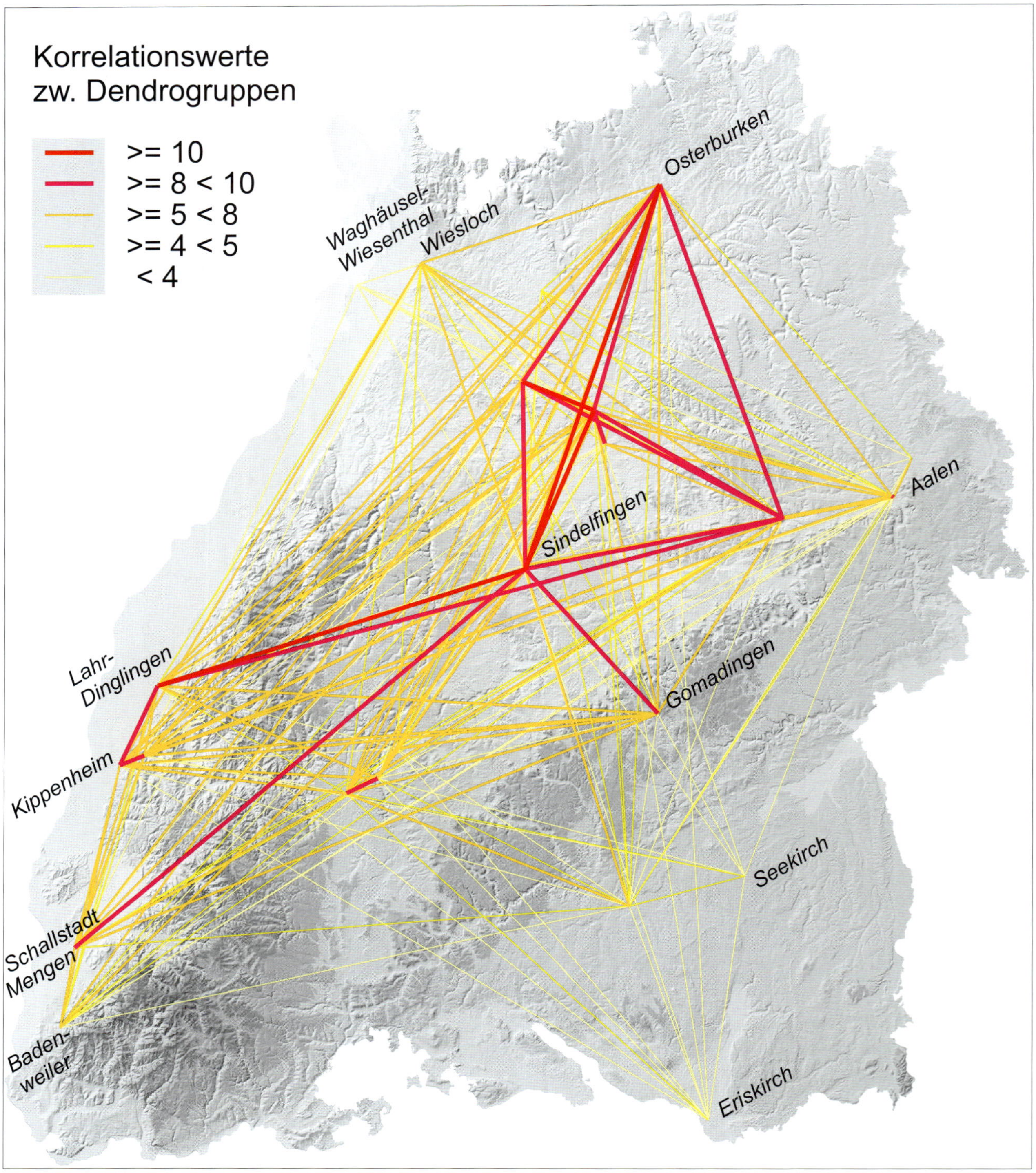

Abb. 4: Kreuzkorrelationen zwischen Dendrogruppen. Durch die Korrelationsgüte (t-Werte nach Filterung der Wertserien nach Baillie und Pilcher 1973 und bei einer Mindestüberlappung von 100 Jahren) wird die räumliche Übereinstimmung lokaler Jahrringmuster und deren geographische Beziehung zum Ausdruck gebracht. Aus der Darstellung lassen sich Gemeinsamkeiten und Unterschiede des Eichenwachstums auf kleinregionaler Ebene fassen. Die Aussagen sind für den Aufbau der Regionalchronologien und nicht zuletzt für die Frage der Bauholzholzversorgung und der Materialherkunft von Bedeutung (Näheres im Kapitel „Materialherkunft im Blickfeld der Kreuzkorrelationen").

neut aufgegriffen werden. Hierzu wird die Dendrotyplogie herangezogen, und Korrelationen werden zwischen den Mittelwertreihen der nach Fundort und Befund erstellten Dendrogruppen berechnet. Es handelt sich um t-Werte, die die Signifikanz des Korrelationskoeffizienten in Bezug auf die Deckungslage der korrelierten Serien zum Ausdruck bringen (Freiheitsgrade der statistischen Berechnung = Jahre im Überlappungsbereich beider Zeitreihen). In Abbildung 4 sind die korrelierten Gruppen paarweise verbunden,[25] und die Gliederung der Ergebnisse zeigt einen deutlichen regionalen Charakter mit sehr hohen Werten im Neckarraum, mittleren im badischen Tiefland und den niedrigsten im oberschwäbischen Alpenvorland. Wie bei Untersuchungen an aktuellen Beständen bereits vorgelegt (Laible 1987; Land 2003), beruhen diese Unterschiede auf komplexen Phänomenen des Baumwachstums, die nicht zuletzt mit den hiesigen geoklimatischen Verhältnissen (Arbeitsgebiet auf der Klimaschwelle subozeanisch/kontinental), den jeweiligen Standorteigenschaften und der lokalen, waldbaulich bedingten Bestandsentwicklung einhergehen. In der vorliegenden Kartierung zeigt sich zudem der lokale bzw. kleinregionale Charakter der Bauholzversorgung. Mit anderen Worten: Hölzer aus Osterburken würden in einem Bau des Hochrheins sofort ins Auge fallen. Die Methode kann demnach für die Filterung von „Fremdelementen" in den Holzkomplexen genutzt werden. Besonders effektiv ist eine derartige Anwendung in Regionen, die über keine ausreichenden Holzressourcen verfügten und bei der Bauholzversorgung auf den Ferntransport über den Wasserweg angewiesen waren (z.B. Schiffsbau in Holland).[26]

Wie bereits betont, sind Versorgungskrisen im Zuge der Landschaftsöffnung, besonders in den dichter besiedelten Landstrichen der Oberrheinebene und des mittleren Neckars, in der zweiten Hälfte des 2. Jh. zu spüren, die sich in einem improvisierten Charakter der Bauaktivitäten widerspiegeln. Ein anschauliches Beispiel hierfür sind Weinfässer, die in ihrer letzten Nutzungsphase als Holzkastenbrunnen wiederverwendet wurden. Neben dem Tannenfass mit Brandmarke von Mundelsheim, das in eine zweischalige Brunnenstube eingesetzt wurde (Stork 2000), sind neulich weitere Belege in Stettfeld „Im Sand" zutage gekommen. Unter anderen Brunnenbefunden fanden die Ausgräber zwei Fassbrunnen, der eine aus dünnen Fichten- und Tannendauben, der andere aus gröberen, tangential aus dem Stamm entnommenen Eichenbrettern. Bei Letzterem lassen die hohen Zuwächse der ringarmen Serien bisher keine Datierung zu. Die Fichten- und Tannenserien des ersten Fasses konnten mit den nördlich der Alpen bestehenden Nadelholzchronologien nicht zur Deckung gebracht werden. Ihre Synchronisierung mit Fichtenserien aus einem ebenfalls undatierten Fass aus Mainz-Wallaustraße (FM 98-001, Fass 1) weist aber darauf hin, dass es sich um allochtone Ware handelt. Dies würde die Interpretation von S. Bauer stützen, wonach es in den römischen Nordwest-Provinzen zwei sich ablösende Formen des Weinhandels gab: zunächst der aus der südlichen Ferne in leichteren Nadelholzfässern, danach jener aus dem regionalen Umkreis in gröberen, schwereren und ebenfalls bereiften Eichenbehältern.[27]

Aussagen der Jahrringdaten zu Klima und Umweltveränderungen in der Römerzeit

In der Forschung ist die Kaiserzeit allgemein als klimagünstige Phase bekannt. Ein Nachweis dafür ist die Höhenlage der Baum- und Waldgrenze in den Ostalpen, die in den ersten beiden nachchristlichen Jahrhunderten den höchstgelegenen Stand der letzten 2000 Jahre erreichte (Nicolussi/Patzelt 2006). Die Wuchsmuster der Eichenchronologien Süd-, Nordwest- und Westdeutschlands zeigen in dieser Zeit eine hohe Homogenität bei Annahme eines stärkeren Einflusses der Niederschläge (Schmidt/Gruhle 2003). Demzufolge bestand in der Kaiserzeit durchwegs ein warm-feuchtes Klima, das für die landwirtschaftliche Entwicklung maßgeblich war. In der Mitte des 3. Jh. ändern sich offenbar diese Verhältnisse, und in der Klimafolgenforschung werden die germanischen Einfälle in Verbindung mit einer Verschlechterung der Lebens- und Wirtschaftsbedingungen in Mittel- und Nordeuropa gebracht (vgl. den Kommentar von Fischer in Anschluss an Schmidt/Gruhle 2003). Dieser Trend ist auch in den über das Land verteilten Pollendiagrammen zu erkennen (Smettan 1999).

Ähnlich verläuft die Stammakkumulation in den Sedimenten der Flussauen mit einem Höhepunkt um 200, gefolgt von einer deutlichen Absterbephase im anschließenden Jahrhundert. Dieses Phänomen wurde mit einer erhöhten, rodungsbedingten Flussdynamik in Verbindung gebracht (Becker 1981). Die nachlassende Ablagerung von Stamm-Material wür-

25 Diese Methode und deren grafische Darstellung wurde von G. Lambert, Laboratoire de Chrono-Écologie, Besançon (Frankreich), in die Dendrochronologie eingeführt (beispielhafte Anwendung in Lambert u.a. 2005).

26 Neben dieser Anwendung auf regionaler Basis können derartige Darstellungen sowohl auf lokaler Ebene für die Frage der Verteilung des Bauholzes innerhalb einer Siedlung als auch im Bereich der Fernkorrelation am Beispiel des historischen Holz-Fernhandels im Baltikum vorgenommen werden.

27 Ich bin S. Bauer für die Überlassung ihres unveröffentlichten Manuskripts über das römische Küferhandwerk aus dendroarchäologischer Sicht besonders dankbar. Die hochsignifikanten Korrelationswerte der Eichenserien aus Mainz-Löwenhofstraße (Labor S. Bauer, Trier; Fundnr.: Bl. 50-Fd. 46; Bauer 2001, Abb. 17) mit Serien aus Mundelsheim und Osterburken unterstützen ebenfalls die Annahme eines regional begrenzten Küferhandwerks mit Eichenholz. Als weiterer regionaler Beleg für grobe, bereifte Eichenfässer ist der Befund von Brunnen 7 in Walheim zu nennen (datiert um 166, vgl. Katalog).

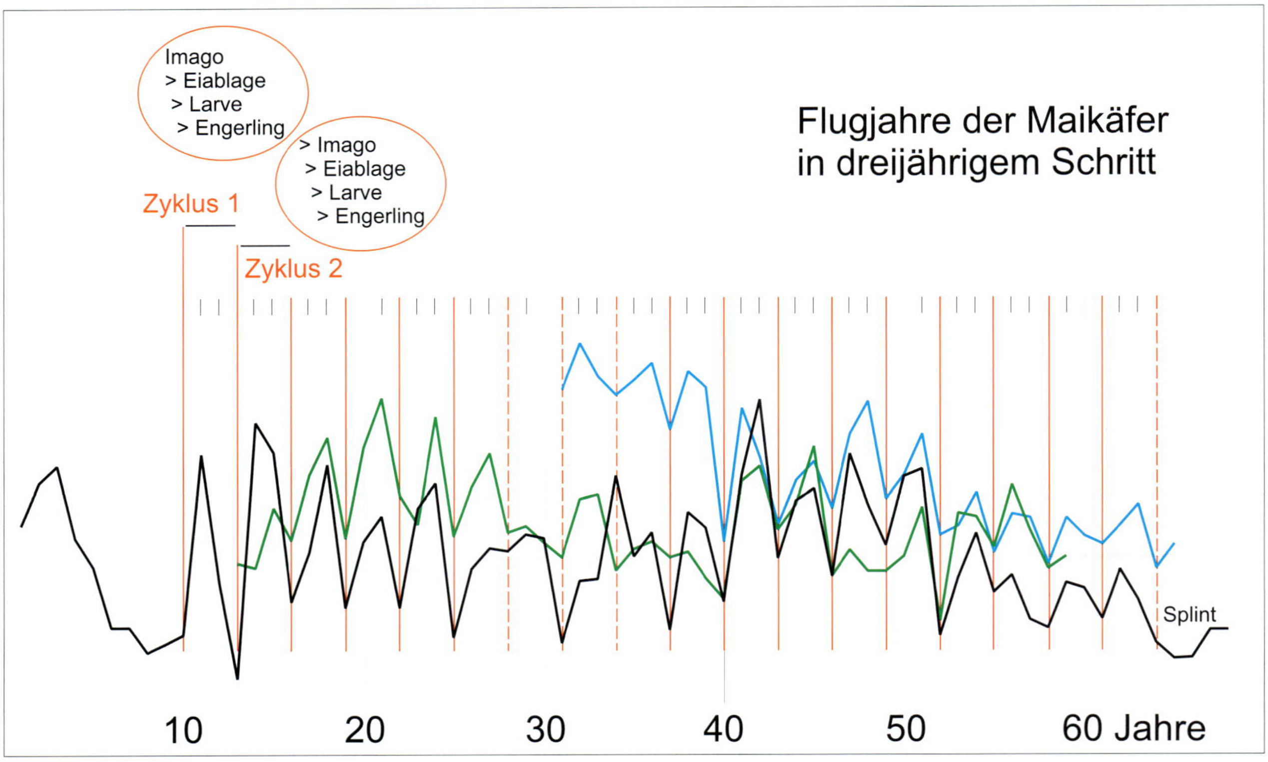

Abb. 5: Spuren des Maikäferflugs in den undatierten Serien von Bad Bellingen-Hertingen. Neben den datierten, zumeist langen Eichenserien der Römerzeit liegen auch kleinere Ringfolgen von Junghölzern vor. Wie im Fall der Stuhlhölzer des Steinbrunnens (eher Zisterne) von Bad Bellingen-Hertingen kann die Jahrringbildung zudem von den Fraßaktivitäten der Maikäfer in Bezug auf deren Reproduktionszyklus beeinflusst sein. In ozeanisch geprägter Lage beträgt dieser Zyklus drei Jahre, in kälteren Regionen vier bis fünf. Nach Dezimierung des Laubwerks und Reduktion des photosynthetischen Potenzials im Frühling des Flugjahres bildet der Baum einen kleineren Ring und erholt sich in den anschließenden Jahren. Solche Zuwachsstörungen stellen ein Hindernis für die dendrochronologische Datierung dar. Sie können aber insofern als Umweltindikatoren in die Auswertung einfließen, als Maikäferschäden besonders bei Saumbäumen und in jungen, lichten Baumbeständen vorkommen.

de sich durch eine weitgehende Abholzung dieser Auenwälder erklären (Spurk u.a. 2002).[28] Für eine zunehmende Auslichtung spricht gleichermaßen das hohe Baumalter der zuletzt abgelagerten Stämme. Bemerkenswert ist jedoch, dass sich die geschilderte Situation im nicht römisch besetzten Gebiet des Maintals am deutlichsten zeigt. Inwieweit sich hier das Phänomen durch den Siedlungsdruck der dort ansässigen germanischen Siedlungsgemeinschaften selbst oder durch Kontakte bzw. durch einen möglichen Holzhandel über den Limes erklären lässt, ist Bestandteil einer breiteren Diskussion.[29] Den Anfangsjahren jüngerer, frühmittelalterlicher Serien ist zu entnehmen, dass eine Waldverjüngung in den Eichenmischbeständen der Haupttäler Süddeutschlands um 400 stattgefunden hat.

Diese Zeitmarke ist gleichermaßen in Serien aus kleineren Flusstälern wie an der Rotach und der Schussen am Bodensee[30] und sogar in archäologischen Serien von Baumsargfunden des baden-württembergischen Hügellandes (Billamboz/Becker 2001) zu finden. Der allgemeine Charakter der Waldverjüngung in diesen Zonen spricht hier für eine Stabilisierung der Vegetationsverhältnisse. Ob sich eine davor zu verzeichnende Verzögerung der Regenerierungsprozesse durch die Vegetationsdynamik und deren Sukzessionen oder als Konsequenz des Weidebetriebs erklären lässt, muss offenbleiben. Was die frühalamannische Eroberung im 4. Jh. betrifft, so lassen die archäologischen Funde und Befunde eine hohe Siedlungsdynamik erkennen, die sich, gekop-

28 Die Stammakkumulation in den Mainablagerungen zeigt eine Profiländerung ab 2600 v. Chr. Davor erfolgte sie kontinuierlich im Zuge einer naturnahen Auwaldentwicklung. Danach lassen die schubartige Ablagerung von Stamm-Material und die nachkommende Verjüngung auf eine stärkere Flussdynamik schließen, die mit Rodungsaktivitäten und dem Vorhandensein von größeren Freiflächen einhergeht. Die Wuchsleistung der Jungbäume auf diesen Flächen ist besonders hoch, z.B in spätkeltischer und frührömischer Zeit (Kromer/Friedrich 2004, Abb. 3).

29 Zu den unterschiedlichen Verhältnissen zwischen Römern und Germanen im Grenzbereich des obergermanischen Limes, von der Kontaktablehnung bis hin zur völligen Integration, vgl. von Schnurbein (2008).

30 Laboreigene Untersuchungen im Zuge von Baumaßnahmen an der Rotach nördlich von Friedrichshafen und in einem Altarm der Schussen unweit von Eriskirch.

pelt mit einer florierenden Holzwirtschaft (Kuhnen 2007), an strategischen Punkten des Mittelgebirgsbereichs orientiert (Fingerlin 1997). Aufgrund der mageren Datenbasis kann von unserer Seite noch kein weiterer Beitrag zu dieser Frage geliefert werden. Unter Berücksichtigung weiterer Aspekte, wie der Auswertung von Weiserjahren oder Maikäferzyklen, bestehen jedoch Aussichten auf eine Klärung der Klimaentwicklung und der Umweltveränderungen in der Römerzeit (Abb. 5).[31]

Zusammenfassung

Ausgangspunkt dieser Ausführung war eine Zusammenstellung der Dendrodaten der Römerzeit in Baden-Württemberg, die zusammen mit denjenigen aus den Nachbarregionen eine weitere, noch präzisere Grundlage zur Geschichtsschreibung der Landeroberung und deren Aufgabe im Kontext der Nordwest-Provinzen bilden soll. Die ungleiche Datenverteilung lässt noch manche Lücken und somit Fragen offen, die es zu klären gilt. Diese Forschungsdesiderate betreffen beispielsweise die ersten Phasen der Landnahme im südlichen Bereich. Von besonderem Interesse wäre zudem, wie von D. Planck wiederholt betont, eine nähere Datierung von Holzbauphasen im Limesbereich der ersten Hälfte des 2. Jh. Trotz erwähnter Schwächen hat die erhobene Datenbasis die Anwendung dendroarchäologischer Methoden ermöglicht, die Erkenntnisse zu Fragen der Bauholzgewinnung, der Materialherkunft und der Waldlandschaftsentwicklung im Zuge der Romanisierung erbracht haben. So tragen die dendroarchäologischen Untersuchungen zur Gewinnung eines noch stärker differenzierten Bildes der römischen Landnahme aus historischer und landschaftsgeschichtlicher Sicht bei. An dieser Stelle soll die Bedeutung einer befundorientierten Auswertung der Holz- und Jahrringdaten in enger Zusammenarbeit mit der Archäologie erneut betont werden. Mit der hier vorgelegten Arbeitsgrundlage sind weitere Möglichkeiten in Aussicht gestellt, zudem sind mit der Auswertung von Jahrringparametern sowie dem Ausbau der Heterokonnexion künftig noch präzisere Erkenntnisse zur Problematik der Besiedlungsentwicklung und Klimafolgen zu erwarten.

Danksagung

In der Endphase der Arbeit konnten die Dendrodaten des Hohenheimer Labors noch rechtzeitig in den Katalog einfließen. Für die Zusammenarbeit und die Datenkontrolle bedanke ich mich bei M. Friedrich und seinen Mitarbeitern. An den Holz- und Jahrringanalysen im Hemmenhofener Labor waren neben W. Tegel und dem Verfasser St. Buckow, J. Kempe, M. Soller, S. Späth und G. Verderber beteiligt. Für die sprachliche Überarbeitung des Manuskripts bin ich N. Bleicher, K. Kortüm, H. Michelau, M. Soller und M. Wolterdorf-Susin zu Dank verpflichtet. Besonders bei K. Kortüm bedanke ich mich für seine Kommentare und Vorschläge zur näheren Deutung der Untersuchung aus archäologischer Sicht. Viele Kollegen aus den Referaten 25 der vier Regierungspräsidien haben mich durch die Bereitstellung von Grabungsunterlagen und weiteren Informationen dankenswerterweise unterstützt. In diesem Zusammenhang richtet sich meine Danksagung ebenso an A. Hensen, der mir Einblick in seine Dissertationsunterlagen zu den Brunnenbefunden des *vicus* von Wiesloch gewährte. An der grafischen Gestaltung waren neben dem Autor A. Kalkowski, H. Michelau und S. Späth beteiligt.

Bildnachweis

Landesamt für Denkmalpflege im Regierungspräsidium Stuttgart, Archiv des Dendrochronologischen Labors, Hemmenhofen: 3.1 (A. Billamboz); 3.2–5 (W. Tegel); Verfasser: 1, 2, 4, 5

---

31 Aus dem dendrochronologischen „Signal“ kann die Stabilität der klimatischen Verhältnisse z. B. durch die Häufung von Extremjahren gemessen werden. Die Reproduktionszyklen der Maikäfer, die von ozeanischer bis zu kontinentaler Lage drei bis fünf Jahre betragen können, sind an den entsprechenden wiederkehrenden Zuwachsdepressionen in den Jahrringfolgen der Eiche zu erkennen (= Flugjahre mit Fraßschäden in den Baumkronen und geringerer Holzproduktion). Die Massenvermehrung dieser Insekten steht offenbar in Zusammenhang mit der Klimaentwicklung, aber auch mit Umweltveränderungen. Nach unseren Beobachtungen sind junge, lichte Eichenmischbestände von dieser Plage besonders betroffen (Billamboz 2008).

Katalog der dendrochronologischen Untersuchungen für die Römerzeit in Baden-Württemberg

Der Katalog wurde erstellt in Zusammenarbeit mit Michael Friedrich (Jahrringlabor der Universität Hohenheim) und Klaus Kortüm (Landesamt für Denkmalpflege, Esslingen).

Vorbemerkung zum Aufbau des Katalogs

Ort (ggf. übergeordnete Gemeinde, Kreis)

1 Objekt
1.1 Struktur bzw. Befund
Abgekürzte Literatur:
- AA BW: Archäologische Ausgrabungen in Baden-Württemberg
- Arch. Inf.: Archäologische Informationen aus Baden-Württemberg
- Fb BW: Fundberichte aus Baden-Württemberg
- RiBW: Die Römer in Baden-Württemberg

Untersuchung: Labor (Laborcode bzw. Datenquelle)
Datierung: Ohne nähere Angabe der Holzart handelt es sich stets um Eiche. Alle Zeitangaben vor Christi Geburt beruhen auf der kalendarischen Zeitrechnung ohne Jahr 0.
Legende zu den Dendrodaten:
- W-Datum: Waldkantendatierung, jahrgenaue Angabe der Baumfällung (wenn nichts Näheres angegeben ist, handelt es sich um die Jahreszeit während und nach der Spätholzbildung, z. B. W 297 = Sommer 297 und Winterhalbjahr 297/298 n. Chr.).
- S-Datum: Splintgrenzendatierung, geschätztes Fällungsjahr aufgrund der Splintholzstatistik. Mit einem Zuschlag von 20 Splintjahren beträgt der Datierungsspielraum ± 10 Jahre (z. B. S 160 = 150–170 n. Chr.)
- K-Datum: Kernholzdatierung für Eichenhölzer, frühestmögliche Datierungsangabe für die Baumfällung (Endjahr der erfassten Ringfolge mit Zuschlag für das fehlende Splintholz. Wenn nichts Näheres angegeben ist, handelt es sich um einen Standardzuschlag von 20 Jahren für Proben, die 80 Jahresringe und mehr aufweisen, z. B. K 184 = nach 184 n. Chr.)
- N-Datum: Kernholzdatierung für Nicht-Eichenhölzer, wie bei K-Datum, aber ohne Zuschlag (Endjahr der Jahrringfolge gilt als Terminus post quem der Baumfällung, z. B. N 130 = nach 130 n. Chr.)

Anmerkung zur Differenz zwischen Hemmenhofener und Hohenheimer Daten in Bezug auf die Splintgrenzendatierung: Bei den Datierungsangaben von B. Becker ist der Zuschlag von 20 Jahren erst nach dem ersten Splintjahr gesetzt (= Zuschlag von 21 Jahren), in Hemmenhofen dagegen direkt nach dem letzten Kernholz- bzw. auf das erste Splintjahr (= Zuschlag von 20 Jahren). Demnach entspricht z. B. das Hohenheimer Datum S 190 im Hemmenhofener System dem Wert S 189.
Anmerkung zur Datierungsgüte: Mit wenigen Ausnahmen, die als Datierungsvorschlag der Klasse C zugeschrieben werden (kurze Serien von Aalen-Hofherrnweiler und Daten mit Vorbehalt für die Punkte 1.15–1.17 in Rainau-Buch), sind alle andere Daten Ergebnisse der A-Datierung (unabhängige Datierung) oder B-Datierung (kontextabhängige Datierung mit Unterstützung der Befundlage).

Aalen (Ostalbkreis)

1 Kastell Aalen

1.1 Principia, Pfosten der hölzernen Vorhalle (Phase 2)
Lit.: AA BW 1978, 49 ff.; AA BW 1979, 19 ff.
Dendro: Hohenheim (Becker 1981) S 160
1.2 Grabungen 1983–1986, Fundkomplex 1359, Holzbrunnen in Principia, Verschalung in Blockbauweise
Lit.: AA BW 1986, 95 f.
Dendro: Hohenheim (unpubl. Bericht Becker 1988) S 182
Kommentar: Andere Datierungsangaben zu vernachlässigen: 168 ± 10, 169 ± 10. Die von B. Becker in seinem Bericht angegebene Splintgrenzendatierung beruht auf der Streubreite unsicherer Splintholzgrenzen (vier Proben). In diesem Katalog wird nur die jüngste Probe mit erstem Splintring auf Endjahr 162 AD berücksichtigt (162 + 20 = S 182).
1.3 Steinbrunnen nahe Kastelltor auf hölzerner Stube mit zwei Bohlenlagen
Lit.: AA BW 1999, 91 ff.
Dendro: Hemmenhofen (AALN-004) K 184

2 Kastellvicus

2.1 Grabung 1938 in Flur „Neue Braite", Brunnen 2, quadratische, waagerechte Verschalung in Blockbauweise mit drei Steigsprossen in der Südostecke
Lit.: Luik 1994, Fundst. 11, 281 f. Abb. 12; 13.
Dendro: Hemmenhofen (AALN-006) S 167
2.2 Brunnenstraße 17/19, Beobachtung 1992, verschalte Grube
Lit.: Luik 1994, Fundst. 31, 292 ff. Abb. 27; 28.
Dendro: Hohenheim S 162
Kommentar: Zeitangaben nach Luik 1994, 147, 160 ff. Endjahr der ersten Probe an der Splintgrenze, sicherere Angabe bei der zweiten Probe (18 Splintringe vorhanden: Splint ab 142 AD S 162. Nähere Eingrenzung des Datierungsspielraumes aufgrund der 18 vorhandenen Splintringe: 159–172 AD.).

3 Aalen-Hofherrnweiler „Am Sauerbach", frühalamanische Siedlung

3.1 Zaunpfähle und Häuserpfosten
Lit.: AA BW 1997, 135 ff.
Dendro: Hemmenhofen (AALN-002) W 297, W 303

Bad Bellingen-Hertingen (Bad Bellingen, Kr. Lörrach)

1 Römische Siedlungsstelle Hebelhof/Sodmatt *(villa rustica?)*

1.1 Steinbrunnen oder eher -zisterne auf einlagigem Holzrahmen aus Eichenplanken, Wasserabfluss aus Kieferndeicheln auf mittlerer Höhe
Lit.: Fb BW 17/2, 1992, 92 ff.; Basler Geogr. H. 15, 1977.
Dendro: Hemmenhofen (BHRT-001) undatiert
Kommentar: zyklische Effekte des Maikäferfluges in den Jahrringserien (vgl. Abb. 5).

Bad Rappenau-Babstadt (Bad Rappenau, Kr. Heilbronn)

1 *Villa rustica*

1.1 Steinbrunnen, Hölzer aus der Verfüllung
Lit.: AA BW 1998, 158 ff.; AA BW 2002, 135 ff.
Dendro: Hemmenhofen (BABS-001) K 234

Bad Wimpfen (Kr. Heilbronn)

1 Stadt

Grabungen 1985–1987 in Wimpfen im Tal
Lit.: AA BW 1985, 139ff.; AA BW 1986, 125ff.; AA BW 1987, 117ff.
Dendro: Hohenheim (unpubl. Bericht Becker)
1.1 Brunnenverschalung, Bef. 630 K 136
1.2 Brunnenverschalung, Bef. 879 K 176
1.3 Bef. 1297, ohne Angaben K 48
1.4 Fachwerkschwellen, Bef. 2008, 2009 K 145
1.5 Brunnen mit Steinkranz, Stube?, Bef. 2025 S 192
1.6 Brunnenverschalung, Bef. 3118 K 163
1.7 Kellertreppenstufe, Bef. 3419 K 136
1.8 Schwellkonstruktion, Bef. 3594 K 167
Kommentar: Dazu weitere einzelne Balken und Pfosten.

2 Neckarbrücke

2.1 Brückenhölzer
Lit.: O. Maisenhälder in Regia Wimpina 5, 1988, 133.
Dendro: Hohenheim K 44
Kommentar: Hölzer datieren wohl in die zweite Hälfte des 2. Jh.

Baden-Baden (Kr. Karlsruhe)

1 Kastellvicus/*vicus* (Stadt)

1.1 Gernsbacher Straße 13 und 30
Lit.: AA BW 1989, 146ff.
Dendro: Hohenheim
– Trockenlegung der Oosniederung und Schwellrost der 1. Holzbauphase W 74
– Schwellrost der 2. Holzbauphase auf Brandschicht in Gernsbacher Straße 13 W 85

Badenweiler (Kr. Breisgau-Hochschwarzwald)

1 *Vicus*, Heilthermen

1.1 Drainagekanal, stakenartige Hölzer im losen Verband
Lit.: AA BW 1998, 187ff.
Dendro: Hohenheim
(Friedrich 1999, siehe AA BW 1998, 187f.) K 64

2 Heiligtum

2.1 Fundamenthölzer eines Podiumtempels (2. Bauperiode)
Lit.: AA BW 1995, 222ff.; AA BW 1996, 120ff.
Dendro: Hemmenhofen (BDWL-001, BDWL-002) W 145

Benningen (Kr. Ludwigsburg)

1 Kastellvicus

1.1 Fachwerkkonstruktion eines Kellers, verkohlte Eichenhölzer
Lit.: AA BW 2001, 116ff.
Dendro: Hemmenhofen (BENN-001) K 124

Bopfingen-Trochtelfingen (Bopfingen, Ostalbkreis)

1 Straßenstation

1.1 Holzbrunnen mit Verschalung in Blockbauweise und Trittstufen
Lit.: AA BW 1990, 165ff.
Dendro: Hohenheim S 230
Kommentar: Nach Becker sichere Splintgrenze bei 210 AD; Baumfällung nicht später als 235 AD.

Eriskirch (Bodenseekreis)

1 *Vicus?*

Notbergung beim Straßenbau (B 31 neu) nördlich von Tannesch
1.1 Rahmenkonstruktion, vermutlich Brunnenkasten
Lit.: Breuer 2001
Dendro: Hemmenhofen (ERIS-002) K 78

Gomadingen (Gomadingen, Reutlingen)

1 Brückenkonstruktion

Notbergung LDA Tübingen im Gewann „Tiefental"
Ohne Lit.
Dendro: Hemmenhofen (GOMA-001) K 78

Güglingen (Güglingen, Heilbronn)

1 *Vicus* „Ochsenwiesen/Steinäcker"

Lit.: AA BW 2004, 163ff.; AA BW 2004, 171ff.
Dendro: Hemmenhofen (GUEG-001)
1.1 Keller, Bef. 1576, Kanthölzer auf Kellerboden K 94
1.2 Brunnen, Bef. 866, Holzspan auf der Brunnensohle (Verfüllung) W 208
1.3 Grube mit quadratischer Einfassung, Bef. 1568 W 163
1.4 Kanal, Bef. 1588, Brettfragment K 120

Heidenheim (Kr. Heidenheim)

1 *Vicus*/Kastellvicus

1.1 Badeanlage, Kalkgrube zu zweitem Bad bei Großbau
Lit.: AA BW 1980, 60ff.; RiBW 2005, 328f.
Dendro: Hohenheim N 136
(Buche)
Kommentar: Sechs Proben aus Buche ohne Waldkante: jüngster Ring im Jahr 136 gebildet. Datierungsangabe 156 ± 10 zu vernachlässigen.

Heidenheim-Großkuchen (Heidenheim, Kr. Heidenheim)

1 Alamannische Siedlung im Gewann „Gassenäcker"

1.1 Zisterne, Verfüllungshölzer
Lit.: AA BW 1979, 86ff.; Billamboz/Becker 2001, 857f.
Dendro: Hohenheim S 356, S 378
Kommentar: Aufgrund der vorhandenen Splintringe Datierungsspielraum jeweils näher eingegrenzt auf 357–366 und 376–388 AD.

Heitersheim (Kr. Breisgau-Hochschwarzwald)

1 *Villa (villa urbana)* im Gewann „Betten"

Grabung 1997, Institut für Archäologische Wissenschaften / Abt. Provinzialröm. Archäologie, Univ. Freiburg
Lit.: AA BW 1997, 105ff.
Dendro: Hemmenhofen (HEIT-001)
1.1 Verkohlter Balken eines Kellerbodens (Einzeldatierung) K -5

Karlsdorf-Neuthard (Kr. Karlsruhe)

1 Uferbereich der Kinzig

Ohne Lit.
Dendro: Hemmenhofen (KDNT-001) K 125
Kommentar: Einzeldatierung.

Karlsruhe-Durlach (Stadt Karlsruhe)

1 *Villa*

Grabung LDA Karlsruhe, Unten am Grötzinger Weg 4
1.1 Verkohlte Hölzer
Lit.: Arch. Inf. 32, 1995; RiBW 2005, 143ff.
Dendro: Hemmenhofen (KADU-001) K 68
Kommentar: Einzeldatierung.

Kippenheim (Ortenaukreis)

1 *Villa/vicus?*

1.1 Brunnen in Blockbauweise (Verprobung im Zentralarchiv Rastatt im Feb. 2008)
Lit.: Fb BW 15, 1990, 633ff.; Arch. Nachr. Baden 10, 1973, 10ff.; Die Ortenau 52, 1972, 254ff.
Dendro: Hemmenhofen (KIPP-001) S 62, K 101
Kommentar: Die Untersuchung bezieht sich auf Resthölzer einer restaurierten Brunnenverschalung (S 62, Datierung des Brunnenbaus) und weitere Verfüllungshölzer (K 101). Verprobung im Zentralarchiv Rastatt im Februar 2008.

Köngen (Kr. Esslingen)

1 Kastellvicus/*vicus*

1.1 Brunnen, Adolf-Ehmann-Straße 35, quadratische Verschalung in Blockbauweise
Lit.: Luik 1996, 106ff.
Dendro: Hohenheim (Becker 1981) K 141

Lahr-Dinglingen (Lahr, Ortenaukreis)

1 *Vicus*

Grabungen LDA Freiburg 1991–1999 im Gewann „Schillinger"
Lit.: AA BW 1991, 151ff.; AA BW 1992, 154ff.; AA BW 1993, 172ff.; Hietkamp 1996.
Dendro: Hemmenhofen (DING-001)
1.1 Brunnen 1
– Brunnenschacht ohne Holzkonstruktion –
– Holz aus der Schachtverfüllung: ein Eichenbalken W 120
Kommentar: Aus dem gleichen Befund sammt ein vollständig erhaltener Türflügel bzw. Fensterladen, der dendrochronologisch nicht untersucht wurde (nur Kernholz).
1.2 Brunnen 2, zweiphasig
– Holzbrunnen 2b, waagerechte Verschalung (Eiche und Buche) W 156
– Steinbrunnen 2a auf Holzrahmen aus Erle undatiert
– Verfüllung S 216
1.3 Brunnen 3, zweiphasig
– Holzbrunnen 3b, vertikale Verschalung in einem äußeren Holzrahmen mit vier Pfosten und eingezapften Querhölzern W 169, W 170 (Buche)
– Steinbrunnen 3a auf zweilagigem Holzrahmen (Einzeldatierung vom Typ C) K 186
– Verfüllung 3a undatiert
1.4 Brunnen 4, zweiphasig
– Holzbrunnen 4b, waagerechte Verschalung mit Pflöcken im unteren Außenbereich undatiert
– Steinbrunnen 4a auf Balkenrahmen undatiert
– Verfüllung 4a: zwei kleinere Hölzer undatiert
1.5 Brunnen 5, Holzbrunnen mit zwei Konstruktionen
– waagerechte Schalung mit Nutpfosten W 156 (Buche)
– innere Pfahlsetzung mit zugespitzten Brettern auf der Sohle W 156 (Buche)
Kommentar: Buchenbretter aus demselben Baum sind in Brunnen 2b, 5a und 5b vorhanden, vermutlich Wiederverwendung im Fall von 5a.

Langenau (Alb-Donau-Kreis)

1 Siedlungsstelle, Oberes Feld

Ohne Lit.
Dendro: Hemmenhofen (LANG-003)
1.1 Holzkasten mit seitlicher Pfählung (Buche, Eiche) undatiert
Kommentar: ^{14}C-Alter: 240–325 AD cal
1.2 Brunnen aus einem hohlen Baumstamm undatiert
1.3 Brett ohne Bauverband (Einzeldatierung) S 340

Lichtenau (Kr. Rastatt)

1 Einzelfund im „Kiessee"

Tauchaktion, M. Mainberger
1.1 Bearbeiteter Tannenbalken, möglicherweise Teil eines Floßes
Lit.: AA BW 2004, 190ff.
Dendro: Hemmenhofen (LCHN-002) undatiert
Kommentar: ^{14}C-Alter: 30–210 AD cal

Mainhardt (Kr. Schwäbisch Hall)

1 Kastellvicus

Bergstraße 4, Parzelle 105, Fundjahr 1979?
1.1 Brunnenfüllung
Ohne Lit.
Dendro: Hohenheim (Becker 1981) K 214

Marbach a. N. (Kr. Ludwigsburg)

1 *Vicus*

1.1 Hafenanlage (?) an der Murrmündung, Eichenbalken beim Bau der neuen Kläranlage 1975 herausgerissen
Lit.: Fb BW 8, 1983, 307ff.; Wagschal 1993.
Dendro: Hohenheim (Becker 1981) K 107
Kommentar: Nach Becker war die Einzelprobe außen abgefault, kein Splintholz vorhanden.

Mengen-Ennetach (Mengen, Kr. Sigmaringen)

1 *Vicus*, Ufersituation

1.1 Grabung 2000 im Gewann „Adlerhof", Uferverbauung, Untersuchung von Pfählen und liegenden, z.T. kleinen Hölzern
Lit.: AA BW 2000, 94ff.
Dendro: Hemmenhofen (MENG-001) W 164
Kommentar: Weitere S-Daten zwischen 154 und 167.

Mundelsheim (Mundelsheim, Ludwigsburg)

1 *Vicus*

1.1 Zisterne eines Brunnenhauses
Lit.: AA BW 1989, 178ff.
Dendro: Hohenheim S 132

1.2 Holzbrunnen mit Verschalung in Blockbauweise, aus Sicherheitsgründen nur ein Brett verprobt
Lit.: AA BW 1996, 139ff.
Dendro: Hemmenhofen (MDLH-001) K 135
1.3 Holzbrunnen, dreiphasig
Lit.: AA BW 1999, 116ff.
Dendro: Hemmenhofen (MDLH-002)
– äußere Verschalung in Blockbauweise S 130
– innere Verschalung in Blockbauweise W 136
– Daubenfass aus Tannenholz, wiederverwendetes Weinfass mit Brandmarke N 130 (Tanne)
Kommentar: Endjahr in Nähe der Waldkante.
1.4 Holzbrunnen, Grabung 2007
Brunnen 1 mit Verschalung in Blockbauweise
Dendro: Hemmenhofen (MDLH-003) W 158
1.5 Holzbrunnen, Grabung 2007/2008
Brunnen 2 mit Verschalung in Blockbauweise
Dendro: Hemmenhofen (MDLH-003) S 158
Kommentar: parallele Konstruktion von Brunnen 1 und 2 mit homogenem Stammaterial.

Murrhardt (Rems-Murr-Kreis)

1 Kastell

1.1 Brunnen (77/234), Verschalung in Blockbauweise aus Eichenbrettern, die hinter vierkantigen Eckpfosten verspannt sind
Lit.: Krause 1984, 316.
Dendro: Hohenheim (Becker 1981) W 159

2 Kastellvicus

Lit.: AA BW 1988, 111ff. (mit archäobotanischen Untersuchungen 114ff.).
Dendro: Hohenheim
2.1 Zisterne 1, waagerechte Verschalung von verzapften Hölzern W 162
2.2 Brunnen 1, Verschalung in Blockbauweise, 22 Lagen vorhanden W 161
Kommentar: In „Hohenheimer Format" als 161–162 publiziert.

Oberndorf a. N. (Kr. Rottweil)

1. Villa im Gewann „An der Breite"

1.1 Brunnen, quadratische, waagerechte Schalung mit Nutpfosten
Lit.: AA BW 1994, 160ff.
Dendro: Hemmenhofen (OBDF-001) S 97

Offenburg (Ortenaukreis)

1 Straße, Brückenkonstruktion?

1.1 Kinzig-Vorstadt, Badstraße/Hauptstraße, Pfähle und Kanthölzer aus einer mutmaßlichen Brückenkonstruktion wohl in Verbindung mit der Kinzigtalstraße
Lit.: Tegel/Ypanqui-Werner 1999.
Dendro: Hemmenhofen (OFBG-002) S 74, S 123

Osterburken (Neckar-Odenwald-Kreis)

Kastellvicus

1 Benefiziarier-Weihbezirk
Lit.: AA BW 1982, 138ff.; AA BW 1983, 171ff.; Schallmayer/Preuß 1994; Huther 1994.
Dendro: Hohenheim
1.1 Kleiner Tempel mit Station
– Zugangsweg W 165
Reparaturen bis nach 176
– Station, Schwellbalken und Unterleghölzer W 160
1.2 Großer Holztempel über den Resten der Steinexedra und des kleinen Tempels
Phase a: Pfostenbau
– Pfostensetzung W 164
– Kanal 1 um 165
Phase b: Schwellenbau
– Neubau des Wasserbeckens (Holz 1417?) mit Bau der Kapelle der Dea Candida um 180 S 176
– Umbau des Wasserbeckens mit Erhöhung der inneren Wandung um eine Balkenlage W 206
Phase c: Tempel mit Säulenhalle W 225

2 Kastellbad 1

Grabungen 2004–2005 in der Römerstraße
Lit.: AA BW 2004, 144ff.; AA BW 2005, 135ff.
Dendro: Hemmenhofen (OSTE-001)
2.1 Vorhalle, Pfosten W 164
Ausbesserung W 190
2.2 Kanalabdeckungen S 159
2.3 Türblatt oder Fensterladen W 163

Pforzheim (Enzkreis)

1 *Vicus*

Grabung Kappelhofplatz
Lit.: AA BW 1991, 135ff.; Manuskript K. Kronenwett in Ortsakten Ref. 25 RP Karlsruhe.
1.1 Brunnen, Bef. 119 S 107
1.2 Brunnen, Bef. 491 S 148

Rainau-Buch (Rainau, Ostalbkreis)

1 Kastellvicus

Brunnen und Zisternen
Lit.: AA BW 1978, 92ff.
Dendro: Hohenheim (Becker 1981; Friedrich/Greiner 2001)
1.1 Brunnen 2 W 161
1.2 Latrine 8 W 161
1.3 Brunnen 11 W 161
1.4 Brunnen 4 S 162
1.5 Latrine 6 S 184
1.6 Brunnen 10, erste Nutzung W 193
1.7 Brunnen 1 S 199
1.8 Brunnen 13, erste Nutzung W203
1.9 Keller 10 K 206
1.10 Brunnen 13, zweite Nutzung W 216
1.11 Brunnen 10, zweite Nutzung (kaum später) K 210
1.1.12 Brunnen 9 (Waldkante fraglich) W 229
1.13 Brunnen 7 W 229
1.14 Latrine 3 S 205
1.15 Wasserrinne (mit Vorbehalt). W 254
1.16 Brunnen 13, Ausbau der Verschalung (mit Vorbehalt) W 254
1.17 Brunnen 10, Ausbau der Verschalung (mit Vorbehalt) W 254
Kommentar: Dazu einige einzeldatierte Bauhölzer.

Rainau-Schwabsberg (Rainau, Ostalbkreis)

1 Limespalisade

1.1 Palisadenabschnitt von halbierten Eichenhölzern
Lit.: Fb BW 5, 1980, 227.
Dendro: München (Giertz, unpubl.), Trier (Hollstein 1980)
Neue Verprobung 1976
Lit.: Planck 1983, 63.
Dendro: Hohenheim (Becker 1981) W 165

Riegel a. K. (Kr. Emmendingen)

1 Kastellvicus/*vicus*

Grabung 2004 in der Feldgasse (Nordwestvicus)
1.1 Verkohlter Balken aus dem Brandschutt einer Holzbauphase
Lit.: AA BW 2004, 153ff.
Dendro: Hemmenhofen (RIEG-001) K 37
Kommentar: Einzeldatierung (Fundnr.: H 4398).

Römerstein-Donnstetten (Römerstein, Kr. Reutlingen)

1 Kastellvicus/*vicus*

1.1 Fundst. Westerheimer Straße 29, Sammelhölzer
Ohne Lit.
Dendro: Hemmenhofen (DONN-001) N 137
(Buche)

Schallstadt-Mengen (Schallstadt-Wolfenweiler, Kr. Breisgau-Hochschwarzwald)

1 Bohlenwegführung im Gewann „Erlenmatten"

Lit.: AA BW 2003, 148ff.
Dendro: Hemmenhofen
(SMEG-002) W 70, S 86 (Reparatur?)

Schliengen (Kr. Lörrach)

1 Quellenfasssung

Ohne Lit.
Dendro : Hemmenhofen (SLNG-001) undatiert

Schorndorf (Rems-Murr Kreis)

1 *Vicus*

1.1 Gebäudereste am Moldauweg
Ohne Lit.
Dendro : Hemmenhofen (SCHO-001) undatiert

Schorndorf „Sünchenberg" (Rems-Murr Kreis)

1 *Villa rustica*

1.1 Brunnen mit Verschalung in Blockbauweise
Lit.: AA BW 1995, 231ff.; RiBW 2005, 311ff.
Dendro: Hohenheim W 172

Schramberg-Waldmössingen (Schramberg, Kr. Rottweil)

1 Kastellvicus/*vicus*

1.1 Holzfunde aus einem Weiheraushub 1985 westlich vom Kastell
Ohne Lit.
Dendro: Hemmenhofen
(WLMÖ-001, WLMÖ-002) S 65, K 99

Schwäbisch-Gmünd (Ostalbkreis)

1 Limespalisade

1.1. Limespalisade im Rotenbachtal
Lit.: Planck/Beck 1987, 107; RiBW 2005, 314f.
Dendro: Hohenheim W 163
Kommentar: Nachuntersuchungen Hemmenhofen (SWGR-001) mit einer Waldkantendatierung auf 164 (Waldkante fraglich).

2 Kastell Schirenhof

2.1 Kastellvicus, Zufahrtsstraße zum Kastell
Grabung 1966 (H. U. Nuber, Univ. Frankfurt)
Lit.: Fundber. Schwaben N. F. 18/II, 1967, 115f., RiBW 2005, 315.
Dendro: Trier (Hollstein 1980) S 165
Kommentar: Zu vernachlässigen sind die in beiden o.g. Publikationen angegebenen Daten aus der Zeit vor der endgültigen Korrektur des Jahrringkalenders.

Seekirch (Kr. Biberach)

1 Brückenkonstruktion

1.1 Pfähle im Gewann „Am Kirchweg" im nördlichen Federseemoor
Lit.: Fb BW 17/1, 1992, 283ff.
Dendro: Hemmenhofen (SEEK-001) K 181

Sindelfingen (Kr. Böblingen)

1 *Vicus*

1.1 Baugrube Technikerschule (Grabung LDA Baden-Württemberg, G. Fehring), zwei Hölzer
Dendro: München (Giertz, unpubl.),
Trier (Hollstein 1980) K 109
1.2 Grabung 1980–1982, Anbau und Erweiterung Technikerschule
Lit.: Sindelfinger Jahrb. 1982, 270; Knopf 2000, 63ff.
Dendro: Hohenheim
– Brunnen 1, Bef. 19.11, Steinbrunnen
auf hölzernem Brunnenstuhl S 165
Kommentar: Nach Becker Splintanfang auf 145 AD sehr wahrscheinlich.
– Brunnen 2, Bef. 19.20, Verschalung
in Blockbauweise mit Eckpfosten S 118, S 170
Kommentar: Bei der ersten Angabe besitzt eine der drei datierten Proben 29 Splintringe, daher ist eine Baumfällung um 120 AD sehr wahrscheinlich. Bei der zweiten Angabe handelt es sich wohl um eine Reparatur.
1.3 Schadenwasenstraße, IKEA-Gelände, Holzbrunnen mit gelochter Sohle und verkämmten Wandbrettern
Lit.: AA BW 1996, 148ff.
Dendro: Hemmenhofen (SDFG-001) W 205
1.4 IKEA-Gelände, Erweiterung
Rettungsgrabung 2007 mit verschiedenen Holzbefunden
Lit.: AA BW 2006, 128ff.
Dendro: Hemmenhofen (SDFG-002)
Brunnen
– Brunnen, Bef. 2 S 123
– Brunnen, Bef. 8 W 125
– Brunnen, Bef. 22 S 141, S 158
Pfahlreihen, darunter Stützpfähle einer Steinmauer
– Pfahlreihe, Bef. 4 W 124
– Pfahlreihe, Bef. 11 W 124

– Pfahlreihe, Bef. 26 S 123
– Pfahlreihe, Bef. 27 S 118
– Pfahlreihe, Bef. 28 W 124

Sontheim a. d. Brenz (Kr. Heidenheim)

1 *Villa*/Straßenstation

1.1 Zisterne
Lit.: Nuber, 3. Heidenheimer Arch.-Coll. 1987, 99; RiBW 2005, 321.
Dendro: Hohenheim S 91, K 106
Kommentar: Frühe Angabe S 95 zu vernachlässigen (Einbindung von Proben ohne Splintholz in die Splintgrenzendatierung). – Datum K 106 = Reparatur?

Stettfeld (Ubstadt-Weiher, Kr. Karlsruhe)

1 *Vicus*

Grabung 1985 in der Talstraße 4
Vier Brunnen, darunter drei mit Holzerhaltung
Lit.: AA BW 1985, 151 ff., Knötzele 2006.
Dendro: Hohenheim
1.1 Brunnen 1, Holzkasten, quadratische Aufzimmerung mit Schwalbenschwanz- bzw. Zapfenverbindungen undatiert
1.2 Brunnen 2, Verschalung in Blockbauweise S 119, S 122
1.3 Brunnen 3, rechteckiger Brunnenschacht, keine Holzerhaltung –
1.4 Brunnen 4, kreisförmiger Schacht mit Fassbrunnen aus dicken Eichendauben undatiert

2 Töpferei/Ziegelei im Gewann „Im Sand"

Lit.: AA BW 2006, 118 ff.
Dendro: Hemmenhofen (STET-001)
2.1 Brunnen, Bef. 128, Brunnenfass aus Fichten- und Tannendauben, undatiert, aber Synchronisierung mit Fichtenserien eines Fasses aus Mainz-Wallaustraße (Labor für Dendroarchäologie S. Bauer, Trier) undatiert
2.2 Brunnen, Bef. 263, Einzelhölzer im Brunnenschacht undatiert
2.3 Brunnen, Bef. 289, Verschalung in Blockbauweise eventuell mehrphasig, ringarme Eichenhölzer Fundnr. 665–678 undatiert
2.4 Brunnen, Bef. 92/47, zweischalige Einfassung aus Eichenholz in Blockbauweise
– äußere Verschalung aus radialen Eichenbrettern K 37
– innere Verschalung aus Eiche undatiert
2.5 Brunnen, Bef. 46B, fassartige Brunnenstube aus ringarmen Eichendauben undatiert
2.6 Brunnen, Bef. 432, Verschalung in Blockbauweise, vermutlich zweiphasig undatiert
2.7 Hundebestattung, drei Bretter aus der Einfassung undatiert

Sulz a. N. (Kr. Rottweil)

1 Kastellvicus/*vicus*

1.1 Brunnen, acht Proben
Lit.: RiBW 1976, 534 ff.
Dendro: Hohenheim (Becker 1981) K 97
Nachuntersuchung: Hemmenhofen (SULZ-007) W 107
Kommentar: Bei der Nachuntersuchung handelt es sich um Verkleidungshölzer der Brunnenstube; außerdem ein Eichenholz (W 113) und drei Tannenbretter (N 92) ohne eindeutige Befundzuweisung.
1.2 Unbestimmte Holzkonstruktion im *vicus*, Hölzer aus Baggerungen, von H. Matull 1995 gesammelt
Lit.: AA BW 1995, 166 ff.
Dendro: Hemmenhofen (SULZ-005) S 83

Waghäusel-Wiesental (Waghäusel, Kr. Karlsruhe)

1 Kastellvicus/*vicus*

Brunnen westlich des Kastells, Bannwald I/4 Bastwald
Lit.: RiBW 2005, 347.
Dendro: Hemmenhofen (WIST-001)
1.1 Brunnen Nr. 11 S 169
1.2 Brunnen Nr. 33 undatiert
Kommentar: Kernholzdatierung K 78 für ein weiteres Brett ohne Befundangabe.

Walheim (Kr. Ludwigsburg)

1 Kastellvicus/*vicus*

Lit.: AA BW 1982, 117 ff.; AA BW 1988, 120 ff.
Dendro: Hohenheim
1.1 Brunnen 1: Grabung 1982, Steinbrunnen zwischen den Gebäuden 4 und 5, Stube aus einem Holzfass mit Tannendauben und Fassreifen, Fundnr. 14, Bef. 65 undatiert
1.2 Brunnen 5: Grabung 1986, Steinbrunnen mit fassartiger Stube, 18 senkrecht zugespitzte Eichenhölzer, Fundnr. 3190/1-18, Bef. 4557 S 166
Kommentar: Fünf Hölzer analysiert: Spaltbretter aus demselben Eichenstamm.
1.3 Brunnen 6: Grabung 1986, Steinbrunnen auf einlagigem Holzrahmen, Fundnr. 3367–3369, Bef. 4218 undatiert
1.4 Brunnen 7: Grabung 1988, Steinbrunnen mit fassartiger Stube, 18 senkrecht zugespitzte Eichenhölzer, Fundnr. 4766, Bef. 5767 S 166?
Dazu: Fundnr. 4769–4771, äußere Befestigungsteile (Holzreifen) undatiert
und Fundnr. 4705 und 4718, Hölzer im Brunnen undatiert
Kommentar: Es besteht noch Klärungsbedarf für die Datierung dieses Brunnens bzw. für die Befundzuweisung der untersuchten Proben.
1.5 Schwellbalken, Fundnr. 4237 undatiert

Welzheim (Rems-Murr-Kreis)

1 Ostkastell

Lit.: AA BW 1981, 169 ff.; Planck in Körber-Grohne u. a. 1983, 10 ff.
Dendro: Hohenheim (Becker 1981)
1.1 Brunnen 1, waagerechte Verschalung von verzapften Hölzern K 182
Kommentar: Andere Angabe 190 ± zu vernachlässigen.
1.2 Brunnen 2, waagerechte Verschalung von verzapften Hölzern mit Steigsprosse W 165
1.3 Brunnen 3 mit quadratischer Stube, bestehend aus sechs Lagen von miteinander verzapften Bohlen S 195

Kommentar: Wenige Splintringe bis zur Waldkante zerdrückt, Baumfällung zwischen 196 und 200 AD.

2 Westkastell

2.1 Schloßgartenstraße, Grabung 1983, Zisterne 1 mit vier Hölzern an der Basis der Verfüllung
Lit.: AA BW 1983, 179ff.
Dendro: Hohenheim
(unpubl. Bericht Becker 1983) N 141 (Tanne), K 152

3 Limespalisade?

3.1 Zwei Pfähle aus früheren Baggerungen, im Städtischen Museum aufbewahrt
Dendro: Hemmenhofen (WELZ-001) undatiert

Wiesloch (Rhein-Neckar-Kreis)

1 *Vicus*

Grabungen 1987–1990
1.1 Brückenkonstruktion am Leimbach
Lit.: AA BW 1987, 142ff.; AA BW 1990, 124ff.; Hensen 2007.
Dendro : Hemmenhofen (WISL-002) undatiert
1.2 bis 1.11
Dendro: Hohenheim
1.2 Brunnen 1, Bef. 2.6, Steinbrunnen auf Holzrost und Brunnenstuhl von senkrechten Brettern, Verfüllung 3. Jh. undatiert
1.3 Brunnen 2, Bef. 2.42, Steinbrunnen in gleicher Bauweise wie Brunnen 1 und mit tieferer, vertikaler Innenverschalung, vermutlich zweiphasig
– Brunnenstuhl K 190
– innere vertikale Verschalung undatiert
1.4 Brunnen 3, Bef. 346, Steinbrunnen auf Brunnenstuhl K 191
1.5 Brunnen 4, Bef. 393, Holzschalung in Blockbauweise, Verfüllung noch vor Mitte des 2. Jh. K 115
Kommentar: Nach Becker Baumfällung noch im ersten Drittel des 2. Jh.
1.6 Brunnen 5, Bef. 434, Holzverschalung in Blockbauweise undatiert
1.7 Brunnen 6, Bef. 655, Steinbrunnen in Keller eingebaut, Verfüllung gegen Ende des 2. Jh. K 158
1.8 Brunnen 7, Bef. 760, Steinbrunnen mit hölzernem Stuhl, senkrecht gestellte Bretter aus derselben weitringigen Eiche undatiert
1.9 Brunnen 8, Bef. 809, Steinbrunnen mit hölzernem Brunnenstuhl, Verfüllung Anfang 2. Jh. K 176
1.10 Brunnen, Bef. 1059, mit Resten eines Holzkastens undatiert
1.11 Zisterne, Bef. 1069 undatiert
Grabung 1996
1.12 Brunnen mit Holzkasten in Blockbauweise
Lit.: AA BW 1996, 131ff.
Dendro: Hemmenhofen (WISL-001) K 132, K 157
(zweites Datum: Hölzer aus Baggeraushub)
Kommentar: Bei Hensen 2007 sind alle Angaben zur Splintgrenzendatierung zu revidieren bzw. zu überprüfen.

Abgekürzt zitierte Literatur

Bauer 2001 — S. Bauer, Vergängliches Gut auf dem Rhein. Mainzer Holzhandel in römischer Zeit. In: H.-P. Kuhnen (Hrsg.), Abgetaucht, aufgetaucht. Flussfundstücke. Aus der Geschichte. Mit ihrer Geschichte. Schr. Rhein. Mus. Trier 21 (Trier 2001) 31–42.

Baillie/Pilcher 1973 — M. G. M. Baillie/J. R. Pilcher, A simple cross-dating program for tree-ring research. Tree-Ring Bull. 33, 1973, 7–14.

Becker 1981 — B. Becker, Fällungsdaten römischer Bauhölzer anhand einer 2350-jährigen süddeutschen Eichen-Jahrringchronologie. Fundber. Baden Württemberg 6, 1981, 369–386.

Becker u. a. 2001 — Th. Becker/St. Bender/M. Kemkes/A. Thiel, Der Limes zwischen Rhein und Donau. Ein Bodendenkmal auf dem Weg zum UNESCO-Weltkulturerbe. Arch. Inf. Baden-Württemberg 44 (Stuttgart 2001).

Billamboz 1985 — A. Billamboz, Premières investigations dans le champ de pieux de la station de Hornstaad-Hörnle I sur les bords du lac de Constance. In: Landesdenkmalamt Baden-Württemberg (Hrsg.), Berichte zu Ufer- und Moorsiedlungen Südwestdeutschlands 2. Materialh. Vor- u. Frühgesch. Baden-Württemberg 7 (Stuttgart 1985) 125–147.

Billamboz 1998 — A. Billamboz, Die jungneolithischen Dendrodaten der Pfahlbausiedlungen Südwestdeutschlands als Zeitrahmen für die Einflüsse der Michelsberger Kultur in ihrem südlichen Randgebiet. In: J. Biel/H. Schlichtherle/M. Strobel/A. Zeeb (Hrsg.), Die Michelsberger Kultur und ihre Randgebiete – Probleme der Entstehung, Chronologie und des Siedlungswesens. Materialh. Arch. Baden-Württemberg 43 (Stuttgart 1998) 159–168.

Billamboz 2008 — A. Billamboz, Stand der Dendrochronologie der Eisenzeit nördlich der Alpen mit neuen Daten aus der Heuneburg-Vorburg. In: D. L. Krauße (Hrsg.), Frühe Zentralisierungs- und Urbanisierungsprozesse. Zur Genese und Entwicklung frühkeltischer Fürstensitze und ihres territorialen Umlandes. Kolloquium des DFG-Schwerpunktprogramms 1171 (Blaubeuren, 9.–11. Oktober 2006). Forsch. u. Ber. Vor- u. Frühgesch. Baden-Württemberg 101 (Stuttgart 2008) 229–248.

Billamboz/Becker 2001 — A. Billamboz/B. Becker, Die frühmittelalterlichen Grabkammern von Lauchheim im dendrochronologischen Datennetz Südwestdeutschlands. Fundber. Baden-Württemberg 25, 2001, 831–870.

Billamboz/Herzig 1985 — A. Billamboz/F. Herzig, Stand der Jahrringchronologien Oberschwabens und des Bodensees. In: B. Becker/A. Billamboz/H. Egger/P. Gassmann/A. Orcel/Ch. Orcel/U. Ruoff, Dendrochronologie in der Ur- und Frühgeschichte. Die absolute Datierung von Pfahlbausiedlungen nördlich der Alpen im Jahrringkalender Mitteleuropas. Antiqua 11 (Basel 1985) 30–35.

Billamboz/Tegel 1995	A. Billamboz/W. Tegel, Die dendrochronologische Datierung des spätrömischen Kriegshafens von Bregenz. Jahrb. Vorarlberger Landesmus. 1995 (Bregenz 1995) 23–30.
Brénon u. a. 2005	J.-C. Brénon/O. Caumont/W. Tegel, Vittel « La Croix Pierrot » (Vosges) : abattage, façonnage et mise en place des bois de fondation d'un bâtiment de la fin de l'âge du Fer. In: O. Buchsenschutz/C. Mordant (Hrsg.), Architectures protohistoriques en Europe occidentale du Néolithique final à l'âge du Fer. Actes des Congrès nationaux des Sociétés historiques et scientifiques, 127ème congrès, Nancy, 15–20 avril 2002. CTHS (Paris 2005) 181–199.
Breuer 2001	E. Breuer, Römer am nördlichen Bodensee. Eriskirch und Umgebung in römischer Zeit. Heimatkde. Schr. Kulturver. Eriskirch e. V. 3 (Tettnang 2001).
Fingerlin 1997	G. Fingerlin, Siedlungen und Siedlungstypen. Südwestdeutschland in frühalamannischer Zeit. In: Archäologisches Landesmuseum Baden-Württemberg (Hrsg.), Die Alamannen. Ausstellungskat. Stuttgart (Stuttgart 1997) 125–134.
Friedrich/Greiner 2001	M. Friedrich/B. Greiner, Neue dendrochronologische Daten des 3. Jahrhunderts n. Chr. aus dem römischen Kastellvicus Rainau-Buch. In M. Frey/N. Hanel (Hrsg.), Archäologie – Naturwissenschaften – Umwelt. Beiträge der Arbeitsgemeinschaft „Römische Archäologie" auf dem 3. Deutschen Archäologenkongreß in Heidelberg 25.5.–30.5.1999. BAR Internat. Ser. 929 (Oxford 2001) 33–41.
Furger 1985	A. R. Furger, Augst, 6 v. Chr.: Dendrodaten und Fundhorizonte. Jahresber. Augst u. Kaiseraugst 5, 1985, 123–146.
Greiner 2002	B. A. Greiner, Der Kastellvicus von Rainau-Buch: Siedlungsgeschichte und Korrektur dendrochronologischer Daten. In: L. Wamser/B. Steidl (Hrsg.), Neue Forschungen zur römischen Besiedlung zwischen Oberrhein und Enns. Kolloquium Rosenheim 14.–16. Juni 2000. Schr. Arch. Staatsslg. 3 (Remshalden-Grunbach 2002) 83–89.
Hartmann 1987	M. Hartmann, Eine spätrömische und eine mittelalterliche Rheinbrücke in Zurzach AG. Arch. Schweiz 10, 1987, 13–15.
Heiligmann 1990	J. Heiligmann, Der Alb-Limes. Ein Beitrag zur römischen Besetzungsgeschichte Südwestdeutschlands. Forsch. u. Ber. Vor- u. Frühgesch. Baden Württemberg 35 (Stuttgart 1990).
Hensen 2007	A. Hensen, Der römische Vicus von Wiesloch (Rhein-Neckar-Kreis). Untersuchungen zu den Ausgrabungen bis zum Jahre 1991 (Microfiche Heidelberg 2007).
Hietkamp 1996	K. Hietkamp, Über die Ausgrabung der Brunnen im römischen Vicus von Lahr-Dinglingen. Arbeitsbl. Restauratoren 29/1, Gruppe 20 – Grabungstechnik, 1996, 301–307.
Hollstein 1980	E. Hollstein, Mitteleuropäische Eichenchronologie. Trierer dendrochronologische Forschungen zur Archäologie und Kunstgeschichte. Trierer Grabungen u. Forsch. 11 (Mainz 1980).
Höneisen 1993	M. Höneisen, Frühgeschichte der Region Stein am Rhein. Archäologische Forschungen am Ausfluss des Untersees. Schaffhauser Arch. 1 (Basel 1993).
Huther 1994	S. Huther, Die Wasserbauwerke im Weihebezirk von Osterburken. Erste Ergebnisse. In: Der römische Weihebezirk von Osterburken II. Kolloquium 1990 und paläobotanische-osteologische Untersuchungen. Forsch. u. Ber. Vor- u. Frühgesch. Baden Württemberg 49 (Stuttgart 1994) 75–159.
Jauch 1997	V. Jauch, Eschenz – Tasgetium. Römische Abwasserkanäle und Latrinen. Arch. Thurgau 5 (Frauenfeld 1997).
Knopf 2000	T. Knopf, Das römische Sindelfingen. Materialh. Arch. Baden-Württemberg 55 (Stuttgart 2000).
Knötzele 2006	P. Knötzele, Zur Topographie des römischen Stettfeld (Landkreis Karlsruhe): Grabungen 1974–1987. Forsch. u. Ber. Vor- u. Frühgesch. Baden Württemberg 97 (Stuttgart 2006).
Knorr 2002	H. Knorr, Die Chronologie der römischen Kaiserzeit in Mitteleuropa. Grundlagen, Quellenkritik und Folgen für die Geschichtschreibung (Norderstedt 2002).
Kortüm 1998	K. Kortüm, Zur Datierung der römischen Anlagen im obergermanisch-rätischen Limesgebiet. Chronologische Untersuchungen anhand der Münzfunde. Saalburg-Jahrb. 49 (Mainz 1998) 5–65.
Körber-Grohne u. a. 1983	U. Körber-Grohne u. a., Flora und Fauna im Ostkastell von Welzheim. Forsch. u. Ber. Vor- u. Frühgesch. Baden Württemberg 14 (Stuttgart 1983).
Körber-Grohne/Piening 1983	U. Körber-Grohne/U. Piening, Die Pflanzenreste aus dem Ostkastell von Welzheim mit besonderer Berücksichtigung der Graslandpflanzen. In: U. Körber-Grohne u. a., Flora und Fauna im Ostkastell von Welzheim. Forsch. u. Ber. Vor- u. Frühgesch. Baden Württemberg 14 (Stuttgart 1983) 17–88.
Krause 1984	R. Krause, Neue Untersuchungen am römischen Kohortenkastell in Murrhardt, Rems-Murr-Kreis. Fundber. Baden-Württemberg 9, 1984, 289–358.
Krause 1998	R. Krause, Frühe Alamannen am Sauerbach – neue Siedler nach Abzug des römischen Militärs in Aalen, Ostalbkreis. Arch. Ausgr. Baden-Württemberg 1997 (1998) 135–139.
Krause 1991	R. Krause, Eine römische Straßenstation im Egertal bei Trochtelfingen, Stadt Bopfingen, Ostalbkreis. Arch. Ausgr. Baden-Württemberg 1990 (1991) 165–172.
Kromer/Friedrich 2007	B. Kromer/M. Friedrich, Jahrringchronologien und Radiokohlenstoff. Ein ideales Gespann in der Paläoklimaforschung. Geogr. Rundschau 59/4, 50–55.
Kuhnen 2007	H.-P. Kuhnen, Schauplätze der spätrömischen Landschafts- und Umweltgeschichte am Oberrhein. Fundber. Baden Württemberg 29, 2007, 533–558.
Laible 1987	V. Laible, Der Einfluß des Standortes auf den Zuwachsverlauf (Jahrringbreiten) südwestdeutscher Eichenbestände. Ungedr. Diplomarbeit Univ. Hohenheim 1987.

Lambert u. a. 2005 — G. N. Lambert/S. Durost/J. Cuaz, 2500 years from dendrochronology back to historic french human biotopes. Concerned trees: low altitude oaks. In: I. Heinrich/M. Monbaron (Hrsg.), TRACE, conference on Tree Ring, Climate, Archaeology and Environment, Fribourg, 21–23 Apr. 2005. Association for Tree Ring Research (ATR) 4, 2005, 244–264.

Lambert/Orcel 1978 — G. Lambert/C. Orcel, Précisions à propos de dates des époques protohistorique et romaine. Archives Suisses Anthr. Générale 42/2 (Genf 1978) 113–115.

Land 2003 — A. Land, Über den Einfluß von Klima und Standort auf den Früh- und Spätholz-Zuwachs rezenter Eichen. Ungedr. Diplomarbeit Univ. Hohenheim 2003.

Laurelut u. a. 2002 — C. Laurelut/W. Tegel/J. Vanmoerkerke, Repères dendrochronologiques et aspects de la technologie du bois pour la fin de l'âge du Fer dans les bassins de la Meuse et de la Moselle. Mém. Soc. Arch. Champenoise 16/1 (Reims 2002) 15–22.

Luik 1994 — M. Luik, Der Kastellvicus von Aalen. Fundber. Baden-Württemberg 19/1, 1994, 265–355.

Luik 1996 — M. Luik, Köngen-Grinario I. Topographie, Fundstellenverzeichnis, ausgewählte Fundgruppen. Forsch. u. Ber. Vor- u. Frühgesch. Baden-Württemberg 62 (Stuttgart 1996).

Nenninger 2001 — M. Nenninger, Die Römer und der Wald. Untersuchungen zum Umgang mit einem Naturraum am Beispiel der römischen Nordwestprovinzen. Geographica historica 16 (Stuttgart 2001).

Neyses 1998 — M. Neyses, Eine römerzeitliche Tannenchronologie für die Nordwest-Provinzien. Trierer Zeitschr. 61, 1998, 137–154.

Neyses-Eiden 2002 — M. Neyses-Eiden, Holzbauten im römischen Vicus von Tawern. Beobachtungen zur Dendrochronologie und Holztechnologie. Funde u. Ausgr. Bez. Trier 34, 2002, 29–38.

Nicolussi 1998 — K. Nicolussi, Die Bauhölzer der Via Claudia Augusta bei Leermoos (Tirol). In: E. Walde (Hrsg.), Via Claudia. Neue Forschungen (Telfs 1998) 113–145.

Nicolussi/Patzelt 2006 — K. Nicolussi/G. Patzelt, Klimawandel und Veränderungen an der alpinen Waldgrenze – aktuelle Entwicklungen im Vergleich zur Nacheiszeit. BFW-Praxisinformation 10, April 2006, 3–5.

Planck 1983 — D. Planck, Das Freilichtmuseum am rätischen Limes im Ostalbkreis. Führer arch. Denkmäler Baden-Württemberg 9 (Stuttgart 1983).

Planck 1988 — D. Planck, Der obergermanisch-rätische Limes in Südwestdeutschland und seine Vorläufer. In: D. Planck. (Hrsg.), Archäologie in Baden-Württemberg. Ergebnisse und Perspektiven archäologischer Forschung von der Altsteinzeit bis zur Neuzeit (Stuttgart 1988) 251–280.

Planck 2005 — D. Planck, Zum Stand der Römerforschung in Baden-Württemberg. Fundber. Baden-Württemberg 28/1, 2005, 237–260.

Planck/Beck 1987 — D. Planck/W. Beck, Der Limes in Südwestdeutschland. Hauptwanderweg Schwäb. Albverein 6[2] (Stuttgart 1987).

Ramseyer 1989 — D. Ramseyer, Corpus complet des résultats transmis au Service archéologique cantonal fribourgeois par les laboratoires de Munich, Trèves, Neuchâtel et Moudon. Chronique archéologique 1986. Archéologie Fribourgeoise (Fribourg 1989) 91–115.

Schallmayer 1990 — E. Schallmayer, Grabungen in der Altstadt von Baden-Baden. Arch. Ausgr. Baden-Württemberg 1989 (1990) 143–147.

Schallmayer/Preuß 1994 — E. Schallmayer/G. Preuß, Die Steinfunde aus dem Heiligtum von Osterburken. In: Der römische Weihebezirk von Osterburken II. Kolloquium 1990 und paläobotanische-osteologische Untersuchungen. Forsch. u. Ber. Vor- u. Frühgesch.Baden-Württemberg 49 (Stuttgart 1994) 15–74.

Schmidt 1992 — B. Schmidt, Jahrringanalytische Untersuchungen an Eichenfunden aus den Grabungen in Oberaden. In: J.-S. Kühlborn, Das Römerlager in Oberaden III. Die Ausgrabungen im nordwestlichen Lagerbereich und weitere Baustellenuntersuchungen der Jahre 1962–1988 (Münster 1992) 217–236.

Schmidt/Gruhle 2003 — B. Schmidt/W. Gruhle, Klimaextreme in römischer Zeit. Eine Strukturanalyse dendrochronologischer Daten. Arch. Korrbl. 33/3, 2003, 421–426.

Smettan 1999 — H. W. Smettan, Besiedlungsschwankungen von der Latènezeit bis zum frühen Mittelalter im Spiegel südwestdeutscher Pollendiagramme. Fundber. Baden-Württemberg 23, 1999, 779–807.

Sommer 1988 — S. Sommer, Kastellvicus und Kastell. Untersuchungen zum Zugmantel im Taunus und zu den Kastellvici in Obergermanien und Rätien. Fundber. Baden-Württemberg 13, 1988, 457–707.

Spurk u. a. 2002 — M. Spurk/H. H. Leuschner/M. G. L. Baillie/K. R. Briffa/M. Friedrich, Depositional frequency of German subfossil oaks: climatically and non-climatically induced fluctuations in the Holocene. The Holocene 12/6, 2002, 707–715.

Stork 2000 — I. Stork, Bemerkenswerte Befunde aus dem römischen Vicus auf der „Ottmarsheimer Höhe", Gemarkungen Mundelsheim und Besigheim-Ottmarsheim, Kreis Ludwigsburg. Arch. Ausgr. Baden-Württemberg 1999 (2000) 116–119.

Tegel/Yupanqui-Werner 1999 — W. Tegel/M. Yupanqui-Werner, Neue römische Bauholzfunde aus Offenburg. Römische Brücke, Hafen oder Uferverbauungen? Nachrichtenbl. Arbeitskreis Unterwasserarchäologie NAU 5, 1999, 59–61.

von Schnurbein 2008 — S. von Schnurbein, Germanen und Römer im Vorfeld des Obergermanischen Limes. Vortrag zur Jahressitzung 2006 der Römisch-Germanischen Kommission. Ber. RGK 87, 2006 (2008) 19–40.

Wagschal 1993 — M. Wagschal, Vici ad murram: Untersuchung der römischen Siedlungsbereiche Benningen, Marbach, Murr, Steinheim und Freiberg (Diss. Univ. Freiburg 1993; PDF-Fassung von 2007: http://www.freidok.uni-freiburg.de/volltexte/2837).

Tierknochenfunde aus dem Tempelbezirk von *Sumelocenna*, Rottenburg a. N., Kreis Tübingen

ELISABETH STEPHAN

Einleitung

Im Rahmen der Ausgrabungen von 1995 bis 1999 wurde im Tempelbezirk des römischen Rottenburg a. N. im Neubaugebiet „Am Burggraben" neben einer Fülle archäologischer Funde auch ein umfangreicher Tierknochenkomplex geborgen (Reim 1999; Gairhos 2008). Bei der archäologischen Bearbeitung stellte sich der Inhalt einer kleineren Grube nahe der Temenosmauer als besonders interessant heraus (Bef. 135; Gairhos 2008, 54–55; Beil. 2). Die Grube war 2,1 m × 1,25 m groß und nur noch im Sohlenbereich erhalten. Neben Keramik, Holzkohle und verziegeltem Hüttenlehm fanden sich hier viele, häufig verbrannte Tierknochen. Die gesamte Grubenverfüllung wird anhand einer Sigillata-Reibschüssel und zweier Becher mit gerieftem Rand in das letzte Viertel des 2. Jh. datiert (Gairhos 2008, 82). Um den Charakter dieser Deponierung zu klären, wurden die hier geborgenen Tierreste detailliert archäozoologisch untersucht. Das restliche Fundmaterial, das schätzungsweise ca. 15 000 bis 20 000 Tierreste umfasst, wurde bisher nur vorläufig begutachtet. Die archäozoologische Bearbeitung des gesamten Materials ist aber geplant. Hierdurch sollen ergänzend zu den archäologischen Funden und Befunden weitere Anhaltspunkte für die Interpretation der Tempelanlage des römischen *Sumelocenna* erarbeitet werden.

Methoden

Im Rahmen der vorläufigen Begutachtung wurden alle geborgenen Faunenkomplexe qualitativ auf ihre tierartliche Zusammensetzung durchgesehen und bei einer Stichprobe von 20 Fundeinheiten die Funde getrennt nach Säugerresten und Hühnerknochen ausgezählt. Die Erfassung der archäozoologischen Daten der Funde aus der Grube nahe der Temenosmauer erfolgte in codierter Form mittels eines auf Microsoft-Access basierenden Programms. Neben der Bestimmung der Anzahl der Knochenfragmente (KNZ) wurde das Gewicht jedes Fragments in Gramm (KNG) mit einer Genauigkeit von 0,1 g gemessen. Diejenigen Knochenfunde, bei denen die Art nicht mehr eindeutig bestimmbar war, wurden drei Größenkategorien zugeordnet: 1. unbestimmte Säuger groß: Hausrind – Hauspferd; 2. unbestimmte Säuger mittelgroß: Schaf/Ziege – Hausschwein und 3. unbestimmte Säuger ohne Größenangabe. Zur Beschreibung der Fragmentierung der Knochenfunde wurden die Elemente des postkranialen Skeletts jeweils in vier Abschnitte unterteilt und der Grad der Erhaltung der Funde mit den folgenden Abkürzungen angegeben: 1/1: Knochen in ganzer Länge erhalten; 3/4: Knochen zu drei Vierteln erhalten; 1/2: Knochen zur Hälfte erhalten; < = 1/4: Knochen bis zu einem Viertel erhalten. Bei der Analyse der Skelettelementverteilung wurden die prozentualen Gewichtsanteile der verschiedenen Skelettelemente mit der Gewichtsverteilung der Skelettelemente innerhalb von rezenten Skeletten je Tierart verglichen (Bezugsdaten für Schaf/Ziege und Schwein siehe Stephan 2005, Tab. 2; Bezugsdaten für Haushuhn siehe Tab. 4). Die Einschätzung des Individualalters der Säugetiere erfolgte an Zähnen nach Zahndurchbruch und Zahnabrieb sowie an Extremitätenknochen nach dem Verwachsungsgrad der Epiphysen (Silver 1969; Habermehl 1975; Wilson u. a. 1982). Für die Zähne zeigt „+" eine geringgradige Abkauung an. Für das postkraniale Skelett symbolisieren „-" (nicht verwachsen), „+/-" (im Verwachsen) und „+" (vollständig verknöchert) kombiniert mit der Angabe „p" (proximal) und „d" (distal) den Stand der Epiphysenfugen. Soweit möglich wurde das Grobalter auch an Fragmenten ohne Gelenkenden anhand der Größe und Porosität der Knochen beschrieben. Die Brandspuren wurden den Verbrennungsstufen nach Wahl (1981) zugeordnet. Die Aufnahme der Maße mittels einer Digital-Schieblehre mit 0,1 mm Genauigkeit folgte den Ausführungen von von den Driesch (1982). Für die Ermittlung der Widerristhöhe von Hunden wurden die Faktoren von Harcourt (1974) verwendet. Zusätzlich wurden der Gaumen- und Schnauzenindex sowie der sogenannte Schlankheitsindex für Langknochen berechnet (Gaumenindex = größte Gaumenbreite × 100/größte Gaumenlänge; Schnauzenindex = Breite über die Eckzahnalveolen × 100/Schnauzenlänge; SI (%) = kleinste Breite der Diaphyse × 100/größte Länge; Peters 1998, 180–186).

Überblick über das Gesamtmaterial

Die vorläufige qualitative Begutachtung des Gesamtmaterials hat gezeigt, dass sich das Faunenmaterial überwiegend aus Resten von Schaf/Ziege, Schwein und Huhn zusammensetzt und Rind nur in sehr geringem Umfang vertreten ist. In den 20 ausgezählten Stichproben beträgt der Anteil der Hühnerknochen am Gesamtmaterial pro Fundeinheit ca. 35 %. Er variiert zwischen 20 und 50 %, wobei vor allem die sehr fundreichen, großen Befunde 4, 25, 170, 220 und 483 durch einen hohen Hühneranteil charakterisiert sind (Gairhos 2008, 49–51; 54–55; 227). Vom Huhn liegen nur wenige Schädelfragmente und Knochen von Flügelspitzen und Füßen vor. Alle restlichen postkranialen Skelettbereiche sind gut vertreten und die überlieferten Knochen gut erhalten und wenig fragmentiert. Die Säugerfunde sind deutlich stärker fragmentiert als die Geflügelreste. Verbrannte Knochen wurden nur in geringer Anzahl registriert.

Zusätzlich zu den fragmentierten Knochenfunden wurden in Befund 4 außerhalb der Tempelumfassungsmauer mehrere gut erhaltene Skelettelemente eines Pferdes geborgen. Beim Anlegen des Nordprofils in Fläche 79 fand sich ein unvollständiges Katzenskelett und in zwei Latrinen in der Nordostecke des Tempelbereichs wurden das Teilskelett eines Schafs (Bef. 289 unterhalb Gebäude 7) sowie ein nahezu vollständiges Hundeskelett freigelegt (Bef. 290 im Bereich des Gebäudes 6; Laux/Gairhos 2000; Gairhos 2008, 53). Das Schafskelett stammt von einem jungen Tier im Alter von ca. 6 bis 12 Monaten. Da das Gebäude 7 den Befund 289 schneidet, konnte es nicht vollständig geborgen werden. Freigelegt wurden neben dem Schädel hauptsächlich Knochen fleischreicher Skelettregionen. Da an keinem dieser Skelettelemente Zerlegungsspuren festgestellt werden konnten, ist es wahrscheinlich, dass das Tier aufgrund einer Krankheit gestorben ist und nach seinem Tod nicht zerlegt und als Nahrung verwendet, sondern komplett in die Latrine entsorgt wurde. Die Pferde- und Katzenreste wurden nicht detailliert untersucht. Bei ihnen scheint es sich aber ebenso wie bei dem Schafskelett um alltäglichen Siedlungsabfall zu handeln. Eine kultische Verwendung der drei Tiere ist weder an den Skelettresten ersichtlich noch wird sie für die archäologischen Befunde angenommen (Gairhos 2008, 51–54).

Bei dem Hund handelt es sich – wie der Margin Penisknochen eindeutig zeigt – um einen Rüden. Mit einer Widerristhöhe von ca. 65 cm erreichte er ungefähr die Größe von heutigen Schäferhunden und Großen Münsterländern; er war aber etwas schlankwüchsiger als heutige Rassen (vgl. Peters 1998, 182–186 Abb. 61; 64). Wie die Mehrzahl der Funde römischer mittelgroßer bis großer Hunde weist der Schädel Proportionen auf, die man bei heutigen dolichozephalen, d. h. langköpfigen, Hunden vorfindet (Kokabi 1988a, 191–194; Frey 1991, 116–123; Peters 1998, 180–184 Abb. 59; 62). Die kräftigen Muskelmarken an den Langknochen deuten auf seine Verwendung als Hof- oder Hirtenhund hin (Columella 7,12; Peters 1998, 168–170). Seine Zähne besitzen für einen Fleischfresser sehr deutliche Abkauungsspuren. Die Backenzähne sind leicht abgekaut, die Eckzähne stumpf mit seitlichen Einschliffen und die Schneidezähne so stark abradiert, dass die Kauflächen eine längsovale Form angenommen haben und labial abfallen (Abb. 1). Das heißt, der Rüde war bei seinem Tod mindestens zehn Jahre alt. Obwohl die Erhaltung des Schädels und der Zähne gut ist und alle Zähne vollständig und in Originalstellung im Kiefer überliefert sind, fehlt die Krone des rechten Oberkiefer-Reißzahns. Die unregelmäßige Bruchstelle und die scharfen Bruchkanten belegen, dass die Zahnkrone intravital, d. h. zu Lebzeiten des Hundes, abgebrochen ist. Darauf weist auch der parodontale Abszess im Kieferknochen oberhalb des Zahns hin,

Abb. 1: Rottenburg „Am Burggraben" (Bef. 290). Hundeunterkiefer mit stark abgekauten Schneidezähnen und leicht abgekauten Eckzähnen mit deutlichen seitlichen Einschliffen.

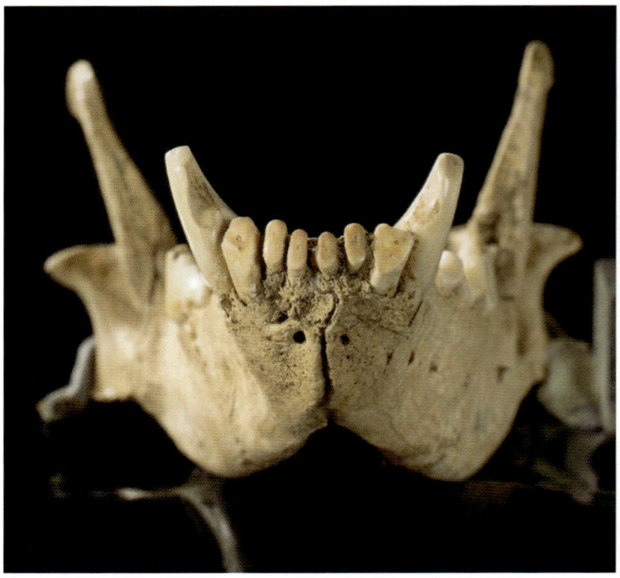

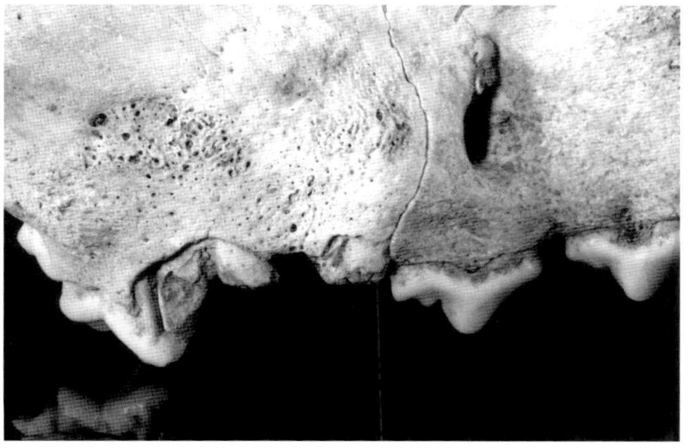

Abb. 2: Rottenburg „Am Burggraben". Rechter Oberkiefer mit Backenzähnen des Hundes aus Befund 290. Die Krone des Reißzahns ist abgebrochen, die Kronenreste sind noch sichtbar. Der Kieferknochen oberhalb des Zahns weist Entzündungsspuren auf. Die umliegenden Backenzähne sind vollständig erhalten. Ausschnitt der Seitenansicht.

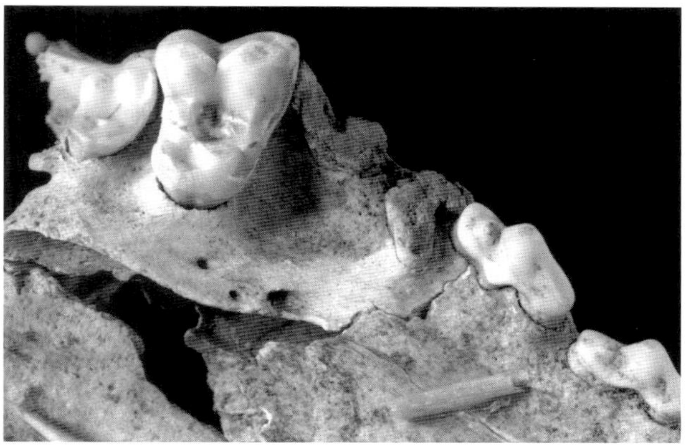

Abb. 3: Rottenburg „Am Burggraben". Wie Abb. 2, Ausschnitt der Gaumenansicht.

der auf das Eindringen von Bakterien durch die geöffnete Zahnhöhle in das Kieferinnere zurückzuführen ist (Abb. 2; 3; vgl. Baker/Brothwell 1980, 94 f.; 155–157). Die Deponierung des Hundes in einer Latrine sowie sein hohes Alter und die Muskelmarken sprechen für seine Verwendung als Gebrauchshund und eine „normale" Entsorgung nach seinem Tod (vgl. Kokabi 1988a, 191–194; Frey 1991, 116–123). Auf eine Opferung, wie sie für Hunde in anderen (gallo-)römischen Tempelbezirken vermutet wird (z. B. Méniel u. a. 1991; Benecke 1999; Witteyer 2003; Cordie/Teegen 2005), weist nichts hin.

Faunenfunde aus Befund 135

Allgemeine Charakterisierung und Artenverteilung

Das detailliert untersuchte Material aus der Grube nahe der Temenosmauer (Bef. 135) umfasst 959 Knochen- und Zahnreste von Tieren sowie Mollusken mit einem Gewicht von 884 g (Tab. 1). Von den Faunenresten konnten nur 62 % artbestimmt werden (Tab. 1), was auf den hohen Anteil von verbrannten Knochen und die daraus resultierende hohe Frag-

Tabelle 1: Rottenburg „Am Burggraben" (Bef. 135). Anzahl und Gewicht aller Tierreste und Artenverteilung der bestimmten Funde (KNZ: Knochenanzahl; KNG: Knochengewicht; FG: durchschnittliches Gewicht der Fragmente).

	KNZ	%	KNG	%	FG
Hausschaf	8	1,4	34,9	5,2	4,4
Schaf/Ziege	185	31,0	244,3	36,4	1,3
Hausschwein	41	6,9	74,5	11,1	1,8
Haushuhn	341	57,2	310,4	46,3	0,9
Haustiere gesamt	575	96,5	664,1	99,0	1,2
Weinbergschnecke	21	3,5	6,7	1,0	0,3
Bestimmte gesamt	596	100,0	670,8	100,0	1,1
Unbestimmte Säugetiere:					
– groß	4	1,1	16,6	7,8	4,2
– mittelgroß	189	52,1	150,9	70,7	0,8
– ohne Größenangabe	170	46,8	45,8	21,5	0,3
Unbestimmte gesamt	363	100,0	213,3	100,0	0,6
Bestimmte	596	62,1	670,8	75,9	1,1
Unbestimmte	363	37,9	213,3	24,1	0,6
Tierreste gesamt	959	100,0	884,1	100,0	0,9

Tabelle 2: Rottenburg „Am Burggraben“ (Bef. 135). Verteilung der unbestimmten und artbestimmten Tierknochen auf die Verbrennungsstufen.

Knochenfärbung durch Brand	Verbrennungsstufen und Temperaturen	Unbestimmte Säugetiere	Schaf / Ziege ges.	Hausschwein	Haushuhn
	unverbrannt	56	114	29	333
braun-schwarz	II: 300–400 °C	63	17	1	0
schwarz-grau / weiß	III: ca. 550 °C	139	44	7	2
	III–IV:	6	7	1	0
milchig weiß	IV: 650–750 °C	97	11	3	6
Verbrannte KNZ		305	79	12	8
Verbrannte % der Gesamtfundmenge je Art		84,5%	40,9%	29,3%	2,3%

mentierung zurückzuführen ist (Tab. 2; Abb. 5; 6). Die unbestimmten Fragmente verteilen sich zu etwa gleichen Anteilen auf Reste von Tieren im Größenbereich von Schaf/Ziege und Hausschwein und auf Reste von Säugern ohne Angabe zur Tiergröße. Bei den letztgenannten Fragmenten handelt es sich überwiegend um kleine Splitter, aus denen weder die Kompaktadicke noch der Schaftdurchmesser der ursprünglichen Knochen erschlossen werden kann, weshalb die Zuordnung dieser Stücke zu einer Größenkategorie nicht möglich ist. Nur vier Knochenfunde können großen Säugetieren zugewiesen werden.

Die bestimmten Tierreste stammen zu 39 % von den Haussäugern Schaf/Ziege und Schwein (Tab. 1; Abb. 4). Sowohl nach Knochenanzahl als auch nach Gewicht überwiegen Reste von Schaf/Ziege deutlich. Bei der Hauptmenge der kleinen Hauswiederkäuer konnte die Art – aus den bekannten Schwierigkeiten der eindeutigen Artbestimmung fragmentierten Knochenmaterials – nicht eindeutig ermittelt werden. Nur acht Funde ließen sich sicher als Knochen vom Schaf bestimmen. Die Hausziege ist nicht nachgewiesen. Die am häufigsten im Fundgut vertretene Tierart ist das Haushuhn. Wildsäuger oder -vögel sind nicht belegt, aber es fanden sich ein vollständiges Gehäuse und kleinere Schalenfragmente der Weinbergschnecke *(Helix pomatia)*.

Abb. 4: Rottenburg „Am Burggraben“. Artenverteilung der bestimmten Tierreste. KNZ: Knochenanzahl; KNG: Knochengewicht.

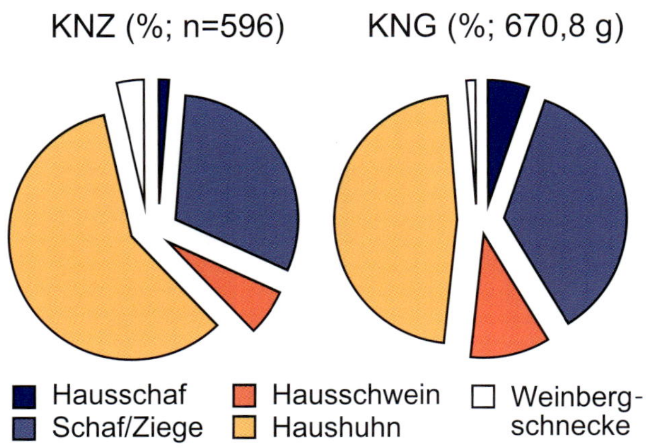

Die Erhaltung der unverbrannten Tierreste ist gut. Die Knochen sind mittel- bis dunkelbraun verfärbt, die Oberflächen sind überwiegend glatt und gut erhalten und das Gewebeinnere ist relativ fest. Nur an einem Metacarpus von Schaf/Ziege sind Bissspuren vom Hund nachgewiesen. Das heißt, die Überreste der Tiere wurden schnell einsedimentiert, ohne vorher längere Zeit der Witterung und dem Einfluss von Mensch und Tier ausgesetzt gewesen zu sein. Nur zwei Funde besitzen typische durch Pflanzenwurzeln verursachte Spuren der Auflösung des Knochengewebes an den Oberflächen. Dieser geringe Anteil von Funden mit Wurzelfraß ist darauf zurückzuführen, dass die oberen Grubenbereiche nicht mehr erhalten waren und nur noch die Verfüllung im Sohlenbereich geborgen werden konnte. Knochenfunde aus den oberen Füllschichten im Bereich des Wurzelwachstums fehlen deshalb.

85 % der unbestimmten Funde sind verbrannt, wobei der überwiegende Anteil Temperaturen über 550 °C bzw. 650 °C ausgesetzt war (Tab. 2; Abb. 5). Dieser hohe Anteil der verbrannten Tierreste unter den unbestimmten Funden ist darauf zurückzuführen, dass Knochen im Feuer zerspringen bzw. Material durch die Hitzeeinwirkung abplatzt und so (sehr) kleine Fragmente entstehen, die keiner Art mehr sicher zugeordnet werden können. Unter den artbestimmten Resten finden sich weniger verbrannte Stücke, und es zeigt sich ein deutlicher Unterschied zwischen den Säugerresten, die zu 30–40 % verbrannt sind, und den Hühnerfunden, von denen nur 2,4 % Brandspuren aufweisen. Die Verfärbungen be-

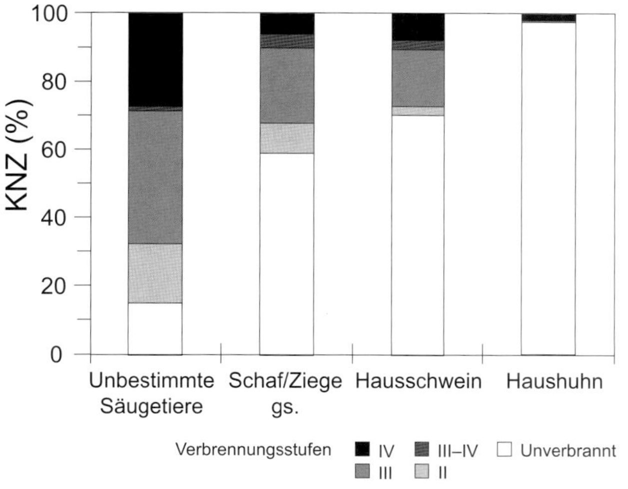

Abb. 5: Rottenburg „Am Burggraben" (Bef. 135). Verteilung der unbestimmten und artbestimmten Tierknochen auf die Verbrennungsstufen.

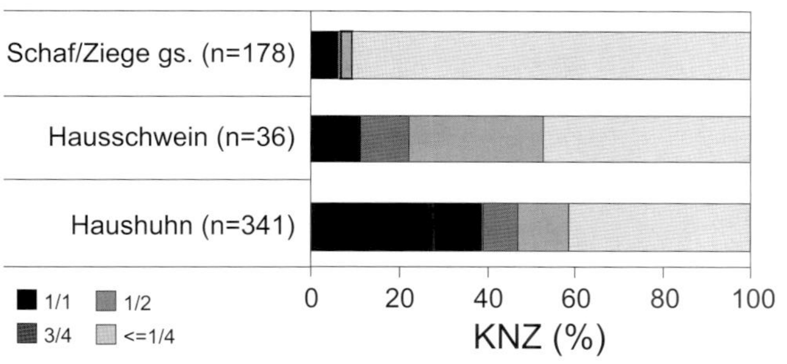

Abb. 6: Rottenburg „Am Burggraben" (Bef. 135). Fragmentierung der postkranialen Skelettelemente von Schaf/Ziege, Hausschwein und Haushuhn. 1/1: Knochen in ganzer Länge erhalten; 3/4: Knochen zu drei Vierteln erhalten; 1/2: Knochen zur Hälfte erhalten; <= 1/4: Knochen bis zu einem Viertel erhalten.

legen, dass die Säugerknochen überwiegend bei Temperaturen zwischen ca. 300 °C und 650 °C verbrannt wurden.

Auch beim Grad der Fragmentierung der postkranialen Skelettelemente zeigen sich Unterschiede zwischen den Funden von Schaf/Ziege, Schwein und Huhn (Abb. 6). Die Knochen der kleinen Hauswiederkäuer sind am stärksten zerbrochen. Über 90 % aller Fragmente sind nur noch zu einem Viertel ihrer ursprünglichen Größe bzw. in kleinen Bruchstücken erhalten und nur wenige Funde zur Hälfte oder vollständig überliefert. Vom Schwein liegen gut 50 % als stark zerschlagene Fragmente vor (< = 1/4) und nur 25 % wurden (nahezu) vollständig geborgen. Die Skelettreste der Haushühner sind deutlich weniger stark fragmentiert als die der Haussäuger: 40 % der Funde sind vollständig und 20 % zur Hälfte bis zu drei Vierteln ihrer ursprünglichen Größe erhalten.

Nutzung der Haussäuger

Von Schaf und/oder Ziege liegen Knochenfragmente aus allen Skelettregionen vor (Tab. 3). Im Vergleich zur rezenten Gewichtsverteilung sind Schädel und Wirbel unterrepräsentiert, Rippen aber prozentual stärker vertreten (Abb. 7). Trotz dieser Differenzen entspricht die Verteilung der Skelettelemente recht gut den Verhältnissen bei rezenten Tieren, was darauf hinweist, dass die kleinen Hauswiederkäuer wahrscheinlich am Ort geschlachtet wurden. Beim Haus-

Tabelle 3: Rottenburg „Am Burggraben" (Bef. 135). Skelettelementverteilung der Haussäuger.

Skelettelemente	Hausschaf				Schaf/Ziege				Hausschwein			
	KNZ	%	KNG	%	KNZ	%	KNG	%	KNZ	%	KNG	%
Cranium + Dentes	2	25,0	8,3	23,8	8	4,3	7,7	3,2	5	12,2	10,0	13,8
Mandibula + Dentes	1	12,5	5,3	15,2	3	1,6	8,6	3,5	–	–	–	–
Dentes lose	–	–	–	–	1	0,5	0,7	0,3	–	–	–	–
Scapula	–	–	–	–	3	1,6	6,8	2,8	–	–	–	–
Humerus	–	–	–	–	7	3,8	21,6	8,8	2	4,9	4,1	5,5
Radius + Ulna	–	–	–	–	13	7,0	26,3	10,8	2	4,9	7,5	10,1
Ossa carpi	–	–	–	–	3	1,6	7,7	3,2	–	–	–	–
Pelvis	–	–	–	–	7	3,8	18,0	7,4	4	9,8	7,7	10,3
Femur	1	12,5	5,6	16,0	7	3,8	11,5	4,7	–	–	–	–
Tibia + Patella + Fibula	1	12,5	2,5	7,2	5	2,7	15,4	6,3	–	–	–	–
Ossa tarsi	2	25,0	9,5	27,2	3	1,6	8,3	3,4	–	–	–	–
Metapodien	–	–	–	–	9	4,9	14,3	5,9	2	4,9	11,3	15,2
Phalangen	1	12,5	3,7	10,6	9	4,9	5,9	2,4	1	2,4	0,9	1,2
Vertebrae + Sacrum	–	–	–	–	20	10,8	21,3	8,7	4	9,8	4,7	6,3
Costae + Sternum	–	–	–	–	87	47,0	70,1	28,7	21	51,2	28,3	38,0
Gesamt	8	–	34,9	–	185	–	244,2	–	41	–	74,5	–

schwein ist der Schädel unterrepräsentiert, Reste von Unterkiefer, Schulterblatt, Femur, Tibia sowie Hand- und Fußwurzelknochen fehlen ganz und Becken, Metapodien und Rippen sind überproportional vorhanden (Tab. 3; Abb. 8). Diese unausgewogene Skelettelementverteilung ist jedoch auf die geringe Anzahl der Schweinereste zurückzuführen.
Schnittspuren, die Hinweise zur Nutzung der Tiere geben können, wurden an Säugerknochen nicht beobachtet. Eine Geschlechtsbestimmung war nur an

Tabelle 4: Rottenburg „Am Burggraben" (Bef. 135). Altersbestimmung der Haussäuger anhand des Epipyhsenschlusses und Zahnalters sowie der Größe und Porosität der Knochen (Grobalter). * Ein Individuum.

	KNZ	Grobalter
Hausschaf		
Maxilla Pd4+ *	1	juvenil
Maxilla M1+ *	1	juvenil
Mandibula Pd4+ *	1	juvenil
Phalanx I p+/-	1	juvenil
Tibia d-	1	juvenil
Femur p+/-	1	subadult
Schaf/Ziege		
Phalanx II p-	2	infantil
Metapodium d-	5	juvenil
Humerus p-	1	juvenil-subadult
Femur p-	1	juvenil-subadult
Femur d-	3	juvenil-subadult
Pelvis Acetabulum+	1	juvenil-adult
Radius p+	2	juvenil-adult
Phalanx II p+	1	juvenil-adult
Humerus d+	3	juvenil-adult
Tibia d+/-	2	subadult
Humerus p+	1	adult
Radius d+	1	adult
Knochen ohne Gelenkenden	2	infantil
	24	infantil-juvenil
	12	subadult-adult
Hausschwein		
Pelvis Acetabulum-	1	infantil-juvenil
Phalanx I p-	1	infantil-juvenil
Calcaneus p-	1	juvenil-subadult
Humerus p-	1	juvenil-subadult
Ulna p-d-	1	juvenil-subadult
Knochen ohne Gelenkenden	1	infantil
	7	infantil-juvenil
	3	juvenil-subadult
	7	subadult-adult

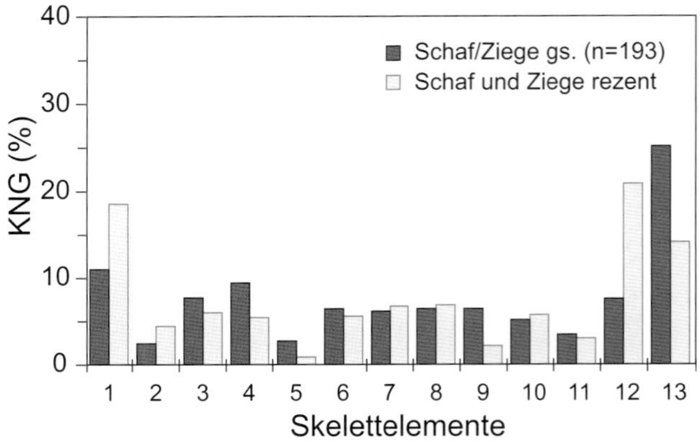

Abb. 7: Rottenburg „Am Burggraben" (Bef. 135). Skelettelementverteilung der Funde von Schaf/Ziege.

1 Cranium, Mandibula, Dentes; 2 Scapula; 3 Humerus; 4 Radius + Ulna; 5 Ossa carpi; 6 Pelvis; 7 Femur; 8 Tibia, Patella; 9 Ossa tarsi; 10 Metapodien; 11 Phalangen; 12 Vertebrae inkl. Sacrum; 13 Costae + Sternum

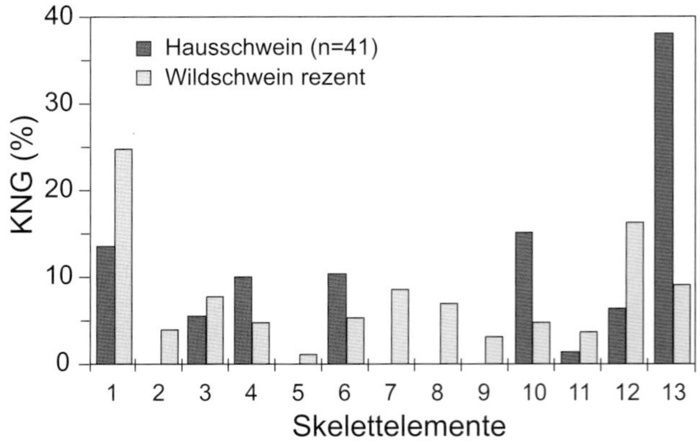

Abb. 8: Rottenburg „Am Burggraben" (Bef. 135). Skelettelementverteilung der Hausschweinfunde.

1 Cranium, Mandibula, Dentes; 2 Scapula; 3 Humerus; 4 Radius + Ulna; 5 Ossa carpi; 6 Pelvis; 7 Femur; 8 Tibia, Patella, Fibula; 9 Ossa tarsi; 10 Metapodien; 11 Phalangen; 12 Vertebrae inkl. Sacrum; 13 Costae + Sternum

zwei Beckenfragmenten vom Schaf möglich. Beide stammen von Widdern. Da Angaben zum Zahnalter weitgehend fehlen, bleiben die – anhand von Epiphysenschluss und Grobalter vorgenommenen – Altersbestimmungen relativ ungenau. Die Altersbestimmungen zeigen trotzdem, dass die kleinen Wiederkäuer vorwiegend in juvenilem bis subadultem Alter getötet wurden (Tab. 4). Beim Hausschwein sieht die Altersverteilung ähnlich aus. Auch hier überwiegen infantile und juvenil-subadulte Individuen. Reste von adulten Tieren fehlen.
Die wenigen Maße von Schaf und Ziege bewegen sich im unteren Größenbereich der Funde aus römischen Siedlungen und *villae rusticae* der Mittleren Kaiserzeit in Baden-Württemberg (Maße siehe Anhang; Sauer-Neubert 1968; Kokabi 1982; 1988a; Gulde 1985; Frey 1991; Hugonot u.a. 1991; Kokabi u.a. 1994; Schalla 1994). Der einzige vom Hausschwein vermessene Knochen ist deutlich kleiner als die rö-

mischen Vergleichsfunde. Es handelt sich wahrscheinlich um das Rollbein eines noch nicht ausgewachsenen Individuums.

Skelettelement-, Alters- und Geschlechtsverteilung der Haushuhnfunde

Bei der Skelettelementverteilung für das Haushuhn fällt als Erstes das vollständige Fehlen von Schädel- und Unterkieferfunden auf (Tab. 5; Abb. 9). Schultergürtel (Scapula, Coracoid), Flügel (Humerus, Radius, Ulna, Carpometacarpus) sowie Ober- und Unterschenkel (Femur, Tibiotarsus, Fibula) sind zum Teil überproportional oder gleich stark wie bei rezenten Individuen vertreten. Das Gabelbein (Furcula), Füße (Tarsometatarsus, Phalangen), Wirbel (Vertebrae) und Rippen (Costae) sind deutlich unterrepräsentiert. Auch Brustbein (Sternum) und Becken (Pelvis inkl. Synsacrum) sind in niedrigeren Anteilen als bei rezenten Hühnern vorhanden. Hier verbergen sich die fehlenden Funde jedoch unter den unbestimmten Plattenknochen, die aufgrund ihrer geringen Größe keinem der beiden Skelettelemente mehr sicher zugeordnet werden konnten (Tab. 5).
Zerlegungsspuren sind bis auf wenige Schnittspuren oberhalb des distalen Gelenks eines Radius nicht vorhanden. In profan genutzten Siedlungsbereichen wie z. B. im römischen Truppenlager in Rottweil weisen dagegen viele Hühnerknochen Tranchierspuren auf (Kokabi 1988a, Abb. 25). Pathologisch-anatomische Veränderungen wie z. B. an den Hühnerknochen aus dem Mithrastempel von Künzing (v. d. Driesch/Pöllath 2000) wurden nicht festgestellt.
Circa 95 % der Haushuhnfunde aus dem Befund 135 im Tempelbezirk von Rottenburg stammen von ausgewachsenen Tieren. Nach Berechnung der Mindestindividuenanzahl sind hier dreizehn subadulte-adulte Hühner und ein infantiles-juveniles Tier geschlachtet worden. Drei Tarsometatarsen, auch Laufknochen genannt, können aufgrund des knöchernen Sporns eindeutig männlichen Tieren zugeordnet werden. Drei weitere Laufknochen weisen anstelle des Sporns nur eine Rauigkeit bzw. Verdickung des Schafts auf, die Metatarsal- und Tarsalknochen sind aber vollständig miteinander verwachsen. Diese Verdickung des Schafts ist typisch für juvenile Hähne in einem Alter von ca. vier Monaten (Peters 1997a, 5 f., Abb. 3; 1997b, 48, Abb. 1; 1998, Abb. 74). Tarsometatarsen weiblicher Hühner liegen nicht vor.
Die Laufknochen der Hähne aus Befund 135 entsprechen kleineren Hähnen aus römischen Fundstellen der Mittleren Kaiserzeit (Abb. 10; vgl. Thesing

Tabelle 5: Rottenburg „Am Burggraben" (Bef. 135). Skelettelementverteilung der Haushuhnfunde und prozentuale Gewichtsverteilung der Skelettelemente bei rezenten Haushühnern (Mittelwerte von drei adulten, weiblichen Individuen aus der archäozoologischen Vergleichssammlung des Landesamts für Denkmalpflege, Arbeitsstelle Konstanz).

Skelettelemente	Huhn KNZ	%	KNG	%	Haushuhn rezent KNG %
Cranium + Mandibula	–	–	–	–	3,8
Scapula	23	6,7	12,5	4,0	1,9
Coracoid	22	6,5	23,0	7,4	3,1
Furcula	4	1,2	1,6	0,5	0,7
Humerus	17	5,0	32,5	10,5	6,6
Radius + Ulna	50	14,7	39,7	12,8	6,3
Carpometacarpus	8	2,3	8,7	2,8	2,0
Pelvis inkl. Synsacrum	33	9,7	26,3	8,5	11,5
Femur	17	5,0	50,0	16,1	13,1
Tibiotarsus, Fibula	25	7,3	51,8	16,7	17,6
Tarsometatarsus	10	2,9	19,8	6,4	7,3
Phalangen	2	0,6	0,5	0,2	5,2
Vertebrae	15	4,4	18,4	5,9	9,8
Costae	53	15,5	7,5	2,4	4,4
Sternum	21	6,2	8,1	2,6	6,7
Langknochen unbestimmt	19	5,6	6,8	2,2	–
Plattenknochen unbestimmt	22	6,5	3,1	1,0	–
Gesamt	341	–	310,3	–	100,0

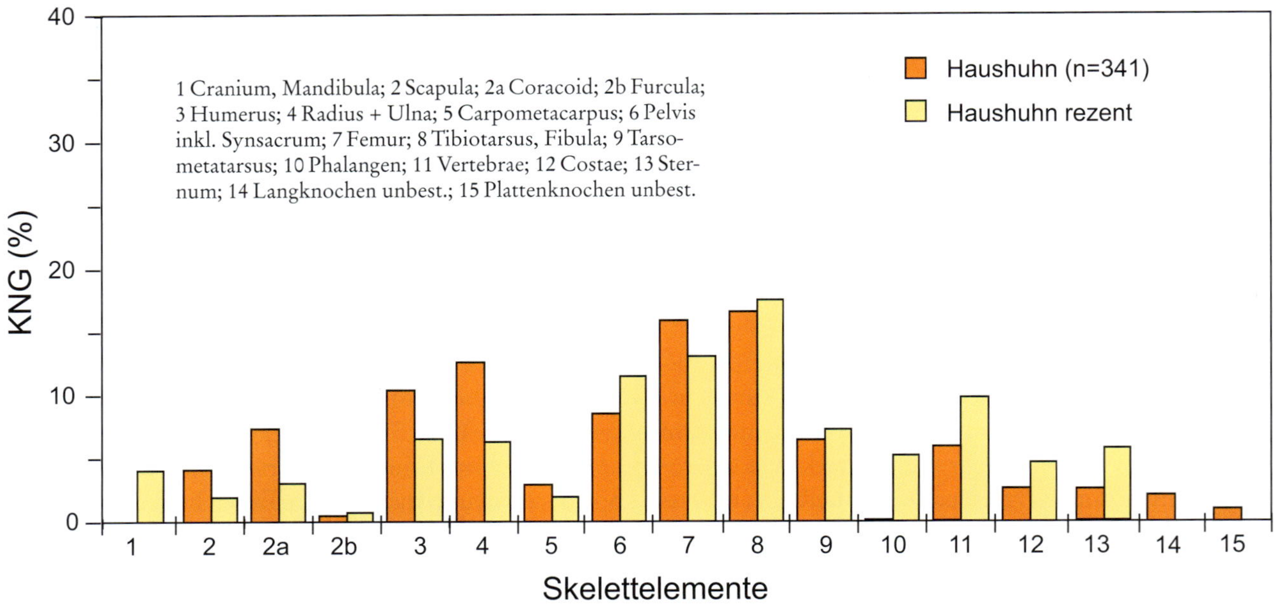

Abb. 9: Rottenburg „Am Burggraben" (Bef. 135). Skelettelementverteilung der Haushuhnfunde.

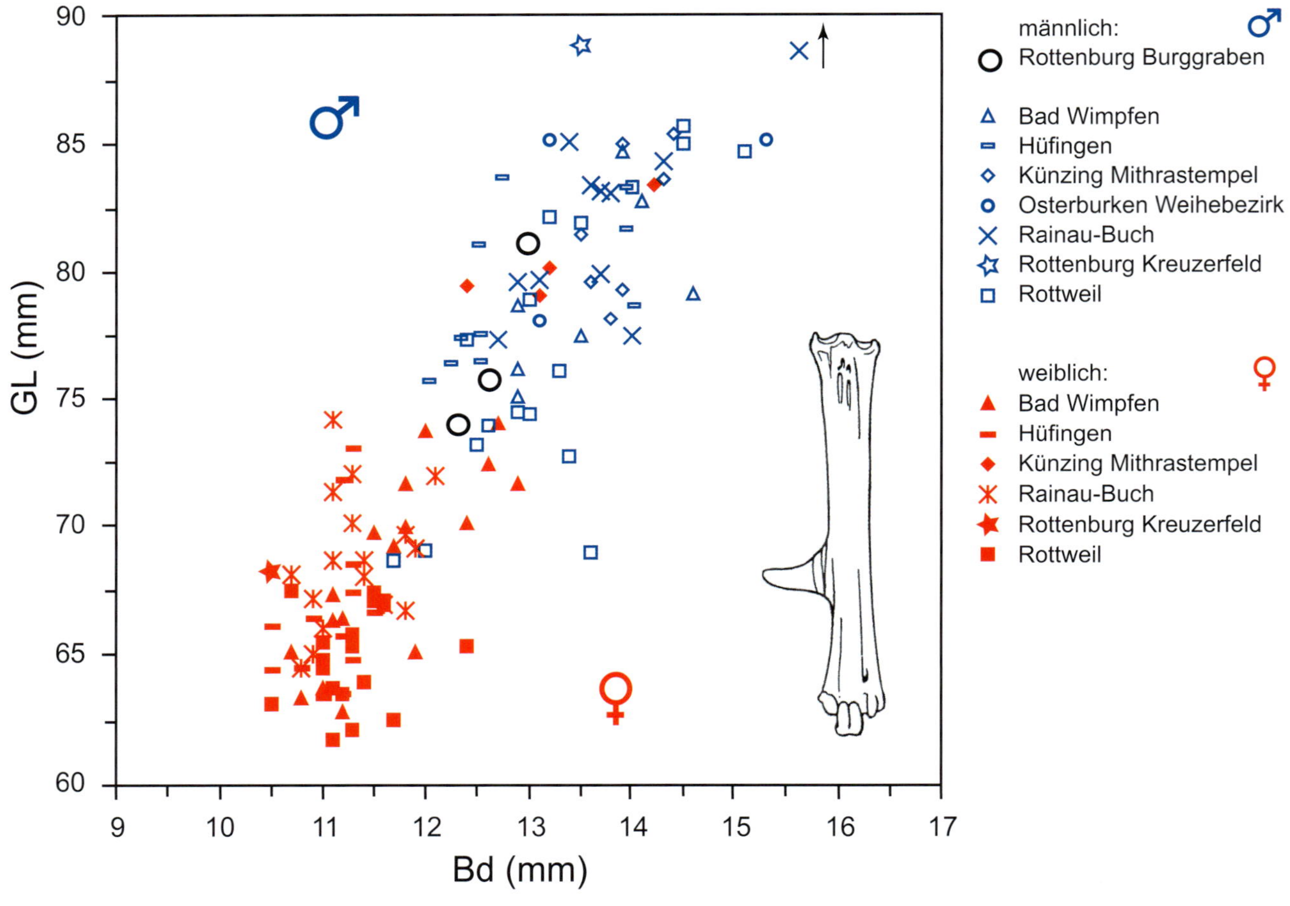

Abb. 10: Haushuhn. Tarsometatarsus. Größte Länge (GL) und Breite des distalen Gelenks (Bd) der Hähne aus Rottenburg „Am Burggraben" (Bef. 135) und von Knochenfunden der Hähne und Hennen aus ausgewählten römischen Fundorten der Mittleren Kaiserzeit (Bad Wimpfen: Frey 1991; Hüfingen: Sauer-Neubert 1968; Künzing, Mithrastempel: v.d. Driesch/Pöllath 2000; Osterburken, Weihebezirk: Amberger/Kokabi 1994; Rainau-Buch: Gulde 1985; Rottenburg „Im Kreuzerfeld": Weisgerber 1994; Rottweil: Kokabi 1982; 1988a).

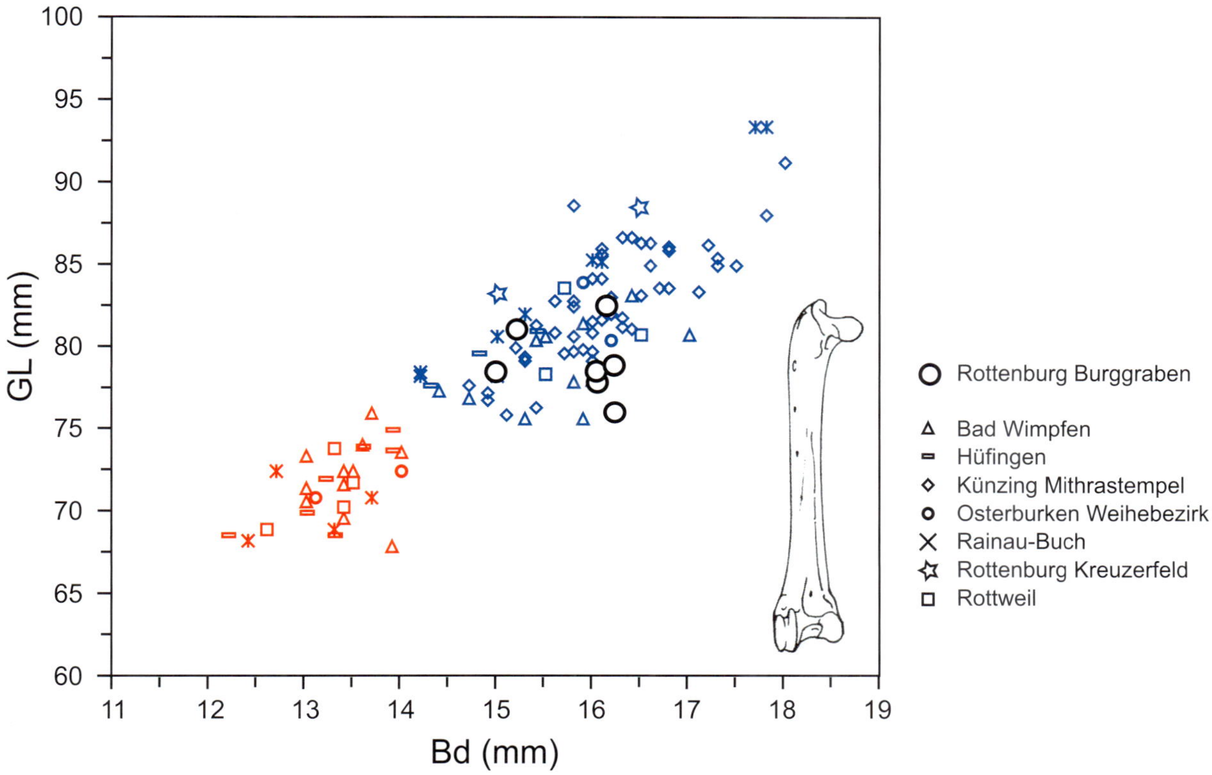

Abb. 11: Haushuhn. Femur. Größte Länge (GL) und Breite des distalen Gelenks (Bd) der Hühnerknochen aus Rottenburg „Am Burggraben" (Bef. 135) und von Knochenfunden der Hühner aus ausgewählten römischen Fundorten der Mittleren Kaiserzeit (Bad Wimpfen: Frey 1991; Hüfingen: Sauer-Neubert 1968; Künzing, Mithrastempel: v.d. Driesch/Pöllath 2000; Osterburken, Weihebezirk: Amberger/Kokabi 1994; Rainau-Buch: Gulde 1985; Rottenburg „Im Kreuzerfeld": Weisgerber 1994; Rottweil: Kokabi 1982; 1988a).

1977; Peters 1998, 222–226, Abb. 69). Da sich wie bei den sporntragenden Tarsometatarsen auch bei den restlichen Skelettelementen deutliche Größenunterschiede zwischen den Knochen von Hähnen und Hennen zeigen,[1] wird die Geschlechtsbestimmung beim Huhn auch für die restlichen großen Extremitätenknochen anhand von Größe und Wuchsform vorgenommen (s. Schweizer 1961; Peters 1998, 222–226, Abb. 70–73). Im Vergleich mit Hühnerfunden aus verschiedenen römischen Fundorten der Mittleren Kaiserzeit zeigt sich, dass alle Maße der Rottenburger Haushuhnfunde im Größenbereich der größeren Tiere, d.h. der Hähne, liegen (Abb. 11 und Maße im Anhang; vgl. Thesing 1977; Peters 1998, 222–226; 423, Abb. 69). Nur wenige Funde liegen im Überlappungsbereich großer Hennen und kleiner Hähne. Im Tempelbezirk in Rottenburg wurden demnach überwiegend Hähne deponiert.

Bedeutung der Tierreste aus dem Tempelbereich in Rottenburg „Am Burggraben"

Das Fauneninventar aus der Grube nahe der Temenosmauer (Bef. 135) setzt sich ausschließlich aus Resten von jungen Schweinen und kleinen Hauswiederkäuern sowie Knochen überwiegend ausgewachsener Hähne zusammen. Rund ein Drittel der Haussäugerreste ist verbrannt und relativ stark fragmentiert. Die Haushuhnfunde sind dagegen vorwiegend unverbrannt und deutlich besser erhalten. Belege großer Säuger wie Rind und Pferd sowie Wildtiere fehlen vollständig. Die Schalen der Weinbergschnecke, *Helix pomatia*, stammen wahrscheinlich von rezenten Tieren, die sich zum Überwintern in den Boden eingegraben haben. Die vorläufige Begutachtung des restlichen Materials bestätigt die Ergebnisse der Detailuntersuchung der Funde aus Befund 135. In der Mehrzahl der Fundeinheiten wurden sehr hohe Anteile von Hühnerknochen beobachtet, die Säugerknochen stammen überwiegend von Schaf/Ziege und Schwein und das Rind ist deutlich unterrepräsentiert. Ebenso sind die Hühnerknochen gut erhalten und nur wenig fragmentiert.

Der Faunenkomplex aus Rottenburg „Am Burggraben" unterscheidet sich demnach sowohl im Artenspektrum und den Alters- und Geschlechtsvertei-

1 Dies ist wahrscheinlich auf den späteren Zeitpunkt des Wachstumsabschlusses bei Hähnen im Vergleich zu Hennen zurückzuführen, woraus ein größeres Längenwachstum der Hahnenknochen resultiert.

lungen als auch in der Fragmentierung der Funde deutlich von alltäglichem Siedlungsabfall aus römischen Fundorten der Mittleren Kaiserzeit, seien es städtische oder ländliche Siedlungen, *vici, villae rusticae* oder militärische Anlagen. In diesen Fundorten überwiegt zahlenmäßig unter den Hauswirtschaftstieren gewöhnlich das Rind, gefolgt von Schwein sowie Schaf oder Ziege und nur wenig Haushuhn (Müller 1967; v. Houwald 1971; Swegat 1976; Kokabi 1982; 1988a; Lipper 1982; Gulde 1985; Frey 1991; Kokabi u.a. 1994; Schalla 1994; Weisgerber 1994; Stettmer 1996; Kokabi/Kokabi 2004; Kortüm/Lauber 2004, 253–266).

Vergleich mit Fauneninventaren aus römischen Kultstätten

Bisher liegen nur wenige eingehende Analysen von Fauneninventaren aus Mithräen in den römischen Provinzen vor (v.d. Driesch/Pöllath 2000; de Grossi Mazzorin 2004; Lentacker u.a. 2004; 2005; Olive 2004). Obwohl der Tempelbezirk von Rottenburg nicht mit dem Mithraskult in Verbindung zu bringen ist (Gairhos 2008) und die oben genannten Fundkomplexe teilweise wesentlich umfangreicher sind und eine höhere Artenvielfalt aufweisen, lassen sich doch viele Gemeinsamkeiten zwischen den Fauneninventaren aufzeigen:

a. Der Anteil der Schweine und kleinen Hauswiederkäuer ist deutlich höher als der vom Rind.
b. Das Schlachtalter von Schaf/Ziege und Schwein ist niedrig. Im Mithrastempel von Künzing wurden ca. 65 % der Schweine in den ersten neun Lebensmonaten geschlachtet, und zwei Drittel der kleinen Hauswiederkäuer stammen von Tieren, die bei ihrem Tod jünger als ein Jahr waren (v.d. Driesch/Pöllath 2000).
c. Die Anteile der Hühnerknochen sind bezogen auf die bestimmten Faunenfunde mit 24–90 % sehr hoch und die Haushuhnreste stammen häufig von Hähnen (v.d. Driesch/Pöllath 2000; de Grossi Mazzorin 2004; Lentacker u.a. 2004; Olive 2004). Im alltäglichen Siedlungsabfall der meisten Fundkomplexe der westlichen Rhein-Donau-Provinzen überwiegen dagegen Hennen (z.B. Sauer-Neubert 1968, 94; Gulde 1985, 155; Frey 1991, 125; Peters 1997b, 51 f.; 1998, 227). Da nach Columella (8, 7, 5) nur die größten Tiere, d.h. die Hähne, für die Mast geeignet sind und nach Peters (1997b, 51 f.; 1998, 227) davon auszugehen ist, dass bei einem gut geführten Hühnerhof die überzähligen Hähne aus wirtschaftlichen Gründen verkauft wurden, können die Tempelbezirke deshalb als reine Endverbraucher angesehen werden.
Auffallend bei den Hühnerfunden aus Tempelbezirken ist auch, dass Knochen von Kopf, Hals, Flügelspitzen und Füßen fehlen bzw. deutlich unterrepräsentiert sind. Da dies in einem gewissen Maß auf die Fragilität dieser Skelettelemente zurückzuführen ist, sind für die meisten römischen Siedlungen ähnliche Skelettelementverteilungen nachgewiesen (Peters 1998, 222). Ihr Fehlen könnte aber auch darauf hindeuten, dass Kopf, Flügelspitzen und Füße beim Zubereiten der Tiere vor der Opferhandlung und/oder vor dem Konsum entfernt und nur die fleischtragenden Teile am Fundort niedergelegt wurden (vgl. v.d. Driesch-Karpf 1971; Lentacker u.a. 2004, 59 f.; 66 f.).

In römischen Tempeln oder kultischen Bereichen, die nicht Mithras geweiht waren, ist die Zusammensetzung der Fauneninventare – ähnlich wie in den Mithrasheiligtümern – durch niedrige Anteile von Rind und hohe Anteile von Schwein und Schaf/Ziege charakterisiert (Benecke 1999, 168–171; Lentacker u.a. 2004, 71; Oelschlägel 2006a). Auffallend ist auch hier der große Prozentsatz von jungen Schweinen und kleinen Hauswiederkäuern. So wurden z.B. im gallo-römischen Tempel in Karden, der wahrscheinlich Vulcanus geweiht war, 50 % der Schweine zwischen 6 und 12 Monaten und 61 % der Schafe oder Ziegen zwischen 3 und 8 Monaten geschlachtet und möglicherweise als Opfer oder Opferspeise verwendet (Benecke 1999). Eine noch speziellere Auswahl neonater und juveniler Schafe als Opfertiere ist im römischen Tempel von Great Chesterford bei Essex in England belegt (Legge u.a. 2000). Hühnerknochen fanden sich dagegen in den oben genannten Tempelbezirken im Allgemeinen weniger häufig als in Mithrastempeln. So sind aus Karden nur ca. 7 % Hühnerknochen überliefert. Anders als in den Mithräen stammen hier ca. ein Drittel von Hennen und zwei Drittel von Junghähnen (Benecke 1999). Die gleichmäßige Verteilung der Skelettelemente auf das Skelett zeigt hier, dass die Hühner vollständig in den Tempelbezirk gebracht und dort verwertet wurden. Eine Ausnahme stellen die Tierknochenfunde aus dem Weihebezirk von Osterburken dar. Bei ihnen handelt es sich eindeutig um alltäglichen Siedlungs- bzw. Speiseabfall (Amberger/Kokabi 1994). An erster Stelle steht hier wie in den meisten römischen Fundorten das Rind, und der Anteil der Haushuhnreste ist relativ niedrig.
Ein gemeinsames Merkmal für die Fauneninventare fast aller Kultplätze ist, dass hauptsächlich hochwertiges Fleisch von Schweinen und Hühnern kon-

sumiert wurde, dessen höherer Marktwert dieses auch zu einer wertvolleren Opfergabe machte. Im Mithräum in Tienen, Belgien, und in den Gruben des 3. Jh. n. Chr. der Tempelanlage von Dalheim, Luxemburg, scheinen die Faunenreste von einem großen Bankett zu stammen, bei dem nicht nur vor Ort gekocht, sondern auch z. B. Hühner vor Ort geschlachtet wurden (Lentacker u. a. 2004; 2005; Oelschlägel 2006a, b). Ein solches Bankett und die damit verbundenen Tötungen könnten rein rituellen Charakter gehabt haben. Denkbar ist aber auch, dass die Tiere primär als Opfer angesehen und getötet wurden und erst anschließend das Fleisch „normal" konsumiert wurde. Die Tiere hätten so neben der rein rituellen Verwendung auch eine ökonomische Bedeutung für den Menschen gehabt (vgl. Lentacker u. a. 2004; Lauwerier 2005). Bekannt ist, dass mit der Eingliederung in das Imperium Romanum das Huhn – neben seiner wirtschaftlichen Bedeutung – auch im Grabkult der Bevölkerung der westlichen Rhein-Donau-Provinzen eine Bedeutung erlangte. In den ersten beiden Jahrhunderten wurde hier vorwiegend die Brandbestattung ausgeübt, und neben Resten vom Schwein sind in vielen Friedhöfen auch Hühnerknochen in den Gräbern anzutreffen (Kaufmann 1976; 1994; Aßkamp u. a. 1987; Kokabi 1988b; Oelschlägel 2006a; Stephan/Uldin unpubl.). Das Fleisch beider Tierarten war als Wegzehrung für die Toten gedacht. Lauwerier (1993) hält das Huhn in diesem Zusammenhang eindeutig für eine Speisebeigabe ohne Bezug zu kultischen Vogeldarstellungen. Dagegen spricht Peters (1998, 220) den Hühnerbeigaben auch einen rituellen Charakter zu, da Hühner in antiken Texten als Opfertiere erwähnt werden.

Zusammenfassung

Das Fauneninventar aus dem römischen Tempelbezirk von Rottenburg weist sowohl in der tierartlichen Zusammensetzung als auch in den Alters- und Geschlechtsverteilungen markante Unterschiede zu den gewöhnlichen Siedlungsabfällen der Römerzeit auf. Mit den Faunenfunden aus anderen römischen Tempelbezirken besitzt es dagegen viele Gemeinsamkeiten. Der hohe Anteil verbrannter Fragmente von jungen Schweinen und kleinen Hauswiederkäuern sowie eine große Anzahl vollständig erhaltener Skelettreste vom Huhn aus einer Grube nahe der Temenosmauer (Bef. 135) zeigen, dass es sich um Reste von Opfergaben oder um Niederlegungen rituellen Charakters handelt. Diese wurden nach der Kulthandlung schnell in die Grube entsorgt, ohne durch Witterungseinflüsse oder menschliche und tierische Aktivitäten beeinflusst oder dezimiert worden zu sein. Das ungewöhnlich junge Alter der geschlachteten kleinen Hauswiederkäuer und Schweine legt nahe, dass die Tiere geopfert wurden. Die Verbrennungsspuren an den Knochen von Schaf/Ziege und Schwein sind wiederum ein Hinweis darauf, dass die Tiere auch konsumiert worden sind. Bei den Hühnerfunden handelt es sich überwiegend um Reste von Hähnen. Diese wurden – möglicherweise nach der Entfernung von Kopf und Füßen – an die Fundstelle gebracht und dort niedergelegt. Ihr Verzehr – ob im Rahmen einer Zeremonie als Opfermahlzeit oder unabhängig von einer Kulthandlung – kann in Rottenburg nicht nachgewiesen werden, da – bis auf eine Ausnahme – kein Hühnerknochen Zerlegungs- und/oder Brandspuren aufweist.

Das restliche Faunenmaterial aus dem Tempelbereich von Rottenburg ist eine Mischung aus alltäglichem Siedlungsabfall und Überresten kultischer Handlungen, die – mit Ausnahme der Brandspuren – den Faunenresten aus der Grube (Bef. 135) sehr ähnlich sind. Im Vergleich mit den archäologischen Funden zeigt sich, dass die meisten Befunde mit hohem Hühneranteil (Bef. 4, 25, 170, 483) signifikant weniger Gefäße aus Terra sigillata und deutlich mehr Backplatten enthalten als andere Befunde (Gairhos 2008, 78–79, Tab. 5). Basierend auf dem archäologischen Fundspektrum hält Gairhos (2008, 54–55; 122–123) einen kultischen Hintergrund der Befunde 25 und 170 für möglich. Die Verfüllung der Latrinen (Bef. 220, 289, 290) ist jedoch kaum in einem kultischen Zusammenhang zu sehen. Aber auch hier fanden sich – neben dem Schaf- und Hundeskelett – zum Teil größere Mengen von Hühnerknochen.

Bildnachweis

Archäologisches Landesmuseum Konstanz, Manuela Schreiner: 1–3.
Alle anderen Abbildungen: Verf.

Abgekürzt zitierte Literatur

Amberger/Kokabi 1994 — G. Amberger/M. Kokabi, Tierknochenfunde aus Osterburken. In: Der römische Weihebezirk von Osterburken II. Kolloquium 1990 und paläobotanische-osteologische Untersuchungen. Forsch. u. Ber. Vor- u. Frühgesch. Baden-Württemberg 49 (Stuttgart 1994) 367–397.

Aßkamp u. a. 1987 — R. Aßkamp/M. Kokabi/J. Wahl, Das römische Brandgrab von Altdorf, Gde. Ettenheim, Ortenaukreis. Fundber. Baden-Württemberg 12, 1987, 325–363.

Baker/Brothwell 1980 — J. Baker/D. Brothwell, Animal diseases in Archaeology (London 1980).

Benecke 1999 — N. Benecke, Die Tierreste. In: C. Nickel, Gaben an die Götter. Der gallo-römische Tempelbezirk von Karden (Kr. Cochem-Zell, D). Arch. et Hist. Romaine 3 (Montagnac 1999) 158–219.

Columella — Columella, De re rustica. Über Landwirtschaft. Aus dem Lateinischen übersetzt, eingeführt u. erläutert v. K. Ahrens. Schr. Gesch. u. Kultur Antike 4 (Berlin 1972).

Cordie/Teegen 2005 — R. Cordie/W.-R. Teegen, Ein Hund im römischen Tempelbezirk 2 von *Belginum*-Wederath, Kreis Bernkastel-Wittlich. Funde u. Ausgr. Bez. Trier 27, 2005, 7–11.

v. d. Driesch 1982 — A. von den Driesch, Das Vermessen von Tierknochen aus vor- und frühgeschichtlichen Siedlungen. 2. verbess. Aufl. (München 1982).

v. d. Driesch-Karpf 1971 — A. von den Driesch-Karpf, Die Tierknochenfunde der Gräber aus Wessling, Ldkr. Starnberg, Grabung 1965. In: E. Keller, Die spätrömischen Grabfunde in Südbayern. Veröff. Komm. Arch. Erforsch. spätröm. Raetien, Bayer. Akad. Wiss. 8 (München 1971) 191 f.

v. d. Driesch/Pöllath 2000 — A. von den Driesch/N. Pöllath, Tierknochen aus dem Mithrastempel von Künzing, Lkr. Deggendorf. In: K. Schmotz (Hrsg.), Vorträge des 18. Niederbayerischen Archäologentages (Rahden/Westf. 2000) 145–162.

Frey 1991 — S. Frey, Bad Wimpfen I. Osteologische Untersuchungen an Schlacht- und Siedlungsabfällen aus dem römischen Vicus von Bad Wimpfen. Forsch. u. Ber. Vor- u. Frühgesch. Baden-Württemberg 39 (Stuttgart 1991).

Gairhos 2008 — S. Gairhos, Stadtmauer und Tempelbezirk von Sumelocenna. Die Ausgrabungen 1995–1999 in Rottenburg am Neckar, Flur „Am Burggraben“. Forsch. u. Ber. Vor- u. Frühgesch. Baden-Württemberg 104 (Stuttgart 2008).

de Grossi Mazzorin 2004 — J. de Grossi Mazzorin, I resti animali del mitreo della Crypta Balbi: testimonianze di pratiche cultuali. In: M. Martens/G. de Boe (Hrsg.), Roman Mithraism. The evidence of small finds. Arch. Vlaanderen. Monogr. 4 (Brüssel 2004) 179–181.

Gulde 1985 — V. Gulde, Osteologische Untersuchungen an Tierknochen aus dem römischen Vicus von Rainau-Buch (Ostalbkreis). Materialh. Vor- u. Frühgesch. Baden-Württemberg 5 (Stuttgart 1985).

Habermehl 1975 — K. H. Habermehl, Altersbestimmung bei Haus- und Labortieren[2] (Hamburg/Berlin 1975).

Harcourt 1974 — R. A. Harcourt, The dog in prehistoric and early historic Britain. Journal Arch. Scien. 1, 1974, 151–175.

Houwald v. 1971 — G. v. Houwald, Römische Tierknochenfunde aus Pfaffenhofen am Inn, Ldkr. Rosenheim, und aus Wehringen, Ldkr. Schwabmünchen. Unpubl. Diss. Univ. München 1971.

Hugonot u. a. 1991 — J.-C. Hugonot/M. Kokabi/M. Rösch/ J. Wahl, Die Villa rustica von Lomersheim, Stadt Mühlacker, Enzkreis. Fundber. Baden-Württemberg 16, 1991, 175–213.

Kaufmann 1976 — B. Kaufmann, Die anthropologische Untersuchung der Leichenbrände aus dem römischen Friedhof von Courroux im Berner Jura. In: M. Kilcher, Das römische Gräberfeld von Courroux im Berner Jura. Basler Beitr. Ur- u. Frühgesch. 2 (Derendingen/Solothurn 1976) 207–231.

Kaufmann 1994 — B. Kaufmann, Tierknochenfunde aus römischen und frühmittelalterlichen Gräberfeldern der Nordwestschweiz und ihre Deutung. In: M. Kokabi/ J. Wahl (Hrsg.), Beiträge zur Archäozoologie und prähistorischen Anthropologie. 8. Arbeitstreffen der Osteologen, Konstanz 1993, im Andenken an Joachim Boessneck. Forsch. u. Ber. Vor- u. Frühgesch. Baden-Württemberg 53 (Stuttgart 1994) 369–376.

Kokabi 1982 — M. Kokabi, Arae Flaviae II. Viehhaltung und Jagd im römischen Rottweil. Forsch. u. Ber. Vor- u. Frühgesch. Baden-Württemberg 13 (Stuttgart 1982).

Kokabi 1988a — M. Kokabi, Arae Flaviae IV. Viehhaltung und Jagd im römischen Rottweil. Forsch. u. Ber. Vor- u. Frühgesch. Baden-Württemberg 28 (Stuttgart 1988) 107–234.

Kokabi 1988b — M. Kokabi, Osteologischer Teil B. Tierknochen. In: M. Kokabi/J. Wahl, Das römische Gräberfeld von Stettfeld I. Osteologische Untersuchung der Knochenreste aus dem Gräberfeld. Forsch. u. Ber. Vor- u. Frühgesch. Baden-Württemberg 29 (Stuttgart 1988) 225–281.

Kokabi u. a. 1994 — M. Kokabi/G. Amberger/J. Wahl, Die Knochenfunde aus der Villa rustica von Bondorf. In: A. Gaubatz-Sattler, Die Villa rustica von Bondorf (Landkreis Böblingen). Forsch. u. Ber. Vor- u. Frühgesch. Baden-Württemberg 51 (Stuttgart 1994) 285–332.

Kokabi/Kokabi 2004 — J. Kokabi/M. Kokabi, Die Knochenfunde von Walheim. In: Kortüm/Lauber 2004, 641–670.

Kortüm/Lauber 2004 — K. Kortüm/J. Lauber, Walheim I. Das Kastell II und die nachfolgende Besiedlung. Bd. I Text. Forsch. u. Ber. Vor- u. Frühgesch. Baden-Württemberg 95/I (Stuttgart 2004).

Lauwerier 1993 — R. C. G. M. Lauwerier, Bird remains in Roman graves. Archaeofauna 2, 1993, 75–82.

Lauwerier 2005 — R. C. G. M. Lauwerier, The economic and non-economic animal: Roman depositions and offerings. In: S. J. O'Day/W. v. Neer/A. Ervynck (Hrsg.), Behaviour behind bones. The zooarchaeology of ritual, religion, status and identity. Proc. 9th ICAZ Conference, Durham 2002 (Oxford 2005) 66–72.

Laux/Gairhos 2000	U. Laux/S. Gairhos, Abschließende Untersuchungen im Baugebiet „Am Burggraben“ in Rottenburg a. N., Kreis Tübingen. Arch. Ausgr. Baden-Württemberg 1999 (2000) 99–102.
Legge u. a. 2000	A. Legge/J. Williams/P. Williams, Lambs to the slaughter: sacrifice at two Roman temples in southern England. In: P. Rowley-Conwy (Hrsg.), Animal bones, human societies (Oxford 2000) 152–157.
Lentacker u. a. 2004	A. Lentacker/A. Ervynck/W. v. Neer, The symbolic meaning of the cock. The animal remains from the Mithraeum at Tienen (Belgium). In: M. Martens/G. de Boe (Hrsg.), Roman Mithraism. The evidence of small finds. Arch. Vlaanderen. Monografie 4 (Brüssel 2004) 57–80.
Lentacker u. a. 2005	A. Lentacker/A. Ervynck/W. v. Neer, Gastronomy or religion? The animal remains from the Mithraeum at Tienen (Belgium). In: S. J. O'Day/W. v. Neer/A. Ervynck (Hrsg.), Behaviour behind bones. The zooarchaeology of ritual, religion, status and identity. Proc. 9th ICAZ Conference, Durham 2002 (Oxford 2005) 77–94.
Lipper 1982	E. Lipper, Die Tierknochenfunde aus dem römischen Kastell *Abusina*-Eining, Stadt Neustadt a.d. Donau, Ldkr. Kelheim. Ber. Bayer. Bodendenkmalpfl. 22/23, 1981/1982 (1982) 81–160.
Méniel 1991	P. Méniel/J. M. Mangin/M. Mangin, Les dépôts d'animaux du sanctuaire de Vertault (Côte d'Or). In: J. L. Brunaux (Hrsg.), Les sanctuaires celtiques et le monde méditerranéen. Arch. aujourd'hui, Dossiers Protohist. 3 (Paris 1991) 268–275.
Müller 1967	R. Müller, Die Tierknochenfunde aus den spätrömischen Siedlungsschichten von Lauriacum. II. Wild- und Haustierknochen ohne Rinder. Unpubl. Diss. Univ. München 1967.
Olive 2004	C. Olive, La faune exhumée des mithraea de Martigny (Valais) et d'Orbe-Boscéaz (Vaud) en Suisse. In: M. Martens/G. de Boe (Hrsg.), Roman Mithraism. The evidence of small finds. Arch. Vlaanderen. Monogr. 4 (Brüssel 2004) 147–155.
Oelschlägel 2006a	C. Oelschlägel, Nahrungswirtschaft, Tierhaltung und Kultpraxis im Moselgebiet in der römischen Kaiserzeit. Beitr. Archäozoologie u. Prähist. Anthr. 5, 2006, 45–61.
Oelschlägel 2006b	C. Oelschlägel, Die Tierknochen aus dem Tempelbezirk des römischen Vicus in Dalheim (Luxemburg). Dossiers d'Archéologie du Musée National d'Histoire et d'Art VIII (Luxemburg 2006).
Peters 1997a	J. Peters, Hahn oder Kapaun? Zur Kastration von Hähnen in der Antike. Archiv für Geflügelkunde 61, 1997, 1–8.
Peters 1997b	J. Peters, Zum Stand der Hühnerhaltung in der Antike. Beitr. Archäozoologie u. Prähist. Anthr. 1, 1997, 42–58.
Peters 1998	J. Peters, Römische Tierhaltung und Tierzucht. Eine Synthese aus archäozoologischer Untersuchung und schriftlich-bildlicher Überlieferung. Passauer Universitätsschr. Arch. 5 (Rahden/Westf. 1998).
Reim 1999	H. Reim, Der Tempelbezirk des römischen Sumelocenna, Rottenburg a. N., Kreis Tübingen. Arch. Ausgr. Baden-Württemberg 1998 (1999) 173–178.
Sauer-Neubert 1968	A. Sauer-Neubert, Tierknochenfunde aus der römischen Zivilsiedlung in Hüfingen. II. Wild- und Haustierknochen mit Ausnahme der Rinder. Unpubl. Diss. Univ. München 1968.
Schalla 1994	K. Schalla, Osteologische und osteometrische Untersuchungen an Tierknochenfunden aus einer Villa rustica bei Hechingen-Stein im Zollernalbkreis. Unpubl. Diss. Univ. Berlin 1994.
Schweizer 1961	W. Schweizer, Zur Frühgeschichte des Haushuhns in Mitteleuropa. Stud. Vor- u. Frühgesch. Tierreste Bayern 9 (München 1961).
Silver 1969	I. A. Silver, The ageing of domestic animals. In: D. R. Brothwell/E. Higgs (Hrsg.), Science in archaeology: a survey of progess and research (London 1969) 283–302.
Stephan 2005	E. Stephan, Tierknochenfunde aus Rottenburg ‚Fröbelweg', Kreis Tübingen. Ein Beitrag zur Wirtschaftsweise in der Ältesten Bandkeramik In: J. Bofinger, Untersuchungen zur neolithischen Besiedlungsgeschichte des Oberen Gäus. Materialh. Arch. Baden-Württemberg 68 (Stuttgart 2005) 323–383.
Stephan/Uldin unpubl.	E. Stephan/T. Uldin, Untersuchungen der verbrannten Tierknochenreste aus dem römischen Gräberfeld von Heidelberg-Neuenheim. Unpublizierte Ergebnisse.
Stettmer 1994	A. Stettmer, Die Tierknochenfunde aus dem römischen Kastell Oberstimm, Ldkr. Ingolstad/Bayern (Grabungen 1994). Unpubl. Diss. Univ. München 1997.
Swegat 1976	W. Swegat, Die Tierknochenfunde aus dem römischen Kastell Künzing-*Quintana*. Unpubl. Diss. Univ. München 1976.
Thesing 1977	R. Thesing, Die Größenentwicklung des Haushuhns in vor- und frühgeschichtlicher Zeit. Unpubl. Diss. Univ. München 1977.
Wahl 1981	J. Wahl, Beobachtungen zur Verbrennung menschlicher Leichname. Arch. Korrbl. 11, 1981, 271–279.
Weisgerber 1994	M. Weisgerber, Die Tierknochen des römischen Gutshofes „Im Kreuzerfeld“ bei Rottenburg am Neckar. Unpubl. Magisterarb. Univ. Tübingen 1994.
Wilson u. a. 1982	B. Wilson/C. Grigson/S. Payne (Hrsg.), Ageing and sexing animal bones from archaeological sites. BAR British Ser. 109 (Oxford 1982).
Witteyer 2003	M. Witteyer, Göttlicher Baugrund (Mainz 2003).

Anhang

Einzelmesswerte der Funde aus Rottenburg „Am Burggraben“, Befunde 135 und 290 (Maße in mm; Maße in Klammern geschätzt).

Schaf/Ziege

Talus						
Fundnr.	GLl	GLm	Tl	Tm	Bd	
1151		29,3		17,7	20,1	Schaf
1151	30,4	28,3	16,2	15,5	18,6	Schaf/ Ziege
1151	30,2	28,0	16,8	17,0	19,4	Schaf/ Ziege

Os carpale III			
Fundnr.	GB	GT	GL
1151	14,9	15,7	11,3
1151	14,3	13,6	10,0

Phalanx I ant./post. (1149)

Bp 12,5; Tp 14,1; KD 10,4; TD 8,9; Bd 11,9; Td 10,6; GLpe 34,2; PL 33,3

Phalanx III ant./post. (1151)

MBS 5,6; DLS 26,7

Femur (1151)

TC 20,7

Hausschwein

Talus (1151)

GLl 35,5; GLm 34,1; Tl 18,3; Tm 20,7

Haushund

Skelettfund Bef. 290, Fundnr. 918 und 923: Einzelmaße, Widerristhöhe und Indices (Länge = L)

Maxilla		sin.	dext.
Totallänge	(214)		
Hirnschädellänge	(96)		
Gesichtsschädellänge: Stirnmitte – Prosthion	(123)		
Schnauzenlänge			(93)
L Backenzahnreihe		75,0	72,2
L Molarenreihe		20,0	20,0
L Prämolarenreihe (P2–P4)		58,9	56,8
Größte Mastoidbreite	(74)		
Größte Breite über die Condyli occipitales	(46,5)		
Größte Breite des Foramen magnum	(13,5)		
Größte Gaumenlänge	(111)		
Größte Gaumenbreite	(68)		
Kleinste Gaumenbreite	(42,5)		
Breite über die Eckzahnalveolen	(45)		
Schädelhöhe	(65)		
Gaumenindex	(61)		
Schnauzenindex			(48)

Mandibula	sin.	dext.
Totallänge	162,5	162,5
L Processus angularis – Infradentale		161,3
L Einschnitt zw. Processus condyloideus u. angularis – Infradentale	153,1	153,1
L Processus condyloideus – Hinterrand Alveole des C	143,7	
L Einschnitt zw. Processus condyloideus u. angularis – Hinterrand Alveole des C	134,3	133,3
L Processus angularis – Hinterrand Alveole des C	143,6	
L Hinterrand Alveole M3 hinten – Hinterrand Alveole des C	89,4	
L Backenzahnreihe P2–M3/P1–M3	77,0/83,5	
L Molarenreihe	38,0	
L Prämolarenreihe P2–P4/P1–P4	37,0/46,0	38,2/44,0
L Reißzahn	24,8	24,7
L Reißzahnalveole	23,5	24,0
L M2 / Breite M2	7,2/10,2	7,4/10,0
Größte Dicke des Corpus mandibulae	13,5	13,2
Höhe des Ramus		66,3
Höhe hinter M1	30,0	27,0
Höhe zwischen P2 und P3	23,5	24,0

Atlas	
GB	90,7
BFcr	43,5
BFcd	38,1

Atlas	
GL	43,5
GLF	35,5
LAd	19,5
H	33,6

Axis	
BFcr	36,5
BFcd	22,5
BPacd	32,9
BPtr	48,0
KBW	27,8
LA Pa	57,0
LCDe	53,5
H	43,5

Scapula	dext.
KLC	30,7
GLP	37,0
LG	31,0
BG	21,2
HS	155,0

Humerus	sin.	dext.
Bp	47,7	48,2
Tp	39,5	39,4
KD	15,5	14,9
Bd	197,1	197,7
GL	191,0	191,3
WRH (cm)	62,9	63,0
SI%	8,1	7,8

Radius	sin.	dext.
Bp	22,8	22,8
KD	15,0	15,0
Bd	29,7	29,5
GL	201,5	202,2
WRH (cm)	66,0	66,3
SI%	7,4	7,4

Ulna	sin.	dext.
BPC	21,8	21,5
TPA	30,4	30,0
KTO	26,6	26,5
GL	233,7	234,1
WRH (cm)	65,6	65,7

Metacarpus sin.	II	III	IV	V
Bd	11,2	10,9	10,4	10,8
GL	66,8	76,0	76,2	64,7

Metacarpus dext.	II
Bd	11,2
GL	75,8

Pelvis	sin.	dext.
LA	25,0	25,2
KH	23,4	23,5
KB	12,0	12,1
GL	170,0	171,0

Femur	sin.	dext.
Bp	44,6	45,8
TC	22,2	22,6
KD	16,1	16,6
Bd	36,7	37,4
GL	212,3	211,2
WRH (cm)	65,4	65,0
SI %	7,6	7,9

Tibia	sin.	dext.
Bp	39,7	40,2
KD	15,9	17,0
Bd	27,0	27,6
GL	230,0	228,5
WRH (cm)	68,1	67,7
SI%	6,9	7,4

Patella	dext.
GL	22,5
GB	12,1
GT	9,6

Talus	sin.	dext.
GL	32,0	32,0

Calcaneus	sin.	dext.
GL	52,0	52,4
GB	22,1	22,2
GT	22,5	22,4
KTT	14,8	15,5

Metatarsus sin.	II	III	IV	V
Bd	10,9	10,9	10,0	9,5
GL	69,5	79,5	82,7	73,4

Metatarsus dext.	II	III	IV	V
Bd	10,5	10,8	10,3	9,3
GL	73,0	82,2	83,8	75,0

Haushuhn

Scapula Fundnr.	Dc
1128	12,5
1128	12,7
1128	12,8
1149	12,2
1149	12,7
1151	11,4
1151	11,6
1151	12,0
1151	12,2
1151	12,4
1151	13,0
1151	13,0

Coracoid Fundnr.	BF	Bb	Lm	GL
1128	12,1	16,1		
1128	12,2	14,9	52,5	54,3
1128	12,8	14,9		
1128	12,8	15,5	52,4	55,2
1149	13,0	15,9	51,5	54,4
1151	11,1	12,8	49,2	49,7
1151	11,3	13,8		
1151	11,8	14,4	52,0	54,6
1151	11,9	14,2	51,8	53,8
1151	12,1	14,3		
1151	12,2	14,3	50,4	52,2

Coracoid Fundnr.	BF	Bb	Lm	GL
1151	12,5	14,6	50,9	53,5
1151	12,7	14,4		
1151	12,8	15,4	54,1	55,7
1151	12,9	15,4	55,0	56,0
1151	13,1			
1151	14,1	15,3	52,2	54,9

Coracoid Fundnr.	BF	Bb	Lm	GL
1151	14,2	15,4	51,7	53,3
1151	14,5	16,1		

Humerus Fundnr.	Bp	KC	Bd	GL
1128	14,9			
1128	19,3	7,4	15,4	71,1
1151	17,5	6,1	13,8	65,6
1151	17,5	6,1	13,8	66,3
1151	18,8	7,0	14,4	68,8
1151	19,5	7,2	15,5	70,2
1151	20,7	6,9	16,3	74,8
1151			13,9	
1151			15,7	
1151			14,9	
1151			15,7	
1151			14,6	

Radius Fundnr.	KC	Bd	GL
1128	3,2	7,0	62,0
1128	3,3	7,1	63,9
1128	3,5	7,1	65,4
1128	3,5	7,1	
1128		7,3	
1151	2,8	6,7	63,0
1151	2,8	6,8	64,2
1151	2,8	6,7	63,5
1151	3,1	6,6	65,2
1151	3,1	7,0	62,3
1151	3,3	6,9	68,1
1151	3,3	7,5	67,6
1151	3,4		
1151	3,4		
1151		6,6	
1151		7,6	
1151		6,8	
1151		7,2	
1151		6,8	

Ulna Fundnr.	Bp	Dp	KC	Dd	GL
1128	8,5	12,9	5,0	9,4	66,5
1128	8,6	13,3	4,1	10,1	69,7
1149	9,5	12,8	4,3	10,0	69,5
1149	9,7	13,7	4,1	9,9	74,4

Ulna

Fundnr.	Bp	Dp	KC	Dd	GL
1151	8,3	12,3			
1151	8,3	12,5	4,1	9,3	70,2
1151	8,4	12,3			
1151	8,4	12,6	4,1	9,3	71,1
1151	8,7	11,2	4,5	10,3	71,9
1151	9,1	13,7			
1151				9,5	
1151				9,7	
1151				10,2	
1151				10,4	
1151				10,5	
1151				10,0	

Carpometacarpus

Fundnr.	Bp	Dd	L	GL
1128	11,6	8,7	39,7	42,3
1128	12,0	8,4	36,8	38,5
1151	9,7	7,6	31,5	34,2
1151	10,1	8,4	35,3	37,0
1151	11,8	9,5	39,3	40,7
1151	11,8	8,2	37,1	39,7
1151	11,9	8,7	38,6	40,2
1151	11,9	8,4	40,8	43,0

Pelvis

Fundnr.	DA
1151	6,8
1128	7,0
1128	7,3
1151	7,5
1151	7,5
1128	7,7
1128	7,8
1151	8,4

Femur

Fundnr.	Bp	Tp	KC	Bd	Td	Lm	GL
1128	15,6	10,8	7,2	16,2	14,2	76,2	82,1
1128				15,7	12,9		
1128				15,2	12,8		
1149	15,1	10,5	6,5	15,0	13,0	73,7	78,0
1149	15,3	11,4					
1151	14,3	12,7					
1151	14,6	11,5	6,6	16,0	14,3	73,0	77,3
1151	14,7	12,0	6,5	16,2	13,7	74,7	78,6
1151	16,1	10,6	6,3	16,0	13,6	74,1	78,2
1151	16,1	11,4	6,6	16,2	14,1	73,1	75,6
1151	16,5	12,4	6,6	15,2	12,8	74,7	80,7
1151	20,1	14,6					
1151				14,7	12,3		
1151			6,9	16,7	14,0		

Tibiotarsus

Fundnr.	Dp	KC	Bd	Td	La	GL
1151		6,6	11,9	12,3		
1151	20,7	6,4	10,5	12,3	113,9	118,3
1151	20,7					
1151	20,9					
1151	21,6					
1151	21,7					
1151	22,0	6,6	11,7	12,5	114,2	118,7
1151			11,0	12,3		
1151			11,5	12,1		
1151		6,2	11,8	12,7		
1151		6,0	11,7	12,1		
1151		6,2	11,6	12,6		

Tarsometatarsus

Fundnr.	Bp	KC	Bd	GL	Geschlecht
1128	12,9	5,9	12,3	74,1	m
1128	12,4	6,0	12,6	76,0	m
1151	13,0	7,0	13,0	81,4	m
1151	13,3				
1151	14,4	7,1			m
1151			12,4		m

Schwerpunktbildung oder flächendeckender Ansatz in der Bodendenkmalpflege: (k)ein Widerspruch?

C. SEBASTIAN SOMMER

Einleitung

In den folgenden Ausführungen spinne ich Diskussionen und Fragestellungen weiter, die mein bisheriges berufliches Leben begleiten. Dass ich damit „altersgemäß" mit ersten „Selbstbetrachtungen" beginne, sei mir verziehen, denn dass auch ich nicht mehr zu den Jüngsten zähle, zeigte mir die Aushändigung der Urkunde zum 25-jährigen Dienstjubiläum zum 30. April 2008. Ein wichtiger Partner bei vielen Gesprächen war mir Dieter Planck, nicht nur als wohlmeinender und fördernder Chef über siebzehn Jahre am seinerzeitigen Landesamt für Denkmalpflege Baden-Württemberg, sondern auch als Kollege in der Provinzialrömischen Archäologie. Ihm bin ich gerne zu großem Dank verpflichtet, denn nicht nur hat er mich einerseits quasi aus dem Studium in ein hochinteressantes Berufsleben als Bodendenkmalpfleger geholt, sondern andererseits mit der wissenschaftlich hochspannenden und mich bis heute faszinierenden bzw. gelegentlich auch noch beschäftigenden archäologischen „Causa Lopodunum" befasst. Zum Dritten betraute er mich immer wieder in den unterschiedlichsten Zusammenhängen mit weiterführenden Aufgaben.

Die Fragestellung ist keine neue. Auf der Jahrestagung des Verbandes der Landesarchäologen in der Bundesrepublik Deutschland 2000 in Cottbus stand das Kolloquium unter der Überschrift „Bewertung und Schwerpunktbildung in der Bodendenkmalpflege". Auch bei der Jahrestagung 2002 in Meiningen mit dem Thema „Erhaltungsstrategien in der Archäologischen Denkmalpflege" ging es um Ähnliches.[1] Meine Überlegungen sind von persönlichen Erfahrungen und den Entwicklungen, an denen ich selbst beteiligt war, geprägt. Wenn sie nicht überall voll durchdacht, von allen Seiten betrachtet bzw. durch entsprechende Literatur abgesichert erscheinen, möge man mir dies nachsehen. Vor allem aber bitte ich um Entschuldigung, falls ich in Unwissenheit das eine oder andere falsch verstanden habe oder den einen oder anderen nicht richtig würdige. Keineswegs geht es mir um Kritik, sondern um die Reflexion von Entwicklungen und Trends im größeren Umfeld.[2]

Schwerpunkte in der Bodendenkmalpflege

Die Bodendenkmalpflege in Baden-Württemberg war und ist, so will es mir scheinen, im Wesentlichen durch Schwerpunktbildung geprägt.[3] Insofern mag auch die Bezeichnung „Archäologische Denkmalpflege" gegenüber „Bodendenkmalpflege" hier programmatisch sein.

Mit der Schaffung des Referates 25 Großgrabungen in den 1970er Jahren und später der Einrichtung der Referate 26 Archäologie des Mittelalters und 27 Feuchtbodenarchäologie wurde dieser Ansatz in gewisser Weise institutionalisiert. Die veränderte Bezeichnung des Referates 25, „Schwerpunktgrabungen", dokumentierte dies auch nach außen. Ausgehend von dem Projekt „Römisches Rottweil" unter dem leider früh verstorbenen Alfred Rüsch, vielleicht mit einem besonderen Bezug zum frühen Schwerpunkt und langjährigen Interesse des Jubilars,[4] kam es in diesem Referat bald mit „Laden-

---

1 Die Beiträge von D. Planck, J. Kunow, J. Biel, W. Schier, H. Dorgerloh, A. Zimmermann, E. Bönisch, B. Goudswaard, T. Darwill, A. Olivier, K. Kortüm, G. Ongyerth und dem Autor finden sich in: Arch. Nachrichtenbl. 6, 2001, 103–225 bzw. von D. Planck, J. Kunow, E.-R. Hönes, R. Hagenguth, G. Isenberg, M. N. Filgis, A. Thiel, H. Schlichtherle, I. Reuselaars, C. Dunning, A. Chadburn, J. Williams und H.-P. Kuhnen in: Arch. Nachrichtenbl. 8, 2003, 114–228.

2 Ich danke Claudia und Jochen Haberstroh sowie Jürgen Kunow für die Durchsicht des Manuskripts, wertvolle Hinweise und anregende Diskussionen, wie auch Redaktion und Herausgebern für verschiedene Verbesserungsvorschläge.

3 Zuletzt in diesem Sinn J. Biel, Konservatorische Entscheidungen in der Archäologie – wissenschaftlicher Wert von Fundstellen. In: Regierungspräsidium Stuttgart, Landesamt für Denkmalpflege (Hrsg.), Das Denkmal als Fragment – das Fragment als Denkmal. Denkmale als Attraktionen. Jahrestagung der Vereinigung der Landesdenkmalpfleger (VdL) und des Verbandes der Landesarchäologen (VLA) 10.–13. Juni 2007 in Esslingen am Neckar. Arbeitsh. 21 (Stuttgart 2008) 373–378.

4 D. Planck, ARAE FLAVIAE I. Neue Untersuchungen zur Geschichte des römischen Rottweil. Forsch. u. Ber. Vor- u. Frühgesch. Baden-Württemberg 6 (Stuttgart 1975); vgl. auch D. Planck, Vorwort. In: R. Franke, ARAE FLAVIAE V, Die Kastelle I und II von Arae Flaviae/Rottweil und die römische Okkupation des oberen Neckargebietes. Forsch. u. Ber. Vor- u. Frühgesch. Baden-Württemberg 93 (Stuttgart 2003) 5.

burg"[5] und „Wimpfen"[6] zu weiteren römischen Projekten bzw. mit „Konstanz", später „Ulm"[7] und „Archäologische Stadtkataster"[8] zu Schwerpunktbildungen des Referats im Bereich der Mittelalterarchäologie. Im Zuge von Aufarbeitungsvorhaben wurde die Referatstätigkeit bald auch nach Bopfingen und damit in das Frühmittelalter[9] bzw. über das Grabungsprojekt Ulm-Eggingen in die Vorgeschichte[10] hinein ausgedehnt, jeweils verbunden mit der Einstellung von Wissenschaftlern der entsprechenden Fachrichtung. Plancks leider nie in Erfüllung gegangene Zielsetzung war es, soweit erkennbar, alle wesentlichen Epochen durch spezialisierte Referenten im Referat vertreten zu sehen und diese projektbezogen durch zusätzliche Kollegen zu ergänzen. Weiterhin wurden mit der Luftbildarchäologie und dem Luftbildarchiv,[11] einer eigenständigen topographischen Geländeaufnahme, dem „Atlas archäologischer Geländedenkmäler in Baden-Württemberg",[12] und später der Geophysik[13] nicht im engeren Sinne archäologische, sondern mehr bodendenkmalpflegerische bzw. methodische Schwerpunkte gesetzt. Damit umfasste das Referat 25 einerseits eine Gruppe archäologischer Fachreferenten und Mitarbeiter mit Aufgaben in der archäologischen Denkmalpflege, andererseits „technische" Referenten und Mitarbeiter mit Aufgaben in der archäologischen Prospektion und Dokumentation.

Ein großer Teil der Projekte – Aufarbeitungen, Grabungen und Denkmalerfassung – entwickelte sich aus Maßnahmen, die durch ein 1979 beschlossenes und von 1980 bis 1991 wirksames „Schwerpunktprogramm für die Denkmalpflege" finanziert wurden. Es hatte fünf Zielsetzungen im Bereich Bodendenkmalpflege: den Atlas der obertägig sichtbaren archäologischen Denkmäler, die Aufarbeitung unveröffentlichten Fundmaterials, die Durchführung neuer Grabungen, die Luftbildarchäologie und die Archäologische Landesausstellung „Der Keltenfürst von Hochdorf – Methoden und Ergebnisse der Landesarchäologie".[14] Viele Projekte in Baden-Württemberg wären ohne die insgesamt allein für die Archäologische Denkmalpflege ca. 15 Mio. DM umfassende Förderung gar nicht oder nur in eingeschränktem Maße möglich gewesen.[15] Dass in diesem Programm die Archäologie so prominent vertreten war, ist, neben der Aufgeschlossenheit und dem speziellen Interesse des damaligen Ministerpräsidenten Lothar Späth, sicher nicht nur Hartwig Zürn als Abteilungsleiter in dieser Zeit, sondern auch Dieter Planck zu verdanken.

Zumindest die Grabungsschwerpunkte des Referats 25 ergaben sich weitgehend über die „Zeichen der Zeit": Die frühen 1980er Jahre waren einerseits gekennzeichnet durch die Ausweisung großer Neubaugebiete und Industrieansiedlungen in Stadt- und Gemeinderandlagen. Andererseits kam es zu einer ersten Wiederentdeckung der Innenstädte.[16] Ver-

5 1979 im Sinne von Stadtkernarchäologie durch das zuständige Gebietsreferat (D. Planck, Vorwort. Arch. Ausgr. Baden-Württemberg 1982, 6), seit 1981 aber mit eigenem wissenschaftlichem Angestellten (H. Kaiser). Hierzu D. Planck, Vorwort des Herausgebers, und H. Kaiser/C. S. Sommer, Vorwort der Verfasser. In: H. Kaiser/C. S. Sommer, LOPODVNVM I – Die römischen Befunde der Ausgrabungen an der Kellerei in Ladenburg 1981–1985 und 1990. Forsch. u. Ber. Vor- u. Frühgesch. Baden-Württemberg 50 (Stuttgart 1994) 7 bzw. 11.

6 Seit 1983; M. N. Filgis, Die römische Stadt von Bad Wimpfen im Tal, Kreis Heilbronn. In: S. Frey, Osteologische Untersuchungen an Schlacht- und Siedlungsabfällen aus dem römischen Vicus von Bad Wimpfen. Forsch. u. Ber. Vor- u. Frühgesch. Baden-Württemberg 39 (Stuttgart 1991) 17.

7 Zur Entwicklung in Konstanz 1983/84 andeutungsweise J. Oexle, Stadtkernarchäologie in Konstanz – die Grabungen in der Brückengasse 5 und 7. Arch. Ausgr. Baden-Württemberg 1984, 240–244, bes. 240; Ulm seit 1988, hierzu D. Planck, Vorwort. Ebd. 1988, 5 sowie J. Oexle, Stadtarchäologie in Ulm. Ebd. 312–323.

8 A. Bräuning u. a., Bausteine archäologischer Stadtkataster. Arch. Inf. Baden-Württemberg 42 (Stuttgart 2000); z. B. A. Schneider, Wangen i. Allgäu. Arch. Stadtkataster Baden-Württemberg 17 (Stuttgart 2001); D. Ade-Rademacher/W. Hecht/M. Dumitrache/A. Kotzurek, Rottweil. Arch. Stadtkataster Baden-Württemberg 30 (Esslingen 2005). Vgl. die vollständige Liste auf www.landesdenkmalamt-bw.de/publikation/stadtkataster.php (Zugriff: 28. 2. 2009).

9 M. Knaut, Bopfingen im Ostalbkreis – Zum Stand der wissenschaftlichen Auswertung des alamannischen Reihengräberfeldes. Arch. Ausgr. Baden-Württemberg 1987, 351–356.

10 C.-J. Kind, Ulm-Eggingen. Die Ausgrabungen 1982–1985 in der bandkeramischen Siedlung und der mittelalterlichen Wüstung. Forsch. u. Ber. Vor- u. Frühgesch. Baden-Württemberg 34 (Stuttgart 1989) bes. 13.

11 Seit 1982 (O. Braasch); D. Planck, Vorwort. Arch. Ausgr. Baden-Württemberg 1982, 5 (anders [seit 1980] Biel [Anm. 3] 373).

12 D. Planck, Vorwort. In: K. Bittel/S. Schiek/D. Müller, Die keltischen Viereckschanzen. Atlas arch. Geländedenkmäler Baden-Württemberg 1/1 (Stuttgart 1990) 5; D. Planck, Vorwort. In: C. Oeftiger/D. Müller, Vor- und frühgeschichtliche Befestigungen 1. Der Rosenstein bei Heubach (Ostalbkreis). Atlas arch. Geländedenkmäler Baden-Württemberg 2/1 (Stuttgart 1995) 5.

13 Seit 1991; H. von der Osten-Woldenburg, Vom Neolithikum bis ins Mittelalter. Zum Einsatz geomagnetischer, geoelektrischer und elektromagnetischer Prospektionsverfahren am Landesdenkmalamt Baden-Württemberg. In: Ders. (Zusammenstellung), Unsichtbares sichtbar machen. Geophysikalische Prospektionsmethoden in der Archäologie. Kolloquium vom 27. Oktober 1994 in Leipzig. Materialh. Arch. Baden-Württemberg 41 (Stuttgart 1998) 59–67, bes. 59f.

14 D. Schlee, Geleitwort. In: M. Klee, ARAE FLAVIAE III. Der Nordvicus von Arae Flaviae. Forsch. u. Ber. Vor- u. Frühgesch. Baden-Württemberg 18 (Stuttgart 1986) 5f.; zuletzt auch D. Planck, 50 Jahre Denkmalpflege in Baden-Württemberg. Zur Geschichte der Denkmalpflege. Denkmalpfl. Baden-Württemberg 32, 2003, 13–18, bes. 17; J. Biel, Vorwort. In: J. Hald/D. Müller/Th. Schmidts, Der römische Gutshof bei Engen-Bargen (Landkreis Konstanz). Atlas arch. Geländedenkmäler Baden-Württemberg 3/4 (Stuttgart 2007) 5f.

15 Filgis (Anm. 6) 17.

16 D. Planck, Vorwort. Arch. Ausgr. Baden-Württemberg 1986, 5.

bunden damit war die Befürchtung, dass durch großflächige Baumaßnahmen und Tiefgaragen ein weit bedeutenderer Zerstörungsumfang gegeben sein könnte als durch die Bombenhagel des Zweiten Weltkriegs. Dazu kam ein verstärktes allgemeines Bewusstsein, dass auch im Bereich der Mittelalterarchäologie bedeutende Bodendenkmäler bedroht waren und deshalb durch Rettungsgrabungen vor einer Zerstörung zu dokumentieren seien. D. Planck erkannte das besondere stadtgeschichtliche und wissenschaftliche Potenzial dieser Flächen und versuchte die Ressourcen des Landesdenkmalamtes entsprechend zu erweitern und einzusetzen.

Unabhängig davon waren manche der Schwerpunkte nicht im engeren Sinne geplant, sondern entwickelten sich durch die ständige Präsenz von Mitarbeitern vor Ort. Zum Beispiel „entstand" der Schwerpunkt Konstanz aus einem Aufarbeitungsprojekt ohne Grabungsansätze, und in Ladenburg hatte der Autor, der eigentlich ausschließlich für die Untersuchung der Metzgergasse eingestellt worden war, nach nur einem Monat auch eine unvorhergesehene, sich zu einer ebenfalls mehrjährigen Maßnahme auswachsende Grabung an der St. Gallus-Kirche „an der Backe".[17] Bedauerlich ist, dass der auch im Schwerpunktprogramm für die Denkmalpflege formulierte Ansatz des Jubilars, im Rahmen der jeweiligen Verträge den Grabungen jeweils die wissenschaftliche Auswertung und Publikation zügig folgen zu lassen, nicht zuletzt aus derartigen Gründen nicht im geplanten Umfang umgesetzt werden konnte.[18] Die Schwierigkeit, für die Bearbeitung solcher lang anhaltender, oft mit gigantischen Daten- und Fundmengen „gesegneter" Ausgrabungen geeignete Rahmenbedingungen zu finden, zeigt sich an der Vorlage der Befunde der Kellerei in Ladenburg,[19] der trotz enormer Anstrengungen erst mehr als ein Jahrzehnt nach Abschluss der Grabungen erschienenen Befundvorlage der Grabung Hornstaad-Hörnle,[20] aber auch am langjährigen Projekt des Jubilars, dem römischen *vicus* von Walheim. Erst durch eine umfangreiche Förderung der Deutschen Forschungsgemeinschaft konnte letztere Maßnahme angegangen und mit erheblichem Einsatz von zusätzlichen Mitteln und weiterem Amtspersonal zum Abschluss gebracht werden.[21]

Vergleichbar entwickelte sich das Referat 27 Feuchtbodenarchäologie mit den Aufgaben der Feuchtboden- und Unterwasserarchäologie sowie nahestehenden naturwissenschaftlichen Disziplinen aus den Projekten eines großen DFG-Schwerpunktprogramms, „Siedlungsarchäologische Untersuchungen im Alpenvorland", 1983–1993.[22] Die seinerzeit am Bodensee und im Federseegebiet entwickelten bzw. eingesetzten Methoden – Osteologie, Anthropologie, Archäobotanik, Dendrochronologie usw. – kamen in der Folgezeit zunehmend in ausgewählten Projekten im ganzen Bundesland Baden-Württemberg zum Einsatz.[23] Entsprechend der stark naturwissenschaftlichen Ausrichtung des Referats waren deren Ergebnisse bei den Publikationen prominent vertreten bzw. der Archäologie auch teilweise voraus.

---

17 C. S. Sommer, Forum und Basilika der Civitas Ulpia Sueborum Nicretum, Ladenburg am Neckar, Rhein-Neckar-Kreis. Arch. Ausgr. Baden-Württemberg 1984, 104–108 und Berichte in den folgenden Jahren.

18 Wie Anm. 14; vgl. auch Kaiser/Sommer (Anm. 5), siehe auch Vorworte 7 und 11. – Zur nur eingeschränkt erfüllten Zielsetzung in Konstanz J. Oexle u. a., Die Grabung am Konstanzer Fischmarkt. Arch. Ausgr. Baden-Württemberg 1987, 355–356 (die eigentliche Grabungsbearbeitung, die in einem befristeten Vertrag J. Pfrommer 1999 übertragen wurde, konnte trotz hervorragender und teilweise überraschender Ergebnisse leider immer noch nicht abgeschlossen werden; vgl. hierzu J. Pfrommer, Auf den Spuren jüdischer Geschichte in Konstanz: Die Auswertung der Grabungen am Fischmarkt und die Entdeckung eines jüdischen rituellen Tauchbades des späten Mittelalters. Denkmalpfl. Baden-Württemberg 33, 2004, 73–80). – Dissertationen: z. B. M. Kokabi, ARAE FLAVIAE II, Viehhaltung und Jagd im römischen Rottweil. Forsch. u. Ber. Vor- und Frühgesch. Baden-Württemberg 13 (Stuttgart 1982); Frey (Anm. 6); J. Lauber, Das Gebäude M von Rottweil (Freiburg 2004; http://freidok.ub.uni-freiburg.de/volltexte/1516/); Franke (Anm. 4); Th. Schmidts, LOPODVNVM IV – Die Kleinfunde aus den römischen Häusern an der Kellerei in Ladenburg (Ausgrabungen 1981–1985 und 1990). Forsch. u. Ber. Vor- u. Frühgesch. Baden-Württemberg 91 (Stuttgart 2004); nicht publiziert z. B. A. Soffner zum Glas vom Fischmarkt in Konstanz; vgl. dies. in: Oexle u. a., a. a. O., 356–359. – Eines der wenigen mit eigenen Mitteln verwirklichten Projekte ist R.-J. Prilloff, Tierknochen aus dem mittelalterlichen Konstanz. Eine archäozoologische Studie zur Ernährungswirtschaft und zum Handwerk im Hoch- und Spätmittelalter. Materialh. Arch. Baden-Württemberg 50 (Stuttgart 2000).

19 Kaiser/Sommer (Anm. 5) 11.

20 B. Dieckmann u. a., Siedlungsarchäologie im Alpenvorland IX: Hornstaad-Hörnle IA. Die Befunde einer jungneolithischen Pfahlbausiedlung am westlichen Bodensee. Forsch. u. Ber. Vor- u. Frühgesch. Baden-Württemberg 98 (Stuttgart 2006).

21 K. Kortüm/J. Lauber, Walheim I. Das Kastell II und die nachfolgende Besiedlung. Forsch. u. Ber. Vor- u. Frühgesch. Baden-Württemberg 95 (Stuttgart 2004) mit Vorwort von D. Planck und Dank der Autoren S. 5 f. und 12.

22 Planck (Anm. 14) 17. – Vorausgegangen war ein DFG-Projekt „Bodensee-Oberschwaben", bei dem von Anfang an die Dendrochronologie fester Bestandteil war (A. Billamboz/H. Schlichtherle, Moor- und Seeufersiedlungen. Die Sondagen 1981 des „Projekts Bodensee-Oberschwaben". Arch. Ausgr. Baden-Württemberg 1981, 36–50, bes. 36.

23 D. Planck, Vorwort. Arch. Ausgr. Baden-Württemberg 1987, 6; ders., Vorwort. In: H. Schlichtherle, Siedlungsarchäologie im Alpenvorland I. Forsch. u. Ber. Vor- u. Frühgesch. Baden-Württemberg 36 (Stuttgart 1990) 5; H. Biel, Vorwort. In: J. Köninger u. a., Berichte zu Ufer- und Moossiedlungen Südwestdeutschlands III. Materialh. Arch. Baden-Württemberg 52 (Stuttgart 2000) 5.

Bei der Entwicklung der beiden genannten Referate ist wahrscheinlich nicht ganz unerheblich, dass Planck einerseits noch mehr als zehn Jahre nach dem Tod des ersten Referatsleiters Alfred Rüsch 1983 das Referat 25 bis 1994 kommissarisch leitete. Auch an der Feuchtbodenarchäologie war er nicht nur interessiert, sondern zeichnete durch seine Antragstellung insbesondere bei der DFG ebenfalls vielfach persönlich verantwortlich.[24]
Im Unterschied zu den prinzipiell räumlich immer begrenzten Arbeitsgebieten der Referate 25 und 27 besaß das 1984 in der Abteilung Archäologische Denkmalpflege eingerichtete Referat 26 Archäologie des Mittelalters eine auf das Bundesland bezogene thematische Ausrichtung.[25] Das Einsatzgebiet, die interne Gliederung und die Arbeitsweise unterschieden sich nicht grundsätzlich von denen der eigentlichen Gebietsreferate 21 bis 24, wohl aber der Inhalt im Sinne einer zeitlichen Schwerpunktsetzung und der methodischen Ansätze.[26]
Für mich faszinierend sind nach wie vor der Ansatz und Weitblick Dieter Plancks, mit dem er besondere Projekte und die Chancen solcher Schwerpunktbildungen erkannte und im Sinne einer „Notwendigkeit" förderte. Dabei beließ er es nicht bei der Einstellung von Mitarbeitern und der finanziellen Ausstattung der Stellen, sondern versuchte, trotz der immer wieder auftretenden Sachzwänge, das Ziel der archäologischen wissenschaftlichen Bearbeitung der Ausgrabungen nicht aus dem Auge zu verlieren. Die jeweiligen Mitarbeiter unterstützte er z.B. durch großzügige Ermöglichung von Tagungsteilnahmen und des gezielten fachlichen Austauschs der Betroffenen untereinander. Persönlich profitiere ich bis heute von der sogenannten Ladenburg-Kommission, von der aus die archäologischen und bodendenkmalpflegerischen Arbeiten in der bedeutenden Römerstadt am unteren Neckar begleitet und zum Teil gesteuert wurden und werden.[27] Genauso war für alle Beteiligten – Interne und Externe – der „Arbeitskreis römischer Städte und Siedlungen in Baden-Württemberg" ein großer Gewinn. Planck hatte ihn in Anbetracht einer Vielzahl von Grabungsmaßnahmen ähnlichen Inhalts 1982 zum ersten Mal zusammengerufen.[28] Die darin geführten Diskussionen und dabei festgestellten Gemeinsamkeiten der verschiedenen Siedlungstypen strahlten weit über das Bundesland hinaus und führten zum Beispiel dazu, dass schon lange vor der definierenden Publikation der Begriff „Streifenhaus" in weiten Kreisen der Provinzialrömischen Archäologie verwendet wurde.[29]
Aber auch in den übrigen Bereichen der Bodendenkmalpflege in Baden-Württemberg lässt sich eine – dort allerdings meist ungeplante – Schwerpunktsetzung erkennen. Hintergrund waren einerseits finanzielle Zwangslagen. Selbst bei den in Baden-Württemberg – wenn auch auf sehr hohem Niveau – begrenzten Mitteln, die den einzelnen Gebietsreferenten zur Verfügung standen, stellte sich immer wieder die Frage, welchen der zahlreichen Gefährdungen von Bodendenkmälern durch Baumaßnahmen im Rahmen von Ausgrabungen einigermaßen nachhaltig begegnet werden sollte oder konnte. So wird z.B. für den Regierungsbezirk Stuttgart für 1983 berichtet, dass von ca. 350 gemeldeten Fundstellen „bei etwa 290 Fundmeldungen mehr oder weniger umfangreiche Ausgrabungen (hätten) durchgeführt werden müssen. Von den geplanten 35 Grabungen konnten jedoch nur 18 infolge der personellen und finanziellen Ausstattung durchgeführt werden. Diese Zahlen zeigen mit aller Deutlichkeit, wie sehr die Archäologische Denkmalpflege ständig vor das Problem der Auswahl gestellt ist."[30] Die Bedeutung „eine(r) möglichst flächendeckende(n) Beobachtung der Fundstellen ..." wird überwiegend als Feld für die ehrenamtlichen Mitarbeiter gesehen.[31]

24 Nur am Rande sei erwähnt, dass gegen 1990 die Mehrzahl der bis dahin bei den Schwerpunktreferaten befristet beschäftigten Mitarbeiter mit unbefristeten Verträgen versehen wurde, was nicht nur der Planung und geschickten Verfolgung der Ziele durch Planck zu verdanken war, sondern auch der vorausschauenden Umwandlung vieler Zeitverträge nach arbeitsgerichtlichen Auseinandersetzungen insbesondere in Bayern und Nordrhein-Westfalen.

25 D. Planck, Vorwort. Arch. Ausgr. Baden-Württemberg 1984, 5. Siehe zuletzt auch: Personalia. Dr. Hartmut Schäfer im Ruhestand. Denkmalpfl. Baden-Württemberg 37, 2008, 58f. Zur Aufgabenstellung und Zielsetzung vgl. D. Lutz, Die Archäologie des Mittelalters. Arch. Ausgr. Baden-Württemberg 1984, 187–199.

26 Auch wegen der Führung einer eigenen Denkmalliste für die Bodendenkmäler des Mittelalters kam es damit zu einer Dopplung der gutachterlichen Tätigkeit in denkmalrechtlichen Verfahren und gelegentlich zu Abgrenzungsproblemen.

27 Hierzu Planck und Kaiser/Sommer (Anm. 5), auch z.B. D. Planck, Vorwort. In: E. Künzl/S. Künzl, Das römische Prunkportal von Ladenburg. Forsch. u. Ber. Vor- u. Frühgesch. Baden-Württemberg 94 (Stuttgart 2003) 5.

28 D. Planck, Vorwort. In: B. Rabold u.a. (Beiträge), Römische Städte und Siedlungen in Baden-Württemberg. 5. Sitzung des Arbeitskreises in Rottenburg a.N. 21.–22. 4. 1988. Arch. Inf. Baden-Württemberg 8 (Stuttgart 1988) 3f.

29 Kaiser/Sommer (Anm. 5) 371.

30 D. Planck, Vorwort. Arch. Ausgr. Baden-Württemberg 1983, 5. – „Die verminderte finanzielle Ausstattung der Archäologie im Landesdenkmalamt Baden-Württemberg führte dazu, daß bei vielen Grabungen nur noch Schwerpunkte gesetzt werden konnten und zahlreiche Objekte ohne die notwendige Untersuchung aufgegeben werden mussten." D. Planck, Vorwort. Ebd. 1982, 6; ähnlich auch D. Planck, Vorwort. Ebd. 1986, 5 und J. Biel, 50 Jahre Denkmalpflege in Baden-Württemberg. Archäologische Denkmalpflege. Denkmalpfl. Baden-Württemberg 32, 2003, 29–32, bes. 30.

31 J. Biel, Vorwort. Arch. Ausgr. Baden-Württemberg 1999, 5.

Andererseits lässt sich, begünstigt durch diesen Ansatz, die Entwicklung von Groß- und Dauerprojekten aus den Gebietsreferaten heraus erkennen.[32] Es ist wohl auch nicht zu leugnen, dass diese Schwerpunktbildung von der Fachrichtung der jeweiligen Gebietsreferentinnen und -referenten bzw. deren besonderen Interessenslagen, und, davon abhängig, durch die Selektion der durchzuführenden Grabungsprojekte beeinflusst wurde. Aus eigener Erfahrung ist festzustellen, dass bei der Notwendigkeit der Auswahl nicht selten denjenigen Maßnahmen der Vorzug gegeben wurde, die den persönlichen Wissensdurst zu befriedigen versprachen bzw. bei denen eine gewisse Nähe zum Fachbereich des Referenten gegeben war.[33]

Archäologie, Bodendenkmalpflege und Bewertung

Meiner Meinung nach besteht die Gefahr, dass bei einer solchen archäologisch-wissenschaftlichen Schwerpunktbildung, die ganz wesentlich von der Möglichkeit der Ausgrabung lebt bzw. von ihr angetrieben wird, das Thema Erhalt und Schutz der Bodendenkmäler demgegenüber in den Hintergrund gedrängt wird. Mit dem Nebenziel des möglichst geringen „Aneckens" und „der Entwicklung nicht im Wege" stehen zu sollen, wurde es von vielen Kollegen als ausreichend angesehen, wenn von Planern und Investoren für archäologische Ausgrabungen im Vorgriff auf die Baumaßnahmen die notwendige Zeit zur Verfügung gestellt wurde. Die Frage der Vermeidung der Zerstörung eines Bodendenkmals, z. B. durch Umplanung, und die Weiterexistenz der Denkmäler im Boden ergab sich kaum, insbesondere nicht durch eine vorhersehbare finanzielle Beteiligung des Veranlassers an den Kosten der „Entsorgung" des Denkmals.[34] Die zentrale Aufgabe von Denkmalpflege und Denkmalschutz „... die Kulturdenkmale zu schützen und zu pflegen, insbesondere den Zustand der Kulturdenkmale zu überwachen sowie auf die Abwendung von Gefährdungen ..." hinzuarbeiten,[35] spielte so gesehen zumindest vordergründig eine eher untergeordnete Rolle. Der gesetzlich anzustrebende Erhalt der Bodendenkmäler wurde bis in die 1990er Jahre vor allem in der Ausgrabung und Dokumentation gesehen („... und die Bergung").[36] Dem widersprechen allerdings die in Baden-Württemberg bereits sehr früh einsetzenden Versuche, Schutzgebiete zu schaffen und als „Archäologische Reservate" auszuweisen.[37] Vor allem die konsequenten Erhaltungsbemühungen um Feuchtbodensiedlungen am Bodensee und am Federsee in Oberschwaben waren von Erfolg gekrönt. Bemerkenswert, vermutlich auch die Grundlage dafür, ist dort die unmittelbare Verbindung mit Zielen des Naturschutzes. Allerdings handelt es sich insbesondere beim Federsee auch um eine Region mit geringem Planungs- und Veränderungsdruck.[38] Voraussetzung war die Platzierung und Ausstattung eines speziellen Titels im Landeshaushalt zum Ankauf von Flächen zur Stilllegung und zum Schutz von Bodendenkmälern.[39] Auch heute noch spielt die Schwerpunktbildung in Baden-Württemberg eine große Rolle. Dazu trägt die kürzlich umgesetzte Verwaltungsreform ganz erheblich bei. Nach dieser, so scheint es, besteht das neu geschaffene Landesamt für Denkmalpflege Baden-Württemberg im Regierungspräsidium Stuttgart[40] zum Großteil aus den Arbeitsbereichen der ehemaligen Referate 25 und 27 und verfügt zudem über den größten Teil der staatlichen Mittel. Im 2004 geänderten Denkmalschutzgesetz Baden-Württemberg wird diese Schwerpunktbildung innerhalb der Archäologischen Denkmalpflege zu einem gewissen

32 Zum Beispiel Walheim durch D. Planck (vgl. Lauber/Kortüm [Anm. 21]) 1982–1988; Lauchheim 1986–2005 durch I. Stork, Goldener Abschied, Zum Ende der Grabungen in der Dorfwüstung Mittelhofen, Stadt Lauchheim, Ostalbkreis. Arch. Ausgr. Baden-Württemberg 2005, 174–177 sowie J. Biel, Vorwort. Ebd. 5.

33 Vgl. z. B. auch die frühen Aktivitäten des Jubilars in römischen Kastellen: C. S. Sommer, 100 Jahre Reichslimeskommission. Zur Intensität der archäologischen Untersuchungen an den römischen Grenzen im südlichen Obergermanien. Fundber. Baden-Württemberg 18, 235–239.

34 Mit eher theoretischem Ansatz D. Planck, Vorwort. Arch. Ausgr. Baden-Württemberg 1985, 5 und Biel (Anm. 30) 29 und 31.

35 Denkmalschutzgesetz Baden-Württemberg § 1 Abs. 1 (DSchG BW), zuletzt durch Artikel 30 des Verwaltungsstruktur-Reformgesetzes vom 1. Juli 2004 geändert. Vgl. z. B. J. N. Viebrock/D. Martin/R. Kleeberg (Bearb.), Denkmalschutzgesetze. Schriftenr. Deutsches Nationalkomitee Denkmalschutz 544 (Bonn 2005) 9–16.

36 Ebd.

37 D. Planck, Vorwort. Das Archäologische Jahr 1989, 5; Biel (Anm. 3) 376.

38 Zum Beispiel Landesdenkmalamt Baden-Württemberg (Hrsg.), Archäologie und Naturschutz im Federseemoor. Begleitheft zur Ausstellung im Europarat Straßburg (Stuttgart 1999); H. Schlichtherle, Schutz und Management archäologischer Denkmale im Bodensee und Federsee. In: B. Coles/A. Olivier (Hrsg.), The Heritage Management of Wetlands in Europe. EAC Occasional Paper 1/WARP Occasional Paper 16 (Exeter 2001) 125–132; ders., Archäologische Reservatbildung: Erforschung von Fundlandschaften und Flächenerwerb am Beispiel Federsee. Arch. Nachrichtenbl. 8, 2003, 179–188; Biel (Anm. 3) bes. 377.

39 Vergleichbare Versuche zur archäologischen Reservatbildung in Bayern mussten aus dem regulären Etat der Bodendenkmalpflege finanziert werden und blieben alleine schon deshalb punktuelle Ausnahmen. Vgl. E. Keller/Ch. Meier/M. Petzet, Vorwort. In: Arch. Jahr Bayern 1996, 9–10; E. Keller, „Archäologische Reservate" in den Landwirtschaftsflächen. Jahrb. bayer. Denkmalpfl. 43, 1989, 13–19.

40 H. Rech, Editorial. Denkmalpfl. Baden-Württemberg 34, 2005, 1–2.

Grad festgeschrieben. So gehört es gemäß der Erläuterung zu den Denkmalschutzbehörden zu den Aufgaben des Regierungspräsidiums Stuttgart (das „die Denkmalschutzbehörden in allen landesweiten Angelegenheiten der fachlichen Denkmalpflege bei der Ausführung dieses Gesetzes“ unterstützen soll), „Schwerpunktgrabungen durchzuführen und deren Auswertung vorzunehmen …“.[41] Entsprechend verweist der Vollzugserlass zum Denkmalschutzgesetz darauf, dass „sowohl die Erhaltung von Kulturdenkmalen als auch deren Erforschung Aufgabe der Denkmalpflege ist.“[42] Zur beschriebenen Praxis tragen sicher auch die in Baden-Württemberg erfolgreich beantragten, meist von der Deutschen Forschungsgemeinschaft geförderten Projekte bei, zuletzt das Schwerpunktprogramm „Frühkeltische Fürstensitze“, jeweils verbunden mit neuen Grabungsprojekten.[43]

Grundsätzlich als Problem erscheint mir, dass die Schwerpunktbildungen nicht vor dem Hintergrund einer intern oder gar im breiten fachlich-öffentlichen Raum diskutierten, konsensual und einigermaßen verbindlich festgelegten wissenschaftlichen Fragestellung vorgenommen werden. Ansätze einer auf die Römerzeit bezogenen, im konkreten Fall von Dieter Planck selbst angeregten Bewusstseinsbildung blieben im Wesentlichen undiskutiert und damit in Ansätzen stecken.[44] Vorbilder aus dem Ausland, z. B. die Suche nach und die Formulierung von „Research Frameworks“ in England,[45] waren im Landesdenkmalamt Baden-Württemberg wie in Deutschland allgemein weitgehend unbekannt bzw. wurden nicht aufgegriffen, gesprächsweise auch gelegentlich mit der Bemerkung „*theoretical archaeology*“ abgewertet. Trotzdem, auch wenn die in Baden-Württemberg insbesondere in den 1980er Jahren ausgewählten Projekte auch der Referate 25 und 27 teilweise zufällig und personenabhängig scheinen, lassen sich doch die meisten Fälle auch heute noch gut begründen und sind sinnvoll. Unbestreitbar ist, dass neben der Erfüllung bodendenkmalpflegerischer Aufgaben die archäologische Wissenschaft dadurch enorme Fortschritte gemacht hat.[46]

Immer wieder stellt sich jedoch auch die Frage nach der Dimension der möglichen Verluste bei der Schwerpunktbildung, führt sie doch zur Selektion von „geretteten“ Objekten bzw. zur Vernachlässigung anderer oder gar der Denkmäler ganzer Regionen. Die Denkmalschutzgesetze vieler Länder kennen jedoch ausdrücklich die heimatgeschichtliche Bedeutung als Kriterium für die Denkmaldefinition. So heißt es z. B. in § 2 Abs. 1 DSchG BW: „Kulturdenkmale im Sinne dieses Gesetzes sind Sachen, Sachgesamtheiten und Teile von Sachen, an deren Erhaltung aus wissenschaftlichen, künstlerischen oder heimatgeschichtlichen Gründen ein öffentliches Interesse besteht.“ Daraus ergibt sich ein auf die Fläche bezogener Ansatz.

Inwiefern ist es vor diesem Anspruch jedoch berechtigt, z. B. den letzten Resten eines weitgehend im frühen 20. Jh. unbeobachtet zerstörten merowingerzeitlichen Gräberfeldes die heimatgeschichtliche und damit denkmalpflegerische (nicht unbedingt archäologisch-wissenschaftliche) Bedeutung abzusprechen? Ist unser heutiges Wissen tatsächlich ausreichend genug, um archäologische Erkenntnismöglichkeit und wissenschaftliche Aussagekraft, vor allem aber auch lokalgeschichtliche Relevanz dergestalt abschätzen zu können, dass z. B. eine stark erodierte vorgeschichtliche Siedlung als für eine Ausgrabung nicht „lohnend“ eingestuft werden kann?[47] Gibt es gültige Kriterien, momentan nicht auswertbaren Befunden die Potenz in der Zukunft, z. B. in einem erweiterten archäologischen Umfeld zum Verständnis einer Region beizutragen, abzusprechen? Ist es berechtigt, die Bedeutung des „Zufälligen“ zu vernachlässigen bzw. nur das Bekannte und Denkbare weiter zu verfolgen? Nach welchen Prinzipien „werden neu anstehende Rettungsgrabungen unter Umständen zurückgestellt oder ganz aufgegeben werden müssen, …“ und ist es verantwortbar, dass „… der völlige Verlust einzelner Fundstellen bewusst in Kauf genommen werden muss“?[48] Und,

41 § 3 Abs. 2 Nr. 6 DSchG BW.

42 Biel (Anm. 3) 373.

43 Frühe Zentralisierungs- und Urbanisierungsprozesse – Zur Genese und Entwicklung „frühkeltischer Fürstensitze“ und ihres territorialen Umlandes DFG-SPP 1171. Siehe www.fuerstensitze.de/1062_Home; D. Krausse, Frühkeltische Fürstensitze, Ein neues Schwerpunktprogramm der Deutschen Forschungsgemeinschaft am Landesdenkmalamt Baden-Württemberg. Denkmalpfl. Baden-Württemberg 33, 2004, 237–245; ders. (Hrsg.), Frühe Zentralisierungs- und Urbanisierungsprozesse. Koll. DFG-Schwerpunktprogramm 1171, Blaubeuren 9.–11. 10. 2006. Forsch. u. Ber. Vor- u. Frühgesch. Baden-Württemberg 101 (Stuttgart 2008).

44 Grundsätzlich D. Planck (Hrsg.), Archäologie in Württemberg. Ergebnisse und Perspektiven archäologischer Forschung von der Altsteinzeit bis zur Neuzeit (Stuttgart 1988); zum Römischen C. S. Sommer, Überlegungen zur Schwerpunktbildung bei der Untersuchung von ländlichen Siedlungen in Baden-Württemberg. Denkmalpfl. Baden-Württemberg 19, 1990, 118–124. Interessanterweise kamen die einzigen Anregungen seinerzeit aus Augst in der Schweiz und führten zu anregenden bilateralen Debatten.

45 Zum Beispiel A. Olivier, Rahmenbedingungen für Forschung in England. Die Rolle von English Heritage. Arch. Nachrichtenbl. 6, 2001, 195–200; ders., Frameworks for our past: A review of research frameworks, strategies and perceptions (London 1996).

46 Vgl. z. B. den guten bis hervorragenden Publikationsstand zu Rottweil, Ladenburg und zur Feuchtbodenarchäologie.

47 Biel (Anm. 3) 375 f.

48 J. Biel, Vorwort. Arch. Ausgr. Baden-Württemberg 2001, 5.

können wir es wirklich verantworten, die Geschichte einer Stadt A mit allen uns bekannten Verfahren zu untersuchen, um den Preis, nicht in der Stadt B tätig zu werden? Hat nicht auch deren Bürgerschaft ein Anrecht auf ihre eigene Vergangenheit?
Daraus ergeben sich Fragen nach der Auswahl, nach den zugrunde liegenden Kriterien und der Befriedigung der Ansprüche außerhalb der Schwerpunkte, aber auch nach dem Recht, eine Quelle „ohne Not" heute schon z. B. durch eine vollflächige Ausgrabung endgültig zu beseitigen. Ohne Zweifel führt die gegebenenfalls notwendige Etablierung von Bewertungssystemen über die Archäologie und Bodendenkmalpflege hinaus zu allgemeinen Wertesystemen und hinein in einen gesamtgesellschaftlichen Kontext,[49] der durchaus auch etwas mit Emotionen zu tun haben kann.

Flächendeckender Ansatz – ein kleinräumiges Gegenmodell?

Im Gedächtnis geblieben ist mir die immer wieder im Zusammenhang mit den Haushaltszuweisungen in Baden-Württemberg aufkommende Diskussion, warum für den einen oder anderen Bezirk wenige Maßnahmen mit häufig sechsstelligem Finanzvolumen angemeldet wurden, für andere Bezirke, in der Regel Südbaden, dagegen sehr viele Maßnahmen mit regelmäßig jeweils kleinem finanziellem und personellem Umfang. Angedeutet wurde hier ein tendenziell unterschiedliches Vorgehen in den jeweiligen Regierungsbezirken.
Ebenso ist auf den Versuch hinzuweisen, innerhalb der Schwerpunktbildungen Ladenburg und später Rottweil, vermutlich auch Konstanz, einen konsequent flächendeckenden Ansatz umzusetzen. Für die „römischen" Plätze kam es schnell zu einer inhaltlichen Erweiterung der eigentlich auf die römischen Befunde ausgerichteten Zielsetzung, denn der Untersuchung frühneuzeitlicher und mittelalterlicher Straten wurde bald ähnlicher Raum zugestanden. Im Rahmen der zur Verfügung stehenden finanziellen und personellen Mittel begannen wir seinerzeit, jede sich bietende Möglichkeit bzw. Notwendigkeit zum Einblick in den Boden zu nutzen und die Befunde zu dokumentieren oder – anders gesprochen – die Möglichkeiten als Verpflichtung aufzufassen, vor der drohenden Zerstörung durch eine Baumaßnahme (kleinräumig) flächendeckend „zu retten, was zu retten ging".[50] In Bezug auf die 1990 diskutierten Fragestellungen[51] konnte ein solch konsequent flächendeckender Ansatz wegen seiner begrenzten räumlichen „Gültigkeit" allerdings durchaus auch im Sinne einer ausgedehnten Schwerpunktbildung verstanden werden.
Voraussetzung für die Umsetzung waren wegen des praktizierten staatlichen Grabungsmonopols die gute finanzielle oder personelle Ausstattung und die fast ständige örtliche Präsenz durch Mitarbeiter des Amtes. Viele der betreuten Maßnahmen waren nämlich nicht im Rahmen denkmalrechtlicher Verfahren entsprechend der gesetzlichen Vorgaben bekannt geworden, sondern durch Zufall und persönliche Kenntnis oder Betroffenheit.
Im Sinne einer regionalen Schwerpunktbildung mit flächendeckendem Ansatz sind auch die ausgedehnten Grabungsschutzgebiete nach § 22 DSchG BW in Ladenburg und später Murrhardt zu verstehen. Auch öffentlich kommuniziert sollte das Ziel nicht die „Gängelung" der Kommunen und privaten bzw. öffentlichen Bauherren durch Einschränkungen oder gar die Verhinderung von Bautätigkeit sein, sondern die Sicherstellung der Beteiligung der Bodendenkmalpflege an allen in den Boden eingreifenden Maßnahmen, auch durch solche Träger, die nicht dem Planungsrecht unterworfen waren oder sich unterwarfen.

Flächendeckender Ansatz in Bayern

Die Entwicklung und Zielsetzung der Bodendenkmalpflege im Bundesland Bayern verlief in der letzten Zeit, obwohl in den 60er und 70er Jahren des 20. Jh. von vergleichbaren Startpositionen ausgehend, anders als in Baden-Württemberg. In beiden Bundesländern war in den 1960er Jahren im Sommer das Büro wegen Abwesenheit der Referenten und des Abteilungsleiters auf den Grabungen weitgehend ge-

49 T. Darwill, Value systems in archaeology and heritage management. Arch. Nachrichtenbl. 6, 2/2001, 183–194. Vgl. auch H. Dorgerloh, Anforderungen und Verlässlichkeit von Landespolitik im Zusammenhang mit Schwerpunktsetzungen in der Bodendenkmalpflege. Ebd. 126–130. – Vgl. generell zur Abwägung auch R. Zittlau, Über die Notwendigkeit, Denkmalwerte zu differenzieren. Symposium „Nachdenken über Denkmalpflege" (Teil 4): „Nur die Prachtstücke? – Kategorisierung in der Denkmalpflege". Berlin, 2. April 2005. kunsttexte.de, Nr. 2, 2005, www.kunsttexte.de; J. Oexle, Schrumpfende Ressourcen, weniger Menschen: Perspektiven der Denkmalpflege. Ebd.

50 Im Falle von Ladenburg waren dies innerhalb von etwa 15 Jahren ca. 150 Maßnahmen vom quadratmetergroßen Kellerfenster bis hin zur mehrjährigen „Großgrabung" Metzgergasse. Vgl. die Fundschauen in: Fundber. Baden-Württemberg 12, 1987; 15, 1990; 17/2, 1992; 22/2, 1998 s. v. Ladenburg; H. Kaiser/C. S. Sommer, Ausgrabungen im Stadtbereich von Ladenburg am Neckar, Rhein-Neckar-Kreis. Arch. Ausgr. Baden-Württemberg 1985, 119–125, bes. 119.

51 Vgl. Sommer (Anm. 44).

schlossen. Beide Bundesländer erhielten 1971 bzw. 1973 ein Denkmalschutzgesetz (wenn auch, insbesondere in Bezug auf Sucherlaubnis und Schatzregal, mit sehr unterschiedlichen Details). In beiden Bundesländern dominierte die Baudenkmalpflege über die Bodendenkmalpflege,[52] nicht zuletzt auch im Versuch bzw. durch die Verpflichtung, möglichst schnell eine einheitliche Denkmalerfassung als Grundlage denkmalpflegerischer Tätigkeit durchzuführen. In beiden Ländern ging man von einem – meines Erachtens im Gesetz nicht festgeschriebenen – staatlichen Grabungsmonopol aus. Während es in Baden-Württemberg jedoch gelang, mit den eingangs beschriebenen Ergebnissen die Möglichkeit des Ausbaus des Amtes konsequent zu nutzen, scheinen die Möglichkeiten diesbezüglich in Bayern eher zufällig, vor allem bei Weitem nicht so erfolgreich umsetzbar gewesen zu sein.[53] Dabei ist einerseits, in Bezug auf die Verpflichtungen des bayerischen Denkmalschutzgesetzes, die bekannten Denkmäler in einer Liste nachrichtlich zu erfassen, vor allem eine Verstärkung der in der Denkmalerfassung tätigen Mitarbeiter erkennbar.[54] Andererseits musste erst die Dezentralität ausgebaut werden, die in Baden-Württemberg mit den ehemals selbstständigen Ämtern der Regierungsbezirke schon früh vorhanden war. Mit dem Ziel, mit Dienststellen der Bodendenkmalpflege in jedem Bezirk präsent zu sein, wurden neben den schon existierenden Standorten auch „Außenstellen" in Landshut und in Schloss Seehof bei Bamberg eingerichtet.[55] Eine explizite fachliche Schwerpunktsetzung erfolgte darüber hinaus zwar schon sehr früh, aber lediglich temporär in den Bereichen Provinzialrömische Archäologie (1964–1965)[56] und Mittelalterarchäologie (1966–1981)[57] und seit 1993 Feuchtbodenarchäologie.[58] Fast schon anachronistisch erscheint vor diesem Hintergrund die Einrichtung eines Referats Archäologische Plangrabungen 1999.[59] Dessen Aufgaben und Einsätze sollten im Sinne einer Rahmenwerkbildung zumindest innerhalb des Amtes in einem „virtuellen", d.h. nicht mit eigenem Personal ausgestatteten Referat diskutiert und abgesprochen bzw. von spezialisierten Kollegen im Weiteren begleitet werden. Wegen des vorhersehbaren hohen Beratungsaufwands und der durch geringe personelle und finanzielle Ausstattung beschränkten Wirkungsweise, vor allem wegen fehlender inhaltlicher und struktureller Konzeption, sind die theoretischen Ansätze jedoch nie konkret umgesetzt worden.[60]

Lediglich der inhaltliche Schwerpunkt der topographischen Aufnahme der Geländedenkmäler, der schon 1959 mit dem Atlas der keltischen Viereckschanzen[61] einen ersten nach außen sichtbaren Erfolg vorweisen konnte, wurde bis heute fortgesetzt und findet zuletzt mit der Übernahme und Interpretation von Airborne-Lasercsan-Daten eine enorme Fortentwicklung.[62] Flankierend dazu wurden seit dem Ende der 1970er Jahre Luftbildarchäologie und Geophysik für die Bodendenkmalpflege am Bayerischen Landesamt für Denkmalpflege weiterentwickelt und finanziell und personell verankert.[63] Insgesamt wies jedoch neben der personellen auch die finanzielle Ausstattung in Bayern nie die in Baden-Württemberg – dort nicht zuletzt durch die Schwerpunktprogramme erreichten – Zuwächse auf

52 H. Fehr, Erhalten versus Erforschen? Denkmalpflege und archäologische Wissenschaft. In: E. J. Greipl/H.-M. Körner (Hrsg.), 100 Jahre Bayerisches Landesamt für Denkmalpflege 1908–2008. I. Bilanz (Regensburg 2008) 74–122, bes. 108.

53 R. Christlein, Landesarchäologie in Bayern 1981 – Ein Überblick. Arch. Jahr Bayern 1981, 13–38, bes. 13–15, und A. Hochleitner/E. Keller/M. Petzet, Vorwort. Ebd. 1983, 9–11. Vgl. auch Fehr (Anm. 52) 108–111.

54 Fehr (Anm. 52) 108f.

55 E. Keller/Ch. Meier/M. Petzet, Vorwort. Arch. Jahr Bayern 1996, 9; B. Engelhardt, Zur Auflösung der Dienststelle Landshut der Abteilung Bodendenkmalpflege. Ein Rückblick. Denkmalpfl. Inf. 139, 2008, 8–9.

56 Fehr (Anm. 52) 105.

57 W. Sage; vgl. J. Haberstroh, Reste reden: Die Anfänge der Mittelalterarchäologie in Bayern. In: E. J. Greipl (Hrsg.), 100 Jahre Bayerisches Landesamt für Denkmalpflege 1908–2008. Katalog – Inhalte Praxis Schwerpunkte (München, Regensburg 2008) 319–322 (korrigiere S. 319: „In Baden-Württemberg sicherte in den beiden letzten Jahrzehnten des 20. Jahrhunderts ein eigenes Referat … [statt „Abteilung"]); Fehr (Anm. 52) 105.

58 Referat B 10, hervorgegangen aus einer am DFG-Schwerpunktprogramm „Siedlungsarchäologische Untersuchungen im Alpenvorland" teilnehmenden Arbeitsgruppe unter G. Schönfeld; vgl. E. Keller/Ch. Meier/M. Petzet, Vorwort. Arch. Jahr Bayern 1993, 11. Vgl. Organigramm des Bayerischen Landesamts für Denkmalpflege, Stand 31. 12. 2000 (E. J. Greipl, Das Bayerische Landesamt für Denkmalpflege im Jahr 2008. In: Ders. [Anm. 57] 409–412, bes. Abb. 1).

59 B 11, Leitung K. H. Rieder; hierzu H. Bender/E. J. Greipl/E. Keller, Vorwort. In: Arch. Jahr Bayern 1998, 11; vgl. auch die Auflistung der Referate ebd. 1999, 161.

60 Referat B 12; Bender/Greipl/Keller (Anm. 59) 11. Die beiden Referate fanden auffälligerweise, genauso wenig wie ein „ad personam" gebildetes Referat B 13 Gesamtbayerische Inventarisation (A. Tillmann) keine Abbildung im Organigramm des Jahres 2000 (Greipl [Anm. 57]). Aus heutiger Sicht müssen die Referate zumindest teilweise als organisatorische „Kunstgriffe" gewertet werden.

61 K. Schwarz, Atlas der spätkeltischen Viereckschanzen Bayerns. Pläne und Karten (München 1959). Beachte, dass der Textband erst fast 50 Jahre später erschien: Ders., Atlas der spätkeltischen Viereckschanzen. Textband (München 2007).

62 Zum Beispiel H. Kerscher, Zum Verlauf des raetischen Limes durch den Köschinger Forst – Ein Überblick anhand von Airborne Laserscan-Daten. Arch. Jahr Bayern 2006, 101–104.

63 Zuletzt J. Fassbinder/W. Irlinger/P. Weinzierl, Blick unter die Erde: Archäologische Prospektion – Luftbildarchäologie und Geophysik. In: Greipl (Anm. 57) 354–360; Fehr (Anm. 52) 109. – Daran hatte Rainer Christlein wesentlichen Anteil, auch wenn diesbezügliche feste Stellen meist erst unter seinem Nachfolger Erwin Keller verankert werden konnten.

bzw. stagnierte sehr viel früher. Neben der Bindung eines immer größeren Anteils des Etats in unbefristet angestelltem, aber nicht im Haushalt verankertem Personal[64] musste zuletzt der Restetat der Bodendenkmalpflege in Bayern auch noch empfindliche Kürzungen hinnehmen (50 % von 2002 auf 2003),[65] während die durch die Finanzkrise bedingten Veränderungen in Baden-Württemberg sich seinerzeit offensichtlich in einem relativ begrenzten Rahmen bewegten. Letztendlich erfuhr die Bodendenkmalpflege in Bayern auch zu keiner Zeit die politische Akzeptanz oder gar Unterstützung, die sich in Baden-Württemberg auch in der Folge der Entdeckung des Grabes von Hochdorf entwickelt hat.

Das im Vergleich erschütternde Ergebnis dieses Prozesses ist, dass 2003 das etwa doppelt so große Bayern nur über etwa halb so viele wissenschaftliche Mitarbeiter in der Bodendenkmalpflege verfügte wie Baden-Württemberg. Auf die Fläche bezogen bedeutete dies für Bayern ein Viertel des baden-württembergischen Personalstands, bei den Finanzmitteln war das Verhältnis sogar 1:10.[66]

Nach einer Phase der extremen Forschungs- und Wissenschaftsorientierung der bayerischen Bodendenkmalpflege in der Zeit nach dem Zweiten Weltkrieg mit der Konzentration der Mittel und des Personals auf wenige, z.T. sogar langfristig angelegte oder sich entwickelnde Projekte[67] folgte – ausgehend wohl von Rainer Christlein in Niederbayern – eine Phase der Ausweitung der Grabungstätigkeit hin zu einem möglichst flächendeckenden Einsatz. Erstaunlich ist dabei das Eingeständnis der anfänglichen Zufälligkeit des Entstehens der durchgeführten Maßnahmen.[68] Offensichtlich spielten denkmalrechtliche Verfahren zu Beginn auch nur eine untergeordnete Rolle. Das sollte sich bald ändern, denn dank häufig sehr klarer denkmalrechtlicher Auflagen durch die Unteren Denkmalschutzbehörden wurde die Notwendigkeit bodendenkmalpflegerischer Maßnahmen nur selten in Frage gestellt und war für die Mehrzahl der Bauherren offensichtlich. Unter dem Gesichtspunkt der an Anzahl und Ausdehnung stetig zunehmenden Maßnahmen bei stagnierenden Mitteln stellte sich jedoch schon früh die Frage, ob bzw. wie die nach der Abwägung notwendigen bauvorgreifenden archäologischen Ausgrabungen abgewickelt werden könnten.[69] Die aus Personal- und Finanzmangel im Bayerischen Landesamt für Denkmalpflege für den Planer oder Investor sich ergebende Zeitproblematik bei der Durchführung von Rettungsgrabungen durch das Amt führte folgerichtig zur freiwilligen Kostenbeteiligung und zum Aufkommen privater Grabungsfirmen in den 1990er Jahren in Bayern.[70]

Parallel dazu veränderte sich, anfangs punktuell, seit 2002 grundsätzlich und systematisch, seitens des Amtes das Bewusstsein über die Verantwortung der Planer und Investoren bezüglich der Durchführung von Ausgrabungen hin zur Anwendung eines Veranlasserprinzips. Die Grundlage hierfür bildet der Erhaltungsanspruch des Bayerischen Denkmalschutzgesetzes für die Denkmäler, vorgegeben im Prinzip durch die Bayerische Verfassung.[71] Erst im Verlauf der jüngsten Entwicklung wurde, ausgelöst durch rückblickende Überlegungen zur Entwicklung in der Denkmalpflege in Bayern anlässlich des bevorstehenden 100-jährigen Gründungsjubiläums, bewusst, dass das Primat der Erhaltung vor der Ausgrabung auch schon während der ersten Jahrzehnte der staatlichen Bodendenkmalpflege in Bayern der dominierende Grundsatz war.[72]

Auf dem Denkmalschutzgesetz aufbauend bedarf, „Wer auf einem Grundstück nach Bodendenkmälern graben oder zu einem anderen Zweck Erdarbeiten auf einem Grundstück vornehmen will, obwohl er weiß oder vermutet oder den Umständen nach annehmen muss, dass sich dort Bodendenkmäler befinden, … der Erlaubnis".[73] Da die Erlaubnis versagt werden kann, „soweit es zum Schutz eines Bodendenkmals erforderlich ist", erfordert der Grabungswunsch eine Abwägung. Zur Reduzierung des Eingriffs in das öffentliche Interesse im Falle des Entscheides gegen den Erhalt eines Bodendenkmals kann bzw. muss die Erlaubnis mit Auflagen und Verpflichtungen versehen werden.[74] Das international gängige Mittel der Minderung ist die archäologische Ausgrabung, also die Dokumentation des Bodendenkmals und die Bergung der Funde als Ersatz für

---

64 Indirekt H. Bender/E. J. Greipl/C. S. Sommer, Vorwort. In: Arch. Jahr Bayern 2002, 9–11.

65 Ebd.

66 Vergleich der von den Ländern an den Verband der Landesarchäologen in der Bundesrepublik Deutschland e.V. seinerzeit jährlich gemeldeten Zahlen.

67 Fehr (Anm. 52) 102–108.

68 R. Christlein, Vorwort des Herausgebers. Arch. Jahr Bayern 1980, 10–11; Engelhardt (Anm. 55) 9.

69 H. Bender/E. J. Greipl/E. Keller, Vorwort. Arch. Jahr Bayern 1997, 8–10; bes. 9 mit Positionierung gegen Prioritätensetzung.

70 C. S. Sommer, Neue Wege: Privatwirtschaftliche Archäologie in Bayern. In: Greipl (Anm. 61) 361–363; Fehr (Anm. 52) 111.

71 Bayerische Verfassung, Art. 3 Abs. 2, Art. 141 Abs. 2.

72 Fehr (Anm. 52) 111 f. Vgl. auch den Anhang: Die Pflege und Erforschung der prähistorischen Denkmale (Georg Hager 1909). Ebd. 123–127.

73 Art. 7 Abs. 1 BayDSchG (vgl. Viebrock u. a. [Anm. 35] 17–24).

74 Trotz einer anderen Struktur des Abschnitts „Bodendenkmäler" mit den Artikeln 7–9 BayDSchG unterscheidet sich damit die Zielsetzung für die Bodendenkmalpflege nicht von der der Baudenkmalpflege. Vgl. auch E. J. Greipl, Ein altes und neues Konzept: Die integrale Denkmalpflege. In: Ders. (Anm. 57) 413–415.

den Erhalt. Man könnte auch sagen, „Erhalt" durch Dokumentation und Erforschung. In der Erkenntnis, dass es sich dabei um zeitbezogene Notlösungen handelt – die betroffenen Denkmäler könnten zukünftig mit besseren Methoden und weiterentwickelten Fragestellungen mehr Information preisgeben – darf dieser Weg, also die Abwägung gegen den Erhalt und die Ausgrabung, nur „ausnahmsweise" beschritten werden. Da es der Planer bzw. Investor mit der Planung bzw. Zielrichtung seiner Maßnahme in der Hand hat, ob Bodendenkmäler betroffen sind oder nicht, und die Zerstörung in seinem Interesse liegt, ist es nur konsequent, dass er als Teil der Auflage für die Erlaubnis zur Verwirklichung seiner Maßnahme in einem Bodendenkmal die anfallenden Kosten einer ersatzweisen Rettungsgrabung zu tragen hat. An keiner Stelle im BayDSchG ist jedenfalls eine Verpflichtung zur archäologischen Ausgrabung durch das Bayerische Landesamt für Denkmalpflege oder eine andere öffentliche Institution erkennbar. Dieses schon aus dem BayDSchG eindeutig abzuleitende „Veranlasserprinzip" entspricht der europäischen Zielsetzung, wie sie 1992 durch die sogenannte „Konvention von La Valletta" formuliert worden ist. Seit 2002 ist diese nach vorausgehender Zustimmung aller Bundesländer durch Deutschland ratifiziert und als Bundesgesetz für den Bund und jedes Bundesland gültig.[75]

Mit dem Veranlasserprinzip ist ein flächendeckender bodendenkmalpflegerischer Ansatz möglich und umsetzbar. Archäologische Ausgrabungen werden nach einer intensiven Abwägung nur dort durchgeführt, wo sie im Ersatz für den Erhalt eines Bodendenkmals durchgeführt werden müssen – zu Lasten desjenigen, der den Nutzen aus der Zerstörung zieht. Dadurch kann es auch „plötzlich" wirtschaftlicher sein, geplante Maßnahmen so zu gestalten, dass wenige oder gar keine Eingriffe in die Bodendenkmäler nötig werden.[76]

Grundsätzlich gilt bei allen archäologischen Ausgrabungen – da die Folge unwiderrufliche Zerstörungen der einzigartigen Quellen unseres archäologischen Erbes sind – dass die bestmögliche Qualität der Untersuchungen zu erzielen ist. Dies kann z.B. durch die Schaffung und Einhaltung von allgemein gültigen Standards erreicht werden.[77] Weiterhin wäre darauf zu achten, dass die Verpflichtungen der Veranlasser konsequenterweise die Wiederherstellung verbleibender Denkmalteile, die Restaurierung der Funde, die Aufbereitung der Dokumentation, die wissenschaftliche Bearbeitung der Grabung und die Vorlage der Ergebnisse umfasst. Grenzen werden allenfalls durch die Zumutbarkeit gesetzt, wobei festzuhalten ist, dass diese zumindest für die unmittelbare Ausgrabung nur in Ausnahmefällen erreicht wird, liegen doch die Kosten hierfür meist unter einem und nur selten im Bereich weniger Prozente der Gesamtkosten der auslösenden Maßnahme. Zurzeit bildet allerdings die politische Durchsetzbarkeit bei der ganzen Palette der eigentlich notwendigen Schritte einen begrenzenden Faktor. Daher beteiligen sich Freistaat und Kommunen weit über den aus Art. 22 BayDSchG ableitbaren Umfang an den Kosten der meisten Maßnahmen, in dem sie die Verpflichtung zur Lagerung und der dauerhaften Erhaltung der Funde, der Erschließung der Ergebnisse für die Öffentlichkeit durch Präsentation in Museen und durch die Übernahme aller nicht vom Veranlasser finanzierten Aufgaben wahrnehmen – ohne dass dies konsequent im Sinne einer staatlichen Subvention einzelner Bauprojekte publik gemacht und berücksichtigt wird. Allerdings wird mit dem Ziel der möglichst geringen Belastung bzw. den beschränkten Möglichkeiten der öffentlichen Hand ein guter Teil dieser Schritte auf ungewisse Zeiten in der Zukunft verschoben. Dies bedarf dringend einer Veränderung. Dass durch die Verlagerung des besprochenen Teils der Maßnahmen auf den Freistaat bzw. generell die Länder die „Früchte" der Ersatzmaßnahmen – Wissen und Erkenntnis über die jeweilige Vergangenheit – der Öffentlichkeit zugunsten der Veranlasser vorenthalten bleiben, sollte nicht ohne weitere Diskussion in Kauf genommen werden.[78]

In der Abwägung: Kostenübernahme durch den Veranlasser oder durch öffentliche Institutionen stellt sich also die Frage, welche Bedeutung der Erhaltung der Quellen unserer Vergangenheit zugemessen wird bzw. inwieweit die Allgemeinheit bereit ist, für die Folgelasten privaten und sonstigen partikularen Planens einzustehen. Je konsequenter und je weitreichender ein Maßnahmenträger für die Folgen sei-

75 Gesetz zum Europäischen Übereinkommen vom 16. Januar 1992 zum Schutz des archäologischen Erbes. BGBl 2002 Teil II Nr. 39 vom 15. 11. 2002, 2709ff. – Vgl. hierzu, insbesondere auch zur Umsetzungsnotwendigkeit in den Bundesländern, D. J. Martin, Das Übereinkommen von Malta und die Denkmalschutzgesetze. Bayer. Verwaltungsbl. Heft 23/2003, 715–718; und E. R. Hönes, Das Europäische Übereinkommen zum Schutz des archäologischen Erbes vom 16. Januar 1992. www.gesellschaft-fuer-archaeologie.de sowie als Kurzfassung in Arch. Jahr Bayern 2007, 165–168.

76 C. S. Sommer, Überschütten oder Ausgraben? Zum Konflikt von dauerhaftem Erhalt und wissenschaftlicher Neugierde. In: Regierungspräsidium (Anm. 3) 363–371.

77 Zum Beispiel Vorgaben zur Dokumentation archäologischer Ausgrabungen und zur Behandlung von Funden in Bayern. www.blfd.bayern.de.

78 Die grundlegende Problematik gilt für alle Bundesländer.

ner Planung verantwortlich gemacht wird, desto weniger Einschränkungen muss die Öffentlichkeit durch sein Handeln hinnehmen. Der öffentlichen Hand bleiben durch die Bereitstellung und Pflege der Archive und die museale Aufbereitung immer noch erhebliche Folgelasten. Das System „Veranlasserprinzip" ist auch insofern schlüssig, als bei seiner zielgerichteten Umsetzung keine Gemeinde, keine Region auf „ihre Geschichte" verzichten muss, sei es in Form von ungestörten, geschützten Bodendenkmälern, sei es in Form von Kenntnis und Wissen um deren Inhalte als Ersatz für den Erhalt. Die Verfügbarkeit staatlicher Haushaltsmittel spielt bei diesem Ansatz nur eine untergeordnete Rolle.
Im Nebeneffekt führt dies zu einer höheren Erhaltungswahrscheinlichkeit für die Bodendenkmäler. Durch die Belastung des Veranlassers mit den Kosten für deren Beseitigung erhalten die Denkmäler nämlich neben dem ideellen, abstrakten auch einen wirtschaftlichen Wert aus der Summe von Grabungskosten, Konservierung und Restaurierung, Funddokumentation, wissenschaftlicher Bearbeitung und Publikation/Vermittlung. Die vorausgehende Abwägung: Erhalt oder Ersatzmaßnahme bekommt so ökonomische Aspekte, der Kostenfaktor kann präventiv wirken.

Neue Schwerpunktbildung

Manchem erscheinen die Ergebnisse von archäologischen Ausgrabungen bei einem flächendeckenden Vorgehen nach dem Veranlasserprinzip wissenschaftlich unbefriedigend, endet doch eine so durchgeführte Grabung häufig mitten im Befund am Rand der Baugrube. Im Grunde begegnet dieses Problem jedoch bei jeder Art der Grabung: Der Nachbar gibt keine Erlaubnis zur Nutzung seines Grundstücks, die zur Verfügung stehenden Mittel sind verbraucht, oder, insbesondere im städtischen Umfeld, direkt hinter der Grabungsgrenze steht ein Gebäude, vielleicht sogar ein Baudenkmal, das eine Fortsetzung der Untersuchung unmöglich (vor allem: unnötig) macht.
Hier könnte jedoch eine neue Art der Schwerpunktbildung einsetzen: Mit wissenschaftlicher Zielsetzung, gut begründeter Fragestellung und ausgestattet mit Mitteln, die die oben angesprochenen einer Grabung folgenden Schritte konsequent ermöglichen, wären in Ergänzung von bodendenkmalpflegerisch notwendigen Untersuchungen nach Ausschöpfung aller nichtdestruktiven Methoden Ergänzungsgrabungen durchzuführen. In dieses Prinzip passen auch „reine" Forschungsgrabungen bzw. Untersuchungen aus heimatgeschichtlichem Interesse. Allerdings stellt sich die Frage, ob gegebenenfalls vorhandene öffentliche Mittel hierfür richtig eingesetzt sind, solange noch – wie in allen Bundesländern – in großen Mengen unbearbeitete und unpublizierte Ausgrabungen ihrer „Bergung als Informationsschatz" harren und damit vielfach die methodisch und quellenkritisch notwendige Auswertung aller verfügbaren Informationen vor der weiteren Teilzerstörung des Denkmalbestands unterbleibt.
Eine andere Form der „ergänzenden" Schwerpunktbildung lässt sich im Bereich intensiv genutzter Landwirtschaftsflächen denken bzw. ist dort zu fordern. Daten der Landwirtschaftsämter, Luftbildarchäologie, geophysikalische Messungen und gelegentliche Ausgrabungen legen die hohe Geschwindigkeit der Zerstörung durch Erosionsvorgänge offen, die durch die maschinelle Bestellung und die Phasen der ackerbaulich genutzten Flächen ohne Bewuchs entstehen.[79] Hier wären, auch im großen Stil, präventive Grabungseinsätze sinnvoll und notwendig, jedenfalls solange der grundrechtlich geschützten intensiven Landwirtschaft auch im Bereich von bekannten Bodendenkmälern kein Einhalt geboten werden kann. In diesem Sinne laufen Überlegungen im Bayerischen Landesamt für Denkmalpflege zum Einsatz von Mitteln. Das Landesamt für Denkmalpflege Baden-Württemberg hat mit Maßnahmen im Taubertal schon begonnen, eine entsprechende „denkmalpflegerische Schwerpunktbildung" zu betreiben.[80] Allerdings ist kaum davon auszugehen, dass alle durch Erosion gefährdeten Bodendenkmäler so präventiv ausgegraben werden können. Daher gilt auch hier, dass ein flächendeckender Ansatz z. B. mit dem Ziel der Verringerung der Eingriffe in die Denkmalsubstanz durch bodenschonende landwirtschaftliche Nutzung in der Gesamtheit zumindest grundsätzlich zielführender ist.[81]

---

79 Vgl. z.B. A. Hochleitner/E. Keller/ M. Petzet, Vorwort. Arch. Jahr Bayern 1984, 11–13, bes. 11; H. Bender/E. J. Greipl/ C. S. Sommer, Vorwort. Ebd. 1997, 9; zuletzt Faßbinder/Irlinger/Weinzierl (Anm. 63); M. Dotterweich/J. Haberstroh, Bodenressourcen, Nutzung und Klimawandel zwischen Mittelalter und Neuzeit. In: B. Scholkmann/S. Frommer/Ch. Vossler/M. Wolf (Hrsg.), Zwischen Tradition und Wandel. Archäologie des 15. und 16. Jahrhunderts. Tübinger Forsch. hist. Arch. 3 (Büchenbach 2009). – Vgl. auch Vorarbeiten zu einem Bayerischen Erosionsatlas.

80 D. Krausse/R. Keller, Auf der anderen Seite des Limes. Archäologische Schwerpunktbildung in einer germanischen Siedlung im Taubertal. Denkmalpfl. Baden-Württemberg 35, 2006, 19–26, bes. 19 und 25 f. mit klarem Plädoyer für den Erhalt „in situ".

81 Vgl. hierzu das von der Bundesstiftung Umwelt geförderte Projekt „Innovativer Schutz archäologischer Kulturdenkmäler in einer agrarischen Hochertragslandschaft – die Lommatscher Pflege (DBU-24662).

Flächendeckende Bodendenkmalpflege und Schwerpunktbildung: kein Gegensatz!

Schwerpunktbildung und flächendeckender Ansatz in der Bodendenkmalpflege müssen kein Gegensatz sein. Auf der einen Seite stehen die Chancen und Nachteile der Konzentration:

- Formulierung nachvollziehbarer wissenschaftlicher Fragestellungen auf der Basis von Quellenkritik und Forschungsstand;
- Auswahl „geeigneter" Flächen und Regionen bzw. Projekte (Problem der Determinierung durch persönliche Ansätze, Verfügbarkeit von Fördergeldern, politische Rahmenbedingungen);
- gezielter Einsatz des zur Verfügung stehenden Methodenspektrums (nicht notwendigerweise der Ausgrabung);
- Einsatz und Bindung persönlicher und finanzieller Ressourcen projektgebunden bis zur Publikation (dadurch jedoch bewusster Verzicht des Einsatzes dieser Ressourcen für andere Maßnahmen, Flächen, Regionen).

Auf der anderen Seite sind die aus den Denkmalschutzgesetzen abzuleitenden Aufgaben und Verpflichtungen mit ihren Möglichkeiten, aber auch temporären Schwachstellen zu sehen:

- Direkte Verantwortung des Veranlassers;
- Anwendung nach dem Grundsatz der Gleichbehandlung jeweils im gesamten Geltungsbereich des Rechts;
- dadurch Sicherung der Befunde und Funde in allen erfassten und bekannten/bekannt werdenden Denkmalflächen (mit der Folge, dass sich wissenschaftlich verwertbare Ergebnisse oft erst langfristig und in Abhängigkeit vom Veränderungsdruck zeigen);
- daher Denkmalerfassung und -bewertung als zentrales Element der landesweiten Forschung;
- dauerhafte und kontinuierliche Erweiterung der (offenen) Fragestellungen.

Als Ertrag ergibt sich auf der einen Seite die zeitlich überschaubare vertiefte Erkenntnis einzelner, ausgewählter Flächen, Regionen, Landschaften, Perioden, Epochen, Befundtypen. Unsicher bleibt jedoch die Frage der Übertragbarkeit der entwickelten Modelle auf andere Befund- und Denkmallandschaften. Auf der anderen Seite wird langfristig die ganze Breite der Quellen erschlossen und steht der wissenschaftlichen und denkmalfachlichen Auswertung zur Verfügung.[82] Die vollständige Sicherung bzw. der Erhalt der Quellen ist ein grundsätzlich erreichbares Ziel, die Entdeckung des Unbekannten eine Wahrscheinlichkeit. Denkbar ist die Entwicklung neuer Erhaltungskonzepte auf dieser Grundlage. Damit kommt der Archäologe als Bodendenkmalpfleger seiner Verantwortung als Bewahrer der unersetzlichen, einzigartigen Quellen der menschlichen Vergangenheit, die die Bodendenkmäler nun sind, leichter nach.
Nachhaltig und zielführend für Archäologie und Bodendenkmalpflege ist daher eine Schwerpunktbildung aus dem Flächenansatz heraus. Der Methodenentwicklung und Quellenkritik werden so bestmögliche Grundlagen geschaffen, ein langfristiger Fortschritt ist möglich. Diskutiert werden kann, ob der in Frankreich entwickelte und praktizierte Ansatz eines vom Flächenverbrauch abhängigen Umlagesystems mit der Möglichkeit der internen Schwerpunktsetzung eine langfristige Option ist.
Die Bruchstückhaftigkeit unserer Quellen lässt sich aufgrund der vergangenen und zukünftigen Entwicklung der Bodendenkmäler auch in der Schwerpunktbildung nicht überwinden. Es liegt in der Natur der Sache, dass sich die auswertende Archäologie mit Fragmenten beschäftigen muss. In diesem Sinne hat der Jubilar auch in seinen letzten Dienstjahren programmatisch Fragestellungen und Vorgaben mitgetragen.[83]

---

82 Vgl. jüngst A. Bick, Untersuchungen zum Siedlungsverhalten der latènezeitlichen Bevölkerungen im Nördlinger Ries. Zeitschr. Hist. Ver. Schwaben 91, 1999, 7–27; dies., Die Latènezeit im Nördlinger Ries. Materialh. Bayer. Vorgesch. 91 (Kallmünz/Opf. 2007) – J. E. Fries, Die Hallstattzeit im Nördlinger Ries. Materialh. Bayer. Vorgesch. 88 (Kallmünz/Opf. 2005). – W. Irlinger, Bodendenkmal Passau: Die latènezeitliche Großsiedlung. In: Greipl (Anm. 57) 138–142. – J.-P. Niemeier, Ein Ergebnis der Inventarisation: Passau in römischer Zeit. Ebd. 147–150. – C. S. Sommer, Vom Kastell zur Stadt – LOPODVNVM und die CIVITAS VLPIA SVEBORVM NICRENSIVM. In: H. Probst (Hrsg.), Ladenburg. Aus 1900 Jahren Stadtgeschichte (Ubstadt-Weiher 1998) 81–201; 806–809.

83 Das Denkmal als Fragment, das Fragment als Denkmal. Tagung von VdL und VLA in Esslingen 2007. – Regierungspräsidium (Anm. 3).

hessenARCHÄOLOGIE21.

EGON SCHALLMAYER

Die Archäologische Denkmalpflege Baden-Württembergs hat seit Ende der 1970er Jahre Maßstäbe gesetzt. Sie konnte dabei auf die Grundlage eines vor allem in Württemberg und Hohenzollern, aber auch in Altbaden und Baden ausgeprägten Geschichts- und Heimatbewusststeins, das in besonderer Weise auch der Vor- und Frühgeschichte zugetan war, zurückgreifen.[1] Seit Inkrafttreten des baden-württembergischen Denkmalschutzgesetzes und ausgehend von hervorragenden archäologischen Neufunden wie etwa dem keltischen Fürstengrab von Hochdorf[2] gelang es ihr insbesondere seit den 1970er Jahren, eine Struktur aufzubauen, die eine zugleich an Vision und Pragmatik ausgerichtete Arbeit mit großer Effizienz in Denkmalpflege, Forschung und musealer Vermittlung ermöglichte. Die Beteiligung und „Mitnahme" sowohl der politischen als auch der gesellschaftlichen Öffentlichkeit bei ihrem Tun führte zu einer hohen Akzeptanz der gesamten baden-württembergischen Landesarchäologie in der Bevölkerung, wodurch alle im Bereich der Archäologie tätigen Einrichtungen und Institutionen und damit insgesamt der „archäologische Gedanke" im Land gestärkt wurden. Dies führte in der Folge zu einem enormen Ausbau der Archäologischen Denkmalpflege des Landes, die bis in die späten 1990er Jahre anhielt.[3] An dem dabei erreichten Standard konnte sich die Archäologische Denkmalpflege in zahlreichen anderen Bundesländern ausrichten, und vor allem die neuen Bundesländer bezogen sich bei der Neustrukturierung ihrer Landesarchäologie etwa im Zuge der Schaffung ihrer Denkmalpflegeämter in vielem auf das Beispiel Baden-Württemberg.[4] Diese Entwicklung ist vor allem dem früheren Landesarchäologen und jetzigen Präsidenten des Landesamtes für Denkmalpflege Baden-Württemberg, Prof. Dr. Dieter Planck, zu verdanken. Er hat seine Vorstellungen einer gesellschaftsrelevanten Denkmalpflege professionell und beharrlich in der täglichen Arbeit umgesetzt. Er konnte dabei nicht nur Politik und Öffentlichkeit begeistern und von der Bedeutung der konservatorischen Arbeit überzeugen. Vielmehr gelang es ihm immer wieder, auch seine Mitarbeiterinnen und Mitarbeiter zu motivieren, denen er durch sein Beispiel des nahezu ganztägigen Einsatzes für die Sache zum Vorbild wurde. Der Verfasser, der wie viele andere über lange Jahre mit Dieter Planck zusammenarbeiten durfte, erinnert sich dankbar der zahlreichen, sachlich wie auch persönlich geprägten Begegnungen und Gespräche sowie der dabei gewonnenen Erfahrungen und Einsichten, die ihn bei seinem eigenen Tun vielfach geleitet haben.

Es mutete daher fast wie die Zerstörung des Lebenswerks des nunmehr in den Ruhestand tretenden Jubilars und seiner vielen Mitstreiter an, als im Jahre 2005 mit der Umsetzung der Großen Verwaltungsreform das Landesdenkmalamt Baden-Württemberg als eigenständige staatliche Fachbehörde zerschlagen und die bisherigen Außenstellen „aus Gründen der Vereinfachung der Verwaltungsstrukturen und zur Erzielung einer ‚Effizienzrendite'" als Referate in die Regierungspräsidien eingegliedert wurden.[5] Angesichts der außerordentlich erfolgreichen Arbeit nicht nur der Archäologischen Denkmalpflege innerhalb des Landesdenkmalamtes Ba-

1 S. Schiek, Zur Geschichte der archäologischen Denkmalpflege in Württemberg und Hohenzollern. Denkmalpfl. Baden-Württemberg 12, 1983, 52–58. – A. Dauber, Zur Geschichte der archäologischen Denkmalpflege in Baden. Ebd. 47–51. – E. Sangmeister, Geschichte der archäologischen Forschung in Baden. In: Ders. (Hrsg.), Zeitspuren. Archäologisches aus Baden. Arch. Nachr. Baden 50, 1993, 8–20. – W. Stopfel, Geschichte der badischen Denkmalpflege und ihrer Dienststellen Karlsruhe, Straßburg und Freiburg. Denkmalpfl. Baden-Württemberg 32, 2003, 202–210; 297–302.

2 Landesdenkmalamt Baden-Württemberg (Hrsg.), Der Keltenfürst von Hochdorf. Methoden und Ergebnisse der Landesarchäologie. Ausstellungskat. Stuttgart 1985 (Stuttgart 1985); J. Biel, Der Keltenfürst von Hochdorf (Stuttgart 1995).

3 D. Planck, Archäologische Denkmalpflege in Baden-Württemberg. In: Landesdenkmalamt Baden-Württemberg 1985 (Anm. 2) 19–29. – Ders., Archäologische Denkmalpflege in Baden-Württemberg in den 90er Jahren. Denkmalpfl. Baden-Württemberg 20, 1991, 21–41. – Ders., Die Archäologische Denkmalpflege in Baden-Württemberg. In: Ausgr. u. Funde Sonderh. 1 (Berlin 1994) 3–8. – J. Biel, 50 Jahre Denkmalpflege in Baden-Württemberg. Archäologische Denkmalpflege. Denkmalpfl. Baden-Württemberg 32, 2003, 29–32.

4 Vgl. dazu die Darstellungen der Situation der Archäologischen Denkmalpflege in den einzelnen Bundesländern in Ausgr. u. Funde Sonderh. 1 (Berlin 1994). – Die Zeitschrift erscheint seit 1996 als „Archäologisches Nachrichtenblatt".

5 R. Hermann, Editorial. Denkmalpfl. Baden-Württemberg 32, 2003, 293–296.

Abb. 1: Die Statue des „Keltenfürsten" vom Glauberg bei der Ausgrabung.

den-Württemberg, auf die anderenorts immer verwiesen wurde, um als Beispiel einer vorbildlichen Landesarchäologie vorgestellt zu werden, erscheint dieser Schritt im Nachhinein als schmerzlich, und es wäre in der Tat bei der im Jahr 2007 vorgenommenen Evaluation der Verwaltungsstrukturreform sinnvoll gewesen, wenn sich „alle politisch Verantwortlichen noch einmal überlegen, ob sie eine fachliche Denkmalpflege mit landeseinheitlichen Zielen haben wollen, oder ob in jedem Regierungsbezirk andere Schwerpunkte gesetzt werden sollen", wie es Dieter Planck seinerzeit formulierte.[6] Hat man stets auf das Beispiel Archäologie in Baden-Württemberg verwiesen, um eigene Defizite deutlich zu machen und deren Beseitigung zu fordern, so wird dieser Hinweis zumindest im Hinblick auf die jetzt hier geschaffene strukturelle Organisation zukünftig unterbleiben, um den eigenen mittlerweile erreichten Status nicht zu gefährden.

Die Archäologische und Paläontologische Denkmalpflege in Hessen kann ebenfalls auf eine lange Tradition bei ihrer Arbeit verweisen.[7] Dennoch galt sie traditionell als unterentwickelt und belegte regelmäßig einen der hintersten Plätze im Ranking der Landesarchäologien der deutschen Bundesländer.[8] Fritz-Rudolf Herrmann, der sich als Hessischer Landesarchäologe über zwei Jahrzehnte lang um eine Verbesserung der Arbeitssituation bemühte, konnte den Mitte der 1990er Jahre erreichten Standard lediglich resignierend mit den Worten konstatieren: „Die Ausstattung der Abteilung [Archäologische und Paläontologische Denkmalpflege, Anm. d. Verf.] konnte zu keiner Zeit mit der wirtschaftlichen Entwicklung und dem damit verbundenen Bodenverbrauch Schritt halten. [...] Die Zukunft wird zeigen, ob der Ruf der hessischen Landesarchäologie, wenigstens in die Lage versetzt zu werden, ihre gesetz-

6 D. Planck, Editorial. Ebd. 36, 2007, 75.

7 F.-R. Herrmann, Zur Geschichte der Archäologischen Denkmalpflege in Hessen. Denkmalpfl. u. Kulturgeschich. H. 1/1989, 2–6. – C. Dobiat/E. Schallmayer, Archäologische Landesforschung. In: U. Reuling/W. Speitkamp (Hrsg.), Fünfzig Jahre Landesgeschichtsforschung in Hessen. Hess. Jahrb. Landesgesch. 50, 2000, 29–56.

8 Vergleichende Statistik zu Struktur, Personal und Finanzausstattung der Landesarchäologie in den Bundesländern. Jährliche Erhebungen geführt beim Verband der Landesarchäologen in der Bundesrepublik Deutschland e. V. – Auf die Situation hat Verf. bereits 1985 hingewiesen: E. Schallmayer, Rede gehalten anlässlich der Verleihung des Eduard-Anthes-Preises in Darmstadt am 15. 3. 1985. Fundber. Hessen 25, 1985 (1987)12–16.

lichen Aufgaben zu erfüllen, weiterhin ungehört verhallt."[9] Dieser Frage nachgehend stand die hessische Landesarchäologie im Mittelpunkt eines öffentlichen Hearings unter dem Titel „Hessens Archäologie in Not", das am 21. September 1995 im Saalburgmuseum veranstaltet wurde. Die versammelte Kollegenschaft forderte dabei ein klares Bekenntnis des Landes zur Archäologie und bemängelte die Tatsache, dass es immer die Kulturwissenschaften und hier insbesondere die Landesarchäologie als erste seien, die der Rotstift treffe, um Haushaltsdefizite auszugleichen. Da die Archäologie in Hessen stets eine untergeordnete Rolle gespielt habe, wirke sich die allgemeine Finanznot im Landeshaushalt besonders verheerend aus, denn die erforderlichen Sparmaßnahmen schmälerten ein Budget, das ohnehin auf niedrigstem Niveau bestünde. Am Ende des Tages blieb die Frage offen, was also überhaupt noch zu erwarten sei?

Die noch unmittelbar vor der Jahrtausendwende bestehende Situation lässt sich schließlich auch an dem eindringlichen Appell ablesen, den Dieter Planck als Erster Vorsitzender des Verbandes der Landesarchäologen in der Bundesrepublik Deutschland bei der Jahrestagung des Verbandes anlässlich seines 50-jährigen Bestehens in Wiesbaden an die hessische Landesregierung richtete und mit den Worten beschrieb: „Die Landesarchäologie Hessens gehört zu den Ländern, die bisher am schlechtesten finanziell und personell ausgestattet sind, vor dem Hintergrund der großen Bedeutung der archäologischen Funde in diesem Flächenstaat".[10]

Angesichts der solchermaßen geschilderten Situation ist es erstaunlich, welche Entwicklung die hessische Landesarchäologie seither genommen hat. Mit der Entdeckung der keltischen „Fürstengräber" am Glauberg[11] veränderte sich die hessische Landesarchäologie vor allem im Hinblick auf ihre Wahrnehmung im politischen und gesellschaftlichen Raum (Abb. 1). Die mit den großartigen Funden verbundenen neuen archäologischen und naturwissenschaftlichen Erkenntnisse zeigten, dass die hessische Landesarchäologie durch ihre Arbeit in der Lage ist, einen herausragenden Beitrag zur Landesgeschichte zu leisten und über die Erforschung der vorgeschichtlichen Epochen und den Schutz der historisch gestalteten Umwelt hinaus auch die Standortbestimmung der Menschen in Geschichte und Gegenwart zu ermöglichen. Es wurde deutlich, dass die Vermittlung der Menschheitsgeschichte, die sich auf dem Boden des heutigen Hessen abgespielt hat, und ihrer die Jahrhunderttausende umspannenden historischen Tiefe Identität schafft, die ihrerseits zu Verantwortungsbewusstsein und damit letztlich zu einem bürgerschaftlichen Engagement führt, ohne das eine demokratische Gesellschaft nicht bestehen kann.[12] Freilich bedarf es dazu einer gezielten und verständlichen Information der Öffentlichkeit. Im Falle der Glaubergfunde wurde dies mit der im Jahr 2002 gezeigten großen Landesausstellung „Glaube – Mythos – Wirklichkeit: Das Rätsel der Kelten vom Glauberg" in der Schirn-Kunsthalle Frankfurt am Main, die annähernd 110 000 Besucher zählen konnte, erreicht.[13]

Ein weiterer sensationeller Fund gelang mit der Entdeckung der stadtartigen Siedlungsanlage aus augusteischer Zeit und ihres militärischen Umfeldes im mittleren Lahntal bei Waldgirmes (Abb. 2).[14] Landesweit und über Hessen hinaus nahm nicht nur die Wissenschaft von den Ergebnissen der archäologischen Ausgrabungen Kenntnis, die hier im Auftrag der Archäologischen Denkmalpflege von der Römisch-Germanischen-Kommission des Deutschen Archäologischen Instituts in Frankfurt am Main durchgeführt wurden. Vielmehr wuchs auch das Interesse der Politik an den Forschungsergebnissen, warfen sie doch ein bisher ungeahntes Licht auf die Vorgänge zur Zeitenwende im mittelhessischen Raum und schärften sie – von der Archäologie ausgehend – das Profil einer Kulturlandschaft.

Eine besondere Bedeutung bei der öffentlichen Wahrnehmung archäologisch-historischer Sachverhalte, in diesem Falle der Römerzeit, kam schon immer dem Saalburgmuseum zu. Seit Mitte der 1990er Jahre

9 F.-R. Herrmann, Landesamt für Denkmalpflege Hessen, Abteilung Archäologische und Paläontologische Denkmalpflege. In: Ausgr. u. Funde Sonderh. 1 (Berlin 1994) 21–25, Zitate auf S. 21 u. 25.

10 D. Planck, Jahrestagung des Verbandes der Landesarchäologen in der Bundesrepublik Deutschland anlässlich des 50-jährigen Bestehens. Begrüßung und Ansprache zum Empfang. Arch. Nachrichtenbl. 5, 2000, 153–157, bes. 154 f.

11 Zum aktuellen Forschungsstand vgl. H. Baitinger/F.-R. Herrmann, Der Glauberg am Ostrand der Wetterau. Führungsblatt zu der befestigten Höhensiedlung und den frühkeltischen Fürstengräbern bei Glauburg-Glauberg, Wetteraukreis. Arch. Denkmäler Hessen 51 (Wiesbaden 1985, 3., vollständig neu verfasste Auflage 2007) mit weiterer Lit.

12 R. Wagner, Archäologische Denkmalpflege als Aufgabe der Landespolitik – Zehn Thesen. Arch. Nachrichtenbl. 9, 2004, 108–112.

13 Das Rätsel der Kelten vom Glauberg. Glaube – Mythos – Wirklichkeit. Ausstellungskat. Frankfurt a. M. 2002 (Stuttgart 2002).

14 A. Becker/G. Rasbach, Die spätaugusteische Stadtgründung in Lahnau-Waldgirmes. Archäologische, architektonische und naturwissenschaftliche Untersuchungen. Mit Beiträgen von S. Biegert, T. Brachert, T. Keller, A. Kreuz u. U. Schreiber. Germania 81, 2003, 147–199. – G. Rasbach/A. Becker, Zwischen Mittelrhein und Elbe. Einheimische Siedlungsplätze und römische Präsenz. In: R. Wiegels (Hrsg.), Die Varusschlacht. Wendepunkt der Geschichte (Stuttgart 2007) 95–101. – A. Becker/G. Rasbach, „Städte in Germanien": Der Fundplatz Waldgirmes. Ebd. 102–116.

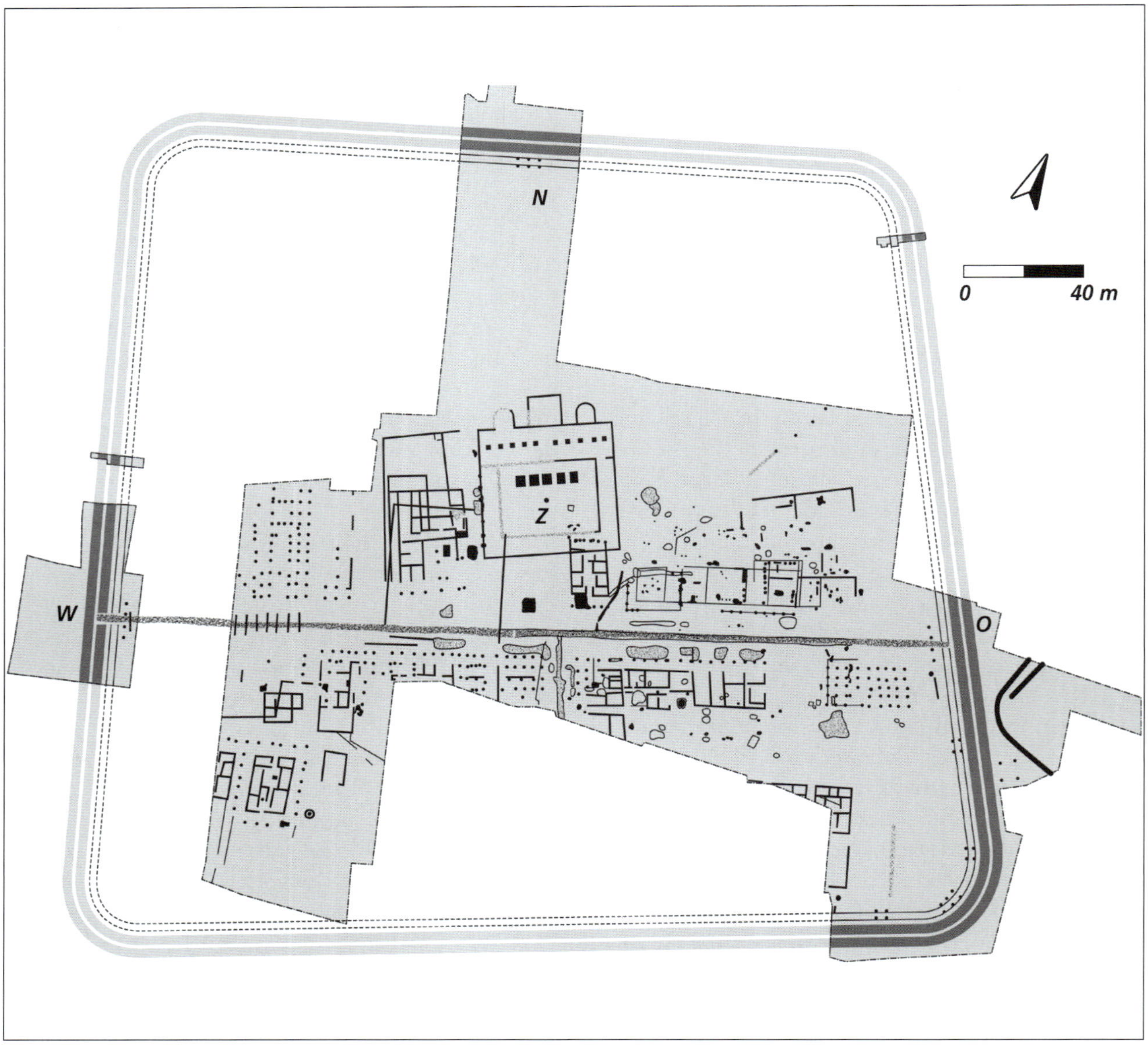

Abb. 2a: Ausgrabungsplan der römischen Stadt von Waldgirmes.

Abb. 2b: Waldgirmes.
Rekonstruktion des Forums.

wurde das Haus durch ein breites Angebot an lebendigen Veranstaltungen, die der allgemeinverständlichen Vermittlung der für unsere Geschichte so wichtigen Epoche dienen, verstärkt auf ein modernes Publikum ausgerichtet (Abb. 3).[15] Die Menschen wurden eingeladen, das wieder aufgebaute Römerkastell auf den Taunushöhen zu besuchen, das zugleich einen Wandel von der vor allem privatwissenschaftlich genutzten Forschungsstätte zu einem der Allgemeinheit offenstehenden Museum nahm. Die Impulse, die durch diese Vermittlungsarbeit auf der Grundlage des weiter im Hause stattfindenden Forschungs- und Wissenschaftsbetriebes ausgingen, fanden ihren Widerhall in der Politik, die plötzlich erkannte, dass ein Landesmuseum das Potenzial zu einem wirtschaftlichen Faktor nicht nur für die Region entwickeln konnte, sondern durch eine betriebswirtschaftliche Ausrichtung auch den Landeshaushalt entlasten half. Die dabei erzielten Ressourcen konnten wieder frei in das Haus investiert und dadurch der wissenschaftliche und museumspädagogische Standort gesichert werden. Das Modell, seinerzeit noch gegen den strukturell vorhandenen Widerstand einer öffentlichen Verwaltung durchgesetzt, machte Schule. Auf jeden Fall zeigte es, dass auch hier archäologische Themen für die Landespolitik von Bedeutung sein konnten.

Vor diesem Hintergrund gelang es, seit dem Jahr 2001 die Hessische Landesarchäologie durch das Konzept „**hessen**ARCHÄOLOGIE**21.**" neu auszurichten.[16] Die vorhandenen Kräfte innerhalb der Archäologischen und Paläontologischen Denkmalpflege wurden gebündelt und in einem „Dreisäulenmodell" – Bodendenkmalpflege, Zentrale Archäologische Dienste, Archäologisches Landesmuseum – aufgestellt (Abb. 4). Damit sollten Defizite in struktureller, personeller und finanzieller Hinsicht beseitigt werden und der Wirkungsgrad der Landesarchäologie verstärkt werden. Dazu wurde als Kern des zukünftig dezentral ausgerichteten Archäologischen Landesmuseums Hessen das Saalburgmuseum in die Archäologische und Paläontologische Denkmalpflege eingegliedert, und auch das Institut der Kommission für Archäologische Landesforschung wurde integriert. Dies führte zur Erweiterung der hessischen Landesarchäologie einerseits um ein erstes museales Vermittlungsmodul, zum anderen um die Ergänzung ihres Dienstleistungsangebotes im naturwissenschaftlichen, insbesondere archäobotanischen Bereich. Die Eingliederung sicherte darüber hinaus die vorhandenen Stellen durch ihre Verankerung im Landeshaushalt.

Seitdem wird die hessische Landesarchäologie getragen von der Archäologischen und Paläontologischen

Abb. 3a: Publikumswirksame Veranstaltung im Römerkastell Saalburg.

Abb. 3b: Geschichte zum Anfassen: Getreidemahlen mit der römischen Drehmühle bei einem Aktionstag im Römerkastell Saalburg.

Denkmalpflege, die als Sachgebiet der Bezirksarchäologie in derzeit drei Amtsorten Wiesbaden, Darmstadt und Marburg angesiedelt ist. Es besteht weiterhin das Desiderat, aus Gründen der Arbeitseffizienz und räumlichen Nähe zum archäologischen Geschehen auch Außenstellen in Fulda und Kassel einzurichten. Das Sachgebiet Paläontologische Denkmalpflege betreut das ganze Bundesland

15 Allgemein E. Schallmayer (Hrsg.), Hundert Jahre Saalburg. Vom römischen Grenzposten zum europäischen Museum (Mainz 1997). – Ders., Die Saalburg – Römerkastell als Wissenschaftszentrum. Froschkönige und Dornröschen. Einblicke in die Staatlichen Schlösser und Gärten 2, 1998/1999, 25–29. – M. Becker, Museumspädagogik und Besucherbetreuung im Saalburgmuseum. Ebd. 30–33.

16 E. Schallmayer, **hessen**ARCHÄOLOGIE**21.** Neue Positionierung der Landesarchäologie. Denkmalpfl. u. Kulturgesch. H. 3/ 2004, 3–7. – Zu den folgenden Ausführungen vgl. die verschiedenen Beiträge in demselben Heft, passim.

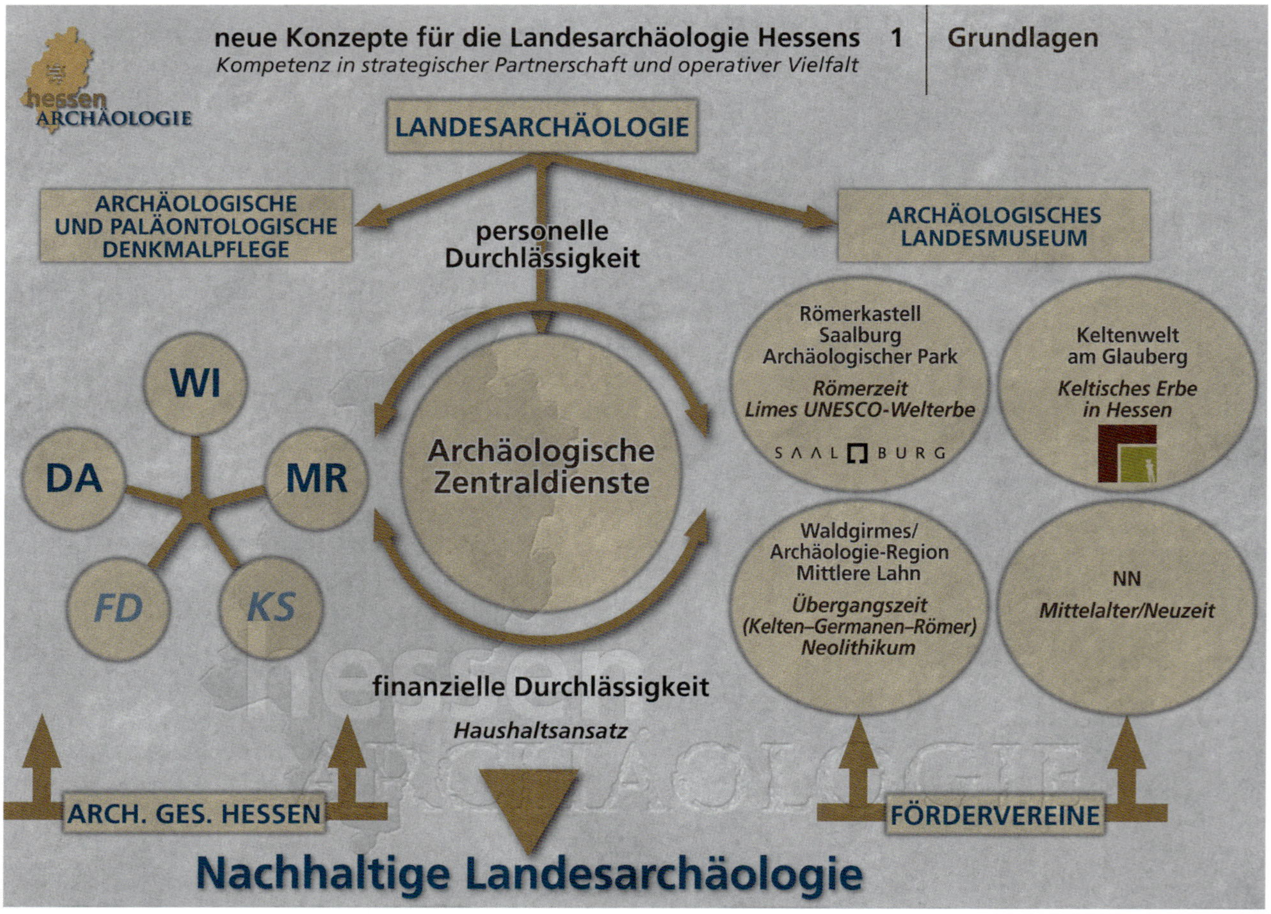

Abb. 4: „Dreisäulenmodell" der Archäologischen und Paläontologischen Denkmalpflege Hessen.

von Wiesbaden aus. Die Arbeit in der Bezirksarchäologie wurde verstärkt in die Landes- und Regionalplanung sowie in Konzepte zur Gestaltung der Kulturlandschaft eingebracht. Sie sucht deshalb bereits im Vorfeld mit allen Beteiligten aus der Lan-

Abb. 5: Kongress „Neue Wege ins alte Hessen" zur Archäologie des Mittelalters und der Neuzeit. Ausstellungsbesichtigung und Diskussion der Besucher in einer Veranstaltungspause im Foyer des Hessischen Staatsarchivs Marburg.

des- und Raumplanung, in den Bauleit- und Bebauungsplanverfahren mit Bauherren und Investoren das Gespräch, um mögliche Gefahren für die Bodendenkmäler frühzeitig zu erkennen, abzuwenden oder die sich dabei ergebenden Probleme konstruktiv zu lösen. Dies bedeutet ein frühzeitiges Aufeinanderzugehen und dabei eine offensive Ausrichtung der Archäologischen und Paläontologischen Denkmalpflege. Dabei ist die konstruktive Zusammenarbeit mit allen Beteiligten angestrebt. Denn Landesarchäologie soll nicht als Bedrohung empfunden werden, sondern als potenzielle Chance, die Entwicklung des Landes in kultur-, struktur- und regionalpolitischer Hinsicht voranzutreiben. In diesem Zusammenhang ist auch die Einrichtung des Schwerpunkt-Sachgebietes „Archäologie des Mittelalters und der Neuzeit" zu sehen (Abb. 5). Es wurde bewusst in den Räumen der Archäologischen Denkmalpflege Marburg installiert. Zum einen ergibt sich durch die hier arbeitenden Kolleginnen und Kollegen bereits eine thematische Gewichtung, zum anderen verfügt die Universitätsstadt Marburg über weitere Einrichtungen zur Archäologie und Geschichte des Mittelalters und der Neuzeit, so etwa

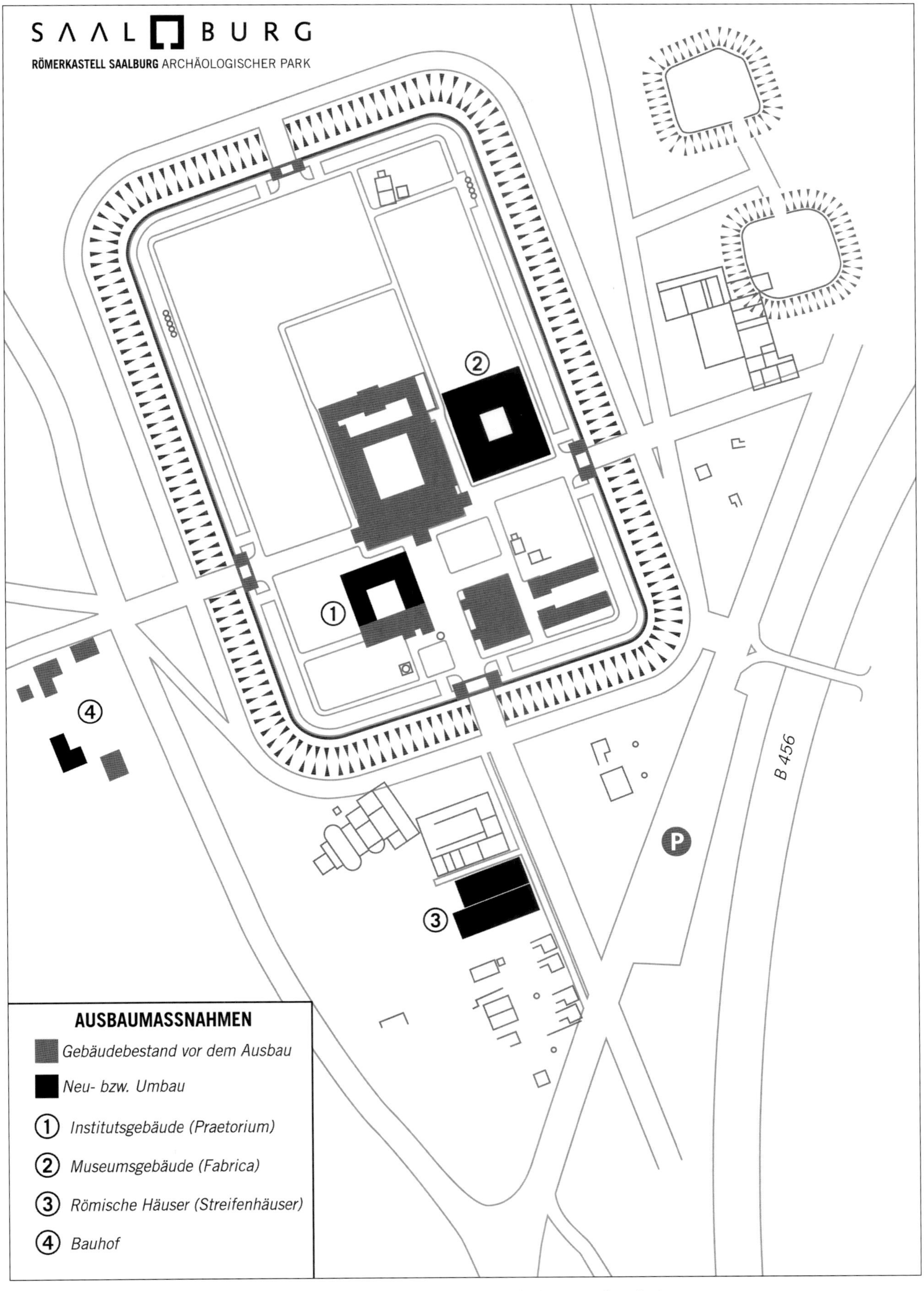

Abb. 6: Weiterbau des Römerkastells Saalburg durch Praetorium, Fabrica, Streifenhäuser und Bauhof.

das Institut für geschichtliche Landeskunde und den Mittelalterschwerpunkt.[17]
Die Landesarchäologie wird weiterhin getragen vom Archäologischen Landesmuseum, das in Hessen sowohl aus finanziellen als auch aus regionalpolitischen Gründen dezentral aufgestellt ist. Als erstes Modul und Kern der neuen Einrichtung dient das Saalburgmuseum, das zum „Römerkastell Saalburg – Archäologischer Park" weiter ausgebaut wird und sich der römischen Geschichte und Kultur sowie insbesondere der Vermittlung des UNESCO-Welterbes Limes, der einstigen römischen Grenze, widmet (Abb. 6).[18] Als zweiter Teil des dezentralen archäologischen Landesmuseums Hessen entsteht derzeit das Glaubergmuseum, das zukünftig unter dem Namen „Keltenwelt am Glauberg – Museum, Archäologischer Park, Keltenforschungszentrum" firmieren und schwerpunktmäßig die keltische Kultur darstellen und erforschen wird (Abb. 7).[19] Schließlich werden zur Zeit die Möglichkeiten geprüft, weitere museale Bereiche für die Archäologie der sogenannten „Übergangszeit" unter dem Titel „Kelten, Germanen, Römer – Archäologielandschaft mittlere Lahn" in Waldgirmes und seinem Umfeld zu schaffen[20] und die Archäologie der Reihengräberzeit und des frühen bis späten Mittelalters an einem dafür prädestinierten Ort einzurichten. Letzterer könnte auch in Verbindung mit der Realisierung eines Neubaus des Archäologischen Zentraldepots stehen. Das dezentral angelegte Konzept ermöglicht es dem Museumsbesucher, bei seiner Rundreise durch das Land die archäologische Vielfalt der einzelnen Regionen kennenzulernen. Dabei sollen die einzelnen Häuser des Archäologischen Landesmuseums mit jeweils eigenständigem Erscheinungsbild als Alleinstellungsmerkmal auftreten und innerhalb ihrer Schwerpunktsetzung „Neue Wege in die Vergangenheit" vermitteln. Gerade die am Glauberg beginnenden und auf der Saalburg größtenteils bereits rea-

17 C. Meiborg/R. Atzbach, Das neue Sachgebiet Mittelalter und Neuzeit der Archäologischen Denkmalpflege Hessen. Zeitschr. Arch. Mittelalter 33, 2005, 3–8. – Das Sachgebiet veranstaltete einen Kongress zur Archäologie des Mittelalters und der Neuzeit zur Standortbestimmung in Hessen. Die div. Beiträge sind abgedruckt ebd. 1–278; 289f.

18 E. Schallmayer, 100 Jahre Saalburg 1897–1997. Gedanken zum Jubiläum. Jahrb. Hochtaunuskreis 5, 1997, 35–46. – Ders., Neuer Raum für Altertümer und ihre Vermittlung: Archäologischer Park Saalburg und Limeserlebnispfad Hochtaunus. Jahrb. Hochtaunuskreis 11, 2003, 48–56. – Ders., Das Praetorium des Saalburg-Kastells. Vom antiken Kommandantenwohnhaus zum modernen Institutsgebäude. Ebd. 13, 2005, 42–60. – Ders., Das Wasserbecken im Praetorium des Saalburg-Kastells. Eine Rekonstruktion nach historischen Vorgaben mit regionalem Bezug. Ebd. 15, 2007, 94–107. – Ders., Die *fabricae*. Handwerkerbauten in römischen Kastellen. Ebd. 16, 2008, 67–87.

19 V. Rupp, Bau des Keltenmuseums am Glauberg in Planung. Denkmalpfl. u. Kulturgesch. H. 2/2007, 46f.

20 Eine durch den Regierungspräsidenten Gießen unter fachlicher Begleitung durch die Archäologische Denkmalpflege beauftragte Machbarkeitsstudie liegt bereits vor. Sie hat untersucht, wie ein entsprechendes Konzept umgesetzt werden kann.

Abb. 7: Museumsneubau am Glauberg. Entwurf kadawittfeldArchitekten, Aachen.

lisierten Neu- und Erweiterungsbaumaßnahmen lassen es zu, zeitgemäße Vermittlungsmodule in Ausstellung, Museumspädagogik, Veranstaltungswesen und Naturbezug zu entwickeln und umzusetzen. Dies gilt auch für die anderen genannten Bereiche. Die dritte Säule der Landesarchäologie bilden die zentralen archäologischen Fachdienste. Bei diesen handelt es sich um Archive und Bibliotheken, Grabungstechnik und Zeichendienst, Inventarisation, Redaktion, Restaurierung und Präparation sowie um das Archäologische Zentraldepot (Abb. 8). Die einzelnen Sachgebiete werden gegenwärtig mangels ausreichender Personalressourcen noch von den einzelnen Bezirksarchäologen übernommen. In diesem Bereich sind nach der Eingliederung des Instituts der Kommission für Archäologische Landesforschung auch die Naturwissenschaften angesiedelt (Abb. 9). Die zentralen archäologischen Fachdienste verstehen sich als Dienstleister sowohl im inneren Geschäftsablauf als auch gegenüber Dritten. Diese Kunden können sich der wissenschaftlichen wie auch technischen Kompetenz dieser Sachgebiete bedienen. Damit wird hier auch ein betriebswirtschaftliches Segment geschaffen, das über die Einwerbung von Drittmitteln oder das Bedienen von Kundenaufträgen zusätzliche Ressourcen schafft, die wieder zu Zwecken des Bereiches reinvestiert werden sollen. Freilich bedürfen gerade die zentralen archäologischen Fachdienste noch einer beträchtlichen Verbesserung der personellen und finanziellen Ausstattung.

Die großen Aufgaben, die dazu notwendigen Ideen und die vielen Projekte lassen sich nur im Verbund aller in der hessischen Landesarchäologie tätigen Menschen, Institutionen, Verbände und Vereine entwerfen, bewältigen und realisieren. Die partnerschaftliche Zusammenarbeit ist unerlässlich, um angesichts der noch bestehenden Defizite eine wenigstens ansatzweise flächendeckende Bodendenkmalpflege, wissenschaftliche Aufbereitung der erhobenen Fakten und Materialien sowie deren museale Vermittlung in adäquater Form zu gewährleisten. An erster Stelle sind hier die haupt- und ehrenamtlichen Kreisarchäologen zu nennen. Die Abstimmung zwischen der Archäologischen und Paläontologischen Denkmalpflege des Landes und den zumeist bei den Unteren Denkmalschutzbehörden angesiedelten Kolleginnen und Kollegen ist traditionell eng und vertrauensvoll. Oftmals verfügen die Kreisarchäologien über eigene ehrenamtliche Mitarbeiterinnen und Mitarbeiter, wodurch die kreisweite Bodendenkmalpflege gewährleistet wird. Ziel muss es sein, möglichst bald in allen Landkreisen und kreisfreien Städten Hessens hauptamtliche Kreisarchäologen zu etablieren oder die ehrenamtliche Kreisarchäologie jeweils so zu stärken, dass sie die Belange der Bodendenkmalpflege an der Seite der Landesarchäologie erfolgreich vertreten kann.

Die Zusammenarbeit mit den einschlägigen archäologischen Instituten der Universitäten sowohl innerhalb als auch außerhalb des Landes ist gerade bei der Vergabe von wissenschaftlichen Aufarbeitungsaufträgen, dem wissenschaftlichen Diskurs, der Re-

Abb. 8: Provisorisches Archäologisches Zentraldepot in einer angemieteten Industriehalle in Wiesbaden-Biebrich.

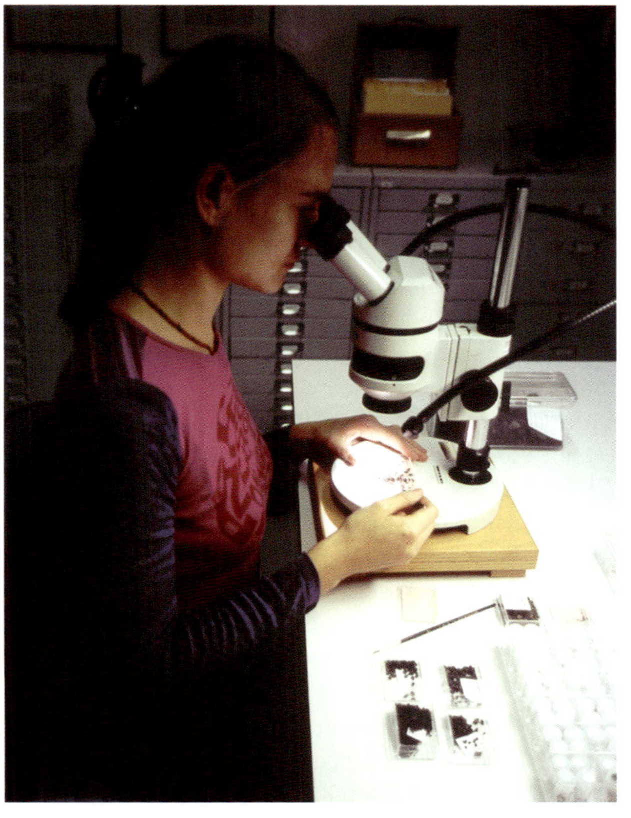

Abb. 9: Das Auslesen archäobotanischer Reste unter dem Mikroskop.

krutierung des Nachwuchses in Denkmalpflege und Museen sowie bei Unterstützung im Bereich der archäologischen Ausgrabungen und der Durchführung von Sonderprojekten immer wieder gegeben. Dabei ist für die hessische Landesarchäologie gerade die Vielfalt der Institute, ihre wissenschaftliche, technische und personelle Schwerpunktbildung von besonderer Bedeutung, denn erst dadurch können die vielschichtigen Fragestellungen, die sich aus der archäologischen Arbeit ergeben, überhaupt angegangen werden. Eine auch nur geringfügige Einschränkung an den Universitätsinstituten hat für die gesamte **hessen**ARCHÄOLOGIE schwerwiegende Auswirkungen. So hat die Streichung der C3-Professur „Frühgeschichte" an der Philipps-Universität Marburg den Mittelalterschwerpunkt ebenso geschwächt wie etwa der Wegfall der C3-Professur für Vor- und Frühgeschichte an der Justus-Liebig-Universität Gießen die prähistorische Forschung insgesamt. Dadurch, dass auch die Anthropologen-Stelle an der letztgenannten Universität nicht mehr mit einem Paläoanthropologen besetzt wurde, fehlt der gesamten Landesarchäologie eine in Hessen angesiedelte Anlaufstelle bei der Bestimmung und Auswertung des menschlichen Skelettmaterials aus den vielfältigen Grabungen.

Seit 25 Jahren unterstützt die Archäologische Gesellschaft in Hessen e.V. die hessische Landesarchäologie nach Kräften. Mit nahezu 1700 Mitgliedern bildet die Gesellschaft eine nicht zu unterschätzende Lobby für die hessische Landesarchäologie, die sich Gehör verschafft, insbesondere auf dem Hessischen Archäologietag, den die Archäologische und Paläontologische Denkmalpflege gemeinsam mit ihr ausrichtet. Weitere Verbände und Vereine wären hier noch zu nennen, wenn es darum geht, diejenigen aufzuzählen, die sich für die Belange der hessischen Landesarchäologie einsetzen. Beispielsweise sei etwa der Verein von Altertumsfreunden im Regierungsbezirk Darmstadt genannt, der alle zwei Jahre den renommierten Eduard-Anthes-Preis für junge Archäologen auslobt.

Kooperationen bestehen auch mit den archäologischen Abteilungen der Hessischen Landesmuseen, dem Archäologischen Museum Frankfurt am Main sowie den sonstigen Kreis- und Stadtmuseum, die archäologische Schausammlungen und Bestände besitzen. Oftmals nehmen sie in ihren Magazinen archäologische Fundmaterialien auf, die mangels vorhandener Kapazitäten nicht beim Landesamt untergebracht werden können.

Traditionell eng sind die Verbindungen zu dem Spitzeninstitut der vor- und frühgeschichtlichen Archäologie in Deutschland, der Römisch-Germanischen-Kommission des Deutschen Archäologischen Instituts (RGK). Nicht nur ist die Bibliothek der RGK auch für die Wissenschaftler der Landesarchäologie unverzichtbar, vielmehr sind die Begleitung wissenschaftlicher Vorhaben etwa im Bereich von DFG-Anträgen, die Unterstützung bei archäologischen Fragestellungen über das jeweilige Bundesland hinaus und die dabei aufgezeigten Kontakte von unschätzbarem Nutzen.

Dennoch können die großen Aufgaben, die in der hessischen Landesarchäologie auf der Grundlage des hessischen Denkmalschutzgesetzes zu bewältigen sind, nur mit weiteren Verbesserungen erreicht werden. Zwar sind seit 2001 drei neue Wissenschaftlerstellen hinzugekommen, doch sind die personellen und finanziellen Ressourcen nach wie vor als äußerst eingeschränkt zu betrachten. Gerade eben ist die Besetzung einer neuen Stelle gelungen, die durch Teilung effizient eingesetzt wird, einmal für die Aufbauphase des neuen Museums am Glauberg, zum anderen für die Belange des UNESCO-Weltkulturerbes Limes. Am Glauberg sind für den Museumsbetrieb ab 2008 fünf neue Stellen zugesagt, und für das Saalburgmuseum wurden neue Kustodenstellen für Magazin und Archiv sowie für Museumspädagogik beantragt. Die Bemühungen gehen weiter, nach dem Eintritt von Prof. Dr. Lutz Fiedler in den Ruhestand wieder die Stelle eines Wissenschaftlers für die Alt- und Mittelsteinzeit einzurichten, denn das reiche paläolithische und mesolithische Erbe Hessens kann nicht unbetreut gelassen werden. Zeitweilig wurde durch die Besetzung einer Volontärstelle versucht, diese Aufgabe wahrzunehmen. Für den Bereich der zentralen archäologischen Dienste sollten Stellen für Anthropologie und Dendrochronologie oder auch für die Münzfundpflege im Land eingerichtet werden. Angesichts der hohen Pensionslasten, die das Land schon zu erfüllen hat, und angesichts der immer noch kritischen Gesamthaushaltslage wird es eine unbegrenzte Stellenausweitung sicherlich nicht geben, aber es gilt zu bedenken, von welchem Niveau des Personalbestandes aus die Wünsche der Hessischen Landesarchäologie geäußert werden. Allein der Wegfall einer Stelle lässt einen ganzen Bereich ersatzlos ausfallen. Ziel sollte es sein, zumindest einen genügend kräftigen Nukleus an festem Personal in der Hessischen Landesarchäologie zu schaffen, um eine Peripherie aus Zeitverträgen ausbilden, Auftragsarbeiten im Zuge des Outsourcings und dem Einsatz des Ehrenamtes vergeben zu können. Vor diesem Hintergrund ist es nicht hoch genug zu schätzen, dass mit den musealen Einrichtungen wie dem Saalburgmuseum und zukünftig hoffentlich auch dem Glaubergmuseum zusätzliche Gelder generiert

werden, die in die Anlagen und damit in die Landesarchäologie insgesamt zurückfließen können.
Was die Archäologie alles erreicht hat, mag das Beispiel des UNESCO-Weltkulturerbes Limes verdeutlichen.[21] Der erstmals in Hessen vorgestellte Limesentwicklungsplan wird allerorten umgesetzt, wobei plötzlich ungeahnte Ressourcen frei werden. Die touristische Erschließung und die Inwertsetzung dieses größten Bodendenkmals im Land mögen dabei gegenwärtig im Vordergrund stehen, doch gerade dadurch lässt sich dem Gedanken der Bodendenkmalpflege in hervorragender Weise entsprechen: Wer mit einem archäologischen Denkmal „Geld macht", wird besonders darauf achten, dass es geschützt ist und in seiner Substanz erhalten bleibt.
Die Hessische Landesarchäologie leistet in ihren Kernbereichen Bodendenkmalpflege, Wissenschaft, Restaurierung, Publikationswesen, Museums- und Öffentlichkeitsarbeit trotz gewisser Einschränkungen bei Personal und Finanzausstattung eine großartige Arbeit. Davon geben die Arbeitsbilanzen, die mittlerweile in sieben Jahresberichten der **hessen**ARCHÄOLOGIE vorliegen, einen unmittelbaren Eindruck.[22] Von der kleinen Fundmeldung, der aufwendig und manchmal zeitraubend nachgegangen werden muss, bis hin zu großflächigen Ausgrabungen oder gar der archäologischen Betreuung linearer Projekte wie Straßenbauten und Gaspipelines reicht das Spektrum der Arbeiten, daneben erfolgen Publikationen, Ausstellungen, werden Vortragsreihen durchgeführt, ehrenamtliche Mitarbeiter und „junge Archäologen" geschult, das Problem der Raubgräber angegangen, und schließlich Projekte entwickelt, die in die Regionalplanung und Strukturförderung eingebunden sind. Damit ist das Anliegen der hessischen Landesarchäologie im Einklang mit der politischen und gesellschaftlichen Öffentlichkeit erfüllt, die Archäologie mitten hinein in die gesellschaftliche Wirklichkeit zu tragen.

Bildnachweis

Archäologische Denkmalpflege Hessen: 1, 4
F. Bodis: 8
kadawittfeldArchitekten, Aachen: 7
A. Kreuz: 9
C. Meiborg: 5
Römisch-Germanische Kommission, Frankfurt a. M.: 2a, 2b
Saalburg-Archiv: 3a, 3b, 6

21 Vgl. die Beiträge im Schwerpunktheft zum UNESCO-Weltkulturerbe Limes: Denkmalpfl. u. Kulturgesch. H. 3/2005, passim.
22 E. Schallmayer (Hrsg.), **hessen**ARCHÄOLOGIE 2001 (Stuttgart 2002) – **hessen**ARCHÄOLOGIE 2007 (Stuttgart 2008).

Die Entwicklung der Bodendenkmalpflege in Bremen

MANFRED RECH

Das Bremer Denkmalschutzgesetz ist zwar erst am 27. Mai 1975 vom Senat verkündet worden (mit Änderung vom 13. Juni 1989), doch geht das Bemühen um die Rettung und Dokumentation bremischer Bodendenkmäler weit in die Zeit vor 1945 zurück. Vereinzelte Meldungen vom Vorhandensein vorgeschichtlicher Funde in Bremen reichen bis in das frühe 19. Jh. zurück, und das systematische Sammeln und teilweise auch gezielte Bergen archäologischer Funde wurde durch Mitglieder einer 1861 als „Sektion des Künstlervereins zur Erhaltung Bremischer Altertümer" gegründeten Vereinigung, der späteren Historischen Gesellschaft, betrieben. Daneben gab es auch noch andere Vereinigungen und Sammlungen, wie etwa jene des späteren Übersee-Museums. So wurden schon gegen Ende des 19. Jh. eine beachtliche Anzahl von Einzelstücken und sogar ganze Sammlungen durch Ankauf zusammengetragen.[1] So etwas wie die schriftliche Dokumentation einer Befundsituation ist erstmals für das Jahr 1863 im ersten Heft des Bremischen Jahrbuchs zu vermerken, aufgenommen durch ein Mitglied des erwähnten Künstlervereins, den Arzt G. Barkhausen, als beim Abriss der östlichen Marktzeile und anschließender Errichtung der Neuen Börse beachtliche Steinbauten und ein ausgedehnter frühmittelalterlicher Friedhof zutage kamen.[2]

Auch zu Beginn des 20. Jh., als mit der Gründung des Focke-Museums (1918) das Sammeln immer noch eindeutig vor dem Dokumentieren und Bergen rangierte, sind die in der Kaiserzeit und auch in den 1920er Jahren großflächigen Neubebauungen (etwa durch die Baumwollbörse) im Altstadtbereich nur wenig beachtet worden. Ausnahmen bildeten die von dem städtischen Baudirektor E. Ehrhardt 1909 bei der Erweiterung des Rathauses beobachtete Immunitätsmauer und ein Festungsgraben um die vermutlich in karolingischer Zeit angelegte Domburg. Mit der Anstellung des Germanisten und Volkskundlers E. Grohne als Direktor des Focke-Museum 1924 kam die „große Wende" (K. H. Brandt) zu einer landesgeschichtlich orientierten Forschung, was die Berücksichtigung vorgeschichtlicher und mittelalterlicher Fundstücke sowie gezielte Ausgrabungen zur Aufhellung geschichtlicher Zusammenhänge einschloss. Grundlegend wurden etwa seine Arbeiten zur Weser-Werra-Keramik. Höhepunkt des Wirkens von E. Grohne aus archäologischer Sicht war die Ausgrabung des chaukisch/sächsischen Gräberfeldes von Mahndorf in den späten 1930er Jahren mit einer 1954 erfolgten, vergleichsweise opulenten Publikation. Darin bewies E. Grohne, wie bei allen einschlägigen Arbeiten, sein breites Wissen auch auf Nachbargebieten, etwa, wenn es um die Deutung der Pferdegräber des Mahndorfer Gräberfeldes geht.[3] Durch den von Grohne gepflegten engen Kontakt zu Bauherren und Sammlern, der durch Merkblätter befördert wurde (Abb. 1), gelangte in jener Zeit manches exzeptionelle Fundstück in die Sammlung des Focke-Museums.[4] Zu nennen wären etwa der Goldring von Gahlstorf und ein aus der Lesum gebaggerter bronzener Kammhelm der süddeutsch-/alpinen Urnenfelderkultur(Abb. 2). Diese Zeit des Sammelns hat Grohne selbst in einem knappen, aber sehr informativem Beitrag beschrieben. Darin sind praktisch alle Spitzenstücke, welche auch heute noch die vorgeschichtliche Abteilung des Focke-Museums zieren, abgebildet.[5]

Nach 1945 hat Grohne die Ausgrabungstätigkeit fortgesetzt. Es wurden mehrere Siedlungen der Vorrömischen Eisenzeit und der Völkerwanderungszeit teiluntersucht. Mit der Pensionierung Grohnes im Sommer 1953 schien zunächst das Ende der Betreuung von archäologischer Sammlung und Bodendenkmalpflege eingeleitet, doch es kam anders. Wohl noch auf Initiative von Grohne richtete die neue Leitung des Focke-Museums ab dem 1. Januar 1954 eine eigene Stelle für die Betreuung der archäologischen Sammlung und zur Fortführung der Ausgrabungstätigkeit im Stadtgebiet ein. Die Stelle wurde mit K. H. Brandt besetzt, der gerade in Kiel mit einer Arbeit zur Steinzeit promoviert hatte.

Mit dem neuen Stelleninhaber und Abteilungsleiter am Focke-Museum Brandt entwickelte sich bis zu

1 Brandt 1964, 3f.
2 Barkhausen 1863; Brandt 1992, 214ff.
3 Grohne 1953, 267f.
4 Brandt 1967, 4.
5 Grohne 1940.

Merkblatt Nr. 2

Zum Beobachten von Altertumsfunden bei Baggerungen

Auf dem Grunde der Weser liegen im Sand und Schlick vergraben gar manche Überreste aus vergangenen Kulturepochen. Es sind meist metallene Gegenstände, die im Verlauf der Jahrtausende, seitdem die Weser als Verkehrsstraße diente, durch zufälliges Überbordfallen, durch Schiffbruch oder das Ertrinken einzelner Personen in das Wasser gerieten und dort wegen ihrer Schwere liegen blieben. Wohl keines von diesen zum Teil sehr altertümlichen und für die Wissenschaft hochbedeutsamen Dingen würde wohl je das Tageslicht wiedersehen, wenn nicht die Schöpfeimer der großen Baggermaschinen das eine oder andere gelegentlich mit erfaßten und emporbrächten.

Hier bietet sich nun für alle, die im Baggerbetrieb beschäftigt sind, eine hervorragende Gelegenheit, durch sorgfältiges Beobachten und Bergen dieser Baggerfunde der Heimatgeschichte ganz ausgezeichnete Dienste zu erweisen.

Von besonderem Interesse sind z. B.

alte Schwerter, Speer- und Pfeilspitzen; eiserne Helme und Rüstungsteile, Geschützrohre und Reste von älteren Feuerwaffen; Äxte und Werkzeuge aus Stein, Hirschhorn und Metall; Broncegefäße, Grapen, Zinnkrüge und sonstige auffallende Töpfe oder Scherben; Münzen, Schmucksachen und Warenzeichen.

Hier und da sind auch ganze Einbäume, d. h. uralte, aus einem dicken Eichenstamm gearbeitete Kähne freigelegt worden.

Da diese altertümlichen Gegenstände, so wie sie aus dem Wasser kommen, oft sehr unansehnlich und ihre Einzelheiten durch Schlick und Rostansatz unkenntlich sind, wird freundlichst darum gebeten, einzelne Funde nicht vorschnell wieder ins Wasser zurückzuwerfen, sondern lieber erst an geeigneter Stelle über ihre Bedeutung Erkundigungen einzuziehen. Vor allem aber sei hier die dringende Bitte ausgesprochen, etwaige Fundstücke doch ja nicht als Altmetall an Produktenhändler oder an angeblich interessierte Privatpersonen abzugeben. Wer seine bremische und niedersächsische Heimat lieb hat, der sorge dafür, daß alle Baggerfunde von historischem Wert in das

Focke-Museum
Bremen, Großenstraße 94
(Fernruf ~~Roland 1849)~~ Weser 84141)

gebracht werden.

Dort erhält jeder Überbringer sachgemäße Aufklärung, ferner eine dem Altertums- und Sachwert entsprechende Vergütung. Die Dinge selbst aber werden nach gründlicher Aufarbeitung im Museum aufgestellt und bringen so den weitesten Volkskreisen Freude und Belehrung.

Der Direktor des Focke-Museums
Dr. E. Grohne.

Abb. 1: Merkblatt 2 von E. Grohne aus den 1930er Jahren (nach Brandt o.J.).

dessen Pensionierung im Sommer 1987 eine rege Ausgrabungstätigkeit, die zu Beginn etwas getrübt war durch Abgrenzungsprobleme gegenüber der Baudenkmalpflege. Deshalb sind wohl bestimmte mittelalterliche Baudenkmäler, wie Abschnitte der bei Abbruchmaßnahmen am Alten Wall zum Vorschein gekommenen Stadtmauer, nur ungenügend dokumentiert worden, da die Beaufsichtigung der Arbeiten zur originären Aufgabe der Kunst- und Baudenkmalpflege erklärt wurde.
Außerhalb des Stadtkerns hat K. H. Brandt bei zahlreichen Grabungen im Bereich der neu errichteten Wohn- und Gewerbeflächen die dichte Besiedlung des Unterwesergebiets in vorgeschichtlicher Zeit nachweisen können. Von diesen Untersuchungen, über die in jährlichen Übersichten im „Bremischen Jahrbuch", aber auch in den von Brandt begründeten „Bremer Archäologischen Blättern" berichtet wurde, möchte ich nur zwei gesondert erwähnen, und zwar die Aufdeckung einer offenbar ausgedehnten neolithischen Besiedlung auf dem Oeversberg in Bremen-Grohn mit dem wahrscheinlichen Nachweis eines Erdgrabes der kupferzeitlichen Trichterbecherkultur[6] und die Auffindung einer wohl zu dem oben genannten sächsischen Gräberfeld von Mahndorf gehörenden Siedlung.[7]
In den späten 1950er Jahren durch Brandt auf der Westseite der Bremer Düne angegraben,[8] war die umfangreiche völkerwanderungszeitliche/sächsische Siedlung von Bremen-Grambke (Grambke I und II) noch viele Jahre ein dankbares Grabungsobjekt für die bremische Bodendenkmalpflege. In den späten 1990er Jahren wurde auf der gegenüberliegenden Ostseite der Düne an der Dorfstraße eine weitere Siedlung, diesmal aus karolingischer/hochmittelalterlicher Zeit entdeckt. Für die Frage der Siedlungskontinuität im Unterweserraum sind die beiden zeitlich aneinander anschließenden Grambker Siedlungsareale von großer Bedeutung. Leider hat sich für die wissenschaftliche Aufarbeitung der Grabungsergebnisse noch kein Bearbeiter gefunden, was für viele bremische Fundplätze zutrifft.
Höhepunkt der „Brandt-Ära", die auch geprägt war von einer systematischen Landesaufnahme der Fundstellen und Fundstücke, war zweifellos die Domgrabung. Nachdem noch 1962 bei der Bergung der „Bremer Kogge" von 1380 – das wohl bekannteste Bremer Bodendenkmal – Brandt als Abteilungsleiter des Museums nicht zu Rate gezogen und die gesamte Bergung des Schiffswracks Kunstgeschichtlern anvertraut worden war, war dies zehn Jahre später schon anders. Mit der Beauftragung von Brandt, sich aktiv an der Formulierung der archäologischen Teile des Bremer Denkmalschutzgesetzes zu beteiligen,

Abb. 2: Bremen. Baggerfund aus der Lesum, jüngere Bronzezeit.

war auch die Stärkung bzw. Umwandlung der Abteilung in eine eigenständige, im Gesetz verankerte Denkmalfachbehörde „Der Landesarchäologe" 1973 zumindest vorgezeichnet.
Das zwei Jahre später in Kraft getretene Bremer Denkmalschutzgesetz hat insofern mit dazu beigetragen, dass die ab 1973 beginnenden Grabungen im Bremer Dom ganz unter der Leitung von K. H. Brandt standen. Hilfreich sollte sich bald der im Bremer Gesetz eingeführte Schatzregalparagraph auswirken, der besagt, dass alle bei amtlichen Grabungen gefundenen Objekte Eigentum des Landes Bremen werden (Bremer DSchG § 9, Abs. 2). Einer zum Zeitpunkt der Abfassung noch nicht voraussehbaren Auseinandersetzung mit der Bremer Domgemeinde um den Verbleib der Funde wurde hier schon ein Riegel vorgeschoben, obwohl sich de facto dann doch eine solche entwickelte.
Neben der Aufdeckung der spektakulären Bischofsgräber,[9] von denen nur eines besonders erwähnt sei, nämlich die Grablege des 1258 verstorbenen Erzbischofs Gerhard II. (Abb. 3), ist die Untersuchung im Mittelschiff des Domes auch für dessen Baugeschichte bedeutsam gewesen; nicht minder baugeschichtlich wichtig waren die Untersuchungen im Nordschiff und im sogenannten Bleikeller, zeigte sich doch bei Letzterem ein beachtliches Schichten-

6 Brandt 1979, 318f. mit Abb. 2.
7 Brandt 1969.
8 Brandt 1958.
9 Brandt 1977.

Abb. 3: Bremen, Dom. Blick in das Grab von Erzbischof Gerhard II., gest. 1258.

paket aus der Zeit der ersten Bremer Bischöfe in der vermutlich nach 800 errichteten Domburg.
Mit der Pensionierung von Brandt 1987 war die Leiterstelle der Behörde, die sich seit 1978 in Mobilbauklassen des Schulzentrums Ronzelenstraße befindet, zunächst verwaist. Die Mitarbeiter mussten sich weitgehend selbst organisieren und taten dies unter der kommissarischen Leitung des Vorstehers der Baudenkmalpflege, H.-C. Hoffmann, sehr erfolgreich.
1988/89 mussten sie die bis dahin größte Flächengrabung der Innenstadt an der Ecke Martinistraße/Wachtstraße zusammen mit angeworbenen Kräften, wie dem Grabungstechniker T. Moritz, bewältigen. Auffällig waren bei diesem mittelalterlichen Quartier die vielen sekundär verwendeten Schiffsplanken und -spanten bei den hölzernen Abfallschächten; als spektakulär kann die Auffindung eines karolingischen Lastschiffes unter der hochmittelalterlichen Fundschicht (Abb. 4) bezeichnet werden.[10]

Nach langwierigen Verhandlungen wurde schließlich der Berichterstatter als Nachfolger von K. H. Brandt bestimmt. Er trat seinen Dienst am 14. 12. 1990 in der Ronzelenstraße an. Verwaltungstechnisch jedoch war die Stelle bei der Bremer Universität mit reduzierter Lehrverpflichtung angesiedelt. Verpflichtend wurden auch Betreuung und Neueinrichtung der Abteilung Ur- und Frühgeschichte am Focke-Museum sowie die Durchführung archäologisch geprägter Sonderausstellungen.
Außerhalb des Stadtkerns wurde die systematische Ausgrabung gefährdeter Bereiche – jetzt mehr Gewerbe- als Wohngebiete – wieder aufgenommen. Teilweise waren es Areale, in denen Brandt bereits Untersuchungen vorgenommen hatte. Dazu zählte etwa im Frühjahr 1991 die Untersuchung in der germanischen (chaukischen) Siedlung „Auf dem Wurtacker“ im Ortsteil Habenhausen; die von Brandt begonnenen Grabungen in den erwähnten Siedlungsteilen Grambke I und II mussten 1991 und 1993 fortgeführt werden, da der Bau der A 281 die letzten zugänglichen Teile der Siedlung zu vernichten drohte. Diese Untersuchung erbrachte als Ergebnis eine beachtliche Zahl sich gut im Sandboden der Düne abhebender Grubenhäuser, die sich teilweise überschnitten, sowie verschiedene Brunnen (Abb. 5).[11]

10 Moritz 1991; Rech 2004, 121 ff.
11 Witte 2000, 90 f.

Abb. 4: Bremen. Karolingisches Lastschiff an der Ecke Martini-/Wachtstraße.

Abb. 5: Grambke. In den Dünenboden eingetiefter Brunnen.

Finanziert wurden und werden diese Grabungen hauptsächlich durch das im Bremer Denkmalschutzgesetz § 9, Abs. 2 festgelegte Prinzip, dass „bei öffentlichen Bauvorhaben [...] Aufwendungen zum Schutz von Kulturdenkmälern Teil der Baukosten [sind]".

In den Jahren danach bis 2006 gab es in jenem Teil des Landes Bremen, der außerhalb der Stadtbebauung liegt – und dies schließt auch Gewerbegebiete in dem 40 km entfernten Bremerhaven ein –, eine Vielzahl weiterer Untersuchungen. Als besonders ertragreich erwies sich ein Neubaugebiet in Kirchhuchting unfern des Sodenmattsees. In mehreren Kampagnen vor und nach dem Jahr 2000 wurde hier eine Siedlung der Römischen Kaiserzeit untersucht, die insofern etwas Besonderes bot, als sich Hinweise auf eine arbeitsteilige Organisation einstellten, denn ausschließlich im Nordteil dieser Siedlung fanden sich Belegstücke verschiedener Handwerkszweige.[12]

Zwei weitere Bereiche, die über viele Jahre den Einsatz von Bagger und Spaten erforderten, waren eine sich über mehrere hundert Meter erstreckende germanische Siedlung entlang der Osterholzer Heerstraße mit Langhäusern und verschiedenen Brunnen[13] sowie Aktivitäten im Zuge des ausgedehnten Gewerbegebiets „Hansalinie" südlich der A 1. Letztere erbrachten wieder viele Fundstellen, deren Existenz im Marschgebiet bis dahin kaum bekannt gewesen war. Diese Fundplätze im Einzelnen zu beleuchten, würde zu weit führen. In den übergreifenden Berichten des Landesarchäologen in den Heften der ab 1991 neu begründeten „Bremer Archäologischen Blätter" ist davon die Rede.[14]

Nördlich der A 1 war es die neue Trainingsbahn der Bremer Galopper, auf der vorweg gegraben wurde. Es fanden sich Tausende eisenzeitlicher Befunde, meist Pfostenlöcher. Bisher konnte allerdings noch kein Hausgrundriss einwandfrei rekonstruiert werden. Trotz erheblichem Personalmangel – nach 1990 waren zwei Technikerstellen weggefallen – wurde versucht, auch den Altstadtbereich verstärkt mit Kräften außerhalb des Stellenplanes zu bedienen. Dies wurde durch die organisatorische Nähe der Dienststelle zur Universität erleichtert, indem Studenten kurzfristig eingestellt werden konnten.

Schon gleich nach Beginn des Amtsantritts des Berichterstatters war von Techniker C. C. von Fick im Bauschacht einer Kanalbaumaßnahme an der Schlachte

12 Bischop 2000, 64 Abb. 93; 94a, b
13 Witte 2005.
14 Etwa Rech 2005, 8f.

Abb. 6: Bremen. Heckteil der Schlachte-Kogge, über Kopf liegend, in der Umzeichnung (nach M. Wesemann).

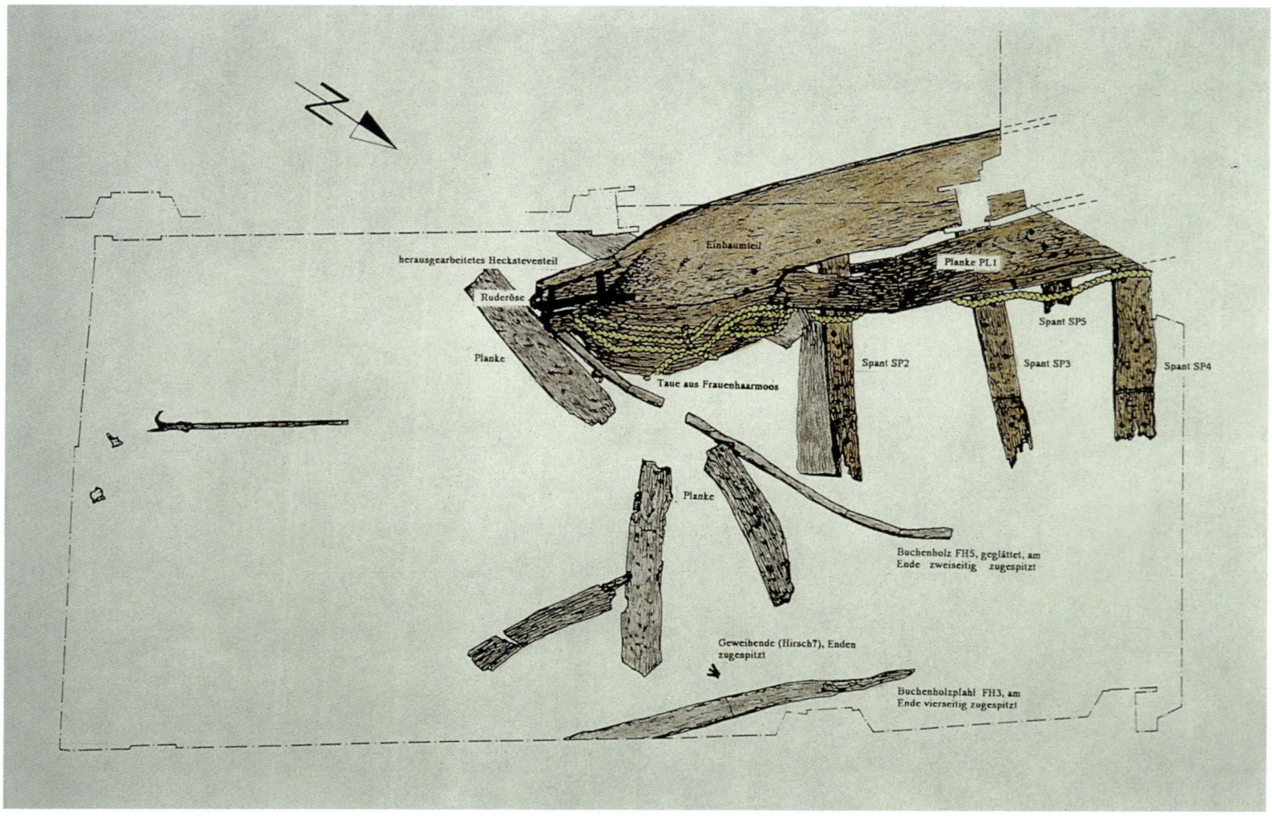

Abb. 7: Bremen, Schlachte. Teil einer mittelalterlichen Klappwaage.

Abb. 8: Bremen, Schlachte. Unverzierte Hanseschale.

Abb. 9: Bremen, Ecke Martini-/Wachtstraße. Lederne Maske.

Abb. 10: Bremen, Schlachte. Lederschuh.

ein Wrackteil entdeckt worden, das zu einer der aufwendigsten Ausgrabungen der Dienststelle führen sollte. Die auch finanziell sehr kostspielige Untersuchung – das Wrack lag 11 m tief – lohnte sich jedoch. Es wurde das Heckteil einer um 1170 datierten Kogge gefunden und geborgen, deren Besonderheit darin bestand, dass sie an Stelle eines Kiels über einen gehälfteten, ausgehöhlten Einbaum als „Rückgrat“ verfügte (Abb. 6); die erhaltene Öse eines Heckruders war die zweite Überraschung – der erste Nachweis eines Heckruders überhaupt.[15] Das Wrack wurde inzwischen im Deutschen Schiffahrtsmuseum Bremerhaven konserviert und wartet auf seine Aufstellung.
Entlang der Balge – der heute zugeschüttete Nebenarm der Weser an der Domsdüne – und der tief liegenden Langenstraße sind nach Abriss der alten Bebauung in der Folge etwa ein Dutzend zur Neubebauung vorgesehene Grundstücke archäologisch untersucht worden. Selbst unter der Sohle der abgerissenen Keller fanden sich noch Befunde aus dem Mittelalter in mehr oder weniger intaktem Zustand. Über die Ergebnisse dieser Altstadt-Untersuchungen wurde in dem anlässlich einer Sonderausstellung zum mittelalterlichen Bremen erschienenen Begleitband[16] berichtet, allerdings nur skizzenhaft. Aus den wegen Zeitmangel oft nur kurzen Berichten in den „Bremer Archäologischen Blättern“ lassen sich gleichfalls nur die wichtigsten Objekte oder vorläufige Schlussfolgerungen entnehmen, keinesfalls können Letztere als Ersatz für eine wissenschaftlichen Auswertung gelten. Herausragende Fundstücke aus dieser Phase der Altstadtgrabungen sind etwa eine bronzene Klappwaage (Abb. 7), eine verzierte und eine unverzierte Hanseschale (Abb. 8), ein schöner Nierendolch mit Begleitmesser,[17] meisterhaft hergestellte Dreilagenkämme, ein Pilgerzeichen und eine Ledermaske, wie sie ähnlich in Riga und in anderen hansischen Städten gefunden wurde (Abb. 9).
Durch die teilweise massenhaft geborgenen Funde etwa zur Knochen-, Leder- oder Holzverarbeitung (Abb. 10), die sich in den feuchten Auffüllschichten

15 Rech 1993; Wesemann/von Fick 1993; Rech 2004, 243 ff.
16 Rech 2004.
17 Rech 2004, 188 f. mit Abb. 196 u. 197; von Fick/Rech 2005, 63 Abb. 12; 13.

Abb. 11: Bremen, Marktplatzgrabung 2002. Mittelalterliche Mauer rechts und Keller des Balleer'schen Hauses links.

Abb. 12: Bremen. Futtermauer der Balge mit davorliegendem hölzernen Podest.

des Weserufers in der Regel gut erhalten haben, gibt es mannigfache Hinweise zum bremischen Handwerk des Mittelalters. Darüber ist vergleichsweise ausführlich in den verschiedenen Lübecker Kolloquien zur hansischen Stadtarchäologie berichtet worden, so dass sich ein weitere Vertiefung hier erübrigt.[18]

Eine Sonderstellung innerhalb der Altstadtaktivitäten gebührt der Marktplatzgrabung 2002 vor der Front des Bremer Rathauses. Einerseits gelang es, die schon 1966 durch Brandt nachgewiesene Besiedlung der Sanddüne in karolingischer Zeit zu bestätigen, andererseits wurde offenbar das Stück eines steinernen Turmes oder einer Torwange der bischöflichen Immunitätsmauer gefunden (Abb. 11), das in einen um 1000 n. Chr. datierten Spitzgraben der Domburg eingetieft war; weiterhin tauchte an gleicher Stelle der Keller des alt abgerissenen spätgotischen Balleer'schen Hauses auf.[19]

D. Bischop, der zunächst ab 1. 6. 1998 zur Vorbereitung der Sonderausstellung „Siedler, Söldner und Piraten“ mit einem befristeten Dienstvertrag beschäftigt wurde, dann im Rahmen einer umgewidmeten Planstelle ab 1. 12. 2001 ganz in die Dienste des Landesarchäologen trat, übernahm die Altstadt als bevorzugtes Betätigungsfeld. Auf stadtgeschichtlich sensiblen Flächen waren großflächige Neubebauungen geplant, etwa auf dem Radio-Bremen-Gelände zwischen Weser und der Straße Am Geeren.

Bischop hat nach 2002 beispielsweise an der Langenstraße ein Teilstück der heute vollständig zugeschütteten Balge mit der innerstädtischen Futtermauer aufgedeckt (Abb. 12). Die ehemalige Ausdehnung der Balge, die sich unterhalb der Domsdüne zu einem hafenähnlichen Gebilde verbreitert haben muss, ließ sich nun anhand von Flechtwerkbefestigungen genau rekonstruieren. Einige hundert Meter davon entfernt wurden im Winter 2003/2004 unmittelbar an der Schlachte, dem weserseitigen Hafengelände des Mittelalters, drei nebeneinander liegende Steinkammern der Zeit um 1200 freigelegt. Die festungsartigen Bauten dienten auch zur Aufnahme von Handelswaren, und dass ihre Besitzer hochgestellte Persönlichkeiten waren, zeigen ein Goldring mit eingelegtem Smaragd, seltene Keramik aus Westeuropa sowie ein bronzener Schreibgriffel.[20]

Bis in die Gegenwart gehen die Grabungen auf ufernahen Grundstücken weiter, meist nach Abriss von

18 Etwa Rech 2006.
19 Bischop 2005a, 40 Abb. 2; 3.
20 Bischop 2005b.

Gebäuden, die nach 1945 errichtet wurden. Auf der Teerhofinsel kamen beispielsweise ab Frühjahr 2007 im Bereich des Geländes, das von dem neuen Verwaltungsbau der in Schifffahrtskreisen bekannten Beluga-Reederei überbaut wird, neben einer Futtermauer des nach 1708 zugeschütteten Verbindungsstücks („Pipe") zwischen Großer und Kleiner Weser sinnigerweise zwei übereinander liegende Lastschiffe zutage (Abb. 13); das obere Fahrzeug ist dendrochronologisch um 1683 datiert. Schon Anfang 2007 war in der gleichen Baugrube das Fragment einer geklinkerten Kogge geborgen worden. Letztere soll nach ihrer Konservierung in der Eingangshalle des Beluga-Neubaus aufgestellt werden.

Über diese und andere Unternehmungen im Altstadtbereich hat Bischop laufend in den Heften von „Archäologie in Deutschland" unter der Rubrik „Aktuelles aus der Landesarchäologie" berichtet, so dass sich ein weiteres Eingehen auf die jüngsten Grabungsaktivitäten erübrigt.

Nach Pensionierung und Ausscheiden des Berichterstatters am 1.3.2007 führte D. Bischop die Geschäfte der Dienststelle kommissarisch weiter. Dazu zählen nicht nur die bodendenkmalpflegerischen Belange, sondern auch die Abwicklung der in Bremen 2006 konzipierten Wanderausstellung „Pferdeopfer – Reiterkrieger", die am 2. 12. 2007 in Krefeld auslief. Wie eingangs berichtet, ist ja die Konzipierung von Sonderausstellungen Teil der Aufgaben des Landesarchäologen.

Am 24. Mai 2007 hat die Berufungskommission des Fachbereichs 8 der Universität Bremen Uta Halle, damals Privatdozentin an der Humboldt-Universität Berlin, als Landesarchäologin und Nachfolgerin des Berichterstatters gewählt, die die Stelle zwischenzeitlich angetreten hat.

Bildnachweis

Alle Vorlagen: Der Landesarchäologe Bremen

Abb. 13: Bremen, Teerhofinsel. Lastschiff 3 in der Baugrube.

Abgekürzt zitierte Literatur

Barkhausen 1863	G. Barkhausen, Bericht über die Aufgrabungen beim Bau der neuen Börse zu Bremen. Mit Erläuterungen und Zusätzen von W. O. Focke. Bremisches Jahrb. 1, 1863, 12–38.
Bischop 2000	D. Bischop, Siedler, Söldner und Piraten. In: D. Bischop u. a, Siedler, Söldner und Piraten. Chauken und Sachsen im Bremer Raum. Bremer Arch. Bl. Beih. 2 (Bremen 2000) 9–82.
Bischop 2005a	D. Bischop, Erster Vorbericht über die Grabungen auf dem Bremer Marktplatz 2002. Bremer Arch. Bl. N. F. 6, 2001/2004 (2005) 39–54.
Bischop 2005b	D. Bichop, Steinkammern am Fluss – Vorberichte über die Ausgrabungen auf dem Grundstück Hotel Überfluss. Bremer Arch. Bl. N. F. 6, 2001/2004 (2005) 67–78.
Brandt 1958	K. H. Brandt, Eine völkerwanderungszeitliche Siedlung in Bremen-Grambke. Germania 36, 1958, 205–215.
Brandt 1964	K. H. Brandt, Focke-Museum Bremen. Vor- und Frühgeschichte. Hefte des Focke-Museums Bremen 5 (Bremen 1964).
Brandt 1967	K. H. Brandt, Zum Stand der Untersuchungen in der Siedlung des 1. Jahrtausends von Bremen-Mahndorf. Bremer Arch. Bl. 5, 1969, 55–76.
Brandt 1977	K. H. Brandt, Ausgrabungen im Bremer St. Petri-Dom, 1974–76. Ein Vorbericht. Mit Beitr. von P. Berghaus u. a. Monogr. Wittheit 12 (Bremen/Stuttgart 1977).
Brandt 1979	K. H. Brandt, Neue Ausgrabungen und Funde in Bremen (1978). Bremisches Jahrb. 57, 1979, 317–333.
Brandt 1992	K. H. Brandt, Zur archäologischen Mittelalterforschung in Bremen. Bremisches Jahrb. 71, 1992, 191–222.
Brandt o. J.	K. H. Brandt, 30 Jahre Vorgeschichte am Focke-Museum. Ausstellung vom 24. 1. bis 19. 3. 1967 im Focke-Museum (Bremen o. J. [1967]).
von Fick/Rech 2005	C. C. von Fick/M. Rech, Beobachtungen in der Baugrube 198/Altstadt. Bremer Arch. Bl. N. F. 6, 2001/2004 (2005) 55–66.
Grohne 1940	E. Grohne, Zur Vor- und Frühgeschichte des Bremer Gebietes. In: H. Knittermeyer/D. Steilen, Bremen, Lebenskreis einer Hansestadt (Bremen 1940) 1–26.
Grohne 1953	E. Grohne, Mahndorf. Frühgeschichte des bremischen Raums (Bremen 1953).
Moritz 1991	T. Moritz, Die Ausgrabung in der Bremer Altstadt 1989. Bremisches Jahrb. 70, 1991, 191–206.
Rech 1993	M. Rech, Neufund einer Kogge: Fundgeschichte und Datierung. Bremer Arch. Bl. N. F. 2, 1992/93 (1993) 31–35.
Rech 2004	M. Rech, Gefundene Vergangenheit – Archäologie des Mittelalters in Bremen. Mit besonderer Berücksichtigung von Riga. Begleitpubl. zur Ausst. Focke-Museum/Bremer Landesmus. 2003/2004. Bremer Arch. Bl. Beih. 3 (Bremen 2004).
Rech 2005	M. Rech, Archäologie im Land Bremen 2001–2004. Bremer Arch. Bl. N. F. 6, 2001/2004 (2005) 1–13.
Rech 2006	M. Rech, Das Handwerk in Bremen. In: M. Gläser (Hrsg.), Lübecker Colloquium zur Stadtarchäologie im Hanseraum V (Lübeck 2006) 303–314.
Wesemann/von Fick 1993	M. Wesemann/C.C. von Fick, Die neue Kogge – Ausgrabung und Bautyp (Vorbericht). Bremer Arch. Bl. N. F. 2, 1992/93 (1993) 36–45.
Witte 1995	H. Witte, Ausgrabung 1993 in der sächsischen Siedlung von Bremen-Grambke. Bremer Arch. Bl. N. F. 3, 1994/95 (1995) 24–34.
Witte 2000	H. Witte, Frühgeschichtliche Besiedlung in Bremen-Grambke. In: Bischop 2000, 83–108.
Witte 2005	H. Witte, Vorbericht über die Ausgrabung eines spätbronze- und eisenzeitlichen Siedlungsplatzes an der Osterholzer Heerstraße in Bremen Osterholz. Bremer Arch. Bl. N. F. 6, 2001/2004 (2005) 31–38.

Aus erster Hand, hautnah und aktuell
Von der Präsentation bodendenkmalpflegerischer Arbeit in Nordrhein-Westfalen

HEINZ GÜNTER HORN

Als Archäologe, mehr noch als Bodendenkmalpfleger denkt man gerne an das Jahr 1985 zurück. Damals blickten alle bundesweit neidvoll nach Stuttgart, wo in den Räumen des Württembergischen Kunstvereins unweit des Schlosses in einer großartigen, von Dieter Planck – damals Abteilungsleiter Archäologische Denkmalpflege im Landesdenkmalamt Baden-Württemberg – erarbeiteten und organisierten Ausstellung erstmals das Inventar des sagenhaften Keltengrabes von Hochdorf, Kreis Ludwigsburg, einer begeisterten Öffentlichkeit vorgestellt wurde – aber nicht nur dieses, sondern zugleich auch die Ergebnisse der seinerzeit in jeder Beziehung noch wirklich vorbildlichen baden-württembergischen Landesarchäologie in den Jahren 1974 bis 1984.

Abb. 1: Das gab es in Köln noch nie: 1995 warb eine lebensgroße Dinosaurier-Plastik vor dem Weltkulturerbe Kölner Dom für die Archäologische Landesausstellung im benachbarten Römisch-Germanischen Museum (hier beim Aufbau). Nach dem nordrhein-westfälischen Denkmalschutzgesetz zählen nämlich auch Zeugnisse tierischen und pflanzlichen Lebens aus erdgeschichtlicher Zeit zu den schützenswerten Bodendenkmälern.

Wenig später – im Jahre 1986 – hatten mehr als 150 000 Besucher in der Kölner Kunsthalle die Gelegenheit, diese spektakuläre Präsentation archäologischer Einzigartigkeiten zu bestaunen. Hugo Borger, der damalige Vorsitzende des Verbandes der Landesarchäologen in der Bundesrepublik Deutschland und Vorgänger von Dieter Planck in diesem Amte, zugleich Generaldirektor der Kölner Museen und Leiter des Römisch-Germanischen Museums/Amt für Bodendenkmalpflege, hatte sie in die Domstadt geholt.

Im Einführungstext des Ausstellungskataloges tat der Präsident des Landesdenkmalamtes Baden-Württemberg, August Gebeßler* – sicherlich nicht ohne eine entsprechende Vorgabe von Dieter Planck – kund, dass man mit dieser umfassenden Archäologie-Ausstellung zum einen „ein lange bestehendes Informationsanliegen der Öffentlichkeit" erfüllen und zum anderen für den Nichtfachmann verständlich in die „Wirklichkeit des archäologischen Alltages" einführen bzw. die „wissenschaftliche Bandbreite dieser Denkmalpflegedisziplin" zeigen wolle. Sie sollte eine Leistungsschau sein mit dem Ziel, zunächst einmal der Missdeutung der Archäologie als „Grabungsabenteuer oder als Entdeckungsunternehmen", das „im Freiland bestaunenswerte Mauerreste, etwa römischer Großbauten" offen lege und mit „faszinierendem und interessantem Fundgut die Museumsvitrinen" fülle, entgegenzuwirken. Zugleich sollte sie die Bedeutung der archäologischen Denkmalpflege für die Erforschung der Menschheits- und Landes-

* Zu den nachfolgenden Zitaten vgl. Landesdenkmalamt Baden-Württemberg (Hrsg.), Der Keltenfürst von Hochdorf – Methoden und Ergebnisse der Landesarchäologie. Ausstellungskat. Stuttgart 1985, Köln 1986 (Stuttgart 1985) 13.

geschichte bzw. einer historisch abgesicherten Präsentation ihrer Zeugnisse vermitteln und schließlich auch verdeutlichen, „warum es gegebenenfalls auch ein Gebot der Verantwortung gegenüber dem Geschichtsdokument und gegenüber künftigen Generationen ist, einen archäologischen Bestand unberührt und geschützt im Boden zu belassen und damit eine Art Denkmalpflege der Reservate zu betreiben". Konzept und Erfolg der Stuttgarter Ausstellung, die aus für Außenstehende unerfindlichen Gründen in Baden-Württemberg in den Folgejahren keine Nachfolgerin mehr fand, ließen die nordrhein-westfälische Bodendenkmalpflege ihrerseits sehr bald daran denken, sich und die Ergebnisse ihrer Arbeit in regelmäßigen Abständen einem breiteren Publikum zu präsentieren.

Dabei war es keineswegs so, als hätte es dergleichen zuvor in Nordhein-Westfalen überhaupt noch nicht gegeben. Immerhin zeigte das Rheinische Landesmuseum Bonn in seiner Funktion als Rheinisches Amt für Bodendenkmalpflege zwischen 1975 und 1986 alle Jahre wieder in kleineren Ausstellungen, was an archäologischen Funden quer durch alle Epochen der Menschheitsgeschichte im Rheinland zutage gekommen war. Auch war in den Bonner Jahrbüchern – obgleich mit einem zeitlichen Verzug von zwei Jahren – stets ein Bericht der rheinischen Bodendenkmalpflege zu lesen. Und das Westfälische Museum für Archäologie/Amt für Bodendenkmalpflege (kürzlich sicherlich nicht sonderlich einprägsam und gewinnend in LWL-Archäologie für Westfalen bzw. LWL-Museum für Archäologie umbenannt) informierte über seine Aktivitäten in Westfalen-Lippe zwar überaus knapp, aber regelmäßig in seinem jährlichen Neujahrsgruß. Das Römisch-Germanische Museum/Archäologische Bodendenkmalpflege der Stadt Köln beließ es bei gelegentlichen Fundpräsentationen.
Diese unterschiedlichen und landesweit unkoordinierten Aktivitäten lagen vor allem in der Organisation der Bodendenkmalpflege in Nordrhein-Westfa-

Abb. 2: Weithin sichtbar ausgeflaggt und plakatiert: Die Archäologische Landesausstellung „Von Anfang an – Archäologie in Nordrhein-Westfalen" 2005 im Römisch-Germanischen Museum Köln.

len begründet. Anders als in anderen Bundesländern gibt es zwischen Eifel, Sauerland, Niederrhein und Weserbergland nämlich kein zentrales Landesamt für Denkmalpflege bzw. Bodendenkmalpflege. Vielmehr obliegt dort die archäologische Denkmalpflege in der Nachfolge der alten preußischen Provinzialverbände den beiden Landschaftsverbänden Rheinland und Westfalen-Lippe mit ihren Fachämtern in Bonn und Münster. Die Stadt Köln genießt vornehmlich ihrer römischen Vergangenheit wegen einen Sonderstatus. So leistet sich Nordrhein-Westfalen seit jeher gleich drei selbstständige und voneinander völlig unabhängige Bodendenkmalpflegeämter. Diese historisch gewachsene Struktur, der im bodendenkmalpflegerischen Alltag und im Wechselspiel zwischen Land, Landschaftsverbänden und Kommunen viel Positives abzugewinnen ist, hat denkmal- und landespolitisch gesehen einen gravierenden Nachteil: Eine einheitliche nordrhein-westfälische Landesarchäologie, die landesweit nach den gleichen Regeln, Methoden und Bewertungen erfolgt, kann sich auf dieser Basis nur schwer herausbilden, noch weniger vermag sie sich als solche einsichtig darzustellen und zu vermitteln.

Vor diesem Hintergrund war die Idee einer Archäologischen Landesausstellung, in die sich die Bodendenkmalpflegeämter, dazu noch die zahlreichen Stadtarchäologien, gegebenenfalls auch die einschlägigen Universitätsinstitute und die privaten Grabungsfirmen, also alle, die inzwischen die Säulen der Bodendenkmalpflege in Nordrhein-Westfalen ausmachten, mit ihren Arbeitsergebnissen einbringen sollten, neu und zunächst auch ungewohnt. Es bedurfte anfangs schon einer großen Überzeugungsarbeit des als Oberste Denkmalbehörde für den Bodendenkmalschutz und die Bodendenkmalpflege im Lande zuständigen Ministeriums, die potenziellen Akteure zu einem gemeinsamen Tun zu bewegen und sich im Interesse der Sache als Gesamtheit zu begreifen; Alleinvertretungsansprüche, Abgrenzungsgebaren, Kompetenzgerangel, gegenseitiges Misstrauen, dumpfes Unbehagen und nicht näher zu definierende Vorbehalte gegen Sachen und Personen galt es zu überwinden, aber auch die unterschiedlichsten Vorstellungen davon, wo und wie ein solches Vorhaben letztendlich zu realisieren sei, zu bündeln und umzusetzen, bevor im März 1990 unter dem Titel „Archäologie in Nordrhein-Westfalen – Geschichte im Herzen Europas“ im Römisch-Germanischen Museum in Köln von dem seinerzeitigen Minister für Stadtentwicklung, Wohnen und Verkehr NRW, Christoph Zöpel, bei dem auch die Bodendenkmalpflege ressortierte, die erste Archäologische Landesausstellung der nordrhein-westfälischen Bodendenkmalpflege eröffnet werden konnte. Ihr folgten dann in regelmäßigen Abständen von fünf Jahren am gleichen Ort weitere: „Ein Land macht Geschichte – Archäologie in Nordrhein-Westfalen“ (1995), „Fundort Nordrhein-Westfalen – Millionen Jahre Geschichte“ (2000) und „Von Anfang an – Archäologie in Nordrhein-Westfalen“ (2005). Inzwischen ist die Archäologische Landesausstellung Nordrhein-Westfalen unumstritten, fest verankert in den Köpfen

Abb. 3: Auch nachts wurde für die Archäologische Landesausstellung 2005 in Köln geworben: Leuchtsäulen mit Motiven aus der Landesausstellung in der Passage des Römisch-Germanischen Museums.

Abb. 4: Archäologische Landesausstellung 2005 im Römisch-Germanischen Museum: Raumeindruck – links u.a. die Schädel einer Herde von Auerochsen, die bei einem nacheiszeitlichen Hochwasser im Rhein ertrunken sind.

der Archäologen und Bodendenkmalpfleger und ein geradezu institutionalisiertes Großereignis, das nicht nur auf eine erstaunliche Medienresonanz stößt, sondern auch immer wieder ein breites Publikum findet und begeistert; die Vorbereitungen für die Archäologische Landesausstellung im Jahre 2010 sind bereits in vollem Gange.

Im Juli 1980 war in Nordrhein-Westfalen in der Nachfolge des Preußischen Ausgrabungsgesetzes von 1914 ein neues Denkmalschutzgesetz in Kraft getreten. Es verpflichtete Staat und Gesellschaft vorrangig, die Bodendenkmäler zu schützen, zu erhalten, zu pflegen, zu erforschen und zu vermitteln (§ 1 Abs. 2 DSchG NRW). Waren der Schutz, die Erhaltung und die Pflege in einer Zeit des ständigen Veränderungsdrucks etwa in den historischen Stadt- und Dorfkernen, des wachsenden Land- bzw. Flächenverbrauchs durch die Ausweisung von Wohn- und Gewerbegebieten, durch die notwendige Verbesserung der Infrastruktur und durch den Abbau oberflächennaher Rohstoffe oder der heimischen Braunkohle im Zuge der Energiesicherung schon schwer genug und forderten die ganze Aufmerksamkeit und Arbeitskapazitäten der Bodendenkmalpflegeämter und ihrer Helfer, gestalteten sich in Anbetracht der Tagesaktualitäten die Erforschung und die Vermittlung noch schwerer. Vor den Archäologen türmten sich mit zunehmender Tendenz Berge wissenschaftlich unaufgearbeiteter und unpublizierter Ausgrabungen auf. Dadurch blieb eine Menge archäologischen Materials unausgewertet und unbekannt; aus Unkenntnis kam es im bodendenkmalpflegerischen Alltag immer wieder zu Fehleinschätzungen, Ungereimtheiten und Konflikten. Es entwickelte sich ein „Insider-Wissen", das in jeder Hinsicht brachlag und in dieser Form niemandem nutzte. Darunter litten zunehmend die Seriosität, die Qualität und die Glaubwürdigkeit der Bodendenkmalpflege in Nordrhein-Westfalen.

Hier sollten nun die Archäologischen Landesausstellungen ansetzen – und das taten sie auch. Der vorbereitende Ausschuss, dem vor allem die Leiter bzw. die Leiterin der nordrhein-westfälischen Bodendenkmalpflegeämter angehörten, wurde zu einem bis dahin noch nicht gekannten Diskussionsforum und „Umschlagplatz" von Informationen. Erstmals nahmen die Rheinländer bewusst wahr, was archäologisch in Westfalen geschah, und umgekehrt. In der Regel wurde man sich erst im Zuge der Ausstellungsplanungen und -vorbereitungen bewusst, welche immense archäologisch-bodendenkmalpflegerische „Ernte" landauf, landab über die Jahre eingefahren worden war. Zugleich erkannte man aber auch die Chancen, die in dem Vorhaben lagen, dies alles in regelmäßigen Abständen gemeinsam und gleichsam

Abb. 5: Archäologische Landesaustellung 2005 im Römisch-Germanischen Museum: Raumeindruck – im Vordergrund eine Vitrine mit Funden aus der germanischen Siedlung von Kamen-Westick (3./4. Jh. n. Chr.; LWL-Museum für Archäologie, Herne).

Abb. 6: Oliver Wittke, Minister für Bauen und Verkehr, oberster Denkmalschützer des Landes Nordrhein-Westfalen besichtigt die Archäologische Landesausstellung 2005 im Römisch-Germanischen Museum. Hier vor der Vitrine mit Funden aus dem bronzezeitlichen Gräberfeld von Vreden (um 1200 v. Chr.; LWL-Museum für Archäologie, Herne).

„unter einem Dach" einer – so war die Erwartung – insgesamt ebenso interessierten wie überraschten Öffentlichkeit zu präsentieren.
So wurden im Rahmen der Archäologischen Landesausstellungen stets Grabungsergebnisse vergleichsweise kurzfristig öffentlich gemacht, auf deren Publikation zuvor insbesondere die Fachwelt Jahrzehnte hätte warten müssen. In Vorbereitung der Landesausstellungen kamen zudem Funde in die Restaurierungs- und Konservierungswerkstätten, die anderenfalls oft geradezu bis zum Sankt-Nimmerleins-Tag unbeachtet und unbehandelt in den Magazinen der Fachämter und Museen verrottet wären. In den Ausstellungsvitrinen zeigten sie sich aber gewöhnlich in bestem Zustand und „machten etwas her". In den Beiträgen der zugehörigen Begleitbücher mussten sich die Autoren und Autorinnen erstmals wissenschaftlich positionieren und „Farbe bekennen". Zugleich wurden in diesem Zusammenhang oft auch die ersten Grabungspläne und Ansichten der Exponate abgedruckt und damit verhältnismäßig frühzeitig allgemein verfügbar. Diese Form der schnellen „Wertschöpfung" tat nicht nur den Objekten, sondern auch der Wissenschaft und der Forschung gut.
Über das Konzept der Archäologischen Landesausstellungen in Nordrhein-Westfalen kann man natürlich trefflich streiten. Es ist denkbar einfach, für viele im Fach möglicherweise zu einfach. Eines ihrer vorrangigen konzeptionellen Anliegen besteht zunächst einmal darin, den Ausstellungsbesuchern das Gefühl zu vermitteln, aus erster Hand kompetent, umfassend und vor allem aktuell über die Ergebnisse der bodendenkmalpflegerischen Arbeit unterrichtet zu werden und damit gleichsam „am Puls der Zeit" zu sein. Des Weiteren sollen die ausgestellten Funde faszinieren, den Betrachter zum Staunen bringen; selbst Banales und Alltägliches wird inszeniert. Deshalb spielen die Raumgestaltung, das Vitrinendesign und die Ausleuchtung eine ganz entscheidende Rolle. Schau- bzw. Lebensbilder und Fotos sind grundsätzlich großformatig; auf Pläne oder Grundrisse wird gänzlich verzichtet. Die Beschriftungen erklären zwar, beschränken sich jedoch auf das Notwendigste; in jedem Fall wird auf das Begleitbuch verwiesen. In kleinen Umrisskarten des Landes Nordrhein-Westfalen sind die einzelnen Fundorte markiert. Dies alles führt im Ergebnis zu einer erkennbaren Dominanz der Ausstellungsästhetik und des Ausstellungsdesigns. Dass man sich dadurch in einer Schatzkammer wähnt, ist gewollt.
Und auch das ist ein unumstößliches Prinzip der Archäologischen Landesausstellungen in Nordrhein-Westfalen: Sie stimmen bewusst keine Klagelieder über verpasste Gelegenheiten und das Unverständnis oder die Ungerechtigkeiten dieser Welt an; sie verstehen sich vielmehr als selbstbewusste „Leistungsschauen" der im Lande in der Archäologie und Bodendenkmalpflege Tätigen voller Erfolgsmeldungen, Optimismus und positiver Signale. Wertungen und Reflexionen überlassen sie den Ausstellungsbesuchern.

Auch wenn die nordrhein-westfälischen Landesausstellungen bislang noch nie mit einem derartigen „pezzo grosso" wie dem Fürstengrab von Hochdorf aufwarten konnten, so zeigten auch sie doch stets Exponate, die in ihren Bann gezogen haben. Dies waren aber nicht allein die von einer eigenen Aura umgebenen, viele Millionen Jahre alten paläontologischen

Abb. 7: Immer wieder faszinierend: Versteinerte Zeugnisse tierischen und pflanzlichen Lebens aus erdgeschichtlicher Zeit: ein Urnetzflügler *(Lithomantis varius)* aus einem Steinbruch in Hagen Vorhalle (ca. 320 Mio. Jahre v. h.; LWL-Museum für Naturkunde, Münster).

Funde aus den zahlreichen Kiesgruben und Steinbrüchen des Landes, die nach dem Denkmalschutzgesetz NRW (vgl. § 2 Abs. 5 DSchG NRW) als „Zeugnisse tierischen und pflanzlichen Lebens aus erdgeschichtlicher Zeit" auch zu den Bodendenkmälern zählen. Auch nicht nur die im Laufe der Zeit doch beachtliche Anzahl römischer und mittelalterlicher Steindenkmäler und Architekturteile – teilweise von hoher handwerklicher Qualität – oder die oft reich ausgestatteten Gräber aus allen Epochen seit dem Neolithikum, obwohl es dort bisweilen vor Gold und Silber nur so funkelte und kostbares Glas, Bernstein und Almandine einen besonderen Augenreiz boten. Was das Publikum besonders begeisterte, war immer wieder der „Alltagsmüll" der Geschichte aus Siedlungsgruben, Brunnen und Latrinen; darin spürte es offenbar – und damit lag es sogar richtig – das „echte" Leben in früheren Zeiten am ehesten zu greifen. Ständig kam es dabei zu „Aha-Erlebnissen" und Wiedererkennungseffekten; plötzlich schien das

Abb. 8: Neue Knochenfunde des Neandertalers aus dem Tal der Düssel bei Mettmann, ca. 40 000 v. Chr. (Rheinisches LandesMuseum, Bonn/Neandertal-Museum, Mettmann).

Alte doch gar nicht mehr so fern und so viel anders. Mal konnte man angesichts eines neolithischen Holzbrunnens die Fertigkeiten des Zimmererhandwerks vor mehr als 7000 Jahren bewundern, mal bezeugte ein römisches Spritzrohr das schlimme Schicksal eines „Feuerwehrmannes", der etwa Mitte des 4. Jh. bei einem Löschversuch zu Tode gekommen war, mal erzählten unzählige Apothekerfläschchen von den Entsorgungsproblemen am Ende des 18./Anfang des 19. Jh. in Soest, mal waren es winzige Knochenfragmente aus einer Nachgrabung, die sich nach mehr als eineinhalb Jahrhunderten passgenau an die 1856 im Tal der Düssel bei Mettmann gefundenen Skelettreste des berühmten Neandertalers anfügen und etwas von dem notwendigen Glück und dem „langen Atem" in der Archäologie und Bodendenkmalpflege erahnen ließen, um nur Weniges anzusprechen. Im Grunde waren alle Exponate mit irgendwelchen Geschichten verbunden. Dies gilt vor allem für die Funde aus Konzentrations- und Arbeitslagern aus der Zeit der nationalsozialistischen Gewaltherrschaft oder aus alliierten Gefangenenlagern nach dem Zweiten Weltkrieg, die bei manchem sehr persönliche Erinnerungen und Erlebnisse wachgerufen und demzufolge auch tiefe Betroffenheit bewirkt haben.

Wichtig war es auch, den Ausstellungsbesuchern auf diese Weise eher beiläufig vermitteln zu können, dass das Arbeitsfeld der Bodendenkmalpflege kein Kapitel der Menschheitsgeschichte von ihren Anfängen bis heute ausklammert und der Informations- und Erkenntniswert archäologischer Quellen nicht allein von ihrem Erhaltungszustand, ihrem Material oder ihrer Singularität bestimmt werden. Das Verständnis für den zeitlich unbegrenzten und weit gefassten Denkmalbegriff, so wie ihn das nordrhein-westfälische Denkmalschutzgesetz definiert, ist inzwischen in Nordrhein-Westfalen unter anderem dank der Archäologischen Landesausstellungen eigentlich kein Thema mehr.

Allein schon mit der Präsentation entsprechender Funde in den Archäologischen Landesausstellungen ist es zudem gelungen, weite Kreise der Bevölkerung – und damit zugleich auch ein Stück die Politik, die Behörden und die Verwaltungen – Nordrhein-Westfalens für die zahlreichen Gefährdungspotenziale zu sensibilisieren, denen das im Grunde unersetzliche dingliche Archiv der Menschheitsgeschichte im Boden ständig ausgesetzt ist. Spektakuläre Einzelstücke und herausragende Fundensembles unterschiedlichster Zeitstellungen etwa aus dem Rheinischen Braunkohlenrevier oder ein aufgehäuftes „Sammelsurium" aus steinzeitlichen Faustkeilen, römischen Haushaltsgeräten, Waffen, Ausrüstungsgegenständen, Bau- und Wagenbeschlägen oder mittel-

Abb. 9: Jungsteinzeitlicher Brunnenkasten aus Erkelenz-Kückhoven. Eiche (5090 v. Chr.; Rheinisches LandesMuseum, Bonn).

alterlicher Keramik von dem Rüttelsieb eines Kiesbaggers am Niederrhein machten nicht nur in ihrer Masse, sondern auch in ihrer Vielfalt deutlich, was in Nordrhein-Westfalen Jahr für Jahr alleine durch die Braunkohlen- oder Kiesgewinnung an archäologischen Funden und Erkenntnissen, aber auch an materiellen Werten und zumeist öffentlichem Eigentum unwiederbringlich verloren geht. Ähnliches lässt sich auch im Zusammenhang mit den im Alltagsbetrieb der Bodendenkmalpflege kaum intensiv zu betreuenden Sand- und Tongruben des Landes sagen. Das in den Archäologischen Landesausstellungen immer wieder präsentierte Fundmaterial aus Stadtkerngrabungen, die beispielsweise im Vorfeld geplanter Unterkellerungen, Tiefgaragen, Leitungs-, Kanal- oder U-Bahntrassen in verschiedenen Städten Nordrhein-Westfalens in regelmäßiger Folge erforderlich geworden waren, erweckte schließlich bei dem Ausstellungsbesuchern auch ein gewisses Gespür für archäologische Verluste und Dunkelziffern. Vor allem aber wurde dadurch Manchem klar, was es heißt, in einer Region zu wohnen, die seit vielen Jahrtausenden wegen ihrer geographischen Lage und ihrer naturräumlichen Gegebenheiten zu den am dichtesten besiedelten Landstrichen Europas zählt, und dass fast alles, was da aus dem Boden kommt, in irgendeiner Form auch ein Stück eigener Geschichte darstellt. Dies alles mündete später dann häufig in Diskussionen, bei denen man sich fragte, ob die eine oder andere Baumaßnahme aus bodendenkmalpflegerischen Gründen überhaupt zu verantworten sei – auch dies ein keineswegs ungewolltes Nachwirken.

Die Archäologischen Landesausstellungen kamen und gingen. Was dauerhaft blieb und bleibt, sind ihre Begleitbücher, reich bebilderte Darstellungen inzwischen mehr als 25 Jahre gemeinsamer Bodendenkmalpflege der Fachämter in Nordrhein-Westfalen. Sie enthalten Übersichtsartikel über Rahmenbedingungen, Zielsetzungen, Methoden und Strategien, über Forschungsstände und Handlungsschwerpunkte, Erfolge und Misserfolge bodendenkmalpflegerischen Handelns, über die Fortschritte und die Desiderate im Fach, vor allem aber erste Vorlagen unzähliger Grabungen und Funde in Stadt und Land, von denen die meisten ohne das Instrument Landesausstellung auf lange Zeit unbearbeitet und damit weder der Wissenschaft noch der Öffentlichkeit bekannt geworden wären. Mit diesen Beiträgen dokumentieren sie die tatsächliche Situation und Befindlichkeit der nordrhein-westfälischen Bodendenkmalpflege. Von bleibendem Wert sind auch die von Pädagogen

des Museumsdienstes der Stadt Köln erarbeiteten Handreichungen für die Schulen, die das archäologische Material in den Archäologischen Landesausstellungen mit hoher Sachkompetenz lehrplangerecht erschlossen und ganz entscheidend dazu beigetragen haben, dass auch die Jugend den Zugang zu dieser Art von zumeist eher zufällig und dazu noch fragmentarisch überlieferten, stets erläuterungsbedürftigen Geschichtsquellen und Interesse an der Arbeit der Bodendenkmalpflege fand.
Die geradezu überwältigende Resonanz der nordrhein-westfälischen Archäologischen Landesausstellungen beim Publikum – jedes Mal waren mehr als 160 000 Besucher zu verzeichnen – und in den Medien lehrte, dass ihr bewusst simples, jedoch gerade deswegen eingängiges Konzept immer wieder aufging. Sie waren nicht nur wichtige Informations- und Werbeveranstaltungen, sondern auch höchst nachhaltige „Rechenschaftsberichte“ der nordrhein-westfälischen Bodendenkmalpflegeämter für jedermann. Im Rahmen evaluierender Kosten-Nutzen-Überlegungen machten sie immer wieder aufs Neue deutlich, dass die privaten und auch öffentlichen Investitionen in den Schutz und die Erhaltung des archäologischen Bestandes – und damit die allgemeinen Kosten einer leistungsfähigen Bodendenkmalpflege – gerechtfertigt und gut angelegt sind.

Zusammenfassend darf man sicherlich feststellen, dass die Archäologischen Landesausstellungen in Nordrhein-Westfalen bislang alles das erfüllt haben, was schon Programm der eingangs angeführten Stuttgarter Ausstellung von 1985 war, die ihnen als Vorbild gedient hat: Sie haben stets auf höchst effiziente Weise und erfolgreich für die Bodendenkmalpflege, aber auch für einen verantwortungsbewussten Umgang mit unserem archäologischen Erbe in seiner Gesamtheit geworben. Vor allem aber vermochten sie dazu beizutragen, die nordrhein-westfälischen Bodendenkmalpflegeämter in ihren fachlichen, methodischen und strategischen Auffassungen wie Vorgehensweisen zusammenzuführen und zu harmonisieren, insbesondere aber ihre bodendenkmalpflegerischen Anliegen, ihre wissenschaftlichen Argumente und ihr konkretes Handeln für die Öffentlichkeit verständlicher, glaubwürdiger, transpa-

Abb. 10: Sammelsurium von Funden unterschiedlicher Zeitstellung aus einer Kiesgrube bei Xanten/Niederrhein (Archäologischer Park/Regionalmuseum, Xanten).

Abb. 11: Gläserne Apothekerflaschen aus einer Kloake in Soest (18./19. Jh.; Burghofmuseum, Soest).

Abb. 12: Teilweise zerbrochene Erkennungsmarken deutscher Soldaten aus dem alliierten Kriegsgefangenenlager Mönchengladbach-Wickrath. Mai–September 1945 (Rheinisches Amt für Bodendenkmalpflege, Bonn).

renter und auch berechenbarer zu machen. Dies kommt – das spürt man inzwischen immer mehr – der Außenwirkung und dem Ansehen der gesamten Bodendenkmalpflege in Nordrhein-Westfalen zugute. Darauf wird sich auch in Zukunft aufbauen lassen.

Der Erfolg der Archäologischen Landesausstellungen in Nordrhein-Westfalen belegt schließlich aber auch noch etwas Anderes: Zum einen bedarf es nicht immer spektakulärer und kostenträchtiger „Events“, in deren Mittelpunkt ferne Länder und Kulturen stehen, um ein breites Publikum anzusprechen und zu mobilisieren. Dies ist offenbar auch mit Themen und Objekten zu bewerkstelligen, die im wahrsten Sinne des Wortes „vor der Haustüre“ liegen. Denn auch die heimische Archäologie ist „in“. Zum anderen benötigt die Bodendenkmalpflege generell „Schaufenster“, um sich und ihre Arbeit als unverzichtbaren Dienst am Bürger und am Gemeinwohl darzustellen. Dies kann nicht allein in gelegentlichen Ausstellungen geschehen. Die Präsentation und die Vermittlung der beweglichen bzw. unbeweglichen Bodendenkmäler und der damit verbundenen vielfältigen Aktivitäten zu ihrem Schutz und Erhalt im Sinne der Denkmalschutzgesetze in der Bundesrepublik Deutschland erfordern im Grunde eine dauerhafte Institutionalisierung in einem verstetigten Ausstellungs- und Führungsprogramm. Dies ist eigentlich nur mit der personellen, organisatorischen und institutionellen Einheit von Museum und Bodendenkmalpflege zu erreichen, sollen sie dazu auch noch wirklich aus erster Hand, hautnah und aktuell sein. Daran erneut zu erinnern, ist am Ende eines so getitelten Beitrages, der Dieter Planck in kollegialer Dankbarkeit gewidmet ist, eine selbstverständliche Pflicht. Er hat sich in diesem Punkte Zeit seines beruflichen Lebens nicht nur in Baden-Württemberg stets eindeutig und unmissverständlich positioniert.

Bildnachweis

Archäologischer Park/Regionalmuseum, Xanten: 10
LWL-Museum für Naturkunde, Münster: 7
Römisch-Germanisches Museum Köln: 1
A. Thünker DGPh, Bad Münstereifel: 2–6, 8, 9, 11, 12

Literatur

H. Hellenkemper/H. G. Horn/H. Koschik/B. Trier (Hrsg.), Archäologie in Nordrhein-Westfalen – Geschichte im Herzen Europas (Mainz 1990).

H. G. Horn/H. Hellenkemper/H. Koschik/B. Trier (Hrsg.), Ein Land macht Geschichte. Archäologie in Nordrhein-Westfalen (Mainz 1995).

H. G. Horn/H. Hellenkemper/G. Isenberg/H. Koschik (Hrsg.), Fundort Nordrhein-Westfalen – Millionen Jahre Geschichte (Mainz 2000).

H. G. Horn/H. Hellenkemper/G. Isenberg/J. Kunow (Hrsg.), Von Anfang an. Archäologie in Nordrhein-Westfalen (Mainz 2005).

G. Hürtgen/B. Schneider/E. Wickum-Höver, Ein Land macht Geschichte. Archäologie in Nordrhein-Westfalen. Lehrer-Information mit Kopiervorlagen für Schüler/Sekundarstufe I (Köln 1995).

G. Hürtgen/B. Schneider/E. Wickum-Höver, Fundort Nordrhein-Westfalen – Millionen Jahre Geschichte. Lehrer-Information mit Kopiervorlagen für Schüler/Sekundarstufe I (Köln 2000).

G. Hürtgen/B. Schneider/E. Wickum-Höver, Von Anfang an. Archäologie in Nordrhein-Westfalen. Lehrer-Information mit Kopiervorlagen für Schüler/Sekundarstufe I (Köln 2005).

Autorenverzeichnis

Dr. Johanna Banck-Burgess
Regierungspräsidium Stuttgart
Landesamt für Denkmalpflege
Berliner Straße 12
73728 Esslingen am Neckar

Thomas Beutelspacher M.A.
Hauffstraße 2
72108 Rottenburg

Dr. Jörg Biel
Kleinbettlinger Straße 31
72661 Grafenberg

Dr. André Billamboz
Regierungspräsidium Stuttgart
Landesamt für Denkmalpflege
Arbeitsstelle Hemmenhofen
Dendrochronologisches Labor
Fischersteig 9
78343 Gaienhofen-Hemmenhofen

Dr. Jörg Bofinger
Regierungspräsidium Stuttgart
Landesamt für Denkmalpflege
Berliner Straße 12
73728 Esslingen am Neckar

Dr. Christian Bollacher
Bayerisches Landesamt für Denkmalpflege
Dienststelle Thierhaupten
Klosterberg 8
86672 Thierhaupten

Dr. Andrea Bräuning
Regierungspräsidium Freiburg
Referat 26 Denkmalpflege
79083 Freiburg i. Br.

Dr. Folke Damminger
Regierungspräsidium Karlsruhe
Referat 26 Denkmalpflege
Moltkestraße 74
76133 Karlsruhe

Dr. Francisca Feraudi-Gruénais
Epigraphische Datenbank Heidelberg (EDH)
Forschungsstelle der Heidelberger Akademie der Wissenschaften
c/o ZAW – Seminar für Alte Geschichte und Epigraphik
Marstallhof 4
69117 Heidelberg

Dr. Meinrad N. Filgis
Neudeck 2
74243 Langenbrettach

Prof. Dr. Gerhard Fingerlin
Holzmattenstraße 4a
79117 Freiburg i. Br.

Dr. Brigitte Gräf
Epigraphische Datenbank Heidelberg (EDH)
Forschungsstelle der Heidelberger Akademie der Wissenschaften
c/o ZAW – Seminar für Alte Geschichte und Epigraphik
Marstallhof 4
69117 Heidelberg

Dr. Uwe Gross
Regierungspräsidium Stuttgart
Landesamt für Denkmalpflege
Berliner Straße 12
73728 Esslingen am Neckar

Dr. Jürgen Hald
Landratsamt Konstanz
Kreisarchäologie
Am Schlossgarten 2
78224 Singen

Dr. Hans Heinz Hartmann
Lindenstraße 1, Postf. 1165
74898 Bad Rappenau

Dr. Jörg Heiligmann
Archäologisches Landesmuseum
Baden-Württemberg
Außenstelle Konstanz
Benediktinerplatz 5
78467 Konstanz-Petershausen

Dr. Andreas Hensen
Forschungsprojekt „Römische Nekropole Heidelberg“
Kurpfälzisches Museum der Stadt Heidelberg
Archäologische Abteilung
Schiffgasse 10
69117 Heidelberg

Prof. Dr. Heinz Günter Horn
Rembrandtstraße 32
50389 Wesseling

Dr. Cliff Alexander Jost
Generaldirektion Kulturelles Erbe Rheinland-Pfalz
Direktion Landesarchäologie
Außenstelle Koblenz
Niederberger Höhe 1
56077 Koblenz

Ralf Keller M.A.
Regierungspräsidium Stuttgart
Landesamt für Denkmalpflege
Berliner Straße 12
73728 Esslingen am Neckar

Prof. Dr. Claus-Joachim Kind
Regierungspräsidium Stuttgart
Landesamt für Denkmalpflege
Berliner Straße 12
73728 Esslingen am Neckar

Dr. Klaus Kortüm
Regierungspräsidium Stuttgart
Landesamt für Denkmalpflege
Berliner Straße 12
73728 Esslingen am Neckar

Dr. Hans-Peter Kuhnen
Generaldirektion Kulturelles Erbe Rheinland-Pfalz
Institut für Archäologie und Naturwissenschaften
Hofstraße 258
56077 Koblenz

Prof. Dr. Jürgen Kunow
LVR-Amt für Bodendenkmalpflege im Rheinland
Endenicher Straße 133
53115 Bonn

Dr. Siegfried Kurz
Eberhard-Karls-Universität Tübingen
Institut für Ur- und Frühgeschichte und Archäologie des Mittelalters
Schloss Hohentübingen
Burgsteige 11
72070 Tübingen

Dr. Johannes Lauber
Regierungspräsidium Freiburg
Referat 26 Denkmalpflege
79083 Freiburg i. Br.

Dr. Gabriele Legant
Schloßbergstraße 14
78476 Allensbach

Dr. Renate Ludwig
Archäologie/Untere Denkmalschutzbehörde
Kurpfälzisches Museum der Stadt Heidelberg
Schiffgasse 10
69117 Heidelberg

Priv.-Doz. Dr. Martin Luik
Ludwig-Maximilians-Universität München
Institut für Vor- und Frühgeschichte und Provinzialrömische Archäologie
Geschwister-Scholl-Platz 1
80539 München

Dr. Petra Mayer-Reppert
Regierungspräsidium Karlsruhe
Referat 26 Denkmalpflege
Moltkestraße 74
76133 Karlsruhe

Prof. Dr. Peter Noelke
Universität zu Köln
Archäologisches Institut
Archäologie der Römischen Provinzen
Albertus-Magnus-Platz
50923 Köln

Prof. Dr. Hans Ulrich Nuber
Albert-Ludwigs-Universität Freiburg
Provinzialrömische Archäologie
Glacisweg 7
79085 Freiburg i. Br.

Dr. Britta Rabold
Regierungspräsidium Karlsruhe
Referat 26 Denkmalpflege
Moltkestraße 74
76133 Karlsruhe

Prof. Dr. Manfred Rech
Augsburger Straße 2
28876 Oyten

Prof. Dr. Hartmann Reim
Potsdamer Straße 1
72108 Rottenburg am Neckar

Prof. Dr. Ralph Röber
Archäologisches Landesmuseum
Baden-Württemberg
Außenstelle Konstanz
Benediktinerplatz 5
78467 Konstanz-Petershausen

Dr. Jutta Ronke
Regierungspräsidium Stuttgart
Landesamt für Denkmalpflege
Berliner Straße 12
73728 Esslingen am Neckar

Prof. Dr. Manfred Rösch
Regierungspräsidium Stuttgart
Landesamt für Denkmalpflege
Arbeitsstelle Hemmenhofen
Labor für Archäobotanik
Fischersteig 9
78343 Gaienhofen-Hemmenhofen

Prof. Dr. Egon Schallmayer
Landesamt für Denkmalpflege Hessen
Archäologische und Paläontologische
Denkmalpflege
Schloss Biebrich
65203 Wiesbaden

Dr. Helmut Schlichtherle
Regierungspräsidium Stuttgart
Landesamt für Denkmalpflege
Arbeitsstelle Hemmenhofen
Fischersteig 9
78343 Gaienhofen-Hemmenhofen

Dr. Markus Scholz
Römisch-Germanisches Zentralmuseum
Ernst-Ludwig-Platz 2
55116 Mainz

Dr. Gabriele Seitz
Albert-Ludwigs-Universität Freiburg
Provinzialrömische Archäologie
Glacisweg 7
79085 Freiburg i. Br.

Dr. C. Sebastian Sommer
Bayerisches Landesamt für Denkmalpflege
Abteilung B
Hofgraben 4
80359 München

Dr. Elisabeth Stephan
Regierungspräsidium Stuttgart
Landesamt für Denkmalpflege
Arbeitsstelle Konstanz
Osteologie
Stromeyersdorfstraße 3
78467 Konstanz

Dr. Ingo Stork
Regierungspräsidium Stuttgart
Landesamt für Denkmalpflege
Berliner Straße 12
73728 Esslingen am Neckar

Prof. Dr. Joachim Wahl
Regierungspräsidium Stuttgart
Landesamt für Denkmalpflege
Arbeitsstelle Konstanz
Osteologie
Stromeyersdorfstraße 3
78467 Konstanz

Dr. Hans-Helmut Wegner
Im Monzental 23
56182 Urbar

Dr. Günther Wieland
Regierungspräsidium Karlsruhe
Referat 26 Denkmalpflege
Moltkestraße 74
76133 Karlsruhe

Dr. Johann-Christoph Wulfmeier
Rohrbach 126
77761 Schiltach

VERÖFFENTLICHUNGEN DES LANDESAMTES FÜR DENKMALPFLEGE BADEN-WÜRTTEMBERG
Archäologische Denkmalpflege

FORSCHUNGEN UND BERICHTE ZUR VOR- UND FRÜHGESCHICHTE IN BADEN-WÜRTTEMBERG
Kommissionsverlag Konrad Theiss Verlag Stuttgart

Bände 1–2 und 3/2–35 vergriffen

Band 1	Rolf Dehn, Die Urnenfelderkultur in Nordwürttemberg (1972).
Band 2	Eduard Neuffer, Der Reihengräberfriedhof von Donzdorf (Kreis Göppingen) (1972).
Band 3/1	Robert Koch, Das Erdwerk der Michelsberger Kultur auf dem Hetzenberg bei Heilbronn-Neckargartach (2005).
Band 3/2	Alix Irene Beyer, Die Tierknochenfunde. Das Erdwerk der Michelsberger Kultur auf dem Hetzenberg bei Heilbronn-Neckargartach (1972).
Band 4/1	Gustav Riek, Das Paläolithikum der Brillenhöhle bei Blaubeuren (Schwäbische Alb) (1973).
Band 4/2	Joachim Boessneck, Angela von den Driesch, Die jungpleistozänen Tierknochenfunde aus der Brillenhöhle (1973).
Band 5	Hans Klumbach, Der römische Skulpturenfund von Hausen an der Zaber (Kreis Heilbronn) (1973).
Band 6	Dieter Planck, ARAE FLAVIAE I. Neue Untersuchungen zur Geschichte des römischen Rottweil (Text- und Tafelband) (1975).
Band 7	Hermann Friedrich Müller, Das alamannische Gräberfeld von Hemmingen (Kreis Ludwigsburg) (1976).
Band 8	Jens Lüning, Hartwig Zürn, Die Schussenrieder Siedlung im „Schlößlesfeld“, Markung Ludwigsburg (1977).
Band 9	Klemens Scheck, Die Tierknochen aus dem jungsteinzeitlichen Dorf Ehrenstein (Gemeinde Blaustein, Alb-Donau-Kreis) Ausgrabung 1960 (1977).
Band 10	Peter Paulsen, Helga Schach-Dörges, Das alamannische Gräberfeld von Giengen an der Brenz (Kreis Heidenheim) (1978).
Band 11	Wolfgang Czysz, Hans Heinz Hartmann, Hartmut Kaiser, Michael Mackensen, Günter Ulbert, Römische Keramik aus dem Vicus Wimpfen im Tal (1981).
Band 12	Ursula Koch, Die fränkischen Gräberfelder von Bargen und Berghausen in Nordbaden (1982).
Band 13	Mostefa Kokabi, ARAE FLAVIAE II. Viehhaltung und Jagd im römischen Rottweil (1982).
Band 14	Udelgard Körber-Grohne, Mostefa Kokabi, Ulrike Piening, Dieter Planck, Flora und Fauna im Ostkastell von Welzheim (1983).
Band 15	Christiane Neuffer-Müller, Der alamannische Adelsbestattungsplatz und die Reihengräberfriedhöfe von Kirchheim am Ries (Ostalbkeis) (1983).
Band 16	Eberhard Wagner, Das Mittelpaläolithikum der Großen Grotte bei Blaubeuren (1983).
Band 17	Joachim Hahn, Die steinzeitliche Besiedling des Eselsburger Tales bei Heidenheim (1984).
Band 18	Margot Klee, ARAE FLAVIAE III. Der Nordvicus von Arae Flaviae (1986).
Band 19	Udelgard Körber-Grohne, Hansjörg Küster, HOCHDORF I (1985).
Band 20	Studien zu den Militärgrenzen Roms III. Vorträge des 13. Internationalen Limeskongresses in Aalen 1983 (1986).
Band 21	Alexandra von Schnurbein. Der alamannische Friedhof bei Fridingen an der Donau (Kreis Tuttlingen) (1987).
Band 22	Gerhard Fingerlin, Dangstetten I. Katalog der Funde (Fundstellen 1–603) (1986).
Band 23	Claus-Joachim Kind, Das Felsställe – eine jungpaläolithisch-frühmesolithische Abri-Station bei Ehingen-Mühlen (Alb-Donau-Kreis). Die Grabungen 1975–1980 (1987).
Band 24	Jörg Biel, Vorgeschichtliche Höhensiedlungen in Südwürttemberg-Hohenzollern (1987).
Band 25	Hartwig Zürn, Hallstattzeitliche Grabfunde in Württemberg und Hohenzollern (Text- und Tafelband) (1987).
Band 26	Joachim Hahn, Die Geißenklösterle-Höhle im Achtal bei Blaubeuren (Alb-Donau-Kreis) I (1988).
Band 27	Erwin Keefer, Hochdorf II. Die Schussenrieder Siedlung (1988).
Band 28	Arae Flaviae IV. Mit Beiträgen von Margot Klee, Mostefa Kokabi und Elisabeth Nuber (1988).
Band 29	Joachim Wahl und Mostefa Kokabi, Stettfeld I. Mit einem Beitrag von Sigrid Alföldy-Thomas (1988).
Band 30	Wolfgang Kimmig, Das Kleinaspergle. Mit Beiträgen von Elke Böhr u. a. (1988).
Band 31	Der prähistorische Mensch und seine Umwelt. Festschrift für Udelgard Körber-Grohne (1988).
Band 32	Rüdiger Krause, Die endneolithischen und frühbronzezeitlichen Grabfunde auf der Nordstadtterrasse von Singen am Hohentwiel (1988).
Band 33	Rudolf Aßkamp, Das südliche Oberrheintal in frührömischer Zeit (1989).
Band 34	Claus-Joachim Kind, Ulm-Eggingen. Die Ausgrabungen 1982 bis 1985 in der bandkeramischen Siedlung und der mittelalterlichen Wüstung. Mit Beiträgen von Georg Dombek u.a. (1989).
Band 35	Jörg Heiligmann, Der Alb-Limes (1990, vergriffen).
Band 36	Helmut Schlichtherle, Die Sondagen 1973–1978 in den Ufersiedlungen Hornstaad-Hörnle I. Siedlungsarchäologie im Alpenvorland I (1990).
Band 37	Siedlungsarchäologie im Alpenvorland II. Sammelband mit Beiträgen von Manfred Rösch u. a. (1990).
Band 38	Ursula Koch, Das fränkische Gräberfeld von Klepsau im Hohenlohekreis (1990).
Band 39	Sigrid Frey, Bad Wimpfen I (1991).
Band 40	Egon Schallmayer u. a., Der römische Weihebezirk von Osterburken I. Corpus der griechischen und lateinischen Beneficiarier-Inschriften des Römischen Reiches (1990).
Band 41/1	Siegwalt Schiek, Das Gräberfeld der Merowingerzeit bei Oberflacht (Gemeinde Seitingen-Oberflacht, Lkr. Tuttlingen). Mit Beiträgen von Paul Filzer u. a. (1992).
Band 41/2	Peter Paulsen, Die Holzfunde aus dem Gräberfeld bei Oberflacht und ihre kulturhistorische Bedeutung (1992).
Band 42	Carol van Driel-Murray / Hans-Heinz Hartmann, Zum Ostkastell von Welzheim, Rems-Murr-Kreis (1999).
Band 43	Rüdiger Rothkegel, Der römische Gutshof von Laufenburg / Baden (1994).
Band 44/1	Helmut Roth u. C. Theune, Das frühmittelalterliche Gräberfeld bei Weingarten 1(1995).
Band 45	Akten der 10. Internationalen Tagung über antike Bronzen (1994).
Band 46	Siedlungsarchäologie im Alpenvorland III (1995).
Band 47	Siedlungsarchäologie im Alpenvorland IV (1996).
Band 48	Matthias Knaut, Die alamannischen Gräberfelder von Neresheim und Kösingen, Ostalbkreis (1993).
Band 49	Der römische Weihebezirk von Osterburken II. Kolloquium 1990 und paläobotanisch-osteologische Untersuchungen (1994).

VERÖFFENTLICHUNGEN DES
LANDESAMTES FÜR DENKMALPFLEGE BADEN-WÜRTTEMBERG
Archäologische Denkmalpflege

FORSCHUNGEN UND BERICHTE DER ARCHÄOLOGIE DES MITTELALTERS
IN BADEN-WÜRTTEMBERG
Kommissionsverlag Konrad Theiss Verlag Stuttgart

Band 1	Günter P. Fehring, Unterregenbach. Kirchen, Herrensitz, Siedlungsbereiche (1972).
Band 2	Antonin Hejna, Das ‚Schlößle' zu Hummertsried. Ein Burgstall des 13. bis 17. Jh. (1974).
Band 3	Barbara Scholkmann, Sindelfingen 1. Obere Vorstadt. Eine Siedlung des hohen und späten Mittelalters (1978).
Band 4	Aufsatzband (1977).
Band 5	Hans-Wilhelm Heine, Studien zu Wehranlagen zwischen junger Donau und westlichem Bodensee (1979).
Band 6	Aufsatzband (1979).
Band 7	Aufsatzband (1981).
Band 8	Aufsatzband (1983).
Band 9	Volker Roeser u. Horst Gottfried Rathke, St. Remigius in Nagold (1986).
Band 10/1	Hirsau St. Peter und Paul 1091–1991. Teil I: Zur Archäologie und Kunstgeschichte. Mit Beitr. von Hermann Diruf u. a. (1991).
Band 10/2	Hirsau St. Peter und Paul 1091–1991. Teil II: Zur Geschichte eines Reformklosters. Mit Beitr. von Lieven van Acker u. a. (1991).
Band 11	Michael Schmaedecke, Der Breisacher Münsterberg. Topographie und Entwicklung. Mit einem Anhang von Peter Hering (1992).
Band 12	Uwe Gross, Mittelalterliche Keramik zwischen Neckarmündung und Schwäbischer Alb. Bemerkungen zur räumlichen Entwicklung und zeitlichen Gliederung (1991).
Band 13/1	Die Stadtkirche St. Dionysius in Esslingen. Archäologie und Baugeschichte II. Günter P. Fehring und Barbara Scholkmann, Die archäologische Untersuchung und ihre Ergebnisse (1995).
Band 13/2	Die Stadtkirche St. Dionysius in Esslingen. Archäologie und Baugeschichte II. Peter R. Anstett, Die Baugeschichte von der Spätromanik zur Neuzeit (1995).
Band 13/3	Die Stadtkirche St. Dionysius in Esslingen. Archäologie und Baugeschichte. Tafelband (1995).
Band 14	Eleonore Landgraf, Ornamentierte Bodenfliesen des Mittelalters in Süd- und Westdeutschland 1150–1550. Bd. 1–3 (1993).
Band 15	Ilse Fingerlin, Die Grafen von Sulz und ihr Begräbnis in Tiengen am Hochrhein (1992).
Band 16	Dorothee Ade-Rademacher u. Reinhard Rademacher, Der Veitsberg bei Ravensburg. Vorgeschichtliche Höhensiedlung und mittelalterlich-frühneuzeitliche Höhenburg (1993).
Band 17	Tilman Mittelstraß, Eschelbronn. Entstehung, Entwicklung und Ende eines Niederadelssitzes im Kraichgau (12.–18. Jh.) (1996).
Band 18	Alois Schneider, Die Burgen im Kreis Schwäbisch Hall. Eine Bestandsaufnahme (1995).
Band 19	Matthias Untermann, Die Grabungen auf dem ‚Harmonie'-Gelände in Freiburg im Breisgau (1995).
Band 20	Ulrike Plate, Das ehemalige Benediktinerkloster St. Januarius in Murrhardt (1996).
Band 21	Ulrich Müller, Holzfunde aus Freiburg / Augustinereremitenkloster und Konstanz. Herstellung und Funktion einer Materialgruppe aus dem späten Mittelalter (1996).
Band 22	Bertram Jenisch, Die Entstehung der Stadt Villingen. Archäologische Zeugnisse und Quellenüberlieferung (1999).
Band 23	Andrea Bräuning, Um Ulm herum. Untersuchungen zu mittelalterlichen Befestigungsanlagen in Ulm (1998).
Band 24	Felicia Schmaedecke, Das Münster Sankt Fridolin in Säckingen. Archäologie und Baugeschichte bis ins 17. Jahrhundert (1999).
Band 25	Luisa Galioto, Frank Löbbecke und Matthias Untermann, Das Haus „Zum roten Basler Stab" (Salzstraße 20) in Freiburg im Breisgau (2002).
Band 26	Christoph Bizer, Oberflächenfunde von Burgen der Schwäbischen Alb. Ein Beitrag zur Keramik- und Burgenforschung (2006)
Band 28	Stratigraphie und Gefüge. Beiträge zur Archäologie des Mittelalters und der Neuzeit und zur historischen Bauforschung. Festschrift für Hartmut Schäfer zum 65. Geburtstag (2008).

ATLAS ARCHÄOLOGISCHER GELÄNDEDENKMÄLER IN BADEN-WÜRTTEMBERG

Kommissionsverlag Konrad Theiss Verlag Stuttgart

Band 1 Kurt Bittel, Siegwalt Schiek, Dieter Müller, Die keltischen Viereckschanzen (1990).

Band 2 Vor- und frühgeschichtliche Befestigungen

Claus Oeftiger, Dieter Müller

- Heft 1 Der Rosenstein bei Heubach (Ostalbkreis) (1995).
- Heft 2 Der Zargenbuckel bei Schöntal-Aschhausen (Hohenlohekreis) (1993).
- Heft 3 Am Rauhen Stichle bei Münsingen-Hundersingen (Landkreis Reutlingen) (1993).
- Heft 4 Die Altstadt bei Gottmadingen (Landkreis Konstanz) (1993).

Rolf-Heiner Behrends, Dieter Müller

- Heft 5 Die Befestigungen auf dem Heiligenberg bei Heidelberg (2002).

Christoph Morrissey, Claus Oeftiger, Dieter Müller

- Heft 6 Die Wallanlagen bei Münsingen-Trailfingen und Bad Urach-Hengen (Landkreis Reutlingen) (2002).

Christoph Morrissey, Dieter Müller

- Heft 7 Die Wallanlagen auf den Geisinger Bergen bei Geisingen und Bad Dürrheim-Unterbaldingen (1999).
- Heft 8 Die Wallanlagen bei Kirchen-Hausen und Leipferdingen (1999).
- Heft 9 Die Wallanlagen bei Ippingen und Zimmern (1999).
- Heft 10 Die Wallanlagen bei Wurmlingen, Tuttlingen-Möhringen und Tuttlingen-Eßlingen/Seitingen-Oberflacht (1999).
- Heft 11 Der Lemberg bei Gosheim und der Hochberg bei Deilingen-Delkhofen (Landkreis Tuttlingen) (2002).
- Heft 12 Die Wallanlagen im Landkreis Tübingen (2002).

Dieter Müller, Günther Wieland

- Heft 13 Der Hägelesberg bei Urspring, Gemeinde Lonsee, und die Wallanlagen bei Breitingen und Holzkirch (Alb-Donau-Kreis) (2004).

Christoph Morrissey, Dieter Müller

- Heft 14 Wallanlagen im Landkreis Rottweil (2004).
- Heft 15 Die Wallanlagen bei Dürbheim (Burghalde), Kolbingen (Burghalde) und Tuttlingen (Altenburg), Lkr. Tuttlingen. Mit einem Beitrag von Bertram Jenisch (2004).
- Heft 17 Wallanlagen im Stadt- und Landkreis Heilbronn (2006)
- Heft 18 Die Wallanlagen um Burladingen (Zollernalbkreis) (2007).
- Heft 19 Die Rinkenmauer bei Baiersbronn. Mit einem Exkurs zum Kapellenbuckel am Wildsee (Landkreis Freudenstadt) (2006).
- Heft 22 Wallanlagen im Landkreis Sigmaringen (2007).
- Heft 25 Buigen und Radberg bei Herbrechtingen, Landkreis Heidenheim. Mit einem Exkurs zur Schanze auf dem Linsenfels (2007).

Band 3 Römerzeitliche Geländedenkmäler

- Heft 1 Martin Luik, Dieter Müller, Die römischen Gutshöfe von Gemmrigheim und Kirchheim am Neckar, Landkreis Ludwigsburg (1995).
- Heft 2 Martin Luik, Dieter Müller, Die römischen Gutshöfe von Esslingen-Berkheim und Wolfschlugen (Landkreis Esslingen) (1999).
- Heft 4 Jürgen Hald, Dieter Müller, Thomas Schmidts, Der römische Gutshof bei Engen-Bargen (Landkreis Konstanz). Mit Beiträgen von Gerd Albrecht und Albert Schreiner (2007).